**Kulturpolitisches Wörterbuch
Bundesrepublik Deutschland/
Deutsche Demokratische Republik
im Vergleich**

Dem Andenken von Peter Christian Ludz

Kulturpolitisches Wörterbuch Bundesrepublik Deutschland/ Deutsche Demokratische Republik im Vergleich

Herausgegeben von
Wolfgang R. Langenbucher,
Ralf Rytlewski
und Bernd Weyergraf

J. B. Metzlersche Verlagsbuchhandlung Stuttgart

Redaktion:
Bernd Weyergraf (geschäftsführend)
Wolfgang R. Langenbucher
Ralf Rytlewski

Zeitweilig:
Helga Welsh
Hildegard Möller
Marlene Müller
Melanie Walz

CIP-Kurztitelaufnahme der Deutschen Bibliothek

Kulturpolitisches Wörterbuch Bundesrepublik
Deutschland, Deutsche Demokratische Republik im Vergleich / hrsg. von
Wolfgang R. Langenbucher ,.. – Stuttgart :
Metzler, 1983.
   ISBN 3-476-00480-5
NE: Langenbucher, Wolfgang R. [Hrsg.]

© 1983 J. B. Metzlersche Verlagsbuchhandlung
und Carl Ernst Poeschel Verlag GmbH
in Stuttgart
Satz: Bauer & Bökeler Filmsatz GmbH
Druck: Gutmann & Co., Heilbronn
Printed in Germany

Inhalt

Vorwort

Der Plan zu diesem Wörterbuch entstand, angeregt durch Bernd Lutz, in der Mitte der siebziger Jahre. Der Gedanke war, eine kritische Bestandsaufnahme des kulturellen Spektrums in beiden deutschen Staaten zu versuchen. Anders als das 1970 in der DDR in erster Auflage erschienene »Kulturpolitische Wörterbuch«, das auch als eine Herausforderung angesehen werden mußte, sollte dieses Vorhaben von vornherein vergleichend angelegt werden.

Es ist im nachhinein nicht immer leicht, die Einflüsse zu benennen, die zu diesem Buch beigetragen haben. Zweifellos war die Zeitstimmung der Thematik günstig. Die vorbereitenden Arbeiten konnten und mußten auf eine politisch, kulturell und wissenschaftlich veränderte Situation im eigenen Land reagieren. Kulturpolitik und damit auch der Frage nach den gesellschaftlichen Bedingungen kultureller Produktion und kultureller Teilhabe wurde ein größeres Gewicht beigemessen. Zudem zeigte sich eine neue Sensibilität für die als selbstverständlich erachteten Lebens- und Ausdrucksformen, die bis dahin als Gegenstand kultursoziologischer Betrachtung kaum beachtet worden waren. Unter dem Einfluß der Massenmedien und der sich wandelnden Freizeitgewohnheiten waren die Grenzen zwischen sogenannter hoher und trivialer, alltäglicher Kultur fließend geworden – und zwar von zwei Seiten her, in ihren Herstellungsweisen und in den Formen ihrer Aneignung. Das wirkte auf den Kulturbegriff zurück, der nun weiter gefaßt wurde und sich – auch dies ein Erbe der Aufbruchsstimmung der späten sechziger Jahre – mit einem kulturpolitischen Engagement in der Tradition der Aufklärung verband und die Kulturinstitutionen in ihrem Selbstverständnis veränderte. Solches Engagement, dem wir uns bei unseren konzeptionellen Überlegungen verpflichtet fühlten, geriet zusehends in Gegensatz zu einer, allerdings zur Selbstreflexion wiederum herausfordernden neukonservativen Strömung, die unter dem Schlagwort der »Tendenzwende« um die Mitte des vergangenen Jahrzehnts die Politik und das politische Klima der Bundesrepublik Deutschland mitzubestimmen begann.

Schließlich hatte sich mit den zwischen den beiden deutschen Staaten Anfang der siebziger Jahre abgeschlossenen Verträgen auch deren Verhältnis zueinander gewandelt. Mit dem neu erwachten Interesse an der DDR gewannen die Fragen, wie und unter welchen sozialen, politischen, wirtschaftlichen und ideologischen Voraussetzungen sich beide Gesellschaften bei vergleichbarer Ausgangslage entwickelt haben, eine neue Aktualität. Wie weit reichen die Unterschiede im institutionellen Bereich, im Bewußtsein, in der Lebenswirklichkeit der Bürger? Läßt sich zu Recht schon, dreieinhalb Jahrzehnte nach Kriegsende, von zwei deutschen Kulturen sprechen? Gibt es noch eine übergreifende nationale Identität oder doch wenigstens Gemeinsamkeiten im Kulturellen?

Auf diese für die Vergleichsproblematik so grundlegenden Fragen haben die einzelnen Beiträge unterschiedliche Antworten gefunden. Die wechselseitige Beleuchtung eines getrennten Volkes mit gemeinsamer Vergangenheit gibt – und dies wäre nicht das geringste Ergebnis dieses Unternehmens – Aufschlüsse über den jeweils eigenen Standort im Geschichtsprozeß und über die Verwirklichungschancen einer Kultur, verstanden als selbstbestimmte Umweltaneignung unter den Leitbildern der Toleranz, der Gleichberechtigung, der Chancengleichheit – einer Kultur, deren Begriffe um Bezüge zum System der materiellen gesellschaftlichen Verhältnisse und zu alltäglichen Lebens- und Arbeitsbedingungen erweitert wurde.

An Voraussetzungen, unter denen dieses Buch zustande kam, ist ebenso die Entwicklung einer neuen politischen Kultur seit Ende der sechziger Jahre zu nennen, in der sozialpsychologische Betrachtungsweisen wichtig wurden und ein genaueres Verständnis subkultureller Erscheinungsformen entstand. Probleme der Kulturindustrie und der kulturellen Partizipation in der Industriegesellschaft, der Emanzipation, der Minderheiten, der gesellschaftlichen Funktion der Kunst wurden neu formuliert, Einstellungen zur eigenen Geschichte und Tradition neu zu bestimmen versucht. Nicht zuletzt haben Fragestellungen, wie sie im Umfeld kulturanthropologischer Forschung entwickelt wurden, dazu beigetragen, den Blick für die eigenen Lebensformen zu schärfen, sie gleichsam im Spiegel des Fremden zu betrachten. So gesehen, kommt dem, was wir gemeinsam mit den Autoren methodisch erreichen wollten, die Bezeichnung einer *Ethnologie der Deutschen*, bezogen im wesentlichen auf die kulturelle Konstellation in beiden Staaten, sicher am nächsten.

Peter Christian Ludz, dem die Leitung dieses Projekts zunächst anvertraut worden war, konnte an den Arbeiten nur in ihren Anfängen teilnehmen. Nach seinem Tod kam es vor allem darauf an, das Stichwortfeld näher zu bestimmen. Es zeigte sich bald, daß schon aus Gründen der Übersichtlichkeit eine zu weit gefächerte Nomenklatur unserer Intention zuwidergelaufen wäre, weil bei der Begrenzung des Gesamtumfangs eine Vielzahl kleinerer Artikel der Analyse und Interpretation zu wenig Raum gelassen hätte. Erst eine Beschränkung auf größere, umfassend angelegte Stichwörter schuf den Autoren die Möglichkeit, in zusammenhängender Argumentation Strömungen und Entwicklungstendenzen zu verfolgen und auch kontroverse Standpunkte darzustellen.

Bei der Ausarbeitung der Nomenklatur war auch die Sinnfälligkeit des Terminus *kulturpolitisch* zu bedenken. Würde diese Bezeichnung nicht die Konzeption dieses Wörterbuchs mißverstehen lassen, in dem *Kulturpolitik* in ihrem traditionellen und umgangssprachlichen Verständnis nur einen geringen und nicht einmal den wichtigsten Teil seiner weitgesteckten Thematik beansprucht. Uns schien aber dieser Begriff als Bestandteil des Titels im Blick auf seine in den letzten Jahren sich durchsetzende Bedeutungserweiterung gerechtfertigt. Ebenso wie Politik und Kultur nicht mehr nur mit Bereichen jenseits des alltäglichen Lebenshorizonts gleichgesetzt werden, kommt auch diesem Wort eine auf die Mitwirkung des einzelnen und die Bestimmung seines sozialen Orts abzielende Bedeutungskomponente zu. Und dies auch in dem Sinn, daß die einzelnen Kulturelemente und -erscheinungen in beiden Staaten unter ihrem besonderen politischen Aspekt betrachtet werden können, wie sie unter den historisch geprägten Umständen gesellschaftlichen Lebens organisiert werden und zur Wirkung gelangen. Die Übernahme des Begriffs der Kulturpolitik für ein Werk, dessen Inhalt über seine übliche Verwendung hinausreicht, soll auch dazu beitragen, den Zusammenhang von Kultur und Politik unter einem für viele Benutzer sicher ungewohnt weiten Blickwinkel zu sehen.

Das traditionelle Gerüst der Stichwörter bilden neben den kulturpolitischen Themen im engeren Sinn diejenigen Einrichtungen, die mit der Pflege und Vermittlung der Kultur in Beziehung stehen. Ihnen entsprechen Stichwörter wie *Theater, Museen, Archive* bis hin zu den Medien und den Bereichen, in denen Bildung erworben und eine Teilnahme am gesellschaftlichen Leben ermöglicht wird. Einen wichtigen Zugang zum Aufbauprinzip der Nomenklatur eröffnete ferner die Frage nach den Formen der Kulturproduktion und den Voraussetzungen ihrer Wirkung. Hier waren mit den Kunstgattungen auch die beruflichen, rechtlichen und theoretischen Grundlagen in Stichwörtern etwa zur *Ästhetik,* zur *Intelligenz,* zu *Künstlern* und *Schriftstellern* oder zum Verhältnis von *Kunst und Gesellschaft* zur Sprache zu bringen. Eine entscheidende Überlegung war vor allem, daß eine Gesellschaft in wesentlichen Bereichen ihres Selbstbewußtseins blind bleiben muß, solange Fragen der Alltagsexistenz, der Wahrnehmungsformen, des Affektwandels oder der materiellen Reproduktion unberücksichtigt bleiben. Gerade der Aufnahme solcher Stichwörter wie *Hören, Sehen, Sinnlichkeit, Angst, Essen und Trinken* galt daher unser besonderes Interesse. Sie sollten den kulturanalytischen und ethnosoziologischen Ansatz des *Kulturpolitischen Wörterbuchs* verdeutlichen und den Unterschied zu Werken rein fachlexikalischen Zuschnitts begründen helfen.

Die Schwierigkeiten eines solchen Unterfangens liegen auf der Hand. Es konnte nicht angehen, die interdisziplinäre Anlage des Projekts lediglich durch eine nur zusätzliche Hereinnahme von Stichwörtern auszuweisen, die in den entsprechenden Fachwörterbüchern besser aufgehoben wären. Vielmehr kam es darauf an, die verschiedenen Themen aus der Begrenzung herauszulösen, in der sie nach den Bedürfnissen ihrer fachwissenschaftlichen Zuordnung üblicherweise gesehen und abgehandelt werden. Dies setzte eine exemplarische Auswahl der Fakten und in der Analyse eine symptomatische Vorgehensweise voraus, die bis in die Einzeluntersuchung hinein ihr Augenmerk auch auf die mikrohistorische Dimension der Institutionen und Phänomene unterhalb einer großflächig operierenden Sozial- und Zeitgeschichte richtete. Sicher mußten die einzelnen Stichwörter so umfassend wie möglich unter institutionellen und organisatorischen Gesichtspunkten vorgestellt werden, die von der Sache und dem Anspruch auf Information her geboten waren. Doch sollten sie auch als besonderer, kultureller Ausdruck der geschichtlichen Entwicklung des gesellschaftlichen Lebens in beiden deutschen Staaten interpretiert werden.

Von diesen Überlegungen haben wir uns bei der Ausarbeitung der Stichwortsystematik leiten lassen. Sie umfaßt acht Hauptgruppen:

I. Kulturpolitik
II. Kulturvermittlung mit ihrem kommunikations-, sprach- und kunstwissenschaftlichen Aspekt, unterteilt in Medien und Institutionen
III. Voraussetzungen und Grundlagen der Kulturvermittlung, des Kulturerwerbs und der kulturellen Teilhabe, gegliedert in Wahrnehmungsformen, Ausbildung, familiale, soziale und ökonomische Grundlagen
IV. Bereich der Alltagskultur mit den Teilaspekten des sozialen Umfelds, der materiellen Reproduktion und der sozialen Interaktion
V. Kulturelle und ästhetische Produktion, die auch den theoretischen Aspekt mit einschließt
VI. Kultursoziologische und kulturanthropologische Aspekte
VII. Historische und politische Aspekte
VIII. Philosophische und sozialpsychologische Aspekte.

Was die Anlage der Stichwörter im einzelnen angeht, so war es unerläßlich, einen Orientierungsrahmen vorzugeben, der bei aller erforderlichen, in der Sache und der thematischen Vielfalt begründeten Eigenverantwortlichkeit der Autoren doch so weit wie möglich Einheitlichkeit und Geschlossenheit des Ganzen gewährleisten sollte. Dies war um so zwingender, als sich bald zeigte, daß die Zahl der Mitarbeiter die Grenzen weit überschritt, innerhalb derer regelmäßige Gesamtkonferenzen noch möglich gewesen wären. Dies hatte seine Gründe in der

Neuartigkeit der Fragestellung, in der Spezialisierung der angesprochenen Stichwortautoren, vor allem jedoch in der breit angelegten Nomenklatur, in die Themen aus den verschiedensten Forschungs- und Arbeitsbereichen aufgenommen werden mußten, wenn anders die Intention, ein Tableau der Lebenswirklichkeit beider Staaten zu entwerfen, nicht verlorengehen sollte.

In der Regel werden die Beiträge durch eine knappe Stichwortdefinition eingeleitet. Bei dem historischen Aspekt liegt der Akzent naturgemäß auf der Zeit nach 1945. Doch war es, um durchgängige Traditionslinien herauszuarbeiten, Brüche und Kontinuitäten aufzuzeigen, fast durchweg erforderlich, bis in die Zeit des Nationalsozialismus und die der Weimarer Republik zurückzugehen. Die anschließende Behandlung der institutionellen, organisatorischen und rechtlichen Faktoren sollte auch unter funktionalen Gesichtspunkten erfolgen. Der interpretierenden und vergleichenden Darstellung wurde ein resümierender Abschnitt eingeräumt. Hier sollten konträre Meinungen zu Wort kommen, auf Widersprüche zu offiziellen Selbstdarstellungen hingewiesen, Vereinfachungen aufgelöst werden. Es stand den Autoren frei, faktographische Information und lexikalische Objektivität mit Wertungen auf der Grundlage des aktuellen Forschungs- und Wissensstandes zu verbinden. Wir wollten nicht nur eine reine Zustandsbeschreibung der Institutionen, Verhältnisse und Strukturen vorlegen.

Es ist offenkundig, daß die Beiträge dieses Wörterbuchs aus der Sicht, der Kenntnis, der Sprache der Bundesrepublik konzipiert und geschrieben wurden und, mit wenigen Ausnahmen, nicht aus der unmittelbaren Lebenserfahrung der DDR. Daraus ergibt sich unvermeidlich eine Asymmetrie der Darstellung und gewiß auch des kritisch-analytischen Impetus. Es entspricht der Erfahrung, daß das, was einem näher ist und unmittelbar berührt, kritischer gesehen wird. Nicht immer waren die Quellen zugänglich, aus denen für die DDR die Beschreibung der Sachverhalte hätte schöpfen können, so daß vielfach auf offiziöse Veröffentlichungen zurückgegriffen werden mußte und die Darstellung weniger widerspruchsvoll ausfiel, als es der realen Situation dieses Landes entspricht. Wünschbar wäre es sicher gewesen, wenn die Stichwörter von Autoren beider Staaten gemeinsam verfaßt worden wären. Vielleicht ergibt sich dazu in absehbarer Zeit eine Möglichkeit.

Es ist uns nicht in allen Stücken gelungen, unseren Plan eines kulturtheoretisch und ethnologisch orientierten Panoramas zu realisieren. Dies zeigte sich insbesondere bei den Formen der symbolischen Interaktion. Stichwörter wie »Zeichen«, »Symbol«, »Umgangsformen« oder »Mythos«, in denen die komplexen Strukturen der Lebensäußerungen hätten beschrieben und analysiert werden können, wären wegen des Mangels an einschlägigen Vorarbeiten wohl nur über eigene Forschungsaufträge zu verwirklichen gewesen. Nicht zum wenigsten verstehen wir dieses Projekt auch als ein Experiment. Dennoch sind wir überzeugt, daß es notwendig war, mit dieser kulturvergleichenden Bestandsaufnahme einen Anfang zu machen.

Wenn nach Jahren vieler Gespräche, Konsultationen und einem umfangreichen Briefwechsel mit Kollegen und Beratern aus einer großen Zahl von Fachgebieten, mit Kulturproduzierenden und Praktikern der Kulturpolitik das *Kulturpolitische Wörterbuch* vorgelegt werden kann, so ist dies in erster Linie das Verdienst der nahezu zweihundert Autoren. Zusätzlich zu ihren eigenen Beiträgen haben viele von ihnen bei der Beurteilung von Exposés und Artikelentwürfen engagiert geholfen. Danken möchten wir auch denen, die uns insbesondere bei Stichwörtern aus uns weniger vertrauten Disziplinen kritisch beraten haben, sowie den Mitarbeitern und Helfern der Redaktion. Besonders hilfreich war uns die Unterstützung der Bibliothek und des Archivs des *Gesamtdeutschen Instituts* in Bonn. Nicht zuletzt gilt unser Dank der Geschäftsführung und dem Lektorat des J. B. Metzler Verlags, die uns in schwierigen Phasen mit großem Entgegenkommen unterstützt haben und auch die Geduld aufbrachten, die ein solches Vorhaben von allen Beteiligten fordert.

Berlin/München, Oktober 1982   Die Herausgeber

Aberglaube

Vergleichbar ähnlichen mittelhochdeutschen Wortbildungen wie »Abergunst« für Mißgunst, »Aberlist« für Unklugheit, bedeutet A. ursprünglich »Mißglaube«, »verkehrter Glaube«. Das Wort erscheint im 15. Jh. und setzt sich im 16. Jh. als Ersatz für das lateinische *superstitio* durch, das psychische Überspannung, Exaltation, ängstliche Übererregung angesichts des Jenseitigen bezeichnete, wie sie sich etwa im Gespensterglauben und in der Furcht vor Geistern manifestierte.

Polemisch gebraucht, enthält der Begriff A. einen doppelten Vorwurf und verweist sowohl auf ein intellektuelles als auch moralisches Manko, auf einen falschen Glauben und auf eine überängstliche, moralisch-psychische Fehlhaltung in religiösen Dingen. In diesem polemischen Sinn wird der Begriff *superstitio* in der Auseinandersetzung der christlichen Theologie mit der Welt der antiken Religion gebraucht (A. Augustinus). Der Abergläubische wird als der durch den biblischen Sündenfall in seiner Vernunft verdunkelte, unwissende Mensch begriffen, A. somit von der versehrten Natur des gefallenen, unerlösten Menschen her gedeutet. In der theologischen Auffassung als Erbsündenfolge erscheint A. so als »alter« und heidnisch-vorchristlicher Glaube, als Rückfall in heilsgeschichtlich überwundene Phasen des menschlichen Bewußtseins. Zugleich wird aber die Wirklichkeit und Wirksamkeit des A. hinsichtlich der Existenz wahrsagerischer und zauberischer Praktiken, in denen das Wirken von Dämonen sichtbar werde, theologisch anerkannt. Wo sich Menschen im Dämonen- und Satanskult solchen numinosen Mächten verschreiben, wollen die Dämonen die Unwissenden täuschen, um sie zu »besitzen« und sich der Unterworfenen bemächtigen zu können. A. Augustinus erkennt das politische Interesse der *superstitio Romanorum* darin, daß sich die staatlichen Machthaber die dämonischen Täuschungen zunutze gemacht hätten, um ihre Völker wirkungsvoller zu beherrschen (A. Augustinus, De civitate dei, IV, 32). Bis in die heutige Zeit bleibt der Begriff A. geprägt durch den christlichen Bezug auf ein überwundenes Altes, den »alten Menschen«, der der Taufgnade noch nicht teilhaftig geworden ist, und die »alte Religion« des vorchristlichen Heidentums.

Zu Beginn der Neuzeit wird der bisher theologisch bestimmte Begriff des A. verweltlichend abgewandelt. Die Philosophie der →*Aufklärung* und die wissenschaftliche Weltanschauung des 19. Jh. begreifen A. nicht länger als Zeichen der Sünde, sondern als Ausdruck eines noch unfreien, unmündigen und in überkommenen Vorurteilen verstrickten Bewußtseins. Auch die Aufklärung gibt der Kritik des A. eine politische Richtung. G. W. F. Hegel faßt die Argumentation zusammen, wenn er A. als

Mittel der »betrügenden Priesterschaft« und des »Despotismus« bezeichnet, die versuchen, »aus der Dummheit und Verwirrung des Volks den Vorteil der ruhigen Beherrschung« zu ziehen (G. W. F. Hegel, Sämtliche Werke, hrsg. von H. Glockner, Bd. 2, Phänomenologie des Geistes, S. 416 f.). Ähnlich formuliert noch heute das »Philosophische Wörterbuch« (Berlin (Ost) [8]1971) der DDR, daß der religiöse A. in der Klassengesellschaft, insbesondere unter den ausgebeuteten und unterdrückten, in Unwissenheit gehaltenen Massen des Volkes ständig genährt und von den herrschenden Ausbeuterklassen in vielfältigen Formen zur Festigung ihrer Macht gefördert werde.

Die Ethnographie und Mythologieforschung des 19. Jh. studiert Formen des A. weitgehend unter einem evolutionistischen Gesichtspunkt als fossile Relikte untergegangener religiöser Welten und als Rückstände aus magischen und mythischen Weltbildern. Diese Betrachtungsweise charakterisiert auch die marxistisch-leninistische Philosophie, die A. zwar weitgehend mit Religion schlechthin synonym setzt, darunter jedoch im engeren Sinn Reste älterer Entwicklungsstufen der Religion versteht. A. wäre demnach Teil historisch überwundener Gesellschafts- und Weltanschauungsformen und sei deshalb auch noch heute besonders in kapitalistischen Ländern verbreitet. Der Hinweis auf die Kommerzialisierung des A. etwa in der Talismanindustrie, im okkultistischen Buchmarkt, in der Astrologie soll diese Argumentation stützen.

Die psychologische Seite der einstigen theologischen Kritik am A. als Furcht des unerlösten Menschen vor Dämonen hat sich in den modernen Existenzpsychologien säkularisiert fortgesetzt. Für sie gilt A. als eine von vielen Erscheinungsformen der existentiellen Angst.

Die heutige volkskundliche Forschung betrachtet A. als Rest früherer Glaubens- und Wissenssysteme und untersucht ihn als geschichtliches Phänomen, nicht im Sinne weltanschaulicher Polemik. Sie deckt durch Quellen- und Herkunftsforschung die ursprünglichen theoretischen Zusammenhänge auf, in denen die verschiedenen Inhalte des A. gründen. Spätantik-neuplatonische Kosmologie, mittelalterliche Dämonenlehre, Satanologie und Engellehre, jüdische Kabbala, renaissancezeitliche Astrologie, Alchemie, Magie und naturphilosophische Spekulation, moderne physikalische, medizinische und pharmazeutische Forschung gehören zu den zahlreichen Wissenssystemen, denen sich superstitionsgeschichtliche Herkunftsforschung zuzuwenden hat. Inhaltlich und entstehungsgeschichtlich gesehen handelt es sich beim A. in der Regel um verstümmelte Reste oder um mißverstandene Fragmente verschiedener Glaubenswelten und Disziplinen. In funktionaler Hinsicht dient A. als Vehikel für irrationale Erfahrungs- und Ausdrucksmöglichkeiten des Menschen. Insofern erscheint in ihm eine anthropologische Dimension der Wirklichkeitsverarbeitung, wie sie sich in allen Kulturen in Gestalt von Mythen, Märchen, Sagen, Legenden, Bräuchen und Kulten *(→ Kult)* manifestiert. Bei der populären abergläubischen Aneignung jener Wissens- und Glaubensreste beobachtet man charakteristische Umwandlungen. Das Material wird archaisiert und sinnlich veranschaulicht, wobei es sich formal dem Volksglauben annähert. Obwohl also auch aus hochkulturellen Quellen gespeist, bewegt sich A. in seinen Erscheinungsformen auf Volksglauben und Brauchtum zu. Von diesem unterscheidet er sich jedoch durch seine Bemühung, sich theoretisch als eine besondere Form der Erkenntnis zu legitimieren. Damit verrät sich deutlich seine Herkunft aus »höheren« Schichten und theoretischen Disziplinen. Für den A. ist charakteristisch, daß er im Gegensatz zur Rationalität und Kausalität eine andere Form des Zusammenhangs der Dinge anerkennt. Er unterstellt das Walten von Gesetzen der Sympathie und der Analogie und rechnet mit einer geheimen gegenseitigen Beeinflussung der Dinge und Lebewesen untereinander. Mit Hilfe des Analogiezaubers sollen sich Wünsche erfüllen, indem ihre Ziele in symbolischen Handlungen stellvertretend dargestellt werden.

Kulturelle Bedeutung gewinnt A. in der modernen Welt vor allem, weil er irrationale Bereiche eröffnet, die weder von den Hochreligionen noch von den wissenschaftlichen Weltbildern gewürdigt oder gelten gelassen werden. Als irrationales Gegenstück ergänzt er die Einseitigkeit der klassischen metaphysischen und der modernen wissenschaftlichen Weltdeutung. Zugleich verleiht er der von religiösen und wissenschaftlichen Abstraktionen verlassenen Welt des Alltäglichen Gehalte des Geheimnisvollen und Numinosen, mit deren Hilfe die Menschen ihre alltäglichen Nöte wie Armut, → *Krankheit,* → *Einsamkeit,* Rachedurst, Eifersucht, Zukunftsangst *(→ Zukunft)* oder sexuelle Sehnsüchte zu bewältigen versuchen.

In der Gegenwart erfährt der A. eine erhebliche Vermehrung. Pseudokultische, pseudoreligiöse und pseudowissenschaftliche Lehren und Praktiken, die auf zunehmende irrationale Bedürfnisse des heutigen Menschen abzielen, überschwemmen den Markt und die Medien. Erklärbar ist dieses Phänomen am ehesten durch die weitverbreitete → *Angst* vor der Komplexität und Undurchschaubarkeit wirtschaftlicher, technischer und politischer Prozesse. Auch die bewußte Abkehr von logisch-rationalen Denkformen mag dabei eine Rolle spielen.

Die Kommerzialisierung der Angst und der Ratlosigkeit hat einen blühenden Okkult-Kommerz entstehen lassen, der Sympathie- und Zauberbücher, geheimwissenschaftliche und parapsychologische Schriften, Astrologiebücher, Amulette, Entstrahlungsgeräte, Wünschelruten und Wahrsageinstrumente vermarktet. Auch auf dem Gebiet des Horrorfilms erweist sich die Attraktivität von Themen wie Satanismus, Besessenheit, Exorzismus, Magie. Der größte Teil solcher Erscheinungen wird in der Bundesrepublik durch das Grundrecht der Meinungs- und Religionsfreiheit und der freien Entfaltung der Persönlichkeit abgedeckt, während in der DDR die Drucklegung und der Vertrieb von astrologischem und okkultischem Schrifttum verboten ist. Dem Betrieb des A. werden in der Bundesrepublik lediglich juristische Grenzen gesetzt, soweit kommerzielle Manipulationen unter die Betrugsparagraphen fallen, magische Heilkuren durch gewisse Bestimmungen des Heilpraktikergesetzes beschränkt werden oder die Denunziation der Hexerei gegen den Verleumdungsparagraphen verstößt.

D. Harmening

Literatur
H. Bächtold-Stäubli, Handwörterbuch des deutschen A., Bd. 1–10, Berlin, Leipzig 1927–1942
K. Zucker, Psychologie des A., Heidelberg 1948
A. Spamer, Romanusbüchlein, Berlin (Ost) 1958
L. Petzold (Hrsg.), Magie und Religion, Darmstadt 1978
I. Schöck, Hexenglaube in der Gegenwart, Tübingen 1978
D. Harmening, Superstitio, Berlin (West) 1979

Ästhetik

I. Ursprung und Zielsetzungen – II. Entwicklungsstadien der heutigen Ästhetik – III. Ästhetik in der Bundesrepublik – IV. Ästhetik in der Deutschen Demokratischen Republik – V. Positionen und Probleme der heutigen Ästhetik in beiden deutschen Staaten

I. Ursprung und Zielsetzungen

Ä. (griech. *aisthesis* – Wahrnehmung), von dem Schulphilosophen der deutschen Aufklärung, A. G. Baumgarten in Frankfurt a. d. O. als Lehre von der niederen, sinnlichen Erkenntnisart, *gnoseologia inferior,* förmlich begründet, galt alsbald neben Logik (Erkenntnistheorie) und Ethik als dritter, selbständiger Teil der Philosophie, als Philosophie des Schönen und der → *Kunst.* Allerdings hat die Philosophie des Schönen seit Platon, die der Künste seit Aristoteles eine sehr viel ältere Tradition, als dies die neuzeitliche Namengebung vermuten ließe. Entscheidend im 18. Jh. ist die Formierung des Systems der Schönen Künste. An ihm entwickelte die beginnende Ä. den modernen Kunstbegriff, der in heutigen Diskussionen, meist unreflektiert, ein Schattendasein fristet, von jeder neuen Kunsttheorie überholt wird und sie doch uneinholbar prägt. Als ähnlich folgenreich sollte sich die an der Schwelle zum 19. Jh. aus dem ursprünglichen erkenntnistheoretischen Zusammenhang entlassene Konzeption der sinnlichen → *Erkenntnis* erweisen. Sie unterstellt, nach dem Ausdruck A. v. Humboldts, ein besonderes ästhetisches Vermögen der Weltanschauung. Hier ist der Ursprung des Begriffs eines autonomen Ästhetischen, von dem die nicht mehr schönen Künste des 20. Jh. profitieren und der nicht mehr primär das Schöne oder die Kunsttradition, sondern eine als sinnlich-sinnhaft erfahrene Beziehung zwischen dem Einzelnen und einem als »Natur« oder »Gesellschaft« erfahrenen Universum ins Zentrum des Nachdenkens stellt.

II. Entwicklungsstadien der heutigen Ästhetik

Das Jahr 1933 ist für die Geschichte des ästhetischen Denkens von großem Belang. Es bezeichnet den Zusammenbruch der Ä. als strenger Wissenschaft. Als etablierter Forschungszusammenhang innerhalb eines arbeitsteilig organisierten Wissenschaftsgefüges, als Wissenschaft im modernen Sinn bestand die Ä. in Deutschland seit dem letzten Drittel des 19. Jh. G. Th. Fechners Schrift »Zur experimentalen Ä.« von 1871 und seine »Vorschule der Ä.« von 1876 markierten die Abkehr von der bis dahin dominierenden spekulativen Ä. in der Nachfolge G.W. F. Hegels, der »Ä. von oben«, wie sie G.Th. Fechner maliziös nannte. Ihr setzte er das Programm einer »Ä. von unten« entgegen, der empirisch-psychologischen Erforschung der kognitiven und emotiven Komponenten des ästhetischen Erlebens. Bis 1933 ist die akademische Ä. eingebunden in die Diskussion über die Grundlagen der Psychologie, nimmt sie teil an deren positivistischer, neukantianischer, phänomenologischer Auslegung und Kritik. Der ohnmächtig anmutende Versuch eines M. Dessoir, der subjektzentrierten Ä. eine objektorientierte »allgemeine Kunstwissenschaft« entgegenzustellen, machte das Dilemma sichtbar, vor das sich die Kritiker der psychologischen Ä. gestellt fanden. Sah man in den Kunstwerken vor allem ästhetische Objekte, und bestand der legitime Zugang zu derartigen Objekten im ästhetischen Erleben, dann mußte jede Kunstwissenschaft, wollte sie ihren Gegenstand nicht verfehlen, zwangsläufig in die Analyse des ästhetischen Erlebens münden und psychologisch werden.

Der Exodus namhafter Gelehrter nach der nationalsozialistischen Machtübernahme und die ideologische Beanspruchung der Kunst und Kunsttheorie durch den »völkischen« Staat setzten den Erfolgen dieser Disziplin ein lautloses Ende. Der brutale Ideologisierung und Instrumentalisierung des Ästhetischen in Deutschland korrespondierten die in Emigrantenkreisen diskutierten Konzepte einer antifaschistischen, der politischen Befreiung und dem sozialen Fortschritt der Menschheit verpflichteten ästhetischen Kultur. Der Ästhetisierung der Politik im Faschismus sollte, wie das Schlagwort lautete, die Politisierung des Ästhetischen antworten. Kennzeichnend für den neuen Diskussionstypus, dessen sektiererische Wurzeln in die Weimarer Zeit zurückreichen, ist die Debatte zwischen B. Brecht und G. Lukács. Auf der einen Seite steht der marxistische »Stückeschreiber«, die Rechte seiner ganz auf Aktualität setzenden Kunst verteidigend, auf der anderen Seite der marxistische Kritiker und Funktionär, einen doktrinär festgehaltenen, an der bürgerlichen Kunst des 19. Jh. abgelesenen Kunstbegriff zur Richtschnur aktueller Produktion erhebend, beide auf → *Parteilichkeit* verpflichtet. Dies ist eine der Konstellationen, in denen das ästhetische Denken nach 1945 begann.

III. Ästhetik in der Bundesrepublik

Das ästhetische Denken in der Bundesrepublik läßt sich in die Phasen der Reorganisation des Kunstlebens, des Kunstbetriebs und der Konsolidierung und theoretischen Flankierung einer betont »modernen« Kunst gliedern. Ihnen folgt, als dritter Abschnitt, die durchgreifende Politisierung um und nach 1968.

Eine reiche, ausgebildete Kunstproduktion, eine gewisse gelassene Sicherheit des Urteils und ein selbstverständlicher Umgang mit der Tradition (→ *Tradition und kulturelles Erbe*) sind die Voraussetzungen jeder ästhetischen Reflexion. Die Phase der Reorganisation war daher wenig geeignet, solche Reflexion in Gang zu setzen. Gleichwohl datiert aus ihr die bundesdeutsche Variante dessen, was später, unter dem Eindruck der Studentenbewegung, als »Ä. der Verweigerung« bezeichnet wurde. In den noch groben Formen des totalen Ideologieverdachts gegen Tradition und Gesellschaft und der Proklamation einer *Stunde Null (→ Nullpunkt),* aus der jede verantwortliche Kunstproduktion hervorzugehen habe, wurden Konstanten einer Kunstauffassung sichtbar, die in Kunst und Kunsttheorie gleichermaßen Wirkung zeigen sollte.

Wenn auch die Vorstellung eines ästhetischen Neubeginns nicht mit der Wirklichkeit übereinstimmte – wirksam war er gleichwohl. Schon die akademische Ä. vor 1933 hatte weithin die Fühlung zur zeitgenössischen Kunstproduktion, zu den spezifisch modernen Kunstrichtungen verloren und in manchem den ästhetischen Kanon für die entmündigte, rückwärtsgewandte und repressive Kunstpraxis des Nationalsozialismus vorbereitet. Nach 1945 entstand daraus ein Widerspruch in der ästhetischen Kultur. Auf der einen Seite stand die durch das Bündnis von Kulturkonservativismus und gesundem Volksempfinden getragene »Kulturpflege«, auf die andere Seite traten Versuche, an die gewaltsam unterbrochene Tradition der avantgardistischen Kunst des ersten Jahrhundertdrittels wieder anzuknüpfen, um eine zweite Moderne zu etablieren. Vor allem in Bezug auf Malerei und Musik blieb dieser Gegensatz bis weit in die 60er Jahre hinein bestimmend und rechtfertigte in manchem das Wort vom Ghetto der modernen Kunst.

Im Avantgardismus (→ *Avantgarde*) der zweiten → *Moderne* verfestigten sich einige Namen und Begriffe aus der Frühzeit des 20. Jh. zu Archetypen jeder künftigen Moderne, so in der Musik die Schönberg-Schule, in der Malerei W. Kandinsky und der mit dem *Bauhaus* assoziierte P. Klee, in der Architektur das *Bauhaus* selbst und in der Literatur F. Kafka und G. Trakl. In ihren Arbeiten sollten die Kriterien einer über allen Kitschverdacht erhabenen Kunstpraxis zu finden sein. Das ästhetische Denken jener Zeit präsentiert sich als elitär, dogmatisch und technisch-handwerklich fixiert. Doch wird man ihm nicht gerecht, wenn man unterschlägt, daß die deutsche Kunstpraxis und -theorie damals den Anschluß an internationale, von den westlichen Metropolen ausgehende Richtungen der Kunstproduktion erst wiederfinden mußte. Von hier aus ist die tiefgreifende Veränderung des ästhetischen Bewußtseins in der Bundesrepublik zu verstehen, die sich seit der Mitte der 60er Jahre unter dem Eindruck der neomarxistischen *Frankfurter Schule* vollzog. Die kunstsoziologischen Untersuchungen Th. W. Adornos – hinter deren gesellschaftspolitischer Bedeutung der Einfluß seines akademischen Widerparts aus den 50er Jahren, M. Heideggers, völlig zurücktrat – und die plakativen Thesen H. Marcuses kombinierten das Aktuelle mit dem Überraschenden und stellten sich als konsequente theoretische Durchdringung der ästhetischen Moderne dar, verbunden mit einer vehementen Kritik an dem »repressiven Universum« der modernen Industriegesellschaft und der durch sie hervorgebrachten → *Kulturindustrie* dar. Hier liegen die Themen, die zunächst im publizistischen Umkreis der Studentenbewegung, dann durch den geschmähten Kulturbetrieb selber für das folgende Jahrzehnt aufbereitet und einer breiteren Öffentlichkeit zugänglich gemacht wurden.

IV. Ästhetik in der Deutschen Demokratischen Republik

Auch in der Entwicklung des ästhetischen Denkens in der DDR lassen sich eine Organisations- und eine Konsolidierungsphase unterscheiden. Eine dritte, in ihrer Bedeutung von der bundesdeutschen abweichend, wäre die Phase der zwei ästhetischen Kultu-

ren, einer offiziellen, mehr oder minder verordneten, und einer inoffiziellen, die sich vorwiegend in Richtung Westen artikuliert, ohne deshalb die Besonderheiten der Situation der DDR preiszugeben. Generell gewinnt die → *Kulturpolitik der DDR* in der dritten Phase, anders als in der vorhergehenden, einen eher reaktiven Charakter. Während die Partei in den 50er und 60er Jahren exklusiv die Richtung der Kunstentwicklung bestimmte und Abweichungen ahndete, wird sie in den 70er Jahren durch die tatsächliche Entwicklung der Kunst einem Wechsel von Öffnung und Abgrenzung unterworfen, der für die Künstler oft schmerzhaft, für die Kulturpolitik, verglichen mit den Ansprüchen früherer Jahre, offensichtlich ruinös ist.

Der Mythos der *Stunde Null* ist in der DDR nie gepflegt worden. Für die maßgebenden Ästhetiker der ersten Stunde, Funktionäre und ideologisch versierte Künstler wie B. Brecht, A. Seghers oder J. R. Becher galten die Niederlage des Nationalsozialismus und der beginnende Aufbau des sozialistischen Staates von vornherein als Momente des historischen Kampfes der Arbeiterklasse und der damit verbundenen ideologischen Auseinandersetzungen. So folgte auf die Formalismusdebatte (→ *Formalismus*) der Emigration, zu der die Auseinandersetzung zwischen B. Brecht und G. Lukács gehört hatte, die Proklamation des *Sozialistischen Realismus* als verpflichtender ästhetischer Doktrin.

Die Konsolidierungsphase der Ä. in der DDR ist durch zwei Stränge der ideologischen Auseinandersetzung gekennzeichnet. Der eine trägt den Namen des *Bitterfelder Wegs*; hier wurde die Herausbildung eines »neuen Verhältnisses« zwischen Künstler und Arbeiterklasse durch eine breit angelegte Förderung der Arbeiterkunst und die umfassende Einbindung der Künstler in die kollektiven Arbeitsprozesse proklamiert. Der andere betrifft den Kampf gegen den → *Revisionismus* in den eigenen Reihen, für den die Namen der schließlich in die Bundesrepublik wechselnden Wissenschaftler H. Mayer und E. Bloch stehen mögen. Dieser Kampf richtete sich gegen die Anmahnung des formalen Reichtums der ästhetischen Moderne, gegen die formale Armut des doktrinären Realismus sowie gegen den gelinden Zweifel an der Positivität der politisch-sozialen Verhältnisse, die dieser dialektisch-materialistisch adäquat, d. h. der jeweiligen Parteilinie entsprechend wiederzugeben hatte.

V. Positionen und Probleme der heutigen Ästhetik in beiden deutschen Staaten

Das grundlegende Dogma der bundesdeutschen Ä. ist das von der Autonomie der Kunst. Es ist in den verschiedensten theoretischen Verkleidungen anzutreffen, im Verzicht der Theorie, der Kunst Programme, Zielsetzungen oder Verfahrensweisen vorzuschreiben, in der für die sogenannte zweite Moderne so bezeichnenden Abkehr von jeglicher Inhaltsästhetik – als werde die Reinheit der Kunst durch die Heteronomie der Inhalte (→ *Form und Inhalt*) getrübt – und schließlich in der überspannten Erwartung, die Spontaneität der künstlerischen Produktion könne ein Modell abgeben für eine künftige Gesellschaftsordnung, aus der sich Zwang und Not radikal verbannen ließen. Ein breiter Konsens trägt den politischen Sinn dieses Dogmas. Der Staat verzichtet weitgehend auf Reglementierung des Kunstschaffens, garantiert die Freiheit der Kunst und hält seine Organe zu einer extensiven Auslegung des ästhetischen Freiraums auch dort an, wo diesem, wie im Fall der Pornographie, allgemeinen Bestimmungen des Strafgesetzes entgegenstehen. Die faktische Einflußnahme des Staates oder einzelner seiner Organe auf Kunstproduktion und -verwertung durch Förderung (→ *Kunstförderung*), Preisvergabe (→ *Preise und Auszeichnungen*) und über die öffentlich-rechtlichen Medien ist unbestreitbar, jedoch der Idee nach balanciert.

Ganz anders stellt sich die Situation in der DDR dar. Das Dogma der offiziellen Ä. lautet unverändert, daß Inhalt und Richtung der Kunstproduktion durch die Lenkungsorgane des Staates festgelegt werden. Der politisch-ideologische Führungsanspruch der *SED* schließt die Kontrolle der Kunstproduktion ein. Ästhetische Theorie ist daher von vornherein Auslegung der dialektisch-materialistischen Doktrin, die Aufgabe besteht in der Ausrichtung der ästhetischen Produktion an der Parteilinie.

In beiden Staaten bestimmen mithin ästhetisch-politische Dogmen die ästhetische Kultur. Eine Frage eigener Art ist, ob es sich um originär politische Ideologien mit ästhetischen Implikationen oder um ästhetische Dogmen mit politischen Implikationen handelt. Sie ist im Hinblick auf die Geschichte des ästhetischen Denkens kaum zu entscheiden. Zu offenkundig sind die Beziehungen zwischen politischem Liberalismus und ästhetischem Autonomiegedanken im einen, zwischen politischem und ästhetischem Lenkungsanspruch im anderen Fall. Allerdings lehrt die Erfahrung des letzten Jahrzehnts, daß der ästhetische Autonomiegedanke gerade von den Systemkritikern unter den Ästhetikern und den kritischen Künstlern selbst keineswegs aufgegeben wird, während umgekehrt in der DDR jeder Ausflug in ästhetisches Neuland rasch den Verdacht der Regimegegnerschaft erregt – so unbegründet er im Gesinnungsfall sein mag.

Jede Analyse der sozialen Unterschiede zwischen Bundesrepublik und DDR führt auf die unterschiedlichen Grundlinien der Politik in beiden Staaten zurück. Anders steht es mit den historischen und vor allem den gesellschaftlichen Gemeinsamkeiten, die sich aus der industriegesellschaftlichen Entwicklung ergeben. Hier sind der Ä. Forschungsbereiche zugewachsen, die durch die Begriffe der Kunstsoziologie, der Kommunikationsforschung und der Ästhetik des Alltagslebens (→ *Alltag*) bezeichnet werden. Tatsächlich fallen die Unterschiede in den Verfahrensweisen und Ergebnissen der Forschung im Vergleich zwischen beiden Staaten geringer aus, als man zunächst vermuten könnte.

Die Kunstsoziologie hat in der ersten Hälfte der 70er Jahre in der Bundesrepublik, angeregt vor allem durch die musiksoziologischen Arbeiten Th.W. Adornos, einen beträchtlichen Aufschwung genommen. Von Th.W. Adorno übernahm sie die Zweiteilung der ästhetischen Kultur in eine die gesellschaftliche Repression befördernde → *Kulturindustrie* – ein Begriff, der die kommerzialisierte Unterhaltungsindustrie ebenso einschließt, wie die verwaltete Kultur – und in eine Sphäre der sich der repressiven Vergesellschaftung entziehenden Kunstwerke. Von Th. W. Adorno ging schließlich der Anstoß zur umfassenden Neuaneignung kunstsoziologischer Ansätze der 20er und 30er Jahre aus. W. Benjamins Theorie der Kunst im technischen Zeitalter etwa, oder S. Kracauers Filmtheorie (→ *Film*) lieferten die theoretischen Vorgaben zur »Organisationsanalyse von bürgerlicher und proletarischer Öffentlichkeit« (O. Negt, A. Kluge, Öffentlichkeit und Erfahrung, Frankfurt a. M., ³1974), zur »Kritik der Warenästhetik« (W. F. Haug, Frankfurt a. M., 1971) sowie zu einer Vielzahl von Untersuchungen schichtenspezifischen, ästhetischen Konsumverhaltens. Daneben behauptet die strikt empirische Kunstsoziologie ihren Platz. Ästhetische Kommunikationsforschung hingegen meint den aus einem szientischen Kommunikationsmodell hervorgegangenen Versuch, Möglichkeiten und Grenzen ästhetischer, repressionsfreier, sinnlich-kreativer → *Kommunikation* in einer industriegesellschaftlich geprägten Umwelt zu erkunden. Die den Ballast offizieller Programmatik transportierende akademische Ä. der DDR hat sich diesen neuen Trends, soweit erkennbar, vorsichtig angeschlossen.

U. Schödlbauer

Literatur

Th. W. Adorno, Ästhetische Theorie, Frankfurt a. M. 1970
E. Pracht, W. Neubert, Sozialistischer Realismus – Positionen, Probleme, Perspektiven, Berlin (Ost) 1970
S. J. Schmidt, Ästhetizität. Philosophische Beiträge zu einer Theorie des Ästhetischen, München 1971
J. Fiebach u. a., Ä. heute, Berlin (Ost) 1978

Akademien

I. Gelehrtenvereinigungen – II. Von der Sozietät zur sozialistischen Forschungsakademie – III. Akademien als Tagungs- und Ausbildungsstätten

I. Gelehrtenvereinigungen

A. bezeichnet zunächst einen Hain in der Nähe Athens, einen Lieblingsaufenthalt Platons. Später wurde die platonische Denkerschule so genannt. Im Laufe der Neuzeit wurde daraus eine Sammelbezeichnung für kulturelle Institutionen, deren Mitglieder, Forscher, Wissenschaftler, Künstler, sich durch hervorragende geistige Leistungen auszeichneten. Der Begriff umfaßt heute nicht nur die traditionsreichen A. der Wissenschaften, sondern auch den Künsten und den Sprachen gewidmete Einrichtungen, wie auch politische und kirchliche Aus- und Fortbildungsstätten (→ *Universitäten*).

Als A. der Wissenschaften werden heute in der Bundesrepublik Deutschland Gelehrtenvereinigungen bezeichnet, die die Grundlagenforschung und das wissenschaftliche Gespräch sowohl innerhalb als auch zwischen den verschiedenen Fachrichtungen fördern wollen. Außerdem ist den Gelehrten die Möglichkeit der Veröffentlichung ihrer Forschungen in den Schriftenreihen der A. gegeben. Die wissenschaftliche Arbeit läuft einmal in Form von Vorträgen und Streitgesprächen in den Klassen, den Kommissionen und im Plenum ab. Hier werden neueste Ergebnisse vorgetragen, erörtert und Übersichten über den augenblicklichen Forschungsstand gegeben. Die Ergebnisse werden in Sitzungsberichten, Jahrbüchern und Abhandlungen veröffentlicht. Zum anderen fördert die A. unmittelbar Forschungsvorhaben. In der Regel greift sie hierbei Vorschläge der Mitglieder auf, kümmert sich um die Finanzierung, die Verbindungen zu anderen Wissenschaftlern, die Forschungsgeräte und stellt Personal zur Verfügung. Die Durchführung selbst läuft dann entweder in mehr oder minder losen Arbeitsgruppen unter Leitung eines Akademiemitglieds oder aber in Arbeitsstellen ab. So unterhielt 1979 die *A. der Wissenschaften und der Literatur* in Mainz 41 Arbeitsstellen. Im Gegensatz zur Lage in der DDR sind die A. der Bundesrepublik hinsichtlich der Auswahl und der Durchführung der Vorhaben frei und unabhängig. Eine Kontrolle findet lediglich bezüglich der Mittelverwendung statt, da sie als Körperschaften des öffentlichen Rechts der Rechtsaufsicht des jeweiligen Landes unterliegen. Die A. der Wissenschaften in Düsseldorf (gegr. 1969), Göttingen (gegr. 1751), Heidelberg (gegr. 1909), Mainz (gegr. 1949) und München (gegr. 1975) erhalten für ihre Grundausstattung wie Verwaltungsgebäude Gelder vom Land, in dem sie ihren Sitz haben. Dieses finanziert außerdem alle Vorhaben im Landesinteresse. Darüber hinausgehende Arbeiten von gesamtstaatlichem sowie für die Bundesrepublik wissenschaftspolitischem Interesse fördern Bund und Länder gemeinsam (Art. 91b GG).

Die Konferenz der A. der Wissenschaften in der Bundesrepublik Deutschland betreut die Durchführung gemeinsamer Forschungsvorhaben und stimmt außerdem die wissenschaftlichen Unternehmen und Planungen ihrer Mitglieder aufeinander ab. Gemäß Satzung empfiehlt sie »die Bildung von Schwerpunkten für verwandte Projekte, fördert Kolloquien und Symposien und kommuniziert in ihren Angelegenheiten mit Forschungseinrichtungen des In- und Auslandes«.

Die A. der Wissenschaften sind in der Regel in je eine Mathematisch-Naturwissenschaftliche und eine Philosophisch-Historische Klasse, die Philosophie, Sprach- und Literaturwissenschaft, Geographie und andere Fächer umfaßt, unterteilt. Die A. der Künste ist in Sektionen für Bildende Kunst, Darstellende Kunst, Baukunst, Dichtung, Literatur und Musik eingeteilt. Wählen A. der Wissenschaften in der Bundesrepublik vor allem Persönlichkeiten der wissenschaftlichen Welt zu ihren Mitgliedern auf Lebenszeit, so setzt sich die A. in Mainz auch aus → *Schriftstellern* zusammen, während die anläßlich der 200-Jahrfeier von J. W. v. Goethes Geburtstag 1949 gegründete *Deutsche A. für Sprache und Dichtung,* Darmstadt, nur verdiente deutsche Dichter und Schriftsteller aufnimmt. In beiden Staaten ist die Zahl der ordentlichen Mitglieder durch Satzung festgelegt und liegt meistens bei 30. Die Mitglieder, vor allem Hochschullehrer und bei den Kunstakademien im Inland lebende Künstler, ergänzen sich in der Bundesrepublik durch Kooptation. Die ordentlichen Mitglieder wählen den Präsidenten und die Vorsitzenden der Klassen nach offener Aussprache in geheimer Abstimmung. Präsident, Vizepräsident und die Vorsitzenden bilden zusammen den Senat, der über Vorhaben der Abteilungen entscheidet und den Haushaltsplan aufstellt.

In der DDR werden die Mitglieder durch das Plenum der ordentlichen Mitglieder gewählt und durch Staatsminister berufen; denn die A. unterstehen entweder direkt dem Ministerrat wie die *A. der Künste* und die *A. der Wissenschaften* oder Fachministerien, so die *A. der Landwirtschaftswissenschaften* und die *Bauakademie*. Der Präsident leitet die A. nach dem Prinzip der Einzelleitung. Er führt den Vorsitz im Plenum und im Präsidium, das kollektives Beratungsorgan ist. Der Präsidentschaftsanwärter selbst wird vom zuständigen Minister vorgeschlagen und vom Vorsitzenden des Ministerrates berufen.

II. Von der Sozietät zur sozialistischen Forschungsakademie

Ähnliche Strukturen wie die A. der Wissenschaften in der Bundesrepublik weisen die *Sächsische A. der Wissenschaften zu Leipzig* (1846) und die *Deutschen A. der Naturforscher Leopolina zu Halle/Saale* (1652) auf. Verglichen mit der *A. der Wissenschaften der DDR* in Berlin (Ost) führen sie indessen nur ein Schattendasein. Sie wurde 1700 vom Kurfürsten Friedrich III. als *Brandenburgische Sozietät der Wissenschaften* gestiftet. Die auf einen Vorschlag von G. W. Leibniz zurückgehende spätere *Preußische*, ab 1946 *Deutsche A. der Wissenschaften* zu Berlin (Ost), die 1972 in *A. der Wissenschaften der DDR* umbenannt wurde, verkörperte zunächst eher eine Gelehrtengesellschaft des in der Bundesrepublik verbreiteten Typs. Berühmte Gelehrte auf dem Weg zu einer immer bedeutenderen Wissenschaftsstätte waren J. W. v. Goethe, L. Euler, A. und W. von Humboldt, F. D. E. Schleiermacher, F. K. v. Savigny, C. F. Gauß, G. S. Ohm, L. Uhland, R. Koch, R. Virchow, F. Sauerbruch, J. Liebig, M. Planck, Ch. Darwin, W. C. Röntgen u. a.

Ein Problem, die Verbindung der Grundlagenforschung mit der angewandten Forschung, das schon G. W. Leibniz in seiner Denkschrift 1700 behandelt hatte, konnte nicht dauerhaft gelöst werden. Seit 1809 sollte es durch die Angliederung von Forschungseinrichtungen beseitigt werden. Hierfür plädierten auch A. Harnack wenige Jahre vor dem Ersten und Vahlen wenige Wochen vor dem Zweiten Weltkrieg. Erst die Lage 1945 änderte grundsätzlich das Bild. Die verantwortlichen sowjetischen Machthaber hatten Aufbau und Struktur der *Sowjetischen A. der Wissenschaften* vor Augen, die sowohl traditionelle Gelehrtenvereinigung im heutigen westlichen Sinne ist, als auch direkte Forschungsstätte mit angeschlossenen Versuchsanstalten, Laboratorien, Instituten und Kliniken. Solche Einrichtungen wurden der Berliner A. seit 1946 angegliedert, so etwa Institute der aufgelösten *Kaiser-Wilhelm-Gesellschaft*. Als Folge ähnelte die neuorganisierte *Deutsche A. der Wissenschaften zu Berlin* bald wesentlich stärker als irgendeine andere deutsche A. dem sowjetischen Typ. Heute rechnet sie als »sozialistische Forschungsakademie« mit etwa 20 000 Mitarbeitern auch international zu den bedeutenden Einrichtungen. Gleichwohl war die Berliner nicht die erste A., die diesen Weg beschritt. Bereits 1910 errichtete die Wiener A. der Wissenschaften das *Institut für Radiumforschung* und die *Biologische Versuchsanstalt Prater*, denen in den 70er Jahren weitere Institute folgten. Die A. der Bundesrepublik Deutschland hingegen folgten bisher der Ansicht, die Angliederung von Forschungseinrichtungen überlaste sie mit unnötiger Verwaltungsarbeit. Eine nennenswerte Hinzunahme von Instituten hat es daher bis heute nicht gegeben.

Weder die A. der Bundesrepublik noch der DDR konnten bisher eine wirkungsvolle Verbindung von theoretischer Arbeit und praktischer Anwendung ihrer Ergebnisse finden. Damit ist eine der Kernfragen von Zentralverwaltungswirtschaften angesprochen. Entscheidende Kennziffer für den Erfolg eines Produktionsbetriebes in der DDR ist die Planerfüllung. Sie bestimmt auch die Zuteilung der Prämien. Gegenüber neuen Herstellungsverfahren zeigen die Betriebe sich wenig beweglich, da die Einführung anderer Techniken Kräfte bindet, bürokratischen Aufwand verursacht und die Erzeugung von Gütern zeitweilig verlangsamt, was sich ungünstig auf die Planerfüllung auswirkt. Somit obliegt es vielfach den Forschern der A., ihre neuentwickelten Verfahren selbst in die Betriebe hineinzutragen. Die Folge davon ist, daß Forschungsergebnisse in der DDR wesentlich langsamer in die industrielle Praxis gelangen als in der Bundesrepublik, wo Unternehmen die Ergebnisse wissenschaftlicher Arbeit bereitwillig aufnehmen, da sie aus Konkurrenzgründen auf bessere Verfahren und Erzeugnisse angewiesen sind.

Für die A. in der Bundesrepublik Deutschland ist die unmittelbare Mitwirkung an der staatlichen Wissenschaftspolitik undenkbar geblieben. Im Unterschied hierzu besitzt die *A. der Wissenschaften der DDR* heute allgemeine Planungs-, Kontroll- und Koordinierungsaufgaben bei der Grundlagenforschung. Sie soll durch wissenschaftliche Vorhersagen, Beratungen, aber auch durch Mitwirken in Arbeitsgruppen Entscheidungsgrundlagen für die *SED-* und Staatsführung liefern. Aufgrund des Selbstverständnisses, wichtigste Forschungsstätte der DDR zu sein, ist auch das Bedürfnis nach Selbstdarstellung, beispielsweise nach Öffentlichkeitsarbeit, ausgeprägter als in der Bundesrepublik. Dies wird durch die Aufgabe, hochqualifizierten wissenschaftlichen Nachwuchs mit dem entsprechenden ideologischen Zuschnitt für die DDR heranzubilden, untermauert. Während in den A. der Bundesrepubliken Deutschland und Österreich losgelöst von einer bestimmten politischen Weltanschauung gearbeitet wird, sind in der DDR parteipolitische Grundsätze auch oberstes Gebot in der A., was namentlich in den Gesellschaftswissenschaften zum Ausdruck kommt.

Geschichtlich gesehen hatte die Berliner A. schon seit ihrer Gründung einen höheren Stellenwert als die anderen deutschen A., denn ihr Selbstverständnis wurzelte im Leibnizschen Gedanken, ein Zentrum für die deutschen Wissenschaften insgesamt zu bilden. Dieser Anspruch wurde auch nach 1945 aufrechterhalten. Dennoch verlor die A. in Ostberlin Schritt für Schritt, besonders durch die Abgrenzungspolitik der DDR 1961 und 1969/70 ihre Mittelpunktfunktion, die sie zumindest auf geisteswissenschaftlichem Gebiet zeitweilig innehatte. Heute ist sie in Deutschland eine von mehreren A. Dies ist um so bedauerlicher, als ein anerkanntes deutsches Zentrum nicht existiert. Es wäre wünschenswert, ein solches wieder erstehen zu lassen, möglicherweise auf neutralem Boden.

III. Akademien als Tagungs- und Ausbildungsstätten

Neben die A. als Gelehrtenvereinigung sind zahlreiche A. unterschiedlichen Typs und unterschiedlicher Zielsetzung getreten. Es haben sich aber auch zahllose Vereinigungen und Organisationen, Verbände und Clubs die in der Bundesrepublik rechtlich nicht geschützte Bezeichnung A. zugelegt und so zur Inflation des Begriffs beigetragen. Die A. in der Bundesrepublik verfolgen vor allem drei Ziele. Bestimmt von den Überlegungen, daß eine permanente Berufsbefähigung durch eine reguläre schulische und berufliche →Ausbildung und ein einmaliges Studium zunehmend weniger gewährleistet werden kann, gewinnen besonders seit den 60er Jahren Einrichtungen der Weiterbildung an Bedeutung. Von politischem Gewicht sind insbesondere die konfessionellen und politischen A., die durch Seminare und Tagungen zur Heranbildung einer breiten, politisch bewußten →Öffentlichkeit beitragen wollen.

Nach 1945 suchten die →Kirchen auf die geistige, soziale und politische Neuorientierung der Bundesrepublik durch die Einrichtungen konfessioneller A. Einfluß zu nehmen. Vorläufer kirchlicher Bildungseinrichtungen wie den Hohenrodter Bund hatte es zwar schon in der Weimarer Republik bis zu ihrem Verbot 1933 gegeben, doch erst die Erfahrungen des Nationalsozialismus und das Wissen um die Mitschuld veranlaßte die Kirchen, neue Formen der Begegnung, des Dialogs zwischen allen gesellschaftlichen Kräften zu schaffen. 1945 wurde in Bad Boll die erste evangelische A. gegründet, der siebzehn weitere, darunter vier in der DDR, folgten. In der Bundesrepublik gehören zu den bekannteren die A. in Tutzing, Arnoldshain und Hofgeismar. Neue Impulse für die kulturpolitische Arbeit der Städte und Gemeinden gingen insbesondere von der Evangelischen A. Loccum aus. Hier eröffnete der sozialdemokratische Kulturpolitiker O. Schwencke 1969 die Tagungsreihe »Kulturpolitisches Kolloquium«, deren Inhalte und Ergebnisse 1976 den Anstoß zur Gründung der Kulturpolitischen Gesellschaft in Hamburg gaben. Ausgehend von einer seit der Nachkriegszeit vernachlässigten Kulturforschung und -politik bemüht sich diese, zu deren 750 Mitgliedern die Kulturdezernenten vieler Städte zählen, durch Unterstützung kultureller Initiativen und Innovationen um eine Erweiterung des herkömmlichen Kulturbegriffes und setzt sich für die Weiterentwicklung bestehender und die Schaffung neuer Kultureinrichtungen ein.

Getragen von den jeweiligen evangelischen Landeskirchen, unterhalten die A. eigene Häuser zu Tagungs- und Studienzwecken, in denen Seminare zu zeitgenössischen, ethischen und philosophischen Themen stattfinden. Sie sind in der Regel jedermann offen, richten sich aber auch gezielt an bestimmte Berufs-, Alters- und andere Gruppen. Als kirchlicher Beitrag zum Aufbau einer verantwortlichen Gesellschaft ermöglichen sie Begegnungen am »dritten Ort«, neben Arbeitsplatz und Wohnsitz, zwischen allen politischen, wissenschaftlichen und kirchlichen Gruppierungen. Sie sind seit 1947 im Leiterkreis der evangelischen A. in Deutschland mit Sitz in Bad Boll zusammengeschlossen und arbeiten auf wissenschaftlichem Sektor mit der Studiengemeinschaft evangelischer Universitätsprofessoren zusammen.

Diesem Beispiel folgend, richtete die katholische Kirche seit Beginn der 50er Jahre ebenfalls A. ein, deren Aufgaben nicht im seelsorgerischen Bereich liegen, sondern in denen katholisches Gedankengut im Verhältnis zu wissenschaftlichen, kulturellen und wirtschaftlichen Problemen diskutiert wird. Die Leiter werden von den Bischöfen ernannt und sind seit 1956 im Akademieleiterkreis, der Mitglied in der Bundesarbeitsgemeinschaft für katholische Erwachsenenbildung ist, zusammengefaßt. Die Teilnahme an Seminaren in akademieeigenen Häusern ist nicht konfessionell beschränkt. Neben der Erwachsenenbildung ist es besonderes Anliegen der katholischen A., durch Begegnungstagungen die katholische Führungsschicht zu erweitern und zu festigen und die Bindung politischer Verantwortungsträger an die katholische Kirche enger zu gestalten.

Die Möglichkeit, mittels A. als Informationszentren und Tagungsorten sowohl die Anschauungen politischer Parteien der Öffentlichkeit näherzubringen als auch den Kreis ihrer Anhänger zu erweitern, bewog die Parteien der Bundesrepublik, neben zahlreichen anderen Gemeinschaften, Stiftungen und Arbeitskreisen auch politische A. zu gründen. So gehört zur Konrad-Adenauer-Stiftung die Politische A. Eichholz, der Friedrich-Naumann-Stiftung ist die Theodor-Heuss-Akademie zugeordnet. Wie die Europäische A. Lerbach oder die Georg-von-Vollmar-Akademie in Kochel, einer Organisation der Friedrich-Ebert-Stiftung, bieten sie Begegnungsmöglichkeiten aller an politischer Bildung Interessierten, um sie im Vorfeld der jeweiligen Parteien meinungsbildend wirken zu können. Eine Ausnahme stellt die A. für Politische Bildung, Tutzing, dar, die politische Bildung auf überparteilicher Basis fördert und sich in erster Linie an die Berufsgruppen wendet, die selbst auf dem Gebiet der politischen Bildung tätig sind.

Das Bewußtsein von der schnellen Veralterung wissenschaftlicher Erkenntnisse und die in steigendem Maße von bestimmten Berufsgruppen geforderten speziellen Kenntnisse, so der Ärzte, der Führungskräfte in der Wirtschaft, führte zur Gründung von Fortbildungsakademien, die der Notwendigkeit des »lebenslangen Lernens« Rechnung tragen. So bildet die Frankfurter *A. der Arbeit* unter der Trägerschaft des *Deutschen Gewerkschaftsbundes* und des Landes Hessen Beamte, Angestellte und Arbeiter in Wirtschafts- und Betriebswirtschaftslehre, Sozialpolitik und anderen Fächern weiter (→ *Gewerkschaften*). Den sich ständig verändernden Anforderungen an Führungskräfte aller Wirtschaftszweige mit einer »Führungslehre« zu begegnen, hat sich die 1956 gegründete *A. für Führungskräfte der Wirtschaft*, Bad Harzburg, zur Aufgabe gestellt. Ausgehend davon, daß Unternehmensführung lern- und lehrbar sei, werden in Lehrgängen anhand der »Allgemeinen Führungsanweisung« Methoden und Aufgabenverteilung eines neuen Führungsstils vermittelt, der den marktwirtschaftlichen Strukturen der Bundesrepublik entsprechen soll. Im Zusammenhang sowohl der Forderung wie auch des Bedürfnisses nach Erweiterung und Aktualisierung von Wissen sind auch die Fortbildungsmöglichkeiten für Lehrer zu sehen. So bot die speziell für diesen Zweck 1971 gegründete und dem *Bayerischen Staatsministerium für Unterricht und Kultus* nachgeordnete *A. für Lehrerfortbildung* in Dillingen seither insgesamt 2 600 Lehrgänge an, wobei sich die Teilnehmerzahl in den zehn Jahren ihres Bestehens mehr als verdoppelte.

Eine dritte Kategorie von A. sind die der vollständigen Berufsausbildung. Musiker absolvieren eine abgeschlossene Ausbildung in A. für Musik, zum Beispiel an der *Städtischen A. für Tonkunst* in Darmstadt oder der *Fachakademie für evangelische Kirchenmusik der ev.-luth. Kirche* in Bayreuth und an anderen A., deren Abschluß etwa zum staatlich geprüften Musiklehrer führt. Auch die Kunstakademien wie die *A. der bildenden Künste* in Nürnberg oder die *Staatliche A. der bildenden Künste* in Hamburg sind in der Regel Hochschulen, die zu akademischen Abschlüssen hinführen. So ist die *A. der bildenden Künste* in München eine Ausbildungsstätte, an der man die Befähigung zum Kunsterzieher an Gymnasien oder ein Diplom für hervorragende künstlerische Leistungen erlangen kann.

Der Gedanke einer A. als Stätte des → *Dialogs und Gesprächs* und der politischen Bewußtseinsbildung ohne strikte politisch-ideologische Bindung und ohne gezielt wissenschaftlichen Zwecken zu dienen, ist in der Deutschen Demokratischen Republik nicht verbreitet. Mit Ausnahme der vier evangelischen A. in Berlin (Ost), Eisenach, Magdeburg und Meißen sind die A. in der DDR in erster Linie Forschungszentren, in zweiter Linie mit Aus- und Weiterbildungsaufgaben entsprechend den Beschlüssen der *SED*- und Staatsführung betraut. Abgesehen von den klassischen Gelehrtenakademien bestimmen zwei Typen von A. das Bild. Primär

mit Forschungsaufgaben beauftragt sind die *A. der Pädagogischen Wissenschaften*, die *A. der Künste*, die *Bauakademie*, die *A. der Landwirtschaftswissenschaften* und vor allem die *A. der Wissenschaften*. Unter den Ausbildungsstätten, die den Namen A. tragen, ragt in ihrer Bedeutung für die Lenkung der Gesellschaftswissenschaften die *A. für Gesellschaftswissenschaften* beim Zentralkomitee der *SED*, Berlin (Ost), heraus. Aufnahmevoraussetzungen sind die fünfjährige Mitgliedschaft in der *SED* in verantwortlicher Position, eine Parteischulung oder ein Hochschul-Abschluß. Die Auszubildenden werden durch die Bezirksleitungen vorgeschlagen und von der Abteilung Wissenschaften im Zentralkomitee der *SED* ausgewählt. A. zum Zwecke der Ausbildung sind weiterhin die *Bergakademie* Freiberg, die medizinischen A., die *A. für Staats- und Rechtswissenschaft* sowie die *Militärakademie Friedrich Engels* in Dresden. Letztere dienen vor allem der Qualifizierung von Parteimitgliedern. Der beruflichen Aus- und Weiterbildung widmen sich Betriebsakademien.

Die konfessionellen und politischen A. der Bundesrepublik kommen mit ihrer Arbeit dem Bedürfnis und der Notwendigkeit nach Information über kirchliche, weltanschauliche und politische Themenkreise entgegen. Ihr Vorzug liegt darin, daß sie ihre Aufgabe als Beitrag zum Gespräch zwischen allen gesellschaftlichen Kräften verstehen und in relativer Unabhängigkeit von politischen und kirchlichen Instanzen arbeiten können.

Aus- und Weiterbildungsakademien in beiden deutschen Staaten entsprechen der Tendenz zum immer häufiger geforderten Spezialistentum und einem Bildungsboom, der als Folge einer als nicht mehr ausreichenden einmaligen Berufsausbildung erkannten Forderung nach einem ständig aktuellen und permanent erweiterten Wissensstand auftritt. Deutlicher noch als die Bundesrepublik markiert die DDR, ablesbar an den Aufnahmebedingungen der aus- und weiterbildenden A., ein Streben nach Höchstqualifizierung ohnehin schon ausgewiesener Wissenschaftler und fördert so die Tendenz zu einer Elitenbildung (→ *Elite*).

R. Landrock (I, II), M. Müller (III)

Literatur
U. Hofmann (Hrsg.), Überführung Wissenschaft – Produktion. Materialien eines Kolloquims der A. der Wissenschaften der DDR 1973, Berlin (Ost) 1973
Hartkopf, Die A. der Wissenschaften der DDR, Berlin (Ost) 1975
R. Landrock, Die Deutsche A. der Wissenschaften zu Berlin 1945 – 1971, H. 1–3, Erlangen 1977
Leiterkreis der Evangelischen A. in Deutschland (Hrsg.), Der Auftrag Evangelischer A., Salach 1979
A. für Lehrerfortbildung Dillingen 1971 – 1981, Donauwörth 1981

Alltag

I. Alltag im Industriezeitalter – II. Wandlung der Alltagskultur in der Bundesrepublik Deutschland – III. Alltag in der DDR – IV. Wege zur »sozialistischen Lebensweise«

I. Alltag im Industriezeitalter

Alltagswelt erscheint als Wirklichkeit schlechthin. Die Aufdringlichkeit und Unausweichlichkeit des A. bedingen, daß er als Anspannung und nervenaufreibende Routine empfunden wird. Im A. konstituiert sich Gemeinsamkeit in dem Sinn, daß seine Realität auch für den jeweils anderen eine vergleichbare Gültigkeit beansprucht und sich ihm auf eine ähnliche Weise darstellt. »Ferner kann sich der Mensch nur innerhalb dieses Bereiches mit seinen Mitmenschen verständigen, und nur in ihm kann er mit ihnen zusammenwirken« (A. Schütz, Th. Luckmann, Strukturen der Lebenswelt, Neuwied, Darmstadt 1975, S. 23). Alltägliche Kommunikation vollzieht sich nach einer meist unbewußten Grammatik der Handlungen und Selbstdarstellungen, denen sich der einzelne nicht ohne weiteres entziehen kann. Wie die verbalen bis körpersprachlichen Umgangsformen, ist in ihm ein tageszeitlich wie auch weitgehend lebensgeschichtlich festgelegtes Zeitsystem vorgegeben (→ *Zeitbewußtsein*).

A. meint aber auch einen Begriff, der auf eine qualitative Unterscheidung der Lebenssphären hindeutet. A. erscheint, worauf schon Wortverbindungen wie »grauer A.«, »alltägliches Einerlei« verweisen, als Bereich der → *Arbeit,* der niedrigen Gestimmtheit, der Mühsal, der Daseinsfürsorge und Existenzsicherung, dem gegenüber die Sonn- und Feiertage eine eigene, auch durch besondere Gewohnheiten wie die der Kleidung oder des Essens und Trinkens hervorgehobene Zeitordnung beanspruchten.

Diese Trennung mußte sich in dem Maß verlieren, wie sich mit der Veränderung des Freizeitverhaltens und der als »Amerikanisierung« empfundenen Umschichtung in der Lebensweise im Verlauf der 50er und 60er Jahre ein Bewußtseinswandel vollzog, als dessen Indiz unter anderem auch das schwindende Unrechtsgefühl gegenüber der Sonntagsarbeit anzusehen ist. Tätigkeiten, die lange als alltäglich angesehen wurden, werden nun im Zuge der Freizeitausdehnung auch an Sonntagen ausgeübt. Dieser Prozeß, der letztlich zu einer Lebenseinteilung in Arbeitszeit und → *Freizeit* tendiert, zeigt, wie weit das Empfinden für die religiöse, traditionsbestimmte Sonderstellung der Sonn- und Feiertage geschwunden und damit auch ihre Abgrenzung zum A. als einer Sphäre des Profanen hinfällig geworden ist.

Mit seinen besonderen, sich wiederholenden Verlaufsformen, seinem Zeitregiment, seiner Mischung aus privater Distanz und öffentlicher Darstellung ist A. im wesentlichen ein Ergebnis des durch den Verlust eines unmittelbaren Naturverhältnisses geprägten Industriezeitalters. Seine Entdeckung als eines eigenen Untersuchungsgegenstands fällt zeitlich mit einer Revolutionierung des Arbeitsprozesses zusammen, die erstmals eine billige Massenproduktion an Verbrauchsgütern des gehobenen Bedarfs erlaubte und auch die niedrigen Einkommensschichten, die Arbeiter und kleinen Angestellten, als Käufer und Konsumenten interessant machte (→ *Werbung,* → *Konsum*). Das Interesse am A. erscheint somit auch als ein Produkt der sich in den 20er Jahren entwickelnden und spezialisierenden Markt- und Bedürfnisforschung. Dies führte zu einer Demokratisierung der Verbrauchergewohnheiten und zu Möglichkeiten der Partizipation an den nun immer mehr durch Werbung und → *Kulturindustrie* gesetzten Standards der öffentlichen Verhaltensweisen im egalitären Schein des Warenkonsums. Film und Illustriertenpresse taten ein übriges, gaben Vorbilder exklusiver Lebensführung, an denen sich nun auch die weniger begüterten Schichten zu orientieren begannen.

II. Wandlung der Alltagskultur in der Bundesrepublik Deutschland

Unter dem Eindruck einer sich auch in der Bundesrepublik seit den 60er Jahren vollziehenden Entwicklung von einer noch für die ältere Generation typischen moralischen und affektgebundenen, an internalisierten Normen ausgerichteten Einstellung zu einer mehr und mehr von den Massenmedien, dem Freundes- und Kollegenkreis geleiteten Verhaltensorientierung, hat eine kritische Alltagsforschung die Abhängigkeit des Menschen von seiner industrialisierten Umwelt und seine Beeinflussung durch die Kultur- und Bewußtseinsindustrie hervorgehoben. Unter diesem Aspekt wird die auch das Verhältnis zur Kultur, Freizeit und Politik bestimmende Verbraucherhaltung zum Ausdruck eines universalen Einverständnisses in einer »bürokratischen Welt des gelenkten Konsums« (H. Lefèbvre, Das Alltagsleben in der modernen Welt, Frankfurt a. M. 1972, S. 128). Die wechselseitige, Verhaltenskonformität konstituierende Wahrnehmung des anderen und eine das Gefühl der Sicherheit gewährende, selbstverständliche Hinnahme alltäglicher Lebensinhalte sind deshalb nicht allein positiv zu werten. Der im Zuge einer allgemeinen, ökonomisch begründeten, von D. Riesman schon 1950 diagnostizierten Konsummaximierung und für die Bundesrepublik auch durch den seit Anfang der 70er Jahre expandierenden Kulturbetrieb zu belegende, wachsende Nachrichten- und Informationsverbrauch gibt dem einzelnen zwar den Eindruck, »dabei« zu sein, führt aber auch zu Passivität und einer den individuellen Erfahrungs- und Erwartungshorizont einschränkenden Partikularität, aus der heraus die den → *Lebensstil* prägenden sozialen Kräfte nicht durchschaut werden können.

In diesem Widerspruch sind auch die unter dem Schlagwort einer »Kultur für alle« bekannt gewordenen Bestrebungen zu sehen, breite Bevölkerungsschichten an einer Kultur teilhaben zu lassen, die einem verhältnismäßig kleinen gebildeten Kreis vorbehalten war, sogenannte Schwellenängste abzubauen, Bildungschancen zu eröffnen und diese Vorgehensweise den zunächst noch sehr vage bestimmten und in ihren kulturellen → *Bedürfnissen* noch reichlich unbekannten Adressaten unter Berufung auf demokratische Inhalte und Traditionen schmackhaft zu machen. Dabei zeigt sich das Problem, wie diese Kultur, an der teilzuhaben allen möglich sein sollte, näher zu bestimmen sei. Sollten, wie dies in der DDR zeitweise zum Programm erhoben wurde, die von den Bildungsmöglichkeiten bisher weitgehend Ausgeschlossenen die »Höhen« der bürgerlichen Kultur erstürmen, oder sollte gerade ihre von den allgemeinen Kommunikations- und Produktionsformen geprägte und somit auch entfremdete Lebensweise, ihre unmittelbaren alltäglichen Lebenszusammenhänge, als ihre für selbstverständlich erachtete, aber immer schon kulturelle Praxis zur Kultur erklärt werden.

Von hier aus stellt sich die Frage nach dem Verhältnis des A. zu einer über die trivialen Aneignungsweisen einer populären Kultur hinausreichenden → *Kunst,* in der die Immanenz des A. in ihrer Dringlichkeit und Ereignishaftigkeit aufgebrochen wird. Kunst erweist sich, wie dies insbesondere die Manifeste und Debatten einer realistischen, eingreifenden ästhetischen Praxis der 20er Jahre zeigen, in dieser Funktion als genuine Möglichkeit, die dem A. koexistenten Bereiche der Phantasie, des Unbewußten, der wissenschaftlichen Theorie im Horizont alltäglicher Erfahrung zu vermitteln. Gegenüber den früheren Verfremdungstechniken, wie etwa der *Collage,* gewinnen mit der Herausbildung einer Gesellschaft, in der die zwischenmenschlichen Beziehungen und Interaktionen eine immer größere Rolle spielen, Kunstformen an Aktualität, die wie Videokunst oder *Performances* den kommunikativen und prozessualen Charakter alltäglichen Lebens thematisieren.

Zu Bestrebungen, den »Bruch zwischen Alltäglichem und nicht Alltäglichem« (H. Lefèbvre) nicht nur bewußt zu machen, sondern ihn auch in einer veränderten Lebensweise zu überbrücken, ist es neuerlich vor allem im Spektrum jugendlicher Subkulturen (→ *Subkultur, → Alternativkultur*) gekommen, deren Erscheinungsformen eine tiefe Verunsicherung im Zusammenhang kulturellen Wandels (→ *Kulturwandel*) erkennen lassen, in dem die Mög-

lichkeiten einer langfristigen kohärenten Lebensplanung zunehmend geringer werden. In dem Maß, wie das alltägliche Geschehen in einer technologisch-rational geformten Welt, dem der einzelne am Arbeitsplatz wie in seiner freien Zeit unterworfen ist, seine zeitliche, im Gedanken des → *Fortschritts* zu erfüllende zukünftige Dimension verliert, zeigen sich Tendenzen, personale Identität außerhalb der gesellschaftlich vorgegebenen Lebensräume und Lebensmuster und gegen sie zu erreichen. Dies geschieht oft im Rückgriff auf eine ganzheitlich verstandene, vorkapitalistische Lebensweise und ist, indem deren reale historische Bedingungen ausgeblendet bleiben, nicht frei von romantisierenden Zügen. Die Stichworte sind hier → *Sinnlichkeit,* Kontakt, Umgang mit einfachen Dingen und in ihrem Ablauf überschaubaren Prozessen, aber auch Antirationalismus.

Indem sich die ethnologisch orientierte Alltagsforschung in ihrer Methode nicht auf die Frage beschränkt, wie alltägliches Handeln zustande kommt, hat sie zugleich Möglichkeiten gezeigt, der Alternative sozialer Anpassung an die Erfordernisse einer technokratischen Welt oder Verweigerung und Rückzug in nur künstlich zu erhaltende Fluchträume, aber auch der Verklärung inzwischen schon vermarkteter oder exotischer Lebensformen zu entgehen. »Vielleicht sollte es jetzt für uns weniger wichtig sein, die kulturindustrielle Ausbeutung dieses Trends – die Verkleidung der Menschen in einen »Folklore-Look«, den Einzug einer reichen Schickeria in Fachwerkhäuser und die Souvenirsucht von Touristen – als Versatzstücke zu kritisieren, als vielmehr jene Ansätze einer wirklichen Integration fremder Kulturelemente in neue und eigene Alltagsstile zu sehen, wie sie sich bei einigen Randgruppen unserer Gesellschaft vollzog und vollzieht, wo jene kulturellen Details nicht zufällige und präformierte Fluchtangebote sind, sondern bewußt ausgewählte Elemente zur Schaffung einer sinnvollen eigenen Alltagswelt« (I. M. Greverus, S. 153).

III. Alltag in der DDR

Ein Grundmuster des A. in der DDR ist leicht zu erkennen. Ob im verstaatlichten Betrieb, in der Reparaturwerkstatt, der HO-Gaststätte, auf dem Wohnungsamt oder im Elternaktiv der Schule, an jedem Ort und zu jeder Zeit stellt sich eine bestimmte, einheitliche Organisation des Lebens als die vorherrschende Realität ein. Die Verstaatlichung des Eigentums an den Produktionsmitteln, die Aufnahme aller gesellschaftlichen Prozesse in den Kreis der Führungsaufgaben der *SED* und des Staates, ihre zentrale Leitung nach sowjetischem Vorbild und eigenen Traditionen haben aus Staat und Gesellschaft einen Betrieb, einen »Verein« entstehen lassen, der dem einzelnen mit einem bestimmten Repertoire an Routinen und Lebensplänen entgegenkommt. Versorgung und Betreuung ist eines seiner generellen Merkmale, eine weitgreifende Monotonie ein anderes. Im Horizont der realpolitischen und weltanschaulichen Betreuung fügen sich neben anderen Elementen Anschauungen eines wissenschaftlich-technischen Optimismus, der von Führungsgremien beherrschte A. in Betrieben und Massenorganisationen, Symbole des neuen öffentlichen Anstands wie der dunkle Anzug und der Aufmarsch zu den Ehrentagen mit einer Fülle erziehender und qualifizierender Zirkel, alle Lebensphasen erfassend, zusammen. Es ist kaum zu entscheiden, ob der Umstand, daß *SED* und Staat autoritativ-betreuend »für ihre Bürger denken«, dazu beiträgt, eine Identität der Menschen aufzubauen, oder aber Individualität im unreflektierten und unbewußten Lebensablauf nach vorgegebenen Mustern ernstlich gefährdet scheint. In einer Hinsicht stellt sich die Identitätsfrage allerdings einfacher als in der von unterschiedlichen Grammatiken des Denkens und Handelns durchzogenen Bundesrepublik Deutschland. Die Aufdringlichkeit des politischen Apparates, der sich auch die Nischen der Subjektivität aneignen möchte, teilt die Bevölkerung in diejenigen, die sich den Zumutungen des Politischen gegenüber gleichgültig bis ablehnend verhalten und in der Abwehr zu einer alle Schichten und Generationen übergreifenden tagtäglichen Solidarität finden, und die Partei- und Linientreuen. Eine den modernen Lebensformen des Konsums und der Freizeit zugewandte egoistische Grundhaltung kennzeichnet beide Gruppierungen. Das eigentliche Kunststück der politischen Führung bestand bisher darin, eine Radikalisierung dieser Spaltung der Gesellschaft zu verhindern, den inneren Frieden und die Arbeitsbereitschaft durch variable Mischungen aus Gewaltandrohung, weltanschaulichen Sinnangeboten und realpolitischem Eingehen auf die Lebensbedürfnisse der Bevölkerung zu sichern.

In der an Planung gewöhnten Gesellschaft der DDR wird auch der Lebensplan des einzelnen zur Routine. So muß sich Identität auch gegen diesen ausbilden. Die hohe Fluktuation der Arbeitenden zwischen den Betrieben, indirekte Arbeitsverweigerungen, offener Protest, auch Kriminalität dürften in dem Streben nach Identität stärker begründet sein als in dem Wunsch, aus der Gesellschaft »auszusteigen«. Spontanität und Entscheidungsfreiheit sind in den nicht unmittelbar arbeitsbezogenen, informellen Lebensbereich abgedrängt worden, dorthin, wo »nach Feierabend« mit händlerischem Geschick, weitverzweigten Kontakten, mit dem Horten und dem Tausch von Waren, mit zwei deutschen Währungen und Schwarzarbeit der mangelhaften Versorgung ein befriedigender Lebensstil und -standard abgerungen wird. Es gehört zu den Paradoxien der DDR, daß die Gesellschaft Stabili-

tät aus ihren Versorgungsdefiziten zieht.

Nicht nur das ständige »Organisieren« als einem inzwischen heimisch gewordenen Relikt der Kriegs- und Nachkriegszeit zeigt an, daß sich der A. in den beiden deutschen Staaten am nachhaltigsten in der Weise unterscheidet, in der Zeit wahrgenommen und verwendet wird. Geringere Konsumanreize, rückständige und überlastete Verkehrsverbindungen, Gaststätten und Kaffeehäuser ohne »Kneipenkultur« und Angebote der → *Theater* und → *Kinos,* deren pädagogischer Hintersinn ermüdet, förderten den Rückzug in die abendliche Privatheit, deren geruhsame Gesellenkeit vor allem von persönlichen Impulsen und Beziehungen getragen wird.

IV. Wege zur »sozialistischen Lebensweise«

Der Begriff A. ist ein für die DDR zu indifferentes Wort, als daß er von Politik und Ideologie verwendet werden könnte. Seine Thematik ist von der marxistischen Theorie, mit Ausnahme von ungarischen und französischen Marxisten wie A. Heller und H. Lefèbvre, noch wenig aufgegriffen worden. Vielmehr wird A. in der DDR einer seit Mitte der 60er Jahre diskutierten Konzeption der »sozialistischen Lebensweise« untergeordnet, »die alle grundlegenden Sphären des Lebens, »die Arbeit, das Alltagsleben, die sozialpolitische Tätigkeit und die Freizeit« (W. Tolstych, Eine neue Lebensweise – utopisch oder real? Berlin (Ost) 1979, S. 10) umfassen soll. Der Begriff bezeichnet die »gesamte soziale und geistige Wirklichkeit« (G. Hoppe, Über Wesen und Entwicklung der sozialistischen Lebensweise, in: Einheit, H. 4, 1969, S. 494) der Lebensform, wie Menschen arbeiten, wohnen, lieben, Kinder erziehen, sich erholen, vergnügen, bilden und politisch betätigen, wie sie Erfahrungen und Erkenntnisse verallgemeinern, wie sie Natur und Umwelt übernehmen und verändern, welche Bedürfnisse, Fähigkeiten, soziale Organisationsformen, Gewohnheiten und Sitten sie ausbilden (H. Hanke, Kulturelle Entwicklungsprobleme der Lebensweise, in: Weimarer Beiträge, Jg. 27, H. 11, 1981). Als neuartige, westliche Diskussionen aufnehmende Universalkategorie tritt der Terminus zeitweilig neben den Begriff der *Gesellschaftsformation,* der Anfang der 70er Jahre den für die Gesellschaftskonzeption der 60er Jahre typischen Systembegriff ablöst. Ihre ideologische und gesellschaftspolitische Bedeutung findet die Konzeption der sozialistischen Lebensweise darin, erstmals subjektive Aspekte positiv zu integrieren, die bisher, wie in den Auseinandersetzungen mit den des → *Revisionismus* bezichtigten französischen und österreichischen Marxisten R. Garaudy und E. Fischer zum Problem der → *Entfremdung,* eher polemisch abgewehrt wurden. Typisch wurde ferner, sozialistische Lebensweise als komplizierten, widerspruchsvollen und nicht zuletzt langwierigen Prozeß des Wandels zu verstehen und somit anzuerkennen, daß die angestrebte sozialistische Gesellschaft offenbar nicht allein durch die Revolutionierung der Produktionsverhältnisse hervorgebracht werden kann, sondern ergänzender sozial-technologischer Strategien der Gesellschafts-, Kultur- und Sozialpolitik bedarf. Resignation ist in diesem Zusammenhang auch gegenüber allen Demokratisierungsmöglichkeiten angebracht, da die aktive politische Gestaltung der Lebensweise und des A. die *SED* in ihrer Führungsrolle eher stärkt, als sie durch massenhaftes Handeln überflüssig werden zu lassen. So geraten alle massenhaften Informationen, Anhörungen und Beratungen in den Betrieben und Verwaltungen der DDR insofern regelmäßig früh an eine Grenze, als Entscheidungen von Gewicht ohnehin der Parteielite vorbehalten bleiben (→ *Elite*). Die Führungsrolle der *SED* bleibt auch dann gewahrt, wenn die sozialistische Lebensweise nun als ein reales Bezugsfeld, nicht lediglich als normative Zumutung an die Bevölkerung verstanden wird. Ihre Plan- und Leitbarkeit durch Führungsgruppen steht somit außer Frage. Die Planbarkeit setzt jedoch die operationale Zerlegung der gegebenen wie auch der angestrebten Lebensweise in eine Fülle von konkreten Bewertungen und Maßnahmen voraus, von denen nicht sicher ist, wie weit sie die Bevölkerung mitträgt. Dennoch unterscheiden sich die verschiedenen Klassen, Schichten und Gruppen der DDR in den Arbeits- und Lebensbedingungen, sind die Generationen aufgrund der wechselvollen jüngeren deutschen Geschichte kulturell unterschiedlich geprägt und haben erst die Jüngeren Sozialismus als A. erlebt. Ferner bestehen unterschiedliche Siedlungsweisen, Familientypen, in denen sozial- und traditionsbedingte Differenzen zwischen Männern und Frauen sich ausformen, wirken unterschiedliche kulturelle Muster und Weltanschauungen, auch wenn diese zu einer spezifischen historischen, kulturellen und mentalen Tradition im Sinn eines Nationalcharakters der Deutschen nach wie vor zusammenfließen.

Wird Lebensweise auch noch 1981 auf dem X. Parteitag der *SED* als weithin unstrukturierte Addition der einzelnen Lebenssphären, als eine zusammenfassende Bezeichnung für selbständige soziale Vorgänge der Arbeit, der Freizeit, der Mitwirkung an der »sozialistischen Demokratie« u. a. verwendet, so bahnt sich zur selben Zeit in den Kultur- und Gesellschaftswissenschaften eine radikale Wende an. Das Konzept der Lebensweise wird als normatives Ansinnen an die Bevölkerung, einem bestimmten Kultur- und Gesellschaftstypus zur Lebenspraxis zu verhelfen, entweder ganz fallengelassen oder zumindest zugunsten der Frage nach der Empirie des A. zurückgestellt. Trotz zahlreicher empirischer Studien und Meinungsbefragungen erweist sich der

A., ganz ähnlich der Lage in der Bundesrepublik, als wenig erforscht, da das angehäufte Wissen stets nur einzelne Aspekte eines unüberschaubaren Ganzen erhellt. Geht es zunächst also darum, die empirische Lebensweise als subjektiven Zustand objektiver Lebensbedingungen zu ermitteln, so doch in der Erwartung, »Keime der neuen Ordnung« (E. John u. a., S. 122) festzustellen, die zur Orientierung der zukünftigen kultur- und gesellschaftspolitischen Praxis dienen und zugleich geeignet sind, die postulierte Führungsrolle des Proletariats durch die tatsächliche Entwicklung zu belegen. Nach welchen differenzierteren Kriterien Keime einer sozialistischen Lebensweise gefunden, bewertet und zum Gegenstand kultureller Planung erhoben werden können, ist ebenso ungeklärt wie die Untersuchungsweise, welche die als Wechselwirkung gedachte Einheit von subjektiven und objektiven Faktoren empirisch erfassen läßt. Worin der wenig erfolgreiche Behelf bisher bestand, wird in der Kritik der Wege anschaulich, die nicht weiterführen, den Wegen des »mechanischen Ökonomismus«, des »voluntaristischen Pädagogismus« und des »illusionären Moralisierens« nach dem Motto: »Man muß die Menschen nur gebührend schulen, dann werden sie schon richtig leben« (E. John u. a., S. 11). Inhaltlich geht es vor allem um eine Neubestimmung der Zusammenhänge zwischen Arbeit, Freizeit sowie den Bedürfnissen und Motivationen. Zwischen Arbeitsinhalten und den Qualifikationen des Erwerbstätigen entstanden in den letzten Jahren derartige Widersprüche, daß nur noch auf spezifischen Gebieten die Arbeitsanforderungen über den Fähigkeiten der Menschen liegen.

Entgegen einem verbreiteten Bewußtsein der Bevölkerung, daß Freizeit und insbesondere die individuell »frei verfügbare Zeit« positiv von der Arbeit und der Hausarbeit abhebt, beharren Kultursoziologen wie H. Hanke auf der starken Prägung auch der Freizeitaktivitäten, etwa des häuslichen Lebens, der Erziehung, des Einkaufens, der Erholung und der Ferien, der Nebentätigkeiten durch die jeweiligen Arbeitsbedingungen. In dieser Argumentation bleibt die Freizeit der Arbeit verbunden, die Einstellung zur Arbeit kann weiterhin als »Herzstück der sozialistischen Lebensweise« (Parteiprogramm der *SED*) deklariert werden. Der offenbare Widerspruch zwischen Alltagsbewußtsein der Bevölkerung und einer idealen Bedürfnisstruktur wird als Mittelpunkt der weiteren Diskussion erachtet. Sollte die Lösung darin bestehen, »besonders jene Bedürfnisse zu befriedigen, die Triebkraft der gesellschaftlichen Entwicklung sein können« (J. Marten, H. Martin, Wie ist Kultur planbar? Berlin (Ost) 1981, S. 46), so wird in den ohnehin schon strikt reglementierten A. massiv eingegriffen werden.

B. Weyergraf, R. Rytlewski

Literatur

G. Hoppe U. a., Lebensweise und Moral im Sozialismus, Berlin (Ost) 1972

K. Hammerich, M. Klein (Hrsg.) Materialien zur Soziologie des A. Sonderheft 20 der Kölner Zeitschrift für Soziologie und Sozialpsychologie 1978

J. Reulecke, W. Weber (Hrsg.), Fabrik, Familie, Feierabend. Beiträge zur Sozialgeschichte des A. im Industriezeitalter, Wuppertal 1978

I.-M. Greverus, Kultur und Alltagswelt, München 1978

F. John u. a., Kultur-Kunst-Lebensweise, Berlin (Ost) 1980

E. Windmöller, Th. Höpker, Leben in der DDR, Hamburg 1980

I. Dölling, Zur Vermittlung von gesellschaftlichem und individuellem Lebensprozeß, in: Weimarer Beiträge, 27. Jg., 1981, H. 10, S. 94–125

Alter

A. wird in den hochindustrialisierten Leistungsgesellschaften beider deutscher Staaten weitgehend durch die Stellung im Erwerbsprozeß bestimmt. Über alle individuellen und sozialen, ökonomischen und ideologischen Unterschiede hinweg kann als einigermaßen gesicherte Definition nur gelten, daß unter »alten Menschen« jene Bürger verstanden werden, die im Rentenalter stehen und nicht mehr berufstätig sind. Der zweite Punkt macht exakte Zahlenangaben schwierig und weist auf gravierende strukturelle Differenzen hin. In der Bundesrepublik waren schon 1979 mehr als 120 000 Arbeitnehmer im A. über 55 Lebensjahren arbeitslos, und diese Quote ist seither noch gestiegen. In der Altersgruppe 60 bis 65 Jahre gingen 1978 nur noch 43 v. H. der Männer und 12 v. H. der Frauen einer Beschäftigung nach. Das ist fast ein Drittel weniger als ein Jahrfünft zuvor. Unter den Regeln freier Marktwirtschaft findet im Zug von Rationalisierung und Rezession eine zunehmende Auslese dequalifizierter älterer Arbeitnehmer statt. Ihre Arbeitsleistung wird nicht mehr gebraucht und belastet nur noch das Betriebsergebnis *(→ Beruf, → Arbeit)*. Deshalb werden sie, unter Umständen mit betrieblichen Abstandszahlungen, die zur Arbeitslosenunterstützung hinzukommen, für die Übergangsfrist bis zum gesetzmäßigen Rentenanspruch, vorzeitig in den sogenannten Ruhestand entlassen und die Kosten ihres Lebensunterhaltes auf die öffentlichen Sozialleistungen der Renten »überwälzt«.

Anders ist die Situation in der DDR. Auch dort haben die Verluste der beiden Weltkriege und der Geburtenausfall während der Weltwirtschaftskrise anfangs der 30er Jahre tiefe Einbrüche in der Bevölkerungsstruktur verursacht. Dazu kommt noch die Abwanderung von rund 2,6 Mio. meist jüngerer Menschen bis 1961; dazu kommt auch ein geringerer Standard der Rationalisierung und Mechanisierung der Betriebsabläufe und Arbeitsprozesse. Arbeitskräfte sind also knapp und werden gebraucht. Auch aus diesem ökonomischen Grund des Beschäftigungsbedarfs besitzen Frauen ebenso wie ältere Menschen als Arbeitskräfte eine höhere Bedeutung und folglich ein größeres soziales Ansehen in der Gesellschaft der DDR, was letztlich freilich ähnliche Diskriminierungen in Form minderer Entlohnung und Dequalifikation, wie in der Bundesrepublik zu sehen, nicht ausschließt. Doch nach dem Arbeitsgesetz besteht für die letzten fünf Jahre vor Erreichen des Rentenalters Kündigungsschutz, der Betrieb hat für ältere Werktätige adäquate Arbeitsplätze einzurichten, und für Alters- und Invalidenrentner sind Teilbeschäftigungen auch nach dem Modell des jetzt in westlichen Wirtschaften diskutierten *job-sharing* zu vereinbaren *(→ Arbeitskultur)*.

Mit den Problemen struktureller Überalterung müssen sich alle hochentwickelten Industriegesellschaften auseinandersetzen, die die Erkenntnisse von Medizin und Hygiene zusammen mit wirtschaftlichem Überschuß und zivilisatorischem *→ Fortschritt* in die soziale Praxis übertrugen. Der Mensch lebt durchschnittlich länger dort, 69 Jahre die Männer, 73 Jahre die Frauen. Während in den unterentwickelten Ländern der Anteil der über 60jährigen 5,4 v. H. an der Gesamtpopulation beträgt, schlägt diese Gruppe in den Industriestaaten mit 15 v. H. zu Buche.

Nach den eingangs begründeten Rentenkriterien hatte die Bundesrepublik 1978 einen Altenanteil von 15,2 v. H., die DDR 1979 von 18,3 v. H. Das ist ein gewaltiger Unterschied, weil man ihn nicht am Überschuß der alten Menschen abzählen darf, sondern an der Sozialleistung jener Bürger bemessen muß, die durch ihre Arbeit für das Sozialprodukt aufkommen, das Kinder, Jugendliche und alte Menschen miternährt. Das sind in der DDR fast 40 v. H. aller Bürger.

Das Rentenalter wird in der Bundesrepublik ebenso wie in der DDR mit 65 Jahren erreicht, doch gilt dort für Frauen schon die Grenze von 60 Jahren. In beiden Staaten ist eine Versicherungszeit von fünfzehn Jahren in der gesetzlichen Rentenanstalt Voraussetzung für die Ausschüttung. In der Bundesrepublik gewährt eine 35jährige Zahlungsfrist Anspruch auf die vorgezogene flexible Altersgrenze, die für Männer mit 63 Jahren und für Frauen mit 60 Jahren beginnt. Die Witwenrente beträgt in beiden deutschen Staaten 60 v. H.

In der DDR beläuft sich die nach Arbeitsjahren gestaffelte Mindestrente auf 270 bis 340 Mark; als Bemessungsgrenze gelten 600 Mark Monatslohn, die 1978 eine maximale Rente von wenig mehr als 400 Mark erbrachte. Deshalb bestreiten drei Viertel der Arbeitnehmer noch eine Zusatzversicherung, während in der Bundesrepublik zwei Drittel der Arbeiter und Angestellten noch eine, meist geringe, betriebliche Altersversorgung genießen. Das Rentengefälle zwischen Bundesrepublik und DDR ist dennoch hoch und entspricht in etwa dem der Einkommen. Auch bei Berücksichtigung des Kaufkraftverlustes der D-Mark macht der Abstand mehr als 50 v. H. aus. Bei einer Durchschnittsrente von 1000 Mark in der Bundesrepublik und 300 Mark in der DDR (1977) klafft das System der Alterssicherung dennoch nicht so weit auseinander, wie es auf den ersten Blick scheint. Die Einkommen der Rentnerhaushalte sind in der Bundesrepublik sehr viel breiter gestreut, bei einem Drittel lagen sie 1976 unter 1000 DM.

Es ist naheliegend, daß bei niedriger Rentenerwartung die Arbeitsmotivation steigt. Der Vergleich zweier Erhebungen in Schwerin und in Köln bestätigt das. Während in Köln neun von zehn befragten Arbeitnehmern von der frühest möglichen Altersgrenze, die bei 63 und 60 Jahren liegt, Gebrauch machen wollten, erklärten im Bezirk Schwerin drei von vier Werktätigen ihre Absicht, auch im Rentenalter weiter zu arbeiten. Bei allen Gegensätzen gibt es in dieser Situation auch Ähnlichkeiten. In der Bundesrepublik weichen ältere Arbeitnehmer aus Angst vor gesteigerten Leistungsanforderungen, vor Umsetzungen und Arbeitslosigkeit gern in den Ruhestand aus. Doch auch in der DDR ist es schwierig, Rentnern noch qualifizierte Arbeitsplätze zur Verfügung zu halten, und so erklärt sich, daß nur einer von fünf im Beruf steht, und dies meist auf dem weniger anspruchsvollen Dienstleistungssektor.

Sieht man von diesen wirtschaftlich bedingten Differenzen ab, so zeigen sich im Umgang mit den Problemen des Alterns und des A. in beiden deutschen Staaten Entsprechungen, die kaum überraschen. Der beschönigenden Bezeichnung »Senioren« hier steht dort das ebenso schönende Wort von den »Veteranen« gegenüber. Gerontologie und Geriatrie, also Altersforschung und Altersmedizin, sind noch wenig ausgebaut, wobei das Manko weniger im Umfang der wissenschaftlichen Erkenntnis als in deren Umsetzung in die soziale Praxis liegt. Die Fachleute sind sich einig, daß die Vorbereitung auf die Probleme und Prozesse des A. lebenslang zu währen habe, doch tatsächlich geschieht nichts. Die Altersfragen stellen sich jedem einzelnen individuell und erst dann, wenn er unmittelbar damit konfrontiert ist. In der DDR hat man sich in Einschätzung der praktischen Möglichkeiten der Altersvorbereitung auf die letzten fünf Jahre vor Eintritt des Rentenalters beschränkt. Was da jedoch an Aufklärung, Kursen, Übungen und Hilfen de facto geboten wird, scheint über entsprechende gutwillige Angebote der Erwachsenenbildung, der Sozialhilfeträger und in den Betrieben der Bundesrepublik kaum hinauszugehen, und das ist wenig

und unbefriedigend. Dabei sollen jedoch die psychologischen Barrieren und sozialpsychologischen Schwierigkeiten einer solchen Bildungs- und Sozialarbeit auch anderswo nicht übersehen werden. In den modernen Industriestaaten genießt das A. wenig Ansehen, wird der Faktor »Alte Menschen« vornehmlich unter dem volkswirtschaftlichen Stichwort »Altenlast« behandelt, bildet sich tendenziell eine »Altersklasse« am Rand der produktiven Gesellschaft. So reduziert sich das Altersproblem im sozialen Kontext weitgehend auf unumgängliche Aufgaben der geschlossenen und offenen Altenhilfe. Darin stehen die beiden deutschen Staaten einander kaum nach, doch kann auch keiner von beiden Vorbildcharakter behaupten.

Die Alten-, Wohn- und Pflegeheime, in der DDR auch »Feierabend- und Pflegeheime« genannt, bieten Plätze für rund 4 v. H. der alten Mitbürger. Nach aller Erfahrung ist ein größeres Angebot kaum notwendig, wennschon ein anders beschaffenes, das alten Menschen mehr Mitsprache, Anregung und aktives Leben in den Heimen gewährt. Während jedoch in der Bundesrepublik ein solcher Platz monatlich mindestens 1200 DM kostet und kaum bezahlbare Sätze bis 3000 DM häufig anzutreffen sind, beträgt in der DDR der limitierte Eigenbeitrag 120 Mark im Monat.

Untersuchungen haben ergeben, daß ältere Menschen, von den hohen Kosten hierzulande einmal abgesehen, nur selten aus reiner Neigung oder Bequemlichkeit in Heime übersiedeln. Sie fürchten den Verlust der gewohnten Umgebung, sie haben mit Recht Sorge, mit diesem Schritt endgültig in die Isolation zu geraten. Es überwiegt ein gewissermaßen vorbeugendes Motiv, die Angst, die viele alte Menschen beherrscht. Aus diesen Gründen sind die Prioritäten der Sozialpolitik für alte Menschen auf Maßnahmen der sogenannten »Offenen Altenhilfe« zu setzen, wie ambulante Dienste der Versorgung mit Essen, der Haushaltspflege, Einkaufshilfen etc.

In der Bundesrepublik bemühen sich Kommunen, Wohlfahrtsverbände, Institutionen wie das *Kuratorium Deutsche Altershilfe,* → *Bürgerinitiativen* und Nachbarschaftshilfen zunehmend um den Ausbau solcher Einrichtungen.

In der DDR werden diese Aufgaben von den Organisationen der *Volkssolidarität* mit etwa 44 000 Hauswirtschaftshelferinnen wahrgenommen. Zahlenvergleiche sind hier schwierig, weil es kaum exakte Zusammenfassungen für die Bundesrepublik gibt und auch die Angaben aus der DDR mehr den Charakter von Erfolgsmeldungen tragen. Positiv könnte man formulieren, das Problem ist erkannt und hat im staatlich gelenkten Sozialsystem der DDR größere Bewältigungschancen als in der Gesellschaft der Bundesrepublik, die solche Leistungen den Trägern freier Wohlfahrt zugewiesen hat und in höherem Maß von der Freiwilligkeit der

Mitarbeit abhängt. Denn die finanzielle Ausstattung der öffentlichen Haushalte für diese eigentlich so selbstverständliche wie lebensnotwendige Form »sozialer Sicherung« der älteren Mitbürger ist so unerheblich, daß man sie auf die tatsächlichen Bedürfnisse von potentiell elf Mio. in der Bundesrepublik anspruchsberechtigten Bürgern im Rentenalter oder drei Mio. in der DDR kaum in Anrechnung bringen kann. Altersvorsorge bedeutet eben ungleich mehr als Rentenniveau.

Das Grundproblem »Leben im A.« ist in keinem der deutschen Staaten gelöst. Zwar ist für eine materielle Mindestausstattung der nicht mehr erwerbstätigen Bürger gesorgt, die jedoch vor allem für Frauen, Witwen und Arbeitnehmer der unteren Lohn- und Einkommensklassen beängstigend nahe am Existenzminimum und den Sätzen der Sozialhilfe liegt und unter den Bedingungen des freien Marktes, den Wirtschaftskrisen, Rentenanpassungen und Mietsteigerungen ständig gefährdet ist. Aber die Fragen der Integration alter Menschen, der Lebensqualität, sind im gesellschaftlichen Kontext noch kaum aufgegriffen worden.

H. P. Bleuel

Literatur

H. P. Tews, Soziologie des Alterns, Heidelberg 1971
S. Eitner, Gesund alt werden. Wegweiser für die zweite Lebenshälfte, Berlin (Ost) 1974
S. Eitner, Der alternde Mensch am Arbeitsplatz, Berlin (Ost) 1975
U. Lehr, Psychologie des Alterns, Heidelberg, ³1977
G. Helwig, Am Rande der Gesellschaft. Alte und Behinderte in beiden deutschen Staaten, Köln 1980

Alternativkultur

I. Krisenbewußtsein, Jugendprotest und Subkultur – II. Die Frauenbewegung als Alternative – III. Religiöser Sozialismus und neues Glaubensverständnis – IV. Alternative Wissenschaft – V. Das Spektrum der Verweigerung – VI. Der rechte Rand – VII. Eine neue Ethik in beiden deutschen Staaten?

I. Krisenbewußtsein, Jugendprotest und Subkultur

Als Begriff ist die A. eng an die in unserer Epoche erstmals von der amerikanischen *Beat-Generation* ausgehenden Versuche einer *alternative society* angelehnt. Ihre von den USA über Großbritannien und die Niederlande in die Bundesrepublik übergreifenden Impulse beschränkten sich zunächst auf subjektive Abgrenzung gegenüber einer »entmenschten Zivilisation« (A. Ginsberg) und auf brüderliche Einfachheit in herrschaftsfreien Alternativ-Gemeinschaften.

Diese Tendenz zum Auszug aus und zur Abkehr von der Gesellschaft wandelte die ebenfalls von den USA ausgehende Studentenbewegung um. Jetzt ging es nicht mehr nur um individuelle Selbstbefreiung, sondern zugleich um Veränderung der »bestehenden Macht- und Herrschaftsstruktur des Systems« (R. Dutschke) und dessen Ablösung durch ein sozialistisch-syndikalistisches Gemeinwesen.

Zielte die Studentenbewegung vor allem auf politisch-ökonomische Systemüberwindung ab, so verlagerten sich zu Beginn der 70er Jahre mit der Einsicht in »Die Grenzen des Wachstums« die Perspektiven. Neben die Veränderung der bestehenden Herrschafts- und Wirtschaftsstrukturen trat als alternative Zielsetzung zunehmend die Veränderung menschlichen Verhaltens gegenüber der → *Umwelt*. Die ökologische Herausforderung sensibilisierte zugleich die Wahrnehmung der selbstzerstörerischen Konsequenzen des Wettrüstens. Beide Faktoren beschleunigten einen Bewußtseinswandel, der an die Stelle der Studentenbewegung die Alternativbewegung treten ließ. Ihr gehören Bevölkerungsgruppen an, die ihre »Hoffnung nicht auf Hanoi oder Havanna« (W. Hollstein, S. 148) setzen, sondern auf eigenes Handeln hier und jetzt. Nicht mehr die Überzeugungskraft gesellschaftlicher Gegenkonzepte bestimmt den Zufluß, sondern die Anhäufung globaler Bedrohungsfaktoren. Das Ausmaß der Alternativbewegung spiegelt mithin das Ausmaß der Zweifel an dem Lösungspotential nicht nur eines bestimmten, sondern jedweden bestehenden politischen Systems, sei es kapitalistisch oder sozialistisch. Spontaneität und → *Kreativität* nehmen wieder, wie zur Zeit der *Beat-Generation*, einen herausragenden Platz ein. Das gleiche gilt für die Praxisbezogenheit der Projekte, die sich schon der Popularität des Alternativbegriffs zu erwehren und gegen dessen Kommerzialisierung zu behaupten haben.

Als Gesellschaftsphänomen geht die A. weit über das ohnehin schon bunte Spektrum der Alternativbewegung hinaus. Ihre Abgrenzung wird erschwert durch das Fluktuieren gesellschaftlicher Wertorientierungen, die sich angesichts der Weltentwicklung als überholt erweisen, für die aber noch kein Ersatz in Sicht ist. Als spezifisch deutsche Variante wirkt in der A. der Bundesrepublik der Zusammenbruch von Normen nach, die für eine sogenannte Kulturnation verbindlich schienen, die aber dem Nationalsozialismus nicht standhielten. Daß ihr »angesichts von Auschwitz und Hiroshima die Vergangenheit als Fehlschlag von kolossalen Dimensionen« erscheine, diese Feststellung von M. Mead, auf das

Bewußtsein der *Beat-Generation* bezogen, trifft für einen Teil gerade der deutschen A. auch gegenwärtig noch zu.

Vor diesem gesellschaftlichen Hintergrund spannt sich das Spektrum der A. »von Anarchie bis Zen« (Das Alternative Adreßbuch, Hannover 1979, S. 8). »Ganzheitliche«, »naturgesetzliche«, »biodynamische« Landkommunen, Gartenbaukollektive, Gewürz- und Getreidekooperative versorgen Bio- und Makroläden mit »Überlebensmitteln«. Lebens-, Wohn- und Produktionsgemeinschaften arbeiten an und mit alternativen Energiequellen, stellen Getreidemühlen her oder »haut- und gewässerfreundliche Wasch- und Spülmittel«, flechten Körbe, vertreiben »naturbelassene Wolle« oder fertigen Naturholzmöbel. Neben »Bio-Bars« und »Vitamin-Buffets« laden »nonkonformistische« Teestuben und Cafés ein. Humanistische, pazifistische, antimilitaristische und antifaschistische Buchläden bieten eine in ihrem Umfang kaum noch eingrenzbare Alternativliteratur an. Meditations- und Kommunikationszentren offerieren Selbstfindungs- und Selbsterfahrungskurse, Tantraworkshops, Yogaübungen.

Doch die scheinbar esoterische Selbstgenügsamkeit täuscht über den prinzipiell gemeinnützigen Charakter der A. hinweg. Am augenfälligsten tritt er in Resozialisierungsgruppen zutage, in therapeutischen Wohngemeinschaften und Aktivitäten wie dem *Arbeitskreis für Straffälligenhilfe,* im *Netzwerk Selbsthilfe,* in Arbeitslosenselbsthilfen sowie in Initiativen, die sich Organisationen wie der *Gesellschaft für bedrohte Völker* oder *amnesty international* verbunden fühlen.

Hatte die um 1900 von Steglitz ausgehende »Wandervogel«-Bewegung auch nur oppositionellen, noch keinen gegengesellschaftlichen Charakter, so stellt sie doch die Vorläuferin heutiger Strömungen dar. Exemplarisch tritt diese Kontinuität in der Auflehnung gegen den »alles durchsetzenden Bürokratismus« zutage, gegen »die Herrschaft des allwissenden Reglements« und »die Mechanisierung unseres geistigen Lebens, wie sie das Zeitalter des Kapitalismus uns gebracht hat« (G. Wyneken, Der Kampf für die Jugend, Jena 1920, S. 123).

Auch wenn die Protagonisten der damaligen Jugendbewegung wie der Reformpädagoge G. Wyneken diese sozialromantisch überdeterminierten, läßt sich deren Gesellschaftskritik kaum als lediglich »antimodernistisch« abtun. Ebenso vordergründig wäre es, dieses Verdikt auf die heutigen Nachfolger anzuwenden, die sich statt in den etablierten und gesellschaftlich sanktionierten Jugendverbänden in der »Szene« vorfinden. Anders auch als die *Bündische Jugend* aus dem Anfang dieses Jahrhunderts sind sie keine originär deutschen Bewegungen, sondern anglo-amerikanisch beeinflußt. Das gilt sowohl für ihre gruppenspezifischen Bezeichnungen und Bekleidungen als auch für ihre sonstigen Merkmale und äußerlichen Aufmachungen.

Den eigentlichen Kern der »Szene« bilden Gruppierungen, die ihren Ursprung in Ausbruchsversuchen von *lads* haben, »jungen Typen« aus dem englischen Arbeitermilieu. Obwohl stark machismogeprägt, finden sich heute – zahlenmäßig fast unterschiedslos – auch Mädchen in ihnen ein. Wie es, von Marketing, Mode und Medien immer wieder hochgespielt, auch heute noch *Hippies* gibt, zählen zu den langlebigsten Erscheinungen der Szene nach wie vor die *Rocker* und *Greaser,* in ihrer nietenverzierten Ledermontur späte Nachfahren der *Hell's Angels,* trotz ihrer Selbstverklärung als *easy riders* und als *lonesome riders* in ihrer Mehrzahl aber immer noch die prototypisch Benachteiligten des einseitig kognitiv orientierten Bildungssystems.

Wenn sie auch wegen ihrer manieristisch-modischen Affektiertheiten eine eigene Kategorie bilden, sind doch auch die *Teds, Mods* und *Popper* dem jugendkulturellen Potential der A. zuzurechnen. Als »erste wirkliche Dandies der Nachkriegszeit« (M. Brake, Soziologie der jugendlichen Subkultur, Frankfurt a. M. 1981, S. 83) apostrophiert, »setzten sich die Teds mehrheitlich aus rebellischen Jugendlichen zusammen, die über keinerlei Ausbildung verfügten« (T. R. Tyvel, The Insecure Offenders, Hammondsworth 1963, S. 84). Doch »obwohl sie in Wirklichkeit zu den Benachteiligten und Vergessenen ihrer Generation gehörten« (M. Brake, a. a. O., S. 84), kompensierten sie ihre Verletzlichkeit durch die Pose gelangweilter Müßiggänger in extrovertierter Kleidung. Wenngleich sie dadurch weder ihren Status als *outlaws* noch ihre Lebensaussichten als »Lumpenproletarier-Existenz« (M. Brake, a. a. O., S. 84) verändern können, halten sie diesen Verweigerungsstil durch aggressiv verteidigte Imitation weiterhin bei.

Der soziologische Begriff der →*Subkultur* geht von einer »Mehrheitskultur« aus, von der die Kulturen vor allem der sogenannten randständigen Bevölkerungsgruppen abweichen. Dieser Bedeutungsgehalt stilisiert die A. um in ein Synonym für multikulturelle Gleichwertigkeit: Solange die Zugehörigkeit zur Mehrheitskultur gleich Mehrheitsgesellschaft zunehmend zynisch nach Kriterien der Verwert- und Verwendbarkeit im Produktionsprozeß bestimmt wird, werden immer größere Bevölkerungsteile von den Obdachlosen, den Ausländern bis hin zu den Alten, Arbeitslosen, Behinderten und Kranken an die Peripherie gedrängt (→*Minderheiten*). Gegenüber diesem Auflösungs- und Nivellierungsprozeß betreibt die A. eine Strategie der Ermunterung und Ermutigung subkultureller Traditionen und Identitäten. Sie führt dabei den Begriff der »Mehrheitskultur« dadurch ad absurdum, daß sie den Millionenbeträgen der kommunalen Kulturetats die, gemessen an der Gesamtbevölkerung, geringe Zahl der Teilnehmer am etablierten und subventionierten Kulturbetrieb gegenübergestellt. Dagegen weitet die A. ihr Kulturverständnis zur Gesamtheit der Lebensäußerungen schlechthin aus. Geleitet wird sie dabei von der Absicht, die in den subkulturellen Milieus vorhandene Kreativität zu bestärken, ihren Ausdrucksformen neben und außerhalb der kommerzialisierten Kunst- und Kulturszene dauerhaftes Eigengewicht zu geben und damit der Bevölkerungsmehrheit einen Freiraum für eigenständige kulturelle Identität zu erkämpfen.

Auch unter Anknüpfung an kulturelle Traditionen wie etwa die der Arbeiterbewegung (→*Arbeiterkultur*) entstand ein dichtes Netz alternativer Schriftsteller-, Künstler-, Musik- und Theathergruppen mit eigenen Agenturen und eigenen Informationsmedien.

II. Die Frauenbewegung als Alternative

Beeinflußt durch den amerikanischen Feminismus entwickelte sich die neue Frauenbewegung innerhalb eines Jahrzehnts (→*Frau*). Ihre Entstehungsphase ab 1971 ist geprägt von spontanen Aktionen gegen den Paragraphen 218. In der zweiten Phase ab 1975 herrschte eine Wende nach innen vor. Selbsterfahrungsgruppen auf der Basis »subjektiver Betroffenheit« symbolisieren allenthalben das Verlangen nach Standortbestimmung, nach Identitätsfindung. Die dritte Phase, noch unabgeschlossen, ist die der verschiedenen »Frauenprojekte«, von denen, wie die »Frauenhäuser«, die meisten langfristig angelegt sind.

Die der feministischen A. zugrundeliegende Philosophie zielt auf eine umfassende Gesellschaftsveränderung ab. So versteht sich die »Frauenbefreiungsbewegung« als »psychologischer Befreiungsprozeß der Frau aus der Identifikation mit dem Mann« (U. Linnhoff, Die neue Frauenbewegung, Köln 1974, S. 8), als Kampf gegen die gesellschaftlich definierte Frauenrolle, als »Kulturrevolution des Weiblichen«. »Wir wollen das Patriarchat zerstören, bevor es den Planeten zerstört« (Frauenjahrbuch, München 1976, S. 106). Zu den konsequentesten Verfechterinnen dieses Prinzips zählt neben S. de Beauvoir die am *Boston College* lehrende Philosophin M. Daly, die in der Selbstverwirklichung der Frauen den »Katalysator für radikalen Wandel in unserer Kultur« sieht. (M. Daly, Jenseits von Gottvater Sohn u. Co., München 1980, S. 28 f.).

Analog zu dieser Ablehnung maskulin-hierarchischer Denkstrukturen gibt es keine hierarchischen Organisationen. Jede Frauengruppe, jedes Frauenzentrum, jedes Frauenhaus ist autonom. Dementsprechend verzichtet die Bewegung bislang auch auf eine gemeinsame Interessenvertretung. Ausgehend von der Mittelschicht, ist sie heute in nahezu allen Städten vorhanden, schwerpunktmäßig vor allem in Universitätsstädten mit hohem Anteil von Studen-

tinnen sozialwissenschaftlicher, pädagogischer und psychologischer Fächer. Zentren der feministischen »Szene« sind Berlin (West), Frankfurt a. M., München, Hamburg und Köln.

III. Religiöser Sozialismus und neues Glaubensverständnis

Am Rand sowie außerhalb der etablierten Kirchen angesiedelt, setzt sich die parallel zur Studentenbewegung entstandene »Theologie der Befreiung« fort. Sie entzündete sich an Beispielen wie dem 1966 erschossenen Guerillaeropriesters C. Torres, griff aber auch Impulse wie die der lateinamerikanischen Bischofskonferenz von Medellin 1968 auf. Ihr neues Glaubensverständnis tritt exemplarisch in der These R. Shaulls (Princeton) zutage, Theologie heute könne »nicht in erster Linie eine systematische Verkündigung der Souveränität Gottes sein, sondern vielmehr eine Verkündigung des Lebens für den Menschen in seinem Befreiungskampf gegen die derzeitigen Formen der Unterdrückung. (R. Shaull, Befreiung durch Veränderung, München, Mainz 1970, S. 28 f.).

In der Bundesrepublik mischten sich diese Strömungen mit Traditionen des *Religiösen Sozialismus* eines L. Ragaz oder P. Tillich. Ihren sichtbarsten Ausdruck fanden sie im Kölner ökumenischen Arbeitskreis *Politisches Nachtgebet* (D. Sölle). Nach wie vor ungebrochen ist die Ausstrahlung der *Ökumenischen Ordensgemeinschaft* des R. Schütz. Das von ihr initiierte »permanente Jugendkonzil« stützt sich neben dem Zentrum im burgundischen Taizé auf weitere Fixpunkte in Kalkutta und Chittagong. Ihr gemeinsames Ziel lautet: »Eine andere Zukunft für uns alle.«

Neben diesen beiden Hauptsträngen der religiösen A. bestehen zahlreiche Initiativen vorwiegend franziskanischer Ausrichtung, jedoch ohne Anlehnung an die Großkirchen. Darüber hinaus floß seit Mitte der 70er Jahre den sogenannten Jugendsekten ein wachsender Anteil jener Bevölkerungsgruppen zu, die mit dem Abschwung gesellschaftlicher Reformerwartungen und politischer Reformbereitschaft ihre Hoffnungen gleichsam ins Metaphysische verlagerten. Indem diese Sekten das ansonsten in Millionen von Horoskopkalendern abgedrängte Potential an Irrationalität offen sichtbar werden ließen, rührten sie an einen wunden Punkt der Gesellschaft (→*Aberglaube*): Ihr Hunger nach Psi- und Psycho-Phänomenen, bisher in Tausenden von *Sensitivity-trainings,* Urschrei- und sonstigen Therapien befriedigt, sah sich mit sich selbst konfrontiert. Zusätzlich aufgeschreckt durch den Massenfreitod der J. Jones-Volkstempler im Dschungel von Guyana (1979), maß das öffentliche Augenmerk den Sekten ein völlig inadäquates Gewicht zu. Die Tendenz, überlebensnotwendige Gesellschaftsverändrungen statt im Realen im Irrealen zu erwarten, wird allerdings seit Beginn der 80er Jahre durch die in ihrem Kern ebenfalls religiös motivierte Friedensbewegung (→ *Frieden,* → *Bürgerinitiativen*) in eine andere Richtung gelenkt.

IV. Alternative Wissenschaft

Die wissenschaftliche A. ist geprägt durch die Schocks von Auschwitz und Hiroshima. Beide Synonyme symbolisieren einen Grad der Menschheitsentwicklung, in dem sich der Nimbus wissenschaftlicher Wertfreiheit nicht mehr aufrechterhalten läßt. Da die öffentlich etablierte und finanzierte Wissenschaft gleichwohl an ihm festhält, schälte sich nach dem Zweiten Weltkrieg innerhalb der A. ein wissenschaftlicher Zweig heraus, der nach einer Phase der demokratischen die einer kritischen Wissenschaft durchlief und nun in eine ökologische eingemündet ist. Letztere zeichnet sich im Gegensatz zu den beiden vorausgegangenen durch die Gründung eigener alternativer Institute aus. Der *Arbeitsgemeinschaft ökologischer Forschungsinstitute* gehörten 1982 rund 40 alternativwissenschaftliche Initiativen an. Sie sind auf Vereinsbasis organisiert und finanzieren sich entsprechend ihrem Prinzip der völligen Unabhängigkeit fast ausschließlich aus Mitgliedsbeiträgen, Spenden und Forschungsaufträgen. Beispielhaft für ihre Entstehung und Zielsetzung ist das 1977 gegründete Freiburger *Institut für angewandte Ökologie.* Die Zahl seiner Mitglieder stieg bis 1982 von 20 auf rund 4000 Bürger und Wissenschaftler an. Sein Zweck ist laut Satzung »die Förderung von Wissenschaft und Forschung insbesondere auf dem Gebiet der Luft- und Wärmeemission, der Abwasserbeseitigung, der Verringerung der Strahlenbelastung durch kerntechnische Anlagen und die Verbesserung der Sicherheit dieser Anlagen.«

Ähnliche Aufgaben setzten sich das Heidelberger *Institut für Energie- und Umweltforschung,* das Hannoveraner *Institut für Ökologie und Bildung,* das indirekt aus dem Hearing der niedersächsischen Landesregierung über die Wiederaufbereitungsanlage in Gorleben hervorging, sowie weitere Initiativen, die zum Teil in den etablierten Wissenschaftsbetrieb hineinreichen und, wie in Berlin (West), Bremen, Kassel, von Lehrstuhlinhabern mitgetragen werden. Sie beschäftigen sich neben anderem mit ökologischem Landbau, mit der Rückstandsbelastung von Lebensmitteln und gesünderer Ernährung, mit Energievergeudung und alternativen Energiequellen, mit der Nord-Süd-Problematik und den Perspektiven mittlerer, »weicher« Technologie. Alle Öko-Institute tauschen ihre Erfahrungen und Forschungsergebnisse mit ähnlichen Einrichtungen in anderen Ländern aus.

Im Gegensatz zu landläufigen Vorstellungen fühlen sich die meisten ökologischen Wissenschaftler einer konservativ-technologiekritischen Ganzheitsphilosophie im Sinne des Schweizer Biologen A. Portmann verpflichtet, deren Wurzeln bis in das Goethesche Naturverständnis zurückreichen. Ihre radikale Kapitalismuskritik gründet folglich nicht auf dem Gegenmodell einer Verstaatlichung der Produktionsmittel, sondern strebt den Ausgleich von Ökonomie und Ökologie an. Neben die bisher allein- oder vorherrschenden Wirtschaftlichkeitskriterien sollen Kriterien der Umweltverträglichkeit, der Beschäftigungs- und Sozialverträglichkeit und Verteilungsgerechtigkeit treten.

V. Das Spektrum der Verweigerung

Die Zugehörigkeit der »grünen« oder »bunten« Gruppierungen und Parteien zur A. ist so ambivalent wie ihre Doppelrolle als außerparlamentarische Opposition und als Partei neuen Stils. Als Antithese zu den vorhandenen Parteien entstanden, geraten sie durch die Übernahme von Kommunal- und Landtagsmandaten in ein Spannungsverhältnis zwischen Anpassung und Widerstand. Damit stehen sie in der Gefahr, mehrheitspolitisch vereinnahmt zu werden oder minderheitspolitisch einflußlos zu bleiben. Um dieser Tendenz zu entgehen und nicht als Partei zu erstarren, fällen sie die meisten Entscheidungen basisdemokratisch und verzichten, indem sie für ihre parlamentarischen Vertreter das Rotationsprinzip favorisieren, zudem weitgehend auf hierarchische Gliederungen. Dadurch aber wird den Beteiligten ein intensives Engagement mit hohem Zeitaufwand abverlangt. Hinter der ökologischen Übereinstimmung steht zudem eine Vielzahl unterschiedlicher, zuweilen widersprüchlicher Weltanschauungen. Dies verlangt immer wieder klare Abgrenzungen gegenüber den sogenannten »braunen Grünen«, deren Anteil an der Wahlbevölkerung die SINUS-Studie von 1981 mit 2 v. H. beziffert. In diesem Potential verbinden sich »Elemente der nationalsozialistischen Blut-und-Boden-Ideologie mit aktuellem Umweltschutzdenken zu einem vom übrigen rechtsextremen Feld abgrenzbaren rassehygienischen Öko-Rechtsextremismus« (SINUS-Studie: Wir sollten wieder einen Führer haben, Reinbek 1981, S. 96). Ihm gegenüber deutlich Position zu beziehen, stellt sich den Grünen auch deshalb ständig erneut als Aufgabe, weil »junge Nationaldemokraten, aber auch andere Gruppierungen, selbst militante Neonazis, sich um ein betont ökologisches Image bemühen« (SINUS-Studie, a. a. O., S. 96).

Trotz Spaltungen und Neugruppierungen, die eine Konsolidierung erschweren, hält der Zuwachs der »Grünen« an. Ein 1982 vom *Bundesamt für Umweltschutz* herausgegebenes Verzeichnis der »nichtstaatlichen Umweltschutzorganisationen und Bürgerinitiativen Umweltschutz« enthält nahezu 1500 Verbände und Gruppen, 13 v. H. mehr als 1980. Rund 10 v. H. von ihnen arbeiten bundesweit. Die stärkste Konzentration weist mit mehr als 100 Organisationen Berlin (West) auf, gefolgt von Hamburg (63) und München (50).

Das spektakuläre *Tunix*-Treffen im Januar 1978 in Berlin (West), das sich selbst als Widerstandskongreß definierte gegen die »Coca-Cola- und Karajan-Kultur« der westlichen Zivilisation, beherrschte das Bild der Aussteigerszene. Als Motto der Einladung hatte man ein Zitat aus den Bremer Stadtmusikanten gewählt: »Komm mit, sprach der Esel, etwas besseres als den Tod werden wir überall finden.« In Berlin selbst gingen Devisen um wie »Uns langt's jetzt hier!« und »Wir hauen alle ab!« Die Gründe für die Verweigerungshaltung, die auf diesem Treffen zum Ausdruck kam, waren sowohl die Praxis der Berufsverbote als auch ein diffuser Zivilisationsekel: »Die Maulkörbe schmecken uns nicht mehr und auch nicht mehr die plastikverschnürte Wurst.« Die Absage richtete sich gegen das kapitalistische wie das kommunistische System. Statt dessen wurde eine andere, neue, sofort zu verwirklichende Gesellschaft in einem *Tunix* genannten Utopia gefordert.

Diese Mischung aus clownisch-kreativen und defätistisch-depressiven Elementen sicherte dem Treffen nicht nur einen hohen Publizitätsgrad, sie bestimmt seither auch Flair und Fluidum des Verweigerungsspektrums. Dadurch werden aber jene Aussteiger ausgeblendet, die sich selbst weder als solche verstehen noch dementsprechend öffentlichkeitswirksam äußern. So die Drogen- und Alkoholszene sowie ihr subkulturelles Umfeld vor allem unter Berufsschülern und jugendlichen Arbeitslosen.

VI. Der rechte Rand

Wie die Gesamtgesellschaft, hat auch die A. ihren »rechten Rand«. Er rekrutiert sich überwiegend aus Jugendlichen, deren Rechtsradikalismus nur eine Variante jugendlicher Protestbewegungen darstellt. Jüngste Untersuchungen des Kasseler Gesellschaftswissenschaftlers E. Hennig bestätigen die »hochgradige Normalität« der Ursachen neofaschistischen Verhaltens Jugendlicher: Umweltgefährdung, Jugendarbeitslosigkeit, Orientierungskonflikte, Mangel an Zukunftsperspektiven (→ *Zukunft*). Statt Ausdruck ihrer Gesinnung, so der Essener Geschichtswissenschaftler L. Niethammer, ist Rechtsextremismus unter Jugendlichen meist Mittel der Provokation. Als weitere Ursachen sind die wachsende Entfremdung zwischen Jugend und Politik sowie die fortschreitende Enttabuisierung des Nationalsozialismus als gesamtgesellschaftliches Phänomen hinzuzurechnen.

Die zitierten Aussagen beziehen sich ausnahmslos auf Jugendliche, deren neofaschistische Kar-

riere erst am Beginn steht, also noch revidierbar ist. Statt zu verharmlosen wollen sie verhindern, daß sie stellvertretend stigmatisiert werden und damit von den Rechtspotentialen unter der übrigen Bevölkerung ablenken. Der SINUS-Studie zufolge verfügen mehr als fünf Mio. oder »13 Prozent aller Wähler in der Bundesrepublik über ein geschlossenes rechtsextremes Weltbild« (a. a. O., S. 78). Die Shell-Studie »Jugend 81« ermittelte, daß eins v. H. der Jugendlichen sich »nationalistischen Jugendstilen« zugehörig fühlt. Drei v. H. finden sie »ganz gut«, ohne dazuzugehören.

Vor allem diese sind es, die den rechten Rand der A. bilden. Auf sie trifft P. P. Pasolinis Feststellung zu, daß sie weder »vom Schicksal auserwählte und prädestinierte Ausgeburten des Bösen« sind, noch ihnen jemand »rassistisch das Brandmal des Faschisten aufgedrückt« hat. Für den einzelnen gilt oft, daß ihn »eine Mischung aus grenzenloser Verzweiflung und Neurose« nach rechts trieb. Mithin hätte »eine kleine andersartige Erfahrung in seinem Leben, eine einzige simple Begegnung genügt, um sein Schicksal anders verlaufen zu lassen« (P. P. Pasolini, Freibeuterschriften, Berlin (West) 1979, S. 47 f.). Daraus ergibt sich eine pädagogische Aufgabe der Stabilisierung statt der Stigmatisierung, die wieder auf den gesamtgesellschaftlichen Zusammenhang zurückverweist.

VII. Eine neue Ethik in beiden deutschen Staaten?

Auch in ihren bizarren, selbst skurrilen Facetten und trotz deutlich resignativer Elemente verkörpert die A. als Ganzes einen Hoffnungsfaktor, den Glauben an die Veränderbarkeit des Bestehenden. Zwar knüpft dieser Gedanke noch an die Ausgangsthese der Studentenbewegung an, es sei »nicht so wichtig, einen Platz in der Gesellschaft zu finden, als die Gesellschaft so zu gestalten, daß man in ihr auch einen Platz haben möchte« (M. Savio in einer Rede am 2. Dezember 1964 in Berkeley, zit. nach W. Hollstein, S. 17). Doch über die Bereitschaft der Gesellschaft, sich umgestalten zu lassen, sind seither die Illusionen merklich zusammengeschrumpft. Zudem unterscheidet sich die heutige A. von ihrer damaligen Position durch Erweiterung des Bewußtseins im Zusammenhang der ökologischen Probleme und durch die Erfahrung, daß die Veränderung der Verhältnisse bei der Veränderung des eigenen Verhaltens beginnt. Wenn auch unterschiedlich akzentuiert, herrscht in der A. durchgängig die Überzeugung vor, daß in fast allen Gesellschaftsbereichen die alten Lösungspotentiale nicht mehr den neuen Herausforderungen entsprechen. Diese Überzeugung steigert sich überall dort zur Gewißheit, wo sich die technisch-wissenschaftliche Zivilisation außerstande zeigt, ihren Kurs den eigenen Erkenntnissen gemäß zu korrigieren. Vor diesem Eindruck des *rien ne va plus* haben viele Initiativen der A. den Charakter von Ausbruchsversuchen. Lassen sich auch vereinzelt sozialromantische, nostalgische Aspekte nachweisen, so signalisiert die A. als Ganzes statt einer Rückwärtsgewandtheit ein wachsendes Mißtrauen gegenüber der Vergangenheit. Dieses Mißtrauen schließt den Zweifel an der eigenen kulturellen Tradition ein. Vor diesem Hintergrund drückt sich in der A. weniger ein Sinnverlust als vielmehr das Bedürfnis nach Sinnfindung aus angesichts des als sinnlos entlarvten Ökonomismus der in Ost und West vorherrschenden Wertsysteme mit dem Bruttosozialprodukt als alleinigem Hauptnenner gesamtgesellschaftlicher Normenverbindlichkeit. Ob sich jedoch in ihr keimhaft eine neue universalistische Ethik vorbereitet, läßt sich nur spekulativ bewerten. Wenn auch manches → *Engagement* an religiöse Hingabe grenzt, eine neue Religion ist die A. nicht. Ihre Suche nach neuen Antworten entzündet sich aus der Reibung an überalterten Strukturen und nicht an dem Anspruch, Urheber eines neuen Weltbilds zu sein. Sie signalisiert die Auf- und Ablösung einer offensichtlich erschöpften Entwicklungsepoche, ohne die Konturen des Neuen schon deutlich zu erkennen zu geben. Damit spiegelt die A. eine Bewußtseinslage, die weder an ein Territorium gebunden ist noch an ein politisches System. Auch in der DDR breitet sich das Empfinden aus, daß die globale Gefährdung andere Lösungen verlangt als die allenthalben gängigen. Anders aber als in der Bundesrepublik ist es ihm verwehrt, sich öffentlich zu artikulieren und zu aktivieren. Daß es gleichwohl vorhanden ist, läßt sich aus vielfältigen Chiffren ablesen. Eines der offiziellen Indizien ist die Auseinandersetzung mit der A. in der Kulturzeitschrift »Sonntag«. Sie bezeichnet die A. einerseits als »interessantes Phänomen in der politischen und ideologischen Landschaft des Imperialismus«, in dem sich »ein bestimmtes antiimperialistisches Protestpotential sowie der objektiv wirkende Prozeß der Verbreitung antimonopolistisch-demokratischer Potenzen im Imperialismus« äußere. Andererseits aber wirft sie der A. »Diffamierung des realen Sozialismus« vor, weil dieser nach alternativen Theorien »angeblich nur eine spezifische Form des Kapitalismus sei, die sich vom letzteren höchstens negativ abhebe und daher auch keine Alternative zu ihm darstellen würde.« Diese zutreffend wiedergegebene Kritik zahlt der »Sonntag« mit dem Verdikt heim, die A. sei »keine echte Alternative gegenüber dem Engagement für die antimonopolistisch-demokratische Veränderung der existierenden Produktions- und Machtverhältnisse des heutigen Kapitalismus.« Doch die A. meint nicht nur den Kapitalismus.

P. Körfgen

Literatur

D. Hoffman-Axthelm (Hrsg.), Zwei Kulturen? Tunix, Mescalero und die Folgen, Berlin (West) o. J.
W. Hollstein, Die Gegengesellschaft. Alternative Lebensformen, Bonn ³1980
M. Daly, Jenseits von Gottvater Sohn & Co, Aufbruch zu einer Philosophie der Frauenbewegung, München 1980
M. Brake, Soziologie der jugendlichen Subkulturen, Frankfurt a. M. 1981
J. Clarke u. a., Jugendkultur als Widerstand, Frankfurt a. M. 1981
Gewalt von rechts, Beiträge aus Wissenschaft und Publizistik, herausgegeben vom Referat Öffentlichkeitsarbeit gegen Terrorismus im Bundesministerium des Innern, Bonn 1981
H. Schenk, Die feministische Herausforderung. 150 Jahre Frauenbewegung in Deutschland, München ²1981

Angst

I. Philosophische und psychologische Deutungen – II. Kompensation und neues Angstverständnis – III. Ausgrenzungsversuche

I. Philosophische und psychologische Deutungen

A. beschreibt eine negative Befindlichkeit menschlicher Existenz, eine Störung des Lebensgefühls, im Extremfall einen Zustand der Ohnmacht und Ausweglosigkeit in einer lebensbedrohenden Situation. Diese kann als natürliche oder soziale Katastrophe, als Krieg, Krankheit oder Verlust der Anerkennung real gegeben und die ihr entsprechende A. in dem Maß sinnvoll sein, als sie zu Vermeidungsstrategien und Maßnahmen der Sicherung und Vorsorge herausfordert. A. kann aber auch, wie dies in den modernen Gesellschaften mit ihrem weitverzweigten Netz sozialer Sicherheit viel häufiger zutrifft, ohne unmittelbaren äußeren Anlaß auftreten und sich in Verhaltensweisen äußern, deren Gründe in die Individualgeschichte zurückreichen und dem einzelnen verborgen bleiben. A. verliert in solchen Fällen ihre vorsorgende, Gefahren vermeidende Tendenz und kann dazu führen, daß, wer sie empfindet, ihr durch angstmindernde Weltanschauungen oder selbstzerstörerisch durch Flucht in die Krankheit oder den Selbstmord zu entgehen versucht. Der moralische Zustand einer Gesellschaft, die den Anspruch auf eine möglichst gewaltfreie Regelung ihrer Konflikte erhebt, bemißt sich auch daran, ob in ihr A. nicht nur als individuelle Erscheinung isoliert, sondern als Symptom von allgemeinerer Gültigkeit angesehen wird. A. ist somit, unbe-

31

schadet der Interpretationen, die sie erfahren hat, keine Empfindung, die jeder mit sich selber auszumachen hätte. In ihrer stammesgeschichtlichen Ausprägung zugleich kulturell modifizierbar, bedarf sie einer Theorie, die einen Zugang zu ihrer sozialen Bedingtheit eröffnet.

Nachdem schon S. Kierkegaard in einer für seine Zeit typischen Wendung gegen die Vernunftphilosophie vor allem G. W. F. Hegels die metaphysische Bestimmung des Menschen als eine Form der Selbstentfremdung erkannt und aus dem Gegensatz von Geist und Leib die existentielle Dimension der A. erschlossen hatte, ist insbesondere von M. Heidegger und J. P. Sartre versucht worden, A. als Ausdruck einer grundlegenden Widersprüchlichkeit menschlichen Lebens auszudeuten. Auch unter dem Eindruck schwindender bürgerlicher Sekurität, existentieller Ungesichertheit und nachlassender Überzeugungskraft übergreifender Wertvorstellungen in der Umbruchsituation der 20er Jahre sieht M. Heidegger in der A. eine »Grundgestimmtheit« des Daseins. Indem in ihr die Existenz als sinnlos und unheimlich erfahren wird, zwingt sie zwar zur Flucht in die Aufgaben der praktischen Lebensbewältigung, bleibt aber doch als eine Herausforderung präsent, menschliches Sein in seiner Endlichkeit zu durchschauen und in der Erkenntnis der alltäglichen Lebensfürsorge als eines Zustandes der → *Entfremdung* zur Freiheit zu gelangen. Eindringlicher noch und aufgrund seines politischen → *Engagements* einflußreicher für das Lebensgefühl der Nachkriegszeit hat J. P. Sartre die Erscheinungsformen der Existenz als absurd und sinnlos beschrieben und die Zerrissenheit des Bewußtseins in den verdinglichten Beziehungen des Menschen hervorgehoben.

Von einem anderen Ansatz her erwuchs in der Herausbildung der psychoanalytischen Methode ein Erklärungsmodell, das für das Verständnis der A. insofern folgenreich war, als es auch ihre gesellschaftlichen Ursachen zu berücksichtigen erlaubte. Für S. Freud ist nicht die menschliche Existenz mit ihrer leiblichen Befangenheit des Geistes, ihrem in Ermangelung einer vermittelnden neutralen Instanz letztlich unauflösbaren Widerspruch von Trieb und Intellektualität die Quelle der A. schlechthin, vielmehr wird ihm das Ich, das Identitätsprinzip, als ein näher zu bestimmender Bereich der Persönlichkeit zum Austragungsort der widersprüchlichen Regungen, denen das Individuum im Konflikt zwischen Triebansprüchen und den Erfordernissen der Außenwelt unterworfen ist. Aus den Anforderungen, zwischen denen das Ich zu vermitteln hat und die S. Freud später als die des »Es«, das die unbewußten Triebinhalte umfaßt, des »Überich« als der die gesellschaftlichen Normen und Vorbilder internalisierenden Instanz und derjenigen der Außenwelt präzisiert hat, erklärt sich sein widersprüchlicher Aufbau und die Labilität seiner integrativen Leistung. Das Ich ist die »Stätte der A.« und dies in dem doppelten Sinn, daß seine integrative, auf Autonomie und Selbstbehauptung bedachte Leistung von zwei Seiten her bedroht wird, von dem Wunsch nach Befriedigung, die der einzelne mit den sozialen Gegebenheiten und Normen in Einklang zu bringen gehalten ist, und diesen selbst, gegen die es erst seine Selbstverwirklichung durchsetzen muß.

Ausgehend von S. Freuds die körperlichen Symptome auf ihre Genese hin erschließenden dynamischen Konzeption haben Autoren wie W. Reich, E. Fromm, später R. Laing, K. Horn, D. Duhm u. a. die sozialen Voraussetzungen der Angstphänomene zu klären versucht. Dabei haben sie sich vor allem dem Abwehrsystem, mit dessen Hilfe das Individuum seine gefährdete und immer nur unvollkommene Autonomie im Kontext kultureller Normen stabilisiert, zugewandt und von dort her die Frage nach der Möglichkeit einer weniger angstbestimmten Gesellschaft aufgeworfen. Insbesondere ist von W. Reich in »Die Massenpsychologie des Faschismus« (1933) die Entstehungsgeschichte und soziale Organisation des Nationalsozialismus zum Beleg für diese Betrachtungsweise herangezogen worden.

Die Wirksamkeit der nationalsozialistischen Propaganda und die Stabilität des nationalsozialistischen Regimes erklären sich unter anderem aus dem Führer wie Geführte einigenden Angsthorizont abwehrbestimmter Charaktere, denen sich die Möglichkeit bot, die Ursache ihrer angstauslösenden Emotionen dem politisch oder rassisch definierten Gegner anzulasten oder in Formen erlaubter Aggressivität auszuleben. Der Anspruch auf freiheitliche Selbstbestimmung wurde, indem er die über das Kaiserreich tradierte Werthierarchie und Machtverteilung in Frage stellte, als Chaos denunziert, als dessen Verursacher Sozialdemokraten, Kommunisten und Juden angesehen wurden. Der einschneidende Kulturwandel, der sich nach dem Ersten Weltkrieg vollzog, löste, verstärkt durch die politischen und ökonomischen Krisen der Weimarer Republik, mit dem Verlust der traditionellen kulturellen Bindungen vor allem bei den Angehörigen der mittelständischen Schichten Gefühle der Ohnmacht und A. aus. Um den Forderungen einer demokratischen Gesellschaft gewachsen zu sein, hätten sie ihre Persönlichkeitsstruktur ändern müssen. Wie weit dann im nationalsozialistischen Deutschland unter dem allgegenwärtigen Anpassungszwang A. das private alltägliche Leben nicht nur derjenigen, die aus rassischen oder anderen Gründen der Stigmatisierung unmittelbar gefährdet waren, beherrschte, zeigen in exemplarischer Weise die von Ch. Beradt gesammelten und edierten Traumprotokolle (Das dritte Reich des Traums, Frankfurt a. M. 1981).

II. Kompensation und neues Angstverständnis

Nach den Erfahrungen des Nationalsozialismus, der mit seinen terroristischen Formen der Machtausübung sowohl nach innen als auch in der offenen kriegerischen Aggression nach außen A. als ein politisches Prinzip seiner Herrschaft systematisiert und ihre individuelle Beherrschung zugleich zum heroisch-soldatischen Erziehungsideal jedes »Volksgenossen« erhoben hatte, konstituierte sich die Bundesrepublik Deutschland in der Tradition der Aufklärung unter dem Anspruch eines freiheitlich verfaßten Gemeinwesens, in dem die Ursachen einer A. vor Machtmißbrauch und staatlicher Willkür so weit wie möglich beseitigt wurden. Gewaltenteilung und unabhängige Rechtssprechung sollen das Recht des einzelnen auf freie Entfaltung seiner Anlagen, auf Glück und Unantastbarkeit seiner Persönlichkeit sicherstellen. Dabei ist zu berücksichtigen, daß A. und → *Macht* komplementär zusammengehören. »Jeder Schritt, den wir in unserer A. machen, um uns der Macht zu widersetzen, fordert eine Vergrößerung der Macht heraus. Der Preis, den wir für die Abwehr der A. zahlen müssen, beängstigt allmählich sehr viele« (H. Bianchi, Der Mensch und sein Rechtssystem, in: Kulturanthropologie, Neue Anthropologie Bd. 4, hrsg. v. H.-G. Gadamer und P. Vogler, Stuttgart 1973, S. 228).

Eine andere Frage ist es, wieweit im Eingeständnis der Schuld die nationalsozialistische Vergangenheit als Teil der eigenen nationalen und historischen Identität anerkannt oder ihre bedrohlichen, mit dem neuen Selbstbild des anständigen, allenfalls politisch verführten Deutschen unverträglichen Aspekte dem Zwang der Verhältnisse angelastet wurden. Vieles, und nicht zuletzt die von M. und A. Mitscherlich analysierte »Unfähigkeit zu trauern«, spricht für einen partiellen Verlust des Erinnerungsvermögens und eine Bewußtseinsspaltung, die es ermöglichte, ein neues Selbstwertgefühl im Bruch mit der historischen Kontinuität aus den Erfolgserlebnissen des Wiederaufbaus zu beziehen. Auschwitz blieb hinter einer geschäftsmäßigen Fassade der Tüchtigkeit verborgen. Wie im Zeichen der Rekonstruktion mit ihrer pragmatischen Konzentration auf das Machbare unmittelbare Vergangenheit durch Beseitigung ihrer womöglich A. auslösenden Spuren erledigt wurde, läßt sich auch an der Radikalität ermessen, mit der nach rein wirtschaftlichen und verkehrstechnischen Erwägungen in das äußere Erscheinungsbild des Landschaften und ohnehin schon kriegszerstörten Städte eingegriffen wurde (→ *Provinz und Metropole*).

Inzwischen läßt eine Vielzahl von Symptomen wie Alkoholismus, wachsender Verbrauch an Psychopharmaka, psychosomatische Erkrankungen und stetig steigende Selbstmordraten erkennen, daß sozial- und rechtsstaatliche Maßnahmen allein ein Leben ohne A. in einer leistungsorientierten Konkurrenzgesellschaft nicht garantieren können. Eher schon liegt es nahe, ein zwanghaftes Sicherheitsdenken selber als Ausdruck einer unbestimmten Lebensangst zu werten und in der Anonymität einer verwalteten und alles in Daten erfassenden Welt einen angstauslösenden Faktor zu sehen.

Während die Mehrheit der Bevölkerung an der Vorstellung, daß man A. als Eingeständnis seiner Schwäche nicht zeigen dürfe, festhält und die vielfältigen Kompensationsangebote von der Unterhaltungs- und Freizeit- bis zur Pharmaindustrie je nach sozialem Ort und Einfluß in unterschiedlicher Realisierung und oft gegen bessere Einsicht (→ *Zynismus*) anzunehmen bereit ist, deutet sich in jüngster Zeit eine Veränderung dieser Verhaltensweise an. A. zu haben ist zum Zeichen einer besonderen Sensibilität und menschlichen Qualität geworden. Zwar kann das offene Eingeständnis der A. selber wiederum A. bewirken, indem es bei dem, der ihre Begründung nicht zu teilen vermag, seine Affekte nicht in derselben Weise zu äußern gewohnt ist oder, wie etwa Politiker, für sie verantwortlich gemacht wird, Reaktionsunsicherheit hervorruft. Wichtiger aber scheint es, diese neue, bekenntnishafte Einstellung zur A. im Zusammenhang eines wachsenden Krisenbewußtseins zu interpretieren, das den Verlust an Lebensqualität durch Umweltbelastung (→ *Umwelt*), Kriegsgefahr im Zeichen der Hochrüstung, psychische und mentale Verelendung trotz eines dem Schein nach sinnstiftenden massenkulturellen Überangebots, nicht länger als den unerläßlichen Preis für die Errungenschaften und den Zusammenhalt unserer Kultur hinzunehmen bereit ist. Nach neueren Umfragen hat seit Beginn der 80er Jahre die pessimistische Zeitstimmung ihren Höhepunkt erreicht, wächst im Gefühl einer allgemeinen Bedrohung die A. vor der → *Zukunft*, stimmen 78 v. H. der Bevölkerung der Ansicht zu, »daß die meisten Politiker gar nicht mehr wüßten, was die einfachen Leute denken« (H. E. Richter in: Frankfurter Rundschau v. 22. 4. 1982).

Wenn »ein gut Stück ihrer gegenwärtigen Unruhe, ihres Unglücks, ihrer Angststimmung« auch daher rührt, daß die Menschen es in der Beherrschung der Naturkräfte, die ja selbst einmal eine Quelle der A. waren, so weit fortgeschritten sind, »daß sie es mit deren Hilfe leicht haben, einander bis auf den letzten Mann auszurotten« (S. Freud, Das Unbehagen in der Kultur, in: Gesammelte Werke, Bd. 14, Frankfurt a. M. [4]1968, S. 506), so ist offensichtlich eine Minderheit mittlerweile ihr »Unbehagen in der Kultur« um so weniger zu ertragen gewillt, als deren Zielbestimmungen in ihren Augen fragwürdig werden. Man mag das auf einen Wandel der Persönlichkeitskonstitution (→ *Persönlichkeit*) zurückführen oder darin auch nur Orientierungslosigkeit, Rückzug auf private Gewißheiten, Konjunkturen des Alltagswissens entdecken. Sicher ist, daß die Grenzen der Angstbewältigung durch rationales Handeln in einer Gesellschaft, die selber irrationale Züge trägt, sichtbar geworden sind. Soweit sich darin die Erkenntnis formuliert, daß es genügend Gründe gibt, A. zu haben, enthält sie auch die Aufforderung, reale Bedrohung, wie die eines atomaren Krieges, nicht für etwas Fiktives zu halten und dagegen die alltäglichen Ängste in den Proportionen des globalen Skandals der Hochrüstung, des Hungers und der Armut sehen zu lernen. Gerade den Nichtangepaßten, den →*Außenseitern*, kann hier im Sinne einer Elite, die nicht zum »organisierenden Generalstab« (B. Guggenberger) der Gesellschaft gehört, die Aufgabe zufallen, Ideen für die Überlebensfähigkeit zu entwickeln.

III. Ausgrenzungsversuche

Vielleicht stellt lebenspraktische Weltaneignung das probateste Mittel gegen jene Form der existentiellen A. dar, wie sie sich im Selbstzweifel, in einer letztlich zirkulären Selbstbezogenheit des Subjekts äußert. »Der Blick auf die Weltaufgaben und der konkrete Einsatz für deren Gestaltung bedeutet die Aufhebung der anthropologischen ›Binnenproblematik‹« (W. Schulz, Philosophie in der veränderten Welt, Pfullingen ⁴1980, S. 398). In der Gewißheit, den »Übergang von der theoretischen Einsicht in die planende, zwecksetzende und -verfolgende Handlung in die sozialistische Handlungs- und Lebenskonzeption« (W. Eichhorn, Das Problem des Menschen im historischen Materialismus, in: Das sozialistische Menschenbild. Weg und Wirklichkeit, hrsg. v. E. Faber und E. John, Leipzig 1967, S. 168) vollzogen zu haben, und unter dem Anspruch nichtentfremdeter menschlicher Beziehungen und Arbeitsverhältnisse dürfte A. demnach in der DDR aus offizieller Sicht kein Problem von größerer gesellschaftlicher Tragweite sein. »Fremd ist uns die Ängstlichkeit, die hindert, Leben verantwortlich zu gestalten, und fremd die Furcht, durch aktuelle Entscheidungen die Zukunft des Menschen zu programmieren, denn die Zukunft ist aus der wissenschaftlichen Analyse der Vergangenheit gewiß geworden« (H. Steußloff, S. 169). Wenngleich Probleme wie die des Alkoholismus oder die im internationalen Vergleich sehr hohe Zahl der Selbstmorde in der DDR (W. Oschlies, Selbstmorde und Selbstmordentwicklung in Osteuropa, Köln 1975) nicht nur systemimmanent zu beurteilen sind, so indizieren doch sie schon, daß die Spannungen und Belastungen, denen die Bevölkerung in den Industriegesellschaften ausgesetzt ist, auch in der DDR noch nicht im Sinne einer Programmatik gelöst werden konnten, nach der die Massen »Subjekt des Geschichtsprozesses« (H. Hanke) werden sollen. Fraglich wird dies auch dann, wenn der einzelne seine Subjektivität gegen

die postulierte Dialektik der fortschreitenden Weltaneignung im planmäßigen Prozeß des bewußten Aufbaus der sozialistischen Gesellschaft behaupten möchte und aus dem ihm vorgegebenen Rahmen der Selbstverwirklichung herausfällt, weil er im praktischen Lebensvollzug nicht die angestrebte Weite und Vielfalt, sondern nur die konformistische Enge der notwendigerweise beschränkten Lebenswirklichkeit erkennen kann. In einem solchen Fall wird es, systemimmanent gesehen, schwerfallen, seine A. vor einer Existenz im homogen Feld sozialistischer Lebensweise nicht als Flucht vor den Leistungsanforderungen der Gesellschaft auszulegen und ihn nicht in die Rolle des Außenseiters zu drängen. Soweit A. nicht als neurotische Erscheinungsform auf den pathologischen Bereich eingegrenzt wird, ist denn auch die Diskussion der Außenseiterproblematik, wie sie unter anderen von F. Pose oder V. Altdorff geführt wird, eine der wenigen Stellen, an denen sie in ihrer sozialen Problematik anerkannt und Vorschläge zu ihrer Bewältigung in Form einer Verbesserung gruppendynamischer Prozesse am Arbeitsplatz ausgearbeitet werden.

Sicher dürfte in der DDR aufgrund allgemein verbindlicher und autoritativ vorgegebener Wertmuster, die der einzelne akzeptieren oder innerlich distanziert betrachten mag, A. aus Verhaltensunsicherheit geringer sein als in der Bundesrepublik. Doch die Auffassung, nur in den westlichen Industriegesellschaften seien die Verhältnisse so beschaffen, daß sie jede Form der Entfremdung und Existenzangst verständlich erscheinen lassen, gerät in die Nähe eines Denkens, das die Widersprüche der Individuen zur eigenen Gesellschaft durch Ausgrenzung lösen möchte. Dies gilt insbesondere für die philosophischen und soziologischen Angsttheorien, die als bürgerliche Verfallserscheinungen und »apologetischer Reflex einer inhumanen Gesellschaft« (H. Steußloff) abgetan oder, wie das psychoanalytische Erklärungsmodell (→*Psychoanalyse*), als unwissenschaftlich behandelt werden. Angesichts einer gleichsam doppelten, sowohl systemkonformen als auch privaten, der öffentlichen Kontrolle sich entziehenden Lebensführung vieler Bürger in der DDR ist zu fragen, ob der Preis für solche Harmonisierungsversuche nicht zu hoch ist (→*Alltag*). Doch auch in der DDR mehren sich die Stimmen, denen die Zuversicht, daß »Wissenschaft und Technik in der Hand ›fortschrittlicher Kräfte‹ keinesfalls die gleichen negativen Folgen wie im Kapitalismus zeitigten« (G. Kunert, Brief an W. Girnus, in: Sinn und Form, 31. Jg., 1979, H. 4, S. 850) und es für westliche Zivilisationsangst in der sozialistischen Welt demnach keinen Boden gebe, nicht mehr so selbstverständlich ist, wie es solche Äußerungen vermuten lassen. In diesem Sinn haben die Schriftsteller G. Kunert und J. Brežan Zweifel angemeldet und sich zu einer A. bekannt, die eigentlich alle Menschen, unabhängig von dem jeweiligen politischen System, in dem sie leben, teilen müßten.

Die Reaktionen auf A. sind widersprüchlich. Sie können zur Identifikation mit den angstauslösenden Personen und Verhältnissen tendieren, aber auch zu einer kritischen Einstellung ihnen gegenüber führen und das Bewußtsein für die Unangemessenheit sozialer Beziehungen schärfen, in denen A., gerade indem sie unterdrückt und abgewehrt wird, eine Rolle spielt. Insgesamt vermögen die negativen Gefühlsmomente mehr in Bewegung zu setzen als die positiven der Übereinstimmung mit den gesellschaftlich vorgegebenen Lebensformen. Dies gilt schon für die neurotische A., deren Grenzen zu den gleichsam normalen Formen der A. ohnehin fließend sind und die in ihrer individuellen Symptomatik immer auch, da Individualität gesellschaftlich vermittelt ist, auf eine Störung im sozialen Bereich hinweist. Soweit dieses desorganisierende, auf Aufhebung der entfremdeten Lebensverhältnisse abzielende Moment der A. ins Spiel gebracht wird, muß sie von denen, die sich mit dem gegenwärtigen Zustand der Gesellschaft ausgesöhnt oder ein unmittelbares Interesse an seiner Konsolidierung haben, bagatellisiert oder verschwiegen werden. Gerade über diesen Zusammenhang wird in der DDR ein Diskurs um so weniger geführt werden können, als die empfindlichen Reaktionen und harten Sanktionen gegenüber nonkonformistischen Meinungen (→ *Nonkonformismus*) ein wenig gesichertes Legitimitätsvertrauen der Repräsentanten politischer Macht erkennen lassen. Solange, wider besseres Wissen, an der Fiktion einer grundsätzlichen Übereinstimmung der Interessen der Bevölkerung mit denen des Staats und der *SED* nicht gerührt werden darf, sind, mit Ausnahmen, auch in der Kunst und Literatur Darstellungen der Unzufriedenheit, der Frustation und der A. nur in dem Maß möglich, wie sie dieses stillschweigende Einverständnis nicht in Frage stellen. Wenn demgegenüber in der durchlässigen Gesellschaft der Bundesrepublik Darstellungen der A. keinen Sanktionen unterliegt, so ist doch nicht zu übersehen, daß ihr, so vor allem in der Berichterstattung der Massenmedien, in der Science-Fiction-Literatur, im Film, in pessimistischen Zukunftsvisionen, eine entlastende Wirkung zukommt. In der Distanz zum dargestellten Geschehen oder im Bewußtsein seiner Fiktionalität kann A. ästhetisch erlebt und zu einem Moment der psychischen Hygiene werden, dabei aber die Einsicht in die realen Ursachen der A. verhindern. Hier zeigt sich auch ein Unterschied zur DDR, in der auch aus ideologischen Gründen auf Formen der indirekten Verhaltenssteuerung kaum zurückgegriffen werden kann.

B. Weyergraf

Literatur
S. Freud, Hemmung, Symptom und A. (1926), in: ders., Gesammelte Werke, Bd. XIV, Frankfurt a. M. ⁴1968, S. 111-205
H. Steußloff, Zur Ehrfurcht vor dem Leben – Über die Stellung des sozialistischen Humanismus zu Leben und Tod des Menschen, in: Das sozialistische Menschenbild. Weg und Wirklichkeit, hrsg. v. E. Faber und E. John, Leipzig 1967, S. 169-206
Aggression und Anpassung in der Industriegesellschaft. Mit Beiträgen von H. Marcuse, A. Rapoport, K. Horn, A. Mitscherlich, D. Senghaas und M. Marković, Frankfurt a. M. 1968
R. Bilz, Studien über A. und Schmerz, Frankfurt a. M. 1974
R. Taëni, Latente A.: Das Tabu der Abwehrgesellschaft. Versuch einer ganzheitlichen Theorie des Menschen, Hamburg 1976
Gespräch mit J. Brežan, in: Sinn und Form, 31. Jg., 1979, H. 5

Antifaschismus

Der Begriff A. definiert eine politisch-kulturelle Position aus der Gegnerschaft zum Faschismus. Diese Position ist über die Ablehnung und Bekämpfung faschistischer Bewegungen in ihren je unterschiedlichen historischen Erscheinungsformen entstanden, nicht aber primär über positiv bestimmbare Gemeinsamkeiten politischer, kultureller oder sozialer Art. Der Begriff umfaßt das gesamte Spektrum derjenigen Kräfte, die dem Faschismus prinzipiell opponieren.

In dieser Unbestimmtheit liegt seine grundsätzliche Problematik. Denn die Bestimmung einer Gegenposition zum Faschismus setzt einen Konsens über ihn als geschichtlich-gesellschaftliches Phänomen selber voraus, der sich bis heute nicht hat bilden lassen. In der DDR ist offiziell die berühmte Definition G. M. Dimitroffs aus dem Jahre 1935 tradiert worden, die den Faschismus als die Errichtung »der offenen, terroristischen Diktatur der reaktionärsten, am meisten chauvinistischen, am meisten imperialistischen Elemente des Finanzkapitals« (Marxistisch-leninistisches Wörterbuch der Philosophie, Leipzig ⁷1970) bestimmt. Diese im Kontext der Volksfrontstrategie der *KPD* entstandene, im wesentlichen ökonomisch argumentierende Formel faßt den Faschismus als eine staatenübergreifende Erscheinungsform des besonders aggressiven staatsmonopolistischen Kapitalismus auf. Sie ignoriert aber das gesellschaftliche und sozialpsychologische Potential insbesondere der verelendeten Mittelschichten, auf das der Faschismus als Massenbewegung seine Erfolge gründen konnte. Die entsprechenden Untersuchungen W. Reichs, E. Fromms, M. Horkheimers, Th. W. Adornos, W.

Benjamins und E. Blochs sind in der DDR noch kaum rezipiert worden. Demgegenüber ist der Faschismus in der Bundesrepublik vor allem unter dem Aspekt des Totalitarismus aufgefaßt worden. → *Kommunismus* und Faschismus galten hier bis in die 70er Jahre in der politischen Analyse wie der Geschichtsschreibung als im wesentlichen identische diktatorische Herrschaftsformen. Als repräsentativ für diese Auffassung, die freilich Unterschiede hinsichtlich der Ideologie und der Ökonomie nicht leugnet, kann die staatstheoretisch argumentierende Definition des Faschismus als reinste Ausprägung des modernen totalitären Staates rechtsradikaler Prägung gelten.

Im Unterschied zur Auffassung in der DDR wird in der Bundesrepublik innerhalb dieses Sammelbegriffs »für alle vom italienischen Faschismus beeinflußten nichtkommunistischen totalitären Systeme, die für eine starke Staatsgewalt, Beschränkung des Parlamentarismus oder der Parteien eintreten und volle Hingabe an die nationale Größe fordern« (Wörterbuch zur Geschichte, Stuttgart ⁴1980) noch einmal nach den nationalen Ausprägungen unterschieden, insbesondere also zwischen dem italienischen Faschismus und dem Nationalsozialismus in Deutschland. Erst seit dem Ende der 60er Jahre zeichnet sich auch in der Bundesrepublik eine stärkere Betonung der Gemeinsamkeiten faschistischer Bewegungen und der Differenzen zwischen Kommunismus und Faschismus ab. Die wissenschaftlichen Arbeiten zur Theoriebildung über den Faschismus berücksichtigen meist gleichrangig politisch-ökonomische und sozialpsychologische Voraussetzungen und grenzen sich kritisch gegenüber der These G. M. Dimitroffs ab, die als einseitig eingeschätzt wird.

Diese unterschiedlichen Einschätzungen und Definitionen des Faschismus in der DDR und der Bundesrepublik haben Konsequenzen für die Bewertung und Bestimmung des A. gehabt. In der DDR wurden nach 1945 unter dem Schlagwort einer »antifaschistisch-demokratischen Erneuerung« erste Versuche unternommen, an die Politik der *Volksfront* von 1935 anzuknüpfen. Es waren dies Versuche, unter Führung der *KPD*, später der *SED,* auch bürgerliche, faschismusfeindliche Kräfte in die Perspektive einer sozialistischen Umgestaltung der Gesellschaft einzubeziehen. Im Sinne dieser Einheitsfrontstrategie wird der A. in der DDR als Teil des internationalen Klassenkampfes begriffen und mit dem Kampf gegen den »Militarismus« der kapitalistischen Staaten einerseits, mit dem Eintreten für »Frieden, Demokratie, Völkerfreundschaft und Humanität sowie für die Verteidigung der sozialistischen Staaten« andererseits verbunden. Die politische Durchsetzung dieses umfassenden Anspruchs wurde in der bis zur Gründung der DDR reichenden Phase der »antifaschistisch-demokratischen Ordnung« vornehmlich auf administrativem Wege unternommen und kulturpolitisch wesentlich vom *Kulturbund zur demokratischen Erneuerung Deutschlands* getragen. Die Auseinandersetzung mit der faschistischen Vergangenheit wurde mit großer Konsequenz gegen Personen und Institutionen geführt; es war aber auch in dieser frühen Phase der Konstituierung der DDR als Staat sofort deutlich, daß die Verwendung des Begriffs A. auf die Propagierung und Realisierung der von der *SED* herausgearbeiteten Strategien abzielte. Deshalb bezeichnet A. in der DDR nicht nur jene oppositionelle Haltung, die dem Wortsinn und dem historischen Ursprung nach eigen ist, sondern auch die Verpflichtung auf die von der DDR offiziell vertretene Politik. Dies wird sichtbar an der Verwendung des Ausdrucks »antifaschistischer Schutzwall« für die am 13. August 1961 in Berlin errichtete Mauer, die zur umfassend überwachten Grenzbefestigung entlang der Demarkationslinie zwischen beiden deutschen Staaten ausgebaut worden ist.

In der Bundesrepublik wurde die faschistische deutsche Vergangenheit sehr spät und nur in begrenztem Maße aufgearbeitet. Angesichts der »Wirtschaftswunder« genannten ökonomischen Rekonstruktionsperiode herrschte in den 50er Jahren eine Verdrängung der Faschismusproblematik vor, die zu einer stillschweigenden Rehabilitierung und Tolerierung belasteter Personen und Institutionen führte und Ignoranz gegenüber den politisch-kulturellen Zusammenhängen des A. zur Folge hatte. Aus diesem Grund beschränkte sich auch die Diskussion des antifaschistischen Widerstands weitgehend auf die Verschwörergruppe des 20. Juli 1944. Zudem trug die Verbindung des Begriffs A. mit den politischen Zielen der DDR zur Distanz gegenüber antifaschistischer Politik bei. Erst mit dem Aufkommen des Neofaschismus in der Bundesrepublik und einer publizistischen und wissenschaftlichen Analyse und Dokumentation des Nationalsozialismus gerieten Aktualität und Geschichtlichkeit des A. wieder in den Blick. Dies allerdings in den kontroversen Formen einer Rückbesinnung auf die Strategie der Volksfront, einer Erweiterung der Faschismusproblematik auf die grundsätzliche Fragestellung nach der Konstitution des bürgerlichen Individuums und schließlich als Analyse spezifisch männlich-patriarchalischer Verhaltensmuster und Bewußtseinsformen, wie sie insbesondere in K. Theweleits »Männerphantasien« (Frankfurt a. M. 1977 f.) unternommen wurde. Institutionell hat sich mit diesem politisch-wissenschaftlichen Interesse an Faschismus und A. freilich nichts geändert. Die beiden einzigen, in diesem Zusammenhang nennenswerten Organisationen, die der *DKP* nahestehende *Vereinigung der Verfolgten des Naziregimes* und der sich nichtkommunistisch verstehende *Bund der Verfolgten des Naziregimes,* führen in der Bundesrepublik ein Schattendasein.

Bemerkenswert ist in den letzten Jahren in der Bundesrepublik wie in der DDR ein zunehmendes Interesse von →Schriftstellern an den Problemen des Faschismus und A., vor allem in autobiographischen Texten. Dabei zeigt sich übereinstimmend, daß sowohl Autoren der DDR, wie C. Wolf, S. Hermlin, E. Loest, als auch der Bundesrepublik, wie B. Vesper, C. Meckel, P. Brückner, die Frage nach faschistischer und antifaschistischer Disposition nachdrücklich individualisieren, also zwar als gesellschaftlich vermittelt ansehen, aber gegenüber wissenschaftlichen und politischen Abstraktionen abgrenzen. In den Werken der genannten Autoren findet sich deshalb unter historischen Aspekten zugleich eine Aktualisierung und Radikalisierung der Frage nach einem heute möglichen A. als selbstkritische Prüfung der je eigenen personalen und politischen Identität.

R. Schnell

Literatur

H. Duhnke, Die KPD von 1935 bis 1945, Köln 1971
G. Heeg, Die Wendung zur Geschichte, Stuttgart 1977

Antiquariat

Von A. kann sinnvoll erst die Rede sein, seitdem es den modernen →Buchhandel gibt, also etwa ab der Mitte des 18. Jh. Es gab zwar schon in der Renaissance eine emphatische Hinwendung zur Vergangenheit, die sich in jener Bücherleidenschaft ausdrückte, von der das A. lebt, aber wirtschaftlich entstand es erst, als man dem alten Buch einen eigenen Wert zumaß. Allgemein versteht man unter A. den Handel mit gebrauchten Druckerzeugnissen, wobei die Übergänge zum →Kunsthandel fließend sind. Viele Stiche, die alten Büchern zur Illustration beigegeben waren, werden als dekorative Graphik einzeln angeboten. Andere Zweige des A. sind der Handel mit Autographen und Musikalien und das »Moderne A.«, das mit im Einzelverkauf nicht abgesetzten Büchern, den sogenannten Remittenden, handelt. Da dem Sammeln keine Grenzen gesetzt sind, eröffnen sich dem A. immer neue Geschäftsbereiche. Die Möglichkeiten reichen von alten Wertpapieren bis zu bedruckten Einkaufstüten. Hingegen hat die Philatelie eine eigene Tradition und fällt gewöhnlich nicht unter die Zuständigkeit des A. In der Weimarer Republik gehörten die deutschen A. zu den wichtigsten der Welt, wobei fast alle bedeutenden Antiquare Juden waren.

Nach dem Zweiten Weltkrieg blieb der deutsche Antiquariatsbuchhandel provinziell, wenn auch in der Bundesrepublik seit einigen Jahren ein Aufschwung zu beobachten ist, der sich einer mehr nostalgischen Zeitstimmung und einer Wiederkehr des Luxus verdankt.

Die bundesdeutschen Buchantiquare, Autographen- und Graphikhändler haben sich 1968 im wiedergegründeten *Verband Deutscher Antiquare e. V.* zusammengeschlossen. 1980 gehörten ihm 220 Mitglieder an, davon 35 im Ausland. Seit 1961 gibt der Verband jährlich im Herbst einen Gemeinschaftskatalog heraus und veranstaltet Anfang Februar in Stuttgart eine Antiquariatsmesse, die zu den größen Europas zählt. Einige der Verbandsmitglieder sind auch in der *International League of Antiquarian Booksellers* organisiert, deren Messe alle zwei Jahre an wechselnden Orten stattfindet. Die wichtigste Zeitschrift der Branche ist die Beilage »Aus dem Antiquariat« des »Börsenblatts für den deutschen Buchhandel«.

Der Antiquariatsbuchhandel der DDR wird hauptsächlich vom *Zentralantiquariat der DDR* in Leipzig abgewickelt, das wiederum der *Zentralen Leitung des Volksbuchhandels* untersteht. Es gibt auch A., die privat oder auf der Basis von Kommissionsverträgen betrieben werden. Bibliotheken wie die *Deutsche Staatsbibliothek* in Berlin (Ost) oder die *Deutsche Bücherei* in Leipzig haben für antiquarische Angebote binnen 10 Tagen nach Eingang der Kataloge ein Vorkaufsrecht. Das *Zentralantiquariat* beliefert auch Kunden in der Bundesrepublik wie im übrigen Ausland.

1980 gab es in der DDR 27 A. des Volksbuchhandels. Dazu kommen 62 Buchhandlungen mit Abteilungen für modernes A., die nach 1961 erschienene Druckerzeugnisse aus Verlagen der DDR und dem sozialistischen Ausland anbieten. Zwei Drittel dieser Buchhandlungen befinden sich in Kreisstädten. Beim Ankauf erhält der anbietende Kunde mindestens ein Drittel des ursprünglichen Buchpreises. Im ersten Halbjahr 1980 gab der Volksbuchhandel eine halbe Million Mark für solche antiquarischen Ankäufe aus.

Der antiquarische Markt der Bundesrepublik folgt den Gesetzen von Angebot und Nachfrage nur sehr bedingt, da wegen der geringen Zahl vergleichbarer Angebote kaum ein Kurswert entstehen kann. Er ist darin dem Kunstmarkt ähnlich. Auch unterliegt die Preisgestaltung modischen Tendenzen, die teils von Antiquaren gesteuert werden. Insgesamt richten sich die Preise für antiquarische Ware im marktwirtschaftlichen System nach dem jeweiligen Typus des A. Man unterscheidet Laden- und Lagerantiquariate. Das geläufige Bild des Berufsstands hat der Ladenantiquar geprägt, der seine Ware, oft als kompletten Nachlaß, billig erwirbt und schnell veräußert. Da er seine Ware meistens nur hortet und nicht bearbeitet, kann er am einzelnen Buch nur wenig Gewinn erzielen, auch fehlt ihm dazu die reiche Klientel. Im Gegensatz dazu lebt der Lagerantiquar von seiner Organisation und dem Grad seiner Spezialisierung, die es ihm ermöglicht, seine

Ware in einen kulturhistorischen Zusammenhang zu rücken. Schließlich schlagen sich auch die Besonderheiten des jeweiligen Exemplars wie Erstausgabe, Seltenheit, Illustrationen im Preis nieder.

Zwischen Laden- und Lagerantiquaren vermitteln oft die sogenannten *runner.* Diese verfügen gewöhnlich nicht über das ausreichende Kapital, um ein eigenes A. zu eröffnen, aber über eine hohe Sachkenntnis, mit der sie die interessanten Stücke aus der Billigware des Ladenantiquars auswählen und dem Lagerantiquar verkaufen.

Die wirtschaftlichen Zusammenhänge des Antiquariatsbuchhandels scheinen paradox. Im Bankwesen gelten Bücher nur als wertloses, weil bedrucktes Papier und werden selten beliehen, andererseits stehen sie als sichere Geldanlage in gutem Ruf. Wenn das Vertrauen in das Geld schwindet, versprechen antiquarische Bücher eine sichere und regelmäßige Wertsteigerung.

Doch der Trend zur Anlagevermittlung bedroht das A. in doppelter Hinsicht, denn immer weniger echte → *Sammler* können bei einem so entstandenen Hochpreisniveau mithalten, und private Verkäufer wenden sich zunehmend an Auktionshäuser statt an das A. Die auf Auktionen entstandenen Preise bieten aber immer weniger Gewähr für die langfristige Stabilität der Preisentwicklung, die der Kalkulation des A. zugrunde liegt.

Dennoch gilt auch für das A., daß die Preise, wie auf einer verlangsamten Auktion, nur durch freie Vereinbarung zwischen Händler und Käufer von Fall zu Fall zustande kommen. Neben den Inhalt der Bücher, der Geschichte dokumentiert, tritt ihre eigene Geschichte, in der sich auch das Schicksal ihrer Besitzer spiegelt. Daraus ergibt sich das Interesse des Sammlers und der Reiz des A. Dem Prinzip des A. steht der Gedanke der öffentlichen → *Bibliothek* entgegen. Die Privatheit der Sammlung, verbunden mit dem Kapital, das sie verbraucht und darstellt, war schon immer der Kritik ausgesetzt. Wer sich jedoch geschichtliches Wissen aneignet, bringt sich zunächst in den Besitz seiner Zeugnisse. Für den Sammler ist der Besitz jedenfalls das tiefste Verhältnis, das man zu Dingen haben kann.

B. K. Müller

Literatur
F. Homeyer, Deutsche Juden als Bibliophile und Antiquare. Tübingen 1963
P. Otto, Das Moderne A., Gütersloh 1966
G. A. E. Bogeng, Einführung in die Bibliophilie. Leipzig 1931, Nachdruck: Hildesheim 1968
J. Willms, Bücherfreunde, Büchernarren, Wiesbaden 1978

Antiquitäten

A. sind Altertümer, die meistens als ältere Werke der angewandten Kunst präzisiert werden. Außer diesem ästhetischen Moment dienen sie zur Dokumentation der materiellen Kultur vergangener Epochen. Eine eindeutige Definition ihres Gegenstandsbereiches und ihrer historischen Herkunft bereitet Schwierigkeiten.

Das moderne Sammlerwesen beginnt im 14. Jh. und konzentriert sich auf römische Kostbarkeiten. Das anfänglich fürstliche Privileg weicht im 17. Jh. einem allgemeineren Interesse mit dem Schwerpunkt an mittelalterlichen Kunstgegenständen. Als neue Verkaufsform etablieren sich gegen Ende des 18. Jh. Kunstauktionen. Im 19. Jh. entwickelt sich im engen Kontakt mit den → *Museen* das bürgerliche Sammlertum. Gleichzeitig werden Kunsthändler zu kritischen Kennern und Kaufleuten.

Die Meinung über das Alter von A. hat sich in jeder Epoche gewandelt. Im strengen heutigen Sprachgebrauch der Antiquitätenhändler und -sammler hat sich die Zeitgrenze um 1840 eingebürgert. Die augenblickliche Sammlerleidenschaft umfaßt alle Altertümer, die vor diesem Zeitpunkt entstanden sind, bis zu römischen, hellenistischen und ägyptischen Kunst- und Gebrauchsgegenständen. Da jedoch im Zuge der *Nostalgiewelle* auch das Kunstgewerbe des Jugendstils, Porzellane der 20er und 30er Jahre und Kunstformen der 50er Jahre begehrt sind, ist die zeitliche Eingrenzung nicht mehr endgültig bestimmbar.

Zum Gegenstandsbereich gehören Antiken und Ausgrabungen, Fayencen, Keramik, Porzellan, Fliesen, Glas, Gold- und Silberschmiedekunst, Möbel, Kunsthandwerk, Musikinstrumente, Teppiche und Gobelins, Uhren, Zinn, Volkskunst, Gemälde, Plastiken, Bücher (→*Antiquariat),* Graphik sowie außereuropäische Kunst.

Die Motive für das Sammeln von A. reichen von spekulativ-kommerziellen Absichten über eine wertbeständige Geldanlage zur Liebhaberei und dem Bedürfnis nach Repräsentation und Prestige. Die nach dem Zweiten Weltkrieg in Westeuropa stetig steigende Suche nach A. mit ihren individuellen, handwerklichen Herstellungsweisen stellt eine Reaktion auf die nüchternen Ausdrucksformen und Produkte einer funktionalistischen → *Industriekultur* dar. Dieser wachsenden Kauflust entspricht die sprunghafte Vermehrung der Antiquitäten- und Kunsthandlungen. Schätzungsweise gibt es in der Bundesrepublik 2000 bis 2500 Fachhändler. Ein Teil davon sind Mode- und Hobbyhändler, die in der Zeit des wirtschaftlichen Aufschwungs auf den bis dahin traditionellen →*Kunstmarkt* drängten. Außer dem Ladenhandel mit beratender Funktion gibt es Auktionen, die die Rolle einer Kunstbörse spielen und auf Haftung verzichten. Als dritte Institution wurde 1956 die *Deutsche Kunst- und Antiquitätenmesse* in München gegründet, Fachmessen in Köln und Hannover folgten. Ferner etablierten sich in vielen Städten kleinere Messen mit A., deren Waren von vergleichsweise geringerer Qualität sind. Flohmärkte, die in den letzten Jahren immer populärer geworden sind, haben zumeist nicht den Anspruch, A. zu verkaufen, aber hier steht auch weniger die Echtheit des Angebots im Vordergrund als der Kontakt zwischen Käufer und Verkäufer.

Von dem Gesamtumsatz der auf Auktionen und →*Messen* vermittelten A. gehen diese zu gleichen Teilen an den Fachhandel und den privaten Sammler. Die Geschäftsbeziehungen zu Museen sind auf ausgewählte Gegenstände beschränkt, da deren Etat begrenzt ist. Obwohl der Handel mit A. weltweit verbreitet ist, liegt der Schwerpunkt auf den jeweils regionalen Kunsterzeugnissen. Durch den wachsenden Tourismus steigt auch die private Aus- und Einfuhr von fremden Kulturgütern. Wegen mangelnder Kenntnis nimmt hier die Gefahr, ein Falsifikat *(→Plagiat und Fälschung)* zu kaufen, gegenüber dem nationalen Handel erheblich zu.

Die Antiquitätenhändler organisierten sich zu einem *Bundesverband des Deutschen Kunst- und Antiquitätenhandels* in Köln. Aufgegliedert in sieben Landesverbände, gehörten ihm 1981 558 Firmen an. Dieser Berufsverband sieht seine Aufgabe in der Interessenvertretung gegenüber der Legislative, veranstaltet die alljährlich stattfindende *Deutsche Kunst- und Antiquitätenmesse* und publiziert Kataloge. Das ausgeprägte Interesse von Fachleuten und Publikum spiegelt sich in einer vielfältigen Presse wider. Ihr Spektrum umfaßt anspruchsvolle Zeitschriften wie »Die Weltkunst« und »Pantheon« sowie Informationsblätter und Kataloge wie »Artis«, »Die Kunst«, »Kunst und Antiquitäten«, »Sammler Journal« und »Ars Mundi«. Außerdem publizieren einige Verlage umfangreiche Taschenbuchreihen, die über einzelne Sparten der A. informieren.

Wie der →*Kunstmarkt* in der DDR überhaupt, versteht sich auch der dortige Handel mit A. als ein Bindeglied zwischen den Produkten und dem, wie es heißt, wachsenden Kulturbedürfnis der Käufer. Der Verkauf ist durch den staatlichen Kunsthandel, insbesondere den *Volkseigenen Handel Antiquitäten* und den genossenschaftlichen Kunsthandel organisiert. Innerhalb von fünf Jahren seit der Gründung des staatlichen Kunsthandels 1974 sind acht Galerien mit A. entstanden (H. Weiß, Urteilen, wählen, kaufen. Fünf Jahre Staatlicher Kunsthandel der DDR, in: Bildende Kunst, Jg. 27, H. 12, Dresden 1979, S. 574–576). Außer dem staatlichen und in geringerem Umfang auch privaten Handel mit A. innerhalb des Landes und mit den sozialistischen Staaten gewinnen international Kontakte zunehmend an Bedeutung. Die geschäftlichen Beziehungen zu Firmen des westlichen Auslands dienen in erster Linie der Devisenbeschaffung. Die Vertriebsstelle des Ost-West-Handels ist die *Kunst- und A. GmbH* in Berlin (Ost). Seit 1975 kauft diese Organisation einheimische Kunstobjekte und bietet sie westlichen Händlern an, die sich zu einer Mindestabnahme im Wert von 30 000 Mark verpflichten müssen. Das Handelsvolumen wird auf jährlich 30 Mio. Mark geschätzt.

Das Bedürfnis nach A. ist in den westlichen und östlichen Industriestaaten seit dem Zweiten Weltkrieg stetig angestiegen. Während in der Bundesrepublik ein freier Antiquitätenhandel und -markt möglich ist, wird der Handel mit A. in der DDR fast ausschließlich durch staatliche Instanzen gelenkt und geregelt.

B. K. Müller

Literatur
Keysers Kunst- und Antiquitätenbuch, hrsg. von H. Seling, Heidelberg 1957
A. – Schmuck: 5. Auktion Berlin. Staatlicher Kunsthandel der DDR, VEB Bildende Kunst und Antiquitäten, Berlin (Ost) 1975
Das große Bilderlexikon der A., hrsg. von J. Durdik, Dresden 1976
A., hrsg. von G. Ehret, München 1981
Das große Antiquitätenlexikon. Bearb. v. d. Lexikonredaktion des Herder-Verlages, Dortmund 1981

Arbeit

I. Historische Entwicklung des Arbeitsbegriffs – II. Taylorismus und die Gegenbewegungen – III. Arbeitsintensivierung in der DDR – IV. Humanisierungsbemühungen in der Bundesrepublik Deutschland – V. Annäherung durch Rationalisierung?

I. Historische Entwicklung des Arbeitsbegriffs

A., verstanden als zum Lebensunterhalt notwendige Mühsal, wurde im Altertum als unwürdige Anstrengung angesehen, die von der ehrenhaften Beschäftigung mit Politik, Geistesleben und Kriegsdienst abhielt. Die für Ernährung, Kleidung und Wohnung notwendigen Tätigkeiten überließ die Führungsschicht den Sklaven oder den sozial tiefstehenden Handwerkern, Bauern und Frauen. Auch im Mittelalter wurde in erster Linie der Zwangscharakter der A. betont, vor allem körperliche Betätigung besaß nur wenig Ansehen. Gleichzeitig galt A. im Christentum aber als von Gott auferlegt und damit gottgefällig. Während für Platon und Aristoteles ungebundene Zeit und Muße eine Voraussetzung der Tugend war, wurde sie jetzt als Müßiggang verurteilt. Diese leistungsorientierte Auffassung, die in der mittelalterlichen Welt allerdings noch nicht voll entwickelt war und der die Lebensweisen und Ideale von Adel und Klerus nicht immer entsprachen, verstärkte sich, nachdem im Anschluß an die Reformation ein protestantisches Arbeitsethos entstand. In seiner extremen, kalvinistischen Form interpretierte der Protestantismus irdischen Reichtum als Verheißung kommenden himmlischen Glücks.

Aber erst im 18. Jh., als durch die →*Aufklärung* bürgerliche Tugenden aufgewertet wurden, setzte sich auf breiter Front die Vorstellung durch, A. als solche könne wertvoll sein und dem Leben eines Individuums Sinn verleihen. Weiterhin erkannte man, daß A. ein wichtiges Mittel zur Erzeugung von privatem und gesellschaftlichem Reichtum ist. So wurde der Schluß gezogen, nur ein Volk »im rohen Naturzustand« könne A. als Übel ansehen (Staatslexikon, hrsg. von C. v. Rotteck, C. Welcker, Bd. 1, Altona 1835, S. 644).

Diese Hochschätzung der menschlichen Tätigkeit wurde von K. Marx übernommen und zugespitzt. Für K. Marx hing der Tauschwert, also der Preis einer Ware, einzig und allein von der A. ab, die zu ihrer Herstellung nötig war. Die Maschinen, die bei der Produktion verwendet werden, sind dabei als tote, vergegenständlichte A. zu verstehen. K. Marx untersuchte die menschliche Tätigkeit jedoch nicht nur unter ökonomischem Aspekt. Den Menschen, die sich durch A. von den Tieren unterscheiden, soll sie »nicht nur Mittel zum Leben, sondern selbst das erste Lebensbedürfnis« sein (K. Marx, Kritik des Gothaer Programms, in: Marx-Engels-Werke, Bd. 19, Berlin (Ost) 1962, S. 21). Allerdings erwartete K. Marx, der sich an anderer Stelle auch weniger positiv über A. äußerte, die Realisierung dieses Zustands erst in einer kommunistischen Gesellschaft. Denn im Kapitalismus sei die A. entfremdet *(→ Entfremdung)*. Mit Werkzeugen, die ihm nicht gehören, erzeuge das Individuum in einer arbeitsteiligen Profitwirtschaft nur Einzelstücke, die ebenfalls fremdes Eigentum sind. Zum Gesamtprodukt, das zu einer bloßen Ware wurde und einzig dem Zweck dient, verkauft zu werden und Gewinn zu erwirtschaften, habe der Arbeiter keine Beziehung mehr. Sein eigenes Erzeugnis stehe ihm fremd gegenüber. Eine Änderung dieses Zustands sei erst zu erwarten, wenn das Privateigentum beseitigt und die Arbeitsteilung aufgehoben sei *(→ Bewußtsein)*.

Mit dem Fortschreiten der Industrialisierung wurde A. immer mehr zum Gegenstand wissenschaftlich-technischer Untersuchungen, deren Ziel die Steigerung von Effizienz und nicht die Auseinandersetzung mit philosophischen Problemen war. Um die Wende zum 20. Jh. testete der Amerikaner F. W. Taylor, wie sich menschliche Arbeitskraft am wirkungsvollsten einsetzen ließe. Er führte Zeit- und Bewegungsstudien durch, errechnete Normalfertigungszeiten und empfahl eine weitgehende Zerlegung in einzelne Arbeitsschritte, die dann von Spezialisten übernommen werden sollten. Damit war der Prototyp der Fließbandarbeit entwickelt.

»Menschliche Arbeit ist bewußte Betätigung körperlicher und geistiger Kraft«. Diese Definition aus dem »Handwörterbuch der Staatswissenschaft« von 1923 (Bd. 1, Jena, 4. Aufl., S. 368) knüpfte in ihrer Nüchternheit an F. W. Taylors Vorstellung von einem *scientific management* an. Sie entspricht im wesentlichen den Vorstellungen, die sich in der Bundesrepublik durchgesetzt haben. A. wird hier in erster Linie als Mittel betrachtet, Einkommen zu erwerben. Allerdings gab und gibt es Gegenbewegungen, die den Leistungszwang *(→ Leistung)* kritisierten und sich nicht mit rein materiellem Gewinn zufriedengeben wollen, sondern zusätzliche emotionale Befriedigung erwarten. In der DDR dagegen hebt man vor allem den gesellschaftlichen Aspekt der A. hervor. In ihrer sozialistischen Variante soll sie gemeinschaftsbildend wirken und damit Verhältnisse schaffen, die sich wohltuend von den bundesrepublikanischen unterscheiden.

II. Taylorismus und die Gegenbewegungen

Als M. Weber 1905 seinen Aufsatz über die protestantische Askese veröffentlichte, waren die Experimente F. W. Taylors in Deutschland noch weitgehend unbekannt. Die kapitalistische Entwicklung stellte sich M. Weber als einen Zwangsprozeß vor, der den → *Lebensstil* der einzelnen möglicherweise in eine »mechanisierte Versteinerung« verwandeln werde, die »mit einer Art von krampfhaftem Sichwichtig-nehmen verbrämt« sei (M. Weber, Asketischer Protestantismus und kapitalistischer Geist, in: ders., Soziologie, Wissenschaftliche Analysen, Politik, Stuttgart ⁴1964, S. 380). Nach der publizistischen Verbreitung der Taylorschen Managementpraxis mußten diejenigen, die M. Webers Kulturpessimismus teilten, eine noch größere Entzauberung des Menschen befürchten. Denn zweifellos war mit der Verwissenschaftlichung der Produktions- und Arbeitsabläufe ein Instrument geschaffen worden, mit dem die Kraftreserven der Arbeiter in vorher unbekannter Weise ausgeschöpft werden konnten. Gleichzeitig basierten die Managementmaximen F. W. Taylors aber auf einer Kräftemobilisierung, die nicht aus einer plumpen Steigerung der Arbeitsintensität bestand, sondern die ökonomisierten Bewegungsabläufe so mit dem physiologischen Studium der maximalen Belastungsdauer kombinierte, daß durch Einführung entsprechender Pausen und Erholungszeiten die tägliche Arbeitszeit verkürzt werden konnte. Damit blieb mehr → *Freizeit* übrig, die nicht mehr allein der Erholung dienen, sondern eigene Bedeutung gewinnen sollte.

Berücksichtigt man die Situation in Deutschland und der Sowjetunion unmittelbar nach dem Ersten Weltkrieg, im Falle Deutschlands zusätzlich den chronischen Mangel an Rohstoffen, so erklärt sich das Interesse, das beide Staaten an der Verbreitung der Methoden F. W. Taylors hatten. Die Sowjetunion ging beim Versuch der Durchsetzung rationeller Arbeitsmethoden voran. Zwar mußte die kommunistische Partei sich von den *Menschewiki* sagen lassen, eine arbeiterfeindliche Politik zu betreiben, aber trotz vieler Widerstände schritt die Rationalisierung fort. Mitte der 30er Jahre wurde der Rationalisierungsgedanke durch die *Stachanow-Bewegung* verdrängt, die die Taylorsche Methode durch Appelle an den Arbeitswillen der Bevölkerung ersetzte *(→ Propaganda)*.

In der Weimarer Republik führte die Taylorisierung 1924 zur Bildung des *Reichsausschusses für Arbeitszeitermittlung (REFA)*. Dieser hat vor allem in seiner Funktion als Fortbildungsinstitution den Betrieben viele in Arbeitsstudien geschulte sogenannte *REFA*-Männer zur Verfügung gestellt, die die weitere Rationalisierung in Deutschland wesentlich vorantrieben. Aber auch hier blieb die Arbeitsintensivierung nicht von Kritik verschont. In einer teilweise an die Einwände der *Menschewiki* erinnernden Streitschrift prangerte F. v. Gottl-Ottlilienfeld F.W. Taylors Methoden als überspannte »Taylorei« an, da namentlich die Existenz eines alle Arbeitsvorgänge überwachenden Arbeitsbüros die Arbeiter zu Marionetten degradiere.

Aus dieser Kritik leitete F. v. Gottl-Ottlilienfeld die Forderung ab, der Entseelung des Arbeiters eine »Durchseelung des Betriebes zu wahrer Gemeinschaft« entgegenzusetzen (F. v. Gottl-Ottlilienfeld, Fordismus? Von Frederik W. Taylor zu Henry Ford, Jena ²1925, S. 9). Diese meinte er in H. Fords Betrieben am Werk zu sehen. Denn dort gäbe es keine Arbeitsbüros, sondern nur Leitungssätze zur optimalen Einrichtung der Fließbandproduktion, deren Organisation über den von F. W. Taylor favorisierten einzelnen Betrieb hinausreiche und eine ganze Reihe von Betrieben zur rationellen Massenproduktion verbinde. H. Ford entspreche dem Ideal des sozialen Führers, dem die Betriebsgemeinschaft willig folge, da die Produktion nicht mehr vom Profitmotiv, sondern vom Willen zum Dienst an der Gemeinschaft geleitet werde.

Von der Vorstellung F. v. Gottl-Ottlilienfelds bis zur Realität des deutschen Nationalsozialismus war nur noch der Schritt der praktischen Umsetzung zu tun. In den Arbeitslagern und den Reichsbetriebsgemeinschaften, welche in der 1934 der *Nationalsozialistischen Deutschen Arbeiterpartei* eingegliederten *Deutschen Arbeitsfront* organisiert waren, sollte die A. laut offizieller Ideologie nicht mehr nur in Stunden, sondern vor allem an ihrem Wert gemessen werden. An die Stelle des verblaßten christlichen Arbeitsethos wollten die Nationalsozialisten einen

Glauben an das eigene Volk setzen, der zur Selbstüberwindung und Selbstaufgabe fähig machen sollte. In der Realität hatten sich die Arbeiter aber doch nicht so weit aufgegeben, wie es verlangt worden war. Nach der weitgehenden Beseitigung der Massenarbeitslosigkeit und dem Anstieg der Konjunktur, vor allem durch die Aufrüstung, trug gerade die *Deutsche Arbeitsfront* dazu bei, die vom Staat verfügte Einfrierung der Löhne auf dem Stand von 1932 durch die Duldung innerbetrieblicher Lohnanreize zu durchbrechen. Erst mit Beginn der Kriegswirtschaft setzte die verschärfte Anordnung von *REFA*-Verfahren ein, ein Vorgang, den die gegen Ende des Krieges immer unregelmäßiger werdenden Produktionsabläufe wieder rückgängig machten, so daß sich die Arbeitsproduktivität in entscheidenden Bereichen nicht mehr mit den Vergleichswerten, etwa der USA, messen konnte. Deshalb erwies sich der Nationalsozialismus hinsichtlich der Mobilisierung von Arbeitskraftreserven dem amerikanischen Modell letztlich nicht überlegen.

III. Arbeitsintensivierung in der DDR

In der DDR setzte man sich Anfang der 50er Jahre mit den zuvor in der Sowjetunion erprobten Normungsverfahren zur Intensivierung der A. auseinander. Dabei wurden besonders die Formen der mit dem Namen A. G. Stachanow verbundenen *Aktivisten- und Rationalisatorenbewegung* kopiert, die bald in der *Hennecke-Bewegung* ihren Ausdruck fanden. Doch besonders die aufgrund der schlechten wirtschaftlichen Gesamtlage zu schnell aufeinanderfolgenden Normenerhöhungen führten am 17. Juni 1953 zum Aufstand der Arbeiter. Mit *Taylorismus* hatte diese erste Phase der Arbeitsintensivierung schon deshalb wenig zu tun, weil F. W. Taylor ausdrücklich davor gewarnt hatte, Arbeitsproduktivitätssteigerungen im Schnellverfahren zu erzwingen, wenn man nicht einen internen Krieg im Betrieb riskieren wollte. Außerdem lag den Normen in der DDR nur unzureichende Arbeitsforschung zugrunde. Erst als Reaktion auf die Ereignisse im Juni wurde im Dezember eine zentrale staatliche Forschungsorganisation gebildet, das *Zentralinstitut für Arbeitsökonomik und Arbeitsschutzforschung* in Dresden. Ende der 50er Jahre wurden schließlich auch lohnpolitische Maßnahmen eingeleitet. Diese markierten eine Wende nicht nur im engeren Bereich der Arbeitsökonomik, sondern im gesamten Planungssystem der DDR. Die Politik des extensiven Wachstums mit ihrer Favorisierung der Schwerindustrie und der Vernachlässigung des Konsumsektors hatte eine Grenze erreicht, die durch die im Zweiten Weltkrieg entstandene ungünstige Bevölkerungsstruktur und die Abwanderung von 2,7 Mio. Bürgern in überwiegend erwerbsfähigem Alter gezogen war. Der Mauerbau vom 13. August 1961, der die Abwanderungsbewegung stoppte, wäre nur ein schwaches äußeres Mittel geblieben, wenn nicht Formen des materiellen Interessenanreizes entwikkelt worden wären, die 1963 zur Aufstellung des *Neuen ökonomischen Systems der Planung und Leitung der Volkswirtschaft* führten. Sie sollten das Wachstum auf eine arbeitsintensive Grundlage umstellen. Der damit verbundenen Forderung nach wissenschaftlicher Führung entsprach eine wesentliche Erweiterung arbeitsökonomischer Forschungen, die Mitte der 60er Jahre von einer der *Kommission für Wissenschaft und Technik* angeschlossenen Expertengruppe supranational für den gesamten Bereich des *Rats für gegenseitige Wirtschaftshilfe* systematisiert wurden.

Erst diese Entwicklungsphase, in der das *Zentralinstitut für Arbeitsökonomik und Arbeitsschutzforschung* in das *Zentrale Forschungsinstitut für Arbeit* und das *Zentralinstitut für Arbeitsschutz* aufgeteilt wurde, könnte man als Periode der staatlichen *Taylorisierung* bezeichnen. Sie sollte den Absichten der Planer zufolge von Harmonie der Interessen der Arbeiter und der sozialistischen Gemeinschaft geprägt sein. Selbst wenn die Verlagerung vieler Kompetenzen auf die Betriebsebene zu einer Verringerung der Materialverschwendung geführt hätte, blieb dennoch die Arbeitsproduktivität, deren Steigerung das vorrangige Ziel der neuen *Wissenschaftlichen Arbeitsorganisation* war, auch Ende der 60er Jahre noch um gut 30 v. H. unter dem bundesrepublikanischen Niveau, gemessen an der Zahl aller Beschäftigten. Dieser Rückstand konnte offenbar bis heute nicht aufgeholt werden, er ist ein Indiz dafür, daß die sozialistische Gemeinschaftsarbeit nach wie vor mehr als Programm und weniger als Realität verstanden werden muß.

Die Lücke zwischen Programm und Wirklichkeit wird auch bei den neuen planerischen Impulsen deutlich, die von der Ernennung E. Honeckers zum *Generalsekretär des Zentralkomitees der SED* ausgingen. Die von ihm 1971 auf dem VIII. Parteitag der *SED* postulierte Einheit von Wirtschafts- und Sozialpolitik sah neben der verstärkten materiellen Stimulierung eine Veränderung der Arbeitsbedingungen vor, durch die der voranschreitenden Automation der Produktion Rechnung getragen werden sollte. Statt mit strenger Disziplin wollte man mit Hilfe der sozialen Faktoren der Arbeitsorganisation die Produktion erhöhen. Nicht der abstrakten Technologie sollte der Vorrang gebühren, sondern der Tätigkeit des Menschen und der Qualität seiner A., damit sie produktiver, höher qualifiziert, gesellschaftlich verantwortungsvoller eingesetzt und schließlich angenehmer gestaltet würde. In der DDR wurde diese Programmatik als Rationalisierung zum Wohle des Volkes bezeichnet. Die Wiederaufnahme des historisch überfälligen Volksbegriffs war vermutlich nur ein Echo auf den Mangel

an sozialistischer Gemeinschaft, der bis heute oft nur propagandistisch behoben werden kann.

Obwohl die von der *SED* geplante Erhöhung der Bedürfnisbefriedigung der Bevölkerung keineswegs erfolglos war, mußte in der zweiten Hälfte der 70er Jahre wegen wirtschaftlicher Schwierigkeiten durch die hohe Westverschuldung der DDR, die Rohstoffpreisentwicklung etc. das Ziel der Vorrangigkeit der menschlichen Tätigkeit fallengelassen werden. Hieß es im Plan von 1971 bis 1975, daß ohne Sozialpolitik keine Arbeitsintensivierung erlaubt sei, so kehrte sich dieser Zusammenhang im Plan von 1976 bis 1980 um. Das auf die Arbeitsorganisation bezogene Sozialprogramm reduzierte sich im wesentlichen auf die Verbesserung »persönlichkeitsfördernder Arbeitsinhaltsgestaltung«. Zur gleichen Zeit wurde jedoch eine Reihe teurer sozialpolitischer Maßnahmen, wie die Erhöhung von Mindestlöhnen und Mindestrenten, 40- bzw. 42-Stunden-Woche für 1,2 Mio. Schichtarbeiter und das dreizehnte Monatsgehalt für Lehrer und Erzieher, verwirklicht, die die Wirtschaft der DDR am Ende der 70er Jahre zusätzlich belasten (R. Deppe, D. Hoss, 1980, S. 26 f.).

Unter dem Stichwort »persönlichkeitsfördernde Arbeitsinhaltsgestaltung« *(→ Persönlichkeit)* wird man daher weniger Anstrengungen für den Aufbau sozialistischer Persönlichkeiten verstehen müssen, als vielmehr Maßnahmen, die angesichts der auch in der DDR verfügten Ausdehnung der Schichtarbeit und zunehmender Intensivierung der A. durch Mehrmaschinenbedienung notwendig geworden waren. Es hatte sich nämlich gezeigt, daß mit der Umorganisation der Arbeitsgestaltung infolge neuer Technologien Erkrankungen aus psychischen Gründen enorm zunahmen *(→ Krankheit)*. Untersuchungen aus der DDR geben den Anteil neurotischer Störungen an den Gesamterkrankungen mit 30 v. H. an (a.a.O., S. 54). Das scheint ein aussagekräftiger Indikator für die Wirkungen der Veränderungen zu sein, die außer zur zunehmenden Monotonie der A. auch zu deren Polarisierung durch geringere Höher- und große Dequalifizierung geführt hat. So mochten die Erfolgsmeldungen über die Reichweite der sozialistischen Rationalisierung, die durch die *Neuererbewegung* und sozialistischen Wettbewerb Millionen von Rationalisatoren hervorgebracht haben soll, durchaus zutreffen. Sie konnten indessen die Tatsache nicht aus der Welt schaffen, daß der *Taylorismus* auch in seiner sozialistischen Variante andere Kosten hatte entstehen lassen, die mit noch so verfeinerten tayloristischen Methoden nicht zu beseitigen waren.

Den psychischen Störungen der Arbeiter soll inzwischen mit der Durchsetzung der sogenannten progressiven Arbeitsinhalte begegnet werden. Vor allem bei den vollautomatischen Prozeßverfahren im Sektor der Chemieindustrie versucht man derzeit, die Dequalifizierung, wie sie beispielsweise eine mechanische Überwachungstätigkeit an Maschinen darstellt, durch Anreicherung der A. mit analytischen Anforderungen aufzuheben oder sogar in eine Höherqualifizierung zu verkehren. In der Praxis dürfte das jedoch regelmäßig auf eine Vereinigung vorher getrennter Arbeitsinhalte hinauslaufen, weil die DDR unter Arbeitskräftemangel leidet, woraus am Ende wieder eine starke Arbeitsintensivierung resultiert, die gerade vermieden werden sollte. Und dort, wo bei maschineller Programmierung mit selbständigen Bedienungskollektiven experimentiert wird, scheitert die mögliche Umsetzung in betriebliche Praxis oft am Mangel genügend qualifizierter Fachkräfte.

IV. Humanisierungsbemühungen in der Bundesrepublik Deutschland

Nicht erst die selbständigen Bedienungskollektive erinnern daran, daß die Entwicklungslinien der A. in der DDR denen in der Bundesrepublik in vielem ähnlich sind. Häufig mag es sich lediglich um die Übersetzung in ein anderes Deutsch handeln, so daß die Behauptung, der Wandel der Technologie (→ *Technik*) erzwinge unabhängig vom jeweiligen Gesellschaftsmodell die ihm entsprechende Arbeitsorganisation, einige Beweiskraft für sich beanspruchen kann. Ob sie auch für den Bereich der progressiven Arbeitsinhalte und der bundesrepublikanischen Humanisierung der A. zutrifft, ist fraglich. Denn Bestrebungen wie in der DDR, das Verhältnis von Mensch und Technik schon im Vorfeld neuer technologischer Verfahren zu problematisieren, um verbesserte Qualifikationsmöglichkeiten der Bedienungsmannschaft gegebenenfalls als integrale Bestandteile in die neue technische Konstruktion der Maschinen hineinzunehmen, sind in der Bundesrepublik bisher nicht bekannt geworden. Das hängt mit ihrem anderen Gesellschaftssystem zusammen, in welchem der privaten Wirtschaftsinitiative gerade in den ersten Jahren der neuen Republik von der Regierung ein großer Raum zugestanden wurde.

In der Bundesrepublik knüpfte man an die vor allem in der amerikanischen Kriegsindustrie gemachten arbeitswissenschaftlichen Erfahrungen an und versuchte, sie mit der in der deutschen Kriegsproduktion stattgefundenen Entwicklung zu vereinbaren. Unter anderem den finanziellen Mitteln des *Marshall-Plans* ist zu verdanken, daß die arbeitswissenschaftlichen Forschungen ausgebaut und 1953 in der *Gesellschaft für Arbeitswissenschaft* institutionalisiert werden konnten, die sich mit der Klärung arbeitswissenschaftlicher Grundbegriffe und der Förderung des Arbeitsstudiums an den Universitäten befaßte. Neben der Zurückhaltung des Staates und der im *Betriebsverfassungsgesetz* von 1952 verankerten → *Mitbestimmung* der

→ *Gewerkschaften* haben speziell die besseren ökonomischen Ausgangsbedingungen und der private Leistungsdruck (→ *Leistung*) dazu beigetragen, daß es in der Bundesrepublik anfangs keine nennenswerten Schwierigkeiten mit der Durchsetzung einer leistungsorientierten Arbeitsorganisation gab. Erleichternd wirkte auch, daß die nahezu anhaltend gute Konjunktur in der zweiten Hälfte der 50er Jahre die arbeitswissenschaftlich abgesicherte Leistungsgebundenheit der Löhne durch Lohnzugeständnisse langsam aufweichte. In der Hochkonjunktur der 60er Jahre kam es schließlich zur Krise des *REFA-Akkords*, eines mengenorientierten Zeitakkords, der den immer mehr durch Mechanisierung und Automatisierung gekennzeichneten Produktionsprozessen mit ihrer Begünstigung von Instandhaltungs- und Überwachungstätigkeiten nicht mehr gerecht wurde. Der erste größere Einschnitt in die konjunkturelle Entwicklung der Bundesrepublik, die Rezession von 1967, legte überdies das an J. M. Keynes angelehnte Konzept einer stärker intervenierenden staatlichen Konjunkturpolitik nahe, das schließlich in der *Großen Koalition,* aber ungehinderter noch nach der Bildung einer sozialliberalen Regierung mit wechselndem Erfolg durchgesetzt wurde.

Die sozialen Zielen verpflichtete Regierung von *SPD* und *FDP* konnte sich unter den veränderten Verhältnissen von Konjunktur und Beschäftigungslage jedoch nicht mit einer wirtschaftlichen Globalsteuerung zufriedengeben, sondern mußte zunehmend auch die mikroökonomischen Probleme der Arbeitsgestaltung, die mit den automatischen Produktionsverfahren verbunden sind, als Themen der Politik erkennen. Darüber hinaus wurde, angeregt durch die Studentenbewegung von 1968, die Kritik am Konsum- und Wohlfahrtsstaat immer lauter. Konzepte der Verweigerung wurden entwickelt, die zunächst mit Namen wie H. Marcuse und E. Fromm verbunden waren und sich in den 70er Jahren zu einer Aussteigerszene ausweiteten. Hier dokumentierte sich ein vor allem zu Anfang in marxistischen Begriffen formulierter Unwille, weiterhin entfremdete, hochspezialisierte und in Einzelschritte zerlegte A. zu leisten. Allmählich entstand eine Vielzahl von Alternativprojekten, die sich unter anderem darum bemühten, die als persönlichkeitsschädigend erkannte Trennung von Kopf- und Handarbeit aufzuheben (→*Alternativkultur*). Die Flut von Schriften, die sich seit Anfang der 70er Jahre mit dem Thema der »Humanisierung der Arbeitswelt« befaßten, gehört in diesen größeren Zusammenhang. Seit dieser Zeit beginnen sich auch die arbeitsorganisatorischen Fragen und die Antworten, die darauf gegeben werden, in beiden deutschen Staaten zu ähnln (→*Konvergenztheorie*). Dort der Ansatz einer vom anfänglichen sozialistischen Gemeinschaftsideal vorsichtig abrückenden Sozialpolitik durch stärkere Kompetenzverlagerung auf

Betriebsebene, hier der Versuch einer den *Ordoliberalismus* der Nachkriegszeit überbietenden sozialliberalen Politik, die den privaten Sektor mit deutlicheren staatlichen Regulativen konfrontiert.

Die Erfolgsaussichten der Arbeitshumanisierung sind indessen schon deshalb nicht leicht abzuschätzen, weil der Begriff Humanisierung wie der Begriff Menschenwürde kaum einzugrenzen, daher arbeitsorganisatorisch schwer zu operationalisieren ist. Zwar gibt es einen Katalog von Maßnahmen, die zur Humanisierung führen sollen, er reicht vom Arbeitsplatzwechsel *(job rotation)* über Arbeitsplatzvergrößerung *(job enlargement)*, Arbeitsplatzbereicherung *(job enrichment)* bis zur Autonomisierung von Arbeitsgruppen. Aber diese neuen Formen sind bislang weder hinreichend daraufhin untersucht worden, ob durch sie wirklich humanere Arbeitsformen entstehen, noch konnten sie in eine handhabbare Kosten-Nutzen-Rechnung eingetragen werden. An der Unterordnung der Humanisierung unter die Kosten-Nutzen-Analyse dokumentiert sich der Vorrang der Privatinteressen in der Bundesrepublik. Dabei ist es keineswegs ausgeschlossen, daß die durch die Arbeitshumanisierung anfänglich verursachte Kostensteigerung durch Lohnerhöhung wegen des Qualifikationsanstiegs oder durch erhöhten Personalbedarf längerfristig zu steigenden Erträgen führt. Doch wird die Geneigtheit, diese Fristen in Kauf zu nehmen, dann abnehmen, wenn, wie am Anfang der 70er und zu Beginn der 80er Jahre, Energiekrisen und Weltwirtschaftsrezession die Erträge im Durchschnitt gesenkt haben. In Anbetracht der neuen Massenarbeitslosigkeit in den westlichen Ländern, die infolge zunehmender Rationalisierungsbestrebungen im Zusammenhang mit der elektronischen Datenverarbeitung eher steigt als fällt, wird auch der Leistungsdruck eher stärker als schwächer. Aus dem Gewerkschaftslager sind deshalb seit langem Stimmen zu vernehmen, die eine Durchsetzung humanerer Arbeitsbedingungen nur durch eine Umstrukturierung der gesellschaftlichen Machtverhältnisse für möglich halten. Denn bei abnehmenden Zuwachsraten der Einnahmen und hohem Ausgabensockel kann auch der Staat nicht weiter fördernd durch Erhöhung der Subventionen für entsprechende Projekte intervenieren. Er muß sie sogar kürzen und hat es bereits im Zuge der wiederholten Sparbeschlüsse getan, so daß nun von öffentlicher und privater Seite gemeinsam die Humanisierung der A. gefährdet wird. Auch auf dieser Ebene läßt sich demnach ein Vergleich zur Entwicklung der DDR ziehen, wo die Intensivierung der A. der Sozialpolitik den Rang streitig gemacht hat.

V. Annäherung durch Rationalisierung?

Es bleibt abzuwarten, ob die DDR ihren guten Vorsätzen in der qualifikationserhöhenden Technologieplanung treu bleiben kann, wenn einerseits die erhoffte Arbeitsproduktivitätssteigerung nicht schnell genug eintritt und andererseits die Abhängigkeit von nicht im gleichen Umfang humanisierten Technologieimporten aus der Bundesrepublik bestehen bleibt. Aus dieser Lage heraus könnte sich in Zukunft ein weiterer Schub in Richtung auf Steigerung der wirtschaftlichen Effizienz ergeben, der auf längere Sicht sogar die wegen des geringeren betrieblichen Leistungsdrucks nur latente Arbeitslosigkeit in der DDR offen ausbrechen ließe, so daß auch in diesem Bereich in beiden deutschen Staaten verwandte Probleme auftreten würden.

Vor dem Hintergrund dieser Entwicklung, die von H. Ahrendt treffend mit dem Satz von der Arbeitsgesellschaft, der die A. auszugehen drohe, charakterisiert worden ist, werden Initiativen bedeutsam, die parallel zur formellen Ökonomie einen von J. T. Gershunny beschriebenen informellen Bereich aufbauen, der sich von Ansätzen alternativer Ökonomie bis zur Schwarzarbeit erstreckt. Während letztere noch von traditionellen Lohnmotiven ausgeht, sind die alternativen Tätigkeiten mehr von immateriellen Zielen wie zufriedenstellenden Arbeitsbedingungen geprägt, denen bei genügender materieller Absicherung zugetraut wird, das Streben nach Verbesserung des materiellen Lohns ersetzen zu können. Die daran anknüpfenden Vorschläge sind beschäftigungspolitisch interessant, weil sie durch den weitgehenden Verzicht auf Lohnerhöhungen die fühlbare Einmischung der Exekutive in die Tarifauseinandersetzungen unterlaufen und die Regierung zugleich zu einem alternativen Beschäftigungsprogramm aufrufen. Das kann von der pragmatischen Subventionierung der informellen Ökonomie über die Einführung eines längeren Sozialdienstes zur Überbrückung der Jugendarbeitslosigkeit bis zur Aufforderung an den Staat reichen, im Bereich der Arbeitsethik neue Normen zu setzen. Hinzu kommen Überlegungen zur Arbeitsplatzteilung *(job sharing)*, zum einjährigen Urlaub *(sabbatical)* und zur Reduzierung der Wochen- oder Lebensarbeitszeit, die zum Teil bereits von der Wirtschaft, bei gelegentlichen Bedenken der um ihren Einfluß bangenden Gewerkschaften, erwogen werden. Alle diese Konzepte haben mehr oder weniger gezielt die doppelte Funktion, die Arbeitsmärkte zu entlasten und die Frage nach dem Sinn der A. entweder durch Berücksichtigung sogenannter immaterieller Werte bei der A. vorläufig zu beantworten oder durch eine angenehmere Aufteilung von A. und → *Freizeit* zu entschärfen. Ob diese Maßnahmen ein ähnliches Schicksal erleiden wie die Humanisierungsstrategien, ob sie, weil auch sie Geld kosten, die sich andeutende Reliberalisierungstendenz aufhalten können, ist fraglich. Von allen Vorschlägen scheint die Ausdehnung der Freizeit als Arbeitsbeschaffungsinstrument der verführerischste zu sein, vor allem, weil über diesen Ausweg die schwer beantwortbare Frage nach dem Sinn der A. umgangen werden kann. Da die Freizeit aber offenbar auf Dauer auch nur zu ertragen ist, wenn sie mit Arbeitsleistungen der verschiedensten Form ausgefüllt wird, ist nicht auszuschließen, daß das Problem des Sinns sich bloß von der Arbeits- auf die Freizeitsphäre verschiebt. Selbst die Notwendigkeit von Umschulungen auf Freizeit wird dabei denkbar. In solchen Aussichten deutet sich eine parodistische Rache der die Muße kunstvoll genießenden Monarchien an, die der Liberalismus im Namen der A. als Lebenssinn historisch überwunden hatte. Müßte die DDR weiterhin auf am Liberalismus geschulte Menschenbilder setzen, könnte sie in den gegenwärtigen Schwierigkeiten der von ihr attackierten kapitalistischen Bundesrepublik ihr eigenes Zukunftsbild, vielleicht in einer verzerrten Form, vorausahnen.

M. Bolle, E. Grawert-May

Literatur

Arbeitsmarkttheorie und Arbeitsmarktpolitik, hrsg. von M. Bolle, Opladen 1976
J. T. Gershunny, Die Ökonomie der nachindustriellen Gesellschaft, Frankfurt a. M. 1976
O. Mickler, Technik, Arbeitsorganisation und A., Göttingen 1979
R. Deppe, D. Hoss, Sozialistische Rationalisierung, Frankfurt a. M., New York 1980
R. Winzer u. a., Körperliche und geistige A. im Sozialismus, Berlin (Ost) 1980
G. Brinkmann, Ökonomik der A., Bd. I, Stuttgart 1981

Arbeiterkultur

I. Arbeiterkultur als Erscheinung und Werthaltung – II. Zur Tradition und Forschung – III. Erscheinungsformen der kulturellen Entfaltung – IV. Zäsuren und Tendenzen – V. Arbeiterkultur als sinnliche Erfahrung – VI. Ende der Arbeiterbewegung und -kultur in der Bundesrepublik Deutschland?

I. Arbeiterkultur als Erscheinung und Werthaltung

A. umfaßt diejenigen Manifestationen der Gruppenexistenz der Arbeiter, die den besonderen Charakter dieser Gruppe spiegeln, Werthaltungen ausdrücken und tradierfähig sind.

Eine solche Bestimmung versucht, neben den Erscheinungsformen der A. auch die Bedingungen ihrer Entstehung und Entfaltung zu umreißen. Arbeit und arbeitsverbundenes Dasein gelten als kulturstiftende Wirklichkeitsbereiche. Insoweit unter »Arbeiter« eine durch Lohnabhängigkeit und andere Merkmale bestimmte Klassenlage verstanden wird, läßt sich A. über die Trägerschicht von anderen Begriffsprägungen der älteren und jüngeren Forschung wie → *Volkskultur,* populäre Kultur oder → *Industriekultur* präzise abgrenzen. Die Klassenlage, in Deutschland während der Industrialisierung in hohem Maße überformt von den bürokratischen und repressiven Grundzügen des preußisch-deutschen Obrigkeitsstaats, verändert das ursprüngliche, auch von Herrschaftsbeziehungen mitbestimmte Neben- und Ineinander von Adels- und Volkskultur, indem an dessen Stelle Schritt für Schritt ein Neben- und Gegeneinander von bürgerlicher und A. tritt. Reliktformen älterer Adels- und Volkskultur finden sich in reicher Fülle sowohl in der bürgerlichen als auch in der A. Aber an die Stelle der ständischen Kulturstufung tritt mit der Industrialisierung eine von Kapital- und Marktinteressen bestimmte Kulturabhängigkeit oder zumindest die Tendenz, »kulturelle Hegemonie« und »soziale Kontrolle« über die im Prozeß der Kapitalverwertung in Abhängigkeit geratenen Bevölkerungsteile und insbesondere über die Arbeiterschaft auszuüben. Von daher rührt die Überzeugungskraft jener Versuche, A. als »Gegenkultur« oder → *Subkultur* zu deuten, oder grundsätzlich von »zwei Kulturen« (W. I. Lenin) in kapitalistisch verfaßten Industriegesellschaften auszugehen. Im Falle Deutschlands ist die historische Tatsache, daß schicht- oder klassenübergreifende und darin integrativ wirkende Formen kultureller Entfaltung unter den gesellschafts- und verfassungspolitischen Bedingungen des preußisch-deutschen Konstitutionalismus gründlich erschwert und allenfalls im katholisch-konfessionellen Einflußfeld noch gezielt ausgeübt wurden, in ihrer Bedeutung für den emanzipatorischen Akzent der A. kaum zu überschätzen.

In der marxistisch-leninistischen Kulturforschung der DDR werden gewöhnlich unter dem Begriffspaar »Kultur und Lebensweise« (→ *Alltag*) schlechthin alle proletarischen Daseinsformen zusammengefaßt, wie schon in einem bestimmten Zweig der älteren »bürgerlichen« Kulturhistoriographie unter → *Kultur* mehr oder weniger alle Äußerungen menschlichen Daseins verstanden worden sind. Darin wird dem Unterscheidungs- und Gliederungsbedürfnis in Forschung und Alltag kaum entsprochen. Wie jede Kultur, verbindet vielmehr auch die A. ein Konglomerat spezifischer überindividueller Wertschätzungen, wie sie nicht durch den Gegenstand, die Handlung oder Einrichtung allein, sondern erst durch deren jeweiligen gesellschaftlichen Ort, durch deren Position und Funktion im Austausch von Haltungen, Meinungen und Interessen herausgebildet werden. Solche Wertschätzungen lassen sich im quellenarmen Bereich der A. nur sehr schwer präzisieren, aber das eher formale Kriterium der Tradierfähigkeit, das Weitergabe und Wiederholbarkeit von Wertbeimessungen umschließt, ordnet die Überlieferung und vermeidet Beliebigkeit. Als zentraler, hochgradig abstrakter Wertgehalt der A. wird gewöhnlich die Solidarität erkannt. Unter diesem Aspekt zielt die Definition weniger auf die kulturstiftende Funktion einer zentralen Idee, sondern mehr auf eine Vielheit unmittelbar daseinsverbundener Sinn- und Wertbeimessungen.

II. Zur Tradition und Forschung

Schon die frühen deutschen Arbeiterführer waren von der kulturstiftenden Rolle ihrer Bewegung überzeugt.

Gemeinsam war den Anstrengungen der Parteien und →Gewerkschaften der Arbeiterbewegung das Verständnis von →Arbeit und Arbeitsteilung als Kulturbildner, daneben aber ein Kulturstreben, das auf Bildung, Wissenschaft und Kunst zielte. Entsprechend hieß es in einer berühmten Rede K. Liebknechts, »Wissen ist Macht – Macht ist Wissen« (1872). Darin liege, wie auch der lassalleanische »Neue Sozialdemokrat« 1873 schrieb, »die wahre Kultur der Menschheit«. So entstand die moderne Arbeiterbewegung mit den Arbeiterbildungsvereinen (→Vereine). Arbeiterbildung, Bibliothekswesen, technische Fortbildung, Erziehungs- und Literaturpolitik sowie das Engagement für Lyrik, Epik und Dramatik standen bis 1933 im Zentrum der kulturellen und kulturpolitischen Aktivitäten der Arbeiterbewegung. Die Nähe solchen Strebens zu den Vorstellungen der zeitgenössischen Oberschicht und besonders der bürgerlichen Sozialreform liegt auf der Hand, und so hat die neuere Forschung vor allem in der Kultur der organisierten Arbeiterbewegung Tendenzen einer »Verbürgerlichung« entdeckt.

Arbeit und Arbeiterorganisation waren bis in die 50er Jahre nicht eben prominente Gegenstände der universitären Historikerzunft. Sozialgeschichte als Wissenschaft einer Opposition über Opposition blieb wie die Geschichte der Arbeiterbewegung dieser selbst überlassen. Abgesehen von bedeutenden Forschungen der jüngeren historischen Nationalökonomie enthalten die Schriften der sozialistischen Arbeiterführer wie A. Bebel, E. Bernstein und K. Kautsky, I. Auer, P. Kampffmeyer, u. a. die umfassendsten, freilich organisationsbezogenen Informationen über die A. der älteren Zeit. Die Vielfalt proletarischer Organisationsbildungen von den gewerkschaftlichen und politischen Anfängen bis zur Entfaltung der großen Arbeiterkulturorganisationen in den 90er Jahren des 19. Jh. zeigt sich vor allem in den älteren Lokal- und Verbandsstudien. In den Geschichten einzelner gewerkschaftlicher Zentralverbände wurde bewußt das Augenmerk auch auf die kulturgeschichtlichen Traditionen der Handwerksorganisationen, die in der modernen Gewerkschaftsbewegung aufgingen, gelenkt. Daneben trat um die Jahrhundertwende, durch engagierte Sozialdemokraten bürgerlicher Herkunft wie den Pfarrer P. Göhre vorangetrieben, ein traditionsbildendes Engagement für autobiographisch erschlossene proletarische Daseinslagen und Lebenswege. Mit den Schriften von A. Levensteins u. a. datierten daneben erste sozialwissenschaftliche Bemühungen um eine Sozialpsychologie des Proletariats noch vor dem Ersten Weltkrieg.

Währenddessen litt die Volkskunde seit den Schriften W. H. Riehls an einem ständestaatlich-vorkapitalistischen Syndrom, wonach als Untersuchungsgegenstände in erster Linie die ländlich-bäuerlichen Sitten und Brauchtümer, allenfalls noch handwerklich-zünftige Traditionen und die Kultur der Mittel- und Oberschichten galten. Solche Forschungspraxis nährte sich aus einer ausgesprochen positiven Wertschätzung ständisch-konservativer Kulturschöpfungen und neigte zur schroffen Gegenüberstellung von geistiger Oberschichtenkultur und materieller Volkskultur, eine Unterscheidung, die den Problemen der A. (→Kulturgeschichte) keineswegs gerecht wurde.

Nach 1945 hat erstmals G. A. Ritter die Arbeiterbewegung detailliert auch als Kultur- und Emanzipationsbewegung behandelt. Eine umfassende Deutung der Arbeiterkulturorganisationen als proletarische Heimat in einer Umwelt, die das Streben des Arbeiters nach Teilhabe an Kulturgütern oft genug schroff zurückwies, unternahm für die Zeit vor 1914 G. Roth (1963). Nach Roth sah sich die Arbeiterschaft durch die Arbeiterkulturorganisationen einer sekundären, gleichsam schleichenden Integration in den bürgerlich bestimmten kulturellen Horizont des deutschen Kaiserreichs ausgesetzt. Noch D. Groh hat 1975 »negative« Integration auf den gleichzeitigen »revolutionären Attentismus«, zu dem sich die Arbeiterpartei unter konstitutionellen Bedingungen gedrängt sah, bezogen. Eine Historiographie, die sich gezielt den Arbeits- und Daseinsbedingungen der Arbeiterschaft in der Epoche der Industrialisierung zuwandte und hieraus nicht nur die Keimformen der Interessenartikulation im kollektiven Denken und Verhalten, sondern auch die Chancen und Grenzen kultureller Entfaltung unter den Bedingungen der Klassenabhängigkeit zu erklären suchte, entwickelte sich erst seit der zweiten Hälfte der 70er Jahre.

Hierzu haben Anregungen aus der angloamerikanischen und französischen Sozialgeschichtsschreibung ebenso beigetragen wie die Rezeption sozialwissenschaftlicher Ansätze, vor allem aus der längst ganzheitlich orientierten ethnologischen Forschung über Unterschichten und aus der Großstadtsoziologie, die sich den Lebensbedingungen ethnischer Minderheiten und jugendlicher Subkulturen zugewandt hatte. In den beiden deutschen Staaten dominiert dennoch die organisationsbezogene Sicht. Weder ist es bisher gelungen, die neueren volkskundlichen Ansätze befriedigend zu integrieren, noch ließen sich bisher die zahlreichen Detailstudien in der neuerdings so verbreiteten Forschung über den Alltag der Unterschichten, die wesentliche Impulse den jüngeren Studien über die Zeit des Nationalsozialismus verdankt und in Gestalt der *Oral History* auch methodisch neue Wege gegangen ist, so zusammenführen, daß sich ein geschlossenes Bild über die kulturellen Bedürfnisse der Arbeiterschaft im historischen Wandel herausgeschält hätte. Im Gegenteil spiegeln neueste, etwa von J. Kuczynski unternommene Versuche einer Gesamtschau des Alltags der Arbeiterklasse noch die mangelnde Systematik und das um so stärkere politische Engagement der älteren Kultur- und Sittengeschichten des Proletariats (O. Rühle).

III. Erscheinungsformen der kulturellen Entfaltung

Arbeiterkulturforschung muß im Kern sozialgeschichtlich orientiert sein. Vor dem Hintergrund und unter dem fortwährenden Einfluß der Industrialisierung sind die Rahmen- und Strukturbedingungen proletarischer Existenz zu erarbeiten, um auf diesem Wege Anhaltspunkte für die Möglichkeiten und Grenzen der kulturellen Entfaltung zu gewinnen. Zu den Rahmen- und Strukturbedingungen zählen demographische Entwicklungen, Innovationen und Veränderungen im Produktionsprozeß und in der Marktorganisation, Probleme der sozialen Lage der Arbeiterschaft im Betrieb, in den Haushalten und Kommunen sowie die politischen Ausrichtungen der Arbeiterorganisationen. Die kulturelle Entfaltung erfolgt in den Lebensbereichen von Arbeit und Betrieb, in der Familie, in der Kommune und der Arbeiterbewegung.

In welchem Maße der Arbeitsprozeß schon in vorindustrieller Zeit das Brauchtum der handwerklichen Zünfte und das ländliche Arbeitsbrauchtum bestimmt hat, ist weithin bekannt. Gerade hieraus ergab sich jene Kritik, in der Industrialisierung und Kapitalismus als zerstörender Kräfte für die älteren →*Arbeitskulturen* interpretiert wurden. Eine genauere, den früh- und hochindustriellen Arbeitsprozessen im Heimgewerbe und auf dem Lande, im Eisenbahnbau und in der frühen Textilfabrik, in Bergbau und Eisenhütte, in den Großbetrieben der metallverarbeitenden, der Elektro- und der Chemieindustrie zugewandte Forschung kann indessen eine Vielfalt von verfestigten und tradierten Verhaltensweisen offenlegen, die sich unmittelbar mit der Arbeitsverrichtung, dem Werkzeug und dem Alltag betrieblicher Kommunikation verbunden haben. In vielen →*Berufen* hat das Werkzeug symbolischen Wert gewonnen. Mit einzelnen Gesten können sich Sinngehalte verbinden, die nur den Eingeweihten verständlich sind und unter ihnen den Stellenwert nichtverbaler →*Kommunikation* gewinnen können. Es kann zur Ehre werden, ein bestimmtes Arbeitskleid, etwa den »Blaumann«, tragen zu dürfen, und die Arbeitsmütze signalisiert häufig kollektive Berufserfahrung, auch kollektives Aufbegehren. Nicht nur im politischen Kampf, sondern auch in ihren symbolischen Ausdrucksformen hat die Arbeiterbewegung auf Fahnen und Abzeichen, in der Flugblatt- und Plakatliteratur immer wieder den Bezug zur unmittelbarsten Arbeitswelt gesucht und darin ein Netz emotionaler Identifikation mit ihren Trägerschichten hergestellt. Die Verarbeitung der Arbeitsmühsal in der Bergarbeiterlyrik seit den 90er Jahren des 19. Jh. gehört zu den bewegendsten Zeugnissen der jüngeren Arbeiterdichtung und der sozialkritischen Lyrik überhaupt.

Sicher hat der handwerkliche Kleinbetrieb auch während der Industrialisierung trotz tiefer Veränderungen in den Arbeitsprozessen noch am ehesten ältere Werthaltungen, die nicht unbedingt der Arbeiterbewegung als kollektive Solidarität zuflossen, bewahrt. Aber auch der Großbetrieb formte Arbeiterbewußtsein, ließ die Arbeitswelt vielfach als ein anonymes und monotones Schicksal erfahren und stärkte das Gefühl der »Macht durch Masse«. Überdies ließ der hochgradig arbeitsteilige Produktionsprozeß neue Wertbezüge entstehen, die in der inneren Schichtung der Arbeiterschaft zum Ausdruck kamen. Unterschieden sich früher Handwerke nach der »Ehrenhaftigkeit« des Gewerbes, so rückte an die Stelle ständischer Stufung nunmehr die Anerkennung besonderer Leistungskraft, die sich nicht notwendig mit herausragender Qualifikation verbinden mußte. Nach wie vor sahen sich Ungelernte allerdings der Geringschätzung ausgesetzt; Frauenarbeit stieß unter den männlichen Arbeitskollegen oft auf großen Widerstand; mit fremdsprachigen Arbeitern ließen sich zumeist keine verbindenden Verständnisebenen schaffen. Innerproletarische Hierarchien wie diese sind durch Leistung, Qualifikation, Herkunft und überkommene Wertschätzungen bestimmt. Sie wirken bis heute fort, wenn auch der starke Aufstieg der mittleren Leistungs-, Dienstleistungs- und Verwaltungspositionen und die zunehmende Durchlässigkeit der früher oft unüberwindlichen Aufstiegsbarrieren die Werthorizonte geöffnet haben. Ein näheres Studium der durch Quellen oft schwer zu erfassenden Arbeitswelt kann einen Fundus tradierter Gesten, Sprachgebärden, Symbole und Werthaltungen offenlegen, der sich vielfach, und hinsichtlich der materiellen Haushaltung in existentieller Weise, mit den Ausprägungen der Arbeiterfamilie und mit den anderen außerbetrieblichen Gesellungsformen des Proletariats verbindet. Generell hat die Trennung von Arbeit und Wohnung den vorindustriellen Idealtypus der Einheit von Produktion und Reproduktion im »Ganzen Haus« zerstört, so daß sich in den inter-, aber auch in den intragenerationellen Beziehungen, etwa hinsichtlich der Rolle der Arbeiterfrau, neue soziale Gebilde herausschälen, wie sich dies an der schichtspezifischen Entwicklung der Fertilität und im Aufzuchtverhalten, an der Dominanz der Zwei- gegenüber der älteren Dreigenerationsfamilie, an einer veränderten Rolle des Arbeiterkindes und überhaupt an der veränderten Bedeutung der → *Familie* für → *Freizeit* und Sozialisation ablesen läßt (→ *Frau,* → *Mann,* → *Kind*).

Die Probleme der Haushaltsführung nahe dem Existenzminimum und in offenkundiger Not, verbunden mit den überkommen Ernährungsgewohnheiten beispielsweise durch weitgehende häusliche Eigenproduktion von Brot und Fleischwaren und durch Gartenhaltung, die Tischsitten, die Bräuche und Familienfeste im Jahreszyklus, im ganzen auch das unter der Autorität des Familienoberhauptes geordnete familiär-verwandtschaftliche Beziehungsgeflecht hat Arbeiterfamilien nicht minder als bürgerliche, mittelständische Familien zutiefst geprägt. Wichtige Aufschlüsse erlaubt überdies die häusliche Sachkultur. In welcher Reihenfolge beispielsweise bei drückender Not, bei Krankheit, Arbeitslosigkeit und Tod, Haushalts-, Schmuck- und sonstige Wertgegenstände veräußert wurden, welchen Wandschmuck Arbeiterfamilien bevorzugten, welche Refugien sie in ihren meist engen vier Wänden zu schaffen vermochten und welche Kontakte sich in der Wohnumgebung ergaben, dies zeigt im Zeitablauf verfestigte Werthaltungen auf. Auch gegenwärtig gilt in Arbeiterfamilien die Wohnküche oft als der zentrale Familienraum, und erst zunehmender Wohlstand hat zur Trennung von Kochen, Essen und Wohnen geführt. Hinterhaus, Keller oder obere Stockwerke als vorwiegend großstädtische Wohnplätze der Arbeiterschaft, die sanitären Verhältnisse, die Kommunikation über den Flur, den Hof und die Straße, in den Straßenfluchten, beim Gastwirt und Krämer gehörten zu den wichtigsten Rahmenbedingungen familiärer Sozialisation, und was hier erlebt, empfunden und erfahren wurde, setzte Wertorientierungen und bestimmte das Denken und Verhalten. Im Vergleich zur relativen Intimität der mittelständisch-bürgerlichen Familie läßt sich die Arbeiterfamilie als »halboffen« kennzeichnen (L. Niethammer), was sich insbesondere aus häufigem Wohnungswechsel sowie Nebenverdiensten durch Kost- oder Schlafgänger ergab.

Arbeit und Familie waren und sind auf mannigfaltige Weise in die kommunale Umwelt eingebunden, die ihrerseits im Verlauf der Urbanisierung und der mit ihr verbundenen infrastrukturellen, administrativen und kommunikativen Entwicklungen tiefen Veränderungen ausgesetzt war. Beziehungen außerhalb der Arbeit, Familie und Verwandtschaft geht die Arbeiterfamilie gewöhnlich zunächst im konfessionellen Pfarrverband, darüber hinaus und vor allem im kommunalen Vereinswesen ein. Das Verhältnis der Unterschichten zur Religion läßt sich historisch bis heute nicht ausreichend präzisieren.

Ohne Zweifel verband sich die im konjunkturellen Rhythmus rasche Entfaltung der verschiedensten Vereinsgruppen, in denen die Zugehörigkeit gewöhnlich auf Freiwilligkeit des Beitritts, Satzungsgemäßheit der Zwecke, Selbstverwaltung und Selbstfinanzierung beruhte, unmittelbar mit der Auflösung der ständischen Sozialordnung, weil die Vereine in das von den ehemals formalisierten Gemeinschaftsbeziehungen hinterlassene soziale Vakuum vordrangen und darin den Bedürfnissen der neuentstehenden Industriegesellschaft am ehesten entsprachen. So muß der Verein zunächst als Strukturprinzip der bürgerlichen Gesellschaft überhaupt gelten, und in der Tat gehen ja so vielfältige Organisationsgefüge wie die Aktiengesellschaften und die Sparkassen, die Kammern und die Interessenverbände, die Genossenschaften und sonstigen »Produktivassoziationen«, die politischen Parteien, die konfessionellen und sonstigen Freizeit- und Geselligkeitsvereine allesamt auf den Grundgedanken freiwilligen Zusammenschlusses unter bestimmten Zielsetzungen zurück. So sank die Vereinsidee von den ursprünglich in der städtischen bürgerlichen Mittelschicht in Lese-, Wohltätigkeits- und Geselligkeitsvereinen vorgelebten Formen in die Unterschichten ab und wurde dort vor allem seit der Revolution 1848/49 rasch in zunächst unter bürgerlich-sozialreformerischer Hilfestellung vollzogenen, bald ausschließlich eigenständigen Vereinsgründungen realisiert. Die Entfaltung der Bedürfnisse unter dem Eindruck struktureller Differenzierung bestimmte die Vereinszwecke. So nahm der ursprüngliche Arbeiterbildungsverein eine Vielzahl von Zwecken in Bildung und Fortbildung, Geselligkeit und gegenseitiger Unterstützung wahr. In solchen Vereinen entstanden zuerst Gesangsgruppen, Theaterabteilungen, Vereinsbibliotheken und sonstige Einrichtungen, und interessenpolitische Diskussionen traten, je länger, je mehr, in den Vordergrund. Zwischen der regelmäßigen Vereinsversammlung und dem Vereins-Jahresfestkalender entfaltete sich ein reges Vereinsleben, von dem Protokollbücher zeugen.

Der ursprünglich »multifunktionale« Arbeiterbildungsverein gliederte im Zeitablauf verschiedene Zweckrichtungen aus. Für die Durchsetzung interessenpolitischer Ziele erwies sich schon aus vereinsrechtlichen Erwägungen die Bildung eigener, gewerkschaftlicher, sozialdemokratischer Vereinigungen als erforderlich. Andere Zwecke wurden, wie das Unterstützungswesen infolge der staatlichen Sozialpolitik, zum Teil überflüssig, zum Teil zunehmend in eigenen Vereinsgründungen realisiert. Das Unterstützungswesen wies dabei noch die älteste Tradition auf, doch traten daneben schon im Vormärz handwerklich-proletarische Gesangsvereine und sonstige Freizeitgruppen. Auch war der Verein zunächst und durchweg eine städtische Erscheinung, und Arbeiter banden sich nicht allein in die bald stärker politisierte Geselligkeit von Arbeitervereinen ein, sondern suchten Kontakte in den Laienorganisationen der Konfessionen oder in schichtunspezifischen kommunalen Vereinsgruppen wie den Kriegervereinen. Dabei scheint sich eine sehr grundlegende Tendenz abzuzeichnen. Während anfänglich vor allem im klein- und mittelstädtischen Lebensraum schichtenübergreifende Vereine eher die Regel waren, sonderte sich das Vereinswesen mit zunehmender Interessendifferenzierung, sieht man von Nischen im Einflußfeld der Konfessionen ab, unter dem Eindruck der Klassenbildung mehr und mehr nach Arbeitervereinen, bürgerlich-mittelständischen Vereinsgruppen und den wenigen, meist sehr privaten Oberschichtenvereinen. Dies war dann die Zeit der Vereinsschismen, der bürgerlichen und proletarischen Parallelgründungen.

Wie die Vereine, geriet auch das kommunale Festleben besonders seit der Reichsgründung unter die Ausstrahlungen des Klassengegensatzes. Ähnlich der anfänglich wegen des *Kulturkampfes* abseitsstehenden katholischen Bevölkerung, hielt sich auch die Arbeiterschaft von den nationalen Festlichkeiten vom Kaisergeburtstag zum Sedanstag zumeist fern, feierte dafür ihren eigenen Jahresfestkalender, der von der Märzfeier in Erinnerung an die Märzgefallenen der Revolution 1848/49, später im Gedenken an die *Pariser Kommune,* über die Gedenktage der Arbeiterführer wie F. Lassalles bis hin zum regelmäßigen jährlichen Stiftungsfest, einer ursprünglich wiederum bürgerlichen Errungenschaft, reichte. Mit den 90er Jahren des 19. Jh. trat als Haupt-Gewerkschaftsfest für alle sozialistischen Arbeiter die Maifeier hinzu, und nach der Jahrhundertwende verbanden sich mit dem Maispaziergang große Kinder- und Familienfeste, Belustigungen und Sensationen, Gelegenheitsgedichte und eigene umfängliche Festzeitungen. Verein und Fest mündeten unter sozialistischen Vorzeichen in eine kommunale Gegenheimat der Arbeiterschaft.

Der Verein als Organisationsform von Geselligkeit, verbunden mit Aufnahme-, Mitgliedsschafts- und Festriten, dauerte bis zur Gleichschaltungsaktion der Nationalsozialisten fort. Auf lange Sicht gesehen, war es freilich weniger dieser schroffe Einschnitt als vielmehr die tendenzielle und sehr äußerliche Privatisierung der Kommunikationsbedürfnisse an Radio und Bildschirm, die das Vereinswesen nach 1945 zurückdrängte. Dennoch sind ältere Traditionsfäden im Vereinswesen nach 1945 neu

aufgenommen worden und wirken in der Gegenwart, oft abseits der öffentlichen Aufmerksamkeit, fort.

Kommunale A. blieb nicht auf Vereine und Feste beschränkt. Arbeiter gingen anderen Bedürfnissen auf andere Weise nach, wie etwa das Schrebergartenwesen nach der Jahrhundertwende zeigt (→ *Garten*). Sie entfalteten überdies in der Reaktion auf die Assimilationszwänge der urbanen Umgebung eigene Verhaltensweisen, so im Umgang mit der Polizei, den Behörden, den Honoratioren am Ort. Auch war und ist der Großstadt eine Tendenz zur schichtunspezifischen Konsum- und Bedürfnisbefriedigung eigen, wie sich weniger im Angebot an »hoher« Kultur als vielmehr in Freizeitanlagen wie Volksparks und → *Zoologischen Gärten* sowie im Warenhaus erweist.

Die Arbeiterbewegung hat weniger in ihrem gewerkschaftlichen als vielmehr in ihrem sozialdemokratischen Zweig die sozial begründeten und bedingten Chancen kultureller Entfaltung zusammengeführt, angeleitet und rückwirkend akzentuiert. Das beginnt in der Sachkultur, wenn die Bilder oder Statuen von Arbeiterführern die Wände von Wohnküchen zieren und schlägt sich in der Fülle der gedruckten Überlieferung nieder. Es spiegelt sich überdies zwangsläufig in den allgemeinen bildungs-, erziehungs- und kulturpolitischen Programmpunkten und Initiativen, die die Sozialdemokratie als Parlamentspartei entwickelte.

Ihre angemessenste Antwort fanden die Bedürfnisse der Arbeiter in dem reichen Geflecht der mehr oder weniger stark der Sozialdemokratie verbundenen Arbeiterkulturorganisationen. Diese zumeist reichsweit seit den 90er Jahren des 19. Jh. organisierten Großverbände traten zum Teil in die Fußstapfen der Arbeiterbildungsvereine, nahmen jedoch auch andere Traditionen auf. Die Sportvereine sahen ihre Wurzeln im demokratischen Turnen der Vormärzära; der Arbeitergesang entfaltete sich aus den zahlreichen älteren Arbeiterchören, die zum Teil während des Sozialistengesetzes (1878–1890) als Tarnorganisationen den Erhalt politischer Kommunikation gesichert hatten. Wie sehr die Entwicklung der Arbeiterkulturorganisationen sich jedoch mit so konkreten Dingen wie der Verkürzung der Arbeitszeit durch den gewerkschaftspolitischen Kampf verbunden hat, zeigt die Entstehung der Massen-Freizeitorganisationen der Arbeitersänger, der Arbeiterturn- und Sportvereine, der Naturfreunde, des Arbeiterschachs, der Freidenkerbewegung, der Arbeiter-Samariter und der Arbeiter-Radfahrer, und im Arbeiter-Fußball bezogen sich die Arbeiterkulturorganisationen einmal mehr auf sehr spezifische, von Jugendbedürfnissen mitbestimmte Großstadtverhältnisse.

Diese Großverbände, zu denen sich vielfach örtliche und regionale Organisationen wie die Volksbühnenbewegung gesellten, haben als, wie man sie

49

auch genannt hat, »Vorfeldorganisationen« der Sozialdemokratie ungemein zahlreiche Mitglieder unter ihren Fahnen versammelt. Sie trugen den unmittelbarsten Bedürfnissen Rechnung und erwiesen sich insoweit auch als weit flexibler als die programmatisch festgelegte politische Partei. In der Weimarer Zeit traten neue Verbände wie die Arbeiter-Rundfunkorganisation hinzu. Wo dies örtlich erforderlich schien und möglich war, gründeten Sozialdemokraten überdies Mutterschutz-Vereine mit dem Ziel einer zureichenden Mütter- und Säuglingshygiene und einer Begrenzung der Geborenenzahlen in Arbeiterfamilien; andernorts (vor 1914) entstanden Heimat- und Bürgerrechtsvereine. Reichsweite Organisation erlangte neben der sozialdemokratischen Frauen- insbesondere die Jugendbewegung, die noch in den 20er Jahren aufblühte und große Jugendtreffen veranstaltete.

Das Netz der sozialdemokratischen Vorfeldorganisationen erstreckte sich mithin auf die verschiedensten Freizeit-, Bildungs- und Kulturbestrebungen. Es erlitt erste Einbußen in der großen Weltwirtschaftskrise zu Beginn der 30er Jahre, als von kommunistischer Seite die Spaltung der Arbeiterkulturorganisationen mit Erfolg in einigen Großverbänden betrieben wurde. Durch die nationalsozialistische Gleichschaltungswelle im Frühjahr und Sommer 1933 wurden alle Verbände, auch die zahllosen Bau- und Konsumgenossenschaften, ihrer Existenzgrundlage beraubt; ihr Besitz und ihre Geldmittel gingen zum Teil in staatliche Kassen, zum Teil aber auch in die Hände bürgerlicher Konkurrenzorganisationen über. Nach 1945 hat der Wiederaufbau dieser Organisationen, auch wegen der Zurückhaltung der sozialdemokratischen Parteiführung, nur sehr zögernd eingesetzt; wie es scheint, gelang dort, wo personell und ideell starke örtliche Traditionen die Zeit der Diktatur überlebt hatten, der Wiedereinsatz problemlos.

IV. Zäsuren und Tendenzen

Wenn man, wie hier geschehen, unter A. auch und gerade die unmittelbar arbeits- und daseinsverbundenen Hervorbringungen des Proletariats im Betrieb, in Familie und Kommune dem Wertgehalt nach versteht, wird verständlich, daß A. mit der Industrialisierung entstand, sich in deren rhythmischer Fortentwicklung ausprägte und stets von den dynamischen Wandlungsimpulsen auch der industrialisierten Gesellschaften beeinflußt blieb. A. konstituiert sich somit stetig neu. Allerdings lassen sich darin stark verändernde Tendenzen ausmachen. So wandelte sich A. im Zeitablauf, wenn man so will, von einer »Notkultur« zur einer »Kultur der Bedürfnisbefriedigung«, und diese Entwicklung entsprach nur den inzwischen erreichten materiellen Standards. Die zunehmende Tiefengliederung

der Klasse der Lohnabhängigen in sich, die Veränderung der innen-, sozial- und verfassungspolitischen Rahmenbedingungen von außen, endlich der wachsende Einfluß der Massenmedien haben die Voraussetzungen sowohl der A. in Familie und Kommune als auch der Arbeiterbewegungskultur im Vorfeld der Sozialdemokratie zugleich fundamental verändert, aber auch verschlechtert. Denn zu den wesentlichen Rahmenbedingungen hatte seit den Anfängen der A. das Vorhandensein von Möglichkeiten klasseninterner Kommunikation gehört, die durch Arbeitsteilung und Großbetrieb nahegelegt, in der Industriekommune und Großstadt gleichsam verdoppelt und in der Arbeiterbewegung aufgefangen und gesteuert wurde. Erst Kommunikation als Grundbedingung kultureller Entfaltung setzt Prozesse wechselseitigen Austauschs von Empfindungen und Erfahrungen in Gang und verhilft zu einer kollektiven Identität. Wer die Rahmenbedingungen solcher schicht- und klassenspezifischen Kommunikation erforscht, wird mehr vom Wesen der A. verstehen. Dies gilt, insoweit Arbeit und Betrieb, Familie, Haushalt und kommunales Leben in industrialisierten Gesellschaften weitgehend unabhängig von deren Produktionsverfassung funktionale Äquivalente aufweisen, auch im Systemvergleich zwischen beiden deutschen Staaten.

Zu warnen ist jedenfalls vor einer organisationsbezogenen Sicht auf die A., die der Arbeiterbewegungskultur und vor allem den Kulturorganisationen der Arbeiterbewegung vorwiegende oder ausschließliche Aufmerksamkeit widmete. Zwar treten hier, da sich dieser Bereich durch Quellen noch am sichersten erfassen läßt, übergreifende Tendenzen und Zäsuren noch am deutlichsten hervor. So ließe sich eine Inkubationsphase der Arbeiterkulturorganisationen von Vormärz bis in die späten 80er Jahre des 19. Jh. von einer Blütephase unterscheiden, die seit den 90er Jahren des 19. Jh. anhielt, Höhepunkte zwischen der Jahrhundertwende und dem Ausbruch des Ersten Weltkrieges erreichte und auch in den Jahren der Weimarer Republik, bei anhaltend starkem Mitgliederzufluß in diesen Organisationen, nicht abebbte. Erst die Weltwirtschaftskrise und das nationalsozialistische Regime bereiteten der Organisationskultur ein Ende, und deren Wiedergeburt nach 1945 ist unvollständig geblieben, wurde wohl auch nur halbherzig betrieben und von den insoweit gewiß erfolgreichen Integrationsbestrebungen des neuen staatlichen Gemeinwesens der Bundesrepublik überwuchert. In der DDR bestehen übrigens mehrere der ehemaligen Großverbände im Status der Gleichschaltung fort. Aber insgesamt bleibt eine solche Periodisierung unbefriedigend, weil sie die Konstitutionsbedingungen von Arbeiterkultur zu vernachlässigen neigt.

V. Arbeiterkultur als sinnliche Erfahrung

Der Begriff A. ist nur sehr schwer eindeutig zu erfassen, was an der Breite und Vielfalt der Erscheinungen der A. im Rahmen der nationalen und internationalen Arbeiterbewegungen (→ *Gewerkschaften*) liegt. A. darf nicht nur als historischer Begriff verwandt werden oder gar als ein neuer sozialwissenschaftlicher Leitfaden zum besseren Verständnis der Entwicklungen der nationalen und internationalen Arbeiterbewegung. Vielmehr ist A. ein Bestandteil der sinnlichen Erfahrungen unterschiedlichsten Ausprägungen und Identitäten der Mitglieder der Arbeiterbewegung selbst. Von dieser sinnlichen Erfahrung her können die verschiedenen Erscheinungen der A. zeitgeschichtlich erfaßt und die historischen Quellen der Arbeiterbewegung analytisch genutzt werden (→ *Geschichte*). Diese Betrachtungsweise fragt zunächst nach dem Verlauf der demographischen Reproduktion der Arbeiterbewegung, ihrer notwendigen zahlenmäßigen Zunahme oder Abnahme im Hinblick auf »objektive« sozialstrukturelle Trends, etwa hin zu einer »Mittelstandsgesellschaft« (H. Schelsky), zu neuen Ausprägungen der → *Intelligenz* und der → *Arbeit* (→ *Mobilität*).

In diesem Zusammenhang muß von einer Art demographischem Funktionalismus gesprochen werden, der beispielsweise auch das Wählerverhalten in historisch längeren Zeiträumen erklären helfen soll, jedoch die Bedeutung der Funktionen der ökonomischen Reproduktion der Arbeiterbewegung als A. übersieht. Dazu rechnen das Beitragswesen und bestimmte gemeinwirtschaftliche Formen der Kapitalisierung der finanziellen Einnahmen der Arbeiterbewegung, wie der *Bank für Gemeinwirtschaft* in Frankfurt a. M. und der *Neuen Heimat*.

Dieser Bereich der Kultur der Arbeiterbewegung wird bis heute in der Geschichte und der politischen Soziologie der Arbeiterbewegung entweder gar nicht oder in denunziatorischer Absicht abgehandelt; so bezüglich des sogenannten Wirtschaftsimperiums der Gewerkschaften oder der Fremdfinanzierung der *DKP* und anderer kommunistischer Organisationen.

Der *Demographische Funktionalismus* ist in den letzten Jahrzehnten gerade in der Bundesrepublik Deutschland mit der politisch so folgenschweren Hypothese von der zwangsläufigen Verbürgerlichung der Arbeiterklasse verbunden worden. Diese Hypothese wirkt als Stereotyp und Klischee nicht nur in der politischen Agitation, sondern auch in den sozialwissenschaftlichen Auseinandersetzungen über die Entwicklung der Arbeiterbewegung. Gerade sie verhindert, den syndromatischen Zusammenhang von biologischer, rechtlicher, demographischer und ökonomischer Reproduktion und der Reproduktion der Sozialisation zu begreifen, verhindert die Betrachtung der Arbeiterbewegung als A. Damit wird der Reduktionismus der Meinungsforschung, die aus instrumentalmethodischen Gründen vom sozialen Kontext der erhobenen Meinungen, Einstellungen und Verhaltensweisen abzusehen gezwungen ist, fast zur zwingenden Verfahrensregel in der Sozialforschung über die Arbeiterbewegung und die A. erhoben.

Die akademischen Auseinandersetzungen um A. übersehen in der Regel, daß gerade die individuellen und gruppenmäßigen Äußerungen der sinnlichen Erfahrung von A. ihre sowohl notwendige als auch beschränkte Vermittlung ausmacht, ohne die A. nicht erfaßt zu werden vermag. Diese Erfassung setzt nicht nur Einfühlung, sondern auch Identifikation des Wissenschaftlers voraus, denen jedoch Grenzen gesetzt sind. Insofern ist A. als die manifest gewordene sinnliche Erfahrung der Individuen und Kollektive im Erfahrungsfelde der Arbeiterbewegungen kein Forschungsgegenstand.

Dennoch ist A. im Laufe der beiden letzten Dekaden zu einem unbestrittenen Gegenstand akademischer Forschung in Europa und in den Vereinigten Staaten geworden. Wird einerseits zu Recht von der »Konjunktur eines Begriffes« (W. Lepenies) gesprochen, so scheint A. als ausgewiesenes Forschungsthema seinen Höhepunkt 1981 und 1982 bereits überschritten zu haben. A. wurde von englischen Wissenschaftlern wie E. T. Thompson (Remaking of the English Working Class, New York 1963) Anfang der 60er Jahre zur Diskussion gestellt. Aus der theoretischen und politisch-praktischen Suche nach dem »revolutionären Subjekt« und nach Enttäuschungen mit den etablierten Großorganisationen der britischen Arbeiterbewegung, wie auch mit sektiererischen Randgruppen und nicht zuletzt mit den begrenzten analytischen Möglichkeiten eines nach englischer Tradition äußerst verkürzt rezipierten Marxismus stieß man auf das Thema der A. Die Beschäftigung mit der A. führte zu einer entschiedenen und breiten Zuwendung zur Wirtschafts- und Sozialgeschichte als Teil einer Reorientierung der Geschichtswissenschaften in europäischen Ländern und in den USA. Insbesondere in Frankreich ergab sich in den Auseinandersetzungen um die Geschichte der Französischen Revolution von 1789 bis 1797 eine demonstrative Wende von der »Ereignisgeschichte« im klassischen Sinne zu einer materialistisch-strukturellen Betrachtung. Die Negation der Ereignisgeschichte durch wirtschafts- und sozialgeschichtliche Positionen beförderte eine Geschichtsschreibung »von unten her«, von der Warte der Betroffenen und der breiten Masse des Volkes. Aus der Sicht der Betroffenen zwingt diese zur Erforschung der Alltäglichkeit (→ *Alltag*). Ähnlich wie in Großbritannien löste sich Geschichtsschreibung damit in eine Flut von Einzeldarstellungen und den Versuch, diese anthropologisch zu deuten (P. Bourdieu, H. Lefèbvre), auf.

Für die politische Soziologie stellt A. die institu-

51

tionelle Verankerung der Arbeiterbewegung in die bestehende Gesellschaft dar. Entsprechend den vorherrschenden nationalen oder regionalen kulturellen Orientierungsmustern und Traditionen verbleibt A. im Rahmen der bestehenden Kultur und Institutionen. Die Versuche, im Rahmen der Arbeiterbewegung gegen vorherrschende Positionen der kapitalistischen und bürgerlichen Kultur, seien sie avantgardistischer, lebensreformerischer, bohemistischer Natur, Gegen-Kultur zu institutionalisieren, sind nicht erfolgreich gewesen. Die A. reproduzierte im Kontext der Arbeiterbewegung die Symbolik der vorherrschenden Kultur. Dies wird beispielsweise am Liedgut der Arbeiterbewegung deutlich, das in der Regel entlehnt oder auch mit dem Liedgut bürgerlicher Tendenz identisch war *(→ Lied)*.

VI. Ende der Arbeiterbewegung und -kultur in der Bundesrepublik Deutschland?

Entscheidend für die Einschätzung der A. in Vergangenheit und Gegenwart ist die Breite und Vielfalt der Institutionen, die in Deutschland bis 1933 beinahe alle kollektiven Interessen der arbeitenden Klassen abzudecken vermochten. Dieses Netz der Institutionen sicherte den politischen Organisationen der Arbeiterbewegung, den Parteien und Gewerkschaften ein politisches Mobilisierungspotential von größter Wirksamkeit. Die Wiederbegründung der Arbeiterbewegung nach dem Zweiten Weltkrieg in den westlichen Besatzungszonen und der Bundesrepublik verhinderten das Mißtrauen der amerikanischen und der britischen Besatzungsmächte sowie die national-hegemonistischen Ziele der französischen Okkupation, die insbesondere die *SPD* darauf verzichten ließ, das Netz der Institutionen der A. nach der Niederwerfung des Nationalsozialismus zu rekonstruieren. Alle Versuche nach 1945, Einrichtungen wie den Arbeitersport zu beleben, scheiterten an dem politischen Neutralitätsgebot der Besatzungsmächte und am Mißtrauen der führenden Kräfte der *SPD*, die in solchen autonomen oder teilautonomen Institutionen der traditionellen A. ein Feld unkontrollierbarer kommunistischer Infiltration oder radikaler Agitation sahen (→*innerdeutsche Kulturbeziehungen*, →*Propaganda*). Die Finanzierung der Parteien, partiell aus öffentlichen Mitteln, ließ die Reorganisation darüberhinaus als überflüssig erscheinen. Hinzu kam, daß innerhalb der *SPD* die These von der Endideologisierung und einer stärkeren Funktionalisierung der Politik aufgenommen und damit das herrschende Klima der öffentlichen Meinung gestützt und gefördert wurde. In diesem Zusammenhang ist es berechtigt, in der Bundesrepublik Deutschland vom Ende der Arbeiterbewegung zu sprechen. Die Entwicklungen der *CDU* und der *CSU* zu modernen Massenparteien, gestützt auf Einrichtungen der bür-

gerlichen und kleinbürgerlichen Kultur, und ihre gleichzeitige Verwurzelung in den regionalen Traditionen durch ein breites Vereinswesen ist ohne diese Neutralisierung der *SPD* nach 1945 nicht zu verstehen.

→*Politische Kultur* bedarf zusammenhängender Einrichtungen, die in den Alltag der betroffenen Interessierten hineinreichen, jedoch nicht aus diesem Alltag hervorgehen. Die A. kann als Kultursystem bezeichnet werden, weil sie für die Arbeiterbewegung und die mit ihr sympathisierenden Menschen die wichtigsten Funktionen eines solchen Systems ausfüllte. Sie garantierte die wichtigsten Institutionen der Arbeiterbewegung, ihr quantitatives Wachstum und ihre Erneuerung, indem sie das Rekrutierungsfeld für neue Mitglieder und dies insbesondere bei den nachrückenden Generationen darstellte.

Weiterhin garantierte die A. die wirtschaftliche Selbständigkeit der Arbeiterbewegung. Nicht, daß die finanziellen Mittel der politischen Organisationen der Arbeiterbewegung mit denen der Institutionen der A. identisch gewesen wären. In der Finanzautonomie sahen die Organisationen der A. einen streng gehüteten Bereich ihrer Selbstständigkeit. Die strikte Einhaltung der Regeln der Kassenführung, der Verantwortung gegenüber den zahlenden Mitgliedern sowie die Ablehnung, durch andere Finanzierungsquellen in Abhängigkeit zu geraten, machte ihre Stärke aus. Gerade diese Seite der A. war in der Arbeiterbewegung des deutschsprachigen Raumes besonders ausgeprägt.

Eine in den letzten hundert Jahren immer wieder beschworene Legende will die A. von demokratischen Prinzipien beherrscht wissen und gibt deren Organisationen als Schule der →*Demokratie* der Arbeiterklasse aus. Es handelte sich jedoch um eine hochgradig formalisierte Demokratie mit zahlreichen Verfahrensregeln und Vorrechten der leitenden Funktionäre. In der Regel waren die Einrichtungen der A. und der Arbeiterbewegung, in und außerhalb Deutschlands, vom Geist einer autoritären Demokratie geprägt, da sie sich gegen die vorherrschenden kapitalistische und bürgerliche Kultur nur durch Abgrenzung und interne Disziplin behaupten konnte.

In diesem Zusammenhang gehört, daß häufig die A. die Eingangspforte für bürgerliche Intellektuelle gewesen ist. Die Grundsätze und Methoden einer Erziehungsdiktatur setzten sich deswegen in den meisten nationalen und regionalen Arbeiterbewegungen und in der A. mehr oder weniger stark durch.

A. wird von der Tatsache und dem Ideal der Solidarität beherrscht. Sie meint die selbstverständliche Verhaltensweise des Schützens und Helfens auf Gegenseitigkeit, welche als die Vorform einer nichtbürgerlichen Gesellschaftsordnung, die nicht mehr auf den Grundsätzen des Individualismus, der

Konkurrenz und des Vertrages beruht, verstanden werden muß.

K. Tenfelde (I–IV), Th. Pirker (V–VI)

Literatur
W. Jacobeit, U. Mohrmann (Hrsg.), Kultur und Lebensweise des Proletariats. Kulturhistorisch-volkskundliche Studien und Materialien, Berlin (Ost) 1973
Kulturelle Bedürfnisse der Arbeiterklasse. Die Entwicklung kultureller Bedürfnisse und ihre Wirkung im ökonomischen Reproduktionsprozeß, Berlin (Ost) 1975
M. Fassler, Gemeinschaft oder Herrschaft – Zerfallsgeschichte einer Utopie herrschaftsfreier Gesellschaft, Lahn, Gießen 1979
P. v. Rüden, K. Koszyk (Hrsg.), Dokumente und Materialien zur Kulturgeschichte der deutschen Arbeiterbewegung 1848–1918, Frankfurt a. M., Wien, Zürich 1979
E. Dittrich, Arbeiterbewegung und Arbeiterbildung im 19. Jh., Bensheim 1980
P. N. Stearns, Arbeiterleben – Industriearbeit und Alltag in Europa 1890–1914, Heidelberg 1980

Arbeitskultur

I. Arbeitskultur und Humanisierung der Arbeit – II. Steigerung von Produktivität und Lebensqualität – III. Schwierigkeiten in der Praxis der Arbeitskultur – IV. Gleiche Probleme in beiden deutschen Staaten

I. Arbeitskultur und Humanisierung der Arbeit

In der Bundesrepublik ist der Begriff A. ungebräuchlich, in der DDR dagegen existiert das Konzept »sozialistischer A.« Eine der ersten Publikationen zu diesem Thema wurde von H. Bühl 1967 unter dem Titel »Kultur der sozialistischen Arbeit« veröffentlicht. Dem Terminus liegt ein weites Verständnis von →*Kultur* zugrunde, da im allgemeinen die Arbeit dem Produktions-, die Kultur dem Reproduktionsbereich zugeordnet wird. Eine Einheit von Kunst und Technik zu schaffen war in den 20er Jahren Programm des *Bauhauses;* dort wollten beispielsweise W. Gropius und L. Mies van der Rohe eine funktionale und zugleich künstlerische →*Architektur* schaffen, um so die Trennung von →*Kunst,* Kultur und der normalen Lebens- und Arbeitswelt aufzuheben. Das *Bauhaus* wurde 1933 von den Nationalsozialisten geschlossen, weil sein rationales Konzept nicht in ihre Kunst- und Kulturpolitik paßte. Heute versucht man in beiden deutschen Staaten, die Tradition des *Bauhauses* zu nutzen. Unter den Bezeichnungen »Industrieformgestaltung« oder »Industriedesign« sollen Bauten und Produkte des Arbeitsprozesses nach künstlerischen und gleichzeitig zweckmäßigen Gesichtspunkten geformt werden. Das Konzept der A. geht über eine ästhetisch-funktionale Neugestaltung des Arbeitslebens hinaus und bezieht neben der Arbeitsumwelt, also der Arbeitsplatzgestaltung und der Arbeitssicherheit, die Arbeitsinhalte und damit beispielsweise den Abbau von Arbeitsmonotonie und die Arbeitsbeziehungen (→ *Mitbestimmung)* sowie die Arbeitsmittel mit den Problemen der Technisierung und Rationalisierung mit ein. Für diesen Tatsachenkomplex und seine Gestaltung hat sich seit Mitte der 70er Jahre in der Bundesrepublik der Begriff der »Humanisierung des Arbeitslebens« eingebürgert. Ziel der Humanisierung und einer optimalen A. ist die menschengerechte Gestaltung der Arbeitswelt über den klassischen Arbeitsschutz hinaus durch Abbau von Gefährdungen und Belastungen der Arbeitnehmer im Arbeitsprozeß. Dem Menschen soll die Möglichkeit eröffnet werden, sich in der Arbeit selbst zu verwirklichen, indem er an den Entscheidungen über die Bedingungen, unter denen er sie verrichten muß, beteiligt wird. Neben der Arbeitssicherheit, der *Wissenschaftlichen Arbeitsorganisation* und den sozialen sowie sanitären Einrichtungen des Betriebs erwartet man in der DDR von der A. die Gestaltung der »sozialistischen Gemeinschaftsbeziehungen im Arbeitskollektiv« also Arbeitsdisziplin, Arbeitsbereitschaft, Schöpfertum und Arbeitsfreude, gegenseitige Hilfe, Arbeitsethos und Wettbewerbseifer sowie die betriebliche »Produktionspropaganda«. Dies soll dem Ziel der Leistungs- und Produktivitätssteigerung im Rahmen des *sozialistischen Wettbewerbs (*→ *Wettbewerb)* dienen. Die Führung der DDR geht dabei von der angeblich grundsätzlichen Übereinstimmung der individuellen, kollektiven und gesellschaftlichen Interessen aus. In der Bundesrepublik erhofft man von den unterschiedlichen Mitbestimmungsregelungen ähnliche Ergebnisse.

Gegen Ende der 70er Jahre wurden in der DDR mit dem Begriff A. die erheblich weitergehenden Vorstellungen einer allseitigen Persönlichkeitsentwicklung der Werktätigen im Arbeitsprozeß mit dem Ziel einer schöpferischen und optimistischen Lebenseinstellung verbunden, die gesellschaftlich nützliche Arbeit als das Normstück der sozialistischen Lebensweise empfinden läßt. An erster Stelle steht jetzt die Qualität der politisch-moralischen Beziehungen der Arbeiter im Arbeitsprozeß und ihre ästhetische Genußfähigkeit. Der so überfrachtete, schwammig gewordene Begriff A. erweist sich jedoch offenbar in der Praxis als unbrauchbar. Stattdessen tritt die 1971 auf dem VIII. Parteitag der *SED* geprägte, ideologisch neutrale Formel der »Verbesserung der Arbeits- und Lebensbedingungen« an die Stelle der Formel von der Verbesserung der A.

II. Steigerung von Produktivität und Lebensqualität

A. und Arbeitsbedingungen wurden erst mit der Durchsetzung der industriellen Produktion und der kapitalistischen Wirtschaftsordnung seit Mitte des 19. Jh. zum menschlichen, gesellschaftlichen und politischen Problem. Die Arbeiterbewegung mußte die Einschränkung der Kinder- und Frauenarbeit, die Begrenzung der täglichen und wöchentlichen Arbeitszeit und die Sicherheit am Arbeitsplatz erkämpfen. Die Gewerbeordnung für den *Norddeutschen Bund* aus dem Jahr 1869 war die erste Kodifizierung des Arbeitsschutzes mit weitgehenden Auflagen für die Unternehmer. 1873 wurde sie geltendes Recht für das Deutsche Reich. Bis zur Jahrhundertwende wurden parallel zur Sozialversicherung die Schutzbestimmungen für besonders gefährdete Arbeitnehmergruppen ausgebaut. Erst in der Weimarer Republik kam mit Achtstundentag, Kündigungsschutz, Koalitions-, Tarif- und Arbeitskampfrecht und sozialer Mitbestimmung der Betriebsräte der Durchbruch. Allerdings brachten die 20er Jahre mit dem *Taylorismus (→ Arbeit)* auch die erste große Welle der Rationalisierung mit weitgehender Zerlegung und Mechanisierung der einzelnen Arbeitsschritte. Die zersplitterte Gewerkschaftsbewegung war nicht imstande, die Intensivierung und Monotonisierung der Industriearbeit zu verhindern. Der Nationalsozialismus, ausgerichtet auf Autarkie und Aufrüstung, setzte auf höchstmögliche Ausbeutung der menschlichen Arbeitskraft. Das einzig markante Ereignis im Bereich der A. war der Erlaß der Arbeitszeitordnung im Jahr 1938 mit der Festschreibung des Achtstundentags, der 48-Stunden-Woche und der Höchstzahl zulässiger Überstunden, Ergebnisse, die während des Kriegs wieder abgebaut wurden.

Nach 1945 gab es unterschiedliche Entwicklungen in Ost und West. Während in der DDR Staat und Partei die Grundzüge der A. festlegten, hatte das *Grundgesetz* der Bundesrepublik die Tarifautonomie den → *Gewerkschaften* und Arbeitgeberverbänden übertragen und damit den Interessenorganisationen die Verantwortung im Bereich der Arbeitsbeziehungen und der Arbeitsbedingungen überlassen. In beiden deutschen Staaten wurde in der Arbeitswelt das Konzept des *Taylorismus* weiterentwickelt und verfeinert, in der Bundesrepublik beispielsweise durch die Tätigkeit des *Verbands für Arbeitsstudien,* der an die Arbeit des 1924 gegründeten *Reichsausschuß für Arbeitszeitermittlung (REFA)* anknüpfte. Aber auch in der DDR standen die 50er und 60er Jahre im Zeichen der wissenschaftlich-technischen Revolution und waren geprägt von dem Glauben an die Objektivität der ökonomischen Gesetze, deren richtige Anwendung und Ausnutzung unter Anleitung der Partei bereits den Aufbau des → *Sozialismus* und den gesellschaftlichen Fort-

schritt garantiere. Im entwickelten System des Sozialismus erschien alles kalkulierbar und planbar, von der ökonomischen Wachstumsrate bis zur Entwicklung der sozialistischen → *Persönlichkeit.* Diese Planungs- und Rationalisierungseuphorie wurde in beiden Staaten zu Beginn der 70er Jahre durch einen Wertewandel beendet. Nachdem die Bundesrepublik die Rezession von 1966/67 überwunden und eine neue sozial-liberale Regierung gewählt hatte, entstanden im Zuge des Reformschubes während der Phase der Hochkonjunktur neben quantitativ-materiellen auch qualitative Forderungen. Die Bevölkerung hoffte auf mehr *Lebensqualität, (→ Lebensstandard),* deren Bestandteil die Bemühungen um die Humanisierung der Arbeitswelt und um eine neue Mitbestimmungsregelung waren. Die Forderung nach einer höheren A. erhielt ein immer größeres Gewicht gegenüber dem Streben nach steigendem materiellen Wohlstand. Die qualitativen Elemente des Lebens im allgemeinen und der Arbeit im besonderen nahmen im Bewußtsein der Menschen jetzt eine vorrangige Stellung ein.

Auch in der DDR wurden die Aufgaben der Kulturpolitik neu formuliert. K. Hager, Sekretär für Kultur und Wissenschaft des Zentralkomitees der *SED,* sanktionierte 1971 den bereits in den 50er Jahren von E. John und in den 60er Jahren von D. Mühlberg formulierten »erweiterten Kulturbegriff«. Die von der Arbeiterbewegung seit den Bildungsvereinen des 19. Jh. bis zur Ära W. Ulbrichts mit ihrer Formel »Erstürmt die Höhen der Kultur« tradierte bürgerliche Verengung des Kulturbegriffs auf die sogenannte geistige Kultur, also Kunst und Wissenschaft, sollte zugunsten einer Kultur der praktischen Lebenserfahrung überwunden werden. Kulturtheoretiker wie I. Dölling, G. K. Lehmann oder D. Mühlberg plädierten in zahlreichen Artikeln der »Weimarer Beiträge« für eine Überwindung der einseitig technokratischen Planer- und Leiterperspektive der 60er Jahre und für eine Rückbesinnung auf das historische Subjekt der → *Kulturrevolution,* auf die Arbeiterklasse, die in der Vergangenheit als Objekt kulturell-erzieherischer Aktivitäten behandelt worden sei.

Diese ideologische Umorientierung fand vor dem Hintergrund wirtschafts- und sozialpolitischer Probleme statt. Auch im weitgehend technisierten Produktionsprozeß gibt es eine Reihe von Unfallrisiken, die eine andere Arbeitsplatzgestaltung notwendig machen; beispielsweise wurden 1978 in der Bundesrepublik rund 2,6 Mio. Arbeitsunfälle und 45000 Fälle von Berufskrankheiten gemeldet. Die Versicherungsträger zahlten an 800000 Verletzte und Erkrankte. Im Jahr 1980 waren mehr als 2 Mio. Menschen auf Berufsunfähigkeits- und Erwerbsunfähigkeitsrenten angewiesen. Rationalisierungen am Arbeitsplatz und Umbrüche in der Branchenstruktur sind typische Auswirkungen des technischen Wandels. Beide führen in der Regel zu Verlusten bei der beruflichen Qualifikation, dem Einkommen und schließlich der Arbeitsmöglichkeit selbst, häufig aber auch zu Arbeitsintensivierung, erzwungenem Arbeitsplatz- und Berufswechsel. Auf diese negativen Folgen der Produktivitätssteigerung reagierten die Gewerkschaften und Politiker in der Bundesrepublik mit den Forderungen nach Humanisierung der Arbeit und mehr Mitbestimmung. Ihr Dilemma ist, daß einerseits technisch-organisatorische Neuerungen die Arbeit erleichtern können und Rationalisierung die Produktivität und damit auch die internationale Wettbewerbsfähigkeit steigern, andererseits aber die obengenannten Gefährdungen eintreten.

III. Schwierigkeiten in der Praxis der Arbeitskultur

Die Probleme in der DDR liegen ähnlich. Anonyme Befragungsaktionen in Kombinaten hatten ein hohes Maß an Unzufriedenheit vor allem der Lehrlinge mit ihrer Arbeitswelt offenbart. Die offensichtliche Existenz monotoner, entfremdeter Arbeit (→ *Entfremdung)* in der DDR wollte die *SED* nach dem Motto »Was stellen wir gegen den Zwang der Kapitalisten? Die Freude an der Arbeit« mit dem vieldeutigen Programmbegriff der A. verschleiern. So erhoffte man sich von den betriebseigenen *Zirkeln für künstlerisches Volksschaffen (→ Kulturpolitik der DDR, → Vereine, → Volkskultur)* durch Bilder, Wandschmuck und andere Verschönerungen eine freundliche Atmosphäre im Betrieb. Diese für die erste Phase typische Tendenz, die A. auf eine Ästhetik des Arbeitsplatzes einzuschränken und sich mit der bloß äußerlichen Verschönerung von Arbeits- und Pausenräumen durch Farbgebung und Blumendekoration im Arbeitsbereich zu begnügen, stieß auf den energischen Widerstand der Kulturtheoretiker. Den Kritikern war bewußt, daß mit Ordnung, Sauberkeit und volkskünstlerischer Animierung allein die Widersprüche sozialistischer Produktionsweise nicht zu verschleiern waren, denn »der Übergang zu einer höheren Technisierungsstufe führte nicht immer unmittelbar zur Erhöhung des schöpferischen Gehalts der Arbeit. Manche mechanisierte Arbeit ist weniger schöpferisch, erfordert weniger geistige Anstrengung als die vorher übliche Handarbeit. Das gilt z. B. für den Übergang zur Fließbandmontage« (E. John u. a., Beiträge zur Entwicklung sozialistischer Kulturbedürfnisse, Berlin (Ost) 1975, S. 74). Allgemein wurde eine ungenügende Arbeitsmotivation festgestellt, so daß andere moralische Antriebe durch das Kollektiv oder durch kulturelle Tätigkeiten unverzichtbar seien. Neben dem Hinweis auf den Kollektivgeist und die Ablenkung mit Hilfe kultureller Betätigung sollte die offensichtliche Verarmung des Inhalts der Arbeit unter anderem durch die auch in der Bundes-

republik bekannten Methoden planmäßig organisierten Arbeitsplatzwechsels, der *job rotation,* und wechselnder Arbeitserfordernisse, des *job enrichment,* grundsätzlich überwunden werden. Das vielzitierte Schöpfertum der Arbeit im Sozialismus wird nicht auf Eigeninitiative und tatsächliche Mitwirkung der »Eigentümer« bei Planung und Leitung der Produktion bezogen, sondern scholastisch als »konkret-historischer, sozialer Prozeß« definiert, der auf Disziplin, Ausdauer und »Dienstbereitschaft« bei der Planerfüllung beruhe (a. a. O., S. 78). Diese Konzeption unterscheidet sich kaum von der in der Bundesrepublik verbreiteten Leistungsideologie (→ *Leistung).* Von ihr erwartete die *SED* effektivere Einwirkungsmöglichkeiten auf das Bewußtsein der Arbeiter, um auf der Grundlage intimer Kenntnisse ihrer Bedürfnisse, Motivationen und Einstellungen das alte wirtschaftspolitische Planziel der Produktivitätssteigerung zu erreichen, denn »wenn ich abends im Theater war, dann gehe ich doch gleich mit einem ganz anderen Schwung an die Arbeit. Dazu brauchen wir zum Beispiel Kultur« (U. Püschel, D. Kernbauer, Rostock 1974, S. 101).

Obwohl die Regelung der Arbeitsbedingungen in der Bundesrepublik unter die Tarifautonomie fällt, entläßt das Postulat des Sozialstaats im *Grundgesetz* den Staat nicht aus der Verantwortung. Im Interesse der Rechtssicherheit und der Rechtsgleichheit hat der Gesetzgeber im Arbeitsrecht eine Fülle von Normen zum allgemeinen Gefahrenschutz, Arbeitszeitschutz, Jugendarbeitsschutz, Frauenarbeitsschutz, Schwerbehindertenschutz und zum Heimarbeiterschutz festgelegt. In der betrieblichen Praxis muß sich der Arbeitgeber vor allen wesentlichen Entscheidungen über den Arbeitsprozeß und den Status des einzelnen Arbeitnehmers der Zustimmung des Betriebsrates versichern. Mitbestimmungsgesetz, Betriebsverfassungsgesetz, Personalvertretungsgesetz und Tarifvertragsgesetz stellen die Institutionen und Verfahrensregeln für den temporären Interessenausgleich zwischen Kapital und Arbeit zur Verfügung. Juristische Grundlagen der A. in der DDR ist das im *Arbeitsgesetzbuch* kodifizierte Arbeitsrecht, das in der Einleitung jeden Betrieb verpflichtet, »solche Arbeitsbedingungen zu schaffen, die den Werktätigen hohe Arbeitsleistungen ermöglichen, die bewußte Einstellung zur Arbeit und das Schöpfertum fördern, die Arbeitsfreude erhöhen.« Wissenschaftliche Basis der A. ist die *Wissenschaftliche Arbeitsorganisation,* der das *Arbeitsgesetzbuch* ein eigenes Kapitel unter dem Titel »Arbeitsorganisation und sozialistische Arbeitsdisziplin« widmet und die eine Weiterentwicklung des *Taylorismus* darstellt. Die Fragen der Anwendbarkeit des kapitalistischen *Taylorismus* im Sozialismus wurde schon 1918 in W. I. Lenins Schrift »Die nächsten Aufgaben der Sowjetmacht« positiv beantwortet und seit 1920 mit dem Endziel einer »Verschmelzung des Menschen mit der

Maschine« experimentell erprobt. Von den einzelnen Bereichen der *Wissenschaftlichen Arbeitsorganisation,* der Arbeitsklassifizierung zur Festlegung der Löhne und Arbeitsnormung in bezug auf Zeit und Produktivität spielt für die A. vor allem die Arbeitsgestaltung eine große Rolle, die mit Appellen zur Ordnung und Sauberkeit am Arbeitsplatz beginnt. Und so heißt es dann in der Schrift »Meine, deine, unsere Arbeitsumwelt«: »Ingrid Kurtzke achtet auf jeden Knopf ihrer Kleidung. Vielleicht fügt sie damit ein winziges Steinchen dem großen Mosaik der A. zu« (S. 48). Natürlich gibt es dickleibige Fachbücher, beispielsweise über die »Farbgestaltung in der Arbeitsumwelt« (L. Gericke, O. Richter, I. Schöne, Berlin (Ost) 1981). Gegenüber der ideologieüberfrachteten, idealisierenden Tendenz der Broschürenflut zur A. in den 70er Jahren unterscheiden sich die neuesten wissenschaftlichen Publikationen über die Verbesserung der Arbeitsbedingungen in ihrem nüchternen, sachlichen Ton kaum mehr von der westlichen Literatur über Methoden der flexiblen Automation und Humanisierung der Arbeit.

IV. Gleiche Probleme in beiden deutschen Staaten

Die Konzepte der A. und der Humanisierung der Arbeit haben beide einen doppelten Effekt. Einmal wird entfremdete Arbeit erträglicher und gefahrloser gestaltet, zum anderen dienen diese Strategien der Produktivitätssteigerung im Interesse der Unternehmer in der Bundesrepublik oder der Staatsführung in der DDR. In beiden deutschen Staaten begannen Verbesserungsbemühungen zunächst mit Arbeitsschutzbestimmungen und Verschönerungen des Arbeitsplatzes. Die Strategie zur Humanisierung der Arbeit weitete sich jedoch aus auf die Neugestaltung des Arbeitsinhalts und, in der Bundesrepublik stärker als in der DDR, auf eine Neudefinition der Arbeitsbeziehungen durch Mitbestimmung, auch über neue Produktionsweisen nach Rationalisierung oder Technisierung. In der Bundesrepublik bestehen über das abstrakte Ziel, die Arbeitswelt erträglicher zu machen, zwischen Arbeitgebern, Gewerkschaften und Staat keine grundsätzlichen Differenzen. Sie setzen aber sofort ein, wenn es um die Verwirklichung geht. Gewinnorientierte und auf Minimierung von Arbeitskosten gerichtete Interessen stoßen mit arbeitnehmerorientierten, von den Gewerkschaften artikulierten Schutz- und Gestaltungsinteressen zusammen.

Reformen mit dem Ziel der Humanisierung schienen Anfang der 70er Jahre leicht durchführbar, da sie relativ wenig kosteten. Sie stießen dennoch auf den Widerstand der kleinen und mittleren Betriebe, denen die finanzielle Belastung beispielsweise durch neue Verordnungen über sanitäre Anla-

gen immer noch zu hoch erschienen. Zu einem Rückschlag führte die Rezessionsphase seit 1974/75, in der sich nicht nur die Gewerkschaften neuen wirtschafts- und sozialpolitischen Problemen wie der Arbeitslosigkeit zuwandten. Gegenwärtig werden einige Aspekte der Humanisierungsdiskussion von Arbeitgeberseite wieder aufgegriffen; Teilzeitarbeit und *job sharing* sollen neue Waffen im Kampf gegen die Arbeitslosigkeit sein. Die Gewerkschaften befürchten aber, daß Produktivitätssteigerungen über die noch konzentriertere Ausnutzung der »Ware« Arbeitskraft erreicht werden sollen, ohne daß die Teilzeitarbeitnehmer vollen Lohn und vollwertige soziale Sicherung erhalten. In der DDR wird behauptet, die eigenen Bemühungen um die A. unterschieden sich grundsätzlich von der Humanisierung der Arbeit im kapitalistischen Betrieb, die lediglich eine Abwehrstrategie des Monopolkapitals sei, um durch technisch-organisatorische Maßnahmen die Arbeiter zu manipulieren und ein Scheingefühl der Zufriedenheit hervorzurufen. Dennoch lassen sich Parallelen zwischen A. und Humanisierung der Arbeit nicht übersehen. Die Intensivierung und Rationalisierung der Produktion durch Steigerung der Arbeitsproduktivität jedenfalls ist gemeinsames Ziel in beiden deutschen Staaten. Daher muß auch das verbale Bekenntnis der DDR zu einem erweiterten Kulturbegriff, der von der Arbeit als unmittelbar schöpferischer Kulturleistung des Menschen ausgeht, Theorie bleiben.

Die A. wurde in den 70er Jahren als neues, wirksames kulturpolitisches Instrument entwickelt, um den sozialistischen Charakter des ökonomischen Systems der DDR zu legitimieren. Um sich wirklich als Herren der Wirtschaft fühlen zu können, sollten die Arbeiter den sozialistischen Charakter der Arbeit in jedem Bereich und an jedem Arbeitsplatz auch subjektiv und anschaulich erleben können. Die Kluft zwischen den alltäglichen Erfahrungen der sozialistischen »Eigentümer« mit dem sozialistischen Charakter der Arbeit im real existierenden Sozialismus und den Versprechungen der A. bleibt jedoch unüberbrückbar. Die *SED,* um Glaubwürdigkeit bemüht, muß sich offenbar heute damit bescheiden, die Unzufriedenheit der Werktätigen durch quantitative Verbesserungen des materiellen und kulturellen Lebensniveaus in Grenzen zu halten. Diese Bilanz gilt unter den Bedingungen der Wirtschaftskrise, deren Ende noch nicht abzusehen ist, auch für die Bundesrepublik; denn hier wird versucht, durch Produktivitätssteigerungen Schwierigkeiten zu überwinden. Hierfür ist Humanisierung der Arbeit in beiden deutschen Staaten ein willkommenes Mittel, solange dadurch weder Systemgrenzen angetastet werden noch ihre Kosten den engen, von Staat und Wirtschaft gesetzten Finanzrahmen überschreiten.

H. Markmann, E. Gillen

Literatur
H. Bühl, Kultur der sozialistischen Arbeit, Berlin (Ost) 1967
Meine, deine, unsere Arbeitsumwelt, Berlin (Ost) 1975
Kultur und Kunst in der DDR seit 1970, hrsg. von H.
Gaßner, E. Gillen, Lahn, Gießen 1977
F. Vilmar, K.-O. Sattler, Wirtschaftsdemokratie und Humanisierung der Arbeit. Systematische Integration der wichtigsten Konzepte, Köln, Frankfurt a. M. 1978
H. Glaser, Maschinenwelt und Alltagsleben. Industriekultur in Deutschland vom Biedermeier bis zur Weimarer Republik, Frankfurt a. M. 1981

Architektur

I. Grundlagen des Bauens in beiden deutschen Staaten – II. Prämissen der Architektur und Rolle der Architekten – III. Architektur zwischen Wirtschaft und Politik – IV. Die Stadt als Problem

I. Grundlagen des Bauens in beiden deutschen Staaten

Ihrer primären Funktion nach schafft A. dem Menschen Schutz gegen die Natur durch Behausung. Der griechische Begriff *techne* wurde vornehmlich als → *Kunst*, nicht als → *Technik*, interpretiert. A. ist danach als Baukunst das Ergebnis einer Tätigkeit, die sich mit ästhetischer Gestaltung der räumlichen → *Umwelt* befaßt. Das Besondere der A. liegt in der Verbindung dieses künstlerischen mit dem technischen und wirtschaftlichen Aspekt des Bauens nach dem Motto »standfest, zweckmäßig und schön«. Darstellungen über A. orientieren sich in der Regel an sogenannter großer A., verwirklicht in einer Reihe von Meisterwerken, in der Abfolge epochaler Stilrichtungen.

Modernes Bauen beginnt gegen Anfang des 19. Jh. Kennzeichnend sind die neuen Bauaufgaben des Industriezeitalters, wie die Errichtung von Fabriken, von Bahnhöfen, Bürohäusern, Kaufhäusern, Markthallen oder Ausstellungsbauten, die neuen Baustoffe, zum Beispiel Gußeisen, Glas, später Stahl, Stahlbeton, auch Kunststoffe und die damit verbundenen konstruktiven Möglichkeiten sowie die sprunghafte Entwicklung der Städte (→ *Stadt- und Regionalplanung*). Dies führte zu rigorosen Veränderungen der bestehenden, zum Teil noch mittelalterlichen Bausubstanz, beispielsweise durch G.E. Haussmann in Paris, ebenso zu neuen, städtischen Wohnvorstellungen, aber auch zu Reformideen und utopischen Architekturprojekten für ein besseres Leben der Industriearbeiter, wie sie insbesondere R. Owen, Ch. Fourier, E. Cabet entworfen haben. Da das offizielle Architekturverständnis sich zur gleichen Zeit in die Geschichte wandte, entstand ein spannungsreicher Dualismus: Das Bauen orientierte sich der äußeren Form nach an historischen Baustilen, in der Konstruktionsweise aber in Richtung auf Zukünftiges.

Aus dieser Spannung heraus bildete sich in Chicago beim Bau großer, vielgeschossiger Bürohäuser der Begriff *Funktionalismus,* der bis heute die Architekturdiskussion bestimmt, sich als eminent folgenreich erwiesen hat und dessen Leitgedanke nach L. H. Sullivan »form follows function« lautet. *Funktionalismus* war bis in die 60er Jahre unseres Jahrhunderts hinein das gemeinsame Fundament allen modernen Bauens, unbeschadet verschiedener Stilrichtungen, grundsätzlicher gesellschaftlicher und politischer Unterschiede und vehement vorgetragener Kritik.

Nationalsozialismus: Nach 1945 konnte angesichts der Notwendigkeit, die zerstörte Infrastruktur eines hochentwickelten Landes wiederherstellen zu müssen, von A. gar nicht die Rede sein. Der Nationalsozialismus ist für Qualitätsmängel der A. in beiden deutschen Staaten bis heute durch die von ihm verursachte Zerstörung und Teilung Deutschlands verantwortlich. Seine eigene Baupolitik fällt dagegen nicht ins Gewicht.

Für das Bauen in Deutschland nach dem Zweiten Weltkrieg ist der *Funktionalismus* durch zwei Vermittlungen prägend geworden, einmal durch die noch lebendigen, 1933 gewaltsam unterdrückten Auseinandersetzungen des wohnungspolitisch, gestalterisch und technisch revolutionären *Neuen Bauens,* zum Beispiel durch Vertreter des *Bauhauses,* mit dem traditionellen Bauen. Dazu kommt die Anpassung an den *Internationalen Stil,* zu dem sich während der Herrschaft des Nationalsozialismus die neue A. in der westlichen Hemisphäre, unter entscheidender Mitwirkung der aus Deutschland emigrierten Architekten wie L. Mies van der Rohe, W. Gropius, E. Mendelsohn und anderen entwickelt hatte. Entsprechend der außenpolitischen Situation vollzog sich diese Wiederanknüpfung in beiden deutschen Staaten unterschiedlich.

Bauen in der Bundesrepublik: In der Nachkriegsarchitektur lassen sich nach notdürftiger Wiederherstellung der Infrastruktur drei Phasen unterscheiden. Während des Wiederaufbaus folgte man bis etwa in die Mitte der 50er Jahre zumeist restaurativen Leitbildern. Anknüpfungsversuche an das *Neue Bauen* der Zeit vor 1933 und die Übernahme internationaler Entwicklungen und Tendenzen waren in den 60er Jahren bestimmend, und schließlich begann die bundesdeutsche A. mit der Ende der 60er Jahre einsetzenden Emanzipationsphase, in Abwandlung der Vorbilder des *Internationalen Stils* zu mehr ortsgebundenen Lösungen und eigenem Ausdruck zu finden.

Die Bauleistungen der ersten Nachkriegszeit verdienen hinsichtlich ihres Volumens und in Berücksichtigung der widrigen Umstände Achtung, auch wenn die äußere Erscheinung von sechs Mio. in fünfzehn Jahren errichteter Wohnungen alsbald Anlaß zu Kritik wegen der Abwesenheit von »Baukultur« gab. Ungeachtet solcher Kritik haftet der A. seit dieser Phase der spezifische Stellenwert eines wirtschaftlich-technisch dominierten und nicht eines kulturellen Bereichs an. Wichtigste politische Ziele der Baupolitik bis Ende der 50er Jahre waren die Aktivierung von Privatkapital parallel zu staatlichen Baumaßnahmen und die Durchsetzung der Ideologie vom Eigenheim als eines Bollwerks gegen den Kommunismus.

Der damit angestoßenen Bauentwicklung fiel bis Ende der 60er Jahre nahezu so viel alte Bausubstanz zum Opfer wie während des Krieges. Mit dem Einsetzen des bis in die 70er Jahre anhaltenden Baubooms fand die A., bis dahin einer alles in allem eher restaurativen Haltung verhaftet, Anschluß an die internationale Entwicklung. Zeugnis davon gaben die Bauausstellung *Hansa-Viertel* 1957 in Berlin (West), der Pavillon der Bundesrepublik auf der Brüsseler Weltausstellung 1958 von E. Eiermann und S. Ruf oder das »Dreischeibenhaus« genannte Bürohaus von *Phönix-Rheinrohr* 1957 bis 1960 in Düsseldorf von H. Hentrich und H. Petschnigg.

Während im Ausland, insbesondere in den USA, vor allem P. Johnson, E. Saarinen und K. Tange schon erste Kritik am *Internationalen Stil* übten, setzte er sich in der Bundesrepublik fast ohne Ausnahme durch. Nur wenige Alleingänger unter den Architekten behaupteten sich dagegen, so H. Scharoun mit dem Bau der *Philharmonie* in Berlin 1963, der aber auch die Niederlage beim Theaterbau Kassel 1952 hatte hinnehmen müssen. Vereinzelt zeigten sich auch schon Vorläufer des Bauens in historischer Umgebung, als dessen Vertreter G. Böhm, der von 1962 bis 64 das Bensberger Rathaus baute, zu nennen ist.

Das Entstehen einer eigenen bundesrepublikanischen Note im modernen Bauen wird einer breiteren Öffentlichkeit ein erstes Mal deutlich durch die Lösung der baulichen Sonderaufgabe, mit geringstem Materialaufwand große Räume zu überspannen. Beispiele sind der von F. Otto und R. Gutbrod gebaute *Deutsche Pavillon* auf der Weltausstellung von Montreal 1967 und die von G. Behnisch und Partnern entworfenen Bauten zu den *Olympischen Spielen* 1972 in München. Damit verbinden sich unprätentiöse Gestaltung, Offenheit, relative Ortsgebundenheit und Abkehr von Monumentalität. Entsprechend finden sich die hervorragendsten Architekturbeispiele der jüngeren Entwicklung in der Bundesrepublik unter den Bauten für Freizeit und Sport und in den Bereichen Kultur, Kirche, Privathaus. Weniger überzeugend sind die Leistungen bei Industrie- und größeren Wohnanlagen (→ *Wohnen*).

Bauen in der DDR: In der Sowjetischen Besatzungszone bzw. der DDR gab es von Anfang an eine bewußte staatliche Baupolitik als Teil der allgemeinen → *Kulturpolitik der DDR.* Dementsprechend ist deren Entwicklung der A. viel eindeutiger an bestimmte politische Vorgaben gebunden und auch von diesen abzuleiten als in der Bundesrepublik. Durch weitgehende Änderungen der Eigentumsverhältnisse wurden neue Voraussetzungen für das Bauen geschaffen. Grund und Boden sind nun entweder gesellschaftliches → *Eigentum* oder können ohne Probleme in Anspruch genommen und enteignet werden (»16 Grundsätze des Städtebaus«, »Aufbaugesetz«, beide 1950; GBl. DDR S. 965). Ferner wurden der größte Teil der Baubetriebe sowie ein Teil der Bausubstanz verstaatlicht. Hierarchisch aufgebaute staatliche und staatlich-wirtschaftliche Institutionen sind nahezu die alleinigen Auftraggeber.

Auch in der DDR lassen sich drei Phasen architektonischer Zeitgeschichte unterscheiden. Bis Mitte der 50er Jahre erfolgte ein zögernder Wiederaufbau. In dieser Phase baute R. Paulick in Berlin *Unter den Linden* die *Staatsoper* und das *Kronprinzen-* und *Prinzessinnenpalais.* Auf die grundlegende politische Umorganisation folgte bis Mitte der 60er Jahre eine relativ lebhafte Experimentier- und Diskussionszeit, in deren Verlauf sich als Ziel die Industrialisierung des gesamten Bauwesens durchsetzte. Seit Mitte der 60er Jahre gibt es darüber keine Diskussionen mehr. Das tatsächliche Bauen hängt ab von den konkreten Beschlüssen der Partei- und Staatsführung. Nicht formale Fragen oder Probleme der gestalterischen Qualität sind entscheidend, sondern die Verteilung der Mittel auf die verschiedenen Bauaufgaben.

In der Umbruchzeit der A. der DDR zwischen 1955 und 1966 bildete sich eine typische Form des Bauens heraus, die Kombination von industrialisiertem und durchgängig typisiertem Massenwohnungsbau mit lokalspezifischer Akzentuierung der öffentlichen Bauten und Zentren. Eingerahmt wurde diese Phase von der *1. Baukonferenz 1955,* auf der das »Programm der umfassenden Industrialisierung und Typisierung des Bauens« entworfen wurde und der *4. Baukonferenz 1966,* deren Themen die Überwindung der Monotonie im Bauwesen und die Reorganisation der *Deutschen Bauakademie* waren.

Anfangs war die A. der DDR stark von der UdSSR beeinflußt. Typisches Beispiel hierfür ist der erste Bauabschnitt der Stalin- und späteren Karl-Marx-Allee in Berlin ab 1951. Die hier und auch bei Großsiedlungen im Umfeld neuer Industrien oder Kombinate, wie Eisenhüttenstadt mit Baubeginn 1950 oder Hoyerswerda (1956), angewandte Repräsentationsarchitektur entsprach dem Vorbild der Sowjetunion, wo sie sich bei der Suche nach neuen Formen im Sinn des *Konstruktivismus* schon um 1930 entwickelt hatte. 1955 kam im Zuge der Entstalinisierung in der Sowjetunion und in der DDR ein neuer architektonischer Baustil zum Tragen.

Die neue Richtung wurde während der 60er Jahre von Partei- und Staatschef W. Ulbricht gezielt gefördert und gipfelte im ehrgeizigen Programm der Umgestaltung oder Rekonstruktion der Zentren der wichtigsten Städte. Herausragender Architekt in beiden Phasen war der Berliner H. Henselmann, der in der Zeit von 1955 bis 1958 Chefarchitekt in Berlin (Ost) war. Als Direktor des *Instituts für Städtebau und Architektur* der *Deutschen Bauakademie* zeichnete er für den ersten Bauabschnitt der Stalinallee (1952 bis 1958), das *Haus des Lehrers* am Alexanderplatz (1963), den Fernsehturm (1969) und den Leninplatz (1970) verantwortlich.

Seit Amtsantritt E. Honeckers ist Bauen vorrangig eine sozialpolitische Maßnahme. Die Architekten arbeiten innerhalb großer Entwurfskollektive. Die großen Baukomplexe, die daraus hervorgehen, wie J. Näthers *Fischerinsel* oder die *Karl-Liebknecht-Straße*, R. Korns und H. E. Bogatzkys *Staatsrat* und *Interhotel Stadt Berlin* oder H. Graffunders *Palast der Republik* sind mithin nicht der kreativen Kraft einzelner zuzuschreiben. Ihre Namen stehen in der Regel für Teams. Ganz im Vordergrund steht seit 1971 der Wohnungsbau. Das drängende Wohnungsproblem soll bis 1990 durch den Bau, Um- und Ausbau von rund 3 Mio. Wohnungen gelöst werden. Die Kosten für den Planungszeitraum von 1975 bis 1990 belaufen sich auf rund 200 Mrd. Mark. Dabei hat nach wie vor der effektivere Massenwohnungsbau auf der grünen Wiese Vorrang. Eine Abkehr von der bisherigen folgenschweren Vernachlässigung der Altbausubstanz ist aber im Ansatz erkennbar.

II. Prämissen der Architektur und Rolle der Architekten

Bundesrepublik Deutschland: Baupolitik gehorcht hier in erster Linie wirtschaftlichen Prämissen. Bauen ist ein wichtiger Wirtschaftsfaktor und wird folglich auch als Instrument der Konjunktursteuerung benutzt. Entsprechend ist A. zunächst eine wirtschaftliche Leistung. Wird der A. eine repräsentative Aufgabe zugestanden, geht es durchweg um die Darstellung wirtschaftlicher Macht, wie sie von den Hochhäusern der Konzernverwaltungen und Geldinstitute demonstriert wird. Sonst wird der größte Teil des Bauvolumens, so der gesamte Tiefbau, selten unter gestalterischen Gesichtspunkten geplant. A. wird heute geprägt durch rechtliche Bestimmungen und technische Normen. An diesen

Einschränkungen scheitern viele Planungen für eine bessere A., andererseits werden auch viele Fehler ausgeschlossen (→*Stadt- und Regionalplanung*). Zwischen ökonomischen und juristischen Zwängen wird als handelndes Subjekt der Architekt sichtbar, seinerseits wiederum von Berufs- und Standesgrundsätzen geprägt.

Bauen ist ein Wirtschaftszweig zur Herstellung von umbautem Raum, Verkehrswegen und Einrichtungen im Dienst der Produktions-, Kommunikations- und anderer Techniken. Die Mehrzahl der realisierten Bauwerke soll dem Begriff A. gar nicht zugeordnet werden. Was zählt, ist das Verhältnis von Kosten und Nutzen, sind wirtschaftliche Praktikabilität und Quantität. Forderungen nach »guter A.« entsprechen in der Regel nicht den Interessen von Bauwirtschaft und Bauherren; wo sie trotzdem durchgesetzt werden konnten, geht das Ergebnis in der Menge anderer Bauten unter. Nicht zu übersehen ist, daß die Bauwirtschaft ungeachtet ihrer manchmal als mittelalterlich bespöttelten Organisationsstruktur heute in einem Jahrzehnt mehr Kubikmeter umbauten Raums herstellt als früher ganze Jahrhunderte. Erst das Abflauen der Baukonjunktur hat wieder eine Chance für die verstärkte Berücksichtigung ästhetisch-gestalterischer Momente eröffnet. Parallel dazu ist gegen Ende der 70er Jahre auch im rechtlichen und staatlichen Bereich eine Neubesinnung zu registrieren. Wichtige Teile des Baurechts wurden neu kodifiziert, so 1976 das *Bundesbaugesetz,* das *Städtebauförderungsgesetz* und die *Honorarordnung für Architekten und Ingenieure.*

Im gleichen Jahr wurden Regelungen zu →*Naturschutz* und Landschaftspflege und zur Wohnungsmodernisierung getroffen. Bei Verteilung der abgestuften Zuständigkeiten auf Bund, Bundesländer und Gemeinden werden neuerdings die Rechte der Gemeinden verstärkt. Momente des direkten Umweltbezugs, wie Bürgerbeteiligung, gerechter Ausgleich zwischen den Eigentumsinteressen des Einzelnen und den Belangen der Allgemeinheit, örtliche und regionale Eigenheiten der Baugestaltung, besondere Lebensgewohnheiten und Umweltschutz sind nun besser verankert. Damit ist zumindest die Grundlage gegeben für eine weniger gleichförmige, an Kapazitätsauslastung der Wirtschaft orientierte Landnahme.

Geblieben ist die organisatorische Vielfalt der Institutionen. Dies wird deutlich in der begrenzten Zuständigkeit der formal obersten Behörde, dem *Bundesministerium für Raumordnung, Bauwesen und Städtebau.* Das Ministerium hat seine Kompetenzen kontinuierlich von der Steuerung des Wohnungsbaus über die Federführung bei der Gesetzgebung für die Bauleitplanung bis zur komplexen Raumordnung im *Raumordnungsgesetz* (1965) ausgedehnt. Trotzdem ist seine Existenz immer wieder bedroht. Für Baupolitik ist fast jedes Bundesministerium zuständig, so das *Bundesministerium des Innern* für Staatsbauten, das *Bundesministerium für Wirtschaft* für Konjunkturfragen und dem mit ihnen zusammenhängenden Architektenberuf, das *Bundesministerium für Verkehr* für den Verkehrsausbau, das *Bundesministerium für innerdeutsche Beziehungen* für das Bauen im Zonenrandgebiet, das *Bundesministerium für Ernährung, Landwirtschaft und Forsten* für ländliches Bauen usw. Die Baupolitik des Bundes konzentriert sich, neben der Steuerung der Entwicklung des Bau- und Planungsrechts, auf Finanzhilfen beim *Sozialen Wohnungsbau* und auf Wohngeld, auf Städtbauförderung, insbesondere modellhafte Sanierungs- oder Entwicklungsvorhaben, auf Forschungsförderung in den Bereichen Bautechnik, Rationalisierung, Demonstrativbauvorhaben.

Die Realisierung von A. als Kunst bleibt bei solchen Voraussetzungen dem einzelnen Architekten oder den Architekten als Berufsgruppe überlassen. Die *Union Internationale des Architectes* hat 1955 in der »Charta der Architekten« diesen als Menschen definiert, »der die Kunst des Bauens meistert und so die Stätten, an denen die Menschen ruhen oder sich regen, aufs beste gestaltet und beseelt«. Die Architekten sehen sich als selbständig unternehmerische Baukünstler, sind praktisch jedoch nur Koordinatoren des Bauvorgangs. In der Statistik der freien →*Berufe* rangieren sie unter »Technik-Naturwissenschaft«. Ausbildungsmöglichkeiten bestehen an elf →*Universitäten,* 52 Hochschulen und vier Akademien. Als Berufsverband fungiert der 1903 gegründete, ständisch organisierte *Bund Deutscher Architekten* mit 4500 Mitgliedern und dem Verbandsorgan »Der Architekt«. Der Eintritt erfolgt durch Berufung. Daneben gibt es den eher konservativ ausgerichteten *Bund Deutscher Baumeister, Architekten und Ingenieure,* den *Deutschen Architekten- und Ingenieurverband* für beamtete und angestellte Architekten, die *Vereinigung freischaffender Architekten* als Unternehmerverband.

Architekt darf sich nur nennen, wer in die Architektenliste der Architektenkammern eingetragen ist. Die Voraussetzung dafür ist ein abgeschlossenes Studium und der Nachweis von Berufspraxis. 50000 Architekten sind in der Bundesrepublik registriert, die je zur Hälfte freiberuflich oder angestellt und beamtet sind. Dazu kommen rund 25 000 nicht registrierte Architekten. Die Zentrale der Kammern ist die *Bundesarchitektenkammer* in Bonn. Die bundesdeutschen Architekten verdrängen trotz allem häufig, daß ihre Tätigkeit unter den Bedingungen des liberalen Konkurrenzkapitalismus grundsätzlichen Konflikten unterworfen ist. Sich diesen Konflikten zu stellen, sind sie als gesellschaftliche Gruppe zu schwach. Der Anteil der weiblichen Architekten beträgt 3 v.H., Mitglieder von Gewerkschaften gibt es kaum.

Deutsche Demokratische Republik: An der Spitze des Bauwesens stehen das *Ministerium für Bauwesen* und die Abteilung Bauwesen im Zentralkomitee der *SED.* Bestimmend für die A. ist der staatlich-bürokratische Aspekt. 800 000 Beschäftigte der Bauwirtschaft unterstanden 1980 als »Bauschaffende« direkt dem Ministerium. Es dirigiert Bau- und Montagekombinate, Baumaterialindustrie und Baumittelhandel, ist mittels der Bauämter der Bezirke Träger der Bauaufsicht. Auch untersteht ihm die *Bauakademie der DDR.* Bauen ist ein Industriezweig, abhängig von Fünfjahrplänen und jährlichen Volkswirtschaftsplänen, der seit Beginn der 70er Jahre ein respektables Wachstumstempo aufweist. Die *Staatliche Plankommission* legt die Gesamtkapazität der Bauleistung, die Schwerpunkte der Investitionen und örtliche Schwerpunkte fest. Aufgrund dieser Festlegungen erläßt das *Ministerium für Bauwesen* Richtlinien für die Bezirke und Städte, nach denen wiederum die Büros für Territorialplanung, Verkehrsplanung und Städtebau die Generalbebauungspläne für die Architektenkollektive erarbeiten.

Organisation und Industrialisierung des Bauens haben Beruf und Stellung des Architekten grundlegend verändert. Entsprechend politischen Vorgaben wird in großen Kollektiven bei hoher Spezialisierung kontinuierlich eine Gemeinschaftsaufgabe verwirklicht. Es gibt zwar noch private Architekten, doch werden keine neuen mehr zugelassen. Der *Bund der Architekten der DDR* hat 3 100 Mitglieder und die Aufgabe, die Baupolitik der *SED* und des *Ministeriums für Bauwesen* zu propagieren. Kommissionen und Fachgruppen sind für A. und bildende Kunst, Internationale Arbeit, Industriebau, Denkmalpflege, Städtebau eingerichtet. Zentrales Fachorgan ist die Zeitschrift »Architektur der DDR«.

Die Ausbildung der Architekten ist Teil des einheitlichen Bildungssystems. Die Hochschulen unterstehen deshalb dem *Ministerium für Hoch- und Fachschulwesen.* Die *Hochschule für Architektur und Bauwesen Weimar* lehrt unter anderem Städtebau, die *TU Dresden* und die *TH Leipzig* lehren Bautechnologie, außerdem besteht die *Kunsthochschule Berlin (Ministerium für Kultur).* Dazu kommen acht Ingenieurschulen für Bauwesen. Eine Sonderstellung nimmt die *Bauakademie der DDR* als wichtigste wissenschaftliche Einrichtung ein. Die Geschichte der A. der DDR ist auch die Geschichte der *Bauakademie.* Zu ihren Aufgaben gehören die Sachgebiete Prognose des Bauwesens, Methodik der Bauplanung, Grundlagen- und angewandte Forschung, Systematisierung des Bauens, Experimentelles Bauen, Diskussion konzeptioneller Fragen der Architekturtheorie, →*Weiterbildung* der Führungskader, Dokumentation und →*Information.* Sie ist das wichtigste Instrument zur Formulierung und Durchsetzung staatlich geprägter A.

III. Architektur zwischen Wirtschaft und Politik

Pluralismus statt Kunstpolitik: In Konsequenz des die Bundesrepublik kennzeichnenden Meinungspluralismus sind kulturelle Äußerungsformen generell keinerlei verbindlichen, einheitlichen gestalterischen Grundsätzen, keinem obligaten Stil unterworfen. Dies gilt auch für die A. als einer zweckgebundenen Kunst. Eine allgemeingültige Beschreibung des Stellenwerts der A. für die Gesellschaft der Bundesrepublik kann es deshalb nicht geben. Die staatliche Baupolitik ist wirtschaftskonjunkturell und sozial motiviert. Staatliche Instanzen haben nicht den Ehrgeiz, mittels A. einen Herrschaftsanspruch zu dokumentieren oder auch nur Baukunst offiziell zu definieren. Dem steht nicht entgegen, daß im Einzelfall die Verbindung von Baukunst und staatlicher Selbstdarstellung durchaus lebhaft diskutiert wird, wie die Planung der Bundesbauten in Bonn. Diese Haltung der Politik hat mehrere Gründe. Stilvielfalt zeugt von Offenheit, schafft jedoch auch Unsicherheit. Von den Eingriffen in Gestaltungsfragen während des Nationalsozialismus will man sich entschieden distanzieren. Die Kunst ist ferner nach Artikel 5 des *Grundgesetzes* frei, und schließlich ist die öffentliche Hand in Bund, Länder und Kommunen geteilt.

Trotzdem betreibt der Staat praktische Architekturpolitik, so durch rechtliche Bestimmungen und Baumaßnahmen. Dies läßt die Überzeugung wachsen, daß sich die Politik dem Entstehen einer für die Bundesrepublik typischen A. nicht ganz entziehen will und kann. Bei Wettbewerben finden beispielsweise immer häufiger risikofreudige Juroren Unterstützung. Das kann unter den Bedingungen der Bundesrepublik zwar keine Kunstpolitik sein, doch zeigt sich hier eine wachsende Bereitschaft von Politik und Verwaltung, auch baukünstlerische Kriterien anzuerkennen.

Bauen mit politischem Ziel: In der DDR sollten mit der Vergesellschaftung der Produktionsmittel die Voraussetzungen dafür geschaffen werden, daß sich Widersprüche zwischen der künstlerischen, der ökonomisch-technischen und der politischen Seite des Bauens aufheben lassen. Das Künstlerische sollte zu einem durchgängigen Moment der Umweltgestaltung werden. Der Staat übernahm folglich bewußt die Gesamtverantwortung für A. als dem wichtigsten Element der Umweltgestaltung. Insofern steht die DDR gewissermaßen in einer ungebrochenen Tradition (→ *Tradition und kulturelles Erbe*). Bauen ist nach wie vor Ausdruck staatspolitischen Anspruchs. Mit der durchgreifenden Organisation und zentralen Ausrichtung des gesamten Bauwesens hat die Führung der DDR sich die Mittel verschafft, die A. entsprechend in Dienst zu nehmen. Auf die Folgen hat H. Henselmann hinge-

wiesen, als er erklärte, seine Auftraggeber seien Arbeiterführer, und moderne A. sei bei der Bevölkerung nicht populär, deshalb habe er sehr unwillig mit konservativen architektonischen Mitteln gestaltet. Untersuchungen darüber, inwieweit die A. tatsächlich bewußtseinsverändernd wirkte, liegen nicht vor. Jedoch zeigt die Architekturkritik in der DDR, daß die politisch gewollte Verbindung von Wirtschaft und Kunst keineswegs problemlos war und ist. Hierfür steht die Dauerdiskussion über Monotonie und Schematismus der A. als einem Teil der industriellen Fertigproduktion. Überdies wird die Alternative zur Monotonie oft in der Monumentalität gesehen. Die Architekturdiskussion der jüngsten Zeit verzichtet fast ganz auf die Behandlung architekturtheoretischer Fragen zu Gunsten der Lösung praktischer Wohnungsbauprobleme.

Rückbesinnung auf die Geschichte: War es in der DDR zunächst um die Festlegung der gesellschaftspolitischen Zielsetzungen für A. und Städtebau gegangen, so richtete sich das Interesse alsbald und zusehends mehr auf technisch-organisatorische Fragen des industriellen Bauens. In der Bundesrepublik hatte dagegen zuerst die Baupraxis absoluten Vorrang, ehe man sich in einem Akt der Wiederbesinnung ab Ende der 60er Jahre erneut mit theoretischen Grundlagen befaßte. Die Rekonstruktion des Gebäudes des *Bauhauses* in Dessau (1976) und die Errichtung des *Bauhaus-Archivs* in Berlin (West) im Jahr 1979 machen deutlich, welcher Wert den Zielen des *Bauhauses,* wie Kunst in sozialer Verantwortung, Kunst im Maschinenzeitalter, Ausbildung durch praktisches Tun, heute in beiden Staaten beigemessen wird und aus denen sich so etwas wie ein systemübergreifender, idealtypischer Bezugspunkt ergibt. Inzwischen weitet sich die Rückbesinnung auf die gesamte Architekturgeschichte aus, wie die Feiern zum 200. Geburtstags des Architekten K. F. Schinkel 1981 in beiden Stadthälften Berlins und die Einrichtung eines *Deutschen Architekturmuseums* in Frankfurt a.M. zeigen. Andererseits ist schon die Gefahr einer bloß manieristischen Zusammenstellung vergangener A. erkennbar.

Auch bei mehr Eigenständigkeit versteht sich bundesdeutsche A. heute nicht national, sondern als Teil internationaler westlicher A. Die durch den Nationalsozialismus und den Wiederaufbau erzwungene Phasenverschiebung gegenüber den ausländischen Tendenzen ist überwunden. Allerdings hat die Gesellschaft der Bundesrepublik erst zu Beginn der 70er Jahre begonnen, sich für A. zu interessieren. Es wird noch einige Zeit dauern, bis sich innerhalb der demokratischen Gesellschaft ein neues Verständnis von Baukunst bildet, das A. nicht mehr nur als Manifestation großer und zudem stilgebundener Einzelwerke begreift, sondern ihr jenen Pluralismus an Ausdrucksformen zugesteht, der für andere Bereiche der Kunst längst akzeptiert wird.

In der DDR findet die Diskussion vor allem zwischen Architekten und staatlichen Auftraggebern statt. Auch hier gibt es Ansätze zu einer Kritik der A., jedoch geht diese im Unterschied zur Bundesrepublik nicht von architekturtheoretischen Postulaten und gesellschaftskritischen Ansätzen aus, sondern von kollektiven Wünschen und Bedürfnissen, formuliert von der *SED* und dekretiert als Notwendigkeiten, die durch gebaute Umwelt erfüllt und befriedigt werden sollen. Der unterschiedliche Ansatz erschwert den Dialog der Nachbarn. Die Auseinanderentwicklung ist bestimmt durch die Neubesinnung auf qualitativ hochwertiges Bauen einerseits und Hochkonjunktur im Massenwohnungsbau andererseits, durch postmodernistische Kritik am *Funktionalismus* und Forderung nach Regionalismus im Bauen hier und dort durch industrialisierte, standardisierte Typenproduktion zur Hebung des allgemeinen → *Lebensstandards*. In der Bundesrepublik herrscht ein Mangel an staatlicher Kompetenz für Bauwirtschaft und bewußte Abstinenz in baukünstlerischen Fragen, in der DDR staatliche Omnipräsenz in allen Bereichen.

IV. Die Stadt als Problem

Vor ähnlichen Problemen stehen beide Staaten bei der Erhaltung der Altbausubstanz in den Städten. Die Neubewertung der historischen Bausubstanz ist Kennzeichen dafür, daß die Aussagen zur A. überall in Deutschland vorsichtiger und bescheidener geworden sind. Die vor Jahren noch zu beobachtende Sicherheit, mit der man behauptete, in Übereinstimmung mit der historischen Entwicklung tätig zu sein, wie in der DDR, oder mittels Baupolitik Freiheit zu schaffen, wie in der Bundesrepublik, sind einer generellen Zurückhaltung gegenüber zu prononciert vorgetragenen ideologischen Begründungen gewichen.

Inzwischen gilt in der Bundesrepublik der *Internationale Stil* als bloße Zweckerfüllung, als arm an Informationen, weil ohne symbolische, semantische Bezüge, auch als belanglos, weil auswechselbar und uniform. A. müsse dagegen wieder »erlebt« werden können und das Gefühl von → *Heimat* vermitteln. Den Architekten in der DDR muß diese Argumentation bekannt vorkommen. Wird Bauen in der DDR seit E. Honecker als Sozialpolitik verstanden, so war es unter W. Ulbricht »Semiotik«. Mit dem hervorstechendsten Programm der 60er Jahre, der Rekonstruktion der Stadtzentren, sollten Zeichen für das neue Gesellschaftssystem gesetzt werden (→ *Provinz und Metropole*). »Dominante«, meist ein Hochhaus, »Magistrale«, eine Hauptstraße, und der »Zentrale Platz« bildeten darin ein »strukturbestimmendes Ensemble«. In der Innenstadt sollte der Bürger eine unverwechselbare Struktur seiner

sozialistischen Heimat wiederfinden, möglichst monumental, um die weltgeschichtliche Bedeutung des politischen Wandels in der DDR sichtbar zu erleben. Das Zentrum auch der neuen Stadt sollte nicht nur repräsentativ gestaltet sein, sondern neben Bauten für Wissenschaft, Kultur, Bildung und Verwaltung auch Einkaufsstraßen umfassen. Als eigenständiges Merkmal der A. der DDR bestehen in den Bezirkshauptstädten neben dem großflächigen Platz mit einem lokalspezifischen Monumentalbau ein untypischer, gleichwohl das tägliche Leben der Bürger zentral bestimmender Einkaufsbereich.

Es ist kennzeichnend für das Verhältnis der Bundesrepublik zur DDR, daß der Ruf nach identifizierbarer Gestaltqualität nicht vom Nachbarstaat in den 60er Jahren, sondern beispielsweise durch R. Venturi von jenseits des Atlantiks aufgenommen wurde. Nach einer Zeit großer baulicher Anstrengungen, während der u. a. das *Märkische Viertel* in Berlin (West), die Verwaltungsbauten der Frankfurter City oder die *Ruhr-Universität* in Bochum entstanden, ist zu Beginn der 80er Jahre eine Neubesinnung in der A. der Bundesrepublik festzustellen. Gefragt sind nicht mehr Masse, wie in den 60er, oder Größe, wie noch in den 70er Jahren, sondern Signifikanz; Bauwerke sollen unverkennbar und zugleich bedeutsam sein. Dies gelang bisher eher bei technischen Aufgaben wie Fernsehtürmen. Auch wurde die Maschine selbst zum ästhetischen Programm, wie beim »Vierzylinder«, dem Verwaltungsgebäude der *Bayerischen Motorenwerke* in München von K. Schwanzer (1973), oder dem *Internationalen Congress Centrum* in Berlin von U. und R. Schüler (1979).

Signifikantes Bauen meint heute nicht nur das einzelne Bauwerk, sondern ortsbezogenes, regionales Bauen, Bauen in historischer Umgebung, Bauen für → *Kinder* und alte Menschen, auch umweltbewußtes Bauen. Damit ist der A. ein mehr individualisierender und zugleich sozialer statt technisch-konstruktiver Akzent gesetzt und die Ursache für ihre heute so häufig beschworene Krise aufgedeckt. Problem ist nicht in erster Linie die A. selbst, sondern die Stadt als Lebensweise, jene Strukturen, die die äußere Erscheinungsform der Stadt am nachhaltigsten prägen. Es fehlen nicht so sehr baukünstlerische Maßstäbe als vielmehr Kenntnisse über die Wirkungen der gebauten Umwelt. Der *Congrès International d'Architecture Moderne* hatte 1933 in der *Charta von Athen* die Stadt streng nach den verschiedenen Lebensfunktionen von Wohnen, Arbeiten, Erholen und Bewegen gliedern wollen. Die Architekten in beiden deutschen Staaten haben trotz unterschiedlicher Bezugspunkte, anderer Voraussetzungen und einer anderen Nachkriegsgeschichte damit zu tun, die Stadt als wirtschaftlichste und kulturreichste Siedlungsform, als attraktiven Ort sozialen Lebens zu erhalten und zu erneuern.

M. Ackermann

Literatur
J. Jödicke, Geschichte der modernen A., Stuttgart 1958
J. Jödicke, Moderne Architekturströmungen und Tendenzen, Stuttgart 1969
G. Krenz, Städte und Stadtzentren in der DDR, Berlin (Ost) 1969
H. u. M. Bofinger, H. Klotz, J. Paul, A. in Deutschland, Stuttgart 1979
B. Flierl, Zur sozialistischen Architekturentwicklung in der DDR, hrsg. v.d. Bauakademie der DDR, Institut für Städtebau und A., Berlin (Ost) 1979

Archive

I. Historischer Überblick – II. Das Archivwesen in der DDR – III. Das Archivwesen in der Bundesrepublik Deutschland – IV. Gewandeltes Selbstverständnis

I. Historischer Überblick

A. sind Einrichtungen, die das aus der Tätigkeit von juristischen oder physischen Personen oder Personengruppen ihres Zuständigkeitsbereichs organisch erwachsene und zur dauernden Aufbewahrung bestimmte Schrift- und sonstiges Dokumentationsgut systematisch erfassen, bewerten, erschließen und für die Benutzung bereitstellen. Seit den Anfängen bürokratisch organisierter Verwaltungen sind A. Bestandteil jedes Herrschaftssystems. Sie dienen der Kontinuität des Verwaltungshandelns und der Rechtssicherung. Mit der Ausbildung der kritischen Geschichtswissenschaft im 19. Jh. wurden die A. zugleich zu Zentren der quellengestützten Forschung; Ausstellungen von Archivalien und die Veranstaltung historischer Vorträge unterstreichen ihren Charakter als kulturelle Einrichtungen.

In Deutschland verfügen die Staatsarchive der Bundesländer, die aus den Herrschaftsarchiven der Territorien des Deutschen Reichs hervorgegangen sind, und viele Stadtarchive über in Jahrhunderten gewachsene historische Quellenbestände. Aber auch kirchliche A. und eine Reihe von Adelsarchiven verwahren häufig bis ins Mittelalter zurückreichende Urkunden- und Aktenbestände. Auf zentraler Ebene errichtete das Deutsche Reich erst 1919 in Potsdam ein *Reichsarchiv*, aus dem 1936 das militärische Archivwesen ausgegliedert wurde. Vor allem die Staatsarchive waren seit dem 19. Jh. stets Zentren der Geschichtsforschung. Vielfach bestanden personelle Verflechtungen zu Historischen Kommissionen, Altertums- und Geschichtsvereinen und zu → *Universitäten*. Bei der Ausbildung der methodischen Grundlagen von Archivtheorie und -praxis erwarb sich die preußische Archivverwaltung, die

1930 ein zugleich der Ausbildung dienendes *Institut für Archivwissenschaft* eingerichtet hatte, große Verdienste.

Nach dem Zweiten Weltkrieg, in dem viele A. durch Luftangriffe und Auslagerungen starke Verluste erlitten hatten, mußte das staatliche Archivwesen, nach Auflösung Preußens auf Ebene der Länder, im Zuge der Formierung zweier deutscher Staaten auch auf zentraler Ebene neu geordnet werden. Auf Grund eines Militärbefehls vom 8. Mai 1946 wurde das *Zentralarchiv für die sowjetische Besatzungszone* in Potsdam begründet, das in die Funktionsnachfolge des ehemaligen *Reichsarchivs* eintrat. Nach Gründung der DDR in *Deutsches Zentralarchiv* umbenannt, unterstand ihm zugleich die Abteilung Merseburg mit den während des Krieges dorthin ausgelagerten historischen Archivbeständen aus dem in Berlin (West) fortbestehenden *Geheimen Staatsarchiv*, dem Zentralarchiv des ehemaligen Preußen. In den einzelnen Bundesländern wurden staatliche Archivverwaltungen eingerichtet, die den Kultusministerien oder Staatskanzleien unterstellt wurden. Die für den Standort der Landesregierungen zuständigen Staatsarchive übernahmen die Funktion von Landeshauptarchiven. Auf zentraler Ebene begann auf Grund eines Kabinettsbeschlusses der Bundesregierung vom 24. März 1950 das *Bundesarchiv* in Koblenz am 3. Juni 1952 seine Arbeit. Dessen rasche Gründung diente nicht zuletzt der Aufgabe, eine Auffangstelle für Archivgut des ehemaligen Deutschen Reichs im Gebiet der Bundesrepublik zu schaffen.

II. Das Archivwesen in der DDR

In einer Folge von drei Verordnungen (13. 7. 1950, 17. 6. 1965, 11. 3. 1976) schuf die Regierung der DDR gesetzliche Grundlagen für ein in hohem Maße zentralisiertes Archivwesen, dessen Leitung, die *Staatliche Archivverwaltung*, im *Ministerium des Innern* integriert ist. Nach sowjetischem Vorbild wurde bereits 1950 die rechtliche Kategorie des *Staatlichen Archivfonds* formuliert, die das Volkseigentum am gesamten staatlichen Archivgut begründete. Seit 1976 zählt dazu nicht nur das gesamte, bereits archivierte Schriftgut, sondern wegen seines potentiellen Archivwerts auch das noch aktuelle Registraturgut der Verwaltung.

Wichtiges Instrument der frühzeitigen Erfassung sind die Verwaltungsarchive, die auf zentraler, regionaler und lokaler Ebene eingerichtet und der fachlichen Verantwortung der Staatsarchive unterstellt wurden. Sie liefern das als Archivgut bewertete Material an die zuständigen Endarchive nach Ablauf von zwanzig Jahren auf zentraler Ebene, ansonsten nach zehn Jahren. Überlieferungen nichtstaatlicher Institutionen, wie Genossenschaften, gehen hingegen erst bei Ablieferung an ein Endarchiv in den *Staatlichen Archivfonds* ein. Für alle Teile des *Staatlichen Archivfonds* besteht eine Registrierungspflicht, unabhängig vom jeweiligen Aufbewahrungsort. Als Endarchive gelten an erster Stelle die Staatsarchive.

Das 1974 in *Zentrales Staatsarchiv* umbenannte A. in Potsdam nimmt die archivischen Funktionen für die zentralen Organe und Einrichtungen des früheren Deutschen Reiches, des ehemaligen Staates Preußen und der DDR wahr. Ausgenommen ist jedoch das militärische Archivwesen, das in der Verantwortung der Streitkräfte liegt. Die Staatsarchive sind territorial für die Organe der Bezirke zuständig, und zwar Dresden für die Bezirke Dresden und Karl-Marx-Stadt, Magdeburg für Magdeburg und Halle, Schwerin für Schwerin und Neubrandenburg, Greifswald für Rostock, Meiningen für Suhl, Rudolstadt für Gera, Weimar für Erfurt, Leipzig für den gleichnamigen Bezirk und das Staatsarchiv in Potsdam für die Bezirke Cottbus, Frankfurt/Oder und Potsdam. Für Berlin nimmt das Stadtarchiv in Berlin (Ost) die Funktion eines Staatsarchivs wahr. Daneben bestehen Kreis- und Stadtarchive, Akademie-, Universitäts- und Hochschularchive sowie A. für Literatur und Kunst als Endarchive. Unter letzteren ragen das *Goethe-* und *Schillerarchiv* in Weimar, das A. der *Akademie der Künste* und das für die gesamte Film- und Fernsehproduktion zuständige *Staatliche Filmarchiv,* beide in Berlin (Ost), hervor. Die Einrichtung weiterer Endarchive, vor allem durch Betriebe, ist der ausdrücklichen Genehmigung der *Staatlichen Archivverwaltung* im *Ministerium des Innern* vorbehalten – Ausdruck der straffen Zentralisierung des Archivwesens der DDR, aber auch einer bewußten, mit Effizienzargumenten begründeten Bemühung um eine Konzentration der Archivorganisation. Die bis 1976 selbständigen *Historischen Staatsarchive* in Altenburg, Bautzen, Freiberg, Gotha, Greiz und Oranienburg wurden zu Außenstellen der für die jeweiligen Bezirke zuständigen Staatsarchive. Unter den fortbestehenden nichtstaatlichen A. sind die Kirchenarchive und das Archivwesen der Parteien und Verbände hervorzuheben, nicht zuletzt das *Zentrale Parteiarchiv* im *Institut für Marxismus-Leninismus* beim Zentralkomitee der *SED.* Zentrale Ausbildungsstätten sind der 1950 als *Institut für Archivwissenschaft* gegründete, 1968 umgebildete Bereich Archivwissenschaft der Sektion Geschichte der *Humboldt-Universität* und die 1955 eingerichtete *Fachschule für Archivwesen* in Potsdam, die zugleich berufsbegleitende Fortbildungsaufgaben wahrnimmt. Sie ist der *Staatlichen Archivverwaltung* unterstellt, die ihrerseits seit 1950 die wichtigen »Archivmitteilungen, Zeitschrift für Theorie und Praxis des Archivwesens« herausgibt.

III. Das Archivwesen in der Bundesrepublik Deutschland

In den westlichen Besatzungszonen setzte frühzeitig die Diskussion um eine Archivgesetzgebung der Bundesländer ein, die in den ersten Jahren der Bundesrepublik jedoch auf großen Widerstand vor allem der Vertreter nichtstaatlicher A. traf. Im Vergleich zum Ausland muß das Archivrecht der Bundesrepublik noch immer als unterentwickelt angesehen werden. Tatsächlich gibt es keine der Konstituierung des staatlichen Archivwesens in der DDR vergleichbare Archivgesetzgebung. Lediglich auf dem Gebiet des Archivschutzes wurde in der Kulturgutschutz- und Denkmalschutzgesetzgebung des Bundes und einiger Länder an die A. gedacht. Als bislang einziges Land errichtete Baden-Württemberg eine Archivdirektion und legte die Gliederung seines Archivwesens mit Gesetz vom 19. November 1974 fest. Erst in jüngster Zeit (53. *Deutscher Archivtag* 1979) wurde die Notwendigkeit einer Archivgesetzgebung mit dem Verlangen nach einer Konkretisierung des Rechts der Wissenschaftsfreiheit und des Gebots der Wirtschaftlichkeit in der Verwaltung neu betont.

Der heutige organisatorische und institutionelle Bestand der staatlichen wie der kommunalen A. entspricht der kontinuierlichen Fortentwicklung historisch gewachsener Strukturen. Dies gilt am meisten für die beiden Stadtstaaten Hamburg und Bremen und für den Freistaat Bayern, während in Hessen, Baden-Württemberg, Rheinland-Pfalz, im Saarland, in Nordrhein-Westfalen, Niedersachsen und Schleswig-Holstein die vor 1945 bestehenden Staatsarchive um wenige Neugründungen ergänzt und einigen Zuständigkeitsveränderungen unterworfen wurden. In Berlin (West) wurde bereits 1948 ein Landesarchiv gegründet, während das *Geheime Staatsarchiv* in Berlin-Dahlem, seit 1962 der *Stiftung preußischer Kulturbesitz* zugeordnet, als historisches A. weiterbesteht. Zur besseren Erfassung jüngsten Verwaltungsschriftguts begannen die staatlichen A. in den 60er Jahren mit der Einrichtung von Zwischenarchiven. Auf zentraler Ebene vereinigt das *Bundesarchiv* in Koblenz zwar die Zuständigkeit für die zivilen und militärischen Organe und Einrichtungen des Bundes, vermochte die Wahrnehmung der archivischen Funktionen gegenüber dem *Auswärtigen Amt* jedoch bislang nicht durchzusetzen. Dort besteht das *Politische A.,* mit bis 1867/1871 zurückreichenden Beständen, fort. Zum *Bundesarchiv* gehören Außenstellen in Freiburg (Militärarchiv), Aachen-Kornelimünster (militärische Personalunterlagen), St. Augustin bei Bonn (Zwischenarchiv), Frankfurt a. M. (Zentrale A. vor 1867) und Rastatt (Erinnerungsstätte für die Freiheitsbewegungen in der deutschen Geschichte). Die Archivverwaltungen der Bundesländer und des Bundes arbeiten in der *Archivreferentenkonferenz* zusammen, die zu gemeinsamen Problemen Empfehlungen ausspricht.

Unabhängig von den staatlichen Archivverwaltungen wurden Parlamentsarchive bei den Landtagen und beim Bundestag eingerichtet, die zumeist gleichzeitig Dokumentationsaufgaben wahrnehmen. Unter den nichtstaatlichen A. haben sich jene der Städte und der Kirchen kontinuierlich weiterentwickelt. Eine Vermehrung und unübersehbare Leistungssteigerung zeichnet sich im Archivwesen der Wirtschaft ab. Wachsendes Gewicht charakterisiert die archivischen Einrichtungen der Stiftungen der politischen Parteien, während jene der Universitäten, Akademien und Hochschulen noch zu oft von fachfremden Kräften betreut werden. Eigene A. schufen die öffentlich-rechtlichen Rundfunkanstalten; das *Deutsche Rundfunkarchiv* in Frankfurt a. M. ist um die zentrale Dokumentation der Bestände bemüht. Unter Förderung der Bundesregierung übernahm das *Schiller-Nationalmuseum* in Marbach/Neckar die Funktion des *Deutschen Literaturarchivs*. Die archivische Sicherung der deutschen Filmproduktion (ohne Fernsehen) ist im Rahmen des 1979 gegründeten Verbundes kinemathekarischer Einrichtungen dem *Bundesarchiv-Filmarchiv* in Koblenz übertragen; dem Verbund gehören noch die *Stiftung Deutsche Kinemathek* in Berlin (West) und das *Deutsche Institut für Filmkunde* in Wiesbaden an. Zentrale archivische Ausbildungsstätten bestehen in der *Archivschule Marburg*, die zugleich Institut für Archivwissenschaft ist, und in der *Bayerischen Archivschule*. Organe des Archivwesens sind die seit 1876 von der *Generaldirektion der Staatlichen Archive Bayerns* edierte »Archivalische Zeitschrift« und »Der Archivar«, ein Mitteilungsblatt, das seit 1948 vom *Hauptstaatsarchiv Düsseldorf* betreut wird.

IV. Gewandeltes Selbstverständnis

In beiden deutschen Staaten haben die A. seit den 50er Jahren als Stätten der Sicherung primärer Quellenüberlieferung aus allen gesellschaftlichen Lebensbereichen und als Forschungsstellen für jedes historische Erkenntnisinteresse, aber auch als institutionelle Träger einer allgemein historischen wie einer zeitgeschichtlichen Bildungs- und Öffentlichkeitsarbeit an Bedeutung gewonnen. In der DDR vollzog sich diese Entwicklung im proklamierten Einklang mit der Programmatik der *SED* gemäß den in Mehrjahresplänen festgelegten Prioritäten. So standen bis 1975 die wissenschaftliche Aufbereitung der Archivbestände, bis 1980 die Auswertung des Archivgutes zur Unterstützung der Politik der *SED* und der Regierung im Vordergrund der im staatlichen Archivwesen verfolgten Pläne. In der lebhaft entwickelten Ausstellungs- und Veröffentlichungstätigkeit der A. in der Bundesrepublik

spiegelt sich die kulturelle Vielfalt des föderalistisch gegliederten Gemeinwesens. Wo in der DDR die Förderung der historischen Quellenforschung als wichtiger Beitrag zur Pflege der Tradition der Arbeiterklassen (→ *Tradition und kulturelles Erbe*) und zur »Auseinandersetzung mit dem Imperialismus« begriffen wird, entwickelten die A. in der Bundesrepublik neben der traditionell gewachsenen Funktion in der landes- und stadtgeschichtlichen Forschung ein vielfältig differenziertes, um zeitgeschichtliche Dimensionen bewußt erweitertes Selbstverständnis als kulturelle Einrichtungen. Die der gesellschaftlich-politischen Entwicklung mehrfach angepaßten gesetzlichen Grundlagen der archivischen Arbeit, die streng zentralistisch definierten Kriterien der Organisation und eine strikt effizienzorientierte, durch Rationalisierungsprogramme gesteuerte, teilweise technokratisch geprägte Fortentwicklung der archivfachlichen Methoden führten in der DDR zu einer, auch im internationalen Vergleich bemerkenswerten Präzisierung der archivwissenschaftlichen Theorie und Praxis. Dies drückt sich nicht zuletzt in der weitgehenden Normierung der archivischen Bewertungstätigkeit aus. Demgegenüber entwickelte sich das Archivwesen in der Bundesrepublik im Zeichen einer föderalistischen Dezentralisierung und einem funktional stark differenzierten Pluralismus. Ohne zentral definierte und gesteuerte Programme, Rationalisierungs- und Erneuerungsbemühungen wurden aber auch im Archivwesen der Bundesrepublik seit den 60er Jahren neue technische Verfahren, vor allem die Nutzung der elektronischen Datenverarbeitung für die archivische Leitungs- und Erschließungstätigkeit eingeführt. Auch wurden perspektivische Planungskonzepte entworfen und die frühzeitige Erfassung potentiellen Archivguts in Registraturen der öffentlichen Verwaltung aller Ebenen wie in nichtstaatlichen Verwaltungen sichergestellt. Ohne als solche konstituiert zu werden, haben die staatlichen und kommunalen A. auch hier eine faktische Mitverantwortung für die Schriftgutverwaltungen übernommen. Vielfach beteiligten sie sich an der Entwicklung neuer administrativer Informationssysteme. Kritischer Aufmerksamkeit bedürfen auch in Zukunft die Bedingungen der Benutzung archivierter Quellenbestände und dies nicht nur bei nichtstaatlichen Archiveinrichtungen.

In beiden deutschen Staaten entwickelten die Archivare ihr Selbstverständnis von dem traditionellen Bild der Hüter ihnen organisch zuwachsender Quellen fort zur Rolle in der Gegenwart aktiver Überlieferungsgestalter, die für den Nutzen künftiger Generationen Sorge tragen. Bei allen Unterschieden der Organisation und Zielvorstellungen der A. in der Bundesrepublik und der DDR führten ein wesentlich erweiterter Archivgutbegriff, die Einbeziehung nichtschriftlicher Informationsträger und in deren Folge die Komplexität der archivischen Aufgaben insgesamt zu verwandten methodischen und praktischen Verfahren bei der Wahrnehmung der archivischen Funktionen. Sowohl im Problemverständnis wie bei der wissenschaftlichen Grundlegung der praktischen archivarischen Arbeit zeichnet die Archivare in beiden deutschen Staaten nicht nur die gemeinsame Sprache aus. Vielmehr verbindet sie ein fachlicher Professionalismus, der sich nicht zuletzt bei der gemeinsamen Arbeit in internationalen Verbänden bewähren kann. Freilich ist die unverkennbare Professionalisierung der archivischen Arbeit ein in allen Industrieländern in ähnlichem Umfang zu beobachtender Prozeß. Nur eine allmähliche Überwindung der dem regelmäßigen fachlichen Austausch entgegenstehenden Barrieren kann auf längere Sicht zu einem der gemeinsamen Vergangenheit gemäßen, vertieften gegenseitigen Verständnis der Archivare in beiden deutschen Staaten führen.

F. P. Kahlenberg

Literatur

A. Brennecke, Archivkunde. Ein Beitrag zur Theorie und Geschichte des europäischen Archivwesens, hrsg. v. W. Leesch (Leipzig 1953), München-Pullach 1970
F. P. Kahlenberg, Deutsche A. in West und Ost. Zur Entwicklung des staatlichen Archivwesens seit 1945, Düsseldorf 1972
Beiträge zur Archivwissenschaft und Geschichtsforschung, hrsg. v. R. Groß und M. Kobuch, Weimar 1977
Aus der Arbeit des Bundesarchivs, hrsg. v. H. Boberach, H. Booms, Boppard 1977
Lexikon Archivverwaltung des Ministeriums des Innern der DDR, Berlin (Ost) (1976) 1977
F. Beck, 30 Jahre staatliches Archivwesen der DDR, in: Archivmitteilungen 29, 1979, S. 171–177

Aufklärung

I. Zur Geschichte der Aufklärung – II. Kultursoziologische und -theoretische Aspekte – III. Aufklärung als Kulturkritik – IV. Vergangenheitsbewältigung und Gegenwartskritik nach 1945 – V. Alltägliche Aufklärung durch das Fernsehen – VI. Staatliche Aufklärung – VII. Aufklärung als Haltung

I. Zur Geschichte der Aufklärung

A. ist, so formulierte 1897 E. Troeltsch in seinem Artikel A. (in: F. Kopitzsch, S. 245), Beginn und Grundlage der eigentlich modernen Periode der europäischen Kultur und Geschichte, eine Gesamtumwälzung der Kultur auf allen Lebensgebieten, eine immanente Erklärung der Welt aus überall gültigen Erkenntnismitteln. Eine rationale Ordnung des Lebens im Dienste allgemeingültiger praktischer Zwecke ist ihre Tendenz. Gut ein Jahrhundert zuvor, 1784, hatte I. Kant in seiner berühmten Definition A. als den Ausgang des Menschen aus seiner selbstverschuldeten Unmündigkeit bestimmt und Unmündigkeit in diesem Zusammenhang als das Unvermögen bezeichnet, sich seines Verstandes ohne Leitung eines anderen zu bedienen. In ihrer »Dialektik der A.« schrieben M. Horkheimer und Th. W. Adorno 1944, daß die A. die Welt entzaubern, die Mythen auflösen und Einbildung durch Wissen stürzen wollte.

Die A. entfaltete sich in unterschiedlicher regionaler und zeitlicher Abfolge, beginnend im 17., dann stärker dominierend im 18. und weiterwirkend im 19. Jh., von einer wissenschaftlich-literarischen Richtung über eine literarisch-publizistische Strömung zu einer nahezu alle Lebensbereiche umfassenden, praktischen, gemeinnützigen Bewegung, die für Reformen im Sinne vernünftigerer und humanerer Lebensverhältnisse eintrat. Dieser Prozeß stand im Übergang von der ständisch geprägten »alteuropäischen« zur modernen Gesellschaft, oder, in der Terminologie des historischen Materialismus, vom Feudalismus zum →*Kapitalismus,* in enger Wechselwirkung mit zwei anderen grundlegenden Wandlungen, der Entstehung der →*Freizeit* und der Herausbildung der →*Öffentlichkeit.*

Träger der A. war zunächst eine →*Avantgarde* kritischer Literaten und Gelehrter. Im Lauf des 18. Jh. erweiterte sich die Trägerschicht um Beamte in Verwaltung und Justiz, Lehrer und Geistliche, Kaufleute und Gewerbetreibende, schloß schließlich einzelne Handwerker und Bauern ein. Medien der A. waren Publizistik und →*Literatur.* Von den Freimaurerlogen über die besonders zahlreichen Lesegesellschaften und die patriotisch-gemeinnützigen Sozietäten bis hin zu gesellig-unterhaltenden Clubs, ersten Fachvereinigungen, Schüler- und Studentenvereinen und einzelnen geheimen Gesellschaften wurden verschiedene Organisationformen zu Zentren und Instrumenten der A. Es entstand ein ausgebreitetes, durch Korrespondenzen, Reisen und Freundschaften zusammengehaltenes, überregionales und internationales Kommunikationssystem. Manche reformerischen Ziele und Konzepte der A. trafen sich mit den Absichten des aufgeklärten Absolutismus, dem es freilich mehr um Effizienz und Ressourcennutzung als um A. zur Mündigkeit ging. So blieben A. und Absolutismus letztlich unvereinbar. In Deutschland wurden wesentliche aufklärerische Reformen erst unter dem Druck des revolutionären und napoleonischen Frankreich verwirklicht.

Mit der A. wurden Grundlagen der modernen Gesellschaft geschaffen und langfristige Bewußtseinswandlungen eingeleitet. An die Stelle unbesehen übernommener →*Werte und Normen* trat der

Primat der → *Kritik,* die zunehmende »Unabhängigkeit von den verbindlichen Setzungen der Kanzel, des Katheders und der Kanzleien« (E. Manheim, Die Träger der öffentlichen Meinung, Studien zur Soziologie der Öffentlichkeit, Brünn u. a. 1933, S. 118). Daß der von ihnen in Gang gebrachte Prozeß zu ihrer Zeit nur unvollkommen realisiert wurde, war den Aufklärern des 18. Jh. bewußt.

II. Kultursoziologische und -theoretische Aspekte

Ideen, Reformkonzepte und Ziele der A. wurden im 19. Jh. von liberal-demokratischen und sozialistischen Bewegungen übernommen und erweitert, so in der Arbeiterbildung, in der Vereinsbewegung, in pädagogischen Reformbestrebungen. Durch die deutsche Sonderentwicklung gegen die »Ideen von 1789«, denen die »Ideen von 1914« und später der Nationalsozialismus gegenübergestellt wurden, gerieten diese Kräfte in die Minderheit. Zwischen 1933 und 1945 verkam A. begrifflich zur Bezeichnung für → *Propaganda* und Manipulation, was sich beispielsweise in der Bezeichnung *Reichsministerium für Volksaufklärung und Propaganda* ausdrückte oder in dem Begriff »Feindaufklärung«. Grundwerte der A. wie Emanzipation, Vernunft, Kritik und Toleranz wurden diskreditiert, ihre Vertreter verfolgt und vernichtet. Das Umschlagen von A. in bloße Rationalität und die Indienstnahme für inhumane Ziele wurden dadurch in bislang ungeahnter Weise sichtbar. Die im Zweiten Weltkrieg zutage getretene Möglichkeit der Selbstvernichtung der Menschheit hat das Bewußtsein von der »Dialektik der A.«, den Gefahren einer von der Bindung an Grundwerte losgelösten Rationalität geschärft.

In der relativ folgenlosen Debatte nach 1945 über die »Deutsche Katastrophe« (F. Meinecke) wurde auch der historische Rang der A. wiederentdeckt. Doch zu einer bewußten Anknüpfung und einer umfassenden wissenschaftlichen Erforschung führten erst die Anstöße und Impulse der Reform- und Emanzipationsstrebungen in der Bundesrepublik in den 60er und 70er Jahren. In der DDR wurde der A. in der Diskussion um → *Tradition und kulturelles Erbe* von Anfang an ein hoher Rang zuerkannt. Kritische Editionen, preiswerte Werkausgaben und Neudrucke nahezu vergessener Aufklärer wurden auf den Markt gebracht. Für beachtliche Leistungen in der Forschung stehen Namen wie W. Krauss und E. Winter. Die Legitimation des eigenen Systems, nach dem die »DDR die Verkörperung der progressiven und humanistischen Traditionen des deutschen Volkes« sei (E. Engelberg, DDR – Verkörperung der progressiven und humanistischen Traditionen des deutschen Volkes, in: Beiträge zur Geschichte der Arbeiterbewegung, Jg. 21, 1979, S. 643–649), wird auch mit der vermeintlichen Verwirklichung aufklärerischer Ziele und Forderungen versucht. Ein weiterer Grund für die Wertschätzung der A. liegt in der Bedeutung ihrer Philosophie für das Denken von K. Marx und F. Engels.

III. Aufklärung als Kulturkritik

Die A. des 18. Jh. war bestimmt von der Spannweite zwischen Rationalismus und Empirismus, antimetaphysischem Skeptizismus und metaphysischen Systementwürfen, Verstandesstrenge und Empfindsamkeit (H. H. Holz, S. 42). Verbindende Elemente waren der Primat der Vernunft, die uneingeschränkte Bereitschaft zur Kritik und das Bekenntnis zum Diskurs (→ *Dialog und Gespräch*) und zur Publizität. Wer für Freiheit und Menschlichkeit eintritt, muß der Verteidigung der Menschenwürde und dem Recht auf freie Entfaltung der Persönlichkeit Vorrang vor taktischen Überlegungen einräumen. Zur A. gehören Meinungs- und Pressefreiheit (→ *Presse,* → *Grundrechte),* Diskussion von Alternativen und Verzicht auf Manipulation ebenso wie → *Erziehung* und → *Bildung.* Ziel pädagogischer Reformen ist der mündige Bürger. Dies setzt Chancengleichheit, den Abbau von Benachteiligung und Unwissenheit voraus und erfordert die Verbindung von Gesellschafts- und Bildungsreform. Nur so kann ein Dilemma schon der frühen A. überwunden werden, »das für die Pädagogik der bürgerlichen Gesellschaft kennzeichnend geblieben ist: durch Erziehung und Bildung ungerechte Ungleichheit abbauen helfen zu wollen, dies aber nicht nur nicht zu können, sondern die Entstehung und Verfestigung sozialer Schichten sogar noch zu begünstigen« (U. Herrmann, Die Pädagogik der Philanthropen, in: Klassiker der Pädagogik, 1. Bd., Von Erasmus von Rotterdam bis Herbert Spencer, hrsg. v. H. Scheuerl, München 1979, S. 158).

Zu den wichtigsten Aufgaben der A. gehört die Justiz- und Strafvollzugsreform. Ausgangspunkt aller Rechts- und Bewußtseinswandlungen sind die Menschenrechte mit ihrer Forderung nach Rechtsgleichheit, rationales, Straftat und Strafe in ein angemessenes Verhältnis setzendes, Resozialisierung anstrebendes Strafrecht, humaner Strafvollzug, Verzicht auf Folter und Todesstrafe. Die A. war, entgegen noch immer wirksamen Legenden, keine antireligiöse Bewegung (→ *Religion).* Sie richtete sich lediglich gegen kirchlichen Machtanspruch und -mißbrauch. In allen Konfessionen, die von ihr beeinflußt wurden, bewirkte sie, daß »an Stelle des religiösen Pathos, das die vorangehenden Jahrhunderte, die Jahrhunderte der Glaubenskämpfe bewegt und vorwärtsgetrieben hatte, ein reines religiöses Ethos tritt« (E. Cassirer, S. 219). Toleranz ist nicht nur ein Problem des religiösen Bereichs, sie bleibt Voraussetzung einer humanen und offenen

Gesellschaft, die sich im Umgang mit Minderheiten bewähren muß. H. Marcuse hat auf die Gefahren »einer gleichgeschalteten Gesellschaft, die sich gegen qualitative Änderung nahezu abgeriegelt hat«, hingewiesen und Erscheinungsformen der »repressiven Toleranz« beschrieben (Repressive Toleranz, in: Kritik der reinen Toleranz, hrsg. von R. P. Wolff u. a., Frankfurt a. M. 1966, S. 127) (→ *Bewußtsein*).

IV. Vergangenheitsbewältigung und Gegenwartskritik nach 1945

Trotz der unterschiedlichen gesellschaftspolitischen Konzeptionen der Alliierten war ihnen die Überzeugung gemeinsam, daß die Deutschen vor einem staatlichen Neubeginn eine Phase der »Umerziehung«, der »Säuberung vom faschistischen Ungeist« und der A. über ihre eigene Geschichte zu vollziehen hätten. Diese »Bewältigung der Vergangenheit« fand einen Höhepunkt in den *Nürnberger Prozessen* von 1945/46, wurde aber bald durch den aufbrechenden Ost-West-Konflikt abgedrängt. Die Geschichte beider Staaten zeigt, daß die Beschäftigung der Deutschen mit ihrer Vergangenheit bis heute als Prozeß der Selbstaufklärung verstanden werden muß und noch keineswegs »beendbar« ist.

Die Hinwendung zu einer bürgerlich-parlamentarischen Demokratie in den westlichen Besatzungszonen führte zur Konzeption der »sozialen Marktwirtschaft«. Tiefgehende Reformen der ökonomischen Verhältnisse fanden nicht statt. Die Verschärfung des Ost-West-Konflikts begünstigte ein Klima der Restauration. A. war weitgehend reduziert auf *know-how* und die Aneignung westlicher moderner Lebensart. Unter dem Eindruck des Systemkonflikts erscheinen A. und Fortschritt fragwürdig. »Die eine Hälfte, auf den Fortschritt ebenso eingeschworen wie die andere, lebt von der eingebildeten Rückschrittlichkeit der jeweils anderen Hälfte« (R. Koselleck, Kritik und Krise. Ein Beitrag zur Pathogenese der bürgerlichen Welt, Freiburg, München 1959, S. 99).

Andererseits ließ die Dynamik des »Wirtschaftswunders«, die Tendenz zur Nivellierung sozialer Unterschiede durch die Wohlstandsgesellschaft und die scheinbar endlose Kette wissenschaftlicher Neuerungen die Vorstellung von der umfassenden »Machbarkeit« aller sozialen und politischen Vorgänge entstehen. Der Blick ins westliche Ausland, vor allem die USA und das dortige Konzept der *great society,* hilft einen aufklärerischen Anspruch zu formulieren, der eine Politik der »inneren Reformen« in der Bundesrepublik begünstigt. R. Dahrendorfs Optimismus bezüglich einer »angewandten A.« in der Bundesrepublik begleitete eine breitere Entfaltung der Sozialwissenschaften.

Träger dieser sukzessiven Abkehr von der klerikal-konservativen Orientierung auf »abendländische« Werte waren neben der *SPD* und den Gewerkschaften vor allem intellektuell-oppositionelle Kreise. Das Ende des von *CDU* und *CSU* dominierten Staates begann mit der *Spiegel-Affäre.* Die erste große Wirtschaftskrise von 1966/67 beschleunigte den Wunsch nach politischem Wandel. Dieser Prozeß war begleitet von einer breiten A. »von unten«, die in kritischen Institutionen wie dem *Republikanischen Club,* der *Humanistischen Union* und dem *Sozialistischen Studentenbund* ihre organisierenden Zentren fand. Studentenbewegung und *Außerparlamentarische Opposition* rezipierten, anders als R. Dahrendorf meinte, westliche Demokratie in Form der oppositionellen →*Subkultur,* des *Teach in, Sit in* und *Go in.* Vertreter der liberalen Öffentlichkeit reagierten mit aufklärerischem Anspruch gegenüber der rebellierenden Jugend, suchten das Gespräch, so zum Beispiel mit dem vierbändigen Jahrbuch für »kritische A.« des *Club Voltaire,* warnten wie E. Topitsch (»Die reaktionäre Ideologie der ›studentischen Revolution‹«) vor totalitären Zügen des Protests. Keineswegs konfliktfrei war das Verhältnis der Protestierenden zur *Kritischen Theorie,* obwohl deren Schriften außerordentlich intensiv aufgenommen wurden. Ab 1969 gelang es der Regierungskoalition von *SPD* und *FDP,* unter dem Stichwort »innere Reformen« und der Parole »mehr Demokratie wagen«, große Teile der Rebellierenden zu integrieren. Sie wurde in einer Reihe von gesellschaftlichen Bereichen als »A. von oben« tätig, was besonders für die neue Ostpolitik galt, die sie zunächst gegen den Widerstand großer Teile der Bevölkerung durchsetzte.

Mit G. Wallraff gewann der Aufklärungsjournalismus Ende der 60er Jahre eine neue Qualität. Als »Arbeiter in deutschen Großbetrieben« dokumentierte G. Wallraff in seinen »Industriereportagen« eine kaum zur Kenntnis genommene Realität gesellschaftlicher »Geheimbereiche«, die der Öffentlichkeit bis dahin entzogen waren.

Bezogen auf die Phase der »antifaschistischen Umwälzung« in der Sowjetischen Besatzungszone fällt auf, daß als Ziel eine, wenn auch sozialistisch reformierte, »bürgerliche Gesellschaft« angestrebt wurde, eine »Vollendung der Revolution von 1848«, wie es im Aufruf der *KPD* vom Juni 1945 heißt. Zugleich wird dort die historische Rolle des Bürgertums durch die Behauptung widerlegt, »daß die Selbstbefreiung des Bürgertums nichts anderes sein kann als Selbstüberwindung im Bekenntnis zu der neu heraufkommenden sozialistischen Ordnung«. Folglich wurde nach Abschluß der »antifaschistisch-demokratischen« Periode der DDR der A. im »erreichten Sozialismus« keine Aktualität mehr zuerkannt. Die enge Verbindung des Aufklärungsbegriffs mit dem →*Fortschritts* zum Sozialismus zeigt sich an der Bewertung der historischen A. Zwar wird zugestanden, daß sie politischmenschliche Aufgaben gestellt habe, um deren Verwirklichung teilweise noch heute gerungen werde, doch gilt das Interesse an A. vor allem ihrer Bedeutung für die Herausbildung des wissenschaftlichen Sozialismus.

Abbau von bürgerlicher Öffentlichkeit und Aufbau einer »einheitlichen öffentlichen Meinung« kennzeichnen die Entwicklung der DDR. Wurden während der Phase der antifaschistischen Umerziehung Publikationen wie die von A. Kantorowicz herausgegebene Zeitschrift »Ost und West« als Sprachrohr divergierender Positionen gefördert oder geduldet, so verschwanden Reste pluralistischer Öffentlichkeit mit der Staatsgründung und dem Aufbau des »formierten Sozialismus«. Die Macht der *SED* zeigte sich im Dogma der »Unfehlbarkeit« der Partei und der Ausrichtung des öffentlichen Lebens auf das offizielle Modell des Sozialismus. Konnten die Unruhen des 17. Juni 1953 noch dem »Klassenfeind« angelastet werden, so wurde mit den Enthüllungen des XX. Parteitags der *KPdSU* das antiaufklärerische, autoritäre Selbstverständnis der *SED* erschüttert. N. Chruschtschows Aufklärungspolitik während der »Entstalinisierung« blieb für die DDR weitgehend folgenlos. Die Unmöglichkeit, Naturrechtsgedanken der A. mit dem Marxismus-Leninismus auf einen für die DDR produktiven Nenner zu bringen, belegen E. Blochs Schriften »Marx und die bürgerlichen Menschenrechte« (1953) und »Christian Thomasius, ein deutscher Gelehrter ohne Misere« (1953).

V. Alltägliche Aufklärung durch das Fernsehen

Das wichtigste Medium unserer Zeit, das → *Fernsehen* (→ *Massenkommunikation*), fungiert als Diskussionsforum für offene Fragen, die die tägliche Nachrichten- und Informationsflut erzeugt. In beiden Staaten bemühen sich aufklärerische Magazine um »Lebenshilfe«. Richtiges Verhalten im Straßenverkehr zeigen in der Bundesrepublik die Sendereihe »Der 7. Sinn« und in der DDR der »Verkehrskompaß«, Gesundheitsvorsorge das »Gesundheitsmagazin Praxis« und »Visite«. Rechts- und Gerichtsfragen werden in der Bundesrepublik in zum Teil unterhaltsamer Form im »Juristenstammtisch« und in der DDR in der Sendung »Der Staatsanwalt hat das Wort« behandelt. Alles, was dem »mündigen Bürger« oder der »sozialistischen Persönlichkeit« unklar ist, wird in Sendungen wie dem »*ARD*-Ratgeber« oder »Das Professorenkollegium tagt« plausibel und transparent gemacht. Neben Magazinbeiträgen gibt es im Fernsehen der Bundesrepublik zahlreiche Diskussionsrunden, die dem Zuschauer das Einnehmen eines Standpunkts ermöglichen sollen. Politiker führen hier stellvertretend für den direkten → *Dialog* das »Gespräch mit dem Bürger«, in letzter Zeit auch häufiger den »Dialog mit der Jugend«.

VI. Staatliche Aufklärung

Auch der überwachte und so unfreiwillig »aufgeklärte« Bürger ist eine Erscheinungsform in beiden deutschen Staaten. Daß beide Staaten über gegeneinander gerichtete Sicherheitsdienste verfügen, erklärt sich aus *Kaltem Krieg* und Systemkonkurrenz. Daß das *Ministerium für Staatssicherheit* und andere staatliche Organisationen der DDR »zur rechtzeitigen A. und konsequenten Verhinderung aller gegen den Sozialismus gerichteten feindlichen Pläne und Absichten« (Neues Deutschland v. 16. 2. 1974) ein verzweigtes Spitzelsystem unterhalten, entspricht dem autoritär-demokratischen Selbstverständnis des Staates DDR. Bedenklich erscheinen dagegen Formulierungen des ehemaligen Leiters des *Bundeskriminalamts,* H. Herold, von der »Polizei als gesellschaftlichem Diagnoseinstrument, von der Aufgabe, das in riesigen Mengen angehäufte Tatsachenmaterial zu allen abseitigen, abweichenden Verhaltensweisen in der Gesellschaft forschend zu durchdringen, um rationale Einsichten der Gesellschaft zur Verfügung zu stellen« (Herold gegen alle. In: Transatlantik, Nov. 1980, S. 36 ff.). In »Dr. Herolds Utopie der Repression« (H. M. Enzensberger) erscheint Datenschutz als »Wissensunterdrückung« im Sinne eines »antiaufklärerischen Verhaltens«.

VII. Aufklärung als Haltung

A. bezeichnet keine historische Epoche, sondern eine Haltung. Alle, die sich ihr verbunden meinen, müssen sich und die gegenwärtige Wirklichkeit an den Werten und Maßstäben der frühen A. messen lassen. Sie ist eine ständige Herausforderung, die Gesellschaft menschlicher zu gestalten, Freiräume zu erhalten und zu erweitern. Vernunft und Kritik sind ein Grundelement der A., Glauben und Hoffnung ein anderes. Die aufgeklärte Gesellschaft kann nur als ständiger Prozeß der sich aufklärenden und aufzuklärenden Gesellschaft verstanden werden, wenn sie nicht in Ideologie abgleiten will. Für beide Staaten bedeutet diese Forderung nicht dasselbe. Während in der DDR der Begriff der A. im Marxismus-Leninismus aufgehoben ist, mit der Konsequenz, daß »aufgeklärtes Bewußtsein« gerade darin besteht, auf die Ergebnisse bürgerlicher A. zu verzichten, zeigt sich die öffentliche Diskussion in der Bundesrepublik vor allem unter dem Aspekt der »ökologischen Krise« darüber zerstritten, was unter A. zu verstehen sei. Für die DDR könnte A. bedeuten, daß, anknüpfend an die ursprünglichen Intentionen des Marxismus, das Modell des formierten Sozialismus sich selbst infrage stellt und zu einem Prozeß der inneren Reformen und der Demokratisierung gelangt, wie dies von den oppositionellen Marxisten R. Havemann und R. Bahro zur Diskussion gestellt wurde. In der Bundesrepublik wird das Fortbestehen der A. vor allem davon abhängen, wieviel Spielraum der »A. von unten« gelassen wird, wie sie selbst imstande bleibt, ihre Bewegung, ihre Methoden und Ziele kritisch zu reflektieren, und inwieweit die herrschende Politik willens ist, »A. von oben« zu betreiben.

In »Theorie und Praxis. Sozialphilosophische Studien« (Frankfurt a. M. 1971) hat J. Habermas davon gesprochen, daß F. W. J. Schellings romantisches Wort von der Vernunft als einem geregelten Wahnsinn einen beklemmend akuten Sinn gewinne. Da die Wissenschaften, vom Wahnsinn positivistisch gereinigt, diesen nicht mehr regelten, müsse er deshalb auch der Regelung entbehren. Entsprechend sei auch die Gefahr einer ausschließlich technischen Zivilisation, die des Zusammenhangs der Theorie mit der Praxis entbehrt, deutlich zu fassen. Ihr drohe die Spaltung des Bewußtseins und die Aufspaltung der Menschheit in zwei Klassen – in Sozialingenieure und Insassen geschlossener Anstalten.

F. Kopitzsch (I–III), M. v. Engelhardt (IV–VII)

Literatur

E. Cassirer, Die Philosophie der A., Tübingen 1932
M. Horkheimer, Th. W. Adorno, Dialektik der A.; Philosophische Fragmente, Frankfurt a. M. 1971
W. Oelmüller, Was ist heute A.?, Düsseldorf 1972
H. H. Holz, A., in: Wörterbuch der Erziehung, hrsg. v. C. Wulf, München u. a. 1974, S. 40–44
A., Absolutismus und Bürgertum in Deutschland; Zwölf Aufsätze, hrsg. von F. Kopitzsch, München 1976
H. Möller, Die Interpretation der A. in der marxistisch-leninistischen Geschichtsschreibung, in: Zeitschrift für Historische Forschung, Jg. 4 (1977), S. 438–472

Ausbildung

I. Zur Trennung von Allgemeinbildung und Berufsbildung – II. Berufsausbildung in Schulen und Betrieben – III. Verstärkung der Berufserziehung

I. Zur Trennung von Allgemeinbildung und Berufsbildung

A. im weiteren Sinne bezeichnet die Vermittlung relativ eng begrenzter und spezieller Qualifikationen im Hinblick auf bestimmte Verwendungssituationen. Im engeren Sinne versteht man unter A. die Vorbereitung auf einen →*Beruf* oder auf die Übernahme einer Berufsrolle. In diesem Fall ist A. mit Berufsausbildung identisch. Das *Berufsbildungsgesetz* der Bundesrepublik von 1969 definiert A., neben der beruflichen Fortbildung und der Umschulung, nur als einen Teil des übergeordneten Bereichs der Berufsbildung. In der Praxis werden jedoch die Begriffe A., Berufsausbildung, Berufsbildung und berufliche Bildung zumeist synonym gebraucht. Auch in der DDR gibt es keinen einheitlichen Sprachgebrauch. Die A. wird dort als Teil der Spezialbildung verstanden, und man betont, daß Allgemeinbildung und Spezialbildung nicht als zwei aufeinander folgende, sondern als zeitweise parallel laufende und sich ergänzende Prozesse anzusehen sind.

Begriffs- und ideengeschichtlich gesehen ist A. der am Anfang des 19. Jh. vom Neuhumanismus geprägte Gegenbegriff zur →*Bildung*. Mit der begrifflichen Trennung von Bildung und Ausbildung wurde einerseits die Kritik am einseitig utilitaristischen, lediglich am Gedanken der Nützlichkeit orientierten Bildungsverständnis der Aufklärung zum Ausdruck gebracht. Andererseits war darin die These eingeschlossen, daß die Entfaltung aller menschlichen Kräfte zur vollen Individualität jeglicher beruflichen Ertüchtigung vorauszugehen habe. Den das 19. Jh. kennzeichnenden Gegensatz von Bildung und A. oder Allgemeinbildung und Berufsbildung haben G. Kerschensteiner, E. Spranger und A. Fischer in ihrer schon klassischen Berufsbildungstheorie aufzuheben gesucht, indem sie die Berufsbildung als eine wesentliche Stufe zur allgemeinen Menschenbildung bezeichneten. In Abkehr vom neuhumanistischen Bildungsideal wurde damit auch den berufsbezogenen Inhalten ein Bildungswert zuerkannt. Auf die pädagogische Bedeutung beruflich-praktischer und technologischer Kenntnisse hatte freilich schon K. Marx (Instruktionen, 1866; Das Kapital, 1867) hingewiesen. In seiner Nachfolge haben marxistisch-leninistische Pädagogen wie P. P. Blonskij und N. K. Krupskaja eine polytechnische Bildung für alle und die Verbindung der Schule mit der Produktion gefordert. Eine eindeutige Abgrenzung von Bildung und A. ist heute weder von den Inhalten noch von den Lernzielen her möglich.

Historisch läßt sich die Berufsausbildung in Deutschland auf zwei Wurzeln zurückführen. Erstens auf die handwerkliche Meisterlehre des Mittelalters mit ihrem Lernen durch Mittun und Nachahmen, und zweitens auf die im 17. und 18. Jh. unter dem Einfluß des Merkantilismus entstandenen Realschulen, Handelsschulen und beruflichen Fachschulen. Für die gegenwärtige Situation ist jedoch vor allem die Entwicklung im 19. Jh. bedeutsam geworden, als es unter dem Einfluß des Neuhumanismus zu einer Trennung von allgemeinbildendem und beruflichem Schul- und Ausbildungswesen kam und letzteres nicht zur pädagogischen Sphäre gerechnet wurde. Hinzu kam nach dem anfänglichen Niedergang durch Liberalismus und Gewerbefreiheit die Wiederbelebung der innerbetrieblichen Lehrlingsausbildung im letzten Drittel des 19. Jh., die sich sogar in der Industrie durchzusetzen begann. Schließlich entstanden unter dem Einfluß der Industrialisierung eine Vielzahl berufsbezogener Schulen unterschiedlichen Niveaus, für die unter anderem die 1794 gegründete Pariser *Ecole Polytechnique* das Vorbild abgab. Als entscheidend für den Fortbestand und die Weiterentwicklung des Systems der Lehrlingsausbildung sowie als ein Spezifikum der Berufsausbildung in Deutschland hat sich die Entwicklung der allgemeinen Fortbildungsschule zur beruflichen Fortbildungsschule und schließlich zur Berufsschule erwiesen. Nachdem über ihre didaktische Konzeption auf der *Reichsschulkonferenz* von 1920 weitgehend Einigkeit erzielt wurde, wurde sie durch das *Reichsberufsschulgesetz* von 1938 auch rechtlich abgesichert.

Die Entwicklung der Berufsausbildung in der Bundesrepublik ist vor allem durch die anhaltenden Auseinandersetzungen zwischen den verschiedenen wirtschaftlichen und politischen Kräften, besonders den Unternehmern und Gewerkschaften, um Einfluß und Gestaltung der A. gekennzeichnet. Diskussionsthemen bildeten die Integration von Allgemeinbildung und Berufsbildung, die Überwindung des dualen Systems zugunsten einer vollzeitschulischen A. und die öffentliche Kontrolle der Berufsausbildung. Marksteine der Entwicklung waren die Einführung der *Berufsaufbauschule* als Kern des *Zweiten Bildungsweges* durch die *Rahmenvereinbarung* von 1959, die Neueinrichtung der *Fachoberschule* als Sekundarschule neuen Typs 1969, die Aufwertung der Höheren Fachschulen zu *Fachhochschulen* 1968, die Einführung der *Stufenausbildung* und des *Berufsgrundbildungsjahres* sowie die in einzelnen Ländern errichteten *Berufsakademien*. Die Verabschiedung des *Berufsbildungsgesetzes* 1969 führte nicht nur zu einem tragfähigen Kompromiß in der bildungspolitischen Auseinandersetzung, sondern auch zu der Festlegung bestimmter Mindeststandards in der Qualität der A. und zu entsprechenden Instrumenten ihrer Durchsetzung.

In der DDR lassen sich drei Entwicklungsetappen in der Berufsausbildung erkennen. Nach einer Phase der Rekonstruktion der Berufsausbildung, verschiedenen kleinen Reformprojekten und einer lebhaften Diskussion über den Einbau der Berufsschule in die Einheitsschule erfolgte ab 1948 die einseitige Ausrichtung der gesamten Berufsausbildung an den Zielen der Volkswirtschaftspläne und ab 1952 die Einbeziehung der Ausbildungsstätten in die Produktionspläne der Betriebe. Mit der Einführung des *polytechnischen Unterrichts* ab 1958 und der Verlagerung beruflicher Inhalte in den Bil-

dungskanon der allgemeinbildenden Schule sowie durch die Professionalisierung der polytechnischen Bildung in den Jahren 1960 und 1963 erfuhr die A. einen erheblichen Funktionswandel. Die letzte umfassende Reform von 1968 kann als eine Gegenbewegung dazu angesehen werden. Sie stand unter dem Zeichen einer Verallgemeinerung und Intellektualisierung der beruflichen Bildung bei gleichzeitiger Betonung einer breiten beruflichen Grundlagenbildung. Wie sich zeigt, ist dieses Programm jedoch nicht ohne Abstriche zu realisieren.

II. Berufsausbildung in Schulen und Betrieben

Die rechtlichen Grundlagen für die Berufsausbildung in der Bundesrepublik bilden das *Berufsbildungsgesetz*, Gesetze der Bundesländer über das berufliche Schulwesen sowie die privatrechtlichen Ausbildungsverträge zwischen den Jugendlichen und den Betrieben. Es gibt also kein einheitliches Berufsbildungsrecht und keine ausschließliche Kompetenz des Bundes auf dem Gebiet der A. Der *Bundesminister für Wirtschaft* ist im Einvernehmen mit anderen Fachministern für die Anerkennung der Ausbildungsberufe und den Erlaß von Ausbildungsordnungen zuständig. Letztere werden vom *Bundesinstitut für Berufsbildung* zusammen mit den Spitzenverbänden der Wirtschaft ausgearbeitet.

Die Zahl der Ausbildungsberufe ist aus bildungs- und arbeitsmarktpolitischen Gründen von 606 im Jahr 1971 auf 452 im Jahr 1978 reduziert worden. Gleichzeitig wurden zahlreiche Berufe inhaltlich neu gestaltet und breiter profiliert. Nicht zu verwechseln sind die amtlich anerkannten Ausbildungsberufe mit den praktizierten Erwerbsberufen, von denen die Klassifizierung des *Statistischen Bundesamtes* rund 20 000 aufführt. In der Praxis besteht ein zusätzlicher Trend zur Konzentration auf relativ wenige »Mode«-Berufe: Zwei Drittel der männlichen Jugendlichen werden in zwanzig Berufen ausgebildet. Bei den weiblichen Jugendlichen sind es sogar neun Zehntel.

Die Zahl der angebotenen Ausbildungsplätze, die sich 1978 auf 48 v. H. in Industrie und Handel und 36,4 v. H. im Handwerk beliefen, ist trotz der erheblichen Steigerungen in den letzten Jahren immer noch nicht ausreichend. Der *Berufsbildungsbericht* 1981 der Bundesregierung verzeichnet einen Angebotsüberhang von 4,2 v. H., das sind 28 000 Plätze. Um jedoch die regionalen Unterschiede abzudecken, wäre laut *Ausbildungsplatzförderungsgesetz* von 1976 ein Überhang von 12,5 v. H. notwendig. Im Ausbildungsjahr 1979/80 blieben 115 000 Jugendliche im Alter von 15 bis 16 Jahren ohne Ausbildung, das sind 11 v. H. dieser Altersgruppe. Von den Hauptschülern konnten 3,9 v. H. und von den Schülern ohne Hauptschulabschluß

5,8 v. H. nicht vermittelt werden. Die größten Schwierigkeiten hatten die ausländischen Jugendlichen, von denen im Alter von 15 bis 18 Jahren nur jeder Fünfte einen Ausbildungsplatz erhielt.

Die Berufsausbildung erfolgt vor allem im Betrieb in Verbindung mit dem Besuch der Berufsschule, also bei der Lehrlingsausbildung nach dem dualen System. Sie dauert je nach Beruf zwei bis dreieinhalb Jahre und schließt mit der Facharbeiter-, Gesellen- oder einer entsprechenden Prüfung ab. Die Qualität der Ausbildung ist unter anderem von der Größe des Betriebes abhängig und somit sehr unterschiedlich. Bedenklich erscheint, daß 40 v. H. der betrieblichen A. in Kleinbetrieben bis zu neun Beschäftigten erfolgt. Die Berufsschule als Teilzeitschule soll nach dem Beschluß der *Kultusministerkonferenz* von 1975 »allgemeine und fachliche Lerninhalte unter besonderer Berücksichtigung der Anforderungen der Berufsausbildung vermitteln«. Dazu stehen pro Woche sechs bis zwölf Unterrichtsstunden zur Verfügung. Der obligatorische Schulbesuch endet mit der A. oder frühestens mit dem 18. Lebensjahr. Die inhaltliche und zeitliche Abstimmung zwischen den voneinander unabhängigen Lernorten →*Schule* und Betrieb bereitet häufig erhebliche Schwierigkeiten.

Ein Bindeglied zwischen der allgemeinbildenden Schule und der A. bildet das *Berufsgrundbildungsjahr*, das »durch eine berufsorientierte Grundbildung eine breite Grundlage für die berufliche Fachbildung schaffen, die Berufswahl erleichtern sowie eine zu frühe berufliche Spezialisierung vermeiden soll« (Stufenplan *Bund-Länder-Kommission*). Es kann in vollzeitschulischer oder kooperativer Form im Rahmen des dualen Systems in dreizehn Berufsfeldern absolviert werden. Eine Anrechnung auf die sich anschließende A. ist vorgesehen. Neben dem dualen System existiert eine verwirrende Vielfalt beruflicher Vollzeitschulen, die entweder wie die Berufsfachschulen auf eine A. im dualen System hinführen, diese wie die Fachober-, Berufsfach- oder Berufsaufbauschulen ersetzen oder ergänzen oder bereits wie die Fachschulen eine berufliche Praxis voraussetzen. Mit Ausnahme der Beruflichen Gymnasien ist eine Durchlässigkeit zum allgemeinen Bildungswesen in der Regel nicht gegeben.

In der DDR haben alle Jugendlichen nach Artikel 25 Absatz 4 der *Verfassung* »das Recht und die Pflicht, einen Beruf zu erlernen«. Tatsächlich liegt der Anteil der Jugendlichen, die keine Berufsausbildung aufnehmen, unter 1 v. H. Die rechtliche Grundlage der A. bilden der *Gemeinsame Beschluß des Politbüros der SED*, des *Ministerrates*, des *FDGB* und der *FDJ* vom 7. 12. 1976 sowie das *Gesetz über das einheitliche sozialistische Bildungssystem* von 1965 und das *Jugendgesetz* von 1974. Die Einzelregelung erfolgt auf dem Verordnungswege durch das *Staatssekretariat für Berufsbildung* und durch andere zentrale und regionale Organe. Dabei

wird das Staatssekretariat durch das ihm nachgeordnete *Zentralinstitut für Berufsbildung der DDR*, dem Zentrum und Leitinstitut für die Berufsbildungsforschung, wissenschaftlich beraten. Das wichtigste Dokument für die A. stellt die *Systematik der Ausbildungsberufe* dar, die ebenso wie *Rahmenausbildungsunterlagen* vom Staatssekretariat erlassen wird. Sie benennt die anerkannten Ausbildungsberufe, die jeweils notwendigen Schulabschlüsse und die Dauer der A. Die Zahl der Ausbildungsberufe sank durch breitere Profilierung und Konzentration von 927 im Jahre 1957 auf 316 im Jahre 1977. Darunter sind 28 Grundberufe, die eine besonders breite A. mit mehreren aufbauenden Spezialisierungen und ein hohes theoretisches Niveau aufweisen. Im Jahre 1980 hatten 85,6 v. H. der eine A. beginnenden Schüler den Abschluß der zehnten Klasse. Von ihnen lernte jeder Zweite einen Beruf in der Industrie, jeder Sechste einen Bauberuf, jeder Neunte in der Land-, Forst- und Nahrungswirtschaft und jeder Zehnte im Verkehrs-, Post- und Fernmeldewesen, im Handel und der Versorgung.

Die A. erfolgt vor allem als Lehrlingsausbildung im Betrieb und in der Berufsschule. Sie dauert zwischen eineinhalb und vier, im Durchschnitt zwei Jahre, für Abgänger aus der 8. Klasse ein Jahr länger, und schließt auch in den nichtgewerblichen Berufen mit einer Prüfung und der Verleihung des Facharbeiterbriefes ab. Dieser berechtigt zum Fachschulstudium und nach einem Vorbereitungsjahr auch zum Besuch einer Ingenieurhochschule. Zwei Drittel aller Lehrlinge besuchen Betriebsberufsschulen, ein Drittel kommunale Berufsschulen. Obwohl organisatorisch Teil der Betriebe, sind die Betriebsberufsschulen staatliche Einrichtungen, die nach den Lehrplänen des *Ministeriums für Volksbildung* unterrichten. Sie sollen theoretische und praktische A. eng verzahnen. Die kommunalen Berufsschulen unterstehen den Räten der Kreise und werden besonders von Lehrlingen der kaufmännischen und dienstleistenden Bereiche sowie des genossenschaftlichen und privaten Handwerks besucht. Lehrlinge aus Splitterberufen besuchen internatsförmige Zentralberufsschulen.

Neben der speziellen A. haben die Berufsschulen auch die Allgemeinbildung fortzusetzen. Insbesondere die Abgänger aus der 8. Klasse erhalten außer in den obligatorischen Fächern Staatsbürgerkunde, Sport und Wehrerziehung Unterricht auch in der deutschen Sprache und Literatur. Eine Besonderheit stellen die seit 1969 eingeführten beruflichen Grundlagenfächer dar. Sie sollen den allgemeinen und polytechnischen Unterricht der Oberschule in berufsspezifischer Weise fortführen und gleichzeitig das Fundament für die spätere berufliche Spezialisierung legen. Seit dem Lehrjahr 1977/78 werden alle Absolventen der zehnten Klasse in allgemeinen Grundlagenfächern unterrichtet. Verbindlich sind heute »Betriebsökonomik« und »sozialistisches Recht« sowie die drei technischen Fächer »Grundlagen der Elektronik«, »Grundlagen der Betriebs-, Meß-, Steuer- und Regelungs-Technik« und »Grundlagen der Datenverarbeitung«.

Das Verhältnis von theoretischer zu praktischer A. hat sich in den letzten Jahren deutlich zugunsten theoretischer Aspekte verschoben, es liegt im Durchschnitt der Berufe bei 30 zu 70 v. H. In zahlreichen Berufen und Betrieben werden die Lehrlinge am Arbeitsplatz oder in der Lehrwerkstatt zusätzlich unterrichtet. Der Schulunterricht erfolgt an zwei Tagen in der Woche, die praktische Ausbildung an drei Tagen im Betrieb. Eine besondere Form stellt die »Berufsausbildung mit Abitur« dar, die in 96 Ausbildungsberufen mit höheren theoretischen Ansprüchen absolviert werden kann und nach drei Jahren zur Hochschulreife führt. Die Berufsausbildung wird nach zwei Jahren mit dem Facharbeiterbrief abgeschlossen. Auf diesem Wege erhielten in den letzten zwanzig Jahren jährlich etwa 10 000 Jugendliche das Abitur. Die betriebliche A. erfolgt nach zentralen Rahmenlehrplänen vorwiegend in Lehrwerkstätten und Kabinetten. In den letzten Jahren ist aus ökonomischen und ideologischen Gründen die Notwendigkeit einer »produktionswirksamen Ausbildung« und der frühzeitigen Eingliederung der Lehrlinge in die *Produktionsbrigaden* wieder betont worden. Von allgemeiner Bedeutung ist die Mitwirkung der Lehrlinge an den Berufswettkämpfen, der *Neuererbewegung* sowie der *Messe der Meister von morgen*. Sie zielt darauf ab, die Leistungsbereitschaft, Kenntnisse und Fähigkeiten der Jugendlichen zu erhöhen und letztlich die Arbeitsproduktivität zu steigern.

Eine Brückenstellung zwischen der Lehrlingsausbildung und dem Hochschulwesen nehmen die Fachschulen ein. Unter ihnen dominieren zwei Grundformen. Fachschulen, die an eine erste A. anschließen und wie beispielsweise Ingenieurschulen zu einem anspruchsvolleren, zweiten Beruf führen, sowie Schulen, die unmittelbar an die 10. Klasse der Oberschule anschließen und unter Einbeziehung eines Praktikums zu einem Erstberuf führen, so medizinische und pädagogische Fachschulen. Im Jahre 1977 betrugen die Anteile der Fachschulstudenten im Direktstudium 61 v. H. und im Fernstudium 32 v. H. Das Abendstudium ist mit 7 v. H. fast zur Bedeutungslosigkeit herabgesunken. Die A. dauert drei bis vier Jahre und berechtigt nach Abschluß zum Hochschulstudium, was aber in der Praxis kaum ausgenutzt wird.

III. Verstärkung der Berufserziehung

Auffälligstes Kennzeichen der A. ist in beiden deutschen Staaten die ungebrochene Dominanz der Lehrlingsausbildung im dualen System, an der in der Bundesrepublik 54 v. H. und in der DDR 70 v. H. der Jugendlichen des entsprechenden Alters teilnehmen. Bemerkenswert ist das vor allem im Vergleich mit den ost- und westeuropäischen Nachbarländern, bei denen die vollzeitschulische A. vorherrscht. Während dieses gesamtdeutsche Erbe in der Bundesrepublik zeitweise heftig kritisiert wurde, gab es darüber in der DDR keine Grundsatzdiskussionen. Durch eine erhebliche Ausweitung des theoretischen Anteils der A. sowie durch die engere Verknüpfung von schulischer und betrieblicher A., insbesondere seit Einrichtung der Betriebsberufsschulen, gelang es in der DDR erfolgreicher, die negativen Seiten des dualen Systems zu überwinden. Gemeinsame Tendenzen finden sich ferner in der Konzentration der Ausbildungsberufe und der Einführung einer breiten beruflichen Grundlagenbildung bei relativ spät einsetzender Spezialisierung.

Von einer vollen Integration (→ *Bildung*) und A. oder der Allgemeinbildung und Berufsbildung kann, trotz bemerkenswerter organisatorischer und didaktischer Ansätze, beispielsweise bei der Fachoberschule und der Berufsausbildung mit Abitur, nicht gesprochen werden. Weder in der Bundesrepublik noch in der DDR werden allgemeine und berufsbezogene Inhalte generell als gleichwertig anerkannt, so daß die Bildungssysteme daher regelmäßig auch nur in Richtung Berufsausbildung durchlässig sind.

Trotz dieser Gemeinsamkeiten dürfen die gravierenden Unterschiede nicht übersehen werden. In der Bundesrepublik liegt die Entscheidung über das Angebot an Ausbildungsplätzen sowohl quantitativ wie branchenspezifisch bei den Unternehmensleitungen und wird bisher durch schulische Angebote nicht kompensiert. Daraus ergibt sich die Gefahr, daß der vermeintliche wirtschaftliche Bedarf zur entscheidenden Bestimmungsgröße wird und einem Teil der jungen Generation eine A. versagt bleibt. Dagegen gelingt es der DDR durch die Einbindung der A. in das zentrale wirtschaftliche Plansystem, jedem Jugendlichen einen Ausbildungsplatz zu sichern. Durch die direkte staatliche Einflußnahme auf die Betriebe ergibt sich für die DDR zudem die Möglichkeit, allen Jugendlichen ein international gesehen hervorragendes Ausbildungsniveau zu garantieren. Diesen Vorzügen steht allerdings eine starke gesellschaftliche Einflußnahme auf die individuelle Berufswahl gegenüber. Auch bewahrt die Berufslenkung, wie die Praxis zeigt, nicht vor späterer berufsfremder Tätigkeit oder Umschulung.

Weder in der Bundesrepublik noch in der DDR beschränkt sich der Anspruch der A. auf die Vermittlung beruflich-fachlicher Qualifikationen, sondern intendiert darüber hinaus eine Berufserziehung (→ *Erziehung*) für und durch den Beruf. In der DDR umfaßt die Berufserziehung in erster Linie die politisch-ideologische Erziehung im Sinne der *SED* gemäß dem Leitbild des »klassenbewußten Facharbeiters« und neuerdings verstärkt auch die Erziehung zur Arbeitsmoral, Leistungsbereitschaft und zur Betriebstreue. Dem steht zwar in der Bundesrepublik ein anderes Verständnis von Berufserziehung und politischer Bildung gegenüber, doch gewinnt auch hier die Vermittlung normativer und extrafunktionaler Qualifikationen, wie Arbeitstugenden und gesellschaftliche Orientierung, wieder zunehmend an Bedeutung.

H.-P. Schäfer

Literatur
A. Hegelheimer, Berufsausbildung in Deutschland, Frankfurt a. M. 1972
H. Bienert, H. Köther, H. Strobel, Handbuch der Berufsausbildung, Berlin (Ost) 1974
H.-P. Schäfer, Berufsausbildung in der DDR zwischen Ökonomie und Pädagogik, in: Berufsbildung und Beschäftigung, hrsg. v. Bundesinstitut für Berufsbildungsforschung, Hannover 1977
A. Lipsmeier, Organisation und Lernorte der Berufsausbildung, München 1978
D. Rauchfuss, Hochschulreife und Facharbeiterbrief, Wiesbaden 1979

Außenseiter

Das vorherrschende Verständnis des Begriffs A. ist deutlich von einer individualisierenden soziologischen Sichtweise geprägt, in der mit diesem Begriff Individuen einer Gruppe oder Organisation bezeichnet werden, die kontinuierlich als verbindlich geltende Normen *(→ Werte und Normen)* verletzen. Dabei wird heute immer stärker in der Tradition einer phänomenologischen Soziologie auf den Entstehungsbedingungen solcher Normverletzungen hingewiesen. A. sind demnach Individuen oder Gruppen in einer sozialen Randstellung, in die sie aufgrund bestimmter, im gesellschaftlichen Raum als abweichend klassifizierter Merkmale, Verhaltensweisen, Meinungen und Auffassungen abgedrängt wurden. Diese am Aspekt einer sozialpolitischen Problemgruppe orientierte Auffassung ist allerdings durch eine kultursoziologische und kulturgeschichtliche Betrachtung des Außenseiterproblems zu ergänzen, die A. in den Zusammenhang sozialkultureller Deutungsmuster *(→ Kulturwandel)* stellt. Die Figur des A. stellt eine besondere gesellschaftliche Irritation dar, da die Situation des A. die immer problematische Integration von »Grenzüberschreitungen« des Lebens, des Entwurfs von Gegenwelten in → *Phantasie* und gesellschaftlicher Wirklichkeit, aber auch der Identitätsverunsicherung thematisiert. Dieser Hintergrund wird noch in älteren Bezeichnungen für den A. im 18. und 19. Jh. deutlich, wie »Fremder«, »Sonderling«, aber auch

in der Figur des »Wanderers«. Vor allem lassen sich hier der A. als Träger neuer und als innovatorisch wahrgenommener und unter Umständen auch bekämpfter Deutungsformen *(→ Innovation)* und der »existentielle A.« (H. Mayer) als kulturelle Spiegelung gesellschaftlich tabuisierter und verdrängter Lebensformen im gesellschaftlichen → *Bewußtsein* unterscheiden *(→ Minderheiten)*.

Die erste Zugangsweise thematisiert die Frage, inwieweit die Durchsetzung neuer Deutungsmuster auf den Druck kultureller A. zurückgeht, die selbst auch aus anderen, im Aufstieg begriffenen Sozialschichten stammen. Als Beispiel dafür nennt der Kultursoziologe A. Hauser die aus dem Kleinbürgertum kommenden Innovatoren in Malerei und Architektur in der zweiten Hälfte des Quattrocento in Florenz (Sozialgeschichte der Kunst und Literatur, München 1953, S. 315). Ähnliche Probleme sind aus der Wissenschaftsgeschichte bekannt, wo bestimmte, nicht in vorherrschenden Wertsystemen aufgewachsene Forscher zu Initiatoren neuer Ansätze und Konzeptionen wurden. Zum Problem werden Strategien der Integration, der Domestizierung durch die herrschende Kultur wie auch die Mechanismen der Anpassung zumindest dann, wenn der A. sich auf einen Orientierungsrahmen bezieht, der beiden Wertsystemen gemeinsam ist.

Ein vergleichbares Muster dieser »Konfliktsituation und eines damit vergleichbaren strategischen Spiels« liegt dem häufig diskutierten Problem des → *Künstlers* als A. zugrunde. Diese Grenzsituation bezieht sich erst einmal auf die Identifikationsprobleme eines Künstlers mit der ihn umgebenden Kultur und Gesellschaft, als deren Korrektiv oder auch Widerpart und Alternative er sich versteht, und die aus diesem Widerspruch resultierende »Heimatlosigkeit« *(→ Entfremdung)*. Auch hier schwanken die Reaktionsformen zwischen Verehrung der vereinzelten Künstlerpersönlichkeit im Geniekult, ja sogar seiner Aufwertung als Teil einer → *Elite* und der offensiven Behauptung des Macht- und Vertretungsanspruchs der herrschenden Kultur. Das Handlungsfeld des Künstlers reicht von einem äußerlich befriedeten Umgang mit der → *Macht* über die Position eines »moralischen Gewissens«, aus der heraus er tabuisierte Tatbestände benennen darf, bis hin zur Selbststilisierung und Selbstisolation im Gegenkult.

In ganz anderer Weise stellt sich das Problem der existentiellen A. als Scheitern des Gleichheitsversprechens der → *Aufklärung* gegenüber jenen, die durch ihre »Natur« stigmatisiert waren. Alle solche A. sind durch bestimmte Merkmale von der Norm unterschieden. So galten die Frauen als von Natur aus dem Mann unterlegen, die Juden durch ihre Rasse als minderwertig, die Homosexuellen durch ihr »anomales« Empfinden, die Mißgestalteten und Geisteskranken durch ihre körperlich-psychischen Merkmale und die Wilden durch ihren niedrigen

Kulturstand als A. In den Prozessen der Ausgrenzung und der sozialen Kontrolle aller dieser zu regelrechten Mythen transformierten Gruppen spiegelt die Gesellschaft ihr verborgenes und verbotenes Selbst, ihre Ängste vor dem Sichtbarwerden der Möglichkeiten und der Vielfalt menschlicher Existenz. Dabei hat gerade die bürgerliche Gesellschaft ein reichhaltiges Repertoire an Rationalisierungs- und Abwehrformen herausgebildet, wie die Verklärung und Kolonialisierung des Fremden in der Orientbegeisterung (E. Said, Orientalism, New York 1978), die Romantisierung der Zigeuner, das Zurschaustellen und die Medikalisierung der Mißgebildeten (L. A. Fiedler, Freaks Myths and Images of the Secret Self, New York 1978), die Institutionalisierung der Geisteskranken (M. Foucault, Wahnsinn und Gesellschaft, Frankfurt a. M. 1973), die Psychiatrisierung und Vernichtung von Homosexuellen und Juden, und ein besonders differenziertes Repertoire hat die bürgerliche Gesellschaft für die Frau entwickelt, das zwischen der Hysterisierung, der Medikalisierung und der Domestizierung variiert (→*Minderheiten*).

In beiden deutschen Staaten wird die Bedeutung des Begriffs A. heute von einer soziologischen oder psychologischen Zugangsweise bestimmt, mit denen sozialpolitische und sozialtechnische Strategien im einzelnen legitimiert werden. In der Bundesrepublik hat sich die Homogenität und Komplexität des kultursoziologischen Verständnisses des A. in eine Vielzahl sozialer Problemlagen aufgelöst, die nur bestimmte Aspekte des klassischen Begriffs betreffen. Auch sind neue Problemgruppen mit Außenseiterstatus entstanden, wie die Obdachlosen und die Ausländer. Für die sozialpolitische Praxis ist es charakteristisch, daß Medikalisierung, Psychiatrisierung und Institutionalisierung für viele soziale Problemlagen weiterhin geübte Verfahrensweisen sind. Ein wichtiger Unterschied ist allerdings, daß die früher typischen Formen direkter und gewaltintensiver Kontrolle der A. heute indirekten, der Situation eher angepaßten und daher insgesamt differenzierteren Kontrollformen gewichen sind.

Im Alltagsleben der Bundesrepublik lassen sich zweifellos viele gesellschaftliche »Nischen« für A. finden, wenn sich diese sozial unauffällig und selbstbeschränkend verhalten, also auf ihre Existenz als A. nicht öffentlich aufmerksam machen. Geschieht das aber doch, sind noch immer diskriminierende und aggressive Verhaltensweisen zu beobachten. Allerdings werden in der Bundesrepublik A. vor allem in der Unterhaltungsbranche durchaus als »Entlastungsfunktionäre« (W. Lepenies) geschätzt und dann in der Regel auch über die Werbung wirtschaftlich genutzt. In dem doppelten Prozeß einer Ausnutzung der A. als Neuigkeitswert bei gleichzeitiger Nivellierung des Widerständigen in ihnen steckt eine nicht nur für die →*Kulturindustrie*, sondern auch für andere Bereiche charakteristische Auseinandersetzung mit dem Status des A. Allerdings wird zunehmend diskutiert, ob nicht in der Bundesrepublik qualitative Veränderungen der Entscheidungsstrukturen hin zu neokorporativen Formen der Interessenaushandlung zu beobachten sind, die auch langfristig bedenkliche, gesellschaftspolitische Folgewirkungen haben könnten. Vor allem würden durch solche Organisationsformen bestimmte artikulierte, aber außerhalb eines gesellschaftlichen Konsensus stehende Werthaltungen als nicht mehr verhandlungsfähig gekennzeichnet, Individuen bzw. Gruppen, die diese vertreten, ausgegrenzt, ja sogar administrativ sanktioniert und damit ein neuer gesellschaftlicher Außenseiterstatus produziert. Die fragwürdige Erscheinungsform solcher Ausgrenzung, wie willkürliche Stigmatisierung von Kritikbereitschaft oder inflatorischer Gebrauch der Bekenntnisformel von der »freiheitlich-demokratischen Grundordnung«, und deren Konsequenzen für die politische Kultur der Bundesrepublik, beispielsweise in Form einer Verstärkung politischer Apathie, sind angesichts der Kritik des Radikalenerlasses der Öffentlichkeit besonders deutlich ins Bewußtsein getreten. (→*Nonkonformismus*).

In der DDR ist eine sozialpolitische Ausrichtung des Außenseiterproblems noch weitaus offensichtlicher. Vor allem der immer präsente Druck zur Einordnung in die gesellschaftlich erwünschte Arbeits- und Leistungsdisziplin macht den A. zu einem besonderen Problemfall. So verdient die Außenseiterproblematik in der DDR auch deshalb Beachtung, »weil ein A. in der Gruppe sich nicht entsprechend entwickeln kann und weil er eine potentielle Gefahr für die Gruppe ist: Einmal läßt er den Leistungsvorteil der Gruppe nicht voll zur Entfaltung kommen, und zum anderen besteht die Gefahr, daß er verwahrlost oder zum Kriminellen wird« (H. Hiebsch, M. Vorwerg u. a., Sozialpsychologie, Berlin (Ost) 1979, S. 115). Diese Ausführungen sprechen allerdings zunächst nur für die normativen Vorstellungen der Wissenschaft, im Betriebsalltag der DDR dürfte die Übernahme einer solchen Sichtweise auch davon abhängen, welche Einstellung die Arbeitsgruppe zum Leistungsziel hat. Insoweit können sich die Fronten zwischen dem Innen und Außen einer Gruppe schnell verkehren. Gerade aufgrund solcher unberechenbarer Alltagssituationen wird der A. in der DDR immer unter der Perspektive seiner erfolgreichen oder doch zumindest möglichen Integration gesehen. Dem A. wird im Hinblick auf zentrale Werte der Gesellschafts- und Staatsorganisation die Bereitwilligkeit unterstellt, sich diesen Werten weitgehend anzupassen. Dies gilt allerdings nur bis zum Beweis des Gegenteils. Dann treten Sanktionen ein, die von drakonischen juristischen Maßnahmen bis zu einer normativen Steuerung durch die *Gesellschaftlichen Gerichte* und *Konfliktkommissionen* reichen. Gerade den hier eingeübten Ritualen der zur Schau gestellten Bußfertigkeit und dem Gelöbnis der Verhaltensbesserung im Wechsel mit den Ermahnungen der zu Gericht Sitzenden hat man eine alltäglich bedeutsame Rolle zuzumessen. Da diese Instanzen bis in die Nachbarschaftskonflikte hinein regulierend eingreifen, verschwimmen hier die Grenzen von Innen und Außen in erheblichem Umfang. Dafür hat aber die Anprangerung eine starke Stigmatisierungswirkung und mag in konkreten Fällen sogar eine zeitweilige Ausgrenzung aus der Nachbarschaft zur Folge haben.

Im Gegensatz zu diesen alltäglichen A. erfahren sich die Bürger der DDR deutlich als A., wenn sie organisierten Gruppen mit potentiellem Subkulturcharakter angehören, deren Wertesystem in Konflikt mit den gesellschaftlich vorgeschriebenen Werten geraten wie jugendliche und kirchliche Gruppen (→ *Alternativkultur*, → *Subkultur*). Gleichzeitig wird aus dem als allgemein verbindlich empfundenen Integrationsauftrag der politischen Führung heraus versucht, sichtbare Widerstandspotentiale durch sozialpflegerische Betreuung zu entschärfen. Daß dieses Gleichgewicht aber immer prekär bleibt, ist auch bei den verschiedenen Jugendkrawallen deutlich geworden. Diese sichtbaren Konflikte zeigen aber nur die gesellschaftlich bedingte Unschärfe des Außenseiterstatus an, wie er für die DDR charakteristisch scheint. Integrationsversuch und Sanktionierung als zwei Strategien der Auseinandersetzung mit A. in der DDR sind in den letzten Jahren auch im Konflikt mit der »künstlerischen Intelligenz«, vor allem mit einigen Schriftstellern deutlich geworden. Die vom Staat für das Einverständnis mit dem gesellschaftlich verbindlichen Normen- und Wertesystem angebotenen ökonomischen Vergünstigungen und weitreichenden, auch grenzüberschreitenden Kontaktmöglichkeiten führten eher zu einer erhöhten Kritikbereitschaft vieler Künstler bis hin zum erklärten Zurückweisen zentraler Wertvorstellungen. Vor allem die Veröffentlichung des Dissenses, zum Teil gezwungenermaßen über den Weg »westlicher« Medien, ist durch rigorose Parteiausschlüsse und – für die berufliche Existenz noch entscheidender – durch das Entfernen aus den Berufsverbänden geahndet worden, was notwendig auch einer gesellschaftlichen Stigmatisierung als Dissident mit allen sozialen Folgen Raum geben mußte. Es ist noch offen, ob die augenblickliche Strategie der Personalisierung, d. h. durch offiziell geduldete längere Auslandsaufenthalte der Dissidenten Kritikpotential aus dem gesellschaftlichen Raum der DDR auszulagern, eine für den Staat der DDR langfristig gangbare Form der Konfliktlösung sein kann.

H.-J. von Kondratowitz

Literatur
Institut für Strafrecht der Humboldt-Universität zu Berlin (Hrsg.), Jugendkriminalität und ihre Bekämpfung in der Sozialistischen Gesellschaft, Berlin (Ost) 1965
W. Bradter, Moral-Motiv-Verhalten, Berlin (Ost) 1976
H. Mayer, A., Frankfurt a. M. 1977
C. Wilson, The Outsider, Los Angeles, Boston ²1978

Ausstellungen

Die Geschichte der A. ist ein Teil der → *Kulturgeschichte* und der Kulturpolitik. A. sind Grenzen überschreitende Kulturdokumente und als solche jedermann zugänglich. Sie können Weltsichten aus unterschiedlichen Gesellschaftsordnungen vermitteln. Manche von ihnen spiegeln das Kulturschicksal eines Volkes wider. Allen A. ist gemeinsam, daß sie den Stempel des Flüchtigen und Vergänglichen tragen. Im 20. Jh. hat sich unter den A. eine Reihe von Spezialtypen und -formen entwickelt, gemäß den vielseitigen Bedürfnissen des modernen → *Alltags*. Zwar hat die A. mehr repräsentative und belehrende Aufgaben, ohne eine marktähnliche Veranstaltung sein zu wollen, doch nicht wenige A. sind auch Künderinnen des ökonomischen Zeitgeistes geworden. Sie tragen marktvorbereitende Züge. Zwischen → *Messe* und A. bestehen tiefgreifende Unterschiede, wenn diese auch mitunter verwischt werden. Das Charakteristikum der Messe ist das Warenangebot. Sie bleibt an ihren Veranstaltungsort gebunden und findet auch immer zu einem festen Termin statt. Die A. hingegen ist thematisch einmalig oder wechselt ständig bei gleichbleibendem Thema den Veranstaltungsort.

A. können historisierend sein und über einen gewissen Zeitabschnitt informieren. Sie können aktuelle Themen behandeln und, je nach dem Milieu des Themas, zukunftsweisend sein. Sie können aber auch einen Querschnitt durch gewisse Fachgebiete vermitteln, womit sie zur Fachausstellung werden. Fachausstellungen sind eine Erscheinung der modernen Zivilisation. Mitunter sind sie auch Mittel der Wirtschaftspolitik. Das Terrain der Fachausstellung ist noch nicht endgültig abgesteckt, denn Wissenschaft und Technik überraschen ständig mit neuen Erkenntnissen und Möglichkeiten. In der → *Technik* von morgen liegen die Chancen neuer Fachausstellungen. Dabei entwickelt sich immer deutlicher die Fachausstellung als neue Mischform von Messe und A., meist verbunden mit themenzugehörigen Kongressen. Es gibt auch verschiedene Dauerausstellungen, so die *Ständige Exportmusterschau des Handwerks* in Nürnberg. Derlei Dauerausstellungen sind in der Regel umrahmt von kulturellen und gesellschaftlichen

Veranstaltungen, die der Förderung bilateraler kultureller und wirtschaftlicher Beziehungen dienen.

Einen Markstein in der modernen Ausstellungsgeschichte bildet die 1851 in London veranstaltete *Industrie-Ausstellung aller Völker.* Mit dieser A. manifestierte sich der stürmische Aufbruch einer neuen Kulturepoche. Von da an datiert auch der Beginn einer neuen Epoche im Ausstellungswesen Deutschlands. Eine spätere Weltausstellung, die von Barcelona 1929, bildete den Auftakt zu einer völlig neuen Ausstellungstechnik. Ein Fanal war der deutsche Repräsentationspavillon, dessen Gestaltung L. M. van der Rohe oblegen hatte. Dieser Pavillon, der das Heterogene harmonisch vereinte, war richtungweisend für viele in der Weimarer Republik veranstaltete A. Die stärksten Impulse hierfür gingen von Berlin aus. 1921 wurde am Kaiserdamm in Charlottenburg die erste große Automobilhalle eingeweiht. Wenige Jahre später kam eine zweite hinzu. Beide Hallen nahmen die *Internationale Automobil- und Fahrradausstellung* auf. 1923 feierte man die Einweihung des Berliner Senders. 1924 fand dann die erste *Funkausstellung* statt. Als dritte große Veranstaltung kam 1925 die *Grüne Woche* hinzu.

Seit 1933 erfolgte eine Umwälzung und Umgestaltung der deutschen A. Jede einzelne wurde als Propagandamittel ausgebaut. München zeigte 1937 eine Ausstellung *Entartete Kunst,* die dann auch in Berlin, Düsseldorf, Hamburg, Leipzig und, nach dem Anschluß Österreichs, in Salzburg zu sehen gewesen ist. Die gegen Tradition und Konvention eingestellte moderne Kunst wurde als »artwidrig« verfemt. Die »entarteten« Künstler erhielten Ausstellungsverbot, ihre Werke wurden aus den →*Museen* entfernt und viele Bilder ins Ausland verkauft. Mehrere »Entartete« emigrierten vor oder während der A., so M. Beckmann, L. Feininger, O. Kokoschka (→*Exil*). Mit dieser A. wurde die Kultur zum Propagandainstrument (→*Propaganda*) im Dienste einer Ideologie. Eine neue Instanz wurde geschaffen, der *Werberat der deutschen Wirtschaft.* Er sollte die gesamte Wirtschaftswerbung, also auch Messen und A., betreuen. Diese wurden genehmigungspflichtig. Es sollten nur noch solche A. stattfinden, für die eine politische, kulturelle oder wirtschaftliche Notwendigkeit nachgewiesen werden konnte. Der *Werberat der deutschen Wirtschaft* befolgte den Grundsatz weniger, aber erfolgreicher A. Besonderen Anklang fanden 1938 die kulturpolitischen Gauausstellungen »Sachsen am Werk« in Dresden sowie »Bremen – Schlüssel zur Welt«, die vom *Institut für Deutsche Kultur- und Wirtschaftspropaganda* veranstaltet wurden. Bei einer Ausstellungslaufzeit von drei Wochen zählte man in Dresden über eine Mio. Besucher, in Bremen 600 000. Ein besonders nachhaltiges Werbemittel war die 1937 in Düsseldorf aufgezogene *Reichsausstellung Schaffendes Volk.* Hier gelangten in Form kulturpolitischer Lehrschauen Themen zur Darstellung, die die breite Öffentlichkeit ansprachen.

Als erste große deutsche A. nach dem Zweiten Weltkrieg präsentierte sich 1953 in München die »Deutsche Verkehrs-Ausstellung«, deren Schirmherr, Bundespräsident Th. Heuss, sie »ein Symbol des Wiederaufbauwillens« nannte. Sie wurde nach Aufbau, Form und Inhalt zu einem kulturellen Wendepunkt in der jüngsten Ausstellungsgeschichte. In Düsseldorf wurde im gleichen Jahr die A. »Alle sollen besser leben« als das deutsche Modell der sozialen Marktwirtschaft demonstriert. Eine erste »Internationale Filmkunstausstellung« fand 1958 im Münchner *Haus der Kunst* statt. Sie sollte »ein Panorama der Filmkunst von Anbeginn bis zur Gegenwart geben«. Weltweit ausgerichtet, folgte 1979 die »Internationale Verkehrsausstellung« in Hamburg. Als besonders bedeutungsvolle Nachkriegsausstellung präsentierte München aus Anlaß der Olympischen Spiele 1972 die A. »Weltkulturen und moderne Kunst«, eine Konfrontation von Europa und Asien. Weit über Deutschlands Grenzen hinaus fand seit ihrer Gründung 1955 die Kasseler *documenta* Beachtung. Einen Ausstellungstriumph verbuchte Stuttgart 1977 mit »Die Zeit der Staufer – Geschichte, Kunst, Kultur«. In der Bundesrepublik wurden auch einige Landesausstellungen veranstaltet, die bedeutendste in Baden-Württemberg 1955.

Zu den neueren Fachausstellungen, die in Kooperation des Veranstalters mit Fachverbänden durchgeführt werden und periodisch stattfinden, zählen die *Bundesgartenschau,* die Großschau der *Deutschen Landwirtschafts-Gesellschaft,* die »Internationale Gartenbau-Ausstellung« und die »Bundesfachschau für das Gaststättengewerbe«. Deren Vorgängerin war die »Internationale Kochkunst-Ausstellung«, die seit 1900 in Frankfurt a. M. heimisch gewesen war. In München entstand außerdem 1954 die »Internationale Gastronomie- und Fremdenverkehrs-Ausstellung«. An Wanderausstellungen sind noch die »Internationale Bäckerei-Fachausstellung«, die »Internationale Wäscherei-Fachausstellung«, die »Internationale Drogisten-Fachausstellung«, die »Friseurbedarfsmesse«, die »Internationale Brauerei- und Getränkemaschinen-Ausstellung« und die »Internationale Dentalschau« zu nennen. Starken Zulauf finden die Freizeitausstellungen. »Die →*Freizeit* hat Konjunktur«, wirbt die »Hamburg-Messe«. Das galt bis vor kurzem auch für die internationalen Bootsausstellungen. Die »Internationale Automobil- und Motorrad-Ausstellung« fand bis 1939 in Berlin statt und wurde nach dem Krieg in Frankfurt a. M. seßhaft als »Internationale Automobil-Ausstellung«. In Berlin (West) fand 1981 die A. »Preußen – Versuch einer Bilanz« statt, mit deren Präsentation Preußen in seinen Widersprüchen gezeigt werden sollte. Die DDR aber lehnte jede Kooperation ab. Dafür bot sie eine Dauerausstellung im *Bode-Museum,* betitelt »Aus Europas Urgeschlecht«. Zur 800-Jahr-Feier des Hauses Wittelsbach veranstaltete der Freistaat Bayern 1980 eine Großausstellung »Wittelsbach und Bayern«. Sie war dreigeteilt in München und Landshut zu sehen. Nicht nur, daß dieser A. die Geschlossenheit fehlte, befaßte sie sich fast ausschließlich mit Herzögen, Kurfürsten und Königen, kaum aber mit Land und Leuten.

In Westdeutschland sollte nach dem Zweiten Weltkrieg das Ausstellungswesen ein besonderer Zweig der Kommunalpolitik werden. Außerdem wurde 1949 der *Ausstellungs- und Messeausschuß der Deutschen Wirtschaft* gegründet, um Messe- und Ausstellungsprobleme zu lösen. Bei den A. in der DDR wurde bald schon eine autonome Zielsetzung deutlich, nämlich die Hinwendung zum Staatssozialismus. Während in der Bundesrepublik immer mehr Hausfrauen- und Verbraucherausstellungen stattfanden, konnte diese Ausstellungsspezies mit ihrem breitgefächerten Konsumgüterangebot in der DDR nicht Fuß fassen, denn hier regelt der Staat den Markt durch Planung. Hingegen bildet in der DDR wie in allen sozialistischen Ländern die Fachmesse einen relevanten Bestandteil des Wirtschaftslebens. Sie ist vorrangig bestimmt für einen begrenzten Kreis qualifizierter Fachbesucher, konzentriert sich in exklusiver Weise auf eine Branche oder Branchengruppe und demonstriert außer einem Auswahlangebot die Eigenart und Entwicklung der Branche.

In beiden deutschen Staaten gibt es etwa gleich alte Büchermessen, in Leipzig und in Frankfurt a. M. In Leipzig findet die Buchmesse seit 1945 innerhalb der *Leipziger Messe* statt.

Von besonderer Wichtigkeit sind Kunstausstellungen. Wie alle kulturellen Entwicklungen sind sie meist mit Politik verknüpft. In jüngster Zeit in der Bundesrepublik gezeigte Kunstausstellungen von Künstlern aus der DDR deuteten mehr oder weniger kritischen Sozialismus an oder boten eine Sicht des →*Alltags.*

E. Maurer

Literatur
K. Franck, A. Exhibitions, Stuttgart 1961
E. Haeberle, Erfolg auf Messen und A., Stuttgart 1967
E. Maurer, Missa profana; Geschichte und Morphologie der Messen und Fachausstellungen, Stuttgart 1973
E. Krüger, Grundlagen der Ausstellungstätigkeit technischer Museen, Berlin (Ost) 1978
H. Zebhauser, Messen und A.; Medien der Kommunikation, München 1980

Avantgarde

Der seit dem 12. Jh. belegte militärische Begriff für Vorhut wird heute gebraucht, um in Kunst und Literatur Bewegungen zu bezeichnen, denen nach ihrem eigenen Verständnis oder in den Augen der Mitwelt aufgrund ihrer Kühnheiten und Neuerungen eine Vorläuferrolle zukommt. A. will ihrer Zeit vorauseilen. Vor der Revolution von 1848 wurde der Begriff zuerst in Frankreich vor allem im Zusammenhang mit dem →*Realismus* zur Bezeichnung einer politisch und ästhetisch fortschrittlichen künstlerischen Praxis angewandt. Seitdem hat es höchst unterschiedliche Bewegungen der A. gegeben, die nur mit Vorbehalt unter einem Begriff zu fassen sind. Allgemein läßt sich A. als Versuch beschreiben, in →*bildender Kunst,* →*Musik,* →*Literatur* und Wissenschaft (→ *Wissenschaft und Forschung)* Ausdruck und Sprache für neue →*Erfahrung* zu finden. Wenn dabei das »Neue« wesentliches Wertkriterium wird, so ist dies möglich, weil zunehmend an die Stelle des bis ins 18. Jh. hinein maßgeblichen »traditionalistischen« Kunstsystems ein innovatives tritt. Da seit Mitte des 19. Jh. die kulturelle → *Elite* zur immer stärker vom Kapitalismus geprägten Gesellschaft eine oppositionelle Haltung einnimmt, strebt A. eine von den allgemein anerkannten Wertorientierungen, Sprach- und Wahrnehmungsformen abweichende Ausdrucksweise an oder möchte der Kunst gegenüber dem trivialen →*Alltag* zur autonomen Stellung verhelfen. Wenn der A. häufig unverbindlicher Rückzug ins ästhetische Abseits vorgeworfen wurde, so ist zu bedenken, daß sie der allgemeinen Verflachung und Schematisierung der Sprache und hohl gewordenen Bildungsbegriffen dadurch zu widerstehen versucht, daß sie, wie etwa der →*Formalismus,* zur »Entautomatisierung« der →*Wahrnehmung* beiträgt. Wenn dabei der in Schulen und →*Akademien* festgelegte Traditionsstand bewußt verworfen wurde, so mußte dies so lange schockierend wirken, wie in der Kunst noch weitgehend feste Normen einer schulgerechten Malerei, Kunstsprache oder musikalischen Kompositionstechnik Gültigkeit besaßen.

Im 20. Jh. sieht sich die A. in einer Situation, in welcher Schock und Provokation, das Unerwartete und radikal Neue selber zur Norm der Kunstkritik und des Kunstpublikums geworden sind, wodurch für die A. der Skandal als eines ihrer äußerlichen Merkmale entfällt. Die →*Kulturindustrie* hat ihre Integrationskraft so sehr verstärkt, daß sie tatsächlich fast nichts mehr ausschließt. Die Auffassung vom Versagen der A. trifft sie jedoch nur in dem Maß, in dem ihr die Aufhebung des Widerspruchs von Kunst und Leben mißlingen mußte. Diese Utopie war besonders in der russischen A. nach der Oktoberrevolution, wie etwa bei W. E. Meyerhold oder W. J. Tatlin, lebendig. In dieser Linie steht auch die Rede von der »Entkunstung der Kunst«, wie sie in den 60er Jahren etwa die neue Form des *Happening* kennzeichnete. Für die Einschätzung avantgardistischer Kunstproduktion ist das Scheitern dieser Anstrengungen von geringer Bedeutung. Die Wirksamkeit avantgardistischer Künstler beruht darauf, daß sie jeweils neue Bereiche der Kunst erschlossen und damit zugleich eine Kritik der herrschenden Kultur zum Ausdruck gebracht haben. In der Verbindung beider Elemente, der ästhetischen Innovation und der radikalen →*Kulturkritik,* liegt der für die A. entscheidende Maßstab. Wenn in den 70er Jahren Erfahrungsberichte, Tagebücher und, wie etwa in der Frauenliteratur, autobiographische Versuche in beiden deutschen Staaten ästhetisch höher als herkömmliche literarische Formen geschätzt werden, so haben zu dieser Entwicklung avantgardistische →*Schriftsteller* wesentlich beigetragen. Ähnlich steht es mit der Einbeziehung wissenschaftlicher, vor allem sozialwissenschaftlicher Darstellungsmethoden in literarischen Texten, die die herkömmliche Definition der Literatur als Fiktion problematisch macht.

Die Übernahme zunächst ungewohnter und als Herausforderung empfundener Kunstpraktiken erfolgt, indem der Phase der Nichtannahme durch die offizielle Kultur nach einer gewissen Zeit, deren Dauer in sich beschleunigendem Modenwechsel schrumpft, die Anerkennung und Kanonisierung folgt. In der Bildenden Kunst, die an die aufwendigen Institutionen des →*Museums* oder des Ausstellungsbetriebs gebunden ist, tritt, ebenso wie beim →*Theater,* der Oper und dem Konzert, der provozierende Charakter der A. öffentlich stärker in Erscheinung als in der Literatur mit ihrer eher privaten Wirkungsweise. Diese Kunstformen zielen sehr viel unmittelbarer auf öffentliche Wirkung, und ihre hohen finanziellen Aufwendungen lassen das breite Publikum in Ost und West empfindlich reagieren.

Unter dem Schlagwort des oft mit *Modernismus* und →*Dekadenz* austauschbaren Avantgardismus verurteilt die Kunsttheorie der DDR westliche Kunstströmungen, die ihrem Realismusanspruch nicht genügen. Diese Auffassung stützt sich im wesentlichen auf eine Einschätzung G. Lukács', derzufolge »die avantgardistische Kunst der künstlerische Ausdruck eines anarchistischen, eines nihilistischen Individualismus« sei und »die Erlebnisse, die den meisten wesentlichen Produkten des Avantgardismus zugrunde liegen, aus religiösen Bedürfnissen stammen«. (G. Lukács, Werke Bd. 12, 1963, S. 759) A. wird aber nicht nur als individueller Ausdruck des hilflos entfremdeten Menschen, sondern zugleich als ein Bestandteil der imperialistischen Kultur angesehen, die den Kunstrezipienten von den eigentlichen politischen Problemen ablenke. Bestenfalls erscheint die Hoffnung des Künstlers, die kapitalistische Gesellschaft mit seiner Produktion zu verändern, als eine Illusion. A. wird als eine Herausforderung verstanden, weil sie für sich eine Reflexion beansprucht, die gleichberechtigt neben die verbindliche Theorie der Partei treten könnte. Dementsprechend kann in der DDR, wie zahlreiche Repressalien gegen Künstler und Schriftsteller belegen, der künstlerischen A. kein Freiraum eingeräumt werden. Eine Erklärung für diese Abwehr ist sicher auch darin zu finden, daß in einer hegelianischen Tradition des Marxismus die Kunst der Wissenschaft untergeordnet wird, so wie auch dem Allgemeinen prinzipiell der Vorrang vor dem Besonderen, dem Staat Vorrang vor dem Individuum zukommt.

Die Präzeptorrolle der Partei hat auch zu einem Provinzialismus in der Kunst der DDR geführt, während etwa in Polen durchaus eine der A. zugerechnete Filmkunst möglich war. Dennoch gibt es für die Kunst- und Kulturtheorie der DDR ein der A. vergleichbares Prinzip der Erneuerung, das *Neuerertum.*

Im kunst- und kulturpolitischen Bereich gilt die dialektische Einheit von Tradition und Neuerertum als wesentliche Bestimmung der dem *Sozialistischen Realismus* verpflichteten ästhetischen Produktion. Im Vordergrund stehen nicht formale Neuerungen, sondern die künstlerische Aneignung der neuen Wirklichkeit des Sozialismus. In Abgrenzung gegen den behaupteten Bruch mit dem progressiven Gehalt humanistischer Traditionen in der westlichen Gegenwartskunst soll das Neuerertum gerade die Kontinuität zum Kulturerbe in Aufarbeitung und kritischer Auseinandersetzung wahren. Die dauernde Beziehung der Kunst auf das humanistische Erbe gibt dem kulturpolitischen Sprachgebrauch der DDR ganz allgemein einen spezifisch konservativen, antiavantgardistischen Zug. Nur um den Preis einer weitgehenden Ausschließung der eigenen A. kann in der DDR die These vertreten werden, hier erneuerten sich in harmonischer Entwicklung Kultur und Kunst im sozialistischen Sinn. Der dekretierte Epocheneinschnitt zwischen bürgerlicher und sozialistischer Gesellschaft und der dadurch festgelegte Geschichtsbegriff hinderte die DDR-Theorie bislang daran, A. anders zu sehen, denn als Phänomen im Kontext des Spätkapitalismus außerhalb ihrer eigenen Grenzen. Dies bestätigen auch die neuerdings deutlicheren Versuche in der DDR, A. differenzierter zu diskutieren: Sie können vorläufig kaum anders sein, als in der Regel um einige Jahre verspätete Berichte und Kommentare zu westlichen Kunstentwicklungen. Immerhin aber wird die Tatsache, daß marxistische Ästhetik prinzipiell den Eigenwert von Phantasiespielräumen, sinnlicher Erkenntnis und künstlerischem Experiment anerkennt, jetzt verstärkt genutzt, um westliche A. gerechter und sachkundiger zu würdigen – auch dort, wo diese in ihrem Fragmentcharakter sich dem Anspruch auf »Totalität« im Kunstwerk nicht fügt. Indessen bleibt abzuwarten, ob die vorsichtigen theoretischen Öffnungen zur Duldung auch einer A.-Kunst innerhalb der DDR führen werden. Ironischerweise fällt die Erörterung von A. seit Ende der 70er Jahre ausgerechnet mit dem Exodus vieler Künstler aus der DDR zusammen. Auch der Umstand, daß selbst einlässige Überlegungen zur A. mehr oder weniger am Realismusbegriff und der Autorität B. Brechts orientiert bleiben, zwingt zu einiger Skepsis. Eher scheint die Tendenz dahin zu gehen, einige formale Elemente westlicher A. einzugemeinden, sie aber um den kulturkritischen und politischen Anspruch zu verkürzen, der auch die Strukturen der staatskapitalistischen Länder träfe. Kaum wird die »geschlossene Gesellschaft« auf die Beachtung ihrer Normvorstellungen im Bereich der Kunst verzichten. Reglementiert aber – auch in demokratischer Absicht –, ohne die Chance fürs ästhetisch und sogar politisch Fragwürdige, vermag A. nicht zu existieren.

H.-Th. Lehmann, G. Schulz

Literatur

H. E. Holthusen, Avantgardismus und die Zukunft der modernen Kunst, München 1964
H. Olbrich, Die Veränderung der Welt – das Verhältnis von Sozialismus und künstlerischer A. Wissenschaftliche Zeitschrift der Humboldt-Universität, Gesellschaftswissenschaftliche Reihe, Berlin (Ost) 1968
Th. W. Adorno, Ästhetische Theorie, Frankfurt a. M. 1970
W. Herzfelde, Gesellschaft, Künstler und Kommunismus (1921), in: Literatur im Klassenkampf – zur proletarisch-revolutionären Literaturtheorie 1919–1923, hrsg. v. W. Fähnders, M. Rector, München 1971
P. Bürger, Theorie der A., Frankfurt a. M. 1974
W. M. Lüdke (Hrsg.), Theorie der A. – Antworten auf Peter Bürgers Bestimmung von Kunst und bürgerlicher Gesellschaft, Frankfurt a. M. 1976
K. Barck, D. Schlenstedt (Hrsg.), Künstlerische A. Annäherungen an ein unabgeschlossenes Kapitel, Berlin (Ost) 1979

Bedürfnis

I. Bedarf und Bedürfnis – II. Bedürfnisorientierung als gesellschaftspolitisches Programm – III. Reaktion beider deutscher Staaten auf Kulturbedürfnisse – IV. Kulturbedürfnisse im Systemvergleich

I. Bedarf und Bedürfnis

Begriffsgeschichtlich erscheint B. als eine Schlüsselformel im Selbstverständnis der sozialen und politischen Bewegungen des europäischen Revolutionszeitalters. Sah die bürgerliche Aufklärung die Vernünftigkeit des »Systems der Bedürfnisse« (G. W. F. Hegel) durch die Freiheit des Marktes gegeben, so richtete sich sozialistische System- und Ideologiekritik gegen diese ökonomische Verkürzung des Bedürfnisbegriffs, wobei die Einlösung der in der menschlichen Gattung angelegten »Lebensbedürfnisse« (K. Marx) durch eine planvolle Organisation der gesellschaftlichen Produktions- und Reproduktionsverhältnisse durchgesetzt werden sollte. In der Begriffsgeschichte des Wortfeldes B. manifestiert sich zugleich die Spannung zweier prinzipiell unterscheidbarer Bedeutungen: die als »Bedarf« objektivierbare Nachfrage nach Gütern und Leistungen und der als subjektives B. bewußte Antrieb zu Handlungen und Entwicklungen. Im englischen Sprachgebrauch spiegelt sich dies in der Unterscheidung von *needs* und *wants*, wobei wir die Bedeutung von *needs* etwa im Sinne von »menschliche und gesellschaftliche Grundbedürfnisse« umschreiben können, während *wants* eher im Sinne des in konkreten Wünschen und Nachfragen darstellbaren »Bedarfs« zu übersetzen ist. Im Selbstverständnis der bürgerlichen Gesellschaft waren die Kategorien »Bedarf« und B. auf den ökonomischen Prozeß von Produktion und Konsumtion bezogen, womit das marktwirtschaftliche »Interesse« nun auf die Bedürfnisnatur des Menschen bezogen und somit anthropologisch qualifiziert und legitimiert werden sollte.

Die mit dem Bedürfnisbegriff beanspruchte »Natürlichkeit« und »Menschlichkeit« des Wirtschaftslebens wurde zugleich jedoch zum Bezugspunkt einer ideologiekritischen Dialektik. Der mit dem Bedürfnisbegriff angemeldete Anspruch auf eine anthropologische Legitimation von B. gab Grund zu der kritischen Frage, ob denn nicht gerade die Warenform einer tauschwertorientierten Bedarfsdeckung die natürlichen B. des Menschen und der Gesellschaft verfehlen müsse. So wurde bereits für den jungen K. Marx der kritisch gewendete Begriff des menschlichen B. zur Problemformel seiner Kritik der ökonomischen Wertlehre und zugleich zur Programmformel einer fortschreitenden »Entwicklungsgeschichte« menschlicher Bedürfnisentfaltung.

K. Marx hat diese kritische Verbindung zwischen der anthropologischen Kategorie des B. und der ökonomischen Kategorie des »Reichtums« dann zum Schlüssel seiner »Kritik der politischen Ökonomie« gemacht. So beginnt das »Kapital« mit einer kritischen Analyse der Verdinglichung menschlicher B. zur Warenform: »Reichtum von Gesellschaften, in welchen die kapitalistische Produktionsweise herrscht, erscheint als eine ungeheure Warensammlung« (K. Marx, in: Marx-Engels-Werke, Bd. 23, S. 49). Eine bedürfnistheoretische Kritik gesellschaftlichen »Reichtums« gewinnt jedoch kritisches Potential nicht nur für aktuelle Grenzen und Krisen des Wachstums der marktwirtschaftlichen Konsumgesellschaft; auch im Kontext einer »Kritik des real existierenden Sozialismus« (R. Bahro, 1977) erscheinen Spannungen zwischen planmäßig fixierten »Bedarfen« und den verzerrten und verstellten menschlichen und gesellschaftlichen B. als Anstoß der Frage nach Alternativen. »Bedarf« erscheint dabei als die marktförmig oder auch planmäßig kalkulierte und kanalisierte Nachfrage nach vorgehaltenen Angeboten kommerzieller Güter und öffentlichen Leistungen, während die Kategorie des B., die schon rein syntaktisch weniger auf Dingworte als auf Tätigkeitsworte bezogen ist, die subjektiv bzw. kollektiv bewußte Willens- und Antriebsrichtung personaler wie sozialer Handlungen, Entwicklungen und Verwirklichungen anzeigen will. Dabei bezieht sich die Kategorie des B. gerade auch auf Entwicklungs- und Lernprozesse der Realisation nichtmaterieller Werte (→ *Bildung*, → *Kultur*, → *Lebensstil*).

II. Bedürfnisorientierung als gesellschaftspolitisches Programm

Wenn heute Bedürfnisorientierung als Programm und Problemformel aktiver Gesellschaftspolitik in Sozialpolitik, Bildungspolitik, Kulturpolitik praktische Bedeutung gewinnt, ist damit ein strategischer Führungswechsel bezeichnet, insofern politisch-administrative Steuerung nun explizit auf die Wert- und Bedürfnisdynamik sozialer Lebenslagen bezogen ist (→ *Kulturwandel*, → *Werte und Normen*). Bei unterschiedlichen Gesellschaftssystemen kann dieser Bezug zwischen sozialem Bedürfnis und politischer Steuerung jedoch auf unterschiedlichen Wegen und über unterschiedliche Medien realisiert werden. Um den verfügenden, bevormundenden und somit entmündigenden Konsequenzen einer Vermarktung und Verplanung von B. zu entgehen, wurde insbesondere versucht, die Bedürfnisorientierung politischer Verwaltung über partizipative und kommunikative Prozesse an die Beteiligten und Betroffenen rückzubinden. In aktuellen kulturpolitischen Auseinandersetzungen bedeutet die Forderung nach »Bedürfnisorientierung«, daß sich Kulturpolitik an kulturellen Ansprüchen, Wünschen, Einstellungen, Werthaltungen, Präferenzen, Motiven usw. orientieren soll. Eine verstärkte Beachtung von Handlungsbereitschaften zu aktiver Initiative und produktiver Partizipation hat in einer »bedürfnisorientierten« Kulturpolitik einen Perspektivenwechsel zugunsten des »subjektiven Faktors« eingeleitet, dies allerdings mit unterschiedlicher Akzentuierung in Ost und West.

In kontroversen Perspektiven wissenschaftlicher Befürnisforschung erscheinen menschliche B. von biologischen, aber auch sozialen, kulturellen und ökonomischen Fakten abhängig. Darauf beziehen sich Forschungsorientierungen unterschiedlicher

Disziplinen, wie etwa von Soziologie, Wirtschaftswissenschaften, Anthropologie, Psychologie. Ansätze einer differenzierenden Betrachtung ergeben sich aus den teils anthropologisch, teils entwicklungsgeschichtlich orientierten Bedürfnistheorien. So unterscheidet A. H. Maslow (1954) bedürfnistheoretisch zwischen physiologischen B., Sicherheitsbedürfnissen, B. nach Zugehörigkeit und Liebe, B. nach Achtung und schließlich dem B. nach Selbstverwirklichung. A. Toffler (1980) unterscheidet zwischen dem Verlangen nach Gemeinschaft (*community*), nach Struktur (*structure*) und nach Sinn (*meaning*). In solchen Konzepten markieren speziell die kulturellen B. das evolutionäre Niveau hoch entwickelter Reflexivität und Komplexität.

III. Reaktion beider deutscher Staaten auf Kulturbedürfnisse

Die Bestimmung von Kulturbedürfnissen ist in hohem Maße von dem jeweils zugrundeliegenden, mehr oder weniger weiten Kulturbegriff abhängig. Zu den Kulturbedürfnissen werden daher von Fall zu Fall eine Vielzahl unterschiedlicher Bedürfnisarten gezählt: Freizeitbedürfnisse, das B. nach Arbeit (K. Marx), geistige B., Sinnbedürfnisse, ästhetische B., Kunstbedürfnisse, Unterhaltungsbedürfnisse, Wohnbedürfnisse, usw., teilweise auch die kulturell überformten Grundbedürfnisse wie Essen, Sexualität usw. Unterschiede in der Bestimmung von Kulturbedürfnissen sind gerade auch auf weltanschaulich-politische Differenzen zurückzuführen, so etwa auf eine unterschiedliche Einschätzung der Rolle von menschlicher Arbeit, Kommunikation, individuellem Handeln usw. für die konkrete Ausformung von Kulturbedürfnissen: An Problemen der Förderung, Steuerung und Entwicklung von Kulturbedürfnissen kann insofern auch die politische Relevanz der jeweils handlungsleitenden Bedürfniskonzepte in Bundesrepublik und DDR deutlich werden.

In der Bundesrepublik gibt es zwar eine Vielzahl von Ansätzen zur Bedürfnisforschung, aber kaum Forschungen zum Problem der Kulturbedürfnisse (vgl. K. Fohrbeck, A. J. Wiesand 1980). Der Begriff Kulturbedürfnisse wurde konzeptionell insbesondere mit dem seit Ende der 60er Jahre erkennbaren Programmen einer »neuen« Kulturpolitik, wie sie der *Deutsche Städtetag* oder die *Kulturpolitische Gesellschaft* propagierten, wichtig: In Programmformeln wie »Kultur für alle«, »Kultur mit allen«, »Kultur des Alltags« geht es nicht nur um eine demokratische Öffnung des Kulturbereichs für neue Zielgruppen, sondern auch um eine Erweiterung des Kulturbegriffs, d. h. die Einbeziehung der gesamten »Alltagskultur«, wie Wohnen, Kleidung, Spielen, Freizeit usw. Begrifflich sind Kulturbedürfnisse in diesem Kontext weniger auf biologisch festgestellte Eigenschaften der menschlichen Natur oder auf ökonomische Notwendigkeiten begründet, sondern, speziell in einer gesellschaftskritischen, genuin geistes- und kulturwissenschaftlichen Sicht, auf Verständigungs- und Lernprozesse »kommunikativen Handelns« (J. Habermas) bezogen *(→Alltag, → Wohnen, →Freizeit)*.

Der Ausgang von Kulturbedürfnissen als Produkten kultureller Ausformung, sozialer Verständigung, politischer Verhandlung führt insofern zu einem »offenen« Bedürfnisbegriff und dadurch zur politischen Anerkennung und Aufwertung des subjektiven Faktors gesellschaftlicher Entwicklung. Demgegenüber wird die Spannung zwischen Arbeitswelt und kulturellen B. im Rahmen einer klassentheoretischen Kultur- und Freizeitforschung (z. B. IMSF (Hrsg.), Kulturelle B. der Arbeiterklasse, München 1978) besonders betont. Die Auswirkungen ökonomischer Entwicklungen auf den Wertwandel im Verhältnis Arbeit-Kultur-Freizeit zeigen sich aber auch im Ergebnis empirischer Zeitreihenstudien der Meinungs- und Einstellungsforschung (zum Ansatz einer »interdisziplinären empirischen Wertforschung« vgl. P. Kmieciak 1976).

In der Bundesrepublik erscheinen Kulturbedürfnisse in engem Zusammenhang mit sehr unterschiedlichen, teilweise auch im Widerspruch zueinander stehenden gesellschaftlichen Kräften; zu verweisen ist hier auf Zielsysteme staatlicher Kultur- und Bildungspolitik, auf die bedarfsorientierten Strategien des Marktes, speziell auch der Kulturindustrie, und auf eine Vielzahl experimenteller Entwicklungen in Öffentlichkeit und privaten Bereichen. Dabei ist die ökonomische Dynamik der Konsumgesellschaft von besonderer Bedeutung: Bedarfsweckung und Bedarfssteigerung durch Marketingstrategien findet sich nicht nur im kommerziellen Bereich von Kultur- und Unterhaltungsindustrie, sie wirkt sich teilweise auch auf die Vermittlung »öffentlicher Güter« und Leistungen aus. Staatliche und kommunale Kulturpolitik ist allerdings – insbesondere bei sich verknappenden Kulturhaushalten – eher auf reaktive und kompensatorische Strategien bzw. auf kulturpolitisches Krisenmanagement angewiesen. Im Rahmen mittelfristiger Kulturentwicklungsplanung, wie sie z. B. von der *Kulturpolitischen Gesellschaft* vertreten wird, entwickeln sich in der Bundesrepublik zunehmend eher solche Projekte, die sich auf Artikulation und Animation von Kulturbedürfnissen im situativen Kontext vom »sozialer Aktion« und »lokaler Szene« beziehen. So wird etwa besonders herausgearbeitet, daß sich Kulturbedürfnisse gerade auch im Zuge aktiver Partizipation und Realisation, also im Verlauf selbstgesteuerten »sozio-kulturellen Lernens« entwickeln, und daß folglich derartige Prozesse in kulturpolitische Maßnahmen und Programme einzubeziehen sind. Praktisch bedeutet dies die Anerkennung eines »kulturellen Pluralis-

mus unterschiedlich gelagerter Sub- oder besserer Situationskulturen« (E. Pankoke, in: H. Klages, P. Kmieciak, 1979, S. 683).

Die Begriffsbestimmung der Kulturbedürfnisse erfolgt in der DDR auf der Grundlage des Marxismus-Leninismus. Hier werden Kulturbedürfnisse wie B. überhaupt wesentlich unter dem Vorzeichen der in der Klassengesellschaft entstandenen Ungleichheit und der diesbezüglich in einer egalitären Gesellschaft zu erreichenden niveaumäßigen Angleichung, vor allem also unter dem Aspekt ihrer Geschichtlichkeit und Wandelbarkeit gesehen; sie gelten insofern nicht als unabhängig, sondern als sekundär, und sind von den jeweiligen Erfordernissen der Tätigkeit abgeleitet. Als Kulturbedürfnisse werden in diesem Zusammenhang jene B. bezeichnet, die ihrer Ausrichtung und ihrer faktischen Wirkung nach nicht bloß einen Status quo reproduzieren, sondern die gesellschaftliche Entwicklung – und damit auch die Bedürfnisentwicklung selbst – vorwärtstreiben, wobei nach K. Marx die höchste Entwicklungsform dann erreicht ist, wenn in einer künftigen kommunistischen Gesellschaft die Arbeit »das erste Lebensbedürfnis« wird. Dementsprechend werden Kulturbedürfnisse in der DDR definiert als »all jene B., durch deren Befriedigung die sozialistische Persönlichkeitsentwicklung aller Angehörigen der sozialistischen Gesellschaft und die Ausbildung der sozialistischen Lebensweise tatsächlich bewirkt wird« (Kulturpolitisches Wörterbuch, Berlin (Ost), ²1978, S. 375). In der DDR ist dieses Programm unlösbar verbunden mit der Politik der *SED*.

Von der zentralen und umfassenden Steuerung des öffentlichen Lebens in der DDR sind auch die Kulturbedürfnisse betroffen: Sie sind Forschungsgegenstand wie Bezugspunkt einer gezielten Bedürfnissozialisation auf unterschiedlichen politischen Ebenen und in vielschichtigen institutionellen Verflechtungen. Im Rahmen einer »Planung kultureller Prozesse« wird die Erfassung des subjektiven Erlebens in der Bevölkerung bewußt in Spannung zu »objektiven kulturellen Erfordernissen« und »kulturellen Möglichkeiten« (E. John 1978) gesehen und an diesbezüglichen Wertkriterien gemessen: »Sozialistische Kulturbedürfnisse, die den genannten Wertkriterien entsprechen, müssen entwickelt und befriedigt, ihnen entgegengesetzte hingegen zurückgedrängt und überwunden werden« (E. John, S. 168). Ergänzend hierzu sind in der letzten Zeit auch Tendenzen zu einer stärkeren Beachtung und Gewichtung von Marktprozessen (etwa in der Kooperation von Kultur- und Wirtschaftswissenschaftlern) und gewisse Ansätze zu »offenen Formen« der Kulturarbeit, zu »kultureller Selbsterziehung« im Rahmen der »unmittelbar eigenen kulturschöpferischen Aktivitäten der Werktätigen« auszumachen, am deutlichsten in der Bewegung *Freizeit, Kunst und Lebensfreude* (E. John, S. 82). Dies bedeutet kulturpolitisch die Aufwertung situativer Bedürfnisartikulation in empirisch orientierter Bedarfsplannung. Bezogen auf die Kulturbedürfnisse, wird jedoch weiterhin mit einer langfristigen historischen Perspektive gerechnet. Unter einem – im weitesten Sinne – bildungspolitischen Aspekt, hat ein konsequentes Einbeziehen der Kulturbedürfnisse im Bereich →*Arbeitskultur* bzw. Kultur im Betrieb, eine besondere Bedeutung gewonnen; vor allem seit dem VIII. Parteitag der *SED* (1971). Abweichend von früheren Anschauungen wurde hier der »real existierende Sozialismus« neu bestimmt als erstes, vorbereitendes Stadium des →*Kommunismus*.

Persönlichkeitstheoretisch gesehen gehört die Entfaltung einer Vielzahl von Kulturbedürfnissen zu den wesentlichen dispositionellen Eigenschaften einer »allseitig entwickelten sozialistischen Persönlichkeit«. Dies begründet den Anspruch – bewußt auch mit Blick auf die Erreichung eines diesbezüglichen »Weltniveaus« – seither auf eine größere kulturelle Vielfalt und insofern eine »weitere Erhöhung des kulturellen Lebensniveaus« (VDDR, Art. 2 Abs. 1) hinzuarbeiten.

IV. Kulturbedürfnisse im Systemvergleich

Begrifflich werden Kulturbedürfnisse in der Bundesrepublik und in der DDR tendenziell unterschiedlich gefaßt, obwohl sich durch Rückgriff auf jeweils grundlegende sozio-kulturelle Konzeptionen von Kulturbedürfnissen auch Vergleichbarkeiten ergeben. In der Bundesrepublik werden Kulturbedürfnisse in oft kritischem Bezug auf Bedarfsmuster von →*Konsum* und →*Freizeit* den Zwängen moderner Vergesellschaftung entgegengesetzt, während in der DDR die Definition von Kulturbedürfnis eher auf gesellschaftliche Produktivitätsentfaltung zielt, gerade auch in Verbindung zur Arbeitswelt (→*Arbeitskultur*). B. in diesem Bereich werden demgegenüber in der Bundesrepublik nicht als Kulturbedürfnisse gefaßt und insofern auch in anderen institutionellen Kontexten thematisiert (»Humanisierung des Arbeitslebens«. Die gesellschaftliche Steuerung von Kulturbedürfnissen ist in der DDR tendenziell weniger durch Bezug auf besondere Erwartungen und Bewertungen konkreter Individuen und Situationsgruppen als durch langfristige Planungsperspektiven mit einer Zielsetzung in Richtung auf den »sozialistischen Menschen« bestimmt, während dies in der Bundesrepublik eher über Marktprozesse erfolgt und zu einer Pluralität nebeneinander verlaufender, konkurrierender Entwicklungen führt.

Resultat politischer Steuerung von Kulturbedürfnissen in Bundesrepublik und DDR sind jeweils unterschiedliche Tendenzen einmal auf der Ebene dispositioneller Persönlichkeitseigenschaften und weiterhin auf der Ebene der einzelnen Kulturbedürfnisse bzw. deren spezifischer inhaltlicher Ausprägung. So könnte die in der DDR zu beobachtende, zunehmende Bedeutung »privater« Kulturaktivitäten wie Fernsehen, Lesen, Hobby (A. Hanke, Freizeit in der DDR, Berlin (Ost) 1979) einerseits als Anwachsen primär bildungsbezogener Kulturbedürfnisse, aber auch als Rückzug aus dem öffentlichen Kulturleben gedeutet werden. In der Bundesrepublik dagegen führt die Dynamik offener Kultur-, Freizeit- und Unterhaltungsangebote eher dazu, daß sich auf dem Markt gerade die Angebote mit hohem Reiz-, Prestige- und Aktionswert durchsetzen. Zu verweisen ist hierbei aber auch auf das Entstehen exklusiver bzw. »alternativer« Felder von hoher kultureller Expressivität und Exzentrik. Probleme entstehen in der DDR somit eher infolge einer tendenziell knappen Bemessung von Ressourcen und der teilweisen Übersteuerung zentralistischer Planung, in der Bundesrepublik durch Orientierungsverlust und Identitätskrisen angesichts einer kaum mehr steuerbaren Überreizung durch den »Überfluss« der Angebote.

Kulturpolitisch gewinnen demgegenüber heute solche Konzepte an Interesse, die sich jeweils bewußt als Kritik und Korrektiv zur Vermarktung wie Verplanung verstehen und auf die Dynamik selbstgesteuerter soziokultureller Lernprozesse, auf das wechselseitige Aushandeln (*cultural bargaining*) von B. und Ansprüchen zielen. Ganz anders gelagert als die klassischen Kontroversen um Plan und Markt orientieren sich die aktuellen Ansätze einer Systemkritik industriegesellschaftlichen Wachstums. Hierbei werden die sich krisenhaft verschärfenden Störungen eines »ökologischen Gleichgewichts« und einer »anthropologischen Balance« (J. Habermas) unabhängig vom herrschenden systempolitischen Kurs auf die Logik industriegesellschaftlicher Expansion zurückgeführt. Während im Westen eine Alternative insbesondere über eine »Selbstbegrenzung« (I. Illich, Selbstbegrenzung, Reinbek 1980) im Sinne einer bewußten Rücknahme des Organisations- und Komplexitätsgrades gesellschaftlicher Funktionssysteme, wie Industrie, aber auch Bildung und Gesundheit, gesucht wird, wird in Hinblick auf das auch von sozialistischer Gesellschaftsplanung angestrebte industrielle »Weltniveau« eine Entwicklungsperspektive ausgewiesen, welche über die »Grenzen des Wachstums« gerade dadurch hinausführen soll, daß auf eine nicht verdinglichte Bedürfnisnatur des Menschen zurückgegriffen wird.

In solchen und ähnlichen Positionen gewinnt der Begriff des B. dann aufs neue strategischen Stellenwert, insofern er gerade die mit dem industriellen Wachstum einhergehende Steigerung der Arbeitsproduktivität transzendieren soll. Die dabei projektierten Perspektiven einer »nachindustriellen Gesellschaft« (D. Bell) bzw. eines »ökologischen

Humanismus« (R. Bahro) werden in ihrer Legitimität allerdings auch danach einzuschätzen sein, ob die Entwicklung allein durch planmäßig verordnete, »wahre« B. systemintegrativ festgeschrieben wird, oder ob gerade die programmatische Aufwertung des Bedürfnisbegriffs zum Kriterium demokratischer Verfahren wird, über denen sich auch solche »nachindustriellen« B. im Rahmen von »offener Gesellschaft« (K. Popper) und *Active Society* (A. Etzioni) frei entfalten können: »So wird eine Gesellschaft umso weniger entfremdend sein, je mehr ihre Struktur die Befriedigung der Grundbedürfnisse ihrer Mitglieder gestattet. Es ist die Beteiligung der Mitglieder an den gesellschaftlichen Prozessen, die die Offenheit der Struktur für die Befriedigung der Grundbedürfnisse sichert. Letzten Endes vermag keine Gesellschaft die B. ihrer Mitglieder zu erkennen und sich auf sie einzustellen, ohne daß die Mitglieder selbst an der Gestaltung und Veränderung ihrer Struktur beteiligt sind. Beteiligung ist daher, unabhängig von ihrer Bedeutung für die Erfüllung psychologischer B., ein bedeutendes gesamtgesellschaftliches Instrument« (A. Etzioni, Die aktive Gesellschaft, Opladen, 1975, S. 633).

E. Hollenstein, W. Hühn, E. Pankoke

Literatur

A. Mehnert, B.-Manipulierung – individuelle Konsumtion in der BRD, Frankfurt a. M. 1973
K.-O. Hondrich, Menschliche B. und soziale Steuerung, Reinbek 1975
P. Kmieciak, Wertstrukturen und Wertwandel in der Bundesrepublik Deutschland, Göttingen 1976
E. John, Zur Planung kultureller Prozesse, Berlin (Ost) 1978
H. Klages, P. Kmieciak (Hrsg.), Wertwandel und gesellschaftlicher Wandel, Frankfurt a. M., New York 1979
K. Fohrbeck, A. J. Wiesand, Kulturelle Öffentlichkeit in Bremen, Bremen 1980

Begabung

In der europäischen und angloamerikanischen →*Psychologie* ist seit Anfang dieses Jahrhunderts die Begabungsdiskussion im wesentlichen anhand der Befunde aus Intelligenztests geführt worden. Unter dem Eindruck dieser Forschungsweise haben nicht wenige Autoren →*Intelligenz* und B. gleichgesetzt. Eine neuere Begriffsanalyse in dem einflußreichen Gutachtenband des *Deutschen Bildungsrates* »Begabung und Lernen« legt jedoch Wert auf die Unterscheidung dieser Begriffe. Sie faßt Intelligenz als unspezifisches Instrument der Selbstbehauptung und Anpassung, B. hingegen als eine besondere Leistungsbereitschaft, »die in der Hinordnung auf ein bestimmtes Betätigungsfeld selbst erst strukturiert worden ist und ihrerseits wieder durch die Ausformung und Spezifizierung der Antriebe, Interessen und Motive die Persönlichkeit verändert« (S. 75). Diese Unterscheidung ist offenbar geeignet, auf die prozeßhaften, lebensgeschichtlichen Aspekte der individuellen Begabungsentwicklung hinzuweisen. Allgemeiner Konsens ist jedenfalls, daß Anlagen und Umwelteinflüsse zusammenwirken, um B. hervorzubringen.

Diese vermittelnde Auffassung wird auch in der Psychologie der DDR vertreten und dort, wie in der marxistischen Psychologie überhaupt, auf die grundlegende These von K. Marx zurückgeführt, wonach der Mensch in der Auseinandersetzung mit der äußeren Welt auch seine eigene Natur verändere. B. ist also das »System der auf den angeborenen Anlagen fußenden, im Leben entwickelten inneren Dispositionen, demzufolge ein Mensch bestimmte Leistungen auszuführen in der Lage ist« (Wörterbuch der Psychologie, Leipzig ³1981, S. 71).

Umstritten war seit F. Galtons Analysen zur »erblichen Hochbegabung« (1874) die relative Bedeutung der beiden Bedingungsklassen. F. Galton akzentuierte die »Anlagen«, sein Gegenspieler A. de Candolle in seiner »Geschichte der Wissenschaft und der Gelehrten der letzten zwei Jahrhunderte« (1872) die Bedeutung der Umwelteinflüsse (→ *Umwelt)*. Besondere Wirkung erreichten die Thesen F. Galtons erst durch ihre darwinistische Pointe, die soziale Hierarchie sei das »natürliche« Ergebnis des Sich-Durchsetzens der genetisch Begabtesten. Tatsächlich lassen sich bestehende Verteilungen sozialer Privilegien und Einflußmöglichkeiten mit Überzeugungen genetischer, das heißt unabänderlicher Über- oder Unterlegenheit, leichter rechtfertigen als ohne diese. Daß der genetisch akzentuierte Begabungsbegriff von politischen und sozialen Interessen in Dienst genommen wurde, ist an markanten Beispielen in den USA zu zeigen. In den 20er Jahren wurde er zur Eindämmung der Immigration, in den 60er Jahren als Argument gegen sozial- und bildungspolitische Förderungsmaßnahmen herangezogen. In der Bundesrepublik fanden Ende der 50er Jahre in der ersten Diskussion um die Reform des Schulwesens Argumente zur erblich bedingten B. eine gewisse, begrenzte Resonanz. Schlagworte wie das von der Sozialpyramide, der eine biologische Begabungspyramide entspreche (K. V. Müller), sollten der Verteidigung des dreigliedrigen Schulsystems dienen, das sich damals wesentlich stärker als heute an den unterschiedlichen sozialen Schichen ausrichtete. Der Streit um die Natur der B. ist also wenigstens so alt wie dieses Jahrhundert und wohl eine unvermeidliche Begleiterscheinung von Demokratisierungsprozessen im Bildungswesen und in der Gesellschaft überhaupt.

Auffassungen, die die Anlagefaktoren betonen, sind von einigen Psychologen der DDR als der

Begabungsbegriff schlechthin der »bürgerlichen« Psychologie dargestellt worden. Dies gehört jedoch zu den auch in der DDR, so von J. Guthke, kritisierten Vereinfachungen. Für die in der Bundesrepublik vertretenen Auffassungen ist eher ein »dynamischer« Begabungsbegriff charakteristisch, der die Wechselwirkung von Anlagen und Umwelt sowie die lebensgeschichtliche Entfaltung hervorhebt. Diese dynamischen Vorstellungen beherrschen die wissenschaftliche Diskussion, die sich dabei auf empirische Befunde fünfzigjähriger Forschung in den verschiedenen Bereichen der Psychologie, vor allem der Entwicklungspsychologie und der pädagogischen Psychologie, stützen kann. Beide haben die Vielschichtigkeit der Einflüsse, die eine individuelle B. bedingen und die Indirektheit, in der »Anlagen« mit einem konkret vorfindbaren individuellen Fähigkeitsstand verknüpft sind, aufgedeckt. Die alte Fragestellung nach den Anteilen von Anlagen und Umwelt hat sich damit immer deutlicher als unangemessen und wissenschaftlich wie praktisch unergiebig herausgestellt und ist der Fragestellung nach dem »wie« des vielfältigen Ineinanderwirkens von Anlagen und Umwelteinflüssen gewichen. Einzuräumen ist, daß sich unter den Bedingungen westlicher Demokratien praktische Konsequenzen für die Organisation des Bildungswesens, etwa die Einrichtung von Schulsystemen, die auf die frühe und schwer reversible Sortierung von B. verzichten, nur allmählich durchsetzen. Vergleichbare Widersprüche kann man allerdings auch im »einheitlichen sozialistischen Bildungssystem« der DDR sehen, das neben der gemeinsamen Schule eine Vielfalt von Begabtenschulen und -klassen mit früher Auslese und bevorzugter Förderung kennt (→Schule). Vergleiche der Anzahl der Abiturienten pro Altersjahrgang, die man auch als mittelbare Folge unterschiedlicher Begabungsvorstellungen interpretieren könnte, fielen um 1960 zugunsten der DDR aus. Etwa 10 v. H. standen nur etwa 5 v. H. bundesrepublikanische Abiturienten gegenüber. Inzwischen hat sich dieses Verhältnis zu 10 v. H. gegenüber 16 v. H. deutlich gewandelt. Weiterhin auffallend, wenn auch seit etwa 1960 abnehmend, ist die unterschiedliche Bildungsbeteiligung von →Frauen. 1977 waren in der DDR unter den Hochschulabsolventen 51 v. H., in der Bundesrepublik 42 v. H. Frauen. Es scheint plausibel, daß neben anderen Faktoren auch unterschiedliche naive Vorstellungen von B. solche Unterschiede bewirken. Die wissenschaftlichen Auffassungen allerdings gehen auch in der westlichen Psychologie dahin, daß die belegbaren Fähigkeitsunterschiede zwischen den Geschlechtern insgesamt gesehen gering und uneinheitlich sind, und daß viele der aufgefundenen Unterschiede in kognitiven Leistungen durch entsprechende Ausbildung modifizierbar sind.

Prinzipiell ergeben sich damit für die marxistische Psychologie der DDR wie für die Psychologie in der Bundesrepublik als Teil der westlichen Psychologie gleichartige Forschungsprogramme, die allerdings von unterschiedlichen Voraussetzungen ausgehen. Viele der aufklärenden Befunde, die in der westlichen Psychologie den Begriff der B. dynamisiert haben, sind mit Hilfe von Tests gewonnen worden. Für die sowjetische und von ihr abhängige Psychologien hingegen hatte das *Dekret gegen die Kinder- und Jugendpsychologie* von 1936, das »biologistische« Interpretationen von Testbefunden brandmarkte, offenbar die Wirkung, entwicklungspsychologische Forschung und die Entwicklung diagnostischer Verfahren bis in die neuere Zeit zu behindern. Erst ab etwa 1960 ist eine allmähliche Neuorientierung zu beobachten. Andererseits hat der Begriff der »Tätigkeit«, dem bei K. Marx eine programmatische Schlüsselstellung zukommt, für die Fragen der »Begabungsentwicklung« wichtige Forschungen angeregt, so zur Selbstregulation in Handlungsabläufen, zur Rolle der Sprache dabei oder zu dauerhaften Veränderungen des Subjekts aufgrund spezifischer Tätigkeiten. Um diesen Aspekt der »Selbstorganisation« des Individuums, »in der tätigen Auseinandersetzung mit Denkobjekten« auch im verwendeten Terminus zum Ausdruck zu bringen, wird vorgeschlagen (J. Guthke, S. 39 ff.), B. durch »Lernfähigkeit« zu ersetzen. Daraus folgt auch, individuelle Unterschiede nicht in Intelligenztests, sondern in »Lernfähigkeitstests« zu erfassen.

H. Skowronek

Literatur
A. Anastasi, Heredity, Environment and the Question ›how‹, in: Psychol. Bulletin 1958, 65, S. 197–208
J. McV. Hunt, Intelligence and Experience, New York 1960
B. und Lernen, hrsg. von H. Roth, Stuttgart 1968
J. Guthke, Zur Diagnostik der intellektuellen Lernfähigkeit, Berlin (Ost) 1974
H. Keller (Hrsg.), Geschlechtsunterschiede, Weinheim 1979

Behinderte

In der neueren deutschen Geschichte bezeichnete der Begriff des B. entsprechend den gesellschaftlichen Verhältnissen zunächst den hilflosen Pflegefall, der einer mehr oder weniger privaten Caritas anheimfiel, später auch den orthopädisch Kranken (→Krankheit), der nach erfolgreicher Heilung zu selbständiger Arbeit fähig war und so die öffentliche Armenpflege entlastete. Zur Zeit des Nationalsozialismus wurden vor allem die geistig B. als »lebensunwert« betrachtet und über 100 000 von ihnen ermordet (→Minderheiten). Nach dem Zweiten Weltkrieg wurde der Behinderungsbegriff in beiden deutschen Staaten auf alle körperlichen, sinnlichen, geistigen, seelischen und pädagogischen Schädigungen ausgeweitet, und alle B. erhielten explizit das Recht, als vollwertige Mitglieder ihrer Gesellschaft anerkannt und nach Möglichkeit wieder eingegliedert zu werden. Entsprechend entwickelte sich die Rehabilitation von ihrer ursprünglich überwiegend medizinisch-heilenden Aufgabe zu einem Verfahren, bei dem medizinische, pädagogische, soziale und ökonomische Aspekte eine gleichermaßen wichtige Rolle spielen. Der Gedanke der Prävention ist in der neuesten Entwicklung zentral.

Es gibt keinen allgemein gültigen und umfassenden Begriff von Behinderung; vielmehr sind die Definitionen abhängig vom jeweils angestrebten Zweck, so der Ein- oder Umschulung, der Arbeitsförderung oder -beschaffung, der Zuerkennung von Sozialleistungen. Die *UNO*-Resolution Nr. 3447 von 1975 zu den Rechten der B. zum Beispiel definiert als behindert »alle Personen, die aufgrund einer angeborenen oder erworbenen Schädigung körperlicher oder geistiger Art nicht in der Lage sind, sich voll oder teilweise aus eigener Kraft wie ein Nichtbehinderter die entsprechende Stellung in Arbeit, Beruf und Gesellschaft zu sichern.« Dieser Begriff hat den Nachteil, nur sehr schwer von dem der Krankheit abgehoben werden zu können. Es fehlen als wichtige bestimmende Momente Ausmaß und Dauer der Schädigung. Wesentliche Elemente des Behinderungsbegriffs, in der DDR auch »Versehrtheit« genannt, zeigen sich darin, daß Behinderung verschiedene Ursachen und Erscheinungsformen haben kann. Wenn diese von längerer Dauer und von so großem Ausmaß sind, daß der davon Betroffene nicht in der Lage ist, am Leben der Gemeinschaft vollwertig teilzunehmen, ist er besonderer Maßnahmen, der Rehabilitation, bedürftig. »Rehabilitation ist die zweckgerichtete Tätigkeit eines Kollektivs in medizinischer, pädagogischer, sozialer und ökonomischer Hinsicht zur Erhaltung, Wiederherstellung und Pflege der Fähigkeiten des Menschen, aktiv am gesellschaftlichen Leben teilzunehmen« (Grundlagen der Rehabilitation in der DDR, hrsg. von K. Renker, Berlin (Ost) [3]1975, S. 7). Das zentrale Bestimmungselement, die Wiedereingliederung der B. in die Gesellschaft, ist in allen Definitionen gleichermaßen zu finden. Unterschiede dagegen ergeben sich beim Vergleich der Rehabilitationspraxis, insbesondere bei den Fragen, wer im konkreten Fall als Rehabilitand betrachtet wird, welchen Stellenwert die gesellschaftlichen Lebensbereiche, insbesondere die →*Arbeit* haben, in die der B. eingegliedert wird, und wie die Rehabilitation von Jugendlichen und Erwachsenen institutionell vonstatten geht.

Bei der Rehabilitation behinderter Kinder ist die frühe Erfassung der Schädigung besonders wichtig. In der Bundesrepublik gibt es keine namentliche Meldepflicht für behinderte Kinder. Sicherlich beruht diese Praxis darauf, daß während der Zeit des Nationalsozialismus »Behindertenregister« geführt wurden, doch besteht in der relativen Unverbindlichkeit des ärztlichen Beratungsgesprächs die Gefahr, daß frühe, nichtmedizinische Förderungsmaßnahmen häufig unterlassen werden. In der DDR gibt es seit 1954 eine solche Meldepflicht für Ärzte, Krankenpflegepersonen, Pädagogen und Eltern. Sie soll gewährleisten, daß für jedes Kind ein umfassender Rehabilitationsplan aufgestellt und eingehalten wird. Auch die personellen, materiellen und finanziellen Aspekte der Rehabilitationsmaßnahmen werden hierbei von der zuständigen Rehabilitationskommission zentral festgelegt und koordiniert, womit eine wichtige Voraussetzung für eine effektive Betreuung gegeben ist. In der Bundesrepublik gibt es eine solche zentrale Einrichtung nicht; zwar ist damit die freie Arzt- und Behandlungswahl im hohen Maße gewährleistet, doch sind die betroffenen Eltern oft überfordert, da sie unter Umständen sehr viele verschiedene Stellen, also Ärzte, Vertreter ärztlicher Hilfsberufe, Ämter und Versicherungsträger zu Rate ziehen müssen. Bei der Festellung der Notwendigkeit einer sonderpädagogischen Maßnahme, wie der Sonderschulbedürftigkeit, gibt es in beiden deutschen Staaten nahezu vollständige Übereinstimmung. Ärzte, Psychologen und Pädagogen sind jeweils gefordert, ihren Anteil an der Entscheidung mitzuleisten. In der Bundesrepublik entscheidet auf der Grundlage eines Gutachtens das zuständige Schulamt, in der DDR die Rehabilitationskommission über die Sonderschulbedürftigkeit. Die Zahl der B. unter Schulkindern ist in beiden Staaten sehr ähnlich *(→Schule)*. Die einzige Ausnahme bilden die Lernbehinderten, das heißt Schüler, für deren Leistungsschwäche und Schulversagen keine organischen Schäden oder Intelligenzdefizite ursächlich sind; sie stellen in der Bundesrepublik über 70 v. H. der Sonderschüler. In der DDR gibt es keine Sonderschulen für Lernbehinderte. Der größte Teil der betroffenen Jugendlichen wird nicht ausgegliedert, sondern in den Regelschulen, deren Klassenstärke gegenüber denen in der Bundesrepublik erheblich geringer ist, unterrichtet. Gravierende Unterschiede zwischen beiden Staaten treten auf, wenn die Schulzeit beendet ist und der behinderte Jugendliche einen Arbeits- oder Ausbildungsplatz *(→Ausbildung, →Beruf)* sucht. Während es in der DDR zu den Aufgaben der zuständigen Rehabilitationskommission gehört, einen entsprechenden Arbeitsplatz nachzuweisen oder einzurichten, sind in der Bundesrepublik die Jugendlichen gemeinsam mit ihren Eltern und zumeist dem Lehrer der Abgangsklasse darauf angewiesen, aus eigener Initiative mit Hilfe des zuständigen Arbeitsamts einen entsprechenden Ausbildungsplatz zu finden. Die Zahl der nach der Berufsausbildung arbeitslosen B. ist überdurchschnittlich hoch. Im September 1980 waren 8,2 v. H.

aller Arbeitslosen behindert. Unter diesen Arbeitslosen befindet sich auch eine große Zahl, die erst im Erwachsenenalter, zumeist durch einen Unfall oder eine Krankheit, zu B. wurden.

Für die Rehabilitation erwachsener B. ist in beiden deutschen Staaten die amtliche Anerkennung eine wesentliche Voraussetzung für die Berechtigung, an einem Rehabilitationsverfahren teilzunehmen und bestimmte verwaltungstechnische Sonderstellungen wie Kündigungsschutz, Zusatzurlaub, Steuerersparnis und Freifahrten zu erhalten. In der Bundesrepublik wird die Schwerbehinderteneigenschaft anhand von Richtwerten bestimmt, nach denen die »Minderung der Erwerbsfähigkeit« tabellarisch ermittelt wird. In der DDR wird der Grad der Behinderung direkt anhand einer Tabelle der Behinderungen festgelegt. Der Vergleich der Tabellen zeigt keine wesentlichen Unterschiede. Diese gibt es dagegen bei der finanziellen Abwicklung der Rehabilitationsmaßnahme oder Rente. Während in der DDR für diese Fragen und für einen Rehabilitationsgesamtplan einschließlich der Arbeitsplatzbeschaffung wiederum die Rehabilitationskommission zuständig ist, muß in der Bundesrepublik zunächst der Kostenträger, die Unfall-, Renten-, Kranken- oder Arbeitslosenversicherung, herausgefunden werden, was in der Praxis zu Kompetenzstreitigkeiten führen kann. Ist der Kostenträger ermittelt, so erstellt er einen Rehabilitationsgesamtplan, um die einzelnen medizinischen, pädagogischen und arbeitsorganisatorischen Schritte zu koordinieren. Nach erfolgreicher Rehabilitation bemüht sich das zuständige Arbeitsamt, einen Arbeitsplatz nachzuweisen. Um den Rehabilitanden Chancengleichheit zu gewährleisten, sind die Arbeitgeber verpflichtet, 6 v. H. der Arbeitsplätze mit B. zu besetzen. Dieser Prozentsatz wird jedoch nur im öffentlichen Dienst erreicht. In der Privatwirtschaft liegt die Zahl unter 5 v. H., statt einen B. einzustellen, zahlen viele Betriebe eine Ausgleichsabgabe von DM 100 pro Arbeitsplatz und Monat. Durch diese Praxis sind besonders die Schwerstbehinderten betroffen, die oft keinen Arbeitsplatz finden. Die juristischen und institutionellen Voraussetzungen für die Arbeitsplatzbeschaffung sind in der DDR sehr günstig. Zunächst haben auch die B. ein Recht auf Arbeit. Die Betriebe müssen mindestens 10 v. H. ihrer Plätze mit B. besetzen, außerdem sind sie gesetzlich verpflichtet, weitere geeignete freie Arbeitsplätze den regionalen Rehabilitationskommissionen zu melden. Darüber hinaus gibt es die Möglichkeit der »Schonarbeit« als einer präventiven Maßnahme und die der geschützten Arbeit und der Heimarbeit. Erleichtert wird die Suche nach einem geeigneten Arbeitsplatz schließlich auch durch Vertreter der Betriebe, die Mitglieder der lokalen Rehabilitationskommissionen sind. Allerdings muß gesehen werden, daß diese günstigen Voraussetzungen, die auch dazu führten, daß das

von der *UNO* deklarierte *Jahr der B.* 1981 für die DDR aus eigener Sicht als überflüssig angesehen wird, allein keine erfolgreiche gesellschaftliche Integration garantieren können. In der Praxis werden wohl einige der Bestimmungen, wie zum Beispiel der Meldepflicht geeigneter Arbeitsplätze, nicht konsequent angewendet. K. Renker beklagt zum Beispiel, daß die berufliche Wiedereingliederung der B. wegen des Widerstands von Betrieben und auch der Werktätigen größere Schwierigkeiten bereite, wobei dieser Widerstand bisweilen bis in die Familie gehe. Solche Ausgliederungstendenzen von nicht voll leistungsfähigen Bürgern dürften im in beiden Staaten gleichermaßen dominierenden Leistungsprinzip *(→ Leistung)* begründet sein.

Um Sport und Freizeit der B. kümmern sich in der Bundesrepublik eine Vielzahl von *→ Vereinen.* Als wichtigste Entwicklung der letzten Zeit sind wohl Tätigkeiten junger B. anzusehen, die darauf abzielen, nicht im organisatorischen Rahmen der traditionellen Verbände mehr Vergünstigungen im Sinne mildtätiger Gaben zu fordern, sondern die, in Selbsthilfegruppen organisiert, dafür eintreten, als vollwertige und gleichberechtigte Bürger anerkannt zu werden. Wie notwendig solche Forderungen sind, zeigt die Diskrepanz steigender Teilnahme an Lotterien zugunsten von B. wie der *Aktion Sorgenkind* einerseits und der diskriminierende gesellschaftliche Alltag B. andererseits. So wurde letztlich einer Rentnerin nach einer Urlaubsreise ein Schadenersatz gerichtlich zuerkannt, weil »eine Gruppe von Schwerbehinderten bei empfindsamen Menschen eine Beeinträchtigung des Urlaubsgenusses darstellen kann« (Frankfurter Landgericht, Az. 2/24 S 202/79). Dieses Urteil und seine Folgen hat in der Bundesrepublik und darüber hinaus zahlreiche Proteste hervorgerufen.

Über den Alltag der B. außerhalb der Betriebe und Rehabilitationszentren wird, wie eine Inhaltsanalyse des Jahrgangs 1980 der Zeitung »Neues Deutschland« zeigt, in der DDR dagegen so gut wie nichts publiziert. Die besonderen Interessen der B. werden ausschließlich im Rahmen der Betriebe, der Partei und der Gewerkschaft vertreten. Spezielle Behindertenvereine und Selbsthilfegruppen mit Zielsetzungen wie in der Bundesrepublik gibt es nicht. Daß die Wiedereingliederung der B. auch im Alltag der DDR nicht völlig problemlos verläuft, ist schwer zu belegen. Hinweise darauf finden sich allerdings in wenigen nichtamtlichen und nichtwissenschaftlichen Publikationen, etwa dem Roman R. Gepperts »Die Last, die Du nicht trägst« (Halle 1978), in dem eine Mutter über das Leben mit einem geistig behinderten Kind berichtet. Ein Zeichen dafür ist sicher auch, daß die DDR nicht an der *Olympiade für Behinderte* teilnimmt und somit behinderte Sportler, von denen 8200 im *Deutschen Verband für Versehrtensport* der DDR organisiert sind, nicht in den Genuß einer den Nichtbehinderten entsprechenden Behandlung kommen.

A. Bintig

Literatur

Rehabilitation, hrsg. von K. A. Jochheim, J. F. Scholz, Bd. 1, Stuttgart 1975
E. Klee, Behindertenreport, Frankfurt a. M. 1976
W. Presber u. a., Planung und Organisation der Rehabilitation in der DDR, Berlin (Ost) 1979
A. Bintig, Wer ist behindert?, in: Berichte zur Berufsbildung, hrsg. v. Bundesinstitut für Berufsbildung, H. 29, Berlin (West) 1980
G. Helwig, Am Rande der Gesellschaft. Alte und B. in beiden deutschen Staaten, Köln 1980

Beruf

I. Lebensunterhalt und Identitätsfindung – II. Regulierung durch den Markt – III. Dienst an der Gesellschaft – IV. Vergleich

I. Lebensunterhalt und Identitätsfindung

Die meisten Definitionen stellen B. in den Zusammenhang mit →*Arbeit* und Tätigkeit und blenden seine sozialen und ideologischen Funktionen aus. Diese Funktionen aber machen charakteristische Dimensionen des B. aus. Daß der B. eine spezifisch soziale Funktion hat, kann in Anlehnung an M. Weber begründet werden. In seiner Etymologie führt M. Weber B. auf die Entstehung des Protestantismus als »Geist des Kapitalismus« zurück M. Weber schreibt: »Vorwiegend katholische Völker (kennen) für das, was wir ›B.‹ nennen, einen Ausdruck ähnlicher Färbung ebensowenig wie das klassische Altertum« (Die protestantische Ethik, Bd. 1, hrsg. v. J. Winckelmann, Gütersloh 1975, S. 66). Im Berufsbegriff verbinde sich die Erfüllung innerweltlicher Pflichten durch Arbeit, Entwicklung von Neigungen und Eignungen etc. mit religiösen und gesellschaftlichen Zielen, der Suche nach Lebenssinn und Wohlfahrt. Heute den B. mit »Berufung« in Zusammenhang zu bringen, erscheint anachronistisch. Wohl aber beschreibt B. auch im alltäglichen Sprachgebrauch nicht lediglich die Tätigkeit und dafür erforderliche Qualifikationen, sondern zielt auf den gesellschaftlichen Status, Verhaltensweisen und menschliche Identität. Die aktuellen Kontroversen um den Berufsbegriff zeugen denn auch von seiner Bedeutung für Identität und Handlungsmotivation des Individuums in hierarchisch strukturierten Gesellschaften. Die Bestimmung des B. muß daher über die gesellschaftliche Funktion von B. geschehen. Folgt man einer solchen »Rettung des Berufsbegriffs« (U. Beck, M. Brater, H. J. Daheim,

S. 19 ff.), läßt sich der B. definieren als »Ausweis« und »Handelsobjekt« auf dem Arbeitsmarkt, als Signal der Lohnerwartungen oder Einsatz- und Nutzungsmöglichkeiten der Arbeitskraft und als Zeichen gesellschaftlicher Struktursachverhalte im Hinblick auf objektive Konsequenzen für die Individuen.

B. gewinnen erst mit der Entwicklung arbeitsteilig organisierter gesellschaftlicher Produktion an Bedeutung. Zwar läßt sich der Begriff bis ins Mittelalter zurückverfolgen, als gesellschaftlich bestimmende Phänomene werden B. jedoch erst mit der Industrialisierung und der Entstehung freier Lohnarbeit bedeutsam. Noch bis zur Mitte des 18. Jh. ist die Entstehung des vorindustriellen Gewerbes von der Konservierung des Zunfthandwerkes gekennzeichnet. Erst zu Beginn des 19. Jh. entstehen konkurrierende Meisterbetriebe; die Gewerbefreiheit fördert die Industrialisierung vor allem in Kleinbetrieben. Daneben entwickelt sich das Verlags- und Manufakturwesen, dessen Merkmale einfache ungelernte Handarbeit, zunehmende Mechanisierung sowie Arbeitsteilung sind. Mit der Entwicklung dieser Produktionsformen steigt der Bedarf nach qualifizierten Arbeitskräften. Qualifikation zielt dabei auf allgemeine Kenntnisse wie Lesen, Schreiben, Rechnen, gleichzeitig aber auch auf eine der Produktionsform entsprechende Weise des »industriösen Verhaltens« von Individuen. Verallgemeinert werden die Qualifikationen durch die Volks- und Industrieschulen. Als der Staat Ende des 19. Jh. die berufsbildenden Schulen förderte, verschmolzen schulische →*Ausbildung* und Ausbildung im Betrieb zum dualen System der Berufsausbildung. In der Forschung der DDR wird das duale System als Vorform der polytechnischen Ausbildung interpretiert. Gegen Ende des 19. Jh. stellt sich die den Produktionsformen entsprechende Berufsstruktur her. Ungelernte Arbeiter mit hoher körperlicher Belastung üben Tätigkeiten mit geringen Aufstiegsmöglichkeiten und niedrigen Löhnen bei schlechten Arbeitsbedingungen aus. Handwerker und handwerkliche Facharbeiter, die berufliche Fähigkeiten und Fertigkeiten entwickeln, arbeiten in einem horizontal tief gegliederten Feld spezialisierter B., während Angestellte Leitungs- und Verwaltungsaufgaben übernehmen. Wie die 1882 durchgeführten Berufszählungen deutlich machen, sind traditionelle Begriffe wie Stand, Gewerbe oder Wirtschaftszweig jedoch immer noch wesentliche Charakteristika von B. Dies ändert sich erst mit der ökonomischen Entwicklung Anfang des 20. Jh. Mit der weiteren Trennung von manuellen und nichtmanuellen Tätigkeiten, der Einführung von Formen der wissenschaftlichen Betriebsführung und der Entwicklung von Großtechnologien bilden sich spezielle Fachkenntnisse für bestimmte Tätigkeiten heraus. Ihre hierarchische Gliederung erfordert die Standardisierung und Spezialisierung, die Bündelung von Anforderungen in B. Die Anwerbung von Arbeitskräften auf freien Arbeitsmärkten für spezialisierte Tätigkeiten läßt jene rationale Form der Verbindung von Arbeitskraft mit Kapital und technischen Produktionsmitteln entstehen, die in starkem Maße auf der eindeutigen Identifizierbarkeit der Einsatzmöglichkeiten der Arbeitskräfte und deren Lohnerwartungen beruht. Seit 1925 erfolgt dann auch die amtliche Erfassung und Verwendung des B. in Deutschland mit den Berufszählungen.

Gleichzeitig greift der Begriff B. in die individuelle Lebensorganisation ein. Er grenzt Arbeit von → *Freizeit* ab, determiniert die soziale Stellung und zwingt zu einer ordentlichen Lebensführung. Menschen werden nicht nur für, sondern auch durch den Beruf sozialisiert, so daß unterschiedliche B. auch unterschiedliches soziales Handeln hervorbringen.

II. Regulierung durch den Markt

In der Bundesrepublik ist die Berufsfreiheit in Artikel 12 des *Grundgesetzes* mit doppelter Bedeutung festgelegt. Jeder Bürger hat das Recht, einen B. frei zu wählen. Der Staat jedoch hat kein Recht, direkt in die Berufsbeziehungen einzugreifen, Personen zu beruflicher Tätigkeit zu zwingen oder neue Berufsbezeichnungen zu schaffen. Was daher in der Bundesrepublik als B. gilt, wird weitgehend außerhalb des staatlichen Bereichs entschieden. Soweit Ausbildungsberufe betroffen sind, entscheiden Ausbildungsverordnungen; Tätigkeiten, die nicht unter diese Verordnungen fallen, gelten dann als B., wenn sie von der Gesellschaft als solche akzeptiert werden. Nach der Berufsstatistik von 1975 werden heute über 25 000 B. erfaßt. Bemerkenswert ist die strenge Konzentration; etwa 90 v. H. aller Beschäftigten arbeiten in nur 1200 B., die nicht mehr als rund 5 v. H. des Gesamtbestands ausmachen. Die restlichen 10 v. H. der Beschäftigten verteilen sich auf 24 000 B.

Bei gegebener Klassifizierung der B. entscheiden die Unternehmen über Quantität und Qualität der beruflichen Ausbildungs- und Arbeitsplätze, die Arbeitskräfte wählen die angestrebten Ausbildungsgänge und Tätigkeiten aus. Beide Entscheidungen sind über Marktbeziehungen vermittelt, von deren Leistungsfähigkeit und der staatlichen Berufspolitik die Abstimmung von Angebot und Nachfrage vor allem abhängen (→ *Wettbewerb*).

Strikte Vertreter einer Theorie der marktvermittelten Entscheidungen vermuten, daß der Markt die Koordinierung zwischen individuellen Neigungen von Menschen und den an Gewinnmaximierung, an wirtschaftlicher Rationalität orientierten Entscheidungen der Unternehmungen am besten löst. Die Argumentation ist einfach. Menschen entscheiden sich nach ihren jeweiligen Neigungen und Fähigkeiten für B. und suchen dabei ihre Lebenseinkommen,

den Lohn, zu maximieren, während Unternehmer die Arbeitskosten der Tätigkeiten mit den Erlösen aus diesen Tätigkeiten vergleichen. Löhne übernehmen die Koordination der Entscheidungen mit dem Ergebnis, daß ein Gleichgewicht zwischen nachgefragten und angebotenen B. erreicht wird. Damit wird für ein System plädiert, das ein höchstmögliches Maß an individueller Freiheit bei der Wahl des B. ebenso sichert wie die effiziente Erfüllung wirtschaftlicher Aufgaben.

Dieses Denkmodell beruht allerdings auf einigen Voraussetzungen, die nicht vorbehaltlos akzeptiert werden können. Es unterstellt vor allem, daß sich die angebotenen B. und die nachgefragten B. tendenziell ausgleichen. Dies ist, wie auch die Entwicklung in der Bundesrepublik seit 1974 zeigt, keineswegs immer der Fall. Eine für Vollbeschäftigung unzureichende Zahl von Arbeitsplätzen führt zu unfreiwilliger Arbeitslosigkeit, aber auch zur beruflichen Verdrängung von oben nach unten. Beruflich höher Qualifizierte verdrängen weniger Qualifizierte, so daß am Ende der Spirale der am wenigsten Ausgebildete keine Arbeit mehr findet. Im Zuge wirtschaftlichen und technischen Wandels verändern sich zudem mit der Produktionsstruktur auch die Tätigkeitsmerkmale von B. sowie die beruflichen Hierarchien selbst. Qualifikationsprofile von Arbeitskräften verändern sich langsamer, so daß strukturelle Ungleichgewichte zwischen angebotenen und nachgefragten Qualifikationen entstehen. Aus dieser Überlegung leitet sich die Forderung ab, die berufliche Flexibilität und → *Mobilität* von Arbeitskräften zu erhöhen. Die nachträgliche Anpassung der Qualifikationsprofile der Arbeitskräfte an die veränderten nachgefragten Qualifikationen ist allerdings mit hohen gesellschaftlichen Kosten verbunden. Die andere berufspolitische Lösung besteht daher darin, strukturelle Ungleichgewichte bereits vor ihrem Entstehen durch eine geeignete Berufsbildungspolitik zu verhindern. So geht der *Manpower Approach* davon aus, die zukünftig geforderten Qualifikationen und B. auf mittlere und längere Sicht frühzeitig zu ermitteln und das berufliche Ausbildungssystem dem zukünftigen Bedarf anzupassen. Diese Absicht ordnet den Gedanken freier individueller Entscheidungen über gewünschte Tätigkeiten und B. der Macht wirtschaftlicher Zwänge unter. Die Gegenposition zu dieser Richtung, der *Social Demand Approach*, setzt daher stärker auf die Neigungen von Menschen, auf → *Bildung* als Bürgerrecht. Doch dieser in der Tradition des Liberalismus stehende Ansatz unterschätzt die Marktzwänge. Da die Aufnahmefähigkeit des Beschäftigungssystems für gewählte B. nicht thematisiert wird, ersetzt die Hoffnung auf sich selbst regelnde Prozesse die angemessene Realitätssicht. Diese Kurzschlüssigkeit wird erst mit »Absorptions- und Flexibilitätskonzepten« überwunden. Mit der Betonung der »polyvalenten Qualifikation« (D.

Mertens), der »extrafunktionalen Qualifikation« (C. Offe) oder der »Polarisierung von Qualifikationen« (H. Kern, M. Schumann) wird die Aufhebung einer traditionellen Orientierung zugunsten von Prinzipien wie lebenslangem Lernen, dauernder Bereitschaft zu → *Weiterbildung* und Umschulung gefordert.

Die Bedeutung dieser Ansätze liegt darin, traditionelle soziale Hierarchien, die mit der beruflichen Hierarchisierung verbunden sind, aufzuweichen. Wie stark die soziale Funktion von B. in der Bundesrepublik noch immer ist, zeigt sich an der Bereitwilligkeit zur Einordnung in traditionelle Berufsrollen und an der Prägung des außerberuflichen Lebens durch die B., wofür auch die »Hausarbeit« ein typischer Fall ist. Einige Richtungen der Frauenbewegung kämpfen dafür, daß Hausarbeit als B. anerkannt wird (→ *Frau*, → *Mann*).

Obwohl die Anerkennung der Hausarbeit als B. in der Bundesrepublik Fortschritte macht, was sich auch in einem Gerichtsentscheid, in dem die Hausarbeit einer Ehefrau wie eine Facharbeitertätigkeit bewertet wurde, niederschlug, liegt hier nicht das Problem. Von Bedeutung ist vielmehr, daß die Erfüllung des Lebens nicht entweder allein im B. oder in der Freizeit gesucht wird, sondern in der Vereinheitlichung beider Lebensbereiche. Die Erfüllung des Lebens durch die Aufhebung der Trennung von beruflicher und außerberuflicher Tätigkeit steht zur Debatte. In der Bundesrepublik beginnt die Gesellschaft, diese Entwicklung zu akzeptieren, sie findet in Versuchen zu alternativen Lebensformen ihre Entsprechung (→*Alternativkultur*).

III. Dienst an der Gesellschaft

Auch in der DDR ist das Recht auf freie Berufswahl gesetzlich geregelt. Die Grundlagen sind Artikel 24 und 25 der *Verfassung* der DDR. In ihnen wird das Recht auf, aber auch die Pflicht zur Arbeit festgelegt, sowie das Recht und die Pflicht Jugendlicher zur Erlernung eines B. (→*Jugend*).

Der Grad gesellschaftlicher Arbeitsteilung, die letztlich den Bedarf und die Verteilung der B. auf Arbeitskräfte bestimmt, wird als Resultat der »objektiv gesetzmäßigen Prozesse« gesehen, die mit der Entwicklung der Produktivkräfte und der Produktionsverhältnisse verbunden sind. Auf der Grundlage der sozialistischen Produktionsverhältnisse sei jedoch der antagonistische Charakter der Arbeitsteilung aufgehoben und eine berufliche Tätigkeit gemäß der individuellen Neigungen und Fähigkeiten möglich. Prinzipielle Differenzen zwischen Produktion und beruflicher Qualifikation werden abgestritten. Damit wird aber nicht nur den Jugendlichen ihre berufliche Bildung zur Pflicht auferlegt, sondern auch der Staat verpflichtet, ent-

sprechende Ausbildungsmöglichkeiten und Arbeitsplätze in ausreichender Quantität und Qualität zur Verfügung zu stellen. Grundlage für die Planung des Bildungssystems sowie der Berufsstruktur stellen die Fünfjahrespläne dar, in denen die volkswirtschaftlichen Ziele festgelegt und daran orientiert quantitative und qualitative Bildungsziele formuliert werden. Das Gesetz über den Fünfjahresplan für 1976 bis 1980 verlangt unter anderem, die Ausbildung und Erziehung von etwa einer Mio. Schulabgängern zu Facharbeitern zu sichern und die Inhalte stärker auf die Erfordernisse der Intensivierung und Rationalisierung der gesellschaftlichen Produktion zu richten.

Berufsausbildung ist in das »Einheitliche Sozialistische Bildungssystem« eingebettet. Die Selektion nach Eignung und Neigung beginnt dort schon in der Unterstufe der Schule und dauert die gesamte Schulzeit hindurch an; lebenslanges Lernen soll eine Anpassung der Qualifikationen an gewandelte technologische Strukturen gewährleisten. Schließlich wird versucht, möglichst viele Frauen in das Erwerbsleben einzugliedern und über eine integrierte Aus- und Weiterbildung zu fördern. B. werden von teilweise dezentralisierten Berufsfachkommissionen erfasst, die über Leitbetriebe auch neue Berufsbilder entwerfen. Im *Zentralinstitut für Berufsbildung* der DDR werden die Vorschläge der Berufsfachkommissionen geprüft, bestätigt und für verbindlich erklärt. Speziell stellt man die Bedeutung für die Volkswirtschaft, die Charakteristik der beruflichen Tätigkeit, psychische und physische Voraussetzungen und die Ausbildungsdauer jedes B. fest. Die Zahl der Ausbildungsberufe wurde in der DDR systematisch verringert. Während Anfang der 60er Jahre noch ca. 800 Ausbildungsberufe gezählt wurden, sind es gegenwärtig nur noch 290. Dies korrespondiert mit der Entwicklung der Grundberufe: 1967 gab es vier, im Jahr 1976 sind 26 zu verzeichnen, gegenwärtig ist die Zahl auf 28 gestiegen. Die Ausbildung in einem Grundberuf umschließt eine Grundausbildung und eine darauf aufbauende Spezialisierungsmöglichkeit, die je nach Grundberuf zwischen zwei und 21 Spezialisierungszweige umfaßt. Dieses Verfahren hat gegenüber dem freien Berufswettbewerb die Vorteile der Verbindlichkeit und des Schutzes der Beschäftigten vor schnellem Qualifikationsverlust, sowie einer flexiblen Anpassung der Berufsausbildung und der B. an technische Veränderungen.

Die gesellschaftliche Bedeutung des B. wird im Selbstverständnis der DDR von der Art abgegrenzt, in der in kapitalistischen Ländern der B. das Ansehen bestimmt. »In unserer Gesellschaft, wo der B. nicht als soziales Differenzierungskriterium dient, wird der Mensch nicht danach beurteilt, was er von B. ist, sondern wie er den B. ausfüllt« (B. Gericke, S. 11). Da der Schule die Aufgabe zukommt, die Jugend so zu erziehen, daß sie die Übereinstimmung zwischen ihren eigenen Interessen und den Interessen der Gesellschaft versteht und im Dienst der Gemeinschaft arbeitet, werden die offensichtlichen Unterschiede zwischen »gesellschaftlichen« und »individuellen« Wünschen der Berufswahl und Berufsausübung vorwiegend als Erziehungsmängel interpretiert. Empirische Untersuchungen belegen jedoch, daß die Berufszufriedenheit auch in der DDR vom gesellschaftlichen Status des B., den intellektuellen Anforderungen und vor allem der Bezahlung abhängen. (H. F. Wolf, Erwartungen und Einstellungen junger Produktionsarbeiter in sozialistischen Industriebetrieben, in: Jugendforschung, H. 5, Leipzig 1968). Das Ideal einer allseits entwickelten sozialistischen → *Persönlichkeit*, in der die gesellschaftlichen Bedürfnisse in den individuellen aufgehen, bleibt daher mehr Anspruch als Wirklichkeit. Das Berufssystem der DDR, das zweifellos positive Elemente zur Lösung der notwendigen Koordinationsaufgaben zwischen menschlichen Neigungen und ökonomischen Zwängen enthält, sollte der individuellen Wahl mehr Spielraum lassen.

IV. Vergleich

Ein dual strukturiertes Ausbildungssystem, das sowohl eine Vermittlung von Allgemeinwissen als auch von beruflichem Spezialwissen ermöglicht, vor allem aber die hohe Wertschätzung des B. durch Individuen und gesellschaftliche Institutionen, sind gemeinsame Merkmale in beiden deutschen Staaten. Sowohl in der Bundesrepublik als auch in der DDR spielt die Berufskategorie eine wichtige Rolle, nicht nur als Tätigkeitsbeschreibung und Qualifikation, sondern als statusbestimmende und verhaltensnormierende Kategorie. Als Symbol eines gesellschaftlich nützlichen Lebens stellt der B. das Individuum, aber auch in eine Hierarchie und drückt so soziale Ungleichheiten aus. Unterschiede zwischen den beiden Staaten bestehen vor allem in der Anpassung des B. an die durch technische und wirtschaftliche Entwicklungen bestimmten Veränderungen der Produktion. In der Bundesrepublik erfolgt die Angleichung zwischen Produktion und B. stärker im Nachhinein. Damit sind erhebliche Strukturdiskrepanzen zwischen der Nachfrage nach und dem Angebot an B. verbunden, die sich nur langsam und mit großem gesellschaftlichem Aufwand über Umschulung, Weiterbildung, Eingliederungsbeihilfen etc. mildern lassen. In der DDR sollen diese Strukturdiskrepanzen im Idealfall über die vorgelagerte und simultane Planung von Produktion und B. vermieden werden. Dies führt aber auch zur Schwerfälligkeit in der Entwicklung neuer Produktionsmethoden und Qualifikationen und der Überbetonung wirtschaftlicher Notwendigkeiten gegenüber individueller Entscheidungsfreiheit. Da

in beiden Gesellschaften B. über die notwendige gesellschaftliche Reproduktion hinaus eine zentrale Stellung für die gesellschaftliche Hierarchie besitzen und Berufstätigkeit von nichtberuflichem Leben getrennt erscheint, treten gemeinsame Symptome dieser Gegenüberstellung von Lebensbereichen auf. Leben außerhalb des B. bekommt kompensatorischen Charakter und läßt die Freizeit nur noch als Ausgleich gelten. Auch werden jene Menschen isoliert, die einen gesellschaftlich anerkannten B. nicht ausüben wollen oder können.

M. Bolle, J. Gabriel

Literatur
Bericht der Bundesregierung und Materialien zur Lage der Nation 1971, Bonn 1971
H. A. Hesse, B. im Wandel, Stuttgart 1972
B. Gericke (Hrsg.), Wegweiser zur Berufswahl, Berlin (Ost) 1979
H. Vortmann, Beschäftigungsstruktur und Arbeitskräftepolitik in der DDR. Berichte des Bundesinstituts für ostwissenschaftliche und internationale Studien, 35/1979, Köln 1979
U. Beck, M. Brater, H. J. Daheim, Soziologie der Arbeit und der B., Reinbek 1980

Bewußtsein

Der Marxismus-Leninismus in der DDR nimmt den Begriff B. beim Wort und definiert ihn mit K. Marx als »das B., (das) nie etwas Andres sein (kann) als das bewußte Sein, und das Sein der Menschen ist ihr wirklicher Lebensprozeß« (K. Marx, F. Engels, Werke, Bd. 3, Berlin (Ost) 1969, S. 26). Diese materialistische Vorentscheidung bestimmt das B. als gesellschaftliches Produkt und legt die Rolle der Sprache, in der sich B. vollzieht, fest. Sie stellt die gegenüber dem geistigen Akt des Denkens praktische und gesellschaftliche Seite des B. dar, indem sie seine Intersubjektivität und Mitteilbarkeit gewährleistet, sowie das je individuelle B. dem gesellschaftlichen als der Gesamtheit der geistigen Inhalte zu- und unterordnet. B. heißt dann inhaltlich die geistig-ideelle »Widerspiegelung« der natürlichen und gesellschaftlichen Wirklichkeit. Problematisch gestaltet sich dabei der Anteil des subjektiven Faktors, der in dieser Definition fehlt. Es ist aber kein naiver Abbildrealismus gemeint, so wenig wie eine mechanistische Sache-Zeichen-Relation. Behauptet wird vielmehr, daß das B. keine autonome Welt darstellt. Logik und Kybernetik, die gemeinhin als Beweismittel für Autonomie gelten, werden auf reale Äquivalenzen zurückgeführt, denn wenn sie nicht zweckmäßig auf äußere Wirklichkeit antworteten, hätten diese Systeme keine Überlebenschance, geschweige denn Erfolg gehabt.

Der Bewußtseinsbegriff in der Bundesrepublik wird von der kritischen Hermeneutik dominiert, die den objektivistischen und den subjektivistischen Ansatz gleichermaßen entschieden verwirft. Der objektivistische Ansatz, der im allgemeinen mit dem marxistisch-leninistischen gleichgestellt wird, rechne naiv mit einer einfachen Entsprechung von Realität und B. und nehme folglich das unmittelbar Vorhandene als das »Wahre«, der subjektivistische, als der traditionell idealistische, traue umgekehrt keiner äußeren Realität und gebe diese statt dessen als bloßes Produkt des B. aus. Das hermeneutische B. dagegen reflektiert die sprachliche Vorstrukturierung (→*Sprache*) all dessen, was bewußt werden kann. Der Objektbereich, die Realität, ist nie an sich vorgegeben und als solcher Gegenstand, er ist vielmehr immer schon vorgeprägt und kann folglich auch nur so Inhalt des B. werden. Da die Hermeneutik alle sprachlichen Systeme, das heißt die Metasprachen, zu denen auch Logik oder Mathematik gezählt werden, auf die natürlichen Sprachen, also die Umgangssprachen, zurückfundiert sieht und so auch alle intersubjektive Mitteilbarkeit der neuesten wissenschaftlichen Ergebnisse auf die Umgangssprache angewiesen ist, gilt diese Vorstrukturierung universal, mithin auch für die Naturwissenschaften. »Im Spiegel der Sprache reflektiert sich alles, was ist« (H.-G. Gadamer, Rhetorik, Hermeneutik und Ideologiekritik, in: Kleine Schriften 1, Tübingen 1967, S. 123).

Diese Definitionen machen die prinzipielle Vorentscheidung über die jeweilige soziologische Rolle des B. deutlich. In der DDR ist B. über die gesellschaftliche Realität des »Arbeiter- und Bauernstaats« vermittelt, jedenfalls in der Theorie. In der Bundesrepublik dagegen meint B. primär die kritische Selbstreflexion des Individuums auf seine geschichtlichen Vorstrukturen, wenn nicht B. überhaupt als rein psychisches Phänomen aufgefaßt wird, das gegenüber der Realität selbständig ist. Dies zeigt sich in der Vorstellung vom »Bewußtseinsstrom« oder den verschiedenen Formen des »In-Sich-Selbst-Hineinhörens, -Versenkens« oder auch in der Meditation. In der DDR ist B. Resultat des materiellen Geschichtsprozesses, in der Bundesrepublik dagegen erscheint es weitgehend als ein subjektbedingtes Bezugssystem, durch das möglicherweise Realität und Geschichte verstehbar werden, wobei die prinzipielle Differenz zwischen Realität und B. bestehen bleibt.

Um die Differenzen zwischen den Formen des »Klassenbewußtseins« in der Bundesrepublik und dem »relativ einheitlichen« sozialistischen B. in der DDR deutlich zu erfassen, hat man den Begriff des »ökonomischen B.« als unmittelbare Widerspiegelung der objektiven ökonomischen Bedingungen in letzter Zeit besonders hervorgehoben. Mit diesem Begriff läßt sich nicht nur die relative Einheitlichkeit des sozialistischen B. rechtfertigen, insofern die ökonomischen Bedingungen die Klassenunterschiede aufgehoben haben, mit ihm läßt sich auch der Sozialismus gegen den Kapitalismus vorteilhaft abgrenzen. Angesichts der anhaltenden Wirtschaftskrise im Westen wiegen die Vergesellschaftung der Produktionsmittel, die Aufhebung des Grundbesitzes mit der Folge, daß es beispielsweise keine Boden- und Mietspekulationen gibt, das Recht auf Wohnung bei billiger Miete und die Sicherung der Arbeit als Grundrecht besonders schwer und werden auch entsprechend betont. Die Schärfung des ökonomischen B., auf dem das soziale B. und das kulturelle B. aufbauen, ist daher auch eine der Hauptaufgaben der Wissenschaft, um, wie es heißt, »spontane ökonomische Anschauungen zu überwinden oder auf das Niveau der Bewußtheit zu heben« (S. Kunst, S. 699).

Demgegenüber stellt sich aus der Sicht der DDR die Gesellschaft der Bundesrepublik als Klassengesellschaft mit entsprechenden »Klassenbewußtseinen« dar, wobei die alten Unterscheidungen von Bourgeoisie und Arbeiterklasse weiterhin verwendet werden und jeder Klasse ihr eigenes, spezifisches B. zugewiesen wird. In der Bundesrepublik dagegen gibt es entschiedene Zweifel daran, ob die alten Klassenbegriffe überhaupt noch greifen und für ihre komplexe Gesellschaft zutreffen. Danach staffelt sich die Gesellschaft pluralistisch in die verschiedensten Gruppierungen und Interessenverbände, die miteinander konkurrieren und sich in Konfliktfällen auszugleichen oder pluralistisch über Kompromisse zu verständigen pflegen. Als entschiedenster Beweis gegen die These von den Klassen gilt der Mangel an Klassenbewußtsein beim westdeutschen Arbeiter, der durch die soziale Wohlfahrt, durch Wohlstand vor allem aber durch Eigentumsbildung als grundsätzlich gewandelt angesehen wird und folglich zu revolutionären Zielen nicht mehr mobilisierbar ist, mithin kein revolutionäres B. besitzt.

An dieser Stelle setzt die auch in der Bundesrepublik geäußerte Kritik des »falschen« B. an, von dem es zwei Bedeutungen gibt (→*Ideologie*). Die *Kritische Theorie* versteht unter »falschem« B. den falschen Glauben, daß das Wirkliche in der Gesellschaft vernünftig sei und das System, das heißt die sozioökonomische Ordnung, den Wohlstand liefere. Es handelt sich dabei also um ein eigentlich richtiges B. von einer »falschen« Realität. Demgegenüber meint die andere Bedeutung, daß, bezogen auf die Arbeiterklasse, in der Bundesrepublik ein B. ausgebildet und gefördert werde, das den objektiven Tatsachen nicht entspricht, insofern es sich an einem Sein bildet, das nur Schein ist. Der erste Begriff kritisiert vor allem die zunehmende Verdinglichung der Menschen in der modernen Industriegesellschaft und sieht dabei die Unterschiede zwischen den Gesellschaftssystemen nur als gering und sekundär an. Die Menschen sind fremdbestimmt, der Maschine oder den vielfältigen funktionalen Zuordnungen unterworfen, die behauptete Komplexität sei nur der Schein der eigentlichen »Eindimensionalität«, die sich in der Abkehr von der geschichtlichen Dimension oder der Reduktion der Sprache auf Zeichenzuordnungen zeige; die vorherrschende Rationalität von Technik und Machbarkeiten bedrohe die Freiräume, hindere die Phantasie an der Entfaltung und reguliere das menschliche Zusammenleben auf fremdbestimmte, unmenschliche Weise. Das eigentliche Skandalon dieses falschen B. sei, daß es durchaus als »glückliches B.« sich realisiere. Produziert wird es durch die Kultur-, das heißt Bewußtseinsindustrie, die von der »Eindimensionalität« ablenkt, indem sie die Menschen mit Unterhaltung, Ablenkung, aber auch »falscher« Ästhetik, nämlich der Warenästhetik, überschüttet, immer darauf eingestellt, den produzierten Schein, sei es die Film- und Fernsehwelt, sei es das Layout der Waren, sei es der Konsum von Produkten aller Art, aber auch der Natur, als »eigentliche Realität« zu suggerieren (→ *Kulturkritik*, → *Kulturindustrie*, → *Werbung*). Eben die Rationalität, die den Menschen das Bedürfnis nach Ablenkung, Entspannung und Selbstsein erst eingeimpft hat, produziert mit der Bewußtseinsindustrie scheinbar dessen Befriedigung und verdoppelt so die Symptome in der → *Freizeit*. Die entstandene Selbstentfremdung jedoch, da sie weitgehend unbewußt bleibt, wird in paradoxer Umkehr als → *Glück* genossen. Das Angebot an Waren und → *Unterhaltung* verspricht, sie zu beseitigen. Die Kritik an den Zuständen, die dieses B. produzieren, versteht sich als »intellektuelle Auflösung, ja Zerstörung der gegebenen Tatsachen« (H. Marcuse, S. 199).

Der zweite Begriff des »falschen« B. analysiert die vielbeobachtete Tatsache, daß sich die Arbeiter in der Bundesrepublik nicht mehr über ihre Arbeit definieren, folglich kein Klassenbewußtsein entwickeln. Er widerspricht der Deutung, welche die Klassenlosigkeit auf den Pluralismus zurückführt, insofern die wirkliche Ursache die strenge Trennung von Produktion und Reproduktion sei. Während der Produktionsbereich gesellschaftlich bestimmt und organisiert ist, bleibt die Reproduktion, im Bereich der Freizeit, auf merkwürdig anachronistische Weise überlassen. Durch Kürzung der Arbeitszeit, die Konsumorientierung und das notwendige direkte Engagement im privaten Bereich, also bei Gartenarbeit, Reparaturen, Autopflege, Mitwirkung am Hausbau und Hobbys, bildet der Arbeiter sein B. nicht mehr über seine Arbeit in der Produktion, sondern über sein Engagement in der Reproduktion. Er entwickelt ein B., das nach kleinbürgerlichem Vorbild aus seiner Privatheit stammt und auf ihre Sicherung bedacht ist, eben weil sie der Ort ist, an dem er »bei sich selbst«, im Sinne von nicht entfremdet, und sein eigener Herr ist. Dieses B. aber gilt deshalb als »falsch«, weil in Wirklichkeit der

Gegensatz von Kapital und Lohnarbeit dadurch ebenso wenig aufgehoben ist wie die Ausbeutung, die nun nicht mehr direkt, sondern über den Umweg der Eigentumsbildung und des Wohlstands durch Konsum geschieht. Spätestens, wenn die Raten nicht mehr bezahlt werden können, Kurzarbeit oder Arbeitslosigkeit drohen, zeigen sich die wahren Abhängigkeiten wieder, aber auch der Wert der eigentlichen Arbeit.

Ohne Zweifel ist in der DDR der Bereich der Reproduktion entschieden vergesellschaftet worden. Dies zeigen die Unterbringung der Kinder im Hort, lange Schul- und Hausarbeitszeiten im Kollektiv, Verlängerung des Aufenthalts im Produktionsbereich durch ideologische und fachliche Arbeitssitzungen und Diskussionsrunden und kulturelle Einrichtungen wie Kulturhäuser mit zahlreichen obligatorischen Veranstaltungen und Angeboten. Diese Tätigkeiten gelten auch auf der Grundlage des ökonomischen B. der Ausbildung eines umfassenden, auf das gesamte Leben bezogenen B. Dennoch läßt dieses B. ganz offenbar auf sich warten, wenn auch Berichte in der Bundesrepublik, daß die Menschen in der DDR dieselben Symptome wie im Westen aufweisen, durchaus nicht richtig sind. Als Ursachen für das »falsche« B. in der DDR lassen sich unter anderem anführen, daß der Produktionsbereich in vielen Teilen als nicht weniger entfremdet empfunden wird als in der Bundesrepublik und die Bildung wirklicher Arbeitskollektive an ideologischer Hartnäckigkeit, Funktionärswesen und Routine scheitert. Hinzu kommt, daß die Freizeit an Eigenwert gewonnen, sich zugleich die Konsumorientierung entschieden verstärkt hat, der Wohnungsbau die Parzellierung der Menschen wie im Westen fördert und schließlich die Ideologie von der sozialistischen → *Familie* den sonstigen Kollektivierungen widerspricht. Zur Steigerung des Widerspruchs von sozialistischem, also gesellschaftlichem B. und privatem B. in der DDR tragen sicherlich bei die mangelnde → *Mobilität*, die ständige Überprüfung und Bewährung, die Tatsache, daß »der Staat überall dabei ist«, und auch das westliche Vorbild, dessen »glückliches« B. über das Fernsehen als »unglückliches« B. der Zuschauer in der DDR, nämlich nicht partizipieren zu können, importiert wird.

J. Knopf

Literatur

H. Marcuse, Der eindimensionale Mensch, Neuwied, Berlin (West) 1967

J. Habermas, Kultur und Kritik, Frankfurt a. M. 1973

L. Holzinger, Gesellschaftliche Arbeit und private Hauswirtschaft, Starnberg 1974

Weltanschauliche und methodologische Probleme der materialistischen Dialektik, hrsg. von G. Klimaszewsky, Berlin (Ost) 1976

Ŝ. Kunst, Sozialistisches ökonomisches B., in: Deutsche Zeitschrift für Philosophie 29. Jg., H. 6, Berlin (Ost) 1981, S. 699–705

Bibliotheken

I. Neuere Geschichte – II. Organisation der Bibliotheken in beiden deutschen Staaten – III. Gesellschaftliche Aufgaben

I. Neuere Geschichte

B. dienen der geordneten Sammlung, Erschließung und Vermittlung von gedruckten Materialien in umfassendem Sinn. Dazu haben sie in den vergangenen Jahren immer stärker Medien wie Dias, Kunstdrucke, Schallplatten oder Filme in ihren Aufgabenbereich miteinbezogen, so daß neue Einrichtungen wie Phonotheken, Diatheken, Artotheken entstanden sind. Dieser Erweiterung entsprechend ist die Vermittlung der Medien an die Benutzer zur wichtigsten Funktion der B. geworden, die ihre dabei verfolgten Zielsetzungen in beiden deutschen Staaten als von der gesellschaftlichen Umwelt bestimmt definieren.

Die Geschichte des deutschen Bibliothekssystems ist durch den Dualismus von wissenschaftlicher und öffentlicher B. geprägt worden, der eine Entwicklung zu konstruktiver Kooperation in vielfacher Hinsicht behindert hat. Der wichtigste Grund dafür ist in dem unterschiedlichen Selbstverständnis beider Typen zu suchen. Während die wissenschaftlichen B. ihre Aufgabe allein in der Vermittlung der → Literatur sahen, beanspruchten die Bibliothekare des öffentlichen Bereichs darüber hinaus eine Funktion bei der Anleitung ihrer Leser in deren Lektüre (→ Lesen). Die Auseinandersetzung über diesen Volksbildungsanspruch, die sich auch auf den Aufbau und die Erschließung des Bestands erstreckte, hat die Diskussion vor allem in der Weimarer Republik beherrscht und zu tiefgehenden Meinungsverschiedenheiten über die richtige Form der B. geführt. Die hierbei teilweise vertretenen irrationalen und antiliberalen Argumente haben die Gleichschaltung des Bibliothekssystems durch den Nationalsozialismus erleichtert und der Ideologie der Diktatur den Weg geebnet, deren Büchervernichtungen die öffentlichen Büchereien allerdings weitaus härter als die wissenschaftlichen B. trafen.

Die Teilung Deutschlands hat dann in den Bibliothekssystemen beider deutscher Staaten zu grundsätzlich unterschiedlichen Entwicklungen geführt. In der Bundesrepublik galten die Bemühungen in den Nachkriegsjahren in erster Linie dem Wiederaufbau zerstörter Gebäude und vernichteter Bestände, der Neubearbeitung der Kataloge, der Gewinnung von Mitarbeitern sowie der Neugründung der Berufsverbände und dem Wiederanknüpfen internationaler Verbindungen. Da die Not der Zeit zuallererst die Lösung praktischer Fragen erforderte, blieb für die theoretische Diskussion über eine mögliche Revidierung des Systems wenig Raum. So behielt man die Zweigleisigkeit von wissenschaftlichen und öffentlichen B. bei, die allerdings später durch die Einrichtung der *Deutschen Bibliothekskonferenz* (1963) organisatorisch überwunden wurde. In der DDR erfolgte die Planung unter konsequenter politischer Lenkung. *Wissenschaftliche* und *Allgemeinbildende* (öffentliche) *B.* wurden staatlichen Aufsichtsorganen unterstellt, die verbindliche Richtlinien auf der Grundlage des Marxismus-Leninismus für die bibliothekarische Arbeit erließen. In der Ausbildung, dem Aufbau der Bestände und bei ihrer Erschließung wurde dementsprechend von Anfang an → *Parteilichkeit* im Sinne der Staatsideologie verlangt.

II. Organisation der Bibliotheken in beiden deutschen Staaten

Das Bibliothekssystem der Bundesrepublik ist analog zum Staatsaufbau föderativ gegliedert. Rechtsträger sind Bund, Länder, Gemeinden und Kirchen, dazu kommen im differenzierten Bereich der Spezialbibliotheken Firmen, Parteien, Vereine und Gesellschaften. Die B. sind im allgemeinen unselbständige, nicht rechtsfähige Anstalten, die ihren zuständigen Behörden unmittelbar oder mittelbar unterstellt sind. Einen Sonderstatus besitzen die *Deutsche Bibliothek* in Frankfurt a. M. und die *Staatsbibliothek Preußischer Kulturbesitz* in Berlin (West). Die *Deutsche Bibliothek* ist eine rechtsfähige, bundesunmittelbare Einrichtung des öffentlichen Rechts. Sie wird von einem Generaldirektor geleitet, der einem Verwaltungsrat verantwortlich ist; die Rechtsaufsicht liegt beim Bundesinnenminister. Bei der *Staatsbibliothek Preußischer Kulturbesitz* handelt es sich um eine mittelbare Institution des öffentlichen Rechts, die von Bund und Ländern getragen wird. Ihr Generaldirektor ist dem Präsidenten der *Stiftung Preußischer Kulturbesitz* unterstellt. Die Rechtsaufsicht führt auch hier der Bundesinnenminister. Eine zentrale Gliederung mit einer Generaldirektion an der Spitze findet sich allein in Bayern. Ihr ist die *Bayerische Staatsbibliothek* München, die derzeit größte B. der Bundesrepublik, direkt unterstellt.

Die Struktur der bundesdeutschen Bibliothekslandschaft wurde im *Bibliotheksplan '73* beschrieben, der sich auf wissenschaftliche und öffentliche B. bezieht und ihnen innerhalb eines vierstufigen

Systems Aufgaben in der Literaturversorgung zuweist. Große Bedeutung kommt den Spezialbibliotheken und unter ihnen besonders den *Zentralen Fachbibliotheken* zu, da sie in den von ihnen jeweils vertretenen Disziplinen eine sehr viel intensivere Literaturbeschaffung und -erschließung betreiben, als das den Universitäts- und Universalbibliotheken möglich ist. Unterstützt werden die B. in ihren Planungen durch den *Deutschen Wissenschaftsrat* und das Bibliotheksreferat der *Deutschen Forschungsgemeinschaft*, die innerhalb der Sondersammelgebiete und des überregionalen Leihverkehrs Mittel für die Literaturversorgung bereitstellt. Die *Deutsche Forschungsgemeinschaft* fördert auch die Erschließung der Bestände, zum Beispiel von Handschriften, und einzelne Katalogunternehmen sowie Projekte der Bibliotheksforschung. Die B. des wissenschaftlichen und des öffentlichen Bereichs sind organisatorisch im *Deutschen Bibliotheksverband* zusammengeschlossen. Grundsätzliche theoretische und praktische Fragen werden in ständigen Kommissionen behandelt, die dem *Deutschen Bibliotheksinstitut* in Berlin (West) angegliedert sind.

Die Ausbildung der Bibliothekare erfolgt in den Laufbahnen des höheren, gehobenen und mittleren Dienstes. Sie gliedert sich in praktische und theoretische Abschnitte, die zeitliche Dauer dieser Abschnitte ist derzeit in den Bundesländern nicht einheitlich geregelt. Die Gesamtzeit der Ausbildung für den höheren Dienst beträgt zwei, diejenige für den gehobenen drei bis dreieinhalb und die für den mittleren Dienst eineinhalb bis zwei Jahre. Das Berufsbild des Bibliothekars in der Bundesrepublik war in den vergangenen Jahren einem erheblichen Wandel unterworfen. Das intensivierte Verständnis der B. als wirtschaflicher Betrieb sowie die Einführung der EDV haben neue Aufgabengebiete geschaffen und zu einer stärkeren Differenzierung des Tätigkeitsfeldes geführt. Durch diese Spezialisierung ist die Übereinstimmung über verbindliche Werke und Merkmale des Berufsbildes schwieriger geworden.

Das Bibliothekssystem der DDR ist weitgehend zentralisiert. Träger der B. ist neben dem Staat, den Bezirken, Städten und Gemeinden vor allem der *Gewerkschaftsbund*. Daneben gibt es verschiedene Institutionen, die Spezialbibliotheken unterhalten. Die B. sind unselbständige, nicht rechtsfähige Dienststellen. Trägerschaft und Fachaufsicht sind häufig getrennt. Die Fachaufsicht über die Allgemeinbildenden B. übt das *Zentralinstitut für Bibliothekswesen* aus, während die entsprechende Funktion für die wissenschaftlichen Allgemein- und Fachbibliotheken vom *Ministerium für Hoch- und Fachschulwissen* wahrgenommen wird.

Den beiden genannten Zweigen der Wissenschaftlichen Allgemein- und Fachbibliotheken sowie der staatlichen Allgemeinbildenden B. sind die vorhandenen B. ihren Aufgaben entsprechend zugeordnet. Zum ersten Zweig gehören auch die Universitäts- und Hochschulbibliotheken sowie die Universalbibliotheken, etwa die *Deutsche Bücherei* in Leipzig und die *Deutsche Staatsbibliothek* in Berlin (Ost). Auch die aus der Fusionierung von Stadt- und Landesbibliotheken gebildeten *Wissenschaftlichen Allgemeinbibliotheken* sind hier eingeordnet. Der andere Zweig besteht vor allem aus den Stadt- und Bezirksbibliotheken sowie den Gewerkschaftsbibliotheken. Zentrale Fachbibliotheken werden in erster Linie für technische Disziplinen aufgebaut. Durch die Bildung von Bibliotheksnetzen wird auf den verschiedenen Ebenen eine enge Kooperation angestrebt. Die B. sind im *Bibliotheksverband der DDR* zusammengeschlossen, der für regionale Bereiche Arbeitsgruppen gebildet hat, wichtige Fragen werden in ständigen Kommissionen beraten. Grundsatzentscheidungen zur Bibliothekspolitik trifft der *Ministerrat der DDR*, den zuständigen Ministerien stehen Beiräte zur Beratung zur Verfügung. Neben dem *Zentralinstitut für Bibliothekswesen*, das für die Entwicklung des Bibliothekssystems sowie für Angelegenheiten der *Staatlichen Allgemeinbildenden Bibliotheken* zuständig ist, hat das *Methodische Zentrum für wissenschaftliche Bibliotheken* beratende Funktion. Die Ausbildung der wissenschaftlichen Bibliothekare erfolgt in einem vierjährigen Studium am *Institut für Bibliothekswissenschaft und wissenschaftliche Information der Humboldt-Universität* in Berlin, daneben bestehen die Möglichkeiten eines Fern- und eines postgradualen Studiums. Die Ausbildung der Bibliothekare an *Wissenschaftlichen* und *Allgemeinbildenden Bibliotheken* dauert drei, diejenige zum Bibliotheksfacharbeiter zwei Jahre. Entsprechend ihrer Definition der B. als Instrumente zur Erziehung einer sozialistischen Gesellschaft fordert die DDR von ihren Bibliothekaren eine ideologische Berufsauffassung und Mitwirkung bei der gestellten Bildungsaufgabe im marxistisch-leninistischen Sinn. Den Kern dieser Berufsinterpretation bildet die Forderung nach parteilicher → *Propaganda* für eine »humanistische« Literatur, deren Erbe und Pflege die → *Kulturpolitik der DDR* für sich beansprucht.

III. Gesellschaftliche Aufgaben

Aus der »Volksbücherei«, deren Buchbestände durch die nationalsozialistische Kulturpolitik bereits dezimiert worden waren (vgl. F. Andrae, Volksbücherei und Nationalsozialismus; Beiträge zum Büchereiwesen, Reihe B Heft 3, Wiesbaden 1970) und die während des Zweiten Weltkrieges dann auch den größten Teil ihrer Gebäude und Einrichtungen verlor, entwickelte sich nach 1945 ein neuer Bibliothekstyp. Er ließ in seiner jeweils andersartigen Ausprägung die unterschiedliche gesellschaftspolitische Struktur beider deutscher Staaten deutlich erkennen. Die »Öffentliche B.« in der Bundesrepublik folgte dem Leitbild der angelsächsischen *Public Libraries* und wandelte sich aus der reinen »Bildungsbücherei« früherer Tage in eine um »Neutralität« bemühte Informationsstätte für die pluralistische Gesellschaft (vgl. H. Süberkrüb, Von der Volksbücherei zur modernen Öffentlichen Bibliothek, in: Dienst an Büchern, Lesern u. Autoren. Festschrift für F. Hüser, Berlin (West) 1973).

Die »allgemeinbildende B.« der DDR interpretiert ihren pädagogischen Auftrag vornehmlich als erzieherischen Beitrag mit dem Ziel, die »sozialistische Persönlichkeitsbildung zu fördern« (vgl. U. Thiem, Die Modellstruktur der Dreigeteilten Bibliothek, in: Buch und Bibliothek, Jg. 31, 1979, S. 217 ff.). Der unterschiedliche Ansatz führte notwendigerweise zu divergierenden Bestandskonzeptionen. In der »Öffentlichen B.« gilt der Artikel 5, Abs. 1 des *Grundgesetzes,* nach dem eine Zensur nicht stattfindet; in der allgemeinbildenden B. der DDR regiert das Prinzip der »Parteilichkeit«, und unerwünschte Autoren bleiben ausgeschlossen. Noch in der Klassifikation lassen sich, in der Bundesrepublik wie in der DDR, die gegensätzlichen Positionen ablesen: während die »Allgemeine Systematik für Büchereien« und die »Systematik für Bibliotheken« mit der Gruppe »Allgemeines« eröffnen, beginnt die »Systematik für allgemeinbildende Bibliotheken« mit der Gruppe »Marxismus/Leninismus«.

Ungeachtet aller programmatischen Unterschiede hat man für die Bibliotheksorganisation in beiden deutschen Staaten den gleichen Weg eingeschlagen. So ersetzte die Freihandausleihe hier wie dort die ehemalige Thekenbücherei. Ebenfalls wird die Notwendigkeit einer das ganze Land umfassenden Literaturversorgung unter Einbeziehung aller Bibliothekstypen anerkannt.

In der DDR fanden die 1964 erlassenen *Grundzüge des einheitlichen Bibliothekssystems* ihr administratives Echo in der 1968 vom Ministerrat gebilligten *Bibliotheksverordnung,* der ersten quasi gesetzesmäßigen Grundlage auf deutschem Boden. Nach ihr übernehmen in den 17 Bezirken *Wissenschaftliche Allgemeinbibliotheken* die Sammelaufgabe der in der DDR publizierten Bücher, einschließlich der Belletristik und Popularwissenschaft sowie einer Auswahl ausländischer Literatur für die ihnen unterstellten *Allgemeinbildenden B.* auf Kreis- und Lokalebene.

In der Bundesrepublik hatte schon 1964 ein Gutachten der *Kommunalen Gemeinschaftsstelle für Verwaltungsvereinfachung* für die *Öffentlichen B.* Personalausstattung und Bestandszahlen, nämlich einen Band pro Einwohner, festgeschrieben, die in der Neufassung (1974) auf zwei Bände pro Einwohner gesteigert wurden. Unmißverständlich erklären beide Gutachten die *Öffentliche B.* zur »Grundausstattung« jeder Gemeindeverwaltung im Bereich der Kulturarbeit.

Mit der Systembildung des *Bibliotheksplans '73* beantwortete man die sich ständig verstärkende Nachfrage nach Fach- und Sachschrifttum durch klare Verteilung der Kompetenzen. Die hieraus resultierende »Verwissenschaftlichung« der Buchbestände, die den in der »Volksbücherei« geltenden Primat der Schönen Literatur ablöste, hatte in den 50er Jahren in Nordrhein-Westfalen sogar zu Sondersammelgebieten bei den Großstadtbibliotheken geführt. Das ermöglichte dort die vollständige Erfassung aller Neuerscheinungen des deutschen Buchmarktes.

Im Zuge der skizzierten »Verwissenschaftlichung« griff man organisatorisch auf einen von der *Bücherhallenbewegung* um 1900 erstmals geäußerten Gedanken zurück. Traditionsreiche Stadtbibliotheken wandelten sich jetzt, so in Essen, Hannover, München und Ulm, in Zentralen örtlicher Bibliothekssysteme, zu denen ferner noch Stadtteilbüchereien und Fahrbüchereien für die Randbezirke zählten. In anderen Städten, etwa in Hamburg oder Stuttgart, schlossen sich bis dahin nahezu autonome Stadtteilbüchereien um neu gegründete Zentralbibliotheken gleichfalls zu lokalen Netzen zusammen. Wo man bei der damaligen Hochschulgründung die Stadtbibliotheken als Morgengabe der Universität übereignet hatte, wie in Köln oder Frankfurt a. M., entstanden ebenfalls neue Zentralbibliotheken. Als erstes Bundesland präsentierte schließlich Schleswig-Holstein das Modell eines ländlichen Bibliothekssystems mit der *Landesbüchereizentrale Flensburg* als Steuerungskopf.

Gesteigerte Anforderungen aus den Bereichen der schulischen Ausbildung und beruflichen Fortbildung erzwangen seit etwa 1960 zunächst den Typ der Berufsschul- und später dann den der Gesamtschulbibliothek, die in der Regel die Aufgabe einer Stadtteilbibliothek für die übrige Bevölkerung mit übernahm. Während der 70er Jahre begann man sich in der »sozialen Bibliotheksarbeit« stärker für Randgruppen der Gesellschaft zu engagieren. Gezielte Bemühungen galten den Krankenhaus- und Gefängnisbüchereien, man organisierte die Betreuung gehbehinderter älterer Mitbürger. Große Aufmerksamkeit widmete man auch der Versorgung ausländischer Arbeitnehmer und ihrer Familien mit Literatur in ihrer Heimatsprache, und besonderen Wert legten Bibliothekare ferner auf programmierte Einführungen in die Bibliotheksbenutzung, die vor allem in den Kinder- und Jugendbüchereien als Gruppenunterricht für Schulklassen einen wichtigen Beitrag zur allgemeinen Leseerziehung leistete. In diese Richtung zielen auch die Versuche zu einer mehr publikumsorientierten Aufstellung der Buchbestände mit dem Experiment der »Dreigeteilten Bibliothek« das dazu beitragen soll,

»Schwellenangst« bei Besuchern abzubauen.

Der Leser und seine Interessen sind in beiden deutschen Staaten in den Mittelpunkt der bibliothekarischen Arbeit gerückt, gleichwohl sind für eine Bibliothekssoziologie bis jetzt kaum die Grundlagen geschaffen worden. Zentralistische Gliederung des institutionellen Aufbaus und Ideologisierung des Berufs auf der einen sowie föderalistisches Prinzip und pluralistisches Verständnis der Funktionen auf der anderen Seite bilden die wesentlichen Unterschiede der beiden Bibliothekssysteme. Sowohl im demokratischen als auch im sozialistischen Staat wird den B. bei der Erfüllung des stark gestiegenen Informationsbedarfs ein hoher Stellenwert eingeräumt. Die Bundesregierung unterstützt zu diesem Zweck die Schaffung von Fachinformationssystemen, in denen B. und Dokumentationsstellen kooperieren sollen (Programm der Bundesregierung zur Förderung der Information und Dokumentation (IuD-Programm) 1974–1977, Bonn 1975). Die Verwirklichung dieses Plans ist bis jetzt allerdings erst teilweise erfolgt (→ *Information*). Ähnlich stellt sich die Situation in der DDR dar, wo bibliothekarische und dokumentarische Institutionen durch Ministererlaß seit 1969 zur Zusammenarbeit aufgefordert sind. Die Realisierung der Vorhaben ist auch hier über Anfänge noch nicht hinausgelangt.

W. Arnold (I, II), J. Eyssen (III)

Literatur
Handbuch der Bibliothekswissenschaft, begr. von F. Milkau, hrsg. von G. Leyh, Bd. 1–3 (n.) Regbd., Wiesbaden ²1952–1965
Handbuch des Büchereiwesens, hrsg. v. J. Langfeld, Halbbd. 1.2 Regbd., Wiesbaden 1965–1976
Zur Theorie und Praxis des modernen Bibliothekswesens. Bd. 1–3, hrsg. v. W. Kehr, K. W. Neubauer, J. Stoltzenburg, München 1976
H. Kunze, Grundzüge der Bibliothekslehre (Lehrbücher f. den bibliothek. Nachwuchs, Bd. 1) Leipzig ⁴1977
G. v. Busse, Struktur und Organisation des wissenschaftlichen Bibliothekswesens in der Bundesrepublik Deutschland. Entwicklung 1945 bis 1975, Wiesbaden 1977

Bild

Die Menschheit lebt in B. Nichts läßt sich denken, was sich nicht das eine um das andere Mal abbildet, bis es, zurückgespiegelt auf die Lebenspraxis, über diese Auskunft gibt, ihr Sinn verleiht, sie mit Forderungen konfrontiert.

Sobald es in der Geschichte der menschlichen Kultur die Vorstellung weltschöpfender Götter gibt, erscheinen Natur, Zivilisation, Mensch, Wirklichkeit selbst als B., das der Gott sich gemacht hat.

Während in den Naturreligionen Abgebildetes und B. noch in spannungsreicher Identität vorhanden sind, läuft die monotheistische Religionsgeschichte auf den strikten Dualismus von Diesseits und Jenseits hinaus, das letztlich für das B. des menschlichen Lebens ein mehr oder weniger unerforschliches Original darzustellen hätte. Deshalb entwickeln sich in den großen monotheistischen Religionen Formen des »Abbildungsverbots«; so darf sich der Mensch als aus dem Jenseits entworfenes B. selber »kein Bildnis machen«. Das Verständnis vom Leben als B. erhält sich in säkularisierter Form durch die Erfahrung der Begrenztheit menschlicher Erkenntnis. In der klassischen Erfahrung der Symbolhaftigkeit alles Daseienden zeigt sich eine Konstitution von Metaphysik, die sich nun nicht mehr auf die konkrete göttliche Gestalt zu beziehen braucht. Diesem Leben als B., das gleichsam ohne Original auskommen muß, macht erst die materialistische Bildauffassung ein Ende, indem sie das Abbild generell als Ergebnis der menschlichen Erkenntnis von einer objektiven Realität durch praktisches Handeln ansieht. Vereinfacht gesprochen, ist für die idealistische Philosophie die materielle Wirklichkeit Abbild einer höheren Wirklichkeit der Ideen, während umgekehrt für die materialistische Philosophie jedes Abbild den Versuch einer Aneignung materieller Wirklichkeit durch Ideen darstellt, also in jeder kulturellen Leistung des Menschen, sofern sie auch B. schafft, eine »Übersetzung« von Materiellem in Ideelles enthalten ist.

Ob nun im von Menschen geschaffenen B. die höhere Idee zu suchen ist, oder ob sich in ihm die materielle Wirklichkeit verbergen muß, immer wird zunächst die Frage nach Art und Maßstab einer Abbildung zu stellen sein. Das B. ist eine historische Stufe im Prozeß der Abbildung und ohne dessen Dimension nur mythisch und nicht rational zu erfassen.

Das Original, wie immer es beschaffen sein mag, wird zum einen auf der sinnlichen Ebene von → *Wahrnehmung*, Empfindung und praktischer → *Erfahrung* widergespiegelt, zum anderen auf der Ebene des → *Bewußtseins*, also vom Denken, der Kombination von Beobachtungen und Empfindungen, der Theoriebildung. Das B. im engeren Sinn, als ästhetische Gestalt gewordenes Ergebnis von Abbildungsprozessen künstlerischer, philosophischer, rhetorischer Art, läßt im allgemeinen die ausschließliche Festlegung auf eine der beiden Ebenen nicht zu. Es wird vielmehr dem Austausch zwischen sinnlicher Wahrnehmung und Bewußtsein zu dienen haben, insofern es als Abbildung über die Realisierung eines Entwurfs hinausgeht und nicht nur über das Vorhandensein eines Objektes der Abbildung informiert, sondern auch über dessen gesellschaftliche Praxis, über den Gebrauch, der davon gemacht wird, und über die Ideen, die sich zu ihm entwickeln. Faßt man das B. als ein Modell der

Wirklichkeit auf, so wird seine Ausdruckskraft nicht dann am größten sein, wenn Werkstoff, Dimension, Eigenschaften wie Farbe oder Geruch mit dem Dargestellten möglichst weitgehend übereinstimmen, sondern dann, wenn sich die Verhältnisse und Zuordnungen, die Gesetzmäßigkeiten und die Struktur als Wahrheitsgehalt entsprechen.

Indem ein B. Maßstab und Perspektive aufweist, ist es ein Kommentar zum Abgebildeten, ohne daß dabei, wie im Fall des Kunstwerks oder des philosophischen, pädagogischen, rhetorischen B., zugleich ein Interpret der Abbildung hinzutreten muß. Die völlige Identität von Abgebildetem und B. läßt, ganz im Gegensatz zur realen Erscheinung, Schlüsse über die Beschaffenheit des Originals nicht zu. Es führt zu nichts, wenn wir ein Automobil, das das Montageband verläßt, als B. des Wagens ansehen, der das Band eine Minute früher verlassen hat. Es werden aber Aussagen möglich, wenn man versucht, den Wagen als B. der Wünsche seiner potentiellen Käufer zu definieren, oder als B. eines gesellschaftlichen Konsenses über technologischen Fortschritt, oder aber als B. spezifischer Verwertungsinteressen von Kapital und Bürokratie.

Das bedeutet aber nicht, daß etwas nicht zugleich als B. und als funktionales Glied in einer durch die Praxis definierten Ursache-Wirkung-Kette, einer gesellschaftlichen Struktur bestehen kann. Da wir über einen Gegenstand nur etwas aussagen können, indem wir ihn abbilden, müssen Abbildungen notwendig wieder zu »Originalen« werden, über die mittels Abbildung Aussagen zu treffen sind. Wir nähern uns jedem Gegenstand über sein »Erscheinungsbild«. Ein »Krankheitsbild« dient uns dazu, geeignete therapeutische Maßnahmen zu finden. Man tritt an die Öffentlichkeit, indem man ein gutes oder schlechtes B. macht. Menschliche Kommunikation hat im Gegensatz zur Kommunikation in der Natur die Eigenschaft, sich über B. zu entwickeln. Das B. hat jedoch im Verhältnis zum Original nicht nur einen erklärenden, sondern auch einen ersetzenden Aspekt. Je mehr sich ein Objekt mit Bildhaftigkeit anreichert, desto stärker kann es sich der gesellschaftlichen Praxis entziehen. Von reinen Bilderwelten der → Kunst, der → bildenden Kunst, der Wissenschaft (→ Wissenschaft und Forschung) oder → Unterhaltung abgesehen, sind Abbildungsvorgänge in der Gesellschaft Gegenstand strategischer, politischer oder pädagogisch-aufklärerischer Überlegungen und Widersprüche, und selbstverständlich sind sie ihrerseits Abbildungen historischer und materieller Wirklichkeit. Nicht anders ist der Triumph des Tauschwerts, den man getrost auch einen »Bildwert« nennen kann, über den Gebrauchswert in den modernen Industriegesellschaften zu erklären als dadurch, daß sich die Ware mit immer mehr Bildhaftigkeit auflädt, und daß so das B. an die Stelle der Praxis treten kann (→ Werbung).

Die von der idealistischen und der materialistischen → Ästhetik geforderte Verbindung von Subjekt und Objekt, Harmonie und → Fortschritt durch das B. ist keineswegs die Regel. Vielmehr vermag sich das Subjekt vom Objekt durch das B. zu entfernen. Das Objekt läßt sich im B., wie es umgangssprachlich heißt, einfangen. Wenn sich in dieser dialektischen Aufhebung gesellschaftlicher Praxis in B. eine historische Entwicklung abzeichnet, so die, daß sich soziale Systeme, die nur einen Bruchteil der Produktivität und → Kreativität der ihnen Unterworfenen verwenden können, auf die vehemente Produktion und Konsumtion von B. verlegen.

In jedem Sprach- und Verständigungssystem gibt es eine Tendenz zur Abstraktion, zur Bezeichnung von Beziehungen innerhalb einer Struktur durch das Ausfiltern der Gesetzmäßigkeiten in solchen Beziehungen und Zuordnungen, und eine Tendenz zur Bildhaftigkeit, zur Darstellung von Beziehungen anhand bestimmter Beispiele, Ähnlichkeiten und Modelle. Das B. läßt das Allgemeine durch das Besondere sichtbar werden. Im Schrifttum ist, landläufiger Meinung nach, das B. dasjenige Element, das Sprachkunst von theoretischer Schreibform unterscheidet, wenngleich auch sie nicht ohne Verwendung von B. auskommt. Diese »Beseelung« der Sprache durch das B. wird in Sonderformen wie dem Gleichnis konkretisiert, in dem das B. das Erlebnis der Wirklichkeit verändert wiedergibt.

Jedem B., sei es sprachlicher, sei es graphischer Art, gesteht die idealistische Ästhetik einen Grad von Autonomie zu. Mit jedem neuen Kunstwerk sieht sie die Welt sich verändern. Diese Veränderung der Welt durch das aus sich heraus autarke neue B. verdankt sich nur zum Teil der Souveränität des → Künstlers im Umgang mit den Gegenständen und seinem Handwerkszeug.

Läßt sich einerseits sagen, daß sich im künstlerischen B. ein Umschlag von Quantitäten in eine neue Qualität vollzieht, so bleibt doch die Vorstellung bestehen, daß der Künstler das B. gleichsam dem Nichts entreißt, so wie der Schöpfergott die Welt und das Leben aus dem Nichts geschaffen hat. In diesem Kunstmythos schafft sich das Kunstwerk selber und läßt gänzlich Neues entstehen.

Wird in der modernen bürgerlichen Ästhetik dem künstlerischen B. Wert über den Begriff der Neuerung zugeschrieben als einem von mehreren Vektoren der Beurteilung, so wird für eine materialistische Ästhetik der Wert eines B. in der Aussage liegen, die es über die Wirklichkeit liefert. Jedem B. wird hier also etwas durchaus Typisches zugeschrieben, und es wird sich, gleich ob künstlerischer, literarischer, photographischer oder halluzinierter Natur, kaum auf transzendentale oder rein binnenpsychologisch-ästhetische Quellen zurückführen lassen. Denn jedes B. ist hier die Widerspiegelung einer in einem historischen Prozeß befindlichen sozialen und materiellen Wirklichkeit, wobei die Verschiebungen, Verschlüsselungen und Verdrängungen, die als Wirkstoffe in jedem B. bestehen, abhängig gedacht sind vom Klassenstatus dessen, der sich und anderen ein B. macht. Akzeptabel kann also in einer sozialistischen Gesellschaft nur dasjenige B. sein, in dem die Erscheinungen der Realität in bestimmter Weise und unverschleiert erkennbar und aus der Perspektive proletarischen Bewußtseins dargestellt sind. Die Hauptforderung an jedes B. nach »harmonischer, d.h. historisch ›richtiger‹ Übereinstimmung von Inhalt und Form ist dann gewährleistet, wenn die Arbeiterklasse als Held und Subjekt der Geschichte den neuen sozialistischen Inhalt ausmacht und zugleich zur Rezeption der formalen Gestaltung befähigt wird« (DDR- Handbuch, hrsg. v. Bundesministerium für innerdeutsche Beziehungen, wiss. Leitung P. Ch. Ludz, unter Mitwirkung v. J. Kuppe, Köln ²1979, S. 217) (→ *Form und Inhalt*).

Durch die zumindest ideologische Identität von Objekt und Subjekt, sowie von »Modell« und Rezipient, der Gedanken der »Schöpfer« und der Gedanken der »Betrachter« entsteht auch für das künstlerische B. die Gefahr, seine aufklärerische Fähigkeit zu verlieren und nichts als Tautologie zu sein. B., die ihren Gegenstand nicht verstehen, sondern preisen müssen, können nur durch Heroisierung oder Verklärung Bedeutung verlangen. Was bleibt, ist schließlich das B. als Bestätigung und Illusionierung der Wirklichkeit, eine soziale Funktion, die auch von den Klassikern der sozialistischen Ästhetik als durch und durch kleinbürgerlich aufgefaßt worden ist. In der Ikonographie des sozialistischen →*Alltags* läßt sich demnach eine Tendenz zur Absurdität aufzeigen. Je mehr das Gewicht auf die sozialistischen Inhalte gelegt wird, desto stärker werden als formale Kriterien kleinbürgerliche Maßstäbe angelegt. Da das »Unverständliche« im B. getilgt ist, versteinert es zum monumentalen Symbol, das nicht einmal auf die Wirklichkeit zurückverweisen könnte, der es entstammt, es sei denn vermittelt durch das gesellschaftliche Ritual.

Doch nicht nur in der Kunstpolitik der DDR hat sich die Praxis bis zu einem gewissen Grad aus dieser gedanklich-ideologischen Sackgasse befreit. Seit 1976 wird die Auffassung offiziöser Kunstbetrachtung einer lavierenden Praxis angeglichen. Neue Auslegungen der Abbildtheorie lassen einen gewissen Grad an Subjektivität in der bildenden Kunst zu. Dennoch wird nicht zugestanden, daß das künstlerische B. zunächst nichts anderes als Rätsel und Verstörung darstellen könnte.

Als Endpunkt in der Entwicklung des künstlerischen B. läßt sich demnach zum einen, vor allem in der bürgerlichen Kunst, das B. definieren, das nichts mehr darstellt, sondern direkter Umgang, direkte Reaktion auf das Material ist, die abstrakte Malerei, oder das B., das zumindest auf den ersten Anschein wie, im *Photorealismus*, nur noch mit der Oberfläche, dem bloßen Schein seines Gegen-

stands beschäftigt, zum anderen, vor allem in der sozialistischen Kunst, das B. als kreativer Kurzschluß zwischen Wirklichkeit und Ideologie, als Darstellung des Gedachten, als Illustration der Vorstellung, wie im *Sozialistischen Realismus*.

G. Seeßlen

Literatur

E. Cassirer, Philosophie der symbolischen Formen, Darmstadt 1953
W. I. Lenin, Materialismus und Empiriokritizismus, Leipzig 1947
F. Kempe, Das B. und die Wirklichkeit. Aufsätze und Bildnisse, Grünwald 1974
W. Lorenz, G. Wotjak, Zum Verhältnis von Abbild und Bedeutung. Überlegungen im Grenzfeld zwischen Erkenntnistheorie und Semantik, Berlin (Ost) 1977

Bildende Kunst

I. Moderne Kunst und sozialistische Parteilichkeit – II. Tendenzen der Kunstentwicklung in der Bundesrepublik Deutschland – III. Die Entwicklung in der Deutschen Demokratischen Republik – IV. Avantgarde und Tradition

I. Moderne Kunst und sozialistische Parteilichkeit

Während der Begriff der b. K., wenn auch um das Gebot sozialistischer →*Parteilichkeit* ergänzt, in der DDR auf den klassischen Kanon der traditionellen Gattungen der Malerei, Graphik und Plastik beschränkt wurde, versuchte ihn die bundesdeutsche Kunstkritik zu »entgrenzen« (W. Hofmann), es wurde »zur Selbstverständlichkeit, daß nichts, was die Kunst betrifft, mehr selbstverständlich ist, weder in ihr noch im Verhältnis zum Ganzen, nicht einmal ihr Existenzrecht« (Th. W. Adorno, Ges. Schriften 7. Ästhetische Theorie, Frankfurt a. M. 1970, S. 9). Während in den westlichen Besatzungszonen Künstler und Kunstkritiker unmittelbar nach 1945 an die von den Nationalsozialisten als »entartet« diffamierte und ausverkaufte deutsche und internationale →*Avantgarde* Anschluß suchten, konzentrierten sich die Kulturoffiziere der *Sowjetischen Militäradministration* und später die Kulturbehörden der DDR nach dem Vorbild der Sowjetunion auf die Pflege eines nationalen Kunsterbes, das bei der Genremalerei des 19. Jh. endete. Der von der Sowjetunion übernommene, für die DDR bis heute verbindliche *Sozialistische Realismus* orientiert sich an den Maßstäben einer am antiken Schönheitsideal ausgerichteten normativen Ästhetik. Das Kunstwerk ist nur denkbar als in sich geschlossene, harmonische Einheit von materiellem Werkträger und ideeller Botschaft (→ *Form und Inhalt*). Als Modell der Wirklichkeit soll es die Interessen und Wertmaßstäbe der Partei als gesellschaftlichen Auftraggebers widerspiegeln. Die → *Kunst* hat nach diesem Verständnis eine erzieherische und sinnstiftende, die Entwicklung des Sozialismus optimistisch antizipierende Funktion. Bis in die 70er Jahre hatte der Künstler den parteilichen Auftrag, den Typus des schönen, tatbereiten, sozialistischen Menschen, nicht jedoch die häßlichen Seiten des sozialistischen → *Alltags* darzustellen.

In der Bundesrepublik war das Bekenntnis zur abstrakten Kunst ein sichtbarer Beweis der Autonomie des Individuums gegenüber Staat und Gesellschaft, während in der DDR Freiheit der Kunst Einsicht in die Notwendigkeit, dem Staat und der Gesellschaft zu dienen, bedeutete. Die Kulturbehörden verstanden sich daher nur zu gern als Förderer der neuen Kunst, nicht zuletzt, weil sie im anderen Teil Deutschlands in Ungnade gefallen war.

Gegenüber einem Kunstbegriff, der im gesamtgesellschaftlichen Kommunikationssystem der »Mediengesellschaft« als ästhetische Innovation und Information aufgeht, bleibt der Kunstbegriff in der »Literaturgesellschaft« (J. R. Becher) der DDR unter Vernachlässigung der gattungsspezifischen Möglichkeiten b. K. dem literarisch-didaktischen Primat des Inhalts gegenüber der Form verpflichtet. Eine Kritik der Kunstkritik in der DDR bemängelt inzwischen diesen Geburtsfehler des *Sozialistischen Realismus,* der als Literaturtheorie auf dem ersten sowjetischen Schriftstellerkongreß in Moskau 1934 allen übrigen Kunstgattungen übergestülpt wurde.

Der offene Kunstbegriff in der Bundesrepublik sah sich dem geschlossenen System der marxistisch-leninistischen → *Ästhetik* mit ihrer eindeutigen Funktionsbestimmung der Kunst konfrontiert. Kritik kam aber auch von konservativer Seite, aus deren Blickwinkel die Geschichte der modernen Kunst zum Beweis des Untergangs eines allgemein verbindlichen, christlich-abendländischen Welt- und Menschenbildes wurde. Marxistische Dogmatik und konservative Kulturkritik treffen sich in ihrer Verdammung der → *Moderne.* Während die einen von kunstfeindlichem Pessimismus und → *Dekadenz* sprechen, diagnostizieren die anderen in der Auflösung der Grenzen der Kunst »Menschenverachtung«, »Überschwemmung mit Häßlichkeit« und »Zersetzung« (R. W. Eichler, Könner, Künstler, Scharlatane, München 1960, S. 207, 215).

II. Tendenzen der Kunstentwicklung in der Bundesrepublik Deutschland

Von W. Baumeister bis »Zero«: Seit 1945 zeichnen sich in der b. K. der Bundesrepublik deutlich drei Entwicklungsphasen ab. Die erste, von Kriegsende 1945 bis etwa zur Mitte der 50er Jahre, wird von der *documenta I* in Kassel, dem Tod W. Baumeisters (1955) und dem ersten Hervortreten der Gruppe *Zero* um die Jahreswende 1957/58 begrenzt. Die zweite Phase kulminiert in einem bis dahin kaum für möglich gehaltenen Kunstboom, dessen spektakulärster Ausdruck vielleicht die Konzentrierung an Rhein und Ruhr ist. Während sich, nicht zuletzt im Gefolge des ersten Kunstmarktes 1967, immer mehr Galerien in Köln niederlassen, wird Düsseldorf zur Metropole der Avantgardekunst. Das Jahr 1968 bedeutet einen nachhaltigen Stimmungsumschwung und den Eintritt in den dritten Zeitabschnitt, der von einem eigenartigen Dualismus zwischen Selbstüberschätzung und Verunsicherung, Expansionsanspruch und Krisenbewußtsein, öffentlichem → *Engagement* und Rückzug in die → *Innerlichkeit* gekennzeichnet ist und deren Ende sich heute noch nicht diagnostizieren läßt.

Die erste Zeit der Nachkriegskunst war von Nachholbedarf, von einem kaum zu stillenden Informationshunger bestimmt. Nichts beschäftigte die Künstler so wie die Frage, was in Paris, London, New York vor sich gegangen war und was dort gegenwärtig an Kunst gezeigt wurde. Daran galt es wieder anzuschließen. Dagegen erschien die eigene Tradition der 10er und 20er Jahre im Vergleich ohne vorausweisende Kraft, und es fehlte zunächst an einem Stimulans, an sie anzuknüpfen.

Wenn es nach dem Ersten Weltkrieg und aus seinem Erleben zu einer Kunst der Anklage kam, so erschien das alles in den Jahren unmittelbar nach dem Zweiten Weltkrieg mit den herkömmlichen Mitteln der b. K. nicht mehr auszusagen. Es entstand keine dem Phänomen der »Trümmerlyrik« adäquate Malerei von Rang, und Th. W. Adornos oft zitiertes Wort, nach Auschwitz sei es nicht mehr möglich, Gedichte zu schreiben, wurde von den Malern überraschend bestätigt. Gegenständliche Bilder erschienen kaum noch möglich.

Die Künstler versuchten vielmehr, den Anschluß an die große Sprache der Abstraktion zu finden, wie sie sich zuerst in Paris und dann in New York entwickelt hatte.

Einige Künstler, wie H. Trökes und M. Zimmermann in Berlin, versuchten, den disparaten Zeitläufen und absurden Zusammenhängen mit surrealistischen Zeichen und Figuren zu antworten. Ein einziger Maler, nämlich W. Heldt, vermochte unmittelbar an die deutsche Situation nach dem Kriege zu rühren. Sein Berlin der hohlen Fassaden, der verlassenen Plätze, des brandenden Trümmermeeres ist eine von allem Lokalkolorit entschlackte Stadt.

Aber W. Heldt ist ein Einzelfall, seine Kunst, erst sehr viel später in ihrem Rang erkannt, fand keine Fortsetzung.

Kein anderer aber verkörpert die Tendenzen und Hoffnungen der ersten Nachkriegsjahre so sehr wie W. Baumeister. Als er 1946 an die Kunstakademie in Stuttgart berufen wurde, hat er bereits ein beachtliches Werk hinter sich, eine lange Reihe von Entdeckungsreisen, vor allem in die Zonen prähistorischer Bildfindungen, die er nun um die Stationen seiner »Metaphysischen Landschaften«, der »Weltalter«, der »Gilgamesch« – Gleichnisse von 1947, und, ein letzter Höhepunkt, um die »Montaru«-, »Monturi«- und »Aru«-Bilder von 1953 bereichert. W. Baumeister ist dabei einer der wenigen Maler, deren Nachkriegswerk sich mit dem vorangegangenen messen kann, ohne abzufallen.

Die beherrschende Formensprache der 50er Jahre war die Abstraktion. Sie war es so sehr, daß man die Arbeit eigensinniger Einzelgänger wie B. Goller, R. Oelze, W. Gilles oder F. Schröder-Sonnenstern lange Zeit garnicht wahrnam.

Die beiden wesentlichen Strömungen innerhalb der deutschen Abstraktion der 50er Jahre lassen sich am besten von der Position der beiden deutschen Maler in Paris, W. Schulze, der sich Wols nannte, und H. Hartung aus beschreiben.

Wols' auf oft nur handtellergroße Flächen konzentriertes Gekritzel von höchster linearer und farblicher Subtilität war die verzweifeltste und entschiedenste Selbstbehauptung des isolierten, ganz auf sich gestellten Ichs, die sich denken läßt.

Die andere war die des deutschen Fremdenlegionärs H. Hartung. Für seine Strich- oder Strahlenbündel, verletzenden Pfeile, geballte Energie, hat die Kritik bald den Begriff »Psychogramm« eingeführt, um sie, ähnlich wie bei Wols, als Selbstbekundung zu charakterisieren.

Anders als der sich vollkommen preisgebende Wols aber ging es H. Hartung um Ordnung der Elemente, um Balance im Raum, also eher um Ausgewogenheit als um Explosion. Auf der Linie von Wols liegen die Arbeiten der vier Frankfurter Maler K. O. Goetz, O. Greis, Kreutz und B. Schultze, die sich bei ihrem ersten gemeinsamen Hervortreten 1952 noch »Neuexpressionisten« nannten, während E. W. Nay und F. Winter aus expressiven beziehungsweise im *Bauhaus* wurzelnden Anfängen eine große und, mit einem für das kunstkritische Vokabular jener Jahre typischen Adjektiv, »harmonikale« Bildordnung anstrebten und damit H. Hartung näher waren. Eine mittlere, mehr den Frankfurtern nahestehende Position hielt die Düsseldorfer Gruppe 53 um Hoehme und P. Brüning, während die Münchner Gruppe *Zen* Individualisten wie Bissier, R. Geiger, F. Winter nur lose miteinander verband.

Während W. Baumeister bis zuletzt, ebenso wie H. Hartung, E. W. Nay und F. Winter, an der Trennung von Form und Grund als Bauprinzip seiner Bilder festhielt, vollzog sich in der Frankfurter Gruppe der Übergang zu jener freien, die ganze Bildfläche erfassende gestischen Malerei, die dann als *art informel* oder Tachismus gekennzeichnet wurde. Mit ihrem Vollzug schienen die herkömmlichen Bindungen abgestreift und ein großer Raum der Freiheit erreicht, der keine vorgegebene Orientierung kannte.

Die 50er Jahre haben aus der Abstraktion eine Ideologie gemacht. Parallel zur politischen und ökonomischen Entwicklung und der Wandlung des Gefühls, »noch einmal davongekommen« zu sein, zur Attitüde »Wir sind wieder wer«, änderte sich nicht nur das Erscheinungsbild der abstrakten Kunst, sondern auch die mit ihr verbundenen Empfindungen vom Ausdruck tiefsten Selbstzweifels zur Pose stolzer Selbstgewißheit.

Die Ideologie der Abstraktion war geprägt von einem naiven Fortschrittsglauben und hatte den Vorzug, bequem zu sein. Sie machte es leicht, sich zur Moderne zu bekennen und gleichzeitig Vergangenheit zu bewältigen. Mit der Abstraktion hatte man den Anschluß an die internationale Formensprache gefunden, und zugleich sagte man auf einfachste Weise der Kunst des Nationalsozialismus ab, der den → *Realismus* so eindeutig dekretiert zu haben schien. In knapp einem Jahrzehnt war der revolutionäre Elan eines Wols oder H. Hartung von einem Heer handfertiger Epigonen verbraucht, die Leistungen E. W. Nays oder F. Winters verkamen unter der Hand ihrer Nachahmer zum Schmuck für Hauswände und Festsäle.

Gegen die ganze Breite dieser Entwicklung wandte sich eine Reihe von Künstlern um O. Piene, H. Mack, und später G. Uecker in Düsseldorf, die den Kern der in wechselnden Formationen hervorgetretenen Gruppe *Zero* bildeten. Es war dies die erste, nach 1945 initiierte Bewegung, die relativ rasch internationale Wirkung erreichte.

Es mag mit zum Erfolg von *Zero* beigetragen haben, daß sich hier der sozialutopische Optimismus der konstruktiven Kunst mit einem romantischen Naturgefühl verband. In dieser Synthese verlor die konstruktive Komponente das geometrisch Spröde, das ihr oft anhaftet, während das Naturgefühl ein sehr zeitgenössisches Moment erhielt. Etwa gleichzeitig mit dem Hervortreten der Gruppe *Zero* malte K. Klapheck die ersten Reihen seiner Schreibmaschinen, Nähmaschinen, Duschen, Telefone als bedrohliche, vom Menschen geprägte und den Menschen prägende technische Wesenheit und leitete damit die Wiederentdeckung des Gegenstands ein.

G. Richters Realismus dagegen hatte von Anfang an einen anderen Charakter. Er zeigte Wirklichkeit nie direkt, sondern im Filter verschiedener Medien, er zeigte die psychisch besetzte Realität unscharfer Fotos, alter Schnappschüsse, Nostalgie weckender

Ansichtskarten, führte Wirklichkeit als Detailver-
größerung oder Dokumentation eines Ablaufs vor,
gebrochen, verwischt, reflektiert, ironisch auf
Distanz gehalten. Mit den Bildern K. Klaphecks
und G. Richters, später mit einigen der kritischen
Realisten Berliner Prägung, wurde die fortdauernde
Chance des Realismus deutlich, Aussagen über die
Wirklichkeit unserer Tage zu machen, über die
äußere Wirklichkeit wie über die sich wandelnde
Weise der Menschen, sie wahrzunehmen.

Auch die Ideen von Dada und Surrealismus meldeten sich, nicht nur in *Happening* und *Fluxus,* wieder zu Wort. Ebensowenig waren Ideen des *Bauhauses* und der Konstruktivisten überwunden. Da
ließ sich der »Alleinvertretungsanspruch« eines
bestimmten Stils einfach nicht mehr aufrechthalten.
Das für die Kunstentwicklung in den 50er Jahren
sakrosankte Bild der »Einbahnstraße« wurde abgelöst durch das des »Gegenverkehrs«.

Die Anerkennung des pluralistischen Musters
trug auch der Tatsache Rechnung, daß die deutsche
Kunstszene wie nie zuvor zersplittert war. Berlin lag
abseits, Bonn konnte die Funktionen einer Hauptstadt kultureller Aktivitäten nicht übernehmen. So
stellte sich die Kunstszene lange als die Summe
einer Reihe von Sonderentwicklungen dar. In Berlin zu einem *Kritischen Realismus* mit Künstlern wie
W. Petrick. U. Baehr, H. Albert, K. Vogelgesang, in
Hamburg zu einem eklektischen Realismus von großer Suggestion (H. Jansen) und einer mondänen
Phantastik von verführerischer Eleganz (W. Wun-
derlich), in Stuttgart zu einer besonderen Spielart
der Farbflächenmalerei (K. Pfahler). Erst als sich
allmählich Düsseldorf als heimliche Hauptstadt der
deutschen Kunst herauskristallisierte, entstand ein
einheitlicher Bezugspunkt.

»Kunst für alle«: Die Ideologie der 60er Jahre
hieß »Kunst für alle«. Ihr Motto war die Demokratisierung der Künste. Selten hat ein populärer und
sympathischer Slogan nebenbei so tiefgreifende
Folgen gezeitigt wie dieser. So wenig gegen Strategien zu sagen ist, die geeignet scheinen, ein neues
Publikum zu gewinnen, so bedenklich ist die Art
und Weise, in der die Devise von der Demokratisierung von einem geschickten Handel zur Marktstra-
tegie umgewandelt wurde. Jedes eingängige Bild
wurde auf kürzestem Wege in gängige Graphik
umgemünzt. Kunst erschien zugleich als Ware und
als Gesellschaftsspiel. Für sie wurden neue Märkte,
aber kaum neue Menschen gewonnen.

Eine andere *idée fixe* der 60er Jahre war der
Gebrauch neuer Materialien, die Neugier und das
Vertrauen, die Künstler in die Verwendung von
Kunststoffen setzten, die sich in praxi als künstle-
risch unbrauchbar erwiesen, als Ausweis der
Modernität und Experimentierfreudigkeit eines
Künstlers aber gerne vorgewiesen wurden, in der
Regel aber zu höchst geistlosen Resultaten führten.

Die 60er Jahre blendeten und blinkten mit *Pop
Art* und *Op Art, Neo-Dada, Neuem Realismus, Hard
Edge* und *Kinetik.* Die Bundesrepublik war voll in
alle Entwicklungen integriert. Um diese Tendenzen
zusammenzufassen und zugleich das Besondere der
neuen deutschen Kunst der 60er Jahre zu charakterisieren, bieten sich zwei Begriffe an, »Stille« und
»Störung«.

Die Reaktion einer »unüberhörbaren« Stille ist
bei jenen Malern zu finden, die sich ganz in das
Wesen der Farbe versenkten und von der reinen
Farbe und der einheitlichen, in sich modulierten
Fläche ausgehend, zu neuen, tragfähigen, allgemei-
nen Bildentwürfen fortschritten. R. Geiger oder R.
Girke, der seinen Umgang auf das Zusammenspiel
von Weißtönen beschränkte, dieses aber stets als
Echo von Farben und Farbklängen verstand, G.
Graubner, der die Farbe als Farbkörper begriff und
uns »Farbräume« öffnete, aber auch J. Gecelli,
Jochims, E. Hofschen und G. Fruhtrunk, der die
Chancen geometrisch bestimmter Formen zur *Inter-
action of Colours* nutzte.

Die andere Möglichkeit, sich den übermächtigen
Strömungen der 60er Jahre zu entziehen oder ihnen
entgegenzuwirken, war die Reaktion der Störung.
Sie wurde vorangetragen von Bewegungen, die sich
gleichsam im Untergrund entwickelten, wie *Fluxus,
Happening* und *Aktionskunst.* Es wäre sicher falsch,
ihren Ursprung für die Bundesrepublik in Anspruch
zu nehmen, ihre ersten Manifestationen fanden hier
aber einen günstigen Boden, und sie wurden durch
die ersten öffentlichen Auftritte eines J. Beuys oder
W. Vostell mitgeprägt. Trotz aller immer aufs neue
behaupteter Zonen der Stille, trotz aller nachhaltig
vorgetragenen Störungen herrschte bis 1968 und
teilweise noch darüber hinaus ungebrochener
Enthusiasmus und unreflektiertes Kunstvertrauen.
So gegensätzlich die am sichersten mit dem Zeitgeist
verbundenen Richtungen wie *Pop-Art* oder *Op-Art*
waren, eines hatten sie gemeinsam, sie machten aus
der Kunst ein Spektakel, sie bombardierten uns mit
optischen Reizen, und es war die Zeit der großen
Ausstellungen.

Gegen Ende der 60er Jahre kündigte sich doch
mit *Minimal-Art, Concept-Art* und *Land-Art* schon
ein Umschwung an. Die Kunst wurde zusehends
stiller, unanschaulicher, gedanklicher und begann
sich den Ansprüchen der Gesellschaft zu entziehen.
Für die fünfte *documenta* 1972 prägte H. Szeemann
das Schlagwort: »Die Kunst kehrt zu sich selbst
zurück.«

Die 70er Jahre: Die Kunst der 70er Jahre ist eine
wesensmäßige andere als die der 60er. Sie ist theoretischer, ungreifbarer, unsichtbarer als je zuvor. Sie
ereignet sich weniger auf einer Leinwand, einem
Stück Papier, überhaupt nicht auf oder in irgendeinem Material, als vielmehr in unserem Bewußtsein. Dafür zwei Beispiele aus der *documenta* 1977.

Die »Honigpumpe« von J. Beuys ist ein Werk, das zunächst durch seine gedankliche Dimension fasziniert. Entscheidend ist die Funktion, nicht die Gestalt der technischen Apparaturen. Nur in der Bewegung des in transparenten Plastikschläuchen durch alle Stockwerke pulsierenden Honigstroms wird das Werk existent.

Womöglich noch karger war der Raum von J. Gerz mit seiner hölzernen Plattform, den sechzehn Sitzen und den Schiefertafeln auf dem Boden, diese Studierstube, durch die er auf seine transsibirische Reise im geschlossenen Eisenbahncoupé verweist, eine Reise, von der letztlich offenbleibt, ob sie überhaupt stattgefunden hat oder nicht. Dieses Projekt, das gerade in der Unsicherheit, ob es realisiert wurde oder nicht, Impuls und Irritation des Projekthaften behalten soll, entläßt uns nicht so leicht zu irgendeinem greifbaren Fazit. »Den Medien den Rücken kehren«, verlangt J. Gerz schon 1970. »Ich glaube nur an den Menschen als Medium. An alle Verlängerungen des Menschen glaub ich nicht.«

Bei U. Rückriem, R. Ruthenbeck, H. Darboven und U. Rosenbach finden wir vergleichbare Beispiele. Weiter als in Arbeiten dieser Art kann die künstlerische Askese kaum getrieben werden. Die Kunst der 70er Jahre übte sich in Exerzitien der Anschauung. Sie versuchte, sich der schnellen Einnahme zu entziehen. Sie dachte in langen Zeiträumen und hoffte auf ferne Wirkungen.

Bemühte sich die westdeutsche Kunst der 50er Jahre noch um den Anschluß an die Entwicklung der internationalen Avantgarde, mit der sie in der 60er und 70er Jahren eng verbunden war, so finden heute die deutschen Künstler im Ausland die größte Aufmerksamkeit, die, wie z. B. G. Baselitz, K. H. Hödicke, A. Kiefer, M. Lüpertz, sich provokativ mit deutscher Geschichte, ihren Symbolen und Mythen auseinandersetzen. Der international erfolgreichste deutsche Künstler, J. Beuys, wird zugleich von der Welt als der deutscheste von allen empfunden.

Typisch deutsch erscheint an ihm sein Hang zur Mystik, die Art und Weise, wie alles bei ihm einen grundsätzlichen, weltanschaulichen Zug hat, wie sehr jede seiner Aktionen durch spekulative, traumhafte, visionäre Momente bestimmt und gedeckt wird.

J. Beuys will diese Welt, die er in hohem Maße von Kräften der Ratio durchwirkt sieht, wieder erlebbar machen, ohne sie dem Irrationalen auszuliefern, er möchte das Unanschauliche unserem Empfinden nahebringen, alles wieder mit dem Gefühl erfassen, durchdringen können. J. Beuys antwortet M. Duchamp. M. Duchamp war der große Skeptiker am Anfang des Jahrhunderts und der Moderne, der grundsätzliche Fragesteller und Infragesteller, der so vielen Traditionen den Boden entzogen und dadurch so viele neue inspiriert hat. Wenn M. Duchamp die Dinge aus ihrem vertrauten Zusammenhang genommen und ihrer Funktion ent-

kleidet hat, dann will J. Beuys einen neuen Zusammenhang stiften, dabei dem Menschen unter den Dingen Orientierung gebend und den Dingen ihren Platz. Was J. Beuys möchte, ist, die Kunst zurückführen aus der Kälte der Abstraktion in die Gegenständlichkeit der Dinge, ihnen zum Licht der Erkenntnis auch die Wärme der Anschauung wiedergeben. Er will Gedanken und Empfindungen wieder zusammenbringen. Was er tut, lehrt, denkt, gruppiert sich ihm um den Begriff der Plastik als das Handeln auf der Welt und erscheint von daher als Einheit.

Zu Beginn der 80er Jahre machen Ausstellungen wie »Heftige Malerei« (Berlin (West) 1980), »Treibhaus« (Düsseldorf 1981), »Bildwechsel« (Berlin (West) 1981), »Phoenix« (Frankfurt a. M. 1981), »Fleisches Lust« (Köln 1981) einen radikalen Generationswechsel der 20- bis 35-jährigen Künstler sichtbar. Sie lehnen, obwohl vom expressiven Gestus und spekulativen Denken ihrer Lehrer (u. a. J. Beuys, K. H. Hödicke, M. Lüpertz) beeinflußt, die Rolle des Künstlers als exemplarischer Sprecher, Lehrer, Seher und Schamane ab. Sie glauben nicht mehr an die Möglichkeit, die Welt als Ganzes, als Einheit im Mythos symbolisch erfassen zu können. Das »Kunstwerk als Lernort«, globale Ideologie- und Gesellschaftskritik, Botschaften und Welterklärungsversuche sind ihnen suspekt. Ohne Anspruch auf Allgemeingültigkeit drücken sie in ihren Bildern die Wahrnehmungen und das Lebensgefühl der »*No-Future*-Generation« aus. Die Berliner »Heftigen« wie R. Fetting, H. Middendorf, Salomé, B. Zimmer spielen in Punk- und Rockgruppen oder malen für Musikläden wie »S. O. 36«. Originalität der Bilderfindung und die Prägung eines persönlichen Stils interessiert sie nicht. Die Kunstgeschichte (Expressionismus, *Fauves*) wird von ihnen als frei verfügbarer Fundus ausprobiert, zitiert oder verworfen. Bei der Beschäftigung mit den eigenen Wünschen und Erfahrungen, die unzensiert in ihrem widersprüchlichen Nebeneinander akzeptiert werden, entdecken sie, »daß Identität nichts Festes ist, auf gar keinen Fall eine Konformität zwischen Wünschen, Interessen, Bedürfnissen und den äußeren Bedingungen« (G. Naschberger, Mülheimer Freiheit. Eine Interviewmontage, in: Kunstforum, Köln Dez. 81/Jan. 82, S. 117). Ihre Malerei ist keineswegs ein Rückzug ins Private-Subjektive, eher ein exhibitionistisch-extrovertierter Ausbruch aus dem sorgfältig abgeschirmten, abgeschotteten Freiraum der Kunst in unserer Gesellschaft. Ihre Bilder kultivieren nicht eine kühle Verweigerungshaltung, sie sind »unheimlich optimistisch«, wollen faszinieren und irritieren, ohne programmatisch einen Stil, eine neue Richtung oder gar Manifeste zu verkünden.

III. Die Entwicklung in der Deutschen Demokratischen Republik

Wandbildbewegung, Dogmatismus und neuer Kurs: Die Kunstpolitik der *SED* stand zunächst im Zeichen der antifaschistisch-demokratischen Erneuerung. Gemeinsam sollten Vorkämpfer der Arbeiterbewegung und fortschrittliche Kräfte der bürgerlichen Intelligenz eine neue geistige und künstlerische Kultur aufbauen. Dies bestimmte auch die im Herbst 1946 von Künstlern und Kunstkennern unterschiedlichster weltanschaulicher und ästhetischer Position, wie W. Grohmann, M. Pechstein, H. Grundig in Dresden zusammengestellte *Allgemeine Deutsche Kunstausstellung,* die mit zahlreichen Werken von moderner deutscher Kunst vor 1933 als Ehrenrettung der sogenannten »entarteten Kunst« empfunden wurde.

Zwei Momente wurden als bestimmend für die weitere Kunstentwicklung angesehen. Die künftige realistische Kunst sollte moderne Kunstströmungen in sich aufheben und somit eine qualitativ neue Entwicklung darstellen. Und im öffentlichen Raum sollte das Wandbild unter sich abzeichnenden veränderten gesellschaftlichen Bedingungen dazu beitragen, Kunst mit dem Leben der Massen zu verbinden. Das Wandbild als Gegensatz zum Tafelbild demokratische Kunstform stand in einer proletarisch-revolutionären Kunsttradition der 20er Jahre, die ansatzweise in der *Assoziation Revolutionärer Bildender Künstler* realisiert worden war und nun von einem Teil dieser Künstler neu initiiert wurde. So malte 1948 H. Strempel das Wandbild »Trümmer weg, baut auf!« im Ostberliner Bahnhof Friedrichstraße, und für die *Zweite Deutsche Kunstausstellung* im Herbst 1949 in Dresden entstanden dreizehn Wandbilder, die größtenteils von Künstlerkollektiven mit der programmatischen Zielsetzung verwirklicht wurden, »den Arbeiter und seine Welt ins Licht künstlerischer Gestaltung zu stellen, ihm die revolutionäre Rolle der Arbeit als des einzigen Mittels zur Gewinnung eines besseren Lebens bewußt zu machen, seinem Streben nach einer vernünftig geordneten, demokratischen Welt Auftrieb und Zuversicht zu geben« (Entschließung sozialistischer Künstler und Schriftsteller, Neues Deutschland v. 7.9.1948).

Allerdings wurde die Wandbildbewegung von der Partei- und Staatsführung als formalistisch abgelehnt, H. Strempels Bild im Bahnhof Friedrichstraße 1951 übertüncht. Denn die *SED*-Führung orientierte sich auch in ihrer Kunstpolitik seit Gründung der DDR am sowjetischen Modell mit seiner »klassisch-nationalen Kunsttradition«. Was dem nicht entsprach, fiel unter das Verdikt westlicher → *Dekadenz* und des → *Formalismus.* An Stelle von K. Kollwitz, G. Grosz, F. Masereel, D. Rivera, auf die sich die ehemaligen Künstler der *Assoziation Revolutionärer Bildender Künstler* beriefen, wurden

die Künstler nun auf eine Ahnenreihe verpflichtet, die bei A. Dürer einsetzte und im 19. Jh. bei A. Feuerbach, M. Liebermann, A. Menzel und M. Klinger endete. Für das 20. Jh. galten nach offizieller Kunstpolitik allein anerkannte sowjetische Künstler als Vorbilder. Gefordert wurde, der »Schönheit des Lebens« und dem »Optimismus der Arbeiterklasse« Ausdruck zu verleihen.

Auf der *Dritten Deutschen Kunstausstellung* 1953, die ganz von dieser neuen, dogmatisch engen Kunstauffassung geprägt war, waren einmal die starke Dominanz kleinmeisterlicher Genremalerei und zum anderen Arbeiterdarstellungen und Bilder mit politischer Thematik bemerkenswert, geschaffen meist von jungen, unbekannten und in der Folgezeit auch unbedeutend bleibenden Künstlern.

Nach dem 17. Juni 1953 wurde durch die Kritik der Mitglieder der *Akademie der Künste* und der Künstlerverbände das Ausmaß der Bevormundung und Einengung durch die *Staatliche Kunstkommission* deutlich. Die Künstler forderten eine bessere soziale Versorgung, Selbstständigkeit für ihren Verband, eine freie Diskussion und Auseinandersetzung über künstlerische Fragen, sowie anstelle einer besserwisserischen, schematischen eine differenzierte und künstlerischen Problemen aufgeschlossene Kunstkritik.

In der Folge wurde von der *SED* auch in der Kunstpolitik ein »Neuer Kurs« eingeschlagen, den Künstlern eine »schöpferische Diskussion« und eine Verbesserung des öffentlichen Auftragswesens zugesagt. Die *Staatliche Kunstkommission* wurde aufgelöst und an ihrer Stelle ab 1954 das *Ministerium für Kultur* eingerichtet. Der *Verband Bildender Künstler* wurde alleiniger Herausgeber der 1953 neu gegründeten Zeitschrift »Bildende Kunst«, und 1955/56 konnte hier wieder die Auffassung vertreten werden, daß eine zeitgenössische realistische Kunst in der DDR nicht ohne die Aufarbeitung des Erbes des 20. Jh. und nicht durch die alleinige Orientierung auf die sowjetische Kunst entwickelt werden könne.

Die Disziplinierung der Künstler: Die kulturpolitische Linie des »Neuen Kurses«, die Erfolg eher durch Überzeugungsarbeit unter den Künstlern denn durch administrativen Zwang erreichen wollte, fand nach dem Volksaufstand in Ungarn 1956 ein schnelles Ende. 1958 startete die *SED* eine ideologische Offensive mit der Losung »Einheit von Kunst und Volk«, »Kunst und Leben«. Die Arbeiterklasse sollte nun nach den Worten W. Ulbrichts »die Höhen der Kultur stürmen und von ihnen Besitz ergreifen«. Die »antifaschistisch-demokratische Etappe« wurde endgültig für beendet erklärt und der Übergang zur »zweiten, sozialistischen Etappe« erklärt. Entsprechend sollte mit Beginn des zweiten Fünfjahresplans eine »sozialistische Nationalkultur« entwickelt und die bürgerliche

Intelligenz durch »Freundschafts- und Paten-schaftsverträge« mit den Werktätigen in Betrieben und landwirtschaftlichen Produktionsgenossen-schaften enger verbunden werden. So hoffte man, die Trennung zwischen Kunst und Leben, die Ent-fremdung zwischen Künstler und Volk aufheben zu können. Die im September 1958 in Dresden eröff-nete *Vierte Deutsche Kunstausstellung* wurde als ein erster Fortschritt in diese Richtung gewertet.

Nach ersten Aktionen wie »Kunst hilft Kohle« wurde 1959 im *Elektrochemischen Kombinat Bitter-feld*, die *Erste Bitterfelder Konferenz* als Autorentref-fen abgehalten, deren Losung »Greif zur Feder, Kumpel, die sozialistische deutsche Nationalkultur braucht Dich!« mit der Parole »Greif zur Rohrfe-der, zu Stift und Pinsel, Kumpel« auch auf die b. K. abgewandelt wurde.

Die kulturpolitischen Elemente des *Bitterfelder Weges,* Emanzipation der Arbeiterklasse und Über-windung der strikten Trennung körperlicher und geistiger Arbeit, scheiterten jedoch schnell an der ökonomistisch verengten, auf Produktivitätssteige-rung und Wettbewerbsdenken fixierten Einstellung der Betriebe. So klagte ein Betriebsleiter:»Kann ich von der Kunst nicht verlangen, daß die Arbeiter am nächsten Tag klüger, rationeller, intensiver arbeiten, bessere Resultate im Produktionsprozeß erzielen? Müde sind sie. Wo also ist euer Nutzen?« (Weima-rer Beiträge 18. Jg., 1972, H. 7, S. 128). Das Pro-gramm des *Bitterfelder Weges* erstarrte zur folgenlo-sen Phrase, bis es schließlich in den 70er Jahren stillschweigend fallengelassen wurde.

Die zweite Künstlergeneration: Inzwischen hatte sich eine zweite, schon von der → *Kulturpolitik der DDR* geprägte Künstlergeneration nach anfängli-chen Reibungen mit dem Formalismusverdikt durchgesetzt. Zu ihr gehörten W. Sitte, B. Heisig, W. Womacka, W. Neubert, W. Tübke und W. Matt-heuer. Vorausgegangen war ein Abrücken von der strengen Fixierung auf die genrehafte Kunstauffas-sung des sowjetischen Vorbildes. Der deutsche Expressionismus und die Tradition der proleta-risch-revolutionären Kunst der 20er Jahre wurde wieder zur Kenntnis genommen, wenn sie auch erst in den 70er Jahren systematisch aufgearbeitet wur-den. Während B. Heisig an L. Corinth und O. Kokoschka anknüpfte, orientierte sich W. Sitte in seinem Frühwerk neben R. Guttuso vor allem an P. Picasso, obwohl dieser in Ungnade gefallen war.

In den 60er Jahren war das Ziel der Kulturpolitik, die Fähigkeit der Kunst, alle anderen Bereiche zu durchdringen, als einen Faktor der gesellschaftli-chen Integration zu nutzen. Die Schönheit und sichtbare Zufriedenheit der Arbeiterklasse und ihr optimistisches Selbstbewußtsein werden zum bevorzugten Thema. Doch noch die VI. *Deutsche Kunstausstellung* 1967 wurde vom Bild des physisch kraftvollen, statuarischen Arbeiters, das dem Betrachter imponieren sollte, bestimmt. Diese Dar-

stellungsweise entsprach jedoch im Zeitalter der wissenschaftlich-technischen Revolution, in der Kunst und Wissenschaft zur wichtigsten Produktiv-kraft erklärt wurden, nicht mehr den Bedürfnissen der Partei. Schon 1964 hatte W. Ulbricht auf der *Zweiten Bitterfelder Konferenz* an alle Kunstschaf-fenden appelliert, »den Standpunkt des Planers und Leiters« als neues Leitbild zu propagieren. Die Kunst sollte künftig »etwas nicht unmittelbar sicht-bar Werdendes anschaulich machen, nämlich gei-stige Arbeit – Planen, Denken, Entwerfen, Entschei-den, Verantworten« (P. H. Feist, Der Mensch und seine Werke, in: Dezennium 2, Berlin (Ost), 1972, S. 15). In der Überzeugung, daß ein erzählend impressiv-abbildender Realismus der entwickelten Assoziationsfähigkeit des Betrachters nicht mehr entspräche.

So bildete sich vor allem im Schaffen W. Sittes und B. Heisigs eine expressive, dynamische Mal-weise heraus, in der sich die kühle Ratio des moder-nen, von der Technik dominierten Arbeitsplatzes mit dem Heroismus des Arbeiters als überlegenen Beherrschers industrieller Produktionsprozesse ver-band. W. Sittes »Chemiearbeiter am Schaltpult« von 1968 leistet diese erwünschte Anpassung des heroischen Arbeiterporträts an die nicht zu leugnen-den Veränderungen in der Produktionssphäre. Die Kraftentfaltung des körperlich Arbeitenden ist im Bild darstellbar, in der automatisierten Produktion dagegen sind optische Effekte nicht mehr zu finden. So entwickelt W. Sitte den oft überanstrengt wirken-den Klassenkämpfer weiter zu einem überlegen-gelassenen, verantwortungsbewußten Arbeiters am Regiepult eines sozialistischen Chemiegiganten. Die ideologische Nützlichkeit seines Gemäldes liegt im Verwischen des Widerspruchs »zwischen der komplizierter werdenden Arbeit des Wissenschaft-lers« und der »Unterforderung des geistigen Arbeitsvermögens«, dem »Brachliegen erheblicher Teile der erworbenen Qualifikation« bei den Fließ-bandarbeitern. (Beiträge zur Entwicklung sozialisti-scher Kulturbedürfnisse, Berlin (Ost) 1975, S. 74).

Ausbruch aus Stil- und Lebenskonventionen: Die Künstler der dritten Generation, darunter viele Schüler B. Heisigs, W. Mattheuers, W. Sittes und W. Tübkes, konfrontierten den Betrachter auf der unge-wöhnlich erfolgreichen VII. *Kunstausstellung der DDR* (→ *Kunstausstellungen*) 1972 zum erstenmal in großer Zahl mit ironisch distanzierten oder nach-denklich-introvertierten Darstellungen von Arbei-tern, die im Gegensatz zu nachahmenswerten Ver-haltensmustern nur Fragen stellen und die mit ihren metaphorischen und assoziativen Darstellungswei-sen Kritiker und Publikum herausforderten. Beson-ders die Künstler der *Leipziger Schule,* wie A. Rink, U. Hachulla, V. Stelzmann, H. Zander, G. Brüne, S. Gille, W. Peuker, U. Pfeiffer, die im gleichen Jahr mit ihrer 8. Bezirkskunstausstellung Aufsehen erregten, sprengten die bisherige enge Auffassung des Realismus als künstlerischer Abbildfunktion des Lebens.

Im Gegensatz zur belehrenden Botschaft der traditionellen Malerei des *Sozialistischen Realismus*, die der Interpretation wenig Spielraum läßt, zeichnet sich die neue Malerei dadurch aus, daß ihr Bedeutungsgehalt nicht von vornherein festliegt und sie den Betrachter zur eigenen Urteilsbildung herausfordert. Der Idealtypus des vorbildlichen Arbeiters weicht dem Einzelfall, der privaten Lebensgeschichte, die bisher bloß als subjektiver Faktor in der Planung des gesamtgesellschaftlichen Fortschritts vorkam. Entsprechend der zentralen Bedeutung der Begriffe »Bedürfnis und Interesse« in der kulturtheoretischen Diskussion seit dem VIII. Parteitag wenden die jungen Künstler der Subjektivität des Menschen, den Widrigkeiten des sozialistischen Alltags, mit denen er zu kämpfen hat, ihre Aufmerksamkeit zu.

Dies stieß auf den Widerstand des Publikums und einer parteilichen Kunstkritik, die unerwünschte, zu weit gehende und letztlich nicht mehr kontrollierbare Schlußfolgerungen in der Vorstellung des Betrachters fürchtete. Indem der Künstler zuviel »offen« läßt, besteht die Gefahr, daß der Betrachter sich durch die ungewohnte Darstellung der Widersprüche zwischen Ideal und Wirklichkeit gestört fühlt.

Das ernüchterte Eingeständnis einer allgegenwärtigen Enge, zugleich aber auch der Mut zum Ausbruch aus den oft bedrückenden Konventionen des sozialistischen →*Alltags* kennzeichnet die neue Thematik der Kunst in den 70er Jahren. »Weite und Vielfalt« wird auch jenseits des autonomen Reservats der Kunst im Sinne einer Erweiterung des Handlungsspielraums im Alltag wörtlich genommen und im Typus des »Strandbilds« als Metapher der Entgrenzung und Befreiung aus ideologischen Zwängen und Konsumritualen verarbeitet. Die illusionslos ohne das heroische Kampf- und Aufbaupathos ihrer Lehrer in die saturierten Verhältnisse des Sozialismus in der DDR hineingeborene vierte Künstlergeneration, für die warmes Wasser aus der gekachelten Wand einer standardisierten Neubauwohnung keine Errungenschaft im ideologischen Kampf mit der kapitalistischen Gesellschaft der Bundesrepublik mehr ist, entwickelt ein ähnlich mißtrauisch-nüchternes Lebensgefühl wie die *No Future*-Generation im Westen.

Ihr Vorbild sind Künstler wie G. Altenbourg und J. Böttcher, seit Anfang der 60er Jahre auch Dokumentarfilmregisseur, der nach dem Studium bei W. Lachnit als Dozent an der Volkshochschule Dresden in den 50er Jahren einen Kreis junger Künstler ausgebildet und bis heute geprägt hat, zu denen E. Göschel, P. Graf, P. Herrmann, R. Winkler, der seit 1975 bei uns als A. R. Penck bekannt ist und 1980 in die Bundesrepublik übersiedelte, gehörten.

Ihre abseits der offiziell Kunstszene gelegentlich in Galerien vorgestellten Bilder sind »technisch unbekümmerter, expressiv und verhalten, großformig, träumerisch« (J. Böttcher). Außer den großflächigen Chiffren und Sprachzeichen A. R. Pencks sind ihre Bilder sowohl der Bundesrepublik als auch in der DDR weitgehend unbeachtet geblieben. Dem Verschleiß ständig wechselnder Trends und den Marktmechanismen entzogen, gehen sie gelassener ihre eigenen Wege. Mit ihren Generationsgenossen in der Bundesrepublik verbindet sie die unmittelbare, emotionale Beziehung zu den Dingen, der Verzicht auf Bilder, »die so eine Art Weltumarmung bedeuten«: »Was ich male, bin immer bloß ich« (P. Herrmann).

IV. Avantgarde und Tradition

Mit der Auflösung des religiösen, metaphysischen Weltbildes muß sich auch die b. K. neue Legitimation in Anlehnung an die modernen Wissenschaften verschaffen. Die Aufklärung des 18. Jahrhunderts erwartete von der säkularisierten, autonomen Kunst und Wissenschaft konkrete Beiträge zur Erkenntnis der Welt, für den moralischen und sittlichen Fortschritt des Menschengeschlechts, für Erziehung, Bildung und das Glück des Menschen schlechthin. Die b. K. des *Sozialistischen Realismus* ist tief verwurzelt in dieser aufklärerischen Tradition. Eine verwissenschaftlichte Kunst soll durch Popularisierung begrifflicher Erkenntnis im sinnlichen Schein dem Kollektiv, das sie trägt und fördert, dazu beitragen, die Wirklichkeit zu bewältigen.

Auf dem Weg zur Moderne überlagern sich die Stile der b. K. in immer schnellerer Folge als Ausdruck der Selbstreflexion der Kunst über ihre Voraussetzungen und Darstellungstechniken. Diese Freiheit und zugleich gesellschaftliche Unverbindlichkeit der b. K. korrespondiert mit der Erschütterung moralischer und wissenschaftlicher Weltbilder. Glaubt der Marxismus-Leninismus noch an die Rationalität der wissenschaftlich-technischen Revolution, so zieht sich die b. K. in den westlichen Industriegesellschaften auf eine Position prinzipieller Unversöhnlichkeit zwischen Kunst und Leben zurück. Zwar findet die Institution Kunst als beliebig ausdeutbare und befrachtbare Projektionsfläche gesellschaftlicher Sehnsüchte, Defizite und Hoffnungen wieder gesellschaftliche Anerkennung, da sie das Vakuum, das durch das Fehlen eines allgemein anerkannten Wahrheitsmonopols, wie es die marxistisch-leninistische Partei als allwissende Deuterin des geschichtlichen Logos noch verkörpert, in der westlichen Gesellschaft entstanden ist, ausfüllen muß und ein allgemein empfundenes Sinndefizit ausgleichen soll. Zugleich führt das Fehlen konkreter Forderungen von seiten der Gesellschaft als Bedingung der »Freiheit« von staatlicher und gesellschaftlicher Bevormundung zum hilflosen Wiederholungszwang einer permanent selbstgenügsam mit sich beschäftigten Avantgarde, die aus einer kleinen mutigen Vorhut selbst zum Troß geworden ist.

Die von J. Claus emphatisch analysierte »Expansion der Künste« (Reinbek 1970) in der »Mediengesellschaft«, die scheinbar unbeschränkte Teilhabe an gesellschaftlicher Kommunikation in einer demokratisch organisierten Öffentlichkeit garantiert, vermag zwar im günstigsten Fall eine Sensibilisierung der Sinne zu leisten, die den Betrachter die Welt mit neuen Augen erleben läßt. Mit dieser Bewußtseinserweiterung und der Erkenntnis der Unerkennbarkeit der Welt wird er jedoch wieder sich selbst überlassen.

Dieser Leerlauf einer entgrenzten Kunst soll durch Begriffe wie »Korrespondenzsystem Kunst« kaschiert werden; die b. K. in Korrespondenz gesetzt mit dem Wissen unserer Zeit, ergibt eine neue ästhetische Dimension zur Wertung einer freien Gesellschaft, b. K. in neuen Kommunikationsmedien soll auch zwischenmenschliche Beziehungen neu organisieren können.

Dieser Versuch der 60er Jahre, die Funktionen der b. K. wieder zu objektivieren, blieb in der systemimmanent notwendigen Folgenlosigkeit künstlerischen Handelns stecken. Die Künstler bleiben, wie schon die Bohème des 19. Jh., Narren der Gesellschaft. Sie versuchen sich im symbolischen Rollenspiel je nach persönlicher Veranlagung »als Ingenieure und Universaldesigner der neuen Gesellschaft wie die Konstruktivisten, als politische Rebellen, als Begründer und Führer politischer Bewegungen, als Therapeuten, als Priester der wahren Lehre, als Mythologen, Schamanen, Religionsstifter, als Erlöser und Heilsbringer« (E. Beaucamp, Das Dilemma der Avantgarde, Frankfurt a. M. 1976, S. 266).

So kann der Künstler in der Rolle des Magiers und Schamanen zwar, wie J. Beuys, alle Menschen zu Künstlern erklären oder, nach dem Wort von W. Vostell, »Happenings sind überall«, den Alltag in seiner provozierend befremdlichen Ereignishaftigkeit erleben, doch nur unter weitgehendem Verzicht auf eine kritische Wirklichkeitsinterpretation. Zudem verwandeln sich solche, von der Kunstkritik zwar dankbar aufgegriffenen, aber auch ebenso schnell wieder verworfenen Haltungen in der Regel in den Händen der Kunstmakler zur griffigen Werbestrategie.

Unter Berufung auf B. Brecht und W. Benjamin versuchten Kunsthistoriker wie W. Hofmann einen Ausweg aus dem beschriebenen Dilemma, indem sie den Künstlern vorschlugen, den Warencharakter der b. K. in der kapitalistischen Gesellschaft für eine Strategie der Unterwanderung zu benutzen. An die Stelle abstrakter Verweigerung, individueller Störversuche und ästhetischer Pseudoschocks soll das bewußte Operieren mit den neuen reproduzierbaren Medien einer populären Kulturindustrie treten. Politisch handle der Künstler, der dem Kunstwerk die genialische Einmaligkeit und elitäre Aura entzieht und beispielsweise *Multiples* in Kaufhäusern anbietet oder Videofilme herstellt. Dabei wird jedoch leicht übersehen, daß Kunst in ihrer Anpassung an die Mechanismen der Warengesellschaft → *Entfremdung* nur auf einer neuen Ebene reproduziert. *Pop-Art* als serielle Reproduktion des Warenhausuniversums bestätigt tautologisch die Reproduzierbarkeit und Allgegenwart der Konsumwerbung und der täglichen Gebrauchsgegenstände. Der *Nouveau Realisme* führt die Kehrseite der Hochglanzverpackung, den Konsum als Verschleiß- und Zerstörungsprozeß vor. Die Kunst selbst ist unterdessen trotz Verweigerungsgesten, Unterwanderungsstrategien und der Wiederentdeckung agitatorisch-politischer Kunst Ende der 60er Jahre selber zum Verschleißprodukt eines alles nivellierenden und integrierenden Kunstmarktes geworden.

In der Generation der 80er Jahre führt in beiden deutschen Staaten die Resistenz und das Mißtrauen gegen eine Gesellschaft, deren Werte durch → *Propaganda* ausgehöhlt sind, zum Verzicht auf jede Form ästhetischer oder politischer Botschaft. Der Totalitätsanspruch der Avantgarde ist ihnen ebenso fremd wie in der DDR das heroisch-revolutionäre Erbe des *Sozialistischen Realismus*.

E. Gillen (I/III/IV), W. Schmied (II), F. Mülhaupt (III)

Literatur

W. Schmied, Malerei nach 1945, Berlin (West) 1974
L. Lang, Malerei und Grafik in der DDR, Leipzig 1978, Luzern, Frankfurt a. M. 1979
Weggefährten, Zeitgenossen. B. K. aus drei Jahrzehnten (Kat.), Berlin (Ost) 1979
K. Thomas, Die Malerei in der DDR 1949–1979, Köln 1980
W. M. Faust G. de Vries, Hunger nach Bildern. Deutsche Malerei der Gegenwart, Köln 1982

Bildung

I. Von der »Einbildung« zur Selbstbildung – II. Drei Grundmodelle – III. Sozialistische Bildungskonzeption in der DDR – IV. Vergleichende Perspektiven

I. Von der »Einbildung« zur Selbstbildung

Die Bildungsexpansion der letzten zwei Jahrzehnte hat in der Bundesrepublik Deutschland und der Deutschen Demokratischen Republik nicht nur zu einem bis dahin ungekannten Ausbau des Schul- und Bildungswesens, sondern auch zur Entstehung zahlreicher neuer Wissenschaftsdisziplinen geführt, die sich speziell der Förderung der B. (Bildungsökonomie, -soziologie, -forschung) widmen. Gleichwohl begann der Begriff der B., sofern er nicht mit den in der Schule vermittelten Lerninhalten gleichgesetzt wurde, zunehmend undeutlicher zu werden. Gab es bis in die 60er Jahre noch eine kritisch-produktive Auseinandersetzung mit traditionellen Bildungsvorstellungen, so ließ später das Interesse an einer bildungstheoretischen Klärung erkennbar nach. In der Bundesrepublik wird inzwischen nicht nur die Möglichkeit einer allgemeinen Bildungstheorie in Zweifel gezogen, sondern es wurde jüngst von W. Fischer sogar die Frage gestellt, ob B. überhaupt noch als ein »sinnvoller Begriff« anzusehen sei.

Die Entfaltung des Begriffs B. war in Deutschland eng verbunden mit der Entwicklung der Pädagogik zur Wissenschaft. Dabei blieb die Abgrenzung gegenüber dem älteren Begriff der → *Erziehung* stets kontrovers. Ihr wurde B. teils übergeordnet wie bei E. Spranger und T. Litt, teils untergeordnet wie bei O. Willmann und F. X. Eggersdorfer. Auch der synonyme Gebrauch beider Begriffe, den G. Kerschensteiner, H. Deiters und H. Klein vorschlugen, hat sich nicht durchgesetzt, da B. und Erziehung offensichtlich zwei Aspekte in der Entwicklung des Menschen bezeichnen, die sich zwar gegenseitig bedingen, jedoch nicht austauschbar sind.

Der historische Ursprung des deutschen Bildungsbegriffs ist umstritten. Wurde dieser früher als eine Schöpfung des Neuhumanismus oder des deutschen Idealismus angesehen, so wird der Ursprung heute im Pietismus oder gar in der deutschen Mystik gesucht. Im Verständnis der mittelalterlichen Mystiker bedeutete der Prozeß der B. das »Einbilden« des Bildes Gottes in die Seele eines Menschen. Angestrebt wurde die Herausbildung des Gottesbildes *(imago dei)* als »gnadenhafte Einbildung« mit dem Ziel einer rein geistigen *unio mystica*, der mystischen Vereinigung mit Gott. Später wurde dieser Begriff dann im Sinn des »Einbildens« von Wissen säkularisiert.

Mit der Übernahme der lateinischen Unterscheidung zwischen *eruditio* (Entrohung, Verfeinerung) oder *formatio* und *educatio* (Zucht, Aufzucht) wurde der Bildungsbegriff bis ins 18. Jh. überwiegend im didaktischen Sinn der Wissensvermittlung und geistigen Lenkung verwendet, wobei das Hauptaugenmerk auf die Beeinflussung des Schülers durch den Lehrer gerichtet war. Zu einem entscheidenden Bedeutungswandel kam es unter dem Einfluß F. G. Klopstocks und der Leibnizschen Philosophie. Statt die Lenkung des Schülers zu betonen, begann sich nunmehr ein reflexives und subjektivistisches Bildungsdenken durchzusetzen, das

B. im wesentlichen als Selbstbildung verstand. Den Anstoß gab die Erkenntnis, daß der Mensch die Möglichkeit seines individuellen Selbstseins in Gestalt von Vermögen und Kräften in sich selber trägt die, durch geeignete Mittel oder Stoffe von der bloßen Möglichkeit zur aktuellen Wirklichkeit »gebildet« werden müßten. Der Mensch habe also für die Verwirklichung seiner selbst zu sorgen. Nach J. G. Herder wird er sich selbst Zweck und Ziel der B. In diesem Sinn hatte im 15. Jh. schon Pico della Mirandola erklärt: »Der Mensch schafft sich selbst durch die Tat. Der Mensch ist Vater seiner selbst.«

Mit der Forderung nach spontaner Selbstverwirklichung, die seither das deutsche Bildungsdenken kennzeichnet, kam die Frage nach den Mitteln und Stoffen auf, an denen sich der Wille und die Kräfte emporbilden können. Ch. G. Salzmann hat in seinem »Ameisenbüchlein« von 1806 das Programm einer »formalen B.« entwickelt, in dessen Mittelpunkt die »Entwicklung und Übung der jugendlichen Kräfte« steht. Diesem Gedanken ist später das Konzept einer materiellen B. gegenübergestellt worden, das den Eigenwert des Bildungsgutes betonte, dabei allerdings auch die Bedeutung der reinen Wissensvermittlung.

Mit der Wendung zur reflexiven Vorstellung der Selbstbildung entstand auch die Notwendigkeit, den Prozeß der B. im Licht den Anthropologie und, so J. G. Herder, »Geschichte der Menschheit« zu reflektieren. Erst damit wurde eine »Theorie der B.« im Sinn W. v. Humboldts möglich, die über die bloße Didaktik hinausgeht. Die enge Verzahnung von Bildungstheorie, Anthropologie und Geschichte ist seit jener Zeit zu einem wesentlichen Merkmal der deutschen Bildungsphilosophie geworden. Sie fand in der deutschen Klassik und dem Neuhumanismus ihren Höhepunkt und in J. G. Herder, J. W. v. Goethe und W. v. Humboldt ihre bedeutendsten Vertreter.

II. Drei Grundmodelle

Mit Abstrichen ist das Erbe des neuhumanistischen Bildungsdenkens durch die Vermittlung von E. Spranger, T. Litt, H. Weinstock u. a. in der Bundesrepublik bis in die 60er Jahre lebendig geblieben. Freilich geriet dessen Kerngedanke der ichbezogenen Selbstvervollkommnung zunehmend unter Kritik, nicht zuletzt weil er sich gegen die legitimen Ansprüche der Mitmenschen, des Staates und der Gesellschaft zu richten schien. In der seither geführten bildungstheoretischen Diskussion, in der sich drei Grundmodelle unterscheiden lassen, war daher die Überwindung des Subjektivismus oder die Aufhebung des Dualismus von Subjekt und Objekt das gemeinsame Anliegen.

In den dialektisch-reflexiven Bildungsmodellen, denen insbesondere die Theorien der »kategorialen« B. zuzurechnen sind, werden »Selbst« und »Anders«, Mensch und Welt nicht mehr als Inneres und Äußeres einander gegenübergestellt, sondern als sich gegenseitig bedingend angesehen. Sie stehen somit in der Tradition des Bildungsbegriffs von G. W. F. Hegel und seiner Aufforderung, »im – anderen – zu sich selbst – kommen«, der bei J. Derbolav vor allem durch T. Litt vermittelt ist. Bei W. Klafki wird zudem der Einfluß der »geisteswissenschaftlichen Pädagogik« deutlich, die ihrerseits auf W. Dilthey zurückzuführen ist. W. Klafkis Kritik ist insbesondere gegen die »formale B.« im Sinn der funktionalen Kräfteschulung gerichtet, die die Güter der Kultur nur als »Stoffe« und Mittel der Selbstvervollkommnung ansieht. Demgegenüber hat W. Klafki gezeigt, daß B. immer nur in der Vereinigung von formaler und materialer B., dem Prinzip der »doppelseitigen Erschließung«, erfolgen kann. Der Sinn der B. liegt daher bei W. Klafki u. a. nicht mehr in den dem Subjekt mitgegebenen Möglichkeiten, die angeborenen Kräfte zu üben und zu entfalten, sondern ihm in den Kulturgestalten der Zeit als den objektivierten Möglichkeiten der Menschheit seine subjektiven Möglichkeiten zu erschließen.

Radikaler als in den vorgenannten Konzeptionen wird in den dialogischen Bildungsmodellen überlegt, ob es sich im Bildungsprozeß überhaupt um eine vom Subjekt gesteuerte Vermittlungsbewegung zwischen Subjekt und Objekt handelt. Unter Hinweis auf die unlösbare Verschränkung zwischen Mensch und Mensch sowie Mensch und Sache sind in dieser Richtung unterschiedliche Ansätze entwickelt worden. Für O. F. Bollnow ist das Phänomen der »Begegnung« zentral in seiner durch den Existentialismus geprägten Bildungstheorie. Die »Begegnung« bewirkt nicht nur die Neuorientierung des Handelns, ihr antisubjektiver Charakter sprengt auch die Subjektivität des Bildungsgeschehens. Bei M. Buber ist es die »Erfahrung der Gegenseite«, die das »dialogische Verhältnis« konstituiert und pädagogisch als »Umfassungserfahrung« gedeutet wird. Auch für T. Ballauff und K. Schaller geht es um das Zueinanderkommen von Person und Sache zu einer neuen, menschlich gestalteten Welt, die als ein »Gefüge« beschrieben wird, dessen Struktur und Ziel nach K. Schaller »nicht der zu gewinnende Selbststand der Person, die Selbständigkeit, die Autonomie des Subjekts, sondern Einstand und Beistand ist«.

Im Mittelpunkt des neomarxistischen Bildungsmodells von H.-J. Heydorn steht die Dialektik von B. und Herrschaft sowie von Arbeit und B. Für H.-J. Heydorn zielt der Begriff der B. auf die Überwindung aller Verhältnisse, die die Befreiung des Menschen zum Menschen verhindern, also auf die Abschaffung von Herrschaft. Die Theorie der B. ist daher zugleich eine Geschichte der B. Nach H.-J. Heydorn hat die Bildungstheorie bei K. Marx mit

der Idee der polytechnischen B. und der spekulativ vorweggenommenen Versöhnung von B. und Arbeit ihren geschichtlichen Höhepunkt erreicht. Seither befindet sich dies in einer Verfallsperiode, deren letzter Abschnitt mit der Bildungsreform Ende der 60er Jahre eingeleitet wurde und beispielsweise in der Abwertung der klassischen B. zum Ausdruck kommt.

Neben dem Ziel, das Schulsystem zu verbessern und Chancengleichheit für alle sozialen Schichten zu erreichen, gerieten Fragen nach dem grundsätzlichen Ziel von B. dabei in den Hintergrund. So sind die nur Fragment gebliebenen Arbeiten H.-J. Heydorns in der Bundesrepublik der bisher letzte Versuch, eine geschlossene Theorie der B. zu entwickeln. Seit Anfang der 70er Jahre ist ein deutliches Desinteresse an Norm- und Sinnfragen der B. und Erziehung und der Verlust eines konsensfähigen Bildungsbegriffs festzustellen. Symptomatisch ist die bevorzugte Verwendung scheinbar unbelasteter und weniger der »Ideologie« verdächtiger Begriffe wie Wissen, Lernen, Kompetenz und Qualifikation anstelle des Begriffes B. Dabei wird häufig verkannt, daß diese Begriffe, wie beispielsweise der vom *Deutschen Bildungsrat* im »Strukturplan« von 1970 aus dem Amerikanischen übernommene Begriff der »Kompetenz«, einen eigenen bildungstheoretischen Hintergrund haben, der jedoch in diesem Fall der Behaviorismus und die funktionalistisch orientierte Systemtheorie, oft nicht gesehen wird. Mitunter wird auch der Sinngehalt entsprechender Begriffe, wie sich ebenfalls am Beispiel der »Kompetenz« zeigen läßt, mit traditionellen Bildungsvorstellungen überlagert.

Die Curriculumforschung der letzten Jahre bietet zudem ein Beispiel dafür, wie formale Kategorien wie »Denken-lernen«, »Lernen-lernen«, Flexibilität und Kreativität an die Stelle verlorengegangener Bedeutungen treten. Indem Ziele und Inhalte nur noch zweitwertig erscheinen, ergeben sich auffallende Parallelen zu Folgerungen aus der theoretisch bereits überholten »formalen« Bildungstheorie. Dabei bestätigt die Curriculumreform die auch in anderen sozialwissenschaftlichen Problemfeldern beobachtbare Tendenz, Legitimationsprobleme durch Verfahrensregelung zu umgehen.

III. Sozialistische Bildungskonzeption in der DDR

Der Begriff »sozialistische Bildungskonzeption« wird in der DDR synonym mit »marxistisch-leninistische Bildungskonzeption« und »sozialistische Bildungstheorie« verwendet. Er bezeichnet nach H. Klein »ein System von Aussagen über Ziele, Inhalte, Organisation, Methoden, Formen usw. der B. und Erziehung«. Diese weitgehende bzw. uferlose Definition ist allerdings nicht unumstritten. Zwar gibt es in der DDR bisher nicht, wie in der Bundesrepublik, eine Vielzahl unterschiedlicher Bildungstheorien, doch hat zumindest in den 60er Jahren im Zusammenhang mit der Entwicklung eines neuen Lehrplanwerkes eine teilweise recht lebhafte und kontroverse Diskussion um die Bestimmung einer »sozialistischen Bildungskonzeption« stattgefunden. Berücksichtigt man ferner die in einigen Fällen abweichenden Sichtweisen verschiedener Einzelwissenschaften, wie der marxistisch-leninistischen Soziologie, Sozialpsychologie und Wirtschaftswissenschaft, so kann trotz gegenteiliger Behauptung in der Literatur der DDR von der Existenz einer einheitlichen sozialistischen Bildungskonzeption, die mit geringen Modifikationen gar noch für alle sozialistischen Länder Gültigkeit hätte, nicht einmal vom Ansatz her die Rede sein. Es erscheint daher auch symptomatisch, daß in der DDR bisher noch keine in sich geschlossene Darstellung der sozialistischen Bildungskonzeption veröffentlicht wurde, die den genannten Ansprüchen gerecht würde.

Nach H. Klein soll die sozialistische Bildungskonzeption Grundaussagen über die Wechselbeziehungen zwischen Erziehung und Gesellschaft, zwischen Erziehung und der Entwicklung der Persönlichkeit und über den Charakter des pädagogischen Prozesses treffen.

Die Wechselbeziehung zwischen Erziehung und Gesellschaft, die auch Aussagen über das Verhältnis von Individuum und Gesellschaft impliziert, ist auf makro-soziologischer Ebene nach der Lehre des historischen Materialismus einerseits bedingt durch die Produktivkräfte, Produktionsverhältnisse, die Gesellschaftsformation und die Klassenlage. Andererseits wird der B. und Erziehung eine prognostische und bewußtseinsverändernde Funktion im historischen Prozeß zuerkannt. Pädagogen wie G. Uhlig u. a. haben diesen Widerspruch unter Hinweis auf die sechste Feuerbachthese von K. Marx und dadurch aufzulösen versucht, daß sie die Erziehung kurzerhand als Teil des revolutionären, bewußtseinsverändernden Prozesses definierten. Demgegenüber hat der Soziologe E. Hahn die Problematik der Widerspiegelung durch Aufspaltung des Erkenntnisprozesses und des Klassenbewußtseins in ein Alltagsbewußtsein einerseits und in die »wissenschaftliche Ideologie« andererseits gelöst, wobei letztere nach E. Hahn allein der *SED* zuteil wird und die Legitimation und Basis für die B. und Erziehung abgibt.

Auf mikrosoziologischer und sozialpsychologischer Ebene wird das Verhältnis von Individuum, Erziehung und Gesellschaft unter dem Begriff der Verhaltensdetermination diskutiert und als eine »wechselseitig entwicklungsfördernde Beeinflussung« beschrieben. Danach ist der Bildungsprozeß bestimmt durch das dialektische Zusammenwirken von aktiver Aneignung der Umwelt des Individuums und »Außendetermination«. Die zeitweise

kontroverse Diskussion, ob in diesem Wechselprozeß die inneren Widersprüche des Individuums oder die äußeren Einflüsse den eigentlichen Antrieb darstellen, ist inzwischen zugunsten der Außendetermination als einem »nach gesellschaftlich-pädagogischen Zielvorstellungen gesteuertem Prozeß« entschieden worden. Die oft zitierte These S. L. Rubinsteins, daß die äußeren Einwirkungen durch die »inneren Bedingungen« des Individuums »gebrochen« würden, soll zwar die dialektische Interpretation dieses Verhältnisses unterstreichen, bleibt jedoch aufgrund ihres Allgemeinheitsgrades wissenschaftlich unergiebig.

Die Persönlichkeitstheorie (→ *Persönlichkeit*) des Marxismus-Leninismus wird teils als »grundlegender Ausgangs- und Bezugspunkt«, teils als methodologische und theoretische Grundlage der sozialistischen Bildungskonzeption beschrieben, teils sogar mit dieser gleichgesetzt. Kontrovers ist nicht nur das Verhältnis der beiden Bezugsgrößen zueinander, sondern auch die Auffassung, ob dem Marxismus-Leninismus überhaupt ein bestimmtes Menschenbild zugrunde liegt. Die seit Mitte der 60er Jahre in fast allen Gesellschaftswissenschaften der DDR angelaufenen Bemühungen um eine sozialistische Persönlichkeitstheorie haben die grundlegenden Positionsunterschiede noch nicht überbrücken können, da bereits über die Art des forschungsmethodischen Zugangs Differenzen bestehen. Während G. Neuner vom empirischen Befund der Persönlichkeitsentwicklung ausgehen will, orientieren sich A. Meier und O. Mader an den gesellschaftlichen Anforderungen. F. Adler und A. Kretzschmar verstehen die Genese der sozialistischen Persönlichkeit als »Aneignung des sozialen Wesens der Arbeiterklasse«. Unter diesen Voraussetzungen erweist sich die oben behauptete Verbindung von Bildungskonzeption und Persönlichkeitstheorie als eine Fiktion, der das Bestreben zugrunde liegt, in allen Bereichen des Lernens die Gültigkeit der ideologischen Aussagen zur Geltung zu bringen.

Die divergierenden Auffassungen der Autoren in der DDR zum Charakter des Bildungs- und Erziehungsprozesses werden an der Auseinandersetzung um das »Prinzip der Einheit von B. und Erziehung« deutlich. Für G. Neuner, den Präsidenten der *Akademie der Pädagogischen Wissenschaften,* ist diese Einheit mit der postulierten »Einheit von Wissenschaftlichkeit und Parteilichkeit« gegeben. Demgemäß steht für G. Neuner die ideologische Erziehung im Zentrum der pädagogischen Bemühungen. Ihr kommt für die Persönlichkeitsentwicklung die entscheidende Bedeutung zu. Die einseitig intellektualistische Orientierung dieser Konzeption zeigt sich darin, daß G. Neuner zwar in traditioneller Weise zwischen B. als Kenntnis- und Fähigkeitserwerb und Erziehung als Einstellungs- und Verhaltensformung unterscheidet, die Verhaltenssteuerung jedoch auf dem Wege der Bewußtseinsbildung durch wissenschaftlich gültige Verallgemeinerungen sichern will. Damit fällt der Schule und dem Unterricht zwangsläufig eine dominierende Rolle zu.

Obwohl G. Neuners intellektualistische Grundposition der »Ideologiezentriertheit« der Lehrplanreform zugrunde lag und somit auf die Bildungs- und Erziehungspraxis Einfluß erhielt, ist sie doch in der DDR keineswegs unumstritten. Von ganz unterschiedlichen Positionen aus haben der Sozialpädagoge E. Mannschatz und der Didaktiker K. Tomaschewsky vor einer Verkürzung der Erziehungsproblematik gewarnt und auf die Unterschiedlichkeit der Aneignung der Kultur und der Aneignung der zwischenmenschlichen Beziehungen hingewiesen. Nach K. Tomaschewsky lassen sich nicht alle unterrichtlichen Probleme auf den Bildungsaspekt beschränken, da es keine reine B. und Erziehung gibt. Beide müssten in ihrer eigenen Logik und in ihrem dialektischen Zusammenhang gesehen werden, also in der »Verflechtung von Sachlichem und Sittlichem«. Damit wird von K. Tomaschewsky auf die sittliche-moralische Dimension des Handelns hingewiesen, die G. Neuner durch seinen intellektualistischen Ansatz und sein striktes Eintreten für die Parteilichkeit zu umgehen glaubte.

IV. Vergleichende Perspektiven

Ein Vergleich der Bildungskonzeption in der Bundesrepublik und DDR ist aus methodologischen und sachlichen Gründen nur bedingt möglich. Immerhin ist festzuhalten, daß die geschichtlich überlieferte Auslegung des Bildungsgedankens im Sinne einer reflexiven Selbstbildung in beiden Ländern durch dialektische oder dialogische Bildungsmodelle abgelöst worden ist, in denen an die Stelle des sich selbstverwirklichenden Individuums ein neu zu konstituierendes Verhältnis von Mensch und Mitwelt oder Gesellschaft getreten ist. Allerdings wird diese Sichtweise in der DDR durch den Primat der »Außendetermination« und den Führungsanspruch der *SED* wieder relativiert.

Beträchtliche Unterschiede bestehen im Hinblick auf die Funktion und den Stellenwert der Bildungskonzeptionen. Die sozialistische Bildungskonzeption tritt mit dem Anspruch eines Programms und eines allgemeinen Erziehungsplanes auf, der die Grundlage für die Einzelentscheidungen bei der Gestaltung des pädagogischen Prozesses bildet. Für G. Neuner bildet die Bildungskonzeption das Kernstück in der Ableitungskette von Marxismus-Leninismus, Persönlichkeitstheorie, Bildunkskonzeption, Konzeption der Allgemeinbildung, Unterricht, Bewußtsein und Verhalten. Ihre wichtigste Funktion besteht danach in der Vereinheitlichung der Zielprojektionen im Sinne eines »ganzheitlichen« Bildungs- und Erziehungsprozesses und vor allem in der Sicherung des Primats der Ideologie.

Demgegenüber gilt in der Bundesrepublik die Vorstellung, Bildungsinhalte oder erzieherische Maßnahmen aus einer übergreifenden Bildungskonzeption oder obersten Normen ableiten zu können, seit langem als illusionär. Auch hat die Kategorie der B. ihre Leitfunktion in der bildungspolitischen Auseinandersetzung und in der Curriculumreform des letzten Jahrzehnts weitgehend eingebüßt. Sie taucht erst Anfang der 80er Jahre in der pädagogischen und bildungspolitischen Diskussion wieder auf, verbunden mit der Forderung, den verlorenen Problemhorizont wieder bewußt zu machen und der vernachlässigten Allgemeinbildung wieder zu ihrem Recht zu verhelfen.

H.-P. Schäfer

Literatur
G. Neuner, Zur Theorie der sozialistischen Allgemeinbildung, Berlin (Ost) 1973
H. Klein, B. in der DDR, Reinbek 1974
W. Schmied-Kowarzik, Dialektische Pädagogik, München 1974
W. Neumann, Einführung in die Pädagogik, Berlin (Ost) 1975
D. Waterkamp, Lehrplanreform in der DDR, Hannover 1975
J. Baumert u. a., Das Bildungswesen in der Bundesrepublik Deutschland, Reinbek 1979
H.-J. Heydorn, Über den Widerspruch von B. und Herrschaft, Frankfurt a. M. ²1979

Biographie

Dem überkommenen Verständnis nach gilt B. als Kunst der Lebensbeschreibung von Einzelpersonen, denen besondere historische Bedeutung zugemessen wird. Das Wort stammt aus der Spätantike, der moderne Bedeutungsinhalt wurde im 17. Jh. in der bürgerlichen Aufstiegsepoche Englands geprägt und verbreitet. In der langen Tradition des biographischen Genres, die bis in die griechische Antike zurückreicht, ist das Verhältnis von literarischer und wissenschaftlicher Biographik, von Darstellung und Analytik immer umstritten gewesen. Dieses gerade auch in der deutschen Geistesgeschichte diskutierte Problem hat sich erst in jüngster Zeit entspannt. Heute wird in der Bundesrepublik wie in der DDR beiden ein legitimer Platz innerhalb der geistigen Kultur eingeräumt.

Das biographische Genre hat zur Bedingung, daß die Entwicklung der menschlichen Individualität (→ *Philosophie*) in ihrer unverwechselbaren Einzigartigkeit entdeckt und der individuelle Lebenslauf als mitteilenswert erachtet wird (→ *Persönlichkeit*). In der deutschen → *Kulturgeschichte* dominierte unter dem Einfluß der pietistischen Autobiographik des 18. Jh. und, gegen Ende des 19. Jh. unter dem Eindruck der Lebensphilosophie W. Diltheys, der biographische Typus des psychologisierenden Seelenporträts. Die industriegesellschaftliche Alltagssituation mit ihren spezifischen Lebensformen fand, von den proletarischen Autobiographien abgesehen, kaum Eingang in die Biographik.

Ihre sozialen Konjunkturen hat die Biographik während Perioden epochaler Sinnkrisen. Dies trifft insbesondere für die deutsche Geschichte zu. Im Zeichen brüchig gewordener gesellschaftlicher Wertvorstellungen kommen ihr Funktionen traditionsbildender und sinnstiftender Vermittlung von Identifikationsangeboten zu. Biographik lädt dazu ein, sich mit der Geschichte als Aktionen und Passionen der »Großen Männer« zu identifizieren. Dieser Eigenschaft der Personalisierung von Geschichte verdankt das Genre seine Popularisierung und schließlich seine massenmediale, kulturindustrielle Eignung in Form der trivialen Prominentenbiographik. Sie trägt wesentlich dazu bei, soziale Konformität im Interesse herrschaftlicher Traditionsbildung zu festigen. Mit wachsendem Mangel an gesellschaftlichem Wirklichkeitsgehalt ging das Genre schließlich dazu über, Heroenkult zu betreiben, statt Lebensläufe darzustellen. Von der »Elite«-Biographik führte dann der Weg zu den das gesamte Genre kompromittierenden »Führer«-Biographien während des Nationalsozialismus.

Nach 1945 gab es in Deutschland eine deutliche Skepsis gegenüber der Biographik im besonderen und einer personen- und ereignisorientierten Historiographie im allgemeinen. Gleichwohl wurde in den 50er Jahren in der Bundesrepublik sowohl innerhalb der wissenschaftlichen als auch der populären Biographik wieder an die alte Tradition angeknüpft. Mit der von Th. Heuss mit herausgegebenen Reihe »Die großen Deutschen« (Berlin (West), 1956/57) sollte der Versuch unternommen werden, einen nationalen und geistig-kulturellen Traditionsfaden zu knüpfen, der zu einer nicht kompromittierenden Identifikation einladen sollte. Erst als Mitte der 60er Jahre in den Geschichtswissenschaften eine Wende zur Struktur- und Sozialgeschichte sich abzuzeichnen begann, geriet die traditionelle Biographik offen in die Krise.

In der DDR entwickelte sich das biographische Genre nicht nur aufgrund seines Mißbrauchs im Nationalsozialismus äußerst zögernd. Nach dem Tod Stalins verstärkte sich zunehmend die Erinnerung an die prinzipielle Skepsis der marxistischen Denktradition gegenüber der Biographie als Form der Geschichtsdarstellung. Die Historiographie beschränkte sich auf die Publikation einiger weniger Lebensabrisse prominenter Führer der Arbeiterbewegung (→ *Arbeiterkultur*). Einen Aufschwung nahm das biographische Genre erst in den 60er Jahren. Es wurde ihm zunehmend eine politisch-didaktische Funktion im Rahmen einer spezifischen staatsbürgerlichen Identitätsbildung zugewiesen. Seither gewinnt die Biographik immer mehr an Bedeutung. Inzwischen ist sie zu einem wichtigen Instrument in der Auseinandersetzung mit dem kulturellen Erbe (→ *Tradition und kulturelles Erbe*) der preußisch-deutschen Geschichte geworden.

Im Unterschied zur DDR, in der die Biographik eindeutig ein literarisch-historisches Genre geblieben ist, hat das Thema B. seit Mitte der 70er Jahre in der Bundesrepublik eine bemerkenswerte Erweiterung erfahren. Während die historische Biographik stagniert, gleichzeitig die traditionelle triviale Prominentenbiographik Hochkonjunktur hat, entwickelt sich das Problem der B. zu einem Schlüsselthema in den Sozial- und Kulturwissenschaften. Es ist eine Art biographischer Wende zu verzeichnen, deren Entwicklung noch im Fluß ist. In deutlicher Absage an die Tradition heroisierender Biographik bahnt sich ein neuartiges Verständnis von B. als sozialwissenschaftlicher Methodik und Dokumentation an. Indem mit der B. als Rekonstruktionsverfahren von individuellen Lebensgeschichten die Alltagsperspektive erschlossen wird, erfährt sie eine Aufwertung als Instrument zur Diagnose historisch-sozialer Wirklichkeit. An dieser Wende von der psychologisierenden Individualbiographik zur profan-historischen, sozialbiographischen Forschung, die individuelle Lebenszyklen als gesellschaftlich exemplarische Muster »gelebten Lebens« begreift, sind sowohl kulturpolitische wie wissenschaftliche Motive beteiligt. Die bisher für die »großen« Persönlichkeiten reservierte Biographik wird gleichsam demokratisiert. Aus einer Perspektive antiherrschaftlicher Sozialgeschichtsschreibung »von unten« werden Lebensgeschichten »einfacher« Leute die Prädikate des Erinnerungs-, Mitteilungs- und Erkenntniswürdigen zuerkannt. Dahinter steht eine kulturpolitische Didaktik, die durch Aufarbeitung der »Kultur der Namenlosen« im Wege von Lebensgeschichten einen Beitrag zur Verankerung bürgerschaftlicher Identität leisten will.

Das biographische Interesse in den Sozialwissenschaften steht für eine Rehabilitierung der individuellen Subjektivität. Dabei wird der individuelle Lebenslauf in seinem Entwicklungszusammenhang von der Geburt bis zum Tod in den Mittelpunkt gestellt. Phänomene wie Kinderkultur (→ *Kind*), Jugendkultur (→ *Jugend*), Erwachsenensozialisation und das Altern (→ *Alter*) werden auf diese Weise als Stationen eines von Kontinuitäten, Brüchen und Krisen gekennzeichneten Lebens thematisiert. Sozialer Wandel (→ *Kulturwandel*) wird dadurch schärfer im Licht der Probleme sozialkulturell bestimmter Generationsabfolgen betrachtet.

Die neue Perspektive der Forschung eröffnet bisher unberücksichtigte Zugänge zur sozial gelebten Wirklichkeit der Individuen bis hin zu Problemen der individualpsychologischen Folgen der »Ausbürgerung des Todes« aus der modernen Gesellschaft. Die soziale Institutionalisierung von Lebensgeschichten in ihrem Verhältnis zur inneren Erfahrungsgeschichte der Individuen wird damit in einen neuen Zusammenhang mit kulturellen Grundproblemen einer sozio-politischen Identitätsbildung gebracht. Untersuchungen zur B. als generationstypischem Verlaufsmuster der Identitätsbildung gewinnen für die Frage nach den historischen Tiefenstrukturen der →*politischen Kultur* unmittelbare Bedeutung.

Mit der Neuorientierung der Biographik kommt die *Oral History* zur Geltung. Sie ist das Verfahren, mit dessen Hilfe diejenigen zum Erzählen ihrer Lebenserinnerungen gebracht werden, denen herkömmlich unterstellt wird, sie hätten keine B., die mitteilenswert ist.

Die Gefahren einer überpointierten »biographischen Wende« beginnen sich allerdings auch abzuzeichnen. Sie liegen in einer Überschätzung der Möglichkeiten, im Zeichen wachsender gesellschaftlicher Komplexität einen kohärenten Lebenslauf zu planen und zu gestalten. Die gesellschaftspolitische Bedeutung zukünftiger Sozialbiographie hängt wesentlich davon ab, ob es gelingt, qualifizierte Berufsbiographien zu erarbeiten. Die berufliche Sozialisation entscheidet nicht nur über Gelingen und Mißlingen bei der Bewältigung des individuellen Lebens, sondern bestimmt den Charakter Lebenssinn verleihender, persönlich-sozialer Identität. Das Spannungsverhältnis zwischen subjektiven Ansprüchen auf Gestaltung des individuellen Lebenszyklus und den Grenzen biographischer Möglichkeiten verweist auf die Bedeutung einer kulturpsychologisch orientierten Lebenslaufbetrachtung. In dieser Form zeichnet sich »B. als Sozialkritik« ab.

In der DDR ist eine kultur- und generationsinteressierte biographische Akzentuierung festzustellen. Sie wird von der →*Kultursoziologie* und Ethnologie unter dem Stichwort der *sozialistischen Lebensweise* (→*Alltag*) getragen. Im Zusammenwirken mit einer kulturpolitisch motivierten Persönlichkeitsforschung, die in der DDR im Unterschied zur Bundesrepublik stärker gesellschaftswissenschaftlich orientiert betrieben wird, kristallisiert sich ein an lebensgeschichtlichen Zyklen ausgerichtetes Verständnis von »sozialistischer Lebensführung« heraus. Den Schwerpunkt bildet dabei die Jugend. Die stärkere Berücksichtigung der verschiedenen Lebensweisen tritt gleichsam als Korrektiv zu den Mängeln kurzgreifender Formen der Vermittlung »sozialistischer Ideologie« auf. Das Interesse an generationsspezifischer Betrachtung von Lebensweisen steht im Kontext der Versuche, ein für die DDR spezifisches, staatsbürgerliches Identitätsgefühl zu verankern. In dieses Konzept ist ein dezidiert politisch-kultureller Heimat-Diskurs (»sozialistisches Vaterland«) (→*Heimat*) eingewoben.

Es mehren sich die Symptome, die darauf schließen lassen, daß es in den heranwachsenden Generationen der beiden deutschen Staaten Wandlungen in der Herausbildung nationaler Identität gibt. Von der biographischen Alltagsforschung der Bundesrepublik und der Lebensweiseforschung der DDR sind ergiebigere Aufschlüsse über die gesellschaftlichen Entwicklungsperspektiven zu erwarten als von den Fehden um das kulturelle Erbe, die in Form konterkarierender, typologisch aber ähnlicher Biographien über die »Großen Preußen« ausgetragen werden. Über den Sinn der →*Geschichte* entscheiden die realen Entwicklungstendenzen in den alltäglichen Sozialbiographien der Menschen.

F. Kröll

Literatur

Soziologie des Lebenslaufs, hrsg. v. M. Kohli, Darmstadt, Neuwied 1978
A. Laschitzka, Zur B. als Genre in der Geschichtswissenschaft der DDR über die Geschichte der Partei und der Arbeiterbewegung (I, II), in: Beiträge zur Geschichte der Arbeiterbewegung, H. 3, 4, 21. Jg. 1979
Th. Luckmann, Persönliche Identität und Lebenslauf, in: B. und Geschichtswissenschaft, hrsg. v. G. Klingenstein, H. Lutz, G. Stourzh, München 1979
H. Scheuer, B. Studien zur Funktion und zum Wandel einer literarischen Gattung vom 18. Jahrhundert bis zur Gegenwart, Stuttgart 1979

Buch

»Größeres Schrift- oder Druckwerk aus miteinander verbundenen Blättern oder Bogen« lautet eine populäre Definition von B. Folgt man einer solchen Beschreibung, so hat man allenfalls die äußere Form eines Mediums im Blick, das nicht nur für die kulturelle Entwicklung moderner Industriegesellschaften, sondern für die Gesellschaftsbildung überhaupt konstitutiv ist. Daß der Übergang einer Gesellschaft aus der Tradition mündlicher Überlieferung zur Schriftlichkeit in seiner Bedeutung bislang weitgehend unterschätzt worden ist, haben neuere Forschungen in der Ethnologie und der Kulturanthropologie deutlich gemacht. Die Aufhebung örtlicher und zeitlicher Begrenzung mündlicher Kommunikation, die »Möglichkeiten dieses neuen Instrumentes verändern die Skala menschlicher Aktivität – politischer, ökonomischer, rechtlicher, wie religiöser.« (vgl. J. Goody, S. 8) Die Erfindung der leicht zu lesenden (→*Lesen*) und zu schreibenden alphabetischen →*Schrift* ist nach dieser Auffassung das entscheidende Bindeglied zwischen der Kultur Griechenlands und den westlichen Kulturen. Während bereits die →*Sprache* Voraussetzung für alle Denkvorgänge schlechthin ist, tritt mit dem geschriebenen Text die Möglichkeit der raum- und zeitübergreifenden Kommunikation hinzu, die dem Leser eine Distanzierung von seinen begrenzten Alltagserfahrungen ermöglicht. Das gedruckte Wort erst ermöglicht durch seine Nachprüfbarkeit die für die → *Öffentlichkeit* der modernen Industriegesellschaft notwendige Transparenz (vgl. D. Riesmann, Mündliche Überlieferung, geschriebenes Wort und Filmbild, in: ders., Wohlstand wofür? Frankfurt a. M. 1973). Die materielle Gegenständlichkeit von Schriftbild und Schriftträger erlauben dem Leser eine viel stärkere Distanzierung, ein kritisches Vergleichen von Meinungen und Äußerungen verschiedener Autoren, ein genaueres Überprüfen von Argumentationszusammenhängen, als dies beim bloß gehörten Wort möglich ist. Dadurch wird das B. zu einem entscheidenden Mittel der Emanzipation des Menschen aus der Bindung an die Autorität der Überlieferung. Mit ihm entsteht die Möglichkeit für den Menschen, aus der Unmittelbarkeit und Spontaneität mündlicher Kommunikation herauszutreten, sich vorübergehend aus dem sozialen Kommunikationszusammenhang zurückzuziehen, sich zu distanzieren, nachzudenken, sich auf sich selber zu besinnen, Pläne zu machen, Alternativen durchzuspielen.

Auch das Lernen ist nicht mehr an mündliche Überlieferung von Generation zu Generation gebunden; es erfolgt nicht mehr durch kritiklose Übernahme eines traditionellen, unantastbaren Kanons, sondern in der Form kritischer Aneignung aus verschiedenen, sich oft widersprechenden Quellen. Insofern ist das B. eine der wesentlichen Wurzeln menschlicher Autonomie, es ist ein »apersonaler Lehrer«, der dem Lernenden einen wesentlich größeren Freiheitsspielraum läßt als der menschliche Lehrer: jener ist weniger autoritär und manipulativ, läßt dem Lernenden mehr Selbständigkeit und fordert größere individuelle Eigenleistung.

Innerhalb des Kommunikationssystems stehen die Medien in einem vielfältigen Konkurrenzverhältnis (→ *Wettbewerb*) zueinander. Indem Massenmedien und B. gleichermaßen → *Informationen,* Meinungen, → *Bildung* und → *Unterhaltung* transportieren, konkurrieren sie auf den verschiedensten Ebenen miteinander. In diesem Konkurrenzkampf wird das B. um so erfolgreicher sein, je mehr es ihm gelingt, vorhandene Kommunikationsbedürfnisse besser zu befriedigen als die anderen Medien (vgl. u. a. U. Saxer, Das Buch in der Medienkonkurrenz, in: H. G. Göpfert 1975). Die Interessen am B. sind in den wesentlichen gesellschaftlichen Bereichen Wirtschaft, Politik und Kultur ungleichmäßig verteilt.

Die Wirtschaft ist an den Medien vor allem in ihrer Funktion als Träger von Marktinformation und → *Werbung* interessiert. Da das B. als Werbeträger kaum ins Gewicht fällt, steht es auf dem Werbemarkt praktisch in keinem Konkurrenzverhältnis zu den übrigen Massenmedien. Auch als Handelsob-

jekt wenig bedeutend (→ *Buchhandel*), besteht die Konkurrenz also vor allem am Publikums-, nicht am Inserentenmarkt. Auch im Bereich der Politik hat das B. eine vergleichsweise geringe Bedeutung, weil die tagesaktuellen Medien, zumindest kurzfristig und unmittelbar, politisch wirksamer sind als das B. Wegen dieser stärkeren politischen Funktionalität der aktuellen Medien werden die Parteien immer eher bereit sein, sich ihren Problemen anzunehmen, als denen des Buchhandels.

Im Bereich der Kultur hat das B. immer noch seine stärkste Position. Das B. ist gut geeignet, im Sinne eines demokratischen Staates → *Kreativität,* Vielfalt und Unabhängigkeit in Information, Meinung, Bildung und Unterhaltung zu erhalten. Die Titelvielfalt auf dem Buchmarkt bedeutet insofern einen Vorzug gegenüber der notwendigerweise stärkeren Standardisierung der übrigen massenmedialen Produkte. Allerdings behauptet das B. seine kulturelle Vorrangstellung nicht nur aus eigener Kraft, sondern ist auf buchnahe Institutionen wie → *Schule,* → *Bibliotheken,* → *Theater* und → *Wissenschaft* angewiesen.

Die ausschließliche Verankerung des B. im kulturellen Bereich hat lange Zeit eine systematische Erforschung seines Marktes behindert, während die übrigen Massenmedien als Träger von redaktioneller Information und Werbung schon früh durch Marktbeobachtung und Absatzkontrolle die unerläßlichen Voraussetzungen für eine dauerhafte Behauptung am Markt geschaffen haben.

Die einzelnen Medien unterscheiden sich aber nicht nur hinsichtlich ihrer Stellung innerhalb der gesellschaftlichen Funktionsbereiche Wirtschaft, Politik und Kultur, sie vermitteln Information, Meinung, Bildung und Unterhaltung auch unterschiedlich. Während das B. jeweils ein bestimmtes, durch seinen Titel individuell definiertes Kommunikationsprodukt darstellt, das dem Konsumenten zur beliebigen Wiederholung zur Verfügung steht, bedeutet der Konsum der tagesaktuellen Medien ein Abonnement auf ein Reservoir unabgeschlossener, sich ständig wandelnder Kommunikationsströme.

Dieser Unterschied bedingt nicht nur grundsätzlich verschiedene Einstellungen der Konsumenten zu den Produkten der einzelnen Medien, er hat auch Folgen beispielsweise für die Autoren, denen die kontinuierliche Produktion für Massenmedien grundsätzlich mehr berufliche Sicherheit garantiert als das Bücherschreiben. Aus diesem Grund gibt es auch nur wenige reine Buchautoren; die meisten Buchautoren arbeiten gleichzeitig für aktuelle Massenmedien (vgl. A. J. Wiesand, K. Fohrbeck, Der Autorenreport, Reinbek 1970) (→ *Journalismus*). Durch diese Entwicklung ist in der Bundesrepublik ein Angleichungsprozeß der Medien befördert worden, der vorwiegend in der Richtung vom traditionellen B. hin zu Formen der aktuellen Medien verläuft. Das B. versucht teilweise, sich den aktuellen Inhalten und dem Erscheinungsmodus der übrigen Massenmedien anzupassen. Gleichzeitig werden Medienstoffe von Autoren in zunehmendem Maße in einer Weise recherchiert und aufbereitet, daß eine Auswertung derselben Substanz für das B. sowohl wie für die anderen Massenmedien möglich ist. Im Zuge dieser Entwicklung gehen immer mehr Zeitschriftenverlage zur parallelen Produktion von Büchern im eigenen Haus oder in Zusammenarbeit mit Buchverlagen über (z. B. *Stern*-Bücher, *Spiegel*-Bücher).

So ist nicht zuletzt unter dem Einfluß des →*Fernsehens* an die Stelle des früher vorherrschenden reinen Text-B. mit festem Einband heute eine bunte Palette von Bucharten getreten, bei deren Gestaltung die im Bereich der →*Zeitschriften* entwickelten Techniken des Layout heute eine wichtige Rolle spielen. Zudem setzt sich das Taschenbuch – seit den 50er Jahren auch in der Bundesrepublik auf stetigem Vormarsch – immer stärker gegenüber dem *Hardcover* durch. Allein zwischen 1967 und 1980 hat sich der Anteil der Taschenbücher an der Gesamttitelproduktion ungefähr verdoppelt und beträgt heute über 12 v. H., bezogen auf die Auflagenzahlen ist der Taschenbuchanteil noch wesentlich höher. In der DDR spielt das Taschenbuch demgegenüber nur eine untergeordnete Rolle.

Im Zuge der Verbreitung der neuen Medien wie Bildschirmtext werden mit hoher Wahrscheinlichkeit einige traditionelle Funktionen des B. auf das elektronische Medium übergehen. So ist schon heute deutlich, daß reine Nachschlagewerke teilweise kostengünstiger und benutzerfreundlicher über Bildschirm angeboten werden können als im Buchdruck. Damit wird das B. aber keineswegs verdrängt, sondern in seiner komplementären, ergänzenden und vertiefenden Funktion weiter an Bedeutung gewinnen. Die gegenseitige Ergänzung der Medien, die Spezialisierung auf die medienspezifischen Stärken und die damit verbundene Entwicklung zur »Medienpartnerschaft« wird sich weiter verstärken. Nicht zuletzt entscheidet sich diese Frage an den Bedürfnissen der Mediennutzer (vgl. H. J. Weiss, Medium B., in: B. und Lesen, hrsg. v. der Deutschen Lesegesellschaft, Gütersloh 1978).

Als eine kultur- und buchpolitische Regierungserklärung zur Bedeutung des Mediums B. in der Bundesrepublik kann man die Rede von Bundeskanzler H. Schmidt zum »Tag des B.« am 10. Mai 1981 in Mainz über das Thema »B. und Demokratie« auffassen. Der Bundeskanzler sagte unter anderem: »Wenn aber dieser Zusammenhang besteht zwischen B. und Demokratie, im Sinne einer gegenseitigen Förderung und Bestärkung, dann müssen wir uns, um unserer Demokratie willen, zweierlei erhalten: Erstens – ein breitgefächertes, unzensiertes, weithin verfügbares Angebot an B.; und zweitens und wichtiger: Wir müssen die Fähigkeit und die Neigungen der Menschen zum Lesen stärken!« Dieses eindeutige Plädoyer hat nicht zuletzt dazu geführt, daß der in den Haushaltsdebatten des Jahres 1981 zeitweise diskutierte Plan zur Verdoppelung der Mehrwertsteuer bei B. wieder fallengelassen wurde.

Ein Blick auf die buchpolitische Szene in der DDR und die wissenschaftlichen Ansätze einer »sozialistischen Buchmarktforschung« (vgl. J. Harz, R. Brendel, P. Meier, 1970) sowie einer »sozialistischen Theorie und Praxis des Buchwesens« (vgl. A. G. Swierk) zeigt vor allem zweierlei: Das B. wird stärker als in der Bundesrepublik als autonomes Medium und weniger als Element im System der Massenmedien gesehen, und: Das wissenschaftliche und politische Interesse am B. konzentriert sich weitgehend auf seine gesellschaftspolitische Funktion.

Deutlich wird die besondere Bedeutung des B. für den gesellschaftlichen →*Fortschritt* im →*Sozialismus* in offiziellen Verlautbarungen wie der des Präsidenten der *Deutschen Akademie der Wissenschaften,* Berlin (Ost), H. Klare, zur Eröffnung der »Woche des B.« 1972, der die DDR im von der *UNESCO* proklamierten *Internationalen Jahr des B.* und als neues *UNO*-Mitglied besonders Gewicht gab. H. Klare sprach von der »Rolle des B. als Gefährte und ständiger Begleiter des Menschen, aber auch als mächtige Waffe im Kampf für Frieden und gesellschaftlichen Fortschritt« und vertrat die These, »daß das Lesen schöngeistiger →*Literatur* eine unerläßliche Voraussetzung und Triebkraft für die harmonische Entwicklung einer allgemeingebildeten sozialistischen →*Persönlichkeit* ist«.

Das B. vermittelt Wissen, fördert die Ideologie, gesellschaftliche Normen und Moral, schafft ästhetisch-künstlerisches →*Bewußtsein.* Nicht nur durch die Erhaltung bestehender, sondern auch durch die Entwicklung neuer Werte, das Wecken neuer gesellschaftskonformer Bedürfnisse und die Weiterentwicklung des geistigen Erbes (→*Tradition und kulturelles Erbe*) trägt das B. zur Integration der sozialistischen Gesellschaft bei. Es wird als einzigartiger Faktor des geistigen Lebens, als Grundlage für historische Kontinuität angesehen (vgl. A. G. Swierk).

Bei aller ideologischen Führung bleibt das B. ein relativ freies Medium. Texte sind nicht eindeutig, sondern deutungsbedürftig. Der massive Eindruck, den das Fernsehen dem Rezipienten über Bild und Ton vermittelt, ohne daß zugleich die Möglichkeit der kritischen Distanzierung besteht, wirkt mit Sicherheit in stärkerem Maße manipulativ als das Lesen.

B. Franzmann

Literatur
J. Harz, R. Brendel, P. Meier, Einführung in die sozialistische Buchmarktforschung, Leipzig 1970
H. G. Göpfert, u. a. (Hrsg.), Lesen und Leben, Frankfurt a. M. 1975
Deutsche Lesegesellschaft (Hrsg.), B. und Lesen, Gütersloh 1978
J. Goody, Literalität in traditionellen Gesellschaften, Frankfurt a. M. 1981
A. G. Swierk, Zur Theorie und Praxis des Buchwesens in Osteuropa, Wiesbaden 1981

Buchhandel

Der B. gliedert sich in herstellenden oder Verlagsbuchhandel *(→ Verlage)* und verbreitenden oder Sortimentsbuchhandel. Beide sind organisatorisch im *Börsenverein des Deutschen Buchhandels* zusammengeschlossen, der erstmals 1825 gegründet wurde und für die Westzonen nach dem Zweiten Weltkrieg 1948 mit Sitz in Frankfurt a.M. neu erstand. Dieser hat sich in den beiden letzten Jahrzehnten aus einer ursprünglich reinen Standesorganisation zu einem Wirtschaftsverband entwickelt, der sich jedoch nicht als Arbeitgeberverband versteht und auch keine Tarifhoheit besitzt. Seine herausragende Leistung ist der Wiederaufbau der *Frankfurter Buchmesse* seit 1949 zu einer internationalen Leistungsschau des B. 1981 zeigten 5452 Aussteller, darunter 4005 ausländische aus 85 Staaten, rund 285 000 Titel.

Insgesamt gibt es in der Bundesrepublik etwa 4000 Buchhandlungen und über 1000 Buchverkaufsstellen, ferner den Zwischenbuchhandel als Besorgungsdienst sowie den Antiquariats-, Reise- und Versandbuchhandel mit eigenen Vertriebsformen. Dieses Buchhandelsnetz ist in seiner Dichte und Leistungsfähigkeit einmalig auf der Welt. Prinzipiell kann jeder Titel an jedem Ort zu gleichen Bedingungen besorgt werden. Die amtliche Umsatzsteuerbilanz, die 1978 für 3579 als Buchhandlungen deklarierte Betriebe einen Gesamtumsatz von 2,7 Mrd. DM auswies, belegt, daß bei einem Anteil von 80 v.H. die Klein- und Mittelbetriebe mit maximal fünf Arbeitnehmern bei weitem in der Mehrzahl sind. Die wirtschaftliche Situation des B. ist gekennzeichnet durch eine geringe Rendite und einen in den letzten Jahren sinkenden betriebswirtschaftlichen Reingewinn einerseits, durch steigenden Konkurrenzdruck und Zwang zur Spezialisierung andererseits. Dabei hat der Gesetzgeber den besonderen Bedingungen und der kulturpolitischen Funktion des B. wie der von ihm vertriebenen Ware *→ Buch* insofern Rechnung getragen, als für Bücher der ermäßigte, halbe Mehrwertsteuersatz gilt und sie 1974 von der allgemeinen Aufhebung der Preisbindung ausgenommen wurden. Der feste Ladenpreis, der die Vielfalt des Angebots gewährleisten und die Minderheitenliteratur in kleiner Auflage stützen soll, konnte 1888 nach langwierigen Kämpfen vom *Börsenverein des deutschen Buchhandels* durchgesetzt werden. Er ist fast zu einer Geschäftsphilosophie des B. geworden, weil er, trotz der Konkurrenz durch Buchgemeinschaften und Dumpingangebote von Kaffeeröstern und anderen branchenfremden Anbietern allen Buchhandlungen grundsätzlich gleiche Bedingungen ermöglicht. Diese ökonomische Schutzzone ist kennzeichnend für den Doppelcharakter des Buchs als Marktobjekt und Kulturgut. Der B. hat seit F. Ch. Perthes' programmatischer Schrift »Der deutsche Buchhandel als Bedingung des Daseins einer deutschen Literatur« von 1816 (in: H. Hiller, W. Strauß, ⁵1975) seine Aufgabe nicht als kaufmännisch im herkömmlichen Sinn, sondern als die eines Mittlers geistiger, volkserzieherisch-literarischer Werte verstanden. In der postmodernen Gesellschaft hat dieses bürgerlich-aufklärerische Ideal einer anderen Wirklichkeit weichen müssen. Mit dem Siegeszug des Taschenbuchs, das einen Marktanteil an der Titelproduktion 1980 von 11,6 v.H. hat, wobei der absolute Stückzahlanteil nicht wesentlich höher liegen dürfte, und dem Durchbruch der neuen Medien *→ Fernsehen,* Ton- und Bildcassette, Schnellkopierer und Video hat sich parallel die Anpassung des B. an die geänderten Kommunikations- und Lesegewohnheiten vollzogen.

Die Erfüllung seiner Aufgabe als eines nicht nur kaufmännischen Handelsbetriebes, sondern einer kulturellen, wenn auch mit betriebswirtschaftlicher Rationalität geführten Institution läge für den B. heute in der sichtenden, aus einem Gesamtangebot von rund 500 000 lieferbaren Büchern kritisch auswählenden Funktion und im Service. Dies sind Faktoren, die zur Spezialisierung zwingen. Noch immer ist aber der Besuch einer Buchhandlung nicht selbstverständlich. Nur etwa jeder zweite Leser *(→ Lesen)* kauft seine Bücher im traditionellen Ladengeschäft, und weniger als die Hälfte des Buchumsatzes geht über den B. Den größeren Rest teilen sich Buchgemeinschaften, Warenhäuser, Schreibwarenhandlungen, Supermärkte, Kioske und der Versandhandel. Während es dem B. nicht gelingt, den Geruch des Elitären abzustreifen, wird er von einer literarisch und politisch engagierten Minderheit der Kommerzialisierung angeklagt. Symptomatisch dafür sind die Gründung der Autorenbuchhandlungen und linker Buchläden als einer Art Gegenöffentlichkeit, hauptsächlich in Groß- und Universitätsstädten. Immerhin kann der B. darauf verweisen, daß der Umsatzanteil der sogenannten Bestseller lediglich 2,3 v.H. beträgt.

Grundsätzlich anders waren die Ausgangsbedingungen und verlief die Entwicklung in der Sowjetischen Besatzungszone und später der DDR. Mit dem 1945 erlassenen Befehl der *Sowjetischen Militäradministration in Deutschland* über die Vernichtung faschistischer Literatur kam es zu einer grundlegenden Neustrukturierung des Buchhandels- und Verlagswesens in der Sowjetischen Besatzungszone. Die auf der Grundlage des verstaatlichten Eigentums zunächst durch die *KPD* und *SPD,* ab 1946 durch die *SED* vollzogenen Neugründungen von Buchhandlungen wurden bald, nach einheitlichen Gesichtspunkten ausgerichtet, in *Buchhandels-Gesellschaften* koordiniert. Gleichzeitig erschien 1947 von der deutschen *Verwaltung für Volksbildung* eine »Richtlinie für die Neuzulassung, Führung und Übernahme buchhändlerischer Betriebe«, die dem B. eine gewichtige kulturpolitische Zielsetzung innerhalb des gesellschaftlichen Umwandlungsprozesses zuordnete. Dabei knüpfte man trotz der neuen Vertriebswege räumlich an den traditionellen Hauptkommissionsplatz Leipzig an. Neben dem *Börsenverein der Buchhändler zu Leipzig,* der 1946 unter veränderter kulturpolitischer Aufgabenstellung von der *Sowjetischen Militäradministration in Deutschland* wieder zugelassen worden war, spielte hier vor allem der *Leipziger Kommissions- und Großbuchhandel,* als zentrales Auslieferungslager, der schon 1952 drei Viertel der Verlagsproduktion der DDR verteilte und heute Alleinauslieferer ist, eine bedeutende Rolle beim Aufbau des *Volksbuchhandels.* Der B. untersteht seit 1963 der *Hauptverwaltung Verlage und Buchhandel* beim *Ministerium für Kultur,* die ein Jahr später das *Statut des Volksbuchhandels* erließ, worin er als volkseigener Betrieb ausgewiesen ist, der »durch den Hauptdirektor nach den Grundsätzen der Einzelleitung und der persönlichen Verantwortung unter ständiger Einbeziehung der Werktätigen und ihrer gesellschaftlichen Organisationen geleitet« wird (GBl. III, 1964, S. 423). Ähnlich zentralistisch ausgerichtet ist auch der volkseigene Betrieb *Deutscher Buchexport und -import* in Leipzig, über den seit 1953 die gesamte Ein- und Ausfuhr von Büchern mit anderen Ländern einschließlich der Bundesrepublik abgewickelt wird.

Etwa 90 v.H. des gesammten Buchumsatzes erwirtschaftet gegenwärtig der *Volksbuchhandel* mit rund 800 Zweigstellen in allen Bezirken, zusammen mit dem *Zentralen Versandbuchhandel,* dem *Buchhaus Leipzig* und dem *Zentralantiquariat Leipzig* (→*Antiquariat).* Daneben besteht etwa noch die gleiche Anzahl privater kleiner Buchhandlungen, die teilweise durch Kommissionsverträge mit dem *Volksbuchhandel* verbunden sind oder mit staatlicher Beteiligung arbeiten. Ihre Bedeutung schwindet jedoch durch eine benachteiligende Belieferungspraxis. So erhalten private Buchhandlungen keine Schulbücher und staatliche Publikationen aus dem *Dietz Verlag.* Auch werden ihnen besonders lange Lieferfristen zugemutet, wodurch sich wiederum ihre sonstige Buchzuteilung, die sich nach

dem Gesamtumsatz richtet, reduziert.

Neben dem traditionellen Verkauf über den Bucheinzelhandel wurde in der DDR von Anfang an auf neuartige Vertriebswege Wert gelegt. »Zwischen dem VEB Kranbau und der Volksbuchhandlung ›Unterhaltung und Wissen‹ Eberswalde-Finow wurde ein Freundschaftsvertrag mit dem Ziel der verbesserten Literaturversorgung für die Werktätigen und den Betrieb abgeschlossen. Die Mitarbeiterinnen der Gewerkschaftsbibliothek richteten einen Buchverkauf ein. Außerdem werden künftig zweimal im Monat Buchverkaufsausstellungen in den Speiseräumen durchgeführt. Der Betrieb nimmt mehr als bisher bei Prämierungen Bücher und Büchergutscheine in Anspruch« (Börsenblatt Leipzig, H. 7, 142. Jg., 1975, S. 97). Diese Meldung über die Verbesserung der Literaturversorgung für die Werktätigen eines Betriebes kennzeichnet, neben der Demonstration literaturpropagandistischer Aktivitäten, das Bemühen der DDR, durch die Einbeziehung der Gewerkschaft und der Partei und durch die Unterstützung freiwilliger Helfer neue Leserkreise durch die Überschreitung der klassischen Buchvermittlungsinstitutionen zu erreichen. So gab es 1977 rund 1500 Gewerkschaftsbibliotheken und rund 36 000 gewählte Literaturobleute in den Grundorganisationen der *SED.* Nahezu 12 500 ehrenamtliche, mit 10 v.H. am Erlös beteiligte Vertriebsmitarbeiter verkauften Bücher am betrieblichen Arbeitsplatz, in der Landwirtschaft und an Schulen. Daneben unterhalten *Handelsorganisations-, Konsumverkaufsstellen* und zahlreiche Kioske der Post Agenturverträge mit dem Volksbuchhandel, die ihnen 15 v.H. des Verkaufserlöses sichern. Solche, dem gewöhnlichen Arbeitssektor nahe stehenden Vermittlungswege umfassen etwa 25 v.H. des gesamten Buchumsatzes. Die Erweiterung literaturverbreitender Einrichtungen schafft, zusammen mit Buchausstellungen, Literaturfestivals und Kulturwettbewerben von Produktionsbrigaden in allen Bevölkerungsschichten eine Atmosphäre der Selbstverständlichkeit und Souveränität im Umgang mit Buchhandlungen und Büchern.

Die Maßnahmen zur besseren Literaturversorgung durch Intensivierung des Vertriebs wirken allerdings in gewisser Weise paradox angesichts der allgemeinen Erfahrung mit den Buchhandlungen, die sich zu Stätten des zufälligen Glücks und der Routineenttäuschung entwickelt haben, in denen Überzeichnungsquoten bis zu 100 v.H. für bestimmte Titel an der Tagesordnung sind. Neue Werke beliebter Gegenwartsautoren, die rar und begehrt sind, werden nicht mehr für alle zugänglich ausgelegt, sondern sind, je nach Informationsstand und Beziehungen, nur noch »unter der Theke« erhältlich und erfahrungsgemäß auch dann nach wenigen Tagen schon vergriffen. Von Versorgung kann hier nur in quantitativer Hinsicht gesprochen werden. Der qualitativen Nachfrage wird dadurch zu begegnen versucht, daß statt vergriffener, nicht lieferbarer oder unerwünschter Titel solche angepriesen werden, die in genügender Anzahl vorhanden sind. Diese rezeptionssteuernden Maßnahmen, zu denen auch Faktoren wie Auflagenhöhe, Preis, Bibliotheksanschaffungen und Buchprämien zählen, wirken jedoch nur ungenügend. So besteht in der DDR eine wachsende Kluft zwischen dem Erfolg der Literaturpropaganda, das Lesebedürfnis zu steigern und der Unfähigkeit, diese geschaffenen Bedürfnisse zu befriedigen.

In der Bundesrepublik liegen die Strukturprobleme dagegen eher in der Überproduktion, die vom Markt nicht verkraftet werden kann. Will der B. hier auf Dauer seinen ökonomischen Schutzraum, der untrennbar mit der kulturpolitischen Bedeutung des Buchs verbunden ist, erfolgreich behaupten, darf er nicht nach dem Motto des amerikanischen Großverlegers W. Jovanovich, »Ein gutes Buch ist für mich ein Buch, das sich gut verkauft«, verfahren. Nur mit kritischem Engagement und einer Vertriebspolitik, die im Leser nicht nur den Verbraucher sieht, wird sich der B. den audiovisuellen Medien und ihrer kulturindustriellen Omnipräsenz gegenüber behaupten können. Dazu bedarf er freilich der gesellschaftlichen Ermunterung und Förderung, die, wie Anfang der 80er Jahre die Auseinandersetzung um die Sparbeschlüsse in Bund, Ländern und Gemeinden zeigt, allenthalben gefährdet ist.

U. Schweikert, R. Köhler

Literatur

Das Buch in der Deutschen Demokratischen Republik, hrsg. vom Börsenverein der Deutschen Buchhändler zu Leipzig, Leipzig 1974

H. Hiller, W. Strauß, Der Deutsche B. Wesen – Gestalt – Aufgabe, Hamburg ⁵1975

J. Harz, Sozialistischer B. und Literaturpropaganda, in: D. Sommer u.a. (Hrsg.), Funktion und Wirkung. Soziologische Untersuchungen zur Literatur und Kunst, Berlin (Ost), Weimar 1978

D. Schlenstedt, Die neue DDR-Literatur und ihre Leser, München 1979

Buch und B. in Zahlen, hrsg. vom Börsenverein des deutschen Buchhandels, Ausgabe 1981, Frankfurt a.M. 1981

Bürgerinitiativen

I. Aufgaben und Eigenschaften – II. Entstehungsbedingungen für Bürgerinitiativen – III. Organisation und Handlungsspielraum – IV. Vergleichende Aspekte

I. Aufgaben und Eigenschaften

Trotz der unterschiedlichen Ziele, die B. in der Bundesrepublik mit unterschiedlichen Methoden und Organisationsformen verfolgen, lassen sich ihnen in der Regel folgende Eigenschaften zuordnen: Sie sind eine Form kollektiver Selbstorganisationen, die vor allem in den Bereichen des → *Wohnens,* des Verkehrs, der Energieversorgung, der → *Bildung,* → *Gesundheit,* → *Freizeit* und der → *Umwelt* bestehende Lebensbedingungen erhalten oder verbessern wollen. Sie treten für eine Ausweitung bürgerschaftlicher Informations-, Mitsprache- und Mitwirkungsrechte (→ *Mitbestimmung*) ein und verstehen sich als Ergänzung und Korrektiv der bestehenden Parteien und Verbände, deren hierarchische und bürokratische Strukturen sie kritisieren. Sie stellen sich als offene, überparteiliche Zusammenschlüsse dar und suchen für ihr Anliegen eine breite → *Öffentlichkeit* zu gewinnen, die sie aufklären und für ihre Sache umstimmen wollen. Dabei greifen sie auch zu den demonstrativen Maßnahmen des Boykotts und des »zivilen Ungehorsams«.

In juristischen, politologischen oder soziologischen Nachschlagewerken aus der DDR sucht man den Begriff der B. vergebens. Selbst in dem sechsbändigen »Wörterbuch der deutschen Gegenwartssprache«, das im *Zentralinstitut für Sprachwissenschaft* bei der *Akademie der Wissenschaften* der DDR erarbeitet wurde, ist der Begriff weder unter dem Schlagwort B. noch unter dem Schlagwort »Initiative« als entsprechende Zusammenfügung auffindbar. Sein Fehlen ist systembedingt. Wer unter B. den Zusammenschluß von Bürgern mit dem Ziel versteht, »bestimmte Probleme, die Gemeinde oder Staat nicht im Sinne der Bürger löst oder entscheidet, durch (spektakuläre) Aktionen in der Öffentlichkeit ins Bewußtsein der Allgemeinheit zu rücken und durch Druck auf die behördlichen Stellen zu beeinflussen« (Duden – Das Große Wörterbuch der deutschen Sprache, Mannheim 1976 ff.), der versteht auch, warum B. in diesem Sinne mit dem Herrschafts- und Gesellschaftssystem der DDR prinzipiell unvereinbar erscheinen. Ein Staat, der alle Herrschaft letztlich aus dem Machtmonopol einer Partei herleitet, kann unkontrollierte, spontane B. grundsätzlich nicht tolerieren, ohne das System selbst in Frage gestellt zu sehen.

Wenn der Begriff in den Medien der DDR gleichwohl verwandt wird, häufig auch umschrieben als »sozialistische Bürgerinitiative«, so ist er als eine Form mehr oder minder freiwilliger Gemeinschaftsarbeit während der Freizeit zu begreifen, die seit den 70er Jahren vorwiegend im Massenwettbewerb »Schöner unsere Städte und Gemeinden – Mach mit« von den örtlichen Staatsorganen und den Ausschüssen der *Nationalen Front* der DDR gemeinsam organisiert wird. Wo sich in der zweiten Hälfte der

70er Jahre unter dem Eindruck von B. in der Bundesrepublik punktuell und sparsam auch in der DDR B. mit politischer Zielsetzung gebildet hatten, standen sie außerhalb der Legalität, so daß sie frühzeitig dem Risiko strafrechtlicher Sanktionen ausgesetzt waren.

II. Entstehungsbedingungen für Bürgerinitiativen

Spontane Selbsthilfeaktionen sind keine spezifische Erscheinungsform der letzten Jahrzehnte. Der Terminus als Selbstbezeichnung wie auch das Phänomen im oben beschriebenen Sinn sind dagegen erst gegen Ende der 60er Jahre zu verzeichnen. In diese Phase fällt die sprunghafte Ausweitung dieser besonderen Organisationsform auf der Basis eines gewachsenen Selbstbewußtseins, das den Begriff des Bürgers rehabilitierte. Durch die relative Unbeweglichkeit des politisch-administrativen Systems und der →politischen Kultur infolge des Übergewichts restaurativer und konservativer Kräfte bis weit in die 60er Jahre entstand ein Reformdruck sowie eine wenig zielgerichtete Unzufriedenheit angesichts der allgemeinen Bürokratisierungs- und Zentralisierungstendenzen im Rahmen eines »Parteien-, Verbände- und Verwaltungsstaates« (vgl. P. C. Mayer-Tasch, Die Bürgerinitiativbewegung, Reinbek 1976). Das Wirtschaftswachstum der Bundesrepublik wurde zu Lasten der allgemeinen Lebensbedingungen in der Reproduktionssphäre und zu Lasten von nicht oder schwer organisierbaren Interessen in den Vordergrund gestellt. Zudem dämpfte die schwere Rezession von 1966/67 die Wachstumseuphorie. Durch die Bildung der *Großen Koalition* wurde die politische Opposition in eine Randstellung gedrängt, und neokorporative Tendenzen nahmen zu. Die Formierung der studentischen Protestbewegung, die Ausbreitung direkter und unkonventioneller Formen der politischen Auseinandersetzung, Modell- und Signalfunktion dieses Protests für bestehende und entstehende B., sind weitere Faktoren für ihre zunehmende Verbreitung. Teils Skepsis, teils Euphorie bestanden gegenüber den vor allem von den Sozialliberalen aufgegriffenen Kampfparolen wie »gesamtgesellschaftliche Demokratisierung«, »Bürgernähe«, »Lebensqualität« (→*Lebensstandard*), »Politisierung des →*Alltags*«. In der Folgezeit verschärfte sich die Kluft zwischen politischem und sozialstaatlichem Erwartungshorizont und der realen Politik eines reaktiven Krisenmanagements. Enttäuschung und Ernüchterung angesichts des Scheiterns langfristiger Planungssysteme blieben nicht aus und lenkten die Aufmerksamkeit auf die Grenzen des Wachstums, die Bedrohung der Lebensgrundlagen und die Unwirtlichkeit der Städte.
Die Berechtigung der sich ab 1973 durchsetzen-

den Bezeichnung *Bürgerinitiativbewegung* wird zuweilen mit dem Hinweis auf die Verschiedenartigkeit der Ziele und Formen von B. bestritten. Das Selbstverständnis vieler B., die zunehmende organisatorische und inhaltliche Verklammerung und schließlich die weitgehende Anerkennung einiger allgemeiner Grundsätze lassen jedoch die Charakterisierung als soziale Bewegung mit folgenden Entwicklungsstufen durchaus als zutreffend erscheinen. In der Zeit vor 1973 agieren die B. weitgehend unabhängig voneinander. Sie begreifen ihr Ausgangsproblem als vereinzelten Mißstand, den es durch gezieltes →*Engagement* zu beheben oder an eine andere Stelle zu verlagern gilt. In die Zeit von 1973 bis 1976 fällt die wachsende Erkenntnis von den strukturellen Ursachen und dem inneren Zusammenhang der verschiedenen Probleme im Bereich Energie, Verkehr, Umweltschutz u. a. Viele B. schließen sich regional und überregional zusammen, erweitern ihren Problemhorizont und versuchen, zu den Ursachen der kritisierten Mißstände vorzudringen. Ab 1976/77 schließlich formiert sich ein Teil der B. als *Ökologiebewegung*. Kennzeichnend für diese Phase ist die Suche nach wissenschaftlich-technischen, politisch-sozialen und sonstigen sinnhaften Alternativen zu den Bedingungen großindustrieller Gesellschaft. Innerhalb des breiten Spektrums der *Ökologiebewegung* bildet sich ein grünbunter parlamentarischer Zweig aus, dem jedoch viele B. reserviert gegenüberstehen. In der letzten Zeit haben sich, anknüpfend an die Tradition der *Ostermärsche* in den 50er Jahren, zunehmend B. pazifistischer Ausrichtung gebildet, die vor dem Hintergrund weltweiter Aufrüstung und einer auch auf dem Boden der Bundesrepublik beabsichtigten zusätzlichen Stationierung atomarer Mittelstreckenraketen für →*Frieden* und Abrüstung eintreten. Für den sogenannten *Krefelder Appell*, einen Aufruf, der sich gegen das Wettrüsten richtet, wurden von politischen und kirchlichen Gruppen und B. seit Ende 1980 schon mehr als zwei Millionen Unterschriften gesammelt.
In der DDR tragen Selbsthilfeaktionen der Bürger zur Lösung volkswirtschaftlicher Aufgaben und zur Verschönerung von Städten und Dörfern bei. Die Teilnahme am Wettbewerb »Schöner unsere Städte . . .« soll Planvorhaben verwirklichen und gleichzeitig zu sozialistischer Lebensweise erziehen helfen. Als organisierte Bewegung entwickelte sich der Wettbewerb jenseits aller Spontaneität aus den freiwilligen Arbeitseinsätzen im *Nationalen Aufbauwerk* der 50er Jahre. Im allgemeinen beschränkt er sich auf bestimmte Zielsetzungen wie den Um- oder Ausbau von Wohnungen, Kindergärten, Schulräumen und Kulturhäusern oder deren Renovierung, auf die Instandhaltung oder Neuanlage von Straßen und Wegen, Grünanlagen und Kleinsportstätten. Zusätzliche Möglichkeiten eröffneten die *Verfassung* der DDR von 1968 und das *Gesetz über die*

planmäßige Gestaltung der sozialistischen Landeskultur von 1970. In Artikel 15 weist die *Verfassung* den Natur- und Umweltschutz (→ *Naturschutz,* → *Umwelt*), speziell »die Reinhaltung der Gewässer und der Luft sowie den Schutz der Pflanzen- und Tierwelt und der landschaftlichen Schönheiten der Heimat« nicht nur den zuständigen Organen zu, er wird darüber hinaus auch zur Sache jedes Bürgers erklärt. Das Landeskulturgesetz bezieht in seiner Präambel daher auch das »Schöpfertum der Bürger« und ihre »Gemeinschaftsarbeit« ausdrücklich in den Natur- und Umweltschutz ein. Ansätze spontaner B., die sich unter Rückgriff auf diese Bestimmungen zu Fragen der Energiepolitik und des Umweltschutzes zu formieren begannen, wurden, als sie der Kontrolle »von oben« zu entgleiten drohten, durch die 1980 innerhalb des *Kulturbundes der DDR* gebildete *Gesellschaft für Natur und Umwelt* aufgefangen. Schon nach wenigen Monaten hatte sie 40000 Mitglieder, deren Denk- und Handlungsanstöße für den Natur- und Umweltschutz sowie für die Landschaftspflege organisiert nutzbar gemacht werden sollten. Nach Äußerung ihres Präsidenten soll die in 1600 Interessen- und Arbeitsgruppen gegliederte Gesellschaft Bürger aller Berufe und Altersgruppen gewinnen, »die im Sinne der Grundaufgaben des Kulturbundes für den Schutz und die Verbesserung der Umwelt, die rationelle Nutzung der Naturressourcen, für die Pflege der Landschaft und die Mehrung ihrer Schönheit wirken« wollen (Neues Deutschland v. 29. 3. 1980). Spontan sich bildende Initiativen wurden und werden so rechtzeitig kanalisiert.

In Auswirkung der durch die *KSZE-Schlußakte* eingeleiteten Politik einer begrenzten Öffnung nach Westen entwickelten sich in der DDR vereinzelt B. oder auch Bürgerrechtsinitiativen, so in Riesa, Karl-Marx-Stadt und Dresden, die ihr Ziel, meist die Ausreise in die Bundesrepublik, unter Anwendungen von Taktiken zu erreichen suchten, die von B. in der Bundesrepublik bekannt sind. Mit Namen und Adresse signierte und in westlichen Medien veröffentlichte Petitionen zur Durchsetzung von Grund- und Menschenrechten, wie sie in den *UNO*-Menschenrechtspakten und in der *KSZE-Schlußakte* niedergelegt sind, wurden gemeinsam formuliert (→ *Grundrechte*). Dies führte teilweise zu Verurteilungen wegen »staatsfeindlicher Hetze«.

III. Organisation und Handlungsspielraum

Wegen der unterschiedlichen Ziele der B. in der Bundesrepublik unterliegen die bisher vorliegenden quantitativen Aussagen zu B. starken Einschränkungen. Die Zahl der B. dürfte zwischen 4000 und 12000 liegen. Eine B. kann eine sehr kleine Gruppe, aber auch weit über 1000 Personen umfassen. In B. sind Männer, die Altersgruppe zwischen 25 und 40

Jahren, Personen mit höherer Schulbildung und solche aus dem Dienstleistungssektor am stärksten vertreten. Mit steigender Größe tendieren B. zur Formalisierung ihrer internen Beziehungen und Entscheidungsmuster. Relativ häufig ist die regionale und bundesweite Kooperation, weniger häufig dagegen die Zusammenarbeit im kommunalen Bereich. Auf Bundesebene hat der 1972 gegründete *Bundesverband Bürgerinitiativen Umweltschutz e.V.* in Karlsruhe Bedeutung erlangt. Die Tätigkeitsfelder von B. lagen zunächst überwiegend in den Bereichen Wohnen und Soziales, haben sich jedoch zugunsten der Sektoren Energie, Umweltschutz und Verkehr verschoben. Vor allem die Antiatomkraftbewegung hat bundesweit Zulauf. Konfliktgegner von B. ist meistens die öffentliche Verwaltung. Die gebräuchlichsten Aktionsformen von B. sind Leserbriefe, Flugblätter, Unterschriftenlisten, Informationsstände, öffentliche Versammlungen und Protestkundgebungen (→ *Massenkommunikation*).

Der legale Handlungsspielraum von B. ist durch eine Reihe von grundgesetzlichen Garantien wie Meinungs-, Versammlungs-, Vereinigungsfreiheit, Petitionsrecht und Garantie des Rechtswegs gesichert und könnte durch Maßnahmen des Gesetzgebers, beispielsweise durch Einführung der Verbandsklage, eine Erweiterung erfahren. Ohnehin wird den Parteien durch das *Grundgesetz* kein Monopol, sondern lediglich ein Mitwirkungsrecht an der politischen Willensbildung zuerkannt. Dagegen wird die Legitimität von B. immer wieder bestritten. Anspruch und Selbstverständnis von B. lassen sich durch Stichworte wie Autonomie, Überschaubarkeit, Unmittelbarkeit der Interessenwahrnehmung im Sinne einer »Politik von Bürgern für Bürger« umreißen. Hierin liegt zugleich die Kritik an Tendenzen der Zentralisierung, Bürokratisierung und → *Entfremdung* mit dem Resultat einer Verschlechterung der Lebensqualität (→ *Bürokratie*). Die Anknüpfung an diese weithin anerkannten Befunde erfolgt jedoch zuweilen auf dem Hintergrund eines schillernden ideologischen Spektrums. Dieses reicht in seinen Extremen von völkischen und agrarromantischen Strömungen bis hin zur visionären Aufhebung des Staates in einer kommunistischen Gesellschaft. Vorherrschend ist allerdings die Intention einer reformerischen Anpassung und Umgestaltung bürgerlich-kapitalistischer Lebensverhältnisse. Unverkennbar sind B. manchmal auch Ausdruck einer egoistischen, borniertten Interessenpolitik, sei es als Forum zur Selbstdarstellung einzelner Honoratioren, sei es zur Abwehr lästiger Planungsvorhaben nach dem St. Florians-Prinzip: »Verschon' mein Haus, zünd' andere an«.

Die Frage nach den objektiven Funktionen und Wirkungen von B. verweist auf ein generelles Defizit der herkömmlichen Institutionen politischer Willensbildung und Entscheidungsfindung. Die Verschärfung der oben genannten Problemlagen war begleitet von wachsender Parteienverdrossenheit und Bürokratiekritik. Ausdruck der zunehmenden Anerkennung und Stärke von B. ist neben der steigenden Wertschätzung durch die Parteien auch die Einrichtung verschiedener Mitsprache- und Mitwirkungsmodelle, deren Bedeutung für politische Entscheidungsprozesse jedoch meist gering veranschlagt werden muß. Relativ gewichtiger sind dagegen die Partizipationsrechte der Bürger, wie sie im Rahmen der → *Stadt- und Regionalplanung* durch das *Bundesbaugesetz* und das *Städtebauförderungsgesetz* sowie die Genehmigungsverfahren für umweltrelevante Großvorhaben vorgesehen sind. Im Hinblick auf administrative Projekte können B. je nach Sachlage als Frühwarnsysteme oder Lückenbüßer fungieren, aber auch aufklärerische, innovatorische, korrigierende oder restriktive Funktionen wahrnehmen. B. sind in der Bundesrepublik nahezu allgegenwärtig geworden. Insbesondere Kommunalverwaltungen müssen mit ihrem Einfluß rechnen. Regional und überregional liegt ihre Bedeutung vor allem auf den Gebieten der Energiepolitik und des Umweltschutzes. Insgesamt haben die B. und ihr parlamentarischer Zweig in Form bunter und alternativer Listen die etablierten Parteien zeitweise verunsichert und in ihrer Programmatik partiell beeinflußt, ohne jedoch die bisherigen Kräftekonstellationen wesentlich verschieben zu können. Die Vermutung liegt nahe, daß sich B. als ein Mechanismus zur Äußerung und Absorption von Unzufriedenheit und Protest eher stabilisierend auf das System parlamentarischer Interessenvertretung auswirken, solange sich die Konflikte auf verschiedenen Handlungsebenen und Bereichen der Politik als partikulare darstellen und behandeln lassen. B. können durchaus als Ausdruck und Katalysatoren eines sich anbahnenden Wertewandels (→ *Werte und Normen*) verstanden werden, der sich insbesondere bei Jugendlichen sowie innerhalb der Ökologiebewegung und des sub- und gegenkulturellen Milieus (→ *Subkultur*, → *Alternativkultur*) in der Bundesrepublik abzeichnet.

Die »sozialistische Bürgerinitiative« gilt im offiziellen Selbstverständnis der DDR als Ausdruck des Rechts auf Mitwirkung. »In Wahrnehmung ihres demokratischen Rechts auf Mitgestaltung der Arbeits- und Lebensbedingungen wirken die Bürger insbesondere bei der Erhaltung, dem Um- und Ausbau und der Modernisierung von Wohnraum, der Verbesserung der Handelstätigkeit und der Versorgung mit Konsumgütern und Dienstleistungen mit« (*Zivilgesetzbuch* der DDR, § 9). Weitere Normen sind in den zitierten Grundsatzbestimmungen sowie im Organisationsrecht der *Nationalen Front* und des *Kulturbundes* der DDR niedergelegt. Im Selbstverständnis der Herrschenden sind die B. als eine Form des *Sozialistischen Wettbewerbs* gedacht, die ökonomischen und sozialpädagogischen Zwecken gleichermaßen dient. Von ihr verspricht sich die *SED*

neben dem wirtschaftlichen Nutzen Impulse für die Bewußtseinsbildung und die Gemeinschaftsförderung. Im Gegensatz dazu wurden die bislang nur vereinzelt aufgetretenen Bürgerrechtsinitiativen, die sich auf die Wahrung oder Durchsetzung bestimmter Grund- und Menschenrechte konzentrierten, in der DDR unverzüglich kriminalisiert. Sie hatten daher Sanktionen zu gewärtigen, wie die Einschüchterung ihrer Mitglieder durch sozialen Druck, berufliche Nachteile bis zum Berufsverbot, gesellschaftliche Ächtung und strafrechtliche Verfolgung. Aus diesem Grunde blieb in der DDR die Zahl solcher B. gering. Zwar verstanden und verstehen sie sich als politische Selbsthilfeinitiativen und -aktionen nach dem Vorbild der Bürgerrechtsbewegung anderer sozialistischer Länder (*Komitee zur Verteidigung der Arbeiter* in Polen, *Charta '77* in der Tschechoslowakei), aber deren Bedeutung haben sie niemals erreicht.

IV. Vergleichende Aspekte

Die B. in beiden deutschen Staaten sind so grundverschieden wie die Herrschafts- und Gesellschaftssysteme dieser Staaten. Nach aller bisherigen Erfahrung erscheint daher ihr Vergleich kaum sinnvoll. Wo sich in der DDR illegal B. mit politischen Zielen bildeten, erstrebten sie Rechte, die in der Bundesrepublik de jure und de facto gewährleistet sind. Umgekehrt sind legale »sozialistische Bürgerinitiativen« in der DDR ohne Entsprechung in der Bundesrepublik, da organisierte Selbsthilfeaktionen in staatlicher, massenpolitischer Reglementierung der Bundesrepublik fremd sind. Als Ergänzung und Korrektiv innerhalb des bestehenden Gesellschaftssystems und zur Dynamisierung seiner Strukturen kann ein Staat wie die DDR, der sich als eine Form der Diktatur des Proletariats begreift, autonome, kritische und nach politischer Partizipation strebende B. unter keiner Bedingung dulden, ohne sein System selbst beeinträchtigt zu finden.

D. Rucht, K. W. Fricke

Literatur
K. W. Fricke, Zwischen Resignation und Selbstbehauptung. DDR-Bürger fordern Recht auf Freizügigkeit, in: Deutschlandarchiv 11/1976, S. 1135 ff.
B. Guggenberger, B. in der Parteiendemokratie, Stuttgart u. a. 1980
B. in der Gesellschaft, hrsg. v. V. Hauff, Villingen 1980
W. Kahnt, B. schaffen gesellschaftliche Werte, in: Presse-Informationen Nr. 92, S. 4, Berlin (Ost) 1980
D. Rucht, Planung und Partizipation. B. als Reaktion und Herausforderung politisch-administrativer Planung, München 1982

Bürokratie

I. Ein Spiegel des Staatsverständnisses – II. Grenzen der Bürokratisierung in der Bundesrepublik Deutschland – III. Staatsdienst in der Deutschen Demokratischen Republik

I. Ein Spiegel des Staatsverständnisses

B. bezeichnet sowohl Herrschaft durch ein Berufsbeamtentum, das durch Privilegien wie Lebensanstellung und Laufbahnregelungen starke politische Macht inne hat, als auch eine bürokratische, d. h. auf Über- und Unterordnung beruhende Arbeitsorganisation, im Unterschied zum Kollegialsystem. Gelegentlich wird unter B. auch nur die Gesamtheit der Beamten eines Staates verstanden. Die moderne B. bildete sich im 17. Jh. als Verwaltungsstab der Territorialfürsten zur Organisation der Heeresverwaltungen aus. Zunächst war sie nur Mittel zum Zweck, die Herrschaft des Monarchen zu sichern. Erst Ende des 18. Jh., mit der Anerkennung der lebenslangen Anstellung und der Rekrutierung der Minister aus dem Berufsbeamtentum, verselbständigte sich die B. und wurde faktisch zu einer Herrschaftsgruppe. Während des 19. Jh. setzte sich innerhalb des Verwaltungsapparates das Prinzip einer strengen, hierarchischen Ordnung durch. Aus dem 18. Jh. rührt die konstitutionelle Doktrin, die B. darauf festzulegen, legislativ gesetzte Programme neutral zu vollziehen.

In der Bundesrepublik ist B. faktisch synonym mit Verwaltung geworden. Andere Organisationsformen spielen heute nur eine nebensächliche Rolle, z. B. in Freiwilligenvereinigungen. Die bürokratischen Hauptmerkmale wie klare Aufgabenzuweisung, Hierarchie, Sachkompetenz und Aktenkundigkeit gelten in privaten Wirtschaftsunternehmen, in Interessenverbänden, beim Staat und auch in kulturellen Selbstverwaltungsorganisationen als wichtigste Voraussetzungen für Effizienz und Kontrollierbarkeit der Handlungen. Gesellschaftliche Prozesse sind insofern bürokratisiert, als kaum noch eine Entscheidung zustande kommt, die nicht von einer B. vorbereitet wurde und von ihr anschließend ausgeführt wird. Zugleich ist B. in Deutschland jedoch ein Begriff, der seit dem preußischen Absolutismus obrigkeitsstaatliche Assoziationen weckt. Daran konnte auch die organisationssoziologische Ehrenrettung durch M. Weber (Wirtschaft und Gesellschaft, Tübingen 1921) nichts ändern, der die B. als die effizienteste und angemessenste Form legaler Herrschaft bezeichnete, zumal er selbst nachdrücklich vor der Gefahr einer Übermacht und Unkontrollierbarkeit bürokratischer Herrschaft warnte.

Die Haltung gegenüber der Staatsbürokratie variiert mit grundsätzlichen politischen Positionen. Einem liberalen Gesellschaftsverständnis ist die staatliche B. per se ein notwendiges Übel, das auf ein Minimum beschränkt bleiben muß. Nach einem mehr sozialstaatlichen Verständnis, aus dem mehr staatliche Eingriffe in den gesellschaftlichen Prozeß und mehr geplante Versorgungsleistungen resultieren, ist eine wachsende B. unvermeidbar, da sie die einzige streng kontrollierbare Organisationsform zu sein scheint. Konservative und liberale Politiker plädieren dagegen für eine Überführung verschiedener staatlicher Versorgungsdienste in privatwirtschaftliche Hand.

Eine wertneutrale Betrachtung der B. wird seitens der marxistisch-leninistischen Ideologie abgelehnt. Sie widerspricht der von M. Weber festgestellten ursächlichen Verbindung von Rationalisierung und Bürokratisierung im Entwicklungsprozeß der modernen Welt, der die B. zum Bestandteil der →politischen Kultur in leistungsorientierten Industriegesellschaften gemacht hat. Diesem industriegesellschaftlich bedingten Zwang zur B. setzt der Marxismus-Leninismus die These entgegen, durch die Veränderung der Eigentums- und Klassenverhältnisse in der sozialistischen Revolution die sozialen Wurzeln der B. endgültig beseitigen zu können. Der offizielle Sprachgebrauch in der DDR verwendet deshalb die Begriffsgruppe B., Bürokratisierung, Bürokratismus in erster Linie zur Beschreibung kapitalistischer Herrschaftsverhältnisse. Danach ist B. ein alle Bereiche des gesellschaftlichen Lebens durchdringender, hierarchisch und funktionsteilig gegliederter, mit abgestuften Vorrechten ausgestatteter Beamtenapparat, der sich der Aufgabe widmet, die Herrschaft der Bourgeoisie zu sichern. Wird der Begriff B. jedoch für Erscheinungen in der sozialistischen Gesellschaft verwendet, dann ausschließlich negativ und in der Absicht, dem Sozialismus angeblich fremde Mißstände zu kritisieren, beispielsweise → Formalismus, Herzlosigkeit und Verantwortungsscheu im Umgang mit den Bürgern. In den verschiedenen Wertungen äußert sich eine grundlegende Ambivalenz der inzwischen universell verbreiteten B. In der Verwaltung von Massengesellschaften unterschiedlichen Typs erweist sie ihre entlastende Funktion für das alltägliche Leben. Indem staatliche B. sich um die Versorgung der Bevölkerung mit →Schulen, Verkehrs- und Kommunikationswegen, um Rechtssicherheit, Arbeits- und Wohnmöglichkeiten bemüht, ermöglicht sie ein geordnetes Zusammenleben von Menschen. So gesehen ist B. Kulturleistung. In diesem Sinne ist es zu verstehen, wenn es in beiden deutschen Staaten eine allgemeine Schulpflicht gibt, daß Schulen gebaut und Lehrer ausgebildet werden und daß der Versuch unternommen wird, die Schüler ihrem individuellen Leistungsvermögen entsprechend zu unterrichten. Dazu bedarf es einer Verwaltung, die über den reibungslosen

Ablauf im Schulwesen wacht und in Konfliktfällen regelnd eingreift. Zugleich wird solche Verwaltung von den Bürgern auch als Kontrolle der individuellen Lebensräume und als Entmündigung erlebt, etwa wenn in der DDR Zugangsbarrieren für Kinder aus christlichen Familien errichtet werden oder in der Bundesrepublik Schulabschlüsse von Bundesland zu Bundesland nicht anerkannt und die Lehrinhalte einseitig und eng fest gelegt werden.

II. Grenzen der Bürokratisierung in der Bundesrepublik Deutschland

Grundsätze der Rechts- und Sozialstaatlichkeit geraten miteinander in Konflikt, wenn die Ausweitung der Regelungsdichte Inflexibilität und Schematismus begünstigt. So entsteht jene heute oft beklagte Diskrepanz zwischen rechtsstaatlicher Regelung und Bürgernähe. Der schützende Rückzug auf Paragraphen bestätigt das Bild vom »sturen Bürokraten«, der die Belange des Einzelfalls nicht erkennt. Die in den 70er Jahren durchgeführte *Gebiets- und Verwaltungsreform* hat der Bürokratisierung Vorschub geleistet, indem durch größere Verwaltungseinheiten infolge von Eingemeindungen und durch die Zentralisierung von Entscheidungsbefugnissen die Bürgernähe vermindert wurde. Einerseits wurden die Wege zur Verwaltung weiter und die Zuständigkeiten als eine Folge gestiegener Spezialisierung noch stärker zersplittert, andererseits ist die Zahl der ehrenamtlich an Verwaltungsvorgängen beteiligten Personen drastisch reduziert worden. Von den 25 000 selbstverwalteten Gemeinden blieben etwa ein Drittel bestehen, die Zahl der 300 000 kommunalen Volksvertreter verringerte sich auf etwa die Hälfte. Damit verbunden sind Verluste an kultureller Eigenständigkeit und ein Abrücken gegenüber einem dem Anschein nach monolithischen Apparat. Immer mehr Bürger sehen sich daher gezwungen, in Form von → *Bürgerinitiativen* ihre lokale und kulturelle Lebenswelt gegen die Eingriffe übergeordneter B. zu verteidigen.

Große Bedeutung gewann die Ministerialbürokratie in der Bundesrepublik für politische Entscheidungen. Problematisch sind hier der mit der Kommunikations- und Entscheidungshierarchie zusammenhängende bürokratieimmanente Konservatismus und die Verschränkung der B. mit Interessengruppen. Zwar sichert die B. auch dort, wo keine oder nur schwach organisierte Interessenvertretungen bestehen, gesellschaftliche Grundbedürfnisse; Interessengegensätze führen aber oft zu bürokratischen Kompromissen auf dem kleinsten gemeinsamen Nenner. Dies äußert sich in einer weitgehend nur auf Sachzwänge reagierenden Politik, der ein abgestimmtes Konzept zur Veränderung gesellschaftlicher Situationen der Gegenwart und Zukunft fehlt.

Kritik an den veralteten Formen von Willensbildung und scheinbar sich selbst steuernden Verwaltungsapparaten äußert sich verstärkt seit Mitte der 60er Jahre in außerparlamentarischen oder gegenkulturellen Initiativen. Wirtschaftliche Konzentration, moderne Technologie, Zentralismus und die Vorherrschaft eines bürokratischen Expertentums werden als ein Problemkomplex gesehen, der die Bürger zunehmend nur noch zum entfremdeten Gegenstand anonymer Prozesse macht. Die Kritik an der B. richtet sich in der Regel gegen die staatlichen Verwaltungen. Ihr wird Unkontrollierbarkeit, Ineffizienz, Innovationsfeindlichkeit und die Tendenz zur Überreglementierung und zur unverständlichen Formularsprache vorgeworfen. Auch ihre ständige Ausweitung wird beklagt. Tatsächlich hat sich die Zahl von Mitgliedern der Verwaltung im engeren Sinne von Staatsführung, Innen- und Finanzverwaltung und Rechtswesen pro Einwohner seit 1913 mehr als verdoppelt. Durch den Ausbau des Bildungssystems und eine Ausweitung der sozialen Sicherheit stieg die Zahl der im öffentlichen Dienst beschäftigten Erwerbstätigen auf annähernd 20 v. H., was fälschlich oft als weiteres Indiz für fortschreitende B. gesehen wird.

III. Staatsdienst in der Deutschen Demokratischen Republik

Die Hoffnungen von K. Marx und W. I. Lenin, an die Stelle der B. eine von Herrschaftszwängen befreite Verwaltung zu setzen, haben sich in der DDR als nicht realistisch erwiesen. Was W. I. Lenin noch als zeitweilige, in der Übergangsperiode zum Sozialismus/Kommunismus notwendige Sonderfunktion einer bestimmten Schicht von Menschen ansieht, verfestigte sich mit der fortschreitenden Entwicklung zu einem Staatsdienst, geprägt durch Berufsmäßigkeit, Spezialistentum und formalisierte Ausbildungsvoraussetzungen. Die Bürokratisierung verläuft unter den Bedingungen des anonymen Staatseigentums besonders fruchtbar. Indem dem Staat die Aufgabe zugeschrieben wird, den Aufbau einer neuen Gesellschaftsordnung zu organisieren, findet die Ausweitung des Staatsdienstes in alle wirtschaftlichen, kulturellen und sozialen Bereiche ihre Rechtfertigung. In der »Theorie der sozialistischen staatlichen Leitung« wurde ebenso wie in der Leitungswissenschaft anerkannt, daß eine arbeitsteilige Gesellschaft ohne spezialisierte und sachkundige Verwaltungsstäbe und ohne büromäßige Organisation und Arbeitsweise nicht funktionsfähig ist. Die Ausdifferenzierung des politischen Systems, der wachsende Bedarf an technischer Rationalität für die Leitung von Wirtschaft und Gesellschaft und die Tendenz der Professionalisierung der Politik zeigen, wie sich sozialistische Herrschaftssysteme an die Funktionsbedingungen moderner Industriegesellschaften anpassen. Für die real existierende Gesellschaftsordnung der DDR ist die B. ein Strukturprinzip geworden. In der sozialistischen Verwaltung ist aber die bürokratische »Macht der Technik« durch die »Technik der Macht« überlagert (→ *Macht*).

Die Führung der *SED* betont regelmäßig, daß sie im Kampf gegen die Ausbreitung von bürokratischen Verhältnissen geeignete Instrumente wie Volkskontrolle, Volksaussprache und Mitwirkungsrechte der Menschen in den jeweiligen sozialen, kulturellen, wirtschaftlichen Organisationen als eine Art »Kontrolle von unten« zur Hand habe, während die Führungsrolle der *SED*, zentralisierte Personalführung (Kaderpolitik) und das alleinige Organisationsprinzip des demokratischen Zentralismus die entscheidende »Kontrolle von oben« gewährleisten. Eine Demokratisierung der B. ist bis jetzt nicht eingetreten, weil Machterhaltung und Leistungsfähigkeit des Systems vor die Humanisierung der gesellschaftlichen Verhältnisse gestellt werden. Auch der Organisationsalltag nach dem Prinzip des demokratischen Zentralismus ist solange nicht entbürokratisiert, wie die Beteiligungsformen für die Bevölkerung nicht auf Selbstbestimmung, sondern auf eine von oben nach unten verlaufende Interessenübereinstimmung mit der politischen Führung gerichtet sind (→ *Massenkommunikation*).

H. H. Häußermann, R. Schwarzenbach

Literatur

W. Schluchter, Aspekte bürokratischer Herrschaft, München 1972
R. Ahlberg, Die sozialistische B. Die marxistische Kritik am etablierten Sozialismus, Stuttgart 1976
H. Häußermann, Die Politik der B., Frankfurt a. M., New York 1978
R. Mayntz, Soziologie der öffentlichen Verwaltung, Heidelberg 1978
Autorenkollektiv unter Leitung von G. Schüßler, Der demokratische Zentralismus; Theorie und Praxis, Berlin (Ost) 1981

Comics

C. sind ein druckgraphisch erzeugtes Massenmedium von dialogisierten Bilderfolgen, bei dem Wort und Bild gleichrangig miteinander verbunden sind. Dieses Zu- und Ineinander von Wort und Bild unterscheidet das Medium C. von Bildergeschichten mit und ohne Worte sowie von illustrierten Wortgeschichten. Dem im deutschen Sprachraum nach 1945 eingebürgerten angelsächsischen Begriff C. entsprechen im Französischen der Begriff *bande dessinée* und im Italienischen der Begriff *fumetti;* im deutschen Sprachgebrauch kennt das Medium C. keinen eigenen Begriff, sondern ist den Bildergeschichten (R. Töpffer, W. Busch) zugeordnet. Unselbständig erscheinende C. werden als *Comic Strips,* selbständig erscheinende als *Comic Books* bezeichnet.

Die Geschichte der C. beginnt 1896/97 in den USA als Serie abgeschlossener Episoden mit R. F. Outcaults »The Yellow Kid« und R. Dirks' »The Katzenjammer Kids« in den Sonntagsbeilagen der Tageszeitungen. Diese frühen *Comic Strips* stehen noch deutlich in der Tradition der auch in Deutschland seit dem ausgehenden 18. Jh. populären sozialkritischen und politischen → *Karikatur* und der unterhaltenden, belehrenden und satirischen Bilderbogen und Bildergeschichten des 19. Jh. Die Presseindustrie versuchte, durch den neuen Leseanreiz höhere Auflagen ihrer Zeitungen abzusetzen, um dadurch zu einer optimalen Auslastung der im letzten Drittel des 19. Jh. enorm angestiegenen Kapazität ihrer Großdruckereien zu gelangen. Erst nach über drei Jahrzehnten machten sich *Comic Strips* von ihrer ausschließlichen Gebundenheit an die Zeitungspresse frei. Um 1930 gewannen Sammelbände mit *Comic Strips* als Firmengeschenke und wenig später als kommerziell vertriebene Buch- und Heftprodukte in den USA ein konstantes Massenpublikum. In Europa erschienen C. seit den 20er Jahren vereinzelt in Tageszeitungen. In Deutschland konnten sie sich im Kontext der »Bildergeschichten ohne Worte« wie beispielsweise E. O. Plauens »Vater und Sohn«-Serie und der Bildwitze nur mühsam auf den traditionellen Witzseiten der Zeitungen sowie in Kinderzeitschriften von Warenhäusern und Firmen behaupten.

Erst nach dem Zweiten Weltkrieg, verstärkt nach 1948, fanden *Comic Strips* und *Comic Books* ausländischer wie deutscher Provenienz auch in den westlichen Besatzungszonen weite Verbreitung. In der DDR wurde das Medium C. bis in die 70er Jahre hinein grundsätzlich abgelehnt. Dort existieren lediglich einige wenige *Comic*-Magazine für Kinder. Spätestens seit Mitte der 50er Jahre sind C. aus dem Medienkonsum von Kindern und Jugendlichen und seit Ende der 60er Jahre auch aus dem Konsum der nach 1940 geborenen Erwachsenen nicht mehr wegzudenken. Dies zeigt sich an der allmonatlichen Produktion von rund 18 Mio. deutschsprachigen *Comic*-Magazinen und *Comic Books,* an Zeichentrickfilmen im Kinder- und Werbefernsehen und im → *Kino,* an C. auf den Kinderseiten in Familienillustrierten und in Wochenendausgaben von Tageszeitungen, an Postern mit C. an Wänden von Kinderzimmern, Kindertagesstätten, Schulen, Büros und Werkstätten. Comic-Figuren auf Bedarfs- und Verbrauchsartikeln werben für Konsumartikel; die mit bestimmten Comic-Figuren ausgestatteten Konsumartikel werben wiederum für bestimmte C.

C. sind in der Bundesrepublik, wie in allen westlichen Industriestaaten, ein kommerzielles Massenphänomen. Schätzungsweise ein Fünftel des derzeitigen deutschsprachigen Angebots an C. ist ausschließlich für Erwachsene bestimmt, rund zwei weitere Fünftel werden von Kindern, Jugendlichen und Erwachsenen gemeinsam und die restlichen zwei Fünftel von Kindern und Jugendlichen allein rezipiert. Beim Gros der deutschsprachigen C. handelt es sich um Lizenzausgaben aus dem Ausland.

Im Verlauf der knapp 80jährigen Geschichte der C. haben sich verschiedene Genres herausgebildet: komisch-humorvolle C. wie »Micky Maus« (*Funnies*), Familien- und Ehegeschichten-C. wie »Blondie« und »Willi Wacker« (*Family Strips*), Urwald-, Wildwest- und Kriminal-C. wie »Tarzan«, »Buffalo Bill« und »Detektiv Marc Danger« (*Adventure Strips*), Science-Fiction- und Märchen-C. wie »Superman« und die »Fantastischen Vier« (*Fantastic Strips*), ironische oder auch ernstgemeinte Darstellungen historischer Ereignisse wie »Asterix« und »Prinz Eisenherz« (*Historical Strips*), Comic-Fassungen klassischer literarischer Werke, Horror- und Sex-C., gesellschaftskritische Underground-C. und, keineswegs abschließend, Comic-Parodien. Ihnen allen eigen ist in der Regel das periodische Erscheinen, ein standardisiertes Inventar an Personen oder Figuren und eine international verständliche Zeichengrammatik.

Die Vielfalt der Typen von Sprech- und Denkblasen, sowie von Bild- und Wortsymbolen, die es erlaubt, »nahezu alle Gesprächssituationen, die in der Wirklichkeit vorkommen – wie direkter Dialog, Beiseitesprechen, Mit-sich-selber-Sprechen, laute Ausrufe, Flüstern, Schreie etc. – auch in der Kunstform nachzubilden« (K. Riha, in: C. im ästhetischen Unterricht, hrsg. v. D. Pforte, Frankfurt a. M. 1974, S. 161), hat bewirkt, daß C. »eine nicht vorher gekannte Kommunikation in einer präverbalen Wirklichkeit erreicht« und »eine durchaus phonetische, aber präverbale Sprache geschaffen« haben (M. L. Moeller, in: Vom Geist der Superhelden. Comic-Strips. Zur Theorie der Bildergeschichten, hrsg. v. H. D. Zimmermann, München 1973, S. 119). Freilich stellt die Wort-Bild-Verbindung der C. eine Störung der hochentwickelten Kunstformen →Literatur und →bildende Kunst dar. Wenn Literatur als Kunst schriftlich fixierte Sprache ist, die das Fehlen der die gesprochene Sprache begleitenden Ausdrucksformen und Möglichkeiten (Körperhaltung, Gestik, Mimik) durch Entfaltung des schriftlichen Ausdrucks kompensiert, und wenn in der bildenden Kunst das durch das Fehlen der verbalen Sprache entstehende Kommunikationsdefizit durch eine visuelle Sprache ausgeglichen wird, so spezialisieren diese Künste jeweils eine ästhetische Ausdrucksweise. Sie erfordern zu ihrem Verständnis eine entsprechende Konzentrierung der ästhetischen Wahrnehmung. Die C. indes mit ihrer Wort-Bild-Verbindung entsprechen einer synästhetischen Wahrnehmungsweise, bei der verschiedene Sinnesorgane zur gleichen Zeit angesprochen werden. Eine solche nichtspezialisierte ästhetische Wahrnehmungsweise wird von O. Negt und A. Kluge als eine »nicht bürgerlich organisierte«, sondern »proletarische Wahrnehmungsweise« charakterisiert, weil »eine Spezialisierung der ästhetischen Grundbedürfnisse sich nur Menschen leisten können, deren Wahrnehmungskräfte nicht durch den Arbeitsprozeß bereits absorbiert sind« (Öffentlichkeit und Erfahrung, Frankfurt a. M. 1972, S. 434).

Zweifellos lassen sich C. als unspezialisierte ästhetische Produkte unmittelbarer rezipieren als ästhetisch spezialisierte Aussagesysteme; mit der Synästhesie der Wahrnehmung geht ein hohes Maß an identifikatorischer Rezeption einher. Auf die Aufdeckung solcher Zusammenhänge zwischen der Produktion und der Rezeption von C. zielt die Frage nach ihrer großen Beliebtheit. In der Bundesrepublik wird diese Frage verstärkt erst seit Mitte der 60er Jahre diskutiert. Zuvor waren im gesamten deutschsprachigen Raum die C. für konservative wie für progressive Eltern, Erzieher, Lehrer und Wissenschaftler generell jenseits aller Kritik. An die Stelle der Kritik traten damals Vorurteile, die sich teils widerlegen, teils nicht belegen ließen. Der »Giftstrom der Comic-Books« (G. Brinkmann), hieß es damals, stelle »eine sittliche Gefahr für unsere Jugend« (M. Klug) dar, führe zu einer »Verbildung durch Verbilderung« (M. Calmes) sowie zu einem »Neo-Analphabetentum« (H. Theile), gar zu einem »internationalen Infantilismus« (St. Andres). Man befürchtete, die Lektüre der C. könnte zu einer Einschränkung der Lesefähigkeit führen, zur Unfähigkeit, die Wirklichkeit in ihrer Komplexität zu erfassen, und zu seelischer Verwahrlosung, die Kriminalität hervorrufe. Diese Einschätzung der C. rührte daher, daß man die Gleichrangigkeit von Wort und Bild unbeachtet ließ und sich auf die verbal vermittelten Inhalte konzentrierte.

In der DDR läßt sich seit Ende der 60er, Anfang der 70er Jahre eine behutsame Wende in der Beurteilung der C. beobachten. Mit Blick auf die erfolgreich seit 1955 laufende, vom Zentralrat der *FDJ* herausgegebene »Mosaik«-Heftreihe mit den von H. Hegen gezeichneten kindlichen Comic-Helden »Dig, Dag und Digedag« und auf die *Comic Strips* in den Kindermagazinen »Frösi« und »Atze« (hrsg. von der *FDJ*) hieß es 1969, daß »unter unseren gesellschaftlichen Verhältnissen eine Form der Unterhaltungskunst zu werden (vermag), die an der Herausbildung und Durchsetzung sozialistischer Denk-, Gefühls- und Verhaltensweisen mitwirkt« (P. Pachnicke, in: Der Sonntag v. 7. 12. 1969). 1974 wurde dazu aufgefordert, »kritisch zu prüfen, ob sich in den C. nicht möglicherweise eine Bildsprache artikuliert, die, unabhängig von mißbräuchlichen Verzerrungen durch die spätkapitalistische Kulturindustrie, real vorhandenen Bedürfnissen sich verändernder Seh- und Erlebnisgewohnheiten entspricht« (P. Thiel, in: Der Sonntag v. 10. 3. 1974).

Zu beobachten ist folglich eine Annäherung der kritischen Positionen einer wissenschaftlichen Beschäftigung mit C. sowohl in der Bundesrepublik als auch in der DDR. Dort wird es heutzutage eher ein Devisen- als ein ideologisches Problem sein, ästhetisch anspruchsvolle C. herauszubringen. Denn auch die Verlage in der DDR sind, solange es keine nennenswerte eigene Produktion in der DDR und in den sozialistischen Staaten gibt, wie die Verlage in der Bundesrepublik auf Lizenzausgaben vor allem amerikanischer, französischer und italienischer C. angewiesen.

D. Pforte

Literatur

W. J. Fuchs, R. Reitberger, C. Anatomie eines Massenmediums, München 1970, Reinbek 1973
W. Kempkes, Bibliographie der internationalen Literatur über C., Pullach ²1974
W. U. Drechsel, J. Funhoff, M. Hoffmann, Massenzeichenware. Die gesellschaftliche und ideologische Funktion der C., Frankfurt a. M. 1975
P. Skodzik, Deutsche C.-Bibliographie 1946–1970, Berlin (West) 1978
Chr. Holtz, C. – ihre Entwicklung und Bedeutung, München 1980

Dekadenz

D. leitet sich ursprünglich aus dem Begriff »Dekadenzdichtung« her. Sie stellt gegen Ende des 19. Jh. eine europäische Richtung in der Literatur dar, die den Verfall des bürgerlichen Zeitalters ausdrückte. Ihre resignativen Stimmungen, ihre Vorliebe für Exzentrik und bohèmehafte Existenzformen galten als ihre Merkmale, vor allem bei Ch. Baudelaire, P. Verlaine und O. Wilde. F. Nietzsche hatte am »Fall Wagner« 1888 D. als Niedergangserscheinung beschrieben, den »Stil der décadence« aber auch als Befreiung des Individuums gefeiert. Als ideologisch-polemische Metapher des *Sozialistischen* → *Realismus* spielt D. zusammen mit → *Formalismus* in den kulturpolitischen Debatten des Exils und der DDR eine wichtige Rolle. Dabei gilt D. im Zusammenhang mit einer kulturpolitischen Ausrichtung, die für sich in Anspruch nimmt, über ein klar definiertes Wertsystem zu verfügen, als Bezeichnung für eine Kunst des »Abstiegs«, die Form und Ästhetik überbetont und damit humanistische und sozialistische Werte preisgibt. In der Bundesrepublik ist D. als kulturpolitischer Begriff

nicht erheblich. Jedoch haben einzelne Vertreter der kultur-konservativen Richtung, meist Germanisten wie E. Staiger, F. Sengle oder der Literaturkritiker F. Sieburg, gegen Tendenzen der neueren → *Literatur*, wie sie beispielsweise G. Grass, G. Zwerenz, R. Rasp, H. M. Enzensberger sowie die »konkrete« und experimentelle Poesie H. Heißenbüttels vertreten, inhaltlich den Dekadenzvorwurf erhoben. Unter den antifaschistischen Schriftstellern des → *Exils* wurden in der 1938 und 1939 geführten *Expressionismusdebatte* D. und Formalismus der bürgerlichen Verfallskunst als Abgrenzung zur Klassik in den Mittelpunkt gerückt. Schon in seinem Aufsatz »Größe und Verfall des Expressionismus« (1934) hatte G. Lukács dafür den Weg bereitet und sich später, unter Berufung auf F. Nietzsche als Kronzeugen, gegen die Verteidiger der → *Moderne* gewandt, während A. Kurella die expressionistische Malerei als »dekadent und zersetzend« kritisierte. Diese Kritik hat E. Bloch veranlaßt, unter Hinweis auf die Münchner Ausstellung der Nationalsozialisten *Entartete Kunst* (1937), welche die Malerei des Expressionismus diffamieren sollte, auf eine fatale Nähe seiner Kritik zu nationalsozialistischen Ansichten aufmerksam zu machen. G. Lukács behauptete, die Montagekunst der modernen Literatur zerstöre die Totalität des Lebens, es entstehe ein Chaos, das die »weltanschauliche Grundlage der avantgardistischen Kunst« bilde. Daß F. Nietzsche mit seiner »Anarchie der Atome« sogar wörtlich eine »politische Theorie« gemeint hatte, die auf »gleichen Rechten für alle« basieren sollte, unterschlägt G. Lukács dabei. Mit dem Dekadenzvorwurf sollten die vom Expressionismus herkommenden Autoren auf eine sozialistisch-realistische Literatur verpflichtet werden. Dazu paßte G. Benns »Verfeinerung, Abstieg und Trauer« bezeichnende »Valse-triste«-Stimmung, mit der er F. Nietzsche feierte, nicht mehr. Auch B. Brecht rückte von seiner »Hauspostille« ab, die zweifellos den Stempel der D. der bürgerlichen Klasse trage (Arbeitsjournal 1938–1942, hrsg. v. W. Hecht, Frankfurt a. M. 1973, S. 28). Aber er meinte auch, Begriffe wie D. seien deshalb so schwer zu bekämpfen, »weil sie solche Langeweile verbreiten um sich«. Schließlich lasse sich eine Kunst, die den Abstieg bereits als Abstieg kennzeichne, nicht mehr als dekadent bezeichnen (a.a.O., S. 12).

Die Kampagne gegen »Formalismus und D.« wurde in den 50er Jahren in der DDR von denen, die schon in der *Expressionismusdebatte* den Ton angegeben hatten, wie A. Kurella, F. Erpenbeck und G. Lukács, wieder aufgenommen. Unterstützt wurden sie dabei von A. Dymschitz, dem höchsten sowjetischen Kulturoffizier in der DDR. Jetzt wurde der Dekadenzvorwurf zum Dreh- und Angelpunkt der gesamten Kulturpolitik. D., so F. Erpenbeck, sei die »fäulnishafte Zersetzung der bürgerlichen Klasse«, sie verrate alle ethischen Werte des

Humanismus, der »Vaterlandsliebe, der Freiheit der Persönlichkeit« (F. Erpenbeck, S. 114). Man glaubte, nur ein radikaler Bruch mit den Traditionen, auf die sich die entsprechenden Künstler berufen, würde es ihnen ermöglichen, sich mit dem »neuen« sozialistischen Menschen zu beschäftigen. »Die Ästhetik des Häßlichen ist Trumpf!« beschloß A. Kurella noch im Juli 1957 einen Aufsatz über »Einflüsse der Dekadenz«, in dem er auch E. Nolde, O. Kokoschka und I. Strawinski anprangerte. Dieser bürokratische Kulturkonservativismus hatte Auswirkungen auf die gesamte Kunstentwicklung in der DDR. Die Romantik wurde als »krank« weitgehend zurückgedrängt, die meisten Expressionisten waren tabu, und G. Trakl, F. Kafka, J. Joyce, M. Proust wie auch die übrigen Künstler der Moderne wurden erst mit 15- bis 20jähriger Verzögerung publiziert. Während die Malerei lange einem dogmatischen Realismus verhaftet blieb, wurde das Muster des klassischen Erziehungs- und Bildungsromans für die Aufbauliteratur verwendet.

H.-J. Schmitt

Literatur
F. Erpenbeck, Formalismus und D.; A. Kurella, Einflüsse der D., beide in: Dokumente zur Kunst-, Literatur- und Kulturpolitik der DDR, hrsg. v. E. Schubbe, Stuttgart 1972
Die Expressionismusdebatte, hrsg. v. H.-J. Schmitt, Frankfurt a. M. 1973
F. Sengle, Literaturgeschichtsschreibung ohne Schulungsauftrag, Tübingen 1980

Demokratie

I. Volkssouveränität als demokratisches Prinzip – II. Demokratie in der deutschen Tradition – III. Diktatur des Proletariats – IV. Konkurrenz der Parteien – V. Staat und Demokratie – eine deutsche Tradition?

I. Volkssouveränität als demokratisches Prinzip

Der revolutionäre Grundsatz des modernen Verständnisses von D. ist der Gedanke der Volkssouveränität, wie er sich auch in Artikel 20, Absatz 2 des *Grundgesetzes* der Bundesrepublik Deutschland findet: »Alle Staatsgewalt geht vom Volke aus«. In der Bewegung gegen die Legitimität absolutistischer Herrschaft und Aristokratie wurde dieses Prinzip vom Bürgertum, am sinnfälligsten 1776 in der amerikanischen und 1789 in der Französischen Revolution, aufgestellt, ohne daß es sich allerdings überall mit gleicher Intensität durchsetzte. Die Legitima-

tion politischer Herrschaft sollte abhängig gemacht werden von der Zustimmung des ganzen Volkes. Welche Probleme und Ausformungen die »Bildung des Volkswillens« und seine institutionelle Umsetzung in eine Regierung auch immer hervorgerufen haben, von D. läßt sich erst dann sprechen, wenn alle Bürger die gleichen Rechte und die Freiheit besitzen, sich an Wahlen von Parlamenten oder plebiszitären Abstimmungen zu beteiligen. Endgültig hat sich das Prinzip der Volkssouveränität erst mit dem siegreichen Kampf der Arbeiterparteien und -bewegungen für das allgemeine Wahlrecht am Anfang des 20. Jh. als Demokratisierung des liberal-repräsentativen Parlamentarismus durchgesetzt, wobei das Aufkommen von Parteien sowohl die repräsentativ-liberale wie die identitätstheoretische Form des demokratischen Prinzips in Frage stellte. Die regelmäßige Wahl von Parteien machte deutlich, daß Parteien als »Ausdruck gesellschaftlicher Kräfte« weder einen fiktiven einheitlichen Volkswillen verkörperten, noch von vornherein auf ein Gemeinwohl verpflichtet werden konnten, auch wenn dem Parlament und den mit repräsentativem Mandat versehenen Abgeordneten diese Fiktion teilweise bis heute zugeschrieben wird. Die mit demokratischen Verfassungen errungenen →*Grundrechte* von Gleichheit und Freiheit haben dazu geführt, daß infolge weiter bestehender Ungleichheit heutige demokratische Herrschaft auf Zeit niemals einheitlich legitimiert ist. Ein nur formaler Demokratiebegriff wird der Spannweite demokratischen Denkens nicht gerecht; nicht etwa deshalb, weil er nicht eine bestimmte Realität heutiger Konkurrenzdemokratien widerspiegeln würde, sondern weil er eine Beschränkung des Freiheits- und Gleichheitsverlangens auf den rein politischen Bereich bedeutet. Gerade die bürgerliche Norm der Unteilbarkeit von Freiheit verlangt, daß ihre Sicherung im politischen Raum nur dann mit Erfolg gewährleistet ist, »wenn sie auch in anderen gesellschaftlich-kulturellen Bereichen, sowohl rechtlich wie faktisch, durch kooperatives Verhalten und demokratische Lebensform gesichert ist« (D., in: Wörterbuch der Soziologie, hrsg. v. W. Bernsdorf, Bd. 1, Frankfurt a. M. 1972, S. 150). D. als freiheitliches Prinzip verlangt also, daß Demokratisierung zumindest als legitimer Gegenstand politischer Auseinandersetzung akzeptiert wird, denn D. ist die Staatsform, die laut G. Radbruch »keiner sozialen Machtverschiebung Widerstand leistet.«

II. Demokratie in der deutschen Tradition

Daß D. heute im allgemeinen Urteil mit freien Wahlen, Parteien, politischer Gleichstellung aller Bürger und individueller Freiheit verbunden wird, darf nicht darüber hinwegtäuschen, daß D. als »allumfassender Idolbegriff« in Deutschland von allen politischen Kräften erst nach 1945 akzeptiert worden ist. Kennzeichnend für die Schwierigkeiten demokratischen Denkens in Deutschland ist eine spezifisch deutsche »Abwehr von 1789« und des Verfassungsmodells der USA. Die Angst der Konservativen und Liberalen vor dem Prinzip der Volkssouveränität, vor den möglichen demokratischen Konsequenzen der universalistischen Forderungen nach Gleichheit und Freiheit, die I. Kant zu dem Urteil veranlaßten, D. sei im Kern »notwendig ein Despotismus«, ließ eine Vielzahl von Verfassungs- und Theoriekonstrukten entstehen, deren wirkungsvollste wohl die Entgegensetzung von Rechtsstaat und D. wurde. Trotz einiger Ansätze im deutschen Vormärz und in der Revolution von 1848 wurde bis 1919, wie der Brockhaus von 1938 feststellte, die »moderne demokratische Tendenz, in der die materiellen Interessen mehr als billig hervorträten, um der höheren, geistigen oder moralischen Interessen willen als erniedrigend abgelehnt«. Die von G. W. F. Hegel im Anschluß an J.-J. Rousseau gegen die Vertragstheorie gerichtete Konstruktion eines »vernünftigen« Staates, regiert von vernünftigen, gebildeten Staatsbeamten, der den unausweichlichen inneren Widersprüchen des »Systems der Bedürfnisse« bürgerlicher Tauschgesellschaft die Idee, das sittliche Prinzip des allgemeinen freien Wollens gegenüberstellt, begründete die charakteristische Entgegensetzung von Staat und »formloser« Gesellschaft, die in der Vorstellung einer eigenen deutschen »Staatsidee« gipfelte. Das Auseinandertreten von Liberalismus und D. nach 1848 machte die Demokraten zu »Feinden der Ordnung«, gegen die »nur Soldaten« helfen. Auch die konservative organologische Staatslehre wandte sich gegen »alle rationalen Gesellschaftsideale, gegen alle Überschätzung des Gleichmäßigen, Allgemeinmenschlichen und ›Abstrakt-Egalitären‹« (K. Lenk, S. 93). Diese verschiedenen Strömungen stellten, teilweise bis heute, das Arsenal antidemokratischer, aber auch antiliberaler Argumente bereit. Die Folgen waren keine Beteiligung aller an den Wahlen zu Parlamenten, stattdessen Dreiklassenwahlrecht bis 1918, Verfemung des Parteiwesens, Leugnung des Konflikts unterschiedlicher Interessen als Normalfall von Innenpolitik, Antipluralismus und Antiparlamentarismus. Mit der Ausnahme einiger linksliberaler Positionen wie der F. Naumanns fiel es allein der Arbeiterbewegung zu, jenes Maß an bürgerlich-parlamentarischer D. durchzusetzen, das bis heute immer noch die Grundsubstanz westlich-demokratischen Denkens darstellt (→Arbeiterkultur). Wenig erstaunlich ist, daß die Verspätungen demokratischen Denkens in Deutschland auch in der deutschen Sozialdemokratie Spuren hinterlassen haben. Mit Nachdruck ist deshalb darauf hinzuweisen, daß gerade die scharfe Kritik, die K. Marx in der »Deutschen Ideologie« an G. W. F. Hegels Staatsphilosophie übte, die SPD kaum jemals ergriffen hat und

daß F. Lassalles Idee eines »neuen sittlichen Staates«, der die sittliche Idee des Arbeiterstandes zum Ausdruck zu bringen habe, sich eher in den Fußspuren G. W. F. Hegels und deutscher staatsidealistischer Traditionen bewegte (→Sozialismus). So wurde, verkürzt gesagt, der Kampf um Demokratisierung für die SPD zum »Kampf um die Staatsverfassung, um die Möglichkeit der Bestimmung der Staatszwecke auf dem Weg der Staatswillensbildung« (K. Lenk, S. 135). Fiel es also 1918 der Sozialdemokratie im Verein mit dem Zentrum und den demokratisch gesinnten Persönlichkeiten der Deutschen Demokratischen Partei zu, mit der Weimarer Verfassung die bürgerliche Revolution von 1848 nachzuholen, so zeigte sich sehr schnell, daß große Teile des Bürgertums wenig von »ihrer« Revolution wissen wollten, zumal im zweiten Hauptteil der Verfassung in direkter Konkurrenz zur bolschewistischen Verfassung von 1918 bereits Grundsätze eines neuen Sozialstaatsverständnisses formuliert worden waren. Die in den vergangenen einhundert Jahren entstandenen antiliberalen und antidemokratischen Ideen entfalteten erst ihre Brisanz, als die Verfassung die Möglichkeit eröffnete, auf parlamentarischem Wege Mehrheiten für die Durchführung demokratischer Reformen zu finden, deren erfolgreiche Abwehr den Rechten fünfzig Jahre lang vor allem durch das Sozialistengesetz, ferner den Reichsverband gegen die Sozialdemokratie mit 200 000 Mitgliedern gelungen war. Demokratische Institutionen genügen also nicht, um Gesellschaft demokratisch handeln zu lassen, und vielleicht war es symptomatisch, daß die deutsche Idee vom gemeinwohlverbürgenden Rechtsstaat, der neutral über den Interessenkonflikten der Gesellschaft zu stehen habe, durch die nur negative Erwähnung der Parteien, denen Beamte nicht angehören durften, schon institutionell das demokratische Prinzip herabsetzte. So führte die Enttäuschung über ausbleibende Wahlerfolge zur Radikalisierung und Spaltung der Arbeiterbewegung in SPD, USPD und KPD, was nur die Angst der angeblich die D. tragenden Mittelschichten und Bauern verschärfte und ihren Weg von den Liberalen zu deutschnationalen und zur nationalsozialistischen Partei beschleunigte. Die parlamentarische Demokratie zu verteidigen, fiel auch der SPD immer schwerer; es gab den Slogan »Demokratie, das ist nicht viel, Sozialismus ist unser Ziel«. Die KPD proklamierte eine deutsche Sowjetrepublik, und in der deutschen Staatsrechtslehre gelang es C. Schmitt sogar, Diktatur und »wahre« Demokratie zu verbinden. Materielle und ideelle Interessen beherrschen unmittelbar das Handeln der Menschen. Die spezifisch deutsche Tradition antiliberaler und antidemokratischer Weltbilder hat, so M. Weber, als Weichensteller der Dynamik gesellschaftlicher Interessen gedient, die das Ende des ersten Versuchs der D. bedeuteten.

Die Erfahrung der Weimarer Republik und des Nationalsozialismus führte dazu, daß die Nachfolger des rechten Spektrums des Parteiensystems zum erstenmal in der deutschen Geschichte die parlamentarisch verfaßte liberale Parteiendemokratie akzeptierten, wobei allerdings in konservativen Interpretationen der liberale und formale Rechtsstaatsgedanke W. Webers und E. Forsthoffs gegen alle Dynamisierungen des Demokratisierungspotentials gleichsam vorpolitisch zum Wert an sich erhoben wird. Ein Beispiel ist die Formel von der »Gemeinsamkeit der Demokraten«. Der kurz nach der Befreiung 1945 auch von Teilen der *CDU* noch festgestellte Zusammenhang zwischen der Krisenanfälligkeit kapitalistischer Wirtschaft und politischen Systems wird von der *SPD* zwar nicht völlig fallengelassen, aber doch darauf reduziert, die Reform des → *Kapitalismus* durch eine Transformation des liberalen zum sozialen Rechtsstaat im Sinn H. Hellers auf parlamentarischem Wege anzustreben. Sie gab ihre Zwiespältigkeit von revolutionärem Attentismus und parlamentarischer Mitarbeit, also den »relativistischen« Demokratiegedanken, zugunsten einer die »Gemeinsamkeit der Demokraten« umfassenden streitbaren D. auf.

In der Sowjetischen Besatzungszone konnte die *KPD* mit starker Unterstützung der Besatzungsmacht, wobei auch in den westlichen Zonen der Einfluß der Besatzungsmächte nicht unterschätzt werden soll, an ihre Weimarer Einheitsfrontvorstellungen anknüpfen und damit eine neue Variante demokratietheoretischer Begründung auf deutschem Boden zur Praxis werden lassen, die sogenannte Volksdemokratie.

III. Diktatur des Proletariats

Die relativ offene innerparteiliche Diskussion über R. Luxemburgs und L. D. Trotzkis Vorstellungen des Sozialismus in der *KPD* war 1925 im Zuge der Leninisierung aufgegeben worden. Die *KPD* ordnete sich allen Schwenks der *Komintern* unter und übernahm 1935 und 1939 die Einheits- und Volksfrontpolitik. Nur so ist verständlich, daß das aus dem → *Exil* zurückgekehrte restliche Zentralkomitee der *KPD* zur Bildung eines Blocks der antifaschistischen, demokratischen Parteien aufrief, da nur durch ein breites Bündnis die Grundlage im Kampf für die völlige Liquidierung der Überreste der Hitlerregimes und für die Aufrichtung eines demokratischen Systems geschaffen werden könne, nämlich »eine parlamentarisch-demokratische Republik mit allen demokratischen Rechten und Freiheiten für das Volk«. In dieser Strategie bildet die »bürgerliche Republik« die Grundlage für die Überleitung in die »sozialistische Diktatur des Proletariats«. Obwohl anfangs noch die These des Parteitheoretikers A. Ackermann galt, daß es falsch sei, dem

deutschen Volk das Sowjetsystem aufzuzwingen, und sich auch die erste *Verfassung* der DDR von 1949 stark, manchmal wörtlich, an das Vorbild der *Weimarer Verfassung* anlehnte, hatte die *SED* seit 1947 begonnen, sich dem Organisationsprinzip des »demokratischen Zentralismus« anzupassen und damit eine marxistisch-leninistische Kaderpartei zu werden, die die eindeutige Führung der in der *Nationalen Front* zusammengeschlossenen Parteien übernahm. Auf der zweiten Parteikonferenz der *SED* im Jahr 1952 wurde entschieden, mit der »Schaffung der Grundlagen des Sozialismus« zu beginnen. Dabei hatte sich »notwendig« das Interpretationsmonopol der marxistisch-leninistischen Partei der Arbeiterklasse durchgesetzt. Für die *SED*, nach R. Bahro »von einem unentrinnbaren Legitimationskomplex« verfolgt, hat die jeweils neu zu interpretierende Demokratietheorie die Aufgabe, als rechtfertigende → *Ideologie* die Mobilisierung und Integration der gesamten Bevölkerung zu leisten. Der radikale Bruch mit dem Muster westlicher D., aber auch mit der demokratisch-sozialistischen Tradition der *Zweiten Internationale* war vollzogen. Auch wenn die historischen Legitimationsversuche weit in die Geschichte der deutschen Arbeiterbewegung zurückreichten, bedeutete die faktische Übernahme des sowjetischen Modells nicht nur die Diskreditierung des »realen« Sozialismus, sondern erschwerte auch die Verwirklichung sozialistischer Zielvorstellungen westlicher Arbeiterparteien.

Die Gründungsverfassung der DDR von 1949 verstand sich als antifaschistisch-demokratische »Gegenverfassung« gegen das Bonner *Grundgesetz,* dem man vorwarf, nur ungenügende Lehren aus Weimar gezogen zu haben. Ministerpräsident O. Grotewohl nannte als wesentlichste Differenz zur *Weimarer Verfassung,* daß »das Parlament aus seinem Schattendasein zum höchsten Willensträger erhoben wurde«. Aber diese überraschende Formulierung knüpfte weniger an die Repräsentationsidee liberaler Parlamentarismustheorie als an die aus der Sowjetverfassung hergeleitete, identitätsdemokratische Kommune- oder Räteidee an. Doch hatte diese in der Realität nie die Bedeutung einer direkten D. von unten. Sozialistische D. ist weiterhin eine Herrschaftsformation, deren Entwicklung ohne die »Heranführung der Volksmassen an die Leitung von Staat, Wirtschaft und Kultur« nicht voll zur Entfaltung gebracht werden kann, und dazu bedarf es einer straffen zentralen Leitung und Planung und der ständigen Vervollkommnung des demokratischen Zentralismus. Dementsprechend haben Wahlen angeblich schon deshalb eine höhere Funktion, weil sie die bürgerliche Gewaltenteilung überwinden. Nicht so sehr der Wahlakt ist die Kardinalfrage der Diktatur des Proletariats, sondern die gesellschaftlichen Wirkungen der Bewußtseinsbildung, der permanenten Arbeits- und Leistungsmotivation.

»Arbeite mit, plane mit, regiere mit«, heißt es in Artikel 21, Absatz 1 der *Verfassung* der DDR von 1968. Wahlen sind die Bestätigung eines »gesamtgesellschaftlichen Willens«. Die Ursprünge dieses partizipatorischen Demokratiebegriffs werden denn auch konsequent an der Quelle des gesellschaftlichen Reproduktionsprozesses, der → *Arbeit,* verortet. Dem entspricht, bahnbrechend im deutschen Verfassungsrecht, nicht nur das Recht auf und die Pflicht zur Arbeit, sondern auch eine ausführliche Regelung des Rechts auf → *Bildung* und → *Weiterbildung,* der Sicherung einer sozialistischen → *Erziehung* zu allseitig gebildeten und harmonisch entwickelten Menschen nach Artikel 25. Somit ist der sozialistische Staat laut Artikel 1, Absatz 1 der *Verfassung* der DDR die politische Organisation der Werktätigen unter der Führung der Arbeiterklasse und ihrer Partei und D. der politische Ausdruck des »gesellschaftlichen Gesamtarbeiters« (K. Marx). Da die Arbeiterklasse die übergroße fortschrittliche Mehrheit darstellt, leitet die *SED* als ihr »bewußtester Teil« daraus den Anspruch ab, alle übrigen Klassen und Schichten an die Arbeiterklasse, die zum Richtpunkt der sozialistischen Menschengemeinschaft wird, heranzuführen. Die politische → *Macht* soll dem ganzen Volke dienen, bis die Diktatur des Proletariats zum »Staat des ganzen Volkes« geworden ist. Der Wahrung des Grundprinzips der Gewalteneinheit dient das leninistische Konzept des demokratischen Zentralismus in Artikel 47, Absatz 2 der *Verfassung* verankert, das als Organisations- und Leistungsprinzip von *SED,* Staat und Gesellschaft sich auf alle Lebensformen der sozialistischen Gesellschaft, mit Ausnahme der Kirchen, erstreckt.

Obwohl Interessen, Leistungsprinzip und Bedürfnisbefriedigung, die sich auch in den westlichen Demokratien im parteien-demokratischen Prozeß sehr stark ausdrücken, keineswegs geleugnet werden, bestimmen nicht Pluralismus, nach dem langjährigen Präsidenten der *Nationalen Front, E.* Correns, »kleinliches Parteiengezänk und Gruppenegoismus«, oder Spontaneität den Weg. Vielmehr wird der Staat zum Instrument und zur Organisationsform bewußter Gesellschaftsentwicklung, deren wichtigste Triebkraft nach Artikel 2, Absatz 4 der *Verfassung* »die Übereinstimmung der politischen, materiellen und kulturellen Interessen der Werktätigen und ihrer Kollektive mit den gesellschaftlichen Erfordernissen ist«. Vom Prinzip her ist damit die Vorstellung individueller Abwehrrechte gegenüber einem freiheitsbedrohenden Staat aufgegeben zugunsten einer dem ökonomischen Vergesellschaftungsprozeß entsprechenden Gemeinschaftsbezogenheit von Mitgestaltungsrechten. Diese sind allerdings keineswegs spannungsfrei zu denken, weshalb es weiterhin der besonderen öffentlichen → *Gewalt* und der staatlichen Zwangsmittel bedarf.

Trotz dieser für die deutsche Verfassungstradition bemerkenswerten Erweiterung eines partizipatorischen Demokratiebegriffs, der vornehmlich von den → *Gewerkschaften* auszufüllen ist, die damit, wie in Polen, potentiell durchaus Träger von Demokratisierungstendenzen werden könnten, bedeutet die Praxis der *SED* nichts anderes als die »totale Funktionalisierung der ›Demokratie‹ auf die Vermittlung und Organisation eines der Bevölkerung aufoktroyierten Elitewillens« (H. P. Waldrich, S. 148 f).

IV. Konkurrenz der Parteien

Aus den Erfahrungen der Weimarer Republik und des Nationalsozialismus wurde beim Abfassen des *Grundgesetzes* der Schluß gezogen, daß D. mehr sein soll als ein formales Regelsystem zur Legitimierung politischer Herrschaft auf Zeit. In diesem Sinn hat das *Grundgesetz* den Kernbestand dessen, was heute freiheitlich-demokratische Grundordnung genannt wird, fixiert und der Verfügungsgewalt von parlamentarischen Mehrheitsentscheidungen entzogen. Der Begriff der »streitbaren D.« verweist ebenfalls darauf, daß, so die herrschende Meinung, D. »keine wertneutrale Verfahrensordnung, sondern eine wertgebundene, auf Wertverwirklichung zielende politische Form« sei (W. Besson, G. Jasper, Das Leitbild der modernen D., München 1973, S. 11). Deswegen sei demokratisch ein »Gemeinwesen zu nennen, das unter Anerkennung der Würde des Menschen als letzten Wert darauf abzielt, allen Bürgern in gleicher Weise die Freiheit zur Entfaltung ihrer Persönlichkeit und zu verantwortlicher Lebensgestaltung zu gewährleisten« (dies., S. 9). Doch dieser Satz ist so leerformelhaft, daß er sich auch in der *Verfassung* der DDR unterbringen ließe, wie Artikel 4 zeigt. Vom Gemeinwesen a priori zu verfolgende Gemeinwohlziele gehen an der Realität moderner westlicher D. vorbei; der Fehler liegt in der Behauptung eines politischen »Einheitswillens des Volkes«, den es nicht gibt. In Gesellschaften, in denen kein Macht- und Interpretationsmonopol für »das Gemeinwohl« herrscht, ist die Interpretation von D. politisch umstritten, wie die verschiedenen Standpunkte der Parteien zeigen. Das hat das *Grundgesetz* in Artikel 21 akzeptiert, ohne allerdings die Fiktion eines den Gemeinwillen hervorbringenden Parlamentarismus und des am Gemeinwohl orientierten Abgeordneten aufzugeben, wie sie sich im in Artikel 38 verankerten repräsentativen Mandat niederschlägt. Das Parteiensystem als ganzes erscheint geradezu als Sprachrohr, dessen sich das mündig gewordene Volk bedient, um sich zu artikulieren und politische Mehrheitsentscheidungen zu fällen, die dann fiktional als repräsentative anstatt als durchaus politische Herrschaftsentscheidungen gedeutet werden.

Daß es mehrere Parteien und Interessengruppen gibt, weist darauf hin, daß selbst die institutionellen Voraussetzungen, die demokratische Methode, das Ergebnis eines politischen Kompromisses und damit »geronnene Politik« ist, der vom Stand unterschiedlicher Machtpositionen zum Zeitpunkt der Vereinbarung zeugt. Fast alle, D. als Herrschaftsform legitimierenden Forderungskataloge, die Pluralismus, Rechtsstaatlichkeit, Öffentliche Meinung, Gewaltenteilung, Menschen- und Bürgerrechte sowie das Mehrheitsprinzip enthalten, stoßen an Grenzen und erfahren negative und positive Überschreitungen durch die praktische Fähigkeit der Parteien, im öffentlichen Willensbildungsprozeß politische Macht über Mehrheiten zu erzeugen und auch gegen den Widerstand anderer Parteien in den Parlamenten durchzusetzen. Doch gerade hier zeigt sich, daß die Trennung von »öffentlicher« Politik und »privatwirtschaftlicher« Ökonomie, die das Privateigentum privilegierende Form des Rechtsstaats und das Gewaltenteilungsprinzip in der Rechtsprechung und im Föderalismus gleichsam vorpolitische Machtmittel sein können, die einseitig zur Erhaltung der bestehenden Strukturen hierarchischer Ungleichheit beitragen. Konsens ist, mit anderen Worten, in der auf politischem Wettbewerb basierenden D. keineswegs vorgegeben, sondern der latent instabile Kompromiß über eine strukturell angelegte Verteilungsungleichheit. »Legitimitätsglauben« (M. Weber) schwindet dann, wenn Benachteiligung oder potentielle Bedrohung von Besitzständen zu groß werden.

So sind die zentralen Werte der D., Gleichheit, Gerechtigkeit und Freiheit, gleichzeitig die Pole, von denen die Parteien ihre programmatisch unterschiedliche Stoßrichtung beziehen. Der nicht nur rhetorische Streit um die Grundwerte zielt darauf, die normativen Forderungen des *Grundgesetzes* interpretierend zu gewichten. Es gibt kein eindeutig bestimmbares Staatsziel, auch nicht hinsichtlich einer spezifischen Kulturpolitik, wie sie beispielsweise in den Artikel 17 und 18 der *Verfassung* der DDR zum Ausdruck kommt, in denen es heißt: »Die sozialistische Gesellschaft entwickelt die sozialistische Nationalkultur als Sache des ganzen Volkes«.

Drei demokratietheoretische Hauptströmungen lassen sich mit deutlichen Bezügen zum deutschen Parteiensystem ausmachen, die konservativ-altliberale oder konservativ-soziale, die empirisch-normative, sozial-liberale und die demokratisch-sozialistische oder radikaldemokratische. Ob sich neuere ökosozialistische Tendenzen als dauerhaft erweisen, ist nicht vorhersehbar.

Die konservativ-altliberale, vom traditionellen deutschen Staatsrechtsdenken eines C. Schmitt herkommende Position möchte vor allem die Handlungsfähigkeit eines souveränen, starken Staates erhalten wissen. Seine Autorität soll in der Lage sein, die zügellosen Gruppeninteressen, sprich Gewerkschaften, zu bändigen, die Marktwirtschaft und eine antiegalitäre Leistungshierarchie zu erhalten, strikte Beschränkung der D. als Methode auf den staatlichpolitischen Bereich, Betonung des Unterschieds von gesetztem, ordnungshütenden Rechtsstaat gegenüber der Dynamik gesellschaftsverändernder sozialstaatlicher Eingriffe, ein elitäres Menschenbild als Rechtfertigung des Zugangs zu Bildungs- und Kultureinrichtungen, Massenkultur wird von »höherer« Kultur abgegrenzt. Getragen wird diese Position z. B. durch E. Forsthoff, H. Krüger, W. Weber, F. v. Hayek, den rechten Flügel der *CDU* und *CSU,* aber auch die *FDP,* durch Teile der Arbeitgeberverbände, die akademischen Verbände und teilweise durch Zeitungen wie »Die Welt« und die »Frankfurter Allgemeine Zeitung«.

Die konservativ-soziale Position stammt aus der organologisch-mittelständisch geprägten katholischen Staats- und Soziallehre. Ein starker Staat soll die von den Marktprozessen herrührenden Benachteiligungen sozial ausgleichen; gefordert wird Chancengerechtigkeit, also »Jeder nach seiner ›natürlichen‹ Begabung«, doch Demokratisierung und Politisierung der Gesellschaft in Schule, Betrieb und Familie werden abgelehnt, der Rechtsstaat wird betont gegenüber dem »sozial überbordenden« Sozialstaat; D. soll Demokratisierung verhindern, damit die Sachkompetenz und Effizienz der Regierenden erhalten bleibt. Träger dieser Ideen sind H. Schelsky, W. Hennis, A. Gehlen, K. Biedenkopf, *CDU* und *CSU,* Teile der *FDP,* der *Christliche Gewerkschaftsbund* sowie die Zeitungen »Die Welt« und die »Frankfurter Allgemeine Zeitung«.

Die empirisch-normative Position der »politischen Mitte« akzeptiert die Wirklichkeit gesellschaftlicher Heterogenität als Konkurrenz gegensätzlicher Interessen und verneint einen vorgegebenen Staatszweck oder Volkswillen sowie ein Gemeinwohl a priori; es gibt keine Identität zwischen Herrschenden und Beherrschten. »Das Volk« gilt ihr als eher apathisch und unfähig, konzeptionelle Vorstellungen zu entwickeln, es überträgt in Wahlen einer Mehrheit die Regierungsmacht zu »treuen Händen«, die repräsentativ das Wohl des ganzen Volkes im Auge hat, um einen konsensfähigen Ausgleich im Kräfteparallelogramm der ökonomischen, sozialen und politischen Entwicklungen zu bewerkstelligen. D. ist im Anschluß an J. A. Schumpeter vor allem Methode der Führungsauswahl; die als demokratisch angesehenen → *Eliten* erkennen den Willen des Wählers und versuchen, durch einen Elitenkonsens die zwar prinzipiell apathischen, aber gespaltenen Schichten zu befriedigen. Zu großes Interesse und Anteilnahme der Bürger können den demokratischen Prozeß eher gefährden als fördern.

Diese sogenannte reduktionistische Variante der

Demokratie

Demokratietheorie verkennt das Problem, daß Regierung im demokratischen Parlamentarismus Parteienregierung mit der Möglichkeit der Koalitionsbildung ist und damit Parteien aus ihrer spezifischen Wahllegitimation heraus eine akzentuierte Politik der Konsensbildung betreiben können. Ein Beispiel dafür, wie Legalität und Legitimität verfassungsmäßigen Handelns nach Artikel 38 des *Grundgesetzes* mit einem in den letzten Jahren stärker gewordenen Legitimierungswillen unter den Wählern in Konflikt geraten können, zeigt das Verhalten der *FDP* im Herbst 1982, als sie ohne Wählerlegitimation den parlamentarischen Wechsel zur CDU/CSU-Fraktion vollzog, obwohl diese Partei vor der Bundestagswahl 1980 eine entgegengesetzte Wahlaussage gemacht hatte. Sich getäuscht fühlende Wähler der *FDP* entzogen ihr deshalb in den Landtagswahlen ihr Vertrauen. Dennoch ist festzuhalten, daß trotz unterschiedlicher programmatischer Positionen der Parteien starke konsensbildende Zwänge zur verhaltenssteuernden Norm auch der Regierungsparteien geworden sind. Bildungs- und →*Kulturpolitik* orientieren sich am Muster der an der Leistungsgesellschaft orientierten Chancengleichheit, die eine bestimmte Reformwilligkeit voraussetzt. Diese wird in *SPD* und *FDP* in nichtökonomischen Bereichen zumindest rhetorisch aufrechterhalten. Getragen wird die empirisch-normative Position von E. Fraenkel, K. Sontheimer, W. Besson, G. Jasper, der Mehrheit der *FDP*, Teilen der *CDU/CSU*, der rechten SPD, den Gewerkschaften und Arbeitgeberverbänden und den Zeitungen und Zeitschriften »Die Zeit«, »Der Spiegel«, die »Süddeutsche Zeitung«.

Die radikaldemokratische, linksliberale oder demokratisch-sozialistische Position begreift D. nicht als politische Methode oder allein als staatliche Ordnung, sondern als einen die ganze Gesellschaft umfassenden Prozeß, der auf eine »gesamtgesellschaftliche Demokratisierung« zielt; sie betont beispielsweise innerparteiliche D.; Mehrheitsgewinn in Wahlen soll also u. a. dazu dienen, demokratische Prozesse einzuleiten, zu befördern und durchzusetzen. Die Ungleichheit der Möglichkeiten, Freiheit zu verwirklichen, die auch die Fähigkeit zur Teilhabe, Selbst- und Mitbestimmung bei der Gestaltung der Gesellschaft und ihrer Teilbereiche beschränkt, soll durch soziale Reformen wie materielle Umverteilung, Bildungsreform und Herstellung von mehr Gleichheit abgebaut werden, insbesondere soll D. im ökonomischen Bereich stattfinden, damit D. als Lebensform nicht von den durchaus nicht immer demokratischen Eliten allein abhängt. Diese Position wird vertreten von F. Vilmar, I. Fetscher, linken »Freiburgern«, der *FDP*, der linken *SPD*, Teilen der Gewerkschaften, teilweise von den Zeitungen und Zeitschriften wie »Stern«, »Spiegel«, »Frankfurter Rundschau«.

Allen Positionen ist gemeinsam, daß sie prinzipiell an der Marktsteuerung der Wirtschaft festhalten, auch wenn die demokratisch-sozialistische Position die privilegierte Entscheidungsstruktur beseitigen möchte und größere Interventionsmöglichkeiten für langfristige Investitionen befürwortet. Dies und die durch das Wachstum der Wirtschaft hergestellte »Zufriedenheit« hat den Grundkonsens über die Spielregeln der D. bisher kaum ernsthaft in Frage gestellt. Die Nagelprobe erführe dieser Konsens allerdings, wenn ökonomische Krisen sich häufen und das Wachstum stagnieren würde. Neuorientierungen im Parteiensystem wie Grüne, Alternative und die Rechtsorientierung der *FDP* deuten sowohl Legitimationsverluste der *SPD*, aber auch eine in deutscher Tradition stehende Krisenangst des bürgerlichen Lagers an, das Fortschritte von partizipatorischen Demokratievorstellungen vorerst unwahrscheinlich macht.

V. Staat und Demokratie – eine deutsche Tradition?

Unter dem Aspekt einer vergleichenden Betrachtung muß man fragen, ob sich trotz der grundlegenden Differenz der politischen Systeme in beiden deutschen Staaten Gemeinsamkeiten entdecken lassen, die der deutschen Tradition politischen Denkens und Konfliktverhaltens und damit zumindest Resten einer gemeinsamen →*politischen Kultur* geschuldet'sind. Am bemerkenswertesten ist gewiß die deutsche Staatsfixierung, die sich in der Bundesrepublik einerseits als autoritäres Befriedungsdenken zur Verteidigung politischer oder ökonomischer Herrschaft versteht und andererseits im vorherrschenden sozialdemokratischen Denken die Eroberung der Staatsmacht als ein entscheidendes Ziel ansieht, um sozialistische Reformen durchzusetzen. Diese Fixierung auf ein gesamtwirtschaftliches und gesamtpolitisches »Gemeinwohldenken«, dem auch die Gewerkschaften anhängen, macht die politischen Auseinandersetzungen ideologisch so unerbittlich. Die Furcht deutscher Konservativer, daß sozialdemokratische politische Herrschaft trotz *FDP* vollendete Tatsachen schaffen könnte, daß die symbolische und die Zwangsfunktion des Staates als »Ausdruck des Ganzen« in den »falschen Händen« das bestehende Ordnungsgefüge, vor allem der Wirtschaft, auflösen könnte, hat in den letzten Jahren zu Rückgriffen auf Weimarer Rhetorik geführt: »Die Gefahr einer Vergesellschaftung des Staates scheint am besten durch eine Wiederherstellung der definitiven Entscheidungskompetenz des Staates und der Sicherung seiner Funktion als einziger Repräsentant des Gemeinwillens gebannt werden zu können« (K. Stern auf dem Rechtspolitischen Kongreß der *CDU* 1975, in: Frankfurter Allgemeine Zeitung v. 8.12.1975). Ob das marxistisch-sozialistische Denken notwendig der praktischen

Ausformung zum Leninismus bedurfte, um politisch handhabbar zu sein, mag man bezweifeln. Zumindest ist die Tradition von J. G. Fichte, G. W. F. Hegel und F. Lassalle mit dem demokratischen Zentralismus eine unglückliche Verbindung eingegangen, die sogar die Selbstverwaltungsansätze und entwickelte innerparteiliche Demokratietradition der alten *SPD* völlig beiseite geschoben hat. Überraschend ist, wie sich diese konservativen Argumentationsmuster auch bei der Staatsführung der *SED* finden lassen, obwohl sie selber vorgibt, eine revolutionäre Partei zu sein, wenn es gilt, die herrschaftssichernde Bedeutung des Staates als Wahrer des Ganzen gegen Pluralismus und Selbstverwaltung hervorzuheben. Die Annahme eines »wahren«, sozialistischen Volkswillens hebt alle partizipatorischen Rechte auf, die die Verfassung den Werktätigen »verbürgt«. »Jeder Versuch, der die notwendige Gesamtsubjektivität, das Gesamtbewußtsein und den Gesamtwillen in Zweifel stellt und anstastet, richtet sich deshalb direkt auch gegen die Selbständigkeit jedes Teils. Pluralismus vernichtet den einzelnen in seiner Selbstbewußtheit, er zerstört die menschlichen Wesenkräfte« (G. Haney, S. 257).

Das Unverständnis gegenüber spontaner demokratischer Interessenartikulation scheint beiden Herrschaftssystemen innezuwohnen. Allein die unabweisbare demokratische Grundlegitimation des politischen Systems macht den qualitativ anderen, den freieren Charakter der Bundesrepublik Deutschland aus.

Ch. Fenner

Literatur
G. Leibholz, Der Strukturwandel der modernen D., Karlsruhe 1958
H. Roggemann, Die sozialistische Verfassung der DDR (= Schriftenreihe der Niedersächs. Landeszentrale für politische Bildung), Hannover 1970, Teil 1.
G. Haney, Die D. – Wahrheit, Illusionen und Verfälschungen, Berlin (Ost) 1971
K. Becher u. a., Einführung in die marxistisch-leninistische Staats- und Rechtslehre, Berlin (Ost) 1979
D. Staritz (Hrsg.) Das Parteiensystem der Bundesrepublik, Opladen ²1980
K. Lenk, Staatsgewalt und Gesellschaftstheorie, München o. J. (1981)

Denkmal

I. Denkmalschutz und Denkmalpflege – II. Rechtsgrundlagen und Organisation in der Bundesrepublik und der DDR – III. Vergleich des Denkmalschutzes in beiden deutschen Staaten – IV. Ausblick

I. Denkmalschutz und Denkmalpflege

D. als Zeichen des Gedenkens, Mahnens bezeichnet sowohl das zur Erinnerung an Personen oder Ereignisse gesetzte Mal als gewolltes D., als auch seit J. J. Winkelmann Objekte, an die sich Erinnerungen knüpfen oder die als Mahnung empfunden werden, beispielsweise D. christlichen Glaubens oder vaterländischer → *Geschichte (→ Gedenkstätten)* als ungewollte D. Beiden Denkmalstypen gemeinsam ist die Bedeutung als Träger bildgewordener Aussagen oder als Zeugnisse besonderer Bewußtseinslagen, darum sind beide auch politischen Konsequenzen unterworfen, dem Denkmalkult oder dem Denkmalfrevel. So wurde beispielsweise E. Barlachs als pazifistisch und entartet diskriminiertes Relief der trauernden Mutter auf dem Gefallenenehrenmal in Hamburg im nationalsozialistischen Deutschland vernichtet und 1949 durch Rekonstruktion rehabiliert, oder das Warschauer Schloß, 1944 von den Deutschen als Symbol der polnischen Nation gesprengt, nunmehr als Unterpfand ungebrochener nationaler Identität wieder aufgebaut.

Die überzogene Denkmalfreudigkeit des späten 19. Jh., wie sie sich zum Beispiel in der Siegesallee in Berlin ausdrückte, engte im Allgemeinverständnis die Vorstellung auf die gewollten D. ein. Erst heute, vor allem nach dem europäischen *Denkmalschutzjahr 1975*, ist das ungewollte D. als Kulturdenkmal, Baudenkmal oder Bodendenkmal geläufig.

Denkmalpflege, als Begriff seit etwa 1885 bekannt, gilt der sachgemäßen Behandlung, die nach dem theoretischen Ansatz »Konservieren, nicht restaurieren« (G. Dehio, Denkmalschutz und Denkmalpflege, Straßburg 1905, S. 19) zunächst die reine Substanzerhaltung zum Ziele hat, dann aber auch zur Sicherstellung einer lebendigen Nutzung sowohl die behutsame Modernisierung erlaubt als auch Veränderungen mit rekonstruktiver Tendenz, sofern sie der Verdeutlichung der Urschöpfung oder entscheidend mitwirkender späterer Epochen dienen. Denkmalschutz ist das obrigkeitliche Einwirken auf dem Gesetzes- oder Verwaltungsweg zur Gefahrenabwehr und Berücksichtigung der D. in der öffentlichen Planung.

Die scheinbar zeitlose Aufgabe des pfleglichen Umgangs mit Objekten, denen ein über den reinen Nutz- und Zeitwert hinausgehender idealer Wert für die Allgemeinheit beigemessen wird, ist erst in dem Augenblick gestellt, da sich eine Gesellschaft ihrer eigenen Geschichtlichkeit bewußt wird. Entwicklungsgeschichtlich gesehen ist Denkmalpflege also Symptom einer Spätzeit. Die bisherige, knapp zweihundertjährige Entwicklung zeigt Schwankungen der Wertung, generationsbedingt und abhängig von der jeweiligen Gesellschaftsordnung, jedoch mit eindeutiger Tendenz zur Ausweitung des als wichtig und damit erhaltenswert Erachteten. Heute besteht nach der *Haager Konvention zum Schutz von*

Kulturgut bei bewaffneten Konflikten von 1954 internationaler Grundkonsens darüber, daß »die Erhaltung des kulturellen Erbes für alle Völker der Erde von großer Bedeutung (ist) und es wesentlich (ist), dieses Erbe unter internationalen Schutz zu stellen«. Allerdings besteht die Gefahr, daß die Akzente ungeachtet objektiver Erkenntnisse unbewußt verschoben werden. Schließlich filtert jede menschliche Gemeinschaft, mag sie sich konservativ oder progressiv gebärden, aus der Vergangenheit ihre Leitbilder, sucht ihre Helden und entwickelt den ihr dienlichen →*Kult*. Die Kulturdenkmale sind da willkommene und bisweilen mißbrauchte Medien.

Erste systematische Bemühungen um die D. der Kunst und Geschichte gab es zunächst im aufklärerischen Sinn in Frankreich nach der Französischen Revolution und den napoleonischen Umwälzungen, in Deutschland nach den Befreiungskriegen unter nationalen und religiösen Gesichtspunkten im romantischen Geist, zunehmend auch mit politisch bestimmter restaurativer Tendenz. Denkmalpflege wirkte entscheidend auf den Architekturstil der Zeit ein. Die Wiederherstellung der Marienburg ab 1817 stimulierte die preußische, der Fortbau des Kölner Doms ab 1842 wurde zum Ausgangspunkt der rheinischen Neugotik. Der dogmatische Historismus des ausgehenden 19. Jh. wurde vom Ausbau des Heidelberger Schlosses 1897 und des Meißener Doms 1902 beflügelt. Institutionen einer staatlichen Denkmalpflege entstanden in Preußen 1843, in Bayern 1868 und in Sachsen 1894. Um 1890 emanzipierte sich die Denkmalpflege von der zeitgenössischen Architektur und wurde zunehmend von der Kunstwissenschaft bestimmt. Einen methodischen Höhepunkt erreichte sie auf den seit 1900 für den deutschen Sprachraum gemeinsamen *Tagen für Denkmalpflege*.

Seit dem Ersten Weltkrieg erweiterte sich ihr Aufgabenfeld durch die nach der Fürstenabdankung freigewordenen Schlösser, und in Verknüpfung mit der *Heimatschutzbewegung* vertiefte sich das Interesse am städtischen und ländlichen Profanbau. Nach Inflation und Weltwirtschaftskrise erlebte die Denkmalpflege eine Stagnation, dann eine kurzfristige Blüte im Nationalsozialismus durch politisch forcierte Förderung, jedoch ohne wesentliche Manipulation, mit Ausnahme etwa der Neuordnung der Stiftskirche in Quedlinburg und der Ausmalung des Braunschweiger Doms, in denen die Hitlersche *SS* und deren Kulturorganisation *Ahnenerbe* unter Ausschaltung der amtlichen Denkmalpflege den Geist Heinrichs I. und Heinrichs d. Löwen als Vorreiters der Ostkolonisation zu beschwören suchte.

1945 war Deutschland neben Polen das am stärksten zerstörte Land, im Westen des Reichs vor allem durch die seit 1942 ununterbrochenen Bombenangriffe, im Osten durch die Kampfhandlungen der letzten Kriegsmonate. Nach Kriegsende gab es infolge vordringlicher Behebung der Wohnungsnot und der zögernden Wiederbelebung der Produktion außer spontanen notdürftigsten Sicherungsmaßnahmen erst ab etwa 1948 wieder eine systematische Denkmalpflege.

Zwischenzeitlich hatten sich durch die politische Spaltung für die Denkmalpflege sehr unterschiedliche Voraussetzungen ergeben. Während in der Bundesrepublik die Kontinuität organisatorisch, personell und methodisch weitgehend gewahrt blieb, wirkten sich die gesellschaftlichen Umwälzungen in der DDR unmittelbar auch auf die Denkmalpflege aus. Handlungsfreiheit und Leistungsfähigkeit der →*Kirchen* waren deutlich eingeschränkt, Schlösser und Herrenhäuser verloren durch Enteignung und Bodenreform ihre ursprüngliche Aufgabe und damit zunächst auch die Mittel für ihre Bauunterhaltung. Die Eigentümer der meisten Profanbauten sahen sich in ihren Verfügungsmöglichkeiten beschnitten. Hinzu kam der Mangel an Baumaterialien, Arbeitskapazitäten und Finanzmitteln mit dem Ergebnis, daß im weiten Bereich der bescheideneren Baudenkmale bei größerer Unberührtheit weiterer Verfall eintrat. In der Bundesrepublik dagegen nahm die Gefahr einer Überforderung der Denkmalsubstanz durch Wirtschaftsdruck, Verkehr und Perfektionismus zu. Spektakuläre Denkmalverluste mußten in der DDR vorwiegend durch politische Einflußnahme und in der Bundesrepublik aus wirtschaftlichen Erwägungen hingenommen werden. Zu den spektakulären Verlusten zählen das Berliner Schloß, K. F. Schinkels Bauakademie ebenda, die Leipziger Universitätskirche, die Potsdamer Garnisonkirche, das Braunschweiger Schloß und das Kaufhaus Schocken von E. Mendelsohn in Stuttgart.

II. Rechtsgrundlagen und Organisation in der Bundesrepublik und der DDR

Das *Grundgesetz* der Bundesrepublik verzichtet im Gegensatz zur *Weimarer Verfassung* auf eine Selbstverpflichtung des Bundes zum Schutz und zur Pflege der Kulturdenkmale. Sie obliegen den Bundesländern im Rahmen der ihnen übertragenen Kulturhoheit: wertfreie Kulturpflege, ohne erkennbaren politischen Anspruch auf nationale Selbstdarstellung. Nur zögernd und mit erheblichen Abständen schufen die Länder durch Verabschiedung von Denkmalschutzgesetzen zwischen 1958 und 1980 verbindliche Rechtsgrundlagen. Übereinstimmend definieren sie die Kulturdenkmale als »Sachen oder Gruppen von Sachen, deren Erhaltung wegen ihrer geschichtlichen, künstlerischen oder wissenschaftlichen, oder auch städtebaulichen und volkskundlichen Bedeutung im öffentlichen Interesse oder im Interesse der Allgemeinheit« liegt.

Voraussetzung für den Schutz ist Eintragung in das Denkmalbuch durch einen Verwaltungsakt oder einfache Listenerfassung. Auf Bundesebene von Bedeutung ist das 1976 novellierte *Bundesbaugesetz,* das zur Sicherung einer menschenwürdigen →*Umwelt* bei Planungen *(→Stadt- und Regionalplanung)* verlangt, »die erhaltenswerten Ortsteile, Bauten, Straßen und Plätze von geschichtlicher, künstlerischer oder städtebaulicher Bedeutung zu berücksichtigen.«

Die *Verfassung* der DDR von 1968 verankert Denkmalpflege als Verfassungsauftrag. In ihr heißt es, »die sozialistische Gesellschaft pflegt alle humanistischen Werte des nationalen Kulturerbes und der Weltkultur und entwickelt die sozialistische Nationalkultur als Sache des ganzen Volkes«. Hierauf basiert das *Gesetz zur Erhaltung der D. in der Deutschen Demokratischen Republik* von 1975. Es zielt auf Erhaltung und Erschließung der D. zur »Entwicklung des sozialistischen Bewußtseins, der ästhetischen und technischen Bildung sowie der ethischen Erziehung«. D. werden definiert als »Zeugnisse der politischen, kulturellen und ökonomischen Entwicklung, die wegen ihrer geschichtlichen, künstlerischen oder wissenschaftlichen Bedeutung im Interesse der sozialistischen Gesellschaft durch die zuständigen Staatsorgane zum D. erklärt worden sind«. Klassifiziert werden sie nach Bedeutung und verantwortlicher Betreuung in Zentrale Denkmalliste, Bezirksdenkmalliste und Kreisdenkmalliste. Dem zuständigen *Minister für Kultur* ist als zentrale wissenschaftliche Einrichtung für alle Fragen des Schutzes, der Pflege und der Erschließung das *Institut für Denkmalpflege* unterstellt.

In der Bundesrepublik wird der Denkmalschutz von den hierzu berufenen staatlichen Verwaltungsbehörden der Bundesländer, überwiegend den Kultusministerien, wahrgenommen. Die Denkmalpflege mit ihren Bereichen Grundlagenforschung, Veröffentlichung, technische und methodische Beratung obliegt den Landesdenkmalämtern. Der aus Gründen des Föderalismus notwendigen Koordinierung über die Landesgrenzen hinaus dient im Rahmen der *Kultusministerkonferenz* der *Unterausschuß Museen und Denkmalpflege*. Die fachliche Abstimmung und den Informationsaustausch auf Bundesebene nimmt in der Bundesrepublik seit 1949 die *Vereinigung der Landesdenkmalpfleger* wahr, ein Zusammenschluß aller Fachkräfte der Denkmalämter. Sie gibt auch die 1934 gegründete Fachzeitschrift »Deutsche Kunst- und Denkmalpflege« heraus. 1974 wurde das *Deutsche Nationalkomitee für Denkmalschutz* gegründet, in dem Bund, Länder, Kirchen, kommunale Spitzenverbände, Hochschulen, Architektenschaft, Handwerkskammern und Massenmedien gemeinsam mit den Denkmalpflegern an einer Weiterentwicklung der Methoden und einer Verbesserung der Breitenwirkung der Denkmalpflege arbeiten. Unabhängig

davon unterhält das *Deutsche Nationalkomitee* des *International Council for Monuments and Sites* (ICOMOS) auf der Basis der *UNESCO* internationale Fachkontakte.

In der DDR werden Denkmalschutz, Denkmalpflege und -erschließung gleichermaßen von den Staatsorganen verantwortlich wahrgenommen, gestaffelt nach den vom *Denkmalschutzgesetz* festgelegten Bedeutungsklassen. Die Objekte der Zentralen Liste fallen in die Verantwortung des *Ministers für Kultur* und damit in die besondere Obhut des *Instituts für Denkmalpflege,* an dessen Spitze der Generalkonservator steht. Entsprechend ihrer politischen Bedeutung ist die Gliederung der D. festgelegt. So werden 60 D. politischen Ereignissen oder Persönlichkeiten zugeordnet, 72 D. Ereignissen oder Persönlichkeiten der Kunst und Wissenschaft, sieben D. der Kultur und Lebensweise der werktätigen Klassen und Schichten des Volkes, 37 D. der Produktions- und Verkehrsgeschichte. Weiterhin gibt es 23 Stadtkerne, Ensembles in 34 Städten, 61 Einzeldenkmale, acht D. der Landschaftsgestaltung und 97 Einzelobjekte der bildenden oder angewandten Kunst. Die Verantwortung für die D. der Bezirks- und Kreislisten liegt dagegen bei den Räten der jeweiligen Bezirke oder Kreise.

Für die fachwissenschaftliche Anleitung sind die Chefkonservatoren der jeweils zuständigen Arbeitsstelle des Instituts in Berlin, Dresden, Erfurt, Halle und Schwerin verantwortlich. Die Räte berufen zu deren Unterstützung ehrenamtliche Beauftragte für Denkmalpflege. Das *Institut für Denkmalpflege* gibt seit 1975 die Zeitschrift »Denkmalpflege in der DDR« heraus. Seit 1970 unterhält ein eigenes Nationalkomitee von *ICOMOS* internationale Beziehungen.

III. Vergleich des Denkmalschutzes in beiden deutschen Staaten

Hatte sich der kulturtheoretische Ansatz der Denkmalpflege in Deutschland trotz 1871, 1918 und 1933 im Kern nicht verändert – auch gerade dank der Ostwest-Klammer Preußen –, so brachte der Zusammenbruch 1945 nicht nur die umfassendste Katastrophe für den Denkmalbestand, sondern auch eine Neubestimmung der Aufgabe. Beherrschten in der Bundesrepublik zunächst moralisierende Begriffe wie »Gottesgericht«, »Gnade der unerhörten Freiheit«, »Ruinenschönheit«, »Wiedergewinn der reinen Gestalt« (vgl. »Kirchen in Trümmern«, Vortragsreihe der Gesellschaft für Christliche Kultur, Köln 1948) die Diskussion, so argumentierte man in der Sowjetischen Besatzungszone politisch, daß die bisherige Denkmalpflege, von Junkern und Großbürgern bestimmt, der Verfestigung bestehender Ordnungen gedient habe. Nunmehr habe sie politisch-erzieherische Aufgaben. Ihr »Sinn kann es fortan nicht sein, die uns umgebenden Trümmer lediglich zu beseitigen, sondern sie wird bestrebt sein, diese Trümmer samt ihren Ursachen zu überwinden« (G. Strauß, Denkmalpflege in der Ostzone (1946) in: Die Kunstpflege, 1. Folge, Berlin (Ost) 1948, S. 79). In der Bundesrepublik konzentrierte sich während der Wiederaufbauphase und anlaufenden Stadtsanierung die Diskussion auf die klassischen fachspezifischen Fragen: Konservieren oder Restaurieren, Original oder Kopie, Alt oder Neu? Politische Gesichtspunkte wurden nur kurzlebig Ende der 60er Jahre virulent. Da die Denkmalpflege bisher der »Stabilisierung von Machtverhältnissen« gedient habe, hätten D. künftig als »emanzipatorische Erkenntnisquellen« zu gelten, lauteten die Argumente in den Diskussionen auf dem *Deutschen Kunsthistorikertag* in Köln 1970. In der DDR dagegen verfestigte sich der Primat der Politik. Die D. hätten Dokumente »progressiver Taten« und damit Teil der »sozialistischen Nationalkultur« zu sein. Dieser eingeengte Kulturbegriff verunsicherte zwangsläufig das Verhältnis zu den Zeugnissen der »Feudalkultur« und den sakralen D., zwang aber andererseits, sich besonders den »D. der Produktion« zuzuwenden. Dabei gilt das Hauptaugenmerk den Zeugnissen der vorindustriellen Epoche wie Hammerwerken oder Mühlen und führt zu einer verstärkten Pflege der proletarischen Hinterlassenschaft, deren Erhaltung als D. der Armut und des Elends wegen ihrer gestalterischen Anspruchslosigkeit und ihrer ungemein anfälligen Substanz nun ihrerseits höchst problematisch ist.

Der wirtschaftliche Wiederaufstieg in der Bundesrepublik ermöglichte den Aufbau der bedeutenden, vom Kriege betroffenen D. in einem Ausmaß und einer Schnelligkeit, die alle Erwartungen übertrafen. Dabei fanden allerdings anfängliche Skrupel hinsichtlich vertretbarer Rekonstruktionen bisweilen keine Beachtung. Gleichzeitig wurden aber auch ungezählte bescheidenere D. der Flächensanierung, dem Verkehr und der Rendite geopfert. Man vermutet umfangreichere Denkmalzerstörungen als durch den Krieg. Mit dem Umdenken seit den späten 60er Jahren, eingeleitet durch die kulturkritischen Tendenzen der Studentenbewegung von 1968 und literarisch durch A. Mitscherlichs »Unwirtlichkeit unserer Städte« von 1965 und D. Meadows »Die Grenzen des Wachstums« aus dem Jahre 1972, fand im *Denkmalschutzjahr* 1975, das allerdings auf die Mitgliedstaaten des *Europarats* begrenzt war, die öffentliche Zuwendung ihren Höhepunkt. Denkmalpflegerische Argumente, die weniger einer Neubesinnung auf die Geschichte als dem emotionalen Drang nach einer Verbesserung der Umweltbedingungen zu danken sind, erhalten neues Gewicht. »Ensemble«, »Milieu«, »Rettet den Stuck« wurden zu Schlagwörtern. Unbehagen am Beton, Nostalgiewelle und Sozialromantik bedienen sich des Denkmalpflegegedankens als kulturkritischen

Hebels, Tourismus *(→ Reisen)* fördert Vermarktung der D. Das führt bis zur überfordernden Thesen wie »Denkmalpflege ist Sozialpolitik« (L. Burckhardt, Denkmalpflege ist Sozialpolitik. Schlußbericht einer Tagung 1975, Kassel 1977).

In der DDR zeigt der politische Auftrag der Denkmalpflege auf die D. selbst kaum einen Einfluß. Der Staat setzt allerdings die Prioritäten durch seine weitgehende Verfügungsgewalt über Grund und Boden und die Zuteilung von Arbeitskapazitäten, Baumaterialien und Finanzmitteln, oftmals veranlaßt durch besondere politische Ereignisse. Der zur Vergegenwärtigung der nationalen Identität *(→ Nation)* erwünschten Heraushebung der besonderen Traditionen des Bauernkrieges, der Demagogenverfolgungen, der Revolutionen und des antifaschistischen Widerstands dient die Förderung historischer Stätten. Dabei suchen Kommentare zu den sozialen Hintergrundsbedingungen das Erscheinungsbild der D. verbal zu interpretieren oder realistische Standbilder und Gedenktafeln die Situation didaktisch zu verdeutlichen.

Gegenüber der Vorkriegszeit hat in beiden deutschen Staaten das Engagement der Bevölkerung für die D. erheblich zugenommen. Nicht nur die Beseitigung von Kriegsschäden, die die Bürger und Gemeinden ganz unmittelbar zu Entscheidungen zwang, sondern auch das steigende Verständnis für den Wert des Besonderen schufen Sympathie. Ob, wie in der Bundesrepublik, eine »Zukunft für die Vergangenheit« beschworen wurde, oder sich mit dem Schlagwort »Erbeaneignung« in der DDR ideelle Inbesitznahme andeutete, die Allgemeinheit identifizierte sich zunehmend mit den Zielen des Denkmalschutzes, wie ihn traditionell die Heimatverbände *(→ Heimat)* oder die kleinen Gemeinden mit »ihrem Schloß« und »ihrer Mühle« betreiben, was auch das Entstehen von aggressiven, gezielten *→ Bürgerinitiativen* in der Bundesrepublik seit etwa 1970 zeigt. Ein Konflikt zwischen der vom Denkmalbesitzer in Anspruch genommenen Eigentumsgarantie und der von der Allgemeinheit betonten Sozialbindung, beide basierend auf Artikel 14 des *Grundgesetzes*, ist allerdings bisweilen unausweichlich. Schon 1905 hatte G. Dehio den vordergründigen konservativen Tendenzen des Denkmalschutzgedankens den »unwiderstehlichen Weg in Richtung Sozialismus« vorausgesagt (Denkmalschutz und Denkmalpflege, Straßburg 1905, S. 11).

Unabhängig von aller ideologischen Rechtfertigung der Denkmalpflege ergibt sich das zentrale Problem, wie in einer Epoche, in der die ursprüngliche Nutzung nicht mehr gegeben oder unzureichend erfüllt ist, etwa bei leerstehenden Schlössern und Kirchen, unrentablen Fabrikgebäuden und Scheunen, ungesunden Wohnbezirken, die angemessene und wirtschaftlich tragbare Nutzung der auf 400 000 in der Bundesrepublik und auf 50 000 in der DDR geschätzten D. gewährleistet werden kann. Die öffentliche Nutzung durch Übernahme kultureller, gesellschaftlicher oder sozialer Aufgaben, beispielsweise als → *Museen,* Begegnungsstätten oder Altersheime liegt nahe. Kritisch betrachtet ist dies bisweilen ein Rückzug in die Idylle, wie ja auch die Nutzung der Schlösser für staatliche Repräsentationszwecke oder als Sitz der Volksvertretungen bereits 1918/19 auf demokratisches Unbehagen stieß.

Im Bereich der »klassischen« Denkmalpflege gibt es hinsichtlich der Bauten überregionaler Bedeutung weitgehende Übereinstimmung. Insgesamt herrscht in der DDR ein, zum Teil materialbedingter, asketischer Stil, in der Bundesrepublik ist man, bisweilen mit einem Abgleiten ins Geschmäcklerische, dem gestalterischen Experiment gegenüber aufgeschlossener. Sahen begabte Architekten in der DDR frühzeitig die Denkmalpflege als eines der wenigen Arbeitsfelder mit individuellen Forderungen, so fand das Gros der in der Bundesrepublik in der stürmischen Aufbauphase ausgebildeten Architekten und Planer zunächst schwer den Weg vom voraussetzungslosen Bauen auf bindungsfreiem Gelände zu den Verpflichtungen gegenüber dem Gewachsenen. Erst Mitte der 70er Jahre trat hier ein deutlicher Wandel ein. In Handwerk und Baugewerbe zeichnet sich unabhängig von den politischen Systemen am deutlichsten die historische Wende für die Denkmalpflege ab, die die Industrialisierung mit Kunststoffen, Normung und unflexibler Vorfertigung mit sich bringt. Ob »Modernisierung« in der Bundesrepublik oder »Werterhaltung« in der DDR, die D. sind der Nivellierung ausgeliefert. Hier werden auch die Grenzen der Objektsanierung im Städtebau deutlich. Zwar löste sie in der Bundesrepublik seit Verabschiedung des *Städtebauförderungsgesetzes* 1971 die radikale Flächensanierung ab, doch führte sie zu finanziellen Belastungen, die kaum durchzuhalten sind, es sei denn mit denkmalpflegerisch schwerlich vertretbaren Konzessionen. In der DDR dagegen gab es zwar frühzeitig bedeutende methodische Ansätze, wie in Görlitz seit 1956, und sichtbare Erfolge zeichnen sich an einigen ausgewählten historischen Stadtkernen ab. Das übrige aber ist infolge unzureichender Privatinitiativen und wirtschaftlicher Engpässe vom schleichenden Verfall bedroht.

IV. Ausblick

Während methodischer Ansatz und Praxis der Denkmalpflege in der Bundesrepublik und der DDR sich weitgehend ähneln, unterscheiden sich das kulturpolitische Selbstverständnis bzw. der ideologische Überbau. Beide Momente scheinen jedoch derzeit einem Wandel unterworfen.

Die DDR glaubt sich »im Klassenkampf mit dem Imperialismus keine Enge der Erbeaneignung leisten zu können« und bekennt sich nun auch zu den Schöpfungen »von ehemals unterdrückenden Klassen« (Denkmalpflege in der DDR, H. 6, 1979, S. 5). Neben dem *Palast der Republik* wird in Berlin (Ost) die Domruine wieder aufgebaut, das Reiterstandbild Friedrichs d. Gr. von Ch. D. Rauch kehrte 1981 nach ausdrücklicher Willenserklärung des Staatsratsvorsitzenden aus der Verbannung an seinen Platz *Unter den Linden* zurück. In der Bundesrepublik sehen sich unter dem Eindruck der Euphorie in der Denkmalpflege der öffentlichen Meinung seit 1975 die Kommunen auch politisch veranlaßt, verstärkt den Denkmalschutz ernst zu nehmen. Er steht nun nicht mehr im Odium, Domäne des Bildungsbürgertums zu sein. So führen pragmatische Erwägungen heute, ungeachtet unterschiedlicher politischer Ausgangspositionen, zur Annäherung der Zielsetzungen. Bestehen bleibt jedoch die Tatsache, daß weiterhin die Deutschen, denen die Dome von Bamberg und Naumburg, die Schlösser von Charlottenburg und Sanssouci, Kunststädte wie München und Dresden gleichermaßen vertraut sind, seltener werden. Im Gegensatz zum reproduzierbaren Kulturerbe, wie Literatur oder Musik, und zum mobilen, wie der bildenden Kunst, sind Baudenkmale nur am Entstehungsort erlebbar und verständlich – und gerade sie sind die einprägsamste Manifestation gemeinsamer Geschichte und Nationalkultur.

H. Beseler

Literatur

D. der Geschichte und Kultur, ihre Erhaltung und Pflege in der DDR, hrsg. v. Inst. f. Denkmalpflege, Berlin (Ost) 1969
D. in Thüringen, 1973; D. in Mecklenburg, 1976; D. in Sachsen, 1978; hrsg. jeweils vom Inst. f. Denkmalpflege, Weimar
Eine Zukunft für unsere Vergangenheit, hrsg. vom Deutschen Nationalkomitee für das Europäische Denkmalschutzjahr, München 1975
Schutz und Pflege von Baudenkmälern in der Bundesrepublik Deutschland, hrsg. von A. Gebeßler, W. Eberl, Stuttgart 1980

Dialekt

D. ist eine Sprachform, die sich von der Standardsprache und den Sondersprachen durch Beschränkungen in der räumlichen Verbreitung und kommunikativen Verwendung unterscheidet. Dabei wird Standardsprache in dem Sinn verstanden, daß sie in ihrem mündlichen und schriftlichen Gebrauch einer vorgeschriebenen Norm folgt. Diese »Standards«, wie die der Rechtschreibung, Aussprache und Grammatik, werden im Deutschen durch die

Duden-Redaktion gesetzt. Der Terminus »Sondersprache« gilt als Oberbegriff für Fach- und Gruppensprachen. Fachsprachen dienen der unmißverständlichen Kommunikation unter Fachleuten und Angehörigen gleicher Berufe, die Gruppensprachen haben die Aufgabe, Gruppenzugehörigkeit zu signalisieren und zu festigen. So haben z. B. Studenten, Soldaten, Mitglieder der Drogenszene untereinander eine typische Art der Ausdrucksweise. Bei bestimmten gesellschaftlichen Verhältnissen ist auch der D. an Berufs- und Sozialschichten gebunden, nimmt also sondersprachliche Aufgaben wahr. Ob eine Sprache ein D. oder Nichtdialekt ist, hängt von der sprachbezogenen Dimension des Raumes, der Gebrauchsweise und der Sprecherzuordnung ab. Dabei kann einer Sprache zu verschiedenen Zeiten ein unterschiedlicher Status zukommen. So hatte das Niederdeutsche in der Blütezeit der Hanse im 14.–16. Jh. den Status einer Standardsprache. Mit dem zunehmenden Gebrauch des Hochdeutschen in Norddeutschland wurden standardsprachliche Aufgaben von dieser Sprache übernommen, während sich das Niederdeutsche zum D. entwickelte. Die Geschichte von Sprachen wird immer durch Statusausbau und -abbau, Standardisierung und Dialektisierung gekennzeichnet. Als Folge der Kleinstaaterei und des Fehlens eines überragenden politisch-wirtschaftlich-kulturellen Zentrums ist in Deutschland die Aufsplitterung in D. besonders groß. Sie ist von der jeweiligen dialektgeographischen Forschung des Nieder-, Mittel- und Oberdeutschen umfassend beschrieben worden. Der Einfluß der D. auf Sprachen, die als nichtdialektal zu bezeichnen sind, hört auch dann nicht auf, wenn der D. als Umgangssprache weitgehend aufgegeben wird. Elemente des D. bilden die Grundlage großräumigerer Sprachformen, vor allem in der gesprochenen, weniger der geschriebenen Sprache. So wird unter Rheinisch oder Sächsisch heute weniger der D. im mittelfränkischen Dialektverband des westmitteldeutschen Dialektraumes oder des thüringisch-obersächsischen Dialektverbandes im ostmitteldeutschen Dialektraum verstanden, als vielmehr die auf diesen D. aufbauende großlandschaftliche Sprechsprache. Sie kann als D. im weiteren Sinn bezeichnet werden, besonders wenn sie in dialektspezifischen Gebrauchsweisen, den sogenannten Nahsprachenfunktionen, auftritt. Da der D. heute überwiegend in informellen Kommunikationssituationen Verwendung findet, erscheint er als eine gemütvolle, klare, ehrliche, aber auch unterentwickelte, grobe Sprache. Das hat nichts mit dem inneren Sprachbau zu tun, sondern allein mit der Sprachverwendung. Der Gebrauch des D. geht zwar zurück, es darf aber keine gleichmäßige Abnahme angenommen werden. In Zeiten, in denen Werte wie → *Heimat* und natürliche → *Umwelt* mit einer Skepsis gegenüber modernen Lebensformen und Technikglauben zusammentreffen, kann auch der

D. als Sprache überschaubarer Lebensbereiche wieder belebt werden. Dies ist derzeit zu beobachten und führt zu einem Ausbau dialektaler Gebrauchsweisen, so wenn beispielsweise Rundfunknachrichten oder kirchliche Predigten im D. gesprochen werden. Bestrebungen zum Dialektausbau sind nur dann erfolgreich, wenn sie dem Bedürfnis breiter Kreise entgegenkommen, die Nichtdialektsprecher und die Standardsprache nicht diskriminieren und sie sich nicht als eine allgemeine Zivilisationskritik verstehen.

Dialektfeindliche Auffassungen sind immer dann wahrzunehmen, wenn es um die kulturpolitische Durchsetzung der Standardsprache geht. In der Sprachgeschichte ist das Bedürfnis nach einer in der Verwendung geregelten überregionalen Sprache immer dann zu spüren, wenn außersprachliche, d. h. historische, politische und wirtschaftliche Gegebenheiten eine die D. übergreifende Sprachform erfordern. Zur Standardsprache wird in der Regel nicht ein bestimmter D. entwickelt, sondern eine Ausgleichssprache, wie sie sich im Spätmittelalter im Ostmitteldeutschen aus dem Ober-, Westmittel- und Niederdeutschen herausgebildet hat. Nachdem sich diese Sprache im Norden und Süden Deutschlands durchgesetzt hatte, und zwar zuerst als Schriftsprache, erwuchs ihr eine wichtige Funktion bei der Herausbildung der deutschen → *Nation*. Als Trägerin der fortgeschrittenen Kultur war die deutsche Standardsprache, das Hochdeutsche, ein notwendiges Mittel für eine überprovinzielle, eine nationale Entwicklung. So ist in den ersten Jahrzehnten der DDR eine eindeutige Absage an den D. festzustellen, etwa wenn A. Kurella fordert, »daß wir auf ein Verschwinden der Mundarten und auf die Durchsetzung des Hochdeutschen als Volkssprache hinarbeiten müssen« (A. Kurella, Sprachkultur im deutschen Arbeiter- und Bauern-Staat, in: Sprachpflege, Leipzig 1964, S. 1–3).

In ähnlicher Weise hat man gegen Ende der 60er Jahre in der Bundesrepublik den D. bekämpft, als es um die Auseinandersetzung mit einer Sprachwissenschaft ging, die in Anlehnung an den englischen Soziologen B. Bernstein eine Unterschicht- und Mittelschichtsprache annahm, zwischen denen eine sprachstrukturelle Barriere vermutet wurde, die der Unterschichtangehörige kaum überwinden könne. Über einen kompensatorischen Muttersprachenunterricht sollten dialektsprechende Schüler, die man vor allem in sozialen Unterschichten suchte, an die Einheitssprache herangeführt werden. In beiden Fällen gelang es natürlich nicht, den D. abzuschaffen. Dies war auch eine törichte Forderung, weil sich aus der Sprachforschung ergibt, daß Sprache aus Gründen ihrer verschiedenen Gebrauchsweisen jeweils einen anderen Status haben kann.

In beiden deutschen Staaten ist zur Zeit eine Renaissance des D. festzustellen. Sie bezieht sich sowohl auf seine positivere Bewertung als auch auf seine kommunikative Verwendung. Stationen des Dialekterwerbs sind auch nicht mehr vorwiegend die Familie, sondern die Spiel-, Arbeits- und Freundesgruppe. Die Beschäftigung mit D. als Ausdruck heimatlicher Sprache vollzieht sich in wissenschaftlicher und populärer Weise. Das Forschungszentrum für alle deutschen D. befindet sich in Marburg am *Forschungsinstitut für deutsche Sprache/Deutscher Sprachatlas.* Daneben gibt es verschiedene Regionalzentren, in denen auch großlandschaftliche Dialektwörterbücher erarbeitet werden. So entsteht das *Niedersächsische Wörterbuch* in Göttingen und das *Thüringische Wörterbuch* in Jena. Die populäre Dialektarbeit vollzog und vollzieht sich in der Bundesrepublik in Heimat- und Geschichtsvereinen sowie Theatergruppen, in der DDR zumeist in Arbeitsgemeinschaften des *Kulturbundes.* Dem → *Theater* fällt bei der Dialektpflege eine besondere Rolle zu. Dialektstücke werden allerdings überwiegend von Laienbühnen aufgeführt, da es nur wenige Berufstheater gibt, die das Dialektstück pflegen. Bei der deutschen Dialektliteratur ist zwischen ambitionierter Problemliteratur und anspruchsloser Schwankliteratur zu unterscheiden. Ihre Beachtung ist nicht mit der allgemeinen Wertschätzung des D. verbunden; sie führte und führt mehr oder weniger eine subkulturelle Existenz (→ *Subkultur*). Im Gegensatz dazu hängt die Verbreitung anderer literarischer Dialektformen, zum Beispiel des Volks-, Pop- und Arbeiterlieds, des Protest- und Gruppensongs sehr von der öffentlichen Dialektbewertung ab. Hier ist die Kommerzialisierung auch viel größer als in der Dialektbuchproduktion.

Wird Kultur als Streben nach Vervollkommnung gesellschaftlicher Tätigkeiten der Menschen verstanden, dann ist auch die sprachlich-kommunikative Tätigkeit ein Kulturelement. Da das Kriterium optimaler und ästhetischer Sprachkommunikation nicht von vornherein an eine bestimmte Sprache gebunden ist, sondern von zeitlichen und situativen Umständen abhängt, können sowohl die Standardsprache als auch der D. Kultursprachen sein. Zur deutschen Sprache gehören Formen des Standards und des Nichtstandards, ihre Entwicklungen sind aufeinander bezogen. Der gesellschaftliche Rahmen kann diese oder jene Form begünstigen, aber keine einzige dieser Formen aufheben.

D. Stellmacher

Literatur
W. Schmidt u. a., Geschichte der deutschen Sprache. Berlin (Ost) 1969
B. Bernstein, Soziale Struktur, Sozialisation und Sprachverhalten, Amsterdam 1970
J. Schildt, Abriß der Geschichte der deutschen Sprache, Berlin (Ost) 1976
Lexikon der Germanistischen Linguistik, hrsg. v. H. P. Althaus, H. Henne, H. E. Wiegand, Tübingen 1980
D. Stellmacher, Niederdeutsch. Formen und Forschungen, Tübingen 1981

Dialog und Gespräch

D. und G. werden in der Regel sowohl umgangssprachlich wie im strengeren Sprachgebrauch wissenschaftlicher Publikationen in der Bundesrepublik wie in der DDR synonym verwendet. D. wird in den Konversationslexika beider deutscher Staaten primär als literarische Kunstform sowie als Bauelement der rhetorischen Gattungen, vor allem des Dramas behandelt. Er bezeichnet hier die Grundsituation der Wechselrede, wie sie auch im philosophischen D. vorliegt. Die Geschichte des D. in der Literatur wird in etwa gleich dargestellt, von den sokratischen D. Platons, der das Wechselspiel von Frage, Antwort und Widerlegung als Methode philosophischer Erkenntnisgewinnung einführt, über die volkssprachige Dialogform des Mittelalters, zum Beispiel den um 1400 geschriebenen »Der Ackermann und der Tod« des J. von Tepl und die Humanisten bis zur Aufklärung, zum Sturm und Drang, zur Klassik und zur Romantik. Bekannte Beispiele für literarische D. nach 1945 sind G. Benns »Drei alte Männer«, A. Schmidts »Dya Na Sore« und »Belphegor« und B. Brechts »Flüchtlingsgespräche«. Des weiteren bezeichnet D. ein bestimmtes Verfahren, formallogische Oppositionen auszutragen. In der DDR beschäftigt man sich im Zusammenhang der Entwicklung von Computertechnologien um Formalisierbarkeit und Formalisierung als Voraussetzung für die Automatisierung geistiger Prozesse. In diesen Bereich gehören etwa nach einer Arbeit von K. Voss »das Speichern und Wiederauffinden komplexer Informationen (→ *Information),* die Verarbeitung optischer und akustischer Informationen, das Lösen von Problemen und der Mensch-Maschine-Dialog«. K. Voss betrachtet den »Prozeßcharakter des Denkens«, indem er den D. »als eine Form kollektiven Denkens« auffaßt, wobei die vier Teilprozesse Mitteilen, Schlußfolgern, Fragen, Antworten für jeden Dialogpartner charakteristisch sind (K. Voss, Logische Probleme des D., in: Deutsche Zeitschrift für Philosophie, 26. Jg., H. 8, Berlin (Ost) 1978, S. 984 ff.).

In der Bundesrepublik werden Dialogspiele von der *Erlanger Schule* zum Beispiel durch P. Lorenzen zur Begründung der Logik entwickelt. In dieser Schule des »Konstruktivismus« wird der Dialogbegriff »als Grundlage aller wichtigen Termini der Logik wie ›Aussage‹, ›wahr‹, ›allgemeingültig‹

usw.« eingeführt, »daß deutlich wird, inwiefern der Rückgang auf die Dialogspiele eine Begründung der Logik zu heißen verdient« (K. Lorenz, S. 32).

G. ist terminologisch nicht so weit ausdifferenziert. Gemeint ist mit diesem Begriff die unmittelbare sprachliche Interaktion zwischen zwei oder mehreren Personen als eine Grundform menschlicher Verständigung (→Sprache). Sofern es um die Entwicklung anthropologischer Gehalte geht oder die condition humaine insgesamt thematisiert wird, wird häufig eher das Wort G. eingesetzt.

In der DDR wie in der Bundesrepublik meint D. eher eine auch formal definierte Form kommunikativer Interaktion, während G. hier weniger festgelegt ist. In der Mehrzahl alltäglicher, auch politischer Verwendung sind die Begriffe austauschbar und werden auch ausgetauscht.

Auffällig ist, daß D. wie G. in der Bundesrepublik eher eine programmatische Position einnehmen als in der DDR. Dies läßt sich durch eine Anzahl geistiger Traditionen erklären, die zwar in beiden deutschen Staaten bekannt sind, aber in der Bundesrepublik offenbar eine erheblichere Rolle spielen. →Philosophie, →Psychologie und Theologie haben in der Bundesrepublik die Verwendung des D. wie des G. favorisiert. In der geistesgeschichtlich-hermeneutischen Verwendung meint G. die Art und Weise, wie Gesprächspartner »sich unter die Führung der Sache stellen, auf die die Gesprächspartner gerichtet sind. Ein G. zu führen verlangt, den anderen nicht niederzuargumentieren, sondern im Gegenteil das sachliche Gewicht der anderen Meinung wirklich zu erwägen. Sie ist daher eine Kunst des Erprobens«. Mit diesen Sätzen führt H.-G. Gadamer in seinem die hermeneutische Diskussion nach 1945 zusammenfassenden Werk G. als zentrales Medium hermeneutischen Verfahrens ein (Wahrheit und Methode, Tübingen 1960, S. 349).

Für das G. ist die Offenheit der Fragenden wichtig, der für das Verständnis eines Textes seine eigenen Vorurteile und Voreingenommenheiten einzuklammern bemüht ist, um so in der Offenheit des hermeneutischen Fragehorizontes die Sinnrichtung eines Textes angemessen zu erfassen. Wer sich in das G. mit einem Text einläßt, um diesen in seinen Gehalten ganz zu verstehen, muß darum bemüht sein, »die Begriffe einer historischen Vergangenheit so wiederzugewinnen, daß sie zugleich unser eigenes Begreifen mit enthalten« (a.a.O., S. 356). Das G. umschließt also die wichtigen Prozeduren des Fragens und Verstehens, wobei »fragen immer in der Schwebe befindliche Möglichkeiten sehen« läßt (a.a.O., S. 357). In diesem Verständnis ist D. heute nicht nur ein literarischer Gattungsbegriff, sondern meint ein umfassendes Verfahren, das zu einem den Partnern gemeinsamen Sinnbestand führt.

Wichtige Begriffe sind G. wie D. ebenfalls in der Philosophie M. Bubers, die vor allem in der Bundesrepublik aufgenommen wurde. M. Buber meint im Verzicht auf die Autorität einer Lehre oder einer systematischen Welterklärung: »Ich habe keine Lehre (ein lückenlosen System), aber ich führe ein G.« (M. Buber, Werke, Schriften zur Philosophie, München/Heidelberg, Bd. 1, 1962, S. 114).

Die Form des von M. Buber vertretenen dialogischen Denkens versucht Natur und Gegenstände in die reichgestaltete Beziehungswelt des Menschen einzubeziehen. Das Prinzip des Dialogischen wird damit insofern zu einer umfassenden Grundlage von Ethik und Pädagogik, als empfohlen wird, die Authentizität der Selbsterfahrung dem jeweils anderen deutlich zu machen, Fremdheit zu überwinden und gemeinsam den Weg zur Wahrheit zu suchen, der freilich weder vorab verbürgt ist noch einer wie auch immer vorab gliedernden Systematik unterliegt. Die existentialistisch getönte Mahnung zur unmittelbaren Beziehungsaufnahme zwischen Menschen und Völkern war gerade nach der Erfahrung des Zweiten Weltkriegs sehr wirksam. O. F. Bollnow hat das Prinzip des D. ebenfalls als konstitutiv für zwischenmenschlichen Verkehr betrachtet und für die Pädagogik wirksam zu machen versucht. Den Monolog qualifiziert er als »autoritatives Sprechen«, das auf einem »Herrschaftsdenken« beruhe und die »Unterwerfung« des anderen zum Ziel habe. D. und G. hingegen erlauben in partnerschaftlichem Aufeinanderzugehen den je anderen oder Fremden ernst zu nehmen. Darum hat Fragen immer »offen« zu sein; der Weg ist zu gehen von »Warum-Fragen« zum »dialogischen Fragen«, das nicht einem Partner die Begründungslast allein aufbürdet. Dieses dialogisierende Konzept ist durch die empirisch-realistische Wende der Pädagogik, die nun zur Erziehungswissenschaft wurde, etwas an den Rand gedrückt worden, wird aber seit Ende der 70er Jahre wieder neu entdeckt. In der Diskussion um nichtdirektive Führungsstile, in der Kritik an einer Erziehung, in der sich die Herrschaft des Erwachsenen über den Jüngeren ausdrücken, in der Favorisierung der Beratung als eines Interaktionsprozesses, der dem Partner nicht vorschreibt, was zu tun sei, sondern mit ihm gemeinsam nach einer Antwort sucht, werden Gedanken M. Bubers, O. F. Bollnows und anderer wieder lebendig. In diesen Zusammenhang gehört auch die Wiederentdeckung der Individualpsychologie A. Adlers in der Bundesrepublik, der Erziehung als dauerndes G., als ein »Aus-Sich-Herausgehen« zum andern hin, versteht. »Beziehung«, »Partnerschaft«, »Empathie« werden neben G. und D. zu Leitbegriffen einer Neuorientierung auf scheinbar verlorengegangene menschliche Unmittelbarkeit und »Echtheit«. Dies impliziert eine Wendung gegen den soziologischen Begriff der »Rolle«, der den Menschen eher als Funktionsträger anzusehen erlaubt, denn als je einzige, unvergleichbare →Persönlichkeit. Die Rezeption der Gruppendynamik und die der unterschiedlichsten Therapieformen in Gruppen in der Bundesrepublik (→*Psychoanalyse)* sind in diesem Zusammenhang ebenso zu erwähnen, wie die zunehmende Kritik an staatlichen und öffentlich-rechtlichen Institutionen und Einrichtungen, die bürokratisiert, formalisiert, unpersönlich erscheinen (→*Bürokratie)* und Spontaneität und →*Kreativität* ausschließen. Solche Gedanken werden von den verschiedenen Alternativbewegungen zunehmend aufgenommen und in neue, experimentelle Formen des Miteinanderlebens überführt (→*Alternativkultur)*. Hinzuweisen ist schließlich auf die Bedeutung, die das *II. Vatikanische Konzil* dem D. gegeben hat. Die katholische →*Kirche* will mit den anderen Religionen und der übrigen Welt einen D. führen, wobei die Partner zunächst darauf verzichten sollten, »Bekehrungsversuche« zu unternehmen. Der D. wird für möglich gehalten, weil nun die Überzeugung erlaubt ist, daß auch andere Religionen wichtige Elemente enthalten, die für Humanität wie religiöses Erleben wesentlich sind. »D. mit der Welt« ist eine Antwort auf die Säkularisierung, die nun nicht mehr ausschließlich negativ gesehen wird, sondern auch als Möglichkeit, die irdische Welt in der Zusammenarbeit aller Menschen humaner zu gestalten.

Insgesamt läßt sich sagen, daß D. und G. in der Bundesrepublik einen wichtigen programmatischen Stellenwert einnehmen. G. wird zur Grundform unvermittelter →*Kommunikation* und zudem zur Norm einer Gesellschaft, die als demokratische zum G. wie zum D. verpflichtet ist. Diese Verpflichtung wird auch politisch immer wieder geäußert. Wendungen wie »D. mit dem Osten«, »D. zwischen den beiden deutschen Staaten« oder »ein Angebot zur Weiterführung des D. machen« finden sich häufig. Diese Dialogangebote gehen von der unausgesprochenen Prämisse aus, daß Verständnis füreinander und Annäherung auch zwischen unterschiedlichen politischen Systemen durch personale Beziehungen zustande kommen können und daß D. wie G. in der Lage sind, soziale Gebilde zusammenzuhalten. D. wird so zur Grundform des demokratischen Diskurses.

D. wie G. werden in der DDR weniger ideologisch belastet. Es handelt sich hier mehr um Formen einer allgemeinen, gesellschaftlichen Kommunikationspraxis, über die jeder Werktätige verfügen sollte. Beispielhaft zeigt dies das »Handbuch für den Sprachgebrauch« mit dem Titel »Deutsche Sprache«. Dieses Buch will »über sprachpraktische Fragen des Alltags orientieren« und »in sprachlichen Zweifelsfällen ratend Auskunft« geben. Unter »Gebrauchsformen des privaten Lebens« wird »das G.« behandelt, wobei Verhaltensregeln, wie »klare Gedanken«, »keine Monologe«, »Aufnahmebereitschaft«, »Mitdenken« etc. formuliert werden (Handbuch für den Sprachgebrauch; Deutsche Sprache, Leipzig 1976, S. 360 ff.).

In der Bundesrepublik ist die hohe Geltung von Kommunikationsformen wie D. und G. Ausdruck eines Verständnisses von »offener →*Demokratie«,* die in pluralistischer Offenheit unterschiedliche Positionen zuläßt. D. ist insofern Ausdruck einer ideologisch nicht festgelegten Grundhaltung, als sich in ihm alles beraten, in Frage stellen läßt. Eine solche Auffassung wäre in der DDR schwieriger durchzusetzen, weil hier eben das, was als gesellschaftlich erstrebenswert gilt, durch die Herrschaft des sozialistischen Staates im Rahmen des historisch-kritischen Materialismus definiert wird. D. und G. sind damit zwar wichtige Formen sprachlicher Kommunikation, können aber, jedenfalls im Politischen, die prinzipielle »Offenheit« nicht voraussetzen. Auch in der Bundesrepublik ist H. G. Gadamers Auffassung der Hermeneutik kritisiert worden, da sie ein unkritisches Eingehen auf jedes Werk der Tradition voraussetze. Eine »kritische Hermeneutik« darf dagegen die Tatbestände der Welt nicht nur »verstehend« hinnehmen. So muß die marxistische Theorie, die die emanzipatorische Vernunft durch die Klasse des revolutionären Proletariats realisiert sieht, sich in der Radikalität dieses Entwurfs »kritisch gegen die Erscheinungen der Zeit richten und so geschichtliche Aktivität gewinnen« (R. Bubner, Hermeneutik und Ideologikritik, Frankfurt a. M. 1971, S. 207). Schon diese Hinweise machen deutlich, daß in der DDR ein Begriff wie Dialektik, der als Bewegung durch den Widerspruch hindurch verstanden wird, einen viel höheren Rang einnimmt, als D. und G.

In der Bundesrepublik wird die Berufung auf D. und G. insofern ideologisch, als die Durchsetzung dieses Prinzips in der Realität zu wünschen übrig läßt. Dies zeigt sich beispielsweise an mangelndem D. mit ausländischen Arbeitern oder mit der immer wieder aufbrechenden Dialogunfähigkeit zwischen Vertretern etablierter Politik und jugendlichen Protestbewegungen. In solchen Auseinandersetzungen wird deutlich, daß ein D. schwer zu führen ist, wenn beide Seiten nicht gelernt haben, Konflikte durchzustehen und den D. rechtzeitig als Methode gemeinsamer Verbesserung gesellschaftlicher Zustände einzusetzen.

D. Baacke

Literatur
O. F. Bollnow, Begegnung und Bildung, Würzburg ⁵1969
K. Lorenz, Dialogspiele als semantische Grundlage von Logikkalkülen, in: Archiv für mathematische Logik und Grundlagenforschung, Bd. 11, 1968
H. Schrey, Dialogisches Denken, Darmstadt 1970
W. B. Lerg, Das G.; Theorie und Praxis der univermittelten Kommunikation, Düsseldorf 1970
Autorenkollektiv, Deutsche Sprache; Handbuch für den Sprachgebrauch, Leipzig 1976
M. Buber, Ich und Du, Heidelberg 1977

Eigentum

I. Das Nutzungsrecht – II. Zwei Auffassungen über Produktionsmittel – III. Die Auswirkungen

I. Das Nutzungsrecht

E. meint die Zuordnung einer Sache oder eines geistigen Produkts zu einer Person, die diese Person berechtigt, eine Sache oder ein Produkt zu nutzen und darüber zu verfügen. Personenbezogenheit, Nutzungs- und Verfügungsbefugnis können verschieden umfangreich und unterschiedlich ausgestaltet sein, was Rechts- und Gesellschaftsordnung ganz entscheidend prägt. So reicht die »Person des Eigentümers« vom einzelnen Menschen bis hin zur juristischen Person des Staates.

E. ist nicht auf Sachen beschränkt, wie das im bürgerlichen Recht der Bundesrepublik Deutschland in der Regel der Fall ist, sondern das Eigentumsverhältnis legt allgemein Dispositionsbefugnisse über Sachen und Rechte fest. Insofern stellen Eigentumsrechte verdinglichte Sozialverhältnisse dar. Eigentumsrechte weisen doppelten Charakter auf, denn zunächst kann das E. an einer Sache als Rechtsgut betrachtet werden, das dem Eigentümer die Dispositionsbefugnis über die Sache gestattet. Ein bestimmtes Recht, etwa an einer Erfindung, kann aber auch durch die Rechtsordnung so weit objektiviert werden, etwa im Patentrecht, daß es einen dinglichen Charakter erhält und damit wertvoller als die bestimmte Sache selbst wird. So stellen das Recht am Grundstück und das Recht, es entsprechend einer auf politischer Entscheidung beruhenden Bebauungsplan zu überbauen, diese beiden Charakterzüge dar. Insbesondere in der Stadtentwicklung erhält ein Grundstück seinen Wert oft erst durch das Baurecht und den Bebauungsplan *(→Stadt- und Regionalplanung).*

In der marxistisch-leninistischen Theorie der DDR wird der Eigentumsbegriff aus der *→Arbeit* abgeleitet. E. ist das Resultat einer zielgerichteten Arbeitsleistung. Mit der Entfaltung der menschlichen Produktivkraft differenzieren sich die Eigentumsformen, neben die reinen Subsistenzgüter zum persönlichen Gebrauch treten die Produktionsmittel. Das E. an den Produktionsmitteln wird dem rein konsumtiven Sacheigentum übergeordnet, wenngleich es von ihm häufig kaum unterschieden werden kann. Diese Unterscheidung von Eigentumsformen wird vor allem in sozialistischen Ländern zur Grundsatzfrage erhoben, auf die hin die gesamte Rechtsordnung ausgerichtet ist. In

westlichen Ländern wird demgegenüber eine weitere Differenzierungsform des Eigentumsbegriffs wichtig, nämlich die Unterscheidung von Sacheigentum und dem E. an Rechten, oder auch dem geistigen E.

Die Sozial- und Rechtsgeschichte des E. ist noch wenig erforscht. So ist umstritten, inwieweit ein allgemeines Gemeineigentum in der Vorgeschichte angenommen werden muß. Es herrscht aber Einigkeit darüber, daß erst die neuzeitliche Sozial- und Wirtschaftsordnung durch Individualismus, Liberalismus, Rationalismus und *→Kapitalismus* den insbesondere auf das Sachenrecht bezogenen Eigentumsbegriff hervorgebracht haben. Das *Bürgerliche Gesetzbuch* stellt einen Endpunkt der Entwicklung dar, wenn dort in Paragraph 903 der Inhalt des Eigentumsrechts wie folgt umschrieben wird: »Der Eigentümer einer Sache kann, soweit nicht das Gesetz oder Rechte Dritter entgegenstehen, mit der Sache nach Belieben verfahren und andere von jeder Einwirkung ausschließen.«

II. Zwei Auffassungen über Produktionsmittel

Die einheitliche Eigentumsordnung ist in Deutschland nach dem Zweiten Weltkrieg aufgehoben worden. In der Bundesrepublik und der DDR haben sich fundamental verschiedene Eigentumsordnungen entwickelt, die zur Grundlage der unterschiedlichen Gesellschafts- und Wirtschaftssysteme geworden sind. Die dabei entstandenen Unterschiede können auf die allgemeine Formel gebracht werden, daß der Eigentumsbegriff in der Bundesrepublik inhaltlich weitgehend offen bleibt, während in der DDR eine detaillierte Eigentumsordnung Verfassungsrang erhalten hat, die insbesondere eine Formenlehre des E. kennt.

In der Bundesrepublik stellt die in Artikel 14, Absatz 2 des *Grundgesetzes* verankerte Sozialpflichtigkeit des E. gegenüber den Normen des *Bürgerlichen Gesetzbuches* eine bedeutende Fortbildung des Eigentumsrechts dar. Nach Artikel 14, Absatz 3 ist eine Enteignung nur zulässig, wenn sie dem Wohle der Allgemeinheit dient. In Artikel 15 wird dann über die Enteignung hinaus die Vergesellschaftung von Grund und Boden, von Naturschätzen und Produktionsmitteln prinzipiell ermöglicht, was aber in der Verfassungswirklichkeit der Bundesrepublik bisher keine Rolle gespielt hat. Das E. wird also hier grundsätzlich funktional betrachtet, im *Grundgesetz* jedoch nicht definiert. Damit bleibt der Inhalt des Eigentumsrechts offen, es wird auch nicht auf Sachen begrenzt, wie im *Bürgerlichen Gesetzbuch.* Damit ermöglicht dieser Begriff eine dynamische Fortbildung durch Gesetzgebung und Rechtsprechung.

Neben dem Sachenrecht wird in der juristischen Literatur vor allem das Recht am »eingerichteten und ausgeübten Gewerbebetrieb«, das inzwischen vom *Bundesgerichtshof* anerkannt wurde, unterschieden. Diese Weiterbildung des Eigentumsbegriffs bezieht sich vor allem auf den Wirtschaftsbereich. Für die Bereiche der Wissenschaft, Kultur und Kunst werden die Urheberschutzrechte (→ *Urheberrecht*) zunehmend wichtiger. Am ältesten ist das Patentrecht, das das geistige E. des Erfinders schützt. Hier sind eine Vielzahl von kaum noch übersehbaren rechtlichen Regelungen entwickelt worden, die vor allem auch internationale Rechtsbeziehungen wie das Copyright regeln. Es existiert aber keine übergreifende Regelung über die Rechte aus geistigem E. und deren Verwertungsbedingungen. An dieser Stelle kann nur darauf verwiesen werden, daß im internationalen Anlagenbau der Wissenstransfer durch Weitergabe oder Blockierung des »know how« eine bedeutsame Rolle spielt. Jedoch behindert der offene Eigentumsbegriff die Rechtsfortbildung in diesem Bereich nicht, wenngleich sie hinter den tatsächlichen Verhältnissen herzuhinken scheint.

Die Eigentumsordnung der DDR kennt grundsätzlich kein Privateigentum an Produktionsmitteln. Wo es bestand, ist es weitgehend enteignet worden. Es werden in der DDR drei Grundformen des E. unterschieden, das sozialistische E., das Privateigentum und das persönliche E. Das produktive E. soll prinzipiell in das sozialistische E. überführt werden.

Die höchste Form des sozialistischen E. bildet das gesamtgesellschaftliche Volkseigentum. Industrie und Verkehrswesen werden grundsätzlich dieser Eigentumsform zugerechnet. Neben dem Volkseigentum wird das genossenschaftliche E. unterschieden und das E. der gesellschaftlichen Organisationen der Bürger. Damit werden diese Formen des sozialistischen E. an bestimmte Organisationstypen gebunden, an das Volk oder faktisch den Staat als übergreifende Einheit, die Genossenschaften und andere gesellschaftliche Organisationen. Privates Produktionseigentum gilt nach der *Verfassung* der DDR von 1974 als abgeschafft. In der Praxis wird es für Handwerksbetriebe und andere weitgehend auf persönlicher Arbeit des Eigentümers beruhende Betriebe aber noch anerkannt. Das persönliche E. in der DDR umfaßt grundsätzlich nur konsumtive Gegenstände, worunter vor allem die Wohnungsausstattung und das eigene Wohnhaus fallen. Zum persönlichen E. zählen jedoch auch die persönlichen Rechte, insbesondere Ansprüche aus Urheber-, Neuerer- und Erfinderrechten. Diese sind eigenständig im *Gesetz über das Urheberrecht* von 1965 kodifiziert. Das Urheberrecht wird als »sozialistisches Persönlichkeitsrecht« aufgefaßt und genießt seinen Schutz nur im Rahmen der »allseitigen Förderung der sozialistischen Persönlichkeit«.

Nicht eindeutig geregelt ist, inwieweit Firmen auf der Basis von Urheberrechten gegründet werden können.

III. Die Auswirkungen

Der weitgehende Unterschied in der Ausgestaltung der Eigentumsordnungen der beiden deutschen Staaten hat für das kulturelle Leben ebenso Bedeutung wie für das wirtschaftliche und soziale; das gilt für die Gestaltung des täglichen Lebens, für die Schaffung von kulturellen Werten durch Wissenschaft und Kunst und für den Erwerb und Genuß von Kulturgütern (→ *Konsum*, → *Lebensstil*, → *Genuß*). E. als materielle Basis der Selbstverwirklichung des Menschen besteht zunächst an Konsumgütern zur Befriedigung der Bedürfnisse des täglichen Lebens, wird aber auch erworben an Dingen, mit denen der Mensch seinen engeren Lebensbereich formt, zu denen er besondere persönliche Beziehungen erwirbt, die er schön findet und mit denen er sich von anderen Menschen unterscheiden will. In beiden deutschen Staaten zählt man diese Art von Dingen zu den Konsumgütern, an denen das Privateigentum auch in Artikel 11 der *Verfassung* der DDR als »persönliches E. zur Befriedigung der materiellen und kulturellen Bedürfnisse« ausdrücklich garantiert ist. Dazu zählt besonders der Bereich der Wohnkultur, wie der Kauf von Möbeln, Bildern, die Schaffung und Ausgestaltung von Eigenheimen, aber auch der Kauf von Musikinstrumenten, Hobbygeräten, Haushaltsgeräten, Radio- und Fernsehgeräten.

Basis für die Schaffung derartigen Konsumeigentums ist heute in beiden deutschen Staaten für den ganz überwiegenden Teil der Bevölkerung das Arbeitseinkommen abzüglich der Beträge, die für das tägliche Leben ausgegeben werden. Dabei ist festzustellen, daß die Ausgaben für Nahrung, Miete und Kleidung in der Bundesrepublik und der DDR heute etwa zwei Drittel des Einkommens ausmachen, wobei in der DDR Mieten und Grundnahrungsmittel relativ billig sind, aber alles, was über den täglichen Bedarf hinausgeht, teuer erstanden werden muß. In der DDR herrscht insgesamt ein wesentlich niedrigerer → *Lebensstandard* als in der Bundesrepublik. Das bedingt eine stärkere Bindung an Eigentumsgegenstände, die hart erarbeitet werden mußten oder im Eigenbau hergestellt worden sind; Privateigentum an Luxusgütern wird wertvoller, genießt mehr Anerkennung und bessere Pflege als in einer Wegwerfgesellschaft wie der Bundesrepublik. Hinzu kommt, daß der private Bereich in der DDR um so wichtiger wird, je mehr Partei- und Staatsführung das berufliche und öffentliche Leben bestimmen. Eine Welle des Eigenheimbaus auch in der DDR, oft unter schwersten Bedingungen, zeigt dies.

Daneben besteht in Ost und West nach wie vor eine an das Privateigentum besonders gebundene kulturelle Betätigung, das →*Sammeln*. Der eigentumsschaffende Sinn des Habenwollens ist hier oft bis zur Leidenschaft ausgeprägt und verlangt nach uneingeschränktem persönlichem Besitz und Verfügungsgewalt an den begehrten Dingen. Auch die Möglichkeiten des Sammelns von Briefmarken, Münzen, Kunst- und Kunstgewerbegegenständen sind von den unterschiedlichen Eigentumsverhältnissen, aber auch vom Wert der Sammelobjekte in der jeweiligen Gesellschaft abhängig. Ferner beeinflußt der Besitz eines Automobils Lebensgewohnheiten und Lebensgestaltung der Menschen in beiden Gesellschaften entscheidend, so daß geradezu ein →*Kult* um das Auto entstanden ist. Die Versorgung ist in der DDR geringer als in der Bundesrepublik, die Preise liegen wesentlich höher, was die Hoffnung erwecken könnte, daß in der DDR das private Habenwollen von der öffentlichen Vernunft in Form eines Ausbaus öffentlicher Verkehrsmittel in die Schranken gewiesen wird.

Was die Schaffung kultureller Werte angeht, so setzt diese eine Absicherung des Einkommens der Künstler und Kulturschaffenden im weitesten Sinne voraus *(→Kunstförderung)*. Wege dazu sind der Bezug eines Gehalts von seiten des Staates oder einer privaten Institution, oder aber eine Absicherung des geistigen E. derart, daß es individuell verwertbar wird und so zu einem Einkommen führt. Die überwiegende Anzahl von Wissenschaftlern, →*Schriftstellern* und Künstlern bezieht heute in beiden deutschen Staaten ein Gehalt, meist in Lehr- und Erziehungsberufen. Sie ziehen dennoch direkten Nutzen aus ihren kulturellen Produkten, da sowohl in der Bundesrepublik als auch in der DDR das geistige E. verfassungsrechtlich und durch Einzelgesetze geschützt ist. Daneben gibt es in der Literatur, der bildenden und darstellenden Kunst in beiden Staaten freischaffende Künstler, die ihren Lebensunterhalt aus dem Verkauf ihres geistigen E. bestreiten und dabei teilweise zu den Spitzenverdienern im Lande zählen. »Produktionsbeschränkungen« werden ihnen vor allem vom Publikumsgeschmack, aber auch von Verlegern und Verlagsleitern in Buch- und Presseunternehmen, von Theaterleitern, vom Kunsthandel und von Kritikern auferlegt. In der DDR kommt die Lenkung der staatlichen Kulturpolitik hinzu. Die Ächtung und damit Wertminderung geistigen E., das nach der oft subjektiven Meinung der Zuständigen den »Interessen der Gesellschaft zuwiderläuft«, wirkt sich für die Betroffenen praktisch als Enteignung aus. Auf der anderen Seite steht in der DDR eine soziale Absicherung, die etwa jedem bildenden Künstler mit Hochschulabschluß ein dreijähriges Gehalt und einen größeren Auftrag, mit dem er sich bewähren kann, garantiert. Hinzu kommen Honorarordnungen für bildende Kunst und Architektur, die ein allzu großes Wertgefälle auf dem Markt verhindern sollen. Vor allem die über dreitausend bildenden Künstler in der DDR verdienen relativ gut. Der private Handel mit Bildern und Plastiken blüht neben öffentlichen Aufträgen. Literatur und Musik dagegen bedürfen der Vervielfältigung und lassen sich deshalb besser steuern, in der DDR vor allem von der Partei- und Staatsführung als den Monopolisten von Produktionsmitteln und Massenmedien, in der Bundesrepublik stärker vom Geschmack und der Konsumbereitschaft großer Bevölkerungsschichten und erfolgreichen Versuchen der Parteienpolitik bei der Beeinflussung öffentlicher Massenmedien. Die Sozialbindung geistigen E. ist in der DDR in der Verfassung verankert und wird von der *SED* ausgelegt. Der Export bedarf der Genehmigung und wird unerlaubt als Devisenvergehen geahndet. Kritische Gedanken können im Inland als staatsfeindliche Hetze oder als »Herabwürdigung« Ächtung und Strafe nach sich ziehen. S. Heym etwa verschloß sein Manuskript über die Ereignisse des 17. Juni 1953 sechzehn Jahre lang in der Schublade, ehe er es in der Bundesrepublik unter dem Titel »Fünf Tage im Juni« veröffentlichte. Beschränkte Verfügungsgewalt also, und man darf wohl davon ausgehen, daß nicht nur S. Heym für die Zukunft produzierte, für eine Zukunft, die Kunstfreiheit und geistiges E. toleranter auslegt. Musiker haben es leichter, denn Musik gefährdet einen Staat nicht so leicht; zu dieser Einsicht ist man auch in der DDR gelangt und fördert und duldet großzügiger.

Der Eigentumserwerb und ebenso der »Konsum« in öffentlichen Veranstaltungen und Instituten von derart gebundenen Kulturgütern wird in der DDR stärker gefördert als der Kulturkonsum im Konsumentenparadies Bundesrepublik. Die Bücherpreise etwa sind nur ein Drittel so hoch, die volkseigenen Verlage veröffentlichen jährlich um die sechstausend Titel, die Auflagen sind relativ hoch, die DDR ist ein Leserland. Bibliotheken, Theater und Kino sind weitaus billiger als in der Bundesrepublik, die Besucherzahlen in Relation zur Gesamtbevölkerung oft doppelt so hoch. Aber nicht nur der Konsum, sondern auch die Eigenbetätigung werden in etwa 25 000 Gruppen und Zirkeln mit über einer halben Mio. Mitgliedern gefördert *(→ Verein)*. Das wieder hebt die Bereitschaft zum Erwerb von Büchern, Kunstdrucken oder Schallplatten. Es sind diejenigen Güter, die in der Regel nicht so knapp sind und an denen persönliches E. erworben werden kann. In der Bundesrepublik sind die Preise höher, die öffentlichen Anreize niedriger, das Alternativangebot vor allem bei Urlaubsreisen und im Konsumgüterangebot verlockender. Andererseits ist für eine kleine Schicht der Reichen in der Bundesrepublik die Möglichkeit gegeben, Kunstwerke von öffentlicher Bedeutung und immensem Wert zum Zweck der Spekulation oder aus Sammlerleidenschaft zu erwerben. Die Literaturproduktion orientiert sich am → *Wettbewerb,* der nicht immer qualitätsfördernd wirkt.

H. v. Alemann (I, II), U. Arens (III)

Literatur
H. Wiedemann, Das sozialistische E. in Mitteldeutschland, Köln 1964
G. Breitenstein, Das E. und seine Wirkung. Eine sozialwissenschaftliche und evangelisch-sozialethische Untersuchung zum E. und zur sozialen Gerechtigkeit, Stuttgart, Berlin (West) 1968
A. Burkhardt, Eigentumssoziologie. Versuch einer Systematisierung, Berlin (West) 1980
S. Mampel, Die sozialistische Verfassung der DDR, Frankfurt a. M. ²1981
J. v. Münch (Hrsg.), Grundgesetz-Kommentar, Bd. I, München ²1982

Einsamkeit

E. bezeichnet soziale Isolierung, starke Einschränkung bis hin zum Verlust der Möglichkeit und Fähigkeit zu → *Kommunikation* und Interaktion des einzelnen Menschen im sozialen Gefüge. Sie betrifft in den industrialisierten Gesellschaften der Gegenwart vor allem spezielle Sozial- und Altersgruppen wie ältere Menschen, Kinder und Jugendliche, alleinstehende Frauen und Männer, auch nichtberufstätige Hausfrauen oder die Partner einer zur Routine gewordenen, gleichwohl beibehaltenen Ehe. Dazu kommen diskriminierte Randgruppen wie ausländische Arbeiter und deren Kinder, → *Behinderte,* psychisch Kranke, Nichtseßhafte (→ *Minderheiten)* und Strafentlassene. Stark betroffen sind in der Regel Strafgefangene, darunter politische Häftlinge, die heute in vielen Staaten einen hohen Anteil stellen.

Zudem stellt E. für die von ständig wechselnden → *Moden* geprägte Massengesellschaft mit ihrem die Individualität hemmenden und zerstörenden Anpassungsdruck eine allgemeine Gefährdung dar. Hier wirken Faktoren wie die Beeinträchtigung menschlicher Kontakte durch Konkurrenz und Rivalität, wobei das Leistungsprinzip (→ *Leistung)* aus einem Mittel der Persönlichkeitsentwicklung ins Gegenteil verkehrt wird, isolierende moderne Wohnformen, die Öde des Alltags im gegebenen wirtschaftlichen und sozialen Milieu und der Betrieb von Freizeitunterhaltungen. Ähnlich wie die elektronischen Medien der → *Massenkommunikation* und darunter speziell das → *Fernsehen,* trennen sie die einzelnen mehr voneinander, als daß sie sie zusammenführen. Die relativ allgemeine Deprivation, das Fehlen positiver persönlicher Bindungen führt zur Aushöhlung der → *Persönlichkeit,* zu emotionaler Verarmung, kreativer Schwäche und erzeugt chronische Ängste und psychosomatische Störungen. Wie soziale Isolierung zur Deformation der psychischen Struktur führt, so können auch anlagebedingte psychische Störungen zu sozialer Isolierung führen. Doch ist bei dieser Wechselwirkung die soziale Seite bestimmend.

E. bewirkt häufig Flucht in Betäubungen unterschiedlicher Art, mitunter auch in Krankheit, im Extremfall in den Selbstmord. Auf Behebung der subjektiven E. zielen Abbau von Hemmungen und Anregung zu kommunikativer Aktivität, angestrebt durch Therapie in kleinen Gruppen, wobei die Familie mit einbezogen ist. Für die Älteren gibt es Einrichtungen wie Altenklubs und Altenheime, mit ihrer spezifischen, durch die Bewahrung der Alten unter sich, die E. eher vertiefenden Problematik (→ *Alter)*. Es entstehen jedoch auch, zumindest in der westlichen Industriegesellschaft einschließlich der Bundesrepublik Deutschland, Selbsthilfegruppen älterer Menschen, in denen eigenes und gemeinsames Handeln die E. überwindet.

Insofern Massengesellschaft und Massenkultur für Alleinsein keinen Raum lassen, kann E. auch positiv wirken, als bewußte, zeitweilige Selbstisolierung, wenn man die eigene Persönlichkeit finden, »zu sich kommen« will. Diese E. steht im Gegensatz zu der E., die von den heutigen industrialisierten Gesellschaften ohne den Willen der Betroffenen und häufig unter dem Schein allgemeiner Verständigung hervorgebracht wird. Ähnlich ist die Absicht der Bewegung für das Alleinleben, *single* zu bleiben, einzuschätzen, selbst im Kontext der Frauenemanzipation.

E. als Thema der Kunst, zumal der künstlerischen Literatur, ist literaturwissenschaftlich und literatursoziologisch vielfach bearbeitet worden. Das gilt für Dichtung der Vergangenheit, besonders aber für die E. des modernen Menschen. In religiösen und spekulativ philosophischen Deutungen erscheint E. häufig als eine Grundbefindlichkeit des Menschen, deren Überwindung letztlich nur in der Transzendenz möglich sei.

Die empirische Soziologie in der DDR hat Probleme der E. im Rahmen von Altersforschung und sozialpsychologischer Jugendforschung untersucht. Ihre Festlegung als Instrument der Herrschaftstechnik und der konformen Bewußtseinsbildung schränkt ihre Arbeitsmöglichkeiten ein und gibt Deutungsmuster vor. So wird der → *Außenseiter* abgewertet, und »gestörte interpersonelle Beziehungen« erscheinen unter dem Gesichtspunkt der Leistungslabilität (→ *Leistung).* Es wird aber auch eine soziale Isolierung der bestehenden Eliten festgestellt (vgl. D. Voigt, Soziologie in der DDR, Köln 1975, S. 141 ff.).

Da das Kollektiv in der Gesellschaftswissenschaft der DDR dem einzelnen auf der Grundlage vorgegebener Normen übergeordnet wird, gilt E. auch als »Normlosigkeit«. Einstellungen und Verhalten sollen sich an der Formel des »Weges vom Ich zum Wir« orientieren. Neuerdings jedoch werden in der offiziellen Philosophie auch Grenzsituationen wie E. oder Tod zur Kenntnis genommen. Kritisch äußert sich dies in repräsentativer künstlerischer Literatur aus der DDR. Romane aus jüngerer Zeit, wie W. Heiduczeks »Tod am Meer« (1977), K. Poches »Atemnot« (1978), K.-H. Jakobs' »Wilhelmsburg« (1979), zeigen das Problem der E. Die Last der E. des unpersönlichen Vereinzelten hat G. Kunert eindringlich ausgesprochen. In C. Wolfs »Kindheitsmuster« (1976) findet man die Formel »Vom Ich zum Wir« im Gedicht eines nationalsozialistischen Barden wieder. Die weitgehend kritische Grundstimmung der Gegenwartsliteratur aus der DDR ist verbunden mit starkem Empfinden von Entfremdung und Vereinsamung der Menschen im »realsozialistischen« System.

W. Rossade

Literatur

Loneliness. The Experience of Emotional and Social Isolation, hrsg. von R. S. Weiss, Cambridge/Mass., London 1973
C. Härlin, Der isolierte Mensch, Luzern, München 1973
K. Zimmer, Das einsame Kind, München 1979
G. Helwig, Am Rande der Gesellschaft. Alte und Behinderte in beiden deutschen Staaten, Köln 1980

Eklektizismus

E. meint im allgemeinen ein Verfahren, mit dem aus der Vielfalt des Vorhandenen ein mehr oder weniger geschlossenes Eigenes geformt werden soll, sodann eine aus → *Philosophie* und → *Religion* auf Bereiche der Politik und Kunst übertragene Denk- und Stilform. Für G. W. F. Hegel irrt der E. nur »auf der Oberfläche« umher, rafft »aus Blümchen, allenthalben her« zusammen, um sich »seinen eitlen Kranz« zu binden (G. W. F. Hegel, Werke, Bd. 1, hrsg. von H. Glockner, Stuttgart 1961, S. 246). Aufgeschlossener zeigt sich der von G. W. F. Hegel als Vertreter von »gemeinem Menschenverstand« befeindete Philosoph und liberale Publizist W. T. Krug, der eine Auswahl des jeweils Richtigen aus den verschiedenen Systemen der Philosophie für sinnvoll erachtet. So kennzeichnend die Aggressivität des einen ist, so verständlich erscheint die Zurückhaltung des anderen. G. W. F. Hegel bezog die Gesamtheit von Natur und Denken in sein objektiv-ideales, als unabhängig vom menschlichen Denken verstandenes System ein, während sich für W. T. Krug als Realprinzip des Erkennens das Ich darstellte. Hier

zeigen sich zwei widersprüchliche Standpunkte, die sich als Teil eines tiefgehenden europäischen Gegensatzes verstehen lassen, mit dem systematisches Denken und E. zwei unterschiedlichen Wirklichkeitserfahrungen und Gesellschaftssystemen zugeordnet werden. Nicht ohne Grund fand der fraglich gewordene Begriff eines philosophischen Systems im Marxismus-Leninismus, der den E. ablehnt, Erneuerung und militante Befürwortung.

Ausführliche Behandlung und entschieden positive Bewertung im Sinne der europäischen → *Aufklärung* erfährt der Begriff des E. in D. Diderots und J. d'Alemberts »Encyclopédie« (Paris 1751 ff.). Hatte schon Voltaire die Methode des E. für sich in Anspruch genommen, so wird hier der Eklektiker als ein Philosoph definiert, der aus sich selber heraus zu denken wage, Vorurteil, Tradition, Alter, allgemeine Zustimmung und Autorität verachte und aus den Philosophen, die er gründlicher und unparteiischer Analyse unterziehe, um sich etwas Eigenes, Besonderes zu formen. Denn der Ehrgeiz der Eklektiker richte sich weniger darauf, Erzieher des Menschengeschlechts zu sein, als dessen Schüler zu werden, weniger darauf, die andern zu bessern, als sich selbst zu bessern.

V. Cousin, der Begründer der sogenannten »eklektizistischen Schule«, sieht die »sehr einfache Grundlage« seines E. darin, daß er für jedes System sei, das sich seinerseits zur »Vernunft« bekenne (Le vrai, le beau et le bien, Paris 1817, S. 429.) Der Glaube an die menschliche Vernunft als Kriterium der Wahrheit und Voraussetzung der Mündigkeit verbindet denn auch E. und Denken in der offenen, demokratischen, pluralistischen Gesellschaft.

In deutschen Wörterbüchern im Gegensatz zu »Rechtgläubigkeit« unter »Andersgläubigkeit« aufgeführt und auf die Seite von »Unordnung« und »Systemlosigkeit« verwiesen (Wehrle–Eggers, Deutscher Wortschatz, Frankfurt a. M. 1968, Bd. 1, S. 984), als »unorginell« und »unschöpferisch« gekennzeichnet (Philosophisches Wörterbuch, hrsg. von G. Schischkoff, Stuttgart 1961, S. 122) oder, da ihm die »Kraft« fehle, »das Übernommene miteinander zu verschmelzen und unter einem höheren oder neuen Gesichtspunkt umzuformen« (Historisches Wörterbuch der Philosophie, Basel, Stuttgart 1971, Bd. 2, S. 432) mit negativen Vorzeichen versehen, wird E. im Französischen als Begriff definiert, der, »was jedes System an Gutem zu bieten scheint, anerkennt« (Littré, Bd. 3, Paris 1956 f., S. 421). Somit ist das traditionelle Verständnis der E. im deutschen Sprachgebrauch von idealistischem Systemglauben geprägt und das der westlichen Zivilisation von Pragmatismus, Offenheit, Dynamik, Relativität und Kompromiß, der nur durch wechselseitigen Verzicht erreicht werden kann. Der westlichen Welt der Demokratien und damit auch der Bundesrepublik ist der E. im politischen und kulturellen Bereich wesensimmanent. In ihr erweist er sich als so schöpferisch und originell, wie er in der vermittelten und verwalteten Wohlstandsgesellschaft, in der die Massenmedien, bei augenfälligem Ordnungsverlust und Stilzerfall, Vorbilder und Moden kreieren, es noch sein kann. Andererseits ist der E. als Prinzip freier Wahl und Assimilation zwangsläufig unvereinbar mit dem offiziellen Selbstverständnis der DDR, deren geschlossene Struktur eklektizistische Kultur nicht oder nur uneingestandenermaßen zuläßt. Daß sich beispielsweise die Doktrin des *Sozialisitischen → Realismus* einzig mit E. retten läßt, indem man ihr alles subsumierte, was nur irgendwie »sozialistisch« war, ist eine in ihrem Geltungsbereich kaum zur Kenntnis genommene Tatsache. Der Marxismus-Leninismus ist, zumindest dem eigenen Anspruch nach, ein widerspruchsfreies und homogenes System, das dazu verpflichtet, sich in sämtlichen Lebensbereichen dem Anspruch der → *Ideologie* zu unterwerfen. Wird der Positivismus im »Wörterbuch der marxistisch-leninistischen Soziologie« (Berlin (Ost) 1977, S. 99 f.) etwa als »subjektiv-idealistische Grundströmung der bürgerlichen Philosophie« und, ohne daß dies direkt ausgesprochen würde, als eklektisch abgelehnt, so wird der Maoismus als ein »eklektisches Gemisch von kleinbürgerlichem Revolutionarismus, militantem ·Nationalismus, Konfuzianismus, utopischem Sozialismus und einigen allgemeinen vulgär ausgelegten Leitsätzen des Marxismus-Leninismus« bekämpft (M. Atlajski, V. Georgiev, Das antimarxistische Wesen der philosophischen Ansichten Mao Tsetungs, Moskau 1969, S. 140). Damit dient der Vorwurf des E. als Waffe in der ideologischen Auseinandersetzung und wird zum Synonym für Abweichungen wie Reformismus und Relativismus. E. findet sich denn auch im »Marxistisch-leninistischen Wörterbuch der Philosophie« (hrsg. von G. Klaus, M. Buhr, Reinbek 1973, S. 267) der Position voraufklärerischer Tradition entsprechend beschrieben als »mechanische Vereinigung verschiedener Gedankenelemente ohne Versuch zu schöpferischer Synthese und ohne Ausschluß logischer Widersprüche«.

O. F. Best

Elite

I. Verschiedene Arten der Überlegenheit – II. Karrieren der Nachkriegszeit – III. Das Zusammenspiel der Teileliten – IV. Distanz zur Gesellschaft

I. Verschiedene Arten der Überlegenheit

Zur E. gehören alle Mitglieder eines sozialen Systems, die sich in einem Selektionsprozeß den übrigen Mitgliedern überlegen zeigten. Jedoch herrscht in den Sozialwissenschaften und im Alltagssprachgebrauch keine Einigkeit darüber, nach welchen Kriterien die Elitenauswahl stattfindet. Es gibt daher Wertelite-, Leistungselite-, Selbst- und Fremdeinschätzungselite-, Positions- und Machtelitebegriffe; sie definieren E. nach verschiedenen Maßstäben und zählen demzufolge großenteils verschiedene Menschen zur E. Zunehmend verbreitet und inzwischen wohl herrschend ist das Konzept der Funktionelite. Hier ist die E. ein soziales Subjekt, dessen Mitglieder für das Sozialsystem charakteristische Prozesse entscheidend beeinflussen und dadurch den anderen Mitgliedern des Systems überlegen sind (→ *Intelligenz*, → *Avantgarde*) (G. Endruweit, S. 36–45).

In der DDR wurde der Elitebegriff in einschlägigen Wörterbüchern bis vor kurzem ausnahmslos als bürgerlich oder gar imperialistisch und reaktionär abgelehnt. Die E. selbst wurde, ebenso wie die zugehörigen wissenschaftlichen Konzepte, als Produkt der bürgerlichen Welt betrachtet. Stattdessen ist in der DDR der im Westen außer Frankreich fast unbekannte Begriff des Kaders üblich, der auch im traditionellen kommunistischen Sprachgebrauch und im Vokabular der anderen sozialistischen Staaten verwendet wird. Ihn findet man jetzt häufiger als den Ausdruck → *Avantgarde*, der aus der Zeit vorsozialistischer Staatsordnungen stammt. Als Kader bezeichnet man in der DDR einen »Stamm von Menschen, die aufgrund ihrer politischen und fachlichen Kenntnisse und Fähigkeiten geeignet und beauftragt sind, andere Menschen bei der Verwirklichung der gestellten Aufgaben zu führen bzw. in einem Leitungskollektiv zu wirken« (R. Herber, H. Jung, S. 11). Das entspräche einer Kombination von Leistungs- und Funktionelite, weshalb auch behauptet wurde, E. und Kader hätten dieselbe Bedeutung (H.P. Dreitzel, Elitebegriff und Sozialstruktur, Stuttgart 1962, S. 35). Andere Autoren halten jedoch den traditionellen Elitebegriff bei Analysen der DDR für fragwürdig (H.W. Prahl, Intelligenz und Elitegruppen in der DDR-Gesellschaft, in: Deutschland Archiv, Jg. 3, 1970, H. 2, S. 134).

Für die Untersuchung der Bedeutung von E. ist auch ihre eventuelle Unterteilung aufschlußreich. Man muß fragen, ob es eine Gesamtelite gibt, also eine E. mit entscheidendem Einfluß auf alle Gesellschaftsbereiche, oder ob nur Teileliten für örtlich oder sektoral begrenzte Segmente der Gesellschaft bestehen. Die Existenz von Gegeneliten, deren Mitglieder soziale Prozesse in Konkurrenz zur herrschenden E. beeinflussen wollen, kann ebenso charakteristisch sein wie das Vorhandensein von Kontrolleliten, die zumindest informell kritisch zur

E. stehen, ohne jedoch offenen Konflikt mit ihr zu suchen oder auch nur zu wünschen. Die Erforschung der E. stößt auf noch mehr Hindernisse als empirische Sozialforschung ohnehin. Auch in der Bundesrepublik hat sie wegen informeller oder formeller Widerstände, wie dem Verstecken von Entnazifizierungsakten, wirklichen und angeblichen Beschränkungen, z.B. durch Datenschutzgesetze, besondere Schwierigkeiten; über die E. der DDR wird sogar ausnahmslos mit Ansätzen geforscht, die E. nur über Berufs- und Herrschaftspositionen bestimmen und bei denen manches Vermutung bleiben muß.

II. Karrieren der Nachkriegszeit

In der ersten Hälfte dieses Jahrhunderts herrschten in Deutschland Ideologien, die unter Berufung auf Theoretiker wie G. Mosca, V. Pareto, R. Michels und G. Sorel E. als Gegensatz zur »Masse« verstanden. Vorstellungen von Wert- und Leistungseliten von J. Ortega y Gasset, F. Nietzsche und H. v. Treitschke dienten verschiedensten Gruppen als Kriterium für die Zuordnung von sich selbst und anderen zu E. oder Nichtelite. Diesen mehr oder weniger konservativen Ansätzen stellten sich zwei revolutionäre Elitekonzeptionen, die des Faschismus und des Marxismus-Leninismus, gegenüber, die beide Wert- und Leistungselemente enthalten, aber in der Nachfolge G. Sorels zusätzlich eine eschatologische Begründung für den Aufstieg einer neuen E. geben. Nicht zuletzt darauf begründeten beide Richtungen ihren Anspruch auf Totalität, der weder Gegenelite noch Elitenzirkulation erlaubt. Noch unverhohlener als die sowjetische und die nationalsozialistische Eliteideologie die praktische Politik bestimmt, so daß nach 1945 in beiden Teilen Deutschlands mit dieser Politik auch das Wort nahezu verschwand.

In der Bundesrepublik gab es nach 1945 drei Muster von Elitekarrieren. Eine Gruppe, der häufig Geistliche und Professoren angehörten, knüpfte ohne Unterbrechung an ihre Tätigkeit in der nationalsozialistischen Zeit an. Die zweite Gruppe, vielfach Politiker und Gewerkschaftsführer, konnte die in der Weimarer Republik begonnene, während des Nationalsozialismus unterbrochene Funktion wieder aufnehmen. Diplomaten, Verwaltungsbeamte, Offiziere und Industrielle, die die dritte Gruppe bilden, wurden zeitweilig aus ihren Positionen entfernt, kehrten später aber in sie zurück (W. Zapf, S. 145 ff). Während der weiteren Entwicklung bildeten sich Teileliten heraus, zwischen denen es, verglichen mit den USA, kaum personellen Austausch gab. Die Gesamtelite der Bundesrepublik gleicht deshalb eher einer Vielzahl miteinander verwobener Kreise als einer um einen Machtmittelpunkt gruppierten Einheit. Dabei wirkt die Verberuflichung

von E. als ein Prozeß mit, der in vielen Industriegesellschaften zu beobachten ist (→Beruf). Der Aufstieg in die E. vollzieht sich überwiegend als Karriere (→Leistung). Da die Karrierebedingungen sich in den Sektoren stark unterscheiden, ist der Austausch zwischen den Teileliten erschwert, und zugleich sind Unterschiede zwischen ihnen, etwa bei den Parteipräferenzen von Wirtschafts- und Kulturelite, deutlicher als in E. mit mehr gemeinsamen Kriterien (vgl. U. Hoffmann-Lange: Politische Einstellungsmuster in der westdeutschen Führungsschicht (Phil. Diss.), Mannheim 1977, S. 156).

In der DDR wurden Führungspersonen des Nationalsozialismus fast ausnahmslos aus ihren Positionen entfernt. Nachfolger waren in der Regel Personen, die unter den Gesichtspunkten einer Wertelite ausgesucht wurden, bei denen im Zweifel politische Zuverlässigkeit wichtiger war als fachliche Eignung. Mit der Weiterentwicklung der Industriegesellschaft und im damit verbundenen Wandel von einer »totalitär zu einer autoritär verfaßten Gesellschaft« (P. Ch. Ludz, S. 324) ergaben sich soziale Aufgaben, für deren Erfüllung eine geeignete E. notwendig wurde. In dieser Situation konnte die Kluft zwischen Wertelite und Funktionselite nicht fortdauern. Sie wurde durch zunehmende fachliche Qualifikation der Reserveeliten geschlossen. Insbesondere während der wirtschaftlichen Reformen der 60er Jahre waren technische, wirtschaftliche und wissenschaftliche Fertigkeiten auch für den Aufstieg in die administrative und politische E. Voraussetzung. Zur Zeit gibt es verstärkte Bestrebungen, diese Gruppen wieder ideologisch zu festigen und zu vereinheitlichen. Inwieweit die E. in der DDR im Vergleich zur Bundesrepublik ähnlich pluralistisch oder mehr monolithisch ist, bleibt umstritten und ist mit den anwendbaren Forschungsmethoden nicht festzustellen. Bekannt ist aber, daß in der Kulturelite Autonomiebestrebungen teilweise durch Ausbürgerungen unterdrückt werden, um die beherrschende Stellung der politischen E., die ohnehin in der DDR stärker als in der Bundesrepublik mit anderen Teileliten verflochten ist, zu wahren.

III. Das Zusammenspiel der Teileliten

Die Rechtsordnung der Bundesrepublik begünstigt die Bildung von Teileliten. Vorschriften über das Recht auf freie Berufswahl, über Tarifautonomie und die föderalistische Staatsorganisation führen zu sektoraler und lokaler Differenzierung. Zusätzlich behindern Regelungen des Laufbahn-, Besoldungs- und Rentenrechts den personalen Austausch, so daß Tendenzen zur Versäulung von E. auftreten. Andererseits werden Konflikte zwischen verschiedenen Sozialbereichen dadurch offensichtlicher, und die von Teileliten repräsentierten Sektoren bleiben zudem selbständiger.

Auf mehr Einheitlichkeit der E. deuten die Rechtsgrundsätze der DDR. Die Prinzipien der »doppelten Unterstellung«, des »demokratischen Zentralismus« und der zentralen staatlichen Wirtschaftsplanung sind Beispiele für die Konzeption einheitlicher Zielstrukturen. Insbesondere die herausgehobene Stellung der *SED* bewirkt, daß die Partei die Kaderpolitik auch in den Bereichen steuert, die nicht unmittelbar zum Parteiapparat gehören.

Der Elitenpluralismus in der Bundesrepublik ist vermutlich Teil eines allgemeinen Trends in komplexen, entwickelten Gesellschaften, weil Differenzierung und Qualifikation horizontale → *Mobilität* erschweren. Die in der Bundesrepublik feststellbaren Kanäle des Austausches zwischen Teileliten zeigen jedenfalls ganz bestimmte Muster und keineswegs allseitige Verbindungen (W. Zapf, S. 188 ff). Problematisch ist dabei die Verberuflichung der politischen E., die sich auch in zunehmender Entfremdung vom privaten Beruf äußert. Andere Teileliten, insbesondere relativ politikferne wie die Kulturelite, scheinen wachsende Verständigungsschwierigkeiten mit der politischen E. zu bekommen. Wenn Diskussions- und Kompromißinstrumente fehlen, entscheidet in solchen Fällen nur die soziale, ökonomische oder administrative Macht. Einflußnahmen subventionierender Stadträte auf Theaterspielpläne, polizeiliche Schikanen und richterliche Beschlagnahmen gegenüber der Presse können als Versuche politischer und administrativer Teileliten gedeutet werden, sich künstlerische und publizistische Teileliten gefügig zu machen und so kontrollierende Gruppen auszuschalten *(→ Kulturverwaltung, →kommunale Kulturpolitik)*. Im übrigen gibt es auch Mechanismen, die Elitenkonflikte unterbinden. So führen beispielsweise Koalitionspraxis und Fraktionsdisziplin dazu, daß die Parlamente durchaus nicht profilierte Kontrolleliten gegenüber den Regierungen sind.

Dagegen ist es durchaus angemessen, in der DDR die Parteiorganisation der *SED* als Kontrollelite gegenüber der Staatsverwaltung zu betrachten. Die Verjüngung und fachliche Qualifizierung der Kader, die zu einem sehr hohen Anteil von Akademikern, zu denen allerdings auch Absolventen der Parteihochschulen zählen, geführt hat, hat nicht alle Teileliten gleichmäßig erfaßt. Die Abnahme der fachlichen und die Zunahme der ideologischen Qualifikationen läßt sich feststellen, wenn der Ministerrat mit dem Zentralkomitee, dem Politbüro und dem Sekretariat der *SED* verglichen wird (T.A. Baylis, The Technical Intelligentsia and the East German Elite, Berkeley 1974, S. 262). Die Kader werden auch als relativ abgegrenzte Einheiten wahrgenommen, so daß die Existenz von Elitenkonkurrenz nicht ausgeschlossen ist, obwohl andererseits die Kaderpolitik bewirkt, daß auch außerparteiliche E. ihre Stellung nur durch die Parteielite vermittelt

bekommen. Besondere Probleme mit Teileliten bestehen in der DDR, weil die politische Orientierung zwar nicht mehr alleinige Voraussetzung für die Aufnahme in die E. ist, ihr Fehlen jedoch oft noch den Zugang auch zu nichtpolitischen Teileliten verschließt. Damit ist das Rekrutierungsfeld für kulturelle, militärische, wirtschaftliche E. stark begrenzt. In diesem, aber nicht nur in diesem Zusammenhang ist die Tatsache zu sehen, daß sich in vielen Teileliten der DDR eine höhere Außenrekrutierung des Nachwuchses ermitteln läßt als in der Bundesrepublik (vgl. K.v. Beyme, S. 216; W. Zapf, S. 183), deren E. schichtmäßig homogener sind (vgl. G. Weißpfennig, Sportpromovenden in beiden Teilen Deutschlands, (Phil. Diss.) Gießen 1981, S. 206 f).

Falls Befragungen hierbei überhaupt zu trauen ist, zeigen sie in der Bundesrepublik ein nach Gruppen verschiedenes Selbstbild und Selbstbewußtsein der Teileliten. Schichtenmäßige Homogenität führt keineswegs zu einheitlichen Meinungen, Interessen, Lebensstilen und Verhaltensweisen. Sogar die Begründung der Elitenstellung scheint zwischen den Teileliten verschieden zu sein, vom Überwiegen der Wertelitevorstellungen in der Politik zur reinen Leistungselite im Sport. Dementsprechend vielfältig sind auch die Kriterien für die Unterscheidung von E. und Nichtelite und die Begründung für Eliteprivilegien.

Angesichts des marxistisch-leninistischen Dogmas von der Aufhebung sozialer Gegensätze und angesichts des Leitbildes der »allseits entwickelten sozialistischen Persönlichkeit« ist die offizielle Selbstdarstellung der Kader in der DDR eine prekäre Aufgabe, obwohl die Führung und Leitung aller staatlichen und gesellschaftlichen Bereiche keineswegs geleugnet wird. Unter Abkehr von früheren Wertelitevorstellungen herrscht jetzt offensichtlich das Selbstbild einer Leistungselite vor, wobei allerdings auch die Entwicklung und Bewahrung einer politisch-loyalen Einstellung durchaus als Leistung angesehen werden. Entsprechend werden Privilegien und soziale Vorteile der E. begründet. »Das Gesetz der Verteilung nach Leistung beruht auf Unterschieden im Entwicklungsniveau der Arbeit in den verschiedenen Bereichen der gesellschaftlichen Arbeitsteilung« (G. Aßmann, R. Stollberg (Hrsg.), Grundlagen der marxistisch-leninistischen Soziologie, Berlin (Ost) 1977, S. 160). Die von den Kadern geforderten Eigenschaften reichen von »absoluter Parteiergebenheit« über »politisches und fachliches Wissen«, »Kühnheit und Kämpfertum« sowie »Schöpfertum«, »Treue zur Arbeiterklasse«, »Vervollkommnung der Kenntnisse und Fähigkeiten« bis zu »pädagogischem Geschick« und »politischem Fingerspitzengefühl« (D. Voigt, Kaderarbeit in der DDR, in: Deutschland Archiv, Jg. 5, H. 2, 1972, S. 175).

IV. Distanz zur Gesellschaft

Die Chance des Neuanfangs nach der Niederlage des Dritten Reichs wurde von der Bundesrepublik Deutschland und der DDR verschieden genutzt. In der Bundesrepublik wurde hierbei, wie auch sonst zumeist, an die Weimarer Republik angeknüpft und ein sektoraler und lokaler Pluralismus auf der Basis der alten Sozialstruktur ermöglicht. Allerdings reichten Besitz und Herkunft selten zur »Vererbung« von Elitepositionen auf die nächste Generation, wenn persönliche Qualifikation fehlte (vgl. K.v. Beyme, S. 45). Die Autonomie der sozialen Lebensbereiche erlaubte differenzierte Elitentwicklung und Verfolgung von Partikularinteressen sowie den Aufbau von Gegeneliten. Die gesamtgesellschaftliche Entwicklung beruhte eher auf dem Grundkonsens der Teileliten in zentralen Fragen als auf Globalsteuerung durch eine Gesamtelite. Politik ist in der Bundesrepublik zu einem großen Teil der Versuch, das Handeln sektoraler und lokaler Funktionseliten zu koordinieren und durch Kompromisse Divergenzen zu beseitigen. Eine spezielle Elitenpolitik existiert weder dem Wort noch der Sache nach.

Dagegen ist die Kaderpolitik in der DDR eine offizielle Institution. In den ersten Jahren sollte sie die radikale Abwendung vom Nationalsozialismus verwirklichen. Eine einheitliche Wertelite sollte die sozialistische Gesellschaft aufbauen. Im Gegensatz zur sektoralen Konkurrenz der pluralistischen Systeme, die die Gefahr des Auseinanderdriftens birgt, sollte die zentralistische Nomenklatura-Politik Rückfälle, Abweichungen und Reibungsverluste vermeiden. Dazu wurden neue Rekrutierungsreservoire erschlossen, insbesondere große Chancen zum Aufstieg aus der »Arbeiterklasse« eröffnet. So stammte ein Viertel einer untersuchten Gruppe von Kadern Ende der 50er Jahre aus der Arbeiterschaft (K.V. Müller, Manager in Deutschland, Köln, Opladen 1962, S. 34). Unter Studenten, die im Sport promovierten, war die Zahl der Aufsteiger in der DDR viermal höher als in der Bundesrepublik; die Zahl der in Parteien oder anderen politischen Institutionen Organisierten war mit fast einem Drittel aber ebenfalls wesentlich höher (G. Weißpfennig, S. 196, 205 ff). Auch für Promovenden und Habilitanden in Rechtswissenschaft gilt in der DDR, daß über die Hälfte aus der Unterschicht stammt, in der Bundesrepublik weniger als 3 v.H., und daß etwa die Hälfte Mitglied in politischen Organisationen ist. Selbst im diplomatischen Dienst, in westlichen Staaten eines der exklusivsten Oberschichtenrefugien, hat die DDR einen hohen Aufsteigeranteil (J. Radde, Die außenpolitische Führungselite in der DDR, Köln 1976, S. 66, 113).

Inzwischen scheint die Tendenz zur Einheitlichkeit in der DDR rückläufig zu sein. Versuche der neuen E., ihren Nachkommen trotz nicht mehr proletarischer Herkunft hohe Positionen zu sichern, wie auch vor allem die Notwendigkeiten der modernen Industriegesellschaft führen zu ähnlichen Segmentierungen wie in der Bundesrepublik. Das kann aber nicht als Beweis einer wachsenden Ähnlichkeit der beiden Systeme im Sinne der → *Konvergenztheorie* angesehen werden. Denn wenn auch die Wertelite mehr und mehr durch sektorale Funktionseliten abgelöst zu werden scheint, ist die weiterhin bestehende zentrale Kadersteuerung bemüht, Wertkriterien zumindest als Randbedingungen des Aufstiegs aufrechtzuerhalten und bei der Kontrolle des Handelns der Teileliten jede sektorale Autonomie zu verhindern. Deswegen ist das Modell von E. und Gegenelite für die DDR wohl nicht brauchbar (so E. Richert, S. 113; anders P.Ch. Ludz, S. 42 f).

Neuerdings wird von führenden Wissenschaftlern der DDR, so dem Soziologen W. Friedrich, dem Physiker M. v. Ardenne und dem Historiker J. Kuczynski, nicht nur wieder das Wort E. benutzt, sondern auch die Installierung und Förderung von E. gefordert. In erster Linie ist darin aber die Beendigung eines unnötig verbohrten terminologischen Streits zu sehen, nicht jedoch der Ruf nach Übernahme des pluralistischen Elitesystems. Dies wäre eine Abkehr vom Ziel der »sozialistischen Gesellschaft«.

Immerhin scheint sich für beide Gesellschaften die Frage zu stellen, inwieweit die E. die Gesamtgesellschaft repräsentieren und mehr gesamtgesellschaftlichen als nur sektoralen Einfluß ausüben, das heißt, inwieweit sie gesamtgesellschaftliche und nationale Identifikation, Zielsetzung und Identität zu bewirken vermögen. Dieses gemeinsame Problem hat allerdings verschiedene Hintergründe. In der Bundesrepublik fehlt der mangels Gesamtelite am ehesten zur gesamtgesellschaftlichen Führung prädestinierten politischen Teilelite ein geeignetes Instrument, so daß sektorale Leitbilder und Werte divergieren und desintegrierend wirken. Diese Tendenz nimmt in letzter Zeit sogar zu. In der DDR sind die vorhandenen gesamtgesellschaftlichen Eliteninstanzen nicht willens oder in der Lage, die sektoralen Impulse harmonisch zu koordinieren, statt sie nach dem einseitigen Gesichtspunkt der vorgegebenen ideologischen Priorität zu sortieren.

G. Endruweit

Literatur

W. Zapf, Wandlungen der deutschen E., München ²1965
R. Herber, H. Jung, Kaderarbeit im System sozialistischer Führungstätigkeit, Berlin (Ost) 1968
P.Ch. Ludz, Parteielite im Wandel. Funktionsaufbau, Sozialstruktur und Ideologie der SED-Führung, Köln, Opladen² 1968
E. Richert, Die DDR-Elite oder Unsere Partner von morgen?, Reinbek 1968

K. v. Beyme, Die politische E. in der Bundesrepublik Deutschland, München[2] 1974
G. Endruweit, Elitebegriffe in den Sozialwissenschaften, in: Zeitschrift für Politik, Jg. 9, H. 1, S. 30–46, 1979

Emigration, innere

Der Begriff i. E. ist aus einer besonderen historischen Konstellation hervorgegangen. Er erfaßt bildhaft die Situation von Individuen oder Gruppen, die während der Jahre 1933 bis 1945 gegenüber dem nationalsozialistischen Herrschaftssystem in Deutschland eine kritische und distanzierte Haltung bezogen, ohne ihre Einstellung in offenen Widerspruch oder gar Widerstand umsetzen zu können oder zu wollen. Der Begriff selber benennt somit vor allem eine Position des Rückzugs. Emigration nach Innen bedeutet Auswanderung in Innenwelt und → Innerlichkeit angesichts einer bedrohlich wirkenden politisch-kulturellen Außenwelt. Die politische Qualität dieser Position ist jedoch nicht immer eindeutig zu bestimmen, da sie zwischen unterdrücktem Aufbegehren und bloßem Verstummen oszilliert und durchaus beide Komponenten in sich vereinigen kann. Ein Terrain des Rückzugs bot sich den Inneren Emigranten während des Nationalsozialismus vor allem in Form begrenzter Öffentlichkeit und privater Freiräume, die sich dem machtpolitischen Zugriff des Staats- und Parteiapparats trotz seines umfassenden »Gleichschaltungs«-Anspruchs entzogen. Ein solches Rückzugsterrain bildeten, wie sich den vielfältigen Autobiographien und Tagebüchern dieser Zeit entnehmen läßt, insbesondere verschiedenartige, offiziell nur schwer kontrollierbare Möglichkeiten eines vertrauensvollen Austausches über politische, kulturelle und persönliche Probleme wie Gespräche im engen Freundeskreis oder in der Familie. Neben diesen nichtöffentlichen Formen des Rückzugs boten aber auch, zumindest in den ersten Jahren des Nationalsozialismus, solche Institutionen ein gewisses Refugium, die mit dem nationalsozialistischen Machtapparat in einer Art Konkurrenz standen. Aus diesem Grunde konnte G. Benn, als er 1934 als Stabsarzt in die Wehrmacht eintrat, von einer »aristokratischen Form der Emigrierung« sprechen, denn die Wehrmacht galt zu jener Zeit mit Recht als relativ eigenständige Organisation innerhalb des nationalsozialistischen Deutschen Reichs. Und der Sozialpsychologe P. Brückner spricht in seinen Erinnerungen an die eigene Kindheit und Jugend im Dritten Reich sogar von einer »Rivalität der Institutionen Schule und HJ«, die dem Heranwachsenden die »Versuchung« einer »antiautoritären, ja rebellischen Chance« geboten habe (Das Abseits als sicherer Ort, Berlin (West) 1980, S. 27).

Als bedeutendster Rückzugsbereich der i. E. und zugleich als ihre Ausdrucksform läßt sich, mehr noch als die übrigen Künste, die Literatur begreifen. Autoren wie E. Jünger und R. Schneider, W. Bergengruen, F. G. Jünger und E. Wiechert zählen zur literarischen i. E., das heißt zur Gruppe jener Schriftsteller, deren Werk zwar nicht verboten war, doch als »unerwünscht« galt. Verschärfte Überwachung durch die nationalsozialistischen Behörden war die Folge derart nichtassimilierter Positionen, vergleichbar den Beschränkungen und Kontrollen im publizistischen Bereich (R. Pechel und die »Deutsche Rundschau«), in der bildenden Kunst (E. Barlach) und beim Kabarett (W. Finck). Welche Hoffnungen die genannten Autoren und andere Künstler auf ein Überleben, ein Weiterwirken im kulturellen und gesellschaftlichen Abseits hegten, hat der Naturlyriker O. Loerke in seinem Tagebuch sehr genau registriert: »Inzwischen fünf Gedichte zur Ergänzung des Bandes« (Der Silberdistelwald, Berlin 1934). »Das war eine Zuflucht in der Bedrohung der Existenz hier.« Die Zuflucht, welche die Kunst bot, war beides zugleich, Refugium und Möglichkeit ästhetischer Produktivität. Sie gab den Schriftstellern die Gewißheit, jene Elemente eigener Identität und politisch-moralischer Vorbehalte gegenüber dem Nationalsozialismus wahren zu können, die der Staatstheoretiker C. Schmitt 1933 als »Mentalreservationen« gegeißelt hatte. Zudem bot die Poesie im Verständnis der literarischen i. E. in ihrer Formensprache jene Mittel, die Kritik, Distanz, Differenz zum herrschenden System und seiner politischen Praxis zumindest indirekt auszusprechen erlaubten – in Form der Camouflage, also der getarnten Gegenwartskritik, in der Hinwendung zu Naturlyrik und esoterischer Essayistik, im Bestehen auf Überzeitlichkeit und Zeitenthobenheit der Dichtung. Freilich besaß diese »Zuflucht« zur Poesie keineswegs nur oppositionelle, sondern durchaus auch resignative Züge. Denn die Abhängigkeit von den offiziellen Überwachungsinstanzen, die zunehmende »Gleichschaltung« des öffentlichen Lebens und die Militarisierung vieler Lebensbereiche ließen zahlreiche Autoren mutlos werden, so daß sie die geschichtlich und gesellschaftlich erfahrene Ohnmacht als Handlungsunfähigkeit der Menschengattung schlechthin dämonisierten.

Eher Resignation statt Hoffnung also, und doch in der Abkehr von der als unerträglich empfundenen gesellschaftlichen Wirklichkeit noch ein Moment des Protestes gegen sie ausdrückend, so widerspruchsvoll nur läßt sich die Position der i. E. im nationalsozialistischen Deutschland fassen. Die grundlegende Erfahrung der i. E. ist mehr die einer kulturellen Dissidenz als die Erfahrung eines sozialen Außenseitertums und eines politisch-kulturellen Abseits, in dem es zugleich darauf ankam, zu überleben und sich zu bewahren, sich anzupassen und doch zu widerstehen. G. Benn hat diese Existenzweise in seinem autobiographischen Rückblick auf die Zeit zwischen 1933 und 1945 mit der Bezeichnung »Doppelleben« sehr zutreffend gedeutet. Die innere Widersprüchlichkeit dieses »Doppellebens« hat jedoch nach 1945 zu sehr unterschiedlichen Urteilen geführt. Zwar besteht in der Literatur zur i. E. weitgehend Einigkeit darüber, daß diese Position eine gesellschaftspolitische Distanzierung gegenüber dem Nationalsozialismus bezeichnet. Und ebenso gibt es keinen Zweifel daran, daß eine Reihe von Autoren Versuche zur Verbreitung einer kritischen und distanzierten Literatur unternommen hat, die zu Recht als ein besonderer Teil der deutschen Literatur aus der Zeit des Nationalsozialismus gesehen wird. Doch läßt sich zur Wirkung dieser Literatur in der Bundesrepublik Deutschland feststellen, daß sie in den 50er und 60er Jahren zum Instrument eines konservativen Erziehungsideals wurde, weil sie traditionellen bürgerlichen Bildungsmaximen verpflichtet schien. In der DDR wurde diese Literatur dagegen bis in die 70er Jahre hinein als Bestandteil des antifaschistischen Kampfes aufgefaßt, als Indiz einer Art politisch-kultureller Volksfront im nationalsozialistischen Staat, deren aktivster Vorkämpfer die *KPD* mit ihren Untergrundorganisationen gewesen sei (vgl. W. Brekle, 1970).

Dennoch besteht die innere Widersprüchlichkeit der i. E. weiter. Von größerem Gewicht ist deshalb die Frage, inwieweit sich gegenwärtig in der DDR zu beobachtende Formen des »Doppellebens« unter dem Begriff der i. E. fassen lassen. Auch hier gibt es eine kulturelle Dissidenz bedeutender Künstler, kulturpolitische Überwachung, das Verschweigen unerwünschter Werke, politisch motivierte Auflagenbegrenzung, die schließlich bei so unterschiedlichen Autoren wie S. Kirsch, W. Biermann, Th. Brasch, G. Kunert, R. Kunze zur »äußeren« Emigration, zum Daueraufenthalt in der Bundesrepublik geführt haben. Der Zwang zur Anpassung, die verschiedenartigen Versuche, staatlicher Repression zu widerstehen, das widerspruchsvolle Wechselverhältnis von Hoffnung und Resignation, Kontemplation und Protest, nicht zuletzt wiederum Kunst und Literatur als Orte der »Zuflucht« – alle diese Erscheinungsformen i. E. finden sich im Zeichen kulturpolitischer Restriktion auch in der DDR wieder. Dennoch dürfte der Versuch, i. E. als typisch deutsche Lebensform zu bestimmen (R. Grimm), zumindest fragwürdig sein. Eher läßt sich wohl von einem Zwang zum künstlerischen »Doppelleben« unter sozialen Bedingungen sprechen, die bei aller Unterschiedlichkeit in ideologischer, politisch-ökonomischer und struktureller Hinsicht in Konsequenz des staatlichen Machtanspruchs zur Einschränkung der Eigengesetzlichkeit ästhetischer Produktivität führen. Als Bezeichnung eines derart erzwungenen »Doppellebens« besitzt der Begriff der i. E. auch heute noch eine Aktualität, die unterschiedliche Gesellschaftsformationen übergreift.

R. Schnell

Literatur
W. Brekle, Die antifaschistische Literatur in Deutschland (1933–1945), in: Weimarer Beiträge 16. Jg., 1970, H. 6, S. 67–128
R. Grimm, I. E. als Lebensform, in: Exil und I. E., hrsg. von R. Grimm und J. Hermand, Frankfurt a. M. 1972
R. Schnell, Literarische I. E. 1933–1945, Stuttgart 1976

Engagement

Das Wort E. kommt aus dem Französischen und bedeutet Verpflichtung, Verpfändung. Es bezeichnet ursprünglich die Anstellung von Personen, besonders von Künstlern. Unter E. versteht man die durch Einsicht gewonnene Entscheidung für etwas und den Versuch, das als richtig Erkannte durch persönliche Aktivität zu fördern. Im begrifflichen Kontext stehen Verantwortung, Miteinander, Solidarität, aber auch Praxis und Interesse. E. setzt Freiwilligkeit voraus, ist Tätigkeit jenseits von →*Beruf* und bezahlter →*Arbeit* und geht über die staatliche Regelung der Lebensbereiche hinaus. In E. wird eine individuelle Beschränkung des Interesses überwunden und die gesamtgesellschaftliche Verantwortung betont. Als wahrgenommene →*Aufklärung* bringt E. immer wieder neue Formen politischer und literarischer Öffentlichkeit hervor. Allerdings zeigt die Geschichte, daß die Bereitschaft zu individuellem E. mißbraucht werden kann. Die »freigewählte Verpflichtung« verschleiert oft nur die Indienstnahme durch andere.

Seit Anfang der 30er Jahre erfuhr der Begriff in Frankreich eine Umdeutung. Aus der »Verpflichtung« wurde die »Selbstverpflichtung« vor allem des Intellektuellen, die seine besondere moralische Verantwortung in der Gesellschaft hervorhebt. *Littérature engagée* benennt die in Frankreich während der deutschen Okkupation entstandene literarische Richtung, deren Vertreter, J. P. Sartre, A. Camus, L. Aragon und G. Marcel die gesellschaftliche Verantwortung des Schriftstellers fordern.

E. ist über die Rezeption der Existenzphilosophie J. P. Sartres in den bundesdeutschen Sprachgebrauch eingegangen, vor allem nach dem Erscheinen der deutschen Übersetzung von »L'être et le néant« 1952, dem 1943 fertiggestellten Hauptwerk seiner Existentialphilosophie. In der DDR hat die Ablehnung J. P. Sartres eine positive Rezeption des Begriffs verhindert. Erst in den letzten Jahren ist seine zunehmende Verwendung im alltäglichen Bereich bemerken. Im übrigen entspricht ihm in offiziöser Terminologie die Formel von der sozialistischen →*Parteilichkeit*.

In der Folgezeit wird E. von Intellektuellen der Bundesrepublik zur Bezeichnung des eigenen, kritischen Standorts gebraucht, findet jedoch etwa ab Mitte der 60er Jahre auch verstärkt Verwendung im staatsloyalen Sinn. In Redewendungen wie dem »militärischen E. der USA in Vietnam« wird der Versuch deutlich, die Kritiker eben jener Militärpolitik sprachlich zu enteignen. Mittlerweile gelingt dies allgemein. So sieht sich in Fragen der Kernenergie der Atomkraftgegner mit dem E. des Ministers konfrontiert, und der Umweltschützer blickt auf ganzseitige Zeitungsinserate, in der die Mineralölindustrie ihr E. für die Energieversorgung und den Umweltschutz bekundet.

Die Weimarer Republik zerbrach nicht zuletzt am fehlenden E. ihrer Bürger für → *Demokratie*. Der Nationalsozialismus erzwang Anpassung und Unterwerfung. E. behauptete sich als Widerstand, der jedoch in Deutschland zu schwach war, um die Diktatur zu beseitigen. Nach der Niederlage des Nationalsozialismus entfaltete sich zunächst in allen Teilen Deutschlands ein E. der Bürger für einen demokratischen Neubeginn, das sich jedoch mit den Konzeptionen der Alliierten zu arrangieren hatte. Die Integration der beiden deutschen Staaten in die jeweiligen Machtblöcke und die damit verbundene Formierung nach innen bedeutete eine Verpflichtung der Bürger für das jeweilige System. Die geforderte Distanz zum anderen Staat hat bis heute zur Folge, daß E. kritischer Minderheiten in den Verdacht der »Zusammenarbeit mit der anderen Seite« gerät.

Beide deutschen Staaten sind heute wachstumsorientierte Leistungsgesellschaften, die ihren Bürgern Partizipation anbieten und abverlangen. Im Produktionsbereich sind dies in der Bundesrepublik die Ebenen der → *Mitbestimmung* und der gewerkschaftlichen Selbstorganisation. E. sieht sich hier einem gesetzlichen Reglement gegenüber, das kaum Spielraum für Initiative läßt. Jedoch zeigt sich in den Streikbewegungen zunehmend E. für soziale Emanzipation und Humanisierung der Arbeitswelt (→ *Arbeitskultur*). In der DDR beansprucht Arbeit einen qualitativ anderen Stellenwert und ist in weitaus höherem Maß als in der Bundesrepublik Gegenstand gesellschaftlicher Kommunikation. Individuelles E. soll sich in den kollektiven Formen des »sozialistischen Wettbewerbs«, in der *Aktivistenbewegung* und der *Neuererbewegung* entfalten. Vor allem für die frühe DDR läßt sich jedoch nur bedingt von einem »Aufbauethos« der Arbeiterklasse sprechen. Mit den vielfältigen vertraglichen Fixierungen ist die »schöpferische Tätigkeit« der Belegschaft nur noch Teil des vorgegebenen Plans.

Im Freizeitbereich (→ *Freizeit*) sind in der Bundesrepublik den Parteien, den Verbänden und → *Vereinen* vielfältige Möglichkeiten zur Mitarbeit gegeben. Allerdings haben diese Institutionen einen Strukturwandel erlebt, der mit einer stärkeren Professionalisierung auch eine wachsende → *Entfremdung* von einfachen Mitgliedern und Anhängern gegenüber den bezahlten Funktionären mit sich brachte. Die Folge war eine zunehmend basisdemokratische Orientierung, die, an die pazifistischen Aktivitäten der 50er Jahre anknüpfend, vor allem mit der Studentenbewegung Ende der 60er Jahre einsetzte und bis heute Erscheinungsform und Mechanismen des öffentlichen Lebens maßgeblich beeinflußt. Der in einer Vielzahl von Initiativen aktive, engagierte Bürger ist heute eine seitens der traditionellen Einrichtungen wohl oder übel akzeptierte Tatsache. Hierbei ist das spontane E. vieler → *Bürgerinitiativen* für die Behörden durchaus auch hilfreich. Ihr Protest gleicht einem »Frühwarnsystem«, das auf zu erwartende Loyalitätsbrüche hinweist.

Der Selbstorganisation in der DDR sind dagegen strikte Grenzen gesetzt. Das Selbstverständnis des Staates DDR und das Machtmonopol der *SED* einschließlich der von ihr geführten Organisationen läßt oppositionelle Bewegungen nicht zu. »Gesellschaftliche Tätigkeit« in den vorhandenen Institutionen ist eine wichtige Bedingung für die berufliche Karriere des Bürgers in der DDR. Kampagnen im Reproduktionssektor, wie der *Mach-Mit-Wettbewerb*, entsprechen solchen in der Produktion und sind Ausdruck staatlicher Initiativen, die meist bestehende Mängel zu kompensieren suchen. In den letzten Jahren lassen sich auch in der DDR vereinzelt Aktivitäten von Betroffenen registrieren, die im Bereich des Umwelt- und Landschaftsschutzes Erfolge gegen die Planungsbürokratie verzeichnen konnten. Bei politischen Aktivitäten unterscheidet der Staat generell zwischen E., das in das System integrierbar ist, und Bestrebungen, die Tabuzonen des sozialistischen Lagers angreifen und dann meist kriminalisiert werden.

Christliches E. gehört seit dem 19. Jh. zur christlichen Soziallehre. Es ist bis heute in beiden deutschen Staaten lebendig geblieben. In der Bundesrepublik versuchen junge Christen, durch E. der institutionellen Erstarrung der Kirchen ebenso entgegenzuwirken wie den Fehlentwicklungen in der Gesellschaft. In der DDR produziert der besondere Status der Kirchen eine gewisse »Gegenmacht«, in deren Freiräumen sich E. entfalten kann. So ist das pazifistische E. eine der wenigen gesamtdeutschen Errungenschaften, die ohne das protestantische E. für Gewissensfreiheit kaum lebendig wäre (→ *Frieden*). Eher konservatives, durch die katholische Kirche motiviertes E. zeigte sich in der Ablehnung der Reform des § 218, die neben den massiven Protesten in der Bundesrepublik auch in der DDR Resonanz fand, aber keinen Konflikt mit den jeweiligen Staatsapparaten verursachte.

Große Bedeutung kommt dem Begriff des E. in → *Literatur* und → *Kunst* zu. Seit der Aufklärung und mit der Arbeiterbewegung entfaltet sich die

153

Auffassung von engagierter Kunst, die sich am Beispiel der Literatur differenzieren läßt in das E. des Autors aufgrund seiner öffentlichen Rolle und die Übertragung dieses Anspruchs auf die Kunstpraxis selbst, zum Beispiel der sogenannten Tendenzliteratur. Dem gegenüber stehen Konzeptionen der *l'art pour l'art*. Vor allem während der Weimarer Republik kommt künstlerisches E. in vielfältigen Formen zum Ausdruck, so als Pazifismus und Antimilitarismus, als Kritik an staatlichen Einrichtungen, der Diskrepanz von Verfassungsanspruch und seiner Verwirklichung, als Parteinahme für die Revolution bis zum revolutionären Pathos. Dabei finden sowohl Experimente mit neuen Formen wie → *Plakat*, Collage, → *Film* und Lehrstück statt, als auch die Weiterentwicklung volkstümlicher und plebejischer Genres wie → *Karikatur*, → *Kabarett*, Agitproptheater, Arbeiterchor. Der Nationalsozialismus beendete diese Vielfalt engagierter künstlerischer → *Öffentlichkeit*, bekämpfte ihre Werke als »zersetzend« und »entartet« und drängte sie in die Illegalität oder ins → *Exil*, in dem deutsche Kultur als antifaschistische und als »besseres Deutschland« überlebte.

Analog der politischen Entwicklung verläuft auch die Anknüpfung an engagierte Kunst im Nachkriegsdeutschland disparat. Die Jahre 1945–1949 sind von der kulturpolitischen Administration der Alliierten bestimmt. Antifaschistisches, demokratisches und sozialistisches E. deutscher Künstler hat so nur ein begrenztes Praxisfeld. In der Bundesrepublik ist künstlerisches E. im Klima der *Restauration* und des *Wirtschaftswunders* zunächst zurückgedrängt und gewinnt erst Anfang der 60er Jahre mit dem Thema der Vergangenheitsbewältigung durch das Dokumentartheater neue Qualität und mit der *Außerparlamentarischen Opposition* an Vielfalt und Breite.

Viele bedeutende Künstler, vor allem Autoren, entschieden sich nach ihrer Rückkehr aus dem Exil für die DDR. Allerdings genügte der Konsens des antifaschistischen E. bald nicht mehr. Die Parteilichkeit wurde gefordert und damit auch ein verbindliches Konzept eines *Sozialistischen* → *Realismus*, das institutionell zum Beispiel durch das *Literaturinstitut Johannes R. Becher* und das System der Nationalpreise oder durch Kampagnen wie des *Bitterfelder Weges* gefördert wurde. Der Konflikt vieler Autoren mit der politischen Linie der *SED* kommt unter anderem im Publikationsverbot auch engagierter Werke zum Ausdruck, die paradoxerweise, aber gerade darin die deutsche Situation kennzeichnend, erst dann ihr Publikum in der DDR erreichen, wenn sie in der Bundesrepublik erschienen sind. Diese Situation hat vor allem in den letzten Jahren dazu beigetragen, daß eine Reihe engagierter Künstler die DDR verließen. In beiden Staaten zeigt sich engagierte Kunst bedrängt, wenn auch auf unterschiedliche Weise. Während in der Bundesrepublik die Wirkung engagierter Kunst oftmals aufgrund der nivellierenden Mechanismen eines hektischen Kulturbetriebs verloren geht, hat in der DDR vor allem engagierte Literatur beinahe die Bedeutung einer Ersatzöffentlichkeit, in der die Diskussion tabuisierter Themen möglich ist. Gerade deshalb haben Autoren der DDR trotz aller staatlichen Repression eher als ihre Kollegen in der Bundesrepublik das Gefühl, »gebraucht« zu werden.

Im Vergleich zeigt sich, daß beide deutsche Staaten versuchen, das E. ihrer Bürger im Rahmen ihrer Strukturen zu kanalisieren und nutzbar zu machen. Die Grenzen des E. liegen dort, wo die Spielregeln und Tabuzonen durchbrochen werden. Der Rückzug ins Private oder der Ausstieg aus der Gesellschaft sind in beiden Staaten aktuelle Varianten der Flucht vor der gesellschaftlichen Verantwortung unter den gegebenen Vorzeichen. Die Lebensfähigkeit beider Staaten wird auch davon abhängen, inwieweit selbstgewähltes E. möglich ist und sich frei entfalten kann.

M. v. Engelhardt

Literatur
J.-P. Sartre, Was ist Literatur?, Hamburg 1950
Th. W. Adorno, E., in: Noten zur Literatur III, Frankfurt a. M. 1965, S. 109–136
Bürger – Mitarbeit: Was und Wie in 52 Beispielen, hrsg. v. der Stiftung für staatsbürgerliche Mitverantwortung »Die Mitarbeit« in Zusammenarbeit mit dem Presse- und Informationsamt der Bundesregierung, Düsseldorf, Bonn 1979
Christliches E. in Gesellschaft und Politik; Beiträge der Kirchen zur Theorie und Praxis ihres Sozialauftrages im 19. und 20. Jahrhundert in Deutschland, hrsg. v. L. Koch, J. G. Stanzel, Frankfurt a. M., Bern 1979

Entfremdung

Der Begriff E. ist außerordentlich unpräzise und mehrdeutig; wahrscheinlich ist er auch ideologisch oder zumindest normativ vorbelastet, da er irgendwelche Vorstellungen von Selbstverwirklichung oder der eigentlichen »Natur« des Menschen, das, wovon man sich entfremdet, voraussetzt. Der Begriff selbst stammt von G. W. F. Hegel; sein Verständnis von E. bezieht sich darauf, daß Institutionen durch zunehmende Maschinisierung und Mechanisierung der → *Arbeit* den Menschen so weit in die Sachzwänge der Produktion einbeziehen, daß seine naturgemäßen Antriebe und Bedürfnisse nicht mehr zum Zuge kommen. K. Marx hat diesen Aspekt aufgegriffen und ihn zu einer umfassenden Entfremdungstheorie verarbeitet. In der neueren Diskussion wird der Begriff entweder als ideologisch vorbelastet abgelehnt oder aber mit neuen, operational besser einlösbaren Inhalten versehen, die besonders auf die instrumentelle Arbeitsgesinnung des Zeitgenossen, auf die formalen Sachzwänge moderner Organisationen oder auf die resignative Zufriedenheit mit wenig attraktiven Aufgabeninhalten zielen. Von E. ist daher auch häufig in rein deskriptivem Sinn die Rede, ohne daß die spezifischen Implikationen mitvollzogen werden, die in den einzelnen Entfremdungskonzepten oder -theorien erarbeitet wurden.

Schöpferische Arbeit, in der der Mensch sich als »Gattungswesen« verwirklicht, ist nach K. Marx lediglich dann gegeben, wenn der Mensch bewußt und freiwillig bestimmte Tätigkeiten ausführt, die seine Fähigkeiten in besonderer Weise repräsentieren, so daß er dadurch seine »gesellschaftliche Natur« realisieren kann. Das Ideal der Arbeit sei sinnvolle Arbeit, weil sie im Endprodukt in Erscheinung trete und insofern ein sinnvolles Ganzes repräsentiere, das dem Arbeitenden zugerechnet werden könne. Die Ursachen der E. und damit das Abrücken von schöpferischer Arbeit werden einmal darin gesehen, daß der Mensch und seine Arbeitskraft zur Ware werden, zum anderen jedoch in der fortschreitenden Arbeitsteilung. Die letzte Ursache der E. ist für K. Marx die Existenz des Privateigentums (→ *Eigentum*) und einer damit möglichen Instrumentalisierung des Arbeiters durch diejenigen, die über die Produktionsmittel verfügen. Er empfiehlt daher die Abschaffung des Privateigentums, wodurch in einer kommunistischen Gesellschaft jede Form von E. verhindert werde (→ *Kommunismus*, → *Sozialismus*).

Es ist kritisch vermerkt worden, daß K. Marx offenbar von einem an handwerklichen Produktionsformen orientierten Idealbild der Arbeit ausgeht. Ch. W. Mills, H. Popitz u. a. haben den Verdacht geäußert, daß die keineswegs vorherrschenden und auch historisch begrenzten handwerklichen Arbeitsverhältnisse der vorindustriellen Epoche romantisiert werden.

Wie G. Lukács, H. Popitz, J. Israel und insbesondere A. Fischer herausstellen, hat der Begriff E. bei K. Marx mindestens vier verschiedene Bedeutungen, nämlich E. vom Arbeitsprozeß, vom Arbeitsprodukt, von sich selbst und vom Mitmenschen. Es ist dabei sehr wahrscheinlich, daß die E. vom Arbeitsprozeß die wichtigste Dimension der E. darstellt, welche die anderen Formen nach sich zieht.

Wichtig ist die Unterscheidung in der Begrifflichkeit selber. So beziehen sich K. Marx und die meisten Soziologen auf sozialstrukturelle Bedingungen und Abläufe, und es ist dabei gleichgültig, ob das einzelne Subjekt E. wahrnimmt oder empfindet. Andere Sozialwissenschaftler, insbesondere Sozialpsychologen, legen Wert auf die Feststellung, daß von E. eigentlich nur gesprochen werden könne, wenn das Individuum selbst E. als störend oder belastend empfinde.

Dagegen wird etwa von G. Friedmann (Der Mensch in der mechanisierten Produktion, Köln 1952) eingewandt, daß es gerade ein besonderes Zeichen von E. sei, wenn Menschen abgestumpft reagieren, weil für sie E. eben gerade kein Bewußtseinsinhalt mehr ist (→ *Bewußtsein*).

Die Anhänger einer objektiven Definition müssen genaue Kriterien entwickeln, an denen das tatsächliche Ausmaß der E. abgelesen werden kann. Hier bestehen jedoch erhebliche meßtechnische Probleme, wenn man das Ausmaß der E. anhand bestimmter Skalen messen will, wie dies etwa R. Blauner, D. D. Dean oder L. Srole versucht haben. Wenn E. auf bestimmte objektive gesellschaftliche Voraussetzungen bezogen werden soll, sei es am Formalisierungsgrad der Organisation, am Restriktionsgrad der Arbeit oder am Grad der Partizipation, dann darf sie streng genommen nicht beim Individuum ansetzen. Denn nach dieser Vorstellung ist es ja möglich, daß dieses von seiner E. überhaupt nichts weiß, sich also ganz zufrieden über seine Arbeit äußert oder die E. fleißig mitbetreibt. Für die Theoretiker objektiver E. ist es daher unerläßlich, ein Vorverständnis über entfremdende Sachverhalte zu entwickeln oder mit zusätzlichen Verknüpfungshypothesen zu arbeiten. Auf diese Weise verfährt etwa R. Blauner, indem er als Verbindungsglied zur individuellen Reaktion das Ausmaß feststellen sucht, mit dem bestimmte Arbeitsmerkmale als mehr oder weniger sinnvoll angesehen werden. Als Ausgangsvariablen dienen dabei der Typ der Technologie, die Arbeitsteilung, die Organisationsform und die jeweilige Wirtschaftsstruktur.

Sozialpsychologen, die wie M. Seeman oder J. Israel einen subjektiven Begriff der E. bevorzugen, interessieren sich weniger für die gesellschaftlichen Ursachen der E. und beschäftigen sich unter Verzicht auf gesellschaftskritische Aussagen ausschließlich mit bestimmten Formen des Erlebens.

Mit E. Seeman lassen sich fünf Dimensionen subjektiver E. unterscheiden, nämlich das Gefühl der Machtlosigkeit, wenn das Verhalten nicht mehr vom Individuum selbst, sondern von externen Kräften bestimmt wird, zudem die Erfahrung der Sinnlosigkeit, sobald das Individuum den Zusammenhang seiner Arbeitstätigkeit im Rahmen des Ganzen nicht mehr versteht. Weiter sieht er das Erlebnis der Normlosigkeit, da die Arbeitenden von verpflichtenden Normen immer mehr abrücken – das Empfinden von Isolation, weil das Individuum sich immer mehr von zentralen Werten oder Zielen distanziert, und die Erfahrung der Selbstentfremdung. Individuen spielen in diesem Fall nur noch eine auferlegte Rolle, die als fremd erlebt wird (vgl. E. Seeman, On the Meaning of Alienation, in: American Sociological Review 24, 1959).

Andere Autoren haben diese Begriffe präziser zu fassen versucht. So tritt nach H. Allardt E. als Unsicherheit insbesondere in Gesellschaften mit einem geringen Grad an Arbeitsteilung und einem gleichzeitig schwachen Konformitätsdruck auf. E. als Machtlosigkeit sei typisch für Gesellschaften, in denen bei gleichzeitig ungünstigen Bedingungen, individuelle Fähigkeiten zu verwirklichen, → *Werte und Normen* starken Druck auf den einzelnen ausüben.

Der offizielle Terminus in der DDR folgt dem Marxschen Entfremdungsbegriff, dem zufolge durch die Beseitigung von Ausbeutungsverhältnissen E. in sozialistischen Gesellschaften nicht mehr vorkomme. Aus der Perspektive des einzelnen Gesellschaftsmitglieds ist jedoch gerade die Dimension der Machtlosigkeit in den Bereichen ökonomischer und politischer Entscheidungsmöglichkeiten besonders auffällig. Der Bürger der DDR sieht sich keineswegs in die Lage versetzt, seinen Willen in der sozialen Welt durchzusetzen, auch besitzt er keine effektiven Mittel, die dies ermöglichen könnten. Anders als in der Bundesrepublik stehen ihm im ökonomischen Bereich die Instrumente des Streiks, der Betriebsräte, der → *Mitbestimmung* oder der → *Gewerkschaften* ebenso wenig zur Verfügung wie im politischen Bereich Oppositionsparteien, Demonstrationen und → *Bürgerinitiativen.* Inwieweit sich dies in psychischen Reaktionen wie dem Empfinden der Sinnlosigkeit und Selbstentfremdung äußert, hängt zu einem guten Teil davon ab, ob es den Menschen möglich ist, auch bei eingeschränkten Verhaltensspielräumen Orientierungspunkte persönlicher Sinnerfüllung zu finden und diese für sich als ausreichend zu betrachten.

D. Riesman behauptet für kapitalistische Gesellschaften die Form der Selbstentfremdung. Der »moderne Massenmensch« werde zunehmend von außen manipuliert und fühle sich zum Teil auch so, sei es durch Konsumanreize und → *Werbung,* sei es durch Bezugsgruppen. Wenn man dies als eine sublime, aber trotzdem äußerst effektive Form der Manipulation begreift, dann lassen sich auch für die Bundesrepublik Argumente zur Besetzung einer solchen Dimension finden, die zum größeren Syndrom der E. gerechnet werden kann.

Ein Vergleich zwischen Bundesrepublik und DDR auf der Ebene des objektiven Begriffs von E. müßte auf der Basis objektiver Arbeitsbedingungen erfolgen. Technologietyp, Grad der Arbeitsteilung und möglicherweise auch Organisationsformen dürften dabei ziemlich ähnlich sein. Auf der Grundlage des subjektiven Begriffs sind unterschiedliche Einstellungs- und Verhaltensmuster wahrscheinlicher. Folgt man der Unterscheidung J. Goldthorpes, wonach zwischen instrumenteller und expressiver Arbeitsgesinnung zu unterscheiden sei, so scheint die Vermutung plausibel, daß in der DDR durch die starke Betonung von Arbeitsnormen das puritanische Arbeitsethos stärker am Leben erhalten werden konnte als in der Bundesrepublik, die in den letzten beiden Jahrzehnten stärker an Wohl-

standskriterien orientiert war. Erst neuerdings scheint sich in der DDR eine eher instrumentelle Sicht durchzusetzen, in der vor allem auch der Gedanke problematischer wird, ob der allenthalben so stark betonte Arbeitseinsatz auch angemessene Früchte erbringt. Je mehr hier Asymmetrien wahrgenommen werden, desto eher dürfte eine expressive Arbeitsgesinnung problematisch werden und desto sicherer kann eine E. vom »System« und seinen Repräsentanten vorausgesagt werden.

G. Wiswede, Th. Kutsch

Literatur
H. Marcuse, Der eindimensionale Mensch, Neuwied, Berlin (West) 1963
J. N. Davydov, Freiheit und E., Berlin (Ost) 1964
R. Urbanski, Menschenbild der unwandelbaren Selbstentfremdung. Zum Versuch, die E. in eine metaphysische Kategorie umzuwandeln, Halle (Saale) 1966
A. Fischer: Die E. des Menschen in einer heilen Gesellschaft, München 1970
J. Israel, Der Begriff der E., Reinbek 1972
Autorenkollektiv, Ökonomik der Arbeit, Berlin (Ost)[6] 1974

Erfahrung

E. bezeichnet zunächst das bewußte Wahrnehmen oder Erleben von »äußerer« und »innerer« seelischer Realität. Der allgemeine, auch umgangssprachliche Begriff erfaßt dabei in der Regel E. als Resultat des Erfahrungsprozesses, nämlich als die erworbene Fähigkeit einer relativ sicheren, wissenden Orientiertheit über Handlungs-, Sach-, Sinn- oder Wertzusammenhänge. Wer sich auskennt, gilt als erfahren.

Geschichtlich leitet sich der Erfahrungsbegriff vom philosophischen Empirismus J. Lockes ab, der E. wesentlich als Sinneswahrnehmung der Realität definiert hat und nur über sie Welterkenntnis und Weltaneignung garantiert sah. Das Individuum erschien dabei unter der Vorstellung des »unbeschriebenen Blatts« *(tabula rasa),* das die E. allmählich »ausfüllt«. In den Naturwissenschaften, die ohne Empirismus undenkbar gewesen wären, garantierte das Experiment die Verläßlichkeit der E. (F. Bacon, G. Galilei). Die Wiederholbarkeit des wahrgenommenen Naturvorgangs gewährleistete die Erkennbarkeit von Natur ebenso wie ihre Beherrschung durch die Technik. Dieser empiristische Erfahrungsbegriff ist prägend geblieben für die verschiedenen Formen des bürgerlichen Positivismus und des mechanistischen, »vulgären« Materialismus.

Eine prinzipielle Einschränkung des empiristischen Begriffs markierte die »Kritik der reinen Vernunft« (1787) I. Kants; sie wies die Annahme, E. sei unmittelbar, durch einfache Wahrnehmung der Realität zu machen, zurück und analysierte ihre Voraussetzungen. Danach geschieht jede E. unter bestimmten Formen der Wahrnehmung, die sich selbst nicht aus der E. ableiten oder durch sie gewinnen lassen. Sie sind vielmehr dem Subjekt vorgegeben und schränken folglich E. auf die durch die Formen definierten Bereiche ein. Nach I. Kant ist demnach E. immer schon etwas Zusammengesetztes, Synthetisches, das durch die Anschauungsformen erst möglich und durch die Verarbeitung des Verstandes erst herstellbar wird. Im Neukantianismus, der in der Bundesrepublik durchaus noch Aktualität beanspruchen kann, wird aus I. Kants Kritik die Überzeugung, daß die E. die »gegenständliche Welt«, die Realität, überhaupt schafft (Idealismus).

Die theoretische Differenz des Erfahrungsbegriffs der Philosophien in Ost und West läßt sich an der Einschätzung der Kantschen Kritik ausmachen. Die westliche Überzeugung neigt dazu, die subjektiven Anschauungsformen als prinzipielles Hindernis der E. von Realität zu behaupten und den Erfahrungsbegriff in der Beschränkung auf die Wahrnehmung am Individuum zu isolieren. Entsprechend erscheint dann alle E. als vorläufig, überholbar, womöglich falsch und prinzipiell begrenzt. Auch die Ergebnisse der Naturwissenschaften und ihre »empirischen Basissätze« sind danach als bereits vorgegebene Ergebnisse der »methodisch geleiteten Orientierungsarbeit« (F. Kambartel, E., in: Historisches Wörterbuch der Philosophie, hrsg. von J. Ritter, Bd. 2, Basel, Stuttgart, 1972, Sp. 616) zu werten, als Negationen reiner E. im Sinne des Kritischen Rationalismus. Eine, wenn auch nur vorübergehende, Verbindlichkeit von E. gewährleistet nur noch der Konsens des demokratischen Pluralismus.

Der Erfahrungsbegriff des Marxismus-Leninismus dagegen nimmt I. Kants Kritik als einen frühen Beleg dafür, daß E. weder individuell isoliert sein, noch vom jeweiligen Stand der praktischen und theoretischen gesellschaftlichen Entwicklung getrennt werden kann. I. Kants prinzipiell gemeinten Anschauungsformen markieren lediglich den historischen Stand, in dem allein bestimmte E. möglich, andere dagegen ausgeschlossen sind. Der gesellschaftliche Charakter der E. erfaßt diese als »Errungenschaften«, die sich die Menschheit fortschreitend im historischen Entwicklungsgang erwirbt. Die einmal gewonnenen E. aber können als erworbene Eigenschaften der Gattung vererbt werden (→ *Tradition und kulturelles Erbe*). Für den Marxismus-Leninismus gibt es daher, sofern sie Errungenschaft ist und dem Fortschritt dient, keine prinzipiell falsifizierbare E., sondern nur historisch überholbare, »aufhebbare« E., die ihren historischen Stellenwert auch für spätere Generationen beibehält.

Die marxistische Ansicht von der Vererbung der

E. erweitert den Erfahrungsbegriff nicht unerheblich, weil er sich keineswegs mehr nur auf die unmittelbare, erlebte E. des einzelnen beschränkt, sondern auch das mittelbare sekundäre Übernehmen, das »Erlernen« von E. einschließt. Was aus soziologischer Sicht in der westlichen Diskussion erst Resultat der komplexen Industriegesellschaft ist, nämlich der zunehmende Verlust an primären Erfahrungsräumen und der komplementäre Anstieg an sekundären Informationszusammenhängen, ist im kollektiven Erfahrungsbegriff des Marxismus schon enthalten. Für die Menschen der sozialistischen Gesellschaft bedeutet dies die Notwendigkeit, die »Errungenschaften« der Menschheit sich auf dem Wege der Vermittlung anzueignen. Die »Erfahrungen aus zweiter Hand« (A. Gehlen), die im Westen als Ausgleich für die expandierenden Erfahrungsleerräume, meist mit negativer Wertung, reklamiert werden, haben in der DDR die Funktion notwendiger kollektiver Selbstverständigung über das bisher Erreichte. Sie sind, im doppelten Wortsinn, Erledigung der Vergangenheit, die nur durch das Kollektiv geleistet und vom Subjekt reproduziert werden kann. Das schließt die Einsicht ein, daß auch die gegenwärtige Welt nicht mehr vom einzelnen erfahren werden kann, vielmehr nur durch die vielfältige Vermittlung der Mitmenschen einigermaßen begreifbar wird. Die E. des Kollektivs ist Voraussetzung für alle E., auch für die des einzelnen. Zu illustrieren ist dies etwa mit dem Hinweis auf die Naturwissenschaften. Was seinerzeit eines G. Galilei bedurfte, darüber verfügt heute jedes Kind, das durch sekundäre Erfahrungsvermittlung das ehemals langwierig und widersprüchlich Erworbene erlernen kann.

Entgegen seiner theoretischen Bestimmung hat der Erfahrungsbegriff in seinem umgangssprachlichen Gebrauch sowie in seinem allgemeinen Verständnis die Bedeutung von Unmittelbarkeit und Direktheit im Umgang mit den Erfahrbarkeiten nie verloren (→*Alltag*). So kommt es, daß in der Praxis und im Alltagsverständnis die theoretische Differenzierung kaum eine Rolle spielt und, da es sich bei beiden deutschen Staaten um hochentwickelte Industriegesellschaften handelt, in Ost und West ähnliche Erfahrungsverluste als typisches gesellschaftliches Symptom beklagt werden. Erfahrungsverlust ist die Folge von »fortschreitender funktionaler Differenzierung einerseits und anwachsender Evolutionsgeschwindigkeit andersseits« (H. Lübbe, Erfahrungsverluste und Kompensationen, in: Neue Zürcher Zeitung v. 14. 12. 1979), die den einzelnen zunehmend überfordern und seinen Erfahrungsspielraum sowohl beschränken als auch komplexer werden lassen. Erlebt wird dies aber als Verlust von Unmittelbarkeit und von Realität überhaupt, dem zugleich ein Selbstverlust entspricht, insofern die Notwendigkeit, sich an der E. anderer zu orientieren, als Einschränkung der eigenen E. empfunden wird. »Die E. sind bereits begrifflich. Sie legen sich über die Erscheinungen« (U. Widmer, »1968«, in: Nach dem Protest, hrsg. von W. M. Lüdke, Frankfurt a. M. 1979, S. 84). Dieser Tatbestand objektiviert sich vor allem in den modernen Massenmedien, dort wiederum vorwiegend in der → *Information,* die nicht mehr direkt, sondern per Zeitungs- oder Fernsehnachrichtenübermittlung »erfahren« werden muß (→ *Presse,* → *Fernsehen*). Das Fernsehbild suggeriert dabei, vor allem wenn es »life« gesendet wird, ein Gefühl der Authentizität und der unmittelbaren Anteilnahme, ein Irrtum, wie er sich zeigt, wenn beispielsweise ein utopisches Fernsehspiel von Zuschauern als reales Geschehen empfunden wird. Die Unmittelbarkeit ist medial produziert. Daß die Zuschauer sie als real aufnehmen, beweist nur, wie sehr das über die Medien Vermittelte schon als zweite Natur selbstverständlich und vorbewußt geworden ist.

Es entspricht dem Verlust an unmittelbarer E., daß das → *Kino* in den 60er und 70er Jahren als Ersatz für direkte Teilnahme erlebt wurde. Die Theorie dazu hat 1960 S. Kracauer geliefert, der den → *Film* als »die Errettung der äußeren Wirklichkeit« und als Mittel bestimmte, das die »physische Realität in ihrer Konkretheit wahrnimmt« (S. Kracauer, Theorie des Films, Frankfurt a. M. 1964, S. 393). Entgegen den von der Gesellschaft vorgegebenen komplexen Sinn- und Bedeutungsgefügen und ihren festgeschriebenen Werten der Leistung, Rationalität oder des technischen Fortschritts schien der Film Garant für eine nichtinterpretierte Wahrnehmung der Realität zu sein. Sie würde nicht, wie sonst in der Kunst üblich, umgewandelt, sondern unverstellt, authentisch der Sichtbarkeit dargeboten und überhaupt erst Sichtbarkeiten im Großen und Kleinen herstellen. Der Film macht, nach S. Kracauer, die Realität überhaupt erst erlebbar, und er zitiert zustimmend H. G. Scheffauer, der schon 1920 meinte, der Mensch werde durch den Film »die Erde kennenlernen wie sein eigenes Haus, auch wenn er niemals über die engen Grenzen seines Dorfes hinauskommt« (S. Kracauer, S. 394).

Vom Film aus lassen sich die Unterschiede zwischen Bundesrepublik und DDR genauer bestimmen. Während der Westen mit seinem Filmangebot, der »Traumfabrik«, den Erfahrungshunger stillen oder wenigstens kanalisieren konnte, sollte die Bevölkerung der DDR nach Auffassung der Partei trotz ähnlicher Ausgangslage davon ausgeschlossen werden. Nach offizieller Einschätzung gelten die im Westen produzierten Unterhaltungsfilme als »Schund«. Dagegen bieten die in der DDR und im sozialistischen Ausland produzierten Filme, vor allem im Fernsehen, ein Überangebot von Sinn, Wertung und → *Ideologie,* das von den Zuschauern als langweilig oder unakzeptabel empfunden wird. So werden seit einigen Jahren in den Kinos und im Fernsehen in begrenztem Umfang »Westfilme«

gezeigt, die, gemessen an ihrer Bedeutung, auf ein übergroßes Interesse stoßen. Die Rolle, die das »Westfernsehen« durch sein Angebot abweichender Sinnmuster für die Bevölkerung der DDR spielt, dürfte in der Kompensation des Erfahrungsverlustes wahrscheinlich den entschiedeneren Grund als im Bedürfnis nach mehr und anderer Information haben. Neuere Produktionen von Film und Fernsehen der DDR zeigen eine zunehmende Angleichung an westliche Inhalte und Darstellungsweisen. Auch zeichnet sich eine fortschreitende Ausbreitung einer »subkulturellen« Szene ab. Jedoch ist auch nicht zu übersehen, daß in der DDR ein höheres Maß an Sinnvorgabe und sozialer Sicherheit die Anfälligkeit für alternative E. erheblich reduziert. In der Bundesrepublik dagegen haben Therapien zur »Selbsterfahrung«, Meditation und fernöstliche Kulte, aber auch Erweiterungen des Erfahrungsraums durch Drogen oder Ekstasen aller Art Konjunktur (→ *Sinnlichkeit*). Wer hier seine E. sucht, mißtraut den medialen Unmittelbarkeiten.

Zu Beginn der 80er Jahre hat sich in der Bundesrepublik und stark abgeschwächt in der DDR eine Bewegung gezeigt, die auf eine verwaltete, verglaste, mit Beton, vermeintlichem Sinn und Leistungswerten unzugängliche soziale Umwelt reagiert. Die herrschende Kultur erscheint dieser durch Hausbesetzungen, Neuentwicklungen in der Musik sowie zahlreiche Einzelaktionen und Projekte bekannt gewordenen, sehr vielfältigen und kaum auf einen Nenner zu bringenden Strömung als sinnlose Reproduktion von Schablonen, abgewirtschafteten Deutungen und hochgehaltenen Werten, die die Desolatheit der Gesellschaft kaschieren helfen und die Jugendlichen daran hindern, angemessene eigene Erfahrungsräume zu erschließen und eine »alternative« Kultur zu entwickeln (→ *Jugend,* → *Alternativkultur*). »Die Jugendproteste haben den Körper neu entdeckt. Sie empfinden, daß er nicht zur trägen Selbstbespiegelung oder zur Selbstzerstörung da ist, sondern zur ausdrucksvollen öffentlichen Darstellung, zum Kämpfen, zum Ausprobieren seiner Kräfte und zur Erfahrung der Lust« (J. Bopp, Kursbuch 65, Der große Bruch – Revolte 81, Berlin (West) 1981, S. 157). Die verlorene Unmittelbarkeit wird trotzig mit dem eigenen Körper wiederhergestellt, indem die Jugendlichen mit durch ungewöhnliche Kleidung und provozierendes Verhalten ihre Gefühle hemmungslos nach »außen« stellen. Besetzte Häuser reklamieren sie als Teil des eigenen Körpers, der mit ihnen zerstört würde. Die Erwachsenengeneration erfährt ihrerseits die neuen Erfahrungsweisen als grundsätzlichen Sprach- und Kulturverlust. Die Jugendlichen aber haben, was nicht möglich schien, neue Unmittelbarkeiten für die E. erschlossen.

In der DDR gibt es zur Zeit ähnliche Ventile für neue E. kaum, obwohl sie keineswegs fehlen. Bestimmend bleibt hier vorerst der Ruf, »einmal rauszukommen«. Der Erfahrungshunger bezieht sich aber nicht auf den »Aufstand der Körper«, sondern recht deutlich auf den Konsum eben der Ersatzerfahrungen, die im Westen zur Verweigerung geführt haben. Der ausgeprägte Wunsch, die westliche Freizügigkeit in Sachen → *Sexualität* und → *Konsum* nachzuholen, bestätigt die industriegesellschaftlichen Ersatzerfahrungen offenbar als notwendig. Verstörung findet erst da statt, wo auch hier als eine extreme Protestform verlorene Unmittelbarkeit über den eigenen Körper wieder herzustellen versucht wird.

J. Knopf

Literatur
D. Wittich, K. Gößler, K. Wagner, Marxistisch-leninistische Erkenntnistheorie, Berlin (Ost) 1978
Stichworte zur »Geistigen Situation der Zeit«, hrsg. von J. Habermas, 2 Bde., Frankfurt a. M. 1979
M. Rutschky, Erfahrungshunger, Köln 1980

Erfindung

Der Unterschied von Entdeckung und E. ist noch immer umstritten, doch besagt die Konvention, daß bereits Bestehendes entdeckt, Neues aber erfunden wird. Für den Begriff von E. gelten fünf, häufig nicht streng voneinander abtrennbare Bedeutungssektoren: der Erfindungsvorgang, das Erfindungsprodukt, das Erfindungsverfahren, der oder die Erfinder und schließlich die historisch zu verstehende sozioökonomische und soziokulturelle Erfindungssituation. In allen Bedeutungsvarianten wird auf Inhalt, Form und Bedingungen bei der → *Erkenntnis*, Schaffung oder auch Vervollkommnung neuer Zusammenhänge und Erscheinungen im Bereich materieller wie geistiger Werte Bezug genommen (→ *Experiment*, → *Innovation*).

Um den Erfindungsbegriff besser bestimmen zu können, ist auf die Diskussion von »Wissen« zu verweisen. Zwar muß hier der Begriff »Wissen« auf »Wissenschaft« verkürzt werden, doch lassen sich gerade in diesem Bereich Bedeutungsunterschiede wissenschaftstheoretischer, sozialpsychologischer, organisationssoziologischer und rezeptions- bzw. akzeptanztheoretischer Natur in der DDR und in der Bundesrepublik Deutschland feststellen. Jede E. ist erst vor einem derartigen Hintergrund möglich und erkennbar. Auch dort, wo externe, aus dem sozialen Umfeld der Wissenschaft stammende Ziele die Wissenschaftsentwicklung beeinflussen, sind diese Zielsetzungen nicht unabhängig von dem Möglichkeitsentwurf des bestehenden Wissens herzuleiten.

In sozialpsychologischer Sicht kennzeichnet in der DDR der Begriff »Schöpfertum« einen bestimmten Bereich der E. Als Momente dieses »Schöpfungsprozesses« werden Initiative, → *Intuition*, → *Phantasie* angesehen, der Erfindungsprozeß und dessen praktische Förderung erscheint in Termini wie »sozialistischer → *Wettbewerb*, »Neuerertätigkeit«, »Gegenplanbewegung«, »sozialistische Gemeinschaftsarbeit«. Dennoch überrascht, daß in der DDR betont wird, die theoretischen Grundlagen für die »dem schöpferischen Handeln zugrunde liegenden Motive, die Gesetzmäßigkeit ihrer Entwicklung sowie die fördernd und hemmend wirkenden Bedingungen« müßten erst noch geschaffen werden (J. Römer, Schöpfertum und wissenschaftlich-technischer Fortschritt, in: Deutsche Zeitschrift für Philosophie, 28. Jg., 1978, H. 4, S. 513), wenn international schon seit über drei Jahrzehnten intensiv über diese Fragen geforscht worden ist. Danach läßt sich auch bei einer merkwürdig schwachen Beziehung zwischen den kreativen Fähigkeiten und dem kreativen Schaffen der Menschen feststellen, daß starre Erwartungen, genaue Ziel- und Methodenvorgaben sowie allzu enge Festschreibungen der zu lösenden Probleme → *Kreativität*, konträres Denken und Originalität nicht fördern. Dennoch müssen diese Fähigkeiten auf einem soliden Wissensfundament entfaltet werden. In sozialer und professioneller Hinsicht ist in beiden deutschen Staaten der ehemals stolze → *Beruf* des freien Erfinders verkümmert. Dies ist teilweise in der sich progressiv steigernden Häufung des Wissens der einzelnen Disziplinen begründet. Ein einzelner Erfinder müßte beispielsweise über 1000 E., die jährlich zur Zusammensetzung und Erzeugung von Glas weltweit gemacht werden, systematisch sichten und zudem noch sein eigenes Programm entwickeln. Es lassen sich aber auch gewichtige wissenschaftsexterne Gründe für den Niedergang des Einzelerfinders nennen. In beiden deutschen Staaten wird heute in institutionellem Organisationsrahmen erfunden, aus wiederum wissenschaftsinternen und -externen Anlässen. Zu den internen Gründen zählt die heute mögliche und wohl auch nötige Systematik in der Forschung (→ *Wissenschaft und Forschung*). Nach der Entdeckung des Penicillins wurde beispielsweise weltweit erforscht, ob nicht auch andere Schimmelpilzkulturen chemotherapeutische Eigenschaften besitzen. Nach einer Überprüfung von zehntausend Kulturen isolierten S. A. Waksman und seine Mitarbeiter das Streptomycin. Eine solche Leistung ist einem Einzelerfinder kaum möglich. Zu den externen Gründen zählen in der DDR die Annahme, daß in der dialektischen Einheit von staatlichem Plan und Schöpfertum aller Werktätigen Neuerungen und E. als Gemeinschaftsleistungen entstehen sollen, wenn auch die Initiative des einzelnen Menschen, der als Subjekt der gesellschaftlichen Entwicklung Phantasie und Intuition entwickelt, gebührend gewürdigt wird (→

Fortschritt, → *Persönlichkeit*). In der Bundesrepublik Deutschland wird ein Einzelerfinder, will er auch bei der Verwertung seiner E. zum Zuge kommen, zu einem komplizierten bürokratischen und juristischen Verfahren gezwungen, ehe er in den Genuß der Urheberschaft (→ *Urheberrecht*) seiner E. kommt. Über 90 v. H. aller Patentanmeldungen und ein noch höherer Prozentsatz aller Patenterteilungen werden von der Industrie getätigt.

Der unter rezeptions- und akzeptanztheoretischen Fragestellungen geprägte Begriff der »Wiedererfindung« (*reinvention*) deutet auf zweierlei Probleme hin. E. wie Innovationen werden über den wissenschaftlich-technischen Bereich hinaus natürlich auch auf künstlerischem und sozialem Gebiet gemacht. Während es aber dem bestehenden Wissensbestand gewissermaßen gleichgültig ist, daß etwas Neues entdeckt oder erfunden wurde, ist vor allem im sozialen Bereich die Aufnahme oder gar die Anwendung einer E. oder Neuerung auf Grund der häufig nicht überschaubarer Folgen nicht unproblematisch. Wiedererfindung meint den Prozeß, den eine einmal getätigte E. oder Innovation bei der Übernahme durch die Benutzer durchläuft (R. E. Rice, E. M. Rogers: Reinvention in the Innovation Process, in: Knowledge, Jg. 1, H. 4, 1980). An dieser Stelle schließt sich der Kreis zum ursprünglichen Erfindungsansatz, weil in beiden deutschen Staaten, wenn auch in unterschiedlichen Interpretationszusammenhängen, über den wissenschaftlichen Ansporn hinaus vor allem durch Markt- und Bedarfsforschung ermittelt wird, wo ein Mangel als Anlaß für neue E. oder Neuerungen besteht.

W. von der Ohe

Literatur

K. R. Popper, Objective Knowledge: An Evolutionary Approach, Oxford 1972
T. S. Kuhn, Die Struktur wissenschaftlicher Revolutionen, Frankfurt a. M. ²1976
L. Geymonat, Grundlagen einer realistischen Theorie der Wissenschaft, Köln 1980
H. Klotsch, Probleme der Entwicklung geistig-schöpferischer Tätigkeit, in: Deutsche Zeitschrift für Philosophie, 28. Jg., 1980, Berlin (Ost), S. 541–552
F. Loeser, D. Schulze, Schöpfertum in der Zwangsjacke? Berlin (Ost) 1980
J. v. Krudener, K. v. Schubert (Hrsg.), Technikfolgen und sozialer Wandel. Zur politischen Steuerbarkeit der Technik, Köln 1981

Erkenntnis

Während in der DDR E. vom Objekt, das heißt von einer unabhängigen Außenwelt aus definiert wird, zeichnen sich die Erkenntnisbegriffe in der Bundesrepublik bei allen sonstigen Divergenzen dadurch aus, daß sie die Möglichkeit einer Trennung von Erkenntnissubjekt und -objekt, von Innen- und Außenwelt, verneinen und E. vom Subjekt aus bestimmen. Subjekt meint dabei zunächst nicht den einzelnen, sondern im Sinn I. Kants den »transzendentalen«, die E. bedingenden, zugleich aber auch den begrenzenden und konzentrierenden Erkenntnisapparat des Menschen. Er überformt das Objekt und entzieht es so seiner eindeutigen Gegenständlichkeit. Diese Auffassung findet im Selbstverständnis eine gegen alle Kritik gefeite Sicherheit durch die heutige Mikrophysik, die nachgewiesen hat, daß sich ihre Objekte einer unbeeinflußten Beobachtung entziehen und folglich das Beobachtungssubjekt immer schon im Objekt seiner Beobachtung enthalten ist. In den modernen Naturwissenschaften stehe so der Mensch »nur noch sich selbst gegenüber« (W. Heisenberg). Dieser Sachverhalt wird auf die E. und ihre Möglichkeiten übertragen mit dem Schluß, daß die »Wirklichkeit an sich« grundsätzlich nicht erkennbar sei.

Der Erkenntnisbegriff des Marxismus-Leninismus dagegen geht eben von einer solchen objektiven Realität aus und behauptet mit W. I. Lenin, daß E. in ihrer »Widerspiegelung« bestehe, die dann auch objektive Gültigkeit beanspruchen könne. Dies meint jedoch nicht, wie es in der Bundesrepublik meist dargestellt wird, die passive Abbildung der Realität im Subjekt. Sie realisiert sich vielmehr nur durch die komplexe und fortschreitende Tätigkeit des Subjekts am Objekt, impliziert also → *Arbeit,* die sowohl das Objekt bildet und formt, als auch dem Subjekt die objektive Form aufprägt. Entscheidend für diesen wechselseitigen Prozeß, der also den »subjektiven Faktor« *per definitionem* enthält, ist der Primat der objektiven Realität, so daß der subjektive Erkenntnisapparat kein prinzipielles Hindernis für Objektivität darstellt, sondern sich vielmehr durch den Prozeß der E. verändert, sich durch ihn bildet und also auch erweitert. Auf diese Weise wird nicht nur mit zunehmender E. der Bereich des objektiv Erkannten erweitert, auch die Möglichkeiten des Subjekts, seine Erkenntnisfähigkeiten nehmen ständig zu. Wenn der Marxismus-Leninismus die Realität als Ganzes voraussetzt, so kennzeichnet er damit zunächst diesen Primat, wobei er als Realität sowohl Natur als auch Geschichte versteht, insofern sich alle Naturerkenntnis als menschliche Tätigkeit in der Geschichte vollzieht. Natürliche und gesellschaftliche, das heißt von Menschen historisch hergestellte Realität erscheint so ebenfalls in einem Wechselverhältnis. Durch den Primat der Natur ist die Trennung von Natur- und Geistes- oder Gesellschaftswissenschaften damit schon im Erkenntnisbegriff ausgeschlossen. Dagegen hat sie in der Bundesrepublik, solange Natur im Sinne der traditionellen Hermeneutik mit ihrer Unterscheidung des Erklärens und Verstehens als verschiedener Erkenntnisweisen den grundsätzlich anderen Bereich gegenüber der autonomen Welt des Geistes darstellte, eine große Rolle gespielt. Der universelle Anspruch jedoch der neuen Hermeneutik (J. Habermas) hebt die Trennung von den historischen Wissenschaften her auf. Da die Realität an sich nicht erkennbar ist, erkennt der Mensch nur, was er selbst schafft. Der subjektive Vorbehalt verhindert jegliche objektiv verbindliche E. und entzieht dem naturwissenschaftlichen Erklären den Boden.

Die Widerspiegelungstheorie der DDR wird oft so dargestellt, als formuliere sie ein dogmatisches Beharren auf einem Ganzheits- und Ausschließlichkeitsbegriff von Wirklichkeit, der schon in der Theorie den totalitären Anspruch formuliert und den Zugriff auf den einzelnen vorentschieden hat. In der Tat läßt der Marxismus-Leninismus weder die Subjektivität von E. gelten, noch ist er bereit, auf das *totum* zu verzichten, denn Subjektivität hieße bei zunächst scheinbarer Beschränkung, da kein absoluter Wahrheitsanspruch mehr besteht, eine relativierende Erweiterung von E., die nicht mehr auf »Objektives« bezogen sein muß, und zugleich die Anerkennung aller möglichen Perspektiven. Der Verzicht aufs Ganze hieße, der Realität ihren objektiven Primat abzusprechen, dem das Subjekt, auch wenn E. seine Arbeit ist, unterworfen bleibt. Daß der Mensch in der äußeren Natur ist und Realität in ihr nur erkennt, besagt schon, daß Natur und Realität, indem sie den Menschen umfassen, insgesamt mehr sind und menschliche E., bei aller Erweiterung des Wissens und bei aller Annäherung an die Realität an sich, dem Ganzen gegenüber defizitär bleibt.

Das hat auch weitergehende Bedeutung insofern, als der Gesamtprozeß von Realitätserkenntnis und praktischer Realitätsaneignung als Ergebnis menschlicher Arbeit gilt, dieses Ergebnis, wenn Realitätserkenntnis und -aneignung »richtig« sind, als objektiv ausweist und damit nicht nur den Herrschaftsanspruch der materiell Produzierenden, die die Geschichte machen, legitimiert, sondern auch die Überlegenheit des Sozialismus und seine objektive Richtigkeit historisch nachweist. Dies gilt auch, wenn dieser Prozeß selbst noch nicht widerspruchsfrei ist und nicht ohne Rückschläge verlaufen kann.

E. so verstanden zieht die Notwendigkeit einer umfassenden Allgemeinbildung nach sich, bei ständiger Betonung der materiellen Arbeit und ihrer objektiv geschichtsmächtigen Funktion. Der ständige Fortschritt des Erkenntnisprozesses und der mit ihm verbundenen neuen Möglichkeiten verlangen einen aktuellen Erkenntnisstand auch und gerade der Arbeiter als der »fortgeschrittensten Klasse« sowie eine angemessene Aufarbeitung und Aneignung der Erkenntnisse der Vergangenheit, ohne die es keinen Fortschritt gibt. Die große Betonung der »Aneignung des Erbes« (→ *Tradition und kulturelles Erbe*) hat hier ihre Legitimation. Entspre-

chendes kommt zum Ausdruck, wenn den Arbeitern umfangreiche kulturelle Angebote gemacht werden oder der Erkenntnisbegriff auch in der → *Kunst* Anwendung findet. »Künstlerische Erkenntnis« ist in der DDR ein gängiger Begriff, insofern eben auch Kunst, wenn auch mit ganz anderen Mitteln, die objektive Realität abbilden muß, will sie auf der »Höhe der Zeit« sein und dem Fortschritt dienen. Dieser Abbildungsrealismus meint daher als kunstpolitisches Postulat zunächst die künstlerische Abbildung der gegenwärtigen Realität in der DDR. Da im »real existierenden Sozialismus« die Widersprüche noch nicht beseitigt sind, können zwar die vorhandenen Antagonismen, aber keine der Klassen mehr wiedergegeben werden. Die Verbindlichkeit des Postulats ergibt sich aus der gesellschaftlichen Realität selbst und kann daher nach gängigem Verständnis auch vom einzelnen gefordert werden.

Solche Verbindlichkeiten sind der Bundesrepublik fremd, da es mit der Ablehnung der Abbildtheorie keinen objektiven »Sachzwang« auf die Erkenntnistheorie geben kann. Das gewährleistet das Recht des einzelnen und die Möglichkeit seines individuellen Ausdrucks, vor allem auch in künstlerischen Darstellungen. Zugleich sind damit Freiheit und Autonomie des Individuums theoretisch vorentschieden. Vom Sachzwang befreit liegt der Schwerpunkt historisch und aktuell auf der intersubjektiven Vermittlung von E., so daß die Frage nach der → *Sprache*, das heißt nach → *Kommunikation* (→ *Dialog und Gespräch*) überhaupt, für E. wesentlich wird. Die Meinungsbildung über die Sache wird wichtiger als die Sache selbst und ihr angeblicher Anspruch, und er erscheint als Garantie für Demokratie überhaupt, die idealiter unbegrenzte und »herrschaftsfreie Kommunikation« (J. Habermas) sichert und Entscheidungen nur aufgrund kommunikativ abgestimmter Übereinstimmung zuläßt.

Dieser Entwurf einer Kommunikationsgemeinschaft, der auf einem kritisch-hermeneutischen Erkenntnisbegriff aufbaut, hat eine pragmatische Komponente dadurch, daß Kommunikation immer schon in Handlungszusammenhängen stattfindet, so jedenfalls die Auffassung des kritischen Rationalismus, der die E. aus dem bloß theoretischen Zusammenhang lösen will (→ *Kritik*). Erkennen meint dann nicht mehr nur intellektuelle Verständigung über Probleme, sondern es findet sinnvoll nur noch als »Problemlösungshandlung« (H. Lenk) statt. Die Kommunikation wird durch Kooperation und mit dieser um den pragmatischen Aspekt der modernen Industriegesellschaft, deren Problemlösungen komplexer Kooperation bedürfen, ergänzt. Dem demokratischen Idealbild ist damit die herrschaftsfreie Kooperation hinzugefügt.

Bundesdeutsche Erkenntnistheorie versteht sich nicht nur selbst als kritisch, indem sie alle Absolutheitsansprüche abweist und die gesellschaftliche

Realität am Idealbild mißt, sondern auch, indem sie sich mit der Theorie schon ihrer praktischen Folgen versichert. Erkennen als Handeln impliziert also die Veränderung des Behandelten. Komplementär dazu entwertet der subjektive Erkenntnisbegriff die reale, materielle Produktion, was sich besonders in der »Intellektualisierung« des Arbeitsbegriffs zeigt. Diese Auffassung entspricht zwar recht deutlich dem Zuwachs der Automation und der vor allem für Intellektuelle zunehmenden Unsichtbarkeit körperlicher Arbeit selbst, bedeutet aber zugleich, daß die dort herrschenden Sachzwänge ebensowenig die Würde des Erkenntnisobjekts erhalten wie die zunehmende Vereinheitlichung, Normierung und Nivellierung der Kultur in der Bundesrepublik, die doch dem theoretisch versicherten »Ausdruck des Individuellen« gerade widersprechen. E. als Entdeckung verborgener, aber auch als »natürlich« empfundener Gewalten verschwindet hinter dem Idealbild freiheitlicher Kommunikation und Kooperation in einer Zeit, in der fortschreitende Spezialisierung in den Wissenschaften, die Vereinzelung im Wohnsektor und die »kulturellen Kommunikation« etwa vor dem Fernseher oder im Film als monologische Isolationen endgültig überwiegen. Außerdem führt die Verbindung von E. und Handlung dazu, daß dem praktischen Handeln wenig Bedeutung und Einfluß zugemessen wird.

Die Auswüchse werden deutlich in der modischen Rezeptionstheorie, die die Geisteswissenschaften zur Zeit überrollt. In ihr wird, indem der Rezipient des Texts zugleich als sein Konstituent auftritt, die Rezeption zur eigentlichen Produktion umgedeutet. Der Text ist immer, was der Rezipient aus ihm macht. So wird etwa in der derzeitigen Nietzsche-Renaissance die Interpretation sogar zum Text selbst, da die subjektivistische E., konsequent zu Ende gedacht, ein Objekt gar nicht mehr zuläßt. Die Rezeptionstheorie ist Ergebnis der nur scheinbar revolutionären Kritik der späten 60er Jahre, die mit der Verbindung von »Denken« und »Eingreifen« ihre *Kritische Theorie* schon als verändernde Praxis legitimiert glaubte. Die kritische Hermeneutik hat daraus den universellen Anspruch des Erkenntnisinteresses abgeleitet, das allein noch Vergangenes und Gegenwärtiges angemessen zugänglich mache. Wenn auch Interesse zunächst den allgemeinen historischen Verstehenshorizont meint, so entspricht es exakt den üblichen Rechtfertigungsverfahren, die Interesse und »Vorurteil« nun auf recht eindeutige subjektiv-parteiliche Weise mit dem Anspruch auf Objektivität und allgemeine Geltung versehen. Auf diese Weise wird vor allem Geschichte beliebig interpretierbar. Die Diskussionen um den Nationalsozialismus können dies verdeutlichen. Die Leugnung historisch vorgegebener »Bedeutung« führt in den Geisteswissenschaften konsequent zur »Erkenntnisanarchie« (P. Feyerabend) und in den Natur- bzw. Technikwissenschaften zur Unterwerfung unter einen pragmatischen Operationalismus, der beispielsweise in der Auseinandersetzung um die Nutzung der Atomkraft als angeblich der Gemeinschaft dienend gerechtfertigt wird.

Diese Diskrepanzen kennt die DDR nicht, denn die objektive Realität des Sozialismus, der als konsequentes Ergebnis der geschichtlichen Entwicklung gedeutet wird und das Gemeinschaftsinteresse zwingend bestimmt, entscheidet. Unreflektiert jedoch bleibt, warum trotz der Betonung des »subjektiven Faktors« die individuelle →*Kreativität* vor allem auch in der Kunst ausbleibt oder, wenn sie sich zeigt, gerügt oder verfolgt wird. Die Verpflichtung auf die Widerspiegelungstheorie hat sich entgegen den Verlautbarungen, es handle sich um Prozesse, nicht um Zustände, verfestigt und objektiviert sich in formaler klassischer Monumentalität, die zwar sozialistisch sein mag, nicht aber realistisch ist. Und obwohl die reale Produktion ständiger Bezug und Thema sein soll, gibt es keine proletarische Kultur auf breiter Basis, in der sich die E. der realen Arbeits- und Freizeitwelt (→*Arbeit*, →*Freizeit*) mit ihren Widersprüchen aus der Perspektive der Arbeiter wirklich niederschlüge. Der Blick aufs Objektive ist versperrt durch die Funktionäre der Partei, die für sich die Formulierung der Arbeiterinteressen beanspruchen.

J. Knopf

Literatur
E. Albrecht, Die Beziehungen von Erkenntnistheorie, Logik und Sprache, Halle (Saale) 1958
J. Habermas, E. und Interesse, Frankfurt a. M. 1968
H. Hörz, A. J. Iljin (Hrsg.), Der dialektische Materialismus und seine Kritiker, Berlin (Ost) 1975
D. Wittich, K. Gößler, K. Wagner, Marxistisch-leninistische Erkenntnistheorie, Berlin (Ost) 1978
H. Lenk, Pragmatische Vernunft, Stuttgart 1979

Erziehung

I. Erziehung zwischen Bewahren und Innovation – II. Erziehung im Dialog – III. Erziehung als Umerziehung

I. Erziehung zwischen Bewahren und Innovation

E. vereinigt zwei Handlungsdimensionen in sich. Sie ist Führung zu einem gesetzten Ziel. Als solche tritt sie insbesondere ins Blickfeld der Politik, die von der E. fordert, die Bürger zur Bejahung der Staatsform und zur engagierten Mitarbeit im

Gemeinwesen zu führen *(→Persönlichkeit)*. E. ist auch beratende Begleitung anderer Menschen bei ihrer Auseinandersetzung mit geistigen und sittlichen Inhalten und Werten, also mit Kulturmomentèn. Beide Handlungsdimensionen stehen in einem Spannungsverhältnis zueinander, das sich unter günstigen Bedingungen zu einer Dialektik von Bewahren und Voranschreiten entfalten kann. Innerhalb der gesamten Felder der E. tritt das Spannungsverhältnis von kulturellem Innovationsstreben und politischem Ordnungshandeln besonders in den Lebensbereichen der →*Jugend* hervor.

II. Erziehung im Dialog

Der politischen Instrumentalisierung der E. durch den Nationalsozialismus stellte man sich in den Westzonen nach 1945 durch eine Abkehr von der Willens-, Charakter- und Gesinnungserziehung entgegen. E. wurde als formende, prägende Begegnung mit der Kultur angesehen. In der →*Schule* sollte auf der Grundlage des christlichen, abendländischen Kulturgutes und des deutschen Bildungserbes wie in stetem Bezug mit der westeuropäischen Kulturgemeinschaft die E. zum Bürger eines demokratischen und sozialen Rechtsstaates geschehen. Das erzieherische Verhältnis von Lehrer und Schüler bot zugleich das Modell der umfassenden Erziehungsarbeit dar. E. wurde als gesamtgesellschaftlicher Dialog der Generationen angesehen. Die kulturorientierte staatliche Schulerziehung wurde ergänzt durch die E. in der →*Familie*, die der Gemütsbildung und der religiösen E. dienen sollte. Die Familienerziehung galt als ausgleichendes Gegenmoment zur staatlichen Schulerziehung. E. wurde außerdem in den Jugendvereinigungen und Jugendeinrichtungen geleistet. Durch sie wurde die Pluralität der Normen der unterschiedlichen sozialen Mächte in die E. eingeführt.

Schulische als staatliche und außerschulische als familiäre und soziale E. steckten das Erziehungsfeld in der Bundesrepublik ab, das auf einen mannigfachen kulturellen Traditionalismus, auf einen sozial differenzierten Normenpluralismus, auf das Ideal der →*Demokratie* und auf den erziehenden Dialog der Generationen hin angelegt war. Der Jugend allgemein war die Funktion des Trägers der →*Zukunft* der Gesellschaft zuerkannt. Ihr wurde folglich in Anlehnung an die Kulturtheorie der deutschen Jugendbewegung ein Freiraum zu eigenkulturellen Aktivitäten gewährt. Damit war für das Erziehungsverständnis ein Spannungsverhältnis von Kulturidealismus und Gesellschaft konstitutiv.

Da die soziale Realität nicht dem Gesellschaftsbild dieses Verständnisses entsprach, mußte es zu neuen Überlegungen und Einstellungen kommen. Die Erwachsenengeneration der entstehenden Wohlstandsgesellschaft zeigte sich konsumorientiert, sozialkonservativ und im Sinn des Ideals der Demokratie weithin apolitisch. In Jugendlichkeit und Sportlichkeit sah sie das Ideal ihres Habitus und ihrer Mode. Der Dialog zwischen dieser modernistischen Erwachsenengeneration und der idealistisch und kulturkonservativ erzogenen Jugendgeneration führte in den 50er Jahren zu zwei Reaktionsformen der Jugend. Ein Teil paßte sich an, sah im erfolgreichen, jugendlichen Erwachsenen sein Vorbild und bot sich daher als skeptisch, nüchtern und apolitisch dar. Der andere Teil leistete eine kulturelle und idealistische →*Kritik* an der sozialen Realität.

Es kennzeichnet die kulturpolitische Entwicklung der Bundesrepublik, daß diese Kritik der Jugend mit der pragmatischen Kritik und mit den Initiativen zur Reform des Bildungs- und Erziehungswesens zusammenfiel, die in der Nachfolge der Gutachten und Empfehlungen des *Deutschen Ausschusses für das Erziehungs- und Bildungswesen* als Beiträge zur Modernisierung im Dienst einer demokratischen Industriegesellschaft vorgetragen wurden. In den 60er Jahren verbanden sich die idealistische und die pragmatische Kritik mit der sozialphilosophischen Kritik des Neomarxismus am sozialen System der Bundesrepublik und führten zu einer Legitimationskrise von E. und →*Bildung* überhaupt. Die Studentengeneration von 1968 als →*Avantgarde* gab die der Jugend erzieherisch zugewiesene soziale Funktion, eine zukünftige Erneuerungskraft zu sein, auf und forderte die Verwirklichung ihrer Ideale in der Gegenwart. Der sozialkritische Teil der Jugend unterzog das Verhältnis von E. und Gesellschaft einer radikalen Kritik und kam zu der Ansicht, daß die bisherige E. das Instrument einer konservativen, autoritären Gesellschaft sei. In dem Programm einer antiautoritären E. wurde sodann der Versuch gemacht, diese Erziehungskritik in die Praxis umzusetzen. Das politische Pendant zu dieser neuen E. bildete das basisdemokratische Modell der Rätedemokratie.

Eine konsequente Fortführung der antiautoritären Erziehungsvorstellungen geschah in der antipädagogischen Kritik der E. überhaupt. Die Antipädagogik zielte auf die Aufhebung des erzieherischen Verhältnisses von Erzieher und Zögling und forderte den gleichberechtigten Umgang der Generationen miteinander. Kulturpolitische Bedeutung konnte die Antipädagogik nicht erlangen. Das der sozialphilosophischen Gesellschaftskritik entstammende Postulat der Emanzipation dagegen erhielt in der Reformbewegung nach 1968, die mit der sozialliberalen Regierung einsetzte, den Charakter einer bildungspolitischen Erziehungsmaxime, die sowohl in den Erziehungswissenschaften wie der staatlichen Bildungspolitik Aufnahme fand. In der Forderung nach Emanzipation verbanden sich durchaus heterogene kulturelle, soziale, politische und lebensreformerische Zielsetzungen, die formal aber darin konvergierten, daß sie unter Anerkennung des Primats der Politik eine Instrumentalisierung der E. für eine Gesellschaftsreform leisten wollten.

In ihren inhaltlichen Momenten orientierte sich die neue sozialkritische E. an den Vorstellungen einer →Alternativkultur, die ihren Ursprung in den eigenkulturellen Aktivitäten der jungen Generation hatte, die ihr in den 50er und 60er Jahren von der autoritären Erziehungsgesellschaft kulturtheoretisch zugewiesen worden war. Im Gestus der →Kulturrevolution wurde diese jugendliche →Subkultur als kulturelle Erziehungsnorm eingesetzt. An den kulturrevolutionären Zielvorstellungen, besonders aber den ordnungspolitischen Wertsetzungen und dem politischen Aktivismus, wie er sich in der Neuen Linken ausprägte, orientierte sich die Gegenkritik der politischen Tendenzwende, die im Erziehungssektor mit der Forderung nach »Mut zur E.« auftrat. E. sollte wieder auf die traditionellen Ordnungsprinzipien der bürgerlichen Gesellschaft, auf die sekundären Tugenden und die aneignende Auseinandersetzung mit den klassischen Kulturgütern bezogen werden. Der Jugend allgemein wurde wieder die soziale Funktion der zukünftigen Erneuerungskraft im Kontext einer evolutionären Gesellschaft zugewiesen. Das Scheitern der Hochschul- und Schulreform, die am Beginn der 70er Jahre als Ansatz der Reform des Bildungswesens galt, und die Auswirkungen der Weltwirtschaftskrise seit Mitte der 70er Jahre haben dann zu einer schrittweisen Verdrängung der Jugend als Kulminationspunkt politischer, sozialer und kultureller Initiativen geführt. Bis in die Mode hat diese Verdrängung fortgewirkt. Nicht mehr in der Jugendlichkeit, sondern im reifen Erwachsenen wird nun das Ideal gesehen.

Ohne kulturpolitisch deklarierte Anerkennung der Erziehungsvorstellung, die die Tendenzwende hervorgebracht hat, entfaltet sich in den 80er Jahren die Restauration der Struktur jenes kulturpädagogischen Erziehungsverhältnisses, wie es in den 50er Jahren in der Bundesrepublik bestanden hat. Einer staatlichen Schulerziehung gegenüber etabliert sich eine neue differenzierte subkulturelle Alternativszene. Soweit sie in den ordnungspolitischen Rahmenbedingungen der Prinzipien des demokratischen und sozialen Rechtsstaates verbleibt, erhält sie für Einrichtungen und Vereinigungen, wie Jugendzentren, staatliche Förderung und gilt den sozialen Mächten als notwendiger Gesprächspartner. Dort aber, wo sie diese Rahmenbedingungen verläßt, wird sie zu einem Politikum und von der polizeilichen Ordnungsgewalt in ihre Grenzen verwiesen.

Das Erziehungsfeld der Bundesrepublik ist gegenwärtig durch eine kulturpädagogische Schulerziehung und durch eine als Ergänzung gedachte jugendliche alternative Kulturszene, als Ort der Selbsterziehung, bestimmt. Dem Faktor der Familienerziehung kommt darin allerdings, im Unterschied zu den 50er Jahren, keine hervorragende erzieherische Bedeutung mehr zu. Das Erziehungsverständnis restauriert sich unter veränderten Bedingungen.

III. Erziehung als Umerziehung

Der Pädagoge H. Deiters charakterisierte 1948 die »Neuerziehung« als ein Werk »moralischer Natur« (Die Schule der demokratischen Gesellschaft, Berlin (Ost) 1948, S. 103). Die politische E. zur Demokratie und zum Sozialismus war für H. Deiters der geistig-sittlichen E. notwendig zugeordnet, diese erst vervollständigte jene. Er ordnete das Erziehungswerk damit in das Verhältnis der beiden großen Erneuerungsprozesse ein, den moralischen und den politischen, die sich aus ihren eigenen Kräften zu entwickeln hatten, aber aufeinander angewiesen waren. E. war für H. Deiters in der damaligen Situation sowohl E. aus dem Geist des Humanismus als auch E. zu demokratischen Verhaltensweisen. Dieses Verständnis hatte in den Jahren 1945 bis 1947 eine praktische Entsprechung in der Bildung von Schülerausschüssen, Jugendausschüssen und Elternausschüssen an Schulen und von Studentenräten. Sie übten Formen der Selbstverwaltung aus, bis hin zu einzelnen Fällen der Schülergerichtsbarkeit.

Als der IV. Pädagogische Kongreß 1949 die »E. der Jugend zu einer neuen Sittlichkeit und Arbeitsdisziplin« und zu »entschiedenen Kämpfern für die Einheit Deutschlands« forderte (Der 4. Pädagogische Kongreß vom 23. bis 25. 8. 1949, Berlin (Ost), Leipzig 1949, S. 118, 123), setzte er das Ziel, E. politisch zu instrumentalisieren. Sie sollte nicht mehr in dem bipolaren Verhältnis von geistig-sittlichem Leben und Politik existieren, sondern der herrschenden Politik linear zugeordnet sein, sollte Umerziehung sein. Methoden der Umerziehung waren in der Pädagogik A. S. Makarenkos vorgeformt, die aus der Arbeit mit jugendlichen Verwahrlosten entwickelt worden und so angelegt war, daß wenige Überzeugte und Aktive der Gesamtheit die neuen sozialen Normen aufprägten. Wesentliches Mittel war die Organisationsform des Kollektivs. Mit der Durchsetzung dieses Prinzips wurden in den 50er Jahren in den wichtigsten gesellschaftlichen Bereichen wie den Schulklassen, der Pionierorganisation »Ernst Thälmann«, der Freien Deutschen Jugend, den Seminargruppen an den Universitäten und in den Betrieben Erziehungsmechanismen in Kraft gesetzt. »Aktivs« bildeten den Mittelpunkt der Kollektive und vertraten Forderungen der Erzieher und der politischen Führung. Die Bereitschaft der einzelnen, sich im Sinn der gestellten Forderungen einzusetzen, wurde durch symbolische Anerkennungen gereizt. Belobigungen, Urkunden, Titel, Abzeichen und Wimpel sollten im Bewußtsein des Kollektivs ebenso hohe Achtung genießen wie symbolische Strafen, Tadel und Ausschlüsse als demütigende Gruppensanktionen wirken sollten. Ein weiteres, schon bei A. S. Makarenko vorgeprägtes Mittel der Umerziehung war die Anwendung militärischer Formen zur symbolischen Durchsetzung der Autorität. Fahnenappelle, das Melden der Schulklassen, die Uniformierung der Pioniere und der *FDJ*, Fahnenaufmärsche unter dem Gesang der Kampflieder, die Traditionspflege, die Einrichtung wehrsportlicher Lager durch die *Gesellschaft für Sport und Technik* waren Erziehungsformen, die auf die Sicherung der Disziplin, auf die optische Überwältigung der Teilnehmer und Zuschauer, auf geschichtliches Sendungsbewußtsein und körperliche Bereitschaft zielten. Ein drittes Mittel der Umerziehung, das auch A. S. Makarenko schon benutzte, war die Stimulierung zu zusätzlicher Arbeitsleistung. Die Pionierorganisation und die *FDJ* organisierten die »gesellschaftlich-nützliche Arbeit« und die »Lager der Erholung und Arbeit«. Der Wettbewerbscharakter dieser Formen fand im Berufswettbewerb der Lehrlinge und im sozialistischen → *Wettbewerb* der Werktätigen eine Ergänzung. Die E. als Umerziehung war in den Jahren 1950 bis 1956 besonders stark ausgeprägt, in denen auch das extremste Mittel der Umerziehung, die Vernehmungsmethodik der Staatssicherheitsbehörden, häufiger als später eingesetzt wurde.

Der Übergang der Umerziehung in die E. war schon bei A. S. Makarenko fließend, und auch in der DDR blieben die Strukturbestandteile der Umerziehung bis heute erhalten. Sie gewährleisten, daß E. jederzeit zur Umerziehung werden kann, daß sie begeistern, aber auch Widerstand brechen kann. Jedoch wurde sie auch zu Ordnungsprinzipien weiterentwickelt. Die Kollektiverziehung wird seit den 60er Jahren so betrieben, daß möglichst viele Mitglieder des Kollektivs Funktionen erhalten. In Schulklassen und auf Schulebene werden Kommissionen für ehrliches Lernen, für Ordnung, für sozialistisches Verhalten, für Hygiene, für Kultur und → *Sport* gebildet, in den Schülerbrigaden unterstützen leistungsstarke die leistungsschwachen Schüler, in den Kollektivversammlungen werden Selbstverpflichtung, → *Kritik* und Selbstkritik sowie Rechenschaftslegung ausgeübt. Besonders an den Seminargruppen in den Hochschulen zeigt sich, daß das Kollektiv sowohl eine Form der Kontrolle über den einzelnen als auch der Hilfe in Situationen der Leistungsschwäche ist (→ *Leistung*). Durch das Kollektiv wird Verantwortung zugeteilt und im Rahmen der gestellten Ziele Initiative ermöglicht. Die militärischen Formen in der E. wurden zu einem Teil der Vorbereitung auf die Rolle als Soldat bzw. als Zivilverteidigerin weiterentwickelt. Wehrkunde, vormilitärische Übungen und Übungen der Zivilverteidigung wurden Teil der Allgemeinbildung in allen Bildungseinrichtungen und werden durch die *Gesellschaft für Sport und Technik* zusätzlich in spezialisierter Form angeboten. Die Rolle als Verteidiger des Sozialismus ist nicht auf die Zeit der militärischen Ausbildung oder den möglichen Einsatzfall beschränkt, sie gilt allgemein und soll im Bewußtsein und Verhalten ständig präsent sein. Die Arbeitserziehung wurde ebenfalls ein Teil der Allgemeinbildung. Als Mittel der Berufsvorbereitung und als Kompensation für Motivationsschwächen des wissenschaftlichen Unterrichts ist sie funktional in das Bildungswesen eingeordnet, und in der Form der Arbeit außerhalb des Unterrichts und der Ferienarbeit ist sie ein Betätigungsfeld der *FDJ*. Der Wettbewerbscharakter der → *Arbeit* sowie die teils kollektive, teils individuelle Verwendung des Verdienstes üben in das Verhältnis von Leistung und Verteilung ein; der Leistungsstarke kann nur hoch prämiert werden, wenn er mit dafür Sorge trägt, daß sein gesamtes Kollektiv Besonderes leistet.

Der extensive Gebrauch, den die Politik von der E. macht, hat zur Konsequenz, daß das Erzogensein als eine wertvolle Leistung anerkannt wird, die sozial und politisch belohnt wird. Die soziale Belohnung erfolgt auf dem Weg über die Persönlichkeitsbeurteilungen, die neben den fachlichen Leistungen wesentlich über weitere Bildungs- und Berufsmöglichkeiten entscheiden. Die politische Belohnung erfolgte in Form des Machtzuwachses vor allem der *FDJ*, der Pionierorganisation, daneben aber auch der → *Gewerkschaften*. Die politisch erfolgreich Erzogenen werden Funktionäre und damit selbst Erzieher, auch schon im kindlichen oder jugendlichen Alter. Sie leiten Arbeitsgemeinschaften, Interessenzirkel, Klubs, Kultur- und Instrumentalgruppen, die in Pionierhäusern, Stationen Junger Naturforscher und Techniker, Stationen Junger Touristen und Ferienlagern stattfinden (→ *Vereine*). Mit Hilfe der *FDJ* wurden der Jugend neue Betätigungsmöglichkeiten in Musik und Mode erschlossen. Unter Leitung der Gewerkschaften entfalten die Betriebsangehörigen ein »kulturvolles Leben« in Form von Musikgruppen, Kabarettensembles, künstlerischer Selbstbetätigung, Literaturzirkeln und Sportgruppen.

In der DDR ist es nicht zu einem bipolaren Verhältnis von Politik und geistig-sittlichem Leben gekommen, sondern zu einer weitgehenden Kontrolle des geistig-sittlichen Lebens durch die Politik. Diese Entwicklung hat zur Dominanz der politisch instrumentalisierten E. geführt, die den Rahmen bildet, innerhalb dessen sich Formen der Selbsterziehung in den Medien der Laienkultur, der Konsumkultur (→ *Konsum),* der Hobbytechnik und des Freizeitsports (→ *Freizeit)* entfalten. Das geistig-sittliche Leben als kritisches Denken und als Kunst mit dem Willen zur Modernität wird ins Private abgedrängt. Für einzelne Jugendliche, besonders Studenten, entsteht daraus der Konflikt, entweder ihre geistige oder künstlerische Entwicklung abzubrechen oder sich in die Gefahr des Außenseitertums (→ *Außenseiter*, → *Minderheiten*) zu begeben.

H. Dräger, D. Waterkamp

Literatur

G. Erdmann, Sozialistische E. älterer Schüler, Berlin (Ost) 1974
R. Lochner, Phänomene der E., Meisenheim 1975
W. Brezinka, Erziehungsziele, Erziehungsmittel, Erziehungserfolg, München 1976
H. v. Hentig, Was ist eine humane Schule? München 1976
H. Bielefeldt, Erzieherische Verhaltensweisen und ihre individuellen und gesellschaftlichen Bedingtheiten, Düsseldorf 1977
J. Polzin, Kommunistische Arbeitserziehung, Berlin (Ost) 1979

Essen und Trinken

I. Voraussetzungen – II. Regionale Unterschiede – III. Wandlungsprozesse – IV. Der staatliche und wirtschaftliche Rahmen – V. Nahrungswandel im Vergleich – VI. Probleme und Aufgaben

I. Voraussetzungen

E. und T. gehören zu den notwendigen Handlungen jedes Tages. Aber es geht hier nicht um die generelle Notwendigkeit, sondern um die spezielle Realisierung in verschiedenen historischen Situationen; nicht um die Versorgung mit lebensnotwendigen Kohlehydraten und Vitaminen, sondern um die kulturelle Gestaltung der Mahlzeiten. Es soll also nicht die medizinische, sondern die kulturanthropologische Seite der Nahrung erörtert werden. Kulturelle Gestaltungen erfolgen stets im Rahmen von Sozialgruppen, in Familien, in einem Dorf, unter den Verwandten, den Arbeitskollegen, in einer Regionalgruppe. Gestaltend wirken bei der Nahrung jene mit, die an gemeinsamen Mahlzeiten des → *Alltags* und der → *Feste und Feiern* teilnehmen. Da die Gruppensituation je nach Anlaß wechselt, sind auch die Mahlzeiten, vom privaten alltäglichen Frühstück in der Familie, dem halböffentlichen Hochzeitsschmaus mit Gästen aus verschiedenen Schichten und Orten, bis zum anonymen Wirtshaus- und Kantinenessen so vielfältig. Während es durchaus sinnvoll ist, den durchschnittlichen Pro-Kopf-Konsum an Fleisch, an Zucker für eine Gesellschaft zu errechnen, erscheint es, weil sie stets mit den besonderen sozialen Situationen verbunden sind, kaum angemessen, durchschnittliche Mahlzeiten für die beiden Länder zu skizzieren. Dagegen sind

Aussagen zu generellen Wandlungstendenzen möglich, weil bedingt durch die Wirtschaftslage, den Stand der Küchentechnik und durch andere Faktoren der Nahrung von der Umwelt gewisse Rahmenbedingungen gesetzt werden und die Reaktion der Menschen darauf einigermaßen überschaubar ist. Da sich die Umweltbedingungen in der DDR und der Bundesrepublik seit 1945 unterschiedlich entwickelten, darf man auch abweichende Richtungen der Nahrungsgewohnheiten erwarten. Dieser Nahrungswandel der letzten Jahrzehnte wurde aber von der Ausgangssituation der deutschen Nahrungskultur in der Mitte des 20. Jh. und den seit Beginn dieses Jahrhunderts ablaufenden kulturellen Prozessen mitgeprägt.

II. Regionale Unterschiede

Bis zum Zweiten Weltkrieg bestanden recht tiefgreifende regionale Unterschiede der Nahrungsmuster. Diese hatten sich in Jahrhunderten gebildet, waren durch die Industrialisierung und Verstädterung zwar überformt, aber keineswegs außer Kurs gesetzt worden. Die wichtigsten Grenzen der ländlichen Kost schieden insbesondere Nord- von Süddeutschland. Im Nordwesten, vom Niederrhein bis Mecklenburg, blieben vielfach noch Schrot- oder Vollkornbrote an Werktagen üblich. Bis etwa zur Mainlinie aß man das norddeutsche Butterbrot in werktäglichen Nebenmahlzeiten. Im Süden konservierte man Butter nicht wie im Norden durch Salzen, sondern durch Schmelzen zu Butterschmalz. Deshalb hatte man dort ein Koch- und Backfett, aber kein streichfähiges Butterfett zur Hand. Kaffeemahlzeiten an Werktagen, zum ersten Frühstück, zur Vesper waren seit dem 18. Jh. in einer breiten Zone zwischen dem Rheinland, Mecklenburg und Pommern und Sachsen üblich geworden, mit allen Begleiterscheinungen wie verstärktem Konsum von Fein- und Weißbroten, von Zucker und dem Eindringen sonntäglicher Elemente in werktägliche Mahlzeiten. Am weitesten waren die Kaffeemahlzeiten in Sachsen und Thüringen vorgedrungen, kenntlich daran, daß man in Thüringen selbst an Werktagen Kuchen aß und daß dort Brotspeisen selbst zum Mittagessen durchaus möglich wurden. Beiderseits jener »Kaffee-Brot-Zone« aß man im engeren Nordwestdeutschland und zudem in Bayern, Franken und Württemberg zum ersten Frühstück dagegen noch Suppen und Breie, ähnlich wie in Schlesien, der östlichen Mark Brandenburg und in Ostpreußen.

Der bei den Nebenmahlzeiten erkennbare Verlauf der Zonen schräg durch Deutschland, von Südwesten nach Nordosten ziehend, galt ähnlich für die Hauptmahlzeiten und für die Tischsitten, allerdings mit wechselnden Akzenten. Beim Mittagessen zeigte sich ganz Norddeutschland, vom Niederrhein bis hinüber nach Ostpreußen, durch das verbreitete Kochen von Eintöpfen traditionell, während in den Süden schon früh italienische und städtische Einflüsse in Form von Mehlspeisen, Salaten und getrenntem Kochen der Einzelspeisen eingedrungen waren. Umgekehrt hatten der Süden wie auch der Osten – Schlesien, Pommern, Ostpreußen – in Würze und Geschmacksrichtung eher alte Muster bewahrt, so die Sauerspeisen und eine Fülle der alten Gewürze wie Kümmel, Anis, Koriander, Fenchel, während nach niederländischem Vorbild in Nordwestdeutschland einschließlich Sachsen und Thüringen neuere Würzmoden mit Zucker, Pfeffer und Salz vorherrschend geworden waren. Ähnlich hatte sich seit dem 19. Jh. die neue Gepflogenheit, von Tellern zu essen und Gabeln zu benutzen, in Nordwest- und auch in Südwestdeutschland durchsetzen können, während das Essen aus einer gemeinsamen Schüssel in Franken und Bayern, aber ebenfalls vom Erzgebirge bis nach Pommern und Schlesien noch bis in die 30er Jahre vielerorts üblich war.

Ähnlich gelagert waren die Unterschiede in den Trinksitten. In ganz Norddeutschland trank man Branntwein und Bier, vielfach zusammen serviert. Weine galten dort – weil Importware – als feiner. Deshalb kamen sie nur bei besseren Leuten häufiger, bei der Land- und Arbeiterbevölkerung lediglich bei hochfestlichen Anlässen auf den Tisch. In Südwestdeutschland wechselten Wein und Obstwein (Most) je nach Region und nach Trinkanlaß. Im Südosten dominierte dagegen das bayerische Bier. Im gesamten Süden spielten Branntweine meist nur eine geringe Rolle.

Jenes Muster der von Südwest nach Nordost verlaufenden großen Zonen ländlicher Kost wurde von einem kleinmaschigeren Netz von Stadt-Land-Unterschieden überlagert. In der Regel gingen die städtischen Bürger damals der Landbevölkerung in der Modernisierung um einige Jahrzehnte voraus, und man folgte ihnen dabei im direkten städtischen Umland eher als in stadtfernen Regionen. Allerdings fehlten damals in Deutschland große gastronomische Stadtzentren mit weitreichender Vorbildwirkung. Weder Berlin noch Köln oder Frankfurt konnten, wie etwa Wien für Österreich oder Paris für Frankreich, derartige Positionen erringen. Lediglich Hamburg und München hatten in einigen Punkten Leitfunktion, aber ebenfalls nur mit begrenzter Umlandwirkung.

III. Wandlungsprozesse

In den Jahrzehnten vor dem Zweiten Weltkrieg vollzog sich mit der Ausbreitung städtisch-bürgerlicher Verhaltensmuster ein Wandel, der sich in zwei Richtungen auswirkt, regional von den Städten in die Dörfer und vertikal von wohlhabenden bürgerlichen Schichten zu Kleinbürgern und zu Arbeitern. Dies führte dazu, daß verfeinerte Produkte und entsprechende Zubereitungen, zum Beispiel Braten, Kuchen und Süßspeisen, Allgemeingut wurden. Ein Merkmal dafür war das Wirtshausessen bei sonn- und festtäglichen Anlässen, und die Gasthäuser warben charakterischerweise damit, daß sie eine »gutbürgerliche Küche« führten. Parallel dazu war in den einzelnen Sozialschichten die Tendenz zu beobachten, daß sonntäglicher Kaffee, sonntägliche Kuchen und Feinbrote auch am Werktag aufgetischt wurden, festtägliche Getränke und Fleischgerichte auch auf den Sonntagstisch kamen. Prestigehaltige Speisen gerieten so in breitere Bevölkerungsschichten und in zahlreichere Mahlzeitenpositionen. Das brachte einen Anstieg des Pro-Kopf-Verbrauchs der dazugehörigen Produkte. Der Konsum von Fleisch, Zucker, Reis und Fett, von Kaffee und Kakao, von Cognac, Wein und Likör stieg seit der Mitte des 19. Jh. an. Die Nachfrage nach Dingen, die in Wohlstandszeiten gefragt waren und auf die man größtenteils während der beiden Weltkriege und der Weltwirtschaftskrise verzichten mußte, steigerte sich auch nach dem Zweiten Weltkrieg wieder enorm. Der erzwungene Verzicht ließ den Wunsch nach diesen Gütern nur um so lebhafter werden. Die Eigenversorgung wurde unter dem Einfluß der allgemeinen Verstädterung und Industrialisierung, aber auch des sich ausweitenden Welthandels, zunehmend durch eine Versorgung über den Markt ersetzt. Dadurch wurden den Haushalten mehr vorfabrizierte Lebensmittel angeboten und überseeische Früchte leichter und billiger verfügbar. Eigens zu charakterisieren bleibt der Trend zur Verfeinerung der Speisen und Eßsitten (→ Genuß, → Lebensstandard). Bier, Fruchtsäfte und Speiseöl sollten ohne Trübungen sein, die Milch homogenisiert und pasteurisiert, das Obst wurmfrei und fleckenlos, Mehl, Zucker und Reis reinweiß, die Brote und Gebäcke aus reinem Weißmehl usw. Dies sind Tendenzen, die aus dem 19. Jh. kommen und jedenfalls bis zum Zweiten Weltkrieg und auch noch danach vorherrschten. Verfeinerte Eßsitten bei Arbeitern und bei der Landbevölkerung setzten sich seit dem 19. Jh. durch. Dieser Prozeß war in der Mitte des 20. Jh. noch nicht abgeschlossen. Durch die zunehmende Verstädterung, die überregionale Ausrichtung von Handel, Versorgung und Kommunikation, schließlich durch die allgemeine Zunahme der regionalen Mobilität kam es zu einer allmählichen Auflösung der alten regionalen Kostunterschiede. An die Stelle einer bayerischen oder sächsischen Küche traten Elemente einer überregionalen, »mitteleuropäischen« Küche.

IV. Der staatliche und wirtschaftliche Rahmen

Wegen der heutzutage überwiegenden Versorgung durch den Handel reagiert das Nahrungsangebot empfindlich auf staatliche und wirtschaftliche Einwirkungen. Die Unterschiede zwischen der DDR und der Bundesrepublik liegen dabei vor allem auf drei Ebenen. Die zentralistische Wirtschaftspolitik der DDR schließt die agrarische Produktion, die Lebensmittelgeschäfte, die Gaststätten und Werkskantinen in ihre planwirtschaftliche Steuerung mit ein. Dadurch ergeben sich bestimmte Akzente, wie sie in ähnlicher Weise in anderen sozialistischen Staaten anzutreffen sind. Lebensnotwendige Grundnahrungsmittel wie Brot, Butter, Milch, Zucker, Fleisch und Kartoffeln werden zu niedrigen Preisen und in möglichst normierten Qualitäten angeboten, die Preise für alle Luxus- und Genußmittel sowie die devisenträchtigen Importe dagegen beträchtlich erhöht, so für Kaffee, Tee, Kakao, Schokolade und Alkoholika, aber auch für Südfrüchte.

Die gezielte Steuerung und Standardisierung des Lebensmittelangebots führt zu einer gewissen Eintönigkeit und auch zu knapper und bisweilen unzureichender Versorgung. Dies bedingt häufig Improvisationen gemäß dem Einkaufsergebnis vom Tage.

Demgegenüber erhielt die Versorgung in der Bundesrepublik andere Strukturen. Die 1948 nach der Währungsreform einsetzende *Soziale Marktwirtschaft* öffnete den Zugang zum Weltmarkt, und der wirtschaftliche Aufstieg gestattete Einfuhren von Lebensmitteln zu relativ niedrigen Preisen. Da es eine Steuerung oder Standardisierung der Produkte durch den Staat so gut wie gar nicht gibt und auch die Werbung für neue Produkte sich beliebig entfalten kann, kommt es zu einer beachtlichen Fülle neuer Nahrungsformen auf dem westdeutschen Tisch und zu einem raschen Wechsel der Moden. Die Eingliederung der Bundesrepublik in das westliche und der DDR in das östliche Staatensystem bewirkte eine Kanalisierung der Warenströme, der Reisen und der Kontakte. So kamen neue Produkte, Anregungen für neue Zubereitungen insbesondere aus Westeuropa, aus Südeuropa und aus Übersee in die Bundesrepublik, in die DDR dagegen aus der Sowjetunion und aus den Ländern des östlichen Mitteleuropa. In der DDR kann man etwa ungarischen Wein und Krimsekt, in der Bundesrepublik französischen Käse, italienische Trauben oder Kiwis aus Neuseeland eher erlangen. Daher enthält der Einkaufskorb schon durch die Unterschiede der Handelsbeziehungen in den beiden Staaten verschiedenartige Speisen und Getränke. Während die zentral dirigierten Gaststätten der Handelsorganisation *HO* in der DDR der Entfaltung einer von Ausländern betriebenen Gastronomie praktisch keinen Raum lassen, haben sich ausländische Speisegaststätten in der Bundesrepublik in großer Vielzahl entwickelt. Neben oft als Familienbetrieb geführten Lokalen mit südländischer, also italienischer, griechischer oder jugoslawischer Küche finden sich zum Beispiel Lokale mit südostasiatischen Spezialitäten oder mit der französischen *nouvelle cuisine*. Ferner gibt es italienische Eisdielen und Pizzerien oder französische Crêperien. All diese Spezialitätenlokale erinnern in ihrer Ausstattung oft an die Region, deren Küche sie anbieten. Daneben setzen sich in der Bundesrepublik zunehmend Restaurantketten aus dem angelsächsischen Bereich durch, deren genormtes *fast-food*-Angebot vorwiegend aus »Hamburgern« besteht. Das Phänomen, überall im Land in uniform aussehenden Restaurants das gleiche Angebot zu finden, ist für die Bundesrepublik insofern aber vertraut, als sich seit den 50er Jahren die *Wienerwald*-Kette überall ausbreitete.

So läßt sich einerseits der Trend zu einer Vereinheitlichung der Restaurants feststellen, auf der anderen Seite bleiben Reservate individueller Küche bestehen. Auf welch allgemeines Niveau die Gastronomie in der Bundesrepublik letztlich zustrebt, ist noch nicht entschieden.

Die Unterschiede der staatlichen Nahrungsfürsorge erkennt man am Anteil der vom Staate eingerichteten Speiseanstalten. In der DDR gehen rund 90 v. H. der kleinen Kinder in Kinderkrippen und Kindergärten. Sie werden dort verpflegt. 74 v. H. der Grundschulkinder werden in Horten versorgt, 72 v. H. aller Schulkinder bekommen Gemeinschaftsverpflegung (H. Bussiek, Notizen aus der DDR, Frankfurt a. M. 1979, S. 110). Entsprechend hoch liegen die Anteile beim Kantinenessen. Zumindest bei den Klein- und Schulkindern sind die Unterschiede besonders groß, da in der Bundesrepublik die Sorge für die Ernährung der Kinder fast durchweg bei den Eltern liegt (→ *Familie*). Dadurch ergeben sich für beide Gesellschaften gegenläufige Tendenzen. Da bei dem hohen Anteil der Frauenarbeit von 80 v. H. in der DDR die Familien an den Werktagen tagsüber durchweg getrennt in Schulen, Kindergärten und Werkskantinen essen, erhalten die familiären Abendmahlzeiten, vor allem aber die des Wochenendes, ein größeres Gewicht. Die Mahlzeiten der Sonntage und der Familienfeiern tendieren deshalb dazu, in gewissem Maße festliche Höhepunkte der Familien zu werden. Obwohl auch in der Bundesrepublik die Wochenenden und damit auch die Wochenendmahlzeiten in der Familie verbracht werden, besteht die Tendenz, Mahlzeiten in Gasthäusern einzunehmen. Die Bevölkerung der DDR nimmt also die meisten auswärtigen Mahlzeiten werktags in den staatlichen Verpflegungsanstalten ein, die Bevölkerung in der Bundesrepublik dagegen zieht an den Wochenenden Speiselokale vor.

V. Nahrungswandel im Vergleich

Die Notphase von 1945 bis 1948 war für das Gebiet beider deutscher Staaten eine Zeit extremen Nahrungsmangels. Es gab verschiedene Rückgriffe auf die Selbstversorgung. Notspeisen wie junge Brennnesseln als Gemüse oder Löwenzahn als Salat spielten wie Kaffee-Ersatz, Bier-Ersatz, Fruchtgetränke aus Süß- und Farbstoff oder andere Surrogate eine große Rolle. Auf die Währungsreform des Jahres 1948 folgte in der Bundesrepublik durch den steigenden Wohlstand eine sich rasch ablösende Reihe von Konsumwellen, von denen für die Nahrung vor allem vier wichtig waren, die »Eßwelle« direkt nach 1948, die »Gesundheitswelle« um 1960, die langdauernde »Reisewelle« und die neuere »Luxuswelle«. Da bei der Wiederherstellung der Nahrungskultur nach 1948 die Friedenskost der 20er und 30er Jahre als Vorbild galt, knüpfte man im Westen wie im Osten an den alten Speisemustern an.

In der Bundesrepublik folgten dann bald neue Akzente. Die »Gesundheitswelle« um 1960 brachte Reformwaren wie Diätmargarine, Vollkornbrote, naturtrübe Säfte in das Sortiment normaler Lebensmittelgeschäfte und ließ die Fülle der Yoghurtspeisen populär werden. Auf Urlaubsreisen lernte man andere, insbesondere mediterrane Küchen kennen. Es entstand eine neue Vielfalt der »Straßenkost« mit Snackbars und Imbißbuden. Fertiggerichte in Dosen und als Gefrierkost kamen auf den Markt, und zudem eröffnete die sich rasch verbreitende Küchentechnik neue Möglichkeiten der Zubereitung. Dies ging einher mit der »Hobbykochwelle« und in Mode gekommenen Grillparties, Zeichen für eine gesteigerte Wertschätzung der Mahlzeiten im geselligen Bereich, publizistisch begleitet von einer Unzahl von Spezialitätenkochbüchern und von den seit den 70er Jahren florierenden Feinschmeckerzeitschriften. Als sich die Wohlstandsneuerungen erschöpft hatten, erfolgten Gegenreaktionen in zwei Richtungen. Im Gefolge der ökologischen Bewegung entstand ein Trend zur einfachen, natürlichen, in ihren Zielen der älteren Lebensform ähnlichen »alternativen« Kost. Ferner kam es im Rahmen der *Nostalgiewelle* der 70er Jahre zu einer Hinwendung zu alten einheimischen ländlichen Speisen und damit teilweise zu einer neuen Regionalisierung der Kost. Generell kann man eine beachtliche Lockerung der Mahlzeitenordnung und der Verbindlichkeit für gemeinsame Mahlzeiten feststellen.

Demgegenüber verlief der Wandel in der DDR zögernder. Die Mangelzeit währte mit langsamen Verbesserungen bis in die 60er Jahre, und Wohlstandsneuerungen wie die »Krusta-Stuben« für Pizzen und die aus Ungarn übernommenen »Goldbroilergaststätten«, Hähnchenbratereien nämlich, sind vermehrt erst seit den 70er Jahren zu verzeichnen. Parallele Phasen und Trends ergaben sich bei den alkoholischen Getränken. In der Bundesrepublik entwickelte sich rasch ein reiches Angebot an Alkoholika, entsprechend eine breite Skala von Trinkgelegenheiten, vom alltäglichen Trunk mit Arbeitskollegen und abends in der Familie oder Trinken in Kneipen und Wirtshäusern bis hin zum exzessiven Alkoholgenuß aus festlichen Anlässen. Demgegenüber ist die Vielfalt des Angebots in der DDR recht begrenzt, das Bier- und Branntweintrinken dominiert weiterhin, öffentliche Trinkgelegenheiten bleiben unentwickelt. Getrunken wird dort eher im kleinen Kreis, mit der Familie, mit Freunden und Bekannten. Gemeinsam ist beiden Gesellschaften der »Wohlstandsalkoholismus«, unterschiedlich in den Formen, aber ähnlich in den sozialen und gesundheitlichen Problemen. Vergleicht man den Umfang und das Tempo des Nahrungswandels in den beiden Gesellschaften, so wird rasch deutlich, daß der Westen radikaleren Veränderungen unterlag, die Bevölkerung in der DDR dagegen länger und in größerem Maße bei jenen Nahrungsmustern blieb, die man nach dem Kriege wieder etabliert hatte. Daher findet man die traditionellere »deutsche Küche« heute in der DDR.

Während früher die wichtigen Grenzzonen zwischen Nord- und Süddeutschland verliefen, darf man erwarten, daß diese nun bereits hinter dem Unterschied zwischen der Bundesrepublik und der DDR zurücktreten. Aber man darf dennoch nicht übersehen, daß manche der älteren Strukturen und Prozesse weiter gelten und manches Gemeinsame bedingen. So stieg der Zucker- und Fettkonsum in beiden Gesellschaften in ähnlichem Maß, und auch beim Fleischverbrauch ist ein gleichartiger Trend zu beobachten. Ebenso ist in der Grundstruktur des Zubereitens und der Mahlzeitengestaltung manches bei den gemeinsamen Mustern geblieben.

VI. Probleme und Aufgaben

Einer präzisen Vergleichsforschung über die kulturellen Prozesse in der Nahrung stehen mehrere Hindernisse entgegen. Seit 1965 wurde die volkskundliche Forschung der DDR gegenüber derjenigen in der Bundesrepublik isoliert. Auch an den internationalen Konferenzen über ethnologische Nahrungsforschung, die seit 1970 im europäischen Rahmen stattfinden, fehlten bis vor kurzem Teilnehmer aus der DDR. Gerade aber im Vergleich des Nahrungsverhaltens in der DDR und in der Bundesrepublik ergäbe sich die seltene Möglichkeit, Einflüsse unterschiedlicher Wirtschaftslagen, staatlicher Lenkung, gesellschaftlicher Entwicklung und Versorgungslagen zu studieren. Und es könnten manche Fragen, die mit Hilfe historischer Studien allein nicht zu entscheiden sind, an den neueren Prozessen in einer Weise durchleuchtet werden, die generelleren Erkenntniswert hätte.

G. Wiegelmann

169

Literatur

Ernährungsumschau. Aus Forschung und Praxis, hrsg. von der Deutschen Gesellschaft für Ernährung e. V., 1.–28. Jg., 1954–1981, Frankfurt a. M.

Ernährungsforschung; Wissenschaft und Praxis, hrsg. vom Zentralinstitut für Ernährung der Akademie der Wissenschaften der DDR, 1.–26. Jg., 1956–1981, Berlin (Ost)

Ernährungsberichte 1969, 1972, 1976, 1980, hrsg. von der Deutschen Gesellschaft für Ernährung e. V., Frankfurt a. M.

H. K. Gräfe, H. E. Schmidt, Ernährungsatlas der Deutschen Demokratischen Republik, Berlin (Ost) 1967

G. Wiegelmann, Alltags- und Festspeisen. Wandel und gegenwärtige Stellung, Marburg 1967

H. A. Holm, Bericht aus einer Stadt in der DDR, München 1970

Exil

I. Bedrohung und Verfolgung – II. Exilierung durch den Nationalsozialismus – III. Emigration nach 1945 – IV. Die Erforschung des Exils

I. Bedrohung und Verfolgung

Der Begriff E. (→*innere Emigration*) meint den aus politischen Gründen erzwungenen Aufenthalt sowohl einzelner als auch von Gruppen in einem oder mehreren Asylländern. Anlaß ist die meist freiheits- und lebensbedrohende Verfolgung durch das Regime im eigenen Land, der sich die Verfolgten durch Ausreise oder Flucht zu entziehen suchen. Das Spektrum reicht von Exilierten, die sich in irgendeiner Form aktiv politisch betätigen, sei es publizistisch, literarisch, in politischen Parteien oder Gruppen, um zum Wandel der Verhältnisse in der Heimat beizutragen und anschließend dorthin zurückzukehren, über rassisch Diskriminierte bis hin zu Flüchtlingen, die sich als Auswanderer verstehen, die die alte Heimat endgültig verlassen haben und sich mehr oder weniger stark im Asylland assimilieren. Die Grenzen sind fließend, und im Laufe eines langjährigen E. ändern sich häufig Möglichkeiten und Einstellungen der Betroffenen.

Seit dem Altertum gab es Exilierungen vor jeweils sehr verschiedenem ideologischem Hintergrund und aus unterschiedlichen politischen Anlässen. Betroffen waren entweder einzelne, meist prominente Personen (zum Beispiel Ovid, Dante, H. Heine) oder relativ homogene Gruppen, so 1789 französische Aristokraten, nach 1917 zaristische Großgrundbesitzer. In vielen Ländern der Welt leben gestürzte Diktatoren ebenso im E. wie verfolgte Widerstandskämpfer. Durch Kriegswirren werden außerdem nach wie vor Teile der Zivilbevölkerung zum Verlassen ihrer Heimat gezwungen. In Deutschland gab es größere politische Exilierungen im Zusammenhang mit der Vorbereitung und dem Scheitern der bürgerlichen Revolution von 1848, infolge der von 1878–1890 geltenden *Sozialistengesetze* und während des Ersten Weltkriegs. Eine Massenexilierung nicht nur einer, sondern der unterschiedlichsten Bevölkerungsgruppen gab es allerdings erst seit Beginn der nationalsozialistischen Herrschaft. Nach Kriegsende 1945 und der Gründung der beiden deutschen Staaten emigrierten noch einzelne »Unerwünschte« von West nach Ost, eine größere Zahl nahm den umgekehrten Weg. Besonders seit den 70er Jahren wurden mehrfach Regimekritiker und -gegner aus der DDR exiliert und ausgebürgert.

Die persönlichen Folgen für die Exilierten sind einschneidend. Der Verlust nicht nur der bisherigen Existenz, sondern auch der sozio-kulturellen Verwurzelung bringt oftmals ökonomische Verelendung und schwerwiegende psychische Probleme mit sich. Versuche der Überwindung von Existenzunsicherheit und der Neuorientierung führen in manchen Fällen aber auch zu herausragenden kulturellen Leistungen, die spezifische Eigenarten der Situation spiegeln und das kulturelle Leben prägen. Doch bleibt stets der politische Bezug bei der inhaltlichen Bestimmung des jeweiligen Exilzustands wichtig. Versuche einer Ausweitung ins Existentielle, die das E. etwa als typische Existenzform des »unbehausten Menschen« (H. E. Holthusen) begreifen wollen, sind durch ihre starke Verallgemeinerung problematisch und führen in der Regel zur Verunklärung des Begriffs.

II. Exilierung durch den Nationalsozialismus

Im Zusammenhang mit der undemokratischen Entwicklung gegen Ende der Weimarer Republik und endgültig nach der Machtübergabe an den Nationalsozialismus in Deutschland 1933 setzten gezielte Maßnahmen zur Diffamierung, Bedrohung und Verfolgung politisch und »rassisch« unerwünschter Personen und die stufenweise Ausschaltung jeder Opposition ein. Der Reichstagsbrand im Februar 1933 löste die erste große Verhaftungs- und Fluchtwelle bei Kommunisten, Sozialdemokraten, Gewerkschaftern und Repräsentanten der publizistischen und literarischen Linken aus. C. v. Ossietzky, W. Bredel, E. Mühsam und andere mehr wurden verhaftet und ins Konzentrationslager deportiert. In der verbreiteten Hoffnung auf ein baldiges Ende der Diktatur und vielfach aus Mangel an finanziellen Mitteln ging die Mehrzahl der Emigranten zunächst in die Nachbarländer Frankreich, Holland, Belgien, Dänemark, Tschechoslowakei, Österreich, Schweiz und ins Saarland. Die in das Saarland Geflüchteten mußten nach der Saarabstimmung im Januar 1935 weiter wandern, meist nach Frankreich. Oft waren die Flüchtenden gezwungen, ihre Heimat ohne gültige oder ausreichende Papiere und nur mit dem Allernotwendigsten versehen zu verlassen.

Trotz schwieriger Existenzbedingungen nahmen viele unverzüglich neben dem Kampf ums Überleben auch den Kampf gegen den Faschismus auf. Prag und Paris wurden zu Zentren der politischen Emigration dieser Jahre. Allerdings erschwerte nationalsozialistischer Terror zunehmend die wichtige Zusammenarbeit zwischen politischen Exilgruppen und innerdeutschem Widerstand. Politisch organisierte Exilierte leisteten unter Lebensgefahr Kurierdienste. Nach dem Verbot und der Auflösung aller linken und bürgerlichen Parteien Mitte 1933 setzte erneut eine Fluchtwelle ein. Es flüchteten Vertreter des gesamten politischen Spektrums von der *KPD* bis zu oppositionellen Nationalsozialisten und Mitgliedern religiöser und weltanschaulicher Gruppen. Mit Recht sprach man von einem »Auszug des Geistes« aus Deutschland. Allmählich nahm auch die jüdische Emigration (→*jüdische Kultur*) zu, die überwiegend nach Palästina und in die USA, aber auch nach Lateinamerika ging. In den Jahren 1937 und 1938, als durch verschärften Terror und anläßlich der sogenannten *Reichskristallnacht* vom November 1938 auch die gutgläubigsten deutschen Juden ihre Illusionen über die Fortdauer ihrer Existenz in Deutschland aufgeben mußten, setzte die Massenflucht ein. Einen Höhepunkt hatte sie schon nach dem Anschluß Österreichs im Herbst 1938 erreicht, und auch die Besetzung der Tschechoslowakischen Republik im Frühjahr 1939 war für viele Anlaß, dem Land den Rücken zu kehren. Bis kurz vor Kriegsbeginn verließen ca. 30 000 Menschen aus politischen Gründen Deutschland, Österreich und die deutschsprachigen Teile der Tschechoslowakischen Republik. Hinzu kamen bis Ende 1939 247 000 Juden aus Deutschland. Die Gesamtzahl der Flüchtlinge betrug seit Januar 1933 etwa 500 000, etwa 10 v. H. davon waren politisch Aktive, darunter fast die gesamte Führung der *KPD* und der *SPD*, soweit sie nicht verhaftet worden war, Publizisten wie L. Schwarzschild, W. Münzenberg, A. Kerr, W. Haas, Schriftsteller wie Th. und H. Mann, Künstler und Musiker, wie der Komponist A. Schönberg, die Dirigenten O. Klemperer und F. Busch und Wissenschaftler mit dem prominenten Physiker und Nobelpreisträger A. Einstein an ihrer Spitze. Großbritannien und Schweden nahmen zahlreiche dieser Flüchtlinge auf, London und Stockholm wurden zu neuen Zentren des E. Die Schweiz blieb wegen ihrer restriktiven Asylpolitik vorwiegend Transitland, die UdSSR ließ nur eine sehr geringe Zahl meist kommunistischer Flüchtlinge einreisen. In die USA gingen neben der jüdischen Massenemigration zunächst hauptsächlich

exilierte Wissenschaftler, Politiker, Publizisten und Schriftsteller, die aufgrund ihrer Verbindungen die nötigen Papiere beschaffen konnten. Die Einreise in Asylländer war für ausgebürgerte, also staatenlose und paßlose Emigranten besonders schwierig. In zahlreichen Ländern herrschte Visumzwang, bei illegaler Einreise oder fehlenden Aufenthaltspapieren bestand die Gefahr der Ausweisung. In vielen Fällen bedeutete dies Auslieferung an Deutschland und damit höchste Lebensgefahr. Internationale und nationale Flüchtlings-Hilfskomitees versuchten, Willkürmaßnahmen der Behörden und die materielle Not der häufig bald mittellosen und deklassierten Emigranten zu mildern. In der Regel galten die Exilierten als politischer Unsicherheitsfaktor, erst recht nach dem Kriegsausbruch 1939. Die kriegführenden Staaten ergriffen sofort Maßnahmen gegen »feindliche Ausländer«. In Frankreich wurden sie interniert, England deportierte sie nach Kanada und Australien, in anderen Ländern wurden sie dienstverpflichtet. Zahlreiche Autobiographien wie die St. Zweigs, K. Manns, L. Marcuses, H. Manns und die Briefe W. Benjamins, A. Döblins, J. Roths, K. Tucholskys zeugen von ungläubig-enttäuschten, verbitterten, aber auch tapfer-optimistischen Reaktionen auf diese Behandlung von Hitlergegnern, die doch eigentlich als Verbündete im Kampf gegen den Nationalsozialismus hätten begrüßt werden müssen. Nach dem Waffenstillstand in Frankreich im Juni 1940 setzte eine Massenflucht in den unbesetzten Süden ein. Die kollaborierende Vichy-Regierung lieferte zahlreiche Exilierte an die *Geheime Staatspolizei* aus, andere konnten in die Illegalität fliehen und lebten solange im Untergrund, bis sich eine Fluchtmöglichkeit bot. Hilfskomitees starteten Rettungsaktionen über Marseille und Lissabon nach Übersee, einzelne Flüchtlinge und Gruppen gingen bis nach Shanghai. Die weltweite Zerstreuung begann, neue Zentren des E. wurden nun Mexico, New York und Hollywood.

Die Gastländer erwarteten von den Exilierten, daß sie sich selbst ernährten, verboten ihnen aber in der Regel, zugleich zu arbeiten. Ausgenommen vom generellen Verbot abhängiger Erwerbstätigkeit war allerdings meist wissenschaftliche, schriftstellerische und journalistische Arbeit. Jedoch konnte sie für viele nicht das Existenzminimum sichern. Manche durch die Umstände erzwungene berufsfremde Tätigkeit führte zu endgültigem Berufswechsel. Psychische Probleme waren an der Tagesordnung. Es kam zu Identitätskrisen, etwa durch Rollenwechsel in der Familie, deren Existenz in vielen Fällen nur dadurch gerettet wurde, daß die Frauen Dienstboten- und Hilfskraftstellen annahmen, während die Männer ohne geregelte Arbeit blieben. Die zum Teil unüberwindlich erscheinenden Schwierigkeiten durch den Wechsel des Kulturbereichs, wobei hier das Sprachproblem nur ein Aspekt ist, führten häufig zur Lähmung der Schaffenskraft und zu Depressionen. Selbstmord begingen W. Benjamin, C. Einstein, W. Hasenclever, E. Toller, K. Tucholsky, St. Zweig und andere. Trotz aller Barrieren finden sich jedoch auch eindrucksvolle Beispiele für wichtige und international anerkannte Leistungen und nachhaltigen interkulturellen Einfluß in den Wissenschaften, besonders den Sozial- und Naturwissenschaften, beispielsweise das ehemalige *Frankfurter Institut für Sozialforschung* unter M. Horkheimers und Th. W. Adornos Leitung, das nach New York emigrierte. Bis 1936 waren schon mehr als 1600 deutsche Hochschullehrer emigriert, davon in die USA allein zwölf deutsche Nobelpreisträger.

Die Möglichkeit öffentlichen antifaschistischen → *Engagements,* das für viele Exilierte zur subjektiven Existenzberechtigung wurde, hing direkt von der Außenpolitik des jeweiligen Asyllandes ab, Einmischung in die Innenpolitik galt als unerwünscht. Dementsprechend minimal waren die politischen Einflußmöglichkeiten aktiver Exilierter, die daher die Gelegenheit begrüßten, während des von 1936 bis 1939 dauernden Spanischen Bürgerkriegs in den Internationalen Brigaden auf republikanischer Seite gegen den Faschismus zu kämpfen, so W. Bredel, A. Kantorowicz, E. E. Kisch, A. Koestler, H. Marchwitza, G. Regler, B. Uhse oder E. Weinert. Die geflohenen Parteivorstände, -funktionäre und -mitglieder in den verschiedenen Ländern bemühten sich immer wieder um grenzüberschreitende Zusammenarbeit. Ihre wiederholte Behauptung, daß die Verbindung zur innerdeutschen Opposition weiterhin aufrecht erhalten werde, diente allerdings bald hauptsächlich der eigenen Legitimierung.

Die Möglichkeiten zu kultureller Arbeit waren erheblich umfangreicher, wenn sie auch weitgehend typische Merkmale von Minderheitenkommunikation trugen. Das E. brachte eine bedeutende und umfangreiche Kunstproduktion, → *Literatur,* Publizistik und Theaterarbeit (→ *Theater*) hervor, da der größte Teil der geistigen → *Elite* Deutschlands sich im Ausland befand. Mit Ausnahme der faschistischen Literaten repräsentierten sie Vertreter aller Stilrichtungen und Genres, allerdings dominierte die politisch orientierte Literatur, die formal eher konventionell war im Hinblick auf den Wunsch nach möglichst direkter und breiter Wirksamkeit. Themenbereiche dieser Literatur waren insbesondere die deutsche Geschichte und Zeitgeschichte in ihrem Bezug zur aktuellen politischen Situation, wie sie in A. Döblins »November 1918«, O. M. Grafs »Der Abgrund« und »Unruhe um einen Friedfertigen«, Th. Manns »Doktor Faustus«, G. Reglers »Die Saat«, A. Zweigs »Erziehung vor Verdun« dargestellt werden. Konzentrationslager und Widerstand beschreiben R. Billingers »Schutzhäftling Nr. 880«, W. Langhoffs »Die Moorsoldaten«, J. Petersens »Unsere Straße«, und A. Seghers' »Das siebte Kreuz«. Das Leben im E. ist thematisiert in K.

Manns »Der Vulkan«, L. Feuchtwangers »Exil«, O. M. Grafs »Die Flucht ins Mittelmäßige«, der Krieg in B. Brechts »Mutter Courage«, Th. Pliviers »Stalingrad«, G. Reglers »Das große Beispiel«. Zahlreiche Übersetzungen in alle Weltsprachen machten die exilierten Autoren zur öffentlich erfolgreichsten Gruppe innerhalb der gesamten Emigration. Insgesamt über 400 Zeitungen und Zeitschriften, von denen die bekannteren die »Neue Weltbühne«, »Das Neue Tagebuch«, »Das Wort«, »Deutsche Blätter« und »Neue deutsche Blätter« sind, zahlreiche Verlage, beispielsweise *Querido* in Amsterdam, *Editions du Carrefour* in Paris, der *Malik-Verlag* in Prag und Schriftstellerorganisationen wie der *Schutzverband deutscher Schriftsteller* und der *PEN-Club* wurden neu gegründet oder im E. weitergeführt. In geringerem Maße bot sich die Möglichkeit zur Mitarbeit an Publikationen des Gastlands.

Zum Problem wurde, daß durch Ausweitung des nationalsozialistischen Machtbereichs die Absatzmöglichkeiten für deutschsprachige Literatur schwanden, die Sprachbarrieren machten teure Übersetzungen notwendig oder verhinderten das Erscheinen vieler Werke.

Die politisch denkenden Exilierten verstanden sich in ihrer überwältigenden Mehrheit als Repräsentanten der im nationalsozialistischen Deutschland gewaltsam unterbrochenen humanistischen Kulturtradition, als Vertreter eines »besseren Deutschland«. Der »Zwang zur Politik« erzeugte besonders bei bürgerlichen Intellektuellen wie Th. Mann oder A. Zweig eine Politisierung, häufig einen Linksruck. Erfahrungen mit der *Appeasement*-Politik der Westmächte führten zu Einstellungswandel und Differenzierungsprozessen. Als besonders einschneidend und folgenschwer für das Verhältnis zum Kommunismus, der als antifaschistische Ideologie für viele zu einer großen Hoffnung geworden war, wurden die *Moskauer Prozesse* von 1937 empfunden. Auf der Suche nach den Ursachen und nach der Einschätzung ihrer Situation führten die Exilierten zahlreiche Debatten über die Schuldfrage und ihre Mitverantwortung am Sieg des Nationalsozialismus in Deutschland. Die ideologischen Auseinandersetzungen spiegelten überwiegend die Struktur des linken bis liberalen Spektrums der Weimarer Republik und die Heterogenität des E. Einigkeit bestand oft nur in der Ablehnung des Nationalsozialismus und über die programmatische Trennung von Regime und Bevölkerung. Die Bestrebungen Mitte der 30er Jahre, in einer Einheits- bzw. Volksfront auf breiter Basis Hitlergegner verschiedenster politischer und weltanschaulicher Richtungen zu vereinen, brachten zunächst große Hoffnungen und einen Aufschwung des Selbstwertgefühls und der Aktivitäten, schließlich aber doch nur vorübergehend gemeinsame Strategien und Konzepte hervor. In den Diskussionen über Aufgaben und Ziele der

Exilierten und ihres kulturellen Schaffens standen zunächst die Suche nach Möglichkeiten zum Kampf gegen den Faschismus und zur Stärkung des innerdeutschen Widerstands, zur Aufklärung des Auslands über den Faschismus und die Warnung vor seinen Gefahren im Vordergrund. Der Kontakt zu Deutschland brach für viele früher oder später ab, sie gaben die Orientierung auf die alte Heimat entmutigt auf und suchten eine neue Identität als Immigranten, zumal sie oft ihren Kindern eine Integration ermöglichen und die eigenen Identitätsverluste ersparen wollten. Die so im Laufe der Zeit geschrumpfte Zahl der politischen Exilierten konzentrierte sich auf die Entwicklung von Konzeptionen für eine demokratische Neuordnung Deutschlands nach Hitler und versuchte, die Meinungsbildung in den Gastländern in Hinblick auf die Nachkriegspolitik zu beeinflussen. Die kriegführenden Staaten setzten Exilierte wie H. Budzislawski, A. Döblin, E. Fischer, H. Habe, S. Heym, A. Kantorowicz, E. Ludwig und K. Mann in der Propagandaarbeit und im Rahmen der psychologischen Kriegsführung, bei Film, Rundfunk, Flugblattpropaganda und in den Streitkräften ein, allerdings, mit Ausnahme der kommunistischen Exilierten in der UdSSR, nur in beschränktem Umfang, da häufig erhebliche Skepsis aufgrund der prinzipiell prodeutschen Zielvorstellungen der Exilierten bestand.

III. Emigration nach 1945

Die Kapitulation Deutschlands im Mai 1945 bedeutete nicht automatisch zugleich das Ende des E. für die Rückkehrwilligen. Die westlichen Besatzungsmächte verboten zunächst die Rückkehr politischer Exilierter, nur vereinzelt wurden Einreisegenehmigungen erteilt. Sofort einreisen konnten Emigranten als Angehörige der Streitkräfte, die, wie A. Döblin, im Rahmen des *Reeducation*-Programms beispielsweise beim Aufbau des Pressewesens eingesetzt wurden. Für viele andere war die Frage der Remigration verknüpft mit erheblichen finanziellen und psychologischen Problemen bei der Rückkehr in das Land, das sie verbannt und nach Kriegsende keineswegs sofort zurückgerufen hatte. Zudem waren im E. inzwischen neue Existenzen aufgebaut worden, die zweite Generation begann sich zu etablieren und hatte keinen direkten Bezug mehr zur Heimat der Eltern. Als 1949 mit der Gründung der Bundesrepublik Deutschland die Rückkehr offiziell möglich wurde, war oft auch die Hoffnung auf Mitwirkung beim Wiederaufbau in dem Maß geschwunden, wie restaurative Tendenzen schon deutlich erkennbar wurden. Zudem bestand bei großen Teilen der westdeutschen Öffentlichkeit keine Bereitschaft, den Rückkehrern Kompetenz und Einfluß zuzubilligen. Das Klima des *Kalten Krieges* und die Verdrängung der Auseinandersetzung mit

der politischen Vergangenheit stempelten die Exilierten zu »Vaterlandsverrätern«. Die ausdrückliche Distanzierung vieler Exilierter von der alliierten Deutschlandpolitik wurde dabei ignoriert. Erst im Laufe der Zeit verstärkte sich die Präsenz von Remigranten im Pressewesen, in der Verwaltung, im Parlament, in der Justiz und in der Wissenschaft. Sie stellten einen hohen Anteil in Parteien, vor allem in der *SPD,* und in den Gewerkschaften, ohne daß diese Arbeit jedoch als positiver Faktor ins öffentliche Bewußtsein drang. Rund 46 v. H. der Exilierten kehrten wieder in die Bundesrepublik oder nach Berlin (West) zurück, von den emigrierten Juden 4 v. H.

Funktion und Rolle antifaschistischer Remigranten wurden in der Sowjetischen Besatzungszone grundsätzlich anders gewertet als im Westen. Bereits während des Krieges existierten von der *Komintern* unterstützte Arbeitsgruppen der *KPD* zur Konzeptionierung der Nachkriegspolitik, schon Ende April 1945 kehrte die erste Initiativgruppe, die Gruppe Ulbricht, aus dem Moskauer E. mit einem Aktionsprogramm zurück. Den Remigranten wurde eine maßgebliche Beteiligung am Aufbau der *SED* und des *FDGB* zugestanden. Verdiente antifaschistische Remigranten übernahmen leitende Funktionen in allen öffentlichen Bereichen. Allerdings wurden die ehemaligen Westemigranten unter ihnen im Zuge der stalinistischen Säuberungen 1950 bis 1951 zum Teil als imperialistische Spione denunziert und verfolgt. Dem Selbstverständnis der DDR als einzigem antifaschistischen deutschen Nachkriegsstaat entsprechend, knüpfte man auch im kulturellen Bereich programmatisch an das Exilschaffen an. Es erschienen sofort zahlreiche Neuauflagen antifaschistischer Exilliteratur, die als Teil der offiziellen Nationalliteratur, als »Erbe« integriert und auf breiter Basis gewertet wurde. Maßstäbe der Wertung lieferte der *Sozialistische →Realismus,* allerdings suchte man den bürgerlichen, »humanistischen« Realismus zu integrieren, sofern er sich gegen die »reaktionäre Dekadenzliteratur« (→*Dekadenz*) abgrenzte. Wandlungen in der Beurteilung waren von der stalinistischen zur nachstalinistischen Periode und bei späteren politischen Klimawechseln feststellbar. Es entstanden Probleme mit Renegaten und ideologischen Abweichlern, die entweder totgeschwiegen oder scharf angegriffen wurden.

IV. Die Erforschung des Exils

In den Westzonen bestand im Zusammenhang mit dem *Reeducation*-Programm zunächst Interesse an Exilliteratur, es erschienen einige Lizenzausgaben. Seit Anfang der 50er Jahre allerdings setzte infolge der politischen Entwicklung eine zunehmende Verdrängung und Tabuisierung ein. Durch den politischen Wandel seit Ende der 60er Jahre läßt sich erstmals eine eigentliche Auseinandersetzung und Rezeption feststellen. Es kommt zu Neuauflagen und Wiederentdeckungen. Entsprechend schnell wächst seit den 70er Jahren der Umfang der Forschung. Die Komplexität des gesamten Themas findet zunehmend Berücksichtigung, man beschäftigt sich nicht mehr nur mit prominenten Vertretern des E. Wesentlich früher als die Hinwendung zum kulturellen E. erfolgte die Erforschung des politischen E.

Die Sammlung und Archivierung von Exilliteratur obliegt einer besonderen Abteilung der *Deutschen Bibliothek* in Frankfurt a. M. Hier fand 1965 auch die erste wichtige Ausstellung zum Thema statt.

Die Exilforschung setzte auch in der DDR erst spät ein, zum Teil als Reaktion auf westliche Forschung. Ideologische Kriterien bei der wissenschaftlichen Projektplanung verhindern unvoreingenommene und kritische Auseinandersetzungen auf breiter Quellenbasis. Wichtige Arbeiten werden geleistet auf dem Gebiet der Quellenerschließung, bei Reprints und analytischen Bibliographien von Exilpublikationen und bei Dokumentationen zum politischen und literarischen E. Seit Mitte der 70er Jahre entstehen umfangreiche Forschungsarbeiten. Offizielle Sammelstelle für Exilpublikationen ist die *Deutsche Bücherei* in Leipzig.

S. Schneider

Literatur
J. Radkau, Die deutsche Emigration in den USA. Ihr Einfluß auf die amerikanische Europapolitik 1933–1945, Düsseldorf 1971
H. A. Walter, Deutsche Exilliteratur 1933 – 1950. Bd. 1: Bedrohung und Verfolgung bis 1933, Bd. 2: Asylpraxis und Lebensbedingungen in Europa, Darmstadt und Neuwied 1972; Bd. 4: Exilpresse, Stuttgart 1978 (wird fortgesetzt)
M. Durzak (Hrsg.), Die deutsche Exilliteratur 1933–1945, Stuttgart 1973
L. Maas, Handbuch der deutschen Exilpresse 1933–1945, hrsg. von E. Lämmert, Bd. 1 u. 2, Bibliographien A–Z, München, Wien 1976, 1978
Akademie der Wissenschaften der DDR, Zentralinstitut für Literaturgeschichte und Akademie der Künste der DDR (Hrsg.), Kunst und Literatur im antifaschistischen E. 1933–1945; Bd. 1, E. in der UdSSR, Leipzig 1979; Bd. 2, E. in der Schweiz, Leipzig 1978; Bd. 3, E. in den USA, Leipzig 1979; Bd. 4, E. in Lateinamerika, Leipzig 1980; Bd. 5, E. in der Tschechoslowakei, in Großbritannien, Skandinavien und Palästina, Leipzig 1981; Bd. 6, E. in den Niederlanden und in Spanien, Leipzig 1981; Bd. 7, E. in Frankreich, Leipzig 1981
E. Loewy, E. Literarische und politische Texte aus dem deutschen E. 1933–1945. Stuttgart 1979
W. Röder, H. A. Strauss (Hrsg.), Biographisches Handbuch der deutschsprachigen Emigration nach 1933. Band 1: Politik, Wirtschaft, Öffentliches Leben. München, New York, London, Paris 1980 (wird fortgesetzt)

Experiment

E. wird vor allem in den Naturwissenschaften, später dann auch in den Sozialwissenschaften als Sammelbegriff für Verfahren gebraucht, mit denen planmäßig Wirkungsbedingungen hergestellt werden, um bestimmte theoretisch begründete Annahmen zu überprüfen und aus den Resultaten dieser Prüfung wiederum systematisierbare Erkenntnisse zu formulieren. Charakteristisch für ein solches Verständnis des wissenschaftlichen E. ist die schon in der Wissenschaftsphilosophie der Renaissance (R. Bacon) in Grundzügen ausgedrückte Auffassung, einer am instrumentellen Handeln geprüften Erfahrung sei ein höherer Grad an Sicherheit und Berechenbarkeit zuzusprechen als einer ausschließlich reflektierenden Wirklichkeitserfassung. Methodik und Planmäßigkeit als Garantie der prinzipiellen Wiederholbarkeit des E. und eine Orientierung auf theoretisch generalisierbaren Erkenntnisgewinn wurden zu grundlegenden Kriterien für ein E. Dabei wurde die Herkunft des E. aus technischem Handeln als Resultat einer Auseinandersetzung mit der Natur im Arbeitsprozeß immer weniger bedacht.

Gleichzeitig hat es immer auch Auffassungen gegeben, die, wie J. W. v. Goethe in seiner Farbenlehre, aber auch G. W. F. Hegel in seiner Naturphilosophie, gegen das E. argumentierten. Ihre Argumentation im Sinne einer dialektischen Naturphilosophie, in der das E. nur eine unangemessene und selektive Wirklichkeitserfassung, ja eine Vergewaltigung der Natur darstelle, zeigt deutlich, daß experimentellem Handeln in aller Regel eine bestimmte erkenntnistheoretische Position, beispielsweise die des Empirismus, zugrunde lag. Der Einfluß dieser Kritik ist aber gegenüber der Dominanz des experimentellen Diskurses und der Intensität experimenteller Arbeit nur gering geblieben.

Die Problematisierung des E. ist allerdings durch die neuen Erkenntnisse der Physik Anfang des 20. Jh. beschleunigt worden. So wird im Konstruktivismus H. Dinglers betont, daß das E. aktiv in die Wirklichkeit eingreife. Erfahrung wird als ein durch Technik, Geräte und Vorrichtungen und kognitive Operationen, wie im »Gedankenexperiment«, vermittelter Prozeß und die somit bewirkte Veränderung der Wirklichkeit als Konsequenz experimentellen Handelns aufgefaßt.

Diese Beeinflussung und damit auch Problematisierung der Wirklichkeit durch das Eingreifen eines handelnden Subjekts hat auch dazu beigetragen, daß sich in den verschiedenen Kunstgattungen ein Verständnis für das E. entwickelte. Diese Auffassung von E. betont gerade die relative Offenheit der experimentellen Situation, in der eine vom handelnden Subjekt kontrollierte und grundsätzlich unbegrenzte Beeinflußbarkeit der experimentellen

Bedingungen möglich wird und gerade dies die Grundlage überraschender Entwicklungen sein kein. Für eine das Moment der →*Kreativität* hervorhebende Position war die Emanzipation vom wissenschaftlichen Modell des E. notwendig, in dessen Bann die Diskussionen über das künstlerische E., bei Frühromantikern wie Novalis und F. v. Schlegel und vor allem bei Naturalisten wie E. Zola und W. Bölsche noch gestanden hatte. Die gerade im Naturalismus noch unmittelbar akzeptierte Entsprechung von E. und Erfahrung, die ein eindeutiges Bild von der zu erfassenden Wirklichkeit garantierte, ist im 20. Jh. im Zuge der Veränderungen gesellschaftlicher Verhältnisse endgültig aufgehoben worden. Die Dynamik des industriellen Systems, die eine unbegrenzte technologische Reproduzierbarkeit vormals einmaliger Kunstwerke erlaubte, aber auch gleichzeitig neue, ebenfalls reproduzierbare Kommunikationsmedien schuf, hat auch die Geltung des überkommenen gattungsbezogenen Kunstbegriffs zerstört (→ *Kitsch*, → *Kunst*, → *Reproduktionsverfahren*). In der Folge durchdringen die einzelnen, bis dahin getrennten Künste einander wechselseitig und dokumentieren damit eine für den am klassischen Kunstbegriff orientierten Beobachter eine irritierende Vielfalt künstlerischer Möglichkeiten, sich auf Wirklichkeit einzulassen.

In dieser Situation stellten künstlerische E. Modelle der Verunsicherung dar und schienen auch schon als eine Alternative zum klassischen Kunstverständnis im Kubismus, Futurismus, Dadaismus oder den *Ready mades* M. Duchamps eine von allen zu produzierende alltägliche »Kunst« anzubieten. Eine solche Entwicklung ist damals jedoch ausgeblieben. Die Krise im gesellschaftlichen Bewußtsein wurde vielmehr beharrlicher mit dem überkommenen Kunstbegriff verarbeitet und in den kulturellen Institutionen konserviert (→*Museen*). Demgegenüber mußten E. notwendig die Aktionen einer ihrem Einfluß nach begrenzten →*Avantgarde* bleiben (→ *Moderne*). Der Nationalsozialismus hat diese im wörtlichen Sinne reaktionäre Bestätigung einer Hochkultur dann auch politisch mit Gewalt durchgesetzt und damit jede weitere Erfahrung mit künstlerischen E. unmöglich gemacht.

Während der Periode politisch-gesellschaftlicher Restauration in der Bundesrepublik Deutschland, in der das Schlagwort »Keine E.« kursierte und schon das Erwähnen der Möglichkeit gesellschaftlicher und politischer E. zum Skandal wurde, wuchs zugleich das Interesse an künstlerischen E. Der Begriff E. erhielt die Funktion einer kulturpolitischen Sprachregelung, weil er die Spannung zwischen gesellschaftlicher Stagnation und bewußtseinsmäßiger Irritation angemessen ausdrücken konnte. »Die öffentliche Meinung findet ein Schlagwort, mit dem sie etwas, das ihr nicht unmittelbar deutlich ist, das sie aber beunruhigt, eingrenzen kann, einen Namen, der zugleich polemisierend

und neutralisierend zu verwenden ist. Der Begriff des Experimentellen löst damit den des Revolutionären ab« (H. Heißenbüttel, Keine E.?, in: Club Voltaire II. Jahrbuch für Kritische Aufklärung, hrsg. v. G. Szczesny, München 1967). E. als ästhetischer Begriff konnte so in den Sprachschatz der Bewußtseinsindustrie eingehen – so H. M. Enzensberger – in der es sich wie eine abgegriffene Beschwörungsformel in Rezensionen und Essays festsetzte. E. wurde so zum Jargonbegriff.

Andererseits deutete sich in der Informationsästhetik A. Moles' und M. Benses, der »Programmierung des Schönen«, wieder ein Bezug zur explizit wissenschaftlichen Tradition des E. an. Ihre theoretischen Entwürfe griffen auf das schon in der klassischen Ästhetiktheorie bekannte Moment des →*Spiels* zurück und suchten in dessen verwissenschaftlichter Form, der Kombinatorik, neue Quellen der Originalität zu erschließen und das Überraschende zu rationalisieren.

Erst während der Politisierung der Intelligenz in den späten 60er Jahren gewannen künstlerische E. neue Dimensionen. Neben dem Versuch einer politischen Mobilisierung zeigten sich Kooperationsansätze mit Sozialwissenschaftlern in gemeinsamen Projekten, mit Pädagogen und Psychologen in der Spielpädagogik oder mit Soziologen und Planern in verschiedenen Stadtteilprojekten. Diese Professionalisierung und Institutionalisierung künstlerischer E. mit sozialpolitischer Ausrichtung hat noch immer perspektivische Bedeutung für die gegenwärtige →*Kulturpolitik der Bundesrepublik*. Experimentelle Bereiche sind wichtiger Bestandteil der Soziokultur, wie sie seit mehreren Jahren als kommunalpolitisches Kompensationsprogramm der gemeindlichen Kulturpolitik im Gespräch sind (→*Kulturpolitik, kommunale*).

Seit den 70er Jahren wird immer häufiger eine bestimmte Konzeption des E. diskutiert, die als *bricolage* bezeichnet werden kann. So vertritt der französische Kulturanthropologe Cl. Lévy-Strauss die Auffassung, daß nicht nur ästhetisches, sondern letztlich alles gesellschaftliche Handeln als *bricolage*, d. h. »Bastelei«, zu kennzeichnen sei. Als Merkmal des Handelns ist demnach das immer wieder erneute Kombinieren und Umgruppieren schon bekannter Bestandteile anzusehen. Diese Interpretation, die Gemeinsamkeiten mit der Informationsästhetik aufweist, kann auch die Konzeption des E. nicht unberührt lassen. Experimentelles Handeln muß nämlich zur »Bastelei« werden, wenn die entscheidende Voraussetzung des künstlerischen E., die Offenheit für unerwartete neue Entwicklungen, nicht mehr gegeben sein kann. Die »kaleidoskopische Logik« (W. Lepenies) der *bricolage* setzt noch dazu einen posthistorischen Gesellschaftszustand voraus, der nur noch in isolierten Einzelheiten, aber nicht mehr in seinen Grundzügen veränderbar erscheint. Offenheit ist in den E. also nur noch als die Überraschung denkbar, die eintreten kann, wenn sich aus altbekannten Beständen neue Kombinationen zusammensetzen lassen.

Der resignative Geschichtsverlust dieser Konzeption, der gleichwohl für die Gegenwart kombinatorische Freiheit gewährt, steht den Konsequenzen jener schon in den 50er Jahren geäußerten Auffassung nicht so fern, nach der das E. die zeitgenössische Form der Revolution sei. Während jene Aussage noch das Verhältnis von Machbarkeit und Veränderbarkeit im E. thematisierte, beantwortet die These der *bricolage* diese Frage mit einer Reduktion auf das reine »Machen«, engt sich der Inhalt des Experimentellen auf ein Arrangieren aller bekannten Bestandteile des Wissens ein.

Aufgrund der Sicherheit der theoretischen Orientierung soll sich ein E. im Sozialismus von vergleichbaren E. der bürgerlichen Kultur unterscheiden. Deren grundsätzlicher Mangel wird gerade in einem fehlenden ideologischen Bezugsrahmen gesehen.

Um diese These zu belegen, wird zumeist mit verschiedenen Dekadenztheorien argumentiert. So wird behauptet, daß Formspielereien im bürgerlichen Kulturbetrieb inhaltlichen Auseinandersetzungen vorgezogen würden, und diesem gezielten → *Formalismus* werde noch durch den Zwang eines nach wirtschaftlichen Prinzipien organisierten Kunstmarkts in die Hände gearbeitet. Typisch für eine solche Argumentation ist auch der Hinweis, daß solche reinen Formexperimente den zutiefst humanistischen Auftrag des künstlerischen Schaffens desavouierten (vgl. H. Wüstenhagen, Krisenbewußtsein und Kunstanspruch, Berlin (Ost) 1981). Im Gegensatz dazu soll das künstlerische E. von gesicherten Maßstäben der marxistisch-leninistischen Ästhetik ausgehen. Daher muß es als gezieltes E. einen erzieherischen und damit letztlich auch sozialpolitischen Auftrag wahrnehmen. Es verwundert deshalb nicht, wenn als künstlerische E. im Sozialismus relativ konventionelle Beispiele wie Werkstatttheater und Probenarbeit genannt werden. Und lediglich in den immer wieder lobend hervorgehobenen Begegnungen des Künstlers mit dem Publikum wird ein neues Moment des sozialistischen E. deutlich, das allerdings keinerlei Schlußfolgerungen auf den Erfolg dieses Programms erlaubt.

Kennzeichen des künstlerischen E. in der DDR ist vor allem sein hoher Grad an Integration in die konventionellen Kulturinstitutionen, des Theaters, der Museen, der Studios. Dort allerdings zeigen sich E. vor allem in neuen Aneignungsformen des kulturellen Erbes, so in den Neuinterpretationen der Klassiker (vgl. Diskussion zwischen W. Harich, J. Holtz, F. Dieckmann u. a. in: Sinn und Form, Berlin (Ost), 1973). Diese Formen des E. werden durchaus als experimentelle Freiräume wahrgenommen. So wird auch an die Traditionen des experimentellen Theaters und die Erweiterung des Realismusver-

ständnisses durch B. Brecht angeknüpft. Experimentelles Handeln ist also an die kulturellen Institutionen gebunden, hat dort aber zu qualitativ neuen und verunsichernden Erfahrungen des Publikums geführt.

Solche Bindung grenzt allerdings alle anderen Formen des E. als → *Subkultur* aus und bedroht sie mit der Kriminalisierung. Diese Gefahr ist besonders stark, wenn die Grenzen zwischen künstlerischen und gesellschaftlichen oder politischen E. zu verschwimmen beginnen, eine Tendenz, die in der Eigendynamik der meisten E. verborgen ist. Insofern ist in der institutionellen Bindung experimentellen Handelns an einen als »künstlerisch« definierten Raum wie z. B. das Theater immer auch die Absicht einer politischen Neutralisierung ihrer gesellschaftlichen Wirkung miteinbegriffen. Und insoweit wird in der DDR die aus einem bürgerlichen Kunstverständnis stammende Aura solcher Institutionen auch politisch nutzbar gemacht. Dies scheint einer der Gründe für die intensive Förderung solcher Institutionen in der DDR zu sein.

Die Bedeutung von Theatern, Museen und anderen Kulturinstitutionen scheint aufgrund des Repräsentations- und Symbolisierungsbedürfnisses der DDR eher noch zuzunehmen, weshalb sich zwangsläufig die Frage nach der Zukunft experimentellen Handelns gerade in diesen Institutionen stellt. Es ist zu erkennen, daß das experimentelle Handeln ausgelagert wird und damit die institutionellen Strukturen infrage gestellt werden. So scheint doch eher ein subkulturell zu definierendes Experimentieren für die DDR charakteristisch zu werden, ohne daß es die Dimension einer grundsätzlichen Systemkritik erreicht (→ *Außenseiter*, → *Nonkonformismus*).

In der Bundesrepublik wird man die Bedeutung der Kulturinstitutionen trotz ihrer beachtlichen öffentlichen Subventionen stets in Beziehung zu einer vielfältigen Skala kultureller Äußerungsformen, vor allem im Rahmen kommunaler Kulturpolitik, sehen müssen. Bei aller Vielfalt der Konzepte scheinen die Spielräume in der kommunalen Kulturpolitik aufgrund der Finanzknappheit und des starken Disziplinierungsdrucks von seiten der Kulturbürokratie eher enger zu werden und damit experimentelles Handeln zu verhindern. Andererseits sind gerade im Rahmen der → *Alternativkultur* vielfältige neue Lebensformen entstanden, denen man zweifellos gesellschaftlichen Experimentcharakter zusprechen kann. Deren Innovationspotential ist zumindest im Medienbereich deutlich. Allerdings ist mit diesem Hinweis auch angedeutet, daß sich mit dieser Entwicklung das Verständnis von künstlerischem E. insgesamt verändern dürfte. Dieser Verständniswandel manifestiert sich nicht nur in der These von der *bricolage,* er ist zuerst auf der sozialen Ebene als gegenseitiges Abschotten soziokultureller Lebensformen zu beobachten.

H. J. von Kondratowitz

Literatur

W. Stolz (Hrsg.),E. und Erfahrung in Wissenschaft und Kunst, Freiburg 1963
H. Malecki, Spielräume. Aufsätze zur ästhetischen Aktion, Frankfurt a. M. 1969
M. Naumann u. a., Gesellschaft, Literatur, Lesen, Berlin (Ost), Weimar 1976
D. Schlenstedt. Die neuere DDR-Literatur und ihre Leser, Berlin (Ost) 1979
W. M. Faust, Bilder werden Worte, München 1977
Soziale E. in der Bewährung, hrsg. v. J. Case u. R. C. R. Taylor, Frankfurt a. M. 1981

Familie

I. Keimzelle der Gesellschaft – II. Zur Sozialgeschichte – III. Schutz und Förderung durch den Staat – IV. Familienformen – V. Übereinstimmungen zwischen der Bundesrepublik Deutschland und der Deutschen Demokratischen Republik

I. Keimzelle der Gesellschaft

Die F., bestehend aus dem im gemeinsamen Haushalt lebenden Elternpaar und dessen unmündigen, unverheirateten Kindern, gilt als die kleinste Einheit menschlicher Gesellschaften und als deren Keimzelle. Familiengröße und -struktur haben sich in Europa seit dem 19. Jh. im Zusammenhang mit Industrialisierung, Wirtschaftskrisen, Kriegs- und Nachkriegszeiten verändert. Die vielköpfige Drei-Generationen-Familie wandelte sich zur Zwei-Generationen-Familie, zur Kernfamilie mit wenigen, das heißt durchschnittlich ein bis zwei Kindern bei geringer Kindersterblichkeit. Die Bezeichnung Kleinfamilie ist damit nicht synonym, sondern bezieht sich lediglich auf die Anzahl der im Familienhaushalt lebenden Personen. Gegenbegriff ist die Großfamilie. Die Beziehungen zwischen den drei Generationen sind trotzdem in Deutschland nicht abgebrochen. Zwar bevorzugen alte und junge Erwachsenengenerationen getrenntes → Wohnen in eigenständigen Haushalten, sie leben jedoch nachweislich überwiegend in der näheren Umgebung beieinander. Diese getrennte Haushaltsführung wurde erst seit etwa 1960 mit wachsender ökonomischer Sicherheit und Unabhängigkeit möglich. Sie hat sich konsequenter im städtischen als im ländlichen Bereich vollzogen, wenngleich sich selbst in landwirtschaftlichen Betrieben, anknüpfend an die »Altenteile«, eigene Wohnbereiche und Haushalte für junge und alte Generation durchgesetzt haben. Das bedeutet nicht eine Isolierung der Kernfamilie, vielmehr haben sich neue Formen des Zusammenlebens durch intensive Besuchskontakte, gegenseitige Betreuungsaufgaben und Hilfen besonders bei Berufstätigkeit der Mutter entwickelt.

Die Kernfamilie scheint sich als vorherrschendes Charakteristikum moderner, hochindustrialisierter Gesellschaften zu erweisen, wenngleich sie schon in vorindustrieller Zeit, zum Beispiel durch die fortschreitende Parzellierung der Bauernhöfe, weit verbreitet war (R. König, L. Rosenmayr, S. 68f.). Dieser Familientypus ist offenbar von unterschiedlichen politischen und gesellschaftlichen Systemen, Wert- und Zielsetzungen weitgehend unabhängig.

II. Zur Sozialgeschichte

Bürgerliches Familienbild: Die Sozialgeschichtsschreibung der F. steht noch am Anfang. Häufig werden einfache Kausalbeziehungen, zum Beispiel zwischen den ökonomischen Verhältnissen und den Familienformen, angenommen, wie von I. Weber-Kellermann 1971, die sich jedoch selten einhellig nachweisen lassen. Beispielsweise erscheint die gegenwärtig in der Bundesrepublik beklagte, jedoch kaum durch Fakten belegte Abwendung der jungen Generation von den überkommenen familiären Strukturen und Aufgaben weniger gravierend, wenn man bedenkt, daß es noch vor 100 Jahren den besitz- oder rechtlosen Bevölkerungsschichten, den Landarbeitern und dem städtischen Proletariat, kaum möglich war, überhaupt eine eigene F. zu gründen. Heute dagegen gibt es in der Bundesrepublik wie in der DDR eine extrem niedrige Quote Unverheirateter; sie lag 1980 unter 10 v. H. der Bevölkerung über 25 Jahren. Erst im Zug fortschreitender Industrialisierung und Verstädterung gelang es allmählich immer breiteren Bevölkerungsschichten, die ausreichende materielle Basis und Unabhängigkeit für eine Familiengründung zu schaffen. Eine wesentliche Rolle dürfte auch die verbesserte medizinische Versorgung und Aufklärung gespielt haben, insbesondere im Hinblick auf die Mütter- und Säuglingssterblichkeit und die zunehmende Geburtenplanung und -kontrolle. Kindergärten, wie sie F. W. A. Fröbel schon 1840 gegründet hat, boten zugleich eine neuartige Form der vorschulischen Erziehung sowie Hilfe und Ergänzung der familiären Betreuung und Unterweisung. Grundlegende Veränderungen der innerfamiliären Struktur und ihrer Funktionen ergaben sich aus der Trennung von Arbeits- und Wohnstätte, wodurch auch Frauen und Mütter eine außerhäusliche Erwerbstätigkeit annehmen mußten (→ Arbeit). Das betraf vornehmlich das Proletariat der Städte und das Kleinbürgertum, während in den gehobenen bürgerlichen Schichten um die Jahrhundertwende eine neue Aufgabenteilung zwischen → Mann und → Frau erfolgte. Der Mann verdiente durch außerhäusliche Arbeit den Unterhalt der F. überwiegend allein, während die Frau ausschließlich hauswirtschaftlichen und mütterlichen, gelegentlich auch bildungskulturellen Pflichten nachzukommen hatte. Dieses neue Familienleitbild wurde auch für einen Teil der Arbeiterfamilien angesichts der extrem ungünstigen Arbeitsbedingungen für die Frauen und des steigenden Einkommens der Männer zum erstrebenswerten Ideal. Zur gleichen Zeit wurde die wirtschaftliche Unabhängigkeit und rechtliche Gleichstellung der Frauen in allen Lebensbereichen gefordert, insbesondere von Marxisten und Sozialdemokraten wie C. Zetkin, F. Engels und A. Bebel. Durch das völlige Einbeziehen der Frauen in die Arbeitswelt sollten zugleich die familiären Strukturen durch eine Aufteilung der häuslichen Pflichten zwischen den Ehegatten und die Betreuung der → Kinder außerhalb der F. durch staatliche Kinderkrippen und -gärten grundlegend verändert werden. Diese Vorstellungen der Klassiker des Sozialismus fanden teilweise Eingang in die Gesetzgebung der sozialistischen Staaten, insbesondere der DDR.

Zuvor wurde jedoch im Deutschland des Nationalsozialismus das bürgerliche Leitbild der nicht berufstätigen Mutter pervertiert und die »gebärfreudige deutsche Frau« und Mutter zum politischen Programm erklärt. Dennoch übernahmen Frauen während des Zweiten Weltkriegs zunehmend Funktionen von Männern außerhalb der F.

Wandel der internen Struktur: Die Familienpolitik der Nachkriegszeit, wie sie vornehmlich in den 50er Jahren in der Bundesrepublik durch die Regierungen von *CDU, CSU* und *FDP* geprägt wurde, knüpfte ebenfalls an das bürgerliche Familienleitbild der Jahrhundertwende an und machte die nicht berufstätige Ehefrau und Familienmutter zur Norm. Abweichungen von dieser Norm wie Berufstätigkeit der Mütter und Unvollständigkeit der F. erschienen als »uneigentlich« oder der Frau nicht »wesensgemäß«, obwohl gerade in jenem Jahrzehnt unzählige Kriegerwitwen gezwungen waren, sowohl die beruflichen wie die familiären Pflichten allein zu tragen. Zugleich wurden seit 1961 Ehescheidungen zunehmend erschwert, wobei der Einfluß der katholischen Kirche mit ihrer konfessionellen Ehekonzeption unübersehbar war. Die tatsächliche Situation der F. wurde dagegen nur unzureichend reflektiert und auch in der Familienforschung nur von wenigen, so vor allem von G. Baumert, G. Wurzbacher, E. Pfeil, H. Schelsky und R. König, genauer untersucht. Besondere Probleme entstanden, weil mehr als die Hälfte der Kinder nach dem Zweiten Weltkrieg ohne Väter aufwachsen mußte; das Schlagwort von der »vaterlosen« Gesellschaft (A. Mitscherlich) wurde jedoch erst später geprägt. Statt dessen entstand das verfälschende Schlagwort vom »Schlüsselkind« in einer Phase, in der die Erwerbstätigkeit der Mütter für zahlreiche Familien lebensnotwendig war. Der empirische Nachweis der behaupteten negativen Folgen für die betroffene junge Generation ist ausgeblieben. Ferner wurde ignoriert, daß der Anteil unbetreuter Kinder nachweislich äußerst gering war, was erst recht für die Gegenwart gilt (U. Lehr in: F. Neidhardt (Hrsg.), Frühkindliche Sozialisation, Stuttgart ²1979).

Auch in der DDR mußten in der Nachkriegsphase ähnliche Schwierigkeiten bewältigt werden, ohne daß jedoch derartige, die Situation verzerrende Schlagworte oder auch Vorurteile öffentlich Beachtung fanden. Im Gegenteil galt es, von Anbeginn möglichst sämtliche Frauen in den Produktionsprozeß einzugliedern. Die Alternative »F. oder Beruf« hat somit in der DDR nie bestanden. Statt dessen wurde die außerfamiliäre Kinderbetreuung kontinuierlich ausgebaut.

In der westlichen Familiensoziologie stand währenddessen die Frage des Zusammenhangs zwischen politischen und familiären Strukturen im Vordergrund. Ausgehend von der Idee M. Horkheimers, daß die Anfälligkeit der Deutschen für politischen Autoritarismus auf patriarchalische Familienstrukturen zurückgehe, wurde mehrfach die Rolle der väterlichen Autorität in der F. untersucht, so zum Beispiel von Th. W. Adorno, jedoch mit jeweils widersprüchlichen Ergebnissen in Frage gestellt.

Wichtiger erscheint dagegen, daß die beiden Weltkriege in einem bis dahin nicht gekannten Ausmaß den Einsatz von Frauen in der Arbeitswelt anstelle der im Kriegsdienst stehenden oder gefallenen Männer erforderte. Diese Phasen bedeuten wesentliche Impulse für den Wandel der internen Familienstruktur – von der patriarchalischen zur partnerschaftlichen, zur kinderzentrierten F., zur Mutter als Erzieherin und als Haushaltsvorstand – und der Stellung der Frauen in Beruf, Öffentlichkeit und Recht. Diese Veränderungen haben also eine lange und vielfältige Vorgeschichte.

Zu Beginn der 60er Jahre kamen wichtige Anregungen aus dem skandinavischen und angelsächsischen Raum, die in der Bundesrepublik erst recht zu einem Aufbrechen des einseitigen Rollen- und Familienkonzepts der nicht berufstätigen Ehefrau und Mutter beigetragen haben und bis in die Gegenwart hinein wirksam sind. Vor allem A. Myrdal und V. Klein entwarfen für die Frauen einen Lebensplan, in dem die Aufgabenbereiche von F. und → *Beruf* zeitlich aufeinander abgestimmt zum Tragen kommen sollen. Es handelt sich um ein Drei-Phasen-Modell mit den Abschnitten Ausbildung und erste Berufserfahrung, Kindererziehung und Rückkehr in den Beruf.

III. Schutz und Förderung durch den Staat

In beiden deutschen Staaten genießt die F. rechtlichen Schutz und spezielle Förderung. Im *Grundgesetz* der Bundesrepublik wie in der *Verfassung* der DDR wird der generelle Schutz der F. garantiert, während spezielle Ausführungen sich in der Bundesrepublik im *Bürgerlichen Gesetzbuch* und in der DDR im *Familiengesetzbuch* von 1965 finden. Eine wesentliche Tendenz der Familiengesetzgebung in beiden deutschen Staaten liegt in der Gleichberechtigung der Frau (Art. 3 GG, § 1356 Abs. 1 BGB; Art. 20 Abs. 2 VDDR, §§ 2, 9, 10 FGB). In der DDR wurde dieses Ziel von Anbeginn konsequenter als in der Bundesrepublik angegangen und über die Integration der Frauen in den Arbeitsprozeß realisiert. Da im familiären Bereich faktisch die traditionelle Aufgabenteilung zum Nachteil der Frauen weitgehend bestehen blieb, bedeutet dies für die Frauen eine erhebliche Doppelbelastung. In der Bundesrepublik richten sich die Gesetzesnovellierungen vornehmlich auf eine Liberalisierung des Verhältnisses aller Familienmitglieder untereinander; auch im Kindschaftsrecht wurden zum Beispiel Termini wie »elterliche Gewalt« per Neuregelung im *Bürgerlichen Gesetzbuch* 1979 durch »elterliche Sorge« ersetzt. Der Aspekt der Rechte des → *Kindes* gegenüber den Pflichten tritt in der Bundesrepublik stärker hervor. Insgesamt umfassen und regeln die auf die F. bezogenen Gesetze und Maßnahmen in beiden Staaten gleiche Aufgabenbereiche mit ähnlichen Intentionen. Sie umfassen das Ehe-, Verwandtschafts- und Vormundschaftsrecht und hierunter spezielle Aspekte wie Ehescheidung, Volljährigkeit, Unterhaltsansprüche von Ehegatten, Eltern und Kindern, Stellung des unehelichen Kindes.

Trotz der gesetzgeberischen Tendenz zu einer erweiterten Gleichberechtigung lassen sich in der öffentlichen Diskussion der Bundesrepublik nach wie vor zwei Konzepte von F. feststellen. Die F. mit berufstätiger Ehefrau und Mutter, die ihre Berufstätigkeit in der Phase, in der die Kinder geboren und betreut werden (»generative« Phase), befristet unterbricht, wird seitens der gegenwärtigen Bundesregierung von *SPD* und *FDP* stärker favorisiert und gestützt, zum Beispiel durch Förderung von Tagesmüttern und Kindergartenplätzen. Dagegen wird das Konzept der F. mit nicht berufstätiger Hausfrau und Mutter, die die familiären Pflichten langfristig oder ausschließlich in den Mittelpunkt ihres Lebens stellt, nach wie vor vornehmlich durch die Parteien *CDU* und *CSU* repräsentiert und in den von ihnen regierten Bundesländern gefördert, beispielsweise durch Erziehungsgeld für nicht berufstätige Mütter. Sie fühlen sich durch die sinkenden Geburtenraten bestärkt, obwohl in den einschlägigen Statistiken keine Zusammenhänge zwischen der Berufstätigkeit von Frauen und deren Kinderzahl nachzuweisen sind.

Die auf F. bezogenen Maßnahmen in der Bundesrepublik zielen auf eine verbesserte medizinische Betreuung von Mutter und Kind, etwa durch medizinische Vorsorgeuntersuchungen, sowie auf Erleichterungen insbesondere für berufstätige Mütter durch Mutterschutz, Kindergärten und befristete, bezahlte Beurlaubung bis zu einem halben Jahr nach Geburt von Kindern. Dabei wird die Hilfe für kinderreiche F. von allen Parteien als vorrangig angesehen. Dagegen wurde die außerfamiliäre Kinderbetreuung in der frühen Kindheit und, was wichtiger wäre, im Schulalter durch Kinderhort und Ganztagsschule, bislang nicht intensiviert.

Bevölkerungspolitische Zielsetzungen treten in der DDR ausdrücklicher hervor. Dahinter steht die Überlegung, daß möglichst drei Kinder geboren und aufgezogen werden sollten, um der negativen Bevölkerungsentwicklung Einhalt zu gebieten. Sämtliche gesetzgeberischen wie sozialpolitischen Maßnahmen zielen auf die ununterbrochen erwerbstätige Ehefrau und Mutter; beide Funktionen der Frauen sind zugleich zu stützen und zu erleichtern. Hierzu zählt der auf insgesamt 26 Wochen verlängerte Mutterschaftsurlaub vor und nach der Geburt eines Kindes und das sogenannte Babyjahr nach Geburt der zweiten und weiterer Kinder. Außerdem bietet die ergänzende institutionelle Betreuung und Erziehung der Kinder den Müttern eine bedeutsame Entlastung. Hinzu kommen finanzielle Hilfen für junge Ehepaare in Form von Ehekrediten, deren Rückzahlungsbetrag sich mit der Anzahl der Kinder verringert, sowie Geburtsbeihilfen für jedes Kind. Gleichzeitig wird neuerdings eine Stabilisierung der Ehen durch Erschwernis von Ehescheidungen angestrebt. Der in der DDR seit 1976 feststellbare kurzfristige Geburtenanstieg scheint dennoch weniger eine Reaktion auf die neuen Maßnahmen zu sein, sondern primär mit dem vorübergehend größeren Anteil von jungen Frauen im gebärfähigen Alter zusammenzuhängen. Zudem stellt sich generell die Frage, ob Recht und Sozialpolitik derart »soziale Kontrolle« ausüben und die Bevölkerungsentwicklung steuern dürfen. Gesetze, die beispielsweise die Ehescheidungen erschweren, wie sie bis 1979 in der Bundesrepublik rechtsgültig waren, haben ebenfalls weder die Geburtenraten steigern noch die Stabilität zerrütteter Ehen und F. wieder herstellen können, sondern allenfalls zur Aufrechterhaltung von Fassadenehen beigetragen. Im Gegenteil ist in der Bundesrepublik seit der Reform des Scheidungsrechts sogar ein Rückgang der Scheidungsquoten zu verzeichnen, was allerdings auch rechtstechnische Gründe haben mag.

Familienangelegenheiten werden durch eine Vielzahl von Behörden und Institutionen betreut. In der Bundesrepublik gibt es das *Bundesministerium für F., Jugend, Gesundheit;* in den Bundesländern sind primär die Sozialministerien zuständig. In der DDR sind die familiären Belange teils dem *Ministe-*

rium für Gesundheitswesen, teils anderen Ministerien zugeordnet. Im kommunalen Bereich der Bundesrepublik bestehen diverse Beratungsstellen der Gemeinden und Städte, Kirchen und des Vereins *Pro Familia,* die bei Ehe- und Familienproblemen und der Familienplanung Hilfe leisten. In der DDR befinden sich derartige Beratungsstellen erst im Aufbau.

IV. Familienformen

Verbreitung: In der Bundesrepublik sind bislang beide Familienformen ungefähr gleich häufig anzutreffen. Fast 50 v. H. aller Frauen im erwerbsfähigen Alter sind erwerbstätig; unter den Müttern mit nicht volljährigen Kindern sind es ebenfalls ca. 40 v. H. Dabei ist die Anzahl der Kinder pro F. unabhängig davon, ob die Mütter berufstätig sind oder nicht. In der DDR sind demgegenüber ca. 85 v. H. aller Frauen im erwerbsfähigen Alter erwerbstätig, so daß die F. mit nicht berufstätiger Ehefrau und Mutter eine Ausnahme bildet.

Familienähnliche Formen des Zusammenlebens, außereheliche, eheähnliche Formen wie Ehe auf Probe in vorübergehenden, wechselnden oder dauerhaften Beziehungen oder das Zusammenleben in Wohngemeinschaften oder »Kommunen«, werden in der Bundesrepublik von einem kleinen, überwiegend akademischen Teil der Bevölkerung praktiziert und toleriert, ohne daß sie gesetzlichen Schutz oder Absicherung erfahren. In der DDR werden derartige Formen des Zusammenlebens zwar ebenfalls von Minderheiten praktiziert – auch als Zusammenwohnen geschiedener Eheleute aufgrund des Wohnraummangels –, sie sind jedoch offiziell und in der Gesetzgebung ausdrücklich unerwünscht. Unter historischem Blickwinkel sollte nicht übersehen werden, daß im deutschen Proletariat vor 1914 eheähnliche Verhältnisse aus rechtlichen und wirtschaftlichen Gründen weit verbreitet waren.

Entwicklungstendenzen: Die westliche Familienforschung betont einige strukturelle Merkmale und Veränderungen der F. in der Gegenwart (R. König, L. Rosenmayr, 1976). Infolge der geringeren Zahl der Kinder und Kontaktpersonen innerhalb der Kernfamilie gewinnt die Gemeinschaft der Ehegatten gegenüber der F. und den Kindern zunehmend Bedeutung. Zugleich werden die Beziehungen zwischen den Familienmitgliedern immer enger. Insbesondere für die Ehegatten werden gegenseitige Zuneigung, Sexualität und Partnerschaft die tragenden Elemente ihrer Beziehung. Wenn zudem die Ehefrau ausschließlich häusliche Funktionen wahrnimmt, führt dies teilweise zu einer Abkapselung gegenüber außerfamiliären Kontakten und Aufgaben (F. Neidhardt 1979). Neben einer Überforderung und überhöhten Erwartung an die stark emotional bestimmten Dauerbeziehungen besteht die Gefahr einer innerfamiliären »Überorganisation«, die durch ständige Präsenz und Kontrolle, auch durch das Zusammenleben auf relativ engem Raum zustande kommt. In der Erziehungsstilforschung wurde nachgewiesen, daß ein durch Mütter praktizierter Erziehungsstil der starken Kindzentriertheit, der Überbesorgtheit und Kontrolle, der *overprotection,* häufig zu verspäteter und unzureichender Ablösung der Kinder führt (B. Hille, Kindergesellschaft? Wie unsere Kinder aufwachsen, Köln 1980). Dadurch wird eine wichtige Erziehungsaufgabe, nämlich den Kindern zunehmend mehr Abstand, Freiraum, außerhäusliche Kontakte und Selbständigkeit zu gewähren, teilweise unzureichend erfüllt (F. Neidhardt 1979). Somit liegt eine der Hauptgefahren für heutige F. in dem Mangel an gegenseitiger personaler Distanz und in der übertriebenen gegenseitigen Kontrolle. Dies scheint weniger für F. mit berufstätigen Müttern zuzutreffen, wenngleich in der Forschung bislang die Hausfrauenehe und -familie stärker beachtet wurde.

In der DDR werden derartige Strukturprobleme nicht diskutiert, sondern »Kameradschaft« und gegenseitige »Zuneigung« als wesentliche Elemente des Zusammenlebens propagiert. Der Leittypus der »sozialistischen F.« ergibt sich im wesentlichen aus der prononcierten Stellung der erwerbstätigen Frau im Rahmen des gesellschaftlichen, politischen und vor allem wirtschaftlichen Systems der DDR. Die vorherrschende Berufstätigkeit der Ehefrauen und Mütter setzt eine Rollenaufteilung voraus, bei der beide Partner die Aufgaben in der F. und im Haushalt teilen und gemeinsam ausführen sollten, was bislang allerdings nur unzureichend gelingt. Zugleich wird eine intensive Kooperation mit den außerfamilialen Instanzen von Kinderkrippe und -garten, Schule, Kinder- und Jugendorganisation unerläßlich. Damit wird eine partielle Öffnung der F. gegenüber gesellschaftlichen, beruflichen und politischen Aufgaben herbeigeführt. Trotzdem leiden die berufstätigen Frauen unter erheblicher Überlastung durch Beruf, Weiterqualifizierung, Haushalt, Kinder und gesellschaftliche Betätigung, was zum Zerfall und zur »Desorganisation« der F., zu Trennungen und relativ häufigen Scheidungen beiträgt.

Grundfunktionen: Von den drei grundlegenden Funktionen bleibt die biologische Funktion der Nachwuchszeugung und -pflege, die Erneuerung der Bevölkerung in beiden deutschen Staaten unstrittiges Primat der F. Der generelle Geburtenrückgang weist darauf hin, daß diese Funktion möglicherweise bewußter und differenzierter wahrgenommen wird. Die Aufgaben der Persönlichkeitsentwicklung, das heißt die psychische Entwicklung individueller Eigenschaften, Fähigkeiten, Interessen sowie von Ich-Stärke und Vertrauen liegt ebenfalls weitgehend in Händen der F. (→ *Persönlichkeit*). Hierbei sind die Persönlichkeitseigenschaften der Eltern, ihre Erziehungshaltungen, vor allem das Ausmaß an emotionaler Zuwendung und Wärme sowie das »familiäre Klima« insgesamt wichtig. Der Schwerpunkt dieses Einflusses liegt in der frühen Kindheit. Die Annahme eines lebenslang prägenden, teils irreversiblen Einflusses in der frühkindlichen Phase ist jedoch wissenschaftlich nicht erhärtet. Ebensowenig hat sich eine enge und ausschließliche Mutter-Kind-Beziehung als allein ausschlaggebende positive Einflußgröße erwiesen. Sie zeigt sich eher als hinderlich für die Selbständigkeitsentwicklung des Kindes und dessen Fähigkeit zur sozialen Eingliederung in die gleichaltrige Kindergruppe. Eine größere Anzahl von Kontaktpersonen bereits vom Säuglingsalter an bietet häufig die optimaleren Entwicklungsbedingungen. Anstelle einer Überbewertung der engen Mutter-Kind-Bindung sollten die sich aus der Überfrachtung der emotionalen Bezüge ergebenden Gefahren gesehen werden. Sie liegen aber auch in der unzureichenden Qualifikation der meisten Mütter wie Väter für das Zusammenwirken von emotionaler Zuwendung, intellektuellen und sprachlichen, sozialen und spielerischen Anregungen, andererseits im Zeitmangel der Berufstätigen, was für die DDR in besonderem Maß gilt. Aktuellen Jugendbefragungen zufolge hat die Mehrheit der Jugendlichen in beiden Staaten ein insgesamt positives Verhältnis zu den Eltern bewahrt (→ *Jugend*). Von einem ausgeprägten Generationskonflikt kann nur bei einer Minderheit gesprochen werden. Konflikte dürften sich statt dessen eher außerhalb der F. und innerhalb der kleinen Generationsdistanz zwischen älteren und jüngeren Geschwistern, älteren und jüngeren Arbeitskollegen entwickeln. Als zentrale dritte Funktion übernimmt die F. die sozial-kulturelle Entwicklung der Persönlichkeit, ihre »Sozialisation«. Dazu zählt das soziale Lernen in der größeren Gruppe der Gleichaltrigen, die aktive Teilhabe in Bezugs- und Mitgliedsgruppen, der Erwerb von Sprache, Schrift, Zahl sowie der spezialisierte Wissenserwerb im technischen, naturwissenschaftlichen, politischen und kulturellen Bereich. Ab dem dritten, spätestens sechsten Lebensjahr gewinnen außerfamiliale Instanzen zunehmend an Bedeutung. In der DDR ist die sozial-kulturelle Funktion der F. inhaltlich eindeutig auf das Ziel fixiert, »sozialistische Persönlichkeiten« zu entwickeln. Die reibungslose Integration in das System der DDR und insbesondere in den Arbeitsprozeß stehen im Mittelpunkt. Disziplin, Fleiß, Zuverlässigkeit, Kollektivität sind wesentliche Merkmale der idealen »sozialistischen Persönlichkeit«, die in der Identität individueller und gesellschaftlicher Interessen ihre Vollendung finden soll. Nicht die individuelle, personale Entwicklung soll dafür entscheidend sein, sondern die historische Entwicklung der Gesamtgesellschaft,

die schrittweise Angleichung der Schichten und Klassen an die progressive Arbeiterklasse, das stetige Fortschreiten vom → *Sozialismus* zum → *Kommunismus*. Dieses hochgesteckte Ziel, das sich an einem ebenso perfekten wie abstrakten Leitbild orientiert, dürfte sich nur schwer im Erziehungsprozeß umsetzen lassen. Um so wichtiger wird das harmonische Zusammenwirken sämtlicher, mit der Erziehung und Betreuung betrauten Personen und Institutionen. Die F. soll hierbei nur als eine unter mehreren Instanzen fungieren, zumal in ihr Hemmnisse und Widerstände vermutet werden. In einschlägigen Forschungen wurden familiäre Einflüsse in der Tat insbesondere in Zusammenhang mit unerwünschten Entwicklungen aufgedeckt, beispielsweise bei Schulversagen, unangepaßter Berufswahl, bei traditionell geschlechtsspezifischen Attitüden und Interessen sowie bei sozial auffälligem und abweichendem oder auch kriminellem Verhalten. Ein negatives familiäres Klima, ein ungünstiges soziales Milieu sowie unvollständige F. wurden, ähnlich wie in westlichen Befunden, als Hauptursachen festgestellt.

V. Übereinstimmungen zwischen der Bundesrepublik Deutschland und der Deutschen Demokratischen Republik

Abgesehen von unterschiedlichen ideologischen, politischen und institutionellen Zielen sind im Vergleich beider deutscher Staaten beträchtliche Analogien festzustellen, vor allem was Familiengröße und -struktur, Kinderzahl sowie die familiären Einflüsse auf Entwicklung und Verhaltensweisen im Kindes- und Jugendalter betrifft. Neben der generellen Tendenz zur Ein- bis Zwei-Kinder-Familie haben sich infolge des sinkenden Heiratsalters und der höheren Lebenserwartung wesentliche Veränderungen im Familienzyklus vollzogen. Die nachelterliche Phase hat sich beträchtlich vorverlagert und verlängert, wodurch für das Ehepaar neue Aufgaben und Probleme des Zusammenlebens erwachsen und zugleich eine ausschließliche und lebenslange Konzentration auf den familiären Bereich zunehmend fragwürdig wird.

Im Lauf eines knappen Jahrhunderts haben die F. beachtliche Veränderungen vollzogen. Übereinstimmend ist die F. in beiden deutschen Staaten trotz dieser Wandlungen die wichtigste Sozialisationsinstanz geblieben. In beiden deutschen Staaten werden jedoch wesentliche Lebensaktivitäten außerhalb der F. wahrgenommen. Dies ist historisch weniger als »Funktionsverlust« zu beklagen, da es sich teils um Aktivitäten handelt, die auch zu früheren Zeiten außerhalb der F. wahrgenommen wurden, wie die Teilnahme am Leben der Kirchen und Parteien, am Wehrdienst und den Wahlen. Um so stärkeres Gewicht behält die F. im Bereich der persönlichen Kontakte bei der Auswahl der Freunde und Partner sowie in der Freizeit, die auch von Jugendlichen zu einem großen Teil noch im häuslichen Bereich verbracht wird. Allerdings behielt sie maßgeblichen Einfluß auch dort, wo sie relativ wenig Kompetenz aufweist, bei der Wahl des → *Berufes.*

Die gegenwärtige Situation in der DDR ist ambivalent in doppelter Hinsicht. Einerseits behielt die F. wichtige erzieherische Funktion, andererseits werden sämtliche von der Norm abweichende Interessen und Gewohnheiten der Heranwachsenden der F. angelastet. Genießt sie fernerhin den besonderen staatlichen Schutz, so ermöglicht sie zugleich einen Rückzug vor allgegenwärtigen staatlichen und politischen Anforderungen. Was die zukünftige Entwicklung angeht, so kann zunächst davon ausgegangen werden, daß die Kombination von beruflichen und familiären Aufgaben der Frauen langfristig auch in der Bundesrepublik ein Faktum bleiben wird und zunehmen dürfte und damit auch als Problem bestehen bleibt. Eine zweite Veränderung vollzieht sich in Zusammenhang mit der höheren Lebenserwartung, die dazu führt, daß sich allmählich eine dritte (Großeltern) und vierte Generation (Urgroßeltern) alter Menschen entwickelt. Nachdem die Kinder den elterlichen Haushalt verlassen und eigene F. gegründet haben, stellt sich für die zurückbleibenden Eltern die Aufgabe der Altenbetreuung und Krankenpflege, sofern diese nicht auf außerfamiliale Instanzen übertragen wird.

B. Hille

Literatur
R. König, L. Rosenmayr, F. und Alter, in: Handbuch zur empirischen Sozialforschung, Bd. 7, hrsg. von R. König, Stuttgart ²1976
Zur politischen und moralischen Erziehung in der F., hrsg. von der Akademie der Pädagogischen Wissenschaften, Berlin (Ost) 1978
K. Schneewind, H. Lukesch (Hrsg.), Familiäre Sozialisation, Stuttgart 1978
Die Lage der F. in der Bundesrepublik Deutschland. Dritter Familienbericht. Deutscher Bundestag, Drucksache 8/3120 und 8/3121 vom 20.8.1979
I. Weber-Kellermann, Die deutsche F., Frankfurt a. M., 1981
B. Hille, F. und Sozialisation in der DDR, Opladen 1982

Fernsehen

I. Entwicklung des Mediums – II. Die Programme – III. Fernsehen und Gesellschaft

I. Entwicklung des Mediums

F. beruht auf der Übertragung bewegter Bilder und des Tons mit Hilfe des Funks, wobei es gegenüber dem ähnlich begründeten Hörfunk ein selbständiges und das technisch weiter entwickelte Medium darstellt. Seine technische Entwicklung, insbesondere die des Empfangs und der individuellen Speicherung, ist keineswegs abgeschlossen. Begriffe wie Kassettenfernsehen, Kabelfernsehen und Satellitenfernsehen lassen grundlegende Veränderungen des Mediums in der nächsten Zeit erwarten. Die Entwicklung des F. begann schon Ende des 19. Jh. Aber der Wunsch, von überall her bewegte Bilder zeitgleich empfangen zu können, ließ sich technisch erst Mitte der 30er Jahre verwirklichen, und das entstandene neue Medium wurde in Deutschland vom Nationalsozialismus sogleich ideologisch dienstbar gemacht. Der ab 1935 in Berlin-Witzleben erprobte Sendebetrieb hatte 1936 bei der Olympiade seinen vorläufigen Höhepunkt, blieb aber bis zu seiner Einstellung 1944 auf Berlin beschränkt.

Erst ab 1948 begannen in Hamburg der *Nordwestdeutsche Rundfunk*, ab 1950 der *DDR-Rundfunk* in Berlin-Adlershof mit dem Aufbau neuer Fernsehsysteme. Der Neubeginn ging von den schon in den ersten Nachkriegsjahren entstandenen Rundfunkanstalten aus. Seither ist das F. unbestritten Teil des Rundfunks.

Der *Nordwestdeutsche Rundfunk* strahlte ab 1950 in unregelmäßigen Abständen ein Versuchsprogramm, ab 25. 12. 1952 ein regelmäßiges Programm aus, das dann am 1. November 1954 vom *Deutschen Fernsehen* abgelöst wurde, dem von den in der *ARD* (→ *Hörfunk*) zusammengeschlossenen westdeutschen Rundfunkanstalten gemeinsam produzierten und gesendeten Fernsehprogramm. Mit dieser Kooperation soll trotz eines einheitlichen, bundesweiten Programms der föderativen Struktur der Bundesrepublik wie der des Rundfunksystems entsprochen werden. In der DDR nahm der zentral in Berlin (Ost) organisierte *Deutsche Fernsehfunk* am 3. Januar 1956 offiziell seine Ausstrahlung auf. Die 50er Jahre, die für beide Fernsehsysteme als Versuchs- und Einführungsphase gelten können, sind durch die anfangs sehr geringe Verbreitung des Mediums, seinen begrenzten Programmumfang, die Erprobung der Programmformen und vor allem durch technische Probleme wie durch den Bau von Übertragungsstrecken, Sendeanlagen und durch die Verbesserung der Studioeinrichtungen bestimmt.

Auch wenn in der Bundesrepublik die kulturelle Elite im F. zunächst nur ein Symptom der kulturbedrohenden Massengesellschaft und ein reines Unterhaltungsinstrument sah, wurde die politische Bedeutung des F. in beiden deutschen Staaten gleichermaßen anerkannt. Die Bundesregierung unter K. Adenauer versuchte von Beginn an, Einfluß auf das durch Länderkompetenz geschaffene F. zu gewinnen. Spektakulär war 1959/60 der Versuch, neben dem Programm der *ARD* ein von der Bundesregierung kontrolliertes *Deutschland Fernsehen* einzurichten. Veranstalter sollte als private Programmgesellschaft auf Bundesebene die *Freies Fernsehen GmbH* sein. Diese Absicht scheiterte jedoch 1961 durch eine Entscheidung des *Bundesverfassungsgerichts*. Dieser Verfassungskonflikt zwischen Bund und Ländern machte die Bedeutung des neuen Mediums öffentlich. Zu einer neuen Einschätzung des F. trugen aber auch die wachsenden Teilnehmerzahlen – 1961 waren es schon 5,9 Mio. – und das dadurch gestiegene Gebührenaufkommen bei. Seit den 60er Jahren wurde das F. auch zu einem wichtigen Arbeitsfeld für Autoren für Fernsehspielen.

Das F. der DDR war von Beginn an als publizistisches Lenkungsinstrument in das Agitations- und Propagandasystem der DDR eingebunden. In der Erziehung des Zuschauers zum sozialistischen Menschen sah man ab 1960 die zentrale Aufgabe des F., wobei das F. in dieser Zeit durch seine wachsende Reichweite gegenüber anderen Medien, vor allem dem → *Kino,* an Bedeutung gewann.

Die wachsenden Teilnehmerzahlen, die schon 1970 in der Bundesrepublik eine Fernsehdichte von 85 v. H. und in der DDR von 70 v. H. bewirkten, führten zum Ausbau der Programme. In der Bundesrepublik errichteten die Länder 1961 nach dem Scheitern des sogenannten *Adenauerfernsehens* das *Zweite Deutsche Fernsehen* (*ZDF*). Auch bauten die Anstalten der *ARD* zwischen 1965 und 1969 die *Dritten Programme* als Studien- und Bildungsprogramme auf. Die tägliche Sendezeit vergrößerte sich schrittweise, und ab 1967 senden die *ARD* und das *ZDF* erst vereinzelt, dann in immer größerem Umfang in Farbe. In der DDR fand der Ausbau langsamer statt, was auch daran lag, daß das Sendegebiet, die Teilnehmerzahlen und damit die finanziellen Mittel für die Programmproduktion insgesamt sehr viel kleiner sind. Anläßlich des 20. Jahrestags der DDR strahlte der *Deutsche Fernsehfunk* ein zweites Programm und erste Farbsendungen aus.

Ihr grenzüberschreitender Charakter brachte das west- und ostdeutsche F. in Konkurrenz zueinander. Nicht nur in Hamburg, auch in Berlin (West) hatte der *NWDR* 1951 erste Fernsehversuche aufgenommen, nicht zuletzt deshalb, weil das von hier aus gesendete Programm in weiten Teilen der DDR gut zu empfangen war. Das F. der DDR stand allein auch unter Zugzwang und mußte dem F. der Bundesrepublik etwas entgegensetzen. Trotz der erklärten Zielsetzung, durch das F. der DDR auch auf die Bürger der Bundesrepublik und Westberlins einzuwirken, beschränkte sich deren Nutzung von Programmen aus der DDR, wie Studien von *Infratest* 1959/61 ergaben, im wesentlichen auf Unterhaltungssendungen und Spielfilme. Umgekehrt entwickelte sich das bundesrepublikanische F. in der DDR zu dem am meisten gesehenen Programm, das

inzwischen in zwei Dritteln der DDR empfangen werden kann. Eine Ausnahme bilden die Gebiete um Stralsund, Greifswald, Dresden und Görlitz. Gezielte Kampagnen gegen den Empfang westdeutscher Programme, der als »Rundfunkverbrechen« meist im Zusammenhang anderer Vorwürfe wie der »staatsfeindlichen Hetze« geahndet wurde, sowie die Demontage der als »Adenauerfahnen« bezeichneten, nach Westen ausgerichteten Antennen durch Trupps der *FDJ* blieben letztlich erfolglos. Als publizistische Korrektur und Antwort auf das Westfernsehen versteht sich K. E. v. Schnitzlers »Der schwarze Kanal«, der durch den vorausplazierten Spielfilm attraktiv gemacht wird. Diese seit 1960 ausgestrahlte Sendung findet jedoch gerade wegen des offenkundigen Agitationscharakters kaum positive Resonanz.

Im Kontext der Entspannungspolitik und der innenpolitischen Neuorientierung unter E. Honekker erfuhr auch die Fernsehpolitik der DDR einen Kurswechsel, in dessen Folge das F. unter Meidung des Begriffs Deutsch in *Fernsehen der DDR* umbenannt wurde und man versuchte, das eigene Programm durch Orientierung an der Westunterhaltung aufzulockern. Langfristig wurde damit die Ausrichtung der Bürger der DDR auf das bundesdeutsche F. aber nicht geändert. Während in der DDR wegen mangelnden Erfolgs bald darauf verzichtet wurde, durch die Fernsehprogrammgestaltung auf die Bundesbürger Einfluß zu nehmen, entspricht es dem Selbstverständnis von *ARD* und *ZDF,* das eigene Programm auch für die Bürger der DDR zu produzieren und zu senden. Hierfür wurden teilweise eigene Sendeanlagen errichtet. Das 1961 unmittelbar nach dem Mauerbau von der *ARD* eingerichtete Vormittagsprogramm, dem sich das *ZDF* anschloß, wurde bis 2. Januar 1981 nur von den Sendern an der Grenze zur DDR ausgestrahlt. Mit veränderter Konzeption wird es seitdem im gesamten Bundesgebiet verbreitet.

In der Bundesrepublik ist das F. öffentlich-rechtlich organisiert. Es ist also nicht unmittelbar Teil staatlicher Gewalt und trotzdem auch nicht privatwirtschaftliches Unternehmen, sondern eine unabhängige öffentliche Einrichtung. Diese Konstruktion wurde jedoch zunehmend unterlaufen. Die schleichende Kommerzialisierung begann schon 1956, als der *Bayerische Rundfunk* das Werbefernsehen einführte, also Sendezeit verkaufte. Heute gibt es in der Form der Auftrags-, Ko- und Kaufproduktion auch eine privatwirtschaftliche Programmproduktion, und die Anstalten haben selbst kommerzielle Tochterunternehmen wie die *Bavaria Atelierbetriebs GmbH* oder *Studio Hamburg GmbH.* Auf der anderen Seite wuchs der politische Einfluß der Parteien auf die Anstalten durch gezielten Druck von außen und durch Parteivertreter in den Aufsichtsgremien. Den Parteien kam dabei zu Hilfe, daß die Rundfunkanstalten mit der Stagnation der

Teilnehmerzahlen Ende der 60er Jahre in eine Finanzkrise gerieten, die nur durch Gebührenerhöhungen, die von den Landesparlamenten beschlossen werden mußten, zu beheben war.

Das F. der DDR, das in seiner Anfangsphase wie der Hörfunk vom *Staatlichen Rundfunkkomitee* geleitet wurde, untersteht seit dem 15. September 1968 dem *Staatlichen Komitee für F.* beim Ministerrat. Seit Beginn ist H. Adameck, Mitglied des Zentralkomitees der *SED,* Vorsitzender dieses Komitees, berufen vom Vorsitzenden des Ministerrats. Die konsequente organisatorische Einbindung des F. in den Staatsapparat soll seine Funktion, Transmissionsriemen zwischen Staat und Gesellschaft zu sein, sichern.

II. Die Programme

Die Programme von *ARD* und *ZDF* werden durch aufeinander abgestimmte Programmschemata gegliedert. Unter den Gesichtspunkten, daß zwischen den Kanälen jeweils ein Kontrast bestehen soll und daß ein Programmwechsel durch gleiche Anfangszeiten erleichtert wird, aber auch unter medienpädagogischen Aspekten werden diese Programmschemata in mehrjährigem Abstand neu ausgehandelt. Für die Programmabstimmung im *Fernsehen der DDR* ist das *Staatliche Komitee für Fernsehen* beim Ministerrat zuständig. Das Programmgerüst bilden in der Regel die Nachrichtensendungen. Die anderen Sendungen ordnen sich in vorgegebene Programmplätze ein. Jede noch so herausragende Sendung ist so immer eingebunden in den Zusammenhang anderer Sendungen. Die häufig vertretene These, das F. sei nur Transportvehikel und nicht eigenständiges Medium, stützt sich darauf, daß fast alle Programmformen des F. auf Vorläufer in anderen Medien zurückgreifen. Die Fernsehnachrichten gehen auf in der → *Presse* und im Hörfunk erprobte Nachrichtenformen zurück, das Bildmaterial stammte in der Anfangszeit von den Kinowochenschauen. Das Fernsehfeature steht in der Tradition des Dokumentar- und Kulturfilms sowie des Hörfunkfeatures. Die Fernsehdiskussion hat ebenfalls ihr Vorbild im Hörfunk. Das Fernsehspiel orientierte sich am Theater, dem Spielfilm und dem Hörspiel, bevor es seine eigene Tradition entwickelte. Der Fernsehspielserie gingen der Zeitungsfortsetzungsroman, die Kinofilmserie und die Hörspielreihe voraus. Unterhaltungssendungen benutzen Muster des Varietés, der *Music Hall,* der Bunten Abende des Hörfunks oder des → *Kabaretts.* Diese Rückgriffe erfolgten einerseits offen, wie bei der Theater-, Kabarett-, Fußballübertragung oder beim in das Fernsehprogramm direkt übernommenen Kinospielfilm, andererseits verdeckt, indem aus in anderen Bereichen vorhandenen Mustern neue, den Bedingungen der Fernsehproduktion und -rezep-

tion angepaßte Programmformen entstanden. Trotz dieser engen Bezüge zu anderen Medien gilt, daß jede dieser Formen zunächst und vor allem eine mediale Form des F. ist und in diesem Kontext grundsätzlich anderen Bedingungen unterliegt als die entsprechende der anderen Medien. Eine Schlüsselfunktion liegt dabei im Multiplikationseffekt des F.

Der Rückgriff auf andere mediale Traditionen erfolgte in den beiden deutschen Fernsehsystemen nur mit geringen Akzentverschiebungen. So gewann beispielsweise das bundesdeutsche F. in den 50er und 60er Jahren einen Großteil seiner Popularität durch die Unterhaltungsform des Quiz, während das F. der DDR dieses als kapitalistisches Produkt der amerikanischen → *Kulturindustrie* verdammte und es erst spät in der abgeschwächten Form der Ratesendung mit bildendem Anspruch ins Programm aufnahm, so in der Sendung »Schätzen Sie mal«.

Die partielle Substitution anderer Medien durch das F. führte zu einer Veränderung der kulturellen Landschaft insgesamt. Mit der Ausbreitung des F. ging der Niedergang anderer Medien parallel. Varieté, → *Zirkus,* Unterhaltungskabarett und die Kleinkunst insgesamt verloren an Bedeutung. Hatte das → *Theater* dank seiner Subventionierung unter der Ausbreitung des F. zunächst kaum zu leiden, so hatte die Entwicklung des F. vor allem Einfluß auf Anzahl, Größe und Programmangebot der → *Kinos.* Das F. verdrängte das Kino, beschleunigt durch dessen anfängliche Anpassungsschwierigkeiten, Ende der 50er Jahre aus seiner Spitzenstellung in der kulturindustriellen Produktion. Andererseits hat das F. durch seine Mitschnitte auch andere Medien gestützt, wobei gerade das F. der DDR besonders bestehende, offiziell anerkannte kulturelle Bereiche fördert. Diese Verschiebungsprozesse finden in beiden deutschen Staaten statt, wobei sie sich bei der privatwirtschaftlichen Organisation der Filmindustrie und der anderen Unterhaltungsbranchen in der Bundesrepublik schärfer als in der staatlichen Film- und Unterhaltungsproduktion der DDR auswirkten. Dort ist der Rückgang der Kinobesucherzahlen auch weniger stark als in der Bundesrepublik, und der Bestand der Kleinkunst blieb stärker gewahrt. Seit Mitte der 70er Jahre sind vor allem in der Bundesrepublik neue Tendenzen zu beobachten. Aufgrund der langjährigen Gewöhnung hat das F. viel von seiner ursprünglichen Faszination eingebüßt. Unterhaltungsformen mit größerer Unmittelbarkeit ziehen ebenso wie das Kino wieder mehr Interesse auf sich.

Neben diesen intermedialen Beziehungen spielt die Eigenentwicklung der Sendeformen innerhalb der Programmgeschichte des F. eine immer stärkere Rolle. In der Bundesrepublik setzte Ende der 60er Jahre eine Kritik der Fernsehnachrichten ein, die Verständlichkeit und Informationsgehalt teilweise grundsätzlich in Frage stellte. Im Unterschied zu Programmformen wie »Unterhaltung« und »Fernsehspiel« hat es in der DDR eine vergleichbare, öffentlich geführte Diskussion um die Fernsehnachrichten nicht gegeben, obwohl die Nachrichtenpräsentation in der »Aktuellen Kamera« in noch stärkerem Maße der Standardisierung, Ritualisierung und Abstraktion unterworfen ist.

Zu den Hauptattraktionen des Mediums gehören die aktuellen Übertragungen, die die spezifische Möglichkeit des F., die zeitgleiche Aufnahme, Sendung und Wiedergabe eines Ereignisses, nutzen und die in besonderem Maße dem Zuschauer unmittelbare Teilhabe am abgebildeten Geschehen suggerieren. Gerade die Übertragung spektakulärer Ereignisse, politischer Staatsakte wie der Krönung der englischen Königin, sportlicher Veranstaltungen wie der Fußballweltmeisterschaften oder Olympiaden sowie technischer und sonstiger Rekorde etwa der Mondlandungen und Weltraumflüge, trugen zu der durch das Medium erzeugten und vom Zuschauer wieder auf dieses als Erwartungshaltung projizierten Augenzeugenideologie bei. Auch die Fernsehreportage lebt von dieser Aura unmittelbarer Teilhabe. Sie komprimiert zugleich das Gezeigte in Höhepunkten und führt den Zuschauer in spezifische, ihm sonst unbekannt bleibende Realitätsausschnitte ein. Die Fernsehreportage im *Fernsehen der DDR* bemüht sich gezielt um die Arbeitswelt, um so auch zu einem Bewußtsein von den erzielten Erfolgen und anstehenden Problemen beizutragen.

Als Krönung des F. galt in der Bundesrepublik und in der DDR seit Beginn des F. das Fernsehspiel. Als Kunstform zunächst in Abgrenzung zum Theater und zum Kinospielfilm durch die in den 50er Jahren dominierende Form des Livespiels bestimmt, entfaltete es sich seit Beginn der 60er Jahre mit der Einführung der Magnetaufzeichnung zu einer eigenständigen Form. Die in der Bundesrepublik mit der Arbeit E. Monks beim *Norddeutschen Rundfunk* einsetzende kritische Beschäftigung mit dem bundesdeutschen →*Alltag* und die Mitte der 60er Jahre auch in der DDR produzierten Fernsehspiele und -filme über die Alltagsprobleme der Gegenwart, etablierten das Fernsehspiel als künstlerische Form, sich mit der deutschen Realität auseinanderzusetzen.

III. Fernsehen und Gesellschaft

Besonders heftig wurde in den 70er Jahren unter pädagogischen Aspekten die Darstellung der Gewalt im F. in der Bundesrepublik diskutiert, ebenso die Frage nach dem Einfluß des F. auf Kinder (→*Kind*). Eine Zwischenbilanz der Forschung legt die These nahe, daß die Probleme weniger im Programmangebot selbst liegen, als in der realen Umwelt der Kinder. Wo unwirtliche Groß-

städte, überall aufgestellte Verbote und zu wenig Spielplätze die Umwelt von Kindern bilden, gewinnt das F. mit seiner permanenten Abwechslung seine alles überragende Bedeutung im Kinderalltag. So wird der mehrstündige Fernsehkonsum, weil er soviel anderweitig zu nützende Zeit blockiert, zu einem Problem, zu dessen Lösung auch pädagogisch ausgetüftelte Kinderprogramme wenig beitragen. Die Diskussion, ob reale Gewalt, wie etwa kriegerische Auseinandersetzungen, aber auch Not und Katastrophen möglichst hautnah gezeigt werden sollen, ist ebensowenig entschieden wie die Frage, in welcher Form fiktive Gewalt etwa in Kriminalfilmen und Western noch zumutbar ist.

Diese Diskussionen haben in der DDR keine Entsprechung. Da das F. der DDR generell erzieherisch wirken soll, gibt es keine Debatte über Gewalt im F., denn ihre Darstellung dient, wie beispielsweise in »Polizeiruf 110«, erzieherischen Zwecken. Auch das Kinderfernsehen ist eingebunden in das sozialistische Erziehungssystem, seine Entwicklung und Ausgestaltung wird deshalb langfristiger als in der Bundesrepublik betrieben.

Während in der Bundesrepublik Bildungsprogramme und vor allem das Schulfernsehen seit Mitte der 60er Jahre als Mittel zur Überwindung der *Bildungskatastrophe* propagiert, aber dann nur halbherzig realisiert und so gut wie gar nicht in die Schule integriert wurden, wird in der DDR seit Mitte der 70er Jahre zielstrebig unter dem Titel *Bildungsfernsehen der DDR* das Schulfernsehen aufgebaut und in einzelne Jahrgangsstufen und Unterrichtsfächer der Schulen integriert.

Die Universalität des Programms und die Allgegenwärtigkeit des Mediums haben in Verbindung mit der häuslichen Zuschauersituation die herausragende Stellung des F. innerhalb des Freizeitangebots begründet. Das ständig wechselnde Programmangebot in seiner permanenten Präsenz und die unmittelbare, ebenso kostengünstige wie bequeme Zugriffsmöglichkeit durch den Zuschauer unterscheiden das F. von den anderen Medien wie dem Theater und dem Kino. Indem das F. »Abwechslung« institutionalisiert (vgl. R. Lindner, F. und Alltag der Zuschauer, in: Medium 6. Jg., H. 9, 1976), nimmt es einen wichtigen Platz im Zuschaueralltag ein und verändert diesen zugleich, indem sich das familiäre Alltagsleben auf das F. ausrichtet.

In den 60er und 70er Jahren verliefen die Entwicklung der →*Freizeit* und des F. weitgehend parallel. Langzeitstudien für die Zeit von 1964 bis 1980 zeigen, daß der größte Teil der wachsenden arbeitsfreien Zeit zuhause mit F. verbracht wurde. Das F. hat so zur Privatisierung großer Bevölkerungsteile und zur Lösung der mit der Freisetzung von Arbeitszeit verbundenen Probleme beigetragen. Eine ähnliche Entwicklung muß auch für die DDR angenommen werden. Allerdings fehlen hier verläßliche Zahlen, da die Zuschauerforschung in der DDR strengster Geheimhaltung unterliegt. Die Privatisierungstendenz bedeutet letzlich auch eine Lösung der Zuschauer aus lokalen und regionalen kulturellen Einbindungen, doch ist dieser Prozeß nur begrenzt, da sich gerade in jüngster Zeit auch neue regionale Zusammenhänge herausbilden. In der DDR sind die regionalen Besonderheiten aufgrund nichtmedialer Prozesse sehr viel nachhaltiger zerstört worden, andererseits hatten sich hier gerade auch durch staatliche Förderung besondere Schutzräume (z. B. für Sorben) herausgebildet, die jedoch für die Fernsehprogramme nur geringe Konsequenzen haben.

Die Mediennutzung ist an die Veränderungen der Freizeit gebunden. Die anfänglich starke Faszination des neueingeführten Mediums F. ist langfristig einer differenzierteren Nutzung gewichen. Es zeigt sich, daß F. zunehmend auch als Vernichtung von Lebenszeit gesehen wird, andererseits kann Fernsehverzicht, wie Experimente belegen, regelrecht zu Entzugserscheinungen führen.

In der DDR ist eine vergleichbare Tendenz des Verlusts an Attraktivität des F. bisher nicht zu beobachten gewesen. Das F. der Bundesrepublik als Mittler unerreichter Traumwelten und gegenüber dem F. der DDR als glaubwürdiger eingeschätzte Informationsquelle erzeugt im Bewußtsein der Zuschauer der DDR das Bild einer anderen, zweiten Kultur, die aber doch nie die eigene ist, sondern immer nur als fremde, importierte verstanden werden kann. Begreift man F. als lebenslangen Sozialisationsfaktor, so steht seine gesellschaftliche Bedeutung außer Zweifel. Indem es Verhaltensweisen und -muster vorstellt und bewertet, nimmt es Einfluß auf die Wertvorstellungen und auf die Normen seiner Zuschauer, die sich einerseits zur Nachahmung aufgefordert fühlen, deren gesellschaftliche Realität jedoch andererseits oftmals hinter den vorgestellten Bildern zurück bleibt. So entsteht die Gefahr, daß Erwartungshaltungen des einzelnen von der Gesellschaft nicht eingelöst werden können.

Die Entwicklung der Kommunikationstechnologie wird eine zunehmende Integration bisher nebeneinander bestehender Kommunikationssysteme wie Telephon, F. oder Datenbanken mit sich bringen. Im Zuge der seit Anfang der 80er Jahre in der Bundesrepublik langsam einsetzenden Substitution des Kupferdrahtnetzes durch Glasfaserkabel werden sich die Möglichkeiten privater und geschäftlicher Nutzung der Telekommunikation in bisher noch kaum überschaubarer Weise vergrößern. Individuelle Warenbestellung und Kontoführung sowie individueller Zugriff auf Datenbanken mit Hilfe des eigenen Fernsehgeräts und Telephons werden mit Bildschirmtext 1983 bundesweit eingeführt. Auch wenn es sich im rechtlichen Sinne dabei nicht um Rundfunk oder F. handelt, zeigt sich hier hinsichtlich der Möglichkeiten des Kommunikationsverhaltens der Beginn einer Entwicklung mit starkem

gesellschaftlichem, heute noch nicht zu übersehendem Einfluß.

K. Hickethier

Literatur
D. Prokop, Faszination und Langeweile, München 1979
K. Rülicke-Weiler u. a., Film- und Fernsehkunst der DDR, Berlin (Ost) 1979
K. Hickethier, Das Fernsehspiel der Bundesrepublik, Stuttgart 1980
H. Bausch, Rundfunkpolitik nach 1945. Erster Teil: 1945–1962; Zweiter Teil: 1963–1980, München 1980. Reihe »Rundfunk in Deutschland«, hrsg. von H. Bausch, Band 3–4
H. Bessler, Hörer- und Zuschauerforschung, München 1980. Reihe »Rundfunk in Deutschland«, hrsg. von H. Bausch, Band 5

Fest und Feier

I. Unterschiedliche Bedeutung von Fest und Feier – II. Geschichtlicher Rückblick – III. Mythenzertrümmerung und Folklorismus in der Bundesrepublik Deutschland – IV. Feste und Lebensweise in der DDR

I. Unterschiedliche Bedeutung von Fest und Feier

Vor allem für weniger komplexe Gesellschaften und Kulturen unterteilt man F. und Feiern nach Ablauf des Jahres und den verschiedenen Terminen, die den Jahresablauf im wirtschaftlichen und kultischen Bereich markieren, und nach dem Ablauf des Lebens, der durch die kulturelle Betonung der einzelnen Abschnitte seine Struktur erhält. Durch besondere Speisen, Kleidung, oftmals durch Besonderheit des Ortes oder Raumes und vor allem durch das wenigstens momentane Ruhen der →*Arbeit* werden F. und Feier die Antipoden des Arbeitsalltags, die sich in Begriffen wie Festmahl, Festtagskleidung, Feiertag niederschlagen.

Das F. gilt als die umfassendere Kategorie, während Feier zielgerichteter einem bestimmten Inhalt wie beispielsweise der Abendmahlsfeier oder der *Sedanfeier* zugeordnet werden kann. Dadurch ist auch der Ablauf der Feier genauer bestimmt, während der Charakter des F. offener und der Spontaneität eher zugänglich erscheint. Oftmals kann auch die Feier als das Ereignis bestimmt werden, dem sich ein F. anschließt. Verschiedenen Stufen der gesellschaftlichen Entwicklung lassen sich Feiern mit mythologischer, religiöser, dynastischer, monarchischer und nationalpolitischer Ausrichtung zuordnen. In allen historischen Kulturen läßt sich nachweisen, daß diese Feiern an älteren Ritualen, Anlässen und Terminen orientiert sind und Termin und Ritual für einen neuen oder modifizierten Sinn beansprucht haben. Dabei bleiben Grundelemente wie das gemeinsame → *Essen und Trinken,* Umzüge, Prozessionen und Paraden, die Rede als Gebet, Predigt und Ansprache, verschiedene Formen der Weihehandlung relativ konstant. Anthropologisch wird das F. als »Zustimmung zur Welt« (J. Pieper, 1963) interpretiert. F. und Feier sollen der Erhöhung des Lebensgefühls dienen, sind Ausdruck der Identität, wo sie die Positionen und Ideologien der Feiernden in einem überhöhten Sinn darstellen. Bis in die Gegenwart gehören zum F. als Erbe älterer Gesellschaften Überfluß, Verschwendung und Großzügigkeit auch bei Armut und in Notzeiten. Mit zunehmender Komplexität der Gesellschaft läßt sich in der Industriegesellschaft eine immer schärfere Trennung zwischen öffentlicher und privater Sphäre bei F. und Feier ausmachen.

II. Geschichtlicher Rückblick

Vor allem Festzüge, deren erster nicht nur durch seine Abhaltung, sondern mehr noch durch seine Publikation im Holzschnitt »Triumph Maximilians« öffentlich bekannt und wirksam wurde, bekunden den Anspruch des Veranstalters seit dem 16. Jh., die Selbstdarstellung der Macht des absoluten Herrschers. Repräsentation und politische Demonstration bleiben bis zum 18. Jh. ebenso wie die Anlässe, Verlobung, Hochzeit, Begräbnis, kriegerische Erfolge, Einholung, Aufzug bei der Inthronisation, bestehen. War bei den höfischen Zügen das Volk vor allem Staffage, so ist an den Festzügen der Kirchen die Bevölkerung neben dem Klerus beteiligt. Gilden, Ämter und Zünfte, Schützen, Studenten, Schüler und Vertreter der Bürgerschaft, die Landbevölkerung nehmen an ihnen teil. Die szenisch-theatralischen Festzüge an den kanonischen F. wie Fronleichnam und Palmsonntag basieren auf Mysterienspielen des Mittelalters und volkstümlichen Brauchhandlungen.

Die Französische Revolution gilt als der Einschnitt, der die bisherigen Veranstalter von F. entmachtet hat. Es wechselt nicht nur der Veranstalter, sondern oft auch der Ort der F. Neben Schlössern und Kirchen werden immer häufiger Straßen und Plätze Ort der Handlung. Eine Reihe von Theoretikern des F. wie J. J. Rousseau, F. L. Jahn und F. Reimann entwickeln eine Gattung des Volksfestes, das ausdrücklich als Mittel der Volkserziehung, des Plebiszits und der Propaganda verstanden wird. Standesunterschiede sollen zugunsten der nationalen Gemeinsamkeit aufgehoben sein, »volkstümlich« ist das neue Stichwort. Seit 1830 entwickeln sich historische F. und Festzüge als bürgerliche Selbstfeier, die ihren Höhepunkt bei den *Sängerfe-*

sten in Nürnberg 1861, dem *Ersten deutschen Schützenfest* 1861 und dem *Ersten deutschen Bundesschießen* 1862 haben.

Auf die nationale Einheit ausgerichtete Feiern wie das *Wartburgfest* der protestantischen Burschenschaften 1817 deuten auf den konfessionellen Nord-Süd-Konflikt, auf Bayerns »Versagen« in den Befreiungskriegen, orientieren sich an mittelalterlichen und germanischen Themen, wie am Beispiel des Kölner Doms und der Walhalla. Als das Ziel der Einheit mit der Reichsgründung 1871 erreicht ist, nimmt die Feiertätigkeit noch zu, feudale Traditionen wie Kaisers Geburtstag und fürstliche Hochzeiten werden wieder aufgenommen, siegreiche Schlachten gefeiert und volkstümlich garniert. Als Beispiel dafür mag die *Sedanfeier* gelten. 1913 karikiert ein sozialdemokratisches Flugblatt das Zeitalter als eine Zeit der F. und offiziellen Feiern, die so ununterbrochen aufeinander folgten »wie die Filmmeter im Cinematographentheater«. 1832 beim *Hambacher F.* feiert das Volk sich selbst noch als die treibende Kraft, als Träger des ersehnten Staatswesens. Schon vor 1871 werden Regenten gefeiert, und nach 1871 ist es die Ablehnung des Fremden, vor allem Frankreichs, welche die Einigung erzwungen hatte. F. und Feiern waren eine Kulisse des Anspruchs auf Weltgeltung und die Missionierung der Welt geworden. Mit monumentalen Feiern des Parteitages und des 1. Mai, die, wie in Nürnberg, Berlin und München, vor eigens dafür errichteten Kulissen stattfinden, knüpft der nationalsozialistische Staat an. Aufmarschformen massenhafter Bewegung signalisieren eine Ästhetik des germanischen Prinzips von Führer und Gefolgschaft. »Ahnenerbe« wie Sonnwendfeier, Maibäume, die Wiederbelebung von Reiterspielen durch die Reiter-SA ergänzen den dörflichen Festkalender.

III. Mythenzertrümmerung und Folklorismus in der Bundesrepublik Deutschland

Ansätze zu staatlichen Feiern wie dem *17. Juni* oder dem Verfassungstag scheitern an den Widersprüchlichkeiten des Status quo. Die Bundesrepublik scheint keine nationale Feier dieser Unveränderlichkeit zu vertragen. Dies liegt am Alleinvertretungsanspruch und der Präambel des *Grundgesetzes.*

Sieht man in der Benennung öffentlicher Liegenschaften einen Akt des Feierns, dann fällt auf, daß Kasernen zwar die Namen von Wehrmachtsgeneralen tragen können, bei der Benennung von Universitäten und Schulen ein Anknüpfen an eine andere Tradition aber kaum möglich ist. Der Universität Oldenburg wurde die Benennung *C.-von-Ossietzky-Universität* verweigert, der Universität Düsseldorf und einem Kieler Gymnasium die nach H. Heine.

Einige Bundesländer haben durch Appelle an Tradition und Heimatbewußtsein versucht, Landesbewußtsein zu erzeugen oder zu stärken. So gibt es einen *Hessentag* seit 1961, einen *Schleswig-Holstein-Tag* seit 1978. Bei diesem auf den Umfang eines Bundeslandes reduzierten Identitätsanspruch und seiner Feier zeigt sich die politische Prominenz in landesväterlicher Attitüde. Die Verknüpfung folkloristischer Motive wie Tracht, Volkstanz und Mundart mit offenen und verdeckten politischen Zielen ist als »politischer Folklorismus« (W. Brückner, Heimat und Demokratie. Gedanken zum politischen Folklorismus in Westdeutschland, in: Zs. f. Volkskunde 6/1965, S. 205–213) beschrieben worden.

Während die Rolle von Feiern mehr auf Familien, Betriebe, Behörden und Schulen anläßlich von Abschlußfeiern, Jubiläen und Ehrungen sowie auf Organisationen (*1. Mai-Feier* des *DGB*) beschränkt bleibt, nimmt das lokale Festwesen ständig zu. Neben die um 1950 wieder aufgenommenen älteren F., dem *Oktoberfest* in München seit 1817, der *Kieler Woche* seit 1882 sind in den 50er Jahren neue F. lokaler Typik entstanden. Es gibt ein Mirabellenfest, Gurkenfest, Hortensienfest und ein Spargelfest, bei denen ein älterer Produktionszweig das Thema abgab. Diese Umzugsfeste sind meist mit handfesten kommerziellen Interessen des Fremdenverkehrs in Gang gebracht worden. Die Kulisse mittelalterlicher Stadtbilder, historische Begebenheiten entlegenster Art werden auch in kleineren Städten als lokale Typik entdeckt und zum Gegenstand von F.

Nach den oft unter Protest erfolgten Gebietsreformen und Eingemeindungen können Orts- und Stadtteilfeste als kulturelle Kompensation für den Verlust der politischen Selbständigkeit interpretiert werden. Zeitlich fällt dies mit einer neuen Sensibilität für gewachsene Strukturen auf lokaler Ebene in den 70er Jahren zusammen. Das neue Gefühl für F. auf Straßen und Plätzen, das vor allem →*Bürgerinitiativen* artikuliert haben, hat auch die kommunale Kulturpolitik für ihre Zwecke vereinnahmt.

Im ländlichen Bereich blieb die Kirchweih vielfach ein sowohl öffentliches als auch familiäres Ereignis mit Vorbereitungen wie dem Tünchen der Häuser, Backen und Schlachten, wechselseitigen Einladungen von Verwandten und Freunden. Rummelveranstaltungen kleinster Art haben vielfach nur lokalen Charakter. Auch in kleineren Gemeinden finden wöchentlich aufeinanderfolgend Heimat- und Sommerfeste der Vereine statt, ebenso winterliche Jahresbälle und Weihnachtsfeiern. Besonders im bäuerlich-landwirtschaftlichen Bereich hat sich die Zahl der F. kaum verringert. Meiereigenossenschaft, Rinderzuchtverband, Bullenhaltergemeinschaft, Schweinezuchtverband, Erzeugergemeinschaften, Maschinenringe, Hegering, Landfrauenverband, Landjugend, Bauernverband, Raiffeisenverband beschließen nicht nur die jährliche Abrech-

nungsversammlung mit einem Festessen, sondern veranstalten nach der stillen Zeit im Januar, Februar oder März einen Ball, zum Beispiel das in Schleswig-Holstein übliche Wintervergnügen.

Seit nach der Eingemeindung der Vorstädte und Dörfer für die Brandbekämpfung die Berufsfeuerwehr der Großstädte zuständig ist, mutieren die Freiwilligen Feuerwehren zu Organisatoren lokaler Kultur, ihr F. wird zum übergreifenden Ortsfest. Bei Innovationen auf diesen F. läßt sich häufig auf Fernsehvorbilder wie das Quiz verweisen.

In Dörfern, vor allem in der Nähe der Großstädte, werden den F. ausdrücklich Harmonisierungsaufgaben zwischen Alt- und Neubürgern zugesprochen. Die Liberalität bei der Aufnahme von Fremden soll Ausweis des überwundenen Stadt-Land-Gegensatzes sein, der sich gerade in dieser Hinsicht als weiterhin gültig erweist.

Mit dem Medium des F. machen seit kurzem auch Randgruppen auf ihre Probleme aufmerksam. So gibt es ein Hausbesetzer-Festival in Nürnberg, ein Sinti-Festival in Göttingen, Volksfeste der Grünen, die Walpurgisnacht der Frauen. Außer Kommunen, Bürgerinitiativen und Vereinen treten in den letzten Jahren die politischen Parteien und die Kirchen als Veranstalter von Jugendfestivals und Kinderfesten auf. Neben F. und Feier hat sich der Typ des Festivals (→*Festspiele*) seit der Mitte der 60er Jahre etabliert. Zielgerichteter als das F. ist es zu einer Veranstaltungsform der Jugend- und →*Alternativkultur* geworden. Es existiert neben und zwischen den Festivals des etablierten Kulturbetriebs wie den *Ruhrfestspielen* und den *Bayreuther Festspielen*, die von H. Mayer »Spiele der Mächtigen« genannt wurden.

IV. Feste und Lebensweise in der DDR

Die gesellschaftliche Funktion von F. und Feier ist in der DDR grundsätzlicher diskutiert und auf den neuen Staat bezogen worden als in der Bundesrepublik. Das gilt für staatliche Feiern ebenso wie für lokale F., deren Gestaltung in der Bundesrepublik von den unterschiedlichen Ausrichtern, Vereinen und Verbänden abhängt. Dies gilt gleichermaßen für private F., bei denen sich in der Bundesrepublik in unterschiedlichen Gesellschaftsschichten und Altersgruppen kaum noch übersehbare Formen herausgebildet haben, wie die als Innovation aus Amerika übernommene Party der 50er Jahre, Bottle-Parties und Fêten als Formen der Jugendkultur sowie Kindergeburtstage. Generalisierungen bleiben deshalb problematisch, weil einzelne Gruppen und Verbände zwar Feiern mit nationaler und revanchistischer Tendenz abhalten, beispielsweise gilt noch heute das Schlagwort von »Blut und Eisen« beim Veteranentreffen, dies kann aber kaum als repräsentativ angesehen werden.

Die Erkenntnis, daß F. und Bräuche in der sozialistischen Gesellschaft nicht unbesehen mit sozialistischer Lebensweise gleichzusetzen sind, da F. wie die Lebensweise Bestandteile sämtlicher sozialökonomischer Formationen enthalten, stammt aus der sowjetischen Ethnographie, die »mit ihrer enormen Erfahrung in der Gegenwartsforschung« sorgfältig prüft, ehe sie eine Brauchform als »neue sowjetische Tradition« anerkennt. Behindert wird die Entwicklung durch eine »gewisse Leitbildwirkung spätkapitalistischer Lebensweise, vor allem seitens der BRD«, auch ein »Lavieren zwischen sozialistischer und bürgerlicher Lebensweise aufgrund religiöser Vorbehalte« wird bemängelt (Kultur und Lebensweise, Kulturbund der DDR, 1/1977, S. 27). Offensichtlich werden gerade im familiären Bereich noch Versäumnisse gesehen. Während die DDR »mit *Namens-* und *Jugendweihe* bereits beachtliche Ergebnisse aufzuweisen« hat, sind Versuche, »der sozialistischen Eheschließung ein tragfähiges Modell zu geben«, ähnlich wie in der UdSSR noch nicht geglückt (ebda., S. 28). Als Arbeitsgrundlage für den *Zentralen Fachausschuß* (ZFA) *Kulturgeschichte/Volkskunde* wurde 1976 eine Konzeption verabschiedet, sich »im Zuge der Formierung der Kräfte aus den Reihen der Heimatforscher, Ortschronisten und Volkskundler zunächst auf folgende Themenstellung zu konzentrieren: 1. Feier- und Festgestaltung als Bestandteil der sozialistischen Lebensweise; 2. Kultur und Lebensweise des Proletariats. Lebenserinnerungen zum proletarischen Familienleben 1918–1945«. Im Zentrum steht dabei das Familienbrauchtum mit Geburtstag, Namensgebung, Schulanfang, *Jugendweihe*, Eheschließung, Bestattung, Ehrungen der Frau und der Kinder anläßlich des *Tages der Frau* und des *Internationalen Kindertages*. Diesem Komplex »mit all seinen sich prozeßhaft entwickelnden neuen Formen, dem Beibehalten, aber auch Verschwinden und Verändern alter Traditionen« mißt man »größten Wert bei« (ebda., S. 24).

Bei dem Versuch, eine private Feier wie die Hochzeit zu einer Angelegenheit der Gesellschaft zu machen, lassen sich Widerstände und Konflikte skizzieren. Der Betrieb eines Heiratskandidaten hat beispielsweise die Organisation zu übernehmen, Gäste einzuladen, Auswahl und Schmuck des Raumes, die Umrahmung durch Musik und Sketche sowie das Essen zu besorgen, Aufgaben, die früher von den Eltern durchgeführt worden waren. Der Polterabend war traditionell eine Angelegenheit der Altersgruppe. Daneben hielten sich vor allem bei Dorfhochzeiten ältere Formen wie Wegsperren, Hochzeitszug, das Überreichen von Brot und Salz nach der Trauung, das Entführen der Braut, das Schleierabtanzen um Mitternacht. Die Beharrungstendenzen der traditionellen Formen werden für äußerlich erklärt, der gleiche Schein soll der Andersartigkeit des Inhalts nicht entgegenstehen: »Der Unterschied zur ganz anders gearteten Stellung der Frau in der spätbürgerlichen Gesellschaft ist fundamental. Ähnlichkeit oder gar Gleichartigkeit in äußeren Attributen des Hochzeitsablaufs oder in der Verwendung von traditionellen Requisiten etc. heben diesen besonderen Widerspruch zwischen beiden Gesellschaftsformen nicht auf« (Kultur und Lebensweise 1/1978, S. 93). Leichter einzufügen sind scheinbar neutrale Anlässe wie das Richtfest als Arbeitsabschluß der Zimmerleute, der Einstand im Betrieb, auch traditionelle F. einzelner Berufe, beispielsweise der Bergleute.

Im Jahre 1976 wurden in den Bezirken Erfurt 482, Halle 346, Dresden 283, Karl-Marx-Stadt 172, Cottbus 141, Potsdam 91, Neubrandenburg 143, Schwerin 79 und Rostock 73 Volks- und Heimatfeste gefeiert. Vergleichbare Zahlen liegen für die Bundesrepublik nicht vor. Dabei sind die F. mit einem traditionellen Bezug im sächsisch-thüringischen Raum im Verhältnis zu den unter sozialistischen Bedingungen entstandenen F. besonders hoch. Eine Erklärung liegt in der besonderen kulturellen Ausformung der verschiedenen Gebiete. Es liegen ehemals gutsherrschaftliche Gebiete in den drei Nordbezirken. Karneval, Schützenfest, Kirmes, Vogelschießen, Landkulturtage und Wohngebietsfeste sind genannt.

Im Zusammenhang mit der Entwicklung eines sozialistischen Heimatbegriffs (H. Lange, Das Wesen der Heimat aus der Sicht des Marxismus-Leninismus, in: Wissenschaftliche Zeitschrift der Humboldt-Universität zu Berlin 20. Jg., 1979, H. 1, S. 11–22) (→ *Heimat*) wird bereits seit der Mitte der 50er Jahre die Entwicklung sozialistischer F. und die Umformung traditioneller F. im Rahmen der Volkskunst-Bewegung diskutiert. Im *Historischen Festzug* soll die sozialistische Entwicklung des Ortes betont werden. Wie in den 50er Jahren kritisiert wurde, hält man an »überholten Inhalten und Formen fest (wie z. B. beim *Dreckschweinfest* im Bez. Halle), z. T. ohne ein einziges Element der neuen Gesellschaftsordnung aufzunehmen«. Entsprechend wird ein erzieherischer Wert der Festinhalte gefordert (Dt. Jb. f. Volkskunde 4/1958, S. 475).

In bislang ungedruckten Untersuchungen zu lokalen F. wurde nach deren neuem Charakter und nach dem Verhältnis von traditionellem und bürgerlicher Brauchtum gefragt. So zeigt der *Historische Festzug* des *Köpenicker Sommers* die Entwicklung Köpenicks von einer Ansiedlung von Fischern und Wäscherinnen zu einem bedeutenden Industriebezirk Berlins. Neue Modelle für Volks- und Heimatfeste werden vom *Zentralhaus für Kulturarbeit* in Leipzig entwickelt und durch Broschüren und Seminare verbreitet, der *Zentrale Fachausschuß Kulturgeschichte/Volkskunde im Kulturbund der DDR* soll auch hier wissenschaftlich mitarbeiten.

Die progressiven Traditionslinien von Kultur und Lebensweise der feudal abhängigen Schichten, einer Zeit also, in der die meisten historischen F. entstanden sind, gelten als Bestandteil der sozialistischen Nationalkultur.

»Für die Einschätzung der in unserer Gesellschaft entstandenen und verankerten Volksfeste« wird ausgewiesen: »1. Die Vielfalt der Festelemente gewährt ein angemessenes Verhältnis von Erholung, Geselligkeit, Spaß, Bildung und politischem Engagement« (Kultur und Lebensweise 1/1977, S. 43). Dieser Forderung stehen die traditionellen Formen der Rezeption und Aneignung der Volksfeste entgegen. Sie unterscheiden sich äußerlich, etwa was das Verhalten der Jugendlichen und der Familien anlangt, kaum von den entsprechenden F. in der Bundesrepublik. Ebenso wie dort scheinen Volksfeste immer mehr lokaler und privater Ausdruck des Störrischseins gegen die Vernunft der Metropole in der Industriegesellschaft zu sein. In der DDR könnte diese lokale Typik, vergleichbar der Hochzeit und dem »Datschenwesen«, eine Residualkategorie privaten Freizeitverhaltens (→ *Freizeit*) sein. ⸱

Die Tradition der Formen verließ den traditionellen Rahmen kaum, der Überbau konnte nicht umgewälzt werden. Wo es in der Erbe-Diskussion (→ *Tradition und kulturelles Erbe*) darum ging, die »Höhen der Kultur« allen zugänglich zu machen, mußten Volksfeste, deren Zugänglichkeit ohnehin gesichert und tradiert war, kaum diskutiert werden. Der Topos vom Kulturniveau, die Fixierung auf die humanistischen Traditionen der bürgerlichen Kultur, auf Theater, Kunst und Musik, ließen diesen Bereich der »zweiten Kultur« vergleichsweise unbeachtet. Die Feier des *1. Mai* entspricht dem sowjetischen Vorbild. Der *8. Mai* wird als »Tag der Befreiung« gefeiert. Besondere Gedenktage sind einer Reihe von Berufsgruppen, den Lehrern, der Volksarmee, den Eisenbahnern gewidmet.

Die Etikettierung »Volk« ließ die Muttermale der feudalen Geburt vieler F. in Vergessenheit geraten. Die kritische Aneignung wandte sich diesem Bereich verspätet zu. Die Wiederaufnahme konnte sich nur noch durch Modifizierungen rechtfertigen lassen. In beiden Gesellschaften scheint man sich über die ausdrücklich oder implizit angestrebte Umformung sozialen Lebens durch den demonstrativen Gebrauch vereinzelter aus dem historischen Kontext als »Erbe« isolierter kultureller Objektivationen und Subjektivationen falsche Vorstellungen, falsche Ängste und falsche Hoffnungen zu machen.

K. Köstlin

Literatur

M. Bachmann, Sitte, Brauch und Volksfest – Eine Anleitung zur Beobachtung und Sammlung, Leipzig 1956
H. Gute, Von Neujahr bis Silvester. Die Fest-, Feier- und Gedenktage im Ablauf des Jahres, Rudolstadt 1959
A. C. Bimmer (Hrsg.), Hessentag. Ein F. der Hessen? Marburg 1973
R. Grimm, J. Hermand, Deutsche Feiern, Wiesbaden 1977
K. Köstlin, H. Bausinger (Hrsg.), Heimat und Identität. Probleme regionaler Kultur, Neumünster 1979

Festspiele

F., auch Festival, bezeichnet die Aufführung von Musikwerken, Theaterstücken oder Filmen in periodisch wiederkehrenden Abständen. Gelegentlich bezeichnet F. auch das zu einem bestimmten Anlaß verfaßte Drama oder Musikstück.

F. gehörten schon im antiken Griechenland zum Staatskult, zu dessen Inszenierung auch die Aufführung von Tragödien zählte. In der römischen Kaiserzeit erlangten die zirzensischen Spiele Bedeutung (→ *Zirkus*), bei denen der Kaiser dem Volk »Brot und Spiele« gewährte. Im Mittelalter sind geistliche Schauspiele oder Mysterienspiele anzutreffen, die in Form religiöser Volksstücke in Weihnachts- oder Passionsspielen bis heute weiterleben. Auch in der Renaissance fanden an den Höfen F. statt, die meist der Verherrlichung des jeweiligen Herrschers dienten. Im 19. Jh. entstanden die F., die der Kunst eines bestimmten Meisters gewidmet sind, so seit 1876 die *Bayreuther F.*, die allein der Aufführung von Werken R. Wagners gelten. 1936 sollte »die aus dem heimischen Mutterboden erwachsene Kunst tragender Grund des gesamten Volkslebens und zugleich krönende Spitze der Kulturentwicklung sein« und ihren weihevollen Aufführungsort im Bayreuther Festspielhaus finden (G. G. Röll, Wege zu völkischer Erziehung in der Bayreuther Richard-Wagner-Gedenkstätte, in: Der Türmer, Juni 1936, S. 194–201). Zur Zeit des Nationalsozialismus trugen auch die *Olympischen Spiele* mit Musikdarbietungen, Fackelzügen und Massenaufmärschen den Charakter von F. Heute dienen viele F. der möglichst perfekten Aufführung von Dramen, Opern, Filmen oder Musikwerken. Einzelne Städte wie Berlin (West) veranstalten jährlich Festwochen, die verschiedenen Kunstgattungen gewidmet sind und aus einer Vielzahl kultureller Darbietungen bestehen. Wenngleich diese Veranstaltungen wegen ihrer hohen Preise und dem Starkult in erster Linie Mitgliedern der »guten Gesellschaft« vorbehalten waren, ist heute zunehmend das Bemühen erkennbar, durch Verzicht auf Stargagen seitens der Künstler, durch Veranstaltungen im Freien, durch kleinere Stadtteilfestivals und Alternativprogramme, durch Einbeziehung der Märkte und Fabrikhallen ein breiteres Publikum anzuziehen (→ *Feste und Feiern*). Ganzjährige Festspielbetriebe wie in Berlin (West) und München akzentuieren weniger den Begriff »Fest«, der ja ein einmaliges und aus besonderem Anlaß stattfindendes Ereignis bezeichnet, sondern unterscheiden sich durch besonders hohes künstlerisches Niveau oder durch ihre Thematik vom normalen Programm einer Saison. Durch diese Erweiterung des Festspielbegriffs sollen nicht nur Universalität und Demokratisierung der F. erreicht werden; das kommerzielle Interesse der Veranstalter ist dabei nicht zu übersehen.

Schon 1947 vom *DGB* und der Stadt Recklinghausen gegründet, wollten die *Ruhrfestspiele* ursprünglich einem breiten Publikum klassische und moderne Kunst durch eigene Inszenierungen nahebringen. Seit 1966 besitzt Recklinghausen ein eigenes Festspielhaus. Inzwischen haben sich die *Ruhrfestspiele* zu einem Spektakel entwickelt, das alle Kunstgattungen umfaßt und keineswegs nur Arbeiter anlockt. Die 36. *Ruhrfestspiele* standen 1981 unter dem Thema »Recht durchsetzen – Recht erweitern«. Über 50 000 Teilnehmern sollte Musik, Tanz, Kabarett, Politsongs, Theater mit prominenten Schauspielern sowie Gelegenheit zum Mitmachen geboten werden. Das »junge forum« verselbständigte sich und will eigene Herbstfestspiele veranstalten, ein eigenes Theaterensemble befindet sich unter Leitung von G. Loepelmann im Aufbau. Ausstellungen und Diskussionsabende vervollständigten das Programm. Die Festivalleitung bezeichnete die F. als das »größte Kulturfest der Bundesrepublik«. 1982 ist in Hambach, in Anlehnung an das *Hambacher Fest* von 1832, ein Fest veranstaltet worden, bei dem Parteien, Gewerkschaften und andere Gruppierungen zu Wort gekommen sind.

In der DDR wurde 1979 das »Nationale Jugendfestival der DDR« ausschließlich in den Dienst der Politik gestellt. Das 2000 Veranstaltungen umfassende Programm versprach »interessante Begegnungen, Freude und Frohsinn«, zuvor aber mußten sich die teilnehmenden *FDJ*-Mitglieder durch ihre Leistungen das Mandat für die Teilnahme erwerben. Dazu gehörten nicht nur die Werbung neuer Mitglieder oder die Erfüllung von Plänen am Arbeitsplatz, sondern auch kulturelle, sportliche, touristische und wehrsportliche Aktivitäten. Das »Festival des politischen Liedes« (→ *Lied*) ist ein weiteres Beispiel für die in der DDR übliche Indienstnahme der F. für politische Zwecke.

Seit 1959 finden auch in der DDR »Arbeiterfestspiele«, jeweils in einem anderen Bezirk, statt, die eine »Leistungsschau der kulturschöpferischen Kräfte der Arbeiterklasse« darstellen. Träger und Organisator ist der *FDGB* in Zusammenarbeit mit der *FDJ*, den Künstlerverbänden, dem *Kulturbund* der DDR, dem *Deutsche Turn- und Sportbund* und der *Nationalen Front*. 1978 hatten die »Arbeiterfestspiele«, die hauptsächlich Werke anderer sozialistischer Länder aufführen, 2,8 Mio. Besucher bei 900 Veranstaltungen. Die jährlich stattfindenden »Betriebsfestspiele« werden seit 1970 abgehalten und bieten Volkskunstensembles und Solisten aus den Ostblockländern, aber auch aus neutralen oder westeuropäischen Staaten an. Ihren Rahmen bilden die Großbetriebe und Kombinate unter Einbeziehung kleinerer Betriebe.

Die DDR feiert auch die »Weltfestspiele der Jugend und Studenten«, die in unregelmäßigen Abständen vom *Weltbund der demokratischen Jugend* in verschiedenen Ländern abgehalten werden. 1973 fand dieses Jugendtreffen in Berlin (Ost) statt, wobei 25 000 ausländische Gäste mehr als 1700 Organisationen repräsentierten. Als F. wird in der DDR auch das »F. der Freundschaft zwischen der Jugend der UdSSR und der DDR«, veranstaltet von *FDJ* und sowjetischem *Komsomol*, bezeichnet.

In der Bundesrepublik gibt es zahlreiche musikalische Veranstaltungen mit Festspielcharakter, die häufig alte und neue Musik verbinden. Als Beispiel seien die »Ludwigsburger Schloßfestspiele« angeführt, die jährlich stattfinden, international renommierte Interpreten einladen und ein Programm anbieten, das von J. S. Bach bis zu modernster Musik reicht.

Neben diesen epochal und thematisch gemischten Musikfestspielen finden zahlreiche F. statt, die sich nur einem Thema widmen, zum Beispiel die Jazzfestspiele in Berlin (West), München, Moers, Frankfurt a. M. Gerade Jazzfestivals sind so zahlreich, daß man in Berlin (West) 1981 die Wahl zwischen dem »Internationalen Jazzfest«, dem etablierten Alternativfestspiel der »Free Music Production« und den »Berliner Jazztagen« hatte.

Die Stuttgarter »Tage für neue Musik«, die sich 1981 amerikanischer »minimal music« zuwandten, Saarbrücken, das 1980 zum 11. Mal »Musik im 20. Jahrhundert« anbot und weiterhin seinen festen Platz in der Avantgarde-Szene behauptet, Essen, das im gleichen Jahr ein »Sound- und Musikfestival« veranstaltete, dessen Ziel es war, ein internationales Angebot von Musikinstrumenten zu zeigen und Instrumententechnik zu vermitteln, vertreten die große Zahl der Städte, die ihre eigenen Musikfestspiele feiern. Tradition haben auch die »Wiesbadener Maifestspiele«, die 1950 ins Leben gerufen wurden und 1981 70 Darbietungen aus nordischen Ländern präsentierten, darunter Oper, Musical, Ballett, Schauspiel und Konzert. Überregionale Bedeutung haben auch die »Donaueschinger Musiktage«, die in Zusammenarbeit der Stadt mit dem *Südwestfunk Baden-Baden* und der *Heinrich-Strobel-Stiftung* veranstaltet werden. Wie in Donaueschingen werden bei der »Ensemblia« in Mönchengladbach neue Musik und verwandte Kunstformen gezeigt. »Ensemblia« ist ein F. mittlerer Größe und versucht einen Kompromiß zwischen lokalen, überregionalen und auch internationalen Ansprüchen. Die Stadt Witten hat 1981 in Zusammenarbeit mit dem *Westdeutschen Rundfunk* ein ehrgeiziges Programm für ihre »Kammermusiktage« erarbeitet, da sie sich zur Aufgabe machte, den

Blick auf neue Kammermusik der Ostblockländer zu richten und 1981 die »Gruppe Neue Musik Hanns Eisler« aus Leipzig einlud.

Anläßlich von Geburtstagen oder Jubiläen werden ebenfalls F. veranstaltet. Duisburg feierte 1981 mit einem Mammutfestspiel den 100. Geburtstag von B. Bartók. Finanziert wurde dieses F. von Städten des Ruhrgebiets, dem *Sekretariat für gemeinsame Kulturarbeit* des Landes Nordrhein-Westfalen und dem *Westdeutschen Rundfunk*.

Die musikalischen F. in der DDR sind zwar weniger zahlreich, aber kaum weniger aufwendig. Die »Dresdner Musikfestspiele« unter Leitung von W. Höntsch brachten es 1981 auf 110 Veranstaltungen, davon 14 Uraufführungen. 3000 Künstler aus 16 Ländern waren eingeladen. Obwohl das F. auch zeitgenössischer Musik gewidmet war, standen anläßlich des 225. Geburtstages W. A. Mozarts dessen Werke im Vordergrund.

Die achte »Musikbiennale« der DDR in Berlin (Ost) widmete sich 1981 der neuen Musik. Wenngleich finanziell nicht annähernd so gut wie die »Dresdner Musikfestspiele« ausgestattet, gewann die Biennale doch internationalen Rang. Veranstalter ist der *Verband der Komponisten und Musikwissenschaftler,* der fast alle Musiker der DDR repräsentiert. Aufgeführt wurden Komponisten wie J. Cage, I. Xenakis, H. Eisler und F. Goldmann, doch waren auch G. Ligeti, B. Blacher und K. Stockhausen vertreten. Seit 1979 ist bei der Musikbiennale eine verstärkte Repräsentation westlicher Musik feststellbar. Die »Musiktage« sind ebenfalls eine längst vertraute Einrichtung, wie auch die regelmäßig stattfindenden »Händelfestspiele« in Halle, das Leipziger »Internationale Bachfestival« und die Magdeburger »Schumann-Festtage«. Im Rahmen der jährlich abgehaltenen »Ostseewoche« finden in der DDR seit 1961 auch Schlagerfestivals statt, bei denen in- und ausländische Interpreten auftreten.

Die »Luisenburgfestspiele« sind nur ein Beispiel für die zahlreichen Theaterfestivals, die in der Bundesrepublik von Freilichtbühnen angeboten werden. Der *Verband deutscher Freilichtbühnen* umfaßt mehr als 40 Freilicht-, Schloß-, Marktplatz- und Waldbühnen. 1978 boten diese während eines einzigen Sommers über 800 Aufführungen an. Das Repertoire reichte von J. W. v. Goethes »Urfaust« über Th. Wilders »Unsere kleine Stadt« bis zum Heimatspiel.

Die bekannteren Theaterfestspiele finden an renommierten Bühnen statt. Erlangens Markgrafentheater bildet den Hintergrund für die »Erlanger Theaterwochen« mit so berühmten Gruppen wie dem *Teatro Campesino* aus Kalifornien, aber auch für Theater aus der Dritten Welt. Beim Münchner »Theater-Festival« bildeten 1980 Aufführungen in vier Festzelten, im Teatron des Olympia-Geländes, in zwei Fabrikhallen und auf Bühnenpodesten im Freien den Rahmen. Internationale Truppen spielten und mimten Klassik und moderne Stücke.

Saarbrücken konnte 1981 sein 4. Theaterfestival feiern. In erster Linie wurde junge, alternative Theaterkunst Frankreichs gezeigt. Wie in München, wurden auch hier »freie« Theatergruppen verpflichtet. Das heftig kritisierte Berliner »Theatertreffen« sollte die zehn bemerkenswertesten Inszenierungen einer Saison aus dem deutschsprachigen Theater zeigen. Die Kritiker, einige bekannte Theaterregisseure, wollten das »Theatertreffen« zu einem Festival der Theaterproduzierenden machen, da es »mehr Markt als Kultur« böte. Der Leiter des Berliner Festspiele GmbH, U. Eckhardt, war jedoch nicht bereit, das Theatertreffen zu einem Festival, wie es I. Nagel in Hamburg oder Th. Petz in München organisiert, umzugestalten.

Als Pendant zu den Berliner »Theatertreffen« gelten die »Ostberliner Festtage«. 1979 gab es dort 373 Veranstaltungen mit einheimischen Ensembles und Gästen aus 23 Ländern. Der Schwerpunkt lag auf musikalischen und tänzerischen Darbietungen.

Einen erheblichen Anteil an F. stellen die Filmfestspiele. Unter Leitung M. van Hadelns findet in Berlin (West) jährlich die »Berlinale« statt, bei der Preise wie der »Goldene« und der »Silberne Bär« verliehen werden. Kleinere Filmfestivals gibt es in Hof, Hamburg oder Oberhausen. Dabei werden neue deutsche und ausländische Filme vorgeführt. 1981 zeigten die »Berliner Filmfestspiele« allerdings nur einen westdeutschen Film, H. Achternbuschs »Erwin, the Negro«. Aus der DDR gelangte kein einziger Beitrag zur Aufführung. Die Arbeitsgemeinschaft neuer deutscher Spielfilmproduzenten und der Bundesverband der Fernseh- und Filmregisseure warfen der Festspielleitung »Dilettantismus und Kontaktunfähigkeit« vor und verlangten eine neue Leitung. Die »Berlinale« befindet sich seither in einer Krise. Die großen Vorbilder Venedig und Cannes wurden ohnehin nicht erreicht.

Die DDR veranstaltet alljährlich in mehreren Städten »Kinder- und Jugendfilmwochen«. Veranstalter sind die *Ministerien für Kultur und Volksbildung,* der Rat des Bezirks Gera, das *Nationale Zentrum für Kinderfilm und -fernsehen* und der *Verband der Film- und Fernsehschaffenden der DDR.* Auch hier werden unter Beteiligung einer Jury Preise vergeben. Den westdeutschen »Oberhausener Kurzfilmtagen« steht in der DDR die »Internationale Dokumentar- und Kurzfilmwoche« in Leipzig gegenüber. Im Rahmen der »Arbeiterfestspiele« gibt es »Amateurfilmtage«. Ein erstes »nationales« Filmfestival fand 1980 in der DDR statt. Dabei wurden in Karl-Marx-Stadt Spielfilme der Filmgesellschaft *DEFA* gezeigt, die von Zuschauern und Jury beurteilt wurden. Auszeichnungen erhielten Einzelleistungen sowie die gelungenste Darstellung einer »sozialistischen Arbeiterpersönlichkeit«.

Politische Einflußnahme auf die Programme der F. kann in der Bundesrepublik nur indirekt geübt werden, beispielsweise durch Nichtgewähren öffentlicher Mittel. Hingegen sind in der DDR die kulturpolitischen Richtlinien der *SED* normierend auch für die Veranstaltung von F. durch Institutionen verschiedenster Art. Während in der Bundesrepublik ein spezifisch erzieherischer Anspruch von staatlicher Seite nicht erhoben wird, wird der »kulturschöpferische und persönlichkeitsbildende Wert« von F. in der DDR immer wieder betont. Sie dienen der Völkerverständigung, sind eine »Leistungsschau« der kulturellen und künstlerischen Entwicklungen und zeigen die Höhe der »sozialistischen Nationalkultur«. Ein solcher Anspruch wird in der Bundesrepublik nicht an F. gestellt. Nach Auffassung U. Eckhardts dienen F. in Berlin (West) der »weltweiten Nachrichtenvermittlung und Information über aktuelle künstlerische Entwicklungen« (in: Berlin Festivals 1980, hrsg. v. d. Berliner Festspiele GmbH).

Die Einbindung der Jugendlichen in die kulturpolitischen Programme durch *FDJ*, Schule, Betrieb oder Universität ist ein wichtiges Ziel der DDR, während die Jugend in der Bundesrepublik weder zu Leistungsschauen noch zu patriotischen Bekenntnissen aufgefordert wird, sondern ihre Teilnahme an F. freiwillig erfolgt. Deswegen sind auch die Besucherzahlen nur bedingt vergleichbar. Neuerdings äußert sich aber in der DDR Unmut über die staatlich verordnete Bildung. Im April 1981 nahmen Hunderte von Jugendlichen an einem Rockfestival in Erfurt teil, das wegen »staatsfeindlicher Hetze« verboten war. Diejenigen, die im Schnellverfahren verurteilt wurden, erhielten bis zu zwei Jahren Haft.

Nicht zuletzt dienen F. auch kommerziellen Interessen. Historische Ereignisse, wie die »Landshuter Fürstenhochzeit« oder die »Kiefersfeldener Ritterspiele« wirken nicht nur stimulierend auf den Tourismus, sondern tradieren Heimats- und Identitätsbewußtsein. In der DDR wird das Nationalbewußtsein auch in den kleinsten Städten durch ständigen Wettbewerb mit anderen Orten, beispielsweise anläßlich der »Arbeiterfestspiele«, wachgehalten. Ziel beider Staaten ist, ein möglichst internationales Angebot aufzuweisen. Wenngleich die DDR den Blick bisher mehr auf die sozialistischen Länder gerichtet hatte, so ist doch eine steigende Bereitschaft zu beobachten, »westliche« Kunst einzubeziehen. In der Bundesrepublik werden zunehmend Künstler und Ensembles aus der DDR und anderen Ostblockländern eingeladen.

Während die kulturelle Selbstdarstellung in Form von F. in der DDR in das jeweilige kulturpolitische Gesamtkonzept eingepaßt ist, ist diese Selbstdarstellung in der Bundesrepublik so heterogen wie ihre Träger und Initiatoren. Ein einheitliches kulturpolitisches Konzept entspräche nicht dem politischen Selbstverständnis einer pluralistischen Gesellschaftsordnung.

Die wachsende Zahl von Festspielen in Europa hat schon seit 1949 die Befürchtung erweckt, daß F. zunehmend sinnentleert würden. Um dieser Gefahr entgegenzutreten, wurde im Jahr 1951 ein *Europäischer Verband der Musikfestspiele* mit Sitz beim *Europäischen Kulturzentrum* in Genf geschaffen, dem heute etwa 40 Festspielveranstalter als Mitglieder angehören. Der Verband sorgt dafür, daß nur solche Mitglieder, die in ihrem Land und auf internationaler Ebene besonders renommiert sind, aufgenommen werden, gleichzeitig soll die kulturelle Einheit Europas durch Einbeziehung der meisten west- und osteuropäischen Länder belebt werden.

Hildegard Möller

Literatur

Handbuch für den Kulturfunktionär, hrsg. v. Bundesvorstand des FDGB, Abt. Kultur, Berlin (Ost) 1973
G. Schütze, Zwei Feste im Oktober, in: Deutschland Archiv, 10. Jg., 1977, H. 12, S. 1243–1247
K. W. Fricke, FDJ-Festival und DDR-Jugend, in: Deutschland Archiv, 12. Jg. 1979, H. 7, S. 683–686
K. Pahlen, Erster Europäischer Festspielführer 1979, München 1979
Europäische Musikfestspiele, hrsg. v. d. Europäischen Vereinigung der Musikfestspiele, dt. Ausg. Zürich 1977
F. Walter, Qualität und Originalität sind ausschlaggebend.
F. und Festivals in Europa, in: Das Parlament, 9.–16. Januar 1982, S. 16

Feuilleton

I. Begriff und Entstehungsgeschichte – II. Das Feuilleton als Ressort – III. Das Feuilleton als Form und Stilhaltung

I. Begriff und Entstehungsgeschichte

Der Begriff F. bezeichnet drei journalistische Formen, die historisch eng zusammenhängen, sich zur Gegenwart hin jedoch teilweise auseinanderentwickelt haben, nämlich eine redaktionelle Sparte, die im allgemeinen von spezialisierten Bearbeitern wie Kulturredakteuren betreut wird, eine literarischjournalistische Gattung, auch »Kleine Form« genannt, und eine Stilhaltung, in der sich eine bewußt subjektiv getönte Sichtweise ausdrückt.

Der Begriff ist abgeleitet von der F. (Diminuitiv von *feuille* = frz. »Blatt«) genannten Beilage des »Journal des Débats«, in dem J. L. de Geoffroy seit 1800 die Inhalte unterbrachte, die nicht zur politischen Berichterstattung gehörten, das heißt Nachrichten und Berichte über kulturelle Ereignisse aus Literatur, Theater und Kunst, Reiseskizzen, Plaudereien, Marginalien und Miszellen. Der Begriff F.

blieb bestehen, als die vermischten Beiträge später im Hauptblatt, und zwar durch einen Strich vom politischen Teil abgesetzt, als Ressort »unter dem Strich« plaziert wurden. Von der Sparte wurde der Begriff auf die publizistische Form und die darin zum Ausdruck kommende Stilhaltung übertragen.

Die Feuilletonisten selbst haben ihr Metier häufig metaphorisch zu umschreiben versucht, wenn sie etwa wie L. Speidel von der »Unsterblichkeit des Tages« sprechen, das F. wie M. v. Brück als »eine Art Chamäleon« bezeichnen oder wie Th. Troll die Feuilletonautoren als »Kurzstreckenläufer der Literatur« charakterisieren.

Wenn auch die Pressehistoriker das Geburtsjahr unterschiedlich ansetzen, so herrscht doch Übereinstimmung darin, daß die Wurzeln des F. in der ersten Hälfte des 18. Jh. liegen. Der sogenannte »Gelehrte Artikel«, der seit 1712 schrittweise in Zeitungen und Intelligenzblättern Einzug hielt, war für die Aufklärungspublizistik besonders geeignet, einem möglichst breitem Publikum belehrende Inhalte mitzuteilen (→ *Aufklärung*). Durch die Hereinnahme raisonierender Formen, sei es als → *Kritik,* vornehmlich in Form der Buchrezension, sei es als populärwissenschaftlicher Beitrag, begann sich der klassische Typ der Nachrichtenzeitung, der allein der Information dienen sollte, aufzulösen. Gleichzeitig erweiterte sich das Wahrnehmungsspektrum der aktuellen Pressemedien von der ereignis- und faktenorientierten Berichterstattung über Politik, Diplomatie, Kriegshändel, Verwaltung und Wirtschaft als Gravitationsfeldern öffentlicher Aufmerksamkeit auf die Bereiche Kultur, Kunst und Wissenschaft. Nur wenig später ist auch eine Zunahme literarischer Formen zu beobachten. Zeitgedichte, Auszüge aus literarischen Werken, fiktive Briefe ergänzen die Belehrung um unterhaltende Elemente.

Das F. stand also am Beginn der Differenzierung der Presse in einzelne Sparten. Der Separierung des Stoffs folgte eine Ausstrahlung auf andere Ressorts, die man als »Feuilletonisierung« der Nachrichtenpresse charakterisiert hat (E. Meunier, H. Jessen, Das deutsche F., Berlin 1931, S. 58), eine Entwicklung, die so kuriose Blüten trieb, daß einzelne Zeitungen ihren gesamten Nachrichtenstoff in Versform präsentierten. Die 30er und 40er Jahre des 19. Jh. brachten einerseits mit dem in täglichen Fortsetzungen abgedruckten Zeitungsroman eine Verstärkung der Unterhaltungsfunktion, andererseits eine Politisierung des F. Um die Zensurschranken zu unterlaufen, benutzten immer mehr Autoren literarische Formen und kulturelle Themen als Vehikel des Ideenschmuggels.

Der Aufschwung der Presse infolge der Industrialisierung führte auch zum Ausbau der Feuilletonteile. Spezialkorrespondenzen in wachsender Zahl belieferten vor allem die Provinzpresse mit feuilletonistischen Beiträgen, was die Gefahr einer Unifor-

mierung der Originalität mit sich brachte. Die Großstadtzeitungen dagegen, namentlich die Berliner und Wiener Blätter, suchten ein individuelles Profil gerade durch ihren Kulturteil zu gewinnen, wofür Namen wie F. Kürnberger, E. Hanslick, D. Spitzer, P. Altenberg, L. Rellstab, A. Glaßbrenner und Th. Fontane stehen, die bis heute als Klassiker des Genres genannt werden. Die Feuilletonisierung der Presse äußert sich auch in einer wachsenden Anzahl unterhaltender und belehrender Beilagen, die sich zum Teil an ausgewählte Zielgruppen wie Kinder, Frauen und spezielle Berufe richteten.

Zur Zeit der Weimarer Republik nahm das F. in Blättern wie dem »Berliner Tageblatt«, der »Vossischen« und der »Frankfurter Zeitung« bedeutenden Rang ein. Die großen Feuilletonisten bedienten sich daneben, wie schon in den Jahrhunderten zuvor, vor allem des Mediums → *Zeitschrift*. Gemäß seiner Strategie der totalen Durchdringung aller Lebensbereiche nahm der Nationalsozialismus nach 1933 auch von den Medien Besitz. Das F. wurde bewußt zum »dritten politischen Ressort« umgestaltet und sollte eine kulturpolitische Erziehungsfunktion im Sinn der herrschenden Ideologie ausüben. Die Gleichschaltung zu Instrumenten nationalsozialistischer → *Propaganda* gelang bei der Presse, anders als beim → *Hörfunk,* allerdings nicht total. Ein Teil der bürgerlichen Blätter zeigte sich über längere Zeit resistent, und gerade im F. gab es Distanz, ja gelegentlich auch verdeckten Widerstand in verschiedenen Formen von *Camouflage.*

Nach 1945 wurde das F. als »klassisches« Ressort bald wiederbelebt. Als neuer Typ auf der Presseszene erschien die politische Wochenzeitung, die ihr Vorbild im britischen »Observer« und einen Vorläufer in dem Renommierblatt der Nationalsozialisten »Das Reich« hatte. Die Tageszeitungen plazierten die Kulturberichte zunächst im unteren Teil der ersten Seiten »unter dem Strich«. Bald jedoch gingen immer mehr Blätter dazu über, eine oder mehrere eigene Seiten hierfür zu reservieren. Im Laufe der Jahre wurden manche Themenbereiche ausgeschieden und in eigenen Sparten plaziert wie die Hörfunk- und Fernsehseite, die meist nur sporadisch erscheinende Wissenschaftsseite und der Unterhaltungsteil. Man kann das F. in historischer Perspektive also als »Auswanderungsressort« bezeichnen. Während diese äußeren Wandlungen in der Bundesrepublik und der DDR ähnlich abliefen, sind in der inneren Entwicklung, das heißt im Hinblick auf Themenschwerpunkte, Intentionen und Funktionen, deutliche Unterschiede feststellbar.

II. Das Feuilleton als Ressort

Die Kulturredakteure in den Medien (→ *Massen-kommunikation*) der Bundesrepublik besitzen im allgemeinen eine hohe formale Bildung. Ein größerer Prozentsatz als in anderen Ressorts hat ein Universitätsstudium absolviert, meist in philologischen, theater-, kunst- oder musikwissenschaftlichen Fächern. Mit der zunehmenden Pressekonzentration ist die Redaktionsgröße der publizistischen Einheiten, das heißt der Zeitungen mit Vollredaktion, gewachsen, was zu einer Differenzierung der Aufgabenfelder geführt hat. Der »Allround-Kulturredakteur« ist weithin dem Spezialisten für einzelne Sparten wie Musik, bildende Kunst, Film, Fernsehen, Literatur oder Theater gewichen. Freie Mitarbeiter spielen innerhalb der Kulturberichterstattung eine größere Rolle als in anderen Medienbereichen. Sie kommen vorwiegend aus kulturproduzierenden oder aus Bildungsberufen, sind aber zum Teil auch hauptberuflich als freie Fachjournalisten tätig, die verschiedene Medien beliefern.

Das weite Feld kultureller Ereignisse, Einrichtungen und Entwicklungen ist in der Presse sehr unterschiedlich repräsentiert. Der in der Bundesrepublik vorherrschende Zeitungstyp, die regional verbreitete Abonnementzeitung, orientiert sich hauptsächlich am Angebot der traditionellen Kulturinstitutionen → *Theater,* → *Musiktheater,* → *Museen* und → *Festspiele,* die zwar mit öffentlichen Mitteln hoch subventioniert, aber nur von einem relativ kleinen Publikumskreis, meist aus den Mittelschichten, genutzt werden. Neben Kulturnachrichten, Veranstaltungshinweisen, Personalia und Ankündigungen nehmen Rezensionen und Kritiken den größten Raum ein, Formen interpretierender Berichterstattung, die sowohl informierende als auch kommentierende Elemente enthalten. Sprache, Stil und Argumentationsweise geraten dabei häufig in die Nähe zur Fachkommunikation. Die im → *Journalismus* generell zu beobachtende Orientierung an den Berufskollegen oder an den Experten im jeweiligen Berichtsfeld scheint in der Kunstkritik besonders ausgeprägt. Die Themenauswahl wird primär von ästhetisch-qualitativen Kriterien, nicht von den Bedürfnissen des kulturkonsumierenden Publikums gesteuert. Besonders zeigt sich dies bei den überregional verbreiteten Tages- und Wochenzeitungen, die dann häufig den Redakteuren in den Regionalblättern zur Orientierung dienen. Symptomatisch ist, daß der Medienkultur, mit Ausnahme vielleicht des → *Films,* relativ wenig Aufmerksamkeit geschenkt wird.

Die Boulevardzeitungen setzen andere Akzente. Bestsellerliteratur, Popfestivals, Schallplattenproduktionen, die kommerzielle Populärkultur also rückt hier in den Vordergrund. Wenn das Ressortprinzip aufgehoben ist, etwa bei »Bild«, entfallen auf Kulturthemen im allgemeinen nur sehr kleine Inhaltsanteile. Personenbezogene Berichterstattung bis hin zum Starkult dominiert hier, wie in der Mehrzahl der illustrierten Publikumszeitschriften.

Die größten Vermittlungsdefizite bestehen hinsichtlich der Alltagskultur (→ *Alltag*), verstanden im Sinne eines umfassenden Kulturbegriffs, der sowohl alltägliche Formen des Zusammenlebens als auch Deutungsformen der Wirklichkeit wie → *Sprache,* Mythos, → *Religion* und → *Wissenschaft* einbezieht. Der Wohnbereich, der Arbeitsbereich, die lebensweltliche Gesamtsphäre mit ihren tradierten Normen, Riten und kulturspezifischen Interaktionsmustern werden in den F. weitgehend ignoriert. Gegenüber der professionellen, institutionengebundenen Veranstaltungskultur kommen Laienaktivitäten wie Volksfeste und Stadtteilfeiern und überhaupt der weite Bereich volkskultureller Initiativen wie Chöre, Musikkapellen, Theatergruppen, die häufig auf Vereinsbasis organisiert sind, zu kurz. Der ganze Bereich der Soziokultur wird bestenfalls in der Lokalberichterstattung registriert. Ebenso ergeht es neuen kulturpolitischen Initiativen, die eine ästhetische und soziale Sensibilisierung durch eigenkreative Tätigkeit anstreben und dazu Begegnungsorte wie Kulturläden, Jugendhäuser und Kommunikationszentren fordern und fördern.

Die einseitige Fixierung auf die Spitzenleistungen der → *Kunst* führt dazu, daß die Kulturseiten der Zeitungen das medienspezifische Kriterium der Universalität nur ungenügend erfüllen. Das Unbehagen daran äußert sich in Charakterisierungen des F. als »letzter Oase der Bildungsbürger« oder »Kultur-Boutique der Presse«. Wie wenig hier eine Integrationsleistung erfüllt wird, zeigt sich in der Zunahme kultureller Medien in der sogenannten Alternativpresse (→ *Alternativkultur*). Die Erfahrung mangelhafter Ausdrucksmöglichkeiten in den etablierten Medien hat dazu geführt, daß alternative Produktions- und Vertriebsformen entstanden sind. Ausgehend von einem vereinfachten kulturellen Schichtenmodell werden solche Aktivitäten häufig als »subkulturell« abgestempelt.

Als Folge der elitären Attitüden in Themenauswahl und Darstellungsweise spricht das F. nur einen relativ kleinen Kreis an. Umfragen und *Copytests* zeigen, daß nur etwa jeder vierte Zeitungsleser den Kulturteil regelmäßig liest. Damit bildet das F. zusammen mit der Wirtschafts- und der Wissenschaftsberichterstattung, die ebenfalls in deutlicher Nähe zur Fachkommunikation stehen, das Schlußlicht bei der Leserzuwendung.

Im Hinblick auf die publizistischen Funktionen unterscheidet sich das F. nicht grundsätzlich von den anderen redaktionellen Ressorts. Auch hier werden entsprechend den gängigen Funktionskatalogen → *Information,* → *Unterhaltung,* Meinungsbildung und Belehrung angestrebt. Die Akzente liegen dabei traditionell auf kultureller Meinungsbildung, die vor allem in der Form der Rezension erfolgt, und auf Unterhaltung, die in verschiedenen, zum Teil fiktionalen Formen wie Zeitungsroman, Kurzgeschichte und Glosse vermittelt wird. Besondere Bedeutung kommt dem Prinzip der Funktionsmischung zu, das am prägnantesten durch die alte rhetorische Formel *prodesse et delectare* ausgedrückt ist.

In der DDR sind, wie in allen kommunistischen Staaten, die Funktionen der Massenmedien nicht auf die Individuen zentriert, sondern gesellschaftsbezogen definiert. Gemäß der marxistisch-leninistischen Pressedoktrin, die sich freilich weniger auf K. Marx und F. Engels als auf W. I. Lenin berufen kann, werden die Medien als kollektiver Propagandist, Agitator und Organisator verstanden.

Entsprechend der postulierten Einheit von Politik, Ökonomie und Kultur pocht die *SED* auch im Bereich der kulturellen Entwicklung auf die Planungs-, Leitungs- und Kontrollkompetenz. Diese bezieht sich nicht nur auf die aktuelle Situation, sondern auch auf die Interpretation des »kulturellen Erbes« der Vergangenheit aus der Perspektive des Klassenkampfes. Die Medien werden dabei als Vermittler eingesetzt. Sie sind ebenso wie das gesamte Kulturbereich in die mittel- und langfristigen Planungen zur wirtschaftlichen und sozialen Entwicklung, z. B. in die Fünfjahrespläne, einbezogen (→ *Tradition und kulturelles Erbe*).

Die kulturpolitischen Leitlinien der zuständigen Partei- und Staatsgremien bestimmen auch den Spielraum der Redakteure und Mitarbeiter des F., die allesamt einer intensiven Kommunikationskontrolle unterliegen. Nach einer gewissen Liberalisierung zu Beginn der 70er Jahre, in der innerhalb der offiziellen Kunstdoktrin des *Sozialistischen Realismus* »eine reiche Vielfalt der Themen, Inhalte, Stile, Formen und Gestaltungsweisen« und »die Befriedigung sehr differenzierter kultureller und künstlerischer Bedürfnisse« eingeräumt wurden (K. Hager auf der 6. Tagung des Zentralkomitees der *SED* am 6./7. 7. 1972), hat sich das Klima seit 1976 mit der Ausbürgerung unbequemer Künstler wieder verschärft. Die Kulturberichterstattung ist weithin ein Reflex des offiziellen kulturpolitischen Kurses. Nicht um Inhalte und Ziele geht es folglich in den einschlägigen Beiträgen der journalistischen Verbandszeitschrift »Neue Deutsche Presse«, sondern ausschließlich um die Mittel der Umsetzung. Dabei wird auch der Einsatz unterhaltender Formen und feuilletonistischer Stilmittel primär unter operativen Gesichtspunkten diskutiert.

In den Zeitungen der DDR nimmt der Kulturteil einen relativ geringen Raum ein. Schwerpunkte liegen auch hier einerseits auf Kulturnachrichten, andererseits auf Rezensionen in den klassischen Kunstsparten. Große Beachtung findet die Laienkunst (→ *Volkskultur*), die auf verschiedenen Ebenen, im Betrieb, im Wohngebiet, in Gemeinde und Stadt, in Region und Bezirk, meist in organisierten

Kulturzirkeln gepflegt wird. Auch die Betriebszeitschriften, von denen 1977 mehr als 600 Titel mit einer Gesamtauflage von rund zwei Mio. Exemplaren erschienen, schenken der kulturellen Selbstbetätigung Aufmerksamkeit. Mit dem »Sonntag«, dem Organ des *Kulturbundes,* steht seit 1946 ein eigenes kulturpolitisches Wochenblatt zur Verfügung, in dem auch Grundsatzfragen wie etwa die Interpretation des Realismus- und Entfremdungsbegriffs eingehend debattiert werden. Eine große Rolle in der gesamten Presse spielt die Umsetzung wissenschaftlicher Forschungsergebnisse. Populärwissenschaftliche Beiträge finden sich häufig auch in den Wochenendbeilagen.

Eingehende empirische Untersuchungen zur journalistischen Berufs- und Publikumsforschung sind bisher in den angesprochenen Bereichen entweder nicht durchgeführt oder nicht allgemein zugänglich publiziert worden.

III. Das Feuilleton als Form und Stilhaltung

Die Prinzipien des sozialistischen Journalismus, → *Parteilichkeit*, Massenverbundenheit und Volkstümlichkeit, Wissenschaftlichkeit und Wahrheit, orientieren sich an den Gesetzmäßigkeiten der gesellschaftlichen Entwicklung im Verständnis des Marxismus-Leninismus. Auch die Journalistikwissenschaft in der DDR basiert auf dieser Doktrin. Ein Kernstück dieser Disziplin, die zentrale Aufgaben bei der Journalistenaus- und -fortbildung übernommen hat, ist die Analyse journalistischer Vermittlungsformen. Diese Genreforschung thematisiert die Widerspiegelung der gesellschaftlichen Realität innerhalb des publizistischen Formenkanons. Gegenstand, Zweckbestimmung und Gestaltungsmittel werden dabei als dialektische Einheit gesehen. Das F. ist innerhalb dieser Formenlehre, die ihre Schwerpunkte auf die Presseforschung legt, unter die »vorwiegend journalistisch-ästhetischen Genres« (H. Budzislawski, Sozialistische Journalistik, Leipzig 1966, S. 169f.) eingeordnet. Die »Nachbarschaft von Journalistik und schöner Literatur« dispensiert freilich nicht davon, daß auch dieses Genre der Bewußtseinslenkung und der Verhaltenssteuerung dienen soll. Die Intentionalität im Sinne der sozialistischen Gesellschafts- und Kulturpolitik bildet das Abgrenzungskriterium gegenüber dem »bürgerlichen« F., dem bestenfalls »Scheinopposition« (H. Knobloch, Vom Wesen des F., Halle a. d. Saale 1962, S. 110) attestiert wurde. Als Vorläufer und Vorbild beruft man sich auf das proletarische journalistische Erbe, einerseits auf Mitarbeiter der von K. Marx herausgegebenen »Neuen Rheinischen Zeitung«, vor allem G. Weerth und W. Wolff, andererseits auf Autoren der revolutionären kommunistischen Arbeiterpresse der Weimarer Republik wie H. Lorbeer, P. Nell und E. Weinert.

Feuilletonistische Elemente, jene »besonders lockere, auch humoristische Schreibweise, die vom Konkreten ausgeht, es vorstellbar vermittelt, eine Darstellung, die den persönlichen Standpunkt, die persönliche Sicht, den individuellen Stil akzentuiert zur Geltung bringt« (R. Schulze, Brauchen wir das F.?, in: Neue Deutsche Presse, Jg. 27, 1973, H. 10, S. 6), findet man in den aktuellen Medien der DDR freilich selten.

Auch in der Presse der Bundesrepublik ist das F. als journalistische Form nicht gerade beliebt. Wenn es heute noch gepflegt wird, dann eher außerhalb als innerhalb des Kulturteils, vor allem im lokalen und politischen Ressort. Der feuilletonistische Stil hat sich über viele Sparten verbreitet. Unter den Zeitschriften leben ganze Pressetypen von feuilletonistischen Sprachfiguren wie Neologismus und Pointierung, Wortspiel, Wortwitz und Wortmischung. Von der Nutzung her gesehen haben die Druckmedien jedoch insgesamt viel von der Unterhaltungsfunktion, die ein wesentliches Element des F. ist, an die auditiven Medien Hörfunk und Schallplatte und die audiovisuellen Medien Fernsehen und Video abgegeben.

W. Hömberg

Literatur
W. Haacke, Handbuch des F., 3 Bde. Emsdetten 1951–1953
W. Walther, Journalistik und Philosophie. Methodologische und erkenntnistheoretische Probleme der Journalistik, Leipzig 1964
W. Haacke, Das F. des 20. Jahrhunderts, in: Publizistik, Jg. 21, 1976, H. 3, S. 285–312
H. Lesch, Läßt sich Kultur in einer Boulevardzeitung vermitteln?, in: Bertelsmann Briefe, 1979, H. 99, S. 17–25
V. Blaum, Marxismus-Leninismus, Massenkommunikation und Journalismus, München 1980
M. Franz, Plädoyer für ein Genre. Probleme des F., in: Weimarer Beiträge, 22. Jg., 1976, H. 9, S. 83–100

Film

I. Die Geschichte der Kinematographie in Deutschland – II. Entwicklung des Filmwesens in Bundesrepublik Deutschland und DDR – III. Filmpolitik der Gegenwart

I. Die Geschichte der Kinematographie in Deutschland

Als Beginn der Kinematographie in Europa gelten die ersten öffentlichen Filmvorführungen der Brüder M. und E. Skladanowsky im Berliner *Varieté Wintergarten* und die des »Kinematographen« von A. und L. Lumière in Paris 1895. Die ersten Vorführungen zwischen 1896 und 1908, die häufig in Wandertheatern stattfanden, wurden hauptsächlich von der Arbeiterschaft besucht, doch wurde der F. allmählich auch für den Mittelstand attraktiv. Noch während des Ersten Weltkriegs wurden die ersten großen Produktionsgesellschaften, im Jahr 1916 die *Deutsche Lichtbild-Gesellschaft* und dann 1917 die *Universum-Film AG (Ufa)*, gegründet, die Voraussetzungen für die schnelle Entwicklung und Expansion der neuen Industrie ab 1919 schufen. Finanziell aufwendige Ausstattungs- und Kostümfilme sollten sowohl ein nationales Bewußtsein propagieren wie auch auf dem internationalen Markt Geltung erlangen. Besondere Bedeutung hatten der sogenannte expressionistische F. mit »Das Kabinett des Dr. Caligari« (1920) von R. Wiene, »Metropolis« (1926) von F. Lang, sowie der F. von K. H. Martin und P. Leni, deren Handlung in phantastische Sphären verlegt und dessen formale Gestaltung bewußt stilisiert und artifiziell gehalten war. Bedeutende Regisseure dieser Zeit waren F. Lang, W. Murnau und G. W. Pabst. Ab 1924 zeigte sich eine stärkere Ausrichtung auf gegenwartsbezogene Themen, nachhaltig beeinflußt durch die Rezeption des sowjetischen F., insbesondere vertreten durch S. M. Eisensteins »Panzerkreuzer Potemkin«, der 1926 in Deutschland uraufgeführt wurde. Neben den nach wie vor die Industrie bestimmenden populären F. entstanden dokumentarische (»Berlin, Symphonie einer Großstadt«, W. Ruttmann, 1927) und realistisch-gesellschaftskritische F. Schon durch das *Reichslichtspielgesetz* von 1920 wurden alle F. der Vorführung vor einer Filmprüfstelle (→*Zensur*) unterworfen. Die Einführung des Tonfilms und die Umstellung von Produktion und Vorführung ab 1928 hatte für die Filmindustrie schwerwiegende Folgen, deren ästhetische Implikationen sich erst später bemerkbar machten.

Wirtschaftliche Schwierigkeiten ließen die deutsche Filmindustrie ab 1933 staatliche Förderungsmaßnahmen und entsprechende Einflußnahme bereitwillig annehmen. Die nationalsozialistische Kulturpolitik strebte eine größtmögliche Nutzung des propagandistischen Potentials von Presse, Rundfunk und F. an. Das *Reichsministerium für Volksaufklärung und Propaganda* überwachte die Produktion, beauftragte Autoren und Regisseure, während die Finanzierung immer mehr in die Hände der neugegründeten *Filmkredit-Bank GmbH* überging, die bestimmte inhaltliche Auflagen machte. Für alle Mitglieder des Filmgewerbes wurde die Zwangsmitgliedschaft in der *Reichsfilmkammer*, eines Zweiges der *Reichskulturkammer*, vorgeschrieben. Nichtarischen sowie künstlerisch oder weltanschaulich ungeeigneten Künstlern war der Zugang zur Produktion verwehrt. Das *Lichtspielgesetz* von 1934 verlangte die Vorprüfung von Filmvorhaben durch einen Reichsfilmdramaturgen und ermög-

lichte die Zulassungsverweigerung aus »nationalsozialistischen« oder »künstlerischen« Gründen.

Die nationalsozialistische Filmpolitik und Finan-
zierungsstrategie begünstigte die Herausbildung der
Großkonzerne *Ufa* und *Tobis,* während kleinere
und mittlere Unternehmen fast gänzlich ihre Stellung einbüßten. Die absolute Kontrolle über den F.
erreichte die nationalsozialistische Führung mit der
1936 begonnenen Verstaatlichung der Filmindustrie, die 1942 abgeschlossen war. Die Filmproduktion beschränkte sich jetzt, sieht man von den
Wochenschauen ab, auf kostspielige und aufwendige Unterhaltungsfilme und erzieherisch-politi-
sche F. im Sinne nationalsozialistischer Weltanschauung. Fragwürdiges Renommée als Höhepunkt faschistischen Propagandakinos erreichten
insbesondere L. Riefenstahls Dokumentarfilm
»Triumph des Willens« (1935) und spätere Durch-
haltefilme wie »Kolberg« (1944) von V. Harlan, der
allerdings nicht mehr in die Kinos gelangte. Oppositionelle F. deutscher Regisseure konnten nur im
Ausland, insbesondere in Hollywood entstehen.
Beispielhaft sind F. wie »Hangmen Also Die«
(1942) von F. Lang und »To Be Or Not To Be«
(1942) von E. Lubitsch. Für Regisseure wie H. Käutner und W. Staudte läßt sich durch die vorsichtige
Themenwahl ihrer F. im nationalsozialistischen
Deutschland allenfalls eine versteckte Opposition
erkennen (»Romanze in moll«, H. Käutner, 1943).

Mit der Lizenzübergabe durch die *Sowjetische
Militäradministration* am 17. Mai 1946 wurde die
Deutsche Film AG (DEFA) zur ersten deutschen
Filmgesellschaft nach dem Zweiten Weltkrieg,
wobei von vornherein feststand, daß die Filmproduktion der Sowjetischen Besatzungszone in einem
einzigen Unternehmen zentralisiert bleiben sollte.
Im Gegensatz hierzu entstanden in den westlichen
Besatzungszonen zwischen 1946 und 1948 rund 40
Produktionsgesellschaften. Der größte Anteil an F.,
die in den ersten Nachkriegsjahren in den westlichen Besatzungszonen aufgeführt wurden, bestand
aus Importen, vor allem aus den USA. Die Spielfilme der sowjetischen und der westlichen Besatzungszonen beschäftigten sich mit der jüngsten Vergangenheit und propagierten den Wiederaufbau.
Da die Mehrzahl der technischen und künstlerischen Filmschaffenden vor 1945 ausgebildet worden war und gearbeitet hatte, kam technischer und
stilistischer Perfektion der Vorrang vor inhaltlichen
Auseinandersetzungen zu. Anstelle eines Bruchs
mit der Vergangenheit bestimmte oft eine zumindest
formale Kontinuität die F. der frühen 50er Jahre.

II. Entwicklung des Filmwesens in Bundesrepublik Deutschland und DDR

Seit 1949 ist eine ständig zunehmende Filmproduktion für die Bundesrepublik zu verzeichnen, deren
Finanzierung durch Bürgschaften der Bundesländer und des Bundes unterstützt wurde. Neben kritischeren F. wie H. Käutners »In jenen Tagen«
(1947) oder W. Staudtes »Rosen für den Staatsanwalt« (1956) bestand die Produktion vornehmlich
in scheinbar unpolitischen Heimat-, Kostüm- und
Abenteuerfilmen, die entweder an die Vorkriegs-
produktion anknüpften oder sich an den Genres der
Auslandsimporte orientierten. Besonderer Beliebtheit erfreuten sich österreichische F. (»Sissi«-Filme,
Lustspiele von E. W. Emo und W. Forst). Eine
jüngere Generation von Filmern konnte sich vorerst
nur auf den Gebieten des Kurzfilms und der Filmkritik behaupten. 1949 wurde von der *Spitzenorga-
nisation der Filmwirtschaft e. V.* eine *Freiwillige
Selbstkontrolle* eingerichtet, 1951 von den Bundesländern die *Filmbewertungsstelle* in Wiesbaden
geschaffen. F., die der *Freiwilligen Selbstkontrolle*
nicht vorgelegt wurden, hatten wenig Chancen, aufgeführt zu werden, während die *Filmbewertungsstelle* eingereichte F. mit den Prädikaten »wertvoll«
oder »besonders wertvoll« auszeichnen konnte; der
Vergnügungssteuersatz für Kinobesitzer, die F. mit
Prädikat aufführen, wurde vermindert. Von 1954
bis 1961 wurde die Bundesrepublik durch einen
»interministeriellen Film-Ausschuß«, der alle Film-
importe aus den Staaten des Ostblocks zu überwachen hatte, vom Kino der östlichen Länder und
somit auch von dem der DDR stark abgeschirmt. W.
Staudtes »Der Untertan« zirkulierte zunächst illegal in westdeutschen Filmclubs, bevor er 1957 »offiziell« zugelassen, dann aber vom Verleih mit einer
distanzierenden Erklärung versehen wurde. In der
etablierten Filmkritik dominierten, was die Einschätzung der F. aus sozialistischen Ländern betraf,
Positionen eines scharfen Antikommunismus. Die
Einfuhr bestimmter sowjetischer F. in die Bundesrepublik wurde sogar untersagt.

F. ist in der DDR nicht, wie in allen kapitalistischen Ländern, in erster Linie eine Ware, sondern
im Ensemble anderer Medien und Künste Mittel
zur Bewußtseinsbildung im Sinne des Marxismus-
Leninismus. Dies gilt für Spielfilme, Dokumentarfilme und Animationsfilme. Eine frühe Äußerung
W. I. Lenins, wonach »für uns von allen Künsten
der F. der wichtigste ist« (1922), wurde vor allem in
den ersten Jahren des Aufbaus eines eigenen Film-
wesens in der DDR häufig zitiert und kennzeichnet
die große Bedeutung, die dem F. damals für die
propagandistische und agitatorische Arbeit zugemessen wurde. Diese primär politische Funktion
des F. trat freilich mit der zunehmenden Entwicklung und Ausbreitung des →*Fernsehens* immer
mehr zurück.

Schon in den ersten F. der *DEFA* nach dem Zweiten Weltkrieg wurden sehr deutlich die für vergangene Verbrechen Verantwortlichen bezeichnet. Von ihrem ersten F. »Die Mörder sind unter uns« (W. Staudte, 1946) bis zu einer ihrer jüngeren Produktionen, »Die Verlobte« (G. Rücker und G. Reisch, 1980), hat sich die *DEFA* kontinuierlich und aufklärerisch mit Nationalsozialismus und Krieg auseinandergesetzt. Darüber hinaus bemühte sich die *DEFA* schon in ihren Anfängen um die Förderung eines neuen Geschichtsbewußtseins sozialistischer Prägung, dem verschiedene biographische F. und Literaturverfilmungen wie »Thomas Müntzer« (M. Hellberg, 1955/56) und »Der Untertan« (W. Staudte, 1951) dienten. Zur Thematik historischer F. kam ab Mitte der 50er Jahre ein Aufarbeiten der Geschichte der Arbeiterbewegung hinzu.

Zur ersten Regiegeneration, als deren wichtigste Vertreter W. Staudte, S. Dudow und K. Maetzig (»Ehe im Schatten«, 1947; »Die Buntkarierten«, 1948/49; Thälmann-F., 1953/55) gelten können, trat Mitte der 50er Jahre eine zweite, die entweder bei der *DEFA* oder an den Filmhochschulen von Moskau und Prag ausgebildet worden war. Von ihr profilierten sich am stärksten K. Wolf (»Lissy«, 1956/57; »Der geteilte Himmel«, 1963/64), F. Beyer (»Nackt unter Wölfen«, 1962), G. Klein (»Berlin Ecke Schönhauser«, 1957) und H. Carow (»Sie nannten ihn Amigo«, 1958).

III. Filmpolitik der Gegenwart

»Junger deutscher Film« der Bundesrepublik: Der erste Schritt zu einer Erneuerung des bundesdeutschen F. war die Publizierung des »Oberhausener Manifests« auf den *Westdeutschen Kurzfilmtagen* 1962 in Oberhausen. Dort erklärten Filmschaffende der jüngeren Generation ihren Anspruch, den »neuen deutschen Film« zu kreieren, von dem sie konkrete Vorstellungen äußerten. Gleichzeitig verkündeten sie den »Tod« des alten deutschen F. Dieses Manifest hatte ein großes publizistisches Echo und kann als Wendepunkt in der Entwicklung des bundesdeutschen Nachkriegsfilms gelten. Doch erst 1966 kamen die ersten F. dieser jungen Regisseure heraus; da die Produktionsfirmen an deren Projekten kein Interesse zeigten, mußten zunächst neue Institutionen der Filmförderung geschaffen werden, die im Lauf der Zeit eine nichtkommerzielle Finanzierung des F. in der Bundesrepublik immer bedeutsamer werden lassen sollten. Neben den verschiedenen Förderungsgremien begannen die Fernsehanstalten vermehrt, F. sowohl als Koproduktionen zur Kino- und Fernsehauswertung wie auch als reine Fernsehfilme zu produzieren. A. Kluges »Abschied von gestern« (1965), W. Herzogs »Lebenszeichen« (1967), V. Schlöndorffs »Der junge Törless« (1966) und J. M. Straubs experimentelle H.-Böll-Verfilmung »Nicht versöhnt« (1965) fanden vor allem in der Presse und auf ausländischen Festivals Resonanz, die sich jedoch nicht in den Besucherzahlen für solche F. niederschlug (→ *Kino*). Zwar hatte sich die Situation in westdeutschen F. grundlegend geändert, da der »junge deutsche F.« die Auseinandersetzung mit der unmittelbaren Vergangenheit nicht scheute, die neuen Regisseure vereinzelt mit konventionellen Erzähltechniken brachen und eigene Erfahrungen und Beobachtungen auf ungewohnte Weise in ihre F. einbrachten, doch blieben diese F. gegenüber den Produktionen der etablierten Filmindustrie der Bundesrepublik bis in die 70er Jahre in der Minorität. Anregung für den »jungen deutschen F.« waren die *nouvelle vague,* die sich in Frankreich zu Beginn der 60er Jahre gebildet hatte, der sozialkritische englische F. der 60er Jahre und der italienische Neorealismus der Nachkriegszeit, der in der Bundesrepublik erst mit großer zeitlicher Verspätung zur Kenntnis genommen wurde. Anregungen aus der DDR waren dagegen wenig gegeben, da die F. der *DEFA* kaum Eingang in die Bundesrepublik fanden und die Kinematographie der DDR zudem in traditionellen Erzählweisen, aber auch in gesellschaftspolitischen Aufgabenstellungen befangen war, die sich vom westdeutschen Filmgeschehen stark unterschieden. Trotzdem nahm das gegenseitige Interesse und der Austausch, die in den 50er Jahren tabuisiert gewesen waren, zu.

Neue filmische Ausdrucksformen führten insbesondere A. Kluge und J. M. Straub in den F. ein, ersterer durch seine den konventionellen realistischen Duktus des erzählenden F. weit hinter sich lassende Montagepraxis, J. M. Straub durch seine antinaturalistische Schauspielerführung und Tongestaltung, seine Verfremdungstechnik, expressive Bildsprache und durch eine Verwendung von Musik und literarischen Quellen, die auf illustrative Wirkung verzichtete.

Die zweite junge Generation der 70er Jahre: In den 70er Jahren trat eine zweite, jüngere Generation von Regisseuren auf, deren Werk den künstlerisch ambitionierten F. der Bundesrepublik prägte. Dazu zählen R. W. Faßbinder, P. Lilienthal, R. Hauff, H. J. Syberberg und W. Wenders, die Gruppe des sogenannten Berliner Arbeiterfilms sowie Filmemacherinnen wie M. von Trotta, H. Sander, H. Sanders-Brahms und C. von Alemann. Die meisten ihrer F. kennzeichnet die Aufhebung der traditionellen Trennung von Drehbuchautor und Regisseur. Die F. werden oft mit kleinem Budget, reduziertem Team und meist an Originalschauplätzen mit Originalton gedreht. Die Abkehr von traditionellen technischen Mitteln führt in jüngerer Zeit vermehrt zur Verwendung von Super-8 und Video, wie H. Costards »Spielfilme völlig phantasielos drehen« und K. Wybornys »After the Gold Rush«. Regisseure wie W. Herzog oder H. J. Syberberg bedienen sich einer visionären Bildsprache und einer bewußten Mythologisierung der Inhalte, während W. Wenders oder R. W. Faßbinder sich eher an Vorbildern des amerikanischen Kinos orientieren, am Melodrama und am *Action*-F. Einigen der jüngeren Regisseure gelang es, die Kluft zu einem größeren Publikum zu überwinden, wie R. W. Faßbinder mit »Die Ehe der Maria Braun« oder V. Schlöndorff mit der Verfilmung des Romans »Die Blechtrommel« von G. Grass, die im In- und Ausland große Kassenerfolge wurden. Die amerikanischen Verleihgesellschaften, die zu etwa 50 v. H. den deutschen Markt beherrschen, haben dies frühzeitig erkannt und den Vertrieb dieser F. übernommen. Dabei darf nicht übersehen werden, daß neben ausländischen F. sogenannte Unterhaltungsfilme marktbeherrschend waren, aber auch das mit Beginn der 70er Jahre verstärkt auftretende neue Genre der Sexfilme und Softpornos. Der »Autorenfilm« hingegen war weiterhin nur möglich mit Hilfe von Subventionen durch das Fernsehen und verschiedene andere Förderungsgremien.

An erster Stelle dieser Institutionen ist das *Bundesministerium des Innern* zu nennen, das Filmvorhaben und fertiggestellte F. mit Summen zwischen DM 10000 und DM 250000 fördert und eine Abspielförderung vergibt. Außerdem verleiht es den »Deutschen Filmpreis« (DM 30000 bis 500000). Die *Filmförderungsanstalt*, deren Verwaltungsrat aus Mitgliedern des *Bundestags*, des *Bundesrats*, der *Bundesregierung*, der Filmwirtschaft, der Gewerkschaften, Kirchen und des Fernsehens besteht, erteilt nach Maßgabe des *Filmförderungsgesetzes* eine Grund-, Zusatz- und Projektförderung; außerdem ist in ihrem Rahmen auch eine Förderung von Filmtheatern vorgesehen. Das *Kuratorium junger deutscher Film* als gemeinsame Filmförderungsinstanz der Bundesländer fördert in der Hauptsache Arbeiten von Debütanten mit Prämien zwischen DM 80000 und DM 120000, ferner Kinder-, Jugend- und Kurzfilme. Seit 1974 besteht das sogenannte *Film/Fernseh-Abkommen*, in dessen Rahmen die Fernsehanstalten in Gemeinschaftsproduktionen mit Filmfirmen investieren, wobei die Herstellerfirma mindestens 25 v. H. der Produktionskosten garantieren muß und die Fernsehanstalt eine Kinoauswertung für 24 Monate zusagt. Auch stellen *ARD* und *ZDF* der *Filmförderungsanstalt* Mittel im Hinblick auf spätere eigene Verwertung zur Verfügung, ohne direkte Rechte zu erwerben. Seit Ende der 70er Jahre gibt es eine regionale Filmförderung in Berlin, Bayern und Hamburg für F., die überwiegend in den entsprechenden Ländern gedreht werden. Indirekte Förderung leisten die *Internationalen Filmfestspiele Berlin*, insbesondere mit dem *Internationalen Forum des Jungen Films*, die *Westdeutschen Kunstfilmtage Oberhausen* und die *Internationale Mannheimer Filmwoche*, die

Debütanten Gelegenheit zur Vorführung ihrer Filme geben.

Das Filmpublikum insgesamt hat zahlenmäßig abgenommen, aber seit 1980 deutet sich wieder ein leichter Anstieg der Besucherzahlen an. Die Filmtheater, sieht man von den immer weniger werdenden Erstaufführungstheatern ab, haben eine deutliche Spezialisierung durchgemacht, entweder zu Filmkunstkinos und kommunalen Kinos mit filmgeschichtlich und filmtheoretisch orientierten Veranstaltungen hin oder zu Sexfilmkinos und auf ein altersmäßig festgelegtes Publikum ausgerichteten *Action*-F.-Kinos. Dies mag daher rühren, daß kulturpolitische Funktionen des früheren Kinos wie die der Unterhaltung und Belehrung vom → *Fernsehen* übernommen wurden. So können kommerziell riskante F. heute nur noch mit Hilfe der genannten Förderungsinstanzen entstehen, was zum sogenannten »Gremien-Film« geführt hat.

1966 wurde die *Deutsche Film- und Fernseh-Akademie Berlin* gegründet, 1967 die *Hochschule für Fernsehen und Film* in München. Weitere Ausbildungsmöglichkeiten gibt es an der *Kunstakademie Braunschweig*, an der *Hochschule für Gestaltung in Bremen*, an der *Fachhochschule Dortmund*, an der *Hochschule für Bildende Künste* in Hamburg, an der *Gesamthochschule Kassel* und an der *Fachhochschule Köln*.

Bis heute gibt es kein zentrales Filmarchiv in der Bundesrepublik. Die Vorläufer eines staatlichen Filmarchivs sind bisher das *Bundesarchiv* in Koblenz, das seit 1952 eine Filmabteilung unterhält, die hauptsächlich unter dokumentarischen Gesichtspunkten aufgebaut ist, das *Deutsche Institut für Filmkunde* in Wiesbaden, die *Stiftung Deutsche Kinemathek* in Berlin (West), das Münchner *Stadtmuseum* (Abteilung Film) und das *Kommunale Kino* Frankfurt a. M.

Die Konsequenzen des Sozialistischen Realismus: Ästhetisch wurde die Entwicklung des F. der DDR in den 50er Jahren durch den Übergang vom »Kritischen« zum Sozialistischen → *Realismus* geprägt. Bei der damaligen engen, dogmatischen Auslegung dieses Begriffs bedeutete das vielfach eine zu starke Akzentuierung des Typischen, Schwarz-Weiß-Malerei, die sich auch in der schematischen Gegenüberstellung von »positiven« und »negativen Helden« ausdrückte, den Verzicht auf individuelle und differenzierte Charakterisierung der handelnden Personen, inhaltliche Klischees und formale Sterilität. Verantwortlich dafür war die damals herrschende kulturpolitische Orientierung der DDR an sowjetischen Vorbildern. Die jeweilige Berücksichtigung der allgemein politischen Situation in der Filmproduktion zeigte sich auch in der thematischen Beschäftigung mit den Folgen des *Kalten Krieges* für die Beziehungen zwischen den beiden deutschen Staaten. Nachdem die auf Kontakte zwischen beiden deutschen Staaten mit dem Ziel späterer Wiedervereinigung gerichtete Politik zugunsten der Abgrenzung aufgegeben wórden war, gab es zeitweilig fast keine Kinofilme mehr, deren Stoffe in der Bundesrepublik angesiedelt waren. Bemühungen der DDR um Koproduktionen mit westdeutschen Partnern scheiterten Mitte der 50er Jahre am Widerstand der Bonner Regierung.

Nachdem in der ersten Hälfte der 60er Jahre einige F. den kritischen Aspekt gegenüber negativen Erscheinungen in der Gesellschaft der DDR verstärkt hatten, griff Ende 1965 die Führung der *SED* ein, verfügte den Produktionsstopp mehrerer Spielfilme und verhinderte die Aufführung bereits fertiggestellter F. Die Verunsicherung der Filmemacher hatte eine vorübergehende Flucht aus der Gegenwart zur Folge. Als neue Genres erschienen publikumsattraktive hinstorische Abenteuer- und Indianerfilme. Ende der 60er, Anfang der 70er Jahre wandte man sich erneut Gegenwartsstoffen zu; nun wurden die Auswirkungen der »technisch-wissenschaftlichen Revolution« in den Betrieben behandelt. Zum anderen wurden Alltagsgeschichten erzählt, deren Stil eines »dokumentarischen Realismus« einen Zuwachs an Wirklichkeitsgehalt und künstlerischer Überzeugungskraft brachte, die aber beim Publikum kaum Resonanz fanden, weil tiefgreifende Konflikte ausgespart wurden. Die daraufhin zunehmend stärkere Konfliktgestaltung und Emotionalisierung in den Gegenwartsfilmen wurde durch die undogmatischere Kulturpolitik nach der Ablösung W. Ulbrichts durch E. Honecker begünstigt. Auch in der Bundesrepublik gezeigte F. wie »Der Dritte« (1971) von E. Günther, der sich seit seinem Debüt mit »Lots Weib« (1965) zu einem der besten Film- und Fernsehregisseure der DDR entwickelt hatte, und »Die Legende von Paul und Paula« (1972) von H. Carow waren Ausdruck dieses Wandels. Wie schon hier, wurden verstärkt gegen Ende der 70er Jahre in scheinbar vorwiegend privaten Stoffen auch gesellschaftliche Probleme behandelt. Im Vordergrund standen dabei Frauengestalten im Emanzipationsprozeß, Ehe- und Partnerschaftsbeziehungen und noch unangepaßte junge Menschen mit ihren ersten Erfahrungen in einer Erwachsenenwelt voller Widersprüche zwischen Ideal und Wirklichkeit. Durch Literaturverfilmungen wird oft der Mangel an Originaldrehbüchern ausgeglichen. Trotz immer wieder unternommener Anstrengungen sind der *DEFA* nur ganz wenige diskutable Lustspiele gelungen. Seit 1949 gibt es eine kontinuierliche niveauvolle Kinderfilmproduktion, die jährlich mindestens drei Spielfilme in das besondere Kinderprogramm der Kinos bringt. Sie umfaßt historische, Märchen- und Gegenwartsstoffe.

Organisation der Filmproduktion in der DDR: Die Entwicklung von Spielfilmprojekten erfolgt in den vier Dramaturgengruppen »Roter Kreis«, »Berlin«, »Babelsberg«, »Johannisthal«. Für Auftrag und Abnahme des Szenariums sowie des abgedrehten F. ist die Studioleitung zuständig. Sie hat 1980 die Konzeption einer längerfristigen Stoffentwicklung ausgearbeitet, wonach für die Gestaltung von gesellschaftlich notwendig erscheinenden Themen, bestimmte Aufträge an Künstler erteilt werden. In der Regel kommen jedoch die Angebote für Filmvorhaben von den Filmemachern selbst.

Das gesamte Filmwesen untersteht der Lenkung durch die Hauptverwaltung F. des *Ministeriums für Kultur,* deren Leiter den Rang eines der Stellvertreter des Ministers bekleidet. Der in Form volkseigener Betriebe organisierte Produktionsapparat besteht aus dem *DEFA*-Studio für Spielfilme in Potsdam-Babelsberg mit einem Gelände von 500 000 qm mit neun Atelierhallen und einer Jahresproduktion von 14 bis 18 F. für das Kino und etwa der doppelten Anzahl für das Fernsehen; dem *DEFA*-Studio für Dokumentarfilme mit Betriebsteilen in Berlin, Potsdam-Babelsberg und Kleinmachnow mit einer Jahresproduktion von rund 650 F. für Kino, Fernsehen und im Auftrag staatlicher und gesellschaftlicher Institute und Organisationen; dem *DEFA*-Studio für Trickfilme in Dresden mit einer Jahresproduktion von rund 65 Zeichentrick-, Puppentrick-, Handpuppen- und Silhouettenfilmen für Kino, Fernsehen und andere Auftraggeber, und dem *DEFA*-Studio für Synchronisation in Berlin. Zu den Betrieben der *DEFA* gehören das Kopierwerk, der Außenhandel und die Zentralstelle für Filmtechnik, alle in Berlin. Weitere Produktionen entstehen bei der *DEFA-Gruppe 67* mit ein bis drei Dokumentarfilmen jährlich in Berlin, im Studio H & S der auf Auslandsdokumentationen (Chile, Vietnam) spezialisierten Dokumentaristen W. Heynowski und G. Scheumann in Berlin, im *Studio der Nationalen Volksarmee* der DDR in Berlin und an der *Hochschule für F. und Fernsehen* der DDR in Potsdam-Babelsberg. Hier erfolgt seit 1954 die Ausbildung des Nachwuchses für Film- und Fernsehberufe. Die meisten Absolventen kommen beim Fernsehen unter. Schwieriger haben es Neulinge bei der Realisierung erster Arbeiten für das Kino, wohl auch der begrenzten Produktionskapazität wegen. Seit Ende der 70er Jahre ermöglicht das Spielfilmstudio jedoch die Produktion von jährlich mindestens einem Debütfilm. Berufsorganisation der Filmemacher ist der 1967 gegründete *Verband der Film- und Fernsehschaffenden der DDR.*

Als einziges internationales Filmfestival wird in der DDR seit 1960 alljährlich in der letzten Novemberwoche die *Internationale Leipziger Dokumentar- und Kurzfilmwoche für Kino und Fernsehen* veranstaltet. Nationale Festivals finden jedes Jahr für Dokumentarfilme und im zweijährigen Wechsel für Spiel- und Kinderfilme statt. Auf Regierungsebene vereinbarte offizielle Filmwochen der DDR und der

Bundesrepublik im jeweils anderen deutschen Staat gab es erstmals im Oktober 1980. Nichtstaatliche Organisationen und Institutionen haben jedoch in der Bundesrepublik schon seit Mitte der 60er Jahre wiederholt Veranstaltungen mit F. aus der DDR durchgeführt.

Über den kommerziellen Verleih gelangen nur ganz wenige F. der *DEFA* in Kinos der Bundesrepublik, so 1980 »Solo Sunny« von K. Wolf und W. Kohlhaase und »Bis daß der Tod euch scheidet« von H. Carow. Umgekehrt ist in der DDR die Zahl der Importe aus der Bundesrepublik etwas größer, wenn auch im allgemeinen geringer als die aus anderen westlichen Ländern. 1981 waren es »Messer im Kopf« von R. Hauff, »Die Ehe der Maria Braun« von R. W. Faßbinder, »Schwestern oder Die Balance des Glücks« von M. von Trotta und »Götz von Berlichingen« von W. Liebeneiner und H. Reinl. Die Rezeption von F. aus der DDR in der Bundesrepublik leidet vielfach unter der mangelnden Kenntnis des gesellschaftlichen Hintergrunds. Dies gilt nicht nur für Gegenwartsthematik, wenn die gesellschaftliche Relevanz von F. wie »Die Legende von Paul und Paula« oder »Solo Sunny« für die DDR verkannt werden, sondern auch für historische Stoffe, bei denen oft aktuelle Bezüge zur Situation in der DDR übersehen werden, wie bei E. Günthers Th.-Mann-Verfilmung »Lotte in Weimar«.

Das *Staatliche Filmarchiv* der DDR in Berlin gehört zu den größten der in der *Fédération Internationale des Archives du Film* zusammengeschlossenen Archive und baut auf den Beständen des früheren *Reichsfilmarchivs* auf. Kopien alter F. werden von ihm auch an die in einer *Zentralen Arbeitsgemeinschaft* beim *Ministerium für Kultur* vereinten rund 350 Filmclubs der DDR ausgeliehen sowie an eigene Archivfilmtheater in Berlin, Leipzig, Dresden, Rostock, Karl-Marx-Stadt und Halle. Ein Filmmuseum wurde in Potsdam eingerichtet. Sonst beschränken sich Ansätze zu einer Filmbildungsarbeit auf eigene Initiativen von Lehrern an verschiedenen Schulen, die sich im Rahmen eines einjährigen Fernstudiums Grundlagen der Filmästhetik und -erziehung angeeignet haben. Auch gibt es bis auf ganz wenige Untersuchungen mit Jugendlichen keine systematische Filmwirkungsforschung der Soziologie, was angesichts der ideologischen Bedeutung des Mediums überraschen muß. Eine gewisse Rückkopplung im Kommunikationsprozeß zwischen Filmemachern und ihrem Publikum ermöglichen Filmforen und -gespräche in Kinos, Spielstellen, Betrieben und landwirtschaftlichen Produktionsgenossenschaften. Hierbei werden alle wichtigen Spielfilme der *DEFA* zwischen Autoren, Regisseuren, Hauptdarstellern und dem Publikum diskutiert. F. von besonderer historischer oder gesellschaftspolitischer Bedeutung werden auch in der Presse debattiert. Dokumentarfilme finden dagegen in der Regel kaum öffentliche Aufmerksamkeit.

Im Vergleich zur Bundesrepublik spielt der F. im gesellschaftlichen Leben der DDR eine weitaus größere Rolle. Er nimmt selbst Einfluß auf dessen Entwicklung und spiegelt es in seiner quantitativ seit Ende der 70er Jahre dominierenden Gegenwartsthematik. Das hat freilich auch zur Folge, daß die politisch-ideologische Kontrolle beim F. stärker ist als bei weniger massenwirksamen Künsten wie Literatur und Theater. Die Dramaturgin und Filmwissenschaftlerin E. Richter charakterisierte 1980 die Filme der *DEFA* als »F., die von den Lebensfragen der Leute in unserem Land erzählen. Sie lassen den Zuschauer, der ja mit all diesen Problemen und oft zugespitzteren in der Realität zu tun hat, nicht allein, kräftigen seine Lebens- und Widerstandskraft, stabilisieren seine Sehnsucht nach einem sinnvollen Dasein. Lösungen bieten sie nicht, wohl aber ermuntern sie zur Selbständigkeit, zu eigenen Entscheidungen, zur Ausbildung der Persönlichkeit, zum Zutrauen in die eigenen Kräfte. Inhaltliche und gestalterische Vorstöße in Neuland, wo man damit rechnen muß, daß es eine unmittelbare Wirkung in die Breite nicht geben kann, existieren gegenwärtig in unserem F. nicht. Wir machen im Grunde Gebrauchsfilme der verschiedensten Art« (E. Richter, Was wir haben und was wir brauchen, in: F. und Fernsehen, Berlin (Ost), Jg. 1981, H. 1, Beilage S. XIII). Diese zutreffenden Feststellungen kennzeichnen gleichzeitig im Positiven wie im Negativen die Unterschiede der Filmproduktion in der DDR gegenüber der Bundesrepublik, aber auch anderen sozialistischen Ländern gegenüber, in denen, wie beispielsweise in Ungarn, Polen und der Sowjetunion, mehr inhaltlich und formal Neues versucht wird. Filmemacher in der DDR werden sich wie in der Vergangenheit so auch in der Zukunft im Spannungsfeld zwischen den politischen Einsichten, die von ihnen verlangt werden, den Bedürfnissen und dem ästhetischen Rezeptionsvermögen des Publikums sowie den eigenen künstlerischen Ansprüchen bewegen.

E. und U. Gregor, H. Kersten

Literatur

U. Gregor, E. Patalas, Geschichte des modernen F., Gütersloh 1965

Filmdokumentaristen der DDR, hrsg. vom Institut für Filmwissenschaft, Berlin (Ost) 1969

Spielfilme der DEFA im Urteil der Kritik, hrsg. vom Institut für Filmwissenschaft, Berlin (Ost) 1970

J. Toeplitz, Geschichte des F., Bd. I 1895–1928, Berlin (Ost) 1972; Bd. II 1928–1933, Berlin (Ost) 1976

F. in der DDR, München 1977

H. G. Pflaum, H. H. Prinzler, F. in der Bundesrepublik Deutschland, München 1979

Form und Inhalt

Die Begriffe F. und I. werden in der Alltagssprache ebenso häufig wie unscharf verwendet. Wenn ein Vorhaben F. annimmt, in einer Auseinandersetzung die F. nicht gewahrt werden, einem Bewerber gute Umgangsformen bescheinigt werden und sich ein Sportler in Höchstform zeigt, oder ein formloser Antrag an eine Behörde genügt und die »Gute F.« als Markenzeichen für hohe Qualität wirbt, weiß zwar jedermann, was gemeint ist, aber die Bedeutung des Begriffs in diesen Aussagen ist nicht genau festgelegt. Diese Beispiele verdeutlichen aber, daß Dinge wie Sprache, Verhaltensweisen und Bewußtseinstatsachen bestimmte F. annehmen. Auch Bedürfnisse, Funktionen und alle Arten von Erscheinungen werden erst konkret, wenn ihnen eine F. gegeben ist. Ohne F. existiert nichts. Auch das sogenannte Formlose oder Unförmige ist ja nicht bar jeder F., es zeigt nur einen Mangel an F. – ein Mangel, der selbst wiederum Ergebnis eines bestimmten Formwillens sein kann. So erscheint die Verneinung bürgerlicher Umgangsformen nur vom Standpunkt des Bürgers aus als formlos. Für die aus dem bürgerlichen Formkorsett Ausbrechenden ist sie Voraussetzung und Vollzug einer neuen Lebensform, die als F. sich selbst zum I. hat.

Neben einem Zuwenig an F. gibt es auch ein Zuviel. Man spricht dann von →*Formalismus* oder nennt eine Aussage »bloß formal«. Rein formal erscheint den Kritikern des parlamentarischen Systems die in ihm praktizierte Demokratie, als formalistisch wird die moderne westliche Kunst von ihren Kritikern in der DDR bezeichnet.

Die Diskrepanz zwischen F. und I. ist nicht nur eine reine Formsache, sie kann sich unter Umständen sogar in einer Revolution entladen, wenn in einer Gesellschaft der I., ihre Produktivkräfte im weitesten Sinn, in Widerspruch zu ihrer F., den Produktionsverhältnissen in dieser Gesellschaft, gerät. Zum I. jeder Gesellschaft sind jedoch nicht nur die Produktion und Reproduktion des Lebens, die gesellschaftlich organisierte Aneignung der Natur zu rechnen, sondern auch die Beziehungen der Menschen zu sich selbst und zu ihren Mitmenschen, die Lebensformen.

In allen modernen Industriegesellschaften ist ein Auseinanderklaffen von Sinn und F. festzustellen, wobei Sinn synonym mit I. gebraucht wird. Die Suche nach dem Lebenssinn, die Schwierigkeiten biographischer Sinnversicherung heute, führt zu neuen Lebensformen, in denen die Veränderung der gesellschaftlichen Verhältnisse, der zwischenmenschlichen Beziehungen und der Beziehungen zur Natur angestrebt werden (→*Alternativkultur*). Diese Veränderung der materiellen, institutionellen und zwischenmenschlichen F. ist der eigentliche I. alternativen Lebens. Die Befriedigung des Bedürf-

nisses nach einem sinnvollen Leben, jenseits von Mangel und bloßem Konsumieren, gilt als oberster Wert und wesentlicher I. Dieser steht damit in einem spannungsvollen Konflikt zu den in der bundesrepublikanischen Gesellschaft herrschenden Lebensformen, die weitgehend als Normen definiert sind; die Spontaneität gerät in Konflikt mit der Disziplinierung, die freie Phantasie läuft dem Ordnungsdenken zuwider. Auf der Suche nach der verlorenen Identität wird die Kritik an den erstarrten Lebensformen laut, an den materialisierten und den normierten Regelsystemen. Die Verwerfung der zu Formalismen erstarrten Lebensformen im Namen der individuellen Wünsche und Erwartungen schüttet allerdings häufig das Kind mit dem Bade aus; die F. ganz allgemein ist suspekt geworden, ihre Funktion zur Integration der vielfältigen Bedürfnisse und Interessen in einer Gesellschaft wird als notwendige Voraussetzung individueller Selbstentfaltung und Identitätsbildung verkannt.

In umgekehrter Richtung scheint die Entwicklung in der DDR zu verlaufen. Identitätsfindung und Sinnsicherung erweisen sich hier nicht als derart drängendes Problem. Wodurch auch immer diese größere Stabilität und Selbstsicherheit bedingt ist, eine ihrer Folgen zeigt sich in der Wertschätzung der F. Anstatt eines Defizits an Sinn scheint in der DDR eher ein Mangel und ein Nachholbedürfnis an Formenreichtum zu bestehen, im alltäglichen Leben wie in den Künsten, wohl nicht zuletzt wegen der von oben vorgeschriebenen kollektiven Sinnstiftung und Identitätsbildung. Die erhöhte Bedeutung, die in den 70er Jahren im gesellschaftlichen Leben und in der Kunst der DDR dem subjektiven Faktor zuerkannt wird, verschiebt auch die Verhältnisbestimmung zwischen I. und F. zugunsten der letzteren. Diese neuerliche Wertschätzung der F. ist keineswegs selbstverständlich, sie bedeutet vielmehr nahezu eine Umkehrung der über Jahrzehnte vertretenen Ansichten. Darüber kann ein Blick zurück in die nun 30jährige Kunstgeschichte beider deutscher Staaten Auskunft geben. Denn auf diesem Terrain wurden die Beziehungen zwischen F. und I. am pointiertesten und kontroversesten verhandelt, auch wenn erst die Ausweitung der Fragestellung auf die Lebensformen mit der Erweiterung des engen, auf die Kunst beschränkten Kulturbegriffs, auf den umfassenderen der Alltagskultur seit den 70er Jahren, die Formfrage zu einem Gegenstand gesamtgesellschaftlichen Interesses machte.

Während die westdeutschen Künstler nach dem Zweiten Weltkrieg den Anschluß an die internationale Kunst der →*Avantgarde* suchten und sich als Verteidiger eines hohen künstlerischen Formniveaus gegenüber einer plakativ-thematischen Politkunst empfanden, wurde ihnen von Seiten der DDR ein inhaltsloser Formalismus vorgeworfen. Auf der *Ersten Allgemeinen Kunstausstellung* in Dresden 1946 waren noch alle wesentlichen Kunstströmungen seit der Jahrhundertwende vertreten – von der abstrakten Malerei bis zum Naturalismus, Expressionismus und der Agitationskunst. Doch in den folgenden Jahren setzte in der Sowjetischen Besatzungszone die Diskussion »über die formalistische Richtung in der deutschen Malerei« (A. Dymschitz, Tägliche Rundschau v. 19. u. 24. 2. 1948) ein. Nicht nur P. Picasso und ihm nahestehende Künstler, sondern auch Maler wie K. Hofer, O. Dix oder M. Lingner und sozialkritisch engagierte Künstler wie F. Masereel, H. Ehmsen, K. Kollwitz, W. Lachnit und H. Grundig wurden formalistischer Positionen bezichtigt. Auch die Komponisten P. Dessau und H. Eisler gerieten ins Feuer der Kritik. B. Brechts »Antigone« zitierte man als Musterbeispiel des Formalismus auf dem Theater, das Libretto zum »Verhör des Lukullus« mußte er umschreiben. Ausstellungen wie die von E. Barlach (Dresden 1952) wurden wegen des »pessimistischen Charakters« seiner Plastiken vorzeitig geschlossen; Wandbilder wie das des überzeugten Kommunisten H. Strempel im Bahnhof Friedrichstraße wurde wegen »Vergröberung und Verunglimpfung der Arbeiter« einfach übertüncht. Die Kritik kulminierte in der Entschließung des Zentralkomitees der *SED* vom 17. März 1951 mit dem Titel »Der Kampf gegen den Formalismus in Kunst und Literatur, für eine fortschrittliche deutsche Kultur« (Berlin (Ost) 1951). Fragen der künstlerischen Formgebung avancierten durch die offiziellen Verlautbarungen zu einem Politikum ersten Ranges. Seitdem ist in den Diskussionen um das Verhältnis von F. und I. in der Kunst das politische Bezugsfeld und der gereizte oder beschwichtigende Tenor in der DDR nicht mehr wegzudenken.

Diese fatale Verknüpfung von künstlerischer Formgebung mit politischen Wirkungsabsichten der Künstler bestimmte die kulturpolitischen Verdikte bis in die 60er Jahre, wobei der Formalismusbegriff allerdings immer differenzierter gehandhabt wurde. Seit 1951 diente die Verpflichtung der Künstler auf den Formkanon des klassischen Erbes (→ *Tradition und kulturelles Erbe*) und des kritischen →*Realismus,* der Abgrenzung gegenüber der modernistischen (→*Moderne*) und dekadenten (→*Dekadenz*) Kunst des Westens und der Entwicklung und Verteidigung einer eigenständigen Nationalkultur.

Die Formalismusdebatte und die Entschließung der Partei traf auf eine Situation, in der der »kalte Krieg stündlich in einen heißen umzuschlagen drohte« (I. Ehrenburg). Es war zugleich die Zeit, in der die abstrakte Kunst in der Bundesrepublik ihren Siegeszug antrag. Während von jenseits der Grenze der Vorwurf der Inhaltsleere und des Inhumanen gegen diese Kunst erhoben wurde, wiesen die Verteidiger der »abstrakten Weltsprache« im Westen gerade auf ihre inhaltliche Tiefe hin, da in der Zeichensprache sowohl die kosmischen Dimensionen als auch das Unterbewußte des Einzelnen, aber

vor allem die freiheitliche Selbstverwirklichung des Individuums, zum Ausdruck komme. Wurden einerseits aus den Bildstrukturen die Formationsgesetze der wissenschaftlich und technisch erschlossenen Mikro- und Makrobereiche extrapoliert und damit dem allgemeinen Fortschrittsoptimismus des Wirtschaftswunderlandes gehuldigt, so sahen andere Interpreten den eigentlichen I. derselben Bilder in der Verteidigung der individuellen Freiheit gegenüber einer zunehmend technisierten und mechanisierten Welt, die nur materialistische Werte kennt. Mit missionarischem Eifer wurden die abstrakten Zeichen der Freiheit gegen die inhaltsbetonte Politkunst des totalitären Regimes in der DDR ins Feld geführt.

Die der reinen Formgebung und Farbgestaltung verschriebene Kunst verstand sich ihrer Selbsteinschätzung nach keineswegs als inhaltslose Spielerei und schon gar nicht als inhumane Preisgabe eines humanistischen Menschenbildes, wie ihr von Seiten der DDR vorgeworfen wurde. Im Gegenteil wurde die Verwirklichung der höchsten Ideale wie Freiheit und Gleichheit durch die abstrakte Kunst in Anspruch genommen. Der gegenstandslosen Kunst fehlte nicht der I., sondern das aus der traditionellen Malerei gewohnte Thema, das gegenständliche Sujet. Die Gleichsetzung von Thema und I. führte zu zahllosen und zum Teil unfruchtbaren Debatten und Polemiken zwischen den Verteidigern der reinen, freien und der thematisch gebundenen Kunst.

Zwar wird der österreichische Marxist E. Fischer seit der Publikation seines Buches »Von der Notwendigkeit der Kunst« (1959 in der DDR erschienen), mit dem er versuchte, die Begriffe F. und I. im Hinblick auf die moderne Kunstentwicklung zu präzisieren und zu aktualisieren, in der DDR als revisionistischer Abweichler geschmäht, doch seine begriffliche Differenzierung zwischen Stoff, Thema, Sujet und I. fand Eingang in die Definitionen, wie man sie beispielsweise im »Lexikon der Kunst« (1971-1978) oder in der »Theorie des sozialistischen Realismus« (1974) finden kann. Die von E. Fischer getroffenen Unterscheidungen ermöglichten die Aufhebung der terminologischen Paradoxie, die einerseits die untrennbare Einheit von F. und I. postuliert, in der Weise, daß es keine F. ohne I. und keinen I. ohne F. geben könne, die andererseits aber der modernen Kunst einen inhaltslosen Formalismus vorwirft. Trotz der einsetzenden begrifflichen Differenzierungen in den Theoriediskussionen wurde das Formalismusverdikt in der Kulturpolitik der DDR gegenüber aller nicht-figürlichen Kunst weiterhin aufrechterhalten, ebenso die Behauptung vom Primat des I. gegenüber der F. Erst in jüngster Zeit zeigt sich die Bereitschaft der Kunstkritik, auch die Möglichkeit eines Inhaltsbezugs abstrakter Kunst in Erwägung zu ziehen. Diese Entwicklung bereitete die Reflexion der Beziehungen von F. und

I. in der Industrieformgestaltung und in der dekorativen Kunst von Architekturfassaden und Innenräumen vor. Die Forderung nach einem I. im Sinn eines figürlich dargestellten Themas erwies sich in diesen Bereichen angewandter Kunst als unangemessen. Zum I. konnte in diesen Gestaltungsbereichen nur die Funktionsbestimmung sowie die Geschmacksbildung durch die Wahl des Materials und seiner Verarbeitungsmethoden werden.

Das freie Spiel der künstlerischen Formenschöpfung, aus dem Designtheoretiker wie M. Bill die Gestaltung des Industrieprodukts als sichtbaren Ausdruck der geistigen Strömungen des wissenschaftlichen Zeitalters ableiteten, weiß sich von vornherein im Einklang mit der Weltordnung, nachdem die exakten Wissenschaften scheinbar das Wirken der nämlichen Ordnungsprinzipien in der Natur aufgedeckt hatten. Die geometrischen Strukturen von Kristallen und Atomen, die rhythmisch gegliederten und geschwungenen Konfigurationen von Rauch und Flüssigkeiten dienen M. Bill und den vielen ihm folgenden Verteidigern der abstrakten Formschöpfungen zum Beweis des Wirkungs- und Geltungsprimats der F. Der scheinbare Wille der Materie zur guten Gestalt legitimiert die universale Gültigkeit der künstlerischen Formgestalten, ist Ausweis der immanenten Wahrheit der guten F. Der Künstler scheint intuitiv die Struktur- und Formationsgesetze der Materie und des Kosmos veranschaulichen zu können, zu deren Erkenntnis die Wissenschaften nur durch Analysen, Berechnungen und aufwendige Experimente gelangen.

Dergestalt mit der offiziellen Freiheitsideologie und einem wissenschaftsgläubigen Objektivitätsanspruch ausgestattet, fand die abstrakte Kunst bald Eingang in die stilvollen bundesdeutschen Wohnräume und Repräsentationsgebäude. Je siegreicher sie zur Weltsprache aufstieg, desto gesellschaftsfähiger etablierte sie sich und desto mehr ging ihre ehemalige subversive Kraft verloren, die erstarrten und entfremdeten Kunst- und Lebensformen durch Verfremdungen aufzusprengen. In der Gestalt des dekorativen Wandschmucks und des lukrativen Anlagevermögens sank die F. zum Ausweis des persönlichen Geschmacks und der finanziellen Möglichkeiten herab (→ *Kitsch*). Aus der Sicht der 60er Jahre stellte einer der Theoretiker der Avantgardekunst, J. Claus, fest: »Eine Zeitlang erschien nach 1945 jede Ausstellung abstrakter Kunst a priori als eine Demonstration der Freiheit. In ihr hatte sich die Freiheit scheinbar verdinglicht, sie war eine Art weiße Weste, die man beharrlich hervorkehrte, für die Veranstalter, und zwar um so mehr, als die diktierte Kunst östlicher Provenienz weiterhin thematisch gebunden blieb. Am Gegenpol der Freiheit steht heute nicht die Parteidoktrin, sondern der Ausverkauf der Kunst selber, ihre Inflation. Wer marktgerecht produziert, gibt sich der Sequenz dieses Marktes anheim« (Kunst heute, S. 65 ff.).

Der Protest gegen die Marktgängigkeit der »guten F.« und geschmackvollen Abstraktion äußerte sich in den 60er Jahren in der Negation der F., eine Verneinung, die zeitweilig den völligen Abschied vom Werkcharakter der Kunst zur Folge hatte. Für die Objektkunst, das *Environment,* das *Happening* und die *Landart* war die F. höchst sekundär und ephemer. Formloses Material, von Zufällen geprägte Aktionen, im Erdreich verschwindende Markierungen opponierten gegen die Ordnungsschemata der Industriegesellschaft, oder diese Schemata wurden in rigoristischer Überspitzung zu den eigentlichen Kunstelementen, wie in den strukturellen Reduktionen der *Op-, Minimal-* und *Concept-Art.* Hier überlebte die F. nur noch als schematisierte Struktur. Die Kritik an der Warenästhetik entkleidete die Gestaltungsformen der Designer ihres Objektivitätsanspruchs durch ihre Ableitung aus den ökonomischen Formbestimmungen der Kapitalverwertung. Was sich als ehrliche F. ausgab, die der Zweckmäßigkeit, Solidität und Preiswürdigkeit verpflichtet schien, zeigte nun sein wahres Gesicht. Weit mehr als zur Bedürfnisbefriedigung der Benutzer, dienten die Forminnovationen den verkaufsfördernden Gebrauchswertversprechen. Ebenso geriet die Formensprache der modernen Architektur, die den Anspruch erhoben hatte, die gebaute Umwelt nach Maßgabe ästhetischer Wahrnehmungsgesetze zu formen und so entsprechend den physiologisch verkürzt definierten Bedürfnissen der Bewohner zu bebauen, immer mehr in Mißkredit. Seit dem Ende der 60er Jahre kam man zu der Einsicht, daß weniger die Materialisierung einer Raumidee – man sprach zuvor von Rhythmisierungen des Raumes, von ausdrucksstarken Raumwirkungen, erhoffte sich Abwechslung von differenzierter Bebauung mit Hoch- und Flachbauten – den Wohn- und Nutzwert wie auch die Wahrnehmung des Stadtbildes bestimmt, als vielmehr ein Mischsystem aus teils sichtbaren, materiellen Bestandteilen und teils unsichtbaren Beziehungs- und Regelgeflechten der alltäglichen Interaktion und Kommunikation (→ *Wohnen*). Stadtplaner und Architekten mußten die Erkenntnis machen, daß sich der Mensch nach L. Burckhardt in der Stadt »offenbar nicht an F. schlechthin orientiert, sondern an F. plus Nutzungen, d. h. an den Zeichen des Alltags und nicht an den Zeichen der Ästhetik« (→ *Stadt- und Regionalplanung*).

»Design ist unsichtbar«, heißt die Devise für die 80er Jahre. Auf der Suche nach neuen Lebensformen werden die in Objekten geronnenen F., seien sie nun »gut« oder »schlecht«, zu Hindernissen. Der Krise des Werkbegriffs in der Kunst entspricht eine allgemeiner gewordene Skepsis gegenüber der industriellen Formgestaltung und der Ausbruchsversuch aus den Formenrastern der modernen →*Architektur*. Die Redewendung, »das ist doch rein formal gesehen«, oder die Aufforderung,

»inhaltlich zu werden«, sind zu festen Bestandteilen der bundesdeutschen Umgangssprache geworden. Hinter solchen Formulierungen steht der Wunsch nach freier Entfaltung menschlicher Individualität in einer bedürfnisgerechten Umwelt, ein Streben, das auch der bis zum Ende der 70er Jahre in der DDR lebende Schriftsteller G. Kunert zum Kriterium der Verhältnisbestimmung von F. und I. erhebt. Weil G. Kunert die Kunst als Medium der Selbstverwirklichung ernstnimmt, hält er alle Kontroversen, die sich über F. und I. eines Kunstwerks ergeben, für verfehlt. Sie versuchen nicht nur das Kunstwerk, sondern auch die Individualität des Künstlers, die sich im Kunstwerk manifestiert, aufzuspalten. Deshalb tritt in der auch nur hypothetischen und erst recht in der administrativ verfügten Trennung von F. und I. eine »fundamentale Unmenschlichkeit zutage, ein absolut vor-individuales Meinen«. Die Selbstverwirklichung durch Identitätsbildung und nicht die Aufspaltung des Subjekts in verschiedene Rollen vermittelt nach G. Kunert jedem Kunstwerk seinen utopischen Charakter. »Es selber ist die Botschaft davon und die Anweisung dazu, das Mittel und das Ziel, aber leicht seiner revolutionären Symbolkraft beraubt durch eine Art Querschnittslähmung: die Teilung von I. und F.«

H. Gaßner

Literatur

J. Claus, Kunst heute, Reinbek 1965

H. H. Holz, Vom Kunstwerk zur Ware, Neuwied, Berlin (West) 1972

H. Koch (Hrsg.) Zur Theorie des sozialistischen Realismus, Berlin (Ost) 1974

H. Redaker, I.-F.-Dialektik als kunstästhetisches Problem, in: Deutsche Zeitschrift für Philosophie, Berlin (Ost), 24. Jg., 1976, H. 2, S. 167–179

F. und Lebensform, hrsg. v. d. Hochschule für Gestaltung, Offenbach a. M. 1977

W. Mittenzwei, Brecht und die Schicksale der Materialästhetik. Illusion oder versäumte Entwicklung einer Kunstrichtung?, in: K. Barck, D. Schlenstedt (Hrsg.), Künstlerische Avantgarde. Annäherungen an ein unabgeschlossenes Kapitel, Berlin (Ost) 1979

Formalismus

Mit F. ist eine metaphorische Form der Deutung polemisch-ideologischen Inhalts gemeint, die in der Kunstpolitik des Marxismus-Leninismus und insbesondere in den kulturpolitischen Debatten der DDR eine wichtige Rolle spielt. Der Begriff F. steht in engem Zusammenhang mit →*Dekadenz,* als deren weltanschauliche Wurzel der Subjektivismus angesehen wird. In der Bundesrepublik sind Stil-

richtungen wie *Konkrete Poesie, Wiener Gruppe,* experimentelle Poesie durch kulturkonservative Literaturkritiker wie E. Staiger, F. Sieburg und F. Sengle gelegentlich des F. wegen ihrer Überbetonung des Sprachexperiments bezichtigt worden. Im Rahmen der Realismus- und Formalismusdebatten Mitte der 30er Jahre in der Sowjetunion wurde gegen eine moderne →*Literatur* zu Felde gezogen, die angeblich der Form vor allem Inhalt den Vorrang einräumte, da es doch zu diesem Zeitpunkt um den sozialistischen Aufbau und den neuen Menschen ging. G. Lukács stellte H. Balzacs »Triumph des Realismus« etwa gegen J. Joyces Montagekunst. Diese Avantgardekunst *(→Avantgarde)* gebe »subjektivistische, verzerrte und entstellte Stimmungsnachklänge der Wirklichkeit, die der Mann aus dem Volke unmöglich in die Sprache seiner eigenen Lebenserfahrungen rückübersetzen kann« (Es geht um den Realismus, in: H. J. Schmitt, G. Schramm, 1973, S. 228). B. Brecht hielt die Formalismusdebatte für wichtig, da der Mensch in seinen Aktionen und in seinen Reaktionen beschrieben werden müsse – aber in ihrer polemischen Zuspitzung empfand er sie selber als formalistisch. Man gerate in die »gefährlichste Nähe« der nationalsozialistischen *Blut- und Boden*-Literatur, wenn man Gestaltungsfragen wie die der Montage als rein formalistische Angelegenheit hinstelle.

Während der kulturpolitischen Richtungskämpfe in der DDR zwischen 1947 und 1959 verflachten die theoretischen Ansätze für eine realistische Schreibweise völlig. Jetzt wurde im Zeichen des F. ein erbitterter Kampf gegen die moderne Kunst und gegen die aus dem Exil zurückgekehrten Autoren geführt, um sie auf den *Sozialistischen Realismus* einzuschwören; zudem sollte diese Kampagne, die mit dem Propagandaapparat der Partei vorangetrieben wurde, von inneren Schwierigkeiten ablenken und sich gegen die Bundesrepublik abgrenzen. A. Dymschitz, der in der DDR zuständige Sowjetoffizier für kulturpolitische Belange, kritisierte den Irrationalismus der heutigen Formalisten, den er im Expressionismus und im Kubismus sah, sowie das »kranke Schaffen Marc Chagalls und seinen scheußlichen Naturalismus« (A. Dymschitz, Über die formalistische Richtung in der deutschen Malerei, in: Tägliche Rundschau, v. 19. und 24. 2. 1948). Man erklärte die Lebensbilder der →*Moderne* für wirr, um desto deutlicher die gesellschaftliche Wahrheit des *Sozialistischen Realismus* propagieren zu können, der allein den Fortschritt darstelle, die Kunst der Avantgarde täusche ihn bloß vor. Der F. wurde auch mit dem »Kosmopolitismus« in Zusammenhang gebracht. Dieser richte sich gegen das Kulturerbe der nationalen Vergangenheit der DDR. W. Girnus war besorgt darüber, daß mit der Anlehnung an amerikanische Vorbilder Kunst und Literatur einen größeren Spielraum gewinnen könnten, und er warnte vor der »Bedrohung durch die Weltherrschaftspläne des amerikanischen Imperialismus« (Wo stehen die Feinde der deutschen Kunst? in: Neues Deutschland, v. 13. u. 18. 2. 1951). Die weltbürgerliche Bedeutung, die der Kosmopolitismus als Begriff enthält, wurde durch dessen stalinistische Einengung in der Formalismusdebatte auf den provinziellen Rahmen der Kulturpolitik zurückgenommen.

Der »Kampf gegen Formalismus in Literatur und Kunst«, so eine Entschließung des Zentralkomitees der *SED* im März 1951, verhinderte eine sinnvolle sozialistische Aufarbeitung der Romantik wie der Moderne. H. v. Kleist, F. Kafka, M. Proust, J. Joyce wurden zum Teil mit fast zwanzigjähriger Verspätung in der DDR publiziert. Die Lyrik hat bis heute klassische Muster wie Ode und Sonett immer wieder aufgegriffen, die Erzählkunst die Novelle. In der Malerei (→*bildende Kunst)* konnte sich erst in den 70er Jahren ein eigener Stil ausbilden, bei B. Heisig und W. Sitte die realistische Historienmalerei, während W. Tübke Renaissance und Manierismus für sich wiederentdeckte.

H.-J. Schmitt

Literatur
F. Erpenbeck, F. und Dekadenz, in: Theater der Zeit, H. 4, 1949
W. Girnus, Wo stehen die Feinde der deutschen Kunst, Neues Deutschland, 13. und 18. 2. 1951
H.-J. Schmitt, G. Schramm, (Hrsg.), Die Expressionismusdebatte, Frankfurt a. M. 1973

Fortschritt

Der Begriff des F. zählt zu den metaphorischen Ausdrücken, in denen die Bewegung der historischen Zeit im anthropomorphen Bild veranschaulicht wird. Allerdings erleidet die in diesem Bild suggerierte Vorstellung des menschlichen »Fortschreitens« seit dem letzten Drittel des 18. Jh. eine entscheidende Veränderung. Scheint zunächst der Mensch als Subjekt angesprochen, der durch die F. auf den verschiedenen Gebieten von Wissenschaft, Technik und Kunst seine humane Selbstbehauptung zu sichern sucht, so tritt seit den späten 18. Jh. F. als das Subjekt seiner selbst in eine beschleunigte Bewegung ein. An die Stelle der einmal intendierten »fortschreitenden Weltbemächtigung« war ein »weltbemächtigender Fortschritt« (Ch. Meier, Ein antikes Äquivalent des Fortschrittsgedankens: Das ›Können-Bewußtsein‹ des 5. Jahrhunderts, in: Historische Zeitschrift, Bd. 226, 1978, S. 265 – 316) getreten. Dieser aufklärerische Begriff des F. vereint den Anspruch auf wissenschaftlich-technische Beherrschung der Natur mit der Perspektive einer moralischen Verbesserung der Menschheit im historischen Prozeß.

Die Problematik dieser Fortschrittskonzeption brach auf, als deutlich wurde, daß sich die reale historische Entwicklung keineswegs dem erhofften Ziel näherte. Spätestens im Vormärz wurde deutlich, daß die Geschichte sich ihrer vermeintlichen Vernunft gegenüber indifferent verhielt. An Stelle einer idealen »bürgerlichen Gesellschaft« hatte der industrielle →*Kapitalismus* das Erbe des Spätfeudalismus angetreten. Aus dieser historischen Erfahrung zog K. Marx die theoretischen Konsequenzen, als er die Akkumulation des Kapitals als die Kernstruktur der historisch-gesellschaftlichen Dynamik bestimmte. Dieses ziel- und zwecklose Subjekt der Geschichte konstituiert zugleich die Ambivalenz des F. Auf der einen Seite setzt die Akkumulation des Kapitals, seine beständig die Produktion umwälzende Reproduktion, gewaltige »zivilisatorische Potenzen« frei (K. Marx, Das Kapital, in: K. Marx/F. Engels, Werke, Bd. 25, S. 827), andererseits gleicht der F. jenem »scheußlichen heidnischen Götzen, der den Nektar nur aus den Schädeln Erschlagener trinken wollte« (K. Marx, Die künftigen Ergebnisse der britischen Herrschaft in Indien, in: K. Marx/F. Engels, Werke, Bd. 9, S. 226). Dem zivilisatorischen F. entspricht kein F. der Humanität. Ein F., der den Menschen zugute kommt, setzt daher nach K. Marx eine Veränderung der Produktionsverhältnisse voraus. Der zwangsläufig krisenhafte F. des Kapitals soll unter die Kontrolle der vereinigten Produzenten gebracht werden, die erst im →*Sozialismus* und →*Kommunismus* mit Bewußtsein zu Schöpfern ihrer eigenen Entwicklung werden. An die Stelle der »naturwüchsigen« Geschichte soll dann die wirkliche Geschichte der Menschheit treten. Erst dann wäre auch der ursprüngliche Sinn eines menschlichen »Fortschreitens« wiederhergestellt.

So gesehen ist K. Marx unter die Kritiker des Fortschrittsbegriffs zu rechnen. Anders aber als etwa R. H. Lotze, J. Burckhardt und F. Nietzsche, um nur drei Positionen aus der 2. Hälfte des 19. Jh. zu nennen, wendet er sich nicht kulturkritisch vom realen historischen Prozeß ab. Allerdings konstruiert er, zumindest streckenweise in Anlehnung an G. W. F. Hegel, in die reale Dynamik der kapitalistischen Entwicklung eine revolutionäre Dialektik hinein, die in einer nirgends hinreichend ausgewiesenen Verknüpfung einer ökonomischen Krisentheorie mit einer revolutionären, auf das Proletariat abzielenden Erwartungshaltung besteht.

Diese revolutionäre Erwartungshaltung wurde, vor allem in der Theoriebildung der *II.,* aber auch *III. Internationale* mit allgemeinen Konzeptionen eines Kulturfortschritts vermischt. So sehr die sich auf K. Marx berufenden politischen Parteien in Fragen der Analyse und Strategie später auch differieren mochten, so sehr waren sie sich doch darin einig, daß der F. der Arbeiterbewegung gerade als Kulturfortschritt letztlich unaufhaltsam sei. Konsequent förderten sie die →*Arbeiterkultur* und Arbeiterbewegungskultur nach dem Motto »Proletarisch gelebt, proletarisch gestorben und dem Kulturfortschritt entsprechend eingeäschert«. Nach der Zerstörung und Pervertierung der Arbeiterkultur durch den Nationalsozialismus wurden indes in beiden deutschen Staaten kaum Versuche gemacht, an diese Tradition anzuknüpfen. Die Suche nach politischer Hegemonie in der parlamentarischen Demokratie bei der *SPD* wie das »volksdemokratische« Projekt der *SED* ließen den Verlust von proletarischer Kultur verschmerzbar erscheinen, so daß Kulturfortschritt selbst in dem eine Synthese von Arbeit und Kultur anzielenden *Bitterfelder Weg* der DDR von 1959 nur noch als letztlich aus dem technischen F. abgeleiteter Bildungsfortschritt verstanden wurde. Der mit dieser Verflachung des Fortschrittsbegriffs einhergehende Sinnverlust wurde bis zur Verunsicherung durch die Wachstums- und Wirtschaftskrise seit Mitte der 70er Jahre nur selten bemerkt.

Partiell schon seit 1967 und 1968, auf jeden Fall aber seit der Krise von 1974 und 1975 hat dieses industriell-technisch reduzierte und am Wirtschaftswachstum orientierte Fortschrittsdenken in der Bundesrepublik ernsthafte Rückschläge erlitten. Zu Beginn der 60er Jahre hatte es noch so scheinen können, als habe die soziale Marktwirtschaft die langfristigen Probleme des →*Kapitalismus* gelöst und dauerhaftes Wirtschaftswachstum, Vollbeschäftigung und steigenden Lebensstandard miteinander verbunden. Seit Mitte der 70er Jahre zeigt dagegen die durch den Kampf um die Konkurrenzfähigkeit auf dem Weltmarkt hervorgerufene neue Welle der Automatisierung mit Mikroprozessoren, Industrierobotern und neuen Informations- und Datensystemen bei gleichzeitiger Energieverteuerung und einer erheblichen strukturellen Arbeitslosigkeit, daß kapitalistischer F. nicht umstandslos allen Bürgern zugute kommt, sondern Opfer fordert. Ist ein die gesamte Gesellschaft umfassender Fortschrittsbegriff schon aus diesen Gründen fragwürdig, so entsteht zudem angesichts der rapiden Umweltzerstörung, des wachsenden Nord-Süd-Gefälles und der militärischen Hochrüstung der Machtblöcke ein grundsätzlicher Zweifel »am Sinn des unendlichen F. auf einem endlichen Planeten« (I. Fetscher, S. 37).

Eigentlich ist erst jetzt die bis ins letzte Jahrhundert zurückreichende Kritik am F. in das Bewußtsein weiterer Kreise gedrungen, wenn auch nicht übersehen werden darf, daß für die überwiegende Mehrheit der Bundesbürger der auf die Konsumsphäre *(→Konsum)* gerichtete F. die Grundlage des sozialen Selbstverständnisses bleibt. Neben der konservativen →*Kulturkritik* hat sich vor allem das Denken der *Frankfurter Schule* in einer erneuten Rezeptionswelle durchgesetzt. Anders als in den Jahren der Studentenbewegung 1967 bis 1969 liegt der Schwerpunkt aber weniger auf dem antiautoritären Aspekt, als vielmehr im Bereich der »Dialektik der Aufklärung« und somit bei der eigentlichen Fortschrittskritik. Naturverfallenheit durch Naturbeherrschung benennt die Fetischisierung des naturwüchsigen F., in dessen Abschaffung der eigentliche F. aus der bisherigen Geschichte bestünde. Gleichzeitig verweist diese Position darauf, daß kein historisches Subjekt existiert, das diesen Schritt zu tun imstande wäre. In einem anderen theoretischen Rahmen hatte W. Benjamin schon 1940 auf die katastrophalen Folgen des Fortschrittsdenkens in der Arbeiterbewegung hingewiesen: »Es gibt nichts was die deutsche Arbeiterschaft in dem Grade korrumpiert hat wie die Meinung, sie schwimme mit dem Strom. Die technische Entwicklung galt ihr als das Gefälle des Stromes, mit dem sie zu schwimmen meinte« (Über den Begriff der Geschichte, Gesammelte Schriften Bd. I/2, Frankfurt a. M. 1980, S. 698).

Die traditionelle Verbindung von →*Sozialismus* und Fortschrittsdenken beherrscht nach wie vor die offiziellen Verlautbarungen der DDR. Dabei wird die Spezifik des hier verwendeten marxistisch-leninistischen Fortschrittsbegriffs erst deutlich, wenn man an die Prämissen überprüft, die K. Marx für die Existenz des Sozialismus forderte. K. Marx dachte in Konsequenz seines theoretischen Werks vornehmlich an eine Revolution in einer hochindustrialisierten Gesellschaft, also zugleich an die Überwindung der Zwänge des kapitalistischen Weltmarktes. Erst wenn dieses blinde Zentrum des F. abgeschafft sei, sollten die Gesellschaften Ausrichtung und Geschwindigkeit ihrer Reproduktion selbst bestimmen können. Diese Prämisse ist aber für keines der heute sich sozialistisch nennenden Länder gegeben. Vielmehr hat sich der Sozialismus vor allem in Ländern entwickelt, die gerade erst im Übergang zum Kapitalismus begriffen waren. Infolgedessen hat sich dort, insbesondere in der Sowjetunion, eine Bestimmung des F. durchgesetzt, die, terminologisch vor allem auf F. Engels zurückgehend, über W. I. Lenin und J. W. Stalin die »Befreiung der Produktivkräfte« von ihrer vermeintlichen monopolkapitalistischen Fesselung betont und das beschleunigte Nachholen der Industrialisierung als vorrangig betrachtet. Diese Ideologie des F. ist unter dem Zwang der Systemkonkurrenz von allen Ländern des Ostblocks übernommen worden.

Die Eigenart im Gebrauch dieses Fortschrittsbegriffs besteht darin, daß der objektive Zwang zur »wissenschaftlich-technischen Revolution« in der, wie es heißt, Klassenauseinandersetzung mit dem Imperialismus, zur bewußten Tat des Proletariats umgedeutet wird. Doch ist diese Selbststilisierung nicht widerspruchsfrei. Der sozialistische Mensch wird einerseits als freier Schöpfer des F. gefeiert, andererseits tritt ihm seine eigene Arbeit als »objektives ökonomisches Gesetz« entgegen, dem er sich unterzuordnen hat. Dieser Dualismus resultiert letztlich daraus, daß die Marxsche Begrifflichkeit des Sozialismus auf eine historische Konstellation bezogen wird, für die sie nicht konzipiert war. Da, wie es 1979 auf dem *V. Philosophiekongreß* in der DDR formuliert wurde, die weltweiten Klassenauseinandersetzungen mit dem Imperialismus keine »Minderung des Wachstumstempos« zulassen, laufen die Ausführungen über den Zusammenhang von wissenschaftlich-technischem F. und dem Bewußtsein der Werktätigen immer auf den Versuch hinaus, eine Identifizierung der Arbeiter mit den vorgegebenen Planzielen herzustellen. Diese nicht aufgehobene Verkehrung von Subjekt und Objekt zeigt sich sprachlich darin, daß die Werktätigen zwar bereits als »Gestalter« ihrer Verhältnisse angesprochen werden, sie andererseits aber auf den unendlichen F. eines immer weiter reichenden Subjektwerdens als Ausdruck selbst wieder objektiver Gesetzmäßigkeiten verwiesen sind. Beliebte Wendungen wie »immer mehr«, »immer besser«, »im stärkeren Maß«, »wachsende Führungsrolle«, »vertiefte Freundschaft«, »wachsende Interessen und Ansprüche auf kulturellem Gebiet«, »zunehmende Bewußtheit« zeugen davon.

Konnte diese Verkehrung von Subjekt und Objekt in den 50er Jahren zum Teil überdeckt werden, weil soziokulturelle Strukturveränderungen, etwa die Kollektivierung der Landwirtschaft, repressiv-autoritär durchgesetzt wurden, so wird in den späten 70er Jahren und frühen 80er Jahren die Vorstellung eines gleichsam automatischen F. immer mehr ausgehöhlt. Sicherheit und Geborgenheit der DDR inmitten einer veränderten Umwelt werden betont, eine eher konservative als fortschrittliche Position. Dieser vom Verfall des traditionellen sozialistischen Fortschrittsoptimismus kündende offizielle Standpunkt wurde von verschiedenen Seiten her angegriffen. Nicht zufällig geschah dies unter dem Aspekt der Kultur. Denn in der DDR ist die Kulturpolitik wegen des gestalterischen Spielraums der Künste, zum andern wegen der kulturellen Zielsetzungen des kommunistischen Programms eine Ersatzinnenpolitik. Eine Kritik am Neokonservativismus stellte sich als literarische Kontroverse dar, in der es darum ging, ob die Gesellschaft der DDR postrevolutionär und die Welt »poetisierbar« sei, wie es P. Hacks vertrat, oder ob sie mit V. Braun »in der Revolution« befindlich sei, und daher die Kunst Widersprüche benennen und verschärfen müsse. In ähnliche Richtung geht die kulturwissenschaftliche Debatte, ob sich in der DDR eine »Lebensweise im Sozialismus« erhalte oder ob eine »sozialistische Lebensweise« vorhanden sei oder erst geschaffen werden müsse.

In der Studentenzeitschrift »Forum« kam es 1978 zu einer erregten Leserbriefdiskussion um den F., weil der Wirtschafts- und Kulturhistoriker J. Kuczynski dort erklärt hatte, →*Freizeit* und nicht, wie gegenwärtig, Arbeitszeit sei der Maßstab allen gesellschaftlichen F. (Forum, Nr. 8, 32. Jg. 1978). All diesen und anderen Einwänden ist gemeinsam, daß sie die offizielle Konzeption vom F. als im Grunde nicht fortschrittlich genug angreifen.

Demgegenüber ging G. Kunert einen Schritt weiter, als er in einem Essay ausführte, »daß Industrialisierung überall in der Welt spiegelsymmetrisch«, also »gleichermaßen« Umweltzerstörung bedeute« (Sinn und Form, 32. Jg., 1979, H. 2, S. 410). Solche ökologisch motivierten Attacken auf die Definition der *SED*, F. sei jeweils systemabhängig, dürften freilich Anfang der 80er Jahre noch eine Minderheitsposition darstellen. Sie könnte jedoch an Zulauf gewinnen, wenn sich die gegenwärtige Betonung der wissenschaftlich-technischen Revolution als Gegenwartsaufgabe gegenüber dem in den 70er Jahren bevorzugten Begriff des wissenschaftlich-technischen F. als eine einfache Überhöhung und Emotiomalisierung der verstärkten Anwendung der Mikroelektronik erweisen sollte.

Ein Vergleich der derzeitigen Konzeptionen des F. in der DDR und der Bundesrepublik muß davon ausgehen, daß beide ökonomischen Systeme zwangsläufig auf den F. hin angelegt sind. »Wirtschaftliches Wachstum – Irrweg einer fehlorientierten Gesellschaft oder unerläßliche Voraussetzung für Vollbeschäftigung und sozialen F.«, heißt es 1981 in einer Anzeige des Bundesverbands deutscher Banken. Diesem langfristigen Ziel gegenüber erscheint die Verteidigung von Lohnforderungen, gewerkschaftlichen Positionen und sozialer Sicherung, also der bislang errungene soziale F., eher als kurzsichtig. Parallel zur Forderung »sozialer Opfer« hat sich eine Grundwertediskussion etabliert. Die »Krise des F.«, so beispielsweise G. Rohrmoser, erfordert den Rückgriff auf christliche Werte. Prinzipielle Zweifel am emanzipatorischen Fortschrittsdenken werden auch in der seit einigen Jahren anhaltenden Auseinandersetzung mit dem Werk F. Nietzsches deutlich. Es bleibt abzuwarten, ob die derzeitige Besinnung auf die Grenzen des F. zu einer realen Veränderung der kapitalistischen Wirtschafts- und Lebenspraxis führen kann, oder ob sie lediglich das ideologische Vokabular zur Bewältigung einer Wachstumskrise bereitstellt.

Läßt in der Bundesrepublik die lautstarke Kritik am F. oft vergessen, daß unser ökonomisches System nach wie vor F. produziert, so zeigen sich in der DDR zumindest einige Einbrüche in den die erhöhten ökonomischen Anstrengungen begleitenden offiziellen Fortschrittsoptimismus. So kann die Sprache der Partei beispielsweise als eine Ansammlung von Leerformeln dargestellt werden, etwa wenn es heißt, »der sozialistische Staat leitet planvoll die sozialistische Wirtschaft, die sich auf der Grundlage des höchsten Standes der Wissenschaft und Technik entwickelt. Die Produktivkräfte erhalten unbegrenzten Spielraum für ihre Entwicklung« (I. Morgner, Leben und Abenteuer der Trobadora Beatriz, Buch II/11, Neuwied, Darmstadt ⁵1977, S. 105). Zwar wird die negative Fortschrittskonzeption einer »absolut kritischen Kunst« zurückgewiesen, die behauptet, »daß die Menschen im Kapitalismus wie im Sozialismus unkontrollierbaren Mächten ausgeliefert seien, deren Zwänge sie sich jedoch unterwerfen müßten« (G. Mehnert, G. Opitz, E. Röhner, J. Weidemann, Kulturrevolution in der DDR, Berlin (Ost) 1981, S. 102); andererseits wird, so in einer Diskussion mit Studenten des Literaturwissenschaft der Subjekt-Objekt-Problematik im Zusammenhang mit dem F. durchaus stattgegeben. »Es gibt immer so etwas wie eine offizielle Anschauung von der Welt, die in der Schule, durch die Zeitung, durch das Fernsehen vertreten wird, und die bei uns heißt: Der Mensch kann seine Umstände verändern, ist Subjekt. – Und dann machen wir jeden Tag die Erfahrung, daß er Objekt ist. Das ist die andere Wahrheit, die existiert, die Wahrheit, die immer wieder in den Bücher gezeigt werden muß« (St. Ernst in einem Gespräch, das J. Nowotny mit Studenten des Instituts für Literatur »J. R. Becher« führte in: Weimarer Beiträge, 25. Jg., 1979, H. 7, S. 18).

H. D. Kittsteiner, V. Gransow

Literatur

E. Burck (Hrsg.), Die Idee des F., München 1963
Die Philosophie und die Frage nach dem F., hrsg. von H. Kuhn, München 1964
Autorenkollektiv, Wissenschaft und Produktion im Sozialismus, Berlin (Ost) 1976
G. Kröber, Wissenschaftlich-technischer F. Notwendigkeiten und Möglichkeiten seiner gesellschaftlichen Beherrschung, in: Deutsche Zeitschrift für Philosophie, 26. Jg. 1978, H. 1, S. 699–705.
I. Fetscher, Überlebensbedingungen der Menschheit. Zur Dialektik des F., München 1980
G. Schellenberger, Technische Neuerungen – sozialer F., Berlin (Ost) 1980
K. D. Bracher, F. – Krise eine Ideologie. Eine historisch-politische Betrachtung, in: H. Rössner (Hrsg.), Rückblick in die Zukunft. Beiträge zur Lage in den achtziger Jahren, Berlin (West) 1981

Frau

I. Geschlechtsrolle und Kultur – II. Geschichtliche Voraussetzungen der Lebensverhältnisse – III. Rechtliche Stellung der Frau in beiden deutschen Staaten – IV. Öffentliches Leben und Einrichtungen für die Frau – V. Mutterschaft und Beruf – VI.

Bildungsvoraussetzungen – VII. Frauenfrage und kultureller Wandel

I. Geschlechtsrolle und Kultur

Was in einer Gesellschaft als typisch für Verhaltensweisen, Erscheinungsbild und Einstellungen von →Mann und F. gilt, ist kulturell bestimmt. Von anatomischen, physiologischen und biologischen Unterschieden der Geschlechter abgesehen, ist keine Wissenschaftsdisziplin in der Lage zu definieren, was das Wesen des Mannes und der F. sei. Gesellschaftlich zugewiesene Positionen und Rollen der Geschlechter sind ein wichtiger Grundaspekt einer Kultur. Geschichtsforschung und vergleichende Ethnologie belegen eine große Variationsbreite in der Ausprägung der Geschlechtsrollen in verschiedenen Gesellschaften. In den vorherrschend verbreiteten, männlich bestimmten Kulturen ist das Bild des individuierten und vielseitig entfalteten Menschen aufgegeben zugunsten einer typisierenden Polarisierung beider Geschlechter. In der antiken, islamischen oder jüdisch-christlichen Kultur ist die Rolle des Mannes weitgehend mit der Vorstellung vom Menschlich-Allgemeinen verbunden, während die F. als »das andere Geschlecht« (S. de Beauvoir), als das Besondere, Partikulare angesehen wird. Das bedeutet für die Stellung der F. in einer derart patriarchalisch geprägten Gesellschaft, daß ihr Zugang zur herrschenden Kulturproduktion und Kulturaneignung eingeschränkt ist, daß sie als lokal verhaftetes, naturnahes Wesen, häufig auch als Trägerin magischer, bedrohlicher und der rationalen Disziplinierung bedürftiger Kräfte aufgefaßt und eher als Mittel, denn als Zweck begriffen wird. Die Herrschaft des einen Geschlechts über das andere wurde ansatzweise in der Aufklärung, radikaler in der Romantik, politisch und sozial in der Revolution von 1848 und in den folgenden Bewegungen des Liberalismus und →Sozialismus in Frage gestellt. Trotz rechtlicher Gleichstellung in der Gegenwart besteht jedoch die Frauenfrage fort, können soziales System und Kultur als »sexistisch« gekennzeichnet werden. Eine vergleichende Kulturanalyse zur Geschlechtsrollenzuweisung steht erst in ihren Anfängen.

II. Geschichtliche Voraussetzungen der Lebensverhältnisse

Der Zusammenbruch des nationalsozialistischen Regimes bedeutete das Ende einer radikal frauenfeindlichen Ideologie und Politik. Ideologisch war die F. im Nationalsozialismus weitgehend auf die Funktion der Trägerin des Erbgutes, der Gebärerin und Pflegerin der germanischen Herrenrasse festgelegt, politisch war sie von der nationalsozialistischen Machtelite ausgeschlossen, ihre Arbeitskraft wurde in der Kriegswirtschaft ausgebeutet. Im Gegensatz zur Ideologie des konservativen Leitbilds der F., die ihr Anspruch auf Schonung zugestanden hatte, wurden F. im Nationalsozialismus als politische Gegnerinnen, als Familienmitglieder politischer Gegner und als Angehörige unterdrückter Rassen ebenso bekämpft und vernichtet, oder als Fremdarbeiterinnen ebenso rücksichtslos ausgebeutet wie Männer.

Mit der Aufgabe, eine neue →*politische Kultur* in Deutschland zu begründen, war auch eine Neubestimmung der politischen, sozialen und kulturellen Bedeutung des Mannes und der F. gefordert. Im Gebiet der späteren Bundesrepublik blieb die zentrale Propagierung einer neuen gesellschaftlichen Rolle der F. und die Fundierung in einer einheitlichen Gesellschaftstheorie aus. *CDU, CSU* und *SPD* verfolgten in der Frauen- und Familienpolitik unterschiedliche Richtungen. Die Frauenbewegung konnte trotz zahlreicher Neugründungen von Verbänden keine politisch umfassendere Ausstrahlung gewinnen. Als Leitbild war die politisch kämpferische F. im restaurativen Klima der Westzonen und der späteren Bundesrepublik abgewertet. Zwar konnten einzelne Politikerinnen aus der Weimarer Republik sowie frauenpolitisch engagierte Juristinnen sowohl geachtete als auch entscheidend wichtige Positionen einnehmen, wie E. Selbert, L. Schröder, M.-E. Lüders, H. Wessel oder E. Scheffler. Aber sie wirkten nicht stilbildend für das Frauenideal der 50er Jahre in der Bundesrepublik.

Im Gebiet der späteren DDR ist diese Aufgabe schon 1945 mit großer Zielstrebigkeit angegangen worden. In der Frauenpolitik der *KPD*, später der *SED*, war mit der Begründung der antifaschistischen Frauenausschüsse 1945 und des *Demokratischen Frauenbunds Deutschlands* 1947 die Bemühung um die Gewinnung der F. über die Grenzen der Parteien und Besatzungszonen zu erkennen. Zur Mobilisierung der F. für den Wiederaufbau konnte die Tradition sozialistischer Kämpferinnen wie C. Zetkin und R. Luxemburg vorbildhaft eingesetzt werden, sowie die Tatsache, daß die Frauenfrage in der Theorie des Sozialismus von Beginn an eine große Bedeutung gehabt hatte (A. Bebel, Die F. und der Sozialismus, Berlin 1879; Handbuch der Frauenbewegung, hrsg. von H. Lange, G. Bäumer, 4 Teile, Berlin 1901 bis 1915; Weinheim, Basel 1980). Entscheidend für die Frauenpolitik der *SED* war das theoretisch begründete Postulat der Emanzipation der F. durch gleichberechtigte Teilhabe an der gesellschaftlichen Arbeit, das unbedingte Angewiesensein der Wirtschaft in der damaligen Sowjetischen Besatzungszone auf die weibliche Arbeitskraft, die klare Erkenntnis der Notwendigkeit der außerhäuslichen Arbeit der F. und die entsprechende langfristige Einplanung der weiblichen Arbeitskraft wie auch ihrer Qualifizierung.

III. Rechtliche Stellung der Frau in beiden deutschen Staaten

In der Bundesrepublik ist die Gleichberechtigung der F. mit dem Rang eines Grundrechts im Artikel 3 des *Grundgesetzes* gesichert. Dieser Gleichheitssatz ist für die Rechtsprechung des *Bundesverfassungsgerichts* maßgeblich gewesen, das wiederholt die Anpassung des geltenden Rechts an das Verfassungsgebot erzwungen und damit die Rechtsstellung der Frau mittel- und unmittelbar verbessert hat. Für die volle Handlungsfreiheit der F. ist die 1957 und 1959 vollzogene Gleichstellung im Ehe- und Familienrecht entscheidend gewesen, mit der dem Patriarchat in der Familie die Rechtsbasis entzogen war. Eine weitere Stufe in der Rechtsentwicklung ist die seit 1977 gültige *Ehe- und Familienrechtsreform*, mit der die Hausfrauenehe als Leitbild aufgegeben wurde. Das neue Ehegesetz spricht nicht mehr von den Aufgaben des Mannes und der F., sondern nur noch von Rechten und Pflichten der Ehegatten, ohne eine geschlechtsspezifische Arbeitsteilung als Normalfall anzusetzen, und eilt damit der gesellschaftlichen Entwicklung voraus. Mit der Neuregelung der Scheidung und der Scheidungsfolgen ist der Weg für eine größere individuelle Unabhängigkeit der sozial Schwächeren der beiden geschiedenen Ehegatten eröffnet. Eine Neufassung des Sozialversicherungsrechts, durch Rechtsprechung des *Bundesverfassungsgerichts* geboten, steht bevor. Umstritten bleibt die Problematik der Reform des *218 StBGB*, der die Schwangerschaftsunterbrechung regelt.

Der Prozeß der rechtlichen Gleichstellung gilt in wesentlichen Bereichen als abgeschlossen. Die aktuelle rechtspolitische Diskussion ist vor allem auf solche Bereiche gerichtet, in denen mit der rechtlichen Gleichstellung allein eine gerechte Berücksichtigung der besonderen Lebens- und Arbeitsverhältnisse der F. nicht gegeben ist oder eine ausgleichende Förderung der F. erzielt werden soll. Ein Gesetzentwurf – das sogenannte *Antidiskriminierungsgesetz* – ist dazu in Vorbereitung. Nach der Rechtsprechung des *Bundesarbeitsgerichts* erweist sich schon der Artikel 3 des *Grundgesetzes* als hinreichend, um die noch immer bestehende Lohndiskriminierung der weiblichen Arbeitskraft im Einzelfall aufzuheben.

In der DDR ist die Gleichberechtigung der F. ebenfalls verfassungsrechtlich begründet und in der Rechtsentwicklung früher als in der Bundesrepublik durchgesetzt (Lohngleichheit, Art. 7, 30, 33 VDDR 1949; Art. 20, 24 Abs. 1 VDDR 1968). Über die Gleichberechtigung hinaus kennt das Verfassungsrecht der DDR das Gebot der Förderung der F., besonders in der beruflichen Qualifizierung, als eine gesellschaftliche und staatliche Aufgabe (Art. 20, Abs. 2). Diese in der deutschen Rechtsentwicklung neue Norm, die Förderung zuvor Benachteiligter, ist im *Arbeitsgesetzbuch* und im *Familiengesetzbuch* folgerichtig fortgesetzt. Während im Ehe- und Familienrecht der Bundesrepublik von der freien Entscheidung der Ehepartner hinsichtlich der Ausgestaltung der Aufgabenverteilung und des Rollenverständnisses ausgegangen wird, legt das Recht in der DDR ein Bild der allseitig entwickelten Persönlichkeit der F. in der sozialistischen Gesellschaft zugrunde. Leitprinzip ist die umfassende Entwicklung der F. in der beruflichen →*Arbeit,* im gesellschaftlichen →*Engagement,* in Aus- und Weiterbildung und als Mutter und Ehefrau. Gefordert sind die Fähigkeit, die Bereitschaft und die gesellschaftlichen Möglichkeiten zur Verbindung vielfältiger Aufgabenbereiche.

In der DDR ist der Schwangerschaftsabbruch freigestellt. Die Bereitschaft zur Mutterschaft wird durch sozialpolitische Maßnahmen gefördert, von denen als wichtigste das freie Jahr für das zweite Kind hervorzuheben ist, während dessen 80 v. H. des früheren Nettolohns weiterbezahlt werden. Erfolge zeigen sich in der seit 1979 wieder ansteigenden Geburtenrate.

IV. Öffentliches Leben und Einrichtungen für die Frau

In beiden politischen Systemen haben F. das aktive und passive Wahlrecht und gleichberechtigten Zugang zu allen Organen des Staates, des öffentlichen Lebens und zu den Machteliten. Faktisch sind F. jedoch auf der Ebene der höchsten politischen Entscheidungsgremien weit unterrepräsentiert. In der Bundesrepublik sind bisher die Vorsitzenden aller politisch einflußreichen Parteien, die Bundeskanzler und Ministerpräsidenten der Bundesländer immer Männer gewesen, in der DDR hat es bisher keinen weiblichen Regierungschef gegeben. Nur rund 23 v. H. der Bürgermeister oder Ratsvorsitzenden sind F., das heißt, unter den fünfzehn Bezirksratsvorsitzenden findet sich nur eine F. Es gibt nur fünf weibliche Mitglieder des Staatsrats und im 45 Mitglieder zählenden Ministerrat nur eine Ministerin. Während in beiden deutschen Gesellschaften die Machtzentren männerdominiert sind, ist das Bild auf der Ebene der Repräsentativorgane und der politischen Parteien unterschiedlich. Hier ist in der Bundesrepublik der Anteil von F. in Parteien und Parlamenten geringer als in der DDR. In der Bundesrepublik liegt er in den Parteien zwischen 11 v. H. bei der *CSU* und 23 v. H. bei der *FDP.* Nur die *DKP* kommt auf 30 v. H. Der Frauenanteil in den Parlamenten schwankt zwischen 5 und 10 v. H.

In der DDR stellen F. zwischen 30 und 40 v. H. der Parteimitglieder, der Frauenanteil in der führenden *SED* ist dabei mit einem Drittel (1981) am geringsten. Unter den 17 stimmberechtigten Vollmitgliedern des Politbüros befindet sich keine ein-

zige F. Der Frauenanteil in den parlamentarischen Vertretungskörperschaften lag 1980 zwischen 33,6 v. H. in der Volkskammer und 41,7 v. H. in den Kreistagen und Stadtverordnetenversammlungen der kreisfreien Städte, womit die F. zwar relativ stärker, im Verhältnis zu ihrem Anteil an der Bevölkerung aber immer noch zu schwach repräsentiert sind. Im *FDGB* stellen die F. mehr als 50 v. H. der Mitglieder, aber gleichzeitig nur den stellvertretenden Vorsitzenden und eine von fünfzehn Bezirksvorsitzenden. Grundsätzlich ist die F. in der DDR in den führenden Positionen der gesellschaftlichen Organisationen, der Parteien und des Staatsapparates unterrepräsentiert, und zwar um so mehr, je einflußreicher diese Positionen sind. Die Dominanz des Mannes in der »hohen« Politik ist ein gemeinsames und hervorstechendes Merkmal beider politischer Systeme.

In der Bundesrepublik werden die sechs bis zehn Mio. F., die in Verbänden, Parteien und Gewerkschaften organisiert sind, auf Bundesebene durch den *Deutschen Frauenrat* repräsentiert, der sich als Koordinierungs- und Informationsstelle versteht und diejenigen Interessen, die allen Verbänden und Frauengruppen gemeinsam sind, vertritt (vgl. Handbuch Deutscher Frauenorganisationen, hrsg. vom Deutschen Frauenrat, Bonn-Bad Godesberg, ³1975). Neben den Vereinen und Verbänden gibt es seit der *Neuen Frauenbewegung* in den späten 60er Jahren zahlreiche Zusammenschlüsse von F. ohne dauerhaft institutionalisierte Form wie Fraueninitiativen, Gesprächskreise an Volkshochschulen, freie Arbeitsgemeinschaften, Frauenakademien, Frauenzentren, Frauenbuchläden oder Frauenkneipen. Von großer Bedeutung ist das *Frauenhaus,* eine durch die *Neue Frauenbewegung* erkämpfte Institution, die in vielen Städten der Bundesrepublik durchgesetzt werden konnte. Es dient als Zufluchtsstätte für mißhandelte F. und ihrer Kinder. Die Frauenhäuser geben vorübergehend Schutz, hauptsächlich vor gewalttätigen Ehemännern oder Familienvätern, und sollen den F. helfen, Selbstsicherheit, Selbstachtung und selbstbestimmte Lebensführung zu erlangen. In diesem Sinn ist auch die Forderung nach Selbstverwaltung der Frauenhäuser begründet. Neue Einrichtungen sind auch Beratungsstellen und Gesundheitszentren mit feministischer Perspektive der Medizin, der Psychologie und der Psychohygiene. Um die Realisierung der Gleichberechtigung zu fördern, sind in den meisten Bundesländern Leitstellen für die Gleichstellung der F. eingerichtet worden, die als Anlaufstelle für Beschwerden wirken, aber auch selbständig tätig werden. Ihre Kompetenzen sind je nach Bundesland unterschiedlich ausgestaltet. Auf Bundesebene sind Fragen der Frauenpolitik zum größeren Teil dem *Bundesministerium für Jugend, Familie und Gesundheit* zugeordnet, aber auch im *Bundesministerium des Innern* sowie in anderen Ministerien gibt es Referate und Arbeitsgruppen, die mit Frauenfragen befaßt sind.

In der DDR sind entscheidend für Erarbeitung und Durchführung der Frauenpolitik die *Abteilung Frauen des Zentralkomitees der SED* und die nachgeordneten *Frauen-Kommissionen*. Sie stützen sich auf den wissenschaftlichen Beirat *Die Frau in der sozialistischen Gesellschaft*. Die sozialen Interessen und besonderen Belange von F. sollen in allen Wirtschaftsbereichen, im Staatsapparat und in den Bildungseinrichtungen durch von F. gewählte Frauenausschüsse vertreten werden. Der *Demokratische Frauenbund Deutschlands* hat rund 1,4 Mio. Mitglieder. Als Aufgabe ist ihm vor allem die Herausbildung eines sozialistischen Bewußtseins bei den F. gestellt, die nicht durch andere gesellschaftliche Organisationen erfaßt werden, sowie die Festigung der Stellung der F. Hierzu gehören sowohl Beratungsstellen für F. als auch die Begründung von *Frauenakademien* mit dem Ziel der Erwachsenenbildung. Der *Demokratische Frauenbund Deutschlands* ist mit 35 Abgeordneten in der Volkskammer vertreten.

V. Mutterschaft und Beruf

In den letzten einhundert Jahren ist die Geburtenziffer entscheidend, nämlich von 38,5 Geburten pro 1000 Einwohner im Jahr 1870, auf 14 in der DDR (1979) und 10,1 in der Bundesrepublik (1980) zurückgegangen. Gleichzeitig ist die Lebenserwartung der F. von 38,5 Jahren (1880) auf annähernd 75 Jahre in Bundesrepublik und DDR gestiegen. Die Jahre der aktiven Mutterschaft nehmen daher heute im Gesamtlebenslauf der F. einen weit geringeren Anteil ein. Während sich die Frauenerwerbsquote, die 1880 bei 36,8 v. H. lag und 1975 in der Bundesrepublik bei 31 v. H. und in der DDR bei 46 v. H., im Verlauf der letzten einhundert Jahre, bei beträchtlichen Schwankungen insgesamt, zumindest für die Bundesrepublik nicht erheblich änderte, ist die Erwerbsquote der verheirateten F. von 9,3 v. H. (1880) auf 39,1 v. H. in der Bundesrepublik (1975) stark gestiegen. Für immer mehr F. in der Bundesrepublik und für nahezu alle F. in der DDR stellt sich daher die Aufgabe, Familie und Beruf miteinander, entweder in ein und demselben Lebensabschnitt oder mit phasenbedingten Unterbrechungen zu vereinbaren. Charakteristisch für eine große Zahl der F. ist die starke Belastung durch Verpflichtungen in verschiedenen und gegensätzlich strukturierten Bereichen. Die partnerschaftliche Aufgabenteilung der Ehegatten, Auslagerung von Funktionen des Haushalts in den Dienstleistungssektor, Technisierung des Haushalts, gesellschaftliche Entlastung und Stützung der Familie in Erziehung und Freizeit durch Schulhort, Ganztagsschule, Ferienlager werden als mögliche Lösungen diskutiert. In der Bun-

desrepublik sind die Lasten der außerhäuslichen Erwerbstätigkeit der F. weitgehend privatisiert, in der DDR sind in einigen Bereichen, zum Beispiel bei Schulhorten, Schulspeisungen und der Ferienverschickung, Ansätze zu erkennen, die F. bei den Aufgaben ihrer Doppelrolle gesellschaftlich zu entlasten. Eine Industrialisierung von Haushaltsfunktionen, die das Zeitbudget mehr befreien würde als die Technisierung der Haushalte, ist auch in der DDR zur Zeit nicht geplant. Die Aufgabenentlastung innerhalb der Familie kann sich erst bei einem Wandel traditioneller Vorstellungen und Werte ausbreiten. Gegenwärtig herrscht sowohl in der DDR als auch in der Bundesrepublik die geschlechtsspezifische Aufgabenzuweisung in der Familie vor, die zur Doppelbelastung und gesundheitlichen Beeinträchtigung der berufstätigen Hausfrau und Mutter führt.

Die in der DDR unternommenen Bemühungen, diese Doppelbelastung zu mindern, sind vielfältig und zahlreich, haben bisher aber ihr Ziel noch nicht erreicht. Alte Rollenvorstellungen, vor allem bezüglich der Verteilung der Hausarbeit, wirken nach. Mehr als drei Stunden Freizeit am Tag haben beispielsweise 44 v. H. der Männer, aber nur 21 v. H. der F., 49 v. H. der F., aber nur 27 v. H. der Männer müssen mit bis zu zwei Stunden freier Zeit auskommen. Daß viele F. diese Ungleichgewichtigkeit in der Lastenverteilung nicht mehr hinzunehmen bereit sind, zeigt sich auch an den hohen Scheidungsraten, die zumindest teilweise durch die fortbestehende, traditionell starre Rollenauffassung der Männer begründet sind. Dieses wird zwar von oben durch den Versuch bekämpft, alte Wertvorstellungen zu verändern, wirkt andererseits aber verdeckt in den neuen gesetzlichen Bestimmungen nach, die Entlastungsangebote wie »Freizeit für Kinderbetreuung« oder Erleichterungen im Arbeitsleben nur für F. vorsehen und damit in alten Vorstellungen von Rollenteilung befangen sind.

VI. Bildungsvoraussetzungen

Die allgemeinen Bildungsvoraussetzungen der F. sind gegenwärtig in der Bundesrepublik und in der DDR für die junge Generation ähnlich, denn es gibt etwa gleiche Anteile von Jungen und Mädchen im Sekundarschulwesen. Die Voraussetzungen hinsichtlich der beruflichen Qualifizierung unterscheiden sich in der Bundesrepublik noch zuungunsten der jungen Mädchen und F. (Bericht der Enquetekommission F. und Gesellschaft, 8. Dt. Bundestag, Drucksache 8/4461 v. 29. 8. 1980, S. 17 ff), während in der DDR schon durch die verfassungsrechtliche Pflicht zur Berufsausbildung (Art. 25 VDDR) die mangelnde oder mindere Berufsausbildung der F. nur noch ein Problem der älteren F. darstellt. Allerdings gibt es einen überproportionalen Anteil von weiblichen Fachschulabsolventen. Ein Grund dafür ist, daß auch in der DDR das herkömmliche Rollendenken noch nicht überwunden ist und viele als weiblich angesehenen Berufe einen Fachschulabschluß erfordern. Die berufliche Weiterbildung der F. wird durch staatliche Maßnahmen, zum Beispiel durch Frauenförderungspläne, unterstützt, die angebotenen Möglichkeiten werden aber wegen der fortbestehenden Doppelbelastung durch Beruf und Familie nicht immer wahrgenommen. In den wissenschaftlichen Hochschulen, die, trotz der »Krise« der Wissenschaft in der Bundesrepublik, zentraler Ort der Höherqualifizierung für nahezu alle gesellschaftlichen Funktionsbereiche sind, ist die F. als berufliches Vollmitglied in der Minderheit. In der Bundesrepublik sind nur knapp 5 v. H. der Professoren F., sie stellen 11 v. H. des hauptberuflichen wissenschaftlichen Personals und rund 37 v. H. der Studenten (Ch. Schmarsow, Zur Situation von F. im Hochschulbereich, in: informationen, bildung, wissenschaft, 1981, H. 9, S. 142–145). Der Unterrepräsentation der F. in den Institutionen der Wissenschaft entspricht die weitgehende Ausblendung der weiblichen Interessen und Lebensbedingungen aus dem Horizont wissenschaftlicher Aufmerksamkeit, Forschung und Theoriebildung. Dagegen wendet sich die, vorerst nur an wenigen → *Universitäten* und Forschungsinstituten eingerichtete, Frauenforschung als interdisziplinärer, kritischer Ansatz.

In der DDR ist der Anteil der weiblichen Studierenden im Grundstudium auf rund 50 v. H. gestiegen, im Direktstudium überwiegen F., während sie im Abend- und Fernstudium weit unterrepräsentiert sind. Im Forschungsstudium, das eine Voraussetzung für die wissenschaftliche Laufbahn ist, sind F. mit knapp einem Drittel vertreten. Über den Anteil von F. an den verschiedenen Stufen des wissenschaftlichen Personals der Universitäten sind Gesamtzahlen nicht veröffentlicht. Planmäßig wird in der DDR durch Quotierung das Studium der technischen und naturwissenschaftlichen Fächer durch F. gefördert. Durch das »Frauensonderstudium« wird das Hochschulstudium berufstätiger F. ermöglicht, und durch verschiedene sozialpolitische Einrichtungen wird studierenden Müttern erleichtern, Mutterschaft und Studium zu vereinbaren.

Während sich im Bildungswesen die Tendenz der Angleichung der Bildungschancen von Mann und F. abzeichnet, ist die DDR auf dem Sektor des beruflichen Ausbildungswesens fortgeschrittener als die Bundesrepublik, sind im Beschäftigungssystem selbst die beruflichen Beschäftigungs- und Entwicklungsmöglichkeiten der F. durch besondere und einschränkende Bedingungen gekennzeichnet. Wie der Bericht der *Enquetekommission F. und Gesellschaft* zeigt, sind in der Bundesrepublik F. auf niedrig entlohnten Arbeitsplätzen überproportional vertreten. Es läßt sich noch immer beweisen, daß ein typischer Frauenarbeitsplatz durch geringe Qualifi-

kationserfordernis, niedrigen Lohn, unzulängliche Arbeitsplatzsicherheit, mangelnde Aufstiegschancen und wenig Möglichkeiten zur beruflichen Fortbildung gekennzeichnet ist. Dies findet seine Erklärung in Leichtlohngruppen, in der mangelnden oder einseitigen beruflichen Qualifizierung der F., in kürzerer beruflicher Verweildauer oder in der Diskriminierung der weiblichen Arbeitskraft. Entsprechend sind F. in technischen und naturwissenschaftlichen Berufen und in beruflichen Spitzenpositionen unterrepräsentiert. Auffallend ist auch die Unterrepräsentation der F. in den sinnvermittelnden, einflußnehmenden Berufen wie in den Medien, der Wissenschaft und der Kunst, wo sich die F. langsam aus dem Rollenzwang der vorwiegend darstellendnachempfindenden Interpretin frei macht. In der DDR sind zwar diese Verzerrungen auch noch zu erkennen, aber doch bereits abgeschwächt. Allerdings sind F. auch in der DDR in beruflichen Spitzenpositionen noch weit unterrepräsentiert.

In beiden deutschen Staaten ist die Stellung der F. im Berufsleben, jenseits aller ideologischen Vorstellungen, von den Zwängen des jeweiligen ökonomischen Systems zumindest mitbestimmt. Ist in der Bundesrepublik die weibliche Arbeitskraft industrielle Reservearmee, die je nach Konjunkturlage entweder gebraucht oder aber auf ihre »wahre« Bestimmung als Hausfrau und Mutter verwiesen wird, so wird in der DDR die staatliche Frauenförderungs- und Qualifizierungspolitik bei dem allgemeinen Arbeitskräftemangel durch das dauernde Angewiesensein auf das weibliche Arbeitskräftepotential hervorgerufen.

VII. Frauenfrage und kultureller Wandel

Veränderungen in der gesellschaftlichen Stellung und Bewertung der F. gehen parallel mit Brüchen und Neuansätzen in der gesellschaftlichen Entwicklung (→ *Kulturwandel*).

Unabhängig von der Frage nach Ursache und Wirkung kann die Geschichte der Frauenbewegung als eine Geschichte der politischen und kulturellen Sinnkrisen gelesen werden. Die Frauenbewegung, die als eine umfassend kulturkritische Bewegung die westlichen Industriegesellschaften unerwartet erfaßt hat, ist nicht zufällig Vorläuferin und Anregerin einer fundamentalen Krise in den Industriegesellschaften (H. Schenk, Die feministische Herausforderung. 150 Jahre Frauenbewegung in Deutschland, München 1977). Fragwürdig sind mit den Werten der traditionellen Männlichkeit zugleich die Errungenschaften der technisch-industriellen, auf militärischer Stärke und ökonomischer und kultureller Herrschaft beruhenden Zivilisation geworden. Die Diskussion zur Stellung, Gleichberechtigung und Emanzipation der F. ist als ein Indikator für Kräfte des Wandels in einer Kultur zu verstehen.

Die Bedeutung dieser Bestrebungen wird verkannt, wenn sie, was heute auf der Ebene der nicht publizierten Meinungsbildung und Meinungsäußerung noch immer geschieht, als Ausdruck individueller Krisen und Versagungen aufgefaßt wird. Es kann als eine bemerkenswerte schöpferische Leistung der Frauenbewegung angesehen werden, daß sie in einem von Erfolgszwang *(→ Leistung)* dominierten Wertsystem eine Form gefunden hat, Ohnmacht und Leiden auszudrücken, neue Sichtweisen und Deutungsmuster mitzuteilen und künstlerisch zu vermitteln oder ansatzweise neue Sozialformen zu entwickeln. Dieses schöpferische Potential zeigt, daß die Frauenfrage nicht nur als Phänomen der Einforderung von Rechten zu sehen ist und die Kritik nicht nur aus der noch nicht verwirklichten Integration und Teilhabe ihre Spannkraft erzielt.

Da die Frauenbewegung historisch durch einen eigentümlichen Mangel an Kontinuität und an Tradieren kämpferischer Erfahrung, das heißt eines entsprechenden Bewußtseinsstandes gekennzeichnet ist, kommt dem Wandel der Sozialisationsinstanzen sowie den Institutionen und Medien der Kulturproduktion und Aneignung große Bedeutung zu. Im Umfeld der *Neuen Frauenbewegung* entstanden daher auch eine Reihe von Publikationen wie »Emma«, eine »Zeitschrift von F. für F.« oder »Courage« und die »Schwarze Botin«. Daneben erscheinen seit 1952 weiterhin, herausgegeben vom *Deutschen Frauenrat,* die »Informationen für die F.«.

Ein Pendant zur *Neuen Frauenbewegung* als systemkritischer politischer Bewegung gibt es in der DDR nicht. »Frauenarbeit« darf hier, abgesehen vom eng begrenzten kirchlichen Bereich, nur vom *Demokratischen Frauenbund Deutschland* geleistet werden, der laut Statut »die einheitliche Frauenorganisation der Deutschen Demokratischen Republik« ist (F. der Deutschen Demokratischen Republik. Die DDR-Realitäten-Argumente, hrsg. von der Friedrich-Ebert-Stiftung, Bonn 1981, S. 45). Seine Arbeit bewegt sich im Rahmen traditioneller sozialistischer Vorstellungen von Frauenemanzipation und hat die neue feministische Kultur westlicher Industriegesellschaften nicht rezipiert.

Bei der offiziell geförderten wissenschaftlichen Auseinandersetzung mit der Frauenfrage wird hervorgehoben, daß die Frauenbewegung in den westlichen Ländern deshalb mit der Frage der Kultur gefaßt sei, weil die Änderung der den Machtverhältnissen von Mann und F. zugrundeliegenden ökonomischen Verhältnissen nicht möglich sei oder verhindert werden soll; die Frauenbewegung wird als Ablenkung von den tiefer liegenden Krisen der westlichen Gesellschaft interpretiert (H. Kuhrig, W. Spiegner, Wie emanzipiert sind die F. in der DDR? S. 29). Es zeigt sich aber auch in der DDR, daß den kulturellen Traditionen und den durch Männer geprägten Orientierungsmustern ein relativ zähes

Eigenleben innewohnt und die Emanzipation der F. beschränkt ist. Die Veröffentlichungen von Autorinnen wie I. Morgner (Leben und Abenteuer der Trobadora Beatriz, 1974), S. Kirsch und Ch. Wolf (dies., Geschlechtertausch. Drei Geschichten über die Umwandlung der Verhältnisse, Darmstadt, Neuwied 1980) zeigen, daß auch in der Kunst der DDR aus kulturkritischen Impulsen der Frauenbewegung Anregungen für neue sprachliche Formen und Ausdrucksmöglichkeiten der weiblichen Welterfahrung und Bilder über ein neues Verhältnis der Geschlechter erwachsen.

M. Ibrahim

Literatur
G. Helwig, F. ’75. Bundesrepublik – DDR, Köln 1975
U. Prokop, Weiblicher Lebenszusammenhang. Von der Beschränktheit der Strategien und der Unangemessenheit der Wünsche, Frankfurt a. M. ²1977
Die Wirklichkeit der F., hrsg. von E. Sullerot, München 1979
H. Kuhrig, W. Speigner (Hrsg.), Wie emanzipiert sind die F. in der DDR? Leipzig 1979
J. Uhlmann, O. Hartmann (Hrsg.), Die F., Leipzig ¹³1979
R. Wiggershaus, Geschichte der F. und der Frauenbewegung in der Bundesrepublik Deutschland und der DDR nach 1945, Wuppertal 1979

Freizeit

I. Die Diskussion in der Bundesrepublik Deutschland – II. Freizeit in der Deutschen Demokratischen Republik – III. Gemeinsamkeiten und Unterschiede

I. Die Diskussion in der Bundesrepublik Deutschland

Begriff und Geschichte der Freizeit: Sämtliche sozialwissenschaftlichen Definitionen der F. waren bis Mitte der 60er Jahre in der Bundesrepublik mit dem Begriff der *→Arbeit* verknüpft. Nach J. Habermas besteht das Leben aus den Zwängen der Erwerbstätigkeit und einer Art Rest, der von Arbeit frei ist. Dabei wird dieser Rest immer in seiner Komplementärfunktion zur Arbeit betrachtet. Die empirisch vorgehende Schulsoziologie, die nach den individuell der F. zugeordneten Tätigkeiten fragte, registrierte dagegen eine generelle Erfahrung der Verhaltensbeliebigkeit, ein Gefühl des »freien Ermessens«, das die verschiedenen Verhaltensweisen von der Entspannung bis hin zum politischen *→Engagement* begleitet. Das Bemühen um eine umfassende Definition gelangt heute immer mehr zu einer Konzeption der funktionalen Rollen, worin sich die fortschreitende Funktionalisierung aller Lebensbereiche in der Bundesrepublik ausdrückt. Als praktikabel hat sich die Definition E. K. Scheuchs erwiesen: »F. sind die Tätigkeiten, die sich nicht notwendig aus zentralen funktionalen Rollen ergeben« (E. K. Scheuch, 1969, S. 43). Die der Arbeit nicht mehr gegenüberstehende, sie nicht lediglich ergänzende F. ist nur ein Teil der arbeitsfreien Zeit, da die von der Arbeit abgegrenzten Tätigkeiten auch die regenerativen und andere Vorgänge einschließen. Inhaltlich ist F. nur gruppenspezifisch zu bestimmen, da für verschiedene Personengruppen jeweils unterschiedliche Rollen zentrale Funktion haben. Bei all dem unterstellen nahezu sämtliche in der Bundesrepublik gegenwärtig gebrauchten Definitionen von F. ein bestimmtes Sinn- und Erfahrungsgefälle. Von den »zentralen funktionalen Rollen« der Arbeitswelt führt jeweils ein terminologischer Stufengang über die weniger verbindlichen Alltagspflichten zur »frei verfügbaren, einteilbaren und selbstbestimmbaren Dispositionszeit«, einem »nicht-institutionalisierten« Strukturbereich mit »verhaltensbeliebigem« Charakter.

Das Auseinandertreten einer Sphäre der Arbeit als einer ökonomisch aktiven Tätigkeit im Unterschied zu Lern- und Bildungsprozessen sowie zur Hausarbeit und einer Sphäre der F. ist eine Folge der industriellen Revolution zwischen 1750 und 1850. In den bäuerlichen und gewerblichen Familienbetrieben der frühen Neuzeit war der Übergang vom Arbeitstag zum Feierabend fließend; er war von geregelten Betätigungen wie Hausarbeit, Spinnen, Herstellen und Erneuern von Gerätschaften ausgefüllt. Als Problem erscheint das Verhältnis von Arbeit und F. erst zu Beginn des 20. Jh. im Zusammenhang mit den Forderungen der erstarkten organisierten Arbeiterschaft. Über Verhaltensweisen in der F. wird nachgedacht, seit es aufeinanderfolgende freie Tage gibt, nämlich das regelmäßig zweitägige Wochenende und die zusammenhängenden Ferien.

Im Jahr 1850 arbeitete in Deutschland ein Industriearbeiter bei einem etwa vierzehnstündigen Arbeitstag durchschnittlich 85 Stunden pro Woche. Bis 1910 verringerte sich die Wochenarbeitszeit auf durchschnittlich 59 Stunden, also rund 10 Stunden pro Tag. Urlaub gab es nur für Beamte und höhere Angestellte. Auch in der Weimarer Republik wurde der versprochene Achtstundentag nicht Wirklichkeit, und noch 1955 arbeiteten die männlichen Industriearbeiter in der Bundesrepublik verteilt auf sechs Tage im Durchschnitt 50 Stunden. Die Forderung nach mehr F. mit vollem Lohnausgleich wurde mit der 1956 in der Metallindustrie vereinbarten Verkürzung der Wochenarbeitszeit von 48 auf 45 Stunden durchgesetzt. Bis 1975 reduzierte sich die nunmehr tariflich festgelegte Wochenarbeitszeit der Arbeiter und Angestellten auf ca. 40 Stunden. Der »Grundurlaub« der 18jährigen Arbeitnehmer vergrößerte sich von drei Tagen pro Jahr in der Zeit vor 1933 auf 25 Tage im Jahr 1977; der »Endurlaub« der Arbeitnehmer ab 30 Jahren wuchs im selben Zeitraum von ca. fünfzehn auf 32 Tage. Diese Entwicklung der Ausweitung von F., auch durch die Herabsetzung des Rentenalters *(→Alter)* bedingt, ist noch nicht abgeschlossen und in ihren Folgen kaum absehbar.

Stillschweigende Voraussetzungen unseres heutigen Verständnisses von F. sind ein vertraglich die Arbeitszeit regelndes Arbeitsverhältnis, disziplinierende Arbeitsnormen und die Sicherung eines Einkommens auch für arbeitsfreie Zeit. Die Einwohner der Bundesrepublik »verfügten« im Jahr 1974 im Werktagsdurchschnitt über jeweils sechs Stunden und 53 Minuten F., die alles einschließt, was sich nicht auf physische Regeneration oder Arbeit, Arbeitsweg, Haushalt und Pflichteinkauf bezieht. Beim Vergleich verschiedener Bevölkerungsgruppen zeigt sich, daß die Frauen durchschnittlich eine halbe Stunde weniger F. hatten als die Männer, daß auch die mittleren Altersgruppen aufgrund sowohl beruflicher als auch häuslicher Beanspruchung in dieser Hinsicht benachteiligt waren und daß Personen mit höherer Schulbildung und Berufsposition entgegen einer verbreiteten Ansicht, wenn auch nur geringfügig, mehr Zeit selbst gestalten konnten als andere.

In den 50er und 60er Jahren entstand eine Zäsur zwischen dem alltäglichen Bereich der obligatorischen »Reproduktion« und dem Bereich eines freien, das heißt nicht zentral geregelten Umgangs mit Zeit, Gütern und Leistungen. Zu den Voraussetzungen der Reproduktion hochspezialisierter Fähigkeiten gehören heute unter anderem die Mechanisierung der Hausarbeit, die Versorgung der Kleinkinder während der Abwesenheit der Eltern, die Beschaffung und Unterhaltung individueller Transportmittel zum Arbeitsplatz und ein wesentlich vergrößerter Zeitaufwand für → *Erziehung,* → *Bildung,* → *Weiterbildung,* → *Information,* → *Kommunikation* und Erholung.

Selbstdarstellung des Privaten: In der sowohl von der Arbeitswelt als auch von den reproduktiven Verpflichtungen abgehobenen Freizeitkultur der Bundesrepublik vollzieht sich ein tiefgreifender Einstellungswandel. Im Vorkriegsdeutschland und im Westdeutschland der frühen Nachkriegszeit waren die meisten reproduktiven Funktionen der Einzelhaushalte noch nicht von zentralisierten Dienstleistungseinrichtungen erschlossen. Zugleich gründeten sich die Tätigkeiten des Feierabends und des Wochenendes wie Besuche, Spaziergänge, Vereins- und Veranstaltungstätigkeit, Gartenarbeit auf den jeweils als verpflichtend empfundenen Wert, der ihrem Gegenstand oder Ziel zugeschrieben wurde. Gerade die fraglose kulturelle Bedeutsamkeit der meist familiär gestalteten Tätigkeiten, die im Bürgertum, Kleinbürgertum und Proletariat auf unterschiedliche Weise zeremoniellen Charakter hatten, ließ die F. als zweckfreien Bereich erscheinen. Spätestens seit Mitte der 60er Jahre ist in den bundesdeutschen Freizeithaushalten aber die Verhaltensbeliebigkeit der nichtobligatorischen Tätigkeit selbst zum wertvollen Konsumgut geworden, dessen Bedeutung in erster Linie in seiner Abgrenzbarkeit besteht. Zugleich gerät die Auswahl der Objekte, die der Zerstreuung und Kommunikation dienen, unter Begründungszwang. Beides provoziert die Frage nach der Wirklichkeit und der Intensität der eigenen Entscheidung und der persönlichen Note. So wird die Freizeitgestaltung zur Selbstdarstellung des Privaten um seiner selbst willen. Weil das Eigene unter diesen Bedingungen immer neuer Bewährungsproben bedarf, ist der Verschleiß der Betätigungsfelder groß. Dies gilt für die sozialkommunikativen Handlungen und für die Pflege persönlicher Neigungen ebenso wie für den Einsatz des Körpers in → Sport, → Spiel, → Tanz und Tourismus (→ Reisen). Es entstand eine »schnelle« Freizeitkultur, deren amerikanische Einflüsse deutlich spürbar sind.

Die in der Bundesrepublik am häufigsten ausgeübte Freizeittätigkeit ist das Rezipieren von Massenmedien (→ Fernsehen, → Film, → Hörfunk, → Massenkommunikation). Die Installierung neuer Medien mit der Konsequenz einer Multiplizierung der Programme dürfte einer weiteren Individualisierung Vorschub leisten und damit den Freizeitwert des Medienkonsums noch erhöhen.

Eine Erweiterung der F. erhöht den sozialen Status. Freilich ist hier eine Einschränkung zu machen. Wer arbeitslos wird, beurteilt wie seine Umwelt die »freigesetzte« Dispositionszeit negativ. Da sie unfreiwillig durchlebt wird und mit Einkommenseinbußen verbunden ist, verliert sie den Freizeitcharakter auch dann, wenn in ihr die gleichen Tätigkeiten stattfinden.

Eine weitere Beziehung zur Berufswelt entsteht dadurch, daß F. minuziös geplant und organisiert wird. Die Durchregelung von Urlaub, Kulturgenuß, sexuellen Praktiken, Körperkultur, »Selbsterfahrung« und Partnerschaft macht Berufsarbeit und F. tendenziell zu zwei gleichwertigen Sonderfällen technologischer Rationalisierung.

Freizeitindustrie: Das Ausmaß der freien Zeit und die Art der Freizeitgestaltung sind in der Bundesrepublik bedeutsame ökonomische Faktoren. F. ist immer auch Konsumzeit und dies in mehrfacher Hinsicht. Zunächst können viele Konsumgüter nur abgesetzt werden, wenn genug unbesetzte Zeit für ihren Verbrauch verfügbar ist. Zugleich erhöhen Arbeitszeitverkürzungen bei Lohnausgleich die Nachfrage, da weiterer »privatisierter« Zeitverbrauch zusätzlichen Bedarf nach repräsentativen

Ausstattungen und Dienstleistungen schafft und so die Entwicklung neuer Güter und Produktklassen fördert. Im allgemeinen Aufschwung der Freizeitindustrie seit den 50er Jahren erstarkten die älteren Branchen wie das Erholungs- und Ferien-, das Reise- und Beherbergungsgewerbe und die Textilindustrie, und es expandierten jüngere Produktionszweige wie die der Sportartikelunternehmen, der Kommunikationsmittel- und Medienprogrammhersteller und die sogenannte Kultur- oder Bewußtseinsindustrie. Dabei stiegen in den Privathaushalten mit hohem Einkommen vor allem die Ausgaben für Ferien und Tourismus, Hobbys und *Do-it-yourself,* sportliche Betätigungen, Autofahren und Zeitschriftenlesen und für den Austausch vorhandener Gebrauchsgüter durch andere höherer Qualität. Konservative wie linksliberale Kulturkritiker machten vor allem in den 60er Jahren auf den »Konsumterror« aufmerksam, der als Außensteuerung und Fremdbestimmung des Menschen durch verführende → Werbung, Marketing und sozialen Leistungsdruck sowie durch die Weckung von »künstlichen« Bedürfnissen ausgeübt werde (→ Bedürfnis, → Entfremdung).

Die anklagende Unterscheidung von »falschen« und »wirklichen« Bedürfnissen sowie die Analyse der von der → Kulturindustrie bewirkten Gleichschaltung des → Bewußtseins und der Erfahrung kommen in gewisser Weise dem heute in der Bevölkerung der Bundesrepublik dominanten Freizeitverständnis entgegen. Mit der Verlagerung des subjektiven Lebensmittelpunkts von der zunehmend als sinnleer empfundenen Produktionssphäre in die F. und mit der Ablösung der Eigentumsbindung durch die Konsumfixierung richtet sich die Erwartung des Individuums, sich selbst identifizieren zu können und damit auch von anderen bestätigt zu werden, auf das Ideal der Verfügbarkeit selbst. Für die Bemühung um eine Optimierung des Freiseins ist nicht nur der Streß willkürlicher, anonymer Leistungssteigerung, wie er bei der Erwerbstätigkeit erfahren wird, sondern auch der Gehalt jeder anderen Tätigkeit hinderlich. Gesucht wird der »Freiheitsgehalt« von Tätigkeiten; was F. ist, wird nur noch funktional erlebt.

Wertwandel: In den Freizeitgesellschaften der westlichen Hemisphäre wird die überkommene Wertordnung zunehmend in Frage gestellt. Zusammenlebende Gruppen wie Familien sind Desorientierung und Unsicherheit ausgesetzt. Andererseits besteht der Anspruch auf unbehinderten Zugang zu einer Sphäre, in der Gewinn, Ansehen, Erfolg, → Genuß und Wohlstand unter die Tüchtigen und Glücklichen verteilt werden. Der Auflösung der überkommenen Verhaltensweisen und Klassenschranken steht eine verfeinerte Statuszuordnung gegenüber. Es kommt nicht mehr so sehr auf die soziale Herkunft an als vielmehr auf die sichtbare

Teilnahme am Kulturkonsum im weitesten Sinn, die eine Differenzierung der gesellschaftlichen Lebensformen ermöglicht. Diese Differenzierung kann nicht mehr als private Aneignung einer eigentümlichen Lebensweise gelten. Urbane Öffentlichkeit geht verloren, massenkulturelle Versatzstücke bestimmen das Leben der Menschen. Trotz der Überfülle von Möglichkeiten nehmen die Kommunikationserschwernisse zu, denn an die Stelle der Wertordnungen treten anspruchsvolle Stilbildungen des Jungseins, komplexe Verhaltensmoden, narzißtische Erwartungen. In den 70er Jahren begann eine Institutionalisierung des Bereichs der F., die aber über Anfänge nicht hinausgekommen ist. Angestrebt wird eine langfristige Freizeitpolitik. Gegenstand dieser Politik sind Infrastrukturmaßnahmen zur Deckung des Tourismus- und Gütertransportbedarfs wie Straßenbau, Landschaftsplanung, Natur- und Umweltschutz, Städtebau und Wohnwertförderung und die Errichtung von Parks, Sportstätten und Bädern. Die Organisations- und Verwaltungsstruktur der F. in der Bundesrepublik hat nach Expertenschätzung 40 bis 70 Jahre Rückstand gegenüber der Entwicklung in den USA; immerhin arbeiten seit 1970 kommunale Freizeitämter und die *Deutsche Gesellschaft für F.*, die als erste Freizeitberufsorganisation vom *Deutschen Sportbund,* dem *Deutschen Jugendring,* Arbeitgebern, → *Gewerkschaften,* → *Kirchen,* → *Naturschutz-* und Gemeindeverbänden gegründet wurde.

II. Freizeit in der Deutschen Demokratischen Republik

Freizeit und Persönlichkeitsbildung: Die Lösung der Freizeitfrage, die in der zeitlichen und räumlichen Aufspaltung der Lebensbereiche Arbeiten, Lernen, → *Wohnen,* Erholen wurzelt, gehört zu den Versprechungen der sich sozialistisch und kommunistisch verstehenden Kräfte in der DDR. Der unter kapitalistischen Verhältnissen extremen und die lohnabhängig Arbeitenden physisch und psychisch belastenden Polarisierung von Arbeits- und Nichtarbeitszeit wird eine Theorie der neu zu gründenden Einheit der Lebensfunktionen entgegengesetzt. Diese heute in der DDR wieder diskutierte kulturelle Zielvorstellung knüpft an Gedanken an, die bereits im 19. Jh. in der deutschen Arbeiterbewegung geäußert und insbesondere von K. Marx aufgegriffen wurden. Abnehmende, gesellschaftlich notwendige Arbeitszeit und sich entfaltende menschliche Produktivkraft bedingen sich gegenseitig. So kann frei verfügbare, hier als Teil der F. interpretierte Zeit für Muße und höhere Tätigkeit entstehen, in der sich menschliche Fähigkeiten weiter ausbilden und so wiederum auf die Arbeit zurückwirken. Die Problematik liegt nach dieser Auffassung im Gegensatz zwischen Arbeit und F.

Humanere Arbeitsbedingungen und -inhalte markieren den Lösungsweg.

Seit den 50er Jahren gibt es in der DDR Bestrebungen, auf die F. der Werktätigen einzuwirken. Kulturelle Tätigkeit wird in den Wettbewerb der Abteilungen, der Betriebe und Brigaden einbezogen, ökonomisch-kulturelle Leistungsvergleiche werden organisiert und von den Arbeitskollektiven Kultur- und Bildungspläne aufgestellt. Da im Freizeitbereich auch Leistungsreserven vermutet werden und eine Vergeudung der Zeit unterstellt wird, werden die Werktätigen durch moralischen Druck und organisatorische Maßnahmen zu »sinnvollem« Freizeitverhalten angehalten. Das Recht auf F. und Erholung, in der Verfassung garantiert, soll durch die individuelle Pflicht ergänzt werden, diese Zeit für die eigene Persönlichkeitsbildung rationell zu nutzen. Hinzu kommen »freiwillige« Arbeitseinsätze zur Überwindung von Engpässen und Freizeitarbeit in der *Mach-mit!-Bewegung,* innerhalb derer durch die Wohnbezirksausschüsse der *Nationalen Front* und durch Hausgemeinschaften der Bau von Straßen und sozialen Einrichtungen, die Wohnungserneuerung, Grünpflege im Wohngebiet und anderes mehr, organisiert werden. Diese Tätigkeiten werden überwiegend als zusätzliche Belastung empfunden, sind selten Ausdruck einer echten → *Bürgerinitiative* und sollen letztlich Produktivitätsprobleme und Fehlplanungen in der Wirtschaft ausbügeln helfen.

In der Freizeitforschung setzte sich ebenfalls eine restriktive, ökonomisch verkürzte Auffassung durch. Zeitbudgeterhebungen und der Hauptteil der empirischen Arbeiten, insbesondere zum Sportverhalten, gelten Leistungsreserven und dem richtigen Erholungsverhalten der Werktätigen.

Arbeit und freie Zeit: Die gesetzliche Arbeitszeit beträgt in der DDR seit August 1967 je Woche 43,5 Stunden, jeweils 8,7 Stunden von Montag bis Freitag. Der Grundurlaub wurde seit 1. Januar 1979 um drei Tage auf achtzehn Arbeitstage erhöht. Damit wird in der DDR offiziell, die sieben gesetzlichen Feiertage ebenfalls berücksichtigt, an 236 Tagen gearbeitet, was jährlich etwa 2065 Arbeitsstunden entspricht. Die Arbeitszeit der Schichtarbeiter und voll beschäftigten Mütter mit zwei und mehr Kindern unter sechzehn Jahren ist jedoch geringer, und beide Bevölkerungsgruppen haben ebenso wie Jugendliche, Lehrlinge, höher Qualifizierte und Angehörige wichtiger Wirtschaftsbereiche einen höheren Urlaubsanspruch, der im Höchstfall 42 Arbeitstage betragen kann.

Wie die nachstehende Zusammenstellung zeigt, sind Unterschiede im Freizeitumfang je nach Schicht, Geschlecht oder Arbeitsbedingungen immer noch feststellbar. Für 1972 wurde je Woche und Person folgender Freizeitumfang ermittelt (H. Hanke, F. in der DDR, Berlin (Ost) 1979, S. 56):

Arbeiter und Angestellte   (n = 3073) 24,5 Std.
Genossenschaftsbauern   (n = 319) 21,7 Std.
Genossenschaftshandwerker   (n =   99) 22,4 Std.
Intelligenz   (n = 451) 25,2 Std.
Sonstige   (n = 146) 25,2 Std.

(n = Anzahl der befragten Personen)

In einer weiteren Untersuchung wird der dort ermittelte durchschnittliche Wert von 26,6 Stunden F. pro Woche je Arbeiter weiter aufgeschlüsselt (a. a. O., S. 64 f.):

	Arbeiter	
	männlich	weiblich
Insgesamt	28,7	21,7
Normalschicht	29,4	22,4
Zweischichtsystem	27,3	19,6
Dreischichtsystem	29,4	21,0
durchgängiges Schichtsystem	23,1	22,4

Die Arbeit zeigt sich als wichtigste Bezugsgröße für den Freizeitumfang. Materielle Mittel helfen Zeit einzusparen. Die Arbeit und das Arbeitsentgelt gründen sich auch in der DDR auf das erreichte Qualifikationsniveau, das damit einen Schlüssel für die zur Verfügung stehende F. darstellt und weniger Qualifizierte benachteiligt. Trotz vieler gesetzlicher Maßnahmen zur beruflichen Gleichstellung trägt die → *Frau* noch immer die Hauptlast der Hausarbeit und der Kindererziehung. So haben berufstätige Frauen in der Regel wöchentlich sieben Stunden weniger F. Das *Mutterjahr* und der selten auch den Männern zugestandene *Hausarbeitstag* festigen eher die alte Arbeitsteilung im Haushalt.

Nach den verfügbaren Daten nimmt in der DDR kommunikative, körperlich und geistig bildende und politische Tätigkeit durchschnittlich höchstens die Hälfte der F. ein, wobei die bildungsabhängigen Unterschiede erheblich sein dürften. In der frei verfügbaren Zeit ist wiederum die eigentlich schöpferische Tätigkeit mit musischen, künstlerischen, literarischen, technischen oder sozialen Inhalten äußerst gering. Trotz der mit viel Aufwand betriebenen Förderung beträgt ihr Anteil an der gesamten F. je Person im arbeitsfähigen Alter vermutlich höchstens 2 v. H., mit großen Abweichungen von diesem Durchschnittswert (B. Ziegler, S. 236 ff). Die Zunahme der Fernsehnutzungsdauer signalisiert einen Anstieg passiver, regenerativer Inhalte in der F. Gemessen an den Daten zum Freizeitverhalten ist eine Annäherung der Verhaltensweisen zwischen Arbeiterklasse und → *Intelligenz* und zwischen Schichten innerhalb der Arbeiterklasse nicht erkennbar, die Anzeichen sprechen eher für eine stärkere Differenzierung. So kommen Theaterbesucher überwiegend aus der Intelligenzschicht, Angestellte und noch weit mehr Arbeiter sind unterrepräsentiert. Arbeiter lesen weniger, betätigen sich kaum kulturell-schöpferisch, sie stellen auch nur einen

kleinen Teil der Mitglieder im *Kulturbund* der DDR.

Freizeitverhalten: Das Wochenendhaus im Grünen, die Datsche, Wohnwagen und Auslandsreisen bestimmen im Zug der wachsenden Motorisierung zunehmend Wochenende und Urlaub in der DDR. Das Streben nach Abkapselung in häuslicher F. ist ebenfalls sehr ausgeprägt. Verhaltensweisen, die früher als kleinbürgerlich kritisiert und zum größten Teil auf die kapitalistische Vergangenheit oder auf westliche Einflüsse zurückgeführt wurden, werden heute entweder als das eigentlich Gewollte ausgegeben oder mit noch unzulänglichen Arbeitsbedingungen erklärt. Jedoch bilden sich, trotz einheitlicher staatlicher Zielvorgaben zur Freizeitgestaltung der Jugendlichen, wie sie im *Jugend-* und im *Bildungsgesetz* sowie in den daraus abgeleiteten Verordnungen festgelegt sind, und trotz der billigen und vielfältigen Freizeit- und Ferienangebote der → *Schulen*, der *FDJ*, des *FDGB* oder der *Gesellschaft für Sport und Technik*, abweichend von der offiziellen sozialistischen Norm, ähnliche Verhaltensweisen aufweisen wie in der Bundesrepublik (J. Micksch, S. 50). Jugendliche nutzen die vorgegebenen Angebote, sofern sie ihren Bedürfnissen entgegenkommen, versuchen aber, sich verhaltenseinengender Überwachung zu entziehen. Sie verbringen zumal am Wochenende ihre freie Zeit am liebsten mit Gleichaltrigen. So gibt es auch in der DDR junge Menschen, die sich auf bescheidenere materielle Ansprüche einstellen und in ihrer F. neue Verhaltensqualitäten entwickeln. Diese Tatsache läßt nicht nur auf westliche Einflüsse über → *Fernsehen* und → *Hörfunk* schließen, sondern wohl eher auf Konflikte, ähnlich denen in der Bundesrepublik, zwischen Lebenserwartungen und diesen zuwiderlaufenden gesellschaftlichen Verhältnissen.

III. Gemeinsamkeiten und Unterschiede

Verfügbare Freizeit: Der Umfang sowohl der arbeitsfreien Zeit als auch der privat verfügbaren Zeit und der Urlaubszeit ist in der DDR deutlich geringer als in der Bundesrepublik. In beiden Sozialsystemen korrelieren Schichtzugehörigkeit und Geschlecht mit der Freizeitdauer. Personen mit höherem Status und höherer Berufsqualifikation sowie Männer werden begünstigt. Die ökonomische Lage wird in der DDR in den nächsten Jahren keine Verkürzung der Arbeitszeit zulassen, die zusätzlichen gesellschaftlichen Pflichten die frei verfügbare Zeit eher einschränken. In der Bundesrepublik stellt die Rohstoff-, Umwelt- und Hungerproblematik die doppelte Verheißung von mehr F. und noch mehr Konsum infrage. Jedoch erzeugen die Beschäftigungsprobleme möglicherweise den politischen Druck, die vorhandene Arbeit durch Verkürzung der Arbeitszeit gerechter auf die arbeitsfähige Bevölkerung zu verteilen. Damit wäre ein erneuter Freizeitschub denkbar, vermutlich jedoch auf Kosten der Einkommen.

Organisation: Während die werktätigen Bürger in der DDR in der arbeitsfreien Zeit gemäß den freizeitpädagogischen Zielvorstellungen der politischen Organisationen zur Weiterbildung angehalten, zu Arbeitseinsätzen verpflichtet und auch bei der Feriengestaltung häufig von Massenverbänden betreut werden, sieht sich die bundesdeutsche Bevölkerung in ihrer F. keinen öffentlich proklamierten Verhaltensnormierungen ausgesetzt. Gleichwohl stehen die Freizeitmöglichkeiten in erster Linie jenen Gruppen offen, die beruflich den größten Entfaltungsspielraum und damit in der Regel ein überdurchschnittliches Einkommen haben. Deutliche Ähnlichkeiten im Freizeitverhalten von Arbeitern in beiden deutschen Staaten verweisen auf die industriell geprägten Arbeits- und Lebensbedingungen. Sie geben in beiden Systemen den Rahmen ab, innerhalb dessen sich ähnliche Interessen und Bedürfnisse in Freizeitverhalten umzusetzen.

Unterhaltung, Tourismus und Konsum: Die Zeitanteile der Freizeitverhaltensweisen im engeren Sinn und die große Beliebtheit unterhaltender und touristischer Tätigkeiten entsprechen sich in beiden Systemen in erstaunlichem Maß. Auch ist das Verhalten in der F. in beiden Fällen von der sozialen Schichtzugehörigkeit geprägt. Unterschiedlich sind jedoch die Belastungen, vor denen die »eigentliche« F. bewahrt werden soll. Dem staatlichen Sanktionensystem in der DDR entsprechen in der Bundesrepublik die kostenintensiven Alltagspflichten zur Reproduktion der Erwerbsqualifikationen. Davon abgesehen kann ein großer Teil der Freizeittätigkeiten in der Bundesrepublik als symbolischer Konsum der Tätigkeiten selbst gedeutet werden. Erwähnt sei auch eine unvergleichbare Funktion des Privatlebens in der DDR, die Nutzung des systemfremden Freizeitangebots der westlichen Massenmedien. Der Feierabend der Bevölkerung der DDR wird in gewisser Weise gleichzeitig in zwei verschiedenen Kulturen verbracht.

Motive für die Nutzung der Freizeit: In den beiden deutschen Staaten gilt F. vor allem als der »privat« zu gestaltende, selbstbestimmende Interessenbereich jenseits der Sachzwänge. Der Akzent in der DDR liegt auf der Ausgrenzung eines familiären Refugiums inmitten eines geschlossenen Verpflichtungszusammenhangs, während es in der Bundesrepublik eher um die Suche nach dem Privaten selbst geht, um die Vergrößerung des Freiheitsgehalts der einzelnen Tätigkeiten. Die privat verfügbare Restzeit in der DDR soll Distanzierung gewähren und

hat daher eine starke Tendenz zur »Verinnerlichung«; in westdeutschen Freizeithaushalten soll im Freizeitkonsum das »Eigene« vergewissert und die Verfügbarkeit der Güter und Leistungen optimiert werden.

Wertwandel und Zukunft der Freizeit: Das eigentliche Leben beginnt in beiden deutschen Staaten für die Mehrheit der Erwerbstätigen außerhalb der Arbeit. Der Mangel an befriedigenden Arbeitsinhalten und -bedingungen, durch fremdbestimmten passiven Freizeitkonsum bisher verdeckt, wird angesichts der ungünstiger werdenden freizeitökonomischen Rahmenbedingungen stärker ins → *Bewußtsein* gehoben. In der Gesellschaft der DDR, auf dem Weg in die Konsumfreizeit im Rückstand, werden diese Probleme schärfer zutage treten. Staatliche Bevormundung und Verhaltenssteuerung werden möglicherweise an ihre Grenzen stoßen. In der Bundesrepublik, wo der Verlust der entlohnten Arbeit trotz des noch vorhandenen sozialen Netzes die so gewonnene F. zur »schlechten«, zur als unerträglich empfundenen macht, wird sich die ungleiche Verteilung der Freizeitchancen und -güter nicht weiter aufrecht erhalten lassen. Verringerte Arbeitszeit erscheint durchsetzbar. Ob diese so eingesparte Arbeitszeit sich umsetzt in Zeit für eigenes Tätigsein, bleibt fraglich. Die in die arbeitsfreie Zeit hineinwirkenden Belastungen dürften eher noch zunehmen, zumal auch teurer werdende Dienstleistungen immer mehr Zeit für Eigenarbeit erforderlich machen. Die Frage stellt sich neu, ob eine Politik, die den zentralen Lebenssinn in die F. verlagern will, überhaupt wünschenswert oder verwirklichbar ist. Freizeitpolitik sollte vielmehr auf Entfaltungsfreiheit in allen Lebensbereichen, in Schule und Beruf abzielen, damit Arbeit und F. zu sinnvoll erlebten Polen menschlichen Daseins werden können.

F. Böckelmann, B. Ziegler

Literatur
J. Habermas, Soziologische Notizen zum Verhältnis von Arbeit und F., in: Konkrete Vernunft, Festschrift für E. Rothacker, Bonn 1958
E. K. Scheuch, Soziologie der F., in: Handbuch der empirischen Sozialforschung Bd. II, hrsg. von R. König, Stuttgart 1969
C. A. Andreae, Ökonomik der F., Reinbek 1970
J. Micksch, Jugend und F. in der DDR, Beiträge zur soziologischen Forschung 8, Opladen 1972
B. Ziegler, Frei verfügbare Zeit. Theorie, Politik und Realität der F. in der DDR. Soziologische Arbeitshefte Nr. 16, Berlin (West) 1977
G. Manz u. a., Lebensweise und Lebensniveau im Sozialismus, Berlin (Ost) 1977

Freundschaftsgesellschaften

F. oder deutsch-ausländische Gesellschaften sind Vereinigungen, die sich vorrangig um die Pflege der zwischenmenschlichen, kulturellen und wirtschaftlichen Beziehungen auf nichtstaatlicher Ebene zu ausländischen Bevölkerungen bemühen. Zugleich leisten sie damit einen wichtigen Beitrag zur Vermittlung des aktuellen Deutschenbildes im Ausland. Sie ergänzen die Aktivitäten der Regierungen beider deutscher Staaten vor allem im Hinblick auf deren →auswärtige Kulturpolitik (→ Weltkulturpolitik). Der Begriff F. wird zwar hauptsächlich in der DDR benutzt, doch er taucht vereinzelt auch in der Bundesrepublik auf, so in der Gesellschaft für deutsch-chinesische Freundschaft oder Freundschaftsgesellschaft BRD-Kuba. Lediglich in der Bundesrepublik findet sich auch die Bezeichnung »Freundeskreis«, wie in Deutsch-Tschechischer Freundeskreis oder Freundeskreis Zentral- und Ostafrika, während in der DDR kleinere Auslandsgesellschaften auch »Freundschaftskomitees« genannt werden.

In der Regel sind die Auslandsgesellschaften in der Bundesrepublik eingetragene → Vereine. Beispiele für ihre am häufigsten anzutreffende Benennung sind die Deutsch-Französische Gesellschaft, Deutsch-Japanische Gesellschaft oder Deutsch-Indische Gesellschaft. Größere Auslandsgesellschaften unterhalten Sektionen in mehreren Städten der Bundesrepublik. So die Deutsch-Indische Gesellschaft in 25 Städten. Eine lückenlose Übersicht der etwa 600 Gesellschaften und Vereinigungen, die sich auf privater Ebene mit der Ausgestaltung der bilateralen Beziehungen zum Ausland befassen, fehlt bisher. Das Institut für Auslandsbeziehungen in Stuttgart leistete hier Pionierarbeit, als es 1973 erstmals eine Arbeitstagung mit 180 deutsch-ausländischen Gesellschaften veranstaltete und zugleich ein umfangreiches, angesichts der Individualität und Vielfalt der Vereinigungen noch nicht vollständiges Verzeichnis erstellte.

Während deutsch-ausländische Gesellschaften in der Bundesrepublik den Charakter von → Bürgerinitiativen besitzen, die sich allerdings nicht als Protestbewegung verstehen, sondern sich aus eigenem Antrieb und in bewußter Unabhängigkeit von der Regierung dafür einsetzen, auf gesellschaftlicher Ebene staatliche Aufgaben im Bereich der Außenpolitik zu erfüllen, kontrollieren in der DDR die SED mit der Abteilung Auslandsinformation im Zentralkomitee und die Regierung mit der Abteilung Auslandsinformation im Ministerium für Auswärtige Angelegenheiten auch die scheinbar privaten Initiativen der F. Aufgrund ihrer wichtigen Funktion innerhalb der staatlichen Auslandspropaganda (→ Propaganda) fehlen detaillierte offizielle Informationen. Mit Ausnahme der Gesellschaft für

Deutsch-Sowjetische Freundschaft, die 1947 als Gesellschaft zum Studium der Kultur der Sowjetunion gegründet wurde und heute mit 5,7 Mio. Mitgliedern, 37 500 Freundschaftsgruppen, 24 Tagungshäusern und mehreren Zeitschriften eine eigenständige Massenorganisation zur Förderung des »gesetzmäßigen Prozesses zur Annäherung beider Völker« auf der Grundlage des proletarischen Internationalismus ist, gehören die übrigen etwa 30 F. der 1961 gegründeten Liga für Völkerfreundschaft an. Die einzelnen F., von denen einige für ganze Erdteile zuständig sind, betreuen über 50 nationale F. im nichtkommunistischen Ausland. Zu den bedeutendsten F. zählen die 1958 gegründete Freundschaftsgesellschaft Frankreich-DDR mit ca. 12 000 Mitgliedern und 50 Sektionen und die Gesellschaft Indien-DDR mit mehreren 100 Mitgliedern. In den 60er Jahren mußten die in der Liga für Völkerfreundschaft vereinten F. ihre Partnergesellschaften vorrangig im westlichen und neutralen Ausland zur Werbung für die völkerrechtliche Anerkennung der DDR mobilisieren. Dies geschah vor allem über die Anknüpfung von kulturellen, wissenschaftlichen (→ Wissenschaft und Forschung), sportlichen (→Sport) und handelspolitischen Kontakten. Im Vordergrund der Aktivitäten stand und steht indessen unverändert die Propagierung des sogenannten »kulturellen Erbes« (→ Tradition und kulturelles Erbe), das im Ausland allerdings nicht selten gesamtdeutsch und damit eher kontraproduktiv denn als spezifisch in Bezug auf die DDR wahrgenommen wird. Im Rückblick auf die erste Dekade der Liga für Völkerfreundschaft wird in der DDR festgehalten, daß das Ziel, freundschaftliche Beziehungen mit den Völkern der Welt herzustellen und dabei über das Leben in der DDR zu informieren, die Pflege kultureller Kontakte einschloß. So kam es zum Austausch von Künstlern und Wissenschaftlern, zu →Ausstellungen und Filmvorführungen, ferner wurden Sprachkurse, Lesestuben, Klubs, Kultur- und Informationszentren eingerichtet, wie etwa in Helsinki 1960 und Stockholm 1967, und →Zeitschriften herausgegeben. Das Bedürfnis in vielen kapitalistischen Ländern, Informationen über die DDR zu erhalten, erleichterte die Bildung zahlreicher mit der Liga zusammenarbeitender nationaler F. (E. Hexelschneider, W. Kleinwächter, F. Raaz, 30 Jahre kulturelle Auslandsbeziehungen für friedliche Koexistenz von Staaten unterschiedlicher Gesellschaftsordnung, in: Deutsche Außenpolitik, 23. Jg. 1978, H. 10, S. 97–109).

Auch nach der weltweiten völkerrechtlichen Anerkennung der DDR in den Jahren 1972 und 1973 blieben die F. für die Sympathiewerbung und die Selbstdarstellung der DDR im Ausland unentbehrlich. Schwerpunktländer waren in den 70er Jahren vor allem die jungen Nationalstaaten Afrikas und Asiens. Dort wie insbesondere in europäischen Ländern hat die Auslandspropaganda der

DDR aber auch Mißerfolge zu verzeichnen. So beanstandete Ende 1978 die *Freundschaftsgesellschaft Frankreich-DDR* die Ausweisung des Liedermachers W. Biermann aus der DDR. Ferner stieß auf Kritik, daß Städtepartnerschaften häufig an den Westreisebeschränkungen für Bürger aus der DDR scheitern und auch daß die individuellen Menschenrechte *(→Grundrechte)* in der DDR beeinträchtigt werden.

Die Gründung von deutsch-ausländischen Gesellschaften erfolgte vor und nach dem Ersten Weltkrieg, ebenso wie unmittelbar nach dem Zweiten Weltkrieg in Westdeutschland, aufgrund privater Initiativen, die nicht primär auslandspropagandistische Zielsetzungen verfolgten. Abgesehen von wirtschaftspolitischen Interessen entstanden sie vorrangig aus dem Bedürfnis, fremde Kulturen kennenzulernen. Nach der Niederlage 1945 kam das Bestreben hinzu, die durch den Nationalsozialismus und den Krieg herbeigeführte Isolierung zu überwinden und unterbrochene Kontakte zum Ausland wieder aufzunehmen. In den 60er und 70er Jahren konstituierten sich Auslandsgesellschaften mit Blickrichtung auf die Länder der Dritten Welt und, nach der Entspannung im Ost-West-Verhältnis, auch auf kommunistische Staaten. So hat sich als jüngere Gründung die *Deutsch-Somalische Gesellschaft*, Bonn, in ihrem Statut von 1969 zur Aufgabe gestellt, »die kulturellen, wirtschaftlichen und politischen Beziehungen zwischen der Bundesrepublik Deutschland und Somalia zu fördern und auszubauen«. Dies gelang der Gesellschaft im besonderen Maß, weil sie weder vordergründige wirtschaftliche noch ideologische Interessen verfolgte, wie das bei, allerdings wenigen, Auslandsgesellschaften in der Bundesrepublik durchaus der Fall ist. Die *Deutsch-Somalische Gesellschaft* organisierte humanitäre Hilfsmaßnahmen, richtete aus eigenen Mitteln ein Informationszentrum in Mogadischu ein, unterstützte die Berufsausbildung von Jugendlichen, veröffentlichte Publikationen zur somalischen Landeskunde und auch über die in der Bundesrepublik unbekannte somalische Dichtkunst. Nicht zuletzt durch die Tätigkeit der Gesellschaft gelang es, die zeitweilig gestörten staatlichen Beziehungen zwischen der Bundesrepublik und Somalia auf eine solide Grundlage zu stellen.

Auslandsgesellschaften können hervorragende Mittlerdienste zwischen den Völkern leisten, wenn sie, wie in der Bundesrepublik, nicht regierungsgesteuert sind. Daß sie dabei manchmal über intimere Kontakte zu den Gastländern als staatliche Stellen verfügen, wird von der Bundesregierung gleichwohl als eine wertvolle Unterstützung ihrer außenpolitischen Bemühungen angesehen. Demgegenüber sind die F. der DDR in ihrer Tätigkeit im Ausland nicht nur durch ihre Einbindung in den Staatsapparat behindert, sondern vor allem durch ihren Auftrag, ohne Abstriche den Vorbildcharakter des poli-

tischen Systems der DDR zu propagieren und dabei auf die strikte Abgrenzung zur Bundesrepublik zu achten. Dies verhindert eine wünschenswerte Kooperation zwischen den deutsch-ausländischen Gesellschaften in beiden deutschen Staaten, die sich in der kulturellen Auslandsarbeit im besonderen Maß anbieten würde.

G. Holzweißig

Literatur

G. Kuhn, Verzeichnis deutsch-ausländischer Gesellschaften der Bundesrepublik Deutschland einschließlich West-Berlin, Göppingen 1973
G. W. Lorenz (Hrsg.), Arbeitstagung der deutsch-ausländischen Gesellschaften in Baden-Baden (22./23. 2. 1973), Stuttgart 1973
Probleme der Zusammenarbeit und des Kulturaustausches zwischen Staaten unterschiedlicher Gesellschaftsordnung, hrsg. vom Rektor der Karl-Marx-Universität, Leipzig 1974
E. J. Tetsch, Bilaterale Gesellschaften – Motivation und Selbstverständnis, in: Zeitschrift für Kulturaustausch, 25. Jg. 1975, H. 3
E. Hexelschneider, W. Kleinwächter, F. Raaz, Kulturaustausch – Koexistenz – Klassenkampf, Berlin (Ost) 1980

Frieden

F. meint im engeren Sinn Zustand des Nichtkrieges zwischen gerüsteten Staaten oder anderen sozialen Gebilden *(→Krieg)*, im weiteren Sinn den Zustand der gewaltfreien Zusammenarbeit zwischen Menschen und Völkern, die Freiheit von Unterdrückung und Ausbeutung, von personaler und struktureller *→Gewalt* zur Entfaltung aller Möglichkeiten der Selbstverwirklichung. Im weitesten Sinn bezeichnet F. den Zustand der ungestörten Harmonie zwischen den Menschen, zwischen Mensch und Natur und, im religiösen Denken, zwischen Mensch und Gott.

F. als bewaffneter Nichtkrieg ist die erklärte Absicht aller politisch und gesellschaftlich einflußreichen Kräfte in der Bundesrepublik und in der DDR. Dies impliziert die Bereitschaft zu militärischer Verteidigung im Rahmen der beiden Bündnissysteme *NATO* und *Warschauer Pakt*, zur Bejahung nuklearer Abschreckung durch die Bündnisvormächte und zur ständigen Aufrüstung seit Gründung beider deutschen Staaten unter gleichzeitiger Erklärung der Bereitschaft zur gleichgewichtigen Abrüstung. Seit Beginn der Entspannungsperiode wird in beiden deutscher Staaten in gleicher Weise die eigene militärische Rüstung und Verteidigungsbereitschaft zur Grundlage der Entspannung und friedlichen Koexistenz und der Friedenssicherung erklärt. Besteht über das Verständnis von F. als Nichtkrieg in der Bundesrepublik und in der DDR Übereinstimmung, so ist das Friedensverständnis im weiteren Sinn gegensätzlich und unvereinbar. F. im weiteren Sinn hat den doppelten Inhalt der Identifikation der bestehenden Gesellschaftsordnung im eigenen Staat mit F. als Friedensbewahrung und der Projektion der idealisierten Entwicklungsperspektiven dieser Gesellschaft in die → *Zukunft*. Wirklicher F. im letzteren Sinn ist nach in der Bundesrepublik verbreiteter Auffassung nur möglich, wenn in der DDR und in den Staaten des Ostblocks insgesamt der → *Kommunismus* als Form totalitärer, autoritärer oder bürokratischer Herrschaft und Ursache des sozialen Unfriedens überwunden oder grundsätzlich im Sinn westlicher Freiheitsvorstellungen umgewandelt ist. Umgekehrt sind im marxistisch-leninistischen Verständnis Kommunismus und in gewisser Hinsicht auch schon → *Sozialismus* Synonyma für F. Deshalb wird für die vermutete Übergangsperiode vom → *Kapitalismus* zum Sozialismus in der ganzen Welt das Verhältnis zu den kapitalistischen Staaten, die prinzipiell als nicht dauerhaft friedensfähig gelten, der Ausdruck friedliche Koexistenz anstelle von F. bevorzugt. Eine kapitalistische Welt ohne Unterdrückung, Ausbeutung, Unfreiheit, Krieg gilt in der DDR als undenkbar.

Als politischer Alltags- und Kampfbegriff wurde F. in der Bundesrepublik lange Zeit nur von der Opposition gegen die Regierung verwandt. Seit Ende der 50er Jahre schien die Verwendung des politischen Friedensbegriffs ein Indiz für kommunistische oder prokommunistische Einstellungen. Für manche Wortverbindungen wie »Friedenskampf«, »friedliche Koexistenz«, »friedliebend« gilt dies weithin bis heute. Erst mit dem Übergang zur Entspannungspolitik wurde der Begriff F. wieder häufiger von der Regierung und den Parteien verwendet. Die Verleihung des Friedensnobelpreises an Bundeskanzler W. Brandt wirkte verstärkend in dieser Richtung. In dieser Periode begann auch die öffentliche Förderung und die gesellschaftliche Beachtung der »Friedensforschung«, die vor allem in den in Starnberg, Hamburg und Frankfurt a. M. 1970 gegründeten Instituten betrieben wurde.

Die Friedensbewegung in der Bundesrepublik richtete sich zunächst gegen die Wiederbewaffnung, später, wie in der Bewegung *Kampf dem Atomtod* Ende der 50er Jahre oder in den Kampagnen gegen die Neutronenwaffe Mitte der 70er oder die Modernisierung der Mittelstreckenraketen anfangs der 80er Jahre, meist nur noch gegen einzelne Rüstungsvorhaben. Vor allem Kernphysiker, Philosophen und Schriftsteller wie C. F. v. Weizsäcker, K. Jaspers oder G. Anders verwiesen auf die völlig neue historische Qualität des Krieges durch die Atomwaffe und die Notwendigkeit einer Umwertung der Werte in der Gesellschaft, nicht nur in der Politik; erstmals sei das Leben und die Kultur der Menschheit existentiell gefährdet. Seit der Billigung der *NATO*-Mitgliedschaft der Bundesrepublik durch die *SPD* 1959 war die Friedensbewegung außerhalb der *SPD*

und in Randzonen der *SPD* und *FDP*, der Kirchen und der Gewerkschaften isoliert. Dadurch blieb der Begriff F. für große konservative Bevölkerungskreise ein politischer Begriff der Linken.

Die Opposition gegen die Beteiligung der USA am Vietnamkrieg im engen Zusammenhang mit der Studentenbewegung verstand sich weniger als Friedensbewegung denn als antikapitalistische und antimilitaristische Anti-Kriegsbewegung. Im Unterschied zur als »bürgerlich« empfundenen Friedensbewegung und zum Pazifismus entfaltete sich in der Bundesrepublik seit der Verabschiedung der *Notstandsverfassung* und der *Notstandsgesetze* (1968) eine relativ breite Kriegsdienstverweigerung, die bis heute rund 250 000 anerkannte Kriegsdienstverweigerer umfaßt und sich nicht länger nur religiös und prinzipiell pazifistisch, sondern immer mehr auch politisch und vor allem antimilitaristisch begründet. Unter Antimilitarismus wurde nicht nur Ablehnung der Beteiligung am Krieg, sondern auch die Bekämpfung der Kriegsursachen verstanden, die zum Teil ausschließlich in der kapitalistischen Gesellschaft angenommen wurden. Die Erfolge der Entspannungspolitik, das Ende des amerikanischen Engagements in Indochina und der Niedergang der Studentenbewegung drängten die Friedensbewegung vorübergehend in den Hintergrund. Die Stagnation der Entspannung Ende der 70er Jahre und die internationalen Krisen zu Beginn der 80er Jahre ließen die Friedensbewegung erneut erstarken, nunmehr in Verbindung mit der Ökologiebewegung (→ *Umwelt)*. Trat die alte Friedensbewegung für die friedliche Nutzung der Atomenergie ein, so sieht die neue Friedensbewegung in den Kernkraftwerken zusätzlich zur Nuklearrüstung eine Friedensgefährdung. Kennzeichnend für die neue Friedensbewegung seit der Afghanistan- und Irankrise und dem von den USA nicht ratifizierten Abkommen zur Begrenzung strategischer Waffen zwischen den USA und der UdSSR *(SALT II)* 1979/80 ist, daß sie sich weitgehend unabhängig von den gesellschaftlichen Großorganisationen und gegen deren Führungen entfaltet, allerdings auch vielfach in der Basis der Großorganisationen Kirchen, Gewerkschaften, *SPD, FDP* verankert ist. Im Unterschied zu den 50er Jahren, in denen die Friedensbewegung noch wesentlich mit grundsätzlichen außen- und gesellschaftspolitischen Alternativvorstellungen verknüpft war, so in prokommunistischen Friedenskampagnen, sozialdemokratischen, vereinzelt auch liberal-konservativen Programmen für ein abgerüstetes, wiedervereinigtes Deutschland, stellt die neue Friedensbewegung überwiegend den Status quo des Staatensystems und der Gesellschaftssysteme nicht unmittelbar in Frage, sondern konzentriert sich auf aktuelle Probleme des Rüstungswettlaufs und der Sicherheitspolitik. Weitergehende Friedensperspektiven wie die Veränderung der Gesellschaftssysteme, Auflösung der Militärbündnisse, Neutralismus, Wiedervereinigung Deutschlands, sind innerhalb der gegenwärtigen Friedensbewegung höchst kontrovers, werden jedoch meist den aktuellen Forderungen nach einer Verhinderung einzelner Rüstungsvorhaben untergeordnet. Dabei wird neuerdings häufig Rüstung als Ursache von internationalen Konflikten und Kriegsgefahr anstelle einer Interpretation der Rüstung als Folge von politischen Konfrontationen und gegensätzlichen ökonomischen und sozialen Interessen gesehen.

Die Organisationsformen der gegenwärtigen Friedensbewegung erstrecken sich von traditionsreichen Friedensvereinigungen wie der *Deutschen Friedensgesellschaft/Vereinigte Kriegsdienstgegner*, Sonderorganisationen im Zusammenhang von Kirchen oder Parteien, zum Beispiel *Internationaler Versöhnungsbund, Pax Christi, Initiative für Frieden, internationalen Ausgleich und Sicherheit*, bis zu informellen Arbeitskreisen (Friedenswochen) oder zum Aufgreifen der Friedensthematik in den bestehenden Institutionen. Aufrufe wie der *Krefelder Appell* wirkten mobilisierend auf die öffentlichen Auseinandersetzungen über Wege zum F. Die Einbeziehung der entwicklungspolitischen Kontroversen und der Debatten über Konfliktpädagogik erweiterten in den 70er Jahren die Friedensdiskussion zu einer allgemeinen Auseinandersetzung über die global-humane Identität der heutigen Generationen, die sich von vielfältigen Gefahren der Zerstörung und Vernichtung des Lebens bedroht sieht.

Das hat die Thematisierung des F. in so gut wie allen gesellschaftlichen und kulturellen Bereichen zur Folge, mag es sich nun handeln um die Gestaltung von Gedenktagen wie dem Volkstrauertag, den Umgang mit Zeugnissen der Vergangenheit wie Kriegerdenkmälern (→ *Gedenkstätten)*, die Namensgebung von Kasernen oder Universitäten, die Auswahl des Kinderspielzeugs, die Behandlung von historischen und aktuellen Ereignissen im Schulunterricht, die Aufgaben der Friedensforschung, die Gestaltung von Theaterprogrammen, das Rezitieren von Gedichten gegen den Krieg bei Schulfeiern, den Umgang mit militärischen Traditionen in der Bundeswehr, die Genehmigung von Ausstellungen über Kriegswirkungen in Museen oder um die Themenwahl für sonntägliche Frühschoppen der Parteien oder für Jugendpreisausschreiben.

Für konservative Bevölkerungskreise bleibt die Friedensbewegung mit der Vermutung objektiver und teils auch subjektiver Komplizenschaft für die Interessen des Sowjetkommunismus verknüpft.

In der DDR gab es seit Gründung des Staates stets eine offizielle Friedensbewegung in Form von parteikonform organisierten Aktivitäten und Propagandakampagnen, die sich gegen die Rüstung, außenpolitische Zielsetzungen und begrenzte Kriege der westlichen Staaten richtete. Mit der Friedenslosung sollten vor allem auch breitere Kreise der eigenen Bevölkerung für den neuen Staat und für die *SED* gewonnen werden. Herrschten im *Kalten Krieg* rein taktische Friedenslosungen vor wie allgemeine und vollständige Abrüstung, Auflösung der Militärblöcke *NATO* und *Warschauer Pakt,* so bestimmen in der Entspannungsperiode konkrete rüstungskontrollpolitische Zielsetzungen die Friedenslosungen in der DDR. Stets wird die kommunistische Friedensbewegung mit ihrer Befürwortung der bewaffneten Verteidigung des Fortschritts vom »abstrakten Pazifismus« jeglicher Kriegsgegnerschaft abgegrenzt. Von der Parteipolitik partiell abweichende friedenspolitische Vorstellungen zur Wehrkunde äußerten sich in der DDR Ende der 70er Jahre in der protestantischen → *Kirche.*

Anfang 1982 wurde in Dresden in einer Demonstration kirchlicher Kreise erstmals öffentlich deutlich Kritik an der unzureichenden Friedenspolitik der Regierung geübt. Die in Ansätzen erkennbare Friedensbewegung in der DDR scheint ebenso wie die Friedensbewegung in der Bundesrepublik überwiegend von den internationalen und gesellschaftspolitischen Gegebenheiten auszugehen und sich auf eine Kritik des Abschreckungssystems, zusätzlicher Rüstungsanstrengungen und der Durchdringung aller Lebensbereiche durch militärische Maßnahmen und Vorbereitungen zu konzentrieren.

Als allgemeine kulturelle Entwicklungstendenz scheint sich in der DDR wie in der Bundesrepublik eine Relativierung des Ost-West-Gegensatzes, eine Hervorhebung gemeinsamer deutscher Verantwortlichkeit für die Kriegsverhütung unter Anerkennung der staatlichen Trennung herauszubilden. Die Konzentration auf Entwicklungsmöglichkeiten innerhalb beider deutscher Staaten, die auch eine unbefangenere Auseinandersetzung mit den geschichtlichen Traditionen und der militarisierten Systemkonkurrenz erlaubt, läßt die Suche nach Wegen zu einer vielseitigen deutsch-deutschen Kooperation in einen weltweiten kulturellen Umbruch stellen, der F. immer nachdrücklicher als das brennendste Grundproblem und als Voraussetzung der Fortexistenz menschlicher, nicht nur nationaler Kultur im Bewußtsein der Bevölkerung konstituiert. Die Verfolgung des Zieles F. fordert zum Bruch mit unfriedlichen Mitteln der Umgestaltung von Gesellschaft und Kultur auf.

E. Jahn

Literatur

G. Howe (Hrsg.), Atomzeitalter – Krieg und F., Berlin (West) 1959
K. Jaspers, Lebensfragen der deutschen Politik, München 1963
C. F. v. Weizsäcker, Bedingungen des F., Göttingen 1963
D. Senghaas, Abschreckung und F., Frankfurt a. M. 1969
Friedensanalysen. Für Theorie und Praxis. Vierteljahres-

schrift für Erziehung, Politik und Wissenschaft, Frankfurt a. M. 1975 ff.
Institut für Internationale Politik und Wirtschaft der DDR (Hrsg.) Friedliche Koexistenz in Europa, Berlin (Ost) 1977 Aktion Sühnezeichen/Friedensdienste (Hrsg.), F. schaffen ohne Waffen, Bornheim-Merten 1981
W. Buscher, P. Wensierski (Hrsg.), Friedensbewegung in der DDR. Texte 1978–1982, Hattingen 1982

Garten

G. meint einen vom Menschen gestalteten, bevorzugten Ausschnitt der Naturlandschaft. Der Nutzgarten als Obst-, Gemüse- oder Kleingarten stellt eine überhöhte, intensiv betriebene Variante des Ackerbaus dar und ist vom Kunstgarten als Park, Schloßgarten oder Volkspark, einer nach den jeweils herrschenden Stilnormen geformten Grünanlage, zu trennen. Dieser stellt Freiräume zur Verfügung, die den Besucher ästhetisch, psychisch und physisch anregen sollen. Neben dieser zeitlosen Aufgabe kommt den G. in der Gegenwart wachsende Bedeutung als Regenerationszellen in der Stadtlandschaft zu. Sie fördern die Durchlüftung der Wohngebiete, binden und filtern den Staub, dämpfen den Lärm, verbessern das Klima und geben zahllosen Tierarten ein Refugium. Während der Nutzgarten stets privat oder zumindest nicht öffentlich ist, sind die Kunstgärten heute nahezu ausschließlich der Allgemeinheit frei zugänglich.

Die öffentlichen Parks und Grünanlagen haben ihren Ursprung in den historischen Fürstengärten, die der führenden Gesellschaftsschicht vorbehalten waren. Der Kunstgarten ist entweder nach dem Typ des französischen G. von regelmäßiger Struktur oder nach dem Muster des englischen G. von freier, einer Ideallandschaft angenäherter Ausbildung. Beide Formen lösen sich im Lauf der historischen Entwicklung ab oder ergänzen einander.

Bis zur Epoche der →Aufklärung dienten sie der Selbstdarstellung des Besitzers, waren mit Bäumen, Sträuchern und Blumen, die nach dekorativen geometrischen Mustern zu Alleen, Hecken und Rabatten geformt wurden, eine Fortsetzung des Schlosses oder Hauses. Der Schloßbau und die Kleinarchitektur bleiben die Dominanten und Orientierungspunkte im G. Unter dem Einfluß des Pantheismus und der Ideen J.J. Rousseaus entstanden in der zweiten Hälfte des 18. Jh. nach englischem Vorbild zahlreiche deutsche Landschaftsgärten, die in bewußtem Gegensatz zur Künstlichkeit der Barockgärten die unverfälschte Natur als Richtschnur für ihre Anlagen wählten. Die Konzentration natürlicher landschaftlicher Schönheit sollte irdische Paradiese entstehen lassen. Bauwerke, wie klassizistische Schlößchen, Tempelchen, Denkmäler und

Brücken, fügten sich der Landschaft ein oder waren als Grotten, künstliche Ruinen oder Borkenhäuser der Natur angenähert. Man erwartete sich von der Freiheit und Natürlichkeit des G. politische und moralische Wechselwirkungen auf Herrscher wie Untertanen. Einige der Landschaftsgärten, beispielsweise in Wörlitz, Weimar oder Kassel, wurden schon in ihrer Entstehungszeit zwischen 1770 und 1790 dem Publikum geöffnet, andere, wie der Englische G. in München, der Prater in Wien, der Tiergarten in Berlin (West), von vornherein als Volksparks angelegt und mit Vergnügungseinrichtungen versehen. Dazu kamen im 19. Jh., besonders nach der Gründung des Deutschen Kaiserreichs, zahlreiche kommunale Grünanlagen. Nach dem Ersten Weltkrieg wurden auch die reservierten fürstlichen Grünanlagen der breiten Öffentlichkeit zugänglich gemacht. Die Eigentumsverhältnisse hat man 1926 in der sogenannten Fürstenabfindung geklärt. Es wurden staatliche Schlösser- und Gärtenverwaltungen eingerichtet, die erste Ansätze zu Schutz, Pflege und Rekonstruktion ermöglichten. Doch hat diese denkmalpflegerische Tätigkeit in den Notzeiten vor, während und nach dem Zweiten Weltkrieg kaum an Bedeutung und Umfang gewinnen können. Die Skepsis gegenüber Traditionen (→Tradition und kulturelles Erbe) und historischen Werten war nach 1945 in beiden deutschen Staaten den Gartenanlagen aus feudaler Zeit nicht förderlich. Der Wiederaufbau des Lebensnotwendigen band alle Kräfte und Mittel. So befanden sich viele G. in desolatem Zustand. Erst in den 60er und 70er Jahren wuchs die Einsicht in ihre Denkmalwürdigkeit, so daß umfassende gesetzliche Regelungen für fürstliche Parkanlagen, städtische Parks, Gutsparks, Dorfauen, private Villen und Landhausgärten geschaffen wurden.

In der föderalistisch gegliederten Bundesrepublik sind die juristischen Grundlagen zur Pflege und Restaurierung der historischen G. in den Denkmal- und Naturschutzgesetzen der Länder, z.B. Bayern (1973), Hessen (1974), Berlin (1977), Rheinland-Pfalz (1978), Niedersachsen (1978) und Nordrhein-Westfalen (1980), festgelegt. Sie gelten für G. und Parks, öffentliche Grünanlagen und Pflanzungen, Friedhöfe oder andere Landschaftsteile, die den Baudenkmälern gleichgestellt werden, wenn ihre Erhaltung wegen ihrer geschichtlichen, künstlerischen, wissenschaftlichen oder städtebaulichen Bedeutung im Interesse der Allgemeinheit liegt. Zusätzlich werden in Baden-Württemberg heimatkundliche, in Hessen technische und in Bayern volkskundliche Gründe angeführt. Soweit derartige G. Privatbesitz sind, ergeben sich Interessenkollisionen durch die strikte Beachtung des Eigentumsrechts nach Artikel 14 des Grundgesetzes.

In der zentralistisch verwalteten DDR bestand seit 1963 eine Verfügung zum Schutze der Parkanlagen, die 1970 durch das Landeskulturgesetz und

1975 durch das *Gesetz zur Erhaltung der Denkmale in der Deutschen Demokratischen Republik* erweitert wurde. In diesem Gesetz sind ausdrücklich »Denkmale der Landschafts- und Gartengestaltung wie Park- und Gartenanlagen, Friedhöfe, Wallanlagen und Alleen« angeführt; als oberstes Ziel wird die »Entwicklung des sozialistischen Bewußtseins, die ästhetische und technische Bildung sowie die ethische Erziehung« durch die Erhaltung und Erschließung der Denkmale gefordert.

Die Verwaltung, Erhaltung, Planung und Gestaltung der öffentlichen G. untersteht in der Bundesrepublik den Kultusministerien der Bundesländer, in Berlin (West) dem Bausenator, und somit den nachgeordneten Denkmalämtern, die alle staatlichen, kommunalen und privaten Garteninstitutionen beraten und unterstützen. Einige Bundesländer unterhalten selbständige Schlösserverwaltungen, die auch die Gärten betreuen.

In der DDR sind dafür der *Ministerrat* und das *Ministerium für Kultur* sowie die Räte der Bezirke und der Kreise zuständig. Für die Durchführung der Aufgaben des Schutzes, der Pflege, Restaurierung und Erschließung für die Öffentlichkeit sind die jeweiligen Rechtsträger, Eigentümer oder Verfügungsberechtigten verantwortlich. Der Anleitung baulicher und gärtnerischer Maßnahmen dient das *Institut für Denkmalpflege,* das dem *Ministerium für Kultur* untersteht und fünf Arbeitsstellen in den Bezirken Dresden, Erfurt, Halle, Schwerin sowie Berlin (Ost) unterhält.

Damit sind in beiden Staaten für eine grundlegende Neuordnung des Park- und Gartenwesens brauchbare Instrumente geschaffen worden. Generell wird an einer gründlichen Inventarisierung gearbeitet, die erst im Land Niedersachsen abgeschlossen ist. Die Erfassung privater historischer G. steht noch am Anfang, Gartenschöpfungen unterprivilegierter Schichten früherer Epochen sind nicht mehr zu rekonstruieren. Sowohl in den Verwaltungen wie in der gärtnerischen Praxis beider Länder stehen zu wenig qualifizierte Fachkräfte mit genauer Kenntnis der historischen und botanischen Grundlagen zur Verfügung. Über die mangelhafte Finanzierung wird in beiden Staaten geklagt. So gibt es neben vorbildlich wiederhergestellten Anlagen eine Reihe vernachlässigter G. Während in der Bundesrepublik die Schwerpunkte durch regionale Unterschiede oder Besitzverhältnisse bedingt sind, werden in der DDR vornehmlich die Parks der ersten Kategorie, so Wörlitz, Potsdam, Großsedlitz, Branitz und Weimar kontinuierlich gepflegt. Zu befriedigenden Ergebnissen kommt es vor allem dort, wo ehrenamtliche und nebenberufliche Kräfte, wie beispielsweise in den *Mach-mit!*-Aktionen *(→ Bürgerinitiativen),* die Fachleute unterstützen.

In beiden Staaten versucht man, die G. durch eine Reihe von Einrichtungen und Veranstaltungen attraktiv zu machen. In der Bundesrepublik finden diese Angebote, die von Illuminationen bis zu Spielanlagen und regellos für Sport und Erholung zu nutzenden Grünflächen reichen, nur dort breite Zustimmung, wo sie, wie die Konzerte in Kurparks oder die *Trimm-Dich-Pfade,* historisch oder funktionell begründet sind. Nach dem Moskauer Vorbild des *Gorki-Parks* ist in der DDR der Kulturpark entwickelt worden, in dem neben den anderen Freizeitmöglichkeiten auch Theater, Kino, Konzerte, Feste, Vorträge angeboten werden. Bekannt gewordene Beispiele sind der *Clara-Zetkin-Park* in Leipzig und der *Große Garten* in Dresden.

Neben den öffentlichen G. erfüllen die privaten Kleingärten gerade in den Ballungsgebieten eine wichtige sozialpolitische Aufgabe. Der vom Wohnplatz getrennte Kleingarten entstand in der zweiten Hälfte des 19. Jh. aus der Notwendigkeit, für die ärmeren Schichten ein »Gegengift« zu den ungesunden Verhältnissen in den Mietskasernen und eine Chance zur Selbstversorgung zu schaffen. Nach Ideen des Leipziger Arztes D. Schreber legten die *Schrebervereine* Spielplätze für Kinder und Kleingärten mit Hütten an, die *Laubenkolonien.* Aus den gleichen Gründen entwickelte sich um 1895 der *Gartenstadt*-Gedanke. Am Rande der Metropolen sollten als soziale, ökonomische und kulturelle Einheiten weiträumig in Gartenland eingebettete Siedlungen entstehen, wie sie dann in Dresden-Hellerau (1906), in Leipzig-Marienbrunn (1913) oder Berlin-Frohnau (1909) verwirklicht wurden. In der Wirtschaftskrise 1931/32 versuchte man einer politischen Radikalisierung zu begegnen, indem man den Erwerbslosen Kleingärten bereitstellte. Unter dem nationalsozialistischen Regime wurde die Kleingartenbewegung, die in sein politisches Konzept paßte, ideologisch verbrämt: »In der Andacht am Kleinen, in der Versenkung in die Einzelheiten der Natur unterscheidet sich der deutsche Mensch in seinem Gartengefühl am deutlichsten von seinen Nachbarvölkern.« Der Kleingarten sollte »durch Arbeit am Boden zur Heimatliebe« erziehen (Gartenkunst, Zeitschrift für das gesamte Garten- und Siedlungswesen, 51. Jg., Berlin 1938, H. 1, S. 8 u. S. 5). Wohnungsnot führte 1935 zu einem Kündigungsschutz für ständig bewohnte Kleingärten.

Auf dem Gebiet der Bundesrepublik wuchs noch bis 1950 die Zahl der organisierten Kleingärtner auf 592 000. Danach ging sie stetig zurück und sank schließlich in den Großstädten um mehr als die Hälfte. Die Idee der Selbstversorgung widersprach dem Wohlstandsdenken der Wirtschaftswunderphase. Dies wandelte sich jedoch in dem Maße, wie in den 70er Jahren neue Bedürfnisse nach alternativen Lebensweisen *(→Alternativkultur)* entstanden. Der Wunsch nach chemisch unbehandelten Nahrungsmitteln ließ die Nachfrage nach dem einstigen *Schrebergarten* weit über das Angebot verfügbarer Parzellen ansteigen. Die entsprechenden Interessenverbände fordern deshalb geeignete Maßnahmen, die dem durch Bebauung verursachten Schwund an Gartenland entgegenwirken sollen.

Den rund 4500 Kleingartenanlagen der Bundesrepublik stehen 7968 in der DDR gegenüber. Dort waren 1981 im *Verband der Kleingärtner, Siedler und Kleintierzüchter* 850 000 Kleingärtner zusammengeschlossen. Welche wichtige Funktion diese Gärten bei der Versorgung der Bevölkerung erfüllen, wird daraus ersichtlich, daß ihr Anteil am gesamten Marktaufkommen bei Obst nahezu ein Drittel und bei Gemüse fast ein Zehntel beträgt. So werden sie auch, wie es in einem Beschluß des Sekretariats des Zentralkomitees der *SED* von 1977 heißt, als ein »fester Bestandteil der weiteren Erhöhung des materiellen und kulturellen Lebensniveaus des Volkes« angesehen. Neben offiziellen Zielsetzungen bieten die Kleingärten auch Möglichkeiten des Rückzugs in eine schwer zu kontrollierende Privatsphäre.

Die Zeitschriften »Garten und Landschaft« der *Deutschen Gesellschaft für Gartenkunst und Landschaftspflege* (München 1953 ff.) und »Landschaftsarchitektur«, Zeitschrift für Planung, Entwurf, Bau und Pflege von Freiräumen in Stadt und Landschaft (Berlin (Ost)) sowie Gartenbauausstellungen dokumentieren in Theorie und Praxis den aktuellen Stand der Gartenkultur. In der Bundesrepublik werden in wechselnden Städten jährlich *Landesgartenschauen*, alle zwei Jahre *Bundesgartenschauen* und alternierend *Internationale Gartenbauausstellungen*, wie die *IGA* München 1983, veranstaltet. Ursprünglich Leistungsschauen des Gärtnerhandwerks, dienen sie, so *Planten un Blomen* in Hamburg 1953, *Rheinauen* in Bonn 1979, nach 1945 auch anderen Aufgaben. Sie ermöglichen es den Stadtverwaltungen, die dabei entsprechend jeweils aus Bundes- oder Landesmitteln subventioniert werden, vernachlässigte oder unerschlossene Gebiete in sinnvoll genutzte Grünanlagen zu verwandeln.

Schaufenster der gärtnerischen Leistung in der DDR ist seit 1961 die ständige *Internationale Gartenbauausstellung* in der »Gartenstadt« Erfurt. Das 100 ha große Gelände der Cyriaksburg wird als »Bildungsstätte des sozialistischen Gartenbaus der DDR und Zentrum des internationalen Leistungsvergleiches von Gartenbauerzeugnissen« bezeichnet (H. Schüttauf, Parke und G. in der DDR, Leipzig 1973, S. 50). In den Ausstellungshallen und im Freigelände finden die ganze Gartensaison über von Frühling bis Herbst Lehrschauen und Sonderveranstaltungen statt. Angeschlossen ist ein Gartenbaumuseum. Die gesellschaftlichen Aufgaben dieser Ausstellung werden bewußt betont.

S. Gerndt

Gedenkstätten

Im Gegensatz zum Begriff des Mahnmals, den schon das 19. Jh. kannte, ist der Begriff G. erst seit den 30er Jahren dieses Jahrhunderts geläufig. Während Mahnmale ausschließlich zur Erinnerung an Kriegstote und die Opfer politischer Verfolgung errichtet werden, versteht man unter G. auch Orte der Erinnerung an ein historisches Ereignis. Andererseits können G. auch Orte der Erinnerung an eine Einzelperson sein, wobei es sich zumeist um Gebäude oder Räume handelt, in denen eine bedeutende historische Persönlichkeit geboren wurde, wirkte oder starb. Eine Abgrenzung der Begriffe G. und Mahnmal zum → *Denkmal* ist nicht immer möglich.

Obwohl der Begriff der G. zu Beginn des 19. Jh. noch nicht geläufig war, wird er heute auf einige Denkmäler angewandt, die nach den Freiheitskriegen 1813 bis 1815 in Deutschland errichtet wurden. Seit den Freiheitskriegen, besonders aber nach dem Deutsch-Französischen Krieg von 1870/71 und dem Ersten Weltkrieg, trug der Gefallenenkult viel für das Zustandekommen und die Entwicklung des deutschen Nationalbewußtseins bei. Die romantische Denkmalsidee gipfelt in dem nicht realisierten Plan, auf dem Schlachtfeld bei Leipzig einen »Teutschen Dom« zu bauen. Demgegenüber beschränkte sich das Wilhelminische Deutschland nach dem Kriege von 1870/71 darauf, zahlreiche Kriegerdenkmäler zu errichten, die eine Figur, einen Krieger oder eine Personifikation (*Germania, Viktoria*) zeigen. Nach dem Ersten Weltkrieg trat dieser Typus zurück. Stattdessen wurden zahlreiche Soldatenfriedhöfe angelegt, die, dem Vorbild der Freiheitskriege folgend, Orte der Verehrung waren. Das neue Phänomen des Massentodes ordnete die Tragödie des Individuums der nationalen Sache unter. Seit 1914 wurden mit Unterstützung des *Preußischen Innenministeriums* »Heldenhaine« angelegt, in denen die Natur als lebendiges Denkmal fungierte. Diese Mahn- und Ehrenstätten waren bevorzugte Orte für patriotische Feiern. Die Nationalsozialisten knüpften an diesen Kult an. In der Ideologie des Nationalsozialismus fanden die Märtyrer der Bewegung und die Gefallenen des Ersten Weltkriegs ihre Nachfolger in der Parteielite. Zur Beschwörung dieser mystischen Volksgemeinschaft erhielten die neuen Formationen *SA, SS* oder *Arbeitsfront* Ehrenhallen für die Opfer des Ersten Weltkriegs. Zahlreiche Unternehmungen und Betriebe erhielten zusätzliche »Ehrenmale für die Opfer der Arbeit«.

In den G. äußert sich das Selbstverständnis einzelner Gruppen oder der ganzen → *Nation*, wobei man sich entweder stärker auf bestimmte politische oder auf kulturelle Traditionen (→ *Tradition und kulturelles Erbe*) eines Volkes beruft; zugleich läßt sich an ihnen ablesen, welche historischen Ereignisse im Selbstverständnis eines Staates bedeutsam sind und welche weitgehend verdrängt werden. Generalisierend darf man sagen, daß in der Bundesrepublik den kulturellen G. eine weitaus größere Bedeutung zugemessen wird als den politischen. In der DDR ist dieses Verhältnis umgekehrt.

Die Einrichtung von G. für die Opfer der Konzentrationslager war eine der vordringlichen Aufgaben der Nachkriegszeit. In der Bundesrepublik entstanden die ersten dieser G. auf Initiative von örtlichen Komitees aus Verfolgtenkreisen unter Aufsicht der Alliierten. Die Verpflichtung für die Gräber der Opfer ging 1950 von den alliierten Militärbehörden an die deutschen Stellen über. Heute ist in den einzelnen Bundesländern jeweils das *Kultusministerium* oder das *Innenministerium* zuständig.

In der DDR schufen die *SED*, die *Vereinigung der Verfolgten des Naziregimes* und deren Nachfolgeorganisation, das *Komitee der antifaschistischen Widerstandskämpfer* G. in den ehemaligen Konzentrationslagern Buchenwald, Ravensbrück, Sachsenhausen. Sie unterstehen heute dem *Ministerium für Kultur*.

Bei der künstlerischen Ausgestaltung der G., die sich nach 1945 zu einem neuen Thema in der →*bildenden Kunst* entwickelte, liefen in der Bundesrepublik von Anfang an die figurative und abstrakte Gestaltung nebeneinander her. R. Scheibe und vor allem G. Marcks schufen zahlreiche figürliche Mahnmale. 1963 unternahm H. Ladendorf anläßlich der Ausstellung »Monumenta Judaica« in Köln unter Hinweis auf den Entwurf für ein Auschwitz-Monument von H. Wolff (1958) und auf das Mahnmal für das geteilte Deutschland von K. Hartung in Hannover (1959) den Versuch, die abstrakte Gestaltung von dem Vorwurf freizusprechen, in »nichts an den Krieg zu erinnern«, in »nichts ein inneres Verarbeiten des Kriegserlebnisses zu bezeichnen.« 1970 hat E. Daucher für die Fußgängerzone in Stuttgart ein abstraktes antifaschistisches Mahnmal geschaffen, das eine Schrifttafel mit einem Text von E. Bloch enthält: »Verfemt, verstoßen, gemartert, erschlagen, gehenkt, vergast – Millionen Opfer der nationalsozialistischen Gewaltherrschaft beschwören dich – Niemals wieder«. Im Bereich der gegenständlichen Denkmalsplastik überwiegen in der Bundesrepublik christliche Symbole und Symbolfiguren. So schuf G. Marcks für das Mahnmal der Toten des Zweiten Weltkriegs in Mannheim 1952 einen Engel, für das Denkmal der Opfer des nationalsozialistischen Regimes in Frankfurt a. M. einen Hiob. Das Mahnmal für die Opfer des Faschismus in Kassel (1953) wird durch eine riesige Dornenkrone bestimmt.

In der DDR bezog man eine ausschließlich realistische Position. Zunächst schloß man sich an die realistische Grundhaltung der »bürgerlich-humanistischen« Bildhauerkunst der Vorkriegszeit an. Bei der Gestaltung der G. Buchenwald, Sachsenhausen und Ravensbrück ging es unter dem Eindruck des 1947 bis 1949 errichteten sowjetischen Ehrenmales von Berlin-Treptow darum, ein Menschenbild zu vergegenständlichen, »das für die antifaschistisch-demokratische Ordnung und beim Aufbau der sozialistischen Gesellschaft als Leitbild wirken konnte« (V. Frank, S. 12).

Vergleicht man die Plastiken der G. für Konzentrationslager in der DDR und der Bundesrepublik, so sind nur wenige thematisch verwandt. Zwar gibt es Gemeinsamkeiten in der Darstellung einer oder mehrerer Häftlingsfiguren, doch ist in der DDR den Gefangenen fast immer das Moment des Widerstandes und der Befreiung an die Seite gestellt. In der Bundesrepublik hat man weitgehend die Chance verpaßt, die Opfer des Nationalsozialismus zum Anlaß einer politischen Auseinandersetzung mit der eigenen Vergangenheit zu nehmen. Der Gedanke an die Opfer wurde entpolitisiert. Dies zeigt sich nicht nur in der bevorzugten Standortwahl der G. auf Friedhöfen, sondern auch in dem Versuch, im Rückgriff auf christliche Bildformen den Überlebenden Trost zu spenden. Antifaschistischen Widerstandskämpfern gewidmete G. blieben Ausnahme. Die Anerkennung als Widerstandskämpfer wird beinahe ausschließlich den Männern des 20. Juli 1944 zuteil. In der Bundesrepublik spielen in der Öffentlichkeit jene Mahnmale eine besondere Rolle, die mit der Gründung beider deutscher Staaten in ursächlichem Zusammenhang stehen: Mahnmale der Teilung Deutschlands, Mahnmale der Vertriebenen und Mahnmale des 17. Juni 1953. Die mangelnde Analyse der historischen Ursachen des Nationalsozialismus, das ausschließliche Gedenken an einige wenige Männer des Widerstands von bürgerlicher, national-konservativer Gesinnung und die Pflege eines abstrakten, allgemeinen Freiheitsbegriffs machten es möglich, daß die 1953 errichtete G. zum 20. Juli 1944 in Berlin zugleich als G. des 17. Juni 1953 interpretiert wurde.

Demgegenüber erhebt die DDR den Anspruch, das Vermächtnis der antifaschistischen Kämpfer erfüllt zu haben. Die *Nationale G. Buchenwald* nimmt im Selbstverständnis der DDR eine besondere Rolle ein. In den mehr als zwanzig Jahren ihres Bestehens war diese Stätte nicht allein Mahnmal und Kundgebungsstätte, sondern zugleich auch Ort der politischen und moralischen Erziehung der jungen Generation. Etwa 100 000 Jugendweiheteilnehmer kommen jährlich nach Buchenwald, hier werden Soldaten vereidigt, Studenten immatrikuliert und Pioniere in die *FDJ* aufgenommen.

Den in die Hunderte gehenden G. der Arbeiterbewegung in der DDR hat die Bundesrepublik kaum etwas Entsprechendes entgegenzusetzen. 1969 wurde in Hamburg auf Initiative der *DKP* die G. für E. Thälmann eingerichtet. In Trier unterhält die *Friedrich-Ebert-Stiftung* der *SPD* seit 1968 das

Geburtshaus von K. Marx als Museum und historische Forschungsstätte. 1970 wurde auf Anregung von Bundespräsident G. W. Heinemann als Außenstelle des *Bundesarchivs Koblenz* in Rastatt, als dem Ausgangspunkt der Badischen Revolution von 1849, eine *Erinnerungsstätte für die Freiheitsbewegungen in der deutschen Geschichte* gegründet. Die Wahl des Standorts und die Beschränkung in der ständigen Ausstellung auf die Ereignisse der bürgerlich-revolutionären Bewegungen von 1830 bis 1849 machen den fundamentalen Unterschied zur DDR deutlich. G. W. Heinemann sah, unter weitgehender Aussparung der späteren sozialistischen und kommunistischen Bestrebungen, in der bürgerlichen Revolution von 1848 und deren Bemühungen um Parlament und Verfassung eine Voraussetzung für die demokratische Ordnung der Bundesrepublik und das *Grundgesetz*.

An den Aufbau eines demokratischen Staates in der Bundesrepublik erinnern zwei Einrichtungen: Die *Theodor-Heuss-Gedächtnisstätte* in seinem Geburtsort Brackenheim – Träger sind die Erben, der Bund, das Land Baden-Württemberg und die Stadt Stuttgart – und die populäre *Konrad-Adenauer-Gedächtnisstätte* in dessen Wohnhaus in Bad Honnef-Rhöndorf – Träger die *Stiftung Bundeskanzler Adenauer-Haus* als Sondervermögen der Bundesrepublik Deutschland. Beide G. verwahren und zeigen Archivalien, Dokumente, Bilder und persönliche Hinterlassenschaften der Politiker. Die DDR besitzt eine Vielzahl von Einrichtungen, die wesentliche Schritte zum Aufbau des Sozialismus markieren sollen. So wurden die Tagungsorte bedeutender Parteitage der revolutionären Sozialdemokratie in Eisenach, Gotha und Erfurt als G. eingerichtet. An die revolutionären Ereignisse aus der Zeit der Weimarer Republik erinnern unter anderem G. in Halle, Leuna und Plauen. Ebenso sind einzelnen bedeutenden Persönlichkeiten der Arbeiterbewegung G. gewidmet, so etwa K. Liebknecht in Luckau.

Die Zahl der kulturellen G., die zumeist aus Personalmuseen bestehen, hält sich in beiden deutschen Staaten rein quantitativ in etwa die Waage. Sie haben jedoch in beiden Systemen unterschiedlichen Stellenwert. Während in der Bundesrepublik fast alle derartigen Institutionen auf die Initiative privater Stiftungen zurückgehen oder von privaten Vereinen getragen werden und so ein außerordentlich schillerndes Spektrum abgeben, ist in der DDR für die Pflege und Neueinrichtung kultureller G. die Bedeutung ausschlaggebend, die ihr im Rahmen des Kulturerbes für das Fortschreiten und die Festigung der sozialistischen Kultur zugemessen wird. Die wohl bekannteste Einrichtung dieser Art sind die *Nationalen Forschungs- und Gedenkstätten der klassischen deutschen Literatur* in Weimar.

U. Schulte-Wülwer

Literatur

H. Ladendorf, Denkmäler und Mahnmale seit 1945, in: Monumenta Judaica. Handbuch der Ausstellung im Kölnischen Stadtmuseum 1963
A. Rieth, Den Opfern der Gewalt – KZ-Opfermale der europäischen Völker, Tübingen 1968
V. Frank, Antifaschistische Mahnmale in der DDR, Leipzig 1970
A.-D. Miethe, G. – Arbeiterbewegung, Antifaschistischer Widerstand, Aufbau des Sozialismus, hrsg. v. Institut für Denkmalpflege in der DDR, Leipzig, Jena, Berlin (Ost) ²1974
F. R. Zankl, Das Personalmuseum – Untersuchungen zu einem Museumstypus, Berlin (West), New York 1975
U. Puvogel (Red.), G. für Opfer des Nationalsozialismus auf dem Gebiet der Bundesrepublik Deutschland, hrsg. v. d. Bundeszentrale für Politische Bildung, Bonn ²1981

Gefühl

So unbestimmt der Gefühlsbegriff in der Psychologie ist, so widersprüchlich zeichnet sich im heutigen kulturellen Erfahrungshorizont auch die Sache ab. Gebräuchlicher ist das Wort »Emotion« oder, im Rückgriff auf eine englische Vokabel, *feeling;* der Begriff G. gilt als konservativ und politisch belastet.

Als Topos kultureller Selbstaussage ist G. ein vergleichsweise junges Phänomen. Wort und Sache formieren sich, im Gegensatz zu den Affekten wie Liebe, Haß, Trauer, Angst, Wut oder Zorn, erst seit dem 16. Jh. Seine traditionsbildende Prägung aber erfuhr dieser Begriff in der Gefühlskultur des 18. Jh., als sich eine neue Gestalt des Erlebens und der Selbstempfindung herausbildete, deren Entwicklung sich literaturhistorisch etwa an der Geschichte der Naturlyrik von B. H. Brockes bis zum jungen J. W. v. Goethe verfolgen läßt. Man strebte über die tradierten Muster des Erlebens hinaus zu einem hingebungsvollen Erfühlen des Anderen. Als Ideal galt das Erlebnis des Einsseins mit dem Freund, der Natur, der Menschheit. Im 19. Jh. verschmolz dieses Ideal mit dem Pathos des nationalen Gedankens, so daß »Natur« und »Menschheit« als universale Erlebnisinhalte allmählich von »Nation«, »Volk« und »Vaterland« abgelöst wurden. Unterhalb der anerkannten öffentlichen G. erhielten die alten Affekte den subalternen Status privater Gefühlsregungen. Je rücksichtsloser der Nationalsozialismus diesen sozialen Gefühlsüberbau gefestigt und für seine Zwecke ausgebeutet hatte, desto rascher brach er nach 1945 zugunsten einer allgemeinen Privatisierung der G. zusammen.

In der Geschichte der Bundesrepublik ist eine Erosion der G. in ihrer herkömmlichen Form zu verzeichnen. Am Anfang stand, auch was die G. angeht, die Trümmerbeseitigung. Doch als man sich in anderen Bereichen längst an den Wiederaufbau gemacht hatte, von dem inzwischen sprichwörtlich geworden ist, daß er keinen großen Luxus an G. erlaubte, waren die Intellektuellen noch immer mit Äußerungsformen des G. beschäftigt, die in das Erscheinungsbild jener Jahre nicht passen wollten. Stichworte hierfür sind »Trauerarbeit«, »Scham« über die Begeisterung für ein Regime, die als Irreführung erkannt worden war. Der sich in dieser Zeit als intellektuelle Mode etablierende *Existenzialismus* mit seiner unterkühlten Behandlung des G. ist eines der Indizien für diese Situation. Mit dem sich ausbreitenden »Wirtschaftswunder« und dem immer weitere Kreise der Bevölkerung erreichenden Wohlstand beginnt dann, weitab von intellektuellen Diskussionen, eine neue Gestalt des Fühlens und Sichfühlens zu entstehen. Der erlebte gesellschaftliche Bereich, in den das Fühlen ausgreift und in dem es seine Konturen gewinnt, bleibt dabei weitgehend auf die → *Familie* oder den Freundeskreis beschränkt. Der gesellschaftliche Raum jenseits dieser Sphäre wird nicht mehr als identitätsbegründend erlebt und deshalb auch nicht mit G. besetzt. Während in dieser Phase die Leugnung positiver G. anhielt, traten sie in der → *Werbung* und in den Produkten der Unterhaltungsindustrie wieder in Erscheinung. Allerdings sind dies immer noch private G., nur jetzt in standardisierter, über den Konsum vermittelter Form. Dies führt zu einer tendenziellen Entdifferenzierung und Nivellierung des Fühlens, die nicht selten als Sinnentleerung und Fremdwerden der eigenen G. erlebt wird. Jugendprotest und jugendliche Subkulturen (→ *Subkultur*, → *Alternativkultur*) seit Mitte der 60er Jahre dürften eine ihrer Ursachen in einer zunehmenden Sensibilität für diesen Vorgang haben. Die Fernseh- und Illustriertenwerbung scheint heute das aufgeschlagene Buch der bundesdeutschen Gefühlsskala zu sein. Was dabei ausgespart bleibt, sind die Unlustgefühle wie überhaupt die gesamte, aus dieser Entwicklung resultierende negative Gefühlsbilanz.

Im Unterschied zur Bundesrepublik versuchte man in der DDR, die Bindung des Selbstgefühls der Menschen an ein »Wirgefühl« zu erneuern, das den Bereich des Gesamtgesellschaftlichen umgreift. In der Tradition politischer Arbeit, wie sie die *KPD* in den 20er Jahren entwickelt hatte, war das Verhältnis öffentlicher und privater G. eindeutig zugunsten öffentlicher G. entschieden worden. Die Bindung der G. an soziale, staatliche oder parteigebundene Inhalte gehört, trotz aller Gegenbewegungen, bis heute zu den prägenden Faktoren des Lebens in der DDR. Bis 1954, in der Zeit des Bündnisses mit den progressiven bürgerlichen Kräften, stand die Loyalitätssicherung im Vordergrund. In den Schulen versuchte man eine Erziehung zu sozialen G. auf einer fast bürgerlich-klassischen Grundlage. Auch die Einübung negativer G., noch galten sie nur dem »Imperialismus«, begann schon damals. In der darauffolgenden Phase forcierter Kollektivierung, in der man auch versuchte, die bisher noch von Bürgern besetzten staatlich-kulturellen Apparate zugunsten der Absolventen der *Arbeiter- und Bauernfakultät* neu zu besetzen, schritt man auch zu einer Gefühlspolarisierung im Innern. Arbeiter und Bauern standen gegen Kapitalisten und bürgerliche Intelligenz. Allerdings wurde dies bald als Fehler eingesehen und korrigiert. In der späten Phase der Parteiführung durch W. Ulbricht begann im Rahmen der Diskussionen um das »sozialistische Menschenbild« eine Thematisierung privater G. in der Öffentlichkeit. Der Staat nahm dabei private Züge in den öffentlichen Gefühlskodex auf. Nach der Übernahme der Parteiführung durch E. Honecker 1971 wurde versucht, dies wieder einzustellen, doch ließ sich das einmal Begonnene nicht wieder zurücknehmen.

Die fortdauernden Bestrebungen des Staates, das Fühlen seiner Bürger an den Bereich des Öffentlichen zu binden, hat dazu geführt, daß die G. des Privaten in einer Art historischer Warteposition verharrten. Entdifferenzierung und Nivellierung privaten Fühlens durch dessen kommerzielle Verwertung, wie sie sich in der Bundesrepublik vollzog, fanden hier nicht statt. Teils aus Abwehr staatlicher Politisierung G., teils aufgrund der traditionellen Nichtberücksichtigung privater G. in den Initiativen der Führung, hat sich die familiäre Bindung der individuellen G. stärker halten können als im Westen. Daß dies nicht allgemein gilt, wird in der inoffiziellen Jugendkultur und an literarischen Ereignissen sichtbar, am deutlichsten wohl dort, wo beides, wie etwa bei U. Plenzdorf, zusammentrifft. Doch auch die Protest anmeldende Literatur zeigt eine unverbrauchte Kraft der Selbstfindung, die es in dieser Form in der Bundesrepublik nicht gibt und die wohl nur in einem paternalistischen, auf Gefühlsbindung insistierenden Staatswesen möglich ist. Das, wogegen sie sich wendet, scheint die Sprachlosigkeit zu sein, zu der die privaten G. verurteilt sind. Elemente westlicher Jugendkultur, etwa die auch in der DDR emblematischen Jeans und lange Haare, werden dabei als Vokabeln gebraucht, um ihm dennoch Ausdruck zu verleihen.

In der Bundesrepublik gibt es eine neue Gefühlsaktualität, die weder im öffentlichen Bezug noch individuell identifizierbar ist und in der Warenästhetik ihre historische Voraussetzung hat. Die Differenziertheit der G. ist untergegangen und hat einer allgemeinen, eher unpersönlichen Sensibilität Platz gemacht. Demgegenüber scheint es, daß in der DDR noch das Recht auf eigene G. im Widerspruch zur staatlichen Gefühlsbindung behauptet wird.

D. Hoffmann-Axthelm

Literatur
H. Boeschenstein, Deutsche Gefühlskultur, Bern 1954
L. Pongratz, Problemgeschichte der Psychologie, Bern, München 1967
A. Kossakowski, J. Lompscher (Hrsg.), Ideologisch-theoretische und methodologische Probleme der Pädagogischen Psychologie, Berlin (Ost) ²1972
H. Hiebsch, M. Vorweg, Einführung in die marxistische Sozialpsychologie, Berlin (Ost) 1976

Genuß

G. ist ein Begriff, dessen Relativität sich schon darin zeigt, daß er in der Ökonomie üblicherweise durch den des Nutzens ersetzt wird. Nach Ansicht der wirtschaftswissenschaftlichen Grenznutzenschule sinkt der Nutzen eines Gutes mit der zur Verfügung stehenden Menge. Je reichlicher und selbstverständlicher die Versorgung mit bestimmten Gütern ist, desto weniger ist damit die Empfindung eines besonderen G. verbunden. Zum anderen hat W. Vershofen schon früh festgestellt, daß Güter zum einen wegen ihres funktional-technisch gemeinten Grundnutzens begehrt werden, dann aber auch wegen des mit ihrem Besitz verbundenen »Zusatznutzens«, der vielfältig sein kann. Angesprochen ist damit beispielsweise das Prestige, das Personen durch den Besitz bestimmter Güter entgegengebracht wird. Auch haben Individuen eine mehr als rein funktionale, emotionslose Beziehung zu Personen, Sachverhalten oder Objekten, denn sie entwickeln starke, positiv besetzte, emotionale Beziehungen. Schließlich ist festzuhalten, wie schwierig es ist, das Empfinden von G. zu standardisieren und zu generalisieren. Es spielen offensichtlich neben den erwähnten Dimensionen auch die Sozialisation sowie psychologische Momente eine bedeutsame Rolle bei der Frage, warum bestimmte Objekte, Situationen oder Erfahrungen von dem einen genossen werden und von dem anderen nicht. Für einen Puritaner und Calvinisten wird es befriedigend sein, wenn er durch intensive Anstrengungen zu einem erfolgreichen Abschluß gekommen ist, während hedonistisch orientierte Individuen, die im Vergnügen Sinn und Ziel allen menschlichen Handelns sehen, eher den ohne Anstrengung zufallenden Erfolg genießen. Im Rahmen der Sozialisationstheorien ist zuerst im angelsächsischen Bereich das Konzept der »aufgeschobenen Belohnung« erkannt worden. Damit ist umschrieben, daß man es als stärkere Belohnung empfindet, wenn man leicht erreichbare Vorteile nicht ausnutzt, sondern zugunsten größerer und umfassender Befriedigung in der Zukunft zunächst auf sie verzichtet. Abgesehen vom größeren »Umfang« der Befriedigung zum späteren

Zeitpunkt schwingt auch mit, daß die Hochschätzung um so größer ist, je länger man darauf warten mußte. Hierbei spielt die Vorfreude eine Rolle, wobei das Hinausschieben sicher nicht endlos strapaziert werden kann, um noch in vernünftiger Proportion das Erlebnis zu ermöglichen. Wie sich aus den verschiedenen Ansätzen ergibt, ist G. eine emotional positiv besetzte Empfindung, die durch das Erleben, den Besitz oder → *Konsum* von Situationen oder Objekten erzeugt wird, die man als nicht selbstverständlich empfindet und die man gelernt hat, als Befriedigung zu erleben (→ *Lebensstandard,* → *Lebensstil).*

Analytiker des sozialen Wandels verweisen vor allem in den westlichen Industrieländern auf die teilweise Abkehr von puritanisch-asketischen Werthaltungen als eine wichtige Grundlinie gesellschaftlicher Entwicklung. Vor dem Hintergrund verblassender Normen und Wertsetzungen läßt sich dieses Bild historisch deutlich nachzeichnen (→ *Werte und Normen).* M. Webers Aufsätze zur Religionssoziologie (Gesammelte Aufsätze zur Religionssoziologie, Tübingen 1920, 1972) haben deutlich gemacht, daß die Entstehung der modernen Wirtschaftswelt nur durch einen tiefgreifenden Gesinnungswandel im Hinblick auf das Arbeitsethos (→ *Arbeit,* → *Leistung)* möglich war, und daß die Ratio des → *Kapitalismus* durch die Glaubensinhalte des calvinischen Puritanismus und des lutherischen Pietismus mitbedingt wurde. Ein vormals traditioneller Konsumstil, in dem die Güter in einer Art naturgewollter Rangordnung von »notwendig« über »entbehrlich« bis »überflüssig« stehen, wird abgelöst von einer Kultur, in der die Arbeit als Beitrag zum Eintritt in das Reich Gottes verstanden wird. Sinnerfüllung und die Möglichkeit der Selbstverwirklichung werden dabei vorwiegend im Bereich des Arbeitslebens lokalisiert. Das hierbei aufgezwungene oder auch schon verinnerlichte Arbeitsethos samt dem dabei geförderten Erwerbsstreben als gewissermaßen gottgefällig angesehen, führte nun zunächst keineswegs dazu, daß parallel zu den vermehrten Anstrengungen im Produktivbereich auch der Konsum gleichermaßen expandierte. Es wurde nicht einmal der traditionelle Konsumstandard beibehalten, sondern man pflegte eine bewußte Einschränkung, einen asketischen Zug, der auch die Mittelverwendung entscheidend prägte.

Mit dem Anwachsen des Produktionsapparates mußte jedoch der Konsumbereich stimuliert werden, denn in der »Überflußgesellschaft« ist die Askese anachronistisch und wirkt dem System entgegen; der wechselseitige Anreiz zwischen Konsumtion und Produktion muß ständig in Gang gehalten werden. Die bisher vorherrschende Knappheitsgesinnung wich daher notwendigerweise einer neuen Konsumtionsgesinnung. Dadurch wandelte sich die vordem hauptsächlich intrinsische Gesinnung, der die Arbeit selbst als

Wert galt, zu einer instrumentellen Einstellung gegenüber der beruflichen Tätigkeit (→ *Beruf*), so daß der eigentlich sinnerfüllende Entfaltungsraum heute häufig nicht mehr allein oder gar vorwiegend im Arbeitsbereich, sondern in der Konsum- und Freizeitwelt gesehen wird. Der wichtigste Aspekt dieser Entwicklung ist das Schwinden von asketischen Idealen, die lange Zeit als verbindliche Grundnormen dem Arbeitsbereich Priorität zuwiesen. Lebendig waren die asketischen Ideale noch in der verhältnismäßig jungen deutschen Industriegesellschaft vor dem Zweiten Weltkrieg; auch während der Wiederaufbauphase der Bundesrepublik blieben sie bis in die 60er Jahre hinein, allerdings schwächer werdend, gültig. Erst danach, in der »reifen« Industriegesellschaft, erfaßte, im Zusammenhang mit den durch die fortgeschrittene Industrialisierung gänzlich veränderten Produktionsverhältnissen, ein unabdingbarer Anspruch auf das Wohlergehen alle Schichten. Dieser Wandel ist in der Bundesrepublik vergleichsweise spät in Erscheinung getreten, da durch den Einschnitt des Zweiten Weltkrieges zumindest einer Generation eine zweite puritanische Phase abverlangt wurde, die den Wiederaufbau charakterisierte.

Kritiker der Wohlstandsgesellschaft wie D. Riesman (Die einsame Masse, Hamburg 1956), A. Gehlen (Der Mensch. Seine Natur und seine Stellung in der Welt, Bonn 1950) und J. Habermas (Legitimationsprobleme im Spätkapitalismus, Frankfurt a. M. 1973) verzeichnen dementsprechend eine verstärkte Tendenz zum expansiven Konsum mit dem Beigeschmack der *fun morality*, der Genußmoralität, die für den gegenwärtigen Lebensstil als charakteristisch angesehen wird. Das Wort von der »verabscheuungswürdigen« Genußmoralität läßt sich freilich auch als Vorwurf interpretieren, daß der Mensch infolge nicht vorhandener puritanischer Fesseln nicht genügend genußfähig sei und beim Konsumieren und Genießen der Freizeit ständig Schuldgefühle entwickle. T. Scitowsky zeigt in seiner »Psychologie des Wohlstands« (Frankfurt a. M., New York 1972) daß wir wegen unserer puritanischen Vergangenheit das Arbeitsethos unserer Väter doch noch so weit verinnerlicht haben, um uns gesunden Hedonismus psychisch und sozial leisten zu können.

R. Inglehart (Die stille Revolution, Königstein 1980) postuliert für die westlichen Gesellschaften den Übergang zu einer postmaterialistischen Gesinnung. Nach seiner Vorstellung bewirken wirtschaftliches Wachstum und zunehmende Sättigung im Konsumgüterbereich, daß die Präferenzen des einzelnen weniger durch ökonomische, sondern vermehrt durch soziale und psychische Faktoren bestimmt werden. Dabei scheinen Trends zur sofortigen Wunscherfüllung, zum »weichen« Leben, zu sexueller Freiheit und zum aktiven Freizeiterleben charakteristisch, bei deren Realisierung materielle

Güter und bloße Besitzstände in den Hintergrund treten. Werte werden zentral, die sich erst jenseits dieser Güterwelt erschließen und die mit den Begriffen des »tätigen Auslebens«, des »aktiven Genusses« und der »lustvollen Erregung« zu umschreiben sind.

Es ist ein nicht ungewöhnliches Phänomen, daß Menschen in dem Maß, wie sie mit den Annehmlichkeiten des Lebens reichlich ausgestattet sind und diese als sicheren Besitz und als Selbstverständlichkeit betrachten, solche Besitztümer auf die Frage nach Wünschen und Präferenzen hin nicht mehr an erster Stelle erwähnen. Aus solchen Reaktionen jedoch zu schließen, daß in dieser Hinsicht ein dramatischer Wertewandel stattfinde, erscheint als nicht beweisbare Verkürzung; eine solche Folgerung wäre nur dann gerechtfertigt, wenn die Bundesbürger bei einem Experiment, das ihre materielle Ausstattung vermindert, auf der Relativierung von Besitz beharren würden. Auch ist der vordergründige Gesinnungswandel eher bei bestimmten Teilgruppen wie Studenten, Bildungsbürgern und dem gehobenen Mittelstand vorzufinden, die allerdings durch die Darstellung ihrer Befindlichkeiten und Perspektiven in den Medien oft überrepräsentiert erscheinen. Auf diese Weise mag für den Betrachter bei gehöriger Wiederholung der Eindruck entstehen, daß ein genereller Wertewandel stattgefunden habe. Dies wäre jedoch ein unzulässiger Schluß von Teilen und ausgesuchten Strömungen auf das Ganze.

Die Ausbreitung einer Genußmoralität ist in der DDR stark in den Hintergrund gedrängt. Es ist davon auszugehen, daß puritanisch-asketische Wertvorstellungen in der DDR viel länger am Leben erhalten werden konnten und erst neuerdings einer verstärkt distanzierten und instrumentellen Arbeitsgesinnung Platz machen. Auf die Dauer kann nicht von Produktionsziffern und von »Plansoll« die Rede sein, ohne daß es im Konsumbereich zu frustrierenden Vergleichen mit westlichen Ländern kommt. Obgleich man inzwischen auch gerne die Früchte seiner Arbeit ernten möchte, sind der ungehinderten Ausbreitung hedonistischer Gesinnungen in der leistungsorientierten Welt der DDR enge Grenzen gesetzt.

Vergleicht man die Aufwendungen für Nahrungsmittel mit denen für Genußmittel wie Tee, Kaffee, Alkohol oder Zigaretten, ergibt sich ein klares, mit einem Satz interpretierbares Bild. Die vierköpfige Familie eines Arbeiters oder Angestellten verwendete in der DDR 1960 im statistischen Durchschnitt etwas mehr als 40 v. H. ihres Nettoeinkommens für Nahrungs- und knapp 10 v. H. für Genußmittel. Dieses Verhältnis hat sich im Lauf der Jahre langsam verschoben; heute machen die Genußmittel über 10 v. H. und die Nahrungsmittel nur noch 30 v. H. aus. In der Bundesrepublik war teilweise ein ähnlicher, sich allerdings von anderen

Ausgangspositionen her entwickelnder Trend zu beobachten. Der Anteil der Nahrungsmittel ging seit 1960 von 39 auf 24 v. H. zurück. Der für Genußmittel ausgegebene Betrag stieg zwar bis 1971 von 7 auf fast 10 v. H., fiel danach jedoch zunächst langsam und nach 1974 schneller auf den heutigen Stand von gut 4 v. H. Hier mögen materielle Sättigung, postmaterialistische Werte und die Wirtschaftskrise zusammengewirkt haben.

Die verhältnismäßig hohen Ausgaben in der DDR sind in diesem Zusammenhang kein Anzeichen für die Genußfreudigkeit der dortigen Bevölkerung, sondern weisen eher darauf hin, daß ein vergleichsweise großer Teil des Einkommens für als notwendig und selbstverständlich geltende Lebensmittel ausgegeben werden muß, zu denen vielfach sicherlich auch Güter wie Zigaretten gerechnet werden. Auf der anderen Seite spricht es für eine Verbesserung der materiellen Lage, wenn heute die Ausgaben nicht einmal mehr das Dreifache der für Genußmittel aufgebrachten Summe ausmachen, während es 1960 noch mehr als viermal soviel war. In der Bundesrepublik wird, nach einem zwischenzeitlichen Wachsen des Anteils, für Genußmittel heute wie schon 1960 etwas mehr als ein Sechstel des für Nahrungsmittel aufgewendeten Geldes ausgegeben. Neben erhebungstechnischen Unterschieden sollte dabei allerdings beachtet werden, daß nach jüngsten Berechnungen des *Deutschen Instituts für Wirtschaftsforschung* ein bundesrepublikanischer Vierpersonenhaushalt mit mittlerem Einkommen monatlich netto über 3870 DM verfügt, während ein vergleichbarer Haushalt in der DDR nur 1720 Mark ausgeben kann. Hinzu kommt, daß die Kaufkraft der Mark der DDR auf dem Sektor der Genußmittel nur etwa halb so hoch ist wie die der DM (in: Wochenbericht des Deutschen Instituts für Wirtschaftsordnung (DIW), Berlin (West), Jg. 49, H. 3, v. 21.1.1982, S. 49–55).

Noch gravierender als beim tatsächlichen Verbrauch fällt ein Vergleich im Hinblick auf die postmaterialistische Gesinnung aus. Sollte tatsächlich eine zwangsläufige Entwicklungslinie im Sinn des Konzepts von R. Inglehart existieren, so hat nach dem Eindruck von Beobachtern die DDR noch keine wesentlichen Schritte in dieser Richtung unternommen. Das individuelle Leben ist, möglicherweise auch durch den Einfluß der materialistischen Ideologie, stark auf materielle Güter fixiert. Ein empirischer Beweis für diese Behauptung, etwa aufgrund einer vergleichenden Wertanalyse, steht jedoch noch aus.

Die Widersprüche bei der Einschätzung dieser Zusammenhänge zeigen sich deutlich an einer Gegenüberstellung von W. Harich (Kommunismus ohne Wachstum? Sechs Interviews mit F. Duve, Reinbek 1975) und R. Bahro (Die Alternative, Frankfurt a. M. 1977). Während ersterer einen asketischen, den emanzipatorischen Zukunftsvorstel-

lungen von K. Marx, F. Engels und W. I. Lenin zuwiderlaufenden Kommunismus voraussieht, in dem der Staat eine noch stärkere Rolle spielen wird als bisher, weist R. Bahro auf die Möglichkeit hin, daß die Menschen bei Aufhebung der historischen Zwänge, der Bedürfnis- und Technostruktur, Gelegenheit zum Selbstgenuß in ihrer eigenen individualisierten Aktivität nehmen könnten. »Die Menschen der entwickelten Länder brauchen nicht Ausdehnung ihrer heutigen Bedürfnisse, sondern Gelegenheit zum Selbstgenuß in ihrer individualisierten Aktivität« (R. Bahro, a. a. O., S. 485).

G. Wiswede, Th. Kutsch

Literatur

H. Marcuse: Der eindimensionale Mensch, Neuwied 1967
E. Zahn: Soziologie der Prosperität, München 1964
T. Scitowsky, Psychologie des Wohlstands, Frankfurt a. M., New York 1972
R. Inglehart, Die stille Revolution, Königstein/Ts. 1980

Geschichte

I. Herausbildung zweier Wege nach 1945 – II. Geschichte im demokratischen Pluralismus und im Marxismus-Leninismus – III. Organisationsformen und Förderung – IV. Geschichte in der Öffentlichkeit

I. Herausbildung zweier Wege nach 1945

Das Wort G. hat im heutigen Sprachgebrauch eine doppelte Bedeutung, es meint zum einen das vergangene Geschehen, zum anderen das Wissen und die Erzählung dieses Geschehens. G. wird verstanden als G. der Menschen, als kollektives und individuelles Gedächtnis der Menschen lebt sie von der Gegenwart. Ohne diesen Gegenwartsbezug ist sie undenkbar. Die Tatsache, daß die Menschen ihre G. machen, erfahren und erleiden, prägt auch die Erkenntnis der G. Der Historiker steht im Wirkungszusammenhang des erforschten Geschehens, ist durch eigene oder kollektive historische Erfahrung beeinflußt, als Erkenntnissubjekt steht er seinem Erkenntnisgegenstand nicht unvermittelt gegenüber.

Die Aufgabe der Geschichtswissenschaft besteht darin, für die Gegenwart gesicherte Erkenntnis der Vergangenheit zu erarbeiten, die sich nicht im bloßen Gegenwartsbezug erschöpft. Der Stellenwert der G. in der Kulturpolitik eines politischen Systems bemißt sich danach, in welchem Maß es Geschichtswissenschaft und Geschichtsunterricht begünstigt und welchen kulturpolitischen Vorgaben oder

Abhängigkeiten sie diese unterwirft (→ *Tradition und kulturelles Erbe*). G. ist die geistige Form, in der sich eine Kultur über ihre Vergangenheit Rechenschaft ablegt (J. Huizinga), in ihr wird der Reichtum menschlicher Möglichkeiten entfaltet und erfahrbar. Insofern ist alle echte Menschenkenntnis historisch (C. M. Wieland).

Der Ausgangspunkt des historischen Bewußtseins wie auch der Geschichtswissenschaft und ihrer gesellschaftspolitischen Umsetzung scheint auf den ersten Blick in West und Ost nach 1945 identisch gewesen zu sein. Der spätere Kultusminister der DDR, A. Abusch, ergründete im sowjetisch besetzten Sektor der zerstörten Reichshauptstadt Berlin den »Irrweg einer Nation« (1946), während im amerikanischen Sektor F. Meinecke Betrachtungen über »Die deutsche Katastrophe« (1946) anstellte (→ *Kulturpolitik der Nachkriegszeit*). Beiden ging es um die Selbstvergewisserung des eigenen historisch-politischen Standorts, um »Vergangenheitsbewältigung« als politische Voraussetzung des Überlebens (→ *Nullpunkt*). Historische Bewußtmachung oder Verdrängung lautete die Alternative. Der Zusammenbruch nationalstaatlicher und historischer Kontinuität, die Problematisierung der überlieferten Wertvorstellungen durch die Existenz der nationalsozialistischen Diktatur, die lang anhaltende Dominanz dieser Epoche im historischen Bewußtsein, die kritische Durchleuchtung der neueren deutschen G. auf Fehlentwicklungen, die schon vor 1945 im → *Exil* lebende deutsche Gelehrte wie H. Plessner (Das Schicksal deutschen Geistes im Ausgang seiner bürgerlichen Epoche, 1935, Neuaufl. u. d. T. »Die verspätete Nation«, Stuttgart ⁵1969) vorgenommen hatten, prägte in beiden deutschen Staaten das Geschichtsbewußtsein und unterschied es in signifikanter Weise vom Geschichtsverständnis in den Nachbarstaaten, die sich als Opfer und nicht als Verantwortliche für nationalsozialistische Diktatur und Zweiten Weltkrieg sehen konnten. Im Sinne politischer Pädagogik rückte die nationalsozialistische Herrschaft ins Zentrum öffentlicher Diskussion über die deutsche G. und des Geschichtsunterrichts. Soweit schien der anfangs wenig reflektierte → *Antifaschismus* in West und Ost eine gemeinsame Basis moralisch-politischer Erneuerung und staatlichen Neuaufbaus zu bilden.

Aber schon hier trennen sich die Wege; der Antifaschismus war im Hinblick auf die »Vergangenheitsbewältigung« und den Neuaufbau nur ein formal einigendes Band. Während die Bundesrepublik sich als Nachfolgestaat des Deutschen Reiches verstand, vom Anspruch auf staatsrechtliche Alleinvertretung ausging, die rechtliche Erbschaft übernahm und sich zur gesamten deutschen G. bekannte, verstand sich die DDR als ein Staat, der auf den »besseren« Traditionen der deutschen G. gegründet war. Sie erhob einen ideologischen »Alleinvertretungs-

anspruch« auf die fortschrittlichen, humanitären Traditionen, die für den Nationalsozialismus nicht verantwortlich waren. Demgegenüber vertrat die Bundesrepublik in der Sicht der DDR die inhumanen, reaktionären militaristischen Kräfte, die zum Aufstieg des Nationalsozialismus geführt und sein partielles Überleben nach 1945 in Revanchismus, Imperialismus und Militarismus ermöglicht hätten. Zeitgeschichte als methodisch abzugrenzende Epoche der neueren G. begrenzt die DDR folglich auf die Zeit nach 1945, auf die unmittelbare Vorgeschichte und G. des eigenen Staates.

Demgegenüber verstand sich die Bundesrepublik als Produkt der neueren deutschen und europäischen G. und als Ergebnis eines positiv verstandenen historischen Lernprozesses aus den politischen Krisen des 20. Jh., die im Kampf demokratischer und totalitärer Staatensysteme Ausdruck fanden. Als Zeitgeschichte gilt in der Bundesrepublik die Epoche seit dem Jahr 1917, das mit der russischen Oktoberrevolution und dem Eintritt der USA in den Ersten Weltkrieg weltpolitisch höchst bedeutsame Weichenstellungen brachte. Nach Kriegsende gerieten die liberalen Demokratien in einen doppelten Abwehrkampf gegen die Diktatur bolschewistischen Typs oder die Diktaturen faschistischer oder nationalsozialistischer Provenienz. Scheitern der Weimarer Demokratie, nationalsozialistische Diktatur, Demokratiegründung im Westzonen: Diese zeitgeschichtliche Trias begründete das historische Selbstverständnis der parlamentarischen Demokratie in der Bundesrepublik und erlaubte es, mit Hilfe der Totalitarismuskonzeption den anderen deutschen Staat historisch als kommunistische Diktatur im Machtbereich der Sowjetunion einzuordnen. Der *Kalte Krieg* zwischen den Machtblöcken stabilisierte für nahezu zwanzig Jahre dieses Selbstverständnis.

Darüber hinaus bestand ein Unterschied darin, daß die DDR sich mit der antifaschistischen Abhebung ihres Staates vom Nationalsozialismus leichter tat als die Bundesrepublik, obwohl deren materielle Leistungen an Opfer des Nationalsozialismus und ihre Nachkommen erheblich größer waren als die der DDR. Auch stand in der Bundesrepublik die tatsächliche Abkehr an Radikalität derjenigen in der DDR nicht nach, zumal sie prinzipiell antitotalitär war.

Zur Staatsideologie der DDR gehört, anders als in der Bundesrepublik Deutschland , ein verbindliches Geschichtsbild, in dem schon seit Beginn der 30er Jahre dem Faschismus ein spezifischer historischer Ort zugewiesen war. An diese Deutung, die in der Faschismusinterpretation der *Dritten Kommunistischen Internationale* des Jahres 1933 kumulierte, knüpfte die DDR an. Da sie sich als Teil einer historisch-politischen Tradition verstand, in der der Faschismus seit jeher bekämpft worden war, hatte sie nichts zu bewältigen. Die dieser Selbsteinschätzung widersprechenden historischen Fakten, z. B. die Zerstörung der Weimarer Demokratie durch *KPD* und *NSDAP* oder der *Hitler-Stalin-Pakt* von 1939, mit dem u. a. die Aufteilung Polens besiegelt wurde, tauchten in offiziellen Geschichtsdarstellungen nicht auf oder wurden kaschiert.

W. Ulbricht hielt trotz dieser tatsächlichen partiellen kommunistisch-nationalsozialistischen Zusammenarbeit nach 1945 an der Faschismusdefinition der *Komintern* fest und befreite damit die DDR als »fortschrittliche Alternative« der deutschen G. prophylaktisch von der Erbschaft des Nationalsozialismus. Die Definition lautet: »Der Faschismus ist die offene terroristische Diktatur der am meisten reaktionären chauvinistischen und imperialistischen Elemente des Finanzkapitals«. Folgerichtig wurden kommunistische Emigration und kommunistischer Widerstand gegen die nationalsozialistische Diktatur seit Gründung der DDR 1949 als konstitutive historische Voraussetzungen dieses Staates begriffen.

Demgegenüber konnte sich in der Bundesrepublik erst nach Jahrzehnten ein politisch positiveres Verhältnis zur politischen Emigration durchsetzen, während auch hier der Widerstand gegen den Nationalsozialismus schon früh zur Bildung eines historisch-politischen Bewußtseins beitrug, allerdings in charakteristischer Konzentration auf den ethischen Aspekt des Widerstands. Die politische Heterogenität und das Vorherrschen zum Teil konservativ-autoritärer Staats- und Verfassungsvorstellungen in manchen Widerstandskreisen war für eine Ahnenreihe zum demokratischen Parlamentarismus in der Bundesrepublik in politischer Hinsicht nicht immer unproblematisch.

II. Geschichte im demokratischen Pluralismus und im Marxismus-Leninismus

Die Bundesrepublik kennt kein staatlich verordnetes oder offiziell sanktioniertes, für → *Wissenschaft,* → *Schule* und → *Öffentlichkeit* verbindliches Geschichtsbild. Der Artikel 5 des *Grundgesetzes* garantiert die Freiheit der Meinungsäußerung, der Presse, der Kunst, der Wissenschaft sowie von Forschung und Lehre. Verfassungspraxis und → *Kulturpolitik der Bundesrepublik* stimmen mit dem Wortlaut dieses Artikels überein.

Zwar gewährleistete auch die erste Verfassung der DDR von 1949 im Artikel 34 die Lehrfreiheit, doch fiel sie tatsächlich mehr und mehr dem kulturpolitischen Totalitätsanspruch des Marxismus-Leninismus zum Opfer. Die 1968 erlassene neue *Verfassung* der DDR nannte das Grundrecht der Lehrfreiheit nicht mehr, der Verfassungstext wurde also der Verfassungspraxis angeglichen.

Die Kulturautonomie der Länder der Bundesrepublik und die politische Unterschiedlichkeit ihrer Regierungen hat zu differierendem Gewicht des Geschichtsunterrichts in den Ländern geführt. Allerdings kann der Bürger auf Einhaltung der Verfassung klagen. Beispielsweise hat der *Hessische Staatsgerichtshof* im Januar 1982 die zuungunsten des Geschichtsunterrichts durch die Landesregierung eingeführte Integration des Fachs G. in die »Gesellschaftslehre« als verfassungswidrig erklärt und die Neueinrichtung des Fachs G. in der gymnasialen Oberstufe verlangt.

So mißt die Verfassung des Landes Hessen von 1946 in Artikel 56 dem Geschichtsunterricht spezifische Aufgaben zu: »Der Geschichtsunterricht muß auf getreue, unverfälschte Darstellung der Vergangenheit gerichtet sein. Dabei sind in den Vordergrund zu stellen die großen Wohltäter der Menschheit, die Entwicklung von Staat, Wirtschaft, Zivilisation und Kultur, nicht aber Feldherren, Kriege und Schlachten. Nicht zu dulden sind Auffassungen, welche die Grundlagen des demokratischen Staates gefährden.« Ging diese Verfassung erheblich über die anderen Landesverfassungen und das *Grundgesetz* hinaus, so nennt sie doch einige Elemente des Geschichtsunterrichts, über die zumindest in den ersten Jahren der Bundesrepublik weitgehend Konsens bei den Bildungspolitikern demokratischer Parteien bestand.

Auf der anderen Seite sind die politischen und ethischen Prämissen, die aus historischen Gründen in die Verfassungstexte nach 1945 Eingang fanden, weder einer mit Totalitätsanspruch auftretenden politischen Ideologie entnommen noch geeignet, ein in sich geschlossenes Geschichtsbild zu begründen. Auch insofern ist die Rolle der G. in der Kulturpolitik der Bundesrepublik nicht verbindlich festgelegt, noch ist solche Fixierung überhaupt angestrebt.

Aus diesen Gründen normierte die für beide analoge Ausgangssituation von 1945 nur für kurze Zeit die geschichtsbezogene Diskussion. Da sich die Bundesrepublik nicht in dem Maße von der Erbschaft des Nationalsozialismus befreien konnte wie die DDR, war die selbstkritische Radikalität dieser historischen Auseinandersetzung unter dem Stichwort »Vergangenheitsbewältigung« in der Bundesrepublik oft erheblich größer. Allerdings verschwanden unterhalb staatlicher Verantwortung apologetische Tendenzen nie ganz aus der öffentlichen Diskussion, blieben jedoch auf kleine Zirkel beschränkt. »Geschichtsmüdigkeit« eines Teils der überlebenden Generation war nicht selten die Reaktion auf Vergangenheit und die immer wieder erneuerten Versuche, sie zu »bewältigen«. Die gebrochene Kontinuität des deutschen Nationalstaats und der deutschen G. wirkte sich in der Bundesrepublik erheblich stärker aus als in der DDR. Die historisch-politische Diskussion der 50er Jahre war denn auch von Befürchtungen um die Folgen der »peinlichen Besinnung« (H. Heimpel) auf die jüngste deutsche G. nicht frei. Historiker wie A.

Heuss fragten nach dem »Verlust der Geschichte« (1952) oder wie H. Heimpel nach der »Kapitulation vor der Geschichte« (1956). Und etwas von dieser die geschichtliche Reflexion beherrschenden Atmosphäre ist noch in den Überlegungen von R. Wittram (Das Interesse an der Geschichte, Göttingen 1958; Anspruch und Fragwürdigkeit der Geschichte, Göttingen 1969) zu spüren.

Nur selten drangen geschichtswissenschaftliche Kontroversen in das gesellschaftliche Bewußtsein der Bundesrepublik. Eine dieser Kontroversen wurde ausgelöst durch das Buch des Hamburger Historikers F. Fischer, »Griff nach der Weltmacht« (Düsseldorf 1961). Seine Analyse der Kriegszielpolitik des kaiserlichen Deutschland 1914 bis 1918 und seine These der Kontinuität imperialistischer Außenpolitik vom wilhelminischen Kaiserreich bis zur Hitler-Diktatur traf einen neuralgischen Punkt im historischen Selbstverständnis der Deutschen.

Spätere Kontroversen hatten zwar eine sachlich begründetere Aktualität und waren in der Regel methodisch fruchtbarer, ihre öffentliche Wirkung aber war eher indirekt. Das galt beispielsweise für die seit Mitte der 60er Jahre sich verschärfende »Grundlagenkrise« der Geschichtswissenschaft, bei der die vorherrschenden methodischen Prinzipien des Historismus von Kritikern innerhalb und außerhalb der Zunft wissenschaftlich, aber auch politisch, in Zweifel gezogen wurden. Wissenschaftlich, weil der Historismus als methodische und thematische Verengung angesehen wurde, politisch, weil besonders die Studentenbewegung der ausgehenden 60er Jahre an dieser Methode des »forschenden Verstehens« bemängelte, sie diene nicht der rationalen Erklärung der G., sondern der »Herrschaftsstabilisierung«. Die Kritiker forderten eine Öffnung der traditionellen Geschichtswissenschaft und des Unterrichts in den Schulen zur Sozialwissenschaft hin, eine Verstärkung der Erforschung wirtschafts- und sozialgeschichtlicher Themen, eine Einbeziehung von bisher eher am Rande stehenden Fragen wie der Technikgeschichte, schließlich eine Abkehr von der Geschichte der »Herrschenden« zur Geschichte der »Beherrschten«, vor allem der sozialen Unterschichten. Geschichte als »Historische Sozialwissenschaft« (H. U. Wehler, J. Kocka u. a., vgl. H. U. Wehler, in: J. Habermas, Stichworte zur geistigen Situation der Zeit, Bd. 2, Frankfurt a. M. 1979, S. 709 ff.) implizierte die Kritik an bis dahin dominierenden politischen Wertungen und Kritik am »bürgerlichen« Geschichtsbild. Andere führende Historiker, die der historiographischen Tradition keineswegs unkritisch gegenüberstanden, warnten davor, der G. den Prozeß zu machen und den Historiker als Ankläger und Richter über die Vergangenheit zu sehen (Th. Nipperdey u. a. in: Konflikt – Einzige Wahrheit der Gesellschaft? Osnabrück 1974), die Vielfältigkeit des historischen Geschehens zu reduzieren und auf dessen Verste-

hen zu verzichten, um vom Heute her interessenbezogen zu entscheiden, was in der Vergangenheit hätte richtig sein sollen und morgen richtig sein müsse. Demgegenüber sei die Offenheit der G. festzuhalten und Vergangenheit und Zukunft ihr eigenes Recht zu belassen.

Die »Grundlagenkrise« führte zu einer Flut methodologischer Schriften, zu einer großen Zahl mit neuen oder modifizierten Methoden erarbeiteter historischer Werke und war deshalb zweifellos fruchtbar. Sie hatte insofern beträchtliche öffentliche Wirkung, als immer häufiger die Frage »Wozu noch G.?« (R. Koselleck) gestellt wurde und dies zu einer starken Verminderung des Geschichtsunterrichts in den Lehrplänen einzelner Bundesländer führte. Der Streit um die hessischen Rahmenrichtlinien im Fach »Gesellschaftslehre«, die dort vorgenommene Selektion historischer Themen – unter den Gesichtspunkten der Emanzipation und des gesellschaftlichen Konflikts – für den Geschichtsunterricht zählen zu den Auswirkungen, die auch im Zusammenhang der Studentenbewegung der ausgehenden 60er Jahre und dem Bonner Regierungswechsel 1969 zu sehen ist. Demgegenüber blieben manche politischen Anregungen von begrenzter gesellschaftlicher Wirkung, so der Wunsch des von 1969 bis 1974 amtierenden Bundespräsidenten G. Heinemann, die Freiheitsbewegungen in der deutschen G. zu erforschen, oder aber die Bemühungen des folgenden Bundespräsidenten W. Scheel um die Begründung einer historischen Identität der Bundesrepublik Deutschland.

In der DDR waren Ausdrucksformen und Inhalte des Geschichtsbewußtseins zwar seit 1949 Wandlungen unterworfen, ihr Ziel einer politisch-ideologischen Fundierung des neuen Staates bestand und besteht aber unverändert fort. Neben durchgängigen Konstanten finden sich immer wieder Veränderungen, die in politisch-ideologischen Weichenstellungen durch die Führung der SED bedingt worden sind. Für Geschichtswissenschaft, Geschichtsunterricht und die kulturpolitische Rolle der G. überhaupt gilt: »Die marxistisch-leninistische Geschichtswissenschaft ist ein Instrument der sozialistischen Gesellschaft zur Herausarbeitung eines wissenschaftlichen Geschichtsbildes als wesentlicher Bestandteil der sozialistischen Ideologie, die in ihrer Gesamtheit vom Marxismus-Leninismus gebildet wird« (W. Eckermann, H. Mohr (Hrsg.), Einführung in das Studium der Geschichte, Berlin (Ost) [3]1979, S. 19). Innerhalb dieses Rahmens läßt die im Kommunismus übliche Unterscheidung von Strategie und Taktik, lassen konkrete politische und gesellschaftliche Aufgabenstellung oder auch, soweit sie diesen nicht entgegenstehen, wissenschaftliche Probleme Spielräume zu. Die entscheidenden Entwicklungen gehen auf Anstöße oder Weisungen seitens der Partei- und Staatsführung zurück. Sie beruhen auf der Auslegung der marxistisch-leninistischen Geschichtstheorie zur Gewinnung eines »nationalen Geschichtsbildes der Arbeiterklasse«. Dabei folgt die politische Indienstnahme der G. explizit aus den methodischen Prämissen der zugrundeliegenden Ideologie. So sieht E. Engelberg die partielle Identität von politischem und historischem Interesse in der »praktischen Determinante des Zusammenhangs eines in der Vergangenheit liegenden Forschungsgegenstandes mit dem, was der von Klasseninteressen geleitete und im Klassenkampf stehende Mensch in der Gegenwart und für die Zukunft braucht« (in: ders., (Hrsg.), Probleme der marxistischen Geschichtswissenschaft, Köln 1972, S. 121).

Eine Auslegung für aktuelle Zwecke ist in der Praxis der DDR unentbehrlich, weil die Geschichtsphilosophie des Marxismus-Leninismus zwar das Endziel und die historische Einordnung einer »Gesellschaftsformation« oder Epoche, nicht aber die einzelnen politischen Schritte innerhalb einer Epoche bestimmen kann.

Die Verbindlichkeit der das Geschichtsbild prägenden Axiome – Einheit des historischen Prozesses, Gesetzmäßigkeit und zielgerichtete Fortschrittlichkeit des Geschichtsverlaufs – führen zu einer umfassenden Periodisierung in fünf aufeinanderfolgenden »ökonomischen Gesellschaftsformationen«, Urgesellschaft, Sklavenhaltergesellschaft, Feudalismus, Kapitalismus, Sozialismus/Kommunismus, die sich nach W. I. Lenin in einem gleichsam naturgeschichtlichen Prozeß entwickeln. Innerhalb der Gesellschaftsformation behält auch die marxistische Geschichtstheorie eine Differenzierung in Epochen bei. Der Methodologe P. Bollhagen unterscheidet in Anlehnung an sowjetische Historiker »Epochen innerhalb einer Formation« und »Epochen des Übergangs von einer Formation in die andere, revolutionäre Epoche«. Jede Epoche kennt »neue ökonomische, politische und ideologische Erscheinungen und Gesetze, die innerhalb der Formation nur dieser Epoche eigentümlich sind«, doch wirken in den Epochen die »Gesetzmäßigkeiten, die für die ganze Formation gültig sind« (Soziologie und Geschichte, s'Gravenhage ²1973, S. 245 ff.).

Innerhalb dieser Gesellschaftsformationen ordnet sich die DDR selbst der Formation des Sozialismus/Kommunismus zu. Allein schon daraus folgt in ihrem Selbstverständnis eine historisch begründete Überlegenheit und größere »Fortschrittlichkeit« gegenüber der Bundesrepublik, die einer von der DDR überwundenen Gesellschaftsformation zugerechnet wird. Die Beibehaltung des Epochenbegriffs erlaubt der Geschichtsschreibung der DDR größere Flexibilität gegenüber der Vielfalt historischer Erscheinungen und ihrer Bewertung. Die Politik von Partei- und Staatsführung gewinnt aus dieser Konzeption eine historisch begründete Legitimation zu begrenzten Veränderungen.

Die Geschichtswissenschaft der DDR durchlief bisher sieben Phasen: 1945–48 »Entwicklung des fortschrittlichen Humanismus«; 1948–52 »Sturm auf die Festung Wissenschaft«; 1952–56 »Wendung zum ›Nationalen‹«; 1956–61 »Erziehung zum sozialistischen Patriotismus«; 1961–66 »Umfassender Aufbau des Sozialismus«; 1967–71 »Entwickeltes gesellschaftliches System des Sozialismus«; seit 1971 »›Revolutionärer Weltprozeß‹, Internationalismus, Integration in das sozialistische Staatengefüge« (G. Heydemann, a. a. O., 1980, S. 139–173). Die aus dieser Periodisierung ablesbaren Wandlungen haben das Ziel, eine eigenständige, historisch begründete Identität der DDR zu schaffen. So bedarf es immer wieder ideologischer Anstrengungen, den Ort der DDR im Übergang von Sozialismus zum Kommunismus zu bestimmen, ihre internationale Einbindung in den Ostblock im Kontext der Ost-West-Verhältnisse zu klären und in diesem Rahmen zunehmend die eigene Staatlichkeit in radikaler Frontstellung zur Bundesrepublik historisch zu begreifen. Anders als in der Bundesrepublik Deutschland ist G. genuiner, unverzichtbarer Teil der Staatsideologie.

III. Organisationsformen und Förderung

Die Analogien in der institutionalisierten Beschäftigung mit G. in beiden deutschen Staaten stammen in der Regel aus der gemeinsamen Tradition. Forschung und Lehre konzentrieren sich in den Universitäten, Spezialforschung zunehmend auch in Instituten mit besonderer geschichtswissenschaftlicher Aufgabenstellung oder in →Akademien. Aufgrund der abweichenden Hochschulpolitik der einzelnen Länder der Bundesrepublik ist kein völlig homogener Vergleichsmaßstab gegenüber der DDR gegeben. Von Interesse ist aber, daß während der kulturpolitischen Phase 1948–1952, in der das Schlagwort »Stürmt die Festung Wissenschaft« bestimmend war, in der DDR eine mehr oder weniger radikale Umgestaltung der Personalstruktur durchgeführt wurde. Die Indienstnahme der Geschichtswissenschaft zur Durchsetzung eines sozialistislchen Bewußtseins wird öffentlich nicht in Frage gestellt. Das bedeutet eine Konzentration auf Forschungen zur Geschichte der Arbeiterbewegung und ideologiegeschichtliche Untersuchungen zum Marxismus-Leninismus. Daneben werden die zum »humanistischen Erbe« gezählten Themen wie Humanismus, Literaturgeschichte der deutschen Klassik oder Aufklärungsforschung institutionell erforscht, in geringerem Maße auch Themen, die dieser gesellschaftlichen Aufgabenstellung nicht unmittelbar dienen, und die ideologischen Interpretationen einen vergleichsweise geringen Spielraum lassen. Die kulturpolitische Rolle der G. stand in der DDR, anders als in der Bundesrepublik, auf offizieller

Ebene nie in Frage. Geschichtsforschung wird meist von Forschungskollektiven betrieben. Größere geschichtswissenschaftliche Vorhaben folgen einer Forschungsplanung und sind von Forschungsanweisungen der Partei abhängig. Auch die Aufnahme bisher vernachlässigter oder völlig unzulänglich bearbeiteter Themenkomplexe, etwa der G. Preußens, deren Erforschung und Darstellung sich seit der zweiten Hälfte der 70er Jahre belebt hat, sind nicht aufgrund unmittelbarer Initiativen einzelner Historiker möglich.

Demgegenüber sind Forschung und Darstellung der G. in der Bundesrepublik weder einheitlich konzipiert noch auf Institutionen beschränkt. Nach wie vor haben die einzelnen Geschichtsforscher den überwiegenden Anteil an der wissenschaftlichen Forschung und ihren Publikationen. Innerhalb der Hochschulen sind die Historiker im Rahmen ihrer Fachgebiete frei in der Bestimmung ihrer Themen, während in Projekten der Forschungsinstitutionen meist eine spezifische Aufgabenstellung vorgegeben ist. Die Forschungsförderung obliegt nicht nur den staatlichen Kulturverwaltungen, sondern in zunehmendem Maß Wissenschaftsstiftungen (→ *Stiftungen*), die ihre Förderungsschwerpunkte autonom bestimmen, außerdem eine bedeutende zur Finanzierung von Einzelarbeiten und Projekten haben, deren Förderung von einschlägig ausgewiesenen Historikern beantragt wird. Auftragsforschung für staatliche Stellen ist die Ausnahme. Häufiger vergeben die Stiftungen der großen Parteien historische Forschungsaufträge im Rahmen ihrer satzungsmäßigen Aufgabenstellung. Solche Vorhaben erheben aber keinerlei Monopolanspruch und stehen unter dem Konkurrenzdruck anderer Institutionen oder einzelner Forscher. Allein in der Sammlung und Archivierung zeitgeschichtlichen Quellenmaterials zeichnet sich eine Tendenz zur Monopolisierung ab. Politiker geben häufiger als früher ihren historisch-politisch bedeutsamen Nachlaß an Parteistiftungen, statt an staatliche → *Archive*. Künftig ist deswegen eine Erschwerung der Zugänglichkeit dieser Materialien zu befürchten.

IV. Geschichte in der Öffentlichkeit

Anders, als zuzeiten des Streits um die hessischen Rahmenrichtlinien befürchtet werden mußte, ist das gesellschaftliche Interesse an der G. eher gewachsen. Die Flut historischen, gerade auch populären Schrifttums wächst ständig. Historische Biographien laufen oft der Belletristik den Rang ab, wissenschaftliche und populäre Zeitschriften, Fernseh- und Hörfunksendungen, historische → *Ausstellungen* haben Konjunktur.

G. ist keineswegs nur im Sinn des tradierten bürgerlichen Bildungsideals aktuell. Diese Aktualität der G. hat vielfältige Formen, sie zeigt sich im histo-

risierenden Bau- und Möbelstil, in anderen modeabhängigen Bereichen und auf Trödelmärkten. Dabei reizt offenbar das Andersartige, Kuriose, Dekorativ-Verspielte anderer Epochen als Kontrast zur Gegenwart.

Diese Art des Geschichtsinteresses könnte der historischen Bildung zugute kommen. Die großen historischen Probleme stellen sich in Aktualitätsschüben jeder Generation neu und anders dar, so könnten sie auch für jene, die jetzt vielleicht noch vor allem am Unterhaltungswert der G. interessiert sind, neue Bedeutung gewinnen (→ *Unterhaltung*). Allerdings ist der Unterhaltungswert nur ein Aspekt dieses neuen Interesses. Die tiefer liegende Ursache dürfte im individuellen und gesellschaftlichen Bedürfnis nach einer nur historisch begründbaren, kulturellen Identität der Deutschen liegen. Der Wunsch nach Verständnis der Gegenwart, nach Perspektiven überhaupt, hat dabei eine gesellschaftliche und kulturpolitische Bedeutung, die kaum überschätzt werden kann. In dieser Hinsicht ist die gesellschaftliche Funktion der G. in der DDR immer unangefochten gewesen. Auch in der DDR ist eine Belebung des Geschichtsinteresses erkennbar, auch hier haben historische Belletristik, Ausstellungen und Fernsehsendungen inzwischen einen angestammten kulturpolitischen Platz. Während noch 1950 das teils erhaltene *Berliner Stadtschloß* aus politischen Motiven abgerissen wurde, restaurierte man in den 60er und 70er Jahren den *Dresdener Zwinger* und andere bedeutende Bauwerke. Heute werden Biographien über Hohenzollernkönige für ein breites Publikum publiziert, werden in → *Gedenkstätten*, wie derjenigen der klassischen deutschen Literatur in Weimar, große Aktivitäten entfaltet.

Die → *Kulturpolitik der DDR* ist bestrebt, auch die Art des öffentlichen Interesses an der G. zu kanalisieren; so stehen beispielsweise die Preußenliteratur, die große »Schinkel-Ausstellung« in Berlin (Ost), die Filmserie über den preußischen Heeresreformer G. v. Scharnhorst und die programmatischen Äußerungen von Partei- und Wissenschaftsfunktionären über die Notwendigkeit, sich mit der G. Preußens zu befassen, in einem inneren kulturpolitischen Zusammenhang.

Demgegenüber entwickelt sich in der Bundesrepublik spezielles historisches Interesse häufig aus zufälligen Anlässen, aus Gründen eines Trends, aufgrund einzelner Initiativen von Medien oder Persönlichkeiten. Initiativen staatlicher Kulturpolitik, beispielsweise in Museen oder im Ausstellungswesen, verbinden sich häufig mit solchen Trends oder verstärken sie. Staatliche Gesamtplanungen mit einer eindeutigen kulturpolitischen Zielsetzung gibt es in der Bundesrepublik nicht in einer der DDR vergleichbaren Form. Dagegen sprechen sowohl der kulturpolitische Pluralismus als auch die Spielräume, die der städtischen Kulturpolitik und den öffentlichen oder privaten Einzelinstitutionen verbleiben. Die unübersehbare Mannigfaltigkeit der G. ist auf diese Weise kulturpolitisch umzusetzen, immer neue Initiativen führen zur Entdeckung immer neuer Aspekte. Die Gewinnung einer historischen Identität in beiden Teilen Deutschlands zeigt somit trotz historisch verwandter Ausgangslage und formaler Ähnlichkeit des Ziels in Formen und Inhalten deutliche Unterschiede. Kulturpolitischer Monopolanspruch, mit innerhalb der Staatsideologie möglichen Differenzierungen und Entwicklungen, in der DDR steht gegen kulturpolitische Pluralität in der Bundesrepublik Deutschland.

Horst Möller

Literatur
W. Berthold, G. Lozek u. a. (Hrsg), Kritik der bürgerlichen Geschichtsschreibung. Handbuch, Köln 1970 (= Lizenzausgabe des Akademie-Verlags Berlin (Ost), dort unter dem Titel »Unbewältigte Vergangenheit. Handbuch zur Auseinandersetzung mit der westdeutschen bürgerlichen Geschichtsschreibung« erschienen)
G. Schulz (Hrsg.), G. heute, Göttingen 1973
B. Faulenbach (Hrsg.), Geschichtswissenschaft in Deutschland, München 1974
W. Conze, Die deutsche Geschichtswissenschaft seit 1945, in: Historische Zeitschrift, Bd. 225 (1977), S. 1 – 28
W. Oelmüller (Hrsg.), Wozu noch G.?, München 1977
K. Repgen, Methoden- und Richtungskämpfe in der deutschen Geschichtswissenschaft seit 1945, in: G. in Wissenschaft und Unterricht, Jg. 30 (1979), S. 591 – 610
G. Heydemann, Geschichtswissenschaft im geteilten Deutschland, Frankfurt a. M. 1980
R. Badstübner, Das Geschichtsbild vom Werden und Wachsen der DDR, Zeitschrift für Geschichtswissenschaft, Jg. 29, 1981

Geschmack

Seiner engeren Bedeutung nach meint der Begriff G. einen der fünf Sinne, den Geschmackssinn, in seiner weiteren Bedeutung dagegen das Vermögen, Wahrgenommenes als schön und häßlich, angenehm oder unangenehm, sehr allgemein gesagt also auf Gefallen und Nichtgefallen hin zu beurteilen.

Die nach 1945 in der Bundesrepublik sehr rasch vollzogene Assimilation vieler Elemente des Lebensstils der westlichen Besatzungsmächte, vor allem aber des *american way of life*, ist ohne entsprechende Anpassung der Geschmacksgewohnheiten nicht denkbar. Daß sich dies so schnell vollzog, hängt mit der ausdrücklichen Hinwendung an die Zukunft und der entsprechenden Abwendung von der Vergangenheit zusammen. Die Zukunft aber, das war der Neuanfang, für den die westlichen Siegermächte den Rahmen setzten und dessen Realisierung durch die von den USA gewährte Wirt-schaftshilfe erst ermöglicht wurde. Von diesem sozialen Prozeß einer tiefgehenden Anpassung der Geschmacksgewohnheiten an Neues in den ersten Jahren der Bundesrepublik hat sich bis zum heutigen Tage die Bereitschaft erhalten, fremde Einflüsse aufzunehmen. Als der sich ausbreitende Wohlstand immer mehr Bürgern der Bundesrepublik → *Reisen* in das zunächst europäische Ausland ermöglichte, kam es zu einer Internationalisierung des G., der die rasche Zunahme von Speiselokalen mit ausländischer, vor allem italienischer Küche entsprach. Sowohl in den großen Städten als auch auf dem Land verwandelte sich so manche ehrwürdige Biergaststätte in ein Balkanrestaurant oder in eine Pizzeria. Nicht zuletzt aufgrund der Bemühungen der regionalen Fremdenverkehrsverbände ist seit den 70er Jahren allerdings eine Wiederentdeckung der Küchen der einzelnen Regionen festzustellen. Das Muster jedoch, in dem man diese wahrnimmt, hat sich grundlegend geändert. Auch die fränkische, schwäbische und rheinische Küche etwa wird zunehmend geschätzt und wahrgenommen als das jeweils Unbekannte und Neue (→ *Essen und Trinken*).

Als die → *Werbung* die Vorliebe für das Unbekannte als Anknüpfungspunkt entdeckte und infolge der zunehmenden Mediendichte immer nachhaltiger bearbeitete, entstand als marketingorientierte Variante der Hochschätzung des Interessanten. An die Stelle des Neuen im Sinn des bisher Unbekannten trat das Neue im Sinn des Effektvollen. Damit kam auch das Karussell der Moden mit seinen jeweils für eine Saison produzierten und dann durch andere ersetzten Effekten in Gang. Besonders negativ wirkte sich diese Entwicklung im Bereich des Kulturellen aus. Auch hier regierte bald das Gesetz des auf eine Saison hin zugeschnittenen markttträchtigen Effekts, so daß die Nischen, in die der Verschleiß nicht eindringen konnte, immer enger wurden. Insgesamt wurde die Vorliebe für das Unbekannte zwar für das Interessante nicht gänzlich verdrängt, wohl aber weithin überlagert. Die hohe Bewertung des Interessanten, zusammen mit dem vom Wechsel der Moden forcierten Wechsel des jeweils als interessant, fortschrittlich, zeitgemäß Geltenden hat in weiten Kreisen der Bevölkerung zu einer tiefgehenden Verunsicherung des G. geführt. Das Tempo des Wechsels läßt die Konsolidierung von Geschmacksgewohnheiten kaum zu. Hat man sich an die Signatur einer Saison gewöhnt, so gilt sie schon als überholt und wird dann auch bald als überholt empfunden. Daß etwa gegen das Grau in Grau der Betonfassaden das Argument der Geschmacklosigkeit erst so spät und dann so zögernd laut wurde, hat mit dieser Verunsicherung sicherlich etwas zu tun, denn wo Maßstäbe fehlen, hat es auch berechtigte Kritik schwer.

Der Umbruch der Geschmacksgewohnheiten in der Bundesrepublik findet in der DDR keine Entsprechung. Eine der Ursachen hierfür ist die unterschiedliche Wirtschaftsordnung und das dadurch bedingte Fehlen der Instanzen, die in der Bundesrepublik als Motor des Umbruchs fungierten. Zumindest ebenso wichtig jedoch ist das Verhältnis der DDR zu den Staaten des *Warschauer Pakts* und zur Sowjetunion als der östlichen Führungsmacht, das vom Verhältnis der Bundesrepublik zu den Staaten des westlichen Bündnisses mit der USA als Führungsmacht sehr unterschiedlich ist. Zwar gehört die ständige Beteuerung der Freundschaft mit der Sowjetunion zur staatlichen Liturgie, wird die russische Sprache in den Schulen und auch in den Medien gepflegt und sind Darbietungen östlicher Folklore fester Bestandteil der Veranstaltungskalender; dennoch entspricht der Nachahmung des amerikanischen Lebensstils in der Bundesrepublik keine Nachahmung des sowjetrussischen Lebensstils in der DDR. Nicht zuletzt auch deshalb, weil der → *Lebensstandard* in der DDR höher ist als in allen anderen Staaten des Ostblocks, auch als der in der UdSSR, wird der dortige → *Lebensstil* kaum als nachahmenswert, sondern eher als unterlegen empfunden. Bei der Ausformung des Geschmacksprofils in der DDR sind also nur spärlich Impulse aus dem Bereich des eigenen Bündnisses wirksam geworden. Es wurde vorwiegend von internen und den vom Westen her einwirkenden Faktoren geprägt.

Die Bürger der DDR sind durch die westlichen Medien und die *Intershops* gut über das westliche Warenangebot informiert. Die eigene Warenpalette und die entsprechenden Formen des → *Konsums* werden ständig vor dem Hintergrund der Konsumwelt wahrgenommen, deren Bild das Fernsehen der Bundesrepublik in die Wohnstuben schickt. Dies hat dazu geführt, daß westliche Waren grundsätzlich als besser gelten, auch dann, wenn dies bei vergleichbaren Produkten von der Qualität her nicht gerechtfertigt ist. Dabei ist die Grenze fließend, jenseits derer diese Bevorzugung symbolischen Charakter hat. Westprodukte können auch Statussymbol sein; das Spektrum reicht hier vom amerikanischen Whisky über Hollywoodschaukeln bis hin zu westlichen Autos wie z. B. dem Volkswagen »Golf«. Die Medien der DDR sind bemüht, hier gegenzusteuern, doch wird dies so lange erfolglos bleiben, wie die immer wieder auftretenden Engpässe in der Versorgung die These von der historischen Überlegenheit des Sozialismus praktisch unglaubwürdig machen.

Dennoch sollten die westlichen Impulse auf das Geschmacksprofil der DDR nicht überschätzt werden. Im Grunde sind die dortigen Geschmacksgewohnheiten denen des Deutschland der 30er und 40er Jahre noch sehr ähnlich. Als geschmackvoll gilt das eher Unauffällige und in der jeweiligen Situation Korrekte. Zu grelle Farben werden vermieden, zu auffällige Kleidung verstößt gegen den guten G.

Die Kleideretikette insgesamt ist weit strenger und auch selbstverständlicher als in der Bundesrepublik (→ *Mode*). Die von einem beträchtlichen Teil der Jugend aus dem Westen übernommenen Modeformen fallen zwar sofort ins Auge, doch sind sie wohl eher eine, wenn auch sehr bedeutsame, Begleiterscheinung der gesellschaftlichen Verhältnisse in der DDR.

R. Düßel

Literatur

B. Heinemann, Über den G., Berlin 1924
H. Tellenbach, G. und Atmosphäre. Medien menschlichen Elementarkontaktes, Salzburg 1968
M. Curtius, W. D. Hund, Mode und Gesellschaft. Zur Strategie der Konsumindustrie, Frankfurt a. M. 1971
E. John, E. Lippold, M. Rammler, Kunst und Sozialistische Bewußtseinsbildung, Berlin (Ost) 1974
R. Richter, Kultur im Bündnis: Die Bedeutung der Sowjetunion für die Kulturpolitik der DDR, Berlin (Ost) 1979
E. Windmöller, T. Höpker, Leben in der DDR, München 1980

Gesundheit

In der medizinischen Fachwelt ist in beiden deutschen Staaten im Gefolge der neuzeitlichen, naturwissenschaftlich bestimmten Tradition ein somatischer Gesundheits- und Krankheitsbegriff herrschend, dem im therapeutischen Bereich ein biologisch-naturwissenschaftliches Vorgehen entspricht. Gleichlaufend hat auch in Ost und West die Verfeinerung des naturwissenschaftlichen Ansatzes weg von einzelnen Dingen und einbahniger Kausalität hin zu System und Funktion ärztliches Denken breitenwirksam erfaßt. »Modernes« Muster von Krankheit ist heute die funktionelle Störung von (Teil-)Systemen. Typischerweise unterschiedlich sind dann jedoch die jeweiligen Erweiterungen des Gesundheits- und Krankheitsbegriffs. In der Bundesrepublik wächst in der Theorie und allmählich auch in der Praxis die Bedeutung der Psychosomatik, der Lehre vom seelischen Anteil an Gesundheit und Krankheit (→ *Psychoanalyse*). Das Gesundheits- und Krankheitsverständnis bleibt aber auch in der Überschreitung des Körperlichen individualistisch. In der DDR hat die Psychosomatik keine Bedeutung erlangt, dort wird die somatische Auffassung zur sozialen Dimension hin erweitert. Gesellschaftliche Verhältnisse werden als Faktoren von G. und → *Krankheit* mit einbezogen. Erst zusammen füllen damit die beiden deutschen Staaten den Gesundheitsbegriff der *Weltgesundheitsorganisation* als »Zustand völligen körperlichen, geistigen und sozialen Wohlbefindens« aus, der zwar neuerdings durchgehend zitiert, aber wohl nicht genügend ernst genommen wird. Der Mensch hat somatische, geistig-psychische und soziale Existenzdimensionen, der Westen reduziert tendenziell soziale Verhältnisse auf deren individuelle psychische Verarbeitung, der Osten reduziert psychische Prozesse auf deren soziale Erscheinungsformen.

In der DDR wird die Sorge um die G. jedes einzelnen als Sache des ganzen Volkes angesehen, und schlägt sich verfassungsrechtlich in Artikel 35 als Grundrecht des Bürgers »auf Schutz seiner G. und seiner Arbeitskraft« nieder. In der Bundesrepublik gehören Fragen der G. eher zur Privatsphäre, für die keine gesamtgesellschaftlich-staatlichen Bestimmungen getroffen werden. Auch die *Bundeszentrale für gesundheitliche Aufklärung* gibt hier keine Anweisungen, sondern stellt Informationen zur Verfügung, damit der Bürger seine eigene Entscheidung treffen kann. Aus dem Namen der vergleichbaren Institution in der DDR, dem *Nationalen Komitee für Gesundheitserziehung,* geht dessen ergebnisbestimmte Aufgabenstellung hervor. Unabhängig von der positiven wie negativen Zurückhaltung des bürgerlich-liberalen Staates gibt es in der Bundesrepublik etwa hinsichtlich der Ernährung (→ *Essen und Trinken*) oder der Körperertüchtigung (→*Sport,* →*Freizeit*) wechselnde Moden der Gesundheitsbewegungen.

Auch die Organisation des Gesundheitswesens entspricht dem jeweiligen gesellschaftstheoretischen Ausgangspunkt. Die Krankenhäuser zur stationären Behandlung sind in der Bundesrepublik Deutschland etwa je zur Hälfte privat oder gemeinnützig, in der DDR fast vollständig staatlich. Die ambulante Versorgung erfolgt in der Bundesrepublik in der Regel durch private Einzelpraxen, jedoch sind, aus ökonomischen oder sozialpolitischen Gründen, auch Gemeinschaftspraxen bei zumeist jüngeren Ärzten in der Diskussion und Erprobung. In der DDR sind die typische Form staatliche Polikliniken mit sechs und Ambulatorien mit drei ärztlich besetzten Fachabteilungen. Weiterhin unterscheidet sich auch die Zuordnung der ambulanten Einrichtungen zu den verschiedenen Lebensbereichen. Während in der Bundesrepublik die Arztpraxen zum Wohnbereich tendieren, sind die Polikliniken und Ambulatorien in der DDR, entsprechend der dortigen Bewertung der →*Arbeit* als Kern des gesellschaftlichen Lebens, in den Städten etwa zur Hälfte bei Betrieben angesiedelt. Unbeschadet dieser organisatorischen Unterschiede gilt, unabhängig von seiner humanistisch-liberalen Fundierung und sicherlich auch wegen der geringeren medizinischen Effektivität anderer Möglichkeiten, in beiden deutschen Staaten das Prinzip der freien Arztwahl. Der Erfolg medizinischer Behandlung beruht meistens mit auf der Bereitschaft des Patienten zu anamnestischen und diagnostischen Informationen sowie seinem Willen zur Befolgung ärztlicher Anordnungen. Beides hängt stark vom Bestehen

eines Vertrauensverhältnisses zwischen Arzt und Patient ab.

Beiden Gesundheitssystemen sind wegen ihres grundsätzlichen biologisch-naturwissenschaftlichen Gesundheits- und Krankheitsverständnisses physikalisch-chemische Behandlungsmethoden mit Apparaten, Medikamenten und chirurgischen Eingriffen anstelle etwa einer psychologischen oder sozialen Therapie eigen. Während der Akzent in der Bundesrepublik jedoch bei der kurativen Medizin, der Heilung einzelner aufgetretener Krankheiten liegt, kommen in der DDR die Grundsätze der Planung und Leitung sowie der Kollektivität als Massenprophylaxe in Form von verschiedenen Reihenuntersuchungen, Schwangerenbetreuung und Pflichtimpfungen sowie der Früherfassung, Behandlung und Nachsorge als einheitlicher, integrierter Form in der Dispensairebetreuung zum Tragen.

Bei der Rehabilitation verfolgt die DDR, wenn auch auf niedrigerem apparativen Niveau als in der Bundesrepublik, in Zusammenarbeit des Gesundheitswesens, der Bildungs- und der Wirtschaftsverwaltung in den *Kreisrehabilitationskommissionen* das Ziel der realen Wiedereingliederung der Patienten in die Gesellschaft und in das Arbeitsleben. In der Bundesrepublik Deutschland kommen etwa ein Drittel der infrage kommenden Betriebe ihrer Beschäftigungspflicht von Schwerbehinderten überhaupt nicht, ein weiteres Drittel nicht in vollem Umfang nach und zahlen statt dessen lieber die entsprechende Ausgleichsabgabe. Dieser Zustand wurde als »Skandal« (H. Ehrenberg) bezeichnet.

Symptomatisch für unterschiedliche gesellschaftstheoretische und anthropologische Auffassungen ist auch die Stellung, die dem Patienten im Gesundheitswesen eingeräumt wird. In der Bundesrepublik werden die Rechte und Pflichten des Patienten unter der Bezeichnung »Arzt-Patient-Verhältnis« thematisiert, was, sicherlich oftmals ohne Entsprechung in der sozialen Wirklichkeit, eine Gleichrangigkeit zwischen beiden unterstellt. Juristisch wird dieses Verhältnis als Dienstvertrag konstruiert, bei dem der Patient als Dienstherr dem in Dienst genommenen ärztlichen Spezialisten gegenüber weisungsbefugt bleibt. In der DDR wird die Beziehung zwischen Arzt und Patient als »medizinisches Betreuungsverhältnis« bezeichnet. Dies deutet auf ein eher paternalistisches Verhältnis hin, in dem der Arzt das Beste für den Patienten will, dieses dann aber auch selbst bestimmt und mehr oder minder durchsetzt.

Deutlich werden diese Unterschiede auch bei der Frage, in welchem Umfang der Patient die Wahrheit über seinen Zustand erfahren soll. Ärzteschaft und Rechtsordnung in der DDR sowie auch die Ärzteschaft in der Bundesrepublik plädieren für eine Aufklärung allein innerhalb des vom Heilzweck gezogenen therapeutischen Rahmens. In diesem

Sinne soll der Arzt dem Patienten solche Informationen geben, die seine Bereitschaft und Fähigkeit zur Mithilfe bei der Genesung fördern und stärken. Gegenüber weitergehenden Informationsansprüchen macht ein Großteil der Ärzte in der Bundesrepublik auf Grund ihres standesethisch begründeten Heilauftrages ein »therapeutisches Privileg« geltend, das jedoch von der Rechtsprechung nicht anerkannt wird. Diese beharrt darauf, daß der Patient aus persönlichkeitsrechtlichen Gründen und als Rechtssubjekt der Vertragsbeziehung einen Anspruch auf wahrheitsgemäße Auskunft hat, auch wenn ärztlicherseits dadurch therapeutische Rückschläge befürchtet werden. Hinter diesem Streit steht die Frage nach den konstitutiven Merkmalen des Menschen. Wird seine körperlich-biologische Existenz als entscheidend angesehen, dann verbietet sich eine Aufklärung, die diese zu schädigen geeignet ist. Wird hingegen eine autonome, selbstbestimmte und eigenverantwortete Existenz für das Wesentliche gehalten, dann bedarf es gerade zu deren Ausfüllung der vorbehaltlosen Information, selbst wenn dadurch die körperliche Heilung negativ beeinflußt wird. Es geht dabei nicht darum, einem todkranken Patienten die Wahrheit gegen seinen Willen aufzuzwingen, aber dem einsichtsfähigen Patienten sollen seine Fragen wahrheitsgemäß beantwortet werden. Wenn der Patient seine informierte Selbstbestimmung, seine sittlich-personale G. höher achtet als seine physisch-biologische Existenz, steht dem Arzt eine Korrektur darüber nicht zu. Es sei denn, er leitete, wie es die DDR beansprucht, die Berechtigung dazu aus dem verbindlichen Wissen über Sinn und Zweck des Lebens her. In der pluralistischen Gesellschaft der Bundesrepublik fehlen dazu die Voraussetzungen. Die gleiche Problematik liegt der Frage des Einsichtsrechts des Patienten in die vom Arzt geführten Krankenunterlagen zugrunde, die allerdings in der DDR nicht öffentlich diskutiert wird. In der Bundesrepublik Deutschland findet eine heftige Auseinandersetzung um dieses Einsichtsrecht auch in psychiatrische Krankheitsdokumentationen statt, die ärztlicherseits mit dem Argument der Gefahr eines Rückfalls und einer möglichen Belastung des Vertrauensverhältnisses geführt wird. Die Rechtsprechung hat dem entgegengehalten, daß dem Bürger auch das Recht zugestanden werden müsse, sich selbst zu schaden.

Prinzipiell bedarf jeder medizinische Eingriff der Einwilligung des Patienten. Eine allgemeine Duldungspflicht gegenüber ärztlichen Maßnahmen bestehen in der Bundesrepublik und in der DDR nicht. In der DDR kann der Arzt bei Zuwiderhandlungen disziplinarisch zur Verantwortung gezogen werden. Das bedeutet, daß Zweck des Einwilligungserfordernisses, etwa vergleichbar der therapeutischen Aufklärung, das Funktionieren des Gesundheitswesens ist. In der Bundesrepublik Deutschland erfüllt der ohne Einwilligung vorgenommene, selbst medizinisch indizierte Eingriff den Tatbestand der Körperverletzung, der, wenn keine besonderen Schuldausschließungsgründe eingreifen, zur entsprechenden straf- wie zivilrechtlichen Haftung führt. Erst die Einwilligung beseitigt die sonst gegebene Rechtswidrigkeit der medikamentösen oder chirurgischen Einwirkung. Die Ärzteschaft wehrt sich fast geschlossen gegen diese, ihre guten Absichten außer Acht lassende juristische Qualifizierung ihrer Tätigkeit. Doch der bürgerliche Gesetzgeber und die Gerichte können und wollen von sich aus nicht bestimmen, was der Bürger im Bereich von G. und Krankheit tun soll. Es gibt keine staatlich-verbindliche Präferenz für ein gesundes Leben, erst die subjektive Entscheidung des Patienten, ärztliche Hilfe zu beanspruchen, unterscheidet, überspitzt gesagt, das Skalpell in der Hand des Chirurgen von dem Messer des Mörders. Praktisch wird dieser Problemkomplex etwa bei der religiös motivierten Weigerung der Zeugen Jehovas zur Bluttransfusion, die der Arzt selbst dann zu respektieren hat, wenn mit Sicherheit der Tod seines Patienten eintreten wird.

Einen Sonderfall der Einwilligung stellt die Organtransplantation dar. Hier gilt in der DDR die medizinfreundliche Regelung, daß nach dem Tode Organe entnommen werden können, wenn eine entgegenstehende Verfügung des Verstorbenen nicht bekannt ist. Eine Verpflichtung der Ärzte zur Nachforschung besteht nicht, so daß der Explantation in der Regel nichts entgegensteht. In der Bundesrepublik sind zwei Varianten zur Neuregelung in der Diskussion. Die »Widerspruchslösung« sieht vor, daß Organe entnommen werden können, wenn dem der Verstorbene nicht zu Lebzeiten in einem formalisierten Verfahren widersprochen hat. Die Gegenposition ist der Ansicht, es sei mit der Menschenwürde unvereinbar, den Bürger gegen seinen Willen überhaupt mit dieser Frage zu konfrontieren und ihm hierüber eine Entscheidung abzuverlangen. Eine weitere, mit der Beachtung des Patientenwillens im Zusammenhang stehende Frage ist die legitime Handlungsbreite des Arztes bei Todkranken. In beiden deutschen Staaten gelten unmittelbare ärztliche Maßnahmen zur Lebensverkürzung als ethisch und rechtlich unzulässig, auch wenn ein Patient ernstlich danach verlangt. In der Bundesrepublik geben jedoch »Ärztliche und rechtliche Hinweise« der *Deutschen Gesellschaft für Chirurgie* eine Legitimation für eine als notwendig angesehene Leidensminderung, bei der die Möglichkeit einer Lebensverkürzung als Nebenwirkung in Kauf genommen werden darf. Die DDR lehnt eine solche Sterbehilfe strikt ab und sieht allein eine »Sterbebetreuung« vor. Über ein »Patiententestament«, das dem Arzt die Möglichkeit, wenn nicht die Verpflichtung gibt, die medizinischen Techniken entsprechend dem niedergelegten Willen des Patienten einzusetzen, kann der Patient in der Bundesrepublik Deutschland Einfluß auf diese letzte existentielle Situation nehmen.

Allgemein läßt sich sagen, daß der Arzt in der DDR im »medizinischen Betreuungsverhältnis« als Sachwalter der mit Hilfe der »wissenschaftlichen Weltanschauung« des Marxismus-Leninismus erkannten objektiven Gesetze eine der *SED* im politischen Bereich vergleichbare führende Rolle innehat und damit das Verhältnis zwischen Patient und Arzt wie auch das Gesundheitssystem selbst hierarchisch aufgebaut ist. In der Bundesrepublik ist der Einzelne, positiv wie negativ, mehr auf sich gestellt. Für Organisationsformen wie das chefarztlose Krankenhaus oder Patientenselbsthilfegruppen bestehen hier die größeren Möglichkeiten.

U. Lohmann

Literatur
C. v. Ferber, G. und Gesellschaft. Haben wir eine Gesundheitspolitik? Stuttgart, Berlin, Köln, Mainz 1971
C. v. Ferber, L. v. Ferber, Der kranke Mensch in der Gesellschaft, Reinbek 1978
F. Hezel, W. Thiele (Hrsg.), Gesundheitssysteme im internationalen Vergleich. Bundesrepublik Deutschland, DDR, Niederlande, Schweden, USA, Berlin (West) 1978
H.-U. Deppe, Vernachlässigte G. Zum Verhältnis von G., Staat und Gesellschaft in der Bundesrepublik Deutschland, Köln 1980
R. Gürtler, J. Mandel, J. Rothe (Hrsg.), Rechtsprinzipien im Gesundheitswesen, Berlin (Ost) 1980
K. Winter (Hrsg.), Das Gesundheitswesen in der Deutschen Demokratischen Republik, Berlin (Ost) 1980

Gewalt

G. begegnet heutzutage auf Schritt und Tritt. Kinder werden geschlagen, aber Kinder schlagen und zerschlagen auch. Frauen werden vergewaltigt, Demonstranten von der Polizei geprügelt, Demonstranten werfen aber auch mit Steinen nach Polizisten. Im → *Krieg* ereignet sich G. bis hin zur physischen Vernichtung des Gegners, ja sie wird zum eigentlichen Ziel. Die Geschichte zeigt, wie sehr gegensätzliche Interessen Menschen gegen andere Menschen gewalttätig werden lassen und daß wir alle in G. verstrickt sind. Der physischen G. kommen besondere Merkmale zu. Nicht ohne Grund beansprucht der moderne Staat, selbst durch kriegerische Auseinandersetzungen aus der Taufe gehoben und solche Auseinandersetzungen fortzeugend, das »Monopol legitimer physischer Gewaltsamkeit«. Die zentralen Institutionen einer Gesellschaft und ihre Vertreter wollen nicht allein darüber befinden, wann und wie gegen andere Staaten Krieg geführt wird, sondern auch im Innern einer Gesell-

schaft darüber, ob und in welchem Maße gesellschaftliche Konflikte mit dem Mittel der G. entschieden werden. Zu diesen Zwecken hat sich der Staat das Militär und das Instrument der Polizei zugelegt.

So wichtig die physische G. aber ist und so unterschiedlich die Ausstattung gesellschaftlicher Gruppen mit Instrumenten der G. ausfällt, so falsch wäre es, nur die unmittelbar sichtbaren, unmittelbar wirksamen Formen der physischen G. als G. zu bezeichnen (→ *Macht*). Zu Recht wurde darauf hingewiesen, daß es auch Formen von G. gibt, die nicht unmittelbar sicht- und greifbar sind. Diese G. hat man als »strukturelle G.« (J. Galtung) bezeichnet. Dieser Begriff deckt das Gewaltphänomen jedoch noch nicht ganz. Es gibt auch psychische Gewaltanwendung, eine ökonomische Form der G. als Ausbeutung oder aber auch, neuerdings unter dem Stichwort des Datenschutzes in der Diskussion, eine G., die sich daraus ergibt, daß willkürlich Daten, die dem Personenschutz unterliegen, gesammelt, weitergegeben oder unter spezifischen Voraussetzungen nicht gelöscht werden (→ *Information*).

Der moderne Staat entsteht in einem Prozeß der Monopolisierung physischer G. Die Mitglieder der staatlich organisierten Gesellschaft verlieren ihr Verfügungsrecht über eigene, gegebenenfalls erwerbbare Gewaltmittel. Was in nicht geringem Umfang an Gewaltmitteln und Gewalthandeln bei den Bürgern des Staates verbleibt, ist entweder wie die elterliche G. des Familienrechts privater Natur, wird, wie den betrieblichen Sicherheitsdiensten verschiedener Art, von staatlicher Seite privaten Gruppen eingeräumt oder wird ungesetzlich ausgeübt und gegebenenfalls kriminalisiert, mithin als Verbrechen behandelt, gegen das mit Staatsgewalt vorgegangen werden muß. Zudem durchdringt der moderne Staat die Gesellschaft mehr und mehr mit seinem Regelgeflecht, letztlich in Form von Gesetzen, das darüber bestimmt, was rechtens getan und was unterlassen werden muß. Der moderne Staat ist Gewalt- und Rechtsstaat in einem. Durch die Gewaltkonzentration befriedet er die Gesellschaft im Innern, setzt aber auch seine Verfügungen notfalls mit G. gegen widerspenstige oder von den Rechtsnormen abweichende Bürger durch.

Die neuere deutsche Geschichte zeichnet sich dadurch aus, daß sich der moderne Staat mit Gewaltmonopol und → *Bürokratie* schon weitgehend ausgebildet hatte, bevor eine bürgerliche Gesellschaft entstand. So steht am Anfang der neueren deutschen Geschichte der absolutistische Staat. Dieser historische Vorgang hat dazu geführt, daß der Staat, der zunächst noch durch eine Person, den Monarchen, repräsentiert wurde, zum Inbegriff der entfalteten bürgerlichen Gesellschaft wurde. Nicht umsonst nennt man den Bürger in deutschen Landen »Staatsbürger«. Das Sicherheitsinteresse des Staates bestimmte das entsprechende Interesse der

Bürger, nicht umgekehrt. Am Staat und seinen Einrichtungen und seinen Vertretern orientierten sich die Bürger, später auch ein Großteil der Arbeiterschaft. Und die Vertretung des »Staats im Staate«, das Militär galt als Maßstab aller bürgerlichen Dinge. Der Historiker F. Meinecke hat in seinem 1946 erschienenen Buch »Die deutsche Katastrophe« davon gesprochen, daß der Reserveoffizier lange Zeit das »Verhaltensideal« des deutschen Bürgertums dargestellt habe.

Diese Tradition der Geschichte als Staatsgeschichte hat erheblich dazu beigetragen, daß der Nationalsozialismus fast widerstandslos ans Ruder kam und nicht zufällig den »totalen Staat«, wie ihn die Nationalsozialisten und ihre intellektuellen Rechtfertiger selbst nannten, etablieren konnte. Dieser »totale Staat« zeichnete sich dadurch aus, daß das staatliche Gewaltmonopol rücksichtslos und terroristisch gegen die eigene, vor allem, wie es der nationalsozialistischen Ideologie entsprach, gegen die »fremdrassische«, und »fremdländische« Bevölkerung eingesetzt wurde.

Beide deutschen Staaten versuchten, sich in ihrer Verfassung von der autoritären Staatstradition abzugrenzen (→ *Demokratie*). Die Frage ob dies gelungen ist, läßt sich nicht beantworten, wenn nur die Organisations- und Reaktionsweise des staatlichen Gewaltmonopols betrachtet wird, weil viele andere inner- und außerdeutsche Faktoren eine Rolle spielen. Wohl aber ist ein Blick auf die bestehenden Formen des staatlichen Gewaltmonopols in der DDR und der Bundesrepublik unabdingbar, sollen die jeweilige Verfassungswirklichkeit im Vergleich zum Verfassungsanspruch herausgearbeitet und die wichtigen Formen der strukturellen G. erkannt werden. Anders mag man auch in Verbrechen oder in Protestbewegungen sich äußernde, formell private G. nicht zu verstehen.

Verfassungen, Verfassungsverständnis, Interpretation der bestehenden Zustände und der verkündeten Ziele durch die Vertreter der herrschenden Institutionen sind in beiden deutschen Staaten sehr verschieden. Beide beanspruchen aber, mit dem autoritären Erbe des preußischen Staates gebrochen und aus der deutschen Vergangenheit als gelehrige, demokratische Schüler hervorgegangen zu sein. Tatsächlich bestehen in der Organisation und der Funktionsweise der Institutionen des Gewaltmonopols auch breite Klüfte zur preußisch-deutschen Tradition. Gemäß dem *Grundgesetz* der Bundesrepublik Deutschland gelten die Grund- und Menschenrechte unmittelbar. Staatliche G. und ihre wichtigsten Repräsentanten, Polizei und Militär haben sich danach zu richten. Im Hinblick auf das Militär formuliert das *Grundgesetz* sogar ein → *Grundrecht* auf Gewissensfreiheit. Niemand darf wider sein eigenes Gewissen zum Dienst mit der Waffe gezwungen werden (→ *Krieg*). Dennoch ist die Geschichte der staatlichen Gewaltinstitutionen,

vor allem die der Polizei, eine Geschichte der Restauration. Während auf seiten der Bundeswehr auch infolge ihrer Integration in die *NATO* stärkere Veränderungen zu verzeichnen sind, haben sich zunächst gegen den Widerstand der westlichen Alliierten das preußisch-deutsche Polizeiverständnis und die entsprechende Organisation weitgehend wieder durchgesetzt. Die Staatssicherheit, so argumentiert der führende Kommentar des Polizeirechts von B. Drews, G. Wacke, K. Vogel, W. Martens, ist als eine vordemokratische Größe anzusehen. Zuerst, so könnte man interpretieren – und dieser Interpretation folgt die öffentliche Meinung und die Rechtsprechung überwiegend – kommt der Staat und zweitrangig folgen seine liberal-demokratischen Organisation und die Grundrechte des einzelnen Bürgers. Die Reform der Polizei, die Ende der 60er Jahre eingeleitet worden ist, hat an diesem Verständnis nichts geändert, sie hat dazu geführt, die Eingriffsbefugnisse und die Zugriffsmöglichkeiten der Polizei insbesondere auch auf dem Felde der Information zu erhöhen. Verständnis und Organisation der Polizei und der Staatsschutzorganisationen sorgten zusammen mit der nahezu ungebrochenen Kontinuität auch der übrigen Staatsbürokratie dafür, daß die liberale Demokratie der Bundesrepublik und die Grundrechte der Bürger polizeilich-bürokratisch begrenzt und unter der Devise des Staatsschutzes eingeengt wurden. Immer wieder wird deutlich, daß statt der politischen Auseinandersetzung im Interessenkonflikt die gewaltförmige Unterdrückung versucht oder auf einige Gewalthandlungen von Bürgern von staatlicher Seite übermäßig reagiert wird, daß einmal getroffene politische Entscheidung nicht mehr als solche öffentlich diskutiert werden sollen, sondern ihnen mit Hilfe von Polizeimaßnahmen Stabilität verliehen wird. Allerdings ist in der Bundesrepublik polizeiliches Handeln nicht nur an einen rechtlichen Auftrag gebunden, so sehr es zugleich Recht notfalls mit G. durchsetzen muß. Vielmehr sind der dritten G., der Judikative, die formell unabhängig institutionalisiert ist, das Recht und die Pflicht auferlegt, die Gewaltausübung des Staates zu kontrollieren, gegebenenfalls zu begrenzen und dem Bürger zu seinem Recht gegenüber der Staatsgewalt zu verhelfen. In diesem Sinne sind die Grund- und Menschenrechte vom liberalen Bürgertum als Abwehrrechte gegen Staatseingriffe konzipiert worden. Diese Abwehrfunktion konnten und können sie nur so lange ausüben, wie einerseits die eine eigene G. darstellende Legislative, das Parlament, die Gesetze bestimmt und wie andererseits ein unabhängiges System der Rechtsprechung die Praxis der Gesetzesanwendung kontrollieren läßt. Der Bürger muß die Möglichkeiten besitzen, ohne selbst zu Gewaltmitteln zu greifen, gegen Staatsübergriffe sein Recht bei den Gerichten einzuklagen. Diese Situation ist aufgrund der Verfassung und auch der Verfassungswirklichkeit in der Bundesrepublik prinzipiell gegeben. Zwar läßt sich eine eindeutige Gewalthierarchie zugunsten der Exekutive von Verfassungstext und Verfassungswirklichkeit her belegen. Auch verfügt die Judikative über keine eigene Machtbasis außer dem Rechtsbewußtsein der Bevölkerung und der Repräsentanten staatlich-gesellschaftlicher Macht. Dennoch sind die bürgerlichen Möglichkeiten, sich mit Hilfe gerichtlicher Institutionen zu wehren, nicht zu unterschätzen und spielen im Alltag eine beträchtliche Rolle. Die Gefahr besteht auch hier, daß die höherinstanzlichen Gerichte die Staatssicherheit vor der Bürgersicherheit rangieren lassen oder erstere ungebrochen mit letzterer gleichsetzen und deshalb der Staatsgewalt einen großen Ermessensspielraum zugestehen. Die Tradition der Grundrechte ist gerade auf dem Feld innerer und äußerer Sicherheit noch schwach entwickelt.

Der Verfassungsanspruch der DDR geht über die Ziele, die sich ein liberaldemokratischer Verfassungsgeber stecken mag, bei weitem hinaus. Daß dem Volk auch die Organisation und Ausübung des Gewaltmonopols vorbehalten bleiben sollte, kommt noch in den Bezeichnungen der Polizei als »Volkspolizei« und der Armee als »Volksarmee« zum Ausdruck. Die DDR, ohnehin eifriger als die Bundesrepublik dabei, sich als einsichtiger Erbe deutscher Geschichte zu präsentieren (→ *Tradition und kulturelles Erbe),* schien hier an untergegangene Elemente deutscher Geschichte anzuknüpfen, wie sie im badischen Frühliberalismus formuliert worden sind, aber auch im liberal-preußischen Milizgedanken wiederkehrten. Doch zwischen Anspruch und Wirklichkeit klafft in der DDR eine noch größere Kluft als in der Bundesrepublik. Volksarmee, deren Dienst nicht verweigert werden kann, vom Volkspolizei, vom Staatssicherheitsdienst ganz zu schweigen, stellen an Zahl und zur Verfügung stehenden Mitteln gewaltige Eingriffs- und Steuerungsmittel des übermächtigen Staates dar. Die Konzentration auf die Organisierung des Staates hat die Arbeiterklasse erst gar nicht zur Herrschaft gelangen lassen. Dies zeigt sich vor allem in der beinahe allgegenwärtigen und notfalls auch innenpolitisch einsetzbaren Armee und läßt die so anspruchsvolle Volksdemokratie noch hinter die begrenzt aktionsfähige liberale Demokratie zurückfallen und im autoritären Sinne preußisch-deutsch erscheinen.

In der DDR ist ein prinzipiell unabhängige Judikative nicht gegeben, da die politischen Institutionen auf dem Prinzip der »Einheit der Gewalt« aufbauen, durch den Bezug auf die »Einheit der Arbeiterklasse« legitimiert werden. Partei und Staat durchdringen sich. Das politische Strafrecht, schon in der Bundesrepublik allzu vage formuliert, ist in der DDR so weiträumig und engmaschig zugleich geknüpft, daß die Bürger ihm fast nicht zu entrinnen vermögen. Sie haben so gut wie keine Alternative

zur rückhaltlosen Anpassung. Weil die staatliche G. prinzipiell einheitlich und abgeschlossen aufgefaßt wird und auftritt, muß sie sich auch gegen alle öffentliche → *Kritik* wenden. Die direkte Herrschaft der Staatsgewalt ist deshalb in der DDR größer als in der Bundesrepublik, obwohl sie auch dort nicht gering ist.

Beide deutsche Staaten sind Erben einer Vergangenheit, die die vordemokratisch geprägten staatlichen Gewaltformen unter veränderten Bedingungen neu gestaltet und fortentwickelt haben. Dennoch sind sie gerade auch im Hinblick auf die Institutionen und Funktionsweisen des staatlichen Gewaltmonopols wie auch der formell privaten Gewaltformen nicht ohne weiteres zu vergleichen. Die Institutionen der beiden staatlichen Gewaltmonopole sind· in ihren Aufgaben nicht darauf beschränkt, die jeweils landesspezifische Kriminalität zu verfolgen und einzudämmen. Neben ihrer systemhaltenden Funktion spielen sie eine alltägliche und markante politische Rolle. Sie bestimmen die politische Kultur (→ *Kultur, politische)* in der Bundesrepublik und in der DDR mit, ihr Maß an innerer Freiheit, die Form der Auseinandersetzungen, den Umfang der Unterdrückung und Verinnerlichung von G. als Selbstzensur, Verhaltensveränderung u. a. Das differenziert ausgebaute und mit einem weitverzweigten Informationsapparat ausgestattete Gewaltmonopol der Bundesrepublik wird von der überwiegenden Mehrheit der Bevölkerung hingenommen oder gutgeheißen. Welche Folgen es auf das Verhalten der Bürger hat und welche Vorurteile es mitausbilden hilft, ist eine nicht zureichend zu beantwortende Frage. In der DDR übt das Gewaltmonopol des Staates im Innern eine sichtbare, durch verschiedene paramilitärische Organisationen verstärkte fortwährende Kontrolle aus. Daß das Gewaltmonopol des Staates von der Mehrheit der Bevölkerung der DDR hingenommen und nur vereinzelt dagegen rebelliert wird, daran besteht kein Zweifel. Die Legitimationsdecke erscheint somit in der DDR kürzer, das Gewaltmonopol und die dadurch möglichen Aktivitäten um so wichtiger, als die installierte Herrschaft in sich schon widersprüchlich ist und offene Rechtfertigungsmechanismen jenseits der von der *SED* organisierten Mobilisierung nicht vorhanden sind. Betrachtet man beide unterschiedlichen und in manchen Merkmalen auch wieder ähnlichen, ein Erbe getrennt fortsetzenden deutschen Staaten unter dem Blickwinkel ihrer eigenen, in den Verfassungen verankerten Ansprüchen, verfehlen sie dieselben beträchtlich: die Bundesrepublik das Ziel einer sozial begründeten, liberalen Demokratie; die DDR das Ziel einer, wie immer im einzelnen zu bestimmenden Volksdemokratie auf proletarischer Grundlage ohne herrschaftsträchtiges Privateigentum. Die Institutionen und die historischen Entwicklungen der Gewaltmonopole stellen sowohl die liberaldemokratischen

Ansprüche der Bundesrepublik als auch die volksdemokratischen der DDR nicht nur in Frage, sie gefährden sie auch in ihrem Kern; ja, sie widerlegen den Anspruch, sich auf dem Wege zu den verfassungsgemäßen Zielen zu befinden. Für die DDR gilt dies sichtbarer und mehr als für die Bundesrepublik. Aber die Gefährdungen der Bundesrepublik Deutschland durch ihre eigene Gewaltorganisation und die gewaltmäßige Regelung innerpolitischer Probleme erscheint gerade auch in Zukunft beträchtlich.

W.-D. Narr

Literatur

H. Hoffmann, Sozialistische Landesverteidigung, 2 Bde, Berlin (Ost) 1971
N. Elias, Der Prozeß der Zivilisation, Frankfurt a. M. 1977
W.-D. Narr, Physische Gewaltsamkeit, ihre Eigentümlichkeit und das Monopol des Staates, in: Leviathan 4., 8. 1980
F. Werkentin, »Der Staat, der Staat ist in Gefahr ... Der Staat, der niemals sicher war«. Eine Untersuchung des Neuaufbaus und des Strukturwandels des staatlichen Gewaltmonopols der Bundesrepublik Deutschland, Diss.-(rer. pol.)F. U. Berlin (West) 1982
A. Funk u. a., Verrechtlichung und Verdrängung. Studien zur Struktur ›innerer G.‹ in der Bundesrepublik Deutschland, Frankfurt a. M. 1983

Gewerkschaften

I. Die erste Epoche der Gewerkschaftsbewegung – II. Gewerkschaften und Betriebsräte in der Bundesrepublik – III. Gewerkschaft als leninistische Massenorganisation – IV. Bildungs- und Kulturbewegung

I. Die erste Epoche der Gewerkschaftsbewegung

Bezeichnete das Wort »Gewerke« zunächst Handwerks- und Zunftgenossen, so werden seit 1868 unter G. Verbände von Lohnabhängigen verstanden, die, gestützt auf die Bereitschaft zum Streik und vergleichbaren Arbeitskampfmaßnahmen, Tarifverträge über die Löhne und Gehälter, die Arbeits- und Urlaubszeit, die betriebliche Arbeitsordnung und das Tempo und die Intensität der Arbeit mit den Arbeitgebern und deren Verbänden abschließen. Gegenüber Arbeitgebern und Staat nehmen sie politisch Einfluß auf die soziale Sicherung der Arbeitnehmer bei Arbeitslosigkeit, Krankheit, Invalidität sowie im Alter. Der Berliner Gewerkschafter A. Cohen beschrieb die vier Kernpunkte der Gewerkschaftspolitik: »In der Hauptsache mehr Lohn, kürzere Arbeitszeit, anständige Behandlung,

Schutz für Leben und Gesundheit. Alles, was später noch hinzukam, wurde genommen aufgrund der beim Kampf um vorstehende vier Grundforderungen gemachten Erfahrung« (Die Technik des Gewerkschaftswesens, Dresden 1913, S. 5). Der Unterschied zu anderen Interessenverbänden der abhängig Beschäftigten liegt in der Bereitschaft der G., zur Durchsetzung ihrer Politik Maßnahmen des Arbeitskampfes wie Streik, Boykott, Massendemonstrationen, Sternfahrten und Massenpetitionen zu ergreifen. In diesem Sinne kann von G. in der DDR nicht gesprochen werden, auch wenn der Begriff in beiden deutschen Staaten gleichermaßen akzeptiert wird. Wird damit in der DDR eine gesellschaftliche Organisation oder Massenorganisation bezeichnet, die autonomielos fest in das allein von der *SED* geführte politische System integriert ist, so in der Bundesrepublik Deutschland eine freiwillige Schutz- und Vetoorganisation der Arbeitnehmer, die autonom über ihre Politik bestimmt.

Die G. waren bis 1933 Teile der politischen Richtungen der deutschen Arbeiterbewegung. Der liberale Nationalökonom M. Hirsch und der Verleger F. Duncker gründeten 1868 die ersten Gewerkvereine. Der Aufbau der mit der Sozialdemokratie eng verbundenen freien G., die ihre Mitglieder unabhängig von Konfessions- und Parteizugehörigkeit aufnahmen, begann 1890 mit der Einsetzung der Generalkommission unter C. Legien. Der *Generalkommission* gehörten 1914 bereits 48 Verbände mit mehr als zwei Mio. Mitgliedern an. Der 1919 von den *freien G.* gegründete *Allgemeine Deutsche Gewerkschaftsbund* verharrte 1929 in der Weltwirtschaftskrise in politischem Immobilismus. Bereit zur Zusammenarbeit mit jedem verfassungsmäßig an die Regierung gelangten Reichskanzler, sahen die G. im Amtsantritt A. Hitlers 1933 noch nicht den Ernstfall ihrer Zerschlagung angekündigt und versuchten, in Verhandlungen mit der Regierung die Organisation der G. und damit auch die Arbeit der zahlreichen Funktionäre zu sichern. Die Besetzung der Gewerkschaftshäuser des *Allgemeinen Deutschen Gewerkschaftsbundes* durch die nationalsozialistischen *Sturmabteilungen* 1933 beendete die erste Epoche der Gewerkschaftsgeschichte, in der die Organisationen aufgebaut, ihre Existenz gesichert, der Kampf um die Anerkennung durch Unternehmer, deren Verbände und den Staat ausgefochten worden war. In der *Weimarer Verfassung* waren die G. staatlich anerkannte, gesetzlich geschützte Organe der Sozial- und Wirtschaftsordnung geworden.

II. Gewerkschaften und Betriebsräte in der Bundesrepublik

Der Neuanfang 1945 in den Trümmern des von der nationalsozialistischen Herrschaft befreiten und gleichwohl besetzten Deutschland glich einem

»Wunder der Organisation« (Th. Pirker). Unmittelbar nach Kriegsende bildeten sich in den Betrieben wieder Betriebsräte, die sofort begannen, Kriegsschäden zu beseitigen und die Produktion in Gang zu setzen. Die Betriebsräte gründeten örtliche Gewerkschaftsausschüsse für eine allgemeine, nach Berufsgruppen gegliederte Einheitsgewerkschaft. Angesichts der Erfahrungen im Nationalsozialismus, der Zerstörungen und der Militärregierungen war ein Wiedererstehen der alten Richtungsgewerkschaften ausgeschlossen. Eine allgemeine G. verhinderten die drei westlichen Besatzungsmächte. Sie erzwangen stattdessen die traditionelle Arbeitsteilung in der Interessenvertretung zwischen Betriebsräten als gesetzlichen Organen der Betriebsverfassung, den Einzelgewerkschaften, die nach der Aufhebung der Zwangsbewirtschaftung und des Lohnstopps wieder Tarifpolitik betrieben, und dem 1949 gegründeten *Deutschen Gewerkschaftsbund,* in dem sich die 16 Einzelgewerkschaften mit eigener Finanzhoheit zusammengeschlossen hatten. Verstaatlichung der Schlüsselindustrien und paritätische → *Mitbestimmung* in der Großindustrie waren die Kernforderungen der G. für die wirtschaftliche Neuordnung nach 1945. Noch 1951 wurde die Mitbestimmung in den Unternehmen der Kohle- und Stahlindustrie eingeführt. Das *Betriebsverfassungsgesetz* von 1952 schloß die betriebliche Mitbestimmung für die G. aus; ihnen gegenüber wurden die Betriebsräte verselbständigt. Betriebsräte dürfen keine Arbeitskampfmaßnahmen organisieren. Für sie gilt eine unbedingte Friedenspflicht im Betrieb. Das *Betriebsverfassungsgesetz* beendete die Auseinandersetzungen um die gewerkschaftlichen Neuordnungsvorstellungen in der Wirtschaft nach 1945 mit einer politischen Niederlage für die G. Die Veränderungen des Gesetzes durch die Regierungen der sozialliberalen Koalition tasteten dessen grundsätzlichen Ordnungsvorstellungen nicht an. Große Erfolge aber erzielten die G. in der Lohnpolitik sowie auch bei der sozialen Absicherung der abhängig Beschäftigten im Falle von Krankheit, Invalidität, Arbeitslosigkeit und im Alter. Die in der Weimarer Republik begonnene umfassende Verrechtlichung der individuellen Arbeitsbeziehungen und des kollektiven Arbeitsrechts wurde fortgesetzt.

Heute sind die G. in der Bundesrepublik als reformistische politische Kraft nicht nur rechtlich gesichert, sie sind in der Öffentlichkeit als notwendige gesellschaftliche Institution auch allgemein anerkannt. Der *Deutsche Gewerkschaftsbund* umfaßt als Einheitsgewerkschaft 17 Einzelgewerkschaften mit knapp acht Mio. Mitgliedern im Jahr 1981, die unterschiedslos Arbeiter, Angestellte und Beamte, Männer wie Frauen, Deutsche und Ausländer organisieren. Parteipolitisch unabhängig, bekennt sich der Gewerkschaftsbund zur weltanschaulichen und religiösen Toleranz; er behauptet, die Traditionen, die politischen und geistigen Strömungen der Arbei-

terbewegung, vor allem der freiheitlich-sozialistischen und der christlich-sozialen Richtungen, zusammenzuführen. Von den berufsständischen Verbänden sind die *Deutsche Angestelltengewerkschaft* mit einer seit Jahrzehnten gleichbleibenden Mitgliederzahl von 0,5 Mio. und der *Deutsche Beamtenbund* mit 0,8 Mio. Mitgliedern in 29 Verbänden die wichtigsten Organisationen. Der Beamtenbund ist strenggenommen keine G., da er auf den Arbeitskampf als politischem Mittel verzichtet hat und sich ganz auf die überkommenen Grundsätze des Berufsbeamtentums, in denen Arbeitsplatzgarantie, Streikverbot und Treuepflicht gegenüber dem Dienstherrn verbunden sind, stützt.

In den G. des *Deutschen Gewerkschaftsbundes* lassen sich vier Organisationsebenen unterscheiden, der Betriebs- sowie der Ortsverein der Einzelgewerkschaft, der Kreis, der Bezirk und der Vorstand auf Bundesebene. Obwohl satzungsgemäß die Entscheidungsbefugnis in letzter Instanz beim Vorstand liegt, ist jede dieser Ebenen für ihren Bereich »die« G. Ca. 80 v. H. der über 0,2 Mio. Betriebs- und Personalräte im öffentlichen Dienst sind im *Deutschen Gewerkschaftsbund* organisiert. Die Betriebsräte haben entscheidenden Einfluß auf die Besetzung der ehrenamtlichen Kontrollgremien in den G. Die Tarifpolitik ist neben der Beratung von Betriebsfunktionären und Mitgliedern das Arbeitsgebiet der Einzelgewerkschaften. Entgegen verbreiteten Annahmen ist der hauptamtliche Apparat der G. von rund 10 000 Angestellten und Funktionären, verglichen mit den Arbeitgeberverbänden und den Handwerks-, Industrie- und Handelskammern, relativ klein. Hauptamtliche Funktionäre und Betriebsräte garantieren die Vertretung der Arbeitnehmerinteressen in der Bundesrepublik. Eine »Bewegung« sind die G. längst nicht mehr. Die tagtägliche Interessenwahrnehmung im Rahmen der in der Bundesrepublik bestehenden Wirtschaftsordnung ist ihre normale und allgemein anerkannte Aufgabe. Gerade die selbstverständliche Mitwirkung von G. und Betriebsräten bei allen die Arbeitnehmer betreffenden Fragen bereinigt viele Konflikte, die in anderen Industriegesellschaften zu spektakulären Arbeitskämpfen führen, ohne größeres Aufsehen.

III. Gewerkschaft als leninistische Massenorganisation

Tatkräftig unterstützt durch die *Sowjetische Militäradministration in Deutschland,* die schon Mitte 1945 zur Gründung von G. aufrief, erreichte die inzwischen wieder zugelassene *KPD,* daß die Zusammenarbeit von Kommunisten, sozialdemokratischen Gewerkschaftern sowie Vertretern der früheren christlichen und Hirsch-Dunckerschen G. zur Gründung einer neuen, einheitlichen G., des *Freien*

Deutschen Gewerkschaftsbunds, führte. Der erste Bundesvorstand setzte sich 1945 aus neunzehn Kommunisten, achtzehn Sozialdemokraten, vier Christdemokraten und vier Parteilosen zusammen und spiegelte damit durchaus eine verbreitete »Einheitsstimmung« in der Geschichte der Arbeiterbewegung, zumindest jedoch unter linken Funktionären wider, die sich auf die Erfahrung einer katastrophalen Niederlage der G. gegen den Nationalsozialismus, auf politische Verfolgung und Widerstand gründete. Im Zuge des Aufbaus einer politisch-sozialen Ordnung in der Sowjetischen Besatzungszone nach dem Muster des zentralistischen Staatssozialismus der Sowjetunion, getragen von Militärregierung und *SED,* verlor die G. ihre Pluralität mehrerer verbündeter »Linien« der Arbeiterbewegung zugunsten einer sich selbst feiernden Parteinahme für den marxistisch-leninistischen Weg. Ihre Prägung als leninistische Massenorganisation schälte sich bis 1950 in dem Maße heraus, wie die Kommunisten den Sozialdemokraten die Zusammenarbeit in der Leitung der G. aufkündigten, die Förderung der Produktion zur vordringlichen Aufgabe der G. erhoben und sich W. I. Lenins Organisationsprinzip des demokratischen Zentralismus verpflichteten. Der überspannte Zentralismus dieses Prinzips brandmarkte generell jegliche Opposition, jede demonstrative Meinungsäußerung, die zuvor nicht mit einer Leitung abgesprochen wurde, jede gegenkulturelle Aktion und alle politische Gruppenbildung als Abweichung (→ *Revisionismus*). Mit der zentralen Wirtschaftsplanung verloren die G. die Tariffähigkeit. Die geheim gewählten Betriebsräte mußten sich auflösen, so daß den staatlichen Betriebsleitungen nunmehr nur noch die betrieblichen G. gegenüberstanden. Auf das Streikrecht hatten die G. längst verzichtet, bevor es 1968 aus der *Verfassung* gestrichen wurde. Die G. hat seitdem eine Doppelrolle übernommen, insofern sie sowohl für die Ziele der Produktionssteigerung wie für die Interessen der Mitglieder einzutreten hat. Damit ist die Einheitsgewerkschaft faktisch noch stärker als die *SED* zum Träger eines harmonischen, optimistischen Sozialismusbilds, das die generelle Einheit von individuellen, betrieblichen und gesamtgesellschaftlichen Interessen postuliert, geworden. Die Abhängigkeit der G. von den politischen und sozioökonomischen Bedingungen trat besonders nach dem Bau der Mauer in Berlin 1961 hervor, als sie sich mit dem »Produktionsaufgebot« für Normerhöhung einsetzte. Die Reform des Wirtschaftssystems 1963 unter dem Namen *Neues ökonomisches System* vergrößerte die Mitwirkungsmöglichkeit für einige Jahre in »Produktionsberatungen« und »Produktionskomitees« sowie »Gesellschaftlichen Räten« (→ *Mitbestimmung*). Die kombinierte Wachstums- und Sozialpolitik seit den 70er Jahren betont die Verpflichtung von G. und Staat, intensiver zusammenzuarbeiten. Mit der erneuten Anerkennung einer sich auf unterschiedlichen Klassen und Schichten gründende sozialen Interessenvielfalt erhielten die Bemühungen der G. um den Schutz ihrer Mitgliederinteressen mehr öffentliche Anerkennung.

Rein formal setzt sich der *Freie Deutsche Gewerkschaftsbund* aus sechzehn Einzelgewerkschaften zusammen, deren Organisation sich von der Betriebs- und Kombinatsebene über den Kreis und den Bezirk zu den zentralen Organen erstreckt. Ohne eigene Kassenführung und Personalpolitik stellen die Einzelgewerkschaften im völligen Unterschied zur Situation in der Bundesrepublik weisungsabhängige Abteilungen des zentralen Bundesvorstandes dar. Ist die Mitgliedschaft in der Bundesrepublik freiwillig, so läßt sich in der DDR faktisch von einer Zwangsmitgliedschaft aller Arbeitnehmer sprechen. Mit neun Mio. Mitgliedern sind rund 90 v. H. der Beschäftigten und Rentner organisiert. Der hohe Anteil der Frauen mit gut 50 v. H. entspricht der schon traditionell hohen weiblichen Erwerbstätigkeit. Ganz ähnlich dem »Arbeitnehmerpatriarchat« (C. Pinl) in der Einheitsgewerkschaft der Bundesrepublik sind die Frauen in den Leitungen der G. stark unterrepräsentiert. Knapp drei Mio. Funktionäre, von denen 2,3 Mio. in den 46 000 Grundorganisationen ehrenamtlich wirken, stellen die »Organisation FDGB« dar und sorgen für die Allgegenwart der G. in allen Lebensbereichen, ausgenommen den kirchlichen Raum.

IV. Bildungs- und Kulturbewegung

Der Aufschwung der politischen Arbeiterbewegung in Deutschland in der zweiten Hälfte des 19. Jh. begann in den von liberalen Bürgern gegründeten Bildungsvereinen (→ *Verein*). Gegen die individuelle Aufstiegsmentalität dieser Vereine für Arbeiter führte die sich entwickelnde Sozialdemokratie einen beharrlichen Kampf. Nach W. Liebknecht in dem berühmten, 1872 vor Arbeiterbildungsvereinen gehaltenen Vortrag »Wissen ist Macht – Macht ist Wissen« haben die »Wissenden und Mächtigen von jeher das Wissen als ihr Kasten-, ihr Standes-, ihr Klassenmonopol zu bewahren und den Nichtwissenden, Ohnmächtigen – von jeher die Masse des Volkes – vorzuenthalten gesucht« (Kleine politische Schriften, Leipzig 1976, S. 133). In der sozialdemokratischen Arbeiterbewegung vor 1914 mit eigenen Vereinen für alle Freizeitbedürfnisse und Lebenslagen, mit Zeitungen und Zeitschriften, mit Buchverlagen und Bibliotheken entstand eine Art sozialdemokratisch geprägter Volkskultur der Arbeiterklasse (→ *Arbeiterkultur*). Ihr Zentrum war der Verein. Die politische Krönung der damaligen Sport-, Gesangs-, Kegel-, Konsum-, Bildungs- und Gewerkschaftsvereine war die *SPD.* Die Selbsttätigkeit der arbeitenden Klassen war prosaischer, als es sich A. Bebel für die Zukunft ausmalte, sie gab ihnen jedoch Heimat und Selbstbewußtsein in der eigenen Bewegung. W. Liebknecht hatte 1872 die Parole »Die Zukunft gehört uns!« für die *SPD* geprägt. Die → *Zukunft* wurde als Verallgemeinerung all der Kulturgüter vorgestellt, die der handarbeitenden Bevölkerung damals tatsächlich verschlossen waren, so von A. Bebel in »Die Frau und der Sozialismus«: »Große Versammlungslokalitäten für Vorträge und Disputationen und zur Besprechung aller gesellschaftlichen Angelegenheiten, über die künftig die Gesamtheit souverän entscheidet, Speise-, Spiel- und Lesesäle, Bibliotheken, Konzert- und Theaterlokale, Museen, Spiel- und Turnplätze, Parks und Promenaden, öffentliche Bäder, Bildungs- und Erziehungsanstalten aller Art, Laboratorien usw., alles aufs bestmögliche ausgestattet, werden Kunst und Wissenschaft und jeder Art Unterhaltung die reichlichste Gelegenheit bieten, das Höchste zu leisten. Ebenso werden die Anstalten zur Pflege Kranker, Siecher, Altersschwacher den höchsten Anforderungen entsprechen. Wie klein wird dagegen einst unser so viel gerühmtes Zeitalter erscheinen« (Stuttgart 1919, S. 460). Es waren namentlich die Kämpfe der G. um Lohnerhöhungen, Tarifverträge, Arbeitszeitverkürzungen und soziale Reformen, die erlebbar an der Heraufbringung der Zukunft arbeiteten. Der Kongreß des *Allgemeinen Deutschen Gewerkschaftsbundes* 1925 sah die Arbeiterbewegung als größte aller bisherigen Kulturbewegungen: »Durch die Verbesserung der Lohn- und Arbeitsbedingungen werden die Massen wirtschaftlich gehoben und der Wunsch nach Teilnahme an den Kulturgütern geweckt. Damit ist der Weg zum Aufstieg aus der Niederung beschritten« (S. Schwarz, Handbuch der Gewerkschaftskongresse, Berlin 1930, S. 202). Kulturelle Zentren waren die Gewerkschaftshäuser, von denen es 1929 im Deutschen Reich 150 gab, ausgestattet mit Büros, Restaurants, Bibliotheken und Versammlungssälen. Neben den politischen und wirtschaftlichen Auseinandersetzungen nahm die Kulturbewegung die »dritte Front des Klassenkampfes« (P. Franken) ein. Als 1905 der Kölner Gewerkschaftstag Kurse für hauptamtliche Funktionäre einzurichten beschloß, war dies der Anfang des Bildungsapparates der G. mit Schulen, Tagungsstätten und Kursen. Die Bildungsarbeit blieb vor Beginn an vor allem »Führer«- oder »Kader«-bildung (A. Brock, Arbeiterbildung in Deutschland unter den Bedingungen des Kapitalismus, Bremen 1977, S. 27). Eine erste Blüte erlebte sie in der Weimarer Republik, als die ersten Gewerkschaftsschulen gebaut wurden und die Zusammenarbeit mit Heim-Volkshochschulen begann. Nach 1945 knüpften die G. an die Tradition der Bildungsarbeit wieder an, ohne daß die im Nationalsozialismus zerstörte spezifische Kultur der Arbeiterbewegung wiederhergestellt wurde.

Namentlich in den 60er und 70er Jahren erlebte der gewerkschaftliche Bildungsapparat eine stürmische Expansion. Sie war weniger das Ergebnis einer breiten innerverbandlichen Diskussion als die Ausnutzung der gesetzlich geschaffenen Refinanzierungsmöglichkeiten des Bildungsapparates durch die Arbeitgeber und die öffentliche Hand. Nachdem die sozialliberale Bundesregierung 1969 innere Reformen ankündigte, begann der Boom der Bildungsreform (→ *Bildung*). Zu dieser Zeit wandelte die *Gewerkschaft Erziehung und Wissenschaft* ihr Selbstverständnis. Von einem Verband der Volks- und Hauptschullehrer wollte sie sich zur »IG Bildung« erweitern, in der vom Volksschullehrer bis zum Professor jeder Lehrende Platz finden sollte. Die Mitgliederzahlen stiegen an und lagen 1981 bei ca. 200 000. Seit Mitte der 70er Jahre verliert sie dennoch an politischem Gewicht, was nicht nur mit der veränderten Bildungspolitik zusammenhängt, sondern auch mit der Politik der G. selbst. Besonders nach den Auseinandersetzungen um einen größeren Einfluß der Politik auf den *Norddeutschen Rundfunk* Ende der 70er Jahre und dem ersten Versuch der *Rundfunk- und Fernsehunion* 1979, einen Fernsehstreik zu organisieren, ist die Diskussion um die Schaffung einer Mediengewerkschaft, die in sich die *Gewerkschaft Kunst* und die *IG Druck und Papier* vereinigen soll, wieder entflammt. Zwischen der *Rundfunk- und Fernsehunion* und der *deutschen journalistenunion* in der *IG Druck und Papier* wurden konkrete Kooperationsvereinbarungen getroffen. Die Kultur- und Bildungspolitik hat in der gewerkschaftlichen Programmatik stets einen hohen Stellenwert eingenommen. Gesellschaftlich wirksam wurden ihre Postulate bestenfalls mittelbar, indem sie ins öffentliche Bewußtsein als Anerkennung der sozialen Rechte und Interessen der arbeitenden Menschen eingingen.

Der *Freie Deutsche Gewerkschaftsbund* der DDR hat im Laufe der vergangenen Jahrzehnte eine mehr betriebsbezogene Gewerkschaftsarbeit in gesellschaftsbezogene, den Alltag von Arbeit und Freizeit, von Bildung und Kultur steuernde Aktivitäten gewandelt, ohne jedoch aufzuhören, als »Transmissionsriemen« (W. I. Lenin) der Führung der *SED* Politik von oben nach unten zu vermitteln. An die Stelle der seit 1933 zerstörten und zum Teil in nationalsozialistischen Organisationen aufgefangenen Parteien, G. und Vereine der Arbeiterbewegung traten in der DDR zentralistische gesellschaftliche Organisationen, die sich, vergangenen Ständen ähnlich, von der Privatsphäre bis zur politischen Führungsebene der DDR erstrecken, wo sie neokorporatistisch mit den Führungsgruppen der *SED* und des Staatsapparates verbunden sind. Da Lebensbedingungen in der DDR in starkem Maße nur abhängig von steigendem Wirtschaftswachstum und technischem Fortschritt gesehen werden, hat die G. als »Schule des Sozialismus« in erster Linie diesen

Grundzusammenhang zwischen Produktion und Reproduktion, zwischen → *Arbeit*, Investition, → *Freizeit* und → *Konsum* der Bevölkerung immer neu zu vermitteln. Einerseits »Motor des sozialistischen Wettbewerbs« (E. Honecker) in den Betrieben, ohne jedoch für die Produktion unmittelbar verantwortlich zu sein, andererseits eine soziale Lebensmacht, die sich um die Berufs- und Weiterbildung sowie die kulturelle Teilnahme der Bevölkerung kümmert, der ferner die Verwaltung des sozialen Sicherungssystems übertragen wurde und dessen Feriendienst, der 1981 4,6 Mio. Reisen vornehmlich in die 660 eigenen Ferienheime, 120 Heime der Betriebe und rund 400 Vertragshäuser organisierte, sich längst zum größten Touristikunternehmen der DDR entwickelte. So liegt die besondere Bedeutung der G. darin, allgemeine Arbeitsmotivation und generellen innenpolitischen Konsensus zu sichern. Indem sich die G. tagtäglich um die beschworene Übereinstimmung der individuellen, betrieblichen und gesellschaftlichen Interessen in Hunderttausenden »Schulen der sozialistischen Arbeit«, Arbeitskollektiven und Brigaden erzieherisch und propagandistisch müht, hilft sie der Führung der *SED,* ein ausreichendes Maß der politischen, sozialen und kulturellen Integration des Landes herbeizuführen, und eine systemumwälzende Kluft zwischen politischer Herrschaft und Bevölkerung zu vermeiden. Entsprechend legt die Einheitsgewerkschaft großes Augenmerk auf die periodische Schulung der Funktionäre in den Grundkenntnissen des Marxismus-Leninismus und der aktuellen Politik. Ein hierarchisch gestuftes Schulsystem reicht von Betriebsakademien und Ausbildungsstätten der Kreise und Bezirke zu fachspeziellen Schulen und der *Gewerkschaftshochschule Fritz Heckert,* Bernau. »Schulen der sozialistischen Arbeit« wenden sich seit 1972 als propagandistische Breitenarbeit an die Mitglieder, um in zweiwöchentlichem Abstand über aktuelle politische Fragen zu informieren. Im Jahr 1981 nahmen über drei Mio. Gewerkschafter an dieser Massenschulung teil.

Kulturelles Leben meint für die G. nicht nur die Aneignung der progressiven Linien der bürgerlichen Kultur in den Formen von Lesungen, Kunstausstellungen und -verkäufen, von Theater-, Oper- und Operettenbesuch, sondern auch eigenes künstlerisches Volksschaffen als Arbeitertheater, in besonderen schreibenden Zirkeln, in Chören, Orchestern und Kabarettgruppen. Alljährlich treffen sich die künstlerisch Aktiven in Betriebs- und Arbeiterfestspielen, mit 1981 schon über 500 Veranstaltungen. Allerdings fände die mehr passive oder aktive Teilnahme kaum die Resonanz, wenn das kulturelle Leben nicht reichhaltig mit den zeitgenössischen Lebenstrivialitäten wie Kegelstunden, Ausflügen, den beliebten »Bunten Nachmittagen«, Kartenspiel und der Führerscheinausbildung vermischt würde. Zentren des kulturellen Lebens sind

neben den 4 500 Bibliotheken der G. mit insgesamt neun Mio. Bänden vor allem die über 350 Gewerkschaftshäuser. Zudem beteiligen sich die G. an dem Angebot von Vorträgen, künstlerischen und Tanzveranstaltungen, die 1980 in den über 1 000 Kultur- und Klubhäusern, einschließlich Diskotheken, 60 Mio. Interessenten fanden (→ *Vereine,* → *Kulturzentren).*

Die G. der Bundesrepublik haben den Grundgedanken einer Selbsthilfebewegung der Arbeiterschaft in einer kapitalistischen Wirtschaft zur Form einer freiwilligen, ihre Politik autonom bestimmenden Schutz- und Vetoorganisation der abhängig Beschäftigten weitergeführt, die sich auf Tariffähigkeit, Streikrecht und eigene, gemeinwirtschaftlich betriebene Unternehmen stützen kann. Demgegenüber hat sich die G. in der DDR unter dem gleichlautenden Wort als leninistische Massenorganisation entwickelt, deren Führung bei einer inzwischen stark ausgebauten rechtlichen Regelung aller Lebensbereiche der Bevölkerung vor allem Integrations- und Schutzpolitik betreibt.

M. Wilke, R. Rytlewski

Literatur
P. Franken, Vom Werden einer neuen Kultur, Berlin 1930
G. Winkler u. a., Sozialpolitik, Betrieb, G., Berlin (Ost) 1972
Bundesvorstand des FDGB (Hrsg.), Handbuch für den Kulturfunktionär, Berlin (Ost) 1973
W. Biermann, Demokratisierung in der DDR? Ökonomische Notwendigkeiten, Herrschaftsstrukturen, Rolle der G. 1961 – 1977, Köln 1978
Th. Pirker, Die blinde Macht, 2 Bde., Berlin (West) 1979
M. Wilke, Die Funktionäre, München 1979

Glück

G. bezeichnet einen Zustand oder eine Stimmung der Harmonie, der Übereinstimmung eines Menschen mit sich und seiner Welt, mit seinen Hoffnungen, Wünschen und Erwartungen. Die vielfältigen, häufig unbestimmten und fließenden Bedeutungen dieses Begriffs lassen sich auf zwei Hauptmeinungen zurückführen. In der Geschichte des Denkens ist seit der Antike zwischen innerem Gemütszustand und äußerer Gunst (förderliche Umstände oder Glücksfälle), zwischen *Eudaimonia* und *Eutychia* unterschieden worden. Dem Hedonismus, der umfassende individuelle Lusterfüllung als Ziel setzt, steht der Utilitarismus gegenüber, der seit F. Hutcheson, J. Locke, F. Bentham die allgemeine Wohlfahrt, das G. der größtmöglichen Zahl von Menschen hervorhebt.

Eine weitere Unterscheidung ergibt sich aus der Entgegensetzung der Begriffe Haben und Sein, wobei der erstere das Streben nach materiellen Gütern und ihrem Besitz, der zweite den Wert der Persönlichkeit ausdrückt. Das G. des Habens ist besonders mit der Entwicklung des → *Kapitalismus* verbunden, der sich von Europa aus verbreitet hat. Dagegen findet sich, zumal in Hochkulturen des Ostens, die Betonung des Seins, derzufolge der Mensch das G. nicht erreichen kann, solange er außer sich ist, sondern nur, indem er zu sich selbst kommt. Dies gilt insbesondere für den chinesischen Kulturbereich, während im indischen das Beisichsein auch zum äußersten Außersichsein ideologisiert wird, zur Auflösung der körperlichen wie geistigen Existenz des Menschen ins Nichts (Buddhismus). In der altägyptischen Religion bleibt G. mit den auch sonst anzutreffenden Vorstellungen von einem goldenen Zeitalter verbunden, dessen Wiederherstellung durch die Ordnung gerechter Herrscher anzustreben sei. Im Gilgamesch-Epos des alten Mesopotamien besteht G. letztlich in der Besinnung auf das Reale und im Verzicht auf Illusionen individueller Verewigung.

In der neueren europäischen und der nordamerikanischen Kulturgeschichte ist G. eng verknüpft mit Erfolg, der als Verwirklichung wirtschaftlicher Ziele verstanden wird. G. wird demnach nicht hedonistisch, sondern als Ergebnis arbeitsamer Askese gefaßt, was seinen religiös-ideologischen Ausdruck im Protestantismus fand (M. Weber). In diesem Rahmen stehen auch die proklamierten Menschenrechte der amerikanischen *Unabhängigkeitserklärung* von 1776. Die Aufnahme des Strebens nach G., *pursuit of happiness,* in die unveräußerlichen Rechte jedes Menschen bewirkte im Sinne der Allgemeinheit und Gleichheit des Glücksanspruchs eine bürgerliche Diesseitigkeit des anzustrebenden G. Hinsichtlich der staatlichen Organisation der Gesellschaft, in der sich das Glücksstreben aller realisieren soll, wurde später ein idealtypisierender Unterschied gemacht und zugleich zwischen Sozialstaat, der das materielle G., und Rechtsstaat, der die Würde des Menschen hervorhebt, getrennt.

In der neueren deutschen Geschichte gibt es eine starke Tendenz, G. ähnlich der Würde des Menschen einem überpersönlichen und soziale Gruppen angeblich übergreifenden Staatszweck unterzuordnen. Darüber kam man, soweit der »Kulturzweck« des Staates über den Glücksanspruch des einzelnen gestellt wurde, auch im Umkreis des Liberalismus nicht hinaus, während in der sozialistischen Bewegung die Herstellung von Freiheit und G. für alle in der »Sozialisierung der Gesellschaft« (A. Bebel) gesehen wurde. Das nationalsozialistische Regime trieb den Vorrang des staatlichen Herrschafts- vor dem persönlichen Glücksanspruch auf die Spitze. Laut A. Hitler war der Nationalsozialismus »keine Lehre der Trägheit, sondern des Kampfes. Keine Lehre des G., des Zufalls, sondern eine Lehre der Arbeit, des Ringens und damit auch eine Lehre der Opfer« (Rede vom 30. 1. 1936 in: M. Domarus, Hitler. Reden und Proklamationen 1932–1945, Bd. I, Zweiter Halbband, 1935–1938, Wiesbaden 1973, S. 571). Das G. des einzelnen wurde gänzlich in ein »G. des Volkes« verlegt.

Nach 1945 versuchte im westlichen Deutschland die Soziologie unter dem Einfluß französischer und amerikanischer Forschung die Glücksproblematik empirisch zu erfassen, während in mehr traditionellem Rahmen die philosophische und philosophiehistorische Behandlung dieses Themas, zum Teil unter Aufnahme naturwissenschaftlicher Ergebnisse, fortgesetzt wurde (U. Hommes (Hrsg.), Was ist G.? Ein Symposion, München ²1978; G. Bien (Hrsg.), Die Frage nach dem G., Stuttgart 1978). Neuerdings haben empirische Untersuchungen über tatsächliche Glückserwartungen und ihre Erfüllung in den verschiedenen Altersgruppen und sozialen Schichten (E. Noelle-Neumann, Frankfurter Allgemeine Zeitung v. 27. 12. 80) gezeigt, daß nicht Abwesenheit von Spannungen und Konflikten, sondern die Intensität des Handelns und Erlebens mit persönlichem G. ursächlich verbunden ist. G. hängt ab von den Möglichkeiten persönlicher Entwicklung und Selbstverwirklichung, die der einzelne in Beruf und Privatleben vorfindet. »Je niedriger die soziale Schicht, um so größer die Chance von Unglück und um so geringer die Möglichkeit, einer Entwicklung durch kompensatorisches Engagement auszuweichen« (E. K. Scheuch, in: H. Kundler (Hrsg.), S. 81). Der Intensität von Leben und Erleben stehen die Veräußerlichung des G. und mehr noch die drückenden wirtschaftlichen und sozialen Abhängigkeiten entgegen. Eine erfüllte Liebesbeziehung als möglicher Hauptfaktor persönlichen G. kann vielfach in Hektik und Öde des Alltags nicht aufkommen oder pervertiert zu konfektionierter Sexualität, für die ein ausgedehnter Zweig der Unterhaltungs- und Vergnügungsindustrie zur Verfügung steht.

Nach dem kultursoziologischen Ansatz der frühen Schriften K. Marx' hat die Befreiung des gesellschaftlichen Individuums, die Selbsterzeugung des »totalen Menschen«, die Aufhebung entfremdeter Arbeit zur Voraussetzung (K. Marx, Ökonomisch-philosophische Manuskripte von 1844, in: K. Marx, F. Engels, Werke, Erg.-Bd. I, Berlin (Ost), 1973). Dies geschieht durch Abschaffung des Privateigentums an Produktionsmitteln, das mit der Übertreibung des Sinnes des Habens »den Menschen »dumm und einseitig« gemacht habe. Der Entwurf zielt auf eine freie Assoziation der unmittelbaren Produzenten, in der Verhältnisse der Ausbeutung und Unterdrückung des Menschen durch den Menschen beseitigt werden sollen. Das »G. aller« ist damit impliziert, ohne daß es als zentrale Kategorie aufträte wie in den sozialen Utopien des Grafen Saint-Simon, Ch. Fouriers und anderer, die in den Musterkolonien R. Owens zu realisieren versucht und von H. Heine in das künstlerische Konzept radikal diesseitigen G. aufgenommen wurden. Dieses Konzept setzt die auf Epikur zurückgehende aufklärerische Linie fort, die sich auch in der → *Psychoanalyse* S. Freuds wiederfindet, insofern es ihr um eine Befreiung des Menschen von inneren Glückshemmungen geht.

Mit der Entwicklung des Sowjetsystems zum »realen Sozialismus« seit Mitte der 50er Jahre tritt G. als ethische Kategorie wieder stärker hervor. Im Parteiprogramm der *KPdSU* von 1961 werden die Begriffe »Frieden, Arbeit, Freiheit, Gleichheit, Brüderlichkeit, G.« ausdrücklich hervorgehoben. Dabei wird G. sowohl in politischer wie sozialer Hinsicht mit Sicherheit in Beziehung gesetzt. Soziale Sicherheit gilt in der UdSSR und in der DDR als verwirklichtes Menschenrecht und wesentlicher Teil des glücklichen Lebens. Über Leistungsorientierung und Arbeitsmoral als, wie es im Programm der *SED* von 1976 heißt, »Herzstück der sozialistischen Lebensweise«, ist solches G. mit dem Herrschaftsanliegen innerer Stabilität des Staates verknüpft. In den offiziellen Bestimmungen des G. treten die gesellschaftlichen Bezüge teils in den Hintergrund, teils gehen sie in den jeweils aktuellen politischen Erfordernissen auf. Während sowjetische Enzyklopädien G. mit eher unbestimmten Ausdrücken wie »Empfindung der Lebensfülle« und »Erfahren der Fülle des Lebens« in »schöpferischer« Arbeit für das Bestehende definieren, wird in der DDR unter formalen Anklängen an G. W. F. Hegels »Einheit der Wirklichkeit des Geistes mit dem gegenständlichen Wesen« G. in sehr allgemein gehaltener Form als Idealvorstellung der Lebensweise des einzelnen in der Gesellschaft, als Vorstellung von den Mitteln und Wegen zur Realisierung des Ideals umschrieben. Als Voraussetzung für das G. die einzelnen wird die Führung durch die Partei angesehen; es realisiere sich als »der Prozeß der sich entwickelnden sozialistischen Persönlichkeit«. G. sei die Freude an der »realsozialistischen« Menschengemeinschaft, ihrem Gedeihen und dem eigenen Anteil daran, an persönlichen Erfolgen und an »der Schönheit des Lebens«.

Solcher konformistischen Ideologie stehen kritische Ansätze gegenüber. Dabei zeigt sich, daß eine Bedingung für reales G. im Streben nach Selbstbestimmung des einzelnen wie der jeweiligen sozialen Gruppe statt bloßer Fremdbestimmung durch herrschende Minderheiten liegt. In dem Roman »Schlaflose Tage« von J. Becker gibt es »ein Unbehagen, das nur mit dem Abhandensein von Glück erklärt werden« kann und das »Unzufriedenheit über solche Fesseln« ist, die sich u. a. bestimmen als die »Misere, an einer Sache nur dann beteiligt sein zu dürfen, wenn man keinen Einfluß auf sie« nimmt (Frankfurt a. M. 1978, S. 11 u. 146). Überwindung von Unglück wäre demnach mit Teilhabe am öffentlichen Leben und an den gesellschaftlichen Ent-

scheidungen verbunden. Das Eintreten dafür, in der westlichen Industriegesellschaft gesetzlich institutionalisiert, gehört in der DDR zu weiterführenden Bestrebungen.

W. Rossade

Literatur

H. Kundler (Hrsg.), Anatomie des G., Köln 1971
L. Marcuse, Philosophie des G., Zürich 1972
P. Schulz-Hageleit, Erziehung zum G., in: Aus Politik und Zeitgeschichte Nr. 13, 1975, S. 28–47
Alain, Die Pflicht, glücklich zu sein (Propos sur le bonheur), Frankfurt a. M. 1979
G. Junghänel, S. Tackmann, Moral und Arbeiterklasse, Berlin (Ost) 1979

Grundrechte

Als G. bezeichnet man die Normen einer Verfassung, die das Verhältnis der Menschen zu den staatlichen Institutionen – nach manchen Rechtslehren auch zu den Inhabern sozialer Macht – prinzipiell regeln. Es gibt Bürgerrechte, die nur den Staatsbürgern zustehen, und Menschenrechte, die für jedermann, unabhängig von seiner Zugehörigkeit zu einem bestimmten Staat, gelten. Die Menschenrechte sind außerhalb von Verfassungen auch in internationalen Erklärungen und Verträgen normiert worden. Zu den G., die für den kulturellen Bereich von besonderer Bedeutung sind, gehören zunächst Freiheitsrechte, wie die Freiheit des Glaubens und Gewissens, der Religionsausübung, der Meinungsäußerung, ebenso die Freiheit der → *Presse*, des Rundfunks und des → *Films*, der → *Kunst* und der → *Wissenschaft*. Weiterhin sind zu nennen soziale, also Leistungen gewährende G., wie das Recht auf → *Bildung*, auf Teilhabe an kulturellen Angeboten und den Schutz der Familie. Dann gibt es die Institutionengarantien für die die Kultur eines Landes prägenden Einrichtungen, wie Ehe, → *Familie*, Elternrecht, geistiges → *Eigentum* (→ *Urheberrecht*) sowie für die kulturellen Gemeinschaften religiöser, ethnischer oder sprachlicher Natur. Schließlich existieren politische G. auf Wahlen, Abstimmungen und die Tätigkeit von Parteien und anderen politischen Gruppierungen.

Die G. sind als Abwehrrechte der Bürger gegen die absolutistische Staatsmacht entstanden. Es ist bezeichnend, daß dabei ein G. aus dem kulturellen Bereich, das der Religionsfreiheit, eine entscheidende Forderung war, denn religiöse, sprachliche und kulturelle Minderheiten wurden häufig zu Vorkämpfern der Idee eines unantastbaren Bereichs des Menschseins, der auch das Recht, anders sein zu dürfen, umfaßt. Religiöse → *Minderheiten*, die

Europa verlassen hatten und in Nordamerika eine wenig beengte, individualistische, aus relativ gleichwertigen Mitgliedern bestehende Gesellschaft bildeten, waren es auch, die als erste in den Verfassungen einiger Staaten der USA, so in der von Virginia aus dem Jahr 1776, den Grundsatz verankerten, daß »alle Menschen von Natur aus gleichermaßen frei und unabhängig sind und gewisse angeborene Rechte besitzen«. Es folgten die französischen Menschenrechtserklärungen von 1791, 1793 und 1795 und die französische Verfassung von 1848, die in Artikel 13 zum erstenmal auch soziale Grundsätze für Bildung und Arbeit enthielt. Später hat die Auseinandersetzung zwischen Liberalismus und →*Sozialismus* in Europa die Grundrechtskodifikationen geprägt. Als erste gesamtdeutsche Regelung enthielt die *Weimarer Verfassung* einen ausführlichen Grundrechtskatalog, neben durch Gesetz beschränkbaren Rechten der Meinungsäußerung, Religionsausübung, der Kunst und Wissenschaft vor allem Aufträge an die staatlichen Institutionen in Fragen des Schulwesens und der Bildungsförderung, des Minderheitenschutzes, des Schutzes geistiger und künstlerischer Arbeit sowie des Denkmal- und Naturschutzes. Die Verfassungen der Bundesrepublik, das *Grundgesetz*, und der DDR von 1949 knüpfen im Grundrechtsteil an die Weimarer Verfassung an, wobei die G. in der DDR schon bald mit anderen Inhalten gefüllt wurden. 1968 erhielt die DDR eine neue Verfassung, die auch in ihrem Grundrechtsteil der veränderten Realität des sozialistischen Systems entsprach.

Ein rein formeller Vergleich der kulturell relevanten G. in beiden deutschen Staaten würde viel Gemeinsames ergeben, ihre Inhalte sind jedoch sehr verschieden. Die Kulturordnung der Bundesrepublik ist entscheidend mitgeprägt von der kulturpolitischen Verantwortung der Bundesländer, ihrer sogenannten Kulturhoheit. Während die kulturell relevanten Freiheitsrechte im *Grundgesetz* verankert sind und einheitlich gelten, lassen sich bei den sozialen G., vor allem im Schul- und Hochschulbereich, Unterschiede feststellen. So in den Artikeln 4 ff. der baden-württembergischen, 124 ff. der bayerischen, 21 ff. der bremischen, 48 ff. der hessischen, 5 ff. der nordrhein-westfälischen, 23 ff. der rheinland-pfälzischen und 22 ff. der saarländischen Verfassung.

Was die Freiheitsrechte betrifft, so ist vor allem die Freiheit der Massenmedien als eine im modernen Staat unabdingbare Voraussetzung für die politische Meinungsbildung und die Funktionsfähigkeit der freiheitlichen Demokratie im Artikel 5 des *Grundgesetzes* garantiert (→*Massenkommunikation*).

In der Praxis ist sie jedoch durch die Einflußnahme politischer und anderer Interessengruppen gegenüber den öffentlich-rechtlich organisierten Rundfunk- und Fernsehanstalten bedroht, ferner durch Pressemonopole, sowie durch die wirtschaftliche Abhängigkeit von ihren Inserenten. Noch vor der Pressefreiheit wird die Freiheit der Meinungsäußerung gewährleistet. Soweit sie jedoch in der Öffentlichkeit in den Formen von Bürgerprotest und Versammlungen stattfindet, ist sie durch das Versammlungsgesetz eingeschränkt. Uneingeschränkt gewährleistet sind in der Bundesrepublik die Freiheit des Glaubens, des Gewissens und des religiösen und weltanschaulichen Bekenntnisses nach Artikel 4 sowie der Kunst und der Wissenschaft nach Artikel 5 des *Grundgesetzes*. Die Freiheit der Lehre wird dagegen nur in Übereinstimmung mit den Grundsätzen der Verfassung garantiert. Das *Grundgesetz* versteht sich als wehrhafte Verfassung, die einen Mißbrauch der G. nicht zuläßt (Art. 18 GG, BVerfGE 25, S. 100). Besondere Grundrechtseinschränkungen gelten für den öffentlichen Dienst, dessen Angehörige ausdrücklich zur Verfassungstreue verpflichtet sind (Art. 33 Abs. 5 GG, BVerfGE 39, S. 347). Zwischen den einzelnen Bundesländern bestehen erhebliche Unterschiede in der Auslegung dieser Treuepflicht, die Freiheit der Lehre an Schulen und Hochschulen wird teilweise spürbar beschränkt, zum Beispiel durch den Radikalenerlaß.

Zu den kulturell wichtigen Anspruchsrechten gehört das Recht auf →*Bildung,* das in Artikel 128 der bayerischen und Artikel 27 der bremischen Länderverfassung garantiert ist und vom Bundesverfassungsgericht aus dem G. auf freie Berufswahl (Art. 12 GG) in Verbindung mit dem staatlichen Ausbildungsmonopol bei Hochschulen abgeleitet wird (BVerfGE 33, S. 330). Zu erwähnen sind noch die Garantie des geistigen Eigentums, soweit es von Urheber-, Patent- und Verlagsrechten erfaßt ist (Art. 14 GG, BVerfGE 31, S. 238). Der Schutz von Ehe und Familie verpflichtet die staatlichen Organe zur Förderung beider Institute, hält der Familie einen Freiraum gegenüber staatlichen Eingriffen offen und verbietet familien- und ehefeindliche Maßnahmen (Art. 6 GG, BVerfGE 33, S. 238 und 39, S. 326). Das Recht der Eltern, über die Teilnahme ihrer Kinder am Religionsunterricht zu bestimmen, ist garantiert, ferner ein Recht auf Mitsprache bei der gesamten Schulerziehung (Art. 7 Abs. 2, Art. 6 GG, BVerfGE 34, S. 166).

Nur wenige unmittelbare Mitwirkungsrechte der Bürger an den sie betreffenden Entscheidungen prägen die →*politische Kultur* der Bundesrepublik. Hierzu zählen nach dem *Grundgesetz*, Artikel 38, vor allem das Wahlrecht zum Bundestag und nach den Landesverfassungen zu den Landtagen. Darüber hinaus kennen die meisten Länderverfassungen die Institute von Volksbegehren und Volksentscheid auf Landesebene (Art. 59 f. baden-württembergische, 72 ff. bayerische, 69 ff. bremische, 123 ff. hessische, 68 f. nordrhein-westfälische, 105, 109 rheinland-pfälzische Verfassung). Mittelbare Beteiligungsmöglichkeiten der Bürger bestehen über die politischen Parteien über das von Meinungs- und Versammlungsfreiheit umfaßte Demonstrationsrecht und über die Petitionsrechte.

Anders als das *Grundgesetz* beginnt in der 1968 in Kraft gesetzten zweiten *Verfassung* der DDR, die 1974 ergänzt wurde, der Abschnitt über Grundrechte und Grundpflichten mit der Verankerung des »sozialistischen Menschenbildes« und den politischen Teilhaberechten in den Artikeln 19 und 21. Die Förderung und Gestaltung des kulturellen Lebens wird den Betrieben, Gewerkschaften und Gemeinden des sozialistischen Staates durch die Artikel 41 bis 46 ausdrücklich aufgegeben. Dem Mitgestaltungsrecht jedes Bürgers im politischen, wirtschaftlichen, sozialen und kulturellen Bereich entspricht die Pflicht, dieses Recht auch auszuüben.

An Anspruchsgrundrechten ist das Recht auf Bildung gewährleistet. Das zu seiner Verwirklichung erforderliche einheitliche und relativ durchlässige Bildungssystem ist verfassungsrechtlich ebenso vorgeschrieben, wie nach Artikel 25 die Pflicht aller Jugendlichen, einen Beruf zu erlernen. Als weitere soziale Anspruchsrechte sind das Recht, aber auch die Pflicht zur → *Arbeit,* das Recht auf → *Freizeit,* Fürsorge, → *Wohnung,* der Schutz von Ehe, → *Familie* und Mutterschaft und der Anspruch der Eltern auf ein Zusammenwirken mit den Erziehungseinrichtungen zu nennen (Art. 24, 34–38 VDDR).

Die *Verfassung* der DDR garantiert formal die Meinungs-, Versammlungs-, Vereinigungs-, Entfaltungs- und Religionsfreiheit sowie die Freizügigkeit im Gebiet der DDR und das Postgeheimnis (Art. 27–32, 39 VDDR). Zu erwähnen ist noch das Recht der Sorben auf eigene Sprache und Kultur sowie die justiziellen Grundrechte (Art. 40, 99–102 VDDR). Durch gesetzliche Ausgestaltung, ein zentral verwaltetes Wirtschaftssystem, das Recht auf und die Pflicht zur Arbeit und durch das Interesse der Führung der *SED,* über das Bildungsangebot, die »sozialistische Persönlichkeit« zu entwickeln (Art. 19 VDDR) sind die sozialen G., international gesehen, weitgehend verwirklicht worden. Der private Raum für unpolitische Betätigungen der Menschen wird durch die Aufgabe des Staates begrenzt, die »sozialistische Nationalkultur« und die »sozialistische Lebensweise« zu fördern und zu sichern (Art. 4, 18, 41–44 VDDR). Die *SED* zählt in ihrem Programm von 1976 zu diesen Bereichen das geistige Lebensniveau ebenso wie die zwischenmenschlichen Beziehungen, das → *Engagement* für die sozialistische Gesellschaft, die Körperkultur und den → *Sport,* die → *Arbeitskultur,* das humanistische Erbe und den sozialistischen Ideengehalt der Kunst. Dadurch gehört praktisch der gesamte Lebensbereich der Menschen zur staatlichen Verantwortungssphäre.

Politische Rechte sind zwar garantiert, aber prak-

tisch nicht gewährleistet. Die Informationsfreiheit ist verfassungsrechtlich nicht garantiert und praktisch aufgrund der Kontrolle der Massenmedien durch die *SED* und durch staatliche Organe ausgeschlossen. Sie besteht in der Praxis für viele Bürger in der Möglichkeit, Funk- und Fernsehprogramme aus der Bundesrepublik und Berlin (West) zu empfangen. Meinungsfreiheit und Versammlungsfreiheit sind verfassungsrechtliche Leerformeln, die durch das politische Strafrecht und die Rechtsprechungspraxis ausgehöhlt werden. Als Beispiele können die Paragraphen 106, 107 und 220 des *Strafgesetzbuchs* der DDR gelten, die sich mit den Delikten staatsfeindliche Hetze, öffentliche Herabwürdigung und staatsfeindliche Gruppenbildung beschäftigen. Jede Vereinigung muß mit den Grundsätzen der Verfassung übereinstimmen und steht damit nach Artikel 1 praktisch unter dem Primat der *SED.* Die Wahlen und Abstimmungen werden durch die Wahl nach Einheitslisten und die Praxis der offenen Stimmabgabe für viele Bürger zum erzwungenen Akklamationsvorgang, deren Ziel ohnehin mehr die Aktivierung der Massen als die Legitimierung der herrschenden Partei ist. Daneben besteht nur das Recht, sich mit Anliegen und Vorschlägen an die staatlichen Organe zu wenden (Art. 21 VDDR). Die G. der DDR sind gerichtlich nicht durchsetzbar, da es – im Gegensatz zu anderen sozialistischen Staaten – eine Verfassungs- oder Verwaltungsgerichtsbarkeit nicht gibt. Sie spielen auch in der Rechtsprechung der staatlichen und gesellschaftlichen Gerichte der DDR, etwa als Auslegungsmaximen, kaum eine Rolle.

Ein Vergleich der klassischen Freiheitsrechte in beiden deutschen Staaten hat vor allem die unterschiedliche Auffassung von deren Wesen zu berücksichtigen. Während das *Grundgesetz* die G. als unverletzlich und unveräußerlich Ausfluß der Menschenwürde als dem höchsten Rechtsgut menschlicher Kulturgemeinschaften betrachtet, gelten besonders die klassischen Freiheitsrechte in der DDR als zeitbedingtes Produkt der bürgerlichen Revolution. Als Abwehrrechte sind sie im sozialistischen Staat, der von der Interessenidentität zwischen Staat und Bürgern ausgeht, ein Anachronismus. Statt die Rechte des Individuums zu garantieren, werden sie als Instrumente verstanden, die die Beteiligung der Bürger an der Gesellschaft regeln. Unter der Bezeichnung »sozialistische Grundfreiheiten« sollen sie der Entwicklung der sozialistischen Persönlichkeit dienen. Freiheit wird als Einsicht in die Notwendigkeit der Erfordernisse der sozialistischen Gesellschaft begriffen. Die Folge dieser Auffassung und ihrer Durchsetzung ist, daß der Bevölkerung aus der Verfassung nicht das Bewußtsein erwachsen kann, die G. seien als Werte zu schätzen, die die Persönlichkeitsentfaltung nach eigenem Willen ermöglichen.

Ähnlich ist die Lage bei den politischen Teilhaberechten. Während diese in der Bundesrepublik von der Verfassung nur als Wahl- und Petitionsrecht ausgestaltet sind, aber von der Bevölkerung immer extensiver ausgelegt werden und vor allem die Freiheitsrechte zu echtem Mitbestimmungsbewußtsein führen, zwingt in der DDR die Praxis eindimensionierter, durch sozialen und staatlichen Zwang gelenkter Akklamation die Menschen zu der Erkenntnis, daß die in der Verfassung garantierten Rechte nicht berechtigen, sondern verpflichten.

Die Anerkennung der Menschenrechtskonventionen der Vereinten Nationen und die Unterzeichnung der *KSZE-Schlußakte* durch die DDR dürften jedoch ebenso wie die Versuche westlicher Politiker und ostdeutscher Systemkritiker, Menschenrechtsverletzungen in der DDR anzuprangern, zu einer außengerichteten Aktivierung des schon vorhandenen Menschenrechtsbewußtseins in der DDR geführt haben. Ähnliche Wirkungen lassen sich auch der Gründung freier Gewerkschaften und der Durchsetzung des Streikrechts in Polen zuschreiben. Die Erkenntnis dieser Tatsache in der herrschenden Partei könnte langfristig zur Folge haben, daß die Methoden des Regierens vorsichtiger werden und Bürgerproteste – zumindest gegen Auswüchse der Bürokratie – mehr Chancen bekommen.

Bei den sozialen G. besteht eine in beiden Staaten ähnliche Problematik, wobei die fehlende Garantie solcher Rechte durch das *Grundgesetz*, das lediglich in Artikel 20 die Sozialstaatsklausel enthält, negativ auffällt. Soziale G. hängen entscheidend von der Leistungsfähigkeit des Staates und seiner Wirtschaft ab. Wohl deswegen wird ihnen sowohl in der Bundesrepublik als auch in der DDR der Charakter unmittelbar anspruchsbegründender Normen abgesprochen. Sie müssen vom Gesetzgeber erst durch anspruchsgewährende Einzelgesetze konkretisiert werden. Die Rechte auf Arbeit, auf Bildung, auf Mutterschutz und ihre Ausgestaltung in der DDR entfalten bei den Menschen ein Wertbewußtsein für die eigenen Leistungen, das der Integration in den sozialistischen Staat zugute kommt.

Was die Institutsgarantien der Grundrechtsabschnitte angeht, so enthalten sie im *Grundgesetz* der Bundesrepublik unantastbare Kernbereiche rechtlicher und gesellschaftlicher Institutionen, die von keinem staatlichen Organ, auch nicht vom Gesetzgeber, angetastet werden dürfen. Darüber wacht, wie über die Einhaltung aller G., das *Bundesverfassungsgericht*. In der DDR wird der Inhalt dieser Garantien als von der gesellschaftlichen Entwicklung abhängig und von der herrschenden Partei und den von ihr angeleiteten Staatsorganen entsprechend den Erfordernissen dieser Entwicklung abänderbar angesehen.

U. Arens

Literatur

Menschenrecht und Menschenwürde. Beiträge von M. Banaschak, H. Klenner, W. Thiel, E. Poppe, in: Einheit, Berlin (Ost), Jg. 33, 1978, H. 11, S. 1096–1128
G. Brunner, Die östliche Menschenrechtskonzeption, in: Die KSZE und die Menschenrechte, (Studien zur Deutschlandfrage 2) Berlin (West) 1977
E. Poppe, Die politischen und persönlichen Rechte und Freiheiten im System der sozialistischen Grundrechte, in: Staat und Recht, Berlin (Ost), Jg. 28, 1979, H. 9, S. 806–814
K. Hesse, Grundzüge des Verfassungsrechts der Bundesrepublik Deutschland, Heidelberg [12]1980
Th. Maunz, Deutsches Staatsrecht, München [23]1980
E. Schmickl, R. Schwarzenbach, G. und sozialistische Lebensweise, in: Die DDR im Entspannungsprozeß. Lebensweise im realen Sozialismus. Dreizehnte Tagung zum Stand der DDR-Forschung, Köln 1980

Heimat

H. hatte ursprünglich die Bedeutung des Grundbesitzes, die dem Wort in einigen Dialekten bis heute geblieben ist. H. meint also zunächst einen Raum, dem der Mensch zugeordnet ist und in dem er seine Zuständigkeit hat. Diese Zuständigkeit kommt einem Besitzanspruch gleich, der in den Heimatrechten verankert war. Gleichzeitig aber umschloß dieses Recht auch die Pflicht zum Verbleib und zur verfassungsgemäßen Einordnung in dieses Territorium. Die wachsende Freizügigkeit der Niederlassung hat die kleinräumigen Heimatrechte über das Ortsbürgerrecht mit dem Staatsbürgerrecht verschmelzen lassen. Je stärker der Heimatbegriff allerdings diesen Rechtscharakter verlor, desto offener wurde er für seine Bedeutungserweiterung und Emotionalisierung. Neben die irdische trat die himmlische H. In der Romantik schließlich werden H. und Heimweh so miteinander verquickt, daß sich H. bis heute mit der Vorstellung des Verlusts verbindet. Heimweh oder Nostalgie wurden ursprünglich als Krankheitsphänomen diskutiert, als deren Ursache im 18. Jh. auch die Trennung von der heimischen Umwelt hervorgehoben wird. J. H. G. Schlegel ordnet in seiner Schrift »Das Heimweh und der Selbstmord« (1835) H. als Ort der Kindheit ein.

Diese emotionale, rückwärtsgewandte Beziehung von H. und Heimweh auf den Bereich der ersten Lebenserfahrungen als dem einzigen Ort des wirklichen Glücks prägte vor allem die Heimatdichtung vom bürgerlichen → *Realismus* über die Mundartdichtung *(→ Dialekt)* und das volkstümliche Liedgut der Männergesangvereine bis zu den Heimwehschlagern eines Freddy Quinn.

Auch die zweite charakteristische, fortwirkende Festlegung von H. als dörfliche Idylle ist rückwärtsgewandt und legitimiert sich aus der auf das Bauerntum fixierten Traditionsforschung und aus der Dorfdichtung eines J. Gotthelf, J. P. Hebel, L. Anzengruber, B. Auerbach und norddeutscher Mundartdichter wie K. Groth und F. Reuter. Schließlich leitet sich die Gleichsetzung von H. und Vaterland wesentlich auch aus der Suche des deutschen Bürgertums im 19. Jh. nach einer nationalen Identität her.

In der Wilhelminischen Ära flossen die verschiedenen Bedeutungen von H. schließlich in jenen bürgerlichen Heimatbegriff zusammen, dessen Pervertierung im nationalsozialistischen Deutschland das Wort H. nach dem Zweiten Weltkrieg so sehr ins Zwielicht setzte. Die um die Jahrhundertwende entstehende *Heimatkunstbewegung* war literarisch eine Opposition gegen die neue Wirklichkeitsdarstellung des Naturalismus der Großstadtliteraten und berief sich auf die Vorgänger in der Dorfdichtung. Politisch sah sie sich als nationale Gesundungsliteratur: »Da ist sie nur ein Teil jener großen nationalen Heimatbewegung, die als Rückschlag auf die verflachenden schablonisierenden Wirkungen der Anschauungen der liberalen Bourgeoisie und der leeren Reichssimpelei wie auch des Internationalismus der Sozialdemokratie eintrat, die das Nationalgefühl auf ein starkes Heimatgefühl gründen will« (A. Bartels, Heimatkunst. Ein Wort zur Verständigung, in: Grüne Blätter für Kunst und Volkstum, München, Leipzig 1904, S. 19). Heimatkunst wurde zur Volkskunst erklärt (→ *Volkskultur*). 1904 wurde der *Deutsche Bund Heimatschutz* gegründet, dem bald zahlreiche Landesverbände und Landesvereine folgten, die sich vom Heimatschutz zur Heimat- und Volkstumspflege entwickelten. Diesen Weg ging auch die *Heimatkunde* als Schulfach (J. Haug, Heimatkunde und Volkskunde, Tübingen 1969).

Damit war der Boden für den nationalsozialistischen Heimatbegriff vorbereitet, der nicht nur Heimatliteratur, Heimatpflege und Heimatkunde prägte, sondern auch die wissenschaftliche Auseinandersetzung um den Heimatbegriff. Der Philosoph P. Bommersheim sprach von einem aktiven »heimatgeschichtlichen Erleiden«, indem man sich dem »weltgeschichtlichen Willen der Führung unterordnet« (H. und All. Philosophische und pädagogische Forschungen in der H., Leipzig 1936, S. 85 ff.). K. Stavenhagen, der in seinem 1936 erstmals erschienenen und 1948 wieder aufgelegten Buch »H. als Lebenssinn« von der Bindungs- und damit Vaterlandslosigkeit des Großstadtmenschen ausgeht, führt H. über die Stufenfolge »persönliche Erinnerungen als unmittelbare H.«, »Landsmannschaften als mittelbare H.«, zur »Nation als H. einer Volksgemeinschaft«.

Nach dem Zweiten Weltkrieg hat der Begriff H. in beiden deutschen Staaten eine teilweise kontroverse Bedeutungsentwicklung erfahren. Während der Besatzungszeit wurde H. zunächst unter dem Aspekt des Heimatverlusts und des Heimwehs nach einer vertrauten Umwelt in den zuerst von kirchlicher Seite herausgegebenen Heimatrundbriefen für die ehemaligen Bewohner der deutschen Ostgebiete thematisiert. Sie dienten vor allem auch der Suche nach Angehörigen, Nachrichten aus der alten H. und Heimaterinnerungen. Auch die Heimattreffen wurden bis zur Aufhebung des Koalitionsverbots von kirchlicher Seite getragen. Diese Heimatarbeit wurde in der Bundesrepublik in den 50er und 60er Jahren von den Landsmannschaften übernommen und im Sinne der politischen Forderung eines Rechts auf H. propagiert: »Soll das Land, wo wir geboren / nun für uns verloren sein? / Nein, wir haben es geschworen / Und wir sagen nochmals: Nein!« (Heimatlied, in: Pommersche Saat 4, 1952, H. 2, Melodie: Deutschland, Deutschland über alles). Neben diese Politik trat, durchaus zustimmend, die staatliche Ebene, deren Position außenpolitisch begründet war und in einen Ost-West-Antagonismus mündete.

Mit der Änderung der deutschen Ostpolitik in der Ära W. Brandt verlor H. als politischer Begriff zunächst völlig an Bedeutung. Dies zeigte sich auch in der Abschaffung der *Heimatkunde* als Unterrichtsfach in den sozialdemokratisch regierten Bundesländern. Erst in den 70er Jahren kam es zu einer erneuten, allerdings widersprüchlichen, innenpolitischen Aufwertung. Unter dem Motto *Lebensqualität* (→ *Lebensstandard*) wird auf allen Seiten des politischen Spektrums wieder mit dem Begriff H. argumentiert. Den politischen Verlautbarungen ist eine neue *Heimatbewegung* aus der Bevölkerung (→ *Bürgerinitiativen*) vorausgegangen. Ihre Themen reichen vom Umwelt- und Denkmalschutz (→ *Umwelt*, → *Denkmal*) über Regionalismus- und Ethnizitätsbewegungen gegen Zentralismus und Minderheitenunterdrückung (→ *Minderheiten*) bis zu einem neuen Geschichtsbewußtsein mit der entsprechenden Konjunktur der Heimatmuseen (→ *Museen*). Dazu sind auch die neuen ländlichen und städtischen Wohn-, Arbeits- und Lebensgemeinschaften zu zählen.

Nicht ohne Einfluß auf diese Bestrebungen, zeitlich jedoch etwas voraus, entstand die *Nostalgiewelle* als rückwärtsgewandte Illusion einer ehemals »heilen Welt«. Medien und anpassungsfähige Industrie haben für die Verbreitung und Kommerzialisierung eines zunächst subkulturellen Phänomens gesorgt, so daß die nostalgischen Requisiten nunmehr zum festen Bestandteil der bundesbürgerlichen Wohnungen gehören – Heimweh nach der »guten, alten Zeit« bleibt hier ohne Konsequenzen. Diese Heimatsehnsucht wird gleichzeitig von führenden Literaten mitgetragen, so wenn G. Graß ostpreußischen Regionalismus mit Kindheitsheimat und Geschichtsbesinnung verbindet oder M. Walser ein Bodenseebuch »Heimatlob« herausgibt, das die Einmaligkeit einer historisch gewordenen

Provinz und der alemannischen Kultur preist.

Daß der Heimatbegriff nach wie vor, neben seinem Nostalgie- und Protestcharakter, von national argumentierenden politischen Restaurationsbestrebungen eingesetzt wird, zeigen die Wahlkämpfe der 80er Jahre. So hieß es 1982 in der »Kieler Liste für Ausländerbegrenzung« (KLA): »Die Bundesrepublik Deutschland ist H. und Wohnstatt der Deutschen – wie die DDR – aber kein Einwanderungsland!« Auch hier wurde Dialekt als emotionalisierendes Medium eingesetzt: »Giff för de KLA dien Stimm, sünst ward dat mit uns H. slimm!«

Die Entwicklung in der DDR ist sehr viel weniger verschlungene Wege gegangen. Seit den 50er Jahren ist H. systematisch in das nationale Programm eingebaut worden, wobei »die sozialistische H. als Aufgabe und Errungenschaft« (G. Lange, 1973, S. 55 ff.) gesehen wird. Unter diesem Aspekt gewannen Heimatkunde, Heimatschutz und Heimatdichtung direkte politische Bedeutung.

Das Fach *Heimatgeschichte* wurde 1955 auf Anweisung des *Ministeriums für Volksbildung* wieder eingeführt. Dabei war es ein wesentliches Bildungsziel, die »Spezifik der engeren H. sachkundig in Rechnung zu stellen«, damit sie »als Mittler für ein frühzeitiges, bewußtes und emotionales Verhältnis zum sozialistischen Vaterland dient« (G. Lange, 1971). In diesem Sinn wurde erklärt, daß sich »der Begriff Sozialistische H. mit dem Begriff Sozialistisches Vaterland in Übereinstimmung« befinde. »Unser Sozialistisches Vaterland aber ist die Deutsche Demokratische Republik« (Um unsere sozialistische H., hrsg. vom Deutschen Kulturbund, Zentrale Kommission Natur- und Heimatfreunde, Berlin (Ost) 1958, S. 76). Die Linie der in polemischer Absetzung gegen einen bürgerlich-imperialistischen Heimatbegriff argumentierenden politischen Heimatforderungen setzt allerdings voraus, daß die →*Entfremdung* des Menschen in der DDR schon aufgehoben sei. »Menschen unterschiedlicher sozialer Herkunft, Lebenserfahrung und Weltanschauung, sie alle fanden in unserem Staat ihre politische und geistige H. Sie sind zu Trägern und Mitgestaltern seiner gesellschaftlichen Ordnung geworden. Ihr oft konfliktreicher Weg vom ›Ich‹ zum ›Wir‹, ihr ›Anderswerden‹ – häufig verbunden mit einer völligen Veränderung ihrer sozialen Stellung, ihrer überkommenen Vorstellungs- und Gefühlswelt –, das ist der größte Erfolg der zwanzigjährigen Entwicklung der DDR« (20 Jahre Deutsche Demokratische Republik. Thesen. Neues Deutschland v. 16.1.1969).

Der eindeutig auf Gegenwart und Zukunft bezogenen kulturpolitischen Bestimmung von H. steht im Forschungsbereich ein ausgesprochener Mangel gegenüber. Die Konzentration der ethnographisch und sozialwissenschaftlich orientierten Fächer auf eine Kulturgeschichtsschreibung der Vergangenheit wird sowohl hinsichtlich der Objektforschung als auch der Erforschung von Lebensweisen deutlich (vgl. Jahrbuch für Volkskunde und Kulturgeschichte, Berlin (Ost) 1973 ff.). Auch die vom geographischen Institut der *Akademie der Wissenschaften* der DDR herausgegebene Reihe »Werte unserer H. – Heimatkundliche Bestandsaufnahme in der Deutschen Demokratischen Republik« bezieht ihren Heimatbegriff vorrangig aus der entwicklungsgeschichtlichen Darstellung regionaler Kulturerzeugnisse. Das in mobilen Gesellschaften aus gegensätzlichen Heimatorientierungen entstehende Konfliktpotential – Land-Stadt-Bewegung (→*Provinz und Metropole*), →*Minderheiten*, Umsiedlungen, Zentralisierung, landwirtschaftliche Vollrationalisierung unter Auflösung alter Lebensformen des Gemeinwesens, politischer Folklorismus – wird als Problem weder thematisiert noch empirisch erforscht. Auch G. Lange, Vertreter einer theoretischen Bestimmung des Heimatphänomens in der DDR, kann sich für diesen Bereich auf keine empirisch gewonnenen Ergebnisse stützen. Er argumentiert nur mit einer Setzung »relativer Unsicherheit« bei einem Wohnsitzwechsel, die, »weil sie im Rahmen gesicherter sozialistischer Verhältnisse auftritt«, einen wesentlichen Schritt der Persönlichkeitsentwicklung (»Es wuchs der Mensch mit seinen Aufgaben«) darstellt (G. Lange, 1973, S. 82).

Im Gegensatz zur Entwicklung in der DDR nahm in der Bundesrepublik die Diskussion über den Verlust der H. einen breiten Raum ein. Dabei ging es zunächst weniger um eine Neubestimmung des Heimatphänomens, als vielmehr um die Untersuchung und Darstellung von Konflikten und Anpassungsvorgängen in einer mobilen Gesellschaft (→*Mobilität*).

Eine theoretische Neubestimmung des Heimatbegriffs wurde vor allem unter der Problemstellung der »Beheimatung« in den fortgeschrittenen Industriegesellschaften (R. König, Der Begriff H. in den fortgeschrittenen Industriegesellschaften, in: Jahrbuch des deutschen Heimatbundes, S. 22 ff; H. Bausinger, Volkskultur in der technischen Welt, Stuttgart 1961) und dem Versuch einer allgemein-anthropologischen Bestimmung, unter Heranziehung des Phänomens der Territorialität, vorgenommen (J.-M. Greverus, 1972; 1980). Danach ist H. ein Lebensraum, in dem die Bedürfnisse nach Identität, Sicherheit, Aktivität und Stimulation erfüllt werden, ein Raum, den sich die Menschen aktiv aneignen und gestalten, den sie zur H. machen und in dem sie sich einrichten können.

Der Heimattheoretiker der DDR, G. Lange, kritisiert diesen Ansatz als »subjektiven Idealismus«, bei dem die Klassengegensätze und ihre historische Überwindung durch die Arbeiterklasse ausgeklammert würden und damit auch die Tatsache der Schaffung einer objektiven sozialistischen H. (G. Lange, Noch einmal zum Problem H., in: Jahrbuch für Volkskunde und Kulturgeschichte 1976, Berlin

(Ost), S. 153 ff.). H. wird als »engere H.« in ihrer Entwicklung zur »Region des größeren Vaterlands« gesehen, wobei ihr Charakter den ständig wachsenden materiellen und geistigen Bedürfnissen bestimmter sozialer Menschengruppen historisch angemessen ist.

Trotz aller ideologischen Divergenzen und wechselseitigen Absetzungen treffen sich die Neubestimmungen des Begriffs H. unter dem Aspekt einer selbstbestimmten Schaffung von Heimatbedingungen, die sowohl der Entfremdung des Menschen von seinen schöpferischen Möglichkeiten als auch der Einschränkung von H. auf den vertrauten Raum kindlicher Sozialisation und Geborgenheit entgegenstehen.

Dahinter steht, ausgesprochen oder unausgesprochen, was E. Bloch das Prinzip Hoffnung einer Heimatfindung genannt hat, »der arbeitende, schaffende, die Gegebenheiten umbildende und überholende Mensch, der das Seine ohne Entäußerung und Entfremdung in realer Demokratie begründet« (E. Bloch, Das Prinzip Hoffnung, Frankfurt a. M. 1959, S. 1628).

I.-M. Greverus

Literatur
H.-P. Franke, H. und Heimatbewußtsein, Phil.-Diss., Leipzig 1966
G. Lange, Das Wesen der H. aus der Sicht des Marxismus – Leninismus, in: Ethnographische Studien zur Lebensweise. in: Wiss. Zs. der Humboldt-Universität zu Berlin, Gesellschafts- und Sprachwissenschaftl. Reihe XX, S. 11–12, Berlin (Ost) 1971
I.-M. Greverus, Der territoriale Mensch. Ein literaturanthropologischer Versuch zum Heimatphänomen, Frankfurt a. M. 1972
G. Lange, H. – Realität und Aufgabe. Zur marxistischen Auffassung des Heimatbegriffs, Berlin (Ost) 1973
I.-M. Greverus, Auf der Suche nach H., München 1980
H. heute. Zeitungskolleg, Deutsches Institut für Fernstudien, Tübingen 1980
K. Köstlin, H. Bausinger (Hrsg.), H. und Identität. Probleme regionaler Kultur, Neumünster 1980

Held

Der H. ist Subjekt des »dramatischen« Teils des Weltgeschehens oder Objekt seiner Abbildung in Kunst und Unterhaltung. Die Geschichte des H. ist, wie bei den meisten Elementen unserer Kultur, die seiner Säkularisierung. Vom direkten Abgesandten oder dem Bild eines Gottes über die Verkörperung eines »heldischen Ideals« und den herausragenden einzelnen geht die Entwicklung zu dem durch Weisheit oder Tapferkeit ausgezeichneten Menschen. Am Ende steht in den bürgerlichen Gesellschaften

der auch als »Antiheld« auftretende Repräsentant des *rugged individualism,* also der H., der um welchen Preis auch, ganz nach eigenen Gesetzen lebt und sich jeder Typisierung entzieht, und in den sozialistischen Gesellschaften der »positive H.« als Verklärung des Typischen, als Exponent seiner Klasse und mit ihr Subjekt der historischen Veränderung.

Eine eindeutige Definition des H. ist nur möglich, wenn nach den jeweiligen Wertbestimmungen gefragt wird. Der H. ist personenhafte Ausgestaltung von Wertvorstellungen einer bestimmten Menschengruppe, eines Berufs, Stands, einer Klasse oder Nation. Die Frage nach dem H. ist also zugleich die Frage nach den wertkonstituierenden Subjekten. Diese sind im historischen Prozeß die traditionellen Hauptklassen der bürgerlichen Gesellschaft und die ihrem Selbstverständnis nach »klassenlose Gesellschaft«, wie sie im Anwendungsbereich der marxistisch-leninistischen Lehre als im Ansatz verwirklicht angesehen wird.

Bei allem Bedeutungswandel, dem der Begriff des H. und Heldischen unterworfen ist, ist er doch allgemein weniger funktional als Titel, Auszeichnung, Festschreibung einer sozialen Rolle, sondern vielmehr als mythisch sinnstiftend, als Element der Legende, gebraucht worden. Schon Homer verstand seine Epen als Beschwörung einer vergangenen heroischen Epoche. Mythische Entrücktheit unterscheidet den H. vom bloßen → *Vorbild.*

Der Begriff des H. hat sich immer auch politisch funktionalisieren lassen, so etwa, wenn sich Herrscher den Glanz des H. aneigneten oder wenn das Heldische als »heroische Tugend«, »heroische Gesinnung« zum Verhaltenskodex umformuliert wird und schließlich in der Konstruktion einer »heldischen Gesellschaftsform« als Apotheose patriarchalischer Herrschaft kulminiert. Die vollständige Auflösung des Heldenverständnisses in Ideologie wird sich vor allem in Herrschaftsformen wie denen des Faschismus, Stalinismus oder in Militärdiktaturen finden. Mag diese Entwicklung des Begriffs vom Führer zur herausragenden Persönlichkeit gelten, so ist doch insbesondere die kapitalistische Ordnung und ihr kultureller Überbau geprägt von zyklischen Rückfällen, bei denen auch archaisierende, rebarbarisierte Vorstellungen des H. aktiviert werden. Solche Formen rückwärtsgewandter Heldenkulte dienen nicht selten einer Ästhetisierung an sich rein destruktiver Prozesse. So war auf dem Höhepunkt bürgerlich-autoritärer Ordnungen in Deutschland der H. mehr oder weniger gleichbedeutend mit »Kriegsheld«, zumindest, was den allgemeinen Sprachgebrauch anbelangt. Von der Zeit Kaiser Wilhelms II. bis zu der des Nationalsozialismus bestimmte ein Heldenkult die populäre Kultur, der vor allem in der Bereitschaft zum Tod im Dienste der patriotischen Sache und in bedingungslosem Gehorsam gipfelte. Ein überlebender H. war schon beinahe so etwas wie ein Widerspruch in sich. Der Heldenkult brachte Heldengedenktage, Heldenfriedhöfe und Heldendenkmäler hervor, die man gemeinsam mit der Heldenverehrung in den Medien, den Schulen, in Propagandareden zur Ästhetisierung des Todes verdichtete, die dem Nationalsozialismus seine Weihen gab. Wer in der Schlacht fiel, war automatisch ein H., und wer nicht fallen wollte, konnte keiner werden. In der völkischen Ideologie erlangte die Gleichung von Mann und H. wieder ihre volle Gültigkeit. Erkauft wurde diese Wiedergeburt des H. neben der Bereitschaft zur Barbarei durch eine mit zahlreichen Mythen und Symbolen verstärkte Todesbereitschaft. Ganz anders als in einer materialistischen Geschichtsauffassung war hier als Funktion des Heldischen eine Art Kollektivierung geleistet, die dem Kollektiv das Subjekt-Werden in der Geschichte verweigert. H. zu sein war als einzige männliche Lebensform sanktioniert, verbot aber zugleich die dem Heldischen eigentlich zueigene Autarkie. Die Vorstellung vom H. erreichte also gerade dort die größte Verbreitung, wo durch Form und Motivation der Kriegführung mit ihren technisch-anonymen Tötungsarten das Heldentum früherer »Husarenstücke« unwahrscheinlich geworden war.

Kriegshelden wie E. Rommel oder der Flieger E. Udet haben vermutlich mehr für die bleibende Kriegsbereitschaft von Wehrmacht und Bevölkerung bewirkt als ideologische Indoktrination, und sie waren es auch, die am ehesten Rehabilitation selbst von seiten des ehemaligen Kriegsgegners erfuhren. Ein H. zu sein war demnach auch eine Möglichkeit, moralisch zu überleben, denn in den heroischen Phasen in der Entwicklung »totalitärer Systeme« können durch Heldenhaftigkeit bis zu einem gewissen Grad Anpassungszwänge zumindest aufgeschoben werden. Denn vom H. wird erwartet, daß er über die Politik stehe, mit ihr allenfalls temporäre Berührungen habe, vor ihren Verflechtungen aber gefeit sei.

Nach dem Zusammenbruch des nationalsozialistischen Staates wurde das Wort H. in der Bundesrepublik suspekt. Der H. als Inbegriff männlich-kompromißlosen Handelns, als Erfüller patriarchalisch geprägter Ordnungen, die nicht vom Denken, sondern vom unerschütterlichen Wissen und Glauben stammt, erfuhr seine Wiedergeburt freilich hier wie in der DDR. Da in der DDR der zivile H., der »H. der Arbeit«, »H. der Wissenschaft«, zu wirklicher Verehrung nie tatsächlich taugte, das Bedürfnis nach solcher Verehrung aber bei unerfüllten Hoffnungen bestehen bleibt, wurde ein Ersatzheld in einer Art Ersatzkrieg geschaffen. So war J. Gagarin, der erste sowjetische Kosmonaut, wie die H. des Sports aller Nationen, nur deshalb H., weil sein Tun im Dienste der Idee und des Vaterlands stand. Einen nichtpatriotischen H. gibt es eigentlich nur in der amerikanischen populären Kultur der Vor-

kriegszeit. Der H. in nichtheroischer Zeit überlebte nur als Metapher. Ein wirklicher H. ist derzeit kaum vorstellbar. Dieser wurde nicht durch Aufklärung, wie es ein Großteil der Literatur zu diesem Thema will, sondern mit der Perversion des H. im modernen Massenkrieg eliminiert, ohne daß aber mit ihm auch das Bedürfnis nach seiner Existenz gebrochen wäre. So überlebt der H. in der → *Unterhaltung*, in kulturellen Subsystemen als *guitar heroes* in der Rockmusik (→ *Rockkultur*), als »H. des Alltags« wie die »H. der Landstraße«.

Neben der Fortexistenz des mehr oder minder sozialistisch umgedeuteten H. im militärischen und paramilitärischen Bereich gibt es in der DDR und vergleichbaren Gesellschaften eine andere Tradition des Heldenverständnisses. Der älteren, den Personenwert des H. betonenden Auffassung steht die jüngere, auf das Kollektiv und dessen Repräsentation ausgerichtete gegenüber.

Der »proletarische H.« ist zunächst jener, der im Kampf der Klassen sich hervorgetan hat, aber allgemeiner auch jeder Repräsentant der Klasse, die den historischen und technologischen, zivilisatorischen Fortschritt im Wortsinne »erarbeitet« hat: »Obwohl wir den König sehen, sind die plebejischen Krieger die namenlosen H., die die Geschichte machen« (R. Klappenbach, W. Steinitz (Hrsg.), Wörterbuch der deutschen Gegenwartssprache, Berlin (Ost) 1967, Bd. 3, S. 1773). Auf diese Tradition bezieht sich die Neuprägung eines Begriffs wie *H. der Arbeit*. Dieser Titel wurde nach sowjetischem Vorbild gestiftet und wird jährlich am 13. Oktober, dem *Tag der Aktivisten*, verliehen.

Dieser Titel ist sicher mit der angestrebten Neufassung des Begriffs H. im sozialistischen Sinn untrennbar verbunden. So schreibt G. Grünberg, Generalsekretär der *Gesellschaft für Deutsch-Sowjetische Freundschaft:* »Zum erstenmal in der Geschichte Deutschlands sind nicht Fürsten und Könige, nicht Heerführer und Schlachtenlenker, sondern die werteschaffenden, friedlichen Werktätigen Inbegriff des Heldentums. Die schöpferische Arbeit für das Wohl des Volkes ist zu einer Sache der Ehre, des Ruhmes und des Heldentums geworden.«

Betrachtet man dagegen den künstlerischen H. als Abbildung des historischen H., so werden sich bei der Diskussion um seine Funktion ähnliche Unterschiede in den verschiedenen Gesellschaftssystemen ergeben. So wird der H. in → *Kunst* und → *Unterhaltung* in den westlichen Gesellschaften einen Grad von Individualismus und selbst Asozialität ausdrücken, während der H. in der Kunst und Unterhaltung der DDR als positive Eigenschaft seine Verbundenheit mit den Massen, sein Wirken als Typus und Repräsentant seiner Klasse vorzuweisen hat (→ *Parteilichkeit*).

Als H. läßt sich jede dargestellte Figur bezeichnen, unabhängig davon, ob sie auch im moralisch-ethischen Sinn als H. gedacht ist. Im allgemeinen

Sprachgebrauch ist der Begriff jedoch verengt auf die Bezeichnung der Hauptpersonen im dramaturgischen, choreographischen Aufbau, deren Schicksal den roten Faden der Handlung darstellt. Mit der Erweiterung künstlerischer und psychologischer Techniken bei der Darstellung wandelt sich die Funktion des H., insbesondere im modernen Roman, von der Person, von der etwas erzählt wird, zur Person, durch die etwas erzählt wird.

Trotz der Dominanz der künstlerischen Techniken gegenüber dem Dargestellten, die bis zur Trivialität oder Gleichgültigkeit wie im *nouveau roman* reichen kann, ist im allgemeinen der H. Träger politisch-moralischer Ansichten und Repräsentant eines Menschenbildes. In den westlichen Gesellschaften gibt es eine Mehrzahl solcher Menschenbilder, die sich im H. verkörpern. Sie reichen von engagiertem Humanismus im kritischen Realismus über Kulturpessimismus wie im absurden Theater bis zu völkisch-heldischen Ideen in der *Fantasy*-Literatur oder den »Landser«-Heften. Der Antiheld schließlich, dem auch Schwächen zugebilligt werden, erscheint als ein so ausgeprägter Individualist, daß er zum Repräsentanten einer Idee, einer Gemeinschaft, einer Klasse oder einer Nation nicht taugen kann. Der »positive H.« der Kunst und Literatur in der DDR ist demgegenüber, auch wenn versucht wird, ihm gesellschaftskritische Funktion oder Subjektivität zuzuordnen, ausschließlich dem sozialistischen Menschenbild verpflichtet. Er soll zum geschichtsbildenden Handeln befähigt und Subjekt der gesellschaftlichen Konflikte und Entwicklung sein. So funktioniert der H. in der Bundesrepublik als durch Kunst und Unterhaltung vermitteltes seismographisches Indiz für Stimmungen, Gefühlsanlagen, psychische Reaktionen auf Verschiebungen der Machtverhältnisse, der H. in der DDR als seismographisches Indiz für die Möglichkeiten, welche die Partei als Subjekt der Geschichte, dem abstrakten Subjekt, der Arbeiterklasse und ihren Verbündeten, zubilligt.

G. Seeßlen

Literatur
K. Grünberg u. a., H. der Arbeit. Aus dem Leben und Wirken der H. unserer Zeit, Berlin (Ost) 1951
S. Hook, Der H. in der Geschichte. Eine Untersuchung seiner Grenzen und Möglichkeiten, Nürnberg 1951
J. Campbell, Der Heros in tausend Gestalten, Frankfurt a. M. 1953
F. Linares, Der H. Versuch einer Wesensbestimmung, Bonn 1967
Stichwort »H., Heros« in: J. Ritter (Hrsg.), Historisches Wörterbuch der Philosophie, Bd. 3, Darmstadt 1974, S. 1043 ff.

Hören

Das Gehör ist der Sinn, durch den der Mensch seiner Umwelt am unmittelbarsten ausgesetzt ist. Mit dem Geschmacks-, Geruchs- und dem Tastsinn hat es gemein, daß es sich auf natürliche Weise nicht vorübergehend stillstellen läßt wie das →*Sehen,* mit dem gemeinsam es Entferntes und Nahes wahrzunehmen vermag. Im Unterschied zum Sehen jedoch, das immer auf etwas gerichtet ist, nimmt das Gehör zunächst nach allen Richtungen hin wahr. Zwar kann es sich auch auf etwas richten, doch hat dieses Gerichtetsein nie die Ausschließlichkeit wie im Fall des Sehens.

Die mit H. gegebene Offenheit des Menschen für seine Umwelt bedeutet innerhalb der industriellen Zivilisation auch eine gewisse Verletzlichkeit. Der Begriff der »akustischen Umweltverschmutzung« deutet darauf hin, daß der Mensch heute dem Lärm oft andauernd und bis an die Grenze seiner physischen und psychischen Belastbarkeit ausgesetzt ist. Beide deutsche Staaten unterscheiden sich in diesem Punkt nur graduell. Wo in der DDR wegen der geringeren Industrie- und auch Bevölkerungsdichte der Lärm noch kein so großes Problem darstellt wie in der Bundesrepublik, weisen Anzeichen darauf hin, daß sie diesen Abstand bald überwunden haben wird. Hinzu kommen die unterschiedlichsten Varianten »akustischer Vereinnahmung«. In der DDR hängen diese meist mit dem offiziellen Gebot zusammen, alles Wirkliche in der einen, parteiisch angeleiteten, staatlichen Perspektive zu sehen. Diese Forderung ist nicht nur in der visuellen, sondern auch in der akustischen Wahrnehmungswelt dieses Staates in den verschiedensten Formen vorhanden. An erster Stelle ist dabei die in der Arbeitswelt und im öffentlichen Leben gebräuchliche Umgangssprache zu nennen. Die Eigenarten dieser →*Sprache* ergeben sich aus ihrer Aufgabe, alle Phänomene, Ereignisse und Probleme so zu benennen, wie sie sich in der offiziellen Weltsicht darstellen. Sie ist sehr stark geregelt und von der Terminologie des Marxismus-Leninismus durchdrungen. Terminologien jedoch, die von der Ebene des theoretischen Diskurses in die Ebene der Umgangssprache eindringen, werden dort in der Regel zum Jargon (→*Philosophie*). Das Jargonhafte der Sprache des im weitesten Sinn öffentlichen Raumes in der DDR zeigt sich am deutlichsten mit der Fülle stereotyp wiederkehrender Wortverbindungen, die längst nichts mehr besagen. Obwohl die Bevölkerung diese Sprache weitgehend als Jargon wahrnimmt und die Dinge nur mit Vorbehalten so sieht, wie dieser sie zur Sprache bringt, zwingt dessen Allgegenwart im öffentlichen Raum (→*Öffentlichkeit*) doch zur fortwährenden Auseinandersetzung mit der von ihm repräsentierten Perspektive.

In der akustischen Wahrnehmungswelt der heranwachsenden Generation ist eine bestimmte Art der Pflege des →*Liedes* präsent. »Speziell mit dem Singen«, so schreibt D. Gleß in einem 1974 erschienenen Aufsatz, »können wir die Schüler zu einer festen weltanschaulichen, politischen und moralischen Grundhaltung erziehen, ihre Lebensauffassung und Lebenshaltung im Sinne der Weltanschauung und Moral der Arbeiterklasse formieren« (in: Musik und Schule, Berlin (Ost), 1974, H. 3, S. 104). In der Unterhaltungsmusik *(→ Unterhaltung)* bemühte man sich lange, als Alternative zu den westlichen Formen um einen →*Schlager,* der zur Ausbildung des »sozialistischen Bewußtseins« der Massen beitragen sollte. Dieser Versuch wurde in den 70er Jahren allerdings aufgegeben. Unterhaltungsmusik, so die gewandelte Auffassung, habe der Ablenkung vom →*Alltag* und der Entspannung, nicht aber der Agitation zu dienen. Damit ging ein gelassenes Verhältnis zur westlichen Popmusik einher. Tourneen westlicher Rock- und Popgruppen und Interpreten wurden erlaubt. Diese Entkrampfung soll allerdings nicht als gänzlicher Verzicht auf Abgrenzung verstanden werden. Dies zeigt etwa ein Gemälde im Foyer des Ende 1981 neu eröffneten *Gewandhauses* in Leipzig. Dort findet sich ein von V. Stelzmann geschaffenes Bildnis von Jimi Hendrix. Es trägt den Titel »Drifters Escape« und zeigt das westliche Idol, wie ein Rezensent im »Neuen Deutschland« schrieb, »als den ziellos suchenden Menschen.«

Gestalten des H. sind in der DDR immer auch durch ihr Verhältnis zu den Elementen der akustischen Wahrnehmungswelt definiert, in denen sich der ideologische Anspruch darstellt. Nun ist H. nur dann wirkliches Zuhören, wenn Neues, Unbekanntes, noch nicht Gehörtes erwartet wird. Die Formen der offiziellen Sprache und →*Propaganda* aber sind das längst Bekannte, immer schon Gehörte. Das H. ihrer akustischen Repräsentation wird deshalb meist nur ein Hinhören sein. Formen wirklichen Zuhörens sind in der DDR in der Regel mit einer Form des Ausblendens dieser Repräsentation oder des Weghörens von ihr verknüpft. Eine gleichsam offiziell gebilligte Form solchen Weghörens sind Veranstaltungen zum Zweck der in ihrem Eigenwert neu entdeckten Entspannung *(→Freizeit).* Eine andere, und zweifellos die am weitesten verbreitete, ist der Rückzug ins Private. Allein dort, wo man »nichts sieht und hört«, hört man einander zu. Auch in der DDR ist es eine menschliche Tugend, dem andern zuzuhören. Dies aber heißt dort, ihn gerade nicht nach seinem Abstand vom sozialistischen Idealmenschen zu beurteilen, sondern ihn etwas von sich zur Sprache bringen zu lassen, das nicht schon in der offiziellen Perspektive verstanden, eingeordnet und bewertet ist.

Auch die Gestalten des H. in der Bundesrepublik kann man nach ihrem Verhältnis zu einer in der akustischen Wahrnehmungswelt allgegenwärtigen Kulisse klassifizieren. Im Unterschied zu ihrer Entsprechung in der DDR verzichtet diese Kulisse hier jedoch von vornherein darauf, wirkliches Zuhören oder auch nur Hinhören zu beanspruchen. Sie begnügt sich mit dem bloß beiläufigen, eben kulissenhaften Gehörtwerden. Ihre hauptsächliche Aufgabe ist die Stimulation des →*Konsums.* Von den Radioprogrammen, die das Frühstück begleiten, über die Hintergrundmusik in den Einkaufspassagen, Supermärkten bis hin zu Speiserestaurants, überall ist das Ziel jene innere Beschwingtheit, die das Nachdenken dämpfen, von Problemen ablenken und die Lust am Konsum steigern soll.

Nach ihrem Verhältnis zu dieser Kulisse sind in der Bundesrepublik zwei elementare Gestalten des H. zu unterscheiden. Zur ersten gehören alle Formen des Umgangs mit der Unterhaltungselektronik. Die Diskothek ist als eine institutionelle Ausformung dieser Gestalt des H. zu betrachten, und die tragbaren Cassettengeräte mit Kopfhörer zum Gebrauch während des Spazierengehens als eine ihrer extremsten Varianten. Im Unterschied zur allgegenwärtigen Kulisse läßt die Unterhaltungselektronik noch die Möglichkeit der Wahl. Aber auch sie zeigt den Aspekt des Narkotischen. Die Unterhaltungselektronik gebraucht man, um sich selbst zu vergessen oder zu stimulieren. H. ist hier in der Regel nicht wirkliches Zuhören, aufgrund der Wahlmöglichkeiten jedoch mehr als nur beiläufiges H. Im besten Fall wird man es als Hinhören, meist als eine Mischform im Spektrum zwischen dem beiläufigen H. und dem Hinhören betrachten können.

Eine zweite Gestalt des H. in der Bundesrepublik kultiviert gegen den narkotischen Aspekt der Kulisse das Zuhören. Einiges spricht dafür, und man kann dies als eine Entsprechung zur zunehmenden Sensibilisierung gegen die Verselbständigung der Oberfläche im Bereich des →*Sehens* betrachten, daß diese Gestalt sich seit einigen Jahren stärker verbreitet. Ein Indiz dafür ist der anhaltende Boom deutschsprachiger Lieder mit nicht geringem literarischem Anspruch *(→Lied).* Fast alle Rundfunkstationen haben ihnen inzwischen einigen Raum in ihren Programmen eingeräumt. Bei der Charakterisierung der entsprechenden Sendungen spricht man ganz selbstverständlich von »Liedern zum Zuhören« und drückt damit den Wandel aus, der das H. solcher Sendungen von dem anderer Unterhaltungssendungen unterscheiden soll. Wie sehr die langjährige Vernachlässigung des H. zugunsten des Ausbaus immer raffinierterer Akustikkulissen als Mangel erlebt wurde, zeigt der Zuspruch, den Gesprächsgruppen aller Art finden, Gruppen wie etwa Gesprächskreise junger Eltern, Gesprächsgruppen zwischen älteren und jüngeren Menschen, Frauen-, Jugendgruppen und psychotherapeutisch betreute Selbsterfahrungsgruppen *(→Psychoanalyse, →Sinnlichkeit).* Gerade das letzte

Beispiel zeigt, daß das zeitweilige Übermaß narkotisierender Kulissen nicht nur den → *Dialog,* sondern auch die Selbsterfahrung *(→ Erfahrung)* beeinträchtigte und so in vielen Fällen zur Selbstentfremdung *(→ Entfremdung)* führte.

Die Betrachtung der akustischen Wahrnehmungswelten in beiden deutschen Staaten läßt erkennen, daß deren allgemeinen Struktur nicht unähnlich, ihr Inhalt jedoch sehr unterschiedlich ist. Hier wie dort gibt es eine so gut wie allgegenwärtige akustische Kulisse, die das Zuhören zunächst einmal verstellt und damit zu einer Anstrengung, einer Leistung macht. Diese Kulisse aber ist jeweils sehr verschieden beschaffen. Entsprechend wird auch Stille als Ausgeblendetsein dieser Kulisse und Voraussetzung des Zuhörens in beiden deutschen Staaten als etwas anderes empfunden. In der Bundesrepublik zeigt sie sich in der Abwesenheit des Lärms und narkotisierender, letztlich auf die Stimulation des Konsums zielender Hintergrundreize jeder Art, in der DDR dagegen ist sie das Ausblenden des Jargons wie auch jeder anderen akustischen Repräsentanz der offiziell verbindlichen Weltanschauung.

R. Düßel

Literatur

K. Hemmerle (Hrsg.), Gespräch ohne Partner. Eine Krise des H., Freiburg 1961

R. Rudorf, Jazz in der Zone, Köln 1964

D. Kreidel (Hrsg.), Physiologie des Gehörs, Stuttgart 1975

B. C. J. Moore, Introduction to the Psychology of Hearing, London 1977

E. Neitham, H.-J. Vogt, Ideologie in der Musikerziehung. Zur Kulturpolitik und ästhetischen Bildung in der DDR, in: Deutsche Studien, 16. Jg., 1978, Heft 61, S. 163–171

Hörfunk

I. Entwicklung des Hörfunks in der Bundesrepublik Deutschland und der DDR – II. Institutionalisierung des Hörfunks – III. Programmformen – IV. Gegenwärtiger Stand des Hörfunks in beiden deutschen Staaten

I. Entwicklung des Hörfunks in der Bundesrepublik Deutschland und der DDR

H. definiert sich primär durch seine technischen Bedingungen, der drahtlosen, nicht zielgerichteten, sondern rundum ausgestrahlten Übertragung akustischer Signale wie Sprache, Musik und Geräusche. Als Massenmedium ist er darüber hinaus als gesellschaftliche Institution, als medialer Produktions- und Distributionsapparat sowie als Mittel und Objekt der Freizeitbeschäftigung seiner Hörer zu begreifen. Seit sich das → *Fernsehen* des gleichen technischen Vermittlungsmodus bedient, wird das Wort Rundfunk als Sammelbegriff für beide Medien verwendet und zur Unterscheidung bei dem rein akustischen Medium vom H. gesprochen.

Die technischen Voraussetzungen des Funks waren bereits Ende des 19. Jh. bekannt. Im Ersten Weltkrieg diente er militärischen Zwecken, seit Beginn der 20er Jahre, in Deutschland seit 1923, entstanden in verschiedenen Ländern Rundfunkstationen, die in wachsendem Umfang Unterhaltungs- und Informationsprogramme an ein allgemeines Publikum ausstrahlten. In Deutschland war der H. zunächst föderalistisch und privatwirtschaftlich organisiert, geriet dann jedoch immer stärker unter staatlichen Einfluß und ging 1932 ganz in Staatsbesitz über. Die Nationalsozialisten zentralisierten den Rundfunk, bauten ihn zum wichtigsten Propagandamittel aus, wobei die zu diesem Zweck in Gang gesetzte Produktion und Verteilung von »Volksempfängern« in hohen Stückzahlen und der Gemeinschaftsempfang in Behörden, Betrieben und Gaststätten die Reichweite des H. wesentlich verbreitern halfen.

Die Neuorganisation des H. nach 1945 erfolgte in den einzelnen Besatzungszonen durch die Alliierten, die den H. zunächst als Umerziehungsmedium nutzten. Sie errichteten in ihren jeweiligen Zonen unterschiedlich große Sendeanstalten. Der *Nordwestdeutsche Rundfunk* in der britischen Zone umfaßte 1951 5,1 Mio. Hörer und damit die Hälfte aller Hörer in den westlichen Besatzungszonen, *Radio Bremen,* einer der fünf Sender in der amerikanischen Besatzungszone, dagegen nur 137 000 Hörer. Dieses Ungleichgewicht wie auch rundfunk- und parteipolitische Tendenzen in den einzelnen Bundesländern führten dann in den 50er Jahren zu einer Aufteilung des *Nordwestdeutschen Rundfunks* in den *Westdeutschen Rundfunk* in Köln und den *Norddeutschen Rundfunk* in Hamburg. 1954 nahm der *Sender Freies Berlin* den Programmbetrieb auf.

Für die Sowjetische Besatzungszone entstand mit der Anstalt *Berliner Rundfunk* ein zentral gelenkter Sender, dem weitere Landessender mit teilweise eigenen Programmen angeschlossen waren. Am 1. Mai 1949 kam der *Deutschlandsender* mit seinem vorwiegend für Westdeutschland bestimmten Programm hinzu. Während in der Bundesrepublik die von den Alliierten begründeten Rundfunkanstalten, abgesehen von der Teilung des *Nordwestdeutschen Rundfunks,* erhalten blieben, wurde in der DDR der H. mehrfach umorganisiert. Mit der Konstituierung des *Staatlichen Rundfunkkomitees* wurden 1952 die noch bestehenden regionalen Programmanteile beseitigt und der Rundfunk vollständig in Berlin (Ost) zentralisiert. Nach dem 17. Juni 1953 und der

Durchsetzung des *Neuen Kurses* wurde diese Entwicklung wieder zurückgenommen, um die Sender stärker auf die Hörerbedürfnisse hin zu differenzieren. 1955/56 entstand schließlich die neue Gliederung des H. in den *Berliner Rundfunk, Radio DDR* und den *Deutschlandsender.* Ende der 50er Jahre kamen dann wie auch bei den Landesrundfunkanstalten in der Bundesrepublik zusätzliche Programme wie die *Berliner Welle* als 2. Programm des *Berliner Rundfunks* und *Radio DDR II* hinzu.

Seit der Errichtung des *Deutschlandsenders* war ein Großteil der Hörfunkarbeit auch auf die westdeutschen Hörer ausgerichtet, wie umgekehrt die Sender der *ARD,* vor allem die im Grenzbereich zur DDR, sich an die Bevölkerung der DDR wandten. Dem wachsenden Einfluß der westdeutschen Sender begegnete die DDR durch zeitweilige Störsender auf den gleichen Frequenzen. Einen Tag nach Verbot der *KPD* durch das *Bundesverfassungsgericht* am 17. August 1956 begann der *Deutsche Freiheitssender 904* sein Programm auszustrahlen. Er gab vor, Sprachrohr der illegalen *KPD* zu sein und in der Bundesrepublik zu stehen, soll jedoch in der Nähe von Burg bei Magdeburg stationiert gewesen sein. Mit seiner geschickten Mischung von Pop-Musik, verschlüsselten Informationen für die illegalen KP-Gruppen und Polemik gegen den »westdeutschen Militarismus« sollte er vor allem Bundeswehrsoldaten ansprechen. Im Oktober 1960 nahm zusätzlich ein auf die Bundeswehr ausgerichteter *Deutscher Soldatensender* sein Programm auf.

Der Beginn der 70er Jahre mit der Entspannungspolitik und dem Wechsel von W. Ulbricht zu E. Honecker brachte auf dem VIII. Parteitag der *SED* 1971 auch eine Neubestimmung der Rundfunkpolitik. Der *Deutsche Freiheitssender 904,* der *Deutsche Soldatensender* und die *Berliner Welle,* wurden eingestellt. An die Stelle des *Deutschlandsenders* trat die *Stimme der DDR,* deren Aufgabe nicht mehr die gezielte Beeinflussung der Bundesbürger, sondern die Information über die Rolle der DDR innerhalb des Weltgeschehens und ihre Darstellung nach außen ist. Der Außendarstellung der DDR dient auch der bereits seit den 50er Jahren arbeitende Sender *Radio Berlin International,* der in verschiedenen Sprachen Programme für das Ausland produziert, darin vergleichbar der *Deutschen Welle* in der Bundesrepublik.

II. Institutionalisierung des Hörfunks

Der H. ist in den beiden deutschen Staaten institutionell unterschiedlich in der Gesellschaft verankert. In der Bundesrepublik ist er durch die Rundfunkgesetze in Form von öffentlich-rechtlichen Anstalten konstituiert, d. h. er produziert seine Programme nicht verwertungs- und damit profitorientiert, sondern mit Einnahmen aus Teilnehmerge-

bühren und zusätzlichen Werbeeinnahmen. Er ist unabhängig vom Staat und wird durch Gremien, denen Vertreter sogenannter »gesellschaftlich relevanter Gruppen« angehören, kontrolliert.

Nichtkommerzielle Produktion und Staatsfreiheit wurden in der Entwicklung des H. seit Beginn der 50er Jahre unterlaufen, da die Konstruktion eines verwertungs- und staatsfreien Raums in einer entgegengesetzt organisierten Gesellschaft permanent bedroht ist. Der Verkauf von Sendezeit zu Werbezwecken (→ *Werbung*) wurde als ein »Sündenfall« des Systems bezeichnet, ebenso wie das Füllen der Programme durch kommerziell produzierte Musik, da der H. damit zugleich Werbung für die kommerziellen Produktformen dieser Musik in Form von Schallplatte und Kassette betreibt. Das Staatsfreiheitspostulat wurde in der Praxis durch die Aufsichtsgremien umgangen, in denen auch zahlreiche Parteivertreter sitzen, die zunehmend durch die Bildung von »Freundeskreisen« unter den nicht parteigebundenen Gremienmitgliedern diese parteipolitisch polarisieren. Auch weichte die Gesetzgebung den Grundsatz der Staatsfreiheit auf; schließlich nutzten die Regierungen der Bundesländer seit 1969 die regelmäßigen Auseinandersetzungen um die Erhöhung der Rundfunkgebühren zu einer Art »Superkontrolle über den Rundfunk« (H. Bausch, Rundfunkpolitik nach 1945, zweiter Teil, Bd. 4, München 1980, S. 665). Die allgemeine kulturpolitische Entwicklung führte zu Beginn der 70er Jahre zu einem verstärkten politischen Einfluß der Länderregierungen und der Parteien. Die Diskussion um die Ausgewogenheit der Programme, vor allem gegenüber als linkslastig verdächtigten Sendungen von der *CDU* geführt, hatte einen Abbau des engagierten und kritischen Journalismus zur Folge. Der Konflikt um die Aufkündigung des *Staatsvertrages über den Norddeutschen Rundfunk* durch die von der *CDU* geführten Länder Schleswig-Holstein und Niedersachsen ist ein markantes Beispiel für diese politische Einflußnahme. Zwar scheiterte die angestrebte Gründung von je eigenen Landessendern, doch die durch die Kampagne erreichte Konformität im Programm des *Norddeutschen Rundfunks* kann als Teilergebnis verstanden werden.

In der DDR ist der H. eindeutig Teil des Staatsapparates. Das *Staatliche Rundfunkkomitee* als Führungsinstrument untersteht direkt dem Ministerrat. Die politische Lenkung des H. wie auch des Fernsehens erfolgt seit den 50er Jahren durch die *Abteilung Agitation und Propaganda* beim Zentralkomitee der *SED,* die die politische Meinung von Politbüro und Zentralkomitee zum Ausdruck bringt und die die einheitliche Lenkung aller Medien durch ein umfassendes System von langfristigen Globalrichtlinien und kurzfristigen Argumentationsanweisungen gewährleistet.

III. Programmformen

Die seit Ende des 19. Jh. mit der Entwicklung der Tonkonservierung expandierende Musik- und Phonoindustrie bot sich als Lieferant für das sich ausweitende Programm an und prägte so das Angebot der Sender. Aber die Bedingungen des Rundfunks wirkten auch zurück, wie sich am Beispiel der Operette zeigen läßt. Die Präsentation bekannter Arien und Couplets aus den Operetten und ihre Popularisierung zu Schlagern führte zu einer Reduktion der Spielhandlung zugunsten einer Nummerfolge schlagartig herausgestellter Gesangsstücke in der neueren Operettenproduktion. Gerade die permanente Ausstrahlung von Musik war und ist der →Kulturkritik ein Indiz für die durch die Massenmedien betriebene Kulturnivellierung. Andererseits gilt gerade der H. gegenüber den Bildmedien →Film und Fernsehen durch seine Beschränkung auf das Akustische in der Wortproduktion als Medium neuer literarischer Möglichkeiten (→Literatur). Schon A. Döblin sah 1929 im H. die literarische Chance, gegenüber dem geschriebenen Wort dem gesprochenen wieder neue Bedeutung zukommen zu lassen. In den 20er Jahren bilden sich bereits die Hörfunkformen aus, die auch die Programme seit der Nachkriegszeit bis heute bestimmen. Neben Dichterlesungen, Vorträgen, Ansprachen und Diskussionen, den Nachrichtensendungen, Musik- und Unterhaltungssendungen, Theateradaptionen, Sendungen für Hausfrauen, Kinder oder die Landbevölkerung sind vor allem das Hörspiel und die Reportage hervorzuheben.

Als selbständige Programmform entstand das Hörspiel schon in den ersten Jahren des H. Die Hörspielautoren der letzten Jahre der Weimarer Republik sind auch im Hörspiel der 50er Jahre in der Bundesrepublik vertreten, wie H. Kasack, W. Weyrauch, G. Eich, später auch F. Hoerschelmann, H. Rothe. Sie und andere Autoren etablierten in den 50er Jahren das Hörspiel als anerkannte literarische Form. Das besonders vom Hörspielchef des *Norddeutschen Rundfunks,* H. Schwitzke, propagierte »Illusionshörspiel«, das sich auf die Parabelform konzentrierte, entsprach den herrschenden literarischen Zielsetzungen dieser Zeit. Gerade der H. schien dafür, mehr noch als das Buch, das ideale Medium zu sein. Die Hörspielarbeit war für die Autoren, zum Beispiel H. Böll, G. Eich und I. Bachmann, auch finanziell lukrativ und ermöglichte ihnen zudem andere, weniger gut bezahlte literarische Arbeiten. In den 60er Jahren zeichnete sich mit der Verlagerung des allgemeinen Publikumsinteresses zum Fernsehen eine Umorientierung des Hörspiels ab. Es etablierte sich das *Neue Hörspiel,* das zumeist von Autoren der *konkreten Poesie* wie W. Wondratschek, F. Kriwet, F. Mon, E. Jandl, H. Heißenbüttel und P. Handke geschrieben wurde und sich an ein Minderheitenpublikum richtete. Die

Herstellung von Illusionen wird hier bewußt gemieden, statt dessen werden »radiophone« Mittel bevorzugt, um Sprachmaterial, Geräusch- und Musikpartikel zu Toncollagen zu verarbeiten. Aus dieser dem Sprachspiel verwandten Richtung entstand Mitte der 70er Jahre das Originalton-Hörspiel, das sich zumeist kritisch mit der Realität der Bundesrepublik auseinandersetzte und sich vor allem mit der Arbeitswelt beschäftigte. J. Alberts, G. Wallraff und andere Autoren des *Werkkreises Literatur der Arbeitswelt* vertreten diese Richtung.

In der DDR stand das Hörspiel als künstlerisch-publizistische Form seit der Zentralisierungsphase unter eindeutig propagandistischem Auftrag, wobei auch hier die Illusionsherstellung unter dem Gebot des *Sozialistischen →Realismus* dominierte und die Hörspielproduktion bis heute beherrscht. Thematisch ging es in den 50er Jahren um die Auseinandersetzung zwischen Kommunismus und Kapitalismus, die Aufarbeitung der nationalsozialistischen Vergangenheit und die Herausstellung der Geschichte und Leistung der deutschen und der internationalen Arbeiterbewegung. In den 60er Jahren verlagerte sich die Themenwahl vor allem im Zusammenhang mit den beiden *Bitterfelder Konferenzen* auf die Bewältigung der »sozialistischen Arbeitswelt« (→Arbeitskultur), wobei der thematisierte Produktionsprozeß immer auch stellvertretend für den Sozialismus und den Staat insgesamt steht. Bekenntnis und Identifikation sind deshalb selbst dort, wo im Detail etwas kritisiert wird, der Grundtenor in der Hörspielproduktion. Auch in der DDR etablierte sich das Hörspiel durch Autoren wie H. Müller als literarische Kunstform. Eine vergleichbare Entwicklung, wie sie in der Bundesrepublik zum *Neuen Hörspiel* führte, fehlt in der DDR völlig. Zwar wurde mit der ab 1971 einsetzenden Liberalisierung und Öffnung der Programme für neue Formen auch im Hörspiel der Spielraum für Experimente erweitert, doch hielt sich diese Entwicklung in sehr engen Grenzen. In der Bundesrepublik wie in der DDR ging die Zahl der gesendeten Hörspiele in den 70er Jahren ständig zurück, da mit Programmumstellungen Unterhaltung und Politik im Programm stärker betont wurden.

Vergleichbar mit der Hörspielentwicklung ist die der →*Reportage* und des *Features.* Die zeitgleiche Berichterstattung eines Geschehens, das von Reportern spontan beschrieben, kommentiert und sofort *live* ausgestrahlt wird, läßt beim Zuhörer die Illusion unmittelbaren Dabeiseins entstehen. Vor allem bei Sportübertragungen spielt dies eine Rolle, aber auch bei politischen Übertragungen. Die Spezifik der Hörfunkreportage, alles Geschehen in Sprache umzusetzen, um dem Hörer ein Bild zu vermitteln, erwies sich mit dem Aufkommen des Fernsehens, das diese Bilder direkt lieferte, als Handikap. Mit dem Bedeutungsrückgang der Reportage gewann das Hörfunkfeature an Gewicht. Als eine Collage aus Interview- und Reportageelementen, Kommentaren, Zitaten und Stimmungsbildern bot es andere Verarbeitungsformen an und ist sowohl als selbständige Programmform wie auch als Bestandteil der ab Beginn der 70er Jahre stärker im Programm auftauchenden Magazine vertreten.

Mit der Auflösung deutlich voneinander abgegrenzter Programmformen zugunsten der Mischung aus relativ kurzen Wortbeiträgen, Musikteilen und Moderation versuchten die Hörfunkprogramme, das jetzt vorrangig auf das Fernsehen ausgerichtete Publikum in den nicht vom Fernsehen besetzten Zeiten für den H. zu gewinnen. Die durch die Magazine dominierten Programme ließen und lassen sich leichter neben anderen Tätigkeiten konsumieren und konnten deshalb ein breites Hörerinteresse auf sich ziehen. Diese Entwicklung, die in der Bundesrepublik etwas früher als in der DDR einsetzte, hat aber bei formaler Gemeinsamkeit unterschiedliche Ziele. In der DDR geht es um die Verbindung von sozialistischer Erziehung und Unterhaltung, in der Bundesrepublik um die Verbindung von politischer Information, Lebenshilfe und Unterhaltung.

IV. Gegenwärtiger Stand des Hörfunks in beiden deutschen Staaten

Der H. ist heute sowohl in der Bundesrepublik wie auch in der DDR noch immer das am weitesten verbreitete Medium. So hat er in der Bundesrepublik 19,6 Mio. Teilnehmer, das Fernsehen 17,8 Mio., in der DDR hat er 6,2 Mio., das Fernsehen 5,2 Mio. Beide Medien haben in beiden deutschen Staaten die Sättigungsgrenze in der Geräteausstattung der Haushalte längst erreicht.

Die Aufgabenteilung zwischen Fernsehen und H. hat dazu geführt, daß der H. anders als in den 50er und 60er Jahren genutzt wird. Der H. wird heute mehr in Verbindung mit anderen Tätigkeiten gehört, so beim Aufstehen und Frühstücken, beim Autofahren, bei der Hausarbeit, im Garten, bei Ausflügen etc. Die früher vielzitierte abendliche Versammlung der Familie um das Radio findet heute vor dem Fernseher statt. Mit dazu beigetragen hat die Entwicklung batteriebetriebener, tragbarer Transistorradios und ihre allgemeine Verbreitung seit dem Ende der 50er Jahre, die dem Radio Mobilität verlieh und dadurch die Nutzung des H. in Verbindung mit anderen Tätigkeiten erleichterte. Diese Bedeutung des Transistorradios, die in den 70er Jahren durch die Kombination mit Tonbandcassettendecks in ihrem Unterhaltungswert noch gesteigert wurde, hat das vergleichbare tragbare Fernsehgerät nicht erreicht, da Radiohören weniger umfassend als das Fernsehen die Sinne des Rezipienten absorbiert und dem Hörer damit mehr Raum für anderes läßt, andererseits den Zuhörer vor allem durch die Musik dennoch emotional stark ansprechen kann.

Die lokale und regionale Begrenzung des H. gerade im UKW-Bereich hat diesen für die regionale Informationsvermittlung und damit auch für die Schaffung neuer kultureller Zusammenhänge wichtig werden lassen. Die Sender Leipzig, Dresden, Weimar, Schwerin, Cottbus und Potsdam senden jeweils ein eigenes Fünf-Stunden-Programm morgens zwischen fünf und zehn Uhr; die »Elbe-Saale-Welle« der Studios Halle und Magdeburg, die »Oderwelle« des Studios Frankfurt a. d. O., das Studio Neubrandenburg und das Studio Karl-Marx-Stadt senden ebenfalls auf je eigenen Frequenzen täglich drei Stunden. Der Sender *Radio DDR II* beginnt sein Tagesprogramm täglich erst um zehn Uhr, weil die Wellen vorher von den Regionalsendern genutzt werden.

Eine Veränderung der Rezeptionsgewohnheiten ist auch in der DDR zu beobachten, wobei die Einführung des Transistorradios hier sehr viel später erfolgte und sich aufgrund erhöhter Preise erst in den 70er Jahren durchsetzte. Als Grund dafür ist weniger ein technologisches Defizit als vielmehr ein offizielles jugendpädagogisches Bedenken gegen ein möglicherweise permanentes, auch öffentliches Radiohören westlicher Sender anzusehen. Im Programm versucht auch der H. der DDR, mit westlicher Pop-Musik den Hörerwünschen gerecht zu werden. Die Anpassung an die westlichen Programme, in der DDR selbst mehrfach kritisiert, ist letztlich die resignative Hinnahme des ungebrochenen Einflusses der westdeutschen Hörfunkprogramme. Zwar galt das Hören westlicher Sender in den 50er und 60er Jahren als gesellschaftsschädlich, ein generelles Verbot unterblieb jedoch, da es allzusehr an die Gesetze des Nationalsozialismus gegen das Abhören feindlicher Sender erinnert hätte. Dennoch stand die Verbreitung westlicher Informationen und der Gemeinschaftsempfang westlicher Sender unter Strafe. Auch wurde bei anderen Delikten das Hören von Westsendern als strafverschärfend gewertet. In den 50er und 60er Jahren wurde der Empfang westlicher Sender durch die Ausstrahlung von Störsendern auf deren Frequenzen erschwert. Dies wurde jedoch Ende der 60er Jahre eingestellt, nicht zuletzt, weil sie an der Ausrichtung der Bürger der DDR auf die westlichen Programme nichts änderte. Befragungen in der DDR ergaben Ende der 60er Jahre, daß 56 v. H. der jugendlichen Hörer täglich ab 13 Uhr westliche Sender hörten und manche Jugendsendungen wie der *RIAS-Treffpunkt* Einschaltquoten bis zu 98 v. H. erzielten.

Bei der Programmumstellung zu Beginn der 70er Jahre schlug deshalb die DDR eine andere Strategie ein. Sie orientierte sich im Programmaufbau und im Unterhaltungsangebot verstärkt an den westdeutschen Programmen, strahlte vermehrt westliche Pop-Musik aus und kopierte westliche Unterhaltungsformen, so daß Kritikern der DDR-Hörfunk als etwas hausbackene Ausgabe des westdeutschen

H. mit politisch anderem Vorzeichen erscheint.

K. Hickethier

Literatur

H. Riedel, H. und Fernsehen in der DDR, Köln 1977
S. B. Würffel, Das deutsche Hörspiel, Stuttgart 1978
R. Arnheim, Radio, London 1936; dt. Ausgabe: Rundfunk als Hörkunst, München 1979
F. Knilli, E. Reiss, S. Zielinski, H., in: Kritische Stichwörter Medienwissenschaft, hrsg. v. W. Faulstich, München 1979

Ideologie

I. Reaktionen auf die Ideologietheorie bei K. Marx – II. Neue Formen der Ideologisierung in der Bundesrepublik Deutschland – III. Aufklärung durch Ideologiekritik – IV. Marxismus-Leninismus als Ideologie in der DDR – V. Zum Stand der gegenseitigen Kenntnisnahme

I. Reaktionen auf die Ideologietheorie bei K. Marx

Im Sprachgebrauch der Bundesrepublik und der westlichen Welt werden als I. vornehmlich jene Aussagesysteme philosophisch-weltanschaulicher Art verstanden, die auf die Konkurrenz gesellschaftlicher Gruppen um Machtgewinnung oder -festigung bezogen sind und insbesondere der Verhüllung bzw. Rechtfertigung darin verfolgter Interessen dienen. Der Begriff I. soll diesen Zusammenhang beschreiben und zugleich kritisieren. In der Verwendung des Begriffs in der DDR – wie allgemein im Geltungsbereich des Marxismus-Leninismus – ist diese kritische Funktion nur noch in Ansätzen dort durchgehalten, wo der Begriff der Denunziation des politischen Gegners und seiner Bewußtseinsgehalte und -strukturen dient. Bedeutsamer ist hier der Begriff dagegen in seiner bejahenden und bestätigenden Funktion für das System der DDR, die darin besteht, daß der Marxismus-Leninismus selber als die allein »wissenschaftliche«, »wahre« und »fortschrittliche« I. verstanden wird.

Historisch entsteht der Begriff I. innerhalb der französischen Aufklärungsphilosophie. Aufklärerische Ideologiekritik als Machtkritik wird zu einer der Triebkräfte der gesellschaftlichen Entwicklung, als deren Resultat sich die politische Emanzipation der bürgerlichen Gesellschaft anbietet. Als die klassische Ideologietheorie gilt das Werk von K. Marx. Die Marxsche Ideologiekritik systematisiert die historische Erfahrung, daß die Französische Revolution entgegen ihrem Anspruch neue Ungleichheit und Unfreiheit verfestigt hat und leistet somit Konfrontation von Geistigem mit seiner Verwirklichung. Nicht die Ideen der Freiheit, Gleichheit und Gerechtigkeit sind »an sich« unwahr, sondern nur jener Anspruch, sie seien in der bürgerlichen Gesellschaft bereits realisiert. I. ist für K. Marx dieses die tatsächlichen gesellschaftlichen Verhältnisse zugleich widerspiegelnde wie verfälschende Bewußtsein des Bürgertums, an dem sich → *Kritik* erprobt. Die Überwindung des »falschen« Bewußtseins kann nur Sache des praktisch-revolutionären Handelns des Proletariats sein. Wollte die Theorie zur »materiellen«, die gesellschaftlichen Veränderungen selber bewegenden »Gewalt« werden, mußte sie die »Massen ergreifen«; sie mußte zu einer die geistige wie auch die politisch-organisatorische Formierung des Proletariats als revolutionärer Bewegung und Partei selber leistenden Theorie werden. Dies aber konnte sie nur, indem sie mehr und mehr aus einer kritischen Theorie der Bewegungsgesetze der bürgerlichen Gesellschaft überging in ein programmatisches Aussagesystem über den historisch-gesellschaftlichen Auftrag des Proletariats. Diese Akzentverschiebung der Marxschen Theorie beginnt schon im »Manifest der Kommunistischen Partei« (1848) und setzt sich in Auseinandersetzungen um die Organisation der Bewegung und ihres revolutionären Auftrags nach der erfolgten Gründung der *Ersten Internationale (Internationale Arbeiterassoziation, 1864–1876)* bis in die 20er Jahre unseres Jahrhunderts hinein fort, freilich auf einem sich jeweils verändernden politisch-historischen Hintergrund. Als Marxismus galt mehr und mehr das, was als historischer Materialismus ausgegeben wurde, nämlich eine universal-historisch gezielte Theorie der Abfolge historischer Epochen, als deren Hauptmerkmal der Kampf ökonomisch geprägter Gesellschaftsklassen und dessen Überwindung durch die Errichtung je neuer Klassenherrschaft galt. Der organisierte Kampf des Proletariats um die revolutionäre Überwindung der bürgerlichen Klassengesellschaft durch die Errichtung einer von ihm getragenen, auf den Übergang zum Sozialismus angelegten Diktatur bekam damit gleichsam eine endgeschichtliche Legitimation. Marxismus wurde auf diese Weise zur I. des Proletariats, und zwar nicht nur in den Augen des politischen Gegners, sondern auch für weite Teile der Mitglieder der sozialistischen Bewegung und ihrer Parteien. Den politischen Gegnern des internationalen Sozialismus, Liberalen wie Konservativen, erschien dieser Marxismus zunehmend als eine instrumentale Theorie zur Rechtfertigung des Kampfes einer um die Macht ringenden Unterklasse. Dieser und ihrer I. mußte polemisch begegnet werden, und dies gelang im wesentlichen, indem man zunehmend politische Theorien als I. entwarf und durchzusetzen begann, die sich im Kern an völkisch-nationalen Kategorien orientierten: Einheit von Volk und

→ *Nation* gegen Einheit der Klasse, Kampf der Völker und Nationen um Herrschaft in der Welt statt internationaler Klassenkampf, nationaler Sieg statt Revolution u. a. Ideologische Auseinandersetzungen in Staat und Gesellschaft blieben dadurch kaum mehr als die gegenseitige Denunziation politisch sich bekämpfender Gruppen. Die I. bewährten sich darin als Instrument der Bewußtseinsmanipulation und -organisation von Massen.

Den historisch wirkmächtigsten und zugleich sichtbarsten Ausdruck fand die Herausbildung moderner I. einerseits im Marxismus-Leninismus (auch Bolschewismus), und zwar zumal in seiner nach den Auseinandersetzungen der 20er Jahre in der Sowjetunion unter J. W. Stalin dogmatisierten Gestalt, andererseits im Faschismus und zwar insbesondere in seiner Gestalt als deutscher Nationalsozialismus. In den beiden durch diese I. nachhaltig geprägten totalitär-diktatorischen Herrschaftssystemen wurde deren Hauptfunktion erkennbar: der Tendenz nach die totale Ideologisierung aller gesellschaftlichen Lebensbereiche zu leisten zum Zwecke der radikalen politischen Mobilisierung der Massen im Sinne der Zielsetzungen der sich als → *Avantgarde* verstehenden Partei. Wenn aber totale Ideogisierung der Gesellschaft politisches Denken und Handeln auf eine Orientierung an Freund-Feind-Alternativen reduziert, konnte es nicht ausbleiben, daß dies seine äußerste Konsequenz in der systematischen Vernichtung von als Feind denunzierten → *Minderheiten* in Lagern oder als Feind angegriffenen Massen und Völkern im Krieg erfuhr.

II. Neue Formen der Ideologisierung in der Bundesrepublik Deutschland

Die historischen Ereignisse in den Lagern des Stalinismus und des Nationalsozialismus sowie das Kriegsgeschehen mit seinem Ende in der totalen Kapitulation Deutschlands und der beginnenden Teilung des Landes und Europas brachten es mit sich, daß es nach dem Zweiten Weltkrieg in der Erörterung des Ideologieproblems in der Bundesrepublik vor allem darum ging, durch eine historisch-politische Aufarbeitung des Geschehens zwischen den Weltkriegen jene geistigen und sozialen Mechanismen zu erforschen, die die Massenwirksamkeit solcher I. erst möglich gemacht haben. In diesem Zusammenhang gewann für viele Jahre die Totalitarismusforschung in den Sozialwissenschaften und schließlich auch in der politisch-ideologischen Auseinandersetzung in der Gesellschaft ein besonderes Gewicht. Mit dem Schlüsselbegriff »Totalitäre Diktatur« sollte die spezifische Eigenart moderner Diktaturen bezeichnet sein. Dabei radikalisierte der Begriff nur, was etwa im und für den Nationalsozialismus dessen politisches Selbstverständnis begründet hatte. Der Anspruch, daß die Probleme der

modernen Massengesellschaft nicht mehr in der Tradition von Liberalismus und → *Demokratie* gelöst werden könnten, sondern nur noch durch ein »Total-Werden« des Staates über die Gesellschaft. Dies aber hieß ebenso die totale politische Durchdringung der Gesellschaft wie die totale ideologische Durchdringung als geistige Gleichschaltung.

Wegen der Ähnlichkeiten in der Organisations- und Funktionsstruktur wurden der Bolschewismus Stalinscher Prägung und der deutsche Nationalsozialismus für die Totalitarismusforschung mehr und mehr zu bloßen Varianten eines in sich einheitlichen Idealtypus der totalitären Diktatur. Unterschiedliche historische Herkunft wie ebenso unterschiedliche Ziele und ideologische Legitimationen blieben demgegenüber relativ gleichgültig. Dies aber hatte bis Mitte der 50er Jahre nicht nur wissenschaftliche, sondern zudem politisch-ideologische Konsequenzen für das Selbstverständnis der sich politisch neu formierenden Gesellschaft. Der Totalitarismusbegriff wirkte in eine Gesellschaft und ihre → *politische Kultur* hinein, die sich ihre Eigenstaatlichkeit, ihre Ordnung als parlamentarisch-rechtsstaatliche Demokratie pluralistischer Prägung sowie ihre ökonomische Wiedergesundung erarbeitete und sicherte, dies angesichts einer Spaltung des Landes und der Etablierung einer ebenso als totalitär verstandenen Diktatur marxistisch-leninistischer Prägung in der Sowjetischen Besatzungszone und späteren DDR. Weil die dortige Entwicklung in der Bundesrepublik als permanente politische Bedrohung empfunden wurde, entstand ein Klima der geistigen und politischen Auseinandersetzung, das sich mehr und mehr auf einen Antikommunismus festgelegt sah (→ *Antifaschismus*). Der Totalitarismusbegriff gewann im politischen Spannungsgefüge sein eigenes Gewicht. Wo er aufklären wollte über den Mechanismus moderner Diktaturen, geriet er in Gefahr, zu einer neuen Form von Ideologisierung des politischen Denkens in einer Demokratie zu werden, und dies in zweierlei Hinsicht. Einmal war durch die Gleichsetzung von Bolschewismus und Nationalsozialismus bei gleichzeitig als akut erfahrener Gefährdung durch den Bolschewismus die für die junge deutsche Demokratie um ihrer demokratischen Möglichkeiten willen so notwendige kritische Aufarbeitung der nationalsozialistischen Vergangenheit und ihrer Ursachen gleichsam ideologisch abgeblockt. Zum anderen schien der Begriff – zunehmend auf den Ost-West-Gegensatz und dabei insbesondere auf seine deutsch-deutsche Ausprägung bezogen – geeignet, von den längerfristigen innenpolitischen Konsequenzen eines Denkens in Freund-Feind-Alternativen abzulenken, nämlich die für die Demokratie konstitutive Pluralität im geistigen wie im politischen Leben gleichsam auszuhöhlen und Konflikt wie Polarität rein als solche schon als demokratiegefährdende Tatbestände zu denunzieren.

Am Totalitarismusbegriff und seiner politischen Funktion wird deutlich, daß in Demokratien pluralistischer Struktur als I. immer häufiger Begriffe fungieren, die im Rahmen wissenschaftlicher Erörterung entstehen und dort ihren sinnvollen Ort haben, jedoch über ihre wissenschaftlichen Bezüge hinaus in die politische Rede gelangen und dann ideologische Funktion in der Gesellschaft oder für gesellschaftliche Gruppen übernehmen.

Sozialwissenschaftler versuchten, die Tatsache, daß offenbar nach Marxismus-Leninismus, Nationalsozialismus und dem Ausgang des Zweiten Weltkriegs in parlamentarisch-demokratisch verfaßten Gesellschaften klassische I. als große politischtheoretische Programme immer mehr an Einfluß verloren, dadurch analytisch deuten zu können, daß sie von einer Entideologisierung des politischen Lebens, ja sogar von einem Eintritt der politischgesellschaftlichen Entwicklung in ein nachideologisches Zeitalter sprachen (D. Bell, Die Zukunft der westlichen Welt, Frankfurt a. M. 1976). Sie konstatierten eine Desillusionierung der Menschen, sprachen von einer skeptischen Generation und vermerkten, daß das an der Wiederherstellung der materiellen Basis des Landes sowie an der Erringung, Sicherung und Steigerung von Wohlstand orientierte Interesse breiterer Schichten weit mehr geneigt war, sich statt durch I. durch technischindustrielle, ökonomische, soziale und politische Sachzwänge (H. Schelsky) leiten zu lassen. Auch diese Feststellung kam in die politische und öffentliche Rede und erlangte ein über die wissenschaftliche Diskussion hinausdrängendes, politisch-ideologisches Eigengewicht. Doch das Konzept der Entideologisierung übersah den Funktions- und Strukturwandel von I. gleichsam unterhalb der Schwelle klassischer politisch-ideologischer Theorien. Das Gegeneinanderstellen von I. und Sachzwang verstellte den Blick dafür, daß gerade die Betonung vom Dominantwerden der Sachzwänge als Orientierungskriterien durchaus im Sinne einer ideologischen Legitimierung der gesellschaftlichen Verwalter solcher institutionalisierter Sachzwänge zu wirken vermochte, also als ideologische Abschirmung von Bürokraten, Funktionären und Technokraten funktionieren konnte und auch partiell tatsächlich funktionierte. Eine zunehmende Technokratiekritik und Bürokratiekritik als neue Form der Ideologiekritik in der Bundesrepublik war nur die logische Konsequenz (→ *Bürokratie*).

Eine weitere Form neu entstehender Ideologisierungen in der Bundesrepublik sind in den Implikationen zu sehen, die dem politischen Konzept der Demokratisierung anhaften. Der Begriff setzte sich Mitte der 60er Jahre im Zusammenhang mit der sich formierenden studentischen Protestbewegung im öffentlichen Bewußtsein durch und sollte ein politisches Programm bezeichnen, nach welchem es mehr Demokratie zu wagen galt. Demokratie sollte nicht

länger nur ein Begriff für eine bestimmte politische Ordnungs- und Verfassungsstruktur sein. Vielmehr sollte er eine gesellschaftliche Entwicklung bezeichnen, die darauf abzielte, daß einmal Entscheidungsprozesse in allen gesellschaftlichen Lebensbereichen für die betreffenden Menschen durchsichtiger würden, zum anderen sie an den Entscheidungen verantwortlich teilnehmen und mitbestimmen ließ. Demzufolge wurde der Begriff zu einer Legitimationsgrundlage für das Selbstverständnis und die Aktionen einer *Außerparlamentarischen Opposition* und von → *Bürgerinitiativen*. Er wurde auch zur Grundlage einer bundesweiten Reform der Organisationsstruktur von Universitäten und Hochschulen, die in der Einführung der sogenannten Gruppenuniversität als verbindlichem Modell akademischer Selbstverwaltung gipfelte. Demokratisierung wurde schließlich zum Schlüsselbegriff für die Rechtfertigung der Politik der → *Gewerkschaften*, die auf die gesetzlich gesicherte, paritätische → *Mitbestimmung* der Arbeitnehmer und ihrer organisierten Interessenvertretung abzielte. Gerade im Zusammenhang mit der gewerkschaftlichen Forderung nach paritätischer Mitbestimmung aber offenbarte der Begriff seine potentielle ideologische Funktion als Rechtfertigungsinstrument für das Interesse nach Absicherung und Ausweitung organisierter Verbandsmacht. Indem nämlich Parität als eine solche ausschließlich zwischen Kapital und → *Arbeit* bestimmt wurde, blieb nicht mehr diskutierbar, ob nicht auch andere gesellschaftliche Institutionen von ökonomischen Entscheidungsprozessen betroffen würden und demzufolge an ihnen ebenfalls zu beteiligen seien. Zudem wurde der wirtschaftliche Faktor Arbeit so ausschließlich als durch die Organisation der Gewerkschaft repräsentiert ausgegeben, daß andere mögliche Formen der Mitbestimmung – etwa innerbetriebliche – der politischen Polemik und ideologischen Verdächtigung verfielen. Dies aber kann als Indiz dafür gelten, wie sehr die Demokratisierungsforderung selber auch ideologische Funktion haben kann.

III. Aufklärung durch Ideologiekritik

Die neuen Formen der Ideologisierung wurden Gegenstand einer ausführlichen und engagierten ideologiekritischen Diskussion innerhalb von Philosophie, Soziologie und politischer Wissenschaft. Es profilierten sich als grundlegende Positionen, die noch heute weitgehend den Stand der Erörterungen markieren, ein in der neopositivistischen Tradition argumentierender kritischer Rationalismus einerseits, sowie die durch eine genuine Auseinandersetzung mit G. W. F. Hegel und K. Marx geprägte dialektisch-kritische Theorie der *Frankfurter Schule* andererseits. Die Ideologiekritik des kritischen Rationalismus basierte auf einer strengen Abgrenzung der I. zur Wissenschaft. I. werden als in moralisch-politischen Entscheidungen und Wertungen gründende Handlungsprogramme bestimmt, die eben deshalb nicht wissenschaftlich beweisbar sind. Sie treten jedoch faktisch gerade mit dem Anspruch auf, als wissenschaftlich begründete Aussagen zu gelten. Ideologiekritik muß diesen Anspruch dekuvrieren; denn I. sind, »wissenschaftlich gesehen«, Leerformeln, die aber sich gerade deshalb zur Rechtfertigung je beliebiger politischer Entscheidungen wie der dahinter stehenden Interessen und der sie tragenden Gruppen als tauglich erweisen. Aufklärung über diesen Sachverhalt ist →*Aufklärung* der Gesellschaft.

Die dialektisch-kritische Theorie bezweifelt, ob auf diese Weise Aufklärung der Gesellschaft gelingen kann und fragt, ob nicht gerade sozialphilosophische Konzeptionen der Gesellschaft, die sich dem positivistischen Wissenschaftsbegriff nicht fügen und etwas wie das Woher und Wohin der Gesellschaft benennen, die Grundlage jeder möglichen Aufklärung als Ideologiekritik bilden. Dieser Vorbehalt der dialektisch-kritischen Theorie dem kritischen Rationalismus gegenüber wäre in sich jedoch nur stimmig, wenn sie, wie K. Marx, auf den sie zurückgeht, in der Lage wäre, Kritik an der I. an den gesellschaftlichen Träger eines Veränderungsprozesses zu binden, in dessen gesellschaftlicher Selbstbefreiung Mechanismen der Ideologie endgültig gebrochen würden. Das für die kritische Theorie konstitutive Konzept einer Einheit von Theorie und Praxis erzwingt den Nachweis eines gesellschaftlich real-möglichen, in Bewußtsein und Aktion identischen revolutionären Subjekts, das in der Marxschen Theorie das Proletariat als sich seiner selbst bewußt werdenden Klasse war. Die dialektisch-kritische Theorie erwies sich jedoch als zunehmend unvermögend, ein in Bewußtsein und revolutionärer Aktion identisches Subjekt auszumachen. Das Verhältnis der dialektisch-kritischen Theorie und ihrer Vertreter zu K. Marx und den von ihm her gegebenen Möglichkeiten, gesellschafts- wie ideologiekritisch weiterzudenken, wurde daher zu einem immer stärker in sich gebrochenen Verhältnis.

IV. Marxismus-Leninismus als Ideologie in der DDR

Von den Diskussionen über das Verhältnis von I., Politik und Gesellschaft in der Bundesrepublik, die ja stets auch die Möglichkeit zu und die Grenze für ein K. Marx verarbeitendes, gesellschaftskritisches Denken zum Thema hatten, blieb die Durchsetzung, Festigung, Verbreitung und Systematisierung des Marxismus-Leninismus sowjetischer Prägung in der DDR als verbindlicher »sozialistischer I.« fast unberührt. Für diese Dogmatisierung des Marxismus-Leninismus zu einer I. als allgemein ver-

bindlicher politischer Weltanschauung ist von Belang, daß zumindest seit W. I. Lenin der Ideologiebegriff in einer gegenüber den Schriften von K. Marx und F. Engels veränderten Weise benutzt wird. Hatten K. Marx und F. Engels auf den Charakter des deformierten Bewußtseins bei jeglicher I. verwiesen (Deutsche Ideologie, 1845/46), gibt W. I. Lenin schon in »Was tun?« (1902) diese Bestimmung auf und spricht unbekümmert von einer sozialistischen I., vom Sozialismus als I. des proletarischen Klassenkampfes – freilich offenbar ohne sich der theoretischen und methodischen Tragweite solchen Vorgehens bewußt zu sein. Als Konsequenz kann nicht mehr zwischen Wahrheit und I. unterschieden werden, sondern nur noch zwischen wahrer und falscher I. Nicht die I. ist Indiz für die Falschheit des gesellschaftlichen Bewußtseins, sondern der Tatbestand, daß und ob I. »reaktionären« oder »fortschrittlichen« Klassen als Mittel der politischen Formierung, Rechtfertigung und Durchsetzung ihrer Interessen dient. Damit ist I. auf ein Konzept objektiv notwendiger, in der Zielrichtung unumkehrbarer geschichtlich-gesellschaftlicher Entwicklung bezogen, die über ihren Wahrheits- bzw. Falschheitsgehalt von der als progressiv definierten Klasse bzw. von ihrer Avantgarde erkannt werden kann, so daß deren →*Bewußtsein* und Aktion als Garant wahrer I. erscheinen. I. ist danach falsches Bewußtsein als idealistisches, bürgerliches Bewußtsein; sie ist richtiges Bewußtsein als dialektisch-materialistisches, proletarisches Bewußtsein. Über Richtigkeit oder Falschheit entscheidet die Antwort in der »Grundfrage« aller Philosophie, Materialismus oder Idealismus, und die Klassenzugehörigkeit bzw. der Klassenstandpunkt. Die Wahrheit der sozialistischen I. ist durch →*Parteilichkeit* garantiert und schließt diese ein.

Inhaltlich umfaßt die I. folgende Teildisziplinen: Den historischen und dialektischen Materialismus, also Geschichts- und Gesellschaftstheorie, Ontologie und Erkenntnistheorie. Die politische Ökonomie, und zwar sowohl des Kapitalismus und seiner Entwicklung als auch des Sozialismus. Diese geht in die dritte Teildisziplin über, den wissenschaftlichen Sozialismus bzw. Kommunismus, der die »Gesetzmäßigkeiten« der »praktischen Verwirklichung« der »historischen Mission der Arbeiterklasse« darlegt. Er ist insoweit Theorie des Klassenkampfes, der sozialistischen Revolution und des Aufbaus von Sozialismus und Kommunismus.

Wird die so verstandene sozialistische I. auch weitgehend mit dem Marxismus-Leninismus als synonym gesetzt, so bestehen doch gewisse Unterschiede. Während der Marxismus-Leninismus als einheitliches System der von K. Marx, F. Engels und W. I. Lenin definierten Lehren begriffen wird, ist I. als System von Anschauungen, Ideen und Theorien über die soziale Wirklichkeit als Ganzes definiert. Die erwähnten drei Bestandteile werden als Ausformungen des philosophischen Materialismus verstanden; demgegenüber ist I. schon dadurch, daß sie stets als Ausdruck von realpolitischen Klasseninteressen gedacht wird, auf einer niedrigeren Abstraktionsstufe definiert. Dies gilt unbeschadet der Tatsache, daß die sozialistische I. in der DDR nur auf der Grundlage der methodologischen Prinzipien des Marxismus-Leninismus bestimmt wird.

Die Bestandteile des Marxismus-Leninismus sind so konzipiert, daß sie sowohl eine »Einheit« bilden als auch eine Funktion der »praktisch-revolutionären Bewegung der Arbeiterklasse« darstellen sollen. Weil jedoch die inhaltliche Bestimmung dieser Bewegung das Monopol der Partei als einer Institution ist, werden von hier aus die politisch-gesellschaftlichen Funktionen des Marxismus-Leninismus angebbar. Einmal besitzt er Weltanschauungsfunktion. Als Weltanschauung integriert er die Funktionäre in das politische System der DDR. Damit wird, zweitens, der instrumentale Charakter des Marxismus-Leninismus angesprochen. Rechtfertigung bereits getroffener politisch-gesellschaftlicher Entscheidungen und Antizipation künftigen Handelns werden mit seiner Hilfe instrumentalisiert. Eng zusammen hängt damit drittens seine manipulative Funktion. Verkürzte Wiedergabe gegnerischer Positionen bzw. Fälschungen, u. a. im Bereich der Philosophie, auch der Philosophiegeschichte, spielen hier eine maßgebliche Rolle. Letztlich kommt darin ein Freund-Feind-Denken zum Zuge, das dieser I. insgesamt innewohnt und durch sie als historisch notwendig begründet wird. Eine vierte Funktion des Marxismus-Leninismus liegt darin, das Gesamtsystem der Wissenschaften auf einen als gesichert ausgegebenen Grundbestand von Aussagen über Mensch, Welt und Geschichte so festzulegen, daß sie dadurch ans institutionelle Herrschaftsgefüge gebunden sind und diesem nicht mehr gefährlich werden können.

V. Zum Stand der gegenseitigen Kenntnisnahme

Solange die funktionalen Aufgabenstellungen der I. im Herrschafts- und Gesellschaftssystem der DDR uneingeschränkt bleiben, sind Ansätze zu einer sich gegenseitig befruchtenden ideologiekritischen Analyse im Verhältnis der Philosophie- und Sozialwissenschaften der Bundesrepublik und der DDR weitgehend versperrt. Das schließt allerdings nicht aus, daß gleichsam unterhalb der Schwelle tabuisierter ideologischer Theoreme Wissenschaftler der DDR und der Bundesrepublik in ihren Argumentationen doch zunehmend mehr voneinander Kenntnis nehmen (→ Wissenschaft und Forschung). Gerade die Funktion einer ideologischen Bindung aller Wissenschaften ist bei der zunehmenden Bedeutung der Einzelwissenschaften für die Entwicklung fortgeschrittener Industriegesellschaften immer schwieriger durchzusetzen. Die von den einzelnen Wissenschaften wiederholt ertrotzte relative Freisetzung eigener Forschungsprogramme und Konzeptionen läßt den ideologischen Anspruch auf Kontrolle nicht unberührt. Das dogmatische Lehrgebäude der I. des Marxismus-Leninismus in seinen enormen Ausmaßen und Ansprüchen wird immer weniger effektiv kontrollierbar, was auf die I. als solche zurückschlägt. Sie läßt zunehmend eine gewisse Eigenwilligkeit und Eigenständigkeit ihrer Interpreten zu, und dies führt letztlich zu einer relativen Eigendynamik in der Entwicklung. Deren Funktionen liegen im wesentlichen darin, westliches Gedankengut zu rezipieren und zu verarbeiten. Sicher sind solche Prozesse in der DDR in einem besonderen Maße schwerfällig und oft auch schwer erkennbar. Dennoch liegt für den Wissenschaftler aus der Bundesrepublik hier eine zur systematischen Analyse drängende Aufgabe, aus dem Tempo, der Intensität und der Richtung solcher Rezeptions- und Wandlungsprozesse in einem ideologischen Lehrgebäude Schlüsse auf die ideologische Gesamtlage zu ziehen.

H.-J. Lieber

Literatur
E. Hahn, I., Köln 1965
E. Topitsch, K. Salamun, I. Herrschaft des Vor-Urteils, München 1972
K. Lenk, I. – I. und Wissenssoziologie, Neuwied, Darmstadt [6]1972
H.-J. Lieber (Hrsg.), Ideologienlehre und Wissenssoziologie. Die Diskussion um das Ideologieproblem in den zwanziger Jahren, Darmstadt 1974
Ders. (Hrsg.), I. – Wissenschaft – Gesellschaft. Neuere Beiträge zur Diskussion, Darmstadt 1976
P. C. Ludz (Hrsg.), Ideologiebegriff und marxistische Theorie, Opladen 1976
H.-Ch. Rauh, Ideologietheorie heute, in: Deutsche Zeitschrift für Philosophie, Berlin (Ost), 28. Jg., H. 8, 1980

Industriekultur

Der in sich scheinbar paradoxe Begriff I. zielt primär nicht auf eine Kultur innerhalb der Industrie (→ *Werbung*), wofür er in verengter Auslegung auch verwendet wird, sondern meint die Erfassung der kulturellen Folgen der Industrialisierung. In diesem Sinn will I. den wirtschaftlichen und sozialen wie auch gestalterischen Wandel aufzeigen, der mit der Industriellen Revolution eintrat.

Der durch Addition entstandene neue Begriff vereinigt zwei ältere, die sich vermeintlich diametral gegenüberstehen. Die Empfindung, daß → *Kultur* und Industrie Gegensätze darstellen, war in

Deutschland außerordentlich wirksam und ist es auch heute noch. Die Grundlage für dieses Polaritätsdenken wurde im frühen 19. Jh. von der einsetzenden romantischen Bewegung geschaffen. Die ihr immanente antiaufklärerische Tendenz führte in Deutschland zu einer Wendung gegen das Maschinenwesen und das entstehende liberale, kapitalistische Wirtschaftssystem, die beide tief im Denken der Aufklärung verwurzelt sind. Die Idealisierung vorindustrieller Lebensformen in Verbindung mit einem geschärften Empfinden für soziale Mißstände der frühindustriellen Epoche erzeugten eine Aversion, die bis in unsere Zeit hineinwirkt. Vorwürfe, das industrielle System führe zu Entfremdung, Entwurzelung, Bindungslosigkeit, moralischem Zerfall und schließlich Gottlosigkeit, sind seitdem Standardargumente gegen Industrie und → *Technik*. Sie werden immer dann aktualisiert, wenn die moderne Zivilisation mit technisierter Kriegführung, Umweltverschmutzung, Raubbau an der Natur ihre Grenzen überschreitet.

Das Lob der Industrie, wie es zunächst vor allem von der liberalen Bewegung, später jedoch auch von der Sozialdemokratie angestimmt wurde, war zwar vernehmlich, konnte aber das Denken nicht wirksam verändern. Bei aller heute noch ungebrochener Faszination des Maschinenmythos blieben die technischen Neuerungen letztlich ohne geistesgeschichtliche Folgen. Dazu trugen in der zweiten Hälfte des 19. Jh. auch → *Kulturkritik* und Kulturpessimismus bei, welche die bereits bestehende Unterscheidung zwischen »Gemeinschaft« und »Gesellschaft«, zwischen »Kultur« und »Zivilisation« noch vertieften.

Der Kunst fiel im 19. Jh. zunehmend die Aufgabe zu, Fluchtperspektiven zu entwickeln. Die durch die Industrialisierung im vertrauten Bild von Stadt und Landschaft wie auch im menschlichen Leben selbst bewirkten einschneidenden Veränderungen bedurften der Sublimierung durch ein idealisches Gegenbild. Die schnelle Verwandlung der sichtbaren Welt erzeugte Unsicherheit und Furcht. Als Mittel der Korrektur bot sich die forcierte Bewahrung von Traditionen an, der Historismus wurde zur offiziellen Kunstform. Die Beschwörung einer fast immer geschönten Vergangenheit diente als Abwehrgeste gegenüber einer zunehmend als bedrohlich empfundenen Technisierung. Kulturelles Bewußtsein jedoch, in dieser Weise eingeschränkt und reduziert, mußte zwangsläufig einseitig und unfruchtbar werden. I. kann deshalb als der Versuch angesehen werden, die polarisierte Situation des 19. Jh. in der Gegenwart aufzulösen und ein neues Verständnis kultureller Zusammenhänge zu fördern. Dahinter steht, daß unser kulturelles Befinden inzwischen so stark von industriellen Faktoren bestimmt wird, daß eine Trennung, und sei sie auch nur partiell, nicht mehr vorstellbar ist. I. schließt somit auch eine Bestätigung urbaner Lebensformen mit ein.

Aus der geschilderten, extremen Situation heraus ist verständlich, daß Ansätze zu einer Synthese der Begriffe »Kultur« und »Industrie«, wie sie noch im aufgeklärten 18. Jh. erkennbar waren, bis in die jüngere Gegenwart hinein unwirksam bleiben mußten. Noch in den 50er Jahren dieses Jahrhunderts bildete es eine Ausnahme, wenn der Historiker F. Schnabel von der »Industriekultur des 19. Jahrhunderts« sprach.

Die Verbreitung dieses Begriffs wurde erst möglich, als sich, beginnend mit den 60er Jahren, der Kulturbegriff erweiterte und mehr und mehr auch die Bereiche Politik, Wirtschaft, Technik und soziales Leben mit einschloß. Entscheidende Impulse gingen dabei von der Kulturwissenschaft aus, die Kultur von jeher primär als Instrument menschlicher Umweltaneignung verstanden hatte. In ihrem Sinne bedeutet I. eine Struktur menschlichen Handelns und Verhaltens, die im engen Zusammenhang mit der spezifisch industriellen Form der Umweltaneignung steht.

Parallel zu der Etablierung eines erweiterten Kulturbegriffes steigerte sich in den 60er Jahren ganz allgemein das wissenschaftliche Interesse an der industriellen Lebensform (→ *Kulturgeschichte*). In der Geschichtswissenschaft eroberte sich die Sozial- und Wirtschaftsgeschichte eine immer wichtigere Stellung gegenüber der traditionell dominierenden politischen → *Geschichte*. Die Volkskunde, die früher → *Volkskultur* vorwiegend als bäuerliche Kultur verstanden hatte, wandte sich mit Hilfe neuer Methoden immer mehr der industriellen Welt zu. In den angelsächsischen Ländern schließlich entstand eine »Industriearchäologie« mit der Absicht, gegenständliche Zeugnisse der Industrieepoche zu erhalten.

Industriearchäologie und I. treffen sich in dem Bestreben, signifikante Überreste der Industriellen Revolution zu bewahren. Im ganzen jedoch bezeichnet I. ein System von Methoden und Zielsetzungen, das weiter greift. In methodischer Hinsicht hat sich unter diesem Stichwort eine Forschungsrichtung entwickelt, in der sozialgeschichtliche und kulturanthropologische Ansätze zusammenwirken. Ein besonderes Forschungsinteresse gilt allen den Schichten, deren Entwicklung deutlich von der Industrialisierung geprägt worden ist.

Mit dem klassischen Instrumentarium der Sozialgeschichte wird dabei versucht, Daten zu ermitteln, die den sozialen Rahmen, in dem sich das Leben des einzelnen seit der Industrialisierung vollzog, abbilden. Zusätzlich zu dieser Sicht von außen tritt die Analyse des sozialen Handelns von innen her. Ihr Ziel ist es, jene schichtentypischen Mentalitäten zu ermitteln, die das private und öffentliche Verhalten des Menschen mindestens ebenso bedingen wie das soziale und politische Umfeld, in dem sich sein Handeln vollzieht. Der Versuch, Geschichte nicht nur als das Wirken objektiv meßbarer Gewalten zu verstehen, sondern auch unter der Perspektive subjektiven Erlebens des Einzelnen, führt zu einer Betonung derjenigen Sphäre, mit der sich der Mensch am intensivsten auseinandersetzen muß: dem →*Alltag*. Zu diesem Zweck müssen bislang unbeachtete Quellen, Selbstzeugnisse jeder Art, gesammelt und ausgewertet werden. Ergänzend dazu werden mündliche Befragungsmethoden angewandt.

In der DDR ist I. kein fester Bestandteil der kulturpolitischen Terminologie. Vereinzelt taucht der Begriff »industrielle Kultur« auf, der auf die →*Arbeitskultur*, aber auch auf die Ästhetik industrieller Formgebung zielt. Wenn überhaupt von I. die Rede ist, dann in ablehnendem Sinne. In der kulturpolitischen Diskussion der DDR bezeichnet der Begriff eine spezielle Ausprägung westlicher →*Konvergenztheorien*, die im wesentlichen eine Annäherung der kapitalistischen und sozialistischen Gesellschaft durch die Herausbildung einer gemeinsamen I. vorhersagen. I. rückt dabei in die Nähe von westlichen Theorien der »Massenkultur« (→*Kulturindustrie und Massenkultur*), denen vorgeworfen wird, unter dem Deckmantel einer Demokratisierung der Kultur in Wirklichkeit die Kulturfeindlichkeit des kapitalistischen Systems weiterzuführen.

Trotz der offiziellen Ablehnung des Begriffs I. zeigen sich besonders in Kulturwissenschaft und Volkskunde der DDR seit den 70er Jahren Tendenzen, die seinem Verständnis in der Bundesrepublik inhaltlich nahekommen. Daß eine derartige Parallelentwicklung in der DDR möglich ist, ergibt sich aus dem marxistisch-leninistischen Kulturbegriff, der sich prinzipiell von dem noch immer vorherrschenden, an Kunst und höherer Bildung orientierten bürgerlichen Kulturbegriff absetzt. Nach marxistischer Auffassung gibt es keine Trennung zwischen niederer und höherer, zwischen materieller und geistiger Kultur, da beides Resultat menschlicher Arbeit ist.

In der Praxis wurden diese Forschungsbereiche jedoch bis in die 70er Jahre hinein kaum berücksichtigt. Innerhalb der Geschichte der Arbeiterschaft bildeten wirtschaftliche und politische Aspekte den Hauptgegenstand der Forschung. Der kulturelle Aspekt, die Frage nach kulturell vermittelten Verhaltensweisen in der Arbeiterschaft, blieb dabei unbeachtet. Nicht der →*Arbeiterkultur* allgemein galt das Interesse, sondern jener Arbeiterkulturbewegung, die in den 20er Jahren eine von der *KPD* forcierte Kampagne zur Aneignung des »progressiven bürgerlichen Kulturerbes« in bildender Kunst, Literatur, Theater und durch das Proletariat war. Im Kampf gegen die etwa gleichzeitige *Proletkult*-Bewegung, die eine autonome Arbeiterkultur forderte, zeigte sich deutlich, wie stark der orthodoxe Marxismus-Leninismus letztlich doch, im Widerspruch zu seinen eigenen ideologischen Positionen,

an Vorstellungen einer »Hochkultur« orientiert war, die von den offiziell abgelehnten bürgerlichen gar nicht so weit entfernt waren.

Als Folge davon kam es in der DDR zur verstärkten Ausprägung eines normativen Kulturverständnisses, das erst seit den 70er Jahren immer mehr zugunsten empirisch-analytischer Zielsetzungen zurücktritt. Dabei soll mit der zentralen Kategorie der »Lebensweise« erfaßt werden, »wieweit die Errungenschaften des objektiv meßbaren Kulturfortschritts Eingang in das alltägliche Leben« einer sozial und historisch exakt bestimmbaren Klasse gefunden haben (B. Weissel, 1976, S. 57 f.). Wenn auch in diesem Ansatz noch normative Elemente wie das des Kulturfortschritts vorhanden sind, so erschließt er doch Bereiche, denen sich auch die I. in der Bundesrepublik zugewendet hat.

Die Wendung zu einem empirisch-analytischen Vorgehen wird besonders deutlich an der Volkskunde der DDR, die sich neuerdings zum Teil als »empirische Industriesoziologie« versteht. Gleichfalls empirisch orientiert ist die gegen Ende der 70er Jahre gegründete Projektgruppe »Kulturgeschichte« am Lehrstuhl für Kulturtheorie der *Humboldt-Universität* in Berlin (Ost). Die vehement propagierten Themen »Heimatgeschichte« und »Traditionspflege« münden in einer in den letzten Jahren verstärkten Beschäftigung mit der I. So sind beispielsweise in der staatlichen Denkmalliste der DDR zur Zeit fast 2000 technische →*Denkmale* registriert, unter anderem Hammerwerke, Gießereien und Bergbauanlagen.

In der Bundesrepublik hat sich I. in den letzten vier Jahren über den Bereich von Theorie- und Methodendiskussionen innerhalb der Universitäten hinausentwickelt. Es entstanden eine Reihe von Museumsprojekten, die den institutionellen Rahmen für künftige Beschäftigung mit I. vorgeben: *Centrum I. Nürnberg* (1978); *Landesmuseum für Technik und Sozialgeschichte Mannheim* (1979); *Museum für Technik und Verkehr Berlin* (1979); *Westfälisches Landesmuseum Dortmund* (1979) und *Verein für ein Museum für Arbeit Hamburg* (1980). Wenn diese Projekte auch im einzelnen unterschiedlichen wissenschaftlichen und politischen Positionen verpflichtet sind, so verbindet sie – abgesehen von ihrem Gegenstandsbereich – nicht zuletzt das Bemühen um einen neuen Museumstyp zwischen Technik-, Sozial- und Regionalgeschichte.

K.-J. Sembach, F. Sonnenberger

Literatur

B. Weissel, Über die Bedeutung der Kategorie Lebensweise für volkskundliche Forschungen, in: Jahrbuch für Volkskunde und Kulturgeschichte, Neue Folge 4, Berlin (Ost) 1976

K.-J. Sembach, Manufaktur und Industrieform, in: Propyläen-Kunstgeschichte, Bd. 12: Die Kunst des XX. Jahrhunderts, Berlin (West) 1977

I. Dietrich, Wissenschaftliche Konferenz »Geschichte der Kultur und Kulturauffassung der Arbeiterklasse« vom 22.–23. November 1978 in Berlin, in: Jahrbuch für Volkskunde und Kulturgeschichte, Neue Folge 8, Berlin (Ost) 1980
I. Illich, Selbstbegrenzung. Eine politische Kritik der Technik, Reinbek 1980
H. Glaser, I. und demokratische Identität. Ein Lagebericht, in: Aus Politik und Zeitgeschichte. Beilage zur Wochenzeitung »Das Parlament«, B 41 / 42 / 1981 (10.10.1981)

Information

I. Infrastruktur und Informationspolitik in der Bundesrepublik – II. Informationspolitik von Partei und Staat in der DDR – III. Wissenschaftliche Information und Dokumentation in der Bundesrepublik – IV. Informationssystem Wissenschaft und Technik in der DDR – V. Informationsmarkt

I. Infrastruktur und Informationspolitik in der Bundesrepublik

Unter I. wird das Senden und die Aufnahme von Zeichen und Nachrichten verstanden, die das Wissen des Empfängers erweitern. Informationsvielfalt und freier Informationsfluß gelten in der Bundesrepublik als wichtige Zielgrößen politischen Handelns. Durch das *Grundgesetz* wird die Informationsfreiheit gewährleistet. Diese wird als das Recht, andere zu informieren, aber auch selber informiert zu werden, verstanden. Allerdings wird lediglich ein Recht auf ungehinderten Informationsempfang eingeräumt. Das Grundrecht der Informationsfreiheit schützt nur vor staatlicher Behinderung der Quellennutzung. Der ungehinderte Informationsempfang gegenüber Dritten wird dagegen nicht gesichert. Artikel 5 des *Grundgesetzes* gewährleistet auch nur das Recht, »sich aus allgemein zugänglichen Quellen ungehindert zu unterrichten«.

Mehrparteiensystem, föderativer Aufbau, Mehrstufigkeit der Verwaltung und Strukur der Unternehmensverfassung sind in der Bundesrepublik Ausdruck einer pluralistischen Gesellschaftsstruktur. Interessenvielfalt und marktwirtschaftliche Koordination der Wirtschaftsbeziehungen legitimieren die Erarbeitung und den Erhalt eines Wissensvorsprungs vor dem Konkurrenten. Aufbau und Nutzung privater Informationsquellen sind insbesondere in privatwirtschaftlichen Organisationen die Folge. In vielen Bereichen ist die hieraus erwachsene Informationskonkurrenz erwünscht. Sie kann insbesondere bei Verdeutlichung kontroverser Positionen zur Objektivierung der I. beitragen. Informationskonkurrenz kann aber auch zur Behinderung einer gesellschaftlich oder gesamtwirtschaftlich wünschenswerten Wissensvermittlung führen.

Staatliche Informationspolitik in der Bundesrepublik zielt deshalb auf eine Verbesserung der informationellen Infrastruktur (→ *Kommunikationspolitik*). Dabei wird vor allem wissenschaftlich-technische I. als »Rohstoff« für gesellschaftliche und wirtschaftliche Problemlösungsprozesse gesehen. Dokumentation wird als Rationalisierungsinstrument des »Rohstoffs I.« verstanden.

Wichtige Impulse zur Vermittlung dieser Sichtweise bzw. zur Auslösung staatlicher Aktivitäten gingen von der *Deutschen Gesellschaft für Dokumentation* (DGD) aus. Die 1941 ins Leben gerufene *DGD* wurde 1948 neugegründet. Sie hatte Anteil am Aufbau des *Instituts für Dokumentationswesen* (IDW) im Jahre 1961. Dem – der *Max-Planck-Gesellschaft* zugeordneten – *IDW* wurde 1964 die *Zentralstelle für maschinelle Dokumentation* (ZMD) angegliedert. Die *DGD* selbst gründete – mit Blick auf den Mangel an Fachpersonal – 1967 das *Lehrinstitut für Dokumentation* (LID).

II. Informationspolitik von Partei und Staat in der DDR

In der DDR blieb I. als Nachricht bzw. Übermitteln von Nachrichten ein umgangssprachlich geprägter Begriff, bis die *SED* Anfang der 60er Jahre die Entwicklung von Systemtheorie und Kybernetik zu forcieren begann. Nun wurde nicht nur in den Gesellschaftswissenschaften und in der marxistisch-leninistischen Philosophie, sondern auch in der offiziellen Agitation und → *Propaganda* eine neue Dimension des Begriffs deutlich: I. wurde als grundlegende Kategorie abstraktester gesellschaftlicher Kommunikationszusammenhänge, als »bestimmte Form der Wechselwirkung zwischen dynamischen Systemen«, als »Austausch von systembezogenen Bedeutungszuordnungen zu Signalen zwischen dynamischen selbstorganisierenden Systemen« gefaßt. Diese Definition im »Wörterbuch der marxistisch-leninistischen Soziologie« von 1969 wurde in der Neuauflage 1977 entschieden konkretisiert, nachdem der VIII. Parteitag der *SED* 1971 eine Rückbesinnung auf die tradierte Terminologie des Marxismus-Leninismus angeregt hatte. Es gab eine deutliche Kritik am inflationierten, systemtheoretischen Sprachgebrauch. Heute wird I. wieder primär als Mitteilung, Nachricht, Auskunft zwischen einzelnen Menschen und Menschengruppen definiert. Sie gilt als »Bewußtseinsinhalt«, der mit Hilfe von Zeichen den gesellschaftlichen Kommunikationsprozeß begründet. Darüber hinaus soll jede I. »eine bestimmte, bezweckte Verhaltensweise hervorrufen«, d. h. es wird davon ausgegangen, daß es keine I. »an sich« gibt.

Diese Auffassung verweist auf die Abhängigkeit jeder Nachrichtenübermittlung vom »Klassenstandpunkt«. I. in der DDR ist deshalb immer Informationspolitik, I. zum Zweck der Verhaltensbeeinflussung, wobei extreme Unterschiede im Objektivitätsgrad bestehen, etwa zwischen der wissenschaftlichen I. und der I. durch Massenmedien. Eine besondere Form politischer Informationstätigkeit wird in den Betrieben praktiziert. Als Forderung nach »umfassender« I. der Werktätigen durch die Betriebsleitung in der Direktive zum Fünfjahrplan 1971 hervorgehoben, soll sie sich nicht auf die Vermittlung fachlich-technischer Daten beschränken, sondern die politökonomischen Kenntnisse vertiefen und zur Entfaltung demokratischer Aktivitäten beitragen. In der Direktive des IX. Parteitags fehlen sämtliche Hinweise auf diese Informationstätigkeit. Die Betriebsleitungen scheinen sie, wenn überhaupt, dann so ausschließlich im Interesse der Produktionsintensivierung genutzt zu haben, daß sich das potentielle Informationsinteresse der Werktätigen gar nicht entfalten konnte.

Wichtiger als die I. der Werktätigen ist zur Zeit aber offenbar die I. der Leitung selbst. Sie erfolgt schwerpunktmäßig über betriebliche Informationsstellen, deren Aufgabe es ist, das Leitungspersonal auf dem aktuellen Stand der Forschung zu halten und ihm Entscheidungshilfen zu geben. Offenbar produzierten diese Informationsstellen jedoch häufig am Informationsbedarf vorbei. Man versuchte, dem durch die Erstellung von Informationsthemenplänen, abgeleitet aus dem »Plan Wissenschaft und Technik«, durch eine rechtzeitige Einbeziehung der Informationskader in die Produktionsplanung und durch bessere I. der Neuerer und Rationalisatoren entgegenzuwirken. Nach Auffassung des *Zentralinstituts für I. und Dokumentation der DDR* (ZIID) sind bei der wissenschaftlich-technischen I. der Leitungskader inzwischen »beachtliche Leistungssteigerungen« erreicht worden, weitere Verbesserungen sollen aber angestrebt werden, insbesondere im technologischen Bereich und bei der Patentinformation.

III. Wissenschaftliche Information und Dokumentation in der Bundesrepublik

Wichtige Impulse für staatliche Aktivitäten im Bereich des wissenschaftlich-technischen Informationswesens gingen in der Bundesrepublik von einem im Jahr 1962 vom *Bundesrechnungshof* vorgelegten Bericht aus. In dieser von der für die Wirtschaftlichkeit in der öffentlichen Verwaltung zuständigen Instanz vorgelegten Analyse wird der Dokumentationsbereich mit dem Bibliothekswesen verglichen; mit der Folgerung, daß der Aufwand für Dokumentation vorwiegend von der öffentlichen Hand aufzubringen sei. Wichtig erscheint, daß in

diesem Gutachten die dezentrale Struktur des Dokumentationswesens bejaht und damit die bereits früher erhobene Forderung nach einer »dezentralen, aber koordinierten Dokumentation« in der Bundesrepublik unterstrichen wird.

Insbesondere auf dem Hintergrund dieser Forderungen wird das Spannungsfeld einer staatlichen »Informations- und Dokumentationspolitik« deutlich. So wurden allein zwischen 1950 und 1955 etwa 160 Dokumentationsstellen gegründet. Das »Verzeichnis Deutscher Informations- und Dokumentationsstellen« weist in der Ausgabe 3 (1978/79) für die Bundesrepublik und Berlin (West) 578 Fachinformationsstellen aus. Diese dezentralen – teils von öffentlichen, teils von privaten Institutionen getragenen – Entwicklungen zu fördern und gleichzeitig zentral zu koordinieren, macht das Dilemma deutlich. Es spiegelt sich bereits wider in den »Leitsätzen für eine nationale Dokumentations- und Informationspolitik im Bereich der Wissenschaft und Technik«, die das im Jahre 1963 eingerichtete Referat für wissenschaftliche Dokumentation und I. im *Bundesministerium für wissenschaftliche Forschung* in den Jahren 1964 bzw. 1966 aufgestellt hat. Es wird in dem von der »Kommission Dokumentation und I.« des interministeriellen Ausschusses für Wissenschaft und Forschung im Jahr 1966 erarbeiteten Ziel- und Aufgabenkatalog deutlich, in dem auf die Funktionen staatlicher Infrastrukturpolitik hingewiesen wird. Das Dilemma wird besonders deutlich bei der Bewertung der Ergebnisse des *Programms der Bundesregierung zur Förderung der I. und Dokumentation (IuD-Programm)* in den Jahren 1974 bis 1980.

Im »Bundesbericht Forschung IV« hatte die Bundesregierung im Jahr 1972 die Bedeutung der wissenschaftlichen und technischen I. für den Fortschritt in allen Bereichen des gesellschaftlichen Lebens herausgestellt und ein umfassendes Förderungsprogramm zur Bewältigung der wachsenden Informations- und Dokumentationsprobleme angekündigt. Als die Entwicklung im Bereich der Fachinformation hemmende Faktoren werden genannt: Die weitgehend strukturlose Vielfalt der Informations- und Dokumentationseinrichtungen, die mangelnde Zusammenarbeit zwischen Dokumentations- und Bibliotheksdiensten, der unzureichende Einsatz moderner technischer Hilfsmittel, der erhebliche Forschungs- und Entwicklungsrückstand auf dem Gebiet der I. und Dokumentation sowie der Mangel an qualifizierten Fachkräften.

Mit »umfassenden Maßnahmen auf überregionaler Basis« sollte das *IuD-Programm* – unter der Federführung des *Bundesministeriums für Forschung und Technologie* – Verbesserungen erbringen. Ziel des Programms war es, »einen dem steigenden Wissenszuwachs und dem zunehmenden Informationsbedarf der modernen Gesellschaft gerecht werdenden Ausbau der wissenschaftlichen und technischen Informationsdienstleistungen zu veranlassen und zu unterstützen«. Im einzelnen zielte es auf die Erhöhung der Effizienz von Forschung, Entwicklung und Ausbildung; eine Beschleunigung der Innovation; die Stärkung der Leistungs- und Wettbewerbsfähigkeit der Wirtschaft und Technik, besonders im Bereich von Mittel- und Kleinbetrieben; die Unterstützung der Planungs- und Entscheidungstätigkeit von Parlament, Regierung, Verwaltung und Rechtsprechung; die verbesserte Informationsmöglichkeit für den Bürger und gesellschaftliche Gruppen.

Die Zielvorstellungen des *IuD-Programms* sollten mit Hilfe von *Fachinformationssystemen* (FIS) – mit je einem *Fachinformationszentrum* (FIZ) als Mittelpunkt – realisiert werden. Im einzelnen waren Fachinformationszentren vorgesehen für: Gesundheitswesen, Medizin, Biologie, Sport; Ernährung, Land- und Forstwirtschaft; Chemie; Energie, Mathematik, Physik; Hüttenkunde, Werkstoffe, Metallbearbeitung und -verarbeitung, Rohstoffgewinnung und Geowissenschaften; Verkehr; Bauwesen, Raumordnung, Städtebau; Verbrauchsgüter; Wirtschaft; Recht; Bildung; Sozialwissenschaften; Geisteswissenschaften; Staatenkunde; Feinwerktechnik, Elektrotechnik, Maschinenbau; Umwelt; Patente; Technische Regeln und Forschungsvorhaben.

Für das *IuD-Programm* sind von 1975 bis 1980 aus dem Haushalt des *Bundesministeriums für Forschung und Technologie* rund 400 Mio. DM ausgegeben worden. Die meisten *FIS* und *FIZ* kamen aber bisher nicht über das Planungsstadium hinaus. Ressortauseinandersetzungen führten 1980 zu einer Neuordnung der Zuständigkeiten im *IuD-Programm:* Für die Förderung der einzelnen Fachinformationssysteme bzw. deren Weiterentwicklung sind nun verschiedene Bundesministerien zuständig. Der Ausbau einzelner *FIS* hängt z. T. vom Abschluß entsprechender Bund-Länder-Vereinbarungen ab.

Mithin sichtbarstes Ergebnis des *IuD-Programms* ist die Gründung der *Gesellschaft für I. und Dokumentation mbH* (GID) im Jahre 1977. In die *GID* wurden bestehende Einrichtungen (wie das *IDW* und die Gruppe für Systemforschung) integriert. Sie stellt heute die zentrale *IuD*-Infrastruktureinrichtung in der Bundesrepublik dar.

IV. Informationssystem Wissenschaft und Technik in der DDR

In der DDR wurde die wissenschaftlich-technische I. schon ab 1950 zu einem hierarchisch strukturierten System ausgebaut, auch um den Leitungskadern in Politik und Wissenschaft die notwendige Kenntnis ausländischer Literatur zu ermöglichen. Zunächst beschränkte man sich auf dokumentarische Arbeiten des Sammelns und Auswertens, die bis 1957 hauptsächlich von der *Zentralstelle für wissenschaftliche Literatur* geleistet wurden. Ab 1955 gingen diese Aufgaben langsam auf das *Institut für Dokumentation* bei der *Akademie der Wissenschaften* über und nach dem VI. Parteitag der *SED* 1963 wurde im Zusammenhang mit dem Beschluß »Über den weiteren Ausbau des in der DDR bestehenden Systems der I. und Dokumentation auf dem Gebiet der Wissenschaft, Technik und Ökonomie« das *ZIID* gegründet. Das *ZIID* ist dem *Ministerium für Wissenschaft und Technik* unterstellt und koordiniert das gesamte *Informationssystem Wissenschaft und Technik* (IWT). Ihm unterstehen zahlreiche, nach Kompetenzen abgestufte Informationsstellen in den staatlichen Organen und in den Betrieben. Mit der Kombinatsumbildung vom November 1979 veränderten sich diese Kompetenzen in Richtung einer stärkeren Zentralisierung. Es wurden neue Informationsordnungen erlassen und »komplexe Jahresplanungen« beschlossen. Die Anforderungen an diese Jahrespläne lassen erkennen, welche Probleme bei der Verwirklichung des *IWT* bestehen. So funktioniert offenbar die Ermittlung des Informationsbedarfs unbefriedigend, nicht zuletzt deswegen, weil es an Interesse und Zuarbeit der Nutzer mangelt; es fehlen immer noch einheitliche, methodisch-organisatorische Regeln der Gewichtung von I., insbesondere Regeln bewertender Art; schließlich wird zu wenig »graue« Literatur verarbeitet, also Konferenzmaterialien, Vorträge, aber auch sogenannte Marktinformationen, Messe- und Reiseberichte, u. ä. m., wodurch die Aktualität des Informationsstandes beeinträchtigt wird.

Diese kritischen Punkte im *IWT* der DDR werden seit vielen Jahren diskutiert. Eine nicht nachlassende Folge gesetzlicher Verordnungen dazu ist sicher auch als ständiges Bemühen von *SED* und Staat zu deuten, den Verantwortlichen bei der Lösung der Probleme zu helfen. Am aussichtsreichsten dürften jene Versuche sein, die eine verbesserte Nutzerschulung und eine verbesserte Qualifikation der Informationskader anstreben. Neben den volkswirtschaftlichen Informationssystemen, unter denen das *IWT* die zentrale Stellung einnimmt, werden in der DDR auch laufend gesellschaftswissenschaftliche Informationssysteme aufgebaut. Für ihre Koordination war lange die 1965 gegründete *Zentrale Leitung für gesellschaftswissenschaftliche I.* bei der *Akademie der Wissenschaften* zuständig. Seit dem »Beschluß über die weitere Entwicklung der gesellschaftlichen I. und Dokumentation in der DDR« vom August 1980 gibt es keine zentrale Leitung mehr. Stattdessen wurde bei der *Akademie der Wissenschaften* eine Kommission gebildet, deren Arbeit ein *Wissenschaftlicher Rat für gesellschaftswissenschaftliche I. und Dokumentation* unterstützt. Zahlreiche gesellschaftswissenschaftliche Disziplinen verfügen heute über zentrale Informationsstellen, die entweder an Hochschulen oder staatliche Institutionen angeschlossen sind. Wie beim *IWT* gibt es auch hier die Probleme einer exakten Ermittlung des aktuellen Informationsbedarfs und der unzureichenden Aktivität und Qualifikation der Nutzer.

Die I. und Dokumentation ist inzwischen selbst zu einer gesellschaftswissenschaftlichen Disziplin geworden, mit den entsprechenden methodologischen Diskussionen, Fachorganen und Ausbildungsinstitutionen. Die Fachbezeichnung lautet in der DDR, wie auch in der Bundesrepublik, Informationswissenschaft, synonym dazu wird auch manchmal der in der UdSSR gebräuchliche Terminus *Informatik* verwendet.

V. Informationsmarkt

Die Entwicklung des Informations- und Dokumentationsbereichs in der Bundesrepublik kann nicht unabhängig von Aktivitäten der *Kommission der Europäischen Gemeinschaften* (KEG) gesehen werden. Im Rahmen verschiedener Aktionspläne wurde von der *KEG* insbesondere der Aufbau des europäischen Informationsverbundsystems *Euronet DIANE* vorbereitet. *DIANE* (= *Direct Information Access Network for Europe)* umfaßt die Informations- und Dokumentationsanbieter, die an das technische Übertragungsnetz *Euronet* angeschlossen sind. Es wurde Anfang 1980 mit dem Angebot von rund 130 Datenbanken in Betrieb genommen. Hinzu kommen Entwicklungen in den USA. So wird geschätzt, daß bei bibliographischen Datenbasen mit Direktzugriff 80 v. H. der Zielinformationen aus US-amerikanischen Datenbasen stammen. In den USA entstand in den letzten Jahren ein Markt für *Online*-Angebote. Dabei gewinnen sogenannte Fakten gegenüber Literatur-Datenbanken zusehends an Bedeutung. US-amerikanische Anbieter werden verstärkt auch in Westeuropa aktiv. Die Folge ist einerseits eine Warnung vor der Gefahr eines »Informations-Imperialismus«. Die Angebotskonkurrenz schafft jedoch andererseits ein neues Bewußtsein: Begriffe wie *Informationsmarkt* bzw. *Informationsmarketing* bestimmen zunehmend auch die Informations- und Dokumentationssituation der Bundesrepublik. Die Fachinformation wird verstärkt als Angebot einer »Informationsindustrie« verstanden. Eine sich auch den Erkenntnissen der Marktforschung öffnende Benutzerforschung bzw. eine »kundennahe« Informationsvermittlung lassen in Zukunft ein stärker nachfrageorientiertes Angebot von I. und Dokumentation erwarten.

Es zeigt sich, daß diese Angebote nicht nur zum »Null-Tarif« oder zu kostendeckenden Preisen abgenommen werden. Vielmehr wird deutlich, daß insbesondere eine wirtschaftlich verwertbare Informationsvermittlung gewinnbringend betrieben werden kann. Die Forderung, daß auch öffentliche Anbieter von I. und Dokumentation eine marktorientierte Preispolitik betreiben sollen, wird dabei einmal mit Blick auf die begrenzten Budgets, zum anderen mit Verweis auf die Gefahr subventionierter »Datenberge« bei mangelnder Informationsnachfrage erhoben. Die hiermit im Zusammenhang stehenden Fragen, ob und in welchem Umfang Einrichtungen der Forschung und Lehre dann mit Budgets zur Informationsbeschaffung ausgestattet werden müssen, bzw. in welchen Bereichen, insbesondere bis zu welchem Servicegrad eine öffentliche Informationsvorsorge unabhängig von einem durch Kaufkraft signalisierten Bedarf notwendig ist, bleiben aber bis heute weitgehend unbeantwortet. Die Bundesrepublik und die DDR verfügen heute, wie alle hochindustrialisierten Länder, über die technischen Möglichkeiten, I. jeder Art zu speichern und sie damit sowohl für politische wie wissenschaftliche, aber auch wirtschaftliche und Verwaltungsentscheidungen nutzbar zu machen. Einerseits erleichtert das den Umgang mit solchen Phänomenen wie dem der »Wissensexplosion«, das u. a. durch die enorm gewachsene internationale Publikationstätigkeit entstand. Bibliotheken traditioneller Organisations- und Arbeitsstruktur wären heute gar nicht mehr in der Lage, diese »Informationsflut« zu ordnen. Andererseits zeigt sich aber z. B. gerade im Verwaltungsbereich, wie die Speicherung von I. nicht nur Arbeitsvorgänge intensiviert und Kosten spart, sondern auch Daten in einer Weise verfügbar macht, die individuelle Persönlichkeitsrechte verletzen kann.

Die öffentliche Diskussion in der Bundesrepublik um den sogenannten »Datenschutz« hat bereits so viele Beispiele für einen Datenmißbrauch geliefert, daß im wörtlichen Sinn eher die Daten geschützt zu sein scheinen als die Bürger. In der DDR mit ihrer konstruierten »objektiven Interessenübereinstimmung« zwischen Partei, Staat und Bevölkerung ist der Datenmißbrauch kein Diskussionsthema. Auch wenn die Vernetzungssysteme sich vermutlich von denen der Bundesrepublik nur nach ihrer Dichte unterscheiden, dürfte hier aber jeder Zugriff auf gespeicherte I. prinzipiell anderen Kontrollmechanismen unterliegen. Alle Informationssysteme der DDR sind so auf die Nutzung durch leitende Kader ausgerichtet, daß sich dadurch automatisch eine relative Übersichtlichkeit des Umgangs mit Daten ergibt. Gleichzeitig trägt diese Einschränkung dazu bei, bestehende Informationsvorsprünge wie -defizite bei den verschiedenen Bevölkerungsgruppen und -schichten zu verfestigen.

K. H. Weigand, V. Blaum

Literatur
O. Arnold, K.-H. Wieland, Warum, worüber, wie informieren? Berlin (Ost) 1971
A. Beyer, Informations- und Dokumentationswesen, in: Institut für Gesellschaft und Wissenschaft (Hrsg.), Wissenschaft in der DDR, Köln 1973, S. 193–215
Programm der Bundesregierung zur Förderung der I. und Dokumentation (IuD-Programm) 1974–1977, hrsg. v. Bundesministerium für Forschung und Technologie, Bonn 1975
N. Szyperski, K. Nathusius, I. und Wirtschaft. Der informationstechnische Einfluß auf die Entwicklung unterschiedlicher Wirtschaftssysteme, Frankfurt a. M., New York 1975
E. Butzek, G. Windel, Zum Verhältnis von Staat und I. und Dokumentation in der BRD. Entwicklung bis zur Mitte der 60er Jahre, in: M. Buder/G. Windel (Hrsg.), Zum Verhältnis von Staat, Wissenschaft zu I. und Dokumentation. Beiträge zur Entwicklung in Ost und West, München, New York 1978, S. 65 – 136
Verzeichnis Deutscher Informations- und Dokumentationsstellen. Bundesrepublik Deutschland und Berlin (West), Ausgabe 3 – 1978/79, hrsg. v. d. Gesellschaft für I. und Dokumentation, München 1979
R. Haake, J. Koblitz, F. Nestler, G. Schmoll (Hrsg.), Handbuch der I. und Dokumentation, Leipzig ²1979

Innerlichkeit

Dem wahrnehmenden, empfindenden, denkenden und handelnden Subjekt sind die Inhalte seines Bewußtseins in einer qualitativ anderen Weise gegeben als die Totalität der Erscheinungen, die es deshalb auch als außerhalb dieses Bewußtseins existierend empfinden muß. In diesem Sinn ist die Unterscheidung des Psychischen und Geistigen als einer inneren Wirklichkeit gegenüber der äußeren Welt, der das Subjekt in seinem Dasein und Tätigsein selbst angehört, ein primäres Element der Weltsicht des Menschen und seines Selbstverständnisses. Indem der Begriff I. die innere Welt als eigentliche Sphäre menschlichen Lebens der äußeren als einer minderen und scheinhaften entgegensetzt, enthält er bereits eine Wertung. Dies kann, da er die Unangemessenheit beider Bereiche voraussetzt, eine Reaktion auf Veräußerlichung und → *Entfremdung* in Weltzuständen sein, die von sozialer Ungleichheit und partikularen politischen Herrschaftsinteressen bestimmt werden. Diese Sicht verweist auf einen älteren philosophischen und religiösen Traditionszusammenhang, in dem I. in den gegenwärtigen Industriegesellschaften erneut zur Wirkung kommt. Dabei ist zwischen I. als Kritik der sozialen Wirklichkeit und I. als Flucht, die selber nur eine entfremdete Antwort auf entfremdete Verhältnisse ist, zu unterscheiden.

Bedingt durch die Enttäuschung über die Entwicklung der Französischen Revolution, die zunächst als Morgenröte der Menschheit begrüßt wurde, zu einer Diktatur des Reichtums und der militärischen Expansion, aber auch unter dem Einfluß der antirevolutionären politischen Reaktion, war gerade diese Form der I. ein Merkmal der deutschen Romantik. Mehr aber noch äußerte sie sich als »deutsches Gemüt«, mit dem sich das Bürgertum über das Scheitern seiner politischen Hoffnungen insbesondere nach den Revolutionsjahren 1848/49 zu trösten versuchte. Sie wurde im Wilhelminismus zur Kompensation einer machtbestimmten Veräußerlichung, welche dann vom Nationalsozialismus auf die Spitze getrieben wurde. Ein kompensatorischer Charakter kennzeichnet auch die »neue I.« der Gegenwart, soweit sie im Kontext der Generationskonflikte in einer als unpersönlich empfundenen, leistungsorientierten und verdinglichten Welt Spontaneität und gefühlsbetonte menschliche Beziehungen zurückgewinnen will, ein Prozeß der Selbstfindung, der in manchen Jugendsekten oft bis zu Realitätsverlust und Selbstaufgabe reicht.

Die → *Philosophie* des Marxismus-Leninismus, der dialektische und historische Materialismus, geht vom Primat der »Außenwelt« gegenüber der »Innenwelt« aus. → *Bewußtsein,* Geist und Psychisches sind Produkte der sich selbst bewegenden Materie, die sie ideell reproduzieren und widerspiegeln. Mithin ist die geistige Produktion von der objektiven Welt und ihren Veränderungen nach Maßgabe der materiellen Produktion und mit dem Ziel der sozialen Revolution abhängig und in sie einbezogen. Nach K. Marx ist der Mensch nicht in erster Linie geistiges, sondern soziales Wesen, ein »Ensemble der gesellschaftlichen Verhältnisse«, das sich in der Geschichte der Gesellschaft durch die Arbeit als Mensch selbst erschafft. Dieser Prozeß ist historische Entwicklung menschlicher Eigenschaften und, durch fortschreitende Aneignung außermenschlicher Natur als gesellschaftlicher Lebenselemente, insofern Humanisierung der Natur und Naturalisierung des Menschen. Nicht die innere Wirklichkeit ist es, was den Menschen im Kern ausmacht. Sie selbst ist nur ein Produkt der Außenwelt und ohne diese nicht existent. »Ein Wesen, welches seine Natur nicht außer sich hat, ist ein *Unwesen*« (K. Marx/F. Engels, Werke, Ergänzungsband 1, Berlin (Ost) 1968, S. 578).

Diese materialistische Auffassung steht im Gegensatz zur transzendenten → *Religion,* die in ihrer christlichen Gestalt eine Geistperson, also eine spezifisch gefaßte innere Beschaffenheit des Menschen annimmt, die mit dem absolut gesetzten Innen, der unendlichen Subjektivität (Gott) wesensgleich sei. Für den Gläubigen ergibt sich daraus grundsätzlich, daß seine I., im Verständnis der christlichen Religion seine Seele, sein Gewissen, ungleich wichtiger ist als das sekundäre, vergängliche Außen der realen Welt. Daß daraus nicht unbedingt Weltflucht folgt, beweist nicht zuletzt das humane gesellschaftliche → *Engagement* vieler Kirchenmitglieder in der DDR.

Im Wandel des gesellschaftlich-politischen Systems der DDR hat sich in letzter Zeit auch hier eine neue Form der I. herausgebildet. Dies zeigt sich insbesondere in der → *Literatur,* die sich im Unterschied zu vergleichbaren literarischen Zeugnissen der »neuen I.« in der Bundesrepublik gerade durch ihr gesellschaftliches Engagement auszeichnet und sich, wie etwa in C. Wolfs 1968 veröffentlichtem Roman »Nachdenken über Christa T.«, kritisch gegen die Anpassung an die Lebensbedingungen des → *Sozialismus* wendet. Wenn auch die offizielle Kritik diese I. verurteilt, so konnte sie doch nicht umhin, der Literatur selbst, soweit sie, wie es der stellvertretende Kulturminister der DDR formulierte, »eine Geschichtsschreibung besonderer Art«, eine »Geschichtsschreibung der inneren Welt der Menschen« darstellt, eine wichtige Rolle zuzugestehen. »Indem der Autor sein Inneres offenbart, spricht er zugleich die Gefühle und Gedanken vieler aus« (Sonntag, Berlin (Ost), v. 18. 3. 1979). So übernimmt die Literatur in der DDR in dem Maß eine stellvertretende kommunikative Funktion, wie die übrigen Medien einer strengeren → *Zensur* unterzogen werden.

In der zeitgenössischen Soziologie verweist I. auf die Internalisierung oder Verinnerlichung geltender → *Werte und Normen* im Zusammenhang der Sozialisation und Enkulturation. In diesem Verständnis ist es für die Diskussion in der DDR charakteristisch, daß die bloße individuelle Anerkennung des verbindlichen Wertsystems nicht als ausreichend angesehen wird. Es wird gefordert, daß »die Übung des Optimalverhaltens unter Kontrolle des eigenen, tief ins Bewußtsein eingegangenen moralischen Verantwortungsgefühls«, dessen Muster durch Bestleistungen für den Staatsplan und dessen Übererfüllung vorgegeben sei, allen Bürgern der DDR »anerzogen« werden müsse (Deutsche Zeitschrift für Philosophie, 28. Jg., 1980, H. 6, S. 727 ff.). Auf diese Weise soll der Widerspruch zwischen Ideal und Wirklichkeit gelöst werden. Indem aber ein großer Teil der Bevölkerung sich den äußeren Anforderungen nur anpaßt, ohne mit ihnen innerlich übereinzustimmen, entsteht ein Konflikt, der oft viel bewußter als in der Bundesrepublik empfunden wird, weil die Möglichkeiten, ihn zu kompensieren, vergleichsweise geringer sind.

W. Rossade

Literatur

E. Borne u. a., Intériorité et vie spirituelle, Paris 1954
H. Staub, Laterna magica. Studien zum Problem der I. in der Literatur, Zürich, Freiburg i. Br. 1960
G. Wenner (Hrsg.), Erziehung sozialistischer Persönlichkeiten, Berlin (Ost) 1976

Innovation

Der Begriff I., dem in der DDR *Neuerung* entspricht, ist vor dem Hintergrund eines bestimmten Modells des wissenschaftlich-technischen Fortschrittes zu sehen. Dieses Modell zerlegt den wissenschaftlich-technischen Fortschritt in eine Reihe unterscheidbarer Stufen, von der Entdeckung oder Erfindung über deren Verwertungsprozeß bis zur Markteinführung eines neuen Produkts oder Verfahrens. Eine I. ist demnach ein auf einer Erfindung oder Entdeckung beruhendes, den Forschungs- und Entwicklungsprozeß bis zu dessen Markteinführung einschließendes neues Produkt oder Verfahren. Dabei unterscheidet sich das Bedeutungsfeld sozialer I. etwa im Schul- und Verkehrsbereich, vom Bedeutungsfeld technischer I. Umfassend kann unter einer I. also all das verstanden werden, was nach Inhalt, Form, Anwendung und Methode als neu vom bereits Bestehenden abweicht.

Daß etwas Neues auch schon gut oder besser als das Bestehende einzuschätzen sei, ist keineswegs unumstritten und kann selbst als sozio-kulturelle I. bezeichnet werden. Es kann schon hier festgehalten werden, daß sich in der DDR, wie sich beispielhaft an der dortigen Rezeption des amerikanischen Wissenschaftstheoretikers Th. S. Kuhn zeigen ließe, auf Grund der Annahme, ein absolutes Wahrheitskriterium zu haben, auch ein daraus ableitbares generelles Beurteilungskriterium für die langfristige Richtung von I. feststellen läßt, während in der Bundesrepublik Deutschland eine vergleichbare Sicherheit mit ihrem Anspruch auf allgemeine Verbindlichkeit bei der Beurteilung von I. nicht festgestellt werden kann. Vor allem an den Begriffen Markt und Plan zeigt sich die unterschiedliche Beurteilung des Innovationsprozesses in beiden deutschen Staaten (→ *Wettbewerb*).

Der Innovationsprozeß folgt in beiden deutschen Staaten den Phasen der Grundlagenforschung, angewandten Forschung, experimentellen Entwicklung, konstruktiven und Routine-Entwicklung (Prototypen, Pilotprojekte) und der Einführung auf dem Markt. Die Entscheidung allerdings, eine Entwicklungslinie weiterzuverfolgen, zeitlich zu verzögern oder gar nicht weiter zu fördern, wird in der Bundesrepublik Deutschland, abgesehen von Großprojekten, z. B. zur Reaktorforschung, zur Kohleverflüssigung, den Nahverkehrsmittel- und Waffensystemen, nahezu ausschließlich von den Unternehmen nach Maßgabe der Gewinnmöglichkeiten getroffen. Auch in der DDR sind derartige, eher betriebswirtschaftliche Entscheidungen vor allem bei der Steigerung der Effizienz durch kostengünstigere neue Verfahren in den einzelnen Betrieben angesiedelt. Dennoch sind generell bei Entscheidungen über neue Produkte vor allem volkswirtschaftliche, im Rahmen der umfassenden Planung liegende Vorgaben über Produkte zu verfolgende Entwicklungslinien vom Staat zu erwarten. Auch in der DDR gibt es Marktforschung, doch ist das Gewicht der dort ermittelten Erkenntnisse über die Bedürfnisse der Bevölkerung nicht die einzige und nicht notwendigerweise die wichtigste Bestimmungsgröße für die Impulse des Innovationsprozesses.

Der Zweck aller sehr unterschiedlichen Förderungsmaßnahmen wird in beiden deutschen Staaten in der Steigerung der Produktivität und im qualitativen wie quantitativen Wachstum der Volkswirtschaft durch die Indienststellung der Produktivkraft »Wissenschaft« als dem dritten Faktor neben Arbeit und Kapital gesehen. In beiden Staaten wird in der Diskussion darüber, durch wen und in welchem Umfang Innovationsaktivitäten zu fördern sind, auf unterschiedliche Ideologien zurückgegriffen. Während in der Bundesrepublik Deutschland von einem »ordnungspolitischen Sündenfall« dann gesprochen würde, wenn die staatliche Verwaltung über Rahmenbedingungen hinaus auch die Forschungsinhalte und -ziele bestimmen würde, wird in der DDR gerade die Vereinbarkeit von Neuerertätigkeit und staatlichem Plan betont. In beiden Staaten wurde in den 70er Jahren die tatsächliche Förderung der Innovationsaktivitäten wesentlich verstärkt. Diese Förderung geschieht parallel von »unten« wie von »oben«. Von unten durch die verbesserte Ausstattung des betrieblichen Vorschlagswesens, durch Wettbewerbe wie »Jugend forscht« und »Jugendobjekte«, durch Messen, den Erfinderständen auf der *Hannover-Messe* und der *Zentralen Messe der Meister von morgen* in der DDR. Fördernd wirken vornehmlich in der DDR zudem öffentliche Anerkennungen in Form von Preisen und Ehrungen. Von oben wurde die Beratung der Betriebe flächendeckend ausgebaut, u. a. durch *Industrie- und Handelskammern* in der Bundesrepublik und der Ingenieurorganisation, *Kammern der Technik* in der DDR. Für die ständige Zusammenarbeit zwischen Wissenschaft und Betrieben in der DDR in den Akademie-, Industrie-Komplexen, wie dem Komplex für Polymerenchemie als gemeinsamer Initiative der *Akademie der Wissenschaften* und der *Vereinigung Volkseigener Betriebe Plast- und Elastverarbeitung* gibt es freilich in der Bundesrepublik keine Parallele. Dem Ordnungsmodell der Marktwirtschaft folgend werden in der Bundesrepublik Deutschland über zwei Drittel aller Innovationsaktivitäten durch die Unternehmen gefördert, während in der DDR etwa zwei Drittel der Förderungsanstrengungen auf überbetriebliche Einrichtungen entfallen. In der DDR gilt als maßgebliche Grundlage zur Förderung von I. der Plan »Wissenschaft und Technik«, während von wichtigen Ausnahmen wie der indirekten spezifischen Förderung, z. B. Energieeinsparung, ein derartiger Plan in der Bundesrepublik nicht existiert. Allerdings enthält der »Bundesbericht Forschung«

des *Bundesministeriums für Forschung und Technologie* eine unverbindliche Planungsübersicht staatlicher wie privater Innovationsaktivitäten (→ *Wissenschaft und Forschung*). Hier wie dort unterstützt der Staat I. auch dadurch, daß durch die Forschungsförderung an Universitäten und Forschungszentren, den Großforschungszentren und den Instituten der *Max-Planck-Gesellschaft* und der *Frauenhofer Gesellschaft* in der Bundesrepublik, Zentralinstitute, Industriezweige, Akademie- und Kombinatsinstituten in der DDR der Innovationsprozeß durch die Bereitstellung von Ergebnissen der Grundlagenforschung eingeleitet werden soll. Wenn auch verläßliche Maßzahlen über die Ergebnisse dieser Bemühungen fehlen, können aus den Beträgen für die Forschung, der Patententwicklung und aus der Anzahl neuer Produkte doch Rückschlüsse über den Erfolg der Förderung gezogen werden. 1979 wurde in der DDR 4,2 v. H. des produzierten Nationaleinkommens, 7 Mrd. Mark, für die Forschung ausgegeben, in der Bundesrepublik Deutschland 2,3 v. H. des Bruttosozialproduktes oder 32 Mrd. DM. Freilich sind diese Ausgaben schon allein deswegen schwer vergleichbar, weil der in der Bundesrepublik verwendete Forschungs- und Entwicklungsbegriff über die experimentelle Entwicklung nicht hinausgreift, während in der DDR auch Leistungen zur Überleitung von Neuerungen in die Fertigung und die Distribution zu den Forschungsausgaben gezählt werden. Insofern würden bei einer entsprechenden weiten Fassung des Innovationsbegriffs die Forschungsausgaben in der Bundesrepublik weit höher als angegeben liegen.

Im Inland wurden 1979 in der DDR 4500 und in der Bundesrepublik 11000 Patente erteilt. Im gleichen Jahr erhielten 437 Anmelder aus der DDR ein Patent in der Bundesrepublik Deutschland und 100 Anmelder aus der Bundesrepublik ein Patent in der DDR. Da der Erfinder in der DDR zwar persönlich belohnt, aber keine Nutzungsrechte am Patent geltend machen kann und demgegenüber der Patentanmelder in der Bundesrepublik als freier oder Arbeitnehmererfinder persönliche Nutzungsrechte für einen Zeitraum von 20 Jahren beanspruchen kann, ist ein Vergleich nur bedingt möglich; jedoch erhalten Erfinderscheininhaber in der DDR und Arbeitnehmererfinder in der Bundesrepublik letztlich nicht wesentlich voneinander abweichende Belohnungen (→ *Erfindung*). Es kann übrigens mit Recht behauptet werden, daß die DDR-Anmeldungen von Patenten in der Bundesrepublik Deutschland zu den technologischen Spitzenleistungen der DDR zählen. Bezüglich des meßbaren Nutzens der I. ist eine Vergleichbarkeit der Indikatoren derzeit noch nicht gegeben. Ohne Angaben über die Verläßlichkeit der Zahlen wird in der DDR der Nutzen aus den angewendeten Neuerungen, einschließlich der Nachnutzungen, für 1979 mit 4,5 Mrd. Mark angegeben, und die eingesparte Arbeitszeit wird mit knapp 376 Mio. Stunden angegeben. In der Bundesrepublik Deutschland wird zur Zeit erst ein Pilotprojekt eines Innovationstests durchgeführt, von dem wichtige Aufschlüsse über den Erfolg von Innovationsaktivitäten erwartet werden.

Bundesrepublik und DDR unterscheiden sich darin, wie Wissenschaft in seiner Abhängigkeit vom gesellschaftlichen System eingeschätzt wird.

Zwar ist die Diskussion um das Maß der Klassenabhängigkeit von Wissenschaft in der DDR noch nicht abgeschlossen – ihr wird mittlerweile eine relative Selbständigkeit im gesellschaftlichen System attestiert –, dennoch ist die Richtung der Wissenschaftsentwicklung als angestrebte Verschmelzung der Naturwissenschaften mit den Geistes- und Sozialwissenschaften vorgegeben. Wird mit aller Vorsicht Wissenschaftsentwicklung mit der gewichteten Summe aller Innovationsaktivitäten gleichgesetzt, so ergibt sich, daß bei der dialektischen Überwindung der Dichotomie der Wissenschaftsentwicklung die technischen Neuerer, die Innovateure, sich zu sozialen Neuerern entwickeln und umgekehrt. Die Debatte in der Wirtschaftswissenschaft zwischen Neoliberalen und zeitgenössischen Schumpeterianern, die Diskussionen um Pro und Kontra der Finalisierungstheorie in der Wissenschaft und schließlich die erkenntnistheoretischen Erörterungen der These K. Poppers von einer »Dritten Welt« als drei wichtigen Strängen in der Wissenschaftsdebatte in der Bundesrepublik lassen hier ein ähnlich klares Bild nicht zu.

Gemeinsam ist diesen Richtungen wie auch dem Ansatz in der DDR, daß es keine Logik der → Erfindung, wohl aber eine mehr oder weniger deutliche Gewißheit von deren Eintreten gibt. In beiden deutschen Staaten wird geplant, doch besteht nur in der DDR der Anspruch, daß eine Stelle stellvertretend für die Gemeinschaft den Bedarf und die Bedürfnisse im sozialen und wissenschaftlich-technischen Bereich erkunden, mit Prioritäten belegen, Umsetzungsschritte einleiten und entsprechend eine umfassende Planungstätigkeit entfalten kann und soll.

W. von der Ohe

Literatur
J. Hemmerling u. a., Neuererbewegung – Arbeiterinitiative zur sozialistischen Rationalisierung, Berlin (Ost) 1973
G. Kröber, H. Laitko, Wissenschaft – Stellung, Funktion und Organisation in der entwickelten sozialistischen Gesellschaft, Berlin (Ost) 1975
G. Mensch, Das technologische Patt, Frankfurt a. M. 1975
P. Weingart, Wissenschaftsproduktion und soziale Struktur, Frankfurt a. M. 1976

Intelligenz

Unter I. versteht man den Komplex von Fähigkeiten, der zur Lösung gegenständlicher oder abstrakter Probleme und damit zur Bewältigung neuer Anforderungen beiträgt. Die Entwicklung der I. ist in gewissem Maß von Erbanlagen abhängig, entscheidend sind aber soziale und kulturelle Einflüsse. Der Anteil beider Faktoren ist umstritten. Ferner bezeichnet I. Angehörige der Intelligenzschicht, einschließlich der Intellektuellen. Diese I. handelt als Gesamtheit zwar ohne Mandat, schwebt jedoch nicht über den gesellschaftlichen Institutionen, sondern ist mit ihnen verbunden und nimmt so teil an der → *Macht*. Soweit sich die Definition der I. insbesondere auf die Ausbildung bezieht – andere Kriterien sind das Schöpferische und das analysierend Kritische – wird der Begriff des Intellektuellen synonym mit dem des Akademikers gebraucht. Der Begriff I. wird im allgemeinen Sprachgebrauch verwandt, um vor allem die Angehörigen der I. zu kennzeichnen, die im Unterschied zur Herrschaft öffentlich Einfluß ausüben. Dazu gehören vor allem die »Kulturschaffenden« und neben → *Künstlern*, Geistes- und Sozialwissenschaftlern noch die lehrende und informierende I.

Die I. bildete sich mit Beginn der bürgerlichen Gesellschaft als eigenständige soziale Schicht heraus. Seit dem 18. Jh. versteht die I. sich als Erbe und Sachwalter bürgerlicher → *Aufklärung*, Toleranz und Vernunft. Dabei verbindet sich die rationalistische Tradition der I. von Anfang an mit einer moralischen. Ebenso wie das Bürgertum im Zeichen einer Moralisierung aller Lebensbereiche zur Macht gelangt, bleibt die moralische Verantwortlichkeit fester Bestandteil des Selbstbildes der I. Dabei tritt im 18. Jh. neben den Teil der I., der sich für Emanzipation der Unterdrückten einsetzt und die Amerikanische und Französische Revolution befürwortet, eine konservative, die der demokratischen »Gleichmacherei« die Wahrung der Tradition entgegensetzt. In den 20er und 30er Jahren dieses Jahrhunderts wird die Stellung der I. im Begriff der »freischwebenden I.« unter anderem von K. Mannheim soziologisch formuliert. In den politischen Kämpfen der Weimarer Republik sieht sich die I. oft in einer Mittlerrolle, die kraft rationaler Einsicht die ideologisch gebundenen Denkweisen der verschiedenen Klassen überschreiten könne. Der Nationalsozialismus straft diese Hoffnungen Lügen. Es zeigt sich, daß die kulturelle I. in ihrer Mehrheit der Barbarei keinen Widerstand leistet.

Mit verstärkter Automatisierung, dem Ausbau von Datenbanken und Informatik (→ *Information*) ändert sich nach dem Zweiten Weltkrieg auch die Stellung der I. Kriterien der Vermittelbarkeit und Codierbarkeit entscheiden immer mehr darüber, welches Wissen in die gesellschaftliche Zirkulation eingeht, nämlich Verfügungswissen, abrufbare Informationen aus Medien, Computern und Informationszentren. Zudem spielt schon während der Ausbildung die didaktische Vermittlung eine immer größere Rolle.

Tendenziell wird der Intellektuelle vom Gelehrten zum Datenträger. Weniger der Repräsentant des Universellen, dessen Verkörperung der → *Schriftsteller* war, als vielmehr der Spezialist nimmt heute Einfluß auf die Gesellschaft. Der typische Intellektuelle der Gegenwart ist nicht mehr zuerst in der Öffentlichkeit zu finden, hat jedoch, zum Beispiel als Atomphysiker, Biologe, Genetiker oder Datenspezialist, Anteil an der Macht. Er trägt ein Ausmaß an Verantwortung, das für den *homme de lettres* der Vergangenheit unvorstellbar gewesen wäre. Dieser Teil der Reflexionselite *(→ Elite)* steht vor der noch ungelösten Aufgabe, ein politisch-kulturelles Selbstverständnis zu entwickeln, das weder Wissenschaft zum Religionsersatz werden läßt, noch den Spezialisten zum willenlosen Instrument der Machtzentren macht.

Eine zweite Akzentverschiebung betrifft das Verhältnis der lehrenden und informierenden I. zu Politik und Gesellschaft. Heute trifft der Intellektuelle auf politische und administrative Konflikte, die ihn viel näher an die gesellschaftspolitische Wirklichkeit führen als zuvor den Kathedergelehrten. Die Politisierung der gegenwärtigen I. liegt also in der Logik der institutionellen Entwicklung.

Die Entwicklung der 60er Jahre war die Reaktion auf diese Veränderungen; die Kritik, positiv gewendet, wurde zum Schlüsselbegriff der I. Dies manifestierte sich in der für die *Studentenbewegung* bedeutsamen *Kritischen Theorie,* aber auch darin, daß die Demokratisierung, Emanzipation und der Abbau gesellschaftlicher Ungleichheit als selbstverständliche Leitziele einer aufklärerischen I. gelten, die das Bestehende prinzipiell der Kritik unterzieht.

Ist das Verhältnis der I. zur Industriegesellschaft problematisch, so ist die Einstellung der I. zur organisierten Form eines demokratisch-sozialistischen → *Engagements* nicht minder gespannt. Dem Anspruch auf individuelles Denken im Widerspruch zu dem kollektiv Verbindlichen steht die Disziplin der politischen Praxis gegenüber. Die große Zahl der Intellektuellen, die sich enttäuscht von linken Organisationen abwandten, zeigt – vergleichbar dem Exodus bekannter Intellektueller aus der DDR – das Problem. Mitte der 70er Jahre reagierte die konservative I., vertreten auch durch H. Schelsky, mit Stichworten wie »Mut zur Erziehung«, Kritik an »sozialistischen Illusionen«, und Warnungen vor einem »Werteverfall« und »Traditionsschwund« auf die überwiegend linken Tendenzen der vorangegangenen Jahre. Es ist nicht zu übersehen, daß die Linke weithin einem rationalistischen Menschenbild verpflichtet bleibt, das mit einer verharmlosenden Sicht auf die destruktiven Elemente der Triebstruktur einhergeht. So unterschätzt etwa das Ideal der »herrschaftsfreien Diskussion« den Anteil der nicht-dialogischen Züge an → *Kommunikation.* Das Ideal der Rationalität kann jedoch zum Komplizen der Herrschaft werden. Diese Einsicht schließt aber ihrerseits eine Kritik neukonservativer Positionen nicht aus. In deren Kehrtwendung gegen die progressive, kritische I. verbinden sich zwei Motive insofern, als dieses Denken »die Modernisierung gern aufs kapitalistische Wachstum und den technischen Fortschritt begrenzt sehen und gleichzeitig den kulturellen Wandel, die Identitätsbildung, den Motiv- und Einstellungswechsel anhalten, den Traditionsstand einfrieren« möchte (J. Habermas, Bd. 1, S. 22).

Auch in der DDR bereitet die Definition und das Verständnis der I., die etwa im »Statistischen Jahrbuch« nicht als eigenständige Gruppe angeführt wird, Schwierigkeiten. Die I. steht in der marxistischen Theorie zwischen den gesellschaftlichen Klassen, da sie nicht durch ein Verhältnis zum Eigentum an Produktionsmitteln gekennzeichnet ist. Als ihre Funktion wird im allgemeinen der Dienst an den Interessen der jeweils herrschenden Klasse angesehen. Formales Kriterium ist der Abschluß einer höheren Schulbildung, die Tätigkeitsfelder sind die sogenannten nichtproduzierenden Wirtschaftsbereiche Wissenschaft *(→ Wissenschaft und Forschung),* Bildungswesen *(→ Bildung),* Gesundheitswesen *(→ Gesundheit)* und → *Kunst.* Obwohl die I. nach offizieller Auffassung im festen Bündnis mit der herrschenden Klasse der Arbeiter und Bauern steht, nimmt sie einen eigenen Platz im System der gesellschaftlichen Organisation der Arbeit ein. Diese Beschreibung reduziert die I. im wesentlichen auf eine eher verwaltende Tätigkeit, während der Partei die Rolle des Ideologieproduzenten zukommt.

Der Umgang der Partei mit der I. war in der Geschichte der DDR wechselhaft. Noch vor Gründung der *KPD* im Juni 1945 wurde durch die *Sowjetische Militäradministration in Deutschland* der *Kulturbund zur demokratischen Erneuerung Deutschlands* ins Leben gerufen, der besonders die I. zur Mitarbeit am Aufbau der antifaschistischen Ordnung heranziehen sollte. Gegen das bürgerliche Klassenprinzip höherer Bildung setzte die *SED* ab 1948 das Prinzip der ausgleichenden Gerechtigkeit. Arbeiter- und Bauernkinder, auch erwachsene Arbeiter, sollten vorrangig zum Studium zugelassen werden. Die Gründe waren einerseits der große Bedarf an junger I., weil weite Teile der alten I. sich im Nationalsozialismus korrumpiert hatten und besonders im pädagogischen und juristischen Bereich ausgewechselt werden mußten.

Andererseits sollte dem Emanzipationsanspruch der Arbeiterbewegung auf Bildung und dem Bedürfnis der Partei nach einer loyalen, ihr verpflichteten, neuen I. entsprochen werden. Jedoch ging aufgrund der wirtschaftlichen und politischen Probleme in der DDR eine große Anzahl der jungen Akademiker in den Westen, ein Umstand, der gerade die technisch-medizinischen Einrichtungen der DDR gefährdete und schließlich zu einem der Gründe für den Bau der Mauer in Berlin 1961 wurde. Das Auslegungsmonopol der Partei beschneidet der I. ihre klassische oppositionelle und innovative Funktion in der ideologischen Diskussion. Indem sich statt dessen eine technokratische → Elite herausbildet, und auch die Partei zunehmend von der I. geführt wird, soll die Entwicklung der I. darauf hinauslaufen, daß sich bei gleichzeitiger Erhöhung des Ausbildungsstands der Arbeiter und Bauern die sozialen Unterschiede zwischen Arbeitern, Bauern und I. verringern und die geistige Arbeit aufhört, ein schichtbildendes Merkmal zu sein (→ Arbeit).

Oppositionelle in der DDR waren Berufsverboten, Verhaftungen und Ausweisungen ausgesetzt. Nach den Aufständen in Ungarn und Polen wurde in der DDR unter dem Schlagwort »Revisionismus« jede Kritik diffamiert. Das Konzept des Bitterfelder Weges (1959 bis 1964) ist unter anderem als ein Versuch zu sehen, vor allem die literarische I. ideologisch an die Parteilinie zu binden und gegen die Vorstellung eines »Dritten Weges« zu immunisieren. Die I. sollte beispielsweise vor ihrer Hochschulausbildung Erfahrungen als Werkstudent sammeln. Die Verbindung zwischen I., Arbeitern und Bauern sollte intensiviert werden. Spätestens 1964 beendete die Partei diesen Versuch, der unter anderem auch zu einer desillusionierenden Wahrnehmung der Realität der DDR und deren kritischer Darstellung besonders im ökonomischen Bereich geführt hatte. Statt der Arbeit an der Basis propagierte die SED nun die gesellschaftliche Bedeutung des Planers und Leiters, also statt des Blickes »von unten« die Position des Überblicks. Das bedeutete, daß die I. an die Schaltstellen der gesellschaftlichen Organisation treten sollte, während gleichzeitig gegen die literarische I. scharfe Restriktionen verhängt wurden (11. Plenum des Zentralkomitees der SED, November 1965). In den folgenden Jahren wurde die wissenschaftlich-technische Revolution in direkten Zusammenhang mit der sozialistischen Menschengemeinschaft gebracht. Politische Fragen wurden unter dem Gesichtspunkt ihrer technischen Bewältigung betrachtet. Erst mit der Ablösung W. Ulbrichts durch E. Honecker betonte die SED auf dem VIII. Parteitag 1971 wieder die Rolle der politisch-philosophischen Ideologie. Sie leitete zunächst eine Auflockerung der Kunst- und → Kulturpolitik ein, die jedoch, nachdem sie zunehmend zur Kritik der Lebensverhältnisse in der DDR führte, rasch wieder zurückgenommen wurde. Mitte der 70er Jahre kam es zu einem Exodus vieler produktiver Vertreter der künstlerischen I., der durch die Ausbürgerung W. Biermanns eingeleitet wurde.

Wenn auch die Kritik R. Bahros, der die I. wieder zum Anwalt emanzipatorischer Elemente innerhalb des Apparats machen wollte und dessen Analyse des Sozialismus der DDR somit an die klassische Intellektuellenposition der Aufklärer im absolutistischen Staat erinnert, inoffiziell von der Partei wahrgenommen wurde, so zeigen doch die Maßnahmen gegen ihn, seine Inhaftierung und spätere Ausweisung, daß in der DDR für eine kritische Analyse der I. kein Raum ist. R. Bahros Werk ist der bislang einzige gewichtige Beitrag aus der DDR zur internationalen marxistischen Diskussion, die in der DDR sonst lediglich auf der Grundlage sowjetischer Positionen oder oberflächlicher Auseinandersetzungen mit den Ergebnissen westlicher Debatten, wie etwa denen über den Eurokommunismus, geführt wird.

H.-Th. Lehmann, G. Schulz

Literatur
K. Mannheim, Ideologie und Utopie (1929), Frankfurt a. M. ⁵1969
H. Schelsky, Die Arbeit tun die anderen – Klassenkampf und Priesterherrschaft der Intellektuellen, Opladen 1975
G. Konrad, I. Szelényi, Die I. auf dem Weg zur Klassenmacht, Frankfurt a. M. 1978
J. Habermas (Hrsg.), Stichworte zur ›Geistigen Situation der Zeit‹, 2 Bde., Frankfurt a. M. 1979

Internationale kulturelle Organisationen

Für die Bundesrepublik Deutschland und die DDR wie für andere Staaten gilt, daß die wachsende Interdependenz des internationalen Systems, die grenzüberschreitende Wirkung der elektronischen Massenkommunikationsmittel, die Länder und Kontinente verbindenden Verkehrssysteme sowie der internationale Tourismus auch zu einer zunehmenden Diffusion kulturell-künstlerischer Werte, Ausdrucksformen und letztlich individueller Verhaltensmuster beigetragen haben. Nur in diesem Sinne ist die Internationalisierung nationaler Kultur schon ein unumkehrbarer Prozeß geworden, auch wenn dem eine Renaissance nationaler, häufig nationalistischer Abschottung und politischer Abgrenzung entgegenstehen mögen. Gelegentlich ist diese Entwicklung als Entstehung einer Weltkultur beschrieben worden (→ Weltkulturpolitik). Beide deutsche Staaten sind, zumindest im Rahmen der Herausbildung und Tätigkeit internationaler kultureller Organisationen, in diesen Prozeß eingebunden. Was die Zahl ihrer Mitgliedschaften in solchen Organisationen und Verbänden angeht, sind die Aktivitäten von Bundesrepublik und DDR und der beteiligten Vereine und Organisationen durchaus vergleichbar. Beide Staaten gehören im internationalen Vergleich zu den Ländern mit den zahlreichsten Mitgliedschaften. Im Hinblick auf Motivation und Konzeption der Auslandskulturpolitik sowie der Art der Mitwirkung und Tätigkeit in den internationalen kulturellen Organisationen bestehen allerdings erhebliche Unterschiede.

Während in der Bundesrepublik die Mitgliedschaften vor allem von privaten Verbänden und → Vereinen getragen wird, ihre internationale Arbeit also grundsätzlich keiner staatlichen und parteipolitischen Kontrolle unterliegt, rechnet in der DDR jede entsprechende Handlung zum außenpolitischen Vertretungsmonopol des Staates und der *SED*. Während in der Bundesrepublik sogar ein ungefährer Überblick darüber fehlt, wer international was repräsentiert, der Wahrnehmung partikularer Interessen auch in den internationale kulturellen Organisationen mithin kaum Schranken gesetzt sind, steht hinter jeder internationalen Tätigkeit staatlicher und nichtstaatlicher Organisationen der DDR ein einheitliches auslandskulturpolitisches Konzept der Führung der *SED*, koordiniert durch die zuständigen Abteilungen des Zentralkomitees der *SED*. Mitgliedschaften in den internationalen kulturellen Organisationen sind auch dort ein Instrument der →*Auswärtigen Kulturpolitik* und Außenpolitik, wo es vordergründig um die Mitarbeit in internationalen Fachorganisationen geht.

Für die Bundesrepublik Deutschland ist, insbesondere bei einem weitgefaßten Kulturbegriff, eine exakte Erfassung aller Mitgliedschaften nicht möglich. Unterschieden werden Organisationen im Rahmen der Vereinten Nationen, zwischenstaatliche kulturelle Organisationen regionalen und globalen Charakters ohne Anbindung an die Vereinten Nationen und nichtstaatliche internationale kulturellen Organisationen und Verbände, in denen eine unbekannte Zahl privater Vereine Mitglied sind. Im folgenden werden Mitgliedschaften der Bundesrepublik beispielhaft angeführt, die zumindest in einem weiteren Sinn Ausdruck internationaler kultureller Zusammenarbeit sind; als Organisationen der Vereinten Nationen: *Organisation der Vereinten Nationen für Erziehung, Wissenschaft und Kultur, Internationale Arbeitsorganisation, Weltgesundheitsorganisation, Weltpostverein;* als zwischenstaatliche Organisation: *Internationales Büro für Erziehung, Internationaler Verband für den Schutz von Werken der Literatur und der Kunst, Weltorganisation zum Schutz des geistigen Eigentums, Internationale Studienzentrale für die Erhaltung und Restaurierung von Kulturgut;* als nichtstaatliche Organisationen: *Internationales Komitee vom Roten Kreuz, Weltföderation der Partnerstädte, Internationaler Museumsrat, Internationaler Musikrat, Internationaler Rat für Film und Fernsehen, Internationales Theaterinstitut.*

Darüber hinaus ist zu berücksichtigen, daß die Mehrzahl der im kulturellen Bereich tätigen Vereine in irgendeiner Weise in internationalen regionalen oder überregionalen Verbänden und Organisationen mitarbeiten bzw. vertreten sind. Dazu gehören u. a. die *Deutsche Gesellschaft für die Vereinten Nationen, Deutsches PEN-Zentrum, Verband deutscher Schriftsteller*, der *Bund Deutscher Architekten*, der *Deutsche Lehrerverband* und der *Verband Deutscher Studentenschaften*.

In den Organisationen der Vereinten Nationen ist die DDR Anfang der 70er Jahre Mitglied geworden. Ebenso ist sie einer Reihe zwischenstaatlicher kultureller Organisationen außerhalb der *UNO* beigetreten, so 1969 der *Weltorganisation zum Schutz des geistigen Eigentums* und 1973 dem *Internationalen Institut für die Vereinheitlichung des Privatrechts*. Während die Mitgliedschaft in zahlreichen zwischenstaatlichen Organisationen erst kurz vor oder mit der allgemeinen völkerrechtlichen Anerkennung der DDR Anfang der 70er Jahre möglich wurde, arbeiten Organisationen und Verbände aus der DDR schon seit längerem in nichtstaatlichen internationalen kulturellen Organisationen mit. Nach eigenen Angaben bestanden Ende der 70er Jahre Mitgliedschaften in mehr als 250 derartigen Vereinigungen, so etwa im *Internationalen Verband der PEN-Clubs*, in der *Internationalen Vereinigung der Kinder- und Jugendtheater*, im *Internationalen Theaterinstitut*, im *Internationalen Museumsrat*, im *Internationalen Rat für Denkmale und Plätze*, im *Internationalen Musikrat*, in der *Internationalen Vereinigung der Erziehungsgemeinschaften*, im *Internationalen Olympischen Komitee*, in der *Europäischen Kulturgesellschaft* sowie im *Esperanto-Weltbund*.

Die Mitgliedschaft beider deutscher Staaten in überwiegend oder ausschließlich mit kulturellen Problemen befaßten internationalen Organisationen hat sich bisher, soweit erkennbar, auf die Präsentation deutscher Kultur, insbesondere des gemeinsamen Kulturerbes im Ausland weder negativ noch positiv ausgewirkt. Die DDR akzentuiert zwar stets ihre Selbstdarstellung auf das, was sie als sozialistische deutsche Kultur oder Nationalkultur und als »progressive nationale Tradition« bezeichnet. Mitgliedschaft wird damit als Instrument zur Durchsetzung einer bestimmten außenpolitischen Konzeption, das heißt in diesem Fall, zur kulturellen Abgrenzung von der Bundesrepublik, eingesetzt. Eine derartige funktionale Determinierung gibt es dagegen für die Mitarbeit der Bundesrepublik in den internationalen kulturellen Organisationen nicht. Auch ein stets von praktischen Gesichtspunkten bestimmtes Abstimmungsverhalten wird, im Gegensatz zur DDR, von der Bundesrepublik nicht praktiziert. Jedoch dürfte die Mitgliedschaft der DDR in diesen Verbänden auf lange Sicht weder der erwünschten Annäherung an die »sozialistischen Bruderländer« noch der von ihren Kulturfunktionären bis heute als notwendig erachteten Abschirmung von sogenannten feindlichen kulturellen Einflüssen aus dem Ausland dienen.

J. Kuppe

Intuition

Über den Wert der I. wird im Zusammenhang der philosophischen Erkenntnistheorie und der wissenschaftlichen Methodologie diskutiert. Der Begriff ist gekennzeichnet durch sein gespanntes und oft auch polemisches Verhältnis zum Begriff der →*Erkenntnis*. Er beginnt jeweils in dem Maße eine Rolle zu spielen, wie die Leistungsfähigkeit der begrifflichen Erkenntnis, besonders im Hinblick auf die akuten, dynamischen und neuartigen Aspekte der Wirklichkeit, bezweifelt wird. Begriffliche, diskursive Erkenntnis beruht auf einem mittelbaren Verhältnis zum Erkenntnisgegenstand. Sie erfaßt ihren Gegenstand analytisch, der I. dagegen ist der Gegenstand unmittelbar, als ganzer gegenwärtig. Sie wäre damit auf die sinnliche Präsenz ihres Gegenstands angewiesen, während sich die diskursive Erkenntnis des Gegenstandes eher unter der Voraussetzung seiner Abwesenheit formulierte. Hierauf soll nach dem mittelalterlichen Scholastiker J. Duns Scotus der Unterschied zwischen »abstraktivem« und »intuitivem« Denken beruhen. In ähnlicher Weise unterscheidet einige Jahrhunderte später der deutsche Ästhetiker A. G. Baumgarten »symbolische« und »intuitive« Erkenntnis voneinander.

Die kritische Auseinandersetzung mit dem deutschen Idealismus, insbesondere mit dem begrifflichen Absolutismus des Idealismus, führt teilweise zu einer Neubewertung der I. So kritisiert etwa A. Schopenhauer I. Kant, weil dieser anschauliche und abstrakte Erkenntnis nicht genügend voneinander unterschieden habe. Die anschauliche, intuitive Erkenntnis richte sich auf das Einzelne, Zufällige, während die abstrakte Erkenntnis diese Inhalte bloß in die Form des Allgemeinen, Kommunizierbaren bringe.

Über E. v. Hartmanns »Philosophie des Unbewußten«, über F. Nietzsche, W. Dilthey, H. Bergson kommt es insbesondere durch die psychoanalytische Theorie S. Freuds und dann auch C. G. Jungs zu einer neuen Sicht des Verhältnisses von Bewußtem und Unbewußtem und somit auch von begrifflicher Erkenntnis und I. Das Bewußtsein erscheint nun geradezu als Funktion des Unbewußten. Die traditionelle Vorherrschaft des Bewußtseins und der begrifflichen Erkenntnis mußte hiernach zu einer Sterilität der Erkenntnis führen. In diesem Verständnis konnte dann A. Breton in seinem ersten »Manifest des Surrealismus« (1924) davon sprechen, daß die unausrottbare Manie, das Unbekannte aufs Bekannte, aufs Klassifizierbare zurückzuführen, das Gehirn einschläfere. In der akademischen Philosophie war es vor allem E. Husserl, der die I. neu bewertete und ihr die Fähigkeit zusprach, das »Wesen« eines empirischen wie auch geistigen Phänomens unmittelbar, unabhängig von seinen äußerlichen Verflechtungen, aufzufassen.

Daß in der I. das Erkenntnisziel gerade durch die Suspendierung der Erkenntnismittel, gleichsam durch eine intellektuelle Entwaffnung vor dem Erkenntnisgegenstand, erreicht werden soll, hat jedoch auch Widerspruch hervorgerufen. So wertet M. Schlick den Begriff einer »intuitiven Erkenntnis« als Widerspruch in sich. H. Albert, ein Vertreter des kritischen Rationalismus, verwirft die I., weil sich mit ihr bloß subjektives Bedürfnis nach Gewißheit auf Kosten erkenntnisfördernder kritischer Offenheit durchsetze. H. Bergsons und E. Husserls Begriff der I. wird im soziologischen Zusammenhang für A. Schütz zu einem Ansatzpunkt, die vorbewußten Rahmenbedingungen menschlicher Existenz wie auch die anthropomorphe Struktur dieser Bedingungen unter dem Titel der »Lebenswelt« zu beschreiben (A. Schütz, Theorie der Lebensformen, hrsg. u. eingel. von J. Scrubar, Frankfurt a. M. 1981; A. Schütz, Der sinnhafte Aufbau der sozialen Welt, Wien ²1960). J. Habermas greift das Konzept der Lebenswelt als Konzept eines »hermeneutischen Idealismus der verstehenden Soziologie« auf und sucht es kritisch mit dem Systembegriff von N. Luhmann zu vermitteln.

Durch neuerliche Zweifel an der Leistungsfähigkeit wissenschaftlicher Erkenntnis ist in der Bundesrepublik eine Diskussion über das Verhältnis von wissenschaftlicher Methodik und Irrationalität wieder entfacht worden. Davon zeugt das zweibändige, von H. P. Duerr herausgegebene Werk »Der Wissenschaftler und das Irrationale« (Frankfurt a. M. 1981), in dem Ethnologen, Anthropologen, Philosophen und Psychologen zu dieser Frage Stellung nehmen.

Obwohl die Erkenntnistheorie des Marxismus-Leninismus prinzipiell in Gegensatz zur als irrationalistisch eingeschätzten Lebensphilosophie F. Nietzsches, W. Diltheys, H. Bergsons ebenso wie zur Phänomenologie E. Husserls und zur →*Psychoanalyse* steht, wertet sie doch den Begriff der I. nicht einfach ab. Vielmehr kommt es verschiedenen Autoren in der DDR schon seit Mitte der 60er Jahre darauf an, die Ergebnisse der verpönten Denkrichtungen unter Umgehung ihrer weltanschaulichen Implikationen zum Vorteil der eigenen Doktrin selbstkritisch zu nutzen. So wird anerkannt, daß I. und →*Phantasie* für das künstlerische Schaffen von konstitutiver Bedeutung sind. Als »abgekürztes Wahrnehmen der Wirklichkeit« (G. K. Lehmann, S. 245) stellt die I. eine besondere Weise der Aneignung von Wirklichkeit dar.

Die Stellungnahme zu I. in der DDR kennzeichnet sich durch den Versuch, eine Freisetzung dieser Funktion gegenüber den kognitiven Funktionen auszuschließen, I. als Moment eines übergreifenden, bewußt gesteuerten Prozesses zu erweisen. Dies wird oft durch eine Abgrenzung zur Psychoanalyse und, im kunsttheoretischen Zusammenhang, zum Surrealismus verdeutlicht. Beide, Psychoanalyse wie auch Surrealismus, sollen auf einer Verabsolutierung des Unbewußten, einer einseitigen Reduktion von I. auf das Gefühlsleben beruhen. Daß jedoch dieser Abgrenzung auch eine vorsichtige Rezeption der kritisierten Denkrichtungen zugrunde liegt, erweist die oftmals im gleichen Atemzug erfolgende kritische Stellungnahme gegenüber einseitigen »intellektualistischen« Auffassungen von Erkenntnis im Rahmen des Marxismus-Leninismus. Entsprechend wird dann als Aufgabe formuliert, »die dialektische Wechselwirkung von Intellektuellem und Affektiv-Emotionalem im Bereich der Erkenntnistheorie« herauszuarbeiten (H. Bober, Die Rolle des Affektiv-Emotionalen im Erkenntnisprozeß, in: Deutsche Zeitschrift für Philosophie, 13. Jg., 1965, H. 8, S. 966). Dem Gesellschaftswissenschaftler J. Kuczynski geht es darum, möglichen sterilisierenden, erkenntnishemmenden Konsequenzen aus den Prämissen der marxistisch-leninistischen Erkenntnistheorie positiv provozierend entgegenzuwirken. Seiner Meinung nach ist zwar die intuitiv-künstlerische Einsicht in die gesellschaftliche Wirklichkeit, die traditionell der wissenschaftlichen Erkenntnis vorauseilte, durch K. Marx prinzipiell wissenschaftlich eingeholt worden. Beim derzeitigen Entwicklungsstand der gesellschaftswissenschaftlichen Erkenntnis könne aber ein dogmatisches Beharren auf jener Überlegenheit der marxistischen Theorie und eine entsprechende Geringschätzung der spezifisch, künstlerischen, intuitiven Wahrnehmungsmöglichkeiten nur erkenntnishemmend wirken, da »nur allzuoft auch heute noch der Künstler dem Wissenschaftler in der Erfassung der gesellschaftlichen Wirklichkeit überlegen« sei (J. Kuczynski, W. Heise, S. 388).

H. Pillau

Literatur
J. Kuczynski, W. Heise, Bild und Begriff. Studien über die Beziehungen zwischen Kunst und Wissenschaft, Berlin (Ost), Weimar 1975
G. K. Lehmann, Phantasie und künstlerische Arbeit, Berlin (Ost), Weimar ²1976
J. Habermas, Theorie des kommunikativen Handelns, Bd. II, Frankfurt a. M. 1981

Ironie

Schon in der griechischen Antike ist I. als Redefigur und zusammenhängende Redeweise ausgewiesen. Der Begriff bezeichnet die durchschaubare Vertauschung von Gemeintem und Gesagtem. Zudem wird I. als spezifische Einstellung eines Individuums zu seiner Umwelt verstanden, beispielsweise im didaktischen Prinzip der sokratischen I. Die ironische Uneigentlichkeit hat im wesentlichen funktionalen Wert. Indem sie auf einen bestimmten Zweck ausgerichtet ist, setzt sie das Wissen von dem Eigentlichen voraus. Dies gilt auch dort, wo I. zum Mittel der → *Satire* wird. Der Wert, den das zu kritisierende Objekt für sich beansprucht, wird zumeist ironisch bestätigt, um diesen Anspruch dann durch eine bestimmte Darstellung des Objekts zu erschüttern. Ein neues Konzept von I. entsteht im Zusammenhang mit den Problemen der Erkenntnis und Identität in der idealistischen Philosophie des späten 18. Jh. als romantische I. In der ironischen Negation erscheint das Subjekt sich selbst als Gegenstand des Erkennens. Die Reflexion dieser Erkenntnis ist jedoch wiederum Aktion eines Subjekts und bedarf erneut der Objektivierung. Der Erkenntnisprozeß ist also unendlich. Die ironische Vertauschung von Subjekt und Objekt vollzieht sich im Bereich der Kunst, das Kunstwerk ist Produkt und Träger des Reflexionszusammenhangs.

In der Literatur um 1900 entwickelt sich dann eine neue Konstellation. Das reflektierende Subjekt markiert nicht mehr den Ausgangspunkt der ironischen Handlung, sondern zeichnet in seinem ironischen Verhalten nur die »I. der Dinge« nach. Die I. als Strukturelement der Kunst verweist auf die prinzipielle Paradoxie und Mehrdeutigkeit des Wirklichen. Den unterschiedlichen Erscheinungsformen von I. als Redeweise, Einstellung, Denkprinzip, Weltanschauung und Realitätsstruktur entspricht somit ein breites Spektrum von Zweckbestimmungen. Diese reichen von der spielerischen Vertauschung über aufklärende, didaktische Momente bis hin zu Verfahren der Distanzierung und Verfremdung, zur Vermittlung von Gegensätzen, zur Selbstironie und zur grundsätzlichen Verneinung einer eindeutigen Erkenntnis der Wirklichkeit. Die sprachlichen Entsprechungen der I. werden so zum Gegenstand rhetorischer Klassifizierung, stilistischer Beschreibung und linguistischer Typenbildung. Die Konzepte der I. und des ironischen Verhaltens sind Thema der literaturgeschichtlichen, anthropologischen, philosophischen und geistesgeschichtlichen Diskussion.

Für den Stellenwert der literarischen I. in der Bundesrepublik ergibt sich ein komplexer Befund. In der Literaturpraxis des bürgerlichen Realismus bis hin zu Th. Mann wird I. als Möglichkeit gesehen, Widersprüche der gesellschaftlichen Wirklichkeit in realistischer Weise aufzunehmen und zu vermitteln. Diesem Vertrauen auf die Wirkung der Literatur und der beispielgebenden Handlungen des bürgerlichen Schriftstellers steht ein ironischer Skeptizismus gegenüber, der sich mehr an R. Musils literarischem Konzept der »strukturellen I. der Dinge« (B. Allemann) orientiert. Aber auch für diese Haltung, die das Widersprüchliche der Wirklichkeit nur aufzeichnen, aber nicht aufheben will, ja selbst für die ironische »Einübung ins Nichts« und die absolute Verneinung sinnerfüllter Realität, wie sie M. Walser 1981 bei R. Walser und F. Kafka beschreibt, gilt noch das Prinzip der »schöpferischen I.« (D. Wellershoff). Erstarrte Positionen, falsche Identitäten und Sicherheiten werden in ironischer Darstellung erfaßt und so der Reflexion und Kritik übergeben. Für dieses Spektrum ironischer Verfahren stehen heute Texte von H. Böll bis M. Walser, von G. Wohmann bis B. Strauß als Beispiele der zeit- und gesellschaftskritischen Erzählprosa und Dramatik. Wo solche Kritik jedoch auf Dauer leer läuft, wird ironische Distanz zur bloßen Attitüde zur »mechanischen Ironie« (D. Wellershoff). Die in sich selbst kreisende I. ist Geste eines hilflosen Protestes angesichts der Ohnmacht, die Wirklichkeit und ihre ideologisierende Verschleierung auf die Diskrepanz zwischen Sein und Schein zurückzuführen. In der Gesellschaft von heute ist das »Einverständnis selber, das formale Apriori der I., zum inhaltlich universalen Einverständnis geworden« (Th. W. Adorno, Minima Moralia, Frankfurt a. M. 1951, S. 282). Das ironische Verhalten des Individuums enthüllt nicht mehr die »I. der Dinge«, sondern wird selbst Element dieser alles bestimmenden Struktur.

Die Einschätzung der literarischen I. in der DDR wird durch die Abgrenzung zur Geschichte ihrer Praxis geprägt. In Orientierung an der ironischen Kritik in den Fabeln Äsops gilt sie als Sklavensprache, die im Mund der realen und fiktiven Volkshelden zum Mittel kollektiver Verständigung für die Unterdrückten wird. Für das 18. Jh. wird die I. dann im wesentlichen als Instrument der literarischen Emanzipation des Bürgertums gesehen, das jedoch seine kritische Funktion in dem Maß verliert, wie sich die I. wiederum nicht selbstkritisch gegen bürgerliche Ansprüche und Haltungen in den Bereichen der Politik, Wirtschaft und Kultur wendet.

Das Verfahren der Wirklichkeitsvernichtung in der romantischen I., die pessimistischen ironischen Konzepte in der Nachfolge A. Schopenhauers und die ironische Konstruktion der Absurdität im Stile F. Kafkas werden abgelehnt. Wenn auch die künstlerischen Leistungen der Literatur des bürgerlichen Realismus zunächst prinzipiell Anerkennung finden, verstärkt sich doch gegen Ende der 50er Jahre, insbesondere durch die Abkehr von G. Lukács, die Kritik an der ironischen Vermittlung »realer Widersprüche« zwischen Individuum und Gesellschaft in der bürgerlichen Literaturtradition des 19. Jh. Statt

des Zusammenhangs von Kritik und Versöhnung als Leistung der literarischen I. bei spätbürgerlichen Autoren wie Th. Fontane und Th. Mann betont man nun die kritische Funktion der I. Als ein Instrument der kämpferischen Satire soll sie den Klassenfeind und die Hemmnisse im historischen Prozeß überwinden helfen. In der sozialistischen Gesellschaft dient I. dazu, Widersprüche zu erkennen und sich von kritikwürdigen Objekten zu distanzieren. I. als durchgehende Redeweise, als Haltungs- und Denkprinzip des Individuums gilt in der Literatur als überholt und wird deshalb auch im sprachlichen Verhalten literarischer Figuren in den 50er und frühen 60er Jahren als »unsozialistisch« kritisiert. Ironiker sind zumeist Gestalten, die den Anschluß an die historische Entwicklung noch nicht gefunden oder wieder verloren haben. Als Prinzip literarischer Konstruktion, als durchgehende Struktur literarischer Texte, als Form eines literarischen Spiels wird I. abgelehnt. Die permanente ironische Verstellung widerspricht der Forderung nach entschiedener →Parteilichkeit der Literatur. Da sich durch den Entwurf eines mehrdeutigen oder komplexen »ironischen Spielraums« (B. Allemann) in fiktiven Texten Verständnisprobleme für literarisch unerfahrene Leser ergeben, erscheint die ironische Schreibart als nicht volkstümlich genug. Mit der intensiven Diskussion des Romans »Die Aula« (1965) von H. Kant beginnt ein Umschwung in der Einschätzung der I. als eines literarischen Gestaltungsmittels. Es wird nun nicht nur einem breiten Lesepublikum zugetraut, die ironischen Vorstellungen zu durchschauen und für »höhere intellektuelle Anstrengungen als Vorbedingungen für den ästhetischen Genuß« (U. Reinhold, Satire und I. in der Literatur der DDR, in: Kürbiskern, 11. Jg. 1976, H. 11, S. 103) fähig zu sein; es wird I. auch als Ausdruck neu gewonnener politischer Souveränität im literarischen Umgang mit dem Literaturerbe und der Wirklichkeit der sozialistischen Gesellschaft akzeptiert. I. markiert die Distanz zu schon überwundenen Positionen der Vergangenheit und erschließt die Widersprüche der Gegenwart angesichts möglicher Lösungen in der Zukunft. Auch in diesem neuen Konzept bleibt I. Mittel eines höheren Zwecks, ist »Spielart der Satire« (W. Neubert, Komisches und Satirisches in Hermann Kants »Aula«, in: Weimarer Beiträge, 12. Jg., 1966, H. 1, S. 21) oder Moment des Komischen bei der humoristischen Bewältigung der Unzulänglichkeiten im aktuellen Stand der sich entwickelnden sozialistischen Gesellschaft. Das ironische Wechselspiel von Distanz und Identifikation beim Werdegang der literarischen Figuren soll den Leser zur parteilichen Erkenntnis des objektiven historischen Prozesses in der gesellschaftlichen Entwicklung führen. Selbstironie als Verhaltensweise literarischer Figuren oder als Moment der Erzählerinstanz darf jedoch nicht zum Skeptizismus oder zur Relativierung aller Standpunkte führen. Selbstironie gilt als Zeichen der Selbstsicherheit im historischen Prozeß, der nun nicht mehr ausschließlich im Pathos von Aufbruch, Aufbau und Ankunft dargestellt wird. Doch zeigen, wie die Kritik an F. R. Fries, G. Kunert, I. Morgner belegt, Literaturpolitik und Literaturkritik auch nach 1965/66 noch Zurückhaltung gegenüber einer entschiedenen ironischen Distanzierung oder Verfremdung des Alltags der DDR in der Literatur. Erst in den 70er Jahren wird der durchgehende ironische Stil bei gesicherter Parteilichkeit als dialektisch-objektives Verfahren zu einer differenzierten literarischen Aneignung von Wirklichkeit akzeptiert. An V. Braun oder J. Bobrowski werden die Leistungen ironischer Verfremdung der Gegenwart und ironischer Auseinandersetzung mit der Vergangenheit gerühmt; literarische I. ermögliche ein produktives und erkenntnisreiches Verhalten gegenüber den überwundenen gesellschaftlichen Widersprüchen und gegenüber denen, die noch zu überwinden seien. Sie »hilft, einen differenzierten und sachlich-analysierenden Blick auf die wirklichen Widersprüche der sozialistischen Gesellschaftsentwicklung freizugeben« (U. Reinhold, a.a.O., S. 100). Ch. Wolfs Erzählungen »Unter den Linden« (1975) markieren in der ironischen Steigerung bedrohlicher Elemente in der Wirklichkeit der DDR die noch nicht eingelösten Erwartungen des Individuums an die sozialistische Gesellschaft. Die ironische Verfremdung der sozialen Realität in I. Morgners »Leben und Abenteuer der Trobadora Beatriz« (1975) ermöglicht literarisch eine Kontrolle von Anspruch und Wirklichkeit, ohne jedoch die Positivität der sozialistischen Gesellschaft grundsätzlich in Frage zu stellen. In der Alltagspraxis ironischer Rede und ironischer Verfahren, in den Gebrauchstexten für Rundfunk und Fernsehen, für das →Kabarett und die Bunten Abende werden die Ansprüche der Partei auf Führungsautorität und »planmäßige« Entwicklung der sozialistischen Gesellschaft vielfach ironisch relativiert.

Scheint in der DDR mit der verengenden Festlegung von I. als Mittel satirischer oder humoristischer Aneignung der Wirklichkeit die Diskussion insgesamt noch nicht abgeschlossen zu sein, so wird in der Bundesrepublik das Phänomen der I. vor allem in seinen unterschiedlichen literaturkritischen und literaturtheoretischen Perspektiven vielfach erörtert. Neben Verfahren, die I. in ihrer Strategie als Sprechhandlung zu erklären, stehen Untersuchungen im Vordergrund, die sich auf die historische Entwicklung der Ironiekonzepte beziehen. Die gesellschaftliche und politische Bedeutung literarischer Aspekte der I. im Verhältnis zu ironischen Verhaltensweisen im Alltag, beispielsweise in den Medien, in der →Werbung, in der politischen Rede, wird jedoch nur am Rande angesprochen.

J. Schönert

Literatur
B. Allemann, I. und Dichtung, Pfullingen 1956
W. Preisendanz, R. Warning (Hrsg.), Das Komische, München 1976, darin: W. D. Stempel, I. als Sprechhandlung, S. 205–235, und D. Wellershoff, Schöpferische und mechanische I., S. 423–425
A. P. Frank, Zur historischen Reichweite literarischer Ironiebegriffe, in: Zeitschrift für Literaturwissenschaft und Linguistik, H. 30/31, 1978, S. 84–104
M. Walser, Selbstbewußtsein und I. Frankfurter Vorlesungen, Frankfurt a. M. 1981

Jazz

Historisch umfaßt der J. von seinen afroamerikanischen Anfängen im *Hot Play* bis zu seinen heute weltweit praktizierten Stil- und Mischformen eine musikalische Entwicklung, deren Umfang und Vielfalt einen Oberbegriff so wenig zuläßt, wie etwa die vielfältigen Formen der europäischen Musiktradition. Im Unterschied zur Musik der europäischen Kulturen ist die Geschichte des J. nicht schriftlich bewahrt, sondern wird in der schwarzen Bevölkerung Amerikas mündlich überliefert und in den Aufnahmen der elektronischen Massenmedien Schallplatte, Magnetband und Film festgehalten. Über die mündliche Tradition des J. sind für die Zeit vor 1900 nur Mutmaßungen möglich. So beginnt die Geschichte des J. allgemein mit dem Aufkommen der Tonträger. Seine Wirkung verläuft dagegen als ein Moment der Akkulturation verschiedener gesellschaftlicher Bereiche unabhängig von der musikalischen Geschichte des J. und kann aufgrund der Vermittlung durch die populäre Kultur, einschließlich der →Schlager und Volksmusikreste, kaum im einzelnen bestimmt werden.

J. ist eine zeitgenössische Musizierweise, deren Ursprünge in der Musik der nach Amerika verschleppten Afrikaner liegen. Diese originären Einflüsse machen sich noch heute in der rhythmischen Basis des J. geltend, in dem die Taktzeit jeweils verschieden betonenden *beat* des Schlagzeugs, das der europäischen Tradition fremd ist. Hierzu gehören auch die individuellen und stiltypischen Ausbildungen der Phrasierung und Tonalität, die nicht mehr an die europäische Halbtonschrift gebunden sind. Die beiden weiteren Charakteristika des J., die für die einzelnen Stile jeweils typische Metrik und die individuelle oder kollektive Improvisation, können schon eher auf europäische Einflüsse zurückgeführt werden. Sie beziehen ihre Vorbilder aus den Liedschemata und freien Kadenzen, wie sie ebenso auf die kultischen Metrik- und Improvisationsschemata der afroasiatischen Musik verweisen. Der J. ist eine Mischform aus Elementen sowohl afrikanischen als auch europäischen Ursprungs, und als eine seiner ersten Formen gilt das *Hot Play,* das »heiße«, schnelle und schräge Musizieren von Ländlern, Walzern, Quadrillen und anderen europäischen Tänzen aus Frankreich, Italien und England.

Von den vielfältigen Frühformen des J. kam etwa um 1910 zunächst nur der *Ragtime* nach Deutschland. Mit dem »Tiger Rag« erschien 1919 auf »Homakord« die erste deutsche Jazzplatte. *Rag,* ein schnell gespielter, synkopierter, der Form nach den Polkas und Märschen ähnlicher Viertelnotenbeat, galt allerdings zu Beginn der 20er Jahre in Deutschland lediglich als eine unter anderen Formen der Tanzmusik.

Insofern J. vor allem eine individuelle Spielweise ist, beginnt seine Geschichte auch in Deutschland mit den Namen stilprägender Bands und Bandleader. E. Borchard (Klarinette) und seine »Jazzband« begründeten mit Auftritten in den Berliner Tanzpalästen und zahlreichen Schallplattenaufnahmen zwischen 1920 und 1925 die besondere deutsche Geschichte des J. Sie ist bis heute durch ihre geringe Selbständigkeit geprägt, da zumeist die im Ursprungsland Amerika entwickelten Stile und Spielweisen übernommen wurden. Nach dem Zerfall der »Borchard-Jazz-Band« wurde der J. von einer Vielzahl weiterer Tanzorchester wie der »Fred-Ross-Jazz-Band«, der »Diamond-King-Jazz-Band« und den legendären »Weintraub Synkopeters« übernommen. Zwischen 1920 und 1930 erschienen mehr als 160 Jazzplatten. Der Jazzhistoriker H. H. Lange nennt dieses Jahrzehnt denn auch das »Goldene Jazz-Zeitalter« in Deutschland.

Die 30er Jahre zeigen vor allem mit dem Aufkommen des *Swing* international die musikalische Ausbreitung und Intensivierung des J. Dieser Stil, der vor allem mit den Namen Count Basies und B. Goodmans verbunden ist, beruht auf einem Viertelnotenbeat, der durch einen »walking bass«, eine Schlagzeugakzentuierung der ungeraden Taktzeiten und halbtaktigen Akkordfortgänge gekennzeichnet ist. Die Hochphase der Ära des *Swing* fiel jedoch in die Zeit des Nationalsozialismus, in der J. als eine Musik galt, die dem deutschen Wesen »artfremd« sei. Schon in den ersten Monaten des Jahres 1933 mußte die erste und einzige, 1928 an einem Frankfurter Konservatorium gegründete Jazzklasse auf Betreiben der Nationalsozialisten schließen. Allerdings wurden die inzwischen überaus populären Jazzer wie T. Stauffer, W. Eisbrenner, K. Widmann, F. Thon, A. Ludskowski, W. Berking, F. Schultz-Reichel nicht sofort mit Spielverbot belegt. Sie durften, trotz aller offiziellen Achtung des als »verjudete Nigger-Musik« denunzierten J., weiterspielen und konnten sich immerhin in ersten Jazzclubs zusammenschließen. Mit Kriegsbeginn 1939 aber wuchsen die praktischen Schwierigkeiten, die eine geordnete Entwicklung nicht mehr zuließen. Es wäre dennoch »purer Unsinn und leicht widerlegbar, wenn

heute behauptet wird, Deutschland sei zwischen 1933 und 1939 vom J. und *Swing* völlig abgeschnitten gewesen. Wer sich für diese Musik interessierte, konnte alles bekommen, was er nur wollte« (H. H. Lange, S. 89). Von den kriegsbedingten Einschränkungen abgesehen, konnten die Musiker der zweiten deutschen Jazzgeneration, zu der neben den schon genannten auch K. Edelhagen, M. Greger, G. Fuhlisch, W. Dobschinski und H. Zacharias zählen, nach 1945 wieder dort beginnen, wo sie vor dem Krieg aufgehört hatten. Die Vorkriegszentren des J., Berlin und Frankfurt, erreichten schnell wieder ihre alte Bedeutung. Nun wurden aber auch die neugegründeten Tanzorchester populär, deren Leiter und Solisten sich aus den Jazzmusikern der Vorkriegszeit rekrutierten und neben ihrer Verpflichtung zur gefälligen Unterhaltungsmusik den Big-Band-Jazz pflegen konnten. W. Müller wurde Leiter des »*RIAS*-Tanzorchesters«, K. Edelhagen gründete ein Orchester im *Bayrischen Rundfunk,* E. Lehn das »*Südfunk*-Tanzorchester«, F. Thon erhielt die Leitung des Rundfunktanzorchesters des *NWDR.* Orte der Auseinandersetzung mit der jeweils aktuellen Entwicklung des J. aber waren sowohl die zahlreichen Jazzclubs als auch Gaststätten und Bars, in denen vor allem junge Jazzmusiker im ersten Nachkriegsjahrzehnt für wenig Geld »tingelten«, in einer Zeit, die auch als »Kellerghetto« des J. bezeichnet wird. Wichtige Anreger des *West Jazz* waren zudem die Tourneen der amerikanischen Jazzgrößen L. Hampton, St. Kenton oder D. Brubeck, die stets in ausverkauften Hallen stattfanden. Der erste Austausch unter Jazzmusikern der Bundesrepublik wurde durch die schon in den 50er Jahren von F. Rau durchgeführten Tourneen gefördert. Dieser Aufbruch des modernen J., der immerhin viele, auch international anerkannte Jazzmusiker wie A. Mangelsdorf (Posaune), A. v. Schlippenbach (Klavier), K. Doldinger (Saxophon), E. Weber (Baß), M. Schoof (Trompete) hervorbrachte, wurde unterbrochen, als weltweit eine neue Generation sich zu artikulieren begann und der *Rock and Roll* und die Beatles triumphierten.

Der J. befand sich auch in der Bundesrepublik plötzlich in der Lage des quasi Etablierten, des künstlerisch Wertvollen (vgl. M. Naura, 1979). Für den J. nach dem Krieg läßt sich festhalten, daß er, bis auf die Beeinflussung jugendlicher studentischer Randgruppen in den 50er Jahren, als sozialpolitisches Phänomen im Sinne einer durch ihn hervorgerufenen Änderung von Wahrnehmungsformen oder Verhaltensweisen größerer Gruppen der Bevölkerung keine oder doch nur geringe Wirkungen zeigte.

In der Sowjetischen Besatzungszone wurde 1947 K. Henkels mit seinem Orchester vom *Sender Leipzig* engagiert. Es blieb dort für lange Zeit das einzige der Jazztradition verpflichtete Orchester. Nach der Staatsgründung 1949 lösten sich die in der DDR noch erhaltenen Jazzclubs auf. Anfang der 50er Jahre geriet der J. in der DDR zunehmend unter ideologischen Druck des auf die Kanonik des *Sozialistischen Realismus* verpflichteten *Verbandes Deutscher Komponisten und Musikwissenschaftler*, in dessen Veröffentlichungen der »dekadente«, »westliche«, »spätimperialistische« Charakter des J. unterstrichen wurde. Viele bedeutende Jazzmusiker, die sich in der DDR niedergelassen hatten, verließen das Land, so zwei komplette Big-Bands, die Orchester H. Kretzschmar und K. Walter.

Nach dem Tode J. W. Stalins trat zunächst eine Wende ein. In der *FDJ* entstanden »Jazz-Arbeitsgemeinschaften«, die, wenn auch mit Unterbrechungen, heute noch bestehen, und die Rundfunkprogramme richteten erstmals besondere Jazzsendungen ein. Als »Produkt der Auflehnung einer von den Kapitalisten unterdrückten Klasse« wurde der J. nunmehr offiziell gefördert.

Die Auswirkungen der XX. Parteitages der *KPdSU* brachten abermals eine Wende. Ob die Gründe darin zu suchen sind, daß die jungen Jazzmusiker mit ihrer Musik eine systemkritische Haltung fördern wollten, oder ob die staatliche → *Kulturpolitik der DDR* dies nur befürchtete, festzuhalten bleibt, daß zwischen 1957 und 1961 der J. offiziell kaum existierte. 1958 trat die Anordnung über die Programmgestaltung bei Unterhaltungs- und Tanzmusik in kraft, die, 1973 als *Diskothekenordnung* erweitert, besagt, daß bei öffentlicher Präsentation von Unterhaltungsmusik 60 v. H. der Titel von Komponisten aus der DDR oder anderen sozialistischen Staaten stammen müssen, 40 v. H. dagegen »westlicher« Herkunft sein dürfen. Nach der Lokkerung seit der Schließung der Grenzen im August 1961 konnte sich in der DDR mit F. Schönfeld, C. Bauer, G. Sommer und E. L. Petrowski trotz allem eine auch international beachtliche Jazzszene herausbilden. Inzwischen wurde dem J., dessen geringe politische Wirkung sich offenbar zur Genüge erwiesen hat, im Rahmen der vielfältigen Musikpflege der DDR ein gleichberechtigter Platz neben den anderen Formen und Stilen der Weltmusikkultur (B. Noglik, H. J. Lindner, 1978) zugewiesen.

Jazzmusiker der DDR sind im Unterschied zu denen der Bundesrepublik in der Regel Musikhochschulabsolventen und haben Anspruch auf Krankenversicherung und Altersversorgung. Seit Mitte der 70er Jahre legt die staatliche Plattenfirma »Amiga« verstärkt historische und aktuelle Jazzplatten auf, dies aber, wie es auch für die übrigen Sparten der populären Musik zutrifft, in so geringen Auflagen, daß das erfolgreiche Jazzprogramm praktisch immer vergriffen ist. Im Unterschied zur Bundesrepublik nimmt in der DDR der *Dixielandjazz* einen größeren Platz in der Gunst des Publikums ein. Seit Jahrzehnten veranstaltet Dresden jährlich Europas größtes Dixieland-Festival *(→ Festspiele)*. Verschiedene Theater der DDR haben kleinere Säle für regelmäßige Jazzworkshops geöffnet (»J. in der Kammer« in Berlin (Ost); »Jazz-Szene« am Volkstheater Rostock). Seit 1977 veranstalten *Radio DDR, Stimme der DDR* und *Berliner Rundfunk* als modernes Kontrastprogramm zum Dresdner Dixieland-Festival die sogenannte »Jazz-Bühne« als Festival zeitgenössischer Strömungen des J.

Trotz vielfältiger Bemühungen konnten die Jazzfestivals der DDR bislang aber nicht den internationalen Standard erreichen, den in Jazzkreisen das Festival in Moers, die Westberliner *Jazz-Tage* oder etwa das Warschauer *Jazz-Jamboree* erlangt haben.

W. Hagen

Literatur

H. H. Lange, J. in Deutschland, Berlin (West) 1966
C. Bohländer, H. Holler, Reclams Jazzführer, Stuttgart 1977
B. Noglik, H. J. Lindner, J. im Gespräch, Berlin (Ost) 1978
J. Wölfer, Handbuch des J., München 1979
M. Naura, Der Moderne J. in der Bundesrepublik Deutschland, Jazz Podium, Jg. 28, 1979, H. 12, S. 16ff.
J. E. Berendt, Das Jazzbuch. Vom Rag bis Rock, Frankfurt a. M. [25]1980

Journalismus

I. Vielfalt der journalistischen Erscheinungsformen – II. Einflüsse der Besatzungsmächte – III. Journalismus zwischen Markt und gesellschaftlicher Kontrolle – IV. Die Ausbildung zum sozialistischen Journalisten

I. Vielfalt der journalistischen Erscheinungsformen

Obwohl der J. seit dem 18. Jh. eine ähnliche Vielfalt der Produktion und Breite der Erscheinungsformen aufweist wie die → *Literatur*, gibt es dazu für Deutschland keine zusammenhängende geschichtliche Darstellung des J. Die im Jahr 1845 von R. E. Prutz veröffentlichte »Geschichte des deutschen J. Zum ersten Male vollständig aus den Quellen gearbeitet« blieb unvollendet und ohne Nachfolge. Ihr lag ein weites, funktionales Verständnis zugrunde, das den J. als das »Selbstgespräch, welches die Zeit über sich selber führt«, definierte. »Er ist die tägliche Selbstkritik, welcher die Zeit ihren eigenen Inhalten unterwirft; das Tagebuch gleichsam, in welches sie ihre laufende Geschichte in unmittelbaren, augenblicklichen Notizen einträgt« (Hannover 1845, S. 7). Eine solche Sicht muß neben Zeitungen, Zeitschriften und den elektronischen Medien auch das →*Buch* miteinbeziehen, das nicht erst seit entsprechenden Reihentiteln wie »Informationen zur Zeit« im Rahmen von Taschenbuchprogrammen ein wichtiges Medium des J. ist. Eine Analyse der Neuerscheinungen würde zeigen, daß es kaum Zeitereignisse und Zeitfragen gibt, die nicht ihren journalistischen Niederschlag im Buch finden. Am ehesten wird diese, auch was die Zahl der Buchtitel anlangt, selten richtig bewertete Tatsache von dem Begriff Sachliteratur – als Gegensatz zur Belletristik – abgedeckt (vgl. R. Radler (Hrsg.), Die deutschsprachige Sachliteratur der Gegenwart, München 1978). Auch für die große →*Reportage* oder die politische Publizistik gilt, daß sie eher im Buch, als in Zeitungen oder Zeitschriften veröffentlicht wird.

Meist wird der Begriff J. aber durch die Verbindung mit den Massenmedien eingeengt und meint dann die Tätigkeit zur Ermittlung und Bearbeitung von Informationen im weitesten Sinn und deren Verbreitung durch Massenmedien; weiter die Produkte dieser Tätigkeit und die gesellschaftliche Institution zur Herstellung von →*Massenkommunikation* und →*Öffentlichkeit*.

Mit der politischen Emanzipation des Bürgertums und der Entwicklung der Massenpresse erfolgte die Ausdifferenzierung zum journalistischen →*Beruf*, wobei im Berufsbild bis heute jene Elemente erhalten blieben, die den Journalisten als Intellektuellen in die Nähe des →*Schriftstellers* rücken. Diese Auffassung geht auch darauf zurück, daß die Geschichte des J. in Deutschland im 19. Jh. lange eine Geschichte der Repressionen war, die viele Journalisten ins Gefängnis brachte, zur Emigration veranlaßte oder zwang, diesen Beruf aufzugeben. Aus diesem Grund dürfte es für engagierte Journalistenpersönlichkeiten auch immer eine Überlebensfrage gewesen sein, über eine breite, fundierte Ausbildung und entsprechende Ausweichmöglichkeiten in andere Berufe zu verfügen.

Heute ist der J. in der Bundesrepublik ein prinzipiell offener Beruf, dessen Ausübung nicht an eine bestimmte Ausbildung oder sonstige Qualifikation gebunden ist. Unter Berufung auf die Meinungsäußerungsfreiheit des *Grundgesetzes* wird der J. auch als freier Beruf verstanden, obgleich er in der Regel als Angestelltentätigkeit ausgeübt wird. Dieses nach 1945 in der Bundesrepublik kultivierte berufliche Selbstbild resultiert einerseits aus der Vorstellung einer spezifisch journalistischen Begabung und andererseits aus der Erfahrung des Nationalsozialismus, als der J. durch strenge gesetzliche Regelungen in den Dienst des Herrschaftssystems gestellt wurde.

II. Einflüsse der Besatzungsmächte

Prägend für den nach 1945 sich neu formierenden journalistischen Beruf war die →*Kommunikationspolitik* der Besatzungsmächte. Durch die westlichen Besatzungsmächte wurden Ideale der Objektivität und Überparteilichkeit als oberste Prinzipien eines demokratischen J. zur Leitidee, so die Trennung von Nachrichten und Meinungen, die sich bis hin zur Einrichtung eigener Kommentarseiten und entsprechender Sendesparten durchgesetzt hat. »Die schwerste Lektion«, so formulierte 1947 ein von der Militärregierung an die Zeitungen verteilter »Weg zu gutem J.«, »die ein Journalist lernen muß, ist die Entwicklung eines unpersönlichen Standpunktes – die Veröffentlichung von Tatsachen, ungefärbt durch seine Gefühle oder Freundschaften« (Office of Military Government for Bavaria (Hrsg.), o. O., S. 21).

Der »sozialistische« J. der DDR, wie er dort in deutlicher Abhebung gegenüber dem »bürgerlichen« J. genannt wird, weiß sich der Tradition unterdrückter und verfolgter deutscher Journalisten verpflichtet, weil es dabei häufig um Personen ging, die der sozialistischen Bewegung zumindest nahestanden, sie jedenfalls nicht militant ablehnten. Heute schließt die von der marxistisch-leninistischen Ideologie geforderte, prinzipielle Interessenübereinstimmung aller Klassen und Schichten mit der *SED* jegliche ernsthafte Kritik der Journalisten an Herrschaftsmethoden, Fehlern und Irrtümern der Partei als überflüssig, feindlich oder subversiv aus. Der Schematismus, der die Auffassungen vom sozialistischen J. kennzeichnet, ist allerdings nicht nur auf die begründete Sorge vor dieser Art Kritik zurückzuführen, er hängt auch mit einem generellen Konservativismus in der Interpretation der Klassiker des Marxismus-Leninismus in der DDR zusammen. Der historische Zufall, daß gerade W. I. Lenin im Kontext seiner konspirativen Parteitheorie des demokratischen Zentralismus einige griffige Formulierungen zur Rolle der Presse als »kollektiver Propagandist, Agitator und Organisator« prägte und die historische Notwendigkeit, nach der Machtübernahme repressive Herrschaftsformen zu etablieren, führten auch in der DDR zur Übernahme der sogenannten Leninschen Pressetheorie. Sie ist ein Kanon von Richtlinien für die möglichst wirkungsvolle Verbreitung der Parteipolitik.

Der sozialistische J. gilt als »massenwirksamstes Instrument« der Partei der Arbeiterklasse zur Entwicklung des sozialistischen Bewußtseins und damit als entscheidendes Machtinstrument. Diese Auffassung vom J. als Kampf- und Machtinstrument der Partei datiert erst seit der 1. Pressekonferenz der *SED* im Februar 1950, auf der eine »Presse neuen Typs« in der Tradition W. I. Lenins propagiert wurde. Zuvor fanden im Rahmen der antifaschistisch-demokratischen Umwälzung auch solche

Auffassungen ihren Platz, die an den kritischen, liberalen J. der Weimarer Republik anzuknüpfen versuchten. Die Auseinandersetzungen im 1945 gegründeten *Verband der Deutschen Presse,* seit 1959 *Verband der Deutschen Journalisten* und seit 1972 *Verband der Journalisten der DDR,* dokumentieren allerdings, daß die kommunistischen Kader von Anfang an zielstrebig daran arbeiteten, für ihre Positionen eine breite Basis zu gewinnen. Sie hatten den Vorteil, von der sowjetischen Militäradministration unterstützt zu werden, deren Medienpolitik konsequent auf eine zentrale Lenkung der Massenkommunikation durch Partei und Staat gerichtet war. Zensurmaßnahmen und Lizenzvergaben mußten aber noch durch ein langfristiges Konzept journalistischer Kaderpolitik ergänzt werden, denn es gab in der Sowjetischen Besatzungszone zunächst nur wenige Journalisten, die eindeutig auf der Seite der *KPD* bzw. *SED* standen. Zu viele Sozialdemokraten und Kommunisten waren ermordet oder in das →*Exil* getrieben worden, und die Empfindlichkeit des Berufsstandes gegenüber Freiheitsbeschränkungen veranlaßte die Zurückgekehrten überdies häufig dazu, in die westlichen Besatzungszonen überzusiedeln. So bestand gerade in den Jahren nach 1945 ein akuter Mangel an Fachkräften, zumal das Berufsverbot für ehemalige Nationalsozialisten äußerst konsequent gehandhabt wurde.

III. Journalismus zwischen Markt und gesellschaftlicher Kontrolle

In der Bundesrepublik Deutschland wirkte sich die Besatzungspolitik für die Entwicklung von J. als Beruf dauerhaft positiv aus. In der privatrechtlich organisierten Presse konnte sich weitgehend der durch die alliierte Lizenzpolitik vorgegebene Typ der großen Regionalzeitung mit bis zum Beginn der 80er Jahre immer noch steigenden Auflagen durchsetzen, der den Journalisten wesentlich bessere Arbeitsplätze und Arbeitsbedingungen bietet, als dies eine Vielzahl kleiner Lokalzeitungen könnte (→*Presse*). Im öffentlich-rechtlichen Rundfunk gelten, sozialpolitisch gesehen, noch bessere, dem Beamtenstatus vergleichbare Bedingungen und ein für den breiten Durchschnitt allgemein als hoch eingeschätztes Einkommensniveau (→*Hörfunk,* →*Fernsehen*). Diese über 35 Jahre stabil gebliebene unterschiedliche Organisationsform der Medien hatte sehr verschiedenartige wirtschaftliche Bedingungen der journalistischen Arbeit zur Folge. Die Tätigkeit in der Presse wird vom Markt gesteuert, der vom Wettbewerb um den Leser und um den für Umsatz und Gewinn noch wichtigeren Anzeigenkunden bestimmt wird. In den überwiegend nicht durch das Abonnement, sondern den Einzelverkauf vertriebenen Boulevardzeitungen und Publikumszeitschriften unterliegt die journalistische Produk-

tion allerdings in einem oft fragwürdigen Ausmaß den Kriterien der Verkäuflichkeit. Ende der 70er Jahre hat es sich der Schriftsteller G. Wallraff zur Aufgabe gemacht, am Beispiel der »Bild«-Zeitung einen Einblick in dieses Geschäft zu geben, das in seinen schlimmsten Auswüchsen zu einem J. der Manipulation, Übertreibung, Fälschung und Lüge führt (Zeugen der Anklage. Die »Bild«-Beschreibung wird fortgesetzt, Köln 1979). Andererseits ist aber auch unübersehbar, daß es gerade dieser J., der täglich oder wöchentlich seine alten und neuen Leser gewinnen muß, war und ist, dem die Enthüllung von politischer und wirtschaftlicher Korruption, von bürokratischem Fehlverhalten oder staatlicher Geheimniskrämerei zu verdanken ist. Teure, oft über Jahre sich hinziehende Recherchen eines investigativen J. werden fast nur von Magazinen wie »Stern« oder »Spiegel« und im kleineren Rahmen der Städte und Gemeinden von den Tageszeitungen durchgeführt.

Da der Rundfunk überwiegend aus Gebühren finanziert wird, ist die journalistische Tätigkeit dort weitgehend abhängig von wirtschaftlicher Konkurrenz. Sie wird durch gesellschaftliche Kontrolleinrichtungen, die Rundfunk- und Fernsehräte, gesteuert. Dies hat den J. insgesamt zwar seriöser, aber auch politisch harmloser gemacht. Große Skandale wurden vom Rundfunk kaum aufgedeckt, obwohl ihm die finanziellen Mittel für derartige journalistische Recherchen nicht fehlen. Er trägt allerdings viel zur raschen und weiteren Verbreitung von Enthüllungen und journalistischen Aktionen der Pressemedien bei. Der Rundfunkjournalismus ist seit der »Entdeckung« des Fernsehens in den 60er Jahren als idealem Medium für die Selbstdarstellung der Politik immer stärker abhängig vom politischen System geworden. Für die Folgen wurde der Begriff »Verlautbarungsjournalismus« geprägt, der die Degradierung des Journalisten zum Mikrofonhalter für den Politiker und seine Öffentlichkeitsansprüche bezeichnen soll. Vor allem die Wahlberichterstattung des Fernsehens zur Bundestagswahl 1976 wurde später selbstkritisch als ein Beispiel der freiwilligen Abdankung des J. kritisiert. H. Pross zog 1979 eine Bilanz über dreißig Jahre des J.: »Wir haben zuviel und zu hastig publiziert und zuwenig recherchiert und nachgedacht« (H. Pross, 1980, S. 16).

Ende der 70er, Anfang der 80er Jahre ist das Selbstverständnis des journalistischen Berufsstandes immer häufiger Irritationen ausgesetzt worden. Dazu trugen die Professionalisierung und Steigerung der Effizienz der Kommunikation als eines Leistungsbereiches moderner Politik und der Öffentlichkeitsarbeit der Wirtschaft bei. Unübersehbar wurde, daß der J. als Beruf Identität und Anspruch außerhalb einer Handlangerrolle für die Politik suchen muß, da die Politiker durch regelmäßige Auftritte im Fernsehen ihren Öffentlichkeitsanspruch direkt durchsetzen können. Dieser Mangel an einer ausschließlich journalistischen Rollendefinition jenseits oder zwischen den Formeln »Politik als Beruf« und »Kritik als Beruf« (→ *Kritik*) wurde immer häufiger auf Defizite der journalistischen Berufsausbildung zurückgeführt. Die Berufsverbände, denen insgesamt mehr als die Hälfte der etwa 25 000 hauptberuflich tätigen Journalisten angehören, die *Deutsche Journalisten Union* in der *IG Druck und Papier,* der *Deutsche Journalistenverband* und die *Rundfunk Fernseh Film Union* haben eine verbindliche Berufsbestimmung in ihre Programme aufgenommen. Obgleich sich die Verhandlungen schon viele Jahre hinziehen, ist eine Einigung bisher an den Verlegerverbänden und an den Rundfunkanstalten gescheitert. Inzwischen bieten einige wenige Universitäten Studiengänge mit dem Abschluß als Diplom-Journalisten an.

Die Ausbildungsvoraussetzungen dieses Berufs sind in der Bundesrepublik aber weiterhin völlig offen. Faktisch haben sich trotzdem gewisse Standards herausgebildet. Fast alle Journalisten haben das Abitur gemacht; viele davon mindestens ein Studium unterschiedlichster Fächer begonnen, seltener beendet. In der Regel beginnt eine journalistische Laufbahn mit einer Anlernzeit, dem Volontariat oder der Hospitanz. Immer noch häufig ist aber auch der Wechsel aus einem anderen Beruf in den J., wobei auffällt, wie überproportional häufig die geistes- und sozialwissenschaftliche und wie selten die naturwissenschaftliche Intelligenz den Weg in die Massenmedien findet. Unabhängig von solchen Professionalisierungstendenzen ist es für den J. typisch, daß er auch nebenberuflich und teilberuflich ausgeübt wird. So wiesen K. Fohrbeck und A. J. Wiesand nach (Der Autorenreport, Reinbek 1972), daß sich vor allem Beamte und Freiberufler wie Ärzte oder Rechtsanwälte mehr oder weniger regelmäßig in journalistischen Medien äußern, kaum jedoch Arbeiter, deren Bedürfnisse und Interessen dadurch unterrepräsentiert bleiben.

IV. Die Ausbildung zum sozialistischen Journalisten

In der DDR erwies sich gerade die Formalisierung des Berufszuganges in Form der Journalistenaus- und -weiterbildung als wichtigste institutionelle Voraussetzung für die Entwicklung eines sozialistischen J. Sie wurde besonders nach den Pressekonferenzen der *SED* 1950 und 1951 energisch vorangetrieben und an der *Karl-Marx-Universität,* Leipzig, und der *Fachschule für Journalistik,* Leipzig, eingerichtet. Die Berufsbezeichnung Journalist wurde gesetzlich geschützt und abhängig gemacht von den jeweiligen Abschlüssen an den genannten Institutionen. Da die Fachschule dem Journalistenverband untersteht, war ihre Ausbildung praxisbezoge-

ner. Der Verband blieb darüber hinaus für die Weiterbildung der Journalisten verantwortlich, die heute in der Regel nicht zentral, sondern von den einzelnen Verbandssektionen in Form von Wochenendseminaren für die jeweiligen journalistischen Berufssparten der Wirtschaftsjournalisten, außenpolitischen Journalisten, Kulturjournalisten usw. organisiert wird. Ein Praxisbezug wird auch dadurch geschaffen, daß es die Redaktionen sind, die zusammen mit den Bezirksleitungen und Betriebsgruppen der *SED* den Nachwuchs auswählen, nachdem er sich eine Zeitlang in Schulzeitungen, in der Presse der *FDJ,* in der Betriebspresse oder in der auswählenden Redaktion bewährt hat. Die Redaktionen befinden dann über eine Delegation zur journalistischen Fachausbildung.

Während die Ausbildung an der Fachschule lediglich eine Art Blockunterricht vorsieht und ansonsten voll in den Redaktionen gearbeitet wird, ist die *Karl-Marx-Universität* für die primär wissenschaftliche Ausrichtung des J. zuständig. Allerdings bleibt der Praxisbezug auch hier aufgrund der Zugangsweise und regelmäßiger Praktika erhalten. Es gilt überdies als Ziel, daß die Absolventen wieder in die Redaktionen zurückkehren, von denen sie ausgewählt wurden. An der *Karl-Marx-Universität* besteht für »Beststudenten« die Möglichkeit, nach Ablegung des Diploms oder auch schon ab dem 4. Studienjahr ein gesellschaftswissenschaftliches Forschungsstudium zu absolvieren, das mit der Promotion endet und nicht unbedingt in die journalistische Praxis zurückführen muß. Ebenso wie in der wissenschaftlichen Forschung und Lehre ist danach eine Arbeit etwa in führenden Positionen des Verlagswesens oder staatlicher Institutionen möglich. Die Universität eröffnet also ein breiteres Spektrum an Berufschancen als die Fachschule, sie ist gleichzeitig die Institution, die von Anfang an maßgeblich die besonders enge und rigide »Theorie« und Methode des sozialistischen J. der DDR formulierte.

Dabei wurde W. I. Lenins Formel von der Presse als kollektiver Propagandist, Agitator und Organisator nicht nur auf die Massenmedien Hörfunk und Fernsehen übertragen, sondern generell mit den Funktionen des sozialistischen J. gleichgesetzt. Ferner wurden auf der Basis des Marxismus-Leninismus als Gegenstand des J. jene Ausschnitte der objektiven Realität definiert, die wegen ihrer Aktualität für die Politik der *SED* journalistisch widerzuspiegeln sind (V. Blaum, 1980, S. 132 ff.). Funktions- und Gegenstandsbestimmung führen zu bestimmten Anforderungen an die journalistische Tätigkeit, die als »Prinzipien des sozialistischen J.« bezeichnet werden. Diese Prinzipien sind → *Parteilichkeit,* Wissenschaftlichkeit, manchmal auch Objektivität, Wahrheit und Massenverbundenheit (vgl. E. Schulz, Die Prinzipien des sozialistischen J., in: Theorie und Praxis des sozialistischen J., Jg. 1974, H. 2), wobei das Prinzip der Parteilichkeit als

Anerkennung des Marxismus-Leninismus, der Parteibeschlüsse und als Bereitschaft zu ihrer Durchsetzung dominiert. Die Parteilichkeit ist nicht von einer Mitgliedschaft in der *SED* abhängig, allerdings wird grundsätzlich die Mitgliedschaft in einer der Blockparteien oder gesellschaftlichen Massenorganisationen erwartet. Die Parteilichkeit ist sowohl Selektionsgesichtspunkt als auch Kriterium dafür, was im J. der DDR als Wissenschaftlichkeit und Wahrheit zu gelten hat: eine »im Interesse der Arbeiterklasse und ihrer Partei« wertende Darstellungsweise. Das Prinzip der Massenverbundenheit schließlich soll bezeugen, daß sich der J. verpflichtet weiß, Rücksicht auf die Informations- und Unterhaltungsbedürfnisse der Bevölkerung zu nehmen. Gleichwohl stehen dabei die »Informationserfordernisse« im Vordergrund, die von der *SED* zur Entwicklung sozialistischen Bewußtseins ermittelt werden (vgl. D. Mechtel: Zur Dialektik zwischen Informationserfordernissen und Informationsbedürfnissen, Diss. Leipzig 1971). Als zeitweise vernachlässigte Institution dient die *Volkskorrespondentenbewegung* hauptsächlich der Organisation des »sozialistischen → *Wettbewerbs*« und kontrollierter Kritik.

Der J. hat sich in beiden deutschen Staaten nach 1945 extrem unterschiedlich entwickelt. Während in der Bundesrepublik Deutschland versucht wurde, ihm endlich jene gesellschaftliche Position einzuräumen, die Freiheit, Kritik und Verantwortung in einer Weise vereint, daß sich eine die parlamentarische Demokratie kontrollierende Öffentlichkeit herausbilden konnte, knüpfte man in der DDR an die Tradition des J. Leninscher Prägung an. Im Kontext von Agitation und Propaganda der *SED* erfüllt der J. der DDR seine Aufgabe, »ideologische Prozesse zu leiten«, mithin so zu informieren und argumentieren, wie Parteilichkeit, Wissenschaftlichkeit, Wahrheit und Massenverbundenheit als verpflichtende Prinzipien es verlangen, um die Herausbildung sozialistische Denk- und Verhaltensweisen zu unterstützen. Die besonders enge Bindung dieses J. an die Politik der *SED* mag einerseits jene Undurchlässigkeit und Langeweile der Berichterstattung bewirken, wie sie besonders in der Parteipresse auffällt. Andererseits zeigen Hörfunk und Fernsehen der DDR seit den 70er Jahren Ansätze zu größerer Flexibilität in der Programmgestaltung, was jedoch hauptsächlich auf die Konkurrenz westlicher Sender zurückzuführen sein dürfte.

W. R. Langenbucher, V. Blaum

Literatur

H. Budzislawski, Sozialistische Journalistik. Eine wissenschaftliche Einführung, Leipzig 1966

A. J. Wiesand, Journalisten-Bericht. Berufssituation – Mobilität – Publizistische ›Vielfalt‹, Berlin (West) 1977

V. Blaum, Marxismus – Leninismus, Massenkommunikation und J. Zum Gegenstand der Journalistikwissenschaft in der DDR, München 1980

W. R. Langenbucher (Hrsg.), J. und J. Plädoyers für Recherche und Zivilcourage, München 1980

H. Pross, Politik und Publizistik in Deutschland seit 1945. Zeitbedingte Positionen, München 1980

Jugend

I. Zum Begriff – II. Schutz, Organisation und Förderung – III. Entdeckung und Selbstbewußtwerdung der Jugend – IV. Zeitübergreifendes Wesen oder historische Ausprägungen der Jugend – V. Betreuung oder Freistellung – VI. Ähnlichkeiten und Unterschiede – VII. Wie geht es weiter?

I. Zum Begriff

J. ist von verschiedenen Zugängen her zu bestimmen. Zunächst biologisch als Phase zwischen Kindheit und Erwachsenenalter, wobei sich die altersmäßige Abgrenzung in den letzten 50 Jahren sowohl »nach unten« wie »nach oben« verschoben hat. So beginnt der Übergang in die biologische Reifungsphase schon im zehnten bis zwölften Lebensjahr, während andererseits der Abschluß aller Teilreifen, wie Maturität, Volljährigkeit, Ehereife und Berufsbildung bis zum 25. Lebensjahr andauert. J. ist von der → *Bildung* her als besonders wichtiger Lebensabschnitt zu verstehen und deshalb im Bildungs-, Ausbildungs-, Beschäftigungs- und Verbandssystem einer speziellen Betreuung, Prägung, Absonderung und Sozialisation anvertraut. J. ist gesellschaftspolitisch als unentbehrlicher Träger, als Subjekt und Objekt kultureller »Reproduktion und Transformation« (K. Rosenmayr), von kultureller Übernahme und Veränderung zu bestimmen. Somit ist sie geschichtlich in eine Generationenfolge unter Eingliederung und Loslösung eingeordnet.

J. ist Gegenstand der → *bildenden Künste,* von Entwicklungsromanen und anderen literarischen Gattungen, der Volkskunst sowie der → *Musik* geworden.

Sowohl in dieser volkstümlichen Überlieferung wie aufgrund der zunehmend längeren Lebenserwartung und des späteren Übergangs der Erwachsenen in das → *Alter,* eine Frau von 40 galt um 1900 bereits als alt, hat sich eine Überschätzung und Verklärung von Jugendlichkeit entwickelt. Den Älteren, die heute biologisch tatsächlich jünger sind, wird dadurch ihre reifere Lebensphase gelegentlich vergällt und im beruflichen Konkurrenzkampf abgewertet.

293

Bis 1933 existierte ein pluralistisches Jugendverbandswesen neben weit ausgebauter Jugendpflege. Eine zweite Welle der Jugendbewegung mit der *Bündischen Jugend* und der sich von ihr abgrenzenden *Arbeiterjugend* wurde mit dem Nationalsozialismus durch die Einheitsorganisation der *Hitler-Jugend*, des *Bundes Deutscher Mädchen* und des *Jungvolks* abgelöst. Seit 1945 herrscht in der Bundesrepublik wieder Vielfalt der neu errichteten Jugendverbände, jedoch sind Organisationsgrad, Zulauf und Prestige auf seiten der J. geringer als in der Weimarer Republik. Da es sich vielfach um Untergliederungen der Erwachsenenorganisationen, der Parteien, Gewerkschaften und Kirchen handelt, haben Führung und »Berufsjugendliche« starken Einfluß.

Seit der zweiten Hälfte der 60er Jahre zeichnen sich zunehmende Eigenwilligkeit und Stärke der Mitglieder ab. Eine neue Demokratisierungswelle setzt ein. Es entstehen und vergehen neue Gruppen, auch ohne Organisationsstruktur und mit anderen Umgangsformen wie Kommunen oder Wohngemeinschaften. Seit Ende der 60er Jahre findet in Teilen der J. eine stärkere Politisierung mit teilweise neuen Zielsetzungen, Entspannung, Reformen statt. Je nach Verband und Gruppierung ergeben sich starke lokale und regionale Unterschiede im Zulauf. Abgesehen von den Sportvereinen ist in den übrigen Verbänden die inzwischen breiter gewordene Bildungsschicht der Jugendlichen nach wie vor überrepräsentiert (→ *Vereine*).

Ab 1945 wird in der DDR eine Sammlung unter antifaschistischem und demokratischem Vorzeichen betrieben, später wird die *Freie Deutsche Jugend* (FDJ) zum Instrument der *SED*. Es erfolgt der Aufbau einer einheitlichen und streng gegliederten Jugendorganisation mit hauptamtlichen Funktionären zum Vollzug der Parteiprogramme und -richtlinien. Die *FDJ* wird zum Chancenverteiler für Schüler, Studenten und Aufsteiger und stellt eine Kaderreserve für die Staatspartei (→ *Elite*). Nach zeitweise schwierigen Entwicklungen und Rückschlägen gelingt die allmähliche Erfassung fast aller Jugendlichen.

II. Schutz, Organisation und Förderung

In Inhalt, Ausdrücklichkeit, Vielzahl und Rang von Rechtsbestimmungen drückt eine Gesellschaft aus, wieviel Schutz, Förderung und Freiheit sie ihrer J. zubilligt. In der Bundesrepublik wird der Rahmen gesteckt durch das *Grundgesetz* (Art. 12, 17a), das *Wehrdienstgesetz* von 1956, das *Jugendarbeitsschutzgesetz* von 1960, das *Jugendwohlfahrtsgesetz* von 1961, das *Arbeitsförderungsgesetz* von 1969, das *Berufsbildungsgesetz* von 1969 und das *Berufsausbildungsförderungsgesetz* von 1971. In der DDR gibt es neben der *Verfassung* der DDR (Art. 20) besondere

Jugendgesetze. Wichtig ist das bisher letzte, dritte *Jugendgesetz* von 1974, gültig für die J. bis zum 25. Lebensjahr. Es enthält mehr Pflichten als Rechte, dient neben der Förderung einer totalen Erfassung und einheitlichen doktrinären Beeinflussung. Dem gehen das *Gesetz über die allgemeine Wehrpflicht* von 1962, das *Gesetz über das einheitliche sozialistische Bildungssystem* von 1965, die *Jugendhilfeverordnung* von 1966 und die *Verordnung zum Schutze der Kinder und Jugendlichen* von 1969 voraus.

Zum rechtlichen Rahmen gehören ferner das passive Wahlrecht zu den Parlamenten sowie die Volljährigkeit ab achtzehn Jahren in beiden deutschen Staaten. Im Strafrecht der Bundesrepublik besteht für Heranwachsende von 18 bis 21 Jahren je nach Fall eine verminderte Strafmündigkeit, im Strafrecht der DDR jedoch die volle Strafmündigkeit ab achtzehn Jahren. Die rechtliche und finanzielle Fürsorgepflicht endet in der Bundesrepublik überhaupt nicht, in der DDR mit achtzehn Jahren. Das Ende der allgemeinen Schulpflicht liegt in beiden deutschen Staaten bei achtzehn bzw. neunzehn Jahren.

In der Bundesrepublik gibt es eine Vielzahl von Jugendverbänden und -vereinen politischer, gewerkschaftlicher, kirchlicher, sozialer und beruflicher Art sowie Freizeit- und Hobbyvereine, vor allem Sportvereine. Ca. 40 v. H. der Jugendlichen in der Bundesrepublik sind in einer oder mehreren Organisationen Mitglied. Diese Jugendverbände sind im *Bundesjugendring* und *Landesjugendringen*, im *Arbeitskreis zentraler Jugendverbände*, der *Deutschen Sportjugend*, im *Ring Politischer Jugend* zu gleichartigen oder gemeinsamen Aufgaben zusammengeschlossen. Daneben steht das außerorganisatorische Angebot der Verbände und Gemeinden wie Häuser der offenen Tür, Jugendheime, Volkshochschulen und Jugendreisen. Problematisch bleibt in den Organisationen das Ausmaß an freier Selbstwahl und → *Mitbestimmung* von seiten der »Basis« gegenüber dem Angebot, der Leitung und Kontrolle von seiten der Verbandsspitzen. Das seit 1919 ständige Widerspiel zwischen beiden ist indes positiver zu bewerten als eine eindeutige »Ordnung«.

In der DDR existiert dagegen als Einheitsorganisation die *Freie Deutsche Jugend*, die heute ca. 80 v. H. der Jugendlichen erfaßt. Sie ist die straff von oben nach unten gegliederte und zentral geleitete Jugendorganisation der *SED*. Daneben gibt es für die Jugendlichen Mitgliedschaften und Tätigkeiten in Massenorganisationen wie dem *FDGB*, der *Gesellschaft für Sport und Technik* und der *Gesellschaft der deutsch-sowjetischen Freundschaft*.

Eine gezielte Förderung der J. als Nachfolgegeneration, Nachwuchs und zum sozialen Chancenausgleich geschieht in allen modernen Gesellschaften durch das Schulsystem, das Berufsausbildungssystem, das allgemeine Wohlfahrtswesen und die Medien. In der Bundesrepublik kommen Bundes-, Landes- und kommunale Jugendpläne mit hohem

Etat, speziell für die Jugendverbände, hinzu. Diese verfügen auch über eigene Mittel aus Beiträgen und Spenden, wobei der relativ hohe durchschnittliche Lebensstandard der Elternfamilien mitspielt. Die Förderung der Verbände hängt u. a. von ihrer Anerkennung als verfassungskonform und ihrer Zulassung zum *Bundesjugendring* ab. Solche Entscheidungen werden öffentlich mit Revisionsmöglichkeiten gefällt; sie mögen teilweise fragwürdig sein. Die Verwendung der Mittel für Veranstaltungen und Funktionäre, Gruppen und einzelne wird innerverbandlich geregelt und untersteht staatlicher Kontrolle.

Auch in der DDR gibt es seit 1954 Jugendförderungspläne. Außerdem geschieht die Förderung über *FDJ*, Betriebe, *FDGB, Gesellschaft für Sport und Technik,* allerdings insgesamt mit geringerem Aufwand pro Kopf als in der Bundesrepublik. Die Förderung von Gruppen und einzelnen wird stärker abhängig gemacht von ihren beruflichen, sozialen und gesellschaftlich-politischen Leistungen.

III. Entdeckung und Selbstbewußtwerdung der Jugend

Bis 1933 galten für Teile der Jugendbevölkerung, so der *Jugendbewegung,* Begriffe wie → *Avantgarde,* → *Elite,* Erneuerer, die eine veränderte, bessere Zeit und Welt heraufführen wollten. Konkrete Zielbereiche waren Lebensreform, Wohnkultur, Jugendleben, Gemeinschaft, Erziehung und Bildung sowie Kunst.

Die *Jugendbewegung* zielte zwar auf eine Erneuerung der → *Volkskultur,* aber schließlich hat sie doch mehr der »Bildungskultur« gedient, beispielsweise durch die Wiederentdeckung der Barockmusik, von der Einführung der Schulmusik an Volksschulen abgesehen. Der Kommerzialisierung der Massenunterhaltung *(→ Unterhaltung)* konnte sie kaum entgegenwirken.

In diesen Konzepten schlugen sich die etwa um die Jahrhundertwende beginnende wissenschaftliche, empirische Beschäftigung mit der → *Psychologie* des Kindes- und Jugendalters nieder *(→ Kind).* Damit einher ging die Entdeckung von Kindheit und J. als spezielle, eigenständige und differenzierbare Lebensphasen, die nicht nur Vorformen oder Vorbereitungen auf das Erwachsenenleben darstellen. Wichtig wurde die Feststellung von Zusammenhängen zwischen körperlicher und seelischer Entwicklung und dem Zusammenwirken von sozialisatorischen und innerpsychischen Impulsen. Dazu trugen ferner bedeutsame Konzepte zur Reform von Erziehung und Bildung sowie eine Veränderung des Sexualverhaltens bei. Den Eigenwert des Jugendalters machten nicht nur persönliche Selbstfindung und Selbstverwirklichung aus, sondern auch die Wiederanknüpfung an zeitüberdauernde Werte, die

Herausstellung oder gar Schöpfung neuer oder abgewandelter → *Werte und Normen.* Allerdings wurden hierbei sozialschichtspezifische Unterschiede innerhalb der Jugendbevölkerung wirksam und auch wissenschaftlich erfaßt. Die Masse der J. war nicht jugendbewegt. Sie genoß allerdings eine sich rasch verbessernde Volksbildung, speziell eine Berufsausbildung, so durch die Berufsschulpflicht für beide Geschlechter, die Jugendpflege und eine allgemeine Liberalisierung. Diese Ansätze wurden durch die Weltwirtschaftskrise, die Massenarbeitslosigkeit und die politische Radikalisierung um 1930 überschattet.

Von 1933 bis 1945 wurde das bisherige Avantgardekonzept der *Jugendbewegung* im Dienst der *NSDAP* mißbraucht und umgemünzt. Die Nationalsozialisten trieben ein makabres Spiel mit der Unbedingtheit, der Opferbereitschaft, der Neigung zur Gruppenbildung und der Begeisterungsfähigkeit von Jugendlichen unter anderem in Form einer vormilitärischen Erziehung.

In der Bundesrepublik wird seit 1945 in Anknüpfung an E. Sprangers Einfühlung in die Prägungsprobleme durch Kultur und Zeitgeist, an K. Mannheims historische Auffassung der Generationen im Wandel der Epochen, an Ch. Bühlers und S. Bernfelds Differenzierung nach der Sozialschicht die Reihe vielfältiger jugendpsychologischer und -soziologischer Ansätze fortgeführt. Auch Einflüsse amerikanischer Jugendaltersforschung, so L. Eriksons Suche nach subjektiver Selbstfindung und Stetigkeit, werden verarbeitet. Mit H. Schelskys Drei-Generationen-Konzept, dem zufolge sich als dritte Generation in der Zeit nach dem Zweiten Weltkrieg eine skeptische, entpolitisierte, entideologisierte, anpassungsbereite, pragmatische Generation entwickelt habe, beginnt die Reihe der unzulässigen Typisierungen und Verallgemeinerungen von J. Wichtiger wird der Kontrast zwischen Fortbestand und Wandlung, Sicherung und Erneuerung in Einstellungen und Verhalten, der sich quer durch die Jugendlichen zieht, und zwar mit Differenzierungen nach Lebensalter, Geschlecht, sozialer Schicht, Bildungsschicht, Organisationszugehörigkeit und weiteren Umwelt- sowie Persönlichkeitsfaktoren. So spaltet sich die politische Meinungsbildung in konservative wie progressive Richtungen; bezüglich Familiengründung und Berufsarbeit stehen sich herkömmliche und kritische Einstellungen gegenüber.

Die empirischen Arbeiten werden auch seitens der Umfrageforschung an Jugendlichen über vielerlei Themen jugendlichen Verhaltens ausgeweitet. Die Sozial- und Bildungsstatistik wird differenziert und fortlaufend aktualisiert.

Mit der Verlängerung der Bildungs- und Ausbildungsprozesse geht die Idee der Aufschubphase oder einer verlängerten Jugendphase einher. In ihr verbleiben jedoch Spannungen zwischen einerseits vorverlegten Reifungsvorgängen und andererseits verzögerten Verselbständigungen. Die J. wird in ein das ganze Leben umfassendes Altersphasenkonzept im Rahmen sozialen Wandels (→*Kulturwandel*) wissenschaftlich eingegliedert. Diese wissenschaftliche und publizistische Beschäftigung mit der J. vollzieht sich allerdings so pluralistisch, daß sie auf seiten der J. sowohl zur Loyalität und Konformität wie zur Distanznahme und Erneuerung beiträgt.

In der DDR werden ab 1945 die »bürgerlichen« Auffassungen von J. einer Revision unterzogen. J. wird als Teil ihrer Klasse gesehen; im Rahmen klassenspezifischer Interessenübereinstimmung ist J. keine spezielle soziale Gruppierung. Aufgrund ihrer Bildsamkeit und Zukunftsbedeutung steht sie dennoch im Mittelpunkt der Bemühungen und Programme der *SED*. Ihr wird die Aufgabe der ideologischen und praktischen Umgestaltung aller Verhältnisse durch völlige Integration in die vorgegebenen sozialistischen Systemstrukturen zugewiesen. Teilweise ergeben sich Widersprüche von seiten der Jugendforschung (vgl. A. Kossakowski). Die Einsicht in die gesetzmäßigen politisch-ökonomischen Entwicklungslinien der Zeitgeschichte der DDR könne des selbständig-schöpferischen Handelns der J. nicht entbehren. Eine empirische Jugendforschung wird unter speziell ausgewählten und verschärft kontrollierten Forschungsstrategien, -methoden und -veröffentlichungen betrieben.

IV. Zeitübergreifendes Wesen oder historische Ausprägungen der Jugend

In beiden deutschen Staaten stehen sich zwei unterschiedliche Auffassungen gegenüber; die eine ist anthropologisch ausgerichtet und weist innerhalb der abendländischen Geschichte auf zeitüberdauernde Eigenschaften von J. hin, Vorbereitungs- und Zwischenphase, Kraftüberschuß, Begeisterung, Neugier, Veränderungsbedürfnis, Opposition und Wanderlust. Dies geschieht in der DDR mehr indirekt, eingeschränkt und auf die sozialistischen Verhältnisse zugespitzt. Die andere Auffassung betont die Unterschiede in den spärlichen Quellen und Aussagen über die J. im Rückblick durch die Jahrhunderte. Sie macht auf das »Ermöglichen« von Jugendleben im Rahmen bestimmter gesellschaftlicher Voraussetzungen oder Anforderungen aufmerksam, Ritterknappe, Jüngling, Junggeselle. Sie legt damit den Finger auf die aus den Herrschafts- und Gesellschaftsverhältnissen stammenden Zielsetzungen für die J. und besteht darauf, daß erst historisch spät J. durch die sozioökonomischen und Bildungsverhältnisse des industriellen Zeitalters der letzten einhundert Jahre »konstruiert« wurde. Die Jugendforschung der DDR parallelisiert dies durch die Konstruktion und Ideologisierung einer soziologisch und historisch nie genau definierten »Arbei-

terjugend«, die in ihren dank der Arbeiterklasse und ihrer Elitefunktion bereits bewußt gewordenen Vertretern zur Avantgarde im System bestimmt sei.

Auch in der Diskussion über »Reproduktion gegen Transformation«, über Fortdauer und Wandel im Heranwachsen der Jugendgenerationen, treten die beiden Grundannahmen auf, die sich einerseits mehr auf die Masse der J., andererseits mehr auf problembewußte, bewegte Teile der J. beziehen. Zwischen Anthropologie und Soziologie nimmt die Jugendpsychologie eine Mittelstellung ein. Damit hängt die politische Frage zusammen, wie weit die beiden deutschen Gesellschaften ihren Jugendjahrgängen Zwang, Ansprüche, sanktionierte Belohnungen und Bestrafungen auferlegen und deutliche Leitideen vermitteln oder Entfaltungsspielräume und Möglichkeiten zu Distanz, →*Kritik,* Veränderung gewähren, wie weit und worin sich bewahrende oder fortschrittliche Kräfte durchsetzen und wie verschieden sich Bewahrung und Fortschritt, Bindung und Freiheit in beiden Gesellschaften darstellen.

V. Betreuung oder Freistellung

Für den mittelfristigen Schonraum stellt sich die Frage, wie weit er der Entfaltung und Eigenständigkeit der J. Vorschub leistet, Verwöhnung und Entlastung gewährt oder in seiner Konstruktion dem Übergewicht rechtlicher, institutioneller, bürokratischer Komponenten der alten und gegenwärtigen Gesellschaft unterliegt. Das letztere ist in stärkerem Maße in der DDR der Fall. Auch die Pädagogisierung des Jugendalters in den letzten einhundert Jahren hat die Seiten der angemessenen Betreuung und der umsichtigen Absonderung und Entmachtung. Das gilt mit Unterschieden für beide deutsche Staaten, in denen sich Selbstsozialisation gegen Fremdsozialisation sowie Widerstand, Verselbständigung oder Ausstieg gegenüber der letzteren regt. Denn die Hochschätzung von J. und Jugendlichkeit von seiten der Erwachsenengesellschaften steckt in beiden deutschen Staaten noch voller Vorurteile. Diese sentimentalisieren J. als schön, tief, empfindsam, leidenschaftlich, sie überschätzen sie als gesund, echt, ehrlich, unbedingt, »frisch, fromm, fröhlich, frei«, wobei sich Ältere gern anbiedern, und sie überfordern sie unter Gesichtspunkten der sozialen Reife, schulischer und beruflicher Leistungen und politischer Mitarbeit und Erneuerung. Da dies nur teilweise und nur von Teilgruppen der J. erbracht werden kann, erntet »die« J. Schelte und Verurteilung. Was den Jugendlichen auf höheren Bildungslaufbahnen, jungen Meinungsführern und Funktionären zuzumuten ist, kann aber nicht allen abverlangt werden. Politisch-kulturelle Erneuerung ist erst eine Aufgabe des dritten und vierten Lebensjahrzehnts. Daß sich eine Kultur vor der nachwachsenden Generation zu rechtfertigen und zu beweisen hat, ist erst seit 1918 aufgekommen; auch diese Instanz kann nur von einem privilegierten Teil der J. gebildet werden. Aus diesem Dilemma zwischen Überansprüchen und Enttäuschungen gibt es im Westen eher liberale, im Osten mehr gelenkte und organisierte Auswege.

Kritische Distanzierungen entwickeln sich zahlreicher und ungestörter in der Bundesrepublik als in der DDR. Auch die Bildung von Alternativgruppen, wie den Grünen und Problem- und Randgruppen wie den Drogenabhängigen, zielgerichtete Aktionismen wie Hausbesetzungen und Krawalle, sind nur in der liberalisierten Gesellschaft und Rechtsordnung der Bundesrepublik möglich (→ *Minderheiten*). Inwiefern durch solche speziellen Randgruppen generelle Mängel und Widersprüche in den Subsystemen, vor allem der Bildung und Ausbildung, oder im Gesamtsystem einer Gesellschaft zutage treten, bedarf sehr genauer Feststellungen und Diskussionen.

VI. Ähnlichkeiten und Unterschiede

Ähnlichkeiten und Differenzen sind in der Lebenslage, im Verhalten und in den Einstellungen sowie in deren Zusammenhängen untereinander zu sehen (W. Jaide, B. Hille (Hrsg.), J. im doppelten Deutschland, Opladen 1977). Bei andersartigen Bildungssystemen und -gehalten dominiert in beiden Staaten gleichermaßen Leistungsstreben und die Regelkonformität, Aufgeschlossenheit und soziale Mobilität, in der Bundesrepublik kritischere Distanz zu den Bildungszielen und ihrer Erfüllung und gelegentlich auch geringere Belastbarkeit.

Beim Übergang in das Beschäftigungssystem fällt in der DDR die straffere Lenkung und der geringere Spielraum bei niedrigerem Lebensstandard und deutlicheren Schichtdifferenzen auf. Im Freizeitbereich (→ *Freizeit*) bestehen etwa gleichartige Interessen, jedoch mangelt es in der DDR an Möglichkeiten des Reisens und des Konsums. Dagegen stehen dann Einbindung in die Jugendorganisation und andere Massenorganisationen, der Vorrang von Weiterbildung und politisch-gesellschaftliche Aktivitäten, wie Lager der Erholung und Arbeit, Ernteeinsätze und Aufbaustunden, die systemkonforme Lenkung der Freizeitausfüllung und die Abgrenzung gegenüber den westlich-kapitalistischen Ländern.

Die Unterschiede der Geschlechter sind fast parallel geblieben. Ihre Interessen, Berufswünsche und Nutzung der Freizeit gehen beiderseits traditionell deutlich auseinander. Die Bindung an die Elternfamilie ist ohne wesentliche Unterschiede im Durchschnitt stark geblieben, in der DDR eher etwas stärker als in der Bundesrepublik.

In der ideologisch-politischen Einstimmung der

J. auf das ihr vorgegebene System gibt es viele Varianten des offenen oder versteckten Pro und Kontra und der Gleichgültigkeit, relativ mehr stille Anpassung in der DDR, mehr offene Kritik in der Bundesrepublik.

In beiden Jugendbevölkerungen gibt es abweichendes und kriminelles Verhalten, in den Quantitäten zuungunsten der Bundesrepublik, in den qualitativen Spielarten bestehen Analogien, jedoch fallen Drogenmißbrauch, Jugendsekten und Aussteiger in der DDR nicht ins Gewicht.

VII. Wie geht es weiter?

Neben einer mehrheitlichen, beständigen, aber wenig fundierten Zustimmung zum System der Bundesrepublik und seinen Subsystemen gibt es an sen Rändern Extremisierungen mit reaktionären und revolutionären Tendenzen. Daneben stehen Neigungen zum Aussteigen aus der Gesellschaft in mannigfaltigen Gruppen mit kulturpessimistischen, alternativen, abweichenden Ideologien bis zu subkulturellen Ausprägungen. Hier beherrschen gefühlsbetonte Überreaktionen auf pädagogische Verwöhnung, sozioökonomische Sicherheit, unbeschränkte Freiheiten und verteufelte Technologien die Szene. Angesichts der wenig ausdrücklichen Werteinstellungen innerhalb der J. wird es mehr auf die Entwicklung in Politik, Ökonomie, Gesellschaft, Bildung und Medien ankommen, auf die Meisterung ihrer strukturellen Probleme, wie weit die Integration oder die Entfremdung der J. zunehmen werden (→ *Alternativkultur*, → *Außenseiter*).

Industriegesellschaftliche und solidarische Einstellungen und Verhaltensweisen in der DDR konkurrieren mit der starken ideologischen Beeinflussung und organisatorischen Integration der J. In Ausmaß und Deutlichkeit nehmen Tendenzen der Abstandnahme, Ernüchterung, Resignation oder Opposition, zumindest im Sinn größerer Spielräume der Selbstbestimmung und Korrekturen innerhalb des Systems, zu – neben einer zielstrebigen Laufbahnstrategie und beschränktem Zustrom zur Kaderbildung.

W. Jaide

Literatur
L. v. Friedeburg, J. in der modernen Gesellschaft, Köln, Berlin (West) ⁵1968
Zur Psychologie der Schuljugend, hrsg. v. A. Kossakowski, Berlin (Ost) 1969
F. Neidhardt, Die Junge Generation, Opladen ³1970
H. Nickel, Entwicklungspsychologie des Kindes- und Jugendalters. Bd. I, Bd. II, Bern, Stuttgart, Wien 1973, 1975
W. Friedrich, J. und Jugendforschung, Berlin (Ost) 1976
L. Rosenmayr, J., in: Handbuch der empirischen Sozialforschung, hrsg. v. R. König, Stuttgart ²1976

D. Baacke, Die 13- bis 18-jährigen. Einführung in Probleme des Jugendalters, München, Wien, Baltimore ²1979
A. Freiburg, Chr. Mahrat, FDJ, Opladen 1982

Kabarett

K. bedeutet allgemein eine Bühne für die kleine Form, vor allem für das Chanson und den Sketch. Das französische *cabaret* (Kneipe, Schenke) verweist auf die Herkunft dieser Institution. Ihre Entstehung wird auf das Jahr 1881 datiert, als R. Salis, Karikaturist der Zeitschrift »Le Citoyen«, auf dem Montmartre im eigenen, zur Kneipe umgebauten Atelier das »Chat noir« eröffnete. R. Salis fand bald Nachahmer. Zunächst verblieb das K. noch als spielerische Improvisation im Milieu der Boheme, bis sich die Einrichtung zum Bühnenunternehmen kommerzialisierte. Nach dem Vorbild von O. J. Bierbaums Roman »Stilpe« (1897) gründete E.v. Wolzogen 1901 in Berlin das erste deutsche K., das »Überbrettl«. Schnell folgten andere Gründungen, unter anderem M. Reinhardts »Schall und Rauch« und die »Elf Scharfrichter«. In der deutschen Arbeiterbewegung wurden die Formen des K. vor allem von Laiengruppen übernommen. Die *KPD* institutionalisierte sie, von E. Piscators Revuetheater beeinflußt, in den Agitpropgruppen der Partei. Der Nationalsozialismus setzte den K. ein vorläufiges Ende.

Die Geschichte des K. in den Westzonen und der späteren Bundesrepublik orientiert sich recht genau an Phasen der politischen Entwicklung. In die unmittelbare Nachkriegszeit fallen fast alle Gründungsdaten der K., die bis in die 60er Jahre diese Form bestimmten. 1947 wurde »Das Kom(m)ödchen« gegründet, 1948 »Der Insulaner«, 1949 »Die Stachelschweine«, 1956 folgte die »Münchner Lach- und Schießgesellschaft«. Ihre gemeinsame ideologische Grundlage bildeten der Antikommunismus, der insbesondere das Programm der Berliner »Insulaner« bestimmte und eine → *Kritik* der Ära K. Adenauers, die sich an der sozialdemokratischen Opposition orientierte.

Diese Grundlage ging den K. im politischen Wandel der 60er Jahre verloren. Mit dem Bau der Mauer in Berlin 1961 schwand die letzte Illusion, eine Wiedervereinigung Deutschlands im Sinne der *roll back*-Strategie der Westmächte erzwingen zu können. Als die *SPD* 1966 mit der *CDU/CSU* eine *Große Koalition* einging und so zur Regierungspartei wurde, verloren die K. ihre bisherige politische Orientierung für die Kritik der herrschenden Verhältnisse. Zugleich entstand mit der Studentenbewegung eine radikale Gesellschaftskritik, der diese K. aus ihrer Tradition nicht folgen konnten und

wollten. Sie lösten sich auf oder verkümmerten zu Unterhaltungsattraktionen für Touristen. In diese Zeit fällt jedoch die Entstehung zahlreicher neuer Gruppen. Schon 1959 war in Heidelberg das »Bügelbrett« gegründet worden, dessen Leitung 1961 H. Kaub übernahm. Seit 1963 bestritt W. Neuss als »Der Mann mit der Pauke« im Alleingang seine Programme. 1965 siedelte das »Bügelbrett« nach Berlin (West) um. Im selben Jahr gründete V. Ludwig das »Reichskabarett«, entstand in München das »Rationaltheater«. Berlin (West) bildete zweifellos das Zentrum des neuen K. Hier waren es vor allem das »Reichskabarett« und W. Neuss, die sich konsequent zur Studentenbewegung bekannten.

Mit dem Zerfall der Studentenbewegung geriet das K. abermals in eine Krise, in deren Verlauf sich fast alle Unternehmen auflösten oder entpolitisierten. Einzig das »Reichskabarett« verstand es, diese Krise produktiv zu wenden und organisierte sich zum »Grips-Theater« für Kinder und Jugendliche um (→ *Theater*). Offenbar erlagen die Kabarettisten so sehr den Reformvorstellungen der sozialliberalen Regierung, daß es ihnen unmöglich schien, eine den Formen des K. gemäße Kritik zu formulieren. Bemerkenswerte K. sind seit 1970 nicht mehr entstanden. Das →*Fernsehen* hat sich des Genres bemächtigt und es zum Bestandteil seines Unterhaltungsangebots gemacht. Kabarettsendungen wie die von D. Hildebrandt haben inzwischen ihren festen Platz im Programm. Die traditionellen Formen bilden nun das Material für die mediengerechte Behandlung der Themen. So ist zum Beispiel D. Hildebrandts Sendung »Scheibenwischer« der Show nachgebildet. Als Conférencier führt der Kabarettist durch sein Programm. Die Vermutung liegt nahe, daß sich gleichermaßen die Rezeption geändert hat.

Die Formen des K., das kultureller Bestandteil einer oppositionellen Minderheit war, kehren jetzt, eingerichtet auf das Unterhaltungsbedürfnis eines Millionenpublikums, in der Fernsehkultur wieder.

Geschichte, Programme und Mitwirkende der verschiedenen deutschsprachigen K. sind in dem von R. Hippen aufgebauten *Deutschen Kabarett-Archiv* in Mainz dokumentiert. In der DDR hat das *Zentralhaus für Kulturarbeit* in Leipzig ein Archiv für das K. angelegt.

Eine völlig andere Funktion hat das K. hier. In einer Erklärung des Direktors der *Distel*, dem neben der *Pfeffermühle* und der *Herkuleskeule* wichtigsten K. der DDR, heißt es programmatisch: »Unsere Funktion und unser Ziel ist es, mit den spezifischen Mitteln der Satire, des Humors, der Ironie usw. die sozialistischen Macht- und Eigentumsverhältnisse zu stärken und zu festigen« (Materialien der Konferenz »Zur Unterhaltungskunst der DDR« am 13. und 14. März 1978 in Berlin (Ost), in: Beilage 5/78 der Fachzeitschrift

»Unterhaltungskunst«, Oktober 1978). Mit dieser Funktionsbeschreibung ist das Dilemma des K. formuliert. Auf einen bestimmten Begriff des →*Sozialismus* und die Beschlüsse der *SED* verpflichtet, soll es sich gegen das richten, was als »Überbleibsel«, »Entartung« oder »Auswuchs« dem »eigentlichen sozialistischen Wesen« fremd sei. Voraussetzung solcher Kritik ist die Loyalität zu Partei und Staat.

Diese Instrumentalisierung des K. findet ihren institutionellen Ausdruck in der engen Bindung der Theatergruppen an die *SED*. Texte und Inszenierung sind mehrfachen Kontrollen unterworfen. Berater, die der Leitung der K. beigeordnet sind, prüfen die Texte auf ihre ideologische Ausrichtung, in der Regel wird das Programm vor Probenbeginn zusätzlich der jeweiligen Bezirksleitung der *SED* vorgelegt. Es ist leicht verständlich, daß sich eines der typischen Merkmale des K., die Improvisation, das spielerische Abweichen vom Text, mit dem der Schauspieler auf die Reaktionen des Publikums eingeht, unter dieser Prozedur kaum entwickeln kann. Das Kontrollverfahren soll die Grenze zwischen loyaler und illoyaler Kritik ziehen, eine unlösbare Aufgabe, da die Grenze vieldeutig interpretierbar und ihr Verlauf nur in den seltensten Fällen eindeutig zu bestimmen ist. Das bereitet bei vielen K. den Boden für Unsicherheit und Opportunismus, ist jedoch gleichzeitig für einige Autoren besonderer Reiz, sich mit Texten an der Grenze des Machbaren zu bewegen. Dabei gelingen brillante politisch-satirische Formulierungen, mehrdeutige Texte unter Nutzung vielfältigster Formen und vereinzelt ganzer Programme mit einem hohen Maß an Spielfreude und Angriffslust.

Mit administrativen Eingriffen versucht die *SED* solche Entwicklung immer wieder zu unterbrechen. Das Auf und Ab der Leipziger *Pfeffermühle* ist dafür Beleg. Einzelne Nummern oder ganze Programme werden abgesetzt, Kabarettleitungen abgelöst und durch botmäßigere ausgetauscht oder mißliebige Autoren nicht mehr aufgeführt. Auch in der Bundesrepublik gibt es Fälle von →*Zensur*. Sie ist unsystematisch und wird von verschiedenens Institutionen in einzelnen Fällen ausgeübt, wenn beispielsweise ein Intendant die Ausstrahlung eines Kabarettprogramms oder von Teilen daraus im Hörfunk oder Fernsehen unterbindet. Viel häufiger ist jedoch die Selbstzensur durch die Verinnerlichung institutioneller →*Gewalt*. Für die Kabarettisten in der DDR ist sie Grundlage ihrer Arbeit. Durch zahlreiche Diskussionen und Eingriffe ist der Rahmen dessen abgesteckt, was die Kabarettbühnen in ihre Programme aufnehmen. So ist zu verzeichnen, daß vorrangig das äußere Bild der zu kritisierenden Erscheinungen, nicht aber deren Ursachen und Auswirkungen dargestellt werden. Das K. in der DDR ist damit, in zunehmend perfekter Form, mehr auf die Unterhaltung als auf die politische Satire orientiert. In dieser Ausprägung wird das K.

von Partei und Staat vielfältig unterstützt. Deutlichster Ausdruck dafür ist die 1976 vom *Ministerium für Kultur* beschlossene Konzeption zur Schaffung selbständiger Berufskabaretts in allen Bezirksstädten bis 1985. Auch die starke Förderung der mehr als 600 Laienkabaretts ist Ausdruck der staatlich kontrollierten Befriedigung des Unterhaltungsbedürfnisses großer Teile der Bevölkerung. Die Laienkabaretts rekrutieren sich vor allem aus Mitarbeitern volkseigener Betriebe und sind dort der Gewerkschaftsleitung unterstellt. Sie besitzen teilweise ein beachtliches künstlerisches Niveau.

Die beiden wichtigsten Formen des K., Chanson und Sketch, zeichnen sich durch Kürze und kommentierende Funktion aus. Sie entwickeln keine theatralische Situation und Dramaturgie und entfalten nicht die Charaktere der Figuren, sondern setzen sie voraus. Dies erfordert den Rückgriff auf das, was dem Zuschauer vertraut ist. Die Darstellung biographischer Brüche und Entwicklungen ist in diesen Formen nicht möglich. Wahrscheinlich rührt daher die unverholene Abneigung der →*Kulturkritik* gegen das K., seine Abwertung als Kleinkunst. Sofern Kulturkritik der Vorstellung vom zeitlosen Kunstwerk (→*Kunst*) unterworfen ist, kann sie das K., das sich ja gerade dadurch definiert, daß seine Gegenstände so wenig zeitlos sind wie deren literarische Verarbeitung, nicht gelten lassen. Die Verkürzung auf das Vertraute ist der Preis, den das K. für seine Aktualität zahlt.

→*Satire* und →*Ironie* sollen entlarven und damit aufklären. In der DDR hätte die Satire wohl noch diese aufklärerische Kraft, weil die Differenz zwischen ideologischem Anspruch und Wirklichkeit besonders krass ist. Kulturtheoretiker sprechen von einer neuen Funktion der Satire im Sozialismus, die, im Gegensatz zur Satire in der Bundesrepublik »von der Identifikation mit der Gesellschaft« ausgeht und sich im Bunde weiß »mit den Errungenschaften des sozialistischen Staates und seiner führenden Klasse, der Arbeiterklasse« (W. Otto, R. Rösler, 1977, S. 14). Deshalb muß in der DDR von Staats wegen so oft der Humor an die Stelle der Satire treten. Humor erhebt sich wohlwollend über den Gegenstand und in diesem Wohlwollen versöhnt er wieder mit ihm. Satire, die im K. nicht zur Sprache kommen darf, überlebt in der Kultur des politischen Witzes, die in der DDR besonders stark ausgeprägt, in der Bundesrepublik dagegen faktisch untergegangen ist. Vielleicht ist dieser Untergang ein Beleg für Th. W. Adornos These, daß die Differenz zwischen Ideologie und Wirklichkeit in der Bundesrepublik verschwunden sei. Wenige K., nur die radikalsten unter ihnen, haben wie das »Reichskabarett« in seinem Programm »Alles hat seine Grenzen«, in den 60er Jahren die Entwicklung geahnt und dafür den Begriff der »Realsatire« gefunden. Der Begriff ist freilich trügerisch. Er behauptet, die Satire zu retten, indem er diese Entwicklung selber zu ihrem Gegenstand macht. In Wirklichkeit ist es das Eingeständnis der Niederlage der Vernunft gegenüber der Realität. Wenn sich die herrschenden Verhältnisse selber entlarven, ohne daß sie sich ändern, bedarf es der Satire nicht mehr. Vielleicht hat deshalb das K. in der Bundesrepublik nur dann eine Zukunft, wenn es sich der minoritären Opposition zuwendet, wenn es auf die Differenz zwischen Ideologie und Wirklichkeit im eigenen Bereich zielt. Das K. über die gewöhnliche linke Kultur und Politik steht noch aus.

D. Michel

Literatur

H. Greul, Bretter, die die Zeit bedeuten. Die Kulturgeschichte des K. 2 Bde., München 1967
K. Budzinski (Hrsg.), Was gibt's denn da zu lachen?, München 1969
K. Budzinski, Vorsicht, die Mandoline ist geladen, Frankfurt a. M. 1970
R. Hösch, K. von gestern und heute. 2 Bde., Berlin (Ost) 1972
W. Otto, R. Rösler, Kabarettgeschichte – Abriß des deutschsprachigen K., Berlin (Ost) 1977

Kapitalismus

Mit K. bezeichnet man, zurückgehend auf K. Marx, eine Produktionsweise zum Zweck der Gewinnmaximierung, die durch Warenproduktion für einen Markt gekennzeichnet ist und bei der die Besitzer der Produktionsmittel den Produktionsprozeß und die Aneignung der Gewinne maßgeblich bestimmen und organisieren. Charakteristisch für den K. ist, daß auch die Arbeitskraft des Menschen zu einer Ware wird. Im weiteren Sinn versteht man unter K. die einer derartigen Produktionsweise entsprechende Gesellschaftsstruktur. Die Sozialgeschichtsschreibung hat nachgewiesen, daß die Kulturentwicklung (→ *Kulturanthropologie*) etwa seit dem 13. Jh. die Entwicklung des K. und des Bürgertums zur Folge hatte (A. Hauser, Sozialgeschichte der Kunst und Literatur, München 1953). Die durch K. Marx angeregte Tradition wirtschafts- und sozialgeschichtlicher Analysen des K. zum Beispiel durch M. Weber, W. Sombart oder J. A Schumpeter blieb für die kulturelle Entwicklung des 20. Jh. weitgehend folgenlos. Diese wurde vielmehr von Strömungen, die den K. entweder verteidigten oder ihn kritisierten, geprägt. Dabei ist bemerkenswert, daß sich die Verteidiger des K. umso seltener auf eine Analyse einließen, je häufiger sie sich anthropologischer, geschichtsphilosophischer oder rassistischer Ideologien bedienten. Das gilt für eine bestimmte Form der Adaption F. Nietzsches, für O. Spengler, für den deutschen Nationalismus, im Nationalso-

zialismus mit rassistisch und demagogisch umfunktionierten Momenten der Kapitalismuskritik verknüpft, die in Sätzen wie »Gegen das raffende, für das schaffende Kapital« zum Ausdruck kommt. In der Bundesrepublik setzte sich die Verteidigung des K. nach einer kurzen Phase allgemeiner Kapitalismuskritik um 1950 wieder durch, nun unter Leitmotiven des christlichen Abendlandes und dem der sozialen Marktwirtschaft, vorübergehend der formierten Gesellschaft. Theoretische Absicherung wurde dabei in theologischen Soziallehren zum Beispiel des Neothomismus oder in der philosophischen Anthropologie A. Gehlens gesucht. Die bis vor kurzem aufrechterhaltene These, K. sei ein ideologisch geprägter Begriff, führte dazu, daß er in der Öffentlichkeit geradezu mit einem Tabu belegt war. Das scheint sich mit einer der jüngsten Varianten der Verteidigung des K. zu ändern, die mit H. Pross davon ausgeht, die Gesellschaft der Bundesrepublik bestehe legitimerweise aus den beiden Teilordnungen K. und Demokratie. Offen den K. verteidigende Kunstrichtungen finden sich im 20. Jh. selten, beispielsweise in der Neuen Sachlichkeit. Das hängt auch damit zusammen, daß ältere Werke wie G. Freytags »Soll und Haben« lange Zeit diese Aufgabe hinreichend zu erfüllen schienen.

Die Kapitalismuskritik fand im deutschen Sprachraum zu Beginn des 20. Jh. in R. Luxemburg und R. Hilferding die letzten Vertreter, die die Theorie der Entwicklung der bürgerlichen Gesellschaft, wie sie K. Marx intendiert hatte, auf demselben Niveau zu verteidigen und fortzuführen vermochten. In der Weimarer Zeit finden sich Versuche der den K. kritisch wertenden Gegenwartsanalyse regelmäßig im theoretischen Organ der *KPD*, der »Internationale«. Einen eigenständigen Strang soziologischer Kapitalismuskritik, die vom Marxismus und der → *Psychoanalyse* beeinflußt war, bildete die *Frankfurter Schule*. Der Warenfetischismus, der Stillstand der einst treibenden Antagonismen der Gesellschaft, die spätkapitalistische Gesellschaft als manipulativer Verblendungszusammenhang, Massenkultur, → *Kulturindustrie*, die Determination von Familienstruktur (→ *Familie*) und Psyche durch die Gesellschaft und später die Frage, inwiefern der Faschismus in der kapitalistischen Gesellschaftsstruktur wurzelte, waren leitende Gesichtspunkte. Weitere eigenständige Positionen der Kapitalismuskritik repräsentierten F. Sternberg unter ökonomischem und W. Reich unter psychoanalytischem Gesichtspunkt. Die künstlerischen Manifestationen der Weimarer Zeit intendierten sehr häufig Antikapitalismus, verstanden als Ablehnung der bürgerlichen Gesellschaft, als im Erleben des Ersten Weltkriegs wurzelnde Antikriegshaltung und als Aufbruch einer »Geistesrevolution«, wie A. Döblin formuliert. Kritische Analysen der Entwicklung der nationalsozialistischen Herrschaft in Deutschland finden sich in den »Deutschland-Berichten« (1934 bis 1940) der sozialdemokratischen Partei, die erst 1980 veröffentlicht wurden. Demgegenüber muß man von einem Scheitern der Kapitalismuskritik wie auch der Faschismusanalyse der *KPD* und der an ihr orientierten Autoren sprechen. B. Brecht gehört mit seinen Werken der Exilzeit (→ *Exil*) zu den wenigen, die den Zusammenhang zwischen kapitalistischer Eigentumsverfassung und Faschismus herauszuarbeiten versuchten (→ *Eigentum*).

In den westlichen Besatzungszonen und später in der Bundesrepublik war es zunächst weitgehender Konsens, daß die kapitalistische Wirtschaftsordnung versagt habe. Wegen des Gewichts der westlichen Besatzungsmächte und deren Wirtschaftssystem wurden die kapitalistischen Strukturen beibehalten und fand der Wiederaufbau der Wirtschaft in ihrem Rahmen statt. Ein kritischer Impuls war schließlich nur noch in den Reihen der → *Gewerkschaften* wirksam, etwa im Programm der Wirtschaftsdemokratie bei V. Agartz, und transformierte sich schließlich in das Programm der → *Mitbestimmung,* als deren theoretisches Äquivalent die Auffassung von den beiden legitimen Teilordnungen K. und Demokratie interpretiert werden kann. Eine neue Welle der Kapitalismuskritik brachten die Studentenbewegung nach 1965 und die *Neue Linke.* Aus den Ansätzen der *Frankfurter Schule,* der historischen und ausländischen Kritik am K. unter anderem bei E. Mandel, P. A. Baran, P. M. Sweezy und A. Gorz gespeist, war die *Neue Linke* trotz zahlloser Ansätze bis heute nicht in der Lage, die grundlegenden Probleme gegenwärtiger Analyse des K. zu lösen, nämlich die Weiterentwicklung der Marxschen Theorie als Theorie der Entwicklung der bürgerlichen Gesellschaft, die ökonomische Realanalyse der vergangenen Jahrzehnte und der Bundesrepublik, die Analyse der weltwirtschaftlichen Zusammenhänge zwischen den Metropolen und der Dritten Welt und die ökonomische Analyse der UdSSR und der in ihrem Einflußbereich liegenden Gesellschaften als Teil der Metropolen. Nur im Bereich der Sozialgeschichtsschreibung liegen in Fortführung früherer Ansätze von L. Kofler und N. Elias durch D. und K. Claessens erste Studien zur kulturgeschichtlichen Bedeutung des K., zur Arbeitsteilung, zur Warenproduktion, zu schichtspezifischen Kulturen und zur der den bürgerlichen Gesellschaften eigenen → *Entfremdung* vor.

In der DDR beschränkte sich die Analyse des K. und seine Kritik zunächst aufgrund der Programmatik eines antifaschistischen, nicht antikapitalistischen Gesellschaftsaufbaus auf die Herausgabe der Hauptwerke älterer Autoren wie K. Marx, F. Engels und W. I. Lenin und politischer Kampfliteratur. In dem Augenblick jedoch, als die ersten größeren Analysen des gegenwärtigen K. in Angriff genommen wurden, war in der Wirtschaftstheorie der DDR die Entscheidung gefallen, Warenproduktion für einen konstitutiven Bestandteil nicht nur der kapitalistischen Ökonomie, sondern auch des → *Sozialismus* zu halten. Wie der Sozialismus auch den Charakter einer selbständigen, lang andauernden Gesellschaftsformation zugemessen erhielt. Damit entfiel aber die entscheidende Kategorie der Analyse und Kritik des K., die der Warenproduktion. Dementsprechend waren die in der Folgezeit erscheinenden Analysen immer ausschließlicher operative Anleitungen für die → *Propaganda* und entbehrten mehr und mehr des ökonomischen Sachgehalts. Zu den Ausnahmen gehören die für den ersten Überblick brauchbaren, wenngleich oft ungenauen und holzschnittartigen Arbeiten von J. Kuczynski über die Geschichte des K. Jede Analyse des K. der Gegenwart, die im Kontext der DDR entsteht, sieht sich vor dem Dilemma, entweder in den Pfaden der Apologetik der eigenen Gesellschaft zu wandeln, dann fehlen ihr die grundlegenden analytischen Instrumente zur Erfassung der Wirklichkeit des gegenwärtigen K., oder an die strengen Ansprüche der Marxschen Theorie anzuknüpfen, dann jedoch muß sie auch zu einer kritischen Analyse der Produktions- und Verteilungsformen in der DDR, der Wirtschaftsbeziehungen innerhalb des *Rates für gegenseitige Wirtschaftshilfe* und des Zusammenhangs der Ökonomie der in ihm zusammengeschlossenen Länder mit dem Weltmarkt fortschreiten. Weil dieser Weg zu einem kritischen Verhältnis zur Ökonomie der DDR zwänge, blieb er bislang mit der Ausnahme weniger Versuche, beispielsweise von P. Lübbe und R. Bahro, unbeschritten.

W. Motzkau-Valeton

Literatur

H. Lethen, Neue Sachlichkeit 1924–1932; Studien zur Literatur des »weißen Sozialismus«, Stuttgart 1970
H. Pross, K. und Demokratie, Frankfurt a. M. 1972
M. Wirth, Kapitalismustheorie in der DDR, Frankfurt a. M. 1972
D. und K. Claessens, K. als Kultur. Entstehung und Grundlagen der bürgerlichen Gesellschaft, Frankfurt a. M. 1979
J. Kromphardt, Konzeptionen und Analysen des K. von seiner Entstehung bis zur Gegenwart, Göttingen 1980

Karikatur

Während man mit *Cartoon* gemeinhin den unverbindlichen Bildwitz bezeichnet, zielt der Begriff K. auf die visuelle → *Satire,* die Kunst der lachenden → *Kritik* von der Selbstironie (→ *Ironie*) bis zur kämpferischen Anklage. Gegenstand der K. ist alles, was der Gesellschaft bzw. ihren Gruppen wichtig und kritikwürdig ist. Wie jede Satire, ist auch die K. parteilich (→ *Parteilichkeit*), verspottet den Gegner, appelliert über das Lachen an Gleichgesinnte und will Indifferente aufmerksam machen. Die K. ist zunächst destruktiv. Doch indem sie das ihrer Meinung nach Negative im Verlachen negiert, setzt sie indirekt ein positives, ein (real-)utopisches Moment voraus und gebraucht es als Norm- und Wertmaßstab. Das Verständnis der K. und damit auch ihre Wirkung hängt somit nicht nur davon ab, ihre zeichnerische und symbolische Verfremdung zu erkennen, sondern auch von der Möglichkeit des Betrachters, die Zielrichtung der Kritik zu erfassen. Durch Presse, Plakat und Buch vermittelt, dominiert die gezeichnete Karikatur. Auch die auf J. Heartfield zurückgehende Photosatire hat an Bedeutung gewonnen, während Karikaturplastik z. B. von A. Ignatius und Karikaturmalerei z. B. von J. Grützke weniger stark vertreten sind.

Nachdem während der nationalsozialistischen Zeit die K. nur als Propagandainstrument für das Regime diente, wird die visuelle Satire nach 1945 ein recht wichtiges Instrument der öffentlichen Meinung. Dabei ist die K. in der Bundesrepublik vorwiegend bestimmt durch die Tradition der (links-)liberalen bürgerlichen K., die im »Simplicissimus« ihre Blüte erlebte. Karikaturisten, die aus Überzeugung oder durch Pression der nationalsozialistischen Propaganda dienten, sind jetzt um eine liberale Neuorientierung bemüht. Die K. der Sowjetischen Besatzungszone und späteren DDR knüpft an die Tradition der klassenkämpferischen Arbeiterkarikatur an, wie sie Ausgang des 19. Jh. entwickelt und in der Arbeiterpresse der Weimarer Republik Bedeutung hatte. Zeichner der Presse der *KPD* setzen ihre Arbeit der 20er Jahre mit gleichem Stil und vergleichbaren Aussagen fort.

Die Schranken für die kritische K., das heißt Zensur und staatstreue Ausrichtung, sind in der Bundesrepublik weitgehend aufgehoben. Die K. ist Selbstverständlichkeit. Tages- und Wochenzeitungen haben in ihren Karikaturisten gewissermaßen ein Markenzeichen, wie zum Beispiel die »Zeit« in P. Flora und L. Murschetz, die »Süddeutsche Zeitung« in E. M. Lang, die »Nürnberger Nachrichten« in H. Haitzinger. Doch ist die K. meist zurückhaltend, eher lauer graphischer Kommentar denn angreifende Satire. So popularisierten die K. K. Adenauers den Kanzler mehr, als sie ihn kritisierten und erinnern an die »huldigenden« K. O. v. Bismarcks des »Kladderadatsch«, der ältesten deutschen satirischen Zeitschrift, die 1848 gegründet worden war. Die Propagandakarikatur in der Phase des *Kalten Krieges* wirkt wenig überzeugend, ist meist antikommunistische Phrase statt analytisch decouvrierende Aussage. Die Auseinandersetzung mit der Vergangenheit oder eine tiefgreifendere Kritik bundesdeutscher Wirklichkeit werden, wie die aggressiven Lithographien A. P. Webers, ins Kunstghetto, fern öffentlicher Wirkung, abgedrängt. W. Schwarz sieht das Dilemma der K. darin, daß sie

keinen Gegenstand mehr habe, die »belanglosen Ärgernisse der Demokratie« machten den spöttischen Kritiker überflüssig (Die politische Karikatur, in: Civis 29/1957). Der Kunsthistoriker W. Hofmann begründet den »Tiefstand der K.« damit, daß sie angesichts der uneingeschränkten Öffentlichkeit nichts mehr zu enthüllen habe, daß ihre Aufgabe durch Photoreporter besser erfüllt werde (Ist die Karikatur am Ende? in: Merkur 10/1953). In ironischer Weise hatte L. Börne die Zensur als wichtigen Motor zur Beförderung eines »guten Stils« bezeichnet. Ist das Übermaß an Freiheit, der fehlende Widerstand die Ursache der entschärften Satire? Andere Stimmen verweisen darauf, daß ein geistiger Neuaufbruch, wie 1848 oder 1919, nach dem Zweiten Weltkrieg ausblieb. Statt Begeisterung, Optimismus und Utopie dominierten Skepsis und Abwarten, kaschiert durch äußerliche Geschäftigkeit.

Die geringe Zahl der bundesdeutschen satirischen Zeitschriften, wie das »Wespennest«, oder der »Insulaner«, vernachlässigen eine eindeutige Haltung, präsentieren intellektuelle Spielereien, bevorzugen Unterhaltung. Auch der 1954 von O. Iffland neugegründete »Simplicissimus« konnte an seine Glanzzeit nicht anknüpfen. 1967 mußte die Zeitschrift aus ökonomischen Gründen eingestellt werden. P. Dittrich sieht den Grund vorwiegend in der politischen Ungebundenheit, in dem Fehlen eines fest umrissenen Kundenstammes Gleichgesinnter (Macht und Ohnmacht der K., in: Politische Studien 181/1968). K. Reumann äußert die Auffassung, daß weniger mangelnde Utopie oder fehlende Angriffsziele, sondern der mangelnde Mut der Verleger, »scharfe K. gegen Interessengruppen zu veröffentlichen«, die Misere der K. verschuldeten (Das antithetische Kampfbild, Diss. Berlin 1966, S. 106). Der Erfolg der 1962 gegründeten Zeitschrift »Pardon« scheint ihm recht zu geben. »Pardon« setzte sich durch, weil neue Aussageformen wie Photographie und → *Comic* mit einem sichtbaren linksliberalen Programm korrespondierten, weil Indifferenz durch deutliche Parteilichkeit ersetzt wurde. Entsprechend geht Mitte der 70er Jahre die Auflage beträchtlich zurück, als sich die politische Linie ändert. »Pardon« bereitet die Renaissance der kämpferischen Satire vor, die Ende der 60er Jahre, im Kontext der *Außerparlamentarischen Opposition* aufblüht. Die K. verliert ihre Verbindlichkeit und wird aggressiv.

Die linke K. provoziert die aggressive K. der Liberalen wie der Rechten. K. ist wieder »satirische Waffe«. Die Angegriffenen reagieren zum Teil überspitzt. Über den Beleidungsparagraphen des *Bürgerlichen Gesetzbuches* wird die Freiheit der Meinung und der Kunst umgangen, indirekte → *Zensur* eingeführt. Spektakuläre Prozesse erregen die Öffentlichkeit, führen bei manchen zu einer »Schere im Kopf«, denn der Karikaturist ist in der

Regel freischaffender Mitarbeiter und auf Tendenz und Richtlinien seiner Auftraggeber festgelegt.

Verglichen mit der komplexen Entwicklung der K. in der Bundesrepublik ist die offizielle Auffassung von K. hinsichtlich ihrer Funktion und Gestaltung in der DDR eher linear. Es »dominiert auch 1980 noch eine Auffassung von politischer K., die in den 50er und 60er Jahren bei der Entlarvung der Gefährlichkeit der Gegner der Arbeiterklasse wirkungsvoll gewesen sein mag« (M. Knuth, Zur Situation unserer K. und Pressezeichnung, in: Bildende Kunst 10/1980, S. 476). In der DDR bestimmt nach 1945 der staatlich verordnete, ideologische Neubeginn die K. Sie wird verstanden als »aufbauende Satire«, die einerseits pathetisch den »positiven Helden« als Vorbild präsentiert und andererseits dem Ziel dient, »die Imperialisten zu entlarven, ihnen und ihren Handlangern die Maske vom Wolfsgesicht zu reißen«, wie P. Nelken, Leiter des »Eulenspiegel«, formuliert (Satire und K. in der Agitation, in: Neuer Weg 9/1958, S. 792). Die ästhetisch-intellektuelle K. (→Ästhetik), die der im Jahr 1945 von H. Sandberg unter Mitarbeit bekannter Künstler aus Ost und West gegründete »Eulenspiegel« bis 1950 vertritt, paßt nicht mehr ins Funktionsbild. Neben die →Parteilichkeit soll die Allgemeinverständlichkeit treten, wie sie die K. der 1946 gegründeten Zeitschrift »Frischer Wind« bieten. Allerdings führt die Verständlichkeit teilweise zur pauschalen Haßkarikatur. Das System und seine Repräsentanten bleiben für den Zeichenstift, von wenigen unkritischen Porträtzeichnungen abgesehen, tabu. Der Kampf der K. zielt gegen das westliche kapitalistische System, vornehmlich gegen die Bundesrepublik. Es darf nicht übersehen werden, daß diese offiziell bestimmte Ausrichtung der K. keinesfalls den Beifall aller Karikaturisten fand. Im Unterschied zur Auffassung altkommunistischer Karikaturisten wie A. Beier-Red gab die Neudiskussion um Funktion und Qualität der Satire in der UdSSR im satirischen Schwesternblatt »Krokodil« auch in der DDR Anlaß, einen Kampf für das Lachen, gegen das Pathos des positiven Helden, gegen die Dominanz der antithetischen Kampfbilder zu führen. Mit Lachen, dem Zeichen der Überlegenheit, auch »innere Kritik« zu üben, der Schönfärberei den Kampf anzusagen, wird nach dem Tode J. W. Stalins zum Postulat erhoben. Aber es geht um »solidarische Kritik«, keinesfalls um eine grundsätzliche Systemkritik. Doch auch so sind die Grenzen der satirischen Selbstkritik eng gezogen, wie zahlreiche direkte staatliche Eingriffe zeigen. Vereinzelt werden Ausgaben der satirischen Zeitschrift »Eulenspiegel«, so heißt programmatisch der »Frische Wind« seit 1953, eingezogen, ihre unliebsamen Zeichner werden in andere Aufgabenbereiche versetzt, Chefredakteur Heynowski wie auch sein Nachfolger Schmidt aufgrund zu offener Kritik entlassen. »Innere Kritik« definiert sich für

die *SED* vornehmlich als Kritik an Individuen, an »Überbleibseln« der alten Gesellschaftsordnung, an Faulenzern und Spießbürgern. Das Problem der Typisierung soll dabei durch konkrete, oft namentliche Bezugnahme überwunden werden. Ansätze einer Liberalisierung nach dem Ende der Stalinära und in den 60er Jahren werden immer wieder zurückgedrängt, wenn die Parteiführung um ihre Position bangt.

Die Gefahr der Verkümmerung wird durchaus erkannt, wie nicht zuletzt die Diskussionen um die Erneuerung der K. erkennen lassen (Karikaturisten über K., in: Bildende Kunst 3/1966, 8/1967). »Kritik tötet nicht – sie bessert« lautet das Motto der Karikaturausstellung »Karigrafie« 1977. Die Schwierigkeiten einer Erneuerung, zu deren Protagonisten eine neue Generation gehört, auf Seiten der Karikaturisten K. Vonderwerth, auf Seiten der Theoretiker M. Knuth, zeigen sich jedoch in der Praxis der K. Die K. der Presse, prämiierte K. beispielsweise des Wettbewerbs der *Sektion Karikaturisten/Pressezeichner* 1978, bleiben der unverrückbaren Position der Partei verpflichtet. Sie folgen meist den altbekannten inhaltlichen und künstlerischen Schemata.

Sieht man in der selbstkritischen, offenen K. das Zeichen innerer Sicherheit, Stabilität und die Bereitschaft zur positiven Weiterentwicklung, so gibt sich auch heute im Vergleich der K. die Bundesrepublik gefestigter und selbstbewußter als die DDR. Dabei ist in beiden deutschen Staaten das Interesse an der K. gewachsen. Das zeigt sich auch in einer Fülle von Sammelbänden historischer und aktueller K. Ausstellungen in Ost und West, Neugründungen satirischer Zeitschriften in der Bundesrepublik wie »Titanic« oder »Simplex« spiegeln die Bedeutung der K. ebenso wider wie zahlreiche wissenschaftliche Werke zu Geschichte und Theorie der K. Auch die Möglichkeiten des Einsatzes der K. im Unterricht wird in beiden deutschen Staaten systematisch erarbeitet.

Dennoch ist das Verständnis für die visuelle Satire kein Allgemeingut. Einerseits scheinen Politiker die K. zu fürchten. Die systemkritische K. bleibt in der DDR weiterhin verboten. Bundesdeutsche Politiker dokumentieren mit Überreaktionen, so in zahlreichen Prozessen, die gegen K. Staeck wegen seiner satirischen Photomontagen von Politikern der *CDU* und *CSU* angestrengt wurden, ihr Unverständnis für die Spezifik der Satire. Dabei übersehen sie, daß gerade spektakuläre Prozesse die K. und ihre Aussage in Popularität und Wirkung steigern. Andererseits beklagen Wissenschaftler und Karikaturisten in beiden deutschen Staaten die ungenügende Rezeptionsfähigkeit des Publikums. So spiegeln Leserbriefe, die auf Porträtkarikaturen des Franzosen J. Mulatier von H. Schmidt, F. J. Strauß, H. Kohl, H.-D. Genscher, K. Carstens, L. Breschnew und anderen in den Magazinen »Der Spiegel« und »Stern« mit heftiger Ablehnung rea-

303

Kind

gierten, eine mangelhafte Sensibilität für den satirischen Charakter der Aussage. Wie der überraschend große Erfolg der deutschen Version der Zeitschrift »MAD« mit ihren auf ein amerikanisches Publikum zugeschnittenen Gags, der hohe Anteil von intellektuell spielerischen »Blödelwitzen« in »Pardon« und »Titanic«, die Dominanz von *Cartoons* im »Eulenspiegel« der DDR, aber auch der große Stellenwert der K. in der → *Werbung* dokumentieren, hat sich die K. zwar äußerlich behauptet, doch ihre satirisch-kritische Aussage erreicht nur bedingt ihr Publikum. Ihre Wirkung ist bislang geringer, als ihr die Gegner nachsagen.

D. Grünewald

Literatur

W. Hofmann, Die K. von Leonardo bis Picasso, Wien 1956
Th. Fecht (Hrsg.), Politische K. in der BRD und Westberlin, Reinbek 1974
G. Piltz, Geschichte der europäischen K., Berlin (Ost) 1976
Katalog: Bizarr. Grotesk. Monströs. K. der Zeitgenossen, Kestner-Gesellschaft, Hannover 1978
K. Herding, G. Otto (Hrsg.), »Nervöse Auffangorgane des inneren und äußeren Lebens«, K., Gießen 1980

Kind

I. Kindliche Entwicklung – II. Begriff und Gegenstand der Kinderkultur – III. Verlust der Kindheit? – IV. Frühe Integration in staatliche Organisationen der DDR – V. Medienalltag und kommerzielle Kinderkultur – VI. Kindheit und Generationenverhältnis

I. Kindliche Entwicklung

In beiden deutschen Staaten genießen K. besonderen rechtlichen Schutz und Förderung. Kindheit umfaßt dabei, zumindest in rechtlicher und organisatorischer Hinsicht, übereinstimmend die Altersphase bis zum vierzehnten Lebensjahr. Die medizinische Anthropologie und Psychologie haben allerdings seit langem auf die Beschleunigung der kindlichen Entwicklung während der letzten einhundert Jahre hingewiesen. Die Altersgrenze für die Kindheit liegt heute infolge der Akzeleration, das heißt der Vorverlagerung der Entwicklung und Reifung, beim elften bis zwölften Lebensjahr. Demgegenüber wurde der Abschluß der Pflichtschulzeit in beiden deutschen Staaten bis zum sechzehnten Lebensjahr verlängert, und die Schülerfrequenzen auf den weiterführenden und den berufsbildenden Schulen und den Hochschulen wurden erheblich gesteigert. Diese Diskrepanzen lassen zunehmend

Probleme der frühzeitigen → *Sexualität*, der Kinderschwangerschaft, des Drogenmißbrauchs und der Kinderkriminalität hervortreten, die bislang in beiden deutschen Staaten nicht ausreichend beachtet und für die noch keine angemessenen Maßnahmen der Vorbeugung, Behandlung und Ahndung gefunden wurden.

Die Unterteilung in frühe Kindheit, Kindergartenalter und Schulkindalter bezieht sich in erster Linie auf die außerfamilialen Instanzen, die ab dem dritten Lebensjahr zunehmend neben der → *Familie* an Bedeutung gewinnen. In der DDR lernen bereits zwei Drittel aller K. bis zu drei Jahren die Kinderkrippe kennen. Dementsprechend werden dort die Rolle der Familie und speziell die Mutter-Kind-Beziehung in der frühen Kindheit nicht in gleicher Weise diskutiert und akzentuiert wie in der Bundesrepublik. Statt dessen werden die positiven kompensatorischen Einflüsse besonders der Kindergärten, Schulen und der Kinderorganisation hervorgehoben. Immerhin besuchen inzwischen in beiden deutschen Staaten die meisten K. im Alter von drei bis sechs Jahren einen Kindergarten. Schon 1904 hat W. Stern eine umfassende Analyse der kindlichen Entwicklung vorgelegt. Seither haben zahlreiche entwicklungspsychologische Untersuchungen (H. Nickel, Entwicklungspsychologie des Kindes- und Jugendalters, Bd. 1 und 2, Bern, Stuttgart 1972, 1975; J. Piaget, Das Weltbild des K., Stuttgart 1978) übereinstimmend altersspezifische Besonderheiten bei K. nachgewiesen, die sowohl die motorische und sensorische wie die soziale, sprachliche und kognitive Entwicklung und die moralische Urteilsfähigkeit betreffen.

Altersbedingte Unterschiede erfordern eine angemessene Beachtung durch die Erwachsenen, emotionale Zuwendung und die pädagogische Betreuung von K. (→ *Erziehung*). Diese Erkenntnisse fanden seit der Reformpädagogik der 20er Jahre zunehmend Eingang in Kindergärten, Schulen und Kinderorganisationen. Die kritischen pädagogischen Ansätze der 70er Jahre, die zum Beispiel in Kinderläden und Alternativschulen (→ *Alternativkultur*) praktiziert wurden, sowie die Curriculum- und Didaktik-Diskussionen ignorierten die entwicklungspsychologischen Befunde dagegen weithin. Ebenso blieben die Ergebnisse der Erziehungsstilforschung (vgl. Auswirkungen elterlicher Erziehungsstile, hrsg. von H. Lukesch, Göttingen 1975) unberücksichtigt, denen zufolge ein »antiautoritärer« Interaktionsstil, der ein *Laissez-faire*, ein Gewährenlassen, einschließt, der zu negativen Auswirkungen führt, etwa zu erhöhter Aggressivität und mangelnder Anpassungsfähigkeit in der Gruppe. In völligem Gegensatz dazu wird in der DDR, besonders in der Schule, ein »demokratisch-zentralistischer« Erziehungsstil propagiert, der von den Schülern hohe → *Leistung*, Disziplin und Kollektivität verlangt. Dabei hat sich die Pädagogik der DDR teilweise auf

304

die klassischen Befunde der Entwicklungspsychologie gestützt, ohne jedoch den K. einen entsprechenden Sonderstatus zuzumessen.

In beiden deutschen Staaten gibt es außerhalb von Familie und Schule spezifische Freizeitangebote für Schulkinder im sportlichen, musischen und kulturellen Bereich. Im Lebensalter der Schulkinder spielen die Gruppen der gleichaltrigen Freunde eine zunehmend wichtige Rolle. Was in der Bundesrepublik durch eine Vielfalt zur Wahl stehender Organisationen und Programme abgedeckt wird, hat in der DDR die einzige für K. zugelassene Pionierorganisation Ernst Thälmann zu leisten, in der alle K. vom sechsten bis zum vierzehnten Lebensjahr erfaßt sind. Im Mittelpunkt steht, schon im Kindergarten beginnend, die politische Indoktrination, das frühzeitige Einüben von Pflichten, die konsequente Vorbereitung auf den Erwachsenenstatus, allerdings in den kindgemäßen Formen von Rollenspielen, Wettkampf- und Geländespielen, von Malen und Zeichnen sowie von Laientheater.

K. werden in beiden deutschen Staaten unter bevölkerungspolitischem Aspekt wichtig genommen. Versuche, das generative Verhalten zu steuern und die Geburtenraten auf dem Weg gezielter familienpolitischer Sanktionen und der Aufwertung von Familien mit mehreren K. zu erhöhen, werden vornehmlich in der DDR unternommen. Die Kinderzahl ist jedoch in allen hochindustrialisierten Gesellschaften rückgängig, wobei die Bundesrepublik und die DDR am unteren Ende der Skala liegen. Wenn in der Bundesrepublik die Tendenz zu ein bis zwei K. pro Familie gelegentlich mit dem pauschalen Etikett der »Kinderfeindlichkeit« bewertet wird, so trifft das die Realität ebensowenig wie die propagandistischen Bemühungen in der DDR, von sich das durchweg positive Bild einer kinderfreundlichen Gesellschaft zu zeichnen. Die in der Bundesrepublik immer häufiger vernehmbaren Forderungen nach einer besonderen Rücksichtnahme der Erwachsenen gegenüber den K., insbesondere im Straßenverkehr und beim Konsum, und vor allem die Forderung nach kindgemäßen Wohnungen und Spielmöglichkeiten zeugen weniger von einem tatsächlich feststellbaren Mangel, als von einer zunehmenden Sensibilisierung gegenüber kindlichen Bedürfnissen. Ein Vergleich ergibt, daß sich die Entwicklungen der K. in beiden Staaten trotz teilweise unterschiedlicher Lebensbedingungen nicht wesentlich voneinander unterscheiden. Dabei läßt sich nicht pauschal behaupten, wo sich K. in der besseren Situation befinden. Wer ein liberales Konzept der kindlichen Entwicklung und Sozialisation für angemessen hält, wird die Situation der K. in der Bundesrepublik als günstiger einschätzen. Wer eine Spaltung der Persönlichkeit in eine »offiziell geforderte« und eine »praktisch verwirklichte« schon im Kindesalter befürchtet, wird der Pädagogik in der DDR sehr skeptisch

gegenüberstehen. Tröstlich mag sein, daß in beiden deutschen Staaten die K. nur teilweise die Erwartungen ihrer Eltern und des Staates erfüllen (B. Hille, 1980, S. 124).

II. Begriff und Gegenstand der Kinderkultur

Neuartige, für vergangene Kindheitsformationen weniger bedeutsame und das Generationengefälle relativierende Momente von Kindheit grenzt der Begriff der Kinderkultur ein. In der Auseinandersetzung um Kindheit hat dieser Begriff keine Tradition. Als Aufsatztitel wird er zum ersten Mal 1973 in einer Arbeit über die Spielumwelt und die Funktion verschiedener Spiel- und Unterhaltungsmedien im Kinderalltag verwendet (Hoffmanns-Comic-Theater, Kinderkultur, in: Kursbuch 34, Berlin (West) 1973). Sowohl in diesem Beitrag als auch in einigen späteren Publikationen, wie »Kindermedien« (in: Ästhetik und Kommunikation, H. 27, 1977), wird der Ausdruck als Synonym für die Begriffe kommerzieller Kinderkultur, Kindermassenkultur und Unterhaltungsmedien für K. verwendet. Die erste umfassende Monographie beschreibt und analysiert ebenfalls die kommerzielle Kinderkultur »als ein die kindliche Sozialisation bestimmendes Programm« (K.-D. Lenzen, Kinderkultur – die sanfte Anpassung, Frankfurt a. M. 1978). Der Begriff der Kinderkultur hat in den erwähnten Studien, ohne daß dieses Moment besonders reflektiert wird, die Funktion, eine historisch neue Qualität des massenmedialen Angebots für K., nicht zuletzt als Medienverbundsystem, kenntlich zu machen. Dieser Aspekt ist auch integraler Bestandteil des Sammelbandes »Kritische Stichwörter zur Kinderkultur« (vgl. K. W. Bauer, H. Haupt (Hrsg.), 1979). Darüber hinaus wird aber in diesem Band der Rahmen dessen abgesteckt, was Kinderkultur als übergreifende Kategorie umfaßt. Kinderkultur wird nicht auf die Erscheinungsformen der Kindermassenkultur reduziert. Der Stichwortkatalog macht deutlich, daß der Kinderkultur nicht nur die speziell für K. hergestellten Medien und Konsumartikel, sondern alle von K. frequentierten Medienangebote zuzurechnen sind und daß darunter alle für den Kinderalltag zentralen Bezugsgruppen und Instanzen, die Institutionen formeller sozialer Kontrolle und deren produktiven Fähigkeiten von K. und deren mannigfache Objektivationen zu verstehen sind. In vergleichbarer Weise, nämlich als Lebenswelt von K. in einer bestimmten Gesellschaft, greift auch D. Baacke den Begriff in seinem Aufsatz »Kinderkultur, Pädagogik und Ästhetik« (in: Westermanns Pädagogische Beiträge, 31. Jg., 1979, H. 6) auf. Ein entsprechendes Gegenstandsrepertoire wird in der Studie »K. in der Bundesrepublik« von L. Doormann (Köln 1979) verhandelt. Kinderkultur wird hier als besonderer Sektor, als Medienkultur, angesprochen.

III. Verlust der Kindheit?

Wichtige Instanzen der Kindererziehung wie Familie, Kindergarten, Schule, Lern- und Spielmaterialien waren in der Bundesrepublik seit den 50er Jahren Gegenstand psychologischer und soziologischer Forschung, der Bildungsforschung, der Familiensoziologie, der allgemeinen Pädagogik, der Medien-, der Literatur- und Spielpädagogik. Zu zentralen Themen der Sozialisationsforschung avancierten die Erschließung von Begabungsreserven und die Herstellung von Chancengleichheit im Ausbildungssektor für Schulkinder aus unterprivilegierten Schichten. Untersuchungen mit sehr unterschiedlichen Ergebnissen führten zu Beginn der 70er Jahre zur Einrichtung verschiedener kompensatorischer und emanzipatorischer Programme, lösten einen regelrechten Vorschulboom aus, beeinflußten das Fernseh- und Medienangebot für K. und trugen zur Veränderung traditioneller sozialpädagogischer Kindereinrichtungen sowie zur Entstehung von Alternativen zu den herkömmlichen Kindergärten bei. Ein Resultat waren die Kinderläden mit ihren unterschiedlichen Zielsetzungen. Alle diese Initiativen haben die pädagogische und soziologische Forschung in der Bundesrepublik in Bewegung gebracht. Ihnen ist bei allen wichtigen Differenzen gemeinsam, daß sie am allgemeinen Verständnis von Kindheit, als einem Lebensabschnitt in einer mit Spielzeug und anderen kindgerechten Materialien gefüllten Erziehungswelt mit kindspezifischem Lebensrhythmus, nicht ernsthaft rüttelten.

Erziehungswissenschaftler, Soziologen, Literatur- und Medienforscher entdeckten Mitte der 70er Jahre, daß nicht erst die Jugendlichen, sondern schon die K. im Vorschulalter am Wandel der Gesellschaft teilhaben, daß sie K. ihrer Zeit und ihrer → *Umwelt* sind. Besonders seit dem internationalen *Jahr des Kindes* (1979) wird das Phänomen Kindheit in der Bundesrepublik bevorzugt thematisiert. Die Beziehungen zwischen K. und Erwachsenen, das pädagogisch definierte Verhältnis der Generationen, werden überdacht und einer grundlegenden Revision unterzogen. Psychoanalytiker und Sozialwissenschaftler verstehen die Heranwachsenden als Vertreter eines neuen Sozialisationstyps, (wie Th. Ziehe, Pubertät und Narzißmus, Frankfurt a. M. 1975, oder H.-G. Trescher, Sozialisation und beschädigte Subjektivität, Frankfurt a. M. 1979) Entscheidende Anstöße für eine erneute Reflexion der Beziehungen zwischen K. und Erwachsenen finden sich unter anderem bei Ph. Ariès (Geschichte der Kindheit, München 1978). Ph. Ariès begreift, wie N. Elias, dessen sozio- und psychogenetische Untersuchungen »Über den Prozeß der Zivilisation« 1976 neu aufgelegt wurden und seitdem eine kaum vorhersehbare Renaissance erfahren, die Geschichte der Kindheit als einen Vorgang, der K. und Erwachsene, die in vorzivilisatorischen, vorbürgerlichen Zeiten in näherer sinnlicher Gemeinschaft lebten, immer mehr voneinander entfernt. Im Mittelalter und in der frühen Neuzeit verrichteten danach K. und Erwachsene dieselben Arbeiten, trugen die gleiche Art Kleidung, sahen und hörten vermutlich dieselben Dinge, gab es für K. keinen von der Erwachsenenwelt abgegrenzten Lebensbereich. Als vorzivilisatorisch wird bei N. Elias, und sinngemäß bei Ph. Ariès, der gesellschaftliche Zustand bezeichnet, in dem »Manierenschriften« und »pädagogische Literatur« noch fehlten oder aber keinen Einfluß auf die Beziehungen zwischen Erwachsenen und K. hatten. Historische Befunde in dieser Interpretation stellen die Grundlagen der Kindererziehung, auch das Kinderspiel und das Kinderspielzeug in Frage (vgl. D. Elschenbroich, K. werden nicht geboren. Studien zur Entstehung der Kindheit, Frankfurt a. M. 1977). Die Tendenz ist hier zivilisationskritisch, weil unterstellt wird, es sei den K. vor der »Einführung« der Kindheit besser gegangen. Die Kritik gilt der Schranke, welche die Erziehung zwischen den Generationen aufgebaut hat. So unternimmt K. Rutschky (Schwarze Pädagogik, Berlin (West) 1977) den bewußt tendenziösen Versuch, durch eine Zusammenstellung von Schriften aller großen Pädagogen zu zeigen, daß eine Hauptfunktion der Pädagogik immer darin bestanden hat, naturwüchsige Lern- und Aneignungsprozesse zu zerstören, und daß diese Funktion in der gegenwärtigen Verwissenschaftlichung der Erziehung gipfelt. Andererseits ist aber den Vertretern der zivilisationskritischen Richtung entgegenzuhalten, daß sie die Ambivalenz der Geschichte der K. außer acht lassen. Daß K. durch den Verlust der unmittelbaren Gemeinschaft mit den Erwachsenen in ihren Lern- und Ausdrucksmöglichkeiten angeblich beschnitten werden, ist die eine Seite, daß auf diese Weise gleichzeitig ihrem von den Erwachsenen zu unterscheidendem Lebensrhythmus durch das Verbot der Kinderarbeit in Deutschland um die Jahrhundertwende entsprochen wurde, ist die andere.

Der antipädagogische Ansatz, der in der Bundesrepublik vor allem von E. v. Braunmühl in seiner »Antipädagogik. Abschaffung der Erziehung« (Weinheim, Basel 1975) vertreten wird, fordert mit der Abschaffung jeder Art von Erziehung eine Gleichberechtigung des K. Kindheit ist im Verständnis dieses und anderer Autoren in der Bundesrepublik fragwürdig geworden. Die radikalen Forderungen machen nicht bei den offiziellen Erziehungsinstitutionen halt. Zur Alternativschulbewegung und Entschulungsdebatte tritt die unter anderem von J. Thomas vertretene Forderung nach dem Abriß scheinbar kinderfreundlicher Ghettos (Plädoyer für die Abschaffung des Kinderspielplatzes, in: deutsche jugend, 27. Jg., 1979, H. 2). Den Kinderalltag in der Bundesrepublik beeinflußt die Auseinandersetzung sehr vermittelt. Die weitreichende

Verunsicherung der Erwachsenengeneration führte zu einer Inflation von Erziehungsratgebern. Allein 1978 wurden etwa 10 000 Buchtitel gehandelt. Von konservativer Seite wurde angesichts der offensichtlichen Unsicherheiten bei Eltern und Lehrern »Mut zur Erziehung« propagiert.

IV. Frühe Integration in staatliche Organisationen der DDR

Die Lebenswelt von K. in der nach zentralistischen Prinzipien organisierten Gesellschaft der DDR ist von einigen grundlegend andersartigen Faktoren bestimmt. Generell gehen Staats- und Parteiführung davon aus, daß als – nicht nur kulturpolitische – Leitvorstellungen die Herausbildung der »allseitig entwickelten sozialistischen →*Persönlichkeit*« und die »Förderung der sozialistischen Lebensweise« zu gelten haben. Um dies zu erreichen, kommt der gesellschaftlichen Planung, Organisation und Kontrolle auch der kindlichen Lebenswelt herausragende Bedeutung zu. Dies zeigt sich vor allem an der gesellschaftlichen Bedeutung der *Pionierorganisation Ernst Thälmann,* die der *Freien Deutschen Jugend* vorangestellt ist. Wie stark der Kinderalltag von ihrer politischen Funktion bestimmt ist, illustriert eine zum *Internationalen Jahr des Kindes* publizierte Sammlung kurzer Aufsätze von elf- und zwölfjährigen K. mit dem Titel »Um 6 Uhr steh ich auf« (Reinbek 1980). Auffällig ist das Maß an täglichen Pflichten und gesellschaftlich-politischen Aufgaben, die die K. von frühauf zu bewältigen haben. So schreibt ein zwölfjähriges Mädchen: »Nach der Schule habe ich meistens abzuwaschen oder den Mülleimer runterzubringen. Manchmal mache ich das gar nicht gern. Wenn das erledigt ist und ich keine Pionierveranstaltung habe, sehe ich fern oder spiele Schule. Wichtig ist für mich die Pionierarbeit, denn ich brauche sie später für meinen Beruf, ich will Lehrerin werden« (a. a. O., S. 14). Fast alle Schüler im Alter von sechs bis vierzehn Jahren sind Mitglied der *Pionierorganisation Ernst Thälmann,* in der viele offizielle Ämter wie »Freundschafts- oder Gruppenrats-Vorsitzender«, »Kultur- und Sportverantwortlicher« oder »Agitator« übernehmen. Die Pionierorganisation unterhält in allen Bezirksstädten des Landes zentrale Pionierhäuser, in denen während des ganzen Jahres Kurse und Arbeitsgemeinschaften, aber auch Einzelveranstaltungen musisch-kultureller, naturwissenschaftlicher, politischer und sportlicher Art angeboten werden. Das *Jugendgesetz* von 1974 formuliert als Grundsätze, »alle jungen Menschen zu Staatsbürgern zu erziehen, die den Ideen des Sozialismus treu ergeben sind, als Patrioten und Internationalisten denken und handeln, den Sozialismus stärken und gegen alle Feinde zuverlässig schützen« (Art. 1 Abs. 1). Diese Grundsätze bestimmen auch die Programme

der Kinderorganisation. Dazu kommt ein ausgeprägtes Leistungsprinzip, das sich in zahlreichen »sozialistischen Wettbewerben« und Leistungsschauen zeigt, wie bei der *Messe der Meister von morgen,* dem Wettbewerb *Junger Talente,* den *Kinder- und Jugendspartakiaden,* dem Sportabzeichen *Bereit zur Arbeit und zur Verteidigung der Heimat,* und das durch staatliche Auszeichnungen belohnt wird. Von den Grundsätzen her ist es plausibel, daß neben der gesellschaftspolitischen Schulung auch eine vormilitärische Ausbildung von frühauf durchgeführt wird. Neben der Schule geschieht dies in den *Clubs der jungen Freunde der Soldaten* als Wehrkunde, vor allem aber in den wehrsportlichen und »touristischen« Veranstaltungen der *Gesellschaft für Sport und Technik.* So wird als Spielanregung für K. die Abbildung einer Manöverstrecke mit Stationen wie »Exerzieren, Überwinden eines Hindernisses, Keulenzielwurf, Mutsprung, Luftgewehrschießen, Erste Hilfe« unter der Maxime vorgegeben: »Mit Manövern, Geländespielen und touristischen Übungen eifern Pioniere den Armeeangehörigen nach« (in: Trommel, 34. Jg., 1981, H. 1). Inwieweit damit ein einheitlich normiertes, gar militaristisches kindliches Staats- und Gesellschaftsbewußtsein geweckt wird, bleibt offen. Dagegen sprechen unter anderem die immer wieder auf pädagogischen Kongressen und sogar auf Parteitagen erhobenen Forderungen nach einer notwendigen Verbesserung der staatsbürgerlichen Bildung (vgl. K. Jensen, J.-U. Rogge, Nachrichten- und Informationssendungen für K. im Fernsehen der DDR, in: Fernsehen und Bildung, H. 1/2, 1979). Ergebnisse der Jugendforschung liefern hierfür weitere Belege (→*Jugend*).

V. Medienalltag und kommerzielle Kinderkultur

Mehr als die offiziellen Erziehungsinstanzen stehen in der Bundesrepublik die Waren der Massenkultur im Verdacht, K. zu verdummen und lebensuntüchtig zu machen. Etwa seit Beginn der 70er Jahre werden vor allem die Kinderliteratur und das expandierende Fernsehen differenzierter betrachtet und nicht mehr ausschließlich an pädagogischen Standards gemessen. Die Neuorientierung impliziert sowohl eine Erweiterung des Gegenstandsbereichs auf nahezu alle Unterhaltungsmedien als auch eine bemerkenswerte Ablösung inhalts- und medienfixierter Analysen durch Verfahren, die sich an den Bedürfnissen und den Verwendungsweisen orientieren. Der Perspektivenwechsel muß vor allem als Reaktion auf einen beispiellosen Ausbau der Medienkommunikation, insbesondere des Kindermediensektors, begriffen werden. Die multimediale Aufbereitung von Fernsehstoffen für K. in der zweiten Hälfte der 70er Jahre stellt eine neue Qualität von »Fernsehkindheit« (H. v. Hentig) her, die jeder spürt, der mit K. arbeitet. Dennoch läßt sie sich nicht eindeutig bestimmen. Auf der einen Seite wird argumentiert, das Medienverbundsystem besetze nicht nur sämtliche Sinne der Kinder mit Ausbruchsphantasien, sondern reduziere auch ihre Spielaktivitäten und inszeniere in bisher nie gekanntem Maß Kindheit. Auf der anderen Seite wird betont, daß die extreme Ausweitung des Mediensystems und die Tatsache, daß es in allen Erscheinungsformen für K. erreichbar ist und von ihnen genutzt wird, auch zur Abschaffung der Kindheit beitragen. Sicher ist, daß die Mediatisierung der Erfahrung den Status Kindheit in der Bundesrepublik entscheidend beeinflußt, daß sie weitaus wirksamer, weil im einzelnen unkontrollierbar, als kindheitskritische Erwachsenenlobbies an der Entwertung von Erziehung beteiligt ist. Es ist anzunehmen, daß die K., die in eine elektronisierte und mediatisierte Welt hineingeboren werden, zu der sie keine Alternative kennen, Erfahrungen machen, die die Vertreter der Elterngeneration so nicht gemacht haben und für deren langfristige Wirkungen ihnen auch die Beurteilungskriterien fehlen. In der praktischen Arbeit mit K., insbesondere in außerschulischen Instanzen, wird deutlich, daß die heutigen K. nicht einfach kulturelle Defizite aufweisen, sondern eine andere Kultur repräsentieren. Sie werden zunehmend mehr als Kultursubjekte anerkannt. Kinderkultur erhält eine neue Dimension, weil sie als Korrektiv zur Erwachsenenkultur erfahren oder doch als weitgehend unerschlossenes und nur im Dialog zwischen den Generationen erfahrbares Land entdeckt wird.

Wie in der Bundesrepublik, so sind auch in der DDR Künstler, Kulturinstitute und Massenmedien an der allerdings planmäßigen Erziehung von K. und Jugendlichen beteiligt. Schon 1946 wurde damit begonnen, nach sowjetischem Vorbild eigenständige Kinder- und Jugendtheater einzurichten, die für drei Altersstufen verschiedene Programme, vor allem Märchenbearbeitungen, historische Stoffe, Gegenwartsstücke und Klassiker anbieten und dabei von festangestellten pädagogischen Teams betreut werden. Hierzu kommen zahlreiche Pioniertheater, in denen K. und Jugendliche selbst als Akteure auftreten. Theaterproduktionen, Kinderfilme und vor allem das große Angebot der Kinderbücher genießen aufgrund ihrer künstlerischen Standards auch international Ansehen, was jedoch bei anderen Inhalten ebenso in der Bundesrepublik der Fall ist. Beliebtestes Medium innerhalb der nichtorganisierten →Freizeit ist, ähnlich wie in der Bundesrepublik, das →Fernsehen. Dazu kommen die Kinderhörspiele und die Musikprogramme des →Hörfunks. Aufgrund der Dichte der von Schule und Kinderorganisationen bereitgestellten Freizeitangebote läßt sich aber vermuten, daß dem Fernsehen innerhalb des gesamten Medien- und Aktivitäten-

verbunds von K. in der DDR zumindest zeitlich nicht die herausragende Bedeutung zukommt wie in der Bundesrepublik. Außer quantitativen Erhebungen zum durchschnittlichen Fernsehzeitaufwand und Diskussionen um die Verbesserung des Programmangebotes gibt es keine veröffentlichten Untersuchungen zum tatsächlichen Gebrauch, den K. vom Fernsehen machen oder zu ihren inhaltlichen Präferenzen.

VI. Kindheit und Generationenverhältnis

K., so scheinen es die offiziellen Publikationen nahezulegen, werden in ihrer gesellschaftlichen Bedeutung in der DDR wesentlich früher in die Pflicht genommen als in der Bundesrepublik. Das bedeutet jedoch nicht, daß K. als eigenständige Subjekte angesehen würden, mit denen ein Dialog zwischen den Generationen ernsthaft zu führen wäre. Kindheit wird zwar nicht als ein vom Erwachsenenleben abgetrennter Schonraum begriffen, doch kann die gesellschaftliche Verantwortung, die K. von frühauf zugemessen wird, nicht darüber hinwegtäuschen, daß das Verhältnis zwischen den Generationen auf allen Ebenen vom Primat der Erziehung bestimmt ist. Kindheit in der DDR ist nicht zuletzt wegen ihrer gesellschaftlichen Organisation in weit höherem Maß »pädagogische Kindheit« (H. v. Hentig), als dies in der Bundesrepublik der Fall ist. Kindheit erscheint in der DDR nicht einfach als integraler Bestandteil der Gesamtgesellschaft, sondern eher als ein verkleinertes Abbild des gesellschaftlichen und beruflichen Lebens der Erwachsenen.

Das in der Kultur von hochindustrialisierten Gesellschaften auftretende Problem des Zerfalls traditionsvermittelter, kollektiv-verbindlicher Sinn- und Handlungsorientierungen, von dem nicht zuletzt auch das Generationenverhältnis betroffen ist, hat in der pluralistischen Bundesrepublik zu einer kontroversen Diskussion um Kindheit und Erziehung geführt. Das traditionelle Sozialisationsverständnis von der orientierenden Weitergabe der Erwachsenenerfahrungen an die K. ist vor allem angesichts der Einflüsse der kommerziellen Kinderkultur und ihres Medienverbunds mehr und mehr erschüttert worden. In der DDR versucht man den Zerfallsprozeß durch die planmäßige Propagierung einer neuen Traditionsbildung der »sozialistischen Gesellschaft« vor allem über das Leitbild der »sozialistischen Persönlichkeit« aufzuhalten.

B. Hille (I), K. W. Bauer, H. Hengst (II–VI)

Literatur
E. Schmidt-Kolmer, Zum Einfluß von Familie und Krippe auf die Entwicklung von K. in der frühen Kindheit, Berlin (Ost) 1977
K. W. Bauer, H. Hengst (Hrsg.), Kritische Stichwörter zur Kinderkultur, München 1979
Die Situation der K. in der Bundesrepublik Deutschland, hrsg. vom Statistischen Bundesamt Wiesbaden, Stuttgart, Mainz 1979
I. Weber-Kellermann, Die Kindheit. Eine Kultur- und Sozialgeschichte über Kleidung und Wohnen, Arbeit und Spiel, Frankfurt a. M. 1979
B. Hille, Kindergesellschaft? Wie unsere K. aufwachsen, Köln 1980
H. Hengst, M. Köhler, B. Riedmüller, M. M. Warmbach, Kindheit als Fiktion, Frankfurt a. M. 1981

Kino

Mit dem Begriff des K. sind hier nicht nur die Lichtspieltheater im engeren Sinn, sondern auch die verschiedenen Institutionen gemeint, die das administrative, ökonomische und politische Gerüst der Kinematographie ausmachen.

Das Filmwesen in der Bundesrepublik wurde seit den 50er Jahren von einem ständigen Besucherrückgang als Folge der Fernsehkonkurrenz *(→ Fernsehen, → Film)* betroffen, der auch die Produktion stark in Mitleidenschaft zog und zu einem großen Rückgang in der Zahl der Filmtheater führte. Gingen 1956 noch rund 818 Mio. Besucher in die Lichtspielhäuser, so waren es 1976 noch ganze 115 Mio., und gab es 1959 noch 7085 ortsfeste Filmtheater, so ging ihre Zahl bis 1976 um mehr als die Hälfte auf 3029 zurück. In neuerer Zeit sind die Zahlen wieder leicht angestiegen. 1979 wurden 142 Mio. Filmbesucher verzeichnet, 1980 143,5 Mio., und die Zahl der K. stieg 1980 auf 3422. Bei den Filmtheatern ist diese Zunahme allerdings auf die Aufteilung ehemals großer Säle in mehrere kleine K. zurückzuführen, was für die Zuschauer zumeist mit unbequemeren Sitzen, einer kleinen Leinwand und fast immer mit einer Verschlechterung der Vorführqualität verbunden ist.

Eine Erneuerungsbewegung im Bereich der Kinokultur gibt es seit 1970 durch die Einrichtung *Kommunaler Kinos.* Diese stellen einen neuartigen Typus nichtgewerblicher Spielstellen dar, der entweder von einer Stadt oder Gemeinde oder von einem privaten Verein getragen wird; sie bemühen sich um die Durchsetzung eines »alternativen« Programmkonzepts, indem in kinolos gewordenen Gemeinden wieder K. mit einem kulturell ausgerichteten Programm eingerichtet oder in größeren Städten K. gegründet werden, die die Funktion von Kommunikationszentren mit übernehmen und wo

Filme nicht »en suite« ausgewertet, sondern im Kontext einer besonderen Programmreihe in einem ihnen gemäßen Zusammenhang präsentiert werden. Diese neue Form des K. entwickelte sich, ausgehend vom Berliner *Arsenal-Kino* (seit 1970) und vom *Frankfurter Kommunalen Kino* (seit 1971), zu einem neuen filmkulturellen Modell, das von vielen Städten und Gemeinden übernommen wurde und gleichzeitig im Bereich der gewerblichen Filmtheaterwirtschaft dazu führte, daß zusätzlich zu dem schon existierenden Typus der Filmkunsttheater die Programmkinos entstanden. Die *Kommunalen Kinos,* zu deren Theorie und Praxis der Frankfurter Kulturdezernent H. Hoffmann wichtige Impulse beisteuerte, sind heute in der *Arbeitsgemeinschaft für kommunale Filmarbeit* zusammengefaßt. Sie zählt zur Zeit 120 Mitglieder, die *Arbeitsgemeinschaft Kino,* deren Mitglieder die *Programmkinos* sind, 78 Mitglieder. Daneben gibt es die *Gilde der deutschen Filmkunsttheater.* Die Vorstellung, daß die *Kommunalen Kinos* mit ihrer kulturpolitisch orientierten Zielsetzung in der Lage sein würden, für den neuen deutschen Film eine Existenzbasis zu bilden, stellte sich allerdings als Utopie heraus.

Die gegenwärtige Situation der Kinolandschaft in der Bundesrepublik ist bestimmt von einer starken Konkurrenz zwischen den Erstaufführungstheatern in den Zentren der Großstädte, die amerikanische Produktionen wie auch wichtige deutsche Erstaufführungen unter sich aufteilen, und den Filmkunsttheatern beziehungsweise Programm- oder »off«-Kinos, denen es infolge ihrer schwächeren wirtschaftlichen Position oft nicht möglich ist, begehrte Filme auszuleihen. Für die Bezirkskinos der größeren Städte gibt es inzwischen fast keine Existenzgrundlage mehr. Dort allerdings, wo sie als »Jugendkinos« mit ihrem Angebot an auch experimentellen Filmen oder Filmen, in denen die Kultfiguren der Jugendszene mitwirken, die Funktion eines Kommunikationstreffpunkts haben, finden sie wieder verstärkt ihr Publikum. K. wird hier zum Gruppenerlebnis und hebt sich so nicht nur inhaltlich vom Fernsehen ab *(→ Alternativkultur).*

Eine weitere Entwicklung ist die zunehmende Ausbreitung von K., die sich, teilweise bei Bewirtung der Gäste und der Erlaubnis zu rauchen, auf Sexfilme spezialisiert haben. Die Grenze zwischen den Etablissements, die noch in die offizielle Kinostatistik eingehen, und Hinterzimmern von »Sex-Shops«, in denen Pornographie geboten wird, ist dabei fließend.

Seit Beginn der 60er Jahre bestimmt die Produktion des bundesdeutschen Films ein kompliziertes System der öffentlichen Förderung. Die wichtigsten Förderungsinstitutionen in der Bundesrepublik Deutschland sind das *Bundesministerium des Innern,* die *Filmförderungsanstalt* und das *Kuratorium Junger Deutscher Film.* Außerdem gibt es seit Ende der 70er Jahre in den Ländern Berlin, Bayern und Hamburg eine regionale Filmförderung (→ *Film)*. Daneben werden Filme vom Fernsehen koproduziert oder produziert.

Von Bedeutung für das K. sind in der Bundesrepublik die *Internationalen Filmfestspiele Berlin* (→ *Festspiele)*. Sie sind unterteilt in die Hauptsektionen des Wettbewerbs und das *Internationale Forum des Jungen Films,* das 1971 als neuer Bestandteil mit eigener Orientierung auf unabhängige, experimentelle und politische Filme hinzukam. Die *Internationale Filmwoche Mannheim,* die *Westdeutschen Kurzfilmtage Oberhausen* sowie die kleineren Festivals der *Nordischen Filmtage* in Lübeck und die vor allem auf bundesdeutsche Filme spezialisierten *Hofer Filmtage* kommen hinzu.

Mit zunehmender Fernsehdichte ist auch in der DDR der Kinobesuch stark zurückgegangen. Einen Höchststand hatte er 1957 mit 316 Mio. Besuchern in 1391 Lichtspieltheatern mit 545 297 Plätzen erreicht. 1975 wurden nur noch 76,97 Mio. Besucher registriert, seit Ende der 70er Jahre hat sich die Besucherzahl auf rund 80 Mio. eingependelt. 1980 wurden bei 861 784 Filmvorstellungen der 826 Filmtheater 79,49 Mio. Besucher gezählt. Viele der stationären Filmtheater bedürfen der Modernisierung; komfortable Neubauten wie das Dresdner »Filmtheater Prager Straße« bilden noch die Ausnahme. In einigen Städten wurden Kinocafés und Klubkinos mit gastronomischer Betreuung, vor allem für gemeinsame Besuche von Arbeitskollektiven, eingerichtet. In Neubaugebieten entstanden Leichtbaukinos, in Ferienzentren wurden Zeltkinos errichtet. Differenzierteren Publikumsbedürfnissen, die seit den 70er Jahren stärker berücksichtigt werden, dienen in allen größeren Städten Studiofilmtheater, die anspruchsvollere internationale Produktionen und Archivfilme zeigen, wofür andere K. Filmkunsttage durchführen. Alle K. werden von Bezirksfilmdirektionen geführt, die den Räten der Bezirke unterstehen. Für die Spielplangestaltung hält der *Progress-Film-Verleih* ungefähr 1000 Spiel- und 800 Dokumentar- und Kurzfilme aus 33 Ländern zur Verfügung. Jährlich kommen etwa 140 neue Spielfilme zum Einsatz, neben ca. 17 Produktionen, darunter drei Kinderfilme, der *DEFA,* die in der DDR das Monopol für die Herstellung von Filmen hat, Importe, bei denen der Anteil aus kapitalistischen Ländern ein Viertel beträgt. Die Auswahl erfolgt im Zusammenwirken von *Progress-Film-Verleih,* dem *DEFA*-Außenhandel und der Hauptverwaltung Film des *Ministeriums für Kultur,* wobei neben kulturpolitischen zunehmend ökonomische Gesichtspunkte eine Rolle spielen. Dies zeigt sich auch an der Programmgestaltung. Publikumsattraktive »westliche« Filme werden viel länger und häufiger eingesetzt als die zahlenmäßig dominierenden Importe aus sozialistischen Staaten, deren künstlerisch bedeutende Filme meist den Studiokinos vorbehalten bleiben. Den

höchsten Importanteil stellt die Sowjetunion mit mindestens 30 Filmen jährlich, unter den kapitalistischen Ländern führen die USA mit jährlich etwa zehn Filmen. Bei Westimporten bevorzugt man neben sozialkritischen Filmen vor allem Genres, an denen es in der eigenen Produktion mangelt, wie Kriminal-, Abenteuer-, Musikfilme und Komödien. Die Länderpalette im Verleihangebot ist in der DDR seit jeher breiter als in der Bundesrepublik. Erwünschte Übernahmen aus der Dritten Welt werden allerdings durch Synchronisationsprobleme erschwert. Auch werden Filme aus diesen Ländern vor allem aus politischen Gründen angekauft, während ihr Einsatz durch mangelndes Publikumsinteresse nur spärlich erfolgt. Insgesamt sind ideologische Kriterien beim Ankauf von Importen immer mehr zurückgetreten, um Konzessionen an einen Publikumsgeschmack zu weichen, der sich, vor allem unter dem starken Einfluß des Westfernsehens, nicht allzusehr von dem in der Bundesrepublik unterscheidet. Ende der 70er Jahre hat der Besuch von Produktionen der *DEFA* zugenommen, da die Besucher in ihnen offenbar stärker als bisher eigene Probleme reflektiert finden. Einige, darunter »Solo Sunny«, der in Berlin (Ost) vierzehn Wochen lief, erreichten erstaunliche Laufzeiten, wobei allerdings ein unterschiedliches Publikumsinteresse in Großstadt und Provinz zu verzeichnen war. Wie auch in der Bundesrepublik, stellen Jugendliche das weitaus größte Kontingent der Kinobesucher. Für die Jüngsten werden eigene Programme eingesetzt, die vor allem an Wochenenden und während der Ferien täglich gezeigt werden und deren Eintrittspreis 25 Pfennige beträgt. Auch die Preise für Erwachsene sind über die Jahre in einer Höhe zwischen 1 Mark und 2,50 Mark konstant geblieben. Für Rentner finden kostenlose Vorstellungen statt. Besonderer Beliebtheit erfreuen sich die seit 1962 alljährlich durchgeführten *Sommerfilmtage der DDR,* zu denen, vor allem auch auf Freilichtbühnen, neue internationale Unterhaltungsfilme zum Einsatz kommen. Weitere ständige Veranstaltungen sind eine *Kinderfilmwoche der DDR* und eine *Woche des sowjetischen Kinder- und Jugendfilms,* die *Tage des sozialistischen Films* sowie ein *Festival des sowjetischen Kino- und Fernsehfilms.* In ausgewählten Städten finden darüber hinaus gelegentlich bestimmten Ländern gewidmete Filmwochen statt, die die DDR mit diesen auf Gegenseitigkeit vereinbart. In den wichtigsten internationalen Festivals, die auf Dokumentarfilme spezialisiert sind, gehört die *Internationale Leipziger Dokumentar- und Filmkunstwoche,* die alljährlich im November stattfindet.

E. und U. Gregor, H. Kersten

Literatur
K. Witte (Hrsg.), Theorie des K. Ideologiekritik der Traum-
fabrik, Frankfurt a. M. 1972
M. Dost, F. Hopf, A. Kluge, Filmwirtschaft in der BRD
und in Europa, München 1973
K. Kreimeier, K. und Filmindustrie in der BRD, Kronberg
i. Ts. 1973
W. von Bredow, R. Zurek, Film und Gesellschaft in
Deutschland, Hamburg 1975
Film- und Fernsehkunst der DDR, Berlin (Ost) 1979

Kirche

I. Organisationen des christlichen Glau-
bens – II. Historischer Abriß – III. Rechtliche
Grundlagen – IV. Organisationen – V. Die
Kirchen in ihrem Selbstverständnis – VI.
Gesellschaftliche Stellung

I. Organisationen des christlichen Glaubens

Unbeschadet genauerer Abgrenzungen gegenüber
den Begriffen Weltanschauung und Religionsge-
meinschaft (→ *Religion*) einerseits sowie Sekte
andererseits versteht man unter K. in Westeuropa
die in vielfältiger Auseinandersetzung mit weltlicher
Herrschaft entstandene, organisierte Form des
christlichen Glaubens. Während eine theologische
Definition, die historischen Differenzierungen
übergreifend, K. als die Gemeinde Jesu Christi zwischen Himmelfahrt und Wiederkunft zu begreifen
sucht, wird eine sozialhistorische Beschreibung
nicht darüber hinwegsehen können, daß sich, allen
ökumenischen Bewegungen zum Trotz, K. heute
zumindest in den vier großen Blöcken der Orthodoxie, der Anglikanischen K., der Reformatorischen
K. und der Römisch-Katholischen K. darstellt. Aus
diesem Grund werden im folgenden die unterschiedlichen kirchlichen Organisationsformen
berücksichtigt. Dazu zwingt nicht nur die Kirchen-
spaltung in der Reformation, sondern auch ein
unterschiedliches Verständnis der Autonomie von
Regionalkirchen, so daß man im reformatorischen
Bereich theologisch begründet durchaus von Landeskirchen sprechen kann, während die Diözesen in
der Katholischen K. immer nur als Verwaltungsdi-
strikte ein und derselben Weltkirche verstanden
werden, ungeachtet der Bemühungen einzelner
Theologen, den Rang und damit auch die Autonomie der Ortskirche gegenüber dem Vatikan stärker
herauszuheben.

II. Historischer Abriß

Mag man den Thesenanschlag M. Luthers an den
Toren der Schloßkirche zu Wittenberg 1517 auch als
den Auslöser eines Prozesses ansehen, der zweifellos die deutschen Christen bis heute am stärksten
geprägt hat, historisch folgenreich wurde diese Entwicklung erst, als sich durch den Augsburger Religi-
onsfrieden von 1555 erstmals unterschiedliche Formen christlicher Kirchenorganisation auf deutschem Boden etablieren konnten. Obwohl sich
Lutheraner und Papisten gegenseitig nach Kräften
verketzerten, war keine der beiden Gruppierungen
stark genug, die alte oder die neue Glaubensform
allein gültig durchzusetzen. So führte die im Westfälischen Frieden 1648 noch einmal bekräftigte Formel des »cuius regio, eius religio« zur Festschreibung einer Glaubensspaltung, die fortan nicht nur
ein wesentliches Element der europäischen
Geschichte geblieben ist, sondern auch für den einzelnen Gläubigen das Bewußtsein, einer bestimmten Konfession anzugehören, zu einem wesentlichen Element seines Lebens gemacht hat. Da die
Mehrzahl der Deutschen erst durch die größere
Mobilität im 19. Jh. mit anderen Konfessionen in
Berührung kam, kann man die These vertreten, daß
sich die Reformation in ihren sozialen Folgen erst in
dieser Zeit auszuwirken begann. Jetzt erst, da Nachbarn, Arbeitskollegen, Freunde und auch Ehepartner immer häufiger der jeweils anderen Konfession
angehörten, wurden die konfessionellen Streitfälle,
wie der Kampf um die sogenannte Mischehe, zu
einem politischen Problem. 1872 bis 1878 im sogenannten *Kulturkampf,* wollte Reichskanzler O. v.
Bismarck den politischen Katholizismus mit dem
Vorwurf, er sei »ultramontan«, ganz auf den Vatikan ausgerichtet, dem preußisch-protestantischen
Führungsanspruch im Deutschen Reich unterwerfen. Die landeskirchliche Organisation im deutschen Protestantismus, in der zum Beispiel Kaiser
Wilhelm II. in seiner Eigenschaft als König von
Preußen bis 1918 als *summus episkopus* den preußischen Protestanten vorstand, war einerseits eine
sinnfällige Darstellung der gegenseitigen Stützung
von Thron und Altar, andererseits lieferte sie die
Protestanten mehr als die Katholiken den Zumutungen der jeweiligen Herrscher aus. Das zeigte sich
besonders zur Zeit des Nationalsozialismus, in der
das 1933 zwischen der Reichsregierung und dem
Vatikan geschlossene Konkordat den Katholiken
notfalls ein Minimum an Schutz gegen staatliche
Übergriffe bot, während die »Deutschen Christen«
unter ihrem von der *NSDAP* gesteuerten »Reichsbi-
schof« L. Müller anfangs die meisten Führungspositionen im deutschen Protestantismus gleichschal-
teten, ohne auf großen Widerstand zu stoßen.

Die Jahrzehnte nach dem Zweiten Weltkrieg
haben die im Kampf zwischen den K. und dem
Nationalsozialismus begründete Annäherung der

christlichen K. in Deutschland fortgeführt und bekräftigt. Die Teilung des Landes in zwei ideologisch gegensätzlich ausgerichtete politische Systeme betraf die evangelischen Christen stärker als die Katholiken, die in der DDR nie mehr als 1,5 Mio. oder 8 v. H. der Bewohner ausmachten. Vor allem begann sich jetzt der im 19. Jh. wurzelnde Prozeß der Aufschmelzung einst konfessionell homogener Gebiete auszuwirken. Flucht und Vertreibung aus den Ostgebieten ließen annähernd 10 Mio. Flüchtlinge allein ins Gebiet der Bundesrepublik hineinströmen, wobei die Konfessionszugehörigkeit für die endgültige Neuansiedlung nur selten den Ausschlag gab. So gibt es seit 1945 zwar noch Gebiete mit konfessionellen Dominanzen, aber keinen einzigen Pfarrbezirk mehr, in dem nicht auch Andersgläubige leben. Die durch den Kirchenkampf im nationalsozialistischen Deutschland und in der Folge der Vertreibung erzwungene Einsicht in die Unsinnigkeit konfessioneller Abschottungen wurde nun bei Katholiken wie Protestanten gleichermaßen wirksam. Sie stärkte die ökumenischen, auf die Überwindung theologischer Gegensätze zielenden Impulse, führte aber auch zu einer Distanzierung breiter Bevölkerungsschichten von den K., die vor allem gegenüber der jüngeren Generation Schwierigkeiten haben, ihre Bedeutung in einer modernen Gesellschaft plausibel darzustellen.

III. Rechtliche Grundlagen

Nach Ende des Ersten Weltkriegs hatte die Neuordnung des Verhältnisses von Staat und K. in der Weimarer Republik zunächst eine verfassungsrechtliche Ausgestaltung gefunden, den Religionsgemeinschaften die Eigenschaft von Körperschaften des Öffentlichen Rechts belassen und ihnen das Recht, Steuern zu erheben, ausdrücklich zuerkannt. Im übrigen blieb den K. unter Bindung an das für alle geltende Recht das freie Selbstbestimmungsrecht in ihren eigenen Angelegenheiten. Diese formale Ähnlichkeit in den rechtlichen Grundverhältnissen zwischen Staat und K. gilt in der DDR seit der Verfassungsänderung von 1968 nur noch bedingt. Die K. haben damals den Status einer Körperschaft des Öffentlichen Rechts verloren. Profitieren die K. in der Bundesrepublik von der in anderen Ländern unüblichen Praxis, daß die staatlichen Finanzämter die Kirchensteuer einziehen, so ist die Erhebung der Kirchensteuer in der DDR Sache der Kirchengemeinden, denen dazu noch die Einsicht in die staatlichen Steuerlisten verwehrt wird. Die daraus folgende Finanzknappheit hat trotz westlicher Zuschüsse Auswirkungen auf Position und Wirkung der K. insgesamt.

IV. Organisationen

Mögen historische Erfahrungen und die rechtlichen Entwicklungen im Verhältnis der K. zu den Staatsorganen für alle K. ähnlich gültig sein, so läuft die Entwicklung der je eigenen Kirchenorganisation aufgrund der besonderen konfessionellen Traditionen weit auseinander. Die 1948 in Eisenach vollzogene Gründung der *Evangelischen Kirche in Deutschland* sollte durch die organisatorische Vereinigung der insgesamt 28 lutherischen, unierten und reformierten Gliedkirchen »die bestehende Gemeinschaft der deutschen evangelischen Christenheit sichtbar« machen. Zudem wollte dieser Zusammenschluß die Einheit der evangelischen Christen in ganz Deutschland sicherstellen, ein Bemühen, das seit der 1969 aus politischen Gründen erzwungenen Unabhängigkeit der Landeskirchen in der DDR als gescheitert angesehen werden muß. Eine letzte organisatorische Klammer zwischen evangelischen Christen in beiden deutschen Staaten bildet die *Evangelische Kirche der Union,* die fünf der acht evangelischen Landeskirchen der DDR mit den unierten Landeskirchen des Rheinlands, Westfalens und Berlins (West) verbindet. Ein Ergebnis der organisatorischen Einigungsbemühungen des deutschen Luthertums ist der Zusammenschluß der meisten lutherischen Landeskirchen zur *Vereinigten Lutherischen Kirche Deutschlands,* der in dieser Form ebenfalls 1948 in Eisenach erfolgte, die organisatorische Einheit mit den lutherischen Landeskirchen in der DDR jedoch 1968 aufgeben mußte. Der Versuch, aus den *Evangelischen Kirchen in Deutschland* durch eine gemeinsame Verfassung mehr zu machen als nur einen lockeren Kirchenbund, scheiterte in den Jahren 1975 und 1976, da dieser Verfassungsentwurf nicht von allen zwanzig Gliedkirchen akzeptiert wurde. So bleibt diese Organisation auf ihre Grundordnung von 1948 verwiesen. Ihre Organe sind die etwa jährlich tagende Synode und die Kirchenkonferenz, in die jede Gliedkirche einen Vertreter entsendet. Die acht Landeskirchen in der DDR sind seit 1969 im *Bund der Evangelischen Kirchen in der DDR* zusammengefaßt. Die Bemühungen, 1981 aus dem bisherigen Bund eine *Vereinigte Evangelische Kirche in der DDR* zu machen, treffen auf starken Widerstand. Neben den schon recht komplizierten Organisationsformen der evangelischen Landeskirchen wäre hier noch auf die zahlreichen, eher konservativen Bewegungen hinzuweisen, die sich 1976 zur *Konferenz bekennender Gemeinschaften in den evangelischen Kirchen* zusammengeschlossen haben, aber auch auf die zahlreichen evangelischen Freikirchen, die teilweise den *Evangelischen Kirchen in Deutschland* assoziiert sind.

Im Gegensatz dazu stellt sich die Organisationsstruktur der Katholischen Kirche relativ einfach dar. In der Bundesrepublik ist nach 1945 lediglich

1957 das Bistum Essen neu gegründet worden, so daß sich die Bundesrepublik in insgesamt 21 Diözesen gliedert, deren Bischöfe in der *Deutschen Bischofskonferenz* zusammentreten. Die katholischen Amtsträger in der DDR, seit 1950 in der *Berliner Ordinarienkonferenz* zusammengefaßt, wurden 1976 als *Berliner Bischofskonferenz* selbständig. Formal ist der Berliner Bischof noch Mitglied der *Deutschen Bischofskonferenz*, er läßt sich aber durch einen in Berlin (West) residierenden Weihbischof in dieser Funktion vertreten. Nachdem der Vatikan über 25 Jahre lang an den Diözesangrenzen nichts geändert hatte, kam es nach den deutsch-polnischen Verträgen Anfang der 70er Jahre zu einer begrenzten Neuordnung auch der in der DDR gelegenen Kirchensprengel.

V. Die Kirchen in ihrem Selbstverständnis

Die christlichen K. in Deutschland verstehen sich als die Hüter einer über tausendjährigen Tradition, in der sich trotz aller konfessionellen Konflikte die Gesamtheit der Bevölkerung als christlich empfinden konnte. Obwohl der daraus resultierende Anspruch der K. auf »Herrschaft über die Seelen« seit Beginn der →*Aufklärung* bestritten wird, sind fast 90 v. H. der deutschen Bevölkerung noch heute getaufte Mitglieder einer christlichen K. Gegenüber dieser Tatsache, auf die sich alle diejenigen berufen, die den Fortbestand der Volkskirche behaupten, ist darauf hinzuweisen, daß die Zahl der praktizierenden Christen immer schon sehr viel geringer war. Nach den Bedingungen einer strengen Orthodoxie dürften heute nur noch wenige Christen mit ihrer K. in voller Übereinstimmung leben. Schon 1968 wurde in der Bundesrepublik der entsprechende Anteil der Protestanten auf nur 2 v. H., und der Katholiken auf 10 v. H. geschätzt. Die geläufige Unterscheidung von sogenannten Kerngemeinden und Randchristen verdeckt, daß die »Randexistenz« heute die Normalform der Mitgliedschaft in einer christlichen K. darstellt.

Nicht zuletzt dank des Kirchensteueraufkommens haben die beiden Großkirchen in der Bundesrepublik eine sehr solide Infrastruktur errichten können. Nachdem in den 50er Jahren die im Krieg zerstörten Gebäude wieder aufgebaut wurden und zahlreiche Neubauten hinzugekommen waren, wurden auch Kranken- und Sozialeinrichtungen, vor allem Krankenhäuser, in einem Maße ausgebaut, daß es heute infolge der sinkenden Nachwuchszahlen der kirchlichen Orden oft sehr schwer fällt, diese Anstalten noch im Sinne der Gründungsabsichten aufrechtzuerhalten. Allerdings hat die nicht zufriedenstellende staatliche Schulpolitik in einigen Bundesländern die Nachfrage nach privaten Schulen kirchlicher Träger seit 1970 stark ansteigen lassen (→*Erziehung*). Ein neues Arbeitsfeld haben sich die

K. in vielen Großstädten mit der Einrichtung der *Telefonseelsorge* und den *Häusern der Offenen Tür* erschlossen, in denen in Notfällen ohne Ansehen der Konfession Beratung und Lebenshilfe vermittelt werden. Verhältnismäßig schwach ist die Position der K. in den öffentlichen Medien (→*Massenkommunikation*). Zwar ist das kirchliche Pressewesen (→*Presse*) stark ausgebaut, überregionale Zeitungen haben sich jedoch auch als Wochenblätter nicht halten können. Dazu zählen »Publik« oder »Christ und Welt«. Teilweise überleben sie, wie der »Rheinische Merkur« oder das »Sonntagsblatt«, nur mit Hilfe kirchlicher Subventionen. In Hörfunk und Fernsehen gibt es eigene Kirchenfunkabteilungen und in den Aufsichtsgremien der verschiedenen Sender kirchliche Rundfunk- und Fernsehräte.

Ein neues, kulturpolitisch wichtiges Arbeitsfeld ist mit der Einrichtung etwa 40 evangelischer und katholischer →*Akademien* entstanden, die formal Anstalten der Erwachsenenbildung (→*Weiterbildung*) in kirchlicher Trägerschaft sind, faktisch aber zu jenen in einer sich polarisierenden Gesellschaft immer seltener gewordenen Foren gehören, in denen Kontakt und →*Dialog*, zuweilen auch Versöhnung vor allem über konfessionelle Grenzen hinweg möglich ist. So macht sich öffentliche Wirksamkeit der K. heute weitgehend über die Akademien geltend, die eine Herausforderung an die Gläubigen darstellen, der Versuchung zur Selbstisolierung zu widerstehen. Neben der Akademiearbeit haben sich die *Katholikentage* und die *Evangelischen Kirchentage* zu Brennpunkten vor allem jugendlichen →*Engagements* und aktueller Diskussion entwickelt, die bundesweit in den Medien präsentiert werden und damit eine weit über die Kirchengrenzen hinausgreifende politische Kraft gewinnen.

Dennoch bleiben die K. in der Bundesrepublik in einem Paradox von Macht und Ohnmacht gefangen, da offen bleibt, ob und wieweit das imposante Netzwerk öffentlicher Selbstdarstellung wirklich noch eine tragfähige Basis bei den Gläubigen hat. In der DDR, wo die ideologischen Spannungen zwischen Christentum und Marxismus den K. in ihrem Verhältnis zu den Staatsorganen bestenfalls einen Burgfrieden sichern, sind die Verhältnisse in gewissem Sinn klarer. Formal gehören den christlichen K. 60 v. H. der Bevölkerung an. Davon sind 8 Mio. Protestanten, 1,2 Mio. Katholiken und 800 000 Freikirchliche, jedoch dürfte der prozentuale Anteil der Praktizierenden in beiden Konfessionen höher sein als in der Bundesrepublik. Freilich gewinnen die K. hier auch, in allerdings begrenztem Ausmaß, die Funktion eines Refugiums gegenüber dem, was als Pression von seiten des Staates und der Partei empfunden wird. Zu erwarten, die evangelische K. könnte, ähnlich wie die katholische in Polen, zur Stütze eines politischen Widerstands werden, scheint unrealistisch, wie nicht zuletzt die auch in der K. umstrittene Bewertung der politisch motivierten Selbstverbrennung des Pfarrers O. Brüsewitz im thüringischen Zeitz 1976 verdeutlicht hat. Mit der Formel »K. im Sozialismus« hofft die Evangelische K. einen *modus vivendi* zu finden, der seit einem Grundsatzgespräch zwischen dem Staatsratsvorsitzenden E. Honecker und der Kirchenleitung (1978) wohl gesichert erscheint.

VI. Gesellschaftliche Stellung

Trotz krasser Unterschiede ihrer Stellung im jeweiligen politischen Umfeld ist die faktische Wirkungskraft der K. in der Bundesrepublik und der DDR relativ schwach. Wenn auch die Präsenz der K. in der Öffentlichkeit der Bundesrepublik in einer, auch gegenüber anderen westlichen Ländern, überaus starken Weise gesichert ist und das Kirchensteuersystem eine weitgehende Unabhängigkeit garantiert, so dürfte doch die Konkurrenz des Marktes manche optimistischen Erwartungen, etwa im Bereich der Presse, enttäuscht haben. Die politische Konkurrenz anderer gesellschaftlicher Gruppen hat die katholische K. vor allem in den Bereichen der Schul-, Rechts- und Familienpolitik oft zu spüren bekommen. Politisch ein Ergebnis der Annäherung der Konfessionen in der Zeit des Nationalsozialismus, möchten sich auch die Unionsparteien nicht als Parteien der K. verstanden wissen. Die katholische K. ihrerseits hat mit wechselndem Erfolg immer wieder versucht, das Prinzip der gleichen Distanz zu allen Parteien durchzuhalten.

Während in den späten 60er Jahren eine Kampagne für die Erhaltung des traditionellen Modells staatlich finanzierter Konfessionsschulen scheiterte und auch von der katholischen Bevölkerung kaum mitgetragen wurde, engagiert sich die K. deutlich als »Hüterin des ungeborenen Lebens«. Dies führte vor allem in der Auseinandersetzung um das Abtreibungsverbot des § 218 zu Konflikten mit liberalen und linken Gruppierungen, aber auch mit Teilen der Frauenbewegung (→ *Frau*). Die *SPD* hat eingedenk ihrer Geschichte stets sensibel auf Versuche reagiert, ihr ein antikirchliches Etikett anzuheften, so daß unter den maßgeblichen politischen Parteien der Nachkriegszeit nur die *FDP* es war, die gelegentlich und ohne große Resonanz in der Bevölkerung deutlicher antikirchliche Töne hören ließ. Im Gegensatz zu dieser äußerlich günstigen Lage der K. in der Bundesrepublik befinden sich die K. in der DDR in einer schwierigen Situation, wenn auch ein Teil der Beschränkungen, wie → *Zensur* und Reisekontrollen, nicht kirchenspezifisch sind. Schwerer als alle materiellen Einschränkungen wirkt, daß angesichts des unaufhebbaren ideologischen Gegensatzes zwischen einem mehr oder minder als Aberglauben verfemten Christentum und der marxistisch-leninistischen Staatsdoktrin jede aktive

kirchliche Betätigung als politische Unzuverlässigkeit registriert wird. Für viele Menschen, vor allem in pädagogischen Berufen, liegt deshalb schon aus Gründen der Existenzsicherung eine deutliche, wenn auch vielleicht nur äußere Distanzierung von der K. nahe. Von Jüngeren wird ein besonderes Maß an Mut und Geschick verlangt, wollen sie, ohne mit der K. offiziell zu brechen, bestimmte Berufsziele erreichen.

Während in der Bundesrepublik die Möglichkeit zur Kriegsdienstverweigerung von den K. zumindest gestützt wird, ist ein derartiges Engagement für den Friedensdienst in der DDR mit hohen Risiken belastet und hat, trotz mehrfacher Bemühungen der Kirchenleitung, keine vergleichbare Regelung gefunden. Allenfalls wird ein waffenloser Dienst in militärischen Baubrigaden toleriert. Auch der Protest der K. gegen den obligatorischen Wehrkundeunterricht in den Schulen blieb ohne erkennbaren Erfolg. So lassen sich im Vergleich zwischen beiden Staaten kaum größere Gegensätze beschreiben als in der äußeren Verfassung der K. Innerlich aber gewinnt die K., die unter Druck geraten ist, an Attraktivität. Die großen K. in der Bundesrepublik haben zunehmend Mühe, sich in einer Gesellschaft, mit der sie verschmolzen sind, zu legitimieren. Das Engagement der Gläubigen drängt deshalb immer stärker aus den Amtskirchen hinaus in die experimentelle Ungewißheit der Basisgemeinden und Alternativgruppen. Dieser Ausweg ist den K. in der DDR verwehrt, weshalb hier die Kontinuität der Traditionsbewahrung eher gesichert scheint als in der Bundesrepublik.

G. Siefer

Literatur
W. Harenberg, Was glauben die Deutschen, Mainz, München 1968
L. Funcke, C. A. v. Heyl, J. Niemeyer, K. in Staat und Gesellschaft, Stuttgart ²1975
H. W. Heßler (Hrsg.), Protestanten und ihre K., München, Wien 1976
G. Gorschenek (Hrsg.), Katholiken und ihre K., München, Wien 1976
J. Wichmann (Hrsg.), K. in der Gesellschaft. Der katholische Beitrag, München, Wien 1978
H. W. Heßler (Hrsg.), K. in der Gesellschaft. Der evangelische Beitrag, München, Wien 1978
P. Fischer, K. und Christen in der DDR, Berlin (West) 1978
W. Knauft, Katholische K. in der DDR, Mainz 1980
K. Gabriel, F. X. Kaufmann (Hrsg.), Zur Soziologie des Katholizismus, Mainz 1980

Kitsch

Das Wort K. taucht erstmals um 1870 im süddeutschen Sprachraum auf und steht synonym für Tätigkeiten wie »zusammenscharren«, »unter der Hand verkaufen«, »jemandem etwas andrehen, das dieser eigentlich gar nicht haben möchte«. Inhaltliche Bestimmungen des K. reichen von moralischen Qualifikationen wie »dem Bösen in der Kunst« (H. Broch) über Gegenstandsbezüge wie dem *gadget* als multifunktionalem Gegenstand bis zu polemischen Einschätzungen wie »Bankert der Kunst« (W. Killy) oder »Negation des Authentischen« (A. Moles). Während K. traditionell als Unterschichtphänomen behandelt wurde, taucht in jüngster Zeit im Gefolge der kunsttheoretischen Einschätzungen der *Pop Art* und der *multiple art* die Frage auf, ob nicht Stillagen entstanden sind, die den K. für die Oberschicht ohne deren übliche intellektuelle Vorbehalte gegenüber dem Nichtauthentischen akzeptabel machen. Diese These wird vor allem von der amerikanischen Kritikerin S. Sontag (Kunst und Antikunst, München 1980) vertreten. Damit würde ein Gutteil der Universalität des K. sichtbar, die sich nicht nur auf eine bestimmte Gegenstandsform, sondern ebenso auf Gegenstandsbeziehungen wie beispielsweise den Fetischismus erstreckt.

K. ist seiner historischen Entwicklung nach zunächst eine schichtenspezifische Form von Partizipation an Kunst. Deren Anfang mag man in der Nachahmung fürstlicher Bildergalerien oder den Replikaten antiker Werke der bildenden Kunst sehen, mit denen sich das wohlhabende und gebildete Bürgertum gegen Ende des 18. Jh. als neuen Attributen ständischer Repräsentativität umgibt. Diese Form der Bemächtigung von Kunst entfaltet aber erst im 19. Jh. mit den neuen Reproduktionstechniken ihre genuin kitschige Wirkungsweise, nun auch jenseits des Bürgertums im Kreis der Landbevölkerung, des städtischen Kleinbürgertums, Handwerks und Proletariats, wie dies u. a. der Bezieherkreis populärer Druckgraphik beweist. Diese Expansion mit dem Entstehen eines neuen Marktes hat ihren Grund aber auch in der Struktur der industriellen Produktionsweise. Während handwerkliche und kunsthandwerkliche Herstellungstechniken durchaus noch den Charakterzug des Einzigartigen kennen, ihn über Jahrhunderte sogar ausdrücklich gefordert haben, verlangt die industrielle Massenware einen ästhetischen »Mehrwert«, um unter Gleichartigem auf dem Markt konkurrieren zu können. Sie darf nicht nur das Zweckmäßige verkörpern, sondern muß versuchen, mit ästhetischen Mitteln ihre Gebrauchsfunktion zu verwischen, um jene seit der Ablösung der handwerklichen Produktion verlorengegangene Originalität wiederzuerlangen, die sie, um ein Beispiel zu geben, als Kaffeekanne unter anderen Kaffeekannen besonders begehrens- und besitzenswert erscheinen läßt. Sie muß also, im Vergleich zu konkurrierenden Erzeugnissen, über besondere Anmutungsqualitäten verfügen. So entstehen Kaffeekannen in Gestalt einer auf den Hinterpfoten sitzenden Katze, oder Küchenuhren im Bauch einer Keramikeule. Mit diesen beiden Beispielen sind mehrere Grundbedingungen für K. sichtbar geworden, die mit unterschiedlicher Akzentuierung für den Heftroman, das Poster oder die in spätbarocke Goldrahmen gestellten »Stilmöbel aus dem Lande Leonardo da Vincis« gleichermaßen gelten, für die in großformatigen Vierfarbprospekten geworben wird. Es sind Vervielfältigungen nach allgemeinen Kriterien der Industriewarenproduktion. Gebrauchsfunktionen werden verwischt, stilistische Defizite durch Pseudoauthentizität, die Neues für Altes ausgibt, oder durch Vortäuschung echter Materialien kompensiert. So sehr Kunst auch zum K. tendieren mag, ihn zitiert, integriert oder gar repräsentiert, ihre Einzigartigkeit bewahrt sie vor dem Verdikt des K. Umgekehrt bleibt der ursächliche Zusammenhang zur industriellen Massenfertigung selbst dann gewahrt, wenn Werke der Kunst wie A. Dürers »Betende Hände« als Briefbeschwerer verkauft werden. Die intendierte Form der Partizipation an Kunst erweist sich als trügerisch und ideologiebehaftet, selbst wenn der »Mann mit dem Goldhelm«, in Kupfer getrieben und mit einem kostbaren Rahmen versehen, für teures Geld in der Kunstabteilung des Kaufhauses erworben wurde. Je mehr sein Besitzer auf dessen Kunstcharakter insistiert, desto tiefer verfällt er einem fetischisierten Bewußtsein.

Die strikte Entgegensetzung von K. und →*Kunst* kann in den Verdacht einer unzeitgemäßen Ausschließlichkeit geraten, die weder der Phänomenologie des Kunstbetriebs noch der Massenkultur (→*Kulturindustrie und Massenkultur*) standhält. Wichtige neuere Tendenzen wie die der Demokratisierung der Kunstrezeption würden dabei auf der Strecke bleiben. Schallplatten, Druckgraphik, Plakatkunst und Replikat machen ein Gutteil dieser Partizipation aus, ohne daß doch durch ihre Vermittlung allein schon die Wahrnehmung der Kunst mit derjenigen des K. vergleichbar würde. Schallplatte, Film und Photographie können unter anderem auf Authentizität des Originals beruhen, weil sie zunächst nicht den für den K. typischen Deformations- und Surrogattendenzen unterliegen. Im Gegenteil hat sich einer der genauesten Beobachter des Anbruchs dieser neuen Reproduktionstechniken, W. Benjamin, von der nun möglich gewordenen Rettung der Authenzität als avantgardistischem Moment beispielsweise anhand der Photographien von E. Atget und der durch Film und Photographie nachvollziehbaren Erweiterung künstlerischer und realer Wahrnehmung einnehmen lassen. Die Kunst hat in Form der Montage, des Zitats, des Dokumentarischen diese Reproduktionstechniken schon in den frühen 20er Jahren integriert und begonnen, den die Kunsttheorie über weite Strecken beherrschenden Begriff der Einzigartigkeit, des »Auratischen« durch den der Authentizität zu ersetzen. Daß daneben serielle, kitschige Konzepte sich dieser Medien von Anfang an ebenfalls bedienen, lenkt auf das Problem der industriellen Kitschproduktion als derjenigen Form von Schönheit, die der Massenkultur adäquat ist, zurück.

Ideologischer Träger dieser aus industriellen Marktinteressen entstandenen Form der Partizipation an Kunst waren das universalistische Fortschrittsdenken und ein Kulturoptimismus, in dessen Namen G. Semper, nach K. F. Schinkel bedeutendster deutscher Baumeister des 19. Jh., im Jahr 1843 schrieb: »Kann sich der Reiche ein Original schaffen, so ist es dem Minderbemittelten möglich, eine galvanische Kopie zu erwerben: was der eine in Marmor, besitzt der andere in Gips. Das Ölbild des bedeutendsten Meisters im Prunksaal des Fürsten schmückt als Ölfarbendruck die Zimmerwand des Arbeiterheims. Auf diese Weise wirkt die Kunst, wirkt das Schöne überall als erziehendes Element« (G. Semper, in: Die Bilderfabrik, hrsg. v. Historischen Museum, Frankfurt a. M., 1973, S. 65). Partizipation der Massen an Kunst als soziales Pazifizierungsmittel bestimmen noch vierzig Jahre später einen Aufsatz über »Die moderne Kunstindustrie« (1884) in der auflagenstarken, reichsideologisch gestimmten »Gartenlaube«: »Der schöne Luxus reichster Leute wird immer mehr zu einem bürgerlichen Gemeingut, so daß Schönheitssinn und durchheiterte Häuslichkeit aus den Beletagen bis in die Dachkammern hinauf und die Keller heruntersteigen, der Rohheit und Häßlichkeit den Mund stopfen und die Faust lähmen.« (a.a.O., S. 65). Um 1870, als das Wort selbst auftaucht, hat sich der K. als »Massenkunstwerk« auch quantitativ gegenüber allen Bereichen der künstlerischen Produktivität durchgesetzt, ob es sich nun um Abenteuer-, Liebes-, Entwicklungs- oder Bildungsliteratur handelt, den populären Wandschmuck, die Andachts- oder Postkartenkultur, den Bänkelsang, das Küchenlied oder romantisierende Volksliedvertonungen für Liederkränze und Liedertafeln, den Synkretismus historischen Bauens, die bürgerliche Wohnkultur im Makartstil oder die weiten Bereiche nationaler Repräsentation während des Kaiserreichs. Seiner Breitenwirkung kommen die einsetzende Kaufhauskultur, Versandhandel, Leihbibliotheken, Arbeiterbildungsvereine, die zahlenmäßig stark ansteigenden Volksbildungsvereine bis hin zu den Turn- und Sportbünden, entgegen.

Der Entwicklung des K. hat der Funktionalismus des *Bauhauses* entgegenzuwirken versucht. »Die Anpassung des Gegenstands an seinen Zweck ist ein Moment der Schönheit.« (W. Gropius) In dieser Feststellung drückt sich die rigorose Umkehrung der für den K. konstitutiven Verwischung der Gebrauchsfunktion aus. Gerade die Betonung dieser Gebrauchsfunktion bei der Gestaltung von Gegenständen der alltäglichen Umgebung wurde für die zahlreichen Bauhausmitarbeiter zum entscheidenden ästhetischen Programm ihres Kampfes gegen den Irrationalismus der Produktgestaltung samt seinen sozialen und ideologischen Konsequenzen. Die Bauhausbewegung, 1919 durch W. Gropius in Weimar ins Leben gerufen, fand 1933 ihr unrühmliches Ende und konnte ihrem Grundgedanken nach erst 1952 wieder durch M. Bill mit der Gründung der *Ulmer Hochschule für Gestaltung* aufgegriffen werden.

Der Zeitraum des Nationalsozialismus ist nur insofern von Bedeutung, als er unmittelbar nach dem Machtantritt A. Hitlers eine Fülle von Kitschgegenständen mit neuer nationalsozialistischer Symbolik hervorgebracht hat, obwohl seit dem 19. 5. 1933 ein entsprechendes Gesetz zum Schutz der nationalen Symbole existierte und der *Kampfbund für Deutsche Kultur* gegen den neuen »nationalen K.« zu Felde zog, um »echter Volkskunst« einen ideologisch tragfähigen Wirkungsraum zu verschaffen.

Neuere Statistiken nennen rund 2 Mrd. DM, die von der Kitschindustrie der Bundesrepublik jährlich umgesetzt werden. Es liegt auf der Hand, daß daran eine Vielzahl von Produktionszweigen beteiligt ist, beileibe nicht nur die Andenkenindustrie. Die Möbelindustrie, die den Schrankwandfunktionalismus durch das Angebot altenglischer und altitalienischer »Wohnkultur« zu ersetzen beginnt, die Kunstabteilungen der Kaufhäuser, die wachsende Zahl von Pseudokunstgalerien und Antiquitätengeschäften, die Heftromanfabriken mit einem wöchentlichen Ausstoß von 6 Mio. Exemplaren, die im Durchschnitt jeweils sechs Leser finden, Do-it-yourself-Märkte, Leseringangebote der »klassischen« und »modernen« Literatur, die sich fast ausschließlich auf das dekorative Moment der Umschlaggestaltung konzentrieren, Schallplatten- und Postermärkte, die inzwischen längst kommerzialisierten Flohmärkten, die an Wochenenden bis zu 200 000 Interessenten mobilisieren, neuere Entwicklungen der Elektro- und Elektronikbranche mit ihren Stereotürmen und Schachcomputern. Dies alles ist für die Unaufhaltsamkeit und die universale, Bewußtlosigkeit erzeugende Gegenwart des K. viel entscheidender.

Trotz der inzwischen auf einige hundert Titel angewachsenen Literatur, einiger Ausstellungen wie die 1973/74 in Berlin (West) im *Internationalen Design-Zentrum* unter dem Titel »K. Der manipulierte Geschmack« gezeigte und trotz einer Reihe ständiger Sammlungen zu diesem Thema, wie der des *Württembergischen Landesmuseums* in Stuttgart oder des *Germanischen Nationalmuseums* in Nürnberg, fehlt eine befriedigende kulturtheoretische Einschätzung des K. für die Bundesrepublik. So mangelt es schon an einer verläßlichen Dokumentation der Gegenstandsentwicklung von der Sparhexe, dem Nierentisch bis zum Heimcomputer, als Reflex auf die unübersehbar gewordene Gegenstandsfülle des alltäglichen Gebrauchs. Der K. reüssiert von Anbeginn der industriellen Produktionsweise aufgrund einer tiefen Verunsicherung gegenüber dem Gegenständlichen und dem Ästhetischen und wird zum Indikator eines falschen → *Bewußtseins* vom Kunstschönen wie vom Gegenständlichen, das für die in der → *Freizeit* ablaufenden Orientierungs- und Handlungsschemata konstitutiv ist. Der Bundesbürger ist in ihnen wie ein Fremdbewußtsein zu Hause. Dieser tiefgreifenden Verunsicherung entspricht es, daß eine Sozialtheorie von K. scheitert. In dem Erfolg der Serigraphien à la A. Warhol (»Marilyn Monroe«) und R. Indiana (»Love«) bei der Mittelschicht zeigt sich, daß K. längst keine Frage der Geschmackssicherheit mehr ist, sondern seine Intensität am Einkommen orientiert.

Im Gegensatz zur Bundesrepublik, die über kein ernst zu nehmendes pädagogisches Konzept gegen den K. verfügt, ist in der DDR frühzeitig eine kulturpolitische Front gegen den K. aufgebaut worden. Für die Eigenart dieser Linie gegen den K. wie für den Zeitpunkt, zu dem sie gezogen wurde, ist grundlegend, daß sich die → *Kulturkritik* der DDR überwiegend, wenn überhaupt, mit westlichen Problemen befaßt. Während der 5. Tagung des Zentralkomitees der *SED* 1951 kam folgender Beschluß gegen den K. zustande: »Zur Vergiftung des Bewußtseins und Verrohung des Geschmacks der breiten Massen des Volkes wenden die imperialistischen Kulturzerstörer die Waffe des K. an. K. ist Pseudokunst. K. ist auch künstlerische Form mit verlogenem Inhalt. Formalismus und K. erfüllen eine konkrete Funktion im Interesse des menschheitsfeindlichen Imperialismus und seiner Politik der Kriegsbrandstiftung« (H. Lauter, Der Kampf gegen den Formalismus in Kunst und Literatur, für eine fortschrittliche deutsche Kultur, Berlin (Ost) 1951, S. 156 f.) Die DDR hat diesem Befund im wesentlichen zwei Momente entgegengesetzt, die Entwicklung einer »volksverbundenen sozialistischen Kunst« und die »Ausbildung sozialistischer Kulturbedürfnisse«, ein kulturpolitisches Programm, das jede Auseinandersetzung mit dem K. im eigenen Lande überflüssig zu machen schien.

Zwar gibt es keine im Hinblick auf das Kitschproblem erheblichen Analysen der Produktion beispielsweise des *VEB Deutsche Schallplatten* oder des *VEB der Kunst Dresden,* aber doch eine Aussage des Betriebsdirektors des *VEB Thüringer Schmuck,* der die Existenz des K. in klassischer Form bestätigt: »Unsere Planauflagen haben sich in den letzten zehn Jahren von viereinhalb auf rund 14 Mio. Mark Produktion von Souvenirs aus Plast erhöht. Das sind Erzeugnisse in Serien von 80 000 bis über 100 000 Stück« (Das Volk 37 (1981) v. 15. 8. 1981). Mit dieser Feststellung wird nicht allein deutlich, daß es auch in der DDR den K. gibt, die Gartenzwerge, die Traumpostkarten, die schrankwandgerechte Goethebüste, die falschen Versöhnungen des Unterhaltungsfilms und des Heftromans, die sich von vergleichbaren westlichen Erzeugnissen kaum unterscheiden dürften, die Operette, die sich in ihrer an bürgerliche Vorbilder angelehnten Form großer Beliebtheit erfreut, den Schlager im Stil des Aufbaulieds, sondern es wird vor allem sichtbar, daß der Breitenwirkung des K. in der DDR wohl nur die materiellen Schwierigkeiten der Produktion entgegenstehen, während seine sozialen Rahmenbedingungen längst vorhanden sind.

B. Lutz

Literatur
W. Killy, Deutscher K. Ein Versuch mit Beispielen, Göttingen [6]1970
L. Giesz, Phänomenologie des K., München [2]1971.
A. Moles, Psychologie des K., München 1972
H. de la Motte-Haber (Hrsg.), Das Triviale in Literatur, Musik und Bildender Kunst, Frankfurt a. M. 1972
G. Ueding, Glanzvolles Elend. Versuch über K. und Kolportage, Frankfurt a. M. 1973
K. Hammerich, M. Klein (Hrsg.), Materialien zur Soziologie des Alltags. Sonderheft 20 der Kölner Zeitschrift für Soziologie und Sozialpsychologie, Köln 1978

Kommunikation

Unter den verschiedenen Formen der K. bezeichnet intrapersonale K. Vorgänge innerhalb eines Individuums wie die Aufnahme und Verarbeitung von Umweltdaten, interpersonale K. den Austausch zwischen mindestens zwei Personen. → *Massenkommunikation* ist dagegen in ihrer Mediengebundenheit stets indirekt und einseitig. Zumeist wird auch ihr öffentlicher (→ *Öffentlichkeit*) Charakter gegenüber dem privat-persönlichen direkter K. hervorgehoben. Funktion und Struktur von K. können stark divergieren: reine → *Information,* gleichberechtigte Auseinandersetzung unterschiedlicher Meinungen im Diskurs einerseits, → *Werbung* und → *Propaganda* andererseits, aber auch therapeutische K., zu dem auch der Bereich der nicht- oder nonverbalen K. zählt, wie Gesten, Mimik und Verhalten allgemein. Alle menschlichen Sinne kommunizieren mit der Umwelt und ermöglichen zwischenmenschliche Interaktionen; so bildet auch die nonverbale Ebene einen wichtigen Bereich der K.

Der Begriff K. taucht wissenschaftlich wie umgangsprachlich in zahlreichen Verwendungsformen auf. Die moderne Nachrichtentechnik führte zur Entwicklung einer mathematischen Kommuni-

317

kationstheorie, in der es um die Kapazität von Übertragungskanälen geht.

In den Sozialwissenschaften wird K. grundsätzlich als eine Form sozialen Handelns verstanden. Kommunikationsforschung beschäftigt sich mit allen Prozessen zwischenmenschlicher Mitteilung, wobei die Entstehung neuer Techniken der Übertragung in der Massenkommunikation einbezogen wird. Die Gruppenstrukturen menschlicher Organisation, verhaltensorientierende Faktoren und die Analyse von Aussagen sowie Verständigungsprozesse sind wesentliche Themen. Als philosophischer Begriff wird K. in den 30er Jahren dieses Jahrhunderts von K. Jaspers verwendet. In den unterschiedlichen Philosophien der K. geht es um die Frage, wie der Mensch seine → *Einsamkeit,* Isoliertheit und Verstörtheit im wagenden Entwurf »existentieller K.« (K. Jaspers) überwinden kann. K. wird so zur Instanz von Sinnfindung und Sinngebung. Diese Auffassung wirkte stark in die Pädagogik und die politische Bildung mit dem Gedanken zu Partnerschaft und personaler Ummittelbarkeit. Auf diese Weise hoffte man, sich am ehesten gegen den Totalitarismus des Nationalsozialismus wehren zu können. Im Bereich der ästhetischen (→ *Ästhetik*) → *Erziehung* wird, geleitet durch ideologiekritische Analysen der → *Kultur-* und »Bewußtseinsindustrie« durch M. Horkheimer, Th. W. Adorno, H. M. Enzensberger, das Programm einer »visuellen K.« gegen das mit faschistischer (→ *Antifaschismus*) Vergangenheit belastete Konzept einer »musischen Erziehung« eingeführt. Gleichzeitig will man der quantitativen Dominanz optischer Massenmedien, wie → *Photographie,* → *Film,* → *Fernsehen,* Illustrierte, → *Presse,* → *Werbung* und → *Comics* kritisch Rechnung tragen (H. K. Ehmer 1971).

Sieht man von der durchaus unterschiedlichen Verwendung von »K.« ab, so kann die Bevorzugung dieses Begriffs einmal als Indiz für die Verwissenschaftlichung der Umgangssprache gewertet werden, zum anderen als Suche nach einem allgemeinen Prinzip, das menschlichen Interaktions- und Verständigungsprozessen zugrunde liegt. »Kommunikationsbereitschaft«, die »notwendige K. mit dem anderen deutschen Staat« und ähnliche Wendungen zeigen darüber hinaus, daß K. gegen → *Propaganda,* Agitation, Abgrenzung, politische Klimaverschärfung steht und auf das Modell »friedlicher Koexistenz« zwischen Menschen, Völkern, Staatsformen und Gesellschaften hinweist.

In der DDR wird der Begriff K. in seiner generellen Form nicht anders definiert als in der Bundesrepublik: als Austausch von Zeichen und → *Informationen* zwischen verschiedenen dynamischen Systemen, der einen gemeinsamen Zeichenvorrat und die Fähigkeit zur Aufnahme, Verarbeitung, Speicherung und Weitergabe von Informationen beim jeweiligen Sender und Empfänger voraussetzt. Das Hauptinteresse richtet sich allerdings auf die »gesellschaftliche K.«, also die K. zwischen einzelnen Menschen und Menschengruppen, die vor allem über → *Sprache* vermittelt wird. Die Sprache gilt deswegen als wichtigstes Medium gesellschaftlicher K., weil sie die verschiedenen Formen des Zusammenlebens auf der Grundlage gesellschaftlicher Arbeitsteilung (→ *Arbeit*) überhaupt erst ermöglicht. Zudem hat sie nach marxistisch-leninistischer Auffassung die Funktion, als Instrument kognitiver und emotionaler Widerspiegelung der Wirklichkeit, menschliches → *Bewußtsein* hervorzubringen. Diese besondere Eigenschaft der Sprache macht sie zum Ideologieträger (→ *Ideologie)* und wichtigstes Mittel für Agitation und Propaganda.

Es ist von daher auch nicht überraschend, daß die Diskussion des Kommunikationsbegriffs sowie des gesamten Gegenstandsbereichs sozialer K., die in der DDR ab Mitte der 60er Jahre einsetzte und zunächst einen Anschluß an internationale Standards der Systemtheorie und Kybernetik suchte, sich verhältnismäßig schnell wieder Fragen der Bewußtseinsentwicklung und optimalen Bewußtseinsbeeinflussung im Sinne des Marxismus-Leninismus zuwandte. Auch wenn mit größter Akribie neue Termini wie *kommunikative Tätigkeit* oder *Kommunikationsereignis* entwickelt wurden, es ging dabei um nichts anderes als um das je aktuelle Sprechen und seine verschiedenen Erscheinungsformen. Dialog, Monolog, Gruppengespräch, Ansprachen, Vorträge und Theateraufführungen (→ *Theater*) als Beispiele direkter, interpersonaler K.; Telephongespräch, Briefeschreiben und -lesen als Beispiele interpersonaler, indirekter K.; Radiohören, Fernsehen, Filmvorführungen, Zeitung- oder Buchlesen als Beispiele massenmedialer, indirekter K. Insgesamt hat sich die Systematik kommunikationstheoretischer Konzepte allerdings sehr deutlich auf Sprachwissenschaft und Linguistik der DDR ausgewirkt. Besonders beeinflußt wurde auch die Sozialpsychologie, die sich heute bemüht, auf der Basis materialistisch-dialektischer Widerspiegelungstheorie informationstheoretische, mathematische und linguistische Kommunikationsmodelle zu einer Theorie der interpersonellen K. zu integrieren. Da diese Disziplin sehr anwendungsorientiert arbeitet, vor allem in bezug auf die Führung und Leitung gruppendynamischer Prozesse in der gesellschaftlichen Produktion, werden hier auch Fragen nonverbaler K. thematisiert sowie Probleme psychischer und physischer »Kommunikationsschranken«.

Die zwar weit streuende, aber grundlegende Bedeutung, die dem Phänomen K. zugesprochen wird, hat dazu geführt, in ihr ein fundamentales anthropologisches Datum zu sehen. Der Mensch wird verstanden als *homo communicator,* also als jemand, der sein Leben nicht als Einzelwesen leben kann, sondern nur in sozialen Situationen und übergreifenden Situationsbestimmungen menschlicher Gesellschaften. Sprache und Sprachverwendung als den Menschen vor dem Tier auszeichnende Eigenschaft gewinnt damit an Bedeutung. Die Rede von »kommunikativer Kompetenz« meint in diesem Sinn, daß jeder Mensch grundsätzlich sein Verhalten durch kommunikatives Handeln selbst steuern kann. Benachteiligungen wie mangelnde Sprechfähigkeit und Verfügung über eingeschränkte Sprechcodes müssen dann kompensatorisch ausgeglichen werden, wenn Chancengleichheit nicht erreicht werden kann, ohne daß eine soziale Milieuidentität verletzt wird. Die mangelnde Realisierung von »kommunikativer Kompetenz« in der Bundesrepublik wird häufig kritisiert. Kommunikationsstörungen in der Öffentlichkeit, in Erziehungsinstitutionen wie Schule und Hochschule, vor allem in →*Familien* werden zum Gegenstand kritischer Analyse und therapeutischer Vorschläge. Mißverständnisse aufgrund unterschiedlicher Relevanzsysteme, Unabgestimmtheit zwischen persönlichen Wahrnehmungen, Beziehungsblindheit und andere Formen mißlingender K. werden in Einzel-, Familien- und Gruppentherapien behandelt (P. Watzlawick, J. H. Beavin, D. D. Jackson, Menschliche K., Formen, Störungen, Paradoxien, Bern 1969). Auch gesellschaftliche Kommunikationsstörungen werden thematisiert: Sie finden sich in der Selbstausbürgerung von Jugendlichen (→*Jugend*), die die gesellschaftliche Ordnung der Bundesrepublik Deutschland nicht aktiv kritisieren oder angreifen, sondern sich aus ihr zurückziehen (→*Subkultur),* in den Abwehrhaltungen, die sich zwischen »Gastarbeitern« und Einheimischen entwickelt haben oder in der ghettoisierenden Isolation alter Menschen (→*Alter).*

Dagegen wird ein neuer Kulturbegriff gesetzt: Soziokultur soll im Gegensatz zur etablierten oder elitären oder repräsentativen →*Kultur,* die wenigen vorbehalten bleibt, neue Formen des Selbstausdrucks ermöglichen. Stadtteilarbeit, die Einrichtung von Kommunikationszentren, die Unterstützung von Bürgerbewegungen sollen eine neue »Bewegung von unten« ermöglichen und durch kommunikative Partizipation aller die Kommunikationsstörungen eines verwalteten Lebens und einer allzu funktional ablaufenden Politik beseitigen helfen. Die diffuse Strahlkraft des Begriffs K. geht insofern von einer beschreibenden und analytischen Verwendung in den Wissenschaften in eine kulturkritisch-wertende, zugleich strategisch-konstruktive im allgemeinen Sprachgebrauch über (I. Hübner, Kulturzentren. Gesellschaftliche Ursachen, empirische Befunde, Perspektiven soziokultureller Zentren, Weinheim, Basel 1981). Zieht man den Bereich nonverbaler K. mit in diese Betrachtung ein, so wird deutlich, daß sich letzlich alle gesellschaftlichen kulturellen Phänomene hinsichtlich ihrer kommunikativen Funktion interpretieren lassen. Ob man Gewohnheiten der →*Jugend,* →*Mode* oder →*Musik* thematisiert, all dies besitzt Zeichencha-

rakter, ist nicht natürlich gegeben, sondern unterliegt kultureller Konvention (vgl. A. Niederer, Zur Ethnographie und Soziographie nichtverbaler Dimensionen der K., in : Zeitschrift für Volkskunde, 71. Jg. 1975, H. 1, S. 1–20).

K. als Thema hat in der DDR während des gleichen Zeitraums »Karriere« gemacht wie in der Bundesrepublik. Dabei wurde ihr eine ähnlich grundlegende Bedeutung für das gesellschaftliche Zusammenleben der Menschen zuerkannt. Dies geschah aber weniger im allgemein anthropologischen Sinn. Es fand auch keine vergleichbare Reflexion und Analyse jener Kommunikationsstörungen statt, wie sie für alle hochindustrialisierten Länder charakteristisch sind und für die DDR ebenfalls ein Problem darstellen. Aufgaben kompensatorischer Spracherziehung, in der Bundesrepublik Bestandteil aufklärerischer Reformprojekte, werden durch das einheitliche sozialistische Bildungssystem anders bewältigt. Übereinstimmung mit oder Angepaßtheit an die herrschende Ideologie vorausgesetzt, ist Chancengleichheit bei der Entwicklung individueller Talente und Fähigkeiten in der DDR weitgehend gewährleistet.

Aus dem traditionellen Kontext marxistisch-leninistischer Überlieferung zur Sprache, Bewußtseinsentwicklung und -beeinflussung, zur Ideologie der Partei der Arbeiterklasse, zu Agitation und Propaganda wurde ein politisch-ideologischer Bezugsrahmen für die Bestimmung gesellschaftlicher K. geschaffen, der in der Bundesrepublik fehlt.

Daß allerdings K. Marx mit einem verhältnismäßig präzisen politökonomischen Kommunikationsbegriff arbeitete, der sich gerade nicht auf ausschließlich sprachliche Verständigung bezieht, sondern vor allem auf die Struktur und technische Entwicklung der Verkehrs- und Transportwege, ist eine in der DDR völlig vernachlässigte Variante des Themas. Denkt man an die häufig zitierten »Versorgungslücken« und ihre negativen Auswirkungen auf das Bewußtsein der Bevölkerung, so böte sich hier für marxistische Gesellschaftswissenschaftler eine interessante Möglichkeit, gesellschaftliche K. einmal unter einem neuen Aspekt zu untersuchen, ohne auf die Exegese der Klassiker verzichten zu müssen. Denn es gibt, nach K. Marx, »selbständige Industriezweige, wo das Produkt des Produktionsprozesses kein neues gegenständliches Produkt, keine Ware ist. Ökonomisch wichtig davon ist nur die Kommunikationsindustrie, sei sie eigentlich Transportindustrie für Waren und Menschen, sei sie Übertragung bloß von Mitteilungen, Briefen, Telegrammen etc.« (K. Marx/F. Engels, Werke, Bd. 24, S. 60)

D. Baacke, V. Blaum

Literatur

L. Bisky, S. Bönisch, Zu Grundfragen einer marxistischen Theorie der sozialen K., in: Jugendforschung H. 9, 1969, S. 5–18

H. K. Ehmer (Hrsg.) Visuelle K. Beiträge zur Kritik der Bewußtseinsindustrie, Köln 1971

W. Hartung u. a., Sprachliche K. und Gesellschaft, Berlin (Ost) ²1976

H. Hiebsch, M. Vorwerg u. a., Sozialpsychologie, Berlin (Ost) 1979

D. Baacke, K. und Kompetenz. Grundlegung einer Didaktik der K. und ihrer Medien, München ³1980

Kommunikationspolitik

I. Zensur und Pressefreiheit – II. Kommunikationspolitik als Agitation und Propaganda – III. Kommunikationsordnung der Bundesrepublik Deutschland – IV. Funktion und Ziele der Agitation und Propaganda

I. Zensur und Pressefreiheit

K. und Medienpolitik sind Begriffe, die erst Mitte der 60er Jahre als Reaktion auf die Pressekonzentration, die Einstellung und Fusion vieler Zeitungen und Zeitschriften aufkamen. Dem Staat wurde damit die Aufgabe überantwortet, durch ordnungspolitische Maßnahmen die Voraussetzungen für eine demokratische Entfaltung der in Artikel 5 des *Grundgesetzes* postulierten Grundrechte der Kommunikationsfreiheit (→ *Öffentlichkeit*) sicherzustellen und zu verbessern. Damit wurde ein Sachverhalt ausdrücklich als eigenständiger Politikbereich hervorgehoben, der auch ohne diese Etikettierung von weitreichender, praktischer, insbesondere kulturpolitischer Bedeutung war und ist. Dazu gehören die Presse- und Rundfunkgesetze, die Filmförderung und zahllose andere Maßnahmen wie etwa der Postzeitungsdienst, den die *Deutsche Bundespost* mit einem Defizit von etwa einer halben Mrd. DM jährlich betreibt und ohne den insbesondere die → *Zeitschriften* kaum in der jetzigen Vielfalt existieren würden. In »Entschließungen«, »Medienpapieren« und »Leitlinien« gaben sich die politischen Parteien in den 70er Jahren medienpolitische Konzepte, die die K. ausdifferenzierten. Parallel zu diesen Dokumenten ordnungspolitischer Programmatik entwickelte sich rasch und intensiv eine konkrete Medienpolitik, wie es eine interne, durch Indiskretionen bekanntgewordene »Medien-Studie« der *CDU* in »Frankfurter Rundschau« vom 23. 8. 1978 nannte: K. als Machtpolitik, als Politik zur interessengesteuerten Instrumentalisierung der Medien.

Jahrhundertelang bestand die K. in der rigorosen Einschränkung der Kommunikationsfreiheiten (→ *Zensur*), der Gedankenfreiheit, der Redefreiheit, der Glaubensfreiheit, der Gewissensfreiheit. Im 19. Jh. wird statt dieser Wortverbindungen der Begriff »Pressfreiheit« gängig, der symbolhaft für geistige Freiheit steht. Eine erste gesetzliche Regelung, die von dem bis dahin gültigen Polizeistrafrecht zu einem Schutzrecht der Medien führte, wurde 1874 mit dem *Reichspressegesetz* verabschiedet, das nach 1945 Pressegesetze der Bundesländer ablösten. Schon 1850 wurde das staatliche Inseratenmonopol endgültig aufgehoben, so daß sich die Presse nicht zuletzt durch wachsende Anzeigenumsätze nun wirtschaftlich freier entwickeln konnte. Damit begann aber zugleich ihre wirtschaftliche Abhängigkeit, die schon 1863 von dem Sozialisten F. Lasalle angeprangert wurde. Seine Forderung einer »totalen Umwandlung der Presse« (Die Feste, die Presse und der Frankfurter Abgeordnetentag, in: O. B. Roegele, P. Glotz (Hrsg.), Presse-Reform und Fernsehstreit, Gütersloh 1965, S. 47) mit dem Ziel einer organisatorischen Unabhängigkeit von ökonomischen Einflüssen weist auf ein Problem der K., das in der Weimarer Republik als »innere Pressefreiheit« diskutiert wurde und bis heute ungelöst blieb. Reformvorschläge zur Organisation der Medien, wie etwa die Idee einer von einer unabhängigen Stiftung getragenen Zeitung bestimmen seitdem die intellektuelle und politische Diskussion der K. Aber erst durch die Besatzungsmächte und auch nur hinsichtlich des Rundfunks kam es nach 1945 zu einem Neuanfang. Nach den Erfahrungen mit dem Nationalsozialismus, dessen K. alle Medien in den Dienst propagandistischer Massenführung, zentral gelenkt durch das *Reichsministerium für Volksaufklärung und Propaganda*, stellte, war es die grundlegende Politik der Besatzungsmächte, formuliert in einem Befehl vom 21.11.1947 durch den Militärgouverneur General L. D. Clay, »die Kontrolle über die Mittel der öffentlichen Meinung verteilt und von der Beherrschung durch die Regierung« freizuhalten (H. Bausch, Rundfunkpolitik nach 1945, Erster Teil: 1945–1962, S. 34). In langen und schwierigen Auseinandersetzungen mit den deutschen Stellen entstand so in der Institution der Landesrundfunkanstalten (→ *Hörfunk*, → *Fernsehen*) teilweise nach dem Vorbild der *British Broadcasting Corporation* ein neues ordnungspolitisches Modell einer öffentlich-rechtlichen Organisation der Medien. Es blieb allerdings bis heute umstritten. Ähnliche Reformkonzepte, die es auch für die Presse gab, konnten sich nach 1945 dagegen nicht durchsetzen. Zur knappen Charakterisierung der K. und ihrer Probleme setzte sich angesichts dieses Nebeneinanders zweier grundsätzlich verschiedener Medieninstitutionen das Schlagwort von der »publizistischen Gewaltenteilung« durch, Marktsteuerung einerseits und gesellschaftliche Kontrolle andererseits.

II. Kommunikationspolitik als Agitation und Propaganda

In der DDR ist K. gleichbedeutend mit Agitation und →*Propaganda* der herrschenden Partei, nach W. I. Lenins Konzept von der Presse als »kollektiver Propagandist, Agitator und Organisator«. Dieses Konzept wurde zu einem Zeitpunkt entwickelt, als in Rußland der Aufbau einer Kaderpartei zur Anleitung und Beschleunigung der sozialistischen Revolution erfolgte. Es betont den instrumentellen Charakter der Massenmedien bei der Propagierung und Durchsetzung politischer Ziele. Nach der Revolution veränderten sich die Funktionen der Presse und des inzwischen verbreiteten Rundfunks insofern, als sie nunmehr dem Aufbau der sozialistischen Gesellschaft dienen sollten.

Statt einer Revolution fand in der Sowjetischen Besatzungszone und späteren DDR die antifaschistisch-demokratische Umwälzung statt, in deren Verlauf die *KPD* bzw. *SED* mit Unterstützung der Sowjetischen Militäradministration an die Macht gelangte und den →*Sozialismus* durch administrative Maßnahmen einführte. Das machte den gezielten Einsatz der Massenmedien in besonderer Weise erforderlich, zumal andere Wege zur Herstellung eines auch nur minimalen gesellschaftlichen Konsensus, wie etwa Wahlen oder freie öffentliche Diskussionen, ihre meinungsbildende Funktion verloren. Als die *SED* sich auf ihrer 1. Parteikonferenz 1949 nach sowjetischem Vorbild zur Kaderpartei formierte, übernahm sie daher auch das tradierte Leninsche Konzept der K. Mit Hilfe der Sowjetischen Militäradministration institutionalisierte sie ein zentrales Lenkungssystem der →*Massenkommunikation,* das verbindliche politische Argumentationsanweisungen des Politbüros ebenso umfaßt wie verschiedene Formen der Zensur, konsequente Personal- bzw. Kaderpolitik ebenso wie die besondere Kontrolle der Journalistenausbildung. Am direktesten kann die *SED* ihre medienpolitischen Vorstellungen in der parteieigenen Presse umsetzen, die deswegen auch häufig als Vorbild für alle übrigen Massenmedien hingestellt wird. Zwar stehen den anderen Parteien ebenfalls regelmäßige Publikationsmöglichkeiten zur Verfügung, das gleiche gilt für die gesellschaftlichen Massenorganisationen, die sorbische Minderheit und die Kirchen; aber alle Veröffentlichungen dürfen nur im Rahmen der von der *SED* vorgegebenen Richtlinien wahrgenommen werden, wobei die evangelischen Kirchen den vergleichsweise größten politischen Spielraum erhalten. →*Hörfunk* und →*Fernsehen* der DDR sind staatlichen Komitees unterstellt, was einer direkten Parteikontrolle entspricht, weil in den Führungspositionen Kader der *SED* sitzen.

Es hat allerdings einige Zeit gedauert, bis die institutionellen und personellen Voraussetzungen geschaffen waren, um den heute mehr oder weniger reibungslos funktionierenden Transfer der Politik von Partei und Staat über die Massenmedien an die Bevölkerung der DDR abzusichern. Die *SED* hielt 1950 und 1951 kurz aufeinander zwei spezielle Konferenzen zu Pressefragen ab, wo deutlich einen Mangel an ideologisch und fachlich qualifizierten Kadern hervorgehoben wurde. Versuche, dies durch verstärkte Rekrutierung von Volkskorrespondenten, also freiwilligen Mitarbeitern aus Industrie und Landwirtschaft, auszugleichen, erwiesen sich als wenig erfolgreich. Auch das Bemühen um eine straffe Planung und vor allem ideologische Anleitung der Redaktionsarbeit durch Instrukteurgruppen der Abteilung Agitation beim Zentralkomitee der *SED* brachte nicht die gewünschten Ergebnisse. Auf der 3. Pressekonferenz der *SED* 1959 mußte schließlich eine Überorganisation und Lähmung der Redaktionsarbeit festgestellt werden. Die 4. Journalistenkonferenz 1964, die sich nun auch auf die Arbeit in Rundfunk und Fernsehen bezog, signalisierte hingegen Tendenzen der Entkrampfung. Den Anforderungen des *Neuen Ökonomischen Systems der Planung und Leitung* entsprechend wurde von den Redaktionen eine langfristige, wissenschaftlich fundierte Leitungstätigkeit gefordert, ohne daß hierzu detailliertere Anweisungen erfolgten. Die zentrale Verantwortung der jeweiligen Betriebsparteiorganisation blieb unbestritten, der besondere Akzent lag jedoch auf ihrer »schöpferischen« Zusammenarbeit mit dem »Redaktionskollegium«.

Erst nach dem VIII. Parteitag der *SED,* der eine deutliche Wende zurück zur Anerkennung nach wie vor bestehender Klassenunterschiede und ideologischer Widersprüche in der DDR brachte, veranstaltete die *SED* im November 1972 wieder eine Konferenz, auf der Fragen der K. diskutiert wurden. Diesmal ging es allerdings generell um die »Aufgaben von Agitation und Propaganda«, es wurden also auch die traditionellen Begriffe wieder hervorgehoben (vgl. Die Aufgaben der Agitation und Propaganda bei der weiteren Verwirklichung der Beschlüsse des VIII. Parteitages des *SED*. Konferenz des Zentralkomitees der *SED* am 16./17. November 1972, Berlin (Ost), 1972).

Die Arbeit in den Massenmedien ist hier nur Teilbereich der politisch-ideologischen »Massenarbeit« der Partei insgesamt. Dies wurde in einem ausführlichen Beschluß vom Mai 1977 nach dem IX. Parteitag der *SED* bekräftigt.

III. Kommunikationsordnung der Bundesrepublik Deutschland

Alle Handlungsträger der K., von den staatlichen Stellen über die Parteien bis zu den Gewerkschaften, Journalistenverbänden oder Kirchen orientieren sich als allgemeine Zielvorstellung zumindest rhetorisch an den →*Grundrechten* des *Grundgesetzes,* das umfassend die Kommunikationsfreiheiten normiert. Die in diesen Artikeln angelegte kommikative Grundordnung der Bundesrepublik Deutschland wurde durch die Rechtssprechung des *Bundesverfassungsgerichts* in einer Kette von Entscheidungen festgeschrieben und gegen obrigkeitsstaatliche Traditionen, wie sie in einzelgerichtlichen Entscheidungen auftraten, verteidigt. Auch verdanken die Rundfunkanstalten jenseits der historischen Zufälligkeiten ihre Entstehung und auch angesichts der von den Kabinetten K. Adenauers, den Zeitungsverlegern und der Wirtschaft betriebenen Veränderungsversuchen den Karlsruher Richtern bis in die unmittelbare Gegenwart eine eigenständige und konsequente kommunikations- und kulturtheoretische Legitimierung.

Folgenreich für die K. war auch, daß die Verfassungsurteile den Rundfunk in einen fernmelderechtlichen und einen kulturrechtlichen Teil trennten. Das Post- und Fernmeldewesen sind als technisches Kommunikationssystem Sache des Bundes, die Organisation des Rundfunkprogramms ist Sache der Länder. Die Trennlinien dieser Kompetenzteilung hängen von der Definition des Begriffes »Rundfunk« ab, die durch die neueren kommunikationstechnischen Entwicklungen mit der Ausbildung des neuen Fernmeldedienstes »Bildschirmtext« um 1980 zwischen Bund und Ländern wieder strittig geworden ist. Die K. ist damit eingebunden in die allgemeine Diskussion zur föderativen Ordnung und insbesondere den Zuständigkeiten für die Kulturpolitik.

Rundfunkpolitisch seit 1961 höchstrichterlich entmachtet und pressepolitisch nach Artikel 75 des *Grundgesetzes* ohnehin nur mit einer Rahmenkompetenz versehen, gingen die Bundesregierungen zwei Jahrzehnte lang zahlreiche Seiten- und Umwege, um dennoch aktiv K. betreiben zu können. Dazu gehörten die Bestellung von Kommissionen nach dem Vorbild der englischen *Royal Commission,* die periodische Erstellung von Berichten, so der 1974 und 1978 vorgelegten »Medienberichte« oder 1975 des »Künstlerberichtes«, ein breit angelegtes kommunikationspolitisches Forschungsprogramm, technologiepolitische Forschungsprogramme zur →*Information,* Dokumentation oder zur »technischen Kommunikation«, ferner der Ausbau der überkommenen Fernmeldedienste zur modernen Telekommunikation durch die *Deutsche Bundespost* auf zahlreichen Gebieten mit, beispielsweise bei Bildschirmtexten und der Erprobung der Glasfaser, weitreichenden Konsequenzen für die gesamte Massen- und Individualkommunikation der nächsten Jahrzehnte. Diese Entwicklung wurde 1981 durch eine Reihe von Kabinettsbeschlüssen politisch verbindlich gemacht (Presse- und Informationsamt der Bundesregierung (Hrsg.), Zur Medienpolitik der Bundesregierung. Dokumente und

Materialien, Bonn, 1981). Den Initiativen der Bundesregierungen hatten die Bundesländer wenig entgegenzusetzen. Trotzdem war insbesondere die Rundfunkpolitik der Länder 1961 bei der Gründung des *Zweiten Deutschen Fernsehens* oder auch bei der den Rundfunkanstalten völlig entzogenen Regelung der Finanzierung des Rundfunks äußerst wirkungsvoll. Zu Beginn der 80er Jahre werden für mehrere Länder »Landesmediengesetze« angekündigt, mit denen möglicherweise eine neue Epoche der K. und der →*Massenkommunikation* beginnt. Daneben sind es vor allem die Gewerkschaften und die Kirchen, die auf die K. Einfluß zu nehmen versuchen. Als direkt Betroffene agieren die Journalisten- und Verlegerverbände und die Intendanten der Rundfunkanstalten. Gelegentlich kam es auch zur Gründung von →*Bürgerinitiativen.*

Die K. hat in den letzten zwei Jahrzehnten eine Fülle amtlicher Dokumente, politischer Leitlinien, wissenschaftlicher Untersuchungen, kulturkritischer Abhandlungen und öffentlicher Grundsatzdiskussionen hervorgebracht. In einem auffälligen Gegensatz dazu steht der Status quo der Medienordnung. So fehlte trotz mehrerer Anläufe der politische Wille, durch ein Presserechtsrahmengesetz des Bundes die inneren Verhältnisse der Presse zu regeln. Auch die öffentlich-rechtliche Struktur des Rundfunks blieb gegen alle Angriffe im Prinzip unangetastet. K. als Ordnungspolitik vollzog sich vor allem symbolisch, als Diskussionsprozeß. Einschneidende Veränderungen dagegen lassen sich seit den frühen 70er Jahren in der konkreten Medienpolitik beobachten. Insbesondere die Politiker und die politischen Parteien haben neben dem rituellen Bekenntnis zur Kommunikationsfreiheit praktisch mit allen geeigneten Mitteln versucht, die Kontrolle über das Mediensystem zu gewinnen, um es für die Machtausübung systematisch nutzen zu können. Ursache dafür dürfte ein Wandel der →*politischen Kultur* sein, der es heute schwierig macht, »Grenzen zwischen ›Regierungstätigkeit‹ und ›Öffentlichkeitsarbeit‹ zu ziehen« (F. Böckelmann, G. Nahr, Staatliche Öffentlichkeitsarbeit im Wandel der politischen Kommunikation, Berlin (West) 1979, S. 11 f.). Das politische System hat seinen noch immer wachsenden Kommunikationsbedarf – die Anfänge dieser Entwicklung beobachtete schon M. Weber in »Politik als Beruf« (1919) – durch massiven und erfolgreichen Druck auf die Rundfunkanstalten befriedigt.

IV. Funktionen und Ziele der Agitation und Propaganda

Das ursprüngliche Leninsche Konzept von der Presse als »kollektiver Propagandist, Agitator und Organisator« weist den Massenmedien nicht nur die Aufgabe zu, die politische Organisation konspirativer revolutionärer Tätigkeit zu festigen, sondern beruht selbstverständlich immer und zuerst auf der Vermittlung von Informationen. Diese Informationen sollen so beschaffen sein, daß sie kurzfristig politische Erkenntnisse hervorrufen (agitieren), längerfristig das Wissen über die »Gesetzmäßigkeit« der gesellschaftlichen Entwicklung zum Sozialismus/Kommunismus vertiefen (propagieren) und, nach der Revolution, kontinuierlich die für die gesellschaftliche Produktion und Reproduktion, insbesondere für den sozialistischen → Wettbewerb erforderlichen Daten verbreiten (organisieren). D. h. die Massenmedien sind »Waffen« im politisch-ideologischen Kampf der Arbeiterklasse bzw. ihrer Partei. Die von ihnen vermittelten Informationen dienen letztlich dem Ziel, über aktuelle Ereignisse systematisch die gesellschaftliche Relevanz und »Wahrheit« marxistisch-leninistischer Ideologie zu beweisen und die Bevölkerung zum entsprechenden Handeln aufzufordern. Das ist die »Erziehung zum sozialistischen Bewußtsein«, inzwischen eher abgeschwächt als »Beitrag zur Entwicklung sozialistischen Bewußtseins« bezeichnet.

Die K. der *SED* richtet sich auf die Herstellung eines gesellschaftlichen Konsensus zur Legitimation ihrer politischen Herrschaft. Dieser gesellschaftliche Konsensus ist gleichbedeutend mit dem sozialistischen Bewußtsein, einer allerdings empirisch bislang nicht operationalisierbaren Kategorie. Anders als in der Bundesrepublik Deutschland sind die Lenkungsmechanismen, die dieses Bewußtsein beeinflussen sollen, streng reglementiert, langfristig geplant und, mit relativer Ausnahme der Kirchenpresse, institutionell als Einbahnstraße der Informationsvermittlung von der Partei an die Bevölkerung abgesichert. Alle Versuche, dieses System zu durchbrechen, etwa durch immer wiederkehrende Phasen einer Forcierung der Volkskorrespondentenbewegung oder durch Appelle zur Mitarbeit an den Massenmedien, damit diese den Charakter einer »Tribüne des gesellschaftlichen Erfahrungsaustauchs« erhalten, können an der Struktur einer solchen K. nichts ändern. Sie ist so durchorganisiert und unflexibel, wie sie verletzbar ist. Das bezeugen die zahlreichen Arbeitsschwierigkeiten, denen sich z. B. bundesrepublikanische Journalisten trotz völkerrechtlich verbindlicher Sonderregelungen in der DDR ausgesetzt sehen.

Außenpolitisch verfolgt die *SED* eine K., die sich in Übereinstimmung mit der *KPdSU,* anderer sozialistischer Parteien und Regierungen für eine Neuregelung des internationalen Kommunikationssystems einsetzt. Sie unterstützte das Zustandekommen der auf der 20. *UNESCO*-Generalkonferenz im November 1978 verabschiedeten Mediendeklaration und strebt, zusammen auch mit vielen Entwicklungsländern, die Ausarbeitung völkerrechtlicher Normen auf diesem Gebiet an. Folgenreich dürfte jedoch vor allem die Ausbildung junger

Journalisten aus Asien, Afrika und Lateinamerika am *Internationalen Institut für Journalistik Werner Lamberz* in Berlin (Ost) sein. Diese Ausbildung brachte in über zwanzig Lehrgängen bereits mehr als 450 Absolventen hervor. Sie wird vom *Verband der Journalisten der DDR* organisiert, der auch Lehrgänge in den Entwicklungsländern selbst veranstaltet, wo die Teilnehmer- und Absolventenzahlen noch weit höher liegen.

Die als »konkrete« K. angedeuteten neueren Entwicklungen in der Bundesrepublik können im Vergleich mit der DDR als eine Problemlösung durch das jeweilige politische System interpretiert werden, die jenseits der völlig verschiedenen normativen Ausgangsbedingungen zu strukturellen Ähnlichkeiten führt. Trotz Kommunikationsfreiheit als Jedermannsrecht und der geforderten Unabhängigkeit der Medien kann auch der demokratische Politiker nicht darauf verzichten, die Presse, den Hörfunk und das Fernsehen für seine Ziele zu instrumentalisieren, zu kontrollieren. Da ihm das wichtigste historische Instrument dieser Kontrolle, die → *Zensur* und andere Lenkungsmethoden verwehrt sind, verweist eine demokratische Kommunikationskultur Regierungen, Parteien und Interessengruppen auf den Weg der direkten, ständigen Beteiligung an allen Prozessen der medienvermittelten Kommunikation. Vor allem das Fernsehen wurde so in beiden deutschen Staaten zur idealtypischen Kommunikationsinstitution der gegenwärtigen politischen Kultur, möglicherweise ihre eigentliche Voraussetzung. Es ist das Medium einer personalisierten Politik, die Bühne eines öffentlichen Lebens, das die Züge einer ständigen *Public-Relations*-Veranstaltung angenommen hat. Neuere Tendenzen des → *Journalismus* in der Bundesrepublik könnten in den 80er Jahren in diesem neuralgischen Punkt der K. wieder einen Wandel herbeiführen.

W. R. Langenbucher, V. Blaum

Literatur

E. Richert, C. Stern, P. Dietrich, Agitation und Propaganda. Das System der publizistischen Massenführung in der Sowjetzone, Berlin und Frankfurt a. M. 1958
E. Löckenhoff, Zur Anleitung und Kontrolle der SED-Presse. Rückblick auf die Pressekonferenzen 1950–64, in: Publizistik 3–4/1966, S. 299–309
F. Ronneberger, K. I – III, Mainz 1978 ff.
H. Bausch, Rundfunkpolitik nach 1945, Teil I: 1945–1962, Teil II: 1963–1980, München 1980
H. Oberreuter, Übermacht der Medien. Erstickt die demokratische Kommunikation?, Zürich 1982

Kommunismus

Im weiteren Sinn versteht man unter K. alle gemeinwirtschaftlichen Gesellschaftsvorstellungen, die das Privateigentum (→Eigentum) an Produktionsmitteln abschaffen und ihre Vergesellschaftung herbeiführen wollen. Im engeren Sinn als Bezeichnung politischer Strömungen herrscht bis etwa 1917 ein schwankender Gebrauch des Begriffs K. mit Überschneidungen zu den Begriffen →Sozialismus und Sozialdemokratie, mit denen die reformerischen Ziele und Organisationen der Arbeiterbewegung bezeichnet werden, und zum Begriff des Anarchismus als einer Bewegung, deren Ziel die unmittelbare Herbeiführung eines herrschaftsfreien Zustandes ist. Als geschichtliche Vorläufer des K. kann man den urchristlichen K., die chiliastischen Bewegungen des Mittelalters und der Bauernkriege, die gemeinwirtschaftlichen Gesellschaftsutopien des 16. und 17. Jh., den utopischen Sozialismus des frühen 19. Jh., und, was die Vorstellungen von den erforderlichen politischen Aktionsformen betrifft, L. A. Blanqui betrachten.

Nach der russischen Oktoberrevolution fixierte sich der Begriff auf diejenigen Abspaltungen von den sozialdemokratischen und sozialistischen Parteien, die sich in Anlehnung an die Kommunistische Partei Rußlands kommunistische Parteien nannten. Auf Grund des orthodox marxistischen Selbstverständnisses der Bolschewiki wurde die Theorie des sowjetischen K. im öffentlichen Bewußtsein nahezu identisch mit dem Marxismus. Unter Verlust anderer Traditionen und Entwicklungsmöglichkeiten setzte sich auch im deutschsprachigen K. weitgehend ein dogmatischer Marxismus durch, der aus dem Marxschen Versuch einer Theorie der Entwicklung der bürgerlichen Gesellschaft das scholastische Lehrgebäude des Dialektischen Materialismus und des Historischen Materialismus machte, das mit dem Begriff des Marxismus-Leninismus, zeitweise mit dem des Marxismus-Leninismus-Stalinismus bezeichnet wurde. Ein Wandel vollzog sich in Ansätzen erst nach den 1956 einsetzenden Bemühungen um eine Entstalinisierung sowie mit der allmählichen Rezeption der seit den 60er Jahren erstmals vollständigen wissenschaftlichen Editionen der Arbeiten von K. Marx, F. Engels, F. Mehring, R. Luxemburg und anderen, insbesondere auch der in ihren Werken enthaltenen kulturtheoretischen Ausführungen. Große editorische Lücken bestehen gleichwohl, besonders bei ausländischen Marxisten, wie A. Gramsci, L. Trotzki oder N. I. Bucharin fort.

Die kulturpolitische Linie der KPD während der Weimarer Republik bewegte sich zwischen zwei Polen. Der eine war, vertreten durch G. Alexander im Feuilleton der »Roten Fahne«, die Erbepflege, bei der es um die Bewahrung, Aneignung und Weitergabe der genialen Meisterwerke klassischer Kunstperioden gehen sollte. Der andere, bedeutsamere war der Gedanke des Aufbruchs aus der bürgerlichen Welt, die den Ersten Weltkrieg hervorgebracht hatte, verbunden mit dem gänzlich Neuen, als das die junge Sowjetunion sich darstellte. Auf die Intelligenz der Weimarer Zeit hat diese Aufbruchstimmung eine kaum zu überschätzende Faszination ausgeübt.

Der Beginn der nationalsozialistischen Herrschaft 1933, die Zerschlagung der KPD und die Flucht ihrer Führung ins →Exil bringen, in Verbindung mit der Volksfrontpolitik ab 1935, eine grundlegende Wende der Kulturpolitik des deutschen K. mit sich. Man beginnt, sich der Bewahrung des klassischen Erbes, der Pflege der oppositionellen und demokratischen Traditionen der deutschen Geschichte zuzuwenden und sich an der kulturellen Situation der UdSSR, wie sie sich nach 1930 herausbildet, zu orientieren. Bald nach 1935 setzte ein für die spätere Kulturentwicklung in den Westzonen und der Bundesrepublik bedeutsamer Vorgang ein, der eine indirekte Folge der damaligen Politik des K. war. Zahlreiche Intellektuelle, die sich aus antifaschistischen Motiven den kommunistischen Parteien und der Volksfront angeschlossen hatten, brachen mit diesen Parteien angesichts der stalinistischen Schauprozesse, der taktischen, zumindest auch die außenpolitischen Interessen der UdSSR stützenden Durchführung der Volksfrontpolitik und schließlich des Hitler-Stalin-Pakts 1939 und seiner Nebenabsprachen. Ein Großteil dieser Schriftsteller und Publizisten nahm, wie A. Koestler, in der Folgezeit ausgesprochen antikommunistische Positionen ein, die sich mit der spezifischen Form des deutschen Antikommunismus verbanden und die nach 1945 in der Bundesrepublik in großem Ausmaß das kulturelle Klima bestimmten. Durch die Wende von 1935 war im wesentlichen die weitere Politik und Kulturpolitik der KPD und der späteren DDR abgesteckt. Daran vermochten weder die verbalen Modifikationen der politischen Programmatik noch die Etappen der Kulturpolitik (→Kulturpolitik der DDR) etwas zu ändern.

Die diese Kulturpolitik tragenden Institutionen und Organisationen sind insbesondere das Institut für Marxismus-Leninismus beim Zentralkomitee der SED, die Akademie der Künste der DDR, der Schriftstellerverband der DDR und die anderen Künstlerorganisationen, der Kulturbund der DDR sowie Hochschulen, Schulen (→Schule) und Massenorganisationen. Wo sich die kulturelle Produktion in der Geschichte der DDR auf den Bezugsrahmen des dogmatischen Marxismus einengen ließ oder die kulturellen Bezugspunkte Klassik, oppositionelle Traditionen und Kultur der UdSSR auf den schwammigen, gleichwohl häufig dogmatisch eingesetzten Begriff des Sozialistischen Realismus einschrumpfen ließ, dürfte sie sich gegenüber der

Rezeption durch die Gesellschaft als weitgehend sperrig erwiesen haben. Insoweit die kulturelle Produktion sich, legitimiert durch die weit auffaßbaren Bezugspunkte der Kulturpolitik, Gestaltungsräume und -möglichkeiten zu eröffnen vermochte, hat sie sich als ein Mittel gesellschaftlicher Selbstverständigung erwiesen, das auch Funktionen wahrnimmt, die in der Bundesrepublik durch die Medien wahrgenommen werden. Allerdings zeigt sich diese kulturelle Produktion als so wenig ausschließlich auf die Situation in der DDR bezogen, daß sie ohne nennenswerte Probleme auch in der Bundesrepublik rezipiert werden kann und wird. Auch ist auffällig, daß die künstlerischen Manifestationen meist keine positive Darstellung der Ideen des K. enthalten, wie die vom Aufbruch der UdSSR faszinierten Werke der Weimarer Zeit. Dies scheint in der offiziellen politischen Etappenbestimmung begründet – in der Definition der DDR heißt die erste, relativ lang anhaltende Phase der neuen Gesellschaft Sozialismus und erst der endgültige Zustand der klassenlosen Gesellschaft Kommunismus - wie in der Tatsache, daß es die Wandlungen der UdSSR nicht erlauben, in ihrer gesellschaftlichen Entwicklung in nachvollziehbarer Weise eine Verwirklichung des K. zu erblicken. Ähnliches wie für die kulturelle Produktion gilt für die marxistische Theorie, denn wenn sie die gesamte marxistische Tradition, auch die verschütteten Teile, aufgreift, steht sie bald in Opposition zur etablierten Gesellschaft der DDR (P. Lübbe, Der staatlich etablierte Sozialismus, 1975; R. Bahro, Die Alternative, 1977).

In der Bundesrepublik sank die *KPD*, bedingt durch die Entwicklung in der DDR, durch ihre eigene Politik wie durch ihr Verbot durch das *Bundesverfassungsgericht* 1956, zur Bedeutungslosigkeit herab. In ihrer Kulturpolitik orientierte sich die *KPD* und orientiert sich heute die *DKP* an der Kulturpolitik der DDR, wenn auch die Momente der Klassikpflege und die Orientierung an der Kultur der UdSSR ein etwas geringeres und Formen operativen Schreibens wie in der Literatur der Arbeitswelt ein etwas größeres Gewicht haben. Die aus der Studentenbewegung um 1970 hervorgegangenen, sich kommunistisch verstehenden und meist an der Volksrepublik China orientierten Organisationen haben zwar an der kulturrevolutionären Strömung teilgehabt, jedoch keine nennenswerten kulturellen Impulse entfaltet.

Die bedeutsamste Auswirkung des K. auf die Kultur Deutschlands und beider deutscher Staaten scheint im Bereich der →*politischen Kultur* zu liegen und hängt mit der Verknüpfung der Idee der sozialen Veränderung mit der Orientierung an der UdSSR zusammen. War diese Verknüpfung in den 20er Jahren auf die Überzeugung gestützt, es könne keine Widersprüche zwischen der weltweiten Arbeiterbewegung und dem ersten Arbeiterstaat geben, so wurde sie mit Beginn der nationalsozialistischen Herrschaft 1933 für den deutschen K. irreversibel, da die Zukunft der Führung der *KPD* und ihres Programms bald ausschließlich davon abhing, daß die UdSSR zu den Siegern des Zweiten Weltkriegs gehören und ihr so die Rückkehr ermöglichen würde. Da sich die Führung der *KPD* spätestens nach 1933 auch als Organ der Außenpolitik der UdSSR verstand und alle Wandlungen der UdSSR nachvollzog und rechtfertigte, wurde in Deutschland die Verknüpfung der Ablehnung sozialer Veränderung mit dem antirussischen und antislawischen Affekt des deutschen Nationalismus möglich. Dieses Gemisch aus Abwehr gegenüber sozialer Veränderung und außenpolitischer Attitüde hat unter dem Begriff des Antikommunismus nicht nur die Zeit der nationalsozialistischen Herrschaft, sondern auch die Zeit nach 1945 tiefgreifend geprägt.

W. Motzkau-Valeton

Literatur

Kulturpolitisches Forum der Deutschen Kommunistischen Partei, 12./13. Juni 1971 in Nürnberg, Hamburg 1972
A. Kantorowicz, Politik und Literatur im Exil, Hamburg 1978
Wissenschaftlicher K., hrsg. von H. Anders u. a., Berlin (Ost) [3]1979
H. Weber, Demokratischer K.? Berlin (West) 1979

Konsum

I. Die Welt des Konsumenten – II. Konsum in der Bundesrepublik Deutschland – III. Konsum in der Deutschen Demokratischen Republik – IV. Probleme des Vergleichs und der Konsumforschung

I. Die Welt des Konsumenten

Privater K. ist der Bedürfnisbefriedigung dienender Verbrauch von Waren und Dienstleistungen durch private Haushalte. Verbrauch und Verbraucherverhalten können als Abfolge verschiedener Stadien verstanden werden. Der Kauf, also die Marktentnahme, ist nur ein Punkt in diesem Prozeß, dem Motivation, Bedürfnisformierung und Anreiz zum Kauf vorausgehen und dem Nutzung, Verwendung und Herzeigen folgen. K. wird als Ausdruck und Ausschnitt menschlichen Verhaltens verstanden. Akteur ist der Verbraucher, der meist im Rahmen eines Haushalts handelt. Dieser Verbraucher ist erst seit verhältnismäßig kurzer Zeit zum Gegenstand wissenschaftlicher Forschung geworden. In seinem heutigen Sinn ist er eine epochaltypische Kategorie, deren Erscheinung lediglich auf dem Hintergrund einer bestimmten historischen Konstellation gedeutet werden kann. Zwar haben die Individuen auch in früheren Epochen konsumiert, jedoch sind die kulturellen, sozialen und ökonomischen Bedingungen hier qualitativ ganz anders einzustufen. In der vorindustriellen Welt bestand eine verhältnismäßig starre, traditionsgefügte Bedarfslage, der K. war weitgehend am Notwendigen orientiert.

Der Beginn des → *Kapitalismus* und mit ihm das Heraufkommen der puritanischen Ethik schuf den Übergang zur sozial geregelten Konsumaskese, da Kapitalbildung nur durch normativ abgesicherte Zurückhaltung beim K. möglich war. Der Verbraucher wurde zum Empfänger von Energien, die nicht dem → *Genuß* dienten, sondern es ihm ermöglichen sollten, besser und leistungsfähiger zu produzieren. Erst im Zug einer expandierenden Güterwelt mit wachsendem Produktionsapparat verlagerten sich die Probleme von der Erzeugung zunehmend auf den Absatz. Der Verbraucher wurde in seiner ökonomischen und sozialen Rolle aufgewertet; der K. entwickelte sich entsprechend der ihm entgegengebrachten sozialen Beachtung zu einem bedeutsamen Faktor bei der Gestaltung des individuellen Lebens. Konsum- und Freizeitbereich absorbierten mehr und mehr psychische Energien, bis schließlich die Kritiker unserer Konsumgesellschaft vermerkten, daß der Mensch, eben dem Diktat der Knappheit entronnen, sich in der neuen Abhängigkeit der gesellschaftlich aufgezwungenen Konsumverhältnisse wiederfinde.

Auf der anderen Seite ist von der wachsenden Macht des Verbrauchers die Rede (G. Katona, 1965), wobei die Vorstellung zugrunde liegt, daß früher in der Hauptsache der Unternehmer die Dynamik des wirtschaftlichen Geschehens sowie Umfang und Richtung der Produktion bestimmte, deren Absatz im Prinzip gesichert war. Inzwischen aber sind Verbrauch und Verbraucher nicht mehr nur passive Konstanten im Kalkül der Produzenten, sondern müssen in ihrem spezifischen Verhalten, also vor allem in ihrer Bedürfnisstruktur berücksichtigt werden. Der Bedarf wird immer weniger vom Lebensnotwendigen bestimmt; es stehen zusätzliche Mittel zur Verfügung, bei deren Verbrauch ein Ermessensspielraum freibleibt. Neben den starren, an Gewohnheiten gebundenen täglichen oder in anderer Weise periodischen Ausgaben ist ein quantitativ großer, mit steigendem Einkommen immer bedeutsamer werdender Teil der Nachfrage daher der Kaufwilligkeit und nicht so sehr der Kauffähigkeit anheimgegeben. Dieser Teil des K. reagiert besonders empfindlich auf die Konjunkturlage und übt gleichzeitig großen Einfluß auf sie aus, da er von den positiven und negativen Zukunftserwartungen der Verbraucher abhängt. Die Macht des Konsumenten wächst mit seinem Ermessensspielraum.

Dieser Ermessensspielraum wird eingeengt durch soziale Einflüsse; schon die Sozialisation im

Elternhaus formt die Konsumziele und -normen des einzelnen. Später unterliegt sein Verhalten der Autorität von Bezugsgruppen, die beispielsweise beeinflussen, welche Art des K. zur Erreichung eines angestrebten Status verhilft. Weiter eingeengt wird die Freiheit des Konsumenten durch politische Kräfte. Schon um der Übersichtlichkeit willen entwickelt eine Planwirtschaft strengere Kriterien für die Lenkung des K. als eine Marktwirtschaft, in der der Staat die Verbraucher vor Machtmißbrauch der Produzenten schützen soll, sich aber sonst eher zurückhält. Dennoch wird in Marktwirtschaften wie der Bundesrepublik der Entscheidungsspielraum der Verbraucher durch Unternehmenskonzentrationen und die daraus folgenden Behinderungen des Wettbewerbs eingeengt, ebenso durch Modediktate (→ *Mode*), Absprachen zwischen den Herstellern und suggestive → *Werbung*. Die Folgen der Werbung sind zwar meist milder Natur, da sich ihr Einfluß in der Regel nur indirekt und gebrochen bemerkbar macht oder sich die konkurrierenden Reklamereize gegenseitig abschwächen. Gelegentlich können sie aber, wenn sie mit stark durchgreifenden sozialen Normen zusammenwirken, einen Zwang ausüben, der die prinzipiell bestehende Konsumfreiheit einschränkt. Die die marktwirtschaftliche Ordnung beherrschende Ideologie der Konsumsouveränität, ein »Derivat der demokratischen Ideologie« (H. Albert, Zur Theorie der Konsumnachfrage in: Jahrbuch für Sozialwissenschaft, Bd. 16, Göttingen 1965, S. 139–198) ist demnach empirisch nur mit erheblichen Einschränkungen vorfindbar. In jedem Einzelfall muß entschieden werden, ob der Einfluß des Konsumenten oder des Produzenten überwiegt.

Von marxistischer Seite ist gefordert worden, auf die Idee einer Konsumentensouveränität ganz zu verzichten, da der Verbraucher allein an der Wahlfreiheit, nicht dagegen an der Wahrnehmung von Souveränität interessiert sei, die zudem nur hypothetischen Charakter habe (vgl. B. Wootton, Freedom under Planning, London 1945). Tatsächlich bleibt dem Verbraucher auch in einer Verwaltungswirtschaft die Wahl über bestimmte bereitgestellte Alternativen. Die in einer wettbewerbsorientierten Gesellschaft gebotenen Möglichkeiten werden aber in aller Regel weitergespannt sein. Sie weisen ein reichhaltigeres Konsumgütersortiment auf als es die Planwirtschaft vermag, die schon aus Gründen der Übersichtlichkeit und Disponibilität an einer Einschränkung der Vielfalt interessiert ist.

II. Konsum in der Bundesrepublik Deutschland

Die unmittelbare Nachkriegszeit war in der Bundesrepublik durch den Nachholbedarf auf allen Ebenen gekennzeichnet. Auch wenn versucht wurde, die Mangellagen rasch zu beheben, so entstanden gleichwohl schwerpunkthaft Konsumwellen, wie die verschiedenen »Freßwellen« der 50er und 60er Jahre. Die Konsolidierung des K. erfolgte je nach Bereich mit unterschiedlichen Geschwindigkeiten. Auch gab es Unterschiede bei den verschiedenen Bevölkerungsgruppen. Etwa um die Mitte der 60er Jahre war der Nachholbedarf mit Hilfe des »Wirtschaftswunders« gestillt, die Phase der Wohlstandsgesellschaft begann.

Im Zuge dieses Prozesses und in seiner Fortsetzung bis in die Gegenwart haben sich zum Teil verblüffende Parallelen zur Entwicklung des K. in den USA ergeben, die sich in einer bestimmten Prägung des → *Geschmacks* und einer Standardisierung der Konsumkultur in manchen Bereichen äußern (»Jeans- und Coca-Cola-Kultur«). In anderen Bereichen, etwa bei Wohnzimmereinrichtungen und Automobilen, vermischen sich verschiedene Einflüsse und Traditionen.

Während dieser Zeit lassen sich durchaus Anzeichen finden für einen gewissen »Konsumfetischismus« und die Ideologie, daß mit dem Umfang des K. die Freiheit des Menschen zunehme, wobei manchmal auch K. als Selbstzweck betrachtet wurde.

Zu Beginn der 80er Jahre hat sich jedoch eine Trendwende vollzogen. Durch die sprunghafte Erhöhung des Ölpreises und die kurz danach einsetzende wirtschaftliche Rezession sowie die zunehmend in breiter Öffentlichkeit geführte Diskussion über langfristige Probleme auf dem Arbeitsmarkt wurden Veränderungen ausgelöst. Die Konsumeuphorie ist verflogen, die Menschen reagieren auf pessimistische Zukunftsbewertungen mit eingeschränktem Verbrauch und verstärktem Sparen, wodurch wiederum die Konjunktur belastet wird. Verglichen mit dem Vorjahr sank beispielsweise der Verkauf von Benzin und leichtem Heizöl im Frühjahr 1982 um ein Drittel, was zeigt, daß die Konsumenten in der Bundesrepublik nachhaltig versuchen, auf veränderte Rahmenbedingungen flexibel zu reagieren. Es ist nicht unbedingt ein Widerspruch, wenn sich die Bürger in den als krisenhaft empfundenen Zeiten gleichzeitig Ventilfelder des K. offenhalten. So ist beim Tourismus keine eindeutige Zurückhaltung zu bemerken.

III. Konsum in der Deutschen Demokratischen Republik

Dem sowjetischen Vorbild folgend, war die Wirtschaftspolitik der DDR ebenso wie die anderer sozialistischer Länder des *Rates zu gegenseitiger Wirtschaftshilfe* zunächst weitgehend auf den Auf- und Ausbau der Grundstoffindustrie gerichtet, während der private Bedarf und Verbrauch bewußt vernachlässigt wurden. Das Zurückbleiben des

Konsumstandards gegenüber der Bundesrepublik wurde zunehmend eine Quelle des frustrierenden Vergleichs, der durch Verwandtenbesuche und Empfang des bundesrepublikanischen Fernsehens noch verstärkt wurde. Die ständige Konfrontation mit dem anderen deutschen Staat erklärt zum Teil auch, warum die Bevölkerung der DDR so stark auf Konsumbelange fixiert ist. Dieser Druck löste seit Beginn der 60er Jahre besondere Anstrengungen von seiten der Parteiführung aus, den privaten K. zu beleben. Wenn auch der Umfang des privaten Verbrauchs in der Geschichte der DDR ständig zugenommen hat und Ende der 70er Jahre um mehr als 80 v. H. höher lag als 1960, so sank die Konsumquote, also der Anteil des privaten Verbrauchs am Bruttoinlandsprodukt, weiter ab, wobei allerdings spezifische Unterschiede wie beispielsweise überdurchschnittliche Fortschritte im Wohnungsbau zu berücksichtigen sind. Eine Quelle der Bedürfnisweckung ist sicher auch die ständige Nennung hoher Produktionszahlen. Die Argumentation der Planungsinstanzen, daß ein wesentlicher Anteil dieser Produktion exportiert werden müsse, wird offenbar nicht immer akzeptiert.

IV. Probleme des Vergleichs und der Konsumforschung

Vergleiche im Konsumbereich basieren häufig auf Daten über das jeweilige Versorgungsniveau (→ *Lebensstandard*); sie betreffen insbesondere den Pro-Kopf-Verbrauch ausgewählter Nahrungs- und Genußmittel sowie den Bestand an ausgewählten langlebigen Konsumgütern. Im ersten Fall sind die Unterschiede zwischen Bundesrepublik und DDR bis auf den Bereich Frischobst und Südfrüchte nicht bemerkenswert, wobei zu beachten ist, daß die Grundnahrungsmittel in der DDR stark subventioniert werden. Im Bereich der langlebigen Konsumgüter fällt in der DDR der geringere Anteil an Personenkraftwagen gegenüber den Krafträdern, außerdem der im Vergleich zur Bundesrepublik wesentlich geringere Anteil an Tiefkühltruhen und Geschirrspülmaschinen sowie die unterschiedliche Struktur des Tourismus (→ *Reisen und Tourismus*) auf.

Allerdings sind diese Vergleiche nur bedingt aussagefähig; beispielsweise lassen sich aus dem Fleischverbrauch pro Kopf nicht immer generell Urteile über den Ernährungsstand eines Landes ableiten. So muß auch bei der Interpretation der Tatsache, daß in beiden deutschen Staaten so gut wie alle Haushalte ein Rundfunkgerät besitzen, bedacht werden, welche Qualitätsabweichungen hier zwischen Bundesrepublik und DDR bestehen. Weitere Verzerrungen birgt das unterschiedliche Preisgefüge, das in der Bundesrepublik Ergebnis des Marktmechanismus, in der DDR dagegen

Steuerungsinstrument der Parteiführung ist. Je mehr man solche qualitativen Differenzen einbezieht, desto stärker fällt ein Konsumvergleich zugunsten der Bundesrepublik aus. Die DDR hat fortwährend mit Versorgungsengpässen und der mangelhaften Qualität der angebotenen Produkte zu kämpfen. Autoren aus der DDR halten dieser Tatsache die Bedeutung entgegen, die dem nichtmateriellen Teil der Bedürfnisbefriedigung zukomme. Die Überlegenheit sozialistischer Lebensqualität äußere sich angeblich bei den Gemeinschaftsbetätigungen und der kulturellen Versorgung.

Während die zentrale Aufgabe der Bedarfs- und Marktforschung in der Bundesrepublik darin besteht, noch genauer die Wünsche der Konsumenten zu erkunden, gegebenenfalls verborgene Bedürfnisse zu wecken und hierdurch neue Märkte zu erschließen, was auch die Versorgungsqualität und -vielfalt erhöht, will die Bedarfs- und Marktforschung in der DDR herausfinden, wie die Verbraucherinteressen auf die durch Planvorgabe festgelegten Güterarten und -mengen hin kanalisiert werden können (vgl. D. Hilgenberg, Bedarfs- und Marktforschung in der DDR, Köln 1979). Diese Vorgehensweise wird durch den Anspruch verbrämt, die Forschung nicht wie im Kapitalismus zur Erschließung neuer Märkte einzusetzen, sondern vor allem den Bedarf der Bevölkerung ermitteln zu wollen.

In älteren Schriften herrschte dabei die Sicht vor, daß die Bedürfnisse des Menschen weitgehend als gegebene, vorfixierte Konstanten in das Kalkül der Planungsinstanzen einzugehen haben. In neueren Ansätzen (H. Fabiunke, Kauf- und Konsummotive, 2 Teile, in: Neue Werbung, Jge. 19 und 20, Berlin (Ost) 1972 u. 1973) setzt sich die Erkenntnis durch, daß Bedürfnisse formbar sind und von gesellschaftlich-ökonomischen Bedingungen abhängen. Dies entspricht schon der Vorstellung von K. Marx, daß das industrielle System mit seiner Produktion die Bedürfnisse gleich mitschaffe.

Die Forscher der DDR bleiben, obgleich sie Methoden und Techniken der westlichen Marktforschung zu imitieren versuchen (H. Model, Der Absatz in der sozialistischen Industrie. Aufgaben, Methoden, Organisation, Berlin (Ost) 1973), auf den Nachweis spezifischer sozialistischer Bedürfnisse fixiert.

G. Wiswede, Th. Kutsch

Literatur

G. Katona, Der Massenkonsum, Düsseldorf 1965
J. Backhaus, Der Konsument im ökonomischen System der DDR, Köln 1971
H. Fischer, Handbuch der Konsumentenbefragung, Berlin (Ost) 1972
G. Wiswede, Soziologie des Verbraucherverhaltens, Stuttgart 1972
Autorenkollektiv, Konsumgüterproduktion – grundlegende Ziele, aktuelle Aufgaben, Berlin (Ost) 1974
K.-H. Eckhart: Die DDR im Systemvergleich. Didaktisches Sachbuch zum Verständnis von Plan- und Marktwirtschaft, Reinbek 1978

Konvergenztheorie

Den Erfordernissen einer wissenschaftlichen Theorie hat die K. nie genügt. Vielmehr handelt es sich um eines der zahlreichen, aus Vergleichen mit anderen Lebensbereichen gewonnenen soziologischen und politischen Konzepte, die in raschem modischem Wechsel das politische Denken einer Gesellschaft oder eines Gesellschaftsverbundes beeinflussen.

In den USA während der 60er Jahre und in der Bundesrepublik zu Beginn der 70er Jahre populär geworden, will die K. eine zugleich einfache und optimistische Deutung der Entwicklung des Ost-West-Konflikts geben. Konvergenz wird verstanden als dynamischer Prozeß wirtschaftlichen und sozialen Wandels in beiden Hemisphären, an dessen Ende ein einheitliches, die Stärken oder, in einer pessimistischen Version, die Schwächen beider Systeme zusammenfassendes Gesellschaftssystem stehen wird. Solche Spekulationen beruhten auf voreiligen Hoffnungen in die Fähigkeit der Weltführungsmächte USA und UdSSR, ihr Verhältnis auf der Basis friedlicher Vereinbarungen insbesondere im Bereich der Rüstungskontrolle und der wirtschaftlichen Zusammenarbeit zu stabilisieren. Auch stützte man sich auf voreilige Verallgemeinerungen von Ergebnissen empirischer Detailstudien, in denen Elemente der Wirtschafts- und Gesellschaftssysteme miteinander verglichen worden waren. Zugkräftig kennzeichnete E. Bahr 1963 in seiner »Tutzinger Rede« die politische Konvergenzschule und ihre Erwartungen mit dem Slogan vom »Wandel durch Annäherung«.

In Osteuropa ist sogleich erkannt worden, daß dem »flexibleren Antikommunismus« der K. (Wörterbuch der Marxistisch-Leninistischen Soziologie, Berlin (Ost) ²1977, S. 287) durchaus ideologische Sprengkraft innewohnt. Da jedoch gleichzeitig ein großer Bedarf vor allem an wirtschaftlicher Kooperation bestand, die westliche Entspannungs- und Konvergenzphilosophie aber aus ideologischen Gründen völlig unannehmbar erschien, wurden besonders auch in der DDR die scharfe ideologische Auseinandersetzung und ideologische Abgrenzung zu einer wichtigen Korrektivmaßnahme der Ost-West-Entspannung. Westlichen Konvergenzvorstellungen wurde in heftigen Kampagnen mit der These von der wachsenden Divergenz der Systeme begegnet. Den deutlichsten Einfluß nahm die westliche Diskussion auf Vorstellungen und besonders auf wirtschaftliche Maßnahmen im »Prager Frühling« der Jahre 1967 und 1968. Auch fanden konvergenztheoretische Thesen, beispielsweise zur Bürokratisierung, in die Diskussionen der jugoslawischen Philosophen um die Zeitschrift »Praxis« Eingang. Mit dem Scheitern der wirtschaftlichen und politischen Reformen in der CSSR durch das militärische Eingreifen des Warschauer Paktes verlor auch das konvergenztheoretische Konzept viel von seiner intellektuellen Anziehungskraft.

Davon zu unterscheiden ist die sozialwissenschaftliche Ebene, auf der die K. als Bezugspunkt für eine Reihe oft vergleichender Untersuchungen zur Entwicklung einzelner gesellschaftlicher Tatbestände in Ost und West diente. So haben Wirtschaftswissenschaftler wie J. Tinbergen, J. K. Galbraith, P. Knirsch dieses Konzept benutzt. In Studien wurde häufig ein Defizit an Steuerungskapazität bei den in den sozialistischen Regimen vorhandenen Instrumenten zur Lenkung und Stimulierung der Volkswirtschaft festgestellt, das durch den Einbau marktwirtschaftlicher Elemente zwar kurzfristig gemildert, auf längere Sicht jedoch nicht behoben werden könne. Da das ökonomische und soziale Gefälle von West nach Ost nicht allein mit politischen Mitteln beseitigt werden könne, müsse es zwangsläufig zu einem teils gewollt eingeleiteten, teils ungewollt oder unbeobachtet sich vollziehenden Anpassungsprozeß in Osteuropa kommen. Dafür lassen sich nicht wenige Indizien anführen, so der Technologieimport Osteuropas, der in gewissem Sinne auch ein die Konvergenz beschleunigender Problemimport ist, was Stichworte wie → Umwelt und Abhängigkeit von Kernenergie verdeutlichen. Für die Anpassung auf kulturellem Gebiet spricht die teilweise Übernahme der westlichen »Jeans- und Coca-Cola-Kultur«. Diese Prozesse laufen großenteils unter den Führungseliten Osteuropas akzeptierten Bedingungen ab.

Es liegt nahe, die in Sozialismus und Kapitalismus gleichermaßen von Industrieabwässern verseuchten Flüsse, die gleichartigen Scheußlichkeiten des Massenwohnungsbaus in den Randstädten (→ Stadt- und Regionalplanung) oder die Mißhelligkeiten des privaten Autoverkehrs mit der Konvergenztendenz in Richtung auf eine einheitliche postindustrielle Gesellschaft zu erklären. Die Entwicklung großer Bereiche des Wirtschafts- und Sozialsystems wie etwa die der Rüstungsindustrie läuft in Ost und West ebenfalls nach ähnlichen Mustern ab. Viele Beobachter schließen daraus auf eine durch die Sachzwänge der modernen Technologieentwicklung (→ Technik) aufgenötigte Konvergenz. Aber auch in weniger dramatischen Feldern des sozialen Wandels lassen sich Gemeinsamkeiten erkennen, nicht zuletzt beim Studium des Verhaltens der Individuen. Seit den 70er Jahren ist ein Rückzug ins Private, die Konzentration auf überschaubare Bereiche wie die → Familie und die persönliche Lebensgestaltung auszumachen. Trotz ihrer unterschiedlich formulierten Funktion werden von → bildender Kunst und → Literatur häufig Probleme aufgegriffen, die im Kern in beiden Gesellschaftssystemen vorhanden und aktuell sind. Das in der DDR entstandene Theaterstück »Die Leiden des jungen W.« von U. Plenzdorf könnte auch die Leiden eines jungen Westdeutschen schildern. Alle diese empirischen Befunde, das bleibt der Haupteinwand gegen die K., lassen sich vorerst aber nicht so verallgemeinern, daß auch nur einigermaßen exakte Vorstellungen über den damit prognostizierten künftigen Gesellschaftstyp skizziert werden könnten.

Die Betrachtung der kurzen Blüte der K. könnte mit dem Hinweis auf hellsichtige Voraussagen und deren kurze Dauer, wie sie etwa P. Ch. Ludz gemacht hat, abgebrochen werden. Aber es gibt neben der politischen und der sozialwissenschaftlichen noch eine weitere Ebene, auf der weniger die K. im strengen Sinn als das, was auch damit gemeint ist, nach wie vor aktuell ist. Es ist dies die Ebene der Wahrnehmungen und Wahrnehmungsmuster zwischen den Systemen. Zwar ist die K. in Ost und West in Mißkredit geraten, aber auf paradoxe Weise bestimmt sie dennoch grundlegende wechselseitige Beurteilungen der Gegenwart und der Zukunftsperspektiven von → Kapitalismus und → Sozialismus. So sind bürgerliche Gesellschaft und marktorientierte Wirtschaft in der Sicht des offiziellen Marxismus-Leninismus durch den in der DDR und Osteuropa existierenden Sozialismus als anachronistisch erwiesen. Die Anachronismen seien (noch) lebensfähig aufgrund ihrer Anpassungskraft an neue Gegebenheiten, die jedoch vom Sozialismus gesetzt werden. Die bürgerliche Gesellschaft konvergiere langsam oder in revolutionären Schüben mit der sozialistischen Gesellschaft, in der die wichtigsten und fortschrittlichsten Errungenschaften der historisch überholten Ordnung weiterentwickelt würden. Aus der Sicht der westlichen Führungseliten und in der Perspektive des ihren Auffassungen zugrunde liegenden allgemeinen Konsensus wird sich dagegen der Sozialismus trotz aller Anpassungsbemühungen als letztlich unangemessene, jedenfalls nicht ausreichend funktionierende Form der Organisation einer Gesellschaft herausstellen. Die marxistisch-leninistische Herrschaftsideologie wird mehr und mehr verblassen. Dahinter werden dann in den westlichen Konsensus passende Vorstellungen hervortreten. Dieser Gedanke belebt auch die Deutschlandpolitik der sozialliberalen Koalition. Die Teilung Deutschlands erscheint danach als etwas Unnormales, die Einheit der → Nation werde sich über kurz oder lang als stärker denn alle Spaltungsbemühungen erweisen; gleichviel, ob die einheitliche Nation nun nationalstaatlich oder in größeren, regionalen Organisationsformen wieder zusammengebracht wird.

So gesehen, kann sich niemand innerhalb der Konstellation des Ost-West-Konflikts der Vorstellung einer Konvergenz entziehen. Dagegen handelt es sich bei der K. nicht um eine sozialwissenschaftliche oder ökonomische Theorie und nur am Rande um eine politische Strategie. Stattdessen ist der Begriff der K. nichts als der mißverständliche Ausdruck der allerdings grundlegenden Schwierigkeit, empirisch gesättigte, »wertfreie« und vergleichende Analysen der Gesellschaften in Ost und West anzustellen, ohne daß das von der eigenen Gesellschaft her bestimmte Wahrnehmungsnetz sich verzerrend und gewissermaßen zensurierend über die Realität des anderen Systems legt. Insofern waren die Versuche zur Formulierung von K. naiv und fair zugleich. Naiv, weil ihre Autoren eine Plattform außerhalb des Ost-West-Konflikts erreicht zu haben glaubten, fair, weil sie sich nicht mehr mit kurzschlüssiger Verurteilung des anderen Systems unter Verzicht auf näheres Hinsehen begnügten.

Obwohl von einem anderen Begriff hergeleitet, erscheint das von dem Historiker E. Nolte (Deutschland und der Kalte Krieg, München u. a. 1974) in die Debatte gebrachte Wort vom »Konversionspotential«, also den Attraktionen eines Gesellschaftssystems auf die Menschen im jeweils anderen System, die Handlungskomponenten der Konvergenzproblematik sinnvoll zu akzentuieren. Es ist zu vermuten, daß sich dezidierte oppositionelle Minderheiten in beiden Systemen heute weniger mit den Führungsprinzipien des anderen Bezugssystem identifizieren, daß das Konversionspotential also leicht abnimmt. Künftige Schwierigkeiten der Gesellschaftssysteme mit der Versorgung und Verteilung von Gütern und, daraus resultierend, der Legitimation, werden voraussichtlich weniger in den Kontext konvergenztheoretischer Prognosen gestellt werden. Die mit diesem Begriff letztlich gemeinte Problematik der wechselseitigen Wahrnehmung und im weiteren Sinne der Erkenntnismöglichkeiten besteht unverändert; der Begriff selbst wird kaum erneut Prominenz erwerben.

W. v. Bredow

Literatur
H. Meißner, K. und Realität, Berlin (Ost) 1969
K. Dopfer, Ost-West-Konvergenz, Zürich, St. Gallen 1970
W. v. Bredow, Vom Antagonismus zur Konvergenz? Studien zum Ost-West-Problem, Frankfurt a. M. 1972

Krankheit

I. Soziale Bedingtheit des Krankheitsverständnisses – II. Gesellschaftliche Institutionen – III. Soziale Kontrolle – IV. Gemeinsamkeiten und Unterschiede

I. Soziale Bedingtheit des Krankheitsverständnisses

Abgelöst von der Person des Kranken, losgelöst von einem individualisierten Krankheitsgeschehen ist ein abstrakter Begriff von K. ein relativ spätes Produkt der Kultur- und Wissenschaftsgeschichte. Der Kranke als Fall einer medizinisch bestimmten Kategorie der K. ist eine Konstruktion der Medizin. Sie entsteht mit dem Eindringen der modernen Naturwissenschaften in die Medizin. Diese prägen eine naturwissenschaftliche Krankheitsauffassung, in der »naturhistorisches« und »personales« Krankheitsverständnis auseinandertreten und K., die von einer Person Besitz ergreift, sie befällt, vom »Kranksein« zu unterscheiden ist, das einen lebensgeschichtlichen Bezug, eine »persönliche Vorgeschichte« besitzt und eine aktuelle Sozialsituation prägt, weil sie zwischenmenschliche und soziale Beziehungen verändert. Naturhistorisches und personales Krankheitsverständnis unterscheiden sich durch die ihnen zugrunde liegenden wissenschaftlichen Bezugssysteme und durch die sich daraus herleitenden Handlungsfolgen. Ein naturwissenschaftliches Krankheitsverständnis bedingt eine naturwissenschaftliche Befunderhebung und leitet eine physikalische oder eine Chemotherapie ein. Ein personales Krankheitsverständnis sucht die Krankheitsbeschwerden aus der persönlichen Vorgeschichte und aus der Sozialsituation zu verstehen und mündet in ein Beratungsgespräch ein. Zur Bezeichnung dieser unterschiedlichen Herangehensweise werden die Ausdrücke »naturwissenschaftlich-klinische« und »soziale Dimension« der Medizin verwendet.

Neben diesen beiden Dimensionen müssen die Folgen beachtet werden, die die arbeitsteilige Spezialisierung für das Verständnis und für die Behandlung von K. hat. In der arbeitsteiligen Spezialisierung wiederholt und steigert sich die selektive Beziehung von Wissen und Handeln. Die vom Kranken vorgetragenen Beschwerden werden auf der Grundlage fachspezifischen Wissens bewertet und in entsprechende therapeutische Vorschläge umgesetzt. Die beispielsweise von einem Kranken vorgebrachten Rückenbeschwerden werden von einem Internisten anders bewertet und behandelt als von einem Orthopäden, die Gastritis wird ein Internist anders angehen als ein Psychosomatiker. Beobachtungen dieser Art zeigen der landläufigen Erwartung entsprechend eine Abhängigkeit der Therapie von der

Diagnose, der Problembearbeitung von der Problemdefinition. Jedoch verhält sich diese Abhängigkeitsbeziehung gegenüber dem Sachverhalt selektiv, sie trifft einen Ausschnitt aus einem komplexen Ereignis, sie definiert eine Situation in der Absicht, sie durch spezifische Maßnahmen zu verändern und aufzulösen. Eine solche Interpretation bezieht medizinisches Handeln auf die der K. zugrunde liegenden gesellschaftlichen Strukturen. Sie gilt daher als medizinsoziologische Interpretation. Diese bildet die geschilderten Beobachtungen in einem Modell ab, das nach Instanzen unterscheidet, die K. jeweils in bezug auf Folgehandlungen definieren und die individueller oder institutioneller Art sein können.

Im Ergebnis zeigen diese Überlegungen, daß in der Art und Weise, wie K. verstanden und behandelt wird, ein Spielraum besteht, der kulturell unterschiedliche Lösungen ermöglicht. Kulturelle Unterschiede zwischen den beiden deutschen Gesellschaften, sofern sie sich im Umgang mit K. überhaupt entwickeln konnten, müßten sich daher in den Krankheitsdefinitionen und in den Definitonsinstanzen zeigen. Doch zuvor ist es nötig, die medizinsoziologischen Interpretationen inhaltlich zu füllen. Der Kranke bezeichnet Befindensstörungen und Merkmale seines Körpers als K., wenn er an diese Feststellung bestimmte Folgehandlungen, wie den weiteren Verlauf abzuwarten, kompetenten Rat zu suchen, sich zu schonen, knüpft. Abgesehen von den Krankheitsfrüherkennungsuntersuchungen, bei denen der Arzt einen krankhaften Befund feststellt, der dem Patienten unter Umständen noch verborgen ist, ist der Kranke die Instanz, die das Tätigwerden der gesellschaftlichen Institutionen auslöst, die der Bewältigung der K. und ihrer Folgen dienen.

II. Gesellschaftliche Institutionen

Das Gesundheitswesen und die Einrichtungen der *Sozialen Sicherheit* sind gesellschaftliche Instanzen, die K. als Voraussetzung ihrer Handlungen, wie Diagnostizieren, Therapieren, von der Arbeitspflicht befreien, Einkommensausfall ersetzen, Behandlungskosten übernehmen, u. a. definieren. Sie bestimmen K. als eine soziale Tatsache, um professionellem oder administrativem Handeln, aber auch dem Kranken, eine Orientierung zu geben. In diesem Sinne produzieren sie K., denn der Kranke muß sein Krankheitsverhalten den professionellen und administrativen Definitionen anpassen, wenn er will, daß die Institutionen für ihn tätig werden sollen.

K. gewinnt ihre Bedeutung jeweils in den Beziehungen, die der Kranke zu den gesellschaftlichen Institutionen eingeht, die ihre Tätigkeit aus der gesellschaftlichen Bewältigung der K. und ihrer sozialen Folgen legitimieren. In Beziehung auf die soziale Sicherung ist K. ein regelwidriger körperlicher oder geistiger Zustand, der medizinische Behandlungsbedürftigkeit mit Anspruch auf ärztliche Behandlung und Arbeitsunfähigkeit mit Anspruch auf Krankengeld bedingt. Die in dieser Definition bereits angezeigte Beziehung zum Gesundheitswesen teilt dem regelwidrigen körperlichen oder geistigen Zustand die inhaltliche Bedeutung einer K. im medizinischen Sinne mit, die, diagnostisch mit einem Namen belegt, mehr oder weniger spezifische therapeutische Maßnahmen auslöst. Unausweichlich werden im Krankheitsfall in den entwickelten Industriegesellschaften Beziehungen zu gesellschaftlichen Institutionen aktualisiert. Der arbeitsunfähige Kranke bedarf einer ärztlichen Bescheinigung, um Krankengeld oder Lohnfortzahlung zu erhalten, der klinisch behandlungsbedürftige Kranke wird in ein Krankenhaus zur Behandlung eingewiesen, der Behinderte muß die sozialrechtliche Anerkennung seiner Invalidität erreichen, um Sozialleistungen in Anspruch nehmen zu können. Verallgemeinernd gesprochen, werden ärztliche Gutachten als Institutionen der medizinischen Versorgung in Rechtsansprüche umgesetzt, die die Grundlage für die Inanspruchnahme von sozialen Leistungen bilden.

Diese Situation prägt auch das Verständnis, das der Kranke und sein primärer Lebenskreis bei auftretenden Krankheitsereignissen entwickelt. Sie sehen sich den gesellschaftlich bereitliegenden Interpretationsmustern und kollektiven Bewältigungsstrategien ausgesetzt. Vom Kranken wird erwartet, daß er kompetenten Rat sucht, daß er den Anweisungen des Therapeuten folgt. Bei der Inanspruchnahme medizinischer und sozialer Dienstleistungen ist er an die Organisationsformen und an die Kriterien gebunden, die für die Inanspruchnahme der Leistungen gelten. So ist er zum Beispiel der Impfpflicht unterworfen, muß er sich ärztlich untersuchen lassen, hat er nur einen beschränkten Einfluß auf Diagnostik und Therapie. In der Auseinandersetzung mit einem kollektiven Angebot bestimmt der Kranke die Grenzen seiner Selbstbehandlung. Als Klient der gesellschaftlichen Institutionen erfährt er die Grenzen medizinischen und sozialpolitischen Handelns.

Das Sterben im Krankenhaus ist zu einem sozialen Problem geworden. Kritische Krankheitsepisoden, schwere Unfälle, riskante Operationen werden im Krankenhaus versorgt, weil hier die geeigneten Behandlungsmethoden und das fachlich kompetente Personal konzentriert sind. Nach der mit der Krankenhaussituation in beiden deutschen Staaten vergleichbaren Schweizer Krankenhausstatistik entfallen ein Fünftel bis ein Viertel aller Pflegetage in den Krankenhäusern der Akutversorgung auf sterbende Patienten, die an Krebs oder an Herz- oder Kreislaufkrankheiten erkrankt sind. Auf internistischen und Krebsstationen gehört das Sterben von Patienten zum Alltag der dort Beschäftigten. Doch während sie darauf vorbereitet sind, dem Kranken bei seiner Wiedergenesung zu helfen, trifft sie die Begleitung Sterbender unvorbereitet. Sie liegt außerhalb der Zielrichtung ihres beruflichen Handelns. Auch die Mitpatienten reagieren in der Regel mit → *Angst*. Der sterbende Krankenhauspatient sieht sich paradoxerweise in einer Anstalt, deren Handlungsabsicht das Helfen ist, von allen Helfern verlassen. Wenn die Krankheitsfolgen sozialpolitisch nicht abgedeckt sind, wie im Falle der Pflegebedürftigkeit, fällt der Kranke auf die Ressourcen seines Familienhaushaltes zurück. K. entfaltet ihre Bedeutung im Schnittpunkt individueller Hilfsbedürftigkeit und institutionellen Handelns, das ausschnitthaft aus dem Krankheitsgeschehen Ereignisse zur Bearbeitung an sich zieht. Der Kranke wird zum Fall ärztlicher Behandlung, zum Arbeitsunfähigkeits- oder Leistungsfall. Individuelle und kollektive Bedeutungsaspekte fügen sich nicht konfliktfrei zusammen. Es kommt zu ständigen Verständigungs- und »Übersetzungs«-schwierigkeiten. Die Bedeutungsaspekte, die das Handeln in den Institutionen leiten, erliegen der Gefahr, sich aus dem Bedeutungshorizont der Klienten zu entfernen. Um dem entgegenzuwirken, wird von den Ärzten ein patientenzentriertes, von den Beamten der Sozialverwaltung ein bürgernahes Handeln gefordert. Lebensgeschichtliche und der aktuellen Sozialsituation des Kranken zugehörige Bedeutungen können auf das Handeln der Institutionen nur einen geringen Einfluß nehmen, es sei denn, es wird ihnen eine besondere Aufmerksamkeit wie in der Psychosomatik und in der Psychotherapie oder in der Sozialarbeit entgegengebracht (→ *Psychoanalyse*). Die genannten Konfliktzonen bilden daher einen bevorzugten Einstieg für einen Zusammenschluß zu Selbsthilfegruppen. Über die öffentliche Darstellung der Selbsthilfegruppen erstrebt und erlangt die subjektive Betroffenheit durch das Krankheitsgeschehen gesellschaftliche Geltung. Patientenkongresse treten neben die Selbstdarstellungen der medizinischen Fachgesellschaften. In der Bundesrepublik sind »Patientenkongresse« im Rahmen der Herzinfarktrehabilitation seit der Mitte der 70er Jahre üblich geworden. Sie verfolgen die Absicht, durch die öffentliche Selbstdarstellung die Motivation der Teilnehmer an der programmierten Herzinfarktrehabilitation zu stärken. Mit dem Vordringen von Selbsthilfegruppen und ihrer Vereinigung zu einem Dachverband auf Bundesebene dürfte die Welt der Patienten und Behinderten sich eine eigene Plattform schaffen, um deren Erfahrungen bei der Selbstbehandlung und in der Bewältigung der Krankheitsfolgen öffentlich zum Ausdruck zu bringen.

III. Soziale Kontrolle

Prozesse der Bedeutungsartikulation und -zuschreibung signalisieren Probleme der sozialen Kontrolle. Definitionsinstanzen, mit gesellschaftlicher Geltung ausgestattet, sind Instanzen sozialer Kontrolle. Ihre Ausübung wird durch eine enge Verflechtung von institutionellem und individuellem Handeln erleichtert. K. bedroht nicht nur Leben und Gesundheit des Erkrankten, sondern sie verändert gesellschaftliche Beziehungen in der Familie, am Arbeitsplatz und sie greift in gesellschaftliche Zusammenhänge ein.

Seuchen wie die Pest, die Cholera, die Tuberkulose, die Malaria, können menschliche Gesellschaften bedrohen und lähmen. Ausgehend von diesen Erfahrungen mit der Ausbreitung übertragbarer Krankheiten wird die Zunahme der Herzkreislaufkrankheiten in der Zeit nach dem Zweiten Weltkrieg als eine Herausforderung der Gesundheitspolitik durch eine »moderne Volksseuche« interpretiert. Im internationalen Vergleich gelten Sterblichkeitsziffern, wie die Säuglings- und Müttersterblichkeit, die Herzkreislauftodesfälle, die Arbeitsunfälle mit tödlichem Ausgang als Indikator für die Effektivität der gesundheitlichen Versorgung. Die genannten Sterbeziffern werden im »Demographic Yearbook« der *Vereinten Nationen* veröffentlicht und dienen einer vergleichenden groben Abschätzung der gesundheitlichen Situation in den Ländern der Welt. Sie werden auch für den Systemvergleich zwischen der Bundesrepublik Deutschland und der Deutschen Demokratischen Republik verwendet. In der Säuglingssterblichkeit, die von allen Sterblichkeitsziffern am differenziertesten erfaßt wird, bestand 1981 kein Unterschied mehr zwischen den beiden Staaten, wohl aber stehen sie beide deutlich hinter den Spitzenreitern eines solchen Vergleichs, den Niederlanden und Schweden, zurück. So starben 1978 während der ersten 27 Lebenstage auf 1000 Lebendgeborene in der Bundesrepublik 9,3 Säuglinge, in der DDR 9,5, dagegen in den Niederlanden nur 6,6 (Demographic Yearbook U.N. 1979, S. 359 f.).

Eng verknüpft mit den gestiegenen Möglichkeiten, durch planvoll abgestimmte und gezielte gesellschaftliche Eingriffe gesundheitliche Risiken zu beherrschen, werden die Ausgaben für Krankheitsbehandlung auf ihre Vermeidbarkeit hin geprüft. Die Aufwendungen für die ärztliche und die Krankenhausbehandlung sowie für die Pflege chronisch Kranker haben paradoxerweise mit der Steigerung des Lebensstandards und mit der Dichte der medizinischen Versorgung stark zugenommen. Die sozialmedizinische Forschung kann eine Reihe gesellschaftlicher Ursachen für diese Entwicklung benennen. Tiefgreifende Veränderungen der Arbeits- und Lebensverhältnisse haben neue, bis dahin unbekannte Gesundheitsrisiken zur Folge gehabt. Diesen Risiken muß auch das Gesundheitswesen selbst zugerechnet werden: Mißbrauch von Medikamenten, fehlerhafte ärztliche Behandlung, Erzeugen eines gesteigerten Krankheitsgefühls durch Überdiagnostik, Vernachlässigung der lebensgeschichtlichen und aktuellen Betroffenheit der Patienten. Die selbstinduzierten Risiken nehmen in dem Maße zu, wie das Gesundheitswesen im Zuge seiner Eigendynamik seine Position als ein hochdifferenziertes gesellschaftliches Dienstleistungssystem weiter ausbaut und verfestigt.

Das Hervortreten der genannten gesellschaftlichen Aspekte verstärkt die jeder Institution von Haus aus innewohnenden Tendenzen, soziale Kontrolle selber auszuüben oder sie im Interesse ihrer eigenen Funktionserfüllung oder Legitimation zu fordern. Solche Forderungen gehen heute über die Kontrolle des betrieblichen Krankenstandes weit hinaus. In ihrer Vielfalt offenbaren sie die Breite der institutionellen Zugriffschancen auf die individuelle Verhaltensorientierung und im Vorfeld von K. die Beeinflussung individuellen »Fehlverhaltens«. So definiert, wird das Alltagsleben für weitreichende gesellschaftliche Verhaltenskontrollen offengelegt: Sich bewegen, sich ernähren, sich erholen, den Alltag genießen (→*Alltag*, →*Freizeit*). Motiviert von dem Postulat »Alle K. und Unfälle sind vermeidbar!« ergeben sich spezifische Forderungen, wie die Inpflichtnahme für Reihenuntersuchungen zur Krankheitsfrüherkennung, die Einhaltung der Arbeitsschutznormen, die Beachtung der Verkehrssicherheit (»Gurtenobligatorium« für Autofahrer). Bei eingetretener K. wird die Anerkennung des therapeutischen Regimes *(patient compliance)* gefordert, bei Arbeitsunfähigkeit sollen Kontrolluntersuchungen »begründete Zweifel« ausräumen.

IV. Gemeinsamkeiten und Unterschiede

Die geschilderte Medikalisierung des Krankheitsverhaltens hat sich in beiden deutschen Gesellschaften vollzogen. Hierfür sprechen der materielle und personelle Ausbau ebenso wie die hohe öffentliche Wertschätzung des Gesundheitsbereichs (→*Gesundheit*). Auch die Paradoxie, daß verstärktem Mitteleinsatz keine entsprechende »gesundheitliche Dividende« in Gestalt verbesserter Lebenserwartung der erwachsenen Bevölkerung oder von rückläufigen Behandlungsfällen folgt, bildet ein gemeinsames und ungelöstes Problem. Bei dem Versuch, den gesundheitlichen Risiken vorbeugend zu begegnen, haben beide deutsche Staaten, internationalen Vorbildern folgend, ähnliche Maßnahmen ergriffen und zu hoch gespannte Erwartungen zurückstecken müssen.

Deutliche Unterschiede zeigen sich jedoch in der Bewertung der gesellschaftlichen Definitionsinstanzen, des Gesundheitswesens und der Sozialversicherung sowie im Ausbau der sozialen Kontrolle.

In der Bundesrepublik hat sich im Zuge der Medikalisierung des Krankheitsverhaltens eine Gegensteuerung entfaltet. War in den 60er Jahren noch die Medizinkritik auf intellektuelle Kreise beschränkt und zeitigte kaum praktische Konsequenzen, so hat sich in den 70er Jahren die Situation grundlegend gewandelt. Medizinkritik ist zum Dauerthema der Massenmedien geworden und wird es bei der Notwendigkeit, die öffentlichen Ausgaben für das Gesundheitswesen zu begrenzen, auch bleiben. Die Glaubwürdigkeit des Gesundheitswesens, das jährlich 10 v. H. des Bruttosozialprodukts für sich beansprucht, steht auf Dauer auf dem Prüfstand. Eine Skepsis gegenüber der Medizin, ihren Leistungen und Versprechungen, wird im Bewußtsein der Bürger wachgehalten. Erwartungen, die in die Vorbeugung gesetzt werden, sind in der Bundesrepublik deutlich zurückhaltender formuliert als in der DDR, auch entbehren sie einer weltanschaulichen Grundlage. Eine soziale Kontrolle, um über finanzielle Sanktionen, Computerüberwachung die Beteiligung an der Gesundheitsvorsorge zu erhöhen, stößt in der Bundesrepublik auf erheblichen Widerstand. Der Schutz der Informationen, die der Persönlichkeit zugeordnet werden und über die nur mit Genehmigung des Bürgers verfügt werden darf, behindert bereits, wie etwa im Fall des Krebsregisters, die epidemiologische Forschung zur Aufklärung der Ursachen verbreiteter Krankheiten.

Besonders krass treten die Unterschiede in der Stellung des betriebsärztlichen Dienstes hervor. In der Bundesrepublik ist seine Tätigkeit auf den Arbeits- und Gesundheitsschutz beschränkt und von den Aufgaben des behandelnden Arztes und des Vertrauensarztes der Sozialversicherung streng getrennt. Der Betriebsarzt ist Facharzt der betrieblichen Prävention. Bescheinigung und Begutachtung der Arbeitsunfähigkeit ist ihm verwehrt. Ganz anders in der DDR. Hier ist der Betriebsarzt auch behandelnder und beratender Arzt. Zu seinen Patienten gehören auch die Familienangehörigen der Belegschaft. Folge dieser Position, die dem Betriebsarzt eine umfassende Einsicht in die Situation der Gesunden, der Kranken und seiner Familie gibt, ist daher folgerichtig die Erwartung, daß die Betriebsärzte den Krankenstand senken sollen.

Ch. v. Ferber

Literatur
G. Tietze, Sozialistische Prinzipien des Gesundheitsschutzes, Berlin (Ost) 1974
1. K. Winter (Hrsg.), Das Gesundheitswesen in der DDR, Berlin (Ost) 1974
M. Pflanz, Die soziale Dimension in der Medizin, Stuttgart 1975
Ch. v. Ferber, Gesundheitsvorsorge im Systemvergleich Bundesrepublik/DDR, in: Handbuch der Sozialmedizin,

Bd. II, Epidemiologie und präventive Medizin, Stuttgart 1977, S. 506–532
R. Flöhl (Hrsg.), Maßlose Medizin, Heidelberg 1979
M. E. Ruban, Gesundheitswesen in der DDR, Berlin (West) 1981

Kreativität

Der in seiner Entwicklung und Verbreitung kaum mehr als drei Jahrzehnte alte Begriff wird geradezu inflationär verwendet. Insbesondere ist er im Bildungswesen, im industriellen Personalmanagement und in der Verkaufsförderung seit Ende der 60er Jahre zu einem Modewort geworden und scheint das Erbe des viel älteren Geniebegriffes anzutreten. Die Fähigkeit zur Herstellung von Neuem ist von der in Amerika bis in die 60er Jahre vorherrschenden Reiz-Reaktions-Psychologie allzu leichtfertig vernachlässigt worden. Dagegen wendet sich die Kreativitätsforschung, deren Beginn man etwa um 1950 ansetzen kann. Ihre Problemstellung ist unmittelbar anwendungsbezogen. Das konventionelle Konzept der Intelligenz erweist sich zunehmend als unzulänglich, da Personen, die ihm zufolge als hochbegabt eingestuft werden, sich neuartigen Anforderungen gegenüber oftmals als unfähig erweisen. Die Kreativitätsforschung kritisiert, daß sich die →Psychologie bislang einseitig auf das konvergente, vorgezeichneten Bahnen folgende Denken konzentriert und diesem gegenüber das divergente, abweichende Denken, das auf gleichsam unbeschilderten Wegen zu unerwarteten Lösungen gelangt, ignoriert oder als störend abgewertet hat. Als herausragende Kennzeichen der »kreativen Persönlichkeit« gelten Wort-, Assoziations- und Ideenflüssigkeit. Hinzu kommen Flexibilität im Gegensatz zu Rigidität des Denkens und Verhaltens, die Fähigkeit, unsichere und unentschiedene Schlußfolgerungen zu akzeptieren, Problembewußtsein, und schließlich die Befähigung, Zustände von Orientierungslosigkeit zu durchleben, ohne dabei zugleich an Integrationskraft zu verlieren. Im Gegensatz zu den anderen Problemlösungsverfahren wird im kreativen Prozeß die Problemstellung nicht bloß rezipiert, sondern auch konstituiert, indem das Problem auf seine verschiedenen Facetten und Bedeutungen hin untersucht wird. Zudem gilt die Entwicklung der Problemlösung insofern nicht als rekonstruierbar, da sie auch auf →Intuition beruhen und simultanes, impulsives Denken dabei eine wichtige Rolle spielen soll. Als organisatorische Voraussetzung für K. wird ein nach vielen Seiten offenes Rollen- und Statusgefüge angesehen. Hierarchisierte Befehlskompetenz mit rigider Rollen- und Statuszuweisung und somit jede Art von Bürokratisierung (→Bürokratie) verhindert kreatives Denken und Verhalten. Konformitätsdruck und kreative Produktion schließen sich gegenseitig aus.

Von der Antike bis in die Anfänge unseres Jahrhunderts wurde im Geniebegriff das abendländische Persönlichkeitsideal zusammengefaßt, das seine wohl stärkste Ausprägung in der Renaissance fand. Demgegenüber leitet der Begriff der K. eine Art Säkularisierung ein, die ihre gesellschaftliche Grundlage in fortschreitender Arbeitsteilung findet. Das Genie der Renaissance ist Künstler und Ingenieur. Die kreative →Persönlichkeit ist entweder Künstler oder Ingenieur und demnach Träger arbeitsteilig differenzierter und immer rascher sich ablösender Detailfunktionen. Wesentlichen Anteil an der Entwicklung der Kreativitätsforschung hat die Gestaltpsychologie, eine aus deutscher Kulturtradition stammende akademische Richtung, deren Vertreter im amerikanischen →Exil der kruden Reiz-Reaktions-Psychologie ihr gestaltpsychologisches Konzept des produktiven Denkens entgegenstellten. In der Bundesrepublik hat insbesondere die Bildungsreform (→Bildung) der ausgehenden 60er und beginnenden 70er Jahre den Kreativitätsbegriff populär gemacht, der nun mit kritischem Anspruch gegen ständisch-konservative Bildungstheorie und -praxis der 50er Jahre gewendet wird. Doch erweist sich dieser Anspruch sehr bald als Selbsttäuschung. Es wurde zu wenig bedacht, daß die in der amerikanischen Konzeption der K. enthaltene Kritik des Konformismus in bürokratischen Entscheidungsprozessen schnell ihre Grenzen findet, da hierarchische Strukturen und Verrechtlichung K. nicht eben begünstigen.

In der DDR ist der kritische Impuls der Kreativitätsforschung zwar aufgegriffen worden, allerdings nicht zum Zwecke einer Kritik an den staats- und parteibürokratischen Strukturen des eigenen Systems, sondern um der ideologischen Abgrenzung willen. Der Widerspruch zwischen Konformitätsdruck und kreativer Produktion gilt als ein Strukturmoment des Kapitalismus. Infolge weitgehender Identifizierung mit der Staatsideologie scheinen die Kulturpolitiker und Wissenschaftler der DDR auch hinsichtlich der Förderung der K. dem kapitalistischen Westen weit voraus zu sein. »Der sozialistischen Konzeption der Entwicklung des Schöpfertums aller Werktätigen in der sozialistischen Gesellschaft hat der Klassengegner nichts Adäquates entgegenzusetzen« (G. u. H.-G. Mehlhorn, S. 46). Eine eher inhaltlich bestimmte Kritik am »bürgerlichen« Konzept der K. richtet sich gegen die Rolle, die den simultan-impulsiven, mit dem Begriff der Intuition umschriebenen Anteilen am »kreativen Prozeß« zugemessen wird. Dieser Vorstellung, die ohnehin nur die Planlosigkeit kapitalistischen Wirtschaftens widerspiegele, wird entgegengehalten, »daß die Intuition in der Geschichte des Menschen nur ein zeitweiliges Entwicklungsstadium ist, das durch die Bewußtheit des schöpferischen Denkens – die bewußte Beherrschung seiner Gesetze – überwunden wird« (F. Loeser, D. Schulze, S. 33). Realsozialistische Beherrschung schöpferischen Denkens soll demnach einen Grad erreichen, dem sich kapitalistische Bildungstechnologie niemals wird annähern können.

C. Maus

Literatur

G. Ulmann, K. Neue amerikanische Ansätze zur Erweiterung des Intelligenzkonzeptes, Weinheim 1968
H. Brög, Zum Geniebegriff, Ratingen, Kastellaun, Düsseldorf 1973
F. Loeser, D. Schulze, Erkenntnistheroretische Fragen einer Kreativitätslogik, Berlin (Ost) 1976
G. Mehlhorn, H.-G. Mehlhorn, Zur Kritik der bürgerlichen Kreativitätsforschung, Berlin (Ost) 1977
B. Floßdorf, K.; Bruchstücke einer Soziologie des Subjekts, Frankfurt a. M. 1978

Krieg

K. ist ein organisierter, bewaffneter Kampf zwischen Staaten oder anderen sozialen Einheiten. Der Zweite Weltkrieg hat in Deutschland eine tiefergreifende Erschütterung traditioneller Einstellungen zum K. hervorgerufen. K. gilt seit 1945 nicht länger als ein legitimes Instrument zur Durchsetzung politischer Forderungen. In öffentlichen Darstellungen des K. dominieren heute Abscheu vor den Kriegsgreuln und negative Wertungen des K. anstelle der Preisung soldatischer Tugenden im bewaffneten Kampf. Die qualitative Veränderung des Charakters eines K. in Mitteleuropa durch die Nuklearwaffen wird in beiden deutschen Staaten hervorgehoben und zum Teil heftig diskutiert.

Das Bewußtsein deutscher Schuld am Ausbruch beider Weltkriege veranlaßt immer wieder die wichtigen politischen Kräfte der Bundesrepublik Deutschland und in der DDR zu versichern, daß von deutschem Boden niemals mehr ein K. ausgehen solle. Der Anspruch auf nationalstaatliche Wiedervereinigung, der in der DDR 1974 aufgegeben wurde, war stets mit einer Absage an eine kriegerische Revision der bestehenden Grenzlinien zwischen beiden deutschen Staaten verbunden. Dies hat seinen Ausdruck auch verfassungsrechtlich in dem Verbot des Angriffskrieges nach Artikel 26 des *Grundgesetzes* oder des Eroberungskrieges nach Artikel 8 Abs. 2 der *Verfassung der DDR* von 1974 gefunden. Auch die Erklärung der Verbindlichkeit des Völkerrechtes durch die beiden Verfassungen ist in diesem Zusammenhang zu sehen. Die militärische Landesverteidigung wird durch beide Verfassungen legitimiert. Eine bundesrepublikanische

Besonderheit ist das Verfassungsrecht auf Verweigerung des »Kriegsdienstes mit der Waffe« nach Artikel 4 Abs. 3 des *Grundgesetzes*. In der DDR regelt ein einfaches Gesetz ein begrenztes Recht auf Verweigerung des Kriegsdienstes mit der Waffe. Rüstung wird in der Bundesrepublik Deutschland und in der DDR nicht mehr durch eine als notwendig erklärte Vorbereitung auf den nächsten K. gerechtfertigt, sondern als ein Mittel der Friedenssicherung durch Abschreckung eventueller Kriegsabsichten oder politischer Erpressungen durch das gegnerische Bündnissystem (→*Frieden*). K. wird heute nicht mehr als natürliches Attribut der Staatlichkeit schlechthin interpretiert, sondern aus dem Wesen gegnerischer Gesellschaftsordnungen erklärt. In der Bundesrepublik herrscht die Auffassung vor, daß die Kriegsgefahr vor allem aus dem aggressiven Wesen des →*Kommunismus* und insbesondere aus den Weltmachtinteressen der Sowjetunion resultiert, die expansive Zielsetzungen mit weltrevolutionären Motiven verbinde. Wurden in der Zeit des *Kalten Krieges* direkte sowjetische Kriegsabsichten wahrgenommen oder behauptet, so wird der Sowjetunion in der Entspannungsperiode allseits ein Interesse an Kriegsvermeidung zugestanden. Das weltrevolutionäre Engagement der Sowjetunion wird heute in der Bundesrepublik großenteils nur noch als Rechtfertigung staatlicher Machtpolitik wahrgenommen. Auch wenn man allgemein ein sowjetisches Interesse an der Vermeidung eines Nuklearkrieges annimmt, wird vielfach noch mit einer sowjetischen Bereitschaft zu expansiven Interventionskriegen und zur Unterstützung revolutionärer Bürgerkriege außerhalb des eigenen Staatensystems gerechnet. In der Entspannungsperiode entstand in der Bundesrepublik eine Minderheit, vor allem in den Schichten mit höherer Bildung, die die Kriegsgefahr nicht mehr aus dem Wesen des Kommunismus und der sowjetischen Außenpolitik herleitete, sondern gewissermaßen systemneutral aus dem Rüstungswettlauf.

Der DDR wurde in der Bundesrepublik Deutschland zu keinem Zeitpunkt eine eigenständige kriegsriskierende Politik unterstellt, weil man davon ausging, daß die DDR überhaupt keine eigenständige Außenpolitik betreibe. Erst seit Ende der 70er Jahre begann man, autonome Aspekte der Außen- und Militärpolitik der DDR wahrzunehmen. Umgekehrt galt jedoch in der DDR und in ganz Osteuropa die Bundesrepublik Deutschland bis Ende der 60er Jahre als ein besonders gefährlicher Hort der imperialistischen Kriegstreiberei. Die Bundesrepublik Deutschland wurde als die alleinige Erbin des deutschen Militarismus und Faschismus angesehen, und als Beweis für die besondere, von der Bundesrepublik ausgehende Kriegsgefahr wurde die personelle Kontinuität der Wirtschaftsführung, der Staatsbeamtschaft und des Offizierskorps seit der nationalsozialistischen Herrschaft bis heute angeführt. Hinzukommt, daß unter dem Schlagwort »Revanchismus der BRD« in der bundesdeutschen Auffassung vom Fortbestehen des Deutschen Reiches in den Grenzen von 1937 trotz wiederholter Gewaltverzichtserklärungen die ideologische Grundlage für eine eines Tages auch möglicherweise kriegerische Revision der Grenzen in Mitteleuropa gesehen wurde. Dabei wurde ein herausragender Einfluß der bundesrepublikanischen Außen- und Militärpolitik auf den *Nordatlantikpakt* vermutet. Auch wurde und wird der kriegsvorbereitende Charakter der bundesdeutschen Rüstungspolitik aus dem als aggressiv angesehenen Wesen des Kapitalismus und Imperialismus abgeleitet, wobei die weltwirtschaftlichen Aktivitäten der Bundesrepublik Deutschland ihrer Außenpolitik einen besonderen Stempel aufdrücken sollen. Nach der Einleitung der sozialliberalen Entspannungspolitik im Jahre 1969 wurde die These von der besonderen Kriegsgefahr, die von der Bundesrepublik ausgehe, in den außenpolitischen Erklärungen und in den Medien der DDR erheblich eingeschränkt und meist nur noch auf konservativ-reaktionäre »Kreise« und »Kräfte« bezogen, also nicht mehr schlechthin auf die herrschenden Kräfte in der ganzen Bundesrepublik Deutschland. Nach wie vor gilt in der DDR jedoch die grundsätzliche Kriegsursachenlehre: »Der Krieg ist keine ewige und unveränderliche Begleiterscheinung der Gesellschaft, wie bürgerliche Ideologen behaupten, sondern hat historischen Charakter. Er entsteht mit dem Privateigentum an Produktionsmitteln, den antagonistischen Klassen und dem Ausbeuterstaat und verschwindet mit ihnen« (Philosophisches Wörterbuch, hrsg. v. G. Klaus und M. Buhr, Leipzig 1965, S. 299). Die Einordnung der Kriegsproblematik in die Lehre von der Aufeinanderfolge progressiver Gesellschaftsformationen ist nicht nur die Grundlage von der Auffassung, daß der K. seine Wurzeln in den Klassengesellschaften habe, Frieden also nur durch den Sieg des Sozialismus und Kommunismis im Weltmaßstab möglich sei, sondern auch von der Unterscheidung zwischen ungerechten und gerechten K. Als solche werden K. zur nationalen und sozialen Befreiung bezeichnet – revolutionäre Bürgerkriege gelten somit durchaus als mit friedlicher Koexistenz zwischen den Staaten vereinbar – sowie K. zur Verteidigung fortschrittlicher Ordnungen gegen Reaktion und Konterrevolution. Das Problem von K. zwischen sozialistischen Staaten wird ideologisch dadurch gelöst, daß eine der kommunistischen' Kriegsparteien zu einer antikommunistischen, im Extremfall sogar zur faschistischen erklärt wird.

In der Literatur beherrscht der K. als geschichtliches Erlebnis und als moralische Schuld gerade der deutschen Politik und der Deutschen die vielfältigsten Themenstellungen nicht nur in der unmittelbaren Nachkriegszeit, sondern auch heute. Zielte die geistige Auseinandersetzung mit den geschichtlichen K., vor allem mit dem Zweiten Weltkrieg, in der Bundesrepublik schwerpunktmäßig auf eine Infragestellung des K. an sich, so diente die Literatur der DDR stärker der Unterscheidung zwischen gerechter und ungerechter Kriegsführung, wobei die Verherrlichung der gerechten kommunistischen und fortschrittlichen Kriegspartei mit der Utopie eines dauerhaften Friedens durch den Sieg über den Faschismus verknüpft wurde. Neben einer eindeutigen Hegemonie der Antikriegseinstellung in der Belletristik hat sich in der Bundesrepublik schon seit den 50er Jahren eine weitverbreitete Trivialliteratur herausgebildet, die Ende der 70er Jahre auffällig durch Bildbände, Memoiren und ansatzweise auch wissenschaftliche Literatur ergänzt wird, in der K. stärker unter den Gesichtspunkten soldatischer Tugenden und Leistungen dargestellt wird.

Der zukünftige K. wurde in der Bundesrepublik Deutschland schon seit dem Höhepunkt des *Kalten Krieges* weniger in realistischen Kriegsbildern vorgestellt als in die Form von →*Science-Fiction*-Romanen und *Comic Strips* gekleidet, in denen die ungerechte und unterliegende Konfliktpartei oft stereotype Züge des potentiellen Kriegsgegners mit manchmal rassistischen Einschlägen annahm.

Während in der Bundesrepublik Deutschland die vorherrschenden Kriegsbilder in der Belletristik und auch meist in der wissenschaftlichen Literatur einerseits und der Trivialliteratur andererseits extrem gegensätzlich sind, ist das Kriegsbild in allen Sparten der Literatur der DDR durch politischen Druck homogenisiert. Es leitet sich aus einem weitgespannten propagandistischen Vorfeld ab, in dem mit Hilfe schulischer und außerschulischer Wehrerziehung die K. verharmlost und jede Form von Antikriegserziehung ängstlich vermieden wird. Allerdings gibt es in der Belletristik immer auch pazifistische Tendenzen, die die Hervorhebung kriegsverherrlichender Aspekte kaum ermöglicht.

E. Jahn

Literatur

H. Hoffmann, Sozialistische Landesverteidigung, Berlin (Ost) 1971
C. F. v. Weizsäcker (Hrsg.), Kriegsfolgen und Kriegsverhütung, München 1971
B. Eisenfeld, Kriegsdienstverweigerung in der DDR – ein Friedensdienst? Frankfurt a. M. 1978
E. Jahn, Eine Kritik der sowjet-marxistischen Lehre vom »gerechten K.«, in: R. Steinweg (Red.), Der gerechte K.: Christentum, Islam, Marxismus, Frankfurt a. M. 1980, S. 163–185
Freiheit ohne K.?, hrsg. v. d. Clausewitz-Gesellschaft, Bonn 1980
W. Scheler, G. Kießling, Gerechte und ungerechte K. in unserer Zeit, Berlin (Ost) 1981
H. Münkler, K. und Frieden bei Engels, Clausewitz und Carl Schmitt, in: Leviathan, 10. Jg., 1982, H. 1, S. 16–40

Kritik

I. Kritik als Kontrollinstrument – II. Die historischen Voraussetzungen einer Kultur der Kritik – III. Institutioneller Aspekt – IV. Schwierigkeiten der Kritik – V. Kritik in der Bundesrepublik Deutschland und in der DDR

I. Kritik als Kontrollinstrument

K. ist die Beurteilung des Wertes oder Unwertes aller denkbaren Tatbestände nach übergeordneten Maßstäben, um durch Denken, Wissen, Meinen, Reden, Schreiben, Veröffentlichen, Urteilen, Anklagen, Ablehnen und gemäß diskursiver Methoden der theoretischen Reflexion, praktischen Überprüfung und räsonierenden Diskussion eine Verbesserung zu erzielen.

Für die verbessernde Vernunft verkörpert K. das kongeniale Instrument der kognitiven Kontrolle, mit dem die kritisierten Umstände in Frage gestellt, der Fehlerhaftigkeit beschuldigt und unter Änderungsdruck gesetzt werden. Der Rationalisierungseffekt der K. ergibt sich daraus, daß die konstatierte Abweichung der vorfindlichen Problemlage von der moralischen oder sachlichen Rationalitätsvorgabe als unannehmbares Spannungsverhältnis aufgefaßt, zur K. der Wirklichkeit gemacht und zur Disposition der Vernunft gestellt wird.

Die K. an etwas wird üblicherweise mit dem Anspruch besseren Wissens geführt, der sich auf moralische Ideale oder wissenschaftliche Erkenntnisse stützt. Damit will K. die für sich reklamierte Führungsfunktion der Rationalität gegenüber der Realität, des Denkens gegenüber dem Handeln, des Geistes gegenüber der Macht, der Ideen gegenüber den Interessen durchsetzen, um wissensgeleitete Rationalisierung zu ermöglichen.

K. bedient sich vornehmlich der symbolischen Mittel und verbalen Methoden sprachlicher, mündlicher wie schriftlicher Konfliktaustragung durch Diskussion, Disput und Diskurs. Damit will K. die Kontrollfunktion der Argumentation ausüben.

K. zielt auf das Verneinen, Verändern, Verbessern, Verlassen des kritisierten Ausgangspunktes ab. Hierin liegt die Korrekturfunktion der K. gegenüber dem Status quo, von dem es, progressiv oder regressiv, fortzuschreiten gelte, um der K. Rechnung zu tragen.

K. ist ein Kontrollinstrument, das sich von anderen Steuerungsinstrumenten unterscheidet. K. ist als Intellektualismus aus Prinzip ein ideelles Korrektiv realer Tatbestände, deren »kritische« Bewertung mit einer theoretischen Verurteilung, nicht aber mit unmittelbaren, praktischen Sanktionen verbunden ist. K. beansprucht Besserwissen, nicht Besserma-

chen; sie ist Kontraargumentation, nicht Kontraaktion. Folglich läßt sich dagegen nicht fehlender oder verfehlter Handlungserfolg und mangelnde Verantwortlichkeit für die Folgen ins Feld führen, sondern Anwendung unzutreffender Kriterien oder fehlendes Wissen. K. zieht als typischen Fehler den Vorwurf der Illoyalität oder Inkompetenz auf sich. Damit wird das Legitimationsproblem der K. aufgeworfen.

K. arbeitet als Verbalismus aus Prinzip vornehmlich mit dem gesprochenen oder geschriebenen Wort, um etwas zu kontrollieren und durch Gegeninformation zu korrigieren. Sie setzt damit in einem Prozeß nachträglicher Prüfung Information gegen Aktion, um in der Regel bereits eingeleitete oder eingetretene Entwicklungen argumentativ zu beeinflussen, die der vorgängigen Kontrolle der K. durch direkte Einflußnahme mangels → *Macht* und unmittelbarer Beteiligung entzogen sind. Damit ist als Steuerungsproblem die Frage der Lenkbarkeit und Korrigierbarkeit nichtkognitiver Tatbestände mit kognitiven, geistigen Mitteln aufgeworfen.

K. ist der Intention nach Progressivismus aus Prinzip, der auf wissensinduzierte und kritikkontrollierte Veränderung des Status quo setzt. Das wirft das Effizienzproblem der K. auf, d. h. die Frage nach dem Wirkungsgrad von Wort und Wahrheit oder Lüge sowie argumentativer Mittel überhaupt in Wissenschaft und Gesellschaft, Staat und Politik.

II. Die historischen Voraussetzungen einer Kultur der Kritik

Die geistesgeschichtlichen Wurzeln des modernen Kritikgedankens liegen international vor allem in vier Traditionen der neueren Geschichte: in der Philosophie der → *Aufklärung*, in der neuzeitlichen Erfahrungswissenschaft, im bürgerlichen Liberalismus der Intellektuellen und im demokratischen Sozialismus der Arbeiterbewegung. Daraus ergab sich eine vierfache Grundlegung für eine Konzeption der K.: allgemeinphilosophisch aus der Forderung nach der Mündigkeit des Individuums, um die Autonomie der Person zu gewährleisten; wissenschaftstheoretisch aus der Forderung nach methodischer Skepsis, strenger Sachlichkeit und wissenschaftlicher Unparteilichkeit, um objektive Erkenntnis durch autonome Wissenschaft zu ermöglichen; politisch-philosophisch aus der Demokratisierungsforderung der bürgerlichen Revolution und liberalen Emanzipation, um die Republik mit parlamentarischer Verfassung, politischer Freiheit und rechtlicher Gleichheit zu verwirklichen; sozialphilosophisch aus der Forderung nach Aufhebung der ökonomischen Ungleichheit, um die reale Freiheit des Menschen herzustellen.

So konnte sich im europäischen Einflußbereich eine abendländische Kultur der K. entwickeln, als charakteristischste geistige Errungenschaft. Als gesellschaftliche Träger boten sich die sozialen Schichten des aufgeklärten Bürgertums, der wissenschaftlich-technischen Intelligenz, der literarisch-politischen Intellektuellen und ihrer proletarischen, parteipolitisch aktivierten Gefolgschaft an. Eine solche Kultur der K. schließt als wesentliche Bestandteile ein: →*Demokratie* als politische, rechtsstaatlich kodifizierte Verfassung der Freiheit des individuellen »Kritikers«; offene Gesellschaft mit sozialer →*Mobilität* und ursprünglich kapitalistischer Wettbewerbswirtschaft als soziale Verfassung und ökonomische Grundlage des Rationalisierungs- und Moderinisierungsprozesses; Pluralismus als Ausdruck anerkannter Meinungs- und Interessenkonflikte; liberale →*Öffentlichkeit* im Rahmen allgemeiner Meinungs- und Pressefreiheit als sozialer Vermittler des zugelassenen Streits der Meinungen und politischer Verstärker der Kontrollfunktion freier K.

Abweichend von der westlichen Hauptlinie ist die deutsche Sonderentwicklung vor 1945 einen anderen Weg gegangen, der nur gesellschaftliche Inseln einer Kultur der K. in einem ansonsten eher kritikfeindlichen kognitiven, sozialen und politischen Milieu entstehen ließ.

Der hochentwickelten deutschen Wissenschafts-, Literatur- und Kunstkultur entsprach keine vergleichbare politische Kultur der K. auf breiter sozialer Basis.

Vor 1945 konnte sich in Deutschland eine umfassende Kultur der K. nicht entfalten, weil von der dazu erforderlichen dreifachen politischen Voraussetzung einer Verfassung der Freiheit mit gleichberechtigter demokratischer Teilhabe, der sozialen Grundlage einer modernen Gesellschaft ohne ökonomische Partizipationsschranken sowie der intellektuellen Atmosphäre liberaler Öffentlichkeit im Kaiserreich, der Weimarer Republik und im Nationalsozialismus alles oder Teile fehlten. Als Entwicklungshemmnisse für eine Kultur der K. wirkten ausgeprägte Gegenorientierungen: Antiintellektualismus und politischer Indifferentismus zu Lasten des unterschätzten Wertes individueller →*Freiheit*; die Akzeptierung von →*Gewalt* und Autorität sowie anderer undemokratischer Verfahren der Konfliktregulierung zu Lasten rationaler Argumentation, kritischer Diskussion und demokratischer Abstimmung; ein romantischer bis reaktionärer Antimodernismus zu Lasten des Neuen, insbesondere der nichttechnischen Ergebnisse des Modernisierungs- und Rationalisierungsprozesses.

Auf die deutsche Sonderentwicklung vor 1945 folgte die getrennte Entwicklung in Ost- und Westdeutschland nach 1945. Während in der Bundesrepublik Deutschland die traditionellen deutschen Entwicklungshemmnisse, vielleicht mit Ausnahme der liberalen Öffentlichkeit, weitgehend entfallen sind, so daß sich hier eine Kultur der K. hätte

entwickeln können, ist in der DDR nur das Hindernis ökonomischer Partizipationsschranken unwirksam geworden. Damit laufen die westliche und östliche, in intellektueller wie institutioneller Hinsicht, Entwicklung auseinander. In der westlich orientierten Bundesrepublik gewannen Philosophien politische Bedeutung, die den Kritikgedanken in den Mittelpunkt ihrer Erkenntnis- und Gesellschaftsauffassungen stellten, wie die *Kritische Theorie* und der *Kritische Rationalismus,* während im östlichen Einflußbereich der *Marxismus-Leninismus* zur allein maßgeblichen Philosophie wurde. Diese versteht sich zwar auch ausdrücklich als K. und lehnt den Dogmatismus als antimarxistische Position ab, zugleich aber auch den →*Revisionismus,* den das Prinzip K. als Leitfaden der Rationalisierung in Wissenschaft und Gesellschaft zur Konsequenz hat.

III. Institutioneller Aspekt

K. bedarf der Institutionalisierung, um sie auf Dauer wirksam zu machen. Nur durch kulturelle Integration in das gesellschaftliche Wertesystem, darauf aufbauende politische Legitimierung sowie rechtliche und soziale Institutionalisierung kann K. bleibende soziale Akzeptanz und hinreichende funktionale Effizienz als argumentatives Kontrollmittel und kognitiver Korrekturmechanismus erreichen.

Die rechtliche Institutionalisierung der K. durch eine demokratische Verfassung der Freiheit umfaßt die Anerkennung und Absicherung folgender gesellschaftlicher Grundelemente einer vollentwickelten Kultur der K.: der Vielfalt kognitiver Ideen (Meinungspluralismus); der Vielfalt individueller Interessen (Interessenpluralismus); der Vielfalt sozialer Gruppierungen (Gruppenpluralismus); der Vielfalt politischer Parteien (Parteienpluralismus) in der Gesellschaft.

Das erfordert im einzelnen einen rechtlichen Rahmen für die explizite Artikulation des Widerspruchs als erkenntnismäßigem Ausdruck von K., die öffentliche Repräsentation des individuellen Interesses an Verbesserung, Veränderung oder Neuerung als subjektiver Motivation zur K.; die soziale Organisation des objektiven Konflikts der aggregierten Interessen als soziologischem Ausdruck von K.; die politische Organisation der Opposition als institutionellem Rahmen für legitime Machtkritik.

Damit ist ein Bogen von der Erkenntnis- bis zur Machtkritik gespannt, wie sie in einer umfassenden Kultur der K. zum Tragen kommen sollen, indem offener Dissens rechtlich erlaubt, Alternativen wahlweise geboten, der K. argumentative Einflußnahme ermöglicht und dem Kritiker in Ausübung seiner Funktion verfassungsmäßiger Rechtsschutz gegenüber Sanktionen gewährt wird (Glaubens-, Gewissens-, Meinungs-, Presse- und Koalitionsfreiheit).

Mit dieser ersten Stufe der Institutionalisierung sind nur die notwendigen rechtlichen Existenzvorbedingungen für K. geschaffen (K. als Recht), aber noch keine hinreichenden Effizienzbedingungen für erfolgreiches Funktionieren als Kontrollinstrument und Korrekturmechanismus gewährleistet. Dazu bedarf es auf der zweiten Institutionalisierungsstufe ihrer sozialen Ausgestaltung zum verbindlichen Verhaltensmuster mit ausgeprägten Rechten und Pflichten (K. als Rolle). Die dritte Institutionalisierungsstufe schließlich führt zur Professionalisierung der K. im Rahmen autonomer Rechts- und Organisationsformen (K. als Beruf). Durch Institutionalisierung erhält die K. in abgestufter und eingegrenzter Weise die Möglichkeit der Partizipation am Entscheidungsprozeß durch geregelte Argumentation und Diskussion. Das Ausmaß an effektiver Partizipation und realer Protektion bestimmt sich dabei als Restgröße dessen, was von der K. den dreifachen Filter der gesellschaftlichen Legitimität.

Das Selbstverständnis moderner Rationalität und Progressivität findet im Kritikgedanken seine paradigmatische Fassung, weil er die maßgebliche liberale Fortschrittsformel repräsentiert, nach der die Verbindung von Wissenschaft und Demokratie die optimale Methode für eine wissengeleitete und kritikkontrollierte Entwicklung der Gesellschaft aus der Tradition zur Modernität (→ *Moderne*) liefert. Der damit verbundene hochgespannte Rationalitäts- und Humanitätsanspruch ergibt sich aus dem Glauben an Demokratie und Wissenschaft, daß K. als Methode und Institution im Rahmen einer Verfassung der Freiheit und Gleichheit imstande sei, auf allen Gebieten die Führungsleistung des Erkennens und die Kontrollfunktion der Argumentation durchzusetzen. In dem Maße, in welchem eine solche Rationalisierung der Gesellschaft nach dem Prinzip K. von Erkenntnisfortschritt zu Machtkritik und Humanitätsfortschritt überleitet, soll sie die bahnbrechende Vernunft moderner Wissenschaftlichkeit in die Politik tragen.

K. kann ihre Kontrollfunktionen allerdings nur insoweit erfüllen, als in den jeweiligen Anwendungsbedingungen die Voraussetzung für die Möglichkeit und Wirksamkeit kritischer Diskussionen bestehen. Nach dem Grad ihrer gegenstandabhängigen und sozialstrukturell bedingten Leistungsfähigkeit lassen sich folgende Funktionstypen der K. unterscheiden.

Wo K. ein der Problemlage angemessenes methodisches Instrument und institutionelles Arrangement ist, das allen Anforderungen als Kontrollmittel und Korrekturmechanismus genügt, kann von voll funktionstüchtiger oder satisfaktorischer K. gesprochen werden.

Wo K. im Dienst der Aufklärung steht und deren politisches Ziel der »Selbstbefreiung durch das Wissen« (K. Popper) verfolgt, handelt es sich um emanzipatorische K. (so etwa in primärer Funktion bei der *Kritischen Theorie* und in sekundärer beim *Kritischen Rationalismus*).

Wo K. mit direkter Beteiligung am Erkenntnis- oder Entscheidungsprozeß verbunden ist, so daß unmittelbare Einwirkungsmöglichkeiten bestehen, liegt partizipatorische K. vor.

Wo K. durch bloß mittelbare Kontrolle im nachhinein ausgleichen soll, was an notwendiger Fehlerkorrektur wegen versagter direkter Beteiligung von Anfang an versäumt worden ist, wobei K. zum funktionalen Äquivalent für unterlassene Strukturmaßnahmen gemacht wird, läßt sich im Hinblick auf diese Funktionszuschreibung – in Analogie zur kompensatorischen Erziehung – von kompensatorischer K. sprechen.

Wo aber K. keiner dieser Funktionen wirklich dient, sie zu erfüllen aber vorgibt, haben wir es mit rein salvatorischer K. zu tun, die keine effektive Kontrolle mehr leistet.

Für Erkenntnis von der Wissenschaft – d. h. für die Überprüfung der Wahrheitslage von Theorien sowie des Geltungsanspruchs aller jener »Ideen«, hinter denen kein anderes Interesse als das nach unvoreingenommener Wahrheitssuche in machtfreiem Raum steht – ist K., unter idealen Bedingungen jedenfalls, satisfaktorisch im angegebenen Sinne. Wo diese funktionalen Erfordernisse, d. h. Freiheit der Diskussion, Zugänglichkeit der Information, Offenheit für und Beeinflußbarkeit durch Gegeninformation, Öffentlichkeit des Prüfverfahrens, Publizität der Ergebnisse, Parität der Positionen, Objektivität der Maßstäbe usw.) nicht bestehen, ist K. allein kein ausreichendes Kontrollmittel und kein wirksamer Korrekturmechanismus mehr, sofern sie nicht mit Partizipation verbunden ist. Das gilt insbesondere für Machtkritik. Damit sind allen Formen nichtpartizipativer K. durch die Eigenart des Gegenstandes und die Strukturbedingungen des Problembereichs Grenzen gesetzt.

Satisfaktorische K. markiert die Obergrenze, salvatorische K. die Untergrenze der Funktionsbreite, an der sich einerseits das Selbstverständnis als Verkörperung der liberalen Rationalitätsidee und andererseits die Verurteilung als pseudoliberale Rationalitätsideologie orientieren. Wann immer unter Mißachtung unerfüllter Voraussetzungen und Vernachlässigung der Folgelasten der Anspruch der K. höher angesetzt wird, als es die strukturellen Realisierungsbedingungen erlauben, wird der Kritikgedanke zur Rechtfertigungsideologie dessen, was so nicht zu ändern ist.

IV. Schwierigkeiten der Kritik

K. muß als ein wesentlicher Bestandteil des abendländischen Rationalisierungs- und neuzeitlichen Modernisierungsprozesses betrachtet werden.

Kultursoziologisch und -historisch gesehen, ist K. ein epochales Phänomen der → *Moderne*, das in einer verspäteten → *Nation* wie der deutschen allerdings verzögert, darüber hinaus bei deren Nachfolgestaaten Bundesrepublik Deutschland und DDR voneinander abweichend zum Durchbruch kommen mußte.

Für kompetente K., d. h. K. von einem Angehörigen der Profession im Rahmen der Profession, sind zwei maßgebliche Organisationsformen mit eigener Rechtsordnung entstanden. Als wissenschaftliche Methode der Erkenntniskritik hat die kritische Diskussion in der traditionellen Gelehrtenrepublik bzw. der modernen Forschungsgemeinschaft und als demokratische Methode der Machtkritik im Parlament einen eigenen organisatorischen Rahmen erhalten.

Für inkompetente K, d. h. K., zu der man formal mangels Mitgliedschaft oder material mangels Sachkenntnis »unzuständig« ist – haben sich in der modernen Gesellschaft lediglich soziale Institutionen von vergleichsweise geringem Organisations- und Wirkungsgrad sowie ambivalenter Funktionsweise entwickeln können. Dazu zählt in erster Linie die über die jeweiligen institutionellen Schranken hinaus erweiterte Öffentlichkeit in jeder Organisationsform: als politische öffentliche Meinung, als wissenschaftsjournalistische oder literarische Öffentlichkeit oder als veröffentlichte Meinung aller Art in → *Presse,* → *Hörfunk* und → *Fernsehen).*

Für illegitime K, aus dem Glauben an die herrschenden gesellschaftlichen Ideale nicht teilt, sondern von einer alternativen Wertorientierung ausgeht, haben sich vielfältige *Underground-*Erscheinungen entwickelt, die zumeist Spontaneität über Organisiertheit stellen.

Für illegale K. außerhalb der verfassungsgemäßen oder gesetzlichen Ordnung kann es naturgemäß formale und legale Organisationsformen nicht geben. Sie ist entweder unorganisiert oder spielt sich in informellem sozialem Rahmen ab, wie zum Beispiel *Samisdat.* Eine demokratische Verfassung mit entsprechenden Freiheitsgarantien macht illegale K. nur in Gestalt individueller Übergriffe in die strafgesetzlich geschützte Privatsphäre des Bürgers durch Beleidigung oder Verleumdung.

K. ist in problematischer Weise wertorientiert, die ein gespanntes Verhältnis zum gesamtkulturellen Kontext schafft. Einerseits beruft sich K. zu ihrer eigenen Legitimation mit dem normativen Anspruch allgemeiner Anerkennung auf bestimmte Wertpositionen, auf Ideale, die in der Gesellschaft nicht unbedingt gelten, d. h. empirisch vorherrschen. Das bringt die K. in Wertkonflikt zur tatsächlichen, in der Regel durchschnittlich weniger »kritischen« gesamtgesellschaftlichen Wertorientierung. Andererseits distanziert sich K. als Akt differenzierender Beurteilung und primär negierender Stellungnahme von jeder Orientierung der Gesellschaft an einem einzigen, einheitlichen Wertesystem, einschließlich des eigenen. Damit hebt sie den zwar kaum je wirklich bestehenden, ideologisch aber aufrechterhaltenen Wertkonsens tendenziell auf und bringt sich selbst in die kulturelle Randposition latenter Wertilloyalität oder sogar politischer Wertopposition. K. bringt sich so in dauernden Verdacht, die geltenden gesellschaftlichen Grundwerte zu verraten.

Von diesen grundsätzlichen Kollisionsrisiken der K. in jedem kulturellen Kontext abgesehen, kommt eine Kultur der K. im angeblich nachaufklärerischen »postkritischen« Zeitalter mit »postmaterieller« Wertorientierung aufgrund ihrer hohen Wertschätzung für Rationalität, Objektivität, Liberalität und einer bestimmten Art geistiger, sozialer und politischer Modernität substanziell in Konflikt mit gegenwärtigen kulturellen Strömungen unterschiedlichster Ausrichtung, von traditionalistischen bis alternativkulturellen Gegenpositionen.

V. Kritik in der Bundesrepublik Deutschland und in der DDR

Wenn die Frage nach den Realisierungsschwierigkeiten einer geisteskulturell inspirierten und sozialstrukturell fundierten Verfassung der Freiheit in Deutschland die alte »deutsche Frage« ist, dann darf die Frage nach einer darauf aufbauenden Kultur der K. im Rahmen einer offenen Gesellschaft als neue »deutsche Frage« an das geteilte Deutschland gestellt werden.

Die Bundesrepublik Deutschland und die DDR sind Reaktionen auf die Herausforderung der deutschen Geschichte, wie sie sich in den beiden »deutschen Fragen« niederschlägt. Soweit Ähnlichkeiten in den Antworten bestehen, ergeben sie sich aus dem gemeinsamen kulturellen Erbe und der partiell weiterwirkenden Teilhabe daran. Sie sind vornehmlich negativer Natur und machen sich als geschichtsbedingte Entwicklungshemmnisse für eine Kultur der K. bemerkbar. Die Unterschiede in den Erscheinungsformen des Kritikphänomens sind dagegen mehr systembedingt und ideologisch eigenproduziert.

Unter den nennenswerten Konvergenzen ist vor allem die den politischen Traditionsbruch von 1945 überbrückende Verbindung von alter und neuer Illiberalität zu erwähnen, wie sie sich in den besonders kritikempfindlichen Bereichen von Recht und Staat, Erziehung und politischer Bildung mit antiaufklärerischer, gegenreformatorischer und freiheitsindifferenter bis demokratiekonträrer Tendenz bemerkbar macht. Während in der deutschen Gesellschaft früher die soziale Infrastruktur die Entwicklung einer Kultur der K., auch und gerade in der Weimarer Republik, eng begrenzte und auf gesellschaftliche Inseln beschränkte, ist in der deutschen Gegenwart eher die ideologische Suprastruktur der limitierende Minimumsektor für die politische Realisierung des Prinzips K.

In der DDR entstanden zwei spezielle Kritikformen: die gelenkte Diskussion als Grundmodell und die Selbstkritik als dessen Anwendung auf das Individuum. Die Eigenheiten beider Kritikmodelle sind: inhaltliche Vorgabe des Themas; ideologische Beschränkung der zulässigen Argumentationsmöglichkeiten; grundsätzliche Absteckung eines vorbestimmten »positiven« Ergebnisbereichs; Diskussionsaufforderung als Beteiligungszwang unter negativer Sanktionierung von Nichtteilnahme und Nichtstellungsnahme; formale Restriktion der K. auf den Aufweis sogenannter nichtantagonistischer, im Rahmen und mit den Mitteln des sozialistischen Gesellschaftssystems lösbarer Widersprüche. Dies verleiht beiden de facto eine politische Akklamationsfunktion mit kanalisierter Kritikwirkung und macht sie so zu kognitiv-sozialen Mechanismen der Herrschaftssicherung. Ohne erkennbaren Einfluß auf die wirklichen politischen Entscheidungen, die scheinbar zur Diskussion gestellt werden, ist diese Art von K. und Selbstkritik wenig geeignet, die potentielle Triebkraft der Widersprüche zu aktualisieren, wie es vom *Historischen Materialismus* als Entwicklungsgesetz formuliert wird. Nachdem die Institution der Selbstkritik in den letzten Jahren an Bedeutung verloren hat, ist K. im Sinne einer ernsthaften Auseinandersetzung um wirkliche Probleme innerhalb ihrer system- und ideologiebedingten Grenzen wieder möglich geworden. Sie hat in den etablierten Parteiorganisationen und Betriebsgremien eine institutionelle Einbettung in die sozialistische Gesellschaft erhalten. Unbeschadet sachlicher Bezüge zu existenten Problemlagen hat die gelenkte Diskussion ihren Charakter als politische Kampfstrategie der gesellschaftlichen Systemkonkurrenz dadurch keineswegs verloren.

Selbstkritik und gelenkte Diskussion finden keine direkten Entsprechungen in der Bundesrepublik. An ihre Stelle treten als typische Kritikformen die dezentralisierte, institutionell desintegrierte intellektuelle Reflexion und isolierte Diskussion. Darin entfaltet sich ein elitärer, bei aller Politisierung tatsächlich vom politischen Entscheidungsprozeß abgekoppelter ästhetischer oder moralischer Kritizismus literarischer, künstlerischer oder wissenschaftlicher Provenienz, der keine kritische Öffentlichkeit für die Politik herzustellen vermag, von der wirksame Initiativen und Korrektive ausgehen könnten. Mit gewissen Vorbehalten können die institutionalisierten Formen partizipatorischer K. wie die → *Mitbestimmung* und nichtinstitutionali-

sierte wie die → *Bürgerinitiativen* als Entwicklungsschritte in dieser Richtung angesehen werden.

K. versteht sich als kognitives Führungs- und argumentatives Kontrollinstrument, das Gewalt durch Vernunft ersetzt. Jede Art von K., in welcher Form auch immer, tut das mehr oder weniger. Ihre Kultivierung in beschränktem politischen oder sozialen Rahmen begründet jedoch noch keine funktionsfähige Kultur der K. Existenzvoraussetzung dafür wären: eine politische Verfassung der Freiheit, die im Rahmen von kritikfördernden und -zugänglichen Institutionen K. erlaubt und den Kritiker vor Sanktionen schützt; eine soziale Verfassung der Gleichheit, die im Rahmen einer offenen Gesellschaft der K. »von unten« durch Einbringung individueller kognitiver Initiativen und argumentativer Korrektive chancengleiche Einflußnahme auf den politischen Entscheidungsprozeß ermöglicht; eine geistige Verfassung wissenschaftlicher Aufklärung und politischer Bewußtheit, die im Rahmen einer liberalen Öffentlichkeit wirksame Kontrolle duch K. tatsächlich erbringt und notfalls erzwingt.

Politisch zentralisierte, von oben gelenkte Diskussion kann die Funktionen der K. ebensowenig erfüllen wie politisch isolierte, nur von außen angesetzte und vom politischen Entscheidungsprozeß abgekoppelte Diskussion. Dabei ist es in der DDR nicht der *Marxismus-Leninismus* an sich als Erkenntnis- und Gesellschaftslehre, welcher die Entstehung einer funktionsfähigen Kultur der K. verhindert, sondern die Inanspruchnahme eines von Staats wegen durch → *Zensur* und andere kritikunterdrückende Maßnahmen ausgeübten Interpretationsmonopols durch die *SED*. Dadurch entsteht ein gesetzlich geschütztes Kritikmonopol, das praktisch zum Kritikverbot für alle nichtautorisierten Meinungsäußerungen wird. Und in der Bundesrepublik ist auch nicht der intellektuelle Radikalismus als solcher das entscheidende Hindernis, sondern der moralische Indifferentismus radikal politisierter K. gegenüber den politischen Freiheitswerten, sachlichen Erkenntniswerten und methodischen Argumentationswerten einer Kultur der K.

Von den genannten verfassungsmäßigen Voraussetzungen abgesehen, ist eine politische Kultur der K. vor allem davon abhängig, inwieweit moderne Großgesellschaften unter den vorherrschenden Bedingungen der Macht des Staates, der Bürokratisierung (→ *Bürokratie*) der Gesellschaft und der Vorherrschaft der Verbände (→ *Vereine*) »kritischen« Lebensäußerungen aller Art Einflußmöglichkeiten auf den gesamtgesellschaftlichen Entwicklungsprozeß einräumen. Unter diesen Bedingungen ist eine funktionsfähige Kultur der K. nur auf breiter gesellschaftlicher Grundlage denkbar, die für eine weite soziale Verteilung des Wissens sorgt, so daß K. nicht zu einem Herrschaftsinstrument der Informierten über die Uninformierten im

Rahmen einer nach kognitiven Klassen hierarchisierten Wissensgesellschaft umfunktioniert werden kann.

Während in der DDR für effektive K. bereits die verfassungsmäßigen Voraussetzungen fehlen, ohne daß funktionale Äquivalente wie zum Beispiel die Möglichkeit der Abwanderung einen nennenswerten Ausgleich dafür böten, ist sie in der Bundesrepublik Deutschland eher durch bestimmte neuere Entwicklungen im sozioökonomischen Bereich, wie etwa der des Pluralismus zum Korporatismus, beeinträchtigt, die sie funktionsmäßig zum bloßen Korrektiv innerhalb des strukturell verfestigten Gesellschaftssystems reduzieren. Unbeschadet aller fortbestehenden Systemdivergenzen könnten solche tendenziellen Funktionsbeschränkungen der K. zu einer antikritischen Systemkonvergenz führen, die durch kritische Gegensteuerung nur schwer aufzufangen wäre.

H. F. Spinner

Literatur

R. Koselleck, K. und Krise, Freiburg, München 1959
J. Habermas, Strukturwandel der Öffentlichkeit, Neuwied, Berlin (West) 1962
M. R. Lepsius, K. als Beruf, Kölner Zeitschrift für Soziologie und Sozialpsychologie, Bd. 16, 1964, S. 75–91
R. Dahrendorf, Gesellschaft und Demokratie in Deutschland, München 1965
P. Ch. Ludz, Mechanismen der Herrschaftssicherung, München 1980
H. F. Spinner, Das Prinzip K. als Leitfaden der Rationalisierung in Wissenschaft und Gesellschaft, in: Jahrbuch 1980 der Berliner Wissenschaftlichen Gesellschaft e. V., Berlin (West) 1981, S. 256–291

Kult

Im allgemeinen wird als K. eine in bestimmter Form vollzogene gemeinschaftliche religiöse Verehrung vermeintlich überirdischer Mächte und Wesen verstanden; noch allgemeiner bezeichnet man mit K. jede Verehrung, Pflege, Hingabe, die einen Grad von Kollektivität, Emotionalität und Geregeltheit erreicht. Eine solche Regelung kann neu geschaffen sein, als konstruiertes Zeremoniell oder Ritual wie bei Sekten, von anderen K. ganz oder teilweise übernommen werden, wie beim Helden- und Starkult, oder sie kann sich organisch, als Stilisierung der persönlichen Impulse der einem K. anhängenden Menschen entwickeln, so beim Konsum- und Modekult. K. ist die geordnete, Triebregungen und Gruppenkonsens integrierende Form des Umgangs mit dem Göttlichen oder dem Pseudo-Göttlichen, zugleich Verehrung der Gottheit und Förderung der Heiligung und Heilung des menschlichen Wesens.

In der heutigen →*Kulturanthropologie* wird der K. als aktives Geschehen dem den geistigen Inhalt erklärenden Mythos gegenübergestellt.

Der K. ist also die Aufhebung irdischer Widersprüche durch den Dialog mit dem Überirdischen, den Verstorbenen, auch allem »Überlebensgroßen«, der Heilung durch mystische Identifizierung bringt. Er ist zugleich gelebte Mythologie. Was sich bei den schriftlosen Völkern als komplizierte Dämonologie und Totemismus, in den Gebäuden der christlichen Kirche als nicht minder komplizierte Vorschriften von Gottesdienst und Liturgie äußerte, zeigt sich in den K. der Massenkultur *(→Kulturindustrie und Massenkultur)* als mehr oder minder fetischisierender Umgang mit Konsumwaren, als mystische Erhöhung von Gegenständen und vor allem Personen.

Der K. der monotheistischen Religionen, allen voran des Katholizismus, haben so etwas wie die Zusammenfassung, zugleich auch eine Abstraktion der magisch-religiösen K. geschaffen; der Mensch-Gott-Dialog ist hier seiner direkten, der Auseinandersetzung mit der Natur entstammenden Anlässe enthoben, in dem Maß, wie die →*Religion* zu einer statischen, Natur und Mensch nicht allein vermittelnd begleitenden, sondern auch beherrschenden sozialen Institution wurde. Doch kann die neue weihevolle und erhabene Form des K. nicht vollständig die frühere ekstatische ersetzen. So zerfallen mit zunehmender Disziplinierung und Vergeistigung der religiösen K. durch die kirchlichen Institutionen die einst identische Größen Religion und K.; neben dem religiösen entstehen sowohl abweichende mystische als auch weltliche K.

K. ist also Sinnvergewisserung und Heilung über die geregelte, zielgerichtete Projektion auf das gedachte Höhere und eine Freisetzung angestauter emotionaler, auch erotischer Impulse. In der Politik wirkt ein K. deshalb als praktische Unterstützung der ein Herrschaftssystem legitimierenden Mythen wie Gottesgnadentum, Berufung auf Ahnenreihen oder Präsenz von Prinzipien und Utopien, als auch als zeremonielle und immer auch therapeutische Größe in der sozialen Hierarchie und dem in ihr angelegten Interessenausgleich. In gewisser Weise werden Ausbeutung und Unterdrückung durch den K., die mystische Kommunikation zwischen Herrschern und Beherrschten, deren Beziehung rational nicht zu legitimieren wäre, erträglich.

K. mögen inszeniert sein, um Energien zu binden, wie etwa das höfische Zeremoniell mit seinen bis an die Grenzen des Pathologischen reglementierten und verfeinerten Verkehrsformen. Im wesentlichen bedeutet der politische K. jedoch Ästhetisierung der Politik, denn die Waffe tritt als Schmuck auf, das Unterwerfungsritual als Fest, und Beseelung durch Personalisierung. Gegenstand des K. ist der Herrscher, nicht die Herrschaft, wie sie, im sozialistischen System etwa, als notwendig und rational gedacht werden könnte. Seine Person wird geehrt auch in Abbildung familialer Riten, wie in Kaisers Geburtstag, Prunkhochzeiten, Staatsempfängen. Dieser Herrscherkult pervertierte im faschistischen Führerkult, der sich von allen anderen Herrscherkulten durch seine Bedingungslosigkeit, Ausschließlichkeit und die sexuell-pathologischen und gewalttätigen Komponenten unterscheidet.

Vom faschistischen Führerkult zu unterscheiden ist der in bestimmten Entwicklungsphasen der sozialistischen Gesellschaft auftretende Personenkult, auch wenn es Verwandtschaft im Erscheinungsbild gibt. In ihm tritt die Überbewertung und die irrationale, streng geregelte, öffentliche Verehrung einer historischen Persönlichkeit zutage, die als treibende, im Extremfall alleingestaltende und »maßgebende Figur« gedeutet wird; so wurden W. I. Lenin zum »unfehlbaren Lehrer«, J. W. Stalin zum »Vater« oder Mao Tsetung zu einem »großen Steuermann«. Formen des Personenkults hat es natürlich auch in den bürgerlichen Gesellschaften gegeben, wenn etwa O. v. Bismarck als »eiserner Kanzler« oder »Lotse« erscheint (→ Karikatur), aber auch in der sozialistischen Bewegung. K. Marx selbst hat gegen den »speichelleckenden Lassallekultus« (K. Marx, F. Engels, Werke, Bd. 34, S. 308) polemisiert. Der Personenkult ist möglicherweise eine Folge der Rolle der Partei in Gesellschaft und Geschichte, wie W. I. Lenin sie beschrieben hat. »Die von W. I. Lenin und in stärkerem Maße von L. Trotzki erarbeitete Theorie von der führenden Rolle der bolschewistischen Partei wurde dann zum Wegbereiter des Personenkults, als die Partei sich schließlich in einer einzigen Person verkörperte und die Unterordnung des einzelnen nicht mehr ein Akt revolutionärer Disziplin im Sinne einer freien, bewußten Entscheidung war« (Sowjetsystem und demokratische Gesellschaft, Band V, hrsg. von C. D. Kernig, Freiburg 1972, S. 2). Ähnlicher Genese von Repräsentanz folgte in bescheidenerem Umfang auch der Personenkult um W. Ulbricht.

Während im sozialistischen System derjenige, um den Personenkult getrieben wird, die Partei verkörpert, und diese die treibende Kraft in Gesellschaft und Geschichte, so wird der faschistische K. um den Führer oder den Duce als Konsequenz des Führerprinzips verstanden. Die hierarchische Struktur ohne → Dialog und gesellschaftlich vermittelte Kontrolle muß zwangsläufig einen höchsten Führer schaffen, auf den alles ausgerichtet ist und in dem sich Geschichte und Schicksal verwirklichen. Während der Führerkult fast immer ursächlich eine Form politischer Isolation nach sich zieht, ist der Personenkult umgekehrt nicht selten eine Folge solcher Isolation. Das Ende des Personenkults in den sozialistischen Gesellschaften geht meist einher mit einer politischen und kulturellen Öffnung nach außen. Politischer K. in den westlichen Gesellschaften betrifft häufig Personen, die in ihrem Bild »Füh-

rungsqualitäten«, Verläßlichkeit mit menschlicher Gesinnung und Größe, wie beispielsweise J. F. Kennedy, vereinigen. Schon die Bewunderung für den Staatsmann in bewußter Abgrenzung zum Politiker verleiht ersterem Würde und Macht über verbrieftes Recht hinaus. In einem Staatsmann wie K. Adenauer fühlen die Zeitgenossen Geist und Idee einer »Ära« ausgedrückt. Der K., der im menschlich-anekdotischen Beiwerk bewahrt wird, betrifft hier insbesondere die eigenen Hoffnungen und angestrebten Tugenden.

Alle gesellschaftlichen Subsysteme bilden ihre eigenen K. oder Unterformen allgemeiner K. heraus. Als Beispiel hierfür kann insbesondere das Militär mit seinen Eiden, Fahnenweihen, hierarchischen Zeremonien, Riten und Paraden gelten. Formen militärischer K. finden sich aber auch im Vereinsleben oder in scheinbar parodierter Form bei Karneval und Fasching in der Bundesrepublik, in besonderem Maß bei Jugendverbänden wie *Junge Pioniere, Ernst-Thälmann-Pioniere, FDJ* oder der *Gesellschaft für Sport und Technik* in der DDR. Ein besonderer, ebenfalls dem militärischen Bereich verwandter K. ist der um Orden, (→ *Preise und Auszeichnungen),* der in der DDR weite Teile des sozialen Lebens bestimmt. Auch im → *Sport* sind pseudomilitärische K. anzutreffen.

Die K., die sich in der → *Unterhaltung* und der Warenwelt realisieren, sind vorwiegend erotischen Ursprungs. Als Beispiel für den K. mit »künstlichen Gottheiten« kann der zu Beginn des 20. Jh. entwickelte Starkult gelten. Mit der Entfaltung der modernen Medien (→ *Massenkommunikation)* hat sich dieser K. um den Darsteller als direkte Fortsetzung des romantischen Geniekults herausgebildet. Zunächst noch, bei Oper und Theater etwa, richtete er sich auf die Kunst des Darstellers, bei Film, Schallplatte und elektronischen Medien zunehmend auf seine → *Persönlichkeit.*

Der Filmstar, um 1910 in Hollywood in Person von F. Lawrence »geboren«, interessiert das Publikum nicht nur als → *Künstler,* sondern auch als Totalität einer Erscheinung, die zu ebenso totaler Identifikation einlädt; zum Wesen des Starkults gehört, daß auch das »Privatleben« des Stars in mehr oder minder vereinnahmender Weise ins Publikumsinteresse einbezogen ist. Einen ersten Höhepunkt erreichte der Starkult bei R. Valentino, dessen Tod eine Reihe seiner Verehrer und Verehrerinnen zum Selbstmord trieb. Fast nahtlos geht es hier, wie später ähnlich bei J. Dean, M. Monroe, M. Clift und bei Musikern wie Billy Holly, Jean Morrison oder Elvis Presley, der Starkult in eine gesteigerte Form des Totenkults über. Der Star ist vor allem deswegen Gegenstand kultischer Verehrung, weil er der perfekte und direkte Ausdruck von Zeitstimmung und Widersprüchen ist. »Filmstars sind verkörperte Mythen, die nicht nur in der Filmgeschichte, sondern tief in der Sozialgeschichte wurzeln. Sie haben Generationen in ihrem Verhalten, in ihrem Habitus, sogar in ihrer Moral beeinflußt. Umgekehrt waren sie auch präzise Verkörperungen von Zeitstimmungen, sozialgeschichtliche Figurationen. Sie sind Leitbilder und Image-Macher. Als Halbgötter unserer Zeit, Spiegelbilder und Vorbilder unseres Jahrhunderts sind Stars auch heute allgegenwärtig« (A. Heinzlmeier, B. Schulz, K. Witte, Die Unsterblichen des Kinos, Frankfurt a. M. 1980, S. 8).

Da jegliche Form des K. zugleich Reaktion auf Widersprüche der Gegenwart und Forderung an die →Zukunft beinhaltet, wird jede Tendenz, →Mode, Entwicklung oder Erfindung, die für eine Zeit Hoffnung und Zukünftigkeit verspricht, potentiell Gegenstand von K. Zwar hat man sich angewöhnt, jede kritiklose, begeisterte Rezeption als K. zu bezeichnen, doch stecken in den meisten solcher K. tatsächlich rudimentär magische Züge. Wie beim religiösen K. entwickelt sich auch hier eine »Kultlegende«, eine Geschichte von der Entstehung und der Bedeutung des K., und eine »Kultsprache«, die Sprache von Eingeweihten, »Getauften« und »Priestern«. Schließlich gibt es in unseren Gesellschaften, wie E. Fromm (Psychoanalyse und Religion, Konstanz 1966, S. 43) bemerkt, eine Reihe von »Privatreligionen«, die sowohl Züge des Wahns als auch totemistischen K. annehmen können. Er nennt unter anderem den »Reinlichkeitswahn«, der seine kulturelle Abbildung in der Werbung erfährt, und die ausschließliche Identifikation mit Partei und Staat und deren Symbolen. Züge kultischer Verehrung und Identifikation haben auch die Beziehungen zu symbolhaft oder erotisch aufgeladenen Konsumgütern wie Auto, Stereoanlage oder zu Möbeln. Solche Konsumkulte sind abhängig vom Angebot und der Bindung von Konsumgütern an Sozialprestige.

Nahezu alle →Feste und Feiern, vom Staatsakt bis zur Stehparty, lassen sich auch als säkularisierte, »heimliche« Formen kultischer Feiern deuten, bei denen es auch um die offizielle oder halboffizielle Suspendierung der Alltagsmoral geht. Bei Feiern, der erlaubten Form der Triebentlastung, werden »die Triebbedürfnisse zusammen mit ihrem Verbot vom eigentlichen Objekt abgelenkt und auf eine höhere, abstrakte Instanz gerichtet« (D. Kerbs, Das Ritual und das Spiel, in: Die hedonistische Linke. Beiträge zur Subkultur-Debatte, hrsg. von D. Kerbs, Neuwied, Berlin (West) 1970, S. 30). Feste und Feiern sind also zwei gegenläufige Formen kultischer Therapie.

Allem Kultischen ist zueigen, daß es sich als inoffizielles Ritual oder als inoffizielle Konnotation in der offiziellen Handlung verwirklicht. Als mystische, bewußtlose Identifikation mit Herrschaft, Nation, Staat, Gruppe, Star oder Held widerspricht der K. sowohl bürgerlicher Aufgeklärtheit als auch sozialistischer Geschichtsauffassung. Da es ande-

rerseits ohne eine Dimension des Kultischen keinen psychischen Gleichklang von Individuum und Gesellschaft gibt, wird der K. als stiller Verbündeter des sozialen Friedens geduldet. Wo sich der K. zu verselbständigen droht, begegnet ihm freilich in beiden deutschen Staaten gesellschaftliche →Zensur oder Opposition.

G. Seeßlen

Kultur

I. Kultur und Zivilisation – II. Geschichte der Kultur – III. Die Kulturdiskussion in der Bundesrepublik Deutschland und der Deutschen Demokratischen Republik – IV. Kulturelle Vielfalt – V. Kulturelle Praxis und Identität

I. Kultur und Zivilisation

Als K. werden sowohl die menschliche Fähigkeit, die zur aktiven Anpassung, Gestaltung und Veränderung der Umwelt wie der eigenen Verhaltensweisen befähigt, als auch die materiellen und immateriellen Objektivationen dieses Handelns bezeichnet. Die Trennung von Natur und K. für menschliches Dasein ist logisch nicht möglich, wenn der evolutionäre Schritt der Menschwerdung mit der Kulturfähigkeit als natürlicher Anlage begründet wird. Die Bezeichnung des Menschen als vernunftbegabtes, werkzeugschaffendes, sprechendes, religiöses, symbolschaffendes Tier zeigt die anthropologische Suche nach den grundlegenden Kriterien des Übergangs von Nichtkultur zu K. Wenn Symbolisierung in einem erweiterten Sinn als Fähigkeit verstanden wird, Substanzen der physischen Umwelt als eine neue Art von Phänomen wahrzunehmen, sie als natürliche Ressourcen der Energieumwandlung zu nutzen und mit Werten zu besetzen, die aus sozialen Arrangements entstehen, dann liegt diese Leistung des *animal symbolicum* (E. Cassirer) allen kulturellen Handlungen zugrunde. Die philosophischen Erörterungen finden ihre empirische Bestätigung durch vergleichende Untersuchungen der →Kulturanthropologie.

Wie die Trennung von Natur und K. in der Gegenüberstellung von Naturmenschen und Kulturmenschen ihren eurozentrischen Niederschlag fand, so wurde die Unterscheidung von K. und Zivilisation als einmal geistiger und andererseits materieller Umweltgestaltung insbesondere in Deutschland zum spätbürgerlichen Selbstbild kultureller Höherwertigkeit. N. Elias spricht von einer Fixierung des Kulturbegriffs auf Statisches, Gewordenes, auf die Produkte eines autonomen Geistes, die in Deutschland über die »Kulturnation« (→ *Nation*) der Kompensation einer nicht existenten Staatsnation dienen sollte (N. Elias, Über den Prozeß der Zivilisation. Soziogenetische und psychogenetische Untersuchungen, Bern, München ²1969, S. 1ff.). Die pessimistische Kulturphilosophie des beginnenden 20. Jh. prägte den Antagonismus zwischen K. und Zivilisation noch schärfer aus. K. war die geistige, emotionale und idealistische Seite menschlicher Lebenstätigkeit, Zivilisation die technologische, lebenserhaltende und materiellzweckgebundene. Auch H. Marcuse verharrt in diesem undialektischen Gegensatz, wenn er der K. geistige Arbeit, Muße, Freiheit, nichtoperationelles Denken und der Zivilisation materielle Arbeit, Arbeitsalltag, Notwendigkeit und operationelles Denken zuordnet (Kultur und Gesellschaft, Frankfurt a. M. ⁸1968, Bd. II, S. 153f.). K. sind für ihn die authentischen Werke unserer Literatur, Kunst, Musik und Philosophie, die in unserer Gesellschaft durch die Zivilisation übernommen, organisiert, gekauft, verkauft und zum Vehikel der Anpassung werden.

Dieser auf geistige Werke und Werte, auf »das Schöne« und seinen vom Arbeitsalltag abgehobenen Genuß beschränkte Kulturbegriff beherrscht trotz aller gegenteiligen Behauptungen nach wie vor nicht nur das öffentliche Bewußtsein, sondern auch die Kultur- und Bildungspolitik (→ *Bildung*) beider deutscher Staaten. Der passive Rezeptionsaspekt, der in diesem Kulturbegriff liegt, ist auch nicht durch den Einbezug neuer Medien wie der Photographie, des Hörfunks, Fernsehens, Films oder vermeintlich volksnäherer Inhalte und Darstellungen in Folklore und Mundart aufgehoben. Alternative Kulturpraxis (→ *Alternativkultur*) dagegen müßte das bedeutsamste Phänomen menschlicher Kulturleistung, durch Nutzung eigener und natürlicher Ressourcen in wechselseitiger Bezogenheit von K. und Alltagswelt zur aktiven Umweltaneignung fähig zu sein, wiedererkennen und fördern.

Praxisorientierte Ansätze dazu kommen vor allem aus dem gegenkulturellen Bereich. Die Zivilisationskritik der Gegenwart, wie sie in ihrer ökologischen Variante gerade auch in der nicht institutionalisierten Öffentlichkeit vorgetragen wird, hat weniger in der Kultur-Zivilisation-Antinomie ihre Grundlage. Sie geht vielmehr von einer Entfremdungshypothese aus (→ *Entfremdung*), nach der K. zum einseitig technologisch-bürokratischen Herrschaftsapparat degradiert wurde, der das Gleichgewicht zwischen Natur als Umwelt und als Natur des Menschen und K. als Bedingung menschlicher Existenz zerstört habe. Die Diskussion um die Grenzen des Wachstums, wie sie zum Beispiel von H. E. Bahr und R. Gronemeyer (Anders leben – überleben, Frankfurt a. M. 1978) und E. F. Schumacher (Die Rückkehr zum menschlichen Maß. Alternativen für

Wirtschaft und Technik, Reinbek 1977) geführt wird, ist in diese Zivilisationskritik ebenso einbezogen wie die erneute Orientierung an einer K. der »Primitiven« (S. Diamond, Kritik der Zivilisation. Anthropologie und die Wiederentdeckung des Primitiven, Frankfurt a. M., New York 1976).

II. Geschichte der Kultur

Während die speziellen Kulturwissenschaften als Sprach-, Literatur-, Kunst- und Musikwissenschaft, philologisch-historisch orientierte Volks- und Völkerkunde, Klassische Archäologie und Philologie sich mehr der Analyse einzelner kultureller Objektivationen zugewandt haben, wurde die Frage nach dem Entstehen und dem Wesen von K. vor allem von den systematischen Humanwissenschaften, der → *Philosophie*, allgemeinen Anthropologie, vergleichenden Ethnologie, Linguistik (→ *Sprache*), Soziologie, Kulturpsychologie sowie der Vor- und Frühgeschichte gestellt. Eine Zwischenstellung nimmt die → *Kulturgeschichte* ein, die in den verschiedensten Fächern angesiedelt ist und insbesondere in der evolutionistischen Ausrichtung die Entwicklung der gesamten menschlichen K. aus ihren Anfängen bis zu ihrem Fortschreiten in die Gegenwart erfassen wollte, wobei K. als Fortschritt der Menschheit an ihren objektiven Leistungen gemessen wurde. So haben zum Beispiel J. Lippert (Kulturgeschichte der Menschheit in ihrem organischen Aufbau. 2 Bde., Stuttgart 1886/87) und früher schon G. Klemm die »Allgemeine Cultur-Geschichte der Menschheit« (10 Bde. Leipzig 1843–52) als Entwicklungsstufen menschlicher K. dargestellt. Der stärker mit ethnographischen Materialien arbeitende Evolutionismus des amerikanischen Anthropologen L. H. Morgan, der in »Ancient Society, or Researches in the Lines of Human Progress from Savagery through Barbarism to Civilization« (New York, London 1877) ein dreiteiliges Stufenschema, Wildheit-Barbarei-Zivilisation entwarf, beeinflußte nachhaltig die Kulturtheorie von K. Marx und F. Engels (L. Krader, Ethnologie und Anthropologie bei Marx, München 1973), die Ausgangspunkt der heutigen Kulturdiskussion in der DDR ist.

III. Die Kulturdiskussion in der Bundesrepublik Deutschland und der Deutschen Demokratischen Republik

Der Kulturdiskussion in der Bundesrepublik liegt ein breites und divergierendes Spektrum von Kulturdefinitionen zugrunde. Der von M. Horkheimer und Th. W. Adorno eingeführte Begriff der → *Kulturindustrie* verweist wie H. Marcuses Abhandlung »Über den affirmativen Charakter der Kultur« (Zeitschrift für Sozialforschung VI/1, Paris 1937) auf eine von ökonomischen Interessen gesteuerte Kulturmanipulation, wobei die in Zivilisation integrierte K. ihre autonomen kritischen Gehalte ebenso wie ihren innovativen Charakter schöpferischer menschlicher Umweltaneignung verliere. So erscheint bei den Vertretern der *Frankfurter Schule* K. vorrangig unter dem Signum des Verfalls und der Vermarktung einer schöpferischen K., die weitgehend mit »hoher Kunst« gleichgesetzt und deren Wiedergewinnung als Aufgabe einer → *Elite* gesehen wird. Das Problem eines weiten Kulturbegriffes, der alle Daseinsbereiche des Alltagslebens umfaßt, stellt sich hier nicht. Demgegenüber geht es der philosophischen Anthropologie, die sich auf M. Scheler und H. Plessner zurückführt, vor allem um die Frage einer dem Menschen als Art eigenen Kulturfähigkeit, während sich die empirische Kulturanthropologie stärker mit der vielfältigen Entwicklung von K., ihren Bedingtheiten und Erscheinungsweisen beschäftigt und »K. als typische Chancen menschenmöglichen Verhaltens« begreift (Kulturanthropologie, hrsg. von W. E. Mühlmann, E. W. Müller, Köln, Berlin 1966, S. 17). Untersuchungsgegenstand ist dabei nicht mehr die vereinzelte kulturelle Objektivation, sondern die Interdependenz gelebter kultureller Ordnungen des Daseins, die mit E. Rothacker als »Lebens- oder Kulturstile« oder nach R. Benedict als »Patterns of Culture«, als »Kulturmuster«, bezeichnet werden. Die Erforschung der kulturgeschichtlichen Menschheitsentwicklung tritt hier hinter der funktionalistischen Analyse alltagsweltlichen Handelns aufgrund kultureller → *Werte und Normen* zurück. Dieser Ansatz hat über die → *Kulturanthropologie* insbesondere die handlungstheoretisch orientierte Kulturpsychologie beeinflußt, während der kognitive, auf die Wahrnehmung bezogene Aspekt vor allem über die Ethnotheorie und Ethnomethodologie amerikanischer Provenienz auf die bundesrepublikanische Soziologie eingewirkt hat. Diesen Aspekt hatte schon B. Malinowski dahingehend formuliert, daß es darauf ankomme, »den Standpunkt und die Perspektive des autochtonen Angehörigen einer K. und dessen Beziehung zum Leben zu erfassen sowie nachzuvollziehen, wie ihm die Welt erscheint« (Argonauts of the Western Pacific, New York 1950, S. 396). Die von den amerikanischen Forschern A. L. Kroeber und C. Kluckhohn zusammengestellte Dreiteilung kultureller Verhaltens- und Gestaltungsbereiche, in materielle K. als Beziehung des Menschen zur Umwelt, Technologie und Sorge für die Existenz, soziale K. als Beziehung zwischen den Menschen, und geistige K. mit ihren subjektiven Aspekten, Ideen, Attitüden, Werten und den daran orientierten Verhaltensweisen und Einsichten, hat trotz der Erkenntnis ihrer Überschneidungen als Gliederungsgrundlage sowohl für die Kulturkonzepte der Bundesrepublik als auch der DDR ihre Gültigkeit behalten.

Die Theoretiker der DDR wie P. Schuppan sprechen von mraxistisch-leninistischer Kulturgeschichtsschreibung oder wie D. Mühlberg von materialistischer Kulturtheorie (Zur marxistischen Auffassung der Kulturgeschichte, Deutsche Zeitschrift für Philosophie 12, 1964, S. 1037–1045). Kulturtheorie und Kulturgeschichte gewinnen in der sozialistischen Kulturdiskussion nahezu synonymen Charakter. Kulturgeschichte untersucht »den objektiven historischen Verlauf der Menschwerdung des Menschen, seiner wachsenden Freiheit durch die Beherrschung der Gesetze der Natur und des gesellschaftlichen Zusammenlebens« (P. Schuppan, Bemerkungen zum Gegenstand einer marxistischen Kulturgeschichte, in: Zeitschrift für Geschichtswissenschaft 22, 1975, S. 1364). Wichtige Gegenstände der Diskussion sind in Weiterführung der Leninschen Zwei-Kulturen-Konzepte die Frage nach den sozialistischen Kulturbedürfnissen und dem Zusammenhang von K. und Lebensweise, sowie die primäre und übergreifende Frage nach dem Verhältnis von K. und → *Arbeit*. Kulturtheorie und → *Kulturpolitik der DDR* sind zwei nicht voneinander zu trennende Bestandteile eines intendierten einheitlichen Kulturkonzepts aller Ostblockstaaten, das sich in der 1976 in Berlin (Ost) gegründeten *Multilateralen Kommission sozialistische Länder für Probleme der Kulturtheorie, der Literatur- und Kunstwissenschaften* manifestierte.

IV. Kulturelle Vielfalt

Der über die Erkenntnis der kulturellen Vielfalt gewonnene kulturpluralistische Aspekt hat sowohl zu einer Vertiefung detaillierter Kulturanalysen unter dem Apekt des interdependenten alltagsweltlichen kulturellen Handelns in einer Kulturgruppe und der historischen Bedingtheit des Handelns als auch zur Forderung nach Intensivierung der kulturvergleichenden Forschung geführt.

Der hohe Komplexitätsgrad gesellschaftlicher Entwicklungen in Europa erfordert dabei eine sehr viel breiter gefächerte Gliederung als die Einteilung in Kulturepochen im Sinne der historischen Abfolge oder in die beiden historisch gleichzeitigen Bereiche einer herrschenden K. und einer → *Volkskultur*. Neben der Erforschung von Standes- und Schichtenkultur, Klassenkultur, regionaler, nationaler und Massenkultur wird diejenige der sich alters- oder interessenspezifisch artikulierenden → *Subkulturen* immer wichtiger, da gerade hier neue kulturelle Handlungsmuster entstehen. Auch die jüngeren regionalistischen und ethnizistischen Bewegungen Europas setzen eigene K. und somit kulturelle Autonomie, die sich häufig als Revitalisierung ausgewählter traditioneller Elemente einer früheren K. (→ *Dialekt*, mündliche Überlieferungen, Trachten, Handwerk) artikuliert, als Alternative gegen eine sowohl politisch-ökonomische als auch soziokulturelle Überlagerung.

V. Kulturelle Praxis und Identität

Die Wendung gegen eine sogenannte »Einheitskultur« oder *one world culture,* wie sie in solchen Forderungen zum Ausdruck kommt, ist ein Indiz dafür, daß man sich trotz aller »Demokratisierung der K.« der fortschreitenden sozialen und ethnischen Ungleichheit bewußt wird und eine kulturelle Identität wiederzugewinnen oder zu stabilisieren versucht, die ihre Grundlage in der Besonderheit einer je eigenen K. besitzt. Die kulturpolitische Praxis zur Anerkennung und Umsetzung derartiger Ansprüche geht in beiden deutschen Staaten trotz ihres Bezugs auf einen erweiterten Kulturbegriff zu wenig auf den Aspekt kreativer Alltagsgestaltung als individueller und gruppenspezifischer Kulturnotwendigkeit ein und verharrt in einer »Demokratisierung« der Kunst als K., wie sie zum Beispiel in H. Hoffmanns »Kultur für alle. Perspektiven und Modelle« (Frankfurt a. M. 1979) oder in den »Beiträgen zur Entwicklung sozialistischer Kulturbedürfnisse« (Berlin (Ost) 1957) diskutiert wird. Alternative Kulturpraxis hätte dagegen stärker vom Aspekt der Selbstgestaltung des →*Alltags* auszugehen.

Der Ansatz, K. nicht mehr nur als Produkt, sondern als Handlungsmuster zu verstehen, hat die Kulturdiskussion um zahlreiche Begriffe erweitert. Diese beziehen sich auf Probleme, wie sie sich sowohl aus der individuellen als auch der auf die Gruppe bezogenen Situation des Menschen in seiner kulturell geprägten Umwelt ergeben, und wurden vor allem in der Untersuchung kultureller Lernvorgänge und Austauschprozesse entwickelt.

Als Enkulturation wird das Erlernen und die Internalisierung der kulturspezifischen Handlungsmuster durch das heranwachsende Individuum in seiner Kulturgruppe bezeichnet. Sie bezieht sich nicht auf einmalige und individuelle Erfahrungen, sondern auf die gemeinsamen Erfahrungen und den Wissensvorrat der Gruppe. Im Enkulturationsprozeß gewinnt das Individuum seine Kulturpersönlichkeit, jenen Bestandteil an Persönlichkeitsmerkmalen, den es mit den anderen Mitgliedern seiner K. gemeinsam hat und der die kulturelle Indentität der Gruppe ausmacht. Unter Akkulturation werden dagegen die kulturellen Austausch- und Übernahmeprozesse zwischen Mitgliedern verschiedener Kulturgruppen aufgrund eines längerfristigen Kulturkontakts verstanden. Bei einem einseitigen Prozeß der erzwungenen oder freiwilligen Übernahme fremdkultureller Muster insbesondere bei kolonisatorischen und binnenkolonisatorischen Kulturzusammenstößen spricht man besser von kultureller Überlagerung. Beide Prozesse sind mit vorausgehenden Kulturkonflikten, das heißt einer Orientierungsverunsicherung zwischen eigenen und fremden kulturellen Handlungsmustern verbunden. Als Dauerzustand führt der Kulturkonflikt zum Verlust der kulturellen Identität. Die Forderung nach Einbezug dieser, zunächst aus der Kulturberührung zwischen »Wilden und Zivilisierten« (U. Bitterli, Die ›Wilden‹ und die ›Zivilisierten‹. Grundzüge einer Geistes- und Kulturgeschichte der europäisch-überseeischen Begegnung, München 1976) gewonnenen Erkenntnisse in kulturpolitisches Handeln der Gegenwart bezieht sich nicht nur auf internationale, sondern auch auf nationale Kulturpolitik. Sind die »Überlagerten« doch auch im eigenen Lager, und ihr Anspruch auf kulturelle Mitverantwortung kann weder durch die Popularisierung »hoher Kunst« noch durch eine alltagsenthobene Kulturindustrie, einschließlich der »traditionellen« Folklore, befriedet werden, wenn K. als kreatives Potential des Menschen zur Umweltsanpassung und als verhaltenbestimmendes und Identität gebendes Orientierungsmuster erkannt wird.

I.-M. Greverus

Literatur
R. Linton, Gesellschaft, K. und Individuum. Interdisziplinäre sozialwissenschaftliche Grundbegriffe, Frankfurt a. M. 1974
B. Malinowski, Eine wissenschaftliche Theorie der K., Frankfurt a. M. 1975
Wissenschaftlicher Rat für Soziologische Forschung (Hrsg.), Lebensweise – K. – Persönlichkeit. Materialien vom II. Kongreß der marxistisch-leninistischen Soziologie in der DDR, 15. – 17. 5. 1975, Berlin (Ost) 1975
I.-M. Greverus, K. und Alltagswelt. Eine Einführung in Fragen der Kulturanthropologie, München 1978
W. D. Hund, D. Kramer (Hrsg.), Beiträge zur materialistischen Kulturtheorie, Köln 1978
E. John u. a., K. – Kunst – Lebensweise, Berlin (Ost) 1980

Kultur, jüdische

I. Jüdische Kultur in der Diaspora – II. NS-Vernichtungspolitik und Emigration – III. Juden in beiden deutschen Staaten – IV. Jüdische Kultur heute

I. Jüdische Kultur in der Diaspora

Die j. K., die ihren Ursprung in der jüdischen →*Religion* hat, trat durch die weltweite Diaspora in intensive Auseinandersetzung mit zahlreichen anderen, ihrer Lebensweise und Religion zunächst fremden Kulturen *(→Kultur).* J. K. in der Diaspora

347

existierte stets in der Spannung zwischen der Isolation und der Assimilierung von Elementen der umgebenden Kultur. In Deutschland lebten die Juden bis ins 18. Jh. in relativ starker sozialer und kultureller Abgeschlossenheit, in einer von den Gesetzen und Traditionen des orthodoxen Judentums bestimmten Ghettokultur. Die rechtliche und soziale Diskriminierung der Juden im christlichen Staat verstärkte diese nur teilweise selbst gewählte Separation (→ *Minderheiten*). Die jüdische Aufklärungsbewegung des 18. Jh. stärkte das Interesse der Juden für die sie umgebende Kultur, die durch ihre wachsende Säkularisierung zumindest bürgerlichen bis hin zu großbürgerlichen Juden zugänglicher wurde (→ *Aufklärung*). Seit etwa 1780 begann man in Deutschland, öffentlich über die Judenemanzipation zu sprechen, die von ihren Befürwortern an die Bedingung der nationalen und kulturellen Integration der Juden geknüpft wurde. Diese Integration war im Gegensatz zur erst 1871 abgeschlossenen rechtlichen Gleichstellung der Juden schon um die Jahrhundertmitte weitgehend verwirklicht, da sie einer starken Tendenz im deutschen Judentum entsprach. Die jüdische Religion verlor durch eine Reihe von Reformen ihre Stellung als beherrschender Faktor der j. K., wurde zur Konfession unter anderen Konfessionen und ihrer nationalen Komponente entkleidet. So entstand der deutsche Staatsbürger jüdischen Glaubens, der zwar national und kulturell, aber nicht sozial voll integriert war und vielfach erfolgreich den Aufstieg ins deutsche Bildungsbürgertum anstrebte. Diese Akkulturation führte jedoch trotz der zunehmenden religiösen Indifferenz niemals bis zur völligen Absorption der jüdischen Minorität, da diese ihre soziokulturelle Identität bewahrte, wie sich dies zum Beispiel in der vorherrschenden Binnenheirat ausdrückte, und andererseits die deutsche Gesellschaft aufgrund jahrhundertealter antisemitischer Traditionen nicht zur völligen Integration von Juden bereit war.

Deutschland und insbesondere Berlin wurde ein geistiges Zentrum des europäischen Judentums und übte eine große Anziehungskraft auf die vielfach deutsch sprechende Oberschicht der osteuropäischen Juden aus. Die Identifikation der deutschen Juden mit der deutschen Kultur ging dabei so weit, daß viele von ihnen ein Gefühl kultureller Überlegenheit gegenüber den noch stärker traditionsverhafteten und weniger assimilierten Juden Osteuropas entwickelten. Die kulturelle Bedeutung der deutschen Juden erreichte ihren Höhepunkt in der Weimarer Republik. Obgleich die 550 000 Glaubensjuden 1925 nur 0,9 v. H. der Bevölkerung ausmachten, waren sie in vielen wissenschaftlichen und künstlerischen Berufen überrepräsentiert und hatten im Durchschnitt einen höheren Bildungsgrad als die Gesamtbevölkerung. Da den Juden bis 1918, entgegen der Verfassung, Beamtenstellen fast immer versagt wurden, konzentrierte sich die jüdi-

sche Intelligenz in den freien Berufen. So waren 16 v. H. aller Anwälte und 11 v. H. aller Ärzte Juden. Qualitativ ging ihre Bedeutung oft wesentlich über solche Zahlen hinaus, da Juden in Wissenschaft, Literatur, Journalismus, Theater, Musik und Film vielfach weltweit anerkannte Leistungen vollbrachten. Um das »Berliner Tagblatt«, herausgegeben von Th. Wolff, die »Weltbühne«, bis 1927 von S. Jacobson redigiert, um das 1923 gegründete *Frankfurter Institut für Sozialforschung* und um den Berliner Regisseur M. Reinhardt konzentrierten sich jüdische Talente in besonderem Maße. Diese sichtbare Bedeutung der Juden im deutschen Kulturleben wurde schon seit Ende des 19. Jh. von Antisemiten als Überfremdung und Bedrohung der deutschen Kultur angegriffen. Im Gegensatz zu den Juden, die Deutschtum und Judentum verbanden, stand die wachsende Minderheit der Zionisten, die ihr Judentum als nationale Zugehörigkeit zum jüdischen Volk verstand. Die Zionisten bemühten sich auch in Deutschland um die Förderung einer jüdischen Nationalkultur, indem sie zum Beispiel zionistische Schulen gründeten und Hebräisch als ihre Nationalsprache propagierten. Der Kampf zwischen Zionisten und Nichtzionisten bestimmte stark das innerjüdische Leben, doch gelang es den geistig führenden Persönlichkeiten, den Philosophen F. Rosenzweig und M. Buber und dem Berliner Rabbiner L. Baeck, über diese Gegensätze hinweg im Sinne einer inneren Erneuerung des Judentums zusammenzuarbeiten.

II. NS-Vernichtungspolitik und Emigration

Mit Beginn der nationalsozialistischen Herrschaft wandelte sich die kulturelle Situation der Juden ebenso vollständig wie die politische und soziale. Ihr Recht auf Teilhabe an der deutschen Geschichte und Kultur wurde den Juden über Nacht genommen. Die Akkulturation der letzten hundert Jahre sollte zwangsweise rückgängig gemacht werden, um die Rassentrennung auch in der Kultur zu vollziehen. »Der Jude kann nur jüdisch denken. Schreibt er deutsch, dann lügt er«, heißt es im Aufruf der *Deutschen Studentenschaft* zur öffentlichen Bücherverbrennung vom 10. 5. 1933, der auch die Werke jüdischer Autoren zum Opfer fielen. 1933 wurden alle jüdischen Wissenschaftler, Lehrer und Künstler entlassen, Ärzte und Anwälte erhielten Berufsverbot, soweit sie nicht als ehemalige Frontkämpfer bis 1938 noch praktizieren konnten, jüdische Geschäfte wurden mit Boykott bedroht. Angesichts dieser Situation schlossen sich die jüdischen Bürger 1933 zu *Reichsvertretung der deutschen Juden* zusammen, die auch die innerjüdische Kulturarbeit leitete. Als Selbsthilfeunternehmen entstand der *Jüdische Kulturbund,* dessen Theater-, Konzert- und Vortragsprogramm ausschließlich von und für Juden veranstaltet wurde. Vom *Reichsministerium für Volksaufklärung und Propaganda* überwacht, durfte der *Kulturbund* zunehmend nur noch jüdische Autoren und Komponisten berücksichtigen. Da jüdische Kinder in den öffentlichen Schulen verfolgt und 1938 aus ihnen entfernt wurden, gründete die *Reichsvertretung* ein Netz jüdischer Schulen und versorgte sie mit Unterrichtsmaterial zu jüdischen Themen. Verfolgung und Isolation bewirkten eine Phase der Selbstbesinnung und des gesteigerten jüdisch-kulturellen Lebens in der Erwachsenenbildung. Unter der Jugend nahm der *Zionismus* stark zu, während viele ältere Juden auf ihrem Deutschtum bestanden, indem sie sich als Vertreter der eigentlichen deutschen Kultur gegenüber der nationalsozialistischen Barbarei begriffen.

Flucht und Emigration der Juden aus Deutschland begannen mit A. Hitlers Regierungsantritt, erreichten aber erst durch das Novemberpogrom von 1938 (»Reichskristallnacht«) ihren Höhepunkt. Der nationalsozialistischen Verfolgung konnten sich bis zum Beginn der Deportationen im Oktober 1941 etwa 60 v. H. der deutschen Juden durch Auswanderung entziehen, während etwa 160 000 deportiert und in den Vernichtungslagern ermordet wurden. Die wichtigsten Emigrationsländer waren die USA, die etwa 130 000 deutsche Juden aufnahmen, sowie England und Palästina.

Die geflohenen Juden traten im Ausland in eine andere Kultur ein, wurden aber, auch gegen ihren Willen, wie die anderen deutschen Emigranten von deutschen Elementen der Sprache, Bildung und des Verhaltens weiterhin beeinflußt. Unter den Emigranten befand sich ein großer Teil der kulturellen → *Elite* des deutschen Judentums, da diese die Verfolgung durch die Nationalsozialisten zuerst zu spüren bekommen hatten. Tausende von jüdischen Wissenschaftlern und Künstlern verließen Deutschland, und viele Fachrichtungen, wie die Soziologie und die Psychologie, büßten damit ihren wissenschaftlichen Rang so vollständig ein, daß dies auch nach 1945 noch für Jahrzehnte spürbar blieb. Vor allem in den USA, in England und Palästina leisteten die deutsch-jüdischen Emigranten wichtige Beiträge zur kulturellen Entwicklung der Aufnahmeländer. In New York sammelten sich deutsch-jüdische Wissenschaftler vor allem um das 1934 von M. Horkheimer und Th. W. Adorno hierher verlegte *Institut für Sozialforschung* und um die *New School for Social Research,* auch »University in Exile« genannt. Die meisten jüdischen Emigranten konnten sich erfolgreich in die neuen Länder integrieren und weniger als 5 v. H. von ihnen kehrten später nach Deutschland zurück. Höher lag der Anteil der Rückkehrer bei den jüdischen Exilschriftstellern, die in Emigrantenverlagen publiziert hatten und durch die Sprache stärker an das Herkunftsland gebunden waren.

III. Juden in beiden deutschen Staaten

Schon 1933 hatte L. Baeck die »tausendjährige Geschichte des deutschen Judentums« für beendet erklärt. Nach der totalen Niederlage Deutschlands und der Enthüllung des nationalsozialistischen Massenmordes an den europäischen Juden schien es undenkbar, daß jemals wieder Juden auf Dauer in Deutschland leben wollten. Zwar wurden neue jüdische Kultusgemeinden gegründet, sie bestanden aber in der Bundesrepublik nur zum geringsten Teil aus ehemals deutschen Juden und konnten damit keine Kontinuität des deutschen Judentums mehr herstellen.

Von den 15 000 Juden, die, da in »Mischehe« verheiratet, in Deutschland überlebt hatten, und den etwa 5000 KZ-Überlebenden emigrierten die meisten nach 1945. Außerdem befanden sich nach Kriegsende Zehntausende von ehemaligen jüdischen Zwangsarbeitern in Deutschland. Etwa 200 000 Juden aus Osteuropa kamen bald darauf als *Displaced Persons* hinzu, die bis 1950 über Deutschland nach Israel, in die USA und nach Kanada auswanderten. Aus den Resten dieser drei Gruppen entstanden die ersten jüdischen Gemeinden in den Westzonen, die provisorischen Charakter trugen. Die DDR veranlaßte eine Reihe von jüdischen Kommunisten zur Rückwanderung und übertrug ihnen politische und kulturelle Führungspositionen. Bis 1963 entstanden 81 jüdische Kultusgemeinden, 73 in der Bundesrepublik und 8 in der DDR, mit zusammen 24 000 Mitgliedern von verhältnismäßig hohem Durchschnittsalter. In beiden deutschen Staaten werden statistisch als Juden nur die Mitglieder jüdischer Kultusgemeinden gezählt, die Zahl der Personen jüdischer Herkunft ohne religiöse Bindung liegt vor allem in der DDR höher. Nach Gründung der beiden deutschen Staaten entwickelte sich dort die Situation der Juden unterschiedlich.

In der Bundesrepublik verlief die demographische Entwicklung trotz der hohen Überalterung weniger negativ als erwartet, da sie nach dem Abschluß des *Luxemburger Vertrages* von 1952 (»Wiedergutmachungsvertrag«) und nach ihrer wirtschaftlichen Konsolidierung in begrenztem Umfang zum Einwanderungsland für Juden wurde. Zuwanderer vor allem aus Osteuropa, Israel und dem Iran wirkten dem Aussterben der Gemeinden entgegen und sorgten dafür, daß die Zahl der Gemeindemitglieder von 1967 bis 1980 konstant bei etwa 27 000 blieb. In der DDR kam es in den 50er Jahren aus politischen und wirtschaftlichen Gründen zu einer leichten Abwanderung in die Bundesrepublik. Eine weitere Zuwanderung unterblieb, so daß die überalterten Gemeinden kontinuierlich abnahmen. 1952 gab es in der DDR 2600 Mitglieder jüdischer Kultusgemeinden, heute sind es nur noch etwa 600. Die Zahl der Juden, die keiner Kultusgemeinde angehören, wird heute auf das Zehnfache geschätzt. In beiden deutschen Staaten werden über die Hälfte der Ehen mit nichtjüdischen Ehepartnern geschlossen.

Das Verhältnis von Staat und Gesellschaft zur jüdischen Minorität wird in beiden deutschen Staaten von der Geschichte der nationalsozialistischen Verbrechen an den deutschen Juden geprägt. In der Bundesrepublik und der DDR gilt die Anwesenheit von Juden als Beweis für die Überwindung der Vergangenheit. Beide Regierungen stellen den jüdischen Gemeinden kontinuierlich finanzielle Mittel für kulturelle und soziale Zwecke zur Verfügung. Die Politik gegenüber der jüdischen Minorität hat primär symbolischen Charakter, und in beiden Staaten reagieren die jüdischen Repräsentanten gegenüber den Regierungen mit weitgehender Loyalität. Diesen Parallelen stehen jedoch gravierende Unterschiede gegenüber. Die DDR versteht sich als erster antifaschistischer Staat auf deutschem Boden und lehnt jede historische Mitverantwortung und Verpflichtung zur individuellen Entschädigung der Opfer ab. Als die Bundesrepublik 1952 Wiedergutmachungszahlungen zusagte, kam es in der DDR zu Auseinandersetzungen der Regierung mit Juden, die ähnliche Maßnahmen forderten. Juden werden in der DDR jedoch als »Opfer des Faschismus«, teilweise auch als »Kämpfer gegen den Faschismus« anerkannt und erhalten eine entsprechende Staatspension, von der die Mehrheit der jüdischen Gemeindemitglieder heute lebt. Im Gegensatz zur Bundesrepublik betreibt die Regierung der DDR gegenüber allen Juden und dem Staat Israel eine strikt antizionistische Politik und erlaubt keinerlei zionistische Betätigung in den jüdischen Gemeinden. Im Widerspruch zur Haltung der Regierung hat sich die Evangelische Kirche der DDR beim 30. Jahrestag des Novemberprogroms 1978 erneut zur Schuld und Verantwortung der Deutschen gegenüber den Juden bekannt und auch 1975 der Gleichsetzung von Zionismus und Rassismus durch die *Vereinten Nationen* widersprochen. In der Bundesrepublik wird das Verhältnis von Staat und jüdischen Gemeinden von der Haltung der Bundesrepublik gegenüber dem Staat Israel und von der Fortexistenz von Neonazismus und Antisemitismus geprägt. Die jüdischen Gemeinden betrachten die Anprangerung aller antisemitischen und rechtsradikalen Ausschreitungen als eine ihrer wichtigsten Aufgaben. Zwar haben sie sich nicht konsequent gegen die Weiterbeschäftigung von Nationalsozialisten in hohen Staatsämtern ausgesprochen, aber sie haben immer wieder die schleppende Verfolgung von NS-Verbrechen gerügt. Die Politik der Gemeinden, die große Geldsummen für Israel aufbringen, ist stark zionistisch geprägt. Die meisten Bundesbürger, die selten Juden persönlich kennen, identifizieren Juden mit Israelis. So spielt die Existenz des Staates Israel heute für die deutsch-jüdischen Bezie-

hungen in der Bundesrepublik psychologisch die Hauptrolle.

IV. Jüdische Kultur heute

Die kulturelle Situation der Juden in der Bundesrepublik wird von der Tatsache bezeichnet, daß sich über 90 v. H. von ihnen, obwohl sie die deutsche Staatsbürgerschaft besitzen, infolge der historischen Ereignisse nicht als Deutsche verstehen, und die meisten durch Herkunft oder Emigration enge Bindungen an ein zweites Land besitzen. Das schließt nicht aus, daß sich eine ganze Reihe jüdischer Intellektueller als Wissenschaftler, Schriftsteller und Journalisten intensiv am kulturellen Leben der Bundesrepublik beteiligen. Im Gegensatz zu dieser kulturellen Mannigfaltigkeit der jüdischen Bürger ist ihre jüdisch-religiöse Identität nur schwach ausgebildet. Die meisten Juden sind nicht religiös und besitzen wenig jüdische Kenntnisse. In letzter Zeit versuchen die Gemeinden verstärkt, diese Situation durch Kultur- und Jugendarbeit zu verbessern. In Heidelberg wurde 1979 eine *Hochschule für jüdische Studien* errichtet, die Religionslehrer und Kantoren ausbilden und zum geistigen Wiederaufbau der Gemeinden beitragen soll. Fast alle Dozenten stammen aus den USA und Israel. Deutschland, das Land, in dem die Wissenschaft des Judentums (Judaistik) entstand, ist für das Fortbestehen j. K. auf ausländische Hilfe angewiesen. Da viele Juden im Ausland die Existenz neuer jüdischer Gemeinden in Deutschland grundsätzlich ablehnten, waren diese lange kulturell isoliert. Materiell sind die 65 jüdischen Gemeinden gut ausgestattet. Sprecher der Gemeinden ist ihre Gesamtvertretung, der 1950 gegründete *Zentralrat der Juden in Deutschland*. Für die zahlreichen Sozialaufgaben wurde 1951 die *Zentralwohlfahrtsstelle* gegründet, und es gibt auch wieder mehrere zionistische Organisationen, sowie den *Jüdischen Frauenbund*, die *B'nai B'rith Logen* und eine Studentenvereinigung. Seit 1962 besteht eine jüdische Volkshochschule in Westberlin, die jedoch in dieser größten jüdischen Gemeinde überwiegend von Nichtjuden besucht wird. Als jüdische Presseorgane erscheinen regelmäßig die »Allgemeine Jüdische Wochenzeitung« in Düsseldorf und die »Neuen Jüdischen Nachrichten« in München. Von 1978 bis 1980 wurde von H. Broder die »Freie Jüdische Stimme« herausgegeben, eine kritische Monatszeitung in Opposition zur Politik des *Zentralrats*.

In der DDR ist der kleine Rest der Juden kulturell völlig integriert, da es sich hier überwiegend um Kommunisten ohne jüdische Bindung handelte, die aus politischen Motiven in die DDR zurückgekehrt waren. Viele sind in akademischen Berufen tätig, soweit sie nicht schon Rentner sind. Sie werden offiziell nie als Juden bezeichnet, im Gegenteil galt es als Beweis für die Überwindung des Antisemitismus, daß Studenten der *Humboldt-Universität* in Berlin, an der mehrere Juden lehren, nicht angeben konnten, wer von ihren Professoren jüdischer Herkunft ist. Es gibt in der DDR seit 1969 keinen Rabbiner mehr, doch bemühen sich die acht Gemeinden durch Vorträge, den Aufbau einer Bibliothek in der Berliner Gemeinde und durch ihr vierteljährlich erscheinendes Nachrichtenblatt, die jüdische Kulturarbeit in gewissem Umfang aufrechtzuerhalten. Interesse am Judentum besteht in der DDR auch bei Nichtjuden, wie die Arbeitsgruppe der Evangelischen Kirche und der Absatz der wenigen einschlägigen Buchpublikationen zeigen. Bedeutende DDR-Schriftsteller jüdischer Herkunft, vor allem A. Seghers, S. Heym und S. Hermlin, behandelten jüdische Themen in ihren Werken.

Die → *Kulturpolitik der Bundesrepublik* ist nicht nur auf die Förderung jüdischer Institutionen in der Bundesrepublik gerichtet, sondern bezieht sich auch auf die Forschung über Juden im In- und Ausland sowie auf den Staat Israel. An den Universitäten in Berlin (West), Hamburg und Köln, wo seit 1959 die *Germania Judaica*, eine Bibliothek zur Geschichte der Juden in Deutschland mit 28 000 Bänden besteht, gibt es Institute für jüdische Studien. Im Aufbau befindet sich in Berlin (West) an der *Technischen Universität* ein Institut für Antisemitismusforschung sowie ein jüdisches Museum als Teil des *Berlin-Museums*, in Frankfurt a. M. wird ebenfalls ein *Jüdisches Museum* gegründet. Seit den 60er Jahren hat, sehr verspätet, die wissenschaftliche Exilforschung begonnen, die die Leistungen auch der jüdischen Emigranten auf dem Gebiet von Literatur, Theater, Wissenschaft und Politik zu untersuchen und sie durch Publikationen und Tagungen ins öffentliche Bewußtsein heben will. Die Geschichte der deutschen Juden vor 1933 wurde bisher primär im Ausland durch die um das *Leo-Baeck-Institut* in New York, London und Jerusalem konzentrierten deutsch-jüdischen Historiker erforscht. Von Emigranten aus Deutschland 1955 gegründet, publiziert das Institut teilweise in der Bundesrepublik, erhält von dort auch öffentliche und private Mittel und kooperiert zunehmend mit deutschen Historikern. Der Kontaktpflege mit Emigranten dient auch das Besuchsprogramm der Stadt Berlin, die mehrere Tausend früherer Berliner Juden zu einem Informationsaufenthalt einlud. Mit Israel verbindet die Bundesrepublik kulturpolitisch vor allem die mit staatlichen Mitteln geförderte wissenschaftliche Zusammenarbeit, ein umfangreicher Kulturaustausch, und der aus dem *Bundesjugendplan* finanzierte Jugendaustausch. Auf naturwissenschaftlichem Gebiet arbeiten mehrere Universitäten der Bundesrepublik in geförderten Programmen mit dem *Weizmann-Institut* in Israel zusammen, dem die Bundesrepublik einen Lehrstuhl für Krebsforschung stiftete. Mehrere geisteswissenschaftliche

Projekte förderte die *Stiftung Volkswagenwerk,* so die ersten fünf Jahre des *Instituts für Deutsche Geschichte* in Tel Aviv und anschließend das *Institut für deutsche Studien,* das an der Universität in Jerusalem begründet wurde.

Einige nichtstaatliche Organisationen widmen sich in der Bundesrepublik der Verbesserung der Beziehungen zwischen Juden und Nichtjuden (→ *Freundschaftsgesellschaften*). Die *Gesellschaften für Christlich-Jüdische Zusammenarbeit,* die ab 1948 nach amerikanischem Vorbild entstanden, versuchen das allgemeine Verständnis für die Juden durch Bildungsarbeit zu fördern und die Vorurteile gegen Minoritäten abzubauen. Zu diesem Zweck veranstalten sie alljährlich in zahlreichen Städten Programme zur *Woche der Brüderlichkeit.* Die 1966 gegründete *Deutsch-Israelische Gesellschaft* will die Solidarität mit Israel fördern, arbeitet für den Jugendaustausch und hält Seminare in Israel ab. Von ihr spaltete sich 1977 der deutsch-israelische *Arbeitskreis für Frieden im Nahen Osten* ab, der unter anderem der israelischen Siedlungspolitik in den besetzten Gebieten kritisch gegenübersteht. In Israel selbst arbeiten seit 1961 Freiwillige der *Aktion Sühnezeichen – Friedensdienste.* Diese Organisation wurde 1958 durch Beschluß der Synode der Evangelischen Kirche in der Bundesrepublik und der DDR gegründet und entsendet Freiwillige in alle Länder, die in der Vergangenheit Opfer deutscher Politik wurden, um dort durch Bauwerke oder Sozialarbeit ein Zeichen der Sühne zu setzen. Nicht zuletzt haben die beiden großen Kirchen in der Bundesrepublik versucht, das Verhältnis von Kirche und Judentum neu zu bestimmen und die traditionelle christliche Judenfeindschaft zu überwinden. Sowohl in der katholischen als auch in der evangelischen Kirche gibt es ständige Arbeitskreise über Kirche und Judentum, die bei Kirchentagen mit Großveranstaltungen vor eine breitere Öffentlichkeit treten. Jedoch gilt für die Kirche wie für die übrigen Organisationen, daß ihre Arbeit primär jene erreicht, die ohnehin weniger für Antisemitismus und rechtsradikale Ideologien anfällig sind als der Durchschnitt der Bevölkerung.

M. Richarz

Literatur

F. Böhm, W. Dirks (Hrsg.), Judentum, 2 Bde., Wiesbaden 1965
H. Graupe, Die Entstehung des modernen Judentums, Geistesgeschichte der deutschen Juden, Hamburg 1969
M. Richarz (Hrsg.), Jüdisches Leben in Deutschland – Selbstzeugnisse zur Sozialgeschichte 1790–1945, 3 Bde., Stuttgart 1976 ff.
H. H. Ben-Sasson (Hrsg.), Geschichte des jüdischen Volkes, 3 Bde., München 1979 ff.
H. M. Broder, M. R. Lang (Hrsg.), Fremd im eigenen Land. Juden in der Bundesrepublik, Frankfurt a. M. 1979

J. Maier, P. Schäfer, Kleines Lexikon des Judentums, Stuttgart 1981
W. Röder, H. Strauss (Hrsg.), Biographisches Handbuch der deutschsprachigen Emigration nach 1933, 2 Bde., München 1980/81

Kultur, politische

I. Umwege des Begriffs – II. Politische Elemente des Konzepts der Sozialistischen Lebensweise – III. Staatszufriedenheit in der Bundesrepublik Deutschland – IV. Zu Anspruch und Wirklichkeit in der DDR – V. Deutsche Kontinuitäten?

I. Umwege des Begriffs

Der Begriff der p.K. wird erst seit 1956 unter dem Einfluß der Arbeiten des amerikanischen Politologen G. Almond in den Sozialwissenschaften verwendet. Über die kulturanthropologische Literatur fand er den Weg in die angelsächsische Diskussion, die bis dahin anstelle des deutschen Kulturbegriffs überwiegend den Begriff »Zivilisation« verwendet hatte. In der deutschen Politikwissenschaft wurde der Ausdruck p.K. seit der Fünfländerstudie »Civic Culture« G. Almonds und S. Verbas (1963), die auch die Bundesrepublik mit einschloß, rezipiert; p.K. wird als psychische Orientierung gegenüber sozialen Objekten verstanden. Im Gegensatz zur älteren Völkerpsychologie mit ihren Stereotypen über Nationalcharaktere, die häufig von ererbten Eigenschaften ausging, untersucht die politische Kulturforschung die sozial vermittelten Prozesse, vor allem die der politischen Sozialisation. Hauptmittel der Forschung sind Umfragen. Methodischer und theoretischer Hintergrund ist der Vergleich (→ *Kulturgeschichte*), der jedoch bei der Analyse der beiden deutschen Staaten auf enge Grenzen stößt. Hauptinteresse der Untersuchungen zur p.K. sind nicht die Prozesse und Institutionen eines politischen Systems an sich, sondern die auf sie bezogenen Einstellungen der Bevölkerung. Die Gefahr dieses Ansatzes, der eng mit der Hinwendung der Sozialwissenschaften zur Verhaltensforschung, der »behavioristischen Revolte«, verbunden war, ist die normative Komponente des Begriffs, der zunächst stark von angelsächsischen Werten der Toleranz in einer relativ egalitären Gesellschaft ohne große Kommunikationsbarrieren ausging. Die p.K. des europäischen Kontinents wurden in den ersten Arbeiten nur dann positiv beurteilt, wenn sie angelsächsischen Verhaltensweisen nahezukommen schienen. Neben dem wissenschaftlichen Begriff

hat sich ein umgangssprachlicher Gebrauch des Ausdrucks in der Publizistik eingebürgert, der p.K. als normatives Maß für aktuelles politisches Verhalten, meist das des jeweiligen Gegners, versteht und dessen mangelnde p.K. rügt. Mit Verstößen im Sinne dieses unpräzisen Wortgebrauchs ist die Schiedsstelle im Wahlkampf zur Bundestagswahl gelegentlich konfrontiert. Vielfach wird von p.K. gesprochen, wenn politischer Stil gemeint ist. Dieser Begriff läßt sich jedoch besser zur Kennzeichnung der Verhaltensweisen und Einstellungen von Individuen und Gruppen anwenden. Die Sozialwissenschaften bemühen sich um einen wertneutralen Begriff p.K. und politischen Stils.

II. Politische Elemente des Konzepts der Sozialistischen Lebensweise

P. K. ist als Begriff in der DDR unbekannt. Das in der westlichen Sozialwissenschaft damit verbundene Forschungsinteresse wäre im Rahmen einer sozialistischen Gesellschaft vom Typ der DDR unannehmbar, es ließe sich zudem mit dem im Marxismus-Leninismus begründeten Zusammenhang aller materiellen und geistigen Lebensbereiche zurückweisen. Auch wenn von daher eine p.K. nicht zur Diskussion steht, gibt es in der DDR inhaltliche und begriffliche Äquivalente. Vom Begriff ausgehend, findet sich schon im allgemeinen Kulturverständnis ein Hinweis auf die Bedeutung des Gegenstands, denn »die Kultur einer Gesellschaft äußert sich auch in den politischen, ideologischen und kulturellen Zielsetzungen, die von sozialen Klassen und Schichten, gesellschaftlichen Organisationen und Institutionen für die Ordnung bzw. Veränderung der gesellschaftlichen Verhältnisse und der Lebensbedingungen ausgearbeitet werden – im jeweiligen Menschenbild und Kulturideal« (Wörterbuch der marxistisch-leninistischen Soziologie, Berlin (Ost), 1977, S. 373). Diese Ideale gehen etwa in den Begriff der »sozialistischen Demokratie« und in den Entwurf der zu gestaltenden »entwickelten sozialistischen Gesellschaft« ein. Es handelt sich dabei um ein Bild des politischen, sozialen und kulturellen Zusammenlebens der Menschen, dem die Wirklichkeit noch nicht entspricht. Seine Verwirklichung hängt nicht zuletzt davon ab, daß wie es im Programm der *SED* von 1976 heißt, »das Denken und Handeln der Werktätigen von der sozialistischen Ideologie, der marxistisch-leninistischen Weltanschauung der Arbeiterklasse geprägt wird«. Damit ist die Gestaltung der Gesellschaft auf eine weitere Bedingung verwiesen, die sozialistische Lebensweise (→ *Alltag*), die ihrerseits nur dann der noch fehlende Stein im Mosaik werden kann, wenn die Menschen sich tatsächlich zu »sozialistischen« Persönlichkeiten entwickeln. Die zirkuläre Definition des Begriffs verhindert sowohl eine nähere

Bestimmung und Anwendbarkeit wie eine entsprechende Kritik.

Die politisch wichtigen Elemente der sozialistischen Lebensweise, die einen Ausschnitt aus dem Geflecht einander bedingender Zielvorstellungen bilden, sind das Verhältnis zur politischen Ordnung sowie die Möglichkeiten und die Art politischen Handelns, die der sozialistischen Gesellschaft angemessen sind. Diese politisch-ideologische Dimension der »Lebenstätigkeit« hat, wie alle gesellschaftlichen Tätigkeiten, ihre Wurzeln in der gesellschaftlichen →Arbeit, insofern die sozialistische Demokratie ihre wichtigste Erfüllung in der Mitwirkung der Werktätigen an der Planung, Leitung und Lösung gesellschaftlicher Aufgaben findet. Diese Einschätzung schlägt sich in der Erfolgsbilanz der verschiedenen Formen des sozialistischen →Wettbewerbs und der Neuererbewegung nieder. Einerseits liegen die wichtigsten Betätigungsfelder des gesellschaftlich aktiven Bürgers im Bereich der Produktion, so daß auch die politisch-ideologische Massenarbeit stets am Arbeitsgeschehen anzuknüpfen versucht, andererseits entsteht der Eindruck einer völligen Politisierung aller Lebensbereiche, weil alles für politisch bedeutsam erklärt wird.

Zu den Grundelementen dieser integrativ angelegten p.K. gehört die tendenzielle Interessenübereinstimmung zwischen Gesellschaft, sozialen Gruppen und Individuen, wie sie sich am überzeugendsten im kollektiven Handeln ausdrücken soll. Mögliche Differenzen zwischen den Interessen werden zu Lasten des Individuums ausgeglichen, da die Zielorientierung der p.K. den Zwang zu Anpassungsverhalten legitimiert. Theoretisch deutlich, wenn auch nicht eingestanden, wird diese schwache Position des Individuums in der Definition der sozialistischen Menschenrechte. Auch die Partizipation der Werktätigen ist so konzipiert, daß sie Zustimmung und Leistungsbereitschaft (→Leistung) bejaht, aber Spontaneität fast ganz ausschließt. Teil der offiziellen p.K. ist die sozialistische Nationalkultur. Während in der Verfassung von 1968 die DDR sich noch im Zusammenhang der einen deutschen →Nation als Erbe der guten deutschen Traditionen hinzustellen versuchte, wird dieses kulturelle und politische Erbe spätestens seit der Verfassungsänderung von 1974 als Fundament einer neuen sozialistischen Nationalbildung in Anspruch genommen. Die Aufwertung der sozialistischen Lebensweise als Strukturelement der entwickelten sozialistischen Gesellschaft wird auch aus diesem Zusammenhang begründet. Die Definition des Begriffs im Parteiprogramm der SED von 1976 zeigt, daß nicht einmal in der Konzeption an die Stelle der widerrufenen Identität eine neue getreten ist. Es wird lediglich der Kulturbegriff dahin erweitert, daß die sozialistische Nationalkultur sich in der »Ausprägung ihres patriotischen und internationalen Gehalts« entwickeln werde.

III. Staatszufriedenheit in der Bundesrepublik Deutschland

Die p.K. der Bundesrepublik wurde vor allem für die Sozialwissenschaften in den USA so wichtig, weil die Erforschung der deutschen Geschichte anhand objektiver Merkmale, wie allgemeiner demokratietheoretischer Aussagen über Zusammenhänge von wirtschaftlichem Wachstum, Bildungsstand, Verstädterung oder Organisationsgrad mit der Demokratisierung eines Landes, die mangelnde Entwicklung der deutschen →Demokratie vor dem Jahr 1945 kaum erklären konnte. Die Verwunderung über die deutsche Sonderentwicklung schlug vielfach in zu weitreichende Verallgemeinerungen über den Zusammenhang autoritärer Familienstrukturen mit einer überwiegend apathischen p.K. um, die Partizipation passiv und formal auffaßte und Politik legalistisch und konfliktfeindlich anging. Mißtrauen erweckte in frühen Studien auch die geringe Identifikation der Bürger mit ihrem Staat, als ob der Rumpfstaat Bundesrepublik bei Analysen des Nationalgefühls mit anderen westlichen Demokratien vergleichbar gewesen wäre. Staatsbewußtsein und Nationalbewußtsein, das überwiegend noch auf Deutschland als Kulturnation ausgerichtet war, klafften auseinander, so sehr auch durch staatliche Werbung versucht wurde, die Kluft nicht noch tiefer werden zu lassen. Daß angesichts der Vagheit der Wiedervereinigungshoffnungen für den Durchschnittsbürger die beiden deutschen Staaten allenfalls subjektiv aufeinander bezogen sind und dieser sich hier mehr mit geistigen als mit politischen Werten identifiziert, ist kaum verwunderlich. Die amerikanischen Umfragen der Nachkriegszeit fanden noch starke Relikte autoritärer Einstellungen. Zwei Drittel der Befragten zeigten damals Abneigungen gegenüber Parteipolitik, und auch der westdeutsche Föderalismus erschien vielen suspekt. Im Laufe der 50er Jahre hat sich mit zunehmender Konsolidierung der Bundesrepublik gezeigt, daß die p.K. der Bundesdeutschen wandlungsfähig war. Im internationalen Vergleich erwiesen sich die Bundesbürger als gut informiert und zeigten im konventionellen politischen Verhalten, etwa bei den Wahlen, eine hohe Anteilnahme. Auch die Angleichung der Bevölkerung machte rasche Fortschritte. Die Unterschiede von Einheimischen und Vertriebenen, aber auch die überkommenen Differenzen zwischen Männern und Frauen, Protestanten und Katholiken wurden geringer. Selbst die Anhänger der Oppositionsparteien urteilten nicht so kritisch über das eigene System wie in anderen Ländern. Auch in den Zeiten ökonomischer Krisenerscheinungen, in den Jahren 1966/67 und 1973/74, blieb die Mehrzahl der Bundesdeutschen erstaunlich optimistisch in bezug auf die Leistungsfähigkeit des Systems. Hinsichtlich der Zufriedenheit mit dem Funktionieren der Demokratie hat sich die

Bundesrepublik im Lauf der 70er Jahre an die Spitze der neun Länder der *Europäischen Gemeinschaft* gestellt. Die vielzitierte »Staatsverdrossenheit« und »Legitimationskrise« gilt im internationalen Vergleich für die Bundesrepublik nicht (S. H. Barnes, M. Kaase, S. 523). Ende der 70er Jahre zeigte sich jedoch, vor allem in der → *Jugend*, eine gewisse Entfremdung von den Parteien und eine leicht abnehmende Bereitschaft zur politischen Teilnahme. Andererseits ist die Neigung zu unkonventionellem Verhalten etwa in Form der Protestdemonstrationen und des → *Engagements* in neuen, noch nicht fest institutionalisierten politischen Aktionen wie den → *Bürgerinitiativen* gewachsen. Aber auch in der Jugend steht politische Partizipation nicht an der Spitze der Werte, sondern wird weitgehend »als Flankenschutz für den persönlichen Lebensvollzug« (W. Jaide, Jugend und Politik heute, in: Aus Politik und Zeitgeschichte, Bd. 39/40, 1976, S. 5) angesehen. Mit Blick auf längerfristigen Wandel hat jedoch das Interesse an Politik in der westdeutschen Bevölkerung zugenommen. Manche Betrachter, so H. Rausch (Ein Aspekt politischer Kultur, in: Civitas 1979, S. 153), sehen die Bundesrepublik auf dem Weg zu einer partizipativen p.K. im Sinn G. Almonds. Dennoch waren Ende der 70er Jahre mehr Bürger stolz auf ihre Wirtschaft als auf das politische System. Der gefährlichste Rest traditioneller politischer Einstellungsmuster ist in der Haltung zu Fragen der Rechtsstaatlichkeit zu sehen. In einer Zeit, da Terroristen- und Extremistenfurcht stark hochgespielt wurden, waren mehr Bürger bereit, Teile ihrer politischen Freiheiten wie das Demonstrationsrecht einschränken zu lassen als in anderen westlichen Demokratien. Ruhe scheint noch immer über dem Wert Freiheit zu rangieren.

IV. Zu Anspruch und Wirklichkeit in der DDR

Die p.K. in der DDR hat offiziellen Charakter. Es wird demnach ein Leitbild von Normen und Wertvorstellungen gezeichnet, von den tatsächlichen Einstellungen und Verhaltensweisen unterschieden werden müssen. Damit stellt sich die Frage, in welchem Umfang dieses Leitbild der Wirklichkeit entspricht. Die Hauptschwierigkeit bei dem Versuch, darauf eine Antwort zu erhalten, besteht darin, daß entsprechende Informationen in der DDR nicht veröffentlicht werden. Die Ergebnisse empirischer Forschung werden den Bürgern allenfalls in der Perspektive der gesetzten Ziele, also mit positivem Akzent bekannt gemacht. Aus dem engeren Bereich der politischen Einstellungen gibt es nicht einmal Informationen dieser Art. Als weiteres Hindernis erweist sich, daß bestimmte Verhaltensweisen die gesetzten Normen erfüllen, so die Teilnahme am sozialistischen Wettbewerb, ohne daß daraus

geschlossen werden könnte, die Bürger teilten die damit erwarteten Einstellungen. Es scheint geradezu charakteristisch für sozialistische Staaten wie die DDR zu sein, daß sie sich eher auf normkonforme Verhaltensweisen als auf Einstellungen berufen können, während es in parlamentarisch-demokratischen Staaten aufgrund des geringeren Grads politischer Kontrolle eher umgekehrt ist.

Am Beispiel des sozialistischen Wettbewerbs und der betrieblichen Partizipation läßt sich jedoch die beträchtliche Differenz zwischen Idee und Wirklichkeit in der Gestaltung eines Lebensbereichs feststellen. Während die schöpferische Mitwirkung der Werktätigen in der Theorie an oberster Stelle rangiert, wird das Schöpferische in der Praxis vollständig durch geplante, festumrissene Zusatzleistungen aufgefangen. Der manipulative Charakter einer so gelenkten Partizipation wurde deshalb auch als »mockery of utopia, not an anticipation of it« charakterisiert (T. A. Baylis, in: L. H. Legters (Hrsg.) The German Democratic Republic, Boulder/Colorado, S. 96). Ähnlich widersprüchlich zeigt das Verhältnis von → *Freizeit* und → *Arbeit* aus. Die behauptete → *Kreativität* des sozialistischen Menschen, die sowohl sein Arbeitsleben als auch seine Freizeit kennzeichnen und von kapitalistischen Verhältnissen unterscheiden soll, ist nicht nur im Arbeitsleben fragwürdig, sondern sie ist auch in der Freizeitgestaltung kein Verhaltenskriterium. Statistische Aufzeichnungen der Verwendung der täglichen Zeit durch Männer (→ *Mann*) und Frauen (→ *Frau*) zeigen eine mit dem sozialistischen Anspruch der Gleichberechtigung der Geschlechter nicht vereinbare Benachteiligung der Frauen. Sie belegen auch, daß die überwiegend passive Freizeitgestaltung dem Bild des aktiven sozialistischen Menschen widerspricht.

Auch in der Frage der sozialistischen Nation scheint die Bevölkerung den politischen Ideologien nicht folgen zu wollen. Zwar ist die Frage, wieweit die Bürger sich noch am Leitbild einer einheitlichen deutschen Nation orientieren, in der westlichen Forschung umstritten, aber für einen Rückhalt der Idee einer sozialistischen Nation in der Bevölkerung fehlen alle Anhaltspunkte. In den Jahren 1970/71 sollen auf die Jugendlichen vorgelegte Frage, ob sie sich eher als Deutsche oder als Bürger der DDR fühlten, 75 v. H. erklärt haben, daß sie sich eher als Deutsche ansähen. Allerdings hängt die Einschätzung des Verhältnisses von Anspruch und Wirklichkeit auch vom Erfolgsmaßstab ab. Nimmt man Anzeichen partieller Loyalität, wie sie sich beispielsweise in der Zustimmung zum Bildungssystem oder den verschiedenen sozialpolitischen Leistungen nachweisen lassen, als Schritte der Annäherung zwischen Bürger und Staat oder sieht man im wachsenden Selbstbewußtsein der Bürger gegenüber ihrem Staat, auch wenn es sich vor allem in → *Kritik* äußert, einen Beleg für die Konsolidierung

eines Systems oder verweist auf konkrete Versprechen etwa im Konzept der Partizipation – wird
mithin die Zustimmung am Grad der schwindenden
Resistenz gemessen, so fällt die Antwort positiver
aus, als wenn vermutliche Einstellungen und Ideale
einander gegenübergestellt werden. Dann nämlich
kann man nur wie P. Ch. Ludz zu dem Ergebnis
kommen, daß das angestrebte Ziel bisher nicht
erreicht wurde.

Überlegungen über die politischen Einstellungen
der Bürger in der DDR orientieren sich häufig unausgesprochen an dem Modell einer p.K., wie sie
einer parlamentarisch-demokratischen Gesellschaftsordnung entsprechen würde. Es wird dann
allerdings ein Maßstab verwendet, der praktisch für
die in der DDR lebenden Bürger nur theoretisch
oder als Ideal von Bedeutung ist. Unter dem
Gesichtspunkt der Kontinuität handelt es sich nicht
um einen verlorenen normativen Rahmen, sondern
um die Anpassung an eine Entwicklung, die sich
außerhalb des eigenen Staats vollzogen hat. Gemessen an den Leitbildern in der deutschen Geschichte
ist die Demokratie für die p.K. kaum je mehrheitlich
bestimmend gewesen. Dennoch ist der Vorbildcharakter demokratischer Ideale, vor allem der
→*Grundrechte,* in der DDR keine Chimäre, sondern politisch bedeutsame Wirklichkeit. Die steigende Anzahl der Anträge auf Entlassung aus der
Staatsbürgerschaft belegt, daß zunehmend Bürger
das Recht auf demokratische Freiheiten in Opposition zu ihrem Staat beanspruchen. Da die jüngere
historische Entwicklung der Deutschen mit Kaiserreich, Weimarer Republik, Nationalsozialismus
und Nachkriegszeit nicht unmittelbar in eine sozia-
listisch-kommunistische Ordnung einmündete, so
ist zu fragen, ob die Bürger sich aufgrund einer
überkommenen Prägung mit der sozialistischen
Kultur besonders schwer tun, oder ob es unter
Umständen Traditionen p.K. gibt, die sich relativ
mühelos in eine sozialistische Kultur einfügen lassen. Charakterisierungen der DDR wie »Rotes
Preußen« lassen eine solche Frage berechtigt
erscheinen. Den unbefangeneren Ausländern fallen
offenbar Zusammenhänge auf, die den Deutschen
in Ost und West angesichts der politischen und
sozialen Veränderungen nicht mehr bewußt sind
oder so sehr Teil ihres Selbstverständnisses sind,
daß sie eher als Grundlage einer p.K. wirken. Sind
Obrigkeitsgläubigkeit, Ordnungssinn, Unduldsamkeit, Illiberalität und Bürokratismus besonders gut
mit Sozialismus vereinbar? Es ist nicht möglich,
empirisch etwas über das Fortleben dieser vermeintlichen »Nationaleigenschaften« und ihre politische
Relevanz zu sagen, die im Rahmen des skizzierten
Leitbildes der DDR eher positiv umgedeutet werden. Die Organisation der verschiedenen gesellschaftlichen Aktivitäten entspricht den Anforderungen des Systems dann besonders gut, wenn der
einzelne sich an den genannten Eigenschaften

orientiert und einfügt. In allgemeiner Form läßt sich
sogar von einer rückblickenden Orientierung der
Gesellschaft der DDR sprechen. Das starke integrative Element des gesellschaftlichen Leitbildes läßt
nicht nur die Eigeninitiative der Individuen verkümmern, sondern erhöht auch deren Unduldsamkeit
gegenüber abweichendem Verhalten. Darunter fallen, worauf G. Sander (Abweichendes Verhalten in
der DDR, Frankfurt a. M. 1979, S. 69) verweist,
Entwicklungsprobleme des Jugendalters, aber auch
politische Erscheinungen wie Ansätze zum Widerstand in anderen sozialistischen Gesellschaften,
obwohl hier die Reaktion uneinheitlich und ambivalent ist. So wenig meßbar diese Einstellungen
aufgrund fehlender Information sind, so machen sie
doch deutlich, daß in der DDR generell keine p.K.
in westlichem Demokratieverständnis besteht und
die Bürger mithin auch ihren erzieherischen Einwirkungen nicht ausgesetzt sind.

V. Deutsche Kontinuitäten?

Im Unterschied zu anderen sozialistischen Ländern,
insbesondere zu Polen, ist der Begriff der p.K. in der
DDR als Konzept zur Analyse des eigenen Landes
bisher nicht übernommen worden. In allen Ländern
ist die »offizielle Zielkultur« mit der gegenwärtigen
Kultur nicht identisch. In der DDR ist diese Kluft
jedoch wesentlich größer als in den westlichen
Demokratien, in denen die Zielkultur des Gesamtsystems umstritten bleibt und für alle Bürger einen
geringeren Grad der Verpflichtung hat. Die *SED*
trägt dieser Kluft der beiden Aspekte von p.K. selbst
Rechnung, indem sie eine doppelte p.K. pflegt. Die
partizipationsoffene Zielkultur umreißt die langfristigen Ziele der »reifen sozialistischen Gesellschaft«, die sich anschickt, den Kommunismus aufzubauen. Dabei läßt die hierarchische Parteistruk-
tur, die im Gegensatz zur jeweiligen Regierungsmacht in der Bundesrepublik bisher kaum öffentlich widerstreitenden Interessen oder gar Ausgliede-
rungsbestrebungen von »politischen Subkulturen«
ausgesetzt ist, einen nur geringen Spielraum für
spontane Partizipation zu.

Ausländische Beobachter sind beim Anblick
einer kriegerisch anmutenden Grenzpolizei bis hin
zum liebevoll gepflegten Schrebergarten immer wieder von der äußeren Ähnlichkeit beider Staaten
beeindruckt. Nur das Wohlstandsgefälle stellt sich
für den flüchtigen Betrachter als auffälliger Unterschied dar. Auch Kritiker aus sozialistischen Ländern sehen in der DDR mehr »die deutsche Kontinuität« als »die sozialistische Brudernation«. Und
selbst in ernsthafteren Erklärungsversuchen werden
die Differenzen des Funktionierens sozialistischer
Systeme gern mit der p.K. erklärt, und die Institutionen für weniger wichtig als die traditionellen Einstellungsmuster erachtet.

Neben der doppelgleisigen p.K., die von der *SED* vermittelt wird, gibt es eine doppelte p.K. in der Gesellschaft auch insofern, als der offiziellen Zielkultur der Spruchbänder eine an westlichen Konsummustern (→*Konsum*) orientierte Verhaltensweise gegenübersteht, die von der Partei toleriert wird, seit der »Sturm auf die Fernsehantennen« aufgegeben wurde und im Zuge der neuen Ostpolitik der Bundesrepublik seit 1970 Ventile für Konsumwünsche durch Erleichterungen im innerdeutschen Reise- und Zahlungsverkehr geschaffen wurden. Kritiker von links und rechts neigen vielfach zur Verabsolutierung dieser einen Seite des Verhaltens von Bewohnern der DDR. Umfragen zeigen jedoch wie in anderen sozialistischen Ländern, daß diese offiziell als »Überbleibsel« westlicher Marktorientierung heruntergespielten Einstellungen nicht ausschließen, daß die egalitären Ziele der sozialistischen Zielkultur und ihrer Gesellschaftspolitik von großen Teilen der Bevölkerung akzeptiert werden. Dieses stellt vermutlich die größte Differenz in der p.K. der beiden deutschen Staaten dar. Hingegen sind weitere Übereinstimmungen in der Höherschätzung von Ordnung und Sicherheit gegenüber dem Wert der staatsbürgerlichen Freiheit und eine geringere Toleranz gegenüber abweichendem politischen und anderem Verhalten als in anderen Ländern zwar zu vermuten, können jedoch gegenwärtig empirisch nicht bewiesen werden.

K. v. Beyme, H. Michalsky

Literatur

G. Almond, S. Verba, The Civic Culture, Princeton 1963
G. Schweigler, Nationalbewußtsein in der BRD und der DDR, Düsseldorf ²1974
Political Culture and Political Change in Communist States, hrsg. v. A. Brown, J. Gray, London 1977
S. H. Barnes, M. Kaase u. a., Political Action. Mass Participation in five Western Democracies, Beverly Hills 1979
M. u. S. Greiffenhagen, Ein schwieriges Vaterland. Zur p.K. Deutschlands, München 1979
P. Ch. Ludz, Mechanismen der Herrschaftssicherung, München 1980

Kulturanthropologie

Die K. in Deutschland hat zwei wesentliche Quellen, zum einen die großen Anstrengungen der philosophischen Anthropologie, die wie M. Scheler in »Die Stellung des Menschen im Kosmos« von 1927 und H. Plessner in »Die Stufen des Organischen und der Mensch« von 1928 als Schlußstein im System der gesamten Anthropologie das Wesen des Menschen zu bestimmen versuchte. Zum anderen beeindruckten die Forschung in der Bundesrepublik die nach dem Zweiten Weltkrieg insbesondere über die Arbeiten M. Meads und B. Malinowskis rezipierten Ergebnisse der amerikanischen *Cultural Anthropology,* die nicht nach Grundkategorien des menschlichen Gattungswesens suchten, sondern, mit einer Formulierung W. E. Mühlmanns, die Formenmannigfaltigkeit der verschiedenen Kulturen als »typische Chancen« menschenmöglichen Verhaltens beschreiben und verstehen wollten. In der DDR wurde zumindest in programmatischen Äußerungen die unter dem Sichwort K. arbeitende Disziplin als »spätbürgerlich« abgelehnt, wenn auch unter dem Etikett der Volkskunde, Völkerkunde und →*Kulturgeschichte* vom Ansatz her vergleichbare Studien erarbeitet wurden.

R. König hat darauf hingewiesen, daß sich die K. nicht geradlinig, sondern in weniger durch wissenschaftliche Zufälle als durch gesellschaftliche Mängel und Bedürfnisse bedingten Sprüngen entwickelt hat. Der Höhepunkt der amerikanischen Forschung zwischen 1930 und 1950 wird von ihm als eine Antwort auf die Fragen einer Welt voller Glaubens- und Rassenkriege interpretiert, deren Wertsystem einem europäisch borniertem Ethnozentrismus entstammte oder, wie im nationalsozialistischen Deutschland, von der generellen Überlegenheit einer bestimmten Art oder Rasse ausging. Die Beschäftigung mit dem Fremden war unter solchen Umständen auf die Bestätigung des überragenden Wertes der eigenen Welt fixiert. So gesehen war die empirisch arbeitende K. immer auch subversiv, und mit ihrem relativierenden Anspruch entmachtete sie jede Behauptung artspezifischer Überlegenheit über andere. Der Rückgang der kulturanthropologischen Forschungsarbeit in den USA wäre demzufolge als ein Symptom für neuartige Formen des Umgangs mit Fremden, in Korea und später vor allem in Vietnam, zu verstehen, das die, in diesem Fall amerikanische, Selbstgewißheit, den einzig richtigen Weg des Lebens zu kennen, zum Ausdruck brachte. Seitdem gibt es in den USA neben der kulturvergleichenden, kulturelle Überheblichkeit eindämmenden Vorgehensweise auch eine anthropologische Richtung, die als »angewandte«, als *Applied Anthropology,* dazu beitrug, Unruhen unter den unterprivilegierten Einwanderern beizulegen oder Volksbewegungen in Südamerika unter Kontrolle zu bringen.

In der Bundesrepublik blieb das Interesse an der K. bescheiden. Diese konnte sich nur in wenigen Fällen, so W. E. Mühlmann in Heidelberg und I.-M. Greverus in Frankfurt a. M., gegen die traditionell an den bundesdeutschen Hochschulen etablierte Volks- und Völkerkunde durchsetzen. Solche institutionellen Erschwernisse sind das eine Problem, zum anderen verhinderte die spezifische Form, in der andere Kulturen erlebt werden, daß sich die K. in der Bundesrepublik etablieren konnte. Weder das Problem der Flüchtlinge aus den Ostgebieten noch die Ströme ausländischer Arbeiter weckten eine vergleichende Forschung. Mit wenigen Ausnahmen blieb die Flüchtlingsliteratur zu lange in den Händen einer historisch orientierten Volkskunde. Erst in letzter Zeit haben Untersuchungen über die ausländischen Arbeiter in der Bundesrepublik Ansätze entwickelt, die den ökonomischen Aspekt mit dem kulturellen und politischen verknüpfen. Angesichts der Ausmaße des Problems bleiben sie jedoch insgesamt unzureichend. Die Fragen der Dritten Welt, die mehr und mehr zu unseren eigenen werden, haben die kulturanthropologische Forschung erweitert und ihren Wert als »Spiegelwissenschaft« (F. Krämer) erkennen lassen, in der die Beschäftigung mit dem Fremden eigene Wesenszüge und Grenzen sichtbar macht. Die Enttäuschung der jungen Generation über die unerfüllten Hoffnungen der Protestbewegung, die Ökologiekrise und die unter dem Eindruck wirtschaftlichen Stillstands lauter werdende Frage nach der Möglichkeit sinnvoll erfahrenen Lebens hat der empirischen K. und den mit ihr verbundenen Fächern Volkskunde, Ethnologie, empirische Kulturwissenschaft wachsendes Interesse gesichert, das nur zum Teil mit einer romantisierenden Hinwendung zu verlorenen Paradiesen erklärt werden kann. Es zeigt sich darin auch das Bedürfnis, nach Lebensformen zu suchen, die über unsere engen, auf Wohlstand beruhenden Glücksvorstellungen hinausgehen. Soweit demnach die Entwicklung der K. mit der besonderen Geschichte der Bundesrepublik untrennbar verbunden ist, schließt sie auch einen Vergleich zur DDR aus.

Die philosophische Anthropologie, so wie sie H. Plessner, Th. Lipps oder E. Rothacker betrieben, hat mit der Historisierung des menschlichen Wesens eine wesentliche Brücke zur empirisch vorgehenden K. geschlagen. Da sich der Mensch erst den Umständen entsprechend zu dem macht, was er ist, sind zwar über einzelne Gesellschaften oder Kulturen zusammenhängende oder allgemeine Aussagen möglich, nicht aber über den Menschen schlechthin. Das heißt, daß an die Stelle der angeborenen Lebensweise »tierischer Arten« die geschichtlich erworbenen Lebensstile menschlicher Gesellschaften treten.

Wegen der spezifischen Formbarkeit des Menschen ist bei der Annahme anthropologischer Konstanten und gradliniger Verbindungslinien zu tierischem Verhalten, wie sie mitunter die Verhaltensforschung zu ziehen versucht, Skepsis geboten. Der Mensch wird, was er ist. Dieses dynamische Modell der philosophischen Anthropologie ist eine gute methodologische Basis für eine empirische K., die sich die Aufgabe stellt, die verschiedenen Gestaltungsfaktoren einzelner Kulturen zu bestimmen und zu vergleichen.

E. Rothacker hat 1948 entwickelt, daß die Gegenüberstellung menschlicher Weltoffenheit und tierischer Umweltgebundenheit puristisch und irreführend ist. Für den Menschen gilt beides. Er ist sowohl auf einen bestimmten Raum angewiesen, dem er die Reproduktion seines Lebens abgewinnt, als er auch die in verschiedenen Epochen und Regionen unterschiedlich ausgeprägte, aber stets vorhandene Fähigkeit besitzt, diese Bindung zu überwinden und neue Verhältnisse einzugehen. Die natürlichen Konstanten des Menschen als Gattungswesen schrumpfen bei dieser Betrachtungsweise auf seine Leiblichkeit, die ihn mit den Tieren verbindet, und seine Fähigkeit, sich in Lebenswelten zu verändern und zu entwickeln, was ihn für den lebensgeschichtlichen wie den gattungsgeschichtlichen Bildungsprozeß präformiert.

Gemäß der biologischen Anthropologie sind Instinktschwäche, Triebüberschuß und Organprimitivität für die leibliche Ausstattung des Menschen und seine exzentrische Stellung in der Tierwelt ausschlaggebend. Insbesondere hat A. Gehlen gezeigt, daß es keiner Voraussetzung des Geistes als eines metaphysischen Prinzips bedarf, um zu begreifen, wie der Mensch »aus der Mitte seiner Mängel« sein Leben führen lernt, indem er diese Mängel produktiv umgestaltet und in eine erhöhte Entwicklungsfähigkeit überführt (A. Gehlen, Der Mensch, Bonn [5]1955). Seine Besonderheit, eine gattungsspezifische »Frühgeburt« (A. Portmann) zu sein, bringt es mit sich, daß naturgesetzliche Abläufe, die sich sonst unter generellen Bedingungen der Art im Mutterleib vollziehen, bereits in lebensgeschichtlichen Verhältnissen und im frühen Kontakt mit dem Reichtum der Welt geschehen. Für das sich entwickelnde Leben des jungen Menschen bedeutet dies, daß er diese kulturell vorgegebene Umwelt zum Überleben braucht und sich die Handlungsweisen, um mit dieser Umwelt gestaltend umzugehen, erarbeitet.

Die ethnopsychoanalytisch ausgerichtete K. hat zu dieser Ausgangsposition weitere wichtige Universalien geliefert, die jedoch nicht als naturhafte anzusehen sind, sondern den Menschen als Sozialwesen auszeichnen. Der Ethnopsychoanalyse zufolge, deren Vertreter im deutschsprachigen Raum die Schweizer Forscher P. Parin und F. Morgenthaler sind, entwickelt sich die Sozialisation des Menschen nicht über symmetrische Nachzeichnungen des von den Vorfahren Vorgegebenen, sondern nimmt in allen Kulturen einen konfliktreichen Verlauf, in dem das Triebleben so ausgeformt wird, daß es innerhalb der jeweiligen Naturumwelt und einer zur Auseinandersetzung mit dieser befähigten Gesellschaft seine Funktionen zu erfüllen vermag. Das Individuum ist nicht determiniert; der Prozeß des Einlebens in eine Kultur, die Enkulturation, enthält die Möglichkeit der Andersartigkeit, die je nachdem, ob sie mit den sozialen Prozessen übereinstimmt oder mit ihnen in Konflikt gerät, als Fortschritt oder als Dekomposition begriffen wird. Die gesellschaftliche Normalität des Individuums ist nicht das einzig mögliche Ergebnis der lebensgeschichtlichen Entwicklung. Die Spannung zwischen normal und anormal, zwischen geschichtlicher Wiederkunft und dem Einbruch neuer Formen hat die Ethnopsychoanalyse erstmals bis in die differenziertesten Seelenregungen hinein nachgezeichnet. Für die unterschiedlichen kulturellen Lösungen würde dies bedeuten, daß die anthropologische Basis aus wenigen Gemeinsamkeiten besteht, deren wichtigstes Verbundstück die Fähigkeit ist, außerordentlich verschiedenartige Entwicklungsrichtungen einzuschlagen.

Die westlichen Kulturen mit ihrer Fähigkeit der Naturbeherrschung, die allerdings mit ihrer Fähigkeit, ihr Verhältnis zur Natur zu meistern, längst nicht mehr gleichzusetzen ist, haben nicht nur gedanklich, sondern auch ökonomisch und machtpolitisch alle anderen kulturellen Lösungen zu schwächeren erklärt. Der K. kommt demgegenüber die wichtige Aufgabe zu, darauf hinzuweisen, daß andere Gesellschaften kulturelle Lösungen für Probleme entwickelt haben, auf die wir nur mit Machtdemonstrationen oder Angst reagieren können. Das kulturelle Erbe, das die K. zu verwalten hat, kann nicht nur die Geschichte der eigenen Kultur umfassen, es muß auch Äußerungs- und Erlebnisformen von Glück und Leiden einschließen, die sich der unmittelbaren Einordnung unter das eigene kulturelle Wertsystem entziehen. In den Sozialwissenschaften der Zeit nach dem Zweiten Weltkrieg wird seit jeher die unterschiedliche Weltsicht verschiedenartiger sozialer Schichten angesprochen (H. P. Bahrdt, H. Popitz, Das Gesellschaftsbild des Arbeiters, Tübingen 1957). Seit der Studentenbewegung hat man sich verstärkt der Erforschung differenzierter Lebenswelten gewidmet und die Beschäftigung mit Gruppenkulturen im Sinne der Studien des Birminghamer *Center for Contemporary Cultural Studies* vorangetrieben.

Obgleich die Volkskunde die meisten Hinweise auf Unterschiede der Alltagsgestaltung *(→Alltag)* trotz nivellierender Momente in Ökonomie, Bürokratie und kommunikativen Systemen bietet, hat sie bisher noch keine Binnentheorie entwickelt. Der kulturanthropologischen Forschung stellt sich damit die Aufgabe, die Vielgestaltigkeit von Lebenswelten und das Recht auf Einzigartigkeit im Angesicht ökonomischer Zwänge zu betonen. Das große Interesse jüngerer Generationen an der Ethnologie deutet auf das Bedürfnis, neue Formen des Lebens zu leben.

In der DDR wird kulturanthropologische Forschung als Volkskunde, Völkerkunde und *→Kulturgeschichte* betrieben. Allerdings ist eine deutliche Ablehnung der K. durch die offizielle Kulturpolitik festzustellen. Dies wurde sichtbar, als sich 1976 in Leipzig Volks- und Völkerkundler der DDR mit den »Hauptrichtungen der bürgerlichen Ideologie in der Ethnographie kapitalistischer Länder« auseinandersetzten. Nach B. Weißel leistet die K. in der Bundesrepublik »keinen Beitrag zur Völkerverständigung und zum Kulturaustausch im Sinne des Friedens und des Fortschritts«, sondern präsentiert vielmehr »das antihistorische, antihumanistische Wesen und den reaktionären politischen Charakter dieser Richtung besonders eindrucksvoll« (B. Weißel, S. 9).

Es sind zwei Momente der Kritik, die der einschlägigen Forschung in der DDR offizielle Berührungspunkte mit der K. verbieten. Indem die K. beansprucht, nicht nur eine der anderen möglichen Methoden der Erforschung der Kultur einzelner Gruppen und Völker zu sein, sondern auch die Vorstellung, daß die Geschichte einen geradlinigen Verlauf genommen habe, in Frage stellt, läuft sie der »marxistisch-leninistischen Idee der Entwicklung« mit ihrer Auffassung der Weltgeschichte als eines naturgeschichtlichen Prozesses, »der vom Niederen zum Höheren fortschreitet und damit die Ablösung der Ordnung des Kapitalismus durch den Sozialismus/Kommunismus historisch legitimiert« (B. Weißel, S. 111 ff.) zuwider. Andererseits ergeben sich Probleme daraus, daß die relativierende K. die Sphäre der materiellen Voraussetzungen und somit den Begriff der Basis, als einer grundlegenden Kategorie des historischen Materialismus, weiterfaßt als die Kulturphilosophie der DDR, und sie auch die seelischen Dimensionen in den Zusammenhang von Individuum, Kultur und Ökonomie einbezieht. Zudem besteht eine unterschiedliche Einschätzung der Begriffe Volk und Völker. So weist der für die Forschung der DDR wichtige Ethnograph J. V. B. Bromlej zwar auf Berührungspunkte in den Arbeitsgebieten sowjetischer Ethnographie und angloamerikanischer K. und Sozialanthropologie hin, doch scheint sein ethnographisches Konzept, indem es am *Ethnos* als Großgruppe festhält, eher für die Völkergemeinschaft der Sowjetunion brauchbar zu sein als für detaillierte Studien kapitalistisch organisierter Industriekulturen.

Die K. in der DDR hat vor allem in der historischen Forschung und anhand von Minderheitenproblemen *(→Minderheiten)* die Möglichkeiten kulturellen Andersseins beschrieben und analysiert, insbesondere in der Frage slawischer Minoritäten. Zugleich wurde in historischen Längsschnitten die Entwicklung einzelner Gruppen oder Regionen vom Feudalismus bis in den Sozialismus untersucht. Allerdings verstehen sich diese Arbeiten nicht kulturanthropologisch, sondern rechnen sich anderen Fächern zu. Diese Unsicherheit der Grenzziehung hat die DDR mit der Bundesrepublik gemeinsam, denn auch hier bleibt unklar, wo die Grenzen zur *→Kultursoziologie,* Volkskunde oder *→Kulturgeschichte* verlaufen.

U. Jeggle

Literatur
A. Portmann, Biologische Fragmente zu einer Lehre vom Menschen, Basel 1944
R. König, A. Schmalfuß, K., Köln, Berlin (West) 1966
W. E. Mühlmann, E. W. Müller (Hrsg.), Umrisse und Probleme einer K., Köln, Berlin (West) 1966
B. Weißel (Hrsg.), Kultur und Ethos: Zur Kritik der bürgerlichen Auffassungen über die Rolle der Kultur in Geschichte und Gesellschaft, Berlin (Ost) 1980

Kulturbeziehungen, innerdeutsche

I. Abhängigkeit von der Politik – II. Historische Entwicklung – III. Bestandsaufnahme

I. Abhängigkeit von der Politik

Kulturbeziehungen sind als kulturelle Beziehungen zwischen Staaten, Bündnissystemen oder anderen politischen Einheiten zu verstehen, nicht jedoch als Beziehungen zwischen verschiedenen Kulturen. Sie stehen damit in enger Abhängigkeit zu den politischen Beziehungen eines Staates. Einerseits schlagen sich politische Konflikte häufig zunächst im Abbruch von kulturellen Beziehungen nieder, andererseits werden im kulturellen Austausch oft die Signale zu einer besseren politischen Zusammenarbeit gesetzt. I. K. sind dabei diffiziler und vielschichtiger als normalerweise die Beziehungen zwischen zwei Staaten, denn gemeinsame → *Geschichte,* → *Tradition und kulturelles Erbe,* → *Sprache* und ein dichtes Netz von Kommunikationsverbindungen bilden viele Ebenen der Beziehungen.

Kulturbeziehungen, im engeren Sinne ohne Wissenschaftsbeziehungen, werden in der Bundesrepublik Deutschland und in der DDR ähnlich als Zusammenarbeit, Kooperation und Austausch auf kulturellem Gebiet verstanden. Sie werden von staatlichen, und gesellschaftlichen Instutionen und kommerziellen Unternehmungen angeregt und durchgeführt. Im Unterschied zu kulturellen Interdependenzen, den wechselseitigen, teilweise auch unbewußten Beeinflussungen, die insbesondere durch die vielfältig bestehenden Kommunikationsverbindungen etwa des Hörfunks und Fernsehens hervorgerufen werden, setzen Kulturbeziehungen bei allen Beteiligten die deutliche Absicht zur Zusammenarbeit voraus.

II. Historische Entwicklung

Die politischen Intentionen der Siegermächte des Zweiten Weltkriegs legten die Grundlagen für die unterschiedlichen Schwerpunkte der kulturellen Entwicklung in den vier Besatzungszonen. In den drei Westzonen wurden ab 1945 überwiegend die kulturellen Strukturen der Weimarer Republik restauriert und der Kulturföderalismus wiederhergestellt. Die kulturellen Verflechtungen zwischen den Besatzungszonen in Deutschland waren umfangreich. Wie sich aus ihnen die gegenwärtigen i. K. entwickelten, ist von der Zeitgeschichte noch kaum erforscht, so daß die folgende Darstellung durch längere Zitate ansatzweise auch Quellencharakter erhält.

Im Juli 1945 wurde auf Initiative der *Sowjetischen Militäradministration* der *Kulturbund zur demokratischen Erneuerung Deutschlands* gegründet, der sich anfangs interzonal und überparteilich betätigte, aber Ende 1947 in Berlin (West) verboten wurde.

Die Gleichschaltung der Kunst und Kultur erfolgte in der Sowjetischen Besatzungszone nicht unmittelbar nach der Besetzung, sondern bis etwa 1950 ging es um die Schaffung einer »antifaschistisch-demokratischen Ordnung« mit starken bürgerlichen Elementen. Seit 1951 wurde die eigentliche »sozialistische Kulturrevolution« mit einer zentralen Lenkung der Kulturpolitik eingeleitet. Die DDR betonte die Einheit der deutschen → *Kultur* und → *Nation* und war insbesondere auf staatlicher Ebene um kulturelle Kontakte bemüht. Im Januar 1954 wurde in der DDR ein *Ministerium für Kultur* gebildet. Zu seinen Aufgaben gehörte die Unterstützung »alle Bestrebungen auf dem Gebiet der Kultur, die der Wiederherstellung der nationalen Einheit Deutschlands dienen. Es wird Beziehungen zu Künstlern und Kunsteinrichtungen Westdeutschlands anregen und durch praktische Maßnahmen erleichtern« (GBl. der DDR, Nr. 5, 1954). Im März 1954 gab dieses Ministerium eine »Programmerklärung zur Verteidigung der Einheit der deutschen Kultur« ab; wozu es sich umso mehr berufen fühlte, als es sich als »das einzige Ministerium in Deutschland« betrachtete, »das gesamtdeutsche Interessen auf dem Gebiet der Kultur vertritt« (Neues Deutschland v. 25. 3. 1954). Die DDR veranstaltete und initiierte zahlreiche gesamtdeutsche Kulturveranstaltungen, beispielsweise »gesamtdeutsche Kulturgespräche« zur *Leipziger Messe, Deutsche Kulturtage* in Dresden, sowie im Februar und März 1955 Gespräche mit Kulturminister J. R. Becher in Berlin (West). Von Regierungsseite der Bundesrepublik Deutschland war man nicht gewillt, auf diese Angebote einzugehen, weil man darin in erster Linie Versuche zur ideologischen Unterwanderung und Hebel zur politischen Anerkennung sah. »Im Kulturaustausch soll es zu einer ständigen, sich immer wiederholenden Begegnung mit den sowjetzonalen

Herrschaftseinrichtungen kommen, in der Hoffnung und Absicht, uns an das Vorhandensein einer ›DDR‹ zu gewöhnen. Wir sollen die staatliche Existenz der Sowjetzone faktisch anerkennen. Es sollte jede Möglichkeit für einen menschlichen Kontakt unter Vermeidung der offiziellen sowjetzonalen Stellen gesucht werden. Bei der Begegnung mit den Kulturtragenden aus der Sowjetzone sollten wir uns aber hüten, den kommunistischen Funktionären, die unter der Parole des Kulturaustausches zu uns kommen, bei den ihnen mitgegebenen Agitations- und Propagandaaufträgen behilflich zu sein« (Bulletin Nr. 174, 16. 9. 1954, S. 1535). Die DDR trat mehrmals an staatliche Institutionen der Bundesrepublik Deutschland heran, so im März 1955, mit Vorschlägen an die *Ständige Konferenz der Kultusminister,* in denen Freizügigkeit im wissenschaftlich-akademischen und künstlerisch-kulturellen Leben, gemeinsamer Sprach-, Literatur- und Wissenschaftspflege sowie gegenseitige Anerkennung von Zeugnissen und Prüfungen angeboten wurden. »Die Annahme dieser Vorschläge oder eine Aussprache darüber würde zweifellos der Erhaltung der Einheit unserer deutschen Kultur dienen und somit auch dem Wunsche und der Hoffnung unseres Volkes entsprechen. Wir sind der Ansicht, daß gerade auf dem Gebiet der Kultur eine weitgehende Möglichkeit vorhanden ist, Vorschläge der verschiedenen behördlichen Institutionen aufeinander abzustimmen und zu einer Übereinkunft zu bringen« (Junge Welt v. 5. / 6. 3. 1955).

Neben der staatlichen Anerkennung wollte die DDR zu diesem Zeitpunkt eine weitergehende Westorientierung der Bundesrepublik verhindern. Die *Ständige Konferenz der Kultusminister* antwortete mit einem Beschluß, daß man zwar alle Möglichkeiten kultureller Verbindungen mit der Bevölkerung fruchtbar machen wolle, aber dagegen nicht bereit sei, »mit Stellen in Beziehung zu treten, die die Kultur in den Dienst ihrer politischen Absichten zwingen« (Bulletin 1955, S. 409 f.).

Auf ihrer Kulturkonferenz im Oktober 1957 formulierte die *SED* noch einmal die Ziele in den kulturellen Beziehungen: »In den kulturellen Verbindungen nach Westdeutschland muß unsere sozialistische Weltanschauung – bei aller Breite des Zusammengehens mit den friedliebenden und humanistischen Kräften Westdeutschlands – offensiv vertreten werden. Interpretierende Künstler aus Westdeutschland können zu Auftritten und Veranstaltungen in der Deutschen Demokratischen Republik nur im Rahmen unserer Kulturpolitik verpflichtet werden. Besonders im Veranstaltungswesen, aber auch im Film, Verlagswesen und in Rundfunkprogrammen muß das Eindringen westlicher Dekadenz verhindert werden. Auf keinen Fall dürfen westdeutsche Künstler in der Deutschen Demokratischen Republik auftreten, die sich feindlich gegen unseren Staat und gegen die fortschrittlichen,

friedliebenden Kräfte in der Bundesrepublik verhalten oder sich an Rassenhetze, Kriegshetze oder faschistischen ›künstlerischen Unternehmungen‹ beteiligen. Alle diese Maßnahmen gehen davon aus, daß unsere Deutsche Demokratische Republik die Basis der humanistischen, sozialistischen Kultur für ganz Deutschland ist und daß alle humanistischen Kulturschaffenden Westdeutschlands in unserer Republik immer Rückhalt und Unterstützung finden werden« (Neues Deutschland v. 7. 12. 1957).

Auf der Kulturkonferenz des Zentralkomitees der *SED* im April 1960 wurde noch einmal die Einheit der deutschen Kultur betont. In einem offenen Brief des *Deutschen Kulturbundes* an die westdeutsche Bevölkerung forderte man auch den Abschluß eines Kulturabkommens.

Seit 1961 wandte sich die Propaganda der DDR von dem Begriff einer einheitlichen deutschen Kultur ab. So erklärte A. Abusch im Dezember 1961 in einer Rede vor dem Präsidialrat des *Deutschen Kulturbundes:* »Gehen wir davon aus, daß unser Arbeiter- und Bauern-Staat der einzig rechtmäßige und humanistische deutsche Staat, die deutsche Republik des Friedens und des Sozialismus ist, dann darf man auch nicht mehr verschwommen und verwaschen von der ›deutschen Kultur‹ im allgemeinen sprechen; eine solche einheitliche deutsche Kultur kann in den beiden deutschen Staaten mit entgegengesetzter Entwicklung gegenwärtig nicht existieren. Man muß unzweideutig klarlegen, wo heute einzig und allein die humanistische deutsche Kultur, Wissenschaft und Kunst ihre Heimstatt hat. So ist zum Kriterium für die wirklich humanistische Haltung aller westdeutschen Wissenschaftler, Schriftsteller, Künstler und Pädagogen, unserer Verbündeten, ihre Haltung zur Deutschen Demokratischen Republik geworden« (Sonntag, Nr. 52, 1961).

1961 nach dem Bau der Mauer in Berlin wurden die i. K. zeitweise von westlicher Seite eingeschränkt; trotzdem nahm die Zahl der Kontakte bis 1966 und 1967 zu. Im April 1964 schrieb der Kulturminister der DDR, H. Bentzien, erneut an den damaligen Vorsitzenden der Kultusministerkonferenz, W. Mikat; W. Ulbricht bot mehrere Male den Abschluß eines Kulturabkommens an. Nachdem in der Programmerklärung des *Ministeriums für Kultur* im Oktober 1954 die Bildung von kulturellen Gesellschaften, die »ihrem Wesen nach gesamtdeutschen Charakter tragen« begrüßt und gesamtdeutsche, als paritätische Vorstände gefordert wurden, begann man seit 1963 Gesamtdeutsche Vereinigungen systematisch zu behindern. Die *Goethe-Gesellschaft* beispielsweise wurde im großen Umfange durch die Aufnahme nichtdeutscher Mitglieder internationalisiert.

Eine weiter verstärkte Abgrenzung setzte 1966 nach dem nicht zustandegekommenen Rednertausch ein. Die gegenseitigen kulturellen Veranstaltungen beschränkten sich auf Parteiveranstaltungen. So definierte das »Kulturpolitische Wörterbuch« der DDR 1970: »Mit der Nichtanerkennung und der Praktizierung der Alleinvertretungsanmaßung verhindert die westdeutsche Regierung jeden offiziellen staatlichen Kontakt zwischen den beiden deutschen Staaten. Der vorhandene Kulturaustausch findet vor allem auf der Grundlage von Vereinbarungen mit solchen westdeutschen gesellschaftlichen Organisationen statt, die sich der Diskriminierung der DDR widersetzen« (Berlin (Ost), S. 295). Die DDR beschränkte sich bis etwa 1973 nur noch auf eine Teilnahme bei *DKP*-Veranstaltungen. So reisen auch jährlich zum 1. Mai und zum *Internationalen Frauentag* zahlreiche Kulturensembles der DDR in die Bundesrepublik Deutschland. Die Auffassung der öffentlichen Meinung der Bundesrepublik verdeutlicht noch 1969 eine Definition des »kulturellen Austauschs«: »Parteijargon für die Bemühungen des Regimes, die künstliche Abschnürung vom deutschen Westen durch gesteuerte Aktionen ebenso künstlich zu überwinden. Von westdeutscher Seite wird diesen Aktionen die Forderung nach völliger Freiheit des Verkehrs entgegengesetzt, durch die Mitteldeutschland schnell den natürlichen Anschluß an das Geistesleben der westlichen Welt wiedergewinnen würde« (A bis Z, hrsg. v. Bundesministerium für gesamtdeutsche Fragen, Bonn 1969, S. 354).

Seit Anfang der 70er Jahre wird in der Abgrenzungspolitik der DDR die Bundesrepublik Deutschland als ein Staat wie jeder andere eingeordnet, zu dem es keine Sonderbeziehungen gibt. Die DDR geht nicht mehr von einer deutschen Nation aus und sieht es auch nicht mehr als ihre Aufgabe, die sozialistische Nationalkultur in ganz Deutschland durchzusetzen. Sie betrachtet nunmehr die Bundesrepublik als »kapitalistische Nation«. Die These von der Einheit der Kultur wird damit endgültig fallengelassen. »Wie die Geschichte zeigt, hat es eine außerhalb der Bestrebungen der Klassen stehende einheitliche deutsche Kultur nie gegeben. Die sozialistische Kultur in der DDR entfaltet sich als die Kultur der Arbeiterklasse und der mit ihr verbündeten Klassen und Schichten des Volkes. Demgegenüber herrscht in der BRD die imperialistische, volksfeindliche Verfallskultur. Somit stehen sich heute zwei Kulturen gegenüber, die ihrem Inhalt und Klassencharakter nach unvereinbar sind« (K. Hager, Mitglied des Politbüros, auf der 6. Tagung des Zentralkomitees der *SED* am 6. 7. 1972).

Mit dem *Grundlagenvertrag* vom Dezember 1972 wurden die Beziehungen zwischen der Bundesrepublik Deutschland und der DDR auf eine rechtliche Basis gestellt. Im Artikel 7 ist auch die Entwicklung und Förderung der Zusammenarbeit auf dem Gebiet der Kultur vereinbart worden. Im Zusatzprotokoll zu diesem Artikel wird die Absicht bestätigt, Verhandlungen über den Abschluß von Regierungsabkommen aufzunehmen. Diese Verhandlungen haben im November 1973 begonnen. Zur Delegation der Bundesrepublik gehören neben den Vertretern von Bundesministerien, dem Kulturföderalismus entsprechend, auch zwei Vertreter der Bundesländer. Nach fünf Verhandlungsrunden sind die Verhandlungen im Herbst 1975 vorerst zum Stillstand gekommen, nachdem die DDR weitere Verhandlungen von der Herausgabe großer Teile der früheren preußischen Sammlungen, die jetzt zur *Stiftung Preußischer Kulturbesitz* gehören, abhängig gemacht hatte. Die Bundesregierung vertritt dagegen die Auffassung, daß im Rahmen alliierten Rechts und durch bundesgesetzliche Regelung über diese Bestände in Übereinstimmung mit dem Völkerrecht getroffen worden sind, die nicht Verhandlungsgegenstand sein können.

Trotz dieses Stillstandes und der Tatsache, daß die DDR zahlreiche Angebote auf Austausch mit dem Hinweis auf das fehlende Kulturabkommen zurückwies, kam es zu Absprachen auf der staatlichen Ebene über kulturelle Präsentationen auf der Grundlage der Gegenseitigkeit. So wurde Anfang 1977 im Ausstellungsgelände am Alexanderplatz in Berlin (Ost) die erste offizielle Ausstellung aus der Bundesrepublik Deutschland mit dem Thema »Photographie in Wissenschaft und Technik« gezeigt. Im Gegenzug veranstaltete der *Kulturbund* der DDR im Herbst 1979 im Kölner Städtischen Festhaus Gürzenich eine Ausstellung »Photographie in der Deutschen Demokratischen Republik« (→ *Photographie*). Dieser Austausch wurde 1980 mit Filmwochen fortgesetzt. Im Oktober desselben Jahres wurden in Dresden, Frankfurt a. d. Oder und Potsdam sieben neuere Spielfilme aus der Bundesrepublik vorgeführt. Unmittelbar im Anschluß veranstaltete die DDR in Saarbrücken, Duisburg und Bremen eine Filmwoche mit ebenfalls sieben neueren Spielfilmen (→ *Film*). Auf dem Treffen zwischen Bundeskanzler H. Schmidt und dem Vorsitzenden des Staatsrates der DDR, E. Honecker, im Dezember 1981 wurden die Möglichkeiten für die weitere Entwicklung der kulturellen Zusammenarbeit erörtert und übereinstimmend die Absicht geäußert, den Austausch zu intensivieren.

Der größte Teil der kulturellen Verbindungen beruht auf Bestrebungen von Privatpersonen, Verbänden, Kulturinstitutionen und Gebietskörperschaften. Die meisten Veranstaltungen werden über kommerzielle Agenturen abgewickelt. Eine Monopolstellung hat dabei auf Seiten der DDR die *Künstleragentur der DDR*. Nicht ohne Auswirkungen auf die i. K. blieb die *KSZE*, da die DDR immer wieder auf den internationalen Konferenzen bemüht ist, ihren Beitrag zum Kulturaustausch herauszustellen.

III. Bestandsaufnahme

Der Stand der i. K. ist in den einzelnen Teilbereichen recht unterschiedlich, in einigen machen sich politische Schwankungen fast gar nicht bemerkbar, andere sind völlig vom politischen Klima abhängig. Das kann von den handelnden Personen, der Publizität und dem Nutzen abhängen, den sich die DDR von Fall zu Fall verspricht.

In den beiden deutschen Staaten hat die Bühnen- und Konzertkultur einen hohen und weltweit anerkannten Rang (→ Musik, → Musiktheater, → Theater). Die Zahl der gegenseitigen Gastspiele ist trotzdem nicht sehr groß. Jährlich gibt es fünf bis sechs Gastspieltourneen von Orchestern der DDR durch das Bundesgebiet. Aus dem Westen haben von den großen Orchestern in den letzten Jahren nur die Berliner Philharmoniker in Dresden und Leipzig gastiert. Häufiger hat die DDR an den Ruhrfestspielen in Recklinghausen und an den Maifestspielen in Wiesbaden teilgenommen. Die Zahl der Theaterstücke, die in den Spielplänen des jeweils anderen Staates verzeichnet sind, ist unbeträchtlich. In der Bundesrepublik werden beispielsweise P. Hacks, U. Plenzdorf und H. Müller aufgeführt; in der DDR R. Hochhuth und F. X. Kroetz. Verstärkt hat sich in den letzten Jahren der Austausch auf den Gebieten der Jazz- und Popmusik. Neben bekannten Solisten wie P. Schreier und T. Adam sind auch Regisseure und Bühnenbildner ins Bundesgebiet verpflichtet worden, beispielsweise W. Heinz, F. Solter und B. Besson. Groß ist die Anzahl der Rezitationsveranstaltungen von Solisten mit Kleinensembles wie G. May, R. Trexler, S. Kehler. Im Jahre 1980 wurden im Austausch in beiden Richtungen über 230 Gastspiele von Theatern, Orchestern und Solisten gezählt.

Die Beziehungen auf dem Gebiet der → Literatur sind relativ konstant. Fast jedes Buch aus der DDR ist im Bundesgebiet erhältlich, Probleme entstehen allerdings durch Lieferschwierigkeiten bei geringen Auflagen, Absprachen bei Lizenzausgaben und einstweilige Verfügungen bei gleichnamigen Verlagen. Die DDR erwirbt im begrenzten Umfange naturwissenschaftliche Werke und Übersetzungen, die auch den größten Teil der Lizenzen ausmachen. Im Bundesgebiet dagegen ist die zeitgenössische Belletristik der DDR stark verbreitet. Die Kontakte zwischen den beiden Börsenvereinen des Buchhandels sind nicht sehr intensiv, aber beide Staaten sind jeweils stark auf den Buchmessen in Leipzig und Frankfurt a. M. vertreten. Ein Zentrum des internationalen Schriftstellerverbandes PEN wurde 1947 gemeinsam gegründet, aber 1951 gespalten. Der letzte gemeinsame Schriftstellerkongreß fand im Oktober 1947 in Berlin statt. Vor dem Bau der Mauer kam es 1961 noch einmal zu einem gesamtdeutschen Schriftstellertreffen in Hamburg. Danach beschränkten sich die Kontakte auf die internationale Ebene. Im Dezember 1981 lud der Schriftsteller S. Hermlin zu einer »Begegnung zur Friedensförderung« nach Berlin (Ost) ein, zu der zahlreiche Schriftsteller und Wissenschaftler aus Ost und West erschienen. Es ist geplant, diese Begegnungen fortzusetzen. Zahlreiche Literaturpreise sind im Bundesgebiet an Schriftsteller der DDR vergeben worden, so an C. Wolf und J. Bekker. Seit der Ausweisung des Sängers und Dichters W. Biermanns im November 1976 sind einige Schriftsteller wie S. Kirsch, R. Kunze, B. Jentzsch, J. Becker, G. Kunert und K. Schlesinger teils ganz, teils mit mehrjährigem Visum in das Bundesgebiet gekommen. Nachdem Künstler aus der Bundesrepublik Deutschland 1962 zuletzt auf der Deutschen Kunstausstellung in Dresden vertreten waren, haben sich in den 70er Jahren die Kontakte auf dem Gebiet der → bildenden Kunst intensiviert. Im Jahr 1977 beteiligten sich zum erstenmal Künstler aus der DDR an der documenta in Kassel. Seitdem wurde auf mehreren bundesrepublikanischen Ausstellungen, die nicht zuletzt dem Verkauf dienten, moderne Kunst aus der DDR gezeigt, zum Beispiel von W. Tübke, B. Heisig, I. Kirchner, F. Cremer. Die Leihbeziehungen zwischen Museen, die neben der Stauferausstellung von 1977 eine Vielzahl von positiven Beispielen bieten, haben sich durch die Haltung der DDR gegenüber der Stiftung Preußischer Kulturbesitz erheblich erschwert.

Auf dem Gebiet des → Films und → Fernsehens werden Produktionen im beschränkten Maße ausgetauscht oder gekauft. Im Zusatzprotokoll zum Grundlagenvertrag sind in Ziffer 10 Verhandlungen zur Erweiterung des gegenseitigen Bezugs von Büchern, Zeitschriften, Rundfunk- und Fernsehproduktionen vorgesehen. Da diese Verhandlungen mit den Kulturverhandlungen gekoppelt waren, ist man bisher zu keinen Ergebnissen gekommen. Das westdeutsche Fernsehen spielt in der DDR auch ohne offiziellen Austausch eine erhebliche Rolle, da über 70 v. H. der Bevölkerung die Programme empfangen können und die Einschaltquoten höher liegen als die des Fernsehens der DDR.

G. Rüß

Kulturgeschichte

Die neuere europäische K. entsteht in der Mitte des 18. Jh. mit den Werken von Montesquieu, G. Vico, Voltaire, A. Ferguson, J. G. Herder u. a. Von Anbeginn erörtert sie die Möglichkeiten und Bedingungen eines kulturellen → Fortschritts des »menschlichen Geschlechts« im Gegensatz zur bloß politischen Ereignisgeschichte. Sie entspricht damit den zivilisatorischen und den moralphilosophischen

Ansprüchen des aufgeklärten Bürgertums an den historischen Prozeß. Die angestrebte Universalgeschichte in »weltbürgerlicher Absicht« (I. Kant) ist zugleich eine K. im weitesten Sinn. Noch die Geschichtsphilosophie G.W.F. Hegels ist eine K. des menschlichen Geistes.

In der westeuropäischen Tradition ist die positive Bedeutung der Abgrenzung gegen die bloße Erzählung von Haupt- und Staatsaktionen lebendig geblieben. Eine kulturgeschichtlich orientierte Sozialgeschichte wie G.M. Trevelyans »English Social History« (1942) proklamiert ihr Selbstverständnis als die Geschichte eines Volkes unter Auslassung der politischen Ereignisse. Zugleich umfaßt hier K. die Geschichte der Zivilisation. In diesem Bereich hat N. Elias für die deutsche Entwicklung auf eine Bedeutungsverengung des Begriffs Kultur aufmerksam gemacht (Über den Prozeß der Zivilisation. Soziogenetische und psychogenetische Untersuchungen, 2 Bde., Basel 1939, Frankfurt a.M. 1976, S. 1 ff). Voltaire zum Beispiel in seinem »Essai sur les moeurs« interessiert sich nicht nur für geistige und kulturelle Leistungen, sondern auch für Preise, Lebensmittel, für eine Geschichte der Kleidung und der Gewohnheiten. In Deutschland dagegen wird diese bloße »Zivilisiertheit« allmählich von der echten »Moralität« der Kultur unterschieden. Diese klassenspezifisch-soziale Antithese, die ihren Ursprung in den verschiedenen Gefühlskulturen von Bürgertum und Adel hatte, verwandelt sich im Lauf des 19. Jh. in eine nationale Abgrenzung gegen Frankreich und England. Die polemische Entgegensetzung von Kultur und Zivilisation fand ihren Höhepunkt bei Ausbruch des Ersten Weltkrieges. Typisch für diese Haltung ist Th. Manns Abfertigung des »Zivilisationsliteraten« in den 1919 veröffentlichten »Betrachtungen eines Unpolitischen«.

In der Geschichtswissenschaft wurde diese Frontstellung mit der Kritik des zwischen G.W.F. Hegel und Historismus balancierenden J.G. Droysen an H.T. Buckles »History of Civilization in England« (1861) deutlich. Sie wurde zugleich methodisch fundiert. Dem »Milieu« und den induktiv zu erforschenden historischen »Gesetzen« stellt J.G. Droysen die »sittlichen Mächte« und den »sittlichen Wert« des Individuums entgegen. Diese Abweisung des Allgemeinen und des Kollektiven wurde nun zum Kampfmittel gegen die K. positivistischer Prägung. Die Methoden des »Erklärens« und »Verstehens« trennten sich in einer Weise, die das Blickfeld auf die »hohen« Kulturwerte einengte. In der Gegenüberstellung von »nomothetischer«, d.h. gesetzgebender, und »idiographischer«, das Einzelne beschreibender Methode glaubte der Neukantianismus eine Differenzierung gefunden zu haben, um »Naturwissenschaften« gegen »Kulturwissenschaften« abzugrenzen. Der Begriff der Kultur wurde zu einem »Wertbegriff«:

»In allen Kulturvorgängen ist irgendein von Menschen anerkannter Wert verkörpert, um dessentwillen sie entweder hervorgebracht oder, wenn sie schon entstanden sind, gepflegt werden« (H. Rikkert, Kulturwissenschaft und Naturwissenschaft, Tübingen [7]1926, S. 18).

Gerade wenn auf den ursprünglichen Wortsinn des Kulturbegriffs hingewiesen wird, auf *cultura* als »Beackerung und Pflege«, zunächst des Landes, dann auch des Geistes, wird eine weitere Entgegensetzung zum Begriff der Zivilisation deutlich. Kultur hat es eigentlich mit »Objektivationen« des menschlichen Geistes zu tun, mit Produkten, in denen sich sein Menschsein ausdrückt. Relativ autonom ist aber der Geist in der ideellen Sphäre der → *Kunst*, → *Religion* und → *Philosophie*. Der historische Prozeß als Ganzer ist jedoch nicht in gleicher Weise Ausdruck einer humanen Intention. Leitmotivisch macht N. Elias darauf aufmerksam, daß Zivilisation gerade kein Produkt bewußter menschlicher Planung ist, sondern nicht-intendiertes Resultat sozialhistorischer Konstellationen. Hinter der Gegenüberstellung von Kultur und Zivilisation stehen demnach zugleich verschiedenartige Geschichtsbegriffe.

Natürlich gab es jenseits dieser offiziellen Einengung des Kulturbegriffs auch im deutschen Wissenschaftsbereich K. verschiedenster Provenienz. Im Unterschied beispielsweise zu W. Zimmermanns »Geschichte des großen deutschen Bauernkrieges« (1840–44) waren sie in der zweiten Hälfte des Jahrhunderts politisch eher konservativ, so W.H. Riehl, G. Freytag, O. Henne am Rhyn, G. Steinhausen. Liberalen Positionen verhaftet blieb K. Biedermanns »Deutschland im 18. Jahrhundert« von 1854. Wie sehr aber solche Kulturgeschichtsschreibung aus der Perspektive des deutschen Historismus bekämpfenswert sein konnte, zeigt der sogenannte »Lamprechtsstreit«. K. Lamprechts eher subjektivistisch-psychologisierender als positivistischer »Deutschen Geschichte« wurden die Grundfehler aller K. angelastet, nämlich: »Kollektivismus« und »Materialismus«. Neukantianismus und Historismus schlossen sich zur Abwehr des vermeintlichen Determinismus in einer von wechselseitigen Mißverständnissen nicht freien Front zusammen.

Daß die Furcht vor einer materialistischen K. nicht ganz unberechtigt war, wird am wichtigsten Vertreter der »Kultur- und Sittengeschichte«, dieser Zeit, E. Fuchs und seiner »Illustrierten Sittengeschichte vom Mittelalter bis zur Gegenwart« (München 1909) deutlich. Mit Vorzügen wie Schwächen gehört er dem sozialpolitischen Klima der *II. Sozialistischen Internationale* an. Die Betonung des Volkes in der Geschichte sollte der sozialdemokratischen Bildungsarbeit dienen. Seine geschichtsdeterministisch-evolutionistische Auffassung paarte sich mit einem »handfesten Optimismus« (W. Benjamin, E. Fuchs, der Sammler und der Historiker, in: Gesammelte Schriften, Bd. II/2, Frankfurt a.M. 1980, S. 488). Deutlicher noch als bei E. Fuchs tritt das Motto dieser Kulturgeschichtsschreibung, »Wissen ist Macht«, in der vom Dietz-Verlag herausgegebenen Reihe der »Kulturbilder« (1905 ff.) zutage: »Die Arbeiterbewegung schöpft ihr Siegesbewußtsein aus der klaren Erkenntnis der Entwicklungsgesetze aller bisherigen Gesellschaftsformen« (H. Schulz, Blut und Eisen. Krieg und Kriegertum in alter und neuer Zeit, Berlin 1907, unpag. Vorwort). Neben die Betonung der historischen Gesetzmäßigkeit tritt die Bedeutung des bürgerlichen Erbes für das Arbeiterhaus. Themenschwerpunkte dieser Reihe waren Revolutionsgeschichte, Militärgeschichte, Kirchenkampf und eine bebilderte Version der »Hohenzollernlegende« nach F. Mehring.

Auch in den 20er Jahren blieb die K. den Außenseitern überlassen. Erwähnt seien E. Friedells »Kulturgeschichte der Neuzeit« und die kulturmorphologischen Spekulationen O. Spenglers. Mit seiner »Sittengeschichte des Ersten Weltkriegs« führte M. Hirschfeld den Typus der »Kultur- und Sittengeschichte« von E. Fuchs weiter. M. Hirschfelds Bücher wurden 1933 verbrannt. Ansätze zu einer K. des Proletariats kamen aus zwei Richtungen. W. E. Peuckerts »Volkskunde des Proletariats« versuchte, in der Tradition W.H. Riehls stehend, die Einengung des Begriffes »Volk« auf das »Bäuerliche« zu durchbrechen. Andererseits galt die Arbeiterkultur als Vorausform von Volkskultur. Dagegen kam die »Illustrierte Kultur- und Sittengeschichte« des Proletariats von O. Rühle aus einer Position links vom Parteikommunismus der 20er Jahre.

In der Zeit der nationalsozialistischen Herrschaft riß die Beschäftigung mit der K. nicht ab. Volksgeschichte war nach das Gebot der Stunde. Die »Volkskunde« ließ sich weitgehend vereinnahmen. Aufwendig hergestellte Bände wie das »Handbuch der Kulturgeschichte« führen zwar als Reihentitel »Geschichte des deutschen Lebens«, halten aber je nach Einstellung des Verfassers Distanz zur herrschenden Ideologie.

Nach dem Zweiten Weltkrieg dominierte wiederum die politische Geschichte. Der Volkskunde haftete der Ruch des »Völkischen« an, und die westeuropäische Geschichte der Zivilisation galt als materialismus- und marxismusverdächtig. Typisch für die 50er Jahre sind die Ausfälle G. Ritters gegen K. als Zivilisationsgeschichte. 1949 hatte er in dem Eröffnungsvortrag zum *20. Historikertages* das Arsenal des Historismus beschworen und eine streng individualisierende Methode im »Gegensatz zum generalisierenden, auf Allgemeinbegriffe zielenden Denken des Rationalismus gefordert«. 1953 führte er auf dem Historikertag in Bremen aus: »Daher drohen Kausalismus und Gesetzlichkeit in der französischen Geschichte das Übergewicht zu gewinnen, der Bereich menschlicher Freiheit wird zu sehr

eingeengt. Das alles kann nicht ohne politische Folgen bleiben. Die kausalistische Entmenschlichung der Geschichte führt zum Marxismus« (G. Ritter, zit. n.: C. Honegger (Hrsg.), M. Bloch, F. Braudel, L. Febvre u.a., Schrift und Materie der Geschichte. Vorschläge zur systematischen Aneignung historischer Prozesse, Frankfurt a.M. 1977, S. 39). Paradoxerweise wurde mit ähnlichen Argumenten die K. der französischen »Annales«-Schule auch von einer linken Spielart des deutschen Idealismus, einer an J. Habermas orientierten Geschichtswissenschaft in »emanzipatorischer Absicht«, angegriffen. Noch 1971 hat D. Groh in seinem Aufsatz »Strukturgeschichte als ›totale‹ Geschichte?« (Vierteljahresschrift für Sozial- und Wirtschaftsgeschichte, 58. Jg, 1971, S. 289–322) der französischen Geschichtswissenschaft unreflektierten »Objektivismus« vorgeworfen, eine Fetischisierung von Sachgesetzlichkeiten, die das historische Handeln einengend umschließe.

Abgesehen davon, daß die Geschichtsschreibung der »Annales«-Gruppe auch positiv aufgenommen wurde, so beispielsweise von der Landesgeschichte (K. Bosl), hatte sich im Verlauf der 60er Jahre zumindest die »Sozialgeschichte« durchgesetzt. Protagonisten dieser Entwicklung waren H. Freyer, O. Brunner, Th. Schieder und W. Conze, wobei gerade bei O. Brunner die fließenden Übergänge von einer konservativen Soziologie in die »Strukturgeschichte« deutlich wurden. Was 1939 »Darstellung der inneren Volksordnung« hieß, wurde 1949 zum »inneren Zusammenhang von Lebensformen«, 1953 »Sozialgeschichte im weitesten Sinne« und schließlich 1959 »Strukturgeschichte«. Inzwischen hat sich aber mit H.U. Wehler und J. Kocka um die Zeitschrift »Geschichte und Gesellschaft« längst eine moderne Richtung der Sozialgeschichtsschreibung konsolidiert, die gegenwärtig die klassische Sozialgeschichte auch in Richtung auf Zivilisationsgeschichte und Mentalitätsforschung ausweitet.

Gerade an der neu einsetzenden Beschäftigung mit der Geschichte kollektiver Mentalitäten zeigt sich, daß die Entwicklung großer Teile der französischen Geschichtsschreibung seit den Tagen K. Lamprechts anders verlaufen ist, als die deutsche Geschichtswissenschaft. Die Soziologie, M. Halbwachs, E. Durkheim, M. Mauss, wurde nicht abgedrängt, sondern rezipiert. 1929 gründeten M. Bloch und L. Febvre die Zeitschrift »Annales d'histoire économique et sociale«, die seit 1946 den programmatischen Titel »Annales. Économies. Sociétés. Civilisations« trägt. M. Blochs eigentliches Gebiet war französische Agrargeschichte. L. Febvres angestrebte »Geschichte der Mentalitäten« war noch der klassischen Ideengeschichte verhaftet. Namen wie Ph. Ariès und M. Foucault zeigen aber, daß die Geschichte der Mentalitäten sowohl den Umkreis der Ideengeschichte verlassen hat, als auch längst außerhalb des engeren Kreises der »Annales«-

Mitarbeiter angesiedelt ist. Mit F. Braudels nicht unumstrittener Geschichte des Mittelmeerraumes (La Méditerranée et le Monde Méditerranéen à L'Epoque de Phillippe II, 1949) etablierte die »Annales«-Gruppe eine methodische Diskussion um die Zeitschichten der »Strukturen von langer Dauer«, der »Konjunkturen und Zeiten mittlerer Reichweite« und der »Ereignisse der kurzen Zeit«.

Für die Rezeption der zeitgenössischen englischen K. stehen Namen wie Ch. Hill und E.P. Thompson. Im Gegensatz zur strikten »Strukturgeschichte« legt E.P. Thompson größeres Gewicht auf die historische Wirksamkeit kollektiver Erfahrungen. Ein »Klassenbewußtsein« beispielsweise geht nicht einfach aus ökonomischen Gegebenheiten hervor, sondern artikuliert sich in Traditionen, Wertsystemen und Verhaltensweisen. Es drückt die »Erfahrungen« einer Klasse mit ihrer Umwelt aus. Diese Geschichtsauffassung, die dem »subjektiven Faktor« wieder größeren Raum läßt, konnte von einer K. in emanzipatorischer Absicht ohne Schwierigkeiten aufgenommen werden. Der Herausgeber eines Sammelbandes über »Wahrnehmungsformen und Protestverhalten. Studien zur Lage der Unterschichten im 18. und 19. Jahrhundert« (Frankfurt a.M. 1979), D. Puls, polemisiert denn auch gegen den »kalten, abstrahierenden Blick«, der die Unterschichten zum bloßen Objekt der Geschichte degradiere. Gegenwärtig hat die Untersuchung der →Arbeiterkultur Konjunktur. »Alltagsgeschichte« (→Alltag), »Spurensammlung«, Oral History kennzeichnen das Bemühen, jenseits der bloß theoretischen Bestimmungen linker »Klassiker« zum wirklichen Verhalten der Unterschichten vorzudringen.

Eine eigenständige K. ist in der DDR ebenso ein Desiderat wie in der Bundesrepublik. Seit den 70er Jahren nimmt zwar die Zahl der kulturhistorischen Studien zu. So liegt von B. Weißel u.a. ein Abriß der deutschen K. als »Versuch« vor, gibt es eine K. der Bundesrepublik und kulturgeschichtlich drapierte Studien zur →Kulturpolitik der DDR (so u.a. D. Ulle (Ltg.), Imperialismus und Kultur. Zur kulturellen Entwicklung in der BRD, Berlin (Ost) 1975; J. Streisand, Kultur in der DDR. Studien zu ihren historischen Grundlagen und ihren Entwicklungsetappen, Berlin (Ost) 1981). Es fehlen aber nach wie vor umfassende Darstellungen sowohl der allgemeinen K. wie der K. des →Kapitalismus und des gegenwärtigen →Sozialismus. Desgleichen gibt es nach wie vor keine Einigkeit über Gegenstand und Methoden der Kulturgeschichtsschreibung. Ob J. Kuczynskis Alltagsgeschichte je das Stadium der Dokumentensammlung verlassen wird, ist nach Erscheinen des vierten Bandes der sechsbändig geplanten Ausgabe zweifelhafter denn je.

Bei diesem Stand der Kulturgeschichtsforschung nimmt es nicht wunder, daß die bisherige kulturhistorische Diskussion wesentlich um die Theorie der K. und um Vorschläge für künftig zu Erforschendes

kreiste. Diese Diskussion begann erst Ende der 50er Jahre, nicht grundlos zu einer Zeit, als erste Aufgaben der Kulturpolitik wie die Auseinandersetzung mit dem Nationalsozialismus oder die Bildungsreform ansatzweise gelöst waren, während viele Intellektuelle durch die Folgen der Entstalinisierungsversuche verunsichert waren. In dieser Lage wurde die polytechnische Zehnklassenschule (→Schule) geschaffen und der Bitterfelder Weg der »Vereinigung von Kunst und Leben« proklamiert.

So durch Kulturpolitik motiviert, begannen nunmehr einige Kulturwissenschaftler die Auseinandersetzung um Kultur und K. Sowohl der »antifaschistische« als auch der »volksdemokratische« Aufbau der DDR hatte bisher im Zeichen des Humanismus und eines eng gefaßten Kulturbegriffs gestanden und entsprechend Kultur auf Kunst, das »Wahre, Gute, Schöne«, reduziert. Jetzt aber konnte man sich wieder daran erinnern, daß K. Marx' Begriff der gesellschaftlichen Totalität Kultur und Zivilisation einschließt. Es wurden Sammeldefinitionen angeboten wie die, daß Kultur neben Lebensformen auch Kenntnisse und materielle Güter umfasse. Gleichwohl wurden, wie zum Teil auch heute noch, →Ideologie und Kultur als ein Gebiet betrachtet. Dagegen wurde angeführt, daß Kultur und Ideologie nicht identisch sein könnten, Kultur auch nicht eindeutig dem »Überbau« zuzurechnen sei. Anfang der 60er Jahre wurde analog zur sogenannten »Grundfrage der Philosophie« die Trennung von materieller und geistiger Kultur eingeführt, wonach die materielle Kultur als Manifestation menschlicher Kräfte Ausgangspunkt der geistigen Kultur, verstanden als Höherentwicklung des Individuums, sei. Gegen solche Positionen wandte D. Mühlberg ein, daß sie noch nichts über die Spezifik von Kultur aussagte. Er stellte demgegenüber die Geschichtlichkeit des Kulturprozesses in den Mittelpunkt seines Kulturbegriffs und unterschied objektive Kultur als »Gesamtheit der schöpferischen Möglichkeiten, die sich einer Gesellschaft als Kulturleistung vergangener Individuen bietet« von subjektiver Kultur als der »Fähigkeit der gesellschaftlichen Individuen, die objektive Kultur anzueignen und schöpferisch weiterzubilden« (D. Mühlberg, Zur marxistischen Auffassung der Kulturgeschichte, in: Deutsche Zeitschrift für Philosophie, H. 9, 1964, S. 1042).

Damit waren Ausgangspunkte geschaffen, nach Rücknahme der auch in die Kulturwissenschaft eingeflossenen systemtheoretischen Ansätze zu Beginn der 70er Jahre nunmehr parteioffiziell von Kultur »in ihrer ganzen Breite und Tiefe« zu reden und nach größeren kulturgeschichtlichen Studien zu verlangen. Kulturpolitisch nüchterner als früher wurde nun gesehen, »daß sozialistische Kulturrevolution nicht auf das Heranführen der Massen an eine vorgegebene Kultur zu reduzieren ist, sondern als objektive Kultur letzten Endes nur das zu bewerten ist, was in den Lebensbedingungen der (Klassen-) Individuen real vergegenständlicht ist« (I. Dölling, Kulturtheorie als angewandter historischer Materialismus, in: Deutsche Zeitschrift für Philisophie, H. 3, 1975, S. 449).

Solche Einsichten gab es in den 70er Jahren nicht nur in der Kulturtheorie. Die kunst- und literaturwissenschaftliche Beschäftigung mit →*Tradition und kulturellem Erbe* führte zu einer Überwindung der Kunstzentriertheit und einer erweiterten →*Ästhetik*. In der Geschichtswissenschaft wurde die bisherige Konzentration auf politische →*Geschichte* bemängelt. Besonders wichtig war die Entwicklung der Volkskunde, die unter Volk immer weniger »Bauer« und immer mehr »Werktätiger« verstand. So wuchs Ende der 70er Jahre das wissenschaftliche Bedürfnis nach K. als »synthetisierender Betrachtungsweise«. D. Mühlberg zog aus seinen kulturtheoretischen Analysen den Schluß, selbst ein größeres Projekt zur K. der deutschen Arbeiterklasse durchzuführen, dessen Resultate zu Beginn der 80er Jahre aber noch nicht vorliegen. Auch diese neueste Bemühung ist ersichtlich kulturpolitisch geprägt. Man versucht, das problematische Verhältnis von empirischem Befund und parteilicher Wertung dadurch zu lösen, daß »die Untersuchung auch des geringsten kulturhistorischen oder kultursoziologischen Details der Absicht untergeordnet wird, im Lebensprozeß der Arbeiter die subjektiven Voraussetzungen für den Sozialismus aufzudecken« (I. Dietrich, D. Mühlberg, Zu aktuellen Fragen der K. der deutschen Arbeiterklasse, in: Weimarer Beiträge, 25. Jg., 1979, H. 8, S. 55). Ob es jedoch auf diese Weise gelingt, den durchaus nicht verschwundenen »hohen« Kulturbegriff zurückzudrängen, ist nicht sicher. Auf dem Weg des »bürgerlichen Erbes« ist auch der traditionelle bürgerliche Kulturbegriff in die sozialistische Diskussion transportiert worden. Unter dem methodischen Aspekt der neukantianischen »Wertbeziehung« konnte er leicht mit dem wertenden Begriff der marxistisch-leninistischen →*Parteilichkeit* verschmolzen werden. Auf diese Weise fungiert er zugleich als Legitimation der Partei und als deren Anspruch an die Arbeiterklasse.

H. D. Kittsteiner, V. Granson

Literatur

E. P. Thompson, The Making of the English Working Class, Harmondsworth 1968

G. G. Iggers, Deutsche Geschichtswissenschaft, München 1971

O. Rühle, Illustrierte Kultur- und Sittengeschichte des Proletariats, 2 Bde., Frankfurt a. M. 1971, 1977

B. Weißel u.a. (Ltg.), Zur Geschichte der Kultur und Lebensweise der werktätigen Klassen und Schichten des deutschen Volkes vom 11. Jahrhundert bis 1945. Ein Abriß, Berlin (Ost) 1972

D. Mühlberg, Kulturtheoretische Anmerkungen zum Bedürfnis nach Kulturgeschichtsschreibung, in: Weimarer Beiträge, 23. Jg., 1977, H. 3, S. 78–94

J. Kuczynski, Geschichte des Alltags des deutschen Volkes, Berlin (Ost) 1980 ff.

Kulturindustrie und Massenkultur

Die Begriffe K. und M. wurden formuliert, um den fortschreitenden Prozeß einer mit industrieller Technologie und mit massenhafter Verbreitung betriebenen Kulturproduktion zu kennzeichnen (→*Kultur*). Die sprunghafte Entwicklung der Massenmedien (→*Massenkommunikation*) wie →*Hörfunk*, Tonband, →*Film*, →*Fernsehen* oder Telephon, die keineswegs abgeschlossen ist, bildete den historischen und auch heute noch bevorzugten Ausgangspunkt zur Diagnose eingreifender epochaler Kulturveränderungen. Das für die Entwicklung der bürgerlichen Gesellschaft entscheidende Medium des Buchdrucks (→*Buch*, →*Öffentlichkeit*), büßt seine beherrschende Rolle ein, auch wenn sich Diagnosen vom »Ende des Buchzeitalters« als voreilig und irreführend herausstellten. Im weiteren Sinne umfaßt der Objektbereich der K. und M. den ökonomisch-technologischen Wandel der sozialen Lebenswelt, der das Verhältnis von Herrschaft, Kulturelite und Massen veränderte. Vorstellungen von staatlicher Herrschaft, die sich durch ein Überangebot an Konsummöglichkeiten Massenloyalität oder durch die Manipulationsmöglichkeiten der Massenmedien blinde Gefolgschaft sichern kann, sind hierauf zurückzuführen.

Der Begriff der M. entstammt nicht dem Interesse an →*Volkskultur*, die sich im Volkslied, in Märchen, auf dem Jahrmarkt, in Flugblättern und in der Arbeiterliteratur äußert. Erst nachträglich haben Literaturwissenschaft, Volkskunde und Ethnosoziologie Anstrengungen unternommen, sub- und gegenkulturelle Traditionen zu erschließen und damit den Begriff der M. neu zu definieren. In ausdrücklicher Abgrenzung zu konformistischen Auffassungen sprechen M. Horkheimer und Th. W. Adorno von K. (Dialektik der Aufklärung, Amsterdam 1944). Dieser in der Folge mit Varianten wie »Bewußtseins«-, »Freizeit«-, »Illusions«-, »Zerstreuungsindustrie«, »Kulturwarenproduktion«, »Warenästhetik« neu formulierte Begriff sollte anzeigen, daß die Massen keineswegs ihre eigene Kultur erzeugen.

Kulturkritische Diagnosen einer industriemäßigen Kulturproduktion begleiten schon die Herausbildung des Literaturmarkts im 18. Jh. Diese im Kern eher konservative Klage über einen Qualitäts- und Geschmacksverfall setzte mit der Produktion von Massenliteratur am Ende des 19. Jh. erneut ein und kehrte in den ersten Debatten über Trivialliteratur und Massenmedien in der jüngsten Nachkriegszeit wieder. Von einer letztlich wirkungslosen Kulturkritik, die lediglich Phänomene eines Verfalls registriert, unterscheidet sich die Theorie der K. durch den Rückgriff auf die Marxsche Warenanalyse und eine systematische Behandlung des Verhältnisses von »hoher« zu »niederer« Kultur.

Die Rezeption und Diskussion der Theorie der K. erfolgte in den beiden deutschen Staaten unter sehr unterschiedlichen Bedingungen. In der offiziellen Terminologie der →*Kulturpolitik der DDR* taucht der Begriff der K. erst spät auf und wird ausschließlich auf westlich-kapitalistische Verhältnisse angewandt. Die eigene systemkonforme Funktionalisierung der Massenmedien gilt prinzipiell nicht als Manipulation. Die sozialistischen Massenmedien werden verstanden als Instrumente der »Lenkungs- und Leitungsaufgaben« der Partei der Arbeiterklasse, der Agitation und →*Propaganda,* der Bewahrung und Verbreitung des Kulturerbes (→*Tradition und kulturelles Erbe*) und der niveauvollen →*Unterhaltung.* Die Theorie der K. wird dementsprechend als Ausdruck eines kleinbürgerlichen Unbehagens an der kapitalistischen Vermarktung von Kultur behandelt, das letztlich einem elitären Individualismus und Kunstfetischismus verhaftet bleibe. Dabei ist bemerkenswert, daß sich in den fachwissenschaftlichen Analysen zu den historischen Avantgardebewegungen (→*Avantgarde*) eine wesentlich differenziertere Behandlung der Kulturindustriedebatte abzeichnet als in der Analyse gegenwärtigen Mediengebrauchs.

Die wissenschaftliche Begründung der Medienpolitik, der →*Werbung* oder der kulturellen Indienstnahme der zweiten industriellen Revolution der DDR im →*Sozialismus* bezeugt eine Orientierung am positivistischen Effektivitäts- und Wirkungsbegriff. Es besteht ein Widerspruch zwischen der gesellschaftlichen Öffnung der Medien, wie sie sich in der kritischen Behandlung von →*Geschichte,* Arbeitswelt, Familie oder Film zeigt, und der Kontrolle, der die selbständige Verwendung kultureller Produktionsmittel unterliegt. Dieser Widerspruch wird auch dadurch verdeckt, daß eine zögernde, aber insgesamt sehr wirksame Angleichung an die Unterhaltungsstandards westlicher Medien und Konsumangebote betrieben wird und zugleich ein dogmatisches Monopol zentral gesteuerter Interpretation bei Nachrichten und Meinungen aufrechterhalten wird. So kann die Leugnung allein der Begriffe nicht schon den umfangreichen kulturindustriellen Apparat der DDR aus der Welt schaffen, den die Führung der *SED* als ein Netz von zentralisierten Massenmedien, →*Verlagen,* →*Buchhandlungen,* →*Museen* und →*Theatern* meinte aufbauen zu müssen, um massenkulturelle Aneignungen der Bevölkerung verfügend und bevormundend zu lenken.

In der Bundesrepublik gewann die Theorie der K. gerade dadurch erhebliche Bedeutung, daß sie eine Korrektur angelsächsischer Vorstellungen ermöglichte, die die »Amerikanisierung« der Bundesrepublik begleiteten. Diese Korrektur betrifft zum einen die kulturkritischen und kulturpessimistischen Interpretationen wie beispielsweise die negativen Utopien G. Orwells und A. Huxleys, V. Packards Analyse der Werbung oder D. Riesmans Vorstellung der »Einsamen Masse«, zum anderen die aus den USA übernommene positivistische Massenkommunikations- und Wirkungsforschung, außerdem, zumindest indirekt, eine Medieneuphorie unter dem Einfluß H. M. McLuhans, der die These vertrat, daß die uneingeschränkte Entwicklung der elektronischen Medien die Welt in die Vertrautheit eines globalen Dorfes rückverwandeln würde.

Die Theorie der K. in der »Dialektik der Aufklärung«, die Th. W. Adorno in der Bundesrepublik erneuerte, muß freilich selbst als Replik auf Debatten in den 20er und 30er Jahren dieses Jh. begriffen werden. Die entsprechenden Texte S. Kracauers, B. Brechts, W. Benjamins, auch H. Eislers, E. Blochs und S. M. Tretjakows wurden ebenfalls erst in den 60er Jahren wiederveröffentlicht. Die kontroverse Rezeption dieser Positionen hatte wesentliche Bedeutung für die Formulierung kulturrevolutionärer Positionen in der Protestbewegung der späten 60er Jahre. B. Brechts »Dreigroschenprozeß« beschreibt das Scheitern der Verfilmung der »Dreigroschenoper« durch die *Nero Film AG* und die damit einhergehende inhaltliche »Verfälschung« als soziologisches Experiment. Indem die filmische Apparatur die Kunst zur Ware macht, bezeugt der Kapitalismus seine zur Selbstaufhebung tendierende Krisendynamik. Vergeblich versuchen sich die neuen Medien Film und Funk als künstlerische Distributionsapparate zu installieren, unfreiwillig entziehen sie dem bürgerlichen Überbau die Rückzugsbereiche des Künstlerisch-Schöpferischen. Die Überführung der Kunst in Ware sei deshalb absolut gutzuheißen.

Analog, obschon eher an der neuen Angestelltenschicht als am klassischen Proletariat interessiert, analysierte S. Kracauer die neuartige Großstadtkultur Berlins. Entindividualisierung und Massenzerstreuung galten ihm als Anzeichen für den Prozeß einer kapitalistischen »Entzauberung« der »idealistischen Kultur«. In der technologischen Liquidierung des alten Überbaus bereite sich der Umschlag in eine massenproduzierte Kultur vor.

B. Brechts und S. Kracauers Diagnosen werden in zwei wichtigen, im →*Exil* entstandenen Texten W. Benjamins, nämlich in »Der Autor als Produzent« und »Das Kunstwerk im Zeitalter seiner technischen Reproduzierbarkeit« (1936), radikalisiert. W. Benjamin macht den Versuch, die neuen Medien unter dem Aspekt der Reproduzierbarkeit und der apparatabhängigen Produktionsweise als Ausdruck einer kollektiven Wahrnehmungsveränderung zu deuten. In diesen neuen Medien vollzieht sich die Aufhebung der bürgerlichen Kunst, die das Verhältnis von produzierenden Einzelnen und rezipierender Masse radikal verändert. Die komplexe und riskante Argumentation will der faschistischen Massenästhetik eine kulturrevolutionäre Perspektive entgegenstellen, welche die kommunistische Volksfrontkonzeption preisgegeben hatte.

Die skizzierten Positionen rechneten, bei aller Divergenz, mit einem sich beschleunigenden, revolutionären Zusammenbruch der bürgerlich-kapitalistischen Gesellschaft. Demgegenüber stellte die von M. Horkheimer und Th. W. Adorno im amerikanischen Exil erarbeitete Diagnose der K. die systemstabilisierende Funktion der neuen Medien heraus. K. kennzeichnet den fundamentalen Einschnitt, mit dem Kultur durch und durch zur Ware wird. Ihrer Technik und ihrer Gehaltlosigkeit nach gleicht sich die Kultur mehr und mehr der Reklame an. Die kulturindustrielle Aufhebung der autonomen Kunst und des Individuums enthält keine revolutionären Umschlagspunkte mehr, sie markiert vielmehr eine universelle Regression, die Aufklärung in Mythos umschlagen läßt. Während die massenorientierten Diagnosen W. Benjamins, S. Kracauers oder B. Brechts auf ein »positives Barbarentum« als Ort des Neuanfangs und des Umschlags hoffen, sieht Th. W. Adorno einzig in der Rettung der autonomen Kunst der → *Moderne* eine wenn auch prekäre Möglichkeit des Widerstands.

Die Wiederentdeckung der Kontroverse um die K. gab, auch wenn dabei zunächst in Vergessenheit geratene Positionen unhistorisch aktualisiert wurden, entscheidende Anstöße für die kritische Analyse von heute. Das Theorem vom Warencharakter der massenmedialen Kultur bedarf der Präzisierung. Dabei genügt nicht der Rückgriff auf die Marxsche Unterscheidung zwischen »formeller« und »reeller« Unterordnung unter das Kapital, obschon sie erlaubt, Statusveränderungen vom Autor als Kleinproduzenten zum lohnabhängigen Teilarbeiter genauer zu erfassen. Der Überbau kann nicht restlos zur Ware werden, weil er damit die spezifische Funktion der ideologischen Reproduktion der Produktionsverhältnisse einbüßen würde. Ebenso bedarf das Theorem einer systemsprengenden Wirkung der Reproduktionstechnologie (→ *Reproduktionsverfahren*) und ihrer Apparatur einer Korrektur. Anstelle einer technologischen Ableitung kulturrevolutionärer Perspektiven kommt es auf die konkrete Analyse der Ambivalenzen und Widersprüche in den neuen Medien an.

Die Wiederaufnahme der Debatte über die K. hatte sich gerade dort als fruchtbar erwiesen, wo einzelne Sektoren der Massenkultur zum Gegenstand materialer Untersuchungen gemacht wurden. So analysiert W. F. Haug in seiner Kritik der Warenästhetik die ideologiebildende und phantasiebin-

dende Funktion der Werbung als ambivalenten Ausdruck kapitalistischer Illusionsindustrie. Zahlreiche Untersuchungen zur Geschichte des literarischen Marktes, zur faschistischen Massenästhetik, zu Aspekten der Konsumkultur, zur Massenpresse, zu Formen subkulturellen Milieus und zur Sozialisation durch Massenmedien wurden durchgeführt. Der Ertrag dieser Untersuchungen bemißt sich gerade daran, wieweit sie die globalen Schemata der ideologiekritischen Analyse zu konkretisieren und empirisch geleitete Analyseverfahren aufzunehmen vermögen. Nachteilig bleibt, daß die Vielzahl der Einzelanalysen sich nicht zu einer materialistisch-kritischen Theorie der M. zusammenschließen.

B. Lindner

Literatur

F. Staufenbiel, D. Ulle (Hrsg.), Wechselwirkung technischer und kultureller Revolution. Kulturtheoretische Konferenz, Berlin (Ost) 1966
Autorenkollektiv, Manipulation. Die staatsmonopolistische Bewußtseinsindustrie, Berlin (Ost) 1969
D. Prokop (Hrsg.), Massenkommunikationsforschung, 3 Bde., Frankfurt a. M. 1972, 1977
L. Winckler, Kulturwarenproduktion, Frankfurt a. M. 1973
B. Lindner, Technische Reproduzierbarkeit und Kulturindustrie, in: Ders. (Hrsg.) W. Benjamin im Kontext, Frankfurt a. M. 1978, S.180–233

Kulturkritik

I. Kultur und Kulturkritik – II. Kulturkritische Positionen – III. Die Situation seit 1945

I. Kultur und Kulturkritik

Im Begriff K. ist sowohl Kritik an der Kultur als auch Kritik im Namen der Kultur gemeint. Als Position der Distanzierung innerhalb einer gegebenen Kultur ist K. an historische Voraussetzungen gebunden. Sie kann erst entstehen, wenn sich → *Kultur* eigenständig von anderen gesellschaftlichen Bereichen abgegrenzt hat und die Normativität der gegebenen Kultur durch Einsicht in die Variabilität und Geschichtlichkeit von Kulturen gelockert wurde (→ *Kulturanthropologie*).

Bereits älteste Stammesgesellschaften binden den Reproduktionsprozeß an kulturelle Institutionen wie Opferriten oder Feste, in denen sich kulturelle Normen niederschlagen und das Selbstverständnis der Gruppe tradiert wird. Auch in Gesellschaften der »Hochkulturen«, die mehr produzieren, als sie verbrauchen und über eine staatliche Verwaltung verfügen, behält die normative Verbindlichkeit der

Kultur eine entscheidende Stabilisierungsfunktion für den Staat. Erst im Übergang von feudalistischen zu bürgerlich-kapitalistischen Gesellschaften lösen sich die kulturellen Institutionen aus der Verankerung in höfische Herrschaftsrepräsentanz und kirchliches Interpretationsmonopol. Mit der Emanzipation der Kunst, Philosophie und Pädagogik gegenüber der höfisch-kirchlichen Herrschaft konstituiert sich Kultur erstmals als ein relativ autonomer, profaner Sonderbereich. Ihrem Anspruch nach definiert sich Kultur jetzt als öffentlich, allgemein und von jedermann kritisierbar. In der Idee der Aufklärungsöffentlichkeit bildeten Kultur und Kritik gewissermaßen Synonyme. Im kritischen Vernunftgebrauch, im ästhetischen und im moralischen Urteil sollten die Bürger sich gemeinsam über ihre Angelegenheiten aufklären (→*Aufklärung*). Die Vorstellung einer herrschaftsauflösenden, an Publizität und Diskussion gebundenen Kultur blieb Utopie. Stimmte sie schon an ihrem Ursprung mit den realen Verhältnissen nur bedingt überein, so unterlag sie in der Folge den Bedingungen kapitalistischer Warenproduktion und institutioneller Aufspaltung des Kulturbereichs in marktbezogene Berufskritik, privaten Kulturkonsum und wissenschaftliche Einzeldisziplinen (→*Kritik*, →*Journalismus*).

K., die von Kultur als ganzer spricht, entzieht sich dieser Spezialisierung. Daher rührt die Unbestimmtheit ihres Gegenstandsbezugs; sie thematisiert ein Unbehagen in der Kultur. Es kennzeichnet die →*Moderne* seit dem Entstehen der bürgerlichen Gesellschaft, daß mit der Dynamik der ökonomisch-technologischen Entwicklung, dem Abbau traditionaler Kulturmuster und der Konkurrenz von Wertüberzeugungen und Weltbildern beständig Phänomene des Unbehagens erzeugt werden und zugleich die Interpretation dieses Unbehagens selbst zum Gegenstand und zur kulturellen Norm wird. Ein Minimum kulturkritischer Attitüde gehört seitdem selber zum kulturgemäßen Verhalten. Ihrer Breite nach betrachtet, äußert sich K. im Horizont kollektiver Meinungen und Zeitstimmungen, der in Metaphern des Klimas, der Konjunkturen und der Moden umschrieben wird. K. nimmt darin eine unterschiedliche Stellung ein, erscheint als begriffsloses Symptom, als reaktionäre Apologie, als subversive Attacke und auch als analytische Erkenntnis. Angesichts dieser Unbestimmtheit kommt es darauf an, historische Einsatzpunkte zu markieren, an denen sich kulturkritische Positionen verdichtet haben und noch heute wirksam sind.

II. Kulturkritische Positionen

Daß K. zugleich mit der bürgerlichen Kultur entsteht und dabei einen Spielraum kontroverser Stellungen zu Kultur eröffnet, läßt sich exemplarisch an einem Werk der Aufklärung ablesen. J.J. Rousseaus Schriften, insbesondere die »Abhandlung über die Wissenschaften und Künste« von 1750 und die »Abhandlung über den Ursprung und die Grundlagen der Ungleichheit unter den Menschen« von 1754 formulieren eine Position der Aufklärung, die eine radikale Absage an die Fortschrittshoffnungen der neuen Intelligenz enthält. Dem stolzen Aufschwung der Wissenschaften, Künste und ökonomischen Leistungen wird die Gegenrechnung aufgemacht. Statt die Menschen moralischer und die Gesellschaft besser zu machen, hätten sie nur Laster, Heuchelei und gelehrte Unwissenheit erzeugt. J.J. Rousseau konfrontiert die zivilisierte Kultur mit einem Bild ursprünglicher Zustände, in denen eine weise Natur die Menschen vor den Folgen ihrer Unvollkommenheit bewahrte. Diese moralische Zivilisationskritik zielte nicht auf eine wiederhergestellte Steinzeit, sondern im *contrat social* auf eine politische Utopie. Natur, das Natürliche wird zu einer geschichtsphilosophischen Kategorie. Die Figur des edlen Wilden, teils aus Reiseberichten gewonnen wie bei D. Diderot, teils, wie von Ch. de Montesquieu, als satirische Perspektive eingesetzt, dient als Einspruchsinstanz gegen den Kulturanspruch der europäischen Zivilisation und nimmt die spätere Kritik am Ethnozentrismus vorweg.

Zugleich ermöglicht die Naturkategorie auch eine andere kulturkritische Handhabung. In F. Schillers »Über die ästhetische Erziehung des Menschen in einer Reihe von Briefen« (1792) geht es gerade um eine möglichst große Autonomie der Kultur gegenüber allen gesellschaftlichen Zwecken und politischen Handlungszwängen. Die Rousseausche Ursprungskonstruktion hat sich hier auf eine ästhetische Antike verschoben, deren Natur die Begründung verbindlicher Kultur- und Bildungsnormen für die Gegenwart ermöglichen soll. Allenfalls eine durch Kunst veredelte Menschheit wird fähig sein, auch die staatlich-gesellschaftlichen Verhältnisse verantwortlich umzugestalten (→*Ästhetik*).

Zwischen den Polen eines radikalen Angriffs auf die Verselbständigung der Kultur und einer emphatischen Neuformulierung ihres Autonomieanspruchs bewegt sich die neuzeitliche K.

Mit der Marxschen Theorie wurde ein wissenschaftlicher Erklärungsanspruch für die Gesellschaftlichkeit kultureller Phänomene und zugleich eine Erwartung an revolutionäre Kulturpolitik formuliert. Zudem hat die Entfremdungstheorie des jungen K. Marx die Zeitkritik der Romantik, H. Heines, L. Feuerbachs und der utopischen Sozialisten dialektisch zugespitzt. Damit war ein geschichtsphilosophischer Interpretationsanspruch gesetzt, die kapitalistische Industrialisierung als eine verkehrte Emanzipation der menschlichen Gattungskräfte zu begreifen.

Schon die grundlegenden Schriften S. Freuds zur Traumdeutung, zur Sexualtheorie und zur Archaik der Moderne (»Totem und Tabu«, »Psychopathologie des Alltagslebens«) nahmen einen schockierenden Blickwechsel gegenüber den herrschenden Kultur- und Moralvorstellungen der bürgerlichen Gesellschaft vor. Was in der K. der europäischen Romantik als poetischer Einspruch des Unbewußten und Irrationalen zu Wort gekommen war, gewann nun den Status einer systematischen Selbstkritik der neuzeitlichen Zivilisation. Die explizit kulturkritischen Schriften des späteren S. Freud, insbesondere »Das Unbehagen in der Kultur« (1930), nehmen den subversiven Charakter der Lehre vom Unbewußten teilweise wieder zurück. S. Freud bleibt aber auch hier kulturkritischer Skeptiker gegenüber den Idealansprüchen der → Kunst, → Philosophie, → Religion und Moral (→ Werte und Normen).

F. Nietzsches K. gewinnt ihre Radikalität und Authentizität in der Geste des selbstzerstörerischen Einzelgängers, J.J. Rousseaus, G.G.N. Byrons, Ch. Baudelaires, A. Schopenhauers, S. Kierkegaards, A. Rimbauds. F. Nietzsches Angriff gilt den kulturellen Konventionen insgesamt, die er als System philosophischer Illusion und moralischer Heuchelei entlarvt. Er überbietet den ästhetizistischen Weltschmerz der *Décadence* und der *Fin-de-siècle*-Stimmung, indem er die obersten Kulturwerte des Wahren, Guten, des Fortschritts, der Subjektidentität im Namen eines heroisch-nihilistischen Willens zur Macht demonstriert. Anstelle der Natur als geschichtsphilosophischer Ordnung und des Realitätsprinzips der Arbeit tritt die irrational-eruptive Kraft des Lebens, die eine letztlich ästhetische Alternative zur abendländischen Vernunft aufzurichten sucht.

Technisierung, Rationalisierung, Verstädterung, Vermassung, Geldwirtschaft sind die Stichworte, in denen sich eine konservative K. als Opposition zum kapitalistischen → Fortschritt begreift. Von der Jahrhundertwende bis zum Ende der Weimarer Republik erscheinen zahllose Kulturphilosophien zum Massenmenschen und zum Technikproblem. Es kennzeichnet die ideologische Funktion der konservativen K., daß sie einen Antagonismus von Kultur und Zivilisation behauptet und die Zivilisation als Verfall auf → Demokratie, → Kapitalismus und → Sozialismus zurückführt. Dieser Bedrohung wird die Kultur als rein geistig-seelische Wertsphäre entgegengestellt. K. Jaspers' Schrift »Die geistige Situation der Zeit« (1930) spiegelt exemplarisch die Versuche der Krisenrettung durch Wiederherstellung einer Kulturelite.

Eine Radikalisierung konservativer K., die sich auf F. Nietzsche beruft und mit einer Revolution von rechts sympathisiert, vollzieht sich in Schriften wie O. Spenglers »Der Untergang des Abendlandes« (1918/1922) und E. Jüngers »Der Arbeiter«

(1930). Sie propagieren das Einverständnis mit dem Ende der Kultur in einer kriegerisch-rassistischen Erneuerung. *Blut-und-Boden*-Ideologie, Maschinenfaszination und Massenmobilmachung treten zum Bild der neuen Ordnung zusammen.

Gegenüber der konservativen K. gewannen die Tendenzen einer progressiven K. sehr begrenzte Wirkung. Sie sucht die Stichworte Vermassung und Technisierung als Entzauberung einer metaphysisch gerichteten Kultur durch den Primat der rationalen Produktion emanzipatorisch zu interpretieren. So Th. Veblen, A. Loos, Le Corbusier, *Neue Sachlichkeit* und, mit ausdrücklicher Bindung an die proletarische Revolution, die *Proletkult*-Bewegung. An diesem Punkt setzt die Kulturindustriedebatte an (→ *Kulturindustrie und Massenkultur*). Von hier aus wird zugleich der Kontext einer ästhetisch-praktischen K. sichtbar, wie sie die historischen Avantgardebewegungen betrieben haben (→ *Avantgarde*, → *Kulturrevolution*). Trotz vieler Unterschiede, wie sie etwa in futuristischer Technikverherrlichung gegen surrealistische Mythologisierung des Unbewußten zum Ausdruck kommen, stimmen sie darin überein, daß sie sich als kompromißlose Attacke auf die bürgerliche Kultur begreifen und eine Verschmelzung von Ästhetik und Lebenspraxis realisieren wollen.

III. Die Situation seit 1945

K. nach dem Ende des Zweiten Weltkrieges läßt sich nur durch eine historische Rekonstruktion thematisieren. Denn diese historische Zäsur markiert eine doppelte Verzerrung und Verschüttung des Kontinuums kulturkritischer Kontroversen. Zum einen liquidierte den nationalsozialistischen Faschismus das kontroverse Feld der K. und trieb die Intellektuellen in das → *Exil*. Zum anderen wurde die exilierte Intelligenz durch den Antagonismus zweier Machtblöcke einer erneuten Zensur unterworfen. Auf dem Boden des ehemaligen deutschen Nationalstaates vollzog sich der Abgrenzungszwang der Supermächte seit Kriegsende noch einmal. Daraus erklärt sich die Asymmetrie, in der die K. in beiden deutschen Staaten erscheint. Im Selbstverständnis der DDR hat K. keinen systemimmanenten Ort, sondern dient zur Kennzeichnung kleinbürgerlich-kapitalistischer Oppositionen. Sie gelten als subjektive Protesthaltung zur kapitalistischen → *Kulturzerstörung* oder als Ablenkung von ihr. In einem Staat, der sich als Erbe der fortschrittlichen Nationalkultur und Träger einer sozialistischen Weltkultur versteht, haben sie keinen Platz. Vergangene Positionen der K. werden entweder als Antizipation des Sozialismus einverleibt oder als Wegbereiter des Faschismus und Imperialismus ausgegrenzt. Solche Redogmatisierung der Kultur, die im Namen der Partei der Arbeiterklasse vollzogen wird, hat freilich ihren Preis. Die antifaschistische → *Parteilichkeit* wird mit dem Zwang belastet, eine unreglementierte Auseinandersetzung mit K. Marx, S. Freud, F. Nietzsche und eine systemimmanente Interpretation kulturoppositioneller Tendenzen, westlicher Popkultur, Religiosität, literarischer Katastrophik oder Subversion zu verweigern.

In der Bundesrepublik Deutschland gewann K. demgegenüber Bedeutung, weil sich in ihr eine restaurative Nachkriegsmentalität konsolidieren konnte. Konservative K. lieferte das komfortable schlechte Gewissen für die kapitalistische Rekonstruktion. Der Erfolg von H.E. Holthusens »Der unbehauste Mensch« (1951) und H. Sedlmayrs »Der Verlust der Mitte« (1948) ist gerade darin symptomatisch, daß die Schriften den Anschluß an die im nationalsozialistischen Deutschen Reich verfemte Moderne boten und diese als Ausdruck der Enthumanisierung, des Religionsverlustes und der Vermassung interpretierten. In solchen Bahnen verläuft die Nachkriegsrezeption M. Heideggers, E. Jüngers,, G. Benns, J. Ortega y Gassets, C. G. Jungs, aber auch F. Kafkas, A. Camus' und des absurden Theaters.

Gegenüber der kulturellen Restauration, die auf ihre Weise den Zugang zur marxistischen Vorkriegsintelligenz und zum → *Exil* versperrte, gewann die *Kritische Theorie* der Frankfurter Schule eine zunehmend bedeutsame Oppositionsrolle. Der Einsatzpunkt läßt sich an Th. W. Adornos Band »Prismen. Kulturkritik und Gesellschaft« (1955) ablesen. Der Autor wendet sich hier gegen eine K., die Kultur ohnmächtig als Wert an sich fetischisiert, und gegen eine dogmatische Ideologiekritik, die Kultur als Ausdruck der jeweiligen Klassenideologien identifiziert. Beide Positionen gelangen nicht zur Einsicht in die Negativität der Kultur durch ihre → *Entfremdung* erzeugende Abspaltung vom materiellen Produktionsprozeß. Diese gesellschaftliche Konstellation zu entschlüsseln ist das Programm der »Prismen« wie auch der vierbändigen »Noten zur Literatur« (1958 ff.). Das für die dialektische Kritik geforderte mikrologische Verfahren des »Essays« ist zugleich mit einer gesellschaftstheoretisch-geschichtsphilosophischen Konstruktion verknüpft, nach der K. bis zur »Aufhebung« des Begriffs Kultur zu Ende zu denken sei.

Was mit Aufhebung gemeint sei, skizziert H. Marcuses 1937 publizierter, aber erst nach seinem Neuerscheinen 1965 rezipierter Aufsatz »Über den affirmativen Charakter der Kultur«. Die affirmative, systemstabilisierende Funktion der bürgerlichen Kultur rührt gerade aus ihrem widersprüchlichen Charakter. Einerseits formuliert sich hier erstmals ein allgemeiner und nicht klassenbeschränkter Kulturanspruch, andererseits wird dieser Anspruch durch eine Abtrennung der Kultur von Zivilisation bezahlt. In die Reservate der Kunst und Liebe verwiesen, verliert die bürgerliche Kultur ihren kritischen Stachel gegenüber der schlechten Realität. Sie kann daher ihrer Zerstörung durch Faschismus und → *Kulturindustrie* nichts entgegensetzen. Die ästhetischen Revolten der avantgardistischen Moderne haben diese Liquidierung vergeblich zu überbieten getrachtet. Sie behält aber darin ihr transzendentes Moment, daß sie ihre Aufhebung, das heißt ihre Überführung in Lebenspraxis und gesellschaftliche Vernunft, mitenthält. In »Triebstruktur und Gesellschaft« (1965) wird diese Perspektive durch eine kritische Lektüre der Freudschen K. konkretisiert. Daß innere und äußere Natur nicht länger bloßes Objekt von Herrschaft sein dürfte, ist der zentrale, utopisch-spekulative Impuls der philosophischen Entdeckungen der Marxschen Theorie, die seit den 60er Jahren wirksam wurden.

Was sich gegenwärtig als Opposition neu artikuliert, vollzieht sich in alternativen oder regionalen Bewegungen. Feminismus, Ökologie, Aussteigen, Punk, Instandbesetzung sind Stichworte für ein gegenkulturelles Potential, dem die Authentizität der Szene wichtiger ist als die Verallgemeinbarkeit und der Theorieanspruch der Lebensform (→ *Alternativkultur,* → *Frau*). Die gegenkulturellen Bewegungen scheinen sich teilweise gegenüber dem Theorieanspruch, der die K. bewegte, zu immunisieren. Dies würde die Unschärfe erklären, mit der Elemente konservativer und marxistischer Kritik vermischt werden und als abstrakte Absage an Institutionen und Vermittlungen neu formuliert werden.

Dennoch muß die Einschätzung zweifelhaft bleiben, es handele sich hier um kulturelle Desintegrationstrends, die angesichts der *post-histoire* (A. Gehlen) und mittels sozialtechnologischer Legitimationserzeugung in subkulturelle Ghettos abgedrängt werden könnten. Eine neokonservative Restaurierung der traditionalen Kultur ist ebensowenig vorstellbar. J. Habermas formulierte die These, daß die monopolkapitalistischen und staatssozialistischen Industriegesellschaften die kulturellen Legitimationen, die sie als traditional-eingespielte zerstören müssen, nicht durch bürokratische Planungen erneuern können.

Insofern muß man nicht K.-H. Bohrers Konsequenz folgen, der von einem definitiven Scheitern der kulturrevolutionären Politikerwartung der europäischen Linksintelligenz spricht, um die gegenkulturellen Trends als erneuerte Subversionskraft ästhetischer Augenblicklichkeit zu preisen. Das »Projekt der Moderne« (J. Habermas) ist weder verloren zu geben noch unpolitisch zu erneuern, sondern, durch Desillusionierungen belehrt, fortzuführen. Der kritisch-materialistische Anspruch einer »Aufhebung« der Kultur bleibt Stimulans eines kulturkritischen Bewußtseins, das zwischen begriffslosem Kulturbetrieb und postavantgardistischer Augenblicklichkeit geschichtlichen Sinn zu erarbeiten sucht.

B. Lindner

Literatur

J. Habermas, Legitimationsprobleme im Spätkapitalismus, Frankfurt a. M. 1973

W. Rüegg (Hrsg.), K. und Jugendkult, Frankfurt a. M. 1974

W. Perpeet, Kulturphilosophie, in: Archiv für Begriffsgeschichte, 1976, S. 42–99

K. H. Bohrer, Die drei Kulturen, in: J. Habermas (Hrsg.), Stichworte zur ›Geistigen Situation der Zeit‹, Frankfurt a. M. 1979, Bd. 2, S. 636–669

W. Weißhaupt, Europa sieht sich mit fremdem Blick, Frankfurt a. M. 1979

Kulturpolitik, auswärtige

I. Instrument der Außenpolitik – II. Ansätze bis 1945 – III. Entwicklung der auswärtigen Kulturpolitik in der Bundesrepublik Deutschland – IV. Entwicklung der kulturellen Auslandsbeziehungen der Deutschen Demokratischen Republik – V. Kompetenzen und Träger der auswärtigen Kulturpolitik – VI. Wichtige Bereiche und Aktionsformen – VII. Gesellschaftliche Grundlagen, Selbstverständnis, Vergleich

I. Instrument der Außenpolitik

Aus der Vielfalt kultureller Beziehungen zwischen Staaten und Gesellschaften werden mit dem Begriff a. K. jene Aspekte und Bereiche bezeichnet, die aufgrund staatlicher Förderung als außenpolitische Instrumente eingesetzt werden. Die staatliche Förderung bezieht sich hierbei in der Regel auf die Bereitstellung finanzieller Mittel, auf organisatorische Unterstützung und mit zunehmendem Gewicht seit dem Zweiten Weltkrieg auch auf die Absicherung des rechtlichen Rahmens durch bilaterale Kulturabkommen und multilaterale Vereinbarungen in den internationalen Organisationen. Damit ergänzt die a. K. in der Außenpolitik die klassischen Bereiche der allgemeinen Diplomatie und der Außenwirtschaftspolitik durch die Pflege internationaler Beziehungen auf dem Gebiet von → *Kultur,* → *Bildung,* Wissenschaft (→ *Wissenschaft und Forschung*) und gesellschaftlichen Organisationen.

Im offiziellen Sprachgebrauch der DDR ist dagegen die Bezeichnung a. K. nicht gebräuchlich. Stattdessen wird von »kulturellen Auslandsbeziehungen« oder von »kulturellen Beziehungen« mit den sozialistischen Staaten, mit den kapitalistischen Staaten und mit Ländern Afrikas, Asiens und Lateinamerikas gesprochen. In der DDR wird von einer dialektischen Einheit von Innen- und Außenpolitik ausgegangen. Kulturelle Auslandsbeziehungen sind Bestandteil der allgemeinen Kulturpolitik, die definiert ist als »Gesamtheit der Grundsätze, Ziele, Aufgaben und Maßnahmen zur bewußten und planmäßigen Förderung der sozialistischen Kultur und ihrer Wechselbeziehungen mit den politischen, ökonomischen, sozialen, ideologischen u. a. Aufgaben der gesamtgesellschaftlichen Entwicklung« (Kulturpolitisches Wörterbuch, Berlin (Ost) [2]1978, S. 403). Die allgemeine Funktion der kulturellen Auslandsbeziehungen leitet sich aus der Hauptaufgabe der Außenpolitik der Führung der *SED* ab, die darin besteht, »gemeinsam mit der Sowjetunion und den anderen sozialistischen Staaten die günstigsten internationalen Bedingungen für den sozialistischen und komunistischen Aufbau zu sichern« (Programm der SED, Berlin (Ost) 1976, S. 59).

Die einzelnen strategischen Ziele und taktischen Maßnahmen zur Erfüllung dieser Hauptaufgabe werden aus dem vom X. Parteitag 1981 bekräftigten Programm der *SED* abgeleitet. Danach haben die kulturellen Auslandsbeziehungen der »Vertiefung der Freundschaft und Zusammenarbeit mit der UdSSR und den anderen sozialistischen Staaten« zu dienen und den »Erfordernissen der verschärften Auseinandersetzung zwischen Sozialismus und Imperialismus« Rechnung zu tragen. In dieser am propagandistisch-programmatischen Selbstverständnis der *SED* orientierten Umschreibung vom allgemeinen Wesen und der besonderen Rolle der kulturellen Auslandsbeziehungen der DDR lassen sich ihre Hauptmerkmale erkennen. Sie sind Instrumente in einem ideologisch fixierten politischen Gesamtkonzept. Sie werden im eigenen Lager integrationsfördernd und gegenüber dem imperialistischen Gegner konfrontationssteigernd eingesetzt. Im Verhältnis zu den Staaten der Dritten Welt wird von Fall zu Fall entschieden, welche Taktik angewandt wird.

II. Ansätze bis 1945

Die Anfänge einer deutschen a. K. sind in der kulturellen Pflege des Deutschtums im Ausland und insbesondere der von Auslandsdeutschen gegründeten Schulen zu sehen. Mit dem erstarkenden Nationalbewußtsein in den Jahren nach der Reichsgründung nahm das deutsche Auslandsschulwesen einen großen Aufschwung. Waren bis 1871 rund einhundert deutsche Auslandsschulen entstanden, kamen bis zum Ersten Weltkrieg etwa sechshundert Neugründungen hinzu. Ihrer zunächst bescheidenen finanziellen Unterstützung diente der 1878 eingerichtete *Reichsschulfonds;* 1906 wurde im *Auswärtigen Amt* ein Schulreferat gegründet, das die umfangreicher gewordenen Mittel und die Vermittlung deutscher Lehrer an die Auslandsschulen betreute. Neben den Bestrebungen zur Erhaltung und schließlich auch imperialistisch bestimmten Propagierung des

Deutschtums im Ausland finden sich im späten Kaiserreich auch Ansätze zur Förderung des Informations- und Wissenschaftsaustausches im Geist internationaler Verständigung.

Die verschiedenen Ansätze und Bestrebungen deutscher a. K. wurden in der Weimarer Zeit verstärkt aufgenommen und organisatorisch-institutionell ausgebaut. Mit der Gründung einer eigenen Abteilung für »Deutschtum im Ausland und kulturelle Angelegenheiten« im *Auswärtigen Amt* (1920), später »Kulturabteilung« genannt, in die auch das Schulreferat für das bald wiederaufblühende Auslandsschulwesen eingegliedert wurde, erhielt die a. K. einen offiziellen Stellenwert im Rahmen der Außenpolitik. Daneben wurden eine Reihe von Institutionen zur Förderung der internationalen Kulturbeziehungen gegründet, die in der Bundesrepublik weiter bestehen, so das *Deutsche Auslandsinstitut,* jetzt *Institut für Auslandsbeziehungen* (1917), die *Notgemeinschaft der Deutschen Wissenschaft,* jetzt *Deutsche Forschungsgemeinschaft* (1920), der *Deutsche Akademische Austauschdienst* (1925), die *Alexander-von-Humboldt-Stiftung* (1925) und das *Goethe-Institut* (1932).

Die zunächst eher vorsichtig angelegte Kulturwerbung während der Weimarer Republik wurde in der nationalsozialistischen Zeit zur aggressiven Kulturpropaganda und aktiven Volkstumspolitik. Das Ende der nationalsozialistischen Herschaft bedeutet eine tiefgreifende Zäsur und Unterbrechung der a. K. und hatte, mehr noch als der Erste Weltkrieg, den fast völligen Zusammenbruch des weitverzweigten Netzes der deutschen Auslandsschulen zur Folge.

III. Entwicklung der auswärtigen Kulturpolitik in der Bundesrepublik Deutschland

Im zweiten Jahr nach der Gründung der Bundesrepublik setzte mit der Neukonstituierung der Kulturabteilung im *Auswärtigen Amt* die Wiederbelebung der a. K. ein (→ *Kulturpolitik der Bundesrepublik*). Der Zeit des eher ungeplanten Wiederaufbaus bis Ende der 60er Jahre folgte die Phase der konzeptionellen, nun stärker geplanten Neuorientierung in den 70er Jahren.

Die Wiederaufbauphase war gekennzeichnet durch das Bestreben, die Isolation nach der nationalsozialistischen Zeit zu überwinden, alte Verbindungen wiederherzustellen und neues Ansehen zu gewinnen. Besonderes Gewicht erhielt bald wieder das deutsche Auslandsschulwesen, wobei den Wünschen nach einer Wiederaufnahme der Förderung eher reaktiv entsprochen wurde. Daneben stand die Bemühung, in Absetzung von der nationalsozialistischen Vergangenheit und unter Rückgriff auf die geistigen und kulturellen Traditionen des 18. und

19. Jh. an das »andere«, »bessere« Deutschland zu erinnern und, in Absetzung von der DDR, durch die Selbstdarstellung der gegenwärtigen kulturellen und gesellschaftlichen Entwicklungen um Vertrauen für die Bundesrepublik Deutschland zu werben. Ende der 60er Jahre hatten die außenkulturellen Aktivitäten ein beachtliches Volumen erlangt. Der Etat der Kulturabteilung war von 1960 bis 1970 von 109 Mio. DM auf 323 Mio. DM gestiegen, und eine Vielzahl alter und neuer Institutionen war mit öffentlichen Zuschüssen in »schöpferischem Chaos« in den internationalen Beziehungen tätig geworden. Durch die Apostrophierung als »dritte Bühne« (D. Sattler) oder »dritte Säule« (W. Brandt) der Außenpolitik wurde die Bedeutung bzw. die potentielle Bedeutung der a. K. hervorgehoben.

Angesichts solcher Dimensionen setzte gegen Ende des Wiederaufbaus unter den Mittlerorganisationen und ihren Mitarbeitern »vor Ort« wie auch in Regierung und Parlament eine verstärkte Diskussion über Ziele und Aufgaben der a. K. ein. Damit begann Ende der 60er Jahre die Phase der konzeptionellen Neuorientierung und planvollen Ausgestaltung der a. K. Herausragende Dokumente der Reformbestrebungen sind die unter Federführung von R. Dahrendorf entstanden »Leitsätze für die a. K.« des *Auswärtigen Amtes* von 1970, der Bericht der parlamentarischen *Enquête-Kommission Auswärtige Kulturpolitik* aus dem Jahr 1975 sowie die Stellungnahme der Bundesregierung zu diesem Bericht von 1977, mit der »zum ersten Mal in der Geschichte der Bundesrepublik ein offiziell und politisch verbindliches Konzept für die a. K.« vorliegt (Bulletin des Presse- und Informationsamts der Bundesregierung, Nr. 91, 1977, S. 41). In ihr werden die gleichrangige Bedeutung gegenüber politischen und wirtschaftlichen Beziehungen, die Einheit der deutschen Kultur, die Orientierung an erklärten Zielen der Außenpolitik, die partnerschaftliche Zusammenarbeit anstelle von »Kulturexport«, die Erweiterung des schöngeistigen Kulturbegriffs auf gesellschaftliche, wissenschaftliche und technische Entwicklungen und eine ausgewogene, wirklichkeitsnahe, auch selbstkritische Darstellung der Bundesrepublik Deutschland als Prinzipien der a. K. hervorgehoben.

IV. Entwicklung der kulturellen Auslandsbeziehungen der Deutschen Demokratischen Republik

Mit dem Entstehen der Sowjetischen Besatzungszone und dann der DDR gingen die für die kulturellen Auslandsbeziehungen verantwortlichen Theoretiker und Praktiker der *SED* davon aus, daß für eine erfolgreiche Revolution das »richtige Bewußtsein« der Beherrschten durch umfangreiche Erziehungskampagnen gegenüber den »Massen« mit Hilfe von

Agitation sowie durch differenzierte, in der Form ausführlichere Einwirkung auf die Eliten durch → *Propaganda* erzeugt werden müsse. Zum Erbe (→ *Tradition und kulturelles Erbe*) der Kulturtheoretiker und Praktiker der *SED* gehörte vor allem die verpflichtende, strikte Bindung an die Weltanschauung des Marxismus-Leninismus als wichtigstes Element auch der a. K. der DDR. Zur Voraussetzung für den Erfolg jeder Kulturpolitik wird seit dem Bestehen der DDR die Beachtung von »Parteilichkeit, Volksverbundenheit und sozialistischem Ideengehalt« erklärt.

In der Geschichte der a. K. der *SED*, das heißt der DDR, lassen sich in relativ grober Einteilung drei Phasen unterscheiden, in denen sich Inhalte, geographische Schwerpunkte und Vermittlungstechniken verändert haben.

Die erste Phase von 1945 bis 1955 stand unter dem Motto »Antifaschismus, Antikapitalismus, Antimilitarismus«. Die Propagierung innenpolitischer Ziele überdeckte noch die Verfolgung eigener außenpolitischer Interessen. Der kulturelle Austausch mit anderen Staaten blieb zunächst auf Ausnahmen beschränkt, und die wenigen kulturellen Kontakte der DDR zu anderen kommunistisch regierten Staaten Osteuropas dienten überwiegend dem defensiven Ziel, mit Hinweis auf die Existenz eines friedliebenden, antifaschistischen deutschen Staates dort wieder Glaubwürdigkeit und Vertrauen zu gewinnen, wo die Menschen am stärksten unter der Expansionspolitik des nationalsozialistischen deutschen Staates gelitten hatten. Erst ab 1950 gelang es, längerfristige Abkommen, zumeist Jahresarbeitspläne, mit einzelnen osteuropäischen Staaten, wie mit Polen im Jahr 1952 und der Tschechoslowakei im Jahr 1953, über die Zusammenarbeit auf kulturellem und wissenschaftlichem Gebiet abzuschließen. Mit der Sowjetunion gab es in dieser Phase noch keine langfristigen Vereinbarungen in der a. K.

Die 1952 ursprünglich für die a. K. gegenüber den sozialistischen Staaten geschaffene *Gesellschaft für kulturelle Verbindungen mit dem Ausland* übernahm mit der Gründung des *Ministeriums für Kultur* 1954 die Aufgabe, die kulturellen Kontakte zum nichtsozialistischen Ausland unter dem Motto »Pflege und Erhaltung einer humanistischen deutschen Kultur« zu verstärken. Insbesondere mit Finnland und Frankreich begannen sich kulturelle Beziehungen in Form wechselseitiger Theater- und Orchestergastspiele, Malerei- und Graphikausstellungen, Film- und Verlagskoproduktionen sowie beim Wissenschaftler-, Studenten- und Sportleraustausch zu entwickeln.

Die zweite Phase von 1955 bis 1972 ist in besonderem Maß vom funktionalen Zusammenhang zwischen Außen- und Deutschlandpolitik und der a. K. bestimmt. Mit der Aufnahme der DDR in den *Warschauer Pakt* und der Anhebung der deutschen

Frage von der staats- auf die völkerrechtliche Ebene kam der a. K. die Aufgabe zu, die weltweiten Bemühungen der DDR um völkerrechtliche Anerkennung als souveräner zweiter deutscher Staat zu unterstützen. Die a. K. wurde in diesem Zeitraum wichtigstes Instrument der Westpolitik. Nicht selten waren Künstler aus der DDR die ersten »Diplomaten«, denen es gelang, die internationale Isolierung der DDR zu durchbrechen oder zu umgehen. Ziel der a. K. war, über eine möglichst positive Selbstdarstellung, etwa unter dem Motto »Vom Wachsen und Werden des ersten sozialistischen deutschen Staates« Sympathiewerbung vor allem unter den sogenannten fortschrittlichen Kräften im nichtsozialistischen Ausland zu treiben. So gelang es der DDR, mit zahlreichen Entwicklungsländern unter anderem mit Algerien, Ägypten, Chile, Ghana, Guinea, Indien, Indonesien, Irak, Mali, Sudan noch vor der diplomatischen Anerkennung Kulturabkommen abzuschließen. Mit Belgien, Holland, Schweiz, Österreich, Italien, Frankreich, England und den skandinavischen Staaten wurden kulturelle Auslandsbeziehungen angeknüpft oder vertieft.

Die a. K. gegenüber den sozialistischen Staaten konnte sich dagegen auf den Ausbau der bestehenden staatlichen Kontakte konzentrieren; mit der UdSSR kam es 1956 und 1958 zu ersten langfristigen Kultur- und Wissenschaftsabkommen. Anfang 1971 hatte die DDR mit 68 Staaten in Ost und West und der Dritten Welt vertragliche kulturelle Vereinbarungen abgeschlossen, davon waren 31 Regierungsabkommen oder trugen zwischenstaatlichen Charakter. Für den kulturellen Austausch mit der Bundesrepublik Deutschland gab und gibt es bis heute keine vertragliche Grundlage. Zu Kontakten kam es nur sporadisch und dann stets auf Initiative von Einzelpersonen oder auf westlicher Seite von privaten Organisationen.

Die dritte Phase der a. K. beginnt 1971 bis 1972. Die völkerrechtliche Anerkennung der DDR durch 133 Staaten ermöglichte es ihr, die a. K. vor allem mit Hilfe der neuen staatlichen Kontakte zu stabilisieren und auszubauen. Die a. K. verlor damit ihre Funktion als quasidiplomatisches Instrument zur Durchsetzung eines einzelnen außenpolitischen Zieles. Zugleich änderte sich ihr gesamter Zielkatalog. Gegenüber der sozialistischen Staatengemeinschaft hatte sie nun in erster Linie die auf allen Ebenen propagierte »sozialistische Integration« zu fördern, während Verständniswerbung und die Vermittlung spezifischer kulturell-künstlerischer Werte zurücktraten.

Gegenüber den nichtsozialistischen Ländern wurde nun in der a. K. immer stärker die »sozialistische deutsche Nationalkultur« propagiert. Die Abgrenzungspolitik gegenüber der Bundesrepublik fand ihren Ausdruck in der rigorosen Absage an die Einheit der deutschen → *Nation*. Demzufolge hatte die a. K. der DDR in den 70er und zu Beginn der

80er Jahre allen außerhalb und innerhalb beider deutscher Staaten bestehenden Vorstellungen von der einheitlichen deutschen Kultur entgegenzuwirken.

Bei den Aktivitäten der DDR in internationalen Organisationen ging es unter anderem um Unterstützung für Bestrebungen einer Mehrzahl der Entwicklungsländer, die sich gegen den sogenannten »Kulturimperialismus« des Westens, also zum Beispiel gegen den von den westlichen Medienpolitikern befürworteten freien Informationsfluß wandten.

V. Kompetenzen und Träger der auswärtigen Kulturpolitik

Im Rahmen des föderalistischen Aufbaus der Bundesrepublik, innerhalb dessen die »Kulturhoheit« ausschließlich bei den Ländern liegt, nimmt die a. K. eine Sonderstellung ein. Die Pflege der Beziehung zu auswärtigen Staaten ist nach Artikel 32 des *Grundgesetzes* Sache des Bundes. Aus der Kulturkompetenz der Länder einerseits, der Außenkompetenz des Bundes andererseits resultiert ein Spannungsverhältnis, das insbesondere zwischen dem *Auswärtigen Amt* und der *Kultusministerkonferenz* ausbalanciert werden muß und von dieser äußerst wachsam beobachtet wird. Dies gilt etwa bezüglich des Abschlusses von bilateralen Kulturabkommen, wie sie zwischen 1953 und 1980 mit 45 auswärtigen Staaten vereinbart wurden, bezüglich des Auslandsschulwesens oder der personellen Beteiligung der Länderseite an internationalen Gremien und Konferenzen. Zur Verbesserung der Zusammenarbeit mit dem Bund haben die Länder 1975 bei der *Kultusministerkonferenz* eine *Kommission für Internationale Angelegenheiten* gebildet.

Auf der Seite des Bundes ist das *Auswärtige Amt* federführend für die a. K. Von den 1,673 Mrd. DM, die 1980 im Bundeshaushaltsplan für die a. K. in weiterer Sinn ausgewiesen waren, entfielen 46 v. H. in den Aufgabenbereich des *Auswärtigen Amts*. Das *Bundesministerium für wirtschaftliche Zusammenarbeit* verwaltete 25 v. H. der Summe. Das *Bundesministerium des Inneren* erhielt für Zuwendungen an die *Deutsche Welle* und den *Deutschlandfunk* 17 v. H. Den Rest teilten sich weitere Bundesministerien und das *Presse- und Informationsamt der Bundesregierung*. Die Durchführung von Maßnahmen und Programmen der a. K. liegt im wesentlichen bei einer Vielzahl von Mittlerorganisationen sehr unterschiedlicher Größe und Organisationsform, die von den zuständigen Ressorts subsialiert werden und weitgehend eigenständig in ihrem Aufgabenbereich tätig sind. Die acht wichtigsten Mittlerorganisationen haben sich zur Abstimmung von Zielen und Aufgaben und zur Förderung einer arbeitsteiligen Zusammenarbeit in der *Vereinigung für internatio-*

nale Zusammenarbeit zusammengeschlossen. Es sind dies das *Goethe-Institut,* mit dem Aufgabenschwerpunkt der Pflege der deutschen Sprache im Ausland und Förderung der internationalen kulturellen Zusammenarbeit, sowie das *Institut für Auslandsbeziehungen,* das Ausstellungen, Buch- und Zeitschriftenprogramme und Informationsdienste herausbringt, *Inter Nationes* mit der Versorgung von Auslandsvertretungen mit Ton-, Bild-, Film-, Buch- und Zeitschriftenmaterial und der Durchführung von Besucherprogrammen, der *Deutsche Akademische Austauschdienst* und die *Alexander-von-Humboldt-Stiftung* als die beiden großen Stipendienorganisationen den Studenten- und Wissenschaftleraustausch, sowie die *Deutsche Stiftung für internationale Entwicklung,* die *Carl-Duisberg-Gesellschaft* und der *Deutsche Entwicklungsdienst* als Institutionen im Bereich der Bildungs- und Wissenschaftshilfe für Entwicklungsländer.

Insgesamt sind zahlreiche amtliche Stellen, Mittlerorganisationen und Institutionen an der a. K. beteiligt, zu denen auch Wirtschaft und Gewerkschaften, Kirchen, politische Stiftungen sowie Gemeinden mit ihren Städtepartnerschaften gehören. Obzwar aus der kaum überschaubaren Vielfalt der beteiligten Stellen, den zersplitterten Zuständigkeiten und den komplizierten Verfahrenswegen zahlreiche Schwierigkeiten und Nachteile erwachsen, haben im Verlauf der Reformüberlegungen sowohl die *Enquête-Kommission* wie auch die Bundesregierung ausdrücklich die föderative und pluralistische Struktur der a. K. bejaht. Die Schwäche der Dezentralisierung sollen durch verbesserte Abstimmungsverfahren ausgeglichen werden. Besondere Bedeutung wird dabei seitens der Regierung der Stärkung der Planungs-, Informations- und Koordinationsfunktion des *Auswärtigen Amtes* beigemessen.

Die Weiterentwicklung der Planungsverfahren und die auch angestrebte Beteiligung der Mittlerorganisationen findet gleichwohl gewisse Grenzen in der personellen Ausstattung der Kulturabteilung der *Auswärtigen Amts,* in der 1980 etwa 45 Angehörige des höheren Dienstes arbeiteten, die, ebenso wie die an alle größeren Auslandsvertretungen entsandten Kulturreferenten, keine »Kulturspezialisten« sind, sondern Laufbahnbeamte, deren Tätigkeit dem üblichen Turnus wechselnder Einsatzorte im diplomatischen Dienst unterliegt.

In der a. K. der DDR werden alle Grundsatzentscheidungen im Politbüro der *SED* gefällt. Vorbereitung, Durchführung und Kontrolle dieser Entscheidungen obliegt einigen Abteilungen des Zentralkomitees der *SED*. Da zwischen a. K. und Auslandspropaganda nicht streng unterschieden und von einem sehr weiten Kulturbegriff ausgegangen wird, hat eine Vielzahl staatlicher Organe Aufgaben in der a. K. zu erfüllen. Auf der Ebene der Ministerien kommt vor allem dem *Ministerium für Auswär-*

tige Angelegenheiten eine leitende und koordinierende Funktion zu. Mitzuwirken haben ferner das *Ministerium für Kultur*, bei dem sich seit 1968 ein *Rat für Kultur und Kunstangelegenheiten* auch um die a. K. kümmert, sowie die Ministerien für Volksbildung, für Hoch- und Fachschulwesen und für Gesundheitswesen. Das *Amt für Jugendfragen* beim *Ministerrat* organisiert und finanziert den Jugendaustausch und betreut die rund 30 Freundschaftsbrigaden der *FDJ*, deren etwa 1500 Mitglieder zumeist in afrikanischen Ländern Entwicklungshilfe leisten. Eine wichtige Rolle in der a. K. spielt das *Staatssekretariat für Körperkultur und Sport*, das den *Deutschen Turn- und Sportbund* anleitet und Besuchskontakte zu ausländischen Sportorganisationen und Sporthochschulen unterhält, Stipendien an Sportler vor allem aus Entwicklungsländern vergibt sowie die Entsendung von Trainern ins Ausland vermittelt (vgl. G. Holzweißig, Diplomatie im Trainingsanzug, München, Wien 1981).

Als staatliche Organe mit Aufgaben in der a. K. wie der Auslandspropaganda müssen schließlich die dem *Ministerium für Kultur* unterstehende Künstler-Agentur der DDR, zuständig für den Künstleraustausch, Gastspielreisen und Tourneen, und das Presseamt beim Vorsitzenden des *Ministerrates*, das den Auslands-Feature-Dienst »Panorama DDR« herausgibt und für im Ausland zu verteilendes Propagandamaterial verantwortlich zeichnet, genannt werden. Auch die Nachrichten- und Photoagentur *ADN*, die insbesondere den Kontakt zu den akkreditierten ausländischen Journalisten pflegt, die beiden staatlichen Komitees für Fernsehen und Rundfunk, denen die Zusammenarbeit mit *Intervision und Eurovision* obliegt, sind zu nennen. Besondere Bedeutung kommt dem Auslandssender *Radio Berlin International* zu, der wöchentlich rund sieben Stunden in zwölf Sprachen vor allem nach Übersee sendet. Träger der a. K. der DDR sind ferner die vier bürgerlichen Parteien *CDU, LDPD, NDPD* und *DBD*, deren Spitzenfunktionären gerade in der Phase der internationalen Isolierung der DDR die Aufgabe zufiel, in der nichtkommunistischen Welt unverfänglich Kontakte zu knüpfen, als Reisen und Gespräche von Politikern der *SED* aus politischen Gründen nicht möglich waren oder von den Gastgebern nicht gern gesehen wurden.

Unter den Massenorganisationen der DDR sind in erster Linie der *FDGB*, die *FDJ* und der bereits 1945 gegründete *Kulturbund zur demokratischen Erneuerung Deutschlands* mit seinen 200 000 Mitgliedern und einer eigenen Volkskammerfraktion in der a. K. stark engagiert. Ihre zentralen Leitungsorgane verfügen alle über Organisationsabteilungen für Auslandsbeziehungen. Zum vielfältigen Instrumentarium der a. K. der DDR gegenüber der nichtkommunistischen Welt gehört nicht zuletzt die 1961 gegründete *Liga für Völkerfreundschaft*, deren Präsident der Vorsitzende der *CDU*, G. Götting, ist. Sie

gibt die in sieben Sprachen erscheinende Monatsschrift »DDR-Revue« in einer geschätzten Auflage von 100 000 Exemplaren heraus. Die Liga organisiert und finanziert Vortragsreisen, Film-, Musik-, Theaterwochen der DDR im Ausland, die Beteiligung der DDR an internationalen Kunst-, insbesondere Buchmessen, die Einrichtung von Kultur- und Informationszentren, wie zum Beispiel 1960 in Helsinki, 1967 in Stockholm, von Leseklubs und Begegnungsstätten im Ausland. Herausragende Bedeutung kommt den → *Freundschaftsgesellschaften*, die für sozialistische Staaten zuständig sind, und hier wieder besonders der *Gesellschaft für Deutsch-Sowjetische Freundschaft* zu.

In der a. K. gegenüber den Ländern der dritten Welt hat das 1956 gegründete *Gottfried-Herder-Institut* an der *Karl-Marx-Universität Leipzig* eine besondere Stellung. In Mehrmonatskursen hat es bisher rund 15 000 Ausländer aus nahezu 120 Ländern auf ihr Studium in der DDR vorbereitet. Es veranstaltet Sommerferienkurse, für die auch Deutschlehrer aus westlichen Ländern (1978 fast 500) Interesse bekunden. Es gibt Lehrmaterial in großer Auflage und eigene Fachzeitschriften wie »Deutsch als Fremdsprache«, »Sprachpraxis«, »Durch die Welt« heraus und produziert Lehrfilme für den Vertrieb in den Entwicklungsländern. Seine Absolventen werden nach Studienabschluß und Rückkehr in ihre Heimatländer vom Institut über das dort zuständige Kulturzentrum weiterbetreut. Von den insgesamt 18 000 Ausländern, die seit etwa 1951 ein Studium an »Einrichtungen des höheren Bildungswesens« der DDR absolviert haben, kommen allein 10 000 aus Ländern Asiens, Afrikas und Lateinamerikas.

VI. Wichtige Bereiche und Aktionsformen

Die Bedeutung der Förderung der deutschen Sprache im Ausland ist im Konzept der Bundesregierung für die a. K. von 1977 nachdrücklich unterstrichen worden. Mit unterschiedlichem Gewicht ist deren Förderung Bestandteil der drei großen Maßnahmebereiche Auslandschul- und Hochschulwesen und *Goethe-Institut*, auf die sich die Förderung der a. K. seitens des *Auswärtigen Amts* konzentriert.

Die Betreuung des Auslandsschulwesens erfolgt durch die 1968 als nachgeordnete Fachbehörde des *Auswärtigen Amtes* eingerichtete *Zentralstelle für das Auslandsschulwesen*. In diesem traditionellen und finanziell aufwendigsten Bereich, der zwei Fünftel der Mittel des *Auswärtigen Amtes* für die a. K. beansprucht, werden rund 1500 Schulen sehr unterschiedlicher Ausrichtung durch finanzielle Zuwendungen und fachliche Beratung unterstützt und mehr als 1300 Lehrer an 115 Auslandsschulen entsandt (1977). Regional konzentriert sich das Auslandsschulwesen nach den historischen Gegebenheiten auf Lateinamerika und Südeuropa. Einen besonderen Schwerpunkt bilden die 47 »Begegnungsschulen«, die darauf ausgerichtet sind, fremdsprachigen Kindern des Gastlandes eine Begegnung mit deutscher Sprache und Kultur zu eröffnen und sie zu einem zweisprachigen Schulabschluß zu führen.

Das Förderungsinstrumentarium im Bereich Hochschule und Wissenschaft bezieht sich auf lang- und kurzfristige Stipendien für ausländische Wissenschaftler und Studenten in der Bundesrepublik, sowie für deutsche Wissenschaftler und Studenten im Ausland durch den *Deutschen Akademischen Austauschdienst,* die *Alexander-von-Humboldt-Stiftung,* die *Deutsche Forschungsgemeinschaft* sowie eine Reihe weiterer Institutionen. Speziell der Sprachförderung dient die Entsendung von über 300 Lektoren durch den *Deutschen Akademischen Austauschdienst,* die als Mitglieder des Lehrkörpers ausländischer Hochschulen für die Ausbildung zukünftiger Deutschlehrer tätig sind. Das Stipendienwesen betrifft gleichwohl nur einen kleinen Ausschnitt des internationalen Austausches im Hochschulbereich. Einen wichtigen Beitrag leisten weiterhin die Bundesländer mit der Bereitstellung von gebührenfreien Studienplätzen für ausländische Studenten. Im Jahr 1960 studierten rund 20 000, 1980 bereits rund 57 000 ausländische Studenten in der Bundesrepublik, die jeweils etwa zur Hälfte aus Industrie- und Entwicklungsländern kamen. Im Gegensatz zum kräftigen Anstieg des Ausländerstudiums stagniert die Zahl deutscher Studenten, die jährlich im Ausland studieren, seit Anfang der 60er Jahre bei etwa 10 000 und ist damit relativ sogar zurückgegangen. Unter dem Stichwort »Auslandsmüdigkeit« hat dieses Thema Ende der 70er Jahre große Publizität erlangt und verstärkte Bemühungen um eine Aktivierung des Auslandsstudiums deutscher Studenten eingeleitet.

Das *Goethe-Institut* unterhält 134 Niederlassungen in 66 Ländern, an denen rund 300 entsandte Mitarbeiter und 1250 Ortskräfte für die kulturellen Veranstaltungsprogramme, die pädagogische Verbindungsarbeit und die Durchführung von Sprachkursen für ca. 70 000 Teilnehmer pro Jahr tätig sind. Daneben werden dem Stand von 1980 zufolge an 18 Inlandsinstituten für jährlich rund 20 000 ausländische Teilnehmer Sprachkurse durchgeführt. Im Bereich des *Goethe-Instituts* tritt die Neuakzentuierung des a. K. besonders deutlich hervor. Die früher dominierenden »schöngeistigen« Veranstaltungen sind in den letzten Jahren ergänzt worden durch ein breit gefächertes Programm von Seminaren und Workshops, die thematisch auf Interessen und Anliegen der Gastländer ausgerichtet sind. Ansatzpunkte hierfür liegen beispielsweise in der Berücksichtigung von Weiterbildungsbedürfnissen im Rahmen der Nachbetreuung ehemaliger Praktikanten und Stipendiaten in Entwicklungsländern. In der Sprachförderung haben fachbezogene Kurse für spezielle Berufsgruppen besonderes Gewicht erhalten.

In der a. K. der DDR kommt besondere Bedeutung dem Studenten- und Praktikantenaustausch mit den sozialistischen Ländern zu. Allein in der UdSSR haben seit 1951 8000 Wissenschaftler aller Fachrichtungen ihr Studium, ein Teil- oder Ergänzungsstudium absolviert. Allein 1981 haben rund 3600 Studenten aus der DDR an mehr als 100 Universitäten und Hochschulen der Sowjetunion studiert. Es gibt gegenwärtig keine höhere Bildungseinrichtung in der DDR, die nicht einen oder mehrere Partnerschaftsverträge mit ähnlichen Institutionen in osteuropäischen Staaten unterzeichnet hat.

In den Jahren 1973 bis 1980 sind Kulturabkommen oder Abkommen ähnlicher rechtlicher Qualität abgeschlossen worden, unter anderem mit Zypern, Finnland, Dänemark, Norwegen, Japan, Österreich, Spanien, Island, Großbritannien, Belgien, Niederlande und Frankreich. Hinzu treten halbstaatliche Abkommen, beispielsweise mit den USA, auf der Ebene von Akademien, Fachministerien und anderen Wissenschaftsinstitutionen. Diese Vertragspolitik hatte eine beträchtliche Verdichtung der kulturellen Auslandskontakte der DDR zur Folge. Während 1972 22 Künstlerensembles (Musik, Theater, Oper und Artistik) in kapitalistische Länder reisten, waren es 1980 mehr als 40. Seit 1973 entsendet die DDR jährlich rund 50 Kunstausstellungen ins westliche Ausland oder beteiligt sich mit Leihgaben. Bekanntestes Ereignis mit positiver Auswirkung für das Ansehen der DDR in den USA war die von 1978 bis 1979 in Washington, New York und San Francisco gezeigte Ausstellung »Die Pracht Dresdens – Fünf Jahrhunderte Kunstsammlungen – Eine Ausstellung der Deutschen Demokratischen Republik«, auf der etwa 700 Exponate aus den berühmten Dresdner Sammlungen gezeigt und die von ca. 1,5 Mio. Amerikanern besucht wurde.

Relativ einseitig verläuft noch immer der Austausch von Spiel- und Dokumentarfilmen mit dem westlichen Ausland, den die DDR durch die Veranstaltung von Filmwochen anzukurbeln hofft (→ *Film*). Während Einkäufer aus der DDR jährlich rund einhundert Spielfilme aus dem Westen übernehmen, finden sich dort nur wenige Verleihfirmen, zumeist aus Desinteresse an spezifischen Sujets der DDR, zur Übernahme von Produktionen der *DEFA* bereit. Ähnlich verhält es sich beim Austausch von Buchlizenzen mit kapitalistischen Teilnehmerstaaten der *Konferenz über Sicherheit und Zusammenarbeit in Europa,* die nur ein Viertel bis ein Drittel so viel Lizenzen erwerben wie sie selbst in die DDR exportieren, beim Austausch von Rundfunk- und Fernsehproduktionen und der Aufnahme zeitgenössischer Autoren in die Spielpläne der Theater. Stets übernimmt die DDR mehr, als sie exportieren kann.

In der a. K. gegenüber Ländern der Dritten Welt liegt neben den relativ spärlichen kulturpolitischen Aktivitäten im engeren Sinn der Schwerpunkt auf Ausbildungshilfe für Facharbeiter, Gewerkschaftler, Journalisten, Kommunalpolitiker, Studenten und Sportler insbesondere aus afrikanischen Staaten und Vietnam, von denen schätzungsweise inzwischen rund 20 000 in irgendeiner Form berufsbezogene Ausbildungshilfe in oder von der DDR erhalten haben. Dabei dürfte vor allem die Veranstaltung von Fortbildungskursen in diesen Ländern den Bedürfnissen der Empfänger entgegenkommen.

VII. Gesellschaftliche Grundlagen, Selbstverständnis, Vergleich

Für die konzeptionelle Orientierung der a. K. in der Bundesrepublik Deutschland, mit ihrer Betonung des Prinzips von Austausch und Zusammenarbeit, der Öffnung ihres Gegenstandbereichs auf kulturelle und gesellschaftliche Entwicklungen im weiteren Sinne und einer gegenwartsnahen, pluralistischen Darstellung der deutschen Verhältnisse im Ausland, läßt sich eine weitgehende parteipolitische Übereinstimmung feststellen. Im Vergleich zu anderen Aufgabenbereichen ist die a. K. nicht so sehr parlamentarischer Zankapfel, sondern überparteiliches Interessengebiet einer relativ kleinen Gruppe engagierter Parlamentarier. Obwohl deren Gleichrangigkeit zu anderen Bereichen der Außenpolitik seit den 70er Jahren immer wieder unterstrichen wurde, läßt sich nicht verkennen, daß die a. K. in der politischen Realität eher einen sekundären Stellenwert einnimmt und trotz ihres langfristigen Charakters in ihrer Entwicklung einer starken Abhängigkeit von wirtschaftlichen und praktischen Gegebenheiten unterliegt.

Aus der politischen Rationalität staatlicher a. K. einerseits und ihrer pluralistischen Ausgestaltung andererseits, die unter dem Schirm des Grundrechts der Freiheit von Wissenschaft und Kunst auch kritische Darstellungen des kulturellen und gesellschaftlichen Lebens in der Bundesrepublik beinhaltet, ergibt sich eine latente Antinomie, die sich von Fall zu Fall aktualisieren kann. Demgegenüber scheint die Einbeziehung solcher kritischen Perspektiven aus der Sicht der DDR als eine besonders »raffiniert ausgeklügelte Tarnung« (H. Lindemann, K. Müller, A. K. der DDR, Bonn-Bad Godesberg 1974, S. 61). Fortschrittlichkeit und Modernität der a. K. werden in den Augen der Publizisten der DDR nur vorgetäuscht, um die kulturpolitischen Aktivitäten erheblich zu verstärken. Das Prinzip der Einheit der deutschen Kultur wird entsprechend dem Ziel der Eigenprofilierung der sozialistischen Kultur abgelehnt. Dem Bonner Regierungskonzept, das trotz der andersartigen Ziele der a. K. der DDR noch Berührungspunkte im gemeinsamen kulturellen

Erbe sieht (→ *Tradition und kulturelles Erbe*), steht die Auffassung der DDR von zwei gegensätzlichen Kulturen gegenüber, wobei die DDR sich als »die einzig rechtmäßige Erbin aller fortschrittlichen geschichtlichen Leistungen und Traditionen, allen Strebens nach einem menschenwürdigen Dasein« sieht (a. a. O., S. 92).

Der a. K. der DDR liegt, im Gegensatz zum Wert- und Formenpluralismus in der kulturellen Auslandsarbeit der Bundesrepublik Deutschland, eine im wesentlichen einheitliche, marxistisch-leninistische Kulturtheorie zugrunde, die als selbständige Wissenschaftsdisziplin, als Bestandteil des historischen Materialismus begriffen wird. Ihr Gegenstandsbereich ist weit gefaßt. Neben den »klassischen« Künsten gehören die sozialistische Lebensweise, die Persönlichkeitsentwicklung, aber auch das Bildungssystem (→ *Bildung*), das Gesundheitswesen (→ *Gesundheit*), → *Freizeit* und → *Arbeitskultur* dazu.

Die zentrale Planung geht weit über die Koordinierungsfunktion hinaus, die dem *Auswärtigen Amt* der Bundesrepublik in der Auslandskulturarbeit obliegt. Die eigenverantwortliche Mitwirkung unabhängiger gesellschaftlicher Organisationen in der a. K. der DDR ist ausgeschlossen, in der Bundesrepublik dagegen unverzichtbarer Bestandteil auswärtiger Kulturarbeit.

Die Sichtweise von der Klassenkultur verbietet einen freien Kulturaustausch mit der nichtsozialistischen Welt. Die a. K. der DDR hält sich daher lediglich offen für den streng reglementierten Import sogenannter humanistischer Kulturleistungen. Aber auch mit den Bruderländern gibt es nicht den spontanen, auf individuelle Rezeptionsfähigkeit und -willigkeit aufbauenden kulturellen Austausch, sondern nur den kontrollierten und organisierten Kontakt zur kulturellen Umwelt.

H. Peisert, J. Kuppe

Literatur
Zeitschrift für Kulturaustausch, insbesondere die Themenhefte: A. K. 1/1973; Enquete-Kommission A. K. 1/1976 und 4/1976, Mittlerorganisation und A. K. 1/1978; Auslandsschulen und a. K. 1/1979
Bericht der Enquete-Kommission A. K. Deutscher Bundestag, Drucksache 7/4121, Bonn 1975
H. Peisert, Die a. K. der Bundesrepublik Deutschland, Stuttgart 1978
Autorenkollektiv, Außenpolitik der DDR. Drei Jahrzehnte sozialistische deutsche Friedenspolitik, Berlin (Ost) 1979
Institut für Auslandsbeziehungen (Hrsg.), Die a. K. der Bundesrepublik Deutschland (Eine Titelsammlung), Stuttgart 1980
A. M. Mallinckrodt, Die Selbstdarstellung der beiden deutschen Staaten im Ausland, Köln 1980
Institut für Auslandsbeziehungen (Hrsg.), Vademecum der

Auslandskulturarbeit (Informationen über die Tätigkeit amtlicher Stellen, Mittlerorganisation und Institutionen in der auswärtigen Kulturarbeit), Stuttgart [2]1981

Kulturpolitik der Bundesrepublik Deutschland

I. Wandlungen des Begriffs – II. Die Regierungszeit K. Adenauers – III. Kulturpolitik im Umbruch – IV. Soziale Verpflichtung und demokratischer Kulturbegriff – V. Die Berliner Situation

I. Wandlungen des Begriffs

Während die Definition der → *Kultur* seit den 60er Jahren in der Bundesrepublik zu einem viel diskutierten Thema geworden ist, steht die historische Erforschung der kulturpolitischen Entwicklung noch in den Anfängen. Das ist verständlich, da sich die Interessierten um Änderung und Aktivierung bemühen und Geschichtsschau dafür bisher als wenig geeignet ansehen. Wie immer, hält die historische Reflexion aber auch hier wichtige Einsichten für die Einordnung aktueller Unternehmungen bereit, zumal wenn sich diese als Fortschritt zu bewähren haben.

Wenig Zweifel besteht über die Intensität der Wandlungen in der K. seit der Gründung der Bundesrepublik 1949. Mit der Demokratisierung des Kulturbegriffs, die von der Studentenbewegung der 60er Jahre bedeutsame Impulse erhielt, ist auch die K. als notwendiger Teil demokratischer → *Kommunikation* erkannt worden. Die zeitweilige Gleichsetzung von K. und Demokratisierung zeigt, wie weit man in der Reformeuphorie nach 1969 gegangen ist. Damit war, wenn auch nur vorübergehend, der Gegenpol zu der Einstellung des ersten Bundeskanzlers K. Adenauer erreicht, der, bis auf zweifelhafte Vorstöße im Medienbereich, die K. mit Föderalismus gleichsetzte. Dieser bestimmte den Wiederaufbau des Schul- und Bildungssystems und trug, wie es die Besatzungsmächte noch vor Gründung der Bundesrepublik vorgezeichnet hatten, die Verantwortung für die Reformen dieses Systems. Bekanntlich wurde aus diesen Reformen nicht viel (→ *Kulturpolitik der Nachkriegszeit*). Als man fünfzehn Jahre später daranging, diese Reformen nachzuholen, hatte der Begriff des Föderalismus viel an Kraft eingebüßt.

Die Entwicklung der K. läßt sich über die Darstellung der bestimmenden Kräfte hinaus, wie Bund, Länder, Gemeinden, Parteien, Gewerkschaften oder Kirchen, als ein Prozeß gesellschaftspoliti-

scher Bewußtwerdung kennzeichnen, der von der Rückgewinnung traditioneller Kultur- und Bildungsprivilegien nach den Kriegszerstörungen zu der Programmierung einer Kultur allgemeiner Teilhabe und individueller Selbstverwirklichung führte. Dabei darf der Ausgangspunkt, die Erfahrung des exzessiven politischen Mißbrauchs der Kultur im Nationalsozialismus, ebensowenig übersehen werden, wie die in Deutschland ebenfalls exzessiv erfahrene und betriebene Konfrontation des *Kalten Krieges*. Schließlich vollzog sich in diesem Land, wie in anderen hochentwickelten Ländern auch, in den 60er Jahren der Übergang von einer Aufbau- zu einer Konsum- und Freizeitgesellschaft (→ *Freizeit*), wodurch erst das volle Interesse an einer breiteren kulturellen Partizipation freigesetzt wurde. In diesem Zusammenhang löste sich um 1970 die Definition der K. weitgehend von der Bildungspolitik, die auf die Reformen im Schul- und Hochschulbereich (→ *Schule*, → *Universitäten*) verwies. Seitdem sind Theorie und Praxis überschaubarer geworden, und die Grenzen, welche die wirtschaftlichen Verhältnisse der kulturpolitischen Expansion setzen, zeichnen sich deutlich ab.

II. Die Regierungszeit K. Adenauers

Kulturbegriff: Die politische Isolation, in der sich die Bundesrepublik unter K. Adenauers Kanzlerschaft zunächst entwickelte, bedeutete nicht, daß die restaurativen Tendenzen dieser Ära nur unter Deutschen vorherrschten. Nach den Bedrohungen und Entbehrungen der Kriegsjahre ging man überall in den westlichen Ländern wieder dazu über, unter Kultur eine definierbare Größe zu verstehen, die in Bildung, Kenntnissen und kritischer Wahrnehmungsfähigkeit des einzelnen besteht, und zwar vor allem im Hinblick auf → *Literatur*, → *Theater*, → *Musik*, → *Kunst*, aber auch in den Bereichen → *Essen und Trinken*, gesellschaftlichem Verkehr und → *Reisen*. Kultur war individuell und gesellschaftlich bestimmbar in der Anteilnahme an → *Bildung* und ästhetischen Schöpfungen, deutlich vom → *Geschmack* der Massen abgehoben, von ihnen häufig als ungewohnt und elitär zurückgewiesen, aber in ihrer Existenz nicht angezweifelt. Nur ein geringer Teil der Gesamtbevölkerung, etwa 5 v. H., nahm aktiv an der von den traditionellen Kulturinstitutionen getragenen Kunstpflege teil, wobei die Konzentration auf Metropolen wie Paris, London und New York, die als unabdingbare Voraussetzung für ästhetische Spitzenleistungen galt, die Exklusivität noch verstärkte. Was man zuvor in der Bundesrepublik als Kulturbedürfnis (→ *Bedürfnis*) apostrophiert hatte, enthielt die in der Erwachsenenbildung geförderte Komponente der Demokratisierung der Kultur, bedeutete im allgemeinen aber eine Rückeroberung eben dieser Kulturgesinnung.

Man wollte aufholen, was in Paris, London und New York selbstverständlich war, und diese Selbstverständlichkeit auch beanspruchen können. Viele Vertreter der künstlerischen und literarischen → *Intelligenz,* die in den 60er Jahren weit nach links rückten, konnten sich zu dieser Zeit an Imitation dieser internationalen → *Moderne* nicht genugtun. Die eigene künstlerische Leistung verschwand hinter dem Bedürfnis nach Partizipation an der kulturellen Exklusivität.

Auch die Tatsache, daß mit dieser Partizipation eine Art ästhetischer Opposition gegen konservative Politik und aggressive Wirtschaftswundergesinnung einherging, stellte keine Besonderheit der deutschen Szene dar. Hier war die Opposition höchstens zaghafter. Die Nähe zur DDR wirkte dämpfend, wie überhaupt die Berufung auf die Freiheit der Kunst im Westen, die im *Kalten Krieg* zum politischen Argument wurde, die konsenssprengenden Antriebe zurückdrängte. Ein Großteil ästhetischer Politik dieser Jahre ging bei vielen Künstlern und Intellektuellen kaum über die Ästhetisierung der Freiheitsmaxime hinaus.

Spezifisch deutsche Aspekte waren, daß man beim Aufbau des Bildungswesens die idealistische und neuhumanistische Überlieferung besonders stark gegen Funktionalismus, → *Technik* und Vermassung ausspielte. So unterschied man hier mehr als anderswo zwischen den Ebenen hoher Kultur und Massenunterhaltung, so grenzte man hier stärker die Welt der → *Arbeit* aus dem kulturellen Interesse aus, und man fiel mit dem erneuten Abheben der Kultur von der Zivilisation in ältere Denkbahnen zurück. Deshalb konnte es geschehen, daß eine Kontroverse wie die über die Kluft von technischnaturwissenschaftlicher und künstlerisch-geisteswissenschaftlicher Intelligenz, die C. P. Snow mit seinen Thesen über die »zwei Kulturen« Ende der 50er Jahre weit über England hinaus entfachte, in der Bundesrepublik kaum aktuell abgehandelt wurde. Offensichtlich suchten die Deutschen im Bereich Kultur mehr als nur Rekonvaleszenz von Entbehrungen und fehlenden Erfahrungen. Ihr konstantes Bestreben, diesen Bereich nicht mit den Denkmustern der alles bestimmenden Ökonomie zu vermischen, ihn vielmehr als eine Art Insel der höheren Besinnung und Begegnung auszubauen, läßt eher eine Kompensationsfunktion erkennen.

Die Selbstverständlichkeit, mit der Kultur unterstützt wurde, erklärt sich nicht aus ihrer breiten gesellschaftlichen Definition, sondern aus ihrer Projektion als einer »eigentlichen«, vom »bloß Materiellen« des Wiederaufbaus geschiedenen Sphäre. Ob im *Bundesverband der Deutschen Industrie,* wo man 1951 den *Kulturkreis* als stark mäzenatisches Unternehmen gründete, oder im *Deutschen Gewerkschaftsbund,* wo man 1946 die *Ruhrfestspiele* initiierte, überall ging es darum, sich einen Anteil an jener Sphäre zu sichern. Die *Ruhrfestspiele* standen

ausdrücklich unter diesem Zeichen, stellten keine Erneuerung der Arbeiterkulturbewegung (→ *Arbeiterkultur*) dar. Der Vorsitzende des *Deutschen Gewerkschaftsbundes,* H. Böckler, berief sich bei der Feststellung, daß die Gewerkschaftsbewegung, wie an den *Ruhrfestspielen* ersichtlich, mehr als eine Vertretung materieller Interessen darstelle, sogar auf W. Rathenau und dessen Wort: »Ich kämpfe im Materiellen um des Ideellen willen.«

Kulturpolitik des Bundes: Das Verhalten K. Adenauers und seiner Regierung war nicht kunstfeindlich, sondern kunstfremd. »Der Kanzler stand über den Künstlern und der Wissenschaft. Er stand neben ihnen. Sie wurden verwaltet, so das *Grundgesetz* es befahl, mehr nicht. Die Kultur war kein Partner der Politik, nicht einmal Juniorpartner. Patriarchalisch wurden ihr Gelder zugeschanzt, nicht unfreundlichen Sinnes, aber als ein Hoheitsakt, etwa wie man einem fremden Kinde ein Plastikauto schenkt, mit dem es partout spielen will«, wie H. Schwab-Felisch in der »Welt« v. 15.2.1964 schrieb. In der Tat war im *Grundgesetz* die Einschaltung der Regierung in die Kulturpolitik nach den Mißbräuchen im nationalsozialistischen Staat auf ein Minimum beschränkt worden. Selbst die Verfassung der Weimarer Republik von 1919 hatte mehr zentrale Befugnisse vorgesehen. Sie stellte das Zusammenwirken von Reich, Ländern und Gemeinden bei der Einrichtung öffentlicher Bildungsanstalten sowie der Volkshochschulen heraus und postulierte Gesetzgebungskompetenzen unter anderem für Lehrerbildung, Volksschulerziehung und Erziehungsbeihilfen, die 1949 voll den Ländern zugestanden wurden. Von der Reichskompetenz für → *Presse* und → *Film* blieb nur eine Rahmenkompetenz des Bundes. Einzig auf dem Gebiet der wissenschaftlichen Forschung gestand man dem Bund eine konkurrierende Gesetzgebung zu. Die Wahrnehmung der K. im Ausland wurde in den 50er Jahren aktuell, als der wachsende deutsche Export die deutsche Auslandsrepräsentanz auch im kulturellen Bereich wieder erforderlich erscheinen ließ. Hier mußten Konzepte über das, was deutsche Kultur nach der Zeit der nationalsozialistischen Herrschaft bedeuten könnte, entworfen werden. Wichtiges Ergebnis war die Neu- oder Wiedergründung solcher Institutionen wie des *Goethe-Instituts,* der *Deutsche Forschungsgemeinschaft,* der *Max Planck-Gesellschaft,* des *Deutschen Akademischen Austauschdienstes,* der *Westdeutsche Rektorenkonferenz* und der *Alexander von Humboldt-Stiftung.*

Wenn überhaupt größere Diskussionen über die K. auf Bundesebene zustande kamen, richteten sie sich überwiegend auf Probleme der politischen und juristischen Zuständigkeit. Der schon in der föderalistischen K. der Besatzungsmächte angelegte Bund-Länder-Konflikt verbrauchte wesentlich mehr Energien als weltanschauliche und inhaltliche

Fragen. Das zeigte sich nicht zuletzt in dem jahrelangen Streit um die Zuständigkeit des Bundes im Bereich des → *Hörfunks* und → *Fernsehens,* der mit der Anrufung des *Bundesverfassungsgerichts* 1961 schließlich zur größten innenpolitischen Niederlage K. Adenauers führte. Während sich K. Adenauer im allgemeinen an das hielt, was Th. Heuss in »Kräfte und Grenzen einer Kulturpolitik« 1951 als »Kulturverwaltung« bezeichnete, hatte er schon bald nach Gründung der Bundesrepublik im Rundfunkbereich seinen Einfluß durchzusetzen versucht. Wiesen ihn 1950 vor allem die Besatzungsmächte, die die Kulturhoheit der Länder als Garantie gegen die Etablierung eines Staatsrundfunks bekräftigten, in die Schranken, so waren es in der Folgezeit die Länder selbst, die seine Pläne für einen Bundesrundfunk mit Hilfe eines Bundesrundfunkgesetzes und für ein zweites Fernsehen auf kommerzieller Basis in der *Deutschland-Fernsehen-GmbH* durchkreuzten. Das Ausspielen von »schwarzer« und »roter« Kulturpolitik, das heißt der in *CDU-* bzw. *CSU-* und in *SPD*-regierten Ländern betriebenen Kulturpolitik, verlor in diesem Fall ihre Bedeutung. Der Konflikt war in der vagen Formulierung des *Grundgesetzes* über die Kompetenz zur Rundfunkgesetzgebung angelegt und kam erst nach dem *Fernsehurteil* zugunsten der Länder 1961 zum überraschenden Abschluß. Die unter Bundesaufsicht erfolgte Errichtung des *Deutschlandfunks* und der *Deutschen Welle,* die 1962 ihre Sendungen für das Ausland aufnahmen, blieb davon fast unberührt.

Das *Fernsehurteil* bestätigte die überaus eingeschränkte Rolle des Bundes in der → *Kulturverwaltung.* Jedoch waren sich die Verantwortlichen im klaren darüber, daß der Bund mit den Rahmengesetzen über Film, Presse, → *Naturschutz* und Landschaftspflege Wirkung ausüben und mit den Kompetenzen seiner Ministerien, vor allem des *Bundesministeriums des Innern,* des *Auswärtigen Amtes,* des damaligen *Bundesministeriums für gesamtdeutsche Fragen* und des *Kanzleramtes* mit Geldzuwendungen auf Kultur- und Kommunikationspolitik Einfluß nehmen konnte. So übte der Bund im Filmwesen mit dem verfassungsrechtlich schwer zu fassenden *Interministeriellen Ausschuß* eine schleichende → *Zensur* aus, half andererseits seit 1951 mit einem System der kulturellen Filmförderung (→ *Kunstförderung),* das in den 60er Jahren ausgebaut und 1976 neu geordnet wurde, bei der Entwicklung des künstlerischen Films. Obwohl das *Fernsehurteil* im Bund-Länder-Gerangel einen Markstein darstellte, verstärkte sich doch am Ende der Ära K. Adenauers in der Öffentlichkeit die Bereitschaft, die Möglichkeiten überregionaler Einflußnahme besonders im Bildungs- und Wissenschaftsbereich zur Lösung der immer offensichtlicheren, 1964 von G. Picht konstatierten »Bildungskatastrophe« zu nutzen.

Mitte der 60er Jahre rechtfertigte man die kulturpolitische Abstinenz des Bundes nicht mehr vom Föderalismus her, sondern prangerte sie als Teil eines größeren bildungs- und kulturpolitischen Versagens der Nachkriegspolitik an. Man konstatierte, daß der Rückzug auf die bloße Kulturverwaltung zu schweren Versäumnissen im Bildungsbereich geführt habe. Bezeichnenderweise nahm auch danach die Auseinandersetzung um die Kompetenzverteilung von Bund und Ländern die meiste Energie in Anspruch, und man verbuchte die Einigung der *Großen Koalition* von *CDU/CSU* und *SPD* im Jahr 1969 über eine Grundgesetzänderung, die dem Bund mehr Mitsprache in der Bildungspolitik gewährte, als entscheidenden Durchbruch. Damit wurden die Voraussetzungen für die Regelung der Ausbildungsbeihilfen sowie allgemeiner rahmengesetzlicher Grundlagen des Hochschulwesens geschaffen. Nachdem im Bildungsbericht 1970 die Reformvorstellungen der neuen *SPD/FDP*-Bundesregierung vorlagen, waren die Weichen für die Beratungen einer Bund-Länder-Kommission über den *Bildungsgesamtplan,* den Bund und Länder 1973 verabschiedeten, gestellt.

Kulturpolitik der Parteien: Bis zu den frühen 60er Jahren hat keine der politischen Parteien Kultur- und Bildungspolitik in den Mittelpunkt ihrer Programme gerückt. Als die »Neue Literarische Welt« 1953 die Frage »Was ist Kulturpolitik?« stellte, erhielt sie ausgesprochen vage Antworten. C. Schmid und A. Arndt, die neben W. Eichler und W. v. Knoeringen profiliertesten Sprecher der *SPD* in Kulturfragen, plädierten für eine vorsichtige Förderung kultureller Leistungen von seiten des Staates. Auch sie bezogen sich, wie damals üblich, sogleich auf die Probleme von Macht und Freiheit, nicht auf Inhalte. C. Schmid stellte das Bekenntnis voran, »der Staat hat keine Kultur zu machen, denn er hat niemandem zu sagen, was schön ist und was nicht schön ist, was wahr ist und was nicht wahr ist. Der Staat sollte sich in erster Linie enthalten, die Dichter, die Künstler und die Gelehrten zu stören« (Neue literarische Welt, Nr. 12 v. 25. 6. 1953). In der *SPD* war man sehr darauf bedacht, das Engagement für ein freiheitliches Menschenbild als Kern der K. erkennen zu lassen, womit Grundelemente der materialistischen Geschichtsauffassung, die zumindest in der Theorie die Entwicklung der sozialistischen Bewegung in Deutschland mitbestimmt hat, in den Hintergrund traten. Die Formel, der Mensch stehe im Mittelpunkt, wurde seit der internationalen Tagung in Ziegenhain 1947 als Verpflichtung verstanden; man sprach von der großen kulturpolitischen Aufgabe, Staat und Gesellschaft zu vermenschlichen. Die ökonomischen, sozialen, kulturellen und schulischen Verhältnisse sollten so beschaffen sein, daß Freiheit nicht im Bereich der Innerlichkeit verbleibe, sondern sich in der heutigen Gesellschaft der Bundesrepublik Deutschland verwirkliche.

Allerdings beschränkten sich die einzelnen Beiträge zumeist auf die Schulpolitik. Diese kulturpolitische Reflexion aber war eine wichtige Vorbereitung auf das *Godesberger Programm*, mit dem sich die *SPD* 1959 offiziell vom Marxismus als Grundsatzprogrammatik trennte. Damit ging eine größere Planungs- und Kritikbereitschaft einher, mit der die *SPD*, in der das kulturpolitische Versagen nach 1945 noch nachwirkte, Energien für die Bildungsreformen der 60er Jahre sammelte. Man begann, die gesellschaftspolitischen Wirkungsmöglichkeiten der Kulturpolitik wieder zu erkennen. Nach dem »Plan Z« von 1959 legte die *SPD* 1964 »Bildungspolitische Leitsätze« vor, in denen sie »grundlegende strukturelle Reformen, die unserem Land den Anschluß an die Erfordernisse der Zukunft ermöglichen«, forderte und Vorschläge zu deren Durchführung machte. Für die gemeinsame Bildungsplanung von Bund, Ländern und Gemeinden schlug sie die Schaffung eines *Deutschen Bildungsrates* vor. Dieses Gremium, kurz darauf ebenfalls von der *CDU* gefordert, leistete von 1966 bis 1975 wichtige Arbeit.

Die Tatsache, daß die *CDU* ihren ersten Kulturkongreß 1960 veranstaltete und erst 1964 eine kulturpolitische Arbeitsgemeinschaft auf einem ordentlichen Parteitag einrichtete, bedeutete nicht, daß sie auf diesem Gebiet untätig gewesen wäre. Immerhin hatte sie nach 1945 ihre konservative, teilweise konfessionelle Schulpolitik durchgesetzt. Jedoch definierte sie diese Erfolge nicht als Ergebnis einer spezifischen K., sondern als Teil der allgemeinen christlichen Ordnungsvorstellungen von Staat und Gesellschaft, vor allem im Bereich der Familien- und Sozialpolitik. »Für die *CDU* ist und bleibt die K. niemals ein politischer Bereich neben anderen, sondern der wirkende Mittelpunkt, von dem erst alle anderen Bereiche in Gesellschaft, Wirtschaft und Staat ihre Gestaltung gewinnen. Die geistige Kraft des christlichen Glaubens muß alle Lebensgebiete durchdringen«, steht in dem Protokoll des Parteitages von 1951 (S. 105). Allerdings zeigte sich im Lauf der 50er Jahre, daß die Partei mit dieser Orientierung den gesellschaftlichen, technischen und ökonomischen Entwicklungen gegenüber ins Hintertreffen geriet und nach und nach doch auf eine Rationalisierung und Spezialisierung der Bildungspolitik hinarbeiten mußte. Die Umorientierung von der »neuen Ordnung« zur »Bildungsgesellschaft« erfolgte nur langsam. Der Durchbruch kam nach der Vorarbeit durch die Kultusminister P. Mikat und W. Hahn auf dem *2. Kulturpolitischen Kongreß der CDU/CSU* in Augsburg 1962. Statt den christlichen und abendländischen Geist für alles zu bemühen, sprach man nun häufiger von Ausbildung, Wissen, gesellschaftlichen Bedingungen und ähnlichen konkreten Aspekten. In den *Deidesheimer Leitsätzen* forderte die Union 1969 die Chancengleichheit in →*Bildung* und →*Ausbildung*, ein Vorstoß, der in den späten 70er Jahren durch

den Begriff der Chancengerechtigkeit wieder zurückgenommen wurde.

Die kulturpolitische Profilierung der *FDP*, die erst 1972 die *Stuttgarter Leitlinien einer liberalen Bildungspolitik* verabschiedete, geschah weniger durch Parteibeschlüsse als durch einzelne liberale Politiker. Während dem Liberalen Th. Heuss als Bundespräsidenten das Verdienst zukam, als einziger Regierungsvertreter Kultur als politischen Faktor beim Aufbau der deutschen Nachkriegsdemokratie in Erinnerung gebracht zu haben, wurden H. Hamm-Brücher, die 1965 das Buch »Auf Kosten unserer Kinder« schrieb, und R. Dahrendorf mit seinem Buch »Bildung ist Bürgerrecht« aus demselben Jahr für das bildungspolitische Umdenken Mitte der 60er Jahre zu entscheidenden Wortführern. Es trug zu ihrem Durchsetzungsvermögen bei, daß die *FDP* von allen Parteien am stärksten für Bundeskompetenzen in der K. eingetreten war.

Die Tatsache, daß die Parteien Mitte der 60er Jahre dem Bildungsbereich plötzlich größte politische Bedeutung zumaßen, war allerdings weniger das Resultat interner Impulse als äußerer Anstöße. Erst als sich das Unbehagen über die weitere wirtschaftliche Entwicklung der Bundesrepublik mit den Warnungen über die Unzulänglichkeit ihres Bildungssystems traf, sprang der Funke über. Der Erfolg der in der Wochenzeitung »Christ und Welt« veröffentlichten Artikelserie G. Pichts, »Die deutsche Bildungskatastrophe« (1964), lag in der Verbindung der Bildungs- und Forschungspolitik mit Wirtschaftspolitik, und zwar in der Warnung »Bildungsnotstand heißt wirtschaftlicher Notstand«. Die Reform des Bildungssystems wurde zum Schlüssel für eine erfolgreiche Zukunft der deutschen Wirtschaft erhoben. Bildungsreform war Ökonomie und damit Politik.

III. Kulturpolitik im Umbruch

Das kulturpolitische Erwachen in den 60er Jahren ist kein spezifisch deutsches Phänomen. *UNESCO* und *Europarat* (→ *Weltkulturpolitik*, → *europäische Kulturpolitik*) haben darüber seit langem Aufschluß gegeben. International waren die Studentenbewegung und die kulturrevolutionären Impulse in der Konfrontation mit der bestehenden Gesellschaft. Mit der politisch-kulturellen Protestbewegung der jüngeren Generation kam die Bundesrepublik endgültig in einen Gleichtakt mit den westlichen Ländern.

Die antiautoritäre Bewegung richtete sich gegen die →*Entfremdung* in der Arbeitsmühle der Leistungsgesellschaft, jedoch gleicherweise gegen den bloß repräsentativen und kompensatorischen Kulturbegriff der Privilegierten. Was die Vertreter der *Frankfurter Schule*, insbesondere H. Marcuse, Th. W. Adorno und M. Horkheimer, seit langem dem

Ideologie-, Ökonomie- und Manipulationsverdacht ausgeliefert hatten, stand Mitte der 60er Jahre plötzlich nackt da, die herrschende Kultur erschien als der Kaiser ohne Kleider, auf den man, wie das Kind im Märchen, mit dem Finger zeigen konnte. Plötzlich wurde einer neuen Generation bewußt, daß sich in den 50er Jahren eine mächtige Kunst- und Medienindustrie etabliert hatte, die nicht nur den Markt, sondern auch die Ästhetik beherrschte.

Dabei war die mit der Geste der »großen Verweigerung« verbundene Vision des befreiten Menschen keineswegs ohne Vorläufer, genauer ohne deutsche Vorläufer. In den Formulierungen H. Marcuses kam zum deutschen Kulturpessimismus auch die Utopie F. Schillers vom wahren Menschsein durch ästhetische Erziehung zur Wirkung. Das Postulat, dem in repressiven Lebens- und Arbeitsumständen gefesselten Individuum freie Entfaltung zu verschaffen, blieb ein herausragender Bestandteil des Definitionsschubs in der K., der Ende der 60er Jahre einsetzte. Spätestens zu diesem Zeitpunkt trennte man den Begriff der Kulturpolitik bewußt von dem der Bildungspolitik. Er behielt, auch als die Bildungspolitik in den Ernüchterungen der 70er Jahre an politischem Gewicht verlor, seine Anziehungskraft.

Daß sich der Definitionsschub selbst auf die Politik auswirkte, ist nicht zuletzt der Reformeuphorie der ersten *SPD/FDP*-Regierung unter W. Brandt nach 1969 zuzuschreiben. So kritisierte der Leiter der Kulturabteilung des *Auswärtigen Amtes*, H. G. Steltzer, 1971 den »herkömmlichen, ästhetisch bedingten Kulturbegriff« und plädierte unter Berufung auf die *UNESCO* für einen erweiterten Kulturbegriff. »Kultur und Zivilisation müssen eins sein, die ganze Umwelt, die sich der Mensch selbst geschaffen hat, muß von einem modernen Kulturbegriff abgedeckt werden« (zit. n., in: Sprache im technischen Zeitalter, H. 37, 1971, S. 208). W. Scheel, Bundesaußenminister und späterer Bundespräsident, stellte fest: »Kultur ist kein Privileg mehr für wenige, sondern ein Angebot für alle. Wir dürfen nicht in Ehrfurcht vor Dürer, Bach, Beethoven sitzenbleiben; wir müssen Interesse aufbringen für brennende Probleme der Gegenwart, darunter Erwachsenenbildung, Bildungshilfe, Schulreform, Umweltprobleme« (Ziele und Aufgaben der auswärtigen Kulturpolitik, in: Bulletin des Presse- und Informationsamtes Nr. 10, 1971, S. 86).

Allerdings muß für die Entwicklung in den 70er Jahren hinzugefügt werden, daß den entscheidenden Aktionsraum nach wie vor weniger die auswärtige als die Kulturpolitik der Gemeinden *(→kommunale Kulturpolitik)* darstellt. Hier wurden und werden die neuen Vorstellungen härter getestet. Trotz *Städtetag* und seiner Aktivitäten, trotz der kulturpolitischen Konferenzen in der *Evangelischen Akademie Loccum* seit 1969, trotz der 1976 gegründeten *Kulturpolitischen Gesellschaft* fehlt es bisher an übergreifender Zusammenarbeit. Mit dem kulturpolitischen Aufbruch sind auch die organisatorischen, psychologischen und finanziellen Probleme voll sichtbar geworden.

IV. Soziale Verpflichtung und demokratischer Kulturbegriff

Die Bundesrepublik begreift sich als moderner Kulturstaat in der Tradition europäischer Zivilisation. Dies impliziert die Verpflichtung, Bildung und →*Erziehung,* →*Wissenschaft und Forschung,* die Künste und die sonstigen Bereiche kulturellen Lebens zu pflegen und zu fördern. Die Kunstfreiheit ist wie die Wissenschaftsfreiheit im *Grundgesetz* ohne Gesetzesvorbehalt gewährleistet, das heißt ohne die Möglichkeit der Einschränkung durch Allgemeingesetze, was die betont liberale Haltung des *Grundgesetzes* gegenüber dem Bereich der Kunst dokumentiert. Es zeigte sich zudem, daß die öffentliche Kunstförderung seit 1945 sich für den Avantgardismus *(→Avantgarde)* »durchaus günstiger ausgewirkt hat, als wenn der Staat auf diesem Felde nicht tätig geworden wäre und nur der Markt der privaten Interessenten gesprochen hätte«, wie die Deutsche *UNESCO*-Kommission feststellte (Kulturförderung und Kulturpflege in der Bundesrepublik Deutschland, Pullach, Köln 1974, S. 12).

Von besonderer Bedeutung für aktive K. ist die sozialstaatliche Verpflichtung, jedem Menschen ein Höchstmaß an Förderung zur Entfaltung seiner →*Persönlichkeit* zukommen zu lassen. Daß diese auch das »Bürgerrecht auf Kultur« einzuschließen habe, rückte immer mehr in den Vordergrund expliziter kulturpolitischer Forderungen. Da nach zwei Weltkriegen und aufgrund weitreichender sozialer Umschichtungen eine Kulturpflege auf privater Basis hinreichend nicht möglich schien, heißt es in einer Reihe von Landesverfassungen ausdrücklich, daß künstlerisches und kulturelles Schaffen vom Staat und von den Gemeinden zu fördern sei.

Die Diskussion darüber, was unter einem demokratischen Kulturbegriff zu verstehen sei, kam vor allem unter dem Eindruck der Studentenbewegung Ende der 60er und Anfang der 70er Jahre in Gang. Der »affirmativen Kultur«, wie H. Marcuse die Summe der kulturellen Werte und Tugenden nannte, die das Bürgertum zur Stabilisierung und Absicherung seiner Herrschaft verwendet, setzte man eine →*Alternativkultur* entgegen, die sich weniger aus sich selbst heraus, sondern vielmehr in Gegenüberstellung zum »Guten, Schönen, Wahren« definierte. Für H. Marcuse ist die »affirmative Kultur« in ihren Grundzügen idealistisch; auf die Not des isolierten Individuums antworte sie mit der allgemeinen Menschlichkeit, auf das leibliche Elend mit der Schönheit der Seele, auf die äußere Knechtschaft mit der inneren Freiheit, auf den brutalen

Egoismus mit dem Tugendreich der Pflicht. »Alternatives« Kulturbewußtsein nahm demgegenüber für sich in Anspruch, realistisch, und das heißt hier gesellschaftskritisch, zu sein. Das Individuum sollte aus der Vereinzelung befreit und im emanzipatorischen Prozeß mit Hilfe von →*Kommunikation* der Gemeinschaft, der Basis, integriert werden. Das schöngeistige Gehabe müsse dem tatkräftigen Eintreten für soziale Gerechtigkeit weichen, da es von dieser eigentlichen politischen Aufgabe abhalte. Die weitere Entwicklung zeigte, daß mit der Zeit Theorien, die den emotionalen und affektiven Bereich überdeckten, diesen nicht ausschalten konnten. Die zunächst im Verborgenen sich ausbildenden Gegentendenzen traten Ende der 70er Jahre als *Neue Innerlichkeit (→Innerlichkeit)* und *Neuer Subjektivismus* in Erscheinung. Vor allem verdrängten die diffusen Formen der *Nostalgiewelle* rasch die dann als steril bezeichnete »Ableitungslogik«. Parallel zu dieser Strömung, auch vielfach mit ihr verbunden, entwickelte sich eine neue Form alternativer Kultur, die sich freilich nicht mehr begrifflich zu definieren, sondern spontan zu verwirklichen trachtet. Dahinter steckt die Sehnsucht nach einem anderen Leben jenseits des Leistungsdrucks und die Orientierung an fernen Utopien, deren Morgenrot den Aufbruch inspirieren.

Alternative K. war unter dem Motto angetreten, »Verbrennt die Opernhäuser!« Den »Muff«, der affirmative Kultur durchzog, galt es »auszulüften«. An die Stelle eines Kulturbegriffs, der sich als »Weihestunde« verstand, als »Andacht in Seelenbadeanstalten«, trat ein aktives Kulturverständnis, das nicht mehr dem Ritual, sondern der →*Kreativität* vertraute. An vielen Beispielen wird deutlich, was die neue Denkungsart auf den Weg gebracht hat. Neue Kommunikationszentren, neue kommunale →*Kinos,* Kulturläden, Kulturwerkstätten, Kulturtreffs entstanden, mit Stadt-, Stadtteil- und anderen Festen erhielt Urbanität ein heiteres Gesicht. Soziale und offene Kulturarbeit hat den einzelnen dem Bürgerrecht auf Kultur, die Gesellschaft der kulturellen Selbstfindung und Verwirklichung nähergebracht. Die alternative Bewegung brachte Dynamik in die erstarrten Kulturvermittlungsmuster und beförderte auf ihrem Rücken etwas in die Gesellschaft zurück, was Kunst, die diese Bezeichnung zu Recht trägt, generell ausmacht, nämlich stets etwas ganz anderes, etwas ganz Aufregendes zu sein, das den Menschen der Schwerkraft der Alltäglichkeit zu entheben vermag.

Kreativität sollte und mußte sich ständig zeigen und artikulieren. Es entstand ein kultureller »Aktionismus«, der den Wert und die Notwendigkeit der Möglichkeit des Nachvollzugs, des Nachempfindens und des Nachdenkens oft sträflich mißachtete. Der Aktivitätsdrang, der bewirkt, daß in der alternativen Kulturszene »irgend etwas im Gange ist«, schlägt leicht um in unreflektierte Betriebsamkeit.

Immerhin ist das Bewußtsein für die Notwendigkeit einer K., die einen sehr weitgefaßten Kulturbegriff hat und das »Bürgerrecht auf Kultur« zu verwirklichen trachtet, gewachsen. 1979 resümierte dies der damalige Bundespräsident W. Scheel: »Wir fassen den Kulturbegriff weiter, als bisher üblich war. Wir müssen den bisher gültigen ästhetisch-akademischen Rahmen sprengen und die Kulturarbeit auf alle Bereiche internationaler und gesellschaftlicher Zusammenarbeit erstrecken« (Bulletin des Presse- und Informationsamtes der Bundesregierung, Nr. 10, Bonn 1979).

K. Fohrbeck und A.J. Wiesand vertreten in ihrem Buch »Der Künstler-Report« (München 1975) die Auffassung, die kulturellen Bedürfnisse seien weiter verbreitet, als man in der öffentlichen Diskussion gemeinhin annehme, und sie seien keineswegs nur Konsumbedürfnisse. Nur zielten heute die künstlerischen Interessen der Bevölkerung auf Kommunikationsformen und Inhalte, die durch das bestehende künstlerische oder kulturelle Angebot nur zum Teil gedeckt würden. Diese Enquete zeigte, so O. Schwencke, Initiator der *Kulturpolitischen Gesellschaft,* daß mehr als 90 v. H. der Bürger an den Angeboten der Kultur – die fatalerweise unter dem Stichwort »Kultur für alle« liefen – nicht teilhaben, im übrigen auch nicht teilhaben können auf Grund ihrer Bildung. Aber nahezu 85 v. H. der Mitbürger wollen auf das, was sie sehr unterschiedlich als Kultur bezeichnen, nicht verzichten. Daraus ergeben sich für eine moderne demokratische K. besondere Aufgaben im Bereich der Kulturvermittlung. Gerade in komplexen pluralistischen Gesellschaften mit einem weiten Feld divergierender Welt- und Wertvorstellungen *(→ Werte und Normen)* kommt der Kultur eine zentrale, Identität stiftende Bedeutung zu.

Nicht zu unterschätzen ist in diesem Zusammenhang das Verhältnis zu Tradition *(→ Tradition und kulturelles Erbe)* und →*Geschichte.* Hier überwog lange Zeit ein Neohistorismus, ein Geschichtsverständnis, das in den →*Museen* und mit großen →*Ausstellungen,* zum Beispiel über die Staufer, Karl IV, oder die Wittelsbacher, ganz in der Feierlichkeit des »Wertvollen« aufging. Mit zunehmendem Interesse am Bereich der →*Industriekultur,* den Lebens- und Arbeitsformen im Zeitalter der Industrialisierung vollzieht sich nun ein Perspektivenwechsel, welcher der Kultur des anonymen Menschen stärkere Bedeutung zumißt.

Die um eine republikanisch-demokratische Identität bemühte K. ist eine aktive Kulturpolitik, die der →*Phantasie* zum Durchbruch verhelfen will. Sie löst damit die lange Zeit unter dem Eindruck nationalsozialistischer Perversion in Distanz verharrende Kulturpolitik ab, erkennt sie doch, daß gerade eine passive Kulturpolitik, die sich aus Sorge vor Eingriffen in Kunst und Wissenschaft auf den Schutz kultureller Freiräume zurückzieht, letztlich doch einen besonders starken Eingriff vornimmt, indem sie aufgrund der gegebenen gesellschaftlichen, ökonomischen und anthropologischen Situation indirekt der Mehrheit der Bevölkerung die Möglichkeit kultureller Selbstverwirklichung versagt. Deshalb hat im besonderen der *Deutsche Städtetag* in einer größeren Anzahl von Entschließungen, Empfehlungen und Verlautbarungen immer wieder die Notwendigkeit einer aktiven K. im Sinn eines erweiterten Kulturbegriffs betont. »Rettet unsere Städte jetzt!«, war 1972 das Motto der Hauptversammlung des *Deutschen Städtetags*. Es sollte der Versuch unternommen werden, auch mit Hilfe von K. die von A. Mitscherlich beklagte »Unwirtlichkeit« in den Städten wieder auszugleichen. Mit immer neuen Entschließungen und Vorschlägen versucht der *Deutsche Städtetag* für eine derartige K. einzutreten, die freilich in der Praxis häufig an mangelnden finanziellen Möglichkeiten, auch an fehlender Bereitschaft scheitert oder sich auf Anregungen, denen die Breitenarbeit dann nicht folgt, beschränken muß. Wenn somit auch vieles, was in weitausholenden Kulturentwicklungsplänen ausgearbeitet wurde, nicht verwirklicht wurde, entstanden doch, dank des Engagements kommunaler Kulturpolitiker und vieler, häufig aus der Sozialarbeit zum Kulturbereich hinstrebender Mitarbeiter, eine größere Anzahl von Modellen, die den Praxisbeweis für neue bürgernahe Formen der Kulturvermittlung erbringen. Die Kulturbarrieren werden abgebaut, die Kreativität im Menschen durch Animation geweckt, einfache Formen der Kulturausübung, Amateurkunst, favorisiert. Dabei kommt es auch immer wieder zu Spannungen mit Kräften und Tendenzen, die die vorherrschende Kultur als die Kultur der Herrschenden denunzieren und die bestehenden Kultureinrichtungen als Relikte spätbürgerlicher Kultur für unbrauchbar und nicht reformierbar halten. Davon berührt, aber nicht lädiert, versucht die um Reform bemühte K., von der Gesamtheit und Solidarität kultureller Einrichtungen auszugehen. Sie strebt einen gesellschaftlichen Konsens darüber an, daß die »ästhetische Erziehung des Menschen« angesichts einer voranschreitenden geistigen Verelendung lebensnotwendig ist.

Deutlich muß gesagt werden, daß in einer demokratischen Gesellschaft, die sich als sozialer Rechtsstaat begreift, das »Bürgerrecht auf Kultur« nicht mehr in Form freiwilliger Leistungen befriedigt werden kann, sondern wie jede andere Aufgabe als Pflichtaufgabe zu begreifen ist. Die kategoriale Trennung in spezialgesetzlich geregelte Pflichtaufgaben einerseits und freiwillige Selbstverwaltung andererseits, sowie die Zuordnung der Kultur zu den freiwilligen Aufgaben haben immer wieder zu der Konsequenz geführt, daß Kultur als nachrangige, am Rande liegende Angelegenheit verstanden und letztlich nicht ernst genommen wurde. Demgegenüber stellt etwa E. Pappermann die »Grundzüge

eines kommunalen Kulturverfassungsrechts« (Deutsches Verwaltungsblatt, September 1980, S. 701 ff.), das heißt die gemeinderechtliche Pflicht zur kulturellen Betreuung der Einwohner heraus. Daseinsvorsorge schließe auch eine kulturelle Fürsorge ein. Was hier, abgeleitet aus juristischen Überlegungen für die kommunalen Gebietskörperschaften, gilt, daß sie nämlich innerhalb der Grenzen ihrer Leistungsfähigkeit für die wirtschaftliche, soziale und kulturelle Verwirklichung ihrer Einwohner die erforderlichen Einrichtungen zu schaffen haben, gilt für Staat und Gesellschaft insgesamt. Ohne eine pflichtgemäß etatisierte K. kann das demokratische Bürgerrecht auf Kultur nicht verwirklicht werden.

Kultur bedeutet für den demokratischen Staat geistigen Mehrwert, den die materiellen Produktionsbedingungen nicht von selbst hervorbringen, der ihnen vielmehr »abgerungen« werden muß. Die öffentliche Finanzierung von Kultur ermöglicht es, vom Überbau her auf die Basis einzuwirken. Kultur wird damit nicht mehr zum Gegenpol von Notwendigkeit, sondern, und dies kennzeichnet sie letztlich als Soziokultur, zum systemverbessernden Teil dieser Notwendigkeit selbst. Der »ästhetische Staat« macht gesellschaftliche Moral libidinös, indem er sie durch Gratifikation, nicht durch Sanktion befördert und durch repressionsfreie »Sublimierung« Behagen in der Kultur vermittelt. Hierbei wird die soziokulturelle Organisationsstruktur der Gesellschaft einem Veränderungsprozeß unterworfen, in dem die Bedeutungsgleichheit von ästhetischer und politischer Emanzipation jedermann bewußt wird, so daß sich die ästhetischen Rezipienten potentiell zu ästhetischen Produzenten wandeln und gleichzeitig politische Passivität durch politische Aktivität entgegenwirken.

Diese kulturpolitischen Forderungen verdeutlichen das Bild vom »neuen Menschen«, der sich, den Arbeitsprozeß als Schöpfungsprozeß gestaltend, mit einer ganz anderen Phantasie und Kreativität sozial erfinderisch betätigt und → *Zukunft* erschafft. Solche Erfindung von Zukunft geschieht als kritisches, schöpferisches, prüfendes und taktisch abzusicherndes Probehandeln. Der »ästhetische Staat« verhilft der Idee der Humanität zur Geltung und versinnlicht seinen mitschöpferischen Bürgern die Möglichkeit des Glücks.

Vita aesthetica bedeutet reale Humanität in der Koinzidenz von Natur und gesellschaftlicher Freiheit, die die Falschheit der industriegesellschaftlich aufgezwungenen Alternative Arbeit oder → *Spiel* zu durchschauen erlaubt. Solche Freiheit bedeutet, auch bei der Einsicht vorhandener, lebenspraktischer, sozialer und wirtschaftlicher Abhängigkeiten, nicht Freiheit von Politik, sondern Freiheit zur Politik. Demgegenüber ist nach H. Marcuse ein Ende der Kunst und Kultur »vorstellbar, wenn die Menschen nicht mehr imstande sind, zwischen Wahr und Falsch, Gut und Böse, Schön und Häßlich,

Gegenwärtig und Zukünftig zu unterscheiden. Das wäre der Zukunft vollkommener Barbarei auf dem Höhepunkt der Zivilisation – und ein solcher Zustand ist in der Tat historisch möglich« (Konterrevolution und Revolte, Frankfurt a. M. 1973, S. 140f.).

K. versucht, dies zu verhindern. Indem sie die realutopische Projektion einer gesellschaftlichen Spieltheorie zu konkretisieren hofft, will sie den »Traum von einer Sache« zum Bewußtsein und zum Dasein bringen. Anspruch auf öffentliche Finanzierung erhebend, versucht sie, die Utopie vom Kopf auf die Füße zu stellen. Dabei ist, um ein Beispiel zu geben, der Blick durch das Fenster der Utopie ein Blick auf die Stadt als Kulturlandschaft – eine Zukunft aus unserer Vergangenheit für und durch sie erhoffend, ja mehr noch: sie in der Gegenwart vollziehend.

V. Die Berliner Situation

Berlin hat als Hauptstadt und kulturelles Zentrum des Königreichs Preußen und des Deutschen Reichs traditionell eine herausgehobene Rolle im kulturellen Leben Deutschlands gespielt. Daß auch nach 1945 in Berlin Kulturpolitik gemacht wurde, deren Ursprung und Wirkung nicht auf Berlin beschränkt war, ist zwar nicht zu übersehen; andererseits zögert man, all dies unter das Rubrum K. Berlins zu fassen. Das Subjekt dieser Politik ist nicht nur wegen der Teilung der Stadt, sondern auch wegen der zahlreichen stadtfremden Interessen, die auf sie Einfluß genommen haben, zweifelhaft. Das gilt ebenso für die ersten Jahre einer gemeinsamen K. wie für die Berliner zumindest der Westsektoren seit der Teilung der Stadt; und es gilt auch für den östlichen Teil, auch wenn oder vielmehr weil seitdem dessen K. als gesonderter Betrachtungsgegenstand aus der → *Kulturpolitik der DDR* nicht herausgearbeitet werden kann. Es macht gerade die Rolle Berlins in der K. der DDR aus, daß es jene Hauptstadtfunktion im zentralistisch verwalteten Staatssystem der DDR erfüllt, die West-Berlin für die Bundesrepublik eben nicht zukommt. Für West-Berlin wird es deshalb wiederum möglich, seine K. im Rahmen des Kulturföderalismus der Bundesrepublik und seines besonderen politischen Status auch gesondert und nicht nur unter Gesichtspunkten kommunaler K. zu betrachten *(→kommunale Kulturpolitik).*

Erstaunlicherweise fällt es sogar für die ersten Nachkriegsjahre einer gemeinsamen Verwaltung der Stadt schwer, von einer konsistenten K. zu sprechen. Bis zur Teilung der Stadtverwaltung 1948/49 hatte das kulturpolitische Ressort keinen festen Ort und keine kontinuierlichen Aufgaben und Zuständigkeiten innerhalb der Berliner Verwaltung. Es war ständiger Gegenstand personeller und organisatori-

scher Veränderungen, in denen sich die jeweiligen Kräfteverhältnisse und Strategien im Tauziehen um die politische Hegemonie ausdrückten. W. Harich hat berichtet (J. Held, 1980, S. 45), daß sich die *Sowjetische Militäradministration* sogar noch vor dem Eintreffen der Westalliierten eine kulturpolitische Instanz für Berlin in Gestalt eines *Bevollmächtigten des Kriegskommandos für Kunstangelegenheiten* zu schaffen versuchte. Nach dem Scheitern des früheren Verwaltungsdirektors der Reinhardt-Bühnen, K. Herzberg, in diesem Amt wurde aus der Hinterlassenschaft der *Reichskulturkammer* eine *Kammer der Kunstschaffenden* gebildet, die als eine von zwei Abteilungen für kulturelle Angelegenheiten der Abteilung Volksbildung des Magistrats unter Leitung des Mitglieds der *KPD* O. Winzer unterstand; die andere war die Abteilung für Museen und Sammlungen.

Damit waren die Grundstrukturen der Berliner Kulturverwaltung festgelegt, noch bevor sich im Juli 1945 die *Alliierte Kommandantur* konstituierte. Im Herbst 1945 trat dann ein Bezirksverfassungsstatut in Kraft, das die Gliederung der Verwaltung bis in die Bezirke hinein fortschrieb und auch dort zur Errichtung von Volksbildungsabteilungen führte. Dieses formale Grundmuster des Verwaltungsaufbaus hat sich in beiden Teilen der Stadt erhalten, in Ost-Berlin und der DDR in zentralistischer Form, in West-Berlin unter Beibehaltung föderativer Strukturen mit der Folge einer relativen Autonomie der Bezirksverwaltungen in der K. Veränderungen hat allerdings auch dieses Statut, insbesondere bei der Zuständigkeit für Kunstfragen, wiederholt erfahren. Nachdem zunächst in allen zwanzig Bezirken Berlins selbständige Kunstämter eingerichtet worden waren, wurden diese im Winter 1946 wieder den Abteilungen für Volksbildung unterstellt. Die *Kammer der Kunstschaffenden* wurde Ende 1945 aufgelöst und in die neue Verwaltungsstruktur integriert. Leiter der Magistratsabteilung für Volksbildung wurde S. Nestriepke *(SPD),* der früheste und entschiedenste Exponent einer kulturpolitischen Ost-West-Konfrontation. In seinen Erinnerungen an die Neugründung der Volksbühnenbewegung bestätigt er, daß es auf sein und des späteren Volksbildungssenators J. Tiburtius *(CDU)* Betreiben dort »zum ersten Mal geschah, daß eine scheinbar auf das gleiche Ziel gerichtete Bewegung sich aufspaltete. Berlin war ja damals noch eine ungespaltene Stadt, unterstand dem gleichen Magistrat, besaß eine einheitliche Währung und kannte keine sektoralen Verkehrsbeschränkungen. Parteien, Gewerkschaften, Konsum und Kulturbund überspannten noch das ganze Stadtgebiet. Wohl zeigten sich hier und da bereits scharfe Gegensätze. Aber sie hatten noch nirgends zu einer reinlichen Trennung der Geister geführt« (S. Nestriepke, 1956, S. 53).

Auch die kulturpolitischen Zuständigkeiten waren noch keineswegs scharf geschieden. Noch existierten kaum Selbstverwaltungsorgane der Künstlerschaft wie Berufsverbände, Künstlervereine, →*Akademien* oder Publikumsorganisationen wie Kunstvereine oder Theatergemeinden. So hatten die *Kammer der Kunstschaffenden* und die Kunstämter neben ihrer Aufgabe als öffentliche kulturelle Veranstalter in den Bereichen Theater, Ballett, Tanz, Musik, Schrifttum und Volkskunst auf Befehl der *Alliierten Kommandantur* anfangs auch die soziale und berufliche Betreuung der Künstler, die Registrierung, Material- und Atelierbeschaffung, Ernährung, Reisebescheinigungen u. a. übernommen. Nach den Gewerkschaften, die zugleich mit den politischen Parteien zugelassen worden waren, konnten bald auch private Organisationen und →*Vereine* wieder, wenn auch unter Lizenzzwang, am kulturellen Leben mitwirken und mit den staatlichen und halbstaatlichen Veranstaltern konkurrieren. Zumindest in den Westsektoren der Stadt wurde von dieser Möglichkeit auch reichlich Gebrauch gemacht, vor allem von privaten Verlagen, Bühnen und Galerien, so daß sich etwa die spätere Kunstavantgarde West-Berlins damals schon um die private Galerie G. Rosen zu scharen begann.

Der quantitativ und qualitativ aufblühende kulturelle Pluralismus, anfangs auch im Ostsektor der Stadt im Rahmen einer antifaschistisch-demokratischen Konzeption der K. noch akzeptiert, blieb jedoch nicht lange unbestritten. Das auslösende Signal für eine andere kulturpolitische Gangart gab der sowjetische Major A. Dymschitz um die Jahreswende 1948/49 mit verschiedenen Zeitungs- und Diskussionsbeiträgen, in denen er →*Realismus* und →*Formalismus* als Methoden zweier unversöhnbarer Weltanschauungen gegenüberstellte. Dieses Datum markiert den Zeitpunkt, ab dem die zu diesem Thema spärliche wissenschaftliche Literatur »eine selbständige Kulturpolitik in den Sektoren der westlichen Alliierten« registriert (J. Held, S. 43). Der Spaltung der Volksbühnenbewegung folgten nun Zug um Zug die Spaltung der Stadtverwaltung, der Gewerkschaften und Verbände, der Universitäten und schließlich des gesamten kulturellen Lebens, die in der Folgezeit zu einer Verdopplung der wichtigsten kulturellen Institutionen von den Rundfunkanstalten bis hin zu den Sammlungen und Museen führen sollte.

Als im Jahr 1949 die Berliner Luftbrücke zur Versorgung der Westsektoren eingerichtet wurde, hielt man im Westen auch eine »kulturelle Luftbrücke« für erforderlich. So charakterisierte sich selber der *Kongreß für kulturelle Freiheit,* der im Sommer 1950 unter internationaler Beteiligung in West-Berlin stattfand. Von dieser Veranstaltung führen viele, auch personalpolitische Linien in die spätere K. in West-Berlin. Einer ihrer Initiatoren, N. Nabokov, übernahm alsbald die Leitung der *Berliner Festwochen.* Der Kongreß markiert – nach und neben der Gründung der *Freien Universität* – den Beginn einer längerfristigen kulturellen Berlinhilfe, die überwiegend aus den USA finanziert und erst allmählich durch die Berlinhilfe des Bundes ersetzt wurde. Daß auch die Gründungshilfe für die *Freie Universität* in diesem Sinn verstanden wurde, zeigt die Beauftragung des Gründungsausschuß-Vorsitzenden E. Redslob durch den kulturpolitischen Berater General L. D. Clays. Hier ging es nicht mehr nur um den Wiederaufbau der kulturellen Infrastruktur, wie noch der Name des 1947 aufgelegten *European Recovery Program* vermuten ließ, in dessen Rahmen auch in West-Berlin Beschäftigungsmaßnahmen für arbeitslose Künstler erfolgten. Ein späterer Kultursenator hat im Rückblick (1975) vor dem Berliner Abgeordnetenhaus davon gesprochen, daß die Ost-West-Spannungen damals »naturgemäß« den »repräsentativen künstlerischen Bereich besonders hervorgehoben« hätten. Dessen Ausbau wurde nun Priorität gegenüber denjenigen Aufgaben kommunaler Kulturarbeit eingeräumt, die bei der Gründung der Kunstämter noch im Vordergrund gestanden hatten. West-Berlin hielt dabei, obwohl, anders als Ost-Berlin, ohne Hauptstadtfunktion, nicht nur an einer gleichrangigen kulturellen Repräsentanz fest, sondern versuchte auch, kulturpolitisch nach Ost-Berlin und in die DDR hineinzuwirken. Während der *Weltjugendfestspiele* in Ost-Berlin 1951 organisierte das Büro des *Kongresses für kulturelle Freiheit* in Zusammenarbeit mit Behörden und der Filmwirtschaft West-Berlins ein Veranstaltungsprogramm bei freiem Eintritt für die Besucher der Festspiele. Einen ähnlichen »Schaufenstereffekt« bezweckte die gleichzeitige Gründung der *Internationalen Filmfestspiele* (1950) und der *Berliner Festwochen* (1951), aus denen später die *Berliner Festspiele GmbH* als Veranstalterin ganzjähriger Festspielaktivitäten hervorging. Dem Ziel gleichrangiger kultureller Repräsentanz dienten die Gründungen der *Akademie der Künste* (1954) im Gegensatz zur Akademie in Ost-Berlin, der *Stiftung Preußischer Kulturbesitz* (1957) und der *Neuen Nationalgalerie* (1968) unter Einbeziehung der *Galerie des XX. Jahrhunderts.* Diese Gründungen gingen mitunter zu Lasten der kommunalen kulturellen Infrastruktur, wie die Errichtung der *Neuen Nationalgalerie* beweist, die mit Mitteln erfolgte, ursprünglich den Berliner Künstlern für ein eigenes Ausstellungshaus zugesagt waren.

Während also, wenn auch zunächst mit amerikanischen Stiftungsmitteln wie im Fall der *Akademie,* der *Amerika-Gedenk-Bibliothek,* des *Literarischen Colloquiums* oder des internationalen Künstlerprogramms *Artists in Residence* geradezu eine Gründerzeit repräsentativer Institutionen und Künstlerprogramme in West-Berlin anbrach, wurden Ende der 50er Jahre die Kulturämter der Stadt »personell, finanziell und inhaltlich zusammengestutzt und in ihrer Wirkungsweise erheblich reduziert«; so U.

Christoffel, Vorsitzender der Arbeitsgemeinschaft der Kunstamtsleiter. Dieses Urteil eines Parteifreundes über die K. des langjährigen Volksbildungssenators J. Tiburtius trifft allerdings nicht nur dessen Amtsführung von 1951 bis 1963. Die Ablösung des sozialdemokratischen Stadtrats W. May war zwar aufgrund des knappen Wahlsiegs der *CDU* und *FDP* 1951 erfolgt; doch es gibt keinen Zweifel, daß die Akzentverschiebung auf die kulturelle Außenwirkung West-Berlins schon vom ersten Magistrat E. Reuters mit seiner *SPD*-Mehrheit eingeleitet und von diesem persönlich forciert wurde. So blieb die Person J. Tiburtius' auch in späteren Koalitionssenaten von *SPD* und *CDU* unangefochten. All dies entsprach zudem dem unüberhörbaren Drängen der *Alliierten Kommandantur,* die sich 1950 in einem eigenen Schreiben kritisch über die bisherige K. des Magistrats geäußert hatte. Die Alliierten stellten sogar die Mittel für die *Berliner Festwochen* 1951 zur Verfügung.

Deutlich parteipolitische Handschrift trägt die K. der Ära J. Tiburtius vor allem im Inneren. Anders als sein Vorgänger W. May förderte J. Tiburtius ständische gegen gewerkschaftliche, repräsentative gegen basisdemokratische, elitäre gegen egalitäre Strukturen im kulturellen Leben. Die Geschäftsführung der großen Berliner Jahresausstellungen wird Anfang der 50er Jahre gegen den Protest des gewerkschaftlichen Künstlerverbands dem *Berufsverband Bildender Künstler* übertragen; der mit Bürgern besetzte Theaterbeirat des Senats wird 1953 in einen nur von Parlamentariern besetzten Kulturbeirat umgewandelt. Bei der Umbildung des Rundfunkrats 1956 wird die Vertretung der Berliner Künstler der *Akademie der Künste* übertragen; die Berufsorganisationen der Künstler, im *Kulturkreis e. V.* zusammengeschlossen, verlieren ihre Sitze.

Die Tendenz solcher Entscheidungen traf sich in fataler Weise mit der Schwäche des traditionell mäzenatischen Bürgertums im Berlin der Nachkriegszeit. Sie fand deshalb zunächst kein Gegengewicht durch kulturelle Bürgerinitiative, die wie in der Bundesrepublik die Tradition der Kunstvereine oder einen nennenswerten privaten Kunstmarkt hätte wiederbeleben können. Dieser suchte sich seinen neuen Schwerpunkt vielmehr im Köln-Düsseldorfer Raum, während die Gründung eines Kunstvereins für West-Berlin erst in den 60er Jahren möglich wurde und die Künstler gleichzeitig zur Schaffung von Selbsthilfegalerien wie der *Galerie Großgörschen* (1964) oder der *Galerie Potsdamer* (1965) genötigt waren. Die Gründung des Kunstvereins erfolgte 1965 durch eine folgenreiche politische Initiative. Ihr Initiator war der nur ein Jahr amtierende Senator A. Arndt *(SPD),* der seinen Vorgänger J. Tiburtius nach der vernichtenden Wahlniederlage der *CDU* 1963 abgelöst hatte. Dennoch wäre es kurzsichtig, den damit einsetzenden Wandel in der K. allein auf diesen Regierungswechsel zurückzu-

führen, zumal auch A. Arndt bemüht war, seinen Vorgänger als Vorstandsmitglied des von ihm begründeten Kunstvereins, der *Deutschen Gesellschaft für bildende Kunst,* politisch miteinzubeziehen. Ebenso ausschlaggebend für diesen Wandel waren die Folgen der neuen Situation, in der sich West-Berlin seit dem Bau der Mauer 1961 befand. Sie bedeutete das definitive Ende einer direkten »Schaufensterpolitik« und lenkte die K. West-Berlins auf sich selbst und auf die kulturellen Interessen westlicher Berlinbesucher zurück. Mehr als ein Jahrzehnt war nötig, um hier einen erneuten Wandel durch Annäherung zu erreichen, der erst Ende der 70er Jahre zu einer zurückhaltenden Beteiligung der DDR an kulturellen Veranstaltungen in West-Berlin, beispielsweise den *Filmfestspielen,* führte.

Der nach dem Mauerbau einsetzende kulturpolitische Wandel im Inneren war stürmischer als erwartet. A. Arndt und sein Nachfolger W. Stein als Senator in den Jahren 1964 bis 1975 setzten nach einer überwiegend »von oben« gestalteten K. auf eine Wiederbelebung kultureller Bürgerinitiative, auf den unmittelbaren Sachverstand; so wenn A. Arndt vor allem Museumsleute, Kritiker und stadtbekannte Sammler als ordentliche Mitglieder seiner *Deutschen Gesellschaft für Bildende Kunst* berief, und wenn sein Nachfolger dieses kulturelle Revirement durch Sachverständige auf das *Berliner Theatertreffen,* die *Filmfestspiele* und andere kulturelle Institutionen ausdehnte. Die Absicht war, wie Senator W. Stein 1965 im Abgeordnetenhaus ausdrücklich bekannte, »eine – wenn man mag – Entstaatlichung des Berliner Kunstlebens«. Freilich setzte dieser Prozeß aus sozialdemokratischer Sicht in den berufenen Sachverständigen – mit den Worten A. Arndts – »einen Personenkreis voraus, der Vertrauen genießt. Soviel Geld kann man keinem Verein geben, in dem morgen mit revolutionierenden Sachen gespielt wird« (Deutsche Gesellschaft für Bildende Kunst, Eine Bilanz 1965–1969, Berlin (West) 1970).

In dieser erstaunlichen Bemerkung von 1965 zur Gründung der *Deutschen Gesellschaft für Bildende Kunst* scheint der Konflikt schon vorausgeahnt zu sein, der auf dem Höhepunkt der Studentenbewegung 1969 durch die Spaltung dieser Gesellschaft in zwei Kunstvereine ein neues Kapitel K. West-Berlins einleitete. Dabei wurde der Begriff der Bürgerinitiative, den A. Arndt für seine Gründung gebraucht hatte, in folgenreicher Weise neu definiert. Der Streit sah auf der einen Seite die relativ dünne Schicht eines neuen Kulturbürgertums, das sich mit einem Kunstverein herkömmlicher Art wohl zufriedengegeben hätte und sich diesen Verein 1969 auch im *Neuen Berliner Kunstverein* schuf. Auf der anderen Seite stand die weit größere Zahl Kunstinteressierter, Ausstellungsbesucher, Kunststudenten und engagierter Künstler aus der breiten und unteren Mittelschicht, die sich kulturelle Mitsprache und Selbstverwirklichung im Sinne einer Demokratisierung der Kunst erwarteten, wenn nicht gar eine Kulturrevolution, was immer die unterschiedlichen Fraktionen der Studentenbewegung auch darunter verstanden. Konzepte einer demokratischen Kunst entwickelte die von ihnen gegründete *Neue Gesellschaft für bildende Kunst* (seit 1969) im Zusammenhang eines erweiterten Kulturbegriffs nach außen in zahlreichen analytischen, historischen und didaktischen Ausstellungen und Projekten, die mit ihrer Ausstellungs- und Katalogpraxis nicht nur in der Bundesrepublik Schule machten. Nach innen demonstrierte eine basisdemokratische Vereinsstruktur diesen Kulturbegriff am Beispiel der eigenen Organisationspraxis. Dieser Kulturbegriff enthielt damit schon jene sub- und gegenkulturellen Momente, die in die Bewegung der Bürgerinitiativen der 70er und 80er Jahre eingegangen sind und heute nicht nur das kulturelle Leben West-Berlins, sondern auch seine politische Kultur mitprägen.

Die K. des Berliner Senats ist dem Tempo dieser Entwicklung nur bedingt gefolgt, gelegentlich sogar, wie bei der Entwicklung der von ihm 1966 zusammen mit dem Bund gegründeten *Deutschen Film- und Fernsehakademie Berlin*, von ihr überrollt worden. Die Veränderungen zeigen sich am deutlichsten in dem beträchtlichen Abstand zwischen der Intensität der seither »von unten« entstandenen kulturellen Szene und dem Grad ihrer kulturpolitischen Anerkennung durch die öffentliche Hand. Nur einige wenige der in diesem Zusammenhang entstandenen Neugründungen, so das Kinder- und Jugendtheater *Grips,* die *Schaubühne am Halleschen Ufer,* jetzt am Lehniner Platz, die *Neuen Gesellschaften für bildende Kunst und Literatur,* die Druckwerkstatt des *Berufsverbands bildender Künstler* in der *Gewerkschaft Kunst,* haben sich eine institutionelle Förderung erkämpft; zum Kompromiß kam es bei den *Berliner Filmfestspielen,* denen 1971 das *Internationale Forum des Jungen Films* angegliedert wurde. Die Mehrzahl muß sich von Fall zu Fall in einen Haushaltsposten für sogenannte »Freie Gruppen« in Höhe von augenblicklich einer Mio. DM teilen, den die *Freien Demokraten* 1979 parlamentarisch durchsetzten. Es spricht für die Vitalität dieser alternativen Kulturszene, daß sie inzwischen neben den Institutionen und Inszenierungen der staatlichen K. bis hin zum »Preußenjahr« 1981 ihren eigenen Beitrag zur Identität der Stadt geleistet hat. Ihre Wirkung reicht von der Wiederbelebung der von den großen belletristischen Firmen geräumten Verlagsszene bis zu den »Tunix«- und »Tuwat«-Veranstaltungen, die, um ein im letzten Jahrzehnt beliebtes Kriterium der Berliner K. zu gebrauchen, an »kultureller Ausstrahlung« hinter deren Leistungen nicht zurückblieben. Ihre kulturelle Qualität liegt allerdings weniger in der von der kulturellen Förde-

rungspolitik bevorzugten Schaffung neuer Kunststile, Richtungen und ästhetischer Oppositionen, sondern in ihrem gegenkulturellen Entwurf einer alternativen Lebensführung, in dem sich kulturelle und politische Opposition verbinden. Insofern ist auch ihre Bedeutung für die Identität der Stadt ebenso zwiespältig wie der mögliche und nur zögernd geförderte Beitrag ausländischer, vor allem türkischer Zuwanderer, sofern nämlich Identität Integration voraussetzt, woran im Blick auf andere Metropolen wie New York allerdings gezweifelt werden darf. Die Kultur der Stadt und ihre Erscheinung nach außen hat sich jedenfalls durch diese Faktoren insgesamt stärker verändert als durch die kulturpolitischen Konzeptionen des Senats, die für die kulturelle Entwicklung West-Berlins im letzten Jahrzehnt eher auf eine »Drehscheibenfunktion« zwischen Ost und West gesetzt hatten. Bezeichnenderweise ist der unfreiwillige Beitrag der DDR zur Westberliner Kulturszene durch die künstlerische, vor allem literarische Emigration größer gewesen als durch den offiziellen Kulturaustausch.

Für diese ganze Entwicklung hat die bis zum Senatswechsel 1981 sozialdemokratisch geführte Kulturverwaltung West-Berlins unter den Senatoren G. Löffler (1975–1977) und D. Sauberzweig (1977–1981) nur wenige eigene Beiträge geleistet, trotz hochgespannter Erwartungen vor allem an den Kommunalpolitiker D. Sauberzweig als Mitverfasser des Städtetag-Memorandums »Wege zur menschlichen Stadt« (1973). Die Mitwirkungsmöglichkeiten bei der Gestaltung staatlicher K. blieben auf einige wenige Beiräte beschränkt; der aus dem früheren *Kulturkreis* 1974 hervorgegangene *Berliner Kulturrat* mit rund 30 kulturellen Verbänden und Organisationen erhielt weder eine finanzielle Förderung noch einen Beraterstatus, wie er dagegen ihn der *Akademie der Künste* sogar durch Gesetz eingeräumt wurde. Organisatorische Änderungen – wie die Trennung des Kulturressorts vom Wissenschaftsressort 1977 – hatten Vorrang vor nötigen strukturellen Reformen wie der theoretisch für richtig erkannten Dezentralisierung des Kulturlebens. Dem stand wohl ebenso die konservative Politik der überwiegend *CDU*-regierten Bezirke entgegen, wie die Ansprüche und das Beharrungsvermögen der großen kulturellen Institute von den Staatsbühnen über die *Stiftung Preußischer Kulturbesitz* bis hin zu den politisch motivierten, aus amerikanischer Hand übernommenen Gründungen der 50er und 60er Jahre, wie dem *Literarische Colloquium* und dem Nachfolgeprogramm für *Artists in Residence.* Auch wo der Senat selbst als Gründer initiativ wurde, bei dem *Künstlerhaus Bethanien* (1974), bei der *Staatlichen Kunsthalle* (1977) und der Umgestaltung des *Theaters des Westens* (1978), war dies ebenso auf die Außenwirkung Berlins berechnet wie bei dem Ende der 70er Jahre zum Zweck des »Kulturexports« gestarteten Ausstellungs- und Veranstaltungspro-

389

gramm westlicher Metropolen. Überwiegend gilt das selbst noch für das *Berlin-Museum,* die letzte Gründung E. Redslobs (1969), am wenigsten für die 1975 spätgegründete *Berlinische Galerie,* die denn auch bis heute noch ohne eigenes Haus ist.

Aus den gleichen Gründen ist die erhebliche Bonner Kulturhilfe des letzten Jahrzehnts vor allem der *Stiftung Preußischer Kulturbesitz* und den *Berliner Festwochen* zugutegekommen, die sich damit eine dominierende, neben der Politik des Senats gleichrangig gestaltende Rolle in der K. West-Berlins sichern konnten. Das gescheiterte Projekt einer *Deutschen Nationalstiftung* in West-Berlin hätte diesen Einfluß noch weiter verstärkt. Auf der anderen Seite mußten dafür dringend nötige Einrichtungen zur Stärkung der kulturellen Infrastruktur wie Kommunikationszentren und Spielstätten für die freien Gruppen zurückgestellt werden.

Schließlich blieb selbst die Absicht des Senats, der K. West-Berlin durch eine mittelfristige Entwicklungsplanung eine neue Perspektive zu geben, mit der Vorlage eines ersten Berichts über »Bildende Kunst in Berlin« 1974 stecken. Der projektierte Folgebericht über Literatur in Berlin ist bis zur Abwahl des sozialdemokratisch geführten Senats nicht mehr vorgelegt worden. Die schon beschlossene Ansiedlung des Hamburger *Instituts für Projektstudien,* des jetzigen *Zentrums für Kulturforschung* in Bonn, unterblieb ebenso wie weitere im Kunstbericht angekündigte Maßnahmen. Was davon der seit 1981 regierende Minderheitssenat der *CDU* und der zuständige Senator W. A. Kewenig aufnehmen will und kann, ist aus politischen wie finanziellen Gründen noch ungewiß, eine neue Grundlinie der K. West-Berlins noch nicht sichtbar.

F. Trommler (I–III), H. Glaser (IV), H. Schwenger (V)

Literatur

S. Nestriepke, Neues Beginnen. Die Geschichte der Freien Volksbühne Berlin 1946 bis 1955, Berlin (West) 1956
M. Abelein (Hrsg.), Deutsche Kulturpolitik, Dokumente, Düsseldorf 1970
E. Redslob, Von Weimar nach Europa. Erlebtes und durchdachtes, Berlin (West) 1972
A. Hearnden, Bildungspolitik in der Bundesrepublik und DDR, Düsseldorf 1973
Perspektiven der kommunalen Kulturpolitik, Beschreibungen und Entwürfe, Frankfurt a. M. 1974
H. Glaser, K. H. Stahl, Die Wiedergewinnung des Ästhetischen, München 1974
O. Schwencke u.a. (Hrsg.), Plädoyers für eine neue Kulturpolitik, München 1974
M. Bosch (Hrsg.), Kulturarbeit. Versuche und Modelle demokratischer Kulturarbeit, Frankfurt a. M. 1979
J. Held, Die Kammer der Kulturschaffenden und der Schutzverband bildender Künstler in der Berliner Kulturpolitik von 1945 bis 1949, in: 30 Jahre Berufsverband

Bildender Künstler Berlins, Berlin (West) 1980
Berlinische Galerie, Kunst in Berlin von 1960 bis heute (mit Nachtrag), Berlin (West) 1980

Kulturpolitik der Deutschen Demokratischen Republik

I. Definition und aktueller Kontext – II. Kulturpolitik und kulturelle Praxis – III. Absolute Autorität des sowjetischen Vorbilds – IV. Das Aufbegehren der Intelligenz – V. Bitterfelder Weg und wissenschaftlich-technische Revolution – VI. Kulturbedürfnis und Machtsicherung – VII. Leistung und Dilemma

I. Definition und aktueller Kontext

Seitdem Kulturpolitik im Umfeld der Russischen Revolution zu einem wichtigen Instrument gesellschaftspolitischer Veränderungen geworden ist, spielt dieser Begriff im kommunistischen Herrschaftssystem eine bedeutsame Rolle. Auch wenn es vor 1917 Definitionen gegeben hat, unter denen W. I. Lenins Theorie von den zwei Kulturen (1913) in jeder → *Nation* später großen Einfluß ausübte, hat der Begriff Kulturpolitik vornehmlich in der politischen Praxis seine Gestalt gewonnen. Die grundlegenden Äußerungen von W. I. Lenin, A. W. Lunatscharski und L. Trotzki zu Kulturpolitik und → *Kulturrevolution* entstanden in der Auseinandersetzung mit dem Aufbau einer sozialistischen Gesellschaft in Rußland. Gleiches trifft für das noch lange nach dem Zweiten Weltkrieg gültige und ab 1948 auch in die Sowjetische Besatzungszone übertragene Konzept J. W. Stalins zu, das für die Entwicklung der DDR zunächst die Basis bildete. Eine Skizzierung der K., die nicht nur das offizielle Selbstverständnis reproduziert, muß diesen Primat des Historisch-Pragmatischen voranstellen. Ohnehin ist seit den 60er Jahren in der DDR selbst das Bewußtsein dafür gewachsen, daß → *Kultur* und Kulturpolitik nur in ihrer ständigen Wechselwirkung mit dem gesellschaftlichen → *Alltag* definiert werden können.

Seit der Reformperiode unter N. S. Chruschtschow hat die kommunistische Definition der Kultur an Flexibilität und Breite gewonnen und ist mit dem in den 60er Jahren im Westen durchgesetzten umfassenden Kulturbegriff, der über die eigentliche Geisteskultur hinaus die Alltagsphänomene einbegreift, in Wettbewerb getreten. Dabei erbrachte die erneute Reflexion der universellen Bestimmung von Kultur im Marxismus wichtige theoretische

Gesichtspunkte. In ihnen steht die Entfaltung des Menschen als produzierendes, sich in der Gesellschaft verwirklichendes Wesen im Zentrum, das heißt der Prozeß, in welchem »die Umstände ebensosehr die Menschen wie die Menschen die Umstände machen«, wie es bei K. Marx und F. Engels heißt. Den unter W. Ulbricht überwiegend am Menschenbild der deutschen Klassik orientierten Maßstab der Vervollkommnung des Menschen präzisierte man im Hinblick darauf, daß diese Vervollkommnung an den gesellschaftlichen Entwicklungsstand und die jeweiligen Änderungsmöglichkeiten der Lebensbedingungen geknüpft ist. In den 70er Jahren wurden damit auch empirische Untersuchungen über die Rezeption bestimmter kulturpolitischer Unternehmungen möglich. Diese Entwicklung, die unter anderem mit der Herausbildung der Kulturwissenschaft als eigener Fachdisziplin in der DDR verbunden ist, sollte über den spektakulären Maßnahmen der Partei gegen oppositionelle →*Schriftsteller,* →*Künstler* und Intellektuelle *(*→*Intelligenz),* die im Westen nach wie vor das Bild der K. stark prägen, nicht übersehen werden.

Freilich ist das Verhältnis des umfassenden, an K. Marx orientierten Kulturbegriffs und des auf die Zwecke aktueller Politik hin funktionalisierten Kulturbegriffs der Alltagspraxis recht prekär. Nicht von ungefähr tendieren viele Veröffentlichungen über Kultur und Kulturpolitik zu so starker Abstraktion, daß ihnen häufig gerade die Realität des Alltäglichen und Humanen, die der weite Kulturbegriff anzielt, entgleitet. Immer wieder wird die kulturpolitische Reflexion von der allgemeinen Systemreflexion überschwemmt, wird zur Selbstrechtfertigung des Staates. Wie viele Stufen praktischer Machtausübung dabei ausgelassen werden, bezeugen die zahlreichen Fälle von Nichtübereinstimmung mit der tatsächlich betriebenen Kulturpolitik, bei denen Staat und Partei die Kritik – sei sie nun vom Philosophen E. Bloch oder vom Liedermacher W. Biermann formuliert – als Angriff aus das gesamte Herrschaftssystem gewertet und verfolgt haben.

Damit wird der Komplex »Kulturpolitik als Machtpolitik« berührt, der sich besonders eng an W. I. Lenin ausrichtet. Das gilt sowohl für die Bestimmung der Funktion von Kulturpolitik innerhalb des Herrschaftssystems als auch für die Legitimation der zentralen Kontrolle. Mit W. I. Lenin erweiterte man das Konzept der Demokratisierung von →*Bildung* und Kultur, das in der deutschen Sozialdemokratie seit dem 19. Jh. eine große Rolle gespielt hatte, zum Programm einer Kulturrevolution. Man entwickelte das Nebeneinander von Erziehungsarbeit im Bildungswesen und des sozialistischen Aufbaus und der Propagandaarbeit in →*Kunst* und →*Literatur* zugunsten des von der Partei definierten →*Sozialismus.* W. I. Lenins Empfehlung einer kritischen Pflege und Weiterentwicklung vorhandener bürgerlicher Kulturwerte war in

den 30er Jahren von der *KPD* aufgegriffen worden, als sie im Zeichen der *Volksfront* ihrem Kampf gegen die bürgerliche Kultur absagte, den sie in der Weimarer Republik, teilweise gegen sozialdemokratische Auffassungen, ausgefochten hatte. Als man gegen die faschistische Inanspruchnahme der deutschen Kultur eine antifaschistisch-demokratische Gegenposition ansteuerte, die nach Ende des Zweiten Weltkriegs als Grundlage des kulturellen Wiederaufbaus dienen konnte, bezog man sich auf W. I. Lenins Ansicht von den »zwei Kulturen in jeder nationalen Kultur«. In jeder bürgerlichen Nation herrsche eine zumeist reaktionäre Kultur, daneben existierten aber auch schon Elemente einer demokratischen und sozialistischen Kultur, die aus den Lebensverhältnissen der werktätigen Masse hervorgehe. Diese Auffassung wurde nicht nur direkt nach Kriegsende zitiert, als man die Überreste des Faschismus, verstanden als die imperialistische Kultur der Herrschenden, zu beseitigen suchte, sondern auch später, als man, noch unter gesamtdeutscher Orientierung, die »demokratische und sozialistische« Kultur der DDR gegen die »erzreaktionäre« der Bundesrepublik ausspielte. Als sich die DDR als eigener Staat konsolidierte, wurde K. als »Teil der Gesamtpolitik der marxistisch-leninischen Partei der Arbeiterklasse, des von ihr geführten sozialistischen Staates und der mit ihr in der *Nationalen Front* verbündeten Parteien und Massenorganisationen« bestimmt.

II. Kulturpolitik und kulturelle Praxis

Gegenüber den seit den 60er Jahren im Westen entwickelten kulturpolitischen Aktivitäten ist die K. durch eine gesamtgesellschaftliche Orientierung geprägt, die kein Detail ausläßt. In ihr manifestiert sich sowohl die aus der Totalität argumentierende marxistische Gesellschaftslehre als auch der leninistische Herrschaftsanspruch der Partei. Bestimmend für das Ganzheitsdenken sind die Erfordernisse der Machtsicherung *(*→*Macht)* und des Produktivitätszuwachses. In diesem Sinn setzt der Staat verschiedene Instrumente zur Steuerung der kulturellen Sphäre ein. Das Bemühen, die Kultur zu einem Transmissionsriemen des Systems zu machen, stößt allerdings mit den Ansprüchen einer lebendigen kulturellen Praxis zusammen. Immer wieder gewinnt die kulturelle Sphäre als Austragungsort ideologischer und politischer Konflikte einen repräsentativen Status, und die Offiziellen sind sich bewußt, daß sich in diesem Bereich Spontaneitäts- und Oppositionsdenken immer wieder regenerieren und öffentlich manifestieren. Es überrascht nicht, daß kulturpolitische Modelle der Weckung von Spontaneität und Aktivität, die in der Bundesrepublik stetig an Bedeutung gewinnen, bei der *SED* auf starke Zurückhaltung stoßen. Der Austausch über die innerdeutschen Grenzen ist auch mit den neuen kulturpolitischen Entwicklungen bislang gering geblieben (→innerdeutsche Kulturbeziehungen).

Im Bereich der Bildungspolitik hat man die gesamtgesellschaftliche Orientierung als eine ökonomisch-politische mit mehr Überzeugungskraft durchgesetzt. Die Reformen nach 1945 speisten sich zunächst zu einem gewichtigen Teil aus älteren deutschen Reformkonzepten und lehnten sich erst ab 1948 ganz an das sowjetische Bildungssystem an. Eindeutig war von vornherein der Auftrag, das Bildungsprivileg des Bürgertums zu brechen, die Intelligenz umzuerziehen und sie aus der Arbeiterklasse neu zu rekrutieren. In den 50er Jahren begann, stark von der sowjetischen Reformdiskussion der Ära N. S. Chruschtschows über die Verbindung von Unterricht und Produktion beeinflußt, die Koordination von →Ausbildung und Industriesystem. Nach konsequentem, nicht immer unangefochtenem Aufbau entstand 1965 das einheitliche sozialistische Bildungssystem, das auf dem Grundsatz der Einheit von →Bildung und →Erziehung beruht, womit sowohl die Aneignung von Wissen und Fertigkeiten als auch von ideologischen Normen und Einstellungen gemeint ist. Das einheitliche sozialistische Bildungssystem (→Schule) umschließt die Vorschulerziehung, die zehnklassige allgemeinbildende Polytechnische Oberschule, die Erweiterte Polytechnische Oberschule mit Abitur, die Sonderschulen für physisch und psychisch geschädigte Kinder, darüber hinaus die verschiedenen Einrichtungen der Berufsausbildung, die Ingenieurs- und Fachschulen, die →Universitäten und Hochschulen sowie die Einrichtungen der →Aus- und →Weiterbildung für Berufstätige. Dieses umfassende System richtet die Erziehung und Ausbildung auf allen Ebenen eng auf die ökonomischen Bedürfnisse der Gesellschaft aus und ist mit seiner zentralen Verwaltung durch Volksbildungsministerium, Ministerium für Hoch- und Fachschulwesen und Staatssekretariat für Berufsbildung sehr effizient. In diesem Rahmen gewinnt auch die Maxime, die Bürger sollten sich zu »allseitig und harmonisch entwickelten sozialistischen Persönlichkeiten« ausbilden, ihre Bedeutung. Dem einzelnen ist aufgetragen, seine individuelle Lebensperspektive an der Planungsperspektive des Staates und der Gesellschaft zu orientieren. Die Arbeitssphäre soll zugleich zur Lernsphäre werden, gemäß dem Motto »sozialistisch arbeiten, lernen und leben«. Diese Vereinigung von Arbeiten, Lernen und Leben würde Ökonomie und Kultur schließlich zusammenführen. Bis auf weiteres, so ließe sich zur Koordination von Ausbildung und Industriesystem hinzufügen, bleiben jedoch Sicherung und Erweiterung des vorhandenen Herrschaftssystems die zentrale Intention.

Für die projektierte Vereinigung der Bereiche spielt seit der Nachkriegszeit die →Gewerkschaft mit ihrer Kulturarbeit die Schlüsselrolle. Während die Städte weiterhin als Träger traditioneller Kulturinstitutionen, vor allem der → Theater, → Museen und →Ausstellungen, fungieren, hat der FDGB die Hauptverantwortung für die kulturelle Massenarbeit auf die Betriebe konzentriert. Die gewerkschaftliche Kulturarbeit knüpfte nach dem Zweiten Weltkrieg an frühere Traditionen an und gewann mit der Erfassung der Berufstätigen am Ort ihrer Arbeit bald eine zentrale Stellung für deren Freizeitaktivitäten, politische Betätigung und berufliche Weiterbildung. Mit den Kommissionen Kultur und Bildung sowie den 260 560 Kulturobleuten (1977) in den Betrieben entstand ein Netz von Verantwortlichen, die auf Grund von Kultur- und Bildungsplänen die Aktivitäten steuern und mit denen der anderen Massenorganisationen koordinieren. Sie verfügen über 350 Kulturhäuser (→Kulturzentren) und 10 500 Volkskunstkollektive (→Volkskultur) mit nahezu 140 000 Mitgliedern. Sehr eng sind die Beziehungen zu weiterbildenden Institutionen, etwa der Urania, der 1954 gegründeten Gesellschaft zur Verbreitung wissenschaftlicher Kenntnisse. Fixpunkte der Laienkulturarbeit bilden seit 1970 die Betriebsfestspiele, von denen jährlich über 3000 stattfinden, sowie die Höhepunkte der sozialistischen Kultur- und Kunstentwicklung in der DDR gefeierten, ab 1959 jährlich und seit 1972 alle zwei Jahre jeweils in einem anderen Bezirk veranstalteten Arbeiterfestspiele (→Festspiele).

Die Statistiken über die kulturellen Massenaktivitäten sind zweifellos eindrucksvoll. Hinter ihnen steht ein großer Apparat von Entscheidungsträgern, von der Kulturabteilung im Zentralkomitee der SED und dem Ministerium für Kultur bis zu den entsprechenden Abteilungen auf Bezirks-, Kreis- und Stadtebene. Im Einzelfall ist allerdings auch in den Betrieben und Kombinaten das Kulturbudget (→Kunstförderung) keineswegs immer gesichert und das Interesse der Werktätigen an den lange geplanten Kulturausflügen, vorzugsweise mit dunklem Anzug ins Theater, nicht immer so stark, wie offiziell erwünscht. Überhaupt ergeben sich in der Berührung von Berufs- und Privatsphäre Konflikte, die bisher nicht von einem Durchbruch der sozialistischen Kultur sprechen lassen. In einer offiziellen Darstellung heißt es: »Das kulturelle Leben spielt sich zwar bekanntlich nur in geringem Maße im Betrieb selbst ab. Der Betrieb aber ist Ausgangspunkt, ideologisches Zentrum und Impulsgeber, ja Förderer und ›Forderner‹ für die Entwicklung der geistig-kulturellen Interessen, die in den Kultureinrichtungen des Territoriums und natürlich in hohem Maße in den Wohngebieten realisiert werden. In diesem Sinne sind die Betriebe als ideologische Zentren des geistig-kulturellen Lebens im örtlichen Territorium zu werten, wodurch die führende Rolle der Arbeiterklasse im gesamten Kulturleben immer besser wahrgenommen wird« (H. Bühl, Kultur im sozialistischen Betrieb, Berlin (Ost) 1970, S. 33). Gerade hier entwickeln sich aber auch die Widerstände gegen das Übergreifen der Arbeits- in die Privatsphäre, ein heikles Problem in einer Gesellschaft, deren Alltag von öffentlichen Verpflichtungen ohnehin ständig überlastet wird. Der in diesem Zusammenhang vielgebrauchte Begriff »Kulturarbeit« spricht für sich. Von der Kulturarbeit ist es zur → *Arbeitskultur* nicht mehr weit. In den 70er Jahren hat man in der DDR, was in der Bundesrepublik unter dem Motto der Humanisierung der Arbeitswelt läuft, als Arbeitskultur zum Teil der Kulturarbeit gemacht. Dieses Programm ist jedoch zu eng in den konstanten Wettbewerb der Arbeitskollektive eingebunden, als daß sich die alte Ausrichtung am Produktivitätszuwachs übersehen ließe.

III. Absolute Autorität des sowjetischen Vorbilds

Mehr als in anderen sozialistischen Ländern ist die Geschichte der K. zugleich die Geschichte der ideologischen Selbstlegitimation des Staates. Während andere Länder auf dem Selbstverständnis ihrer kulturellen Identität aufbauen können, wird die DDR als kleinerer deutscher Teilstaat zu ständiger Selbstvergewisserung gezwungen. In der angestrengten Handhabung der Kulturpolitik bleibt erkennbar, daß dieser Staat nicht aus einer sozialistischen Revolution, sondern aus der Niederlage Deutschlands, dem Sieg der Roten Armee und der nationalen Teilung hervorging. Bezeichnend ist die ständige Auseinandersetzung mit → *Nation* und Nationalkultur und die spätere Verkündung einer sozialistischen Nationalkultur gegen die kapitalistisch-spätbürgerliche Kultur der Bundesrepublik.

Die Gründung der DDR 1949 ging nicht mit größerer Selbständigkeit, sondern stärkerer Abhängigkeit von der innersowjetischen Politik einher. Die der Staatsgründung folgende, unter dem Motto »Aufbau der Grundlagen des Sozialismus« ökonomisch bestimmte Entwicklungsphase brachte zugleich die Übernahme der stalinistischen, von A. A. Shdanow vertretenen Kulturpolitik, die auf Auffassungen W. I. Lenins aufbaut. Die von J. W. Stalin gegen die sowjetische Linksopposition durchgesetzte Orientierung an der Pflege traditioneller Kultur und Herausbildung einer neuen Funktionselite (→ *Elite*) setzte den Rahmen für eine K., die demokratischen Reformimpulse der Nachkriegszeit erstickte (→ *Kulturpolitik der Nachkriegszeit*). In der Literatur kam es nicht zu einer Anknüpfung an die proletarisch-revolutionäre Richtung, die im *Bund proletarisch-revolutionärer Schriftsteller* Ende der 20er Jahre vertreten, dann aber von G. Lukács 1931/32 kritisiert worden war. Vielmehr wurde der in Verbindung mit W. I. Lenins Auffassung von → *Parteilichkeit* und Parteiliteratur 1932 verkündete

Sozialistische Realismus als literarische Methode vorgeschrieben, mit der man den → *Realismus* des 19. Jh. gegen die ästhetische → *Moderne* des 20. Jh. ausspielte. J. W. Stalins eigener, 1950 in »Marxismus und Fragen der Sprachwissenschaft« formulierter Beitrag bestand in der philosophischen Legitimation der Verselbständigung der politischen Führung gegenüber ihrer gesellschaftlichen Basis. Im Bildungswesen wie in Literatur und Kunst genoß das sowjetische Vorbild absolute Autorität.

Die merkwürdige, für die Betroffenen bedrückend sterile Abgehobenheit kultureller Phänomene der Stalin-Ära trug viel zur – inoffiziellen – Desavouierung der russischen Einflüsse bei. Die Kampagne gegen den Modernismus, welche die *SED* 1951 mit der Entschließung »Der Kampf gegen Formalismus in Kunst und Literatur, für eine fortschrittliche deutsche Kultur« durchsetzte, machte auch aus der nebensächlichsten künstlerischen Äußerung einen militärischen Beitrag im Kampf der Großmächte um die → *Zukunft* der Menschheit. Im selben Jahr gründete man die *Staatliche Kommission für Kunstangelegenheiten* zur Kontrolle des künstlerischen Lebens in der DDR, wobei Ministerpräsident O. Grotewohl als Maxime ausgab: »Was sich in der Politik als richtig erweist, ist es auch unbedingt in der Kunst. Es ist doch klar, daß ein Werk, selbst wenn es gewisse künstlerische Qualitäten in sich trägt, vom Volk abgelehnt werden muß, wenn seine Grundrichtung reaktionär ist. Ich will damit sagen, daß die politische Kritik bei der Beurteilung unserer Kunst primär ist und daß die künstlerische Kritik sekundär ist« (Neues Deutschland v. 2. 9. 1951). Die → *Zensur* von Autoren wie B. Brecht und A. Zweig bildete nur die Spitze eines Eisbergs an Reglementierung. In dieser Situation mußte der Versuch, nach dem Vorbild der Sowjetliteratur eine Literatur zu schaffen, die mehr als blanke Produktionsverherrlichung und rosige Konfliktharmonisierung brachte, mißlingen. Für die Leser gewann das klassische Kulturerbe tatsächlich neue Bedeutung. Es diente als Aufenthaltsort für eine neue Art → *innerer Emigration*. Man flüchtete unter das Dach klassischer Ästhetik, das G. Lukács, der zwischen 1945 und 1956 fast eine Monopolstellung in der Literaturwissenschaft der DDR besaß, mit marxistischen Argumenten aufgerichtet hatte.

IV. Das Aufbegehren der Intelligenz

Während der Aufstand des 17. Juni 1953 von Arbeitern und nicht von der Intelligenz getragen wurde, war das Verhältnis bei dem Aufbegehren 1956 im Zusammenhang mit den Ereignissen in Ungarn und Polen umgekehrt. Allerdings fand auch der Protest der Intelligenz gegen die stalinistische Form der Sozialisierung ein schnelles Ende. Wer sich im Tauwetter der Entstalinisierung zu weit nach draußen

gewagt hatte, wurde um so härter vom zurückgekehrten Frost erfaßt. Das galt selbst für den Kulturminister J. R. Becher, der in dieser Phase über viele
Aktivitäten seine schützende Hand hielt. Ihm hatte
man 1954 das neuerrichtete *Ministerium für Kultur*
unterstellt, nachdem 1953 die *Kunstkommission*
aufgelöst worden war. In dieser Periode war schon
die öffentliche Diskussion der Frage, wie sich Kunst
und Kultur im Sozialismus entwickeln sollten, ein
großer Erfolg.

N. S. Chruschtschows Ansprache auf dem XX.
Parteitag der *KPdSU* bezeugte 1956, daß die bisherigen Grundlagen des Systems einer intensiven
Revision bedurften. Was E. Bloch philosophisch
formulierte und Kritiker wie W. Harich, F. Behrens,
A. Bernary, R. Havemann, G. Lukács u. a. in Politik,
Ökonomie, Naturwissenschaften und Kultur zum
Ansatz einer umfassenden Revision machten, galt
nicht weniger für den Alltag der hart arbeitenden
Bevölkerung. Ein auf → *Entfremdung* und Unterdrückung des Individuums gebauter Sozialismus
verdiente diesen Namen nicht. Wollte man eine
wirklich emanzipierte sozialistische Kultur aufbau-
en, mußte man Freiheitsräume für die künstlerische
Intelligenz schaffen, um die ästhetische Stagnation
zu überwinden, darüber hinaus aber vorstoßen zu
einer grundsätzlichen Öffnung der Gesellschaft, im
Sinn des von E. Bloch skizzierten »offenen Systems
der Zusammenhänge«. Diesem geschichtsphiloso-
phisch-anthropologisch begründeten → *Revisionismus* war jedoch kaum Gelegenheit zu weiterer Entfaltung gegeben. Ihm setzte, von der Sowjetunion
ausgehend, die Orthodoxie Ende 1956 ein Ende. Er
ist ein Höhepunkt in der Erörterung politisch-kultureller Möglichkeiten und Notwendigkeiten im
Sozialismus geblieben, wenn er auch mit seinem
antistalinistischen Moralismus für die inzwischen
versachlichte Diskussion an Gewicht eingebüßt hat.

Der Protest der Intelligenz bestätigte, daß die
Errichtung einer Art Kleinsowjetdeutschland mit
bürokratischer Erziehungsdiktatur gescheitert war.
Die harten Gegenmaßnahmen, die 1956 und 1957
eingeleitet wurden, besiegelten aber auch, daß sich
von der Intelligenz her eine Alternative nicht durchsetzen ließ. W. Ulbrichts Säuberungen der aufbe-
gehrenden Intelligenz, die insbesondere viele jüngere Wissenschaftler an den Universitäten betraf,
hatte deren endgültige Entmachtung zur Folge. Ein
Großteil ging in den Westen, der andere Teil paßte
sich an. Seit dieser Zeit hat die Parteiführung zwar
immer wieder Schwierigkeiten mit Kritik aus den
Reihen der Intelligenz gehabt, es ist aber nicht mehr
zu einer solch breiten Oppositionsbewegung
gekommen, auch nicht im Zusammenhang mit dem
Prager Frühling in der CSSR 1968. Mit der zunehmenden Technifizierung und ökonomischen Versachlichung des gesellschaftlichen Systems, zu der
auch die polytechnische Ausrichtung des Bildungswesens beitrug, entwickelte sich die Intelligenz von

der Tradition literarisch-intellektuellen → *Engagements* weg. Das schlug sich selbst im Bereich der
Literatur nieder, wo noch am ehesten kritische Stellungnahmen gegen Herrschafts- und Lebensformen
in der DDR öffentlich formuliert wurden, wenn
man einmal von so grundsätzlichen wissenschaftlichen Kritiken wie denen R. Havemanns und R.
Bahros absieht.

V. Bitterfelder Weg und wissenschaftlich-technische Revolution

Die Verbindung von Intelligenz und Arbeiterklasse
war 1953 ausgeblieben, als diese aktiv wurde, und
1956, als jene die Initiative ergriff. Sie kam auch in
der Folgezeit nicht zustande, obwohl W. Ulbricht
und A. Kurella nun in der Absicht, das System mit
diesem Bündnis zu konsolidieren, eine große Kampagne begannen. Zunächst waren es natürlich die
Arbeiter, an die die *SED* appellierte und mit denen
sie ihren Gegenstoß zu führen dachte. Der ökonomische Aufbau des Sozialismus, der 1957 mit dem
»Sputnik«-Erfolg und N. S. Chruschtschows Parole
vom Wettbewerb der Systeme in ein neues Stadium
trat, verlangte ein neues Arrangement mit den Massen. Zwischen 1957 und 1964 gab es unter dem
Motto der sozialistischen Kulturrevolution eine
endlose Reihe von Reden, Konferenzen, aber auch
neuen kulturellen Aktivitäten. Auf einer Beratung
kommunistischer Parteien in Moskau wurde 1957
»die sozialistische Revolution auf dem Gebiet der
→ *Ideologie* und Kultur und die Heranbildung einer
der Arbeiterklasse, dem schaffenden Volke und der
Sache des Sozialismus ergebenen Intelligenz« als
eine »allgemeingültige objektive Gesetzmäßigkeit
des sozialistischen Aufbaues« deklariert (Kultur in
der Zeit, hrsg. v. Inst. f. Gesellschaftswissenschaften
beim Zentralkomitee der SED, Berlin (Ost) 1965, S.
42). Nachdem die Kulturkonferenz 1957 mit den
Revisionisten abgerechnet hatte, beschloß der V.
Parteitag der *SED* 1958 das entsprechende Programm für die DDR mit der Losung: »Die Arbeiterklasse muß die Höhen der Kultur erstürmen und
von ihnen Besitz ergreifen«. An die Kunstschaffenden erging die Aufforderung, »sich fest mit dem
neuen Leben zu verbinden und die Kluft zwischen
Kunst und Leben vollends zu überwinden. Berufskunst und Laienkunst müssen sich wieder gegenseitig befruchten«. Die dritte Aufgabe war, »alle Voraussetzungen für den Weg zur gebildeten Nation zu
schaffen« (a. a. O., S. 118). Forum für die Popularisierung dieser Ziele wurde die Autorenkonferenz in
Bitterfeld 1959, auf der die aktive Unterstützung des
Laienschaffens am größten war. Die künstlerische
Betätigung der Arbeiter sollte nun zur Basis kultureller Entwicklungen überhaupt werden. Allerdings
nahm der führende Kulturfunktionär A. Kurella
bereits auf der Kulturkonferenz 1960 diesen Vor-

stoß der *I. Bitterfelder Konferenz* zurück und betonte die Rolle der etablierten literarischen Meister. Wenn auch die kulturelle Massenarbeit, etwa mit den Arbeiterfestspielen, in den 60er Jahren ihren Höhepunkt erreichte, blieben die Wirkungsmöglichkeiten der in der Folgezeit etablierten Kulturhäuser und -klubs in Betrieben *(→ Vereine),* Städten und Dörfern, der *Zirkel schreibender Arbeiter* sowie anderer Laienaktivitäten begrenzt.

Ohne Zweifel setzte die Verknüpfung von Arbeitswelt und kulturellen Lernprozessen, die sich im vielbeschworenen *Bitterfelder Weg* niederschlug, kulturrevolutionäre Impulse frei. Es war ein beachtlicher Versuch der Umsetzung sonst nur theoretisch vertretener Postulate kultureller Sozialisierung. So erlebte nicht zuletzt die lange beiseitegeschobene proletarisch-revolutionäre Literatur der Weimarer Republik eine kurze Renaissance. Im Hinblick auf die Arbeiter selbst aber ließ sich die Frage nicht abweisen, was damit eigentlich revolutioniert werden solle. Denn die Arbeiter blieben nach wie vor Objekte der staatlichen Bevormundung, ja wurden mit dem Erziehungsziel der gebildeten Nation und dem künstlerischen Ziel einer neuen sozialistischen Klassik auf traditionelle bürgerliche Pfade gelenkt. Schon auf der *I. Bitterfelder Konferenz* betonte W. Ulbricht als kulturpolitisches Programm »ein höheres Bildungsniveau der Arbeiterklasse und der Werktätigen«. Dies und die Ausarbeitung des Begriffs der »allseitig gebildeten sozialistischen Persönlichkeit« zum VI. Parteitag 1963 wies auf die Höherqualifizierung der Arbeiter für den ökonomischen Wettkampf mit dem Westen, nicht aber auf ihren Aufstieg zur tatsächlich führenden politischen Kraft im sozialistischen Staat. Auf der *II. Bitterfelder Konferenz,* die 1964, ein Jahr nach der Einführung des *Neuen Ökonomischen Systems* stattfand, wurde kaum noch verbrämt, daß es um effiziente Unterstützung der ökonomischen Produktion statt Arbeitermacht und *→Arbeiterkultur* ging. W. Ulbricht erklärte, der Zusammenhang von wissenschaftlich-technischer Umwälzung und Kulturrevolution trete stärker in den Mittelpunkt der Kulturpolitik als jemals zuvor. Die Waage hatte sich inzwischen wieder zugunsten der Intelligenz gesenkt, und zwar der technisch-ökonomischen Funktionselite *(→Elite),* die für die Durchführung des *Neuen Ökonomischen Systems* unabdingbar war. Die Orientierung am wissenschaftlich-technischen *→Fortschritt,* mit dem die DDR ihre Existenz als moderner Industriestaat konsolidieren konnte, drängte die Bedeutung der Arbeiterklasse zurück. Diese Entwicklung verstärkte sich in der zweiten Hälfte der 60er Jahre, als sich die neue Funktionselite, auch in ihren gehobenen Lebensformen, etablierte. Es gehörte zu den wichtigsten Kursänderungen E. Honeckers nach 1971, daß er die ideologische Orientierung an der Arbeiterklasse wieder verstärkte.

In der Literatur- und Kunstpolitik versprach diese Form der Konsolidierung der DDR zunächst gewisse Experimentierfreiheiten für die künstlerische Intelligenz. Sie wurde in den Jahren nach dem Bau der Berliner Mauer 1961 wahrgenommen, der als großer Schock wirkte, aber zur Folge hatte, daß die innenpolitische Militanz, die sich noch 1960 bei der Kollektivierungskampagne gegen die selbständigen Bauern niedergeschlagen hatte, nachließ. N. S. Chruschtschows Sturz 1964 besiegelte das Schicksal der Experimentierphase überall im Ostblock. In der DDR schob das 11. Plenum des Zentralkomitees der *SED* Ende 1965 mit Angriffen gegen St. Heym, W. Biermann u. a. einer selbständigeren, kritischeren Rolle der Künste einen Riegel vor. Doch sollte nicht übersehen werden, daß auch die Umorientierung auf den Primat der *→ Wissenschaft* einer solchen Rolle weniger Spielraum ließ. Was Schriftsteller und Künstler an Phantasie und Widerspruch produzierten, war im wahrsten Sinne des Wortes unberechenbar. Sah man die Gesellschaft als ein System an, das mit Hilfe der Kybernetik programmiert und gesteuert werden konnte, dann versprachen die Massenmedien, insbesondere das *→ Fernsehen,* wesentlich größere Steuerbarkeit und Reichweite. Die Partei stellte, das Fernsehfieber der Bevölkerung ausnutzend, die Fernsehdramatik an die Spitze kulturpolitischer Unternehmungen und erzielte mit Serien über den Aufbau der DDR von B. Wogatzki, H. Sakowski und anderen eine ausgesprochen breite und positive Resonanz. Kerngedanke der 1967 ausgearbeiteten Fernsehkonzeption war die »Entwicklung des DDR-Bewußtseins der Zuschauer«. Er entsprach der von der *SED* im Mauerbau zementierten Politik, die gesamtdeutschen Bindungen abzustreifen und statt dessen die DDR als sozialistische deutsche Nation auch im Bewußtsein der Bevölkerung zu verankern. Dies hatte Ende der 60er Jahre, als sich ein gewisser Stolz über den gemeinsam geleisteten Aufbau zeigte, durchaus Chancen. Allerdings blieb das von W. Ulbricht propagierte Konzept einer sozialistischen, umfassenden, schöpferischen und verantwortungsbewußten Menschengemeinschaft, bestehend aus Angehörigen aller Schichten und Klassen, der Traum eines alternden deutschen Potentaten, ein Harmonietraum, der den Aufstieg einer neuen Führungsschicht über die Arbeiter nur notdürftig verschleierte. Die Neubelebung kulturrevolutionärer Elemente, die sich aus dem Konzept einer bereits klassenlosen Gemeinschaft ergab, hielt sich nicht über W. Ulbrichts Abgang hinaus.

VI. Kulturbedürfnis und Machtsicherung

W. Ulbrichts Ablösung 1971 markierte auch für die K. einen entscheidenden Einschnitt. Die in den späten 60er Jahren aufgekommene ideologische Formel von der »entwickelten sozialistischen

Gesellschaft« rückte an die Stelle des Begriffs vom »umfassenden Aufbau des Sozialismus««. Damit entleerte sich das von W. Ulbricht gepflegte Pathos kultureller Selbstdarstellung des Staates. Mit dem Übergang in ein nachrevolutionäres Stadium, der auf dem XXIV. Parteitag der *KPdSU* und den Folgekongressen der anderen sozialistischen Länder wie dem VIII. Parteitag der *SED* offizielle Formulierung erhielt, prägte sich in Ideologie und Politik ein neuer Machtpragmatismus aus. Er setzt den sozialistischen Aufbau schon voraus, kann die kulturell zu weckende Zustimmung also auf einige grundsätzliche Axiome konzentrieren, die allerdings unbedingt eingehalten werden müssen. Wie wichtig die Beachtung dieser Axiome der absoluten Machtsicherung ist, zeigt das harte Vorgehen der *SED* gegen Schriftsteller und Künstler, die sich gegen die von der Partei verhängte Ausbürgerung W. Biermanns 1976 solidarisierten. Hier wurden die Nachteile sichtbar, die sich von der seit dem VIII. Parteitag offeneren K. nicht trennen lassen. Der Pragmatismus der Machtsicherung gewährt größere Freiräume als die Kultursteuerung früherer Perioden, aber er wird auch nicht mehr in gleicher Weise von der Kultursteuerung ausgeglichen.

Was sich in Literatur und Literaturwissenschaft in diesem Zeitraum abzeichnet, gilt auch für die kulturpolitische Diskussion. Sie greift weiter aus als zuvor, bezieht kritische Positionen ein und reflektiert die Folgen von Konsumgesinnung und Bürokratisierung. Die »Höher- und Schöner«-Rhetorik der Kulturpolitiker wird relativiert, wenn selbst H. Koch, Leiter der kulturpolitischen Abteilung am *Institut für Gesellschaftswissenschaften* beim Zentralkomitee der *SED* auf einer kulturpolitischen Konferenz 1974 von den »teilweise stark rückläufigen Bewegungen im Theater- und Filmbesuch, in Konzerten, im Veranstaltungswesen« spricht, vom mangelnden Aufschwung des Lesens und »der selbständig-geistigen Arbeit am Buch« sowie der Stagnation der Einzellehrgänge an den Volkshochschulen, vom Rückzug des Publikums »aus großen gesellschaftlich bedeutsamen Themen, aus weitreichenden künstlerischen Verallgemeinerungen« zugunsten »sehr ›persönlicher‹ Themen«. Auf allen Ebenen wachse das Bedürfnis nach → *Unterhaltung* und Unterhaltungskunst unaufhaltsam an (Arbeiterklasse und kulturelles Lebensniveau, hrsg. vom Inst. f. Gesellschaftswissenschaften beim Zentralkomitee der SED, Berlin (Ost) 1974, S. 47 ff). Solche zunehmend durch Empirie und Theorie gestützten Feststellungen sind weniger als Mängelrügen denn als Zeichen einer Umorientierung erwähnenswert. Der entscheidende Begriff ist »Kulturbedürfnis« (→ *Bedürfnis)*, mit dem schließlich die andere, vernachlässigte Seite ins Kalkül rückt, die Seite der Rezipienten, und das heißt auch die der Arbeiter. So konstatierte einer der Konferenzteilnehmer: »Die Durchbrüche, die uns mit den Werken Goethes,

Beethovens, Dürers und anderer gelungen sind, berechtigen uns nicht, von einem massenhaft entwickelten Bedürfnis der Arbeiterklasse nach dem humanistischen oder dem proletarisch-revolutionären Kunsterbe zu sprechen. Hier ist noch eine Schwierigkeit zu überwinden. Sie bezieht sich auf jene Erscheinung, wo das Bedürfnis nach dem künstlerischen Erbe als Fluchtposition auftritt« (a. a. O., S. 176).

Unabweisbar sind die Realitäten einer hochindustrialisierten und bürokratisierten, an → *Konsum* und → *Freizeit* orientierten Leistungsgesellschaft mit einer → *Jugend,* der es keineswegs leichter als in anderen Ländern gemacht wird, sich gesellschaftlich einzugliedern. Unabweisbar ist die Notwendigkeit, über eine Kulturpolitik hinauszukommen, die »das Sozialistische« lange Zeit aus der Verinnerlichung und Allegorisierung des Aufbaus der DDR bezogen hat. Allerdings bestätigte sich auch in den 70er Jahren wieder der Primat der Machtsicherung in der K. Es bleibt offen, welche praktischen Auswirkungen die neuere Beschäftigung mit Kulturtheorie und -empirie besitzt.

VII. Leistung und Dilemma

Das Dilemma der K. ist das der ideologischen Führung dieses Staates überhaupt. Aus der marxistisch-leninistischen Geschichtssystematik heraus muß eine ständige gesetzmäßige, dennoch bewußt gesteuerte Höherentwicklung der Kultur konstatiert, zugleich aber dem Alltag und den Bedürfnissen einer modernen Gesellschaft in sehr konkretem Detail entsprochen werden. Damit klaffen Programm und Realität konstant auseinander. Vieles, was tatsächlich einen großen Fortschritt für Bildung und Kulturpartizipation darstellt, wird in einem Wust von ideologischer Systemmythisierung begraben und um sein Stimulations- und Emanzipationspotential gebracht. Die darin verfolgte Absicht liegt auf der Hand und hat dazu geführt, daß von der DDR kaum Impulse für die in der Bundesrepublik seit einiger Zeit wirksame Aktivierung der städtischen und regionalen Kulturpolitik ausgingen (→ *kommunale Kulturpolitik).*

In der K. stellt die Vermischung von Seins- und Sollensmomenten, die die sozialistischen Gesellschaften generell kennzeichnen, dem außenstehenden Beobachter besonders große Probleme. Diese werden dadurch verstärkt, daß die K. in der politischen Praxis des Staates allzu häufig als institutionalisierte Vermittlung von Erscheinung und Wesen zu wirken hat. Das in ihr liegende Potential, den Reduktionismus des Marxismus-Leninismus angesichts der Komplexität der modernen Welt und ihrer inzwischen stark geschrumpften Zukunftserwartungen in gewissen Bereichen zu überwinden, bleibt unangetastet. Es ist zu fragen, ob dieses

Potential überhaupt wahrgenommen wird. Und wenn es geschieht, wird es von der in den 70er Jahren verstärkten Hinwendung der Bevölkerung zur Privatsphäre nicht wieder aufgehoben? Und mehr noch, wird die K., wie sie sich selbst darstellt, von der Bevölkerung überhaupt als solche empfunden? Etwa von den Jugendlichen, die über ideologische Übersättigung und über Monotonie des →*Alltags* klagen?

Bei der Beantwortung solcher Fragen läßt sich nicht übersehen, daß die Konsumkultur, deren Leitbilder auf vielen Kanälen tagtäglich aus dem Westen einströmen, auch in der DDR dominiert. Daran hat die mit vielen Opfern erkaufte Abschottung von der Bundesrepublik nichts geändert. Sie hat die in der Bevölkerung vorherrschende Auffassung, daß die kulturelle Dynamik vom Westen ausgeht, noch entscheidend, doch nicht immer zu Recht, verstärkt. Manches Fernsehspiel aus der DDR hat dort erst mit der Übernahme durch das bundesrepublikanische Fernsehen seine verdiente Aufmerksamkeit gefunden, und zahlreichen literarischen Werken ist erst mit der Veröffentlichung in der Bundesrepublik der Schritt zur vollen Anerkennung gelungen. Daran ändert die neuere Ausrichtung an Entwicklungen des sozialistischen Lagers wenig. Darunter leidet nicht zuletzt der Kulturimport aus der Sowjetunion. Seitdem die *SED* die Kultur jenes Landes immer wieder als Gipfel der Menschheitskultur gefeiert hat, ist bei den Bewohnern der DDR das Interesse selbst an den guten Leistungen auf ein Minimum geschrumpft.

Mit dieser Isolierung zwischen Ost und West prägten sich in der DDR Lebensformen aus, die ihre eigene Aura, ihre Poesie und Häßlichkeit besitzen. Ob man dafür das Etikett »sozialistisch« verwenden soll, das doch wohl für mehr reserviert war, läßt sich bestreiten. Deutlicher ins Auge springt gewiß ein anderes Element im Erscheinungsbild dieses Landes, und dieses Element ist sogar eng mit seiner Kulturpolitik verbunden: die gegenüber der Bundesrepublik stärker sichtbare Erhaltung der deutschen Traditionen, vom Bild der Städte und Dörfer angefangen bis hin zu sprachlichen und gesellschaftlichen Umgangsformen, zu privater und öffentlicher Erbepflege *(→ Tradition und kulturelles Erbe)*. Zwar ist es richtig, daß vieles Alte auch in diesem Staat durch Modernes ersetzt würde, wenn das entsprechende Kapital dafür zur Verfügung stünde. Aber es ist ebenso richtig, daß die von W. Ulbricht bestimmte K. die Pflege deutscher Traditionen ausdrücklich postuliert hat. In der schwierigen Isolation zog man aus den humanistischen Überlieferungen, besonders denen der Weimarer Klassik, entscheidende Identifikationswerte, wobei man an den alten sozialdemokratischen Bildungsidealismus, der sich lange Zeit an F. Schiller entzündet hatte, anknüpfen konnte. Die damit verbundene Anschauung, die Arbeiterklasse werde einst die gro-

ßen humanistischen Ideale vollstrecken, gab vielen Reden W. Ulbrichts ein spezielles Pathos. J. W. v. Goethe selbst wurde mit seinem »Faust II« zu einem Propheten der DDR stilisiert. Das machte die DDR nicht zum Land einer Kulturrevolution, wohl aber zum Land einer breiten Pflege der kulturellen Vergangenheit Deutschlands, als deren Erbe man mit Erfolg auch außerhalb der Grenzen dargestellt hat. Das ist auch so geblieben, seit K. Hager, der wichtigste Kulturpolitiker der 70er Jahre, die These von der Vollstreckung des Erbes in der wegweisenden Rede »Zu Fragen der Kulturpolitik der *SED*« (1972) zurückgewiesen hat und man die auf Deutschland weisenden offiziellen Begriffe und Symbole aus dem Verkehr zieht. Im Nebeneinander der beiden deutschen Staaten, deren Bezug zur Nation nach wie vor höchst umstritten ist, besitzt dieser Aspekt der K. besonderes Gewicht.

F. Trommler

Literatur

Arbeiterklasse und kulturelles Lebensniveau, hrsg. vom Institut für Gesellschaftswissenschaften beim Zentralkomitee der SED, Berlin (Ost) 1974
V. Gransow, Kulturpolitik in der DDR, Berlin (West) 1975
E. John u. a. (Hrsg.), Beiträge zur Entwicklung sozialistischer Kulturbedürfnisse, Berlin (Ost) 1975
H. Gaßner, E. Gillen (Hrsg.), Kultur und Kunst in der DDR seit 1970, Lahn-Gießen 1977
W. D. Hund, D. Kramer (Hrsg.), Beiträge zur materialistischen Kulturtheorie, Köln 1978
J. Streisand, Kulturgeschichte der DDR, Berlin (Ost) 1981
M. Jäger, Kultur und Politik in der DDR. Ein historischer Abriß, Köln 1982

Kulturpolitik, europäische

I. Geschichte und Aufgaben der europäischen Kulturpolitik – II. Institutionen europäischer Kulturpolitik – III. Europäische Kulturpolitik aus Sicht der DDR

I. Geschichte und Aufgaben der europäischen Kulturpolitik

Nach dem Zweiten Weltkrieg hat sich erneut und verstärkt der Europagedanke entwickelt, der schon in den 20er Jahren eine politische Rolle gespielt hatte. Die *Paneuropabewegung* des Grafen Coudenhove-Kalergi hatte sowohl eine politische als auch eine kulturelle Einheit Europas im Auge gehabt, freilich die eines föderalistischen Europa. Zwar kann man das Reich Karls des Großen in gewissem Sinn als europäische Konzeption bezeichnen, auch die Versuche nationaler Vorherrschaft über Europa, wie sie Napoleon und A. Hitler unternommen haben, mit dem Beiwort »europäisch« versehen. Aber in einem modernen Verständnis läßt sich erst von Europa sprechen, wenn die freien Nationalstaaten sich gleichberechtigt zu einem Europa zusammenschließen, in dem der Nationalstaatsgedanke (→ *Nation*) zugunsten einer höheren Einheit abgebaut wird. Allerdings zeigt, daß die kulturpolitische Kompetenz in der Bundesrepublik Deutschland überwiegend bei den einzelnen Ländern liegt und die ganze Auseinandersetzung um das *Europa der Vaterländer*, daß die Übertragung kultureller Hoheit an Europa in absehbarer Zeit nicht in Aussicht steht. Es geht also in der e. K. um kooperierendes Handeln in kulturpolitischen Fragen zwischen den Gliedern der europäischen Gemeinschaften.

Nach dem Zweiten Weltkrieg wurde die Kulturpolitik neben der klassischen Außenpolitik, der Wirtschafts- und der Sozialpolitik als vierte Dimension der Außenpolitik gesehen. Sowohl der *Europarat* in Straßburg als auch die *Europäische Gemeinschaft* in Brüssel haben kulturpolitische Unterabteilungen gebildet, die den kulturellen Austausch, das Treffen von Experten und erzieherische, wissenschaftliche und künstlerische Kooperation organisieren. Da die bilateralen kulturellen Kontakte zwischen den europäischen Ländern in den Nachkriegsjahren ohnehin relativ vielfältig waren, sind die kulturpolitischen Tätigkeiten der europäischen Organisationen an Bedeutung hinter die *UNESCO* zurückgetreten. E. K., soweit sie von *Europarat* oder *Europäischer Gemeinschaft* ausging, war Ergänzung und Hilfe zu dem in Europa breit entfalteten kulturellen Austausch zwischen den Kulturträgern selbst, der ohne politische Hilfe stattfand.

E. K. muß zunächst fragen, von welchem Europa sie ausgeht. Ist es das geographische Europa vom Atlantik bis zum Ural, ist es das Europa westlich des Eisernen Vorhangs, ist es das Europa des *Europarats* oder das Europa der *Europäischen Gemeinschaft?* Unter dem Stichwort e. K. kann man die kulturpolitischen Zusammenhänge dieser verschiedenen Bedeutungen von Europa zusammenfassen. Dabei ist das Europa, das heute durch den Eisernen Vorhang, durch Mitgliedschaft oder Nichtmitgliedschaft am *Gemeinsamen Markt* voneinander getrennt ist, durch eine gemeinsame Geistesgeschichte verbunden. Das früher gänzlich katholische Europa ist durch die Erfahrung des Protestantismus geprägt, auch da, wo es katholisch geblieben ist. Ganz Europa ist, wenn auch in sehr unterschiedlichen Formen, durch die → *Aufklärung* geistig entwickelt worden. Die Fragen der Einheit des Glaubens, des Verhältnisses von → *Religion* und Nationalität, von Einzelnem und Gemeinschaft, von Mensch und → *Technik* sind europäische Probleme, für die jeder einzelne Staat und jedes einzelne Volk seine spezielle kulturelle Antwort gefunden hat, die

aber nur wieder im Netz der gegenseitigen kulturellen Einflußnahme zu erklären sind. Nicht nur der Protestantismus und die Aufklärung, auch der deutsche Idealismus, die Französische Revolution, der Marxismus sind Faktoren, die auf eine gemeinsame europäische Kultur eingewirkt haben.

Die unterschiedlichen europäischen Kulturen tragen das Merkmal bestimmter historischer Perioden. In Europa mischen sich Formen aristokratischer, bürgerlicher und sozialistischer Kultur, Formen der Öffnung zur Welt und der Verinnerlichung im Einzelnen. Aufgabe e. K. kann daher nur sein, die nationale Kulturpolitik anzuregen und zu beeinflussen, daß die Hemmungen zwischen den einzelnen Kulturen abgebaut werden und sich die Kenntnisse über andere Kulturen verbreitern. Zu einer solchen Entwicklung gehört aber auch die Erkenntnis, daß eine europäische Einheitskultur eine Minderung europäischer Qualität darstellen würde und nicht die Aufgabe e. K. sein kann.

Zur e. K. gehört auch die Frage, wie Europa in der übrigen Welt kulturell in Erscheinung tritt. Soll es mit einer oder vielen Stimmen sprechen? Es wäre wichtig, daß e. K. kooperativ, wenn auch nicht einheitlich nach außen wirke. Ein solches Zusammenarbeiten wäre nicht nur gegenüber den Entwicklungsländern von großer Bedeutung, auch gegenüber Ländern wie China, Japan oder auch den USA wäre eine stärkere Kooperation auf europäischer Grundlage wichtig und würde die Entwicklung einer → *Weltkulturpolitik* erleichtern.

Es ist offensichtlich, daß ausländische Kulturen unterschiedlich auf die verschiedenen Teile Europas gewirkt haben. Vermutlich ist der amerikanische kulturelle Einfluß auf die Bundesrepublik Deutschland stärker als auf jeden anderen europäischen Staat gewesen. Ebenso deutlich ist, daß der Einfluß ostasiatischer Kulturen auf England oder der afrikanischer auf Frankreich stärker als auf die übrigen Teile Europas gewesen ist. Wichtig ist, daß die Kulturen innerhalb Europas sich nicht mehr als ein Konkurrenzsystem, sondern als einen kooperierenden Zusammenhalt begreifen, in dem auch das, was die Kulturen an außereuropäischen Einflüssen einbringen, für alle wichtig und wertvoll ist.

Als vordringliche Ziele e. K. sind vor allem die Verstärkung des kulturellen Austauschs innerhalb Europas und die gegenseitige Anerkennung aller Prüfungen im Schul-, Hochschul- und Ausbildungssystem hervorzuheben (→ *Schule*, → *Universitäten*). Sodann käme es darauf an, die innereuropäischen Reisemöglichkeiten nicht nur durch den üblichen Tourismus (→ *Reisen),* sondern durch Ausbau eines kulturell orientierten Tourismus, insbesondere für die → *Jugend,* zu erleichtern. So ermöglicht das *Deutsch-Französische Jugendwerk* jetzt schon jedes Jahr vielen tausend deutschen und französischen Jugendlichen das Treffen mit Altersgenossen im anderen Land und sucht in Bildungsveranstaltungen Wissen über das jeweilige Nachbarland zu vermitteln. Entsprechende Einrichtungen zwischen allen europäischen Ländern würden zu einer Intensivierung des kulturellen Zusammenhangs in Europa beitragen. Auch das politische Europa ist gegen Rückfälle in vergangene Nationalismen nur gefeit, wenn es durch ein Europa der kulturellen Kooperation gestützt wird. Nicht zuletzt stellt die Entwicklungs- und Bildungshilfe eine besondere Aufgabe der e. K. dar. Hierbei muß aber darauf geachtet werden, daß diese Hilfe nicht von einem eurozentrischen kulturellen Weltbild ausgeht, was nichts anderes als geistigen Kolonialismus bedeuten würde.

II. Institutionen europäischer Kulturpolitik

Im *Deutsch-französischen Vertrag* von 1963, der dazu beitragen sollte, die historischen Hypotheken zwischen den ehemaligen »Erbfeinden« abzutragen, wurde eine Zusammenarbeit auch in Erziehungs- und Jugendfragen vereinbart. Er kann als grundlegendes Beispiel bilateraler e. K. verstanden werden. Multilaterale Aktivitäten werden vor allem vom *Europarat,* der seit 1949 besteht und heute 21 Mitglieder hat, getragen. Laut Statut gehört es unter anderem zu seinen Aufgaben, die engere Verbindung zwischen seinen Mitgliedern durch die Pflege des gemeinsamen Erbes *(→ Tradition und kulturelles Erbe)* zu fördern. Der *Europarat* hat einige wichtige Konventionen verabschiedet, allen voran die *Konvention zum Schutz der Menschenrechte,* über deren Einhaltung der *Europäische Gerichtshof für Menschenrechte* wachen soll, und die *Kulturkonvention* als Richtlinie für den *Rat für kulturelle Zusammenarbeit.* Zwei weitere Konventionen, die 1953 und 1959 verabschiedet wurden, regeln die Anerkennung von Reifezeugnissen und akademischen Graden. Arbeitsschwerpunkte im *Rat für kulturelle Zusammenarbeit* und in den Fachausschüssen der parlamentarischen Versammlung für Kultur und Erziehung, Wissenschaft und Technik sind weitere Maßnahmen zur Vereinheitlichung des Prüfungswesens, Förderung von Fremdsprachenkenntnissen, Erarbeitung neuer Bildungspläne und -methoden. Das 1971 auf Beschluß des Ministerkomitees des *Europäischen Rates* gegründete *Europäische Jugendwerk* soll Jugendbegegnung und Zusammenarbeit fördern. 1972 wurde dazu in Straßburg das *Europäische Jugendzentrum* als internationale Bildungs- und Begegnungsstätte gegründet. Seit 1959 treffen sich die Erziehungsminister, seit 1976 die Kultusminister zu gemeinsamen Konferenzen.

Von 1952 an hat der *Europarat* Kunstausstellungen organisiert, die sich meist, so wie die Medici-Ausstellung 1980 in Florenz, mit Themen der europäischen Geschichte befassen. Versuche, wie die Ausrufung eines Naturschutz- und Denkmalschutz-

jahres *(→ Naturschutz, → Denkmal),* und die seit Oktober 1980 laufende Kampagne zur Stadterneuerung *(→ Stadt- und Regionalplanung)* sollen der Verbesserung der allgemeinen Lebensbedingungen dienen.

Die Politik der *Europäischen Gemeinschaft* hat sich bisher vorrangig mit der wirtschaftlichen und politischen Integration befaßt und demgegenüber die e. K. vernachlässigt. Nachdem die Integrationsbemühungen auf anderen Ebenen nicht recht vorankommen, ist zu hoffen, daß die Bestrebungen, die Einigung Europas durch Vertiefung der kulturellen Zusammenarbeit zu fördern, erfolgreich sind. Immerhin hat das *Europäische Parlament* schon Ausschüsse für Jugend, Kultur und Forschung bestellt. Die Mitgliedstaaten der *Europäischen Gemeinschaft* haben 1972 eine Konvention über die Gründung eines europäischen Hochschulinstituts als postuniversitäre Einrichtung unterzeichnet. 1976 wurde auf dieser Grundlage das *Europäische Hochschulinstitut* in Florenz gegründet, das in Forschung und Lehre zur Aneignung und Weiterentwicklung des kulturellen Erbes beitragen und Kontakte zu außereuropäischen Kulturen pflegen soll. Ein europäisches Zentrum für die Förderung der Berufsausbildung soll einschlägige Forschungen koordinieren.

Außer *Europäischer Gemeinschaft* und *Europarat* sind zahlreiche nichtstaatliche Organisationen und Institutionen mit der Vermittlung des gesamteuropäischen Erbes befaßt. Die wichtige Aufgabe der Förderung des Jugendaustausches nimmt in der Bundesrepublik Deutschland beispielsweise der *Europäische Austauschdienst* in Frankfurt a. M. wahr. Städtepartnerschaften vermitteln der *Rat der Gemeinden Europas,* speziell zwischen der Bundesrepublik und Frankreich auch die *Internationale Bürgermeisterunion.* Zahlreiche Institutionen widmen sich der Förderung und Vermittlung europäischer Wissenschaft und → *Bildung,* des Europagedankens und der Völkerverständigung, so die 1954 gegründete *Europäische Kulturstiftung,* welche die Anregung und Unterstützung europäischer multinationaler Projekte in Wissenschaft, Bildung und Kunst zur Aufgabe hat. Die *Europäische Bewegung,* mit Sitz in Brüssel, befaßt sich als Dachorganisation aller die europäische Einigung ganz allgemein bejahender Verbände in → *Akademien, Europahäusern* und Begegnungsstätten auch mit dem kulturpolitischen Aspekt der Integration und unterhält in Brügge seit 1949 das postuniversitäre *Europakolleg.* Das *Zentrum für europäische Bildung* versucht den Europagedanken in den Schulen zu fördern und arbeitet auf pädagogischen Fachtagungen mit dem *Europäischen Erzieherbund* zusammen. Das *Europäische Bildungsinstitut,* 1954 in Paris gegründet, leistet mit Untersuchungen zu Problemen der europäischen Integration und zur Stellung Europas in der Welt ebenfalls kulturpolitisch wichtige Arbeit.

Universitätsinstitute wie der *Lehrstuhl für europäische Geschichte* an der *Technischen Hochschule Aachen* und das *Institut für europäische Rechtsgeschichte* an der *Ruhr-Universität Bochum* wirken in dieselbe Richtung.

Die Vielfalt aufgezählter Institutionen und Aktivitäten sollte nicht darüberhinwegtäuschen, daß die Erfolge e. K. bisher ziemlich bescheiden sind und die Arbeit die nötige Massenwirksamkeit vermissen läßt. In Zeiten der Wirtschaftskrise wird zudem meist zuerst an den Kulturetats gespart. Dabei stellen sich gerade auf dem Gebiet der e. K. zusätzlich zu noch nicht bewältigten Problemen, wie der Angleichung der Ausbildungsabschlüsse, wichtige neue gesamteuropäische Aufgaben, so der durch die Grenzen des Wachstums hervorgerufene Bewußtseinswandel, die Humanisierung des →*Fortschritts* und die Fortentwicklung der Regional- und Städtebaupolitik mit dem Ziel der Schaffung einer lebenswerten Umwelt.

III. Europäische Kulturpolitik aus der Sicht der DDR

E. K. ist ein Begriff, der im offiziellen Wortschatz der DDR nicht vorkommt. Auch die Sache kann es systemgemäß nicht geben. Es gibt die sich nach den Grundsätzen des »sozialistischen Patriotismus« und des »proletarischen Internationalismus« richtende Politik kultureller Auslandsbeziehungen zu »Bruderländern« auf der einen Seite und die auf den Prinzipien der Politik der friedlichen Koexistenz beruhenden kulturellen Auslandsbeziehungen zu den europäischen Ländern außerhalb des *Warschauer Pakts* auf der anderen (→ *Weltkulturpolitik*). In allen Staaten des *Rates für Gegenseitige Wirtschaftshilfe* unterhält die DDR Kultur- und Informationszentren. Die Bundesrepublik Deutschland unterhält in diesen Ländern allein in Bukarest seit 1979 eine Zweigstelle des *Goethe-Instituts*. Ferner befinden sich seit 1960 in Helsinki und seit 1967 in Stockholm Kulturzentren der DDR. In Paris soll ein weiteres eingerichtet werden. Kulturhäuser aus westlichen Staaten gibt es in der DDR freilich nicht, es sind auch keine vorgesehen.

Ökonomische Integration, Koordinierung ihrer Außen- und Militärpolitik sowie straffe Zusammenarbeit in allen ideologischen Bereichen haben die DDR in die von der UdSSR gelenkte Staatengruppe fest eingebunden. Auch geistig und kulturell soll eine Annäherung der Mitglieder der »sozialistischen Staatengemeinschaft« erreicht werden. Voraussetzung dieser erstrebten Annäherung ist die ideologische Geschlossenheit auf der Grundlage der Moskauer Lesart des Marxismus-Leninismus. Alle »bürgerlichen Überreste« im Bewußtsein der Menschen sollen überwunden, »fortschrittliche« Werte des nationalen Kulturerbes, kritisch verarbei-

tet, aufgenommen werden. Der Kulturaustausch dient nicht zuletzt der Festigung der »sozialistischen Staatengemeinschaft«, deren Zusammengehörigkeitsgefühl gestärkt werden soll. Die »sozialistische Kulturrevolution« der Völker der Sowjetunion wird als vorbildlich für die kulturelle Annäherung der Staaten angesehen, die nach 1945 den »Weg des Sozialismus« beschritten haben.

Organisatorische Grundlage dieser Kulturbeziehungen sind die seit Mitte der 60er Jahre neu abgeschlossenen, gegenseitigen »Freundschaftsverträge« sowie langfristige Kulturabkommen. Sie wurden zum Ausgangspunkt mehrseitiger Zusammenarbeit. Nachdem die Kulturminister der Staaten des *Warschauer Pakts* erstmals 1968 gemeinsam berieten, finden seit 1970 regelmäßige Treffen statt. Seit 1973 nehmen hieran auch die Kulturminister Kubas und der Mongolischen Volksrepublik, von 1974 an zusätzlich die Vietnams teil. Ab 1975 kommen regelmäßig auch die Volksbildungsminister der Sowjetunion, Polens, Ungarns, Bulgariens, Rumäniens, Kubas, Koreas, Vietnams, der CSSR und der DDR zusammen. Zweiseitige *Ständige Kommissionen für Volksbildung* ergänzen diesen Erfahrungsaustausch. Seit 1966 tagt jährlich die *Konferenz der Minister für Hoch- und Fachschulwesen*.

Auf dem Gebiet des → *Fernsehens* gründeten die Staaten des *Rates für Gegenseitige Wirtschaftshilfe* schon 1960 die *Intervision;* sie wurde durch die Einrichtung des Satellitensystems *Intersputnik* 1971 weiter ausgebaut. Auch die Leiter der staatlichen Komitees für Filmwesen treffen sich jährlich, um Programme abzusprechen, zu koordinieren und auszutauschen. Multinationale Forschungskommissionen untersuchen seit 1966 Probleme der Oktoberrevolution, des Imperialismus, des ideologischen Kampfes unter den Bedingungen friedlicher Koexistenz, seit 1967 der Entwicklungsländer, des »revolutionären Weltprozesses« seit 1971, der Planung und Leitung der Volkswirtschaft und der Rolle der Jugend in der Arbeiterbewegung seit 1973.

Gegenüber Westeuropa hat die auswärtige Kulturpolitik der Deutschen Demokratischen Republik einen völlig anderen Charakter. Sie ist Teil der im eigenen Staatenverbund abgestimmten Politik zur Förderung des »weltrevolutionären Prozesses«. Die Kulturabkommen, die die DDR mit kapitalistischen Staaten schließt, sollen dazu beitragen, die historische Überlegenheit des entwickelten Sozialismus auszudrücken und seine internationale Ausstrahlung erhöhen. Diese Konzeption ist allerdings nur sehr eingeschränkt wirksam. An der Grenzscheide des eigenen Systems reagiert die Führung der DDR besonders empfindlich auf unerwünschte Einflüsse aus dem Westen, die als ideologische Unterwanderung, als Diversion, als antikommunistische Hetze oder als Import von Konterrevolution zurückgewiesen werden. Bei diesem Kampf der Ideen geht es marxistisch-leninistischen Ideologen vor allem darum, ideologische Widersacher auszuschalten. Das gilt auch für Vertreter eurokommunistischer Parteien, die zum Beispiel die militärische Zerschlagung der unabhängigen polnischen Gewerkschaftsbewegung verurteilen.

Bis 1981 hatte die DDR mit Finnland, Dänemark, Zypern, Norwegen, Österreich, Spanien und Belgien Kulturabkommen vereinbart. Die Unterzeichnung eines Kulturabkommens mit der Bundesrepublik Deutschland ließ die Regierung der DDR bislang an vertragsfremden Forderungen scheitern. So ist auch jeder Versuch, die auswärtige Kulturpolitik beider deutscher Staaten nur auf Teilgebieten, wie etwa dem Sprachunterricht, in Drittländern aufeinander abzustimmen, von der Führung der DDR stets entschieden zurückgewiesen worden.

Nach dem Abschluß der *Konferenz über Sicherheit und Zusammenarbeit in Europa* 1975 ist die Zahl der Künstler, die aus der DDR in westliche Staaten fuhren, und derjenigen, die aus dem Westen in die DDR reisten, gestiegen. Vor allem handelt es sich um Dirigenten, Konzertsolisten, Kammermusikvereinigungen, Sänger, den *Thomanerchor* und um Unterhaltungskünstler sowie Ballettgruppen und Regisseure.

Weder in ökonomisch-politischen noch in kulturell-wissenschaftlichen Bereichen gibt es ein Koordinierungszentrum des *Rates für Gegenseitige Wirtschaftshilfe* zu Einrichtungen der *Europäischen Gemeinschaft*. Das schließt allerdings nicht aus, daß die DDR in Einrichtungen wie dem *Europäischen Institut für Denkmalspflege* mitarbeitet und daß sie überall Zugang zu neuesten Forschungsergebnissen erlangen will.

Die Absichtserklärung der *Schlußakte der Konferenz über Sicherheit und Zusammenarbeit in Europa* über die »regelmäßige Begegnung auf der Grundlage familiärer Bindungen« sowie die »Verbesserung der Verbreitung von, des Zugangs zu und des Austausches von Informationen«, die »Verbesserung der Arbeitsbedingungen für Journalisten« und die Erweiterung des »Kulturaustausches« wurde von der Führung der DDR weitgehend abgeblockt. So müssen seit April 1979 Interviews und Befragungen jeder Art durch westliche Jounalisten in der DDR beim *Ministerium für Auswärtige Angelegenheiten* beantragt und genehmigt werden. Ein »freier Fluß von Informationen« erscheint der Führung der DDR als ein »Vogel mit falschen Federn« (Forum 21, 30. Jg., 1976, S. 6).

H. Becker (I, II), P. Lübbe (III)

Literatur

H. Peisert, Auswärtige Kulturpolitik der Bundesrepublik Deutschland. Gutachten im Auftrag des Auswärtigen Amts, Konstanz 1971
Deutscher Bundestag, Bericht der Enquête-Kommission »Auswärtige Kulturpolitik« des Deutschen Bundestages, Bundesdrucksache 74/121, Bonn 1975
Autorenkollektiv, Zusammenarbeit und Annäherung in der sozialistischen Gemeinschaft, hrsg. vom Institut für Internationale Beziehungen an der Akademie für Staats- und Rechtswissenschaft der DDR, Berlin (Ost) 1977
Autorenkollektiv, Die friedliche Koexistenz in Europa. Entwicklungstendenzen der Auseinandersetzung zwischen Sozialismus und Imperialismus, hrsg. vom Institut für Internationale Politik und Wirtschaft der DDR, Berlin (Ost) 1977
G. Picht (Hrsg.), Kulturpolitik für Europa, Bonn 1977
Europa, hrsg. v. Presse- und Informationsamt der Bundesregierung, Bonn ²1980
P. Lübbe, Kulturelle Auslandsbeziehungen der DDR, Das Beispiel Finnland, Bonn 1981
C. Schöndube, Europa-Taschenbuch, Frankfurt a.M. ⁸1981

Kulturpolitik, kommunale

I. Der organisatorische Rahmen der kommunalen Kulturpolitik in der Bundesrepublik Deutschland und der DDR – II. Zur Entwicklung von Soziokultur in der Bundesrepublik Deutschland – III. Zur Entwicklung der kommunalen Kulturarbeit in der DDR – IV. Kommunale Kulturpolitik im Systemvergleich

I. Der organisatorische Rahmen der kommunalen Kulturpolitik in der Bundesrepublik Deutschland und der DDR

Die k. K. nimmt innerhalb der staatlichen Kulturpolitik der Bundesrepublik eine zentrale Stellung ein. Gegenwärtig umfassen die kommunalen Kulturausgaben etwa die Hälfte des gesamten staatlichen Kulturetats. Kulturpolitik zu betreiben, gehört dabei nach heutiger Auffassung zu den gemeindlichen Pflichtaufgaben. Form und Umfang dieser Förderung liegen jedoch, der kommunalen Selbstverwaltung in der Bundesrepublik entsprechend, im wesentlichen in der Kompetenz der Gemeinden. Nicht zuletzt deshalb ist die k. K. in der Bundesrepublik von Ort zu Ort sehr verschieden ausgeprägt und durch summarische Angaben nur unzureichend erfaßbar. Deutlich wird das schon an den großen Unterschieden der kommunalen Kulturetats, wobei insbesondere ein Gefälle von Groß- zu Kleinstädten und zwischen Stadt und Land zu beachten ist. So betrug der Zuschußbedarf der Verwaltungshaushalte 1979 in Städten über 500 000 Einwohnern pro Kopf DM 106,11, in Städten zwischen 20 000 und 50 000 Einwohnern DM 18,43. Begrenzt wird diese

Vielgestaltigkeit der k. K. freilich nicht nur durch gemeinsame gesellschaftliche und staatliche Rahmenbedingungen, sondern auch durch bewußte Versuche der Vereinheitlichung. Zu nennen ist hier die Tätigkeit der Kulturausschüsse, die sich der *Deutsche Landkreistag,* der *Deutsche Städte- und Gemeindebund* und der *Deutsche Städtetag* geschaffen haben, wobei die kulturpolitischen Empfehlungen des letzteren eine besonders bedeutsame Rolle spielen.

Als die wesentlichen Aufgaben der k. K., die in den meisten größeren Gemeinden von Kulturämtern wahrgenommen werden, lassen sich unterscheiden: Die kommunale Trägerschaft ständiger Kultureinrichtungen wie → *Theater* und Orchester, Stadtbibliotheken (→ *Bibliotheken*), → *Museen,* → *Archive,* kommunale → *Kinos,* Kultur- und Kommunikationszentren und die überwiegend kommunal getragenen Volkshochschulen (→ *Weiterbildung*) und Musikschulen. Sodann die Kulturpflege durch kommunale Ämter selbst, wie die Denkmalpflege, die Vergabe von Aufträgen für »Kunst am Bau«, die Veranstaltung von → *Festspielen,* Stadtfesten, → *Ausstellungen.* Schließlich die Subventionierung kultureller Praxis der Verbände, → *Vereine,* Kulturgruppen und kulturell tätiger Einzelpersonen. So vergaben 1977 70 Mitgliedstädte des *Deutschen Städtetags* 141 Kulturpreise (→ *Preise und Auszeichnungen*) in Höhe von insgesamt 1,5 Mio. DM; 132 von 135 Städten förderten im selben Jahr 4345 Vereine – vor allem Musikvereine. Zur k. K. läßt sich auch die Pflege der Städtepartnerschaften mit ausländischen Gemeinden zählen. 1978 gab es allein im Bereich des *Deutschen Städtetags* 800 Partnerschaften, davon 320 mit französischen Städten, 135 mit Großbritannien, 59 mit Österreich, 48 mit Italien und 38 mit den USA. Mit osteuropäischen Städten bestanden 29 Partnerschaften, davon 16 mit Jugoslawien. Zwischen Städten und Gemeinden der DDR und der Bundesrepublik gibt es diese Form interkommunalen Kulturaustauschs nicht. Die Aufwendungen für diese Tätigkeitsbereiche insgesamt nahmen 1975 2,6 v. H. der kommunalen Kuturetats in Anspruch.

Im Vergleich von Bundesrepublik und DDR fallen zunächst zwei wesentliche organisatorische Unterschiede ins Auge. Die k. K. der DDR wird durch die zentralen Staatsorgane angeleitet und bildet die unterste Ebene eines hierarchischen Leitungs- und Planungssystems. Zudem wird die kulturelle Infrastruktur der Gemeinden außer von staatlichen Kultureinrichtungen von denen der »gesellschaftlichen Organisationen«, den Partei- und Jugendorganisationen, der Gewerkschaft, den Betrieben und den Hausgemeinschaften, bestimmt. Es gehört zu den Schwerpunkten regionaler und lokaler Kulturverwaltungen, diese gesellschaftliche Kulturarbeit zu fördern. Für die k. K. der DDR in ihrer Gesamtheit ist das *Ministerium für Kultur* ver-

antwortlich. Es arbeitet ein immer ausgefächerter werdendes System von Gesetzen und Verordnungen für die örtlichen Leitungen aus. Diese reichen von Anweisungen zur allgemeinen Orientierung im Rahmen der für die k. K. alle zwei Jahre vom Ministerium herausgegebenen »Schwerpunkte der Kulturpolitik« über praktische Hilfen, etwa bei der Ausbildung haupt- und ehrenamtlicher Kulturleiter in zentralen Akademien mit gemeinsamen Bildungsmaterialien, bis hin zu verbindlichen detaillierten Vorgaben für die Kulturpraxis, so bei Honoraren für Auftritte von Berufs- und Laienkünstlern, Eintrittspreisen und Unterhaltungsveranstaltungen (Diskothekenregelung u. a.).

Für die praktische Kulturarbeit ist die Abteilung Kultur im Rat der Stadt oder des Kreises zuständig. In Städten mit weniger als 20 000 Einwohnern, die keine hauptamtlichen Stadträte für Kultur stellen, ist die Kulturarbeit mit den angrenzenden Ressorts wie Bildung, Jugend und Sport, zusammengefaßt. In kleinen Städten und ländlichen Gemeinden, die zu 90 v. H. weniger als 2000 Einwohner und zur Hälfte sogar weniger als 500 Einwohner zählen, nehmen der Bürgermeister oder ehrenamtlich tätige Mitglieder der Räte Aufgaben auf kulturellem Gebiet wahr.

Die Organe der k. K. sind dabei im wesentlichen Koordinatoren der verschiedenen, ihnen unterstellten Bereiche. Diese lassen sich in der DDR in Aufgabengebiete, die sich aus der Eigenentwicklung sozialistischer Kulturpolitik ergeben, und in traditionelle Kultureinrichtungen unterscheiden, welche in der Regel mit den Institutionen der kommunalen Kulturarbeit in der Bundesrepublik vergleichbar sind. Ihre Aufgaben reichen von der Kulturvermittlung (Theater, Museen, Galerien, Bibliotheken) bis zur Umweltgestaltung der Städte, dem Denkmalschutz oder auch Partnerschaften. In der Verantwortung der sozialistischen Kulturpolitik liegt als eine kulturpolitische Besonderheit der DDR die Organisierung »kultureller Massenarbeit« und »künstlerischen Volksschaffens« in Form der Klub- und Kulturhäuser sowie der Laienkunst-Zirkel. Für die intensive staatliche Förderung dieser Entwicklung sprechen Statistiken, nach denen es 1977 mehr als 1000 Kultur- und Klubhäuser mit fast 60 Mio. Besuchern, 9475 Arbeitskreisen und 1,6 Mio. Aktiven im »künstlerischen Volksschaffen« der DDR gab.

Die Abteilung Kultur erstellt in Zusammenarbeit mit den gesellschaftlichen Kulturträgern, insbesondere den örtlichen Betrieben, eigene Jahrespläne, in denen die Gesamtheit der materiellen und personellen Infrastruktur sowohl der staatlichen wie der nichtstaatlichen Kulturtätigkeiten berücksichtigt sind. Bei der Planung ihrer Kulturarbeit sind die Gemeinden gehalten, sich mit den verschiedenen Kultur- und Bildungseinrichtungen abzusprechen und den Kontakt etwa zwischen → *Schulen,* Theatern, Museen, zwischen Volkshochschulen, Kulturhäusern und Organisationen wie dem *Kulturbund* oder der *Urania, Gesellschaft zur Verbreitung wissenschaftlicher Kenntnisse*, zu fördern. Adressaten k. K. sind aber in erster Linie die Betriebe, Kombinate und landwirtschaftlichen Produktionsgenossenschaften, die den Hauptteil örtlicher Kultur- und Bildungsaktivität bestreiten und in denen 260 000 gewählte gewerkschaftliche Kulturobleute (1978) tätig waren. 90 v. H. der »Kollektive sozialistischer Arbeit«, das sind zwei Drittel aller Arbeitskollektive der DDR, arbeiten nach Kultur- und Bildungsplänen. Diese Kooperation zwischen kommunaler und betrieblicher Kulturtätigkeit ist durch verschiedene Verordnungen geregelt. Ihnen liegen teilweise Vereinbarungen zwischen dem *Ministerium für Kultur* und dem Gewerkschaftsbund zugrunde. Danach müssen die Betriebe die Stadt über ihre Kulturkapazitäten und -ziele informieren. Die örtlichen staatlichen Stellen, die berechtigt sind, gegebenenfalls Betriebsleiter vor den Rat der Stadt zu zitieren, kontrollieren ihrerseits, inwieweit die Betriebe ihren kulturellen Verpflichtungen nachkommen. Umgekehrt ist die städtische Kulturverwaltung verpflichtet, die betriebliche und gewerkschaftliche Kulturarbeit etwa bei der Beratung der Kulturprogramme, der Organisation von Theater- und Museumsbesuchen oder bei der Ausgestaltung von Arbeiterfestspielen zu unterstützen. Diese Zusammenarbeit verfolgt das Ziel, die »führende Rolle der Arbeiterklasse« auch auf dem Gebiet der k. K. deutlich zu machen.

II. Zur Entwicklung von Soziokultur in der Bundesrepublik Deutschland

Der Nationalsozialismus hatte die staatlichen und staatsparteilichen Institutionen und Organisationen der Kulturpflege seiner Ideologie unterworfen und zu einem wesentlichen Instrument seiner Politik ausgebaut. In der Bundesrepublik antwortete man darauf zunächst weithin mit einem prinzipiellen Mißtrauen gegenüber staatlichen Kompetenzen und Initiativen im Kulturbereich überhaupt. Es herrschte die Auffassung vor, daß auch die kommunale Kulturtätigkeit nur subsidiären und nicht primären Charakter haben dürfe.

Dennoch führte die Entwicklung zu einer zunehmenden Selbstverständlichkeit und einer ständigen Ausdehnung der k. K., da die steigenden Kultur- und Bildungsbedürfnisse – u. a. durch kürzere Arbeitszeiten bedingt – weder quantitativ noch qualitativ im Rahmen traditionellen Mäzenatentums oder der Kulturpflege einzelner gesellschaftlicher Gruppen befriedigt werden können. Beim Ausbau der k. K. wird oft programmatisch zwischen einer Infrastruktur, die es als Voraussetzung kultureller Betätigung zu errichten gelte, und einer abzulehnen-

den inhaltlichen Einflußnahme des Staats in das freie Kräftespiel der kulturellen Bedürfnisse unterschieden. Deutlich ist jedoch, daß die staatliche Kulturpolitik die Förderung sogenannter »integrativer« Strömungen einer neutralen Förderung aller kulturaktiven Kräfte vorzieht und ebenso, daß die politisch-ideologischen Zeitströmungen auch die k. K. prägen. Dies zeigt sich insbesondere an den antikommunistischen Tendenzen der Nachkriegszeit, die ihren Höhepunkt in der Kampagne gegen die Aufführung der Stücke B. Brechts erreichten.

Was den Adressaten der k. K. anlangt, so erachten es die Leitsätze des *Deutschen Städtetags* für die kommunale Kulturarbeit (1952) für unerläßlich, »alle Kreise des Volkes« mit Kulturerbe und Kulturgegenwart vertraut zu machen. Auch manche Länderverfassungen formulieren die Verpflichtung, eine Teilhabe aller an der Kultur zu ermöglichen. Steigende Besucherzahlen kultureller Einrichtungen in den 50er Jahren belegen, daß die k. K. auch faktisch zu einer beträchtlichen »Demokratisierung« der Kulturteilhabe führte. Dies gilt vor allem für das Theater und den Ausbau des Volkshochschulwesens. Dennoch ist nicht zu übersehen, daß sich die k. K. zu großen Teilen an den Bedürfnissen eines engeren Kreises von Kunstliebhabern orientiert; und auch da, wo tatsächlich neue Formen kultureller Breitenarbeit entwickelt werden, geschieht dies häufig in der Absicht, die »Masse« oder das »Volk« mit Kulturwerten bekanntzumachen, denen überzeitliche Gültigkeit und gesellschaftspolitische Neutralität zugeschrieben werden. Diese Orientierung verbindet sich dabei oft mit einer kulturpessimistischen Tendenz. Wachsende Industrialisierung und Verstädterung, steigende Reallöhne und sinkende Arbeitszeit, die Expansion moderner Kulturzweige wie des → *Films*, des → *Fernsehens*, des Radios (→ *Hörfunk*), der Schallplatte werden dabei weniger als realer oder potentieller Kulturfortschritt denn als Beitrag zur »Vermassung«, zum »Verfall des Kulturniveaus« gewertet, denen die k. K. entgegenzuwirken habe.

Mit dem Ende der wirtschaftlichen Rekonstruktionsperiode und den zunehmenden ökonomischen und politischen Krisenerscheinungen seit Beginn der 60er Jahre setzt auch auf dem Gebiet der k. K. eine Periode der Selbstkritik und der Reformversuche ein. Die zahlreichen Faktoren, die bei dieser Neuorientierung zusammenwirken, lassen sich in drei Punkten zusammenfassen: Anfang der 60er Jahre wird – zusammen mit einem Übergang von extensivem zu intensivem Wirtschaftswachstum, das auch neue Qualifikationsanforderungen an die Arbeitskräfte stellt – unter dem Schlagwort des »Bildungsnotstands« zunehmend ein Zurückbleiben der Bildungsinvestitionen hinter dem Bildungsbedarf konstatiert (→ *Bildung*). Zum zweiten setzt im Zusammenhang wachsender Sozialkonflikte seit Mitte der 60er Jahre eine politisch-ideologische

Krise der Bundesrepublik ein, die sich auch in der Studentenbewegung dieser Jahre ausdrückt. Und schließlich kumulieren die Folgen des wirtschaftlichen Aufbaus der 50er Jahre in der sogenannten »Krise der Stadt« (→ *Stadt- und Regionalplanung*), die gegen Ende der 60er Jahre ins allgemeine Bewußtsein zu dringen beginnt. Neben Erscheinungen sozialer Desintegration (→ *Alternativkultur*) geht es dabei insbesondere um den Widerspruch zwischen steigenden Reproduktionsanforderungen und den immer stärker gefährdeten oder unzureichend bereitgestellten Reproduktionsmöglichkeiten in der Stadt.

Das für das Selbstverständnis der k. K. der 50er Jahre weithin prägende Motto »Kultur ist nicht machbar« (Th. Heuss) wird in dieser Situation immer mehr durch die Forderung abgelöst, die kommunale Verpflichtung zur »umfassenden Daseinsvorsorge« auch auf die k. K. auszudehnen. Insbesondere sozialdemokratische und liberale Kulturpolitiker und Kulturdezernenten fordern eine langfristig planende, die einzelnen Maßnahmen der Kulturpflege sowohl untereinander als auch mit der staatlichen Gesamtpolitik koordinierende Kulturförderung. Inhaltlich hat sich diese Reformkonzeption, die aus der kommunalen Kulturpflege erstmals eine k. K. im strengen Sinne machen möchte, eine Reihe von Schwerpunkten gesetzt. Einmal die Realisierung einer bisher nur unzureichend in Angriff genommenen Demokratisierung der Kultur durch Angebotsvergrößerung, finanzielle, örtliche und psychologische Zugangserleichterung sowie durch kulturpädagogische Vermittlungsarbeit. Zum anderen eine ideologiekritische Revision der Kulturarbeit. Neu ist dabei nicht die Hinwendung zu politischen und alltagspraktischen Themen, sondern die Ausdrücklichkeit politischer Gehalte in der intendierten k. K. und die partielle Öffnung für eine antikapitalistisch akzentuierte Gesellschaftskritik, wie sie in Besonderheit in der Jugendkultur (→ *Jugend*) und auch bei den Kulturschaffenden selbst schon Gestalt angenommen hatte. Hierzu gehört auch das Eingehen auf den Selbstgestaltungswillen der kulturell Tätigen, die Einführung von Mitbestimmungsmodellen (→ *Mitbestimmung*) an manchen Theatern und die Förderung der kulturellen Eigeninitiative in der Bevölkerung, nun nicht mehr nur in der Form traditioneller Vereinskultur oder Laienkunst, sondern zum Teil auch durch Unterstützung autonomer Jugendtheater, Songgruppen, Liedermacherfestivals.

In diesen Zusammenhang gehört auch das Schlagwort vom »erweiterten Kulturbegriff«, unter dem die klassischen Genres der Kulturpflege um die modernen Gattungen der → *Photographie,* des Video, Rock und Pop ergänzt sowie kommunikative und unterhaltende Elemente in das Kulturangebot aufgenommen werden sollen. Letztlich wird darunter auch die Mitwirkung der k. K. bei sozialprakti-

schen Maßnahmen verstanden, ein »soziales Beziehungsgeflecht von Bildung, Kultur, Geselligkeit, Sport, Erholung und Versorgung in der Stadt« (Grundsatzempfehlung der Hauptversammlung des *Deutschen Städtetags* 1973, in: Kulturpolitik des Deutschen Städtetages, Köln 1979, S. 38). Der Leitbegriff, unter dem diese Bestrebungen oft zusammengefaßt werden, ist der der Soziokultur.

Allerdings gibt es bei aller Gemeinsamkeit der Sprachregelung unterschiedliche gesellschaftspolitische Auffassungen, so beispielsweise in der Ursachenanalyse der Krisenerscheinungen, auf die die Reform zu antworten sucht. Entsprechend gehen die Ansichten darüber auseinander, welche Reichweite die kommunale Soziokultur ohne gleichzeitige Veränderungen in der Arbeitswelt, im Bildungssektor und im Städtebau haben kann. Stehen einerseits Integration und Prävention von Protestbewegungen im Vordergrund (integratives Modell), so sehen andere Reformer die Soziokultur als Medium »systemverändernder« Gesellschaftspolitik (emanzipatorisches Modell). Und auch innerhalb der emanzipatorischen Zielrichtung reicht das Spektrum von Versuchen kompensatorischer Vermittlung einzelner kultureller Fähigkeiten in verschiedenen Einzelbereichen (Kreativitätstraining, Sich-Freispielen vom Alltag) bis hin zur Einbeziehung kultureller Medien in die Interessenvertretung von Arbeitnehmern.

Die skizzierten Reformintentionen haben Anfang der 70er Jahre die kulturpolitische Diskussion zweifellos zu prägen vermocht. Das zeigt nicht zuletzt ein Vergleich der Leitsätze des *Deutschen Städtetags* zur k. K. aus dem Jahre 1970 mit den bis dahin gültigen Leitsätzen von 1952. Praktisch jedoch setzt sich die Reform auch in sozialdemokratisch oder sozialliberal regierten Kommunen nur begrenzt durch. Maßgeblich dafür dürften zum einen politisch-ideologische Gründe sein. Es stellt sich heraus, daß die Soziokultur auch dort, wo sie »der in vielfältige Einzelinteressen, Interessenkonflikte, Verständigungsbarrieren zerklüfteten Gesellschaft eine zusätzliche kommunikative Ebene verschaffen« wollte (H. Glaser, in: Plädoyers für eine neue Kulturpolitik, S. 49), oft weniger zum Forum der Integration als der Artikulation der → *Alternativkultur* wurde. Zum anderen beginnt 1974, als die Reformdiskussion gerade ihren Höhepunkt erreicht hat, eine erneute ökonomische Krisenphase. Die Hoffnungen, mit den Erträgen eines staatlich stabilisierten Wirtschaftswachstums auch den Aus- und Neubau der kulturellen Infrastruktur finanzieren zu können, erwiesen sich bald als illusorisch. Wie gering die Förderung einer neuen kommunalen Soziokultur letztlich ausfällt, zeigt sich daran, daß 1977 in den 138 Städten des *Deutschen Städtetags* 1,147 Mrd. DM für Theater und Orchester ausgegeben wurden, während etwa die kommunale Filmarbeit 2,7 Mio., die Förderung kultureller Vereine 7,1

Mio. DM kosteten. In nur fünf dieser Städte gab es 1977 selbständige Jugend- oder Kindertheater; in nur 36 Städten des Verbandes besteht ein Konzept für kulturelle Stadtteilarbeit, wobei wiederum nur in 16 dieser Städte eigene Sachbearbeiter für diese Tätigkeit im Kulturamt beschäftigt sind. Hauptberufliche Museumspädagogen – eine wesentliche Forderung der Reformphase – gibt es nur in 23 Städten des *Deutschen Städtetags.*

Wo sich Elemente der Soziokultur herausbilden, wie alternative Stadtteilfeste, selbstverwaltete Kommunikationszentren, alternative Musik- und Theaterarbeit, verdanken sie sich zu einem großen Teil bürgerschaftlicher Eigeninitiative. Auch programmatisch hat die bundesdeutsche k. K. in den letzten Jahren die Konzeption der Erweiterung und Reformierung kommunaler Kultur- und Bildungsinstitutionen zunehmend durch die Empfehlung zur Selbsthilfe abgelöst. Dies trifft sich zum Teil mit dem Vorbehalt kultur- und gesellschaftspolitisch alternativer Bewegungen gegenüber einer finanziellen Abhängigkeit von der Kulturverwaltung. Abzuwarten bleibt, ob sich freie Kulturinitiativen ohne verstärkte staatliche Förderung auf die Dauer halten und über den Kreis weniger Aktiver hinaus entfalten können, oder ob relative Stagnation und Abbau k. K. vor allem zugunsten des massenmedialen und privatwirtschaftlichen Kultursektors zu Buche schlagen.

III. Zur Entwicklung der kommunalen Kulturarbeit in der DDR

Die jeweiligen kulturpolitischen Innovationen sind in der DDR auf die Entwicklungsphasen der Gesellschaft insgesamt bezogen. Die DDR spricht von einer → *Kulturrevolution,* die in der Sowjetischen Besatzungszone beginnt und deren entscheidende Wendepunkte die antifaschistische Neuordnung, der verstärkte Ausbau des Sozialismus ab Ende der 50er Jahre und der Übergang vom Sozialismus zum Kommunismus in der heutigen DDR sind. Die jeweilige Kulturprogrammatik ist, anders als in der Bundesrepublik, ausdrücklich an gesellschaftspolitischen Zwecksetzungen orientiert. Genaue Abgrenzungen der k. K. sind dabei aufgrund des besonderen Charakters sozialistischer Kulturpolitik schwierig. Was sich in den Gemeinden tut, verdankt sich in einem entscheidenden Maß zentralen Initiativen. Die Gemeinden beteiligen sich eher an der Umsetzung als am Entwurf dieser Programme. Ganz besonders sind, was die konzeptionelle Seite betrifft, Rückgriffe auf die allgemeine Kulturpolitik, ja Gesamtpolitik als Erklärungshintergrund unumgänglich.

Nach der Gründung der DDR im Jahre 1949 und mit dem beginnenden Aufbau des Sozialismus wird die Entwicklung in der Kulturpolitik zunächst vor allem durch die Schaffung einer organisatorischen Struktur bestimmt. 1954 werden das *Ministerium für Kultur* und die Kulturabteilungen in den Bezirken, Kreisen, Städten und Gemeinden gebildet. Als weitere Zentraleinrichtung, die den zweiten Schwerpunkt der Kulturarbeit, das »künstlerische Volksschaffen«, bilden sollte, wurde schon 1952 das *Zentralhaus für Laienkunst,* heute *Zentralhaus für Kulturarbeit* der DDR, gegründet. Für die örtliche Kulturarbeit wichtige, gegen überkommene Bildungsprivilegien gerichtete Neuerungen betreffen anfangs insbesondere die Infrastruktur. Die Kulturinstitutionen werden auf vernachlässigte Gebiete und Bevölkerungsgruppen ausgeweitet. Eine dieser Neuerungen, durch die sich die DDR von den zumeist auf die Städte begrenzten kulturpolitischen Programmen in der Bundesrepublik unterscheidet, ist die verstärkte Berücksichtigung der ländlichen Gebiete. Aufgrund der zunächst krassen Unterversorgung gerade in den nördlichen Regionen sind die Fortschritte hier am deutlichsten spürbar. So wächst die Anzahl von Dorfbibliotheken zwischen 1945 und 1958 von 158 auf 1542 an. Für das relativ dichte Netz kultureller Einrichtungen in der heutigen DDR ist neben einer Ausweitung traditioneller Einrichtungen vor allem die Gründung der Klubs und Kulturhäuser als eines neuen Typs kultureller Einrichtungen entscheidend. Ihre Anleitung fällt in den Arbeitsbereich des *Zentralhauses für Laienkunst.*

Die Kulturhäuser sind zunächst vornehmlich als Bildungsstätten für die Jugend und die Arbeiter gedacht. Kennzeichnend für die antifaschistisch-demokratische Neuordnung ist, daß die ersten Kulturhäuser 1945/46 in Industriebetrieben oder volkseigenen Landwirtschaftsbetrieben gegründet und vor allem in Villen enteigneter Großindustrieller, Großagrarier und Nationalsozialisten untergebracht werden. Einen Aufschwung erleben sie, als die *SED* 1949 verstärkt auf die Einrichtung von Kulturecken, Lesezimmern, Klubräumen und Arbeiterkulturhäusern in allen volkseigenen Betrieben orientiert. 1958 gibt es 1100 Klub- und Kulturhäuser, die gleiche Zahl von Klubs der Werktätigen und 6000 Dorfklubs. Die Kulturhäuser, in Größe und Ausstattung unterschieden, verfügen in der Regel über einen Saal mit Bühne, Klub- und Zirkelräume, eine Bibliothek, ein Filmvorführgerät und eine Gaststätte. Sie sind, neben den auf die Vermittlung bestimmter Kunstgattungen spezialisierten Theatern, Museen oder Konzertsälen → *Kulturzentren* mit vielseitigen Funktionen, die von der Kunstvermittlung über Vortragstätigkeit bis hin zu geselligen Veranstaltungen reichen. Nach Angaben aus der DDR machen Klubs und Kulturhäuser heute 60 v. H. aller Kultureinrichtungen aus.

Mit dem Ende der 50er Jahre werden für die k. K. neue Akzente gesetzt, die damit zusammenhängen, daß die Übergangsphase vom Kapitalismus zum Sozialismus als im wesentlichen abgeschlossen gilt.

Nun geht es um die »Stabilisierung des Sozialismus«, was zugleich heißt, daß jetzt die Schaffung einer »sozialistischen Nationalkultur« eingeleitet wird, die den Marxismus-Leninismus als herrschende Ideologie und die Arbeiterklasse als herrschende Klasse durchsetzen soll. Ein Teil dieser Neuorientierung ist die Initiative zu einer breiten Arbeiterkulturbewegung auf dem V. und VI. Parteitag (1958 und 1963). Die k. K. erhält hierbei neue Koordinierungsaufgaben. So werden die Kulturhäuser, Bibliotheken und Klubs der ländlichen Betriebe 1957 aus diesen ausgelagert und den Räten der Gemeinden oder Kreise unterstellt. Dies ist mit der Auflage verbunden, die Kulturhäuser zu Zentren der Kulturarbeit zu entwickeln, um, wie es heißt, das sozialistische Bewußtsein der Landbevölkerung zu fördern. Verträge zwischen *FDGB* und dem *Ministerium für Kultur,* die auch die örtlichen Vertretungen verpflichten, binden die Kulturarbeit an die Arbeitskollektive, so etwa durch die Einrichtung eines Wettbewerbs um den Titel »Kollektiv der sozialistischen Arbeit«.

Der gegenwärtigen Kulturpolitik hat der VIII. Parteitag der *SED* im Juni 1971 die Richtung gewiesen, auf dessen Beschlüsse sich, nachdem der IX. Parteitag keine entscheidenden Neuerungen brachte, die kulturpolitischen Publikationen bis heute zumeist beziehen. An Neuerungen, die er einleitete, sind neben der Ausdehnung der Kulturarbeit etwa auf Wohngebiete und Hausgemeinschaften hauptsächlich konzeptionelle Veränderungen zu nennen. Diese implizieren zum einen ein neues Verhältnis von Planung und Bedürfnis, zum anderen ein verändertes Aufgabenspektrum der kommunalen Kulturpraxis auf der Grundlage eines neuen Kulturverständnisses.

Entgegen der bisherigen Strategie, Planziele an beispielgebenden Kulturgruppen auszurichten – so hatte etwa die *Brigade Mamai* die Ziele für die Massenwettbewerbe um den Titel »Kollektiv der sozialistischen Arbeit« vorgegeben – wird nun empfohlen, die Kulturinteressen der einzelnen Bevölkerungsgruppen und damit auch deren unterschiedliche Arbeits- und Lebensbedingungen bei der Kulturplanung stärker zu berücksichtigen. Moniert wird dabei hinsichtlich der tatsächlichen Bedürfnisse ein Mangel an empirischen Untersuchungen, mit deren Hilfe die zunehmend erkannten Diskrepanzen zwischen Planzielen und realer Entwicklung verringert werden könnten. Formulierungen, mit denen diese Ebenen häufig verwischt wurden, wie zum Beispiel die Wendung »entfaltete sozialistische Persönlichkeit«, machen nun einer realistischeren Sprache Platz. Hierbei werden auch die nach wie vor bestehenden sozialen Unterschiede in der Bildungs- und Kulturteilhabe thematisiert. Entsprechend wird auch die k. K. differenzierter gestaltet und mehr auf die Verschiedenheit kultureller Interessen etwa der Jugendlichen, Frauen oder Schichtarbeiter abzustimmen versucht. Gleichzeitig orientiert sie sich nicht mehr ausschließlich an den klassenbewußtesten und leistungsstärksten Gruppen der Arbeiterschaft, sondern mehr an den Durchschnittsbedingungen der Bevölkerung, wenngleich die Förderung der Kultur der Arbeiterklasse weiterhin ein Kernstück des Kulturprogramms geblieben ist.

Diese Wendung verbindet sich mit einer stärkeren Betonung der alltagsgestaltenden Seite der Kultur gegenüber ihren erzieherischen Funktionen. Statt nur auf Kunst und ihre Instrumentalisierung zu Zwecken der Produktionssteigerung und ideologischen Bildung wird mehr auf die Pflege der Gemeinschaftsbeziehungen am Arbeitsplatz, in den Familien und Hausgemeinschaften Gewicht gelegt. Unter anderem geht es dabei um erweiterte Möglichkeiten für gesellige Veranstaltungen und die Bereitstellung entsprechender Räumlichkeiten durch Städte und Gemeinden. Erstmals werden Bedürfnisse der individuellen Reproduktion ranggleich neben Aufgaben im Produktionsbereich und beim gesellschaftlichen Aufbau gestellt. Zusammengefaßt wird diese Orientierung im Begriff der »Erhöhung des materiellen und geistig-kulturellen Lebensniveaus« als eines zentralen Planziels der »entwickelten sozialistischen Gesellschaft«. Für die k. K. bedeutet dies einen Zugewinn an Aufgaben und die steigende Notwendigkeit zur Kooperation mit Institutionen außerhalb des Kulturbereichs im engeren Sinn. Wiederholt wird dabei ein unter Kulturpraktikern verbreitetes Ressortdenken kritisiert. Inwieweit diese neue Zielsetzung inzwischen realisiert wurde, wäre allerdings nur durch eingehende, bislang fehlende empirische Untersuchungen zu klären.

IV. Kommunale Kulturpolitik im Systemvergleich

Die skizzierten Entwicklungslinien der k. K. in der Bundesrepublik und der DDR sind auf der programmatischen Ebene primär das Abbild verschiedener gesellschaftlicher Rahmenbedingungen und divergierender staatlicher Zielsetzungen. Innerhalb der Teilsysteme kulturpolitischer Programmatik lassen sich jedoch einige ähnliche Entwicklungen erkennen: So beispielsweise die Bemühungen um einen »erweiterten Kulturbegriff« auch im Rahmen der k. K. Auf unterschiedliche Lebensbedingungen und mithin auch die unterschiedlichen kulturellen Interessen der Bevölkerung soll differenzierter eingegangen und die unvermittelte Ausrichtung der k. K. an allgemeinverbindlichen Kulturnormen zugunsten einer mehr bedürfnisorientierten Kulturarbeit korrigiert werden. Beides schließt auch eine Antwort auf wachsende Ansprüche hinsichtlich einer Kulturtätigkeit ein, die selbstverantwortlich und aus eigenem Antrieb ausgeübt wird. Was den Vergleich der praktischen Leistungen der k. K. in beiden deutschen Staaten angeht, so beschränkt er sich hier nicht zufällig vor allem auf die Darstellung der verschiedenen Organisationsformen. Zu einer Analyse etwa der Reichweite, der Adressatengruppen und der Wirkungen der kommunalen Kulturarbeit fehlt es u. a. für die DDR nicht nur weithin an Vorarbeiten, sondern überhaupt an zugänglichen oder erhobenen Daten. Hinzu kommt die Schwierigkeit, daß Einzelvergleiche, etwa von Besucherzahlen städtischer Theater oder der Mitgliederzahlen von Werksorchestern, nur bedingt aussagefähig sind, da das unterschiedliche Institutionengefüge in der Kulturarbeit der beiden deutschen Staaten für Defizite in bestimmten Angebotsbereichen nicht selten Funktionsäquivalente auf anderen Ebenen bereithält. Eine vergleichende Gesamtanalyse der von staatlicher Seite, von gesellschaftlichen Organisationen und von selbständigen Initiativen auf lokaler Ebene geleisteten Kulturarbeit bleibt einstweilen ein Desiderat.

B. J. Warneken, K. Warneken-Pallowski

Literatur
H. Hanke, Kultur und Lebensweise im sozialistischen Dorf, Berlin (Ost) 1967
H. Siebert, Bildungspraxis in Deutschland. BRD und DDR im Vergleich, Düsseldorf 1970
W. Sieber, Örtliche Volksvertretungen fördern geistig-kulturelle Entwicklung, Berlin (Ost) 1973
Plädoyers für eine neue Kulturpolitik, hrsg. v. O. Schwencke, H. Revermann, A. Spielhoff, München 1974
E. Pralle, Kulturarbeit als Bestandteil der sozialistischen Erwachsenenbildung in der DDR, Diss. Frankfurt a. M. 1976
Kultur in den Städten. Eine Bestandsaufnahme, bearb. von G. Kreißig, H. Tressler, J. von Uslar, Köln 1979
Kulturpolitik des Deutschen Städtetages. Empfehlungen und Stellungnahmen von 1952 bis 1978, Köln 1979

Kulturpolitik der Nachkriegszeit

I. Historische Bedingungen – II. Die Entwicklung in den Westzonen – III. Kulturpolitik der Alliierten – IV. Abschied von nationaler Kulturpolitik – V. Kommunistische Optionen für Deutschland – VI. Die Reformen in der Sowjetischen Besatzungszone – VII. Die Spaltung

I. Historische Bedingungen

Die Schlüsselstellung der Nachkriegszeit von 1945 bis 1949 für die gegenwärtigen deutschen Verhältnisse ist unbestritten. Die Frage, wie stark die Deutschen die Weichen nach der bedingungslosen Kapitulation des Deutschen Reiches mitgestaltet haben, hat zwar noch keine endgültige Antwort gefunden, doch besteht kein Zweifel über das Gewicht der damals getroffenen Entscheidungen auch für den Kultur- und Bildungssektor, dem alle Beteiligten für die Umerziehung der Deutschen nach den Exzessen der nationalsozialistischen Diktatur größte Bedeutung zumaßen. Das Verlangen nach grundlegenden Reformen war am Anfang allgemein, nicht nur auf seiten der Besatzungsmächte.

Um Erfolg und Scheitern der Reformbemühungen einschätzen zu können, müssen vorab die beiden Tendenzen verdeutlicht werden, die damals gegeneinanderliefen. Zum einen traf sich der aus der Erschütterung über das moralische Versagen der Deutschen hervorgehende Drang nach Reformen mit der Tatsache, daß die Alliierten den Besiegten zunächst höchstens auf dem Kultur- und Bildungssektor gewisse politische Entfaltungsmöglichkeiten zugestanden. Dieser Spielraum stimulierte vielfältige Auseinandersetzungen mit →*Kunst*, →*Kultur* und Moral, die angesichts der materiellen und politischen Misere tatsächlich den Rang politischer Aktivitäten behaupteten. Zum andern aber rief die materielle Notlage nach Abhilfe in jedweder Form, was die Bereitschaft zum →*Engagement* am materiellen Wiederaufbau so sehr verstärkte, daß die geistigen Erneuerungsversprechen, sobald die Währungsreform 1948 die Wirtschaft zu beleben begann, so schnell beiseitegelegt wurden.

Diese Gegenwirkung intensivierte sich mit der 1947 aufbrechenden Konfrontation der Besatzungsmächte. Der *Kalte Krieg* erhöhte den Wert des materiellen Wiederaufbaus gegenüber dem des geistig-kulturellen um ein Vielfaches. *Entnazifizierung* und Umerziehung oder *Reeducation* machten dort halt, wo die Deutschen für den Aufbau einer lebensfähigen Wirtschaft gebraucht wurden. Das galt vornehmlich für die Westzonen, war jedoch auch für die Rehabilitierung deutscher Arbeits- und Führungskräfte in der Sowjetischen Besatzungszone von Belang. Im Westen, wo die Alliierten den demokratisch-parlamentarischen Entscheidungsprozeß als Teil der notwendigen Demokratisierung unterstützten, hatte es sehr bald die Blockierung weitergehender Reformen durch konservative Kräfte zur Folge.

II. Die Entwicklung in den Westzonen

Die wichtigste Tradition deutscher K. stellt zweifellos ihre föderalistische Ausrichtung dar. Im Kampf um die nationale Einigung hat man seit jeher der Verwurzelung deutscher Kultur in verschiedenen Regionen und Mentalitäten besondere Aufmerksamkeit geschenkt und schließlich bei der Reichsgründung 1871 entsprechenden verfassungsrechtlichen Tribut gezollt. Schulwesen und K. waren in der Verfassung von 1871 ebenso wie in der von 1919 Landessache. Der Einschnitt erfolgte in den Jahren 1933 bis 1945 mit der Zentralisierung im nationalsozialistischen Staat, dessen Niederlage 1945 Raum für Neuregelungen gewährte. Während in der Sowjetischen Besatzungszone die Schul- und K. zunehmend zentral gelenkt wurde, wurde in den Westzonen das föderalistische Prinzip rehabilitiert, was sich dann im *Grundgesetz* der Bundesrepublik 1949 entsprechend niederschlug.

Schon 1948 schufen sich die Länder als zentrales Koordinierungsgremium ihrer K. die *Ständige Konferenz der Kultusminister,* die für alle Beschlüsse und Empfehlungen Einstimmigkeit der elf Kultusminister vorsieht. Sie ging aus dem *Zonenerziehungsrat* der britischen Zone und dem *Länderrat,* Abteilung K., der amerikanischen Zone hervor. Die einzige Konferenz, die die Erziehungsminister aller deutschen Länder vereinte, fand im Februar 1948 in Stuttgart-Hohenheim statt. Auf ihr kamen die verschiedenen Ansätze der Bildungspolitik zur Sprache, ohne daß man zwischen Ostzone und Westzonen Brücken geschlagen hätte. Die *Ständige Konferenz der Kultusminister* leistete in der Phase des Wiederaufbaus des westdeutschen Bildungssystems wichtige Koordinierungsarbeit. Als dann die bisherigen Strukturen des Schulwesens durch Teilreformen der einzelnen Bundesländer zunehmend in Frage gestellt wurden, gewann der Ruf nach aktiver Beteiligung des Bundes mehr und mehr an Gewicht.

Schon früh hat man die Schwerfälligkeit des föderalistischen Steuerungssystems für die Bildungspolitik beklagt. Vielfach gab man ihm die Schuld daran, daß die Chancen für Reformen, die nach Kriegsende in Reichweite rückten, nicht genutzt wurden. Die Funktion dieser Maschinerie schien häufig mehr in der Betonung der jeweiligen Landessouveränität zu liegen, als in der Förderung moderner → *Bildung* und → *Kultur.* Aber es ist inzwischen kaum zweifelhaft, daß für die versäumten Nachkriegsreformen weltanschauliche und gesellschaftspolitische Faktoren ausschlaggebend waren.

Während man in der Sowjetischen Besatzungszone 1946 bis 1949 auf mehreren pädagogischen Kongressen zur demokratischen Schulreform auf die Reformbestrebungen der Weimarer Republik zurückgriff, die sich auf die Schaffung der Einheitsschule bezogen und die Abschnitte über die Bildungspolitik in der *Verfassung* der DDR von 1949

ausdrücklich an den entsprechenden Aussagen der Weimarer Verfassung orientierte, verfing sich die Diskussion der Westzonen in Souveränitätskonflikten mit den Besatzungsmächten und ging nur selten über die schon vor 1933 erreichten Positionen hinaus. Es kam nicht einmal zu einer Konferenz, die ein Äquivalent zu der 1920 abgehaltenen *Reichsschulkonferenz* hätte darstellen können, auf der auch die Einheitsschule auf dem Programm stand. Außer in Hamburg, Schleswig-Holstein, Bremen und Berlin kam die Einheitsschule kaum ins Planungsstadium, geschweige zur Verwirklichung. Für die soziale und moralische Regeneration der Gesellschaft sollte das überkommene Schulsystem (→ *Schule*) gereinigt, jedoch nicht aufgegeben werden. Während die *SPD* ihre Hauptenergie auf die Umstrukturierung der kapitalistischen Wirtschaft richtete, der sie entscheidende Schuld am Aufkommen des Nationalsozialismus anlastete, überließ sie *CDU* und *CSU* und den → *Kirchen,* die von den westlichen Besatzungsmächten bald als weniger störrische Partner angesehen wurden, weitgehend das kulturpolitische Terrain. Dadurch wurde unter Zustimmung der meisten Liberalen das dreigliedrige Schulsystem weitgehend erhalten. Mit den drei vertikal gegeneinander abgeschlossenen Schultypen, deren Spitze das Gymnasium darstellt, festigte man die Privilegierung der Mittelklasse, des Bürgertums, und machte Entwicklungen zur gesellschaftlichen Egalisierung rückgängig, die in der Weimarer Republik ebenso wie im nationalsozialistischen Deutschland fortgeschritten waren.

Die Rückkehr zu den traditionellen Konzepten im Bildungswesen entsprach der weitverbreiteten Beurteilung des Nationalsozialismus als Betriebsunfall der deutschen → *Geschichte.* Daß die Nationalsozialisten neben den christlichen Werten das neuhumanistische Bildungsideal auf die schwarze Liste gesetzt hatten, erlaubte, dieses Ideal mit Nachdruck wieder zu inthronisieren, obwohl es längst vor dem Aufkommen des Nationalsozialismus als erstarrt in Frage gestellt worden war. Ganz allgemein gelangten die restaurativen Tendenzen, die sich während der *Weltwirtschaftskrise* um 1930 ausgebreitet hatten, in dieser Situation politischer Ratlosigkeit zu einer späten Blüte.

Die reformbewußteren, kritischeren Stimmen wurden nach 1948 durch die Schwarz-Weiß-Malerei des *Kalten Krieges* weitgehend vom Schauplatz verdrängt, wie überhaupt der *Kalte Krieg* die Rückkehr zu den scheinbar unpolitischen Positionen der Bildungselite begünstigte. Die reaktiv zustandegekommene Definition der Freiheit gewann neue Legitimation durch den Ost-West-Konflikt, wobei die Umstrukturierung des Schulwesens östlich der Elbe bald zum Synonym für die Zerstörung des freien Individuums wurde. Nicht von ungefähr gewann ein Großteil der Polemik im *Kalten Krieg* seine Argumente aus dem Kultur- und

Bildungsbereich. Im Osten assoziierte man den → *Kapitalismus* mit dekadenter, inhuman-abstrakter → *Kunst* und undemokratischer Klassenherrschaft in Bildung und Kultur, im Westen brandmarkte man die Unfreiheit der Kunst im *Sozialistischen Realismus* und die Zerstörung des Individuums im nivellierenden Bildungssystem. Unter dem Vorzeichen des Totalitarismus ebneten hier viele die Unterscheidungen zwischen kommunistischer und nationalsozialistischer K. ein.

III. Kulturpolitik der Alliierten

Welche Bedeutung die Siegermächte der Umstrukturierung des deutschen Bildungswesens zumaßen, zeigt, daß sie diesen Punkt ins *Potsdamer Abkommen* aufnahmen. Im Abschnitt »Politische Grundsätze« legten sie fest: »Das Erziehungswesen in Deutschland muß so überwacht werden, daß die nazistischen und militaristischen Lehren völlig entfernt werden und eine erfolgreiche Entwicklung der demokratischen Ideen möglich wird.« Sowohl in England und den USA als auch in der Sowjetunion waren schon Jahre vor Kriegsende Gremien zu diesem Zweck geschaffen worden. Die Siegermächte kamen mit Reformprogrammen, bauten aber auch auf den Willen der Deutschen, selbst grundlegende Reformen vorzunehmen. Damit rivalisierte die von der Kollektivschuldthese ausgehende Zielsetzung der Niederhaltung Deutschlands mit der Forderung nach Unterstützung der Nazigegner unter den Deutschen. Die *Entnazifizierung,* die in den Westzonen mit großem bürokratischem Aufwand betrieben wurde, ohne die Härte und Konsequenz der sowjetischen Maßnahmen zu erreichen, kollidierte für viele Deutsche mit dem Umerziehungsprogramm, das freiwillige Beteiligung voraussetzte.

Als die Amerikaner 1946/47 sahen, daß auf deutscher Seite zu wenig Reformanstrengungen gemacht wurden, suchten sie die Schrauben anzuziehen. Sie bestimmten 1947, daß die Schulen ein umfassendes Schulsystem für alle Kinder bilden. Parallele Bildungswege und Überschneidungen verschiedener Schularten sind zu beseitigen. Volksschule und Höhere Schule sollen zwei aufeinanderfolgende Stufen sein und nicht zwei verschiedene Arten oder Gütegrade der Erziehung. Schulgeld und Lernmittelfreiheit waren ebenso vorgesehen wie Universitätsrang für die Lehrerausbildung. Als Erziehungsziel wurde die demokratische Lebenshaltung genannt, die je nach individueller Veranlagung praktisch anzueignen sei, als Erziehungsform die mindestens sechsklassige Grundschule für alle. Daß auch dieser Teil der *Reeducation* bald verwässert und schließlich beiseitegeschoben wurde, lag nur indirekt am einsetzenden *Kalten Krieg.* Entscheidendes Gewicht erhielt der wirtschaftliche Aufbau Westdeutschlands gegen den kommunisti-

schen Machtzuwachs, und da war nicht die reformbewußte *SPD,* sondern die *CDU* der geeignetere Partner. *CDU* und *CSU* wiederum hatten sich – am stärksten in Bayern – auf die Rückkehr zur deutschen Schultradition festgelegt.

Anders als bei der Bildungspolitik waren die westlichen Besatzungsmächte auf dem Gebiet des »Kulturimports« nach Deutschland relativ erfolgreich. Dabei spielte das → *Theater* als Demonstrationsforum ihres Kulturbewußtseins eine besondere Rolle. Für die Kulturpropaganda waren die amerikanische *Information Control Division,* die englischen *Theatre and Music Sections* und die französische *Section Théâtre et Musique* in Berlin und anderen Orten zuständig, denen die Kulturabteilungen der *Sowjetischen Militäradministration in Deutschland* gegenüberstanden. Sie nahmen über Zensur, Einspruch und Vorschrift die Gelegenheit wahr, die jeweilige Nationaldramatik, auch wenn sie aus Deutschland keine Devisen einbrachte, prominent im Spielplan zu plazieren. Auf sowjetischer Seite operierten viele wohlinformierte Kulturoffiziere, denen die Amerikaner nur selten gleichwertige Vertreter gegenüberstellen konnten, wobei in manchen Fällen zurückgekehrte Emigranten aushalfen, etwa C. Zuckmayer. Dafür waren die aus den USA importierten Stücke im allgemeinen erfolgreicher, etwa E. O'Neills »Trauer muß Elektra tragen«, Th. Wilders »Die kleine Stadt« und »Wir sind noch einmal davongekommen«, R. Ardreys »Leuchtfeuer« und T. Williams' »Die Glasmenagerie«. Hinzu kamen Stücke von T. S. Eliot, J. B. Priestley, C. Fry sowie J. P. Sartres »Die Fliegen«, »Die schmutzigen Hände«, J. Anouilhs »Antigone«, J. Giraudoux' »Der trojanische Krieg findet nicht statt«. Offensichtlich war die Aufnahmebereitschaft der Deutschen auf dem Gebiet der Literatur und des Theaters ungleich größer als auf dem von Bildung und Schule, wo man den Kontinuitätsbruch ohne Mithilfe ausgleichen zu können glaubte. In Literatur, Theater und Kunst, für deren Misere in Deutschland man die Nationalsozialisten verantwortlich machen konnte, bedeutete das Angebot der Besatzungsmächte eine ungewohnte, jedoch nicht allzu schmerzhafte Begegnung mit dem Versäumten. Hier ergab sich im fremden Milieu schnell ein neues Maß an kultureller Partizipation. Hier war man frei, die eigene Ratlosigkeit ohne Verlust an Selbstachtung durchzukosten. Wichtige Anregungen gingen zudem in den Anfangsjahren von den Kulturhäusern aus, in denen die Besatzungsmächte in ihren Zonen ihre kulturellen und gesellschaftlichen Auffassungen vorstellten: *Amerika-Haus, British Centre* (»Die Brücke«), *Centre Culturel, Haus der Kultur der Sowjetunion.*

Der Erfolg des ausländischen »Kulturimports« rührte nicht zuletzt aus der Tatsache her, daß er den etablierten Kulturinstitutionen wieder zu Bedeutung verhalf, ohne deren Umstrukturierung erforderlich zu machen. Das galt besonders im Bereich des Theaters, wo nur das →Kabarett eine eigene deutsche Entwicklung anzeigte, und betraf auch den →Film. Der enorme Erfolg der Volkshochschulen nach 1945 baute auf Konzepten der Erwachsenenbildung (→Weiterbildung) in den 20er Jahren auf. Wirkliche Umstrukturierungen erfolgten demgegenüber im Medienbereich, in →Presse und →Hörfunk, auch wenn die Wirkungen nicht immer so langfristig waren wie erhofft. Immerhin entstand auf den Grundlagen, die die Alliierten teilweise gegen starke deutsche Opposition durchsetzten, in Westdeutschland eine Presse, die nach der Zeit des bis 1949 gültigen Lizenzsystems nach amerikanischem, englischem und skandinavischem Modell zu einem tatsächlichen Kontrollorgan der pluralistischen Demokratie wurde, und ein Rundfunk, der anders als bisher von Regierungseinfluß weitgehend frei blieb. Dabei stellten die Auseinandersetzungen um die Rundfunkpolitik, die bis weit in die Adenauerära reichten, für die föderalistische K. der späteren Bundesrepublik bereits entscheidende Weichen. Das Faktum, daß die Besatzungsmächte eine Rückkehr zum Staatsrundfunk von vornherein ausschlossen und spätere Versuche des Bundes unter K. Adenauer, den Funk in eine gesetzgeberische Abhängigkeit vom Bund zu bringen, ablehnten, gab nicht nur den Bundesländern zentrale Kompetenzen auf diesem Gebiet, sondern sicherte den Rundfunkanstalten entsprechende Selbständigkeit. Modell für den Aufbau des Rundfunks als Anstalt des öffentlichen Rechts war die *British Broadcasting Corporation (BBC)*.

IV. Abschied von nationaler Kulturpolitik

Schon vor der Gründung der Bundesrepublik ergab sich ein Konsens darüber, daß die exzessive Manipulation der K. unter A. Hitler die Deutschen zu äußerster Zurückhaltung auf diesem Gebiet verpflichte. Nach dem Ersten Weltkrieg war noch der Geist der nationalen Erneuerung beschworen worden, für die die Deutschen im August 1914 eine ganze Welt herausgefordert hatten. Der spätere preußische Kultusminister C. H. Becker veröffentlichte eine verfassungsgeschichtlich bedeutsame Denkschrift, worin er die kulturpolitische Verantwortung des Reiches als wichtigen Integrationsfaktor konstatierte. Unter dem Titel »Kulturpolitische Aufgaben des Reiches« legte er 1919 die Notwendigkeit der K. in Vereinbarungen zwischen Reich und Ländern dar, behielt aber immer die Zielsetzung einer allgemeinen Nationalerziehung im Auge. Demgegenüber sprach Th. Heuss, der erste Präsident der Bundesrepublik, sehr nachdrücklich von den Grenzen der K. »Vielleicht ändert man«, gab Th. Heuss zu bedenken, »die Fragestellung und sagt statt ›Kulturpolitik‹ ›Kräfte und Grenzen einer

Kulturverwaltung‹; das Machtpolitische tritt dabei zurück« (Kräfte und Grenzen einer Kulturpolitik, Tübingen 1951, S. 18). Th. Heuss, der einzige »Kulturpolitiker« der damaligen Regierung, stellte die schwere Hypothek des nationalsozialistischen Staates heraus: »Was ist in Deutschland an Freiwilligkeit erdrückt worden, an redlichem, ehrenamtlichem Wirken abgestorben! Wieviel möchte sich wieder regen, wieviel hat sich wieder geregt trotz aller Mühseligkeiten! Unser heutiger Staat hat da ein böses Erbe angetreten! Er muß sich seiner Sondersituation bewußt bleiben, daß ihm gegenüber als einem Unternehmer in Kulturwerten nach der brutalen Übermächtigung des Religiösen, des Geistigen, des Wissenschaftlichen, des Künstlerischen im System des totalitären Staates tiefes Mißtrauen begegnet« (a.a.O., S. 61).

Angesichts dieser Hypothek begrenzte man die Zuständigkeit des Bundes auf ein Minimum, während sich die Bundesländer in ihren Verfassungen an die ›heile‹ Seite der Kultur hielten. Umso mehr Gewicht kam den Städten zu, die ihren kulturellen Auftrag von Anfang an ernst nahmen (→kommunale Kulturpolitik). Sie verabschiedeten 1952 auf dem *Deutschen Städtetag* die wegweisenden *Stuttgarter Richtlinien* für ihre Kulturarbeit, in denen sich Aussagen zu Erwachsenen- und Jugendbildung, Büchereien und Schrifttumspflege, Theater, Musik, Bildende Kunst, Museen, Denkmal- und Heimatpflege, Naturschutz, Wissenschaftspflege, Film und Rundfunk finden. Alle grundsätzlicheren Debatten rückten zugunsten des einen Zieles in den Hintergrund, die zerstörten Kulturinstitutionen, vor allem Theater, Museen, Bibliotheken, wieder aufzubauen. K. bedeutete den Wiederaufbau selbst. Sie geschah unter weitgehendem Verzicht auf kritische Diskussion der Probleme der tradierten Künste in der gewandelten Gesellschaft.

Von einer nationalen K. war kaum noch die Rede. Dazu hätte eine stärkere Ausrichtung am Aufbau eines einheitlichen Deutschland gehört. Die Gründung der Bundesrepublik verstand man als Folge wirtschaftlicher und politischer Wandlungen, nicht als geplanten und definitiven Akt der politischen Führung, wie dies bei der Gründung der DDR der Fall war. Ein Provisorium ließ sich nicht als Inbegriff nationaler Erneuerung feiern. Diese Abstinenz von einer spezifisch deutschen Kulturideologie bedeutete aber im Vergleich mit Weimar nicht nur ein Defizit. Mit ihr verschwand jenes verhängnisvolle Ausspielen der deutschen Kultur gegen die, wie es in den 20er Jahren hieß, von den Alliierten und Linken aufgedrängte Demokratie. Wenn sich auch zweifellos eine kulturelle Restauration etablierte, so verschwand doch die Manipulation deutscher Kultur für antidemokratische Ideologien.

Um die Ursprünge dieser Entleerung nationaler Denkweisen aufzudecken, dürfte allerdings der

Hinweis auf die totale Kapitulation 1945 zu kurz greifen. Entscheidendes Gewicht kommt schon der Fixierung der nationalen Identifikation der Deutschen auf die Schicksalsgemeinschaft im Ersten Weltkrieg zu, welche die Nationalsozialisten im Zweiten Weltkrieg ins Extrem trieben. Mit A. Hitlers Enthistorisierung und Entwirklichung des kulturpolitischen Nationalbegriffs zugunsten der Volksgemeinschaft, in welcher der einzelne sein Schicksal im bloßen Dabeisein und Mitmachen (oder Nicht-Mitmachen) definierte, gingen wichtige Traditionen zu Bruch. Die Verengung der nationalen Identifikation auf die bloße Existenz des Volkes, auf sein Überleben jenseits aller moralisch-sinnhaften Kategorien, mündete buchstäblich ins Nichts. Schon im Kriege reduzierte sich das nationale Denken der meisten Deutschen auf das Bewußtsein, »mitgegangen und mitgefangen« zu sein, wovon sich nur die Kämpfer der Widerstandsbewegung wirklich abhoben. Nach dem Ende des Kampfes reichte die Energie nur noch dazu, nicht »mitgehangen« zu werden.

In dieser Erschöpfung der nationalen Zielsetzung liegt ein wichtiger Grund für die mangelnde Trauer nach 1945 und nicht zuletzt auch für die Abwehr des Anspruchs der Emigranten *(→ Exil)*, das bessere Deutschland zu repräsentieren. Die Emigranten operierten mit dem traditionellen, vornehmlich kulturell und historisch definierten Nationenbegriff, der von dem Schicksalsdenken der in Deutschland Gebliebenen stark abstach. Immer wieder wurde den Emigranten, an der Spitze Th. Mann, vorgehalten, sie seien eben nicht mit dabeigewesen. Das war kein politisches Argument, sondern eine existentielle Kategorie, wie sie bald auch von jüngeren Schriftstellern genutzt wurde, um sich Zugang zum Nachkriegspublikum zu verschaffen. Diese Autoren lehnten die Exilanten und ihre Literatur keineswegs ab, sie empfanden nur die Unterschiede der Erfahrungen und Perspektiven allzu deutlich, als daß sie in eine direkte Nachfolge eingetreten wären. So kamen sie, von H. Böll bis W. Schnurre, selten über eine mahnende Darstellung des Dabeigewesenseins hinaus. Der Begriff des → *Nullpunkts* war eher eine Art existentieller Rettungsanker für eine ratlose Generation, als ein politisch-gesellschaftliches Konzept. Es dauerte nicht lange, bis die moralisch-kulturelle Selbstreflexion wieder in den Hintergrund trat.

Für die breite Bevölkerung nahm die Währungsreform 1948 die Rolle des wirtschaftlichen Nullpunkts an, und das bedeutete die Wiederausrichtung an den gewohnten Aktivitäts- und Durchhaltekategorien. Der spätere Stolz über die Anerkennung des deutschen Wirtschaftswunders im Ausland ist nicht verwunderlich. Ebensowenig die Form dieses Stolzes, ein Wir-Gefühl, das von dem alten Nationbegriff verschieden war und ist. In der Berufung auf den Erfolg des Gebildes Bundesrepublik läßt sich noch der Widerhall der alten Schicksalsgemeinschaft vernehmen. Die Erschöpfung der nationalen Zielsetzung wurde zur Vorbedingung für diese nicht ganz neuen Formen der politischen Identifikation der Westdeutschen.

V. Kommunistische Optionen für Deutschland

In der Geschichtsschreibung der DDR hat man nach dem Abgang W. Ulbrichts die nationale Komponente der kommunistischen Nachkriegspolitik heruntergespielt (→ *Geschichte*). Die antifaschistisch-demokratische Periode von 1945 bis 1949 war lange Zeit als selbständige revolutionäre Etappe vor der »sozialistischen Revolution« charakterisiert worden, ehe man sie nach 1970 als ersten Teil einer einheitlichen volksdemokratischen Revolution hinstellte. Die Entstehung der DDR, zunächst als genuin deutsches Ereignis herausgehoben, gilt nun als Teil eines einheitlichen revolutionären Prozesses des weltweiten Überganges vom → *Kapitalismus* zum → *Sozialismus,* dessen allgemeine Gesetzmäßigkeiten modellhaft in der Sowjetunion vorgegeben und nach 1945 mit Abwandlungen in den volksdemokratischen Ländern nachvollzogen wurden. Ohne diesen Perspektivwechsel im einzelnen darzulegen, läßt sich festhalten, daß die Russen beiden Interpretationslinien deutliche Anhaltspunkte geliefert haben, indem sie in ihrer Politik bis 1955 sehr flexibel zwischen dem Ausbau der DDR und der gesamtdeutschen Option operierten. Schon vor Kriegsende 1945 finden sich bei den kommunistischen Vorbereitungen für die Nachkriegspolitik sowohl Zeugnisse für die Weiterentwicklung des Volksfrontprogramms mit nationaler und klassenversöhnender Ausrichtung als auch Zeugnisse für die Planung einer sozialistischen → *Kulturrevolution* nach sowjetischem Muster. Auch mit der Gründung der DDR wurde die gesamtdeutsche Option nicht aufgegeben, vielmehr trugen Staat und Verfassung deutlich modellhafte Züge für einen künftigen deutschen Einheitsstaat.

Wenn gefragt worden ist, warum die Kommunisten in dem von ihnen beherrschten Teil Deutschlands keine wirkliche sozialistische Kulturrevolution vollzogen haben, obwohl sich dazu in dem auch von A. Ackermann ausgearbeiteten »Aktionsprogramm des Blockes der kämpferischen Demokratie« von 1944 durchaus Ansätze abzeichneten, so muß vor allem auf diesen nationalen Anspruch hingewiesen werden, mit dem die Kommunisten in der Nachkriegszeit die deutsche Bevölkerung auf ihre Seite zu ziehen versuchten. In der Tat waren es die Kommunisten, die nach der totalen Niederlage Deutschlands am stärksten von allen Parteien eine nationale Regeneration proklamierten, wobei J.W. Stalins Satz von 1942, »Die Hitler kommen und gehen, aber das deutsche Volk, der deutsche Staat bleibt«, als Ausdruck des sowjetischen Wohlwollens vielfältige Verwendung fand. Die Funktion der kulturellen Sphäre, zumal die Verehrung der von faschistischen Tendenzen gereinigten Klassik, läßt sich in diesem Zusammenhang kaum überschätzen. Nach der Wiedereröffnung des *Deutschen Theaters* in Berlin mit G. E. Lessings »Nathan der Weise« bestimmte bis 1947 die deutsche und internationale Klassik mit einem Anteil von 40 v.H. das Theaterrepertoire entscheidend. Indem die Kommunisten als verläßliche Hüter der nationalen Kontinuität gelten wollten, versagten sie sich spezifisch ästhetischen und kulturpolitischen Innovationen, die über die seit langem vorbereitete Umformung des Bildungswesens hinausgingen. Andererseits banden sie jegliche politische Berufung auf die → *Nation* an den von ihnen verkörperten → *Antifaschismus* zurück. Für die Vereinigung von *KPD* und *SPD* zur *SED*, die 1946 im sowjetischen Einzugsbereich stattfand, lieferte die Bezugnahme auf diese Form nationaler Verantwortung gewichtige Parolen. Wie stark die Identifikation mit nationalen Werten forciert wurde, zeigen die zunehmenden Angriffe gegen den Westen und das westdeutsche Bürgertum, die die *SED* spätestens bei der Gründung der Bundesrepublik mit dem Vorwurf des nationalen Verrats verknüpfte. Zusammen mit älteren, in Sowjetunion ebenso wie in Deutschland gepflegten Ressentiments gegen »westliche«, »amerikanische«, oberflächlich-zivilisatorische Kulturformen Westeuropas und der USA kam im Zeichen des *Kalten Krieges* ein windschiefer Begriff des Nationalen zustande, mit dem sich, wie schon häufiger in der deutschen Vergangenheit, im Bereich von Politik und Kultur ziemlich alles begründen ließ.

Die Ausstrahlung der nationalen Devise war in den ersten Nachkriegsjahren nicht gering. Die Hoffnung auf ein besseres Deutschland machte viele Arbeiter und Intellektuelle zu potentiellen Verbündeten, zumal bis 1948 die Parole vom eigenen deutschen Weg zum Sozialismus gewisse Berechtigung hatte, und die Sowjets sich zurückhielten, dem besetzten Land ihre Kultur und ihr Bildungssystem aufzuzwingen. Die Reden von Kulturpolitikern wie P. Wandel, dem Präsidenten der neugeschaffenen *Zentralverwaltung für Volksbildung*, A. Ackermann und O. Winzer orientierten sich an Begriffen wie Antifaschismus, Frieden, Humanismus und Demokratie. Ihren Ausführungen zur Schul- und Bildungsreform konnten auch Nichtkommunisten zustimmen. Weder im Aufruf der *KPD* vom 11. Juni 1945 noch in der Grundsatzerkärung der *SED* von 1946 war von einer Erziehung zum → *Kommunismus* oder Sozialismus die Rede. In ähnlich breitem Sinne richtete man den im Juni 1945 auf sowjetische Veranlassung gegründeten *Kulturbund zur demokratischen Erneuerung Deutschlands* aus, der allen antifaschistischen Strömungen als Forum des geisti-

gen Wiederaufbaus dienen sollte und schon 1946 über 45000 Mitglieder in allen vier Zonen zählte. Mit zahllosen öffentlichen Diskussionen, Filmvorführungen, Dichterlesungen, Ausstellungen, musikalischen Abenden und Vorträgen sowie den Zeitschriften »Aufbau« und »Sonntag« wurde er zur wichtigsten Plattform kulturpolitischer Aktivitäten aller Parteien und Überzeugungen. Er nährte die Hoffnungen auf eine Versöhnung von → *Intelligenz* und Arbeiterklasse, die von zurückgekehrten Emigranten wie von Daheimgebliebenen beschworen wurde. Dazu lieferte die *1. Zentrale Kulturtagung der KPD* 1946 mit Reden W. Piecks, A. Ackermanns, V. Klemperers, R. Havemanns u.a. wichtige Stichworte. Der Schriftsteller W. Bredel übte zu Beginn seines Referates sogar Selbstkritik an der kommunistischen K. vor 1933, die »es den Intellektuellen durch eine zu enge Politik schwergemacht« habe, »den Weg zu uns zu finden« (Um die Erneuerung der Kultur, Berlin (Ost) 1946, S. 98). Aus solchen Bekenntnissen sprach die Bemühung, ein neues Kapitel deutscher Geschichte aufzuschlagen, ohne die Mitwirkung an der unheilvollen Vergangenheit gänzlich abzuwälzen. Am weitesten ging dabei J. R. Becher in seinen Reden über deutsche Schuld und Verantwortung, ein Zugeständnis, das nach 1948 kaum noch opportun war.

Ein neues Kapitel im Verhältnis der Machthaber zur Kultur eröffnete auch die offiziell geäußerte Bereitwilligkeit, Emigranten zurückzurufen und willkommen zu heißen. War es auch vor allem die internationale und zwischen Ost und West offene Viersektorenstadt Berlin, die emigrierte Schriftsteller, Künstler und Intellektuelle anzog, so zeigten doch die Kommunisten insgesamt eine wesentlich aktivere und aufgeschlossenere Haltung als die Offiziellen im Westen.

VI. Die Reformen in der Sowjetischen Besatzungszone

Die Abrechnung mit dem Nationalsozialismus verlief im Bildungswesen rigoros und gründlich. Man entließ über 20000 Lehrer, die der *NSDAP* angehört hatten, und füllte im Schuljahr 1945/46 mit 15000 Neulehrern, die in Kurzlehrgängen geschult wurden, die Lücken. Mit geschickter Regie setzten die Kommunisten über die *Zentralverwaltung für Volksbildung* 1946 in den fünf Ländern das *Gesetz zur Demokratisierung der deutschen Schule* in Kraft, das auf der Reformpädagogik der Weimarer Republik und auf Exilplänen beruhte. 1947 wurde es durch die *Grundsätze der Erziehung in der deutschen demokratischen Schule* ergänzt. Die Schulreform zielte auf den Aufbau eines Einheitsschulsystems mit der achtklassigen Grundschule als Kern, auf die strikte Trennung von Staat und Kirche im Schulwesen, auf die Förderung der ländlichen Schulen und das Verbot von Privatschulen. Bei der Umstrukturierung des seit jeher bürgerlich geprägten Gymnasiums zur Oberschule ergaben sich spürbare Widerstände. Schwierige Probleme warf die traditionelle Bildungsabstinenz der Arbeiter auf, deren Überwindung zum offiziellen Ziel erklärt wurde. Zu der immer planmäßiger und bald auf Kosten der Bürgerkinder betriebenen Förderung der Arbeiter- und Bauernkinder gehörte 1949 die Einrichtung der *Arbeiter-und-Bauern-Fakultäten,* in denen Absolventen der bisherigen Volks- und Mittelschulen auf den Besuch der Hochschulen und → *Universitäten* vorbereitet werden sollten.

Zu dieser Zeit war die Umorientierung der K. auf das sowjetische Modell schon intensiv im Gang, und man sprach vom »Übergang zur sozialistischen Entwicklung des Bildungswesens« unter eindeutiger Führung der *SED*. Auf der 1. Zentralen Kulturtagung der *SED* 1948 wurde der neue Kurs offiziell verkündet. Man postulierte die Überwindung des Gegensatzes von Kultur und Volk für alle Bereiche. Damit unterwarf man zugleich Kunst und Literatur der parteilichen Kontrolle, und W. Ulbricht ließ in seiner Rede »Der Künstler im Zweijahrplan« im selben Jahr keinen Zweifel daran, daß → *Schriftsteller* und → *Künstler* ihre Arbeit in den Dienst des sozialistischen Aufbaus stellen müßten. Die zurückgekehrten Emigranten seien, indem sie vorwiegend über die Zeit des Exils geschrieben hätten, hinter der Entwicklung zurückgeblieben. Der Vorwurf des → *Formalismus,* entscheidender Bestandteil stalinistischer Politik, tauchte ebenfalls auf. Beide Mahnungen zeigten das Ende einer relativ liberalen Periode der K. an. In der Folgezeit verloren die bekannteren literarischen Emigranten, obwohl häufig zitiert und geehrt, weitgehend ihren Einfluß. Die stalinistische Zensur machte auch vor B. Brecht und A. Zweig nicht halt.

Die Sowjets hatten bis dahin Zurückhaltung gezeigt. Ihre häufig exzellent über deutsche Kultur informierten Kulturoffiziere, wie S. Tulpanow, A. Dymschitz, I. Fradkin, genossen Respekt. Sie vermieden bei der Säuberung und Neuplanung des Kultur- und Bildungswesens ein allzu forciertes Auftreten. Bis 1948 war die sowjetische K., unter Rückgriff auf Klassisches und Bewährtes, werbend gegen die antirussischen Auffassungen gerichtet, die sich von der nationalsozialistischen Propaganda und den Begleiterscheinungen des russischen Vormarsches vor Kriegsende erhalten hatten. Danach ließ man Rücksichten fallen und machte das sowjetische Bildungswesen und die russisch-sowjetische Kultur zur einzig verbindlichen Richtschnur. Die einschneidenden Schulreformen gingen mit zunehmender Sterilität in Kunst und Literatur einher. Erst Mitte der 50er Jahre verselbständigte sich die K. der DDR im Zeichen der Entstalinisierung wieder.

VII. Die Spaltung

Der Aufschub der Bildungsreformen und der Widerstand gegen eine fortschrittliche K. nach 1945 bewirkte in der Bundesrepublik zwei Jahrzehnte später eine um so hektischere Aktivität. Was nach Kriegsende im Bildungssektor zu wenig getan worden war, wurde nun, überstürzt und wenig koordiniert, zu viel getan. Davon unterscheidet sich die Entwicklung in der DDR, die von der graduellen Ausrichtung am sowjetischen Bildungssystem bestimmt wurde, durch ihre Kontinuität. Die Unterdrückung demokratischer Entscheidungsprozesse brachte schnellere und konsequentere Reformen mit sich, die 1965 im Gesetz über das einheitliche sozialistische Bildungssystem gipfelten. Kontinuität bedeutete in diesem Fall aber eben auch, daß der Abbruch der Demokratisierung in der Nachkriegszeit nicht mehr rückgängig gemacht wurde.

Was K. an Einigungs- und Spaltungspotential birgt, läßt sich an der Nachkriegszeit gut ablesen. Exemplarisch sind dafür die Vorgänge auf dem *Schriftstellerkongreß* 1947 in Berlin, bei dem sich auf sowjetische Anregung unter der Obhut der vier Besatzungsmächte deutsche Schriftsteller des Exils und der → *inneren Emigration* trafen. Es gab bewegende Versöhnungs- und Verbrüderungsszenen, und der Kommunist A. Abusch ließ seine Ansprache in den Worten gipfeln: »Weder die Literatur der Äußeren Emigration, so umfangreich und gewichtig sie ist, noch die der Inneren Emigration erheben den alleinigen Anspruch, ›die‹ deutsche Literatur zu sein. Die deutsche Literatur wird aus dem Zusammenfluß der beiden, während zwölf Jahren getrennten Ströme der deutschen Literatur entstehen« (Aufbau, 3. Jg., 1947, S. 226). Bald darauf wurde, was auf allgemeine Versöhnung und Volksfront gerichtet war, zum Ausgangspunkt einer neuen Spaltung. Der amerikanische Journalist M. Lasky stieß mit den sowjetischen Vertretern hart zusammen. Der *Kalte Krieg* kündigte sich an, und damit die kulturelle Spaltung zwischen Ost und West.

Diese Spaltung ging nicht direkt aus deutscher Initiative hervor, wie die von 1933, auf die sich A. Abusch bezog. Aber sie hätte sich in Deutschland ohne die Ereignisse von 1933 und die vom Nationalsozialismus verursachten Brüche kultureller Identifikation auch nicht so konsequent durchgesetzt. Nachdem A. Hitlers Volksgemeinschaftsideologie die politischen Einigungstendenzen der deutschen Kultur barbarisch kompromittiert hatte, wuchs die Bereitschaft zu anderen Identifikationen. Die Frage, ob sich das Konzept der Kulturnation halten lasse, erhob sich in vielerlei Formen. Kein Zweifel: Schon vor der Gründung der beiden Staaten existierte eine unterschiedliche K. Allerdings stellt das in der deutschen Geschichte nichts Neues dar.

F. Trommler

413

Literatur
J. Moras, H. Paeschke (Hrsg.), Deutscher Geist zwischen Gestern und Morgen. Bilanz der kulturellen Entwicklung seit 1945, Stuttgart 1954
A. Abusch, Kulturelle Probleme des sozialistischen Humanismus. Beiträge zur deutschen Kulturpolitik 1946–1961, Berlin (Ost) 1962
L. Froese (Hrsg.), Bildungspolitik und Bildungsreform. Amtliche Texte und Dokumente zur Bildungspolitik im Deutschland der Besatzungszonen, der Bundesrepublik Deutschland und der Deutschen Demokratischen Republik, München 1969
J. Gimbel, Amerikanische Besatzungspolitik in Deutschland 1945–1949, Frankfurt a.M. 1971
G. Hay (Hrsg.), Katalog zur Ausstellung ›Als der Krieg zu Ende war‹. Literarisch-politische Publizistik 1945–1950, Stuttgart 1973
K.-H. Schulmeister, Auf dem Wege zu einer neuen Kultur. Der Kulturbund in den Jahren 1945–1959, Berlin (Ost) 1977

Kulturrevolution

K. ist eine umwälzende Umgestaltung der Kultur, die als Voraussetzung von revolutionären Veränderungen der Ökonomie und der Klassenstruktur oder auch nur als deren Wirkung aufgefaßt wird. Der Sache nach entfaltet, dem Begriff nach selten, traten kulturrevolutionäre Konzepte während der Weimarer Republik als, wie A. Döblin es bezeichnete, »geistesrevolutionäre Strömung«, in Anknüpfung an den sowjetischen *Proletkult* und in der proletarisch-revolutionären Kulturbewegung auf. Die Veränderungen der Ökonomie durch neue Technologien und ihre Auswirkungen in Form der Entwicklung einer → *Kulturindustrie* werden mit Hilfe kulturrevolutionärer Kategorien erstmals von W. Benjamin und B. Brecht analysiert.

Folgenschwer wirkte sich der Nationalsozialismus auf kulturrevolutionäre Konzepte aus. Bei ihrer Kulturpolitik, der Verfolgung und Vertreibung nahezu aller Repräsentanten der Kultur und der Ausfüllung des zerstörten Bereiches mit rassistischen und chauvinistischen Inhalten, bediente sich die *NSDAP*, zum Beispiel in ihren Liedern und Symbolen, demagogisch verdrehter Momente der sozialistischen Bewegung, wenn auch der Begriff K. nicht üblich war. Die Niederlage der Gegner des Nationalsozialismus bedeutete nicht nur eine Krise ihrer gesellschaftspolitischen Leitvorstellungen, sondern löste auch bei den zumeist exilierten Kulturschaffenden (→ *Exil)* einen zwangsläufigen Konservativismus aus, die Idee der Verteidigung von Rationalität, Humanität und kulturellem Erbe (→ *Tradition und kulturelles Erbe)* gegen den Faschismus.

Die Entwicklung in der Bundesrepublik ist zunächst durch die Restauration konservativer und christlicher Kultur geprägt, deren theoretische Untermauerung unter anderem H. Sedlmayr und R. Guardini leisteten. Das die Schichtenstruktur verändernde Verschwinden der alten und die Zunahme der neuen Mittelschichten, die Krise der Ausbildungsinstitutionen, wie auch die Erlahmung der Opposition während der *Großen Koalition von* 1966 bis 1969, Kontroversen zu *Notstandsverfassung* und *-gesetzen* (1968) sowie der Verlauf des Kriegs in Vietnam führten ähnlich der Entwicklung in den USA, in Frankreich und Italien zu einer Studenten- und Jugendrevolte, die sich bald in Anlehnung an das maoistische China kulturrevolutionär interpretierte. Bedeutsam war das Anknüpfen an 1933 exilierte Autoren wie H. Marcuse, Th. W. Adorno, M. Horkheimer, E. Bloch, W. Reich, S. Freud, B. Brecht und W. Benjamin. Die Bewegung bediente sich weitgehend der Formen basisbezogener Selbstorganisation in Basisgruppen, Wohngemeinschaften, Klubs oder Kinderläden. Einflußreich waren Zeitschriften wie »Kursbuch«, Kleinverlage und ein umfangreiches Raubdruckwesen. Deren Adressaten waren Studenten und Jugendliche, Randgruppen, schließlich eine romantisierend vorgestellte Arbeiterbewegung. Mit der Distanz zum Parteiensystem und zum Parlamentarismus, die zu der Bezeichnung *Außerparlamentarische Opposition* führte, und dem so antiautoritären wie sozialistischen Anspruch korrespondierte eine Distanz zur DDR. Diese fand ihrerseits mit den Revolten in Polen und der CSSR im Jahr 1968 sowie deren Ausstrahlungen auf sie selbst zu pauschaler Verurteilung der Revolte als linksradikal und sektiererisch. In Konsequenz dazu bildete die den Vorstellungen der DDR folgende Kulturpolitik der 1968 gegründeten *DKP* ein irrelevantes Nebenstück zur kulturrevolutionären Strömung in der Bundesrepublik.

Ein bis heute unaufgearbeitetes Problem stellt die Frage dar, ob nicht die unaufgelösten Widersprüche dieser Revolte auch daraus erklärt werden müssen, daß sie einen Ausweg mit Hilfe gescheiterter Ansätze suchte, bis hin zum Wiederaufgreifen vergangener Organisationsformen wie der »bolschewistischen Partei« und Ideen der proletarischen Kultur, und sich zudem auf Positionen verwiesen sah, die von einem zwangsläufigen Konservativismus durchzogen waren. Ein weiteres, in Aufnahme von W. Benjamin, B. Brecht und Th.W. Adorno zwar thematisiertes, bis heute jedoch unaufgearbeitetes Problem ist die Veränderung der Kultur durch die Medientechnologie von einem umgrenzten Bereich kultureller Gehalte, Kunstformen und künstlerischer Verfahren hin zur Kulturindustrie (→ *Medienkultur)*. Die Annahme, der dadurch ermöglichte Zugriff auf → *Bedürfnisse,* → *Bewußtsein* und Verhalten der Individuen schaffe die Voraussetzungen für Manipulation und Verblendung, die frühere Formen der Repression abgelöst haben, erklärt die

Bedeutung, die der Angriff auf die kulturellen Apparate hatte sowie die häufig symbolischen Aktionsformen, wie Taktiken der »Entlarvung« und der »begrenzten Regelverletzungen«, *Graffiti* und anderes mehr. Sie weist gleichzeitig auf das Phänomen hin, daß sich die → *Kulturindustrie und Massenkultur* tatsächlich weitgehend der Revolte bemächtigte und sie etwa in bestimmten Formen der Pop- und Rockmusik zu vermarkten vermochte. Darüber hinaus hat die kulturrevolutionäre Strömung gerade in Verbindung mit Entwicklungen der Kulturindustrie hinsichtlich traditioneller Kulturinhalte demontierend gewirkte, was die untergeordnete Stellung der traditionellen kulturellen Fächer in der reformierten Gymnasialoberstufe verdeutlicht.

Abgelöst wurden die kulturrevolutionären Strömungen von einer Wendung zum Autobiographischen *(→ Biographie)*, Privaten und Psychologischen *(→ Innerlichkeit)*. Gleichzeitig setzte im Zusammenhang mit der fortschreitenden Urbanisierung, dem Verlust von Familienfunktionen *(→ Familie)*, der Entwicklung des Bildungswesens *(→ Schule, → Universitäten)*, den Veränderungen im Beschäftigungssystem *(→ Beruf)* und einer größeren Skepsis gegenüber einer rein wachstumsorientierten Wirtschaftspolitik eine allmähliche Veränderung von → *Bewußtsein,* von Alltagskultur und Gewohnheiten ein, die anknüpfend an die kulturrevolutionären Bestrebungen mittlerweile zu einer vielfältigen Ausprägung alternativer Kultur *(→ Alternativkultur)* geführt hat, deren Stichworte Frauenbewegung, veränderte Partnerbeziehungen, verändertes Erziehungsverhalten, Fragen der Ökologie, → *Bürgerinitiativen* lauten *(→ Alltag)*.

In der DDR unterscheidet man die antifaschistisch-demokratische K. nach 1945 und die sozialistische K., die als Antwort auf die Ereignisse in Ungarn im Jahr 1956 proklamiert wurde. Eigentliche kulturrevolutionäre Momente traten nur nach 1956 auf, wenn sie auch durch den Versuch, die Loyalität der → *Intelligenz* zu erzwingen, überfremdet waren. Für beide Etappen war die Orientierung am kulturpolitischen Zustand der UdSSR verpflichtend, wie er sich seit den 30er Jahren mit dem Programm der Hebung des Kulturniveaus der Bevölkerung, der Anknüpfung an tradierte Kultur und der Herausbildung einer neuen Intelligenz herausgebildet hatte, wie auch die kulturpolitische Programmatik der exilierten *KPD* nach 1935 zugrundegelegt wurde. Ziel war das Wiederaufgreifen und Bewahren der demokratisch-oppositionellen Kulturtraditionen der deutschen Geschichte und die Verteidigung des »humanistischen Erbes« im Sinn des Antifaschismus. In der sozialistischen K. tritt vorübergehend die proletarisch-revolutionäre Tradition stärker ins Blickfeld. Aber schon 1959 wird auf der literaturpolitischen *I. Bitterfelder Konferenz* an die nie abgeschwächte Verpflichtung erinnert, sich am Vorbild der Klassik zu orientieren. Die

kulturrevolutionären Ansätze blieben wenig ertragreich. Die *II. Bitterfelder Konferenz* (1964) macht ihnen ein Ende. Zirkel schreibender Arbeiter und Arbeiterfestspiele existieren fort als Teil der laienkünstlerischen Bestrebungen. Ertrag beider Etappen blieb gleichwohl insgesamt eine Wiederentdeckung und Reintegration humanistischer und demokratischer Kulturtraditionen wie die Wiedereinbürgerung eines wenn auch problematisch eingegrenzten Teils der exilierten Kultur, zum Beispiel B. Brechts, H. Eislers, L. Feuchtwangers, E. Kischs, der Brüder Mann, L. Renns, A. Seghers' und J. R. Bechers *(→ Literatur)*.

Nach 1961 wird versucht, kulturrevolutionäre Programmatik auf die Annahme einer wissenschaftlich-technischen Revolution zu stützen. Anknüpfend an kybernetische Vorstellungen wird der Gedanke entwickelt, gesellschaftliche wie kulturelle Prozesse als steuerbare Regelkreise zu interpretieren. Abgesehen von der hiermit zusammenhängenden, vorübergehend vertretenen Auffassung der sozialistischen Gesellschaft als einer harmonischen Menschengemeinschaft, die ihre Konflikte und Disparitäten durch indirekte Steuerung ohne große Reibungen überwinden kann, blieb dieser Ansatz jedoch kulturpolitisch steril. Tatsächlich erfolgte die Entwicklung des vielfältigen kulturellen Lebens in der DDR insgesamt in relativer Unabhängigkeit von der offiziellen kulturpolitischen Programmatik. Alle diese Bemühungen sind im Kontext einer Gesellschaft zu sehen, in der trotz vieler Bemühungen die Arbeiterschaft weitgehend in Distanz zur Kultursphäre steht und ein breiter Unterbau an überkommener kleinbürgerlicher Alltagskultur existiert, der vermutlich bedeutsamer ist als der durch Momente der Konsumgesellschaft weitgehend verdrängte entsprechende Bereich in der Bundesrepublik. Auch der Kanon bildungsbürgerlicher Gehalte existiert fort, gestützt durch den Literaturunterricht.

Moment realer Revolte, die sich ansatzweise auch kulturrevolutionär verstand, war die mit den Vorgängen in der CSSR 1968 ausgelöste Unruhe unter der → *Jugend* und der → *Intelligenz.* Hierfür stehen junge Schriftsteller wie J. Fuchs, R. Kunze, G. Pannach sowie Ansätze einer oppositionellen Rockmusik *(→ Rockkultur)*. Diese Unruhe wird jedoch in den Jahren um 1976, als der Liedermacher W. Biermann ausgebürgert wurde, administrativ unterbunden. Auch in der DDR findet sich seither, wie schon vorübergehend nach 1961, eine Hinwendung zum Autobiographischen, Privaten und Psychologischen als Formen der Verweigerung. Eine K. im Sinne einer Umwälzung der Formen und Inhalte, der Produktion, Distribution und Rezeption hat in der DDR nicht stattgefunden und konnte angesichts der Verwüstungen seit 1933 und der Situation im Jahr 1945, die die Führung der *KPD* zu der zunächst vertretenen, plausiblen Annahme führte, »der Sozialismus stehe nicht auf der Tagesordnung,«

nicht stattfinden. Dies kann als Indiz dafür gewertet werden, daß auch eine Umwälzung der Klassenverhältnisse im Sinn von K. Marx nicht stattgefunden hat, sondern im wesentlichen ein Elitenwechsel (→ *Elite*). Trotz des partiellen Aufgreifens von Momenten kulturrevolutionärer Programmatik bietet die DDR bis heute einen insgesamt konservativen Kulturzustand dar, der es als ausgeschlossen erscheinen läßt, daß eine Rückkehr zur ursprünglichen sozialistischen Programmatik einer K. und einer revolutionären Rätedemokratie stattfindet.

W. Motzkau-Valeton

Literatur

M. Lange (Hrsg.), Zur sozialistischen K. Dokumente, 2 Bde., Berlin (Ost) 1960

F. Staufenbiel, D. Ulle (Hrsg.), Wechselwirkung technischer und kultureller Revolution. Kulturtheoretische Konferenz v. 24.–25. 2. 1966, Berlin (Ost) 1966

G. Mehnert u. a., K. in der DDR. Grundlagen, Erfahrungen Aufgaben, Berlin (Ost) 1981.

A. G. v. Olenhusen, C. Gniß, Handbuch der Raubdrucke 2. Theorie und Klassenkampf, Pullach 1973

P. Mosler, Was wir wollten, was wir wurden, Reinbek 1977

Kultursoziologie

I. Der Wiedergewinn einer kultursoziologischen Perspektive in der Bundesrepublik Deutschland nach 1945 – II. Gewandelte Realitäten und neue Aufgaben – III. Kultursoziologie und Funktionskultur in der DDR – IV. Gemeinsamkeiten trotz kulturellem Separatismus

I. Der Wiedergewinn einer kultursoziologischen Perspektive in der Bundesrepublik Deutschland nach 1945

Bereits die antike Philosophie entwarf das Idealbild eines entwicklungsfähigen Menschentums, dem es ehestens durch kontinuierliche Selbstkulturisierung gelingen könne, die Probleme des gesellschaftlichen Lebens immer besseren Lösungen zuzuführen. Diese Hoffnung begleitet alles Nachdenken über die Wechselbeziehungen zwischen Kultur und Gesellschaft durch die Epochen der Renaissance, des Humanismus und der Aufklärung hindurch. Auch die deutsche Philosophie trug sie vom 18. bis in das 20. Jh., so vor allem J. G. Herder, I. Kant, W. v. Humboldt. Noch G. Lukács erblickte in »Alte Kultur und neue Kultur« (1920) in der Kultur die »Idee des Menschseins des Menschen«, die es

gesellschaftsgestaltend so weit wie möglich zu verwirklichen gelte.

Daß die sozialkulturelle Wirklichkeit sich der lebenspraktischen Einlösung dieses Wunschbildes jedoch auf mannigfache Weise versperrte, vermerkten, in der Nachfolge so bedeutender Kulturhistoriker und Gesellschaftstheoretiker des 19. Jh. wie J. Burckhardt, A. Comte, K. Marx und F. Engels, bereits die Klassiker der deutschen Soziologie um 1900, allen voran M. Weber in »Die Objektivität sozialwissenschaftlicher Erkenntnis« (1904) und G. Simmel (Soziologie, 1908). Ihrem Programm der integrierten Kultur- und Gesellschaftsanalyse, nach dem »Gesellschaft« im Kleinen wie im Großen sich in Kulturgestalten kundtue und mithin in diesen ergründet werden müsse, gingen von den 20er Jahren an vor allem A. Weber in historischer Perspektive (Kulturgeschichte als Kultursoziologie, 1935; Prinzipien der Geschichts- und Kultursoziologie, 1951) und K. Mannheim in methodologisch-systematisierender Hinsicht nach (Über die Eigenart kultursoziologischer Erkenntnis, ab 1922 geschrieben). Darüber hinaus registrierte gerade die für stilistische und inhaltliche Veränderungen im gesellschaftlichen Leben sensiblen Intellektuellen – W. Benjamin, S. Kracauer, M. Horkheimer – seismographisch die Zunahme der Konflikte und Erosionen, welche den Weg der deutschen Gesellschaft in den Nationalsozialismus und in den Zweiten Weltkrieg ankündigten. Infolgedessen wurden nicht wenige Kultursoziologen von der faschistischen Gewaltherrschaft entweder zum Schweigen verurteilt – A. Weber, A. v. Martin – oder ins → *Exil* getrieben, wie K. Mannheim, M. Horkheimer, A. Schütz und N. Elias. Sie trugen unfreiwillig zu einer verstärkten Ausstrahlung der deutschen K. auf die internationale Diskussion bei, etwa H. Gerth, L. Löwenthal und P. Lazarsfeld.

Unter den nach 1945 Heimgekehrten bestimmte während des wirtschaftlichen und politischen Aufbaus der Bundesrepublik zunächst vor allem Th. W. Adorno die kultursoziologische Diskussion. Sein Weltbild und sein Wissenschaftsverständnis waren entscheidend geprägt durch die Erfahrung des nationalsozialistischen Totalitarismus und der ihn ermöglichenden Lebenshaltung, deren sozialpsychologische Latenzen er auch nach dem politischen Zusammenbruch vielfältig fortwirken sah. Seine analytische Vorliebe, gut sichtbar an seiner »Ästhetischen Theorie« von 1970, galt jedoch mehr den ästhetischen Zeugnissen alltagsentrückter Hochkultur, vor allem der Literatur und Musik, in denen er das epochenüberdauernde Versprechen einer zukünftig befriedeten Menschheit eher aufgehoben wähnte, als in den Niederungen der sich, wie in anderen Ländern, so auch in der Bundesrepublik ausbreitenden Massenzivilisation (→ *Kultur*, → *Kulturindustrie und Massenkultur*). In deren Errungenschaften verflacht nach Th. W. Adornos Meinung die Idee einer vielwertigen, allseits glückstiftenden Kultur zur Praxis einer umsatzinteressierten, die Menschen zu bloßen Konsumenten erniedrigenden Industrie. Statt in sozialkreative Mündigkeit führt sie in die Lähmung von Seele und Geist unter der nivellierenden Vormundschaft der Unterhaltungsmonopole (→ *Massenkommunikation*). Ihres ehemals aufklärerischen Antriebs beraubt, degeneriert Kultur zu einem die Sozialverhältnisse nicht bereichernden, sondern barbarisierenden Massenbetrug (F. Nietzsche). Die Kulturindustrie fördert, folgt man H. Marcuse und seinem »Der eindimensionale Mensch« (1967), nicht die umfassende Selbstkultivierung der Gesellschaft unter verantwortlicher Mitwirkung aller. Vielmehr hegt sie den eindimensionalen, sensomotorisch reduzierten Menschen in einer technokratisch eingeschränkten Sozialwelt.

Dieser *Kritischen Theorie* hat schon früh A. Silbermann entgegengehalten, daß auch die verachtete Massenkultur genauestens erforscht werden müsse. Empirisch betrachtet nahm und nimmt sich die bundesrepublikanische Kulturszene in der Tat vielgestaltiger aus, als Th. W. Adornos von Vorurteilen nicht immer freie Verallgemeinerungen vermuten lassen. Entsprechend der Grundthese, daß kulturelle Gestaltungen das soziale Geschehen mitformen, daß mithin ihre Imprägnierungen in jederlei sozialen Tatbeständen vom täglichen Grüßen bis zur staatlichen Organisation dingfest zu machen sind, hat die neuere Soziologie kulturelle Aspekte in ihr Untersuchungsrepertoire aufgenommen. Vor allem R. König (Kulturanthropologie, 1972) hat in der Nachfolge M. Webers die Untrennbarkeit von soziologischer und kulturwissenschaftlicher Perspektive theoretisch und empirisch veranschaulicht. Ihm wie auch der »Philosophischen Anthropologie« H. Plessners (1970) gelang überdies eine präzisierende anthropologische Fundierung kultursoziologischen Forschens.

Aufgrund dieser Entwicklung verfährt die K. heute in differenzierender Methodenvielfalt und vieldimensionaler Realitätszuwendung. Sie durchleuchtet die gesamte Lebenswirklichkeit hinsichtlich der Wechselbeziehungen von sozialen Formationen und kulturellen Gestaltungsmodalitäten.

In den Gesellschaften des Industriezeitalters kann der Innenhalt der sich ausfächernden Sozietät der → *Moderne* auch kulturell mehr und mehr nur durch Institutionen garantiert werden (A. Gehlen, Urmensch und Spätkultur, 1956). Sie repräsentieren transhistorische Objektivationen, halten Traditionen lebendig und steuern Innovationsprozesse. Solange sie sich demokratisch verfassen, bieten sie den sozialen Teilsphären die Möglichkeit einer ideativen und lebenstechnischen Einbindung in den Gesamtprozeß, ohne sie unnötig in ihrer Eigengestaltung zu beeinträchtigen. Da jedoch Institutionen aller Art dazu neigen, Befugnisse an sich zu ziehen, sich Kompetenzen anzumaßen und gefällte Entscheidungen als irreversibel hinzustellen, wurde seit den späten 60er Jahren trotz erweiterter Angebote in Museen, Theatern, Volkshochschulen Kritik an zahlreichen Kultureinrichtungen laut. Sowohl Laien als auch professionelle Kulturpraktiker begegneten dem Regelungsanspruch der Institutionen mit der Forderung nach mehr → *Mitbestimmung* oder »Partizipation« seitens Betroffener oder Teilnehmender. Dadurch sollten kulturelle Praxis und Verantwortung auf zahlreichere soziale Füße gestellt werden; der K. entstand in der analytischen Begleitung derartiger Versuche ein pragmatisches Aufgabenfeld (E. Pankoke).

II. Gewandelte Realitäten und neue Aufgaben

In den 70er Jahren brachen an vielen Stellen der bundesrepublikanischen Gesellschaft Probleme in einer Weise auf, die deutlich machten, daß seit Ende des Zweiten Weltkrieg kulturelle Fragen allzuoft eher verdrängt als beantwortet worden waren. Da auch die K. vor allem nur in Nachbardisziplinen als Hilfswissenschaft präsent war, wird sie ihre Geltung als Herzstück einer Soziologie im Sinne M. Webers daher durch neue konzeptionelle Anstrengungen erst wieder erringen müssen. Doch tragen bereits einige Forschungsansätze zu einer regeren kultursoziologischen Diskussion bei.

Durch die späte Rezeption von N. Elias' »Über den Prozeß der Zivilisation« (1939) wurde die Hinwendung zu Fragen der praktischen Lebensführung gefördert. Während N. Elias vor allem historische Prozesse untersucht, zielen neuere Bemühungen darauf ab, seinen Ansatz auch in der Gegenwartsforschung anzuwenden. Dabei werden in erster Linie Elementarformen der Lebensführung wie → *Wohnen*, Schlafen, Körperpflege durchleuchtet (P. R. Gleichmann). Darüber hinaus hat die Tatsache, daß das tägliche Leben in der industriellen Zivilisation zunehmend problematisch wird, verstärktes Interesse an der Kultur des → *Alltags* geweckt. Analytische Vorarbeiten wurden durch die amerikanische Lebensweltdiskussion in der Nachfolge von A. Schütz' »Ethnomethodologie« durch P. L. Berger und E. Goffman ebenso erbracht wie durch kritische Beiträge H. Lefèbvres in Frankreich. Einen marxistischen Zugang eröffnete die an G. Lukács orientierte »Budapester Schule« mit A. Heller. Sowohl in der Bundesrepublik durch H. P. Thurns »Der Mensch im Alltag« (1980), als auch in der DDR mit J. Kuczynskis »Geschichte des Alltags des deutschen Volkes« ebenfalls 1980, werden derzeit diese Ansätze historisch und gegenwartsanalytisch weiterentwickelt.

Spätestens die Zunahme des interkulturellen Austauschs seit der Mitte des 19. Jh. hat der K. vor Augen geführt, daß sie neben der heimischen auch ethnisch »fremde« Kulturen zu erforschen hat. Verstärkt wurde dieser Auftrag durch die mehr oder weniger dauerhafte Ansiedlung der mehr als 3 Mio. ausländischer Arbeitnehmer in der Bundesrepublik. Zahlreiche Kulturkonflikte, die sich aus gemeinsamem Schulbesuch und Spracherwerb, aus unterschiedlichen religiösen und politischen Anschauungen und abweichenden Lebensformen ergeben und das Zusammenleben erschweren, bedürfen der ethnosoziologischen Ergründung. Die häufigeren Kontakte mit fremden Kulturen im In- und Ausland (→ *Reisen*), die Internationalisierung kultureller Anschauungen und Lebensweisen durch moderne Kunst, Pop-Musik oder Jeans, aber auch die Furcht vor einer totalen Selbstzerstörung der menschlichen Kultur haben seit der Mitte der 60er Jahre die Suche nach der »eigenen« Kultur, nach kultureller Identität in der Bundesrepublik intensiviert. Sie manifestiert sich unter anderem in der Erforschung dieser heimatlichen, regionalen und lokalen Kulturwelten (→ *Volkskultur*). In industriellen Ballungszonen wurden verstärkt Traditionen der → *Arbeiterkultur* freigelegt und wiederbelebt, so von R. Günther in Dortmund. In der DDR waren sie schon seit den 50er Jahren wissenschaftlich erforscht worden. Gegenwärtig entstehen aus unterschiedlichsten Motiven heraus zahlreiche ländliche und städtische → *Alternativkulturen* (W. Hollstein, Die Gegengesellschaft, Bonn ³1980).

Neben den Einzelanalysen dieser neuen Kulturformen stellt sich die übergeordnete Frage, inwieweit innerhalb der teilweise tiefgreifenden Umwälzungen der letzten Jahrzehnte sowohl personal und mikrosozial lebbare als auch gesamtgesellschaftlich akzeptable Grundwerte zu gewinnen sind oder sich bereits abzeichnen. In der Symptomatik des → *Kulturwandels* nach 1945 offenbart sich die fortdauernde Sinn- und Wertkrise der Zivilisation (M. Weber, G. Simmel, M. Scheler), deren Erschütterungen in den Verhaltensstilen, der Sprache, dem Alltagswissen des praktischen Lebens ebenso spürbar sind wie in den fragwürdig gewordenen Allgemeingeltungen von Recht, Ethik, Religion, Wissenschaft und Kunst. Die K. versucht, die Ursachen, Verlaufsformen und Folgen dieser Krisen aufzudecken. Vor diesem Hintergrund wird gegenwärtig über die geistigen Grundlagen, analytischen Verfahrensweisen und Ziele einer zeitgerechten K. in der Bundesrepublik wieder stärker diskutiert. Die Überlegungen werden im Rahmen eines Arbeitskreises vorangetrieben, dem F. H. Tenbruck, Tübingen, W. Lipp, Würzburg, A. Hahn, Trier, J. Stagl, Bonn, H. P. Thurn, Düsseldorf, angehören.

III. Kultursoziologie und Funktionskultur in der DDR

Obwohl auch in der DDR über die Grundwerte der menschlichen Kultur seit langem und zum Teil sehr kontrovers nachgedacht wird, etwa von W. Harich, R. Bahro, ist ein innerdeutsches Gespräch über diese Fragen bisher kaum in Gang gekommen. Die andersartige politische Geschichte hat in der DDR zu einer spezifischen Theorie und Praxis der K. geführt. Zeichneten sich anfänglich die Pfade einer freimütigen Erörterung über die mögliche Mitwirkung der Wissenschaftler am Aufbau eines sozial gerechteren Gemeinwesens ab, so verengte sich dieser Weg seit dem Ende der 50er Jahre zusehends dadurch, daß auch die K. der marxistisch-leninistischen Staatsideologie unterworfen wurde. Entsprechend der Vorstellung, daß der vorangegangene historische Prozeß nicht nur ein ökonomisch und politisch ausgetragener Klassenkampf, sondern auch eine Auseinandersetzung zwischen den »zwei Kulturen« des Bürgertums und des unterdrückten Proletariats gewesen sei, wurde der daraus resultierende Nachholbedarf der Arbeiterklasse in allen kulturellen Angelegenheiten zum verbindlichen Wegweiser erhoben. Man folgte somit W. I. Lenins »Kritischen Bemerkungen zur nationalen Frage« von 1913. Die durch das Proletariat und die seine Interessen vertretende Führung der *SED* eingeleitete Revolution des Gesamtlebens sollte entsprechende Folgen auch in der kulturellen Ausgestaltung der Sozialverhältnisse zeitigen. Zur raschestmöglichen Erreichung des Ziels einer kommunistischen Kultur in kommunistischer Gesellschaft wurde es als nötig angesehen, wie alle anderen Umwälzungen, so auch den kulturellen Wandel systemgerecht zu planen und womöglich zu beschleunigen. Dadurch soll die sozialistische Transformationsperiode vom Kapitalismus zum Kommunismus möglichst kurz gehalten, sollen die epochenbedingte Diktatur des Proletariats und seiner Partei sowie die konfliktträchtigen Vereinseitigungen in allen Lebensbereichen baldmöglichst überwunden werden.

Die marxistisch-leninistische K. erkennt die daraus erwachsenden ideologischen und praktischpolitischen Notwendigkeiten an; dementsprechend ergreift sie in ihrem Programm Partei für die Arbeiterklasse und alle Werktätigen, indem sie hilft, deren kulturellen Bedürfnissen gesamtgesellschaftlich Gehör und Befriedigung zu verschaffen. Sie unterwirft sich der Leitung durch die zuständigen Gremien der *SED,* setzt deren kulturpolitische Entscheidungen mit durch und schafft mittels empirischer Forschungen die erkenntnismäßige Voraussetzung für Beschlüsse und Maßnahmen. Mithin ist sie in der DDR integraler Bestandteil der ideologisch geordneten Regelung des gesellschaftlichen Lebens durch die politischen Institutionen des Staates. Die Mitwirkung an der bürokratischen Planung, Leitung und Kontrolle des kulturellen Ausbaus steckt zugleich den Rahmen, die Eigenart und die Organisationsform der kultursoziologischen Arbeit ab. Ihre maßgebende Ausformulierung erhielt die heute gültige K. auf dem *Zweiten Kongreß der marxistisch-leninistischen Soziologie* 1974 in Berlin. Die Koordinierung der vielfältigen Tätigkeiten von Einzelforschern, Gruppen und Hochschulsektionen erfolgt durch den *Arbeitskreis Kultursoziologie des Wissenschaftlichen Rates für soziologische Forschung in der DDR* unter Leitung von F. Staufenbiel, der seinerseits der *Akademie für Gesellschaftswissenschaften* beim Zentralkomitee der *SED* angegliedert ist.

Ihre politische Zweckbestimmung drückt sich konzeptionell als Verpflichtung auf das Zukunftsideal der »allseitig entwickelten gebildeten Persönlichkeit inmitten befriedeter Sozialverhältnisse« aus (D. Mühlberg, Zur Diskussion des Kulturbegriffs, Berlin (Ost) 1976, S. 19 u. ö.). Dem Erreichen einer endgültigen Entsprechung von Individual- und Sozialkultur dienen vor allem Untersuchungen der materiellen und ideellen Lebensbedingungen, der diese Bedingungen vitalisierenden individuellen und kollektiven Tätigkeiten mit ihren spezifischen Werten, Wünschen, Normen und Wissensformen, sowie der in diesem Rahmen ermöglichten Persönlichkeitsentwicklung und Sozialentfaltung. Besonderes Augenmerk gilt der Erforschung jener »kulturellen Bedürfnisse«, die sich der Daseinsgestaltung als der Wunsch nach weltanschaulicher, ethischer und ästhetischer Dauerformung kundtun (F. Staufenbiel, Zur Entwicklung kultureller Bedürfnisse in der Arbeiterklasse, Berlin (Ost) 1975, S. 60). Die breiten Raum einnehmende mikrosoziale Bedürfnisforschung beschränkt sich nicht auf Fragen der Versorgung mit materiellen und ideellen »Luxusgütern« der Literatur und Kunst, sondern ist bestrebt, das humanistische Ideal sich kontinuierlich vervollkommnender Menschenbildung im Sinne J. G. Herders, I. Kants, W. v. Humboldts schon während der revolutionären Umwälzung auch in den »Niederungen« des sozialistischen Alltags durchzusetzen. So soll jenes ganzheitliche Menschenbild wiederbelebt, ja eigentlich erst konkret lebbar gemacht werden, dem die Aufklärungsbewegungen aller Zeiten sich verpflichtet wußten, das jedoch aus marxistisch-leninistischer Sicht spätestens in der bürgerlich beherrschten modernen Industriekultur verlorenging. Aufgrund dieser Einschätzung und der mit ihr einhergehenden Ablehnung von »Zivilisation« und »westlicher Lebensweise« versteht die K. der DDR sich auch als Hüterin des abendländischen Kulturerbes (→ *Tradition und kulturelles Erbe*). Mit diesem Anspruch, unter dem sich unter der Hand die Kultur aus einer ehedem bürgerlich umrahmten zur nunmehr staatlich verordneten Pflicht wandelt, wird jede Provinz der Gesellschaft und jede Lebens-

tätigkeit konfrontiert. Durch die Einsicht in die Notwendigkeit gemeinschaftlicher, von der *SED* ideologisch gesteuerter Fortbildung (→ *Weiterbildung*) sollen die Prozesse der wissenschaftlich-technischen Revolution, der ökonomischen Produktion und der politischen Regulation jene kulturelle Qualifizierung erhalten, die ihnen per se noch nicht zukommt.

Im Verlauf der Geschichte der DDR wurde die K. immer wieder als Erfüllungsgehilfin der staatlich verkündeten Kulturisierungskampagnen und ihrer wechselnden Programme eingesetzt, so anläßlich des *Bitterfelder Weges* 1959 und der Volkskunstbewegung seit Mitte der 60er Jahre. Seitdem auf dem VIII. Parteitag der *SED* 1971 das Konzept der »Sozialistischen Arbeitskultur« verkündet wurde, wuchsen ihr mehr und mehr Aufgaben zu, durch die ihre theoretische Perspektive und ihr Praxisbezug zusehends auf ein *social engineering* verengt wurden. Die Dominanz von Arbeit und Beruf führt dabei zu einem vereinseitigten Menschenbild, in dem an die Stelle der vielfältig gebildeten Gesamtpersönlichkeit der berufliche Leistungserfüller tritt. Mittels einer kultursoziologisch abgesicherten Funktionsästhetik (→ *Arbeitskultur*) soll die Zufriedenheit am Arbeitsplatz angehoben werden. Die kulturelle Einkleidung des Arbeitsvorgangs und der ihn mittragenden sozialen Beziehungen soll die Werktätigen zu höherer Leistungsbereitschaft stimulieren (G. K. Lehmann, Ästhetische Einflußfaktoren bei der Entwicklung der Arbeitskultur, Berlin (Ost) 1975). Von einem solchen, auch kultursoziologisch qualifizierten »kulturvollen Arbeitsprozeß«, in dem traditionelle Leistungstugenden wie Pflichterfüllung, Zuverlässigkeit und Disziplin auferstehen, verspricht man sich Ausstrahlungen auch auf das Privatleben der betroffenen Menschen. Indem die Bereiche von Beruf und Freizeit derart kulturell ausgeglichen werden sollen, Personal und Werte in der vereinheitlichten »Lebensweise« zwischen den Teilbereichen austauschbar gedacht sind, kann auch die Bedürfnisbefriedigung durch übergeordnete Instanzen leichter geplant und dirigiert werden. Die von K. Marx und F. Engels dem → *Kapitalismus* attestierte Vormundschaft der Ökonomie in allen Daseinssphären stellt sich, auf dem Umweg über die den Menschen nach Plan und Soll zurechtstutzende Funktionskultur, ebenfalls im → *Sozialismus* ein. Die Wiederkehr dieses Widerspruchs zwingt der marxistisch-leninistischen K. die alte Erkenntnis auf, daß Kultur jeder Art sich nicht obrigkeitlich verordnen noch in Einheitsformen bannen läßt, vielmehr auf jeder Stufe bereits den Keim zur Überwindung des Erreichten mitenthält.

IV. Gemeinsamkeiten trotz kulturellem Separatismus

Bereits 1954 befürchtete A. Weber ein nicht nur politisches, sondern auch kulturelles Auseinanderstreben der beiden Teilstaaten in Deutschland. Seither hat sich die kulturelle Trennung in nahezu sämtlichen Bereichen des persönlichen und gesellschaftlichen Lebens weiter vertieft. Sie dokumentiert sich in den Bedingungen und Stilen der alltäglichen Lebensführung, der Ausstattung mit materiellen und ideellen Gütern, der Sprache und den mitmenschlichen Verhaltensformen ebenso wie in jenen künstlerischen Zeugnissen, welche jeder der beiden Staaten als seine »offizielle« Kultur proklamiert. Zudem sind die kulturellen Prozesse beider Gesellschaften unterschiedlich organisiert. Während man in der Bundesrepublik auf die Befähigung von Ländern, Kommunen und Stadtteilen, von Gruppen und Schichten zu kultureller Eigensteuerung und dauernder Aktivität hofft, ihnen Initiativ- und Spielräume zwar politisch-planerisch absteckt, dann jedoch in gewissem Umfang zur »freiheitlich-demokratischen« Selbstbetätigung überläßt, hat sich in der DDR mehr und mehr eine autoritäre Lenkung sämtlicher Kulturvorgänge durch Organe von Staat und Partei durchgesetzt, mittels deren die personale und soziale Mündigwerdung der Menschen nunmehr auch kulturtechnisch in Schranken gehalten wird. Hier wie dort dient jedoch obrigkeitliche Planung dazu, Kultur systemgerecht zu verbreiten und gleichzeitig ihre Ausfächerung unter Kontrolle zu behalten, etwa als »bürgernahe Kultur« in der Bundesrepublik und »kulturvolle Lebensweise der sozialistischen Persönlichkeit« in der DDR. Eine gesellschaftliche Praxis der Kultur ohne ihr dirigistisches Zutun duldet die Politik in keinem Falle; allerdings bemißt sie dabei je nach Systemkonzept individuelle Freiheitsgrade und Sozialverpflichtungen unterschiedlich.

Doch hat in der Bundesrepublik wie in der DDR diese Strategie ihren Widerpart bereits erzeugt. Dadurch zeichnen sich unverhoffte und von der K. noch genauer zu erforschende sozialkulturelle Gemeinsamkeiten zwischen Teilen beider Gesellschaften ab. Auf beiden Seiten verkörpern zumindest Ausschnitte der nachwachsenden Generationen ein andersartiges Lebensgefühl als die Gründerväter und politischen Führungsgruppen der deutschen Staaten. Sie wehren sich gegen die vereinheitlichende institutionelle Reglementierung des Gesamtlebens und gegen die Kontrollansprüche von Verwaltern und Funktionären, welche die von ihnen verkündeten Inhalte und Ziele selbst nicht vorleben. Den gesamtgesellschaftlich abhanden gekommenen Lebenssinn suchen sie in alternativer Kultur- und Sozialbildung (→Alternativkultur, →Subkultur). Die Tauglichkeit der dabei in Kunst, Literatur, musikalischer Praxis und Lebensstilen

mannigfach gezeigten Leitbilder wird sich erst zukünftig erweisen. Innerhalb des empfindlichen Gleichgewichts von Annäherung und Berührungsängsten zwischen beiden deutschen Staaten und Gesellschaften liegt die Chance zur Gleichartigkeit, damit auch zur Verständigung, ehestens in solch unvorhergesehenen Keimen inmitten der systemgepflegten Kulturgärten; zumal die biographisch und verwandtschaftlich begründeten Kontakte wie Besuche, Briefwechsel und Paketsendungen mit den älteren Generationen absterben oder doch wahrscheinlich seltener werden. Fernsehsendungen, politisch abgesteckte Kanäle für Besuchs-, Aus- und Einreisen, das Abschieben mißliebiger Künstler seitens der DDR mögen zum zwischenstaatlichen Austausch gehören, doch können sie die ungehinderte Vitalität, deren die Kultur bedarf, nicht ersetzen. Die in alldem sich spiegelnde Nationalkultur lebt, wie stets widersprüchlich, in beiden deutschen Staaten als Erbe und Aufgabe fort. Ihre Wesensart tat sich schon in der Vergangenheit häufig eher in politisch durchgrenzter Vielfalt als einheitlich kund. Wie die politische und soziale Trennung, deren historisch jüngste Variante Bundesrepublik und DDR gegenwärtig verlebendigen, gehört auch der kulturelle Separatismus zur deutschen Tradition.

H. P. Thurn

Literatur

M. Lange u. a., Kultur im gesellschaftlichen Leben, Berlin (Ost) 1973
Lebensweise-Kultur-Persönlichkeit, Materialien zum II. Kongreß der marxistisch-leninistischen Soziologie in der DDR, Berlin (Ost) 1975
F. Steinbacher, Kultur. Begriff – Theorie – Funktion, Stuttgart 1976
H. P. Thurn, Soziologie der Kultur, Stuttgart 1976
A. Arnoldow u. a., Grundlagen der marxistisch-leninistischen Kulturtheorie (Moskau 1976), Berlin (Ost) 1979
K. W. Lipp und F. H. Tenbruck, (Hrsg.), K., in: Kölner Zeitschrift für Soziologie und Sozialpsychologie, H. 3, 1979

Kulturverwaltung

I. Wachsende Staatstätigkeit – II. Kompetenzenvielfalt und Instutionen – III. Die Folgen der Steuerung

I. Wachsende Staatstätigkeit

Die wichtigste Tendenz der geschichtlichen Entwicklung der K. ist die zunehmende Ausweitung ihres Tätigkeitsbereichs, zu der auch die Übernahme von zunächst in privater Initiative entstandenen Institutionen wie Volkshochschulen und Volksbüchereien gehört. Außerdem stellt sich das Problem der Kompetenzverteilung zwischen zentralen und dezentralen Gebietskörperschaften. Erst in der Weimarer Republik trat unter dem Einfluß des Kulturstaatsgedankens, der die Verpflichtung des staatlichen Handelns auf kulturelle Werte forderte, ein stärkeres, jedoch weitgehend noch auf die Künste beschränktes Interesse an K. auf. Der Nationalsozialismus hat durch die Zentralisierung, ständische Durchorganisierung und tendenziell uneingeschränkte Reglementierung des kulturellen Lebens mit fast allen vorgängigen Formen der K. gebrochen. Von dieser Politik setzen sich die K. beider Nachfolgestaaten ab.

Sowohl in der Bundesrepublik als auch in der DDR ist die grundsätzliche Berechtigung des Staates zu kulturpolitischem Handeln unbestritten. »Bei aller Anerkennung der Eigengesetzlichkeit der kulturellen Sphäre bleibt diese gleichwohl eine Provinz des Staates und seinem Einfluß zugänglich« (Th. Oppermann, 1969, S. 15) Schwierig wird die nähere Bestimmung im Hinblick auf den Kulturbegriff. Selbst wenn man, wie in der DDR und zunehmend auch in der Bundesrepublik üblich, den Bereich Bildung gesondert behandelt, ist es nicht zulässig, K. nur auf das die Künste betreffende Verwaltungshandeln zu reduzieren, weil mit der Informationsvermittlung, etwa im Bibliothekswesen und der Erwachsenenbildung, und mit der Gestaltung sozialer Beziehungen etwa bei der Förderung des Vereinswesens ebenfalls Bereiche unbestritten zur engeren K. gehören, die nicht den Künsten zugerechnet werden können. So sind in der *Verfassung* der DDR und in Gesetzen der Bundesrepublik, wie dem *Bundesraumordnungsgesetz,* kulturelle Lebensbedingungen allgemeinerer Art in den Zielkatalog staatlichen Handelns aufgenommen worden. Die K. ist in ihrem aktuellen Verständnis nicht allein am materiellen Ergebnis kulturellen Schaffens, sondern auch an dessen Entstehungsprozeß interessiert. Bei den kulturellen Lebensbedingungen, die in den Zielkatalog des Verwaltungshandelns beider deutscher Staaten aufgenommen worden sind, handelt es sich somit in einem sehr weiten Sinn um die Gesamtheit der Bildungs- und Entfaltungsprozesse. K. sucht auf sie im Sinn übergeordneter gesellschaftlicher Zielvorstellungen Einfluß zu nehmen.

II. Kompetenzenvielfalt und Institutionen

Nach einer Übergangsphase, in der die Besatzungsmächte die ersten kulturellen Entwicklungen kontrollierten, entstand, in bewußter Abkehr von der zentralistischen und dirigistischen Kulturpolitik des Nationalsozialismus, der bundesdeutsche Kulturföderalismus mit seiner Aufteilung der kulturpoliti-

schen Kompetenzen zwischen Bund, Ländern und Gemeinden. Dabei billigt das *Grundgesetz* dem Bund nur in wenigen Punkten kulturpolitische Gesetzgebungsbefugnisse zu, so zum Schutz deutschen Kulturgutes gegen Abwanderung in das Ausland, bei der Rahmengesetzgebungskompetenz über die allgemeinen Rechtsverhältnisse der → *Presse* und des → *Films,* bei der ausschließlichen Gesetzgebungskompetenz über Auswärtige Angelegenheiten und bei der konkurrierenden Gesetzgebungsbefugnis in Angelegenheiten der Flüchtlinge und Vertriebenen, in die deren kulturelle Angelegenheiten eingeschlossen sind. Indirekt werden Kulturfragen durch Bundeskompetenzen im → *Urheber- und Verlagsrecht* sowie im Steuer-, Arbeits- und Sozialrecht berührt. Der Natur der Sache nach liegt auch die gesamtstaatliche kulturelle Repräsentation beim Bund, der auch in zentralen kulturellen Einrichtungen oder länderübergreifend zu regelnden Belangen wie der Filmförderung aktiv wird. Weiterhin ist er Ansprechpartner bundesweit organisierter Verbände und zusammen mit den Ländern an Kultureinrichtungen wie dem *Germanischen Nationalmuseum* in Nürnberg und der *Stiftung Preußischer Kulturbesitz* beteiligt. Außerdem gibt er Zuschüsse zu verschiedenen → *Festspielen.* Spezielle Zuständigkeiten liegen vor allem beim *Bundesminister des Innern,* aber für Spezialfragen auch bei anderen Ressorts. Die Gesamtausgaben des Bundes zur Förderung von Kunst und Kultur betrugen 1980 ohne → *auswärtige Kulturpolitik* 305 Mio. DM, davon 252 Mio. in der Zuständigkeit des *Bundesministeriums des Innern.*

Die Aktivitäten des Bundes haben sich in den letzten Jahren durch die Bemühungen um die soziale Absicherung der → *Künstler* durch deren Einbeziehung in die Sozialversicherung, durch Modellversuche zur Erschließung neuer Arbeitsfelder für Bildende Künstler und Schauspieler und durch die Förderung von Modellversuchen im sozialkulturellen Bereich ausgeweitet. Gescheitert an verfassungsrechtlichen Bedenken der Länder ist das Projekt einer *Deutschen Nationalstiftung* als umfassende Einrichtung zur Förderung und Pflege der Kunst, ebenso der Plan einer *Bundeskunsthalle.*

Die Kulturhoheit der Bundesländer umfaßt in erster Linie die Bildungspolitik, dann aber auch die allgemeine → *Kunstförderung,* wozu die Länderverfassungen programmatische Empfehlungen enthalten. In der Praxis konzentrieren sich die Länder auf wenige zentrale Einrichtungen wie Landesmuseen und Staatstheater.

Der *Gemeinsame Ausschuß für Kulturarbeit* aus Vertretern der Bundesregierung, der *Ständigen Konferenz der Kultusminister der Länder* und der kommunalen Spitzenverbände versuchte 1971, eine zentrale Kontakt- und Koordinierungsstelle für Kulturarbeit zu schaffen, wurde 1973 aber wegen verfassungsrechtlicher Bedenken der Länder aufgelöst. Kulturpolitische Vereinbarungen der Bundesländer untereinander werden seitdem auf der Ebene der *Kultusministerkonferenz* getroffen.

Bei den Kommunen (→*kommunale Kulturpolitik*) liegt, auch in finanzieller Hinsicht, das Schwergewicht der öffentlichen Kulturpflege. Aufgrund der durch die Verfassungen der Länder und die Gemeindeordnungen festgelegten und in Artikel 28 des *Grundgesetzes* garantierten Generalklausel der gemeindlichen Allzuständigkeit sind sie, »soweit die Gesetze nicht ausdrücklich etwas anderes bestimmen, in ihrem Gebiet die ausschließlichen und eigenverantwortlichen Träger der öffentlichen Verwaltung« (T. Pünder, D. Siebenborn, Gemeinden, Staat und Kulturpflege, in: Archiv für Kommunalwissenschaften, Stuttgart u.a., 8. Jg., 1969, S. 110). Zusammen mit den kommunalen Spitzenverbänden, dem *Deutschen Städtetag*, dem *Städte- und Gemeindetag*, dem *Landkreistag*, der *Kommunalen Gemeinschaftsstelle für Verwaltungsvereinfachung* und dem *Deutschen Institut für Urbanistik* erarbeiten die Kommunen Rahmenempfehlungen zur Kulturpolitik. Kulturämter als Träger der kommunalen K. betreuen die festen Institutionen wie Museen, Bühnen und Büchereien. Andere Aufgaben sind die Förderung der Künstler durch Ankäufe, Aufträge und Veranstaltungen, die Pflege der Laienkünste oder der lokalen und regionalen Traditionen. Neben diese klassischen Kulturaufgaben tritt in einigen Fällen, wie in Frankfurt a. M., die Förderung bestimmter Freizeitbereiche. Außerhalb der Kulturdezernate oder Kulturämter werden Sport, Jugendangelegenheiten, Bildung und Planungsaufgaben betreut. *Kulturentwicklungspläne*, wie in Bremen und Osnabrück, sollen einen perspektivischen Rahmen für die Entwicklung des städtischen oder regionalen kulturellen Milieus schaffen.

Stärker als in den Westzonen, wo die administrativen Aspekte der »Umerziehung« (*Reeducation*, →*Nullpunkt*) den Besatzungsmächten überlassen blieben, wurde zunächst in der Sowjetischen Besatzungszone die Überwindung der kulturellen Folgen des Nationalsozialismus als öffentliche kulturpolitische Aufgabe interpretiert, was eine deutliche Ausdehnung der K. zur Folge hatte. Schon im Juli 1945 wurde der *Kulturbund zur demokratischen Erneuerung Deutschlands* als Sammelbewegung gegründet, in der bürgerliche, antinationalsozialistisch eingestellte Intellektuelle mit Vertretern der sozialistischen und kommunistischen Intelligenz zusammenarbeiten sollten. Aus ihm gingen später die einzelnen Künstlerverbände hervor, die zu Verhandlungen staatlicher Gremien zugezogen werden und damit halboffiziellen Charakter haben. Da für die Ausübung eines künstlerischen Berufes die Verbandsmitgliedschaft obligatorisch ist, kann der Ausschluß oder dessen Androhung als Reglementierungsinstrument verwendet werden.

Von Staats wegen war zunächst die 1951 gegründete *Staatliche Kommission für Kunstangelegenheiten* für die Kulturpolitik, inklusive Veröffentlichungs- und Aufführungsgenehmigung, Druck, Papierlieferungen, Lizenzen u.a. zuständig. 1954 wurde sie, ebenso wie 1956 das *Amt für Literatur und Verlagswesen*, aufgelöst. Die Kompetenzen beider Behörden gingen auf das im Januar 1954 gegründete *Ministerium für Kultur* über, das seitdem die gesamtstaatliche Kulturpolitik leitet und durch enge Zusammenarbeit mit staatlichen Stellen und gesellschaftlichen Organisationen die Entwicklung der sozialistischen Kultur gewährleisten soll. Dieses Ministerium wird bei der Anleitung der örtlichen Staatsorgane, bei der Vermittlung von Erfahrungen und bei der Erarbeitung kulturpolitischer Schwerpunkte für einen Zeitraum von jeweils zwei Jahren tätig. Ferner nimmt es Koordinierungsaufgaben wahr und trägt nachgeordnete wissenschaftliche Institutionen wie das *Zentralhaus für Kulturarbeit*. Neben Fachbeiräten besteht seit 1968 ein *Rat für Kultur*, der kulturpolitische Grundsatzprobleme erörtert und Vorschläge erarbeitet. Dem Ministerium sind neben den künstlerischen Ausbildungsstätten einige gesamtstaatlich und international bedeutende Institutionen wie die *Deutsche Staatsoper*, das *Deutsche Theater* und die *Berliner Nationalgalerie* unterstellt. Die *Akademie der Künste* dagegen ist unmittelbar dem Ministerrat der DDR zugeordnet. Weitere zentrale Institutionen, die wichtige Funktionen der K. wahrnehmen, sind das *Büro für Urheberrechte der DDR* (→ *Urheberrecht*), das Auslandsveröffentlichungen kontrolliert und deswegen vielfach als Instrument der →*Zensur* empfunden wird, sowie die staatlichen *Komitees für Fernsehen* und *für Rundfunk*, die beide dem Ministerrat angegliedert sind. Kulturelle Funktionen werden auf allen Ebenen der Verwaltung wahrgenommen. Artikel 18 der *Verfassung* von 1974 erklärt ausdrücklich die »sozialistische Nationalkultur« zu den »Grundlagen der sozialistischen Gesellschaft«. Die Förderung und der Schutz der sozialistischen Kultur und des »kulturvollen Lebens der Werktätigen«, die Pflege aller »humanistischen Werte des nationalen Kulturerbes und der Weltkultur« zählen ebenfalls zu den staatlichen Aufgaben. Außerdem werden Körperkultur, →*Sport* und Touristik (→*Reisen*) als Elemente der sozialistischen Kultur aufgeführt. In anderen Dokumenten werden häufig auch die Entwicklung der →*Arbeitskultur* und die ästhetische Gestaltung der → *Umwelt* einbezogen.

Die örtlichen Volksvertretungen haben die ausschließliche Kompetenz für die Pläne zur ökonomischen, kulturellen und sozialen Entwicklung und bilden gemäß dem Prinzip der Einzelleitung bei kollektiver Beratung der Grundfragen Fachorgane. Ferner gibt es ständige und zeitweilige Kommissionen der Volksvertretungen. Die Bezirkstage entwickeln Pläne zur Weiterentwicklung und Verbreitung von Kunst und Literatur sowie ein Netz kultureller

Einrichtungen. Auf Kreisebene gibt es ähnliche Aufgabenzuweisungen, wobei die Arbeit Betriebe und Wohngebiete einbezieht. Auf örtlicher Ebene liegt die Zuständigkeit bei den Volksvertretungen und Räten. Sie unterstützen die Klubarbeit und sind Träger von Kultureinrichtungen.

Als ein charakteristischer Aspekt der DDR und anderer sozialistischer Staaten spielen neben den Künstlerorganisationen die gesellschaftlichen Massenorganisationen auf allen Ebenen eine besondere Rolle. Die in den Betrieben jeweils zur Diskussion gestellten, jährlich neu ausgearbeiteten *Betriebskollektivverträge* enthalten Verpflichtungen zur Entwicklung eines hohen Kultur- und Bildungsniveaus der Werktätigen, bezogen nicht nur auf Weiterbildung, sondern auch auf Kultur- und Bildungspläne der Kollektive und auf die Unterstützung der Klubs und der Arbeit der *Kulturhäuser (→ Kulturzentren, → Vereine)*.

Ähnlich ist Kultur in die Jugendarbeit einbezogen, und die staatsrechtliche Stellung der *FDJ* gestattet dieser, auf allen Ebenen bei der kulturpolitischen Willensbildung mitzuwirken und die Verwirklichung der formulierten kulturellen Ansprüche der Jugend zu kontrollieren. Ähnlich tritt die *Nationale Front* als halbstaatliche Organisation auf, während andere gesellschaftliche Organisationen wie die *Gesellschaft für Deutsch-Sowjetische Freundschaft (→ Freundschaftsgesellschaften)*, der *Kulturbund,* die *Urania* spezifische Interessengebiete mit weitgehender Unterstützung durch die öffentlichen Organe pflegen.

III. Die Folgen der Steuerung

In der DDR gab es schon sehr früh Anfänge bewußter Leitung kultureller Prozesse. Deswegen existiert auch ein gut organisiertes und differenziertes System der K., das aufgrund des zentralistischen Staatsaufbaues einheitlich fortentwickelt werden kann. Im Gegensatz dazu spielt in der Bundesrepublik die Diskussion um Grundwerte und die juristische Problematik der Festlegung von Erziehungs- und Staatszielen in der Kulturpolitik keine nennenswerte Rolle. Hier stand vielmehr von Anfang an die Sicherung des freien Entfaltungsraumes der Künste programmatisch im Vordergrund. Dies ändert jedoch nichts daran, daß im Laufe der Jahre die Bedeutung des öffentlichen Handelns für die Entwicklung der Künste zunahm und der K. neue Aufgaben bei der Gestaltung des Lebensmilieus zuwuchsen. In dem Maße, in dem die allgemeinen Lebensbedingungen durch zunehmende Arbeitsteilung und Komplexität neue Anforderungen an die Individuen stellten und frühere Kommunikations- und Kompensationsmöglichkeiten abgebaut wurden, kamen auf die öffentliche Hand neue Aufgaben in der Sozialkultur zu.

In der DDR ergibt sich die starke Reglementierung des kulturellen Lebens aus der Zielsetzung einer aufeinander abgestimmten wirtschaftlichen und kulturellen Entwicklung, sodann aber auch aus der Notwendigkeit einer sparsamen Devisenbewirtschaftung. Dies schließt zwar in der Praxis, wie etwa die *Singebewegung* der *FDJ* zeigt, dynamische Entwicklungen nicht aus, schafft aber gleichzeitig ein entwickeltes Instrumentarium von Eingriffsmöglichkeiten, mit dem die Chancen der Selbststeuerung und Innovation eingeschränkt werden.

In der Bundesrepublik erfährt das System der K. eine viel geringere Einheitlichkeit und Koordination mit der gesamtgesellschaftlichen Entwicklung. Die Folge davon ist eine größere Mannigfaltigkeit und → *Kreativität,* die jedoch ihre Grenzen in der relativen gesellschaftlichen Folgenlosigkeit der Künste finden. Die unterschiedlichen gesellschaftlichen Grundlagen der K. in beiden Staaten erlauben im übrigen kaum Vergleiche, weil längst nicht für alle Bereiche funktionale Analogien bestehen. So ist beispielsweise die staatsrechtliche Rolle der Massenorganisationen in der DDR mit keinem Äquivalent in der Bundesrepublik vergleichbar, während hier wiederum den Künsten unter dem Postulat ihrer freien Entfaltung komplexe Aufgaben zugeschrieben werden, für die es in der DDR wenig Entsprechendes gibt.

D. Kramer

Literatur

Th. Oppermann, Kulturverwaltungsrecht, Tübingen 1969
K. Hager, Zu Fragen der Kulturpolitik der SED, Berlin (Ost) 1972
W. Sieber, Örtliche Volksvertretungen fördern geistig-kulturelle Entwicklung, Berlin (Ost) 1973
E. Pappermann, Grundzüge eines kommunalen Kulturverfassungsrechts, in: Deutsches Verwaltungsblatt, Köln, 95. Jg., 1980, H. 17/18, S. 701–711
Der Bund und die Künste, (Schriftenreihe der Bundeszentrale für Politische Bildung, Bd. 162), Bonn 1980

Kulturwandel

I. Vielfalt sich verändernder Teilsysteme - II. Zur Geschichte des Kulturwandels in Deutschland – III. Die Bundesrepublik Deutschland – IV. Die Deutsche Demokratische Republik

I. Vielfalt sich verändernder Teilsysteme

Jede → *Kultur* besitzt eine Vielfalt von Teilsystemen, die in sich wieder Ganzheiten bilden und unterschiedlich handlungsfähig sind: Sprache, Verwandtschaftsbeziehungen, soziale Organisation, Recht, politische Herrschaft, Kochen, Wohnen, Sich-Kleiden, Wirtschaft, Religion, Ideologie, Kunst und Wissenschaft. Jede soziokulturelle Gruppe partizipiert an einigen dieser kulturellen Subsysteme auf ihre je spezifische Weise. Sie wählt aus deren tradierten Beständen aus, organisiert die ausgewählten Komponenten und verändert sie dadurch auch. Die Kulturen der verschiedenen sozialen Einheiten sind für den Einzelnen, der daraus seinen mehr oder weniger persönlichen Anteil auswählt, vorgegeben. Mit dem Prozeß der Integration eignet er sich bestimmte Ordnungs- und Interpretationsmuster der Wirklichkeit an. Das Individuum wird also von den vorhandenen Kulturen geformt. Indem es bewußt oder unbewußt auswählt, verändert es diese Kulturen jedoch gleichzeitig. Dadurch sind die Kulturen ständigem Wandel unterworfen.

II. Zur Geschichte des Kulturwandels in Deutschland

Zu den Kennzeichen der deutschen Kultur gehört der Partikularismus, das Fehlen einer politischen Zentralgewalt bis 1871; vorwiegend lokale und regionale Wirtschaftsmärkte; die Existenz einer Vielzahl kultureller Zentren; eine gemeinsame nationale Hochsprache, die nur als Schriftsprache existiert, neben einer Vielzahl ausgeprägter regionaler →Dialekte und lokaler Dialektvarianten als Umgangssprachen; ein nur sehr unvollständig ausgebildetes nationales Zusammengehörigkeitsgefühl, das wesentlich auf der gemeinsamen Erfahrung der Kriege von 1870/71 und 1914/18 beruhte. Nur einer schmalen Schicht von Unternehmern und Kaufleuten waren die gemeinsamen Wirtschaftsinteressen gegenüber der ausländischen Konkurrenz bewußt, und das Bildungsbürgertum bekannte sich, zumindest in großen Teilen, übereinstimmend zu einem anerkannten Kanon von Bildungsgütern. Bei einem Teil der Arbeiterschaft beruht das Zusammengehörigkeitsgefühl auf der gemeinsamen Erfahrung ihrer sozialen Situation und dem sie verbindenden Willen, ihre Lebensbedingungen zu verbessern.

Wo bis zum Ende der Weimarer Republik ein bewußt gesteuerter K. ausgemacht werden kann, handelt es sich um zeitlich wie räumlich recht begrenzte Anstrengungen einzelner und kleiner Eliten, die auf bestimmte soziokulturelle Gruppen und kulturelle Teilbereiche, wie →Bürokratie, Militär, Wirtschaft, →Kunst, Wissenschaft (→Wissenschaft und Forschung) oder schulische →Erziehung beschränkt waren.

Die nationalsozialistischen Machthaber organisierten einen totalen kulturellen Wandel. Dem einzelnen Volksgenossen blieben keine sozialen und sachlichen Rückzugsgebiete, in denen er sich dem Zugriff des staatlich organisierten K. hätte entziehen können. Es blieb lediglich die →innere Emigration, in deren Verlauf man soziale Kontakte und wesentliche Bereiche der persönlichen Kultur aufgeben mußte. Methoden solchen K. waren die Steuerung der Informationsflüsse aus anderen Kulturen ebenso wie der Kommunikationsflüsse innerhalb und zwischen den soziokulturellen Gruppen, eine staatlich gelenkte Informationspolitik und die Herstellung einer Situation ständiger Rechtsunsicherheit.

Nach dem Zweiten Weltkrieg konzentrierte man sich in Deutschland weitgehend auf die elementaren Bedürfnisse und auf die Organisation des staatlichen und wirtschaftlichen Lebens. Da die überkommenen Werte von weiten Bevölkerungsteilen in Frage gestellt wurden, bestand eine relativ große Bereitschaft zu Innovationen. Für viele kam hinzu, daß sie unter dem Zwang zur Selbstrechtfertigung als Individuen und als Gruppenangehörige die Vergangenheit neu interpretieren mußten. Dieser Prozeß fand meist in kleinen, überschaubaren sozialen Einheiten statt.

Die Resultate der Vergangenheitsbewältigung waren über die eigenen Kleingruppen hinaus nicht konsensfähig, und sie machten auch eine Übereinstimmung über die wünschenswerte gemeinsame →Zukunft nicht möglich. Dies umso mehr, als jene kulturellen Traditionen (→Tradition und kulturelles Erbe) besonders entwertet waren, welche die nationale Kultur im engeren Sinn ausgemacht hatten.

Die Aufteilung des alten Reichsgebiets in vier Besatzungszonen, die Abtrennung der Ostgebiete und der Flüchtlingsstrom aus dem Osten veränderten die Umwelt und damit auch die Kultur radikal. Bestehende Verbindungen wurden unterbrochen oder erschwert, so daß sie allmählich verkümmerten. Andererseits entstanden neue Nachbarschaften. Für die Bewohner der Bundesrepublik sind Polen, für die der DDR sind Schweizer, Franzosen, Luxemburger, Belgier, Niederländer und Dänen nicht mehr unmittelbare Nachbarn.

Die beiden deutschen Staaten erhielten damit auch neue, und zwar jeweils eigene Räume für mögliche Partizipation an anderen Kulturen. Durch die Unterschiede in der politischen Herrschaft, Wirtschaft, Wissenschaft, →Kunst und den Massenmedien (→Massenkommunikation) vollzieht sich der gesamte K. in beiden Staaten nach anderen Mustern. So ist beispielsweise im Schulsystem der Bundesrepublik Englisch neben Französisch und Latein erste Fremdsprache, in der DDR hingegen Russisch. Mit den neuen Territorien entstanden neue Bevölkerungsstrukturen; Bevölkerungsdichte und -verteilung, Altersaufbau und die Relation Männer–Frauen veränderten sich. Während in der Bundesrepublik zunächst durch den Flüchtlingsstrom aus dem Osten, später durch die wachsende Zahl ausländischer Arbeiter mit ihren Familien und schließlich durch den Zufluß der Asylsuchenden Bevölkerungszahl und -dichte ständig zunahmen, ist in der DDR bis zum Mauerbau von 1961 ein permanenter und rapider Rückgang der Bevölkerungszahl, verbunden mit einer empfindlichen Überalterung der Bevölkerung, festzustellen. Erst nach 1961 begann sich die Bevölkerungszahl allmählich zu stabilisieren und der Altersaufbau langsam auszugleichen.

In der Bundesrepublik kam es trotz des stetigen Bevölkerungswachstums zu einem immer größeren Gefälle zwischen Ballungszentren und Gebieten relativer Unterbevölkerung mit zurückbleibenden Infrastrukturen. Die Gesellschaft wurde, in krassem Gegensatz zur fortschreitenden Homogenisierung in der DDR, ethnisch und kulturell zunehmend heterogener. Konnten die deutschsprachigen Flüchtlinge aus dem Osten noch kulturell, politisch-wirtschaftlich und hinsichtlich des → *Lebensstils* der Individuen und Kleingruppen integriert werden, so überfordert die Menge der ausländischen Arbeiter und Asylanten wegen der Fremdheit ihrer Kulturen in wachsendem Maße die kulturelle Integrationsfähigkeit der Gesellschaft in der Bundesrepublik. Es entstanden räumliche wie psychosoziale Ghettos mit einer Vielfalt eigener Kulturen, die wegen der ständigen Interaktion mit den Kulturen der deutschen Gruppen K. verursachen und erfahren.

Zwar fehlten die Voraussetzungen für einen einheitlichen K., den die Alliierten hätten bewirken können. Aber es gab exakte Vorstellungen, wie die kulturellen Subsysteme politische Herrschaft, soziale Ordnung, Wirtschaft, schulische Erziehung und Massenmedien organisiert werden sollten. Dabei waren die Besatzungsmächte darauf angewiesen, unter der deutschen Bevölkerung Personen und Gruppen zu finden, die bereit waren, mit ihnen zu kooperieren und sich Ziele und Methoden des geplanten K. zu eigen zu machen, indem sie die angebotenen Informationen der Alliierten selektiv aufnahmen, verarbeiteten und weiter verbreiteten. *(→ Nullpunkt)*.

Die Deutschen, die in Verwaltung und Wirtschaft mit der Besatzungsmacht USA zusammenarbeiteten, lehnten deren Vorstellungen von *Reeducation* ab. Beim Aufbau des Bildungswesens knüpften sie unmittelbar an Vorstellungen und Traditionen der Weimarer Republik an. Einen unvergleichlichen technologischen Innovationsschub bewirkten die weitgehende Zerstörung aller Industrieanlagen auf dem Gebiet des Deutschen Reichs und der Abtransport einiger weniger erhaltener Produktionsanlagen im Rahmen der Reparationszahlungen.

Die fortschreitende Integration der drei westlichen Besatzungszonen bis zur Gründung der Bundesrepublik und deren Eingliederung in den Westen resultierte aus der Weigerung der UdSSR, zusammen mit den Westmächten eine gemeinsame Deutschlandpolitik zu betreiben. Die UdSSR reagierte mit einer immer schärferen Abgrenzung ihrer Besatzungszone gegenüber dem übrigen Deutschland, der Gründung der DDR und schließlich deren staatsrechtlich-formaler Einbeziehung in die Bündnissysteme der sozialistischen Staaten.

III. Die Bundesrepublik Deutschland

Die Individuen und soziokulturellen Gruppen, die unmittelbar nach dem Ende des Zweiten Weltkriegs in den westlichen Besatzungszonen die Möglichkeit bekamen, in den Bereichen soziale Ordnung, politische Herrschaft, Recht, Verwaltung, Wirtschaft, Massenmedien, Kunst, Wissenschaft und schulische Erziehung unter der Kontrole der Besatzungsmächte K. zu planen, zu organisieren und zu verwirklichen, gehörten überwiegend jener Generation an, die auf Kulturtraditionen und Erfahrungen aus der Zeit vor 1933, zum Teil vor 1918 zurückgreifen konnten. Sie entwarfen ihre Vorstellungen von wünschenswerter deutscher Kultur nach den entsprechenden Mustern. In einigen Bereichen hatten die Erfahrungen mit dem Nationalsozialismus diese traditionellen Vorstellungen allerdings verändert.

Zu den übereinstimmenden Merkmalen der veränderten Denkmuster gehörten die Stärkung des Individualrechts und der Rechte von Kleingruppen und Organisationen gegenüber staatlicher Macht, die Sicherung der Meinungs-, Glaubens-, Informations- und Pressefreiheit vor staatlichen Einflußnahmen und ein Gleichgewicht zwischen Föderalismus und Zentralismus. Ferner die Stärkung demokratischer Institutionen gegenüber dem politischen Radikalismus, die Kontrolle von Exekutive und Legislative durch Gerichtsbarkeit und Massenmedien und die Hervorhebung des repräsentativen Prinzips gegenüber dem plebiszitären. Hierzu zählen ebenfalls die Sicherung der Handlungsfähigkeit der Regierung, die Anerkennung der Autonomie der Tarifpartner in der Wirtschaft und die Anerkennung des Konkurrenzprinzips in allen kulturellen Subsystemen.

Für den K. in der Bundesrepublik ergaben sich aus den Erfahrungen des Nationalsozialismus Konsequenzen von weitreichender Bedeutung. So stand die junge Generation denjenigen, die die Kultur wiederaufbauten, von Anfang an skeptisch gegenüber. Zu viele von ihnen, so ihre Überzeugung, hatten sich nach 1933 zumindest teilweise angepaßt, sei es auch aus einer Fehleinschätzung des Nationalsozialismus heraus. Es kam zu einem Generationenkonflikt. Während die ältere Generation unter ständigem Rechtfertigungsdruck stand, wurden die Heranwachsenden zu einer ahistorischen, traditionslosen und damit zunächst orientierungslosen, »vaterlosen« (A. Mitscherlich) Generation. Die Teile der → *Jugend,* die Interesse für Politik aufbrachten, blieben skeptisch gegenüber der eigenen

Tradition und → *Geschichte*. Aus dem Konsens der älteren Generation, der im *Grundgesetz* der Bundesrepublik festgeschrieben ist, folgt auch, daß ein vom Staat ausgehender, zentral geplanter, organisierter und gesteuerter K. nur auf der Grundlage politischer Kompromisse und nur in begrenzten kulturellen Subsystemen, meist nur in einzelnen Bundesländern möglich ist, weil sie für schulische Erziehung, Berufsbildung und Hochschulen gesetzgeberisch zuständig sind. Wo intentionaler K. stattfindet, ist er das Werk konkurrierender gesellschaftlicher Gruppen wie Parteien, → *Kirchen* und Wirtschaftsverbänden. Die Neuerungen erfassen in der Regel nicht das Gesamtsystem, sondern lediglich das eigene Umfeld. Dies hat zur Folge, daß sich die Gruppen auseinanderleben und der gesamtgesellschaftliche Konsens zunehmend gefährdet wird.

Im Alltagsleben (→ *Alltag*) ist jeder einzelne mit einem nicht intentionalen K. konfrontiert, der sich immer schneller vollzieht. Ständige Anpassung an K. ist zu einer Leistung geworden, die jedem abverlangt wird, im Beruf ebenso wie im politischen und privaten Leben. Da dieser K. vom einzelnen nicht steuerbar ist, bewirkt er bei vielen ein Gefühl der Hilflosigkeit. Vor allem die Jugend hat vielfach den Eindruck, die eigene Zukunft nicht steuern zu können, und identifiziert sich nicht mit dem System, das die ältere Generation geschaffen hat.

IV. Die Deutsche Demokratische Republik

Die → *Elite,* die bei Ende des Zweiten Weltkriegs den K. in der Sowjetischen Besatzungszone plante, organisierte und kontrollierte, war im Exil in der UdSSR für diese Aufgabe vorbereitet worden. Es ging hier also von vornherein um K., der gemeinsam mit der Besatzungsmacht geplant und von ihr mitgetragen wurde. Er zielte auf das Gesamtsystem der Kultur. Das Fernziel dieses K. ist, entsprechend dem historisch-dialektischen Materialismus, die weltweite klassenlose Gesellschaft, das Nahziel die Übergangsphase des Sozialismus unter der Herrschaft der Kommunistischen Partei. Dazu gehören die Vergesellschaftung der Produktionsmittel, des Finanzwesens und des Handels, die Abschaffung des Privateigentums an Grund und Boden und die Entwicklung der sozialistischen, proletarischen Kultur in den Bereichen → *Ideologie,* Erziehung, Kunst und Wissenschaft. Diese Kultur sollte nach J. W. Stalin im Gegensatz zur bürgerlichen Kultur proletarisch und universal sein, in ihrer Form national, aber auch formal mit dem langfristigen Ziel der Universalität: Russisch als Sprache des → *Sozialismus.*

In Politik übersetzt wurde diese Ideologie des K. unter anderem durch den Ausschluß der »Bourgeoisie« vom Universitätsstudium, die Abschaffung oder proletarische Uminterpretation bürgerlicher Bildungs- und Wissensinhalte, die Einrichtung des »Arbeiter-Studenten« und die Einführung des *Polytechnischen Unterrichts.* Gesichert wurde sie durch die von der Partei ausgeübte rigorose Kontrolle der in den Herrschaftsbereich der *SED* eindringenden Informationen von außen, die detaillierte Steuerung und Kontrolle von Innovationen in allen Lebensbereichen und die Überwachung der internen wie externen Informationsflüsse.

Zur Dialektik des Systems gehört der immer deutlicher artikulierte Anspruch, die Tradition der deutschen Kultur zu pflegen und zu vertreten – von M. Luther und der Reformation über die Klassik bis Preußen. Es kommt zu einem neuen Geschichts- und Traditionsbewußtsein durch Integration eines sorgfältig ausgewählten kulturellen Erbes in die neue sozialistische Kultur (→ *Tradition und kulturelles Erbe).*

Aus dem Totalitätsanspruch, mit dem dieser K. geplant, organisiert und durchgesetzt wird, folgt der unaufhebbare Widerspruch zum Ideal des klassischen Marxismus von der Freiheit des Individuums. »Liberalisierung« in verschiedenen Lebensbereichen, insbesondere in Wirtschaft, Wissenschaft, Technologie (→ *Technik,*) und Kunst ist daher permanentes Thema innerparteilicher Kritik und Diskussion.

Vom Individuum und der einzelnen Gruppe wird dieser intentionale K. zumindest partiell als Zwang erfahren und empfunden. Die Herrschaftselite (→ *Elite*) wird, wenn vielleicht auch nicht mehr so scharf wie bis in die 60er Jahre hinein, in ihrer Abhängigkeit von der *KPdSU* und der UdSSR gesehen; Bedürfnisse nach Reisen oder Informationsauswahl bleiben unbefriedigt. Das heißt, die sozialistische, proletarische Kultur bietet für die entsprechenden Probleme keine tauglichen Lösungsmöglichkeiten an. In den einzelnen Gruppen herrscht aufgrund der verstaatlichten Mechanismen sozialer Kontrolle ein verbreitetes Gefühl von Druck und Unsicherheit, das besonders auch zwischenmenschliche Kommunikation belastet und einschränkt, mitunter ganz verhindert.

Diese Problematik wird verschärft durch die Massenmedien → *Hörfunk* und → *Fernsehen,* die den nur begrenzt kontrollierbaren Zugang zu Informationsangeboten aus den Nachbarkulturen ermöglichen und zum Vergleich der eigenen Situation mit dem herausfordern, was anderswo wirklich ist. Besonders bei der Jugend sind daher in zunehmendem Maße Symptome der »Verweigerung« und des »Aussteigens« festzustellen. Aus taktischen Gründen reagiert die *SED* auf solche Symptome temporär mit Konzessionen, die vom Import von Blue Jeans und Schallplatten mit Pop-Musik über die Duldung von »Bands«, die »dekadente« Musik aufführen, bis zur Tolerierung der → *Kirchen* als kultureller Rückzugsgebiete reichen. Es wäre jedoch falsch, daraus auf eine allgemeine und prinzipielle Ablehnung des Kultursystems der DDR durch die Bevölkerung zu schließen, wie sie in den ersten Nachkriegsjahren bestand und sich im Aufstand von 1953 manifestierte. Das kann zum Teil mit der Stabilisierung der politischen Ordnung, auch mit der unverkennbaren Steigerung des → *Lebensstandards* weiter Bevölkerungskreise erklärt werden, mit der Entwicklung eines neuen Zusammengehörigkeitsgefühls und mit begründetem Selbstbewußtsein angesichts der technischen wie ökonomischen Spitzenstellung, die in der Gemeinschaft der sozialistischen Staaten erreicht worden ist. Das muß sicherlich aber auch erklärt werden mit der Homogenität des kulturellen Gesamtsystems und mit der staatlichen Vorsorge, die für den einzelnen Risiken und Eigenverantwortung persönlicher Zukunftsplanung einschränkt und vom Umgang mit selbst zu verantwortender Freiheit entwöhnt.

Der K., der sich seit 1945 in den beiden deutschen Staaten vollzogen hat, hat offensichtlich dazu geführt, daß sich deren Gesamtkulturen erheblich voneinander unterscheiden. Die Grundlagen aller → *Werte- und Normen*-Systeme haben sich merklich auseinanderentwickelt. Dazu hat auch die Anbindung beider Staaten jeweils an den Westen oder den Osten beigetragen.

O. A. Baumhauer

Literatur

W. E. Mühlmann, Geschichte der Anthropologie, Frankfurt a. M., Bonn ²1968
U. Zapf (Hrsg.), Theorien des sozialen Wandels, Königstein/Taunus ⁴1979
N. Luhmann, Gesellschaftsstruktur und Semantik. Studien zur Wissenssoziologie der modernen Gesellschaft, 2 Bde., Frankfurt a. M. 1980/81
O. A. Baumhauer, K. Zur Entwicklung des Paradigmas von Kultur als Kommunikationssystem, in: Kultur, Geschichte und Verstehen, Sonderheft der Deutschen Vierteljahrsschrift für Literaturwissenschaft und Geistesgeschichte, 56. Jg., S. 1–167, Stuttgart 1982
H. Koch u. a., Zur Theorie der sozialistischen Kultur, Berlin (Ost) 1982

Kulturzentren

K., Kulturhäuser, Kultur- und Freizeitzentren oder -heime, Kommunikationszentren, Bürgerhäuser, die Dorfgemeinschaftshäuser in Hessen, die Kultur- und Klubhäuser (→ *Vereine*) in der DDR, sind wechselnde, zum Teil austauschbare Bezeichnungen für Einrichtungen, deren Gemeinsamkeit darin besteht, daß die Gebäude für Mehrzwecknutzungen, für Versammlungen, Feste, Arbeitsgruppen, Klubs in meist öffentlicher, auf jeden Fall nicht-

kommerzieller Trägerschaft darstellen. Was seit dem Mittelalter Rats- und Hochzeitshäuser als öffentliche Fest- und Feierstätten waren, erweiterte sich später, als Wirtshäuser und Theaterbauten nicht mehr alle Bedürfnisse abdecken konnten, zu Gemeinschaftshäusern und Gewerkschafts- oder Volkshäusern, die zum Teil unter einer sozialreformerischen Zielsetzung Gemeinschaft förderten und soziale Hilfe bereitstellten. In der Weimarer Republik gab es bereits mehr als 70 Einrichtungen dieser Art, die in der *Arbeitsgemeinschaft deutscher Gewerkschafts- und Volkshäuser* zusammengeschlossen waren, ohne daß jedoch ein zusammenhängendes Netz entstand.

In der Bundesrepublik war es das Land Hessen, das 1952 und 1953 im Rahmen des Programms der »sozialen Aufrüstung des Dorfes« am konsequentesten ein Netz von Dorfgemeinschaftshäusern oder städtischen Bürgerhäusern errichtete, das mittlerweile fast 1200 Einrichtungen umfaßt. Diese verfügen über keine Mittel für eigene Programme oder Mitarbeiter und sind somit Mietobjekte für die verschiedensten Zwecke wie Gastspiele und Vereinsveranstaltungen. Häufig werden sie für sportliche und kulturelle Zwecke genutzt, angegliedert sind oft → *Bibliotheken* oder soziale Institutionen. Eine bundesweit verbreitete Nebenform dieser Einrichtungen sind die repräsentativen Stadthallen und kommunalen Kongreßzentren, die auf eine mindestens zeitweise überörtliche Nutzung ausgerichtet sind, aber auch lokalen Kulturveranstaltungen Platz bieten. Sie sind zusammengefaßt im *Internationalen Verband der Stadt-, Sport- und Mehrzweckhallen,* Münster.

In Nordrhein-Westfalen gibt es seit 1976 ein »Versuchsprogramm Bürgerhäuser«, das in Neubau- und Sanierungsgebieten ein Dienstleistungsangebot in den Bereichen Freizeit, Bildung und Kultur bereitstellt. In diesem Zusammenhang sind auch andere kommunale Einrichtungen wie Kulturläden zu sehen, die bei entsprechender personeller Ausstattung ein kontinuierliches Programm anbieten können.

Freizeitparks mit Veranstaltungshäusern und Freizeitheime waren ursprünglich für ein vielfältiges, altersübergreifendes Freizeitprogramm konzipiert. Sie entwickelten sich meist in die Richtung komplexer Kultur- und Freizeitzentren, die auch das kulturelle und soziale Leben im Stadtteil anregen (→ *Freizeit*).

Damit nähern sie sich einer anderen, jüngeren Art multifunktionaler, altersübergreifender soziokultureller Einrichtungen an, den Kultur- und Kommunikationszentren. Seit den politischen Aktivitäten von Studenten, Lehrlingen und Schülern Ende der 60er Jahre entwickelten sich als Ergänzung oder in Opposition zu den kommunalen oder kirchlichen Jugendhäusern und *Häusern der offenen Tür* selbstverwaltete Jugendzentren. Anregungen aus dieser

Bewegung und westeuropäische Vorbilder, wie sie zuerst mit der Hamburger *Fabrik* in privater Initiative aufgegriffen wurden, führten Anfang der 70er Jahre vor allem in Städten mit sozialliberaler Mehrheit zur Gründung altersübergreifender, selbstverwalteter, aber meist öffentlich geförderter Zentren, von denen die bekanntesten die *Börse* in Wuppertal, das *Komm* in Nürnberg, die *Lagerhalle* in Osnabrück und die *Manufaktur* im württembergischen Schorndorf sind. Sie stehen programmatisch im Kontext der vom *Europarat* und anderen Institutionen propagierten soziokulturellen Gemeinwesen- und Stadtteilarbeit. Auch besitzen sie oft sehr ausgeprägte Selbstverwaltungs- oder Mitwirkungsorgane. Kulturell und sozial benachteiligte Bevölkerungsgruppen sollen besonders angesprochen werden. Die Einrichtungen sind nicht gewinnorientiert und können, wenn sie nennenswerte soziale Arbeit leisten wollen, nicht einmal kostendeckend arbeiten. Insgesamt streben sie nicht bloß unverbindliche, folgenlose Freizeitarbeit an, sondern suchen einen Beitrag zur aktiven Gestaltung des Lebens in der lokalen Gemeinschaft zu leisten, aber auch Probleme wie Stadtsanierung (→ *Stadt- und Regionalplanung*), Verkehrsberuhigung, Wohnverhältnisse (→ *Wohnen*) zu diskutieren. Einrichtungen dieser Art gibt es nicht zusammenhängend im ganzen Gebiet der Bundesrepublik, sondern nur in einzelnen Städten mit einem gewissen Schwerpunkt im mittleren und nordwestlichen Teil des Landes.

Wenn auch die Arbeit der kommunalen und der meist öffentlich subventionierten selbstverwalteten Zentren sich annähert, so haben sich doch zwei unterschiedliche Dachverbände gebildet, die aber beide der 1976 gegründeten *Kulturpolitischen Gesellschaft* angegliedert sind, nämlich die *Bundesvereinigung soziokultureller Zentren* und die *Arbeitsgemeinschaft stadtteilkultureller Zentren* für die kommunalen Einrichtungen.

Nach 1945 entstanden im Gebiet der heutigen DDR aus den Traditionen der Arbeiterbewegung und aufgrund sowjetischer Vorbilder Kultur- und Klubhäuser in großer Zahl. Nach der amtlichen Statistik waren es 1960 1133 Häuser mit 30 Mio. Besuchern gegenüber 944 im Jahre 1970 mit 35 Mio. und 1045 Häusern mit 59 Mio. Besuchern 1978. Rund ein Drittel der Kultur- und Klubhäuser wird von Betrieben unterhalten, eine kleinere Anzahl untersteht gesellschaftlichen Organisationen, die Mehrzahl jedoch den örtlichen staatlichen Instanzen. Die » Anordnung über die Aufgaben und die Arbeitsweise der Kulturhäuser« von 1977 definiert sie als »Stätten der politisch-ideologischen Bildung und Erziehung der Bürger im Sinne der Weltanschauung der Arbeiterklasse, der Begegnung und des Gedankenaustausches, der Geselligkeit und Unterhaltung, der kulturell-künstlerischen, wissenschaftlich-technischen sowie sportlich-touristischen Betätigung der Bürger«. Ziel ist weiterhin die Förde-

rung der sozialistischen → *Persönlichkeit* und der »sozialistischen Lebensweise« durch entsprechend breite Angebote, die Anregungen zur Entwicklung des kulturellen Schöpfertums der Arbeiterklasse und Erschließung eines weiten Betätigungsfeldes für die gemeinschaftliche und individuelle kulturvolle Gestaltung der Freizeit geben sollen. Die Arbeit wird auf der Grundlage der Beschlüsse der *SED* und der zuständigen örtlichen Volksvertretung und ihres Rates geregelt. Verwaltet werden sie nach dem Prinzip der Einzelleitung und der persönlichen Verantwortung vom Kulturhausleiter, der sich auf das »Kollektiv der haupt- und ehrenamtlichen Mitarbeiter« stützt. Während früher die Klubkommissionen von Kulturhausleiter gebildet wurden, wählt sie heute der Rechtsträger unter sachverständigen Bürgern aus. Sie führen selbständig Veranstaltungen durch, nehmen Berichte des Leiters entgegen und kontrollieren seine Arbeit. Offen bleibt, inwieweit bei solch straffen Leitungs- und Abhängigkeitsverhältnissen Disponibilität und innere Wandelbarkeit dieser Einrichtungen garantiert werden können, die ein rasches Reagieren auf reale Bedürfnisse mit einem vielseitigen, kulturellen Angebot erst möglich machen.

Die Kulturhäuser in der DDR sind Teil der gesellschaftlichen Planung. Entsprechend starke Berücksichtigung finden sie bei der territorialen Sozialplanung.

Im Vordergrund der aktuellen Diskussion stehen Probleme des Leistungsvergleiches, der Kooperation, Organisation und Leitung. Angesichts des spürbaren öffentlichen Mangels an anderen als Treffpunkt geeigneten Räumen sind die Kulturhäuser weitgehend mit Veranstaltungen der Klubs ausgelastet, die zusammen mit Untergliederungen des *Kulturbundes* der DDR wie Interessen- und Arbeitsgemeinschaften, Fachgruppen und Freundeskreisen den größten Teil der Funktionen des freien Vereinswesens in der Bundesrepublik erfüllen.

Während also in der DDR ein relativ geschlossenes Netz einheitlicher Kultureinrichtungen mit professioneller, die ehrenamtliche Initiative aber einbeziehender Leitung existiert, ist in der Bundesrepublik das Bild gekennzeichnet durch eine unregelmäßig verstreute Vielzahl unterschiedlicher, in den Grundzügen aber ähnlicher, multifunktionaler, kultureller Einrichtungen öffentlicher oder privater Trägerschaft. In den freien Einrichtungen der Bundesrepublik ist an einigen Stellen eine intensive, soziale Probleme aufgreifende Arbeit zur Erweiterung und Entfaltung des kulturellen Lebens möglich. Entsprechende Institutionen fehlen jedoch in den meisten Städten, und es bleibt neben der Vereinstätigkeit bei einem bescheidenen, kaum unter aktiver Beteiligung der Bürger zustandekommenden kulturellen Angebot in öffentlichen Gebäuden. In der DDR besteht zwar, abgesehen von Lücken in Neubaugebieten, eine relativ gut ausgebaute materielle Infrastruktur, aber die kulturelle Dynamik läßt sich nicht mit derjenigen mancher Zentren in der Bundesrepublik vergleichen.

D. Kramer

Literatur

G. Oestreich, Nachbarschaftsheime gestern, heute – und morgen? München, Basel 1965
L. Fiege, Territoriale Einrichtungen und sozialistische Kulturentwicklung, Weimarer Beiträge, 21. Jg., 1975, H. 2
Planung, Bau und Betrieb von Freizeitzentren, Salzgitter 1977
H. Marohn, Klubs und Kulturhäuser. Platz und Funktion, Leitung und Planung, Arbeit und Wirkung, Berlin (Ost) 1978
Kultur aktiv in alten Gebäuden, Berlin (West) 1979
I. Hübner, K., Gesellschaftliche Ursachen, empirische Befunde, Perspektiven soziokultureller Zentren, Weinheim, Basel 1981

Kulturzerstörung

Die Menschen sind nicht nur die Erbauer von Kulturen, sie können ebenso deren Zerstörer sein. Ihre Kulturtätigkeit vollzieht sich in einem breiten Spektrum von Handlungsmöglichkeiten, in dem neben kreativen, bewahrenden und erneuernden auch zerstörerische Impulse mitwirken. Inwieweit dem Zerstörungshandeln des Menschen ein besonderer Destruktionstrieb zugrunde liegt, ist nicht eindeutig geklärt. Zwar nahm S. Freud in »Das Ich und das Es« (1923) und an anderer Stelle das Vorhandensein und allgegenwärtige Mitwirken eines solchen Triebes an, warnte auch in seinen Abhandlungen über »Das Unbehagen in der Kultur« (1929/30), »Warum Krieg?« (1932/33) für den Fall, daß er die Übermacht im menschlichen Triebleben erränge, vor seinen unheilvollen Auswirkungen auf die Gesamtkultur, doch legte er keine eingehende Analyse der kulturellen Voraussetzungen, Verlaufsformen und Folgen menschlicher Destruktivität vor. Dieser Aufgabe wandte sich in seiner »Anatomie der menschlichen Destruktivität« (Reinbek 1974) E. Fromm zu, der das Zerstörungshandeln als einen Sonderfall gesteigerter Aggressivität beschrieb und zugleich seine zahlreichen Erscheinungsformen unter anderem als gutartige, bösartige, sadistische, masochistische, ekstatische Aggressionen herausarbeitete. Die äußeren Anlässe, die neben der psychischen Disposition den Menschen zu den verschiedenen Arten zerstörerischen Handelns treiben, sucht E. Fromm vornehmlich in den kulturellen Lebensbedingungen. Diese gelte es daher ebenso wie ihre politischen, ökonomischen Begleitumstände so zu gestalten, daß die Menschen innerhalb erträglicher Lebensverhältnisse in die Lage versetzt

würden, ihre »bösartige« Destruktivität zu kontrollieren und überdies zu sublimieren sowie das unvermeidliche Maß an Aggressivität in »gutartigen« Bahnen auszuleben. Ähnlich hat aus anthropologischer Sicht R. Bilz in »Pars pro toto« (1940) die menschliche Befähigung zur Konstruktion und Destruktion als letztlich unteilbar herausgestellt und an diese Erkenntnis die Forderung geknüpft, der Mensch bedürfe der doppelten Kulturkompetenz, seine Lebenswelt zu gestalten und sie vor seinen eigenen Zerstörungstrieben zu beschützen. Aus einer sozialphilosophischen Perspektive, welche die inneren Widersprüche kultureller Idealisierungen am Beispiel des militärischen Heroismus, der politischen Legitimationsideologien, des erotischen Idealismus untersucht, hat P. Sloterdijk das Problem der Kulturverweigerung, der Subversion und des Widerstandes gegen die Zwangsaspekte herrschender Kultur nachgezeichnet. Hierbei wird deutlich, daß Kultur nicht nur Opfer der Zerstörung sein kann, sondern selbst aufgrund ihres Bündnisses mit der Macht einen zerstörenden, entfremdenden, disziplinierenden und repressiven Aspekt besitzt. Wo dieser den Trägern von Herrschaftskultur selbst zu Bewußtsein kommt, verfällt es in der Regel dem →*Zynismus*. Das zynische, nur noch machtgestützte, von seiner eigenen Fassadenhaftigkeit selbst durchdrungene Bewußtsein leistet einer K. als moralischer Selbstzerstörung Vorschub. Zynische Enthemmungen, Ethoszerstörungen und Selbstdemoralisierungen sind fast unvermeidliche Erscheinungen in den neueren legitimationsschwachen Gesellschaften.

Die These von der Allgegenwart destruktiver Impulse im menschlichen Kulturleben läßt sich historisch belegen. In Konflikten aller Art waren und sind materielle wie ideelle Kulturbestände Ziel oder Mittel von Zerstörung. Einzelne Prozesse der K., so der *Byzantinische Bilderstreit* im 8. Jh., der *Sacco di Roma* (1527/28), Bilderstürme in Münster (1534/35), sind von der Kulturgeschichte untersucht, jedoch noch nicht systematisch miteinander verglichen worden. Innerhalb derartiger kulturell ausgetragener Konflikte wurde immer wieder auch Widerstand gegen hemmungslose Zerstörungswut laut, wie beispielsweise Las Casas' Bericht an Karl V. über die Verwüstungen der spanischen Konquistadoren (1541/42) oder H. Grégoires 1794 verfaßte Denkschriften an den französischen Nationalkonvent über den Vandalismus während der Revolution. Diese historischen Befunde zeigen, daß K. in Phasen verstärkter politischer, ökonomischer und sozialer Auseinandersetzungen und des durch sie beschleunigten Wandels häufen, mithin von gesellschaftlichen Bewegungen abhängig sind. Andererseits können sie im Hinblick auf sich anbahnende Veränderungen in Gang gesetzt werden, um diese voranzutreiben. So vermehren sich im 19. Jh., parallel zur wissenschaftlich, technisch und industriell verursachten Umwälzung der Lebens- und Produktionsverhältnisse, noch heute gängige Revolutions- und Zerstörungstheorien, die wie M. Bakunins »Die Reaktion in Deutschland« (1842), K. Marx' und F. Engels' »Manifest der Kommunistischen Partei« (1848), F. Nietzsches »Menschliches, Allzumenschliches« (1878) nicht nur eine sozialpolitische, sondern auch eine kulturelle Stoßrichtung enthalten. Als Reaktion auf diese Destruktionskonzepte und auf die realen Veränderungen treten »Verfallstheorien« in Erscheinung, die wie O. Spenglers »Der Untergang des Abendlandes« (1918–22) zur Verteidigung der gleichsam natürlich gewachsenen Kulturtradition aufrufen. In den Auseinandersetzungen über das für die Kulturbewegung förderliche Destruktionsquantum entspinnt sich zugleich ein Disput über das Ausmaß an kultureller Modernität (→Avantgarde, → Moderne), dessen die neuzeitliche Industriegesellschaft bedarf. Tatsächlich beruht die moderne Gesellschaft auf einer wirtschaftlichen, technischen und wissenschaftlichen Dynamik, die unwiderstehlich zur Zerstörung traditioneller Lebensformen und Kulturbestände führt. Allenfalls kann das Alte sozialromantisch restauriert und in vermarkteter Form, wie die Antiquitäten zeigen, zum Schein lebendig erhalten werden. Nach K. Marx funktioniert die industriekapitalistische Wirtschaftsform, indem sie permanent ihr eigenes Verhalten produziert, als »Totengräber« ihrer selbst. Aus dieser Sicht wäre K., verstanden als ständige Selbstrevolutionierung des politökonomischen Systems einschließlich seines kulturellen Überbaus, als positives Kennzeichen einer dynamischen Gesellschaftsform zu bestimmen. Freilich birgt diese Betrachtungsweise das Risiko, daß über die subjektiven Kosten der Dynamisierung allenthalben mit einem zynischen Funktionalismus hinweggegangen wird.

Eine eindeutige Antwort hat die Frage nach der Vereinbarkeit sozioökonomischen Wandlungsstrebens, wie es sich weltweit in revolutionären Bewegungen kundtut, mit kultureller Destruktivität auch im 20. Jh. weder theoretisch noch praktisch erfahren. So plädierte während der russischen Revolution W. I. Lenin zwar in »Erfolge und Schwierigkeiten der Sowjetmacht« (1919) für eine Bezähmung der bolschewistischen Zerstörungsabsichten gegenüber der »bourgeois-kapitalistischen« Kultur, doch konnte er mit solchen Appellen weder die geistige und physische Unterdrückung der Proletkult-Bewegung (1917–21) wie auch anderer moderner Kulturbestrebungen, noch die spätere autoritäre Kulturpolitik des Sowjetstaates unter J. W. Stalin mit ihrer Doktrin des Sozialistischen Realismus (ab 1934) verhindern.

Auf deutschem Boden traten im 20. Jh. die Nationalsozialisten mit einem nicht nur politischen, sondern auch gezielt kulturellen Zerstörungsprogramm an. Ihre Kulturpolitik erhob den totalitären Anspruch, eine »kulturelle Neugeburt« des deutschen Volkes dadurch einzuleiten, daß sie in einem endgültigen »Schlußkapitel des Kulturzerfalles« mit allen Lebensäußerungen und Darstellungsformen aufräumen, die nicht in das nationalsozialistische Weltbild paßten (A. Hitler, Rede auf dem Reichsparteitag der NSDAP in Nürnberg, 1935; Ansprache bei der Eröffnung des Hauses der Deutschen Kunst in München, 1937). Diesem Ziel entsprechend fanden in Bücherverbrennungen (1933) und der Ausstellung »Entartete Kunst« (München 1937) sorgsam inszenierte Destruktionsspektakel statt. Wie in solchen, auch bei anderen Völkern zu beobachtenden Zerstörungsriten manifestierte sich der politisch gelenkte Destruktionstrieb auch als Zerstörungsarchitektur der Konzentrationslager, der Bunker, in den Städten, militärischer Festungen an der Atlantikküste oder der Kriegsfriedhöfe sowie in der Ansammlung eines umfangreichen Spezialwissens über Wege und Mittel der K. Nach dem Zweiten Weltkrieg findet das Zerstörungswissen eine moderne Ausprägung in der psychochemischen, physiologischen und kriegspsychologischen Folterforschung etwa über Kampfdrogen, Gehirnwäsche, sensorische Deprivation. Überdies hat das Wettrüsten zu einer beispiellosen Erweiterung nuklearer, biochemischer, elektronischer und anderer Systeme des Zerstörungswissens geführt, in denen alle Mittel einer definitiven und globalen K. aufgehäuft sind.

Die Höhepunkte in der Destruktionsgeschichte der deutschen Kultur des 20. Jh. liegen zwar zwischen 1933 und 1945, ihre Vor- und Ausläufer lassen sich jedoch in vielen Richtungen weiterverfolgen. Vor allem in der frühen Nachkriegsliteratur wurden diesbezügliche Themen ausführlich behandelt, in der Bundesrepublik durch H. E. Nossacks »Der Untergang« (1943/48), H. Bölls »Wo warst du, Adam?« (1951), A. Schmidts »Nobodaddy's Kinder« (1951/53) und in der DDR durch A. Seghers' »Die Toten bleiben jung« (1949), S. Hermlins »Die erste Reihe« (1951) oder L. Tureks »Anna Lubitzke« (1952). Wie während des Wiederaufbaus, so stellt sich noch heute in beiden deutschen Staaten die durch historische Belastungen erschwerte Aufgabe, Wege einer kulturellen Praxis zu beschreiten, auf denen auch destruktive Kräfte mitgeführt werden können und somit gesellschaftlich kontrollierbar bleiben. Einer solchen Eingrenzung dient in nicht geringem Umfang hüben wie drüben die staatliche Kulturpolitik. Deren Sachwalter haben jedoch erfahren müssen, daß kulturelle Prozesse nur bedingt planbar sind und, wie sich dies an der Künstlervertreibung in der DDR und an dem Streit um die Gesamtschule in einigen Ländern der Bundesrepublik zeigt, mancherlei schwer kalkulierbaren Zündstoff enthalten. Versteckte Destruktionspotentiale können aus verschiedensten Anlässen, zu vielfältigen Zwecken und mit unterschiedlichsten Mitteln entfesselt werden. Selbst gutwillige Reformanstöße können zur Zerstörung funktionierender Einrichtungen beitragen. Dies belegen bestimmte Auswirkungen der Hochschulreform in der Bundesrepublik, wie die »Auflösung der Werkkunstschulen; oder die »territorialen Freizeitstätten« der DDR, die, obwohl sie gut ausgestattet sind, wegen der intensiven Staatskontrolle von großen Teilen der jüngeren Generation gemieden werden. Nicht selten ziehen technische Neuerungen neben Lebenserleichterungen kulturellen Ruin nach sich. So erzeugt der Autoverkehr Landschafts- und Stadtzerstörung durch Straßenbau, Lärm, Abgase, Verkehrstote, schwindet mit dem Telefon die Briefkultur und führt das Fernsehen zum Wandel abendlicher Geselligkeit. Sowohl Einzelne wie auch Gruppen, politische Organisationen, Geheimbünde machen aus den verschiedensten Motiven die Zerstörungsdrohung zu ihrem vorrangigen Lebensinhalt und entwickeln eine mehr oder weniger offenkundige Destruktionssymbolik, um das etablierte Gemeinwesen zu erschrecken oder umzustürzen. In der Bundesrepublik sind es Rocker, Punks, Anarchisten, Links- und Rechtsradikale, in der DDR ideologische »Abweichler«, Revisionisten, »Subjektivisten«. Das Spektrum individuellen und kollektiven Zerstörens reicht von geistiger Bevormundung über Sachbeschädigungen, Raub, Plünderungen sowie physische und psychische Vernichtung bis hin zu absichtlichen oder versehentlichen Bilderstürmen. Bei derlei Aktionen geht zumeist Ideelles und Materielles gleichermaßen zu Bruch.

Kulturelle Zeugnisse latenter Destruktivität sind auch im Alltagsleben anzutreffen. Die Behebung der Schäden stellt eine andauernde volkswirtschaftliche Belastung dar. So kostet die Beseitigung von rund 60 000 Beschädigungen an öffentlichen Fernsprecheinrichtungen der Bundesrepublik jährlich etwa 10 Mio. DM. Mehr als der Vernichtung von Kulturbeständen widmete die öffentliche Diskussion ihre Aufmerksamkeit in den letzten Jahren jener Destruktivität, durch welche mit technischindustriellen, mithin im weitesten Sinne auch kulturellen Mitteln die Lebensfähigkeit der natürlichen Umwelt beeinträchtigt wird (→ *Umwelt*, → *Naturschutz*). Im Hinblick auf diese Probleme wurde in der DDR das Konzept der *Sozialistischen Landeskultur* entwickelt. In der Bundesrepublik wurde auf der Grundlage des Umweltprogramms von 1971 in den 70er Jahren ein langfristiges »ökologisches Gesamtkonzept« mit zahlreichen Einzelmaßnahmen erarbeitet. Dennoch blieben zahlreiche Probleme der praktischen Durchführung bisher unbewältigt. Angesichts der eskalierenden Destruktivität in der technisch-industriellen Lebenswelt sowie aufgrund der zunehmenden Schwierigkeiten, ihrer Folgen gesellschaftspolitisch Herr zu werden, hat sich, wie in den USA auch, in der Bundesrepublik seit der Mitte der 70er Jahre die Katastrophenforschung

rasch fortentwickelt (W. Jäger, Katastrophe und Gesellschaft, Darmstadt, Neuwied 1977). In deren interdisziplinären Erörterungen werden jedoch die Probleme der durch die Menschen bewirkten und ihr Leiden vermehrende K. noch zu wenig berücksichtigt.

H. P. Thurn

Literatur

E. M. Cioran, Lehre vom Zerfall, Hamburg 1953
G. Anders, Die Antiquiertheit des Menschen, Bd. I: Über die Seele im Zeitalter der zweiten industriellen Revolution, München 1956. Bd. II: Die Zerstörung des Lebens im Zeitalter der dritten industriellen Revolution, München 1980
J. Baudrillard, Agonie des Realen, Berlin (West) 1978
P. P. Pasolini, Freibeuterschriften; Die Zerstörung der Kultur des Einzelnen durch die Konsumgesellschaft, Berlin (West) 1978
P. Sloterdijk, Kritik der zynischen Vernunft, Frankfurt a. M. 1982

Kunst

I. Problematisierung der tradierten Kunstauffassung – II. Begriff und Verständnis im Wandel – III. Die Entwicklung der Kunst in beiden deutschen Staaten – IV. Suche nach neuen Wegen

I. Problematisierung der tradierten Kunstauffassung

Natur, Herkunft, Umfang, sogar unterscheidbare Existenz des Ästhetischen sind so umstritten, daß eine allgemein akzeptierte Definition der K. nicht existiert. Schon in den Kunstrevolutionen des Jahrhundertbeginns, wie im Expressionismus, Dadaismus und Surrealismus, wird K. tendenziell nicht mehr autonom, sondern als besonderer Teil der Lebenspraxis verstanden. Sie macht → *Alltag* in den »schönen« und »wahnsinnigen« Aspekten bewußt, bleibt selbst ein Stück Leben und fungiert zugleich als Widerspruch gegen die rationalistisch verengte Kultur der bürgerlichen Gesellschaft.

Die Fragwürdigkeit von K. als Bildungsgut und Teil der kuturellen Reproduktion bestimmt seit 1945 in den westlichen Ländern verschärft die avancierte Reflexion auf K. Die ständige Präsenz der Weltpolitik in den Medien macht die Legitimität autonom ästhetischen Genusses angesichts allgemeiner → *Gewalt* fragwürdiger denn je. Ohnmacht und Opportunismus der Bildung angesichts des Faschismus fordern dazu heraus, die Problematik der Macht- und Bildungseliten zu bedenken. Jede nur künstlerische →*Kritik* macht sich schon der Verharmlosung durch Ästhetisierung verdächtig: »Nach Auschwitz ein Gedicht zu schreiben, ist barbarisch« (Th. W. Adorno, Kulturkritik und Gesellschaft, in: Prismen, Frankfurt a. M. 1955, S. 31). Medien (→*Massenkommunikation*) und →*Kulturindustrie* schaffen einen Zwischenbereich von Gebrauchskunst und hoher K., dessen Definition zunehmend schwierig wird. Trotzdem hat der herkömmliche Kunstbegriff als die Gesamtheit von →*Literatur*, →*Musik* und →*bildenden Künsten* unter Einschluß des →*Films* und, mit Abstrichen, auch der →*Photographie* noch immer Geltung.

II. Begriff und Verständnis im Wandel

Der expressionistische Künstler verstand sich zu Beginn unseres Jahrhunderts in seiner gesellschaftlichen Rolle als Mahner und Rufer zur Erneuerung, Ankläger und visionärer Prophet. Für ihn war K. Ausdruck des Subjekts und seines Pathos. Dem folgte parallel zur ökonomischen Stabilisierung die neusachliche Bestimmung der K. als eines integrierten Bestandteils der gesellschaftlichen Produktion. Beeindruckt von den Möglichkeiten des modernen Industrialismus, sahen die Künstler ihre Funktion darin, etwa als Maler präzise Abbilder des Gegenwärtigen zu liefern oder als Architekten Fabriken zu entwerfen. Sie formulierten nicht mehr den Reichtum der →*Innerlichkeit,* sondern die Faszination der modernen Maschinen-, Stadt- und Massenwelt. Eine sozialistische Variante dieser Richtung wurde von der russischen Revolutionskunst beeinflußt. Der Nationalsozialismus verbindet die nunmehr ideologische, totalitäre Funktionalisierung der K. zu Propagandazwecken, zur Verherrlichung der Einheit von Führer, Volk und Rasse mit einem neuen, militaristischen Heroismus. Der deutliche stilistische →*Eklektizismus* dieser K. blieb stets quasi-realistisch in der Formgebung, wenngleich normativ idealisierend in der Ideologie. So weist die funktionalisierte Repräsentationskunst des Nationalsozialismus Ähnlichkeiten mit der stalinistischen Variante des *Sozialistischen Realismus* auf.

Politisch als Reaktion auf den Mißbrauch der K. im Nationalsozialismus, wissenschaftlich in Abgrenzung gegen die Spekulationen der geistesgeschichtlichen Kunst- und Literaturwissenschaft, setzte sich in der Bundesrepublik, trotz aller kritischen Ansätzen der unmittelbaren Nachkriegszeit, zunächst ein Kunstverständnis durch, das auf der Autonomie des Kunstwerks bestand. K. wurde ontologisch fundiert, als Emanation des wahren Seins begriffen. Die historische Bedingtheit von K. wurde nicht schlechthin bestritten, trat aber hinter die werkimmanent sich einfühlende Begegnung des Individuums mit K. zurück. Das zweckfreie Spiel an sich galt als das, was dem menschlichen Wesen am

nächsten kam, der politische Aspekt der K. wurde übersehen.

Im Laufe der 60er Jahre setzte sich dann ein auf Gesellschaft bezogener Kunstbegriff durch. →*Künstler* und →*Schriftsteller* engagierten sich öffentlich, und K., besonders →*Literatur,* wurde als Instanz einer auch moralisch-politischen Opposition verstanden, anders als in der eher abgeschirmten Kunstwelt der 50er Jahre, in der sie bestenfalls als öffentliches Gewissen fungierte. Wie nun für die *Neue Linke* der späten 60er Jahre alles Ästhetische unmittelbar politisch sein sollte, Emanzipation, →*Aufklärung,* »Waffe im Klassenkampf«, →*Kulturrevolution,* so wurde nach wenigen Jahren doch deutlich, daß die Zuspitzung des Gesellschaftsbezugs zur radikalen Politisierung die K. überlastete. Aber die produktive Verunsicherung bleibt, weil das Einverständnis über das grundsätzliche Existenzrecht der K. aufgekündigt ist. Als umfassendste Kategorie schält sich seitdem die Bestimmung der K. als Kommunikations- und Zeichenprozeß heraus. Die →*Psychoanalyse* verbindet sich als Lehre der »Sprache des Unbewußten« mit Kunsttheorie, die Rezeptionsästhetik legt den Akzent auf die Kommunikation zwischen Werk und Rezipienten; strukturalistische Anthropologie und →*Ästhetik* bestimmen Gesellschaft als symbolische, zeichenhafte Struktur und K. als Spezialfall der Sprachverwendung. Insgesamt zeichnet sich immer deutlicher eine Tendenz ab, K. als gleichsam theoretisches Medium der Reflexion und Selbstreflexion mit anderen als begrifflichen Mitteln zu verstehen.

Noch vor der Gründung der beiden deutschen Staaten zeichnete sich die Spaltung der K. ab. Nach anfänglichem Liberalismus im Zuge der antifaschistischen Politik wird in der Sowjetischen Besatzungszone schon 1948 das Vorbild der sowjetischen K. betont. Schrittweise erfolgt die Vereidigung der Künste auf die Prinzipien des *Sozialistischen Realismus.* 1951 wird diese Linie kodifiziert, die bis in die späten 50er Jahre hinein die K. in das enge Korsett einer realistischen Kunstdoktrin schnürt, der Kritik Grenzen setzt und sie nur als »konstruktive« zuläßt. Begriffe wie »Bündnis«, »Führung«, »Beratung« und →*Parteilichkeit* zeigen, daß die ästhetischen den politischen Kategorien nachgeordnet sind und die Partei auch auf dem Gebiet der K. die Führung beansprucht. Ihr Gegenstand soll der ganze Mensch in seiner Lebenspraxis sein. Aus der Leninschen Abbildtheorie wird die künstlerische Methode des →*Realismus* hergeleitet. Da die wirkliche Kunstentwicklung dem Konzept mehr und mehr widersprach, mußte der Begriff des *Sozialistischen Realismus* immer wieder aufgeweicht werden. Erhalten blieb der Ausgangspunkt der Doktrin, daß K. eine Funktion im Ganzen der Gesellschaft zu erfüllen habe. Dem Autonomiegedanken steht die These vom Klassencharakter der K. entgegen, der es als Teil der »sozialistischen Kulturrevolution« aufgegeben ist, an der Schaffung der »sozialistischen Persönlichkeit« mitzuwirken. Zugleich erhebt die DDR den Anspruch, mit dem *Sozialistischen Realismus* erstmals eine K. zu besitzen, die den Interessen des ganzen Volkes und nicht nur, wie in der Klassengesellschaft, einer bestimmten Schicht entsprechen soll. Die aufbauende Funktion der sozialistischen K. wird dem Kulturverfall (→ *Kulturzerstörung*) im Westen polemisch kontrastiert. Das Ausbleiben »destruktiver« Tendenzen in der K. der DDR aufgrund administrativen Drucks ist allerdings mit einer lähmenden Nivellierung erkauft. Vom Künstler wird eine bewußte Parteinahme für die DDR verlangt. Die Forderung nach Volkstümlichkeit soll verbürgen, daß die Kluft zwischen K. und Bevölkerung verschwindet. Dabei wird auch das Unterhaltungsbedürfnis von der offiziellen Theorie anerkannt und die Medien mit ihrer Gebrauchskunst als legitimer Teil der sozialistischen K. betrachtet. Nennenswerte Entwicklungen des Kunstbegriffs sind, von weitgehend politisch motivierten Nuancen abgesehen, in der DDR kaum auszumachen. Bis 1955 galt G. Lukács als Autorität für die Festlegung der K. auf einen bestimmten, realistischen Stil, in den 60er Jahren sollte B. Brechts Plädoyer für »Weite und Vielfalt« des Realismus die zögernden Versuche zu größerer künstlerischer Freiheit absichern. Seit Ende der 60er Jahre wird der dogmatische Realismusbegriff relativiert, aber ein neues Konzept hat ihn noch nicht ersetzt. Westliche Ansätze in Theorie und Praxis werden zunächst von den »festen Positionen des Marxismus-Leninismus« aus verworfen und dann mit einiger Verspätung moderiert, angepaßt und nachvollzogen. Noch immer ist das Gesamtkonzept einer funktionalen, integrierten, pädagogisch verpflichteten, volkstümlich-realistischen K. sehr eng gefaßt.

Sieht man von einer in der Bundesrepublik zwar bedeutsamen Strömung ab, die unpolitische → *Innerlichkeit* für den eigentlichen Raum der K. hielt, so läßt sich sagen, daß im Erschrecken über die Folgen der nationalsozialistischen Herrschaft in ganz Deutschland nach 1945 eine moralisch verantwortliche, im politischen Leben der Gesellschaft integrierte K. gefordert wurde. Doch in beiden deutschen Staaten wird die Idee der sozialen Verantwortung der K. unterschiedlich hervorgehoben und später gegensätzlich ausgelegt. Während man in der DDR vom Künstler erwartete, daß er sich bewußt an der kollektiven Anstrengung der antifaschistischen, dann sozialistischen Aufbaus beteiligte, lag in der Bundesrepublik der Akzent auf der moralischen Verantwortung des Individuums. Im Unterschied zur pädagogischen Funktion der K. in der DDR, derzufolge sie Schönheit und Größe des sozialistischen Lebens erfassen sollte, wurde in der Bundesrepublik ihre Aufgabe darin gesehen, ein unersetzbar persönliches Bild der Wirklichkeit zu geben. Beides ist als Antwort auf die Mißachtung

des einzelnen im nationalsozialistischen Deutschland und den Mißbrauch der K. zu Zwecken der politischen Propaganda zu verstehen. So stehen sich Gesellschaftlichkeit und Individualität als verschiedene Ausgangspunkte der Kunsttheorie und Kunstpolitik gegenüber.

Entsprechend wird in beiden Staaten die kritische Funktion der K. abweichend ausgelegt. Während sie in der Bundesrepublik in den 50er Jahren im wesentlichen individuell verstanden wurde, galt sie in der DDR gerade dem individualistisch oder rückständig im Alten befangenen Einzelnen. Als »geschlossene Gesellschaft« formulierte die DDR eine allgemein verbindliche Doktrin, während sich in der »offenen Gesellschaft« der Bundesrepublik bald eine Pluralität der Kunstauffassungen entwickelte, die jedoch mit Freiheit schlechthin nicht zu verwechseln ist, weil Moden und Marktzwang Grenzen setzen. Dennoch ist der Spielraum der K. im Westen ungleich größer, zumal Künstler der DDR nur selten mit westlichen Entwicklungen in unmittelbaren Kontakt treten können.

III. Die Entwicklung der Kunst in beiden deutschen Staaten

Bis zum Ausbruch des *Kalten Krieges* um 1947 bewahrten die Besatzungszonen noch eine Art kultureller Gemeinsamkeit. Mit Metaphern wie → *Nullpunkt* und *Kahlschlag* wurde die Situation des Neubeginns umschrieben. Im Westen geht es zunächst um eine nachholende Rezeption der internationalen K., der angelsächsischen und französischen → *Moderne*, sowie des Existentialismus, für den F. Kafka als Kronzeuge gilt. Das absurd »zur Freiheit verdammte« Individuum, Skepsis und F. Kafkas nüchterne Prosa entsprechen dem »Kahlschlagbewußtsein«. Unter dem Eindruck des Expressionismus und der abstrakten K. soll nicht die gegenständliche Realität, sondern die psychische Realität des Künstlers unmittelbar zum Ausdruck kommen. Westorientierung und Moderne werden dagegen in der Sowjetischen Besatzungszone und der DDR als → *Formalismus* gebrandmarkt. Was den Ansprüchen der dort herrschenden realistischen Kunstauffassung nicht genügt, verfällt ab 1948 diesem Verdikt. Anknüpfungspunkte sind dagegen die Exilliteratur (→ *Exil*) und die realistischen Gestaltungsprinzipien der K. des 19. Jh. In den 50er Jahren geht daher die Verständigungsbasis zwischen den Künstlern beider deutschen Staaten verloren. 1951, im Jahr der Kampagne gegen den Formalismus, und 1952 werden in der DDR staatliche Ämter und Kommissionen geschaffen, die fortan festlegen, welche Bereiche der Realität als »typisch« anzusehen sind. Gegenüber westlichem »Kulturverfall« beruft man sich auf das Vorbild des sowjetischen *Sozialistischen Realismus*.

In der literarischen Produktion der Bundesrepublik treten den zum Teil christlich-konservativen Autoren der →*inneren Emigration* die jüngeren Vertreter der *Trümmerliteratur,* Sprecher einer desillusionierten Generation ohne Werte, Glauben, Bindung, Tradition, Hoffnung, gegenüber. Die unpolitische und oft auch politisch entlastende Literatur dominiert jedoch bald Kulturleben und Schulunterricht. Ästhetische wie politische Erneuerung bleibt auf ein schmales Publikum beschränkt. Sie wird vor allem von der 1947 gegründeten *Gruppe 47* getragen (→*Literatur*). Insgesamt sieht die Nachkriegsentwicklung bis zur Gründung der beiden Staaten das Phänomen, daß den politisch verantwortlichen Instanzen sehr rasch an einer Erledigung der belastenden Vergangenheit gelegen ist, während verantwortliche Künstler auf deren kritischer Bewältigung bestehen.

Die 50er Jahre sind in der DDR geprägt von der *Aufbauliteratur,* die im Dienst der Arbeitssteigerung und Legitimation des neuen Staates steht. Faktisch schon seit 1948, geht mit der Proklamierung des »Aufbaus des Sozialismus« 1952 auch offiziell die antifaschistische Phase zu Ende. Der *Sozialistische Realismus* der Stalin-Ära wird durchgesetzt; und das Thema der Produktion steht in der K. obenan. Zwar gab es 1953 die Forderung nach Stilpluralismus und 1956 ein Aufbegehren gegen die →*Zensur,* aber im Ganzen erreichte es die *SED,* die Literatur zu disziplinieren und, wie neuerdings selbstkritisch vermerkt wurde, K. zum visuellen Transportmittel politischer Ideologie zu reduzieren. Daneben gingen einzelne Künstler, anknüpfend an Expressionismus, Neue Sachlichkeit und italienischen *Realismo,* eigene Wege abseits der staatlich geförderten K. Es folgte 1959 der bald zurückgenommene kulturrevolutionäre Ansatz des *Bitterfelder Wegs,* der vorsah, daß die Schriftsteller zum Studium der Produktionsbedingungen in die Betriebe gingen und die Arbeiter unter dem Motto »Greif zur Feder, Kumpel« selber zum Schreiben aufgefordert wurden. Doch aus Furcht der Partei vor Kritik blieben diese Ansätze zu einer proletarischen Öffentlichkeit stecken, und es waren in der Folge weniger Betriebsromane, als panoramatische Schilderungen des Lebens in der DDR, die als K. akzeptiert wurden. Als 1964 im Zuge des *Neuen Ökonomischen Systems der Planung und Leitung* der *Bitterfelder Weg* für überholt erklärt wurde, förderte man in der K. die Darstellung der arbeitenden Menschen als »Planer und Leiter«. Nicht mehr die Kraft des Proletariers, sondern sein Denken, die selbstverständliche Nutzung des Volkseigentums sollte im Vordergrund stehen. Ein weiteres Merkmal der K. in den 60er Jahren war, auch im Kontext der Kollektivierung, die Neigung zum Historienbild, insbesondere zum Thema des »Deutschen Bauernkriegs«. Der Rückgriff auf das Erbe (→ *Tradition und kulturelles Erbe)* sollte die DDR als einzig legitimen Nachfolger der fortschrittlichen deutschen Traditionen darstellen. Allgemein folgte dem Mauerbau 1961 das Arrangement mit der Wirklichkeit der DDR und, daran anschließend, die sogenannte *Ankunftsliteratur.* Die Hoffnung, daß nach der Beseitigung der ökonomischen und ideologischen »Bedrohung« durch den Westen nun freier Kritik geübt werden könne, erfüllte sich nicht. Nach einer kurzen Phase größerer Freizügigkeit wurde die rigide Kunstpolitik fortgesetzt.

In der Bundesrepublik konsolidierte sich seit 1947 nach Schock, Sprach- und Ratlosigkeit die Literatur zunächst wieder im Zeichen großer Traditionen. War die K. der 50er Jahre Suche nach dem Ausdruck der Subjektivität, so steht sie in den 60er Jahren in einem spannungsvollen Verhältnis zur Gesellschaft. Gleichsam als Parallele zum *Bitterfelder Weg* wird die *Gruppe 61* gegründet, um gegen die Feierabendliteratur die *Literatur der Arbeitswelt* zu setzen. In der →*bildenden K.* tritt als Reaktion auf den radikalen Subjektivismus seit den späten 60er Jahren eine Wende vom Subjekt zum Objekt ein. Das Interesse gilt nun verschiedenen Spielarten einer auf M. Duchamp zurückgehenden *Objektkunst,* seriellen Objekten, den Apparaturen J. Tinguelys. Wie die *Aktionskunst* wendet sich auch die *Objektkunst* im Unterschied zum inneren Raum des subjektiven Expressionismus, dem äußeren Raum zu. Ein spezifisch deutscher Beitrag mit internationaler Ausstrahlung stellt die in den 50er Jahren in Düsseldorf gegründete *Zero*-Bewegung dar, die sich auf die elementaren Bildmittel besinnt. Bedeutsam ist auch die deutsche Beteiligung an der internationalen *Fluxusbewegung* (1958–1964), die das Ghetto des →*Museums* sprengen wollte und Malaktionen mit anderen Medien wie Musik, Tanz, Theater verband. Da die formale K. der 60er Jahre an einer theoretisch-ästhetischen Reflexion festhielt, konnte die amerikanische *Pop-Art* zunächst nicht auf fruchtbaren Boden fallen. Die Popkünstler der USA verzichten auf subjektive Deutung und ließen ihre zumeist den Medien, vor allem der → *Werbung* entnommenen Sujets und Objekte in einer Weise für sich selber sprechen, daß Gesellschaftskritik und ästhetische Faszination der trivialen, alltäglichen Erscheinungsformen ununterscheidbar wurden. Deutlicher ist die Kritik in den *Environments* und in der *Junk-Art,* die häßliche Alltäglichkeit in erschrekkender Akribie plastisch modelliert. Als die *Pop-Art* verspätet in der Bundesrepublik rezipiert wird, gerät sie schon ins Vorfeld der Studentenbewegung von 1968, so daß in ihrer deutschen Variante *Environment* (Kunstausstellung *documenta* 1968) und sozialkritisches *Happening* (W. Vostell) dominieren. Den Begriff des *Happening* hatte 1958 A. Kaprow zum erstenmal für eine Aktion verwendet, in welche die Zuschauer einbezogen wurden. Besonders rasch verbreitet sich die *Aktionskunst,* die bis zur *Performance* und Prozeßdemonstration der 70er Jahre fortwirkt. K. ist hier nicht mehr an ein Werk gebunden, sondern der als K. verstandene Vorgang nähert sich dem alltäglichen Leben an. In der bildenden K. wird zunehmend eine tiefe Kulturskepsis sowie ein Sensorium für die häßliche Seite der → *Industriekultur* spürbar.

IV. Suche nach neuen Wegen

In der Studentenbewegung verkündet man 1968, nicht zum erstenmal, den »Tod der Literatur«. Der tiefe Einschnitt ist, jenseits der Übertreibung, real. Für mehrere Jahre erblickt man das künstlerisch Bedeutende nicht mehr in den Werken, sondern in einer K., die Aktion, Prozeß, Teil des Lebens ist. K. soll Bestandteil der Emanzipation werden, Hunger auf unmittelbare → *Erfahrung* stillen. Symptomatisch ist die Auflösung der *Gruppe 47* im Herbst 1967; radikale Studenten sprengten ihre Sitzung. Leicht verspätet bahnt sich nach dem weltweiten Aufbruch 1968 auch in der DDR eine Wende an. Die von einzelnen Künstlern in den 60er Jahren im Abseits oder unter Kritik der Partei entwickelte Vielfalt der Stile wird auf dem VIII. Parteitag der *SED*, 1971, offiziell anerkannt. Tatsächlich treten in der Malerei kritische Darstellungen des realen Lebens in der DDR ins Blickfeld der Kunstkritik. Der repräsentative Bildhauer F. Cremer erklärt die Zeit der bloßen »Bestätigungskunst« für beendet. In der Literatur beobachtet man »Preisgabe der Illusionen«, Mut zum »Unbeschönigten«, ehrliche Anerkennung des Abstands zwischen Realität und Ideal. Auch in der DDR meldet sich die internationale Jugendbewegung zu Wort; so beim Jugendfestival 1973 in Berlin (Ost). U. Plenzdorfs »Die Leiden des jungen W.« zeigen Elemente eines neuen Individualismus und die Forderung nach Anerkennung der Subjektivität (→ *Philosophie*). Es entsteht eine auch im Westen interessiert aufgenommene Frauenliteratur.

Übergreifendes Stichwort für die Kunst der 70er Jahre in der Bundesrepublik ist die wachsende Bedeutung der Massenmedien, sichtbar an der Medien-*documenta* von 1977. Der traditionelle Kunstunterricht wird durch ein Curriculum K. ersetzt. Die Videokunst verbreitet sich. Der Künstler will nicht fern vom primären Wahrnehmungsbereich der Bevölkerung arbeiten, sondern Aufklärungs- und Phantasiefunktion der K. über die Medien erfüllen. Im Unterschied zur früheren Aktionskunst sucht der Prozeßkünstler der 70er Jahre statt spontan improvisierter *Happenings* Erkenntnisprozesse über die Alltagswirklichkeit zu bewirken. Der → *Alltag* wird demonstrativ verfremdet und bewußt gemacht. Wie in der *Concept Art,* der seit 1968 eine Schlüsselrolle zukommt, hat die Idee, der Anstoß zur Reflexion Vorrang vor dem Ergebnis der künstlerischen Tätigkeit. K. löst sich in Vor-

gänge des Spiels, der Reflexion, der überraschenden Erfahrung auf. Schon die Photorealisten, die 1972 auf der *documenta* Aufsehen erregten, unterschieden sich darin, daß sie auf Wahrnehmungsprozesse selber reflektierten, von scheinbar ähnlichen Vorläufern: Ihre exakt nachgemalten Photos erwiesen sich als hyperrealistische Verfremdung, »wirklicher als wirklich«. Die Idee des Werks wird parodiert, obwohl die Bilder in der Linie des *hard-edge-Realismus* auf Präzisionismus und Neue Sachlichkeit zurückzuweisen scheinen.

Mitte der 70er Jahre ist in der Bundesrepublik das Ende der Politisierungsphase erreicht. Stichworte wie *Neue Subjektivität, Neue → Innerlichkeit* und Erfahrung kennzeichnen die *Tendenzwende.* Das Interesse gilt nun Autobiographien, die oft das Ende der Illusionen zum Thema haben, und der neuen Frauenliteratur. Im Zeichen der Rücknahme des Ästhetischen vollzieht sich der Übergang von K. und Literatur in der Theorie. Schon seit den 60er Jahren fand sich neben der Betonung des Gesellschaftsbezugs die Erkenntnis, daß K. Medium konsistenter Reflexion sein kann, die sich nur der Form, nicht der Substanz nach von begrifflich-diskursiver Theorie unterscheidet. Der allgemeinste Nenner des Kunstverständnisses seit dem Abflauen der Politisierung ist nicht der direkt politische Gesellschaftsbezug geblieben, sondern in einem weiten Sinn der Zeichencharakter von K. Die Tendenz, das Werk in prozeßhaftes Geschehen aufzulösen, kennzeichnet nicht nur die Formen eines neuen, nicht narrativen Tanztheaters und allgemein der Prozeßkunst, sondern auch die am Ende der 70er Jahre zu konstatierende Wiederbelebung des Interesses an Spielarten des Expressionismus. Die spontane Formulierung subjektiver Erfahrung wird als ein sozialer Prozeß verstanden, der durch seine besondere Kommunikationsmöglichkeiten entfremdete Kultur als Bestandteil der Machtordnung angreift.

Auch in der DDR bedeutet die Mitte der 70er Jahre das Ende der Illusionen. Die Liberalisierung im Kontext der Ostpolitik endet spätestens 1976 mit der Ausbürgerung des Liedermachers W. Biermann. Nach dem Protest zahlreicher Künstler der DDR folgt eine massierte Ausbürgerung, ein Exodus vieler für die Kultur der DDR bedeutender Persönlichkeiten. Die Versuche der *SED*, ein Bündnis zwischen der Partei und den Künstlern zu erreichen, waren gescheitert. Die Maßregelungen sind auf dem Gebiet der bildenden Künste weniger scharf als in der Literatur. Bemerkenswert ist das große Interesse, das in der Öffentlichkeit der DDR die VII. und VIII. Kunstausstellung (1972/73 und 1977/78) in Dresden fanden, auf denen eine kritische Malerei zugänglich wurde. Trotz der geringfügigen Öffnung in den frühen 70er Jahren werden Werke mit lyrischer oder privat scheinender Prägung als Gedankenmalerei, Subjektivismus und Modernismus abgestempelt und fristen häufig ein

Schattendasein. Gleichwohl gibt es auch eine für die Beziehung der K. in beiden deutschen Staaten erfreuliche Entwicklung. Mehrere Faktoren wie Ostpolitik, das Interesse an neorealistischen Strömungen, die Erinnerung an die Neue Sachlichkeit im Westen und der Neomarxismus wirken zusammen und bringen erstmals in den 70er Jahren wieder eine Art gesamtdeutscher Kunstszene hervor. Mindestens in der Bundesrepublik ist die Phase allgemeiner Unkenntnis und Fremdheit gegenüber der K. der DDR vorbei. Auf der *documenta* 1977 werden Künstler der DDR stark beachtet, und mehr noch findet die Literatur der DDR auch in der Bundesrepublik, sofern sie nicht überhaupt erst hier verlegt werden kann, Verbreitung. Zahlreiche Künstler und Intellektuelle aus der DDR arbeiten in der Bundesrepublik, und kritische Filme über den Alltag der DDR finden hier ein Interesse, das noch vor zehn Jahren undenkbar gewesen wäre. Ähnlich wird auch in der DDR verstärkt seit den 70er Jahren gesellschaftskritische Kunst der Bundesrepublik zur Kenntnis genommen.

H.-Th. Lehmann, G. Schulz

Literatur

G. Lukàcs, Die Eigenart des Ästhetischen, Neuwied, Berlin (West) 1963
K. Marx, F. Engels, Über K. und Literatur, 2 Bde, Berlin (Ost) 1967
B. Brecht, Schriften zur Literatur und K., 2 Bde, Frankfurt a. M. 1967
Th. W. Adorno, Ästhetische Theorie, Frankfurt a. M. 1970
Lexikon der Kunst, 5 Bde, Leipzig 1976–78
K. Thomas, Bis Heute: Stilgedichte der bildenden Kunst im 20. Jh., Köln ³1975
L. Lang, Malerei und Graphik in der DDR, Leipzig 1978
K. Thomas, Die Malerei in der DDR 1949–1979, Köln 1980

Kunst und Gesellschaft

Die gesellschaftliche Funktion der K. besteht darin, Bilder, Mythen und Strukturen zu formulieren, in denen die Mitglieder der G. ihre Erfahrung interpretieren. Diese Funktion kann, wie in der Bundesrepublik, relativ autonom oder, wie in der DDR, in organisierter und geplanter Form erfüllt werden. Neben der kulturellen Reproduktion nimmt die K. Funktionen der Innovation durch die Formung neuer Wahrnehmungs- und Erlebnismuster sowie des Schmucks wahr. Als Funktionskunst bestimmt sie mit über die Formen des Alltagslebens und dient, neben politisch-ideologischen Aufgaben, der Reproduktion der Arbeitskraft durch Ablenkung und Entspannung. Im Widerspruch zu ihrer kritschen und aufklärenden Qualität macht die emotio-

nale Wirksamkeit ästhetischer Produkte sie zu verschiedenen Formen der Manipulation geeignet.

Gegenüber dem 19. Jh. ist in der modernen Industriegesellschaft das Verhältnis von K. und G. enger geworden. Indem K. nicht mehr als unabhängig von den gesellschaftlichen und politischen Bedingungen gesehen wird, erweitert sich der Begriff der K. von der Elitekunst zur Massenkunst. Einerseits nimmt die G., etwa in der → *Werbung*, verstärkt K. für ihre Zwecke in Anspruch, andererseits sucht die K. selbst ihre Funktion im Rahmen der gesellschaftlichen Praxis. Schon in der Weimarer Republik verstand sich K. direkter und intensiver gesellschaftsbezogen als je zuvor. Der Nationalsozialismus machte aus der freiwilligen Funktionalisierung der K., etwa in der Neuen Sachlichkeit, eine erzwungene. Er betrieb zusammen mit der politischen Gleichschaltung der K. eine »Ästhetisierung der Politik« (W. Benjamin), bei der die Faszination der 20er Jahre am neuen Phänomen der gleichsam ästhetisch gegliederten, in Stadien und auf Revuebühnen auftretenden Massen als Schauobjekt nunmehr propagandistisch ausgenutzt wurde.

Im täglichen Zusammenleben der Gegenwart tritt die K. auf den Gebieten der Mode, der Wohnungseinrichtung, bei Musik und Festen auf. Vom Design über die ästhetische Verpackung der Waren bis zur Werbung durchdringt eine »Warenästhetik« Alltagswahrnehmung und Bewußtsein. Aus materiellen Gründen treten diese Formen der Alltagsästhetik in der DDR weniger hervor. Über die Medien erfolgt eine Dauerpräsenz gezielter ästhetischer Einflußnahme. Der Versuch der Instanzen Staat und Wirtschaft, mit Werbung, → *Propaganda* und → *Information* möglichst breite Schichten zu erreichen, beeinflußt die ästhetischen Standards zugunsten aller Formelemente, die sich zu rascher Verarbeitung eignen. Allgemein geht in der industrialisierten Gesellschaft die Ausübung der Volkskunst (→ *Volkskultur*) zurück. Rockgruppen stellen eine Fortsetzung der traditionellen Laienkunst in neuen Formen dar, und in den 70er Jahren ist im Kontext der alternativen Jugendbewegung eine gewisse Wiederbelebung der Volkskunst zu konstatieren. Angesichts der Bedrohung der → *Umwelt* durch die Industrie gewinnt das ästhetische Verhalten zur täglichen Umwelt neue Bedeutung. Es wird bewußt, daß Schönheit auch unter den Bedingungen technologischer Rationalität zur Lebensqualität (→ *Lebensstandard*) gehört. Neues Interesse an Städtebau (→ *Stadt- und Regionalplanung*), Denkmalpflege und Landschaftsplanung zeigen an, daß die von der Industriegesellschaft ins Abseits gedrängte K. eine neue Wertigkeit erhält (→ *Naturschutz*).

Kunstproduktion unterliegt dem Einfluß der G. auf verschiedenen Ebenen, von der allgemeinen Struktur bis hin zu bestimmten Anforderungen der G. an die K. Der Konkurrenzgesellschaft der Bundesrepublik entspricht ein Pluralismus der Stile und

Richtungen. Dieser bietet der K. einen gewissen Spielraum, wenn auch Moden und Marktzwänge ebenso wie das konkrete gesellschaftliche Umfeld des → *Künstlers* auf seine Produktion einwirken. Fragt man umgekehrt nach der Wirkung der K. auf die G., so gilt ihr kritischer Einfluß in der Bundesrepublik als gering, während die Verfolgungs- und Zensurmaßnahmen in der DDR auf die Furcht der *SED* vor dem kritischen Potential der K. schließen lassen. In der Bundesrepublik erfolgt direkte gesellschaftliche Wirkung von K. über das persönliche politische → *Engagement* von Schriftstellern wie R. Hochhuth, G. Grass oder H. Böll.

Massenkunst kann zwar Werthaltungen befestigen, aber nur in geringem Ausmaß verändern. Auch wirkt K. eher indirekt als direkt durch Beeinflussung von Individuen. Im Zuge der radikalen Politisierung der K. um 1968 wurde ihr aus moralischen und politischen Gründen das autonome Existenzrecht angesichts weltweiten Elends abgesprochen. Es entwickelte sich daraus eine Suche der Künstler nach neuen, direkt auf die gesellschaftliche Praxis bezogenen Kunstformen. Als Organ innovativer → *Phantasie* kann K. im Kontext einer auf Effizienz und Rationalität ausgerichteten Industriegesellschaft primär negativ, als Verunsicherung und Kritik der bloß technischen Ratio durch ästhetische Vernunft wirken. Zudem stellt K. traditionell einen Ort dar, an dem sich das sozial Ausgeschlossene, die Sprache der Außenseiter artikuliert. Als Sprache der Unvernunft bleibt sie partiell unintegrierbar. Neue und wiederentdeckte Formen wie Autobiographie und Literatur des Alltags deuten darauf hin, daß der K. aus dem konsequenten Rückzug eine neue gesellschaftliche Bedeutung erwachsen könnte.

In der DDR stehen sich die offizielle und die inoffizielle Funktion der K. gegenüber. Die *SED* verlangt von der K., eine pädagogisch-politische Aufgabe wahrzunehmen. Faktisch übernimmt aber die interessante und meist umstrittene K. die Aufgabe, der im System nicht vorgesehenen Opposition gerade dadurch Ausdruck zu verleihen, daß sie sich dem aufgezwungenen Gesellschaftsbezug partiell entzieht. Als Ausdruck der Kritik nimmt solche Opposition zugleich eine stabilisierende Ventilfunktion ein, indem sie, den gesellschaftlichen Gesamtrahmen, die sozialistische Perspektive, respektierend, nur in Nuancen kritisch ist. Der Programmatik der *SED* zufolge soll K. real Eigentum des Volkes sein. Demokratisierung des einst Eliten vorbehaltenen Kunstgenusses wird als ein wesentlicher Faktor bei der Schaffung einer neuen humanen Gesellschaft verstanden. Die offizielle Kunstdoktrin der DDR kennt zwar einen gewissen Diskussionsspielraum, doch setzt dieser einen engen politischen, weltanschaulichen und künstlerischen Rahmen, der zudem von jeweils politisch motivierten Konjunkturen abhängig ist. Eine tendenzielle Eigengesetzlichkeit wird der K. rhetorisch zugestanden. K. im Rah-

men der G. ist vor allem K. im Verhältnis zum Staat. Gegenüber den vielfältigen selbständigen Institutionen in der Bundesrepublik kennt die DDR eine einheitliche Lenkung der K.

Das Ziel der Liberalisierung der G., verbunden mit der Kontrolle und Reglementierung der organisierten literarischen Öffentlichkeit, wird mit dem in den 70er Jahren vieldiskutierten Begriff der *Literaturgesellschaft* erfaßt. Die Erweiterung der Bildungschancen durch Demokratisierung der Bildungsinstitutionen (→ *Bildung*) stellt K. vor die Aufgabe, das neue Maß ihrer sozialen Verantwortung zu reflektieren. In der DDR hat ein Netz hochorganisierter kultureller Einrichtungen dafür Sorge getragen, daß eine gewisse Demokratisierung als Voraussetzung und Bestandteil der sozialistischen → *Kulturrevolution* Platz greifen konnte. Unbestreitbar hat dagegen in der DDR wie in der Bundesrepublik die Medienkultur eine Verflachung und Schematisierung der in ihr produzierten K. mit sich gebracht. Das Problem, ob diese Form der Verbreitung den Anspruch auf Demokratisierung real einlöst, oder ob die neue Massenkunst ein perfekter Anpassungsapparat wird, bleibt demnach ungelöst. In der Bundesrepublik setzt der Staat durch Schutz von → *Urheberrechten* der Ausübung der K. gesetzliche Regeln. Nachdem sie während der »Gleichschaltung« durch den Nationalsozialismus aufgehoben worden war, garantiert das *Grundgesetz,* wie schon die *Weimarer Verfassung,* die Freiheit von K. und Wissenschaft, doch ist diese Freiheit durch eine Reihe von Gesetzen beschränkt. Als Beispiel seien Jugend- und Persönlichkeitsschutz genannt. Das *Grundgesetz* läßt eine → *Zensur* nicht zu, doch hindert diese Bestimmung nicht das Vorgehen des Staates gegen »rechtswidrige« Kunstproduktionen; ein Vorgang, der im Zuge der Politisierung der K. in den 60er Jahren häufiger wurde.

Es kennzeichnet den institutionellen Rahmen der K. in der Bundesrepublik, daß es neben dem Bund, mit seinen aufgrund des Föderalismus allerdings nur beschränkten kulturellen Befugnissen, den Ländern und Gemeinden, → *Kirchen,* → *Gewerkschaften,* → *Stiftungen,* mit den → *Museen,* → *Verlagen,* → *Bibliotheken,* der → *Presse* und den anderen Medien eine Vielzahl kulturpolitischer Einrichtungen gibt. Trotz Verbindungen und Abhängigkeiten operieren diese Instanzen relativ autonom. Während in den 50er Jahren staatliche und halbstaatliche Institutionen das Verhältnis von K. und G. weithin bestimmen konnten, machten sich die Kunstproduzenten in den 60er Jahren selbständiger. Werkkreise und selbständige Theatergruppen wurden ins Leben gerufen, die → *Subkultur* mit eigenen künstlerischen Ausdrucksformen entstand. Von diesen Orten wie etwa dem → *Theater* gingen im besonderen Maße Innovationen aus. Charakteristisch für das Kunstleben in der Bundesrepublik ist die Dialektik von offiziell anerkannter K. und

437

Außenseiterkunst, die sich oft zugleich als →*Avantgarde* und als Kritik der offiziellen Kultur begreift. Sie wird in gewissen Grenzen gefördert und erhält meist eine Möglichkeit, sich durchzusetzen. Gelingt es ihr, so wird sie selbst nach einiger Zeit zur Institution, gegen die ihrerseits eine neue Avantgarde auftritt. Abgesehen von der K. im Alltag, stellt die Schule den Ort dar, an dem sich die Begegnung mit der K. als eine Massenerscheinung vollzieht. Die Institution der Schule stützt durch die systematische neutralisierende Integration von K. als Bildungsgut und Wissensstoff den »affirmativen Charakter der Kultur« (H. Marcuse). Zugleich vermittelt sie aber mit K. auch deren andere Seite, fundamentale Kritik am Wertsystem der G. und der Instanzen zu sein, die diese K. vermitteln. Der Unterschied zwischen Bundesrepublik und DDR ist im allgemeinen Gegensatz der Ziele des Kunstunterrichts begründet, der in der Bundesrepublik vor allem auf die Formierung des kritikfähigen, flexiblen Individuums zielt, in der DDR auf das positiver bestimmte Leitbild der »sozialistischen Persönlichkeit«, die sich in ein Wertsystem einfügt, daß im Vergleich zur Bundesrepublik inhaltlich fest umrissen ist. Während die Schule in der Bundesrepublik die Neutralisierung der unterrichteten K. durch Einebnung der qualitativen Unterschiede innerhalb der K. bewirkt, wird in der DDR aufgrund der dogmatisch festgelegten Ziele ein großer Teil vor allem neuerer K. ausgeschlossen. Allerdings kann dieser Umstand auch den Nebeneffekt haben, daß avantgardistische, subversive K. gerade als unterdrückte heimlich rezipiert, mehr von ihrer ursprünglichen, jeder künstlerischen Avantgarde eigenen Sprengkraft bewahrt als in der Bundesrepublik.

H.-Th. Lehmann, G. Schulz

Literatur

Th. W. Adorno, Kulturkritik und Gesellschaft, in: ders., Prismen, Frankfurt a. M. 1955
Ders., Einleitung in die Musiksoziologie. 12 theoretische Vorlesungen, Frankfurt a. M. 1962
W. F. Haug, Kritik der Warenästhetik, Frankfurt a. M. 1971
D. Prokop, Massenkultur und Spontaneität – Zur veränderten Warenform der Massenkommunikation im Spätkapitalismus, Frankfurt a. M. 1974
D. Mühlberg, Zur Diskussion des Kulturbegriffs, in: Weimarer Beiträge, 22. Jg., 1976, H. 1, S. 5–35
H. Koch u. a., Zur Theorie der sozialistischen Kultur, Berlin (Ost) 1981

Kunstausstellungen

I. Vermittler von tradierter und progressiver Kunst – II. Ausstellungsboom in der Bundesrepublik Deutschland – III. Demokratisierung und Formalismus – IV. Didaktische Aufgaben – V. Experiment und Internationalisierung – VI. Mammutprojekte und Kleinstausstellungen

I. Vermittler von tradierter und progressiver Kunst

K. vermitteln Kunst nach bestimmten Ordnungskriterien. Sie wenden sich an die Öffentlichkeit und sind zeitlich im Durchschnitt auf vier bis zwölf Wochen begrenzt. Mit der Ausweitung des Museums als öffentlicher Kunstinstitution im Verlauf des 19. Jh. wird auch die K. zu einem immer stärkeren kulturellen Faktor. Dabei kommt den Kunstvereinen, die in den größeren deutschen Städten zu Anfang des 19. Jh. vor allem von kunstinteressierten Bürgern gegründet wurden, eine besondere Rolle zu. Diese typisch deutsche Institution hat bis heute immer größere Aktivitäten entfaltet und ist in der Bundesrepublik entscheidender Träger von K. Als von Mitgliedern getragene, öffentliche, gemeinnützige Institutionen werden sie zunehmend von den Kommunen, teilweise auch von den Bundesländern finanziell unterstützt. Besonders gegen Ende des 19. Jh. haben auch die → *Museen* ihre Tätigkeit in den Kunstausstellungsbereichen ausgeweitet. Heute versuchen sie mehr und mehr, ihre museale Zielsetzung des Sammelns mit der Ausstellungstätigkeit zu verbinden und umgekehrt. K. meint also eine besondere Form der Präsentation der → *Kunst* (→*bildende Kunst*) zu Zwecken ihrer Aneignung durch das Publikum. Sie ermöglicht den sinnlichen, emotionalen und intellektuellen Nachvollzug der Kunst und stellt als Teil des Kulturbetriebs eine wesentliche Form gesellschaftlicher Kommunikation und Bildung dar; sie ist die entscheidende Ebene der direkten Begegnung von Künstlern und Publikum. Die ersten K., wie die *Große Berliner* und *Dresdner K.,* wurden in der zweiten Hälfte des 19. Jh. veranstaltet. Diese großen »Märkte der Kunst« produzierten mit der Zeit immer mehr Geschmacksattitüden, da vor allem die modischen zeitgenössischen Künstler beteiligt wurden. Dies veranlaßte viele avantgardistische Künstler, sich zu eigenen Ausstellungsvereinigungen, wie den Sezessionen in Berlin oder Wien, zu gruppieren. Schon damals bildete sich in der Ausstellungstätigkeit eine Spaltung in das heraus, was man →*Avantgarde* nennt, und in das, was man als modische Anpassung und Traditionalismus bezeichnen könnte. Die breite Öffentlichkeit stand der Avantgarde eher ablehnend gegenüber und hat sich oftmals mißfallend, auch durch den Einspruch der öffentlichen Hand, gegenüber Ausstellungen avantgardistischer Kunst geäußert. Von daher war einigen Ausstellungsorganisatoren besonders daran gelegen, zeitgenössische progressive Kunst immer wieder in größere Überblicksstellungen zu integrieren. Dies geschah vor allem nach lokalen und regionalen Gesichtspunkten. Der Konflikt zwischen angepaßter und progressiver Kunst gipfelte in der Kulturpolitik der nationalsozialistischen Zeit, die sich über ihre *Reichskulturkammer,* der die Ausstellungsbetriebe zunehmend angehören mußten, immer mehr in die Ausstellungstätigkeit einmischte und das avantgardistische Kunstschaffen aus dem Ausstellungsbetrieb eliminierte. Dieser Konflikt gipfelte in der Konfrontation der die Malerei der Moderne diffamierenden Münchner Ausstellung *Entartete Kunst* im Jahr 1937 mit den auf Massenwirksamkeit berechneten großen deutschen K., die etwa zur gleichen Zeit ebenfalls im Münchner *Haus der Deutschen Kunst* stattfanden.

II. Ausstellungsboom in der Bundesrepublik Deutschland

Die schon früh aufkommende Initiative der Künstler, ihre eigenen Ausstellungsverbände zu gründen, hat nach dem Krieg zum Beispiel im *Deutschen Künstlerbund* sowie regional begrenzten Ausstellungsorganisationen der Künstler fortgewirkt. Als bedeutende institutionelle Träger von K. nach 1945 fungieren desweiteren die Kunsthallen, so in Baden-Baden, Düsseldorf, Köln, die ausschließlich von den Städten oder den Bundesländern unterhalten werden. Ein wesentlicher kultureller Faktor sind, wie schon in Deutschland seit etwa 1900, die privaten Galerien, die vorwiegend Verkaufsausstellungen zeitgenössischer Kunst, älterer Kunst oder des Kunstgewerbes veranstalten (→ *Kunsthandel und Kunstmarkt*). Mit dem wirtschaftlichen Wachstum der 50er Jahre nahm der privat organisierte Ausstellungsbetrieb nahezu inflationäre Ausmaße an.

Zahlreiche Industriebetriebe, Kaufhäuser, Banken u. a. zeigten in ihren Foyers, Fluren und Schaufenstern K. In kleinerem Maßstab sah man nun auch K. in Läden, Arztpraxen und Wohnungen. Dies macht deutlich, daß gerade nach 1945 die Kunst verstärkt in das öffentliche Bewußtsein geriet. Die Tendenz ist in institutioneller Hinsicht die Ausweitung des Ausstellungsbetriebs in die unterschiedlichsten Trägerorganisationen. Doch abgesehen von diesem Ausstellungsboom hatten sich auch die Struktur der Ausstellungen, ihre inhaltliche Motivation, ihre Ordnungskriterien, sowie ihr Selbstverständnis grundlegend gewandelt. Die Ausstellungsinstitutionen in der Bundesrepu-

blik sahen immer deutlicher die Aufgabe, den Nachholbedarf an Informationen über Kunst, die vor, während und kurz nach dem Zweiten Weltkrieg unabhängig von der Ideologie des Nationalsozialismus war, zu decken. Die Klassiker der → *Moderne,* vor allem Expressionisten, Abstrakte, Kubisten, Konstruktivisten, Surrealisten dieses Jahrhunderts wurden in großen Retrospektiven besonders in den 50er und frühen 60er Jahren in deutschen Ausstellungshäusern gezeigt. Dies galt aber weniger für die Realisten, die erst später in ihrer Bedeutung wiederentdeckt wurden.

III. Demokratisierung und Formalismus

Außer an die klassische Tradition der K. des 19. und 20. Jh. knüpft die K. der DDR an die von der proletarisch-revolutionären Kunst der 20er Jahre in Berlin entwickelten neuen Formen einer Demokratisierung der Kunst an, in denen die künstlerische Produktion durch Ausstellungen in Warenhäusern, Arbeiterklubs u. a. einem Massenpublikum vermittelt werden sollte. Neben dem traditionellen Ort der Ausstellung, wie dem Museum oder der Galerie, kommen daher in der DDR den K. in den Kulturhäusern des *Kulturbundes,* der Gewerkschaft oder in Buchhandlungen eine besondere Bedeutung zu. Die K. wird immer im Zusammenhang der Zielsetzung und Formen der Kunstvermittlung gesehen. Schon 1946, auf der ersten zentralen Kulturtagung der *KPD,* wird von A. Ackermann formuliert: »Als kulturfremd und kulturfeindlich aber sind alle jene Zustände und Einrichtungen abzulehnen und zu verurteilen, die dazu führen, den breiten Volksschichten die Errungenschaften der Kultur fernzuhalten« (W. Pieck, A. Ackermann, Unsere kulturpolitische Sendung, Berlin (Ost) 1946, S. 30). Die ersten K. wurden in der DDR schon 1945 eingerichtet. Entscheidende Voraussetzung für die Wiederbelebung des Kunstbetriebes waren hier die Anweisungen der *Sowjetischen Militäradministration,* welche die Einrichtung von Kultur- und Bildungsinstitutionen und die Wiedereröffnung der Museen regelten. Ausgenommen blieben die Kunstvereine, die als zwar traditionsreiche, aber doch bürgerlich bestimmte kulturelle Initiativen in die gewandelte gesellschaftliche Situation nicht mehr hineinpaßten. Ein Höhepunkt der K. in allen vier Besatzungszonen war die 1946 veranstaltete *Allgemeine Deutsche Kunstausstellung,* aus der sich nach der Gründung der DDR die alle vier Jahre stattfindende *Kunstausstellung der DDR* in Dresden entwickelte. Die ersten beiden K. in Dresden, an denen sich auch noch Künstler der Westzonen beteiligten, stießen zwar mit jeweils 74 000 und 50 000 Besuchern auf ein großes Interesse, doch zeigte eine Umfrage, in der 76 v. H. der Befragten die ausgestellte Kunst als unverständlich ablehnten, auch die tiefe Entfremdung zwischen dem Publikum und der modernen Kunst.

Die in diesen Jahren aufkommenden grundsätzlichen Auseinandersetzungen über das Verhältnis von Kunst und Politik (→ *Kunst und Gesellschaft*), die in den 50er Jahren in die sogenannte Formalismusdiskussion einmünden (→ *Formalismus*), finden in den Dresdener Ausstellungen ein breites Forum, wobei versucht wird, in die kulturpolitischen Auseinandersetzungen immer auch das Publikum einzubeziehen. 1953, dem Jahr der dritten Dresdener K., wird in mehreren Städten der DDR eine Ausstellung sowjetischer Kunst als Anschauungsmaterial und Argumentationshilfe bei der Diskussion um den *Sozialistischen Realismus* gezeigt.

Die große *Dresdener Kunstausstellung*, die 1977 über eine Mio. Besucher zählte, erreichte in den folgenden Jahren einen immer größeren Publikumskreis. Ausgehend von diesem starken Anstieg der Besucherzahlen versucht man durch Vorträge, Führungen und Diskussionen eine »niveauvolle« Beteiligung des einzelnen Besuchers zu erreichen. Kontrollmöglichkeiten bieten die öfter durchgeführten Besucherbefragungen. Neben den Dresdener Ausstellungen gibt es die sogenannten Bezirksausstellungen, die zumeist im Zeitraum zwischen den Dresdener Ausstellungen organisiert werden. Die Verantwortung für die Organisation aller dieser der Präsentation der zeitgenössischen Kunst gewidmeten Ausstellungen liegt beim *Verband Bildender Künstler,* dem fast alle Künstler der DDR angehören. Finanziert werden die Ausstellungen aus Mitteln des *Ministeriums für Kultur.*

IV. Didaktische Aufgaben

Im Laufe der 50er und besonders während der 60er Jahre wurden K. in der Bundesrepublik immer deutlicher zum Spiegel des internationalen Kunstgeschehens in der Welt. Nach dem Zweiten Weltkrieg begann eine jüngere Künstlergeneration auszustellen, die unter anderem auch durch die wachsenden Initiativen privater Galerien immer schneller der Öffentlichkeit bekannt wurde, was die offiziellen Ausstellungsinstitute veranlaßte, ihre Vermittlungsaufgaben noch deutlicher aus zeitgemäßer Perspektive zu betrachten. Es gab zu jener Zeit zahlreiche Ausstellungen der Künstler der jüngeren Generation, umfangreiche Einzelausstellungen, die unabhängig vom Bedeutungsgrad eines Künstlers auch als Experimente organisiert wurden. In diesem Zusammenhang kommt der Gründung der Kasseler *documenta* mit ihrer ersten Ausstellung 1955 eine besondere Bedeutung zu, weil hier der Versuch gemacht wurde, zeitgenössische Kunst mit der klassischen Moderne vor dem Zweiten Weltkrieg zu verbinden, und zwar unabhängig von künstlerischem Wettbewerb und nationalem Denken, wie bei der *Biennale* in Venedig. Während der 60er Jahre vollzog sich ein weiterer Wandel in der Ausstellungtätigkeit der Bundesrepublik. Zunehmend wurde die konzeptionelle und organisatorische Verantwortung einem einzelnen übertragen, während früher sehr viel mehr ehrenamtliche Kräfte und Gremien tätig waren. Einige dieser Organisatoren begannen, Kunst nicht mehr nur als Sache für sich zu zeigen, sondern sie als Teil einer kulturellen Gesamtbewegung unserer Zeit und Gegenwart zu interpretieren. Das Selbstverständnis der K. als Vermittlungsmedium von Kunst und Kultur veränderte sich in Anlehnung an einen breiten Kulturbegriff zunehmend auch mit den gesellschaftskritischen Fragen der Studentenbewegung der 60er Jahre. Besonders in den Kunstvereinen, immer mehr aber auch in den Museen, prägte ein sozialeres Verständnis der Kunst- und → *Kulturgeschichte* die Analysen der Gegenwart, die in die K. einflossen. Diese setzten sich in didaktischen Aufbereitungen unter Hinzuziehung von Dokumentationsmaterial zunehmend auch mit Alltagskultur (→ *Alltag*), Massenmedien, Bewußtseinsindustrie (→ *Kulturindustrie und Massenkultur*) und Politik kritisch auseinander. Dieser offenere, gesellschaftliche Aspekt der Ausstellungtätigkeit eröffnete auch einen freieren Zugang zur Kultur der Ostblockstaaten. Die Organisatoren in der Bundesrepublik merkten, daß in einigen dieser Länder, vor allem in Polen, ähnliche Intentionen realisiert wurden. In der DDR allerdings gab es keine vergleichbaren Initiativen. In dieser Zeit setzten sich → *Künstler* und Kunstaussteller der Bundesrepublik mit den Gefahren einer mediengeprägten Gesellschaft, mit den anwachsenden Umweltproblemen und mit politischem Opportunismus auseinander. Es entstanden Themenausstellungen, in denen Kunstwerke und Zeitdokumente aufeinander bezogen wurden. Die Ausstellungsleiter engagierten sich für ihre Projekte, für eine bestimmte kulturelle Idee und suchten eine Zielperspektive, die sie als Teil der gesamten gesellschaftlichen Struktur verstanden. Zudem versuchten sie, in der Bevölkerung neue Besucherkreise für ihre K. zu gewinnen. Diese Entwicklung hat bis heute angedauert. Dabei zeigt sich immer deutlicher eine kunstgeschichtliche Betrachtungsweise, in der man sich von heute aus noch einmal neu mit kulturellen Gegebenheiten der Vergangenheit befaßt (→ *Tradition und kulturelles Erbe,* → *Werbung*).

In der DDR wird in den Zielsetzungen des Ausstellungsbetriebs, wie sie allgemein im »Lexikon der Kunst« formuliert sind, die K. als Teil »eines komplexen Systems der musischen Bildung und Erziehung sowie der sozialistischen Bewußtseinsformung« definiert (Leipzig 1976, Bd. 2, S. 776). Mit dieser Betonung des pädagogischen Aspektes entsteht die Gefahr, daß die Frage nach den Bedürfnissen des Publikums sich in reinem Zweckdenken auflöst, soll doch auch laut der »Zeitung der Volksarmee« »mit sozialistischer Kultur und Kunst für hohe Gefechtsbereitschaft« gesorgt werden. Der Gedanke eines grundsätzlichen Autonomieanspruchs des einzelnen Kunstrezipienten, sich etwa für oder gegen etwas zu entscheiden, erscheint ausgeklammert. Darüber hinaus fällt die Betonung des Konkurrenz und Leistungsaspektes sowie eine Art Verwissenschaftlichung auf. »Wesentliche Ziele der K. sind für uns die Rechenschaftslegung, die Vertiefung und Verbreitung des dauerhaften Kontaktes mit bildender Kunst, die Möglichkeit des Vergleichs, der Konfrontation wie auch der Repräsentation. Im Vordergrund aber steht für die zentralen K. der DDR der produktive, leistungsfördernde Vergleich, und damit auch die kulturpolitische und kunstpädagogische Aufgabe, den Kreis der Freunde und Kenner zu erweitern. Die Vorbereitung von Ausstellungen der Gegenwartskunst wird dabei immer mehr zu einer Form des wissenschaftlichen Meinungsstreits sowie der weiteren Entwicklung der sozialistischen Demokratie« (Lexikon der Kunst, Bd. 2, S. 776). Wenn diese Feststellungen die tatsächliche Situation des Ausstellungswesens der DDR beschreiben, so ist doch nicht zu übersehen, daß das Hauptausstellungsunternehmen der DDR, die große *Dresdener Kunstausstellung*, im doppelten Sinn an Grenzen gestoßen ist. Die Unübersehbarkeit des Materials und die Betriebsamkeit in und um die Ausstellung bringen diese in Gefahr, zu einem Spektakel der Superlative zu werden, nur mehr getragen vom Bedürfnis des Staates nach Selbstdarstellung über die Präsentation von Kunst, womit ihr besonderer, im Bezug zu den Ausstellungen der Bundesrepublik alternativer Anspruch aufgegeben wäre.

V. Experiment und Internationalisierung

In den 70er Jahren gibt es die ersten großen Ausstellungen von Kunst der DDR in der Bundesrepublik, denen teilweise auch eine kritische Beschäftigung der bundesrepublikanischen Ausstellungsinstitute mit den kulturellen Gegebenheiten ihres Landes zugrundeliegt. Daneben existieren bis heute Einzelausstellungen von Künstlern, Gruppenausstellungen zeitgenössischer Kunst im herkömmlichen Stil, die mit gesellschaftskritischen Intentionen zu tun haben. Doch zeigt sich, daß die Ausstellungshäuser zunehmend die jüngere Künstlergeneration vorstellen und sich damit immer mehr von der Verpflichtung lösen, vor allem etablierte Kunst auszustellen. Die K. von heute werden sowohl im Museum als auch in den Kunstvereinen und privaten Galerien teilweise zur Experimentierbühne einer marktmäßig weitgehend noch unverbrauchten Avantgarde. Hinzu kommt auch die Einbeziehung von Videokunst, *Performance, Environment* und Ideenkunst, die kaum von den Museen gesammelt

werden können. Das Medium K. wird in diesem Zusammenhang auch zunehmend in gestalterischer Hinsicht reformiert, eine eher museale akademische Präsentation weicht zusehends einer raumbezogeneren Inszenierung. Diese Entwicklung begünstigt Projekte, in denen zeitgenössische Künstler ihre Arbeiten auf die Ausstellungsräume abstimmen.

Um dieser Tendenz des modernen Ausstellungsbetriebes den richtigen Stellenwert zu geben, sei betont, daß nur ein Teil der Verantwortlichen in dieser Richtung arbeitet und ein Großteil der Institute an den herkömmlichen Vermittlungsformen festhält. So gibt es innerhalb des Ausstellungswesens unterschiedlichste Interessengruppierungen, die durchaus miteinander kommunizieren und kooperieren. Viele Ausstellungen werden als Wanderausstellungen durchgeführt und von den Veranstaltern gemeinsam finanziert. Dabei hat eine Internationalisierung der Zusammenarbeit zugenommen, wenn auch betont werden muß, daß die Ausstellungsbetriebe der Bundesrepublik durchaus mehr Ausstellungen aus dem Ausland übernehmen, als sie eigene Präsentationen dorthin vermitteln. Das betrifft vor allem die USA sowie den Ostblock, und hier im besonderen die Volksrepublik Polen, die UdSSR und die DDR.

Für die Erweiterung technischer Ausstellungsmöglichkeiten sowie inhaltlicher Interpretationsformen von zeitgenössischer Kunst und ihrer kulturellen Zusammenhänge haben sich sehr stark die Kunstvereine in der Bundesrepublik engagiert. Die Aktualität ihrer Ausstellungstätigkeit lebt von einem ausgeweiteten und deutlich gegenwartsbezogenen Kulturbegriff, der die zeitgenössische Kunst, gerade auch die der jüngeren Generation, als Spiegel unserer Gegenwart befragt. Dabei werden auch die gesellschaftlichen und psychologischen Strukturen unserer Zeit berührt. In diesem Sinne wenden sich viele Kunstvereine besonders an das jugendliche Publikum, was sich auch in einer Verjüngung der Mitgliederstrukturen bemerkbar niederschlägt.

VI. Mammutprojekte und Kleinstausstellungen

Bestimmte K. vor allem mit einem überregionalen Anspruch werden auch vom Bund finanziell unterstützt. Dies gilt hauptsächlich auch für kunst- und kulturgeschichtliche Großveranstaltungen, die beim Publikum immer größeren Anklang finden. Besucherzahlen von 300 000 bis 600 000 kennzeichnen diese Ausstellungen als Massenveranstaltungen, die die Aufnahmekapazität und die Sicherheitsfaktoren der Ausstellungshäuser an die Grenzen ihrer Möglichkeiten bringen. Das Interesse der Öffentlichkeit und auch der öffentlichen Hand an derartigen publikumswirksamen Attraktionen ist ungleich größer als an Ausstellungen zeitgenössischer Kunst, selbst wenn man bedenkt, daß der Besuch dieser Ausstellungen sich gegenüber früher wesentlich gesteigert hat. Die auch staatlich stark geförderte *documenta* als große internationale Veranstaltung spielt eine gesonderte Rolle, zumal auch sie 1977 über 300 000 Besucher zählen konnte. Normalerweise beträgt die Publikumsfrequenz der Einzel- oder Gruppenausstellung zeitgenössischer Kunst mit einem überregionalen Bekanntheitsgrad zwischen 500 und 5000 Besucher. Erfreulicherweise hindert das die öffentliche Hand nicht, solche Unternehmungen, wenn auch vorsichtig, zu fördern. Dies mag zusätzlich dadurch bedingt sein, daß die Medien vornehmlich auf den risikofreudigen, experimentierbereiten und auch auf den kritischen Ausstellungsbetrieb positiv reagieren. In dem Maß, wie sich die Aufgabenstellung der Ausstellungsinstitute und ihrer Verantwortlichen erweiterte, wurde die Gründung einer *Internationalen Kunstausstellungsleitertagung* als Verein mit einer deutschen Sektion nötig. Dieser Vereinigung haben sich Ausstellungsleiter der USA, der Ostblockländer und der DDR bisher noch nicht angeschlossen.

Neben dem Ausstellungsbetrieb in den großen Städten der DDR gibt es in den kleineren Städten und Dörfern auf dem Land eine rege Ausstellungstätigkeit. Organisiert vom *Kulturbund*, von Freundeskreisen oder von privaten Initiativgruppen, existieren etwa 200 kleinere Galerien oder Kunstkabinette, die jährlich im Durchschnitt fünf K. veranstalten. »Meist konzentriert man sich auf Gegenwartskunst der DDR, oft auf lokale Künstler. Die kleinen Galerien leisten Pionierarbeit im Vorstellen junger Künstler, im Entdecken von Werken, die der Öffentlichkeit bisher unbekannt waren, im Wiederentdecken mancher Künstlerpersönlichkeit« (R. Kober, Zur Entwicklung der Kunstvermittlung in der DDR, in: Katalog der Ausstellung »Weggefährten – Zeitgenossen«, Berlin (Ost) 1979, S. 409). Außerhalb dieser mehr oder weniger gesellschaftspolitisch konformen Ausstellungstätigkeit gibt es gelegentlich auch eine öffentlich kaum bekannte, isolierte und eigentlich immer gefährdete Privatinitiative, in der versucht wird, junge Kunst der DDR sowie Avantgardekunst der Bundesrepublik oder des Auslands vorzustellen. Zu erwähnen ist hier die Arbeit von J. Schweinebraden, der von 1974 bis 1980, als er in die Bundesrepublik übersiedelte, rund 70 Ausstellungen in Berlin (Ost) veranstaltete.

Das Ausstellungswesen in der DDR wird sonst im allgemeinen über die staatlichen Institutionen kollektiv oder über den *Verband Bildender Künstler* genossenschaftlich organisiert. Der Typ des Organisators, der eine Ausstellung in relativer Eigenverantwortlichkeit konzipiert und realisiert, tritt in der DDR erst in jüngster Zeit bei den sogenannten Studioausstellungen der Museen hervor.

T. Osterwold, G. Bussmann

Literatur
G. F. Koch, Die K., Berlin (West) 1967
Protokolle des Seminars: K. im Rahmen der Auswärtigen Kulturpolitik, hrsg. v. Institut für Auslandsbeziehungen, Stuttgart 1974
150 Jahre Württembergischer Kunstverein Stuttgart 1827–1977, hrsg. v. Württembergischen Kunstverein, mit Beiträgen von T. Osterwold, W. Herzogenrath, D. Honisch und U. M. Schneede, Stuttgart 1977
IX. K. der Deutschen Demokratischen Republik, hrsg. v. Ministerium für Kultur und vom Verband Bildender Künstler der DDR, Dresden 1982

Kunstförderung

I. Kunstförderung als öffentliche Kulturpolitik – II. Kunstförderung in der Bundesrepublik Deutschland – III. Kunstförderung in der Deutschen Demokratischen Republik – IV. Der Kulturfonds der DDR – V. Kunstförderung und Auswahlkriterien

I. Kunstförderung als öffentliche Kulturpolitik

Die Existenz öffentlicher Kulturinstitutionen, die öffentliche Finanzierung der Künstlerausbildung, die öffentliche Darbietung von → *Kunst* in regelmäßigen Konzerten und Veranstaltungen der → *Theater*, in → *Ausstellungen* der → *Museen* und Kunsthallen sowie das Sammeln von Kunstprodukten üben immer auch eine fördernde Wirkung auf die Künste aus. So ist öffentliche Kulturpolitik K. im weiteren Sinn. K. im engeren Sinn liegt jedoch nur dann vor, wenn → *Künstler* gefördert werden, damit sie sich im öffentlichen und privatwirtschaftlichen Kunstbetrieb behaupten und ihre Leistungen anbieten können. Wenn auch zahlreiche Förderungsmaßnahmen eine Ausbildung selbst ermöglichen wollen, so setzt K. im Prinzip doch erst nach deren Abschluß ein. Auch bezieht sie sich eigentlich nicht auf bloße Ehrungen, wenngleich diese wegen der damit verbundenen Publizität immer eine »marktwertsteigernde« Wirkung haben. So läßt sich die K. nicht exakt von den verschiedenen anderen Bereichen der allgemeinen Kulturpolitik wie der Unterhaltung von Ausbildungsstätten und Kulturinstitutionen trennen. Dazu gehören auch die Maßnahmen der sozialen Sicherung für Künstler. Zur K. zählen im wesentlichen jedoch die Künstlerförderung sowie die Entwicklung der Markt- und Präsentationsmöglichkeiten *(→ Stiftungen)*. Zudem zielt sie darauf ab, das ästhetische Wahrnehmungsvermögen des Publikums zu fördern. An den Schwierigkeiten, die einzelnen Bereiche einzugrenzen, scheitert auch eine Darstellung der Geschichte der K., die entweder eine solche der Kulturpolitik und der → *Kulturverwaltung* oder einzelner Sparten einschließen müßte, oder aber sich nur detailliert auf die meist junge Geschichte einzelner der im folgenden beschriebenen Teile der K. beziehen könnte. Das gleiche gilt für die Rechtsgrundlagen und -formen, bei denen stärker noch als in anderen Bereichen die Problematik des inhaltlichen Einflusses der öffentlichen Hand auf die Kulturentwicklung bedeutsam wird.

II. Kunstförderung in der Bundesrepublik Deutschland

Wichtigstes Element der K. sind die Kunstpreise (→ *Preise und Auszeichnungen*). Fast ein Viertel der jährlich vergebenen Einzelmaßnahmen mit mehr als 6000 Einzelvergaben beziehen sich allgemein auf Kunst und → *Kultur,* gefolgt von Preisen für Literatur, Musik und bildende Kunst, deren Anteil jeweils zwischen 11 und 18 v. H. beträgt. Bei einer Zahl von rund 95 000 hauptberuflichen Künstlern und Publizisten in der Bundesrepublik ist die Chance, einen höher dotierten Preis zu erhalten, nicht sehr groß, zumal erst ein Betrag von 10 000 DM und mehr wirklich einige Monate sorgenfreies Arbeiten ermöglicht. Ohne Berücksichtigung der Filmförderung (→ *Film*) erreichen knapp 100 Einzelvergaben im Jahr diese Summe, 143 Einzelvergaben kommen auf 5000 bis 10 000 DM, und 209 erhalten weniger als 5000 DM. Hinzu kommen jährlich noch etwa 450 Förderpreise und Stipendien, die 6000 DM oder mehr erreichen. Das ist ein Drittel der entsprechenden Maßnahmen, auf die damit zusammen 5,2 Mio. DM oder drei Viertel des dafür verfügbaren Gesamtvolumens der Förderungsmittel entfallen. Daneben gibt es mehr als 800 Stipendien der »unteren Preisklasse«, die sich im Durchschnitt auf 2000 DM belaufen. Zu den bekannteren Förderungsmaßnahmen gehören die Stipendien für die *Villa Massimo* in Rom, eine von E. Arnhold 1910 ins Leben gerufene, heute, was die Gebäude betrifft, vom Bund, und was die Stipendien der Gäste angeht, von den Bundesländern finanzierte Einrichtung. Es können sich bildende Künstler, Architekten, Schriftsteller und Komponisten um die auf sechs bis zwölf Monate befristeten Aufenthaltsstipendien bewerben. Ähnliche Stipendien gibt es für die kleineren Einrichtungen der *Villa Romana* in Florenz und der *Cité Internationale* in Paris.

Eine auf die bildende Kunst beschränkte Förderung stellt die *Kunst am Bau* dar. Ein bestimmter Anteil, ein bis zwei Prozent der Bausumme, soll nach entsprechenden Bestimmungen für die künstlerische Gestaltung des Bauwerks aufgewendet werden. Meist sind die Bestimmungen so gehalten, daß durch relativierende Einschränkungen noch ein Ermessensspielraum offengehalten und die Realisierung nicht kontrolliert werden kann. Aus konjunkturellen Gründen werden entsprechende Regelungen mitunter ausgesetzt. Inzwischen drängen die Künstlerverbände auf Verwirklichung entsprechender Projekte und verlangen ein Mitspracherecht, das sie in Berlin, Hamburg und Bremen schon besitzen. Angeregt durch Aktionen wie die »Straßenkunst« in Hannover hat sich die ursprüngliche Idee zur »Kunst im öffentlichen Raum« erweitert. Dabei werden, wie in Bremen, die Mittel für die *Kunst am Bau* in einem Fonds gesammelt, der zur künstlerischen Gestaltung von öffentlichen Räumen und Plätzen, vielfach unter Einbeziehung der Anwohner, genutzt wird.

Zu neuen Überlegungen kam es, als 1975 der »Künstlerbericht« der Bundesregierung die unbefriedigende soziale Lage der Künstler dokumentierte. So beschloß das Bundeskabinett im Juni 1976 Maßnahmen zur Verbesserung der Arbeitsmöglichkeiten von Künstlern und zur Stabilisierung ihrer wirtschaftlichen Situation.

Damit wurden ansatzweise Konsequenzen aus der Einsicht gezogen, daß Künstlerförderung Teil der Gesellschaftspolitik ist. Die Erkenntnis, daß, um effizient zu sein, »die künstlerische Nachwuchsförderung, ähnlich wie die der Wissenschaft, weniger als Belohnungssystem und noch stärker als Programm für Zukunftsinvestitionen und Projektförderung auszugestalten« sei, setzte sich durch (K. Fohrbeck, A. Wiesand, Handbuch der Kulturpreise und der individuellen Künstlerförderung in der Bundesrepublik Deutschland, Köln 1978, S. XXXIX). Eines der Ergebnisse sind die vom Bund finanzierten und inzwischen zum Teil abgeschlossenen Modellversuche zur Schaffung neuer Arbeitsfelder für künstlerische Berufe. Künstler sollen mit neuen Funktionen betraut werden, damit sie sich stärker in gesellschaftliche Gesamtzusammenhänge integrieren und ihr Angebot auch den Bevölkerungsgruppen nahebringen können, die bisher nur sehr wenig Kontakt mit dem Geschehen im Bereich der Kunst haben. So wurden beim Modellversuch »Künstler und Schüler« vor allem Schauspieler in Zusammenarbeit mit Lehrern in Schulen tätig, und der für bildende Künstler eingerichtete Berliner »Modellversuch Künstlerweiterbildung« erschließt neue und neuartige Arbeitsfelder, indem er diese in öffentliche Spielangebote und Veranstaltungen zur Förderung der → *Kreativität* einbezieht, so wie dies bei der *Bundesgartenschau* und der *Kieler Spiellinie* geschehen ist. Man versucht aber auch, Künstler für längerfristige Arbeitsverhältnisse, etwa in Freizeit-, Jugend- und → *Kulturzentren,* zu engagieren. So zeigt sich auch hier eine Tendenz zur Förderung des gesamten kulturellen Milieus.

Zusammen mit den Förderungsmaßnahmen spezieller Interessenten wie der Rundfunk- und Fernsehanstalten, die sich besonders des Hörspiels, des Fernsehspiels, der Interpretation und Komposition von Musik annehmen, der Schallplattenindustrie und der vornehmlich aus wirtschafts- und nicht kunstpolitischen Gründen entstandenen Filmförderung bilden all diese Maßnahmen ein mehr zufälliges als systematisches Netz von K. Neuere Pläne versuchen, dieses Netz so zu ergänzen, daß ein anregungsreiches kulturelles Gesamtmilieu entsteht. Die *Deutsche Nationalstiftung* sollte neben anderen Aufgaben auch einer systematischen K. dienen. Die nach ihrem Scheitern 1980 und 1981 gebildeten Fonds für Literatur, Kunst und Musik nehmen auf zunächst bescheidener Basis entsprechende Spezialaufgaben wahr. Um die Vermittlung künstlerischer Aktivitäten vor allem für Kinder und Jugendliche zu fördern, schlägt der 1977 von der *Bund-Länder-Kommission für Bildungsplanung und Forschungsförderung* erstellte Plan »Musisch-kulturelle Bildung. Ergänzungsplan zum Bildungsgesamtplan« entsprechende kulturpädagogische Dienste vor, denn auch »Wahrnehmungstraining« ist, wie alle Rezeptionsförderung, eine Maßnahme der K.

III. Kunstförderung in der Deutschen Demokratischen Republik

Die Förderung der Künste wird in der *Verfassung* der DDR zu den »Obliegenheiten des Staates und aller gesellschaftlichen Kräfte« (Art. 18) erklärt. In der Nachkriegszeit war ein bedeutender Teil der K. gleichbedeutend mit der Sicherung der materiellen Lebensbedingungen der Kunstschaffenden. Die Anerkennung künstlerischer Tätigkeit als gesellschaftlicher Arbeit durch entsprechende materielle Leistungen war in jenen Jahren die Voraussetzung künstlerischer Arbeit. Dabei spielte der 1945 gegründete *Kulturbund zur demokratischen Erneuerung Deutschlands* eine bedeutende Rolle. Er stellte sich in seinen Leitsätzen ausdrücklich die »tatkräftige Förderung des Nachwuchses und Anerkennung hervorragender Leistungen durch Stiftungen und Preise« als Aufgabe (V. Gransow, Kulturpolitik in der DDR, Berlin (West) 1975, S. 54). Ähnlich ist es mit den verschiedenen Künstlerverbänden, die zum Teil aus ihm hervorgegangen sind. Der 1952 gegründete *Schriftstellerverband* verpflichtet seine Mitglieder programmatisch auf die Grundwerte der »sozialistischen Gesellschaft« und die Kunstrichtung des *Sozialistischen Realismus.* Jungen Autoren vermittelt er die verschiedensten Förderungsmöglichkeiten. Weitere Künstlerverbände sind der *Verband Bildender Künstler,* der die alle vier Jahre in Dresden stattfindenden Kunstausstellungen organisiert, der *Verband der Komponisten und Musikwissenschaftler,* der *Verband der Theaterschaffenden,*

der *Verband der Journalisten* und der *Verband der Film- und Fernsehschaffenden.*

In den späten 70er Jahren erhielten die Räte der Bezirke und Städte größere Rechte bei der Verwendung der Mittel der K. Die Bezirke verpflichteten sich, eine bestimmte Zahl von freiberuflich tätigen Absolventen der Kunsthochschulen in ihrem Gebiet anzusiedeln und mit ihnen in der Regel dreijährige Förderungsverträge abzuschließen. Die Bezirksverwaltungen organisieren Kontakte zu potentiellen Auftraggebern und geben den Künstlern jährlich mindestens einmal Gelegenheit zur öffentlichen Ausstellung ihrer Werke.

Da die Zahl der Studenten der künstlerischen Ausbildungsstätten sich nach dem voraussichtlichen Bedarf an Absolventen richtet, ist die Beschäftigung der Künstler weitgehend gesichert. Ein bedeutender Teil der Künstler, bei den bildenden Künstlern etwa 90 v.H., befindet sich in festen Arbeitsverhältnissen. Meist sind sie in der Kunstpädagogik, der Erwachsenenbildung, in betrieblicher Kulturarbeit und in Kulturhäusern tätig.

Zusätzlich zu diesen Maßnahmen der Künstlerförderung hat der staatliche →*Kunsthandel und Kunstmarkt* der DDR das Netz der Verkaufsgalerien für bildende Kunst verstärkt. Die Kunstvermittlung wird von Schulen, Museen und anderen Kulturinstituten in engem Kontakt mit den Massenorganisationen der Adressaten übernommen.

Neben dem professionellen Kunstschaffen wird auch »künstlerisches Volksschaffen« als Laienarbeit durch den *Kulturbund zur demokratischen Erneuerung Deutschlands,* die Klubs und die Kulturhäuser sowie durch Volkskunstkollektive gefördert, und zwar nicht zuletzt auf dem Weg intensiver Kontakte zwischen Künstlern und Laien. So unterstützt die Bewegung *Junge Talente* der *Freien Deutschen Jugend* vor allem laienkünstlerische Betätigung von Jugendlichen.

Preise und Auszeichnungen werden in der DDR durch Staatsorgane, Ministerien und Räte der Bezirke und Städte, durch Organisationen und Institutionen wie etwa die *Akademie der Künste* und die *Freie Deutsche Jugend* vergeben. In der Regel sind mit ihnen Geldzuwendungen verbunden.

IV. Der Kulturfonds der DDR

Wichtigstes Instrument der K. der DDR ist der *Kulturfonds,* der 1949 aus einem gemeinsamen Fonds der *Verwaltung für Volksbildung,* des *Gewerkschaftsbundes* und des *Kulturbundes zur demokratischen Erneuerung Deutschlands* in Höhe von 150 000 M zur materiellen Hilfe für Kulturschaffende hervorging. Aus dieser Künstlerhilfe entwickelte sich der *Kulturfonds* zu einem Instrument zur »Förderung des Entstehens neuer sozialistisch-realistischer Werke der Literatur und Kunst«

sowie zur Verbesserung der »Lebens- und Schaf-
fensbedingungen der Schriftsteller und Künstler«.
Zu seinen Aufgaben gehören die Unterstützung bei
der Arbeit an neuen Werken, Ankauf und Vertrieb
von Kunstwerken, die Gewährung von Stipendien,
Bau und Unterhaltung von Arbeits- und Erholungsstätten der Künstler sowie weitere Förderungsmaßnahmen. Die Leitung obliegt dem Kuratorium des
Kulturfonds, dem die Präsidenten und Vorsitzenden
der Künstlerverbände, der *Akademie der Künste,*
der *Gewerkschaft Kunst,* des *Kulturbundes,* der
Direktor des *Kulturfonds* sowie weitere, vom *Minister für Kultur* berufene Personen angehören. Die
Verwaltung erfolgt durch das Büro des *Kulturfonds,*
das nachgeordnete Einrichtung des *Ministeriums für
Kultur* ist. Sein Direktor wird vom Minister bestellt
und ist an dessen Weisungen gebunden. Die Mittel
des *Kulturfonds* werden im Haushalt des *Ministers
für Kultur* geführt und stammen aus Einnahmen der
kulturellen Einrichtungen, Steuern und einer Kulturabgabe. Diese bringt rund 30 v. H. der Mittel des
Kulturfonds und wird in Höhe von 0,10 M beim
Verkauf von Schallplatten und von 0,05 M bei Ein-
trittskarten der Theater, Zirkusse, Kulturhäuser
sowie anderer kultureller Veranstaltungen und von
allen Rundfunk- und Fernsehempfangsgenehmi-
gungen erhoben.

Unter *Kulturfonds* versteht man zudem die
Gesamtheit der finanziellen Mittel, die der Staat, die
gesellschaftlichen Organisationen und die Betriebe
zur Förderung der Kultur bereitstellen. Im Staats-
haushaltsplan für das Jahr 1980 wurden für kulturelle Aufgaben 1,6 Mrd. M bereitgestellt, von denen
über 70 v. H. aus allgemeinen Steuerquellen stammen. Die Betriebe verfügen gegenwärtig über Kul-
tur- und Sozialfonds in Höhe von rund 3 Mrd. M,
von denen vermutlich weniger als 5 v. H. für die
künstlerische Selbstbetätigung der Arbeitnehmer
zur Verfügung stehen. Von den gesellschaftlichen
Organisationen weist der *FDGB* knapp 90 Mio. M
und somit 10 v. H. seiner Ausgaben als kulturelle
Fördermaßnahmen aus. Somit dürfte der *Kulturfonds* insgesamt gegenwärtig etwa 2 Mrd. M umfassen.

V. Kunstförderung und Auswahlkriterien

Das gesamte System der K. der DDR ist einbezogen
in die allgemeinen Ziele der Kulturpolitik. Sie ist
aber auch integriert in die »Kulturökonomie«,
deren Aufgabe die planungsmäßige Gestaltung
aller Sparten im kulturellen Bereich und eine effektive Verwendung der materiellen und finanziellen
Leistungen sein soll. Wiewohl jeder Staat gehalten
ist, die Freiheit der Künste und die »Eigengesetzlichkeit der kulturellen Sphäre« auch materiell zu
garantieren, dies schon wegen der von der Kunst
erwarteten gesellschaftlichen Leistungen, kommt er

doch ohne eine Entscheidung darüber, was als för-
derungswürdige Kunst gelten soll und was nicht,
kaum aus. Die Beschränktheit der Förderungsmittel
zwingt ihn dazu. Während die öffentliche Hand in
der Bundesrepublik in den Fällen, in denen dieses
Problem erkannt wird, zu einem »duldsamen Pluralismus« und der Hinzuziehung von »außerbehörd-
lichem Sachverstand« verpflichtet wird, ist in der
DDR die Kunstförderung ausdrücklich in die Zielsetzung von Staat und gesellschaftlichem Leben einbezogen.

In der DDR steht die Sicherung der materiellen
Lebensbedingungen der Künstler und die Unterordnung ihrer Tätigkeit unter die Staatsziele im Vordergrund. In der Bundesrepublik bezieht sich K.
zunächst stärker auf die Produktion von Kunstwerken, die nicht näher beschreibbaren Qualitätsan-
sprüchen genügen sollen. Das liberalistische
Modell der Orientierung künstlerischer Produktion
am freien Spiel von Angebot und Nachfrage wird
ergänzt durch Maßnahmen, die es dem Künstler
ermöglichen sollen, überhaupt auf dem Markt auf-
zutreten. Erst in jüngerer Zeit kommen Elemente
einer Strategie der Entwicklung des kulturellen
Milieus hinzu, das in der Bundesrepublik als offene
dynamische Größe verstanden wird, während sich
»kulturvolles Leben« in der DDR als Perspektive
der K. mehr an traditionellen Normen der Kunstpflege orientiert, dafür aber auf sehr breiter Ebene
unter Vermeidung von Zugangsbarrieren verwirklicht wird.

D. Kramer (I, II, III, V), H. E. Haase (IV)

Literatur

S. Ott, Kunst und Staat. Der Künstler zwischen Freiheit
und Zensur, München 1968
H. Koch, Kulturpolitik in der Deutschen Demokratischen
Republik, Berlin (Ost) 1976
Der Bund und die Künste. Schriftenreihe der Bundeszen-
trale für politische Bildung. Bd. 162, Bonn 1980
H. Manske, Kunst im öffentlichen Raum in Bremen, Bre-
men 1980
A. Wiesand, Literaturförderung im internationalen Ver-
gleich, Köln 1980
K. Fohrbeck, K. im internationalen Vergleich, Köln 1981

Kunsthandel und Kunstmarkt

**I. Geschichte des Kunsthandels – II. Träger
und Organisationen – III. Die wirtschaftliche
Situation des Kunsthandels – IV. Der staatliche Kunsthandel in der DDR**

I. Geschichte des Kunsthandels

Die Lösung der →*Kunst* von den Zwecken der Kirche setzt in der Renaissance ein. Kunst wird Selbstzweck und damit verfügbare Ware. Der Kunsthändler ersetzt den Auftraggeber und nimmt die Rolle des Propagators und Schrittmachers ein. Eine wachsende Kennerschaft von Händlern und Sammlern motiviert die →*Künstler* zur Entwicklung neuer Malschulen. Mit zunehmender Verweltlichung entstehen Kunstzentren in Italien und in den Niederlanden.

In Nordeuropa wurde Kunst bis zum Ende des 17. Jh. zum freien Verkauf vielfach auf den Jahrmärkten angeboten. Die Künstler traten oft selbst als Händler auf. Ihre Druckgraphik wendet sich von vornherein an ein anonymes Publikum und ist damit als Ware deklariert. Nur in den Niederlanden ist die Zusammenarbeit des Handels mit zeitgenössischen Künstlern derartig gut organisiert, daß schon die Kehrseite dieser Allianz, eine stereotype Wiederholung, offenkundig wird. Auch Versteigerungen werden zuerst in den Niederlanden veranstaltet – der erste überlieferte Auktionskatalog stammt von 1616 – und gewinnen Einfluß auf die Preisbildung. Bilder *(→Bild)* wurden zu einer beliebten Form der Geldanlage. Sie waren nach dem Wegfall der regulierenden Zünfte durch Überproduktion trotz großer Nachfrage von einheimischen Bürgern und Bauern billig.

Im 18. Jh. blüht in Europa mit dem Entstehen großer fürstlicher Sammlungen der K. mit Werken älterer Kunst. Mit dem Erstarken einer breiten, wohlhabenden bürgerlichen Klasse in der Mitte des 18. Jh. werden für die Durchsetzung und Vermarktung von Gegenwartskunst Kunstverkaufsaussteller-Vereinigungen gegründet. Träger dieser finanziell sehr erfolgreichen, periodischen Veranstaltungen sind →*Akademien,* Kunstvereine und Künstlerkorporationen, seltener Privatunternehmer. Zweck ist es, ein Gesamtbild der künstlerischen Produktion vorzustellen, den Kunstgeschmack bei Künstlern und Publikum zu entwickeln und einen Markt zu schaffen. 1763 eröffnet in Paris die *Ecole des beaux-arts* die erste größere Kunstverkaufsausstellung. Der Pariser Salon entwickelte sich zu der bedeutendsten Kunstausstellung des 19. Jh., seit 1901 im *Grand Palais,* verliert er an Bedeutung. Die *Berliner Kunstakademie* folgt seit 1876 dem Pariser Beispiel und nimmt seit der Jubiläumsausstellung 1886 internationalen Charakter an. Ab 1893 werden die großen, finanziell äußerst erfolgreichen Berliner Jahreskunstausstellungen gemeinsam von der *Akademie* und dem *Verein Berliner Künstler* veranstaltet. 1899 spaltet sich die *Sezession* ab. Auch die Akademien in London, Wien, Dresden, Düsseldorf und München veranstalteten Kunstverkaufsausstellungen. Aus der Berichterstattung über die Salons entwickelt sich die Kunstkritik, die im Gegensatz zu

dem bis dahin höfisch bestimmten Akademismus Diskussionscharakter annimmt und sich polemisch, wertend und theoretisch mit der Kunst der Gegenwart auseinandersetzt.

Mit dem Beginn der Moderne in der Mitte des 19. Jh. entwickelt sich langsam, zuerst in Paris, das Galeriewesen heutiger Prägung. Galeristen übernehmen die Selektion und Vermarktung der →*Avantgarde.* Zu den bedeutendsten Galeristen Deutschlands entwickelten sich P. Cassirer, A. Flechtheim und H. Walden. Die Allianz der Künstler und Galeristen wird um so enger, je unverständlicher die Kunst der Avantgarde erscheint und diese auf die finanzielle und moralische Unterstützung ihrer Galeristen angewiesen ist. Durch die Zwischenschaltung des K. kommt es auch zu einer Entfremdung des Künstlers vom breiten Publikum, das beginnt, Kunst als eine spekulative Ware zu betrachten.

II. Träger und Organisationen

Was man gemeinhin den Kunstmarkt nennt, besteht aus den Beziehungen, die Künstler, Händler, Sammler, Käufer und Kritiker zueinander unterhalten. Der Kunsthändler ist, wie jeder Kaufmann, ein Warenvermittler. Er veräußert die vom Künstler hergestellten Werke an private und öffentliche Käufer, an Sammler und →*Museen,* kurz an jedermann, soweit der Künstler nicht selbst verkauft und sein eigener Händler ist. Der Kunsthändler transformiert die Ware Kunst in Geld, das Werk in ein Tauschmittel. Seine Kundschaft befindet sich nicht allein in der Bundesrepublik, sondern in aller Welt. Geschäftsform und Geschäftsführung des K. unterscheiden sich in einigen Punkten vom übrigen Handel oder von Unternehmen der Industrie und des Handwerks, so u. a. durch die Freistellung von der Preisauszeichnungspflicht, durch Rabattverbot, durch Folgerecht und den halben Mehrwertsteuersatz. Der Kunsthändler ist meist Kommissionär, wenn er neue Kunst ausstellt und anbietet, trachtet aber nach einem angemessen Eigenbestand. Der Kapitalbedarf im K. ist groß und nicht immer leicht zu decken. Das Kommissionsgeschäft ist darum wichtig und weit verbreitet. Unter Betonung seiner brancheneigenen Bedingungen folgt der K. der in Staat und Wirtschaft geltenden Doktrin einer sozialen Marktwirtschaft, die dem einzelnen nicht grenzenlose Freiheit und dem Staat und den Parteien nicht grenzenlose und unkontrollierte Macht gewährt. Die äußere Geschäftsform ist die Galerie, die, wie die innere Organisation des Betriebes, durch den Kunsthändler frei und in eigener Verantwortung geführt wird. Neben den Galerien sind es vor allem die Auktionshäuser, die auf regelmäßig stattfindenden Auktionen Kunst anbieten. Spezialisierte Unternehmen wie Galerieverlage oder reine

Verlage stellen her und vertreiben multiplizierte Kunst, Originalgraphik, Plastiken und Objekte. Asiatische, afrikanische oder antike und andere Kunst wird in der Mehrheit durch Fachleute vertrieben, die sich ausschließlich einem Spezialgebiet widmen. Das stark betonte Konkurrenzprinzip hindert nicht, sondern fördert gemeinschaftliche Unternehmungen des K. in Form von → *Messen* und Märkten für neue oder alte Kunst oder für beides zugleich. Ideelle Träger der gemeinsamen Veranstaltungen sind die Kunsthandelsverbände.

Die Preise bilden sich nach freien Regeln und werden nicht allein bestimmt durch Angebot und Nachfrage, sondern wesentlich durch andere Faktoren, wie Ruhm und Ansehen des Künstlers, Umfang und Qualität seiner Produktion und vor allem durch die Wertschätzung, die seine Werke durch Kenner erfahren. Für die alte Kunst gelten meist die gleichen Regeln, es kommen Seltenheit und Schönheit des Stückes und vieles mehr hinzu.

Neben den über tausend privaten Galerien, den etwa 2000 Kunsthandlungen und 30 Auktionshäusern sind an der Veräußerung von Kunst auch die 50 Kunstvereine der Bundesrepublik beteiligt, ferner alle Künstlerverbände. In den letzten Jahren richten auch zahlreiche Institute, Firmen und Banken Verkaufsausstellungen in ihren Räumen ein. Kunstproduktion und Vertrieb, Künstler und K. und selbst der öffentliche und private Sammler sind der öffentlichen → *Kritik* unterworfen, die von Kunstkritikern in Presse und Zeitschriften, in Funk und Fernsehen ausgeübt wird.

Wie Künstler und Kritiker und neuerdings auch die privaten Sammler, beispielsweise in der *Privatinitiative Kunst,* Hamburg, haben sich auch die Kunsthändler in verschiedenen Verbänden organisiert. So zählt der *Bundesverband deutscher Galerien,* Köln, 160 Mitglieder, die sich ausschließlich mit moderner Kunst, überwiegend aktueller, befassen. Die im *Bundesverband der Versteigerer,* Köln, zusammengeschlossenen Versteigerer bilden eine kleine, aber wichtige Gruppe. Sie beschäftigen sich in erster Linie mit alter, daneben aber auch mit neuer Kunst. Alte und neue Kunst bieten die Mitglieder des *Vereins der Antiquare und Graphikhändler* an. Ausschließlich alte Kunst verkaufen die Mitglieder des *Verbandes der deutschen Antiquitätenhändler,* der im Unterschied zu allen anderen Verbänden auch Landesverbände kennt.

Alle Verbände veranstalten Messen und Märkte, um durch sie das Kunstinteresse in breite Schichten zu tragen, um neue Käufer und Sammler zu gewinnen. Die außerordentlich beliebten Messen und Märkte finden vor allem in Köln, München, Düsseldorf und Hannover statt. Der Kunstmarkt des *Bundesverbandes deutscher Galerien,* der alljährlich alternierend in Köln und Düsseldorf stattfindet, und die ebenfalls jährlich veranstaltete Messe der Antiquare und Graphikhändler in Stuttgart erlau-

ben im Unterschied zu allen anderen auch ausländischen Händlern die Teilnahme. Durch den freien Verkauf der Kunstwerke innerhalb der Westhandelsländer ist der K. der Bundesrepublik starker auswärtiger Konkurrenz ausgesetzt. Dieser freie Austausch und Handel hat aber auch dazu geführt, daß mehr denn je die deutsche Kunstproduktion auf dem Weltkunstmarkt gehandelt wird.

Der Wiederaufbau des K. in der Bundesrepublik hatte nicht nur unter den unmittelbaren Folgen des Krieges zu leiden. Er mußte ohne die großen Erfahrungen einer bedeutenden Händlergeneration beginnen, die vor und gleich nach dem Ersten Weltkrieg den deutschen Handel weltfähig gemacht hatte. Mit der Teilung Deutschlands verlor Berlin seine Bedeutung als Kunsthandelsplatz. An seine Stelle traten Köln, München und Düsseldorf.

Die hervorragende Entwicklung, die der bundesdeutsche K. nach dem Krieg genommen hat, verdankt er dem allgemeinen Wohlstand der Bürger in der Bundesrepublik, aber auch der intensiven Förderung, die Bund und Länder den Künstlern und der Kunst zuteil werden lassen. Die Akademien und Fachschulen der Länder, sowie die durch die Länderregierungen und Bundesregierung geförderten Ausstellungen wie die *documenta* und schließlich die großzügig finanzierten Ausstellungen alter Kunst haben das allgemeine Kunstinteresse erweitert und vertieft. Zu allem kommen die zahlreichen Kunstpreise hinzu *(→ Preise und Auszeichnungen, → Kunstförderung),* die von den Kommunen, den Ländern oder von privater Seite gestiftet werden.

Die berufsspezifischen Interessen der Künstler, der Kunstverteiler und der Konsumenten, sprich Käufer und Sammler, schaffen zwar Differenzen, aber nicht Gegensätze, die etwa die Überzeugung hätten stärken könnten, daß Parteilichkeit und Reglementierung durch den Staat einer freien Entfaltung der künstlerischen und ökonomischen Kräfte vorzuziehen sei. Die strikte Zuweisung gesellschaftlicher Aufgaben an Kunst und Künstler und die unmittelbare Nutzbarmachung der Kunst für den Staat haben ihre relative Brauchbarkeit nur noch deutlicher gemacht. Kunst ist für eine Gesellschaft nur relevant, wenn sie nicht auf Dogmen oder sich ändernde Programme verpflichtet wird, sondern sich frei entwickeln kann. Ihr Charakter ist antidogmatisch.

III. Die wirtschaftliche Situation des Kunsthandels

Trotz des immer wieder aufflackernden Antikommerzialismus und des periodischen Mißbrauchs der Monopolstellung einzelner Kunsthändler haben sich die Galerien als der beste und einzige Weg erwiesen, Künstler durchzusetzen. Alternative Verteilungsmechanismen, wie Künstlerverkaufsgenossenschaften, blieben erfolglos. Staatseingriffe, beispielsweise die Gewährung von Künstlerhonoraren, haben die holländische Kunstszene mangels Qualitätskriterien zur völligen Bedeutungslosigkeit herabsinken lassen.

Galeristen kommen aus den verschiedensten Berufen, aber fast nie aus den kunsthistorischen Fakultäten der Universitäten. Aus der hobbymäßigen Beschäftigung mit Kunst wird der Sprung zum Händler gewagt. Künstler, deren Werke sie schon seit längerem faszinierten, bilden den Ausgangspunkt ihrer Arbeit. Mit der Zeit eignen sie sich ein spezielles Wissen an. In vielen Fällen spielen profitorientierte Gesichtspunkte eine nebensächliche Rolle. Anders als in anderen Geschäftsbereichen werden schlechte Jahre mit hohen Bilanzverlusten in der Hoffnung, doch mit seinem favorisierten Künstler den Durchbruch zu schaffen, durchgehalten.

Anders als in New York und London, wo oft Kapitalgeber hinter den großen Galerien stehen, haben deutsche Galerien eine zu kleine Kapitaldecke. Deutsche Banken finanzieren keine Käufe und beleihen den Warenbestand von Gegenwartskunst nicht. Im Vergleich zu anderen Handelsbereichen ist der Kapitalbedarf insbesondere auf Grund einer ungewöhnlich langen Umschlagszeit hoch. Darum wird das Kommissionsgeschäft zum Aufbau des erforderlichen Lagers, wo nur möglich, trotz geringerer Rendite angestrebt.

Künstler kommen nicht durch die Präsentation ihrer Arbeiten in den Galerien zu einer Ausstellung. Die Regel ist, daß der Galerist durch Besuche in den Studios den Werdegang ihn interessierender Künstler nach ersten Hinweisen von Künstlern und Sammlern verfolgt und dann nach langer Abwägung eine Zusammenarbeit anbietet. Die Vorstellung neuer Künstlerarbeiten in Galerien ist überwiegend der Anlaß für Rezensionen der Kritiker. Mit dem zunehmenden Erfolg in Galerien und bei der Kritik wird der Künstler museumswürdig. Die meisten Museen sind dankbar für den Filter, den die Galerien bilden und arbeiten mit diesen oft zusammen. Vermögende Kreise stehen der Gegenwartskunst kritisch gegenüber und kaufen vor allem in ihrer Bedeutung gesicherte Werke, die nicht nur das Prestige mehren, sondern auch eine gute Kapitalanlage garantieren.

Im allgemeinen kostet ein Bild mittleren Formats eines nicht durchgesetzten Künstlers zwischen 3000 bis 5000 DM. Der Vermittler behält 33 v. H., und, wenn langfristige Bindungen bestehen, 50 v. H. ein. Kommt es zu einem Vertrag, wird oft ein monatliches Fixum ausgehandelt. Der Galerist erhält die Produktion in Kommission und rechnet nach Verkäufen unter der Berücksichtigung des Fixums ab. Hat der Künstler auf dem Markt Erfolg, wird der Preis in der Regel um 10 v. H. pro Jahr erhöht, um so das Vertrauen in den Ankauf zu stärken. Ist ein

Künstler durchgesetzt, entwickelt sich der Preis, basierend auf Ruhm und Ansehen, nach Angebot und Nachfrage. Bei international gehandelten Künstlern bestimmt der New Yorker Kunstmarkt die Preise. Ist ein Künstler auktionswürdig geworden, spielen auch die Auktionsergebnisse eine bedeutende Rolle.

Gesamtwirtschaftlich gesehen ist der K. ein winziger Markt. Sein Umsatz beträgt etwa 10 v. H. des Umsatzes der Verlagsgruppe Bertelsmann. Der Umsatz von rund 1500 Unternehmen auf dem Gebiet der →*bildenden Kunst* belief sich zum Beispiel 1978 auf knapp 500 Mio. DM.

Während der Durchschnittsumsatz des K. insgesamt eine steigende Tendenz aufweist, ging bei der modernen Kunst der Gruppenumsatz zurück. So steigerte sich der Umsatz eines Kunsthandelsunternehmens im Gruppendurchschnitt von 1 509 570 DM im Jahr 1976 auf 2 009 316 DM 1978, während er bei Galerien mit moderner Kunst von 946 872 DM im Jahr 1976 auf 827 978 DM im Jahr 1978 sank.

Obwohl bei den Galerien der Rohgewinn höher liegt als im Durchschnitt aller Kunstunternehmungen, ist der Reingewinn unterdurchschnittlich. Rund 33 v. H. aller Galerien hatten im Erhebungszeitraum 1976 bis 1978 Verluste hinnehmen müssen.

Bei den Antiquitätenhändlern sank der Rohgewinn von 30,44 v. H. im Jahr 1976 auf 27,77 v. H. 1978, bei den Galeristen von 40,56 v. H. 1976 auf 34,49 v. H. 1978. Der Gewinn am Umsatz sank bei Kunsthandelsunternehmen ohne moderne Kunst von 9,39 v. H. im Jahr 1976 auf 8,44 v. H. 1977, bei Galerien mit moderner Kunst im Erhebungszeitraum von 2,85 v. H. auf 1,45 v. H. (Erhebungen zum Künstlersozialgesetz, Treukontor Gesellschaft mbH, Köln).

IV. Der staatliche Kunsthandel in der DDR

In der DDR tritt nach 1945 an die Stelle eines privatwirtschaftlich organisierten K. das Auftragswesen, das die beste Gewähr bietet, die Kunst auf die sozialistischen Zielsetzungen zu verpflichten und sie beim Aufbau der neuen Gesellschaft zu beteiligen. Der Staat, die Räte der Städte und Bezirke, die Partei, die →*Gewerkschaften* oder einzelne Betriebe und Kombinate beauftragen Künstler mit der Anfertigung thematisch bestimmter Kunstwerke, die, öffentlich präsentiert, Aufgaben der Agitation wie der Dekoration zu erfüllen haben. Während es gegenwärtig in den Ateliers der Künstler verstärkt auch zum Direktankauf von im Selbstauftrag entstandenen Arbeiten kommt, bot das Auftragswesen in den Jahren 1945 bis 1974, das heißt bis zur Gründung der ersten Galerien, dem staatlichen K., die entscheidende und oft auch einzige

Möglichkeit, einerseits die Kunst auf ihre Aufgabe beim Aufbau der sozialistischen Gesellschaft zu verpflichten und andererseits die Arbeits- und Lebensbedingungen der Künstler zu sichern. Aber auch zum gegenwärtigen Zeitpunkt erscheint das Auftragswesen als ein »bewährtes Mittel, um gesellschaftliche Bedürfnisse konkret zu formulieren und als gesellschaftliche Erwartung an bildende Künstler aller Bereiche heranzutragen. Zugleich liegen im Auftragswesen wesentliche Möglichkeiten für Maler, Graphiker, Bildhauer, Gebrauchsgraphiker, Kunsthandwerker und Formgestalter, ihr künstlerisches Schaffen in einem dialektischen Prozeß in Übereinstimmung mit den grundsätzlichen und differenzierten Erwartungen unserer Gesellschaft zu bringen« (Bildende Kunst 1, 1980, S. 47). Unter dem Stichwort »Gegenseitiges Vertrauen – hoher geistiger Anspruch« wurde 1980 in der Zeitschrift »Bildende Kunst« (1, 1980, S. 47) eine gemeinsame langfristige Konzeption des *Ministeriums für Kultur* und des *Verbandes Bildender Künstler* für die Weiterentwicklung und Förderung der bildenden und angewandten Kunst veröffentlicht, in der eine Steigerung der Wirksamkeit der Auftrags- und Ankaufspolitik als »Mittel staatlicher und gesellschaftlicher Einflußnahme auf die Kunstentwicklung sowie auf die Befriedigung der differenzierten kulturellen Bedürfnisse der Werktätigen« gefordert wird. Als Schwerpunkte der kulturpolitischen Orientierung werden genannt: »Die weitere Ausweitung des Blickfeldes der Künstler auf die ganze Lebensvielfalt mit ihren Fortschritten, Widersprüchen und Konflikten auf das Weltverhältnis und die geschichtsbildende Kraft der Arbeiterklasse, die künstlerische Darstellung der tiefgreifenden sozialen und kulturellen Umgestaltung auf dem Lande, die neuen Formen und die höhere Stufe der Zusammenarbeit in der sozialistischen Staatengemeinschaft, die anhaltende Willkür und Unmenschlichkeit der imperialistischen Regimes, die Landesverteidigung und die sozialistische Wehrerziehung, die Darstellung und geschichtliche Sinndeutung des historischen Kampfes der deutschen und internationalen Arbeiterklasse, die Ausgestaltung der Betriebe und Kombinate, der Kultur-, Sozial- und Bildungseinrichtungen sowie der Wohnumwelt.«
Der Prozeß der Auseinandersetzung zwischen Auftraggeber, der auch als »gesellschaftlicher Partner« apostrophiert wird, und Künstler verläuft von der Themenstellung und Auftragserteilung, von der Entstehung und Diskussion des Werkes bis zu dessen Ablieferung und Bezahlung selten ohne Konflikte. Wenn einerseits die Auftraggeber und Nutzer eines Werkes sich oft überfordert und enttäuscht fühlen, so sehen sich andererseits die Künstler immer wieder von inhaltlichen Reglementierungen und von Forderungen einer konservativen und konventionellen Ästhetik eingeengt. »Unter Breite und Vielfalt sozialistisch-realistischer Kunst verstehen

wir nicht einfach, daß alles und auf alle mögliche Weise widergespiegelt werden sollte«, formuliert J. Tiede vom *FDGB* (Bildende Kunst 2, 1980, S. 101), und R. Kuhrt, Maler und Graphiker, kontert mit dem Hinweis auf die Verantwortung des Künstlers. Auch sei »das Gebrauchtwerden von Kunst nicht allein mit der Elle des Auftragswesens zu messen. Kunst wird selbst dann gebraucht, wenn niemand kauft oder etwas in Auftrag gibt« (Bildende Kunst 3, 1980, S. 153). »Komme als Großer zu einem Großen«, fordert – B. Brecht zitierend – H. J. Hoffmann, Minister für Kultur, auf dem 8. Kongreß des *Verbandes Bildender Künstler* 1978, vom Auftraggeber, und von seiten der Künstler wird festgestellt: »Eigentlich muß es uns um die Aufhebung, aber zumindest um weitestgehende Annäherung zwischen Selbstauftrag und dem Auftrag von außen gehen. Das Endprodukt sollte in jedem Fall Kunst heißen« (R. Kuhrt, in: Bildende Kunst 3, 1980, S. 153).

In dem Maß, wie die allgemeine kulturpolitische Situation Ende der 60er, Anfang der 70er Jahre sich wandelt, tritt der K. als Vermittlungsstelle zur Befriedigung der künstlerisch-ästhetischen Bedürfnisse des einzelnen mehr in den Vordergrund. Nachdem 1972 der Kunstverkauf anläßlich der 7. *Dresdener Kunstausstellung* beim Publikum großen Erfolg hat und auch die Vorläufer des K., die Galerien des *Kulturbundes* und die seit 1954 arbeitenden Verkaufsgenossenschaften des *Verbandes Bildender Künstler,* seit langem eine steigende Nachfrage verzeichnen, wird in der Folge der Aufbau eines staatlichen K. in Angriff genommen. Eine der ersten Galerien wird 1974 in Rostock eröffnet, die wichtigste und traditionsreichste Galerie der DDR, die *Galerie am Sachsenplatz* in Leipzig, wird, zunächst privat, dann kommunal geleitet, ebenfalls 1974 unter der Leitung von H. P. Schulz vom staatlichen K. übernommen. Eine weitere wichtige Galerie ist die *Galerie Arkade,* Berlin. Zur Zeit arbeiten in der DDR 26 Galerien, von denen sich 18 der modernen und zeitgenössischen Kunst widmen. Neben den Galerien des staatlichen K. sind noch die Verkaufsgenossenschaften des *Verbandes Bildender Künstler* der DDR mit dem Verkauf von Kunst befaßt. Sie üben ihre Tätigkeit vor allem im Rahmen der regelmäßigen oder zentralen Ausstellungen des Verbandes aus. Auch einige wenige private Galerien existieren weiterhin, so die allseits respektierte *Galerie Kühl* in Dresden. Die einzelnen Galerien sind einer Generaldirektion in Berlin (Ost) unterstellt, die selbst wiederum einer Abteilung des *Ministeriums für Kultur* untersteht. Die Leiter und Mitarbeiter der Galerien arbeiten als Angestellte des Staates. Die allgemeinen Rahmenbedingungen für den An- und Verkauf von Kunst sind in einem Statut festgelegt, das vom *Ministerium für Kultur* erlassen wurde. Die Preisgestaltung wird geregelt durch eine Honorarordnung, die die Bewertung der einzelnen Werke vorwiegend nach inhaltlichen Gesichtspunkten wie Thema, Motiv und nach den Abmessungen des Werkes festgelegt.

Die allgemeinen Zielsetzungen des K. betonen dessen Vermittlungsfunktion. Der K. soll die Kunst in den privaten Bereich von Familie und Freizeit integrieren und damit helfen, die künstlerischen, ästhetischen und kommunikativen Interessen des einzelnen als einem entscheidenden menschlichen Bedürfnis zu befriedigen. Das merkantile, umsatzorientierte Interesse wird nicht als Widerspruch empfunden, es tritt zurück hinter der umfassenden Bildungsaufgabe.

Der Warenaspekt von Kunst, der im kapitalistischen K. die Kunst ihren eigentlichen sozialen und humanen Aufgaben entfremdet, fällt im sozialistischen Kunstbetrieb kaum ins Gewicht. Allgemeine kulturpolitische Leitlinien sowie die Reglementierung der Honorarordnung wirken hier als Steuer- und Kontrollmechanismen. Eine Gefahr besteht wohl eher in einer Überanpassung an den Publikumsgeschmack, die egalisierend wirken kann und grundsätzliche Herausforderungen durch unangepaßte Kunst ausgrenzt. Die Möglichkeit, durch Kauf und Wiederverkauf von Kunst Spekulationsgewinne zu erzielen, kann nicht ausgeschlossen werden, doch dienen die regelmäßig vom staatlichen K. veranstalteten Kunstauktionen eher dem Austausch von Kunst und der Wiederentdeckung bisher übersehener Kunst. Auf den Auktionen wie auf den Ausstellungen der Galerien haben die Museen der DDR im allgemeinen Vorkaufsrecht.

Die kulturelle Pilotfunktion sogenannter Avantgarde-Galerien im kapitalistischen Gesellschaftssystem, die, ökonomisch betrachtet, stets auch mit Bedarfsschaffung zusammenfällt, ist für den K. der DDR weniger wichtig. Der Prozeß der Kunstentwicklung, das Hervortreten von Widersprüchen und die Auseinandersetzung mit ihnen soll durch Diskussion innerhalb des *Verbandes Bildender Künstler* sowie durch die Offenheit der Auseinandersetzungen anläßlich der Ausstellungen des Verbandes gewährleistet und befördert werden. Der Entdeckung und Förderung junger Künstler dienen in diesem Sinn besonders regelmäßige Ausstellungen wie die *Biennalen Junger Künstler* 1974 in Frankfurt an der Oder und 1976 in Berlin (Ost).

Nach der völkerrechtlichen Anerkennung der DDR hat sich die Aktivität des staatlichen K. über die Grenzen der Bundesrepublik und des westlichen Auslandes hinweg verstärkt. Neben einer Beteiligung an der *documenta* 6, 1977, den Ankäufen der Sammlung Ludwig, Aachen, gibt es eine Zusammenarbeit mit Galerien in der Bundesrepublik und Berlin (West) so mit der *Galerie Hertz* in Bremen und der *Galerie Brusberg* in Hannover, die mit großem Erfolg Verkaufsausstellungen namhafter Künstler der DDR durchführen. Im Jahr 1978 wurden neun Ausstellungen von Künstlern der DDR in

Berlin (West), der Bundesrepublik und in Italien bestritten. Die Absicht solcher Kulturpolitik ist, abgesehen von den nicht unbeträchtlichen Devisengewinnen durch den Verkauf von Kunstwerken, dem gewachsenen Staatsbewußtsein der DDR im Bereich der bildenden Kunst anschaulich Gestalt zu geben. »Wenn wir heute international wachsende Aufmerksamkeit erregen, dann wegen der sozialistischen Eigenständigkeit unserer Kunst. Nach dieser Substanz, diesem Anderssein wird gefragt, wenn auch mancher darin noch nicht die Alternative zu dem erkennt, was sich an der Oberfläche des westlichen Kunstlebens immer wieder im Kreise dreht« (K. Weidner, Das uns Gemäße, in: Bildende Kunst 2, 1980, S. 99). Einerseits soll das hohe Qualitätsniveau der Kunst, im Sinn eines klassischen Kunstbegriffs, den Anspruch auf Eigenständigkeit und Besonderheit dieser kulturellen Leistung zeigen, andererseits soll über die Auseinandersetzung mit der Kunst der DDR das »internationalistische Bündnis mit den Kräften demokratischer und sozialistischer Kultur« in den westlichen Ländern gefestigt werden. Kunst, transportiert und vermittelt über den Kunsthandel, wird zu einem Instrument der auswärtigen Kulturpolitik, die Auseinandersetzung mit ihr wird zu einem Teil des »ideologischen Klassenkampfes« (E. Heckel, Spekulationen – Realitäten, in: Sonntag 1, 1975). Wie wichtig die Auseinandersetzung um die Dialektik von Kunst im Auftrag und den Auftrag der Kunst für das kulturelle Leben der DDR ist, zeigen zahlreiche Publikationen, Artikel, Stellungnahmen, Leserbriefe in Zeitungen und Zeitschriften.

Nach Jahren enger Reglementierung der Auftragskunst vor allem in den 50er Jahren mit teilweise stupider Maßregelung der Künstler von seiten der Partei – im Berliner Bahnhof Friedrichstraße wurde 1948 ein erst kurz zuvor angebrachtes Wandgemälde des antifaschistischen Künstlers H. Strempel übermalt – läßt sich nun in der Folge eines schwierigen, schmerzhaften und langwierigen Annäherungsprozesses und im Rahmen einer allgemeinen politischen Konsolidierung der DDR ein gewandeltes Selbstverständnis feststellen. Die Auseinandersetzung um die bildende Kunst wird in der DDR mit einer für den Kulturbetrieb der Bundesrepublik schwer vorstellbaren Intensität und Breite der Beteiligung geführt. Man ist bemüht um die Offenhaltung dieser Auseinandersetzung, die angesehen wird als Dialog, ein nicht abreißender Prozeß des Lernens, und man ist wachsam gegenüber jeglicher Tendenz, kulturelle Probleme wie ehedem verwaltungsmäßig zu lösen. Und da der Grundkonsens über die Rolle der Kunst in einer sozialistischen Gesellschaft unangetastet bleibt, können die Probleme zwischen Künstler und Gesellschaft wie unmittelbare Verständnisprobleme erscheinen, die mit Geduld und gründlicher Unterrichtung letztlich aufhebbar sind.

Reden und Streiten über Kunst wird begriffen als eine Bemühung um die Annäherung von Kunst und Leben, schließlich als ein Zeichen für die Lebens- und Entwicklungsfähigkeit einer sozialistischen Gesellschaft.

B. v. Wentzel (I, III), H. Stünke (II),
G. Bussmann (IV)

Literatur

H. Wagenführ, Kunst als Kapitalanlage, Stuttgart 1965
R. Wraight, Das Geschäft mit der Kunst, München 1966
W. Bongard, Kunst & Kommerz. Zwischen Passion und Spekulation, Oldenburg, Hamburg 1967
R. Müller-Mehlis, Kunst und Antiquitäten als Geldanlage, München 1974
H. Weiß, Urteilen, Wählen, Kaufen. Fünf Jahre Staatlicher K. in der DDR, in: Bildende Kunst 12, 1979, S. 574
R. Thielemann, Galerie am Sachsenplatz, in: Bildende Kunst 12, 1979, S. 576
Ch. Herchenröder, Die Kunstmärkte, Düsseldorf, Wien ²1979

Kunsthandwerk

I. Kunsthandwerk in Deutschland bis 1945 – II. Unterschiedliche Entwicklungen in DDR und Bundesrepublik Deutschland nach 1945 – III. Charakteristika des deutschen Kunsthandwerks – IV. Unterschiedliche Resultate und ihre Gründe – V. Kritische Anmerkungen zur gegenwärtigen Situation

I. Kunsthandwerk in Deutschland bis 1945

Zur Zeit des Jugendstils und in den 20er Jahren nahm das deutsche K. international eine beachtete Stellung ein. Es fand schon um 1900 Zugang zur Industrie, stand im *Deutschen Werkbund* gleichberechtigt neben anderen Kräften einer ästhetischen Formgebung des →*Alltags,* unbeschadet der Diskussion um Individualität und Normierung, und erfuhr eine zeitgemäße Interpretation durch das *Bauhaus.* Es war in seinen besten Leistungen eine Disziplin der modernen → *Kunst.*

Als durch die nationalsozialistische Aktion *Entartete Kunst* 1937 die →*Moderne* aus den deutschen Museen entfernt und die Künstler vertrieben oder zum Schweigen gebracht wurden, überlebte das K. Die nationalsozialistischen Machthaber erkannten die Zusammenhänge zwischen »freier« und »angewandter« Kunst nicht, weil es wegen der funktional-geometrischen Formgebung im Bereich des K. kaum bildhafte Darstellungen gab; ihnen galten Gefäße und Gebrauchsobjekte selbst dann als »art-

gerecht«, wenn die Kunsthandwerker und Entwerfer nicht mit der herrschenden Ideologie übereinstimmten. Der bedeutendste deutsche Töpfer, B. van Beek, der zeitlebens Widerstand gegen das nationalsozialistische System leistete und dessen Tochter als Mitglied der *Roten Kapelle* umgebracht wurde, konnte bis etwa 1944 ungehindert arbeiten und im In- und Ausland seine Keramik ausstellen. Gutes K. blieb, wie der gute Industrieentwurf, für manche Künstler und Museumsleute zwischen 1933 und 1945 ein Reservat der Moderne.

Eine der für das K. wichtigsten Schulen lag im Gebiet der heutigen DDR, in Halle. Die *Werkstätten der Stadt Halle* auf der Burg Giebichenstein, die in den 20er Jahren, nach der Übersiedlung des *Bauhauses* von Weimar nach Dessau, viele der dem *Bauhaus* nahestehenden Lehrer gewonnen hatten, verloren nach 1933 einige von ihnen durch Emigration. Vor allem der Töpfer F. Wildenhain und seine Frau M. Friedländer sind hier zu nennen. Die Haltung der Schule blieb jedoch trotz äußerer »Gleichschaltung« in den Grundsätzen unverändert. Ein wesentlicher Teil der deutschen Kunsthandwerker war nach 1933 durch die Schulung an der Burg Giebichenstein bestimmt.

II. Unterschiedliche Entwicklungen in DDR und Bundesrepublik Deutschland nach 1945

Mitteldeutschland war bis 1945 ein Zentrum des deutschen K. Die einschneidenden Veränderungen nach dem Zweiten Weltkrieg betrafen gerade deshalb das K. Ortsgebundene Traditionen, die vor allem im Bereich der Volkskunst ungebrochen fortlebten, endeten unversehens, so die Webtradition Ostpreußens oder die Keramiktradition von Bunzlau in Schlesien. Für die moderne Werkkunst, die sich individuell entwickelte, waren diese Zäsuren jedoch weniger wirksam als die Übersiedlung der wichtigsten Lehrer aus der DDR in den Westen. Nur kurze Zeit nach dem Zweiten Weltkrieg blieb ein älterer Stamm von Lehrern in Halle, die bedeutendsten gingen jedoch bald in das Gebiet der späteren Bundesrepublik; mit ihnen kam auch eine größere Zahl talentierter Schüler.

Die ehemals am *Bauhaus* tätigen Lehrer, der Töpfer O. Lindig, der Bildhauer und Keramikkünstler G. Marcks, der Goldschmied und Designer W. Tümpel, der Photograph W. Peterhans, gingen nach Hamburg. Der Töpfer B. van Beek, der kurze Zeit in Berlin (Ost), dann in Berlin (West) als Hochschullehrer wirkte, arbeitete zunächst in Bad Oeynhausen als Industrieentwerfer; danach begann er in Hamburg eine wirksame Lehrtätigkeit. Die Emailkünstlerin L. Schultz ging von Halle nach Düsseldorf, H. Griemert von Halle nach Hoehr-Grenzhausen. Alle Genannten hatten bis in die 60er Jahre großen Ein-

451

fluß auf die jüngere Generation der Kunsthandwerker in der Bundesrepublik.

Nach 1950 begann sich das K. in der Bundesrepublik neu zu formieren. Es gewann im Inland, bald aber auch im Ausland an künstlerischer Bedeutung. Ein erstes Zentrum der Information wurden die *Frankfurter Messen.* Während bis zum Zweiten Weltkrieg die Abteilung des deutschen K. auf der *Leipziger Messe* im *Grassi-Museum* so repräsentativ vertreten war wie an keiner anderen Stelle, verlor diese Einrichtung bald an Bedeutung. Die *Frankfurter Messen* wurden zum neuen Kristallisationspunkt, nicht nur weil sich der *Hessische Staatspreis* bald zu einer begehrten und anerkannten Auszeichnung entwickelte, sondern auch, weil die mustergültige Präsentation einer strengen Auswahl einen Maßstab zur Bewertung an die Hand gab. In Frankfurt a. M. entstand eines der wichtigsten Aktionsfelder der *Arbeitsgemeinschaft des deutschen K.,* zu der sich die Gruppen von Kunsthandwerkern in den Bundesländern zusammengeschlossen hatten. Ergänzt wurden die Aktivitäten in Frankfurt durch die *Internationale Handwerksmesse* in München und durch Veranstaltungen von regionaler Bedeutung, wie die *Weihnachtsmesse der Kunsthandwerker* in Hamburg. Auf internationalen Ausstellungen, der *Biennale* in Mailand oder den *Keramik- und Email-Wettbewerben* in Syracuse/USA, wurden Kunsthandwerker der Bundesrepublik seit den späten 50er Jahren wiederholt ausgezeichnet. Das K. der Bundesrepublik orientierte sich mehr und mehr an internationalem Niveau. Heute nimmt es einen der ersten Plätze ein.

In der DDR wirkte sich auf die Ausbildung jüngerer Kunsthandwerker neben dem Fehlen künstlerisch bedeutender Lehrer fast zwei Jahrzehnte lang die ideologische Kunstpolitik der DDR negativ aus. Überall dort, wo bildhafte, figurative oder abstrakte Lösungen neuer Art gesucht wurden, stand ihrer Realisierung die Forderung nach *Sozialistischem* →*Realismus* oder einer »volksnahen« Kunst entgegen. Als etwa Polen im Bereich der Tapisserie bereits zukunftsweisende Leistungen auf der ersten *Biennale der Tapisserie* in Lausanne vorstellen konnte, mußten sich die Künstler aus der DDR noch an ideologischen Doktrinen orientieren. Die Auswirkungen dieser restriktiven Kunstpolitik sind bis heute spürbar geblieben.

Die Forderung nach »volksnaher« Kunst im Sinne der Volkskunst (→ *Volkskultur*) mußte angesichts des Erlöschens der letzten Traditionen absurd erscheinen. Das letzte, bis 1943 intakte Zentrum, die *Bunzlauer Töpferei,* konnte nach der Abtrennung Schlesiens keine Orientierungshilfe mehr geben. Ähnlich wie in der Sowjetunion und anders als in den Balkanländern, wo bis heute Volkskunstzentren lebendig blieben, wurde als Volkskunst die in Manufakturen betriebene Imitation ausgestorbener Formen und Ornamente ausgegeben, deren hand-

werkliches und künstlerisches Niveau weit hinter den originären Vorbildern zurückblieb.

Internationaler Gedankenaustausch ist eine entscheidende Voraussetzung auch für das moderne K., da es seine Qualitäten nicht nur auf handwerklich-funktionale Normen gründet, sondern ebenso auf individuelle Erfindungsgabe. Gerade diese Erfindungsgabe erhält ihre wirksamsten Anregungen im internationalen Kontext. Nur wenige Kunsthandwerker der DDR hatten in den letzten Jahrzehnten die Möglichkeit, internationale Ausstellungen im westlichen Ausland zu besuchen, selbst Informationen durch Zeitschriften waren für sie schwer zu erreichen. Aus diesen Gründen blieb das K. in der DDR vergleichsweise isoliert.

Talentierte Kunsthandwerker der DDR, wie der Keramiklehrer W. Gebauer in Halle, bemühten sich um einen verbindlichen Standard. Auf der Grundlage der alten Thüringischen Glastradition arbeitete A. Schädel, dessen Einfluß auf die Arbeiten einer jüngeren Generation in Lauscha zu erkennen ist. Lange Zeit war der Kunstschmied F. Kühn der bekannteste Kunsthandwerker der DDR.

III. Charakteristika des deutschen Kunsthandwerks

Das Beharren auf Norm, Proportion, strenger Form und qualifizierter Technologie blieb, wenn auch auf unterschiedlichen Qualitätsebenen, das gemeinsame Merkmal des deutschen K. bis zur Gegenwart. Die Impulse, die das deutsche Industriedesign, der *Werkbund,* das *Bauhaus* und die Schule in Halle in den ersten Jahrzehnten dieses Jahrhunderts gegeben hatten, wirkten sich nachhaltig aus. Neben dieser normativen Tendenz steht eine andere, freiere, an Malerei und Plastik orientierte Richtung. Unter K. ist seit den späten 60er Jahren nicht mehr ausschließlich eine ästhetisch anspruchsvolle Gebrauchskunst zu verstehen, sondern eine mehr oder minder freie Disziplin, die sich von den traditionell freien Künsten *(→bildende Kunst)* nur noch durch die Wahl der Materialien unterscheidet. Die Werkkünstler und Kunsthandwerker der Ostblockländer sind trotz der für sie nach wie vor großen Kommunikationsschwierigkeiten bemüht, zu dieser Entwicklung einen Beitrag zu leisten. Charakteristisch für sie bleibt die zeitliche Verschiebung, mit der neue internationale Entwicklungen von ihnen rezipiert und angewandt werden, wie auch eine oft romantisch gefärbte Subjektivität, die sich selbst genügen will und den politischen Realitäten zu entfliehen sucht. Das Beharren auf Individualität, die Formung der Welt durch den eigenen Willen, ist dagegen das Merkmal der besten Werkkünstler der Bundesrepublik geblieben.

IV. Unterschiedliche Resultate und ihre Gründe

Verdeutlichen lassen sich die Unterschiede im Selbstverständnis der Künstler und Kunsthandwerker der beiden deutschen Staaten an der Rezeption ihrer Arbeit. Sieht man von den durch wirtschaftliche Schwierigkeiten bedingten ersten Jahren nach der Währungsreform in den drei westlichen Besatzungszonen ab, so wurde das K. in der Bundesrepublik zunehmend als originäre ästhetische Leistung von Rang geschätzt. Es entstanden umfangreiche private Sammlungen einzelner Disziplinen, etwa von Keramik oder Glas, die selbst Museumssammlungen an Umfang und Systematik übertreffen. Dieses wachsende Interesse führte dazu, daß Galerien, Kunsthandel, Verlage und Kritik sich auf Keramik, Glas, Schmuck, Tapisserie konzentrierten. An steigenden Preisen für Objekte hoher Qualität ist diese ständig wachsende Wertschätzung abzulesen.

In der Bundesrepublik vollzieht sich in dieser Hinsicht ein ähnlicher Prozeß wie etwa in Japan, England oder den USA. Objekte der 50er und 60er Jahre werden bereits kunsthistorisch bewertet und wie Antiquitäten gehandelt. Die Gründe für eine solche Entwicklung sind, außer im Sammlerinteresse, auch darin zu sehen, daß einerseits individuelle und anspruchsvolle Objekte mehr und mehr begehrt werden, während andererseits Kunst- und Antiquitätenhandel in den Bereichen alter Möbel und Kunstgewerbe kein ausreichend großes Angebot mehr unterbreiten können.

Die Wertschätzung des K. in der Bundesrepublik, die ihm einen Platz neben Malerei und Plastik einerseits, neben altem Kunstgewerbe andererseits gegeben hat, führte im Hinblick auf die Qualität zu wachsenden Ansprüchen und Leistungen. U. und K. Scheid auf dem Gebiet der Keramik, E. Eisch im Bereich der Glasbearbeitung, eine Reihe von Goldschmieden und Textilkünstlern, Künstler der mittleren Generation, gehören in die kleine, international anerkannte Spitzengruppe dieser Werkkünste überhaupt.

Auch in der DDR wird das K. geschätzt, jedoch aus anderen Gründen und von anderen Gruppen der Bevölkerung. Während die Sammler der Bundesrepublik das Außergewöhnliche suchen, geben sich die Käufer der DDR mit der weniger anspruchsvollen Leistung zufrieden, weil K. zu den wenigen Angeboten von Nicht-Notwendigem zählt. Ein handwerklich ordentliches Mittelmaß ohne künstlerisch überragendes Niveau resultiert nicht zuletzt aus der Genügsamkeit des Publikums. Nur wenige Kunsthandwerker erreichen einen – international gemessen – ersten Rang. Diese wenigen überragenden Leistungen waren die einer älteren Generation. Der Kunstschmied F. Kühn starb 1967, der Glasbläser A. Schädel kann seines hohen Alters wegen künstlerisch nicht mehr tätig sein. Auch gemessen an Sonderleistungen anderer Ostblockländer steht die DDR zurück. Polen etwa hat sich im Bereich der Tapisserie, die Tschechoslowakei im Bereich von Keramik und Glas mit bemerkenswerten Künstlern durchsetzen können.

Diese Beiträge Polens und der Tschechoslowakei fügen sich in das Gesamtbild moderner Kunst ein, während der überwiegende Teil des K. der DDR eine stilistisch weniger fortgeschrittene Stufe der Entwicklung beibehalten hat.

V. Kritische Anmerkungen zur gegenwärtigen Situation

Die Nachwirkung der Lehrer, die seit 1945 an Kunsthochschulen der Bundesrepublik wirkten, bleibt bis heute spürbar. Die besten ihrer Schüler gehören zur mittleren Generation. Diese Tatsache macht vergessen, daß das K., das an Kunsthochschulen der Bundesrepublik zwei Jahrzehnte lang mit großem Erfolg gelehrt wurde, heute dort kaum noch von Bedeutung ist. Während W. Gropius in seiner Erläuterung der Kunsthandwerkerausbildung am *Bauhaus* noch vom »K. als einen Laboratorium der Industrie« gesprochen hatte, sahen die Theoretiker des Design in K. ein bloß romantisches Relikt ohne Bedeutung für eine industrielle Kultur. Die Ausbildung zum Designer wurde mehr und mehr zur intellektuellen Anweisung für soziologisch begründete und formal analysierbare Entwürfe, fern der Praxis von Werkstoff und Formgebung. Konsequenterweise wurde die Mehrzahl der Werkstätten abgeschafft, so daß es nur noch an wenigen Hochschulen der Bundesrepublik qualifizierte Ausbildungsplätze gibt. Die Auswirkungen sind nicht nur im K., sondern auch im Bereich des Design zu spüren: Die stets und überall vorhandenen Talente werden nicht mehr ausgebildet. Dem gegenüber hat die langsamere Entwicklung in der DDR die Kunsthochschulen vor dem Verlust von Werkstätten mit Ausbildungsplätzen geschützt. Ohne Zweifel gibt es in der Bundesrepublik Strömungen, die gegen die intellektuell begründete Realitätsfremdheit der Designausbildung gerichtet sind. Die Industrie selbst, für die im Bereich von Keramik, Glas, Möbeln die Rosenthal-Studio-Produktion als wichtigstes Beispiel gelten darf, fordert mehr künstlerische Einfälle und realitätsnähere Entwürfe. Die akademisch gebildeten Designer können solchen Ansprüchen nur noch selten genügen.

Eine andere Kritik an der Verabsolutierung des Design üben alternative Gruppierungen (→*Alternativkultur*), deren romantisch-industriefeindliche Haltung sich jedoch fast ausschließlich in dilettantischen Hervorbringungen realisiert, vermutlich auch deshalb, weil jede Anleitung für eine professionelle Tätigkeit fehlt. Die letzten Ausbildungszentren, Schwäbisch-Gmünd für den Bereich des Schmucks oder Zwiesel für den Bereich des Glases, sind den Anforderungen quantitativ nicht mehr gewachsen.

So bleibt eine gegenwärtig nicht geschlossene Lücke zwischen den Bedürfnissen der Lernwilligen wie der potentiellen Käufer und den Ausbildungsmöglichkeiten. Den Kunsthandwerkern, die in der Regel wie Maler oder Bildhauer in einzelnen Ateliers arbeiten, kann die Ausbildung ebenso wenig überlassen werden wie anderen Künstlern, gerade dann nicht, wenn das Ziel eine künstlerische Leistung von Rang und nicht die Befriedigung von Alltagsbedürfnissen ist. In der ästhetisch überragenden Alternative zum guten Industrieprodukt findet das K. heute und in Zukunft seine besondere Aufgabe.

Ob das K. in der Bundesrepublik seinen Rang behalten kann, wird durch eine rechtzeitige Restitution der Ausbildungsmöglichkeiten entschieden, während eine künstlerisch bedeutsamere Entwicklung von Talenten in der DDR kaum ohne internationale Kommunikation und ein ungebundenes künstlerisches Selbstverständnis erfolgen kann.

H. Spielmann

Literatur

W. Passarge, Deutsche Werkkunst der Gegenwart, Berlin ²1944

kunst + handwerk, Zeitschrift für angewandte und dekorative Kunst, K., Volkskunst, Design, Hamburg, Dortmund, Düsseldorf, 1956 ff

Gestaltendes Handwerk, hrsg. vom Deutschen Handwerks-Institut, Bonn 1963

W. Funkst, K. in der DDR, Berlin (West) 1970

Moderne Deutsche Keramik, Aust. Kat., bearbeitet von H. Spielmann, Kyoto, Tokyo, Seoul 1976

Künstler

I. Künstler als Beruf – II. Künstler als neuer Mittelstand? – III. Trend zur Abhängigkeit – IV. Die Entwicklung in der Deutschen Demokratischen Republik – V. Bitterfeld und der Weg zurück

I. Künstler als Beruf

Trotz vieler weitsichtiger Definitionsversuche von →*Kunst* und Künstlerschaft fällt es schwer, soziologisch feste Umrisse der Kategorie K. in beiden deutschen Gesellschaften zu gewinnen. Die Schwierigkeit gründet sowohl in der unscharfen Abgrenzung zwischen Berufskünstlertum, halbprofessioneller Produktion und Laienschaffen als auch in den fliessenden Grenzen der Künste zum →*Kunsthandwerk,*

der angewandten Kunst, der Graphik oder der Publizistik. Hinzu kommen Inkonsequenzen wie die, daß etwa die →*Architektur* gewöhnlich unter den Künsten aufgeführt wird, die Architekten jedoch bei statistischen Erhebungen nicht zu den künstlerischen Berufsgruppen gezählt werden. Ähnlich ergeht es den Photographen und anderen Berufen im Bereich der technischen Medien, die sich nicht auf die schöpferische Aura des hergebrachten Künstlerbegriffs berufen können. Dieser beherrscht trotz Abgrenzungsversuchen der DDR gegen eine Vorstellung vom K. »als Außenseiter der Gesellschaft im Sinne bürgerlicher Elitetheorie« (H. Püschel, Leipzig 1975, S. 17) noch weitgehend die rechtliche und wissenschaftliche Begriffsbildung, wenn etwa das → *Urheberrecht* in beiden deutschen Staaten unverändert auf der Theorie der individuellen schöpferischen Leistung aufbaut.

Während es im Gegensatz zu den relativ exakten Daten über Gruppen, Veranstaltungen und Einrichtungen der Laienkunst für die Zahl der Laienkünstler in Bundesrepublik und DDR keine hinreichend zuverlässigen Schätzungen gibt, läßt sich die Zahl der professionellen K. zumindest in groben Umrissen eingrenzen. Die *Gewerkschaft Kunst* im *FDGB* der DDR rechnet, daß sie mit ihren rund 60000 Mitgliedern 95 v.H. aller im kulturellen Bereich Tätigen erfaßt. Der im Auftrag der Bundesregierung erstellte Künstlerbericht kommt auf rund 92000 hauptberuflich Kulturschaffende, davon rund 30000 im Bereich der Publizistik, der nur einen geringen Künstleranteil aufweist. In beiden Aufstellungen fehlen Architekten, Photographen, Kunsthandwerker. Mit Ausnahme der Laienkünstler sind in diesen Zahlen sowohl »produzierende« wie »reproduzierende«, angestellte wie freischaffende, ausgebildete wie autodidaktische K. enthalten. Dabei beträgt deren Anteil in den ausbildungsfähigen Künstlerberufen nicht mehr als 10 v.H. Allerdings ist davon auszugehen, daß wegen der strengeren Kontrolle des Berufszugangs, ja teilweisen Berufsausweispflicht in der DDR die Zahlen der Bundesrepublik mehr Grenzfälle enthalten, Personen, die sich nur mit zweifelhafter Legitimation der nicht geschützten künstlerischen Berufsbezeichnungen bedienen.

Insofern scheint auf den ersten Blick auch eine stärkere Professionalisierung der Künstlerschaft in der DDR vorzuliegen, da dort die künstlerische Berufsausübung durch die Erfordernis einer Ausbildung oder andere Zulassungskriterien und einer an Organisationszwang grenzenden Mitgliedschaft in Berufsverbänden und →*Gewerkschaften* reguliert wird. Untersucht man Ausbildungsinhalte, Zulassungsbedingungen und Organisationsformen jedoch näher, so erweisen sich die Anforderungen eher als Mittel ideologischer denn professioneller Qualifizierung. So ist etwa die in der DDR geschaffene Ausbildung für →*Schriftsteller* ebensosehr auf ideologische wie auf handwerkliche Ausbildungsziele angelegt. Gleiches gilt für die Kriterien bei der Erteilung von Berufsausweisen und bei der Aufnahme in Künstlerverbände der DDR. Diese erfolgt über einen Kandidatenstatus nach einem Verfahren, das dem Parteiaufnahmeverfahren der *SED* nachempfunden ist.

II. Künstler als neuer Mittelstand?

In der Bundesrepublik hat sich der Modernisierungs- und Rationalisierungsdruck der →*Kulturindustrie und Massenkultur*, weitgehend ungebremst von staatlicher Intervention, auf den Status der K. auswirken können. Obwohl es in den 50er und 60er Jahren erklärte Politik der *CDU/CSU*-Regierungen war, den Status der K. im Rahmen der »Bildung eines neuen Mittelstandes« (Regierungserklärung 1953) zu definieren, hat die kulturindustrielle Entwicklung zu anderen Konsequenzen geführt. Zwar wurde der Berufszugang von staatlicher Reglementierung in Form etwa einer Ausbildungspflicht oder bestimmter Ausbildungsvoraussetzungen freigehalten, doch bildete sich durch die Arbeitsbedingungen in der Kulturindustrie ein Grad an Abhängigkeit der K. heraus, der sie in beruflicher und rechtlicher Hinsicht in die Nähe anderer Arbeitnehmer rückt. A. Webers und K. Mannheims klassische Statusbeschreibung der K. als sozial freischwebender Intelligenzschicht trifft für sie heute nicht mehr zu. Erst seit Beginn der 70er Jahre tragen jedoch auch Rechtsprechung, Gesetzgebung und Berufsorganisation den geänderten Verhältnissen Rechnung.

Dieser Statuswandel vollzog sich trotz gegenläufiger ideologischer Beeinflussungsversuche in Recht und Politik. Dazu gehörte, unter Hinweis auf ihren freiberuflichen Status, in der Bundesrepublik zunächst die Herausnahme der konzeptiven K. aus der gewerkschaftlichen Organisation, in der bis 1949 neben Schauspielern, Musikern und anderen kulturell Tätigen auch Schriftsteller und Komponisten vertreten waren. Dieser freiberufliche Status wurde gleichzeitig durch die Gesetzgebung, besonders im Kartellrecht, im Sinne einer Unternehmerähnlichkeit fixiert. Damit wurde einer möglichen, im Normvertragssystem der Weimarer Republik und des nationalsozialistischen Deutschland angelegten Entwicklung dieses Status im heutigen Sinn zunächst der rechtliche und organisationspolitische Weg verstellt. Ermutigt durch die Mittelstandspolitik der Bundesregierung erneuerte sich ein berufsständisches Selbstverständnis der K., das seinen Ausdruck im Anschluß ihrer neuen Verbände an den *Bundesverband der freien Berufe* fand, einen Zusammenschluß selbständiger Ärzte, Apotheker und Steuerberater. Ihnen bestätigten Mitglieder der Bundesregierung wiederholt, sie seien »ein Stück unseres Mittelstandes im Sinne einer geistigen Eli-

te« (F. J. Strauß, Rede auf der Arbeitstagung des Hartmann-Bundes am 24./25.1.1954 in Bad Tölz in: Rundschreiben des Bundesverbandes der freien Berufe v. 5.7.1954), wobei als Mittelstand die Gesamtheit aller Bevölkerungsschichten definiert wurde, »die durch ihr Einkommen und ihre berufliche Einordnung eine solche Lebenssicherung gewonnen haben, daß sie die bestehende Gesellschaftsordnung und den bestehenden Staat voll und ganz bejahen« (F. Schäffer, Mittelstandsförderung in finanzpolitischer Sicht, in: Bulletin des Presse- und Informationsamtes der Bundesregierung, Nr. 146 v. 9.8.1955).

Erst nach dem Scheitern ihrer wichtigsten organisations- und sozialpolitischen Positionen wurde den K. bewußt, daß dies auf ihren sozialen Status nicht zutraf und entgegen anfänglichem Wunschdenken im Zeichen des *Wirtschaftswunders* auch nie zutreffen würde. Weder ein staatlicher Kulturfonds noch eine vom Staat garantierte Altersversorgung, mit der die DDR ihre K. abgesichert hatte, kamen in der Bundesrepublik zustande *(→Kunstförderung)*. Anders als die tatsächlichen Kleinunternehmer in Arztpraxen und Apotheken konnten die K. auch beim Aufbau ständischer Versorgungseinrichtungen der freien Berufe nicht mithalten, da sie zu wenig Kapital hatten. Daran zerbrach in den 60er Jahren nicht nur dieses Bündnis, sondern auch die Künstlerverbände selbst, die sich auf den Schriftsteller- und Künstlerkongressen zunächst in gewerkschaftsähnliche Verbände und dann in Gewerkschaften mit dem Eingeständnis umwandelten, daß mit solcher Art »illusionärer Mittelstandspolitik die künstlerischen freien Berufe gescheitert« seien. »Die K. sind kein Mittelstand, sondern eine unterprivilegierte Schicht geworden, die noch hinter den Lebensstandard der meisten Arbeitnehmer zurückgefallen sind. Es gibt für uns keine ›optimale Freiheit vom Markt‹, keine ›Freiheit zu gleichberechtigter Partnerschaft‹ mit unseren Auftraggebern in Kunsthandel und Kulturindustrie« (G. Bubenik, Von der Unfreiheit eines freien Berufes, in: Kongreß der Künstler in der Paulskirche 1971, Frankfurt a. M. o. J. o. S)

III. Trend zur Abhängigkeit

Flankiert durch Maßnahmen der seit 1969 regierenden sozialliberalen Koalition, wie Reformen des Urheberrechts durch Einführung des Folgerechts und der Bibliothekstantieme, Berücksichtigung arbeitnehmerähnlicher Personen im Tarifrecht und Vorbereitung der Künstlersozialversicherung, wurde in der Folgezeit der Weg für ein neues Verständnis des K. in der Bundesrepublik eröffnet. Es basiert sowohl auf soziographischen Einsichten, nach denen in den künstlerischen Berufen »über die letzten 20 Jahre ein deutlicher Trend zur abhängigen

Berufsstellung zu beobachten ist« (K. Fohrbeck, A. J. Wiesand, F. Woltereck, Arbeitnehmer oder Unternehmer? Zur Rechtssituation der Kulturberufe. Eine Untersuchung, Berlin (West) 1976, S. 76), als auch auf Veränderungen in Arbeitsweise und Arbeitsprozessen der K. und ihrem Bewußtsein davon. Nur zwischen 2 v.H. der Autoren, Musikschaffenden, Darsteller und 10 v.H. der bildenden K. und Designer der bundesrepublikanischen K. können danach noch als unternehmerähnlich oder als Kleinunternehmer gelten. Gleichzeitig nimmt offenbar schneller als in der DDR die handwerkliche Schreibtisch- und Staffeleiproduktion der K. zugunsten jenes »Laborkünstlers« ab, der »sich an seinen Stundenplan hält, über streng spezialisierte Apparate und Instrumente verfügt« (Th. W. Adorno, Noten zur Literatur I, Frankfurt a. M. 1958, S. 188) und häufig bereits im Team arbeitet. Vor allem bei den elektronischen Medien werden die konzeptiven Leistungen der K. derart von den Notwendigkeiten der Organisation und Technik sowie den Leistungen der übrigen Mitwirkenden, der Darsteller, Regisseure, Lektoren, Dramaturgen, Kameraleute, Bild- und Tontechniker, in der bildenden Kunst auch der Reprophotographen, mitgeprägt, daß diese Medien schon die »ursprünglichen Mittler an der Urheberschaft beteiligen« (K. Fohrbeck, A. J. Wiesand, Der Autorenreport, Reinbek 1972, S. 19). Berufsfeldstudien wie Künstler- und Autorenreport und weitere neue Untersuchungen zur Kunstproduktion zeigen, in welchem Ausmaß Kapital und Technik im Zuge erweiterter Vermarktung den künstlerischen Arbeitsprozeß bereits verändert haben. Die Produktion der öffentlich-rechtlichen Medien unterscheidet sich hinsichtlich Technik, Rationalisierungs- und Effektivierungsdruck kaum von der übrigen Kulturindustrie. Andererseits unterstehen diese Medien dem ideologischen Primat der öffentlich-rechtlichen, heute schon mittelbar staatlichen Kontrolle. Übereinstimmungen in der Position der K. zwischen Bundesrepublik und DDR lassen sich hier am ehesten finden, wenn nicht ideologisch, so doch in Form der Einbindung.

In der Bundesrepublik gibt es neben den Berufskünstlern ein Laienkünstlertum, das sich teils in erklärtem Gegensatz zur Kultur- und Freizeitindustrie, teils als ihr Objekt entfaltet. Politisch und kulturkritisch engagierte K. haben wiederholt das Laienkünstlertum als gegenkulturelle Alternative zur bürgerlichen Berufskunst propagiert. Hier gibt es Parallelen zur Laienkunst der DDR in der gemeinsamen Berufung auf das Konzept des »operativen« Schaffens S. Tretjakovs. Die Ergebnisse, etwa der Werkkreisbewegung, führen allerdings über ähnliche Bewegungen im Deutschland vor 1933 nicht hinaus. Ob neue Medien wie Videographie oder die »Offenen Kanäle« der sogenannten »Demokratischen Sender« eine neue Perspektive geben können, muß die Praxis noch zeigen.

IV. Die Entwicklung in der Deutschen Demokratischen Republik

Die Befreiung vom Nationalsozialismus hatte mit dem Ende der *Reichskulturkammer* auch deren Zwangsbefugnisse für die künstlerische Berufsausübung aufgehoben; selbst die staatlich verordneten Normverträge, beispielsweise im Verlagswesen, wurden von den Alliierten annulliert und in die freie Verantwortung der kulturellen Sozialpartner zurückgegeben. Auch in der Sowjetischen Besatzungszone entschloß man sich nach anfänglichem Zögern zur Auflösung des Kammersystems; eine zunächst gegründete neue *Kammer der Kunstschaffenden* in Berlin wurde 1946 zugunsten gewerkschaftlicher Künstlerverbände aufgelöst. Die Berufsausübung als K. war, außer in einigen Fällen alliierter Berufsverbote gegen belastete Nationalsozialisten, frei. Sie wurde 1946 auch von A. Ackermann namens der *KPD* bestätigt: »Freiheit für Wissenschaft und Kunst bedeutet, daß den Gelehrten und Künstlern kein Amt, keine Partei und keine Presse dreinzureden hat, solange es um die wissenschaftlichen und künstlerischen Belange geht. So möchten wir die Freiheit der Kunst und Wissenschaft aufgefaßt und angewandt wissen« (A. Ackermann, Freiheit der Wissenschaft und Kunst, in: Neues Deutschland v. 4.10.1946).

Erst mit dem Kurs auf die eigene sozialistische Staatsordnung der DDR setzten sich Vorstellungen eine »bestimmten Lenkung« künstlerischer Tätigkeit durch. So begründete O. Grotewohl die Einrichtung der *Staatlichen Kommission für Kunstangelegenheiten* 1951 mit der kulturpolitischen Notwendigkeit, »jene Voraussetzungen zu schaffen, unter denen bei bestimmter Lenkung bestimmte Erfolge künstlerischer und kultureller Art entwickelt werden können« (O. Grotewohl, Die Kunst im Kampf für Deutschlands Zukunft, in: Neues Deutschland, v. 2.9.1951). Zu diesen Voraussetzungen rechnete die *SED* neben der *Staatlichen Kommission für Kunstangelegenheiten* auch das 1951 gegründete *Amt für Literatur und Verlagswesen*, die 1952 berufenen Leitungsinstanzen *Staatliches Komitee für Filmwesen, Staatliches Rundfunkkomitee*, Künstlerorganisationen und K. »neuen Typus«, wie sie den 1952 geschaffenen *Deutschen Schriftstellerverband*, der bald in *Schriftstellerverband der DDR* umbenannt wurde, später in einer Grußadresse bezeichnete. Mit Verbänden dieses neuen Typus wurden nach und nach die gewerkschaftlichen Organisationen der konzeptiven K., der Schriftsteller, bildenden K., Komponisten, Film- und Fernsehschaffenden abgelöst. Die neuen Verbände sollten nicht mehr vorrangig als Berufsverbände Organe gewerkschaftlicher Interessenvertretung sein, sondern gesellschaftliche Organisationen, als deren wichtigste Aufgabe die Gewinnung aller K. für den sozialistischen Aufbau angesehen wurde. Unter den vier Zielen, die bei der

Gründung des *Verbands bildender Künstler* 1950 proklamiert wurden, befand sich kein einziges gewerkschaftliches, sondern, in dieser Reihenfolge, »die Wiedererweckung einer großen deutschen nationalen Kunst«, die »Bekämpfung der anglo-amerikanischen Kulturbarbarei«, die Entwicklung des »Austausches mit der Kunst der Sowjetunion« sowie die »Klärung der ideologischen, wissenschaftlichen und fachlichen Fragen der bildenden Kunst«. Schwieriger als dieser neue Verbandstyp war sein eigentlicher Zweck, den neuen Künstlertypus zu verwirklichen. Dies ging nicht ohne Widersprüche und ideologische Schwankungen vor sich. Die Kritik der betroffenen Künstler, insbesondere der *Deutschen Akademie der Künste*, an der dogmatischen Auslegung der Begriffe → *Formalismus* und *Sozialistischer Realismus* führte Anfang 1954 zur Auflösung der *Staatlichen Kommission für Kunstangelegenheiten*, des *Staatlichen Komitees für Filmwesen* und der *Abteilung Erwachsenenbildung* beim *Ministerium für Volksbildung*, deren Funktionen vom neugegründeten *Ministerium für Kultur* übernommen wurden. Das *Amt für Literatur und Verlagswesen* blieb als selbständige Behörde bis 1956 bestehen.

V. Bitterfeld und der Weg zurück

W. Ulbricht versuchte mit seiner neuen Kulturpolitik nach 1956, den neuen Künstlertypus unter Mobilisierung der Laienkünstler auf dem *Bitterfelder Weg* aus der Arbeiterklasse selbst zu gewinnen und in ihr zu verankern. Doch schon die *II. Bitterfelder Konferenz* 1964 orientierte sich wieder am Typus des Berufskünstlers als Spezialisten, dessen Rolle nunmehr im Rahmen der Konzeption der »Einheit von technischer und kultureller Revolution« bestimmt wurde. Als kultureller Planer und Leiter, so W. Ulbricht, trage der K. direkt zu größeren Leistungen und zur Beschleunigung der Entwicklung bei. Damit rückte die auch von W. Ulbricht proklamierte zentrale Rolle der Laienkünstler wieder in weite Ferne, gleichgültig ob man sie wie in einem neueren Meinungsstreit zweier Kulturwissenschaftler der DDR, H. Schnabels und W. Göpferts, für alle Zeiten oder nur bis zum Übergang vom → *Sozialismus* zum → *Kommunismus* aufgibt. Betont wurde allerdings weiterhin, daß die Berufskünstler ihre »große Aufgabe nur meistern können, wenn sie ihre eigene Lebensweise ändern« (W. Ulbricht).

Erst E. Honecker hat auf dem VIII. Parteitag der *SED* 1971 die Forderung nach einer radikalen Umfunktionierung praktisch wieder auf die Anerkennung der führenden Rolle der Partei reduziert. Verändert sei wohl die Stellung des K. im Leben der Gesellschaft, in seinen Beziehungen zu den anderen sozialen Klassen und Schichten, doch wird er zugleich wieder in seine traditionelle Funktion eingesetzt. K. Hager sah sie 1972 bei »jener Kraft und Begabung, die immer bester Teil großer, dem Volk verbundener Kunst war: Das Aufdecken, geistige Abtasten, Durchspielen und die Vorwegnahme der reichen, vielgestaltigen künftigen Möglichkeiten des Menschen und der Gesellschaft« (K. Hager, in: M. Lange, S. 320).

Zu einer solchen Rückkehr zur klassischen Rolle des bürgerlichen K. war die DDR relativ mühelos in der Lage, weil sie trotz aller ideologischen Schwankungen den klassenmäßigen Status der konzeptiven K. als kleiner Warenproduzenten weitgehend unangetastet gelassen und, gemessen an den kulturindustriell bedingten Statusänderungen der K. in der Bundesrepublik, geradezu konserviert hatte. Weder die im Vergleich zur Bundesrepublik frühere Wiedereinführung von Normverträgen und Honorarordnungen, denen aber ausdrücklich der eine Statusänderung bedingende arbeitsrechtliche Charakter von Tarifverträgen abgesprochen wurde, noch die Einrichtung von Gemeinschaftswerkstätten und der starke Ausbau des gesellschaftlichen Auftragswesens in der DDR haben daran etwas geändert. Dies letztere hat zwar die kleine Warenproduktion des K. teilweise unter das Kommando oder unter die Mitsprache seiner Auftraggeber gestellt, aber doch lediglich formell. Die Produktionsweise des K. an Schreibtisch und Staffelei wurde dabei weitgehend erhalten. Die vielberufene technisch-wissenschaftliche Revolution, die über neue Medien die Produktionsweise der in ihnen arbeitenden K. verändert hat, hat die K. der DDR noch kaum erreicht. Die Abkoppelung ihrer wirtschaftlichen Existenz vom profitbedingten Modernisierungs- und Rationalisierungsdruck der kapitalistischen Kulturindustrie und ihre staatssubventionistische Erhaltung nähern die → *Intelligenz* der DDR in mancher Hinsicht eher den »ideologischen Ständen« der vorbürgerlichen Gesellschaft an.

H. Schwenger

Literatur

R. D. Herrmann, Der K. in der modernen Gesellschaft, Wiesbaden 1971
M. Lange, Die Rolle des K. und die soziale Funktion der Kunst, in: Kultur im gesellschaftlichen Leben, hrsg. von M. Lange, Berlin (Ost) 1973
W. Göpfert, Bemerkungen zur Diskussion über Berufs- und Laienkunst, in: Weimarer Beiträge, 20. Jg., 1974, H. 4
K. Fohrbeck, A. J. Wiesand, Künstler-Report, München 1975

Lebensstandard

»Die Definitionen für den L. sind nicht mehr zu zählen«. Dieser Feststellung in einem bereits klassischen Text (H. E. Pipping, S. 57) ist nur hinzuzufügen, daß inzwischen weitere Definitionen gefolgt sind. L. stellt ein sprachkulturelles Lehrbeispiel dafür dar, wie unterschiedlich ein umgangssprachlich üblicher Begriff im Laufe der Zeit wissenschaftlich definiert werden kann. In engerem Sinne bezieht sich L. auf die Versorgung privater Haushalte mit Verbrauchsgütern, Gebrauchsgütern und Dienstleistungen. Dabei können ausschließlich käuflich erworbene Güter und Dienste als privater Konsum einbezogen werden, aber auch Güter, die kollektive, insbesondere staatliche Einrichtungen unentgeltlich oder gegen geringe Gebühr bereitstellen und auch Güter, die die Haushalte in Eigenproduktion herstellen. Ein erweiterter Begriff von L. erstreckt sich zusätzlich insbesondere auf Arbeitsbedingungen, Freizeit und soziale Sicherung. Eine noch weitere Fassung des Begriffs wird in Konzepten vorgenommen, die Quantität und Qualität der Befriedigung materieller und geistiger Bedürfnisse oder das historisch bedingte Niveau der Gesamtheit der Lebensbedingungen als L. bezeichnen. Obwohl auch ein enger Begriff wichtige Sachverhalte für gesellschaftliche Vergleiche bezeichnet, sollte dennoch der begrenzte Stellenwert des materiellen Konzepts für die Wohlfahrt einer Bevölkerung bedacht werden. Vorwiegend bezieht sich L. auf private Haushalte, um diese, zu Gruppen, Schichten oder Klassen zusammengefaßt, aus einer betont wirtschaftlichen Perspektive zu charakterisieren.

Für das Konzept des L. ist die Unterscheidung zwischen Anspruch und Realisierung fundamental. Der Begriff wird einerseits im Sinne einer Norm, eines Leitbilds, einer Ziel-, Wert- oder Wohlfahrtsvorstellung, andererseits im Sinne einer tatsächlichen Versorgungslage privater Haushalte verwendet. Als Anspruch auf gehobenere Versorgung gesehen ist L. Teil der verhaltensregulierenden →Kultur. Dies bewirkt, daß sich bestimmte Bevölkerungsgruppen, Schichten und Klassen durch spezifische Orientierungsmuster in bezug auf ihre Versorgung mit Gütern und Diensten auszeichnen. Traditionelle Vorstellungen vom »standesgemäßen Leben« beispielsweise eines Beamten sind deshalb ebenso anzutreffen wie subkulturelle Ideen »alternativer Lebensformen« (→Subkultur, →Alternativkultur). Eine kulturkritische Betrachtung erfährt insbesondere das Streben nach einem sichtbaren Luxusstandard, nach »demonstrativem Konsum«. In der Sozialpolitik werden vor allem sozialkulturelle Minimalstandards, »Armutsstandards«, diskutiert, die kein Individuum oder Haushalt unterschreiten soll. Als Standardausstattung privater Haushalte werden üblicherweise jene Gebrauchsgüter bezeichnet, über die mindestens 50 v. H. aller Haushalte verfügen. Vom angestrebten L. unterscheidet sich der erreichte L., der insbesondere auch als Lebenshaltung und entsprechend einem Vorschlag der Vereinten Nationen auch als Lebensniveau bezeichnet wird. Zahlreiche weitere Begriffe beziehen sich auf denselben Sachverhalt, wie »Lebensbedingungen«, »Lebenslage«, »Lebenssituation«. Andere Bezeichnungen gehen ausdrücklich über den Begriff L. hinaus, wie »Lebensart«, »Lebensführung«, →Lebensstil, »Lebensqualität«, »Lebensweise«, auch »Wohlstand« und »Wohlfahrt«.

Aus historischer Sicht ist vor allem die Geschichte des materiellen L. im Verlauf der Industrialisierung beachtet worden. Einfache Vergleiche der Entwicklung des Sozialprodukts je Einwohner würden eine Vervielfachung des L. während der letzten 150 Jahre nahelegen. In marxistischen Theorien der Verelendung wird hingegen grundsätzlich bezweifelt, daß in einem kapitalistischen System die Anhebung des L. der Volksmassen möglich ist. Sozialgeschichtliche Untersuchungen zeigen, daß die durch den →Kapitalismus entfaltete Wirtschaftskraft auf lange Sicht zu einer Erhöhung der materiellen Versorgungslage aller Bevölkerungsgruppen führte.

Sozio-ökonomische Ungleichheiten wurden zwar nicht eingeebnet, jedoch verändert. Auch verlief die Entwicklung nicht gradlinig, sondern wurde von Krisen und Kriegen unterbrochen und zurückgeworfen.

In der Geschichte der Bundesrepublik und der DDR erhält L. einen besonderen Akzent, weil er im Rahmen verschiedener, miteinander konkurrierender Wirtschaftssysteme, sozialer Marktwirtschaft und sozialistischer Planwirtschaft, die aus einem zuvor einheitlichen Wirtschaftsgebiet hervorgegangen waren, erarbeitet wurde. Wirtschaftliche Wachstumsraten und L. gelten vielfach als hauptsächliche Erfolgskriterien für die Leistungsfähigkeit eines Wirtschaftssystems. In beiden Gesellschaften wird die Zielvorstellung der Hebung des L. jedoch auch relativiert. Während in der DDR der Entfaltung einer sozialistischen Lebensweise (→Alltag) Priorität gegeben wird, haben sich in der Bundesrepublik im letzten Jahrzehnt die Stimmen verstärkt, die Lebensqualität als Maßstab für eine humane Gesellschaft fordern. Im Anschluß vor allem an E. Eppler wird in Teilen der SPD Lebensqualität als »höherer L.« verstanden. Sie meint »Sicherheit durch menschliche Solidarität, die Chance zur Mitbestimmung und Selbstverwirklichung, zum sinnvollen Gebrauch der eigenen Kräfte in Arbeit, Spiel und Zusammenleben, zur Teilhabe an der Natur und den Werten der Kultur, die Chance, gesund zu bleiben oder zu werden« (E. Eppler, 1974, S. 45). Nicht die Forderung solcher Maßstäbe für die Gesellschaftspolitik ist neu, denn sie findet sich ähnlich in früheren Jahrzehnten, sondern die Resonanz, die diese Ideen in den 70er Jahren hatten.

Weit wird auch das in der DDR propagierte Konzept der sozialistischen Lebensweise definiert, indem es sowohl die Anhebung des materiellen wie des geistigen Lebensniveaus fordert. Es meint eine bestimmte Art des gemeinschaftlichen und individuellen Lebens in den verschiedenen gesellschaftlichen Bereichen, in der Arbeit, der Freizeit und in den politischen Institutionen, im Wohngebiet, in der Familie und in Freundeskreisen.

Der L. privater Haushalte wird in der Bundesrepublik wie in der DDR von zahlreichen rechtlichen Regelungen direkt oder indirekt betroffen. Das *Grundgesetz* schützt die »Würde des Menschen« (Art. 1), fordert den »sozialen Rechtsstaat« (Art. 20 und 28) und verlangt die »Wahrung der Einheitlichkeit der Lebensverhältnisse« zwischen den Bundesländern (Art. 72). Dies fordert die gesellschaftspolitische Beachtung des L. bis hin zu einer Gewährleistung minimaler Standards für alle Bürger. Daraus folgt in letzter Instanz die Vorschrift der Gewährung von Sozialhilfe. Ausgehend von einem durchschnittlichen »Warenkorb« als Maßeinheit wird die Höhe der finanziellen Unterstützung festgelegt, die für eine menschenwürdige Lebensführung als notwendig erachtet wird.

In der DDR wird die Entwicklung des L. im Rahmen der *Verfassung* umfassend geplant. Im Hinblick auf die Ausübung der Macht wird erklärt, sie »schützt die sozialistische Gesellschaft und gewährleistet die planmäßige Entwicklung des L.« (Art. 4). Gesetzliche Grundlage sind die jeweiligen Fünfjahrespläne, die Kennziffern in bezug auf Einkommen, Verbrauch, Sparen, Dienstleistungen, Wohnungen, Gesundheitswesen, Erholungswesen, Kindereinrichtungen, Kultur, Qualifikationsstruktur und Beschäftigungsgrad festlegen.

In der Bundesrepublik wie in der DDR ist der materielle L. zum größten Teil vom Einkommen abhängig, das den privaten Haushalten zufließt und das diese für den Kauf von Gütern verwenden können. In der Bundesrepublik werden die meisten Güter durch private Unternehmen produziert und über den Markt verteilt, der die Preise nach Angebot und Nachfrage regulieren soll. Durch staatliche Einkommenszuwendungen an die privaten Haushalte, beispielsweise Wohngeld, kann die Nachfrage gesellschaftspolitisch erwünschter Güter erhöht werden, durch hohe Verbrauchssteuern, wie die Mineralölsteuer, kann die Nachfrage geringer gehalten werden als unter Marktbedingungen. In der DDR werden Preise und zu produzierende Gütermengen durch den Staat festgesetzt. Dabei sind für die Güterpreise, die etwa im Fall von Wohnungsmieten deutlich unter vergleichbaren, im Fall von Personenkraftwagen weit über vergleichbaren Marktpreisen liegen, politische Kriterien ausschlaggebend.

Die Volkswirtschaften der Bundesrepublik und der DDR sind hochindustrialisiert und haben auf der Grundlage einer gemeinsamen historischen Entwicklung, bei partiell unterschiedlicher Ausgangslage am Ende des Zweiten Weltkriegs, mit divergierenden Wirtschafts- und Gesellschaftssystemen einen im internationalen Vergleich hohen L. für die breite Bevölkerung erreicht. Im deutsch-deutschen Vergleich zeigen traditionelle Indikatoren des L. teils systemspezifische Ergebnisse, teils ein geringeres Wohlstandsniveau in der DDR. Nach Berechnungen des *Deutschen Instituts für Wirtschaftsforschung* hatte ein Vierpersonen-Arbeitnehmerhaushalt 1978 ein Nettoeinkommen von durchschnittlich 2840 DM in der Bundesrepublik und 1451 M in der DDR. Kaufkraftvergleiche auf der Grundlage von »Warenkörben privater Haushalte« zeigen, daß eine DM grob gesehen einer Ost-Mark entspricht. Freilich finden die Haushalte in der DDR kein entsprechendes Angebot an Gütern und Dienstleistungen wie in der Bundesrepublik vor. Die wichtigsten Unterschiede bei den Ausgaben privater Haushalte liegen im Nahrungsmittel- und Wohnungsbereich. Arbeitnehmerhaushalte in der DDR verwenden einen weit höheren Teil ihrer Gesamtausgaben für Nahrungs- und Genußmittel. In der Bundesrepublik hingegen geben die Arbeitnehmerhaushalte ein Fünftel ihrer Verbrauchsausgaben für Miet- und Nebenkosten aus, während dieser Posten bei den Haushalten der DDR nur ein Zwanzigstel ausmacht. Während Haushalte in der Bundesrepublik relativ mehr für Bildung, Unterhaltung und Erholung ausgeben, wird in der DDR relativ mehr für Bekleidung und Textilien verwendet. Die Subventionierung von Wohnungen und kulturellen Angeboten in der DDR schlägt sich in diesen Ausgabenstrukturen ebenso nieder, wie in ihnen das höhere Ausgabenniveau in der Bundesrepublik zum Ausdruck kommt.

Grundnahrungsmittelpreise und Mieten werden in der DDR besonders niedrig gehalten und sind deshalb mit weniger Arbeitsaufwand zu erreichen als in der Bundesrepublik; hingegen ist für Genußmittel weit mehr Arbeitszeit aufzuwenden. In der Bundesrepublik werden Industriewaren weit günstiger als in der DDR bereitgestellt, während Dienstleistungen in der DDR oft billiger angeboten werden. Bei der Ausstattung der Haushalte mit langlebigen Gebrauchsgütern hat die DDR die Bundesrepublik bei einigen Gütern wie Fernsehgeräten oder elektrischen Kühlschränken eingeholt, während bei anderen Gütern die Haushalte der DDR weiterhin auf einem niedrigeren Ausstattungsniveau gehalten werden. So läßt die Versorgung mit Personenkraftwagen, Tiefkühltruhen, Telephonen weiterhin zu wünschen übrig.

Die Verteilung von materiellen Gütern unter den privaten Haushalten ist mit Veränderungen der Alltagskultur wie auch der künstlerischen Kultur eng verbunden. Als typische Beispiele lassen sich die durch neue Gebrauchsgüter veränderten Tätigkeitsmuster im Haushalt anführen, ferner die erweiterte individuelle räumliche Mobilität durch den Autobesitz, ein freizügiges Kommunikationsverhalten (→*Kommunikation*) aufgrund der Verbreitung des Telephons sowie der durch das →*Fernsehen* ermöglichte Zugang größerer Schichten zur Kultur. Eine wichtige Funktion der Steigerung des L. im Bereich der →*politischen Kultur* besteht in der Erhaltung, ja Erhöhung der Unterstützung der »Massenloyalität« des jeweiligen politischen Systems. So hat die Abwanderung aus der DDR in die Bundesrepublik im Gefälle des L. sicher eine ihrer Ursachen gehabt.

Unter dem Blickwinkel von Lebensqualität und Wohlfahrt ist ein Gesellschaftsvergleich nur auf der Grundlage des erreichten materiellen L. unvollständig. Jedoch gibt es bereits etliche Studien, die darüber hinausgehen, wie etwa die »Materialien zum Bericht zur Lage der Nation 1971, 1972, 1974«. Eine Untersuchung der beobachtbaren Lebensbedingungen im Zusammenhang mit der von den Bürgern wahrgenommenen Lebensqualität liegt jedoch bisher nur für die Bundesrepublik vor (W. Zapf, 1979).

W. Glatzer

Literatur

H. E. Pipping, Das Konzept des L., (1933), in: G. Kirsch, W. Wittmann, Nationale Ziele und soziale Indikatoren, Stuttgart 1975
Materialien zum Bericht zur Lage der Nation, hrsg. v. Bundesminister für innerdeutsche Beziehungen, Bonn 1971, 1972, 1974
E. Eppler, Maßstäbe für eine humane Gesellschaft: L. oder Lebensqualität, Stuttgart u. a. 1974
A. Triebel, Lebensstandarddebatten in der modernen Sozialgeschichtsschreibung, Bochum, Bielefeld 1977
W. Zapf, Lebensbedingungen und wahrgenommene Lebensqualität, in: Sozialer Wandel in Westeuropa, hrsg. v. J. Matthes, Frankfurt a. M., New York 1979

Lebensstil

I. Soziale und materielle Einflüsse – II. Hedonistisch-asketische Stile in beiden deutschen Staaten

I. Soziale und materielle Einflüsse

L., *life style,* kennzeichnet die im Konsum- und Sozialverhalten beobachtbare qualitative Bedarfsstruktur und Mittelverwendung. In diesem Sinn soll vom L. einer Person, einer Gruppe, einer Schicht oder einer Gesellschaft gesprochen werden, im historischen Sinn auch vom L. einer Epoche. Der Begriff trifft sich mit Ausdrücken wie »Lebenshaltungsniveau«, *train de vie, way of life,* Lebensweise oder Qualität des Lebens. L. umschließt, analytisch gesehen, metaökonomische, strukturelle und wertbezogene Sachverhalte. Eine über die Ökonomie hinausgehende Dimension wird insofern angesprochen, als die finanzielle Situation eines Menschen zwar mit die wichtigste Voraussetzung für Ausmaß und manchmal auch Niveau seines →*Konsums* und seines L. ist, jedoch nur einen äußeren Rahmen bildet, innerhalb dessen viele unterschiedliche Stile angestrebt werden können. Strukturell gesehen handelt es sich beim L., im Gegensatz zu eher kurzlebigen Erscheinungen wie →*Moden* oder »Wellen«, um eine nachhaltig verfestigte Verhaltens- und Einstellungsform; Wandlungen erfolgen dabei in erheblich kürzeren Zeitabständen. Nur dann, wenn in vielen menschlichen Bereichen gleichartige und gemeinsame Denk- und Verhaltensweisen auftreten, kann im eigentlichen Sinn von einem L. gesprochen werden.

L. ist Teil des kulturellen Wertsystems und daher mit sozialen Normen verknüpft. Diese stecken einen vorgegebenen Rahmen möglicher Wege der Verwirklichung von L. ab. Obwohl der Begriff werthaltig ist, enthält er jedoch keine Wertung, etwa in ästhetisierendem, sublimierendem Sinne. Es ist also durchaus sinnvoll, die Frage nach dem L. von Bandenangehörigen und sonstigen Randgruppen zu stellen. L. bezeichnet weiterhin einen qualitativen Sachverhalt. Quantitative Tatbestände wie Kaufkraft, Ausgabenhöhe, auch die Verbrauchsstruktur, besagen noch nichts über Verwendungsaktivitäten, die für die Gestaltung des L. von Bedeutung sind. Vereinfachende qualitative Meßziffern sind beispielsweise die Anzahl der Wohnräume oder das durch einige Indikatoren gemessene »kulturelle Niveau«. Darüber hinaus erscheint ein multipler Index, der auch die Arbeitswelt mit einbezieht, sinnvoll.

Der Begriff L. wird in verschiedenen Zusammenhängen verwendet, beispielsweise von D. Lerner im Rahmen der Theorie des sozialen Wandels, von J. H. Goldthorpe und D. Lockwood bei klassen- oder schichtspezifischem L. und neuerdings etwa von J. T. Plummer verstärkt auch im Bereich des Marketing zur Beschreibung der Marktsegmentierung. Als wichtige Einflußgrößen für den langfristigen historischen Wandel des L. werden die Arbeitsteilung, die Schulpflicht, die Technisierung, die Urbanisierung und die Massenmedien gesehen. Diese Dimensionen sind von größtem Belang für die Problematik der Entwicklungsländer bei der Assimilierung abweichender Stilelemente fremder Kulturen. Auch wird angenommen, daß bestimmte Profile von Persönlichkeitsmerkmalen zu bestimmten Verhaltens- und Einstellungsmustern in Beziehung stehen. Persönlichkeitszüge, die den L. beeinflussen, werden ihrerseits wesentlich durch den kulturellen Hintergrund mitbestimmt. In diesem Sinn spricht etwa F. Staufenbiel (1966) vom L. der sozialistischen Persönlichkeit.

Das Studium des Lebenszyklus *(life-cycle),* also der verschiedenen Rollen, die ein Mensch im Lauf seines Lebens übernimmt, hat seine enge Berührung zum L. aufgezeigt. J. B. Lansing, J. N. Morgan sowie G. Katona stellten typische und eben auch wechselnde Verhaltensmuster und Lebensziele je nach der altersspezifischen Rolle fest. In der gleichen Weise gibt es den L. der Jugendlichen, im engeren Sinn etwa den der »Teenager«, der »Twens«, der studentischen Jugend, der Arbeiterjugend oder den L. der Altersgeneration, der berufstätigen Mütter.

Es wurde die These von den schichtspezifischen →*Subkulturen* formuliert, die sich darauf stützt, daß man besonders beim Vergleich von Mittelschicht- und Unterschichtlagen verschiedene L. entdeckte. Demgegenüber besteht die Annahme, daß der L. der mittleren Schichten, geprägt durch die Mittelschichtideologie, allumfassend und allgemeinverbindlich geworden sei, und daß auch die Angehörigen der Unterschicht sich daran ausrichten. Diese Perspektive wird in der These von der Angleichung der Lebenschancen und des L. aneinander betont. Doch hat man dabei zweifellos die nivellierenden Tendenzen in unserer Gesellschaft stark überschätzt. Die Kultur mit ihrem ideellen System, dem Symbolsystem, dem Wertsystem und dem Glaubenssystem sowie dem materiellen System technischer, organisatorischer, ökonomischer Struktur und Entwicklung erweist sich als generelle Prägeform des L.

II. Hedonistisch-asketische Stile in beiden deutschen Staaten

Für einen interkulturellen Vergleich ist der Begriff des L. bedeutsamer als die bloß quantitativen Maße des →*Lebensstandards* oder des →*Konsums.* Wegen dieser vorwiegend qualitativen Dimension ist ein solcher Vergleich allerdings schlecht objektivierbar. Was in der DDR unter L. verstanden wird, deckt sich trotz des oft überhöhten Sprachgebrauchs in etwa mit dem, was bisher für die Bundesrepublik beschrieben wurde. So definiert F. Staufenbiel den L. der sozialistischen Persönlichkeit als »Art und Weise sowie Nutzeffekt des Gebrauchs der materiellen und geistigen Kultur der Gesellschaft durch den Menschen« (Kultur heute – für morgen, Berlin (Ost) 1966, S. 80), und H. Kießig betont in diesem Sinn die »bewußte Aneignung der geistigen Werte und Nutzung der materiellen Güter sowie der sozialen und kulturellen Einrichtungen der Gesellschaft zur eigenen Vervollkommnung mit dem Ziel, die erworbenen Kenntnisse und Fähigkeiten in der sozialistischen Gemeinschaft und zu ihrem Wohle anzuwenden« (L. und Wohnen, in: Einheit, 1968, H. 2, S. 234).

Die Konvergenzthese *(→Konvergenztheorie),* wie sie von vielen Analytikern des sozialen Wandels vertreten wird, behauptet eine interkulturelle Angleichung von Verhaltensmustern und L. aufgrund der vereinheitlichenden Prägekraft des industriellen Systems. In der Tat mögen viele Unterschiede zwischen Bundesrepublik und DDR lediglich graduelle Differenzierungen oder Etappenvorsprünge sein. So berichten Beobachter der DDR während der letzten Jahre von einem üppig gewordenen, bisher durch keinerlei Kalorienbewußtsein gebremsten Konsum von Lebens- und Genußmitteln, der an die bundesrepublikanische »Freßwelle« der Wiederaufbauzeit erinnert. Die Entwicklung zeigt auch für die DDR einen Übergang von der Quantitätsphase in die Qualitätsphase, in der das Problem der mengenmäßigen Versorgung umschlägt in eines der Ausstattung. Um den Mangel an Marktmechanismen, unter dem die Planwirtschaft leidet, auszugleichen, bemühen sich Staats- und Parteiführung verstärkt um eine Verbesserung der Marktforschung, mit deren Hilfe man die gegenwärtigen und vermuteten zukünftigen Bedürfnisse der Bevölkerung erkennen und befriedigen will. Hier macht sich der verbreitete Wunsch nach Auswahl und die Forderung nach Möglichkeiten der individuellen Gestaltung bemerkbar, die trotz vielerlei Schwierigkeiten mittlerweile ein weiter gefächertes Angebot und eine reichhaltigere Infrastruktur für verschiedene Aktivitäten erbringen.

Nach Darstellung von Autoren aus der DDR sind zudem die Organisationsformen der Freizeitgestaltung *(→Freizeit)* auf dem Lande mit denen in der Stadt weitgehend vergleichbar, so daß das Gefälle des L. zwischen Stadt und Land *(→Provinz und Metropole)* in neuester Zeit bedeutend weniger krass ist als noch vor etwa zehn bis fünfzehn Jahren. Die landesweite Ähnlichkeit der Organisationsformen oder Organisationszwänge trägt vermutlich zur Homogenisierung und möglicherweise sogar zur Uniformierung des Freizeitlebens bei. Andererseits bewirkt die Homogenisierung schon das Angebot, daß Verwendungsaktivitäten wie demonstrativer Konsum oder Kennerschaft anders als in der Bundesrepublik kaum zur Signalisierung und Symbolisierung des sozialen Status geeignet sind.

Programmatische Inhalte sowie Organisationsformen der Freizeit- und Wohngestaltung betonen vielfach das gemeinschaftliche Element des sozialen Lebens sowie die Fortbildungsinteressen, die im Freizeitraum zum Ausdruck gelangen sollten. Dieses Wertsystem begünstigt gemeinschaftliche Aktivitäten, während es individualistische Ausdrucksformen zurückdrängt. Dagegen steht allerdings, daß auch in der DDR der kaum gemeinschaftsförderliche Fernsehkonsum einen erheblichen Teil der Freizeit beansprucht. Um dies nicht als Widerspruch stehen zu lassen, versucht man in der DDR den Nachweis zu führen, daß Personen, die viel fernsehen, zugleich auch mehr am gesellschaftlichen Leben teilnehmen, wobei unerörtert bleibt, daß die Mehrheit der Einwohner regelmäßig Programme aus der Bundesrepublik einschaltet. Immerhin besucht, trotz annähernd gleichen Fernsehkonsums, statistisch gesehen, mehr als jeder zweite Einwohner der DDR einmal im Jahr ein Theater, während sich in der Bundesrepublik nur knapp jeder dritte dazu entschließt, wobei allerdings die privaten Theater nicht berücksichtigt wurden. Noch deutlicher wird der Unterschied beim Kinobesuch. In der DDR sehen sich die Einwohner fast fünfmal jährlich einen Film an, in der Bundesrepublik weniger als zweimal. Auch die Wohnsituation, ein wichtiges Element des L., zeigt ein Auseinanderklaffen der Entwicklung. Die durchschnittliche Wohnung in der Bundesrepublik mißt 96 Quadratmeter, von den im Jahr 1977 errichteten Wohngebäuden waren 60 v. H. Ein- oder Zweifamilienhäuser. Die Einwohner der DDR dagegen müssen sich mit 61 Quadratmetern Wohnfläche zufriedengeben; bei ihnen wurden 1977 11 v. H. Ein- oder Zweifamilienhäuser und 89 v. H. Mehrfamilienhäuser gebaut.

Im Hinblick auf einen Vergleich des jeweiligen L. in beiden Gesellschaftsformen wäre zu fragen, welche → *Werte und Normen* für die Individuen verbindlich sind, in welchen Organisations- und Rollenbezügen sie stehen und welche Mittel sie einsetzen können, um ihre Vorstellungen zu verwirklichen. Da solch detaillierte Vergleichsdaten nicht zur Verfügung stehen, muß man sich auf das verfügbare lückenhafte Material beziehen, das allerdings die Möglichkeiten der Darstellung begrenzt.

Auskünfte über die Art, wie die Menschen in beiden deutschen Staaten die ihnen täglich zur Verfügung stehende Zeit nutzen, gibt eine internationale Studie, in der unter anderem die Städte Osnabrück und Hoyerswerda gegenübergestellt werden, die allerdings nicht unbedingt als repräsentativ für den jeweiligen Staat gelten können (The Use of Time. Daily Activities in Urban and Suburban Populations in Twelve Countries, hrsg. v. A. Szalai, The Hague, Paris 1972). Wenn man die Gleichung aufstellen kann, daß das, was Menschen längere Zeit beschäftigt oder ihre Aufmerksamkeit bindet, auch ihren Alltag prägt, dann lassen sich hieraus plausible Schlüsse auf den jeweiligen L. ziehen. Ein durchschnittlicher Berufstätiger in Hoyerswerda braucht 10 v. H. mehr Zeit für Arbeit, Überstunden, Nebentätigkeiten, Fahrt zur Arbeit etc. als sein Kollege in Osnabrück. Hinzu kommt, daß der Anteil der Berufstätigen an der Bevölkerung in der DDR allgemein höher ist als in der Bundesrepublik; der durchschnittliche Einwohner von Hoyerswerda arbeitet täglich etwa 30 v. H. mehr als ein Osnabrücker.

Auch Hausarbeit kostet in Hoyerswerda insgesamt mehr Zeit, wobei jedoch auffällt, daß sich dort fast 90 v. H. der Befragten an der Hausarbeit beteiligen, während dies in Osnabrück nur knapp 70 v. H. sind. Hier hat sich offenbar der Einsatz der Männer in der DDR stärker durchgesetzt als in der Bundesrepublik. Auch bei der Versorgung von Kindern ist die benötigte Gesamtzeit in Hoyerswerda größer, aber gleichmäßiger auf die Bevölkerung verteilt, so daß die Belastung für den Einzelnen im Durchschnitt geringer ist. Das kommt den Frauen zugute, die dafür stärker im Berufsleben engagiert sind. Doch trotz der ausgeglicheneren Verteilung reduzieren die verschiedenen, umfangreicheren Belastungen in der DDR den Umfang von Freizeit und Muße. Läßt man die Beschäftigung mit Massenmedien, Büchern und Kino außer acht, die zusammengenommen in beiden Städten etwa gleich groß ist, so beträgt die Zeit für Entspannung, Ausgehen, Gespräche etc. in Hoyerswerda nur gut 60 v. H. des in Osnabrück üblichen. Sogar der tägliche Schlaf ist eine knappe halbe Stunde kürzer. Die Gesellschaft der Bundesrepublik ist demnach schon einen Schritt näher an der Verwirklichung einer Existenz als »Freizeitgesellschaft«. Aus Berichten von Aussiedlern aus der DDR ergibt sich der Eindruck, daß die Bürger der Bundesrepublik in größerer Anonymität zueinander erlebt werden, die Kontakte im Alltag sachlicher, selektiver sind; man vermißt den Umfang an »Nachbarschaftshilfe«, Kleingruppenkontakten und Zusammenhalt, den man in seinem unmittelbaren Wohnumfeld bislang erlebt hat. Allerdings sind diese Empfindungen möglicherweise auch verzerrt. Da in der DDR ländliche Wohnsituationen noch in deutlich stärkerem Umfang vorkommen als in der Bundesrepublik, und die oben angesprochenen Qualifikationen alltäglicher Kontexte typischerweise mehr in solchen Umgebungen vorzufinden sind, könnte hieraus eine Erklärung der empfundenen Unterschiede abgeleitet werden.

Unterschiede bleiben dennoch; es kann erwartet werden, daß in einem System, in dem die Versorgungssicherheit vergleichsweise geringer ist und die offiziellen und politischen Vorgaben stringenter, sich gleichsam als Gegengewicht ein sehr viel deutlicher intensiviertes Netzwerk informeller Bezüge herausbildet, welches zum einen »gutnachbarschaftliche Selbsthilfe auf Gegenseitigkeit« sicherstellt und gewissermaßen Zeiten der Tauschwirtschaft wiederaufleben läßt, sowie zum zweiten auch ein Gegengewicht darstellt zu einer sonst als zu einschränkend empfundenen offiziellen Gängelung.

Insofern das Ausleben eines bestimmten L. über Formen des Konsums und des Besitzes realisiert wird, ist von Bedeutung, was die Bürger überhaupt zum Konsum zur Verfügung haben, wieviel Geld für welche Güter oder Dienstleistungen ausgegeben und wie → *Eigentum* gebildet werden kann. In dieser Hinsicht sind die Grundvoraussetzungen in der Bundesrepublik und der DDR zweifellos deutlich unterschiedlich. Der Gebrauch des persönlichen Eigentums darf in der DDR laut Artikel 11 der *Verfassung* den »Interessen der Gesellschaft« nicht zuwider laufen, wobei in der sozialistischen Gesellschaft das persönliche Eigentum vor allem aus Hausrat, Gegenständen des individuellen Bedarfs, Konsumgütern, Geld sowie Grundstücken und Wohngebäuden zur eigenen Nutzung besteht. Vorgaben wie diejenige bezüglich des »Interesses der Gesellschaft«, eine nach Belieben deutbare Formel, oder die einschränkenden Bemerkungen bezüglich Eigentum an Grund und Boden sind zwei Beispiele dafür, wie durch unterschiedliche Rahmenbedingungen die Verhaltensspielräume zum Entwickeln und Ausleben verschiedener L. zwischen den beiden Gesellschaftsformen variieren.

G. Wiswede, Th. Kutsch

Literatur

F. Staufenbiel, Kultur heute – für morgen, Berlin (Ost) 1966
D. Lerner, Die Modernisierung des L.: Eine Theorie, in: W. Zapf, (Hrsg.), Theorien sozialen Wandels, Köln, Berlin (West) ³1971
G. Manz u. a., Planung des materiellen und kulturellen Lebensniveaus, Berlin (Ost) 1972
G. Wiswede, Th. Kutsch, Sozialer Wandel. Zur Erklärungskraft neuerer Entwicklungs- und Modernisierungstheorien, Darmstadt 1978
K. Hammerich, M. Klein, (Hrsg.) Materialien zur Soziologie des Alltags. Kölner Zeitschrift für Soziologie und Sozialpsychologie, Sonderheft 20, Opladen 1978
E. John u. a., Kultur – Kunst – Lebensweise, Berlin (Ost) 1980

Leistung

I. Die beiden Staaten als Leistungsgesellschaften – II. Die Bewertung der Arbeit – III. Die Entwicklung des Akkordlohns – IV. Leistung und Gerechtigkeit – V. Tarif und Plan – VI. Mehr oder weniger leisten?

I. Die beiden Staaten als Leistungsgesellschaften

L. ist Arbeit, gemessen an einem Bewertungsmaßstab, entweder quantitativ am Maßstab der Zeit, wie in der Physik, oder sowohl quantitativ am Ertrag als auch qualitativ an Verhaltenserwartungen als Gütekriterien, wie in den Sozial- und Wirtschaftswissenschaften.

Sprachgeschichtlich geht das gotische *laistjan*, »einer Spur folgen«, auf die indogermanische Wurzel *lis*, »gehen«, zurück. Im Althochdeutschen gewinnt der Begriff die Bedeutung der Pflichterfüllung, die dann im Mittelhochdeutschen als ausschließliche Bedeutung hervortritt. Diese Pflichterfüllung erscheint in der Neuzeit vorwiegend als Arbeitsleistung (→ *Arbeit,* → *Beruf).* Im Kultursystem gewinnt der Leistungsbegriff seine Bedeutung als Wert, im Persönlichkeitssystem als Leistungsmotivation, im Sozialsystem als Leistungsrolle, im Wirtschaftssystem als Produktionsergebnis. Unter Leistungsgesellschaft wird ein System verstanden, in dem Rollen und Belohnungen nach der persönlichen L. zugeteilt werden, L. in diesem Sinn als Wert gilt und als wichtiges Handlungsmotiv verinnerlicht ist (→ *Innovation,* → *Wettbewerb).*

L. ist bewertete Handlung. In der kapitalistischen Industriegesellschaft der Bundesrepublik gilt das Leistungsprinzip vorwiegend im Erwerbsleben; in der sozialistischen DDR ist es in einigen wichtigen Bereichen weitgehend außer Kraft gesetzt. Aus der Sicht der Führung der *SED* verkörpert die DDR eine perfekte Leistungsgesellschaft, L. sei das konstituierende Element des entwickelten → *Sozialismus,* und es gelte das sozialistische Verteilungsprinzip: »Jeder nach seinen Fähigkeiten, jedem nach seiner L.« In Wirklichkeit wird im Erwerbsleben der DDR ebenso wie in anderen sozialistischen Staaten das Leistungsprinzip kapitalistischer Art durch das System der Planwirtschaft weitgehend abgeschwächt. Die Konstellationen und Bedingungen nämlich, unter denen sich Leistungsbewertung vollzieht, sind in beiden Gesellschaftssystemen keineswegs identisch. Der gesellschaftliche Konsens darüber, wie L. zu bewerten sei, gestaltet sich im Sozialismus aufgrund des Machtmonopols der Parteifunktionäre und der Einbeziehung der Kategorie »sozialistisches Bewußtsein« in die Bewertung weit widersprüchlicher als in der Bundesrepublik.

Der Leistungsbewertung im Arbeitsprozeß geht die Arbeitsbewertung voraus, die über die Arbeitsschwierigkeit und die Leistungsanforderungen einer Stelle Auskunft gibt. Die Anordnung der bewerteten Tätigkeiten ergibt eine Hierarchie, das aus Lohn- und Gehaltsgruppen bestehende Tarifsystem. Mit der Leistungsbewertung wird Leistungsfähigkeit des einzelnen gemessen; sie gibt an, wie gut der Inhaber einer Stelle seine Aufgabe löst. Im weiteren Sinn umfaßt die Leistungsbewertung sowohl die Festlegung der Normen als auch den Vergleich von Soll und Ist.

II. Die Bewertung der Arbeit

Mit der Definition der L. als bewerteter Arbeit erhalten Bewertungsmaßstäbe und -verfahren erhebliche politische Bedeutung, da ihre Festlegung stets von sozialen Werturteilen abhängt und sie zugleich Mittel der Interessendurchsetzung und

Herrschaftsausübung sein können. Als allgemeiner Bewertungsmaßstab gilt der gesellschaftliche Nutzen. Bundesrepublik und DDR unterscheiden sich ideologisch durch die Bestimmung der Instanz, die diesen Nutzen feststellt; in der Bundesrepublik ist es der Markt, in der DDR sind es die zentralen Planungsinstanzen und die Parteiführung (→ *Kapitalismus*, → *Kommunismus*). Der Maßstab für alle abhängig Beschäftigten wird in der Bundesrepublik zum größeren Teil vom Arbeitgeber festgelegt und zum anderen Teil durch Tarifverhandlungen mit den → *Gewerkschaften* modifiziert; bei Selbständigen entscheidet das individuelle Durchsetzungsvermögen auf dem Markt. In der DDR werden fast alle Erwerbstätigen vom Staat beschäftigt. Der Bewertungsmaßstab wird deshalb von den für den jeweiligen Wirtschaftszweig zuständigen Parteigremien festgelegt; auch der *FDGB* unterstützt diese Ziele der Führung der *SED*. Die gegensätzlichen Interessen von Kapital und Arbeit ermöglichen in der Bundesrepublik bei Konflikten über Bewertungskriterien und Bemessungsverfahren Streiks als Mittel des Arbeitskampfes. In der DDR dagegen führte der Verlust der → *Mitbestimmung*, das Streikverbot sowie die eingeschränkten Möglichkeiten des Arbeitsplatzwechsels zu Abhängigkeit des Arbeitnehmers von der *SED*.

Die Reaktion der Werktätigen ist eine permanente Leistungsverweigerung; kein sozialistischer Staat verkörpert heute eine reine Leistungsgesellschaft. Die kapitalistischen Leistungsanreize funktionieren nur noch stark eingeschränkt, neue »kommunistische« fehlen. Offenbar mißlang bisher auch die Erziehung »sozialistischer Persönlichkeiten« mit »fortschrittlichen«, kommunistischen → *Bedürfnissen*. Neben dem offiziellen Maß bestehen aber auch andere Kriterien, die verinnerlicht sind und oft dem Wertesystem der Machtelite widersprechen.

Für die Werktätigen gilt es, Treue zur Führung der *SED*, rücksichtsloses Durchsetzungsvermögen nach unten, Lohnhöhe, ökonomische Produktivität sowie fachliche Qualifikationen in ein optimales Verhältnis zu bringen. Das ist praktisch unmöglich in einem System, in dem Effizienzstreben mit Machtsicherung und Prestigedenken nahezu gesetzmäßig immer wieder kollidieren, wo Parteidisziplin höher bewertet wird als fachliche L. Meist werden die Rangordnungen, nach denen die Gratifikationen verteilt werden, weniger nach funktionaler L. für die Gesamtgesellschaft festgelegt als nach der Nützlichkeit für die machtausübende Schicht der Parteikader. »Fügsamkeit nach oben, disziplinarische Durchschlagkraft nach unten und erst an dritter Stelle Kompetenz«, so beschreibt R. Bahro (Die Alternative, Köln 1977, S. 251) die für eine Karriere nützlichen Eigenschaften (→ *Elite*).

Außerhalb des Erwerbslebens gibt es allerdings auch Bereiche, in denen dem Leistungsprinzip voll

entsprochen wird. Für Alte, Rentner und Kranke, Gesellschaftsmitglieder, die nicht arbeiten können und nur wenig Mittel für ihre Existenz zur Verfügung haben, gilt das sozialistische Verteilungsprinzip: »Jeder nach seinen Fähigkeiten, jedem nach seiner L.« Eine weitere Ausnahme bildet der Spitzensport. Im Gegensatz zur sonst üblichen Praxis besteht die Möglichkeit, der L. entsprechend auch gesellschaftlich aufzusteigen (→ *Mobilität*). Hier liegt die Ursache für die hohe Leistungsmotivation der Athleten, der Mangel an wichtigen Gütern und realisierbaren → *Grundrechten*, vor allem der Freizügigkeit wird zur entscheidenden Triebkraft des Handelns (D. Voigt, Hochleistungssport in der DDR. Funktionen und Hintergründe, in: Praxis der Sozialpsychologie, Bd. 5, Darmstadt 1976, S. 196–214). Aus denselben Gründen läßt sich in der DDR eine, verglichen mit der Bundesrepublik, generell geringere Arbeitsmotivation beobachten. Typisch ist ein bestimmtes Maß an Leistungszurückhaltung, insbesondere bei qualifizierten Arbeitskräften, und eine deutlich geringere Arbeitsintensität und -disziplin (D. Voigt, Montagearbeiter in der DDR, Darmstadt 1973). Je weniger direkt und sichtbar der Zusammenhang zwischen L. und Erfolg erkennbar wird, um so geringer sind Leistungsmotivation und Chancengleichheit. Dort, wo das Leistungsprinzip greift, bei den Arbeitslosen und im Spitzensport, wirkt es als Norm der sozialen Ungleichheit. Die DDR ist damit eine Leistungsgesellschaft besonderen Typs.

In der Bundesrepublik dagegen konkurrieren, mehr oder weniger gleichberechtigt, die sozialen Gruppierungen in ihrer Bewertung von L. Eine adäquate Leistungshonorierung wird allerdings abgeschwächt, weil die durch L. oder anderweitig erworbene Macht dazu mißbraucht werden kann, Gratifikationen zu erzielen, die nicht auf Arbeitsleistung beruhen. Offen bleibt, inwieweit die Leistungskriterien und die ihnen zugrunde liegenden → *Werte und Normen* von der gesamten Gesellschaft oder nur von bestimmten Gruppen als verbindlich betrachtet werden. Je mehr, so viel steht fest, die Maßstäbe der Leistungsbewertung innerhalb der sozialen Schichten und besonders zwischen Bevölkerung und leistungsbewußter Machtelite übereinstimmen, desto wahrscheinlicher ist eine weitverbreitete, hohe Leistungsmotivation.

III. Die Entwicklung des Akkordlohns

Mit der Gründerzeit der Jahre 1873 bis 1886 begann sich in Deutschland der Leistungslohn auszubreiten, zunächst in der Eisen- und Stahlindustrie. Nachdem sich Gewerkschaften bereits in den 1860er Jahren der Einführung von Akkordlöhnen widersetzt hatten, beschloß 1891 der Brüsseler Kongreß der *Zweiten Internationale* eine Resolution, in der der Leistungslohn als »fluchwürdiges System intensiver Ausbeutung« angegriffen und zum Kampf für seine Beseitigung aufgerufen wurde. Auf gewerkschaftlich organisierte Leistungsverweigerung reagierte die Industrie durch Einführung des Prämienlohnes. Um die Jahrhundertwende gaben die Gewerkschaften ihre Opposition auf und setzten sich für eine Regulierung des Leistungslohns durch Tarifvereinbarungen ein. 1918 wurden zwar im Gefolge revolutionärer Ansätze in einigen Betrieben Zeitlöhne ohne unmittelbare Beurteilung der L. eingeführt, 1924 hatte sich der Leistungslohn aber generell durchgesetzt. Anknüpfend an F. W. Taylors Methode der wissenschaftlichen Betriebsführung wurde in diesem Jahr vom *Verband der Metallindustriellen* zur rationellen Gestaltung von Arbeitsabläufen und zur Erhöhung der Leistungsabgabe der Arbeiter der *Reichsausschuß für Arbeitszeitermittlung* (REFA) gegründet. Während der nationalsozialistischen Herrschaft führte die Knappheit an Facharbeitern zu einer Krise der Akkordlöhne, die, von Appellen zum Dienst für die Volksgemeinschaft begleitet, die Gewährung zusätzlicher Leistungsanreize zur Folge hatte. Gleichzeitig wurde eine für die vergleichende Analyse der Anwendung des Leistungsprinzips in den beiden späteren deutschen Staaten wichtige Voraussetzung geschaffen, indem der Rückstand des mitteldeutschen Entwicklungsniveaus gegenüber dem deutschen Westgebiet durch eine forcierte Industrialisierung weitgehend aufgehoben wurde. 1939 hatte der mitteldeutsche Raum sogar infolge seiner größeren Industriedichte gegenüber dem Gebiet der späteren Bundesrepublik eine höhere industrielle Nettoproduktion je Einwohner aufzuweisen. Damit lagen bis 1945 in beiden Gebieten ähnliche Voraussetzungen vor, die sich später allerdings grundlegend veränderten.

Nach anfänglich rascher Erholung, durch die die Sowjetische Besatzungszone schon Ende 1946 rund 60 v. H. der ihrem Gebiet entsprechenden Industrieproduktion von 1936 erreichte, während die Westzonen erst bei 35 v. H. lagen, wurden die mitteldeutschen Gebiete in ihrer Entwicklung außerordentlich gehemmt, als die UdSSR mit Demontagen und starken Abschöpfungen des Produktionszuwachses begann. Der Kapitalverlust, der bis 1950 das Fünffache der eigenen und das Doppelte der westdeutschen Investitionen ausmachte und sich auch noch während der 50er Jahre auf etwa 50 v. H. des Investitionsvolumens belief, erklärt zum Teil das Zurückbleiben der Wirtschaft der DDR. Weiterhin wurde ihre Leistungsfähigkeit durch die Abwanderung qualifizierter Arbeits- und Führungskräfte beeinträchtigt. Die Bundesrepublik dagegen erhielt als Starthilfe größere Mittel aus dem *Marshallplan*. Seither liegt die Arbeitsproduktivität, der Ausdruck individueller und kollektiver Leistungsfähigkeit, weitgehend konstant in der Industrie der DDR um etwa 30 v. H. und in der Landwirtschaft um rund 40

v. H. unter dem Niveau der Bundesrepublik.

Während des Wiederaufbaus wurde die Steigerung der Arbeitsleistung durch differenzierte materielle Anreize in beiden deutschen Staaten zu einem allgemein anerkannten lohn- und wirtschaftspolitischen Ziel. Im Gegensatz zu 1918 widersetzten sich die Gewerkschaften in der Bundesrepublik nicht der Einführung von Akkordlöhnen; ähnlich orientierte sich die DDR an der in der Sowjetunion seit J. W. Stalins Kampf gegen »linkslerische Gleichmacherei und Lohnnivellierung« (Fragen des Leninismus, Moskau 1938) üblichen Entlohnung nach der Arbeitsleistung.

IV. Leistung und Gerechtigkeit

Die Ungerechtigkeit des Leistungsprinzips, auf die K. Marx in seiner »Kritik des Gothaer Programms« hinwies und die in der Sowjetunion in den ersten Jahren nach der Revolution durch gleichen Lohn für Facharbeiter und Ungelernte gemildert werden sollte, wurde in der DDR als unvermeidliche Schwäche des Sozialismus akzeptiert. Ihre Beseitigung sei erst in der Phase des Kommunismus zu erwarten. In der Bundesrepublik waren ideologische Probleme dieser Art vor allem während der Zeit des Aufbaus unbekannt. Hier wirkte die kapitalistische Leistungsideologie, die von J. Locke und A. Smith formuliert wurde und deren Entstehung M. Weber in seinem Buch »Die protestantische Ethik und der Geist des Kapitalismus« (Stuttgart 1905) beschrieb, verhältnismäßig ungebrochen fort. Sie besagt, daß der Mensch vermittels des Leistungsprinzips sein Schicksal selbst in die Hand nimmt. Das Leistungsprinzip gilt als gerecht, weil dadurch jeder erhält, was er verdient; es wird erzieherisch und sozial genannt, weil es Fleiß und Selbstverantwortung hervorruft sowie durch Mobilisierung aller Kräfte zum Gemeinwohl beiträgt. Trotz eingestandener Schwächen wird in der Bundesrepublik mit dem Wirtschaftssystem auch das Leistungsprinzip, ebenso wie die dadurch begründeten Ungleichheiten, mit nur geringfügigen Unterschieden von allen Bevölkerungsschichten als legitim akzeptiert. Dies ist auch darauf zurückzuführen, daß die Institutionen des Privateigentums und der relativ freien Konkurrenz eine differenzierte Verteilung von Belohnungen ermöglichen, und darum L. und Gratifikation tendenziell übereinstimmen. Andererseits werden Machtverhältnisse hervorgebracht, die eine Konsolidierung der Eigentumsverhältnisse und ihre Abschirmung gegen einen Besitz und Vererbung gefährdenden Leistungswettbewerb weitgehend gewährleisten. In der DDR können dagegen erworbene berufliche Qualifikationen und politische Positionen, nicht aber →*Eigentum* zur Sicherung materieller Privilegien eingesetzt werden. Insofern hat das Leistungsprinzip in der Bundesrepublik im Vergleich zur DDR größere Bedeutung, auch bei der Legitimation bestehender Ungleichheiten.

V. Tarif und Plan

In beiden deutschen Staaten ist das Leistungsprinzip gesetzlich verankert, in der Bundesrepublik mit Bezug auf öffentliche Ämter, von denen es in Artikel 33 des *Grundgesetzes* heißt, jeder Deutsche habe »nach seiner Eignung, Befähigung und fachlicher L. gleichen Zugang« zu ihnen. In der DDR bestimmt Paragraph 39, Absatz 3 des *Gesetzbuchs der Arbeit:* »Der Arbeitslohn wird nach dem ökonomischen Gesetz der Verteilung nach der Arbeitsleistung festgesetzt.«

Im gewerblichen Bereich beider deutscher Staaten dominiert der Leistungslohn, der sich aus Tariflohn und Mehrleistungslohn zusammensetzt. Ausgangspunkt zur Bestimmung des Mehrleistungslohns ist dabei eine angenommene Normalleistung, die von jedem hinreichend geeigneten Arbeiter mit genügender Übung nach ausreichender Einarbeitung ohne Gesundheitsschädigung erreicht werden soll. Der Stückakkord, bei dem der Arbeiter innerhalb gewisser Grenzen den Umfang seiner L. selbst bestimmt, wurde in beiden deutschen Staaten durch steigende Automatisierung von dem für Fließbandarbeit typischen Zeitakkord zurückgedrängt. Daneben werden, auch in der Bundesrepublik, Prämien für Qualität, Materialersparnis usw. ausgezahlt. In der DDR verfeinerte man das zunächst noch grobe System der Anreize während der 60er Jahre durch das *Neue ökonomische System der Planung und Leitung,* das mit Hilfe der »Wissenschaftlichen Arbeitsorganisation« den unbefriedigenden Stand der Produktivität heben sollte. Als ökonomische Hebel zur Stimulierung der sozialistischen Produktion dienen dabei Prämien für gelungene Planerfüllung, ausgezahlt als Jahres- oder bei Schwerpunktaufgaben als Objektprämien. Auch kurzfristige kollektive oder individuelle L. machen sich bezahlt. Das Prämiensystem stellt den materiellen Ausdruck des »Sozialistischen Wettbewerbs« dar. Durch die schrittweise Einführung erhöhter Grundlöhne, deren Auszahlung vom Grad der Normerfüllung abhängt, soll der Anreiz zur →*Ausbildung* und →*Weiterbildung* verstärkt werden, weil der Unterschied zwischen den Lohngruppen dabei wesentlich größer ist als bei den vorherigen Tariflöhnen. Insgesamt sind die Veränderungen im Lohngefüge der Bundesrepublik und der DDR ähnlich, Rangfolge und Abstufung der industriellen Durchschnittslöhne vergleichbar.

Die Grundlagen der Leistungsbewertung werden in der Bundesrepublik in Tarifverträgen in der Regel zwischen Gewerkschaften und Arbeitgeberverbänden festgelegt. Lohntarifverträge enthalten die Geldbeträge, die für die einzelnen Lohn- und Gehaltsgruppen zu zahlen sind. In Rahmentarifverträgen werden das Verhältnis von Lohn und L. ebenso wie die Lohnfindungsmethode festgelegt. Manteltarifverträge regeln die allgemeinen Arbeitsbedingungen wie Lohn, Arbeitszeit und Urlaub. Die Gewerkschaften der Bundesrepublik sind um eine betriebsnahe Tarifpolitik bemüht, um damit die Unterschiede von Betrieb zu Betrieb auszugleichen.

In der DDR gab es Tarifverträge nur in der privaten Industrie; sie blieben dabei auf den Lohn beschränkt. In den volkseigenen Betrieben gelten heute Rahmenkollektivverträge. Ihre Festlegung erfolgt durch den *Ministerrat* oder die zentralen Organe des Staatsapparates, die Direktionen der Kombinate und die Räte der Bezirke unter Mitwirkung der Zentralvorstände des *FDGB.* In den Rahmenkollektivverträgen werden die Betriebe der jeweiligen Wirtschaftszweige nach ihrer volkswirtschaftlichen Bedeutung klassifiziert, vorher wurde schon eine strenge Rangordnung unter den verschiedenen Wirtschaftszweigen getroffen. Aus den so entstehenden Hierarchien werden erhebliche Lohnunterschiede für gleiche Tätigkeiten und Berufe abgeleitet. Außerdem beschließt jeder volkseigene Betrieb jährlich oder spätestens alle zwei Jahre einen Betriebskollektivvertrag, dessen Ziel vor allem ist, den Betriebsplan an die staatlichen Vorgaben anzupassen und die Betriebsleitung sowie alle Werksangehörigen auf diesen abgestimmten und beschlossenen Plan zu verpflichten.

Während die Löhne der Arbeiter durch Tarif genau festgelegt sind, werden für die Einkommen der Angestellten und Selbständigen in der Bundesrepublik durch die Tarifpartner nur Mindestgrenzen vereinbart, die oft außertariflich überschritten werden. Viele höhere Angestellte fallen überhaupt nicht in den Geltungsbereich der Tarifverträge. In der DDR dagegen handelt es sich bei den Tarifverträgen um zwingende Normen, die allerdings durch das Prämiensystem ergänzt werden. In Sektoren wie dem Dienstleistungsbereich, wo mangels meßbarer und prämierbarer Produktivitätsfortschritte kaum leistungsabhängige Einkünfte erzielt werden können, führt dies aufgrund hoher Fluktuation zu bedrohlichem Arbeitskräftemangel.

Ebenfalls eine Frage der Gerechtigkeit sind in der Bundesrepublik die teilweise hohen Einkommen der selbständigen Unternehmer, Handwerker und Freiberuflichen, deren Verdienstmöglichkeiten theoretisch unbegrenzt sind. Sie werden zwar durch das Leistungsprinzip legitimiert, sind faktisch aber nur zum Teil auf individuelle L. rückführbar. In der DDR ist der Anteil der Selbständigen gering; ihre Einkommensmöglichkeiten sind stark beschnitten. Art und Ausmaß der Belohnungsdifferenzierung als Leistungsanreiz unterscheiden sich damit in beiden Staaten erheblich.

Mit dem Entschluß, durch materielle Anreize den

Arbeitseinsatz der Werktätigen zu stimulieren, waren in der DDR längst nicht alle Probleme gelöst, die durch das Fehlen von Marktmechanismen entstanden. Denn mit der Mechanisierung und Automatisierung wie auch der zunehmenden Komplizierung der arbeitsteiligen Beziehungen werden leicht meßbare Leistungsanteile immer geringer, und die qualitativen Leistungsanteile nehmen an Bedeutung zu. Während die Arbeitswissenschaft der DDR und teilweise auch die Praxis in den Betrieben bei der Messung quantitativer Leistungen verhältnismäßig erfolgreich waren, gibt es wachsende Probleme bei der Messung von qualitativer Arbeit. Sie beginnen bei der Stimulierung der L. hinsichtlich einer höheren Produktqualität; weitere Schwierigkeiten entstehen bei der Fixierung der Anforderungen für Angestellte, für Beschäftigte in der Forschung und Entwicklung sowie generell im Dienstleistungssektor. Aber auch wenn Arbeitserfordernisse klar definiert sind, scheitert eine sinnvolle Umsetzung in die Praxis oft an der Kompliziertheit des Vergütungssystems, das neben dem reinen Lohn Prämien aus den Betriebsprämienfonds, materielle Anerkennungen für Materialeinsparung, Lohn- und Sonderzuschläge, Ehegatten- und Kinderzuschläge sowie Weihnachtszuwendungen umfaßt. Innerhalb und außerhalb dieser Einkommensarten gibt es in der DDR einschließlich der über die Betriebe ausgezahlten Sozialleistungen insgesamt etwa dreihundert Entgeltformen. Der Anteil des Arbeitslohnes am Gesamteinkommen liegt bei 92 v. H. Wissenschaftler der DDR weisen jedoch darauf hin, daß die materielle Interessiertheit der Werktätigen sich nicht auf das Einkommen beschränkt, sondern die Gesamtheit der Arbeits- und Lebensbedingungen erfaßt *(→Arbeitskultur)*. Wie stark diese Anreize tatsächlich auf die Arbeitsproduktivität wirken, läßt sich nicht ermitteln.

VI. Mehr oder weniger leisten?

Die im Vergleich zur Bundesrepublik wesentlichen Unterschiede im Lohnsystem der DDR seien noch einmal festgehalten. So wird die gesamte Geldentlohnung aufgrund der Beschlüsse der *SED* staatlich geplant, entsprechend dem eingeschätzten Stand der Arbeitsproduktivität, dem »sozialistischen Reproduktionsminimum«, den Konsummöglichkeiten und den politischen und sozialen Zielsetzungen in bezug auf die Entwicklung der einzelnen Klassen, Schichten und anderen Sozialgruppen. Das Arbeitseinkommen soll als ein ökonomischer Hebel Mittler sein zwischen den gesellschaftlichen Erfordernissen und den individuellen Interessen; Veränderungen in seiner Höhe und Struktur werden durch die Gewerkschaften faktisch kaum beeinflußt.

Die Parteitheoretiker der DDR begrenzen das System der Verteilung nach L. ausdrücklich auf die Etappe des Sozialismus, in der die Produktivkräfte noch nicht hinreichend entwickelt seien, um alle Bedürfnisse der Bevölkerung befriedigen zu können. Auch wirken angeblich im Sozialismus noch kapitalistische Gewohnheiten nach, und die Arbeit sei noch nicht zum ersten Lebensbedürfnis geworden. Aus den Erfahrungen industriell fortgeschrittener kapitalistischer Systeme erscheint es dagegen voraussehbar, daß mit der Erhöhung der Produktivität der Arbeit zugleich Vielfalt und Qualität der gesellschaftlichen und individuellen Bedürfnisse steigen, so daß bei der Masse der Individuen immer ein Rest nichtrealisierter Bedürfnisse übrigbleibt, die wiederum einen Stimulus für mehr und bessere Produktion darstellen (A. H. Maslow, Motivation und Persönlichkeit, Freiburg 1977). Diese Tendenz hat sich in allen dynamischen Gesellschaftsformationen als wesentliche Triebkraft der Entwicklung herausgestellt, und es gibt keinerlei Anzeichen dafür, daß in einer wie auch immer gearteten kommunistischen Gesellschaftsordnung andere Gesetze gelten sollten.

Sowohl in der Bundesrepublik als auch in der DDR gibt es eine positive Kritik des Leistungsprinzips, durch die die Anerkennung seiner Bedeutung unterstrichen wird. In der Bundesrepublik wird, oft mit Blick auf die angeblich übertriebene Sozialstaatlichkeit, beklagt, daß das Leistungsprinzip unterhöhlt werde; man bestrafe Fleiß und fördere Trägheit; dies führe zu individuellem Leistungsverfall und bei zunehmender internationaler Konkurrenz zu wirtschaftlichem Niedergang. Auf makroökonomischer Ebene richtet sich die Kritik auf die Einschränkung des Wettbewerbs durch Konzentration und Marktbeherrschung; die Monopolisierung der Märkte setze das Leistungsprinzip außer Kraft. Von gewerkschaftlicher Seite wird gerügt, daß erhebliche Einkommen oder Einkommensbestandteile, besonders bei Selbständigen, ohne Bezug zu einer persönlichen L. zustande kommen. In der DDR wird aus betriebswirtschaftlicher Sicht bemängelt, daß das Leistungsprinzip nur unzureichend durchgesetzt sei.

Eine negative Kritik des Leistungsprinzips ist in größerem Umfang nur in der Bundesrepublik festzustellen. Sie richtet sich gegen seine Verabsolutierung, gegen seine einseitige Ausrichtung auf quantitativ-materielle Ziele und gegen interessengeleitete Maßstäbe der Leistungsbemessung. Das Leistungsprinzip erzeuge Streß, Konflikte und Persönlichkeitsstörungen, vernichte Solidarität und führe zur Selbstentfremdung *(→ Entfremdung)*. In der arbeitsteiligen Wirtschaft lasse sich persönliche L. kaum messen und individuell zurechnen, und daher fungiere das Leistungsprinzip als Ideologie, nicht aber als Zurechnungs- und Verteilungsmaßstab. Aus entwicklungstheoretischer Perspektive wird es als überflüssig und falsch bezeichnet, in industriellen Überflußgesellschaften weiterhin individuelle L. zu betonen.

H. D. Seibel, D. Voigt

Literatur

J. Vontobel, Leistungsbedürfnis und soziale Umwelt. Zur sozio-kulturellen Determination der Leistungsmotivation, Bern 1970

R. Schmiede, E. Schudlich, Die Entwicklung der Leistungsentlohnung in Deutschland. Eine historisch-theoretische Untersuchung zum Verhältnis von Lohn und L. unter kapitalistischen Produktionsbedingungen, Frankfurt a. M. 1976

K. M. Bolte, L. und Leistungsprinzip, Opladen 1979

D. Dohnke u. a., Wie steht es um Leistungsstreben, Initiative, Schöpfertum? Berlin (Ost) 1979

R. Deppe; D. Hoss, Sozialistische Rationalisierung. Leistungspolitik und Arbeitsgestaltung in der DDR, Frankfurt a. M. 1980

H. D. Seibel, Struktur und Entwicklung der Gesellschaft, Stuttgart 1980

Lesen

I. Erlernen einer Kulturtechnik – II. Leser und Nichtleser – III. Literaturpropaganda und Leseförderung

I. Erlernen einer Kulturtechnik

Die Kulturtechnik L. als Sinnentnahme aus gedruckten und geschriebenen Sprachzeichen ist als Informationsaufnahme und -verarbeitung ein aktiver Vorgang seitens des Lesers. So wird in der Forschung L. als aktiver und individueller Rekonstruktionsprozeß im einzelnen Leser verstanden.

Im Unterschied zur Informationsaufnahme und -verarbeitung durch → *Hören* beispielsweise von Rundfunksendungen oder durch → *Sehen* von Fernsehsendungen setzen die Informationsvermittlung durch Schreiben und die Informationsaufnahme durch L. einen äußerst komplizierten Mechanismus der Verschlüsselung und Entschlüsselung von Informationen voraus (→ *Buch*). Es ist einfacher und bedarf in der Regel keiner besonderen pädagogischen Maßnahmen, Kindern das Hören und Sehen beizubringen: Sie lernen es ganz von selbst. Im Gegensatz dazu erfordert das Erlernen von L. und Schreiben große pädagogische Anstrengungen. Die auch durch jahrzehntelange intensive Forschung kaum geminderten Schwierigkeiten dieser Bemühungen sowie das häufige Scheitern der Leseerziehung in Schule und Elternhaus weisen darauf hin, daß es sich bei diesen »Kulturtechniken« um höchst komplizierte und für vielerlei Störfaktoren anfällige Vorgänge handelt.

Jüngste wissenschaftliche Untersuchungen in Großbritannien haben nachgewiesen, daß alle kollektiven Lesetrainingsmethoden, wie das in Schulen häufig praktizierte laute Gemeinsamlesen und -nachsprechen, nichts nützten, ja daß die Möglichkeiten der Schule, das L. zu lehren, offenbar sehr begrenzt sind. Das Lesenlernen, das bei jedem Menschen etwas anders verläuft, muß individuell in Gang gesetzt werden – also nicht erst in der Schule, die zwangsläufig kollektive Methoden anwenden muß, sondern bereits in der → *Familie*. In der Familie als dem ersten Lernort des → *Kindes* haben die Eltern ungleich größere Möglichkeiten, sich ganz auf die Individualität des Kindes einzustellen, als der Lehrer in der Schule. Wenn die Eltern selbst Leser sind und der Umgang mit Büchern für sie zu den selbstverständlichen alltäglichen Gewohnheiten gehört, ist die Basis für das Lesenlernen ihrer Kinder schon gegeben.

Wenn Kinder erst einmal bei Büchern »auf den Geschmack gekommen sind«, sind sie meist auch als lebenslange Leser gewonnen. Knapp die Hälfte aller Kinder zwischen 6 und 17 Jahren in der Bundesrepublik Deutschland beschäftigt sich täglich in ihrer → *Freizeit* mit Büchern (Infratest, 1978). Für die DDR existieren kaum direkt vergleichbare Untersuchungsdaten. Ferner ist bei allen Angaben davon auszugehen, daß sich das Medienangebot in der DDR sehr stark von dem in der Bundesrepublik unterscheidet. So spielen Kassetten und → *Comics* als Kindermedien nur eine untergeordnete Rolle.

Lesestoff und Leseinteressen wandeln sich – wie die Interessen bezüglich der anderen Medien – mit zunehmendem Alter. Beträgt die auf die Lektüre von Comics verwendete Zeit bei Kindern zwischen dem 6. und 12. Lebensjahr in der Bundesrepublik Deutschland durchschnittlich 5 Stunden pro Monat, so geht die Beschäftigung mit Comics bei den 13- bis 17jährigen auf 2 Stunden pro Monat zurück. Gegenläufig zu dieser Entwicklung nimmt die mit Buchlektüre verbrachte Zeit von 8 Stunden bei den 6- bis 9jährigen auf 12,5 Stunden und schließlich auf 16,5 Stunden bei den 13- bis 17jährigen stark zu. Parallel dazu werden auch mehr Zeitungen und → *Zeitschriften* gelesen. Von den Jüngeren bis zu den Ältesten steigt die für diese Druckmedien aufgewendete Zeit im Durchschnitt von jeweils 7,5 auf 16,5 Stunden pro Monat an.

Im Alter zwischen 13 und 17 Jahren beträgt der monatliche Medienkonsum von Jugendlichen ca. 123 Stunden, das sind ca. 4 Stunden pro Tag. Der größte Zeitanteil entfällt dabei auf das → *Fernsehen* mit 40 Stunden pro Monat, gefolgt von → *Hörfunk* mit 30 Stunden und Schallplatte bzw. Kassette mit 20 Stunden. Bei den Druckmedien entfallen jeweils 16,5 Stunden auf Bücher einerseits und Zeitungen und Zeitschriften andererseits. Der Konsum elektronischer Medien ist also bei Jugendlichen im Durchschnitt rund dreimal so groß wie die Lektüre.

Dabei treten die Unterschiede zwischen den sozialen Schichten, in der Regel verbunden mit höherer bzw. niedrigerer Schulbildung, deutlich zutage: Je besser einer ausgebildet ist, desto mehr liest er und desto anspruchsvoller ist sein Lesestoff. Je schlechter einer ausgebildet ist, desto weniger und anspruchsloser liest er und um so mehr und einseitiger nutzt er gleichzeitig das Fernsehen als Hauptquelle für → *Information* und → *Unterhaltung*.

II. Leser und Nichtleser

Ob einer sein Leben lang gern und viel liest, oder ob ihm das Gedruckte sein Leben lang buchstäblich ein »Buch mit sieben Siegeln« bleibt, entscheidet sich schon mit dem Ende der Schulzeit. Spätere, grundsätzliche Verhaltensänderungen sind nur noch schwer in Gang zu setzen.

Nur etwa die Hälfte der erwachsenen Bevölkerung liest mehr oder weniger regelmäßig Bücher. Teilt man die Bevölkerung der Bundesrepublik Deutschland grob in Vielleser, Wenigleser und Nichtleser von Büchern ein, findet man drei etwa gleich große Gruppen vor. Diese Relation gilt nicht nur für die Bundesrepublik, sie ist in allen Industriestaaten der westlichen und östlichen Welt gleich.

Dieses Verhältnis ist offenbar unabhängig von der Qualität des Buchhandels- und Bibliotheksnetzes. Obwohl es in der kleineren DDR fast genausoviele → *Bibliotheken* gibt wie in der Bundesrepublik, gibt es keine Anhaltspunkte dafür, daß in der DDR ein größerer Prozentsatz der Bevölkerung regelmäßig liest (D. Sommer, 1978).

Wovon die Buchlektüre bei Erwachsenen abhängig ist, ergibt eine klare Rangfolge von Faktoren: Die mit dem Schul- bzw. Hochschulabschluß erworbene Qualifikation korreliert am stärksten mit häufiger Buchlektüre. An zweiter Stelle steht das Alter, weil sich die Lektürehäufigkeit im Laufe eines Lebens verändert. An dritter Stelle stehen die Leseumweltbedingungen des Elternhauses, das Leseverhalten der Eltern selbst und ihr lesefördernder Einfluß auf die Kinder, wie Vorlesen und Geschichtenerzählen. Ohne jeglichen ursächlichen Einfluß auf die Lektürehäufigkeit ist offenbar, ob jemand in einer Großstadt, einer Kleinstadt oder auf dem Lande lebt. Auch der Zeitaufwand für Fernsehen beeinflußt die Lektürehäufigkeit offenbar nicht, also auch nicht in dem oft vermuteten negativen Sinne, daß jemand weniger Bücher liest, weil er jetzt mehr fernsieht. Die für Buchlektüre aufgewendete Zeit ist sehr stark ausbildungs- und berufsbezogenen Schwankungen unterworfen. Die 18- bis 29jährigen, also die Bevölkerungsgruppe, die entweder noch in der Berufsausbildung steht oder in die Anfangsphase der Berufstätigkeit eintritt, wendet durchschnittlich 24,5 Stunden pro Monat für Sach- und Fachlektüre auf. Bei den 45- bis 59jährigen geht dieser Wert auf 9 Stunden und bei den über 60jährigen auf 6,5 Stunden zurück.

Bei der für Belletristik aufgewendeten Lesezeit ist bereits bei den 13- bis 17jährigen mit 5,5 Stunden pro Monat der Höhepunkt erreicht. Die Kurve bleibt auch in den späteren Lebensjahren auf derselben Höhe: rund 5 Stunden Belletristiklektüre konstant bis hin zu den über 60jährigen.

Eine kontinuierliche Zunahme der Lektürezeit bis ins hohe Alter haben – im Gegensatz zu Büchern – vor allem die Zeitungen zu verzeichnen. Mit 33,5 Stunden Zeitungs- und 23,5 Stunden Zeitschriftenlektüre liegen die aktuellen Druckmedien bei der ältesten Bevölkerungsgruppe weit an der Spitze. Auf Zeitungs- und Zeitschriftenlektüre verwenden die über 45jährigen doppelt und die über 60jährigen dreimal soviel Zeit wie auf Buchlektüre.

Die Gewohnheit, Sach- und Fachbücher zu lesen, ist im Unterschied zur Belletristiklektüre nicht primär selbst-, sondern weitgehend fremdgesteuert. Dieser unterschiedliche Bedürfnisbezug von fiktionaler und Fach- bzw. Sachlektüre ist auch der Grund dafür, daß diejenige Gruppe unter den Buchlesern, die fast ausschließlich berufsbezogene Sach- und Fachbücher liest, mit dem Bücherlesen ganz aufhört, wenn sie sich nicht mehr berufsbedingt weiterbilden muß. Diejenigen Leser hingegen, die neben ihrer Informationslektüre von Jugend an auch Belletristik lesen – gleichgültig, ob es sich dabei um anspruchsvolle Literatur oder sogenannte Trivialliteratur handelt –, hören mit dem L. auch in späteren Lebensjahren nicht auf.

Seit in der Bundesrepublik wie in anderen Industriestaaten jedes Kind in der Schule L. und Schreiben lernt, ging man davon aus, daß das Problem des Analphabetismus heute ausschließlich ein Problem der Dritten Welt ist. Neuerdings wird man darauf aufmerksam, daß es offenbar eine beachtliche Zahl von mindestens einer Mio. Lese- und Schreibunkundigen gibt. Über die Ursachen dieses neuen »sekundären« Analphabetismus gibt es keine gesicherten Erkenntnisse. Jedoch wird das Problem inzwischen auch in der Bundesrepublik als so gravierend eingeschätzt, daß u. a. verschiedene Volkshochschulen Alphabetisierungskurse anbieten und staatliche Stellen über Förderungsmaßnahmen nachdenken (F. Drecoll, U. Müller, 1981).

III. Literaturpropaganda und Leseförderung

L. allgemein und insbesondere die Buchlektüre werden heute in der Bundesrepublik und in der DDR als förderungsbedürftig angesehen. Durch »Literaturpropaganda« sollen dem »Buch eine hohe gesellschaftliche Wirkung« gesichert und »die geistigen Lebensbedingungen des Volkes« verbessert werden (B. Haid, 1977, S. 172). Höhepunkt der literaturpropagandistischen Aktionen ist der seit 1952 jährlich am Jahrestag der nationalsozialistischen Bücherverbrennung, dem 10. Mai 1933, begangene *Tag des freien Buches,* der jeweils mit einer *Woche des Buches* verbunden ist. In diesem Rahmen finden jährlich ca. 3 500 Veranstaltungen unter Mitwirkung von zahlreichen Schriftstellern statt. Außerdem werden staatliche Auszeichnungen an Persönlichkeiten des literarischen Lebens verliehen.

Weitere Formen literaturpropagandistischer Arbeit in der DDR sind die jährlichen *Tage des sowjetischen Buches* im November, die *Tage der Kinder- und Jugendliteratur* im März sowie Literaturveranstaltungen während der *Leipziger Messe* und während der *Arbeiterfestspiele,* die alle zwei Jahre in Ostberlin stattfinden. »Wenn Millionen Bürger der DDR heute die regelmäßige Beschäftigung mit Büchern als einen Bestandteil ihres sozialistischen Lebens ansehen, so ist auch das ein Ergebnis kontinuierlicher, gezielter Literaturpropaganda«, heißt es in offiziellen Selbstdarstellungen der DDR.

Auch in der Bundesrepublik Deutschland wird Buch- und Leseförderung als bildungs- und kulturpolitische Aufgabe verstanden, allerdings nicht als Aktivität unter staatlicher Regie, sondern als Anstrengung vieler Organisationen des kulturellen Lebens. Um Leseförderung bei Kindern und Jugendlichen bemüht sich der *Arbeitskreis für Jugendliteratur* und das *Deutsche Jugendschriftenwerk e. V.,* die vor allem Auswahlverzeichnisse von Kinder- und Jugendbüchern herausgeben, pädagogisch wertvolle Jugendzeitschriften unterstützen und Jugendliteratur-Fortbildungsseminare für Buchhändler, Bibliothekare und Erzieher veranstalten. Der *Arbeitskreis für Jugendliteratur* organisiert darüber hinaus den *Deutschen Jugendliteraturpreis,* der jährlich vom *Bundesminister für Jugend, Familie und Gesundheit* verliehen wird. In diesem Zusammenhang gehört auch der alljährliche vom *Börsenverein des Deutschen Buchhandels* in Schulen durchgeführte *Vorlesewettbewerb des Buchhandels.*

Als bundesweit tätige, von kommerziellen Interessen unabhängige Organisation zur Förderung von Buch und L. wurde 1977 die *Deutsche Lesegesellschaft e. V.* von Persönlichkeiten des kulturellen Lebens gegründet. Sie verfolgt das Ziel, mehr Menschen Freude am L. zu vermitteln, und wendet sich mit ihren zahlreichen Leseförderungsprojekten nicht nur an Kinder, Eltern und Erzieher, sondern auch an erwachsene Nicht- und Seltenleser. Ein Schwerpunkt liegt dabei auf der Zusammenarbeit mit dem Fernsehen. Sie gibt regelmäßig Buchempfehlungslisten für Fernsehzuschauer mit ergänzender und vertiefender Literatur zu Sendungen über Erziehungsfragen, Umweltprobleme, Zeitgeschichte, Dritte Welt usw. heraus, die in einer Gesamtauflage von über 1,4 Mio. Exemplaren verbreitet sind. Die wechselseitige Ergänzung von Buch und Fern-

sehen ist auch Gegenstand von verschiedenen Medienverbundprogrammen, die die *Deutsche Lesegesellschaft* in Zusammenarbeit mit verschiedenen Rundfunkanstalten realisiert, z. B. »Buch - Partner des Kindes«, »Anstiftung zum L.«, »Immer dieses Fernsehen«.

Im Unterschied zur DDR wird Leseförderung in der Bundesrepublik also nicht von staatlichen Stellen und nicht zum Zweck der Erziehung eines definierten Menschentyps betrieben. Auch ist die Leseförderung in der Bundesrepublik heute weitgehend vom in den 50er Jahren bestimmenden Ziel einer »Hinführung zum wertvollen Schrifttum« und dem »Kampf gegen Schund und Schmutz« abgerückt. Heute ist man sich weitgehend darin einig, daß die Förderung der Kulturtechnik an sich bereits einen Wert darstellt. Zwar wird man immer »gute Bücher« empfehlen, gleichzeitig aber akzeptieren, daß ein großer Teil des Lesestoffs von Jugendlichen und Erwachsenen zur sogenannten »Trivialliteratur« gehört.

B. Franzmann

Literatur

B. Haid, (Hrsg.), Bücher für alle, Leipzig 1977
Infratest-Medienforschung (Hrsg.), Kommunikationsverhalten und Buch, München, Gütersloh 1978
D. Sommer u. a. (Hrsg.), Funktion und Wirkung. Lesesoziologische Untersuchungen zur Literatur und Kunst, Berlin (Ost), Weimar 1978
F. Drecoll, U. Müller (Hrsg.), Für ein Recht auf L., Frankfurt a. M. 1981

Lied

I. Demokratische Liedtradition – II. Das Volkslied

I. Demokratische Liedtradition

Ursprünglich bezeichnet L. ein strophisch gebundenes, in der Regel musikalisch vorgetragenes Gedicht. Im L. heute mischen sich wieder Traditionen, die zu Beginn des 19. Jh. sich in Volkslied, volkstümliches L., Kunstlied aufgespalten hatten. Zugleich leben sehr viel ältere Schichten, wie die des mittelalterlichen Fahrenden, darin wieder auf. Wie dort, ist der Liedautor im allgemeinen Textdichter, Komponist und sich meist selbst auf der Gitarre begleitender Interpret in einer Person. Themen sind politische und persönliche Alltagserfahrungen; die Formen reichen vom prosaischen Sprechgesang bis zur geschliffenen →*Parodie.* Die Musik soll den Text akzentuieren, nuancieren, nicht aber sich verselbständigen. Darin und auch in der kaum arbeitsteiligen Produktionsweise unterscheidet sich das L. vom gefälligeren, wirklichkeitsferneren → *Schlager* einerseits und vom instrumentatorisch komplexeren Rocksong andererseits *(→ Rockkultur)*. Wie diese aber, doch im Unterschied zum herkömmlichen Volkslied, ist das L. heute fast ausschließlich Vortragslied. Es wird durch Konzerte und durch Hörfunk, Fernsehen, Schallplatte und Kassette verbreitet und ist im allgemeinen an seinen Autor gebunden. Eine kulturpolitisch bedingte Sondertradition hat daneben die DDR mit dem Massenlied auszuprägen versucht, einer Mischung von Arbeiter-, Kampf- und Marschlied, das wie Hymnus und Choral im gemeinschaftlichen, öffentlichen Gesang eine umfassende Identität stiften soll.

Mit dem Massenlied versuchte die DDR, die Brücke zu schlagen zur → *Arbeiterkultur* der Weimarer Republik, zu deren Fundamenten H. Eislers diffizile, im Vortrag insbesondere von E. Busch höchst wirksame Kampflieder wie das von B. Brecht getextete »Solidaritätslied« zählen. Doch die agitatorische Energie der Straße sollte nach 1945 in den produktiven Aufbau fließen. So schrieb H. Eisler 1950 seine »Neuen Deutschen Volkslieder«, deren Texte J. R. Becher verfaßte. Es waren dies leicht sangliche Klavier-Sololieder, die anknüpfend an die Tradition des ausgehenden 18. Jh. ein neues Heimatgefühl *(→ Heimat)* vermitteln wollten. Diese Versuche blieben eine Liedkultur offiziellen Charakters.

In der Bundesrepublik Deutschland dagegen wirkte die Diskreditierung des L., auch des bündischen Singens, durch den Nationalsozialismus nach. In der entpolitisierten, auf ökonomischen Fortschritt programmierten Ära der Kabinette K. Adenauers galt das Volkslied als rückständig, hinterwäldlerisch. Seine demokratische Tradition war vergessen und verdrängt. Anstöße zu einer Neuentdeckung kamen von außen, aus den Protestsongs schwarzer Bürgerrechtsbewegungen in den USA und der Kampagne gegen den Vietnamkrieg. B. Dylan wurde eine Identifikationsfigur, eine andere der französische Chansonnier G. Brassens. Unter dem Motto »Chançon, Folklore International« riefen 1964 P. Rohland und die Zwillinge H. und O. Kröher die *Waldeck-Treffen* ins Leben, 1969 dokumentiert in ihrem Buch »Rotgraue Raben. Vom Volkslied zum Folksong«. Unter dem neuen Blickwinkel rückte die verschüttete eigene Liedtradition des demokratischen Widerstands ins Blickfeld, zumal die der Revolution von 1848. Erstes Material fand sich in W. Steinitz' Anthologie »Deutsche Volkslieder demokratischen Charakters aus sechs Jahrhunderten« (Berlin (Ost) 1954). Fünf Jahre lang war die Hunsrück-Burg Kristallisationskern einer neuen, im Sog der Ostermarsch- und Studentenbewegung immer stärker sich politisierenden, aber auch sich differenzierenden Liedermacher-

Generation. F. J. Degenhardt und D. Süverkrüp, W. Moßman und H. Wader, H. D. Hüsch, aber auch R. Mey hatten hier größere Erfolge.

In der DDR bedurfte es eines doppelten Anstoßes von außen. Als Pendant zum Auftauchen des politischen L. in der Bundesrepublik gründete 1967 der zeitweilig in der DDR lebende kanadische Folksänger P. Friedman einen *Hootenanny-Klub*. Später wurde dieser politisch-programmatisch umbenannt in *Oktoberklub*, die Keimzelle der *Singebewegung*. Unter Führung der *FDJ* bildeten sich zahlreiche Singeclubs, die den Jugendlichen Gelegenheit zum gemeinschaftlichen Singen gaben und durch zahlreiche Veranstaltungen und Wettbewerbe auch neuen Zustrom erhielten. Liedthemen waren internationale Solidaritäts-, Kampf- oder Arbeiterlieder sowie deutsche und internationale Folklore. Nicht ums professionelle Liedermachen ging es hier zunächst, sondern um Freizeitgestaltung für Jugendliche *(→ Freizeit, → Jugend)*. Bündische Traditionen wurden umgewertet für die politischen Ziele der Staatsjugend. Auch das Liedermachen wurden stärker als kollektiver Prozeß verstanden. Solisten bildeten sich innerhalb der Singebewegung, ausgenommen etwa R. Andert, kaum heraus; W. Biermann, der sich von der Dialektik B. Brechts und H. Eislers her definierte und 1965 mit öffentlichem Auftrittsverbot belegt wurde, stand zu ihr in Opposition. Ihr internationales Forum schuf sich die Singebewegung 1969 mit dem alljährlich stattfindenden *Festival des Politischen Liedes (→ Festspiele)* das indes mehr als Tor nach innen denn nach außen wirkte.

Liedermacher, in der Bundesrepublik Deutschland als Kritiker des Systems im breiten Spektrum der Linken angesiedelt, sahen sich als Wächter, Wahrer und Erweiterer verfaßter Freiräume. Sie stießen dabei immer wieder an Grenzen, beispielsweise in Gestalt der öffentlich-rechtlichen Medien. Flexibler und absorptionsfähiger erwies sich demgegenüber der allein gewinnorientierte private Sektor. Einige Liedermacher bauten sich für ihr wichtigstes Kommunikationsmedium Schallplatte auch eigene Produktionen auf. Die verdeckte oder latente Zensur versuchten sie zudem durch verstärkt zielgruppenorientierte Arbeit zu umgehen. Dabei veränderten sich inhaltliche wie ästhetische Zielvorstellungen. *Floh de Cologne*, auf Probleme von Lehrlingen, Jungarbeitern, Studenten konzentriert, heute eher dem Politrock zuzurechnen, integrierten schon 1969 Elemente der Rockmusik zu einer szenisch-musikalischen Show. Um 1975 wurde der → *Dialekt* wiederentdeckt, als sich W. Moßman mit den Kaiserstühler Weinbauern gegen den Bau von Kernkraftwerken ökologisch engagierte. Radikalenerlaß, Reformernüchterung, eskalierender Terrorismus ließen die Liedermacher zunehmend auch nach psychischen Verlusten im Privaten fragen. Die Aussteigermentalität sensibilierten die Musik eines K.

Wecker, Nonsens- und Blödellieder kamen in Mode.

Die Singegruppen, in der DDR der *FDJ* und deren politischen Leitlinien unterworfen, konnten, ermuntert zu parteilich positiver Kritik an ihrem →*Alltag* unter dem Motto »DDR konkret«, anfangs ihren Spielraum ausweiten, mußten dann in der zweiten Hälfte der 70er Jahre aktuellen und Zukunftsfragen immer weiter ausweichen. Der wachsende politische Druck auf die Liedermacher, auch als Folge ihrer Orientierung an westlicher Rockmusik zu verstehen, erreichte mit der Ausbürgerung W. Biermanns 1976 seinen Höhepunkt. Mit dem sich verengenden ökonomischen und ideologischen Spielraum wurde der künstlerisch-ästhetische hin aufs Historische und Geläufige beschränkt. Von der Spitze aus wurde institutionalisiert und professionalisiert. *Oktoberklub*-Mitglieder gründeten sich neu als *Jahrgang 49* und repräsentierten mit kommerziellem Politrock; *Schicht* in Dresden versuchte, als politisches Theater die Traditionen alten Agitprops wieder ins Bewußtsein zu rufen. Das Liedfestival wurde politisch wie künstlerisch immer einfarbiger. Das Interesse der Nachwachsenden nahm spürbar ab.

Erzwang der Markt eine Ästhetisierung und Auffächerung, so die bürokratische Administration ein Verkümmern kritischer Kreativität. Entzaubert wurde in jedem Fall der Mythos des politischen L. Abgeschnitten von unmittelbaren Einwirkungsmöglichkeiten im offenen politischen Raum, wurde es entweder zum politischen Konsumartikel oder zur repräsentativen Pflichtübung. Wachsende Zukunftsangst (→*Zukunft*) einerseits, machtpolitischer →*Zynismus* andererseits diskreditierten den politischen Diskurs und demoralisierten das politische L. Es verflüchtigte sich ins Allgemeine. Mit den Liedermachern alterte das Publikum. Beide suchten den ästhetischen Anschluß nach oben. Die nachhaltigste Wirkung der Liedermacher der 60er und 70er Jahre ist denn auch eine wiedergewonnene Durchlässigkeit zwischen den musikalischen Sparten bis hoch in die Avantgarde, etwa bei *Hinz und Kunz,* Sergio Ortega oder *Macchina Maccheronica.* Profitiert hat textlich davon der Rocksong, musikalisch das neue →*Musiktheater,* das mit einem Zugewinn an Realismus eine Neubelebung erfuhr.

II. Das Volkslied

Wenn nach H. Eisler gerade die Identifikationsmöglichkeit ein wesentlicher Bestandteil des echten Volksliedes ist, dann wird die Misere deutlich, in der sich das Volksliedsingen nach dem Zweiten Weltkrieg befand. Denn womit wollte man sich nach diesem politischen und wirtschaftlichen Zusammenbruch ohnegleichen identifizieren?

In der Nachkriegszeit gab es in der Bundesrepublik lange Diskussionen, ob das Volkslied überhaupt noch lebensfähig sei. Was wohl einer echten Identitätskrise zuzuschreiben war, wurde von W. Wiora mit dem Fortfall der Traditionen *(→Tradition und kulturelles Erbe)* erklärt, in deren Umfeld das Volkslied bisher seine Existenz bewahren konnte. Die immer größere Verbreitung von Liederbüchern könne dem Volkslied nur ein »zweites Dasein« ohne echtes Leben garantieren (W. Wiora, Der Untergang des Volksliedes und sein zweites Dasein, in: Musikalische Zeitfragen, Bd. VII, 1959). Erst dann, wenn in L. auch gesungen, wenn es zum lebendigen Ausdruck dessen würde, der es singt, würde es leben und hätte eine Daseinsberechtigung. Diese negative Bestandsaufnahme wurde von den Vertretern der *Frankfurter Schule* als positiv bewertet, weil sie in der Volksliedbewegung ein musiksoziologisch retardierendes Element sah. Denn das Volksliedsingen schien den Zugang breiterer Bevölkerungsschichten zur zeitgenössischen Kunstmusik zu erschweren. Im Vergleich der beiden deutschen Staaten fällt auf, daß in der DDR der Staat viel stärker in die Diskussion um das Volkslied und die Volksliedpflege eingegriffen hat. So forderte E. Honecker in seinem Bericht an das Zentralkomitee der *SED* im Jahre 1958: »Wir müssen in verstärktem Maße alle Formen der Kunst und Kulturvermittlung lenken und kontrollieren.« Dieses geschieht u. a. mit Hilfe der Kulturkonferenzen, auf denen die kulturpolitischen Richtlinien bis in die Details hinein festgelegt werden. Die Notwendigkeit solcher staatlichen Kontrollen ergibt sich zwangsläufig aus der Forderung W. I. Lenins nach der →*Erziehung* des »neuen Menschen« einerseits und den seit Plato anhaltenden Spekulationen über die Formbarkeit des Menschen durch →*Musik* andererseits.

Ideologische Zielsetzungen in der Volksliedpflege der DDR machen deutlich, daß es eine eigene, individuelle Entwicklung des Volksliedsingens in der DDR nicht geben kann. Dementsprechend werden wichtige kulturpolitische Entscheidungen in Anlehnung an das Vorbild der Sowjetunion getroffen. Der 1934 durch A. A. Shdanow in der Sowjetunion propagierte Begriff des →*Formalismus (→Form und Inhalt)* wurde in der DDR durch die Schriften von B. W. Assafjew bekannt, und schon auf dem III. Parteitag der *SED* im Jahre 1950 beschloß man, auch in der DDR den Kampf gegen den Formalismus aufzunehmen. Als formalistisch werden solche Kunstwerke bezeichnet, die sich ihres gesellschaftlichen Auftrags entziehen, indem sie entweder der Allgemeinheit verständlich bleiben oder die Allgemeinheit nicht in der gewünschten Richtung zu beeinflussen vermögen. Dadurch waren der Erschaffung neuen Liedgutes in der DDR enge Grenzen gesetzt. Auf der einen Seite gerieten, F. K. Prieberg zufolge, »die L. schnell in die Nähe des Wandervogels« und die »revolutionäre Gebärde des Textes verrutschte doch ein wenig ins Unglaubhafte«, andererseits waren Experimente mit ungewohnten Rhythmen und harmonischen Verbindungen sehr prekär, wenn man nicht den Vorwurf des Formalismus riskieren wollte. Insbesondere die L. von H. Eisler und P. Dessau sind wegen ihres eigenen Profils hervorzuheben, das sie trotz aller Beschränkungen und Auflagen erreichen konnten.

Ob staatlich gefördert oder nicht, das Singen kam nach dem Zweiten Weltkrieg in beiden deutschen Staaten wieder in Gang, wenngleich die Auswahl des gesungenen Liedgutes jeweils eine andere war. Für die Bundesrepublik Deutschland ist die Aufnahme zahlreicher ausländischer L. typisch (G. Wolters, Das Eindringen ausländischer Volkslieder, in: Musikalische Zeitfragen, Bd. VII, 1959). Dieses ist besonders hervorzuheben, weil der 1908 von H. Breuer herausgegebene »Zupfgeigenhansel« nicht ein einziges ausländisches L. enthielt. Erst vor dem Zweiten Weltkrieg wurden vereinzelt nordeuropäische L. aufgenommen wie »Winde wehn« oder »Im Frühtau zu Berge«, und erst nach Kriegsende war man aus politisch verständlichen Gründen auch für L. aus England, Amerika, Frankreich und Israel offen. »Der Regenpfeifer«, 1958 herausgegeben von H. König und G. Watkinson, enthielt bereits zu 60 v. H. ausländisches Liedgut. Auch die Schulliederbücher haben inzwischen einen immer höheren Anteil an ausländischen L. aufgenommen, so daß man von einer Europäisierung, wenn nicht von einer Internationalisierung des bundesdeutschen Liedgutes sprechen könnte. Diese Entwicklung gilt nicht für die DDR. Einige L. aus anderen Ostblockstaaten und lediglich wenige Arbeiter- und Revolutionslieder aus westeuropäischen Staaten sind in die Schulliederbücher übernommen worden. Die größte Gemeinsamkeit in der Volksliederpflege beider deutscher Staaten scheint in der Pflege des Liedgutes des 19. Jh. zu bestehen. Untersuchungen und Umfragen in der Bundesrepublik von H. P. Gericke (in: Hausmusik, H. 4/5, 1953, S. 120) und W. Träder (in: Musik und Bildung, H. 6, 1969, S. 288) haben ergeben, daß sich hier das Volkslied insbesondere des 19. Jh. wachsender Beliebtheit erfreut, ein Trend, der noch anzuhalten scheint, wenn man die Beliebtheit entsprechender Sendungen von → *Hörfunk* und → *Fernsehen* bedenkt. Für die DDR darf festgestellt werden, daß etwa 50 v. H. aller in den Schulbüchern aufgeführten L. aus dem 19. Jh. stammen, so daß zumindest angenommen werden muß, daß die Pflege dieses Liedgutes staatlicherseits gefördert werden soll.

Orte und Anlässe, an denen und zu denen gesungen wird, sind vielfältig und lassen sich statistisch nicht immer erfassen, zumal dann, wenn sie den Rahmen des häuslichen Musizierens nicht verlassen. Geregelte und offizielle Formen des Musizie-

rens sind jedoch in einer Bestandsaufnahme des *Deutschen Musikrates* über das Musikleben in der Bundesrepublik veröffentlicht worden. Danach gibt es in der Bundesrepublik Deutschland 19000 Gesangvereine, die insgesamt drei Mio. aktive und passive Mitglieder zusammenfassen. Das bedeutet, daß 5 v. H. unserer Gesamtbevölkerung Mitglieder in den Gesangvereinen sind. Weniger erfreulich sind allerdings die Zahlen über den Musikunterricht und damit über das Singen in den allgemeinbildenden Schulen. Mehr als 50 v. H. aller Grundschüler erhalten keinen Musikunterricht. Der Ausfall des Musikunterrichts an Haupt- und Realschulen wird sich in Zukunft noch dadurch verschärfen, daß nur 3 v. H. aller auszubildenden Lehrer Musik als Fach gewählt haben; für den Musikunterricht an den Gymnasien werden noch geringere Prozentzahlen genannt.

Im Hinblick auf Institutionen und die verschiedensten Maßnahmen, die das gemeinsame Singen unterstützen und anregen sollen, ist die DDR der Bundesrepublik weit überlegen. Seit 1952 arbeitet in Leipzig das *Zentralhaus für Kulturarbeit,* früher *Zentralhaus für Laienkunst,* das sich um die Belange der verschiedenen Volkskunstgruppen in Stadt und Land kümmert. Im Zug der sozialistischen Kulturrevolution haben sich unter Führung der *FDJ* Singeklubs gebildet, in denen nicht nur gesungen, sondern auch neue L. getextet und komponiert werden. Seit 1967 ist diesen Singeklubs in Form von Werkstattwochen Gelegenheit gegeben, sich zu vergleichen und Erfahrungen auszutauschen. Zur Zeit der *X. Weltjugendfestspiele* in Berlin (Ost) im Jahre 1973 gab es 4500 Singeklubs, von denen viele nicht nur bei offiziellen Anlässen, sondern auch spontan auf Straßen und öffentlichen Plätzen auftraten. Ob diese staatlichen Maßnahmen auch die gewünschte Breitenwirkung zeigen, bleibt abzuwarten. Die DDR zählt zur Zeit etwa 7000 Chorgemeinschaften, Singakademien, Betriebs-, Jugend- und Kinderchöre mit etwa 300000 Sängern, was einem Anteil von knapp 2 v. H. der Gesamtbevölkerung entspricht.

Bei Abwägung aller Verschiedenheiten und Gemeinsamkeiten in der Volksliedpflege überwiegen die inhaltlichen und organisatorischen Unterschiede so stark, daß in Zukunft mit noch größeren Unterschieden im Bereich der Volksliedpflege zu rechnen ist.

G. F. Kühn, K. Rodekohr

Literatur
A. Sydow, Das L., Ursprung, Wesen und Wandel, Göttingen 1962
F. K. Prieberg, Musik im anderen Deutschland, Köln 1968
R. W. Brednich, L. Röhrich, W. Suppan (Hrsg.), Handbuch des Volkslieds, 2 Bde., München 1973 und 1975
In Sachen Musik, hrsg. von S. Abel-Struth, R. Baum, U.

Dibelius und R. Jacoby in Verbindung mit dem Deutschen Musikrat, Kassel 1977
H. Strohbach, Deutsches Volkslied in Geschichte und Gegenwart, Berlin (Ost) 1980

Literatur

I. Literatur der Bundesrepublik Deutschland – II. Literatur der DDR – III. Konstellationen in Bundesrepublik Deutschland und DDR

I. Literatur der Bundesrepublik Deutschland

Literatur – autonome Kunst oder Mittel gesellschaftlicher Verständigung? Die L. im engeren Sinn, die Belletristik, wurde in der Bundesrepublik bis in die 60er Jahre als Dichtung betrachtet und behandelt. Ebenso wie für Werke der Musik, Malerei und bildenden Kunst galt für sie der Begriff des autonomen Kunstwerks *(→ Kunst).* Ihm entgegengesetzt ist seit Ende der 60er Jahre ein prozessuales Verständnis von literarischer *→ Kommunikation,* die in den Zusammenhang gesellschaftlicher Erfahrung und sozialen Handelns einbezogen ist. Literarische Kommunikation vollzieht sich zumeist nicht in direkter personaler Interaktion, sondern auf der Grundlage von Texten, die mit Hilfe der Institutionen und Organisationsformen des »Literaturbetriebs« zwischen Autoren und Lesern vermittelt werden. Den Konstellationen literarischen Handelns lassen sich im geschichtlichen Prozeß Funktionen zuordnen, die im Hinblick auf Komplementarität und Konkurrenz der literarischen Kommunikation zu anderen Handlungen gesellschaftlicher Verständigung ermittelt werden können. In dieser Sicht erscheint L. in einem Systemzusammenhang sozialen Handelns, der sowohl für die Wechselwirkung von L., Kultur und Gesellschaft als auch für den Innenbereich des »Sozialsystems L.« zu erstellen ist.

Institutionelle Aspekte im Sozialsystem Literatur: Während sich das Literatursystem der Bundesrepublik von literarischen Konstellationen und Entwicklungen in der DDR abgrenzt, bildet es mit der L. in Österreich und in der Schweiz einen weithin gemeinsamen Vermittlungs- und Verständigungsraum. Der innere Zusammenhang der Literatursystems ist durch eine Hierarchie von Teilbereichen gekennzeichnet, die sich abgrenzen lassen für die literarische Praxis und das Literaturgespräch der »Kenner«, für den individuellen Umgang mit L. auf der Grundlage unspezifischer Voraussetzungen und Erwartungen, wie Unterhaltung, Information und der Teilhabe am Schönen, und für den Konsum literarischer Serienprodukte wie Heft- und Illustriertenromane. Im erstgenannten Kommunikationsbereich kommt es im Beschreibungszeitraum zu markanten Entwicklungen, in den anderen Bereichen bleiben Lesererwartungen und Literaturangebot relativ konstant.

Wichtig für die Beschreibung der sozialen Konstellationen und Prozesse im »Sozialsystem L.« sind die literaturbezogenen Institutionen mit ihren Bereichen der Herstellung, Vermittlung und Verarbeitung, der Förderung und Verhinderung von L. sowie der literarischen Sozialisation, sodann literarische Institutionalisierungen mit ihren Gattungen und Genres, ihren medialen Orten, wie → *Feuilleton,* Anthologie, Romanheft, und den typischen Lektüresituationen, sowie schließlich die gesellschaftlich vermittelten Rollenbilder und Handlungsmuster der literarischen Kommunikation und ihre systemspezifischen Steuerungstendenzen. Dabei ist der funktionale Zusammenhang dieses Systems so angelegt, daß er über Reproduktion kultureller Tradition und Innovation literarische Verfahren auf spezifische Weise Informationen und Sinnorientierungen vermittelt. Dabei soll das »literarische Leben« breit entfaltet werden, ohne daß eine zentral angelegte Kulturpolitik lenkend und leitend eingreifen muß. Den Entwicklungsprozeß der Moderne kennzeichnet die Tendenz, literarisches Handeln mehr und mehr institutionell zu verankern. Sie steht im Zeichen fortschreitender rationaler Organisation und Durchsetzung ökonomischer Interessen. Dieser »Vergesellschaftung« literarischer Verständigung widersetzen sich jedoch immer wieder Versuche, den »Eigensinn des Ästhetischen« (J. Habermas) als Orientierungspunkt literarischer Kommunikation zu stärken. Durch literarische Reflexion gesellschaftlichen Verhaltens sollen Freiräume für vorgesellschaftliche Erfahrungen und Verständigungen geschaffen und mit Hilfe von → *Phantasie,* Sensibilität und sprachlicher Kreativität Möglichkeitswelten aufgebaut werden, die als Abweichungen, Herausforderungen und Wunschvorstellungen gegenüber der vorgeordneten gesellschaftlichen Praxis verstanden werden können.

Nullpunkt und Restauration (1945–1960): Trotz Bewußtseinsmarkierungen wie *Stunde Null* und trotz der neuen literarischen Tendenzen *Trümmerliteratur* und *Kahlschlagpoesie* sind die Nachkriegsjahre von einer rückwärtsgewandten Perspektive gekennzeichnet. Der Neuaufbau des Literaturbetriebs wird von den Besatzungsmächten kontrolliert; erst 1949 wird die Lizenzierungspflicht im Verlagswesen aufgehoben und bringt zunächst eine beherrschende Stellung von → *Zeitschriften* und → *Hörfunk* als Medien der Literaturvermittlung.

Insgesamt gesehen orientiert sich die literarische Praxis weithin an Konstellationen und Erfahrungen der Weimarer Republik, die Autoren verstehen sich in der Rolle des freien →*Schriftstellers* als Sachwalter öffentlichen Interesses und sehen in L. eine Instanz für moralische und gesellschaftskritische Reflexion des Zeitgeschehens. Ein Neuanfang soll zum einen dadurch gefunden werden, daß den deutschen Klassikern jenseits der nationalsozialistischen Verfälschung ihr Stellenwert in der humanistisch-abendländischen Tradition neu zugeordnet wird; zum anderen gilt es, die westeuropäischen und amerikanischen Wortführer der →*Moderne* kennenzulernen, sowie die verfemte und verdrängte deutsche L. der 20er Jahre und des antifaschistischen →*Exils* aufzunehmen und sich anzueignen. Gemeinsamkeiten im Literaturgespräch von West und Ost ergeben sich nach 1945 in der Rückbesinnung auf die Klassiker, wie die Bestrebungen des *Kulturbundes zur demokratischen Erneuerung Deutschlands* oder die Goethe-Feiern von 1949 in Frankfurt a. M. und Weimar beweisen. Die Literaturauffassungen scheiden sich hingegen bei der Einschätzung moderner Autoren von Weltgeltung wie M. Proust, J. Joyce, J. Dos Passos, F. Kafka, G. Benn, die in der Sowjetischen Besatzungszone und späteren DDR auf heftigen Widerspruch und Ablehnung stoßen, weil ihre Menschengestaltung den kulturanthropologischen →*Werten und Normen* widersprach. Sie werden zugunsten der humanistischen Traditionen von Klassik und Realismus im 19. Jh. abgewertet. Aus dieser Konstellation erklärt sich die bis heute anhaltende Wertschätzung der Weimarer Klassik in der DDR. Dagegen wurde in der Bundesrepublik das Leitbild der Klassik wiederholt in Frage gestellt; in den 50er Jahren verliert es an Bedeutung zugunsten der angelsächsischen und französischen Gegenwartsliteratur.

Im Zuge der wirtschaftlichen und politischen Abgrenzung von Westzonen und Ostzone zwischen 1947 und 1949 sowie im Zeichen des *Kalten Kriegs* erhalten die unterschiedlichen geschichtlichen und aktuellen Orientierungen besonderes Gewicht. Traditionen und Autoren der Aufklärung, des Vormärz, der sozialistischen Literatur der Weimarer Republik, des antifaschistischen Exils, die von östlicher Seite reklamiert wurden, werden in der Bundesrepublik nicht aufgenommen, so daß sich schon in den 50er Jahren eine deutliche Differenz der literarischen Entwicklung ergibt. In der Bundesrepublik wird die Auseinandersetzung mit den Erfahrungen des Nationalsozialismus allzu rasch durch die intensive Kritik an restaurativen Tendenzen der Gegenwart in den Hintergrund geschoben oder durch ein entschiedenes Bekenntnis zur Autonomie der Kunstpraxis und zum Eigenwert des Ästhetischen verdrängt – unterstützt durch das Plädoyer von Literaturkritik und -wissenschaft für das Wertkriterium der »stimmigen Form« und die Praxis der »werkim-

manenten Interpretation« (E. Staiger). So stehen neben zeitkritischen Autoren wie W. Schnurre, A. Andersch, W. Koeppen und H. Böll die Schriftsteller des »unpolitischen« inneren Exils, W. Bergengruen, E. Schaper, E. Jünger, H. Kasack und Autoren einer zeitlosen Naturlyrik, W. Lehmann, O. Loerke.

Infolge der weithin »leeren Schubladen« und der begrenzten Papierzuteilungen für belletristische Verlage sowie durch die zentrale Stellung von Zeitschriften und Hörfunk in der Literaturvermittlung dominieren innerhalb der literarischen Gattungen und Genres in der Nachkriegszeit hauptsächlich Gedichte, Kurzprosa und Hörspiele. Im Bereich des →*Theaters* war es in der DDR möglich, mit der Förderung von B. Brechts *Berliner Ensemble* ein Pendant zur ungebrochenen Theaterkultur der großen Schweizer Bühnen zu schaffen. Das Theater in der Bundesrepublik konnte, von den →*Kabaretts* bis hin zu den Staatstheatern, erst allmählich auf breiter Basis wieder aufgebaut werden; die Spielpläne stützten sich auf die Schweizer Autoren F. Dürrenmatt und M. Frisch und auf die französischen, irischen und angelsächsischen Dramatiker J. P. Sartre, A. Camus, J. Giraudoux, J. Anouilh, S. Beckett, T.S. Eliot, J. B. Priestley, Th. Wilder, A. Miller. Der Roman erreicht erst gegen Ende der 50er Jahre eine ähnliche Bedeutung wie in der DDR. Den optimistischen Aufbau-, Produktions- und Entwicklungsromanen entsprechen dabei in der Bundesrepublik zeitkritische Romane wie M. Walsers »Ehen in Philippsburg« (1957) und »Halbzeit« (1960), G. Grass' »Die Blechtrommel« (1959) oder H. Bölls »Billard um halbzehn« (1959).

Legitimationskrise der Literatur (1960–1975): Während in der DDR weiterhin versucht wurde, die »vorwärtsweisenden« Entwicklungen in der Geschichte der bürgerlich-humanistischen L. aufzunehmen und in die Praxis einer »sozialistischen Nationalliteratur« einzubringen, kommt es in der Bundesrepublik im Lauf der 60er Jahre im Bereich der Eliteliteratur zu einer entscheidenden Neuorientierung und zum Bruch mit den bis dahin bestimmenden Traditionen. Durch die wechselseitig betriebene Abgrenzung zerbrach eine Grundforderung der traditionellen bürgerlichen Funktionsbestimmung, die in L. ein Mittel der nationalen Identitätsbildung sah. Für die Bundesrepublik stellte sich zudem heraus, daß L. keine sozialintegrative Kraft entwickelte. Das Bild eines hierarchisch abgestuften Literaturbetriebs hat zu Beginn der 60er Jahre feste Konturen gewonnen. Unterschiedliche Ansätze zur Annäherung von hoher und unterhaltender L. in Popkultur, L. der Arbeitswelt, oder tagespolitisch engagierter L. scheiterten ebenso wie die aufklärenden Kampagnen gegen die ideologisierenden Wirkungen von Massenpresse und Massenliteratur. Kritische Analysen der →*Kulturindu-*

strie führten nicht zu Veränderungen, sondern eher zur Verfestigung einer differenzierten Praxis der Kulturwarenproduktion und zu einer sich absondernden → *Alternativkultur.*

Seit 1960 hat die Belletristik auf dem Buchmarkt einen Anteil von etwa 20 v. H. an der Titelproduktion. Ihr ideeller Wert wird jedoch unter dem pragmatischen Aspekt des persönlichen und gesellschaftlichen Nutzens immer mehr in Frage gestellt. Neben → *Presse* und Fernsehen gilt das Sachbuch als wichtigster Vermittler notwendiger Informationen und als Träger geschichtlich-gesellschaftlicher Reflexion. Für → *Unterhaltung* und Entspannung erscheinen die audiovisuellen Medien als besonders geeignet. Die Belletristik gerät so in eine Legitimationskrise. Besonderes Gewicht erhält die Frage nach der politisch-gesellschaftlichen Bedeutung der L. und Lektüre. Vor allem im Zusammenhang der Studentenbewegung wird gefordert, was in der DDR als selbstverständliche Voraussetzung literarischen Handelns gilt: das gesellschaftliche Eingriffsrecht der L., der Auszug der Literaten aus dem Elfenbeinturm, die Abwendung vom traditionellen Autonomieanspruch der Kunst. Die Formel vom »Tod der L.« wird, bezogen auf die bürgerliche Literaturpraxis, 1968 zur kulturrevolutionären Tagesparole. Die verstärkte Politisierung des literarischen Handelns zeigt sich exemplarisch am Zerfall der *Gruppe 47,* die unter der Ägide von H. W. Richter zwanzig Jahre lang die Entwicklung und das wachsende internationale Ansehen der L. der Bundesrepublik mitbestimmt hatte. Ihr Konzept von autonomer Kunst, ihr Idealbild der spontanen, interesselosen Kritik und des freien Gesprächs einer Literatenrepublik im Kleinen wurde durch ihre fortschreitende Einbindung in den Literaturbetrieb und durch wachsende politische Divergenzen in Frage gestellt. Im Herbst 1967 tagt die *Gruppe 47* zum letzten Mal.

In der Literaturwissenschaft zeichnen sich Ende der 60er Jahre Tendenzen ab, die in Rezeptionsästhetik, Literatursoziologie, materialistischer Literaturtheorie und ideologiekritischer Inhaltsanalyse den Vorstellungen einer von allen gesellschaftlichen Belangen abgelösten L. kritisch gegenüberstehen. Der Zusammenhang von Literatur- und Gesellschaftsgeschichte wird zu einem bestimmenden Problem, vor allem in der Auseinandersetzung mit der Rolle der Germanistik im Nationalsozialismus und der »spätkapitalistischen Gesellschaft«, so auf den Germanistentagen in München 1966 und Berlin (West) 1968. Diese Perspektiven sorgen dafür, daß die verstärkte Ausrichtung der Literaturpraxis an ökonomischen Prinzipien wahrgenommen und diskutiert wird. Zwar hatten der stetig expandierende Markt der Taschenbücher, das Versandgeschäft der Buchgemeinschaften – jeder vierte Haushalt der Bundesrepublik hat heute Mitgliedschaften in einer Buchgemeinschaft – und das Buchangebot in Warenhäusern und Supermärkten die literarische

Öffentlichkeit beträchtlich erweitert *(→ Lesen);* zugleich wurde jedoch deutlich, wie sehr L. den Interessen und Vertriebsmethoden des Warenverkehrs unterliegt. Die wachsende Konzern- und Monopolbildung im Verlagswesen und die marktbestimmende Rolle des Lizenzgeschäftes (Übersetzungen, Taschenbuchausgaben, Sonderauflagen) verstärken in dieser Phase bei den Autoren und kritischen Lesern das Bewußtsein von der »Ware L.«. Die Vorstellungen des historisch entwickelten bürgerlichen Literaturkonzepts vom Zusammenspiel freier Schriftsteller, opferfreudiger Verleger und bildungsbeflissener Leser werden reduziert auf die ernüchternden Rollenbilder von Autoren als Wortproduzenten und Mitarbeitern in der Kulturindustrie, von Lesern als gelenkten und manipulierten Konsumenten und von Verlagen als Literaturfabriken und multimedialen Konzernen. Ein Resultat dieses veränderten Bewußtseins ist auf seiten der Autoren die Gründung des *Verbandes Deutscher Schriftsteller* (1969) und dessen Mitgliedschaft in der *IG Druck und Papier* (1973). Zugleich setzt auch die nunmehr führende Stellung des Fernsehens als bevorzugtes Medium für Information, Unterhaltung und kulturelle Teilhabe ein Signal für den veränderten Status von L. Ende der 70er Jahre wurden die Nutzungskoeffizienten von Fernsehen, Hörfunk und Tonträgern gegenüber dem → *Buch* mit sieben zu eins bestimmt. Die »Modernität« und Überlegenheit der audiovisuellen Medien wird selbst bei den Literaturverfilmungen in der Meinung der meisten Rezipienten gestützt. Das Schlagwort vom »Buch zum Film« ist mehr ein kommerzieller als ein literaturpädagogischer Appell. Mit dem Beginn der 70er Jahre wirken Elemente der Film- und Fernsehgeschichte verstärkt in die literarische Entwicklung hinein, wie man an der Rolle der Autorenfilme, der »Medien- und Gattungswanderung der Stoffe« und der Übernahme »kinomorpher Strukturen« (H.-B. Moeller, in: P.M. Lützeler, E. Schwarz, S. 95–97) ablesen kann. Gleichzeitig geht der Anteil der Literaturadaptionen im deutschen Fernsehspiel gegenüber den 60er Jahren auf Werte zwischen 40 und 50 v. H. zurück (K. Hickethier, Das Fernsehspiel der Bundesrepublik, Stuttgart 1980, S. 81f.); die spezifisch literarischen Verfahren zur Darstellung von Wirklichkeit verlieren für das Fernsehen ihre Leitfunktion (»Originalfernsehspiel«).

Obwohl beim breiten Publikum die tradierten Vorstellungen von der Autonomie des Kunstwerks und dem zeitlosen Wert schöner L. unvermindert gelten, obwohl Medien, Buchmarkt und Bildungsbereich den Eindruck eines blühenden literarischen Lebens und eines intensiven literarischen Gesprächs vermitteln, kann für die Entwicklung nach 1960 angesichts der Folgen einschneidender politischer, ökonomischer und bewußtseinsgeschichtlicher Veränderungen die Ausbildung eines

»nachbürgerlichen« Literatursystems der Postmoderne angesetzt werden. Im Bewußtsein veränderter Verhältnisse werden jedoch zugleich Gegenkräfte wachgerufen, die zumindest die »relative Autonomie« für einzelne Bereiche der literarischen Verständigung erhalten oder durchsetzen wollen. Schon im Verlauf der 60er Jahre hatten sich literarische Tendenzen ausgebildet, die sich an Traditionen der ästhetischen →*Avantgarde* orientieren und, parallel zum Anspruch strukturalistischer Konzepte in der Literaturwissenschaft, den besonderen Status literarischer Kommunikation und poetischer Sprachverwendung betonen, so beispielsweise der *Wiener Kreis* um G. Rühm, H. C. Artmann, O. Wiener, das Programm der *Konkreten Poesie* (F. Mon, H. Heißenbüttel) oder das ästhetische Nomadentum A. Schmidts. Aber selbst dieses Beharren auf dem Wert des Artifiziellen bezieht sich letztlich auf die Einsicht, daß auch selbstreflexive L. in der soziokulturellen Praxis bestimmte Funktionen übernimmt – etwa im literarisch artikulierten Widerstand gegen entleerte Sprachformeln und schematische Wahrnehmungen von Wirklichkeit.

Im Nebeneinander ungleichartiger Entwicklungen in der L. dieser Phase hatten die Dortmunder *Gruppe 61* und der spätere *Werkkreis Literatur der Arbeitswelt* eine wichtige Position. Die zunächst naheliegenden Entsprechungen zu Konstellationen der L. der DDR (*Bitterfelder Weg* 1959 bis 1964) erweisen sich bei genauerer Analyse als Trugschluß, wie überhaupt bei der Einschätzung und Aneignung von L. der DDR in der Bundesrepublik vielfach die unterschiedlichen Bedingungen und Ziele literarischen Handelns in Ost und West verkannt werden. Zwar ergeben sich gemeinsame Themen in der Darstellung von Erscheinungen der modernen Industriegesellschaft, wie Persönlichkeitsverlust, Probleme von Beruf und Privatleben oder Frauenfragen, doch läßt sich aus solchen Parallelen noch keine Konvergenz der literarischen Entwicklung ablesen. Die L. der DDR steht bis heute in einem fixierten Auftragsrahmen der staatssozialistischen Gesellschaftslehre und hierarchischen Kulturpolitik, für die es in der Bundesrepublik keine Entsprechungen gibt.

Die Politisierung des literarischen Handelns von der Basis her – mit dem Ruf »Schriftsteller in die Politik« als Parole zum Bundestagswahlkampf 1969 – und die Ansätze zu einer beratenden Partnerschaft zwischen Literaten und Politikern gelten im wesentlichen nur für die Zeit zwischen 1968 und 1972. Der Versuch, L. nachhaltig auf politische Ziele und gesellschaftstheoretische Reflexion zu beziehen, wird bereits zu Beginn der 70er Jahre wieder eingeschränkt und die unterschiedliche Reichweite politischer und literarischer Aktionen beispielsweise auf dem Schriftstellerkongreß 1974 stärker betont. Doch kehrt das öffentliche Gespräch über L. zwischen 1972 und 1975 nicht einfach auf den Stand von 1966 zurück. L. und Lebenspraxis sind näher zusammengerückt; der Literaturbegriff hat sich erweitert.

Trivialliteratur und Sachliteratur, insbesondere solche, die mit literarischen Verfahren arbeitet, gehören nun zum Bestand des Deutschunterrichts, der bis Mitte der 60er Jahre kaum auf die erheblichen gesellschaftlichen und kulturellen Veränderungen der Bundesrepublik reagiert hatte. Im Zusammenhang mit der verstärkten Lesebuchkritik, etwa von H. Helmers in »Die Diskussion um das deutsche Lesebuch« (Darmstadt 1969) und H. Ide in »Bestandsaufnahme Deutschunterricht« (Stuttgart 1970), sowie in der Auseinandersetzung um die *Hessischen Rahmenrichtlinien* (1972) und ihr Verständnis von L. und Literaturdidaktik werden die kontroversen gesellschaftlichen Interessen an der schulischen Vermittlung literarischer Bildung deutlich. Die Auseinandersetzungen beziehen sich vor allem auf die Neukonzeption der Lehrpläne, die Abkehr vom Anspruch eines klassischen Literaturkanons und die Lernziele »Kritisches Lesen« und »Kompetenz im Umgang mit Texten«. Dabei wird befürchtet, daß der Deutschunterricht zur »Einübung in den Klassenkampf« mißbraucht und die schöne L. durch Anpassung an die Lektürepraxis der Schüler und die Alltagserfahrungen der Massenkommunikation verdrängt werden könnte. Mit den Lehrplanreformen der 70er Jahre verliert der Deutschunterricht seine Mittelpunktstellung als Gesinnungsfach.

Im Zuge der politischen Aktualisierung von L. entsteht im Gattungssystem der Typus des zeitgeschichtlich-dokumentarischen Dramas (R. Hochhuth, H. Kipphardt, P. Weiss), das auch in der DDR wegen der Auseinandersetzung mit dem Nationalsozialismus Beachtung findet. Zugleich gewinnt die Tradition des sozialkritischen Volksstücks in der Nachfolge M. Fleißers, Ö. v. Horváths und in Orientierung am Neuen Realismus der englichen Dramatiker besonderes Gewicht bei Autoren wie F. X. Kroetz und M. Sperr. Zudem entwickeln sich neue institutionelle Formen, so Straßentheater, Experimentierbühnen, Kinder- und Jugendtheater wie *Grips,* Theaterkollektive wie das Ensemble der *Berliner Schaubühne.* Auch im Bereich der Lyrik rückt die L. näher an die Wirklichkeit heran; der Alltag wird zum Thema (R. D. Brinkmann), politische Fragen werden verstärkt aufgenommen und in epigrammatisch-didaktischer Form behandelt (H. M. Enzensberger, E. Fried). In der Bewegung der Liedermacher, die Mitte der 60er Jahre im Blick auf die Popularität des Protestsongs in den USA öffentliche Bedeutung gewinnt, findet die Vermittlung von Lyrik eine moderne Organisationsform mit literarischen Ansprüchen für ein Massenpublikum. Angesichts der Wirkung von W. Biermann und B. Wegner entsteht in der Folgezeit ein neuer Ansatzpunkt zu gesamtdeutscher Literaturpraxis. Durch den Versuch, mit Hilfe der L. aktuell in die Lebenspraxis »einzugreifen«, verliert die Großform des Romans nach 1968 zeitweilig an Bedeutung, wohingegen Erzählungen, Essays und Tagebuchberichte sowie die Reportageliteratur (G. Wallraffs »Industriereportagen«, 1966, und E. Runges »Bottropper Protokolle«, 1970) besondere Aufmerksamkeit finden.

Literatur der Postmoderne? Im Verhältnis von L. und Gesellschaft stehen die Ereignisse von 1972 (Radikalenerlaß, Terrorismus), 1973 (wirtschaftliche Rezession) und 1974 (Rücktritt von W. Brandt als Bundeskanzler) im Zeichen einer *Tendenzwende,* die auch für die Diskussionen um die Neubestimmung von Funktionen der L. gilt. Zugleich stagniert in diesen Jahren die Buchproduktion in der Belletristik. Die verschiedenen Kriesenerfahrungen werden jedoch weniger theoretisch und reflexiv, sondern eher subjektiv und selbstquälerisch verarbeitet. Um 1975 hat sich der Buchmarkt erholt; die schriftstellerische Produktion wächst. die Differenzierungen und Innovationen der literarischen Entwicklung um 1970 sind vom Literaturbetrieb aufgenommen und verarbeitet worden; L. der Arbeitswelt, alternative L. und Frauenliteratur erweitern das Angebot. Die führende Rolle der Sozial- und Kommunikationswissenschaften im kritischen Gespräch über L. wird durch neue Tendenzen zugunsten der →*Kulturanthropologie,* →*Psychoanalyse* und Ökologie eingeschränkt. Mit der allgemeinen Kritik an den Bildungsreformen der 60er Jahre, dem Unbehagen an lebenspraktisch nutzlosem Wissensstoff und an der Herrschaft instrumenteller Vernunft ändern sich auch die Erwartungen an die schöne L. Anstelle der kognitiven und reflexiven Leistungen erhalten die imaginativen, identitätsbildenden und therapeutischen Momente Gewicht, beispielsweise in der Darstellung von Lebenskrisen und Angsterfahrungen.

Literaten und Literaturvermittler entdecken das Ich als zentralen Bezugspunkt literarischer Verständigung *(Neue Subjektivität, Neue* →*Innerlichkeit,* »Authentische L.«). Die L. reagiert so auf die gesellschaftliche Erfahrung der divergierenden Wertsetzungen des Konservatismus, Liberalismus, marktwirtschaftlichen Sozialismus und Neomarxismus sowie auf das schwindende Ansehen gesellschaftstheoretischer Programme und die Aussteigerbewegungen *(*→ *Leistung,* →*Alternativkultur).* In privaten Schreibgruppen, die sich jetzt am Rande literarischer Öffentlichkeit bilden, dient die literarische Praxis zur Krisenbewältigung und Selbstfindung. Obwohl solche Entwicklungen zur Annäherung zwischen Schreibenden und Lesenden äußerlich mit kulturpolitischen Konzepten in der DDR verglichen werden könnten, stehen sie in der Bundesrepublik in einem Bedingungszusammenhang, der zum Rückzug von der Gesellschaft führt, wohingegen die gesellschaftspolitische Zielsetzung der Schreib-

zirkel und Laienkunstbewegungen in der DDR den einzelnen auf Teilnahme am gesellschaftlichen Prozeß und an soziokultureller Reproduktion verpflichten will.

Die Entwicklung der L. in der Bundesrepublik in den 70er Jahren wird im Sinn des marktkonformen Innovationsprinzips als gründliche Abkehr von den Forderungen der späten 60er Jahre interpretiert. Demgegenüber wäre festzuhalten, daß nicht nur Konzepte der politisch engagierten L. fortgesetzt werden, sondern auch die als gegenläufig bezeichneten Tendenzen zumeist in den Konstellationen vor der »Wende« von 1972 bis 1975 eingeschlossen waren, wie sich am Werk von P. Handke oder Th. Bernhard zeigen läßt. Zudem sind die angesehenen Autoren der 60er Jahre wie H. Böll, G. Grass, M. Walser, M. Frisch, P. Weiss weiterhin literarisch aktiv; sie folgen freilich auch der Entwicklung zum sachbezogenen Erzählen, zum Romanessay, zum Autobiographischen oder der Rückkehr zum Fabulieren. Selbst im Beharren auf den Ansprüchen des Ichs und in der literarischen Beschreibung persönlicher Krisen ist, wie etwa in den »Vaterromanen«, Kritik an deformierenden Erfahrungen gesellschaftlicher Lebenspraxis aufgenommen. Nur haben sich Perspektiven und Reichweite dieser Kritik verändert. In der Erzählprosa begrenzen Biographien und Familiengeschichten den Erfahrungsbereich, gewinnen lokale und regionale Besonderheiten des Lebensraumes erhebliches Gewicht, haben die Dialektliteratur und die Bücher österreichischer und schweizerischer Autoren zunehmend Erfolg. Im Theater verlieren das dokumentarische Zeitdrama und das Volksstück an Geltung; die auf subjektive Sensibilität der Akteure bezogenen gesellschaftskritischen Dramen von B. Strauß erregen Aufsehen, doch insgesamt gesehen tritt an die Stelle des Theaters der Autoren das Konzept des Regietheaters. Eine Renaissance erfährt die Lyrik. Neben der neuen Praxis der epigrammatisch-didaktischen Verfahren und den Thematisierungen des →*Alltags* von politischen Fragen bis hin zur →*Subkultur* und Anarchoszene stehen die Rückwendungen zu klassischen Strophenformen und zum Naturgedicht. Die Erscheinungen einer erneuerten Kontinuität zur literarischen Tradition werden jedoch im Literaturgespräch der Elite überschattet von Problemen der Diskontinuität und Orientierungslosigkeit in der Situation der Postmoderne.

II. Literatur der DDR

Einheitliches Literaturkonzept: Soweit fiktionale Werke darunter verstanden werden, wird L. in der DDR einer einheitlichen Wert- und Bedeutungsebene unterworfen; man trifft nicht, wie in der Bundesrepublik, eine Unterscheidung zwischen Unterhaltungsliteratur und anspruchsvoller, hoher

L. Gelegentlich spricht man in der DDR von der mehr unterhaltenden L. als Spannungsliteratur. J. R. Becher und die Kulturpolitiker der DDR haben die auf dem kapitalistischen Markt vorhandene Trennung stets abgelehnt, wenngleich literarische Entwicklung und Lesegeschmack in der DDR eine solche Unterscheidung durchaus zulassen. Es gibt Kriminal-, Trivial- und Science-Fiction-Romane, es gibt die Roman-Zeitung, die in Heftchenform vorwiegend Unterhaltendes druckt, und es gibt die sozialistischen Partei-Schmöker. J. R. Bechers Vorstellung von einer »Literaturgesellschaft« geht nicht nur von der Einheit aller L. aus, es sollten auch alle an der L. Beteiligten, Autoren, Verlagsleute, Setzer, Drucker, Buchhändler, gleichberechtigte Teilhaber sein. Im Lauf der Zeit hat sich jedoch ein gespaltener Literaturbegriff herausgebildet, je nachdem, ob ein Autor den *Sozialistischen → Realismus* mit seinen parteilichen Auflagen akzeptiert, also die eine Handschrift der Parteilinie nur ausschmückt, oder ob er sie unterläuft oder gar ablehnt. Zu unterscheiden ist zwischen einer repräsentativen Parteiliteratur, einer L. des Aufbaus, der Betriebs- und Bodenreformromane, später der L. aus der Leiterperspektive, und einer teils marxistisch-humanistisch, teils existentiell-humanistischen L. Es hängt jeweils von der politischen Großwetterlage und ihrem kulturpolitischen Einzugsgebiet ab, ob die letztgenannten Tendenzen in den Rahmen der offiziellen Literaturvorstellungen integriert werden können, oder ob sie als unvereinbar zu antisozialistischer L. abgestempelt und so aus der DDR hinausgedrängt werden. Der *Sozialistische Realismus* ist dem Marxismus-Leninismus zugeordnet, mit dem im kulturpolitischen Programm der *SED* die Absicht verfolgt wird, die objektive, d. i. parteiliche Wahrheit widerzuspiegeln; W.I. Lenins Aufsatz »Parteiorganisation und Parteiliteratur« (1905) wird dafür immer wieder herangezogen; L. soll zur »Meisterung« und »Verbesserung des Lebens« und der »sozialistischen Lebensqualität« beitragen. Der Wert der L. mißt sich an den an sie gestellten Nützlichkeitsanforderungen; in den Dienst der führenden Rolle der Partei gestellt, mußte während der verschiedenen kulturpolitischen Phasen um ihr neues Selbstverständnis stets gerungen werden.

Phasen der literaturpolitischen Entwicklung: Von seiten der *SED* wird literarisches Schaffen als ideologischer Akt des Bewußtseins verstanden. Je nachdem, wie die ökonomische und politische Gesamtentwicklung verliefen, wurden die Schriftsteller auf die erzieherische Absicht der L. eingeschworen. So sollte von Anbeginn der schaffende Mensch im Mittelpunkt stehen *(→ Persönlichkeit)*. Weil die stetige Umorientierung nicht in dem erforderlichen Maß gelang, kam es zu Kulturdebatten und Kulturkämpfen. 1951 setzte die Kampagne gegen → *Formalismus* und → *Dekadenz* ein. Schriftsteller, die

sich nicht oder nicht genügend mit den neuen Inhalten beschäftigten, wurden gemaßregelt; wer vom Selbstverständnis literarästhetischer Formgebung nicht abging, wurde als dekadent gebrandmarkt.

1959 wurde der *Sozialistische Realismus* auf der *I. Bitterfelder Konferenz* zum künstlerischen Staatsprogramm der DDR erhoben. Die Schriftsteller sollten den Arbeitern und Bauern helfen, »die Höhen der Kultur« zu »erstürmen«; Schriftsteller mußten an den Produktionsstätten selber Erfahrungen mit den Werktätigen beim Aufbau des Sozialismus austauschen oder im Kollektiv arbeiten. Die von W. Ulbricht als »volksnah« bezeichneten Klassiker J. W. v. Goethe und F. Schiller wurden als persönlichkeitsbildende Vorbilder empfohlen. Die Trennung von Kunst und Leben sollte durch die Verwirklichung der Parole »auf sozialistische Weise arbeiten, lernen und leben« aufgehoben werden. Dieses neue Programm wurde im Rahmen der Lösung ökonomischer Hauptziele aufgestellt, um das Übergewicht der Bundesrepublik im Pro-Kopf-Verbrauch zu beseitigen und um wissenschaftlich-technisches Weltniveau zu erreichen (W. Ulbricht, Fragen der Entwicklung der sozialistischen L. und Kultur, Neues Deutschland v. 15. 5. 1959). Die dirigistischen Eingriffe der Führung der *SED* verdarben jedoch das Konzept der engen Verschwisterung von L. und Leben von Anfang an, ein Faktum, das auf einer *II. Bitterfelder Konferenz* (1964) nicht offen zum Ausdruck kam, sondern verschleiert wurde. Jetzt sollte die L. noch mehr der wissenschaftlich-technischen Entwicklung Rechnung tragen; für die komplexer werdenden Lebensprozesse sei eine stärkere Leitung der künstlerischen und literarischen Prozesse notwendig. So betonte W. Ulbricht, daß klare Konturen in der Kunst auch klare Konturen in der Leitung verlangten. Auf dem 11. Plenum des Zentralkomitees der *SED* wird an der L. die »Ideologie des spießbürgerlichen Skeptizismus ohne Ufer« von E. Honecker gegeißelt; im Namen einer »abstrakten Wahrheit« würden die Künstler und Schriftsteller nur Mängel und Fehler in der DDR darstellen. H. Müller, W. Biermann und S. Heym wurden öffentlich gerügt. Der neue Restriktionskurs dauerte bis zum Ende der Ära W. Ulbrichts. 1971 auf der VIII. Parteitag der *SED* trat E. Honekker dann für einen künstlerischen »Meinungsstreit« ein und verkündete, wer von sozialistischer Position ausgehe, für den könne es keine Tabus geben. Dies war mehr ein Eingeständnis als eine Einsicht gegenüber einer literarischen Befreiung von den Normen des *Sozialistischen Realismus,* die nicht mehr ohne weiteres aufzuhalten war. Mit der Ausbürgerung W. Biermanns 1976 verschärfte sich der kulturpolitische Kurs erneut. In der Folge durften bis 1981 mehr als ein Dutzend namhafter Schriftsteller das Land verlassen. Die Werke der im Land gebliebenen bekannteren Autoren werden weiterhin gedruckt, auch wenn sie nicht durchweg offizielle

Anerkennung finden. Junge Autoren haben, sofern sie sich kritisch äußern, keine Chance mehr. Die dogmatische Position in der L. wird von den Altstalinisten zurückgewonnen.

Steuerungs- und Vermittlungsinstanzen: Um die führende Rolle der *SED* durchzusetzen, rückten Institutionen und Organisationen in den Vordergrund, die den Literaturbetrieb steuern. Die bedeutendste dieser »öffentlichen Agenturen« (R. Weimann), die die mit dem *Sozialistischen Realismus* verbundene einheitliche Wertvorstellung durchsetzen sollen, ist der *Schriftstellerverband,* der 1952 aus dem *Kulturbund zur demokratischen Erneuerung Deutschlands* hervorging, und dessen rund 900 Mitglieder verpflichtet sind, sich zum Wohl der DDR einzusetzen, die führende Rolle der *SED* anzuerkennen und die Methode des *Sozialistischen Realismus* anzuwenden. Die literaturpolitischen Ziele der *SED* wurden bis 1979 auf acht Schriftstellerkongressen propagiert; die Richtlinien dazu wurden jedoch zuvor von anderen Institutionen vorbereitet, anfänglich von der *Kulturbundkonferenz,* später von den Tagungen des Zentralkomitees der *SED.* Wer heute die politischen Gemeinsamkeiten mit ihren Auswirkungen bis in die Schreibprozesse hinein akzeptiert, genießt materielle Vorteile und Privilegien wie Stipendien, Darlehen, Auslandsreisen, die Hilfe der Partei bei rascherer Wohnungs- und Autobeschaffung. Das *Amt für Literatur- und Verlagswesen* war seit 1951 oberstes Kontrollorgan für die Druckprozedur (→ *Zensur).* Seit 1954 nimmt die *Hauptverwaltung für Verlage und Buchhandel* beim *Ministerium für Kultur* diese Funktion wahr. »Literaturanalysanten« und ihre Abteilungsleiter prüfen die Manuskripte auf ihren ideologischen Gehalt und erteilen daraufhin die Druckgenehmigung. Jedoch gilt trotz dieses Genehmigungsverfahrens seit mindestens einem Jahrzehnt, daß die → *Verlage* die ideologische Verantwortung für ihre Publikationen zu übernehmen haben. Verlagsleiter und Cheflektor sind durch den Parteiauftrag dazu voll und ganz verpflichtet. Doch hat es in allen Institutionen immer wieder Literaturfunktionäre und Lektoren gegeben, die die institutionalisierten Kontrollen mit gewogenen Gutachten zu unterlaufen wußten. Die wichtigsten Verlagsneugründungen kamen durch Organisationen und Parteien zustande; *Aufbau-Verlag* (gegründet vom *Kulturbund* 1945); *Neues Leben* (Verlag der *Freien Deutschen Gewerkschaftsjugend*); *Mitteldeutscher Verlag* (vom Behördenverlag zum Verlag des *Bitterfelder Wegs).* Das *Institut für Literatur* in Leipzig wurde 1955 gegen den Willen J. R. Bechers gegründet und nach dessen Tod in *Johannes-R.-Becher-Institut* umbenannt (1959). *Sozialistischer Realismus,* allgemeine Literaturgeschichte und Marxismus-Leninismus werden dort in einem dreijährigen Lehrgang mit Diplom abgeschlossen. Im Gefolge der *Bitterfelder Konfe-*

renzen und später wurde vielfach versucht, Schreibzirkel zu gründen. Im *Deubener Zirkel schreibender Arbeiter* wurden Brigadetagebücher herausgegeben, die allerdings Probleme der Arbeiter am Arbeitsplatz nur kurze Zeit kritisch darstellen konnten; ähnliches gilt für die »Rote Dietz-Reihe« und die Monatsschrift »ich schreibe« zur Fortbildung schreibender Arbeiter. Mit dem Vorwurf des Mangels an literarischem Niveau wurden solche Unternehmungen entschärft oder wieder eingestellt. Weiterhin bestehen zahlreiche Zirkel schreibender Schüler, Hausfrauen oder Volkspolizisten, die von Mitgliedern des *Schriftstellerverbandes* geleitet werden. Wichtig sind ferner die Partnerschaften zwischen Verbandsmitgliedern und Betrieben, die Förderungsverträge zwischen gesellschaftlichen Organisationen wie *FDJ* und *FDGB* mit jungen Literaten sowie die Auftragsarbeiten durch Verlage und Organisationen. Alle diese staatlich eingesetzten Förderungsmaßnahmen ermöglichen den Autoren der DDR ein materiell großzügigeres Leben als den meisten westdeutschen Autoren.

Literarisches Selbstverständnis: Es war zunächst geprägt von den aus dem Exil zurückgekehrten großen Autoren wie B. Brecht, A. Zweig, A. Seghers, E. Arendt, J. R. Becher, S. Heym u. a., die den Kampf gegen den Nationalsozialismus und die Leidenszeit des → *Exils* aufzuarbeiten versuchten. Einige begannen sehr bald, die Forderungen nach einer sozialistischen Aufbauliteratur zu erfüllen, ohne damit immer auf ungeteilten Beifall zu stoßen; diese Autoren, E. Claudius, W. Bredel, H. Marchwitza, L. Turek kamen aus der Arbeiterkorrespondentenbewegung der Weimarer Republik. Eine zweite Gruppe, die wie H. Sakowski, O. Gotsche, D. Noll in erster Linie erst als Genosse und dann erst auch »Künstler« agierte, ordnete sich immer mehr der Führung der Partei unter. Neben diesen beiden Gruppen entstand, vom Aufschwung der neuen sozialistischen Gesellschaft überzeugt, die L. einer jungen, in der DDR aufgewachsenen Generation; zu dieser *Ankunftsliteratur* zählten B. Reimanns »Ankunft im Alltag« (1961), K.-H. Jakobs' »Beschreibung eines Sommers« (1961), C. Wolfs »Der geteilte Himmel« (1963) und E. Neutschs »Spur der Steine« (1964). Doch führte die Bürokratisierung der sozialistischen Verhältnisse allmählich auch zu einem gewandelten Literaturverständnis. J. Bobrowski und G. Kunert mit ihrer existentiell-humanistischen Lyrik, H. Müller, V. Braun, P. Hacks als Dramatiker, ferner W. Biermann und K. Mickel versuchten schon in den 60er Jahren, von einer dialektisch geprägten Literaturkonzeption auszugehen, zu der sich in den 70er Jahren R. Kunzes existentialistische Lyrik gesellte. Mit F. R. Fries' »Der Weg nach Oobliadooh« (1966, allerdings nur in der Bundesrepublik erschienen), C. Wolfs »Nachdenken über Christa T.« und G. de Bruyns

»Buridans Esel« (beide 1969) wurde in der Prosa die parteilich-repräsentative Darstellung der Wirklichkeit aufgegeben. An ihre Stelle trat ein freierer Einsatz des Erzählsubjekts, um das die Generation der heutigen Mittdreißiger bis Mittfünfziger kämpft. Sie mißt die Gegenwart weder an der düsteren Vergangenheit des Nationalsozialismus noch will sie viel herumdeuteln, »ob der Sozialismus nun das Richtige ist oder nicht«, sondern sie interessiert, »wie die Menschen in dieser Gesellschaft zurechtkommen« (M. Stade, Akzente 5, 1973, S. 400). Die Debatten über Lyrik, über Literaturkritik, über U. Plenzdorfs »Die neuen Leiden des jungen W.« (1973) und die Erberezeption J. W. v. Goethes, insbesondere aber Jean Pauls, H. v. Kleists und der lange Zeit als dekadent geschmähten Romantik brachten wichtige Erkenntnisse für ein neu sich herausbildendes Literaturverständnis. In einer Anzahl essayistischer und erzählender Werke wurde der Zusammenhang von L. und Gesellschaft deutlicher als je zuvor herausgestellt. In F. Fühmanns Budapester Tagebuch »Zweiundzwanzig Tage oder die Hälfte des Lebens« (1973) und seinem Essayband »Erfahrungen und Widersprüche« (1975), in C. Wolfs »Lesen und Schreiben« (1972) oder V. Brauns »Es genügt nicht die einfache Wahrheit« (1975) entfaltete sich ein literarisches Selbstverständnis mit dem Anspruch, ästhetisch-moralische Positionen zu formulieren, die in früheren Zeiten als sektiererisch denunziert worden wären. Die durch die neue Dichteressayistik offen diskutierten Probleme ergaben sich nicht aus einer isoliert kritisierten Kulturpolitik, sondern aus dem neuen Zusammenhang zwischen Ästhetik und Moral, zwischen L. und Gesellschaft. Solange aber noch so viele Dinge tabu sind, bleibt nach V. Braun die Sache der L. schwierig. L. müßte in den vollständigen Besitz ihrer literarischen Freiheit kommen, der die Partei noch immer nur eine Art Grundausstattung zubilligt.

Aktualität der Literatur der DDR für die Bundesrepublik: Die L. der DDR hat erst zwischen 1969 und 1971 das Interesse der bundesrepublikanischen Öffentlichkeit auf sich gezogen. Davor wurden Namen wie J. Bobrowski, G. Kunert und W. Biermann kaum mit einer anderen L., der L. der DDR, so unmittelbar in Beziehung gesetzt, wie das ab den 70er Jahren mit einer Flut von Publikationen geschah. Die größere Neugier für die DDR – für bundesdeutsche Leser vielleicht auch vorbereitet durch den Wirbel um C. Wolfs Buch »Nachdenken über Christa T.« (1969) – seit der durch W. Brandt eingeleiteten neuen Ostpolitik erst eigentlich spürbar, stieß auf einen bis dahin für die L. der DDR einmaligen Vorgang. Die besonnenere Kulturpolitik unter E. Honecker führte dazu, daß Texte aus den 60er Jahren von E. Neutsch, E. Köhler, V. Braun und U. Plenzdorf jetzt neben neu entstande-

nen publiziert wurden. Man bemerkte in der Bundesrepublik, daß es in der DDR sehr viel mehr Autoren gab, als man vermutet hatte, die ihre Ansichten über den →*Alltag,* über Lebensprobleme teils unverhüllt, teils in phantastischem oder historischem Gewand mit erzählerischer Verve gestalten konnten. Dies geschah zu einem Zeitpunkt, da ein Gutteil der Autoren der Bundesrepublik ihre Leser mit der eigenen Innerlichkeit zu ermüden begannen. Die Verlage *Luchterhand, S. Fischer, Hanser, Suhrkamp, Rowohlt, Wagenbach, Rotbuch* verlegten schwerpunktmäßig neue L. aus der DDR. Weitere sieben Verlage brachten bis 1981 mindestens je drei Autoren der DDR heraus. Die Ausbürgerung W. Biermanns (1976) und die Verschärfung des kulturpolitischen Kurses haben diese rege Publikationstätigkeit wieder stark zurückgehen lassen, nicht aber die geistige und literarische Entwicklung einzelner Autoren hemmen können. So kamen mehr und mehr Bücher von Autoren der DDR nur noch in der Bundesrepublik heraus. In der DDR selbst hatte dies gravierende Folgen für die Autoren. Einigen wurde die Ausreise nahegelegt, anderen war jede weitere Publikation in der DDR verstellt, wieder andere, wie S. Heym und W. Hilbig, wurden zu Geldstrafen verurteilt, nachdem Urheberrecht und Devisenbestimmungen verknüpft worden waren. Diese strafrechtlichen und andere Maßnahmen haben aber nicht verhindern können, daß ein wesentlicher Teil der L. der DDR in den bundesrepublikanischen Literaturbetrieb integriert wurde.

III. Konstellationen in Bundesrepublik Deutschland und DDR

Die fortschreitende Erweiterung des Literaturbegriffs in der Bundesrepublik nach 1960, die Kritik an einer vom Alltag abgehobenen Kunst und die wachsende Integration fiktiver Erlebnissituationen, imaginärer Weltbilder und Trivialmythen in die Alltagskommunikation haben gegensätzliche Tendenzen zur Folge. Zum einen die Annäherung der literarischen Verständigung über Wirklichkeit an Verfahren und Ziele von Kommunikationshandlungen, die von politischen bis hin zu therapeutischen Diskursen reichen, zum anderen das verstärkte Plädoyer für lustvolle Erfahrungen im Reich der Imagination, der künstlichen Welten. Der vorschnellen Prognose vom Untergang des Mediums Buch in der Flut elektronisch gesteuerter Kommunikation stehen erste Anzeichen einer Fernsehmüdigkeit, Aktivitäten zur Förderung der Lust am Lesen sowie die ungebrochene Produktivität des Buchmarkts entgegen. Die Auflösung des Kunstbegriffs und die Akzentverschiebungen im literarischen Kanon werden heute von der Bildungspolitik wieder in Frage gestellt. Das auf den ersten Blick anachronistische Unternehmen des »Deutschen Klassiker Verlags«, eines Projekts der Verlage *Insel* und *Suhrkamp*, zeigt, daß auch auf dem Buchmarkt konservative Tendenzen ihren Raum finden, daß Traditionsbindung und Geschichtsbewußtsein gegenüber dem Aktualitäts- und Fortschrittsdenken neue Ansprüche setzen. Ob es freilich gelingen wird, den Literaturbetrieb der Bundesrepublik zu repersonalisieren, wie es auch die alternativen Unternehmungen der Autorenverlage und Autorenbuchhandlungen, der Minipressen und Basisbuchläden versuchen, und die partielle Unabhängigkeit des Buchmarkts von allgemeinen wirtschaftlichen Strukturen zurückzugewinnen, bleibt angesichts der Assimilationskraft des ökonomischen Systems fraglich.

Im Vergleich der literarischen Situation in Bundesrepublik und DDR stellt sich die Frage, wie weit das Widerspruchspotential einer nachbürgerlichen L. reicht, um »Sand im Getriebe der Welt« (G. Eich) zu sein, und welche Durchschlagskraft in einer – noch von bürgerlichen Traditionen geprägten – L. der entwickelten sozialistischen Gesellschaft der Anspruch erhalten kann, den abstrakten Erkenntnissen marxistischer Gesellschaftstheorie und Geschichtsphilosophie das individualisierende Prinzip der »subjektiven Authentizität« (C. Wolf) entgegenzustellen. Den Vergleich zwischen Ost und West auf die pessimistische Formel von der allgegenwärtigen und allmächtigen Kulturindustrie und das optimistische Bild einer, von Marktzwängen befreiten, interessenhomogenen Literaturgesellschaft zu bringen, hieße, die Geschichtsmächtigkeit der bürgerlich-aufklärerischen Ideen zu unterschätzen und die partei- und kulturpolitische Bürokratisierung der L. in der DDR zu verkennen.

Mit dem Preis einer weithin verwalteten L. wird in der DDR die erstaunliche Tatsache bezahlt, daß es zumindest im letzten Jahrzehnt gelungen zu sein scheint, in einer technisierten Welt die personale Qualität von L. in kulpolitisch genehmen Grenzen zu erhalten und einen weitgezogenen Kommunikationsraum von kenntnisreichen Lesern zu schaffen, für die sowohl das Programm des Fernsehens der DDR wie das der Bundesrepublik noch keine entschiedene Abkehr vom Buch bewirkt haben. Die intensive Orientierung an der literarischen Tradition – Literaturunterricht in der Schule, Pflege des literarischen Erbes, produktive Rezeption durch die Autoren – und das überschaubare, allerdings zentral verwaltete Angebot schaffen dafür notwendige Voraussetzungen.

Allein, daß 1980 der literarische Markt der Bundesrepublik 67 000 Neuerscheinungen aufnahm, von denen etwa 13 000 der Belletristik zugerechnet werden müssen, macht notwendig, daß das literarische Gespräch durch Steuerungsfunktionen des Marktes, zum Beispiel die Verkaufsbilanz in der Bestsellerliste des »Buchreport«, oder durch die Kaufempfehlungen der Literaturkritik gelenkt wird. So folgen auch in der Bundesrepublik selbst die spezifisch interessierten Leser bei der Auswahl ihrer Lektüre Vorentscheidungen der literaturvermittelnden Institutionen, wobei freilich Divergenz und Konkurrenz der Meinungen zum Tragen kommt.

J. Schönert (I, III), H.-J. Schmitt (II)

Literatur

H. J. Schmitt (Hrsg.), Sozialistische Realismuskonzeptionen, Frankfurt a. M. 1974
H.-J. Schmitt, (Hrsg.) Einführung in Theorie, Geschichte und Funktion der DDR-Literatur, Stuttgart 1975
F. J. Raddatz, Traditionen und Tendenzen. Materialien zur L. der DDR, Frankfurt a. M. 1976
M. Behn, DDR-L. in der Bundesrepublik Deutschland, Meisenheim a. Glahn 1977
St. Bock, L., Gesellschaft, Nation. Materielle und ideelle Rahmenbedingungen der frühen DDR-Literatur, (1949–1956), Stuttgart 1980
P. M. Lützeler, E. Schwarz (Hrsg.), Deutsche L. in der Bundesrepublik seit 1965, Königstein/Ts. 1980
H. L. Arnold (Hrsg.), Literaturbetrieb in der Bundesrepublik Deutschland, München 1981
W. Emmerich, Kleine Literaturgeschichte der DDR, Darmstadt 1981

Macht

I. Zwiespältigkeit der Macht – II. Status von Macht in der Bundesrepublik Deutschland und der Deutschen Demokratischen Republik – III. Machtanalyse und Machtkritik

I. Zwiespältigkeit der Macht

M. ist die Möglichkeit, menschlichem Handeln in einem bestimmten sozialen Zusammenhang Stetigkeit zu verleihen und es auch gegen den Willen der Beteiligten durchzusetzen. Man spricht dann von M., wenn diese Handlungskontinuität innerhalb eines bestimmten Sozialzusammenhangs fest abgesichert als solche für die Handelnden bewußt ist und ein Element ihrer Handlungsorientierung bildet. M. steht zwischen den Menschen und trennt sie; zugleich verbindet sie die so Getrennten in einer komplexen Struktur sozialen Handelns, das ohne Machtbeziehungen nicht möglich wäre. M. kommt daher gleichermaßen in Freundschaften, Familien, Wohngemeinschaften, am Arbeitsplatz, in der Kommune, in den Verbänden, im Staat und schließlich in den internationalen Beziehungen vor. Bei der Stabilisierung solcher Machtstrukturen spielen Symbolisierungen und somit der Bereich der →*Kultur* ganz allgemein eine herausragende Rolle. In Aussagen über M. vermischen sich oft Aspekte einer

Legitimation von M. mit solchen einer Technologie (→ *Technik)*, die Suche nach dem Ursprung der M. mit der Suche nach der Identifikation einer letztlich maßgebenden Machtzentrale. Weil M. eine asymmetrische Beziehung ist, werden die einen Beteiligten auch als Macht-»Haber« identifiziert. M. wird gemeinhin als etwas angesehen, das man »hat«, »besitzt«, sogar veräußern und nach Belieben oder innerhalb von Verhaltensnormierungen beispielsweise des Rechts benutzen kann. So tritt in der Bewertung des Machtphänomens die geläufige Ambivalenz auf, daß M. einerseits als ein in sich wertneutrales, notwendiges Mittel von Ordnungssicherung gilt, das überall vorkommt, wo Menschen in Frieden miteinander leben wollen; andererseits aber die Ausübung von M. schamhaft verschleiert, ja vom liberalen Denken sogar als »an sich böse« beargwöhnt wird.

Die grundsätzliche Zwiespältigkeit des Machtphänomens in den Einschätzungen der Menschen spiegelt sich in der wechselvollen Geschichte der Machttheorie und des Machtbegriffs. So überwiegen in der Zeit des Nationalsozialismus die positiven Einschätzungen der M., des Kampfes. Im Gegensatz dazu ist der Liberalismus getragen von einem grundsätzlichen Mißtrauen gegenüber der politisch verfaßten M. K. Marx und F. Engels dagegen hatten es schon frühzeitig aufgegeben, die Betrachtung der M. auf das Problem staatlich verfaßter, politischer M. zu zentrieren und den Blick auf die durch die kapitalistischen Produktionsverhältnissen konstituierten sachlichen und unpersönlichen Mächte gelenkt. Gleichwohl behält auch für sie das Handlungsziel, Eroberung der politischen M. durch das Proletariat, einen vorrangigen Wert.

II. Status von Macht
in der Bundesrepublik Deutschland und
der Deutschen Demokratischen Republik

M. läßt sich nicht nur als Ansammlung von Machtmitteln, sondern auch als zunehmende M. über die M. anderer steigern, so daß M. sich gerade darin beweist, daß sie nicht direkt ausgeübt zu werden braucht. Das ist einer der Gründe, warum sich oft stabile Machtzentren ausbilden. Eines der wichtigsten Machtzentren ist der Staat. Das in der Verfassung niedergelegte Selbstverständnis eines Staates gibt daher Auskunft über die normativ gewollten Machtzentrierungen auf einem Territorium und für ein Volk. Das *Grundgesetz* der Bundesrepublik spricht in Artikel 20 davon, daß alle Staatsgewalt »vom Volke ausgeht«. Die Formen, mittels derer die Staatsgewalt vom Volk »ausgeht«, sind freie Wahlen und Abstimmungen und »Organe der Gesetzgebung, der vollziehenden Gewalt und der Rechtsprechung«. In der *Verfassung* der DDR heißt es dagegen in Artikel 2: »Alle politische M. in der

Deutschen Demokratischen Republik wird von den Werktätigen in Stadt und Land ausgeübt.« In der unterschiedlichen Verwendung der Begriffe Staatsgewalt und politische M. drückt sich eine grundsätzlich andere Auffassung von Staatlichkeit in beiden deutschen Verfassungen aus. Während die DDR auf die historischen und gesellschaftlichen Bedingungen des Staates zurückgeht, spricht das *Grundgesetz* rein normativ davon, wie Staatsgewalt in der Bundesrepublik konstituiert sein soll. Jede Seite unterstellt dabei der anderen, der Verfassungswortlaut verschleiere die Verfassungswirklichkeit. So wird von westlichen Interpreten hervorgehoben, daß nicht das Volk, sondern die *SED* als Vormund des »unter Führung der Arbeiterklasse und ihrer marxistisch-leninistischen Partei« stehenden Volkes die M. ausübe und daß es vor diesen Machthabern in der Verfassung keinen Rechtsschutz gebe, umgekehrt betont die östliche Seite, daß die M. der »herrschenden Monopole« im *Grundgesetz* der Bundesrepublik keinen Ausdruck finde, so als gebe es sie gar nicht, und daß sie von daher durch die Verfassung und die in ihr vorgesehenen Organe auch keiner wirksamen Kontrolle unterliege. Beide Teile sind sich also darin einig, daß es komplizierte Zusammenhänge zwischen M. und Recht gibt und daß Theorie und Praxis dieser Zusammenhänge beim jeweils anderen widersprüchlich sind. Doch die realen Unterschiede sind beträchtlich. In der Bundesrepublik ist M. im vollen Wortsinn kein Verfassungsproblem, es wird anerkannt, daß es in der Gesellschaft Machtbeziehungen wie die zwischen Vorgesetzten und Untergebenen, Eltern und Kindern, Unternehmern und Abhängigen, Priestern und Gläubigen gibt. Gemäß liberaler Tradition sind Prozesse der Machtbildung grundsätzlich ungeordnet; sie stoßen lediglich an die Grenzen, die durch Verfassung und Gesetzgebung im einzelnen gesetzt sind (→ *Demokratie)*. Durch die → *Grundrechte* gilt dieser Charakter der Einschränkung von M. im Prinzip auch für die Ausübung der Staatsmacht.

In der DDR wird von der wirkungsvollen Fiktion einer Einheit der M. ausgegangen: »Die politische M. der Werktätigen, die durch die Volksvertretungen ausgeübt wird, ist unteilbar« (K. Sorgenicht u. a., S. 279). Daher kann der Grundsatz der Gewaltenteilung, der das Ziel hat, Machtkonzentration in einzelnen Staatsorganen zu verhindern, für die DDR keine Geltung haben (→ *Sozialismus)*. Die gesellschaftliche M. manifestiert sich hier einheitlich und direkt in den Volksvertretungen. Für sie sind dann konsequenterweise imperatives Mandat und permanente Rechenschaftspflicht und Kontrolle Maximen, deren Wirklichkeit allerdings durch denselben Gedanken der Einheit der M. wieder in Frage steht. Nur machtvolle Handlungssubjekte können nämlich für die Einheitsgrundlagen von M. sorgen. Das Volk aber ist keine solche machtvolle Handlungseinheit, in der Praxis ist es dann doch die Arbeiterklasse und insbesondere deren Führung, die *SED*, die das Volk, das M. ausüben soll, zu repräsentieren vorgibt. Umgekehrt soll in der Bundesrepublik staatliche Gewalt von gesellschaftlichen Machtzentrierungen und ihren Einflüssen möglichst abgeschirmt und freigehalten werden. Daher ist der Abgeordnete gerade nicht an Weisungen gebunden und allein einer wirkungsvollen fiktiven Instanz, seinem Gewissen, unterworfen. Beide Fiktionen, die Einheit gesellschaftlicher M. und die Freiheit des Gewissens von Machtwirkungen, erzeugen als Folgelasten ihrer Fiktionalität verborgene M. Jedoch bildet M., die aufgrund der Organisationsformen der Gesellschaft und der ihnen entsprechenden sozialen und kulturellen Wahrnehmungs- und Orientierungsmuster unsichtbar bleibt, ein latentes Veränderungspotential für einen Sozialzusammenhang. Auf diese Weise bilden wahrscheinlich in jeder Gesellschaft die manifesten Machtzentrierungen und die der → *Wahrnehmung* entzogenen, von der Machtzentrale negierten anderen M. ein Spannungsgefüge aus. Sichtbar werden die verborgenen Strukturen erst einer sozialen Sensibilität, die die großen, polemischen Konfrontationen wie die »M. der Monopole« oder die »M. der *SED*-Führung« und deren propagandistische Gegenbilder, »die werktätigen Massen der BRD« oder die »Aufständischen des 17. Juni« beiseite stellt. In den feinsten Verästelungen von M. im → *Alltag* der Menschen wird die Begegnung von sichtbarer und unsichtbarer M. viel subtiler sein, als es die großen Schlagworte und Verfassungsurkunden vermuten lassen (→ *Propaganda*).

Während also nach wie vor in beiden deutschen Staaten und ihren Sprachpraktiken Bilder vom Machthaber eine große Rolle spielen, hat sich, davon zunächst unbemerkt, ein tiefgreifender Wandel vollzogen.

Der einzelne Staatsbürger beginnt, als Norm eigenen, »selbstbestimmten« Verhaltens das zu erfüllen, von dem er glaubt, daß es von ihm erwartet wird. Er wird damit zum Kollaborateur und zum Teilhaber der M., die auf ihn einwirken und wendet M. gegen sich selbst. Disziplinierung und Normierung sind die Prozesse, die auf diese Weise in Gang kommen. Einerseits wird dadurch das klassische Gefälle zwischen Machtzentralen und Peripherien nivelliert. Die Zentralen verlieren M. im Sinn des freien Verfügens über Handlungskontinuität. Der Sachzwang gewinnt an Bedeutung, ablesbar an dem immer geringer werdenden, politisch frei verfügbaren Anteil des Staatshaushalts oder Sozialprodukts. Und schließlich wird der normative Gehalt der öffentlich geltenden Kultur seinerseits zur sachlich oder »rational« gebietenden M. Zum anderen werden die Individuen in dem Maß, in dem sie erfolgreich die M. gegen sich selbst wenden, zugleich zur Partizipation an politischen Prozessen befähigt (→ *Mitbestimmung*).

In der Bundesrepublik ist dieser Prozeß in den 60er Jahren leicht abweichend verlaufen, als von der *Außerparlamentarischen Opposition* eine Demokratisierung ohne und teilweise auch im Gegensatz zu Disziplinierung und Nivellierung versucht wurde. In der DDR scheint der Prozeß der zunehmenden Partizipation langsamer, aber stetiger zu sein. Unter Normierung versteht man dort »das Wachsen der sozialistischen Persönlichkeit und des sozialistischen Bewußtseins« (Soziologie im Sozialismus, Berlin (Ost) 1970, S. 15). Nur ein normiertes und sich selbst disziplinierendes Volk darf mitbestimmen; freie Mitbestimmung aber wäre hier wie dort anomal. »Je mehr der einzelne sich mit seinem sozialistischen Staat identifiziert, um so wirksamer wird seine Einflußnahme im Kollektiv« (K. Sorgenicht u. a., S. 79). Wiederum ist es so, daß die Anpassungsprozesse im jeweils anderen Staat als Reglementierung und Manipulation entlarvt zu werden pflegen, während die Problematik der eigenen, ganz parallel laufenden Anpassung unsichtbar bleibt. Jenseits dieser formalen Ähnlichkeit ist der inhaltliche Unterschied allerdings erheblich. So wird in der Bundesrepublik die gesinnungsmäßige Anpassung an die »freiheitlich-demokratische Grundordnung« erstrebt, in der DDR an das Leitbild der »sozialistischen Persönlichkeit«.

Die tiefgreifenden Machtwirkungen bis in die Strukturen der → *Persönlichkeit* hinein werden vermutlich zur Folge haben, daß trotz formal gleichlaufender Prozesse in beiden deutschen Staaten die Verständigungsprobleme zwischen den kleinen Machthabern hier und dort anwachsen, weil sie sich in inhaltlich-semantisch bestimmten Kultursymbolen verschieden ausprägen, deren gleiche Anordnung keine Gewähr für eine identische Bedeutung enthält. Jeder wird die fatale M., die der Deutsche des jeweils anderen Staates gegen sich selbst anwendet, erkennen können, nicht aber die eigene. Um dies zu begreifen, wäre es nötig, die »Mikrophysik der M.« an sich selbst zu problematisieren. Dann aber könnte Partizipation an gesellschaftlicher und politischer M. gefährlich für den Bestand des jeweiligen Gesellschaftssystems und seiner politischen Organisation werden. Im System der vielfach verteilten M. läßt der Schutz der abweichenden → *Minderheiten*, die nicht partizipieren können oder wollen, erfahrungsgemäß nach. Wild Streikende oder Hausbesetzer werden zu »Terroristen« erklärt, Dissidenten zu »Psychopathen«. Es ist bekannt, daß die Manipulationstechniken, insbesondere durch die ausgedehnten Erfahrungen der Konsumwerbung und der ihr dienenden psychologischen Forschung, in der Bundesrepublik erheblich subtiler sind, zugleich aber auch riskanter, in der DDR plumper und sorgsamer. Entsprechend aber ist die mentale Reserve, die ein Durchschauen der eigenen verborgenen Machtzirkel erleichtert, in der DDR größer als in der Bundesrepublik.

Die Legitimation der Mikromacht in der DDR bedient sich emphatisch antizipierender Begriffe von Sozialismus. Diejenige »Führungs- und Leitungstätigkeit« ist gerechtfertigt, die im Dienste der geschichtlichen Aufgabe der Entwicklung des Sozialismus steht. Gleichwohl bedarf diese geschichtsphilosophisch gesicherte Legitimität auch ausdrücklicher Legitimierungen »der politisch-ideologischen Arbeit« (Soziologie im Sozialismus, Berlin (Ost) 1970, S. 22f). Letztlich heißt das, daß die Legitimationsschemata für Machtwirkungen im Alltag der Menschen und für Machtzentralen in der Gesellschaft die gleichen sind. Sie können freilich nur in dem Maß als die gleichen anerkannt werden, in dem die → Bedürfnisse der Menschen im Alltag in der gleichen Weise unterdrückt oder freigesetzt werden, wie dies gesamtgesellschaftlich geschieht, also nur in dem Maß, in dem die angestrebten Normen der einzelnen eben die gesamtgesellschaftlich geltenden sind. Ob dieser produzierten Interessen- und Normenidentität allein oder vorrangig durch die Führungstätigkeit der marxistisch-leninistischen *SED* Gestalt und Inhalt gegeben werden kann oder ob nicht der reale Sozialismus andere primäre Fortentwicklungsmechanismen braucht, das wird auch in der DDR bedacht und als Fragestellung, die alle modernen Gesellschaften betrifft, mehr und mehr an Bedeutung gewinnen. Thematisiert wird sie unter den Begriffen der »zunehmenden Bedeutung des subjektiven Faktors«, zugleich objektiv faßbar in dem anwachsenden Bedarf der politischen M. an sozialwissenschaftlich objektiver, propagandistisch unverfälschter Information über die Gesellschaft.

In der Bundesrepublik gibt es keine Gleichartigkeit der → *Normen und Werte,* sondern eine Diffusität, die als Pluralismus auch eigens propagiert wird. Das hat zur Folge, daß Legitimation von Mikromacht und Legitimation von Machtzentrierungen verschiedene Argumentationsmuster verwenden. Die öffentliche Kultur und ihre Werte und die Feierabendkultur und deren Werte treten vermittlungslos auseinander. Es ist offenkundig, daß die »freie« Feierabendkultur stärkere Disziplinierungsmacht ausübt als die von den politischen Machtzentrierungen geförderten kulturellen Inhalte. Legitimationen von M. werden jeweils dann akut, wenn die Machtmechanismen die zugedachten Steuerungen des individuellen Verhaltens nicht erfüllt haben oder noch nicht erfüllen können, etwa Legitimationen für die pädagogische Praxis, für die Wiedereingliederung von Straffälligen, für die Rehabilitation und die Reintegration von psychisch oder sozial »Gestörten«. Im Osten wie im Westen wird als Ziel der Machtausübung der Menschen gegen sich selbst die Anpassung gesehen; in der DDR an ein vorgegebenes Ziel der Gesellschaftsentwicklung, in der Bundesrepublik an einen eher zufälligen gesellschaftlichen Durchschnitt an Normalität.

III. Machtanalyse und Machtkritik

Ein wissenschaftliches Einverständnis über Machtstrukturen wird schwer zu erzielen sein. Hier wirkt belastend, daß in der DDR M. primär als ein politisch zu behandelndes Problem angesehen wird, bei dessen Lösung die Gesellschaftswissenschaften mitwirken sollen; in der Bundesrepublik dagegen ist die M. neben einem soziologischen und sozialpsychologischen zunächst ein politologisches Problem, dessen Lösung auch politische Konsequenzen haben könnte. Machtforschung in der DDR steht im Dienst des machthabenden Volkes. Machtforschung in der Bundesrepublik steht in niemandes Dienst, ihre Ergebnisse sind jedoch auch hier am ehesten von denen einsetzbar, die ohnehin die diversen Machtzentralen besetzt halten.

So bleibt die Frage nach möglicher Machtkritik, die den eigenen Staat und die eigene Gesellschaft zum Gegenstand hat. In der DDR kann eine solche wegen der ideologischen und institutionellen Vorgaben zwangsläufig nur sehr vermittelt und nur sehr partikular sein. In der Regel wird auch das Wort M. dabei nicht verwendet werden. So ist auffällig, daß der Begriff M. in vielen Lexika der DDR fehlt, obwohl er ein zentraler Begriff der *Verfassung* ist. Meist wird dort festgestellt, daß bestimmte Maximen und Prinzipien des Marxismus-Leninismus in der gesellschaftlichen Praxis eben doch noch nicht verwirklicht sind, beispielsweise die völlige Gleichberechtigung der → *Frau,* die zwar gesellschaftlich und politisch schon vorgesehen, aber in der Praxis weder im Mikrobereich, erkennbar am Problem der ungenügenden Arbeitsteilung in der Familie, noch gesamtgesellschaftlich gegeben ist. In der Bundesrepublik ist Machtkritik auf allen Ebenen möglich und zulässig. Hier kann eher umgekehrt die direkte Machtkritik ein für die Person des Kritisierenden folgenschwere Konflikte nach sich ziehen, wohingegen die pauschale, abstrakte → *Kritik,* zum Beispiel an der M. multinationaler Konzerne, nachgerade zum guten Ton gehört.

In den westlichen Ländern spielen sich Machtanalysen und Machttheorien in einem Geflecht verschiedener Disziplinen und unterschiedlicher theoretischer Ansätze ab, ohne daß vielfach auch nur der Versuch gemacht würde, die Ergebnisse ineinander übersetzbar zu machen. Die Sozialpsychologie hat sich insbesondere von der Feldtheorie K. Lewins inspirieren lassen und M. in einem Paarverhältnis gefaßt, die Interessen und Handlungsmöglichkeiten eines Akteurs mit denen eines anderen abgewogen werden. Wer seine Interessen einem anderen gegenüber durchsetzen kann, hat ihm gegenüber M. In der Praxis funktionieren solche Modelle nur in hochartifiziell zugerichteten Experimenten, wobei in der Regel die absolute M. des Experimentators als Rahmenbedingung unberücksichtigt bleibt. Machtanalysen der politischen Theorie dagegen wurden in der Nachkriegszeit insbesondere durch die Erforschung von kommunalen Entscheidungsstrukturen angeregt. Hierbei zeigte es sich, daß wichtiger noch als die Frage, wer was zu entscheiden hat, diejenige ist, durch welche Mechanismen das überhaupt nur noch zu Entscheidende herausgefiltert wird und wie bestimmte Fragen gar nicht mehr auf die Tagesordnung gelangen. Auf diesen Punkt gebracht, hängt Machtanalyse ersichtlich direkt mit der Analyse von Wissenschaftssystemen, von Mustern sozialer Wahrnehmung zusammen. Informationen über politische Sachverhalte können so zerstückelt werden, daß ein Zusammenhang normalerweise nicht gesehen werden kann und ein Bewußtsein darüber, daß es sich um Elemente eines einzigen politischen Handlungszusammenhangs und mithin einer politischen Handlungsintention handelt, nicht entstehen kann. Es wird also nicht nur Ohnmacht erzeugt, sondern das Bewußtsein der Ohnmacht verhindert. Alle Symbolisierungen, ja der Gesamtbereich kultureller Erscheinungen, würden so in die Zuständigkeit von Machtanalysen fallen. Damit steht die Machttheorie einerseits vor großen Aufgaben, andererseits jedoch auch in der Gefahr, den Begriff der M. so auszuweiten, daß M. in allen sozialen Zusammenhängen wiedererkannt werden kann und damit als unterscheidender Begriff unbrauchbar wird.

In der DDR ist Machtanalyse direkt mit dem Begriff sozialer Klassen und Schichten verknüpft. In besonderer Weise ist der Begriff daher ein Instrument der Analyse von kapitalistischen Gesellschaftsordnungen. Für die DDR ist der Begriff einerseits anwendbar auf solche gesellschaftlichen Bereiche, in denen der Sozialismus sich nicht voll durchgesetzt hat; er läßt durchaus empirische Analysen der gesellschaftlichen Wirklichkeit zu. Insbesondere bezieht sich dieser Machtbegriff auf die Untersuchung der Bedeutungen von Wissenschaftssystemen und verbreiteten Bewußtseinsinhalten von ideologischer M. So stehen der völligen Gleichberechtigung der Frau primär semiotische Machtstrukturen, soziale Orientierungsmuster entgegen, weniger institutionelle oder rechtliche Hindernisse. Andererseits wird Machttheorie im Sozialismus zur normativ gewendeten Theorie politischer Strukturen und eines Gesellschaftssystems, in dem die M. der Arbeiterklasse zur politischen M. des Ganzen geworden ist. Hier ist eine »marxistisch soziologische Theorie des sozialen Handelns« vonnöten, die auch von den Grundlagen der sozialistischen Führungs- und Leitungstätigkeit und speziell der politisch-ideologischen Arbeit handelt. Dabei wird der Rolle des Leiters eine noch zunehmende Wichtigkeit und der → *Intelligenz* eine immer größere Verantwortung für die gesellschaftlichen Prozesse zugesprochen und somit die Bedeutung der Kultur für die M. zunehmend als wichtig eingestuft.

So läßt sich bei aller Unterschiedlichkeit im Detail und in der Zielrichtung in beiden Staaten doch unverkennbar ein steigendes Gewicht der Bedeutungsanalysen von Wissensstrukturen und ideologischen Gehalten auch im Rahmen der Theorie der M. und eine Abkehr von rein behavioristischen Verfahren in der Bundesrepublik und rein ökonomisch-deterministischen, klassenkampftheoretischen Interpretationen in der DDR ablesen. Damit zeichnet sich auch eine zunehmende Verflechtung der traditionell getrennten Bereiche von M. und Geist ab.

K. Röttgers

Literatur

K. Sorgenicht, W. Weichelt, T. Riemann, H.-J. Semler (Hrsg.), Verfassung der Deutschen Demokratischen Republik. Dokumente, Kommentar Bd. I., Berlin (Ost) 1969
H. Kolbe, K.-H. Röder, Staat und Klassenkampf. Zur Machtfrage in Westdeutschland, Berlin (Ost) 1969
P. Bachrach, M. S. Baratz, M. und Armut. Frankfurt a. M. 1977
M. Foucault, Dispositive der M., Berlin (West) 1978
P. Ch. Ludz, Mechanismen der Herrschaftssicherung, München 1980
K. Lichtblau, K. Röttgers, Spuren der M., Frankfurt a. M. 1981

Mann

I. Zur Psychologie und Geschlechtsidentität des Mannes – II. Rollenwandel und Rollentausch – III. Institutionalisierung männlichen Rollenverständnisses – IV. Familienpolitische und rechtliche Benachteiligung von Männern – V. Bilanz und Ausblick

I. Zur Psychologie und Geschlechtsidentität des Mannes

Das Wesen des M. prägen geschlechtsspezifische, körperliche, seelische und soziokulturelle Einflüsse. Als Geschlechtsstereotype werden letztere von außen an den M. oder die → *Frau* herangetragen. Mehr als die anthropologische oder sozialwissenschaftliche Forschung hatte zunächst einmal die Geschlechterpsychologie exakte Befunde vorzuweisen. Sie betrafen die psycho-physiologischen Eigenarten der Geschlechter und ihre Auswirkungen auf → *Begabung,* Interesse, Gefühls- und Sexualerleben (→ *Sexualität*) sowie auf die pubertäre Entwicklung. Vertreter der traditionellen Geschlechterpsychologie sahen die Biographie des M. durch aktivere, libidinösere und aggressivere Tendenzen geprägt als die der Frau. Anders schon S. Freud, der in seiner Vorlesung über die Weiblichkeit davor warnte, aktiv mit männlich und passiv mit weiblich gleichzusetzen. Neuere, meist psychoanalytisch orientierte Ansätze betrachten die Entwicklung der Geschlechtsidentität als den wohl bedeutsamsten Teil der lebenslangen biologischen, psychologischen und sozialen Weiterentwicklung des Menschen. Das biologische Geschlecht wird dabei vor allem von hormonalen und anatomischen Gegebenheiten bestimmt. Die geburtsurkundlichen Angaben bestimmen das soziale Geschlecht und damit, wie die Umwelt dem → Kind begegnet und welches Rollenverhalten sie von ihm erwartet. Stimmen biologisches und soziales Geschlecht nicht überein, ist die Dominanz des sozialen wahrscheinlich. Das psychologische Geschlecht schließlich gibt die eigenen Vorstellungen eines Menschen von seiner Geschlechtszugehörigkeit wieder. Eine psychologisch männliche Geschlechtsidentität tritt also dort auf, wo das biologische und das soziale Geschlecht eindeutig männlich bestimmt sind und auch in der Wahrnehmung der eigenen Persönlichkeit als solches erscheinen.

II. Rollenwandel und Rollentausch

Das Ritter- und Soldatenideal bestimmte über Jahrhunderte die idealtypischen Leitbilder für Männlichkeit. Mit der industriellen Revolution wurde zunächst der erfolgreiche, außenorientierte M. zum Leitbild. Als Maschinenkraft die Konkurrenz der Frau im Arbeitsleben ermöglichte, verringerte sich mit der Rollendifferenzierung auch das Machtgefälle zwischen den Geschlechtern. Ein Indiz dafür ist die Einführung des Frauenwahlrechts. In den Kriegen dieses Jahrhunderts übernahmen Frauen komplizierte Aufgaben in der industriellen Produktion. Auch dies war Anlaß für Wandlungen im Rollenverständnis der Geschlechter. Frühere Leitbilder werden in jüngster Zeit durch den Typ des intellektuell oder eher immateriell orientierten M. mit Tendenzen zum Aussteigen und Auflehnen gegenüber gesellschaftlichen Konventionen konterkariert.

Auch im familiären Bereich (→ Familie) ist in der Bundesrepublik eine zunehmende Rollenflexibilität zu beobachten. Relativ rigide Rollendifferenzierungen, wie sie anhand verschiedener Befunde der infas-Untersuchung über »Die ›Rolle des M.‹ und ihr Einfluß auf die Wahlmöglichkeiten der Frau« (Bonn 1975) nachweisbar sind, ließen erwarten, daß ein direkter Rollentausch kaum Zustimmung finden würde. Indes, knapp ein Drittel der Befragten würde es vorbehaltlos befürworten, wenn in einer Familie des Bekanntenkreises »die Frau berufstätig ist und der M. die Kinder versorgt«, und fast ein weiteres Drittel antwortet »teils – teils«. Es ist wohl richtig, »daß die bewährten Rollenleitbilder für M. und Frau nach wie vor ihre Gültigkeit haben, daß aber keine starke ideologische Identifikation mit

diesen Leitbildern und keine Bereitschaft zu einer Verteidigung gegen Alternativen vorhanden ist« (infas, a.a.O., S. 93). Unter ähnlichem Blickwinkel wird in der Untersuchung von H. Pross, »Die M.«, das Verhältnis zwischen den Geschlechtern gesehen. Im Mittelpunkt dieser Untersuchung stehen die Selbstbilder der M. und ihre Bilder von der Frau. »Die gegenwärtige Ordnung des Geschlechterverhältnisses wird von der großen Mehrheit der M. bejaht. In dieser Ordnung ist es üblich, häusliche und außerhäusliche Positionen primär nach Maßgabe des Geschlechts zu verteilen. Diejenigen Positionen und Rollen, die von M. zu übernehmen sind, werden, aufs Ganze gesehen, höher bewertet: Berufsrollen genießen größeres Ansehen als häusliche Rollen, und in der Gesamtheit der Berufspositionen werden die von M. besetzten materiell und immateriell besser belohnt.« (H. Pross, S. 179). Gleichberechtigung als Geschlechtsunabhängigkeit der individuellen Entfaltungschancen und gleichberechtigte Mitbestimmung beider Geschlechter in allen Lebensangelegenheiten würden dabei nicht einmal von der Mehrheit der Frauen erstrebt. Allenfalls langfristig könne also mit einem allmählichen Rollenwandel gerechnet werden.

Mehr als in der Bundesrepublik bekannt, werden auch in der DDR empirische Untersuchungen durchgeführt und zum Teil veröffentlicht. Eine Analyse der Funktion der empirischen Forschung in der DDR, aber auch einen Überblick über aktuelle Befunde zum Thema »Frau und Familie« gibt P. Ch. Ludz in »Mechanismen der Herrschaftssicherung« (München 1980). Sieht man davon ab, daß vermutlich manche dieser Befunde aus aktuellem politischen Anlaß eine gewisse Beschönigung erfahren haben, läßt sich auf ihrer Grundlage folgendes Bild von den Geschlechterbeziehungen in der DDR zeichnen. Während der M. nur als Industriearbeiter, Kolchosbauer oder Stahlkocher zum Gegenstand der empirischen Forschung wurde, galt in der DDR das Interesse der Soziologie auch in besonderem Maße der doppelbelasteten Frau. Gemessen an der Frauenerwerbstätigkeit findet deren Emanzipation im Berufsleben weitgehende Verwirklichung. In der DDR sind 82 v. H. der Frauen im arbeitsfähigen Alter berufstätig, in der Bundesrepublik weniger als 50,6 v. H. (1981). In den Familien der DDR gilt nicht die traditionelle Rollentrennung, charakterisiert durch Berufstätigkeit des M. und Versorgung von Heim und Kindern durch die Frau, sondern die Berufstätigkeit beider Partner. Diese wird durch Krippen und Kindergärten sowie eine ausgeprägte Konkurrenz zwischen den weitgehend gleichwertig qualifizierten Geschlechtern ermöglicht. Erhebungen in Neubaugebieten Rostocks haben gezeigt, daß diese Emanzipation ihre Grenzen aber relativ schnell im häuslichen Bereich findet, in dem traditionelle Rollenzuweisungen und Berufstätigkeit zur Doppelbelastung der Frauen führen (S. Hinz, Einflußfaktoren auf die Teilzeitbeschäftigung von Frauen, Dissertation, Rostock 1975). Dennoch soll gerade die Frauenerwerbstätigkeit die Geschlechterbeziehungen merklich verändert haben, indem die Väter Erziehungsfunktionen übernahmen und ihre →Freizeit zunehmend mit ihren Kindern verbrachten. Anderen Studien zufolge gibt es in der DDR eine neue, schon im sozialistischen Staat erzogene Elterngeneration, die bereit ist, ihre Kinder zusammen mit den Lehrern und anderen gesellschaftlichen Kräften zu erziehen. Im Vergleich zu früheren Elterngenerationen gilt sie deshalb als besser gebildet und gesellschaftlich aufgeschlossener (R. Fröhlich, Pädagogisch-psychologische Aspekte der Herausbildung der sozialistischen Einstellung zur Arbeit in der Familie, in: Wissenschaftliche Zeitschrift der Friedrich-Schiller-Universität Jena, Gesellschafts- und sprachwissenschaftliche Reihe, H. 1, 1978). Zeitbudgetstudien haben eine sich verstärkende Partnerschaft tendenziell bestätigt, gleichzeitig aber auch die überwiegend noch traditionellen Rollenzuweisungen deutlich gemacht: 37,1 Stunden wendet die Hausfrau in der DDR durchschnittlich für den Haushalt auf; ihr Ehemann oder andere Personen übernehmen mit 10,0 Stunden nur 21,3 v. H. der anfallenden Hausarbeiten. Von wöchentlich 5,5 Stunden im Jahr 1965 hat sich die Mithilfe des M. im Haushalt allerdings bis 1970 auf 6,1 Stunden erhöht.

III. Institutionalisierung männlichen Rollenverständnisses

Eine besondere Form männlichen Selbstverständnisses repräsentieren die deutschen Männerbünde. Elitäres Bewußtsein und homoerotisches Klima prägen nicht nur die bündische Jugend, studentische Verbindungen, Freimaurer, Männerorden, Freikorps. Auch die Mitgliedschaft in manchen SS-Gruppierungen des nationalsozialistischen Deutschen Reiches, im Offizierkorps, vielleicht auch in Sportvereinen weist tendenziell in die gleiche Richtung. Ein religionsgeschichtlicher Rückblick zeigt, daß für das Christentum zunächst die ausdrückliche Einbeziehung beider Geschlechter in die Verkündigung Jesu und die Evangelienberichte typisch ist. Angeblich zum Schutze der Frau duldete die Urkirche später nur im Rahmen der geltenden gesellschaftlichen Konventionen deren Teilnahme am kirchlichen Leben und privilegierte so den M. Gegenwärtig spricht die katholische Kirche allein dem M. die Befähigung zum geistlichen Amt zu, läßt die Frau aber die wissenschaftliche Theologie als Lehrfach betreiben. In der evangelischen Kirche haben sich die meisten Landeskirchen inzwischen für Gleichbehandlung beider Geschlechter entschieden.

Unter Vorbehalt der Reichs- und Landesgesetze sollten drei Einzelbestimmungen der *Verfassung* der Weimarer Republik (Art. 109, 119, 128) die gesellschaftlich legitimierte Dominanz des M. verfassungsmäßig beseitigen, während in der Bundesrepublik Deutschland mit Artikel 3, Abs. 2 des *Grundgesetzes* die Gleichberechtigung als Generalklausel mit sofort geltendem Recht angestrebt wurde. Allerdings hat beispielsweise § 1356 *Bürgerliches Gesetzbuch* mit seiner Einschränkung des Rechts der Frau auf Erwerbstätigkeit den Vollzug des Artikels 3 des *Grundgesetzes* lange Zeit behindert. Mit dem fast gleichlautenden Artikel 20 der *Verfassung* wurde in der DDR die Gleichberechtigung geltendes Recht. Einzelheiten regelt das Familiengesetzbuch, durch das beispielsweise schon seit 1965 die freie Entscheidung über den gemeinsamen Familiennamen im Falle einer Eheschließung möglich ist. Kriegs- und Nachkriegszeit hatten den Frauen Zugang zu zahlreichen Männerberufen verschafft, doch liegen empirische Befunde über ein gleichzeitig verändertes Selbstverständnis von Frauen und M. nicht vor. Für meßbare Veränderungen dieses Selbstverständnisses bot die Gesellschaft der DDR bessere Voraussetzungen als die der Bundesrepublik, in der sich die Tradition bürgerlicher Demokratien fortsetzte. Für die DDR ist die Durchdringung aller Bereiche des gesellschaftlichen Lebens, insbesondere der Produktion als wichtigster Sphäre sozialistischer Persönlichkeitsentwicklung (→*Persönlichkeit*) im Sinne von allgemeiner Gleichberechtigung und Gleichverpflichtung programmatischer Natur. Die Geschlechtsrollendifferenzierung wird dabei dem Gleichheitsgrundsatz untergeordnet. Die Begründung dieser Anpassung – auch der Geschlechtsrollen – besteht unter anderem darin, daß die individuellen, geschlechtsspezifischen Interessen und Bedürfnisse des Menschen in der sozialistischen →*Demokratie* am besten in der Gemeinschaft verwirklicht und befriedigt werden könnten.

IV. Familienpolitische und rechtliche Benachteiligung von Männern

Die bundesrepublikanische Familie wird von ausgeprägter Konsum-, Freizeit- und Privatorientierung geprägt, die weitgehend traditionelle Bewußtseinsinhalte und angestammtes Rollenverhalten zur Grundlage hat. Für die Familien in der DDR hingegen scheinen, bei gleichzeitig relativ traditionellem Rollenbewußtsein, Kollektiverziehung und Frauenerwerbstätigkeit typischer. Der Grundsatz der Gleichwertigkeit von Berufs- und Hausarbeit hat in der Bundesrepublik zur Folge, daß Einrichtungen der Kinderbetreuung vorrangig pädagogischen und sozialisatorischen Zielen dienen, während Krippen und Kindergärten in der DDR bei Teilung der Hausarbeit in erster Linie die volle Berufstätigkeit von Müttern ermöglichen sollen. Nach der geltenden Gesellschaftsdoktrin garantiert erst die Erwerbsarbeit die Gleichberechtigung der Frauen. Entsprechend der hohen Erwerbsquote der Frauen sieht das Familiengesetzbuch eine Unterhaltsverpflichtung von seiten des M. im Scheidungsfalle allenfalls als eine auf zwei Jahre beschränkte und nur von etwa 15 v. H. der Geschiedenen in Anspruch genommene Übergangshilfe vor. Die an den Frauen ausgerichtete Familienpolitik der DDR und ihre Erfolge mögen manchen M. als Bedrohung erscheinen. Größere Chancengleichheit, mehr soziale → *Mobilität,* Recht auf → *Arbeit* und das Ehescheidungsrecht – davon profitieren vor allem die Frauen. Auch gilt die in § 246 *Arbeitsgesetzbuch* vorgesehene einjährige Freistellung vom Beruf für Mütter, während die »besonderen Maßnahmen« des Artikels 38 der *Verfassung* alleinstehenden Müttern und Vätern zugute kommen. In der Bundesrepublik machen von Artikel 3, Abs. 2 und 3 des *Grundgesetzes* zunehmend auch die M. Gebrauch. Sie führen Prozesse, wenn ihnen etwa Hausarbeitstag, dienstliche Beurlaubung oder Witwerrente vorenthalten bleiben. Dem nur den M. in Artikel 12a des *Grundgesetzes* abverlangten Dienst in den Streitkräften, dem keine vergleichbare Verpflichtung der Frauen gegenübersteht, entzieht sich ein Teil durch Wehrdienstverweigerung. Und erst seit 1980 können M. am *Müttergenesungswerk* teilnehmen. Für beide deutsche Staaten läßt sich deshalb mit Beginn dieses Jahrzehnts im Rollenverständnis des verheirateten M. eine merkliche Trennung zwischen Theorie und Praxis erkennen.

In der DDR haben die gesellschaftliche → *Ideologie* und zahlreiche familienpolitische Maßnahmen zu einer größeren Akzeptanz der Gleichberechtigung durch die M. geführt, ohne daß sich im gleichen Maße männliches Rollenverständnis gewandelt hätte. Die erhöhte Erwerbsquote der Frau, derzufolge 1975 82 v. H. der 15- bis 60jährigen berufstätig waren, führt dazu, daß die Doppel- und Überbelastung der Frau in der DDR ein größeres Problem darstellt als in der Bundesrepublik. Im Bildungs- und Berufssektor der DDR hingegen konnte die Verschiedenheit von Männer- und Frauenrolle durch systematische Höherqualifizierung der Frauen weitgehend ausgeglichen werden. Begünstigt wurde diese Entwicklung sowohl durch Arbeitskräftemangel als auch durch den weit verbreiteten Wunsch nach einer Verbesserung der ökonomischen Situation der Familie.

V. Bilanz und Ausblick

Für die Bundesrepublik gilt, daß der Grundsatz der Gleichberechtigung, obwohl verfassungsrechtlich verankert und Programmpunkt der Parteien, → *Gewerkschaften* und Verbände, sich im gesellschaftlichen Wandel und in veränderten Bewußtseinsinhalten nur sehr langsam niederschlägt. Hinzu kommt, daß hier bisher weder die ökonomische Situation von Staat und Bürgern, noch die herrschenden Familienleitbilder (→ *Familie*) die stärkere Teilhabe der Frau an beruflichen und gesellschaftlichen Aufgaben, die tendenziell nachweisbar ist, begünstigten. Wichtige Aspekte des Geschlechtsrollenkonfliktes wurden vorwiegend von der Emanzipationsbewegung der Frauen diskutiert. Im Extremfall sah sie den einzigen Unterschied zwischen männlich und weiblich in der Fähigkeit zu gebären oder meinte, die Frau müsse sich erst einmal als Mensch emanzipieren, bevor sie sich als Frau emanzipiert (E. Dessai, Sklavin – Mannweib – Weib, München 1970). Solcherart, mehr aus strategischen Gründen geforderte Vermännlichung und positive Diskriminierung stießen auf weitgehendes Unverständnis und haben wohl eher zu einer Stabilisierung der traditionellen Männerrolle beigetragen. Prognosen für die Entwicklung der künftigen Gesellschaft der DDR sehen in dem programmatischen und bedingt sogar realen Verzicht des M. auf seine dominante Rolle gute Aussichten für einen weiteren Ausgleich von geschlechtsspezifischem Rollenverständnis und -verhalten. Empirische Untersuchungen, die ein zunehmendes Interesse der Jugendlichen in der DDR an der Kommunikation mit Gleichaltrigen belegen, werden als Hinweis dafür gewertet, daß die kollektive Erziehung die Wertschätzung von Zusammenarbeit und gegenseitiger Hilfe vergrößert zu haben scheint, eine wichtige Voraussetzung für die Entwicklung von mehr Partnerschaft zwischen den Geschlechtern. Andererseits lassen Abkoppelungstendenzen und im Privaten ein Beharren auf eher patriarchalischen Verhaltensweisen die künftige Entwicklung etwas ungewiß erscheinen, selbst wenn → *Mode* und → *Subkultur* beharrlich an einem neuen Frauenbild malen. Die gegenwärtige Ordnung des Geschlechterverhältnisses in der Bundesrepublik wird mehrheitlich von M. und Frauen gutgeheißen, obwohl die »Gleichberechtigung als Geschlechtsunabhängigkeit der individuellen Entfaltungschancen sowie als gleichberechtigte Mitbestimmung der Geschlechter in allen Lebensangelegenheiten« nicht besteht (H. Pross, S. 179). So ist zu erwarten, daß die Geschlechtsrollenstruktur der Gegenwart prinzipiell auch die der Zukunft ist. Deutliche Abweichungen davon, sei es in Form von Berufstätigkeit der Frau oder Rollentausch, werden zumindest mittelfristig individuell praktizierte Ausnahmen bleiben.

W. Burkhardt

Literatur

M. Mead, M. und Weib, Hamburg 1958
A. Mitscherlich, Auf dem Weg zur vaterlosen Gesellschaft, München 1963
G. H. Graber, Psychologie des M., Tübingen 1965
H. Siebert, Auf dem Weg zum neuen Menschen – Pädagogik und Bildungspolitik in der DDR, in: Wissenschaft und Gesellschaft in der DDR, München 1971
H. Pross, Die M., Reinbek 1978

Massenkommunikation

I. Massenkommunikation und ihre Erforschung – II. Kommunikation durch Massenmedien in der DDR – III. Funktion und Ideologie – IV. Technische Entwicklung und kultureller Wandel – V. Massenkommunikation und Medienkultur

I. Massenkommunikation und ihre Erforschung

M. ist ein Teil des Gesamtkomplexes der → *Kommunikation,* die den Menschen als soziales Wesen konstituiert. Gängige Definitionen versuchen, M. klar von Individualkommunikation abzugrenzen, etwa indem ihre → *Öffentlichkeit,* Einseitigkeit, Vermitteltheit oder die Vermassung des Publikums hervorgehoben wird. Die verschiedenen Einrichtungen der M. erst gewährleisten in hochkomplexen Industriegesellschaften die Integration der Gesellschaft, sie stellen eines der für ihr Funktionieren notwendigen Vermittlungsnetze dar. Die Zusammenhänge der verschiedenen gesellschaftlichen Bereiche wie Politik, Wirtschaft und Verwaltung sind für den einzelnen Bürger ohne umfassende, zumeist professionelle Vermittlungsinstanzen nicht mehr zu verstehen. Die der M. dabei zukommende Integrationsfunktion wird nicht nur von den klassischen Massenmedien → *Presse,* → *Hörfunk,* → *Fernsehen,* → *Buch,* → *Film* und verschiedenen Tonträgern erfüllt. Die »Gesamtheit aller an die Öffentlichkeit gerichteten Aussagen unabhängig von ihrer Herkunft, also einschließlich Kundgebungen, Demonstrationen, Ansprachen, amtlichen Verlautbarungen und Bekanntmachungen, Anschlägen, Flugschriften sowie noch durch andere ›Träger‹ vermittelten Äußerungen« (Expertenkommission Neue Medien, Kommunikationsatlas, Bd. III, Stuttgart 1980, S. 10) hat massenkommunikative Qualität.

In der Geschichte der M. haben sich bestimmte einseitig-direkte Formen als besonders geeignet für die Übernahme und Umwandlung durch technische Vermittlung erwiesen. Wie man beim Hörfunk mit dem bloßen Vorlesen von Texten begann, bevor sich dort eine eigene Medienspezifik entwickelte, war der Film zunächst abphotographiertes → *Theater.* Das Fernsehen bezog sich anfangs häufig auf filmische Formen, ebenso verwendet man aber auch die vom Hörfunk entwickelten Live-Genres, als Direktübertragungen von politischen oder sonstigen Großveranstaltungen, die in der Realität einseitig-direkt verlaufen. Gerade das Fernsehen bietet hier eindrucksvolle Möglichkeiten, Politik zu verbreiten und Öffentlichkeit herzustellen.

Dabei ist der Entwicklungsprozeß des bestehenden Systems der M. noch nicht abgeschlossen. Mit dem Begriff Telekommunikation wird heute eine neue Generation nachrichtentechnischer Übermittlungsverfahren zwischen Menschen, Maschinen und anderen Systemen bezeichnet, Interaktives Kabelfernsehen, Bildschirmtext sind die ersten Vorläufer einer sich abzeichnenden, neuen Kommunikationskultur.

Die Inhalte der M. müssen ausgewählt, mediengerecht aufbereitet, verteilt und aufgenommen werden. Das Bild der Lebenswelt verdankt sich weitgehend nicht mehr unmittelbarer Erfahrung, sondern wird über die M. vermittelt. Somit kommt ihr neben Familie und Freunden eine zentrale Informationsfunktion (→ *Information*) in der Gesellschaft zu. Entscheidungen werden auf der Grundlage des durch M. entwickelten Wissens gefällt. Allerdings ist kritisch zu fordern, daß sich die Inhalte der M. nicht von der zu vermittelnden Realität entfernen. Der öffentlich thematisierte Problemrahmen darf nicht hinter dem »Entscheidungsbedarf der Gesellschaft« (N. Luhmann, Öffentliche Meinung, in: Politik und Kommunikation, hrsg. v. W. R. Langenbucher, München 1973, S. 29 ff., dort S. 37) zurückbleiben wenn deren Bestand dauerhaft gesichert sein soll.

Besonders den traditionellen Massenmedien kommt die hohe Verantwortung zu, die in diesem Sinne notwendigen Erfahrungsmöglichkeiten zu stellen und damit Transparenz zu schaffen. Die politische Realität steht dieser Transparenz aber bisweilen entgegen, setzt in der Kommunikationshierarchie der Bundesrepublik doch hauptsächlich das politisch-administrative System die Akzente. Außerdem stellt sich die Frage nach der kommunikativen Kompetenz des Publikums. Problematisch ist, daß nur die ohnehin schon Informierten ein größeres Programmangebot sinnvoll zu nutzen verstehen, während die wenig Gebildeten mit einem erhöhten Informationsangebot nur sehr schlecht zu erreichen sind.

Entsprechend hat sich auch die Perspektive der Forschung gewandelt. Medienzentrierte Sichtweisen, die in der amerikanischen Propagandaforschung (→ *Propaganda*) des ersten Drittels dieses Jh. von einfachen Reiz-Reaktions-Mechanismen ausgingen, wandelten sich immer mehr zu rezipientenorientierten Ansätzen. Die Beziehung Medien – Publikum wird im Umfeld psychologischer Determinanten, sozialer Interaktionen und allgemeiner Gesellschaftstheorie problematisiert. Trotzdem besteht auch heute noch ein großer Teil der Forschung im soziodemographisch aufgeschlüsselten Auflisten von Rezipientenzahlen. Sehr oft handelt es sich um marktorientierte Forschung, die sich mit der Erkundung von Werbemärkten und -medien befaßt. Auch ähnlich angelegte Trendanalysen vermögen nur beschränkte Erkenntnisse zu liefern (vgl. K. Berg, M. Kiefer (Hrsg.), M., Mainz 1978).

II. Kommunikation durch Massenmedien in der DDR

Der Begriff M. ist so eng mit der angloamerikanischen empirischen Sozialforschung verbunden, daß er in der DDR lange tabuisiert blieb. Erst mit dem *Neuen Ökonomischen System* entstanden Anfang der 60er Jahre Voraussetzungen für eine wenn auch zögernde, so doch in ihren Ansätzen systematische, empirische Analyse des gesamten Bereichs der Massenmedien und damit für eine Integration des Begriffs M. in die Terminologie marxistisch-leninistischer Gesellschaftswissenschaften. Verständnis und Definition des Begriffs lehnen sich deutlich an jene geläufigen Bestimmungen an, die alle auf H. Lasswells Formel zurückgehen: »Who says what in which channel to whom with what effect?«. Auch in der DDR gilt M. in erster Linie als Kommunikation durch Massenmedien, als Prozeß gesellschaftlicher Information, woran einzelne Menschen wie Gruppen teilnehmen, die über ein gemeinsames Zeichensystem verfügen.

Der besondere marxistisch-leninistische Standpunkt in der politischen Einschätzung der M. besteht darin, die jeweiligen Besitzverhältnisse als entscheidendes Kriterium zu betrachten. Wer die Massenmedien also besitzt oder darüber verfügt, bestimmt nach dieser Meinung auch den Inhalt der Informationen und hat Einfluß auf die herrschende → *Ideologie*. Da der Besitz an und die Verfügung über Produktionsmittel als Hauptmerkmal von Klassenherrschaft gilt, ist M. »ihrem Wesen nach klassengebunden«. Sie bleibt zwar gesellschaftlicher Verständigungsprozeß, aber nicht zum ausschließlichen Zweck der notwendigen Informationsvermittlung, sondern »um bei den Rezipienten solche Denk- und Verhaltensweisen zu erzeugen, die der Durchsetzung der Interessen der die M. bewirkenden Klassenkräfte dienen« (Wörterbuch der sozialistischen Journalistik, Leipzig 1973, S. 144). Je nach politischen Kräfteverhältnissen können sich herrschaftsstabilisierende und -destabilisierende Verständigungsprozesse durch Massenmedien herausbilden. Die Herrschaftsform der Diktatur des Proletariats in der DDR, die uneinge-

schränkte Herrschaft der Partei der Arbeiterklasse läßt keine M. zu, die den historisch für legitim gehaltenen Interessen der *SED* zuwiderlaufen könnte. Die Partei hat alle Vorkehrungen getroffen, daß die Produktionsmittel der M. sozialistisches Eigentum bleiben, und kontrolliert den Informationsfluß durch ihre zentral gelenkte → *Kommunikationspolitik*.

Neben der einseitig-indirekten Informationsvermittlung durch Massenmedien gibt es auch in der DDR jene Formen der M., wo sich einzelne Kommunikatoren an die Masse des Publikums wenden und für dieses direkt wahrnehmbar sind. Es handelt sich um Kundgebungen, große Parteiversammlungen, Volksaussprachen und ähnliche politische Veranstaltungen, aber auch Konzerte, Theateraufführungen, → *Kabarett* oder Sportveranstaltungen. Die Einbahnigkeit dieser Formen der M. ist graduell unterschiedlich. So entstehen beim Kabarett oder → *Sport* zeitweise dialogähnliche Situationen zwischen Kommunikator und Rezipient, grundsätzlich bleibt es aber dabei, daß vorwiegend eine Seite Informationen produziert und die andere sie aufnimmt. In der Bundesrepublik ist die Veranstaltung von Parteitagen nicht weniger öffentlichkeitswirksam angelegt.

III. Funktion und Ideologie

M. hat den »Charakter einer soziokulturellen Institution, weil sie einen bedeutenden Teilbereich unserer Kultur sozialnormativ regelt« (F. Ronneberger, S. 29). Diese Bedeutung von M. ist nicht erst in jüngerer Zeit Objekt eingehender Kritik geworden. Unter dem Stichwort → *Kulturindustrie* formuliert die *Kritische Theorie* der *Frankfurter Schule* schon Ende der 30er und Anfang der 40er Jahre im Exil in Paris und New York in der »Zeitschrift für Sozialforschung« ihre skeptischen Gedanken. Der in der »Dialektik der Aufklärung« formulierte Grundgedanke zeigt die im Prozeß der → *Erkenntnis* fortschreitende Entfremdung durch Abstraktion. Aus den in der Aufklärung überwundenen Mythen werden neue, die laut *Kritischer Theorie* im Dienste ökonomischer und politischer Macht stehen (M. Horkheimer, Th. W. Adorno, Dialektik der Aufklärung, New York 1944, Amsterdam 1947, Frankfurt a. M. 1969). Besonders das Fernsehen erscheint dieser Kritik als affirmative Massenkultur, die, den Profit- und Machtinteressen einiger weniger gehorchend, die breite Masse geistig verkümmern läßt (H. Holzer, Kommunikationssoziologie, Reinbek 1973). Eine veränderte Medienstruktur hatte B. Brecht schon 1927 in seiner Radiotheorie gefordert, und auch H. M. Enzensberger zeichnet das Ideal gleichgewichtiger und damit »emanzipatorischer« M. (Baukasten zu einer Theorie der Medien, in: Kursbuch 20 / 1970, S. 159–186).

Der Nachweis direkter und eindeutiger Wirkungen der M. ist zwar schwierig, aber die von der *Kritischen Theorie* und von marxistischen Ansätzen hervorgehobenen negativen Implikationen der Massenmedien sind unübersehbar. Zerstörung des familiären Miteinander (→ *Familie*), soziale Isolation, Unterstützung politischer Apathie durch eine nur scheinbare Politisierung auf der Ebene bloßer Schaukämpfe (R. G. Schwartzenberg, Politik als Showgeschäft, Düsseldorf 1980) werden häufig als Beispiele hervorgehoben.

Die gesellschaftliche Entwicklung in der Bundesrepublik stellte Ende der 70er Jahre die Integrationskraft der M. aber auch generell in Frage. Die Entstehung abgeschiedener alternativer Kommunikationsräume, die die notwendige gesellschaftliche Auseinandersetzung fast unmöglich macht, deutet auf Defizite in der M., möglicherweise auch in der Rollendefinition des → *Journalismus*, (vgl. P. Glotz, Ich predige den Mut, der Segmentierung entgegenzuwirken, in: Frankfurter Rundschau, v. 17. 7. 1981) hin. Das Anwachsen der Alternativpresse weist in diese Richtung (→ *Zeitschriften*). Wo die Kommunikationsfreiheit an den Barrieren professioneller Vermittlungsinstanzen scheitert oder durch eine Verschärfung des Demonstrationsrechtes eingeschränkt wird, bilden sich neue, häufig nicht unbedingt demokratisch-gewaltlose Wege der gesellschaftlichen Auseinandersetzung.

In der DDR ist augenfällig, daß mit der Verbreitung des → *Fernsehens* und der Einführung der empirischen Sozialforschung in der zweiten Hälfte der 60er Jahre eine Funktionserweiterung der Massenmedien thematisiert wurde, und zwar deutlich im Zusammenhang eines »kulturellen Kommunikationssystems« der DDR (Sozialistisches Menschenbild und Filmkunst. Beiträge zu Kino und Fernsehen, Berlin (Ost) 1970, S. 220 ff.). Wie in der Bundesrepublik auch, nahm das Fernsehen in der DDR rasch die meiste freie Zeit der Bürger in Anspruch, es gab von Anfang an die Konkurrenz der Westprogramme und zunehmend empirische Daten darüber, welche Prioritäten bei der Programmauswahl getroffen wurden. Die Instrumentalisierung der Massenmedien zum bloßen Ideologietransfer zeigte den unerwünschten Effekt, daß nun, wo die technischen Möglichkeiten ein Ausweichen auf andere Informationsquellen erleichterten, davon allzu häufig Gebrauch gemacht wurde. Sorge bereitete hier offensichtlich vor allem, welche längerfristigen Folgen sich bei → *Kindern* und Jugendlichen (→ *Jugend*) herausstellen könnten. Jedenfalls erhielt die systematische Massenkommunikationsforschung in der DDR theoretisch und methodisch ihre entscheidenden Impulse von den Jugendforschern. In zwei Fachzeitschriften, der Zeitschrift »Jugendforschung« und »Film, Fernsehen, Erziehung«, die bis 1970/71 herauskamen, wurden im Rahmen der durch den VI. Parteitag von 1963 offi-

ziell abgesicherten Systemtheorie marxistisch-leninistischer Prägung Forschungsansätze und methodologische Fragen diskutiert. Es wurden Vorschläge zur Erarbeitung der Funktion und Stellung der Massenmedien in der sozialistischen → *Kultur* gemacht, wobei die »universelle Entwicklung der sozialistischen → *Persönlichkeit*« in den Mittelpunkt rückte. Ihr Hauptziel war die ideologische Erziehung zum sozialistischen → *Bewußtsein,* hervorgehoben wurden jedoch die vielfältigen Wechselbeziehungen zwischen allen möglichen Arbeits- und Lebensbereichen, von denen die Bewußtseinsentwicklung abhängt. Steigende Anforderungen an die Bereitschaft der Bevölkerung, ihre Kenntnisse und ihre beruflichen Qualifikationen im Zuge der wissenschaftlich-technischen Revolution zu erhöhen, fanden eine pragmatische Einschätzung in der Erkenntnis, daß sich hierbei auch die Bedürfnisse nach Entspannung und → *Unterhaltung* verändern. Die Vermittlung der sozialistischen Ideologie sollte nun mehr »an die Alltagserfahrungen der Menschen anknüpfen«, sie sollte das Bedürfnis berücksichtigen, »sich über seine empirisch erworbenen Umwelterfahrungen zu verständigen«; besonders das Fernsehen sollte die »sozialistische Unterhaltungskultur« stärker berücksichtigen (Sozialistisches Menschenbild und Filmkunst, a. a. O., S. 225). Als E. Honecker dem Fernsehen der DDR auf dem VIII. Parteitag (1971) offiziell bescheinigte, daß es langweilig sei, und forderte, die Programmgestaltung zu verbessern, »den Bedürfnissen nach guter Unterhaltung Rechnung zu tragen«, waren die wissenschaftlichen Forschungsergebnisse schließlich bis zur politischen Praxis vorgedrungen. Seitdem wird die Befriedigung von Unterhaltungsbedürfnissen als eine wichtige Bedingung sozialistischer Persönlichkeitsentwicklung zur Reproduktion der Arbeitskraft sowie zur Entwicklung sozialer Aktivität und zur Anregung kultureller → *Bedürfnisse* anerkannt.

Obwohl sich praktische Konsequenzen aus dieser Haltung ergaben, so wurden beispielsweise nach 1971 westliche, kommerziell produzierte Fernsehserien aufgekauft, bestimmt das traditionelle Konzept marxistisch-leninistischer Agitation und Propaganda immer noch den Rahmen, innerhalb dessen M. auch unterhalten darf. Es bestehen hier also grundsätzliche strukturelle Unterschiede zur Bundesrepublik, selbst wenn einzelne Sendungen – insbesondere der Unterhaltungsmusik (→ *Musik*) dies nicht gleich erkennen lassen.

IV. Technische Entwicklung und kultureller Wandel

Unter den Stichworten »Telekommunikation« und »Neue Medien« setzt sich der Entwicklungsprozeß des massenkommunikativen Systems in der Bundesrepublik fort. Satellitenübermittlung, Kabelfernsehen und neue Übertragungstechnologien lassen die Informationskapazität außerordentlich steigen. Damit verbunden ist die Hoffnung, daß sich die Stör- und Krisenanfälligkeit der Gesellschaft reduzieren läßt und ressourcensparende Rationalisierungen möglich werden. Angetrieben wird diese Entwicklung von ökonomischen und politischen Interessen, die die Frage nach den sozialen und allgemein-menschlichen Implikationen einer veränderten Kommunikationskultur vielfach hintanstellen. Die neuen Medien sind nicht die Konsequenz menschlicher und sozialer Bedürfnisse, sondern technischer und ökonomischer Entwicklungen (vgl. F. Böckelmann, Zum Verhältnis von rundfunkpolitischen Interessen und Bedarfsermittlung, in: Kabelkommunikation, hrsg. v. U. Paetzold, München 1978, S. 107 ff.). Allzu leicht gerät die Wissenschaft hier zur Sozialtechnologie, wenn sie auf die politische Wertung und öffentliche Diskussion der für den Laien nur schwer kritisierbaren, vorgegebenen Fragestellungen verzichtet. Auch der 1974 eingesetzten *Kommission für den Ausbau des technischen Kommunikationssystems* wird dieser Vorwurf gemacht. Die von ihr empfohlenen, seitdem heftig umstrittenen Kabelpilotprojekte stehen in der Gefahr, vollendete Tatsachen zu schaffen, ohne wirklich die Möglichkeiten und Gefahren der technischen Entwicklung rückholbar zu testen. So wird der Streit um das künftige Kabelfernsehen und seine Organisation in öffentlich-rechtlicher oder privater, kommerzieller Form nicht als Frage der Sicherung der Kommunikationsfreiheit, sondern als rein kompetenzrechtliches Problem geführt. Etablierte Interessengruppen streiten um wirtschaftliche und politische Einflußsphären. Entscheidungen fallen hinter geschlossenen Türen. So wurde die für die künftige M. folgenreiche Vollverkabelung der Bundesrepublik mit Glasfaserleitungen unter dem Kürzel *Bigfon* und *Bigfern* kaum öffentlich diskutiert. Dabei ist diese Entscheidung, langfristig ein interaktives Kabelnetz aufzubauen, das nicht mehr nur einfach Programme verteilt, sondern jeden Teilnehmer mit jedem anderen wie beim Telephonnetz in direkte Verbindung treten läßt, von weichenstellender Bedeutung. Hierin liegt nicht nur die grundsätzlich positiv zu bewertende Möglichkeit einer größeren gesellschaftlichen Öffnung, sondern auch die große Gefahr totaler Isolation, lassen sich doch potentiell alle lebensnotwendigen Tätigkeiten von der eigenen Wohnung aus erledigen, und möglicherweise wird in vielen Fällen sogar der Arbeitsplatz dorthin verlagert.

Eine Unterhaltungs- und Medienindustrie, wie sie in den europäischen Ländern heute massiv auf die technische Entwicklung der M. Einfluß nimmt, die Anschaffung neuer Medien für unausweichlich erklärt und den totalen Fernseh- und Videoalltag nach dem Muster der USA anstrebt, dürfte aus der Sicht der DDR eher exotisch erscheinen. Zwar werden hier alle technologischen Probleme aufmerksam verfolgt, die eigenen Ressourcen aber nur zur Weiterentwicklung solcher Massenkommunikationsmittel eingesetzt, welche der Intensivierung bestehender Produktionszweige nützen, also hauptsächlich im Bereich der Datenverarbeitung und Bürotechnik. Daß die staatliche Verwaltung von derartigen Prozessen besonders profitiert, gilt auch für die DDR.

Neben den volkswirtschaftlichen Gründen mag jedoch eine Rolle spielen, daß wachsende Möglichkeiten technisch vermittelter M. eine Einschränkung persönlicher Kontakte und damit persönlicher Kontrolle bedeuten könnte. So dürfte der im Vergleich zur Bundesrepublik geradezu verschwindend geringe Einsatz von Fotokopiergeräten (→ *Reproduktionsverfahren*) in der DDR vermutlich darauf zurückzuführen sein, daß die Verbreitung jeder Art von Texten nur überschaubar bleibt, solange sie Buchhandlungen (→ *Buchhandel*) und → *Bibliotheken* zu verantworten haben.

Durch den Kassettenmarkt ist der DDR ohnehin schon eine schwer kontrollierbare Musikkommunikation entstanden, die insbesondere bei der Jugend ihre Spuren hinterläßt. Diskotheken und Jugendtreffs mit staatlich ausgebildeten Schallplattenunterhaltern können dem nur bedingt entgegenwirken. Ihre Einrichtung verweist aber darauf, daß Partei und Staat die möglichen Folgen eines offeneren Umgangs mit den neuen Medien genau einzuschätzen wußten.

V. Massenkommunikation und Medienkultur

Die Entwicklung der M. war immer von kulturpessimistischen Warnungen vor dem Ende der überkommenen Kultur durch eine neu entstehende Medienkultur begleitet. Durch die massenhafte Verbreitung kultureller Leistungen wird der traditionelle Unterschied zwischen verschiedenen ästhetisch-kulturellen Bereichen aufgehoben.

Einzelne Kunstformen haben ihr wesentliches, kulturspezifisches Medium, wie etwa das Hörspiel im → *Hörfunk,* das Fernsehspiel im → *Fernsehen,* die → *Literatur* im → *Buch.* → *Film* und Photo haben ebenfalls ihre je eigenen Medien. Andere Kunstformen erreichen durch die Technik der Massenmedien ein zahlenmäßig fast unbegrenztes Publikum, wie etwa die → *Musik* über den Hörfunk, Oper, → *Theater,* Ballett über das Fernsehen und die Malerei über die photographische Reproduktion.

Die Medienkultur ist aufgrund des Vorherrschens populärer Elemente inhaltlich und formal stark unterhaltungsorientiert. Trivialität, Emotionalität und Personalisierung sind ihre prägenden Attribute. Hier zeigt sich deutlich der direkte Einfluß der

Massenmedien auf den gesamtgesellschaftlichen → *Lebensstil*. Die Entsprechungen auf Seiten der Politik und der Wirtschaft sind unterhaltsam präsentierte Fernsehspots, Live-Sendungen von Wahlveranstaltungen oder → *Messen*, sowie ästhetisch ansprechende → *Plakate*. Die Durchlässigkeit und Mischung aller gesellschaftlichen Teilbereiche durch den Einfluß der Massenmedien führt letztlich zu einer Vermengung verschiedenster, ursprünglich getrennter Bereiche, wie sie etwa in der Werbeorientierung der Politik, in der Politisierung des Sportes, in der Ideologisierung der Unterhaltung und in der Kommerzialisierung der Kunst zum Ausdruck kommen.

Die durch die Reichweite der Massenmedien bewirkten ästhetisch-kulturellen Einschränkungen werden durch andere Vorteile wettgemacht. So entspricht der Offenheit der Medienkultur auch eine Offenheit beim Publikum und bietet einen zumindest in der Geschichte der Künste einmaligen demokratischen Chancenreichtum. Medienkultur als Vermittlerin zwischen verschiedensten Kulturbereichen hat eine Aufgabe als »Vorzimmer der Kunst«. Wenn sie sich auch stets in einer gewissen Distanz zur eigentlichen Kunst bewegt, so führt sie doch zumindest zu ihr hin. Medienkultur als Zubringerdienst zu anderen Künsten stellt die Chance für eine kulturelle Förderung breitester Bevölkerungsschichten dar. Popularisierung der Kunst und propädeutische Bildungsfunktion der Medien lauten hier die Stichwörter. Medienkultur als technisch perfekt inszenierte künstlerische → *Leistung* setzt Maßstäbe, an denen alle kulturellen Aktivitäten gemessen werden.

Medienkultur ist zwar eine Durchschnittskultur, aber viele herausragende, zeitgenössische, künstlerische Leistungen hätten ohne die Mitwirkung der Massenmedien überhaupt nicht erbracht werden können. Die elektronischen Medien sind die eigentlichen Mäzene der Gegenwart im Bereich der Musik und des Films. Der Hörfunk fördert nicht nur die Unterhaltungsmusik, sondern durch Vergabe von Aufträgen und Wiedergaben auch die avantgardistische zeitgenössische Musik. Das Fernsehen arbeitet über Koproduktionen, Aufträge und Beschäftigung von Filmschaffenden in fernseheigenen Studios eng mit dem Film zusammen. Der seit W. Benjamin immer wieder beklagte Verfall der künstlerischen Aura durch die Reproduktion von Kunstwerken ist, abgesehen davon, daß auch in der zeitgenössischen Kunst auf den Schein des Authentischen oft bewußt verzichtet oder dieser im Entstehungsprozeß selbst zerstört wird, in der Medienästhetik kaum noch von Belang. Wenn die Aura eines Kunstwerks als Indiz seiner Einmaligkeit früher als zerstört galt, sobald es auf einen Gebrauchswert verpflichtet wurde, so wird Medienkultur heute nüchterner als Gebrauchskultur angesehen, in der die Bedürfnisse der Mehrheit über dem ästhetischen Geschmack einer Min-

derheit eingestuft werden. Das Fernsehen gilt als die medienkulturell einflußreichste Institution, und die meisten Urteile über die Medienkultur, insbesondere die negativen, gehen vom Fernsehen aus. Es zeigt in fast idealtypischer Weise die Vor- und Nachteile der zeitgenössischen Medienkultur. Einerseits wird fast die gesamte Bevölkerung eines Landes mit kulturellen Leistungen versorgt, und andererseits ist die Ästhetik dieses Mediums starken Einschränkungen unterworfen. Trotzdem bleibt es aber ein medienkulturell herausragender Faktor, denn Übertragungen aus der Oper, aus dem Konzertsaal, aus dem Theater, aus dem Studio, und die Kinofilme am Bildschirm bieten für viele Zuschauer die einzige Möglichkeit zur – wenn auch nur technisch vermittelten – Begegnung mit kulturellen Aussagen von einigem Anspruch – ganz abgesehen von den medienspezifischen Kunstformen des Fernsehens selber, wie dem Fernsehspiel oder dem Fernsehfilm.

Für die Gesamtgesellschaft geht es bei der Medienkultur um die Anerkennung einer populären Kunst und Kultur der Mehrheit, um einen politischen, kulturellen und ästhetischen Pluralismus, und um eine Sensibilisierung gegenüber den Einflüssen der Medien auf den gesamten Lebensstil einer Gesellschaft.

Am Fernsehen wird deutlich, warum unter Medienkultur eine Kulturtechnik verstanden wird, die alle gesellschaftlichen Bereiche, also Politik, Wirtschaft und Kultur betrifft. Öffentlichkeit, Omnipräsenz, große Reichweite, Massenhaftigkeit und Vermischung aller Bereiche sind die hauptsächlichsten Eigenschaften der Medienkultur in der Bundesrepublik und in der DDR. Soweit diese Eigenschaften medienspezifisch sind, zeigen sie gleiche Konsequenzen in beiden Staaten. Unterschiede sind auf unterschiedliche politische Einflüsse und Bedingungen zurückzuführen.

W. Löcher (I, III, IV), V. Blaum (I, II, III, IV),
L. Bosshart (V)

Literatur

H. M. Kepplinger, Realkultur und Medienkultur, Freiburg, München 1975
L. Bisky, Massenmedien und ideologische Erziehung der Jugend, Berlin (Ost) 1976
D. Prokop (Hrsg.), Massenkommunikationsforschung, Bd. I–III, Frankfurt a. M. 1972, 1973, 1977
F. Ronneberger, Kommunikationspolitik, Teil II, Mainz 1978, 1980
K. Rülicke-Weiler, u. a. Film- und Fernsehkunst der DDR, Traditionen, Beispiele, Tendenzen, Berlin (Ost) 1979
P. Spahn, Unterhaltung im Sozialismus, Berlin (Ost) 1980

Messen

M. sind Marktveranstaltungen. Sie führen Angebot und Nachfrage der Wirtschaft räumlich am Messeort und zeitlich in einer turnusmäßigen Folge von Messeterminen zusammen. Historisch gibt es M. und messeähnliche Marktveranstaltungen seit dem Mittelalter. Als älteste M. der Welt gilt die *Leipziger,* die im Jahr 1165 gegründet wurde. Einen ersten Aufschwung nahm das Messewesen seit der Mitte des 19. Jh. mit der fortschreitenden Industrialisierung, der Verbesserung der Verkehrswege und der Entwicklung größerer Märkte. Die meisten M. sind jedoch erst in diesem Jahrhundert, vor allem nach dem Zweiten Weltkrieg, gegründet worden. In der Entwicklung des Messewesens ist eine Tendenz von der Universal- zur Fachmesse (Branchenmesse) zu beobachten. Zunehmend werden nicht nur Waren, sondern ganze Anlagen, Systeme oder Problemlösungen angeboten und nachgefragt. Diese Veränderungen haben ihrerseits einen Bedarf nach theoretischer Erläuterung und Diskussion ausgelöst. So ist es schon fast zur Regel geworden, daß M. mit einem Kongreß verbunden werden.

Die Unterscheidung zwischen M. und →*Ausstellungen* ist in der Praxis oft fließend. Tendenziell richten sich M. an den Handel und Ausstellungen an die Verbraucher. Es gibt etwa 1600 M. und Ausstellungen in allen Erdteilen. Mit annähernd 400, davon etwa ein Viertel größerer, meist internationaler Veranstaltungen, hat die Bundesrepublik den größten Anteil. In der DDR konzentriert sich das Messewesen auf die zweimal jährlich stattfindende *Leipziger M.*, die pro Jahr circa 15 000 Aussteller auf 340 000 qm Ausstellungsfläche und etwa 7 Mio. Besucher hat. Die M. und Ausstellungen in der Bundesrepublik werden jährlich von rund 100 000 Ausstellern beschickt und von etwa 10 Mio. Besuchern besucht. Die Messegesellschaften halten ungefähr 1,6 Mio. qm Hallenfläche für diese Veranstaltungen bereit. Institutionell sind die Messegesellschaften in der Bundesrepublik fast ausschließlich privatrechtlich mit überwiegend öffentlicher Beteiligung organisiert. Die *Leipziger M.* wird vom *Leipziger Messeamt* verwaltet, das an die Weisungen der *Kammer für Außenhandel* des *Ministeriums für Außenhandel der DDR* gebunden ist.

Verbindungen der M. zur Kultur sind gegeben, wenn beispielsweise auf Buch-, Kunst-, Film-, und auch Mode-, Reise-, Freizeitmessen Kulturprodukte als Waren und Dienstleistungen zu Handelsobjekten werden. Umgekehrt kann die auf M. präsentierte Vielfalt wirtschaftlicher Güter und dem damit sichtbaren ökonomischen →*Fortschritt* als Repräsentanz der Kultur einer Gesellschaft gesehen werden. Diese Sichtweise spielt in der DDR eine Rolle, wenn der auf M. demonstrierte Erfolg (Weltniveau) als Ergebnis planvoller Anstrengungen einer sozialistischen Gesellschaft dargestellt wird. So hat die *Leipziger M.* große Bedeutung für die Förderung des wissenschaftlich-technischen Leistungsvergleichs. Ganz fremd ist diese Perspektive auch westlichen Gesellschaften nicht, wenn von M. als Schrittmachern der sozio-ökonomischen Entwicklung die Rede ist.

Differenziertere kulturelle Implikationen des Messewesens werden deutlich, wenn M. als Kommunikationsmedien (→*Kommunikation*) verstanden werden. Dann ist der Austausch von wirtschaftlichen Gütern nur ein Aspekt unter anderen. Aus Anlaß einer primär wirtschaftlichen Marktveranstaltung gibt es im Umfeld der M. verschiedene Kommunikationsprozesse mit kultureller Bedeutung. Dabei bezieht sich die Kommunikation nicht nur auf Waren, sondern auch auf Wissen als einer Dimension der wissenschaftlich-technischen Kultur, auf M. als Informationsbörse (→*Information*). Hieran schließen sich Lernvorgänge an, die zu der Formulierung der M. als einer Art Volkshochschule geführt haben. In diesem Sinne müssen auch die häufigen Sonderschauen zur Aufklärung und Belehrung der Besucher verstanden werden, die für →*Schulen* oft Anlaß sind, solche Veranstaltungen zu besuchen.

Andererseits ergibt sich Kommunikation auch aus der Begegnung von Menschen unterschiedlicher sozio-kultureller Herkunft. Diese interkulturelle Dimension wird besonders bei starker Beteiligung aus Entwicklungsländern betont, spielt aber auch bei Messebeteiligungen sozialistischer Staaten im Westen und umgekehrt eine wichtige Rolle. Speziell die *Leipziger M.* war immer eine Gelegenheit für deutsch-deutsche Begegnungen.

Zum dritten hat die Kommunikation eine publizistische Dimension insofern, als sie zwischen M. und →*Öffentlichkeit* vermittelt. M. sind nicht mit einem beträchtlichen Werbeaufwand (→*Werbung*) verbunden. Sie sind vor allem ein starker Anziehungspunkt für →*Presse*, Funk (→*Hörfunk*) und →*Fernsehen*. Zu manchen großen M. kommen mehrere Tausend Journalisten, um über wirtschaftliche, politische und kulturelle Aspekte zu berichten. Besonders in Entwicklungsländern und teilweise auch in sozialistischen Staaten spielt die Demonstration der eigenen Leistungsfähigkeit (→*Leistung*) gegenüber der Bevölkerung eine Rolle. In den westlichen Ländern ist hingegen jede M. auch eine Werbeveranstaltung für Firmen und Produkte, die besonders bei Konsumgütern (→*Konsum*) auf eine auch kulturell bedeutsame Weckung von Bedürfnissen zielt.

Die Kommunikation bezieht sich in ihrer lokalkulturellen Dimension ebenso auch auf das Verhältnis zwischen M. und Messestadt. Messestadt zu sein, ist wesentlicher Bestandteil des Lebens und Images einer Stadt. Sie organisiert ihrerseits, um den Standort attraktiv zu machen, oftmals bemerkenswerte kulturelle Begleitangebote, die ein überregionales und internationales Publikum zufriedenstellen sollen. Zugleich bieten die Messehallen und mehr noch die hiermit verbundenen Kongreßhäuser geeignete Möglichkeiten für kulturelle Veranstaltungen. So kann gesagt werden, daß M. und Kongresse Instrumente der Förderung von Wirtschaft, → *Wissenschaft* und → *Kultur* sind.

Schließlich bezieht sich die Kommunikation auf die Anwendung vielfältiger Medien auf der M. Im Dienst der Selbstdarstellung und Werbung werden von den Messegesellschaften und Ausstellern große, gelegentlich auch kulturell bedeutsame Anstrengungen unternommen. Das gilt für die architektonische Gestaltung der Hallen und Ausstellungsstände über die Verwendung vieler weiterer Medien in den unterschiedlichsten Kombinationen bis hin zu Folkloreaufführungen.

Bei einem Vergleich ist zunächst auf die große Vielfalt der M. in der Bundesrepublik und die Zentralisierung des Messewesens in der DDR hinzuweisen, die die stärkere politische Bedeutung der *Leipziger M.* kennzeichnet. Das darf jedoch nicht so mißverstanden werden, als ob ihre ökonomische Bedeutung zweitrangig wäre. Im Gegenteil, sie hat sich zu einem Zentrum des Ost-West-Handels entwickelt. Alle dargestellten Verbindungen des Messewesens mit der Kultur bis hin zum Messerummel sind auf der M. in beiden deutschen Staaten, wenn auch zum Teil mit unterschiedlichen Gewichtungen, nachweisbar. Dies mag einerseits Ergebnis der harten nationalen und internationalen Konkurrenz der Messestädte sein, der sich auch Leipzig nur bedingt entziehen kann. Andererseits sind die kulturellen Implikationen von M. in beiden Gesellschaften zweitrangige Aspekte im Vergleich zu den primär wirtschaftlichen Funktionen, so daß sie kaum in das Blickfeld kulturpolitischer Absichten geraten.

P. Loviscach

Literatur
P. v. Wedel, M. – Vom Markt zum Marketing, Frankfurt a. M. 1977
H. Zebhauser, M. und Ausstellungen. Medien der Kommunikation, München 1980
m + a + k-Report. Zeitschrift für M. und Ausstellungen, Kongresse und Tagungen, Frankfurt a. M.

Minderheiten

I. Minoritäten im Staats- und Völkerrecht – II. Vorurteile und ihre Folgen im Nationalsozialismus – III. Probleme der Randgruppen

in der Bundesrepublik Deutschland – IV. Ethnische und soziale Minderheiten in der DDR

Minoritäten im Staats- und Völkerrecht

Im Rahmen der herrschenden Rechtsordnung demokratischer Gesellschaften trifft man zunächst auf den Begriff M., der zu Beginn des 19. Jh. als Verdeutschung des Fremdworts »Minorität« in der Folge der Französischen Revolution Eingang gefunden hat. Der Ausdruck ist zusammen mit dem Wort »Majorität« oder »Mehrheit« bei Entscheidungen in parlamentarischen Demokratien von Bedeutung. Mehrheit heißt die größere, M. die kleinere Zahl eines beschlußfassenden Personenkreises. Das Prinzip der → *Demokratie* besteht nun darin, daß bei staatsgestaltenden Akten die Mehrheit der wahl- und stimmberechtigten Bürger und die Mehrheit der Volksvertreter entscheiden; dies ist die sogenannte Herrschaft der Mehrheit. M. und Mehrheit sind demnach also aufeinander bezogene Begriffe, deren Verhältnis zueinander in demokratischen Systemen Herrschaftsausübung durch Mehrheitsentscheidung legitimiert, aber der M. für Verfahrensfragen in Form von Minderheitenrechten auch Kontrollbefugnisse einräumt.

Daneben ist M. als Rechtsgegenstand eng mit der europäischen Staatsentwicklung verknüpft. Diese führt über den Umbruch religiös-homogener in religiös-heterogene Staatswesen im 17. und 18. Jh. zum Nationalismus im 19. Jh., der die Einheit von Volks- und Staatsgrenzen proklamierte. Dem »Staatsvolk« wurde die »nationale M.« gegenübergestellt, die Bevölkerungsgruppe, die – in einem fremden Staatsgebiet lebend – sich von der Staatsbevölkerung, der Mehrheit, durch ihre nationale bzw. ethnische Herkunft, durch → *Sprache,* → *Kultur,* → *Religion* unterscheidet. Diese Fremdheit diente dem staatstragenden Volk, der Staatsnation, zumeist dazu, Minderheitsangehörige im öffentlichen und privaten Bereich zu diskriminieren. Hier liegt die Quelle des sogenannten Minderheitenproblems und die Basis des Minderheitenrechts.

Die Bestrebungen um Minderheitenschutz der *Vereinten Nationen* nach dem Zweiten Weltkrieg wurden für die Bundesrepublik durch den Beitritt zu den *Menschenrechtspakten* von 1966 Pflicht, die einerseits Diskriminierung wegen der Rasse, Hautfarbe usw. verbieten (Art. 26), andererseits »ethnischen, religiösen oder sprachlichen M.« ausdrücklich das Recht der gemeinsamen Ausübung ihrer Sprache, Religion und Kultur zusprechen (Art. 27). Auch der *Konvention zur Beseitigung der Rassendiskriminierung* von 1969, die die Ungleichbehandlung von Menschen aufgrund »der Rasse, der Hautfarbe, der Abstammung, des nationalen Ursprungs oder des Volkstums« in einem Staate verbietet, gehört die

Bundesrepublik an. »Rasse« wird hier umfassend als »Volksgruppe« verstanden. Es ist zu beachten, daß im europäischen Rahmen nationale M. in der *Straßburger Konvention zum Schutze der Menschenrechte und Grundfreiheiten* vom von 1950 (Art. 14) und wiederholt in der Schlußakte der *KSZE* als »nationale M. und Regionalkulturen«Vertragsgegenstand sind, dessen Bedeutungsgehalt nicht näher bestimmt wird. Auch diesen beiden Übereinkünften ist die Bundesrepublik Deutschland verpflichtet. Zu beachten ist ferner, daß die jeweils derart deklarierten Individualschutzrechte bereits verfassungsrechtlich im *Grundgesetz* durch den Gleichheitsgrundsatz (Art. 3, Abs. 1) und das Diskriminierungsverbot (Art. 3, Abs. 3) innerstaatlich garantiert werden (→ *Grundrechte*). Dies bedeutet, daß nationale M. nicht als Gruppe anerkannt und geschützt sind; dies wird allein durch zwischenstaatliche Verträge erreicht. Solche Rechtsgrundlagen vereinbarten deshalb im Jahr 1953 die Bundesrepublik und Dänemark für ihre gegenseitigen M.; sie gelten als vorbildliche und gelungene Existenzbasis für die ca. 25000 »deutschen Nordschleswiger« in Dänemark und die ca. 50000 »dänischen Südschleswiger« in der Bundesrepublik.

II. Vorurteile und ihre Folgen im Nationalsozialismus

Mit der Aufarbeitung der nationalsozialistischen Herrschaft und ihrer Folgen wurde ein Erklärungsansatz populär, der die Menschen als Handlungsträger nach Gruppen, mit denen sie sich identifizieren, und Gruppen, von denen sie sich abgrenzen, unterscheidet. Diese Differenzierung enthält gewöhnlich eine positive Bewertung der Eigengruppe, der eine negative Bewertung der Fremdgruppe gegenübersteht.

Die sozialen Vorurteile selbst, als die Urteile über Menschen, die nicht auf Tatsachen beruhen, werden als besondere Form sozialer Einstellungen angesehen, die als Wahrnehmungs-, Affekt- und Handlungspotential manifestes Handeln, eben Diskriminierung, verursachen kann.

Die nationalsozialistische Ideologie kann als grundlegendes Beispiel eines vorurteilsbedingten Denkens und Handelns einer Mehrheit gegenüber M. herangezogen werden (W. Hofer, Der Nationalsozialismus. Dokumente 1933–1945, Frankfurt a. M. 1957). Zentrale Bedeutung hat in ihr die Rassenlehre, nach der Rasse als biologische Substanz nicht nur unterschiedliche körperliche Erscheinungsformen der Menschen bestimmt, sondern entsprechend diesen Unterschieden auch geistig-seelische Fähigkeiten vererbt, so daß Menschen nach höher- und niederwertigen Rassen bzw. Menschengruppen blutsmäßig unterscheidbar sind. Die Unmöglichkeit, die Mischvölker »Germanen« und

»Juden« nach rassischem Erscheinungsbild zu unterscheiden, wurde von den Nationalsozialisten durch den Nachweis eines spezifischen Abstammungszusammenhangs mit Vorfahren, dem »Ariernachweis«, auszugleichen versucht, wobei man durchaus sozialkulturelle Kriterien wie Religionszugehörigkeit zur biologischen Rassenbestimmung heranzog und so die eigene Rassenlehre selbst ad absurdum führte. Daß Menschen nicht nur biologische Wesen, sondern in ihrem Werden auch vom umgebenden Sozialsystem und dessen Kultur abhängig sind, wird von dieser Abstammungslehre negiert. Die genannten biologischen Grundüberzeugungen in Verbindung mit der Idee der Volksgemeinschaft bzw. der Verwirklichung des totalen Volksstaates, in dem nicht nur für Werte und Ideale freiheitlicher Demokratien, sondern auch für ihre pluralistischen Grundlagen – wie konkurrierende Parteien, Gruppen, Ideologien, Religionen – kein Platz war, dienten letztlich der Gegenüberstellung einer staatstragenden Majorität als positiver Eigengruppe und staatsfeindlicher M. als negativer Fremdgruppen, der »Herrenmenschen« und der »Untermenschen«. Die Umsetzung der Ideologie in Minderheitenpolitik wurde durch das Ermächtigungsgesetz von 1933 möglich, das der Exekutive legislative Gewalt – auch abweichend von der Verfassung – zubilligte. Damit erhielt das nationalsozialistische System die Möglichkeit, im Namen der Volksgemeinschaft willkürlich zu herrschen und Vorurteile gegenüber M. in Diskriminierung umzusetzen.

Mit der Entstehung des Nationalismus im 19. Jh. lief der Aufbau eines positiven Selbstbilds der Deutschen parallel, das in Anlehnung an germanisches Altertum und deutsches Mittelalter vom negativen Fremdbild der Juden abgehoben wurde; die rassische Variante des Antisemitismus war vorbereitet und bot dem Nationalsozialismus Argumentationsgrundlagen. Die Juden galten gemäß Programm und Propaganda als »Volksvernichter«, »Kulturmißachter«, »Sittlichkeitszerstörer«, »Geld- und Handelsbeherrscher«, die letztlich in der Funktion des »Sündenbocks« für alle Mißgeschicke der Deutschen verantwortlich gemacht wurden. Nach der Machtergreifung folgten zunächst faktische Benachteiligungen, sodann systematische Entrechtung durch die *Nürnberger Rassengesetze*, denen sich Verfolgung und Ausgliederung nicht nur im Reichsgebiet, sondern auch in den besetzten Gebieten planmäßig anschlossen. Am Ende der nationalsozialistischen Herrschaft waren 5 bis 6 Mio. getöteter Juden zu beklagen. Und wie stand das deutsche Volk der Judendiskriminierung gegenüber? »Allgemein hatte das Volk in Deutschland wie in den reichseingegliederten Gebieten bloß wenig Gelegenheit oder selbst nur die Möglichkeit, sich gegen die Deportation der Juden zu stellen, die gewöhnlich tunlichst unauffällig verlief. Wenn man ihr

497

schon nicht beistimmte, so schaute man doch schweigend zu und tat nichts« (H.G. Adler, Der verwaltete Mensch, Tübingen 1974, S. 332).

Die Bundesrepublik hat den Antisemitismus des Nationalsozialismus als Ergebnis einer Willkürherrschaft sichtbar gemacht und ist für eine gegenseitige Versöhnung der Völker eingetreten. Sie leistete Überlebenden, Angehörigen von Toten, aber auch dem israelitischen Staat Wiedergutmachung. Etwa 30 000 deutsche Bürger jüdischen Glaubens leben erneut als religiöse M. in der Bundesrepublik, als deren Angehörige sie sich verstehen (→ *Kultur, jüdische*). Allgemein gilt die Ansicht, daß konkrete Diskriminierungen heute eher eine Ausnahmeerscheinung sind, die zudem antiisraelitischen Charakters sein können. Empirisch belegt wird demgegenüber ein latenter Antisemitismus. Er wird von 15 bis 20 v. H. der deutschen Bevölkerung durch ausgeprägte antisemitische Vorurteile geteilt, wohingegen weitere 30 v. H. den »Antisemitismus mehr oder weniger stark als Latenz« besitzen. (A. Silbermann, H. A. Sallen, Latenter Antisemitismus in der Bundesrepublik Deutschland, in: Kölner Zeitschrift für Soziologie und Sozialpsychologie, 1976, S. 720, S. 717). Dabei wird angenommen, daß diese Vorurteile nach wie vor durch stereotypes Wahrnehmen und Denken, ohne Informationen und Aufklärung anzunehmen, gleichsam tradiert werden, begünstigt durch die »Unsichtbarkeit« der jüdischen Mitbürger. Dafür spricht auch, daß mehr als 40 v. H. der Befragten der bereits zitierten Repräsentationsauswahl annehmen, Juden hätten rassenbedingte Fehler und wären an ihrem Aussehen zu erkennen. Offensichtlich leben trotz gezielter Vorurteilsbekämpfung Einstellungen fort, die der Nationalsozialismus aus »gesundem Volksempfinden« zur Grundlage seiner Vernichtungspolitik machte.

Die Zigeuner als fremdrassischer Bevölkerungsteil sind ein jahrhundertealtes Problem der deutschen Gesellschaft, für die die Roma schlechthin geborene Diebe, Bettler, Wahrsager, Gesundbeter und Volksschädlinge waren, die immer wieder durch Landfahrerordnungen u. ä. diszipliniert wurden. Die Nationalsozialisten bewerteten sie als »primitive Asoziale«, »Schädlinge des deutschen Volkes und Verbrechensstämmlinge«, die sozial und rassisch als minderwertige Elemente betrachtet wurden. Sie wurden dementsprechend als »Artfremde« schrittweise entrechtet, zunächst von 1933 bis 1938 insbesondere gemäß Volks- und Stammeszugehörigkeit »rassenbiologisch begutachtet« und erfaßt. Es folgten in den Jahren 1939 und 1940 systematisch polizeirechtliche Regelungen zur »Bekämpfung der Zigeunerplage« und Pläne zur Absonderung und Abschiebung in die besetzten polnischen Gebiete. Nach Erfassung, Lagerunterbringung, Arbeitsverpflichtung und weiteren rechtlichen Einschränkungen im Jahr 1942 wurden die Zigeuner in Konzentrationslager eingewiesen, so daß der sogenannte »Kampf gegen das Zigeunerunwesen« – einerseits als »polizeiliche Vorbeugungsmaßnahme« zur Verbrechensbekämpfung, andererseits als rassenpolitische Entscheidung bewertet – systematisch als Mordaktion zu Ende geführt werden konnte. Ihr fielen 500 000 Zigeuner zum Opfer. Auf die Frage nach der Einstellung der deutschen Reichsbevölkerung zu diesem Völkermord lautet eine Antwort: »Wie die Machthaber vor ihnen konnte die NS-Führung auf die Vorurteile eines Großteils der Bevölkerung bauen«. Man wußte sogar, »daß große Teile der Deutschen ein schärferes Vorgehen gegenüber Zigeunern begrüßen würden« (H. Spaich, Fremde in Deutschland, Weinheim, Basel 1981, S. 36).Heute sind die Zigeuner ein beliebtes Thema, sie werden beschrieben, ihr Schicksal wird dokumentiert. Einerseits hatten sie Anspruch auf Wiedergutmachung, konnten sie jedoch mangels Gesetzeskenntnis und fehlender Organisation als einzelne kaum durchsetzen. Andererseits waren in der jungen Bundesrepublik einzelne Länder mit Sondergesetzen und Zentralregistrierung bemüht, sich vor Schaden durch Zigeuner bzw. Nichtseßhafte zu schützen. Alte Rassenvorurteile wurden belebt und bildeten trotz *Grundgesetz* eine neue Diskriminierungsbasis. Erst das mutige Engagement einzelner Zigeuner selbst brachte nach und nach diese Art Ausnahmegesetzgebung zu Fall. Trotzdem werden Zigeuner heute in dem elementaren Lebensrechten des Wohnens, Arbeitens, der Freizeit usw. diskriminiert; sie vermissen das Klima, »das den Überlebenden von Auschwitz, die dort ein ›Z‹ vor ihrer Häftlingsnummer zu tragen hatten, und deren Nachfahren das Gefühl gibt, sie sind hier zu Hause«. In der Bundesrepublik leben zwischen 30 000 und 50 000 Sinte, Roma und Lallere, drei Stämme, die sich nach Dialekten, Gebräuchen, Gesetzen und Lebensweisen unterscheiden. Sie haben sich von der Herrschaft der Nationalsozialisten, die ihre wichtigste Lebensgrundlage, die Gemeinschaft von Familie und Sippe zerschlug, noch nicht erholt. »Die einzige Chance der Zigeuner besteht in ihrer Selbstorganisation. Nur so können sie weiterleben als Volk mit eigener Sprache, eigenen Gesetzen, eigener Kultur und Tradition« (A. Geigges, B. W. Wette, Zigeuner heute, Bonn-Merten 1979, S. 463).Ob diese Chance in Zukunft Wirklichkeit wird, hängt – trotz der 1979 erfolgten Aufnahme der *Romani Union*, des Weltverbandes der Zigeuner, in die *UNO* – vom Ausgleich der Stammesgegensätze und nicht zuletzt vom Willen und der gezielten Hilfe unserer Gesellschaft ab, die es bis heute versäumt hat, die Empfehlungen des *Europarates* von 1969 zur Verbesserung der Lage der Zigeuner als systematische Zigeunerpolitik zu verwirklichen, und damit Vorurteilen und Diskriminierungen gegenüber dieser Volksgruppe Vorschub leistet.

Die »widernatürliche Unzucht« wurde rund

sechzig Jahre lang strafrechtlich verfolgt, bis 1929 eine Abschaffung diskutiert, aber nicht mehr vom Reichstag beschlossen wurde. In den Augen der Nationalsozialisten, die sich in ihrem männerbündischen Selbstverständnis als körper-, willensstarke und tatkräftige Staatsträger verstanden, waren die männlichen Homosexuellen als weiche, haltlose, schwache und feige Personen unter zwei Perspektiven problematisch. Einmal galten sie als »Rasseverräter« und »Staatsfeinde«, weil ihr »abartiges Verhalten« als Quelle des Bevölkerungsrückgangs und des Verfalls der Volkskraft, der Zerstörung des Volkskörpers, angesehen wurde. Zum anderen wurden die Homosexuellen unter dem Aspekt der Rassenreinheit als »Entartete« deklariert, die als geistigkranke Menschen zu einem »normalen Leben körperlich unfähig« und daher – wie die Personen »lebensunwerten Lebens« – schädlich waren. Homosexuelle waren also nicht nur zu beseitigende Volksschädlinge, sondern auch im Reichsgebiet auszumerzende Volks-»Verkrüppelungen«. Dementsprechend begannen bereits 1933 die Verfolgungen, die 1935 nach Verschärfung des Paragraphen 175, durch die jede homosexuelle Handlung mit Strafe bedroht wurde, im Vergleich zu 1931 zu einer Verzehnfachung der Aburteilungen (24 450) in den Jahren 1937 bis 1939 führte. Es wird geschätzt, daß zwischen 5 000 und 15 000 Menschen wegen dieser Straftat in den Jahren 1938 bis 1945 im Konzentrationslager waren; genaue Zahlen über Inhaftierte fehlen ebenso wie über Getötete. Wiederholt wird betont, daß die Homophilie im »gesunden Volksempfinden« der damaligen Zeit durchaus üblich war. In der Nachkriegszeit blieb das verschärfte Strafgesetz von 1935 in Kraft, woraufhin keine Entschädigungsansprüche für den Aufenthalt im Konzentrationslager gewährt wurde. Erst in den Jahren 1969 bis 1973 folgte eine Liberalisierung des Strafrechts, so daß sich heute nur noch derjenige strafbar macht, dessen Partner jünger ist als 18 Jahre. Allerdings ist zu bemerken, daß in der Diskussion um die Strafrechtsänderung die Homosexualität sowohl als Krankheit als auch als moralisch mißbilligenswert dargestellt wurde, was durchaus keine gute Voraussetzung für den Abbau von Vorurteilen und Diskriminierungen war. Es wird mit etwa 2 Mio. Homosexuellen gerechnet. In den Jahren 1953 bis 1965 ist sicherlich noch von einer »Verfolgung durch Behörden« zu sprechen, denn »von den fast hunderttausend sogenannten Tätern wurden 37 668 Homosexuelle rechtskräftig verurteilt, davon 7 873 Jugendliche unter 21 Jahren. Im Durchschnitt also 2 897 Personen jährlich. Das entsprach der Verfolgungsintensität durch die Nazis Mitte der 30er Jahre« (H. G. Stümke, R. Finkler, Rosa Winkel, Rosa Listen. Homosexuelle und ›Gesundes Volksempfinden‹ von Auschwitz bis heute, Reinbek 1981, S. 368).

Vorurteile und Diskriminierungen von Homosexuellen sind noch immer aktuell. 1974 beurteilten in einer Repräsentativbefragung 77 v. H. der Bundesrepublikaner als »Normale« die Homosexuellen als »irgendwie weichlich«, und 55 v. H. glaubten an die Schwächung der »Volkskraft« durch sie. Diskriminierungen werden in unterschiedlichsten Gesellschaftsbereichen belegt und diskutiert (R. Lautmann, Seminar: Gesellschaft und Homosexualität, Frankfurt a. M. 1977). Noch immer gilt Homosexualität vornehmlich als ein die Gesamtpersönlichkeit bestimmendes Individualmerkmal und weniger als Ergebnis eines Austauschprozesses zwischen Nichthomosexuellen und Homosexuellen, das die abweichende M. zeichnet und die »Gezeichneten« von der Teilhabe an gesellschaftlichen Teilbereichen wie Beruf, Politik usw. ausschließt. Die Selbstorganisation der Homosexuellen scheint noch in der Phase der »Bewußtseinsbildung« zu liegen; ihre Entwicklung zur sozialen und politischen Bewegung kann – auch wegen der geringen Mitgliederzahlen – wohl erst in der Zukunft liegen.

Die geistigen Wurzeln der Euthanasie liegen in der Weimarer Zeit, einmal in der Diskussion über das Verfügungsrecht Leidender über ihr eigenes Leben, zum anderen in der Auseinandersetzung über gezielte Tötung »geistig Toter« zur »Entlastung« ihrer Angehörigen und der Gesellschaft. Der lebensfeindliche Biologismus des Nationalsozialismus nahm die Diskussion über die »Entlastung« zur Grundlage, um insbesondere deutsche Menschen für »lebensunwert« zu erklären, die durch Krankheiten, Mißbildungen, Geisteskrankheiten und Idiotie gezeichnet waren und insofern für den »Volkskörper« als schädlich galten. Man rechnet, daß mit unterschiedlichsten Mordpraktiken etwa 100 000 Erwachsene und 20 000 Kinder »von ihren Leiden erlöst wurden«, wobei getötete Konzentrationslagerinsassen dieser Personenkategorien nicht mitgerechnet worden sind. Aufgrund der Proteste von Anstaltsleitern und führenden Personen der evangelischen und katholischen Kirche wurde die Aktion für Erwachsene 1941 auf A. Hitlers Befehl nach zweijähriger Dauer beendet, die Tötung von Kindern dauerte dagegen bis zum Kriegsende an.

In der Nachkriegszeit wurde aufgrund dieser Erfahrungen die Euthanasie von verschiedensten Seiten einhellig abgelehnt. Einmal verurteilten die Religionsgemeinschaften diese Tötungspraxis und ihre Begründung, zum anderen wurde die Vernichtung »lebensunwerten Lebens in keinem Fall mit dem ärztlichen Berufsethos vereinbar« erklärt; letztlich gilt die »gemeinschaftsnotwendige Tötung« von Schwachen und Kranken in der Bundesrepublik eindeutig als Verbrechen. In die Diskussion kam dagegen die Frage der Euthanasie als Sterbehilfe für Kranke, bei denen der Eintritt des Todes unabwendbar erscheint. Als ethisch und rechtlich unumstritten gilt allein das ärztliche Handeln, das weder das Bewußtsein noch das Leben des

Menschen beeinflußt. Im Kreuzfeuer der juristischen und öffentlichen Auseinandersetzung steht dagegen die Sterbehilfe als bewußte Lebensverkürzung bzw. als »Recht auf den Tod«, als »freiwillige Euthanasie«. Auch wird das Problem der »künstlichen« Verlängerung des Lebens und Leidens, das »Aufschieben des Todes«, diskutiert, wobei die Meinung zuzunehmen scheint, daß die technischen Möglichkeiten, den Zeitpunkt des Todes künstlich hinauszuschieben, ärztliches Handeln allein nicht leiten sollten (H. Ehrhardt, Euthanasie und Vernichtung ›lebensunwerten‹ Lebens, Stuttgart 1965).

III. Probleme der Randgruppen in der Bundesrepublik Deutschland

Neben den schon aufgeführten Folgeproblemen nationalsozialistischer Minderheitenpolitik wendet sich das Interesse in der Bundesrepublik auch Entwicklungen zu, die Menschen von gesellschaftlicher Teilhabe, sei es ökonomisch, rechtlich, politisch, kulturell teilweise oder ganz ausschließen. Damit wurde, ergänzend zum bisherigen Erklärungsansatz Majorität-Minorität, Vorurteile-Diskriminierung, der Bezugsrahmen »Stigmatisierung« und »Randgruppe« herangezogen und populär gemacht. Als »Stigmatisierung« wird der Ausschlußprozeß spezifischer Sozialkategorien von gesellschaftlichen Gütern verstanden, der erfolgt, weil diese Menschen ein mehrheitlich abgelehntes oder nicht als »normal« anerkanntes Merkmal, d. h. »Stigma«, wie ethnische Herkunft, körperliches Gebrechen, abweichendes Verhalten u. a. tragen. Die Personenkategorien, die sich aufgrund eines Stigmas in gleicher bzw. vergleichbarer Ausschlußsituation befinden, werden Randgruppen genannt.

So sind ausländische Arbeitnehmer und ihre Familien in der Bundesrepublik eine M. bzw. Randgruppe insofern, als diese »Nicht-Deutschen« einmal den Deutschen sozial und kulturell fremd erscheinen und zum anderen im Vergleich zu diesen durch das Ausländerrecht eine institutionelle Sonderstellung einnehmen. Dies bedeutet, daß sie lediglich als Arbeitnehmer arbeits- und sozialrechtlich den Deutschen gleichgestellt sind, ansonsten ohne Grundgesetzschutz eine »rechtlich beschränkte« Daseinsberechtigung in der Bundesrepublik erhalten, die für mannigfaltige Benachteiligungen, wie beschränkten Wohnungsmarktzugang, mangelnde Zukunftsperspektive, Austauschbarkeit der Arbeitskraft, Chancenungleichheit u. a. als mitverantwortlich anzusehen ist. Mit Recht ist auch die fremdenfeindliche Einstellung der Bevölkerung hier hervorzuheben; schon 1972 hielten die Deutschen die »Gäste« zu 54 v. H. für laut, zu 41 v. H. für »nicht sauber, eher schlampig«, zu 38 v. H. für »hinter Mädchen her«, zu 37 v. H. für »jähzornig, oft gewalttätig« und zu 53 v. H. für sparsam. In den

Rezessionsphasen von 1966 bis 1967 und 1973 wurde die Gastarbeitertätigkeit, wie 1982 auch, als Mitursache für Arbeitslosigkeit gewertet, die Repatriierung als Heilmittel zur Senkung der Arbeitslosigkeit empfohlen und zugleich übersehen, daß die Arbeitsplätze der Arbeitsmigranten mit einheimischen Arbeitskräften kaum zu besetzen sind.

Trotz Anwerbestopps von 1973 in den nicht den Europäischen Gemeinschaften angehörenden Drittländern, aber mit der 1974 gesetzlich garantierten Familienzusammenführung ist die ausländische Wohnbevölkerung heute auf ca. 4,5 Mio. gestiegen, von den ca. 2 Mio. erwerbstätig sind. Die Hälfte der Migrantenbevölkerung ist länger als sechs Jahre im Bundesgebiet, obwohl sich die Bundesrepublik noch immer als »Nicht-Einwanderungsland« versteht und die sogenannte »Rotation«, die kurzfristige Ein- und Rückwanderung ohne Familiennachzug, der ausländischen Arbeitnehmer als bestmögliche »Selbstlösung« betrachtet, weil die seit über zehn Jahren fällige Antwort auf die Frage der Eingliederungsmöglichkeiten der »Mitbürger auf Zeit« als verbindliche Ausländerpolitik aussteht.

Diese Dauerproblematik wird auf Bundesebene vornehmlich programmatisch, in den Bundesländern eher pragmatisch von Landesregierungen, Verbänden und Gemeinden durch gezielte Einzelmaßnahmen gemildert. Sie haben derzeit vornehmlich die Bekämpfung der Benachteiligungen der »Zweiten Gastarbeiter-Generation« – der Kinder und Jugendlichen – zum Ziel, die durch die übliche Betreuung für den »vorübergehenden Aufenthalt« im Schnittfeld zweier Kulturen verursacht werden. Letzlich müssen die gefälligen Absichtserklärungen in eine rechtsverbindliche Ausländerpolitik münden, deren Verwirklichung bisher durch das Fehlen systematischer Untersuchungen der Migrantenfamilien keinesfalls erleichtert wird. Ihr Mittelpunkt muß die verbesserte Rechtsstellung der Migranten sein, die eine sinnvolle Lebensplanung auf der Basis der Entscheidungsfreiheit über Verbleib oder Rückkehr ermöglicht. Ob die Beseitigung der institutionellen Diskriminierung eine Änderung der Majoritäts-Ressentiments nach sich zieht, wird davon abhängen, ob die gesetzgeberischen Absichten sowohl »im Verhalten als auch in den Köpfen der Bevölkerung« wirksam werden.

Von der »Normalgesellschaft« *(Deutscher Städtetag)* der bundesrepublikanischen Mehrheitsbevölkerung leben 500 000 bis 800 000 Personen – eine genaue Statistik auf Bundesebene fehlt – getrennt in sogenannten Obdachlosen- bzw. Behelfsunterkünften. Sie sind infolge verschiedenster Gründe, »kein Dach über dem Kopf zu haben und Tag und Nacht auf der Straße zubringen zu müssen«, dorthin eingewiesen und somit unter Polizei- und Ordnungsrecht gestellt worden. Die Obdachlosen werden gleichsam zur Gruppenexistenz gezwungen, als Wohnbevölkerung in wirtschaftlicher, bildungsmäßiger und sozialer Sonderstellung bewußt gemacht, der sozialen Kontrolle der »Normalgesellschaft« und ihrer Instanzen ausgeliefert und stets aufs Neue Opfer von Vorurteilen und Diskriminierungen, zumal Obdachlosigkeit als Eignungsmaßstab für fast alle Lebensbereiche, Beruf, Freizeit, Bildung usw. generalisiert und angewandt wird. »Von der Umwelt werden die Bewohner von Notunterkünften als asozial, arbeitsscheu und lebensuntüchtig abgestempelt und erfüllen als gesellschaftliche Randgruppen für andere Bevölkerungsgruppen eine Sündenbockfunktion. Ihr Status als Obdachlose wird nicht im gesellschaftlichen Zusammenhang interpretiert, sondern auf individuelles schuldhaftes Versagen zurückgeführt«. (Bundesminister für Jugend, Gesundheit und Familie, Bericht über Bestrebungen und Leistungen der Jugendhilfe – Fünfter Jugendbericht –, Bonn 1980, S. 108). Insofern spricht viel für die Annahme, daß die Akzeptierung der zugeschriebenen Minderwertigkeiten erst Unterschiede der Obdachlosen im Vergleich zur nichtobdachlosen Mehrheit schafft, die vorher nicht existierten, aber, einmal sichtbar geworden, Vergangenheit, Gegenwart und Zukunft sozialer Ungleichbehandlung rechtfertigen.

Die bisherige Politik in Bund, Ländern und Gemeinden war vornehmlich darauf gerichtet, das Obdachlosenproblem über gezielte Wohnungsversorgung zu lösen. Doch zeigt sich, daß diesem eher auf Einzelfallhilfen ausgerichteten Engagement wenig Erfolg beschieden war, weil es die Obdachlosen in ihren vielfältigen Eingliederungsbereichen sich selbst überließ, die eigenen Schwierigkeiten der Benachteiligten also nicht in Rechnung stellte. Zukunftsweisende Bedeutung wird dagegen einem Modellprogramm der *Europäische Gemeinschaft* zugeschrieben. »Ziel dieses Projektes ist die Integration der Obdachlosen in die Arbeiterschaft; neben der Wohnproblematik wird die Verbesserung der materiellen und einkommensmäßigen sowie bildungsmäßigen Situation der Obdachlosen und dem Abbau der Diskriminierungsmechanismen über eine auf den Arbeitsmarkt und Wohnbereich bezogene Sozialarbeit verstärkte Aufmerksamkeit geschenkt« (Fünfter Jugendbericht, a. a. O., S. 110). Wenn das Ziel erreicht wird, ist dem durch eine Neuorientierung der Politik Rechnung zu tragen, aber gleichzeitig zu beachten, daß derzeit sowohl über mangelnde Koordination der Hilfs- als auch der Forschungsinitiativen auf Kosten der Betroffenen Klage geführt wird.

IV. Ethnische und soziale Minderheiten in der DDR

In der DDR ist die Aufmerksamkeit gegenüber Minderheitsproblemen verhältnismäßig gering. Der Antisemitismus gilt als ein für allemal überwunden,

seine mögliche latente Verbreitung in der Bevölkerung wird nicht angesprochen. Die heute nur noch 800 Mitglieder jüdischer Gemeinden erhalten keine spezielle Wiedergutmachung, da der sozialistische Staat die Verantwortung für die Verbrechen der Nationalsozialisten ablehnt. Eine theoretische Auseinandersetzung mit sozialer Benachteiligung, Vorurteilen und Diskriminierung, wie sie in der Bundesrepublik zum Thema Randgruppen geführt wird, findet ebenfalls nicht statt. Zwar gibt es Literatur über alte Menschen, Behinderte, Straffällige, Alkoholiker etc., diese Gruppen werden jedoch nicht unter dem Oberbegriff der sozialen M. zusammengefaßt, sondern nur einzeln betrachtet.

Verhältnismäßig weit entwickelt ist beispielsweise die Altersforschung (→*Alter*). Wissenschaftler in der DDR betonen ebenso wie ihre bundesrepublikanischen und internationalen Fachkollegen, daß alte Menschen aktiv bleiben müssen, damit sie in der Gesellschaft nicht isoliert werden. Unter diesem Aspekt empfindet man es in der DDR als positiv, daß von den rund 3,3 Mio. Frauen und Männern im Rentenalter während der 70er Jahre noch etwa 19 v. H. berufstätig waren, und der Anteil bei den 65- bis 70jährigen Männern sogar 51 v. H. betrug. Von seiten der Bundesrepublik verweisen Forscher dagegen darauf, daß diese Art der Aktivität meist dem Wunsch entspringt, die knappe Rente aufzubessern, wobei häufig schlechtbezahlte und unqualifizierte Arbeit in Kauf genommen werden muß. Teilweise werden diese Mängel auch in der DDR zugegeben, grundsätzlich gelten die Probleme des Alters im sozialistischen Staat aber dennoch als gelöst. Schwierigkeiten, wie sie u. a. bei der Schaffung altersgerechter Arbeitsplätze auftreten, haben angeblich nicht prinzipielle, sondern vorwiegend technisch-organisatorische Ursachen. Verachtung für nicht mehr leistungsfähige alte Menschen sei typisch für kapitalistische Länder, in denen die Arbeitskraft eine Ware ist. Kommt es dagegen in der DDR zur Diskriminierung der sogenannten »Veteranen«, wird dies in der Regel als Folge individueller Fehlleistungen geschildert, denen man mit pädagogischen Ermahnungen entgegenzutreten sucht. Nur selten gibt es Ansätze, diese optimistische Sicht zu korrigieren und auf gesellschaftliche Fehlentwicklungen hinzuweisen. Als ein solcher Versuch kann ein Aufsatz aus der Zeitschrift »Weltbühne« verstanden werden, der die in der Presse der DDR übliche betuliche Berichterstattung über die »Altchen« als Zeichen für »Überheblichkeit, Herablassung, Geringschätzung« kritisiert (B. Faensen, Die niedlichen Alten, in: Weltbühne, 75. Jg., 1980, H. 14, Berlin (Ost), S. 432).

Vor ähnlichen Problemen wie die Alten stehen die →*Behinderten,* trotz vielfältiger tatsächlicher oder auch nur behaupteter Bemühungen um ihre Integration brechen anscheinend immer wieder Vorurteile auf. Wie wenig das Problem sozialer M.

als endgültig überwunden gelten kann, zeigt auch die Kriminalität. Zunächst fällt zwar auf, daß 1979 in der DDR pro 100 000 Einwohner nur 771 Straftaten gezählt wurden, während es in der Bundesrepublik 5761 waren. Hier mag neben statistischen und methodischen Unterschieden bei der Erfassung die umfassende Kontrolle durch die Staatsorgane eine Rolle spielen. Von einem ursprünglich erhofften völligen Verschwinden der Kriminalität, die bis 1968 zurückging, danach aber wieder anstieg, kann jedoch nicht die Rede sein. Besondere Sorgen macht dabei die verhältnismäßig hohe Zahl der Jugendlichen, die durch »Rowdytum« oder andere Delikte auffallen. Vor diesem Hintergrund wurde die in den 50er Jahren vertretene Auffassung, durch den Sozialismus werde dem Verbrechen quasi automatisch die Grundlage entzogen, inzwischen modifiziert. Während in den Anfangsjahren die Kriminalität ausschließlich als Folge des Klassenkampfes betrachtet wurde und die Kriminellen als Klassenfeinde oder als vom Klassenfeind beeinflußt galten, gesteht man heute zu, daß Straftaten zu einem erheblichen Teil durch Widersprüche in der eigenen Gesellschaft entstehen. Dennoch ist auch in der aktuellen Literatur oft noch etwas von der entrüsteten Befremdung spürbar, die sich 1961 in einem Beschluß des Staatsrats niederschlug, der verkündete: »In der sozialistischen Gesellschaft braucht keiner zum Verbrecher zu werden« (GBl. der DDR, Teil I, Nr. 2, 1961, S. 4). Weiterhin gilt der Kriminelle als »der ›Andere‹, der ›Schädling‹« (A. Freiburg, Kriminalität in der DDR, Opladen 1981, S. 259). Trotz Liberalisierung auf einigen Gebieten, die beispielsweise bei der Homosexualität ähnlich verlief wie in der Bundesrepublik, grenzt sich die Gesellschaft der DDR scharf von andersartig empfundenen Mitbürgern ab. Wer »arbeitsscheu« ist und damit gegen die in Artikel 24 der *Verfassung* festgelegte Arbeitspflicht verstößt, macht sich nach Paragraph 249 des *Strafgesetzbuches* des »asozialen Verhaltens« schuldig, das bei Wiederholung mit Freiheitsentzug bis zu fünf Jahren geahndet wird. Diese Bestimmung verhindert nicht nur die Entstehung von Berufskriminalität, sie läßt sich auch gegen Landstreicherei oder andere Formen der Obdachlosigkeit anwenden, wobei die in der Bundesrepublik vielfach ausschlaggebenden Probleme bei der Wohnungsbeschaffung durch die staatliche Wohnraumlenkung beseitigt werden können. Dennoch zeigen sporadisch veröffentlichte Zahlen, daß trotz allgegenwärtiger Planung und gesetzlichen Zwangs Randgruppen existieren, deren Mitglieder fortgesetzt und auf verschiedene Arten gegen Normen verstoßen. So sind von den überführten Sexualstraftätern 60 v. H. ohne Schulabschluß, ebenfalls rund 60 v. H. ohne Berufsausbildung, 40 v. H. vorbestraft und knapp 50 v. H. stammen aus unvollständigen Familien. Von 200 untersuchten jugendlichen Gewohnheitstrinkern waren 30 v. H. vorbe-

straft, mehr als 40 v. H. lebten zeitweise in Heimen, und die große Mehrheit wechselte häufig den Arbeitsplatz und wurde dort der Bummelei bezichtigt.

Probleme mit ausländischen Arbeitern gibt es in der DDR praktisch nicht, da ihre auf 50 000 geschätzte Zahl gering ist. Hinzu kommen rund 4 000 Menschen aus Ländern der Dritten Welt, die jährlich in der DDR eine Berufsausbildung erhalten; statistische Angaben über ausländische Studenten liegen dagegen nicht vor, und über Zigeuner existieren so gut wie gar keine Informationen. Als einzige ethnische Minderheit gelten die Sorben, von den Deutschen früher auch als Wenden bezeichnet. Sie leben im südöstlichen Teil der DDR, der Lausitz, mit dem obersorbischen Zentrum Bautzen und dem niedersorbischen Cottbus. Über ihre genaue Zahl gibt es keine offiziellen Angaben, es ist von ungefähr 100 000 Menschen die Rede, die noch »Kenntnisse« der sorbischen Sprache besitzen. Im Jahr 1900 haben dagegen bei einer Volkszählung noch 106 000 Personen Sorbisch als »Muttersprache« genannt, bis 1933 war ihre Zahl auf 57 000 geschrumpft. Die Gründe für diesen Rückgang sind teilweise in der slawenfeindlichen Politik zu suchen, die das Deutsche Reich nicht erst während der nationalsozialistischen Herrschaft betrieb und durch die beispielsweise sorbischer Schulunterricht weitgehend verhindert wurde. Die Nationalsozialisten planten, die Sorben nach Polen auszusiedeln, konnten diese Maßnahme jedoch nicht mehr durchführen.

Nach Kriegsende wurde der 1912 entstandene und von den Nationalsozialisten verbotene sorbische Bund *Domowina* (Heimat) neu gegründet. In den Jahren 1945 bis 1948 forderte die *Domowina* den Anschluß der Lausitz an die Tschechoslowakei oder die Gründung eines eigenen Staats. Diese separatistischen Bestrebungen endeten, als der Bund Ende der 40er Jahre unter den Einfluß der *SED* geriet und zu einer »sozialistischen nationalen Organisation des sorbischen Volkes« wurde (Autorenkollektiv, Die Sorben, Wissenswertes aus Vergangenheit und Gegenwart der sorbischen nationalen Minderheit, Bautzen ⁵1979, S. 99). Während *SED* und Staatsführung den Sorben keine politische Eigenständigkeit zuerkannten, wurde ihnen auf kulturellem Gebiet Entfaltungsmöglichkeiten garantiert. In Artikel 40 der *Verfassung* heißt es, »Bürger der Deutschen Demokratischen Republik sorbischer Nationalität« hätten »das Recht zur Pflege ihrer Muttersprache und Kultur«. So wird heute zum Beispiel in den Schulen der Lausitz Sorbischunterricht erteilt; in Bautzen arbeitet ein *Institut für sorbische Volksforschung* und die Ortsschilder sind zweisprachig beschriftet. Der Verlag *VEB Domowina* gibt sorbische und deutsche Zeitungen, Zeitschriften und Bücher heraus, der Sender Cottbus strahlt wöchentlich einige Stunden lang ein sorbi-

sches Programm aus, und in Bautzen spielt ein zwei-
sprachiges Volkstheater. Der zweisprachige Schriftsteller J. Brězan ist Mitglied der *Akademie der Künste* und Vizepräsident des *Schriftstellerverbands*.

Die gängigen, in der DDR veröffentlichten Darstellungen sorbischer Kultur kümmern sich allerdings oft weniger um zeitgenössische Entwicklungen als um folkloristische Traditionen. Außer auf
die Anstrengungen zur Erhaltung der Sprache werden die Deutschen vor allem auf Trachten, Tänze
und volkstümliche Bräuche ihrer slawischen Mitbürger aufmerksam gemacht. Ob diese Art der Tra-
ditionswahrung dem durch die zunehmende Industrialisierung der Lausitz begonnenen »Substanzverlust sorbischer Identität« (D. Staritz, Die Sorben,
in: Handbuch der westeuropäischen Regionalbe-
wegungen, hrsg. v. J. Blaschke, Frankfurt a. M.
1980, S. 304) entgegenwirken kann, muß abgewar-
tet werden.

Angesichts der spärlichen Informationen, die
besonders im Fall der DDR Aussagen über Randgruppen erschweren, läßt sich nicht entscheiden,
welcher der beiden deutschen Staaten das Problem
der M. besser bewältigen konnte. Selbst darüber,
welche außer den bereits genannten Gruppen in der
DDR noch als soziale M. in Frage kommen, kann
man nur mutmaßen. Da Randexistenzen dort, verglichen mit der Bundesrepublik, wenig Artikulationsmöglichkeiten besitzen und das Prinzip des
demokratischen Zentralismus Opposition und
Gruppenbildung jeder Art verbietet, haben sie
kaum Gelegenheit, sich zusammenzuschließen und
an die Öffentlichkeit zu treten. Immerhin gibt es
Anzeichen, daß die Struktur der Probleme in beiden
Staaten nicht völlig unterschiedlich ist. Weder in der
Bundesrepublik noch in der DDR ist es offenbar
bisher gelungen, Diskriminierung von Schwachen
und Abweichenden erfolgreich zu unterbinden. Im
Fall der DDR kommt ein Mangel an offiziellem
Problembewußtsein erschwerend hinzu, man ist
nicht bereit, die als selbstverständlich angenommene Integrationskraft des sozialistischen Staatswesens fundamental in Frage zu stellen. Es kann aber
auch nicht gänzlich ausgeschlossen werden, daß
gerade durch das Verschweigen von Problemen ein
verhältnismäßig tragfähiges Zusammengehörigkeitsgefühl geschaffen wird, zumal man, wie bei der
Kriminalitätsrate, durchaus auch auf Erfolge verweisen darf und schließlich die Möglichkeit hat,
unliebsame Personen in die Bundesrepublik abzu-
schieben. Westliche Beobachter haben sich jedenfalls des öfteren erstaunt über die große Homogenität der Gesellschaft in der DDR geäußert.

M. Markefka (I–III), M. Opp de Hipt (IV)

Literatur
Nationale M. in Westeuropa. Streben nach Mitsprache und
Selbstbestimmung, hrsg. v. d. Bundeszentrale für politische
Bildung, Bonn 1975
B. Cyž, Die DDR und die Sorben. Eine Dokumentation zur
Nationalitätenpolitik in der DDR, 2 Bde., Bautzen 1969,
1976
A. Kögler, Die Entwicklung von Randgruppen in der Bun-
desrepublik Deutschland – Literaturstudie zur Entwick-
lung randständiger Bevölkerungsgruppen, Göttingen 1976
B. Schäfer, B. Six, Sozialpsychologie des Vorurteils, Stutt-
gart, Bern, Köln, Mainz 1978
G. Helwig, Am Rande der Gesellschaft. Alte und Behin-
derte in beiden deutschen Staaten, Köln 1980
M. Markefka, Vorurteile – M. – Diskriminierung, Neuwied, Darmstadt 1982

Mitbestimmung

M., Partizipation und Demokratisierung sind
inhaltlich verwandt und nur schwer voneinander
abgrenzbare Begriffe, verweisen sie doch gemeinsam auf die »Erweiterung von traditionellen Teilhaberechten« (U. v. Alemann, S. 19). M. umfaßt eine
institutionalisierte Teilhabe an vornehmlich ökonomischen Entscheidungen. Verfaßte Mitbestimmungsregelungen existieren jedoch auch in anderen
gesellschaftlichen Sektoren, so im Bildungs- und
Erziehungswesen, in den Massenmedien und der
kollektiven Kunstproduktion. Der Übergang aus
der Phase des liberalen Konkurrenzkapitalismus zu
einer maßgeblich interventionistisch bestimmten
Wirtschaftsordnung bedeutete nicht nur eine verstärkte Einbindung des Staates in den Wirtschaftsprozeß, sondern hatte auch zunehmende Monopoli-
sierungen in der Wirtschaft zur Folge. Die entstandenen marktbeherrschenden Unternehmen entzogen sich in immer stärkerem Maß der gesellschaftlichen Kontrolle. Aus dem Widerstand gegen diese
Entwicklung folgte die Forderung nach M. mit den
Zielsetzungen der Kontrolle wirtschaftlicher
→*Macht,* der Humanisierung der Arbeitswelt
(→*Arbeitskultur)* sowie der Verbesserung der Bedingungen für eine freie Entfaltung der →*Persönlichkeit.*

Institutionalisierte Formen von M. bestehen in
der Bundesrepublik auf der betrieblichen wie auf
der überbetrieblichen Ebene. Die Kompetenzen des
als Repräsentationsorgan der Betriebsbelegschaft
wirkenden Betriebsrates umfassen nach dem geltenden *Betriebsverfassungsgesetz* von 1972 Mitwir-
kungs- und Mitbestimmungsrechte in personellen
Fragen, vor allem bei der Personalplanung und bei
Kündigungen, im betrieblichen Bildungswesen
sowie Mitbestimmungsrechte auf sozialem Gebiet,
bei der täglichen Arbeitszeit, den Urlaubsgrundsät-

zen und dem Gesundheitsschutz. Dagegen ist der Streik als Mittel des Arbeitskampfes, um darüber hinausgehend betriebliche Strukturen zu demokratisieren, durch das *Betriebsverfassungsgesetz* ausgeschlossen. Eine qualifizierte M. auf Unternehmensebene gewährleistet das *Montanmitbestimmungsgesetz* von 1951 in der Fassung von 1965. Es sieht eine paritätische M. vor, derzufolge die Aufsichtsräte von Unternehmen des Bergbaus und der Eisen- und Stahlerzeugung mit einer Betriebsgröße von mehr als 1000 Beschäftigten zu gleichen Anteilen aus Repräsentanten der Arbeitnehmer und der Kapitaleigner zusammengesetzt sind. Die positiven praktischen Erfahrungen mit diesem Gesetz, das zwar die Möglichkeit zum Interessenausgleich zwischen →*Arbeit* und Kapital (→*Kapitalismus)* bietet, ohne das bestehende privatkapitalistische Wirtschaftssystem strukturell zu verändern, veranlaßten die →*Gewerkschaften,* nachdem 1952 ein Versuch gescheitert war, seit den 60er Jahren erneut die Forderung zu erheben, dieses Mitbestimmungsmodell zu erweitern und auf alle Aktiengesellschaften mit mehr als 2000 Arbeitnehmern anzuwenden. Obgleich praktische Erfahrungen mit der im *Mitbestimmungsgesetz* von 1976 verankerten »gleichwertigen« Vertretung von Kapital und Arbeit in den Aufsichtsräten von Kapitalgesellschaften mit mehr als 2000 Beschäftigten im darauffolgenden Jahr noch nicht vorliegen konnten, erhoben neun Unternehmen und 29 Arbeitgebervereinigungen 1977 Verfassungsbeschwerde. Der Argumentation der Arbeitgeberseite, durch dieses Gesetz werde die Eigentumsgarantie des Artikels 14 des *Grundgesetzes* verletzt (→*Eigentum)* wie auch gegen die von Artikel 12 des *Grundgesetzes* geschützte unternehmerische Entscheidungsfreiheit verstoßen, vermochte sich das *Bundesverfassungsgericht* 1979 nicht anzuschließen. Um zu verhindern, daß 1981 der *Mannesmann-Konzern* und später weitere bisher montangeprägte Unternehmen bei Absinken des Montan-Umsatzanteils unter 50 v. H. aus der paritätischen Montanmitbestimmung »aussteigen« können, verabschiedete der Bundestag 1981 ein Gesetz, das dieses Mitbestimmungsmodell für eine Übergangsfrist von sechs Jahren normiert.

Anders als in der Bundesrepublik geht es in der DDR nicht um die Regelung von Interessenkonflikten, da der Gegensatz von Arbeit und Kapital als aufgehoben betrachtet wird (→*Sozialismus,* →*Kommunismus).* Die im *Arbeitsgesetzbuch* von 1977 enthaltenen Mitwirkungs- und Mitbestimmungsregelungen dienen primär dem Zweck, die gesamtgesellschaftlichen und -wirtschaftlichen Ziele, insbesondere die Erfüllung der Wirtschaftspläne, durch das Zusammenwirken von *SED, FDGB* und Belegschaft möglichst optimal zu realisieren. Träger der Mitwirkungs- und Mitbestimmungsrechte ist die Gewerkschaft in Betrieb und Kombinat. Die Mitwirkungsrechte umfassen die Kompetenz, Vor-

schläge zu unterbreiten, von Anhörungsrechten Gebrauch zu machen und an Beratungen teilzunehmen. Sie erstrecken sich auf die »Ausarbeitung anspruchsvoller und realer Pläne« (GBl. I DDR vom 22. 6. 1977, S. 190), die Intensivierung der Produktion, den Arbeitsschutz sowie die Erhaltung der »sozialistischen Arbeitsdisziplin«. Die Mitbestimmungsrechte, definiert als Zustimmungsrechte, erstrecken sich auf die Festlegung der Betriebskollektivverträge, die Arbeitszeit- und die Urlaubsregelung. Diese Palette relativ zahlreicher, den Belegschaften und ihrer Gewerkschaftsorganisation zugeordneter Rechte (→*Grundrechte)* darf nicht darüber hinwegtäuschen, daß der staatliche Betriebsleiter mit weitreichenden Weisungs- und Entscheidungsbefugnissen ausgestattet ist. Diese zu beeinflussen, besitzen die Belegschaften in den hierarchisch organisierten und nach dem Prinzip der Einzelleitung geführten Betrieben keine rechtliche Möglichkeit. Von einer M. in personellen wie sachlichen Angelegenheiten kann keine Rede sein. Der Betriebsleiter verdankt seine Position keiner demokratischen Legitimation etwa durch Wahl der Betriebsangehörigen oder sonstigem demokratischen Modus, sondern wird von »oben«, bei Kombinaten und größeren Betrieben von einem Industrieminister, eingesetzt. Auch seine Abwahl durch die Belegschaft ist nicht möglich. Weiterführende Mitwirkungsansätze, institutionalisiert in *Gesellschaftlichen Räten* und in *Produktionskomitees,* sind nach wenigen Jahren des Experimentierens ab 1971 wieder aufgegeben worden. So verfügten die u. a. aus Vertretern der Massenorganisationen bestehenden *Gesellschaftlichen Räte* über Beratungskompetenzen gegenüber den Generaldirektoren der *Vereinigungen Volkseigener Betriebe,* der Kombinate und Großbetriebe. Die *Produktionskomitees,* besetzt mit den Vorsitzenden der Betriebsgewerkschaftsleitungen, Leitern anderer Massenorganisationen, hochqualifizierten Arbeitern, Ingenieuren und Wissenschaftlern, konnten beratend vor allem die Einführung neuer Produktionsverfahren, die Planaufstellung sowie die Gestaltung der Arbeitsbedingungen beeinflussen.

Im Gegensatz zu den harmonistischen Lösungsansätzen in der DDR intendiert die M. in der Bundesrepublik, vorhandene gesellschaftliche Konflikte institutionell zu regeln, nicht sie prinzipiell zu lösen. Die Mitbestimmungsgesetze vermögen auch nicht, diese Konflikte aufzuheben, da sie Ausdruck konträrer Interessen sind. So besteht das primäre Bestreben der Kapitaleigner darin, sich die Entscheidungsautonomie in Fragen der Investition und Produktion zu sichern, wie umgekehrt das der Belegschaften darin besteht, diese Autonomie im Interesse der von ökonomischer Fremdbestimmung Betroffenen einzuschränken und im Gegenzug Mitbestimmungsstrategien zu entwickeln.

Die Perspektive einer Demokratisierung gesellschaftlicher Lebensbereiche liegt auch der seit den 70er Jahren in kulturellen Institutionen praktizierten M. zugrunde. Dabei verfolgen ihre Initiatoren nicht nur die Absicht, autoritäre Herrschaftsstrukturen abzubauen, sondern auch zu erproben, ob nicht durch ein Mehr an M. auch eine höhere → *Kreativität,* genauer kollektive Kreativität, erzeugt werden könnte. Kernstück der zunächst von 1981 bis 1983 laufenden M. für sechs Hamburger → *Museen* ist der *Museumsrat.* Dieses Gremium, das sich zusammensetzt aus Mitgliedern des wissenschaftlichen Personals, dem Verwaltungsleiter, dem Museumsdirektor als Vorsitzender des Rates sowie gewählten Vertretern des Verwaltungs- und technischen Personals sowie des Aufsichts- und Reinigungspersonals, besitzt die Entscheidungskompetenz in allen die Museumsarbeit wesentlich betreffenden Fragen. Eingeschlossen ist das Recht, die Kriterien dessen zu bestimmen, was als »wesentlich« zu gelten hat. Der Museumsdirektor vermag auf der Grundlage der vom Museumsrat gefaßten Beschlüsse lediglich die Schwerpunkte in der Arbeit zu setzen. Aussagen über die Erfolgsaussichten lassen sich noch nicht treffen, allenfalls vorläufige Hinweise aufgrund eines Modellversuchs im *Museum für Hamburgische Geschichte* in den Jahren 1978 bis 1980. Danach waren die Dauer der Sitzungen des *Museumsrates* sowie die Diskussionen von nebensächlichen Problemen problematisch.

Die Idee der M. erfaßte vor allem das Sprechtheater *(→ Theater).* Erste Versuche hatte es 1919 unter der Intendanz von H. Sinsheimer in München gegeben. Im Verlangen nach M. wandten sich besonders die Schauspieler gegen das autokratisch geführte Intendantentheater, anstelle dessen die Transparenz der Entscheidungen, Kollegialität und dialogische Arbeitsverfahren gerückt werden sollten. Theater in West-Berlin, Frankfurt a. M., Köln, Mannheim, Wiesbaden und anderen Orten gingen diesen Weg, wenngleich mit unterschiedlichen Erfolgen. In Frankfurt a. M. wurde die seit 1972 praktizierte M. bei der Leitung des Schauspiels sogar in einer Geschäftsordnung zwischen dem Magistrat der Stadt und den *Städtischen Bühnen* abgesichert. Das kritisch vorgetragene Argument, durch die Einbeziehung von Nicht-Sachverständigen in den Willensbildungs- und Entscheidungsprozeß werde das künstlerische Niveau reduziert, kann nicht überzeugen; denn die künstlerische Leitung liegt nicht bei dem künstlerischen Beirat, bestehend aus Vertretern der Schauspieler, Regisseure, Dramaturgen u. a., sondern bei einem Dreier-Gremium. Zwei Mitglieder, ein Regisseur (Dramaturg) und ein Bühnenbildner, werden vom Magistrat berufen, die beide nicht dem Beirat angehören dürfen. Das dritte Mitglied, ein Schauspieler, wird von der Vollversammlung aus dem Kreis des Beirats gewählt und ist nur an die Beiratsbeschlüsse gebunden. Die Tatsache, daß der Magistrat jetzt dieses Modell bis zum Ende

der Spielzeit 1980/81 ausgesetzt hat, besagt nichts darüber, ob M. zur Funktionsunfähigkeit künstlerischer Einrichtungen führen muß. Wenngleich die gegenwärtig schwierige Situation am Frankfurter Schauspiel durch aktuelle politische Vorgänge ausgelöst worden ist, so ist doch nicht zu übersehen, daß dieses Modell nicht mehr nur der Aufgabe dient, in kontroversen Sachdiskussionen einen tragfähigen Konsens herbeizuführen, sondern es auch zur Austragung persönlicher Konflikte zu mißbrauchen.

Ein besonderes Problem stellt M. in Medienbetrieben dar. Deren Mitarbeitern stehen Mitbestimmungsrechte nach dem *Betriebsverfassungsgesetz* von 1972 zu. Sie werden jedoch bei Betrieben, die überwiegend der Berichterstattung oder Meinungsäußerung dienen, durch das *Grundgesetz* (Art. 5,2,2) eingeschränkt, u. a. durch das Verbot der Bildung und Tätigkeit von Wirtschaftsausschüssen. Dieser grundgesetzlich verankerte *Tendenzschutz* ist im Rahmen der seit den 50er Jahren anhaltenden Diskussionen um die »innere Pressefreiheit« bis heute heftig umstritten. Während von der Verlegerseite dieser Tendenzschutz nachhaltig verteidigt wird, machen Journalisten und Redakteure geltend, daß nur ein umfassendes Recht auf M. die Nachrichten- und Meinungsproduktion von der durchgehenden Kommerzialisierung der Massenmedien und der damit verbundenen Abhängigkeit von der Wirtschaftswerbung freihalten kann. Die Forderung nach M. wird vor allem in Presse und Rundfunk erhoben, in anderen Medienbereichen wie Filmindustrie und den Buchverlagen ist sie seltener, weil dort die Abhängigkeiten nicht so ausgeprägt sind. Die Forderung nach M. gipfelte 1981 in einem Entwurf des *Deutschen Journalistenverbandes* zu einem entsprechenden Presserechtsrahmengesetz, den der *Bundesverband Deutscher Zeitungsverleger* als »unvereinbar mit den Grundsätzen eines privatwirtschaftlichen Zeitungswesens« bezeichnet hat (Handbuch der Massenkommunikation, hrsg. v. K. Koszyk u. H. Pruys, München 1981, S. 192).

H. Dähn

Literatur
H. Menzer u. a., Ökonomisches System und Interessenvertretung, Bd. 1, Berlin (Ost) 1968
F. Vilmar, Strategien der Demokratisierung, Bd. II: Modelle und Kämpfe der Praxis, Darmstadt, Neuwied 1973
U. v. Alemann, (Hrsg.) Partizipation-Demokratisierung-M., Opladen 1975
M. in beiden deutschen Staaten, Bonn-Bad Godesberg 1976
K. Belwe, Mitwirkung im Industriebetrieb der DDR, Opladen 1979

Mobilität

M. als ein Überwechseln von einem Zustand in einen anderen innerhalb eines bestimmten Zeitraums läßt sich, unabhängig von der politischen und organisatorischen Struktur, in jeder Gesellschaft beobachten. Aber schon im Begriff der »sozialen« M. wird auf die Bewegung von Personen aus einer Position in eine andere Position innerhalb eines sozialen Gefüges abgestellt (K. M. Bolte, S. 1 ff.). Soziale M. als zentraler analytischer Begriff der Sozialwissenschaften umfaßt, zurückgehend auf den Soziologen P. A. Sorokin (Social and Cultural Mobility, Glencoe, London 1927, 1959), verschiedene Arten von M., die sich keineswegs nur in beruflichen Auf- und Abstiegsbewegungen von Personen oder Gruppen erschöpfen. M. umschließt ebenso, was P. A. Sorokin als *cultural mobility*, als die Bewegung von Kulturelementen, zum Beispiel von Ideen, Wörtern, bezeichnet hat. Hier sind auch Bewegungen der Kulturrezeption wie Theaterbesuche und Bücherkauf inbegriffen. In diesem Rahmen können aber auch Wandlungen im Wertsystem einer Gesellschaft, die sich in veränderten menschlichen Verhaltensweisen, etwa im Wahl- und Freizeitverhalten zeigen, zum Begriff der M. gerechnet werden. So umfassend verstanden, meint M. den dynamischen Aspekt einer Gesellschaft, indem der Begriff »die Beziehungen von Menschen im Rahmen der Erhaltung des Lebens der Gesamtheit, als Tun eher denn als Sein« bezeichnet (Th. W. Adorno, Gesellschaft, in: Soziologische Exkurse, Frankfurter Beiträge zur Soziologie, Bd. 4, 1956, S. 29). Sie ist damit notwendigerweise historisch, denn Bewegungen dieser Art weisen immer auch schon über den gegenwärtigen Zustand einer Gesellschaft hinaus.

Aufgrund ihrer Vielfalt ist der Begriff der M. als heuristisches Element häufig nur dann zur Analyse von menschlichen Gesellschaften zu verwenden, wenn lediglich spezielle Mobilitätsvorgänge untersucht werden, so etwa die M. im Lebenszyklus als natürlicher Alterungsprozeß, als Prozeß der Familienbildung, als Veränderung im Familienstand, beispielsweise Heirat oder Scheidung, sowie auch als Veränderung im individuellen Gesundheitszustand. Horizontale M., die über P. A. Sorokin hinausgehend auch als »regionale« M. bezeichnet wird, umfaßt die Wanderungen, also Orts- und Wohnungswechsel. Ortswechsel sind häufig von Berufsveränderungen begleitet oder deren Folge (→ *Beruf*). Der Berufswechsel wird insbesondere dann, wenn damit der Wechsel des sozialen Status verbunden ist, der vertikalen M. zugeordnet. Sie umfaßt vor allem Auf- und Abstiegsprozesse, die ihrerseits eine wie auch immer geartete Werteskala von Berufen mit einem »Oben« und einem »Unten« in der jeweiligen Gesellschaft vorausset-

zen. Innerhalb dieser Formen der sozialen M. wird zusätzlich die intergenerationelle M. zwischen zwei Generationen von der intragenerationellen M. unterschieden, der M. innerhalb der gleichen Generation, etwa als Berufslaufbahn oder Karriere. Derartige Bewegungen können individuell, aber auch kollektiv erfolgen.

Die »Kanalisierung« von M. ist analytisch besonders aufschlußreich. Welche Institutionen oder Medien hält die Gesellschaft bereit, in denen und durch die soziale und kulturelle M. erfolgen kann? Noch bis zum Ersten Weltkrieg spielte neben dem Besitz von Grund und Kapital, die häufig als notwendige Voraussetzung für soziale Aufstiegsmobilität oder kulturelle M. galten, auch das Heiratsverhalten eine erhebliche Rolle. In neuerer Zeit, insbesondere nach dem Zweiten Weltkrieg, hat die → *Schule* (→ *Ausbildung*) zunehmend die Funktion übernommen, Mobilitätsmöglichkeiten im weitesten Sinn zu vermitteln und durch Ausbildungsabschlüsse spezifische Mobilitätschancen zu verteilen. So hängt nicht nur der Aufstieg zu qualifizierten Berufstätigkeiten vom »Einstieg« in das Erwerbsleben ab, der seinerseits wiederum vom Ausbildungsabschluß beeinflußt wird, auch Möglichkeiten für die Steigerung der Kulturrezeption, zum Beispiel durch intensivere Bereitschaft und Fähigkeit zum Lesen und zur Betrachtung von bildender Kunst sind häufig vom erreichten Schulabschluß abhängig.

Gesellschaften werden je nach dem Ausmaß, in dem sie soziale und kulturelle M. ermöglichen, als »offen« oder »geschlossen« bezeichnet. Im Systemvergleich von Bundesrepublik und DDR ist zu fragen, welcher der Staaten eher als »offen« oder »geschlossen« bezeichnet werden kann. M. ist von Anfang an in beiden deutschen Staaten zu beobachten gewesen. In der Bundesrepublik begann der Soziologe K. M. Bolte bereits 1953, die beruflichen Auf- und Abstiegsprozesse zu untersuchen. In der DDR verliefen beobachtbare Mobilitätsvorgänge zunächst über andere Kanäle als in der Bundesrepublik, zum Beispiel über Enteignungen, politisch bestimmten Arbeitsplatzwechsel und Kollektivierung in der Landwirtschaft. Infolge der Wanderung von etwa 4 Mio. Personen bis 1961 aus der DDR in die Bundesrepublik und das westliche Ausland, die formal als »regionale« M. bezeichnet werden kann, konnten weitere »nationale« soziale und kulturelle Mobilitätsvorgänge kaum unabhängig davon ablaufen.

Wenn sich auch die Sozialstrukturen der DDR in ihren wichtigsten Elementen bis 1961 herausgebildet hatten, kann von Mobilitätsforschung in der DDR in Form von Untersuchungen des Wandels der Sozialstruktur erst seit Anfang der 60er Jahre gesprochen werden. Hier sind besonders Untersuchungen der marxistischen Jugendforschung in der DDR zu nennen (vgl. P. Ch. Ludz, Soziologie in der

DDR, in: Sonderheft 8/1964 der Kölner Zeitschrift für Soziologie und Sozialpsychologie, 16. Jg., S. 378).

Wandlungen der Sozialstruktur sind vor allem auch an der Veränderung der einzelnen Statusgruppen der Beschäftigten zu erkennen. So betrug der Anteil der Arbeiter und Angestellten 1957 79 v. H., derjenige der Selbständigen und mithelfenden Familienangehörigen lag bei 18 v. H. Acht Jahre später, 1965, lagen die vergleichbaren Anteile bei 82 v. H. und 4 v. H. Daß dabei vor allem politische Ziele im Sinn einer stärkeren Integration breiter Bevölkerungsgruppen in das System verfolgt wurden, zeigt auffällig, daß M. weder unabhängig von der Gesellschaft, in der sie erfolgt, abläuft, noch daß sie unabhängig davon betrachtet werden könnte. Soziale Angleichung als Gegenbewegung zur M. scheint von daher in der DDR weder erreicht noch gar angestrebt zu werden. Neuerdings wird darauf hingewiesen, daß derartige Nivellierungstendenzen »zu einer Verringerung des Entwicklungstempos« führen würden (R. Rytlewski, D. Voigt, S. 155ff.).

In der Bundesrepublik ist im Hinblick auf den sozialen Wandel nach dem Zweiten Weltkrieg zeitweise von der »nivellierten Mittelstandsgesellschaft« (H. Schelsky, Die Bedeutung des Schichtungsbegriffs für die Analyse der gegenwärtigen deutschen Gesellschaft, in: Auf der Suche nach der Wirklichkeit, Düsseldorf 1965, S. 331–336) gesprochen worden. Inzwischen haben empirische Untersuchungen (vgl. W. Müller, 1975) gezeigt, daß soziale M., etwa in Form von beruflichen Veränderungen oder verbesserter Qualifikation der schulischen und beruflichen Ausbildungsabschlüsse, in erheblichem Umfang erfolgt sind und daß sich hierbei die Schule als zentrale Instanz der Zuweisung von Lebenschancen gezeigt hat. So haben sich die Zahlen der Realschüler und Gymnasiasten zwischen 1960 und 1980 mehr als verdreifacht; ferner wiesen gut 60 v. H. der männlichen Arbeiter 1980 eine Lehr- oder Anlernausbildung auf. Auch der Anteil der Erwerbstätigen mit einem Hochschulabschluß nahm zu, insbesondere bei den Frauen von 2,8 v. H. 1970 auf 5,1 v. H. 1980. Dies sind Beispiele einer kulturellen M. in Form von → Bildung.

Während in der DDR durch die Schaffung von Arbeiter- und Bauernfakultäten versucht wurde, kulturelle M. der bisher unterprivilegierten Schichten zu ermöglichen und zu kanalisieren, wurden in der Bundesrepublik insbesondere nach der von G. Picht 1964 vertretenen These von der »Bildungskatastrophe« Anstrengungen unternommen, Chancengleichheit zu verwirklichen. Kulturelle M. wird damit zum Instrument des Ausgleichs und des Abbaus möglicher sozialer Spannungen. Dabei kommt es insbesondere in Staaten wie der DDR, deren Grenzen zumindest nach Westen hin gerade für junge und damit besonders mobile und gut ausgebildete Bürger verschlossen sind, darauf an, Wege zu finden, um kulturelle M. in Richtungen zu lenken, die im Sinn der Erhaltung der gesellschaftlichen Systeme wirken. Wenn in der DDR 80 v. H. der Genossenschaftsbauern in den Jahren 1976 und 1977 einen Facharbeiter-, einen Fach- oder einen Hochschulabschluß besaßen, dann sind auch außerhalb der Berufslaufbahnen Maßnahmen nötig, die »überschüssige« Qualifikation aufzufangen und in systemstabilisierende Bahnen zu lenken. Es müssen Wege des sozialen Aufstiegs angeboten werden, womit wiederum gesellschaftliche Differenzierung vorausgesetzt wird. Auch in der Bundesrepublik wird die zunehmende Zahl qualifiziert Ausgebildeter zur Auseinandersetzung mit diesen Problemen führen. So werden in den »Materialien zur Bildungsplanung« (hrsg. vom Bundesministerium für Bildung und Wissenschaft, Bonn 1976) die Beschäftigungschancen von Hochschulabsolventen ausgewählter Fachbereiche kritisch dargestellt und die »Lehrerarbeitslosigkeit« vorhergesagt. Angesichts einer Arbeitslosenquote von 5,5 v. H. im Jahresdurchschnitt 1981 sind zumindest für einen meist jüngeren Teil der Erwerbsbevölkerung von vornherein keine oder nur geringe Aufstiegsmöglichkeiten gegeben.

Seit den Ausführungen des Club of Rome und der Aufzeigung der Grenzen des Wachstums insbesondere in den westlichen Gesellschaften, aber auch infolge zunehmender, als »Krise der Aufstiegsgesellschaft« bezeichneten Beschäftigungsschwierigkeiten für qualifizierter ausgebildete Personen kommen Zweifel an der bisherigen Mobilitätseuphorie des »Immer-mehr und immer-Besser« auf (vgl. D. Meadows u. a., Die Grenzen des Wachstums; Bericht des Club of Rome zur Lage der Menschheit, Stuttgart 1972). Die teilweise zum Wert an sich, zum Fetisch gewordene soziale Aufstiegsmobilität, gerät immer mehr mit den tatsächlichen Möglichkeiten, die soziale Gebilde wie die Bundesrepublik und in zunehmendem Maße auch die DDR zur Verfügung stellen können, in Konflikt. Es bleibt abzuwarten, inwieweit neue Wege der M. gefunden werden, um die Probleme zu lösen, die vor allem für junge Menschen entstehen, die nach einer meist langen, formalen Ausbildung nicht mehr alle die beruflichen Möglickeiten vorfinden, wie sie bisher zur Verfügung standen.

H. Steiger

Literatur

K. M. Bolte, H. Recker, Vertikale M., in: Handbuch der empirischen Sozialforschung, Bd. 5, Stuttgart ²1976
W. Müller, Familie, Schule, Beruf – Analysen zur sozialen M. und Statuszuweisung in der Bundesrepublik, Studien zur Sozialwissenschaft, Bd. 25, Opladen 1975
R. Rytlewski, D. Voigt, Soziale und politische Struktur der DDR im Wandel, in: Deutschland-Archiv, Sonderheft 1979, 30 Jahre DDR, 12. Tagung zum Stand der DDR-Forschung in der Bundesrepublik, vom 5. bis 8. Juni 1978, Köln 1979

H. Klages, P. Kmieciak, Wertwandel und gesellschaftlicher Wandel, Frankfurt a. M., New York 1979
H. Tegtmeyer, (Hrsg.), Soziale Strukturen und individuelle M., Schriftenreihe des Bundesinstitutes für Bevölkerungsforschung, Bd. 6, Boppard a. Rh. 1979

Mode

Obwohl es ein weltweit verbreitetes Modell der M. und des modischen Verhaltens gibt, kann man dennoch starke Variationen nicht ausschließen, die sowohl durch die spezifischen Inhalte der → *Philosophie,* → *Kunst,* → *Literatur,* → *Wissenschaft,* der Lebensstile *(→ Lebensstil)* und der Kleidung als auch durch die tragenden Kultur-, Gesellschafts- und politischen Systeme bis hin zum jeweiligen Anteil der Massenmedien bedingt sind. Allgemein spricht man von M. als einer periodisch wiederkehrenden spontanen Veränderung bestimmter Verhaltenskomplexe, die sich nach erfolgtem Wandel wieder auf eine neue Form einspielen. Diese erhält sich solange, bis sich ein neuer Wandelimpuls bemerkbar macht. Indem die Wurzeln solchen Verhaltens tief in die anthropologischen Schichtsysteme reichen, scheint sich darin ein allgemein menschliches Bedürfnis nach Veränderung auszudrücken, das kontinuierlich aus dem notorischen Antriebsüberschuß des Menschen herauswächst. Modischer Wandel ist also selber kein modernes Phänomen, sondern läßt sich bis in die älteste Menschheitsgeschichte zurückverfolgen. Damit ist ein kulturkritisches Vorurteil zurückgewiesen, das M. zu einem Produkt des → *Kapitalismus* erklärt. Die M. ist nicht nur wesentlich älter als diese besondere Wirtschaftsform, sie beschränkt sich auch keineswegs auf kapitalistische Gesellschaften, sondern tritt genauso stark in den sozialistischen in Erscheinung, wenn auch oft gegen den Willen ihrer politischen Führer. Daraus ergibt sich in den sozialistischen Gesellschaften ein auffälliger Widerspruch. Obwohl einerseits die These vom kapitalistischen Ursprung der M. im Vordergrund steht und das Stichwort M. in dem auch in der Bundesrepublik erschienenen »Wörterbuch der marxistisch-leninistischen Soziologie« (Opladen ²1978) überhaupt nicht vorkommt, gibt es in Abweichung davon in der DDR seit 1953 ein großes »Modeinstitut« und zahlreiche Modezeitschriften. Außerdem findet man Modeunterricht in der »Jugendmode« in manchen Schulen und sogar Jugendmodeschauen. Und in der »Kostümkunde« U. Fehligs liegt ein Lehrbuch »für die Berufsausbildung von Damen- und Herrenmaßschneidern, sowie Kleiderfacharbeitern« vor. In dem in der DDR erschienenen »Kulturpolitischen Wörterbuch« (Berlin (Ost) ²1978) gibt es auch ein Stichwort M. Ein Maßstab für den unaufhaltsamen Einfluß der westlichen M. in den sozialistischen Ländern ist der Vormarsch beispielsweise der Blue jeans. Diese haben schließlich sogar die Volksrepublik China erobert, die sich am längsten dagegen gewehrt hatte. Darüber hinaus machen sich aber auch andere modische Einzelheiten des Westens, wie etwa der Bikini, in den sozialistischen Gesellschaften zunehmend bemerkbar.

Allerdings beschränkt sich M. nicht ausschließlich auf den Bekleidungsstil. Dieser ist ein wichtiger Ansatzpunkt für die Wirksamkeit des modischen Verhaltens, aber bei weitem nicht der einzige. Für die Ausbreitung der Kultur in Kunst, Literatur und Philosophie, ja sogar für politische Doktrinen ist die M. genauso maßgebend. Auch Krankheiten werden modern wie die Ärzte, die sie heilen. Es gibt letztlich keine menschliche Tätigkeit, die nicht Gegenstand der M. werden kann. Die M. wirkt sich in allen Gesellschaftssystemen aus, nur die Akzente sind verschieden. Dazu gehören vor allem die geschichtlichen Faktoren. So fehlen etwa in Rußland zwei große Kulturströmungen, ohne die die M. in Westeuropa undenkbar ist, nämlich die Renaissance und die Reformation, welche das modische Verhalten geformt, beschleunigt und in die Öffentlichkeit getragen haben (R. König, Materialien zur Soziologie der Familie, Köln ²1974, S. 158 f.). So hat die russische Gesellschaft außer dem Prunk der Oberklasse seit jeher eine ausgesprochene Starrheit und Unbeweglichkeit in modischen Dingen bewiesen. Vor allem fehlt das Bild der Dame, die modisch aktiv wird. Im Sozialismus tritt allgemein einzig die berufstätige Frau in Erscheinung. Das wenige, was man an sowjetischer Modeproduktion zu sehen bekommt, ist phantasielos und undifferenziert. Wie selbst die zahlreiche sozialistische Fachliteratur zugibt, hält sie sich bezeichnenderweise an »folkloristische« Themen. Allenfalls gibt es eine modische Produktion für die Ehefrauen der regierenden Oberklasse, der *Nomenklatura,* aber diese ist verschwindend klein, die getragene M. zudem mehrheitlich Importware, außerdem scheut sie die Öffentlichkeit. Bei anderen sozialistischen Ländern wie Jugoslawien wissen wir mehr über die »neuen herrschenden Klassen« (M. Djilas). Bei ihnen folgt die M. wesentlich westlichen Vorstellungen. Aber es ist dabei zu bedenken, daß sich diese neue regierende Klasse in einer von der russischen völlig verschiedenen Kulturatmosphäre aufgebaut hat. Mit Russland könnte man einzig Bulgarien vergleichen, das modisch genau so apathisch ist wie die UdSSR. Ganz anders steht es dagegen in Ungarn, der Tschechoslowakei und Polen, die jeweils unter verschiedenen geschichtlichen Einflüssen eigene Modestile entwickelt haben. In Ungarn wirkt sich deutlich die alte österreichisch-ungarische Vergangenheit aus, ähnlich in der Tschechoslowakei. Am blühendsten scheint jedoch schon seit langem, trotz der herrschenden sozialistischen Mangelwirtschaft, die M. in Polen zu sein, wie auch die sozialistische Literatur zugibt (z. B. U. Fehlig, S. 189). Die modische Zurückhaltung der DDR bedarf also einer besonderen Erklärung.

Wenn von der DDR die Rede ist, berücksichtigt man in der Regel viel zu wenig die kulturelle Kontinuität zwischen Vergangenheit und Gegenwart. Wenn man die DDR im wesentlichen als mit Mitteldeutschland identisch ansieht, kann man sagen, daß sich in der hier vorherrschenden Kulturatmosphäre modische Ideen niemals zu entfalten vermochten. Dem wirkt die lutherisch-pietistische Tradition entgegen, die heute im sozialistischen Gewand weiterwirkt als eine Art von Uniformierungstendenz »mit dem Ziel, die Uebereinstimmung der Interessen des einzelnen mit denen der sozialistischen Gesellschaft herzustellen« (Art. M. in: Kulturpolitisches Wörterbuch, S. 495ff., hier 496). Oder: »Im Sozialismus erhält die M. eine neue Qualität. Sie dient erstmalig in ihrer historischen Entwicklung gesamtgesellschaftlichen Interessen. Als Bekleidungskultur wird sie immanenter Bestandteil der Kultur der sozialistischen Gesellschaft« (a. a. O.). Demgegenüber wird den westlichen Modeerzeugnissen → *Dekadenz* und Exklusivität »als Ausdruck eines perfekt manipulierten Massenkonsums« vorgeworfen. Die Modezentren der westeuropäischen Länder propagieren die Lebensweise der herrschenden Klasse und produzieren mit ihrer hochentwickelten Industrie diese Oberklassenmode in den verschiedensten Preislagen, so daß ihre Produkte die breitesten Konsumentenkreise erfassen können. Die Begründung für die Ablehnung dieser M. weicht aber von der früheren mitteldeutschen Kultur insofern ab, als nun nicht mehr Bescheidenheit, Unauffälligkeit, Ablehnung alles falschen, weil »eitlen« Prunks, nicht »mehr scheinen als sein« wollen, sondern »Lenkung und Einordnung in den gesellschaftlichen Reproduktionsprozeß« den Ausschlag geben mit dem Ziel, »die Übereinstimmung der Interessen des einzelnen mit denen der sozialistischen Gesellschaft herzustellen« – und das natürlich in einer klassenlosen Gesellschaft. Das Resultat ist aber in beiden Fällen das Gleiche, die M. bleibt auf der Strecke. J. W. v. Goethe bezeichnete Leipzig als »Klein-Paris«. Ab 1950 war davon in der DDR nichts mehr zu spüren, ebensowenig von der Kultur Dresdens. Das hat sich in den vergangenen 30 Jahren nicht wesentlich verändert, so daß eigentlich die Kontinuität zwischen heute und früher mehr ins Auge springt, als man gemeinhin erwartet, nur daß die Unscheinbarkeit heute nicht selbstgewollt ist in Ablehnung alles weltlichen oder »welschen«, heute »westlichen« Plunders, sondern aus den Zwängen einer zentral gelenkten Mangelwirtschaft »verordnet« wird. Der modische Verzicht ist nicht mehr religiöses, wohl aber politisches Gebot. Der Erbaulichkeit des Pietismus, der sich gern in kleinen Gruppen abschließt, entspricht ein weltabgewandter Geist, der selbst in der nüchternen Alltagspraxis eines A. H. Francke mit seinem Schulsystem in Halle eine kleinbürgerliche Selbstgenügsamkeit produziert. Jeglicher Aufklärung abhold, lebt sie in Sparsamkeit und Verteufelung allen Luxus und aller Eleganz als bloßen Scheins dahin und macht aus dem Verzicht eine Tugend. Das ist der kulturelle Untergrund, den nach 1945 und nach den Kriegszerstörungen der Sozialismus vorfand und an den er unmittelbar anschließen konnte. Bemerkenswert ist der Unterschied zu Polen, in dem eine alte und reiche einheimische Kunst durch über Ungarn vermittelte Infiltration mit italienischen Elementen und Künstlern schon früh eine differenzierte Kulturatmosphäre geschaffen hatte, demgegenüber das frühere Mitteldeutschland nur als kulturell höchst provinziell und unterentwickelt angesprochen werden muß. Dementsprechend rissen auch in Polen trotz der fürchterlichen Katastrophe des Zweiten Weltkriegs die aufklärerischen Entwicklungsimpulse nicht ab. Aber mit der enormen Restaurationstätigkeit der alten Kunst in den zerstörten Städten hat sich auch eine neue Kunst entwickelt und damit zugleich ein altneuer ästhetischer Lebensstil, von dem auch die M. profitierte, die in diesem Lande eine unverschleierte ästhetische Erhebung des Alltags zur Folge gehabt hat, wenn auch die Mittel noch so bescheiden waren.

Während die M. im Westen als ästhetisches Transformationssystem des Menschen und seines Körpers neben den Notwendigkeiten des Schutzes vor den Unbilden der Witterung und Schutzes der gesellschaftlichen Schamgrenze über die bloße Zweck-Mittel-Beziehung hinauszugehen und damit eine eigene Gestaltungsfreiheit zu realisieren sucht, liegt das in der sozialistischen Mangelwirtschaft der DDR wesentlich anders. Hier wird mit Vorrang der Gesichtspunkt des Praktischen hervorgehoben; bezeichnend dafür ist der Titel der Modezeitschrift »Pramo«, das heißt praktische M. Damit verbunden ist die »Rationalität« (E. Thiel, S. 196), die Eignung für »Serienproduktion«. Es muß allerdings auch erwähnt werden, daß in den letzten Jahren zwei andere Kriterien hervorgetreten sind, die die Situation in der DDR der in der Bundesrepublik näher bringen, nämlich das ästhetische Bedürfnis und die Möglichkeit zur Darstellung der → *Persönlichkeit*. Allerdings tritt gleichzeitig wieder eine Einschränkung hervor, als der ganze Komplex der Ästhetik dogmatisch auf die »Produktionskunst« zurückgebunden wird, die sich allerdings – wie das »Kulturpolitische Wörterbuch« (S. 497) zeigt – ganz grundsätzlich vom »Modernismus« (vgl. Stichwort »Modernismus«, a. a. O., S. 497 f.) der »spätbürgerlichen Kunst« distanziert und sich dem Kanon des *Sozialistischen Realismus* verschreibt. Das *Deutsche Modeinstitut* der DDR schließt in seiner Aufgabenstellung ausdrücklich an diesen

Realismus an, wenn es seit 1953 betont, »im Vordergrund der Arbeit« sollte stehen, »solche Modevorschläge zu entwickeln, die den Wünschen und dem Bedarf des werktätigen Menschen gerecht werden« (P. Riedel, 25 Jahre Modeinstitut der DDR, in: Leder, Schuhe, Lederwaren 1977 (11), S. 419). Auch hier ist die Rede davon, daß »die M. im Sozialismus zum ersten Male gesamtgesellschaftlichen Interessen« dient, was bis heute die akzeptierte Meinung in der DDR ist. Trotzdem finden sich neuerdings auch in der DDR strukturelle Chancen für eine freischaffende Kreativität, die gleichzeitig mit dem gestiegenen Freizeitbudget wachsen (Art. M., in: Freie Welt. Gesellschaft für Deutsch-Sowjetische Freundschaft, Berlin (Ost) 1980, Nr. 2), wie P. Seeligmüller, der Abteilungsleiter für Trikotagen am *Modeinstitut*, betont. Der jüngst in der DDR diskutierte Begriff der »Lebensweise« geht in die gleiche Richtung. Hier ist in der Tat ein Punkt der Annäherung an westliche Vorstellungen festzustellen, wobei aber Probleme besonderer und schwer lösbarer Art auftreten. Diese betreffen insbesondere die Stellung der → *Frau,* die in der DDR ganz besonders eng mit dem Wirtschaftsprozeß verbunden ist, so daß man geradezu von »Arbeitspflicht« sprechen kann. So heißt es: »Die moderne Frau braucht eine klare, zweckmäßige Kleidung: aus einfachen, leicht zu konfektionierenden Grundschnitten, synthetischen pflegeleichten Materialien in entsprechender Verarbeitung« (E. Thiel, S. 194). Das bedeutet aber keineswegs, daß die Frau darum frei wählen könne, sondern ihre Kleidung wird geplant und zwar mit erstaunlichem Detail, so daß für freie Initiative und Persönlichkeitsgestaltung kein Raum bleibt – im Gegensatz zum vorher verkündeten Programm. Besonders klar wird das in der Aufgabenstellung des *Modeinstituts* der DDR, wie sie zum 25jährigen Jubiläum (1977) formuliert wurde. »Das aus dem Institut für Bekleidungskultur hervorgegangene Modeinstitut der DDR ist beauftragt mit der Entwicklung der Modekonzeption für Damen-, Herren- und Kinderkleidung, Obertrikotagen, Textilien, Farben und Dessins, Leder und Kunstleder, Arbeits- und Berufskleidung, Schuhe und Lederwaren, Kopfbekleidung, ja sogar für Modeschmuck und modisches Beiwerk. Das Modeinstitut ist verantwortlich für die Erarbeitung des theoretischen Modevorlaufs, für die Information von Industrie und Handel, für die Popularisierung und Durchsetzung der Modekonzeption in der Textil-, Bekleidungs- und Lederwaren-Industrie« (P. Riedel, S. 419).

Die Differenz zwischen beiden deutschen Staaten erweist sich somit als die zwischen einer im Idealfall durch und durch geplanten Wirtschaft einerseits, die insbesondere als Ergebnis der Mangelwirtschaft auftritt, und einer »freien Wirtschaft« andererseits, die allerdings im Hintergrund durch stärkste anonyme Wirtschaftsorganisationen und Verbände eingeschränkt wird, aber als Ergebnis das Bild einer manchmal reichlich chaotischen Überflußgesellschaft ergibt. Den Folgen einer Fehlplanung entsprechen Engpässe in der Versorgung, überhaupt der Dirigismus einer verewigten Mangelwirtschaft; die Schwächen der sozialen Marktwirtschaft liegen in unausgeglichenen Angeboten und völlig unübersehbar großen, offenen und verborgenen, ständigen Verlusten, die zum Ausdruck der »Wegwerfgesellschaft« geführt haben, eine Verhaltensweise, die in einer sozialistischen Gesellschaft unvorstellbar ist. Anstelle des Wegwerfens treten hier die Verluste fehlgeleiteter Planung als Häufung unbenutzter oder unbenutzbarer und langsam verrottender Produkte. Dagegen zeigt sich im betrieblichen Bereich eine ausgesprochene Gleichartigkeit, die mit den Gesetzen der Massenfertigung, bei Kleidung insbesondere der Konfektion zusammenhängt. In der DDR verbirgt sich das hinter dem Begriff des »theoretischen Vorlaufs«, der sich nicht nur auf Analyse der Bedürfnisse und des Bedarfs, auf den zu erwartenden wissenschaftlich-technischen Fortschritt in der Produktion, sondern – und hier kommt der modische Wandel zum Zug – auch auf die Veränderung des Sortiments, der Typformen und ihrer qualitativen und quantitativen Eigenschaften bezieht. Die aus diesem Konzept resultierenden Entwicklungslinien »sind die Basis für die komplexe Konzeption zur Erzeugnisgestaltung für den vorgesehenen Angebotszeitraum« (P. Riedel, S. 420).

Dieser Satz könnte sich sinngemäß genauso in einer westdeutschen Wirtschaftszeitung finden. Damit erweisen sich beide Gesellschaften als zwei fortgeschrittene Industriegesellschaften verschiedenen Typs, die mit verschiedenen politischen Systemen das gleiche Ziel zu erreichen suchen, nämlich modische Massenproduktion. Für die Unterschiede bleibt aber nach wie vor der Komplex der Mangelwirtschaft ausschlaggebend, wie die Tatsache lehrt, daß sich in der sozialistischen Wirtschaft der im Grunde antimodische Affekt vor allem in dem Bedürfnis »nach funktioneller, langlebiger und individueller Kleidung« auswirkt. Entsprechend heißt es dann: »Sicher wird sich die Anzahl der im Kleiderschrank hängenden Kleidungsstücke eher reduzieren zugunsten einer Kleidung mit vielseitiger Verwendbarkeit und hervorragenden Gebrauchseigenschaften, deren physischer und moralischer Verschleiß im richtigen Verhältnis stehen. Das Typische wird eine Kleidung sein, deren reiche Kombinierfähigkeit eine individuelle Gestaltung ermöglicht. Konventionelle Bekleidungsgewohnheiten werden immer mehr verdrängt« (U. Fehlig, S. 188). Genau an diesem Punkt unterscheidet sich aber die M. in der Bundesrepublik ganz grundsätzlich von der in der DDR. In letzterer geht es um eine Variation einer beschränkten Zahl von Elementen, während für die modische Entfaltung in der Bundesrepublik eine erstaunliche Erweiterung der modischen Palette bezeichnend ist. Es wird nicht mehr »kombiniert«, vielmehr gibt es eine »Spezialisierung« der Kleidung nach zahlreichen geselligen Anlässen und Tätigkeiten, die sowohl im Beruf wie bei der Freizeitgestaltung im weitesten Sinn eine entscheidende Rolle spielen. Das gleiche gilt übrigens für alle westlichen Gesellschaften Europas, Nord- und Südamerikas wie der sich entwickelnden neuen Industriegesellschaften Asiens bis hin nach Japan. Auch die Dritte Welt ist stärkstens für M. ansprechbar, sehr im Gegenteil zur üblichen Meinung, die zumeist ein Vorherrschen der relativ konstanten »Trachten« vor dem modischen Wandel behauptet, was durch die Erfahrung leicht widerlegt werden kann. »Modernisierung« im wirtschaftlich-politischen Sinn ist regelmäßig mit modischem Wandel verbunden, der letztlich auch die wenigen überlebenden Primitivgesellschaften charakterisiert. Der berühmteste Fall für einen solchen Wandel ist die Ersetzung der alten feudalistischen Bundhosen, der *culottes*, durch die langen Hosen als Ergebnis der Französischen Revolution.

Damit ist aber auch gesagt, daß bestimmte M. politische Bedeutung erhalten können: die in unserer Zeit bekannteste Stilform ist unter dem Titel des *Amerikanismus* populär geworden, der die »Anglomanie« oder den französischen Stil abgelöst hat. Aus naheliegenden Gründen kann man sagen, daß M. dieser Art (und zwar mit zahllosen Erscheinungsvarianten bis zum Kaugummi) vorwiegend in der Bundesrepublik überwiegen und in der DDR fehlen werden. Allerdings ist das nur bis zu einer bestimmten Grenze der Fall, wie das Beispiel der Blue jeans gezeigt hat. Von Amerika her, insbesondere aus Kalifornien, sind auch zahllose Jugendmoden in den Westen gedrungen, die zumeist in schneller Folge wechseln; in der DDR finden wir sie zwar gelegentlich unter bestimmten Randbedingungen, die ein von der offiziellen Norm abweichendes Verhalten begünstigen, nämlich auf Großbaustellen abseits der großen Zentren. Manche weniger provokante Details, wie etwa bunte Halstücher, sind dagegen recht verbreitet. Entscheidend bleibt aber ein Faktor für den Vergleich: Die Mangelwirtschaft erzwingt eine geringere Varietät, was sich in vielen Hinsichten auswirkt, die man sehr konkret umschreiben kann. Finden wir in der Bundesrepublik ein immer differenzierteres Sortiment nach den Altersklassen, indem Babies, Kleinkinder, etwa 4- bis 5-jährige Kinder, Vorschulkinder, Schulkinder der jüngeren Klassen, Teenager (jüngere und ältere), Twens (ebenfalls jüngere und ältere), Erwachsene, Mittelalterliche und Senioren unterschieden werden, so schrumpft dies Angebot in der DDR eigentlich auf nur drei zusammen: Kinder, Jugendliche, Erwachsene. Die Senioren tragen einfach ihre alten Kleider auf. Das hat einschneidende Folgen für die Qualität, indem in der DDR die Kleider

einfach länger vorhalten müssen und nicht so schnell verschleißen dürfen – weder im Material noch im Dessin. Die Konsequenz ist ein ganz eindeutig verlangsamter Modezyklus. Dagegen treten in der Bundesrepublik – wie in allen fortgeschrittenen Industriegesellschaften – eigentliche »Experimentiermoden« auf, die unter Umständen außerordentlich kurzfristig sind, aber auch »Übergangsmoden« zwischen den Jahreszeiten, schließlich sogenannte *fads*, um eine gewisse modische Leere zu überwinden. Was man hier auch immer anführen mag, es zeichnet sich dadurch aus, daß es die modische Palette bereichert, gefördert z. B. von höchst differenzierten Freizeitaktivitäten, Sport, der aktiv und passiv erlebt wird, bis zu besonderen Stilfiguren etwa folkloristischer, exotischer, phantastischer Natur. Da diese Aktivitäten relativ schnell wechseln, kann die Kleidung nur in einer sogenannten »Überflußgesellschaft« mit ihnen Schritt halten, was aber auch bald an einer natürlichen Grenze der Ressourcen scheitert. Luxus ist in der Geschichte der menschlichen Gesellschaft niemals ein Dauerzustand gewesen, was allerdings nicht ausschließt, daß er in bestimmten begrenzten sozialen Gruppen immer wie der hervortritt (Sport, Film, Theater).

Wenn das aber früher gewissermaßen unbewußt und instinktiv erfolgte, so haben neuerdings die Industriegesellschaften mit einer Art von ideologischer Rechtfertigung in der Glorifizierung des »Neuen« an sich eine andere Bewußtseinsstufe der M. entwickelt. Man folgt ihr nicht nur passiv und blindlings, sondern man will sie ausdrücklich, das heißt, die Postulate der ständigen Erneuerung gehen in die Produktionssphäre mit ein, wo sie sich als eventuell explosiv wirkender Entwicklungsfaktor der Wirtschaft auswirken. Die M. erhält damit einen höchsten »Aufmerksamkeitswert«, weshalb sich auch die Medien aller Art ihrer viel intensiver annehmen als in der DDR und in sozialistischen Staaten, für die die Ideologie des Neuen auch in ihrer modischen Form verdächtig bleibt. Umgekehrt erwächst in der Bundesrepublik auf der gleichen Ebene eine unübersehbare Tendenz zum Exzeß, zur Absurdität und zur Extravaganz, die sich im Gegensatz zur ursprünglichen Motivation schließlich als Störung des wirtschaftlichen Gleichgewichts auswirkt. Dazu kommen schließlich noch politisch-kulturelle Einflüsse, die sich im Westen als *Amerikanismus*, im Osten als *Russifizierung* oder »Uniformierung« im Sinn des chinesischen Bekleidungsstils etwa darstellen. So wird im Namen der M. letztlich nicht nur um die ästhetische Selbstdarstellung der Menschen in Arbeit und Muße, sondern mindestens symbolisch auch um die Weltherrschaft gekämpft. Auch das ist übrigens nichts Neues, denn die M. geht mit der Macht. Im Zeitalter der Vorherrschaft Spaniens galt die spanische, im Zeitalter der Vorherrschaft Frankreichs die französische und schließlich im Zeitalter der Vorherrschaft Englands die englische M. als die einzig akzeptable über weite Teile Europas.

R. König

Literatur

R. König, Macht und Reiz der M. Verständnisvolle Betrachtungen eines Soziologen, Düsseldorf 1971
E. Thiel, Künstler und M. Vom Modeschöpfer zum Modegestalter, Berlin (Ost) 1979
U. Fehlig, Kostümkunde, M. im Wandel der Zeiten, Leipzig ²1979

Moderne

Der Begriff M. mit seinen Varianten des »Modernen«, der »Modernität« kennzeichnet sich, formell gesehen, durch programmatische Offenheit und seine Opposition gegenüber jeder endgültigen Fixierung. Er ist mehr darauf hin angelegt, den Spielraum für eine noch nicht normierte Praxis im Widerspruch zu überkommenen Normen zu eröffnen, als darauf, diese neue Praxis präzise zu bestimmen. Er vermag eine Gegenwart, die noch unter dem Bann der Vergangenheit steht, auch ohne rückversichernde Legitimation für die Zukunft zu öffnen. Ihre modellhafte Ausprägung findet die Diskussion um die M. in der »Querelle des Anciens et des Modernes« von 1688 bis 1697. Dem Wortführer in diesem Streit, Ch. Perrault, ging es um den Nachweis der Überlegenheit der neuzeitlichen Künste gegenüber der Antike. Allerdings führte die Debatte hierüber zu der Einsicht, daß die Entwicklung der Künste mit dem Prinzip des Fortschritts unvereinbar sei und die Kunst jeder Epoche ihr eigenes Maß in sich trage.

Während dieser erste Rechtfertigungsversuch einer von ihrer antiken Idealgestalt unabhängigen, der Gegenwart zugekehrten Kunst eher akademisch bleibt, dringt, auch unter dem Einfluß der Französischen Revolution, die Wiederaufnahme dieses Themas auf der Schwelle zwischen deutscher Klassik und europäischer Romantik ins allgemeine Bewußtsein. Entscheidend für die theoretische Formulierung einer normativ unbelasteten Kunst werden Theoretiker wie F. Schiller mit seiner Auffassung des »Sentimentalischen« als eigentümlicher Struktur moderner Kunst, F. Schlegel, der im »Interessanten« den spezifischen Ansatzpunkt moderner Literatur erkennt, und A. W. Schlegel, der das »Romantische« als gleichwertige Alternative zum »Klassischen« bestimmt.

In Frankreich und Italien wird der Begriff des Romantischen zum Losungswort für eine Literatur, die sich aus dem Bewußtsein ihres Zeitbezuges, ihres Kontaktes mit den liberalen, emanzipatorischen Zeittendenzen konstituiert (Stendhal, V. Hugo, A. Manzoni). Die Romantik in Deutschland dagegen wird im ersten Drittel des 19. Jh. mehr und mehr zu einer Strömung, in der sich Krisenmomente der M. wie Orientierungsverlust und Leiden an der Vereinzelung zum Gegenentwurf gegenüber dem modernen, bürgerlichen Zeitalter umsetzen. Ch. Baudelaire, G. Flaubert, A. Rimbaud lösen die Literatur aus allen normativen, moralischen, politischen, gesellschaftlichen Bindungen und versetzen sie in eine unerbittliche Opposition zur bürgerlichen Gesellschaft. Ch. Baudelaire deutet in »Le Peintre de la vie moderne« (1859) schon auf die Kunst der →*Avantgarde* hin, die sich im Bewußtsein unentrinnbarer Zeitlichkeit immer wieder von ihren anachronistisch werdenden Manifestationen abgrenzen muß.

Die Deutschen partizipieren am gesellschaftlichen, ökonomischen und politischen Fortschritt der westeuropäischen Länder, indem sie diese Prozesse und die entsprechenden kulturellen Umbrüche theoretisch und philosophisch verschlüsselt nachvollziehen und die Gefahrentendenzen der M. registrieren. Bezeichnend ist, daß sich, wie dies etwa am Beispiel R. Wagners deutlich wird, Nationalbewußtsein und kulturelle Identität in Deutschland, wiederum im Unterschied zu den westeuropäischen Ländern, weniger in Einklang mit den modernen Wandlungen als vielmehr in Abgrenzung dazu ausbilden. Insbesondere Th. Manns »Betrachtungen eines Unpolitischen« (1917) zeigen, daß solche kritische Distanz bis in das 20. Jh. hinein zumindest für das deutsche Bildungsbürgertum repräsentativ bleibt. In besonders extremer Weise kommt das zwiespältige Verhältnis zur M. in Deutschland durch den Nationalsozialismus zum Ausdruck, dessen Erfolge zum einen daher rühren, daß er sich das tief sitzende Unbehagen gegenüber den verunsichernden Aspekten der M., wie zunehmende Dissoziation der individuellen und gesamtgesellschaftlichen Sphäre, Unzugänglichkeit einer autonomisierten Kunst und Existenzangst angesichts der unberechenbaren Umschwünge der kapitalistischen Wirtschaft, zunutze macht. Andererseits festigt er sein gegen die M. »organisch« konzipiertes Staatswesen, indem er die Gesellschaft durch ökonomische Normierung, Rationalisierung und den forcierten Ausbau eines vereinheitlichenden Kommunikations- und Verkehrsnetzes durchgreifend modernisiert. »Hitler brauchte die Modernität, so wenig er sie mochte.« Mit diesem Satz charakterisiert R. Dahrendorf diesen zwiespältigen Prozeß (Gesellschaft und Demokratie in Deutschland, München 1965, S. 434). Im Hinblick auf das traditionell gespannte Verhältnis Deutschlands zur M. wird verständlich, daß sich eine konsequente funktionelle Modernisierung der deutschen Gesellschaft nur unter dem ideologischen Vorzeichen der Anti-Moderne, unter Preisgabe der kulturellen, auch politisch-kulturellen M., vollziehen konnte.

Es kennzeichnet die Diskussion der M. im Nachkriegsdeutschland, daß sie mit den politischen und ideologischen Spannungen zwischen beiden deutschen Staaten im Zeichen des *Kalten Krieges* eng verbunden ist. Der Begriff des M. avancierte im westlichen Deutschland nach 1945 mit all seinen Varianten zu einem ideologischen Leitmotiv, weil er die Anforderungen eines raschen Wiederaufbaus mit Hilfe fortgeschrittenster westlicher Technologie, die Impulse zu einer weniger konventionellen, mehr spontanen Lebensweise, die nachträgliche Rezeption westlicher Kunst und schließlich das politische Bekenntnis zur Westorientierung auf einen Nenner brachte. Rückblickend ist jedoch nicht zu übersehen, daß dieser Proklamation der Modernität auch eine ausgrenzende ideologische Funktion zukam. Indem die Effizienz der Sachlogik und vorurteilsfreie Offenheit hervorgekehrt wurden, konnten unbequeme Fragen nach historischer Ortsbestimmung und sozialpsychologischen Nebenwirkungen des pragmatisch angelegten Handelns abgewehrt werden. Auftrieb bekam die mit dem Motiv der Modernität verknüpfte Denkrichtung vor allem dadurch, daß sich schließlich auch die *SPD* zur Westorientierung bekannte und seit dem *Godesberger Parteitag* 1959 das Postulat des gesellschaftlichen Fortschritts um den Preis einer gesamtgesellschaftlichen Kritik im Sinne des Marxismus auf die Entbindung einer gesellschaftsimmanenten und ökonomischen Rationalität reduzierte, nachdem sie zuvor den Begriff einer »zweiten industriellen Revolution« (Automatisierung) rezipiert hatte.

Im kulturwissenschaftlichen Bereich gibt es gerade in den 50er Jahren zahlreiche Versuche, Modernität als Entwicklungslogik einzelner Künste genauer zu bestimmen. Dabei wird Th. W. Adornos »Philosophie der neuen Musik« (1948) zu einer wichtigen Inspirationsquelle. Der Soziologe A. Gehlen setzt in seinem Buch »Die Seele im technischen Zeitalter« (1949) die spezifische Verfahrensweise moderner Malerei zu den »Experimentalserien der Chemiker« in Beziehung. In der Literaturwissenschaft treten Projekte wie die »Struktur der modernen Lyrik« H. Friedrichs (1956) und P. Szondis »Theorie des modernen Dramas« (1959) hervor. Als Beispiel der nachträglichen Rezeption westlicher Kunst der M. kann H. M. Enzensbergers »Museum der modernen Poesie« (1960) gelten. Diese intensive Beschäftigung mit dem Postulat des kulturellen M. kulminiert in den Arbeiten Th. W. Adornos, der sein Konzept der M. vornehmlich anhand einer Charakteristik Ch. Baudelaires, A. Rimbauds und E. A. Poes entwickelt. Mit der Lösung von herkömmlicher künstlerischer Anschaulichkeit und einer Identifikation mit der »Verdinglichung« im Zeichen der Industrialisierung und des kapitalistischen Warenprinzips

begründen diese Dichter eine Kunst, die potentiell zu einer kritischen Selbstreflexion der modernen Gesellschaft überzuleiten vermag. Th. W. Adornos insgeheim idealistisches Konzept erweist sich somit als der Versuch, eine emphatische, traditionelle Kunstauffassung und die Einsicht in die Struktur der modernen Gesellschaft miteinander zu vermitteln: »Seine Zuflucht hat das Alte allein an der Spitze des Neuen« (Th. W. Adorno, Ästhetische Theorie, Frankfurt a. M. 1970, S. 40). Abstraktheit, »sinnliches Tabu«, »Dissonanz« werden zu Kriterien einer Kunst, die ihre Dignität auch unter den Bedingungen der gegenwärtigen Gesellschaft zu wahren sucht.

Unter der Losung einer »postmodernen Literatur« beabsichtigte der Lyriker R. D. Brinkmann, das gesellschaftliche Erfahrungspotential und den literarischen Ausdruck wieder einander anzunähern. Inwieweit mit der zunehmenden Problematisierung der M. auch antimoderne Motive im Sinne der deutschen Romantik wiederbelebt werden, zeigt beispielhaft der von H. J. Syberberg zu einem seiner Filme edierte Text, ein Film aus Deutschland« (Reinbek 1978). Innerhalb dieser veränderten Lage stellte J. Habermas ein Zusammenspiel zwischen einem Neokonservativismus und der neueren populistischen Protestbewegung beim Kampf gegen die kulturelle M. fest.

Während sich die Favorisierung der kulturellen M. in der Bundesrepublik vor dem Hintergrund einer eher restaurativen gesellschaftlichen Entwicklung vollzieht, geht die durchgreifende gesellschaftliche Umgestaltung in der DDR mit einem kulturpolitischen Konservativismus Hand in Hand. In dem Maße, wie sich die → *Kulturpolitik der DDR* negativ auf die kulturelle M. des Westens fixierte, mußte sie auch den Spielraum zur Entwicklung einer eigenen, sozialistischen M. einschränken. So konnte sich B. Brecht mit seinen schon früh, etwa im Zusammenhang der *Expressionismusdebatte* (1937–1939) formulierten Forderungen nach einer künstlerischen Nutzung neuester technischer Möglichkeiten und avantgardistischer Kunstmittel wie innerer Monolog oder der Montage, kaum durchsetzen. Daß der Begriff der M. in der DDR vornehmlich aus der Frontstellung gegenüber der kulturellen M. des Westens formuliert wird, spiegelt sich in der Verwendung des Terminus »Modernismus« wider. Indem dieser eine unverbindliche Progressivität in der westlichen Kultur anprangert, soll er zugleich die eigenen Künstler auf eine außerästhetische politische Verbindlichkeit hinlenken. Wenn dieser Begriff auch während der Ulbricht-Ära unter dem Einfluß der sowjetischen Kulturpolitik seine aggressive Prägung erhalten hat, so bleibt er doch bis heute lebendig.

Der ästhetische »Modernismus« des Westens wird in der DDR vor allem dadurch abgewertet, daß er als eine Erscheinungsweise »spätbürgerlicher«

→ *Dekadenz* mit der systemimmanenten Krise des Kapitalismus in Zusammenhang gebracht wird, die er etwa in der absurden Dichtung ästhetisch auszubeuten suche. Indem er sich, statt den gesellschaftlichen Gründen für die Auseinanderentwicklung von Publikum und Kunst nachzugehen, dieser Entwicklung blindlings verschreibe, trete er damit nicht nur in Gegensatz zu den Anforderungen des → *Realismus* und insbesondere des *Sozialistischen Realismus*, sondern auch des Humanismus.

Diese Auslegung ist auch insofern auf die Bundesrepublik bezogen, als sie eine politische Antwort auf spezifische Schwächen der Ideologie der M. darstellt. Während etwa die Pointierung von Modernität in der Öffentlichkeit der Bundesrepublik auch mit dem ungelösten Problem nationaler Identität zusammenhing, wurde in Abgrenzung dazu in der DDR bis zum Ende der 60er Jahre eine Identifikation mit den Werten nationaler Kultur betont. Modernismus und → *Formalismus* sollen demnach als Erscheinungsform eines leeren »Kosmopolitismus« auf die Zerstörung nationaler Kultur hinauslaufen.

Theoretischen Aufschwung gewinnt die Diskussion um den Modernismus in den 70er Jahren vor allem durch eine direkte oder indirekte Auseinandersetzung mit Th. W. Adornos Ästhetik. Das rastlose Mitvollziehen der gesellschaftlichen Dynamik durch den modernen Künstler erscheint als eine Strategie des vereinzelten, »bürgerlichen« Individuums, seine Autonomie auch noch unter extremen Verhältnissen zu behaupten. Th. W. Adornos »elitäre« Auffassung der M. sei deshalb auch nicht als eine Alternative gegenüber der nivellierenden »Massenkultur« anzusehen. Im gleichen inhaltlichen Zusammenhang spricht K. Hager von dem »tödlichen Widerspruch« des Modernismus, der sich aus der Reduktion der Progressivität auf den Bereich der Kunst ergebe (Zu Fragen der Kulturpolitik der SED, Berlin (Ost) 1972). Inwiefern trotz aller kulturpolitischen Bemühungen nach dem VIII. Parteitag der *SED* 1971 noch ein Spannungsverhältnis zwischen »avantgardistischer« Kunst und offizieller Linie besteht, zeigt exemplarisch die Situation des Dramatikers H. Müller. Während dieser die beklemmende Widersprüchlichkeit des geschichtlichen Prozesses, gerade auch des Sozialismus, mit den Mitteln avantgardistischer Kunst aufzudecken sucht, hält ihm der einflußreiche Kulturtheoretiker H. Koch die konstruktiven, zielorientierenden Funktionen einer sozialistischen Kunst entgegen (Neues Deutschland v. 15./16. 4. 1978).

Die Diskussion um die M. in den beiden deutschen Staaten krankt vor allem daran, daß sie jeweils mit der für beide Seiten unlösbaren Identitätsproblematik verschränkt ist. Wenn die Betonung der Modernität in der Bundesrepublik vielfach die Ausklammerung wichtiger nationaler, sozialer oder schließlich auch ökologischer Fragen absichern

sollte, so war die Haltung zur kulturellen M. in der DDR allzu einseitig durch die Abwehr des westlichen Modernismus geprägt. Die neuerliche Problematisierung der M. in der Bundesrepublik kann als Einsicht in jene ideologisch ausgrenzende Funktion dieses Begriffs und als Hinwendung zu den bisher vernachlässigten Fragen gedeutet werden. Diese Orientierung, die als ein Symptom für eine veränderte Einstellung zum Fortschrittsdenken der Nachkriegszeit zu verstehen ist, trifft sich mit internationalen Tendenzen wie der Diskussion um das Ende des Wachstums und die »postindustrielle Gesellschaft« (D. Bell). Nun scheint es darauf anzukommen, mit der Kritik an den Formen einer extremen, dogmatischen Modernität nicht zugleich auch die M. schlechthin zu verwerfen.

H. Pillau

Literatur

H. Gallas, Marxistische Literaturtheorie, Neuwied 1972
P. L. Berger, B. Berger, H. Kellner, Das Unbehagen in der Modernität, Frankfurt a. M., New York 1975
J. Habermas, Theorie des kommunikativen Handelns, 2 Bde., Frankfurt a. M. 1981
J. Habermas, Die M. – ein unvollendetes Projekt. In: Ders., Kleine politische Schriften, I–IV, Frankfurt a. M. 1981, S. 444–464

Museen

I. Nationale und internationale Bedeutung – II. Probleme moderner Museologie – III. Unterschiede und Gemeinsamkeiten in beiden deutschen Staaten

I. Nationale und internationale Bedeutung

Der universale Geltungsanspruch musealer Sammlungen ergibt sich aus fachlichen Einordnungen, mit denen Objekte menschlicher Erfahrung in einen strukturellen Zusammenhang zu anderen Objekten der gleichen Bedeutungsklasse gestellt werden. Da Sammlungen niemals vollständig sind, repräsentieren ihre Gegenstände einen über die einzelne Sammlung hinausreichenden Sach- und Sinnzusammenhang (→ *Sammler, Sammeln*). Als Institution wird von den M. erwartet, daß sie als bedeutsam erkannte Güter sammeln, erhalten, wissenschaftlich bearbeiten und zugänglich machen. M. sollen somit öffentliche Fachinstitute sein, die ihren Bestand mit wissenschaftlicher Methodik angehen und geprüfte Fakten bereithalten. »Sie wenden sich an die Allgemeinheit in der Absicht, fachliches Wissensgut sowie gewachsenes Kunst- und Kulturgut – und darüber hinaus die Fülle der Erlebnisinhalte menschlicher Existenz im Ablauf vieler Jahrtausende – geklärt, geordnet und auf die menschliche Umwelt einer Gegenwart bezogen in Bildungsgut zu überführen. Als solche aber haben sie auf lange Sicht und dem kurzlebigen Tagesgeschehen enthoben für eine menschliche Gemeinschaft in ihrer Aussage Maßstab-Funktion, und sie sind durch keine andere Einrichtung zu ersetzen« (W. Schäfer, in: Denkschrift der Deutschen Forschungsgemeinschaft zur Lage der M., Boppard 1974, S. 12).

Der enge Zusammenhang von Museumsgründungen mit der Verbreitung natur- und kulturwissenschaftlicher Denkweisen führte schon früh zu gewissen international anerkannten Ordnungskriterien oder Taxonomien. Die weltweite Kulturpolitik der *UNESCO* hat zur Institutionalisierung des Museumswesens weiter beigetragen (→*europäische Kulturpolitik*, → *Weltkulturpolitik*). Der *Internationale Museumsrat* und die entsprechende Zusammenarbeit seiner Nationalkomitees ermöglicht die Verständigung der Museumsfachleute untereinander, trägt zu deren Spezialisierung bei und beeinflußt die nationale Kulturpolitik der Staaten gegenüber ihren Museen. Auch hat die *UNESCO* die in der Eigenart musealer Sammlungen begründete Tendenz erheblich verstärkt, über den Umweg der Bestimmung erhaltenswerter Zeugnisse menschlicher Tätigkeit alle nationalen Kulturen, ungeachtet staatlicher Konflikte oder jeweiliger Definitionen des »Entwicklungsstands« einer Kultur, als gleichwertig anzuerkennen – ein nicht unerheblicher Beitrag zur Ausbildung von Toleranz und zum Abbau nationaler Überheblichkeiten. So sehr dieser Vorgang Elemente nationalen Selbstbewußtseins und kultureller Identität fördert, so wenig ist er bisher abgeschlossen. Er verläuft auch nicht konfliktfrei: Sprecher der lange kolonial abhängigen Nationen fordern heute verstärkt eine Rückführung von Sammlungsbeständen in die Ursprungsländer.

II. Probleme moderner Museologie

Selbst solche Objektsammlungen, die nicht unmittelbar praktischen Zwecken dienten, einer inneren Systematik folgten, öffentlich zugänglich waren und Bildungsaufgaben oder gar kulturkritische Ansprüche zu erfüllen suchten, hat es zu allen Zeiten gegeben. Im heutigen Museumswesen sind zwar die gleichen Tendenzen wirksam, jedoch steht seine Entwicklung in engem Zusammenhang mit dem neuen, seit der Renaissance sich herausbildenden säkularisierten Weltbild, das in Industriegesellschaften seine bislang ausgeprägteste Form gefunden hat. Die Zahl der Museumsgründungen ist weitgehend unabhängig vom Publikumsinteresse, mit der Entfaltung der technisch-wissenschaftlichen Zivilisation unmittelbar verknüpft. Mehr als 70 v. H.

der heutigen M. wurden nach 1900 und rund 50 v. H. nach 1920 gegründet.

Die M. sind Teil einer umfassenden Institutionalisierung, die metaphorisch als das kollektive Gedächtnis der Menschheit bezeichnet werden kann. Ihre Struktur, vor allem die des historischen Dokumentationswesens, entwickelte sich in einer Zeit, in der kulturelle Werte und Techniken dramatischen Veränderungen unterlagen. Erst der drohende Verlust lebendiger Traditionen und Sinnzusammenhänge rief das Bedürfnis wach, sich ihrer →*Denkmäler* zu versichern. Was dem zivilisatorischen →*Fortschritt* schon zum Opfer gefallen war, sollte wenigstens als Erinnerung festgehalten und für die wissenschaftliche Betrachtung gerettet werden. Vergegenwärtigung in diesem problematischen Sinn ist die wesentliche Tätigkeit jedes modernen Museums; eine kontemplative, feierlich-meditative Haltung kennzeichnet den durchschnittlichen Museumsbesucher.

In der Regel werden Museumsobjekte, aus ihrem ursprünglichen kulturellen Zusammenhang gerissen, in einer neuen Anordnung präsentiert, die nicht mehr traditional, sondern nur noch rational und in wissenschaftlicher Systematisierung nachvollziehbar ist. Je nachdem, wie bewußt und kritisch dieser Widerspruch thematisiert wird, nimmt er Einfluß auf die Konzeption und Typologie der M. Das *Deutsche Museum* in München ist ein Beispiel für den noch ungebrochenen Wissenschaftsoptimismus des 19. Jh.: Naturwissenschaftliche und technische Errungenschaften werden geradlinig, fast lückenlos dokumentiert; worin ihre sozialen Auswirkungen bestanden und auf welche Widerstände, Überlieferungen und Bedürfnisse sie bei der Bevölkerung trafen, bleibt in diesem wissenschaftlichen Bezugssystem ausgegrenzt. Versuche, →*Geschichte* aus der Perspektive der Volksmassen und ihrer Alltagserfahrungen zu rekonstruieren, datieren erst aus jüngerer Zeit (→*Alltag*). Auch sie sind aber, wie das Beispiel des *Senckenbergmuseums* in Frankfurt a. M. oder viele M. in der DDR zeigen, nur Resultate eines veränderten wissenschaftlichen Orientierungsrahmens. Museologische Probleme ergeben sich nicht allein auf dem Niveau solcher ideologischer Auseinandersetzung; sie fangen bei den einfachsten Sachverhalten an. Sammlungsbestände und ihre Standorte sind historisch gewachsen. Eine Vielzahl von nach Quantität und Qualität unterschiedlicher Sammlungen existiert bis auf die Ebene einzelner M. herab. Der Bezug von Sammlungsbereichen zu entsprechenden Wissensgebieten ist uneinheitlich: Für die Kunstgeschichte etwa sind M. bei der wissenschaftlichen Arbeit unverzichtbar; für analytisch orientierte Disziplinen wie die Naturwissenschaften haben M. eine eher repräsentierende Bedeutung, werden aber für die möglichst anschauliche Vermittlung ihres Wissensbestandes an die breite Öffentlichkeit immer bedeutsamer.

Die Museologen haben sich bisher international nicht auf Begriffsbestimmungen einigen können, die eine klare Abgrenzung von M. gegenüber andersartigen Sammlungen erlauben würden. Einteilungen von M. variieren nach Fachdisziplinen oder taxonomischen Bereichen und führen selbst bei Festlegungen nicht zu der erwünschten empirischen Museumsklassifikation. Kategorisierungen nach Wissensbereichen (Kunst, Kulturgeschichte, Naturhistorie, exakte Naturwissenschaft, Technik) sind unvollständig und kollidieren mit funktionalen oder territorialen Kategorien wie National-, Regional- und Heimatmuseen.

So existiert bis heute kein akzeptierter Standard für Abgrenzungskriterien von M., etwa darüber, ob zoologische Gärten, Kulturdenkmäler, Sammlungen mit überwiegenden Nachbildungen von Objekten, kleine Heimatmuseen oder M. mit privaten Trägern hinzugerechnet werden. Entscheidungen dieser Art sind weitgehend von nationalen kulturpolitischen Interessen und Auseinandersetzungen abhängig. Das »Statistische Jahrbuch« der *UNESCO* registrierte mit Stand von 1978/79 574 Museen der Bundesrepublik Deutschland und 595 der DDR; in umfassenden Museumsführern werden jedoch allein für die Bundesrepublik Deutschland über 1 400 öffentlich zugängliche, ständige Sammlungen dokumentiert. Aus den gleichen Gründen ist es bisher noch nicht gelungen, alle Sammlungsbestände in Schaumuseen, Magazinen und Depots aufzulisten und damit auch den außermusealen Fachleuten zugänglich zu machen.

All diese Probleme werden mit zunehmender Institutionalisierung des Museumswesens deutlich: Die Fach- und Sachgebundenheit der Sammlungen kollidiert mit der Tatsache, daß M. in immer stärkerem Ausmaße eigenständige Aufgaben und Funktionen gegenüber den Fachbereichen besitzen, denen spezielle Sammlungen zugrundeliegen. Die Bandbreite solcher museumsspezifischen Aufgaben zum Teil fachübergreifender Art ist weit gespannt und hat zu außerordentlich differenzierten beruflichen Spezifizierungen der Konservierung, Präparierung, Restauration, Ausstellungstechnik, Museumspädagogik, Museumsdidaktik und Museumsarchitektur geführt. Derartige museumsspezifischen Qualifikationen und die darüber hinausgreifende Behandlung von Problemen in Zusammenhang mit der zunehmenden globalen Gefährdung unersetzlicher Kulturgüter und Naturbestände sollen in einer einheitlichen Museumswissenschaft, der Museologie, integriert werden. Auf der Generalkonferenz des *International Council of Museums* (ICOM) 1971 wurde die Museologie als Ausbildungsdisziplin anerkannt. Um die Systematisierung zu erleichtern und international durchzusetzen, wurde auf der 11. Generalkonferenz des *ICOM* 1977 ein internationales Komitee für Museologie gegründet. Die internationale Anerkennung der Museologie als eigenständige Ausbildungs- und Forschungsdisziplin beruht auf traditionsreichen Versuchen, eine Museumswissenschaft zu begründen. Allerdings ist bis heute die Diskussion um eine einheitliche Konzeption der Museologie noch nicht zum Abschluß gekommen; mit der Folge, daß museologische Studiengänge voneinander stark differieren, sofort sie überhaupt eingerichtet wurden. Die Bundesrepublik Deutschland gehört zu den wenigen Ländern mit großer Museumstradition, in denen noch kein Lehrstuhl für Museologie existiert.

III. Unterschiede und Gemeinsamkeiten in beiden deutschen Staaten

Die deutschen M. besaßen bis 1933 eine führende internationale Bedeutung, nicht nur im Hinblick auf Sammlungsbestände, sondern vor allem auch bei der Entwicklung einer Museologie und der Erschließung von Beständen für Bildungszwecke, insbesondere für die Volksbildung.

Der Nationalsozialismus brachte einschneidende Veränderungen, in Friedenszeiten die Vernichtung vor allem der Sammlungen von Kunstwerken, die den Aufbruch in die →*Moderne* kennzeichneten und ihre kommende Vielfalt genial vorwegnahmen. Mit der Vertreibung von Wissenschaftlern und Museumsfachleuten verschwanden neuartige, international bedeutsame museologische und bildungsbezogene Ansätze in der deutschen Museumsarbeit (→*Exil*). Durch Zerstörungen und Plünderungen während der Kriegs- und früher Nachkriegszeit wurden zahlreiche Sammlungen mit unwiederbringlichen Beständen vernichtet. Ausgelagerte Sammlungen, insbesondere Kunstwerke und kulturhistorische Schätze, wurden zum Teil von den Siegermächten in die eigenen Länder verbracht, allerdings nach Beginn der politischen Konsolidierung in Deutschland restituiert (→*Kulturpolitik der Nachkriegszeit*). Die Ost-West-Polarisierung führte dazu, einzelne verlagerte oder vorübergehend entfernte Teilsammlungen nicht an die Ursprungsstandorte, sondern in die jeweils eigene Einflußzone Deutschlands zu überführen, ein Problem, das bis heute eine zusätzliche kulturpolitische Belastung der Beziehungen zwischen DDR, Berlin und Bundesrepublik Deutschland darstellt (→*innerdeutsche Kulturbeziehungen*). Die ideologische und politisch-organisatorische Neuorientierung der beiden deutschen Staaten bestimmten bereits im Vorfeld der Staatsgründungen die Museumspolitik, ihre Schwerpunkte und insbesondere den Stellenwert von M. im Rahmen der staatlichen Kultur- und Bildungspolitik. Dies läßt sich auch an der unterschiedlichen Rechtsform erkennen.

In der Bundesrepublik Deutschland gehört der kulturelle Bereich in die Kompetenz der Länder; Bundesmuseen gibt es mit Ausnahme von Bahn,

Post und Bundeswehr nicht. Hingegen beteiligt sich der Bund an der Finanzierung großer M. (Berlin: *Staatliche Museen Preußischer Kulturbesitz;* Frankfurt a. M.: *Städel;* München: *Deutsches Museum*), die als Stiftung des privaten oder öffentlichen Rechts unter Länder- oder Bundesaufsicht stehen. Die staatlichen M. unterstehen den Kultusministerien und in einigen Fällen den Landschaftsverbänden. Die Mehrzahl der M. ist Eigentum der Kommunen und wird von Kulturdezernenten oder entsprechenden Gemeindeorganen verwaltet. Weiterhin sind als Träger tätig: Kirchliche Behörden (Diözesanmuseen), eingetragene Vereine (Frankfurt a. M.: *Senckenbergmuseum; Kunsthalle Bremen*), Universitäten und Industriefirmen.

In der DDR untersteht das Museumswesen dem *Ministerium für Kultur*. Die Einzelmuseen sind den Kulturabteilungen der jeweiligen Verwaltungseinheiten, Bezirken, Kommunen usw., unterstellt. Neben der fachlichen Zuordnung von M. nach Wissens- und Produktionsbereichen wie Kunst und Kunsthandwerk, Geschichte, Naturwissenschaften, Technik und Polytechnik, Literatur, Theater, Musik existiert eine kulturpolitisch bezogene Dreiteilung der M. nach internationaler und nationaler, überbezirklicher und bezirklicher sowie örtlicher Bedeutung.

Dem Museumswesen beider Staaten gemeinsam ist die traditionell deutsche Bindung des Großteils der M. an den Staat und seine Körperschaften. Aus der Eigenart von M. als öffentlichen Institutionen folgt, daß ihre Tätigkeit äußerst anfällig für kulturpolitische Definitionen und politische Selbstverständnisse sind; dies gilt für die Interpretation von Aufgaben und Funktionen, insbesondere wenn es um kostspielige Ankäufe geht. Zentrale Differenzen der Verfassungen beider Staaten spiegeln sich in der Struktur des Museumswesens wider. Der Zusammenhang von Staatsform, grundlegenden gesellschaftlichen Werten und ideologischen Zielrichtungen findet seinen Ausdruck sowohl im Stellenwert, der den M. zugeschrieben wird, als auch in den Organisationsformen zur Durchsetzung und Förderung der museumsbezogenen Kulturpolitik.

In der Bundesrepublik Deutschland wirkten sich Föderalismus und die Vernachlässigung einer einheitlichen Volksbildung darin aus, daß sich zunächst keine koordinierten Bemühungen um eine Museumspolitik entwickelten. Der Wiederaufbau von Sammlungen und von Gebäuden, die Errichtung neuer Sammlungen und die Organisation der Museumsarbeit waren weitgehend abhängig von Initiativen einzelner Unterhaltsträger, durchsetzungsfähiger Funktionäre und rühriger Museumsfachleute. Das Museumswesen wurde bei den Finanzplänen für Kultur- und Bildungseinrichtungen bis in die 70er Jahre hintangestellt. Bemühungen von staatlicher Seite um Kooperationen von M. und anderen Bildungseinrichtungen waren selten.

Allgemein wurde über die unzureichende Ausstattung der M. mit wissenschaftlichem Personal geklagt; Spezialmuseen und Heimatmuseen fühlten sich gegenüber Sammlungen von internationaler Bedeutung vernachlässigt.

Die föderalistische Struktur und das damit einhergehende stillschweigende Subsidiaritätsdenken wird in der Tatsache dokumentiert, daß keine institutionelle Zusammenarbeit zwischen Bund, Ländern, Gemeinden einerseits und Museumsfachleuten auf überregionaler Ebene andererseits existierte. Erst unter dem Eindruck der Erfolge der M. aus Initiativen der Museumsverantwortlichen selbst (*Deutsche Forschungsgemeinschaft* 1974) kamen Empfehlungen der *Kultusministerkonferenz* und des *Deutschen Städtetags* (1977) zustande. Der *Deutsche Museumsbund* konnte unter diesen Umständen kaum Planungs- und Steuerungsfunktionen wahrnehmen. *Wissenschaftsrat* und *Bildungsrat* haben sich erst spät (der *Wissenschaftsrat* zuerst 1965) mit M. befaßt; die Gesamtheit des Museumswesens wurde nur ansatzweise in Planungen mit einbezogen. Weiter folgte aus dieser Situation, daß die intellektuelle und fachliche Diskussion um das Museumswesen und Bemühungen um Weiterentwicklung der Museologie lange Zeit auf Einzelbeiträge beschränkt waren und insgesamt weit hinter dem internationalen Stand zurückblieben. Institutionalisierungen beginnen sich erst neuerdings abzuzeichnen, so 1980 die Gründung des *Instituts für Museumskunde* in Berlin (West) und 1981 die Gründung einer Museumsfachschule in Köln.

Staatlicher Zentralismus und sozialistische Grundorientierung führten in der DDR zu einer vollständigen anderen Einschätzung des Museumswesens mit entsprechender kulturpolitischer Arbeitsweise und Orientierung: Schon früh wurde als Bildungsauftrag der M. die Vermittlung eines sozialistischen Menschenbildes auf der Grundlage des marxistisch-leninistischen Weltbildes, die Förderung der schöpferischen Fähigkeiten des Menschen formuliert. Versuche, eine relativ gleichmäßige regionale Verteilung von M. zwecks Kooperation mit anderen Kultur- und Bildungseinrichtungen zu erreichen, verbanden sich mit einer besonderen Pflege der Heimatmuseen in Anknüpfung an die Volks- und Arbeiterbildungsbewegung und Museologie der 20er Jahre und Erfahrungen vor allem in der Sowjetunion. Auf unterer Ebene entstanden Fach- und Bezirksräte für das Museumswesen.

1968 wurde der Rat für Museumswesen beim *Ministerium für Kultur* gegründet, der für die Gesamtplanung und für Grundsatzfragen verantwortlich ist. Mit der Einrichtung der ersten Fachschule für Heimatmuseen 1954 und der Gründung des *Instituts für Museumswesen* 1970 konstituierte sich die Museologie als selbständige Disziplin. Für die Einbeziehung von M. in die Bildungsplanung sorgt seit 1963 die Nationale Arbeitsgruppe »Schule und M.«, seit 1970 die Arbeitsgruppe »Museums-pädagogik«.

Als Ergebnis der ungleichmäßigen Entwicklung läßt sich feststellen, daß zwar nicht die Sammlungen, wohl aber das Museumswesen der DDR gegenüber der Bundesrepublik nach wie vor einen Entwicklungsvorsprung besitzt, vor allem, was den Stand der Museologie, insbesondere die Sicherung von Sammlungsobjekten, die theoretische und praktische Fragen der Nutzung von Sammlungsbeständen, den Öffentlichkeits- und Bildungsbezug und die Ausbildung von Museumsfachleuten betrifft. Dies gilt auch für die wissenschaftliche Befassung mit museologischen Fragen und die Praxis der Nutzbarmachung von Sammlungsbeständen zu Bildungszwecken. Gleichzeitig wurden Probleme des Museumswesens beim Versuch ihrer kulturpolitischen Nutzung in der DDR eher offenbar, wenn dies auch häufig nur unterschwellig in Publikationen angedeutet wird. Der Einsatz von Museumsbeständen für die Erziehung zum sozialistischen Menschenbild stößt durch die Fachbezüge von Sammlungen an ihre Grenzen; eine Ausnahme bilden speziell sozialistische M. wie das zentrale historische M. der DDR, das *M. für Deutsche Geschichte*, 1952 gegründet, in denen der marxistisch-leninistische Bezug eindeutig gesichert zu sein scheint. Auch traten bei der Einbeziehung von Heimatmuseen trotz ihren hohen Stellenwertes ähnliche Schwierigkeiten auf, wie sie in allen Teilen der westlichen Welt zu beobachten sind. Die ideologische Ausrichtung kommt offenbar in M. weniger zur Geltung als in anderen Bildungseinrichtungen. Das Anschauen und Erleben von Sammlungsobjekten wird eher durch Vorwissen und weniger durch den Anschauungsakt selbst für Bildung und Lernen wirksam.

Zwar ist bei den Museumsbesuchern der DDR der Anteil von Schülern im Klassenverbund und Gruppenbesuchen erheblich höher als in der Bundesrepublik, doch zeigt sich bei Einzelbesuchern auch in der DDR ein höherer Anteil von Absolventen weiterführender Schulen, weil in diesem Bildungsbereich die Grundlagen für wissensbezogene Denkweisen vermittelt werden, denen auch Sammlungstaxonomien zugrundeliegen.

Die gleiche Tendenz ist bei Museumsfachleuten selbst wirksam. Da bei ihnen der Wissenschaftsbezug überwiegt, sind sie eher fachlich als kulturpolitisch interessiert; das bedeutet gleichzeitig, daß der Großteil des fachlichen Museumspersonals auch international orientiert ist.

Aus diesem Grund schlagen internationale Bewegungen und Entwicklungen in beiden deutschen Staaten gleichermaßen durch und bewirken eine allmähliche Annäherung unterhalb der jeweiligen kulturpolitisch-ideologischen Auseinandersetzung.

H. Treinen

Literatur
H. Treinen, Ansätze zu einer Soziologie des Museumswesens, in: G. Albrecht, H. Daheim, F. Sack (Hrsg.), Soziologie. Sprache, Bezug zur Praxis, Verhältnis zu anderen Wissenschaften, Opladen 1973
Zur Lage der M. in der Bundesrepublik Deutschland und Berlin, Denkschrift der Deutschen Forschungsgemeinschaft, Boppard 1974
I. Jahn, Die Museologie als Lehr- und Forschungsdisziplin mit spezieller Berücksichtigung ihrer Funktion in naturhistorischen M., in: Neue Museumskunde, H. 3, 20. Jg., 1977, H. 4, 22. Jg., 1979, H. 1, 23. Jg., 1980
H.J. Klein, M. Bachmayer, Das M. und sein Publikum, Berlin (West) 1981
K. Weschenfelder, W. Zacharias, Handbuch Museumspädagogik, Düsseldorf 1981

Musik

I. Definition und Entwicklung – II. Komposition und Ästhetik – III. Unterhaltungsmusik – IV. Konzertwesen und Musikleben – V. Gesellschaftliche Rolle und Funktion

I. Definition und Entwicklung

M. ist aus dem griechischen Begriff *mousiké techné* und dem Lateinischen *ars musica* durch Wegfall des Substantivs entstanden. Der Begriff M. hat im Laufe der Jahrhunderte an Umfang gewonnen. Bezeichnete er zunächst vor allem die mathematisch fixierte Musiktheorie, dann auch die Komposition und die Interpretation von Kompositionen, so umfaßt er heute alle Arten von Tonkunst, Tonordnungen und Ordnungen von Geräuschen, wie die elektronische M. oder die *musique concrète*. Die europäische Musikkultur unterscheidet sich von anderen Musikkulturen durch Notenschrift und Musiktheorie. Beide haben die Abweichung von bereits fixierten Kompositionen zum Prinzip der Geschichte erhoben und damit den Fortschritt, die Komposition von jeweils neuer M. zur Triebfeder künstlerischer Produktion gemacht. Seit der Antike und dem christlichen Mittelalter gibt es Mythen, Märchen, Sagen und Geschichten über die Macht der M. auf die Gemüter der Menschen und himmlischen Wesen. Im 18. Jh. wurden die Reste dieser Überlieferung in die um 1750 entstehende → *Ästhetik* eingeschmolzen. Sie untersucht zunächst das Kunsturteil, später im deutschen Idealismus das Wesen der Kunst. Für die deutsche Musikästhetik ist die metaphysische Theorie A. Schopenhauers, die von R. Wagner, F. Nietzsche und vielen Epigonen aufgegriffen wurde, wichtig, weil sie der M. den Ausdruck des Wesens der Welt zubilligt, sowie die formalistische Ästhetik E. Hanslicks, welcher die Formen und Kompositionsprinzipien in das Kunsturteil integrieren will. Das Werk selbst tritt in den Mittelpunkt der Musikkultur, und die M. wird im 19. Jh. zu einer der wichtigsten Freizeitbeschäftigungen, mehr noch: zum Identifikationsmedium der Bürger. Der Interpret des Werks tritt mit ihm ins Rampenlicht, und er verändert die Musikkultur entscheidend. Mit der Entstehung eines Kanons von Werken in der Nachfolge L. van Beethovens, vor allem aber im 20. Jh., und infolge der Gewohnheit, Werke immer wieder zu interpretieren, wird dem breiten Publikum der Interpret wichtiger als der Komponist. Die massenhafte Verbreitung der Werke und die Musikbegeisterung des Bürgertums lassen die Herstellung von Instrumenten zu einer Industrie werden, fördern den Notenhandel und lassen die typisch bürgerlichen Institutionen des Musiklebens hervortreten, den Männerchor und den gemischten Oratorienchor, das Dilettantenorchester und den Hausmusikkreis, das symphonische Konzert und den Kammermusikabend, den Liederabend und, als Relikt der feudalen Zeit, das weiterhin den Zwecken der Repräsentation dient, die Oper. Der in dieser Musikkultur entstehende Dilettant findet immer schwerer den Zugang zur neuen M., und zu Beginn des 20. Jh. bricht der Konflikt zwischen Komponist und Publikum aus. Auch eine Rückbesinnung des Komponisten auf seine sozialen Verpflichtungen in den 20er Jahren kann den Bruch zwischen neuer M. und der die traditionelle M. fördernden Musikkultur nicht aufheben. Parallel zu dieser Entwicklung verläuft der Wandel der Unterhaltungs- und Tanzmusik. Da immer mehr Menschen an der Musikkultur teilnehmen, ohne die in der Bildung verwurzelten Voraussetzungen zum Verständnis der »ernsten« oder E-Musik zu haben, werden die Operette, Kaffeehaus-, Salonmusik, der → Schlager und die Tanzmusik massenhaft verbreitet, zunächst durch Notendruck und Ensemble, im zweiten Drittel des 20 Jh. durch → Hörfunk und Schallplatte. Komponist von Unterhaltungsmusik zu sein, ist oft finanziell einträglich, gilt aber als ideologisch und soziologisch minderwertig. Nach 1945 ändert sich auch die ideologische Bewertung. Die Entstehung einer Jugendmusikkultur läßt die M. durch die Identifikation der Jugendlichen mit ihr an Wert gewinnen. War es vor 50 Jahren noch üblich, den Schlager oder die Tanzmusik ideologiekritisch zu betrachten, so haben sich heute Formen von Wissenschaft entwickelt, die Schlager und *Beat, Rock* und *Pop* bejahend, auf jeden Fall ohne eindeutig negative Wertung behandeln. Hinzu kommen Einflüsse von indischer oder neuer M. auf Beat- oder Rockmusik, so daß sich die Grenzen oft verwischen. Mit der Aufwertung der Unterhaltungsmusik ist das Jahrhunderte alte Wertgefüge, wonach nur streng komponierte M. des Nachdenkens würdig sei, entscheidend erschüttert.

Am Arbeitsplatz und im Kaufhaus ist die M. zur Alltagsware geworden, als Werbe- und Filmmusik ist sie ständig präsent, und ein dichtes Netz von Institutionen interpretiert laufend auch die schwierigsten Arten von M.. Verbunden mit der elektroakustischen Reproduktions- und Videotechnik nimmt sie teil an entscheidenden wirtschaftlichen Prozessen. Zwar ist es in der Wissenschaft noch üblich, die Geschichte der M. unter dem Aspekt der Produktionsästhetik des 19. Jh. zu schreiben, aber diese Art der Geschichtsschreibung entfernt sich immer deutlicher von der Realität der massenmedialen Musikkultur.

II. Komposition und Ästhetik

Die Voraussetzungen für die Entwicklung in Inhalt oder Gestaltung fortschrittlicher Komposition waren in der Bundesrepublik und der DDR ähnlich. In der DDR standen mit S. Prokofjew, D.D. Schostakowitsch und B. Bartok drei international anerkannte Komponisten als Vorbilder des eigenen Lagers zur Verfügung. Eine vorgerückte Position nahm in der DDR der Komponist H. Eisler ein, ein Schüler von A. Schönberg und Mitglied der *KPD* seit den späten 20er Jahren. Zwar wurde er als Klassiker und Schöpfer der Nationalhymne vielfach geehrt, aber seine Kompositionen konnten sich erst später allgemein durchsetzen.

In der Bundesrepublik Deutschland waren zunächst Klassiker der gemäßigten Moderne Vorbild, wie P. Hindemith und sicherlich auch H. Distler, ehe vor allem für die jungen Komponisten A. Schönberg, A. Berg und insbesondere A. Webern, dieser vermittelt durch die Franzosen O. Messiaen und R. Leibowitz, zum entscheidenden Vorbild wurden. Als Theoretiker dieser Richtung gilt T. W. Adorno. In der DDR waren H. Eisler sowie der konservative Komponist und Musikwissenschaftler E. H. Meyer die beiden wichtigsten Theoretiker. Während die Anhänger der gemäßigten → Moderne ihre Ansichten über den Unterricht in den von ihnen weitgehend beherrschten Kompositionsklassen weitertrugen, wobei eine entscheidende Ausnahme W. Fortner ist, der in Freiburg die später führenden Komponisten und Interpreten neuester M. unterrichtete, eroberten sich die jungen Komponisten und ihre Anhänger die wichtigsten Positionen in musikalischen Institutionen wie Rundfunk, Instituten und Festivals. In der DDR setzten sich vergleichbare Tendenzen erst in den letzten zehn Jahren durch, als Komponisten wie B. A. Zimmermann oder Th. Medek auch in der Bundesrepublik mit ihren Kompositionen Beachtung fanden. Parallel dazu verlief eine Renaissance der M. A. Schönbergs und H. Eislers durch jüngere Musikwissenschaftler aus der Schule des Leipziger Lehrstuhlinhabers H. Besseler.

III. Unterhaltungsmusik

Auf der Suche nach einer »volkstümlichen« M. hat sich die DDR sehr bemüht, eine moderne Operetten- und Muscial-, Schlager- und Jugendmusikkultur aufzubauen. Die Jugendmusik für Verbände der Pioniere und der *FDJ* ist den Modellen verpflichtet, die B. Brecht, H. Eisler und P. Dessau, aber auch K. Schwaen aufgestellt haben. Eine vergleichbare M. gibt es in der Bundesrepublik erst in den letzten Jahren (Liedermacher, *Rock gegen Rechts*), teilweise in bewußter Anknüpfung an H. Eisler. Allerdings sind in den Schulbüchern Lieder (→ *Lied*) ähnlicher Art wie in der DDR aus der *Jugendbewegung* übernommen. Quer zur offiziös in Schule und Freizeit propagierten Jugendmusik steht die M. der jugendlichen Protestkultur (*Rock, Punk* u.a.), die teilweise der Alternativszene zuzuordnen ist. Die Chormusik, vornehmlich für Männerchöre, bestimmt einen weiteren wichtigen ökonomischen Faktor des Musiklebens. In der Bundesrepublik zeigt sich ein Textproblem, weil moderne Lyrik ungeeignet scheint und traditionelle Lyrik mit ihren Aussagen über Natur und Schicksal dem heutigen Bewußtseinsstand nicht mehr entspricht. Die politisch fixierten Ziele des sozialistischen Aufbaus geben den Textdichtern in der DDR entsprechende Vorstellungen in die Hand. In der Bundesrepublik kommt den Kirchen eine herausragende Bedeutung für die Entwicklung neuer M. zu.

In der Jugendmusik ist es der DDR trotz großer Anstrengungen nicht gelungen, eine eigenständige Musikkultur jenseits von *Beat, Pop* und *Rock* (→ *Rockkultur*) aufzubauen. Die Gründe liegen, wie übrigens auch beim Scheitern einer spezifischen Operette, an der Unterschätzung des technologischen Fortschritts. In den ästhetischen und historischen Schriften der Wissenschaftler aus der Bundesrepublik und der DDR war trotz unterschiedlicher ideologischer Positionen niemals umstritten, daß dem technologischen Fortschritt kaum ein Seitenblick zu gönnen sei. Die entschieden pragmatischere Haltung in den angelsächsischen Ländern ließ hervorragend begabte junge Musiker in die Sparten *Beat, Pop* oder *Rock* gelangen, und es entstand eine neue M., die den avanciertesten Techniken am Mischpult entsprach. Jede Art von Jugendmusik, welche diesen Fortschritt mißachtet, hat keine Chance. In der allmählichen Übernahme technologischen Fortschritts am Mischpult werden sich die Jugendmusik in der DDR und Bundesrepublik einander angleichen. Diese Prognose läßt sich stützen durch einen Blick auf die Rundfunkprogramme für junge Leute. In der DDR wie in der Bundesrepublik haben sich ähnliche Formen von Musikmagazinen mit neuen Schallplatten und Interviews mit Musikern zu Jugendthemen durchgesetzt.

IV. Konzertwesen und Musikleben

Die Unterschiede zwischen staatlicher und privater Förderung der Kunst, zwischen subventionierter und dem Marktwert ausgesetzter Kunst sind im Bereich M. insofern verwischt, als die großen musikalischen Institutionen, Oper und Konzert, ohne mäzenatische oder staatliche Finanzierung schon im 19. Jh. nicht bestehen konnten. Die Förderung der M. macht in jedem Kulturetat den bei weitem größten Posten aus. An diesem Sachverhalt hat sich seit der Teilung Deutschlands trotz unterschiedlicher ideologischer Positionen nichts geändert. Die in einer staatlichen Institution tätigen Musiker arbeiten nach Tarifvertrag und sind sozial wie Angestellte anderer Branchen abgesichert. Auch die musikalische Ausbildung in Musikhochschulen und Musikschulen unterliegt für die Hochbegabten und die Schulmusikausbildung staatlicher Aufsicht und Förderung, während der nichtschulische Musikunterricht in der Bundesrepublik wesentlich privat betrieben wird.

Was die längerfristige Entwicklung anlangt, sagen Operndirektoren in der Bundesrepublik voraus, daß die Spannungen zwischen den Geboten sorgfältiger künstlerischer Einstudierung von Werken und den gewerkschaftlichen Forderungen nach Einhaltung der Arbeitszeit sowie die Etatlücken zum Ausgleich von Überstunden den täglich laufenden Opernbetrieb zu Fall bringen werden und er durch einen eingeschränkten Repertoirebetrieb ersetzt werden muß. Zum gegenwärtigen Zeitpunkt stellen sich ähnliche Probleme in der DDR nicht. Hier wird der Anspruch auf erhöhte Arbeitsleistungen gegenüber den Arbeitern und Angestellten durch ein vergleichbares gewerkschaftliches System nicht ausgeglichen.

Die Sinfoniekonzerte werden in der DDR wie der Bundesrepublik weitgehend von den Opernorchestern bestritten. Einige wenige Spezialorchester mit internationalem Namen treten hinzu, wie das *Gewandhausorchester* oder die *Dresdener Philharmonie* sowie die Rundfunkorchester in Leipzig und Berlin in der DDR, die *Berliner Philharmoniker*, das *Gürzenichorchester* oder die *Münchner Philharmoniker* sowie die Orchester der Rundfunkanstalten in der Bundesrepublik. Bei traditionellen Chören ist die DDR durch die *Thomaner* und den *Kreuzchor* in Leipzig und Dresden führend, in der Bundesrepublik haben sich neben den professionellen Rundfunkchören einige halbprofessionelle Chöre in den Vordergrund geschoben, wie die *Gächinger Kantorei* oder der *Münchener Bachchor*. Durch die Uminterpretation der protestantischen und katholischen Kirchenmusik zum nationalen Erbe in der DDR blieb die Bach-, Händel- und Schütz-Tradition des mitteldeutschen Raumes erhalten. Dabei haben sich inzwischen Unterschiede insofern ergeben, als in der DDR eine mehr traditionelle, auf das romantische Verständnis alter M. bezogene und in der Bundesrepublik zunehmend eine von den Erfahrungen im Umgang mit historischen Instrumenten und von historischer Aufführungspraxis getragene Interpretation bestimmend ist. Das übrige Musikleben, klassische und neue M. betreffend, Kammermusikkonzerte, Klavier-, Sonaten- oder Liederabende wird in der DDR von der zentralen *Künstleragentur* und den regionalen staatlichen- und Parteiinstitutionen organisiert. In der Bundesrepublik sorgen dafür private Konzertagenturen sowie städtische Kulturämter und Kirchenbehörden. Grundsätzlich funktionieren das privatwirtschaftliche und das staatliche System gleich gut, allerdings ist es schwierig, als junger Künstler eine genügende Förderung durch private Agenturen zu finden. Die international anerkannten Künstler sind in der Bundesrepublik wie in der DDR durch Interpretationen auf Schallplatte allgemein bekannt, wobei die Künstler aus der DDR häufig auch für Firmen in der Bundesrepublik arbeiten oder für Gesellschaften, die den Ost-West-Kontakt organisieren. Wer in Dresden oder Frankfurt a. M. einen Klavierabend besucht, wird nahezu identische Programme vorfinden. Das Repertoire klassischer M. hat sich über alle ideologischen Differenzen hinweg eingependelt.

Ein Unterschied besteht lediglich im Grad der Zentralisierung des international ausstrahlenden Musiklebens. In der DDR ist trotz der musikalischen Tradition in den Städten Leipzig und Dresden die Hauptstadt auch der Mittelpunkt des Musiklebens. Für die Oper gilt das nur bedingt, da mit J. Herz in Leipzig und H. Kupfer in Dresden bis vor kurzem die beiden wichtigsten Regisseure der DDR nur gelegentlich in Berlin (Ost) arbeiteten. In der Bundesrepublik ist trotz der *Berliner Philharmoniker,* der *Deutschen Oper* und des *Radio-Sinfonieorchesters Berlin* der westliche Teil der ehemaligen Hauptstadt kein unbestrittenes kulturelles Zentrum. Vielmehr müssen daneben Städte wie Hamburg, Köln, Frankfurt a. M., Stuttgart und München genannt werden.

In der DDR wird der Jugendförderung große Aufmerksamkeit gewidmet. Das zentralistische und durch Kinder- und Jugendorganisation streng gegliederte Leben der Kinder und Jugendlichen erlaubt eine frühzeitige Entdeckung von Talenten. Dennoch hat die DDR anders als auf dem Gebiet des Sports nachhaltige Erfolge auf dem Gebiet der Förderung junger musikalischer Talente nicht zu verzeichnen. Zwar ist in der Bundesrepublik wie in der DDR der musikalische Standard hoch und die Ausbildung solide, aber zu internationaler Anerkennung bringt es nur selten ein junger deutscher Musiker. Die Gründe dafür liegen im Zusammenhang zwischen dem der M. ergebenen Elternhaus, dem Vermögen zur Förderung des musikalischen Talents durch die besten Lehrer aller Kontinente und individueller → *Begabung.*

Die Funktionärsklasse ersetzt nicht das Bürgertum, und das starre Schulsystem der Bundesrepublik läßt zu wenig Zeit für jenes intensive Training, ohne das heute kein Virtuose zum Erfolg kommt. In der Bundesrepublik sind die Mängel eines unkontrollierten und ungelenkten Systems in den 60er Jahren erkannt und durch gezielte Förderung wie zum Beispiel durch den Wettbewerb *Jugend musiziert* korrigiert worden (→ *Preise und Auszeichnungen).* Der Beruf des Instrumentalmusiklehrers ist aber weiterhin sozial und finanziell unterbewertet, auch wenn in der Bundesrepublik durch das *Künstlersozialversicherungsgesetz* ein wichtiger Beitrag zur Gleichstellung des Künstlers mit Arbeitern und Angestellten geleistet worden ist.

V. Gesellschaftliche Rolle und Funktion

M. ist ein wichtiger Teil der heutigen Gesellschaft. Das gilt zunächst für das eigene Musizieren. Dem Klavier als bevorzugtem Instrument treten mit Gitarre und Blockflöte zwei Instrumente an die Seite, die Träger einer Volksmusikkultur sind. Die Nachahmung des Liedgesangs, politischer Lieder oder Schlager im Gitarrenspiel massenhaft verbreitet, das kindliche und jugendliche Musizieren, vor allem mit dem Orff-Schlagwerk, die Blockflöte zum Hausinstrument gemacht. Musizieren ist wie Sport oder Motorradfahren eine beliebte Freizeitbeschäftigung. In kulturkritischen Schriften wird dieses umgangshafte Musizieren oft abqualifiziert unter Berufung auf den Bildungswert (→ *Bildung)* von M. Doch dieser, so zweifelsfrei er in den Werken vornehmlich älterer Kirchenmusik und der klassisch-romantischen M. liegt, ist in der Ästhetik des 18. und 19. Jh. nicht unumstritten gewesen, und die elementaren Wirkungen von M., die in diesem umgangshaften Musizieren erhofft werden, bilden durchaus eine solide Basis des Musikgenusses. Kritischer ist der Einsatz der M. in Alltagssituationen zu sehen (→ *Hören).* Die sogenannte funktionelle M. mit ihrer Dauerberieselung kann auf das Vermögen, M. mit Genuß zu hören, lähmend wirken und bringt vermutlich auch psychische und physische Störungen mit sich. In Kaufhäusern und am Fließband fördert M. die Arbeits- und Kauffreude, aber dieser Einsatz muß kritisch kontrolliert werden. Die funktionelle M. gehört zum Bereich der Umweltverschmutzung. Eine der wesentlichen Grundlagen dieser M. ist in den Ausdrucksstandards der Film- und Werbemusik zu suchen. Doch ökonomischer Träger der gesamten Musikindustrie ist der milliardenfache Verkauf von Schallplatten mit M. jeglicher Art. Die in dieser Industrie jeweils aufgestellten und durch → *Werbung* interessant gemachten Standards an Ausdruck, Tonfällen oder Interpretationsmustern prägen das gesamte Musikleben und verwandeln auch das, was als Produkt freier Phantasie dem Hörer einen Schein von Freiheit geben sollte, zur Ware, von der er abhängt und die ihn jenseits realer Bedürfnisse manipuliert.

Die Institutionen der E-Musik dienen Werken der Vergangenheit, die der U-Musik Stücken unmittelbarer Gegenwart. Ist diese Sparte strikt der Mode unterworfen, dem jeweiligen Trend (→ *Geschmack*), so jene einem Repertoire, welches als unvergänglich klassifiziert wird. Dazwischen steht isoliert die Neue M., welche sich von den Werken der Vergangenheit durch neue Klänge, Formen, Prinzipien unterscheidet, und von der U-Musik durch anspruchsvolle kompositorische Ideen und differenzierte Ausgestaltung musikalischer Empfindung. Die Musikkultur bildet in sich keine Einheit mehr, sondern ist in diese drei Bereiche zertrennt, wobei freilich das Schrifttum recht einseitig für die E-Musik Partei ergreift. In den zum Ritual erstarrten, ständig wiederholten Interpretationen eines relativ kleinen Kanons von Werken wird der Interpret zum eigentlichen → *Künstler*. Damit ist der Begriff der Freiheit, der im 19. Jh. unzertrennbar mit dem Begriff des Kunstwerks verbunden war, aufgehoben. Welche künstlerische Bedeutung »Karajans Neunte« auch immer haben mag, sie repräsentiert nicht jenen Grad von Freiheit, den L. v. Beethoven in dieser Schöpfung repräsentiert und den ein Hörer nachvollziehen kann, dem es um das Werk geht, nicht um Finessen irgendwelcher Interpretationen. Es ist daher spezifisch, daß diesem Interpretenkult eine auf Repräsentation erpichte Gesellschaft der Bundesrepublik huldigt, die durch die starren Rituale der Haltung im Konzertsaal oder Opernhaus jeden Begriff von Freiheit schon äußerlich negiert. Die Verdinglichung läßt das Kunstwerk (→ *Kunst*) in der öffentlichen Bewunderung an die Seite einer Fürstenhochzeit treten. Diesem Repräsentationsbedürfnis dienen eine Reihe von Festivals (→ *Festspiele*) und festlichen Konzert- oder Opernveranstaltungen, in denen die internationale Elite auftritt. Doch der Bestand der Musikkultur wird nicht an solcher Stelle entschieden, sondern im Abonnementsystem eines mittleren Theaters oder eines kleineren Zyklus von Konzertveranstaltungen. Insgesamt dürfte der Kunstwert von Musikwerken in der DDR, in der das Repräsentationsphänomen geringer ausgebildet ist, stärker im Bewußtsein vorhanden sein. In der Bundesrepublik sind die Hauptabonnenten die Schicht der höhergestellten Arbeiter und der einfacheren Angestellten und Beamten. In der DDR ist der Anteil von Arbeitern unter den Abonnenten größer. Die zentrale Stellung des Stars ist aber ein internationales Phänomen, denn er stellt das verdinglichte Musikwerk dar. Während in der Bundesrepublik die Stars durch das Managment der Schallplattengesellschaften, durch Fernseh-, Rundfunk- und Zeitungsberichte und durch Werbung gemacht werden, verleiht die DDR ihren Stars durch Nationalpreise besonderen Glanz. Dabei braucht die Starkultur nicht durch Subventionen gestützt zu werden, sie trägt sich ökonomisch selbst. Was der Subvention bedarf, ist das tägliche Musikleben. Seine Erhaltung, die in DDR wie Bundesrepublik gesichert scheint, bietet eine solide Basis der Weiterführung der Musiktradition, die für Deutschland seit dem 19. Jh. typisch ist.

H. Kühn

Literatur
F.K. Prieberg, M. im anderen Deutschland, Köln 1968
H. Eisler, Materialien zu einer Dialektik der M., Leipzig 1973
N. Linke, M. zwischen Konsum und Kult. Eine kritische Studie zum Musikleben in der Bundesrepublik Deutschland, Wiesbaden ²1974
Th. W. Adorno, Einführung in die Musiksoziologie, Frankfurt a. M. 1975
Musikgeschichte der Deutschen Demokratischen Republik 1945–1976, von einem Autorenkollektiv unter Leitung von H. A. Brockhaus u. K. Niemann (= Sammelbände zur Musikgeschichte der Deutschen Demokratischen Republik Band V), Berlin (Ost) 1979
C. Dahlhaus (Hrsg.), Funk-Kolleg M., Frankfurt a. M. 1981

Musiktheater

I. Ursprünge und Reformbestrebungen – II. Institutionen, Finanzierung, Ausbildung – III. Repertoire und Spielplan – IV. Ästhetik und Szene – V. Staat und Theater

I. Ursprünge und Reformbestrebungen

Der Terminus M. wird im deutschen Sprachraum unterschiedlich verwendet, zunächst als Ordnungsbegriff für alle Werke, die sich aus Musik, Text, Tanz und Szene zusammensetzen, insbesondere Oper, Operette, Musical (vokales M.) und Ballett. Daneben steht er als ästhetischer Begriff für Werke des 20. Jh., die im Gegensatz zur Tradition neue musikalische, dramaturgische und szenische Strukturen aufweisen und meist als modernes M. bezeichnet werden. Sodann meint er die Institutionen, die die Werke aufführen, und schließlich einen Inszenierungsstil, der den Anspruch erhebt, durch sorgfältige Analyse und Theaterarbeit den ästhetischen Wahrheitsgehalt der Werke darzustellen, meist als realistisches M. bezeichnet.

Geschichte und Ausprägung der Werke und Institutionen des M. sind in den Nationalkulturen äußerst verschieden. Ein genauer zeitlicher Beginn läßt sich nicht festlegen. → *Tanz* und → *Musik* waren wesentliche Bestandteile theatralischer Spiele und Feste sowohl in der Antike als auch im Mittelalter.

Die erste Oper im Sinn einer eigenständigen Werkform komponierte J. Peri 1598 in Florenz mit dem *Dramma per musica* »Dafne«. Als erste deutsche Oper gilt »Dafne« (1627) von H. Schütz. Die wichtigste Werkform ist zunächst die ernste Oper, die *Opera seria*, mit mythologischen, religiösen und historischen Stoffen. Anfang des 18. Jh. beginnt der Siegeszug der *Opera buffa*, in Frankreich der *Opéra comique*, in Deutschland des Singspiels. Diese zuerst internationalen Gattungen gliedern sich in der Folge in Reform-, Revolutions-, National-, Volks-, Romantische, Große Oper und Musikdrama. Mit dem zuletzt genannten Begriff knüpft R. Wagner Mitte des 19. Jh. an Reformbestrebungen Chr. W. Glucks an und versucht, in Werken und Schriften das Primat der Musik durch eine »szenische Dramaturgie« abzulösen, in der Musik und Text, in einer dialektischen Beziehung zueinander stehend, der dramatischen Situation dienen sollen. Mit diesem Anspruch, der in seinen theaterpraktischen Aspekten von ideologischem Ballast frei ist, hat R. Wagner, den man als den ersten Opernregisseur bezeichnen kann, wie kein anderer die Theorie und Praxis des M. im 20. Jh. bestimmt. Denn so vielfältig, ja gegensätzlich die Stile auch sind, gemeinsam betonen sie theatralische Momente. Retheatralisierung wird seit den 20er Jahren zum Schlagwort dramaturgischer und szenischer Reformen, Inszenieren zu einem eigenständigen künstlerischen Vorgang, bei dem die Beziehung zur Partitur, die sogenannte Werktreue, differenziert betrachtet und die in jedem Werk vorhandenen Ebenen von Stoff-, Entstehungs- und Spielzeit interpretiert werden. Dieser künstlerische Anspruch, bisweilen als *Regietheater* kritisiert, gilt nicht nur für alte und neue Opern, sondern auch für Ballett, Musical und zunehmend sogar für die Operette.

II. Institutionen, Finanzierung, Ausbildung

Alle M. der Bundesrepublik werden von der öffentlichen Hand getragen; ihre Träger sind zu zwei Dritteln die Kommunen und zu einem Drittel die Bundesländer. Die häufigste Rechtsform ist der Regiebetrieb, daneben gibt es die AG, die GmbH und den Zweckverband. Die Theater werden mit freiwilligen Leistungen der öffentlichen Haushalte subventioniert. Kultur- und Finanzausschüsse entscheiden über die Höhe der Subventionen. 1979 betrugen sie für alle Theater 1,2 Mrd. DM. Der Bund finanziert die Opern in Berlin (West) und Bonn, private Träger gibt es kaum. Zentrale, nichtstaatliche Verbände wie *Bühnenverein, Bühnengenossenschaft, Orchestervereinigung,* Gewerkschaften, Verbände der Theatergemeinden und Volksbühnen vertreten die Interessen der Beschäftigungsgruppen und Besucher. Künstleragenturen sind privat, nur die *Zentrale Bühnen-, Fernseh- und Filmvermittlung* (ZBF) der *Bundesanstalt für Arbeit* ist staatlich.

Es gibt 55 Musikbühnen in 52 Städten, 38 sind Mehrspartentheater. Die großen Staatstheater spielen vor allem Oper und Ballett. Die Höhe der Subventionen gliedert die Bühnen faktisch in drei Bedeutungsgruppen, in kleine, mittlere und große Theater. Kleine Orte verfügen selten über ein M. oder haben, wie Coburg und Hof, eine Mehrträgerschaft. Einige Theater sind Abstecherbühnen, stehende Bühnen, die regelmäßig Gastspiele vor allem im regionalen Bereich geben. → *Festspiele* werden beispielsweise in Bayreuth, Berlin (West), München und Wiesbaden abgehalten. Die Theater haben feste Ensembles und gastierende Künstler. Sozial absichernde Verträge für Beamte, Angestellte, für Orchester und Technik sowie Zeitverträge, die sogenannten Normalverträge für Solo, Chor und Ballett bilden die Grundlage für die Beschäftigung am M. Große und mittlere Theater verpflichten Dirigenten, Regisseure, Choreographen, Bühnen- und Kostümbildner und vor allem Sänger mit Werk- oder Zeitvertrag. Die Unterschiede der Gagen sind krass. Die Personalkosten betragen 80 bis 90 v. H. der Etats, die von Rechnungshöfen kontrolliert werden. Die Staatsorgane bestimmen die Leitung. Der Intendant oder Operndirektor verantwortet den Spielplan. Pro Spielzeit, in der Regel von September bis Juni/Juli, werden in der Bundesrepublik etwa 12 000 Vorstellungen für fast acht Mio. Besucher, das ist die Hälfte aller Theaterbesucher, gegeben. Die Auslastung der M. mit 70 bis 100 v. H. ist höher als beim Sprechtheater. Je ein Viertel der vorhandenen Plätze entfällt auf Besucherorganisationen, Abonnements, ermäßigte Karten für Jugend und Senioren sowie Tageskarten. Die Eintrittspreise sind in der Provinz zum Teil geringer als beim Kino, in Großstädten bei Fest- und Galavorstellungen sehr hoch, gelegentlich bis zu 240 DM. Die Anzahl der Neuproduktionen und ihre Laufzeit hängen von der Größe und dem Einzugsgebiet der Theater ab, bei großen Bühnen oft von der Verfügbarkeit der Stars.

In der DDR sind alle Theater staatlich. Sie sind dem *Ministerium für Kultur* und den örtlichen Staatsorganen, Räten der Bezirke und Städte, unterstellt. Das Ministerium bestimmt die kulturpolitische Richtung. Ihm sind zentrale Einrichtungen wie die *Direktion für das Bühnenrepertoire,* zuständig für die Spielplangestaltung und Besucherpolitik, die *Direktion für Theater und Orchester,* die sich mit Nachwuchs und Fortbildung befaßt, und die *Künstleragentur* unterstellt. Gemäß der zentralen Orientierung geben die örtlichen Staatsorgane den Theatern jährliche Plan- und Finanzziele. Da die Finanzierung eine gesellschaftliche Pflichtaufgabe ist, erfolgt sie über die örtlichen Haushalte und ist weitgehend durch einen Rahmenkollektivvertrag festgelegt.

Es gibt 43 Musikbühnen in 39 Städten. Davon sind 39 Mehrspartentheater. Die *Deutsche Staatsoper* und die *Komische Oper* spielen nur Opern und Ballett. Das *Metropol Theater* in Berlin (Ost) und die *Staatsoperette* in Dresden führen nur Operetten, Musicals und musikalische Komödien auf. Die Bühnen sind in drei Bedeutungsgruppen eingestuft. Über ein M. verfügen selbst kleine Orte wie Senftenberg oder Zeitz. Einige Theater wie Radebeul sind Abstecherbühnen. Festspiele werden in Berlin (Ost), Dresden und Halle veranstaltet. Die Theater haben feste Ensembles, selten auswärtige Sänger. Die Ensembles sind sozial abgesichert. Das Gefälle der Gagen ist weniger kraß als in der Bundesrepublik. Die Personalkosten betragen 80 bis 90 v. H. der Etats. Die Leitung wird von den Staatsorganen bestimmt. Der Intendant oder Operndirektor verantwortet ebenfalls den Spielplan, allerdings beraten ihn Gremien wie Besucherräte oder Jugendklubs. Pro Spielzeit werden etwa 7000 Vorstellungen für fast fünf Mio. Besucher gegeben. Das ist knapp die Hälfte aller Theaterbesucher. Die Auslastung der M. mit 70 bis 90 v. H. ist ebenfalls höher als beim Sprechtheater. Einen sehr hohen Anteil haben dabei Anrechtsbesucher, vor allem aus Betrieben und Jugendorganisationen. Der Freiverkauf hat in der Regel geringe Bedeutung. Die Eintrittspreise sind niedrig, auch bei den großen Bühnen. Die Anzahl der Neuproduktionen und ihre Laufzeit hängen von der Größe und dem Einzugsbereich der Theater ab.

Beide Staaten verfügen wie kein anderes Land über einen dichten Bestand an Musiktheaterinstitutionen. Im Gegensatz zur Bundesrepublik werden in der DDR Bedarfsplanung und Informationssystem zentral geregelt. Es gibt vier Musikhochschulen, deren praxisorientierte Ausbildung je nach Sparte drei bis fünf Jahre dauert und von wissenschaftlichen Forschungen begleitet wird. In der Bundesrepublik gibt es fünfzehn Musikhochschulen und zahlreiche Privatlehrer. Einheitliche, praxisorientierte Studienplätze und Prüfungsordnungen fehlen. Nur in Hamburg wird als integrierter Studiengang Opernregie angeboten; allein die *Universität Bayreuth* verfügt über ein Forschungsinstitut für M.

III. Repertoire und Spielplan

Alle M. nutzen das Angebot an Werken schlecht. Aus weniger als einhundert Opern setzt sich das gespielte Repertoire zusammen; 60000 gibt es. Ein besonders trauriges Kapitel ist das heitere Repertoire. *Spieloper, Buffa* und *Opéra comique* erschöpfen sich in den Werken von A. Lortzings, O. Nicolais »Lustigen Weibern von Windsor«, F. v. Flotows »Martha«, G. Rossinis »Barbier von Sevilla« und G. Donizettis »Don Pasquale«. Ein gemeinsames Dilemma ist die Eintönigkeit, Verengung und Über-

alterung des Spielplans, der vor allem aus dem deutschsprachigen und italienischen Repertoire gebildet wird. Mit großem Abstand folgen die slawischen Komponisten B. Smetana, P. I. Tschaikowsky, L. Janáček, M. P. Mussorgsky und französische Kompositionen wie »Carmen« oder »Margarete«. Opern von G. Verdi, W. A. Mozart und G. Puccini ziehen fast die Hälfte der Spielplananteile auf sich. Die beliebtesten 25 Opern in der Bundesrepublik entstanden im 19. Jh., die von W.A. Mozart ausgenommen. Nur ein sehr geringer Anteil aller Vorstellungen, 2 v. H., entfallen auf Werke, die nach 1945 geschrieben sind. Das Publikum unterstützt keine ästhetischen wie kulturpolitischen Forderungen, neue Werke aufzuführen. Nur bekannte Werke lösen Wiedererkennungs- und Bestätigungseffekte aus. Das Publikum wird zu neuen und unbekannten Stücken nicht erzogen, weder durch Schulen noch durch die Theater selbst, die aus finanziellen und sozialen Gründen immer schwerfälliger operieren. Mangelnde Platzausnutzung führt in der Bundesrepublik zu staatlichen Auflagen, moderne Werke selten zu spielen. Im allgemeinen kommt es zu einer Neuinszenierung pro Spielzeit. In der Bundesrepublik wurden bis 1975 etwa 200 Opern uraufgeführt. Erfolgreich waren innerhalb der 2 v. H. Spielanteile Werke von C. Orff, W. Egk, vor allem solche, die schon vor 1945 entstanden sind, H. W. Henzes »Der junge Lord«, R. Liebermanns »Die Schule der Frauen« oder B. A. Zimmermanns »Die Soldaten«. Von der jüngeren Generation ist H. W. Henze mit Abstand der erfolgreichste Komponist. Für die Gattung und die Institution gleichermaßen wichtige Werke wie »Staatstheater« von M. Kagel konnten sich nicht durchsetzen. Opern aus der DDR hatten mit Ausnahme P. Dessaus und B. Brechts »Die Verurteilung des Lukullus« keinen Erfolg.

In der DDR ist die Programmatik teilweise anders als in der Bundesrepublik gelagert, die Tendenz im Spielplan nicht. Während in der Bundesrepublik Probleme des musikalischen und szenischen Materials, das moderner zu sein scheint als das Libretto, im Vordergrund stehen, dominiert in der DDR der inhaltliche Auftrag. Fragen der musikalischen Faktur, der Tonalität oder Atonalität, der Aleatorik oder Collage werden der Aussage der Werke untergeordnet. Die Musik, so P. Dessau in Anmerkungen zu seiner Oper »Puntila«, bediene nicht den Text, noch vergewaltige sie ihn, sondern gebe den Rahmen zur gesellschaftlichen Rezeption. Programmatisch, doch vergeblich war 1951 der Aufruf des »Neuen Deutschland« zur Schaffung einer deutschen Nationaloper. Fast analog zu den drei Aufbauphasen des Sozialismus wurden antifaschistische, revolutionäre, proletarische und volkstümliche Themen vertont, oft einer plakativen Aktualität folgend. Wie das Publikum in der Bundesrepublik den vorwiegend ästhetischen Auftrag neuer Werke nicht honoriert hat, so hat sich das Publikum in der

DDR auch zum vorwiegend gesellschaftlichen Auftrag verhalten. Zwar wurden in der DDR bis 1975 103 Opern uraufgeführt, doch nur Opern von P. Dessau und R. Hanell wurden öfters nachgespielt (Komponisten und Werkübersicht in: Musikbühne 77, S. 157 ff.). Der größte Teil der anderen Werke erlebte nur die Uraufführung.

In beiden Staaten haben moderne Autoren keinen quantitativen Einfluß auf die Spielpläne; ihre Werke werden aus einer Mischung von gesellschaftlichem Alibi und dem Wunsch nach künstlerischer Sensation einmal aufgeführt und rasch vergessen. »Der Rosenkavalier« ist das jüngste Werk, das mit dem Standardrepertoire konkurrieren kann, und nichts entlarvt den Mißerfolg der → *Moderne* mehr. Für alle kleinen Theater ist die Aufführung einer Operette nach wie vor eine finanzielle Hilfe. Werke von F. Lehar und J. Strauß, mit jeweils großem Abstand gefolgt von Kompositionen E. Kalmans, K. Millöckers, R. Benatzkys, F. Raymonds, J. Offenbachs, C. Zellers und P. Abrahams, beherrschen die Spielpläne. Sie gelten noch immer als leichte Muse und werden künstlerisch selten ernst genommen, wie dies beispielsweise G. Gründgens (»Die Banditen« von J. Offenbach) oder W. Felsenstein (»Ritter Blaubart« von J. Offenbach) taten. Die Operette hat wenig vom Musical gelernt, das soziologisch interessante, aktuelle Stoffe und artistisch perfekte Darstellungsmittel entwickelt hat. Die Popularität vor allem des amerikanischen Musicals wächst. In der Bundesrepublik gibt es kein eigenes zeitgenössisches musikalisches Volks- und Unterhaltungstheater. In der DDR wurde dieses Genre bereits seit den 50er Jahren entwickelt; bis 1975 gab es etwa 135 Uraufführungen, vor allem von Stücken G. Masanetz', C. Odds und G. Matschinskis.

IV. Ästhetik und Szene

Uraufführungen allein sagen über die Modernität der Spielpläne nicht genug aus. Ob eine Aufführung zeitgemäß ist, ob sie das Publikum erreicht, ist nicht nur eine Frage des Inhalts und musikalischen Materials, sondern vor allem der Interpretation. Alle wichtigen Interpreten betonen den multimedialen Charakter des M., in dem sich Musik, Handlung und Szene in einem vielschichtigen Spannungs- und Ergänzungsverhältnis befinden. Innovationen gehen selten von der Musik, meist von der Szene aus. Das Theoriebewußtsein ist in der DDR stärker entwickelt als in der Bundesrepublik. Diese szenischen Innovationen, in der DDR von W. Felsenstein und seinen Schülern J. Herz und G. Friedrich, der seit 1973 in der Bundesrepublik lebt, sowie von R. Berghaus und H. Kupfer ausgehend, in der Bundesrepublik zunehmend von Schauspielregisseuren, kommen besonders den Klassikern zugute. Es

ist sicher kein Zufall, daß W. Felsenstein keine Uraufführung in der DDR inszeniert hat. Ästhetische und gesellschaftliche Herausforderung wird dort erreicht, wo Wiedererkennungserlebnisse durch ein neues Werkverständnis irritiert werden. Hier findet eine Revision der Tradition zugunsten der Aktualität statt, werden Denkanstöße gegeben, wie vergleichsweise in den 20er Jahren, in denen erstmals für die Oper der Begriff des Regietheaters als Legitimation im Sinn der Werktreue, aber auch als Provokation für eine szenische Erneuerung der Klassiker verwendet wurde. Das Theater besinnt sich auf die eigene künstlerische Dignität, fühlt sich nicht mehr »als Testamentvollstrecker eines Autorenwillens« (J. Herz).

In der DDR wird die Entdeckung des humanistischen Erbes (→ *Tradition und kulturelles Erbe*) als historische Kontinuität bewertet. Ein Beispiel dafür ist die Erklärung des Wagner-Komitees der DDR, die 1963 als Faltblatt den Programmheften beilag: »Wir wollen, indem wir Wagner feiern, vor allem die positiven Seiten seines Werkes den vielen neuen Hörern erschließen, die die sozialistische Kulturrevolution an die Musik herangeführt hat.« Die Aufführungen sollen frei sein von chauvinistischen oder defätistischen Verzerrungen, dafür Kampfesmut, Leidenschaft und Menschheitsglauben herausarbeiten. Das Erbe wird im Sinn der »Gestaltung des sozialistischen Menschenbildes« (H. Seeger, in: Theater der Zeit, H. 10, 1969) rezipiert. Handlungsträger ist der singende Mensch. Diese Theorie und Praxis vom »Sänger-Darsteller« hat W. Felsenstein, von 1947 bis 1975 Intendant der *Komischen Oper Berlin,* initiiert. Der von ihm geprägte Stil des realistischen M. zielt auf Erkenntnis der Wirklichkeit, auf Deutlichkeit und theatralische Glaubwürdigkeit. Der Interpret nimmt das Werk wörtlich, nicht im Sinn einer unkritischen Widerspiegelung, sondern indem er einen neuen sinnvollen Zusammenhang herstellt, der glaubwürdig macht, warum auf der Bühne gesungen wird. W. Felsenstein hat damit maßgeblich beigetragen, die tradierte Kluft zwischen intellektuellem Anspruch und Befriedigung des Emotionalen zu überbrücken.

Einen vergleichbaren Einfluß hat in der Bundesrepublik Deutschland wahrscheinlich nur W. Wagner gehabt. Er hat vor allem die Wagner-Bühne entrümpelt, der Abstraktion und Symbolsprache vertraut, einen fast konzertanten Stil geprägt. Dies trug ihm den Vorwurf der Intellektualisierung ein. Die Bühne als geistigen Raum inszenierten auch Regisseure wie O. F. Schuh, G. Rennert oder G. R. Sellner. In Abwendung davon ist seit Beginn der 70er Jahre eine neue Konkretisierung, die nicht mit Repräsentation zu verwechseln ist, eine Retheatralisierung der Szene feststellbar. Momente des epischen Theaters B. Brechts werden auf den Bühnen beider Staaten angewendet, in der DDR vor allem von R. Berghaus. »Lukullisches« als Transportmittel für Information ist nirgends verpönt, gestische Züge sollen die Teilhabe des Publikums erleichtern, eine neue, aktive Zuhörkunst entwickeln.

Lange, sorgfältige Proben können sich die kleinen Theater jedoch nirgends leisten. Ihr Einzugsbereich ist begrenzt, in jeder Spielzeit müssen zehn bis fünfzehn Werke neu inszeniert werden. Die Abhängigkeit einiger mittlerer und fast aller großen Bühnen der Bundesrepublik vom internationalen Starsystem, »Singvögel« in der DDR genannt, führt ebenfalls zu künstlerischen Einschränkungen und besonders durch die Folgekosten zu ökonomischen Schwierigkeiten. Einige Theater weichen auf ein Block- und Zyklussystem aus. Abhängig von ausländischen Sängern, präsentieren viele große Theater in der Bundesrepublik die Werke in der Originalsprache und verteidigen dies mit ästhetisch-musikalischen Argumenten. In der DDR wird die Verständlichkeit der Aussage betont, man vertraut den oft neu und gründlich erarbeiteten Übersetzungen.

V. Staat und Theater

In der DDR übt der Staat eine direkte politische Kontrolle aus, in der Bundesrepublik eine indirekte, durch die Wahl der Intendanten und vor allem durch die Zuteilung der Finanzmittel. Die DDR finanziert ihre Theater, die Bundesrepublik subventioniert sie als Bildungseinrichtungen und erklärt diese freiwilligen Leistungen gern mit der Freiheit der → Kunst. Die wirtschaftliche Situation in beiden Staaten fördert ein Zweiklassensystem mit allen wirtschaftlichen und künstlerischen Konsequenzen. Die kleinen Theater werden immer provinzieller, die großen immer repräsentativer. Staat und Kulturpolitik geben keine überzeugenden Ratschläge, sie wollen zugleich flächendeckende Angebote, Theater mit internationalem Rang und, in der Bundesrepublik, wirtschaftliche Rentabilität, der bisweilen künstlerische Notwendigkeiten geopfert werden sollen. So gilt das M. hier als ein ökonomisches Schreckgespenst, aber auch als ein öffentliches Bedürfnis. Mit genauen Zahlen hat 1975 die »Hamburger Opernstudie« manche Vorurteile über das gesellschaftliche Interesse widerlegt. M. ist sozial nicht mehr anrüchig. So besuchte jeder fünfte Bundesbürger in einem Jahr eine oder mehrere Musiktheateraufführungen. M. gilt nicht mehr als Domäne einer elitären Schicht, untere und mittlere Bildungsschichten sind stark vertreten. Dennoch hat wohl E. Loderer mit seiner Aussage recht, die Oper habe bisher in der ganzen Geschichte der Arbeiterbewegung keine Rolle gespielt (vgl. Frankfurter Opernhefte, Sonderheft, Juli 1977). Doch »mit einer Umkehrung der sozialen Argumentation ist es nicht getan« (H. Hoffmann, Kultur für alle, Frankfurt a. M. 1979, S. 71). Besonders in der Bundesrepublik stand die Oper bis Ende der 60er

Jahre unter einem Legitimationsdruck. Angezweifelt wurde, ob sie als Gattung in der Lage ist, die unsere Zeit bewegenden Probleme aufzugreifen, ob und wie sie sich als Institution dadurch rechtfertigt, daß sie beim Publikum Kreativität, Erlebnisfähigkeit und Emotionalität fördert und dadurch auch soziale Fähigkeiten entwickelt. Zumindest teilweise wurden Vorurteile der Art, daß das M. exklusiv, repräsentativ, reaktionär, museal sei, abgebaut. Dennoch scheinen Krisen fast gesetzmäßig zur Oper zu gehören. In der DDR gibt es offiziell keine sozialen Krisen, künstlerische werden von kulturpolitischen Programmen verdeckt. Eindeutig soll das → Theater parteilich engagiert sein, mit seinen Mitteln menschliches Handeln und die Gesellschaft durchschaubar machen, anregen zum Verändern. Für P. Dessau ist die Oper das ausdrucksstärkste Genre, um die großen gesellschaftlichen Probleme der Zeit künstlerisch darzustellen.

Gemeinsam wird in beiden Staaten die Auffassung vertreten, daß erst die genaue Auseinandersetzung mit der Tradition, mit sehr unterschiedlichen Ergebnissen, die Voraussetzung für ein aktuelles M. schafft; daß die Autoren dazu beitragen müssen, das keineswegs neue Urteil der Publikumsfeindlichkeit moderner Werke zu überwinden, beispielsweise indem sie aufführbare Werke mit lesbarem Orchestermaterial schreiben, was nichts mit falscher, fataler Popularität zu tun haben muß. Auch müßten die Verlage vor allem moderne Werke zu günstigen Preisen publizieren, und die Theater dürften sich nicht mit Uraufführungen begnügen, sondern sollten die Repertoirefähigkeit neuer Werke durchsetzen. Eine praxisorientierte Ästhetik scheint vonnöten. Fernsehverfilmungen und -übertragungen könnten zur Demokratisierung des M. beitragen. Angebotsstruktur und Spielplanpolitik sind in beiden Staaten ähnlich. In der DDR werden die Theater direkt kontrolliert, aber auch gesetzlich finanziert; das ästhetische Theoriebewußtsein ist höher, das politische eindeutiger entwickelt.

D. Mack

Literatur
A. J. Wiesand, K. Fohrbeck, M. – Schreckgespenst oder öffentliches Bedürfnis? Ergebnisse einer Opernstudie, Mainz 1975
S. Neef, Opernschaffen in der DDR, in: Neue Bühnenwerke aus der DDR, hrsg. von der Direktion für das Bühnenrepertoire der DDR, Berlin (Ost) 1977
Jahrbuch der Komischen Oper. Red. H. Seeger, Berlin (Ost) 1961–1973, u. d. T.: Musikbühne, hrsg. v. H. Seeger, Berlin (Ost) 1974–1977, fortges. u. d. T.: Oper heute, hrsg. v. H. Seeger, Berlin (Ost) 1978
Musikgeschichte der DDR 1945–1976, hrsg. Autorenkollektiv unter Leitung von H. A. Brockhaus, K. Niemann, Berlin (Ost) 1979
Institutionen des Musiklebens in Europa, hrsg. v. I. Bontinck, J. Breuer, Wien 1979

Zur Lage der M. in Europa, Red. C. Zentgraf, hrsg. vom Forschungsinstitut für M., Thurnau 1979

Nation

I. Zur Diskussion nach dem Zweiten Weltkrieg in Deutschland und Europa – II. Einheit und Freiheit Deutschlands – III. Zur Problematik der Kulturnation

I. Zur Diskussion nach dem Zweiten Weltkrieg in Deutschland und Europa

Im Unterschied zu anderen, vor allem europäischen Völkern, in deren Bewußtsein Begriffe wie → *Kultur,* N. und Staat eine relative Identität erreicht haben, gab es in Deutschland auf Grund seiner besonderen historischen Entwicklung eine bis auf den heutigen Tag andauernde, von ideologisch-politischen Spannungen gekennzeichnete Diskussion um das Wechselverhältnis von Kultur und N., von kulturellem und staatlichem Selbstverständnis, von Kulturgemeinschaft, nationalem Zusammenhalt und staatlicher Existenz eines deutschen Volkes oder der deutschen Völker in mehreren deutschen Staaten. Was Kultur in Deutschland, in beiden deutschen Staaten gegenwärtig ist, sein soll und sein kann, was als Kultur unter nationalem Aspekt verstanden wird, läßt sich teilweise begreifen, wenn man sich die geistig-politische Auseinandersetzung um den Begriff der deutschen N. vergegenwärtigt.

Insbesondere nach 1945 hat in Deutschland der Begriff der N. spezifische Bedeutung erlangt. Während die in Westeuropa weithin herrschende Auffassung von N. auf den Begriff des Staates im Sinne des Nationalstaates bezogen ist und als mit ihm identisch verstanden wird, ist N. für die Deutschen heute zu einem die Wirklichkeit staatlicher Teilung übergreifenden Begriff geworden, der eben nicht nur staatliche Identität meint. N. muß für die Deutschen mehr leisten, als nur Staatsbegriff und Staatswirklichkeit auszufüllen. 1972 erklärte Bundeskanzler W. Brandt im »Bericht zur Lage der Nation 1972«: »Die deutsche N. bleibt auch dann eine Realität, wenn sie in unterschiedliche staatliche und gesellschaftliche Ordnungen aufgeteilt ist« (Bundesministerium für innerdeutsche Beziehungen (Hrsg.), Texte zur Deutschlandpolitik, Bd. 10, Bonn 1972, S. 113). U. Scheuner hat den neuen politisch-sozialen Bezug von deutscher N. zum deutschen Staat ebenso wie die Einordnung beider deutscher Staaten in unterschiedliche Bündnissysteme noch schärfer akzentuiert. Dadurch wird sichtbar, welche

Veränderung der Begriff der N. in Deutschland erfahren hat: »Die deutsche Teilung und damit die Entstehung der beiden selbständigen Staaten auf deutschem Boden ist nicht durch eine innere Bewegung innerhalb des deutschen Volkes hervorgerufen worden, sondern sie ist das Ergebnis weltpolitischer Einwirkungen von außen her im Gefolge des Zweiten Weltkriegs« (H.-A. Jacobsen u. a. (Hrsg.), Drei Jahrzehnte Außenpolitik der DDR, München, Wien 1979, S. 87). Ähnlich urteilt R. Löwenthal: »Es war also nicht bewußter politischer Wille zur Teilung Deutschlands, sondern die Rivalität der Supermächte um die Kontrolle eines einheitlichen Deutschlands, die eine Einigung über die Zukunft dieses Deutschlands verhinderte« (Europa und die deutsche Teilung, in: W. Hofer (Hrsg.), Europa und die Einheit Deutschlands, Köln 1970, S. 309). Somit enthält der Begriff der N. eine veränderte Qualität gegenüber der klassischen Einheit von N. und Staat. Es bedarf eines Willensakts, wie ihn die Präambel zum *Grundgesetz* postuliert: »Von dem Willen beseelt, seine nationale und staatliche Einheit zu wahren«. Doch, fährt das *Grundgesetz* fort, das deutsche Volk wolle »als gleichberechtigtes Glied in einem vereinten Europa dem Frieden der Welt« dienen. Dennoch bleibt die Einsicht C. F. v. Weizsäckers: »Keine europäische N. außer der deutschen hat ein direktes objektives Interesse an der deutschen Wiedervereinigung. Für viele heute lebende Europäer ist die Wiederentstehung eines einheitlichen deutschen Staates ein Alptraum. Andererseits haben alle europäischen N. ein objektives Interesse an einer Entschärfung des deutschen Problems. Diese Entschärfung ist solange nicht möglich, als die Teilung Deutschlands gegen den Willen des deutschen Volkes aufrechterhalten wird« (Der bedrohte Friede, München, Wien 1981, S. 151). Somit entsteht ein Spannungsverhältnis zwischen Einheit und Teilung, und damit zugleich zwischen N. und Überstaat.

Für die Deutschen in der Bundesrepublik Deutschland sind Europa und die *Atlantische Gemeinschaft,* in der DDR die sozialistische Staatengemeinschaft eine solche Bezugseinheit. Zeitweilig wurde daraus gefolgert, daß N. eine überholte Wirklichkeit sei. In Deutschland griffen viele Menschen, vor allem der jüngeren Generationen, eifrig nach solchen Neukonstruktionen. Es schien ein Weg aus den Verstrickungen der Geschichte zu sein. Vielleicht ließe sich ein unbelasteter Neubeginn erreichen, wenn man nicht als Angehöriger einer mit Schuld beladenen N., sondern als Europäer seinen Weg suche. Neue politische Zusammenschlüsse schienen in diese Richtung zu weisen. Auch anderen Völkern, vor allem den Nachbarn im Westen, hoffte man auf diesem Weg zu begegnen. Aber, so mahnte schon G. Mann, die »europäische N. kann die deutsche nicht ersetzen« (Deutsche Geschichte des 19. und 20. Jahrhunderts, Frankfurt a. M. 1958, S. 963).

So gelangte N. als Begriff und als Wirklichkeit in den Jahrzehnten seit dem Zweiten Weltkrieg erneut zur Geltung. 1945 und in den Jahren danach schienen übernationale Formen der politischen Organisationen einen Ausweg zu bilden, am ehesten natürlich dort, wo nationaler Zusammenbruch die Sehnsucht nach einer befreienden Alternative weckte. Wenn es schon kein Deutschland mehr gab, warum nicht zu einer europäischen Existenz aufsteigen. Selbst in England, ungeachtet des dortigen Isolationismus, regte sich eine europäische Idee. Je stärker man sich des Verlusts des Empire bewußt wurde, desto nachdrücklicher suchten manche Briten ihr Heil im europäischen Verbund. Für Frankreich erschien die europäische Idee von Anfang an als wirksames Mittel, den Rivalen jenseits des Rheins unter Kontrolle zu halten. Zudem boten die Ansätze zu gemeinsamen europäischen Institutionen nicht nur vernünftige, sondern geradezu notwendige Vorteile auf den Gebieten Wirtschaft, Technik, Verkehr, Verteidigung und Außenpolitik.

Ähnliche Entwicklungen gab es auch in außereuropäischen Ländern. In der *Arabischen Liga* wurden Anfänge und Absichten eines Zusammenschlusses sichtbar, der vor allem die Weltgeltung arabischer Staaten erhöhen sollte. In der *Organisation Afrikanischer Einheit* hofften junge Nachfolgestaaten alter europäischer Kolonialreiche auf gegenseitige Unterstützung, was letztlich auch ihrer weltpolitischen Geltung zugute kommen würde. Die Gegensätze zwischen ihnen ließen sich allerdings nicht rasch überwinden.

Strategische Motive für derartige Zusammenschlüsse kamen hinzu. Bündnisse wurden vereinbart, die der militärischen Sicherheit jedes Partners dienen sollten. Daß Großmächte dahinterstanden, erhöhte noch den Anreiz. Wenn staatliche Organisationsformen dabei zunächst nicht aufgegeben wurden, schien dies nur ein Übergangsstadium zu sein. Noch straffer integrierte die östliche Supermacht ihren Einflußbereich im sozialistischen Lager militärisch im *Warschauer Pakt,* wirtschaftlich im *Rat für gegenseitige Wirtschaftshilfe,* ideologisch in einer hierarchischen Zuordnung der nationalen kommunistischen Parteien zur *KPdSU.* Die zentrale Stellung der UdSSR schien auf diese Weise gesichert. Im Laufe der Zeit machten sich jedoch ausgesprochen national motivierte Bestrebungen zur Eigenständigkeit bemerkbar, wobei auch freiheitliche Gedanken eine Rolle spielten. Je länger die sozialistische Verklammerung dauerte und als bedrückend empfunden wurde, um so stärker regten sich alte Nationalgefühle. Der 17. Juni 1953 in der DDR, der Ungarnaufstand 1956, der *Prager Frühling* 1968, die polnische *Solidarität* 1980 und 1981 machten deutlich, daß nationale Gegebenheiten nicht durch supranationale und ideologische Gemeinsamkeiten abgelöst werden konnten. Keines der Länder hat sich in Jahrzehnten sozialistischer Entwicklung unter sowjetischer Hegemonie selbst aufgegeben. Im Gegenteil, erneut sucht jedes Volk in der N. eigene Wege zur Selbstverwirklichung. Ein Modell lieferte das Jugoslawien J. B. Titos, das sich einen von Moskau gesteuerten gemeinsamen Sozialismus und Kommunismus nicht aufzwängen ließ. Seit dem Tod J. B. Titos hat sich daran nichts geändert. Im Westen hat Frankreich eine ähnliche Rolle gespielt. Die Fünfte Republik Ch. de Gaulles hat nicht nur die militärische Bindung an die *NATO* aufgegeben. Vielmehr sind alle europäischen Institutionen, an denen sich Frankreich beteiligte, rigoros unter dem Niveau eines supranationalen Zusammenschlusses gehalten worden. »Das Europa der Vaterländer« war das Maximum, zu dem sich Ch. de Gaulle und seine Nachfolger bereitfanden. Während ursprünglich viele darin einen Alleingang sahen, setzte sich diese Tendenz allmählich auch in anderen europäischen Ländern stärker durch, und zwar um so deutlicher, als die amerikanische Führungsmacht keine durchwegs überzeugende Gesamtpolitik betrieb. Teils fehlte ihr dazu die Macht, teils mangelte es an Staatsmännern von entsprechendem Format. Vor allem wurde deutlich, wie eng sich die Vereinigten Staaten entlang eigener Nationalinteressen bewegten. Deutlich wurde dieser Umstand in der Krise um Afghanistan, im persischen Geiseldrama und in den Beschlüssen zur Nachrüstung in Europa. Diese Entwicklung war zudem gekennzeichnet von einer beginnenden wirtschaftlichen Rezession. Wenig aussichtsreich waren politische und wirtschaftliche Gegenmaßnahmen, auf die sich das westliche Lager hätte gemeinsam festlegen müssen. Daher setzten sich vielfach nationale Interessen auch in Westeuropa durch, ohne daß etwa die grundsätzliche Solidarität mit den Vereinigten Staaten preisgegeben wurde. Nicht alles, was an Gegenmaßnahmen erörtert wurde, ließ sich auch in Gemeinschaftspolitik umsetzen. Da galt es, nationale Sonderinteressen zu berücksichtigen, etwa die exponierte Lage von Berlin, die sinkenden Staatseinnahmen oder der Verlust von Arbeitsplätzen im Falle einer restriktiver Handelspolitik gegenüber den Staaten des *Rats für gegenseitige Wirtschaftshilfe.* Die Renaissance der N. als Wahrer spezifischer Interessen ist seither im vollen Gang.

Es zeigen sich wieder national-separatistische Tendenzen in einem fast archaischen Stil gerade innerhalb bisher geschlossener Staats- und Nationalgebiete. In England haben Schotten und Waliser eine gewisse Eigenständigkeit durchgesetzt. In Frankreich meldet sich Korsika mit Autonomieforderungen. In Belgien droht das Königreich an der Nationalitätenfrage zu zerbrechen. Flamen und Wallonen treten sich in offener Feindseligkeit gegenüber. Das Schicksal der Demokratie in Spanien dürfte sich möglicherweise ebenfalls an der Nationalitätenfrage entscheiden. Der politische und soziale Zusammenhalt Jugoslawiens wird gleichfalls von innen, von den N. dieser Föderation, gefährdet. So zeigt sich das Problem der N. seit dem Zweiten Weltkrieg in zahlreichen politischen Traditionen, in inneren und äußeren Widersprüchen, im Leben der Völker und Staaten. Es geht um die Profilierung gegenüber anderen N., um die deutliche Differenzierung innerhalb von Staaten und Staatsnationen, um Distanzierung von supranationalen Verbundsystemen, sei es zwischen den Bündnissen in Ost und West, innerhalb des arabischen Lagers oder im Rahmen der losen Staatsverbindungen in Lateinamerika.

II. Einheit und Freiheit Deutschlands

Die Frage nach dem Inhalt der N. in Deutschland wurde seit 1945 immer wieder gestellt und zu beantworten versucht. Zunächst scheuten die Verfasser des *Grundgesetzes* vor dem Wort N. zurück, da es im Nationalsozialismus auf schändlichste Weise mißbraucht worden war. Der Begriff wurde umgangen und das Wort »Volk« trat an seine Stelle, was zu einer Diskussion um die Begriffe »Volk«, »Staat« und »Nation« führte. Man sprach von einer »geteilten N.« im Osten, aber auch im Westen, ehe sich in der Bundesrepublik ein vernehmbares Ja zur N. endgültig durchsetzte. Die Skepsis der ersten Jahre drückt sich in der Formel »Die geteilte N. in der gespaltenen Welt« aus (W. Conze, S. 145). Doch bald rückte der Nationalstaatsgedanke in Gestalt des nationalen Selbstbestimmungsrechts ins Blickfeld. Hatte dieses Prinzip vordem »eine starke Sprengkraft gegenüber der bisherigen territorialen Gliederung entwickelt und schließlich u. a. die Auflösung des Habsburgerreiches herbeigeführt« (E. Menzel, Völkerrecht, München, Berlin (West) 1962, S. 29), so entfaltete es nunmehr eine gewisse Integrationskraft. *Selfdetermination,* als nationales Selbstbestimmungsrecht, erhält eine europäische Ausprägung, die auch von den Deutschen in Anspruch genommen wird. »Jedes Volk soll über einen eigenen Staat verfügen und jeder Staat über sein Volk« (a. a. O., S. 182). Das Prinzip der Selbstbestimmung ist Ausfluß der Nationidee und hat zur Ablösung mittelalterlicher Reichsstrukturen beigetragen.

Nationale Identität in Deutschland war nach 1945 von Anfang an gleichzeitig eigen- und fremdbestimmt. Die Eigenbestimmung findet Ausdruck im *Grundgesetz.* Fremdbestimmt war sie insofern, als die Bundesrepublik Deutschland und DDR in Bündnisse eingegliedert wurden. In der sechsten Sitzung des *Parlamentarischen Rates* am 20. Oktober 1948 wurde die Präambel des *Grundgesetzes* behandelt. C. Schmid wies darauf hin, wie sich nationale und Freiheitsfrage verbinden: »Durch das Grundgesetz soll ja eine Ordnung geschaffen

werden, die jedem einzelnen Deutschen die Freiheitsrechte schützt, Ohne die ein Leben in Würde und Selbstachtung nicht möglich ist. Weiter soll das Grundgesetz ein wesentliches Mittel für die Erhaltung der Einheit der deutschen N. sein« (Parlamentarischer Rat. Stenographischer Bericht, 1. Bd., Nr. 6, S. 70 f.). Am 8. Mai 1949 ergänzte C. Schmid: »Das drängendste Anliegen aller Deutschen ist heute die Wiederherstellung der Einheit ihres Vaterlandes« (S. 199). In der Präambel des *Grundgesetzes* heißt es entsprechend: »Das gesamte Deutsche Volk bleibt aufgefordert, in freier Selbstbestimmung die Einheit und Freiheit Deutschlands zu vollenden.« Fremdbestimmung ist auch insofern für die Bundesrepublik gegeben, als ihre Verantwortung für Deutschland als Ganzes gleichzeitig im deutschen wie im alliierten Interesse liegt. Auf die Einheitsfrage bezogene alliierte Vorbehalte stellen demzufolge nicht nur eine Beschränkung dar, sondern enthalten auch Chancen für aktives politisches Handeln. Das gleiche gilt für die Einbeziehung in übernationale wirtschaftliche, politische und militärische Strukturen, wie *Montanunion, NATO* und *Europäische Gemeinschaft.* »Eine vom Grundgesetz her eingeleitete, sanktionierte, ja ausdrücklich geforderte Entwicklung in Richtung auf ein supranationales Europa« nennt C. Ch. Schweitzer diesen Tatbestand (Die deutsche N., Köln 1976, S. 305).

Auf der anderen Seite wurde die Sowjetische Besatzungszone 1945 und später in die Zielsetzungen der sowjetischen Besatzungsmacht einbezogen. Dabei spielte ebenfalls der Nationbegriff eine Rolle. Die erste *Verfassung* der DDR von 1949 war mindestens ihrem Anspruch nach gesamtdeutsch: »Die Republik entscheidet alle Angelegenheiten, die für den Bestand und die Entwicklung des deutschen Volkes in seiner Gesamtheit wesentlich sind«. Darin drückte sich die Absicht aus, die nationale Frage von dieser Seite her zu lösen. Es war der Versuch, zu einem »kommunistisch bestimmten Gesamtdeutschland zu kommen« (C. Ch. Schweitzer, a. a. O., S. 503).

Mit der Verhärtung des globalen Gegeneinander und dem Abschluß des *Grundlagenvertrages* 1972 veränderte sich dieses Verständnis. Zwei deutsche Staaten, zwei gegensätzliche Gesellschaftsordnungen, demgemäß zwei N., davon die eine als »sozialistische deutsche N.«, wurden postuliert. Nicht die deutsche Einheit, sondern deren Teilung wurde betont, entsprechend einer Auslegung des Selbstbestimmungsrechts, die nur die Arbeiterklasse als führende soziale Kraft anerkennt: »Diese steht an der Spitze des Kampfes der Völker gegen imperialistische Unterdrückung und setzt dem beschränkten bürgerlichen Nationalitätenprinzip ihr eigenes, von den Klassikern des Marxismus-Leninismus theoretisch begründetes Prinzip der Selbstbestimmung aller Völker entgegen.« (Wörterbuch zum sozialistischen Staat, Berlin (Ost) 1974, S. 281). Dem

Anspruch, eine eigenständige N. zu bilden, lag jedoch ein wenig ausgereiftes, teilweise sogar widersprüchliches Nationskonzept der *SED* zugrunde. Erst seit 1975 wird differenzierter zwischen N., Nationalität, Nationalstaat, Staatsnation und Staatsbürgerschaft unterschieden. Zugleich wird jedoch die gesamtdeutsche Option nicht etwa aufgegeben, wie der Generalsekretär der *SED*, E. Honekker, 1981 auf einer Parteideligiertenkonferenz hervorhob: »Und wenn heute bestimmte Leute im Westen großdeutsche Sprüche klopfen und so tun, als ob ihnen die Vereinigung beider deutscher Staaten mehr am Herzen liegen würde als ihre Brieftasche, dann möchten wir ihnen sagen: Seid vorsichtig! Der Sozialismus klopft eines Tages auch an eure Tür, und wenn der Tag kommt, an dem die Werktätigen der Bundesrepublik an die sozialistische Umgestaltung der Bundesrepublik Deutschland gehen, dann steht die Frage der Vereinigung beider deutscher Staaten vollkommen neu. Wie wir uns dann entscheiden, daran dürfte wohl kein Zweifel bestehen« (Neues Deutschland vom 12. 2. 1981).

Demgegenüber hat für die Auffassung der Bundesrepublik eine Erklärung des Bundeskanzlers W. Brandt nach wie vor, die sich im »Bericht zur Lage der Nation« von 1970 findet, fundamentalen Charakter. »25 Jahre nach der bedingungslosen Kapitulation des Hitler-Reiches bildet der Begriff der N. das Band um das gespaltene Deutschland. Im Begriff der N. sind geschichtliche Wirklichkeit und politischer Wille vereint. N. umfaßt und bedeutet mehr als gemeinsame Sprache und Kultur, als Staat und Gesellschaftsordnung. Die N. gründet sich auf das fortdauernde Zusammengehörigkeitsgefühl der Menschen eines Volkes. Niemand kann leugnen, daß es in diesem Sinne eine deutsche N. gibt und geben wird, soweit wir vorauszudenken vermögen« (Bundesministerium für innerdeutsche Beziehungen (Hrsg.), Texte zur Deutschlandpolitik, Bd. IV., Bonn 1970, S. 203).

Hier wird auf die Funktion der N. für die Gegenwart und die →*Zukunft* hingewiesen. Es handelt sich um »einen besonderen deutschen Fall« (G. Schweigler). Nicht nur eine staatlich verfaßte Gesellschaft, nicht lediglich eine gemeinsame kulturelle Basis, sondern auch das Zusammengehörigkeitsgefühl aller Deutschen wird als ein Faktor dessen genannt, was N. in Deutschland bedeutet. Hierin zeigt sich eine neue Identität, die sich aus Staatsnation, Kulturnation und Willensnation zusammensetzt (→*Demokratie*, →*Sozialismus*). In der Wirklichkeit der Bundesrepublik und der DDR erscheint diese dreifache Verbindung schon deshalb bedeutsam, als eine der Säulen, die tragende Staatlichkeit, durch Zwei-Staatlichkeit abgelöst wurde. Wird die Entwicklung der deutschen N. als eine Geschichte tiefer Klassengegensätze und Klassenkämpfe verstanden, dann ergibt sich für die Führung der *SED*, daß die deutsche N. im wesentlichen

aus den deutschen Staatsvölkern zwei voneinander unabhängiger deutscher Staaten besteht.

Demgegenüber verstärkte sich in der Bundesrepublik die Rückbesinnung auf die N. Dem entsprach eine politische Neubewertung des Teilungszustandes. Je deutlicher wurde, daß zwei deutsche Staaten entstanden waren, desto dringlicher wurde der Rückgriff auf die Identität der deutschen N. U. Scheuner sieht dabei Züge, die sich »der Vorstellung der staatlich geformten N. annähern, die nach der Teilung in dem gemeinsamen Bewußtsein des gesamten Volkes fortlebt« (a. a. O., S. 103). Dieser Deutung entspricht der seit 1969 gepflegte politische Brauch der Bundesregierung, einen »Bericht zur Lage der Nation« im *Deutschen Bundestag* vorzulegen, der dem von allen Fraktionen verfolgten Ziel dient, die Kenntnis nüchterner Tatsachen über das Leben in beiden Teilen Deutschlands zu vermitteln. N. wird als Ausdruck des →*Alltags* der Deutschen bestimmt. Hinzu kommt, was H. Schmidt 1968 im *Bundestag* die »geschichtliche Kontinuität der N.« nannte und mit Blick auf den damaligen Entwurf für eine neue Verfassung der DDR und der dort erwähnten einen deutschen Nation feststellte: »Die SED muß das ja auch zugeben; denn die Landsleute in der DDR empfinden sich als der einen deutschen N. zugehörig« (Verhandlungen des Deutschen Bundestages. Stenographische Berichte, Bd. 66, Bonn 1968, S. 8301).

III. Zur Problematik der Kulturnation

Der Bedeutungswandel des Nationsbegriffs seit 1945 hat auch neue Überlegungen zum Thema Kulturnation ausgelöst. Wenn die Identität von Staat und N. vorläufig auf deutschem Boden nicht wiederherstellbar ist, rücken andere Bezüge ins Blickfeld. Sie drängen sich um so unausweichlicher auf, als in beiden deutschen Staaten eine Neigung zu erkennen ist, das gemeinsame kulturelle Erbe *(→ Tradition und kulturelles Erbe)* sowohl zum wichtigen Bestandteil der eigenen Kultur zu erklären als auch in die fortbestehenden Gegensätze einzubeziehen. Demgegenüber hat H. Schmidt 1975 vor der »Gefahr einer ähnlichen Geisteshaltung, die auch jetzt noch nicht in allen Köpfen ganz ausgeräumt ist«, gewarnt: »Karl Marx ist nicht in Ost-Berlin geboren worden, sondern in Trier, Friedrich Engels in Barmen; Hegel kam aus Stuttgart, Luther wurde in Eisleben geboren; Kant war Königsberger; Ferdinand Lassalle kam aus Breslau, Johann Sebastian Bach aus Eisenach. Gerhard Hauptmann kam aus Schlesien, Caspar David Friedrich aus Greifswald; aber Bert Brecht kam in Augsburg zur Welt, Schiller am Neckar und Goethe am Main. Sie alle gehören zusammen!« (Bundesministerium für innerdeutsche Beziehungen (Hrsg.), Texte zur Deutschlandpolitik, Reihe II, Bd. 3, Bonn 1976, S. 23).

530

Der Fraktionsvorsitzende K. Carstens erklärte sich in der gleichen Sitzung des *Deutschen Bundestags* damit einverstanden, stellte aber noch mehr auf das Geschichtsverständnis als einer eigenständigen politisch-geistigen Dimension ab. Die Diskussion über das Geschichtsbild hat sich im Lauf der Jahre als ein wichtiger Beitrag zur Herausbildung und Festigung des Nationalbewußtseins herausgestellt.

Ob und inwieweit die Kultur in beiden deutschen Staaten eine gemeinschaftliche geblieben ist, haben Fachleute zu verschiedenen Zeiten unterschiedlich beurteilt. Noch 1947 konnte die Schriftstellerin R. Huch von dem Gefühl sprechen, in Deutschland zu sein, »nicht nur in einem Teil, sondern im ganzen einigen Deutschland«. Es folgten Jahre, als Autoren meinten, zwei deutsche Literaturen, zwei deutsche Kulturen feststellen zu müssen. Anfang der 80er Jahre zürnte G. Grass: »Pfeift auf die Grenzen. Wünscht nur die Sprache geräumig. Seid anders reich. Schöpft ab den Profit. Denn Besseres (über die Drahtverhaue hinweg) haben wir nicht. Einzig die Literatur (und ihr Unterfutter: Geschichte, Mythen, Schuld und andere Rückstände) überwölbt die beiden sich grämlich abgrenzenden Staaten. Laßt sie gegeneinander bestehen – sie können nicht anders –, doch zwingt ihnen, damit wir hin weiterhin blöde im Regen stehen, dieses gemeinsame Dach, unsere nicht teilbare Kultur auf« (Kopfgeburten oder die Deutschen sterben aus, Darmstadt, Neuwied 1980, S. 153 f.).

Da wäre die Kulturnation also in lebendiger Erfahrung verwirklicht in einer als unteilbar verteidigten Kultur, ungeachtet aller politischen und sozialen Zerrissenheit. Doch so einfach, wie der Begriff vorgibt, ist die Wirklichkeit nicht, denn die deutsche Kulturnation umfaßt auch Staaten, deren Angehörige nicht ohne weiteres zur deutschen N. gerechnet werden können, die nicht dazu gehören wollen. Die Schweiz und Österreich sind wohl deutscher Sprach- und Literaturraum, aber keinesfalls im politischen Sinne der deutschen N. zuzurechnen. G. Grass kommt zu dem Schluß, die deutsche Literatur sei das einzig Gesamtdeutsche, das wir noch haben. Hier wird Erinnerung an J. G. Herder wach: »Der natürliche Staat ist ein Volk mit einem Nationalcharakter.« Freilich, der Nationalcharakter oder hier die Nationaliteratur ersetzen gegenwärtig die staatliche Verklammerung. H. Mayer schildert, wie sich die Einstellung zur Nationaliteratur geändert hat. Im Anschluß an M. Weber, der von der »Prämie auf den Machtbesitz« spricht, charakterisiert er das literarische Leben der DDR als von dem Glauben getragen, auch die Kunst und Literatur kommandieren zu können. Zwar gab es auch Tauwetter, aber ein Frühling folgte nicht. Die politische Großwetterlage ließ das nicht zu. Zwar wird mit Leidenschaft immer noch einmal wiederholt, es könne keine Konvergenzen geben zwischen der Lebensweise in der Bundesrepublik Deutschland und der DDR, aber die Wirklichkeit beweist allenthalben das Gegenteil, auch in einer kulturell wichtigen Hinsicht, nämlich daß die wichtigsten Impulse unserer heutigen westdeutschen Literatur von Autoren ausgehen, denen die Erfahrung des Lebens dort drüben anhaftet (Das kulturelle Erbe, in: Politik und Kultur, 7. Jg., 1980, H. 5, S. 46).

Kulturnation erscheint also hier dem Gegensatz zwischen sozialistischer N. und bürgerlich kapitalistischer N. übergeordnet. Wen und was die deutsche »Kulturnation« aber umfaßt, bleibt offen. Deutsche Literatur wird jenseits alter und neuer Staatsgrenzen produziert.

Autoren wie M. Frisch und F. Dürrenmatt, wie P. Handke und H. Achternbusch, P. Weiss und E. Canetti schreiben überwiegend in nicht-deutschen Gebieten. Bei aller kulturellen Nähe können sie nicht ohne weiteres für die deutsche N. vereinnahmt werden. Teilungen in der Geschichte, ob im Westfälischen Frieden von 1648, ob in der Reichsproklamation 1871 im Spiegelsaal von Versailles, ob in Siegerentscheidungen nach zwei Weltkriegen, lassen sich nicht nachträglich kulturell umgehen oder aufheben. Kulturnation könnte folglich als eine Art Schwebezustand verstanden werden, als eine permanente Frage, als eine Herausforderung, aber gewiß nicht als eine vorpolitische Patentlösung für die Überwindung der nationalen Spaltung, die von den konkreten politisch-historischen Bedingungen abstrahiert.

Als geistig-politisches Element sieht R. Dahrendorf »die Erfordernisse der N.« in Deutschland. Der deutsche Nationalismus ist nach dieser Deutung »in all seinen Versionen vom Einheitsstreben zum Größenwahn zurück zum bescheideneren Einheitsstreben ein Zeugnis der Sehnsucht nach Synthese« (Gesellschaft und Demokratie in Deutschland, München 1968, S. 236).

Freilich wird der Begriff der Kulturnation auch in Frage gestellt. C. Ch. Schweitzer hält den »Rekurs auf den Gedanken einer die beiden Staaten in Deutschland heute überwölbenden deutschen Kulturnation für einen wenig fruchtbaren Ansatz innerdeutscher Politik«. Er begründet seinen Zweifel auch mit dem Urteil des *Bundesverfassungsgerichts* über den *Grundlagenvertrag*. Darin werde ein »Mehr« als überwölbende deutsch-deutscher Gemeinsamkeit gefordert, als dies allein im kulturnationalen Element zum Ausdruck kommen könne (Die deutsche N., Köln 1976, S. 615). Hier drängt sich eine Beurteilung auf, mit der K. Jaspers das Verhältnis der Deutschen zu ihrer Kultur kennzeichnet: »Die Schriftsteller eines Volkes sagen, was ist. Sie können das Denken eines Volkes in Bewegung bringen durch Wahrhaftigkeit. Sie können den Willen zur politischen Freiheit heller und entschiedener werden lassen. Aber sie reden in den Wind, wenn das Volks, die Politiker, die Regierungen sie nicht beachten« (Wohin treibt die Bundesrepublik?, München 1966, S. 179).

Einer der verbleibenden Bestandteile deutscher N. ist die deutsche Staatsangehörigkeit. Das *Grundgesetz* geht davon aus, daß es nur eine deutsche Staatsangehörigkeit gibt. Sie gilt für alle Deutschen. Das *Bundesverfassungsgericht* bestätigt 1973 in seinem Urteil zum *Grundlagenvertrag*, daß diese Staatsangehörigkeit »zugleich die Staatsangehörigkeit der Bundesrepublik Deutschland ist. Deutscher im Sinne des Grundgesetzes ist also nicht nur der Bürger der Bundesrepublik Deutschland«. Eine Aberkennung dieser Staatsangehörigkeit könne »nicht rechtlich anerkannt werden«.

Demgegenüber hat die DDR 1967 eine eigene Staatsbürgerschaft proklamiert. Auch im *Grundlagenvertrag* von 1979 kam es zu keiner Übereinstimmung zwischen Bonn und Berlin (Ost). An der bestehenden Situation hat sich also nichts geändert. Das bedeutet, daß in der Bundesrepublik jeder als Deutscher anerkannt wird, der hier wohnt und die deutsche Staatsbürgerschaft im Sinne des *Reichs- und Staatsangehörigkeitsgesetzes* von 1913 besitzt. Dies wiederum bewirkt, daß kein Deutscher, der außerhalb der Bundesrepublik beheimatet ist, innerhalb der Bundesrepublik als Ausländer gilt. Er ist Deutscher und bleibt Deutscher, wenn er will. Wünscht ein Staatsangehöriger der DDR hingegen seinen Status beizubehalten, dann wird dieses von der Bundesrepublik respektiert. Darüber hinaus kann sich demzufolge auch jeder Deutsche in Drittländern dem Schutz der Bundesrepublik unterstellen und Anspruch auf einen Paß geltend machen. Ausgenommen sind lediglich die Länder, die nach der Auffassung der DDR verfahren.

Diese Rechtsauffassung hat vor allem auch Folgen auf kulturellem Gebiet. Autoren, die aus der DDR in den Westen reisen oder übersiedeln, bleiben Deutsche. Sie verändern ihren Wohnsitz, aber nicht ihre Nationalität und ihre Staatsangehörigkeit. Sie veröffentlichen als deutsche Autoren, wo immer sie leben. Dieses Faktum macht einen wichtigen, wenn auch überwiegend formalen Bestandteil der deutschen Kulturnation aus. Es ist Ausdruck der Auffassung, daß es zwar zwei deutsche Staaten, aber nur eine deutsche N. und eine deutsche Staatsbürgerschaft gibt. In der Bundesrepublik Deutschland besteht bei allen sie tragenden politischen Kräften Übereinstimmung, daß die Auflösung der N. bisher der Wille des deutschen Volkes entgegensteht.

W. W. Schütz

Literatur

W. Conze, Die deutsche N., Göttingen 1963
K. Jaspers, Wohin treibt die Bundesrepublik?, München 1966
R. Dahrendorf, Gesellschaft und Demokratie in Deutschland, München 1968
G. Schweigler, Nationalbewußtsein in der BRD und in der DDR, Düsseldorf 1973
A. Kosing, N. in Geschichte und Gegenwart, Berlin (Ost) 1976
P. Ch. Ludz, Die DDR zwischen Ost und West. Politische Analysen 1961 bis 1976, München 1977

Naturschutz

I. Ziele des Naturschutzes und gesetzliche Grundlagen – II. Kategorien des Naturschutzes – III. Organisation – IV. Gesellschaftliche Bedeutung in beiden deutschen Staaten

I. Ziele des Naturschutzes und gesetzliche Grundlagen

Der N. will pflanzliches und tierisches Leben in allen seinen Formen unter Einbeziehung seiner Lebensräume Luft, Wasser und Boden erhalten. Von diesen natürlichen Grundlagen hängt auch der Mensch als Lebewesen existentiell ab *(→ Umwelt)*. Daneben will der N. die Natur als Studienobjekt erhalten, damit Einblicke in die Wechselwirkungen zwischen Leben und Umwelt möglich und Belastungen des Menschen und seiner Zivilisation ausgeglichen werden. Zu diesem Zweck sichert er vornehmlich noch naturhafte Räume sowie Tier- und Pflanzenarten wegen ihrer genetischen Vielfalt, zum Beispiel zur Züchtung widerstandsfähiger Tier- oder Pflanzenarten. Der biologisch-ökologisch ausgerichtete N. überschneidet sich teilweise mit dem technisch-hygienischen Umweltschutz, der Wasser, Luft, Boden, aber auch den Menschen und seine Kulturgüter vor Schadstoffen einschließlich Strahlen und Lärm schützen will. Beide Schutzarten werden heute in der Umgangssprache häufig unter dem etwas unscharfen Oberbegriff »Umweltschutz« zusammengefaßt. Der konservierende N. wird durch die Landschaftspflege oder -planung ergänzt. Sie will nicht nur vorbeugend Schäden verhüten, sondern bereits eingetretene Schäden ausgleichen oder beseitigen und damit nachhaltig leistungsfähige, ökologisch und visuell vielfältige, für den Menschen gesunde Landschaften schaffen.

N. entstand in Deutschland, um die zunehmende Verdrängung der Natur, die mit der Industrialisierung Deutschlands ab der zweiten Hälfte des 19. Jh. einsetzte, aufzuhalten. Parallel mit den gegen die aufkommende Industriegesellschaft gerichteten, lebensreformerischen Tendenzen, die in der Rückbesinnung auf die Naturmedizin etwa bei S. Kneipp, R. Steiner und in der *Jugend-* und *Wander-*

vogelbewegung an Bedeutung gewannen, wurden zunächst Vorschriften auf Reichs- und Länderebene zum Schutz gewisser Tier- und Pflanzenarten sowie für einen Mindestschutz des Landschaftsbildes erlassen.

Die nach dem Ersten Weltkrieg zunehmende Rechtszersplitterung beendete das *Reichsnaturschutzgesetz* von 1935, flankiert von der Durchführungsverordnung von 1935 und der *Naturschutzverordnung* von 1936, mit einer Vollregelung des gesamten Naturschutzrechtes. Das *Reichsnaturschutzgesetz* zielte im wesentlichen auf einen Schutz bestimmter, räumlich abgegrenzter Ausschnitte der Natur, nicht aber auf einen Gesamtschutz. Auch sah es fast nur Maßnahmen konservierenden Charakters, nicht aber eine aktiv gestaltende Landschaftspflege vor.

Das Naturschutzrecht wurde nach 1945 in beiden deutschen Staaten getrennt fortentwickelt. In der Bundesrepublik erließen seit dem Jahr 1973 einige Bundesländer eigene Naturschutzgesetze, womit die bis dahin faktisch bestehende Rechtseinheit auf dem Sektor des N. aufgegeben wurde. Um eine weitere Zersplitterung des Naturschutzrechtes zu vermeiden, wurde 1976 das *Bundesnaturschutzgesetz* als Rahmenregelung erlassen. Es wird heute durch die Naturschutzgesetze der einzelnen Bundesländer ergänzt.

Die DDR verabschiedete 1954 ein Naturschutzgesetz, das die Erhaltung der Tier- und Pflanzenwelt, aber auch die Pflege der Landschaft und die Sicherung der Naturschätze zum Ziele hatte. Im Gegensatz zur Bundesrepublik geht es bei der »sozialistischen Landeskultur«, wie dort die Maßnahmen zum Schutz der Umwelt genannt werden, in erster Linie um die rationale Nutzung der natürlichen Ressourcen und um die Verbesserung der Lebensbedingungen der sozialistischen Bevölkerung. Dieses Gesetz regelt unter anderem die Einrichtung von Schutzgebieten und die Bestellung von Naturschutzbeauftragten in den Bezirken und Kreisen. Das *Landeskulturgesetz* von 1970 setzte die Regelung von 1954 außer Kraft. Diese findet sich aber in der ersten Durchführungsverordnung zum *Landeskulturgesetz,* der *Naturschutzverordnung* von 1970, sinngemäß wieder.

Unabhängig von dem speziellen Naturschutzrecht gibt es in beiden deutschen Staaten zahlreiche Vorschriften, verstreut im Raumordnungs-, Bau-, Wasser-, Forst-, Agrar-, Jagd-, Fischerei-, Denkmalschutz-, Immissionsschutz- und Abfallbeseitigungsrecht, die direkt oder indirekt dem N. dienen. In der Bundesrepublik tritt dazu noch der verfassungsrechtliche Grundsatz gerechter Belangabwägung, den die Rechtsprechung für Planungsentscheidungen entwickelt hat.

II. Kategorien des Naturschutzes

Neben dem allgemeinen Schutz der Natur und dem speziellen Schutz bestimmter Tier- und Pflanzenarten ist der Schutz verschiedener Gebietskategorien festgelegt. »Naturschutzgebiete« werden wegen ihrer besonderen wissenschaftlichen Bedeutung oder hervorragenden Schönheit geschützt. Ihr Flächenanteil beträgt in der Bundesrepublik ca. 1 v. H., mit den geschützten Watt- und Meeresflächen 1,7 v. H. In der DDR werden dazu 0,8 v. H. gerechnet. In »Nationalparks« wird die Natur in möglichst großem räumlichem Umfang geschützt. Bisher gibt es nur den *Nationalpark Bayerischer Wald* und den *Alpenpark Berchtesgaden.* Die Gesamtfläche beträgt 33 400 ha. In »Landschaftsschutzgebieten« wird die Natur zur Wiederherstellung ihrer Leistungsfähigkeit und Nutzungsfähigkeit, wegen ihrer Schönheit oder wegen ihres Erholungswertes geschützt. Ihr Flächenanteil beträgt in der Bundesrepublik 25 v. H., in der DDR 14 v. H. In »Naturparks« wird die Natur vorwiegend großräumig als Landschafts- oder Naturschutzgebiet wegen ihrer Erholungseignung und -nutzung geschützt. Der Flächenanteil in der Bundesrepublik beträgt 19 v. H. Landschaftsschutzgebiete und Naturparks überschneiden sich weitgehend. In der DDR wird der Begriff »Naturpark« nicht verwendet. »Naturdenkmäler«, Einzelschöpfungen der Natur, werden aus wissenschaftlichen Gründen oder wegen ihrer Seltenheit, Eigenart oder Schönheit geschützt. Das Orts- und Landschaftsbild prägende Teile der Natur ohne den Wert eines Naturdenkmals können als »Landschaftsbestandteile« geschützt werden. Die Schutzformen Naturschutzgebiet, Nationalpark und Naturdenkmal sollen menschliche Einwirkungen weitgehend ausschließen, während die Maßnahmen für Naturparks, Landschaftsschutzgebiete und Landschaftsbestandteile die überkommene Nutzung nicht beschränken. Mit letzteren sollen landschaftlich bemerkenswerte Strukturen oder Flächenausschnitte in ihrem Gesamteindruck möglichst erhalten und vor störenden Eingriffen durch Siedlungs-, Gewerbe- und Verkehrswegebau bewahrt werden, ohne ihre Wirtschafts- und Erholungsfunktion in Frage zu stellen.

In der Bundesrepublik gibt es neben großen Naturschutzgebieten wie der Lüneburger Heide und dem Vogelschutzgebiet Knechtsand im Wattenmeer zahlreiche kleine Naturschutzgebiete. Als Landschaftschutzgebiete und Naturparks, die häufig, wie etwa der deutsch-niederländische Nationalpark, Grenzen überschreiten, sind vor allem die bedeutenden Ferien- und Erholungsgebiete in den Mittelgebirgen und im Alpenvorland ausgewiesen.

In der DDR stieg die Zahl der Naturschutzgebiete zwischen 1954 und 1980 von 205 auf 743, die damit geschützte Fläche vergrößerte sich von 45 000 auf 93 000 ha. Nur 7000 ha sind total geschützt, der

Rest wird extensiv bewirtschaftet. Das größte Reservat von ca. 5000 ha liegt am Ostufer des Müritzsees, große Schutzgebiete liegen ferner in den Mittelgebirgen und in den Nordbezirken. Wichtige Landschaftsschutzgebiete sind Teile der Ostseeküste, der mecklenburgisch-brandenburgischen Seenplatte, Teile der Mittelgebirge und Waldgebiete um Berlin.

III. Organisation

In der Bundesrepublik wird N. von öffentlichen und privaten Stellen betrieben. Die gesetzlichen Vorschriften werden, soweit es sich um spezielles Naturschutzrecht handelt, durch die von den Ländern bestimmten staatlichen Naturschutzbehörden, teilweise auch durch kommunale Gebietskörperschaften vollzogen. Sie werden fachlich von sogenannten Beiräten beraten.

Für fachspezifische Fragen bestehen auf Bundes- und Landesebene teilweise besondere Fachbehörden, wie das *Umweltbundesamt* und die *Bundesforschungsanstalt für Naturschutz und Landschaftsökologie*. Eine Vielzahl privater Organisationen unterstützt die Naturschutzbehörden namentlich durch Information der Bevölkerung und Ankauf schutzwürdiger Gebiete. Die privaten Naturschutzorganisationen sind im *Deutschen Naturschutzring e. V.* als Dachorganisation mit insgesamt über 3,1 Mio. Mitgliedern zusammengefaßt.

Normen zum Schutze der Natur dienen nach einer von der Rechtsprechung vertretenen, aber sehr umstrittenen Ansicht nicht dem persönlichen, individuellen Interesse Dritter, so daß der Bürger gegen die Verletzung solcher Normen keine Rechtsbehelfe

In der DDR weisen die Räte der Bezirke, in wichtigen Fällen der Ministerrat und das *Ministerium für Umweltschutz und Wasserwirtschaft* Naturschutzgebiete aus. Der Vollzug der Gesetze und Bestimmungen zum Gebietsschutz obliegt den örtlichen Behörden in Zusammenarbeit mit der Wirtschaft und gesellschaftlichen Organisationen. Das *Institut für Landschaftsforschung und Naturschutz* in Halle arbeitet Vorschläge zur Landschaftsgestaltung aus und ist für die Erhaltung der Schutzgebiete verantwortlich. Es leitet auch die etwa 1000 ehrenamtlichen Naturschutzbeauftragten in den Bezirken und Kreisen an. Im Rahmen des *Kulturbundes* entstand 1980 erstmals in der DDR mit der *Gesellschaft für Natur und Umwelt* eine Naturschutzorganisation mit ca. 4000 Mitgliedern.

IV. Gesellschaftliche Bedeutung in beiden deutschen Staaten

Eine breite Massenbewegung für Natur- und Umweltschutz, wie in der Bundesrepublik, fehlt in der DDR. Die Erhaltung natürlicher Biotope oder gewachsener Naturlandschaften ist für Regierung und Bevölkerung offensichtlich kein vorrangiges Ziel. Die sozialistische Landeskultur stellt die rationelle Nutzung der Natur in den Vordergrund, allerdings nicht nur, um einen volkswirtschaftlichen Nutzen zu erzielen, sondern auch, um die Erholung und Gesunderhaltung der Werktätigen sicherzustellen.

Trotz eines beachtlichen gesetzlichen wie institutionellen Instrumentariums gehen in der Bundesrepublik und in der DDR durch den Wandel der Flächennutzung in einer immer dichter werdenden Zivilisation die Anteile an naturnahen Flächen

	Bundesrepublik Deutschland		DDR	
	1966	1976	1968	1978
landwirtschaftliche Nutzflächen	56,5 v. H.	53,6 v. H.	58,3 v. H.	58,0 v. H.
Wald	29,0 v. H.	29,2 v. H.	27,2 v. H.	27,3 v. H.
Öd- und Unland	2,8 v. H.	2,7 v. H.	2,2 v. H.	2,0 v. H.
bergbaulicher Abbau	keine Angabe	keine Angabe	0,7 v. H.	0,8 v. H.
Bebauung, Verkehrsanlagen	9,9 v. H.	11,4 v. H.	9,7 v. H.	9,9 v. H.

Quellen: K. Buchwald in: K. Buchwald, W. Engelhardt (Hrsg.), Handbuch für Planung, Gestaltung und Schutz der Umwelt, München, Bern, Wien, 1978, Bd. 1, S. 186 ff; Umweltgutachten 1978, Bundestags-Drucksache 8/1938, S. 389; Statistisches Jahrbuch der DDR 1979, S. 154.

einlegen kann. Um die dadurch verursachte Schwäche des Naturschutzrechtes zu beheben, bemühen sich die Naturschutzverbände als Interessenvertreter der Natur um ein Klagerecht. Die Bundesländer Bremen und Hessen haben die Verbandsklage mittlerweile in einer allerdings nur unvollkommenen Form eingeführt.

zurück. Die Änderung der Flächennutzung zeigt die Tabelle.

Soweit Schutzgebiete förmlich festgesetzt sind, sind sie oft zu klein, wobei sie vom Rande her durch benachbarte Nutzungen in Mitleidenschaft gezogen werden. Vielfach steht ihr Schutz nur auf dem Papier, namentlich beim sogenannten Landschaftsschutz, weil wirtschaftlichen Interessen ständig der Vorrang vor ökologischen Erfordernissen eingeräumt wird. Wenn dem Artenschwund in Fauna und Flora wirksam Einhalt geboten werden soll, müssen großflächige ökologische Ausgleichsräume geschaffen werden. Von einem so verstandenen N. ist die Bundesrepublik weit entfernt, wie der Artenrückgang bei Pflanzen und Tieren belegt. 44 v. H. der Brutvogelarten, 55 v. H. der Säuger, 67 v. H. der Kriechtiere, 70 v. H. der Süßwasserfische und 31 v. H. der höheren Pflanzen sind gefährdet. Diese Zahlen sind ein Anzeichen dafür, daß die Umweltbelastung in der Bundesrepublik eine kritische Grenze überschritten hat, jenseits derer die Natur auftretende Schäden nicht mehr aus eigener Kraft beheben kann.

Wie die Tabelle zeigt, ist der Landverbrauch in der Bundesrepublik durch den Siedlungs- und Verkehrswegebau in Geschwindigkeit und Ausmaß höher als in der DDR. Bandförmige visuelle, akustische und ökologische Zerschneidungseffekte namentlich des Straßenbaues vergrößern in der Bundesrepublik die in Mitleidenschaft gezogene Fläche noch erheblich. Besonders ungünstige Verschiebungen im Flächenverhältnis Freiland und überbaute Fläche haben sich in den Verdichtungsgebieten, ergeben, in denen im Jahre 1968 bereits 56 v. H. der Bevölkerung wohnten. Charakteristisch ist für die Bundesrepublik eine bevorzugte Bebauung landschaftlich hochwertiger Flächen im Vorfeld der Ballungsgebiete und in den klassischen Erholungsgebieten, wie dem Bodenseeumland, dem Alpenvorland und der Ostseeküste namentlich durch Zweitwohnsitze, deren Bau zu einem deutlichen Mangel an intakter Erholungslandschaft führt. Eine vergleichbare flächenhafte Zersiedlung hochwertiger Landschaft hat es in der DDR bisher nicht gegeben, auch wenn dort selten Betriebserholungsheime oder Wochenendhäuser in landschaftlich reizvollen Gebieten gebaut wurden.

Der Waldbestand hat in beiden Staaten Deutschlands leicht zugenommen. In der Nähe der Verdichtungsgebiete, wo er wichtige Ausgleichsfunktionen für Wasserhaushalt, Klima und Erholung erfüllt, haben die Waldflächen jedoch abgenommen.

In beiden deutschen Staaten hat in den überwiegend agrarisch genutzten Gebieten eine stark mechanisierte, mit hohem Einsatz chemischer Dünger- und Schutzstoffe arbeitende Landwirtschaft Flora und Fauna verarmen lassen. Spezialisierte Großbetriebe der DDR, die bei der Pflanzenproduktion eine durchschnittliche Nutzfläche von 5000 ha haben und bei der Tierproduktion durchschnittlich 800 Milchkühe oder 6000 Schweine halten, haben diese Entwicklung mitverursacht. Mit der Flurbereinigung wurden vielfach Feldgehölze, Kleingewässer und Feuchtgebiete trotz entgegenstehenden Rechts beseitigt, womit wichtige ökologische Zellen verlorengingen.

Unter dem Einfluß einer umfangreichen kritischen Literatur zu Umweltfragen, zum Beispiel von C. Amery, E. Eppler, H. Gruhl, H. Stern und K. Lorenz, beginnt in der Bundesrepublik bei breiten Bevölkerungsschichten das Umweltbewußtsein zu wachsen. Daran anschließend setzte mit der Diskussion um Begriffe wie »Lebensqualität« (→ *Lebensstandard)* und »quantitatives Wachstum« auch eine Polarisierung der Bevölkerung in Befürworter und Gegner der technischen Zivilisation ein. Zunehmend werden kritische Stimmen laut, die die Richtigkeit des Verlaufs der zivilisatorischen Entwicklung bezweifeln. Das hat nicht nur zum Auftreten neuer politischer Gruppierungen in Form der *Grünen* und nicht nur zu einer Polarisierung zwischen Wirtschaft und Umweltschutz geführt, sondern auch Anzeichen einer Legitimitätskrise insofern sichtbar werden lassen, als die innere Anerkennung der Bundesrepublik als ein den Interessen aller vernünftig Denkenden dienendes Gemeinwesen bei breiten Bevölkerungsgruppen in Gefahr gerät. Massenproteste, nahezu regelmäßig gegen großtechnische Vorhaben des Verkehrs und der Energieversorgung vorgetragen, und neue Formen kollektiven Handelns (→ *Bürgerinitiativen)* zeigen zusammen mit einer allgemeinen Gereiztheit, in der Umweltfragen zunehmend erörtert werden, daß die zivilisatorische Dichte in der Bundesrepublik die Grenze sozialer Verträglichkeit zu überschreiten droht. In der DDR ist bisher eine vergleichbare Entwicklung nicht zu beobachten.

Auf dem Gebiet des N. arbeiten die Bundesrepublik und die DDR nicht zusammen. Es sind lediglich Gespräche in Zusammenhang mit Problemen grenzüberschreitender Gewässer, unter anderem wegen der Versalzung der Werra, aufgenommen worden. Nur im Rahmen eines multilateralen Abkommens der Ostseeanliegerstaaten kooperieren beide deutsche Staaten in Fragen des Natur- und Umweltschutzes, wenngleich auch in der DDR die Notwendigkeit internationaler Zusammenarbeit für wirksamen Umweltschutz und rationelle Nutzung der Ressourcen erkannt wird.

Ch. Sening, W. Gruhn

Literatur

Landeskulturgesetz; Kommentar, Berlin (Ost) 1973
H. Stumpf, Leben und Überleben – Einführung in die Zivilisationsökologie, Stuttgart-Degerloch 1976
E. Neef, V. Neef, Handbuch Sozialistische Landeskultur, Leipzig 1977
H. Richter, Geographische Aspekte der sozialistischen Landeskultur, Gotha, Leipzig 1979
K. Buchwald, W. Engelhardt (Hrsg.), Handbuch für Planung, Gestaltung und Schutz der Umwelt, München, Bern, Wien 1978–1980

Nonkonformismus

Im Verständnis des N. überlagern sich heute in der Bundesrepublik eine von der soziologischen Diskussion abweichenden Verhaltens geprägte und eine aus den 50er und 60er Jahren stammende, gesellschaftskritische Bedeutung des Begriffs, die auch eine kultursoziologisch aufschlußreiche Haltung widerspiegelt. In der soziologischen Tradition meint N. eine Einstellung und Haltung, die sozial anerkannte → *Werte und Normen* nicht als für sich verbindlich betrachtet, wobei diese ablehnende Einstellung bewußt vertreten wird, um die herrschenden Normen zu ändern oder doch zumindest, um ihre Anwendbarkeit auf bestimmte Situationen zu bestreiten. Die gezielte öffentliche Verweigerung angepaßten Verhaltens beruft sich häufig auf alternative Normensysteme und stellt damit einen wichtigen Unterschied zu anderen Formen abweichenden Verhaltens wie beispielsweise der Kriminalität dar, die sich nicht auf solche Alternativen beziehen. Die Veröffentlichung des Normbruchs gibt auch die Differenz des N. zum → *Außenseiter* an, der gesellschaftlich aufgrund einer bestehenden oder zugeschriebenen Gruppenzugehörigkeit definiert wird, ohne doch sein Außenseitertum öffentlich zu machen und damit für sich bewußt übernehmen zu müssen.

Gemeinhin wird dem N. unterstellt, daß er von den herrschenden Normen aus moralischen, weltanschaulichen, gesellschaftspolitischen, religiösen Gründen, jedenfalls aus Motiven abweicht, die in aller Regel als uneigennützig betrachtet werden. Allerdings darf man aus dieser gesellschaftlich höher bewerteten Differenz zu anderen Formen abweichenden Verhaltens keineswegs auf eine größere Duldungsbereitschaft der konformen Gesellschaft gegenüber diesem N. schließen. Häufig sind nur um so härtere Sanktionen die Folge, und zwar je stärker die Gründe des jeweiligen N., Normen der Gesellschaft verletzen, deren Bestand als notwendig erachtet werden. In der Bundesrepublik hat aber diese Bedeutung des N. nur in den 50er und 60er Jahren eine Rolle gespielt. Hier wurde der N. zu einem auch kulturpolitischen Thema, weil er als Ausdruck einer individuellen Protesthaltung gegen eine nivellierende Massenkultur einen Bruch mit gültigen Normen anstrebte. Die im N. angelegte Spannung zwischen Individuum und Gesellschaft ist damals eher zu einem Schlagwort geworden. Aus der Perspektive der Konformität wurde N. in einem alltagssprachlichen Verständnis häufig mit »exzentrisch« oder »unkonventionell« identisch gesetzt. Zwar übersah eine solche Gleichsetzung, daß auch Nonkonformisten spezifischen Regeln in ihrem Lebensstil gehorchen, doch zeigte die Gleichsetzung auch die Faszination des N., der sogar als Erziehungsideal betrachtet wurde, um die Gefahr von Überanpassungen zu vermeiden und damit zur Festigung herrschender Normen funktionalisiert wurde. Diese starke wechselseitige Bindung von Abgrenzung und Integration seitens der herrschenden Kultur wird nur aus dem starken Konformitätsdruck der gesellschaftspolitischen Situation in der Restaurationsphase der Bundesrepublik verständlich. Durch die gesellschaftspolitischen Veränderungen in den 70er Jahren und der mit ihnen verbundenen Wertedifferenzierung ist dieser Druck einer stärkeren Aufspaltung der Lebensformen gewichen. So erscheint der Begriff des N. heute eher als überholt und veraltet, da als Voraussetzung die normative Einheitlichkeit einer gesellschaftlich dominanten Kultur fehlt. Das Desinteresse zeigt sich vor allem an der Tatsache, daß der Begriff des N. nicht mehr dazu dient, Entwicklungen wie die der Alternativbewegung, die alle Merkmale eines N. trägt, zu charakterisieren. An seine Stelle sind Begriffe getreten wie »Szene«, »Subkultur«, die den Bezug auf ein geschlossenes Wertsystem, von dem es sich abzugrenzen gälte, weniger stark aufweisen. Diese Begriffe machen stärker auf die relative Abgeschlossenheit und sozial regulierte Eigendynamik dieser Gruppen aufmerksam. In diesen Begriffsverschiebungen wird ein Wandel gesellschaftlicher Wertsysteme bemerkbar, der sich in einer immer stärker ausbildenden Gleichzeitigkeit verschiedener Identitätsformen äußert (→ *Alternativkultur*).

Für die DDR existiert der Begriff des N. letztlich nur als Benennung einer Widersprüchlichkeit der kapitalistischen Gesellschaftsordnung, in der sich die Interessen und Bedürfnisse der Individuen als unvereinbar mit den gesellschaftlichen Zwängen dieser Gesellschaft gegenüberstehen. Vor allem der kleinbürgerliche Intellektuelle, der sich zunehmend von der Manipulation des Bewußtseins, der Standardisierung des Denkens, Fühlens und Handelns, letztlich also von einem essentiellen Verlust an Individualität überwältigt sähe, reagiere darauf mit Beharren auf dem N. Insoweit stelle der N. eine → *Kritik* an dieser Gesellschaft dar. Jedoch bleibe diese Reaktion notwendig hilflos, da solche Kritik niemals zu den objektiven sozialen Wurzeln, den kapitalistischen Eigentumsverhältnissen, vorstieße und daher auch unfähig sei, Alternativen und Veränderungsstrategien zu entwerfen. Den N. in die kapitalistische Gesellschaft zu verweisen, bedeutet aber für die Diskussion in der DDR noch nicht eine ungebrochen positive Bestimmung des Verhältnisses des Individuums zur eigenen Gesellschaft. Da in der DDR von dem gesellschaftlichen Eigentum an den Produktionsmitteln, der Identität von Produzent, Eigentümer und Staatsbürger und der daraus entstehenden objektiven Übereinstimmung der persönlichen, kollektiven und gesellschaftlichen Interessen ausgegangen werden könne, entstehe hier auch eine neue Qualität der Beziehungen zwischen

Individuum und Gesellschaft. Aber die oft heftigen Diskussionen etwa über die Durchsetzung gesellschaftlicher Gesetze, über die Widersprüche in der sozialistischen Gesellschaft machen deutlich, daß in der gesellschaftlichen Realität der DDR scharfe Interessendivergenzen bestehen.

Dem gesellschaftspolitisch und -theoretisch unter dem Stichwort der »sozialistischen Persönlichkeitsentwicklung« (→ *Persönlichkeit*) proklamierten Ziel, das Individuum solle die Sache des Kollektivs und der Gesellschaft aktiv zur eigenen machen und sich dabei selbst verwirklichen, stehen im betrieblichen → *Alltag* konkrete Interessenkonflikte aufgrund sozialer Ungleichheiten gegenüber. Diese zu überbrücken, wird immer wieder durch die Gleichzeitigkeit sozialer Kontrolle, ausgleichender sozialpolitischer Maßnahmen und erhöhten materiellen Anreizen angestrebt. Welche neuen Inhalte einem N. in der DDR zuwachsen, zeigt sich an den vielen, gleichsam informellen Verhaltensweisen, für die die alltägliche Lebens- und Genußsicherung im Interesse der Individuen liegen. Beispiele sind neben Schwarzmarkt und Schwarzarbeit die in der Regel gut bezahlte Organisation sonst schwer erreichbarer Dienstleistungen und Güter bis hin zu dem immer wieder kritisierten Diebstahl betrieblicher Materialien für den Privatgebrauch. Inwieweit diese Verhaltensweisen in einem anderen Sinn systemkonform sind, da sie indirekt die Volkswirtschaft der DDR von unerfüllbaren Bedürfnisbefriedigungen der Bevölkerung entlasten, mag hier offen bleiben. Aber es zeigt, wie sich aus gesellschaftlichen Problemlagen spezifische nonkonforme Einstellungen ergeben, die, offiziell tabuisiert, nur als private Bewältigungsformen realisiert werden können.

Soziologische Debatten in der DDR weisen noch auf andere Interessendivergenzen mit langfristigen Folgen hin. Von offensichtlich großer Bedeutung dürfte heute die Stellung der → *Intelligenz* in der Sozialstruktur der DDR und das aus dem Mißverhältnis zwischen ihrem hohen Qualifikationsniveau und den ihnen gegebenen geringen gesellschaftspolitischen Entscheidungsmöglichkeiten entspringende »überschüssige Bewußtsein« (R. Bahro) sein. Das darin verborgene Potential einer gesellschaftspolitischen Opposition hat allerdings in der Geschichte der kommunistischen Bewegung in dem Spannungsverhältnis mit Intellektuellen und Partei schon eine gewisse Tradition. Nach Lebensstil und Interessen immer ein gewisser Fremdkörper gegenüber der Parteibürokratie, unterwarf sich die Intelligenz doch häufig, gerade um dieses Mißverhältnis zu versöhnen, unter Berufung auf eine historische Entwicklungslogik einzelnen Beschlüssen und Aktionen der Partei, auch wenn sie diese individuell nicht rechtfertigen konnte. Th. W. Adornos mokante Charakterisierung G. Lukács' als eines »nonkonformistischen Konformisten« weist auf die grundsätzliche Widersprüchlichkeit intellektueller Existenz im Umgang mit der organisierten → *Macht* hin.

Verhaltensformen des N. liegen so im Schnittpunkt divergierender Strategien verschiedener Institutionen der DDR. Leicht mit warnenden Kommentaren wie »individualistisch« oder »subjektivistisch« belegt und damit dem Verdacht bürgerlicher Ideologie ausgesetzt, wird aber doch die Bereitschaft der Gesellschaft signalisiert, den jeweiligen N. als »schöpferisch« anzuerkennen und gesellschaftlich zu integrieren. Je stärker aber N. seinen Normbruch öffentlich praktiziert oder sich sogar zu organisieren beginnt, desto deutlicher sind auch die administrativen Formen der Unterdrückung. Und dies gilt gerade auch dann, wenn sich N. auf die gleichen marxistisch-leninistischen Werte beruft, aber gegebene staatliche Normen für sich nicht als gültig betrachtet. Nur solange der N. privat bleibt und auf herausfordernde Politisierung verzichtet, scheinen sich für ihn Spielräume halten zu lassen. In diesem Umgang der politischen und gesellschaftlichen Führung mit dem N. wird aber nicht allein die Auseinandersetzung über gesellschaftspolitische Alternativen zum System ausgetragen. Er ist nur aus dem Bemühen zu verstehen, verbindliche Werte als soziale Disziplinierungsmittel auch dort einzusetzen, wo der gesellschaftliche Prozeß in Widersprüche gerät. Die Situation in der Bundesrepublik zeigt dagegen gerade, daß eine entstehende Vielfalt von Wertsystemen und die Chance, daraus verschiedene Lebensformen zu entwickeln, noch nicht den Zerfall des gesellschaftlichen Zusammenhangs zur Folge haben muß, sondern manchen Institutionen, wie etwa der Familie oder Kirche als Einrichtung sozialer Dienstleistungen, eine neue Bedeutung verleiht. Inwieweit darin eine neuerliche Integration des N., beispielsweise der alternativen Bewegungen, liegt, oder ob sich hier qualitativ neue soziale Beziehungen herausbilden, ist offen.

H.-J. von Kondratowitz

Literatur

P. C. Ludz, Widerspruchstheorie und entwickelte sozialistische Gesellschaft, Deutschland-Archiv, 6. Jg., 1973, H. 5, S. 506–518
W. Lipp (Hrsg.), Konformismus – N., Neuwied 1974
G. Stiehler, Über den Wert der Individualität im Sozialismus, Berlin (Ost) 1978
Th. Wolton (Hrsg.), Underground im Ostblock, Berlin (West) 1978

Nullpunkt

I. Nullpunkt – eine Metapher – II. Kultureller Neubeginn der Westzonen – das alliierte Programm der »Reeducation« – III. Antifaschistisch-demokratische Erneuerung in der Sowjetischen Besatzungszone – IV. Gemeinsame Probleme der Vergangenheitsbewältigung

I. Nullpunkt – eine Metapher

Das Wort N. zielt auf die historische, kulturelle und existentielle Zäsur des Jahres 1945, der bedingungslosen Kapitulation des Deutschen Reiches am 8. Mai 1945, in der deutschen Geschichte. Es ist eigentlich kein Begriff, sondern eine emphatische Metapher, die entsprechend der vielgestaltigen umgangssprachlichen Semantik des Wortes (Gefrierpunkt, Tiefpunkt, Stunde Null, Nichts, Ausgangspunkt für Neues) aus höchst unterschiedlichen biographischen Erfahrungen und politischen Interessen heraus diese Zäsur mit Bedeutung auflädt. Von Anfang an fungiert das Wort N. also als Projektionsfeld für sehr verschiedenartige, häufig einander ausschließende ideologische Interpretationen des Endes von nationalsozialistischer Diktatur und Weltkrieg in Deutschland. Im gleichen Bedeutungshorizont stehen Formeln und Metaphern wie »Kahlschlag« (W. Weyrauch, 1949), »tabula rasa« (H. E. Holthusen, 1945; A. Andersch, 1948), »verlorene Generation« (A. Andersch, 1945) und »Trümmerliteratur« (H. Böll, 1950), die vor allem in der literarischen Diskussion der Westzonen verwendet wurden. Im engeren Sinn bezeichnet das Wort jene politisch-kulturelle Erneuerungsbewegung um A. Andersch und H. W. Richter und ihre Zeitschrift »Der Ruf«, die einen »radikalen Neubau« (A. Andersch, 1945) Deutschlands und seiner Literatur aus dem Geist der französischen *Résistance* wie der französischen Existenzphilosophie forderte, selbst jedoch nie die mißverständliche Metapher vom N. dafür einsetzte. Dieser belegbare Sachverhalt schützte die Herausgeber des »Ruf« jedoch nicht davor, später als Initiatoren einer auch sprachlich-literarischen Nullpunktideologie stigmatisiert zu werden (W. Widmer, 1966; H. Mayer, 1967). Im Feuilleton und in den spärlichen Anfängen einer Kultur- und Literaturgeschichtsschreibung der Zeit nach dem Zweiten Weltkrieg sind die Termini N. oder »Stunde Null« rasch zu unkritischen Gemeinplätzen geworden, bis schließlich seit etwa 1970 eine Reihe jüngerer Wissenschaftler wie F. Trommler, V. Wehdeking, H. D. Schaefer eine solche Wertung der Zäsur von 1945 als vornehmlich apologetische offenlegte. Bezeichnenderweise ist der Gebrauch der Formel auf die Westzonen beschränkt. Da in der Sowjetischen Besatzungszone und der DDR von Beginn an eine bestimmte Auffassung fortschrittlicher historischer und kultureller Kontinuität als »Kulturerbe« propagiert wurde, war für eine Nullpunktvorstellung kein Raum.

II. Kultureller Neubeginn der Westzonen – das alliierte Programm der »Reeducation«

Zweifellos markiert das Jahr 1945, als Ende der nationalsozialistischen Herrschaft und des Zweiten Weltkriegs, die bedeutendste Zäsur und gleichzeitig größte Krise in der deutschen Geschichte, auf die – in Grenzen – die Nullpunktmetapher sogar zutrifft. Die Nationalsozialisten selbst verstanden die Situation seit Ende 1944 als die einer ablaufenden Uhr, wobei sie vergeblich versuchten, den Zeiger auf »fünf vor zwölf« anzuhalten. Im Mai 1945 war Deutschland ein weitgehend zerstörtes, in seinem gesellschaftlichen Reichtum um Jahrzehnte zurückgeworfenes Land, das rund 8 Mio. Kriegstote zu beklagen hatte. Keine Stadt, keine Fabrik, kein Theater, keine Familie waren mehr intakt. Gerade der antifaschistische Teil der Bevölkerung, insbesondere die Arbeiterbewegung, war durch den nationalsozialistischen Terror zerschlagen worden. Zwölf Jahre Nationalsozialismus und Krieg waren nicht in eine innerdeutsche revolutionäre Befreiungsbewegung eingemündet, sondern hatten zu einer allgemeinen Verrohung, Demoralisierung und Preisgabe humaner Werte geführt, die einen Neuanfang in jeder Hinsicht notwendig machten. Dieser war jedoch von vornherein der verzweifelten Frage konfrontiert, mit welchen menschlichen und materiellen Mitteln dies denn eigentlich geschehen solle. Im Versuch, diese Frage zu beantworten, wurden schon von Mai 1945 an, vorbereitet durch entsprechende Beschlüsse der Alliierten vor diesem Datum in den drei Westzonen einerseits, in der Sowjetischen Besatzungszone andrerseits, gegensätzliche Wege eingeschlagen. Die westlichen Alliierten und die von ihnen herangezogenen deutschen Politiker verfolgten eine Politik der Festigung des kapitalistischen Wirtschaftssystems insbesondere durch den massiven amerikanischen Kapitalimport im Zuge des *Marshallplans*. Mit der Währungsreform vom 20. Juni 1948 wurde ein das kapitalistische Unternehmertum begünstigender N. für die Wirtschaft gesetzt, der den staatlichen Neuanfang 1949 durch die Gründung der Bundesrepublik Deutschland beträchtlich beeinflußte. Staats- und Verwaltungsapparat, einschließlich der Bereiche Kultur und Bildung, waren im Zuge einer bürokratische Entnazifizierungskampagne nur oberflächlich von ehemaligen Nationalsozialisten gesäubert worden. Ihre Grundlage war das amerikanische Programm der *Reeducation,* das einerseits von einer Kollektivschuld des ganzen deutschen Volkes ausging, sich andrerseits mit der Wiedereinführung der Moral in die Politik und der Installierung der formalen Demokratie begnügte. Die tieferen Ursachen des Nationalsozialismus blieben ausgeblendet, die ökonomische Ungleichheit war neuerlich sanktioniert. Innerhalb dieser politischen und ideologischen Koordinaten wurde, verschärft durch den antikommunistischen *Kalten Krieg* ab Ende 1947, seitens der Westalliierten eine Kulturpolitik betrieben, die über die Hebel der Lizenzierung aller Theater- und Filmaufführungen, der Regie des Rundfunks, der Herausgeber eigener Medien wie »Die Neue Zeitung« oder »Die Welt« sowie der Papierbewirtschaftung bis 1948 vor allem der *Reeducation* konforme kulturelle Aktivitäten förderte. Somit brachte das Jahr 1945 in den Westzonen durchaus keine freie öffentliche Kommunikation aller vom Nationalsozialismus nicht belasteten Kulturschaffenden mit ihrem Publikum, vielmehr wurden von vornherein bestimmte Traditionsbildungen begünstigt, andere behindert, ja verhindert *(→ Tradition und kulturelles Erbe)*. Es gab aber auch Ansätze zur literarischen Auseinandersetzung, so in L. Rinsers »Gefängnistagebuch« von 1946, in E. Wiecherts »Totenwald« von 1945/46, in G. Weisenborns »Memorial« und F. Meineckes »Die deutsche Katastrophe« von 1946. Der sozialistisch oder kommunistisch engagierte Teil der Exilliteratur wurde nicht eingebürgert, seine Einbürgerung vielmehr hintertrieben, so daß selbst Autoren, die sich erst in Westdeutschland niedergelassen oder eine Rückkehr dorthin erwogen hatten – E. Bloch, H. Mayer, St. Hermlin, selbst B. Brecht – schließlich in die Sowjetische Besatzungszone zogen, andere ihre Exilländer gar nicht mehr verließen (L. Feuchtwanger, O. M. Graf, H. Mann) oder wie Th. Mann, die Schweiz als Aufenthaltsort bevorzugten *(→ Exil)*. So blieb z. B. die Kenntnis der Exilprosa in den Westzonen lange auf H. Broch oder Th. Mann beschränkt. Die Lücke wurde wie selbstverständlich von den Autoren der *→ inneren Emigration* und jenen im günstigen Fall unbelasteten Schriftstellern gefüllt, die von 1933 bis 1945 in Deutschland geblieben waren und weiter publiziert hatten. Noch 1965 hießen die häufigsten Autoren in Anthologien und Lesebüchern der Bundesrepublik J. Weinheber, G. Benn, M. Carossa, G. Britting, W. Bergengruen, R. A. Schröder, E. Jünger, I. Seidel; Exilliteratur war, im Vergleich zur in Deutschland selbst geschriebenen Literatur, nur im Verhältnis von eins zu sechs vertreten. Erst Jahrzehnte später erkannte man, daß zudem die meisten Autoren der Nullpunktgeneration gar keine Debütanten waren, sondern bereits vor 1945 ohne größere Behinderung hatten publizieren können, wie G. Eich, M. Frisch, P. Huchel, E. Kästner, H. G. Kasack, W. Koeppen, P. Kreuder, K. Krolow, H. E. Nossack, W. Schnurre, W. Weyrauch. Eine wirklich offene Situation war bei der Konstituierung der Nachkriegsliteratur also nicht gegeben. Dominant war und blieb »vernebelnde Entrückungsliteratur«, die »Inszenierung von Kultur«, um »die Wirklichkeit des Faschismus an die Wand zu spielen« (J. Manthey, in: Literaturmagazin 7, Reinbek 1977, S. 13).

Ironischerweise ermöglichte das Organ der US-Militärregierung, »Die Neue Zeitung« unter H. Habe und H. Wallenberg bis etwa Ende 1947 in ihrem Feuilleton, geleitet von E. Kästner, nicht nur die Rezeption ausländischer, namentlich angelsächsischer Literatur und ließ auch Schriftsteller des Exils zu Wort kommen, sie bot auch Autoren wie S. Heym oder F. C. Weiskopf eine Plattform zur kritischen Reflexion über alliierte Positionen. So wurde in der »Neuen Zeitung« eine moralische deutsche Kollektivverantwortung bejaht, eine formale Kollektivschuld abgelehnt,. Diese Haltung des Blattes wurde freilich in Washington immer mehr mißbilligt und ab 1948 unterbunden.

Am deutlichsten spiegelt sich der Trend zur neuerlichen Inszenierung von Kultur unter Absehung vom Nationalsozialismus in der erstaunlichen Zahl von rund zwanzig Kulturzeitschriften, die zwischen 1945 und 1947 aus dem Boden schossen. So waren »Die Wandlung«, »Lancelot«, »Frankfurter Hefte«, »Merkur«, »Die Gegenwart«, »Das Karussell«, »Die Erzählung«, »Das Goldene Tor«, »Story«, die Zeitschriften »Deutsche Rundschau«, »Die neue Rundschau« und »Hochland/Neues Hochland« bereits vor und während des Nationalsozialismus erschienen. Nicht alle diese *→ Zeitschriften* spielen den »reinen« Geist und die Kultur gegen die »beschmutzte« Geschichte und Politik aus. Einige fördern die Selbstverständigung der Intellektuellen und Literaten über die Nachkriegssituation. Aber sie bleiben auf entsprechende Zirkel beschränkt und berühren nicht wirklich die alltäglichen Überlebensprobleme der breiten Bevölkerung am toten Punkt des Endes des Zweiten Weltkriegs. Folgerichtig müssen die meisten von ihnen zwischen 1949 und 1950, als die politisch-ökonomische Restauration und die Ost-West-Abgrenzung sich auf ernüchternde Weise durchsetzen, ihr Erscheinen nicht zuletzt im Zug der Währungsreform einstellen. Es scheint aber auch ein mit dem Nullpunktdenken zusammenhängendes Generationserlebnis der um 1910 bis 1922 Geborenen gegeben zu haben, das nicht ohne weiteres in der erwähnten Rechtfertigungshaltung aufgeht und einen authentischen antifaschistischen Impuls hat. Es existiert eine junge Generation, die »von den Älteren durch ihre Nichtverantwortlichkeit für Hitler, von den Jüngeren durch das Front- und Gefolgschaftserlebnis, durch das eingesetzte Leben« getrennt war (A. Andersch). Sie artikulierte ihren Willen zur Abkehr vom Bisherigen, ihre Bereitschaft zum »totalen« Neubeginn in vielfältiger Weise, im Ton pietistischer Erweckung, am deutlichsten bei W. Borchert, wie im nüchternen Rückzug aufs tatsächlich Vorhandene, am wirksamsten in G. Eichs Gedicht »Inventur« von 1945. Die Männer dieser Kahlschlag-Generation verstanden sich als »Förster«, die Wegweiser im »literarischen Gestrüpp« ihrer Gegenwart aufstellen wollten, um »in Sprache, Substanz und Konzeption von vorn anzufangen, ganz von vorn« (W. Weyrauch). Ein entscheidender Ort für die Selbstverständigung der Angehörigen dieser Generation waren die amerikanischen Kriegsgefangenenlager, in denen sich um die Autoren A. Andersch, H. W. Richter, G. R. Hocke und W. Mannzen ein Kreis von Intellektuellen bildete, der bereits dort ab März 1945 das vielleicht wichtigste Sprachrohr dieser Generation, die Zeitschrift »Der Ruf. Unabhängige Blätter der jungen Generation«, schuf. Hier wurden, zumal durch A. Andersch, die wirklich bedrängenden Fragen gestellt, die alle Deutschen 1945 betrafen: Wie war das eigene Verstricktsein in die faschistische Herrschafts- und Kriegsmaschinerie zu verarbeiten? Wie hatte die neue soziopolitische Orientierung Deutschlands auszusehen? In der französischen Widerstandsbewegung und ihrer Philosophie, dem Existentialismus J. P. Sartres und A. Camus', fand man Orientierung für einen radikalen, die nationalsozialistische Ära gleichwohl nicht verdrängenden Neubeginn, der von der persönlichen Entscheidung der als frei gesetzten Individuen auszugehen hatte. Die kritische Haltung des »Ruf« gegenüber der Politik der Siegermächte, vor allem die Ablehnung der Kollektivschuldthese, führte im April 1947 zum vorübergehenden Verbot der Zeitschrift. Sie wurde kurz darauf erst wieder zugelassen, als sich die bisherigen Herausgeber A. Andersch und H. W. Richter zurückzogen und E. Kuby die Zeitschrift übernahm. Es hatte sich erwiesen, daß politische Aktivitäten in demokratisch-sozialistischer Absicht, die an die Ideologie der *Reeducation* der Alliierten rührten, unerwünscht waren. Die Gründung der *Gruppe 47* durch H. W. Richter, die daraufhin erfolgte, ist mit Recht als deutlichstes Paradigma für die Abdrängung radikaldemokratischer Politik in den unverfänglicheren literarisch-kulturellen Bereich gedeutet worden. »Der Ruf« stellte im März 1949 endgültig sein Erscheinen ein.

III. Antifaschistisch-demokratische Erneuerung in der Sowjetischen Besatzungszone

Auf dem Territorium der Sowjetischen Besatzungszone, deren Industriepotential und wirtschaftliche Infrastruktur etwa zur Hälfte und damit weit stärker als in den Westzonen zerstört war, wurden von der *Sowjetischen Militäradministration in Deutschland* (SMAD) soziopolitische Strukturveränderungen durchgesetzt, die dem N. im Vergleich zu den Westzonen von vornherein ein völlig anderes Gesicht gaben. Kriegsverbrecher und aktive Nationalsozialisten wurden enteignet, wodurch 8 v. H. der Industriebetriebe oder 39 v. H. der industriellen Bruttoproduktion in Volkseigentum übergingen. Landwirtschaftlicher Privatbesitz über 100 ha wurde gleichfalls enteignet und im Zuge der *Bodenreform* an rund 550 000 landlose Bauern und Landarbeiter verteilt. Ebenso wurden Bodenschätze und Bergwerksbetriebe, allerdings erst 1947, in Staatseigentum überführt. Der Kultur- und Erziehungsbereich wurde strikt von ehemaligen Nationalsozialisten und nationalsozialistischem »Kulturgut« gesäubert.

Bei diesen Maßnahmen handelte es sich freilich nicht um eine genuine sozialistische Vergesellschaftung unter Beteiligung der Bevölkerung; die »von unten« gebildeten *Volkskomitees* und *Antifaausschüsse* galten der *SMAD* und der mit ihr kooperierenden *KPD-*, später der *SED*-Führung, als suspekt, sondern um einen Staatssozialismus »von oben«. Die traditionellen, hierarchisch geordneten Verwaltungsorgane blieben strukturell ebenso unangetastet, wie man auf höherer staatlicher Ebene auf das vornazistische System der parlamentarischen Republik unter kommunistischer Domäne zurückgriff und auf die Alternative einer sozialistischen Volksdemokratie verzichtete. Alte Strukturen, durch die hindurch der Nationalsozialismus sich alltäglich verwirklicht hatte, wurden also nicht zerschlagen, auch wenn der im Vergleich zu den Westzonen entschieden umfassendere Austausch der Personen den gegenteiligen Eindruck erweckte. Auch auf kulturellem Gebiet wurde zunächst auf eine spezifisch sozialistische Politik bewußt verzichtet. Der Grund dafür lag einerseits darin, daß auf sowjetischer Seite eine gewisse Unsicherheit über die Zukunft der Sowjetischen Besatzungszone bestand, andrerseits im defensiven Festhalten an der Volksfrontstrategie der Exiljahre, die in der historisch gänzlich anderen Situation eines offensiven Nationalsozialismus konzipiert worden war. Gegen Tendenzen innerhalb der *KPD*, eine sozialistische Gesellschaftsordnung auch auf kulturellem Gebiet direkt in Angriff zu nehmen, wurde die antifaschistisch-demokratische Erneuerung Deutschlands proklamiert, die – entsprechend dem breiten Bündnisanspruch der Volksfront – die nationalsozialistische Vergangenheit im Rückgriff auf den Humanismus des bürgerlichen Kulturerbes überwinden sollte. Daß eine reine Übertragung des Fortschrittlich-Humanen aus der bürgerlichen Kultur problematisch sein könne und der Nationalsozialismus schließlich im Kontinuum der bürgerlichen Gesellschaft stand, wurde dabei geflissentlich übersehen, eine Beerbung der historischen Tradition als eines »Ineinanders von Kultur und Barbarei« (W. Benjamin) abgelehnt. Die Verweigerung des Nullpunktdenkens gegenüber der bürgerlichen Vorgeschichte der Sowjetischen Besatzungszone und späteren DDR hatte jedoch auch positive Aspekte. Sie förderte eine Einbürgerung der antifaschistisch-demokratischen Exilliteratur, deren Autoren in die Sowjetische Besatzungszone übersiedelten (u. a. J. R. Becher, W. Bredel, B. Brecht, R. Leonhardt, L. Renn, A. Scharrer, A. Seghers, E. Weinert, F. Wolf, A. Zweig) und deren Werke rasch und in hohen Auflagen verbreitet wurden, wie auch die der im Exil verbliebenen L. Feuchtwanger, L. Frank, H. und Th. Mann. In fast gleicher Weise wurden nicht oder kaum kompromittierte Schriftsteller, die in Deutschland geblieben waren (z. B. H. Fallada, G. Hauptmann, R. Huch), gefördert, wogegen die in den Westzonen dominierenden Autoren der Inneren Emigration keine Rolle spielten. Gleicherweise wurden nach anfänglicher Tolerierung all jene Klassiker der internationalen →*Avantgarde* vom Lesepublikum ferngehalten, die in Westdeutschland so bedeutenden Einfluß hatten: F. Kafka, J. Joyce, die meisten amerikanischen Romanciers, J. P. Sartre und A. Camus. Dergestalt entstand und wirkte in der Sowjetischen Besatzungszone zwischen 1948 bis 1949 (Proklamation der sozialistischen →*Kulturrevolution*) eine erstaunlich homogene antifaschistisch-demokratische →*Literatur,* in der freilich gewichtige Stimmen jüngerer Autoren und moderne, an der Avantgarde geschulte Töne, mit Ausnahme von St. Hermlin, fast vollständig fehlen; F. Fühmann, G. Kunert, E. Strittmatter u. a. wirken erst ab 1950. Institutionelles Zentrum des Neuanfangs im Kulturleben war der bereits im Exil geplante, von der *SMAD* initiierte *Kulturbund zur demokratischen Erneuerung Deutschlands,* der am Anfang durchaus überparteilich in allen vier Zonen wirkte. Ein Vorläufer war die *Free German League of Culture in Great Britain,* die von 1938 bis nach Kriegsende gegen die Nationalsozialisten gerichtete Kulturarbeit auf der Basis des Volksfrontgedankens betrieb, u. a. Theateraufführungen, Lesungen, Vorträge, gegen Ende des Zweiten Weltkriegs vor allem in englischen Kriegsgefangenenlagern. Am 4. Juli 1945 trat der *Kulturbund* in Berlin mit seinem Gründungsmanifest an die Öffentlichkeit, das in komprimierter Form alle Komponenten der Kulturpolitik der Volksfront – Antifaschismus, Antimilitarismus, Orientierung am bürgerlich-humanistischen Kulturerbe, breite Bündniskonzeption – enthielt. In diesem Sinne wurden unter dem Vorsitz J. R. Bechers Vertreter divergierender weltanschaulicher Richtungen in führende Positionen gewählt (u. a. R. Huch, G. Hauptmann, E. Lemmer, E. Spranger). In Versammlungen, Feiern und im Rundfunk versuchte man, antifaschistischer Literatur und Kunst neue Wirkungsmöglichkeiten zu erschließen. Die Mitgliederzahl des Bundes stieg von 22 000 Ende 1945 auf 120 000 Ende 1947. Im August 1945 wurde der *Aufbau-Verlag* gegründet, der die Programme und Lizenzen wichtiger Exilverlage übernahm. Einen Monat später erschien als Zeitschrift des *Kulturbundes* »Der Aufbau« (bis 1959), ab 1946 die

Wochenzeitung »Sonntag«. In den Umkreis dieser Initiativen gehört auch die von A. Kantorowicz herausgegebene Zeitschrift »Ost und West«, die freilich angesichts der rasch fortschreitenden Ost-West-Abgrenzung schon 1949 wieder aufgeben mußte. Der *Kulturbund,* der von sich aus schrittweise einen weniger offenen Kurs einschlug, wurde 1947 in den Westzonen verboten, womit seine auf ganz Deutschland bezogene antifaschistische Umerziehungsmission gescheitert war. Auf dem Gebiet der Sowjetischen Besatzungszone blieb das Programm der antifaschistisch-demokratischen Erneuerung ungebrochen in Geltung und führte unter der Marxschen Devise »Erziehung der Erzieher« zu einer durchgreifenden Umgestaltung aller Kultur- und Erziehungsbereiche.

IV. Gemeinsame Probleme der Vergangenheitsbewältigung

Der Mai 1945 bedeutete für alle vier Besatzungszonen einen N. im Hinblick auf die materielle Zerstörung des Landes und die moralische Zerrüttung seiner Bewohner. Doch hier endet bereits die Gemeinsamkeit, von der aus sich die Westzonen einerseits und die Sowjetische Besatzungszone andrerseits den kulturpolitischen Vorgaben der Alliierten entsprechend in diametral entgegengesetzte Richtungen der Bewältigung bzw. Nichtbewältigung der Vergangenheit entwickelten. Die westliche Proklamation des totalen N. als Bruch mit der bisherigen Geschichte und als Sprung in die formale Demokratie, unter Beibehaltung der kapitalistischen Wirtschaftsweise, war all jenen willkommen, die bis 1945 Träger oder Mitläufer des Nationalsozialismus gewesen waren, insofern sie dadurch jeder Verantwortlichkeit enthoben waren und wieder ungestört ihren wirtschaftlichen und kulturellen Geschäften nachgehen konnten. So dominiert in allen Kulturbereichen jene apolitisch-restaurative, geschichtslose Haltung, die bereits um 1930 begonnen und sich in der *Inneren Emigration* als »Lebensform« (R. Grimm) ausgeprägt hatte, kaum gebrochen bis in die späten 50er Jahre hinein. Die politische Publizistik und Literatur der Intellektuellen im Umkreis des »Ruf« spielte nur die Rolle eines Störenfrieds, der schließlich durch die Westalliierten zur Räson gebracht wurde. Die sehr reale Kehrseite der Nullpunktphrase war die Kontinuität des restaurativen Denkens und Schreibens von 1930 bis 1960, für die das Jahr 1945 keine entscheidende Zäsur darstellt. Mit ihr stimmten die Auffassungen eines breiten Publikums nach einer Besucherumfrage zum Zeitfilm 1948 überein, das »endlich einmal loskommen« wollte »von der Welt der Trümmer«, »Ablenkung vom grauen Alltag« forderte und einen »energischen Schlußstrich unter alle Tendenzauffassungen« gezogen wissen wollte.

Demgegenüber kristallisierten sich in der Sowjetischen Besatzungszone, den emphatischen Einheitsbekundungen führender Kulturpolitiker zum Trotz, rasch ganz andere Kontinuitäten heraus. Das strategische Modell des Volksfrontbündnisses und der einstweilen nur antifaschistisch-demokratischen Erneuerung verpflichtete das Kulturschaffen auf das kulturelle Erbe insbesondere der deutschen Klassik und der kritisch-realistischen Literatur der Weimarer Republik und des Exils unter Aussparung der Avantgarde und ihrer ästhetischen Techniken, die ab 1951 dem Verdikt des →*Formalismus* verfielen. Auch in der Sowjetischen Besatzungszone stellte sich also statt des N. eine Kontinuität nach rückwärts her, die im Verhältnis zu der in den Westzonen komplementär war. Gemeinsam war beiden sich voneinander entfernenden Landesteilen die Ignoranz des »gewöhnlichen Faschismus«, der in den Subjekten weiterexistierte, die das Kriegsende überlebt hatten. Indem sich die Sowjetische Besatzungszone umstandslos auf die humanistische Tradition bezog und die eigene Bevölkerung zum »Sieger der Geschichte« ausrief, unterschlug sie den Fortbestand »faschistischer Wirklichkeitsproduktion« (K. Theweleit) auch auf ihrem Territorium und verhinderte jene Trauerarbeit, die Voraussetzung für die Schaffung einer qualitativ neuen Gesellschaftsordnung gewesen wäre. Es ist symptomatisch, daß die radikalste Darstellung der angepaßten Fortexistenz von nationalsozialistischen Einstellungen und Haltungen außerhalb Deutschlands geschrieben wurde und in der damaligen Literatur vereinzelt dasteht, B. Brechts »Der anachronistische Zug oder Freiheit und Democracy« von 1947. Erst die Literatur der 70er Jahre (z. B. C. Wolf, »Kindheitsmuster«, H. Müllers Deutschland-Stücke, C. Meckels »Suchbild«) holt jene Vergangenheitsbewältigung zureichend nach, die in den Jahren nach 1945 institutionell und individuell, ob mit oder ohne Nullpunktproklamation, versäumt wurde.

W. Emmerich

Literatur
H. Mayer, Deutsche Literatur seit Thomas Mann, Reinbek 1967
F. Trommler, Der ›N. 1945‹ und seine Verbindlichkeit für die Literaturgeschichte, in: Basis. Jahrbuch für deutsche Gegenwartsliteratur 1, 1970, S. 9–25
F. Trommler, Der zögernde Nachwuchs. Entwicklungsprobleme der Nachkriegsliteratur in Ost und West, in: Tendenzen der deutschen Literatur seit 1945, hrsg. v. Th. Koebner, Stuttgart 1971, S. 1–116
V. C. Wehdeking, Der N. Über die Konstituierung der deutschen Nachkriegsliteratur (1945–1948) in den amerikanischen Kriegsgefangenenlagern, Stuttgart 1971
W. Schlenker, Das ›Kulturelle Erbe‹ in der DDR. Gesellschaftliche Entwicklung und Kulturpolitik 1945–1965, Stuttgart 1977
» . . . einer neuen Zeit Beginn«. Erinnerungen an die Anfänge der Kulturrevolution 1945–1949, hrsg. v. Institut für Marxismus-Leninismus beim Zentralkomitee der SED, Berlin (Ost) 1980

Öffentlichkeit

I. Der Kampf um bürgerliche Öffentlichkeit – II. Öffentlichkeit und öffentliche Meinung – III. Gesellschaftliche Integration und Öffentlichkeit – IV. Die Inszenierung der sozialistischen Öffentlichkeit

I. Der Kampf um bürgerliche Öffentlichkeit

Ö. bezeichnet das Feld gesellschaftlichen Austausches, in dem sich Meinungs- und Willensbildung vollziehen. Entscheidungen über gesellschaftliche Zielsetzungen wie auch über die zu ihrer Erreichung anzuwendenden Mittel fußen wesentlich auf dem öffentlich thematisierten Problemrahmen und seiner Argumentationsstruktur. Somit kommt der Ö. eine zentrale Position im Gesellschaftsprozeß zu. Das Begriffspaar »öffentliche« und »veröffentlichte Meinung« deutet hin auf die Grenzen demokratischer Ö. einmal gegenüber der Privatheit persönlicher Gespräche (→*Kommunikation*) und dann gegenüber der bloßen Scheinöffentlichkeit einer eingeschränkten und damit verzerrten öffentlichen Diskussion (→*Massenkommunikation*).

Aus dem Gedankengut der Aufklärung und des Liberalismus heraus konstituierte sich im 18. Jh. erstmals eine Sphäre der Ö., in der sich das Bürgertum gegenüber feudalstaatlicher Gewalt einen Raum privater Autonomie für politisches Räsonnement zu schaffen wußte. Der Schutz dieser Privatsphäre gegen staatliche Willkür wurde in der Folge Bestandteil moderner rechtsstaatlicher Grundrechtskataloge. Getragen wird der Kampf um die demokratischen Freiheitsrechte von den immer wieder starken Restriktionen unterliegenden Pressemedien (→*Presse*). Die Aufhebung der Pressefreiheit etwa in den *Karlsbader Beschlüssen* von 1819 stieß aber auf anwachsenden Widerstand. Als erste große deutsche Demonstration ist das *Hambacher Fest* von 1832 ein gutes Beispiel für den immer stärker werdenden Druck einer sich beständig ausweitenden Ö. War die bürgerliche Ö. im 18. Jh. die elitäre Ö. der kleinen Schicht des Bildungsbürgertums, so verlor sie im 19. Jh. mit zunehmender Industrialisierung immer mehr ihre legitimatorische Kraft. Die nun aufbrechenden Konflikte waren durch bürgerliches Räsonnement nicht mehr zu regeln. Im Sinne demokratisch-republikanischer Staatswesen des

20. Jh. sollten Transparenz politischer Entscheidungen sowie Partizipations- und Kontrollmöglichkeiten für alle Mitglieder der Gesellschaft bestehen.

Die Entwicklung der Massenkommunikationsmittel und die unterschiedlichen Ausprägungen demokratischer Herrschaftssysteme führten zu einer Diskussion über die politische öffentliche Meinung und deren Funktionsfähigkeit. Kann öffentliche Meinung etwa im Bereich politischer Kontrolle und Konsensbildung ihre Funktionen überhaupt noch wahrnehmen? Degenerierte sie nicht inzwischen zur staatsrechtlichen Fiktion und löste sich in voluminösen Datenerhebungen der Umfrageforschung auf? (J. Habermas, 1969, [11]1980). Ist die Struktur einer Ö. neu zu bewerten, deren Zugänglichkeit zunehmend von wenigen privaten, öffentlich-rechtlichen und staatlichen Institutionen abhängig wird? Ist Ö. ein reines Macht- und Repräsentationsinstrument einer → *Elite* oder vollzieht sich in ihr die demokratische Legitimation der gesellschaftlichen Machtverhältnisse?

II. Öffentlichkeit und öffentliche Meinung

Ö. und öffentliche Meinung als Ausdruck der Volkssouveränität sind als fortlaufender Prozeß zu verstehen, der der Orientierung und Einflußnahme des Einzelnen, der ständigen → *Information,* Kritik, Kontrolle und Legitimation des politisch-administrativen Systems dienen soll. Literarische (→ *Literatur*), wissenschaftliche oder religiöse Ö. bildet sich unter vergleichbaren, jedoch administrativ weniger stark strukturierten Bedingungen. Hier bieten sich Kanäle für ein Kritikpotential, das in Massenmedien, Parlamenten und Parteien als den Institutionen der politischen Ö. nur wenig Artikulationschancen hat.

Die kommunikative Grundordnung der Bundesrepublik Deutschland ist im *Grundgesetz* vor allem in den Artikeln 5, 8, 9, 17 und 21 verankert. Meinungs- und Informationsfreiheit, sowie die kollektiven → *Grundrechte* der Versammlungs- und Vereinigungsfreiheit, Petitionsrecht und die rechtliche Stellung der Parteien sollen das Ideal einer freiheitlich-demokratischen Grundordnung verwirklichen. Verteidigt und konkretisiert wurde die Kommunikationsordnung durch die Rechtsprechung des Bundesverfassungsgerichts. Ö. ist nach ihm über die Grundrechte in Artikel 5 des *Grundgesetzes* hinaus eine »soziale Teilhabergarantie«. Während die »institutionelle Eigenständigkeit der Presse von der Beschaffung bis zur Vorbereitung der Nachricht und Meinung gewährleistet ist« (BVerfG Bd. 10, S. 121), soll der Rundfunk (→ *Hörfunk,* → *Fernsehen*) »in voller Unabhängigkeit überparteilich betrieben und von jeder Beeinflussung freigehalten« (BVerfG Bd. 31, S. 327) werden. Auch die Journalisten (→ *Journalismus*), haben rein rechtlich

keine Sonderstellung, sondern stehen auf einer Stufe mit allen anderen Bürgern. Die Zugangschancen zur Ö. sollten prinzipiell für alle gleich sein.

Ö., als »soziale Teilhabe« verstanden, schlägt sich für die Legislative in der Ö. der Parlamente sowie in der möglichen Einrichtung von Untersuchungsausschüssen nieder. In gleicher Weise ist die Exekutive zur Ö. verpflichtet. Die Auskunftspflicht der Behörden gegenüber den Medien mag hier als Beispiel gelten. Der so vorgegebene rechtliche Rahmen soll die Funktionsfähigkeit politischer Ö. im Sinne der demokratischen Pluralismustheorie gewährleisten.

Diese Bedeutung von Ö. gilt nicht für den Herrschaftsbereich der *Diktatur des Proletariats.* Dort gehen die Begriffsbestimmungen von einer Abgrenzung gegenüber der bürgerlichen Ö. aus, die als → *Ideologie* zur Verschleierung manipulativer Informationsstrategien aufgefaßt wird. In der DDR ist dabei der Begriff der »öffentlichen Meinung« wichtiger als der der Ö., den man in den einschlägigen Lexika und Wörterbüchern vergeblich sucht.

Unter öffentlicher Meinung wird eine bestimmte Form des gesellschaftlichen Bewußtseins verstanden, in der sich vor allem die Interessen der jeweils herrschenden Klasse widerspiegeln. Öffentliche Meinung sei in der Regel mit veröffentlichter Meinung identisch, weil nur die herrschende Klasse auch über die Produktionsmittel zu ihrer Verbreitung verfüge. Während die öffentliche Meinung in der kapitalistischen Gesellschaft den Anspruch erhebe, eine Art Extrakt aller in der Bevölkerung vorhandenen Meinungen zu sein, tatsächlich jedoch die kollektiven Äußerungsformen, zum Beispiel der Arbeiterklasse, ausklammere, beruhe die öffentliche Meinung in der sozialistischen Gesellschaft auf prinzipieller Interessenidentität aller Klassen und Schichten. In der sozialistischen Gesellschaft entwickelten sich deshalb objektive Bedingungen dafür, daß die öffentliche Meinung immer einheitlicher werde, diese prinzipielle Interessenidentität immer deutlicher auch konkret ausdrücke. Daß die gesellschaftlichen Interessen jene seien, die die Partei der Arbeiterklasse formuliert und durchzusetzen sucht, bildet den Hintergrund dieser Auffassung. Als Instrument zur Durchsetzung einer einheitlichen öffentlichen Meinung kann die Meinungsforschung und die seit dem VIII. Parteitag der *SED* verstärkte Öffentlichkeitsarbeit staatlicher und wirtschaftsleitender Organe angesehen werden. Da die Öffentlichkeitsarbeit neben ihren aufklärend-informierenden, erkenntnisvermittelnden und handlungsauslösenden, Funktionen auch politisch-ideologisch erziehen soll, läßt sie sich schwer von der allgemeinen massenpolitischen Arbeit der Partei abgrenzen. Ihre Funktion besteht ebenfalls darin, sozialistisches Bewußtsein und sozialistische Ideologie zu verbreiten und damit sozialistische Ö. als Kommunikationsraum für eine zunehmend einheitliche öffentliche Meinung herauszubilden. »Dieses Moment der sich entwickelnden politisch-moralischen Einheit des Volkes, der wachsenden inneren Geschlossenheit, die sich daraus ergebende Zielgerichtetheit der gesellschaftlichen Aktivität und das Schöpfertum aller Klassen und Schichten des Volkes, ist das charakteristische Merkmal der sozialistischen Ö.« (W. Schmidt, E. Wächter, S. 48 f.).

III. Gesellschaftliche Integration und Öffentlichkeit

Während in der DDR die Inhalte und Träger öffentlicher Meinung durch das Ziel und Verständnis von Staat und Gesellschaft klar vorgegeben sind, staatliche Lenkung im Sinne der marxistisch-leninistischen Ideologie als notwendig erachtet wird, soll in der Bundesrepublik Deutschland der Kreis derer, die als Träger von öffentlicher Meinung in Frage kommen, idealiter unbegrenzt sein. Unter dem Stichwort der wehrhaften → *Demokratie* deuten sich aber bereits die Grenzen dieses Ideals an. Regelmäßigen, institutionalisierten Zugang haben in den öffentlich-rechtlichen Medien vor allem systemkonforme Kräfte. Die Tabuisierung alternativer Strömungen zeigt sich zum Beispiel in der Schwierigkeit für nichtparlamentarische Kräfte, in den etablierten Medien Gehör zu finden, ein Problem, mit dem sich besonders → *Bürgerinitiativen* und alternative Parteien konfrontiert sehen. Der rechtlich festgelegte allgemeine Zugang zur Ö. findet in den bestehenden Machtverhältnissen seine Grenzen. Die notwendige Selektion von Themen und Standpunkten in der öffentlichen Diskussion folgt herrschaftsorientierten Kriterien. Der Kommunikationsfluß von oben nach unten behindert immer wieder die Repräsentation aller gesellschaftlicher Meinungen und Bedürfnisse in der Ö.

Diese Herstellung von Ö. ist die wichtigste Wirkung der Massenmedien und gibt ihnen eine Schlüsselfunktion im Prozeß gesellschaftlicher Kommunikation. Sie bestimmen die Tagesordnung und die Themenstruktur der öffentlichen Diskussion wesentlich. Daher ist die organisatorische Ausgestaltung der Medienordnung ständiger Gegenstand kommunikationspolitischer Überlegungen. Über die Organisation des Rundfunks bestand nach 1945 zunächst in der Bundesrepublik keineswegs Einigkeit. Während mit den öffentlich-rechtlichen Rundfunkanstalten Lehren aus den Erfahrungen aus der Weimarer Republik und dem Nationalsozialismus gezogen wurden, gab es immer wieder Versuche, diese Organisationsform im Sinne staatsnaher oder gruppenabhängiger Institutionen zu ändern (vgl. H. Bausch (Hrsg.), Rundfunk in Deutschland, Bd. 3, München 1980). Die Entwicklung der privatwirtschaftlich organisierten → *Presse* ist wesentlich

durch die Lizenzpolitik der Alliierten geprägt. Aber gerade in den ersten Jahren versuchte auch das sich neu institutionalisierende politische System, durch Einzelgesetze die Kritikfähigkeit der Presse einzuschränken. Erst die Rechtsprechung des *Bundesverfassungsgerichtes* hat solchen Tendenzen ihre Grundlage entzogen und einen Rahmen zu schaffen versucht, der auf ein Höchstmaß an individueller Freizügigkeit bei der Herstellung von Ö. abzielt. Neben der Verfassung setzen die allgemeinen Gesetze, wie das Jugendschutzgesetz, Schranken für die verbreitbaren Inhalte. Auch die Freiheit der → *Kunst* und Wissenschaft, Forschung (→ *Wissenschaft und Forschung*) und Lehre unterliegt den Beschränkungen durch die allgemeinen Gesetze.

Wichtig für die politische Ö. in der Bundesrepublik sind vor allem die Parteien, deren Aufgabe als Verfassungsinstitutionen durch den Artikel 21 des *Grundgesetzes* und das *Parteiengesetz* von 1967 festgelegt ist. Sie sollen »mitwirken« an der politischen Willensbildung des Volkes, indem sie politische Ziele formulieren und eine ständige Verbindung zwischen dem Volk und den Staatsorganen gewährleisten. Ihr interner Willensbildungsprozeß soll nach demokratischen Grundsätzen ablaufen, mit der Aufgabe, die Bedürfnisse der Bürger aufzunehmen, auszuwählen und zu integrieren. Der parteiinternen Ö. dienen sowohl Diskussionen auf den unterschiedlichen Ebenen der Parteiorganisationen bis zum Parteitag, als auch parteiinterne Mitteilungsblätter, Informationsdienste, Zeitungen, Zeitschriften, die sich zum Teil auch an die Allgemeinheit richten. Ö. von Parteien hat die Funktion, Partizipation zu ermöglichen, sowie Kritik, Kontrolle und, im Falle der Übereinstimmung, Legitimation der Institutionen und ihrer Repräsentanten. Diesem Ideal entspricht die Realität aber immer weniger. Verfilzte Machtstrukturen und zunehmenden Bürokratisierung lassen die Kommunikationshierarchien der Parteien immer undurchlässiger werden. Transparenz politischer Entscheidungsprozesse geht dabei verloren, die notwendige Sachdiskussion weicht politischem Kalkül. Besonders in Wahlzeiten wird die politische Auseinandersetzung zur Werbeschlacht von Öffentlichkeitsstrategen (vgl. P. Radunski, Wahlkämpfe, München 1980). Bürgerinteressen organisieren und artikulieren sich zunehmend auf anderen Wegen. Bürgerinitiativen, Demonstrationen oder Alternativpressen sind Konsequenzen bestehender Funktionsdefizite der etablierten Medien und Parteien. Die Integrationskraft der Ö. bemißt sich letztlich am ihr eigenen Innovationspotential. Erst die Existenz völlig abgeschiedener Kommunikationsräume stellt die Konsensfähigkeit der Gesellschaft in Frage.

IV. Die Inszenierung der sozialistischen Öffentlichkeit

Geschichte und Begriff der klassischen bürgerlichen Ö. haben für die Sowjetische Besatzungszone und spätere DDR insofern eine Bedeutung, als sie sicher in der Erinnerung eines Teils der Bevölkerung weiter existieren, oder auch als erstrebenswertes Ziel bei bestimmten Gruppen von Jugendlichen und Intellektuellen gelten dürfen, die selbst nur verschiedene Formen sozialistischer Ö. kennengelernt haben.

Die *KPD* sorgte gleich nach Kriegsende 1945 durch Abschaffung der privaten Presse, durch → *Zensur* und gezielte Personalpolitik in den staatlichen Medien für eine klare institutionelle Beschränkung der Ö. Es gelangten zunehmend nur Themen zur Veröffentlichung, die der politischen Linie der Partei entsprachen. Gleichzeitig wurden kontrollierte Formen der kollektiven Rückkoppelung entwickelt und damit die individuelle Verweigerung der Rezeptionsteilnahme erschwert. Es bildete sich eine Ö. heraus, die man als *inszenierte Ö.* bezeichnen kann. Sie entspricht einerseits durchaus einem Raum gesellschaftlicher Kommunikation, geschaffen durch die Veröffentlichungen der Massenmedien und durch Publikumsveranstaltungen verschiedenster Art; andererseits entsteht in Folge der zahlreichen, aufeinander abgestimmten Kontroll- und Zensurmaßnahmen eine Begrenzung und Strukturierung dieses Raumes, die Unvorhergesehenes unmöglich macht. Größere Parteiveranstaltungen, insbesondere Parteitage, zeigen theatralische Grundzüge, aber auch in den Massenmedien findet häufig ein Spiel mit verteilten Rollen statt.

Agitation und → *Propaganda* der Partei sowie die Öffentlichkeitsarbeit staatlicher und wirtschaftsleitender Institutionen übernehmen hierbei maßgebliche integrative Funktionen. Besonders eng ist ihre Affinität zur politischen Ö. Die politische Ö. der DDR erscheint starr strukturiert und von formelhafter Sprache gekennzeichnet. Das gilt für die Veröffentlichungen der Presse der *SED,* die politischen Sendungen des Rundfunks und Fernsehens, Ansprachen und Diskussionen. Ihre institutionelle Absicherung läßt sich am Beispiel der sogenannten *Volksaussprache* verdeutlichen, die nach Artikel 22 *Verfassung* der DDR den Wahlen zur *Volkskammer der DDR* vorausgehen muß.

Diese Volksaussprache darf nicht als offene Diskussion verstanden werden. Zwar dient sie der Aufstellung und Rechenschaftslegung der Kandidaten, erreicht deren Absetzung vom Wahlvorschlag aber nur selten. Die Volksaussprache wird als Forum vorbereiteter Diskussionsbeiträge und klarer Abstimmungsergebnisse verstanden. Letztlich schließt sie einen direkten Einfluß auf die Kandidaten, deren Kritik, persönliche Kontrolle oder gar Ablehnung aus.

Für andere Öffentlichkeitsbereiche der DDR gelten im Prinzip die gleichen Spielregeln. So muß der kritische und schöpferische Meinungsstreit, zu dem die Partei insbesondere die Gesellschaftswissenschaftler immer wieder anzuregen versucht, wohl deswegen ständig beschworen werden, weil er sich in den politisch abgesteckten Grenzen gerade nicht entfalten kann.

Die wissenschaftliche Ö. der DDR ist vom internationalen Gedankenaustausch mit nichtsozialistischen Ländern so abgeschirmt, daß in der Regel zwar die ausländischen Publikationen zur Kenntnis genommen und ausgewertet werden, die eigenen Arbeiten aber oft unveröffentlicht oder für die Veröffentlichung im nichtsozialistischen Ausland gesperrt bleiben. Das wiederum bleibt nicht ohne Wirkung auf den eigenen Forschungsstand.

Im Vergleich hierzu ist die literarische Ö. der DDR durchlässiger für Kontroversen und Auffassungen, die der Partei nicht entsprechen (→ *Literatur*).

Mit den drei wichtigen Literaturzeitschriften »Neue Deutsche Literatur«, »Weimarer Beiträge« und »Sinn und Form« wird der Raum abgesteckt, innerhalb dessen eine Diskussion über Literatur stattfinden darf. Während die »Neue Deutsche Literatur« als Organ des Schriftstellerverbands sich keine bemerkenswerten Experimente gestattet und in ihrer Kritik zumeist die Parteilinie wiedergibt, ist die Bandbreite bei den »Weimarer Beiträgen« größer, auch deswegen, weil hier Themen aus Ästhetik und Kulturtheorie zum Programm gehören. Wirkliche Kontroversen findet man häufiger in der auflagenschwächsten »Sinn und Form«, wo z. B. der ganze Jahrgang 1973 beherrscht wird vom Streit um U. Plenzdorfs »Die neuen Leiden des jungen W.«, wo in den Jahren 1977 bis 1978 die deutlichste Parteinahme für C. Wolfs »Kindheitsmuster« geäußert wurde, trotz ebenfalls abgedruckter, streckenweise an Diffamierung grenzender Angriffe. Häufig veröffentlicht gerade »Sinn und Form« heikle Texte vorab, was dazu führen kann, daß die Veröffentlichung exklusiv bleibt, so etwa bei V. Brauns »Unvollendete Geschichte« (in: H. 5, 1975, S. 941–979).

Das Interesse in der Bundesrepublik Deutschland und der Devisennutzen, den die DDR durch den Verkauf von Lizenzen an bundesrepublikanische Verlage hat, erlaubt es manchem Schriftsteller, seinen Beruf in der DDR weiter auszuüben, obwohl er dort oft gar nicht oder sehr verspätet die Möglichkeit zur Veröffentlichung erhält. Das bleibt auf die literarische Ö. der DDR nicht ohne Einfluß, wobei manchmal sehr verschlungene Wege verfolgt werden müssen. So gerät z. B. ein Autor wie S. Heym, dessen schriftstellerische Produktion der letzten Jahre systematisch verschwiegen wird, in die Situation, der Ö. davon durch einen Prozeß mit abschließender Verurteilung wegen »Devisenvergehens«

Kenntnis zu geben, worüber dann das Fernsehen der Bundesrepublik berichtet.

Eine Ö. für sich ist die der → *Kirchen* in der DDR. Die Kirchen haben eigene Publikationsorgane und verfügen über regelmäßige Sendezeiten im Hörfunk, der *Evangelische Kirchenbund* auch im Fernsehen. Zwar können die Inhalte dieser Sendungen von den Kirchen selbst gestaltet werden, der politische Freiraum in ihren eigenen Organen ist aber größer. Als mindestens ebenso wichtig dürfte die Ö. der Gottesdienste und der jährlich stattfindenden Kirchentage einzuschätzen sein. Hier handelt es sich zwar auch um eine inszenierte Ö., jedoch mit eigenen Strukturen, die durch Formen direkter, interpersonaler Kommunikation, wie Wochenendseminare oder Bibelrüstzeiten, ergänzt wird. Diese kircheninterne Ö., die sich dem Einfluß der politischen Ö. bewußt zu entziehen versucht, umfaßt ebenfalls die kirchlichen Ausbildungsstätten für Kindergärtnerinnen, Krankenschwestern und Theologen. Der größte Teil des theologischen Nachwuchses wird allerdings noch immer vom Staat an den sechs traditionellen Universitäten der DDR ausgebildet. Die *SED* hält sich zwar an die Trennung von Staat und Kirche und gesteht den Kirchen ein Maß an organisatorischer und damit auch politischer Beweglichkeit zu, wie sonst keiner anderen Massenorganisation, aber es besteht ein ständiges Konfliktpotential (→ *Frieden*).

Seit der denkwürdigen Wiederaufnahme des offiziellen Dialogs zwischen Staat und Kirche im März 1978 aktualisierte die Einführung des Wehrkundeunterrichts an den Schulen der DDR erneut die Probleme christlicher Eltern, die ihre Kinder wegen Glaubensfragen Diskriminierungen ausgesetzt sehen, was sich insbesondere dann zeigt, wenn es um die Zulassung zur Erweiterten Oberschule und zum Studium geht. Auch auf die hauptsächlich von Jugendlichen getragene Friedensbewegung der DDR reagiert der Staat mit Sanktionen, häufig willkürlich und ohne rechtliche Grundlagen (vgl. P. Wensierski: Zwischen Pazifismus und Militarismus, in: Deutschland Archiv 15. Jg., 1982, H. 5, S. 449 ff.). Die kirchliche Ö. zu diesen Konflikten wurde schwerpunktmäßig über die Bundessynode und über Gottesdienste hergestellt, da sie seit den massiven Zensureingriffen auf die Kirchenpresse Anfang 1981 wieder mit Einschränkungen rechnen muß (vgl. G. Helwig: Wir müssen und wollen Flagge zeigen, in: Deutschland Archiv 14. Jg., 1981, H. 4, S. 345 ff.).

In der Bundesrepublik Deutschland blieb die Vorstellung erhalten, Ö. gehöre zu den Konstitutionsbedingungen eines demokratischen Gesellschaftssystems: als Raum für Kommunikations- und Willensbildungsprozesse, insbesondere zur Kontrolle und ständigen demokratischen Legitimierung politischer Entscheidungen. Infolgedessen nimmt die Diskussion darüber, ob Ö. in ausreichen-

dem Maß hergestellt wird, um den politischen Entscheidungsprozeß transparent zu machen, einen zentralen medienpolitischen Stellenwert ein.

In der DDR organisiert sich die *Diktatur des Proletariats* nach anderen Regeln als die parlamentarische Demokratie. Ein Herrschaftssystem, das noch immer dem ehemals konspirativen Zwecken dienenden Organisationsprinzip des demokratischen Zentralismus folgt, kann Ö. – wenn überhaupt – nur in bescheidenem Maß zulassen. Ihre Inszenierung ist eine Methode zur Regulierung der gesellschaftlichen Kommunikation, die einerseits Raum schafft für Agitation und Propaganda, andererseits diesen Raum auch insoweit nutzt, als darin bestimmte Formen des kontrollierten Informationsaustauschs stattfinden dürfen. Die inszenierte Ö. ist also in erster Linie ein politisch stabilisierendes Instrument.

Nicht zuletzt die Möglichkeit, Fernsehen und Hörfunk der Bundesrepublik zu empfangen, trägt in der DDR dazu bei, daß Vorstellungen von bürgerlicher Ö. erhalten bleiben. Das birgt die ständige Gefahr, daß unterdrückte Formen der gesellschaftlichen Kommunikation bewußt werden und sich Raum schaffen. Die kirchliche Ö. fängt hier einiges auf, etwa über Konzertveranstaltungen und Dichterlesungen. Es gibt aber auch Umfunktionierungen zugelassener öffentlicher Veranstaltungen, so, wenn in Diskotheken der staatlich geprüfte »Schallplattenunterhalter« jede Gelegenheit nutzt, um Bänder mit westlicher Rockmusik abzuspielen. Da 1977 bereits 74 v. H. der Jugendlichen einen Kassetten- oder Radiorecorder und 58 v. H. ein Tonbandgerät besaßen oder benutzen konnten (vgl. P. Spahn, Unterhaltung im Sozialismus, Berlin (Ost) 1980, S. 172), dürfte sich hier inzwischen eine völlig unkontrollierte Ö. herausgebildet haben, deren Sprengkraft nicht zu unterschätzen ist.

W. Löcher, V. Blaum

Literatur

A. K. Uledow, Die öffentliche Meinung. Eine Studie zum geistigen Leben der sozialistischen Gesellschaft, Berlin (Ost) 1964
W. R. Langenbucher (Hrsg.), Politik und Kommunikation. Über die öffentliche Meinungsbildung, München 1979
W. Schmidt, E. Wächter, Ö., öffentliche Meinung und staatliche Öffentlichkeitsarbeit, Potsdam, Babelsberg 1979
J. Habermas, Strukturwandel der Ö., Darmstadt, Neuwied [11]1980
E. Noelle-Neumann, Die Schweigespirale. Öffentliche Meinung – unsere soziale Haut, München, Zürich 1980

Parodie

Das parodierende Verfahren wird zuerst im Bereich der Musik der griechisch-römischen Antike entwickelt, dann auch auf literarische Vorlagen und die bildende Kunst (vgl. Travestie, später Pastiche, Montage) übertragen und schließlich als P. bestimmter Rituale, Organisationsformen und Verhaltensweisen zu einem Moment der Alltagskultur. Die literarische P. kann sich auf alle dichterischen Gattungen sowie auf Gebrauchstexte und Redetypen beziehen.

P. stellen in sich abgeschlossene Texte dar, sie können aber, wie etwa die parodistischen Passagen in den Romanen G. Grass' oder I. Morgners, auch als Teilelemente in größere Zusammenhänge eingehen.

Unter literarischer P. versteht man den eingeschränkt imitierenden Bezug auf eine, auch fiktive, Vorlage, einen Werkkomplex, eine bestimmte Stiltradition, vielfach auch auf deren personalen, sozialen, kulturellen und ideologischen Kontext. In der parodistischen Nachschöpfung werden einzelne Elemente der Vorlage in ihrem Erscheinungsbild oder in ihrem Stellenwert verschoben, so daß zum Original eine deutliche Diskrepanz entsteht, die oft komisch wirkt. Der parodistische Effekt kann nur realisiert werden, wenn dem Rezipienten parodierter Text und angesprochener Kontext soweit vertraut sind, daß er die Abweichungen erkennen kann. Der dabei zu vollziehende Vergleich zwischen Vorlage und P. kann auf unterschiedliche Zwecke angelegt sein. So auf das Spiel mit Erfahrungen und Wissen, auf Demonstration der artistischen Kompetenz des Parodisten, auf den komischen Kontrast, auf die Verspottung des Parodierten, auf die »bewahrende Nachfolge« (Th. Mann), auf die ironische Bestätigung der Vorlage in der unzulänglichen Nachahmung, auf kritische Analyse oder Ablehnung des parodierten Objekts. Im letzten Fall wird das parodistische Verfahren zum Mittel der → *Satire*. Angesichts dieser breiten Skala der historisch entfalteten Zweckbestimmung zeigt die Tradition der literarischen P. ein komplexes Erscheinungsbild. Vielfach verstärkt sich das Interesse an P. in spätkulturellen Phasen und kulturellen Umbruch- und Konfliktsituationen.

Im literarischen Leben *(→ Literatur)* der Gegenwart werden P. sowohl im Bereich der Schriftkultur, der Bücher, Zeitungen und Zeitschriften, als auch in szenischer Repräsentation (Vorträge, Kleinkunst, → *Kabarett,* Revue, Show, → *Theater,* → *Film* und durch → *Hörfunk* und → *Fernsehen*) vermittelt. Im Zeichen der → *Massenkommunikation* hat sich die P. weithin aus der noch im 19. Jh. vielfach gültigen Bindung an eine begrenzte Öffentlichkeit und spezielle Bildungsinhalte gelöst. Wichtige Institutionen für die Vermittlung von P. sind nach 1900 Kleinkunstbühnen und → *Kabaretts* sowie die Kulturzeitschriften unterschiedlicher Gruppen und Couleurs, die Verlagsalmanache und Anthologien. Für die Bedeutung der P. im literarischen Leben sprechen Namen wie F. Mauthner, A. Holz, F. Wedekind, H. v. Gumppenberg, F. Blei, Chr. Morgenstern. Vor dem Ersten Weltkrieg steht die Auseinandersetzung zwischen divergierenden literarischen Richtungen und die parodierende Abgrenzung zur Trivialliteratur *(→ Unterhaltung)* im Vordergrund. In den 20er Jahren erweitert sich das Spektrum der P. um den politischen Aspekt. In Zeitschriften, Kabaretts und Vortragsreihen wird vor allem das parodistische Gedicht zum Spott- und Kampflied. Aus der Demontage festgefügter bürgerlicher Bildung entstehen »Gebrauchslyrik« (K. Tucholsky) und Tendenzdichtung. Dieser Vorgang gilt auch für den Bereich der Revuen und des antiillusionistischen Theaters (B. Brecht). Im Roman gewinnt bei R. Musil oder Th. Mann das Bewußtsein der »kulturellen Spätzeitlichkeit« im parodistischen Umgang mit der Tradition seinen sinnfälligen Ausdruck. Die »originalen Kunstprodukte« parodieren gleichsam von selbst die Muster des literarischen Kanons. Als ihre eigene P. erscheint in der konservativen Kulturkritik K. Kraus' die Wirklichkeit im Abbild der Presse und der zeitgenössischen Literatur, die zum Zweck der Kritik nur noch zitiert werden müssen. Gegen diese »Verfallserscheinungen« der bürgerlichen Kultur setzt der Nationalsozialismus das völkische Pathos der vermeintlich echten und unverbildeten Blut-und-Boden-Literatur.

Nach 1945 wird die P. im Rückgriff auf die Überlieferung der Weimarer Republik vorwiegend zum Instrument der → *Satire,* die reinigend auf die Vergangenheit und erzieherisch auf den Neuaufbau Deutschlands bezogen ist. Für die erste Phase der Literaturentwicklung in der Bundesrepublik Deutschland hat der parodistische Umgang mit literarischen Vorlagen vor allem auf dem Theater Bedeutung. F. Dürrenmatts Komödien setzen parodistische Verfahren zur Kritik von falscher Autorität und ideologisierender Mythenbildung ein. Die Beliebtheit von J. Giraudoux und J. Anouilh weist in dieselbe Richtung; neben solcher »parodistischer Ernüchterung« erhält aber auch das demonstrative Verfügen über eine literarische Allgemeinbildung in der P. Gewicht. Der Taschenbucherfolg der P. von R. Neumann Ende der 50er, Anfang der 60er Jahre unterstreicht diesen Befund.

In der DDR werden nach 1949 die erzieherischen und kämpferischen Funktionen der P. durch Kulturpolitik und Literaturkritik vorgegeben. Allerdings wird die dem Schein nach zwecklose P., die ohne parteiliche Tendenz nur komisch sein will, vorerst noch von einzelnen Autoren wie M. Bieler und R. Schneider praktiziert oder, so von G. de Bruyn (1966), verteidigt. In seinem »Versuch über

547

die P.« (1968) diskutiert W. Dietze diese Standpunkte. Er sieht darin keine vorwärtsweisenden Momente der P. und bezieht seine Kritik auf Grundeinsichten der marxistischen Ästhetik, für die Humor und →Satire als prinzipielle Aspekte einer parteilichen Erfahrung des Komischen gelten. Die P. erscheint somit nur als Mittel für übergeordnete Zielsetzungen. Möglich bleibt sie als heiter-zustimmende Aneignung einer Vorlage, als konstruktive Literaturkritik, noch mehr aber als Instrument der Kritik und der kämpferischen Satire (W. Dietze). Der bloße parodistische Spieltrieb, die parodistische Demontage der Vorlage im Zeichen selbstgenügsamer →Ironie oder als Verweis auf absurde Konstellationen der Erfahrungswirklichkeit finden keine Zustimmung. Autoren wie F. R. Fries und I. Morgner werden deshalb in der literarischen Diskussion der DDR zunächst kritisiert.

Dabei wird auch eine grundsätzliche Skepsis gegenüber der P. als Teil bürgerlicher Bildungstradition deutlich. In Abgrenzung zur artistisch-intellektuellen P., die für einen breiten Leserkreis Verständnisprobleme mit sich bringt, betont W. Dietze die Tradition einer alltäglichen parodistischen Praxis, die sich auf ein »ausgedehntes Beziehungsfeld von Personen und Objekten« erstrecken kann. In den anonymen P. der revolutionären Bewegungen, beispielsweise der Bauernkriege, der Französischen Revolution und der Jahre 1848/49 mit ihrem kollektiven Protest gegen Autoritäten wären für W. Dietzes Hinweis auf »eine sehr volkstümliche und volksverbundene, mit Volksweisheit angereicherte Kunstübung« (S. 392 f.) Belege zu finden. Mit der Erweiterung der Literaturkenntnis der Bevölkerung sollte im Rahmen des Konzeptes einer »Literaturgesellschaft« auch ein besseres Operationsfeld für die literarische P. geschaffen werden. Dabei kann die Forderung, sich das klassische Erbe anzueignen, sowohl im parodierenden Bewahren wie in der Kritik an der Rezeptions- und Wirkungsgeschichte der Klassik in der bürgerlichen Kultur aufgenommen werden. So gilt B. Brechts parodistischer Umgang mit klassischer Literatur als Kritik an einem musealen Literaturverständnis, zugleich aber auch als Pflege des kulturellen Erbes (→Tradition und kulturelles Erbe). Für P. Hacks ist die heiter-parodistische Aneignung charakteristisch. In dieser Bestimmung findet schließlich die Kontroverse um U. Plenzdorfs »Neue Leiden des jungen W.« ihr »gutes Ende«. Andere Aspekte ergeben sich erst zu Beginn der 70er Jahre in der Diskussion über eine »kritische Aneignung« des klassischen Erbes. Die Einsicht in das begrenzte historische Bewußtsein der klassischen Autoren ermöglicht auch die kritische P. ihrer Texte.

Im Gegensatz zur Privilegierung der kritischen P. in der Literaturpraxis der DDR begünstigen Medien und Literaturbetrieb der Bundesrepublik Deutschland die spielerische, unkritische und unpolitische P. Selbst in politisch engagierten →Kabaretts sorgen Politikerparodien für einen Spott, den sogar die Parodierten akzeptieren. Zielscheibe der P. zu werden, gilt als Kennzeichen der Popularität. So gibt das Fernsehen der folgenlosen P. seiner eigenen Sendungen und Akteure hinreichenden Freiraum, zumal wenn diese P. zum Element einer breit propagierten Blödel- und Nonsens-Szene wird. Auch die Mitte der 70er Jahre aufkommende parodistische Gegenkultur der neuen Varietés, der Travestie- und Transvestiten-Shows ist heute kommerzialisiert und in die Massenmedien einbezogen. Dem Bereich der Popularparodie (P. Rühmkorf, 1962) stehen die bildungsbezogenen und elaborierten P. der »Elitekultur« entgegen, so etwa die Integration der P. in der enzyklopädischen Prosa A. Schmidts. Mit dem parodistischen Gestus soll vor allem artistische Kompetenz bewiesen oder der Anspruch, daß Literatur Sinn stiften und die Welt ordnen könne, in Frage gestellt werden. Diesen Tendenzen hatte P. Rühmkorf schon 1962 die Forderung nach einer prinzipiell »kritischen P.« konfrontiert, damit aber wenig Echo gefunden. Die kritisch-parodistische Darstellung des Umgangs mit Literatur solle als »Anleitung zum Widerspruch« angelegt sein. Solche Vorstellungen von kritischer P. unterscheiden sich freilich von den entsprechenden Festlegungen der Literaturkritik der DDR. Sie gehen aus von der Provokation des »Kulturbetriebs« und vom Kampf gegen die Macht der Ideologien.

Die theoretische Diskussion und die praktische Analyse zu Status und Wirkungsweise der P. bleibt in der Bundesrepublik Deutschland wie auch in der DDR auf die P. literarischer Vorlagen beschränkt. Die neuen Konstellationen im Gefolge der kulturellen Dominanz des Fernsehens werden kaum beachtet.

J. Schönert

Literatur
J. Borew, Über das Komische, Berlin (Ost) 1960
G. de Bruyn, Nachwort zu: Das Lästerkabinett. Hrsg. von G. de Bruyn, Leipzig[2] 1972
W. Dietze, Versuch über die P. (1968), in: W.D., Erbe und Gegenwart, Berlin (Ost), Weimar 1972, S. 392–440
W. Karrer, P., Travestie, Pastiche, München 1973
Th. Verweyen, G. Witting, Die P. in der neueren deutschen Literatur, Darmstadt 1979

Parteilichkeit

Als Begriff der marxistisch-leninistischen →Philosophie bezeichnet P. in der DDR den Klassencharakter und die Klassengebundenheit aller Arten des gesellschaftlichen → *Bewußtseins*. Es sind dies die von K. Marx »ideologische Formen« genannten juristischen, politischen, religiösen, künstlerischen, philosophischen und moralischen Auffassungen der Menschen. Ihre Gesamtheit, der Überbau, sei Reflex der realen Basis, des Systems der materiellen gesellschaftlichen Verhältnisse. Gemäß K. Marx' Analyse bedingt die Basis den Überbau. Nach Ansicht des Historischen Materialismus ist P. wesentliches Merkmal des gesellschaftlichen Bewußtseins in der Klassengesellschaft. Zweitens wird P. als theoretisch-methodisches Prinzip der marxistisch-leninistischen Philosophie und der Wissenschaft verstanden. Es kennzeichnet Streben nach Objektivität und Parteinahme für die revolutionäre Klasse und deren Partei. Als das der P. entgegengesetzte Prinzip gilt der Objektivismus der »bürgerlichen« Philosophie und Wissenschaft. Die P. des Historischen Materialismus und der marxistisch-leninistischen Wissenschaft wird als offene, die der objektivistischen, das heißt klassenindifferenten Philosophie und Wissenschaft als verschleierte charakterisiert. Dieses Konzept der P. spielt im Gegensatz zur Bundesrepublik in der DDR heute in Philosophie, Geschichts- und Sozialwissenschaften, Ethik und → *Ästhetik* sowie im System der → *Massenkommunikation* noch eine große Rolle. In formalen und technischen Disziplinen sowie in den Naturwissenschaften ist seine Bedeutung jedoch geringer als während der Ära J.W. Stalins. Nach wie vor werden aber auch die Ergebnisse dieser Wissenschaften von der marxistisch-leninistischen Philosophie »parteilich« interpretiert.

Mit dem erkenntnis- und wissenschaftstheoretischen Begriff der P., demzufolge alle Formen des Bewußtseins klassengebunden sind, nicht verwechselt werden darf P. im ethischen Sinn *(→ Engagement)*. Hier handelt parteilich, wer sich als Staatsmann, Geistlicher, Philosoph, Wissenschaftler, bildender Künstler, Schriftsteller oder Publizist für die Durchsetzung oder Verteidigung von → *Werten und Normen* engagiert oder Partei für eine soziale Klasse, Gruppe oder für einen einzelnen nimmt. Bei der Erörterung ethischer P. geht es nicht um das wissens- und wissenschaftssoziologische Problem der Entstehung oder um das logische und wissenschaftstheoretische der Wahrheit von Aussagen. Vielmehr wird die gesellschaftliche Funktion von Religion, Philosophie, Wissenschaft oder Kunst analysiert. Die ethische Dimension der P. wird in der Bundesrepublik mit zunehmender Intensität aufzuhellen versucht. Dabei wird der marxistisch-leninistische Begriff der P. fast einhellig abgelehnt. Schließlich benennt P. abwertend alles voreingenommene, befangene, nicht objektive Denken und Handeln. Gegensätze sind Neutralität und Objektivität.

Daß K. Marx und F. Engels einer P. der Philosophie und Wissenschaften in dem Sinne das Wort geredet hätten, daß sie sich den strategisch und taktisch begründeten politischen Interessen der Arbeiterklasse oder der Partei anpassen müßten, ist eine beide mißverstehende Interpretation. K. Marx nannte einen Menschen »gemein«, der die Wissenschaft einem »nicht aus ihr selbst«, sondern »von außen, ihr fremden, äußerlichen Interessen entlehnten Standpunkt zu akkomodieren« suche (K. Marx, F. Engels, Werke, hrsg. v. Institut für Marxismus-Leninismus beim Zentralkomitee der SED, Berlin (Ost) 1957ff. MEW, Bd. 26, Teil 2, S. 112). Auch F. Engels hat stets die Unabhängigkeit seines wissenschaftlichen Wirkens von Parteistandpunkten zu wahren gewußt. Die scharfe Präzisierung des Konzepts der P. ist W.I. Lenins und J.W. Stalins Werk. Gleichwohl fußt es auf den wissenssoziologischen Arbeiten von K. Marx, vor allem auf der Erkenntnis, die gesellschaftlichen Bewußtseinsformen entsprächen der sich verändernden Gesamtheit der Produktionsverhältnisse. »Es ist nicht das Bewußtsein der Menschen, das ihr Sein, sondern umgekehrt ihr gesellschaftliches Sein, das ihr Bewußtsein bestimmt« (MEW, Bd. 13, S. 9, → *Ideologie*). Indessen sei der Überbau mehr als bloßer Reflex der Basis. Er wirke auch auf den Unterbau zurück. Daraus und aus der Behauptung, mit Ausnahme der ursprünglichen Gemeinwesen sei die schriftlich überlieferte Geschichte eine Geschichte von Klassenkämpfen gewesen, zog W.I. Lenin den Schluß, in Gesellschaftsformationen, in denen noch Klassengegensätze existieren, könne es keine außerhalb der Klassen oder über ihnen stehende Ideologie geben. Der Materialismus trage diesem Sachverhalt offen Rechnung, er sei parteilich.

Das Leninsche Konzept der P. wurde schon früher in der sowjetischen Literatur und Journalistik rigide durchgesetzt. Das Prinzip der Parteiliteratur verkündete W.I. Lenin selbst. Zur Festsetzung der Grenze zwischen dem Parteimäßigen und dem Parteiwidrigen dienten das Programm, die taktischen Resolutionen sowie das Statut der *KPdSU*. Die Literatur habe sich ihnen anzupassen. W.I. Lenin bereitete der Literaturtheorie des *Sozialistischen → Realismus* den Weg, dessen Prinzip der P. auch für Dramatik, Film und bildende Kunst verbindlich wurde. In den Wissenschaften differenzierte er zwischen Philosophie, Gesellschaftswissenschaften und den für sie wichtigen Ergebnissen anderer Disziplinen einerseits und Spezialgebieten wie Chemie, Physik, Geschichte andererseits. Der nichtmarxistische Politische Ökonom vermöge beispielsweise wohl wertvolle Tatsachenforschung zu betreiben. Wenn er sich aber der allgemeinen Theorie zuwende, versage er hoffnungslos. Sie sei wie die Erkenntnistheorie in der Klassengesellschaft eine parteiliche Wissenschaft.

Diese relative Freiheit der Detailforschung wurde unter der Herrschaft J.W. Stalins teilweise zurückgenommen. Das führte in der Biologie wegen des verhängnisvollen Einflusses T. D. Lyssenkos zur jahrzehntelangen Stagnation. Heute ist in den sowjetsozialistischen Ländern im großen und ganzen der durch die »Leninschen Normen« gebotene Zustand wiederhergestellt. Nach Ansicht der Partei soll P. uneingeschränkt in der Philosophie, den Gesellschaftswissenschaften, in der Rechtspflege, Literatur, Dramatik, bildenden Kunst, im Filmschaffen und bei der Vermittlung aller anderen Formen der Massenkommunikation vorherrschen. Relativ freigestellt von P. sind formale Disziplinen und Naturwissenschaften, solange ihre Ergebnisse nicht dem Dialektischen und Historischen Materialismus widersprechen.

Zweifellos gehört zu den bedeutendsten Entdeckungen des 19. Jh. die Einsicht, daß es keinerlei Denken gibt, das von »vitalen, motivationalen und sozialen Einflüssen« frei ist (H. Albert, S. 375). Daraus folgt freilich nicht, daß der menschliche Geist als »Zuchtprodukt auf vitaler Basis« sich »in seinem Funktionieren, seiner kausalen Verflechtung mit dem übrigen Geschehen und seiner sozialen Einbettung« der Erforschung entzöge (H. Albert, S. 375 f.). Soweit P. nur erkenntnistheoretisch die Seinsverhaftetheit des gesellschaftlichen Bewußtseins meint, ist sie lediglich eine Variante der Wissenssoziologie. Sie besagt in marxistisch-leninistischem Sinn, daß allein Wissenschaftler der »aufsteigenden Klasse« an der objektiven Wahrheit der Erkenntnis der Entwicklungsgesetze der Gesellschaft interessiert seien. Weil die Vertreter der »reaktionären Klassen« diese Wahrheit angeblich fürchten, schließe deren P. die Möglichkeit objektiver philosophischer und sozialwissenschaftlicher Forschung aus (Grundlagen der marxistischen Philosophie, hrsg. v. F. W. Konstantinow u. a., Berlin (Ost) [5]1964, S. 362 f.). Annähernd absolute Wahrheit sei in diesen Gebieten allein von »sozialistischer« Wissenschaft zu erlangen, weil diese sich in Übereinstimmung mit dem Gesellschaftsprogreß befinde. Diese Art P. wird in der Bundesrepublik als »politische Theologie im Gewande der Wissenschaft« (H. Albert, S. 375 ff.), die in plattem Freund-Feind-Denken Klassenfeinde aufspürt, angesehen.

Das Ideal des parteilichen Denkens ist aber auch in sich widersprüchlich. Der Kampf gegen den »Objektivismus« beispielsweise der Wissenschaft in der Bundesrepublik bestreitet nämlich, zugleich gegen die Objektivität zu sein *(→ Wissenschaft und Forschung)*. Wahrheitskonzeption des Marxismus ist die von Aristoteles herrührende Korrespondenztheorie. Sie definiert Wahrheit als Übereinstimmung oder »Korrespondenz« des Denkens, wiedergegeben in Aussagen, mit dem Seienden, der Realität. Mit dieser Theorie der Wahrheit ist P. als theoretisch-methodisches Prinzip unverträglich. Der wissenschaftstheoretische Begriff der P. wäre demnach allenfalls dann haltbar, wenn die Korrespondenztheorie der Wahrheit preisgegeben würde. Weder

Marxisten-Leninisten noch Naturwissenschaftler und die meisten Geistes- und Gesellschaftswissenschaftler in der Bundesrepublik und der DDR sind freilich dazu bereit.

Die Problematik des auf K. Marx und F. Engels zurückgehenden erkenntnistheoretischen Begriffs der P. wurde weitgehend in der marxistischen Kunsttheorie der DDR, in ihrer → *bildenden Kunst* und → *Literatur* sowie im Filmschaffen *(→ Film)* deutlich. Da diese Kunstgattungen nach marxistischer Auffassung objektive Realität auf spezifische Weise widerspiegeln und Künstler als Abbildner stets Akteure im Klassenkampf sind, gibt es vermeintlich auch keine klassenindifferente Kunst; ihrem Wesen nach sei sie allemal parteilich. Mit parteilicher Kunst ist etwas völlig anderes gemeint als *Poésie engagée* oder selbst die reine Tendenzdichtung, nämlich im Gegensatz zu *l'art pour l'art* erkenntnistheoretisch die Angleichung der künstlerischen Wahrnehmung und Widerspiegelung der Wirklichkeit an die historisch-konkrete Realitätsauffassung der Arbeiterklasse und ihrer Partei sowie ferner ethisch die Verpflichtung des Künstlers zur parteilichen Bewußtseinsbildung und Handlungsanleitung *(→ Propaganda)*. Doktrin der führenden Rolle der Partei in der Kunst ist der *Sozialistische Realismus,* der seinerseits die P. der Kunst fordert. Hinsichtlich seines Schicksals in der DDR gilt allgemein, was in den letzten Jahren besonders in der Literatur augenscheinlich geworden ist, daß nämlich vom *Sozialistischen Realismus* als einer Theorie nichts übrig blieb als das Beharren auf der führenden Rolle der Partei.

Auch in der ethischen Dimension der P. obwaltet in beiden deutschen Staaten fast durchweg eine Divergenz der Standpunkte. Sie beruht auf gegensätzlichen Weltanschauungen. So wird dem Wissenschaftler in der Bundesrepublik Deutschland prinzipiell ethische P. in dem Sinne zugestanden, daß er angesichts der wissenschaftlich ermöglichten Selbstvernichtung der Menschheit Ergebnisse seiner Forschungen geheimhalten kann oder als Staatsbürger beratend in den politischen Meinungs- und Willensbildungsprozeß eingreift. Faktisch ist dies wegen der konkurrierenden gesellschaftlichen Interessen allerdings oft schwer zu verwirklichen. Die auch in der *Verfassung* der DDR festgelegte Führung der Werktätigen durch die *SED* macht demgegenüber ethische P. dort zur Illusion, wenn sie mit den aktuellen Interessen der Partei kollidiert. Die → *Grundrechte* der *Verfassung* der DDR schützen nur parteikonformes Verhalten. Auch ist die Rechtsprechung nicht, wie in der Bundesrepublik, unabhängig, sondern politischen Machtorganen unterstellt. Anders als das *Grundgesetz* in der Bundesrepublik respektiert die *Verfassung* der DDR weder Individualinteressen noch deren Durchsetzung. Grund dafür ist die Lehre vom Ideologiecharakter des Rechts. Da es als Bestandteil des Überbaus auf die Basis zurückwirkt, gerät Recht in der DDR zum spezifischen Mittel parteilicher Gesellschaftsgestaltung. Es wird zum Instrument der Politik, das die Führung der *SED* formuliert und parteilich einsetzt, um dem Klassenfeind zu begegnen. Für vorstaatliche, überzeitliche Rechtspositionen bleibt kein Raum. Was den Interessen der Partei dient, entspricht den Menschenrechten. Meinungs-, Versammlungs- und Vereinigungsfreiheit werden anders als in der Bundesrepublik nur in Übereinstimmung mit den Prinzipien und Zielen der Parteiführung eingeräumt. Presse- und Rundfunkfreiheit sind offiziell gewährleistet, können wegen der besonderen Verpflichtung der Journalisten (→ *Journalismus*) zur P. aber nicht verwirklicht werden. → *Zensur* wird mit der »Schere im Kopf« des Redakteurs ausgeübt. → *Massenkommunikation* versteht die marxistische Soziologie der DDR als Prozeß sozialistischer Persönlichkeitsbildung und Bewußtseinsentwicklung, der sich parteilich unter Führung und Kontrolle der *SED* vollzieht.

In der Bundesrepublik dagegen gilt das Grundrecht auf freie Meinungsäußerung als schlechthin konstituierend für die Staatsordnung. Es ermögliche »Kampf der Meinungen« als »Lebenselement« einer freiheitlichen Demokratie (Entscheidungen des Bundesverfassungsgerichts, Tübingen 1952 ff. Bd. 7, 1958, S. 201). Folglich wird die freie, »nicht von der öffentlichen Gewalt gelenkte« Presse als »Wesenselement des freiheitlichen Staates« bezeichnet. Sie darf wohl selber parteilich sein, wenn sie Nachrichten kommentiert, soll aber den Bürger vornehmlich umfassend informieren. In der → *Presse* artikuliert sich so die öffentliche Meinung (Entscheidungen des Bundesverfassungsgerichts, Bd. 20, 1966, S. 174 f.). Meinungsmonopole als Institutionen der P. sollen energisch abgewehrt werden. Der → *Hörfunk* muß in der Bundesrepublik »in voller Unabhängigkeit überparteilich betrieben« werden (Entscheidungen des Bundesverfassungsgerichts, Bd. 31, 1971, S. 327). Diese Grundsätze schließen ethische P. aus der Massenkommunikation nicht aus. Sie fordern aber dazu auf, möglichst alle parteilichen Meinungspositionen zu vermitteln, damit sich jeder einzelne ein umfassendes Bild vom Meinungsspektrum machen kann. Diesem Objektivitätsideal massenmedialer Vermittlung aller parteilichen Meinungspositionen ist marxistisch-leninistische P. strikt entgegengesetzt. Nur im Rahmen der jeweiligen Grundsätze und Ziele der Partei duldet sie den Meinungskampf. Demokratischer Vielfalt steht parteipolitische Konformität gegenüber.

E. Schreiber

Literatur
D. Joravsky, C. N. Koblernicz, P., in: Sowjetsystem und demokratische Gesellschaft, hrsg. v. C. D. Kernig, Bd. IV, Freiburg, Basel, Wien 1971, Sp. 1119–1133
H. Albert, Konstruktion und Kritik, Hamburg 1972

Persönlichkeit

I. Zur Einmaligkeit und Vergleichbarkeit der Individuen – II. Kontroversen in der Bundesrepublik Deutschland – III. Leitbild der sozialistischen Persönlichkeit

I. Zur Einmaligkeit und Vergleichbarkeit der Individuen

Der Begriff P. hat im Lauf seiner langen Geschichte mehrere Bedeutungsänderungen erfahren. Dabei ist es gegenüber einigen anderen Begriffen wie Person, Individuum, Subjekt, Typ, Menschenbild teilweise zur Synonymität, teilweise auch zu deutlichen Unterschieden gekommen. Diese Gesamtheit der Begriffsbedeutungen erst läßt die heutige Diskussion über P. verstehen.

Ob der Begriff der P. aus *persona,* als Maske des Schauspielers, oder auf das etruskische *phersu* zurückgeht, ist ungeklärt. Die Vieldeutigkeit des Wortes wird schon bei M. T. Cicero ersichtlich, der zwischen vier Bedeutungen von *personare,* der täuschenden Erscheinung, der gespielten Rolle, der spezifischen Leistung als Eigenschaftsproblem sowie der Besonderheit und Würde, des Ansehens und der Ehre unterschied. Zunächst ist es der Begriff der Person, der rechtliche Bedeutung erlangt. Nur der freigeborene Bürger galt als Person, nicht der Leibeigene oder Sklave. Der Begriff der P. bildet sich erst in der deutschen Mystik heraus und wird später in der Romantik aufgegriffen. Hier erhält dann P. die Bedeutung des Besonderen, Herausgehobenen, Einmaligen, Elitären, aber auch des nicht Faßbaren. Damit kommt es zu Überschneidungen mit den Begriffen der Person und der Individualität. Person trennt sich teilweise von P., behält ihren formalen und juristischen Bezug, erhält aber auch zusätzlich negativen Gehalt und wird zum Schimpfwort. Demgegenüber wirkt der Begriff der Individualität in den Begriff der P. hinein und kennzeichnet diese in ihrer Einmaligkeit und Besonderheit, während Individuum abgewertet und ebenfalls teilweise pejorativ verwendet wird.

Diese komplexe Begriffsdiskussion ist kulturhistorisch in eine wesentlich ältere eingebettet, die nunmehr teils nebenher läuft, teils sich mit ihr überschneidet. Aus heutiger Sicht läßt sich dies vereinfachend mit den Begriffen Typ und Menschenbild kennzeichnen. Hierzu zählen die Frauentypen der indischen Liebeslehre, die Typen des Theophrast im vierten Jh. vor Christus und die bekannten Temperamentstypen des römischen Arztes Galen, Melancholiker, Sanguiniker, Phlegmatiker, Choleriker. Im deutschen Bereich treten solche Typenbilder etwa in F. Schillers Unterscheidung des »naiven« und des »sentimentalischen« Dichters, bei F. Nietzsche als apollinischer und dionysischer Typ auf. Diese Typen und Menschenbilder kennzeichnen den Einfluß spezifischer kultureller und sozialer Entwicklungen. Sie gliedern sich in die Berufstypen des Gelehrten, Künstlers, Offiziers, des Beamten, in die Kulturtypen des Künstlers, Theoretikers und Praktikers, in Stammes- oder Landschaftstypen wie der Friesen, Bayern, Schwaben und in National- oder Volkstypen wie Amerikaner, Deutsche, Russen. Im 20. Jh. griff dann die medizinische Psychologie in ihren Konstitutionslehren die Typologie auf, von der E. Kretschmers Typen des Leptosomen, Athletikers und Pyknikers am bekanntesten wurden. Die Frage nach den Unterschieden zwischen Typ und Menschenbild läßt sich kaum allgemein beantworten. Das gilt auch für den Unterschied zwischen P. und Menschenbild, doch wird meist das zweitgenannte als umfassender angesehen.

Für die Einschätzung der moderneren Diskussionen über P., insbesondere für die heute unterschiedlichen Auffassungen in beiden deutschen Staaten, ist eine Rückschau auf die Geschichte der → *Psychologie* nötig. Im 19. Jh. löste sich die Psychologie von der → *Philosophie*. Dieser Trend wurde unter anderem durch die sich rapide entwickelnden Techniken und Naturwissenschaften ausgelöst. Die Psychologie stand von Anfang an vor der alten Problematik, wie sich die Einmaligkeit des Menschen, seine Individualität mit der Vergleichbarkeit der Individuen untereinander vereinbaren ließ.

Beeinflußt vom Evolutionismus des 19. Jh. entwickelte der Hamburger Psychologe W. Stern seine Konvergenztheorie. P. gilt ihm als Schnittpunkt der Richtungs- und Rüstungsdispositionen, entspricht also annähernd der Individualität und unterscheidet sich darin im Sinn des Personalismus von den übrigen Individuen, den Personen. Damit hat W. Stern den Ansatz zur Unterscheidung zwischen allgemeiner und auch die Diagnostik und insbesondere die Testpsychologie umfassende differentielle Psychologie weiterentwickelt. Nebenher verlief eine wissenschaftssystematische (oder philosophische) Diskussion. 1894 unterschied der Philosoph W. Windelband zwischen den nomothetischen und idiographischen Wissenschaften. Die erstgenannten suchten nach allgemeinen Gesetzen, typisch hierfür erschienen die Naturwissenschaften, die zweitgenannten, insbesondere die Geistes- und Sozialwissenschaften, nach den Besonderheiten.

Diese Unterscheidung bestimmte lange Zeit auch die Diskussion über P.

Es lassen sich zwei nationale, kulturspezifische Tendenzen unterscheiden. Die vorwiegend deutsche Charakterologie des 20. Jh. kann der idiographischen Richtung zugeordnet werden. Diese fragte nach der Individualität, der Einmaligkeit des Menschen; der Persönlichkeitsbegriff spielte dabei nur eine untergeordnete Rolle. Der Einfluß der Konzeptionen des Menschenbildes blieb oft unübersehbar und entsprechend eng blieb diese Charakterologie der Typologie verbunden. Dies erklärt auch die kritische Distanz gegenüber quantifizierenden Techniken, besonders der Statistik, und sozialpsychologischen Ansätzen, die beide die Einmaligkeit, also die Individualität, kaum berücksichtigen. Die vor allem der nomothetischen Richtung zuzuordnende *Personality*-Forschung suchte nach überindividuellen Zusammenhängen der P., während der Charakterbegriff nur eine sekundäre Rolle spielte. Dies erklärt den leichteren Zugang zu statistischen Methoden und sozialpsychologischen Ansätzen.

Beide Richtungen zeigten Extreme. In der deutschen Charakterologie entwickelten sich essentialistische Konzeptionen, deren Fragen etwa nach dem »Wesen« der P. sich empirisch nicht mehr behandeln ließen. In der amerikanischen Diskussion bildete sich ein relativ grobschlächtiger Behaviorismus heraus, für den Begriffe wie P., Denken, Bewußtsein nicht mehr galten. Diese »Psychologie ohne Seele«, deren Vertreter zunächst J. B. Watson war, sah sich beispielsweise durch die Lehre I. P. Pawlows über die »bedingten Reflexe« bestärkt. In den 30er Jahren versuchte der Amerikaner G. W. Allport, nomothetische und idiographische Richtungen der Persönlichkeitspsychologie eklektisch zu verbinden. Das erklärt seine Resonanz in Deutschland. Dort endeten nach dem Zweiten Weltkrieg mit dem Abtreten der Wortführer wie Ph. Lersch und A. Wellek die idiographischen Ansätze und werden abgelöst durch Anlehnungen an die nomothetischen Konzepte etwa Th. Hermanns (1972) oder, G. W. Allport folgend, in Verknüpfungsversuchen beider Richtungen.

II. Kontroversen in der Bundesrepublik Deutschland

Davon unabhängig lassen sich in der Bundesrepublik Einflüsse wertender Konzeptionen nachweisen, die starken Bezug zum vorwissenschaftlichen Bereich und zum Problem der Menschenbilder zeigen. Die politischen Psychologen wie W. Jacobsen, K.-D. Hartmann, W. Metzger propagieren die »rationale«, »vernünftige«, »selbständige« P. Aber diese Persönlichkeitskonzeptionen werden weder theoretisch oder methodologisch noch empirisch fundiert. Sie verstehen sich in der Tradition der

→*Aufklärung* als Gegenposition zu Konzepten des Nationalsozialismus, verbleiben aber selbst im engeren Bereich der Psychologie fast ohne Resonanz.

Ganz anders verhält es sich mit den Konzepten der Autoritätsforschung. Hier gibt es die Vertreter der These der »autoritären P.« und diejenigen, die dem autoritären einen »demokratischen« Führungsstil gegenüberstellen. Die These der autoritären oder auch totalitären P. wurde in der Zeit der Weimarer Republik im damaligen *Institut für Sozialforschung* an der Frankfurter Universität auf der Basis der »Politisierung der Psychoanalyse« oder der »Psychologisierung der Politik« entwickelt und im französischen und amerikanischen →*Exil* ausgearbeitet. Sie wurde besonders in den von M. Horkheimer und M. Flowerman herausgegebenen fünf Studien über Vorurteile bekannt, von denen die über die *authoritarian personality* besondere Wirkung gezeigt hat. Das Problem der Führungsstile wurde in den USA von dem deutschen Psychologen K. Lewin und den beiden Amerikanern R. K. White und R. Lippitt behandelt. Hier ging es nicht direkt um Persönlichkeitsprobleme, sondern um die Auswirkungen unterschiedlicher Führungs- und Erziehungsstile. Wenn auch auf die grundsätzlichen Mängel der Konzeptionen der autoritären P. in den USA schon unmittelbar nach dem Erscheinen des Buches hingewiesen wurde, so konnte dies doch die breite Resonanz in der Bundesrepublik nicht beeinträchtigen. Allerdings wurde diese These von einer Reihe deutscher Psychologen aufgrund ihrer unzureichenden methodologischen Sicherung abgelehnt. Dagegen hat sie in der Soziologie zeitweise Interesse gefunden. Demgegenüber ist das Problem der Führungsstile trotz widersprüchlicher Ergebnisse intensiver diskutiert worden. 1972 wurde diese Konzeption in ihrer ideologischen Blickverzerrung und empirischen Widersprüchlichkeit unter anderem von R. Bastine zurückgewiesen.

Während in der empirischen deutschen Sozialwissenschaft damit die Diskussion über P. wieder auf die engere psychologische Problematik übergeht, ändert sich die Situation mit Ausgang der 60er Jahre. Innerhalb kürzester Zeit stehen erneut verschiedene Varianten jener Persönlichkeitskonzeptionen zur Debatte, deren Unzulänglichkeit gerade in der wissenschaftlichen Kritik aufgezeigt worden war, wobei nunmehr die Probleme des Menschenbildes die Diskussion beeinflußte. Motor dieser Persönlichkeitsdiskussion ist einerseits das Neuaufleben des Konzeptes der autoritären P. in der *Neuen Linken*. Es formieren sich einzelne Richtungen. Das gilt für die sexualtheoretische Variante, wie sie in den 30er Jahren W. Reich entwickelt hat; diese Richtung verbündet sich teilweise mit einem linksextremen Liberalismus. Über Propagierung der Pornographie und freien Liebe soll die Freiheit der P. erreicht werden. Andere Richtungen greifen

kriminologische und kriminalpsychologische Probleme auf und sehen die Ursachen der Kriminalität in den gesellschaftlichen Verhältnissen. Fast gleichzeitig entwickeln sich aber auch Konzepte, welche die Selbstverwirklichung der P. zum Ziel haben. Diese Selbstverwirklichung auf psychoanalytischer Grundlage geht mit der Ablehnung, mitunter auch der Negierung, der traditionellen Werte einher (→*Psychoanalyse*). Dies erklärt, daß die Vertreter solcher Persönlichkeitskonzeptionen nicht nur zu einer emotional-romantizistischen und damit irrationalen Vorstellung vom Menschen und der Gesellschaft gelangen, sondern auch, daß sich hier eine unreflektierte Bindung an anarchistische, neureligiöse Gruppen und Richtungen zeigt, in denen gerade die erstrebte Selbstverwirklichung der P. wieder aufgehoben wird (→*Religion*). Diese Tendenz zeigen auch viele psychotherapeutische Modeströmungen.

III. Leitbild der sozialistischen Persönlichkeit

In der DDR begann die Diskussion über P. Ende der 50er Jahre. Zunächst herrschten reduktionistische Menschenbilder vor. Der »subjektive Faktor«, das Individuum, sollte durch die »objektiven Bedingungen« unmittelbar geprägt werden. Dieses mechanistische Menschenbild kannte kein gesondertes Persönlichkeitsproblem. Doch die Sperrigkeit des subjektiven Faktors zwang zur schrittweisen Revision. Der Weg ging zunächst über pädagogische Ansätze zur pädagogischen Psychologie. Aber wegen der globalen Ablehnung der herkömmlichen Entwicklungs-, Kinder- und Jugendpsychologie als »bürgerlich« Ende der 40er und während der 50er Jahre wurde dieser pädagogischen Psychologie die empirische, methodologische und theoretische Diskussionsbasis entzogen, sie war und blieb lange Zeit auch ideologisch steril.

Somit waren die Psychologen der DDR gehalten, die »bürgerliche« Psychologie und damit auch die Persönlichkeitspsychologie durch Anlehnung an die sowjetische Psychologie zu überwinden und eine marxistisch-leninistische Psychologie zu entwickeln. Aber in dieser Epoche stand die Psychologie der UdSSR, die in den 20er und 30er Jahren einen international beachteten Aufschwung genommen hatte, unter dem starren Einfluß des physiologischen Reduktionismus I. P. Pawlows, vor dem Exitus, ein Zustand, der erst Mitte und Ende der 60er Jahre überwunden wurde. So wurde der Versuch der Entwicklung einer marxistisch-leninistischen Psychologie in der DDR ab 1960 bis 1962 eine relativ eigenständige Leistung ihrer Psychologen, vor allem H. Hiebschs mit seinem Buch »Sozialpsychologische Grundlage der Persönlichkeitsformung« (Berlin (Ost) 1966).

Indessen setzte H. Hiebsch bei S. L. Rubinstein an, dessen Buch »Grundlagen der Allgemeinen Psychologie« (Berlin (Ost) 1958) in deutscher Übersetzung erschien. Selbst neuere Kritiker S. L. Rubinsteins in der UdSSR bestätigen, daß er die ideologietheoretische Axiomatik des Marxismus-Leninismus mit den Grundfragen der Psychologie erfolgreich verknüpft hat. Nach S. L. Rubinstein werden alle äußeren Einflüsse immer im subjektiven Faktor gebrochen. Dieses prismaartige Menschenbild überwindet den Reduktionismus, behauptet eine relative Selbständigkeit der Psychologie gegenüber der Ideologie, ohne die ideologische Axiomatik aufzuheben oder zu verletzen, und formuliert das Problem des Zusammenhangs zwischen Individualität und dem Überindividuellen neu. Die Individualität ist zwar das Einmalige, bleibt aber als Resultat vorausgehender biologischer und historisch-gesellschaftlicher Entwicklung den anderen Individuen verbunden und vergleichbar. Persönlichkeitseigenschaften sind etwas anderes als die Eigenschaften der einzelnen P. Das Individuum ist keine passive Größe, sondern seine Erkenntnisse und Einstellungen entwickeln sich in der aktiven Auseinandersetzung mit der Außenwelt. Diese Tätigkeitstheorie erlaubt mehrschichtig, Bewertungsakzente zu berücksichtigen.

Die Persönlichkeitsdiskussion in der DDR entwickelt sich auf zwei Ebenen. W. Ulbricht knüpft früh an die marxistischen Moralvorstellungen besonders von W. I. Lenin an und verkündet 1958 die »Zehn Gebote der sozialistischen Moral«. In diesem Zusammenhang werden schon Ende der 50er Jahre Begriffe wie »allseitig gebildeter Mensch«, »sozialistischer Mensch«, »sozialistische P.« benutzt. Mit Beginn der 70er Jahre wird dann auf breiterer Grundlage die Entwicklung des »allseitig gebildeten Menschen« gefordert und der Begriff der sozialistischen P. wieder aufgenommen, der von nun an in Psychologie, Pädagogik und Soziologie die Diskussion bestimmt und sich auch legislativ, so im *Jugendgesetz* von 1974, niederschlägt.

Der Begriff ist Teil der in den offiziellen Verlautbarungen nach wie vor ungebrochenen Verbindung von →*Sozialismus* und Fortschrittsdenken (→*Fortschritt)*. Am häufigsten versprochen und gleichzeitig gefordert wird darin die Steigerung der Arbeitsproduktivität. Effektivitäts- und Produktionszuwachs sollen einerseits durch technisch-organisatorische Verbesserungen, wie zum Beispiel die optimale Auslastung von Maschinen und den Einsatz von Computern, erreicht werden. Zusätzlich gilt aber auch die erhöhte Leistungsbereitschaft der Werktätigen als notwendig (→*Arbeit*, →*Leistung)*. Um sie zu erhalten, kommt es darauf an, sozialistische P. herauszubilden und gleichzeitig die Lebensweise anzuheben. Als ein wichtiges Merkmal der sozialistischen P. gilt ihr Schöpfertum, das sie auch

unter ungünstigen Umständen entfalten soll: »Die disziplinierte Einordnung in soziales Schöpfertum schließt eine schöpferische Einstellung zur scheinbar nur routinemäßigen Arbeit ein« (E. John u. a., Kultur – Kunst – Lebensweise, Berlin (Ost) 1980, S. 30). Untersuchungen haben allerdings gezeigt, daß die Aktivisten der *Neuererbewegung* die planmäßig Rationalisierungsvorschläge für ihren Betrieb ausarbeiten, in der Regel gut qualifizierte und entsprechend eingesetzte Werktätige sind. Nicht zuletzt, um das allseitige Engagement der Bevölkerung zu fördern, wird deshalb in der DDR die Bedeutung der →*Ausbildung* betont. Neben der Persönlichkeitsentwicklung des einzelnen soll sich die gesellschaftlich ermöglichte Lebensweise positiv auf die Produktivität auswirken. Dazu gehört ein erholsames Freizeitleben ebenso wie eine befriedigende Wohnsituation und ein hohes Bildungsniveau, das Kunstgenuß und die bewußte Gestaltung des →*Alltags* ermöglicht (→*Freizeit*, →*Wohnen)*. Große Bedeutung wird der →*Arbeitskultur* zugesprochen, worunter die Atmosphäre unter den Kollegen, aber auch der Einsatz von zweckmäßigem Gerät mit hohem Bedienungskomfort und die ästhetische Gestaltung des Arbeitsplatzes verstanden wird. Die sozio-kulturellen Faktoren beeinflussen die Effektivität der Arbeit aber nicht einseitig. Denn hohe Produktivität, die den materiellen Wohlstand verbessert, wirkt ihrerseits auf die Zufriedenheit und damit Leistungsbereitschaft zurück. So kommt, wie es in der Literatur heißt, ein dynamischer, dialektischer Prozeß zustande, der die wissenschaftlich-technische Revolution (→ *Technik)* ermöglicht.

Das Leitbild der sozialistischen P. befruchtet neben der pädagogischen Psychologie und der Sozialpsychologie besonders die Persönlichkeitspsychologie. Nachdem schon in den 60er Jahren beachtenswerte empirische Forschung geleistet wurde, die im engen Zusammenhang mit den speziellen Entwicklungen der Jugendforschung und Sozialpsychologie stand und besonders durch Namen wie W. Friedrich, A. Kossakowski, W. Hennig, M. Vorwerg vertreten ist, kommt es nunmehr zu systematischen Versuchen, persönlichkeitspsychologische Probleme anzugehen. Doch führt das nicht zu einer einheitlichen Persönlichkeitsauffassung. Während sich vor allem die Soziologen bemühen, die objektiven Bedingungen einer sozialistischen P. herauszuarbeiten, versucht man vorwiegend in der Persönlichkeits-Psychologie, die Persönlichkeitsdiskussion mit dem Ziel einer übereinstimmenden Theorie und Definition voranzutreiben.

In der DDR will man sich, wie beispielsweise in der von P. Vorwerg edierten Reihe zur Persönlichkeitsforschung, von der »bürgerlichen« Persönlichkeitspsychologie abgrenzen. Das führt unter anderem dazu, daß die These von der *authoritarian personality* wieder aufgegriffen und als typisch für die amerikanische Persönlichkeitspsychologie ausgegeben wird, um den darin enthaltenen Faschismusvorwurf generell gegen die »bürgerliche« Persönlichkeitsforschung zu richten.

Das bisherige Ergebnis erweist, daß die Persönlichkeitsdiskussion in der DDR, sofern sie psychologischen Kriterien folgt, zu keiner übereinstimmenden Persönlichkeitskonzeption und -definition gefunden hat. Das entspricht auch der Situation in der sowjetischen Psychologie. Der subjektive Faktor, der nunmehr als P. gekennzeichnet wird, erweist sich für die Ideologie empirisch als überaus sperrig. Das Leitbild der allseitig gebildeten P. und das engere der sozialistischen P. gerät damit immer mehr in Widerspruch mit der Praxis, was auch ein Resultat der übernationalen technischen und gesellschaftlichen Entwicklung sein dürfte.

H. E. Wolf

Literatur
G. W. Allport, P., Struktur, Entwicklung und Erfassung der menschlichen Eigenart, Meisenheim 1949
W. Friedrich, W. Hennig, Theoretische Probleme der Entwicklung, Struktur und Erforschung der P. Thesen zum Forschungsgegenstand, in: hrsg. v. dens., Der sozialwissenschaftliche Forschungsprozeß, Berlin (Ost) 1975
H. Bugera, T. Hahn (Hrsg.), Die sozialistische P. Soziologische und sozialpsychologische Aspekte der Persönlichkeitsentwicklung im Sozialismus, Berlin (Ost) 1978

Phantasie

Ph. ist keine eigenständige Art psychischer Aktivität, etwa im Unterschied zum rationalen Denken, sondern bezeichnet das bei allen komplexeren Formen menschlichen Denkens und Handelns beteiligte, individuelle, psychische Vermögen der flexiblen, spielerischen Umgruppierung oder Neukombination von Vorstellungs- oder Denkinhalten oder von Elementen von Handlungsabläufen. Bedingt durch die hochkomplexe Struktur des Gehirns, produziert menschliches Denken nicht einfach – wie das ein kruder Empirismus annehmen würde – ein Abziehbild der Realität, wie auch die meisten Formen menschlichen Handelns nicht reflexartig nach einfachen Reiz-Reaktions-Schemata verlaufen. Die sinnliche → *Wahrnehmung* wird nach Umfang und spezifischer Sichtweise von bewußten oder unbewußten, veränderlichen Auswahlprinzipien gesteuert. Die so vorgeformten Wahrnehmungsinhalte werden im Denkprozeß aktiv geordnet und verarbeitet, entweder, wie in der Wissenschaft, um Aussagen über die Realität zu gewinnen, oder wie in der Kunst, um fiktionale Neubildungen herzustellen. Der Verarbeitungs- und Neuordnungsprozeß, den die Phantasietätigkeit bewirkt, ist somit idealty-

pisch schöpferische Rekonstruktion von Realität und damit verschieden von mechanischer Denktätigkeit, wie etwa dem Durchführen der Anweisungen eines Algorithmus. Ein besonders gutes Beispiel für Phantasiegebrauch ist das Entwickeln wissenschaftlicher Hypothesen, die sich aus dem vorliegenden Denkmaterial nicht einfach mechanisch-induktiv ergeben (→ *Wissenschaft und Forschung*). Die höchste Leistung wissenschaftlicher Einbildungskraft ist die Konstruktion einer neuen Vorstellung als grundlegender theoretischer Bezugsrahmen eines Wissensgebietes, wobei die Flexibilität phantasievollen Denkens stark genug sein muß, bestehende »Denkstilzwänge« (L. Fleck, Entstehung und Entwicklung einer wissenschaftlichen Tatsache, Frankfurt a. M. 1980) kreativ zu überwinden. Die Ph. oder → *Intuition* des Künstlers beweist sich in der von Genietheorien zum irrationalen Geheimnis hochstilisierten Fähigkeit zur Neuanordnung semantischer oder expressiver, meist sicht- oder hörbarer Elemente mit der Möglichkeit zur Entfernung von der »normalen« Realität bis zum Extrem des Alogischen und Phantastischen, wie beispielsweise im Surrealismus.

Phantasietätigkeit ist idealtypisch entweder bewußt von einem Zweck gesteuert, wie meist im wissenschaftlichen Problemlösungsprozeß, oder impulsiv und spontan, wie in Tag- und Nachttraum. Bewußte oder unbewußte Wünsche und Bedürfnisse sind ursächlich am Prozeß des Phantasierens beteiligt. So leben sich nach der Auffassung der → *Psychoanalyse* die im Wachzustand vom Über-Ich zensierten Triebimpulse im Traum aus. Die Auseinandersetzung des Menschen mit der Realität, die seinen Idealen nicht entspricht, hat in Utopien und politischen Leit- und Ordnungsvorstellungen, vom religiösen und säkularisierten Topos des »Gelobten Lands« bis zu den Ideen der Freiheit, Gleichheit und Brüderlichkeit und der klassenlosen Gesellschaft, ihren Ausdruck gefunden und manchmal revolutionäre Sprengkraft entwickelt.

In der DDR werden westliche Kreativitätstheorien als individualistisch und psychologistisch kritisiert. Das individuelle Phantasiepotential wird als → *Kreativität* bezeichnet, diese sieht man aber durchweg eingebettet in den umfassenderen Begriff des »gesellschaftlichen Schöpfertums«. Ausgehend von den Grundprämissen des Marxismus-Leninismus, betont man stark die soziale Bedingtheit der kreativen Leistung des Individuums. Diese ist abhängig von der unumgänglichen Zusammenarbeit mit Zeitgenossen und baut gleichzeitig wie jede schöpferische Leistung auf der Vorarbeit früherer Generationen auf. Schöpfertum verwirklicht sich in der »gesellschaftlichen Arbeit« (→ *Arbeit*), der Grundbedingung menschlicher Existenz, und zwar in der theoretischen und praktischen schöpferischen Betätigung, der künstlerischen und materiellen Produktion gleichermaßen. Voraussetzung ist das Bestehen menschlicher Bedürfnisse, Ziel ist die immer weiter gehende Beherrschung der Natur zum Zweck der immer vollkommeneren Bedürfnisbefriedigung. Besondere Bedeutung wird dabei der gesellschaftlichen Natur und Zielgerichtetheit des schöpferischen Prozesses beigemessen, sowie der Gleichwertigkeit aller Tätigkeitsbereiche.

Bei der Betrachtung des Schöpfertums im Sozialismus wird besonders hervorgehoben, daß Schöpfertum die Festigung und Weiterentwicklung des sozioökonomischen Systems fördern soll; vor allem die wissenschaftliche Arbeit soll planmäßig, ökonomisch und sozial nützlich sein und vorrangig der Steigerung der Arbeitsproduktivität und damit den postulierten Bedürfnissen der Arbeiterklasse dienen. Speziell der *Neuererbewegung*, die die kreativen Fähigkeiten aller Arbeitenden zur Erhöhung der Arbeitsproduktivität zu mobilisieren sucht, wird die Benutzung wissenschaftlicher Erkenntnisfortschritte empfohlen. Schöpferische Arbeit soll vor allem im Kollektiv und im Zusammenhang des »sozialistischen Wettbewerbs« geleistet werden und sich der Leitung der Partei unterstellen. Die künstlerische Arbeit des *Sozialistischen Realismus* soll die Realität im Sinne der oben genannten Prämissen adäquat widerspiegeln.

Der in einem so formulierten Selbstverständnis enthaltene Vorwurf an die »bürgerliche Wissenschaft«, ihre Theorie der Ph. oder Kreativität sei zu individualistisch, psychologistisch und idealistisch, trifft allenfalls auf die Genietheorie zu, sicherlich aber nicht auf neuere Forschungsansätze in Wissenschaftsgeschichte und -soziologie (vgl. Th. S. Kuhn, Die Struktur wissenschaftlicher Revolutionen, Frankfurt a. M. 1973). Eine Sichtweise, die eine Psychologie der Kreativität im Westen nur auf die Verfolgung der Zwecke des Monopolkapitalismus in der Konkurrenz der ökonomischen Systeme reduziert, ist zwar im Ansatz berechtigt, leistet jedoch in ihrer Pauschalierung nicht die objektive Kritik der »bürgerlichen Wissenschaft«, die zu sein sie vorgibt.

Eine Erweiterung des Begriffs des Schöpfertums durch die Einbeziehung sozialer und materieller Determinanten kreativer Leistungen ist grundsätzlich sinnvoll, im Falle einer antiindividualistisch orientierten Gesellschaftsstruktur jedoch läuft sie Gefahr, die Spontaneität des Schöpfertums ökonomischen und technischen Zwängen unterzuordnen. Das Spielerische, Freie der Ph. gerät dadurch leicht aus dem Blickfeld.

C. Maus

Literatur

H. Maier, Psychologie des emotionalen Denkens, Tübingen 1908
H. Kunz, Die anthropologische Bedeutung der Ph., 2 Bde., Basel 1946
R. Arnheim, Anschauliches Denken, Köln 1972

Wissenschaftlicher Rat für soziologische Forschung in der DDR, Aktivität – Schöpfertum – Leitung und Planung. Materialien vom II. Kongreß der marxistisch-leninistischen Soziologie in der DDR, 15. – 17. Mai 1974, Berlin (Ost) 1975
F. Loeser, D. Schulze, Erkenntnistheoretische Fragen einer Kreativitätslogik, Berlin (Ost) 1976

Philosophie

I. Begriffliche Unterscheidungen – II. Geschichte der Philosophie nach 1945 – III. Philosophie als Fach und Institution – IV. Die Moderne und ihre Kritik – V. Der Wissenschaftliche Sozialismus und seine Widersprüche – VI. Sprachkritik und Jargon

I. Begriffliche Unterscheidungen

Der in zweifacher Bedeutung geläufige Name Ph. bezeichnet das Fach, das an Universitäten und teilweise an Schulen institutionalisiert ist und, allgemeiner, ein Orientierungssystem theoretischer Art im Zusammenhang mit jeder denkbaren Praxis. Nähere Bestimmungen bedürfen der Abgrenzung, vor allem der zwischen den mehrdeutigen Konzeptionen der Ph. in der Bundesrepublik und ihrem in der DDR als *Marxismus-Leninismus* vereinheitlichten Begriff.

Nach gängiger Ansicht ergibt sich die Besonderheit der Ph. im Spektrum der Wissenschaft daraus, daß sie »ohne eigenen Gegenstand« ist. Anders etwa als Biologie oder Physik widmet sich die »Liebe zur Weisheit« keinem positiv erfaßbaren empirischen Objekt, sie reflektiert vielmehr die Bedingungen, unter denen überhaupt erst auf Objekte und Realitäten hin gedacht und gehandelt wird. Ph. fragt, wieso man tut, was man tut, oder was man theoretisch und praktisch voraussetzt, wenn man, über Sachverhalte nachdenkend, diese zu verstehen sucht. Insofern ist sie, vor jeder Spezialisierung, eine Disziplin »reinen« Denkens, der Rekonstruktion und Reflexion.

Da eine Disziplin »ohne Gegenstand« für die Richtigkeit ihrer Überlegungen schwerlich handgreifliche Beweise vorlegen kann, gerät Ph. stets aufs neue in den Verdacht bloßer Spekulation oder, wenn es sich um ein umfassendes System handelt, der hier als weltfremdes Theoretisieren, subjektive Fiktion, Hirngespinst verstandenen Ideologie. Hinzu kommt ihre Tradition aus der Theologie. Da Ph. sich aus religiösen Fragestellungen entwickelt hat und traditionell oft noch Metaphysik meint, ist Ph. auch auf weltanschauliche Fragen verwiesen oder selbst als Weltanschauung definiert. Ideologisch belastet ist sie insofern, als sie oft als Verkleidung religiöser Dogmen benutzt wird oder auf ein angeblich prinzipielles »metaphysisches Bedürfnis« (M. Heidegger) antworten soll. Besinnung auf religiöse »Grundüberzeugungen« oder Grundwerte ist insbesondere in Krisenzeiten stets Merkmal westlicher Ph. geblieben. Als solche ist sie in der Bundesrepublik wieder aktuell.

Im Gegensatz zur kontinentalen, alteuropäisch-weltanschaulichen Ph. definiert sich die unter angloamerikanischem Einfluß erstarkte *Analytische Ph.*, die positivistisch, mit Hilfe mathematischer Logik auf eine von Historie gereinigte Strenge und Eindeutigkeit philosophischer Begriffsbildung drängt. Ihren Gegenstand bestimmt sie als die Aussagen, Begriffe, Prinzipien und Axiome, mit denen die Einzelwissenschaften arbeiten und deren Sinn theoretisch unmißverständlich gesichert werden soll. Ph. macht demnach nicht Aussagen über Dinge, sondern Aussagen über Aussagen oder den Sinn von Aussagen und klärt deren Wahrheitsanspruch. Sie ist im wesentlichen allgemeine Wissenschaftstheorie (→ *Wissenschaft und Forschung*).

Die Definition von Ph. in der DDR unterscheidet sich von Grund auf von den im Westen gängigen Begriffsinhalten. Ph. meint, wenn nicht das Fach angesprochen ist, die Lehre des Marxismus-Leninismus als wissenschaftlich gesicherte, verbindliche Ideologie oder Weltanschauung, beide Begriffe positiv verstanden. Für sie ist der prinzipiell materialistische Ansatz entscheidend, daß → *Ideologie* die theoretische Widerspiegelung der geschichtlichen objektiven Realität, mithin im Falle der sozialistischen Ph. Widerspiegelung und Ausdruck der richtigen gesellschaftlichen Praxis bedeutet. Ph. der DDR besteht darauf, auch theoretische Aussagen über »Dinge« zu fundieren. Auch philosophische und logische Aussagen sind demnach immer auch auf vermittelte Weise Realitätsaussagen und müssen als solche bewußt bleiben. Dieser Realitätsbezug nimmt der marxistischen Ph. die traditionelle Praxisferne und bindet sie, in widersprüchlicher Einheit, an die gesellschaftliche Lebenswelt.

Der Unterschied zu den Einzelwissenschaften definiert sich für die marxistische Ph. nicht durch den mangelnden Gegenstandsbezug, sondern den Grad an Allgemeinheit. Während die Einzelwissenschaften spezielle Gegenstandsbereiche erforschen, bestimmt die Ph. die allgemeinen Bewegungsgesetze von Natur und Gesellschaft sowie deren Vermittlungen zueinander und reflektiert deren materielle, historische und gesellschaftliche Voraussetzungen.

Aus dem Realitätsbezug rechtfertigt diese Ph. ihren wissenschaftlichen Anspruch. Ist Ph. richtige Widerspiegelung der Wirklichkeit, so kommt ihr objektiver Charakter zu. Sie kann sich also nicht nachträglich als prinzipiell falsch erweisen. Es kann nur relative Modifikationen geben. Dieser Anspruch der Erkenntnis auf Objektivität bestimmt auch die objektive Richtigkeit des auf sie begründeten Handelns.

II. Geschichte der Philosophie nach 1945

Die frühe Nachkriegszeit der Ph. in den Westzonen und der Bundesrepublik ist von der Wirkung »des nunmehr totalen geschichtlichen Zusammenbruchs unserer ganzen bisherigen geistigen Welt« (O. F. Bollnow) geprägt. Die Symptome waren Verachtung der → *Technik*, als deren barbarischer Auswuchs der Faschismus diagnostiziert wurde; Abkehr von Politik als dem historisch Kompromittierten; Hinwendung zum »Menschen«; Rückbesinnung auf den einzelnen, dessen »Dasein« betont wurde. Nach dem Krieg schien ein erneutes Nachdenken über allgemeinmenschliche Werte notwendig; statt des inhumanen »Rationalismus« und seiner Technologie suchte man menschengemäße Dimensionen und Geborgenheit in ursprünglicher »Natur«.

Der *Existenzialismus,* schon während der Weimarer Republik als Krisenphilosophie in Mode, erlebte neue, ungeahnte Konjunkturen. Er ging von einzelnen aus und schien dessen → *Angst* und »Sorge« ernst zu nehmen. Als »Denken in dürftiger Zeit« (K. Löwith) versprach der Existenzialismus, dem Nihilismus der Zeit standzuhalten. Da die Kriegszerstörungen vor allem als geistige verstanden wurden, schien mit M. Heideggers »Radikalität des Denkens« eine menschlichere, allerdings von vornherein mit dem Makel des Sterbens, dem »Sein zum Tode«, behaftete → *Zukunft* verheißen. Die existenzialistische Mode zeigt, daß ein Neubeginn nach dem Krieg, wie sehr er auch verbal beschworen wurde, nicht stattfand. Wesentliche Schriften M. Heideggers, K. Jaspers' oder des Christen G. Marcel stammten aus der Vorkriegszeit; die mangelnde Bereitschaft ihrer Verfasser, die historisch-politischen Realitäten ernst zu nehmen, dauerte an. Nur K. Jaspers engagierte sich, unter dem Eindruck der Atombombe, während der 50er Jahre politisch, freilich unter antikommunistischem, abendländisch-individualistischem Vorzeichen: »Vor der Drohung totaler Vernichtung sind wir zur Besinnung auf den Sinn unseres Daseins zurückverwiesen.« (K. Jaspers, Die Atombombe und die Zukunft der Menschen. Politisches Bewußtsein in unserer Zeit, München 1961, S. 1) Nicht einmal, daß M. Heidegger sich mit der »nationalsozialistischen Revolution« identifiziert und den für ihn zentralen Begriff des »Daseins« mit dem des Deutschtums verbunden hatte, trug bei seinen Anhängern dazu bei, sich die Affinitäten des deutschen Existenzialismus zum Nationalsozialismus bewußt zu machen.

Mit dem Existenzialismus in einigen Motiven verwandt sind die geisteswissenschaftlich inspirierten Ph. der *Philosophischen Hermeneutik* und der *Philosophischen Anthropologie,* insofern auch sie von Menschen ausgehen, dessen Bildung durch Sprachlichkeit und Geschichtlichkeit sie untersuchen. Sie widerstehen am stärksten den Strömungen des aus dem nordamerikanischen Exil zurückgekehrten *Logischen Empirismus* oder *Neopositivismus.* Ihr Zentrum finden diese Ph. in »der Einweisung der Sprachansicht als Weltansicht« (H.-G. Gadamer). Aufgrund der sprachlichen Vermitteltheit allen Weltverstehens beginnt sich der Mensch in allen »Gegen-Ständen« nun selbst zu entdecken. Als universale Hermeneutik, die mit H.-G. Gadamer das Sein, das verstanden werden kann, als Sprache bestimmt und als Philosophische Anthropologie, die in der Auffassung A. Gehlens und H. Plessners den handelnd erkennenden Menschen als Erbauer seiner Welt begreift, stellt sie Versuche dar, einen menschlichen Daseinssinn zu rechtfertigen, der dem von H. Sedlmayr diagnostizierten »Verlust der Mitte« entgegengehalten wurde.

Auch der Neomarxismus der 60er Jahre, die dritte bedeutende Richtung der Ph. in der Bundesrepublik, knüpft unter dem Titel der *Kritischen Theorie* an die Vorkriegszeit an. Wichtige Schriften M. Horkheimers, Th. W. Adornos, H. Marcuses wurden in den Jahren des antifaschistischen Exils geschrieben, begannen sich aber erst während der 60er Jahre durchzusetzen.

Die vierte, sich in den 60er und 70er Jahren ausbreitende Richtung umfaßt die unter dem Etikett des *Kritischen Rationalismus* rubrizierbaren Ansätze, die sich im Zusammenhang der Naturwissenschaften und der Technologie durchgesetzt haben. Der Kritische Rationalismus basiert auf den Überzeugungen der *Analytischen Ph.,* wendet ihren positivistisch-wissenschaftstheoretischen Ansatz jedoch kritisch gegen den absoluten oder objektiven Wahrheitsanspruch jeglicher Theorie oder Ideologie und vor allem gegen marxistische und neomarxistische Strömungen. Dagegen betont er den demokratischen Pluralismus als Garantie der Meinungsvielfalt und Gleichberechtigung aller Theorien, solange sie nicht »falsifiziert« sind. Nachhaltig von K. R. Popper geprägt, vertritt diese Richtung eine Moral, die angetreten ist, nicht mehr Menschen für Theorien, sondern statt des Menschen die Theorie scheitern zu lassen. Sie versteht sich nicht als Disziplin über den, sondern für die Wissenschaften, indem sie deren interdisziplinären Sinn, methodisches Bewußtsein und theoretische Toleranz fördert.

Die drei nachexistenzialistischen Richtungen der Ph. in der Bundesrepublik haben sich aus einem relativen Nacheinander immer mehr zu einem Miteinander entwickelt. Der Vorrang der →*Sprache* (Hermeneutik), sofern diese die Erkenntnis vermittelt und dadurch eine vom Menschen unabhängige Realität ausschließt, ist selbst bei den Neomarxisten anerkannt. Die Ausflüge der Kritischen Theorie in das Gebiet der Soziologie sind etwa in der ansonsten vom Kritischen Rationalismus geprägten Handlungstheorie nicht folgenlos geblieben. Die Logik ist als wissenschaftliche Propädeutik fest etabliert. Ideologiekritisch verstehen sie sich alle.

Was der Ph. der Bundesrepublik als ein Kennzeichen dafür, daß es ihr eines Gegenstands ermangelt, fehlt, ist eine Geschichte der Ph., welche die jeweiligen Theorien nicht isoliert, sondern sie, analog zu literatursoziologischen Fragestellungen, auf ihren Realitätsbezug hin untersucht. Sind die Theorien wirklich so weit von ihrer, auch historischen, Wirklichkeit entfernt, wie sie selbst oft meinen?

Gegenwärtig nehmen geschichtsphilosophische Entwürfe, die in ihrer ideologischen Tendenz noch nicht zu lokalisieren sind, wieder zu. Dies sind zum einen Versuche, unsere eigene Zeit als Neuzeit oder Moderne historisch abzuleiten und im Sinne H. Blumenbergs die Legitimität ihres Selbstverständnisses zu verteidigen. Zum anderen geht man daran, wie dies K. Vollmer mit seiner naturwissenschaftlich orientierten evolutionären Erkenntnistheorie versucht hat, aus der »Entanthropomorphisierung des Kosmos« das Fazit der modernen Wissenschaften zu ziehen, demzufolge der Mensch nur ein »unbedeutender Beobachter kosmischen Geschehens« mit so eingeschränktem Wissen sei, daß sich aller Wahrheitsanspruch als Hybris entlarvt.

Die Ph. der DDR ist Fortsetzung und Neubeginn zugleich. Fortsetzung insofern, als sie an dem von der *KPD* propagierten Marxismus der Weimarer Republik und dem kommunistischen Internationalismus nach sowjetischem Vorbild anknüpft, während Neubeginn die Konzeption eines »nationalen« Sozialismus auf deutschem Boden meint. Da sich die Ph. der DDR als Ideologie im positiven Verständnis W. I. Lenins begreift, ist sie in ihrer offiziellen Entwicklung eng mit der Geschichte des Staates und vor allem der Partei als des »Vortrupps der Massen« (W. I. Lenin) verbunden; und die Parteitage der *SED* setzen denn auch jeweils die Richtlinien für die Ph. und das, was als ihre Aufgabe angesehen wird.

Die Geschichte der Ph. in der DDR verläuft in drei Phasen, deren erste mit der »antifaschistisch-demokratischen Umwälzung« 1945 einsetzt und nicht aus einer Massenbewegung entstand, sondern von oben durch die von der sowjetischen Siegermacht garantierte Bodenreform (1945–1947), die Verstaatlichung der Großbetriebe, die Schulreform (Einheitsschule) und die Justizreform (»Volksrichter«) vollzogen wurde. Die Ph. begründet die historische Notwendigkeit dieses Beginns, setzt die antifaschistische, antiimperialistische →*Aufklärung* der Kriegszeit insbesondere gegen »Kleinbürgertum« und →*Intelligenz* fort, rechtfertigt die Enteignung und propagiert maßgeblich die mit den wirtschaftlichen Maßnahmen parallel laufenden Bildungsreformen mit ihrer Öffnung der höheren Schulen und Hochschulen für Arbeiter- und Bauernkinder.

Die zweite Phase, die »sozialistische Revolution« (1949–1961), ist durch die Errichtung der »Diktatur des Proletariats«, mit der auch die → *Kulturrevolution* eingeleitet wird, gekennzeichnet. In ihr geht es um die Aneignung des kulturellen, humanistischen und proletarischen Erbes, um den Aufbau einer neuen → *Volkskultur,* um die schrittweise Aufhebung der Trennung von Kopf- und Handarbeit.

Mit dem Übergang zur dritten, durch die Proklamierung einer »entwickelten sozialistischen Gesellschaft« markierten Phase seit 1961 gelten die kapitalistischen Überständigkeiten als weitgehend aufgelöst. Die Ph. definiert sich jetzt als einheitliche, von grundlegenden Klassenantagonismen gereinigte Ideologie.

Die inoffizielle Geschichte der Ph. in der DDR ist geprägt von den Diskrepanzen zwischen ideologischem Anspruch und sozialistischer Wirklichkeit sowie den Auseinandersetzungen um die »richtige« Interpretation des Marxismus. Der *Marxismus-Leninismus* war keineswegs eine Lehre, die von der Mehrheit des Volkes getragen wurde. Zudem war der Sowjetmarxismus zunächst auf einen starren Abbildmaterialismus eingeschworen, der mit der Veränderung der ökonomischen und sozialen Verhältnisse zugleich auch alle übrigen, auch kulturellen, Widersprüche getilgt zu haben meinte.

Besonders nach J. W. Stalins Tod 1953 haben immer wieder kritische Autoren wie W. Harich oder E. Bloch den mechanistischen Materialismus sowjetischen Musters durch Rückgriffe auf die Tradition der Hegelschen Dialektik aufzubrechen versucht. Ihr Argument, der Marxismus des 20. Jh. müsse gegenüber dem des 19. Jh. dialektisch weiterentwickelt werden, wurde als revisionistische, ideengeschichtliche Betrachtung, mit der die Klassengrundlagen verwischt würden, gebrandmarkt und als »subjektivistisch« zurückgewiesen.

Spätere Versuche wie die R. Havemanns wollten das Lehrsystem der Ph. dadurch beleben, daß sie, analog zu analytischen Ansätzen des Westens, der marxistischen Ph. gleichfalls den Gegenstand absprechen und sie zur bloßen Methode erklären. So hat auch R. Bahro (1977), anknüpfend an K. Marx' »Kritik der politischen Ökonomie«, die realen Entfremdungen in der DDR und die damit verbundenen pessimistischen Denkhaltungen aufgedeckt.

Andererseits zeigt sich der Prozeß der Loslösung vom mechanischen Materialismus als viel früher abgeschlossen, als es die Dissidenten und ihre starke öffentliche Beachtung nahelegen. Das grundlegende Lehrbuch von A. Kosing u. a., »Marxistische Philosophie« (1967), kennt hinsichtlich der Ergebnisse der Einzelwissenschaften keinerlei Schwierigkeiten mehr. So wird auch die Kybernetik, die als

ein absolut »realitätsfernes« System gern als ein Argument gegen den Materialismus angeführt zu werden pflegt, konsequent materialistisch und gerade als Beweis für die Objektivität der Wirklichkeit interpretiert.

III. Philosophie als Fach und Institution

Obwohl an älteren Universitäten noch Kernfach der nach ihr benannten Fakultät, befindet sich die Ph. als Fach seit mindestens zehn Jahren in einem tiefen Umbruch. Der alte Fakultätsname erinnert daran, daß von der Ph. einst die Einzelwissenschaften ausgegangen sind und sich zu selbständigen Disziplinen emanzipiert haben. Im Zuge dieser Emanzipation verliert die Ph. zunehmend ihre integrierende oder fundierende Kraft. »Die ganze Fakultät nennt sich philosophisch, aber die Philosophie gibt es eigentlich nicht mehr«, so K. Löwith schon 1969 (K. Löwith, in: C. Grossner: Ende der Philosophie? Die Zeit v. 22. 10. 1971). An neugegründeten Universitäten bringt die neue Fachbereichsgliederung auch die alte Fakultätenordnung zum Verschwinden. Die Einrichtung des *Philosophicums* als Teil der Prüfung für Lehramtsanwärter, aber häufig auch für Theologen, sicherte dem Fach bisher relativ hohe Studentenzahlen.

Dabei ist besonders die integrierende und propädeutische Funktion des Fachs als Logik, Ethik, Grundlagenreflexion von Bedeutung. Ausbildungsreformen einzelner Bundesländer, die auf stärkere praktische, didaktische Orientierung zielen, haben inzwischen auch das *Philosophicum* unwichtiger werden lassen. Das heißt, daß die Ph. zunehmend auf sich selbst zurückverwiesen wird und sich zu einer überwiegend historischen, ihren Gegenstand über die eigene Vergangenheit sichernde Wissenschaft entwickelt. 80 v. H. der Fachphilosophie ist Philosophiegeschichte, Textlektüre, Hermeneutik. Die Ausbildung in Ph. schrumpft zur Selbstrekrutierung wissenschaftlichen Nachwuchses, da es für Absolventen des Hauptfachstudiengangs Ph. kaum Berufsaussichten gibt. Die wenigen Ausnahmen bilden Volkshochschulen und Erwachsenenbildung (→ *Weiterbildung),* Fachlektorate und die Schulen, soweit sie Ph. als Pflicht- oder wenigstens doch Wahlfach eingerichtet haben. Zwar hat die *Ständige Konferenz der Kultusminister der Länder* dies 1972 als eine Möglichkeit eingeräumt, verwirklicht wurde das Schulfach bisher aber nur in Bremen, Hamburg, Nordrhein-Westfalen und Schleswig-Holstein. Die Zahl der meist beamteten Fachwissenschaftler in Schule und Hochschule wurde bei insgesamt rückläufiger Tendenz 1974 für die Schulen mit etwa 400 und für die Universitäten mit über 100 angegeben. Der relativ hohe Anteil von 6 v. H. aller Studierenden im Jahre 1978 – 1980 belief sich bei 887 Anfängern und 2116 Studentinnen die absolute Zahl auf 7108 – täuscht, zumal dieses Fach keine Studienplatzbegrenzung kennt und viele Anfänger zu keinem Abschluß kommen.

Unter den sechs fachspezifischen Organisationen ist die wichtigste die 1951 gegründete *Allgemeine Gesellschaft für Ph. in Deutschland,* mit dem Fachorgan *Zeitschrift für philosophische Forschung.* Der ehemals gesamtdeutsche Anspruch hat sich längst politischen Realitäten gebeugt. Gesamtdeutsche Kooperation gibt es allenfalls in den fünf weiteren Gesellschaften, die sich um die Namen G. W. Leibniz, I. Kant, G. W. F. Hegel, O. Spengler, A. Schopenhauer gruppieren. Symptomatisch mag sein, daß die kritische Nietzsche-Edition von zwei italienischen Forschern, G. Colli, M. Montinari – in Weimar – unternommen wurde. Ein philosophisches Großunternehmen der Bundesrepublik stellt mit internationaler Beteiligung das von J. Ritter 1971 begonnene und nach dessen Tod von K. Gründer fortgeführte »Historische Wörterbuch der Ph.« dar, das sich als Fortsetzung des klassischen Wörterbuchs R. Eislers (3 Bde, zuletzt 1927–30) versteht, dieses jedoch mit mindestens zehn geplanten Bänden in seinen Dimensionen übertrifft. Dieses Begriffslexikon stellt jeden Terminus in seiner historischen Bedeutungsvielfalt bis in Grenzbereiche etwa der → *Kunst* oder der Soziologie vor und bemüht sich um eine Synthese der im Westen dominierenden geisteswissenschaftlichen und logisch-analytischen Philosophien. Die Ost-West-Trennung ist jedoch deutlich markiert. Marxistisch-leninistische Begriffe wie der des »Kapitals« sind entweder nicht aufgenommen worden oder oft, wie in den Stichwörtern »Arbeit« oder »Klasse«, verkürzend dargestellt.

Ph. ist in der DDR an Schulen und Hochschulen durch zwei Fächer repräsentiert, als Ph. im umfassenden Sinn und als *Marxismus-Leninismus* in der Lehrerausbildung. Als Fach mit den philologisch-historischen und den staats- und rechtswissenschaftlichen Disziplinen zusammengefaßt, weist die Ph. breitgestreute, sich auch auf ihre Geschichte beziehende Arbeitsgebiete auf und wahrt die Nähe zur Soziologie. *Marxismus-Leninismus* dient dagegen der besonderen ideologischen Erziehung. Die Aufgaben beider Disziplinen werden im Anschluß an die Parteitage der *SED* auf gesonderten Tagungen der Gesellschaftswissenschaftler formuliert und für die gesamte DDR einheitlich festgelegt. Die Zahl der Studierenden im Fach Ph. liegt prinzipiell unter der des Faches *Marxismus-Leninismus,* wobei die Zahlen in beiden Fällen bis 1975 eine ansteigende Tendenz zeigen, um sodann kontinuierlich zurückzugehen. So belegten 1970 525, 1975 1009 und 1980 835 Studenten das Fach Ph., während sich die entsprechenden Angaben für *Marxismus-Leninismus* auf 910, 1232 und 1040 belaufen.

Absolventen der Ph. erfüllen ähnliche Aufgaben wie die im *Marxismus-Leninismus* ausgebildeten

Lehrer, deren vergleichsweise höherer Anteil sich aus der besonderen Funktion erklärt, die diesem bei der ideologischen Schulung aller Staatsbürger beigemessen wird. Dabei wird gerade diese im Unterschied zur Sichtweise in der Bundesrepublik nicht als Indoktrination aufgefaßte → *Ausbildung* für das Verständnis der historischen »Errungenschaften« der Menschheit sowie die Erarbeitung der materiellen Grundlagen der eigenen Gesellschaft und ihrer Stellung in der Welt als unbedingt notwendig angesehen (→ *Parteilichkeit*). Abgrenzungen zur Ph. wie zur Realität der Bundesrepublik gehören zum Programm.

Eine besondere Rolle spielt in der DDR das Fernstudium für Erwachsene mit abgeschlossener Berufsausbildung sowie die ideologische Arbeit in den Kultur- und Klubhäusern. 1979 befaßten sich von 195 356 Veranstaltungen 104 809 mit philosophisch-ideologischen Fragen. Das Fernstudium, das Leistungsbereitschaft, persönliche Bildung und soziale Integration fördern soll, stellt bei einer nebenberuflichen Studienzeit von fünfeinhalb Jahren ein gutes Drittel der Absolventen beider Fächer.

Wie alle wichtigen Wissenschaftszweige hat auch die Ph. im *Nationalkomitee für Ph. und Geschichte der Wissenschaften* ihre eigene zentrale Institution. Organisatorisch ist sie außerdem mit einem Zentralinstitut an der *Akademie der Wissenschaften* sowie in der *Vereinigung der philosophischen Institutionen der DDR* und in dem vor allem für die Abstimmung der Lehrmeinungen und den Austausch der Forschungsergebnisse zuständigen *Wissenschaftlichen Rat für Marxistisch-Leninistische Ph.* vertreten. Die *Akademie für Gesellschaftswissenschaften beim ZK der SED* und das *Institut für Marxismus-Leninismus beim ZK der SED* besitzen Leitungsfunktionen, sorgen für die Umsetzung der Parteitagsbeschlüsse, koordinieren Editionen der wissenschaftlichen Einrichtungen der DDR, geben die Werke der marxistischen Klassiker heraus, erforschen die Geschichte der Arbeiterbewegung (→ *Arbeiterkultur*), leiten die Propagandaarbeit (→ *Propaganda*) und organisieren Konferenzen.

In der DDR gibt es nur zwei ausgesprochene Fachzeitschriften der Ph., seit 1952 die »Deutsche Zeitschrift für Ph.« und seit 1946 »Einheit. Zeitschrift für Theorie und Praxis des wissenschaftlichen Sozialismus«. Die Titelgebung der »Einheit« als offizieller Theoriezeitschrift der *SED* geht auf den Zusammenschluß der beiden Arbeiterparteien *SPD* und *KPD* zur *SED* zurück. Inzwischen symbolisiert der Begriff der »Einheit« eher editionspolitische Prämissen wie kollektive Autorenschaft, Verzicht auf Originalität zugunsten ideologischer Übereinstimmung und der Festigung des erreichten Erkenntnisstandes, begriffliche Standardisierung, während die des »Deutschen« nunmehr für die Konzeption einer sozialistischen Nationalkultur der DDR steht.

IV. Die Moderne und ihre Kritik

Fast alle westlichen Philosophien teilen die Überzeugung vom Verlust der äußeren, »objektiven Realität«. Sie optieren für Erkenntnistheorien, die jeglichen »Objektivismus« ausschließen, indem sie teils resignativ die subjektiven Grenzen und Präformationen der Erkenntnis, teils konstruktivistisch oder hermeneutisch die Vermittlung aller Welterfassung durch Logik und →*Sprache* herausarbeiten. Die Reflexionen des Objektivitätsverlustes sind an jenen Prozeß der →*Moderne* gebunden, der die irreversible subjektive Vermittlung der Realität in den antirealistischen, antimimetischen Tendenzen der Kunst, in den deformierenden, subjektivierenden Ästhetiken, in Expressionismus, Kubismus, Konstruktivismus, Montage, Symbolismus (→*Kunst*, →*Kunst und Gesellschaft*) sichtbar macht und dessen geistesgeschichtliche Zusammenhänge sich schon zu Beginn unseres Jahrhunderts mit der Revolutionierung des mechanistischen Weltbildes des 19. Jh. durch Relativitätstheorie, →*Psychoanalyse,* Entdeckung des Mikrokosmos, Entwicklung der Astrophysik herausbildeten. Symptomatisch dafür ist die 1927 formulierte »Unschärferelation« W. Heisenbergs, nach der sich im unendlich Kleinen wie im unendlich Fernen keine Gegenständlichkeiten an sich mehr zeigen, sondern das Gesehene selbst sich unter dem Einfluß des Beobachters oder in Abhängigkeit seines Standorts konstituiert. Hier zeigt sich, daß der traditionelle Realitätsbegriff völlig versagt.

Im übrigen decken sich die Psychologien des Unbewußten ebenso wie die Soziologisierungen des Realitätsbegriffs, die »gesellschaftliche Konstruktion von Wirklichkeit« (Th. Berger, Th. Luckmann), mit dieser subjektivitätsphilosophischen Grundlinie der Moderne. Deren Impuls überträgt sich als hermeneutische Rezeptionsforschung in die historisch-philologischen Fächer. Entsprechend »realisieren« sich Gegenstand wie Text erst im subjektiven Rezeptionsvorgang. Der »Falsifikationsansatz« nach K. R. Popper entwickelt eine eigene Strategie des Anti-Objektivismus; die »prinzipielle Fehlbarkeit menschlicher Vernunft« berücksichtigend, billigt der *Kritische Rationalismus* jeglicher Theorie solange ihre Berechtigung zu, wie sich ihre »Falschheit« nicht praktisch-empirisch erwiesen hat. Hier artikuliert sich der eingegrenzte Wahrheitsbegriff einer »pragmatischen Vernunft« (H. Lenk). Die theoretische Toleranz gesteht demnach auch allen Metaphysiken als falsifikationsunfähigen Systemen, deren Wahrheit sich ja in der religiösen Praxis erweise, eine Berechtigung zu (vgl. H. Alberts Auseinandersetzung mit H. Küng). Der »Pluralismus als Erkenntnismodell« erneuert damit das relativistische, perspektivistische Dilemma der Moderne unter pragmatischem Vorzeichen. Auch moderne, offene Systemtheorien lösen den Begriff der Objektivität in den der Komplexität der Umwelt auf, wobei sich deren Erkenntnis zunehmend auf ein von Wahrheitsfragen abgerücktes Reduzieren beschränkt.

Im Unterschied zu den gängigen subjektivistischen, direkt oder indirekt affirmativen, also systemkonformen Philosophemen der Moderne verstand sich die *Kritische Theorie* als Widerspruch zu den ahistorischen und undialektischen Selbstdefinitionen des philosophischen Modernismus. Mit ihren Analysen der »Eindimensionalität« (H. Marcuse) der Gesellschaft und ihres universalen »Verblendungszusammenhangs« (Th. W. Adorno) beschrieb sie die ideologische Funktion des theoretischen Liberalismus und Pluralismus inmitten fortdauernder Repression. Sie enthüllte den modernistischen Individualismus als marktgängige Form des Konformismus und den philosophischen Ichkult als eine der mehr denn je entfremdeten Warengesellschaft entsprechende Mystifikation. Sie erkannte in den Ideologien der Persönlichkeitsentfaltung Instrumente der Deformierung, Nivellierung und Isolation und schuf die Grundlage zur Kritik einer funktionalistischen und konsumistischen Subjekt-Ideologie in Form dialektischer Diagnosen des »Konsumismus«, der »repressiven Toleranz«, des »Individualismus ohne Individuum«, des »Subjektivismus ohne Subjekt«. Jedoch schreckte sie, auch angesichts der Realität der sowjetischen Gesellschaft, vor der politischen Konsequenz ihrer Analysen, dem Postulat der praktischen Aufhebung der bürgerlichen Entfremdungsgesellschaft (→*Entfremdung*) zurück und restaurierte unter dem Vorzeichen sensibler »Verweigerung« die Rolle des »kritischen Subjekts«, dessen völlige Aufhebung sie eben erst begründet hatte. In dieser »praktischen« Antinomie trifft sie mit den Ansätzen neoindividualistischer Alternativkulturen wie der Hippiebewegung, Protestmusik, der Pop- und →*Rockkultur* (→*Alternativkultur*) zusammen. Insofern erweist sich die *Kritische Theorie* der kapitalistischen Industriegesellschaft als eine Kritik der Moderne mit den Mitteln und Lösungen der Moderne.

V. Der Wissenschaftliche Sozialismus und seine Widersprüche

Gegenüber der, wie es heißt, idealistischen, vom Vorrang der Subjektivität überzeugten westlichen Ph. geht die offizielle Ph. der DDR von »realistischen«, das heißt »materialistischen« Annahmen aus. In ihrer Erkenntnistheorie behaupten Begriffe wie »Materie«, »Objektivität«, »objektive Realität« den Primat der »äußeren« Welt als Natur und menschliche Geschichte, wobei diese beiden Bereiche entwicklungsgesetzlich ineinanderlaufen, insofern Natur durch menschliche →*Arbeit* »angeeignet« wird, sich »vergesellschaftet« und historisiert, ein Prozeß, aus dem sich wiederum neue Potentiale menschlicher Produktivität ergeben. Da nach K. Marx das Sein das → *Bewußtsein* bestimmt, sind mithin Erkenntnis und Erfassung objektiver Realität nicht nur subjektiv begrenzt, sondern auch objektiv möglich. Indem Erkenntnis praktisch-prozeßhaft verläuft, sind ihre »subjektiven« Grenzen historisch, Realität wird im Geschichtsverlauf erschlossen. Richtige Erkenntnisse bedürfen daher nicht der Falsifikation, sondern modifizieren sich allenfalls historisch durch Zuwachs an Kenntnissen und Fertigkeiten. Diese werden, wenn sie dem menschlichen Fortschritt gedient haben, als objektive Erkenntnisse oder »Errungenschaften« unverzichtbarer Menschheitsbesitz, der jeweils neu erworben und angeeignet werden muß (→ *Tradition und kulturelles Erbe).* Diese Grundüberzeugung rechtfertigt die scharfe, sich »einmischende« → *Kritik* an allen westlichen Ph., denen fortwährend »Idealismus« und »Revisionismus« vorgeworfen werden, auch wenn es Anknüpfungspunkte, etwa zur *Kritischen Theorie,* gibt, deren Analysen als Aufdeckung verborgener Widersprüche der kapitalistischen Gesellschaft bedingt anerkannt werden. Symptome wie → *Entfremdung,* Geschichtsverlust, soziale Verweigerung sind willkommen, wenn es gilt, das eigene Menschenbild dagegenzustellen. Dort westliche dekadente Verfallserscheinungen, Sinnverlust und Orientierungslosigkeit, hier die selbst- und geschichtsbewußte »sozialistische Persönlichkeit« (→ *Persönlichkeit)* mit ihrem sozialen → *Engagement.*

Nach marxistischem Ansatz bedeutet die Arbeit erkenntnistheoretisch den Kern menschlicher Natur- und Wirklichkeitsaneignung. Die Geschichte selbst ist Resultat theoretischer und praktischer Arbeit, als deren Endprodukt die Arbeiterklasse sich als Subjekt und Produzent der modernen »Geschichte« selbst hervorbringt und politisch-gesellschaftlich befreit. Arbeit und Produktion bilden daher positive Kategorien des sozialistischen Selbstverständnisses, da sich der Mensch nur in der tätigen Auseinandersetzung mit der Natur zum humanen Wesen »ausbilden« könne. Dabei werden bürgerliche Leitbilder übernommen, besser, materialistisch »aufgehoben«. Das menschliche Streben nach Selbstverwirklichung wird nicht, wie etwa im kapitalistischen Westen, an anonyme Freizeitkulturen (→ *Freizeit)* verwiesen, sondern als gesellschaftliche Tätigkeit in den Dienst der sozialistischen Produktionsgemeinschaft gestellt. Die materialistische Einschätzung der »objektiven Errungenschaften« begründet auch den ständigen Rekurs auf die Leistungen der Klassiker. Als unverlierbare Wahrheiten gehören die Theorien K. Marx', F. Engels', W. I. Lenins und J. W. Stalins der allgemeinen menschlichen Wissenschaft an; zugleich sind sie orthodoxer Kern der politisch-ideologischen und auch der geschichtsphilosophischen Selbstauffassung der DDR. Daher kann es keine prinzipiellen Einwände gegen die Analysen der Klassiker geben. Weil sie niemals als falsch, sondern lediglich als erweiterbar aufgefaßt werden, wird jede Form der Kritik an ihnen als → *Revisionismus* gebrandmarkt. Der Versuch, die Grundsätze der marxistischen Klassiker einer erkenntniskritischen Überprüfung zu unterziehen, käme einer Selbstaufhebung des historisch-dialektischen Materialismus gleich.

Während die westliche Philosophie, wo sie nicht Systemtheorie ist, das Individuum in das Zentrum der Aufmerksamkeit stellt – »Verlust der Mitte«, nach dem gleichnamigen Buch des Kunsthistorikers H. Sedlmayr von 1948, ist nur eine Restaurationsformel –, bestimmt die Ph. der DDR den Menschen als Gesellschafts-Wesen, als »Ensemble der gesellschaftlichen Verhältnisse«. Der Westen mißversteht dies gern als Individualitätsleugnung; gemeint ist die gesellschaftliche Gebundenheit des einzelnen noch in seiner Isolierung, wie die *Kritische Theorie* zeigte, und der Vorrang des Allgemeinen, des gesellschaftlichen Systems. Das Individuum ist Resultat, nicht Voraussetzung der gesellschaftlichen Verhältnisse, nichtsdestoweniger existiert es real. Die sozialpolitischen Konsequenzen der gegensätzlichen Auffassungen des Individuums treten beispielsweise im → *Sport* und seiner philosophischen Reflexion zutage.

Als Theorie des »real existierenden Sozialismus« vertritt die Ph. der DDR die Auffassung, daß die Gesellschaft von grundlegenden Widersprüchen, die nur noch zum westlichen »Klassengegner« bestehen, selber frei ist. Sie ist vom harmonischen Ausgleich von Handarbeit und Kopfarbeit überzeugt; die Kopfarbeit ist von jeglichen Relikten des bürgerlichen Individualismus gereinigt, wie sich umgekehrt die Handarbeit entproletarisiert und umfassende → *Bildung* aneignet, der Arbeitsprozeß als solcher demnach »vergeistigt« und nicht-entfremdet erscheint. Die zunehmende Automatisierung des Produktionsablaufs, der die DDR als moderner Industriestaat wie die Bundesrepublik Deutschland unterliegt, schaffe demnach keinerlei psychische Probleme, weil die Handarbeiter über den Funktionszusammenhang der Produktion umfassend informiert sind. Die so aufgefaßte »polytechnische Bildung« zieht den Begriff der Bildung von seiner bürgerlich-traditionellen Verankerung im Sprachlichen und Kulturellen ab und versöhnt scheinbar die Theorie mit der Praxis.

Da jedoch die DDR als moderner Industriestaat ähnlich »komplex« ist wie die Bundesrepublik und als solcher ein vergleichbares Erscheinungsbild aufweist, bedarf es äußerer, sinnlicher Zeichen, die verdeutlichen, daß die Fabrik »volkseigen«, der Kulturpalast nicht Hort bürgerlicher Bildung ist. Nachdem der feudale Zuckerbäckerstil, der »sozialistische Feudalismus« (B. Brecht) des Stalinismus abgewirtschaftet hat (»Paläste für Arbeiter«) und nach außen hin der »Sachzwang« gilt, müssen mehr denn je Parolen, Spruchbänder, Fahnen, Bilder von Politikern und Aktivisten das »Wesen der sozialistischen Gesellschaft« verdeutlichen, wie auch die Ph. zwischen »Wesen« und »Erscheinung« zu unterscheiden lehrt. Wenn der westliche Betrachter dazu neigt, die *Jugendweihe* statt Kommunion oder Konfirmation als bloßen Versatz des christlichen Glaubens anzusehen, so bleibt er nach marxistischer Auffassung bei Äußerlichkeiten, Erscheinungen stehen und erkennt nicht, daß der Sinn der Veranstaltung völlig verändert ist; statt metaphysische Tröstung soziale Verpflichtung, statt überirdischer Gelöbnisse gesellschaftliche Eide, statt individuellem Glauben sozialistischer Auftrag.

In der Gesellschaft der DDR stößt man nicht nur auf westliche Mode- und Verweigerungsformen, sondern auch auf eine schier unwiderstehliche Sehnsucht nach Privatem, auf die Suche nach Räumen, »wo der Staat nicht dabei ist«, der keineswegs als nichtentfremdete Gesellschaft, sondern als ein entpersönlichtes, unberechenbares, stets anwesendes Über-Ich empfunden wird. Während es Arbeitslosigkeit offiziell nicht gibt – das Recht auf Arbeit ist in der DDR ein → *Grundrecht* –, legen Alkoholismus, Krankfeiern, Verweigerung und ähnliche Protesterscheinungen Vergleiche mit der Bundesrepublik nahe. Bis zur wirklichen Aufhebung des Gegensatzes von Hand- und Kopfarbeit scheint der Weg noch sehr weit. Unreflektiert bleibt gerade in der Ph. die Funktion der bürgerlich konservierten Lebensformen im »Privatbereich«, die ebenso entfremden wie die »sachgerechten« Planungsprozesse im Bereich von Stadt- und Wohnungsbau (→ *Stadt- und Regionalplanung,* → *Wohnen)* mit all seinen sozialpsychologischen Folgelasten der Isolation, Berührungsangst, Abgeschlossenheit. Ein Tabu des Schweigens liegt über dem Widerspruch zwischen dem Wunsch der Bevölkerung nach westlichem → *Konsum* und der Behauptung einer überlegenen Produktionsorganisation im Sozialismus. Faktisch ist die Leitbildwirkung westlicher Erscheinungen wie Werbung, Sexualliberalismus, Massenmotorisierung nicht zu leugnen. Nicht nur das Scheitern des *Bitterfelder Weges* in der → *Literatur* (»Greif zur Feder Kumpel, die sozialistische Nationalliteratur braucht dich«) deutet an, daß der Ausgleich von »Unterhalt« und → *Unterhaltung,* etwa in Form von Kunstausstellungen in Betrieben, nur in Nebenbereichen gelang. Die → *bildende Kunst* stagniert in unwirklichen Vorführungen des »sozialistischen Menschen« als kraftprotzender heldenhafter Erscheinung oder schließt sich internationalen Modernetendenzen an. Pessimistische, ja irrationalistische Tendenzen in der Literatur der DDR signalisieren eine Verzweiflung angesichts des offiziellen Fortschrittsoptimismus. Diese Widerspruchserscheinungen wiegen schwer; durch »Westinfiltrati-

on« sind sie keineswegs zu erklären. Wenn wirklich das Sein das Bewußtsein bestimmt, so müssen tiefere Widersprüche in der Gesellschaftsstruktur der DDR selbst fortbestehen, die von Bewußtseinserscheinungen wie den beschriebenen angezeigt werden. Unter den gegebenen ideologischen Bedingungen jedoch bleibt eine dynamische Diskussion blockiert. Die mangelnde Erörterung eigener Widersprüche markiert die Grenzen des ideologischen Realismus der Ph. der DDR.

VI. Sprachkritik und Jargon

Lange Zeit schien es, als sollte im Westen Ph. als Sprachkritik zur kulturkritischen Institution par excellence werden. Besonders einflußreich wurde die Sprachkritik der *Analytischen Ph.* angloamerikanischen Typs, die sich über metaphysischen Tiefsinn der traditionellen Ph. mokierte. Sie empfahl einerseits eine Form der Theoriebildung unter den strengen Sinnbedingungen der formalen Logik und erfahrungswissenschaftlicher Aussagen und wies andererseits der Ph. eine sprachüberwachende, aussagekritische Aufgabe zu. Geschichtemachend wirkte L. Wittgensteins 1921 formuliertes Diktum: »Alle Ph. ist Sprachkritik« (Tractatus logico-philosophicus, Nr. 4.0031), das hierzulande allerdings erst nach dem Zweiten Weltkrieg rezipiert wurde. In Analogie zu I. Kants »Kritik der reinen Vernunft« formulierte man: »Sprachanalyse ohne kulturanthropologische Erfahrungswissenschaft ist steril, Kulturanthropologie ohne philosophische Sprachanalyse, oder doch vergleichende Sprachwissenschaft, ist blind.« (H. Wein) Diese Auffassung wandte sich gegen die Reduzierung der Sprachkritik auf Aussagenlogik und konnte sich hierbei ebenfalls auf L. Wittgenstein berufen, der mit den »Philosophischen Untersuchungen« (1953) die logisch-positivistischen Grundlagen des »Tractatus« widerrufen und Sprachkritik in eine allgemeine Handlungsanalyse eingebettet und erweitert hatte. Sprache ist stets von Handlung begleitet und von »Lebensformen« strukturiert, die sich als »Sprachspiel« beschreiben lassen. Später spezialisierte sich das Interesse auf »Sprachhandlungen«, in denen Sprechen selbst als Dominante mit »praktischem« Aspekt erschien (Pragmalinguistik, Sprachhandlungstheorien). Ebenso typisch für die Tendenz zur schöngeistigen Abstraktion ist die Inflation von Komposita mit »Arbeit« im übertragenen Sinn, wie »Trauer-, Erinnerungs-, Seelen-, Traumarbeit«.

Auch gesellschaftskritisch angelegte Sprachkritiken sind bei »Vergeistigungen« angelangt. Th. W. Adornos Abhandlung zum »Jargon der Eigentlichkeit« von 1964, der nicht nur vordergründig eine Abrechnung mit Heideggerschem Existenzialismus und den Begriffen der »Eigentlichkeit«, des »Anliegens«, »Anrufens«, der »Echtheiten« darstellt, illustrierte teilweise faschistisch gefärbte Kontinuitäten und Verlogenheiten deutscher Fest- und Politikerreden. Das Buch zog eine Fülle realistischer Sprachkritiken nach sich, welche im einzelnen die Tatbestände benannten, über die in der Feiertagssprache so gern hinweggeredet wird. Da diese Sprachkritik jedoch oft meinte, der Vereinnahmung durch herrschenden Konsens und »affirmative Kultur« lediglich mit der Weigerung, deren Sprache zu sprechen, entgehen zu können, verfiel sie selbst in einen dunklen Stil (»Adornismus«), der Ende der 60er Jahre, Anfang der 70er Jahre die Universitäten beherrschte. Die Esoterik, mit der sich der neue Jargon vom Alltäglichen absetzte, mündete bald selbst in Inhaltslosigkeit und elitären Hochmut der Theoriebeflissenen. Inzwischen läßt sich eine Rückkehr zum »Jargon der Eigentlichkeit« diagnostizieren. Im Namen »authentischen Selbstausdrucks« wird häufig der Anspruch auf rationale Argumentation und Reflexion als theoretische Arroganz zurückgewiesen. »Anliegen« und »Echtheiten« haben wieder Konjunktur.

Es scheint für die Ph. in der DDR typisch zu sein, daß sie Sprachkritik offiziell kaum kennt. Deren Ansatz, nämlich die Diskrepanz zwischen angemaßter, beschönigender, inhaltloser Rede und Wirklichkeit, ist im System des *Marxismus-Leninismus* nicht vorgesehen. Sprache gilt als Ausdruck von Realität und ist als solche im positiven Verstande der Entwicklung gerechtfertigt – und pflege sie noch so sehr den Jargon. Die Anknüpfung an das bürgerliche »Erbe« hat in der DDR den »Jargon der Eigentlichkeit« nicht diskreditiert, im Gegenteil beherrschten ihn die Kulturpolitiker der frühen DDR wie J. R. Becher und K. Hager auf geradezu vollendete Weise, und alle Versuche, den Zusammenhang vom »Jargon der Eigentlichkeit« und faschistischer Sprache und Realität darzustellen, stießen auf entschiedenen Widerstand der Kulturpolitik, wofür die Bemühungen B. Brechts um eine Kritik der korrumpierten bürgerlichen Kultur ein Paradefall ist. Zudem hat die Bindung der Ph. an die Politik und Gesellschaftssteuerung zu einer Verquickung philosophischer Terminologie mit Funktionärsjargon geführt, wodurch die Sprache nicht nur reflexionsfeindlich, einförmig, unpräzise und tautologisch wird, sondern auch juristisch, verwaltungsförmig dekretierend, unspezifisch. Zeugt die Esoterik der Philosophensprache in der Regel für die »Anstrengung des Begriffs«, so charakterisiert sich die Ph. der DDR durchwegs durch den Mangel solcher Anstrengung, ebenso wie die westliche Ph. sich ihrer häufig dadurch entledigt, daß man eigene Individualität »philosophisch« ausstellt.

J. Knopf

Literatur:
H. Spinner, Pluralismus als Erkenntnismodell, Frankfurt a. M. 1974
E. Hahn u. a., Grundlagen des historischen Materialismus, Berlin (Ost) 1976
H. M. Baumgartner, H.-M. Sass, Ph. in Deutschland 1945–1975, Meisenheim² 1979
W. Eichhorn u. a., Marxistisch-leninistische Ph., Berlin (Ost) 1979
V. Wrona u. a., Zur Geschichte der marxistisch-leninistischen Ph. in der DDR. Von 1945 bis Anfang der sechziger Jahre, Berlin (Ost) 1979
H. M. Elzer u. a. (Hrsg.), Ph. in der Bildungskrise der Gegenwart, Sankt Augustin 1980

Photographie

I. Photographie in der Bundesrepublik – II. Photographie in der DDR

I. Photographie in der Bundesrepublik

Von der »Neuen Sachlichkeit« zur »Subjektiven Photographie«: Der Photojournalismus der 20er und frühen 30er Jahre hat über den Zweiten Weltkrieg hinweg eine gewisse Kontinuität bewahrt; daneben existierte eine Ph., die auf Objektivität und Strenge der Neuen Sachlichkeit basierte. Die in der Weimarer Republik von intellektuellen Außenseitern (E. Salomon, F. H. Man, W. Weber) der Photographenszene entwickelte Form der Photoreportage (→ *Reportage*) verlagerte sich ab 1933 durch Emigration der führenden Bildreporter wie F. H. Man, A. Eisenstaedt u. a. und Bildredakteure nach England und in die USA. Eine weitere photographische Strömung der 20er Jahre ging von dadaistisch, surrealistisch und konstruktivistisch orientierten Künstlern wie L. Moholy-Nagy, H. Bayer, M. Ray aus, von denen einige am *Bauhaus* in Dessau tätig waren. Sie gaben der Ph. Impulse, die zunächst, gemessen an den Leistungen und Bildauffassungen der Berufsphotographen, als laienhafte Versuche intellektueller Amateure angesehen wurden. Diese Künstler hoben die Ph. auf die Reflexionsebene der Kunst, um ihre Gestaltungsmöglichkeiten experimentell in Erfahrung zu bringen. Eine Rückbesinnung auf diese Kriterien erfolgte erst wieder Ende der 40er Jahre und wurde in der Gruppe *fotoform,* zu der sich ein Kreis junger Photographen, u. a. L. Windstosser, P. Keetmann, T. Schneiders, W. Reisewitz, S. Lauterwasser, O. Steinert, zusammenschloß, zum erstenmal manifest. Vor dem Hintergrund der sich nach 1945 ausbreitenden abstrakten Kunst, die unter dem Nationalsozialismus als entartet diskriminiert und schließlich verboten worden war, begründete O. Steinert 1951 die neue *Subjektive Ph.*, stellte sie sowohl in Ausstellungen als auch in Publikationen vor und leitete damit das »neue Zeitalter der Ph.« (B. Lohse) ein, schlug aber gleichzeitig die Brücke zurück zu den Wegbereitern wie L. Moholy-Nagy, H. Bayer, M. Ray u.a. Auch die surrealistisch-romantische Sehweise der 30er Jahre hat die Subjektivität dieser neuen Einstellung beeinflußt und dazu beigetragen, den Kollektivismus nationalsozialistischer Ideologie einerseits und die objektive Strenge der Neuen Sachlichkeit andererseits zu überwinden.

Der historische Neubeginn präsentierte sich in einem Ereignis, das für die folgenden Jahrzehnte die Entwicklung der Ph. in der Bundesrepublik entscheidend bestimmen sollte: der Gründung der *photokina*, einer Messe für Ph. und Film, die 1950 erstmalig in Köln – zunächst national, ab 1951 international – veranstaltet wurde. Neben dem technisch-kommerziellen Messebetrieb gab es einen sogenannten »kulturellen Teil« mit Bilderschauen und Einführungen in die Anwendungsgebiete der Ph., wobei sich die Organisatoren der *photokina* bemühten, historische Entwicklungen und zeitgenössische Tendenzen zu zeigen. Bis 1958 dominierte die *Subjektive Ph.*, die O. Steinert als Rahmenbegriff verstanden wissen wollte, »der alle Bereiche persönlichen Fotogestaltens vom ungegenständlichen Fotogramm bis zur psychologisch vertieften und bildmäßig geformten Reportage erfaßt« (O. Steinert, 1952, S. 6). 1956 wurde erstmals die sogenannte *Live-Ph.*, ein auf Aktualität angelegter Bildjournalismus, gezeigt. Die *Live-Ph.* wurde historisch durch E. Salomon, zeitgenössisch durch Photographen der internationalen Gruppe *Magnum* vertreten, einer genossenschaftlich organisierten Bildagentur.

Was die *photokina* als Tendenz dokumentierte, setzte K. Pawek, späterer Organisator der Weltausstellungen der Ph., in der von ihm mitherausgegebenen Zeitschrift »Magnum« auf ganz spezielle Weise ein. Unter dem Titel »Der neue Blick in der Ph.« schrieb K. Pawek 1958: »Ph. ist heute ein neues Erkenntnismittel. Es wird nicht mehr lange dauern und man wird sie wie Statistik, Volksbefragung, Test zur wissenschaftlichen Erforschung sozialer Gegebenheiten verwenden. Auf diese Möglichkeit, Ph. als Forschungsmittel, als Erkenntnismittel im Sozialen zu gebrauchen, wird hier zum erstenmal hingewiesen« (Magnum 17/1958, S. 6).

Th. Neumann legte 1966 eine Sozialgeschichte der Ph. vor, und A. Silbermann gab 1970 unter dem Titel »Die Massenmedien und ihre Folgen« kommunikationssoziologische Studien heraus, in denen auch die Ph. soziologisch analysiert wurde. R. Günter publizierte 1977 »Fotografie als Waffe«, eine Geschichte der sozial-dokumentarischen Ph., die auch als Basis für den zukünftigen Gebrauch einer sozial engagierten Ph. gedacht war. Das verstärkte

Interesse an der Geschichte der Ph. war nicht nur photo- oder kunsthistorisch – in der Art der Inszenierungen der *photokina* – sondern wesentlich auf die historischen und gesellschaftlichen Bedingungen und die daraus ableitbaren Möglichkeiten gerichtet. Zu Beginn der 70er Jahre geriet die *Live-Ph.* der Illustrierten-Presse durch die Konkurrenz des → *Fernsehens* unter Druck. Das Ende der internationalen Zeitschrift »Life« im Jahr 1972 war symptomatisch für die Veränderung der Medienlandschaft. Das allgemeine Interesse an Ph. dagegen stieg weiter, so daß B. Lohse von einem neuen »Photo-Bewußtsein« sprach, das sich in einer wachsenden Zahl von Photozeitschriften zeigte. 1972 wurden im »kulturellen Teil« der *photokina* wesentliche Veränderungen sichtbar. So zeigten im Wettbewerb »Jugendphotographie« junge Photographen zum Thema »Gesellschaft 72« ihre soziale Wirklichkeit. Eine andere Bildschau präsentierte »Frauen von Frauen photographiert« und schließlich fand erstmals während der *photokina* eine *anti-photokina* statt, auf der jeder Photograph seine Kritik anbringen konnte. Die historische und künstlerische Rezeption verschaffte der Ph. Eintritt in die Kunstmuseen, die Galerien und den Kunsthandel. Seit Ende der 60er Jahre benutzten Künstler in der *Pop-Art*, im *Photorealismus* und in der *Concept-Art* zunehmend die Ph. Photographen, die Wert auf künstlerische Gestaltung legen, bedienen sich neuerdings wieder einer extrem subjektiven Sehweise, die einerseits die Atmosphäre eines magischen Realismus (H. Riebesehl) sucht, andererseits das photographische Abbild auf einen konstruktiven Visualismus (A. Müller-Pohle) reduziert. Auf der *photokina* 1980 wurden zwölf deutsche Photographen vorgestellt, die aufgrund einer Umfrage bei verschiedenen Photozeitschriften ermittelt worden waren. »Das Gesamtbild der zwölf Ausgestellten beweist, daß in der Bundesrepublik individualistische Persönlichkeiten auf unterschiedliche Weise das Bild der Ph. prägen« (Katalog der *photokina*, 1980, S. 83).

Institutionelle Entwicklung nach 1945: Die Produktion der Photoindustrie war um 1950 soweit wieder angelaufen, daß die Idee einer Messe – vor allem für den Export – verwirklicht werden konnte. Vor dem Zweiten Weltkrieg war Deutschland auf dem Gebiet des Kamerabaus – speziell der Kleinbildkamera – wegweisend gewesen, so daß die Erwartung des Auslands auf den Stand der technischen Entwicklung groß war. Im Jahre 1949 vereinbarten Vertreter des späteren Photoindustrieverbandes, der Berufsverbände der Photographen und der Messegesellschaft in Köln, die *photokina* als Ersatz für den photographischen Bereich der früheren Leipziger Messe zu gründen. Entscheidender Unterschied zu Leipzig war die Erweiterung durch einen »kulturellen Teil«, der von einem eigens eingerichteten Arbeitsausschuß mit Vertretern aller beteiligten Organisationen vorbereitet werden sollte. Die Messe wurde auf diese Weise zu einer Demonstration des »Gesamtphänomens Ph.« (L. F. Gruber), um alle an der Ph. Interessierten zu mobilisieren. Einen wesentlichen Beitrag für die Bilderschauen leisteten die Verbände der Berufs- und Amateurphotographen. Die beteiligten Organisationen waren der *Verband Deutscher Amateurfotografen-Vereine* (VDAV), der *Centralverband des deutschen Photographenhandwerks,* Bildberichter im *Deutschen Journalistenverband,* die *Gesellschaft Deutscher Lichtbildner* (GDL), die *Deutsche Gesellschaft für Ph.* (DGPh) und auf internationaler Basis die *Fédération Internationale de l'Art Photographique* (FIAP). Für das deutsche Publikum waren die Ausstellungen des Auslands nach langer Zeit der Isolation von besonderer Bedeutung. Unter den nationalen Photoverbänden haben sich der *VDAV,* die *GDL* und die *DGPh* satzungsgemäß dem kulturellen und wissenschaftlichen Interesse an der Ph. verpflichtet. »Auf allen Gebieten, insbesondere der Kunst, der Wissenschaft, der Heimatkunde und in allen Zweigen der Volksbildung fördert und pflegt der *VDAV* die Ph.« (P. Kuschnerus, 1964). Dies geschieht in Leistungswettbewerben und Ausstellungen auf regionaler und Bundesebene. Auch die *GDL* veranstaltet Ausstellungen ihrer ausschließlich berufenen Mitglieder. Sie sieht sich als »Leistungsgemeinschaft führender Lichtbildner der deutschen Ph., deren Zweck darin besteht, die berufliche Ph. zu veredeln und das schöpferische Lichtbild zu fördern, und zwar ohne kommerzielle Absichten« (F. Kempe, 1969). Die *DGPh* fördert vor allem die Arbeit an den wissenschaftlichen Grundlagen der Ph. und an der Erweiterung ihrer Anwendungsgebiete. Sie vereinigt Photographen, Photohistoriker und -theoretiker, Wissenschaftler, Techniker und Wirtschaftler. Sie beruft ihre Mitglieder aufgrund ihrer erbrachten Leistungen. Daneben gibt es »Fördernde Mitglieder« aus Industrie und Wirtschaft, sowie »Korrespondierende Mitglieder« im Ausland. Schwerpunkte der Tätigkeit der *DGPh* sind die bestimmten Themen gewidmeten Kongresse. 1969 schlossen sich in Deutschland Werbe-, Mode- und Industriephotographen im *Bund Freischaffender Foto-Designer* (BFF) zusammen, um ein breites Spektrum von Spezialgebieten zum Berufsbild des Foto-Designers zu organisieren. Den meisten Lehrangeboten für Photographen an den Fachhochschulen und Hochschulen liegt diese Auffassung vom Foto-Designer zugrunde.

Wirklichkeitsspektrum der Photographie: Nach dem Zweiten Weltkrieg waren Dokumentation und Reportage zunächst Schwerpunkte der Ph., wobei der Reportagebegriff durchaus auch symbolische Interpretation zuließ. Für die Dingwelt, die die Neue Sachlichkeit der 20er Jahre noch intakt, aber isoliert präsentiert hatte, fehlte der Nachkriegsgeneration das Interesse. Die eigene Existenz, das Menschliche stand jetzt im Vordergrund und führte zu einer subjektiven, existentiell bedingten Sehweise. Entsprechend wurde, soweit es ging, der Ph. die Primärfunktion, einen Gegenstand der äußeren Welt abzubilden, entzogen. Subjektivität als Quelle der →*Kreativität* verschaffte der Ph. die Grundlage des Künstlerischen. Die Subjektivität wurde allerdings an ein Medium gebunden, das durch seine Eigengesetzlichkeit immer auch Bedingungen vorgab. Die Erkenntnis, diese Bedingungen manipulieren zu können, war wesentlich durch eine formalrationalistische Denkweise bestimmt, wie sie sich bereits in der Entwicklung der abstrakten und konstruktivistischen Kunst artikuliert hatte. In der Werbe- und Modephotographie wurde die Kreativität kommerzialisiert und diente in hohem Maße der Inszenierung und Gestaltung einer fiktiven Wirklichkeit. 1966 präsentierte die *photokina* »Junge Kreative« der Modephotographie und 1968 »Meister der Werbekunst« als avantgardistische Photographen. In den Bilderschauen von 1970, »Erotische« und »Ästhetische Photographie«, setzte sich die Ästhetisierung des Mediums Ph. fort. Ein verändertes Selbstverständnis der Berufsphotographen artikulierte sich im Begriff des Foto-Designers. »Als Foto-Design bezeichnet man die Aufbereitung von Information mit fotografischen Mitteln für Zwecke der Beobachtung, des Lernens und der Verständigung. Die Arbeit des Foto-Designers ist, neben seinen handwerklich-technischen Leistungen, notwendig und wesentlich bestimmt durch dessen geistigschöpferische Fähigkeiten bei Konzeption, Entwurf und Gestaltung des fotografischen Bildes« (H. Schöttle, Lexikon der Ph., Köln 1978).

Das Konzept der »Subjektiven Photographie«: Mit der *Subjektiven Ph.* hatte O. Steinert neue Voraussetzungen für die Gestaltung in der Ph. geschaffen, die auch theoretisch zu begründen waren. In einer ersten Veröffentlichung stellte der Kunsthistoriker F. Roh die Verbindung zum künstlerischen Avantgardismus der 20er Jahre her. Für ihn wird durch die »Gebilde« der *Subjektiven Ph.* eine geistige Welt optisch vermittelt. O. Steinert ordnet die photographischen Möglichkeiten auf dieses Ziel hin: »Unter Berücksichtigung der einwirkenden technischen und subjektiven Faktoren kommen wir zu folgendem Einteilungsversuch: 1. die reproduktive fotografische Abbildung, 2. die darstellende fotografische Abbildung, 3. die darstellende fotografische Gestaltung, 4. die absolute fotografische Gestaltung« (O. Steinert, 1956). Die Betonung des Individuellen innerhalb der photographischen Vorgänge bedeutete für O. Steinert eine vermenschlichte Ph., die ein Maximum an Freiheit gegenüber der Technik zu wahren suchte und daher im Gegensatz zur »angewandten Gebrauchs- und Dokumentarfotografie« zu sehen ist. Eine weitere Überlegung brachte O. Steinert in die Diskussion: »Nur eine experimentell eingestellte Ph. wird alle Möglichkeiten ermitteln können, die zur Formung unserer Seherlebnisse im Lichtbild geeignet sind. Ein neuer fotografischer Stil ist eine Forderung unserer Zeit« (O. Steinert, 1952). Der Anspruch von O. Steinert auf Wissenschaftlichkeit und Subjektivität zielte auf Gestaltungskriterien (Photo) und individuelle Kreativität (Photograph). Die abzubildenden Fakten traten bei diesen Überlegungen in den Hintergrund.

Schon früh, 1958 und 1960, hat K. Pawek diesen theoretischen Ansatz kritisiert und eine eigene Theorie entworfen, die er neben Publikationen in »Magnum«, in drei Büchern (»Totale Ph.«, 1961; »Das optische Zeitalter«, 1963; »Das Bild aus der Maschine«, 1965) dargestellt hat. Ausgehend vom physikalisch-chemischen Prinzip der Ph. entwickelte K. Pawek eine Theorie des Faktischen, die von der Mentalität der Zeit her in der Ph. ihr adäquates Ausdrucksmittel findet. Wie kaum ein anderer Theoretiker hat er deutlich gemacht, daß die Ph. seit ihrer Erfindung die Möglichkeiten einer veränderten Denkweise in sich birgt, die – so K. Pawek – erst mit der *Live-Ph.* der Nachkriegszeit in Erscheinung tritt. K. Pawek sieht in der modernen Ph. das Medium eines optisch geprägten Zeitalters, in dem das Photographiert-Optische den Sinn für das Konkret-Empirische ergibt. Hierin liege ein neuer Aspekt der Wirklichkeitserfahrung, ein neuer Realismus. Der Schlüsselbegriff ist der des Faktischen, das als »existente Konkretheit«, als Ereignis gegenwärtig ist und auch unter dem Stichwort »Life« gefaßt wird. »Was die Ph. leistet, ist die apperzeptive Verfügbarmachung des Faktischen auf optischen Wegen« (K. Pawek, 1968).

Eine sozial engagierte Ph. setzt eine realistische Ph. voraus, vor allem dann, wenn sie zur Veränderung der Umwelt einen Beitrag leisten will, wie es in den Formulierungen »Ph. als Waffe« (R. Günter) oder »Eingreifendes Fotografieren« (W. Kunde, L. Wawrzyn, 1979) zum Ausdruck kommt. Die Aufarbeitung sozialer und ökologischer Probleme in Zusammenarbeit mit den Betroffenen gelingt mit der Ph. als Repräsentationsform für die Dokumentation und Diskussion deshalb, weil die konkrete Situation im Photo erhalten bleibt, so der Reflexion zur Verfügung steht und gegenüber den Verantwortlichen als Beleg und Hinweis dient. Die sozial engagierte Ph., die sich u. a. in der Tradition der amerikanischen Sozialphotographie am Beginn unseres Jahrhunderts und der Arbeiterphotographie in der Weimarer Republik sieht, wird heute von Sozialwissenschaftlern und Planern als legitimes Mittel angewendet.

Das schöpferische Medium: Der wirtschaftliche Aufstieg der Bundesrepublik in der Nachkriegszeit brachte der Photoindustrie einen enormen Aufschwung. Mit der international orientierten *photokina,* der Weltmesse der Ph., schuf sich die Photoindustrie ein Instrument, sowohl den Fortschritt der Kameratechnik als auch die Perfektion der Bildproduktion in demonstrativer Weise zu verbreiten. Für den Konsumenten wurde das Photographieren billig und durch Automatisierung der komplizierten Meßvorgänge einfach und perfekt. Das kam dem Bedürfnis nach Bildern, vor allem nach eigener kreativer Bildproduktion entgegen. Die Photoindustrie zielt mit der Masse ihrer Produkte auf zwei Gruppen, die Bilder aus ganz verschiedener Motivation heraus machen: die privaten Knipser, die nur zu bestimmten Anlässen photographieren, und die Amateur- und Hobbyphotographen, denen sich die Ph. über alle anderen Funktionen hinaus als schöpferisches Medium bietet. Begleitet und gewinnbringend ausgenutzt wird das Informationsbedürfnis der anspruchsvollen Amateurphotographen von einer Fülle sachbezogener Publikationen, von Anleitungen zur Ph. bis zu drucktechnisch perfekten Bildbänden.

II. Photographie in der DDR

Traditionslinien: Außer in Technik und Wissenschaft findet die Ph. in der DDR hauptsächlich in der Presse ihren Anwendungsbereich. Bis in die 70er Jahre wird die Ph. von dieser Verbindung bestimmt. Sie trägt überwiegend reportagehafte Züge. Seinem Selbstverständnis nach knüpft das Photoschaffen in der DDR an drei Traditionslinien an, die »bürgerlich-humanistischen Fotografen«, die »proletarisch-revolutionären Fotografen« und die sowjetischen Photographen der 20er und 30er Jahre, deren Werke als sozialistisch-realistisch eingestuft werden. Dies »Erbe« aus den 20er Jahren ist mit den Anfängen des Photojournalismus, wie er in der Weimarer Republik und in der Sowjetunion entstand, eng verbunden. Eine intensivere Aufarbeitung und Aneignung dieser Traditionslinien hat allerdings erst in den 70er Jahren begonnen. Das »humanistische-bürgerliche Erbe« wurde erstmals ausführlich 1977 in der Ausstellung »Medium Fotografie« in Halle vorgestellt. Namhafte deutsche Photoreporter der Weimarer Republik wie F. H. Mann, E. Salomon, O. Umbehr und M. Munkuacsi werden unter diese Humanisten gereiht. Enger fühlt man sich allerdings den Arbeiterphotographen verpflichtet, die zum größten Teil als Photokorrespondenten in der Weimarer Republik für die »Arbeiter-Illustrierten-Zeitung« (AIZ) tätig waren. 1974 erschien die erste Publikation über die *AIZ* (Hrsg. H. Willmann), und nach dem Band »Berichte – Erinnerungen – Gedanken – Zur Geschichte der deutschen Arbeiterfotografie 1926–33« wurden in Zeitschriften die Erinnerungen noch lebender Arbeiterphotographen publiziert. Auch die sowjetische Ph. der 20er und 30er Jahre war bisher nur in Ausschnitten bekannt und wurde erstmals 1980 in einem von S. Morozov edierten Bildband (»Sowjetische Fotografie 1917–40«) in einer repräsentativen Auswahl zugänglich. Die ehemalige Chefredakteurin der *AIZ, L.* Becker, leitete nach 1945 jahrelang die »Neue Berliner Illustrierte«. Die Berufung auf das Erbe hatte jedoch mehr theoretischen Wert für das Selbstverständnis der Organisatoren, Ausbilder und Kritiker als für die praktisch arbeitenden Photographen. Sie standen weit eher im Spannungsfeld zwischen den von den Parteitagen zugegebenen Leitlinien für die Aufbereitung der tagespolitischen Aufgaben und dem westlichen Photojournalismus.

Organisatorische Grundlagen: Der Zeitraum 1956–59 waren entscheidende Jahre für die Herausbildung der organisatorischen Grundlagen der Photographie der DDR. Ende 1956 fand die erste Photoschau statt, im Juni 1957 wurde der *VEB Fotokinoverlag Leipzig* gegründet. In ihm erscheinen neben Bildbänden und Handbüchern zur Photopraxis seit 1965 das »Foto-Kino-Magazin« und die Monatszeitschrift »Fotografie«. Die »Fotografie« erscheint als Organ der *Zentralen Kommission für Fotografie im Deutschen Kulturbund* (ZKF) und berichtet über Neuerungen aus Wissenschaft und Technik.

Im Mai 1959 wird diese Kommission als »anleitendes und koordinierendes Organ« ins Leben gerufen. Sie gehört seit 1960 der *Fédération Internationale de L'Art Photographique* an und ist in der DDR für die Organisation von Wettbewerben, Auszeichnungen, Leistungsschauen, Ausstellungen, Werkstattgesprächen, Symposien und Publikationen zur Ph. zuständig. In dieser Funktion nimmt sie erheblichen Einfluß auf die Entwicklung der Ph. in der DDR. 1958 wurde die erste *Berliner Internationale Fotoschau (bifota)* eröffnet. Seitdem haben sich verschiedene periodisch veranstaltete Ausstellungen institutionalisiert. Sie gehen fast immer aus Wettbewerben hervor. Amateure wie Berufsphotographen können hierzu ihre Arbeiten gleichberechtigt einreichen. Eine Ausnahme bildet der 1980 zum vierten Mal stattfindende *asso*-Photowettbewerb, der von der ökonomischen Vereinigung *assofotos (VEB Filmfabrik Wolfen* und zwei sowjetische Photokombinate) in Zusammenarbeit mit den Redaktionen von »Fotografie« und »Sovetskoe Foto« getragen wird. An ihm können nur Amateure aus der DDR und der UdSSR teilnehmen. Auch an den Photoausstellungen zu den alle zwei Jahre stattfindenden Arbeiterfestspielen nehmen nur Betriebsphotogruppen teil. Die von der *ZKF* veranstalteten »Leistungsvergleiche der Kinder- und Jugendfotogruppen in der DDR« dienen der organisierten Nachwuchsarbeit und Talentsuche. Am *Internationalen Pentacon-Orwoc-Fotowettbewerb* können Profis

ebenso wie Amateure teilnehmen. Dasselbe gilt auch für die *Malchower Farbfototage,* die 1980 zum neunten Mal veranstaltet wurden, und für die Bezirksphotoschauen. Sie werden von den *Bezirkskommissionen für Fotografie* (BKF) beim *Deutschen Kulturbund* jährlich oder zweijährlich ausgerichtet. Auch hier wählt eine Jury aus und verteilt Preise, Ehrenmedaillen und Diplome.

Das ausgedehnte Wettbewerbswesen und die Bedeutung der Jurytätigkeit für die Ph. der DDR zwingt die Juroren immer wieder zur Verständigung über die angelegten Bewertungsmaßstäbe. Da diese mit den jeweiligen kulturpolitischen Leitlinien in Übereinstimmung stehen müssen, sind die theoretischen Ausführungen zur Ph. meist von den normativen Feststellungen bestimmt, wie eine sozialistische Ph. zu sein habe. Das Menschenbild steht dabei stets im Zentrum, um das alle Diskussionen um die Themenvorgabe und die Bewertungskriterien kreisen. Erst in jüngster Zeit wird auch das technische und gestalterische Experimentieren in den Themen- und Kriterienkatalog aufgenommen.

Photographie im Konzept des Sozialistischen Realismus: Bis 1959 beanspruchte ein enger Begriff des *Sozialistischen → Realismus* auch Verbindlichkeit für die Ph. Gefordert war Glamourphotographie mit parteilichen Vorzeichen. Die Aufnahmen hatten das Leben so wiederzugeben, wie es in Zukunft sein sollte, nicht wie es wirklich war, für die Ph. eine besonders schwere Aufgabe. »Das Morgen im Heute erblicken« hieß die Devise. »Photographen wurden mehr Regisseure als Beobachter. Solche simpel gestellten Bilder konnten ihre propagandistische Funktion gar nicht mehr erfüllen, die Leser waren übersättigt« (Camera, Okt. 1980). Bald hatten sie genug von den pathetisch überhöhten Aktivisten und Neuerern, als die Repräsentanten der Arbeiterklasse die Werktätigen am Weg in den Sozialismus zeigen sollten. 1958 war auf dem V. Parteitag der *SED* die »Errichtung der Grundlagen des Sozialismus« proklamiert worden, die zweite Entwicklungsetappe in der »Übergangsperiode vom Kapitalismus zum Sozialismus«, die insgesamt von 1950 bis 1961 veranschlagt wurde. Während in den 50er Jahren die Kunst, und mehr noch als sie, die publizistische Ph. fast ausschließlich als Transportmittel politischer Ideologien verstanden und gehandhabt wurde, machte sich am Ende des Jahrzehnts eine gewisse Akzentverschiebung von den klassenkämpferischen, tagespolitischen Aufgabenstellungen zur Proklamierung allgemeinmenschlicher Werte bemerkbar. Der bekannteste Phototheoretiker der DDR, B. Beiler, versuchte sich 1959 in dem Buch »Parteilichkeit im Foto« an einer Neubestimmung des Parteilichen *(→ Parteilichkeit),* indem er F. Schiller, J. W. v. Goethe und J. G. Herder bemüht. Die Ph. habe der ästhetischen Erziehung des ganzen Volkes zu dienen. Dazu sei sie befähigt, wenn sie den Betrachter die auf ihr abgebildete neue Wirklichkeit allseitig als das Wahre, Gute und Schöne erleben lasse. »Die für unsere Fotoschau geforderte, offen parteiliche Fotografie ist also zugleich die wirklich freie Fotografie. Vielleicht klingt Ihnen dieser Gedanke noch fremd – dann gehen Sie mit ihm an die praktische Arbeit, entdekken Sie die Schönheit unserer jungen sozialistischen Welt, und Sie werden aus dieser Parteilichkeit eine ganz neue große Freude am Fotografieren gewinnen« (B. Beiler, 1977, S. 14 f.). Die Aufforderung zur Darstellung des Sozialismus hatte einerseits wie bisher eine beschönigende und überhöhende Inszenierung der Realität zur Folge, andererseits wurde der Photograph durch sie aber auch auf Entdekkungsreise in die Wirklichkeit geschickt. Ein genaueres Hinsehen und realistischere Bilder waren die Folge. Diese Tendenz wurde von der zweiten Photographengeneration in der DDR seit Anfang der 60er Jahre unterstützt. Die heroischen oder süßlichen Gestalten löste allmählich eine sachlichere »Beobachtungsfotografie« ab. In der *Photogruppe Signum,* einer im Jahr 1965 gegründeten Vereinigung von Bildreportern aus dem *Verband deutscher Journalisten* (VDJ), findet diese Bemühung um eine lebensnähere Reportagephotographie ihre bedeutendsten Fürsprecher. Ihr Schaffen steht unter dem Leitgedanken, die Ankunft der Bürger in der neuen Wirklichkeit des Sozialismus zu dokumentieren. »Ankunft im Alltag« – dieser Romantitel von 1961 gibt auch der → *Literatur* und → *bildenden Kunst* der 60er Jahre ihren Namen. Die Verkündigung des Sieges der sozialistischen Produktionsverhältnisse in der DDR auf dem VI. Parteitag der *SED* von 1963 und die Proklamierung des »umfassenden Aufbaus des Sozialismus« in den folgenden Jahren wirkte sich unmittelbar auf die Entwicklung des photographischen Schaffens aus. Die Jahre 1963 bis 1964 werden als eine Zäsur in seiner Geschichte empfunden. Die Reportagephotographie als die weithin bestimmende Gattung hat sich ein gewisses Maß an Eigenständigkeit und öffentlicher Anerkennung erringen können. Auch die Photographen sind gegenüber ihren Auftraggebern selbstbewußter geworden. Die 1963 getroffenen Äußerungen des Politbüromitgliedes K. Hager, »Der Sozialistische Realismus gestattet nicht nur viele Gestaltungsmöglichkeiten und Stile, er ermöglicht, ja fordert sie sogar«, weist die neue Richtung. Illustrierte Zeitschriften wie z. B. die »Neue Berliner Illustrierte« oder »Forum« erhalten ein neues, ansprechendes Layout; die illustrierte Wochenzeitschrift »Für Dich« erscheint 1963 zum ersten Mal. 1964 gibt der *Verband deutscher Journalisten* den Band »Das Bild in der Presse« heraus, und 1965 schließt sich die Gruppe *Signum* zusammen. Ein Jahr zuvor findet die erste Jugendphotoschau statt, in der die Nachwuchsphotographen sich profilieren können.

Aufwertung als künstlerisches Medium: Auch in den 60er Jahren beherrscht das Bild vom werktätigen Menschen als der allseits gebildeten Persönlichkeit noch die Szene. Hinzu kommen als häufigste Motive die Höhepunkte des politischen und gesellschaftlichen Lebens. Besonders diesem Thema widmet sich die 1969 gegründete Gruppe *Jugendphoto Berlin* – eine Vereinigung von Photoreportern und Gestaltern beim *Zentralrat der Freien Deutschen Jugend.* Mit ihren Arbeiten versuchten sie durch graphische Effekte, Weitwinkelaufnahmen und mit reißerischen Motiven agitatorische Wirkungen hervorzurufen. Darin unterscheiden sie sich ebenso von den zurückhaltenderen und stilleren Photographen der *Signum*-Gruppe, wie auch durch die Direktheit ihres photographischen Zugriffs und die durchgehende Tiefenschärfe, die von den *Signum*-Photographen in poetisierender Arbeit oft bewußt vermieden wurde.

Von dieser dritten Photographengeneration gehen aber auch die stärksten Impulse zur Aufwertung der Ph. zu einem eigenständigen künstlerischen Medium aus. Bis in die 70er Jahre hinein entstand die professionell betriebene Ph. nahezu ausschließlich als Auftragsarbeit, sei es für wissenschaftlich-technische Belange oder für Presse und Werbung. Kaum einer der Berufsphotographen arbeitete ohne feste Bindung an eine Institution. Die Tendenz zu mehr Unabhängigkeit von der Pressearbeit und der Tagesaktualität wie auch die Ausbildung eines individuelleren Stils und einer persönlich motivierten Themenwahl entspricht der Gesamtentwicklung der bildenden Künste und der Literatur in den 70er Jahren, die sich unter dem Motto »Weite und Vielfalt« sollen entwickeln können. Die öffentliche Anerkennung der Ph. als eines eigenständigen Mediums zur künstlerischen und dokumentarischen Gestaltung bringt sie in den 70er Jahren auch in die Museen und in die Galerien des staatlichen Kunsthandels und des *Kulturbundes.* Für ihre Museumsreife gab die Ausstellung »Medium der Fotografie« (1977), die Zehntausende besuchten, den Auftakt. Als Handelsobjekt haben Originalphotographien trotz einiger Bemühungen des Kunsthandels in der DDR allerdings immer noch keine Chancen. Obwohl bisher weder Photogalerien entstanden sind, noch jene Flut von Bildbänden, Periodika und Sendungen, die sich mit der Ph. beschäftigen, sich ankündigt, zeigen sich die Ansätze zu einer Neubewertung doch z. B. in den Autorenausstellungen, die jetzt häufiger die früher nur thematisch geordneten Ausstellungen begleiten. Trotz dieser neueren Aufgeschlossenheit für subjektive Ausdrucks- und Gestaltungsmöglichkeiten auch bei den Photographen hat in der DDR weder die *Subjektive Ph.* eines O. Steinert und seiner Schule aus den 50er Jahren noch die neue subjektive Ph. aus der Bundesrepublik, die sich zwischen einem nahezu gegenstandsabstrahierenden »Visualismus« und einem magischen Realismus bewegt, Widerhall gefunden oder vergleichbare Richtungen hervorgebracht. Auch die konzeptuelle Ph. wie sie in den 70er Jahren in der Bundesrepublik von vielen Künstlern praktiziert wurde, fand in der DDR keine Verbreitung. Nur auf dem Gebiet der Druckgraphik findet eine gewisse Annäherung und Auseinandersetzung der traditionellen Techniken mit den neuen, photographischen statt.

Die Bedeutung des »subjektiven Faktors« auch für die Ph. stellte B. Beiler bereits in seinem 1967 erschienenen Buch »Gewalt des Augenblicks – Gedanken zur Ästhetik« heraus. Der Autor lehrt an der *Hochschule für Graphik und Buchkunst Leipzig*, die als einzige Hochschule in der DDR eine Abteilung für Ph. besitzt. Das 5-jährige Studium wird mit dem Abschluß des Diplom-Photographen beendet. Bis 1979 entließ die Abteilung über 160 Absolventen. Nahezu alle heute in der DDR tätigen Photographen haben diese Hochschule absolviert, einige davon auch im Fernstudium. Diese einheitliche Ausbildung mag mit zur Homogenität der Ph. in der DDR beitragen.

Diese relative Einheitlichkeit des Erscheinungsbildes liegt weiterhin in der bedeutenden Rolle des ausgedehnten Wettbewerbswesens begründet. Der betont erzieherische Charakter dieser stets in Ausstellungen mündenden Veranstaltungen spiegelt sich auch in der für sie verwendeten Bezeichnung »Leistungsschauen« wider. Sie sind weniger dazu da, latente Entwicklungsrichtungen aufzuzeigen, als vielmehr dem Photoschaffen der Berufsphotographen und Amateure den Weg zu weisen. Die zumeist von Mitgliedern der *ZKF* gestellten Themen der Ausschreibungen lassen die entscheidenden Entwicklungslinien nachträglich erkennen. Das sozialistische Menschenbild als das Bildnis des werktätigen Menschen steht nach wie vor im Zentrum der »Pflichtthemen«. Aber auch innerhalb dieses abgesteckten Rahmens zeigt sich eine Wende vom Repräsentanten der Klasse, dessen Abbildungen schon in den 60er Jahren zum Klischee erstarrt waren, zum Individualporträt. Seit 1970 erschienen in »Fotografie« zahlreiche Beiträge zu einer Neubestimmung der Porträtphotographie, die dem individuellen Charakter mehr Spielraum gegenüber dem verallgemeinernden Typusporträt einräumen sollten. Das »Reportageporträt«, wie der Journalismus es hervorbringt, half dabei, die Normen der repräsentativen Posierung zu überwinden. Diese Verhältnisbestimmung zwischen Typus und Charakter betraf einen neuralgischen Punkt der Ideologie, denn die allseitig gebildete sozialistische Persönlichkeit, wie sie das entwickelte gesellschaftliche System des Sozialismus als seinen höchsten Wert hervorzubringen versprach, bedarf zu ihrer Dokumentierung durch das Bild einer ebenso allseitigen, eben den Porträtierten als sozialistische Persönlichkeit ausweisenden Darstellung. Die stets nur einen Aus-

schnitt gebende Ph. konnte gefährlich leicht Gegenbeweise dieser Idealisierung der Wirklichkeit liefern. Sie stellt abgearbeitete, traurige, müde Menschen neben jene im Vollbesitz ihrer Kräfte und mit überlegenem Lächeln posierenden Gestalten.

Aktuelle Tendenzen: Eine Standortbestimmung bei der Lockerung des Idealtyps gab die 1971 von der *ZKF* organisierte Porträtphotoschau. Das von dem Photographen K. Fischer 1973 herausgegebene Buch »Porträtfotografie« versucht, die nach der Ausstellung entstandene Diskussion zusammenzufassen. Aufgrund der breiten Nachfrage erlebte das Buch mehrere Neuauflagen.

Die in der DDR modisch gewordene Serienphotographie hat ihre Parallelen in der westdeutschen Sequenzphotographie der 70er Jahre, sie unterscheidet sich durch ihr »humanistisch« formuliertes Anliegen aber der Absicht und Ausführung nach wesentlich von ihr. Bei den jungen Photographen findet auch eine Wandlung hinsichtlich der Vorbilder statt. An die Stelle von Nadar, D.O. Hill, H. Erfurth oder der Arbeiterphotographen treten der sachlichere A. Sander und die modernen Porträtphotographen wie die R. Avedon, H. Cartier-Bresson, G. Freund, I. Penn und selbst D. Arbus. Mit der wachsenden Aufmerksamkeit für das Individuum als Sujet und mit der individuelleren Sichtweise der Photographen geht eine Verringerung der Themen aus der Arbeitswelt einher. Die Sportphotographie nimmt weiterhin einen wichtigen Platz bei den Profis und Amateuren ein, ein Novum bildet hingegen die Aktphotographie. 1978 findet zum ersten Mal eine Ausstellung zu diesem Themenbereich statt: »Akt und Landschaft«. Es bedarf noch des Mantels der Natürlichkeit, um den Akt in der Öffentlichkeit vorstellen zu können. Die Absage an den kapitalistisch manipulierten Sex und den »Modernismus« in der Aktphotographie versteht sich von selbst. Trotz einiger Photographen wie K. Fischer und G. Rössler, die Erfahrung mit der Aktphotographie haben, zeigt die Ausstellung, welche elementare Unsicherheit der Photographen diesem neuen Gegenstand gegenüber noch zu überwinden ist.

M. Schmalriede, H. Gaßner

Literatur

O. Steinert, Subjektive Ph., Bonn 1952
K. Pawek, Das optische Zeitalter, Freiburg i. Br. 1963
Fotojahrbuch international, Leipzig 1968 ff.
B. Beiler, Denken über Ph., Leipzig 1977 (unter dem Titel »Weltanschauung der Ph.«, München 1977)
R. Günter, Ph. als Waffe, Hamburg, Berlin (West) 1977
P. Tausk, Die Geschichte der Ph. im 20. Jahrhundert, Köln 1977
G. Prokop, Die Sprache der Ph., Berlin (Ost) 1978
P. Benteler, Deutsche Ph. nach 1945, Kassel 1979
F. Herneck, Ph. und Wahrheit, Leipzig 1979
A. Hünecke u. a. (Hrsg.), Medium Ph., Leipzig 1979

Plagiat und Fälschung

P. bedeutet die bewußte Aneignung fremden Gedankenguts. Der Begriff umfaßt sowohl die Behauptung der Urheberschaft an dem Werk eines anderen als auch die Verwendung wesentlicher Teile eines fremden Werks ohne Nennung des wahren Urhebers. P. leitet sich her von dem römischen Wort *plagiarius*, »Menschenräuber«, mit der der Dichter Martial, der seine Gedichte mit freigelassenen Sklaven verglich, den Römer Fidentinus bezeichnete, der Martials Gedichte als eigene Werke ausgegeben hatte.

P. ist ein urheberrechtlicher Begriff, der sich auf Werke der Literatur, Wissenschaft und Kunst beschränkt *(→ Urheberrecht)*. Im Bereich der gewerblich genutzten Erfindung wird er nicht verwendet, obwohl hier ebenfalls ein »Diebstahl geistigen Eigentums« denkbar ist. Weder das *Urheberrechtsgesetz* der Bundesrepublik noch das der DDR verwendet den Begriff P. Daher gibt es auch keine Legaldefinition. Anwendungsbereich und Inhalt sind in beiden Rechtsbereichen weitgehend identisch. Der Plagiator verletzt die durch das Urheberrecht geschützte Persönlichkeit des wahren Werkschöpfers. Zu seinen immateriellen Rechten – das Urheberrechtsgesetz der DDR spricht von »nichtvermögensrechtlichen Befugnissen« – gehört das Recht auf Anerkennung der Urheberschaft, also auch das Recht auf Nennung seines Namens. Plagiator ist deshalb auch, wer Teile eines Werks mit Einwilligung des Urhebers verwendet, aber, sofern dies nicht speziell vereinbart ist, dessen Namen nicht nennt. Die F. stellt zwar ebenfalls eine Urheberrechtsverletzung dar, unterscheidet sich vom P. aber dadurch, daß sie nicht auf die Verletzung des Anerkennungsrechts beschränkt ist. Voraussetzung für ein P. ist, daß das angemaßte oder verwendete Werk durch das Urheberrecht geschützt ist. An einem gemeinfreien Werk ist ein P. nicht denkbar. Nicht zu verwechseln ist dies mit der »freien Benutzung« eines geschützten Werks, derzufolge kein P. gegeben ist, wenn das geschützte Werk nur die Anregung für das neue Werk darstellte. Im Bereich der →bildenden Kunst wird man es aber nicht als freie Benutzung, sondern als P. ansehen müssen, wenn das Werk bloß in einer anderen Dimension oder einem anderen Verfahren reproduziert wird, zum Beispiel eine Zeichnung als Plastik (H. Hubmann, S. 168). Für Werke der Musik ist die freie Benutzung ausgeschlossen, wenn eine Melodie einem Werk erkennbar entnommen und einem neuen Werk zugrundegelegt ist.

Kein P. ist gegeben, wenn lediglich der Stoff, das Thema oder die Form und der Stil der künstlerischen Darstellung und Gestaltung, zum Beispiel die Versform oder der »Sound«, verwendet werden. Hier befindet sich die Grenze zum → *Eklektizismus*.

Kein P. sind die → *Parodie* oder → *Satire*. Sie setzen zwar die Beschäftigung mit einem fremden Werk voraus, vollbringen aber in Auseinandersetzung mit dem fremden Werk eigene schöpferische Leistungen. Denkbar ist eine sogenannte Doppelschöpfung, wenn zwei Urheber unabhängig voneinander Werke schaffen, deren Identität so weitgehend ist, daß ein P. vorzuliegen scheint. Handelt es sich jedoch wirklich um zwei eigenständige Leistungen, was überwiegend ein Problem des Beweises sein wird, so sind beide Werke urheberrechtlich geschützt. Unabhängig vom Zeitpunkt der Veröffentlichung ist kein P. gegeben, da es im Urheberrecht keinen Prioritätsgrundsatz gibt.

Möglich ist auch das Selbstplagiat. Dieses liegt vor, wenn ein Urheber ein eigenes früheres Werk oder Teile davon in einem späteren Werk verwendet. Damit verstößt er zwar nicht gegen das Urheberpersönlichkeitsrecht, aber unter Umständen gegen Nutzungsrechte, die er anderen an seinen Werken eingeräumt hat. Denn die Verwertung, die ein Schriftsteller oder Künstler Dritten damit überlassen hat, kann durch das Selbstplagiat beeinträchtigt werden und zu einer Vertragsverletzung führen.

P. setzt begrifflich die bewußte Aneignung fremden geistigen Eigentums voraus. Aber auch die unbewußte Verwendung eines geschützten Werks oder von Teilen desselben kann eine Urheberrechtsverletzung sein. Die Rechtsfolgen sind allerdings unterschiedlich, soweit sie auf das Verschulden abstellen. Beim P. hat der Urheber einen zivilrechtlichen Anspruch auf Beseitigung der Rechtsverletzung, das heißt auf Nennung seines Namens und Angabe des Zitats. Daneben wird er in der Regel einen Schadensersatz- oder Vergütungsanspruch haben. Der Plagiator kann sich eines Betrugs strafbar machen. Da dies keine urheberrechtliche, sondern eine rein strafrechtliche Sanktion ist, ist dies auch im Recht der DDR möglich, das im Urheberrechtsbereich keine strafrechtlichen Folgen kennt.

F. hingegen stellt im Bereich des Urheberrechts, auf Werke der Literatur, Wissenschaft und Kunst bezogen, weder in der Bundesrepublik noch in der DDR einen Rechtsbegriff dar. Inhaltlich unterscheidet sich vom allgemeinen Sprachgebrauch in der Bundesrepublik und der DDR nicht. Unter F. versteht man die Nachahmung oder Kopie eines Werks mit der Behauptung, daß es von einem anderen Künstler (dies gilt insbesondere im Bereich der bildenden Kunst) oder aus einer anderen Zeit (dies ist insbesondere bei →*Antiquitäten* der Fall) stammt. Ohne daß eine Definition genau abgrenzbar wäre, reicht der Begriff aber weiter. F. ist eine Form der Urheberrechtsverletzung, die sich beispielsweise auch in der teilweise veränderten, fehlerhaften oder sinnentstellenden Wiedergabe eines fremden Werks ausdrücken kann. Damit werden in der Bundesrepublik das Urheberpersönlichkeitsrecht und im Recht der DDR die »nichtvermögensrechtlichen

Befugnisse« des Werkschöpfers verletzt.

Vom P. unterscheidet sich die F. dadurch, daß es sich nicht um einen »Diebstahl geistigen Eigentums« handelt. Der Fälscher maßt sich nicht die Urheberschaft am Werk eines anderen an, sondern beeinträchtigt allenfalls die Persönlichkeit eines anderen Urhebers, indem er ihm ein anderes Werk unterstellt. F. kann aber auch vorliegen, wenn ein Künstler oder Schriftsteller, ohne sich unmittelbar an ein konkretes Werk anzulehnen, den Stil einer bestimmten Epoche nachahmt und unter Verschweigung seiner eigenen Urheberschaft sein Werk als kulturgeschichtliches Dokument ausgibt. Dies wurde beispielsweise zur Zeit des Nationalsozialismus gern zur historischen Untermauerung bestimmter Ideologien praktiziert.

Keine F. ist eine zulässige Bearbeitung eines Werks. Der Originalurheber muß in die Veröffentlichung oder Verwertung der Bearbeitung eingewilligt haben, und der Bearbeiter muß als Urheber des neuen Werks genannt werden. Selbst wenn die Bearbeitung weitgehende Identität mit dem Originalwerk aufweist, ist dies kein Problem der F., weil der Bearbeiter selber als Urheber auftritt. Man kann ihm in einem solchen Fall nur die eigene schöpferische Leistung absprechen. F. ist ebenfalls nicht gegeben, wenn ein Werk mit Hilfe von Reproduktionsverfahren vervielfältigt wird, soweit die Reproduktionen als solche bezeichnet und nicht als Originale ausgegeben werden.

Die Konsequenzen der F. richten sich nach der Position des Urhebers. Ist dieser durch die F. in seinen Rechten verletzt, so hat er einen Unterlassungs- und Schadensersatzanspruch. Der getäuschte Sammler oder Käufer des gefälschten Werks hat ebenfalls Anspruch auf Schadensersatz. Der Fälscher selber macht sich in der Regel eines Betrugs strafbar. Daneben können Urkundenfälschung und strafbare Verstöße gegen das Wettbewerbsrecht gegeben sein.

S. v. Heimburg

Literatur
F. K. Fromm, W. Nordemann, Urheberrecht, Stuttgart, Berlin, Köln, Mainz ⁴1979
H. Hubmann, Urheberrecht, München ⁴1978
J. Straus, Information und Dokumentation im Urheberrecht der Deutschen Demokratischen Republik, UFITA Bd. 86, 1980, S. 1 ff.

Plakat

Das P. in seiner heutigen Form, ein Massenmedium zur rationalen und emotionalen Beeinflussung von Menschen, im engeren Sinn das Bildplakat, beruht auf dem Prinzip der handwerklich-industriellen, seriellen Produktion, die durch die Erfindung der Lithographie durch A. Senefelder (1797) erst in großem Umfang ermöglicht wurde. Der Zweck des P. als öffentlich angebrachter Anschlag (→ *Öffentlichkeit*), die mit ihm verbundenen vielfältigen inhaltlichen und gestalterischen Ausdrucksmöglichkeiten, vor allem seine Allgegenwärtigkeit und Popularität bestimmen die kulturpolitische Funktion des P. Politischer, gesellschaftlicher und ökonomischer Wandel findet im P. einen unmittelbaren Ausdruck. Bereits vor den beiden Staatsgründungen 1949 bildet sich das spezifische Erscheinungsbild des P. in der Bundesrepublik und in der DDR heraus. Die in den Besatzungszonen entstehenden P. spiegeln und repräsentieren deren gesellschaftliche Situation oft eindeutiger und unmißverständlicher als andere Zweige der → *bildenden Kunst*.

Die Ausgangsposition im Jahre 1945 war doppelt schwierig, denn der künstlerisch-gestalterischen Veródung nach zwölf Jahren Diktatur und Krieg standen auf der anderen Seite neue inhaltliche Aufgaben und Ziele gegenüber.

Das in der DDR geforderte, engagierte, weltanschauliche Bekenntnis des Künstlers als Voraussetzung für sein Schaffen findet in der Bundesrepublik seine Entsprechung in dem »unpolitischen«, aber überall anpassungsfähigen und leicht manipulierbaren Künstler. Durch Tod und Emigration (→ *Exil*) fehlte es an guten Gestaltern in beiden Lagern. Die durch ihre Tätigkeit während der nationalsozialistischen Zeit korrumpierten Künstler wurden in der DDR nicht mehr beschäftigt. »Entnazifiziert« und entpolitisiert konnten jedoch viele von ihnen in der Bundesrepublik ihre Arbeit wieder aufnehmen und das Bild des frühen westdeutschen Nachkriegsplakats maßgeblich bestimmen.

In der DDR wurde das P. sofort bewußt als ein die Menschen mobilisierendes, aufklärendes, agitatorisch-propagandistisches Mittel (→ *Propaganda*) in den Dienst des sozialistischen Aufbaus gestellt. Vor dem durch Parolen wie »antifaschistisch-demokratische Erneuerung«, »Kampf um die Erhaltung des Friedens« gekennzeichneten Hintergrund wurde das P. als eine wichtige Waffe im Kampf um eine bessere und glücklichere Zukunft verstanden. Dies erklärt die wesentlich politische Funktion des P. in der DDR. Trat hier → *Werbung* in Form von Agitation und unablässiger Bewußtseinsbildung auf, so spielte in der Bundesrepublik das P. als Werbemittel bei der Restauration des kapitalistischen Systems als Wirtschaftsplakat eine Rolle. Der wirtschaftliche Aufschwung in den 50er Jahren und die Entwicklung hin zu einer konsumorientierten Gesellschaft (→ *Konsum*) waren auf das werbende Medium P. in höchstem Maße angewiesen. Die systembedingte Notwendigkeit mit werbepsychologisch fundierten Reklamemethoden im Kampf um den Absatz vorzugehen, hatte eine hohe quantitative

Ausdehnung wie eine Verflachung in der künstlerischen Gestaltung zur Folge. Jedoch ist das Aufgabengebiet des Wirtschaftsplakats so groß und vielfältig, daß genug Spielraum für bemerkenswerte künstlerische Leistungen übrig blieb. Ungefähr gleichzeitig mit dem schwindenden Niveau des kommerziellen P. begann Anfang der 60er Jahre ein qualitativer Aufstieg des Kulturplakats. Wie in der DDR, wirkte sich das Heranwachsen einer jüngeren, kritischeren Graphikergeneration auf das engagierte Plakatschaffen aus. Kennzeichnend dafür sind eine Reihe von Filmplakaten meist kleiner und aufgeschlossener Filmverleihe.

Überhaupt ist für das Kulturplakat in der Bundesrepublik die Einzelleistung, die einer schöpferischen und nicht nur nach dem Kosten-Nutzen-Effekt berechneten Zusammenarbeit zwischen Künstler und Auftraggeber entspringt, kennzeichnend. Mangelndes künstlerisches Engagement wurde in der Zeit des *Kalten Krieges* oft durch aggressive Argumentationen in Schrift und Bild bei der besonders von der politischen Rechten geführten Auseinandersetzung um die »Rote Gefahr« ausgeglichen. Bis in die Gegenwart ist die Wahlpropaganda an der Wirtschaftswerbung orientiert und durch Slogans anstelle von Argumentationen gekennzeichnet.

In der DDR sind die Plakatkünstler im *Verband Bildender Künstler* der DDR organisiert. Für die Bedeutung, die dem Plakat dort beigemessen wird, spricht die im Dezember 1953 gegründete Sektion *Gebrauchsgraphik* im damaligen *Verband Bildender Künstler Deutschlands*. In der Bundesrepublik ist der *Bund Deutscher Grafik-Designer* mit Sitz in Düsseldorf die entsprechende Standesvertretung, sofern nicht plakatentwerfende Künstler in einem der *Landesberufsverbände Bildender Künstler* organisiert sind. Der heutige *Bund Deutscher Grafik-Designer* ist die Nachfolgeorganisation des 1919 gegründeten, 1933 in die *Reichskulturkammer* eingegliederten, 1945 aufgelösten und 1948 neu gegründeten *Bundes Deutscher Gebrauchsgraphiker*. Zu seinen Aufgaben und Zielen gehört die Wahrnehmung standespolitischer und standesrechtlicher Interessen, wie der Schutz der Mitglieder gegen Mißbrauch ihrer Leistung und unlauteren Wettbewerb, und die Förderung der Nachwuchsbildung.

Verbandsorgan des *Verbands Bildender Künstler* der DDR ist die Zeitschrift »Bildende Kunst«, das des *Bundes Deutscher Grafik-Designer* die Zeitschrift »Gebrauchsgrafik« (1950–1966/7), seit 1970 (Nr. 49) die Zeitschrift »Form«.

Die große Tradition des Bildplakats der Linken in der Zeit vor 1933 verbindet sich in der DDR mit neuen gesellschaftspolitischen Zielen. Zahllose unbedeutende Arbeiten sind hier bezeichnend für den *Sozialistischen Realismus* zu Anfang der Ära J. W. Stalins. Die in gegenwärtigen Publikationen der DDR vorhandene Einsicht, damals mit falschen

künstlerischen Mitteln große Inhalte interpretiert zu haben, läßt bewußt die Tatsache der in dieser Zeit unter der Doktrin des sowjetischen Vorbilds unbarmherzig geführten ideologischen Auseinandersetzung um die Begriffe →*Formalismus* und →*Realismus* außer acht. Seit Ende der 50er Jahre bahnte sich aber ein Wandel zugunsten einer zeitgemäßen plakativen Gestaltungsweise an. Sehr eigenständig und überzeugend sind bis in die Gegenwart die Theater- sowie Filmplakate in ihrer oft ironischen, nüchternen, heiteren Bildsprache und klaren Gestaltung. Für das Filmplakat ist der Verzicht auf den Appell an die Sensationsgier nur vorteilhaft gewesen. Die jüngsten P. zeigen ein liberales Verhältnis zu den lange mit Puritanismus behandelten Fragen der →*Sexualität*. Die gestalterische Nähe zu den meisterhaften polnischen Arbeiten ist unübersehbar. Auch nimmt in den letzten Jahren in der DDR der Umfang des Künstlerplakats bei der Kunstausstellungswerbung zu. Im Rahmen des ökonomischen Systems der DDR kommt dem Wirtschaftsplakat nur eine geringe Bedeutung zu.

Für die Förderung der Plakatkunst sind in beiden deutschen Staaten Wettbewerbe eine ständige Einrichtung. In der DDR findet seit 1966 jährlich der Wettbewerb um das »Beste Plakat« statt. In der Bundesrepublik sind es vor allem die Auftraggeber aus den Bereichen Industrie, Handel, Fremdenverkehr und Kultur, die als Veranstalter von nationalen wie auch internationalen Plakatkonkurrenzen auftreten. An der seit 1966 in Warschau stattfindenden *Internationalen Plakat-Biennale* sind beide Staaten beteiligt. Gleichermaßen verteilt ist auch das wissenschaftliche Interesse nicht nur am historischen, sondern auch am gegenwärtigen P. In den letzten zwanzig Jahren wurden in der Bundesrepublik rund fünfzehn Plakatsammlungen an öffentlichen Kunstmuseen eingerichtet, die wichtigsten in Berlin (West), Darmstadt, Hamburg, Krefeld und München. In Essen gelang dem *Verein zur Förderung des Deutschen Plakatmuseums e. V.* 1970 die Gründung des *Deutschen Plakatmuseums*, dessen Träger seit 1974 die Stadt Essen ist. Der aus diesem Verein hervorgegangene Verein *ProPlakat e. V.* unterstützt Forschungsarbeiten zum Thema der visuellen →*Kommunikation* und hält durch Fachveranstaltungen das Interesse am Medium P. wachhalten und vertiefen. In der DDR verdienen die auf dem Grundstock der berühmten Privatsammlung H. Sachs fußende Sammlung des *Museums für Deutsche Geschichte* in Berlin (Ost) und die Plakatsammlung des *Kupferstichkabinetts der Staatlichen Kunstsammlungen Dresden* besondere Beachtung.

Hat das P. ehemals nur in seiner Eigenschaft als künstlerisches Produkt Eingang in die Sammlungen gefunden, so beziehen sich das heutige museale Sammelinteresse und die wissenschaftliche Thematisierung in beiden deutschen Staaten auf das Erkennen der vielfältigen anderen, über das Künstlerische hinausgehenden gesellschaftlichen, politischen, psychologischen und soziologischen Zusammenhänge. Auch der private Kunsthandel in der Bundesrepublik und der staatliche in der DDR haben das historische P. und das moderne Künstlerplakat als Handelsobjekte entdeckt.

Wird die Funktion des P. in der Bundesrepublik vor allem als Kommunikationsmittel zwischen Produzent und Verbraucher, Veranstalter und Teilnehmer definiert, so erhält in der DDR das P. einen ideologisch deutlich begründeten Stellenwert. Als wichtiges Medium des großen Bereichs Gebrauchsgraphik wird es in den Gesamtkomplex der →*bildenden Kunst* einbezogen. Da diese nach marxistischer Definition als Teil des Überbaus gesellschaftlich bedingt ist, entwickelt sich auch das P. im Auftrag der Arbeiterklasse. Seit Mitte der 60er Jahre wird das politische P. zunehmend als Bildungsträger und Mittel der bewußten Erziehung, weniger als Kampfmittel, wie in den Anfangsjahren, verstanden.

V. Duvigneau

Literatur

H. Rademacher, Das deutsche P., Dresden 1965
J. Hampel, R. Grulich u. a., Politische P. der Welt, München 1971
H. Schindler, Monografie des P., München 1972
M. Gallo, Geschichte des P., Herrsching 1975
H. Rademacher, Gesellschaftliche Funktion und ästhetische Prinzipien der Gebrauchsgrafik in der sozialistischen Gesellschaft, in: Gebrauchsgrafik in der DDR, hrsg. v. Verband Bildender Künstler der DDR, Dresden 1975
P. 1870–1977, Katalog der Galerie Arkade Staatl. Kunsthandel der DDR, Berlin (Ost) 1977 (mit ausführlicher Bibliographie und Ausstellungsverzeichnis von 1884–1977)

Preise und Auszeichnungen

Preisvergabe nach 1945 – II. Zwischen Forderung und Förderung – III. Zwischen Förderung und Selbstdarstellung

I. Preisvergabe nach 1945

P. und A. sind nach 1945 in beiden deutschen Staaten als Mittel der Anerkennung, Förderung und Anregung kultureller Leistungen wiederbelebt worden, obwohl das Ordens- und Auszeichnungswesen eher feudaler und obrigkeitsstaatlicher Tradition entspringt. Das stärker auf demokratischen Prinzipien beruhende kulturelle Wettbewerbswesen – wie etwa »Kunst am Bau«, Architekturwettbewerbe, Sportveranstaltungen – wird dagegen hierunter nicht verstanden. Das Preis- und Auszeichnungswesen umfaßt in erster Linie kulturelle Haupt- und Ehrenpreise, Förderpreise, Ehrentitel und Ehrensolde sowie jurierte Förderungsmaßnahmen (→*Kunstförderung)*, wie Stipendien und Projektförderungen, ferner Mitgliedschaften in →*Akademien* und Orden, deren Mitgliedschaft nur durch Berufung oder Zuwahl erworben werden kann.

Die öffentlichen und privaten Stifter in der Bundesrepublik haben zu einem geringeren Teil ältere →*Stiftungen* fortgeführt, während das System der ausschließlich öffentlichen, von staatlichen oder gesellschaftlichen Gremien und Institutionen vergebenen P. und A. in der DDR gänzlich neugeschaffen wurde. Ausnahmen machen dabei lediglich der *PEN-Club* und die in beiden deutschen Staaten fortgesetzte Tradition der Akademien. Während der *PEN-Club* durch die Neugründung deutscher Zentren – 1949 *Deutsches PEN-Zentrum*, seit 1951 gespalten in *Deutsches PEN-Zentrum der Bundesrepublik* und *Deutsches PEN-Zentrum Ost und West*, 1967 in *PEN-Zentrum der DDR* umbenannt – seine internationale und durch ein unabhängiges deutsches *PEN-Zentrum* im →*Exil* gewahrte nationale Kontinuität fortsetzen konnte, läßt sich bei den Neugründungen von Akademien in Ost und West lediglich von einer indirekten Fortsetzung älterer Institutionen sprechen. In der DDR beruft sich die *Akademie der Künste der DDR*, gegründet 1950 als *Deutsche Akademie der Künste*, auf die Tradition der *Preußischen Akademie*, während die sieben Akademien in der Bundesrepublik und Berlin (West) unterschiedliche Traditionen, zum Teil auch regionaler Art, wie die *Bayerische Akademie der Schönen Künste*, fortsetzen.

Das Gros der P. und A. ist in beiden deutschen Staaten erst nach ihrer Gründung und der wirtschaftlichen Erholung in der Folge der Währungsreformen gestiftet worden. Dies gilt nicht nur für die staatlichen Orden und Verdienstabzeichen, denen in beiden Staaten für die Auszeichnung kultureller Leistungen, im Unterschied zum Erziehungswesen und zum Sport, geringere Bedeutung zukommt, sondern vor allem auch für Stipendien und Kunstpreise aller Art. Zu den wenigen Ausnahmen rechnet der *Georg-Büchner-Preis*, der, 1923 gestiftet, schon 1945 wieder vergeben wurde. Die Erneuerung des vielleicht bekanntesten traditionellen Kulturpreises, des literarischen *Kleist-Preises*, scheiterte am Streit um den Namen, den ein privater Verleger 1947 zunächst für einen von ihm gestifteten Preis usurpiert hatte; doch auch der ein Jahr später vom *Schutzverband Deutscher Autoren* als Fortsetzung des *Kleist-Preises* gestiftete *Heine-Preis* wurde nur zweimal vergeben: 1948 an St. Hermlin, im darauffolgenden Jahr an E. Belzner. Die heutigen *Heine-Preise* des *Ministeriums für Kultur* der DDR und der Landeshauptstadt Düsseldorf sind spätere Stiftungen (1957, 1971) ebenso wie der 1960 neu gestiftete

Heinrich-von-Kleist-Preis des Bezirks Frankfurt a. d. Oder.

Unter den in der Bundesrepublik erneuerten P. und A. sind insbesondere der Orden *Pour le mérite,* gegründet 1842, erneuert 1952 unter dem Protektorat des Bundespräsidenten, und eine Reihe traditioneller Förderpreise zu nennen: Die Künstleraufenthalte in der *Villa Massimo* (1910/1957) und *Villa Romana* (1905/1959), die Stipendien des Bonner *Deutschen Akademischen Austauschdienstes* (1925/1949) oder die Förderungspreise der Landeshauptstadt München (1927/1957). Einige Stiftungen, etwa die 1882 begründeten *Richard-Wagner-Stipendien* oder die Stipendien der *Hamburger Patriotischen Gesellschaft* von 1765, konnten ihre Arbeit ebenfalls fortführen, während in anderen Fällen Preise von neuen Stiftern wiederbelebt wurden, wie der *Shakespeare-Preis* (1937/1967) durch die Stiftung *F.V.S.* (Freiherr vom Stein) oder das *Taugenichts-Reisestipendium* aus dem Jahre 1923 als *Eichendorff-Literaturpreis* (1956).

Als eine andere Form der Anknüpfung an Traditionen ist beiden deutschen Staaten der gern gewählte Bezug auf große Namen der nationalen und internationalen Kulturgeschichte gemeinsam. Soweit dabei auf Namensgeber der vorfaschistischen Vergangenheit zurückgegriffen wird, steht das Ideal der universalen humanistischen Persönlichkeit im Vordergrund. Th. Fontane, J. W. v. Goethe, C. F. Händel, H. Heine, W. v. Humboldt, und G. E. Lessing sind Namenspaten für Preise hier wie dort; hinsichtlich der jüngeren Vergangenheit sowie der marxistischen Klassiker gehen die Wege auseinander. So ist der *Karl-Marx-Orden* in der DDR ohne Entsprechung in der Bundesrepublik. Verleiht die Stadt Lübeck einen *Thomas-Mann-Preis,* so hält sich die *Akademie der Künste der DDR* lieber an H. Mann, und was der Stadt Frankfurt a. M. der *Max-Beckmann-Preis* ist, ist dem *Verband Bildender Künstler der DDR* die *Käthe-Kollwitz-Medaille.*

Die Mehrzahl der rund 60 kulturellen P. und A. in der DDR wurde in den 50er und 60er Jahren gestiftet. Wurden in den ersten Nachkriegsjahren vor allem einmalige Preisausschreiben veranstaltet, so 1948 die des Sächsischen Ministerpräsidenten für Werke, die »aus eigenem Erleben das stille Heldentum des werktätigen Volkes darstellen« (Der Autor, 4. Jg. 1948, H. 3, S. 25), oder im gleichen Jahr das Preisausschreiben »Lied des Aufbaus« des *Kulturbundes zur demokratischen Erneuerung Deutschlands,* so entstand in zwei Jahrzehnten ein System von P. und A., das alle kulturellen Sparten und Kunstgattungen einbezieht und verschiedene Arten der Förderung und Anerkennung berücksichtigt. Sie reichen von der undotierten *Franz-Mehring-Ehrennadel* des *Verbandes der Journalisten der DDR* (→ *Journalismus)* bis zu den *Nationalpreisen 1. Klasse,* die mit 100000 Mark vergleichsweise höher dotiert sind als die höchstdotierten Kulturpreise der

Bundesrepublik. In der Regel sind P. und A. in der DDR mit Vergünstigungen und Dotationen von 3000 Mark aufwärts verbunden; sie sind steuerfrei und nicht sozialversicherungspflichtig.

II. Zwischen Forderung und Förderung

Besondere kulturpolitische Akzente werden in der DDR durch die Stiftung von speziellen Preisen gesetzt, so im Jahre 1971 durch den *Theodor-Körner-Literaturpreis* des *Ministeriums für Nationale Verteidigung,* für den es in der Bundesrepublik kein Pendant gibt, oder durch den Preis für *Künstlerisches Volksschaffen* (→ *Volkskultur),* der 1956 eine erwünschte kulturelle Entwicklungsrichtung weisen sollte. Überlegungen wie diese haben immer wieder die Vergabepolitik beeinflußt, etwa wenn auf dem Höhepunkt des *Bitterfelder Wegs* der Literaturpreis des *FDGB* gezielt statt an Berufsschriftsteller (→ *Schriftsteller)* an schreibende Arbeiter vergeben wurde. Der Charakter von P. und A. als Instrument kulturpolitischer Leitung schlägt sich in den Satzungen nieder. So soll der Kunstpreis des *Verbandes bildender Künstler der DDR* laut Statut dazu beitragen, bildende Kunst »nach der Methode des *Sozialistischen Realismus«* entstehen zu lassen. Der Literaturpreis des *FDGB* »soll helfen, den lesenden und schreibenden Arbeiter zu entwickeln«; das Statut benennt ausdrücklich einen Katalog der preiswürdigen literarischen Themen. Ähnlich war schon 1949 die Vergabe der ersten *Nationalpreise* als Mittel ideologischer Prämiierung oder Sanktion eingesetzt worden, als Volksbildungsminister P. Wandel die stiefmütterliche Behandlung der bildenden Künstler mit einer Kritik »formalistischer« (→ *Formalismus)* Tendenzen ihrer Arbeiten begründete.

Die allzu straffe Gängelung führte im Zusammenhang mit den Diskussionen um den 17. Juni 1953 zu einer Gegenreaktion der Kulturschaffenden. So konnte die *Deutsche Akademie der Künste* in einer Erklärung die geistige und administrative Enge der staatlichen Kulturpolitik kritisieren und ihre eigene Beteiligung bei allen die Kunst betreffenden Verordnungen und Gesetzen als Gutachter und Berater verlangen. B. Brecht bemerkte in dieser Debatte, wo Richtiges gefordert wurde, sei häufig Falsches gefördert worden (Neues Deutschland v. 12. 8. 1953). In den folgenden Jahren erhielt die Akademie die Möglichkeit, eigene Preise zu vergeben. Zweifellos war es nicht nur Phrase, wenn O. Grotewohl P. und A. im Jahre 1955 vor allem als Ausdruck der »Achtung unseres Staates für Wissenschaft und Kunst« (Neues Deutschland v. 5. 6. 1955) interpretierte. Die Akzente zwischen Forderung und Förderung haben in der Politik der P. und A. der DDR wiederholt gewechselt. Lag in den späteren Jahren während des *Bitterfelder Wegs* die Betonung wieder auf den Forderungen an die

Künstler, so hat E. Honecker in den 70er Jahren den Akzent erneut »auf die Förderung einer lebendigen, reichen und vielgestaltigen Kunst« (K. Hager, Zu Fragen der Kulturpolitik der SED, Berlin (Ost) 1972, S. 33) gesetzt. Der Ausbau des Systems kultureller P. und A. ist jedoch vor allem in den Jahren aktiver Instrumentalisierung der Kunst erfolgt; als Stifter sind dabei neben den zentralen staatlichen Institutionen der ersten Jahre auch gesellschaftliche Organisationen wie die Gewerkschaft sowie die Räte der Städte und Bezirke der DDR aufgetreten.

Die Auffassung, daß P. und A. nicht nur der Künstlerförderung dienen, sondern auch ein Instrument der Bewußtseinsbildung sind, hat ihnen dabei eine im Vergleich zur Bundesrepublik größere Bedeutung im öffentlichen Leben verschafft. Sowohl die Auswahl der Preisträger wie die öffentliche Auswertung der ausgezeichneten Werke erfolgt häufig in Nominierungs- und Popularisierungskampagnen, die wie beim *Kulturpreis des FDGB* oder bei der jährlichen Auszeichnung *Junger Talente* mit Medaillen der *FDJ* Tausende von Menschen erreichen und einbeziehen. Die DDR sieht in ihnen ein Mittel der »aktiven Einbeziehung der Kunst in die sozialistische Lebensweise« (10. Lehrbrief der Sektion Ästhetik und Kunstwissenschaften der Humboldt-Universität, Berlin (Ost), 1970).

III. Zwischen Förderung und Selbstdarstellung

Die Bestätigung und Vertiefung des öffentlichen Interesses an Kunst und Kultur ist sicherlich auch ein Motiv für die Vergabe von P. und A. in der Bundesrepublik. Ein Blick auf die Modalitäten ihrer Ausschreibung, Auswahl und Vergabe zeigt jedoch andere Schwerpunkte. Hier stehen einerseits Künstlerförderung und andererseits Selbstdarstellung der Stifter im Vordergrund, im günstigsten Fall auch ein Stück kultureller Produktionsförderung. Daß dabei die Rezeptionsförderung bisher vernachlässigt wurde, zeigt die Gründung der *Deutschen Lesegesellschaft* 1977, während sich die DDR seit je mit fragwürdigem Anspruch als ein »Leserland« (H. Kant) rühmt. Erst die relativ neue Idee der Bestenlisten – die bekannteste ist die des *Südwestfunks* – hat diesen Aspekt von P. und A. berücksichtigt und ihn als ein Mittel der Leseförderung gegen die bloße Verkaufsförderung der Bestsellerlisten gewendet. Mit Recht führt deshalb das »Handbuch der Kulturpreise« (1978) die Bestenliste als literarische Auszeichnung auf.

An Bewegung hat es in der Szenerie der kulturellen P. und A. der Bundesrepublik nie gefehlt. Ihre Zahl hat sich seit deren Gründung ständig vermehrt. Neue Vergabeformen wie die *Stadtschreiber-Preise* entstanden, und eine Tendenz zu Prozeß- und Projektförderungen statt persönlicher oder werkgebun-

dener Auszeichnung prägt sich zunehmend aus. Der Staat ist, wohl ebensosehr aus Gründen des Föderalismus wie der Haushaltsnöte der ersten Jahre, zunächst zögernder als Stifter aufgetreten als vergleichsweise in der DDR. Aber inzwischen sind Bund, Länder und Gemeinden mit Abstand die wichtigsten Träger kultureller P. und A. Während in den 50er und 60er Jahren vor allem undotierte Ehrenmedaillen und Plaketten speziell der Länder und Gemeinden vergeben wurden, sind die zahlreichen staatlichen Stiftungen in den 70er Jahren meistens dotiert. Gegenwärtig vergeben die öffentlichen Hände knapp die Hälfte aller kulturellen P. und A. und bestreiten damit 85 v. H. der jährlich dafür insgesamt aufgewandten Mittel. Die meisten der staatlichen P. und A. sind steuerfrei gestellt, während private Stiftungen häufig der Steuerpflicht unterliegen.

Stiller geworden ist es um das Mäzenatentum der Industrie, die bis in die ersten Jahre der Bundesrepublik ihr durch Krieg und Faschismus lädiertes öffentliches Ansehen durch einige spektakuläre Förderungen von Ausstellungen und Publikationen, durch kulturelle Jahrbücher und Stipendien zu heben bemüht war. Eine ideologische Steuerung, wie in Publikationen der DDR oft behauptet, so W. Hänel (Maler, Mäzene, Monopole, Berlin (Ost) 1967), ist dabei allenfalls indirekt versucht worden. Zudem ist ihr Erfolg zweifelhaft. Dennoch sind der *Kulturkreis* und der *Gestaltkreis* im *Bundesverband der Deutschen Industrie* noch immer wichtigere Stifter als vergleichsweise die Gewerkschaften. Der *DGB* stiftete einen Kulturpreis und einen kleineren Filmpreis erst Anfang der 60er Jahre; die *Deutsche Angestelltengewerkschaft* verleiht einen dotierten Fernsehpreis und einen undotierten kulturpolitischen Preis. Unverhüllter als die mäzenatisch verstandenen P. und A. des *Bundesverband der deutschen Industrie* und einzelner Stifter aus Industrie und Wirtschaft, wie K. A. Körber, Hamburg, dienen diese Preise auch der politischen Selbstdarstellung und Werbung ihrer Stifter. Sie stehen damit in einer Reihe mit zahlreichen P. und A. der verschiedensten Interessenverbände und Organisationen vom *Bund Deutscher Architekten* bis zum *Ostdeutschen Kulturrat* und jener Vielzahl von Landsmannschaften, die in den 50er und 60er Jahren eine Welle von undotierten Ehrungen, zumeist Medaillen, Plaketten, Ehrenringe und Ehrennadeln, ins Leben gerufen haben. Die meisten dieser Ehrungen gehen an die eigenen Mitglieder oder Klienten, so die Ehrenmedaillen des *Börsenvereins des Deutschen Buchhandels* oder die Medaillen der Landsmannschaften. Sie dienen vor allem dem inneren Zusammenhalt und der öffentlichen Repräsentanz der stiftenden Verbände und Organisationen. Auch die Vielzahl an dotierten Kleinstpreisen – »zweihundertfünfzig Mark, teilbar« – ist vor allem diesem Stifterkreis zuzurechnen.

So gibt es sicherlich einen Zusammenhang zwischen der Tatsache, daß die 60er Jahre in der Bundesrepublik am gründungsfreudigsten waren, gleichzeitig aber eine Welle öffentlicher Kritik an P. und A. provozierten. In der Folge wurden verschiedene Kulturpreise eingestellt oder umgewidmet, so die Preise *Junge Generation, Kunstpreis der Jugend* und *Preis der deutschen Filmkritik.* Wenn sich seitdem bei der Schaffung neuer P. und A. eine deutliche Tendenz zur materiellen Förderung von Künstlern und kulturellen Prozessen und Produktionen durch Projektförderung ergab, so mag dabei auch die öffentliche Diskussion über die sozialen Probleme der Kulturschaffenden, wie sie sich im »Künstlerbericht der Bundesregierung« und im Gewerkschaftsbeitritt der → *Schriftsteller* niederschlägt, eine Rolle gespielt haben. Im Falle des Films und des Fernsehens geht die Tendenz sogar über die berufliche Förderung hinaus bis an die Grenze einer regelrechten Subventionierung der Produktion. Hier werden fast sämtliche Mittel für Projektförderung (1978: 96 v. H.) ausgegeben. Eine solche Teilsubventionierung bewirkt, daß 52 v. H. der jährlichen Dotierungen auf den Bereich Film und Fernsehen entfallen (zum Vergleich: Kultur allgemein 27 v. H.; Musik 10 v. H.; Literatur 4 v. H.; Bildende Kunst 3 v. H.; Publizistik, Architektur/ Denkmalpflege und Design/Photographie/Kunsthandwerk sowie sonstiges jeweils 1 v. H.). Besonders der Bund, der aufgrund der Kulturhoheit der Bundesländer in seinen kulturpolitischen Aktivitäten sonst sehr eingeschränkt ist, hat sich in der Filmförderung engagiert. Ferner übernimmt er einen Anteil an der gemeinsam mit den Bundesländern finanzierten *Deutschen Künstlerhilfe.* Diese vergibt unter dem Protektorat des Bundespräsidenten staatliche Ehrensolde und Unterstützungen, wie sie auch in der DDR üblich sind. Die Leistungen der Künstlerhilfe werden auf Länderebene und unter Einschaltung von sachverständigen Vergabegremien zuerkannt. Daneben vergeben die Länderregierungen auch direkt Ehrensolde an verdiente Kulturschaffende oder deren Angehörige.

Das starke staatliche Engagement in der Kunstförderung bedingt jedoch, anders als in der DDR, keine direkte inhaltliche Einflußnahme des Staates auf die von ihm ausgezeichnete oder geförderte Kunst; zumal die öffentliche Hand »nach vorherrschender Meinung im Rechtsschrifttum zu steuernden Eingriffen in den grundgesetzlich verbürgten Freiheitsbereich von Kunst und Literatur nicht berechtigt ist, sondern sich vielmehr bei ihren Vorhaben und Leistungen des ›außerbehördlichen Sachverstands‹ bedienen muß« (Handbuch der Kulturpreise, S. LVII). Gegenbeispiele wie die Verweigerung des G. Grass zuerkannten *Bremer Literaturpreises* sind die Ausnahme. Anders als in der DDR können P. und A. in der Bundesrepublik nicht aberkannt werden. Allerdings haben Preisträger

und Empfänger von Förderungen gelegentlich staatliche Auszeichnungen aus politischen Gründen zurückgewiesen oder zurückgegeben.

Andererseits ist auch die Auslobung bestimmter Preise, etwa des *Jakob-Kaisen-Preises* oder des *Ernst-Reuter-Preises* im Jahre 1960 durch das damalige *Gesamtdeutsche Ministerium,* bereits ein Mittel indirekter politischer Steuerung. Auch die Zusammensetzung und die Berufungsmodalitäten der in Ost und West üblichen Sachverständigenjurys können inhaltlich nicht folgenlos sein; wissenschaftliche Untersuchungen und gesicherte Ergebnisse liegen dazu jedoch nicht vor. Die für die Bundesrepublik vorliegenden statistischen Daten über Berufungs- und Vergabepraxis in kulturellen Jurys lassen weniger staatliche Einflußnahme als vielmehr Mechanismen der Selbstbestätigung des etablierten Kulturbetriebs erkennen. Die Stifter von P. sind in den Jurys gewöhnlich in der Minderheit. Ein relativ kleiner Kreis von Kritikern und Künstlern dominiert die Jurys und prämiiert dabei einen wiederum relativ kleinen Kreis von Ausgezeichneten, wobei fünf- bis zwölffache Preisträger und mehrfach auf Lebenszeit tätige Juroren keine Seltenheit sind. Das zur Öffnung dieser Exklusivität denkbare Mittel der Eigenbewerbung ist bisher zumeist auf Stipendien beschränkt. Ein in mancher Hinsicht neues Vergabemodell – mit Eigenbewerbung und unter Beteiligung der Künstlerorganisationen – stellen die als Ersatz für die gescheiterte *Nationalstiftung* 1980 gegründeten *Deutschen Kunst- und Literaturfonds* dar.

Obwohl also beide deutsche Staaten das Instrumentarium von P. und A. und verwandten Maßnahmen beibehalten haben, unterscheiden sie sich deutlich im Grad der politischen Instrumentalisierung dieser Maßnahmen und – auch dies systembedingt – in der Frage des politischen und gesellschaftlichen Pluralismus, sowohl hinsichtlich der Stifter wie der Empfänger kultureller P. und A. In der DDR ein Instrument kulturpolitischer und ideologischer Planung und Leitung, sind P. und A. in der Bundesrepublik auf staatlicher Seite nicht nur Mittel der Repräsentation, sondern vor allem der Kultursozialpolitik und der kulturellen Wirtschaftsförderung, auf privater Seite zumeist Mittel gezielter oder allgemein mäzenatischer *public relations.*

H. Schwenger

Literatur
Handbuch der Kulturpreise und der individuellen Künstlerförderung in der Bundesrepublik Deutschland 1978. Im Auftrage des Bundesministeriums des Innern erstellt v. K. Fohrbeck, A. J. Wiesand, Köln 1978
F. Bartel, Auszeichnungen in der Deutschen Demokratischen Republik, Berlin (Ost) 1979

Presse

I. Presse als kommunikative Infrastruktur – II. Neuorientierung unter dem Einfluß der Besatzungsmächte – III. Struktur und Aufbau der Presse – IV. Die Presse als politisches Forum und Propagandainstrument

I. Presse als kommunikative Infrastruktur

Die P. ist, so faßte O. Groth im Titel seiner siebenbändigen Gesamtdarstellung (1960–1972) seine Erkenntnisse zusammen, »die unerkannte Kulturmacht«. P. meint nicht nur die Tageszeitung, sondern alle periodisch erscheinenden Veröffentlichungen, also auch die →*Zeitschrift* und das Flug- oder Anzeigenblatt. Als Medium gesellschaftlicher Mitteilung und Vermittlung hat die P. sich neben der Post, dem Verkehrswesen, den vielfältigen Formen der Telekommunikation wie Fernsprechen und Fernschreiben, dem Rundfunk (→*Hörfunk*, →*Fernsehen*) und dem Bibliotheks- und Dokumentationswesen (→*Information*) zum sicherlich differenziertesten Teil der kommunikativen Infrastruktur moderner Gesellschaften entwickelt. Während man in den 70er Jahren programmatisch vom »Ausbau des teletechnischen Kommunikationssystems« sprach, vollzog sich tatsächlich in der Bundesrepublik Deutschland ein Ausbau des drucktechnischen Kommunikationssystems. Zu dem traditionell schon dichten Netz der fast 7000, teilweise sehr kleinen Betriebe der Druckindustrie kam mit neuen, billigen Möglichkeiten des Kleinoffsetdrucks der Ausbau von sogenannten Haus- und Regiedruckereien. Diese Entwicklung ermöglicht in der Bundesrepublik Deutschland eine Vielfalt von vor allem lokal bezogenen Printkommunikationsformen, ohne deren Nutzung beispielsweise die →*Werbung,* die →*Vereine,* die Parteien oder auch die →*Bürgerinitiativen* und viele Institutionen der Kulturproduktion und Kulturvermittlung handlungsunfähig wären. Der politisch und kulturell geforderte Pluralismus hat beim jetzigen Stand der Informationstechnik vorläufig nur in der P. seine kommunikative Entsprechung. Ein vergleichbares System wird in den 80er und 90er Jahren erst mit dem Bildschirmtext entstehen, der zentrale elektronische Datenspeicher über die Telefonleitung mit dem häuslichen Fernsehgerät verbindet und auch den Dialog zwischen Teilnehmern erlaubt. Diese Sachverhalte geben auch dem für die →*Kommunikationspolitik* elementaren Begriff der Pressefreiheit seinen tatsächlichen Gehalt, der in der Schreibweise des 19. Jh., als »Preßfreiheit«, noch deutlich anklingt. Pressefreiheit in diesem Sinne meint die Freiheit jedes einzelnen, sich der Druckerpresse zur Vervielfältigung dessen zu bedie-

nen, was er an die →*Öffentlichkeit* bringen möchte. So ist es neben aller staatlichen Kontrolle und →*Zensur* der Druckmedien nur konsequent, wenn die meisten sozialistischen Staaten auf Kopierautomaten immer noch »fast durchgehend verzichten, weil dieses Gerät potentiell jedermann zum Drucker macht« (H. M. Enzensberger, Baukasten zu einer Theorie der Medien. In: Kursbuch 20, 1970, S. 162). Und dies um den Preis einer »Unterdrückung ihrer eigenen Produktivkräfte« durch »Schwerfälligkeit, Desinformation«. Wichtigstes Charakteristikum der P. im Unterschied zu der anderen kulturprägenden Printkommunikationsform, dem →*Buch,* ist das periodische Erscheinen. Die Periodizität institutionalisiert die Vermittlung von →*Kommunikation,* wobei insbesondere die Tageszeitung aus der Notwendigkeit entstand, »sich den periodischen, auch natürlich bedingten Lebens- und Arbeitsbewegungen der Gesellschaft möglichst eng anzuschließen« (O. Groth, Bd. 1, S. 113), mit dem – nur von den Telekommunikationsmedien erreichbaren Ideal – der Gleichzeitigkeit von Ereignis und Veröffentlichung. Das tägliche Erscheinen hat die Zeitung seit dem 19. Jh. zum eigentlichen, bis in die 30er Jahre konkurrenzlosen Medium der →*Massenkommunikation* gemacht. Dazu trugen neben wirtschaftlichen auch politische (→*Propaganda*), kulturelle (→*Feuilleton*) und psychologische (→*Unterhaltung*) Bedürfnisse bei. Mit der universalen Verbreitung von Hörfunk und Fernsehen bildete sich ein komplementäres Nebeneinander dieser Medien aus, wobei die Gesamtauflage der Tageszeitungen weiter zunahm und sich von 13,4 Mio. im Jahr 1954 auf etwa 20 Mio. im Jahr 1981 steigerte.

In der DDR hat sich das komplementäre Nebeneinander der Massenmedien in ähnlicher Weise herausgebildet, da der Sättigungsgrad der Haushalte mit Rundfunk- und Fernsehgeräten in etwa gleich ist. Die drucktechnische Entwicklung in der DDR richtet sich nach gesellschaftspolitischen Gesichtspunkten. Neben der ökonomischen Effizienz werden »im Interesse der Gesellschaft« bzw. »der Arbeiterklasse« die sozialen Konsequenzen einer Freisetzung von Arbeitskräften als Folge intensiv erweiterter Produktion besonders beachtet. Täglich erscheinen 38 Tageszeitungen mit einer Gesamtauflage von 8,5 Mio. Exemplaren. Sie werden in 18 Druckereien hergestellt, 3,5 Mio. davon im Hochdruck und 5 Mio. im Offsetdruck. Von den nicht täglich erscheinenden Zeitungen, die eine Gesamtauflage von 3,7 Mio. Exemplaren haben, werden 96 v. H. im Offsetverfahren produziert. Auch die Buchproduktion beruht zu 80 v. H. auf Offsetdruck. Die Satzherstellung erfolgt zunehmend über rechnergesteuerten Lichtsatz, rechnergesteuerter Bleisatz wird als Zwischenlösung angesehen, da Produktivitätssteigerungen hier nur beschränkt möglich sind (H. Salomo, Die wissenschaftlich-technische Entwicklung der polygrafischen Industrie der DDR, in: Theorie und Praxis des sozialistischen Journalismus, 4. Jg., 1979, S. 407 ff.). Grundlegende Änderungen im »Produktionsprofil« stehen derzeit nicht zur Diskussion.

II. Neuorientierung unter dem Einfluß der Besatzungsmächte

Als eine Institution zur dauerhaften Lösung von Problemen gesellschaftlicher Kommunikation steht die P. allgemein, und nachdrücklicher die Tageszeitung, im denkbar engsten Zusammenhang mit der Herrschaftsordnung einer Gesellschaft (→ Macht). Daraus resultiert der Wandel ihrer Funktionen und das Selbstverständnis der sie produzierenden und verantwortenden Verleger und Journalisten. So war die P. des 19. Jh. mit Hilfe gesetzlicher Maßnahmen und aus freiwilliger politischer Übereinstimmung »ein stets verfügbares Instrument der Autorität« (K. Koszyk, Deutsche Presse im 19. Jahrhundert, Berlin (West) 1966, S. 305), umgekehrt aber auch reich an Beispielen oppositionellen demokratischen Denkens. Als das Reichspressegesetz von 1874 die Freiheit der P. verbesserte, führte die Entwicklung zur Abhängigkeit von → Wettbewerb und Markt. Wirtschaftliche Einflüsse beherrschten auch während der Weimarer Republik einen großen Teil der P., meist direkt mit der Kapitalbeteiligung rechts und antidemokratisch eingestellter Industrieller. Die Entwicklung des A.-Hugenberg-Konzerns ist das bekannteste Beispiel für diese Tendenz. Im Nationalsozialismus wurde die P. systematisch in die totale Regie des öffentlichen Lebens integriert, sogleich 1933 durch die Errichtung des Reichsministeriums für Volksaufklärung und Propaganda, das Reichskulturkammergesetz mit der Schaffung der Reichspressekammer und mit dem Schriftleitergesetz.

Die nach 1945 durch die Politik der Besatzungsmächte geschaffene P. sah im westlichen und östlichen Teil Deutschlands vollkommen unterschiedlich aus. In der Bundesrepublik Deutschland wurde das Prinzip der Staatsunabhängigkeit der P. nach mancherlei Restaurationsversuchen allmählich konsensfähig, unterstützt vor allem durch eine konsequent freiheitliche Rechtsprechung des Bundesverfassungsgerichtes zur Pressefreiheit (→ Kommunikationspolitik). Außerdem gibt es heute kaum noch pressefremdes Kapital in den Zeitungsverlagen und damit direkte Einflußmöglichkeiten, während allerdings wegen der privatwirtschaftlichen Organisation der P. ihre Abhängigkeit von den Anzeigeneinnahmen weiterhin groß geblieben ist.

In der Sowjetischen Besatzungszone sorgte die Sowjetische Militäradministration, in Übereinstimmung mit der KPD, 1945 dafür, daß Drucklizenzen nur an Parteien, Massenorganisationen und andere öffentliche Institutionen vergeben wurden. Die Sowjetische Militäradministration gab zunächst selbst eine Tageszeitung heraus, die »Tägliche Rundschau«, an der viele qualifizierte deutsche Journalisten mitarbeiteten, die während des Nationalsozialismus ihren Beruf aus politischen Gründen nicht hatten ausüben dürfen. Gezielte Papierkontingentierungen und Vorzensur trugen dazu bei, eine insgesamt übersichtliche, den Einflüssen der Besatzungsmacht und der KPD bzw. SED ausgelieferte Presse zu institutionalisieren, deren politischer Bewegungsspielraum unter Kontrolle blieb.

Einige bürgerliche und »überparteiliche« Zeitungen, wie z. B. die »Leipziger Zeitung«, die Weimarer »Abendpost« oder die »Tagespost« in Potsdam, konnten sich noch über längere Zeit eine gewisse Selbständigkeit erhalten, besonders in ihrem jeweiligen Feuilleton und in der Lokalberichterstattung. Mit der Einbindung der bürgerlichen Parteien CDU und LDPD ab 1949 bzw. 1950 in die Nationale Front, die sich endgültig über ihre Zustimmung zur Einheitsliste für die Wahlen im Oktober 1950 vollzog, wurde diese Selbständigkeit zunehmend aufgegeben (vgl. E. Richert, C. Stern, P. Dietrich, S. 96ff. und 103ff.).

Die P. der SED war nach der 1. Pressekonferenz im Februar 1950 darauf festgelegt worden, sich zu einer »P. von neuem Typus« zu entwickeln, d. h. zu einem Instrument, einer Waffe der Partei bei der Mobilisierung der Bevölkerung für die Politik der Nationalen Front und der Propagierung und Anwendung des Marxismus-Leninismus. Sie galt von nun an, nach W. I. Lenin, als »kollektiver Propagandist, Agitator und Organisator«, hatte also die vorrangige Aufgabe, sozialistisches Bewußtsein zu entwickeln und zu festigen. Diese Konzeption wurde in den folgenden Jahren auf die staatlichen Funkmedien übertragen und allmählich dominierendes Prinzip für den gesamten Journalismus der DDR (→ Propaganda).

III. Struktur und Aufbau der Presse

Die P., von der Tageszeitung über die Zeitschriften bis zu den Amts-, Gemeinde- und Anzeigenblättern, ist in der Bundesrepublik Deutschland in ihrer differenzierten Vielfalt statistisch nur teilweise zuverlässig erfaßt. Eine kontinuierliche Darstellung liegt in den Arbeiten von W. J. Schütz für die Tagespresse vor. Sie zeigt, daß die Entwicklung nach dem Ende der alliierten Lizenzphase in den 50er Jahren durch ständige Kooperations- und Konzentrationsvorgänge bestimmt war. Dies führte zu einem starken Rückgang selbständiger Zeitungen bei gleichzeitig wachsender Auflage. Von den 1954 vorhandenen 225 Ausgaben mit eigener Redaktion für alle Ressorts verschwanden bis 1981 einhundert vom Markt. Sehr viel geringer war der Rückgang bei der

Zahl der redaktionellen Ausgaben, da von einer sogenannten Hauptausgabe häufig mehrere, lediglich im Lokalteil und meist im Titel unterschiedliche Zeitungen herausgegeben werden. Diese dichte lokale Streuung mit 1 258 im Jahr 1981 werktägig erscheinenden Periodika macht deutlich, daß die Tagespresse ihre wichtigste Funktion für die lokale Kommunikation, die Kommunalpolitik, das Vereinsleben, das örtliche Kulturleben usw. hat. Bei einer seit längerem stabilen durchschnittlichen Lesedauer von 30 Minuten pro Tag ist der Lokalteil das meistgelesene Ressort der Tagespresse. In fast der Hälfte aller Landkreise und Städte steht dem Leser nur noch eine Zeitung zur Verfügung. Diese Alleinanbieterstellung widerspricht dem Prinzip einer nach dem Wettbewerbsmodell organisierten P., da ein Monopolmißbrauch oft nicht verhindert werden kann. Sie war deshalb immer wieder Anlaß für Reformvorschläge zur Bekämpfung der Pressekonzentration und zur Wiederherstellung der Pressevielfalt, die allerdings alle erfolglos blieben. Die Anwendung des Kartellrechts bewirkte immerhin, daß der Zustand der 70er Jahre erhalten bleiben konnte. Neue Zeitungen haben nur ausnahmsweise eine Marktzutrittschance gehabt.

Die Situation der Tagespresse ist fast ausschließlich durch traditionelle Besitzverhältnisse an Druckereien, Verlagen und Zeitungen bestimmt. So gibt es nur wenige Verlagsgruppen, die mehrere Zeitungen in verschiedenen Verbreitungsgebieten herausgeben, dagegen fast 400 lokale, teilweise sehr kleine Verlage, die sich als Zeitungsherausgeber betätigen. Die Folge ist ein sehr ungleichgewichtiges Nebeneinander von Zeitungen mit hoher und niedriger Auflage. Die Hälfte der Zeitungsverleger verantwortet nur 5 v. H. der Gesamtauflage, 4 v. H. der Verlage aber teilen sich fast die Hälfte der Tageszeitungsauflage. Das größte Presseunternehmen, die *Axel Springer Verlag AG* mit Sitz in Berlin (West), besitzt sieben Tageszeitungen, darunter »Bild« mit über 4 Mio. Auflage. Ihre Funktion für die politische Kommunikation teilt die Tagespresse heute mit den politischen Wochenzeitungen und Magazinen wie »Die Zeit«, »Deutsches Allgemeines Sonntagsblatt«, »Rheinischer Merkur/Christ und Welt«, »Der Spiegel« und der illustrierten Zeitschrift »stern«. Mehr als die beiden überregionalen Tageszeitungen »Frankfurter Allgemeine Zeitung« und »Die Welt« und als die wenigen Regionalzeitungen, die, wie die »Süddeutsche Zeitung« und die »Frankfurter Rundschau«, einen umfangreicheren, eigenständigen politischen Teil aufweisen, ist dieser nach 1945 nach englischen Vorbildern neu entstandene Typ des Wochenblattes zum Medium einer meinungsbetonten Publizistik und eines recherchierenden →*Journalismus* für ein intellektuelles Publikum geworden. Vor allem der Hamburger »Zeit« gelang es, zum Sammelbecken unterschiedlichster politischer, wirtschaftlicher und kulturpolitischer

Strömungen zu werden. Sie erscheint in einer Auflage von etwa 400 000 Exemplaren wöchentlich und erreicht mehr als eine Million Leser.

Bemerkenswert für die Entwicklung der P. in den 70er Jahren ist, daß neben den von unabhängigen Verlagen herausgegebenen Organen immer häufiger Blätter von den Gemeinden und sogenannte alternative Zeitungen für die lokale Öffentlichkeit erscheinen. Zur alternativen Presse zählen sich Umweltzeitungen, Jugendzeitungen, Frauenzeitungen, Homosexuellenzeitungen, Selbsthilfezeitungen, Stadtmagazine und Stadtzeitungen. In manchen Gebieten haben sich aus kostenlos verteilten Anzeigenblättern lokale Wochenzeitungen entwickelt. Hier vollzog sich, bei gleichzeitiger Ausweitung globaler Kommunikationsbezüge im Fernsehen, eine Intensivierung der lokalen Kommunikation, die eng mit anderen kulturellen Tendenzen zusammenhängt (→*Heimat*, →*Alltag*, →*Alternativkultur*). Auch für die Zukunft kann prognostiziert werden, daß diese Funktionen der P. nicht von anderen Medien vollständig ersetzt werden können, obgleich mit dem Kabelfernsehen erstmals auch audiovisuelle Programme aus dem lokalen Bereich möglich werden. Die Vielfalt der politischen und kulturellen Artikulationsmöglichkeiten, die das Setzen und Drucken für jedermann heute erlaubt, wird zumindest in absehbarer Zukunft elektronisch kaum möglich sein.

In der DDR bietet die P. ein leicht überschaubares Bild. In Berlin (Ost) erscheinen die überregionalen Zentralorgane der fünf Parteien, die Tageszeitungen des *FDGB*, der *FDJ* und des *Deutschen Turn- und Sportbundes* sowie zwei Berliner Tageszeitungen. Größte Tageszeitung ist »Neues Deutschland«, das Zentralorgan der *SED*. Seine Leser dürften hauptsächlich Parteifunktionäre sein, aber auch Diplomaten, denn vor allem diese Zeitung präsentiert die jeweils aktuelle politische Linie von Partei und Staat. Es hat häufig den Charakter eines Regierungsanzeigers oder amtlichen Bulletins. Seine Funktion besteht darüber hinaus im Angebot verbindlicher Texte für die ideologische Schulung der Mitglieder der *SED*, das »Parteilehrjahr« und auch für Mitgliederversammlungen oder Brigaden. Hierbei handelt es sich hauptsächlich um Kommentare und wichtige Beschlüsse der Partei- und Staatsführung. Diese erscheinen häufig gleichlautend in den 18 Bezirkszeitungen der *SED*, der insgesamt auflagenstärksten Tagespresse der DDR. Vor allem ihre Lokalberichterstattung macht die Bezirkspresse für die Bevölkerung unentbehrlich.

Neben der *SED* geben noch die *CDU*, die *LDPD* und die *NDPD* insgesamt 14 Bezirkszeitungen heraus. Auch sie übernehmen wichtige Kommentare u. ä. aus ihren jeweiligen Zentralorganen. Eine Tageszeitung »Nowa Doba« erscheint in obersorbischer Sprache für die Minderheitengruppe der Sorben. In niedersorbischer Sprache erscheint die

Wochenzeitung »Nowy Casnik«.

Die evangelischen Kirchen, die über einen eigenen Nachrichtendienst verfügen, geben fünf Wochenzeitungen heraus, die katholische Kirche zwei. Diese Zeitungen werden hauptsächlich über Abonnement vertrieben.

Die Wochenzeitungen wenden sich an bestimmte Zielgruppen. Die kulturpolitisch wichtigsten Blätter sind der »Sonntag«, herausgegeben vom *Kulturbund der DDR*, das »Forum«, die von der *Freien Deutschen Jugend* herausgegebene, zweiwöchentlich erscheinende »Zeitung für geistige Probleme der Jugend« und die außenpolitische Wochenzeitung »Horizont«.

Die Tages- und Wochenzeitungen werden in Druckereien und Verlagsunternehmen hergestellt, die als *Vereinigungen organisationseigener Betriebe* (VOB) firmieren und den jeweiligen Herausgebern gehören. Es handelt sich hier um eine Art Mischkonzerne, zu denen noch andere Betriebe der Parteien und Massenorganisationen gehören. Größtes Unternehmen ist die *Zentrag* der *SED*. Ihr gehören über 90 v. H. der Druckkapazitäten in der DDR.

Eine besondere Rolle erfüllen die Betriebszeitungen. Sie erscheinen zwischen ein- und viermal im Monat, werden von den Betriebsparteiorganisationen der *SED* herausgegeben und haben hauptsächlich die Funktion, den sozialistischen → *Wettbewerb* zu organisieren.

IV. Die Presse als politisches Forum und Propagandainstrument

In der Bundesrepublik Deutschland setzte sich der Typus der organisationsgebundenen Tageszeitung nach 1945 nicht erneut durch. Die durch die Lizenzpolitik der Alliierten entstandenen überparteilichen, unabhängigen Blätter konnten sich auch nach einer Welle von Neugründungen in den 50er Jahren auf Dauer am Markt halten. In den 60er Jahren förderte das Verhalten der Käufer und Abonnenten diese Tendenzen zur sogenannten Forumszeitung weiter und ließ die parteigebundene und weltanschaulich einseitig ausgerichtete Tagespresse fast vollständig verschwinden. Auch die zum Beispiel von der Studentenbewegung, den Gewerkschaften, der *SPD* und vielen Intellektuellen wegen ihrer publizistischen Grundlinie zeitweise heftig angegriffenen Zeitungen der *Axel Springer Verlag AG,* wie »Die Welt«, »Bild« oder die »Berliner Morgenpost« zeigen in systematischen Inhaltsanalysen nicht das Bild einer durchgehend tendenziösen Kampfpresse, in der eine Partei oder Weltanschauungsrichtung das Monopol des Zu-Wort-Kommens hat. So ist heute auch das Mitglied einer Partei, der Funktionär einer Gewerkschaft oder ein strenggläubiger Anhänger einer Kirche für sein Alltagswissen auf die Tageszeitung angewiesen. Und umgekehrt

ist der Politiker wie der Gewerkschaftsführer oder der Sprecher einer mächtigen Interessengruppe auf die P. und die anderen Massenmedien angewiesen, wenn er sich aktuell an seine Anhänger wenden will. Von diesen Sachverhalten, die bei der öffentlich-rechtlichen Organisationsform des Rundfunks mit der Forderung nach Neutralität, Fairness, Objektivität und Ausgewogenheit gesetzlich geregelt wurden, dürften für die → *politische Kultur* der Bundesrepublik Deutschland folgenreiche Wirkungen kommunikativer Integration ausgegangen sein. In dieser P. stehen der gesellschaftlichen Kommunikation neben den der Vielfalt möglicher Artikulationschancen dienenden Medien Buch und Zeitschrift Institutionen eines vielstimmigen → *Dialogs* zur Verfügung. Angesichts der Erfahrungen während der Weimarer Republik, in der es trotz mehr als 4700 Zeitungen vor dem demokratischen Zusammenbruch zu einem »kommunikativen Kollaps« gekommen war, und angesichts des normalerweise sich mit einer Zeitung pro Tag begnügenden Lesers, liegt die Wirkung der an möglichst viele Gruppen und Interessen gerichteten Zeitungen in der täglichen Vermittlung eines Überblicks über lokale, regionale und nationale Ereignisse in Politik, Wirtschaft, Kultur, Sport und andere Lebensbereiche. Daraus ergibt sich eine, oft genug gefährdete und – wie G. Wallraff beispielhaft an der »Bild«-Zeitung nachweisen konnte (G. Wallraff: Zeugen der Anklage, Die ›Bild‹-Beschreibung wird fortgesetzt, Köln 1979; Das Bild-Handbuch bis zum Bildausfall, Hamburg 1981) – auch vorsätzlich mißachtete Sozialbindung der von Verlegern und Journalisten in Anspruch genommenen Meinungsäußerungsfreiheit.

Für die DDR stellen sich diese Fragen nicht. *SED-* und Staatsführung gehen davon aus, daß die P. als ein Instrument der gesetzmäßigen gesellschaftlichen Entwicklung zum Kommunismus eingesetzt wird, indem sie die Herausbildung und Festigung sozialistischen Bewußtseins unterstützt. Dabei ist offensichtlich, daß gerade die Parteipresse die Aufgabe hat, einen Argumentationsstil zu verbreiten, der wissenschaftlicher Analyse im Sinne des Marxismus-Leninismus angenähert ist. Zwar wird zwischen Nachricht und Kommentar als den beiden charakteristischen Genres einer stärker objektiven bzw. subjektiven Berichterstattung deutlich getrennt; aber im Vordergrund steht die Tendenz, nicht nur durch parteiliche Auswahl der Informationen, sondern vor allem durch ständige Wiederholung bestimmter Begründungszusammenhänge die Technik historisch-materialistischer Analyse zu popularisieren. Diese Begründungszusammenhänge sind inzwischen zu Schablonen verkommen, welche analytisches Denken gerade verhindern dürften. Die viel beklagte Langeweile der Parteiblätter scheint trotzdem weiter hingenommen zu werden, da man sich von der Rolle der P. als »kol-

lektiver Propagandist, Agitator und Organisator«
nicht lösen kann. Ihre Informationsfunktion bleibt
dabei selbstverständlich bestehen. Sie hat besondere Schwerpunkte z. B. in der Berichterstattung
über die Planerfüllung und den sozialistischen Wettbewerb.

W. R. Langenbucher, V. Blaum

Literatur
E. Richert, C. Stern, P. Dietrich, Agitation und Propagan-
da. Das System der publizistischen Massenführung in der
Sowjetzone, Berlin (West), Frankfurt a. M. 1958
K.-H. Röhr, Zeitungsinformation und Bildschirm. Die
sozialistische P. unter den Bedingungen des Fernsehens,
Leipzig 1968
H. Hurwitz, Die Stunde Null der deutschen P. Die amerika-
nische Pressepolitik in Deutschland 1945–1949, Köln 1972
K. Koszyk, Deutsche P. 1914–1945, Berlin (West) 1972
M. W. Thomas (Hrsg.), Porträts der deutschen P., Berlin
(West) 1981

Propaganda

P. bezeichnet ein weites Spektrum mündlicher,
schriftlicher und bildnerischer Formen der Beeinflussung, Überredung und Überzeugung, die der
Propagandist zur Übermittlung einer Botschaft
wählt, um beim Empfänger bestimmte Meinungen,
Sichtweisen und Stimmungen zu erzeugen und zu
erreichen, daß bestimmte politische, ideologische
und religiöse Ideen akzeptiert oder erwünschte
Handlungen ausgelöst werden.

Im westlichen Sprachgebrauch ist zwischen Pro-
pagandazielen, Propagandatechniken, Propagandafeldern und Propagandaträgern zu unterscheiden. Die Propagandaziele in der nichtsozialistischen Welt reichen vom Absatz bestimmter Güter
und Dienstleistungen über die Beeinflussung des
Wahlverhaltens der Bürger bis hin zur Erzeugung
kurzfristiger Stimmungen und langfristiger Werthaltungen der Bevölkerung. Zu den Techniken der
P. gehören u. a. die Anpreisung durch den Markt-
verkäufer, die Rede des Weltverbesserers an *Spea-
kers Corner* im Londoner Hyde-Park, die Lautspre-
cherwagen der um die Wählergunst werbenden Parteien, aber auch die Sprachstrategien der Tagespresse, der Zeitungen und Zeitschriften, der Kino- und
Fernsehwerbung sowie die raffiniert eingesetzten
Erkenntnisse der → *Psychologie* und → *Psychoanalyse,* die vor allem in den Propagandafeldzügen der
Wirtschaftswerbung eine zunehmende Rolle spielen. P. erstreckt sich nahezu auf alle zwischenmenschlichen Bereiche im sozialen und politischen
Kontext. Herausragende Bedeutung kommt heute
der politischen P. zu. Von Politikern, Parteien, Inter-

essenverbänden und Massenbewegungen werden
speziell ausgebildete Propagandisten und eigene
Propaganda- und Werbeagenturen eingesetzt, die
mittels Beobachtungen, Meinungsbefragungen und
»Informations«-Untersuchungen in allen Bevölkerungsschichten Daten sammeln und die wirkungsvollste Beeinflussung der Wähler planen, mit anderen Worten Politik wie einen Markenartikel zu verkaufen suchen. Die Existenz von einigen hundert
Lobbyisten am Sitz des *Deutschen Bundestages* in
Bonn macht deutlich, welches Ausmaß politische P.
in ihrer delikatesten Form im parlamentarischen
Raum bereits angenommen hat.

P. in der Außenpolitik, auch als »Auslandspropaganda«, »kulturelle Auslandsarbeit« oder »Öffentlichkeitsarbeit im Ausland« bezeichnet, ist heute
eines der wichtigsten außenpolitischen Instrumente
aller Staaten geworden. Dabei hat P. zu berücksichtigen, welche Zielgruppen in welchen Zielgebieten
über welche Medien auf welche Weise angesprochen werden sollen, ob Gegenpropaganda gegen
wirkungsvolle Feindpropaganda stattfinden soll,
welche Art von Zensur im Zielgebiet herrscht, welche Stellung die Massenmedien dort haben, wer von
den Empfängern auf welche Weise am besten
erreicht wird und schließlich, wie die Wirkung von
P. gemessen werden kann.

Die Wirkung von P. wird in der modernen Kom-
munikationswissenschaft zunehmend skeptisch
beurteilt. Danach kommt es nicht nur auf die
Absicht und die Fähigkeit des Propagandisten an,
manifeste oder latente Inhalte der P. ins Bewußtsein
von Empfängern zu transponieren. Vielmehr müssen auch die Erfahrungen, das bestehende Wertsystem und die stets selektive Aufnahmefähigkeit des
Rezipienten in Rechnung gestellt werden. Stereotype Inhalte von P., selbst geschickt vermittelte,
bleiben insbesondere dann unwirksam, wenn sie mit
dem Wertsystem des Adressaten kollidieren und ein
ihm durch P. nahegelegtes Verhalten zum Ausschluß aus seiner sozialen Bezugsgruppe zu führen
droht.

Eine besondere Form der P. stellt gegenwärtig in
der Auseinandersetzung zwischen Ost und West die
Kriegspropaganda als Bestandteil der psychologischen Kriegsführung dar. Kriegspropaganda ist in
beiden deutschen Staaten verfassungsrechtlich verboten. Sie entstand vor und in beiden Weltkriegen in
Form der Greuelpropaganda, mit der die beidersei-
tigen Kriegsführungsmethoden als unmenschlich
angeprangert wurde und der eigene Kampfwille
gesteigert werden sollte.

Die im Begriff der P. heute mitschwingende,
negative Bedeutung und ihr teilweise offen ausgesprochener pejorativer Aspekt hat zwei Ursachen.
Aufgrund historischer Erfahrungen steht P. unter
dem Verdacht der Manipulation. Zudem dient sie in
Gesellschaftssystemen, in denen die Herrschenden
ein Informationsmonopol besitzen und damit in der

Regel auch über alle Massenkommunikationsmittel und Propagandatechniken verfügen, zur Indoktrination der Bevölkerung, der nur wenige Abwehrmöglichkeiten bleiben. P., als Herrschaftsinstrument in allen Gesellschaftssystemen tauglich, wird dann überwiegend als Unterdrückungsinstrument empfunden. Während in der Bundesrepublik Deutschland keine Einzelperson und keine Gruppe ein uneingeschränktes Monopol besitzt, ist in der DDR P. allein der *SED* und den von ihr kontrollierten gesellschaftlichen Organisationen einschließlich des Staatsapparates vorbehalten. Den dafür speziell eingesetzten Propagandaorganen, von den zuständigen Abteilungen des Zentralkomitees der *SED* über spezielle Propagandaträger wie beispielsweise die *Urania*, über die Medien bis zu den rund 160 000 Propagandisten des Parteiapparates, sind die von der Führung der *SED* festgelegten Propagandainhalte, Verbreitung der Weltanschauung des Marxismus-Leninismus, Rechtfertigung der Diktatur des Proletariats und Erklärung der gesellschaftlichen und politischen Schwierigkeiten beim Aufbau des Sozialismus, vorgegeben. Dabei hat P. neben ihrer Mobilisierungs-, Rechtfertigungs- und Erklärungsfunktion auch eine Erziehungsaufgabe zu erfüllen. Sie soll sozialistisches → *Bewußtsein* schaffen.

Hier setzt die als »erstrangige kulturpolitische Führungsaufgabe« bezeichnete Kulturpropaganda in der DDR an. Ihr kulturpolitischer Inhalt hängt von den Erfordernissen der jeweiligen historischen Etappe der gesellschaftlichen Entwicklung in der DDR ab und wird von den Führungsgremien der *SED* festgelegt. Kulturpropaganda in diesem Sinne gibt es in der Bundesrepublik Deutschland nicht. Jedoch haben sich auch hier, zumeist von privaten kulturellen Organisationen, Verbänden, Agenturen, Unternehmen und Einzelpersonen entwickelt, vielfältige Formen der Kulturpropaganda herausgebildet, in denen sich die Vermittlungsprozesse einer Massenkultur spiegeln. Beispiele hierfür sind etwa die Plakatwerbung im allgemeinen, die Veranstaltungs- und Ausstellungswerbung in der Presse und den elektronischen Medien, die Schaufensterwerbung der Buchhandlungen, die Diskussionsforen der Ökologen und Landschaftsschützer, aber auch die Autogrammstunden prominenter Künstler und Stars des Showgeschäftes oder die finanziell sehr aufwendige Werbung der Touristikindustrie. Wo sie von Kultur- und Kunstproduzenten in engerem Sinne, zum Beispiel von einigen avantgardistischen Bühnen, inzwischen mit Erfolg betrieben wird, hat sich Kulturpropaganda in ihrer Informationsfunktion auch in der Bundesrepublik Deutschland als unverzichtbar erwiesen. Für die offizielle Kulturpolitik der *SED* ist dagegen eine andere Sicht von Kulturpropaganda typisch *(→ Kulturpolitik der DDR)*. Sie soll systematisch kulturelle und künstlerische Bildung, Kenntnisse, Fähigkeiten und Fertig-

keiten verbreiten, die Bürger zur aktiven Teilnahme am vielgestaltigen geistig-kulturellen Leben in der DDR animieren, insgesamt einen Beitrag zur Bereicherung des geistig-kulturellen Lebens der Werktätigen und der sozialistischen Lebensweise leisten. Träger dieser Kulturpropaganda sind zahlreiche Massenorganisationen wie *FDGB, FDJ, Kulturbund, Urania*, die über besondere kulturelle Einrichtungen, Bibliotheken, Klubhäuser und Veranstaltungen, wie Vortragsreihen, Diskussionsformen, Foyergespräche den Bürger zu erreichen suchen.

Die in größeren Betrieben unter Anleitung der Betriebsgewerkschaftsleitung aufgestellten jährlichen Kultur- und Bildungspläne ein wichtiges Instrument der offiziellen Kulturpolitik der *SED*. Es gibt Anzeichen dafür, daß diese massive Kulturpropaganda der Partei- und Staatsführung bisher keine großen Erfolge erzielt hat. Dies ist unter anderem darauf zurückzuführen, daß die Kulturpropaganda häufig auf die individuellen → *Bedürfnisse* zu wenig eingeht.

Die in der DDR wie in allen kommunistischen Herrschaftssystemen übliche Unterscheidung zwischen Agitation und P. geht auf G. V. Plechanow und W. I. Lenin zurück und dient einem pragmatischen Zweck. P. wendet sich vor allem an die → *Eliten* und soll ihre Inhalte in erster Linie durch das gedruckte Wort vermitteln. Agitation soll den Massen wenige, aber als zentral erachtete Vorstellungen der Führung in Form der direkten, mündlichen Ansprache nahebringen. Während der Agitator bewußt Stimmungen und Gefühle ausnutzt, appelliert der Propagandist stärker an den Verstand und bedient sich daher auch rationalerer Vermittlungstechniken. Durch diese Differenzierung, die in der politischen Praxis ohne große Bedeutung bleibt, soll in einzelnen Propagandafeldern eine größere Glaubwürdigkeit erzielt werden. Für die DDR spielt in den Beziehungen zwischen beiden deutschen Staaten die Feindbildpropaganda eine besondere Rolle. Sie dient der Abgrenzungspolitik der *SED* und verfolgt den Zweck, bei der eigenen Bevölkerung gegenüber der kapitalistischen Bundesrepublik oder allgemein gegenüber dem sogenannten Imperialismus eine Abwehrhaltung zu erzeugen und die Entstehung eines sozialistischen Nationalbewußtseins zu fördern. In neuerer Zeit gelten die Arbeiten von J. Bentham, G. Sorel, W. Pareto, W. I. Lenin, K. Mannheim, H. Lasswell, A. George u. a. als grundlegend für die Entwicklung von Propagandatechniken. Allen gemeinsam ist die Erkenntnis, daß der einzelne Mensch für Utopien, Mythen und irrationale Eindrücke wenigstens ebenso empfänglich wie für rationale Erklärungen seiner Umwelt ist. I. P. Pawlows Lehre von den bedingten Reflexen und S. Freuds Forschungen zur Funktion des Unterbewußtseins haben dieser Sichtweise beträchtlichen Vorschub geleistet. Ob sich P. als Versuch der rationalen Überzeugung gibt, ob sie in unkontrollierte und unkontrollierbare Propagandafeldzüge ausartet oder lediglich dem Absatz eines neuen Waschmittels dient, sie bleibt ein mit zunehmender Raffinesse gehandhabtes Instrument der Beeinflussung vieler durch wenige, dessen Wirkung ungewiß ist, dessen Einsatzbereiche aber ständig größer werden.

J. Kuppe

Literatur

W. I. Lenin, Agitation und P., Berlin 1929
H. D. Lasswell, D. Lerner, I. de Sola Pool, The Comparative Study of Symbols, Stanford University Press, 1952
E. Richert, Agitation und P. Das System der publizistischen Massenführung in der Sowjetzone, Berlin (West), Frankfurt a. M. 1958
A. L. George, P. Analysis. A Study of Inferences made from Nazi P. in World War II. Evanston (III.) 1959
Stichwort »Agitprop«, in: Kulturpolitisches Wörterbuch, hrsg. v. M. Berger u. a., Berlin (Ost) ²1978
Stichwort »P.«, in: Kleines Politisches Wörterbuch, hrsg. v. e. Autorenkollektiv. Berlin (Ost) ³1978

Provinz und Metropole

I. Sozialer Wandel und Verstädterung – II. Kolonisierung des Inlands – III. Gezielte Vereinheitlichung in der DDR

I. Sozialer Wandel und Verstädterung

Das Begriffspaar P. und M. hat zwar im Zuge einer immer stärkeren Annäherung des Landes an städtische Lebensverhältnisse in beiden deutschen Staaten an Aktualität eingebüßt, doch scheint es eher als die auf gegensätzliche Siedlungs- und Wirtschaftsformen abzielenden Bezeichnungen der »Stadt« und des »Landes« geeignet zu sein, nicht nur historische Unterschiede der Kultur, der Lebensweise und des Bewußtseins auszudrücken. Zudem zeigt die unter dem Eindruck fortschreitender Verstädterung der Industriegesellschaften neu belebte Diskussion über die Auswirkungen dieses Prozesses, daß diese Begriffe wieder an Bedeutung gewonnen haben. Ähnlich wie → *Heimat*, Region, → *Dialekt*, wird P. heute nicht mehr nur als Ausdruck kultureller Rückständigkeit, sondern auch als »eine Antithese gegen die Uniformität und Verarmung der Metropolen und die Produkte einer weltumspannenden industriellen Massenkultur« verstanden (M. E. Schuchmann, in: Frankfurter Rundschau v. 26.6.1982).

Begünstigt durch Gewerbefreiheit und Freizügigkeit, kommt es im Deutschland der zweiten Hälfte des 19. Jh. zu einem raschen Wachstum der Städte.

Industrialisierung und Konzentration der Verwaltungsfunktionen mit ihrem steigenden Bedarf an Arbeitskräften, Rohstoffen und Konsumgütern und, abhängig davon, der Ausbau der Transportwege und die Modernisierung der Verkehrstechnik beschleunigen die Entwicklung großer Bevölkerungsmittelpunkte, in denen sich unter den Bedingungen kapitalistischer Wirtschaftsverfassung und freier Konkurrenz das städtische Dasein von Grund auf ändert. Mit der Herausbildung der Agglomerationen, der industriellen Ballungszentren, wird die Stadt auch in Deutschland, und dies gilt vor allem für die nach der Reichseinigung 1871 aufstrebende M. Berlin, zu jenem besonderen modernen Lebensraum, der ihr Bild im positiven wie negativen seither geprägt hat. Die großen Städte werden zu Umschlagplätzen des technischen und kulturellen Fortschritts, von denen die entscheidenden Impulse für den → *Kulturwandel* und die »Akzeleration des Geschichtsprozesses« (H.-P. Bahrdt) ausgehen, zum Inbegriff einer technisch-rationalen Utopie der Naturbeherrschung. Es bildet sich eine eigene, urbane Kultur heraus, die durch Heterogenität und hohe Dichte der Bevölkerung, Naturferne, Trennung von privater und öffentlicher Sphäre (→ *Öffentlichkeit*), Funktionalisierung, Monetarisierung, Versachlichung der Sozialbeziehungen, Differenzierung der Lebensstile und die Entwicklung neuer Kommunikations- und Umgangsformen gekennzeichnet ist. »Hier verkürzt sich die Signalzeit für die Wahrnehmung des Neuen, weshalb die metropolitanen Gebiete nicht nur die Drehscheibe der Neuerung jeder Art, sondern insbesondere eine enorme Inflation der Kommunikation und Information darstellen« (R. König, Großstadt, in: Handbuch der empirischen Sozialforschung, Bd. 10, Stuttgart 1977, S. 78).

Was aus der Sicht der P. mit ihrer relativ geschlossenen, durch persönliche und informelle Beziehungen geprägten Sozialstruktur als negatives soziales Verhalten erscheint, als Gleichgültigkeit, Gefühlskälte, Distanz, ist Anpassung an die veränderten Lebensverhältnisse der M. zum Zweck der Selbsterhaltung. »Die geistige Haltung der Großstädter zueinander wird man in formaler Hinsicht als Reserviertheit bezeichnen dürfen. Wenn der fortwährenden äußeren Berührung mit unzähligen Menschen so viele innere Reaktionen antworten sollten, wie in der kleinen Stadt, in der man fast jeden Begegnenden kennt und zu jedem ein positives Verhältnis hat, so würde man sich innerlich völlig atomisieren und in eine ganz unausdenkbare seelische Verfassung geraten« (G. Simmel, Die Großstädte und das Geistesleben, in: Die Großstadt, Dresden 1903, S. 195). Schon das Berlin der 80er Jahre des 19. Jh. erscheint einer in kleinstädtischer und ländlicher Geborgenheit aufgewachsenen und im Glauben an eine Harmonie der moralischen mit der bürgerlichen Ordnung erzogenen Generation als eine ebenso faszinierende wie bedrohliche Welt, in der »Tod und Lebenslust« (J. Hart) zusammenliegen, als ein »Kampfplatz« (K. Bücher), auf dem sich die krassesten sozialen Gegensätze unvermittelt darbieten. Zeitgenössische Äußerungen lassen erkennen, wie irritierend der Perspektivenwechsel zwischen provinzieller Existenz und den neuen urbanen Lebensformen von jenigen empfunden wurde, die sich »plötzlich der Wirklichkeit der großen Stadt ausgesetzt« sahen. »Da zerfiel am ersten Tag alles, woran wir bisher geglaubt, worauf wir vertraut und unseren Fuß gesetzt hatten, unser Denken zerbrach und im Anblick der zügellosen Gier, mit der sich im großstädtischen Gedränge von Neid und Haß jeder über jeden stürzt, fanden wir uns verraten und betrogen« (H. Bahr, Inventur, Berlin (West) o. J., S. 12).

In solchen zwiespältigen, die Ungleichzeitigkeit provinziellen und großstädtischen Bewußtseins und Lebensgefühls ˙hervorhebenden Betrachtungen wird eine Stimmungslage spürbar, wie sie dann in großstadtfeindlichen Strömungen virulent wurde und später insbesondere von den Nationalsozialisten für politisch-reaktionäre Zielsetzungen ausgenutzt werden konnte. Eine agrarromantische, technikfeindliche → *Kulturkritik* versuchte an einem Naturbild festzuhalten, das im Verlauf der ausgreifenden Industrialisierung und Verstädterung der Wirklichkeit immer weniger entsprach, aber desto nachhaltiger in Ideologie umgesetzt werden konnte. Heimatliebe, Bodenständigkeit, Tradition, Brauchtum, soziale Bindung wurden unter Hervorhebung der Schattenseiten der M., wie Krankheit, Kriminalität, Wohnungselend, Prostitution, als Ausdruck einer dem Wesen des deutschen Volkes entsprechenden Kultur (→ *Volkskultur*) gegen die vermeintlich seelenlose, alles nivellierende, kosmopolitische Großstadtzivilisation des demokratischen Zeitalters ausgespielt. Diese rückwärtsgewandte, die bäuerlich-provinzielle Lebens- und Produktionsweise verklärende und sie als gleichsam natürliche mythisierende Ideologie kam in den großen Städten einer zum Teil antikapitalistischen Sehnsucht der Massen nach einer Alternative zu ihrer vom wirtschaftlichen Konzentrationsprozeß bedrohten Existenz entgegen, während sie in der P. mit Ressentiment und Mißtrauen gegen die unverständliche, als überlegen empfundene Welt der M. und die von dort her betriebene, die Sonderinteressen des Landes nicht genügend berücksichtigende Politik rechnen konnte.

Die Nationalsozialisten, deren Propaganda die Großstädte als »Brutstätten des Untermenschen« und die weltstädtische Literatur und Kunst der Weimarer Republik als »Kulturbolschewismus« denunzierte, haben das in beiden Tendenzen enthaltene antidemokratische Potential für ihre Zwecke ausgeschlachtet und in ihrer Siedlungspolitik den Unterschied zwischen P. und M. auszugleichen versucht. Dabei konnten sie an Konzeptionen wie der vor der Jahrhundertwende entstandenen »Gartenstadtidee« anknüpfen. Vor allem im Blick auf das von Kommunisten in revolutionärer Erwartung als »Moskau der Zukunft« bezeichnete Berlin sollten durch die Auflockerung der Großstädte »gefährliche Brutstätten für Unzufriedenheit und Aufruhr« beseitigt, und auch dem Proletarier der Weg zum »deutschen Boden« geebnet werden (H. Dräger, zit. nach B. Wormbs, S. 72).

II. Kolonisierung des Inlands

Die völlige Niederlage des nationalsozialistischen Deutschland bedeutete auch den Verlust einer zentralen Hauptstadt, in der sich die Konzentration politischer, wirtschaftlicher und bürokratischer Macht und kultureller Repräsentation hätte fortsetzen können. Mit der Verringerung des Territoriums und der Aufwertung der alten regionalen und provinziellen Zentren, wie dies insbesondere für die Bundesrepublik Deutschland mit ihrer Erneuerung des föderalistischen Prinzips, aber auch für die DDR trotz ihres Festhaltens an der Hauptstadtfunktion eines Teilgebietes der ehemaligen M. gilt, verschoben sich die räumlichen und mit der fortschreitenden verkehrstechnischen Erschließung auch die zeitlichen Proportionen, in denen sich die Differenz zwischen Stadt und Land ausgedrückt hatte. Eine Konfrontation extremer Bewußtseinslagen und Moralvorstellungen im Stadt-Land-Verhältnis gehört inzwischen ebenso der Vergangenheit an, wie eine künstlerische Produktion mit ihren eigenen Gattungen der Großstadtliteratur und Großstadtmalerei, für die vor allem das Berlin der 20er Jahre den metropolitanen Hintergrund und Lebensraum darstellte.

In der Bundesrepublik gingen die metropolitanen Funktionen auf die alten und neu entstehenden Verdichtungsräume über, die zum Teil um die miteinander konkurrierenden Landeshauptstädte zentriert sind. Die kriegsbedingte Zerstörung der meisten größeren Städte bot eine Handhabe für ihre Umgestaltung, die dem Dilemma zwischen wirtschaftlichen Erfordernissen und dem Bedürfnis ihrer Bewohner nach Lebensqualität sichtbar Ausdruck verlieh und in der Folgezeit etwa unter den Stichworten der »Unwirtlichkeit unserer Städte« (A. Mitscherlich) oder der »autogerechten Stadt« kritisiert wurde. Hervorzuheben ist dabei der Funktionswandel der öffentlichen Räume, die Entleerung der Zentren von Wohnquartieren sowie deren sozialräumliche Differenzierung, das Ausgreifen städtischer Siedlungen in das Umland (→ *Stadt- und Regionalplanung*, → *Wohnen*) und schließlich eine Eintönigkeit auch der kleineren Städte durch Kaufhäuser, Bankfilialen, Kettenläden, Fußgängerzonen, eine Uniformierung, die von der Werbung bis in das Angebot der gastronomischen Konzerne reicht.

Bis in die 50er Jahre sind die ländlichen Regionen noch durch weitgehend intakte dörfliche und kleinstädtische Sozialstrukturen, Abgeschiedenheit und geringe soziale → *Mobilität* gekennzeichnet. Der dann einsetzende Prozeß der Eingliederung des Landes in das übergeordnete soziale System der bundesdeutschen Industriegesellschaft ist durch mehrere Faktoren bedingt. So durch die Abwanderung der in der Landwirtschaft Beschäftigten in die industriellen Ballungsgebiete und, als Reaktion darauf, die mit Flurbereinigung und »Grünen Plänen« unterstützte Industrialisierung des Agrarsektors. Ebenso einschneidend wirkten sich die Maßnahmen der Raumplanung aus, die mit der Förderung neuer Industrieansiedlungen in den regional weniger begünstigten Gebieten größere Chancengerechtigkeit erreichen und Unterschiede in der Lebensqualität (→ *Lebensstandard*) beseitigen sollten. Im Zusammenwirken mit der gesamtwirtschaftlichen Entwicklung, deren andauernde Tendenz zur Bevölkerungskonzentration in den Agglomerationen sie letztlich nicht aufhalten konnten, haben diese Steuerungsversuche zur funktionalen Gliederung des ländlichen Raumes nach Industriestandort, Erholungsgebieten und ökologischem Reservoir beigetragen.

Die Anpassung an die Leitbilder städtischer Kultur wie Selbstverwirklichung, Unabhängigkeit, Mobilität tendiert zu einer Auflösung traditioneller ländlicher Nachbarschaftsbeziehungen und Verwandtschaftssysteme. Unter dem Einfluß der Massenmedien (→ *Massenkommunikation*), des Tourismus und des Zuzugs der Städter in ehemals rein ländliche Gebiete gehen trotz aller Wiederbelebungsversuche auch die eigenständigen, regional unterschiedenen Lebensformen von der Sprache bis zu den Umgangsformen mehr und mehr verloren. Die Überlagerung teilweise entgegengesetzter sozialer Orientierungsmuster hat dazu geführt, daß die ländliche Bevölkerung ihre eigene Situation an den Standards mißt, wie sie gesamtgesellschaftlich Gültigkeit erlangt haben. So ist der Weg aus der im Kontrast zur urbanen Existenz als rückständig empfundenen ländlichen Lebens- und Arbeitsweise durch die Übernahme städtischer Kulturelemente und die weitere Nivellierung regionaler Besonderheiten vorgezeichnet. Dies reicht von der Zerstörung überkommener Dorfstrukturen durch eine im europäischen Verbund disponierende Agrarpolitik und eine zentrale Orte fördernde Gebietsreform, der Trennung der alten Bewohner von den Jugendlichen, die in die Neubaugebiete an den Dorfrändern zieht, bis zur »Verstädterung der Dorfästhetik« im Zuge einer vom genormten und uniformen Angebot der Baustoffindustrie abhängigen Modernisierung. Neben den Rathäusern als Zentren der Kommunikation, die mit der Gebietsreform überflüssig wurden, fehlen in vielen ländlichen Gemeinden seit der Einrichtung der Mittelpunktschulen auch die Lehrer als Initiatoren dörflich-kultureller Tätigkeit.

In einer Mischung aus Resignation und Hoffnung wird in der P. an dem Wunschbild steigenden Wohlstands durch Industrialisierung festgehalten, obwohl gerade hier die negativen Auswirkungen solchen Fortschritts zu spüren sind, ohne daß sie doch in einer den Großstädten mit ihren besseren technischen und soziokulturellen Infrastruktur vergleichbaren Weise kompensiert werden könnten. In der P. kommt es im Akkulturationsprozeß zu einem Identitätswandel, der eine Verhaltensunsicherheit erzeugt, die sich dadurch verstärkt, daß die Angleichung an die urbanen Standards qualitativ an deren Maßstab gemessen wird oder eben das, was in der Provinz vom Hochhaus in der Kreisstadt bis Asphaltierung der Feldwege als Fortschritt oder Arbeitserleichterung geschätzt wird, in die Vorstellung der Städter vom naturverbundenen Landleben nicht passen will.

Versuche, sich der »Kolonisierung« des Inlandes zu widersetzen und gegen den zwiespältigen Kulturexport der Städte eine eigene regionale Identität auszubilden, bleiben umso mehr eine Ausnahme, als »der antagonistischen Gesellschaftserfahrung urbaner Ballungsräume in der Region mehrheitlich kleinbürgerlich orientiertes Denken entspricht, das nur zu gern über gesellschaftliche Unterschiede hinwegsieht, zur eigenen Interessenartikulation viel weniger findet und eine größere Präferenz für autoritäres Denken zeigt« (M. Bosch, Gegen die Erosion der Kultur: Regionalismus als Bildungsaussicht, in: Frankfurter Hefte, 32. Jg., 1977, H.7).

Während für den auf dem Land Aufgewachsenen Natur auch Ort der Erinnerung ist mit einer eigenen, durch soziale und produktive Beziehungen geprägten Topographie, wird sie dem Städter immer mehr zur Folie und Funktion seiner Freizeitgestaltung. »Die Folge ist, daß sich die Umweltprobleme der Großstädte in die Freizeitgebiete verlagern« (V. von Borries, L. Clausen, K. Simons, Siedlungssoziologie, Wohnung-Gemeinde-Umwelt, München 1978, S. 33). Auch darin wird Natur einer Zweckbestimmung unterworfen, die von ihrer agrartechnischen und industriellen Ausnutzung nur durch die Form des Aneignungsverhältnisses unterschieden ist.

III. Gezielte Vereinheitlichung in der DDR

Auch in der DDR sind die mit den Unterschieden städtischer und ländlicher Lebensweise verbundenen Probleme die eines hochindustrialisierten Landes mit begrenztem Territorium und hoher Besiedlungsdichte. Anders als in der Bundesrepublik Deutschland wurde hier die Priorität der M. gegenüber der P. auch ideologisch gerechtfertigt und ihnen bei der Gestaltung des Stadt-Land-Verhältnisses und der Beseitigung der darin sich ausdrückenden ökonomischen, sozialen und kulturellen

Ungleichzeitigkeit von vornherein eine Vorrangstellung zuerkannt. Entsprechend der Leninschen Auffassung ist es die Stadt, die das flache Land führt. Dieser Anspruch wird aus der historischen Entwicklung, in deren Verlauf sich in den Industriestädten schon unter kapitalistischen Bedingungen ein hoher Grad an Vergesellschaftung der Arbeit herausbildete, abgeleitet und mit der besonderen Rolle der in ihnen konzentrierten Arbeiterklasse als der im Sozialismus führenden gesellschaftlichen Kraft begründet. So kann unter der Voraussetzung einer marxistisch-leninistischen Theorie, die den sozialen → *Fortschritt* an der Entfaltung der Produktivkräfte und letztlich am Grad der Naturbeherrschung mißt, die kulturelle Überlegenheit der Stadt positiv bewertet werden. Sie ist das Ergebnis einer industriegesellschaftlichen Dynamik, deren Nachteile als Ausfluß kapitalistischer Eigentumsverhältnisse verstanden und mit deren Beseitigung für vermeidbar gehalten werden.

Aus dieser im wesentlichen ökonomischen Bestimmung wird auch die Überzeugung hergeleitet, daß die historisch als Ausdruck der Arbeitsteilung entstandenen Unterschiede des Lebensniveaus zwischen Stadt und Land dadurch behoben werden können, daß die agrarische Produktion zu einer Abart der industriellen wird. Die maschinelle Großindustrie und ihre Übertragung auf die Landwirtschaft als »die einzige ökonomische Grundlage für den Sozialismus« (W. I. Lenin, Werke, Bd. 33, Berlin (Ost) 1962, S. 29) bildet zugleich das Fundament für die soziale Annäherung des Landes an die Stadt. Im Unterschied zu der in den westlichen Industriestaaten und der Bundesrepublik Deutschland über die negativen Auswirkungen der Verstädterung und die Notwendigkeit zur Erhaltung regionaler kultureller Eigenständigkeit geführten Diskussion erscheint diese gesellschaftspolitische Zielsetzung nach wie vor weitgehend unproblematisch. Auftretende Schwierigkeiten bei der Realisierung solcher Programmatik werden nicht als ihr möglicherweise innewohnende Wesenszüge behandelt, sondern entweder dem kapitalistischen Erbe angelastet oder selbst wiederum ökonomisch mit der begrenzten wirtschaftlichen Kapazität begründet, die dazu zwinge, Prioritäten zu setzen. So, wenn die Konzentration auf den Massenwohnungsbau zur Vernachlässigung aller übrigen, insbesondere ländlichen Siedlungen zwingt oder es nicht möglich ist, »im Interesse der schrittweisen Aufhebung der sozialen Unterschiede zwischen Stadt und Land in allen ländlichen Siedlungen stadtähnliche Bedingungen« zu schaffen (S. Grundmann, Zur Rolle der Städte bei der Verringerung der sozialen Unterschiede zwischen Stadt und Land in der Deutschen Demokratischen Republik, in: Wirtschaftswissenschaft, H. 10, Berlin (Ost) 1979, S. 1204). Zielkonflikte zeigen sich auch innerhalb der Stadtentwicklung, wenn beispielsweise der Abbau sozialräumli-

cher Trennung gefordert wird und im Vergleich zur Bundesrepublik Deutschland auch stärker durchgesetzt wurde, dort aber, wo sie noch besteht oder etwa in Form der »Kaderkonzentration« in attraktiven Ballungszentren neu entstanden ist, zugleich als Voraussetzung des gesellschaftlichen Fortschritts verstanden wird.

Wenn als einer der auffälligsten Kontraste zum landschaftlichen, kleinstädtischen und dörflichen Erscheinungsbild der Bundesrepublik Deutschland weite Gebiete der DDR ihren Vorkriegscharakter bewahrt haben, so verdankt sich dies weniger einer konservatorischen raumplanerischen Konzeption, als vielmehr ökonomischer Notwendigkeit, da es vorteilhafter ist, die bestehende Infrastruktur der Ballungsräume auszunutzen und deren Konzentrationsprozeß fortzusetzen. Zudem fehlen die zahlreichen, in der Bundesrepublik Deutschland auf Initiative der Gemeinden entstandenen mittelständischen Industriegebiete, die ja ein Hauptgrund für die verkehrstechnische Erschließung der Regionen und die hohen Investitionen im Straßenbau waren, der wiederum mit der Erhöhung der Mobilität zum Eindruck größerer räumlicher Nähe und Bevölkerungsdichte beigetragen hat. Die Nachteile für die Bevölkerung vor allem in den kleinen Gemeinden der weniger dicht besiedelten Gebiete der DDR sind nicht zu übersehen. Sie ergeben sich aus der oft noch sehr niedrigen Wohnqualität, den geringeren Mobilitätschancen, dem im Vergleich zu den großen Städten schlechteren Konsum- und Freizeitangebot, aber auch aus der Belästigung durch landwirtschaftliche Großanlagen. Andererseits wird von Autoren wie H. Hanke unter Hinweis auf Nachbarschaftshilfe, Heimatbewußtsein und Naturverbundenheit betont, daß die Vorzüge nicht allein auf seiten der Städte liegen, und der Verlust bäuerlicher Traditionen wird bedauert (H. Hanke, Zur Rolle von Traditionen in Lebensweise und Kultur, in: Weimarer Beiträge, 26. Jg., 1980, H. 1; ders., Kulturelle Entwicklungsprobleme der Lebensweise, in: Weimarer Beiträge, 27. Jg., 1981, H. 11).

Die Kollektivierung der landwirtschaftlichen Produktion seit den 50er Jahren hat zwar zu besseren Arbeitsbedingungen und größerer sozialer Sicherheit geführt, aber die Probleme einer industriemäßig nach Gesichtspunkten der Effizienz und Ertragssteigerung betriebenen Agrotechnik nicht verhindern können. Dies betrifft nicht nur die Umweltbelastung und das ökologische Gleichgewicht, sondern auch die kulturelle Identität der im Agrarbereich Beschäftigten, die sich den Industriearbeitern nach Einkommen und Arbeitszeit, aber nicht in den kulturellen und infrastrukturellen Partizipationsmöglichkeiten gleichgestellt sehen. So sehr auch auf die Entwicklung des geistig-kulturellen Lebens auf dem Dorf mit der Einrichtung von Kulturhäusern und Dorfklubs (→ *Kulturzentren*) besonderes Gewicht gelegt wird, so wird doch mehr »eine traditionelle Kulturroutine angestrebt, deren gesellschaftswirksamer Wert fragwürdig erscheint, da sie völlig isoliert neben dem Lern- und Arbeitsprozeß der ländlichen Bevölkerung betrieben wird« (H. Immler, Agrarpolitik in der DDR, Köln 1971, S. 194).

Bei insgesamt geringeren Unterschieden im Lebensniveau konnten in der DDR soziale Disparitäten, wie sie sich in der Bundesrepublik Deutschland auch architektonisch in den Wohnverhältnissen ausdrücken, weitgehend vermieden werden. Auch ist es wegen der faktischen Aufhebung des Grundeigentums und der Orientierung am Leitbild der Großwohngebiete bis jetzt noch nicht zu einem mit der Bundesrepublik vergleichbaren Bau von Eigenheimen und Zweitwohnungen gekommen, die hier zur Zersiedlung des Landes entscheidend beigetragen haben. Ob sich aber andere Probleme der Urbanisierung, wie das der vor allem wegen des vergleichsweise geringeren Ferntourismus intensiven Nutzung der Naherholungsgebiete oder das der Naturbelastung langfristig vermeiden lassen, scheint wegen der hohen Kosten des Umweltschutzes jetzt schon und angesichts der inzwischen auch in der DDR mit Vorrang behandelten privaten Motorisierung auch für die Zukunft zweifelhaft. Wichtiger noch erscheint, daß aufgrund einer allgemeinverbindlichen zentralistischen Perspektive Chancen, gegen eine sich immer mehr vereinheitlichende Lebensweise von der »Basis« her gesellschaftspolitische Alternativen zu entwickeln, kaum gegeben sind.

B. Weyergraf

Literatur

H. Kötter, M. Emge, Agrar- und Stadtsoziologie, in: Die Lehre von der Gesellschaft, hrsg. v. G. Eisermann, Stuttgart 1969
K. Bergmann, Agrarromantik und Großstadtfeindschaft, Meisenheim am Glan 1970
V. von Borries, L. Clausen, K. Simons, Siedlungssoziologie. Wohnung-Gemeinde-Umwelt, München 1978
B. Wormbs, Über den Umgang mit Natur. Landschaft zwischen Illusion und Ideal, Frankfurt a. M. 1978
H. Ziegner, E. Ulbrich, K. Timmermann, Der Wandel im Antlitz des Dorfes, in: Einheit, H. 7, 1979
S. Grundmann, Das Territorium – Gegenstand soziologischer Forschung, Berlin (Ost) 1981

Psychoanalyse

I. Grundlagen der Psychoanalyse – II. Die Anfänge der Psychoanalyse und ihre Ausstrahlung in verschiedene Kulturbereiche –

III. Die Entwicklung und Bedeutung der Psychoanalyse in der Bundesrepublik Deutschland – IV. Der gesellschaftliche Stellenwert der Psychoanalyse in der DDR – V. Kulturwissenschaftliche Aspekte der Psychoanalyse

I. Grundlagen der Psychoanalyse

Nach einer Definition ihres Begründers S. Freud ist »P. der Name erstens eines Verfahrens zur Untersuchung seelischer Vorgänge, welche sonst kaum zugänglich sind, zweitens einer Behandlungsmethode neurotischer Störungen, die sich auf diese Untersuchung gründet, drittens eine Reihe von psychologischen, auf solchen Wegen gewonnenen Einsichten, die alle allmählich zu einer neuen wissenschaftlichen Disziplin zusammenwachsen« (S. Freud, »P.« und »Libidotheorie«, in: Gesammelte Werke, Bd. 13, Frankfurt a. M. 1923, S. 211). In den westlichen Ländern ist die P. heute ein Bereich der Humanwissenschaft mit eigenständiger Forschung und eigenen Konzepten zur Entstehung menschlichen Verhaltens und Erlebens und zur Dynamik von zwischenmenschlichen Beziehungen und Gruppenprozessen.

Biologisch vorgegebene Aspekte wie Triebäußerungen, motorische und sensorische Fähigkeiten oder auch äußeres Erscheinungsbild stehen mit Beziehungsaspekten in einem Wechselverhältnis. Durch die Kommunikation mit den Bezugspersonen gelangen Einstellungen und Interpretationen und, durch sie vermittelt, gesellschaftliche Normen in die Bildungsprozesse der Individuen. Dieser dialektische Ansatz beschreibt, welche Verhaltens- und Erlebensstrukturen entstehen, wenn Äußerungen biologisch angelegter Triebwünsche in bestimmter Weise bewußt und unbewußt von den Bezugspersonen beantwortet werden. Zwischen psychischen Vorgängen bestehen Sinnzusammenhänge. Dies bedeutet, daß jedes gegenwärtige Erleben durch vergangene, insbesondere durch an Triebwünsche gebundene, unbewußt gewordene, konflikthafte Erlebnisse und Phantasien mitbestimmt wird. Unbewußt gewordene Vorstellungen äußern sich indirekt in Symptomen, ängstlichen Erwartungen, Zwangsvorstellungen und Unterstellungen. Auf diesen Grundlagen basiert sowohl der psychoanalytische Krankheitsbegriff als auch die therapeutische Methode. Krankheit ist, psychoanalytisch verstanden, eine lebensgeschichtlich entstandene Störung, die sich in Verhalten, Befinden oder Körperfunktion niederschlägt und als übermächtig erlebt wird.

Die psychoanalytische Therapie besteht in der Aufdeckung und Wiederbelebung der unbewußten Konflikte innerhalb der therapeutischen Beziehung, die eine neue, von unbewußten, zwingenden Unterstellungen, den sogenannten »Übertragungen«, freiere Umgangsweise mit sich selbst und anderen ermöglicht. Die Befreiung von Symptomen ist dabei ein Nebeneffekt erlebter Aufklärungsprozesse innerhalb der Beziehung zwischen Analytiker und Analysand.

II. Die Anfänge der Psychoanalyse und ihre Ausstrahlung in verschiedene Kulturbereiche

S. Freud hat das Arbeiten mit den unbewußten Übertragungen als die Essenz der P. bezeichnet. Schon früh hat er dabei die psychoanalytische Methode der Betrachtung von psychischen Phänomenen in therapeutischen und allgemein psychologischen, in kulturellen und religiösen sowie in gesellschaftlichen und pädagogischen Bereichen angewendet. Auf seinen Erkenntnissen aufbauend, arbeitete Ende der 20er Jahre in Deutschland eine in der 1910 gegründeten *Deutschen Psychoanalytischen Gesellschaft* zusammengeschlossene Gruppe von etwa 70 Psychoanalytikern, unter denen K. Abraham, O. Fenichel, Th. Reik hervorragten.

Schon in den 20er Jahren erwies sich die starke Ausstrahlung der P. in die kulturelle und gesellschaftspolitische Sphäre. Mit seiner Übertragung der an die »Traumdeutung« (1900) gewonnenen Begriffe auf den Witz, auf die »Psychopathologie des Alltagslebens« und auf literarische Kunstwerke hatte S. Freud selbst die Tendenz zur außertherapeutischen Anwendung psychoanalytischer Denkmuster vorgezeichnet. Daß S. Freud auch als Prosaautor hohen Ranges gelten durfte, dem 1930 der *Goethe-Preis* verliehen wurde, ist für die kulturgeschichtliche Bedeutung der psychoanalytischen Bewegung symptomatisch. Bei Autoren wie L. Andreas Salomé, O. Flake, A. Schnitzler, St. Zweig lassen sich Spuren intensiver Beschäftigung mit Impulsen der P. oder anderer psychoanalytischer Schulen erkennen. Für eine erste Popularisierungswelle sorgten Schriftsteller wie S. Zweig und E. Ludwig, die in ihren vielgelesenen Biographien »großer Persönlichkeiten« psychoanalytisches Gedankengut verarbeiteten. Durch ihre Stellung im Zusammenfluß neoromantischer und symbolistischer Kulturtendenzen einerseits und szientistischer Strömungen andererseits nahm die frühe P. einen wichtigen strategischen Punkt in der modernen Geistesgeschichte ein. Sie gab dem der modernen Gesellschaft innewohnenden Bedürfnis nach einem rationalen Umgang mit dem Unbewußten eine, wenn auch umstrittene, wissenschaftliche Form.

Gleichfalls von den 20er Jahren an wurden die gesellschaftskritischen Konsequenzen psychoanalytischen Denkens offenkundig. Zum einen zeigte sich, daß eine Theorie, die die psychosexuelle Entwicklung des Menschen zu interpretieren versuchte, nicht ohne Wirkung auf die Sexualmoral der Gesellschaft bleiben konnte. Dies belegt der frühe Widerstand gegen die in der P. enthaltene Idee einer radikalen sexuellen → *Aufklärung*. In ihrer ersten Phase bekam es die P. daher oft mit Kritikern zu tun, die ihr pornographische Tendenzen, »jüdische enthemmte Lüsternheit« oder »Pansexualismus« vorwarfen. Unverkennbar ist, daß die von der P. ausgegangenen Impulse sich eng verbunden haben mit einer Reihe gesellschaftlicher Entwicklungen, etwa in familiensoziologischer, arbeits- und konsumethischer, bevölkerungspolitischer Hinsicht, die zu einem tiefen Normenwandel in bezug auf → *Sexualität,* → *Erziehung* und das Partnerschaftsbewußtsein geführt haben. Zum anderen glaubte ein Teil der Schülerschaft S. Freuds an die Notwendigkeit, die Erkenntnisse der P. mehr oder weniger direkt zu politisieren. So kam es in der »Freudschen Linken« (H. Dahmer), zu der vor allem S. Bernfeld, O. Gross und W. Reich zählten, zu verschiedenen Synthesen zwischen sozialistischen und psychoanalytischen Motiven, von denen einige während der internationalen Jugendrevolte der 60er Jahre zu neuem Leben erwacht sind *(→ Sinnlichkeit)*. Auch für die frühe *Kritische Theorie* der Frankfurter Schule ist der Versuch charakteristisch, die Anregungen der P. sozialpsychologisch auszubauen.

Durch die vom Nationalsozialismus erzwungene Emigration vieler Psychoanalytiker und die Auflösung der *Deutschen Psychoanalytischen Gesellschaft* 1938 hat die P. in Deutschland für viele Jahre den Anschluß an die internationale Forschung verloren (→ *Psychologie*). Die verbliebene Restgruppe konnte zwar noch unter Schwierigkeiten therapeutisch arbeiten, hatte jedoch im öffentlichen Bewußtsein keine Bedeutung mehr. Die P. wurde zu einer »jüdischen Wissenschaft« erklärt und als solche aus der Wissenschaftsdiskussion ausgeschlossen. Psychoanalytische Primärliteratur wurde unzugänglich. Dafür etablierte sich eine, von Ausnahmen abgesehen, vorwiegend biologisch, sozialdarwinistisch ausgerichtete Psychiatrie und eine von therapeutischen Absichten weit entfernte Psychologie. Im → *Exil* entwickelte sich unterdessen die psychoanalytische Forschung rasch und erfolgreich weiter, gewann in den angelsächsischen Ländern zunehmend Einfluß auf die herkömmliche Psychiatrie und gelangte vor allem in den USA zu einer beispiellosen Wirkung.

III. Die Entwicklung und Bedeutung der Psychoanalyse in der Bundesrepublik Deutschland

Unter dem Druck des Mangels an psychotherapeutischer Versorgung der Bevölkerung, wie ihn der »Bericht über die Lage der Psychiatrie in der Bundesrepublik« (1975) aufgezeigt hat, aber auch durch tiefgreifende Veränderungen des öffentlichen

Bewußtseins Ende der 60er Jahre, hat sich die P. als Therapie wie als Forschungsansatz vielseitig ausgedehnt. Seit 1968 bezahlen die gesetzlichen Krankenkassen, seit 1971 die Ersatzkassen ärztlich verordnete P. und psychoanalytisch orientierte Psychotherapie, was einem größeren Personenkreis therapeutische Versorgung eröffnete und in einer ökonomisch denkenden Gesellschaft eine hohe Anerkennung seelischer Konflikte und Traumata darstellt. Ermöglicht wurde sie durch zahlreiche statistische Nachweise über den Erfolg psychoanalytischer Behandlungen, wie sie vor allem C. de Boor und E. Künzler in »Die Psychosomatische Klinik und ihre Patienten« (Bern, Stuttgart 1963) oder A. Dührssen in »Analytische Psychotherapie in Theorie, Praxis und Ergebnissen« (Göttingen 1972) vorgelegt haben. Die Differenzierung der P. und ihrer Anwendungen läßt sich auf vielen Sektoren aufzeigen. Zu nennen sind Therapie und Therapieforschung, Beratung, Erziehung, Schule, Seelsorge, Justiz, Gesellschaftskritik und Ethnologie sowie das gesellschaftspolitische Engagement einzelner Psychoanalytiker wie A. Mitscherlich, H. E. Richter, E. Bornemann, E. Wulff und vieler anderer.

Die *Deutsche Psychoanalytische Vereinigung* hat sich seit ihrer Gründung 1950 von ursprünglich neun auf 326 Mitglieder im Jahr 1981 vergrößert. Das Wachstum der anderen psychoanalytischen Gesellschaften, die mit der *Deutschen Psychoanalytischen Vereinigung* in einer Dachorganisation, der *Deutschen Gesellschaft für Psychotherapie, Psychosomatik und Tiefenpsychologie* mit 700 Mitgliedern (1981) vereinigt sind, ist ähnlich.

Das Angebot an psychoanalytisch orientierter oder aus der P. abgeleiteter Therapieformen hat sich, den Erfordernissen entsprechend, breit aufgefächert. So gibt es außer der »klassischen« P. die *Fokaltherapie* zur kurzfristigen Behandlung enger umschriebener psychischer Probleme, psychoanalytische Ehepaar- und Familientherapie zur Behandlung von speziellen Beziehungsproblemen, Gruppentherapie zur gleichzeitigen Behandlung mehrerer Patienten in einer der primären Geschwistergruppe ähnlichen Anordnung, in der Probleme der Nähe und Solidarität, der Rivalität und des Desinteresses besonders intensiv behandelt werden können.

Aus der P. sind seit ihrem Bestehen, in verstärktem Maß jedoch in den letzten zwanzig Jahren, direkt oder indirekt eine Fülle neuer Therapieformen hervorgegangen. Trotz mitunter polemischer Äußerungen ihrer jeweiligen Gründer gegenüber der dann »orthodox« genannten P. zum Zweck der Abgrenzung und Profilierung gründen sie jedoch zu einem erheblichen Teil auf der psychoanalytischen Theorie und ihrem Gedankengut. Sie unterscheiden sich lediglich durch ihre Behandlungstechnik. Sowohl die *Gestalttherapie* F. Perls, als auch die *Primärtherapie* A. Janovs zielen zum Beispiel, wie die klassische P., auf Wiederbelebung unbewußter Kindheitskonflikte und deren Verarbeitung, verwenden dazu jedoch anstelle verbaler Methoden szenische Gestaltungsmittel, beispielsweise Schreien, Rollenspiele usw. Andere Schulen beziehen zudem körperliche Aspekte in die Therapie mit ein.

Kulturgeschichtlich bedeutsam ist der starke Trend zur Behandlung in der Gruppe und der Hinwendung zu emotionsgeladenem Handeln. Es verbirgt sich darin die Hoffnung, die immer häufiger werdenden narzißtischen Störungen, die sich bei gleichzeitiger Sehnsucht nach Nähe, Wärme und Geborgenheit in Selbstdestruktion, Gefühlsarmut, Stimmungen der Sinnlosigkeit und dem Desinteresse am Mitmenschen äußern, intensiver erfassen zu können. Der alte Gedanke S. Freuds der »karthartischen«, das heißt auf Abreaktion zielenden Behandlungstechnik, lebt dabei sowohl als Methode wie als gesellschaftliches Symptom wieder auf. All diese Techniken zielen, ebenso wie die P., nicht in erster Linie auf Wiederherstellung sozialer Funktionstüchtigkeit, sondern vor allem auf Erneuerung der in einer gleichzeitig emotionsarmen wie angsterregenden Kultur verlorengegangenen Identität auf der Grundlage emotionaler, expressiver und kommunikativer Lebendigkeit. Psychologische Ehe-, Familien-, Sexual- und Erziehungsberatungsstellen arbeiten in der Bundesrepublik zu einem großen Teil mit Hilfe psychoanalytisch orientierter Modellvorstellungen und mit aus der P. abgeleiteten Methoden. Sie sind durch den Versuch gekennzeichnet, Beratung auf dem Hintergrund des Verständnisses unbewußter, aus der frühen Lebensgeschichte stammender, konflikthafter Beziehungsmuster zu praktizieren. Sowohl in bezug auf Probleme der Schule als Institution als auch auf solche des Unterrichts und schulischer Kommunikation gibt es zahlreiche psychoanalytische Arbeiten, die von der Pädagogik aufgegriffen werden. Auch im Bereich der Theologie, insbesondere in die Seelsorge, haben in den letzten Jahren analog zur Beratungs- und Erziehungspraxis psychoanalytische Denkweisen und Methoden Eingang gefunden.

Das Verhältnis von P. und Justiz war jahrzehntelang kontrovers, besonders was Fragen der Willensfreiheit, der Schuldfähigkeit, des Strafgedankens und Strafvollzugs betrifft. Im Zuge des Resozialisierungsdenkens und Maßnahmenrechts werden psychoanalytische Gutachter immer häufiger zur Klärung von Motivationen in Strafprozessen herangezogen, was nicht ohne Folgen auf Prozeßführung und Strafvollzug bleibt. Die Einrichtung soziotherapeutischer Anstalten analog dem Modell der holländischen Klinik in Groningen ist versuchsweise angelaufen.

IV. Der gesellschaftliche Stellenwert der Psychoanalyse in der DDR

Pluralistische, demokratische Grundwerte in der Bundesrepublik und monistische, marxistisch-leninistische in der DDR stellten von Anfang an Weichen für die Entwicklungschancen der P. Während in der Bundesrepublik kritische öffentliche Auseinandersetzungen möglich sind und psychoanalytische Primärliteratur allen an der Auseinandersetzung Beteiligten zugänglich ist, tritt in der DDR an die Stelle wissenschaftlicher Auseinandersetzung die Bemessung psychoanalytischen Denkens und Therapierens an der herrschenden Doktrin. So kann zwar psychoanalytisch therapiert, die P. jedoch öffentlich nicht vertreten werden. Primärliteratur ist offenbar nur durch Anforderung von Sonderdrucken aus dem Westen zugänglich. Die Grundeinstellung zur P. ist ambivalent: Sie wird abgelehnt, wo ihre Aussage dem Marxismus zu widersprechen, und begrüßt, wo sie mit ihm übereinzustimmen scheint. In jüngster Zeit wird immer intensiver versucht, P. zu verstehen und zu integrieren. Diese Absicht muß jedoch daran scheitern, daß psychoanalytisches Denken in seiner spezifischen Struktur nicht vollständig und konsequent nachvollzogen werden darf.

Von einer Entwicklung der P. in der DDR kann, verglichen mit der Bundesrepublik, nicht die Rede sein. Es gibt weder eine psychoanalytische Gesellschaft, noch Ausbildung und Forschung. Selbst ein wissenschaftlicher Dialog zwischen den Vertretern der anerkannten Wissenschaft und Psychoanalytikern kommt kaum zustande. Es existieren fast nur monologische, kritische bis ablehnende Kommentare. Die partiellen Wiedergaben psychoanalytischer Konzepte aus den westlichen Ländern und ihre Kommentierung sind dagegen oft sehr viel angemessener und weniger polemisch. Das gilt sowohl von älteren Veröffentlichungen als auch von Stellungnahmen neuesten Datums und ist wohl insbesondere darauf zurückzuführen, daß auch in der DDR, entgegen der ursprünglichen Auffassung von Neurosen als einem Symptom bürgerlicher Arbeitsverhältnisse, welches mit deren Abschaffung verschwinden müsse, die Notwendigkeit klinisch-psychologischer Arbeit zunimmt.

Der ideologische Haupteinwand gegen die P. steht allerdings in engem Zusammenhang mit dieser Problematik. Marxistisch orientierte Therapiekonzepte müssen die objektiven gesellschaftlichen Produktions- und Reproduktionsbedingungen und die sich daraus ergebenden Widersprüche in den Mittelpunkt stellen, alle anderen Momente wie individuell gegebene Triebbedürfnisse oder unbewußte Verhaltensmodelle der frühen Kindheit dürfen nur beiläufigen Charakter haben. Trotz aller Kritik werden jedoch das psychoanalytische Konfliktmoment und die »gewählten Alternativen der individuellen

Konfliktbewältigung in aktuellen, konkreten Lebenslagen« ernst genommen (H.-D. Schmidt, Kritische Anmerkungen zum psychoanalytischen Entwicklungskonzept, in: J. Helm u. a., Klinische Psychologie. Theoretische und ideologische Probleme, Darmstadt 1981, S. 113).

Obwohl es seit 1959 eine *Gesellschaft für ärztliche Psychotherapie* gibt, in der seit 1966 gruppentherapeutische und lerntheoretische Konzepte im Vordergrund stehen, werden in offiziellen Verlautbarungen psychische Erkrankungen oft nicht beim Namen genannt. Es ist dann mehr die Rede von »Anfälligkeiten des vegetativen Nervensystems« oder von »negativen subjektiven Einstellungen gegenüber der eigenen Gesundheit und den Arbeitsanforderungen«, die bei Betriebsangehörigen zu finden seien, die »mehrfach im selben Jahr krankgeschrieben« werden. Da es in der DDR im Grunde nicht mehr oder zumindest nicht signifikant weniger Neurosen geben dürfte, liegt der Verdacht von Schuld im Sinn einer »negativen Einstellung zur Arbeit« nahe (vgl. M. E. Ruban, Gesundheitswesen in der DDR, Berlin (West) 1981).

Weitere Kritikpunkte entstehen durch Mißverständnisse, wie sie sich aus vorschnellen ideologischen Einstufungen ergeben können. So wird der P. Biologismus und eine ahistorische Grundhaltung vorgeworfen oder behauptet, daß die Beziehung von Mensch und Gesellschaft grundsätzlich nicht dialektisch gesehen werde. Dies geht bis zu der Unterstellung, P. spiegele letztlich nur die »spätbürgerliche austromonarchistische Gesellschaft« wider (Kritik der P. und biologischer Konzeptionen, hrsg. von W. Friedrich, Frankfurt a. M. 1977, S. 136). Bestimmte Erkenntnisse, wie der im Aufbau psychischer Strukturen angenommene Gegensatz von Triebwünschen und gesellschaftlichen Anforderungen, stehen im Gegensatz zur herrschenden Ideologie. Gerade diese Auffassung der P. steht der Hoffnung im Wege, eine sozialistische Gesellschaft aufbauen zu können, die alle in ihr lebenden Menschen zufriedenstellt. Aus dieser Position hat P. »falsch« zu sein, und auch ihr Therapieziel muß als »Anpassung an die als naturgegeben verstandene kapitalistische Gesellschaft« umgedeutet werden (a. a. O.).

V. Kulturwissenschaftliche Aspekte der Psychoanalyse

Eine lange Tradition hat die Anwendung psychoanalytischer Modellvorstellungen auf Fragen der Ethnologie, Mythenforschung, Gesellschafts-, Kultur- und Religionskritik. Sie wurde eingeleitet durch S. Freuds Arbeiten »Zwangshandlungen und Religionsübungen« (1907), »Totem und Tabu« (1912/13), »Massenpsychologie und Ich-Analyse« (1921), »Die Zukunft einer Illusion« (1927), »Das Unbehagen in der Kultur« (1930), »Warum Krieg?« (1933)

und »Der Mann Moses und die monotheistischen Religionen« (1939). Dank seiner Entdeckung unbewußter psychischer Mechanismen und der Tatsache, daß P. schon in ihrem Ansatz zugleich Individual- und Sozialpsychologie ist, hat S. Freud Möglichkeiten eröffnet, Bedeutung und Genese sozialer Sachverhalte zu verstehen. »Wenn die Kulturentwicklung so weitgehend Ähnlichkeit mit der des Einzelnen hat und mit denselben Mitteln arbeitet, soll man nicht zu der Diagnose berechtigt sein, daß manche Kulturen oder Kulturepochen – möglicherweise die ganze Menschheit – unter den Kulturstrebungen neurotisch geworden sind?« (S. Freud, Das Unbehagen in der Kultur, in: Gesammelte Werke, Bd. 14, Frankfurt a. M. 1930, S. 504). Von diesem Anwendungszweig der P. stammen Teile der modernen → Kulturanthropologie ab, etwa die Arbeiten B. Malinowskis über »Geschlecht und Verdrängung in primitiven Gesellschaften« (Reinbek 1962) oder M. Meads Studien über Geschlechterverhältnisse in archaischen und modernen Kulturen. Den Impulsen der P. verdanken auch moderne Disziplinen wie die durch P. Parin und G. Devereux repräsentierte Ethnopsychoanalyse und Ethnopsychiatrie entscheidende Anregungen.

Der analytische Ansatz hat in die Betrachtung gesellschaftlicher Zusammenhänge eine neue Dimension gebracht. In der Bundesrepublik wie in den übrigen westlichen Ländern hat dies teils zu sinnvollen, teils unsinnigen »Psychologisierungen« geführt; sinnlos, wenn unter Mißachtung weiterer Zusammenhänge jedes Problem psychologisch erklärt werden soll, sinnvoll unter Einbeziehung weiterer Gesichtspunkte dagegen etwa im Zusammenhang mit Forschungen über Vorurteilsbildung, Minoritäten- und Antisemitismusproblemen und traumatischen Neurosen. Der »Psychoboom« mit seiner Fülle neu entstehender und wieder vergehender therapeutischer »Methoden« ist nicht zuletzt auch eine Folge davon.

Daß psychoanalytisches Denken heute in hohem Maß Bestandteil des allgemeinen Bewußtseins geworden ist, zeigt sich auch daran, daß selbst Kritiker der P. oft nicht mehr ohne die von ihr geschaffenen Begriffe auskommen. In jüngerer Zeit erweist sich dies in der oft sehr heftigen feministischen Polemik gegen das von der klassischen P. entworfene Bild der »weiblichen Sexualität«. In ihm glauben feministische Autoren Spuren patriarchalischer Vorurteile und frauenfeindlicher Tendenzen aufdecken zu können. Die Verarbeitung solcher Kritik wird erweisen müssen, daß die P. imstande ist, fern von dogmatischer Erstarrung ein offenes System psychologischer und sozialpsychologischer Forschung zu bleiben.

M. Muck

Literatur
D. Wyss, Die tiefenpsychologischen Schulen von den Anfängen bis zur Gegenwart, Göttingen 1961
H. F. Ellenberger, Die Entdeckung des Unbewußten, 2 Bde., Bern, Stuttgart, Wien 1973
J. Helm (Hrsg.), Psychotherapieforschung, Berlin (Ost) 1974
D. Eicke, G. Maetze, P. in Deutschland, in: Die Psychologie des 20. Jahrhunderts, Bd. 2, Zürich 1976, S. 1145–1180
H. Glaser, Sigmund Freuds Zwanzigstes Jahrhundert. Seelenbilder einer Epoche. Materialien und Analysen, Frankfurt a. M. 1979

Psychologie

I. Psychologie als Wissenschaft und kulturelles Phänomen – II. Geschichte der Psychologie im Verhältnis zu ihrem nationalsozialistischen Erbe – III. Die Psychologie in der Bundesrepublik Deutschland – IV. Das Programm der Psychologie der DDR – V. Vergleichende Einschätzung

I. Psychologie als Wissenschaft und kulturelles Phänomen

Im wachsenden Interesse kapitalistisch und sozialistisch geprägter Industriegesellschaften an der P. artikuliert sich eine veränderte Einstellung zur Entwicklung subjektiver Strukturen. Die kulturellen Selbstverständlichkeiten, in denen sich einst die → Persönlichkeit, orientiert an klaren Leitbildern, durch unzweifelhafte Normen gesteuert und in funktionsfähige Sozialisationsagenturen eingebettet, entfaltet hat, sind durch gesellschaftliche Entwicklungsprozesse brüchig geworden.

Die in der Bundesrepublik häufig beklagte Krise des Individuums rührt daher, daß der rapide gesellschaftliche Wandel tiefgreifende Probleme der Identitätsfindung aufgeworfen hat, die wiederum das Interesse an psychologischen Deutungen befördern. Dies äußert sich in den kapitalistischen Ländern in einer zunehmenden Psychologisierung des → Alltags, der → Sprache und der gesamten → Kultur. Ein expandierender Psychomarkt lebt von dieser Konjunktur und verstärkt sie zugleich.

Auch in den sozialistischen Ländern ist die wachsende Bedeutung, die der P. beigemessen wird, darin begründet, daß die gesellschaftlichen Veränderungen die Herausbildung eines »neuen Menschen« erfordern, der sich nicht mehr in der Tradition des bürgerlichen Sozialcharakters formen soll.

P. als Wissenschaft ist in besonderer Weise ein Teil dieses allgemeinen kulturellen Interesses an Subjektivität. Die akademische P. der Bundesrepublik, die sich vor allem in einer naturwissenschaftlichen Tradition versteht, sucht nach kulturunabhängigen Gesetzmäßigkeiten des Erlebens und Verhaltens. Soziokulturelle Besonderheiten und ihr Einfluß auf die Individuen werden allenfalls in den eher randständigen Disziplinen der kulturvergleichenden P. oder der Ethnopsychoanalyse (→ *Kulturanthropologie)* erforscht. Eine historische Betrachtungsweise der Subjektivität hat an den Universitäten kaum einen anerkannten Ort. Damit wurde bisher auch die Frage, inwieweit sich die P. als eigenständige Wissenschaft überhaupt erst mit der Entfaltung der bürgerlichen Gesellschaft und der Emanzipation der Individuen aus traditionellen Standesbindungen herauszubilden vermochte, weitgehend vernachlässigt.

Sowenig wie dieser historische Ausgangspunkt der P. rekonstruiert wird, sowenig hat sich ein Bewußtsein dafür ausgebildet, wie die Entwicklung der bürgerlichen Gesellschaft selbst den Stellenwert des »subjektiven Faktors« verändert hat. Dieser Mangel erklärt auch, warum die P. an den Universitäten der ausgreifenden Psychologisierung aller Lebensbereiche hilflos gegenübersteht, deren Deutung im wesentlichen den Kulturphilosophen und Kultursoziologen und einigen wenigen, in die Rolle von Außenseitern gedrängten sozialkritischen Vertretern der eigenen Profession überlassen bleibt.

In der DDR hat sich eine eigenständige P. in Abgrenzung zur »bürgerlichen P.« entwickelt, mit der man sich in ideologiekritischen Arbeiten immer wieder sehr eingehend beschäftigt hat. Die Reflexion auf das Selbstverständnis der P. im Zusammenhang ihrer gesellschaftlichen Stellung ist dagegen eher verkümmert. Lediglich in vorsichtig distanzierenden Äußerungen zu früheren Entwicklungsetappen der P. wird erkennbar, daß auch die P. in der DDR keinen garantierten fortschrittlichen Kurs genommen hat.

II. Geschichte der Psychologie im Verhältnis zu ihrem nationalsozialistischen Erbe

Im nationalsozialistischen Deutschland wurde die P. als kritische Wissenschaft vom Subjekt unterdrückt. Vertreter der → *Psychoanalyse* und der am weitesten entwickelten wissenschaftlichen P., vor allem der Gestaltpsychologie, wurden fast ausnahmslos in die Emigration getrieben. Die verbleibende P. ließ sich, soweit sie die Gleichschaltung nicht schon selbst vollzogen hatte, in das nationalsozialistische Menschenbild problemlos integrieren.

Während der Wiederaufbauperiode in der Bundesrepublik, die ökonomisch, politisch und kulturell zugleich eine Phase der Restauration war, bot sich Hochschulpsychologen, die ihr Bündnis mit den Nationalsozialisten geschlossen hatten, die Chance, ihre akademische Positionen zu behaupten. Allerdings orientierte sich die nachwachsende Psychologengeneration an der anglo-amerikanischen Forschung. Die Entwicklung der P. zu einer exakten, experimentell verfahrenden Wissenschaft versprach auch die Immunisierung gegen eine erneute weltanschauliche Indienstnahme. So entfaltete sich die P. an den Hochschulen der Bundesrepublik als eine in sich widersprüchliche Mischung aus phänomenologisch und geisteswissenschaftlich ausgerichteter P., die nach einer oberflächlichen Entnazifizierung an ihren tradierten Themen der Charakterkunde, der psychologischen Anthropologie, der Ausdruckskunde und Wehrpsychologie ungebrochen weiterarbeitete, und der sich neu etablierenden, experimentell orientierten Richtung, die sich um wissenschaftliche Arbeitsformen anglo-amerikanischer Herkunft bemühte. Dabei stand diese so sehr unter dem Eindruck des amerikanischen Vorbilds, daß allein schon eine Ausbildung in den Vereinigten Staaten die akademische Karriere als ein besonderes Qualifikationsmerkmal befördern konnte – ein Umstand, der dazu beitrug, daß an den Universitäten der Bundesrepublik das Wissen über soziale Probleme der USA schließlich größer war als das Wissen über diejenigen des eigenen Landes.

Die Entwicklung der P. ist in der DDR mit zwei Hypotheken belastet. Einmal hatte dort die im Vergleich zur Bundesrepublik konsequenter durchgeführte Entnazifizierung dazu geführt, daß die meisten Psychologen, die sich mit dem Nationalsozialismus arrangiert oder ihn offen unterstützt hatten, sich in die Bundesrepublik absetzten und dort überwiegend auf Schlüsselpositionen der Hochschulpsychologie kamen (P. und Gesellschaftskritik, H. 12/1979 und H. 13/14/1980 zum Thema »P. und Faschismus«). Andererseits hatte aber auch die stalinistisch geprägte P., in der für eine Theorie der gesellschaftlichen Ausformung psychischer Prozesse kein Platz war, ihre Spuren hinterlassen. Die neurophysiologischen Erkenntnisse von I.P. Pawlow wurden zum Dogma psychologischer Forschung. Die Pawlow-Konferenz, die 1953 in der DDR stattfand, führte dazu, daß sich die P. in der DDR auf einen mechanischen Materialismus festlegte, der für etwa zehn Jahre zur herrschenden Doktrin wurde und die Ausbildung einer eigenständigen, historisch-materialistisch fundierten P. blokkierte. Zugleich ermöglichte diese Ausrichtung aber einigen Hochschullehrern, deren Themen und Arbeitsweisen sich von denen ihrer Kollegen in der Bundesrepublik in nichts unterschieden, unter dem Mantel einer naturwissenschaftlichen Methode traditionelle Verfahren und Inhalte der bürgerlichen P. beizubehalten. Ihren Publikationen fehlt oft jeder Bezug auf gesellschaftliche Probleme der sich entwickelnden sozialistischen Gesellschaft.

Die ersten Beiträge zu einer eigenständigen psychologischen Theoriebildung entstanden im institutionellen Zusammenhang pädagogischer Forschung etwa zur Kinderpsychologie oder der P. für Lehrer und Erzieher. Und hier kam es auch zu ersten ideologiekritischen Auseinandersetzungen mit der »bürgerlichen P.« und ihren Repräsentanten an den Universitäten der DDR. Die Mehrheit der heute in der DDR führenden Hochschulpsychologen entstammt, wie H. Hiebsch, G. Clauß, A. Kossakowski, J. Lompscher, W. Friedrich, F. Klix, der praktischen Pädagogik.

III. Die Psychologie in der Bundesrepublik Deutschland

Im Unterschied zur DDR ist es für die Bundesrepublik nicht möglich, eine verbindliche Programmatik der P. zu formulieren. Im Spektrum der bundesrepublikanischen P. fällt zunächst die Beziehungslosigkeit zwischen den vielen einzelnen Ansätzen auf. Es lassen sich zumindest drei psychologische Konzeptionen unterscheiden. Die universitäre P. ist in erster Linie dadurch gekennzeichnet, daß sie einen differenzierten mathematisch-statistischen Methodenapparat entwickelt hat, der die psychologischen Inhalte häufig verdrängt hat. Wenn es auch konkurrierende Ansätze gibt, so wird doch die Auseinandersetzung darüber in der Praxis im wesentlichen durch gemeinsam akzeptierte methodische Kriterien bestimmt. Eine weitere Richtung stellt sich in der sogenannten Psychobewegung dar, die sich an Maßstäben der Sinnstiftung und Lebensbewältigung orientiert. Dabei spielen Programme eine Rolle, deren meist exotische Form einen Kontrast zur Alltagsroutine bildet, oder Methoden, die im Gegensatz dazu eine Perfektionierung alltäglicher Lebenstechniken versprechen. Der Markt, über den sich diese Psychokultur konstituiert, hat mit der universitären P. nur einen äußerst geringen Überschneidungsbereich. Sie wird noch am ehesten über die Studienmotivation von Studenten der P. und die lebensweltliche Partizipation der Hochschullehrer an der Psychobewegung eingeführt. Der gesellschaftskritischen P. schließlich geht es um die Ausarbeitung einer »kritischen Theorie des Subjekts«, die die gesellschaftlichen Spuren der verinnerlichten Strukturen der Individuen aufzuzeigen vermag und die Widerstandspotentiale der Subjekte an deren psychischer Verarbeitung gesellschaftlicher Erfahrungen im Kapitalismus aufzuspüren versucht. Die Kontroversen innerhalb der Gruppe gesellschaftskritischer Psychologen beziehen sich auf die Brauchbarkeit der → *Psychoanalyse*, die ja in S. Freud einen ausgesprochen bürgerlichen Begründer hatte, und auf die Möglichkeit von alternativen Subjekttheorien. Die Fraktionierungen und Sektenbildungen des linken Spektrums insgesamt spiegeln

sich in den konkurrierenden Linien einer gesellschaftskritischen P. wider. Universitäre P. und Psychobewegung kommen darin überein, daß sie beide nicht systematisch thematisieren, inwieweit sich spezifische sozialstrukturelle und soziokulturelle Entwicklungen als psychische Probleme in der Erfahrungswelt der Individuen abbilden. Gerade die Untersuchung dieses Zusammenhangs hat die gesellschaftskritische P. in ihr Forschungsprogramm aufgenommen. Sie fragt zudem aber auch nach der spezifischen Funktionalität solcher psychologistischer Konzeptionen, die das Individuum aus den gesellschaftlichen Realitäten methodisch und theoretisch isolieren. Sie sieht darin vor allem die Tendenz, den subjektiven Faktor in einer Weise gesellschaftlich verfügbar zu machen, die dem Subjekt lediglich erhöhte psychische Flexibilität innerhalb nicht mehr thematisierter und kritisierbarer gesellschaftlicher Strukturvorgaben gibt. Subjektivität wird nicht als Basis einer emanzipatorischen Verfügung und selbstbewußten Gestaltung gesellschaftlicher und kultureller Lebenszusammenhänge anerkannt und unterstützt, sondern entweder als Quelle psychischen Leidens, das therapeutisch unter Kontrolle zu bringen ist, oder als Humankapital, das, psychologisch verfeinert und wiederaufbereitet, gewinnbringend investiert werden kann.

Die Ausbildung zum Psychologen ist in der Bundesrepublik als Diplomstudiengang organisiert. 1980 gab es mehr als 15 000 berufstätige Psychologen, und eine etwa ebenso große Gruppe in der Ausbildung.

Die bildungspolitisch kaum steuerbare Anziehungskraft der Klinischen P. hat zu einer hohen Arbeitslosigkeit geführt bzw. zu einer Expansion privatwirtschaftlich organisierter psychologischer Dienstleistungen, die sich immer stärker zu einem kaum mehr überschaubaren und zunehmend exotischer sich darbietenden Psychomarkt verdichten. Ein Grund für die wachsende Arbeitslosigkeit von klinisch orientierten Psychologen liegt auch in dem gesetzlich noch immer nicht geregelten Status der P. als Heilberuf.

IV. Das Programm der Psychologie der DDR

Entsprechend der Stellung der Wissenschaften im gesellschaftlichen System der DDR allgemein ist auch die Entwicklung der Psychologie jeweils nur im Rahmen einer zentralen gesellschaftsplanerischen Orts- und Aufgabenzuweisung möglich. So wurde für den Zeitraum von 1976 bis 1980 folgende Aufgabenstellung formuliert: »Die Psychologie konzentriert ihre Forschungen auf die Untersuchung der Bedingungen und Gesetzmäßigkeiten psychischer Prozesse, leistet einen wesentlichen Beitrag zur Ausarbeitung wissenschaftlicher Grundlagen der Entwicklung sozialistischer Persönlichkeiten und Kollektive, der optimalen Gestaltung des Arbeitsprozesses sowie der medizinischen Betreuung der Werktätigen. Dazu ist es notwendig, die allgemeine psychologische Grundlagenforschung zu intensivieren« (Zentraler Forschungsplan der marxistisch-leninistischen Gesellschaftswissenschaften der DDR 1976 bis 1980, in: Einheit, H. 9, 1976, S. 1049). Aus dieser verbindlichen Programmatik läßt sich unschwer ableiten, daß die wissenschaftspolitischen Bedingungen der P. in der DDR zu einer Vereinheitlichung der Zielstellung führen und die Voraussetzungen zur Selbsttypisierung als homogene Disziplin bilden. Trotz arbeitsteiliger Unterschiede in den Forschungsgegenständen und -schwerpunkten ist es dem jeweiligen Sprecher der P. in der DDR möglich, allgemein anerkannte Grundpositionen zu formulieren. Damit wird trotz theoretischer und methodischer Unterschiede in Detailfragen der Eindruck vermittelt, als arbeite die P. der DDR auf der Grundlage eines gemeinsamen, unstrittigen Forschungsansatzes. Was einst die konzeptuelle Loyalität gegenüber der Lehre I. P. Pawlows war, ist gegenwärtig die gemeinsame Bezugnahme auf eine materialistische Handlungstheorie. Kontroversen um konkurrierende Modelle sind für den externen Beobachter schwer erkennbar.

Da die P. in der DDR zudem unter dem Anspruch steht, konstruktiv zum Aufbau des Sozialismus beizutragen, ist sie in ihrer Selbstdarstellung bemüht, ihre gesellschaftliche Bedeutung sowohl in der Praxis als auch in der Grundlagenforschung hervorzuheben. Dabei grenzt sie sich explizit von zwei Tendenzen ab, die ihrer Meinung nach in der bürgerlichen P. vorherrschen. So wendet sie sich gegen einen wissenschaftlichen Pragmatismus, der sich mit Fragen der Sinnhaftigkeit und gesellschaftlichen Verantwortbarkeit nicht aufhalten möchte ebenso wie gegen eine Wissenschaft im Elfenbeinturm. Dabei wird es als ein Kennzeichen der P. im Sozialismus angesehen, daß sie sich prinzipiell nicht mehr als Mittel der Ausbeutung und Repression benutzen lasse. Die soziale Relevanz der P. bemißt sich an ihren konstruktiven Lösungsansätzen in Bereichen wie dem Gesundheitswesen, der Industrie, dem Leistungssport und der Justiz. Ihre handlungstheoretischen Voraussetzungen ergeben sich in Abhängigkeit vom Entwicklungsniveau der sozialistischen Gesellschaft, die Grundlagen dafür bietet, daß sich der »subjektive Faktor« entfalten könne. Der psychologische Aspekt der normativen Vorgabe sozialistischer Persönlichkeitsbildung besteht demnach in der Ausbildung derjenigen Merkmale, die selbständiges und verantwortungsbewußtes Handeln für gesellschaftliche Ziele ermöglichen. Eine psychologische Konzeption in der Pawlowschen Tradition kann eine selbständige und verantwortliche Planungs- und Handlungskompetenz wissenschaftlich ebensowenig begründen wie ein milieutheoretischer Import aus der west-

lichen P., der lediglich die Stimulus- und Situationsabhängigkeit menschlichen Verhaltens berücksichtigt. Auch gilt es, die idealistischen Untiefen solcher persönlichkeitstheoretischer Konzeptionen zu umgehen, die humane Entfaltungspotentiale allein mit einer als unveränderlich angesehenen Menschennatur in Beziehung setzen. Es kommt darauf an, eine psychologische Persönlichkeitstheorie zu entwerfen, die adaptive und innovative Prozesse, Realitätsbezug und -kontrolle in ihrer spezifischen Wechselwirkung zu formulieren vermag. In dem Begriff der »dialektischen Interaktionstheorie« H. D. Schmidts kommt dieser Anspruch zum Ausdruck. Ins Zentrum psychologischer Forschung rücken psychische Regulationssysteme unter dem Gesichtspunkt ihrer Eignung, individuelle Bedürfnisse mit den faktischen Gegebenheiten der gesellschaftlichen Realität so zu vermitteln, daß sie als ausgewogen gelten können.

V. Vergleichende Einschätzung

Gemeinsamer Ausgangspunkt und gemeinsames Erbe der P. in beiden deutschen Staaten ist die nationalsozialistische Vernichtung einer eigenständigen, deutschen psychologischen Tradition, insbesondere von Ansätzen zu einer kritischen Subjekttheorie. Das entstandene Vakuum ist durch eine teilweise konformistische Übernahme psychologischer Theorien zugedeckt worden, die in den Großmächten dominierten, zu denen man in politische und ideologische Abhängigkeit geraten war. Eine P., die an spezifische Befindlichkeiten und Probleme der Menschen in den im Aufbau befindlichen beiden deutschen Staaten eingesetzt hätte, etwa als Aufarbeitung der psychischen Basis des Faschismus in einer spezifischen Trauerarbeit, hatte deshalb kaum eine Chance.

Im Rahmen der grundverschiedenen Gesellschaftsordnungen hat sich die P. als akademische Disziplin in den beiden deutschen Staaten zu kaum vergleichbaren Konfigurationen entwickelt. Die P. in der DDR war von einem zentralen Forschungsleitfaden bestimmt, der den Gesellschaftswissenschaften innerhalb gesamtgesellschaftlicher Zielvorgaben besondere Aufgaben stellt. Zwischen den einzelnen psychologischen Instituten bestehen klare Abgrenzungen in den Arbeitsschwerpunkten, die durch eine zentral geplante Form von Arbeitsteilung reguliert wird. Die P. der DDR hat ein Rahmenkonzept, das weit genug ist für unterschiedliche Arbeitsrichtungen und zugleich den Eindruck der Homogenität in den Grundaussagen des Menschenbildes vermittelt.

Das Erscheinungsbild der P. in der Bundesrepublik bestimmen ganz unterschiedliche Richtungen, die sich scheinbar unabhängig voneinander entwickeln und sich gegenseitig kaum zu weiterführenden

Auseinandersetzungen anregen. Das immer wieder beklagte Anwendungsdefizit psychologischer Forschung scheint dafür zu sprechen, daß sich die P. in ungenügender Weise an der Bearbeitung aktueller soziokultureller Probleme beteiligt. Diese Einschätzung betrifft jedoch eher die akademische P. in der Bundesrepublik. Die sicher nicht geringe Funktionalität psychologischen Wissens und daraus abgeleiteter Technologien in kapitalistischen Gesellschaften stellt sich dagegen durch Forschungsförderung, durch außeruniversitäre, wirtschaftsnahe und wirtschaftsinterne Forschung her.

Was die Situation der Individuen in den jeweiligen gesellschaftlichen Systemen betrifft, so orientiert sich die P. in der DDR am Leitbild der sich »konstruktiv am Aufbau der Gesellschaft« beteiligenden »sozialistischen Persönlichkeit«, zu deren Förderung sie entsprechend ihrem gesellschaftlichen Mandat beizutragen hat. Das setzt voraus, daß sie ihre Persönlichkeitstheorie mit den gesellschaftspolitischen Zielvorgaben in Übereinstimmung bringt. Das Auseinanderfallen von individueller und gesellschaftlicher Entwicklung ist nur im Sinne abweichenden Verhaltens denkbar, als individuelle Pathologie oder als bewußter politischer Dissens.

Spiegelt sich in diesen engen Grenzsetzungen für eine positive Individualentwicklung die Restriktivität der DDR als einer Übergangsgesellschaft, so zeichnet sich die Situation in der Bundesrepublik durch relative Unbestimmtheit der für die Persönlichkeitsentwicklung gültigen Normen aus. Auf die Identitätsproblematik reagiert eine Vielzahl von psychologischen Konzepten und Stütztechniken. Der »subjektive Faktor« ist Gegenstand vielfältiger sozialintegrativer Psychotechniken geworden. Die universitäre P. ist entweder Teil dieser Psychokultur geworden oder betreibt ihren eigenen Psychologismus in methodisch eingegrenzten Ghettos. So erfüllt die P. in beiden deutschen Staaten unter je spezifischen und verschiedenen Voraussetzungen ihre Funktion der Integration in gegebene gesellschaftliche Lebenszusammenhänge, ohne diese selbst kritisch zu analysieren.

H. Keupp

Literatur

H. Thomae, P. in der modernen Gesellschaft, Hamburg 1977
T. Herrmann, P. als Problem. Herausforderung der psychologischen Wissenschaft, Stuttgart 1979
A. Kossakowski (Hrsg.), P. im Sozialismus, Berlin (Ost) 1980
P. in der DDR. Entwicklungen, Aufgaben, Perspektiven, Berlin (Ost) 1980
H.-D. Schmidt, Psychology in the German Democratic Republic, in: Annual Review of Psychology, Vol. 31, 1980, S. 195–209

Realismus

R. ist ein Begriff der Philosophie, Theologie, Ästhetik, Pädagogik, Geschichtswissenschaft und des alltäglichen Lebens. Keine Begriffsbestimmung geht an der Tatsache vorüber, daß die vielfältigen Definitionen und Anwendungsbereiche von R. nur schwer überschaubar sind, wenn auch der im →*Alltag* damit verbundene Sinn für das Wirkliche und Sachliche zumeist erkennbar bleibt. Im Bereich der →*Kunst* und →*Literatur*, von dem hier vor allem die Rede ist, teilen die Definitionen die Ausrichtung am Empirischen und Wirklichkeitsgetreuen, allerdings wird die Relation des ästhetischen Werkes zur Wirklichkeit aufs Unterschiedlichste determiniert. Im Zusammenhang mit den wechselnden Auffassungen der Wirklichkeit zieht die Definition, indem sie R. als Relation bestimmt, normative und programmatische Intentionen an. Das hat seit dem 19. Jh. zu heftigen Auseinandersetzungen über die Funktion der Kunst und Literatur geführt und dem Begriff R. trotz aller Definitionsvielfalt bis heute Signalwert und -wirkung verschafft.

Die Bezugnahme auf den Wandel der Wirklichkeitsauffassung ist für jede Systematisierung des Realismusbegriffs insofern unabdingbar, als R. auch eine bestimmte Periode der Kunst- und Literaturgeschichte, mit Namen wie H. Balzac, G. Courbet, Th. Fontane, bezeichnet, die sich gegen die Romantik des frühen 19. Jh. richtete und von der nichtmimetischen Strömung am Ende desselben Jahrhunderts abgelöst wurde. Die Tatsache, daß sich dieser R. des 19. Jh. in Deutschland weniger stark als in England, Frankreich und Rußland manifestierte, muß im Zusammenhang mit der gleichzeitigen Erhöhung des Werks J. W. v. Goethes und F. Schillers zur Klassik gesehen werden. Damit ergaben sich für Stil, Aussage und Funktion der Literatur und Kunst bis zum Beginn des 20. Jh. einige spezielle Maßstäbe. Während die R. des 19. Jh. sich im allgemeinen als Gegenbewegung zur überlieferten normativen Ästhetik konstituierte, wobei die Konfrontation mit der sich wandelnden Realität zum einzigen ästhetischen Kriterium wurde, fand er in Deutschland angesichts der Tendenzen zur Normierung der Klassik nicht genügend Spielraum.

Das bedeutet nicht, daß die Diskussion über den R. hier geringer wäre, ganz im Gegenteil, sie ist, auch im 20. Jh., womöglich sogar intensiver, wobei sich das Erbe G. W. F. Hegels im Drang zur theoretischen Normierung nicht immer zum Vorteil der künstlerischen Produktion ausgewirkt hat. Im Unterschied zu angelsächsischen Ländern, in denen R. als Grundvoraussetzung künstlerischer Tätigkeit gilt, steht in Deutschland die Auffassung des R. als eines Konzepts der Vermittlung stärker im Vordergrund. Die Tendenz zur theoretischen Fixierung hat hier nach 1930, als die antimimetischen Impulse der

Moderne zurücktraten, in marxistischen Beiträgen neue Bestätigung gefunden. Die großenteils von Exilanten geführte Diskussion wurde, zumal angesichts der Normierungen des 1932 verkündeten *Sozialistischen R.,* zu einer wertenden Bestandsaufnahme der antimimetisch orientierten Avantgarden seit 1890. Gegen G. Lukács' Ablehnung eines Großteils der künstlerischen Moderne führten B. Brecht, E. Bloch, H. Eisler und W. Benjamin entscheidende Argumente zugunsten nichtmimetischer Formen ins Feld, und Th. W. Adorno systematisierte in seiner »Negativen Ästhetik« den Ideologieverdacht gegen jede Art von Abbildrealismus. Nirgendwo, vielleicht mit Ausnahme der Sowjetunion, sind theoretisches Interesse und ästhetische Praxis im Hinblick auf den R. so weit auseinandergetreten wie in Deutschland.

Das hat zur Folge, daß die Debatte um den R. hier sehr oft für die Bemühung um eine neue Einstellung zur gewandelten Realität steht. Anders gesagt: Hier geschieht das Umdenken und Neuanpassen im Hinblick auf die Realität sehr viel stärker über die theoretische Bemühung um einen neuen R. Dafür lassen sich in den Besinnungszeiten nach großen geschichtlichen Ernüchterungen, nach der gescheiterten Revolution von 1848/49, nach der enttäuschenden Reichsgründung 1871, nach dem verlorenen Ersten Weltkrieg, nach der Niederlage gegen A. Hitler in den 30er Jahren, nach dem selbstverschuldeten Chaos des Zweiten Weltkrieges die verschiedensten Ausformungen finden, die vom programmatischen R. eines G. Freytag und J. Schmidt über den konsequenten Naturalismus und die Neue Sachlichkeit bis zum *Sozialistischen R., Magischen R., Neuen R.* und R. der letzten Jahrzehnte reichen. Das ergibt eine Realismustradition der Kurskorrekturen, die mit den in Deutschland besonders heftigen Pendelausschlägen in intellektuell-künstlerischen Moden in enger Beziehung steht.

Der Realismusbegriff nimmt damit im deutschen Kulturkreis besonders postulatorische Züge an, wobei der »Richtigkeit« von Haltungen größeres Gewicht zukommt als der Gewinnung neuer ästhetischer Zugänge zur Realität. Das erschwert es Künstlern und Schriftstellern, die Realitätserfassung selbst als eine ständig zu verfeinernde und zu kontrollierende Leistung zu legitimieren, ohne den Vorwurf herauszufordern, oberflächlich und trivial zu sein. Noch immer schlägt sich das im 19. Jh. entwickelte Normierungsdenken in Trivialitätsvorwürfen gegen eine »bloße« Realitätswiedergabe nieder. Dabei handelt es sich häufig nur um graduelle Unterschiede zur Situation in anderen Kulturen, die jedoch, was etwa die Entwicklung realistischer Unterhaltungsliteratur und ihrer Abgrenzung zur sogenannten hohen Literatur angeht, unübersehbare Auswirkungen gezeitigt haben.

Seit langem hat sich der Trivialitätsvorwurf mit dem Täuschungsvorwurf verbunden. Das gilt für die antimarxistische Stellungnahme, die alles, was R. betrifft, als ästhetische Propaganda oder Oberflächenkunst abqualifiziert. Das gilt ebenso für die marxistische Stellungnahmen gegen solche Kunst und Literatur, die sich nicht bewußt der Geschichtsdialektik zuordnet oder »ohne Perspektive« bleibt und scheinbar bloße Subjektivität reproduziert. Das gilt schließlich auch für die →*Ästhetik* im Umkreis der *Frankfurter Schule,* vor allem Th. W. Adornos, der etwa in seinem einflußreichen Essay »Standort des Erzählers im zeitgenössischen Roman« (1954) forderte, auf einen R. zu verzichten, »der, indem er die Fassade reproduziert, nur dieser bei ihrem Täuschungsgeschäfte hilft«.

Ein Großteil dieser Polemik entzündete sich an der Auf- und Abwertung der künstlerischen →*Moderne.* Zur Diskussion standen die Bemühungen der Avantgarden zwischen Symbolismus, Impressionismus, Expressionismus, Futurismus, Dadaismus und Surrealismus, mit einer nichtmimetischen Kunst die »ganz anderen« Qualitäten der Wirklichkeit, ihre Unvorgreiflichkeit, Abgründigkeit und Utopiefähigkeit aufzuweisen. Inzwischen sind die Leistungen dieser →*Avantgarden* anerkannt worden, und man ist längst dabei, sie im Nebeneinander mit traditionellen und aktuellen Tendenzen des Abbildrealismus zu kategorisieren. Das ist ein noch unabgeschlossener und wohl auch kaum abzuschließender Prozeß, bei dem die mimetischen und antimimetischen Darstellungsformen eng verbundene Kontrastgrößen darstellen. Zwei Erscheinungsweisen des R. zeichnen sich ab. Im einen Falle gewinnt die im Abbilden manifeste Illusionierung der Wirklichkeit in ihrem Erscheinungsmodell der Wiederholung dadurch immer neue Aussagekraft, daß unsere alltäglichen Wahrnehmungen selbst durch Wiederholung Realitätswert erhalten. Die dem ästhetischen Werk vorausgehende Erfahrung als solche sichtbar zu machen, ist schon der Kern dieses R. Die Kommunikation zwischen dem Werk und den Rezipienten baut auf dieser Voraussetzung auf. Im andern Falle rückt das Werk von eben diesem Wiederholungsmechanismus der Illusionierung ab und verpflichtet den Rezipienten auf eine erst herzustellende Kommunikation über die Realität. Kern dieses R. ist es, eine neue Authentizität in der Realität und im Umgang mit ihr erfahrbar zu machen. Dabei kommt der Verfremdung, Abstraktion und Detailsicht eine aufschließende Funktion zu, insofern diese Formen das Wiederholungsdenken im Kontrastschock der ästhetischen Abweichung durchbrechen.

Allerdings bleibt jede Definition dieser beiden vielfach verflochtenen Ausprägungen des R. vorläufig. Ein Problem liegt darin, daß der Einbezug nichtmimetischer Elemente in die Definition unabdingbar ist, sich damit aber auch die Definitionsgrenzen verwischen und alles irgendwie dem R. zugeordnet werden kann. Da rückt dann die Entscheidung über das, was realistisch ist oder nicht, in die Geschichte zurück, das heißt, sie gewinnt ihre Legitimation aus der Bezugnahme vom ästhetischen Werk zur geschichtlichen Realität *(→ Geschichte).*

In diesem Sinne läßt sich die Geschichte des künstlerischen R. seit 1945 nicht allein nach dem »Aufholen« der internationalen Tendenzen in beiden deutschen Staaten beurteilen, sondern muß im Zusammenhang mit dem Nationalsozialismus und der von Deutschen verursachten Katastrophe des Zweiten Weltkrieges gesehen werden. Natürlich prägten zunächst die im Ausland dominierenden ästhetischen Konzepte die Auffassung des R. Im *Kalten Krieg* setzte sich bald eine Polarität zwischen abbildrealistischer und nichtmimetischer Kunst durch, die sich auch in der Literatur in entsprechender Form niederschlug. Das führte dazu, daß in der Sowjetischen Besatzungszone und späteren DDR die unter J. W. Stalin aufgestellten Formeln des *Sozialistischen R.* offizielle Geltung erhielten und im Westen eine fast ebenso offizielle Ideologie des Antirealismus die Kunst- und Literaturszene beherrschte.

Auch die großen Exilschriftsteller wie B. Brecht, A. Seghers und A. Zweig konnten in der DDR nicht verhindern, daß die Realismusdefinition als bloße Umsetzung des Aufbauprogramms der Partei verstanden wurde. Als nach J. W. Stalins Tod eine Diskussion über die sozialistische Ästhetik einsetzte, stellte man übereinstimmend fest, daß eine Ästhetik, die den jüngeren Autoren helfen konnte, kaum existierte. Die gewichtigsten Beiträge kamen von G. Lukács. Gegenüber dem *Sozialistischen R.* mit einer rein politischen Agitationsliteratur hatte er mit Konzepten wie dem des *Kritischen R.* und dem vom »Triumph des R.« bürgerlicher Literatur, insbesondere den Werken H. und Th. Manns, L. Feuchtwangers und A. Zweigs, neben den Werken des *Sozialistischen R.* Geltung verschafft. Dabei spielte deren antifaschistische Stellungnahme eine große Rolle, wie überhaupt unter dem Vorzeichen des *→Antifaschismus* vor allem in der Malerei die Thematisierung des sozialistischen Aufbaus, welche die *SED* seit 1948 immer ausschließlicher verfolgte, gemildert und differenziert wurde. G. Lukács' Realismusbestimmung, die sich an der Totalität der Lebensumstände ausrichtet und das Einzelne mit dem Allgemeinen in der Kategorie des Typischen vermittelt, war mit der Forderung nach Widerspiegelung bis in die 60er Jahre hinein wirksam. Allerdings ermangelte sie der praktischen Dimension, eine Tatsache, die B. Brecht schon früher kritisiert hatte. Die jüngeren Schriftsteller, die nach 1945 zu schreiben begannen, blieben damit weitgehend auf die Modelle der sowjetischen Aufbauliteratur angewiesen und gewannen erst in den 60er Jahren aus der Verarbeitung eigener Lebenserfahrungen einen künstlerisch eigenständigen Zugang zur Realität. Das bedeutete die Aufnahme skeptisch-kritischer Perspektiven,

den Gebrauch »modernistischer« Techniken und eine neue Tendenz zu Subjektivität, Introversion und *→Ironie.* Solange W. Ulbricht an der Macht war, gewannen sie damit nur bedingt offizielle Anerkennung.

Im *→ Theater* war die Situation dank B. Brechts Wirken etwas freizügiger. B. Brecht hatte in der Realismusdiskussion der 30er Jahre den R. als aktivierende, eingreifende künstlerische Haltung definiert. Realistisch schreiben bedeute realistisch handeln, bedeute »von der Realität bewußt beeinflußt und die Realität bewußt beeinflussend schreiben« (Notizen über realistische Schreibweise, 1940). Das lasse sich, so die Zusammenfassung der Äußerungen B. Brechts gegen G. Lukács, weder von einer objektiven Totalität her bestimmen, noch gehe es in der Widerspiegelung auf, sei vielmehr Teil des dialektischen Wirklichkeitsprozesses, in dem der Künstler seine Subjektivität kritisch wahrzunehmen habe, wolle er nicht seine eigene Realität verfehlen. Obgleich B. Brecht vor allem durch sein literarisches Werk die realistischen Tendenzen der 60er Jahre in beiden deutschen Staaten beflügelte, trugen seine erst zu dieser Zeit voll zugänglichen theoretischen Bemerkungen zur Realismusdiskussion Entscheidendes bei. Befreiend für die DDR wirkte seine Bewertung der modernen Kunstformen gemäß ihres Erkenntnis- und Handlungspotentials, wonach auch nichtabbildende Formen als realistisch gelten können.

In der Bundesrepublik Deutschland beschränkte sich die Realismusdiskussion nach anfänglichen Versuchen, an die Neue Sachlichkeit anzuknüpfen, zunehmend auf eine Legitimation nichtmimetischer, experimenteller Formen. R. wurde häufig mit *Sozialistischem R.* assoziiert; damit versäumte man wichtige Ansätze für die künstlerische Auseinandersetzung mit dem Nationalsozialismus. Andererseits läßt sich nicht übersehen, daß als Folge der Ideologisierung auch im ästhetischen Bereich die in der Bundesrepublik manifeste Haltung des Ideologieverdachts einem präskriptiven Realismusdenken fremd gegenüberstand. Wichtiger und für die Profilierung einer neuen deutschen Literatur fruchtbarer war ein Realismusverständnis, das bei Schriftstellern der *Gruppe 47* wie H. Böll und S. Lenz vorherrschte: der Versuch, angesichts der Tendenz der Deutschen, sich um die kritische Aufarbeitung des Nationalsozialismus zu drücken, die Realität des Faschismus und des Kriegs sichtbar zu erhalten. R. bedeutete hier Bewahrung und erinnernde Weitergabe jener grausamen Wirklichkeit, wobei einem Autor wie H. Böll der Vorwurf nicht erspart blieb, er schreibe an der ästhetischen Moderne vorbei. Ästhetisch angefochten wurde auch die mit der Gründung der *Gruppe 61* und der *Werkkreise* verbundene literarische Zuwendung zum Bereich der Industrie und Arbeit. Trotz der enormen Leistungsbilanz des Wirtschaftsaufbaus war diese Sphäre ästhetisch eine *terra incognita* geblieben. Auch hier bedeutete R. zunächst einmal Sichtbarmachung empirischer Wirklichkeit.

Nicht zufällig setzte sich dann in den 60er Jahren mit R. Hochhuth, P. Weiss, H. Kipphardt die Dokumentarliteratur besonders mit Themen auf dem Theater durch, die der Vergegenwärtigung des Nationalsozialismus und der Judenverfolgung galten. Authentizität als Kern der Realismusforderung wurde in diesem Zusammenhang von einem Teil des Publikums akzeptiert und trug noch zum Aufbegehren der Studenten nach 1966 bei. Allerdings brachte sie der Literatur auch eine neue Identitätskrise, die vom Vordringen des → *Fernsehens* noch verstärkt wurde.

Die Aktualisierung des Realismusbegriffs vollzog sich in den 60er Jahren im Bereich der visuellen Künste besonders intensiv. Die selbsternannten *New Realists* in den USA und England und die *Nouveaux réalistes* in Frankreich suchten die Konfrontation mit der in den 50er Jahren dogmatisierten abstrakten Kunst und setzten sich wie in der *Pop-Art* mit mehr oder weniger provozierenden Reproduktionen, Verfremdungen und Collage-Satiren der westlichen Konsumgesellschaft so nachdrücklich durch, daß zeitweilig ein neues Karussell von Realismen zu rotieren begann, das den Realismusbegriff fast wieder um alle Identifikationswerte brachte. So schnell diese Entwicklung auch vom Markt aufgesogen wurde, so wenig läßt sich übersehen, daß die Abkehr von der nichtgegenständlichen Kunst, die seit den Experimenten W. Kandinskys, P. Picassos und anderer zu Beginn des 20. Jh. als die zeitgemäße, moderne Kunst schlechthin Anerkennung gefunden hatte, einem anderen Verhältnis zur Wirklichkeit Ausdruck verschaffte. Gegenüber der esoterischen Bildwelt des modernen »Metarealismus« (W. Haftmann) wirkte die Zuwendung zur Objektwelt des Alltags als Herausforderung, indem sie den Blick auf das Vorgefundene, Ertastbare, Fixierbare einengte. Geradezu schockartig wurde deutlich, daß die Alltagskultur – genauer –, das Realitätsprinzip des Alltags- und Kunstdenkens in der Gegenwart von der Reproduktion beherrscht wird. Mit diesem Umdenken, das sich auf der vierten Kasseler *documenta* 1968, noch mehr auf der fünften *documenta* 1972 manifestierte, erlebten auch die realistischen Tendenzen der 20er Jahre neue Wertschätzung.

In der Literatur wirkte die Reflexion dieser Problemstellungen stärker als Experiment, da hier die Verarbeitung der jüngsten Vergangenheit viel stärker zur Basis des künstlerischen Selbstverständnisses geworden war. Die Neuorientierung wurde einerseits von Anregungen der Autoren des französischen *nouveau roman* (A. Robbe-Grillet, M. Butor, N. Sarraute), die sich 1965 im Programm des *Neuen R.* (D. Wellershoff) niederschlugen, und andererseits von den Erfahrungen einer neuen Schriftstel-

lergeneration bestimmt, die nach dem Kriegsende aufgewachsen war und, wie es P. Handke 1966 bei der Tagung der *Gruppe* 47 in Princeton tat, sich von den Haltungen und Formulierungszwängen der Älteren absetzte. Mit dem Protest der neuen Generation gegen politische und literarische Erstarrungen trat die theoretische Bestimmung des R. in den Vordergrund, das literarische Werk in den Hintergrund. Um 1970 übernahm die Realismusdiskussion gemäß der deutschen Tradition die Rolle einer Umorientierung im Hinblick auf die Realität. Bezeichnend für diese Entwicklung war, daß man sich dem Nationalsozialismus nun vorwiegend über die Theorie, die »richtige« Faschismus-Theorie, näherte und die vermeintlich rein fiktionale Wirklichkeitswiedergabe eines S. Lenz als naiv abtat.

Nachdem schon die Überlegungen zum *Neuen R.* von der Filmästhetik mitbestimmt wurden, setzte Ende der 60er Jahre die Bezugnahme auf → *Film* und Fernsehen entscheidende Maßstäbe für die literarische Erfassung der Realität. Die Durchsetzung der Medienkultur, die zu dieser Zeit von M. McLuhans These »Das Medium ist die Botschaft« begleitet wurde, verschaffte dem Authentizitätsdenken so großes Gewicht, daß die künstlerische Intelligenz das Erfahrungs- und Gestaltungsmodell Literatur häufig zugunsten des Modells Film und Fernsehen zurückstellte. In den 70er Jahren zog der neue deutsche Film stärker als die Literatur das internationale Interesse auf sich.

Die DDR blieb von diesen Entwicklungen nicht unberührt. Auch hier wirkte sich der Siegeszug des Fernsehens Ende der 60er Jahre intensiv auf die Realismusbestimmung aus, wobei die Postulate des *Sozialistischen R.* bis auf das der Abbildtheorie zurücktraten. Nachdem lange mit Definitionen wie »R. ist . . .« operiert worden war, verstärkte sich die Bereitschaft, die Wertungskriterien für den R. als sich wandelnde vorauszusetzen. Allerdings haben sich kritische Stimmen dagegen erhoben, wenn der allenthalben als unzureichend empfundene Widerspiegelungsbegriff einfach durch den Wertbegriff ersetzt und der Gesellschaftswissenschaft zugeschlagen wird.

F. Trommler

Literatur

R. Brinkmann (Hrsg.), Begriffsbestimmungen des literarischen R., Darmstadt 1969
P. Sager, Neue Formen des R., Köln 1973
H. Koch (Hrsg.) Zur Theorie des sozialistischen R. Berlin (Ost) 1974
P. Laemmle (Hrsg.), R. – welcher? Sechzehn Autoren auf der Suche nach einem literarischen Begriff, München 1976
W. Powroslo, Erkenntnis durch literarischen R. in der westdeutschen Literaturtheorie der Gegenwart, Köln 1976
S. Kohl, R.. Theorie und Geschichte, München 1977

Reisen und Tourismus

I. Zunehmende Reisemöglichkeiten – II.
Heutige Funktion und Organisation des
Reisens – III. Tourismuspolitik – IV. Touris-
mus und Ferienplanung in der DDR – V.
Unbewältigte Probleme

I. Zunehmende Reisemöglichkeiten

Noch im 19. Jh. war das R. mit privatem Bildungs-
oder Erholungshintergrund einer dünnen Oberschicht vorbehalten. »Die Kulturkreise waren eher
vertikal als horizontal abgegrenzt« (K.-D. Hartmann, S. 3). Größeren Teilen der Bevölkerung
wurde das R. erst mit der Entwicklung weiträumiger
Verkehrsnetze möglich. Der in den letzten einhundert Jahren gestiegenen → Mobilität des Menschen
der westlichen wie östlichen Industrienationen, die
inzwischen alle sozialen Schichten erfaßt hat, entspricht eine zunehmend entleerte Wahrnehmung
von Raum und Zeit, in der die regionalen Eigenheiten und kulturellen Distanzen tendenziell zu einer
gleichmäßigen, gesichtslosen Urlaubslandschaft
nivelliert werden. Die damit verbundene Relativierung gültiger Normen hat aber nur zum Teil zu
einem Abbau ethnozentristischer Auffassungswei-
sen geführt. Wesentliche Voraussetzungen für den
modernen Massentourismus sind der für die Bundesrepublik durch das *Bundesurlaubsgesetz* seit
1963 abgesicherte Anspruch auf Mindesturlaub
und ein Durchschnittseinkommen, das wesentlich
über dem lebensnotwendigen Minimum liegt. Die
Urlaubsreise selbst in fernste Länder ist zum festen
Ritual des industriellen Jahresablaufs geworden
und stellt einen Freizeitanspruch dar, der sich selbst
in Zeiten wirtschaftlicher Rezession als relativ konstant erweist. Der Freizeit- und Urlaubsreise kommt
damit ein unübersehbar gestiegener kultureller Wert
zu.

II. Heutige Funktion und Organisation des Reisens

Im modernen Massentourismus werden bis in kleinste Einzelheiten vorgeplante Bildungsreisen neben
Erholungsreisen und dem immer mehr in Mode
kommenden »Aktivurlaub« angeboten und verkauft. Daneben kommt den R. zur Kurz- und Nah-
erholung mit gestiegenem Freizeitbudget *(→ Freizeit)* immer größere Bedeutung zu. Der Nachfrage
nach diesen R. steht ein entsprechend wachsendes
Angebot an Verkehrseinrichtungen, Unterkünften
und Verpflegungsstätten gegenüber. Durch R. wird
es möglich, fremde Kulturen kennenzulernen, aber
der Verwirklichung des Anspruches des T. auf Kul-

turaustausch steht einiges entgegen: Kurze Pau-
schalreisen bieten nur oberflächliche Möglichkeiten
zu näherem Kennenlernen, bei Individualreisen
sind die Reisemotive von ausschlaggebender
Bedeutung. Strand- und Bildungsurlaub müssen
gesondert betrachtet werden (vgl. K.-D. Hartmann,
Auslandsreisen. Dienen Urlaubsreisen der Völkerverständigung?, Starnberg 1974). Die eingesessene
Bevölkerung des Gastlandes erhält ein eher falsches
Bild von Land und → *Kultur* der Besucher; ihre
Berührung mit ihnen besteht oft nur in dienstlei-
stungsbezogener Routine. In vielbereisten Ländern,
besonders in weniger entwickelten, verändern die
wirtschaftlichen Auswirkungen des Reisestroms die
vorhandenen Sozialstrukturen, aber das Gewicht
des Wirtschaftsfaktors T. verhindert zumeist Gegenmaßnahmen.

In einigen Ländern hat der T. sich zu einem der
wichtigsten Zweige der Volkswirtschaft und des
Außenhandels entwickelt. Andere Wirtschaftszweige werden vom T. beeinflußt, so Herstellung
und Handel in den Bereichen Reisebedarf, Sport-
und Freizeitgeräte, Bau- und Investitionsgüterindu-
strie im Zusammenhang mit dem Hotel- und Gaststättengewerbe (vgl. R. Hochreiter, U. Arndt, Die
Tourismusindustrie, in: Fremdenverkehrswirtschaft, H. 5, Darmstadt 1978). Die Entwicklung der
Landwirtschaft in den Feriengebieten steht in enger
Wechselwirkung zum T., teilweise ist ihr Schicksal
mit ihm verknüpft. In bisher rein landwirtschaftlich
strukturierten Gebieten werden neue Arbeits- und
Erwerbsmöglichkeiten geschaffen. Von Unrentabi-
lität bedrohte landwirtschaftliche Betriebe können
durch Nebenerwerb erhalten werden, die Landflucht wird gestoppt. Als Folge dieser Entwicklungen ergeben sich aber auch sozio-ökonomische
Umschichtungen, die den Bestand kulturell
gewachsener Eigenarten beeinflussen und nicht nur
positiv gewertet werden können.

Teilweise negativer Beeinflussung durch den
Massentourismus ausgesetzt ist schließlich die
gesamte landschaftliche und siedlungsmäßige
Struktur der Feriengebiete. Tourismusbedingte, ver-
unstaltende und zerstörende Veränderungen von
Dorf- und Stadtbildern und freier Natur, Zersiedelung von Landschaft, das in ihre Ursprünglichkeit
eingreifende und unheilbare ökologische Schäden
verursachende Vordringen öffentlicher Straßen wie
der übermäßige Bau von technischen Anlagen wie
Skipisten, Freizeitzentren u. ä. stellen eine große
Gefahr für den kulturellen Bestand jahrhundertelang gewachsener Traditionen dar. Überlastete
Landschaft wird vielfach endgültig »verbraucht«;
sie ist dann zerstört und kann nicht mehr wiederhergestellt werden (vgl. J. Krippendorf, Die Land-
schaftsfresser, Bern ²1975). Da der Tourismus selbst
von der kulturellen Struktur, den landschaftlichen
Reizen und der Anziehungskraft seiner Zielgebiete
lebt, kann er seine wesentlichen Grundlagen und

damit sich selbst zerstören (→ *Provinz und Metropole*).

III. Tourismuspolitik

Aufgrund seiner Bedeutung für Freizeit und Erholung und für die kulturelle Betätigung der Menschen, ebenso wegen seiner Gefahren für den Menschen, dessen Lebensraum und dessen Umwelt (→ *Umwelt*), muß der T. im modernen Staatswesen Gegenstand ordnender Politik sein. Sie hat die Aufgabe, diese Gefahren zu erkennen und ihnen vorzubeugen, den Menschen zu helfen, die ihnen im T. gegebenen Möglichkeiten optimal und sinnvoll zu nutzen und in abgewogener Weise die Chancen der wirtschaftlichen Entwicklung zu fördern. Tourismuspolitik bedeutet somit ein Bündel von Maßnahmen, die die Entwicklung des T. selbst und seiner Voraussetzungen in seinen Zielgebieten beeinflussen. Ihr Objekt ist nicht nur die Fremdenverkehrswirtschaft. Sie befaßt sich auch mit Raum- und Regionalplanung, Umweltpolitik, Entwicklung der Landwirtschaft und anderen Wirtschaftszweigen. Nicht zuletzt reicht sie in die Kulturpolitik hinein und kann sich auch in diesem Bereich fördernd oder schädlich auswirken.

Träger von Tourismuspolitik sind vorrangig der Staat, in der Bundesrepublik Deutschland in erster Linie die Bundesländer, regionale Körperschaften und Kommunen (→ *Stadt- und Regionalplanung*). Aber auch Verbänden und Vereinigungen der Fremdenverkehrswirtschaft, die zum Teil öffentlich-rechtlichen Charakter mit Pflichtmitgliedschaft haben, sind in diesem Rahmen öffentliche Aufgaben gestellt, wenngleich ihr originäres Anliegen die wirtschaftliche Förderung ihrer Mitglieder ist. Dem stehen Vereinigungen und Verbände der Tourismuskonsumenten gegenüber. Sie nehmen die Interessen ihrer Mitglieder als Touristen wahr, bieten aber auch selbst touristische Leistungen an. Die Möglichkeiten, so gewissermaßen von der Konsumentenseite aus auch Entwicklungen in den Zielgebieten zu beeinflussen, sind erheblich.

Die Träger von Tourismuspolitik in allen Ländern haben es bisher stets mehr oder weniger vordergründig als ihre wichtigste Aufgabe angesehen, den Fremdenverkehr zu fördern, wobei die Förderung vorwiegend als wirtschaftlich verstanden wird. Angestrebt wird das Wachstum des Fremdenverkehrs, wobei davon ausgegangen wird, daß die Nachfrage mit wachsendem Wohlstand in den Herkunftsländern der Touristen, der Verlängerung der Freizeit und der steigenden Erholungsbedürftigkeit des Menschen kontinuierlich zunimmt. Anhand vieler Beispiele läßt sich nachweisen, daß die oben erwähnten Gefahren und Schäden für den kulturellen Bestand von Stadt- und Dorfbildern, für Kulturlandschaft, Ödland und die gesamte Umwelt, die in Zielgebieten des Tourismus bereits festzustellen sind, wesentliche Ursachen in der Tourismuspolitik finden. Solche Politik erweist sich dann als verfehlt; ihre einseitige Ausrichtung auf Wachstum beachtet die vorgegebenen Belastungsgrenzen nicht. Im richtig verstandenen Gemeininteresse und zur Bestandswahrung für die nachfolgenden Generationen ist ein Umsteuern vom alleinigen Ziel des quantitativen Wachstums auf Förderung der Qualität dringend erforderlich. Erklärungen in dieser Richtung finden sich vielfach in Fremdenverkehrsförderungsprogrammen, Tourismuskonzepten und ähnlichen Verlautbarungen der Regierungen verschiedener westeuropäischer Länder (vgl. Bericht der Bundesregierung T. in der Bundesrepublik Deutschland, Drucksache des Deutschen Bundestages 7/3840, Bonn 1975; Fremdenverkehrsprogramm des Freistaates Bayern, München 1978; Raumordnungsplan für das Land Schleswig-Holstein, Kiel 1978). Auch zwischenstaatliche und übernationale Organisationen wie der *Europarat*, die *UNESCO*, die *OECD* oder die *ArgeAlp* sind in diesem Sinn tätig geworden, haben umfangreiche wissenschaftliche Untersuchungen eingeleitet und Empfehlungen ausgesprochen. Auch aus Polen, Ungarn und der DDR sind Äußerungen von offizieller Seite bekannt geworden, wonach bei der Ausweitung des T. der Schutz der Landschaft und die Vermeidung ökologischer Gefahren vorrangig beachtet werden sollen. Doch läßt sich bisher weitgehend feststellen, daß die Empfehlungen vor Ort nur wenig oder oft gar nicht beachtet werden. Woran es entscheidend fehlt, sind zwingende, von den zuständigen Gesetzgebern und Regierungsstellen gegebene Regeln. Die geltenden Naturschutzgesetze befassen sich mit sachlich zu eng abgegrenzten Regelungsbereichen (→ *Naturschutz*).

Steuerungsmittel einer in dem hier dargestellten Sinn richtigen Tourismuspolitik können auch die Grundsätze sein, nach denen die vielfachen zur Förderung des Fremdenverkehrs verteilten Subventionen eingesetzt und verteilt werden. Weiter sind Lösungen erforderlich, die eine Entzerrung und Umlenkung der wachsenden Fremdenverkehrsströme ermöglichen, um von Überlastung bedrohte Gebiete zu verschonen und noch aufnahmefähige Regionen in vertretbarem Maß als Erholungsräume zu entwickeln. Dabei geht es auch um eine zeitliche Entzerrung, um die Schaffung von Anreizen dafür, daß die Urlaubs- und Reisezeiten mehr als bisher über alle Jahreszeiten verteilt werden (vgl. H. Gutzler, Stellenwert umweltpolitischer Konzepte in europäischen Tourismuspolitiken, in: B. Joerges (Hrsg.), Verbraucherverhalten und Umweltbelastung – Materialien zu einer verbraucherorientierten Umweltpolitik, Frankfurt a. M. 1982).

IV. Tourismus und Ferienplanung in der DDR

Ein Vergleich der derzeitigen Situation des T. in der Bundesrepublik Deutschland und der DDR ergibt wesentliche Unterschiede, weniger hinsichtlich seiner Bedeutung und Funktion als bei seiner Ausgestaltung und den individuellen Reisemöglichkeiten. Zweck des T. als Teil der »sozialistischen Kultur« ist in der DDR die geistige und körperliche Erholung der Bürger und die Erhöhung des Lebensniveaus (F. Rösel, S. 181). Eine institutionell ausgestaltete Förderung und Lenkung von Freizeit- und Erholungsreisen wird von staatlichen Organen und Gewerkschaften besorgt, für die Werktätigen auch im Rahmen der Betriebe. Erhöhung des Einkommens der Bevölkerung und des Mindesturlaubs, Vermehrung der Unterkunftsmöglichkeiten in den Feriengebieten, insbesondere in Ferienheimen des *FDGB* (1971 bis 1975 um 23,7 v. H.), Zunahme der privaten Kraftfahrzeuge (1971 bis 1975 um ca. 50 v. H.) und Entwicklung des Auslandstourismus besonders mit der CSSR und Polen trugen dazu, daß 1975 ca. 80 v. H. der Bevölkerung der DDR in irgendeiner Form am T. teilnahm. Dabei entfielen 84 v. H. auf Reiseziele innerhalb der DDR (vgl. W. Stompler, Dynamische Entwicklung des Freizeittourismus der DDR-Bevölkerung, in: Mitteilungen des Instituts für Marktforschung, Leipzig, H. 4, 1976, S. 13; ders; Zur Urlaubsreisetätigkeit der DDR-Bevölkerung, in: ebenda, H. 1, 1974, S. 21). Die soziale Schichtung der Ferienreisenden in der DDR zeigt ein Gefälle von der Intelligenz über Angestellte, Studenten, Selbständige, Facharbeiter, angelernte Arbeiter, Mitglieder landwirtschaftlicher Produktionsgenossenschaften bis zu Rentnern.

Angestrebt wird eine laufende Erhöhung der Zahl der Unterkunftsmöglichkeiten für Urlauber, besonders auch für größere Familien, Qualitätsverbesserung und eine Zweiteilung des verlängerten Jahresurlaubes zur besseren Ausnutzung der Unterkunftsmöglichkeiten während des ganzen Jahres.

Gerade hinsichtlich der Freizügigkeit der Urlaubsgestaltung zeigen sich also deutliche Unterschiede zu der Situation in allen westlichen Industriestaaten und teilweise auch zu Jugoslawien. Hier liegt die Organisation des Freizeit- und Ferienreiseverkehrs seitens der Reisenden ganz und seitens der Anbieter von Unterkünften und kompletten Reiseprogrammen nahezu völlig im privaten Bereich, sieht man von Reiseangeboten für sozial betreute Gruppen und Jugendgruppen ab. In der DDR nehmen mehr als die Hälfte der im Urlaub verreisenden Familien die Vermittlung gesellschaftlicher Organisationen in Anspruch; während deren Ferienangebote möglichst noch attraktiver gestaltet werden, fehlt es an Möglichkeiten, Urlaubsreisen nach eigenen Plänen durchzuführen. Die Reisemöglichkeiten ins Ausland sind durch staatliche Regelungen stark eingeschränkt; sie bestehen für private R. praktisch nur in sozialistische Staaten und sind auch dorthin zahlenmäßig sehr gering.

V. Unbewältigte Probleme

Die Bedeutung von R. und T. für die Kontakte zwischen Touristen und Einheimischen, zwischen Reisenden und Bereisten, für die Entwicklung der Beziehungen zwischen den Menschen eines Landes oder verschiedener Staaten, insbesondere solchen mit unterschiedlichen oder gegensätzlichen gesellschaftlichen, politischen und wirtschaftlichen Ordnungen, zwischen unterschiedlichen Kulturkreisen und damit für die internationale Verständigung und für den Ausgleich unterschiedlicher Entwicklungen wird in Zukunft eher noch wachsen. Sind auch die genaueren Auswirkungen des T. auf interkulturelles und zwischenstaatliches Verständnis noch nicht ganz geklärt – kulturelle und politische Distanz, Reiseumstände und -motive bilden wichtige Faktoren in diesem Prozeß –, so läßt sich doch ein Abbau von Vorurteilen mit zunehmender Reiseintensität beobachten (K.-D. Hartmann, 1981). Umfangreiche Tourismusforschung wird in Starnberg vom 1961 gegründeten *Studienkreis für T. e. V.* betrieben. Jährliche Reiseanalysen geben Aufschluß über Ausmaß des R., Motive der Reisenden, ihre Wünsche und Aktivitäten. Zahlreiche Sonderuntersuchungen und die regelmäßige Veranstaltung einschlägiger Tagungen ergänzen das Programm.

Insgesamt wird sich die Tourismusforschung in Zukunft mehr als bisher um die Analyse der Verflechtungen der Umwelt-, Verbraucher-, Freizeit- und Kulturpolitik, mit den Aspekten des T. auf nationaler und internationaler Ebene bemühen müssen, um Antworten auf die Fragen nach Lösungen für die anstehenden Probleme geben und empfehlende Vorschläge machen zu können. Kulturelle, die menschliche Dimension in umfassender Weise einbeziehende Erwägungen sind dabei bisher zu kurz gekommen. Eine ständig ansteigende Reiseintensität – 1980 machten 57,5 v. H. der Bundesbürger eine R. (R. Datzer, Urlaubsreisen 1980. Einige Ergebnisse der Reiseanalyse 1980, Starnberg 1981) – macht die Dringlichkeit dieser Forderung besonders deutlich. Schwierig bei der Erforschung ist der mit rund 75 v. H. recht große Anteil der Individualreisen in der Bundesrepublik. R. wird in der Bundesrepublik Deutschland wie in der DDR in Zukunft in seiner kulturpolitischen Bedeutung eher anwachsen als abnehmen. Nicht zuletzt der innerdeutsche Reiseverkehr verleiht dem Bereich R. besonderes Gewicht.

H. Gutzler

Literatur

F. Rösel, Soziologische Aspekte bei der Gestaltung der Freizeit und Erholung, in: Soziologische Probleme der Klassenentwicklung, Berlin (Ost) 1975

W. Löschberg, Von Reiselust und Reiseleid. Eine Kulturgeschichte, Frankfurt a. M. 1977

H. Gutzler, Tourismuspolitik zwischen Wirtschaft, Umwelt und Kultur, in: Zeitschrift für Kulturaustausch, H. 3, 1978, S. 80 ff.

B. Joerges, D. Karsten, T. und Kulturwandel, in: Zeitschrift für Kulturaustausch, H. 3, 1978, S. 4 ff.

M. Dierkes, B. Joerges, Freizeit und Umwelt in: B. Joerges (Hrsg.), Umweltverbrauch, Berlin (West) 1981

K.-D. Hartmann, Wirkungen von Auslandsreisen junger Leute. Ein Überblick über Ergebnisse der sozialpsychologischen Forschung, Starnberg 1981

Religion

I. Entstehen, Funktion und Vergehen der Religion – II. Die Kirche zwischen Säkularisation und Sekten – III. Alter Glaube und neue Ideologie

I. Entstehung, Funktion und Vergehen der Religion

Der Versuch, den Begriff R. zu definieren, steht vor der Alternative, sich entweder in der Suche nach dem »Wesen« der R. zu verlieren oder sich zunächst mit der Feststellung zu bescheiden, daß R. (vom lat. *religere*) »rückbinden« bedeutet. Auf welche Erfahrungen kann sich diese »Bindung« beziehen? Jeder Mensch ist in seinem alltäglichen Leben auf Vorgaben angewiesen, die sich einer restlosen rationalen Erklärung, Planung und Kontrolle entziehen und sich ihm nur durch Vertrauen, Erwartung und Glauben an die Zuverlässigkeit existentieller Grundordnungen erschließen. Die psychonalytische Religionsforschung betont die Schlüsselrolle frühester Lebenserfahrungen vor der Geburt und als Säugling für die Entwicklung des »Urvertrauens«, das die individuelle Daseinseinstellung färbt. Die existentielle Grundbefindlichkeit, daß jedem menschlichen Leben biologische und kulturelle Tatsachen wie Eltern, Geburtsort, Lebensraum, Sprache und Institutionen vorgegeben sind und daß Leben auf diese Weise immer schon in ein »Schicksal« im Sinn einer Situationsvorgabe gerät, hat sich in den R. zu der Vorstellung verdichtet, daß es ein jenseitiges Prinzip oder eine Person geben müsse, die, ohne selbst den Bedingungen der irdischen Welt unterworfen zu sein, über Mensch und Erde Macht ausübe.

Solche elementaren Überlegungen bilden neben universell verbreiteten Phänomenen wie Trance, Scheu vor dem »Numinosen«, Traum und ähnlichen Erfahrungen, die als Zugänge zum Transzendenten gedeutet werden konnten, den Rahmen, in dem sich konventionelle Vorstellungen über das Heilige, das Jenseits und über Gott und Götter entwickelt haben. Die Beziehungen des Menschen zum Heiligen ähneln strukturell denen zu anderen Menschen. Sie äußern sich als Furcht, Hoffnung, Erwartung, Dankbarkeit, Dienst, Pflicht, Liebe und Hingabe. Da niemand in ein soziales Vakuum hineingeboren wird, nimmt jeder dieses zu → *Kult*, Opfer, Gebet und Gebot ritualisierte Geflecht von Beziehungen und Einstellungen während seiner Sozialisation in sich auf. In allen traditionalen Gesellschaften versorgen institutionalisierte religiöse Weltbilder die Individuen mit Interpretationen der Gesamtexistenz, auf die jene in Krisen zurückgreifen können.

Seit dem Aufbruch in die Modernität (→ *Moderne*), mit all ihren Aspekten der »Entzauberung der Welt«, der »Rationalisierung« (M. Weber), Säkularisation, Verweltlichung des Ethos und des Aufbaus einer »zweiten Natur« industriell-technologischen Ursprungs, wird R., die ursprünglich das zugleich Bindende und Haltgebende war, selbst zu etwas Relativem und Labilem. Die Funktion des Haltgebenden geht zunehmend auf Institutionen sozialer Selbstsicherung, wie Industrie, Rechtssystem, Schulwesen und öffentliche Fürsorge und auf Ethiken der humanen Selbstbehauptung über. Teil dieses Prozesses ist die Verwissenschaftlichung des Umgangs mit R. seit der → *Aufklärung* des 18. Jh.

Während die ideengeschichtliche und evolutionistische Fragestellung die Entstehung, Verwandlung und »Überwindung« religiöser Ideen und Praktiken untersucht, konzentriert sich die funktionalistische auf die »Leistungen« der R. Die Evolutionstheorien des 19. Jh. beschrieben alle Formen des religiösen Jenseitsglaubens als eine vorwissenschaftliche Mentalität, die mit zunehmendem Fortschritt von »reifen« wissenschaftlichen Bewußtseinsformen abgelöst und überwunden werden. Klassisch und naiv drückt sich dies in A. Comtes »Dreistadiengesetz« aus, nach welchem der »positive Geist« den religiösen wie den metaphysischen hinter sich gelassen habe. Auch K. Marx geht von der materialistischen Religionskritik der Hochaufklärung aus. Für ihn sind R. Gestalten des unwahren, entfremdeten → *Bewußtseins,* das gleichwohl in »mystifizierter« Form Träume vom möglichen besseren Leben als Wahrheitsmomente enthält. Die Religionspsychologie S. Freuds hingegen führt R. gleich einem kollektiven neurotischen Symptom auf infantile Motive wie Hilflosigkeit und psychische Mechanismen wie Angstabwehr, Idealisierung und Introjektion zurück.

Ohne auf Wahrheitsfragen zu achten, analysiert der Funktionalismus den strukturellen Beitrag der

R. zu sozialen Systemen. Er interpretiert das »zurückgebundene« Bewußtsein unter dem Aspekt der »Entlastung« (A. Gehlen) und der kognitiv-emotionalen Krisensicherung. Allgemein kommt der R. die Aufgabe zu, das Weltganze zu interpretieren, Orientierungen für Alltagshandlungen und Konfliktregelungen zu liefern, Ohnmachtsgefühle zu kompensieren sowie Lebensnöte, Zufälle und den Tod durch Sinndeutungen aufzufangen. Institutionalisierte R. fungieren als »soziales Netz seelischer Sicherheit« (J. Moltmann). Offenkundig ist der funktionalistische Religionsbegriff abstrakter als der historische. Er beschränkt sich vor allem auf die als →Kirchen organisierten Formen. In funktionalistischer Sicht kann jede halbwegs schlüssige →Ideologie oder Weltanschauung als Äquivalent für R. aufgefaßt werden. Solches haben zum Beispiel diejenigen im Sinn, die auch den Marxismus-Leninismus als R. oder Ersatzreligion bezeichnen, obwohl sich dieser als endgültige Überwindung jedes religiösen mystifizierten Bewußtseins definiert. Zwischen den Einseitigkeiten der ideengeschichtlichen und der funktionalistischen Religionsforschung vermittelt die von M. Weber begründete Religionssoziologie, die Zusammenhänge zwischen sozialen Entwicklungen und religiösen Bewegungen erforscht, die Dialektik von Kirchen- und Sektenbildung analysiert und die Religionsgeschichte der Neuzeit insgesamt in den Prozeß fortschreitender Rationalisierung einbettet.

Von den Vertretern der modernen Großkirchen ist die neuzeitliche »Säkularisation« zwar überwiegend defensiv verarbeitet worden, vor allem in der katholischen Kirche, die sich mindestens seit dem 1. *Vatikanischen Konzil* (1871) oft in einem antimodernistischen Abwehrgefecht gegen Zeitströmungen befindet und noch heute beispielsweise starr konservative Sexualnormen verteidigt. Von anderen jedoch wurden auch die Ambivalenzen der Säkularisation als »Verhängnis und Hoffnung« (F. Gogarten) gesehen. Besonders in der modernen protestantischen Theologie mehren sich Stimmen, die sich die aufklärerische, entmythologisierende und funktionalistische Religionskritik zu eigen gemacht haben (F. Bultmann, J. Moltmann). Eine soziologische Betrachtung des Christentums als »bürgerliche Religion« nach J. J. Rousseaus Begriff der *religion civile*, als vage metaphysische Gesellschaftskitt, der durchaus ersetzbar ist durch funktionsäquivalente Ideologien etwa kommunistischen Typs, kann nämlich die Sicht freimachen für den radikalreligiösen Kern des Christentums, für seine utopische Dimension, seinen kritischen »Weltvorbehalt«, seinen ethischen Universalismus und seinen Widerstand gegen die Zumutung, herrschendes Unrecht im Namen des Göttlichen zu bekräftigen. Neben zahlreichen, persönlich getragenen Widerstandsaktionen innerhalb der katholischen Kirche erwies sich dies exemplarisch an der Resistenz der *Beken-nenden Kirche* gegen nationalsozialistische Versuche, den christlichen Universalismus in ein imperialistisches und antisemitisches, das heißt von der alttestamentarischen Basis losgelöstes »Deutsches Christentum« zu verfälschen. Der Lebensweg eines Theologen wie M. Niemöller dokumentiert eindrucksvoll die Entwicklung von einem preußischen Christentum, das als Partner im traditionellen Bündnis von *Thron und Altar* fungierte, zu einer R. des Widerstands gegen totalitäre Ideologien und imperiale Anmaßungen. Er gehört auch zu den Verfassern des für einen Teil des Protestantismus in der Bundesrepublik richtungweisenden *Stuttgarter Schuldbekenntnisses* von 1945.

II. Die Kirche zwischen Säkularisation und Sekten

Seitdem die nach der Ära des Nationalsozialismus aufgetretenen Hoffnungen auf eine christliche Restauration sich als unrealistisch erwiesen, stand religiöses Leben in der Bundesrepublik erneut im Zeichen eines Christentums als bürgerlicher R. Nichts verrät dies deutlicher, als daß sich in den 20 Regierungsjahren konservativer Parteien, die sich programmatisch als christlich vorstellen, der neuzeitliche Trend zu einem faktischen Massenatheismus durchsetzte. Allein einige Relikte staatskirchlicher Tradition wie Kirchensteuergesetz und Konfessionsunterricht an staatlichen Schulen konnten die Tendenz zur säkularen Gesellschaft etwas abmildern. In den 60er Jahren betrug der Anteil der formal den Kirchen Zugehörigen rund 90 v. H. der Bevölkerung, bei weniger als 15 v. H. kirchlicher Teilnahme und noch geringerem aktiven Engagement. Zu Beginn der 80er Jahre sind diese Quoten weitaus niedriger. Einen zuverlässigen Index für religiösen Bewußtseinswandel bieten Zahlenangaben über Aktivitäten der Gläubigen jedoch kaum.

Ein Komplementärphänomen zur modernen Säkularisation und Entkirchlichung bilden nämlich vielfältige Strömungen »freischwebender Religiosität«, die teils amorph auftreten, wie in den existentialistischen Formen säkularer »Besinnlichkeit«, teils organisiert in zahlreichen neureligiösen Gruppen oder Sekten, teils irrationalistisch wie in einigen Subkulturen des Aberglaubens oder der parapsychologischen, magischen und okkulten Interessen. Wo immer solche Tendenzen sich beobachten lassen, sind sie mitgenährt von einem heimlichen Protest gegen die Banalität des Alltagslebens (→Alltag) in der industriell und administrativ beherrschten Welt. Nicht selten kommt in religiösen Sprachen ein Widerstand zum Ausdruck gegen die »Kolonialisierung der Lebenswelt« (J. Habermas), gegen den →Zynismus des in Verwaltungs- und Profitinteressen verstrickten strategischen Bewußtseins modernen Typs sowie gegen die Vereinnahmung des Provinziellen durch das Städtische (→ *Provinz und Metropole*), des Spontanen durch das Verplante, des Zwischenmenschlichen durch das Warenhafte. Während der religiöse Konservativismus in den Großkirchen dazu führte, daß sich das Verhältnis zwischen Kirche und Sektierertum nahezu umkehrte, sodaß die Konservativen oft zur Sektenmentalität, die modernistischen »Sektierer« eher zur Weltoffenheit tendieren, haben sich auch Vertreter der Großkirchen vor der sozialen und »kognitiven Vereinsamung der Theologie« (J. B. Metz) zu schützen verstanden, wenn sie sich von der modernen Welt ihre Aufgaben und Arbeitsfelder vorgeben ließen. Überwindung des Rassismus und Kolonialismus in den eigenen Köpfen, Widerstand gegen linke und rechte Diktaturen, Bewahrung eines radikalhumanistischen Ethos vor der konsumistischen Korruption und pazifistisches → *Engagement* gegen Rüstungspolitik rückten in den Vordergrund ihres Interesses. Die Revision frauenfeindlicher Traditionen in Kirche und Gesellschaft und der Abschied von den platonisch-hellenistischen Verzerrungen der → *Sexualität*, Körperlichkeit und → *Sinnlichkeit* wurden in Angriff genommen. Eine Rückbesinnung auf prähellenistische Wurzeln des Christentums in der jüdischen R. und, damit verbunden, Versöhnungspolitik gegenüber dem Judentum, Bruch mit sämtlichen Aspekten christlichen Antisemitismus und der Dialog mit den nichtchristlichen R. wurden versucht.

Daß die Religionsgeschichte der Gegenwart sich heute außerhalb der christlichen Großkirchen abspielt und daß diesen die Impulse weitgehend von außen vorgegeben werden, läßt sich zeigen, indem man hinweist auf die Bündnisse von Teilen des Klerus mit politischen Bewegungen, wobei sich Einzelne und Gruppen aus religiösen Gründen »weltlich« engagieren, wie etwa E. Cardenal, D. H. Camara, I. Illich und C. Torres. Auch religiöse Basisbewegungen, die wie auf dem *Hamburger Kirchentag* 1981 sich in die aktuelle Friedensbewegung der Bundesrepublik einreihten, oder Geistliche, die sich in Bürgerinitiativen betätigen, weisen in diese Richtung. Darüberhinaus müssen sich die tradierten R. die kulturellen Tatsachen der technisch-naturwissenschaftlichen, sozialwissenschaftlichen und psychologischen Aufklärung vorgeben lassen, auf die sie defensiv oder lernend einzugehen haben. Dasselbe gilt für jene Tendenzen, die im Zeichen der »Weltkultur« und des Pluralismus von Hochreligionen auf eine Evolution des religiösen Bewußtseins über das konventionell-hochreligiöse Niveau hinaus deuten. Außerdem ist den neureligiösen Bewegungen der Gegenwart eine jugendliche Schwungkraft eigen, die in Gegensatz zur administrativen Melancholie der Großkirchen steht, die vor allem ihren Bestand verteidigen und sich um integrierende Abwehr neureligiöser Herausforderungen sorgen. Ob die zugleich mit der *Hippiebewe-*

gung der späten 60er Jahre aufkommende *Jesus-People*-Welle in der Bundesrepublik jemals viel mehr war als ein medienverstärktes Modephänomen, darf bezweifelt werden (vgl. W. Donner, Christus – der größte Trip, in: Jesus People oder die Religion der Kinder, hrsg. von W. v. Lojewski, München 1972). Bei den neureligiösen Strömungen der 70er Jahre geht es um substantiellere Phänomene, wie der Präses der Landessynode der Evangelischen Kirche im Rheinland bestätigt: »Zweifellos handelt es sich bei diesen Jugendsekten nicht nur um eine Subkultur, sondern um eine Antikultur (→ *Alternativkultur*). Sie verkünden einen Gegenentwurf zu unseren Lebensformen« (L. Schreiner, M. Mildenberger, Christus und die Gurus. Asiatische religiöse Gruppen im Westen, Stuttgart 1980, S. 14).

Der gemeinsame Nenner fast aller asiatisch inspirierten Gruppen neohinduistischer, tantrischer, buddhistischer oder synkretistischer Richtung ist das Gewicht, das auf Bewußtseinsveränderung durch Meditation gelegt wird. Die Identifizierung dieser Gruppen mit »Jugendreligionen« ist zwar für eine Reihe von ihnen wie *Hare Krishna*-Bewegung, *Moon*-Sekte, *Divine Light Mission* des Guru Maharaj Ji, jedoch nicht für das Gesamtphänomen zutreffend. Üblicherweise wird das Auftauchen dieser Strömungen krisentheoretisch interpretiert. Da die westlich-kapitalistischen Kulturen aufgrund ihrer widersprüchlichen Eigendynamik, die vielfach auf → *Kulturzerstörung* hinausläuft, nicht mehr imstande sind, große Teile ihrer Bevölkerungen mit allgemeinen Lebensdeutungen und glaubhaften Sinnmustern zu versorgen, ist eine Motivationslücke entstanden, in welche die asiatischen Weltanschauungen und Bewußtseinstechniken einströmen. Der Traditionsverlust spätkapitalistischer Gesellschaften führt zu einer sozialpsychologischen Entfremdung der Bevölkerungen von ihren bodenständigen Kulturüberlieferungen. In solcher Situation kann orientierungssuchenden Menschen eine fremdkulturelle Lebenshilfe als näher liegend und glaubhafter erscheinen als das zerfallende Kulturgut der eigenen Tradition. Die spirituellen Hintergrundlehren, die mit den Meditationstechniken vermittelt werden, fügen sich oft gut zusammen mit antikonsumistischen, postmaterialistischen Impulsen und Wertorientierungen innerhalb der westlichen Intelligenz. Mögen auch einige asiatische religiöse Gruppen im Westen durch exotische, exzentrische und naive Züge bei vielen Beobachtern Befremden auslösen, so scheint doch gewiß, daß sich das Gesamtphänomen nur im Rahmen einer großräumigen und langfristigen Betrachtung angemessen würdigen läßt, die die gegenseitige Durchdringung der Weltkulturen und den Umbau tiefsitzender Motivations- und Charakterstrukturen bei westlichen Individuen ins Auge faßt.

III. Alter Glaube und neue Ideologie

Da sich die DDR 1949 eine Verfassung gegeben hat, die die marxistisch-leninistische Weltanschauung zur Grundlage aller staatlich-gesellschaftlichen Angelegenheiten macht, ist das religiöse Leben mehr als in der Bundesrepublik in einen subpolitischen Binnenraum gebannt. Aufgrund der geschichtlichen Herkunft aus dem preußischen Protestantismus und wegen der sehr eingeschränkten gesellschaftlichen Entfaltungsmöglichkeiten für religiöse Sondergemeinschaften wie Sekten und Freikirchen wird die religiöse Tradition in der DDR weitgehend von wenigen, miteinander konkurrierenden lutherischen → Kirchen getragen. Die katholische Kirche hingegen spielt nur eine untergeordnete Rolle. Es stellt sich für die Kirchen der DDR das besondere Problem, einen *modus vivendi* mit dem atheistischen sozialistischen Staat auszuhandeln, der seinerseits die Kirche allenfalls pragmatisch dulden und auf integrierbares Erbe hin mustern kann. Dies wird beispielsweise bedeutsam im Hinblick auf die 1983 bevorstehenden Feiern zum Jubiläum von M. Luthers 500jährigem Geburtstag. Dabei soll der Reformator für die historische Selbstdarstellung der DDR in Dienst genommen werden. Von der faktischen Koexistenz von *SED* und protestantischer Kirche läßt sich jedoch nicht auf eine »ideologische Koexistenz« schließen. Durch den »Führungsanspruch« der Partei in Erziehungsfragen, durch ihr Monopol bei der Heranbildung eines »kommunistischen Menschentypus« und durch die Ausrichtung sämtlicher ideologischer Schulungen an den Leitbildern der sozialistischen Arbeitsgesellschaft ist R. eher unfreiwillig in die Rolle eines in der Praxis zwar dialogwilligen, in der Sache jedoch »dissidenten« Partners geraten. Deshalb kann sie gelegentlich auch als Auffanginstanz und Medium gesellschaftlichen Widerspruchs in Erscheinung treten, als Sprachrohr einer pazifistischen Ethik gegenüber östlicher wie westlicher Hochrüstungspolitik fungieren oder als Forum für abweichende Meinungen, wie etwa Dichterlesungen in Kirchenräumen, beweisen.

Aus einer radikal funktionalistischen Perspektive gesehen, läßt sich freilich auch die offizielle → *Ideologie* der DDR auf religionsartige Aspekte hin befragen, ohne daß man in die eher polemische Redeweise über Marxismus als »Ersatzreligion« verfallen müßte. Auf den ersten Blick schon verraten rituelle Einrichtungen wie die zehn Gebote des »Pionierversprechens« als der »sozialistischen Konfirmation« oder auch die von W. Ulbricht erlassenen zehn Regeln der sozialistischen Moral die Übernahme liturgischer Elemente in die politische Pädagogik der DDR. Auf einer tieferen Ebene läßt sich der in allen sozialistischen Gesellschaften latente Konflikt zwischen marxistisch-leninistischer »Orthodoxie« und »revisionistischer Dissidenz« als Gegenstück zur religionsgeschichtlichen Dialektik von Kirchen und Sekten verstehen. Besonders dann wird dies offensichtlich, wenn die Dissidenz auf einer Rückkehr zu den ursprünglichen Marxschen Absichten gegenüber den seither eingetretenen, historisch und strategisch bedingten Verzerrungen des Marxismus zu einer dogmatisch erstarrten Phraseologie beruht. Dem entspräche auch, daß die »Orthodoxie« gegen ihre Kritiker das Mittel der »Exkommunikation« in Form von Freiheitsstrafen, Ausschluß von öffentlichen Medien oder Aberkennung der Staatsbürgerschaft wie im Falle R. Bahros, zu gebrauchen pflegt. Religionssoziologische Analogien bewähren sich auch im Hinblick auf Verkörperung sozialistischer Grundsätze und soziales → *Engagement*. Wie es in jeder »bürgerlichen R.« in großer Zahl Heuchler, Mitläufer, »Taufscheinchristen« und Gleichgültige gibt, so kennt auch der Sozialismus seine Konformisten, die einer ihnen im Grund fremdgebliebenen Ideologie Lippendienste leisten. Indiz hierfür sind die in der DDR höchst auffälligen Unterschiede zwischen dem öffentlichen und dem privaten Gebrauch der → *Sprache*. Redeweisen wie »an den Sozialismus glauben«, die unvermittelt neben dem Anspruch auf »wissenschaftlichen Sozialismus« stehen, unterstreichen noch die parareligiöse Funktion der offiziellen Weltanschauung der DDR. Wie solcher »Glaube« sich mit wissenschaftlicher Skepsis, historischer Erfahrung und individuellen Lebensrechten verbindet, können nur künftige Geschichte, gesellschaftliche Reflexion und offene Selbstdarstellung freier Individuen weiter an den Tag bringen.

P. Sloterdijk

Literatur

A. Burger, Religionszugehörigkeit und soziales Verhalten, Göttingen 1964
G. Schmidtchen, Protestanten und Katholiken. Soziologische Analyse konfessioneller Kultur, Bern 1973
I. Mörth, Die gesellschaftliche Wirklichkeit von R., Stuttgart 1978
H. Ley, Atheismus – Materialismus – Politik, Berlin (Ost) 1978
G. Schmidtchen, Was den Deutschen heilig ist. Religiöse und politische Strömungen in der Bundesrepublik Deutschland, München 1979
P. Wensierski, W. Büscher (Hrsg.), Beton ist Beton. Zivilisationskritik aus der DDR, Hattingen 1981

Reportage

Der Begriff R. geht auf das lateinische *reportare,* »zurücktragen« oder auch »überbringen«, zurück. In seiner Entwicklung zu R. nahm es dann die Bedeutung von »Berichterstattung« an. In diesem weiten Sinn allgemein referierender Tätigkeit läßt sich R. als Oberbegriff über Nachricht, Bericht oder Schilderung setzen. Eine Wurzel hat die R. bei den fahrenden Leuten des Mittelalters, die als Nachrichtenträger Kunde von fernen Ereignissen brachten, zumeist in subjektiver Anschaulichkeit. Dieser Sachverhalt weist auf eine andere, eher literarische Wurzel hin, den Reisebericht, der den in einem engen Lebensraum verhafteten Menschen fremde Welten in literarisch-ästhetischer Ausgestaltung vorführte (Th. Karst (Hrsg.), R., Stuttgart 1976, S. 12). Die R. stellt ein Mittelding zwischen → *Literatur* und → *Journalismus* dar. Grundsätzlich auf Tatsächlichkeit fußend, bietet sie die Möglichkeit zur subjektiv bewertenden Interpretation der Realität.

Nicht erst seit G. Lukács, der schon 1932 in der Zeitschrift »Die Linkskurve« vor dem Eindringen der R. in den Roman warnte, ist die Abgrenzung zum rein Fiktionalen problematisch (vgl. E. Plessen, Fakten und Erfindungen, Frankfurt a. M., Berlin (West), Wien ²1981). Die R. vermag in ihrer kritischen Subjektivität Dinge darzustellen, die sich auf einer rein sachlich-beschreibenden Ebene nicht vermitteln lassen.

Neben der geschriebenen R. gibt es die Photo- und die Filmreportage. Die visuelle Dimension wurde schnell für Zwecke der R. nutzbar gemacht. In den Wochenschauen der Kinos hatte die Filmreportage bald ihren festen Platz, im Nationalsozialismus fand sie breiteste propagandistische Verwendung mit Bildern von der »siegreichen« Front. In der Sowjetischen Besatzungszone und späteren DDR wurde und wird die Filmreportage im Sinne des *Sozialistischen* → *Realismus* eingesetzt. Dem Dokumentarfilm wird hier noch größere Bedeutung beigemessen als in der Bundesrepublik, in der die alte Wochenschau mit zunehmender Ausbreitung des → *Fernsehens* aus den → *Kinos* verschwand. Das Fernsehen ist durch die Unmittelbarkeit besonders seines aktuellen Teils heute ein Medium mit stark reportagehaften Zügen. Dabeizusein ist auch hier alles, wobei sich Reporter in Krisen- und Kriegsgebieten nicht selten persönlich in Gefahr begeben.

Zu besonderer Blüte gelangte in der Weimarer Zeit die R. durch E.E. Kisch. Er selbst sah Vorbilder für seine journalistische Rolle in der gesamten Weltliteratur, angefangen bei Plinius d.J., über M. Luther bis hin zu H. Heine und verstand »R. als Kunstform und Kampfform«, die die gesellschaftliche Wirklichkeit in ihrer Unmenschlichkeit für den einzelnen Zeitgenossen zu zeigen vermag (E. E. Kisch, R. als Kunst- und Kampfform, in: E.H. Schütz (Hrsg.), S. 45 f.). Vorrangiges Thema der R. in der Weimarer Zeit war die Arbeitswelt in Form von Reisereportagen über die USA und die Sowjetunion, aber auch das Ruhrgebiet. Der eindringliche Grundton dieser R. ist durch die Kälte der Industrielandschaft geprägt, die ihre eigenen befremdenden Gesetzmäßigkeiten entwickelt. Diese R. gedie-

hen auf dem Boden der Neuen Sachlichkeit. Das Ende des Nationalsozialismus bedeutete für den Journalismus in den einzelnen Besatzungszonen einen Neuanfang. In den Westzonen wollten die Westmächte eine im demokratischen Sinn arbeitende → *Presse*. So richteten vor allem die Amerikaner ihre Bestrebungen gegen eine Restauration der Generalanzeiger, aber auch gegen die Tradition der Meinungspresse. Dem Bestreben, kritische Objektivität durchzusetzen und damit auch die traditionelle Vermischung von Nachricht und → *Meinung* zu durchbrechen, wirkten aber vor allem zwei Traditionsstränge entgegen. Es war nicht nur schwierig, den reinen Meinungsjournalismus zu überwinden; auch die jetzt neu entstehenden Institutionen suchten in restaurativer Manier, → *Kritik* durch die Presse zu unterbinden. Als Ergebnis dieser Entwicklung bildete sich eine eher formal verstandene, vom Kommentar deutlich abgegrenzte Objektivität heraus, die eine kritische Berichterstattung im Sinne einer fairen Subjektivität fast vollkommen verdrängte. So war auch der literarisch-subjektiven R. weitgehend der Boden entzogen. Der Reporter wird wieder zum Berichterstatter, die Spezifik der R. sinkt zur bloßen Faszination des Dabeiseins herab. Als »lebensnahe« Berichtsform geht die R. dann auch in die journalistischen Lehrbücher ein, literarisch-kritische Tradition und die gattungsspezifische Potenz scheinen vergessen. Auch die Literaturkritik thematisiert die R. erst spät und dann auch nur kurz in Verbindung mit der *Gruppe 61* und dem *Werkkreis Literatur der Arbeitswelt,* die die Tradition der Arbeiterliteratur wieder aufleben lassen wollten. Zu dieser Entwicklung hat nicht zuletzt auch die Allgegenwärtigkeit der elektronischen Medien beigetragen, die eine scheinbar direkte Teilnahme am Geschehen ermöglichen.

In der Sowjetischen Besatzungszone und späteren DDR ist die R. fest in die Genretheorie eingebunden. Was W. I. Lenin schon zu Anfang dieses Jahrhunderts für die gesamte Publizistik fordert, nämlich als »kollektiver Propagandist«, »kollektiver Agitator« und »kollektiver Organisator« zu wirken, gilt somit auch für das Genre der R. (W. I. Lenin, Werke, Bd. 5, Berlin (Ost) 1959, S. 522). Die »Presse neuen Typs« wird ganz der Führungstätigkeit der *SED* untergeordnet. R. hat dabei die ihr zu Gebote stehenden Stilmittel gezielt im Sinne der Erziehung der Massen einzusetzen. Im »Wörterbuch der sozialistischen Journalistik« (Leipzig 1973, S. 186) wird sie als »künstlerisch-journalistisches Genre« verstanden, das seine Ziele unter anderem mit literarischen Mitteln verfolgt. Die ihr anhaftende Subjektivität soll es ermöglichen, »die Dialektik zwischen persönlicher und gesellschaftlicher Entwicklung zu zeigen sowie sozialistische Persönlichkeiten und Kollektive mitzuformen, so daß die Darstellung sozialistischen Denkens und Handelns im Mittelpunkt steht« (a. a. O., S. 188). Die an der *Universität Leipzig* betriebene Genreforschung dient so vor allem dem Zweck, R. mit all ihren Stilmöglichkeiten in Richtung der skizzierten Funktionen nutzbar zu machen. Es ist die Aufgabe des sozialistischen Journalisten, die R. genau wie alle anderen Genres ihrer Spezifik gemäß gezielt zur Verwirklichung der sozialistischen Gesellschaft einzusetzen. So bietet die R. die Möglichkeit, Vorgänge und Ereignisse mit einem besonders hohen Grad an Anschaulichkeit zu gestalten. Sie ist weniger abstrakt und chronologisch, sondern zeigt vielmehr Ursachen und Folgen von Geschehnissen vor allem auf einer individuellen und menschlichen Ebene. Daher rührt auch die Nähe zum Porträt. Werden in der R. vorbildliche Ereignisse propagandistisch herausgestellt, so verfolgen die Porträts das beispielhafte Verhalten und gesellschaftliche Wirken der sozialistischen Helden *(→ Held).* Auch wenn sich die R. in der DDR in der Tradition eines E.E. Kisch begreift, wären dessen Möglichkeiten zu entlarvender Kritik sicherlich eingeschränkt. »Während bei der Darstellung kapitalistischer Verhältnisse immer der Aspekt verfolgt wurde, diese Zustände zu entlarven, ändert sich der Aspekt wesentlich, wenn die sozialistischen Schriftsteller und Journalisten über die Sowjetunion berichten« (a.a.O., S. 188). So überschreibt auch B. Greiner seinen Band zur Literatur der Arbeitswelt in der DDR: »Von der Allegorie zur Idylle«. (B. Greiner, Die Literatur der Arbeitswelt in der DDR, Heidelberg 1974.)

In der Bundesrepublik gerät die kritische R. der Weimarer Zeit weitgehend in Vergessenheit. Arbeiterliteratur *(→ Arbeiterkultur)* führt trotz der intensiven Bemühungen der *Gruppe 61* und des *Werkkreises Literatur der Arbeitswelt* eher ein Schattendasein. Kritische R., wie sie von G. Wallraff betrieben wird, hat um ihr Recht zu kämpfen. Auch P. Parnass weist im Vorwort zu ihren Gerichtsreportagen auf die Schwierigkeiten kritischen Arbeitens hin. (P. Parnass, Prozesse, Frankfurt a.M. 1978, S. 7f.). Trotzdem bricht das Bemühen um die R. in der Bundesrepublik nicht ganz ab. So gibt es seit Ende der 70er Jahre den *Egon-Erwin-Kisch-Preis* als einen eigenen Reporterpreis, und gerade in jüngster Zeit wird die stiefmütterliche Behandlung dieser Gattung auch öffentlich thematisiert.

Sicher ist die R. in ihrer Subjektivität stets zumindest potentiell eine unbequeme Gattung. Neben ihrem kritischen Potential birgt sie die Gefahr bewußter oder unbewußter Manipulation, ein Gattungsmerkmal, das man in der DDR eindeutig zu Steuerungszwecken einzusetzen sucht. Der Schein des Dabeiseins erzeugt eine Athmosphäre von Authentizität, die objektiv nicht gegeben ist. Dem mit den Produktionsbedingungen und -möglichkeiten nicht vertrauten Publikum kann mögliche Einseitigkeit durch die Unmittelbarkeit der R. als Sachlichkeit vorgeführt werden.

W. Löcher

Literatur
E. Schreiber, Die R. bei Kisch, Weiskopf und Fučik, Leipzig 1971
H. Hauptmann (Hrsg.), DDR-R., Leipzig 1974
E.H. Schütz (Hrsg.), Reporter und R., Gießen 1974
H. Nannen (Hrsg.), Schreib das auf! Beste deutsche R., Hamburg 1979

Reproduktionsverfahren

I. Das Spektrum medialer Wiedergabe – II. Die Schallplatte als Sonderfall

I. Das Spektrum medialer Wiedergabe

R. als Wiedergabe, Vervielfältigung, Kopie eines Originals gilt im kulturellen Bereich als etwas Minderwertiges und Zweitklassiges. Gleichwohl ist *→ Kultur* ohne R. nicht denkbar, denn sie erst machen in der Regel Unikate vielen anderen zugänglich, schaffen kulturelle Information und kulturelles Wissen. Zunächst nur auf die Wiedergabe einer Druckvorlage bezogen, umschließt der Begriff nun auch andere mediale Wiedergabeverfahren. Er wird für die Aufführung musikalischer Werke verwendet und nicht zuletzt dieser Gebrauch macht deutlich, daß R. immer zugleich auch Produktion von etwas Neuem auf einer anderen Stufe ist. Die Entwicklung immer neuer R. als Verfahren der Informationsspeicherung und -vermittlung hat vor allem seit dem 19. Jh. den kulturellen Prozeß entscheidend beeinflußt. Die Entstehung moderner Massenmedien wie *→ Film, → Hörfunk, → Fernsehen* und Schallplatte bedeutet eine Ausweitung der R., die die Qualität der unmittelbaren Erlebniswelt des Einzelnen entscheidend beeinflußt. Hinzu kommt die Ausbreitung von nicht massenmedial genutzten R. wie *Xerographie* und Verfahren der Farbfotokopie und *Holographie.*

Die Entwicklung der neueren R. setzt mit der Verbesserung der Satz- und Druckverfahren durch J. Gutenberg Mitte des 15. Jh. ein. Der Satz mit beweglichen, wieder verwendbaren Lettern, die verbesserte Druckfarbe und die Etablierung der Papierherstellung in Deutschland führten zu einer Ausbreitung des Buch- und Flugblattdrucks und trugen in beträchtlichem Maße zur Durchsetzung der Reformation bei. Zu Beginn des 17. Jh. entsteht aus dem Korrespondenzwesen nicht zuletzt durch die Verwendung des Druckverfahrens die Presse als Nachrichtenmedium. Das Bedürfnis nach rascher Zeitungsherstellung im großem Umfang führte dann zu Beginn des 19. Jh. zur Einführung der Schnellpresse, der sich dann im Zusammenhang mit der industriellen Revolution, dem Anwachsen der Städte und dem Ausbau der Verkehrssysteme weitere Veränderungen der Nachrichtenübermittlung und der Satz- und Druckverfahren anschließen. Die Beschleunigung des Reproduktionsvorgangs und die Erzielung einer »größtmöglichen Kongruenz des Wiedergegebenen mit dem Wirklichen« standen und stehen bei der Entwicklung von R. im Vordergrund (H. Jedele, S. 13). Entscheidende Veränderungen gingen von der Ablösung mechanischer R. durch chemische, elektrotechnische und elektronische Verfahren aus. Im Bereich der Nachrichtenübermittlung brachte die Telegraphie und ihre Weiterentwicklung bis zum Fernschreiber und zum Telekopierer in Verbindung mit Computer- und Satellitentechnik die gravierendsten Veränderungen. Beim Druck von Informationen kam zum Hochdruck der Tiefdruck (zum Beispiel die Radierung), und der Flachdruck (zum Beispiel die Lithographie). Ende des 19. Jh. gelang es, die Photographie, selbst ein R., durch galvanische Verfahren der Rasterung mit der Drucktechnik zu verbinden. Dies begünstigte das Entstehen von Illustrierten. Die Photoreproduktion entwickelte sich unter anderem weiter zum farbigen Kupfertiefdruck heute. Eine weitere Linie führt von der Photographie zur Herstellung bewegter Bilder, zum Film, dessen kinematographischen Techniken der Aufnahme und Wiedergabe bis in die Gegenwart weiterentwickelt wurden. Ebenfalls Ende des 19. Jh. stehen Verfahren zur Tonkonservierung bereit, löst die Schallplatte die Tonwalze ab. In den 20er Jahren gewinnt die Schallplatte mit dem neuen Medium Rundfunk, der drahtlosen Tonübertragung mittels hochfrequenter Schwingungen eine Bedeutung, die erst in der nationalsozialistischen Zeit durch die Entwicklung des Tonbandes, einem mit Eisenstaub beschichteten Kunststoffband, übertroffen wird. Im Film wird seit dem Ende der 20er Jahre der Ton mit Hilfe des Lichttonverfahrens reproduziert. Ebenfalls seit dieser Zeit ist bereits die telegraphische Vermittlung von Photographien und Bildern generell möglich. Zu Beginn der 30er Jahre wird auch das Problem der drahtlosen Übertragung von Bildern, d. h. das Fernsehen, erstmals befriedigend gelöst. Die Entwicklung neuer R. hängt in immer größerem Umfang von komplexem technologischem und hohem finanziellem Aufwand ab und wird deshalb vorrangig verwertungsbezogen in gewinnorientierten Unternehmen betrieben. Neue R. dienten in der Presse als Mittel zur Markterweiterung und als Konkurrenzmittel gegenüber anderen Presseunternehmen, die chemischen Industrien und die Elektrokonzerne schufen sich mit den neuen R. immer auch neue Absatzmärkte.

Neben den auf Massenpublikum und Massenmedien ausgerichteten R. entsteht eine weitere Gruppe von R., die von der Zielsetzung der individuellen Verfügbarkeit des Reproduktionsprozesses bestimmt wird, die bei den Massenmedien ja gerade ausgeschlossen ist. Dazu gehören die Verfahren, die aus dem administrativen Bedarf entstanden sind, wie die Mechanisierung, später die Elektrifizierung des Schreibens durch die Schreibmaschine, die Vervielfältigungstechniken wie das Umdruckverfahren und der Schablonendruck. Dazu gehört aber auch die individuelle Nutzung der Photographie und des Films.

Zu Beginn der 50er Jahre besteht also bereits ein komplexes System von R. im kulturellen Kontext, auf das die Entwicklung in der Bundesrepublik und in der DDR aufbaut. Wesentlich neue R. werden aufgrund des höheren technologischen Potentials, aufgrund militärischer Überlegungen und wegen der verwertungsorientiert betriebenen Suche nach Innovationen vor allem im Westen, hier besonders in den USA, entwickelt. Viele dieser R. gelangen im Zeichen des *Kalten Krieges* nur mit zeitlichen Verzögerungen in die DDR, so z. B. das *Ampex*-Verfahren, ein Magnetaufzeichnungsverfahren für Fernsehbilder, das eine Zeitlang unter Exportverbot stand. Andererseits ist in der DDR auch das Innovationsbedürfnis nach neuen R. geringer, da die verwertungsorientierte Verwendung als Konkurrenzmittel entfällt. Allenfalls dort, wo auch innerhalb der DDR ein direkter Vergleich mit westlichen R. möglich ist, zum Beispiel in den Funkmedien, wird dem Nachholbedürfnis nach westlichen R. unmittelbar nachgegeben, etwa durch die Einführung des Farbfernsehens.

Die hohen technologischen Voraussetzungen neuerer R., der benötigte Kapitalaufwand wie auch der mit dem Einsatz dieser R. erreichbare gesellschaftliche Einfluß bewirken, daß R. institutionalisiert werden, das heißt Verlage, Druckereien, Schallplatten- und Filmproduktionsfirmen, Rundfunk- und Fernsehanstalten regeln den Zugang und die Nutzung der R. und unterwerfen sie ökonomischen und politischen Interessen. Während in der Bundesrepublik die ökonomischen Interessen dominieren, sind es in der DDR die politischen. Zwar ist in der Bundesrepublik die kulturelle Reproduktion sowohl privatwirtschaftlich, wie bei den Printmedien als auch öffentlich-rechtlich, wie bei den Funkmedien organisiert, gleichwohl werden die Medientechnologien insgesamt von den jeweiligen Industrien verwertungsorientiert produziert, geschieht die Einführung neuer R. auch in den Funkmedien meist auf Drängen der Industrie. Wie die Weiterentwicklung von R. unter Verwertungsgesichtspunkten aussieht, führen beispielhaft die Printmedien vor. Den Ansprüchen der Werbewirtschaft folgend, perfektionierte man die ästhetische Qualität vor allem des Farbdrucks. Um Produkte wirksamer darzustellen, wurden neue Layout-Formen oder Schrifttypen entwickelt, was sich dann andererseits auch in den nichtwerblichen Teilen der Druckmedien niederschlug. Entscheidende Veränderungen brachte nach dem Lichtsatz dessen Weiterentwicklung, das photoelektronische Satzverfahren. Der formulierte Text wird hier nicht mehr an der Setzmaschine gesetzt, umgebrochen und für den Rotationshochdruck über eine Pappmater in Form eines Halbzylinders aus Blei gegossen, sondern der Redakteur speist seinen Text samt aller Korrekturen in eine EDV-Anlage ein, die den Text in der gewünschten Schrift auf einem Film abbildet, der, zu einer Seite montiert, im phototechnischen Verfahren auf Kunststoffplatten übertragen, direkt in die Rotation geht. Die damit verbundene Beschleunigung des Satzverfahrens setzt auch qualifizierte Arbeitskräfte frei, wodurch die Zahl der Arbeitsplätze und damit der Lohnkostenanteil an der Produktion verringert wird. Da diese neue Technologie andererseits auch beträchtlichen Kapitalaufwand erfordert, begünstigt sie die Konzentration in den Medien, da kleine und mittlere Firmen diese Investitionen in der Regel nicht vornehmen können.

Diese neuen Technologien stoßen dort, wo es nicht um die Steigerung des Profits geht und die Verringerung der Zahl der Arbeitsplätze nicht angestrebt wird, auf geringeres Interesse. Gleichwohl wird die Verwendung elektronischer Satzverfahren auch in der DDR diskutiert, dort jedoch sehr viel langsamer als in der Bundesrepublik realisiert.

Die »Computerisierung« der R. führt zu ästhetischen Reduktionen, die bei satztechnischen Vereinfachungen, wie dem Fortfall von Ligaturen, vom technischen System abhängen. Sie führt aber auch generell zu einer Standardisierung und, durch die Konzentration bedingt, zu einer Reduktion des so vermittelten Angebots. Fest steht, daß die Mikroelektronik in immer stärkerem Maß in den R. genutzt wird, was eine Kombination verschiedener R. untereinander erleichtert, aber auch im Hinblick auf →*Kommunikation* allgemein, →*Massenkommunikation* und Medienkultur einen Wandel mit sich bringen wird. Die bevorstehende Einführung digitaler Aufnahme- und Wiedergabesysteme, die Einführung von Glasfasernetzen und Kabelfernsehen sind Schritte auf dem Weg zu einem interpretierten Kommunikations- und Reproduktionssystem.

Durch diese Entwicklung wird die mediale und kulturelle Differenz zwischen der Bundesrepublik und der DDR sich weiter vergrößern, da die meisten dieser neuen Technologien in der DDR derzeit nicht geplant sind bzw. ihre Einführung noch in weiter Ferne steht. Da die meisten dieser Technologien auch die in die DDR eingestrahlten westlichen Programmangebote nicht vergrößern werden, stellen sie für die DDR keine zusätzliche aktuelle Herausforderung dar. Allenfalls das Satellitenfernsehen kann in dieser Richtung als Bedrohung verstanden werden, doch bedarf es zu dessen Empfang besonderer Parabolantennen, die für den einzelnen

Nutzer allgemein ohnedies zu groß sind.

Die unterschiedliche Institutionalisierung der R. in der DDR und in der Bundesrepublik wirkt sich besonders im Bereich der individuell verfügbaren R. aus. Die verwertungsorientierte Bereitstellung von R. zielte in zunehmendem Maße auf den privaten Umgang mit den R.; Amateurphotographie, Super-8-Film, Tonband, schließlich auch die Videoaufzeichnung bilden durch ein Angebotsspektrum von Einfachstgeräten über semiprofessionelle Geräte bis zu professionellen Geräten und durch die Bereitstellung von Entwicklungs- und Bearbeitungs-Services stark expandierende Märkte. Der Fülle in der Bundesrepublik steht in der DDR eine meist sehr viel spätere und weniger umfangreiche Einführung solcher individuell nutzbarer R. gegenüber. Diese Differenz beruht nur zum Teil auf ökonomischen und technologischen Unterschieden, wesentlicher sind kulturpolitisch unterschiedliche Auffassungen. Der verwertungsorientierten Produktion dieses vielfältigen Angebots an R. im Westen sind die mit diesen R. reproduzierten und produzierten Inhalte letztlich gleichgültig. Sie geht von der Wirkungslosigkeit der damit hergestellten Produkte aus, gesteht dem im Privaten das Private selbst Reproduzierenden allenfalls eine systemstabilisierende, weil politische Defizite im Privaten kompensierende Funktion zu. In der DDR dagegen werden die Inhalte einer Kontrolle unterzogen, und es besteht ein grundsätzliches Mißtrauen gegenüber der individuellen, nicht geplanten und nicht institutionell integrierten Arbeit mit den R. Dieses Mißtrauen äußert sich zum einen in der begrenzten Zurverfügungstellung neuer R. für den individuellen Bereich. So gibt es in der DDR zum Beispiel keine individuell erwerbbaren Videogeräte. Zum anderen findet eine gesetzlich verankerte Kontrolle jeglicher kultureller Reproduktion und Produktion durch einzelne statt um Vervielfältigungserzeugnisse, gleich welcher Art, herzustellen, bedarf es einer staatlichen Erlaubnis, sind Lizenzen für alle Formen öffentlicher Aufführungen und Darbietungen ebenso notwendig wie für jegliche Unterweisung im Spiel von Musikinstrumenten, wobei zu deren Erwerb nicht nur ein kulturpolitisches Bedürfnis vorhanden sein muß, sondern auch die persönliche Zuverlässigkeit.

Vor allem die Verknappung individuell verfügbarer R. führt dann andererseits wiederum dazu, daß die Vielfalt zur Verfügung stehender R. als Indikator gesellschaftlichen Reichtums und Fortschritts sowie als Indiz für individuelle Freiheit innerhalb der Gesellschaft gilt. Im Mißtrauen der DDR gegenüber den individuellen R. steckt aber auch eine Hochachtung vor der Bedeutung und Wirkung kultureller Produkte, vor allem vor dem gedruckten und geschriebenen Wort. Das zeigt besonders die in der Bundesrepublik und in der DDR unterschiedliche Handhabung verfügbarer R. von Texten. Weder

Vervielfältigungsapparate nach dem Umdruckprinzip, noch Büro- oder Kleinoffset oder Kopiergeräte sind dem individuellen und somit unkontrollierten Gebrauch zugänglich. Selbst für den wissenschaftlichen Gebrauch werden Kopien nur nach aufwendiger Antragstellung hergestellt, wobei der selbständige Umgang mit dem Kopiergerät ausgeschlossen bleibt. Zwar wird damit tendenziell auch die eigene Forschung behindert, andererseits soll damit die Publikation unkontrollierter und damit potentiell oppositioneller Texte verhindert werden. Auf eklatante Weise wird dies immer wieder in der literarischen Produktion deutlich, wenn Schriftsteller keine Druckgenehmigung ihrer Werke in der DDR erhalten und ihre Texte in Vervielfältigungen, meist Durchschriften, unter Freunden und in kleinen Zirkeln kursieren, bevor sie dann in der Bundesrepublik veröffentlicht werden. In der Bundesrepublik dagegen ist die Verfügbarkeit über individuell nutzbare R. unbeschränkt, hat vor allem die *Xerographie,* also das trockene elektrographische R., nicht nur die Wissenschaftsproduktion, sondern auch interne Verwaltungsabläufe stark verändert. Die durch das Kopierwesen entstandene sogenannte *paper-and-pen*-Literatur, die »graue« Literatur des im Kleinoffset Reproduzierten hat eine Stagnation tradierter Informationssysteme, der Fachzeitschriften vor allem, mit sich gebracht. Die sinkenden Auflagen von Fachzeitschriften und wissenschaftlicher Literatur führt dazu, daß diese teurer werden, was wiederum zur Folge hat, daß sie noch weniger gekauft und das jeweils Benötigte aus den Bibliotheksexemplaren kopiert wird. Absehbar ist, daß bei der Erhebung von Urheberrechtsabgaben beim Kopieren die Reproduktion von Texten auf *Microfiche,* Filmkarten, von denen nach Bedarf Kopien gezogen werden, sich weiter durchsetzt.

Andererseits hat das Kopiergerät auch produktive Verwendungsformen entstehen lassen, ist die Collage, das lockere Layout vieler alternativer Zeitungen, Broschüren und Flugblätter Resultat des verstärkten individuellen Umgangs mit den R., entsteht hier auch eine neue, gesellschaftlichen Normierungen entgegenwirkende Ästhetik. Daneben entstand bereits eine »Kopier-Kunst«, die in der »Video-Kunst« ihre Entsprechung findet. Zwar wurden die individuell verfügbaren R. auch für die politische Arbeit genutzt, doch blieb ihre Resonanz, im gesellschaftlichen Rahmen gesehen, auf Minderheiten beschränkt, hat gerade auch in der letzten Zeit der spielerische Umgang mit den R. an Bedeutung gewonnen. Hier zeichnet sich auch die Verwendung weiterer Techniken ab, von denen als wichtigste die Holographie zu nennen ist, die aus Prinzipien der Elektronenmikroskopie entwickelt und durch den Einsatz der *Laser*-Technik seit Mitte der 60er Jahre dreidimensionale Bilder von erstaunlicher Räumlichkeit erzeugt, die mit der Veränderung des Betrachterstandpunkts jeweils andere Einsichten in das Abgebildete entsprechend der natürlichen Wahrnehmung vermitteln. Auch hier zeigt sich, daß die R. eher am Beginn als am Ende ihrer Entwicklung stehen.

II. Die Schallplatte als Sonderfall

Die massenweise Verbreitung des Tonträgers Schallplatte als Konkurrenzmedium des Rundfunks setzt in der Bundesrepublik Mitte der 50er Jahre im Zuge amerikanisierten →Lebensstils und steigenden →Lebensstandards ein. Bis heute hat die Phonobranche als Institution der →Kulturindustrie ihr Repertoire dem Markt und seinen Bedürfnissen stufenweise angepaßt: Mono, Stereo, Quadro, Digital, Bildplatte einerseits, Single, Langspielplatte, Mehrfachalben andererseits. Da die Schallplatte heute vielfach als überholtes Medium gesehen wird, dessen Wachstumsgrenze, zumindest in der Bundesrepublik, erreicht sei, erschließt sich die derzeitige Bedeutung des Massenmediums Schallplatte für Musik- und Medienkultur, für populäre Kultur, →Alternativkultur →Rockkultur und →Jugend, jedoch erst vollständig in Kontrastierung mit ihrem aktuellen Konkurrenzmedium der Ton- oder Musikkassette. Dies vergleichende Verfahren erhellt zugleich prinzipielle Entwicklungstendenzen neuer Medien der →Massenkommunikation sowie die Funktion »alter« Medien und Produktionsverfahren wie im gesamten Medienensemble. Mit dem Erscheinen der selbst bei hoher Qualität im Verhältnis zur Spieldauer der Langspielplatten preiswerteren Tonkassetten und entsprechenden Recordern Anfang der 60er Jahre wurde vorschnell das Ende des Tonträgers Schallplatte prognostiziert. Dennoch dürfte die Schallplatte von der Kassette auch langfristig nicht verdrängt, sondern nur ergänzt werden. Die Kassette transportiert gegenüber der Schallplatte mit kleinerem Materialaufwand eine größere Informationsmenge. Die ungebrochene Beliebtheit und Faszination der Schallplatte zeigt jedoch an, daß es sehr viele und vielschichtige menschliche Beziehungen, →Bedürfnisse und Verhaltensweisen gibt, die sich einer marktverordneten Ökonomie der Praktibilität widersetzen. Sie sorgen dafür, daß die alten Instrumente und Träger der →Kommunikation und →Information, die an quantitativer Bedeutung verlieren, sich eben dadurch erhalten, daß sie nunmehr Qualität transportieren, deren Funktion von den neuen Medien nicht mehr erfüllt werden kann. Heute beweist gerade die Schallplatte, was angebliche Medienfossile am Leben erhält. Sein scheinbares Defizit gegenüber seinem Nachfolger entbindet das ältere Medium vom Kriterium der ausschließlich praktikabel-informativen Funktion und setzt statt dessen Dimensionen an, die den bloßen Verwertungszusammenhang übersteigen.

Die Schallplatte ermöglicht die technische Reproduzierbarkeit der Musik und stellt damit den klassischen Fall eines in der Terminologie W. Benjamins nichtauratischen Mediums dar. Doch änderte sich dies mit der Verbreitung der ökonomisch vorteilhaften Kassette, ein Vorgang, der sich nicht erklären läßt, wenn die Schallplatte mit A. Hauser lediglich »als eine Aufzeichnung, eine Art aide-mémoire ohne nennenswerte individuelle Wertmerkmale« gefaßt wird (A. Hauser, Soziologe der Kunst, München 1974, S. 643). Die Schallplatte ermöglicht nicht nur die massenweise Reproduktion von Live-Musik, sie hat auch musikalische Ausdrucksformen ermöglicht, die ohne Verfeinerung der Aufnahme- und Wiedergabetechniken undenkbar gewesen wären. Entscheidender noch ist, daß der Ansatz A. Hausers den Aspekt der Schallplatte als Ware außer acht läßt, der über den tontragenden und reproduzierenden Aspekt ihrer Gesamtbotschaft hinausweist. M. McLuhans Modell der Identität zwischen »Medium« und »Message« greift besser, da es dem Medium auch seine Erscheinungsform als Informationsträger zugesteht, also der Plattenhülle und ihrer jeweils spezifischen Gestaltung. Die ideologiekritische Medientheorie im Gefolge der Studentenbewegung der 60er und 70er Jahre gestand gerade der Warenverpackung keine ästhetisch-informatorische, sondern lediglich eine desinformierende, manipulative Qualität zu. Entsprechend hat W. F. Haug das Cover der Rolling-Stones LP »Sticky Fingers«, das A. Warhol entworfen hatte, einer vermeintlich enthüllenden Kritik unterworfen. Seine Einwände gegen die Verpackungsästhetik der Schallplatte übersahen jedoch, daß die Verpackung der Schallplatte wesentlich Inhalt geworden war. Das Album ist nicht bloß die Schallplatte, sondern die Schallplatte in einem ästhetisch-funktionalen Kontext, der selber zur Ware geworden ist. Mit der Schallplatte verhält es sich ähnlich wie mit dem →*Buch*: Cover, bzw. Einband und Aufmachung sind vom Inhalt ohne Verlust nicht zu trennen. Die Schönheit eines Buches liegt immer auch in der Kunst seiner materiellen Produktion. Das komponierte Zusammenspiel von Inhalt, Gehalt und Verpackung macht den komplexen Wert geistiger Waren aus. Das Buch wird nicht, analog zur Schallplatte, »als Grenzfall in das System der neuen Medien integriert werden und dabei die Reste seiner kultischen und rituellen Aura einbüßen« (H. M. Enzensberger, Baukasten zu einer Theorie der Medien, in: Kursbuch 20, Berlin (West) 1970, S. 182); vielmehr entfalten diese alten Medien im System der neuen erst das, was man als Aura definieren kann. Das Festhalten an Medien, deren Materialwert noch im eigentlichen Sinn begreifbar ist, ist weniger Nostalgie als vielmehr das Bedürfnis, über die Botschaften mittels ihrer Träger verfügen zu können, sie also wahrzunehmen. Die Abstraktheit des Musikerlebnisses per Schallplatte hat

Musik nicht nur massenweise verfügbar gemacht und damit demokratisiert, sondern rekonstruiert nun kraft ihrer spezifischen Erscheinungsform die Möglichkeit auratischer Erfahrung, die der Kassette abgeht. Die Schallplatte nämlich trägt in ihren Rillen noch die materielle Spur des aufgezeichneten Tons, der somit auch optisch wahrgenommen werden kann. So bietet die Schallplatte eine Art optisch-akustische Synästhesie, eine konkrete Materialität der ins Medium gebannten Botschaft. Elektromagnetische Tonspuren auf Kassetten oder Spulen können demgegenüber sinnlich nicht mehr wahrgenommen werden. Die Schallplatte hat jedoch auch an der Oberfläche materielle Qualitäten, deren »Rückständigkeit« Distanz zur Kassette produziert. Die Aura der Schallplatte liegt wohl auch in ihrem Erinnerungswert als Objekt mit individuellen Wertmerkmalen. Das gilt besonders für die Nachkriegsgenerationen, die mit Schallplatten aufwuchsen und deren Geschichte wesentlich auch die Geschichte ihrer Musik ist: was aus dem angloamerikanischen Raum musikalisch in die Bundesrepublik importiert wurde, fand von dort auch seinen Weg in die DDR. Vielleicht ist die Begeisterung für die Rolling-Stones heute eine größere deutsch-deutsche Gemeinsamkeit als ein ost-westlicher Goethe. Second-Hand-Schallplatten-Läden, Schallplatten-Börsen, Raritätenversteigerungen haben in der Bundesrepublik durchaus den Charakter bibliophiler Antiquariate. Ein Antiquariat für gebrauchte Musikkassetten scheint unvorstellbar. Die Beschädigung des Mediums Schallplatte, Kratzer, Flecken, Cover-Knicke, vor denen die abstrakt-sterile Kassette gefeit ist, werden zu Erinnerungsmalen.

K. Hickethier (I), K. Modick (II)

Literatur

H. Jedele, Reproduktivität und Produktivität im Rundfunk, Mainz 1952 (Diss.)
W. Benjamin, Das Kunstwerk im Zeitalter seiner technischen Reproduzierbarkeit, Frankfurt a.M. 1963
E. Rupp, Entwicklungstendenzen der graphischen Technik; in: Neue Deutsche Presse, H. 10, 1970
W. Graichen, Entwicklungsrichtlinien der Technologie in der polygrafischen Industrie, in: Papier und Druck, 30. Jg., 1981, H. 3, S. 33–39

Revisionismus

Ursprünglich wurden unter R. die Auffassungen E. Bernsteins verstanden, der seit den 90er Jahren des 19. Jh. der Sozialdemokratie empfohlen hatte, ihre revolutionär-radikale Theorie zugunsten ihrer reformerischen Praxis zu revidieren und einige vermeintlich unzutreffende Prognosen von K. Marx aufzugeben. Um so erfolgreicher werde man dann die bestehende Gesellschaft schrittweise im Sinne der Ziele der Arbeiterbewegung reformieren können. Diese Vorschläge E. Bernsteins stießen in der Sozialdemokratie auf breite Kritik. K. Kautsky und A. Bebel, die sich als legitimierte Interpreten der Marxschen Lehre verstanden, sahen keinen Gegensatz zwischen Marxscher Theorie und sozialdemokratischer Praxis. Die Einwände, die damals schon insbesondere von R. Luxemburg gegen E. Bernstein vorgebracht wurden, haben sich im nachhinein bestätigt. Dieser hatte die in der Gesellschaft des Kaiserreichs begründete wechselseitige Bedingtheit von Radikalismus in der Theorie und Reformorientiertheit in Praxis übersehen. Gerade aus diesem Zusammenhang erklärt sich, warum die Arbeiterklasse in die grundsätzlich systemoppositionelle soziale Emanzipationsbewegung integriert wurde, während im Alltag zugleich eine Politik konkreter sozialer Reformen betrieben wurde. Auch hatte E. Bernstein die Krisenanfälligkeit der kapitalistischen Entwicklung unterschätzt und dabei vor allem die Anwendung sozialer und politischer Gewalt als eines äußersten Mittels der Systemerhaltung ebensowenig bedacht, wie er die systemverändernden, friedlichen Interventionsmöglichkeiten der demokratischen politischen Institutionen überschätzte. Allerdings hat E. Bernstein als erster die Grundlagen einer Marxismus-Orthodoxie und somit auch die Existenz eines authentischen K. Marx und Marxismus bestritten. Deshalb wurde auch die für die →Arbeiterkultur vor allem der Weimarer Republik so bedeutsame Bewegung der Genossenschaften und Arbeitervereine, die sich seit der Jahrhundertwende immer stärker auszubreiten begann, von E. Bernstein und seinen Anhängern eher als von den Orthodoxen gestützt.

Als sich die *SPD* in der Mitte der 70er Jahre wieder auf diesen Theoretiker besann, war es vor allem sein methodischer Ansatz, auf den man sich berief. Das Zerrbild, das über ihn und seine Ideen im Umlauf war, sollte berichtigt werden. Man wollte an der von ihm entwickelten kritischen und antiautoritären Argumentation anknüpfen und die damals entworfene eigenständige Politikbegründung zu neuem Leben erwecken, der zufolge in komplexen Gesellschaften nur Teilveränderungen möglich seien und Sozialismus nicht als gänzlich andere Gesellschaft, sondern allein als Prinzip der Selbstbestimmung verwirklicht werden könne.

Marxisten-Leninisten in der DDR wie in der Bundesrepublik verstehen unter R. weit mehr als nur die Theorie E. Bernsteins. Sie berufen sich dabei auf W. I. Lenin, der den R. als theoretischen Ausdruck des Versuchs bestimmt hatte, die Grundsätze des Reformismus und somit eine »bürgerliche Ideologie« innerhalb der Arbeiterbewegung durchzusetzen. Mit dieser Auffassung werden von E. Bernstein

bis zum *Prager Frühling* alle Formen der Abweichung vom Marxismus-Leninismus sowjetischer Prägung und der ihm folgenden Nomenklatur als R. gebrandmarkt, so nach E. Bernstein vor allem in der Zeit zwischen den Kriegen die Theoretiker der deutschen Sozialdemokratie, R. Hilferding und F. Naphtali, nach 1945 V. Agartz und die Austromarxisten O. Bauer und M. Adler, aber auch andere, die wie G. Lukács, K. Korsch, F. Sternberg während des Herausbildungsprozesses der leninistischen Orthodoxie in den 20er Jahren eigenständige Positionen bezogen.

Unter dem Stalinismus verlor der Begriff seine Funktion als der Intention nach theoretisch begründetes Unterscheidungsmittel und sank zum Mittel der Diffamierung unmittelbar auf K. Marx bezogener Positionen herab oder diente, wie nach 1948 gegen J. Tito, als Kampfmittel zur Erledigung politischer Gegner. Auch die weitgehend als innerkommunistische Reformbewegungen zu kennzeichnenden Vorgänge in Polen und Ungarn 1956 fielen unter das Verdikt des R. Ebenso stand die ideologische Bekämpfung der Intellektuellen in der DDR seit 1956 unter der Devise »Kampf gegen die Revision des Marxismus«. Beispiele dafür sind G. Lukács, W. Harich und E. Bloch, später R. Havemann und W. Biermann, aber auch W. Janka, der Leiter des *Aufbau-Verlags*, und H. Zöger, der Chefredakteur der Wochenzeitung »Sonntag«. Dabei sind aber einige Differenzierungen auffällig. W. Harich wurde in die konterrevolutionäre Ecke gestellt, E. Bloch sah sich in die Richtung des »Sozialdemokratismus« gedrängt, und R. Havemann wurden »Losungen« des *Godesberger Programms* der *SPD* unterstellt. Von den oppositionellen Strömungen des kommunistischen Lagers wurde, wie dies die Beispiele des polnischen Philosophen L. Kolakowski, des *Prager Frühlings* und der jugoslawischen »Praxis«-Gruppe besonders deutlich zeigten, der Vorwurf des R. stets zurückgewiesen. Ihre Vertreter bekannten sich zu einem pluralistischen Verständnis des Marxismus. Als Revisionisten haben sie sich allenfalls nur so weit bezeichnen lassen wollen, als sie eine Revision der Orthodoxie anstrebten.

Inzwischen gilt aber der Begriff des R. nicht mehr als ausreichend, um antisozialistische Positionen im Sinn des Marxismus-Leninismus zu bestimmen. Der R. E. Bernsteins wird als eine Position »beinahe noch links« im Vergleich zur heutigen Sozialdemokratie angesehen. Von seinem R. unterscheidet man den gegenwärtigen kleinbürgerlichen »Rechtsrevisionismus« oder »offenen R.«, der auch als »Integrationismus« charakterisiert wird, von dem man wiederum den linken oder linksradikalen R. der Maoisten abgrenzt. Dann gibt es den *Sozialreformismus*, der meist mit Opportunismus gleichgesetzt wird. Dieser habe nun die Propagierung bürgerlicher Ideologien wie die des Neukantianismus, Positivismus und Popperismus in der Arbeiterbewegung übernommen. Als Oberbegriff wird *Sozialdemokratismus* verwendet. Den linksopportunistischen Konzeptionen der sogenannten Reformsozialisten wird eine besondere Bedeutung zugemessen. Hätten sie ursprünglich, wie ihnen W. I. Lenin noch zugestand, in vielen Fragen an marxistischen Auffassungen festgehalten, so erfüllten sie inzwischen, wie am Beispiel E. Mandels, A. Gorz' und P. v. Oertzens demonstriert wird, objektiv die Funktion ideologischer Handlanger des Kapitalismus zur Eindämmung des Klassenkampfes. Ihre Auffassungen seien deshalb nicht nur utopisch und illusionär, sondern zugleich »objektiv reaktionär«.

Bei der Verwendung des Begriffs R. in der Bundesrepublik und in der DDR gibt es keine Annäherung. Es wird sie auch nicht geben können, weil sich DDR und *SED* allein als Erben der Traditionen und als Vollstrecker der Ziele der deutschen Arbeiterbewegung begreifen, ein Selbstverständnis, über das, da es unmittelbar zur Begründung der Staatlichkeit der DDR gehört, eine Diskussion auch nicht möglich ist.

H. Grebing

Literatur

M. Jänicke, Der dritte Weg. Die antistalinistische Opposition gegen Ulbricht seit 1953, Köln 1964

P. Ch. Ludz, Ideologiebegriff und marxistische Theorie, Opladen 1976

H. Grebing, Der R. Von Bernstein bis zum »Prager Frühling«, München 1977

H. Heimann, Th. Meyer (Hrsg.), Bernstein und der Demokratische Sozialismus, Berlin (West), Bonn 1978

S. Papcke, Der Revisionismusstreit und die politische Theorie der Reform, Stuttgart 1979

Akademie für Gesellschaftswissenschaften beim ZK der KPdSU und Akademie für Gesellschaftswissenschaften beim ZK der SED, Die entwickelte sozialistische Gesellschaft. Wesen und Kriterien – Kritik revisionistischer Konzeptionen, Berlin (Ost) 1980

Rockkultur

I. Kulturimport – II. Kulturindustrielle Voraussetzungen – III. Eigenständige Gruppen und die Einflüsse neuer Formen – IV. Ablehnung und Integration in der DDR – V. Ästhetische und ideologische Prämissen – VI. Die Bestimmung des gesellschaftlichen Nutzens – VII. Rockkultur in beiden deutschen Staaten

I. Kulturimport

Die Geschichte des Rock in der Bundesrepublik ist in ihren ersten anderthalb Jahrzehnten die Geschichte eines Kulturimports. So wie die Konzerttourneen amerikanischer Bigbands in den späten 40er und frühen 50er Jahren den →*Jazz* wieder nach Deutschland brachten, so war es die Präsenz des amerikanischen Radios in den ehemaligen Westsektoren und zumal die Tournee des *Rock'n-Roll*-Sängers Bill Haley 1958, die in der Bundesrepublik die ersten Anfänge einer R. begründeten.

Rock'n Roll, wie das Wort →*Jazz* ein sexuell aufgeladener Slangausdruck, ist in den 50er Jahren die den Rock begründende Stilrichtung. Er entwickelte sich durch Elvis Presley, Bill Haley, Buddy Holly, Gene Vincent. Sie verbanden den amerikanischen *Rockabilly,* eine Mischung des schwarzen *Rhythm & Blues* mit weißem *Hill-Billy,* die *Countrymusic* der weißen Farmer und die Formen des *City Blues* der schwarzen Musiker, die in den 30er und 40er Jahren aus dem Süden in die Städte eingewandert waren. Bis auf wenige Ausnahmen wie Chuck Berry, Bo Diddley von weißen Interpreten gespielt, war *Rock'n Roll* innerhalb der amerikanischen Massenkultur das erste Ausdrucksmittel der jungen Nachkriegsgeneration, die ihn als Ausdruck ihrer nonkonformistischen, aber keineswegs systemkritischen Protesthaltung verstand. Historisch gesehen entwickelte sich durch den *Rock'n Roll* das erste eigenständige Jugendidiom in den westlichen Gesellschaften.

Zu ihm gehört, neben der schnellen, rhythmusbetonten Musik, eine Körpersprache des →*Tanzes,* der Haartracht (»Tolle«), eine Kleidermode mit Röhrenhosen, Petticoats, zudem eine Entsublimierung der Sexualität in den Texten, Protest gegen die unbeweglichen, kleinbürgerlich-prüden Lebensformen des amerikanischen Mittelstandes und eine positive Einstellung gegenüber den aufkommenden Werten einer Überflußgesellschaft: große Autos als Statussymbol und sexualisierter Freiheitsmythos.

II. Kulturindustrielle Voraussetzungen

Der *Rock'n Roll,* Mitte der 50er Jahre in fast allen amerikanischen Staaten mit tausenden von Bands heimisch, rief nicht nur einen musikalischen Stil, sondern zugleich die gesamte R. ins Leben, unter der jenes weitverzweigte System aus Studios, Plattenfirmen, Herstellern elektroakustischer Bauteile und Apparate, Plattenläden, Radiostationen, Verlagen, Filmfirmen, Agenturen, Veranstaltern, Promotern, Clubs und Tanzsälen zu verstehen ist, das den Rock produziert und verbreitet. Dazu gehört auch ein je nach Stilrichtung wechselndes Heer von Designern, Modemachern, Musikjournalisten und Werbeagenten. Die Ära des *Rock'n Roll* in den

Vereinigten Staaten ließ die beteiligten Industrien erstmals das volkswirtschaftlich bedeutsame Umsatzpotential →*Jugend* entdecken. Da aber eben diese Industrien grundsätzlich auf optimale Verwertung und damit zur Konformität jedes Produkts tendieren, bleibt und blieb die Entwicklung des *Rock* innerhalb der R., von der sie untrennbar ist, widersprüchlich. Die Gewinninteressen der Produktions- und Distributionsindustrien der R. gerieten periodenweise immer wieder in einen Gegensatz zur musikalischen Entwicklung und zu den sie tragenden Bedürfnissen der jugendlichen Konsumenten. In den einzelnen Facetten der R., den Studios, Clubs oder lokalen Musikszenen, lagern sich, neben den herrschenden Trends, neue, zunächst unverwertbare Stile und musikalische Produktionen ab, die den für die R. generell typischen *underground* bilden und schubweise das ganze System mit neuen »Hypes« oder »Hits« versorgen.

Der *Rock'n Roll* traf in der Bundesrepublik Deutschland Ende der 50er Jahre auf eine erhebliche Nachfrage, da vor allem proletarische Jugendliche in den Großstädten über die amerikanischen Militärsender von diesem neuen, ersten Jugendidiom der Nachkriegszeit erfahren hatten und sich schnell mit ihm identifizierten. Es fehlten aber alle Voraussetzungen auf seiten der Unterhaltungsindustrie und der öffentlich-rechtlichen Medien, die der breiten Basis der amerikanischen R. hätten vergleichbar sein können. So war die Integration des *Rock'n Roll* etwa in Produktionen des deutschen →*Schlagers* zu Anfang der 60er Jahre bei Peter Kraus, den *Blue Diamonds* oder Nora Nova eher dürftig; die Platten Bill Haleys, Gene Vincents oder Buddy Hollys wurden zunächst nicht veröffentlicht.

Noch weit in die 60er Jahre hinein galt es in deutschen Musikerkreisen regelrecht als unfein, sich mit dieser Musik näher zu beschäftigen. Inzwischen hatte sich mit den *Beatles,* den *Rolling Stones,* den drogen- und kultorientierten Gruppen der amerikanischen Westküste *Moby Grape, Grateful Dead,* mit Jimi Hendrix, Janis Joplin, *The Who* und den *Kinks* eine Breite und Vielfalt musikalischer Stile in der amerikanischen und englischen R. durchgesetzt. Sie verlieh sowohl den unpolitischen Mobilitätskonflikten (→*Mobilität*) der Arbeiterjugendlichen als auch dem intellektuell orientierten Protest der beginnenden Studentenbewegung Ausdruck und konnte von den Plattenkonzernen und Medien in der Bundesrepublik nicht länger ignoriert werden. 1967/68 beginnen die deutschen Rundfunkanstalten, Jugendprogramme mit entsprechendem Rockmusikanteil einzurichten, die Rolle des in Amerika schon zwanzig Jahre üblichen Diskjockeys wird übernommen, Plattenkonzerne richten Abteilungen für Rockmusik ein, ausländische Rockgruppen absolvieren überaus erfolgreiche Tourneen.

Dennoch blieb, nicht nur aufgrund fehlender sachlicher Voraussetzungen, die Übertragung der angloamerikanischen R. auf die Bundesrepublik vor allem musikalisch ein Problem. *Rock'n Roll, Mersey Beat, Rhythm & Blues, Acid Rock, Motown-* oder *Detroit-Sound,* alle Stilarten des *Rock* wurden importiert und kopiert. In der Bundesrepublik schätzt man, daß es 1970 etwa 500 aktive Bands gab, die den professionellen Ansprüchen ihrer amerikanischen und englischen Vorbilder genügten. Aber die Identifikationsmuster und Themen des Rock, Alltagssituationen wie Kennenlernen, Trennung, Verliebtheit, Tagträume, Reisephantasien, Drogenerfahrungen wurden englisch vorgetragen. Mit der Sprachbarriere entstand so eine musikimmanente Begrenztheit, die von den Musikern und großen Teilen der Fans selber als ein Widerstandsgefühl und eine andere, zumal Älteren unverständliche Geheimsprache übernommen wurde. Der Import als solcher wurde bewußt akzeptiert und gegen die Öde und Langeweile des deutschen Schlagers gesetzt. Es entstand eine Trennung zwischen *Rock* und Schlager, die in angloamerikanischen Ländern in dieser Schärfe nicht besteht. So rückte eine Besprechung der ersten Platte der Nürnberger Gruppe *Ihre Kinder,* die 1969 in der Zeitschrift *Sounds* erschien, den Versuch, Rock mit deutschen Texten zu verbinden, in die Nähe der »pseudoambitiösen Chansons« einer H. Knef und stufte die erste »deutsche« Rockband unter das Prädikat »peinlich« ein. Nationalen Erfolg hatten allein solche Gruppen, die wie *Amon Düül, Agitation Free* oder *Can* ihre Musik an englischen oder amerikanischen Undergroundvorbildern orientierten.

III. Eigenständige Gruppen und die Einflüsse neuer Formen

Nähe zur Studentenbewegung der späten 60er und frühen 70er Jahre hatte die R. wesentlich dadurch, daß die Diskriminierung aller »Langhaarigen«, »Provos« und »Hippies« auch die Fans der amerikanischen und englischen Rockgruppen traf. Deutschsprachige Rockgruppen entstanden zu Beginn der 70er Jahre, ohne kommerziell erfolgreich zu sein, dann auch aus diesem politischen Umfeld. *Ton Steine Scherben, Lokomotive Kreuzberg* oder *Floh de Cologne* versuchten auf unterschiedliche Weise, auch die Tradition deutscher Polit- und Agitpropsongs der 20er und 30er Jahre in die neuen Formen des Rock miteinzubeziehen. Internationalen Erfolg hatten zur selben Zeit nur solche deutsche Gruppen, die wie *Can, Tangerine Dream, Kraftwerk* entweder überhaupt nicht oder nur mit sehr wenig Text arbeiteten.

Zwischen 1972 und 1976 erlebte die deutsche R. zwar eine Verbreiterung durch englischsprachige Gruppen wie *Jane, Eloy, Birth Controll, Kraan, Scorpions,* es gab aber mit der Ausnahme Udo Lindenbergs keinen weiteren gelungenen Versuch, deutsche Texte mit Rockmusik zu verbinden. Udo Lindenbergs anspruchslose, eigenwillige und ganz an seinen Interpretationsstil gebundenen Texte wie »Alles klar auf der Andrea Doria« erzielten ihre Wirkung dadurch, daß seine Band den inzwischen von der deutschen Unterhaltungsindustrie übernommenen Weg des Aufbaus einer »Supergruppe« akzeptierte, wie ihn die angloamerikanischen Medienkonzerne mit den Gruppen *Supertramp, Genesis, Peter Frampton* oder *Little Feat* als nahezu ausschließlichen Standard durchgesetzt hatten.

Genau diese Praxis der die R. beherrschenden Medienkonzerne geriet mit dem Aufkommen des *Punk* in London und New York 1975 bis 1977 in die Krise. Der *Punk*, eine schnelle, harte, alle Professionalitätsmaßstäbe hintansetzende Musik der proletarischen Jugendlichen, verbreitet von den *Sex Pistols* in England, *Ramones* und *Richard Hell & the Voidoids* in den USA, formulierte die Maßstäbe der internationalen R. von Grund auf neu. Abkehr von der Praxis des »entfremdeten« instrumentalen Perfektionismus, Wiederherstellung des direkten Kontakts zwischen Musiker und Publikum, Kürze und Überschaubarkeit des Songs, Verständlichkeit und Alltäglichkeit der Texte, Spontaneität, ein musikalischer Anarchismus und Situationsbezogenheit sind seine Hauptmerkmale. Mit seinen *No Future-* und *Blank-Generation*-Parolen setzt sich der *Punk* explizit gegen spätkapitalistische Konsum- und Lebensmuster ab. Zerschlissene Kleidung, Ketten, provozierende Verletzungen der eigenen Körperlichkeit, Hakenkreuze und Judensterne sind nur einige Beispiele einer Umwertung gesellschaftlicher Symbole und Mythen, die der *Punk* in seiner kurzen Geschichte vollzog.

Neben der Einfachheit des rüden proletarischen *Pogo*, eines körperlich aggressiven Tanzstils zu den schnellen Rhythmen und provozierenden Songs des *Punk*, erlaubte der dezidierte Antiprofessionalismus dieser Musik auch Experimentalisten und ambitionierten Avantgardisten wie *Throbbing Gristle, DNA* den Weg in die Öffentlichkeit. Die Anspruchslosigkeit dieser Musik hinsichtlich Technik und Ausstattung ermöglichte es überdies, daß die Bands zumeist ihre Platten selbst produzierten und in geringen Auflagen verbreiteten. Die neu formulierten Maßstäbe dieser neuen Welle richteten sich also auch gegen die erstarrten hierarchischen Strukturen der R. und dessen konformistische Ideologie der Superstars.

Mit einer gut einjährigen Verzögerung kam der *Punk* in die Bundesrepublik. Jetzt sangen die Bands von vornherein deutsch, weil anders der Kontakt zwischen Publikum und Musiker, die Verständlichkeit und Unmittelbarkeit der Texte nicht zu realisieren waren. 1979 gab es in Hamburg, Berlin (West), Hannover und Düsseldorf schon gut 1000, meist bewußt dilettantisch spielende Amateurbands. Ihre Texte und musikalischen Stile hatten sich weitge-

hend von überkommenen Traditionen der Rockgeschichte freigemacht und knüpften an Themen des deutschen Schlagers der 20er und 30er Jahre wie an Ausdrucksformen der Undergroundbands in New York oder London an. Genannt seien *Mittagspause, Mania D, Fehlfarben, Hans-a-Plast.* Aus diesen Anfängen hat sich seit 1980 die auch kommerziell überaus erfolgreiche *Neue Deutsche Welle* entwickelt, die mit ihren Exponenten *Deutsch-Amerikanische Freundschaft, Fehlfarben, Ideal* oder *Extrabreit* der in einer schweren Identitäts- und Ausdruckskrise steckenden Jugendkultur der Bundesrepublik mit Titeln wie »Eiszeit«, »Wir sind die Türken von morgen«, »Ernstfall es ist längst soweit« Gehör verschaffen. Im Zug der Ausbildung dieser *Neuen Deutschen Welle* hat sich die Basis der deutschen R., vor allem durch die Einrichtung hunderter kleiner Studios, Veranstaltungsorte und Clubs erheblich erweitert. Insgesamt entwickelt sich die deutsche R., 25 Jahre nach ihrem Import, inzwischen genauso wie in anderen Ländern der westlichen Welt. Sie ist gebunden an das freie Spiel des kapitalistischen Marktes und folgt einer seit nunmehr vierzig Jahren typischen Dialektik zwischen Provokation und Anpassung. Insofern sind Versuche staatlicher Stellen, den Rock durch Bereitstellung öffentlicher Mittel zur Plattenproduktion zu subventionieren, wie es in Berlin (West) geschieht, fragwürdig. Rock wäre in eine staatliche Subventionspolitik nur zu integrieren, indem man ihn, wie in der DDR, seiner Geschichte beraubte und als ein Mittel ideologischer Massenbeeinflussung benutzte.

IV. Ablehnung und Integration in der DDR

In der DDR ist die Geschichte der Rockmusik die der Integration einer ursprünglich kapitalistischen Massenkultur (→ *Kulturindustrie und Massenkultur*) in die → *Kulturpolitik* eines sozialistischen Staates. Mit ihr verbindet sich der bislang einzigartige Versuch, eine als fremd empfundene Sparte populärer Musik eigener Ideologie dienstbar zu machen, ein sich üblicherweise antiautoritär gerierendes Kunstgenre ins Affirmative umzulenken. In rund zwei Jahrzehnten kulturpolitischer Auseinandersetzung mit dem Kapitalismus wurden gegenüber dessen vitalstem Kunst-Botschafter, dem Rock, als ästhetischen und ideologischen Barrieren abgebaut, mehr noch, man beförderte dieses spektakulärste Medium der Popularkultur sogar zum wirkungsvollsten und offiziell hoch gelobten Zweig der Unterhaltungskunst (→ *Unterhaltung*). Rockmusik der DDR wird nach Jahren kontinuierlicher, aber auch widerspruchsvoller Entwicklung zunehmend international anerkannt. Als ein internationales Phänomen der Klassenauseinandersetzung wird sie in der DDR danach bemessen, inwieweit sie unter sozialistischen Bedingungen musikalisch und technisch dem jeweils aktuellen internationalen Standard entspricht.

Als Ende der 50er Jahre westliche Rundfunkstationen *Rock'n Roll* in ihre Musikprogramme aufnahmen, erreichte er auch die Hörer in der DDR. Hier bildeten sich spontan kleine Combos, die mit einfachen Instrumentarien die neuartigen Spielweisen aufnahmen und Konzerte improvisierten. Als die eher solistische Darbietungsform des *Rock'n Roll* in den Kellern englischer Hafenstädte zur Ensembleleistung reifte und sich zusammen mit anderen Stilformen zum *Beat* verdichtete, wirkte dies inspirierend auf junge Amateurmusiker in der DDR. Der weltweite Erfolg der *Beatles* und ihrer Antipoden, der *Rolling Stones*, ließ viele Bands entstehen, bei deren Auftritten in Stadtparks und auf Marktplätzen sich die Jugendlichen zahlreich versammelten. Es kam zu Kollisionen mit der Staatsmacht, der *Beat* geriet in die Vernehmungsprotokolle der Polizei und in die Akten der Kulturbehörden, die über die Imitation des ungewollten Musikimports den ideologischen Bann verhängten. Das, was damals terminologisch unsicher als »Gitarren-Sound« oder »Big Beat« erfaßt wurde, galt als Beispiel westlicher →*Dekadenz* und Unkultur. Im *Rock'n Roll* und *Beat* sah man ein Mittel psychologischer Kriegführung der *NATO*, der ideologischen Diversion des Gegners. Nach dem 11. Plenum des Zentralkomitees der *SED* im Dezember 1965, anläßlich dessen viele Intellektuelle, Schriftsteller und Künstler, unter ihnen W. Biermann, gemaßregelt wurden, stoppte man jene »hektische, aufpeitschende Musik«, die nach den Worten E. Honeckers die moralische Zersetzung der Jugend begünstigte. Die Presse begann eine massive Einschüchterungskampagne gegen Musiker und Fans.

Zugleich aber ermunterte die Administration junge Musiker, Komponisten und Texter, eine eigenständige, deutschsprachige Beatmusik zu entwerfen. Viele der angesprochenen Künstler hatten sich in der für die DDR typischen Singebewegung, einer Verbindung aus politischem Lied mit Folklore (→*Lied*), einen Namen gemacht. Doch ließ sich die an angloamerikanischen Vorbildern orientierte Entwicklung des *Beat* nicht aufhalten. Es kam zu einer ideologischen Kehrtwendung, bei der nun die Beatmusik als Zeugnis proletarischer Kultur entdeckt wurde. Die *Beatles* und andere Gruppen stilisierte man zu Kritikern kapitalistischer Verhältnisse. Aber die DDR wollte sich anläßlich der *X. Weltfestspiele* der Jugend und Studenten 1973 als weltoffen und im Einklang mit dem Rhythmus einer internationalen Popularmusik darstellen. Unter Anleitung und Beobachtung zahlreicher Institutionen, Entwicklungsgruppen und Beratergremien kam die landeseigene Beat- und Rockmusik auch international zu hohem Ansehen und wurde den Vertretern des Schlagerschaffens als mustergültig und beispielhaft gepriesen.

V. Ästhetische und ideologische Prämissen

Nach rund zehn Jahren staatlicher Förderung und Lenkung entdeckten Musikwissenschaftler »jene eigentümliche Dominanz des Liedhaften in den Rockstrukturen« (P. Wicke, Rockmusik in der DDR, in: Informationen der Generaldirektion für Unterhaltungskunst 2, 1981, S. 5) als Besonderheit der Populärmusik der DDR. Man würdigt die Versuche, großformatige Werkkonzeptionen mit Anleihen an die sogenannte E-Musik vorzuführen, vermißte indes den experimentellen Versuch, Rockmusik weiterzuentwickeln.

Das Stilspektrum reicht vom *Hard Rock* der Gruppen *Prinzip, Babylon, Formel 1*, den Formen des *Blues* bei St. Diestelmann, J. Kerth, Engerling, *Monokel*, H. Biebl, *Karussell, Reggae* bei *Reggae Play, Electronic Rock* der Gruppen *Kleeblatt, Gong* und bei R. Lakomy zu den Spielweisen, die das Genre Schlager kreuzen bei den *Puhdys, Kreis, Silly, Wir, Karat, Elefant* und *Schöbel + Gruppe*. Viele Gruppen fühlen sich von dem inspiriert, was weltweit *new wave* genannt wird und sich in schnellen Stakkati, unbekümmerter Alltagspoesie und reduzierter Instrumention äußert, so *NO 55, Pankow, Neumis Rock-Circus*, Brigitte Stefan und *Meridian, City II, Keks, Dialog*. Während zwei Dutzend Spitzenformationen aus dem etwa 650 Gruppen umfassenden Profilager Rundfunk, Fernsehen und Schallplattenmarkt versorgen, spielen rund 4600 Amateurtanzkapellen bei zunehmender Konkurrenz mobiler Diskotheken im Hinterland Live-Musik. Häufig gehen gerade von den Amateuren wichtige Impulse für die Gesamtszene aus.

Als Teilbereich sozialistischer Unterhaltungskunst erwies sich Rockmusik als idealtypisch und effektiv. Sie gilt als massenwirksam, emotional anregend, dabei entspannend, realitätsbezogen und aktuell in ihren Texten, zugleich vorzeigbar als kollektive Leistung, die in ihrer Präsentation im Konzert auch kollektiv rezipiert wird. Über die Schallplatte beeinflußt der Rock Geselligkeit und Tanz, verbale und visuelle Kommunikation, setzt Normen für Habitus und Kleidung, schafft sich typische Environments. »Rockmusik war von Anbeginn an nicht auf die Erfahrung von Individualität, sondern ganz im Gegenteil auf die Erfahrung von Kollektivität angelegt« (P. Wicke, Rockmusik – Aspekte einer Faszination, in: Weimarer Beiträge, 27. Jg., 1981, H. 9, S. 106). Sie deckt sich folglich mit dem sozialistischen Prinzip, das Individuen nur als Träger von Gemeinschaft akzeptiert. Rockmusik, so H. Hanke, wird auch in Zukunft Hauptgebiet der ideologischen Auseinandersetzung sein (H. Hanke, Entwicklungstendenzen musikalischer Bedürfnisse, in: Musik und Gesellschaft, H. 11, 1981, S. 644ff). Die griffige Formel dabei lautet Dialektik der Einheit von Weltbild und Notenbild. Seit Herbst 1981 werden Rockgruppen aufgefordert, Lieder zur Friedensinitiative ihres Landes zu verfassen. Allerdings wird dabei die Parole »Frieden schaffen ohne Waffen« abgewandelt in »Der Frieden muß bewaffnet sein«.

VI. Die Bestimmung des gesellschaftlichen Nutzens

Rockmusik bestimmt als Teil einer internationalen Kultur das musikalische Interesse von etwa 84 v. H. der Schüler und Studenten der DDR. Sie ist der bevorzugte Kunstbereich der zwölf- bis fünfundzwanzigjährigen. Mit der massenhaften Verbreitung von Schallplatten und Musikkassetten, mit ihrer allzeitigen Verfügbarkeit durch den Rundfunk und der Möglichkeit, sie durch Mitschnitt jederzeit zur eigenen Verfügung zu haben, gehen neue Formen der Rezeption einher. Die massenhafte Existenz kopierter Originale bedingt, daß die Vervielfältigung wie ein Original benutzt und wahrgenommen wird. Rockmusik wird als Symbiose von Technik und den Institutionen der → Massenkommunikation definiert. »Das weist über die Schranken des bürgerlichen Kulturzusammenhangs und die kapitalistische Formbestimmtheit dieser Prozesse weit hinaus, markiert eine soziale Qualität von musikalischer Praxis, die dem in den Massenmedien erreichten Vergesellschaftungsgrad der Musikproduktion adäquat ist« (P. Wicke, Rockmusik – Aspekte einer Faszination, a. a. O., S. 112 f.).

Die Funktion von Populärmusik, nicht nur ästhetisches Vergnügen oder niveauvolle Unterhaltung zu sichern, sondern auch Geselligkeit zu steuern, bedingt einen immensen Verbrauch von Rockmusik. Etwa 110 Profi- und sechs- bis achttausend Amateur-Diskjockeys, Schallplatten-Unterhalter und Discomoderatoren in der Terminologie der DDR tragen bei steigender Nachfrage dazu bei, rund 600 000 Tanzveranstaltungen mit 120 Mio. Besuchern pro Jahr zu gestalten. Da alle öffentlichen Konzerte, Discoabende und Radiosendungen 60 v. H. Musikanteil Autoren der DDR oder des sozialistischen Auslands aufweisen müssen und höchstens 40 v. H. von Komponisten und Textern kapitalistischer Länder sein dürfen, sind Musiker der DDR zu ständiger Produktion angeregt. Die Begrenzung des westlichen Anteils ist dabei nicht nur eine ideologische, sondern hinsichtlich der Lizenzkosten auch eine wirtschaftliche Frage.

In Sendungen des Fernsehens wie »rund« oder »Jugendklub« und des Rundfunks wie »DT 64« oder »Hallo« wird politische Information und Agitation neben Rockmusik gebracht und besser konsumierbar gemacht. Fernsehen und Radio haben extensive Sendezeiten, sogenannte »Jugend-Schienen«, die beim Hörfunk bis zu zehn Stunden täglich betragen.

Knapp ein Viertel der Bevölkerung der DDR, etwa 3,3 Mio. Einwohner, ein relativ hoher Anteil also, ist zwischen 10 und 25 Jahren alt und damit die Zielgruppe für Rockmusik. Um dieses Medium effektiv politisch-ideologisch nutzen zu können, wurde eine Fülle von Institutionen geschaffen, die den Gesamtbereich der Talentsuche und -förderung, Ausbildung, Qualifikation, Honorarordnung, Sozialgesetzgebung und des Wettbewerbs anläßlich diverser Leistungsschauen und Werkstattage regeln. Vom *Komitee für Unterhaltungskunst*, das dem *Ministerium für Kultur* unterstellt ist und die Spitzenkünstler betreut, über die bezirklichen Konzert- und Gastspieldirektionen bis zu den lokalen Bezirkskommissionen für Unterhaltungskunst sorgt ein engmaschiges Netz für intensive Verbreitung des Rock auf staatlich legitimierten Pfaden. Jeder Interpret und Musiker muß im Besitz einer staatlichen Spielerlaubnis sein, jedes Showprogramm unterliegt einer Prüfung durch spezielle Gremien.

Der → *Hörfunk* ist, anders als in der Bundesrepublik, nicht nur ein Distributionsapparat, sondern Hauptproduzent für Rockmusik. In dieser Eigenschaft konkurriert er mit dem Monopolunternehmen *VEB Deutsche Schallplatten*. Förderung verlangt jedoch auch Staatstreue und Immunität gegenüber den, wie es heißt, Manipulationsversuchen westlicher Meinungsmacher. Jeder Unterhaltungskünstler benötigt den Rat von Spezialisten, das Urteil von Fachleuten, die Meinung der Wissenschaftler, wenn es um eigene Maßstäbe für die Bewertung von ideellen Gehalten und sozialen Wertorientierungen geht, die von der bürgerlich-kapitalistischen Massenkultur verbreitet werden.

VII. Rockkultur in beiden deutschen Staaten

Rockmusik in der Bundesrepublik Deutschland umfaßt das Spannungsfeld zwischen den gewinnorientierten Produkten der Vergnügungsindustrie bis zu den esoterischen und avantgardistischen Klangexperimenten der Gegenkultur und der Vielzahl politisch motivierter Stilvarianten. Rock organisiert und vervielfältigt sich privat, selten nur gibt es staatliche Förderprogramme. Rock unterliegt keiner Kontrolle, sofern geltendes Recht nicht verletzt wird oder die Massenmedien die Publizierung bestimmter Schallplatten unterbinden. Die derzeitige *Neue deutsche Welle* und der Rock, die mit geringeren Produktionsmitteln auskommt, ermöglicht es, Rockmusik auch außerhalb des Reglements von Plattenkonzernen aufzunehmen und zu vervielfältigen. Diese Musik ist mithin eher imstande, das Lebensgefühl gesellschaftlicher Gruppen authentisch auszudrücken.

Nach dem Selbstverständnis der DDR kann es dort keine → *Alternativkultur* geben, da schon die offizielle Kultur alle Bereiche menschlicher Existenz im Sozialismus einbeziehe. Durch die Überhöhung des Rock zur staatstragenden Kunst bindet die *SED* gerade jenen noch am wenigsten angepaßten und etablierten Teil der Bevölkerung, die 12- bis 25jährigen. Der Eigeninitiative der Musiker wird nur die Beschaffung der Instrumente und Devisen kostenden Verstärkeranlagen überlassen, den unabdingbaren, aber nur von westlichen Herstellern vertriebenen Produktionsmitteln also, die auf grauen Märkten gehandelt werden.

Die autoritäre Dominanz staatlicher Kulturpolitik führte in der DDR bei vielen Interpreten des Rock zu Konflikten und zum Bruch mit ihrer Heimat, so bei Renft, Magdeburg, Veronika Fischer, Franz Bartzsch und U. Schikora. Rockmusik, praktiziert in den sozialen Freiräumen, wird als Gegenentwurf zum konfliktgeladenen, repressiven →*Alltag* nur für die kapitalistischen Länder akzeptiert. Die Differenz zwischen dem normierten Leben der Jugendlichen»und der im Musikerlebnis spontane Selbstverwirklichung gleichsam antizipierenden Klangsinnlichkeit hat zwar massenhaft zu Bewußtsein gebracht, daß die bürgerliche Existenz des einzelnen eben jene Lebensformen ausschließt, in denen Phantasie und Kreativität, Sinnlichkeit und Gemeinschaft frei von bürgerlichen Deformationen verwirklichbar sind, den sich darin artikulierenden Protest zugleich aber auf die politische Utopie individueller Selbstverwirklichung in schrankenloser Spontaneität und außerhalb gesellschaftlicher Notwendigkeiten (sic!) abgeleitet« (P. Wicke, Rockmusik – Aspekte einer Faszination, a. a. O., S. 107). Ob Rockmusik nicht auch in der DDR als Gegenentwurf nötig wäre, sei dahingestellt. Die politische Utopie der Selbstverwirklichung wird noch stets an der abstrakten Formel gesellschaftlicher Normen gebrochen.

Der Begriff R. ist für die DDR nicht gültig. Er verpflichtet auf ein künstlerisches Environment unter Einbeziehung der Literatur, des Films, der Photographie, Malerei, Graphik, Postern und Plattencovern, Presse, Theater, Mode und immer stärker Video, er bedingt Dienstleistungsbetriebe wie Studios, Beleuchtungsverleih und *Roadie*-Vermittlung sowie Distributionszentren für Equipment und Tonträger. All das gibt es in der Bundesrepublik, aber wenig oder gar nicht in der DDR. Dort überwiegt indes die theoretische Auseinandersetzung mit der Rockmusik unter ästhetisch-soziologischen Aspekten, die sehr ausführlich und mit hohem Niveau in den Medien betrieben wird. Und während sich in der Bundesrepublik Kritiker des Rock überwiegend mit emotionsgesteuerten Vokabeln und im Idiom der Szene artikulieren, wird er in der DDR mit gleichen Maßstäben wie die klassische Musik rezensiert. Dominierend aber bleibt die ideologische Einschätzung des Rock, seiner Trends und Ausdrucksvarianten. Sie entscheidet über Annahme oder Ablehnung neuer Spielweisen. So könne es beispielsweise *Punk* in der DDR nicht geben, weil diese vital-zerstörerische Musik ihre Ursachen und Triebkräfte einem sozialen Umfeld verdanke, das es in der DDR vermeintlich nicht geben könne.

W. Hagen (I–III), O. Leitner (IV–VII)

Literatur
P. Wicke, Rockmusik in der DDR, Erfahrungen-Tendenzen-Perspektiven, in: Informationen der Generaldirektion beim Komitee für Unterhaltungskonst Nr. 2 / 1981, Beilage der Zeitschrift »Unterhaltungskunst« Nr. 5 / 1981
Ders., Rockmusik – Aspekte einer Faszination, in: Weimarer Beiträge, 27. Jg., 1981, H. 9, S. 98 ff
J. Hagen, Unterhaltungskunst – fest mit dem sozialistischen Leben verbunden, Zu einigen Fragen der Entwicklung der Unterhaltungskunst in der DDR und Aufgaben nach dem X. Parteitag der SED, in: Informationen der Generaldirektion beim Komitee für Unterhaltungskunst Nr. 4/81, Beilage der Zeitschrift »Unterhaltungskunst« Nr. 11 / 1981
St. Lasch, PS: Rock-Musik, Berlin (Ost) 1980
O. Leitner, Rockszene DDR, Entwicklung-Tendenzen-Analysen einer Massenkultur im Sozialismus, Reinbek 1982
K. Humann, C. Reichert (Hrsg.), Euro Rock, Länder und Szenen, Reinbek 1981

Sammler, Sammeln

S. ist eine weitverbreitete Beschäftigung in der →*Freizeit*, die allerdings in der Forschung bisher nur wenig Beachtung fand. Nach Schätzungen sammelt fast jeder dritte Bundesbürger. Unter S. wird das Zusammentragen von gleichartigen Gegenständen, auch von Informationen verstanden. Zu den Motiven, die zum S. veranlassen, gibt es die unterschiedlichsten Erklärungen. So entspricht das S. einer Ureigenschaft des Menschen, die sich frühgeschichtlich in dem Typus »S. und Jäger« geäußert hat; darüber hinaus gilt das S. als Sublimationshandlung für erfahrene Verluste; eine Reduktion erfährt das S. im übersteigerten Besitzdenken, das zur Verselbständigung tendiert; das S. gilt aber auch als Ausdruck dekadenter, endzeitlich gestimmter Gesellschaften, wie am europäischen Bürgertum gegen Ende des 19. Jh. zu beobachten ist; schließlich erscheint S. als Ausdruck eines Weltbildes, das Überschaubarkeit, totale Erfaßbarkeit und die Möglichkeit der vollständigen Rekonstruktion des Vergangenen erlaubt. Ein weiterer Ansatz beschreibt den S. als Sonderfall des Historiographen, als gesellschaftlichen Dokumentator und spricht damit die nicht zu unterschätzende Bedeutung des S. als Aufbewahren von an sich dem Verfall anheimgegebenen Zeugnissen gesellschaftlichen Lebens an.

Historisch lassen sich Sammlungen bereits in der Antike nachweisen, in erster Linie Bibliotheken und Kunstsammlungen. Eine Fortsetzung fanden diese Sammlertätigkeiten in den mittelalterlichen Kunstkammern, den fürstlichen Sammlungen. Als S. traten Fürsten, die Kirche und wohlhabende Bürger hervor, die überragende Produkte der bildenden Kunst und der Buchkunst erwarben bzw. eigens herstellen ließen und so als Mäzenaten der Kunst fungierten. Wesentlich für diese Sammlungen war ihr auf Repräsentation gerichteter Charakter.

Im Zeitalter der Aufklärung und der Französischen Revolution kam es zu einer Ausweitung der Sammeltätigkeit und zu einer Ablösung der Sammeltätigkeit vom Individuum; erste öffentliche Institute, →*Museen* und →*Bibliotheken* entstanden durch die Umwandlung aristokratischer Sammlungen und die Säkularisierung kirchlicher Besitztümer.

Diese Institutionen – Museen, Bibliotheken und die aus den staatlichen Verwaltungen hervorgegangenen →*Archive* – begegnen auch heute noch als öffentliche S. mit jeweils ihrer spezifischen Aufgabenstellung entsprechenden Sammelkonzepten.

Daneben existiert weiterhin ein breites Spektrum privaten S., das in sehr unterschiedliche Schichten zu gliedern ist. Es gibt Sammelbereiche, die klar abgegrenzt und etabliert sind, z. B. die Philatelie und die Numismatik.

Das Briefmarkensammeln kann sicher als verbreiteste Sammelaktivität gelten; so gibt es in der Bundesrepublik ca. 4 Mio. S., in der DDR sind ca. 250 000 S. registriert. Das S. von Briefmarken stellt in der Bundesrepublik eine beachtliche wirtschaftliche Branche dar, an der die Post und eine Unzahl kleinerer und größerer privater Firmen partizipieren. Die S. sind außerdem über privatrechtliche Vereinigungen zusammengeschlossen. In der DDR wird die Philatelie durch eine zentrale Kommission des *Kulturbundes* der DDR gelenkt, deren Anliegen es ist, »entgegen den Auffassungen vieler Individualisten die Philatelie von einem Nur-Hobby zu einer echten politischen Aufgabe werden« zu lassen (DDR-Handbuch, hrsg. v. Bundesministerium für innerdeutsche Beziehungen, Köln, [2]1979, S. 808).

Die Einschätzung privaten S. in der DDR ist in diesem Zitat angedeutet, individualistische Ansätze, das S. als privatisierendes Hobby bis hin zum Horten von Sammlergegenständen, findet keine Unterstützung.

Neben den etablierten Sammelbereichen gibt es in der Bundesrepublik Bestrebungen, verwandte Gebiete ähnlich zu organisieren; so treten »Philokartisten«, d.h. Postkartensammler, »Phillumenisten«, d.h. Streichholzetikettensammler, Comic- und Science-fiction-S. und die S. verschiedener Werbesparten, u. a. Bierwerbungssammler, auf. Sie schließen sich in Vereinen zusammen, geben Zeitschriften und Kataloge heraus und fördern Tausch und Erwerb durch die Veranstaltung von Börsen und Messen.

Ähnliche Sammelaktivitäten sind auch aus der DDR bekannt, finden dort allerdings nicht dieselbe Verbreitung und nicht denselben organisatorischen Niederschlag, da einerseits analoge rechtliche Organisationsformen und andererseits privatwirtschaftliche Anreize und Ausnutzung fehlen.

Die Sammelaktivitäten außerhalb der fester umrissenen Gebiete zeigen ein sehr diffuses Bild, über das sowohl für die Bundesrepublik wie auch für die DDR nur sehr vorsichtige Aussagen gemacht werden können; denn nur ein Teil der privaten S. macht seine Sammlungen der Öffentlichkeit bekannt oder gar zugänglich, viele private S. betrachten ihre Sammlung als ausschließlich persönliche Angelegenheit oder schweigen aus Angst vor Diebstahl und Steuerfahndung.

Für die Bundesrepublik läßt sich folgendes beobachten: Als klassische Sammelgegenstände gelten →*Antiquitäten* und Objekte der →*bildenden Kunst*. Vermittelt werden die Objekte über den etablierten Kunst- und Antiquitätenhandel (→*Kunsthandel*). Es handelt sich dabei um wertvolle und in der Regel mehr als 150 Jahre alte Antiquitäten, wobei dieser Grundsatz in der letzten Zeit allerdings Aufweichungen erfahren hat, da auch jüngere Stilepochen wie *Jugendstil* und *Art déco* sich größerer Wertschätzung erfreuen, und Gegenstände der bildenden Kunst – hier Objekte von anerkannten Künstlern –, die allein aufgrund ihres Preises nur einem sehr wohlhabenden Publikum als Sammelgüter und gleichzeitig auch als Kapitalanlage dienen. Der entsprechende Markt wie auch seine Käuferschaft rekrutieren sich nicht ausschließlich aus der Bundesrepublik, sondern aus dem gesamten mitteleuropäischen und nordamerikanischen Raum; angesiedelt ist der Kunsthandel vor allem in den westeuropäischen Metropolen, abgewickelt wird er durch die großen Auktionshäuser und etablierten Galerien. Der Markt unterlag in den letzten Jahrzenten – wie allerdings auch schon früher – Modeströmungen und erfuhr in den letzten Jahren insgesamt eine erhebliche Belebung, u. a. durch den Zustrom neuer Käuferkreise, verbunden mit deutlichen Preissteigerungen für die einzelnen Objekte, wofür auch die sogenannte Flucht in die Sachwerte aus Angst vor Geldentwertung ausschlaggebend war.

Der Kunst- und Antiquitätenhandel in der DDR untersteht staatlicher Kontrolle, wobei private Einzelhändler im Auftrag staatlicher Institutionen tätig sind. Welchen Umfang dieser Kunst- und Antiquitätenhandel angenommen hat, kann nur bedingt beobachtet werden, er scheint jedoch in hohem Maße auf den Export und weniger auf den Binnenhandel ausgerichtet zu sein. Dennoch kann davon ausgegangen werden, daß auch in der DDR einschlägige Sammlungen in Privathand existieren, allerdings auch hier nur in Personenkreisen, die über erhebliche finanzielle Mittel verfügen. Daneben existiert eine gesetzliche Bestimmung, die die Verfügungsgewalt des einzelnen S. bzw. Besitzers von »Kulturgütern« einschränkt und die Objekte einer öffentlichen Obhut unterstellt *(Gesetz zum Schutz des Kulturgutes der Deutschen Demokratischen Republik – Kulturschutzgesetz – vom 3. Juli 1980, in: Gesetzblatt der DDR, 1980, 10. Juli 1980, Teil I, Nr. 20).*

Für die Bundesrepublik ist neben dem klassischen Kunst- und Antiquitätenhandel zunehmend eine andere Entwicklung von Bedeutung, die Hinwendung zu Sammelgebieten aus dem Bereich der sogenannten Alltagskultur (→*Alltag*). Unter Gegenständen der Alltagskultur sind u. a. Produkte der wirtschaftlichen, politischen und kulturellen Werbung, der massenhaft produzierten, distribuierten und konsumierten Kunst und Literatur sowie Zeugnisse des alltäglichen privaten und öffentlichen Lebens und der technisch-industriellen Entwicklung zu verstehen, wobei hier die Begrenzung auf materielle Produkte eine erhebliche Einschränkung darstellt. Das Gebiet vollständig zu umreißen, ist kaum möglich; die Begriffsbildung kann noch nicht als abgeschlossen angesehen werden, die Verwendung von Begriffen wie *Populärkultur* u. ä. für diesen Bereich machen das deutlich. Es seien nur einige unter S. besonders beliebte Bereiche aufgeführt: →*Plakate*, Postkarten, Flugblätter, Bilderbögen, →*Comics*, Nippes sowie Möbel und Geschirr, Spielzeug und Handwerksprodukte. S. dieser Bereiche werden häufig durch Kindheitserinnerungen oder berufliche Bezüge angeregt, der Architekt sammelt Zeichengerät, der Friseur Lockenscheren etc. Gesammelt wurde in diesem Bereich schon seit dem Ende des 19. Jh., als ein großer Teil dieser Gegenstände verbreitet wurde; aber erst in den letzten zehn bis fünfzehn Jahren wurden sie als Sammelgut aufgewertet, fanden ihre S. in höherem Maße Anerkennung, was u. a. in einigen Ausstellungen (Hamburg, BP, 1974, und Köln 1981) seinen Ausdruck fand.

Insbesondere in der Bundesrepublik erfuhr das S. von Gegenständen der Alltagskultur ab Anfang der 70er Jahre durch die sogenannte *Nostalgiewelle* besondere Impulse. Besonders unter Jugendlichen wirkten die Irritation und die Orientierungslosigkeit gegenüber der Gegenwart als Auslöser. Das führte zu einem Rückzug in die Vergangenheit, zu einer romantischen Verklärung alles Alten, einer ausschließlichen Orientierung an formalen Aspekten; die einzelnen Sammelgegenstände wurden aus ihren realen historischen Bezügen herausgelöst, isoliert und einer Fetischisierung unterworfen. Dieser Trend wurde rasch kommerzialisiert – seitdem gehören Flohmärkte, Antiquitätengeschäfte und Trödelläden verstärkt zum alltäglichen Erscheinungsbild der Innenstädte.

Diese Welle verschaffte auch ernsthaften, weniger kurzfristigen Sammelbestrebungen Auftrieb. Sie sind u. a. ablesbar an den Jahrgängen der Zeitschrift »S.-Journal«, die 1971 zunächst als reines Anzeigenblatt konzipiert, schon nach wenigen Nummern dem Bedürfnis ihrer Leser nachkam und fundierte Beiträge von S. und Volkskundlern über einschlägige Sammelgebiete enthielt. An dieser Zeitschrift läßt sich auch sehr deutlich nachvollziehen, welchen Wandlungen das S. unterliegt, und welche Bereiche in den Vordergrund treten. Die Zeitschrift führte im Jahr 1975 unter ihren Lesern eine Umfrage durch, die Aufschluß über die Sammelprioritäten, über die Ausgaben der einzelnen S. für ihr Hobby etc. geben sollte. Die ca. 80 000 Leser des »S.-Journals« aus dem deutschsprachigen Raum, vorwiegend der Bundesrepublik, aber auch aus Österreich und der Schweiz, gaben bereits im Jahre 1975 100 Mio. DM jährlich für ihre Sammeltätigkeit aus (S.-Journal, München 1975, H. 11, S. 408). Verdeutlicht wird durch dieses Ergebnis, das ja nur einen kleinen Ausschnitt beleuchtet, welchen Stellenwert finanzieller und wirtschaftlicher Art die Freizeitbeschäftigung S. einnimmt.

Für die DDR lassen sich wohl ähnliche Tendenzen, allerdings in viel schwächerer Ausprägung, vermuten. Denn dort ist eine Nostalgiewelle in dem Ausmaß der Bundesrepublik nicht zu verzeichnen; ebenso fehlen deren ideologische Voraussetzungen; vor allem ihre ausgeprägte Vermarktung fand nicht statt. Hinzu kommt sicherlich eine andere Bewertung privaten S., das aufgrund einer andersgearteten Persönlichkeits- und Eigentumsauffassung nicht die hohe Einschätzung erfährt wie in der Bundesrepublik.

Die kulturhistorische und -politische Funktion privaten S. geht aus der Tatsache hervor, daß diese Sammlungen oft Gegenstände wie Plastiktüten oder Trivialliteratur bewahren, die von den einschlägigen Forschungs- oder Archivierungsinstitutionen erst nach längerer Zeit als geschichtlich aussagekräftig und damit sammelwürdig angesehen werden, häufig erst dann, wenn diese »Dokumente« selbst bereits zum größten Teil unwiederbringlich verloren sind. In diesem Bereich leisten private S. eine unersetzliche Konservierungs- und Dokumentationsarbeit, deren Ergebnisse sie dann häufig als Stiftungen u. ä. der Allgemeinheit übereignen. Viele Beispiele dafür verzeichnet die Publikation »Stille Museen«, München 1976. Die letztgenannte Funktion, der Ersatz für öffentliche Sammlungen, kommt vor allem den Privatsammlungen in der Bundesrepublik zu; in der DDR ist die Dokumentation z. B. des Alltags, der Nachkriegszeit vor allem, schon in sehr viel höherem, wenn auch nicht unumstrittenen Maße u. a. durch die Heimatmuseen geleistet worden.

H. Dunger

Literatur
H. Sachs, S. und Mäzene, Leipzig 1971
L. Fischer, D. Pforte, K. Zerges, H. Dunger, Zur Archäologie der Popularkultur, Berlin (West) 1979

Satire

S. ist als ein besonderes, seine Gegenstände in bestimmter Absicht entstellendes, künstlerisches Verfahren zu verstehen, das zur Ablehnung der dargestellten Wirklichkeit bewegen will. Die satirische Aggression kann dabei auf eine konkrete Alternative bezogen werden, sich aber auch nur mit dem Gestus eines Gegenbildes *ex negativo* rechtfertigen. In ihrer literarischen Ausprägung, die von der visuellen S. (→ *Karikatur*) abzugrenzen ist, überformt die S. die Gattungen der Literatur etwa im satirischen Roman, in der satirischen Komödie oder im Spottgedicht; sie kann aber auch – erzählend oder szenisch entwickelt – kürzere Texte konstituieren, die dann als S. bezeichnet werden.

In der Geschichte der deutschen S. wird im 18. Jh. ihre literarische Praxis im Dienste der Religion, der Morallehre und des gelehrten Disputs infrage gestellt und im Zusammenhang kontroverser Vorstellungen über die Beförderung des Gemeinwohls durch politische Zielsetzungen erweitert. Im Sinne der autonomen Kunstauffassung verliert S. wegen ihrer tendenziösen Bindung an die Lebenspraxis dagegen an Wertschätzung. Eine neue Rechtfertigung erfährt sie vor allem im Zusammenhang der marxistischen Geschichts- und Gesellschaftslehre, derzufolge die S. sich an den objektiven gesellschaftlichen Widersprüchen orientiert und für den → *Fortschritt* der Geschichte Partei ergreift (G. Lukács). In proletarisch-revolutionären Literaturkonzepten wird die S. mit ihrem kämpferischen Pathos in den 20er Jahren als eine wichtige literarische Waffe angesehen, um die sozialistische und kommunistische Gesellschaftsordnung durchzusetzen. Neben dieser unmittelbar politischen, auf den Klassenkampf bezogenen S. steht in den ersten drei Jahrzehnten des 20. Jh. eine allgemein gesellschaftskritische S. im Sinne des persönlichen Bekenntnisses zur Kulturtradition (K. Kraus), zur Macht des Geistes (H. Mann), zu Humanität und Demokratie (K. Tucholsky). Angesichts des fortschreitenden Abbaus allgemein verbindlicher Wertvorstellungen in der Massengesellschaft beschränkt sich S. vielfach auf kritische Analyse und Distanz zum Bestehenden. Unter der Herrschaft des Nationalsozialismus wird sie dann als »zersetzend« und »undeutsch« geächtet. Ihre Aggression ist nur noch gegenüber den »Feinden der deutschen Volksgemeinschaft« erlaubt.

Nach 1945 schließt die satirische Praxis in den vier Besatzungszonen wieder an die Tradition der Weimarer Republik an. Vor allem in den neugegründeten Zeitschriften »Ulenspiegel«, »Frischer Wind«, »Simpl«, »Wespennest«, »Die Insulaner«, im → *Kabarett* wie *Die Schaubude, Die Hinterbliebenen* und auch im Rundfunk findet S. ihr Wirkungsfeld. Überwacht von den Kontrollorganen der Alliierten, soll sie die Rückstände des Nationalsozialismus bekämpfen und zur Demokratisierung des politischen Lebens in Deutschland beitragen. Militarismus, Bürokratie, Spekulanten- und Schiebertum der Nachkriegszeit sind weitere bevorzugte Gegenstände.

Nach 1948 verliert die S. in der Bundesrepublik Deutschland erheblich an Interesse. Die wichtigsten satirischen Zeitschriften der Nachkriegszeit erscheinen ab 1950 nicht mehr; die Kabaretts, die sich auf Künstler und Autoren aus der Zeit der Weimarer Republik stützten, lösen sich auf oder verschreiben sich der Kleinkunst und der literarischen Revue. Die Aggression der S. stellt sich, wie beispielsweise in den Rundfunksendungen des Berliner Kabaretts *Die Insulaner,* in den Dienst der antikommunistischen Propaganda oder richtet sich gegen die Nachwirkungen des Nationalsozialismus. Mit dem wachsenden Machtanspruch der Regierungen K. Adenauers und der pragmatisch-materiellen Wende des wirtschaftlichen Aufstiegs eröffnen sich bei gleichzeitiger Verdrängung der nationalsozialistischen Vergangenheit der gegenwartskritischen S. neue Bereiche. Nach den ersten satirischen Romanen W. Koeppens und H.W. Richters setzt in der Erzählprosa Ende der 50er Jahre die neue realistische Literatur vielfach satirisch ein, so bei H. Böll, G. Grass und M. Walser. Zugleich entwickelt sich eine differenzierte Kabarettszene mit jungen Autoren und Darstellern, die zunächst im Rundfunk, dann verstärkt im Fernsehen vorgestellt wird. Die satirische Kritik an Rückständen des Nationalsozialismus, an Wiederbewaffnung, Klerikalismus, Wohlstandsdenken und Kulturbetrieb ist weniger an parteipolitische Positionen gebunden. Sie formuliert sich in der Tradition der linken, humanistisch-demokratischen Intelligenz der Weimarer Republik. Die Abkehr von einer S. mit allgemein zeitkritischer Perspektive und die Hinwendung zu konkreter Agitation, Anklage und Verweigerung vollziehen sich in der zweiten Hälfte der 60er Jahre. Das parteipolitische Engagement von Autoren wie G. Grass und M. Walser setzt ebenso Zeichen der Veränderung satirischer Praxis wie die *Protestsong*-Bewegung und das agitatorische Theater. Die Popularisierung der intimen Kabarettkultur im nun bestimmenden Medium Fernsehen und die Neugründung satirischer Zeitschriften wie »Pardon« schaffen der S. eine größere Öffentlichkeit. Den satirischen Angriffen im Rahmen politischer Kontroversen mit ihrer Tendenz zur persönlichen Invektive sowie in der Dokumentation einer Wirklichkeit, die als »Realsatire« selber schon satirische Züge trägt, wird vor allem im Bereich der Medien mit der Forderung nach Ausgewogenheit begegnet.

Solche Restriktionen sorgen für eine »Domestizierung« der S. und begründen ihren Rückzug aus der literarischen und publizistischen Praxis. Die verminderte satirische Aggression ist jedoch auch eine Folge des Reformprogramms der sozialliberalen Koalition und der Tendenz, die S. im gesellschaftskritischen Chanson, in der »Humor-Ecke« der Zeitschriften und in »heiteren Sendungen« des Fernsehens sowie in der vermeintlichen provokativen Verbindung von »Sex und S.« in den Herrenmagazinen zu »vermarkten«.

Die Krise des Kabaretts wurde Mitte der 70er Jahre offenkundig. Das neue dokumentarisch-agitatorische Kabarett verlor an Boden, die Kabarettkultur überlebte in Soloprogrammen oder regenerierte sich mit der jungen Generation in der lokalen und alternativen Szene. Die Forderungen nach »Ausgewogenheit«, die Vor- und Selbstzensur in den Programmen der Rundfunk- und Fernsehanstalten schränkten die Freiräume aggressiver und engagierter S. weiter ein. Für das Literaturangebot ist bezeichnend, daß vor allem die »humorvoll« im Alltag angesiedelten Satiren E. Kishons Erfolg haben. Mit der wirtschaftlichen und politischen Krise Ende der 70er Jahre scheint in der Bundesrepublik jedoch die engagierte S. wieder an Boden zu gewinnen.

Das Spektrum der satirischen Rollen, Standpunkte und Verfahren in der Bundesrepublik Deutschland ist erweitert worden durch randkulturelle und subkulturelle Praxis in alternativen Verlagen, in Initiativgruppen, Podien, Kellertheatern und Kleinkunstbühnen. Doch ändern selbst die Neugründung eines Kölner *Satire-Verlags* oder die Bestrebungen des *Mainzer Kabarett-Archivs* nichts an der Tatsache, daß auf dem literarischen Markt und in den Medien S. weithin auf → *Unterhaltung* abgestimmt ist. Die marktgerechte Anpassung wurde durch eine sanfte → *Zensur* nach dem Prinzip der Ausgewogenheit unterstützt. Wo S. in engagierten Zeitschriften und Kabaretts kontroverse Themen aufgreift, wo sie nicht nur bekannte Zusammenhänge neu arrangiert, sondern Aufklärung leistet, trifft sie zumeist auf ein begrenztes Publikum, auf eine schon bestehende Gesinnungsgemeinschaft, die in der satirischen Kommunikation nur gefestigt oder geringfügig erweitert werden kann.

In Abkehr vom bürgerlichen Pessimismus und in der Distanzierung zur »intellektualistisch-formalistischen« S. wird in der DDR schon sehr früh eine optimistische, konstruktive, erzieherische, parteiliche und allgemein verständliche S. verlangt, die sich dem Aufbau der Republik und dem Kampf gegen den anglo-amerikanischen Imperialismus verschreiben soll. Neben die Aufforderung, S. als Waffe

gegen die Feinde des Friedens und des Sozialismus und vor allem gegen entsprechende Tendenzen in der Bundesrepublik Deutschland einzusetzen, treten zu Beginn der 50er Jahre Überlegungen, inwieweit die S. auch der »inneren Kritik« dienen und zur Überwindung der literarischen »Schönfärberei« beitragen könne. Das Operationsfeld wird begrenzt auf den Kampf gegen »Überbleibsel rückschrittlichen Denkens und Handelns in den eigenen Reihen« (Neues Deutschland v. 21. 7. 1962). Dabei müsse es die S. allerdings zu einer besonderen Meisterschaft bringen, damit sie nicht auf unfreiwillige Weise die Propaganda des Klassenfeindes unterstützt. Dies setzt auch voraus, daß die Autorität der *SED* und ihrer Repräsentanten als Gegenstand der S. ausgespart bleiben. Personelle Veränderungen bei der satirischen Zeitschrift »Eulenspiegel« und den Kabaretts, Verbote und Strafen sichern diesen Kurs bis in die 60er Jahre. Der Wert von S. steht und fällt mit ihrer → *Parteilichkeit,* der Bindung an ihren positiven gesellschaftlichen Auftrag. Nach der Stabilisierung der DDR während der 60er Jahre wird im Rahmen der veränderten Kulturpolitik erwartet, daß in der Literatur verstärkt Mittel des Komischen eingesetzt werden, um eine »reichere Differenzierung« in der Darstellung gesellschaftlicher Wirklichkeit zu erreichen. Dabei wird der S. aufgetragen, einer parteilichen Wertung Nachdruck zu verleihen und aus der Position der prinzipiellen Überlegenheit der sozialistischen Gesellschaftsordnung zu argumentieren. 1966 veröffentlicht W. Neubert sein Konzept einer »Neuen S.« in der sozialistischen Gesellschaft: Da in ihr nur unüberbrückbare, nichtantagonistische Widersprüche bestehen, können diese im Lachen der S. erkannt und überwunden werden. Die Praxis der S. in Zeitschriften, Kabaretts, in der Erzählprosa, etwa bei E. Strittmatter, H. Kant, G. de Bruyn, E. Köhler in Theaterstücken wie denen H. Baierls, P. Hacks', V. Brauns und in der Lyrik P. Hacks' oder K. Bartschs wird von der Doppelformel »S. und Humor« geprägt. S. gegen den Klassenfeind jenseits der Grenzen und gegen »gestrige Verhaltensweisen« im eigenen Land; »Lachen, Humor und Heiterkeit« als literarische Praxis der sozialistischen Gemeinschaft – als Erziehungsmittel und Äußerung »sozialistischen Selbstbewußtseins« (K. Hager, Neues Deutschland v. 8. 7. 1972). Im Verlauf der 70er Jahre verbinden sich dann satirische Darstellungen des Alltags vor allem in der Erzählprosa mit nachdrücklicheren Erwartungen des Individuums an die sozialistische Gesellschaft.

Auch in der DDR sind Fernsehen, Zeitschriften und Kabaretts die wichtigsten Medien für S. In der Buchproduktion insbesondere des *Eulenspiegel-Verlags* stehen neben neuen Texten viele Sammlungen und Querschnitte zur Überlieferung der literarischen S. Dieser Rückgriff auf die Tradition kann den begrenzten Gegenstandsbereich der S. in der überwundenen Klassengesellschaft erweitern und zugleich zur Pflege der »kleinen operativen Form« der S. (B. Brecht) anregen.

Die Einschränkungen, denen die S. dadurch unterworfen wird, daß sie parteilich und konstruktiv sein soll und bestimmte Tabus einzuhalten hat, führt zu satirischen Verfahren, deren versteckte Angriffe und Anspiegelungen nicht leicht zu verstehen sind. So bleibt auch in der DDR der Umgang mit aggressiver und systemkritischer S. auf einen kleinen Kreis beschränkt. Weit mehr als in der Bundesrepublik Deutschland ist oppositionelle S. ein Ausdrucksmittel, das schriftlicher Aufzeichnung entzogen ist.

Die literarische Praxis der S. ist dagegen den Vorgaben von Kulturpolitik und Literaturtheorie verpflichtet. In der marxistischen Ästhetik wird S. neben dem Humor als wichtigste Erscheinungsform des Komischen bestimmt und diskutiert. Am Ende der 60er Jahre erhält auch in der Bundesrepublik die S. in Literaturkritik und Literaturwissenschaft breitere Aufmerksamkeit. Seither wurde begonnen, die lange vernachlässigte Geschichte der S. aufzuarbeiten. Diese wissenschaftliche Beschäftigung gilt jedoch weithin dem Kanon der Literaturgeschichte und hat die Alltagspraxis der S. in Zeitschriften, Fernsehen und Kabarett noch kaum in ihre Überlegungen einbezogen.

J. Schönert

Literatur

G. Lukács, Zur Frage der S. (1932), in: ders., Werke Bd. 4, Neuwied, Berlin (West) 1971, S. 83–107
G. Baum, Humor und S. in der bürgerlichen Ästhetik, Berlin (Ost) 1959
J. Borew, Über das Komische, Berlin (Ost) 1960
W. Neubert, Die Wandlungen des Juvenal. S. zwischen gestern und morgen, Berlin (West) 1966
J. Brummack, Zu Begriff und Theorie der S., in: Sonderheft der Deutschen Vierteljahrsschrift für Literaturwissenschaft und Geistesgeschichte, 45. Jg., 1971, S. 275–377
W. Preisendanz, R. Warning (Hrsg.), Das Komische, München 1976 (darin: W. Preisendanz, Zur Korrelation zwischen Satirischen und Komischen/Negativität und Positivität im Satirischen, S. 411–416)

Schlager

Als S. bezeichnet der Wiener Dialekt seit den 80er Jahren des 19. Jh. eine zündende, oft aus Operetten oder Singspielen stammende Melodie. Später wurde das Wort, nun im gesamten deutschsprachigen Raum verbreitet, zum Begriff für jede modeabhängige Ware, die überdurchschnittlich gut verkauft wird (»Verkaufsschlager«). Eigentlich ist die Bezeichnung S. also kein musikalischer Gattungs-, sondern ein Erfolgsbegriff. Während sich jedoch im angelsächsischen Sprachgebrauch die Entsprechung *hit* in dieser Funktion erhalten hat – jeder einzelne Song, dessen Plattenaufnahme die nach Verkaufszahlen zusammengestellten Hitlisten erreicht, ist, unabhängig vom musikalischen Genre, ein *hit* –, entwickelte sich im deutschen Sprachgebrauch der Begriff S. zu einer musikalischen Kategorie. Der S. ist allgemeinem Verständnis nach volkstümlich, national und musikalisch leichtgewichtig. Das Wort S. bedeutet schon seit geraumer Zeit eine deutsche Verbindung von Pop- und Volksmusik, wie sie in dieser Form in anderen Ländern kaum anzutreffen ist.

Von historischen und aktuellen Formen des Musizierens, dem Volkslied (→ *Lied),* Gassenhauer, → *Jazz,* Rock, Chanson und der Kunstmusik, übernimmt der S. Elemente, um sie in nivellierter Form miteinander zu vermischen. Anders als die Gruppenmusik etwa des Jazz und Rock, sind S. im allgemeinen extrem arbeitsteilige, industrielle Produkte, an denen Komponisten, Textautoren und Arrangeure neben dem »Interpret« genannten Musiker gleichermaßen beteiligt sind. Eine meist noch bedeutendere Rolle fällt dem Produzenten zu, der auch einem durchschnittlichen S. mit Hilfe individueller, elektronisch korrigierter oder synthetisch erzeugter Klangfarben eine besondere Wirkung verleihen kann. Galt in der Vergangenheit sowohl für die Bundesrepublik als auch für die DDR, daß es für den Schlagerinterpreten unmöglich war, die Verwertung der mit seinem Namen verbundenen Musik zu kontrollieren, so finden sich in jüngster Zeit zahlreiche Ansätze, die Rollen von Interpret und Produzent miteinander zu verbinden.

Der S. zeichnet sich durch Einfachheit und Eingängigkeit in der Melodieführung und einen Rhythmus aus, der die Gefühle des Hörers nur bis zu einem gewissen Grad erregen soll. Bei aller Abstraktheit und gleichzeitiger inflationärer Verwendung schönfärbender, gefühlsüberladener Begriffe und trotz inhaltsleerer Abwandlung immer gleicher Satzfragmente sind die Schlagertexte doch mehr als ein nur zweitrangiges Beiwerk zur Musik. Wie in der Trivialliteratur verweist ihr Übermaß an Gefühlen und großen Gesten auf einen entsprechenden Mangel im → *Alltag* der Konsumenten. Während die Texte erotischen, familiären oder beruflichen Entbehrungen einen Sinn zu geben scheinen oder vage, aber inbrünstig vorgetragene Vertröstungen anbieten, hebt die Musik Klage, unerfüllbare Sehnsucht und Gefühle der Einsamkeit in sich auf, um sie in Geborgenheit oder Zuversicht aufzulösen. Nach Thematik und Stil lassen sich bestimmte Genres des S. unterscheiden. So gibt es den komischen S., das melodramatische, schwülstige Liebes- oder Problemlied, eine Abenteuerversion des S. mit Anklängen an Seemannslieder oder Western-Songs, den Ferienschlager, den Kinderschlager oder den S., der

Lebensweisheiten zum besten gibt. Der S., der vor allem über Rundfunk, Fernsehen, Jugendzeitschriften und die sogenannte Regenbogenpresse verbreitet wird, existiert nicht ohne den Schlagerstar, mit dessen Image Musik und Text eine Einheit bilden.

Unter dem Begriff der »nationalen Intonation«, der eine eigenständige Entwicklung auch auf dem Gebiet der populären Musik behauptet, wurde in der DDR eine Erneuerung populärer Musik aus dem Geist des Volkstanzes, der Arbeiterlieder und der Singebewegung versucht. Allerdings erwies sich die Forderung nach einer Tanz- und Unterhaltungsmusik (→ *Unterhaltung*), die sozialistisch im Inhalt und national in der Form zu sein hätte, als mehr oder weniger unerfüllbar. So stellt sich die Entwicklung des S. in der DDR als ideologischer Abwehrversuch westlicher Einflüsse und als ein allmählicher Rückzug auf humanistische Grundsätze dar, die jedoch notwendigerweise recht unbestimmt bleiben mußten. Dokumente, die diesen Vorgang belegen, finden sich in der auf Popmusik spezialisierten Zeitschrift »Melodie und Rhythmus« und in der »Unterhaltungskunst«.

Das Wort »Liebe« rangiert, nach einer von D. Kayser aufgestellten Tabelle, in den Schlagern der Bundesrepublik an 10., in denen der DDR an 8. Stelle. Das Wort »Traum« liegt in der Häufigkeit bei den S. der Bundesrepublik an 36., bei denen der DDR an 26. Stelle. Zwar bleibt, anders als im Volkslied, der Bereich der Arbeit in den S. beider deutschen Staaten fast völlig ausgespart, doch verzichtet hier wie dort der S. nicht gänzlich auf die Vermittlung von sozialen Werten. Neben Themen wie Elternliebe, Freizeit, Heimat, Natur und Abenteuer vermitteln S. Haltungen zu Staat und Gesellschaft. Das Thema der allgemeinen Lebensphilosophie wird in der Bundesrepublik häufiger als in der DDR besungen.

Im Zuge der Polarisierung von Rock und Pop auf der einen, Volksmusik und »volkstümlicher Musik« auf der anderen Seite, hat der S. in jüngster Zeit an Bedeutung verloren. Tatsächlich oder scheinbar kritische oder realistische Ansätze aus dem Bereich der Liedermacher haben ihren Eingang ins Idiom gefunden. Kommen in der Bundesrepublik auch heikle Themen wie Scheidung, Ehebruch, sogar Umweltschutz, wenn auch eher larmoyant, vor, so sind die besseren S. in der DDR auch zu einem Vehikel der Kritik am sozialistischen Alltagsleben geworden. Als Symptom einer eigenständigen und unideologischen Entwicklung des S. in der DDR kann das Anwachsen von Nonsens-Liedern gewertet werden.

Bestimmen in der Bundesrepublik die mit der Musikindustrie verflochtenen Medien Wohl und Wehe eines Schlagerstars, so ist es in der DDR bis zu einem gewissen Grad die staatliche Kulturbürokratie. Restriktive Maßnahmen sorgen dafür, daß sich keine neuen musikalischen Idiome als Kulmina-

tionspunkte informeller, auch unpolitischer Opposition entwickeln, wie im Westen etwa *Blues-Rock* und psychedelische Musik bei den Hippies, Punk, *New Wave* und *Reggae* bei einer neuen oppositionellen Jugendbewegung (→ *Jugend*). Der Import westlicher Platten ist zwar beschränkt, doch hat diese Restriktion kaum Auswirkungen auf das tatsächlich Gehörte, weil durch den Kassettenmarkt eine kaum noch kontrollierbare neue Form der Musikkommunikation entstanden ist, die darauf beruht, daß jetzt praktisch jedes westliche Musikprogramm mitgeschnitten werden kann.

Während in der Bundesrepublik das Fehlen entsprechender Ausbildungsstätten beklagt wird, müssen in der DDR die Unterhaltungskünstler eine vorgeschriebene Ausbildung mit abschließendem Diplom absolvieren, um später Auftrittsmöglichkeiten zu haben. Die Interpreten der DDR werden nach festen Sätzen honoriert, in der Bundesrepublik hängt ihr Einkommen vom Umsatz ab. Eine Anordnung regelt in der DDR alle Programmgestaltungen in der Weise, daß mindestens 60 v. H. des Repertoires von Komponisten aus der DDR und anderen sozialistischen Ländern bestritten werden müssen. Die Fernsehanstalten der *ARD* haben Anfang der 70er Jahre beschlossen, daß 50 v. H. des Angebots an Unterhaltungsmusik von bundesdeutschen Autoren und Komponisten stammen muß. In beiden Fällen sorgt diese Regelung für das Weiterbestehen von musikalischen und sprachlichen Idiomen, die längst überholt sind und vor allem von der Jugend abgelehnt werden. So treffen sich die S. der Bundesrepublik und der DDR in ihrem musikalischen wie textlichen Konservativismus; hier wie dort formuliert der S. weniger den Anspruch als den Verzicht.

G. Seeßlen

Literatur
P. Czerny, H. P. Hofmann, Der S. Ein Panorama der leichten Musik. Bd. I, Berlin (Ost) 1968
U. Klein, G. H. Goemann, S. im Kreuzverhör, Frankfurt a. M. 1968
S. in Deutschland, hrsg. von S. Helms, Wiesbaden 1972
D. Kayser, S. – Das Lied als Ware. Untersuchungen zu einer Kategorie der Illusionsindustrie, Stuttgart 1975
B. Busse, Der deutsche S., Wiesbaden 1976

Schrift und Typographie

Der Begriff S. wird hier in erster Linie im Sinne des Entwurfs von Satzschriften und nur nebenbei im Sinne der *Kalligraphie* verwendet, der Begriff T. im strengeren Sinne als Anwendung von Satzschriften zur Gestaltung von Druckerzeugnissen und im weiteren Sinne als Gestaltung oder Layout. Im Zentrum der Betrachtung steht die Buchgestaltung, daneben die Zeitungs-, Magazin- und Werbetypographie.

Einer jahrhundertelangen positiven Entwicklung der Kunst J. Gutenbergs folgte im 19. Jh. eine durch technische Entwicklungen und durch Verlust buchkünstlerischer Kontinuität bedingte Verfallsperiode. Um die Jahrhundertwende ging von dem Engländer W. Morris eine Reformbewegung aus, die von deutschen Schrift- und Buchkünstler wie F. H. Ehmke und A. Simons aufgenommen wurde und im ersten Drittel dieses Jahrhunderts zu einer neuen Blüte der Buchkunst führte. Die deutsche Buchkunst unterschied sich dabei von den parallelen Bewegungen in England, Holland und den USA durch die Zweischriftigkeit, die gleichzeitige Verwendung von Fraktur- und Antiquaschriften. Das Zentrum der Buchkunst bildete die Drucker- und Verlegerstadt Leipzig, daneben waren Berlin und München von Bedeutung.

An der Blütezeit waren Druckereien wie *Offizin Haag-Druglin* und *C. E. Poeschel* aus Leipzig und Verlage wie *Insel,* Leipzig, und *Cassirer,* Berlin, beteiligt; ebenso Pressen, beispielsweise die *Cranach-Presse* in Weimar und die *Bremer Presse* in München oder die Schriftgießereien der *Gebrüder Klingspor* aus Offenbach und die *Bauersche Gießerei* aus Frankfurt a. M. Anteil hatten weiterhin die *Gesellschaft der Bibliophilen,* Weimar, und die bibliophile *Maximilian-Gesellschaft,* Berlin, sowie die Kunstgewerbeschulen mit den bedeutenden Lehrern W. Tiemann, Leipzig, R. Koch, Offenbach, und F. H. E. Schneidler, Stuttgart. Auch hervorragende Buchkünstler wie E. R. Weiß müssen genannt werden.

Im Gegensatz zur etablierten Richtung entstand am *Bauhaus* durch L. Moholy-Nagy und in seiner geistigen Umgebung durch J. Tschichold, Leipzig, sowie P. Renner, München, eine selbständige Reformbewegung für S. und T., die auf eine funktionalistisch-konstruktivistische T. abzielte.

Von den Nationalsozialisten wurde das *Bauhaus* zerschlagen, alle wichtigen Vertreter der funktionalistischen T. emigrierten. Auch die Substanz der klassischen T. erlitt durch die Emigration einen Aderlaß, doch blieben ihre wichtigsten schulbildenden Vertreter in Deutschland. Dennoch entstanden unter der kulturellen Gleichschaltung des Nationalsozialismus kaum noch buchkünstlerische Meisterwerke. Dagegen blieb der Durchschnitt der Buchproduktion dank der guten Ausbildung der Schriftsetzer auf einem hohen typographischen Niveau. Einen deutlichen Bruch kontinuierlicher Schriftentwicklung in Deutschland bedeutete der Führer-Befehl vom 6. 2. 1941, der die Umstellung sämtlicher Druckerzeugnisse von der als »Schwabacher Judenlettern« bezeichneten Frakturschrift auf die Antiqua als Normalschrift vorschrieb und damit den Verlust der Fraktur einleitete, der durch die Internationalisierung der Verlagsproduktion nach dem Krieg besiegelt wurde.

Nach dem Tiefpunkt der ersten Nachkriegsjahre entsteht in der Bundesrepublik eine neue Blüte der Schriftkunst. Schriftgestaltung ist das Zentrum der Graphikerausbildung an den meisten Kunstschulen, etwa zehn Schriftgießereien konkurrieren in Zusammenarbeit mit den Setzmatrizenherstellern und Setzmaschinenfabriken und mit führenden Schriftkünstlern wie G. Trump und H. Zapf bei der Entwicklung qualitätsvoller Bleisatzschriften. Mit der Einführung des Fotosatzes nach 1968 wird diese stetige positive Entwicklung gestört. Die innovatorischen Ereignisse scheinen sich zu überschlagen: Fotosatzmaschinen werden konstruiert, bei denen die Belichtung durch das Schriftnegativ erfolgt; bald darauf Lichtsatzsysteme mit elektronischer Speicherung und Wiedergabe der Schrift; in schneller Folge wurden immer neue Systemgenerationen in Verbindung mit neuen Computersatzprogrammen konstruiert, bei denen anstelle einer dem Medium Photosatz entsprechenden, fundierten Neuverarbeitung von Satzschriften eine unreflektierte Anpassung der klassischen Bleisatzschriften an die neuen Techniken erfolgte. Es sind überdies, vor allem im Bereich der Titelsatz- und Abreibeschriften, schnell wechselnde Schriftmodeströmungen zu verzeichnen – insgesamt Veränderungen, die zu einem unübersehbaren Schriftchaos führen. Die Umstellung vom Bleisatz auf den Photosatz veranlaßt obendrein viele Setzereien, ihre Bleisatz- und Matrizenbestände aus ökonomischen Gründen zu vernichten. So geht unersetzbares Schriftkulturgut verloren. Erst seit etwa 1980 bahnt sich ein neues, breiteres Qualitätsbewußtsein auch für die Fotosatzschriften an.

Im Bereich der DDR gab es nach dem Krieg nur drei unbedeutende Schriftgießereien und keine einzige Matrizenfabrik. Die für die Setzmaschinen benötigten Matrizen konnte die DDR nicht kaufen, so mußte man sich durch die Gründung der *Typoart,* Dresden, um Autarkie bemühen. Damit war die Basis für eine planvolle Entwicklung gelegt, die bis heute andauert. Allerdings müssen die meisten Setzereien der DDR nach wie vor mit veralteten Maschinen, alten S. und Matrizenbeständen arbeiten, weil die Entwicklung neuer S. überaus lange dauerte und inzwischen durch die Einführung des Photosatzes überholt wurde, der jedoch noch nicht weit verbreitet ist. Es gibt in der DDR keine eigene Entwicklung von Photosetzmaschinen, doch sollen nur die Maschinen und Computerprogramme im Westen gekauft werden, die S. dagegen will man nach eigenen Plänen ohne Zeitdruck nach und nach entwickeln. Beim Entwurf der Satzschrift sind in der DDR modische Einflüsse praktisch ohne Bedeutung, die Pflege der Buchschriften steht im Mittelpunkt. Aber auch dort droht die Vernichtung der wertvollen Bleisatzschriftbestände.

Bis etwa 1970 entwickelt sich in der Bundesrepublik in direktem Bezug auf die Tradition der 20er und 30er Jahre eine neue Blütezeit im Verlags- und Pressenwesen (*Trajanus-Presse*, Frankfurt a. M., *Otto-Rohse-Presse*, Hamburg), bedingt durch personelle Kontinuität (G. de Beauclair, C. Keidel, R. v. Sichowsky) und durch die Übersiedlung zahlreicher Verleger, Typographen, Drucker und Setzer aus Leipzig in die Bundesrepublik nach 1945. Vor allem die wissenschaftliche T. in der Bundesrepublik gewann ihre Bedeutung durch die Fachkräfte aus Leipzig. Befruchtend wirkte auch die strenge Schweizer T., die unbekümmerte amerikanische und die Rückwirkung der funktionalistischen T., hinzu kamen die Bewegung der antibürgerlichen Ästhetik nach 1968, wechselnde Modewellen, neue didaktische Vorstellungen sowie Experimente am Rande der Kunstströmungen. Dabei ergibt sich ein immer stärkeres Auseinanderklaffen von einerseits wenigen bewußt und sorgfältig erarbeiteten und der großen Masse von nachlässig produzierten Büchern. Die neuen Techniken (Lichtsatz, Computersatz- und Umbruchprogramme) verändern die Verfahren der Buchherstellung, d. h. die Verfahren der Texterfassung über Magnetband und die Textverarbeitung über den Bildschirm, haben aber nur geringen Einfluß auf die Buchgestaltung, d. h. auf das Aussehen der normalen Buchseite, die sich in der Anlage nicht von einer Bleisatzseite unterscheidet.

Bei der T. im Bereich der Werbung und Magazintypographie werden von den Graphik-Designern, z. B. W. Fleckhaus, mehr als beim Buch die Möglichkeiten der neuen Satztechniken in manchmal kühner Weise, z. B. durch die Verbindung der Buchstaben zu Wortbildern (Logotypen) oder durch die Mischung von Schriften verschiedenen Charakters innovativ genutzt. Dagegen bleibt das Bild der Zeitungstypographie trotz der technischen Revolution der Umstellung vom manuellen Bleisatz- zum elektronischen Bildschirm-Umbruch mit Ausnahme der Boulevardpresse konservativ.

In der DDR orientierte man sich zunächst am Stil des *Bauhauses*, doch erfolgte bald ein Umschwenken auf die »klassische« T. Trotz schwieriger äußerer Bedingungen folgte eine kontinuierliche Entwicklung mit bis heute ansteigender technischer und künstlerischer Qualität. Es gibt kaum modische Schwankungen, aber auch kaum Innovation durch äußere Einflüsse oder durch Experimente, mit Ausnahme des didaktischen Bereichs. In jüngster Zeit ist eine Tendenz zu subjektiverer, lockerer Buchgestaltung zu beobachten. Der Prozentsatz illustrierter Bücher ist im Vergleich zur Bundesrepublik größer, ebenso der Anteil bewußt durchgestalteter Bücher. Von vielen Verlagen wird Wert auf gute Buchgestaltung gelegt, sei es in Zusammenarbeit mit verlagsangehörigen Herstellern oder mit Buchkünstlern wie A. Kapr und H. E. Wolter. Doch wird die Realisierung durch den ständigen Kampf mit unzureichenden Materialien, Zuteilungsschwierigkeiten und mit der Technik erschwert.

Die Zeitungstypographie ist in Gestaltung und Satztechnik konventionell. Die wenigen illustrierten Zeitschriften sind lebendiger gestaltet, aber nicht Träger typographischer Neuerungen. Die Werbetypographie spielt praktisch keine Rolle.

In den ersten Jahrzehnten nach dem Krieg war in der Bundesrepublik die Ausbildung in S. und T. das Zentrum der Graphikerschulung an den Kunstakademien und Werkkunstschulen einerseits und den Ausbildungsstätten für Setzer andererseits. Seit Anfang der 70er Jahre ist bei den Fachhochschulen für Druck die ingenieurwissenschaftliche und betriebswirtschaftliche Ausbildung in den Mittelpunkt getreten. Bei den aus den Werkkunstschulen hervorgegangenen Fachhochschulen für Graphik-Design und den vergleichbaren Abteilungen der Kunstakademien und Gesamthochschulen liegt der Schwerpunkt zumeist auf der theoretischen Basis, bei Werbegraphik. Kommunikationsdesign, Problemlösungsmethoden etc. S. und Buchgestaltung steht bei keiner dieser Schulen im Mittelpunkt, die T. hat unterschiedliches Gewicht. Das Ergebnis ist Kritik- und Maßstabslosigkeit gegenüber der Schriftform und der Buchtypographie bei mehreren Graphikergenerationen. In jüngster Zeit nimmt das Interesse der Studenten an diesen Gebieten aber wieder zu.

In der Bundesrepublik konkurrieren im Bereich des Graphik-Design etwa 30 Hochschulen verschiedener Organisationsformen. Eine Koordinierung der Studiendauer, der Studieninhalte und der Studienabschlüsse findet nicht statt.

In der DDR kann Graphik an drei Hochschulen, in Berlin (Ost), Dresden, Leipzig und der Berliner Fachschule mit unterschiedlichen Schwerpunkten studiert werden. S. und Buchgestaltung stehen an der Hochschule in Leipzig im Mittelpunkt, an der Fachschule in Berlin (Ost) wird unter anderem Zeitungsgestaltung gelehrt. In Leipzig werden auch zahlreiche Studenten aus anderen sozialistischen Ländern ausgebildet. Durch die jahrzehntelange Kontinuität der Ausbildung besteht eine relativ solide Basis, doch auch eine gewisse Einseitigkeit. In jüngster Zeit läßt das Interesse der Studenten an S. und T. zugunsten der freien Malerei etwas nach.

Seit 1951 wird in der Bundesrepublik alljährlich der Wettbewerb »Die schönsten Bücher« durchgeführt, bei dem die technische Buchherstellung und die künstlerische Buchgestaltung gleichermaßen bewertet werden. Seit 1965 ist dafür die *Stiftung Buchkunst* in Frankfurt a. M. zuständig, deren Träger der *Börsenverein des Deutschen Buchhandels*, die *Deutsche Bibliothek* und die Stadt Frankfurt a. M. sind. Sie organisiert auch die Ausstellung »Buchkunst international« während der *Frankfurter Buchmesse*. Neben vielen Bibliotheken pflegen zwei Spezialmuseen S. und Buchkunst. Das *Klingspor-Museum* in Offenbach kümmert sich um moderne Buchkunst seit 1900, und das *Gutenberg-Museum* in Mainz um historische Buchkunst. T. außerhalb des Buches wird im Rahmen der Sammlungen gepflegt, die sich mit Graphik-Design allgemein befassen, nämlich die *Kunstbibliothek* in Berlin (West), die *Neue Sammlung* in München und das *Plakat-Museum* in Essen.

Ebenfalls seit 1951 und unter den gleichen Gesichtspunkten wie in der Bundesrepublik wird in der DDR der jährliche Wettbewerb »Die schönsten Bücher der Deutschen Demokratischen Republik«, verbunden mit Staatspreisen, durchgeführt. Auf der *Leipziger Messe* findet im Rahmen der Ausstellung »Schönste Bücher aus aller Welt« jährlich ein internationaler Buchgestaltungswettbewerb statt. Alle fünf bis sechs Jahre wird in Leipzig die *Internationale Buchkunst-Ausstellung* (iba) durchgeführt, die mit allgemeinen und Themenausstellungen verschiedener Art, mit Wettbewerben, Vorträgen und Diskussionen als die wichtigste internationale Buchkunstveranstaltung gilt. Sie wird vom *Börsenverein der Deutschen Buchhändler zu Leipzig* und der Stadt Leipzig getragen. In der Buchkunstsammlung und dem *Deutschen Buch- und Schriftmuseum* der *Deutschen Bücherei* in Leipzig wird Buchkunst unter verschiedenen Gesichtspunkten gesammelt und gezeigt.

Trotz der unterschiedlichen Entwicklung ist die gemeinsame Tradition bei S. und Buchtypographie in der Bundesrepublik Deutschland und der DDR unübersehbar; vor allem aus ausländischer Sicht wird die Schrift- und Buchkunst beider Länder als typisch deutsch empfunden. Die Lehrer, Schriftkünstler und Typographen der älteren Generation sind durch die gleichen Schulen in den 20er und 30er Jahren geprägt, der Kontakt zwischen den Buchkünstler und Buchfachleuten war nie unterbrochen. Dagegen wurden in der Werbe- und Magazintypographie sehr unterschiedlich Wege eingeschlagen.

Die Entwicklung von S. und T. in der Bundesrepublik ist gekennzeichnet durch die fruchtbare, oft verwirrende Auseinandersetzung mit den verschiedenartigsten ästhetischen Einflüssen und technischen Neuerungen und durch eine hohe technische Durchschnittsqualität. Die Entwicklung von S. und T. in der DDR wird charakterisiert durch die größere Kontinuität, die geringere Innovation und den ständigen Kampf mit organisatorischen und technischen Schwierigkeiten.

H. P. Willberg

Literatur

J. Tschichold, Meisterbuch der S., Ravensburg 1965
A. Kapr, Schriftkunst, Dresden 1976
A. Kapr, W. Schiller, Gestalt und Form der T., Leipzig 1977
H. P. Willberg, Bücher. Träger des Wissens, Raubling 1979
H. Lechner, Geschichte der modernen T., München 1981

Schriftsteller

Der Begriff S. ist erstmals 1616 im »Bayerischen Landrecht« nachzuweisen und meinte zunächst juristische »rathgeber, advocaten, procuratorn«; ab 1660 wurde der Begriff in dem auch heute gebräuchlichen und seit J. Ch. Gottscheds »Critischer Dichtkunst« (1730) durchgesetzten Sinn für einen Verfasser literarischer Werke gebraucht. Er konkurriert von Anfang an mit den Begriffen »Dichter« und »Autor« (seit 1473) und hat sich inzwischen auch gegen die Bezeichnungen »Literat«, »Literaturproduzent«, »Wortproduzent«, »Worturheber« zu behaupten. Teils wurden und werden diese Begriffe bedeutungsgleich, teils einander überlagernd, teils einander ausschließend verstanden.

So klassifiziert das *Bundesministerium für Arbeit und Sozialordnung* S. als Personen, die »bildende und unterhaltende literarische Werke für Bühne, Film, Rundfunk, Fernsehen oder für eine Veröffentlichung im Druck verfassen; Abhandlungen über wissenschaftliche, technische und praktische Themen zur Veröffentlichung ausarbeiten; Schrift- oder Kunstwerke rezensieren; Bild- oder Textberichte über aktuelle Ereignisse, Länder und Wissensgebiete zur Unterrichtung der Öffentlichkeit« liefern (vgl. Klassifizierung der Berufe, Stuttgart 1966, S. 164 f.). In ihrer 1972 vorgelegten Autorenenquete definieren K. Fohrbeck und A. J. Wiesand alle Personen als S. bzw. Autoren, »die Wortbeiträge liefern, welche nicht im Rahmen einer festen Anstellung vergütet werden« (Der Autorenreport, Reinbek 1972, S. 29).

Ausdrücklich werden auch Journalisten den Begriffen Autor, S., Wortproduzent zugeordnet. Zwar sei das »Berufsbild des ›Schriftstellers‹ vom Bücher schreibenden Autor her bestimmt«, das »Gros der Autoren arbeitet aber über Massenpresse, Funk, Film und die elektronischen Medien. Das Buch bleibt zwar im Selbstverständnis der Autoren oft Haupt-, von der wirtschaftlichen Bedeutung her gesehen aber meist Nebenprodukt. Mobilität zwischen den Medien ist charakteristisch und normal für freie Autorentätigkeit« (a. a. O., S. 87). Dieses weite Verständnis vom Berufsfeld des S. sieht von jeder Form der kulturellen und sozialen Wertung der schriftstellerischen Tätigkeit und der Schriftstellerpersönlichkeit ab.

In einer solchen, strikt soziologisch orientierten Definition des S. stimmen beide deutsche Staaten weitgehend überein. Daran hat auch die auf der I. *Bitterfelder Konferenz* 1959 ins Leben gerufene »Bewegung schreibender Arbeiter« nichts geändert, da als »schreibende Arbeiter« Menschen bezeichnet werden, »die sich journalistisch oder künstlerisch-literarisch in weitestem Sinne betätigen, ohne das Schreiben zu ihrem Beruf erwählt zu haben« (A. Leichsenring, in: Vom Handwerk des Schreibens, S. 317). Selbst die seit 1955 in der DDR mögliche Ausbildung schriftstellerischen Nachwuchses am Leipziger *Johannes-R.-Becher-Institut für Literatur* hat nicht dazu geführt, daß der Beruf des S. in den beiden deutschen Staaten unterschiedlich gesehen wird. Vielmehr hat nicht zuletzt eine kritische Auswertung der am Leipziger Institut gewonnenen Erfahrungen mit dazu beigetragen, daß seit Beginn der 70er Jahre der *Verband deutscher Schriftsteller* auch für die Bundesrepublik eine Ausbildungsmöglichkeit für S. fordert. Dabei geht es dem Verband nicht etwa um eine »Akademisierung« des Schriftstellerberufs in Form einer Hochschulausbildung, auch nicht um eine »Schreibschule« mit einem Meister-Schüler-Verhältnis, sondern um die Vermittlung von Kenntnissen des Schriftstellerberufs im weitesten Sinne.

Der Beruf des S. ist vor allem durch die modernen Massenmedien professionalisiert worden *(→ Fernsehen, → Film, → Hörfunk).* Dem entspricht aber keineswegs die soziale Situation der hauptberuflichen S. in der Bundesrepublik. Zwar wird der hauptberufliche S. arbeitsrechtlich wie ein freier Wirtschaftsunternehmer behandelt, als »freier Autor« also, aber er ist »in seiner Arbeit kaum ungebundener als ein durchschnittlicher angestellter Wortproduzent« (Autorenreport, S. 241). Berücksichtigt man, daß gerade der »freie Autor« häufig finanziell von einem einzigen Vertragspartner und beruflich, inhaltlich, vertraglich von Dritten, die ihm Hilfsmittel zur kostenlosen Nutzung zur Verfügung stellen, abhängig ist, so befinden sich rund 50 bis 60 v. H. der hauptberuflichen S. in einer arbeitnehmerähnlichen Lage. Daraus sind sowohl von den S. als auch vom Gesetzgeber bisher nur unzureichende arbeitsrechtliche, tarifpolitische und berufspolitische Konsequenzen gezogen worden.

Nach zahlreichen gescheiterten Verbandsgründungen hat sich mit der 1969 in Köln erfolgten Gründung des gewerkschaftlichen *Verbands deutscher Schriftsteller* die Situation grundlegend verändert, wenn auch die Existenz zweier Dachverbände ständischer Schriftstellerorganisationen – der 1973 in München gegründete *Freie Deutsche Autorenverband* und der 1977 in Berlin (West) errichtete *Bundesverband Deutscher Autoren* – weiterhin einer geschlossenen Vertretung der beruflichen, rechtlichen, sozialen und politischen Interessen der S. in der Bundesrepublik zuwiderläuft. Von den Autoren der Bundesrepublik, die einer Schriftstellerorganisation angehören, ist die Mehrheit Mitglied des Schriftstellerverbandes; in den beiden anderen Organisationen haben sich vor allem jene Autoren zusammengeschlossen, die eine gewerkschaftliche Interessenvertretung ablehnen.

Der *Verband deutscher Schriftsteller,* als Berufsgruppe der deutschsprachigen S. in der *Industriegewerkschaft Druck und Papier,* begreift sich mehr als wirtschafts-, denn als kulturpolitisch orientierter Vertreter der Interessen von S. Bei der Verfolgung der sozialen Interessen gelang es dem Verband während der 70er Jahre, auf Grundlage der von ihm angeregten Autorenenquete Verbesserungen in der urheberrechtlichen sowie in der tarifrechtlichen Regelung von Sozialversicherungsansprüchen für S. zu bewirken, so die »Bibliotheksabgabe« für Buchausleihen in Öffentlichen allgemeinen und Öffentlichen wissenschaftlichen Bibliotheken und ein *Künstlersozialversicherungsgesetz,* nach dem ab 1983 alle selbständigen Künstler und Publizisten in die Rentenversicherung der Angestellten und in die gesetzliche Krankenversicherung einbezogen sind. Dies stellt angesichts der bislang ungenügenden Alterssicherung hauptberuflicher S. eine positive Veränderung dar.

Der *Verband deutscher Schriftsteller* ergänzt mit seiner Arbeit die Anstrengungen des 1951 gegründeten *P.E.N.-Zentrums* der Bundesrepublik Deutschland, zu dessen Zielsetzung die Förderung der internationalen Verständigung unter den S. und der Kampf gegen Rassen-, Klassen- und Völkerhaß, gegen Zensur und Unterdrückung der Meinungsfreiheit gehört.

Neben den gewerkschaftlichen und ständischen Organisationen der S. bestehen Gruppierungen, deren Mitglieder jeweils gleiche literarische und politische Interessen verfolgen. Am bedeutsamsten war die von H. W. Richter geleitete *Gruppe 47,* deren jährliche Tagungen anfangs einzig den Zweck hatten, kritisch und unabhängig über neue Texte der zusammengekommenen S. zu sprechen, im Laufe der Zeit aber durch die immer gewichtigere Rolle, die Verleger und Kritiker bei diesen Tagungen spielten, zu einem Lenkungsinstrument des westdeutschen Literaturbetriebs wurden *(→ Literatur).* Die große gesellschaftliche Wirkung der *Gruppe 47* wie auch der um F. Hüser und M. von der Grün entstandenen Dortmunder *Gruppe 61,* aus der 1970 die *Werkkreise Literatur der Arbeitswelt* hervorgegangen sind, ist auf ein immer noch vorherrschendes, elitäres gesellschaftliches Selbstverständnis und auf eine diesem Selbstverständnis entsprechende Reaktion nicht bloß der literarischen Öffentlichkeit zurückzuführen: 62 v. H. aller S. verstehen sich als »Gewissen der Nation«, wobei 49 v. H. aller S. sich bei ihrer Autortätigkeit besonders verpflichtet fühlt, auf den Abbau sozialer und politischer Mißstände hinzuwirken. 31 v. H. aller befragten S. versuchen, auch außerliterarisch in diesem Sinn auf Staat und Gesellschaft einzuwirken (Autorenreport, S. 357).

Auch die S. in der DDR begreifen sich als eine gesellschaftliche → *Elite*. Sie bekennen sich nämlich nicht bloß »zu einer kämpferischen Literatur, die aus der Wirklichkeit kommt«, sondern verstehen sich auch »als Kampfgenossen der marxistisch-leninistischen Partei« (Grußschreiben der Delegierten des VII. Schriftstellerkongresses der DDR an das Zentralkomitee der SED, 1973), deren Arbeit besondere Bedeutung für die Entwicklung des sozialistischen Bewußtseins in der DDR zukommt. Bemerkenswert ist die augenscheinliche Koinzidenz von Regierung, *SED* und Schriftstellerverband in der Bestimmung der gesellschaftlichen Aufgaben des S. in der DDR. Lediglich aus zunehmenden Angriffen führender Kulturfunktionäre gegen eine individualistische Kunst, gegen eine von den objektiven gesellschaftlichen Bedingungen losgelöste Innerlichkeit, gegen gesellschaftlichen Entwicklungspessimismus und gegen eine Kunst, die mit ihren Themenstellungen und durch ihre formale Gestaltung den *Sozialistischen Realismus* in Frage stellt, wird deutlich, daß seit Mitte der 70er Jahre eine immer größer werdende Zahl von S. die einhellig geforderte → *Parteilichkeit* und Volksverbundenheit von Literatur und Kunst nicht bloß in einer optimistischen Lebenshilfe und in einer Kritiklosigkeit gegenüber Entscheidungen der *SED* und Mißständen in der DDR erblickt. Von diesem künstlerischen und politischen Prozeß in der DDR zeugt nicht zuletzt die Arbeit der vielen nach der Ausbürgerung W. Biermanns in die Bundesrepublik Deutschland gekommenen Schriftsteller aus der DDR.

Die soziale Situation der S. in der DDR ist generell erheblich besser als in der Bundesrepublik. Vor allem der 1949 gegründete *Kulturfonds der DDR,* (→ *Kulturverwaltung)* der durch die Kulturabgabe, u. a. einem ständigen Aufschlag von fünf Pfennigen auf die Eintrittspreise für Kulturveranstaltungen, gebildet wird, wirkt sich positiv aus: »Erstrangig und in größerem Umfange sind die Mittel des Fonds zu Aufträgen für neue Werke aller Kunstgattungen zu verwenden. Darüber hinaus hat der *Kulturfonds* für den Unterhalt von Arbeits- und Erholungsstätten für Schriftsteller und Künstler zu sorgen, kurz- und längerfristige Studienreisen zu finanzieren sowie Stipendien und Förderungsverträge an talentierte Schriftsteller und Künstler zu vergeben. Außerdem realisiert der *Kulturfonds* Maßnahmen, die der Verbesserung der sozialen Lage der Schriftsteller und Künstler dienen« (H. J. Hoffmann, in: Neue Deutsche Literatur, 1974, H.2, S. 77).

In beiden deutschen Staaten stehen konservative Bildungsvorstellungen des Lesepublikums den S. entgegen, wenn etwa die harmonische Gestaltung des »Wahren, Guten und Schönen« gegen jene S.

verteidigt wird, denen der Germanist E. Staiger 1966 unterstellte, ihr »Lebensberuf« sei es, »im Scheußlichen und Gemeinen zu wühlen« (Sprache im technischen Zeitalter, 22. Jg., 1967, S. 94). Hier wie dort haben es jene S. bei ihren Lesern schwer, die individuelle und gesellschaftliche Konflikte darstellen, ohne harmonisierende Lösungen anbieten zu wollen und zu können.

D. Pforte

Literatur
H. Schwenger, S. und Gewerkschaft, Darmstadt, Neuwied 1974
H. Wysling, Zur Situation des S. in der Gegenwart, Bern, München 1974
R. Bernhardt, A. Leichsenring, H. Schmidt (Hrsg.), Vom Handwerk des Schreibens, Berlin (Ost) 1976
F. Kron, S. und Schriftstellerverbände, Stuttgart 1976
D. Schlenstedt, Wirkungsästhetische Analysen, Berlin (Ost) 1979
Vaterland, Muttersprache, Deutsche S. und ihr Staat von 1945 bis heute, zusammengest. v. K. Wagenbach, W. Stephan, M. Krüger, Berlin (West) 1979
H. Schüder (Hrsg.), Kürschners Deutscher Literatur-Kalender 1981, Jg. 58, Berlin (West), New York 1981

Schule

I. Reformen in beiden Staaten – II. Der Aufbau der Schulsysteme – III. Föderalismus und Zentralismus

I. Reformen in beiden Staaten

S. im allgemeinen Sinn bezeichnet eine Stätte planmäßigen und gemeinsamen Lernens durch Unterricht. Im folgenden wird der Begriff auf die staatlichen Einrichtungen eingeschränkt, die besonders Kindern und Jugendlichen eine allgemeine Bildung vermitteln.

Die Entwicklung der S. in beiden Teilen Deutschlands war seit 1945 teils gleichlaufend, teils divergierend. Die Einschnitte verliefen in etwa parallel. In der Phase von 1945 bis zum Ende der 40er Jahre bemühte man sich in allen Besatzungszonen um eine Demokratisierung der S. Das bedeutete einerseits die Abkehr von der Ideologie des Nationalsozialismus und entsprechenden Bildungszielen und -inhalten sowie die Umerziehung von Lehrern und Schülern, andererseits die Beseitigung der Bildungsprivilegien der mittleren und oberen Sozialschichten. Deshalb wurde beispielsweise die Grundschule in Schleswig-Holstein, Hamburg, Bremen und Berlin (West) auf sechs und in der Sowjetischen Besatzungszone auf acht Jahre ausgeweitet. Während der

50er Jahre fand in der Bundesrepublik eine deutliche Restauration statt. Viele der eingeleiteten organisatorischen Reformen wurden abgeschwächt oder wieder rückgängig gemacht. Demgegenüber betrieb man in der DDR die »sozialistische Umgestaltung« der S., wofür die sowjetische S. das Modell abgab. Am Ende des Jahrzehnts erreichte die Diskrepanz zwischen beiden Schulsystemen ihren Höhepunkt. Die 60er Jahre waren in beiden deutschen Staaten die Zeit der großen Bildungseuphorie und -expansion. Unter dem Einfluß der Sozialwissenschaften wurde die Bedeutung der S. als Faktor des Wirtschaftswachstums, der sozialen → *Mobilität* und des gesellschaftlichen Wandels erkannt. In der Bundesrepublik trieb die Warnung vor einer drohenden Bildungskatastrophe zu erheblicher Bildungswerbung und zur Steigerung der Abiturientenquote. Ab Mitte der 60er Jahre begann man mit der Einführung von Gesamtschulen. In der DDR wurde unter dem Anspruch der wissenschaftlich-technischen Revolution die zehnjährige Einheitsschule durchgesetzt, gleichzeitig waren aber auch Ansätze zu einer stärkeren Individualisierung der → *Bildung* nach Begabungen und Interessen zu beobachten. In der Bundesrepublik wurde daher schon von einer Konvergenz der Schulsysteme gesprochen. Während der ersten Hälfte der 70er Jahre ging es in beiden deutschen Staaten vor allem um eine innere Schulreform durch eine Revision der Lehrpläne und Curricula. In der zweiten Hälfte kam es hier wie dort zu einer Ernüchterung, wenn nicht gar Resignation. Angesichts finanzieller Engpässe mußte in erster Linie das Erreichte gesichert werden, und es galt, die durch die Bildungsreform erst neu entstandenen Probleme, wie zum Beispiel die überproportional angestiegene Abiturientenquote, zu bewältigen.

II. Der Aufbau der Schulsysteme

In der Bundesrepublik gibt es kein einheitliches Schulgesetz. Das *Grundgesetz,* das die Gesetzgebungskompetenz für das Schulwesen den Bundesländern übertragen hat (Kulturhoheit), regelt in Artikel 5 und 7 nur allgemeine Grundsatzfragen wie die staatliche Schulaufsicht, die Garantie der Privatschulfreiheit und den Religionsunterricht. Für die weitere Organisation und Gestaltung sind allein die einzelnen, teilweise beträchtlich voneinander abweichenden Schulgesetze der Bundesländer maßgebend, die in der Regel auch Bestimmungen über die Schulverwaltung und Schulaufsicht enthalten. Um ein Mindestmaß an Einheitlichkeit zu sichern, haben sich die Kultusminister der Bundesländer 1948 zur *Ständigen Konferenz der Kultusminister* zusammengeschlossen, deren Beschlüsse rechtlich gesehen allerdings nur empfehlenden Charakter haben und der Bestätigung durch die Landesparlamente bedürfen. Der *Bundesminister für Bildung und Wissenschaft* hat seit der Änderung des Grundgesetzartikels 91 b von 1969 ein Mitwirkungsrecht bei der Bildungsplanung, das er im Rahmen der 1970 gegründeten *Bund-Länder-Kommission für Bildungsplanung und Forschungsförderung* wahrnimmt.

Angesichts der Unterschiedlichkeit des Schulwesens in den einzelnen Bundesländern, die es problematisch macht, generell von dem einheitlichen Schulwesen der Bundesrepublik zu sprechen, können hier nur einige gemeinsame Merkmale hervorgehoben werden. So besteht eine Vollzeitschulpflicht vom vollendeten sechsten Lebensjahr bis zum Ende des neunten Schuljahres. Für Jugendliche, die anschließend keine weiterführende Vollzeitschule besuchen, gibt es eine Teilzeitschulpflicht bis zum achtzehnten Lebensjahr. In einigen Bundesländern kann diese jedoch durch ein einjähriges schulisches Berufsvorbereitungsjahr ersetzt werden.

Die unterste Schulstufe ist die Grundschule, in der alle Kinder den gleichen Unterricht erhalten. An die Grundschule schließt in der Mehrzahl der Bundesländer eine zweijährige Beobachtungs-, Förder- oder Orientierungsstufe an, die 1978 von 54,3 v. H. der Schüler des fünften und sechsten Schuljahres besucht wurde und die als Eingangsstufe bereits zum Sekundarschulwesen gehört. Ziel dieser Stufe ist es, die Entscheidung über die künftige Schullaufbahn bis an das Ende des sechsten Schuljahres hinauszuschieben. Über die didaktisch-inhaltliche und organisatorische Struktur besteht noch keine Einigkeit. Insbesondere ist umstritten, ob sie den einzelnen Sekundarschulen zugeordnet oder als eine übergreifende Brückenphase mit einheitlichem Lehrplan gestaltet werden soll. Das Sekundarschulwesen besteht in der Bundesrepublik traditionell aus drei parallel verlaufenden, selbständigen S., die seit dem Hamburger Abkommen von 1964 die Bezeichnungen Hauptschule, Realschule und Gymnasium tragen. Seit rund fünfzehn Jahren tritt mit der Gesamtschule ein neuer Schultyp hinzu, von dem seine Verfechter glauben, daß er einmal das dreigliedrige Schulsystem ersetzen wird.

Die Hauptschule, die in den meisten Bundesländern fünf Jahrgänge umfaßt, wird von fast der Hälfte der Schüler besucht. Die Schülerzahl ist jedoch in den letzten Jahren deutlich abgesunken, so daß die Hauptschule zur Restschule für die weniger leistungsstarken Schüler zu werden droht. Eine Abschlußprüfung findet in der Regel nicht statt, doch wird im Hinblick auf das Abgangs- oder Abschlußzeugnis differenziert. 1976 verließen 16,2 v. H. der Schüler die Hauptschule ohne Abschluß. Die Realschule umfaßt als Mittelschule zwischen der Hauptschule und dem Gymnasium die fünfte bis zehnte Klasse, in der Aufbauform die siebente bis zehnte. Besondere Kennzeichen der Realschule sind das obligatorische zehnte Schuljahr, ein oder zwei Fremdsprachen, das Fachlehrerprinzip und die Abschlußprüfung. Die Zahl der Schüler hat sich in den letzten zwanzig Jahren hauptsächlich zu Lasten der Hauptschule verdreifacht. 1978 besuchten 25,5 v. H. der Schüler des siebten Schuljahres die Realschule. Das Abschlußzeugnis, die Mittlere Reife, erhielten 14,5 v. H. dieses Altersjahrgangs. Zählt man die an anderen allgemein- und berufsbildenden Schulen erworbenen gleichwertigen Abschlüsse hinzu, so erhielten 1979 38,2 v. H. des Jahrgangs die Mittlere Reife. Das Gymnasium, das zur allgemeinen oder fachgebundenen Hochschulreife führt, umfaßt in der Normalform sieben oder neun, in der Aufbauform, das heißt im Anschluß an die Hauptschule oder Realschule, mindestens drei und höchstens sechs Schuljahre. Der Unterricht ist seit der Oberstufenreform in den beiden letzten Klassen durch Wahl- und Pflichtfächer und Grund- und Leistungskurse stark differenziert. Infolge eines breiten Zustroms von Schülern aller sozialer Schichten hat sich der ehemals elitäre Charakter des Gymnasiums gewandelt. Die Schülerzahl hat sich seit 1960 verdoppelt. 1978 waren 25,6 v. H. der Schüler des siebten Schuljahres auf dem Gymnasium. 1979 erwarben dort 12,9 v. H. der Jugendlichen das Abitur. Bezieht man die anderen zur Hochschulreife führenden Institutionen des Zweiten Bildungsweges, der Berufsausbildung und der Weiterbildung mit ein, so erreichten 1979 14,2 v. H. des entsprechenden Altersjahrgangs die allgemeine oder fachgebundene Hochschulreife.

Die Gesamtschule als jüngster Typ der Sekundarschule besitzt noch keine gültige organisatorische und didaktische Konzeption. Unterschiede bestehen im Grad der Verzahnung mit den traditionellen Sekundarschulzweigen sowie im Hinblick auf Beginn, Umfang und Form der Unterrichtsdifferenzierung. Die an der Gesamtschule vermittelten Abschlüsse entsprechen denen der Hauptschule, der Realschule und des Gymnasiums. 1979 bestanden 241 integrierte Gesamtschulen, die von 3,8 v. H. der Schüler des siebten Schuljahres besucht wurden. Die Einrichtungen des Zweiten Bildungswegs wie Abendgymnasium und Kolleg gehören als Bildungsstätten für Erwachsene zum Bereich der → *Weiterbildung*. In ihrem Lehrplan und Unterricht orientieren sie sich stark am Gymnasium und lassen die Berufs- und Lebenserfahrungen ihrer Schüler häufig unberücksichtigt.

Die in den letzten eineinhalb Jahrzehnten geführte Auseinandersetzung um die Gesamtschule hat gezeigt, daß es keine Übereinstimmung über die bildungstheoretische Legitimation der einzelnen Sekundarschulen gibt. Die überlieferten Theorien einer volkstümlichen oder praktischen, realistischen oder humanistischen Bildung sind heute nicht mehr tragfähig. Andererseits hat sich jedoch auch die Idee einer »wissenschaftsorientierten« Bildung für alle Schüler nicht durchsetzen können.

In der DDR besteht ein zentral gelenktes und einheitlich strukturiertes Schulwesen. Seine rechtliche Grundlage bilden Artikel 25 und 26 der *Verfassung* von 1968, das *Gesetz über das einheitliche sozialistische Bildungssystem* (1965) sowie zahlreiche weitere Beschlüsse und Verordnungen der zentralen Partei- und Staatsorgane. Die grundsätzlichen schulpolitischen Entscheidungen trifft normalerweise das Politbüro der *SED,* nachdem sie von der *Abteilung Volksbildung* des Zentralkomitees vorbereitet wurden. Das *Ministerium für Volksbildung* ist für Ausführung und Kontrolle zuständig. Ihm untersteht das gesamte Schulwesen unterhalb der Hoch- und Fachschulebene einschließlich der Vorschulerziehung, Jugendhilfe und Lehrerbildung. Bei der Verwaltung stützt sich das Ministerium auf die Abteilungen für Volksbildung bei den Räten der Bezirke und Kreise. In wissenschaftlicher Hinsicht wird das Ministerium durch die *Akademie der Pädagogischen Wissenschaften* der DDR beraten, die zugleich die gesamte schulpädagogische Forschung koordiniert.

Laut Artikel 25 der *Verfassung* dauert die allgemeine Schulpflicht zehn Jahre und beginnt mit dem sechsten Lebensjahr. Sie kann in bestimmten Fällen im Rahmen der Berufsausbildung oder der Weiterbildung erfüllt werden.

Das Kernstück des gesamten Schulsystems bildet die *Allgemeinbildende zehnklassige polytechnische Oberschule.* Sie ist trotz ihrer Bezeichnung als Oberschule sowohl Primar- wie Sekundarschule und für alle Kinder verbindlich. Sie versteht sich als eine sozialistische Einheitsschule, die alle Schüler nach einheitlichen Lehrplänen und Lernzielen unterrichtet. Organisatorisch ist sie in Unterstufe (Klasse 1 bis 3), Mittelstufe (Klasse 4 bis 6) und Oberstufe (Klasse 7 bis 10) gegliedert. Ein wichtiger Einschnitt findet mit dem fünften Schuljahr statt, wenn das Fachlehrerprinzip und der obligatorische Russischunterricht beginnen. Nach dem Abschluß des achten Schuljahres wechselt ein Teil der Schüler in die Vorbereitungsklassen für die Abiturstufe über. Ein anderer Teil beginnt mit der Berufsausbildung. 1978 setzten 93,6 v. H. der Schüler den Schulbesuch in der neunten Klasse fort. 84,5 v. H. der entsprechenden Altersgruppe erreichten 1979 den Abschluß des zehnten Schuljahres. Der einheitliche Charakter der *Polytechnischen Oberschule* ist in den letzten zehn Jahren zunehmend aufgelockert worden. Ab dem siebten Schuljahr wird Unterricht in einer zweiten Fremdsprache, meist Englisch oder Französisch, angeboten, an dem rund die Hälfte der Schüler teilnimmt. Weiterhin können die Schüler in der neunten Klasse zwischen 26 Rahmenprogrammen für gesellschaftswissenschaftliche, wissenschaftlich-technische und kulturell-künstlerische Arbeitsgemeinschaften wählen; zur gleichen Zeit gibt es Wahlmöglichkeiten im polytechnischen Unterricht. Der polytechnische Charakter der Oberschule kommt in zweifacher Weise zum Ausdruck: durch die starke inhaltliche Ausrichtung des Lehrplans auf die Mathematik, Naturwissenschaften und Technik (rd. 40 v. H. des gesamten Unterrichts) und durch die Einführung der drei speziellen Unterrichtsfächer Technisches Zeichnen, Einführung in die sozialistische Produktion und Produktive Arbeit im siebten bis achten bzw. siebten bis zehnten Schuljahr. Der polytechnische Unterricht findet zumeist an einem Tag pro Woche in Polytechnischen Zentren oder »Kabinetten« größerer Betriebe statt und soll nicht nur allgemeinbildend und berufsvorbereitend wirken, sondern auch die Auswahl des späteren Berufs steuern.

Der Hauptweg zur Hochschulreife führt im Anschluß an die Polytechnische Oberschule über die zweijährige erweiterte Oberschule. Weitere Möglichkeiten bestehen durch die Berufsausbildung mit Abitur (→Ausbildung), durch das Fach- und Hochschulwesen mit der Arbeiter- und Bauern-Fakultät und den Industrieinstituten sowie im Rahmen der Weiterbildung an der Volkshochschule. Die Zulassung zur erweiterten Oberschule setzt nicht den Besuch der Vorbereitungsklassen voraus, ist jedoch vom Leistungsstand und der politisch-gesellschaftlichen Aktivität des Bewerbers, seiner sozialen Herkunft, wobei Kinder aus »Arbeiter- und Bauernfamilien« bevorzugt werden, und dem geschätzten gesellschaftlichen Bedarf abhängig. Weil man die Zahl der Absolventen reduzieren wollte, ist die Zulassungsquote zur erweiterten Oberschule zwischen 1973 und 1979 von 13 auf 8,2 v. H. der entsprechenden Altersgruppe gesenkt worden. Diese Schule vermittelt trotz teilweiser Differenzierung des Unterrichts nach wahlweise-obligatorischen und fakultativen Fächern die allgemeine Hochschulreife, die 1979 von 7,8 v. H. der Altersgruppe erreicht wurde. Allerdings berechtigt das Abitur nur zur Bewerbung an einer Universität oder Hochschule, garantiert jedoch keinen Anspruch auf einen Studienplatz. Über die Zulassung zum Hochschulstudium entscheidet allein die betreffende Hochschule nach den auch für die erweiterte Oberschule gültigen Kriterien.

Ferner gibt es in der DDR ein weit verzweigtes System von Spezialschulen und -klassen, die als notwendige Ergänzung und nicht als Gegensatz zum Einheitsschulsystem betrachtet werden. Sie dienen der Förderung besonderer künstlerischer, sportlicher, mathematischer und naturwissenschaftlicher Talente sowie der Intensivierung des Fremdsprachenunterrichts. Die Spezialschulen und -klassen beginnen in der Regel mit dem neunten Schuljahr und führen zur Hochschulreife. Über ihre genaue Zahl liegen keine statistischen Angaben vor. Der Anteil der Schüler in diesen Einrichtungen wird von Pädagogen der DDR mit 5 v. H. angegeben. Nicht zu verwechseln mit den Spezialschulen sind die Sonderschulen für körperlich und geistig behin-

derte Kinder. Sie sind wie in der Bundesrepublik nach Art der Behinderungen (→ Behinderte) gegliedert.

Zum durchgängigen Prinzip für das gesamte Schul- und Bildungssystem ernennt das Bildungsgesetz die »Einheit von Bildung und Erziehung« und die »Verbindung von Lernen und produktiver Arbeit«. Das Leitbild ist die »allseitig und harmonisch entwickelte sozialistische → Persönlichkeit«, die nicht nur über eine moderne Allgemeinbildung und hohes Spezialwissen verfügt, sondern auch die »sozialistische Moral« mit ihrem Bekenntnis zum Patriotismus und zum sozialistischen Internationalismus verinnerlicht hat.

III. Föderalismus und Zentralismus

Der auffälligste Unterschied zwischen den Schulsystemen der beiden deutschen Staaten ist die föderalistische Struktur und der Pluralismus in der Bundesrepublik und der Zentralismus sowie die Einheitlichkeit in der DDR. Diese verschiedenen Prinzipien finden sich auf allen Ebenen der Schulwirklichkeit wieder, von der Schulverwaltung über die Schulorganisation und die möglichen Bildungswege bis zur Lehrplan- und Unterrichtsgestaltung. Während es über das Bildungs- und Erziehungsziel in der Bundesrepublik eine Vielzahl konkurrierender Anschauungen gibt, steht dem in der DDR ein einheitliches und von der Führung der *SED* für verbindlich erklärtes Leitbild gegenüber, an dem sich alle pädagogischen Maßnahmen zu orientieren haben. Insofern erweist sich die S. als Spiegelbild des politischen Systems.

Die S. erfüllt in beiden Gesellschaften eine wichtige Funktion bei der Verteilung sozialer Positionen. Vermutlich ist diese in der DDR mangels konkurrierender Marktmechanismen sogar noch wichtiger als in der Bundesrepublik. In jedem Fall erhält damit die Gleichheit der Bildungschancen einen hohen gesellschaftspolitischen Wert. Nicht von ungefähr ist deshalb von der *Organisation für wirtschaftliche Zusammenarbeit und Entwicklung* die Chancengleichheit zum Maßstab für die Leistungsfähigkeit von Schulsystemen gewählt worden. In der DDR hat man die Chancengleichheit durch ein Maximum an Einheitlichkeit, in der Bundesrepublik durch größtmögliche Vielfalt zu sichern gesucht. Damit wird deutlich, daß der Begriff Chancengleichheit in beiden Systemen unterschiedlich interpretiert wird, nämlich zum einen mehr im egalitären Sinne von Chancenausgleich und zum anderen im Sinne einer optimalen Entfaltung der Fähigkeiten des einzelnen. Hält man dagegen Chancengleichheit nur bei gleicher Beteiligung aller Sozialschichten an der weiterführenden Bildung für gegeben, so ist dieses Ziel in keinem der deutschen Staaten erreicht, wenngleich festzustellen ist, daß der Anteil der →*Kinder* aus den unteren Sozialschichten in der Abiturstufe der DDR höher ist. Beide Schulsysteme sind in hohem Maß selektiv, wenngleich der Zeitpunkt der Auslese und damit die soziale Rückwirkung unterschiedlich ist. Während in der Bundesrepublik außer in den Gesamtschulen relativ früh eine Entscheidung über die künftige Schullaufbahn getroffen wird, findet die Auslese in der DDR später, dafür jedoch rigider statt. Zwar ist der Unterschied in der Abiturientenquote – sofern man in der DDR die Berufsausbildung mit Abitur einbezieht – nur relativ gering, doch erreichen in der DDR 84,5 v. H., in der Bundesrepublik nur 38,2 v. H. eines Altersjahrgangs den Abschluß des zehnten Schuljahres. Während also in der DDR eine breite Massenbildung auf mittlerem Niveau und eine schmale Elitebildung mit einer gezielten Förderung der Hochbegabten im Sinne eines dualistischen Systems angestrebt wird, sind die Abschlüsse in der Bundesrepublik sehr viel breiter gestreut.

Ein weiterer wesentlicher Unterschied beider Schulsysteme liegt schließlich in ihrem Verhältnis zur Wirtschaft und zur Berufs- und Arbeitswelt. In der DDR ist die Ausrichtung der S. auf die Anforderungen der Wirtschaft unumstritten. Die S. hat ihren Beitrag zur Steigerung der Arbeitsproduktivität zu leisten und ist somit eingebunden in das System der Arbeitskräfteplanung und Kaderpolitik. Diese Orientierung kommt u. a. in der polytechnischen Bildung deutlich zum Ausdruck. In der Bundesrepublik hat dagegen die S. die große Distanz zu Wirtschaft und Arbeit bisher nur zögernd verringert. Diese durch die neuhumanistische Bildungstradition geprägte Haltung ist nicht nur am Gymnasium, sondern auch in der Real- und Hauptschule wirksam und dort an den Schwierigkeiten ablesbar, das Fach Arbeitslehre einzuführen.

H.-P. Schäfer

Literatur

H. Siebert, Bildungspraxis in Deutschland. BRD und DDR im Vergleich, Düsseldorf 1970

A. Hearnden, Bildungspolitik in der BRD und DDR, Düsseldorf 1973

H.-P. Schäfer, Chancengleichheit und Begabtenförderung in der DDR, in: Deutschland Archiv, 10. Jg., 1977, H. 8, S. 818–829

Akademie der Pädagogischen Wissenschaften der DDR (Hrsg.), Das Bildungswesen der Deutschen Demokratischen Republik, Berlin (Ost) 1979

Max-Planck-Institut für Bildungsforschung, Projektgruppe Bildungsbericht (Hrsg.), Bildung in der Bundesrepublik Deutschland, 2 Bde., Reinbek 1980

Science-Fiction

I. Ängste und Hoffnungen – II. Wissenschaftliche Phantastik – III. Didaktik und Bedürfnis

I. Ängste und Hoffnungen

S. F. bezeichnet einen Teil der phantastischen Literatur, der sich im ausgehenden 19. Jh. durch Werke von J. Verne, H. G. Wells oder K. Lasswitz als eigenes Genre konstituierte, sich in den 30er und 40er Jahren des 20. Jh. vor allem in den USA zu einem beträchtlichen Zweig der Unterhaltungsliteratur entwickelte und rasch auch in anderen Medien, etwa im →*Film* durch F. Lang oder im →*Hörfunk* durch O. Welles, Fuß faßte. Der Begriff taucht 1851 zum ersten Mal bei dem englischen Essayisten W. Wilson auf, fand weitere Verbreitung aber erst seit 1929, als H. Gernsback, ein amerikanischer Autor und Herausgeber, ihn als Oberbegriff für die in seinem Magazin »Science Wonder Stories« publizierten Erzählungen verwendete und als Markenzeichen einführte. S. F. bezeichnete von Anfang an sehr disparate Produkte hinsichtlich des Inhalts und literarischen Niveaus, da in H. Gernsbacks Magazinen neben trivialen Abenteuergeschichten über fiktive Erfindungen auch Texte von Utopisten des 19. Jh. gedruckt wurden. Innerhalb der S. F. haben sich inzwischen Subgenres entwickelt, wie die sogenannte *Fantasy,* eine Mischform aus Abenteuer- und Ritterroman mit Elementen des Märchens. Ursprünglich bezeichnete S. F. Erzählungen von Ereignissen, für deren Eintreten ganz bestimmte historische, wissenschaftliche oder technische Voraussetzungen fehlen und die zwar nicht notwendig zu erwarten sind, aber durchaus nicht unmöglich scheinen. Bei näherem Hinsehen erweist sich jedoch, daß der Anspruch, mit dem naturwissenschaftlichen Weltbild nicht in Konflikt zu geraten, nur in den seltensten Fällen aufrechterhalten werden kann, denn meist werden bloß Pseudoerklärungen abgegeben. Vieles deutet darauf hin, daß die S. F. ein Wiederaufleben des Lügenromans in neuem Gewand darstellt, der einer gewandelten Erwartungshaltung des Publikums entspricht. Der Mensch des Industriezeitalters, dessen →*Alltag* weitgehend von Technik und Wissenschaften bestimmt ist (→*Industriekultur),* möchte die Faszination des Wunderbaren nicht missen, aber auch nicht »naiv«, sondern »plausibel« belogen werden. Er fordert, daß ihm eine »rationale« Erklärung mitgeliefert wird, und sei sie pseudorational. Erst dann ist er bereit, seine Zweifel hintanzustellen und sich der Spekulation hinzugeben.

In die S. F. mündet eine ganze Reihe von literarischen Traditionen sowohl aufklärerischer wie antiaufklärerischer Herkunft, die Utopie *(→ Zukunft)* sowie der phantastische Reiseroman und die *gothic novel* der englischen Romantik. Schon um die Mitte des 19. Jh. ist im »utopisch-technischen Zukunftsroman« oder im »Ingenieurroman« eine positivistisch-mechanistische Entpolitisierung der Utopie zu einer Art »wertfreien« Futurologie zu beobachten, getragen von dem Glauben, daß eine ungehemmte Entwicklung der Technik von allein alle Probleme lösen und utopische Zustände herbeiführen müsse. Von diesem Geist war der größte Teil der S. F. in der ersten Hälfte des 20. Jh. getragen, so zum Beispiel bei H. Dominik, und nahm in den 30er und 40er Jahren mit H. Gernsback, W. Campbell und R. A. Heinlein konservativ-technokratische, nicht selten sogar faschistoide Züge an. Ausprägung fand diese Richtung vor allem in der *Space Opera,* einer Analogiebildung zur *Horse Opera,* das heißt dem *Western,* militaristischen Weltraumepen also, in denen galaktische Imperien, Entscheidungsschlachten gegen andere Rassen und dergleichen ausfabuliert wurden. Diese Art von S. F. lebt heute vor allem in einschlägigen, aber auflagenstarken Heftserien wie *Perry Rhodan* fort. Aus der ernstzunehmenden S. F. sind Fortschrittsoptimismus und Technikgläubigkeit fast völlig verschwunden. Eine andere Richtung, die als »Anti-Utopie« oder »Dystopie« bezeichnet wird, überwiegt bei weitem. Sie prangert die Zerstörung der Umwelt, die Plünderung der Ressourcen, die schrankenlose Technisierung, das Wettrüsten und die wachsende Manipulation des Menschen an. Da die gehobene *→ Literatur* sich nur selten oder sehr indirekt Problemen widmet, die aus Wissenschaft und Technik erwachsen, bildet die S. F. ein Forum, auf dem etwa Wissenschaftler ihre Sorgen und Befürchtungen vor verhängnisvollen Entwicklungen artikulieren und einem breiteren Publikum vortragen können. Tatsächlich hat die S. F. weit mehr als die Futurologie die Möglichkeit, problematische Entwicklungen bewußt zu machen, denn sie kann sich als erzählende Literatur emotionaler Komponenten bedienen, vor allem der Übertreibung und Verfremdung, um latente Ängste ins Bewußtsein zu heben. Bei der S. F. werden vor allem Zukunftshoffnungen und Fortschrittsglaube auf der einen und Zukunftsangst vor Entwicklungen der Technik und Wissenschaft auf der anderen Seite bis hin zu den auf unbewußter Ebene gehegten Träumen sowie Wunsch- und Machtphantasien angesprochen. Den letzteren kommt ein sehr großer Teil des Angebots an S. F. auf dem Medienmassenmarkt auf unterster Ebene entgegen. Vor allem *→ Comics* wie »Superman« und Weltraummärchenfilme wie »Krieg der Sterne«, »Das Imperium schlägt zurück« mit ihren stehenden Helden leisten dem Eskapismus Vorschub.

In ihren anspruchsvolleren Werken benutzt die S. F. ihre spezifischen Mittel wie das beliebige Agieren in Raum und Zeit, zur Bewußtmachung von Problemen, indem sie die Wirklichkeit verfremdet und in Frage stellt. Dabei ist die S. F. keine Hochrechnung bekannter Fakten, um ein wahrscheinliches Zukunftsbild zu entwerfen. Vielmehr ist sie Projektion von Hoffnungen und Ängsten in einen imaginären Zukunftsraum und insofern stets *→ Karikatur* der Gegenwart und Zerrbild der Welt, in der der Autor lebt. Das macht sie besonders im 20. Jh. zu einer eminent »seismographischen« Literatur, in der die beherrschenden Ängste verzeichnet sind. So waren die bevorzugten Themen in den 50er der Atomkrieg und Mutationen durch Radioaktivität, der allmächtige Computer und die Überbevölkerung in den 60er, Umweltvernichtung, Datenmißbrauch und Genmanipulation in den 70er Jahren. Natürlich kamen auch Hoffnungen wie der Wunsch nach friedlicher Nutzung der Atomkraft oder der Raumfahrt und der Erschließung neuer Energiequellen zum Ausdruck. Allerdings ist zu konstatieren, daß der Ängste mehr, der Hoffnungen weniger geworden sind.

II. Wissenschaftliche Phantastik

Anders bietet sich die S. F., dort »Wissenschaftliche Phantastik« genannt, in sozialistischen Ländern wie der DDR dar. Da die niveaulose Massenliteratur, die sich vorwiegend auf infantile Ängste und Wunschvorstellungen bezieht, als Symptom für die Dekadenz einer Gesellschaft gilt, indem sie die Menschen von den eigentlichen Problemen ablenken soll, wird sie nicht geduldet. Hoch bewertet wird das Moment des Didaktischen. Es wird die Darstellung eines positiven Helden gefordert, der durch seine Kalkulierbarkeit zwangsläufig spannungsärmer ist als ein ambivalenter oder gar zwielichtiger Charakter. Da die meiste S. F. in der Zukunft spielt, muß sie zwangsläufig in einer sozialistischen, das heißt einer klassenlosen und relativ konfliktarmen Gesellschaft spielen, in der sich nur schwerlich Spannung konstruieren läßt. Diesem Dilemma entgehen die sozialistischen Autoren von S. F. auf verschiedene Weise. Dem traditionellen technischen Zukunftsroman zum Beispiel H. Dominiks oder, für die DDR, L. Tureks folgend, beziehen sie Spannung vornehmlich aus der Auseinandersetzung mit unbelehrbaren Elementen, die sich dem technischen und gesellschaftlichen Fortschritt in den Weg stellen. Oder sie schildern, wie J. und G. Braun, die Begegnung mit extraterrestrischen Zivilisationen, auf die menschliche gesellschaftliche Maßstäbe nicht ohne weiteres anwendbar sind, oder die sich in einem Stadium ihrer historischen Entwicklung befinden, das für eine sozialistische Revolution noch nicht reif ist. Auch wird die Versetzung eines Menschen von heute in eine ferne Zukunft oder entsprechende extraterrestrische Gesellschaft geschildert, in der sozialistische Ideale längst Selbstverständlichkeit geworden sind, in der es für den Protagonisten zu Anpassungsschwierigkeiten kommt. A. Leman schließlich schildert Konflikte, die aus neuen Erfindungen oder Katastrophen erwachsen, auf die das System mit Unverständnis, zu starr oder schleppend reagiert.

Grundsätzlich läßt sich auch die sozialistische S. F. in eine optimistisch-fortschrittsorientierte und in eine reserviert-fortschrittskritische einteilen, in denen, stark verfremdet, Systemkritik möglich ist und auch geübt wird. Während bis etwa Mitte der 60er Jahre ausschließlich S. F. der ersten Kategorie erschien, gibt es seither in verstärktem Maß solche der zweiten. Gleichzeitig ist ein erheblicher Anstieg des literarischen Niveaus zu verzeichnen. Trotz des gelegentlichen Abweichens von der sozialistischen Norm ist insgesamt in der sozialistischen S. F. eine weit stärkere Kohärenz der Zukunftsmodelle festzustellen als in der westlichen S. F., die auf den gemeinsamen Geschichtsbegriff zurückzuführen ist. Dies zeigen etwa die Ablehnung des Determinismus, die Betonung der Verantwortlichkeit des Menschen vor der Geschichte und für seine Zukunft oder ein strikter moralischer Imperativ bei der Begegnung mit nichtmenschlichen intelligenten Lebewesen mit prinzipiellem Verzicht auf Gewaltanwendung.

III. Didaktik und Bedürfnis

Die Modelle für angloamerikanische S. F. und sowjetische »NF« (na'útschnaja fantastika, wissenschaftliche Phantastik) sind H. G. Wells mit seiner vermeintlich wissenschaftlichen Verständlichmachung von Schockierend-Unwahrscheinlichem und J. Verne mit der Extrapolation von Plausibel-Wahrscheinlichem ins Phantastisch-Denkbare. Angloamerikanische S. F. entfaltet schockierende Alternativen zur zivilisatorisch-kapitalistischen, sozialen Situation, ist darum »schwärzer«, verdeutlicht Ängste und allgemeinste Alpträume, gibt sich »negativ«, ist aber spannend und setzt das happy end als Schlußpunkt. Sozialistische »NF« schreibt hoffnungsvolle Trends der Gegenwart ins Sozial-Effektive fest, setzt also das erwartbare happy end in den Ansatz des erzählerischen Entwurfs und ist mithin erzählerisch »langweiliger«.

Die publizistisch-didaktische Absicht der angloamerikanisch geprägten S. F. ist ein Denkanstoß durch erzählerisch-unterhaltsam präsentierte Alternativmodelle, die der »NF« die Ausführung der kulturpolitischen Aufgabe des Sozialistischen Realismus, das heißt erzählerische Bestätigung der parteilich-geforderten Abbildung des zu erzielenden technologischen Fortschritts.

Wegen der unterschiedlichen Marktsituationen in der Bundesrepublik und der DDR gab und gibt es keine Taschenbuch- oder Heftreihen mit S. F. in der DDR. Den seit 1945 in der DDR wenig mehr als 500 produzierten Titeln steht eine kaum exakt zu beziffernde Titelschwemme an S. F. in der Bundesrepublik gegenüber. Andererseits kennt die DDR nicht den Gegensatz zwischen Literatur und massenhaft produzierter und konsumierter Trivialliteratur. In der DDR schreiben Autoren wie G. Kunert, R. Schneider, G. Branstner, G. Prokop, G. de Bruyn oder B. Ulbrich humoristisch-ironische S. F., für die sich die Frage nach »hoher« oder »trivialer« Literatur nicht stellt.

In der Bundesrepublik wurde S. F. seit der zweiten Hälfte der 50er Jahre geprägt durch Übersetzungen aus dem angloamerikanischen Markt. Deutschsprachige S. F. machte seit den 60er Jahren zum Beispiel durch H. W. Frankes »Der grüne Komet« von sich reden. Jedoch schwieg die Literaturkritik ähnlich wie zu S. F.-Hörspielen deutscher Autoren, die seit den 60er Jahren regelmäßig in den Programmen westdeutscher Sender ausgestrahlt werden. Die Affinität des Hörspiels zu S. F. beruht in formalen und inhaltlichen Faktoren. Der Dramaturgie des Hörspiels entspricht das inhaltliche Konzept der S. F., nämlich Information und Unterhaltung, Fiktion, Kalkül und Experiment in der Anlage. Hörspiele wie S. F. beanspruchen Phantasie.

Das Hörspiel braucht in unseren Anstalten des öffentlichen Rechts Marktzwängen und -trends nicht nachzugeben. Weil → Hörfunk in den USA kommerziell und in der UdSSR staatlich-politisch verwaltet ist, gibt es die Sendesparte Hörspiel in diesen Radiosystemen so gut wie nicht. Darum ist das deutsche Originalhörspiel, das S. F. zum Inhalt hat, in der Welt fast unbekannt, obwohl es die Chancen des Genres S. F. eher optimiert als die angloamerikanische Space Opera und S. F. zum Thema Technologie oder als volksdemokratische Hochglanz-Sozial-Utopien. Beispiele sind G. Eichs »Träume« (1951), F. Dürrenmatts »Das Unternehmen der Wega« (1955), H. W. Frankes »Papa Joe & Co« oder E. M. Mudrichs »Das Glück von Ferida«. Der S. F.-Film informiert eher über Innovationen der Trickfilmbranche als über Denkmodelle der S. F. Hier erweist sich das Hörspiel mühelos als weit überlegen und erreicht, verglichen mit der Standardauflage eines Taschenbuchs, mit jeder Sendung ein Vielfaches an Rezipienten.

Unsere technologisch-industrielle Welt mit ihrem Dilemma von Symbol und Apparat, Unterbewußtsein und Perfektion antwortet mit Identifikationsmustern und Latenzbestätigungen, wie sie sich in der S. F. und der Fantasy ausmachen lassen. → Helden mit dem Markenzeichen des offenkundigen Inkognito, wie »Fantom«, »Superman«, »Flash Gordon«, »Spiderman« oder »Tarzan«, fungieren als konsumierbare Kompensation des → Alltags. Die Auflagenerfolge von J. R. R. Tolkiens »Der Herr der Ringe« und M. Endes »Die unendliche Geschichte« markieren ein Defizit der intellektuellen Hochkultur. E. v. Dänikens »Erinnerungen an die Zukunft« von den Göttern, die Astronauten waren, machen den strikten Wunsch breitester Massen nach Sinngebung in einer sinnlos erscheinenden Welt deutlich. Gegen E. v. Däniken oder gegen *Fantasy* kann man intellektuell unschwer argumentieren, jedoch läßt sich gegen den Markt und den gesellschaftlichen Signalcharakter dieser Genres Ignoranz nicht ins Feld führen.

W. Jeschke (I, II), D. Hasselblatt (III)

Literatur
D. Hasselblatt, Grüne Männchen vom Mars, Düsseldorf 1974
D. Suvin, Poetik der S. F. Zur Theorie und Geschichte einer literarischen Gattung, Frankfurt a. M. 1979
H.-J. Alpers, W. Fuchs, R. M. Hahn, W. Jeschke, Lexikon der S. F.-Literatur, 2 Bde., München 1980
Neugier oder Flucht? Zu Poetik, Ideologie und Wirkung der S. F., hrsg. von K. Emert, Stuttgart 1980
R. Jehmlich, S. F., Darmstadt 1980
F. Rottensteiner, Die ›wissenschaftliche Phantastik‹ der DDR, in: Polaris 5, hrsg. v. F. Rottensteiner, Frankfurt a. M. 1981

Sehen

Der Gesichtssinn ist der am ausgeprägtesten entwickelte Sinn des Menschen. Die menschliche Wahrnehmungswelt ist eine primär visuelle Welt, die durch die Wahrnehmungen der anderen Sinne Tiefe und Plastizität erhält. Entsprechend erfolgt die Orientierung des Menschen in der Umwelt hauptsächlich über den Gesichtssinn. Wir machen uns jeweils ein »Bild« von einer Situation und keinen »Klang«. Dies gilt auch dann, wenn der Gesichtssinn ausfällt. In diesem Fall versuchen wir, aus den Wahrnehmungen der anderen Sinne ein → *Bild* der Situation zusammenzusetzen. Allein dies schon läßt erkennen, daß ein solches Bild niemals nur Abbild sein kann, sondern immer schon Deutung ist. Der Begriff des S. umgreift somit sowohl den Bereich des Visuellen als auch den des Interpretierens, des Sinngebens und des Deutens. Auch im scheinbar rein Visuellen ist ein Moment des Deutens enthalten. Der Aspekt des Deutens im Begriff des S. allerdings bezieht sich nicht nur auf das Visuelle, sondern auch auf die Empfindungen der anderen Sinne.

Eine extreme Ausprägung des Deutens wird durch den Begriff der Weltanschauung bezeichnet. Eine Weltanschauung ist ein Bild von der Welt und vom Menschen in der Welt, in dessen Rahmen derjenige, der die jeweilige Weltanschauung hat, sich selbst und die ihm zusammen mit den anderen widerfahrenden Ereignisse sieht und deutet. Sie

kann Quelle von Idealen sein, sie kann aber auch erstarren und damit die menschliche → *Wahrnehmung* gegen das Wirkliche abdichten. Dies ist deshalb wichtig, weil in den beiden deutschen Staaten verschiedene Weltanschauungen herrschen. Die jüngere Generation, wenn auch bei weitem nicht sie allein, hatte die Geschichte des nationalsozialistischen Regimes als Geschichte der Okkupation, Perversion und Ausplünderung ihrer Ideale erlebt. Eine ganze Tradition sinn- und identitätstragender Bilder, Metaphern und Symbole lag nach dem »Zusammenbruch« im Jahr 1945 in Schutt und Asche. Es herrschte eine tiefe Skepsis gegen jede weltanschauliche oder von umgreifenden Sinndeutungen handelnde Rhetorik. Jeder Versuch, dann doch wieder ein Bild vom eigenen Selbst, von der Welt und von der Wirklichkeit zusammenzusetzen, hatte mit dieser Skepsis zu rechnen. Der Stellenwert, der solchen Versuchen bei der Beseitigung der Trümmer und beim materiellen Wiederaufbau zukam, war in beiden deutschen Staaten sehr verschieden.

In den Westzonen und in der Bundesrepublik geschah der Wiederaufbau im Zeichen eines totalen Ideologieverdachts. Die Frage nach einem neuen Selbst- und Wirklichkeitsverständnis wurde nur vereinzelt gestellt und dann von den raschen materiellen Erfolgen für lange Zeit nachhaltig kompensiert. Die visuelle Dimension dieses wirtschaftlichen Trittfassens der 50er Jahre erschien in der nostalgischen Perspektive der späten 70er Jahre als eine Art »glücklicher Augenblick«. Die aus den Trümmern erstehende visuelle Alltagswelt wiederholte in Formgestaltung und Farbe einerseits Vertrautes, andererseits war jedoch alles von dem Neuen überformt, das nach der langen Isolation ins Land kam. Auf den Straßen etwa konnte man die vertrauten Konturen des Volkswagens sehen und daneben die neue Formenwelt der von der amerikanischen Automobilindustrie inspirierten Karosseriedesigns. Als die Industrie dann nach der Überwindung der elementaren Not die Einsicht in die Bedeutung des Erscheinungsbildes ihrer Produkte in immer ausgefeiltere Kombinationen von Produktgestaltung, Verpackung und Werbestrategien (→ *Werbung*) umsetzte, kam es zu einem regelrechten Schub in der Diversifizierung der visuellen Alltagswelt (→ *Alltag*). Vor dem Hintergrund der hier und dort noch vorhandenen oder auch nur erinnerten Trümmer wurde dies allenthalben sehr positiv als Bereicherung und Aufhellung erlebt. Heute wirken die inzwischen zu Sammelstücken gewordenen Produkte dieser Zeit nebst den Utensilien der ihnen zugehörigen Marketingkampagnen wie ein Aufleuchten der Oberfläche kurz vor deren Verselbständigung.

Diese Verselbständigung hat ihre Ursache sowohl in einer Veränderung der Disposition visuellen Erlebens als auch des visuell Erlebten. Bei denjenigen, die das Jahr 1945 bewußt erlebt haben, ist die

637

Erinnerung an die Trümmer als Hintergrund des Erlebens allmählich verblaßt. Des weiteren wachsen inzwischen Generationen heran, die die unmittelbare Nachkriegszeit nicht oder nicht bewußt erlebt haben. Auf der anderen Seite wurden die Werbekampagnen zunehmend aggressiver und unentrinnbarer, der Wandel im Erscheinungsbild der Produkte immer schneller und das Band zwischen diesem und den Produkten selbst immer weniger erfahrbar. Kaum zu unterschätzen aber ist bei diesem Prozeß der Verselbständigung die Rolle des neuen Mediums → *Fernsehen,* das sich im ersten Drittel der 60er Jahre endgültig durchsetzte und zum festen Bestandteil des Alltags wurde. Der Umfang des visuell Erfahrbaren änderte sich damit beträchtlich. Hatte man bis dahin Wissen und Kenntnisse von der Welt und des Wirklichen, die man nicht unmittelbar kennenlernen konnte, vorwiegend über das Wort bezogen, sei es durch Lektüre, sei es durch Gespräche oder dann auch durch den → *Hörfunk,* so trat an dessen Stelle nunmehr das Fernsehbild. Damit verschob sich das quantitative Verhältnis zwischen den Dingen, von denen man sich durch unmittelbare Erfahrung ein Bild macht, und denjenigen, die man nur im Bild wahrnimmt, in hohem Maße zugunsten letzterer. Die Welt der Bilder wurde zu einer zweiten Realität, und bald war es ganz selbstverständlich, nicht nur die eine oder andere Fernsehsendung »wie im Leben«, sondern auch wirklich Erlebtes »wie im Fernsehen« zu finden. Beides zusammen nun, das Verblassen oder Fehlen der Erinnerung an die visuelle Tristesse der Nachkriegszeit als distanzierender Erlebnishintergrund und die Inflation der Bilder und Erscheinungsbilder führten zu einem visuellen, aber nicht nur visuellen Unbehagen, das sich seit dem letzten Drittel der 60er Jahre zu formieren begann.

Eine ganze Reihe von Phänomenen sind als visueller Ausdruck dieses Unbehagens oder auch schon als Versuche seiner Bewältigung zu verstehen. So etwa das Aufkommen der Jeansmode und die damit einhergehende Lockerung der Kleideretikette. Mehr und mehr paßt alles zu fast allem und bei fast jeder Gelegenheit. Ein großer Teil der Jugend koppelte sich damit vom ständigen Wechsel der Moden ab oder versuchte zumindest, eine Distanz dazu herzustellen. Ein zweites Beispiel ist die Vorliebe für Gebrauchtes und Trödel aller Art, die damals ihren Anfang nahm. Man liebte, sich mit Dingen zu umgeben, die nicht den allgegenwärtigen Bildern gleichen, denen vielmehr die Patina des Gebrauchs anhaftet und von denen man sich ein Bild nur machen kann, indem man sie selbst anschaut. Seinen theoretischen Ausdruck aber fand dieses Unbehagen in einer sehr umfangreichen Literatur zum Thema Manipulation, die auch den visuellen Aspekt des Problems sehr ausführlich behandelte. Über Taschenbuchreihen wurden die dort formulierten Konzepte verhältnismäßig weit verbreitet,

und in den 70er Jahren fanden sie dann sogar Eingang in Lehrpläne und Schulbücher. Das visuelle Unbehagen der späten 60er Jahre mündete so in eine Zunahme visueller Bewußtheit. Die visuelle Hektik, mit der sich vor allem die Stadtbevölkerung ständig konfrontiert findet, wird heute mit weit mehr Abstand und auch weit gelassener erlebt als noch vor zehn oder fünfzehn Jahren.

Im Unterschied zur Bundesrepublik war beim Wiederaufbau in der DDR die Rolle eines ausformulierten Bildes vom Menschen, von der Welt und vom Menschen in der Welt geradezu beherrschend. Zumindest in den Augen seiner Organisatoren war der materielle Wiederaufbau zugleich die erste Phase im Aufbau des sowjetorientierten Sozialismus als Verwirklichung dessen, was historisch fällig war. Das unmittelbar Gegebene, die Dinge, Situationen und Ereignisse, die Erfolge und Mißerfolge sollten so transparent werden. Diese Absicht wurde als der letztinstanzliche Horizont eingesetzt, von dem her der Sinn aller Phänomene bestimmt wurde und bestimmt werden sollte. Ziel des ständigen »Kampfs um die Gehirne« war und ist es, den für diese Transparenz empfänglichen Blick für das Neue bei den Massen auszubilden. Ganz im Sinne des Leninschen Konzepts der → *Presse* als »kollektivem Agitator« wurde und wird diese Aufgabe weitgehend den Massenmedien, zum Teil aber auch den Bildungseinrichtungen zugewiesen.

Das Bemühen um die Schärfung dieses Blicks ist in der Alltagswelt der DDR in den verschiedensten Ausprägungen als visuelles Phänomen gegenwärtig. So etwa in Spruchbändern mit Parolen wie »Der Sozialismus gibt dem Leben der Menschen Sinn und Halt« oder »Ewige Freundschaft mit der Sowjetunion – das ist der Herzschlag unseres Lebens«. Die Zahl solcher Spruchbänder hat in den letzten Jahren abgenommen, dennoch sind sie weiterhin unübersehbar. Weitere Beispiele sind die verschiedenen Symbole und Embleme des Staates, die Vielzahl der als Abzeichen verliehenen Auszeichnungen und die weitgehende militärische und paramilitärische Uniformierung.

Nun war die Skepsis gegenüber weltanschaulicher Rhetorik bei den Menschen, die nach 1945 in der Sowjetischen Besatzungszone lebten, nicht geringer als bei denen in den Westzonen. Nur bei einem sehr kleinen Teil der Bevölkerung ist es gelungen, diese Skepsis abzubauen. Für den weitaus größten Teil blieb der Blick für das Neue ein unglaubwürdiges Gebot. Die verschiedenen Formen der Auseinandersetzung mit diesem Gebot bestimmen den Blick auf die Dinge weit mehr als es selbst.

Eines der auffallendsten Phänomene ist die Diskrepanz zwischen der Sicht der Dinge, die man in der Öffentlichkeit und der Arbeitswelt zur Schau trägt, und der Sicht, die man als Privatperson hat. Da der offizielle Blickwinkel jedoch eine ganzheitliche Sicht der Welt und des Menschen enthält und diesen auch in seinem privaten Bereich erfaßt, kommt es an der Bruchstelle zwischen privatem und offiziellem Blickwinkel nicht selten zu Konflikten. Das Problem der Identität, so wie es in der Literatur der DDR häufig diskutiert wird, hat hier seine Wurzel. Die in den letzten Jahren auch in der DDR immer mehr um sich greifende Vorliebe für →*Antiquitäten* und dekorativen Trödel ist vermutlich ebenfalls aus diesem Zusammenhang zu verstehen. Man umgibt sich mit Dingen, deren Patina die technologisch und ideologisch geformte Welt in den eigenen vier Wänden auf Distanz hält. Wesentlich konfliktgeladenere Formen der Auseinandersetzung finden sich bei den Jugendlichen als »Symbolabwehr« oder regelrechter »Symbolkrieg«. Attribute des westlichen Lebensstils wie Plastiktüten, Firmenzeichen oder auch Kugelschreiber mit Firmenaufdrucken werden in den Rang von Symbolen erhoben und gegen die offiziellen Symbole gestellt. Allerdings zeigt sich gerade darin auch eine so freilich nicht beabsichtigte Wirkung der ständigen Bemühung um die Formung der Sichtweise. Die nach 1945 in der DDR aufgewachsene Generation ist weit empfänglicher für die mögliche Transparenz der Dinge, für deren symbolische oder bedeutungsvolle Dimension, als die entsprechende Generation in der Bundesrepublik.

R. Düßel

Literatur

G. de Bruyn, Buridans Esel, Halle a. d. S. 1968
G. Képes, Sprache des S., Mainz, Berlin (West) 1971
R. Arnheim, Anschauliches Denken. Zur Einheit von Bild und Begriff, Köln 1972
H. Bümmer, A. Schulz, Stadt und Zeichen. Lesarten der täglichen Umwelt, Köln 1976
W. Mleczkowski, Formen der Selbstbehauptung in der DDR. Politliturgie und Symbolkrieg. in: Deutsche Studien, 16. Jg., 1978, H. 62, S. 121–137
H. Schipperges, Welt des Auges. Zur Theorie des S. und der Kunst des Schauens, Freiburg 1978

Sexualität

Während sich das Wort »sexuell«, bezogen auf die Geschlechtsunterschiede im allgemeinen, seit dem späten 18. Jh. nachweisen läßt, wird der Begriff S. erst im 19. Jh. gebräuchlich. Sein Auftauchen markiert eine zunehmende Problematisierung und Objektivierung sexueller Erfahrung durch eine Reihe literarisch-wissenschaftlicher Instanzen der bürgerlichen Kultur, wie →*Psychologie,* Biologie, Soziologie, Demographie oder →*Kunst.* Ein Meilenstein in der wissenschaftlichen Betrachtung der S. ist die von S. Freud begründete →*Psychoanalyse,*

die ältere Traditionen sexualwissenschaftlicher Forschung, z. B. R. v. Krafft-Ebings, des Begründers der wissenschaftlichen Sexualpathologie, mit den seit der Romantik manifesten Tendenzen zur Psychologie des Unbewußten zusammenfaßte. In ihrer Popularisierungsphase wurde die psychoanalytische Theorie der sexuellen Entwicklung zu einem Faktor der sogenannten »sexuellen Revolution«, mit der man Erscheinungen zusammenfaßt, die in unserem Jahrhundert eine relative Liberalisierung der S. und deren Ablösung von älteren christlich-bürgerlichen Wertungen und Einschränkungen bewirkt haben.

Die Wandlungen im neuzeitlichen Sexualitätsbewußtsein sind Teil eines umfassenden →*Kulturwandels,* der sich bis in die überlieferten Familienstrukturen, Charakterformen und Erlebnisweisen der Individuen erstreckt. Die Ausrichtung der Gesellschaft an der industriellen Produktion und am erweiterten Warenverkehr verwickelte die Individuen in die Widersprüche zwischen zunehmender Triebkontrolle und Instrumentalisierung körperlicher und geistiger Fähigkeiten und fortschreitender Vereinzelung durch die Auflösung traditioneller Bindungen an Dorfgemeinschaft, Großfamilie, Zunftverband. Der moderne Individualismus, wesentliche Komponente westlicher Sozialideologien, ist auch der Versuch, die Verluste jener älteren Bindungen vor allem als Gewinn an »Freiheiten« aufzufassen, als die Freiheit, über eigene Arbeitskraft, Talente und S. unbevormundet zu verfügen. Mit dem bürgerlichen Ideal der Liebesehe erbt das 20. Jh. vom 19. und 18. Jh. auch die an diesem Ideal haftenden Desillusionierungen und Widersprüche in Form einer doppelten Moral; so Freizügigkeit des Mannes bei ehelicher Treue der Frau; Liebesidealismus und abgespaltene »niedere« Sexualbefriedigung in Form eines latenten erotischen Zynismus, der Prostitution und Promiskuität ebenso wie in derjenigen einer pornographischen Illusionsindustrie, die sowohl Ausdruck von »Liberalisierung« als auch von fortbestehender Sexualunterdrückung und Wunschnotständen ist.

In der Weimarer Republik mehrten sich die Anzeichen dafür, daß Verhaltensweisen, die zuvor auf die Sphäre der »erotischen Kunst«, der Bohème und der Außenseiter begrenzt waren, in die Massenkultur vorzudringen begannen. Die sozialgeschichtliche Forschung hat die Frage nach der sexuellen Emanzipation in jenen Jahren noch kaum zureichend durchdrungen. Ist von der Kultur der Zwanziger Jahre die Rede, so tauchen zwar unweigerlich bekannte Klischees von freier S., Frauenemanzipation und »Neuer Frau« als Kameradin, Girl, Kumpel, Genossin, Angestellte, Mädel, Modell auf, jedoch besagt dies wenig Genaues über das wirkliche Verhältnis von Zwang und Freiheit in den Geschlechtsverhältnissen. Es gibt Hinweise darauf, daß das Wort »Freie S.« in gewisser Hinsicht nur einen Strukturwandel der Prostitution verklärt, wenn man z. B. die in der deutschen Provinz berüchtigte »Berliner Libertinage«, die zu einem Gutteil aus der Elendsprostitution der Inflationsjahre 1921 bis 1923 hervorging, berücksichtigt.

Die Zeit des Nationalsozialismus steht im Zeichen einer sexualpolitischen Restauration. Die Weimarer »Phänomene« werden durchwegs von der offiziellen Ideologie als undeutsch und entartet diffamiert. Von der neusachlichen Sexualmoral wenigstens mitinspiriert ist jedoch der faschistische »züchterische Gedanke«, der ideologisch im völkischen Rassismus wurzelt und praktisch im Zusammenhang mit der Remilitarisierung des Staates zum Zweck der Kriegsvorbereitung gesehen werden muß. Den Geschlechterrollen werden altertümelnde Vereinfachungen aufgeprägt: »Krieger« und »gebärende Mutter«. Als Ideal gilt das Bild der bäuerlich-ständischen, autoritären, patriarchalischen, kinderreichen Familie. Die »emanzipierte Frau« erscheint als Produkt demokratischer, »westlicher«, jüdisch-bolschewistischer Dekadenz. Was in diesen Schablonen nicht aufgeht, wird entweder sportlich-züchterisch umkleidet oder mehr noch propagandistisch auf das Feindbild der triebhaften Juden projiziert; es ist die Rede von der »unersättlichen und unbezähmbaren Geschlechtsgier der Juden«, ihrem »Hang zur Unzucht, zur Perversität«; die Jüdin gilt als »verkörperte Sinnenlust« (Der Stürmer, 7/1929).

In den 50er und 60er Jahren der Bundesrepublik knüpfte die Familien- und Erziehungspolitik (→ *Familie*) der CDU und CSU, insbesondere was die Fixierung der → *Frau* (→ *Mann*) auf Haushalt und Mutterrolle anbelangt, an restaurativen Vorstellungen an. Ausdruck dessen ist eine restriktive Rechtsprechung im Familien- und Sexualstrafrecht. Im Zuge des Wiederaufbaus und des Wunsches nach geordneten Verhältnissen wurden häuslich-familiäre Wertvorstellungen auch hinsichtlich der Geschlechterverhältnisse neu betont. Auf welche Weise sich diese innerdeutschen psychopolitischen Traditionen und Reaktionen mit den sexual-kulturellen Moden und Leitbildern der Nachkriegszeit, insbesondere den existentialistischen Strömungen und der zweiten Amerikanisierungswelle nach jener der Zwanziger Jahre verbanden, ist noch nicht hinreichend erforscht. Wie stark sich die Nachkriegssexualität an Idealen der Familiengründung und Fortpflanzung orientiert, zeigen die bis in die 60er Jahre außerordentlich hohen Geburtenraten, die jährlich eine Million überstiegen, gegenüber durchschnittlich 500 000 am Ende der 70er. Erst im Klimaumschwung der späteren 60er Jahre, die zugleich mit der *Außerparlamentarischen Opposition* und dann der sozialliberalen Koalition eine neue Dimension → *politischer Kultur* eröffnen, die ihre Akzente auf Emanzipation, Antiautoritarismus und Abwehr einer repressiven politischen und sexuellen Moral

setzte, kommt es zu einem Neuansatz im Erleben der Geschlechterverhältnisse. Populäre Zeitschriftenserien zur sexuellen → *Aufklärung* für Erwachsene (O. Kolle) deuten die gesellschaftliche Breite des Bewußtseinswandels an und leiten eine bis heute ungebrochen anschwellende Psychologisierung des Sexualitätsbewußtseins ein, wie sie zur Zeit für die gehobenen Mittelschichten typisch ist und zur Ausbildung neuer → *Subkulturen* zu führen begonnen hat. Die Strafrechtsreformen der Jahre 1969 bis 1973 heben die Strafverfolgung erwachsener Homosexueller auf. Seit 1974 werden Schwangerschaftsabbrüche aufgrund bestimmter, medizinischer oder sozialer Indikationen freigegeben. Während der 60er Jahre führten die in den Medien stattfindende Diskussion über neuere Methoden der Empfängnisverhütung sowie die Liberalisierung des allgemeinen Zugangs zur »Antibabypille« zu einem tiefen Einschnitt in der Kulturgeschichte der S. Seither lassen sich komplexe Verschiebungen im kollektiven und individuellen Sexualverhalten und -erleben beobachten. Empirische Untersuchungen deuten auf einen moralgeschichtlichen Bruch zwischen den Generationen, die vor oder nach der »antikonzeptiven Revolution« aufgewachsen sind. Sie wirkt als einer von vielen Faktoren in der neuen, bewußteren Einstellung der jüngeren Generation zur Fortpflanzung, die zu einem rapiden Geburtenrückgang beigetragen hat – scheinbar in paradoxer Gegenbewegung zu der permanenten Verlängerung der Periode sexueller Aktivität und Fruchtbarkeit der Frau, die im Unterschied zu der kürzeren Spanne vom 16. bis 45. Lebensjahr in den zurückliegenden Jahrhunderten heute vom 12. bis zum 51. Lebensjahr reicht.

In der psychologischen und soziologischen Literatur der Bundesrepublik begann eine Grundsatzdiskussion über Entwicklung der Psychosexualität unter den bestehenden gesellschaftlichen Verhältnissen, ohne doch bislang zu eindeutigen Resultaten geführt zu haben. Mit Sicherheit jedoch haben die Frauenbewegungen der 70er Jahre sowie verschiedene Ansätze zu einer »Männerbewegung« und Homosexuellenemanzipation von den freiheitlichen Anregungen der Studentenbewegung profitiert. Seither sind in der theoretischen Diskussion so gut wie alle ideologischen Positionen bürgerlicher Sexualmoral in Frage gestellt worden. Moral insgesamt wurde als Herrschaftsinstrument aufgefaßt, das die faktische sozialpsychische Desintegration, → *Entfremdung* und Isolierung der Individuen im Kapitalismus verschleiern solle. In der einschlägigen Literatur der DDR ist diese Kritik oft übernommen worden, freilich nur hinsichtlich der »widerlichsten moralischen Verfallserscheinungen des imperialistischen Systems« (M. Kuhrig, W. Steigner, S. 26), ohne daß sie für eine Überprüfung der Verhältnisse im Sozialismus der DDR erprobt worden wäre. Sozialreformerische Ansätze, wie sie z. B.

von H. Kentler und R. Reiche im Anschluß an S. Freud, W. Reich, H. Marcuse, E. Fromm, Th.W. Adorno und M. Horkheimer formuliert wurden, werden für die DDR von dortigen Autoren ausdrücklich abgelehnt und als »Utopien linker Sexualpädagogen« (H.-J. Schille, S. 197) kritisiert. Diesen Ansätzen werden eine »Überbetonung« der S., »Subjektivismus« und »Individualismus« vorgeworfen. Hatten die westlichen Kritiker die »bürgerliche Kleinfamilie« als wichtige »Agentur« der »kapitalistischen Sozialisationen«, somit als Voraussetzung des bestehenden Herrschaftsverhältnisse angeprangert, so kehren Autoren der DDR die Bedeutung der Familie für die eigene Gesellschaftsordnung ins Positive um: »In der sozialistischen Gesellschaft stimmen die Grundinteressen der Familie mit denen der Gesellschaft überein« (H.E. Hörz, S. 25). Das Credo, »daß im Sozialismus Liebe und Entscheidung für einen anderen Menschen zum erstenmal im wesentlichen nur noch von den Beteiligten selbst bestimmt werden« (J. Streisand, 1981, S. 127), wird in der entsprechenden Literatur als ein erreichter Zustand dargestellt. Gleichzeitig wird offiziell eine normenstrenge Familien- und Sexualmoral propagiert, die von revolutionären Ideen über »freie Liebe«, wie sie zu Beginn der russischen Revolution vorhanden waren, nichts erkennen läßt. Solche Ideen wurden im Gefolge der Stalinisierung, die mit den Erfordernissen des ökonomischen Aufbaus der Sowjetunion und einem möglichst effektiven Einsatz menschlicher Arbeitskraft begründet wurde, konsequent abgelehnt.

Früher und umfassender als in der Bundesrepublik erfolgte in der DDR die rechtliche Gleichstellung der Frau mit dem Mann. Dabei spielten ökonomische Bedingungen eine entscheidende Rolle. Ein sexualmoralischer Konservativismus, der in der Bundesrepublik bis Mitte der 60er Jahre bestand, läßt sich in der DDR bis heute nachweisen. Sexuelle Abweichungen und moralische Korruption werden als »Auswüchse des Kapitalismus« gebrandmarkt, im eigenen Land jedoch nur an »Außenseitern« oder »Opfern der imperialistischen Propaganda« festgestellt. Das Idealbild »Du sollst sauber und anständig leben und Deine Familie achten«, wie es im Programm der *SED* als eines der zehn Gebote sozialistischer Moral verkündet wird, hält einem Vergleich mit den Tatsachen nicht stand. Obgleich »in den Ländern des real existierenden Sozialismus die Frauenfrage« als »gelöst« angesehen wird (H. Kuhrig, W. Steigner, S. 19), lassen statistische Untersuchungen doch andere Schlüsse zu. So ist nach G. Clauss unter den Bürgern der DDR »das männliche Sexualverhalten durch eine höhere Bedürfnisfrequenz, das der Frau durch einen stärkeren Wunsch nach zärtlich-liebevoller Zuwendung durch den Partner sowie durch höhere Integration mit den Gefühlen der Liebe gekennzeichnet« (Wörterbuch der Psychologie, Leipzig

1976, S. 480). Zwar gibt es weder für die DDR noch für die Bundesrepublik sexualstatistische Erhebungen von vergleichbarem Umfang, wie sie für die USA angestellt wurden, doch lassen sich aus vorliegenden Zahlen für ausgewählte Gruppen vorsichtige Schlüsse ziehen. Demnach besteht kein wesentlicher Unterschied im Sexualverhalten von Männern und Frauen in beiden deutschen Staaten, mit dem Vorbehalt, daß statistische Aussagen wenig Erkenntnisse über die emotionale Qualität sexuellen Erlebens gewähren. Im Anschluß an die Einsichten der kritischen Sexualpsychologie haben sich vor allem in der Bundesrepublik seit 1968 eine Reihe von kulturaktiven Bewegungen herauskristallisiert, die durch ein erneuertes Bewußtsein von →*Sinnlichkeit*, Körperlichkeit, Emotionalität, sozialer Bindungsfähigkeit und Geschlechtsrollen »psychosexuelle Entfremdung« aufzuheben versuchen. Derartige Impulse stammen vor allem aus Teilen der undogmatischen Linken, der Frauenbewegung, städtischen →*Subkulturen*, alternativen psychotherapeutischen Ansätzen und Bürgerinitiativen. Analoge Widerstandsformen sind auch in der Jugendkultur der DDR anzunehmen, wenn sie auch keinen vergleichbaren offiziellen Ausdruck finden oder nur als Folge »imperialistischer« Einflüsse abgewertet werden.

B. Nitzschke

Literatur
S. Freud, Drei Abhandlungen zur Sexualtheorie (1905), London 1942
J. van Ussel, Sexualunterdrückung. Geschichte der Sexualfeindschaft, Reinbek 1970
B. Bronnen, F. Henny, Liebe, Ehe, S. in der DDR, München 1975
H. E. Hörz, Ethische Probleme bei der Sexualerziehung Jugendlicher, in: H. Grassel, K.R. Bach, Kinder- und Jugendlichensexualität, Berlin (Ost) 1979, S. 19–30
H. Kuhrig, W. Steigner, Gleichberechtigung der Frau – Aufgabe und Realisierung in der DDR, in: Wie emanzipiert sind die Frauen in der DDR? Beruf – Bildung – Familie, hrsg. v. H. Kuhrig, W. Steigner, Köln 1979, S. 11–85
H.-J. Schille, Zur Auseinandersetzung mit einigen philosophischen und psychologischen Grundpositionen der bürgerlichen Sexualpädagogik in der Bundesrepublik, in: H. Grassel, K. R. Bach, Kinder- und Jugendlichensexualität, Berlin (Ost) 1979, S. 194–198
J. Streisand, Kulturgeschichte der DDR, Köln 1981

Sinnlichkeit

I. Vom philosophischen Prinzip zum Surrogat in der Warenwelt – II. Neue Sensibilität zwischen Politik und Lebensreform – III. Die fehlende Sinnlichkeit

I. Vom philosophischen Prinzip zum Surrogat in der Warenwelt

Der Begriff S. verweist auf die sensualistische Tradition der englischen und französischen Aufklärungsphilosophie des 17. und 18. Jh., der zufolge alle menschliche Erkenntnis primär auf Sinneswahrnehmungen beruht. Die Sinne bilden nach J. Locke, E. Bonnot de Condillac, C.A. Helvétius und anderen das Tor des Menschen zur Außenwelt. Sie allein können das Material liefern, das der ordnende und reflektierende Verstand zu Erkenntnissen verarbeitet. S. bezeichnet den Inbegriff der Leistungen der Einzelsinne. Die Schranke der sensualistischen Erkenntnistheorie ist ihre Unfähigkeit, das Verhältnis zwischen den von außen gegebenen Sinnesdaten und den inneren Verstandesfunktionen zu klären. Der Sensualismus radikalisiert sich in der zweiten Hälfte des 18. Jh. vor allem in Frankreich zu einer materialistischen Philosophie, die mit ihrem Hinweis auf die Rolle des Milieus und der Erziehung bei der Ausbildung der Ideen eine gesellschaftskritische Zielrichtung gewinnt. Hierbei wird deutlich, daß im Sensualismus nicht nur erkenntnistheoretische Annahmen diskutiert werden, sondern auch moralkritische, soziale, politische und anthropologische Optionen zum Vorschein kommen. Die sensualistische »Sinnesdatenlehre« wirkt weiter bis in den logischen Empirismus und Positivismus des 20. Jh.; ihre materialistischen Implikationen entfalten sich besonders bei K. Marx und im Marxismus, der, vermittelt über den anthropologisch orientierten Sensualismus L. Feuerbachs (»der Mensch ist, was er ißt«), auf Grund seines Praxisbegriffs den älteren metaphysischen Materialismus dialektisch korrigiert und beerbt. »Die Bildung der fünf Sinne ist«, wie es K. Marx in den »Ökonomisch-Philosophischen Manuskripten« 1844 formuliert, »eine Arbeit der ganzen bisherigen Weltgeschichte.« Diese Historisierung bezieht S. auf die Entwicklung der Produktivkräfte und Produktionsverhältnisse.

Während in der Erkenntnistheorie insbesondere I. Kants wie auch im System der idealistischen Ästhetik, vor allem in F. Schillers Briefen »Über die ästhetische Erziehung des Menschen« (1794), der Begriff S. wertneutral gebraucht wird, färbt sich seine Verwendung im herrschenden moralischen, religiösen und pädagogischen Idealismus des 19. Jh. negativ. Als Synonym für → *Sexualität,* körperliche Erotik, für das Animalische, Prähumane, Unterleibshafte gerät S. in den Bann repressiver Tabus. Die Spannung zwischen einer theoretischen Neutralisierung und einer moralistischen Abwertung bleibt für die gesellschaftliche Reflexion über S. als »Problem« der modernen Kultur charakteristisch. In den künstlerischen → *Avantgarden* des 19. Jh. hingegen erscheinen betont antibourgeoise, amoralistische Aufwertungen der S., so im Mythos der *femme fatale,* im Kult der »schwülen« S. des Orien-

talismus und Satanismus, in der Boheme als Leitbilder »freier Liebe«, im Vitalismus und Erotizismus der europäischen Neoromantik um 1900.

Die Entwicklung der philosophischen Anthropologie des 20. Jh. setzt die seit dem 19. Jh. manifeste Tendenz der metaphysischen Anthropologie zur »Verleiblichung« im Sinn der Willensmetaphysiken des späten F.W.J. Schelling, A. Schopenhauers, N. Hartmanns und F. Nietzsches fort. Mit dem Ausbau der Psychologien des Unbewußten schärft sich im weiteren das Bewußtsein vom Zusammenhang zwischen Strukturen der S., der Vergesellschaftung und der Weltauffassung. Die phänomenologische, die gestaltpsychologische und die anthropologische Forschung lenken ihr Augenmerk auf die Leistungen der Sinnesorgane und auf die Fragen nach dem »Sinn der Sinne« (E. Straus) sowie der »Selbständigkeit der Sinneskreise« innerhalb der »Einheit der Sinne« (H. Plessner). Diese Grundlagenuntersuchungen, die mit der Naivität des älteren positivistischen Sensualismus brechen, bilden einen theoretischen Reflex auf den oft schockhaften Strukturwandel menschlicher Wahrnehmungsformen unter Bedingungen der Modernität. Mit der permanenten Reizüberflutung in der modernen Großstadt- und Massenmedienkultur stellt sich die Frage nach Sinn und Risiko der Umprägung und Verformung menschlicher S. in der technischen Zivilisation. Die jüngere philosophische Anthropologie geht den Metamorphosen der »Seele im technischen Zeitalter« (A. Gehlen) nach, deren Wirklichkeitsbezug im Kontakt mit präfabrizierten Informationen und »Erfahrungen aus zweiter Hand« immer mehr durch mediale, »objektlose« → *Wahrnehmungen* ersetzt wird. In einem Environment aus technischen Sendern, Sensoren und Rezeptoren überschreitet unsere S. die naturwüchsigen Leibgrenzen. Die moderne Mediensituation, in der die körperlichen Sinne durch elektronische, optische und akustische Leibfortsätze gleichsam überschichtet werden, führt zu einer Krise der anthropomorphen Wahrnehmungsweisen schlechthin. Im Hinblick auf moderne Kunstwahrnehmung haben Autoren wie W. Benjamin, Th. W. Adorno, S. Kracauer, A. Gehlen versucht, typische Wandlungen der S. in der Massenkultur sozialphilosophisch zu interpretieren. Allen gemeinsam ist die Beobachtung, daß die moderne → *Kulturindustrie* auf eine Kultur der Zerstreuung hinarbeitet und dabei die Entstehung flüchtiger Wahrnehmungseinstellungen begünstigt. Während traditionelle hohe Kunst oft nur in der Haltung der Konzentration, der Versenkung in das Werk und im Nachvollzug seiner inneren Formspannungen angemessen begriffen werden konnte, so daß sich, nach W. Benjamins Annahme, die Ich-Kräfte des Betrachters, Lesers oder Hörers durch Kunsterfahrung stärkten, setzt die moderne Kulturindustrie ein Subjekt voraus, das sich von vielfältigen und unzusammenhängenden Reizen überschwemmen läßt und sich zunehmend mit seiner Rolle eines passiven, zerstreuten, zur Dekonzentration verurteilten Empfängers abfindet. Diese kunsttheoretischen Überlegungen lassen sich mit D. Riesmans Untersuchungen zur Sozialpsychologie des »außengeleiteten Individuums« (Die einsame Masse, Reinbek 1958) zusammenfügen. Im musikalischen Bereich stellte Th. W. Adorno Tendenzen zu einer »Regression des Hörens« fest (→ *Hören).* In der scheinbaren subjektiven Improvisationsfreiheit des → *Jazz* glaubte er den Triumph des Stereotypen und Mechanischen zu erkennen. Vollends hat die moderne Schlager- und Unterhaltungsmusikindustrie einem Primitivismus im Melodischen wie im Rhythmischen zum Sieg verholfen (→ *Schlager,* → *Unterhaltung.)* Da die auf dem Markt miteinander konkurrierenden Kulturwaren unter dem Zwang stehen, sich gegenseitig an Auffälligkeit zu übertreffen, gerät die Kulturproduktion in einen Wettlauf um die Aufmerksamkeit zerstreuter Kunden. Schon früh hat W. Benjamin (Einbahnstraße, 1928) den Zusammenhang zwischen moderner Schockästhetik und Reklame durchleuchtet. Da Schockwirkung an Neuheit gebunden bleibt, ist die Kulturindustrie gezwungen, ständig neue Reizformen hervorzubringen, um die von ihr selbst erzeugte Desensibilisierung und Reizabnutzung zu umgehen. Auch der vieldiskutierte Verfremdungseffekt, der nicht nur die Dramaturgie B. Brechts, sondern auch einen Großteil moderner Montagekunst zumindest mitprägt, ist nur im Zusammenhang der Entstehung zerstreuter und stereotypisierter Betrachtungsweisen zu verstehen, denen kritische Künstler dadurch entgegenzutreten versuchen, daß sie Vertrautes in verfremdeten Formen darbieten.

Daß, bei fortbestehenden Verkehrsformen der bürgerlichen »Kälte«, im Medienvironment die Distanzorgane Auge und Ohr einen absoluten Vorrang vor den Sinnesorganen, die die engere Umgebung erkunden, wie → *Geschmack,* Geruch und Tastsinn, erlangt haben, ist heute längst eine triviale Einsicht geworden. Dabei sind partielle Gegenbewegungen nicht zu übersehen. So wird in der modernen Eßkultur (→ *Essen und Trinken)* der Oralsinn differenziert, oder in der Kleinkindpädagogik die Bedeutung des Hautkontaktes für die emotionale Entwicklung des Kindes zunehmend unterstrichen. Interessante Ansichten über die »Oralisierung des Auges« erörtert G. Mattenklott in »Das gefräßige Auge« (Merkur, 35. Jg., 1981, H. 12, S. 1252ff). Die Thesen des Medientheoretikers M. McLuhan über das Ende der Gutenbergära, implizit über den Funktionswandel des Auges vom Textleseorgan zum Bilddetektor, warten auf eingehendere empirische Überprüfung. Viele Anzeichen sprechen für eine globale Tendenz zu einer Kultur der »Hirnsinnlichkeit« (S. Kierkegaard) und der Surrogatsinnlichkeit, in der technische Simulationen von sinnlichen Erlebnissen, wie das »Schmusen« als

Attribut der mit dem Weichspülmittel X behandelten Wäschestücke, überhandnehmen. Eine umfassende Sozialgeschichte der »Organschicksale« bleibt angesichts der rudimentären Forschung eine Zukunftsaufgabe der Kulturhistorie.

II. Neue Sensibilität zwischen Politik und Lebensreform

In der Diskussion der Bundesrepublik, insbesondere seit 1967, erlebt die Kategorie S. eine neue Karriere. Ihr Ausgangspunkt ist weniger anthropologisch als sozialphilosophisch bestimmt. Bei der Entfaltung der neuen politisierten Form von Entfremdungsanalysen, die seit der Studentenbewegung erstmals über die Vagheiten der existentialistischen Gesellschaftskritik hinausgingen, spielte S. die Rolle eines Schlüsselworts. Indem man → *Entfremdung* als Verhältnis des vergesellschafteten Subjekts zu sich »selbst« und seiner eigenen sinnlichen Lebendigkeit begriff, wurde eine dialektische Aufkärungsstrategie mit neuem Leben gefüllt. Es sollte Gesellschaftskritik am Individuum geübt werden, statt mit scheinbar »heilen« individualistischen Idealen der entfremdeten Gesellschaft gegenüberzutreten. Im Blick auf die gesellschaftliche Zurichtung der S. wurde die Dimension der nach innen genommenen Entfremdungen, Dressuren und Tabus an den Tag gebracht. Die Gesellschaftskritik der *Neuen Linken* entwickelte charakteristischerweise von vornherein eine doppelte, sowohl den gesellschaftlichen Verhältnissen als auch dem Individuum zugewandte Stoßrichtung. Auf der Suche nach einer »kritischen Theorie des Subjekts«, die marxistische und psychoanalytische Motive kombinierte, setzten zwischen 1967 und 1973 Spekulationen ein, die sich die Aufgabe stellten, Zusammenhänge zwischen sexueller und politischer Unterdrückung aufzudecken, um im Gegenzug praktisch-experimentell Verknüpfungen zwischen sexueller Befreiung und sozialer Revolution herstellen zu können. Die von H. Marcuse propagierten Thesen über die Dialektik von »Eros und Zivilisation« begünstigten eine Renaissance der Diskussion über die sexualpolitische Bewegung *Sexpol* der 20er und 30er Jahre, insbesondere der Schriften W. Reichs. Diese hatten zwischen sinnlicher, sexuell-energetischer Blockierung und Faschismus einen direkten Zusammenhang konstruiert. Zu den kulturell weitreichenden Impulsen der antiautoritären Bewegung gehörte eine breitere Politisierung therapeutischer Denkmuster: Wiederherstellung von Ich-Autonomie, Loslösung von verinnerlichten autoritären Abhängigkeiten, sexuelle Befreiung und kommunikative Sensibilisierung. Das spontaneistische Ethos der Studentenbewegung verhalf auch jenen Formen von Gruppentherapie und -dynamik (→ *Psychoanalyse)* zu öffentlichem Ansehen, die durch emotionale Lernprozesse in der Gruppe nicht nur dem »Lernziel Solidarität« (H. E. Richter), sondern auch dem »Lernziel Sensibilität« näher kommen wollten. Seit Anfang der 70er Jahre beobachtet man eine Welle in der Regel entpolitisierter oder unpolitischer *Sensitivity*-Trainingsgruppen, die mit Hilfe von meist sehr einfachen Übungsprogrammen auf eine Verbesserung der individuellen Lebensqualität (→ *Lebensstandard*) hinarbeiten. Der Vorwurf linker Kritiker, es handle sich dabei lediglich um systemkonforme, »repressive Entsublimierung« (K. Horn), erscheint verfehlt angesichts der vielfältigen »Leiden an der Gesellschaft« (H.P. Dreitzel) und der enormen Nachfrage nach Techniken der persönlichen Lebensverbesserung. Bedürfnisse nach befriedigender und differenzierter S. haben auch die neokonservative *Tendenzwende* der mittleren 70er Jahre überlebt. Und mehr denn je stoßen, zumal in den sich profilierenden »Alternativszenen«, in der therapeutischen → *Subkultur,* in Teilen der Frauenbewegung oder in neureligiösen Gruppen, sensibilisierende und revitalisierende Übungssysteme asiatischen, europäischen und amerikanischen Ursprungs auf lebhaftes Interesse, wie *Hatha-Yoga, Aikido, Karate, Ken-Do, Tai Chi Chuan, Feldenkrais-Methode, Eutonie* nach G. Alexander, strukturelle Integration nach I. Rolf, neoreichianische Bioenergetik, dynamische Meditation nach Bhagwan Shree Rajnesh und diverse Gymnastiksysteme. Wenn auch der neomarxistischen Kritik an der »Zerstörung der Sinnlichkeit« (B. Nitzschke, München 1981) unter dem Zwang der kapitalistischen Arbeits- und Konsumverhältnisse sowie an der »Technokratie der Sinnlichkeit« (W. F. Haug, Kritik der Warenästhetik, Frankfurt a. M. 1971) in der modernen Reklamepsychologie, der Warenästhetik und der industriellen Psychotechnik weitgehend zuzustimmen ist, so erliegt diese Kritik oft der Versuchung, das in den Gegentendenzen angesammelte subpolitische Potential zu übersehen.

Bemerkenswert scheint der Ansatz zu einer Theologie der *Neuen Sensibilität (→ Innerlichkeit).* Diese erblickt in den aktuellen Alternativkulturen mit ihren Prinzipien sinnlicher, solidarischer und kooperativer Gruppenbildung eine Form, wie sich utopische Gehalte religiöser Überlieferungen neu verwirklichen. Dabei wird, zugegebenermaßen in einer Form, deren Überschwang nach einem skeptischen Gegengewicht verlangt, der Zusammenhang zwischen persönlicher Sensivität und sozialer Problemempfänglichkeit skizziert. »Neue Sensibilität wird als Möglichkeit der Zukunft begriffen, als realutopisches Ziel sozialer Evolution; neue Sensibilisierungen erscheinen als Vermittlungsprozesse, in denen gesellschaftliche Veränderung zum individuellen Bedürfnis wird. Zusätzlich einzuführen wäre eine Unterscheidung zu dem, was man neue Sensitivität nennen könnte, eine neue Weise der Erfahrung von Leiblichkeit, auf die ein Vorgriff geschieht in

neuen Sensitivierungen. Neue Sensitivität ist – wo sie nicht als Widersacher des rationalen Vermögens, sondern als dessen Grundlage und Ergänzung erscheint – Bedingung neuer Sensibilität« (F. Menne (Hrsg.), Neue Sensibilität – Alternative Lebensmöglichkeiten, Darmstadt, Neuwied 1974, S. 9).

Die Kultur der 70er Jahre stellte sich in weiten Bereichen programmatisch unter Leitbegriffe wie »neue Subjektivität« und »neue S.«, was sich literarisch in einer Flut autobiographischer Schriften aus den verschiedensten Lebensbereichen, der Frauenbewegung, Therapiekultur, Selbstreflexion der Studentenbewegung, Drogenszene, Wohngemeinschafts- und Landkommunenbewegung, ökologischen Alternativkultur u. a. niederschlug. Exemplarisch mag die Entwicklung des Schriftstellers P. Handke sein, den F. Menne als »charakteristisches Exemplar spätbürgerlicher Sensibilisierung« (a.a.O., S. 11) bezeichnet. Wenn sich auch in einigen intellektuellen Subkulturen der 70er Jahre die Anzeichen dafür mehren, daß die Forderung nach S. sich zunehmend zu einem Fetisch entwickelt, der Verlorenes zurückzaubern soll, und als Vorwand für irrationalistische und theoriefeindliche Tendenzen herhalten muß, so kennzeichnet doch M. Rutschky in seinem Essay »Erfahrungshunger« (Köln 1980) zu recht die 70er Jahre als eine Zeit, in der die linken Kreativgruppen die Abstraktheit soziologischer Allgemeinbegriffe zu überwinden und mit sinnlicher Lebenserfahrung und biographischer Besinnung auszufüllen bemüht waren. In der Formel »S. statt nur allgemeiner Sinn« ist ein Teil dieser Bestrebungen prägnant erfaßt. Daß die Reflexion auf die Geschichte der S. und des Körpers nicht notwendig zum Verlust der gesellschaftskritischen Schärfe führt, beweist der symptomatische Erfolg von K. Theweleits Buch »Männerphantasien« (Bd. I, II, Frankfurt a.M. 1977/78), das anhand der Freikorpsromane der 20er Jahre die Dialektik von sinnlicher Überflutungsangst und Körperverhärtung nachzeichnet und dabei dem Ansatz W. Reichs zu einer Sozialpsychologie des Faschismus bemerkenswerte neue Nuancen abgewinnt. Das ausdrückliche Nachdenken über Fragen der S. ist eine Angelegenheit intellektueller Minoritäten. Im Hinblick auf die sogenannte »schweigende Mehrheit« kann man nach Zuständen und Entwicklungen der S. nur indirekt fragen, indem man gewisse Felder des Sinnlichen im Alltagsbewußtsein, etwa Einstellungen zu → *Sexualität,* zu Mode, zu Körperästhetik und -hygiene, zu → *Essen und Trinken,* zu Freundschaft und Gruppenverhalten, zu den Massenmedien oder zur Popkultur untersucht.

III. Die fehlende Sinnlichkeit

In der Selbstreflexion der Kultur der DDR spielt der Begriff S. keine prominente Rolle; seine Bedeutungsgeschichte hat keine mit der in der Bundesrepublik vergleichbare Entwicklung durchgemacht. Eine strukturell vergleichbare Stellung in der Sprache der materialistischen Dialektik nimmt der in Hegelscher Tradition gründende Terminus »konkret« ein. In der staatlich gelenkten Dialektik setzt sich offensichtlich die Neigung durch, die Rechte des Konkreten, Besonderen, Sinnlichen gegenüber dem Abstrakten, Allgemeinen, Gesellschaftlichen weniger zu Wort kommen zu lassen. Das »Kulturpolitische Wörterbuch« der DDR von 1978 führt den Begriff S. nicht auf, jedoch Stichworte wie »Sinn des Lebens«, »Allgemeinmenschliches in der Kunst«, »kulturelle Bedürfnisse«, »Empfindung«. Die offiziellen Bildungstheorien unterstellen, daß in der sozialistischen Pädagogik der Ausgleich zwischen dem Abstrakten und dem Konkreten gelungen sei, so daß Gedanke und Emotion einander völlig durchdringen. Die Asymmetrie in der Rolle, die der Begriff S. in der DDR und der Bundesrepublik spielt, erklärt sich aus seiner Funktion. Da er im Westen vor allem im Zusammenhang mit neomarxistischen, postmarxistischen, spontaneistischen, individualistischen, therapeutischen und auch ästhetisch-irrationalistischen Tendenzen aufgetaucht ist, wird verständlich, warum er in der DDR, deren Kulturpolitik und Ideologieplanung derartige Erscheinungen fast durchweg negativ bewertet und zu verhindern versucht, keinen programmatischen Stellenwert einnehmen kann. Das hindert nicht daran, auf dem Weg indirekter Analyse nach den kulturellen Konflikten und Bedürfnissen zu fragen, die der Problemtitel S. umschreibt. Dies betrifft sinnliche Defizite in der »sozialistischen Arbeitswelt«, Fortbestehen von Zuständen der Entfremdung, der Mechanisierung, der Sinnesabstumpfung und Körperverhärtung in der Industriearbeit, geistige und körperliche Desensibilisierung durch Anpassung an paramilitärische, militärische, industrielle und landwirtschaftliche Erfordernisse, Fortbestehen von Familienverhältnissen und sexuellen Mustern, auf die die Beschreibungen W. Reichs teilweise zutreffen.

Wie in der Bundesrepublik, so ist auch in der DDR die → *Literatur* das Medium, das am empfindlichsten auf Wandlungen des Lebensgefühle und der Wirklichkeitswahrnehmung reagiert. Zurecht hat F. J. Raddatz im Hinblick auf die Lyrik der DDR während der 60er und 70er Jahre unter der Überschrift »Eine neue Subjektivität formt die neue Realität« (Traditionen und Tendenzen, Materialien zur Literatur der DDR, Frankfurt a. M. 1972) aufgezeigt, wie gerade Autoren, die »Sensible Wege« (R. Kunzes gleichnamiger Gedichtband, Reinbek 1969) beschreiten, darauf beharren, daß das sinn-

lich-kritische Subjekt im offiziellen »positiven Denken« die »ganze Wahrheit« nicht finden kann. Wo immer gegen solche Autoren der Vorwurf des »Subjektivismus« erhoben wird, sind Erfahrungen zur Sprache gekommen, in denen sich die Nichtidentität zwischen den Individuen und ihrem Staat ausdrückt.

P. Sloterdijk

Literatur

B. G. Ananjew, Psychologie der sinnlichen Erkenntnis, Berlin (Ost) 1963
K. Holzkamp, Sinnliche Erkenntnis. Historischer Ursprung und gesellschaftliche Funktion der Wahrnehmung, Frankfurt a.M. 1973
D. Kamper, V. Ritter (Hrsg.), Zur Geschichte des Körpers, München 1976
Sinnlichkeiten. Kursbuch 49, Berlin (West) 1977
R. zur Lippe, Am eigenen Leibe. Zur Ökonomie des Lebens, Frankfurt a. M. 1978

Sozialismus

I. Theorie und Tradition – II. Die Auffassung der SED – III. Kritik des realen Sozialismus – IV. Die SPD nach 1945 – V. Chancen des Sozialismus in Deutschland

I. Theorie und Tradition

Die Wurzeln des modernen S. sind in der kapitalistischen industriellen und in der Französischen Revolution zu suchen. Die bürgerliche Revolution von 1789 verankerte die Idee der rechtlichen Gleichheit aller Menschen voreinander und nicht nur vor Gott im europäischen Bewußtsein. Die industrielle Revolution, die im 18. Jh. begann, brachte eine antikapitalistische soziale Massenbewegung hervor, die die Forderung nach mehr Gleichheit und Gerechtigkeit aufnahm und gleichzeitig die Fragen nach den Ursachen der die Ungleichheit erzeugenden Lebensbedingungen, nach dem Produktions- und Eigentumssystem stellte. Der Begriff S. taucht um 1830 auf. Das Neue, das die Sozialisten auch von den radikalen Demokraten schied, war die Idee der gesellschaftlichen Kooperation und Regulierung der Ökonomie und damit der offene Widerspruch zum besitzindividualistischen Liberalismus.

Nicht nur für die deutsche Tradition des S. ist kennzeichnend, daß K. Marx eine wissenschaftliche, nicht allein auf Gerechtigkeitsempfinden gründende oder utopische Kritik der bürgerlich-kapitalistischen Gesellschaft leistete *(→ Arbeit, → Entfremdung)*. Aber diese Kritik leitete die deutsche Arbeiterbewegung nur mit Einschränkungen; in den Vordergrund gestellt wurde die politische Eroberung der Staatsmacht, verbunden mit dem Gedanken, daß die nationale Gemeinschaft, der Volksstaat mehr sei als die Summe seiner Teile. Hier setzte sich die Tradition des deutschen Staatsidealismus G. W. F. Hegels, insbesondere aber J. G. Fichtes fort. K. Schumacher, von 1946 bis 1952 Parteivorsitzender der *SPD,* erinnert an den Standpunkt des 1864 gestorbenen Arbeiterführers F. Lassalle, nur der Staat könne die Individuen befähigen, »eine Summe von Bildung, Macht und Freiheit zu erlangen, die ihnen als einzelnen schlechthin unerreichbar wäre« (K. Schumacher, Der Kampf um den Staatsgedanken in der deutschen Sozialdemokratie, Stuttgart u. a., 1973, S. 39). In seiner »Kritik des Gothaer Programms« der Sozialdemokratie von 1875 hatte sich K. Marx über die Forderung nach einem »freien Volksstaat« lustig gemacht, gleichzeitig traf er dort eine folgenreiche Unterscheidung zwischen →*Kommunismus* als Endziel und S. als Übergangsetappe, die vom Leninismus dann zur Legitimation der zunächst nur für kurze Zeit vorgesehenen »Diktatur des Proletariats« herangezogen wurde. Der Gedanke, nur mit Hilfe des Staates die jeweiligen Ziele erreichen zu können, sollte weder die parlamentarisch orientierte *SPD* noch die leninistisch orientierte *KPD* und spätere *SED* loslassen. 1918 hatten die russischen *Bolschewiki* die Bezeichnung »sozialdemokratisch« abgelegt und nannten sich fortan kommunistisch. Die Spaltung der Arbeiterbewegung an der Auseinandersetzung über die Frage →*Demokratie* oder Diktatur war vollzogen, auch in Deutschland gründete sich eine kommunistische Partei. Die *SPD* grenzte ihre Vorstellungen vom parlamentarisch-demokratischen S. 1921 im *Görlitzer Programm* und 1925 im *Heidelberger Programm* gegen jede Diktaturtheorie ab. Die Herrschaft der Nationalsozialisten führte wieder zu einer im *Prager Manifest* von 1934 niedergelegten Radikalisierung der *SPD* und gleichzeitig zu einer Mäßigung der an Volksfrontbündnissen interessierten *KPD.* Ein Dokument des Kompromisses ist das *Buchenwalder Manifest der Demokratischen Sozialisten* vom April 1945. Doch schon bald nach dem Zweiten Weltkrieg änderte sich die Situation ein weiteres Mal. Die Art, in der die *SED* in der DDR den »realen S.« ansteuerte, zwang die *SPD,* darüber nachzudenken, was demokratischer S. im kapitalistischen Umfeld heißen sollte.

II. Die Auffassung der SED

Für W. Ulbricht, Vorsitzender des Staatsrats und Erster Sekretär der *SED*, war der S. keine »kurzfristige Übergangsphase«, sondern eine »relativ selbständige sozialökonomische Formation« (Philosophisches Wörterbuch, hrsg. v. G. Klaus, M. Buhr, Bd. 2, Leipzig [7]1970, S. 997). Die offizielle →*Ideolo-*

gie der DDR besagt, daß im realen S. die Arbeiterklasse, geführt von der marxistisch-leninistischen Partei, aufgrund gesellschaftlicher Produktionsmittel, die »Diktatur des Proletariats« ausübt. Weiter heißt es: Der sozialistische Staat wirkt im Interesse und zum Wohl des gesamten Volkes. An die Stelle unvereinbarer Klassengegensätze tritt die Gemeinschaft befreundeter Schichten. Die moralische und politische Einheit des Volkes, das sozialistische Staatsbewußtsein wird durch die wirtschaftlich-organisatorische und kulturell-erzieherische Tätigkeit des Staates entwickelt. In der sozialistischen Produktionsweise ist die →*Arbeit* die einzige Einkunftsquelle; daraus folgt die Pflicht und das Recht auf Arbeit. Arbeitsteilung, Warenproduktion, Wertgesetz, Preis und Gewinn erlangen durch die sozialistische Produktionsweise ihre eigene, von der kapitalistischen Wirtschaft unterschiedene Qualität. Die kapitalistische Arbeitsdisziplin wird abgelöst und macht der freiwilligen Anerkennung der Pflichten Platz, die jeder einzelne gegenüber der Gesellschaft hat. Je mehr der einzelne leistet, um so besser ist es für seine und die gesellschaftlichen Interessen (→*Leistung).*

Die Umgestaltung der Ideologie *(→Bildung, →Kultur)* ist ein integrierender Bestandteil der sozialistischen Revolution. Sie ermöglicht nicht nur die Ausweitung der wissenschaftlich-technischen Revolution, sondern gibt allen Werktätigen die Möglichkeit, durch Teilnahme an den Planungsprozessen und Kontrollkommissionen die sozialistische Demokratie zu erweitern und zu vertiefen. Bildung und Kultur werden zum Besitz aller Werktätigen, der ihr Dasein bereichert und ihre →*Persönlichkeit* entwickelt. Gesellschaftliche Bewußtheit wird zunehmend durch individuelle Bewußtheit ergänzt. Aus dem Staat der »Diktatur des Proletariats« wird ein »Staat des ganzen Volkes«, der in den Kommunismus übergeht.

III. Kritik des realen Sozialismus

In ihrem hier verkürzt wiedergegebenen Selbstbild stützt sich die *SED* auf den Marxismus-Leninismus, der in der Geschichte der Sowjetunion einige Wandlungen durchgemacht hat. Die leninistischen Umformungen und die einseitige Betonungen bestimmter programmatischer und taktischer Äußerungen von K. Marx im »Kommunistischen Manifest« und in der »Ansprache der Zentralbehörde an die deutschen Kommunisten«, gerichtet auf die Belange einer Revolution in einem Agrarland, liefern bis heute die zentrale Legitimationsideologie für das hochentwickelte Industrieland DDR. Dieser *political lag,* verbunden mit einer relativ hohen Effizienz, ist nicht nur der DDR teuer zu stehen gekommen, sondern der gesamten sozialistischen und kommunistischen Bewegung. In der Bundesrepublik wie im gesamten Westen weigern sich nicht nur Konservative, S. mit einer die Zwänge kapitalistischer Gesellschaften aufhebenden politischen Kraft gleichzusetzen. Selbst nach einem beschränkten Legitimationsverständnis, das nur die »Fügsamkeit« der Bevölkerung als Kriterium heranzieht, ist keine Partei des »realen S.« demokratisch legitimierter als die westlichen Demokratien. Die angeblich eine höhere Gesellschaftsform darstellende, sozialistische »Diktatur des Proletariats« erlaubt auch in der DDR weder freie Wahlen und Auswanderungsfreiheit noch offene innerparteiliche Demokratie. Die *SED* muß offenbar mit einer latenten Opposition inner- und außerhalb der Partei rechnen. Ideologien und Institutionen werden durch das Interpretationsmonopol (→ *Parteilichkeit,* → *Massenkommunikation*) und eine rigide Kaderpolitik (→ *Elite*) gerade so flexibel gehalten, daß auf die neuesten Schwankungen der sowjetischen Gesellschaftslehre reagiert werden kann. Die von der Parteiführung ständig wiederholten Deutungen zentraler Begriffe wie Demokratie, Freiheit, S. und demokratischer Zentralismus sollen vor allem möglichen Gegeninterpretationen sozialistischer Gleichheits- und Freiheitsvorstellungen vorbeugen, die sich mit Recht auf K. Marx berufen könnten. Die Möglichkeit oppositionelle Bestrebungen mit denselben theoretischen Wurzeln zu begründen, auf die sich auch die herrschende Legitimationsideologie stützt, erzeugt eine Sprengkraft, dessen Brisanz die tschechoslowakische Reformbewegung von 1968 bewiesen hat, die im Namen des Marxismus-Leninismus abgewehrt wurde.

Für die »sozialistische Höherentwicklung« noch störender ist die politisch-technokratische Fiktion von der Überwindung antagonistischer Konflikte durch die Verstaatlichung der Produktionsmittel. Denn die zentrale Kategorie K. Marx' zur Bestimmung des »Reifegrades« einer Gesellschaft, das Arbeitsteilungssystem und damit der Vergesellschaftungsgrad der Arbeit wird in der DDR hinsichtlich seiner adäquaten politischen Verkehrsformen nur unzureichend problematisiert. Vergesellschaftung nämlich erweist sich nicht am Akt formaler Verstaatlichung, sondern am Ausmaß der Strukturverflechtung, der Differenzierung und Bildung von Subsystemen, der Spezialisierung sowie der komplexen Kommunikations- und Entscheidungsvorgänge, die mit notwendigen gesamtgesellschaftlichen Rückkopplungen einhergehen. Die Aufrechterhaltung des Wertgesetzes, die Orientierung am ökonomischen Wachstum, am Leistungsprinzip (→ *Leistung*) sowie an der Erhöhung der Arbeitsproduktivität und ökonomischen Effizienz mit ihren negativen Folgen ungleicher Qualifikations- und Hierarchiestruktur für die Arbeitenden sind im realen S. Normen, die nicht in Frage gestellt werden (→ *Werte und Normen*). Die Folge ist, daß die wachsende Vergesellschaftung der Produktion um den

Preis einer im Verhältnis sinkenden Bedeutung des Arbeitsanteils des Einzelnen erreicht wird. Die politischen Institutionen und Verkehrsformen, die den ökonomischen Vergesellschaftungsprozeß herbeiführen, werden diesen Zusammenhängen nur unzureichend gerecht. Die charakteristische Verbindung von ökonomischer Effizienz und politischer Legitimität gerät um so brüchiger, je erfolgloser das System gerade im Vergleich mit der Bundesrepublik Deutschland ist. Der Arbeitsprozeß wirkt nicht konsensbildend. Dem arbeitsteiligen Wirtschaftsprozeß steht eine auf alle Bereiche ausgedehnte politische Herrschaft gegenüber, die keinem System der Beschränkung unterliegt, wie es in der bürgerlichen Demokratie existiert. Dort können die vom Einflußbereich Staat zunächst teilweise abgegrenzten Freiheiten des Individuums und der Freiheit von Parteien und → *Gewerkschaften* unterschiedliche Interessen und Sichtweisen gegen eine einheitliche Bestimmung des »Staatsinteresses« geltend machen. Selbst neue, gegen die Industriegesellschaft gerichtete Interessen werden artikuliert. So lange die *SED* am Maßstab der kapitalistischen Produktions- und Konsumstruktur festhält, nicht aber deren Effizienz erreicht, so lange bleibt ihre Legitimationsfähigkeit geringer und der Zwang zur direkten politischen Herrschaft größer. Jeder ökonomische Konflikt wird sofort zur Kritik an der Legitimation der politisch Herrschenden. Dieses Problem zwingt die *SED* dazu, alle zentralen politischen Begriffe und Normen als gesellschaftliche Notwendigkeit darzustellen. Der Notwendigkeit muß sich auch der gesellschaftliche Gesamtwille beugen, sie anzuerkennen bedeutet Freiheit. Der Begriff des Volkes wird zu einem Instrument der Bestrafung, da er die Klassen und Schichten ausschließt, die sich gegen den gesellschaftlichen → *Fortschritt* richten und deshalb als »Volksfeinde« betrachtet werden. Demokratische Mitgestaltung (→ *Mitbestimmung*) als Instrument bewußter Vergesellschaftung wird auf eine moralische Gehorsamsnorm reduziert, mit deren Hilfe das Individuum ein persönliches Verhältnis zum sozialistischen Staat gewinnen soll.

Auch der Kulturbegriff erhält so seinen gesamtgesellschaftlichen Zweck. Die Formung zur Persönlichkeit, zu einer »sozialistischen Lebensweise«, wird zwar als das Ziel aller allseitig entwickelten Kulturpolitik aufgefaßt, wobei die ideologische Führung der marxistisch-leninistischen Partei eine entscheidende Rolle spielt. Doch da der Charakter der Kultur einer jeden Gesellschaftsformation von der Art und Weise der Teilnahme der verschiedenen Klassen und Schichten an Produktion, Verteilung und Aneignung geistiger Werke bestimmt wird, die von den Gesetzen der ökonomischen Realität abhängen, gelten nicht einmal in diesem Bereich die Regeln gleicher Verteilung. Trotz Bemühungen um die gesellschaftliche Wertschätzung des → *Lesens*, der → *Weiterbildung* etc. dienen → *Bildung* und →*Ausbildung* weiterhin, wie beim Hochschulzugang, vor allem der Leistungsselektion für die Erfordernisse der arbeitsteiligen Gesellschaft. Selbst die freie Zeit ist aufgrund der geringen Effizienz in der DDR kürzer als in der Bundesrepublik Deutschland, so daß auch hier positive Seiten wie das Fehlen einer auf Profitstreben gerichteten Massenvergnügungsindustrie größtenteils wieder aufgehoben werden. Die Lösung dieser Probleme kann, wenn man das gesellschaftliche → *Eigentum* an den Produktionsmitteln beibehalten will, vermutlich allein in einer sozialistischen Marktwirtschaft und einer Demokratisierung des politischen Systems, beispielsweise durch mehr → *Öffentlichkeit*, gefunden werden, wie sie die Reformer in der Tschechoslowakei 1968 planten.

IV. Die SPD nach 1945

Das schlechte Beispiel des »realen S.« hat in der Bundesrepublik nicht nur die einmal bedeutendste kommunistische Partei außerhalb der Sowjetunion, die *KPD*, untergehen lassen, deren Verbot im Jahr 1956 nur die Besiegelung ihres politischen Abstiegs war und deren Nachfolgerin *DKP* auch nicht eben erfolgreich ist. Das schlechte Beispiel hat auch einen Antikommunismus befördert, der sich soweit gegen die Sozialdemokratie richtete, daß die *SPD* ihm Tribut zollte. Sie trennte sich 1959 im *Godesberger Programm* vom Marxismus. Obwohl man zu Recht bezweifeln kann, ob die *SPD* trotz der verbalen Zugeständnisse im *Heidelberger Programm* von 1925 jemals als marxistische Partei bezeichnet werden konnte, so wurde sie in der Öffentlichkeit doch immer als »die Arbeiterpartei« wahrgenommen, die sich für die Interessen des »kleinen Mannes« einsetzte. Dessen Interessen mußten zwar nicht marxistisch oder sozialistisch sein, gleichwohl kollidierte die Forderung nach mehr Gerechtigkeit und Freiheit immer mit den tragenden ökonomischen Grundprinzipien der kapitalistischen Demokratien. Die *SPD* hatte schon früh aufgegeben, auch bedingt durch die Arbeitsteilung mit den Gewerkschaften, die Abschaffung des Lohnsystems, der Angelpunkt kapitalistischer Produktionsweise, im politischen Tageskampf zu fordern. Es war daher nur folgerichtig, daß sie angesichts der Erfahrungen mit dem Planungssystem in der Sowjetunion und der DDR, aber auch mit der Verstaatlichungspolitik der britischen *Labour Party,* 1958 auf dem Stuttgarter Parteitag eine gerechtere Einkommens- und Vermögensverteilung in den Mittelpunkt »sozialistischer Wirtschaftspolitik« stellte. Sie sollte durch stetige Steigerung des Sozialprodukts, Sicherung der Vollbeschäftigung und Erhöhung des → *Lebensstandards* bei gleichzeitiger Kontrolle der wirtschaftlichen Macht ermöglicht werden. Im *Godesberger*

Programm heißt es zwar, daß der demokratische S. eine »neue Wirtschafts- und Sozialordnung« anstrebe, daß das »Interesse der Gesamtheit über dem Einzelinteresse« stehen müsse, aber diese Forderung war eindeutig auf Reformen innerhalb des kapitalistischen Wirtschaftssystems gerichtet. Dennoch wurde die *SPD* dadurch ebensowenig wie die anderen Parteien zur Volkspartei, die für alle wählbar war. Immer noch rekrutierte die *SPD* ihre Stimmen ganz überwiegend aus dem unteren Teil der Sozialstruktur. Noch immer steht die *SPD,* wenn auch vielleicht nur noch symbolisch, für die sozialistische Forderung nach mehr Gleichheit und sozialer Gerechtigkeit.

So gewiß das *Godesberger Programm* eine Wende darstellt, so ist es doch immer noch ein linkes Programm, das allerdings nicht die Realität sozialdemokratischer Regierungspraxis widerspiegelt. In der Bundesrepublik war die *SPD* nie alleiniger Inhaber politischer Macht, und Koalitionen mit bürgerlichen Parteien lassen sozialistische Ansätze kaum zu. Aber in den Auseinandersetzungen um sozialdemokratische Programme spiegeln sich die ökonomischen, sozialen, politischen und normativen Krisen der kapitalistischen Demokratie am genauesten wider. Auch die innerparteiliche Diskussion, das vermutete Verhalten ihrer Wähler, die Reaktion des bürgerlichen Lagers, sozialistische Kritik von links und politische Konjunkturen bestimmen das Handlungsfeld, das programmatische Wendungen möglich und nötig, die Umsetzung in Regierungspraxis aber oft unmöglich macht. Demokratischer S. ist dabei kein Gesellschaftsmodell, sondern ein Gestaltungsprinzip, das, orientiert an den Grundwerten Freiheit, Gerechtigkeit und Solidarität, die Demokratisierung aller gesellschaftlichen Bereiche so weit wie möglich verwirklichen will.

Der Kampf gegen den → *Kapitalismus* äußert sich heute in der Bundesrepublik nach der Erringung staatsbürgerlicher Gleichheit in der Forderung nach dem Recht auf Mitbestimmung am Arbeitsplatz. Humanisierung des Arbeitslebens *(→Arbeitskultur)* und Verkürzung der Arbeitszeit sollen, wie es im *Godesberger Programm* heißt, aus einem »Wirtschaftsuntertanen einen Wirtschaftsbürger« machen; »die Gewerkschaften sind damit wesentliche Träger des ständigen Demokratisierungsprozesses«. Diese Forderung ist die Konsequenz des Rechtes eines jeden Menschen auf eigenverantwortliche Selbstbestimmung. Dafür Voraussetzungen zu schaffen, ist die Aufgabe des Sozialstaates. Das bedeutet nach dem *Godesberger Programm* nicht nur die Sicherung der → *Grundrechte* des Einzelnen auf Freiheit gegenüber dem Staat, sondern diese Rechte sollen den Staat mitbegründen. Das Ziel, gesellschaftliches Bewußtsein zu entwickeln und zur Mitverantwortung bereit zu sein, sei durch politische Bildung im weitesten Sinn zu fördern. Die

Beseitigung aller Bildungsprivilegien soll alle Menschen zur vollen Teilhabe an der → *Kultur* befähigen. Im »Kulturstaat« habe sich für alle gesellschaftlichen Kräfte die Möglichkeit ergeben, die Gesamtgesellschaft als sinnvolles Ganzes zu betrachten, mit dem sich die Bürger bewußt identifizieren können. Solche Forderungen nach »gesamtgesellschaftlicher Moral«, die sich zwar immer noch als Gegennormen gegen die herrschenden Werte kapitalistischer Gesellschaften interpretieren lassen und sich von dem konservativen Aufrufen zur Gemeinschaft der Ungleichen unterscheiden, sind jedoch problematisch. Einseitig werden demokratisch-sozialistische Grundwerte betont, während man versäumt, die Wurzeln der von der großen Mehrheit der Bevölkerung verinnerlichten Werte und Verhaltensweisen zu benennen, die oft genug im Widerspruch zu diesen Grundwerten stehen. Wenn die Sozialdemokratie die Bedeutung des normenvermittelnden Bildungsbereichs hervorhebt und im *Bildungspolitischen Programm* von 1964 zur Herstellung von Chancengleichheit einen »Aufstieg durch Bildung« fordert, so unterliegt sie genau den leistungsgesellschaftlichen Vorstellungen, die Ungleichheit voraussetzen. Im quantitativen Sinn war das Programm zwar erfolgreich, mehr Kinder der Unterschichten als zuvor besuchen heute höhere Schulen, aber gleichzeitig entstanden für die *SPD* auch unbeabsichtigte Folgen. Viele Aufsteiger geraten in Berufsfelder, deren Status und Interessenlagen sich von denen der »kleinen Leute« unterscheiden; sie wenden sich als Wähler von der Partei ab. Zum anderen kehrt sich die durch längere Ausbildung ermöglichte sozial-moralische Sensibilisierung als »expressiver S.« gegen die *SPD,* da diese, von R. Löwenthal als Partei des herrschenden Industriesystems beschrieben, die Diskrepanz von »sozialer Moral« und materiell geleiteter Interessen nicht zur Deckung bringen kann. Schließlich verunsichert die Auseinandersetzung in der Partei über die Regierungspolitik, beispielsweise über die Rolle der *FDP*, das Arbeitsbeschaffungsprogramm oder über die Kritik an der Wachstumsphilosophie nicht nur Teile der Arbeitnehmer, sondern führt auch zu erheblichen Stimmenthaltungen oder zu -verlusten zugunsten alternativer Parteien. Der vor allem zwischen 1966 und 1973 auf den Staat fixierte Reformismus der *SPD* hat es versäumt, die Reformen inner- und außerhalb der Partei zu verankern. So konnte oder wollte die Partei auf kein Mobilisierungspotential zurückgreifen, um die vorhersehbare Tendenzwende aufzuhalten. Heute haben die Vertreter des demokratischen S. Mühe, auch nur einfache sozialstaatliche Errungenschaften zu verteidigen.

V. Chancen des Sozialismus in Deutschland

Unter den gegenwärtigen normativen und psychologischen Voraussetzungen steht es in beiden deutschen Staaten schlecht um die Chancen, eine egalitäre, auf Gleichheit basierende Gesellschaft aufzubauen. In keinem Industrieland herrscht S., auch wenn in den Ländern des »realen S.« die Einkommensspannen weniger weit auseinanderklaffen als im Westen. Aber auch die DDR hat durch die Übernahme der kapitalistischen Produktions- und Konsumstruktur jene leistungssteigernden Horizonte wachsender Erwartungen geweckt, die sie aber nur schlecht befriedigen kann. Zwar besitzt der »reale S.« durch die Verstaatlichung der Produktionsmittel, die Überwindung privater Kapital- und Vermögensungleichheit und durch sein ausgebautes Bildungssystem die Voraussetzungen, um nach Durchführung einer tiefgreifenden Demokratisierung und Dezentralisierung der Entscheidungen die Probleme einer nicht länger wachstumsorientierten Ökonomie besser meistern zu können als die Bundesrepublik Deutschland. Der gegenwärtige Zustand der DDR aber stellt ein Hindernis für die *SPD* dar, die Schwierigkeiten, vor denen die kapitalistischen Demokratien stehen, auf demokratisch-sozialistischem Weg zu lösen. Kaum ein Land ist weniger darauf vorbereitet als die Bundesrepublik, bei stagnierendem Wachstum politische Wege zu finden, mehr Gleichheit durchzusetzen, die vor allem dann nötig werden kann, wenn es nicht mehr genügend viele oder nicht genügend qualifizierte Arbeitsplätze gibt. Der Großteil der öffentlichen Meinung ist gerade in dieser Frage konservativ. Die Professionalisierung und Verselbständigung des politischen Machtapparates, die wirtschaftliche und politische Macht der internationalen Konzerne entfernen die Parteien von den Bürgern, die sich in nur mit Mißtrauen beobachteten → *Bürgerinitiativen* organisieren. Der Rücknahme von Reformen im Bildungswesen stellt sich auch die *SPD* nicht mehr entgegen. *SPD* und Gewerkschaften bilden kaum noch Kristallisationskerne für auf Demokratisierung gerichtete Zukunftsperspektiven. 1972 errang die *SPD* als provokativ auftretende Partei des demokratischen S. ihren höchsten Wahlsieg. Es fragt sich, ob neuere selbstkritischere Diskussionen, wie sie in der Grundwertekommission der Partei geführt werden, langfristig wieder eine Wende herbeiführen können, die deutlich machen kann, was S. soll.

Ch. Fenner

Literatur
G. Lichtheim, Kurze Geschichte des S., Köln 1972
K. Hager, Zur Theorie und Politik des S. Reden und Aufsätze, Berlin (Ost) 1972
E. Hahn u. a., Grundlagen des historischen Materialismus, Berlin (Ost) 1976

Ch. Fenner, Demokratischer S. und Sozialdemokratie. Realität und Rhetorik der Sozialismusdiskussion in Deutschland, Frankfurt a. M., New York 1977
Th. Mayer (Hrsg.), Demokratischer S. Geistige Grundlagen und Wege in die Zukunft, München, Wien 1980

Spiel

Die Begriffe S. und Spielen umschreiben unterschiedliche menschliche Tätigkeiten und gesellschaftliche Bereiche. Der Ursprung vieler S. in kultischen Handlungen verleitete im 19. Jh. dazu, im S. Reste überwundener Formen des Handelns zu sehen, die nur noch bei Kindern und bei höheren Tierarten aufleben. Andere Deutungen stellen den Übungsaspekt für den heranreifenden Organismus in den Mittelpunkt oder heben die sich im S. entladene Triebspannung und den Abbau jugendlichen Kraftüberschusses besonders hervor. In kulturanthropologischen und entwicklungspsychologischen Arbeiten wird auf die ästhetische und schöpferische Seite verwiesen und so S. als bewußte Verhaltensmöglichkeit und kulturelle Tätigkeit erschließbar. Während F.J. Buytendijk und J. Huizinga S. als Ursprung menschlicher Kultur überhaupt erklären, unterstreichen pädagogische, psychologische und sozialpsychologische Forschungsergebnisse ebenso wie die Spieltherapie den positiven Stellenwert, den Spielen für die Persönlichkeitsentwicklung haben kann.

In neueren westlichen ideologie- und sprachkritischen Arbeiten werden reale Gemeinsamkeiten und erlebte Ähnlichkeiten zwischen S. und →*Arbeit* thematisiert. Damit verbindet sich eine Kritik an der idealistischen Position, die Spielfreiheit in die →*Freizeit* verbannt und diese Abtrennung noch als unabwendbare oder gewollte Realität beschreibt. Wird jedoch andererseits Gesellschaft insgesamt als Struktur von Spielen und die Arbeit als Sonderfall begriffen, so löst sich zwar begrifflich, aber nicht real der Gegensatz zwischen S. und Arbeit auf. Die bestehenden Unterschiede sollten von einer handlungsleitenden Spieltheorie herausgearbeitet werden, damit produktives S. die Arbeitswirklichkeit auflockern kann. Spielen wird so als erlernbare Fähigkeit verstanden, Freiräume des Soziallebens wahrzunehmen und auszufüllen. Die positiven Funktionen des S. sind der emotionale Aspekt, bei dem Bedürfnisse nach Spannung und Abwechslung befriedigt, Erfahrungen und Ereignisse verarbeitet und Erlebnisse und Gefühle bewältigt werden, der körperlich-sinnliche Aspekt, der sich durch beim S. geäußertes Neugierverhalten, das Erproben körperlicher Kräfte und das Erfahren sinnlichen Vergnügens ausdrückt, der kognitive Aspekt, der es ermöglicht, spielerisch Wissen und Können zu erweitern und Phantasie und kreatives Denkvermögen zu entfalten, und der soziale Aspekt, der sich darin äußert, daß soziale Konflikte bewältigt und andere Verhaltensweisen erprobt werden.

Die Pädagogik der Arbeiterbewegung erhoffte sich die Einheit von S., Arbeit und Studium in der zu errichtenden sozialistischen Gesellschaft. Ideologisch dieser Tradition verpflichtet, soll S. in der DDR als Erziehungsmittel für das Lernen nutzbar gemacht werden. Das Gewicht von Forschungen und Veröffentlichungen über S. und Spielverhalten liegt fast ausschließlich auf psychologischen und pädagogischen Fragen, wobei der sowjetische Einfluß sehr ausgeprägt ist. Der Zusammenhang zwischen S. und Arbeitsverhalten wird durch das aktive und schöpferische Moment in beiden Tätigkeitsformen betont.

Eine Gesellschaft läßt sich danach beurteilen, wieweit und in welchen Lebensbereichen den Individuen Spielfreiheit zugestanden wird. Im S. angelegte Möglichkeiten, sich selbst zu verwirklichen, können verkümmern. Im Nationalsozialismus zum Beispiel wurden sie durch gelenkte Emotionen in Form von Massenspielen unterdrückt. Der Wert, den eine Gesellschaft dem S. zumißt, gibt Aufschluß über das zugrunde liegende Menschenbild und die Lebensverhältnisse. Die Entfaltung der Spielfähigkeit setzt Zeit und Muße zum Spielen und Zugang zu gesellschaftlichen Bezügen voraus, das heißt eine Spielfreiheit, die den kreativen Umgang mit den vorgefundenen Dingen und Verhältnissen erst ermöglicht.

In der DDR bestimmen Einrichtungen wie Krippe, Kindergarten und Hort den Tagesablauf und das Spielverhalten der Kinder. Der Bildungs- und Erziehungsplan des Kindergartens sieht bei acht bis neun Stunden Aufenthalt nur vier Stunden Freispiel vor. Die übrige Zeit wird von Lernspielen bestimmt. Der Raum für freies S. wird in der ganztägigen Grundschule noch weiter eingeengt. Gemeinsames S. mit den Eltern gibt es höchstens an Wochenenden, häufig nur im Urlaub, den 80 v. H. der Familien gemeinsam mit ihren Kindern verbringen. Bei den Erwachsenen steht Spielen ziemlich weit unten in der Rangskala der Freizeitinteressen. Gesellschafts-, Karten- und Brettspiele werden manchmal zu Hause, etwas häufiger und länger im Urlaub gespielt.

Die Spielwirklichkeit der meisten Kinder in der Bundesrepublik Deutschland ist ebenfalls durch allgemeines Unverständnis für ihre Spielbedürfnisse gekennzeichnet. Öffentliche Spielplätze sind meistens einfallslos und einfältig gestaltet und vom täglichen Leben Erwachsener isoliert. Die Spielabläufe sind kurz und einförmig, der Kontakt der Kinder untereinander gering. Die Pausenhöfe der Schulen ähneln in ihrer Dürftigkeit den Spielplätzen, und die Gestaltung der Wohnviertel setzt der aktiven Auseinandersetzung mit der Umwelt enge Grenzen. Fehlende Kommunikation mit Erwachsenen wird durch Spielkonsum nur unzulänglich verdeckt. Das Kind lebt vereinzelt in einer sich verselbständigenden Ersatzwelt. So ermöglicht die Ausgliederung des Spielbereichs zwar ein immer differenzierteres und intensiveres Spielen, birgt aber die Gefahr der Überforderung und Spielunlust. Mit dem Schuleintritt beherrschen überwiegend intellektuelle Lernforderungen den Unterricht. Durch die Trennung dieser Einrichtungen vom Arbeitsleben entfalten sich Kreativität und S. nur wenig.

Erwachsene haben auch in der Bundesrepublik wenig Zeit, mit Kindern zu spielen, während Gesellschaftsspiele einen höheren Stellenwert haben. Nach Ergebnissen einer vergleichenden Zeitbudgetstudie spielten 1965/66 in beiden deutschen Staaten 18- bis 65jährige pro Woche in Osnabrück mit Kindern im Haus 21,7 Min., im Freien 19,6 Min., während der Anteil der Gesellschaftsspiele 28,7 Min. betrug. Für Hoyerswerda in der DDR ergaben sich 33,6 Min., 16,1 Min. und 9,8 Min. als Vergleichszahlen.

Kleine Tontiere und Kinderrasseln aus vorgeschichtlicher Zeit, Puppen aus Ägypten, Spielpferde auf Rädern mit kleinen Wagen, Reifen und Bälle aus Griechenland, Puppenstuben aus Rom sind Zeugnisse unserer Spielvergangenheit und reichen bis in früheste Kulturstufen der Menschheit zurück. In Deutschland wurde Spielzeug bis ins ausgehende Mittelalter mehr als Nebenprodukt von Handwerkern gefertigt. Verfügbares Material, vorhandenes Werkzeug und Markt bestimmten Art und Umfang der Spielwarenproduktion. Mit dem Aufkommen der Manufaktur und der Heimindustrie begann die Massenanfertigung. Seit dem 15. Jh. entwickelte sich Nürnberg zum Mittelpunkt gewerblicher Herstellung und des Spielwarenhandels. Heute wird das Spielzeug überwiegend industriell hergestellt. Der Spielzeugmarkt hat längst die Erwachsenen erreicht. Selbst Versuche, die Überfülle des Angebots durchschaubar zu machen, wie die des seit 1954 bestehenden *Arbeitsausschusses Gutes Spielzeug,* bewirken wenig und verlocken, wie die Besprechungen in Wochenendausgaben einiger Tageszeitungen, eher zum Kauf des Empfohlenen. Die Schöpfungen der Fernsehwirklichkeit werden durch entsprechendes Zubehörspielzeug verdoppelt.

Schöpferisches S. kann helfen, neue Verhaltensweisen einzuüben, um den Gefahren technischer Zivilisation zu begegnen. In der notwendigen Abkehr vom Materialismus des Industriesystems wird S. seinen Platz verlangen, wenn der Spielraum für Humanität ausgeschöpft wird und alle Lebensbereiche erfaßt. Damit können die sozialen, kommunikativen und kreativen Möglichkeiten ein größeres Gewicht erhalten. Diese mögliche neue Spielkultur erfaßt nicht nur die Erwachsenen, sondern erreicht über sie auch die Kinder. Es gibt Versuche von Pädagogen, Psychologen, Erziehern und Eltern, in Eltern-Kind-Gruppen und in Initiativen für Abenteuer- und Bauspielplätze, die Kinder von ihrem isolierten S. zu befreien. Ebenso gibt es Spielgruppen alter Menschen. Spielen hat durchaus einen Sinn für das Wohlbefinden, kann ebenso Erwachsene die Einheit von Körper, Geist und Gefühl im gemeinsamen S. mit anderen erleben lassen. So entstehen Arbeitskreise für geselliges S., werden Spielfeste nach amerikanischem Vorbild organisiert, die wohl am deutlichsten die Suche nach neuen und befriedigenderen Lebensformen ausdrücken.

B. Ziegler

Literatur

E. Illge, Vom S. zur Arbeit. Zur Arbeitserziehung in der Familie, Berlin (Ost) 1966
H. Scheuerl, Das S. Untersuchungen über sein Wesen, seine pädagogischen Möglichkeiten und Grenzen, Weinheim, Berlin (West) [8]1968
A. Flitner (Hrsg.), Das Kinderspiel, München 1973
W. Frommlet, H. Mayrhofer, W. Zacharias, Eltern Spielen Kinder Lernen. Handbuch für Spielaktionen, München 1975
Autorenkollektiv, Didaktische S. für den Kindergarten, Berlin (Ost) [10]1979

Sport

I. Rekorde und Körperkultur – II. Sportorganisationen – III. Bewegung für viele – IV. Der Hochleistungssektor – V. Die offiziellen Aufgaben – VI. Ansprüche und Wirklichkeit

I. Rekorde und Körperkultur

S. wird in der Bundesrepublik als umfassender Begriff für bedürfnisbezogene, leistungsorientierte, normgebundene und unproduktive körperliche Tätigkeit gebraucht. Je nach den Rahmenbedingungen, den äußeren Einflüssen und den Zielvorstellungen ist zwischen vielfältigen Formen des S. zu unterscheiden. Der moderne S. ist durch die Überbetonung der quantifizierbaren und abstrakten, vom Individuum abhebbaren → *Leistung,* die sich an der Bestmarke ausrichtet, gekennzeichnet. In der DDR wird häufig die Verbindung »Körperkultur und S.« verwendet, wobei S. nur den leistungs- und wettkampfbetonten Teil abdeckt. Unter Körperkultur »wird allgemein die Gesamtheit aller in einer Gesellschaftsform gegebenen Ziele, Aufgaben, Mittel, Formen und Maßnahmen verstanden, die der körperlichen Ausbildung bzw. der Vervollkommnung der Menschen dienen« (Körperkultur und Sport, S. 20).

Der moderne S. entstand im England des 18. Jh. Von früheren Formen der Leibesübungen unterscheidet er sich durch die auch für die moderne Industriegesellschaft grundlegenden Prinzipien der formalen Chancengleichheit, der Konkurrenzorientierung und der Betonung der meßbaren Leistung. Mit der industriellen Revolution erhielten auch die Dimensionen des Raums und der Zeit (→ *Zeitbewußtsein*) eine neue Qualität. Überwindung des Raums, Geschwindigkeit, Zeitmessung und disziplinierter Umgang mit der gegliederten Zeit setzten sich im Arbeits- und Bewegungsverhalten der Menschen durch. Von der Wissenschaft wurde die Entwicklung des S. u. a. mit dem → *Kapitalismus,* der Industrialisierung, der Durchsetzung eines rationalen Weltbildes, der Lockerung der Standesschranken und einer Orientierung auf individuelle Leistung als Wert in Verbindung gebracht.

Seit dem Ende des 19. Jh. verbreitete sich der S. in Deutschland, wobei er zum Turnen in Konkurrenz trat, das im Widerstand gegen die napoleonische Fremdherrschaft ein nationales Gepräge erhalten hatte und auf Werte wie Männlichkeit, Wehrhaftigkeit und Gemeinschaft ausgerichtet war. In der zweiten Hälfte des 19. Jh. paßten sich die Turner, die seit 1868 in der *Deutschen Turnerschaft* organisiert waren, den innenpolitischen Leitlinien des Kaiserreichs an, was den Austritt, oft auch den Ausschluß zahlreicher, sozialdemokratisch orientierter Mitglieder zur Folge hatte. Diese gründeten 1893 nach der Aufhebung der *Sozialistengesetze* den *Arbeiter-Turnerbund,* der um die Jahrhundertwende 37 000 Mitglieder zählte. Bis zum Ersten Weltkrieg mußte der *Arbeiter-Turnerbund* mit dem Widerstand der Behörden und der um die Jahrhundertwende 640 000 Mitglieder zählenden bürgerlichen Turnerschaft kämpfen und konnte sich erst in der Weimarer Republik unbehindert für die körperliche Ertüchtigung seiner Mitglieder und für den Sozialismus einsetzen. Aber auch in dieser Zeit blieb der Gegensatz zwischen den im *Deutschen Reichsausschuß für Leibesübungen* zusammengeschlossenen Organisationen und der Arbeitersportbewegung mit ihrem Dachverband, der *Zentralkommission für Arbeitersport und Körperpflege,* unüberbrückbar. Immerhin konnten die ideologischen und machtpolitischen Auseinandersetzungen mit dem Reichsausschuß, der sich als parteipolitisch neutral verstand, dabei aber nationale und oft antisozialistische Ziele verfolgte, 1926 zumindest offiziell beigelegt werden. Dafür kam es 1928 wegen Differenzen zwischen sozialdemokratischen und kommunistischen Mitgliedern der Zentralkommission zum Ausschluß der kommunistischen Opposition. Die Spaltung der Arbeitersportbewegung erleichterte die Auflösung ihrer Organisationen durch die Nationalsozialisten, die der körperlichen Ertüchti-

gung auf der Grundlage von Rasse, Volksgemeinschaft, Wehrbereitschaft und Führertum die wichtigste Rolle in der Gesamterziehung zuwiesen. Auch dem Hochleistungssport wurde wegen seiner Propagandawirkung für das nationalsozialistische Deutsche Reich große politische Bedeutung beigemessen, und vor allem vor den *Olympischen Spielen* 1936 in Berlin wurde er wie nie zuvor gefördert.

II. Sportorganisationen

Nach der Auflösung der politisch ausgerichteten, nach dem Führerprinzip aufgebauten Sportorganisationen der Nationalsozialisten begann in ganz Deutschland eine Neuorientierung und Neuordnung des S.

In der Sowjetischen Besatzungszone wurde der S. unter der Regie der Militärverwaltung nach sowjetischem Vorbild in enger Verbindung zu den Gewerkschaften und mit zentraler staatlicher Leitung wieder aufgebaut. Grundorganisationen der zunächst vom *FDGB* und der *FDJ* getragenen *Demokratischen Sportbewegung* waren die *Betriebssportgemeinschaften,* die sich entsprechend der Organisationsstruktur des *FDGB* zu Sportvereinigungen zusammenschlossen.

In den westlichen Besatzungszonen bedeutete die *Kontrollratsdirektive Nr. 23* von 1945, die die Auflösung aller Turn- und Sportverbände und Vereine anordnete und nur die Errichtung nichtmilitärischer Sportorganisationen lokalen Charakters zuließ, einen Neuanfang, der zwar zunächst von jeglicher Politisierung freigehalten werden sollte, dann aber doch im Laufe der 50er Jahre zunehmend unter den Einfluß der Politik, besonders der Deutschlandfrage, geriet. Als nach den internationalen Fachverbänden auch das *Internationale Olympische Komitee* 1968 die vollberechtigte Mitgliedschaft der DDR beschloß, mußte die Bundesrepublik Deutschland ihren Alleinvertretungsanspruch im S. aufgeben.

Die Auseinandersetzungen um die Anerkennung der DDR führten, vor allem vor den *Olympischen Spielen* in München, zu einer sportlichen Konkurrenz, die zu einer neuen Orientierung im bundesrepublikanischen Spitzensport beitrug.

In der Bundesrepublik sind die Sportorganisationen autonom. Sie sind im 1950 gegründeten *Deutschen Sportbund* zusammengeschlossen, der 1980 79 Sportverbände und Institutionen, darunter elf Landessportverbände und 50 Spitzenfachverbände mit rund 51 000 Vereinen und 16,5 Mio. Mitgliedern, also 26,7 v. H. der Gesamtbevölkerung, umfaßte. Wie der auf Anregung der Bundesregierung vom *Nationalen Olympischen Komitee* beschlossene Boykott der *Olympischen Spiele* in Moskau 1980 zeigte, kann der Staat, der es für seine Pflicht erachtet, den S. wegen seiner engen Verbindung zu vielen anderen Bereichen, insbesondere zur

Gesundheits-, Bildungs-, und Jugendpolitik, finanziell zu fördern, auch erheblichen Einfluß auf die Sportorganisationen ausüben. Während die Bundesregierung für die nationale Repräsentation und damit für den Hochleistungssport zuständig ist und 1978 Sportförderung in Höhe von 228,79 Mio. DM gewährte, gehört die finanzielle Unterstützung des Breitensports und des Sportstättenbaus zu den Aufgaben der Länder und Gemeinden.

Körperkultur und S. sind in der DDR staatsrechtlich verankert, ihre Förderung ist durch eine Vielzahl von Gesetzen und amtlichen Bestimmungen festgeschrieben. Massenorganisation des S. ist der *Deutsche Turn- und Sportbund,* der 1980 rund 3 Mio. Mitglieder zählte, die 18,2 v. H. der Bevölkerung entsprechen. Gegliedert ist er in Sportgemeinschaften, z. B. in Betrieben oder Wohngebieten, Kreis- und Bezirksorganisationen. Außerdem gehören ihm die Sportvereinigungen der *Nationalen Volksarmee,* der *Volkspolizei* und des *Staatssicherheitsdienstes,* die Sportclubs als Trainingszentren für den Hochleistungssport sowie die für die einzelnen Sportarten zuständigen Fachverbände an. Als oberste staatliche Instanz auf allen Gebieten der Körperkultur und des S. wurde 1970 das *Staatssekretariat für Körperkultur und Sport* beim Ministerrat der DDR eingerichtet, das über alle staatlichen Investitionen im Sportbereich entscheidet sowie Perspektiv- und Jahrespläne der Körperkultur aufstellt. Die letzten Entscheidungen im S. liegen wie in allen anderen Bereichen bei der *SED,* die ihre Beschlüsse über die Staatsorgane oder direkt durch die Abteilung S. im Zentralkomitee durchsetzt.

III. Bewegung für viele

Man unterscheidet vier Hauptbereiche des S., nämlich den S. im Bildungssystem, den S. im militärischen Bereich, den Breitensport und den Spitzensport. In der Bundesrepublik liegt der Schulsport in der Kompetenz der Länder. Neben den psychomotorischen und kognitiven Lernzielen werden in allen Lehrplänen die affektiven und sozialintegrativen Ziele betont. Der Sportunterricht soll die Schüler dazu befähigen und anleiten, auch außerhalb der Schule allein und mit anderen S. zu treiben. Vor allem das sportliche Konkurrenz mit der DDR führte in der Bundesrepublik trotz der kontroversen Diskussion über das Leistungsprinzip zur Errichtung von Leistungszentren für Kinder und Jugendliche, beispielsweise von Sportgymnasien. Auch finden Wettkämpfe zur Talentsuche, wie »Jugend trainiert für Olympia«, statt. In der Unterrichtspraxis überwiegt wie in der DDR die Vermittlung motorischer Fertigkeiten mit dem Ziel der Leistungssteigerung.

S. ist in der DDR ein fester Bestandteil des einheitlichen sozialistischen Bildungssystems. Für Schüler, Lehrlinge und Studierende ist der Sportunterricht, der oft allerdings personellen und materiellen Engpässen ausgesetzt ist, obligatorisch. Der stark leistungsorientierte Sportunterricht soll eine Vielzahl von Aufgaben erfüllen. Dazu gehören die Förderung physischer Grundeigenschaften, die Vermittlung sportmotorischer Fertigkeiten sowie sportbezogenen Wissens, die Weckung von Motivationen und die Herausbildung von Überzeugungen und Einstellungen. Hierzu zählen die → *Erziehung* zu sozialistischem Arbeitsverhalten, zur Wehrbereitschaft, zu sozialistischem Bewußtsein und die Aneignung gesellschaftlich wertvoller Charaktereigenschaften wie Mut, Ausdauer, Disziplin und Leistungsbereitschaft. Schulischer und außerschulischer S. werden gezielt als Talentreservoir für den Spitzensport benutzt. 32,6 v. H. der 6–14jährigen und 41,8 v. H der 14–18jährigen waren 1977 im *Deutschen Turn- und Sportbund* organisiert, während dem bundesrepublikanischen *Deutschen Sportbund* zur gleichen Zeit 35,6 v. H der Kinder und 36,5 v. H. der Jugendlichen angehörten. Die Talentauswahl erfolgt in der DDR in den alljährlich stattfindenden *Kinder- und Jugendspartakiaden,* in denen in einem weitgehend an die *Olympischen Spiele* angeglichenen Wettkampfprogramm Sieger auf Kreis-, Bezirks- und Republikebene ermittelt werden. Besonders talentierte Kinder und Jugendliche werden in den derzeit zwanzig Kinder- und Jugendsportschulen, an denen die Hochschulreife erworben werden kann, gleichzeitig zu »sozialistischen Persönlichkeiten« und zu Spitzensportlern herangebildet. Die Wehrerziehung ist in der DDR anders als in der Bundesrepublik ein wesentlicher Teil der Gesamterziehung vom Kindergartenalter an. In allen Schulfächern, vor allem aber im Sportunterricht, in den Veranstaltungen der *FDJ* und der *Gesellschaft für Sport und Technik* sollen politisch-ideologische Grundüberzeugungen wie sozialistischer Patriotismus, Bereitschaft zur Verteidigung der → *Heimat,* militärische Kenntnisse und Fertigkeiten, absolute Disziplin sowie die physischen Voraussetzungen für die Landesverteidigung vermittelt werden. In der *Nationalen Volksarmee,* der *Volkspolizei* und im *Staatssicherheitsdienst* wird besonders der Hochleistungssport gefördert. Spitzensportler werden bei guten Aufstiegsmöglichkeiten vom Dienst freigestellt.

Die überwiegende Mehrheit aller Sporttreibenden in Ost und West beteiligt sich am Breitensport, der sich vom Spitzensport graduell, unter anderem durch eine Verlagerung der Zielsetzungen und Motivationen, unterscheidet. Die sportliche Aktivität ist vom Alter, Geschlecht sowie der sozialen Schichtzugehörigkeit abhängig und trotz allgemeiner positiver Einschätzung relativ gering. In der Bundesrepublik beteiligen sich rund 3 v. H. der Bevölkerung ab sechzehn Jahren am Wettkampfsport, und zwar sechsmal soviel Männer wie

Frauen. 8 v. H. treiben Breitensport im Verein und 22 v. H. Freizeitsport ohne Vereinsmitgliedschaft. In beiden Gruppen beträgt das Verhältnis Frauen zu Männer etwa 1 zu 1,3. 1965 beteiligten sich in der DDR 30 v. H. der Bevölkerung zwischen 16 und 75 Jahren mindestens einmal wöchentlich, 31 v. H. mindestens einmal monatlich an sportlichen Tätigkeiten. Von diesen trieben 16 v. H. organisiert, 45 v. H. auf informeller Basis S. Eine für Berlin (Ost) repräsentative Erhebung von 1970 ergab, daß nur 43,3 v. H. der Befragten überhaupt, und davon 25 v. H. regelmäßig sportlich aktiv waren. S. wird in beiden deutschen Staaten also meistens unregelmäßig und wenig intensiv betrieben, und es werden Sportarten wie Wandern und Schwimmen bevorzugt, die keinen großen organisatorischen Aufwand erfordern. In den Vereinen sind die am häufigsten betriebenen Sportarten in Ost und West Turnen und Fußball. Die sogenannten Prestigesportarten wie Ski, Tennis und Reiten haben dagegen in der Bundesrepublik einen wesentlich größeren Stellenwert als in der DDR. Im Zuge eines modischen Trends erfreuen sich in der Bundesrepublik die sogenannten kalifornischen Sportarten und das Trimmen zunehmender Beliebtheit. Surfen, Skateboardfahren, Tauchen, Drachenfliegen bieten Spannung, Abenteuer, Risiko. Dagegen stehen die Ausdauersportarten wie Jogging, Skilanglauf u. a. im Zusammenhang mit einem neuen Gesundheits- und Schönheitsideal. Der sportliche, gebräunte, befreite und funktionstüchtige Körper wird zu einem selten erreichten, zentralen Wert.

Sportliche Betätigung verleiht das positive Image der Jugend und der Fitness, vermittelt die Illusion des Ausscherens aus der Alltagswelt (→*Alltag*) und macht diese eben dadurch erträglich. Anhänger vor allem modischer Sportarten könnten deshalb als angepaßte Aussteiger charakterisiert werden, die sich überdies der im gesamten S. überhandnehmenden Kommerzialisierung meist willig unterwerfen.

Die große Bedeutung sportlicher Leistungen in der DDR führt zu einer starken Leistungsorientierung im offiziell propagierten Freizeit- und Erholungssport und gleichzeitig zu einer Benachteiligung in den materiell-technischen Bedingungen gegenüber dem Spitzensport.

IV. Der Hochleistungssektor

Vorbildcharakter für den Breitensport hat der Hochleistungssport, der in beiden deutschen Staaten im Mittelpunkt des öffentlichen Interesses und auch der staatlichen Förderung steht. Die einseitige Orientierung an der menschlichen Höchstleistung brachte im letzten Jahrzehnt eine gesteigerte Rationalisierung und Professionalisierung des Sportbetriebes mit sich. Als Folgen ergaben sich unter anderem eine Verwissenschaftlichung und Reglementie-

rung der Technik, des Trainings und der Taktik, Verfeinerung der Auslesemechanismen, frühzeitiger Beginn des Trainings, hohe Belastungen im Kindesalter, medizinische und psychologische Manipulation, ständige Weiterentwicklung der Sportgeräte und -anlagen sowie verstärkte Konkurrenzorientierung. Spitzensport wird in der Bundesrepublik, noch mehr aber in der DDR als Mittel der innenpolitischen Konsolidierung und der außenpolitischen Repräsentation verstanden, wobei nationale Symbole und kultähnliche Inszenierungen die Identifikationswirkung verstärken sollen. Vor allem in den sozialistischen Ländern gehören Massenfreiübungen oder Menschenornamente zum Ritual großer Sportveranstaltungen. Wie in den Revuen, Turnfesten und besonders den *Arbeiterolympiaden* der 20er Jahre wird der Körper als Mosaiksteinchen der jetzt ins Gigantische gesteigerten Ornamente benutzt, die die Einordnung des Einzelnen in das Kollektiv bildhaft vorführen.

Nicht nur wegen seiner Beliebtheit bei den aktiv Sporttreibenden, sondern vor allem wegen der großen Zuschauerzahlen nimmt der Fußball in der Bundesrepublik gleichermaßen wie in der DDR eine Sonderstellung im Spitzensport ein. Als Gründe für die weltweite Faszination des Fußballspiels gelten mannschaftliche Integrations- und Kommunikationsfähigkeit, Spannung und Dramatik, Identifikationsmöglichkeiten, die Lust am nicht Planbaren und Irrationalem, am Symbol und Ritus.

Aus innen- und außenpolitischen Gründen begann in der DDR schon in den 50er Jahren eine gezielte Förderung des Leistungssports durch systematische Talentauswahl, wissenschaftliches Training und finanzielle Anreize. Zuständig für den Hochleistungssport sind die rund 30 Sportclubs, Trainingszentren in den Bezirken oder Sportvereinigungen mit etwa 1200 Mitgliedern, zu denen begabte Sportler delegiert werden. Die Mitglieder der Sportclubs werden von den Betrieben, der Verwaltung, Armee oder Hochschule je nach ihren Leistungen für die Trainingszeiten oder ganz freigestellt, erhalten aber den vollen Arbeitslohn und zusätzliche Leistungsprämien. Weitere Vergünstigungen von Spitzensportlern sind Westreisen, Hilfen bei der Beschaffung von Gebrauchsgütern oder Wohnungen, Auszeichnungen und finanzielle Zuwendungen auch in Devisen. Für eine soziale Absicherung, vor allem durch eine berufliche Förderung nach der Sportkarriere, ist ebenfalls gesorgt. Diese Privilegien und das hohe Prestige der Spitzensportler, die ihre Klubmitgliedschaft bei mangelnden Leistungen und mangelndem politisch-ideologischem Bewußtsein verlieren, wirken als starke Leistungsanreize.

In der Bundesrepublik konnte dagegen das Problem der angemessenen Förderung der Spitzenathleten bisher nicht gelöst werden. Während manche Sportler in publikumswirksamen Disziplinen große

Summen verdienen, sind andere auf die Unterstützung durch die *Deutsche Sporthilfe* angewiesen, die unter bestimmten Bedingungen zur Existenzsicherung qualifizierter Athleten beiträgt. Hochleistungssport bedeutet für viele nicht nur den Verzicht auf Freizeit und vielfältige Erfahrungen, sondern auch soziales Risiko.

Der Sportwissenschaft in der Bundesrepublik fehlten in den 50er und 60er Jahren Einheitlichkeit, Praxisorientierung und staatliche Förderung. Erst 1970 wurde wegen des wachsenden Konkurrenzdrucks von seiten der DDR das vom *Bundesministerium des Inneren* getragene *Bundesinstitut für Sportwissenschaft* gegründet, von dem vor allem Zweckforschung für den Leistungssport initiiert und gefördert wird. Im Gegensatz zur DDR lassen sich kritische sportwissenschaftliche Ansätze von unterschiedlicher Provenienz feststellen.

Zentrum der Lehrer- und Trainerausbildung sowie der Sportwissenschaft in der DDR ist die *Deutsche Hochschule für Körperkultur* in Leipzig mit dem *Forschungsinstitut für Körperkultur und Sport*. Die Sportforschung in der DDR dient fast ausschließlich der motorischen Leistungssteigerung, ihre Ergebnisse zur Optimierung von Training, Technik und Taktik oder zu anthropometrischen Voraussetzungen werden geheimgehalten. Der Anteil der Trainer, Techniker und Sportwissenschaftler an sportlichen Erfolgen wird in der DDR voll anerkannt und durch Auszeichnungen entsprechend honoriert.

V. Die offiziellen Aufgaben

In der Bundesrepublik wurde von seiten des Staates und der Sportorganisationen von Anfang an die Unabhängigkeit der Sportbewegung von staatlicher Reglementierung betont. Theoretisch wird S. einerseits als Freiraum, in dem das Individuum seine subjektiven Bedürfnisse befriedigen kann, andererseits als Teil der Industriegesellschaft mit ihren Prinzipien und Zwängen verstanden. Dem S. werden gesundheitsfördernde biologische Funktionen zugeschrieben, auch soll er auf sozio-emotionaler Ebene für Ausgleich und Freude sorgen und die Kontaktmöglichkeiten der Menschen vergrößern. Durch die Vermittlung von Einstellungen und Verhaltensweisen soll er systemstabilisierend wirken, durch die Verbreitung von politischer und sozialer Kompetenz emanzipatorische Aufgaben erfüllen. Fast alle diese Funktionen lassen sich je nach politischem und wissenschaftlichem Standort unterschiedlich bewerten. Vom Spitzensport werden auch in der Bundesrepublik die Repräsentation des Systems, die Förderung der Idee des → *Friedens* und Völkerverständigung sowie eine Vorbildwirkung erwartet.

In der DDR gilt der Grundsatz, daß die Körper-kultur, abhängig von der Entwicklungsstruktur der Produktivkräfte, erst unter den Bedingungen der sozialistisch-kommunistischen Gesellschaftsordnung ihren vollen Wert für die Weiterentwicklung der menschlichen Gesellschaft erhält. S. soll zur Verwirklichung parteipolitischer Aufgaben beitragen. Der *Deutsche Turn- und Sportbund* verpflichtete sich in seinem Statut von 1974, seine Mitglieder zu sozialistischem Denken und Handeln zu erziehen. Im einzelnen sollen Körperkultur und S. der Gesundheitsförderung im physischen und psychischen Bereich, der Reproduktion der Arbeitskraft und der Erhöhung der Arbeitsproduktivität dienen, auch erwartet man von ihnen die Vorbereitung auf den Wehrdienst und die Erziehung zur sozialistischen Persönlichkeit. Besondere Aufgaben werden dem Leistungssport zugeschrieben. Er soll vorbildlich und anspornend wirken, die Überlegenheit des sozialistischen Systems nach außen hin demonstrieren, Prestigegewinne für die DDR erbringen, die Identifizierung der Bürger mit dem System ermöglichen und sie von Problemen ablenken, die Idee von Völkerfreundschaft und Frieden fördern und als wissenschaftliches Prüffeld dienen.

VI. Ansprüche und Wirklichkeit

Ansprüche und Wirklichkeit des S. klaffen in beiden deutschen Staaten erheblich auseinander. So erweist sich die in der DDR besonders betonte völkerverbindende Mission des S. bei gleichzeitiger Forcierung des Wehrsports als eklatanter Widerspruch. Auch der Propagierung des Breitensports entspricht keineswegs eine ausreichende finanzielle und materielle Förderung. Während in der DDR die Funktionalisierung des S., seine Unterordnung unter gesamtgesellschaftliche Interessen, offen zugegeben werden, ist in der Bundesrepublik das Ideal des unabhängigen Sporttreibens selbstbestimmter Individuen verbreitet, wodurch sich erhebliche Diskrepanzen zur Realität ergeben.

Eine Bewertung des Sportsystems in der Bundesrepublik und in der DDR müßte sich an einem abstrakt-normativen Konzept des S. orientieren, das auf den Bedürfnissen der Menschen beruht, wobei allerdings zu berücksichtigen ist, daß Bedürfnisse anerzogen und vom Gesellschaftssystem abhängig sind. Es ist festzustellen, daß die Hauptaufgabe der Körperkultur in der DDR darin besteht, Persönlichkeiten zu formen, die die von der Partei vorgegebenen Pflichten erfüllen. Dabei setzt die *SED* ihre eigenen Ziele mit den Interessen der Bevölkerung gleich. Bei den offiziellen Aussagen über die Erfolge der Sportförderung stehen vielfach »anstelle empirischer Verifikationen auf der Grundlage sozialer, individueller, biologischer und pädagogischer Bedürfnisse lediglich Behauptungen« (D. Voigt, S. 36).

Inwieweit sich in der Bundesrepublik die sportlichen Bedürfnisse der Menschen befriedigen lassen, ist ebenfalls fraglich. Hier wie in der DDR können beispielsweise die Zwänge des Arbeitslebens, ungenügende materielle Voraussetzungen, die Kommerzialisierung des S. oder die Leistungsorientierung aktives Sportinteresse verhindern. Während in der DDR sportliche Höchstleistungen überhaupt nicht problematisiert, sondern eindeutig positiv bewertet werden, äußern in der Bundesrepublik Presse und Sportwissenschaft Kritik an inhumanen Praktiken im Spitzensport. Allerdings ließen die gegenseitige Abhängigkeit von Massenmedien und S. sowie die politischen Funktionen sportlicher Leistungen bis jetzt nur verbale Appelle zu. Bei der gesamtgesellschaftlichen Bedeutung des Leistungsprinzips ist eine Abkehr vom Hochleistungssport nicht zu erwarten.

G. Pfister, D. Voigt

Literatur

B. Rigauer, S. und Arbeit, Frankfurt a. M. 1969
F. R. Pfetsch u. a., Leistungssport und Gesellschaftssystem, Schorndorf 1975
D. Voigt, Soziale Schichtung im S., Berlin (West) 1978
Körperkultur und S. Kleine Enzyklopädie, Leipzig 1979
C. v. Krockow, S., Gesellschaft, Politik, München 1980

Sprache

I. Zeichensystem der zwischenmenschlichen Verständigung – II. Zur Entwicklung der Gegenwartssprache – III. Institutionen – IV. Vergleich der Entwicklung in beiden deutschen Staaten – V. Sprachideologie

I. Zeichensystem der zwischenmenschlichen Verständigung

S. ist ein der menschlichen Verständigung dienendes Zeichensystem aus Einzelzeichen und Regeln, nach denen diese zu komplexen Zeichen oder Zeichenfolgen, zu Äußerungen, Sätzen oder Texten verknüpft werden. Zum Grundbegriff von S. gehört, daß in dem Zeichenvorrat eine Weltinterpretation vorliegt. Er gibt dem Individuum, das sich seiner bedient, in gewisser Weise vor, was sagbar und denkbar ist. Diese vorgegebenen Inhalte und strukturierten Verknüpfungen freilich können durch vielfältige Möglichkeiten der Kombination und Variation verändert werden. S. ist demnach nichts Privates, sondern sozialer Besitz einer »Sprachgemeinschaft«. Sie ist jedem Menschen, der sie als Muttersprache erlernt, vorgegeben und bestimmt durch die Zeicheninhalte und Verknüpfungsarten sein Denken und Fühlen mit. Bei den einzelnen Sprechern gibt es allerdings individuelle Abweichungen und Varianten, die in ihrer Summe zu historischem Sprachwandel führen.

Terminologisch ist zwischen S. als Sprachsystem und der Sprachverwendung in Texten zu differenzieren. Für die Betrachtung einer lebenden S. besonders wichtig ist darüber hinaus ein dritter Bereich, der mit den Begriffen des »Sprachstils« und der »Norm« beschrieben werden kann. Faßbar sind solche Normen oder Sprachstile weniger präzis als ein Sprachsystem; wissenschaftliche Aussagen beruhen hier vor allem auf statistischen Erhebungen.

Zur Begriffserklärung gehört schließlich die Feststellung, daß die deutsche S., wie andere S. auch, keine einheitliche Gestalt besitzt. Zwar hebt sich das Deutsche in der Neuzeit deutlich von den europäischen Nachbarsprachen ab, doch umfaßt es in sich verschiedene Ausprägungen. Man unterscheidet herkömmlicherweise als drei Sprachformen die überregionale, auch Schrift-, Literatur- oder Standardsprache genannte Hochsprache, die regionalen oder lokalen Mundarten (→ *Dialekt*) und die durch Vermischung dieser beiden entstandene Zwischenform der regional bestimmten Umgangssprache. Regionale Besonderheiten gibt es allerdings auch in der Hochsprache, in Österreich, der Schweiz, der DDR und der Bundesrepublik. Unter anderem Gesichtspunkt ist zwischen gesprochenem und geschriebenem Deutsch zu unterscheiden. Sprachliche Besonderheiten von Bevölkerungsgruppen erscheinen als schichtenspezifische Sprachgewohnheiten oder als Gruppensprachen im engeren Sinn, beispielsweise von Jägern und Jugendlichen. Nach den Erfordernissen einzelner Sprachbereiche haben sich Fach- und Wissenschaftssprachen ausgebildet.

Auf der Ebene der Stilnormen unterscheiden sich einzelne Sprachbereiche, die durch ihre Funktion in besonderen Kommunikationszusammenhängen bestimmt sind; solche »Funktionalstile« klassifiziert man etwa nach Alltagsverkehr, Belletristik, → *Presse* und Publizistik, Gesetzgebung/Verwaltung und Wissenschaft. Sinnvoller als eine so grobe Einteilung ist die Darstellung von Stilnormen einzelner Textsorten, wie zum Beispiel Privatbrief, Leitartikel, politische Rede.

II. Zur Entwicklung der Gegenwartssprache

Das »Neuhochdeutsche«, die Sprachform, die das mittelalterliche Deutsch ablöst, datiert man gewöhnlich etwa ab 1500. Zwar hat es in fast fünf Jahrhunderten eine beträchtliche Entwicklung durchgemacht, doch bereitet eine genauere Periodisierung Schwierigkeiten. Das Deutsch des 19. und 20. Jh. schließt sich auf Grund der kulturellen

Gesamtentwicklung näher zusammen. Wo seine jüngste Periode, die »Gegenwartssprache«, einsetzt, ist umstritten. Vieles spricht dafür, die Gegenwartssprache von 1945 an zu datieren; ihre wesentlichen Merkmale haben sich freilich schon seit dem Ende des 19. Jh. herausgebildet.

Die Gegenwartssprache setzt sich vom früheren Deutsch im wesentlichen durch das Vorherrschen anderer Normen und durch Veränderungen im Wortschatz ab. Im Unterschied zur Schriftsprache des 19. Jh. hat jetzt die normative Geltung des Prosastils der deutschen Klassik aufgehört. Damit treten zugleich die Unterschiede zwischen den verschiedenen Funktionalstilen und Textsorten in der literarischen Prosa und zwischen den Individualstilen der Autoren stärker hervor. Ausdrucksweisen der gesprochenen Umgangssprache greifen stärker als früher auf die geschriebene S. über. Der Wortschatz hat sich durch Fremdwörter wie auch durch Neubildungen aus altem Wortmaterial gewaltig vermehrt. Als wortspendende Bereiche sind vor allem die Fachsprachen der Technik und der Wissenschaften zu nennen. Nach 1945 setzte zudem ein starker Strom von Entlehnungen aus dem Englischen ein. Und in der Wortbildung zeigt sich eine gegenüber früheren Zeiten deutliche Vermehrung von Zusammensetzungen, die sich aus einer Tendenz zur Zusammendrängung komplexer Inhalte in möglichst kurze Zeichen erklären läßt. Dies zeigt sich auch in den heute zahlreichen Ad-hoc-Zusammenrückungen, wie »Die-Dinge-geschehen-Lassen«. Neuartig und ähnlich motiviert sind die nicht nur als schriftliche Abkürzungen, sondern als Wörter gebrauchten Kürzungen verschiedener Art, wie »Lkw«, »TÜV«, »Bus«, »Kombi«.

Hinsichtlich der Syntax läßt sich eine Verarmung des komplexen Satzes feststellen; die Möglichkeiten, Satzgefüge zu bilden, werden viel weniger genutzt als im 19. Jh. Gleichwohl werden die Sätze dadurch nicht unbedingt kürzer, da sie oft mit ganzen Reihen von Substantivgruppen aufgefüllt werden (»Nominalstil«). Der einfacher gewordenen Struktur des Satzes entspricht somit eine starke Verdichtung von vielen Aussageeinheiten in einem einzigen Satz. In diesem Zusammenhang gehört auch die Umschreibung eines Verbs durch ein Abstraktum mit »Funktionsverb«, z. B. »die Auszählung durchführen« statt »auszählen«.

Unter soziolinguistischem Aspekt ist die Gegenwartssprache dadurch gekennzeichnet, daß die Hochsprache an Geltung und Verbreitung gewonnen hat, wozu Schulsystem, Massenmedien (→ *Massenkommunikation)* und Bevölkerungsumschichtungen nach 1945 beigetragen haben. Die Beherrschung der Standardsprache ist zu einer Voraussetzung der sozialen → *Mobilität* geworden und Hochdeutsch zu einer »Barriere« für Unterschichtkinder. Der Gebrauch reiner Mundart wurde zugunsten umgangssprachlicher Mischformen stark

zurückgedrängt. Ein in der heutigen Form neues Phänomen ist die Jugendsprache, die in ihrem Stilwillen und ihrer sozialen Bedeutung durchaus etwas Eigenes ist und mehr als bloß eine besonders kesse und innovationsfreudige Sonderart der allgemeinen Umgangssprache: fröhlicher und aufmüpfiger, teils auch gesuchter Ausdruck von Abgrenzung und Selbstbehauptung gegenüber den Normen der Erwachsenenwelt (→ *Jugend).*

Die S. der → *Literatur* zeigt in der Gegenwart Züge, die früheren Epochen fehlten. So gibt es keine verbindlichen Stilmuster literarischer Prosa mehr; einerseits werden individuelle Besonderheiten verstärkt, andererseits werden die verschiedensten Funktionalstile verwendet, vor allem die gesprochene Umgangssprache. Daneben wird die S. experimentell behandelt, die Abweichung von den Regeln des Sprachsystems wird, zuerst in Expressionismus und Dadaismus stilbildend, bis schließlich das bloße Laut- oder Buchstabenmaterial der Sprachzeichen in der konkreten Poesie zum Stoff der dichterischen Formung gemacht wird. Drittens ist moderne Dichtung weithin bestimmt von der Reflexion auf Bedingungen und Grenzen sprachlichen Ausdrucks. Mißtrauen gegenüber dem Ideologiegehalt von S. hat nach 1945 zu einer möglichst sachlichen, nüchternen, aufs Beobachtbare konzentrierten Ausdrucksweise geführt, so in der Literatur der *Gruppe 47;* ähnliche Tendenzen gibt es auch in der Literatur der DDR.

Der Nationalsozialismus hat in der Gegenwartssprache nur wenige offene Spuren hinterlassen. Die Wörter, in denen sich die → *Ideologie* konzentriert, werden weitgehend vermieden, beispielsweise »Blut« im metaphorischen Sinn, »Rasse« auf Menschen angewandt, »Sippe«, diese alle mit zahlreichen Zusammensetzungen, »arisch«, »völkisch«. Die S. des Nationalsozialismus war einerseits ein besonderer Sprachstil von großem Pathos, fanatischem Eifer, in oft mystischer Dunkelheit Schicksal und Volk beschwörend, mit starkem irrationalem Appell an den Leser oder Hörer. Andererseits hatte sie ein klar umrissenes Vokabular von bevorzugten Wörtern und Neubildungen, teils auf die neuen Institutionen bezogen, teils spezifisch ideologiehaltig, dessen Ausbildung sich übrigens bis ins 19. Jh. zurückverfolgen läßt. Eines ihrer wichtigsten Charakteristika ist das biologistische Reden über Menschen (»Rasse«, »Züchtigung«, »Schädling« usf.).

Sprachsoziologisch bedeutsam ist, daß der Nationalsozialismus, für den die Propaganda ein so wesentliches Herrschaftsinstrument war, eine konsequente, aufs ganze Reichsgebiet sich erstreckende Sprachlenkung betrieben hat, vor allem mittels ausdrücklicher Anweisungen an die gleichgeschaltete Presse – ein in der deutschen Geschichte bisher einzigartiges Unternehmen. Unmittelbar konnte so freilich nur auf die öffentliche S. eingewirkt werden, über diese aber sollte sich der Einfluß auf das Sprechen und Denken sämtlicher Volksgenossen erstrecken.

III. Institutionen

Eine Institution, die in staatlichem Auftrag die Hochsprache kontrolliert und gültige Normen für sie festlegt, wie etwa die *Académie française,* gibt es in keinem der deutschsprachigen Länder. Durch Bundesratsbeschluß wurden 1902 nur die von der *Berliner Rechtschreibkonferenz* von 1901 festgelegten »Regeln für die deutsche Rechtschreibung« für alle Bundesländer verbindlich; Österreich und die Schweiz schlossen sich dieser Regelung an. Ein Beschluß der Kultusminister der Bundesländer bestätigte sie 1955 für die Bundesrepublik, ebenso gelten sie in der DDR weiter. Wegen ihrer Kompliziertheit und Inkonsequenz und nicht zuletzt aus pädagogischen und sozialen Erwägungen heraus wird diese Orthographie für reformbedürftig gehalten. Von kulturpolitischer Bedeutung ist allerdings der Grundsatz, daß keine Neuerung durchgeführt werden darf, zu der sich nicht die vier beteiligten Staaten gemeinsam verpflichten.

In Fortführung des »Orthographischen Wörterbuchs« von K. Duden ist die Dudenredaktion im Verlag *Bibliographisches Institut* mit der Aufgabe betraut, die Rechtschreibregeln verbindlich auf den Wortbestand anzuwenden. Die in Abständen von einigen Jahren neu bearbeiteten Ausgaben der »Duden-Rechtschreibung« sind somit zugleich zu Bestandsaufnahmen des jeweils aktuellen standardsprachlichen Wortschatzes geworden. Praktisch kommt diesem Wörterbuch allein schon durch die Aufnahme, aber auch durch Flexionsangaben und Bedeutungsdefinitionen der Wörter eine gewisse normierende Wirkung auch auf morphologischem und lexikologischem Feld zu. Der letzte gesamtdeutsche Duden war die dreizehnte Auflage von 1947; seit 1951 und 1954 erscheinen zwei voneinander unabhängige Ausgaben in Leipzig und Mannheim.

Unter den Institutionen der Sprachpflege sind an erster Stelle die →*Schulen* aller Typen zu nennen; durch sie wird der mündliche und schriftliche Gebrauch der allgemeinen Standardsprache in allen Teilen der vier Länder verbreitet. Seit den 60er Jahren wird eine Spracherziehung betont, die Mängel in den hochsprachlichen Ausdrucksmöglichkeiten ausgleichen soll. Im letzten Jahrzehnt wird in den Lehrplänen die Einübung in situationsadäquates Sprachverhalten gefordert, wodurch die im traditionellen Gymnasium herrschende Geltung der Stilnormen literarischer Schriftsprache weiter stark relativiert wird.

Der Sprachpflege widmet sich die 1947 gegründete *Gesellschaft für deutsche Sprache* in Wiesbaden mit Sprachberatung und dem Blatt »Der Sprachdienst«. Dieses hat sein Gegenstück in der DDR in der »Sprachpflege, Zeitschrift für gutes Deutsch«, deren Redaktion ebenfalls einen Sprachberatungsdienst durchführt. Der *Deutschschweizerische Sprachverein,* Bern, hat den »Sprachspiegel« als Publikationsorgan. Eine stark in Anspruch genommene Sprachberatungsstelle unterhält auch die Dudenredaktion. Die *Deutsche Akademie für Sprache und Dichtung* in Darmstadt fördert mit Preisfragen und Tagungen die Diskussion um das heutige Deutsch.

Das neuere Deutsch wird, freilich nicht in institutionalisierter Form, von Sprachkritik begleitet, die sich in verschiedenen Richtungen entwickelte. Grammatisch-stilistische Kritik ist die älteste Form; sie war seit dem Barock wesentlich an der Ausbildung der Hochsprache beteiligt und ist bis heute pädagogisch und publizistisch um die Pflege des guten Deutsch bemüht. Um die »Reinheit« der Sprache ging es der Sprachkritik vornehmlich im 19. und bis in die Mitte des 20. Jh. Sie sah ihre Aufgabe im Kampf gegen Fremdwörter und förderte das Mißtrauen gegenüber lexikalischen Neuerungen. Diese Tendenz ist heute stark zurückgetreten. Philosophische Sprachkritik schließlich geht der Frage nach, was in natürlichen oder konstruierten Sprachen sinnvoll gesagt werden kann. Dies ist eine universale Fragestellung, von der eine Einzelsprache wie das Deutsche nicht speziell betroffen ist. Praktische Auswirkungen hat die Sprachkritik der hermeneutischen und analytischen →*Philosophie* jedoch durch die Aufstellung eines Ideals vom vernünftigen Reden und Argumentieren.

Nach dem Zweiten Weltkrieg kam eine Sprachkritik auf, die den ideologischen Gehalt von Wörtern untersucht, Wortschatz und Syntax als Spiegel der Gesinnung, des Charakters interpretiert (so vor allem D. Sternberger, G. Storz, W. E. Süskind. Aus dem Wörterbuch des Unmenschen, 1945 u. ö.). Die Diskussion darüber wurde mit Leidenschaft geführt. Skepsis ist jedenfalls gegenüber moralisierenden Folgerungen aus rein sprachlichen Befunden geboten.

Unter dem Schlagwort der Manipulation oder der Verführung durch S. werden seit zwei Jahrzehnten in beiden Teilen Deutschlands, wenn auch zum Teil in verschiedenen Richtungen, die für den Sprachbenutzer schwer durchschaubaren Einflüsse analysiert, die durch die bloße Wortwahl, die Selektion und das Arrangement von →*Information* auf den Rezipienten ausgeübt werden. Nicht nur werbende oder agitatorische, sondern auch rein informierende Texte von Massenmedien sind von solchen Untersuchungen betroffen.

Institutionen, an denen außerhalb der Hochschulen die Gegenwartssprache germanistisch und linguistisch erforscht wird, sind das 1964 gegründete *Institut für deutsche Sprache* in Mannheim und das bereits seit 1954 bestehende *Institut für deutsche Sprache und Literatur* an der *Akademie der Wissenschaften* der DDR, 1969 neu organisiert als *Zentralinstitut für Sprachwissenschaft.* Die westliche Linguistik versteht sich strikt als deskriptive Wissenschaft; aus der DDR sind seit etwa 1969 Äußerungen zu registrieren, die die Sprachwissenschaft auf das Ziel verpflichten, »bei der Planung und Lenkung gesellschaftlicher Entwicklungsprozesse mitzuwirken und zur Veränderung der Gesellschaft beizutragen, insbesondere zur sozialistischen Veränderung des Denkens«, und »ihre Erkenntnisse als theoretischen Vorlauf für die Beherrschung gesellschaftlicher Bewegungen zur Verfügung zu stellen« (G. Feudel, in: Sprachpflege, 18. Jg., 1969, S. 200). Als Beispiel für eine solche Indienststellung sei das große »Wörterbuch der deutschen Gegenwartssprache« in sechs Bänden genannt (hrsg. v. R. Klappenbach, W. Steinitz, Berlin (Ost) 1961 bis 1977), das während der Bearbeitung eine Änderung der Konzeption erfuhr. Vom vierten Band an werden der gesamte Wortschatz, die Auswahl der Stichwörter, die Bedeutungsangaben, die Erläuterungen sowie die Beispiele konsequent auf der Grundlage der marxistisch-leninistischen Weltanschauung dargestellt. Die »Festigung des sozialistischen Bewußtseins der Menschen in der DDR« gilt dabei als Ziel.

IV. Vergleich der Entwicklung in beiden deutschen Staaten

Die Beobachtung, daß zwischen beiden deutschen Staaten auseinanderlaufende Sprachentwicklungen stattfinden, reicht bereits bis in die 50er Jahre zurück; ihre wissenschaftliche Erforschung setzt in den 60er Jahren, nicht immer frei von ideologischen Vorurteilen, ein. »Sprachspaltung« wurde zum Schlagwort, das in milderer Form »Sprachsonderung« lautete. In der DDR reagierte man darauf zunächst abwehrend und betonte Sprachgemeinsamkeiten. In den 70er Jahren kam es zu einer Umkehrung der Standpunkte. Der DDR geht es jetzt um den Nachweis eigenständiger sprachlicher Entwicklungen, während in der Bundesrepublik eher die nationalsprachliche Identität herausgestellt wird. Tatsächlich kann der Sprachvergleich als Instrument des Kultur- und Systemvergleichs dienen – im Sinne jenes kritischen Programms, das W. Höllerer in der ersten Ausgabe der Zeitschrift »Sprache im technischen Zeitalter« formulierte: »S. bewegt sich nicht im luftleeren Raum. Sie ist neben den Taten die einzige Erscheinung, an der verborgene Antriebe, proklamierte Systeme, beschworene Ziele, Machtansprüche, Lenkungsversuche, Abriß- und Aufbaubewegungen abgelesen und nachgeprüft werden können – und das nur dann, wenn kritisch und unbestechlich verfahren wird« (16. Jg., 1961, H. 1, Einleitung).

Die Thesen von der Sprachsonderung stützen sich vor allem auf Wortschatzuntersuchungen. Außerdem weist die DDR in den letzten Jahren auch auf neuartige sozialistische Kommunikationsbedingungen und somit neue Stilnormen hin. Dies berührt aber den Grundbestand des Deutschen, das Sprachsystem nicht. Auch lexikalische Neuerungen allein führen noch nicht zu einer Spaltung der Sprache. Doch läßt sich an zahlreichen Beispielen zeigen, daß zwischen Deutschen aus beiden Staaten die sprachliche Verständigung schwieriger geworden ist.

Die vergleichenden Beobachtungen der Sprachforschung beziehen sich fast ausnahmslos auf »öffentlichen Sprachgebrauch« in Reden, amtlichen Texten und Publizistik. Es fehlt an Untersuchungen, wieweit dieses Wortgut in die Umgangssprache aufgenommen worden ist; dies ist anzunehmen bei Wörtern für Institutionen und Dinge, mit denen der Bürger täglich zu tun hat, nicht mit gleicher Selbstverständlichkeit aber bei ideologischen Begriffen. Beobachter der DDR registrieren einen auffällig starken, in der Bundesrepublik so nicht anzutreffenden Unterschied zwischen öffentlicher und privater Ausdrucksweise als zweier Codes oder Funktionalstile, unter denen man auch in der mündlichen Kommunikation je nach Situation wählt. Kaum ausgewertet ist bis jetzt belletristisches Material, das der gesprochenen Alltagssprache lexikalisch zum Teil recht nahesteht. Insgesamt sind hier die Ost-West-Differenzen viel geringer als in der politisch und fachlich orientierten Presse- und Amtssprache.

Als Quellen für den systematischen Wortschatzvergleich sind Lexika, vor allem der Mannheimer und Leipziger Duden, am meisten ausgewertet worden, wobei man hier freilich, vor allem für die DDR, in vielen Fällen eher offizielle Sprachlenkung als alltäglichen Sprachgebrauch erfaßt. Die beiden Duden zeigen nicht nur Unterschiede in der Sprachmorphologie, wie beispielsweise verschiedene Pluralbildungen, sondern auch, daß auf Grund gesellschaftlicher Veränderungen neue Begriffe nur in einer Gesellschaft entstehen oder herkömmliche Worte in beiden Staaten unterschiedlich interpretiert und verwendet werden. In der DDR fehlen zum Beispiel die Begriffe »Arbeitslosenversicherung« oder zeitweilig »Aktienkapital«. Es gibt dazu keine gesellschaftlichen Gegenstücke. Von 1954 bis 1965 waren aus ideologischen Gründen die Begriffe »Bauer« und »Landwirt« nicht im Duden der DDR aufgenommen, weil die kollektivierte Landwirtschaft auch sprachlich neu bestimmt werden sollte (vgl. W. Betz, Zwei Sprachen in Deutschland, in: Deutsch – Gefrorene Sprache in einem gefrorenen Land? Berlin (West) 1964).

Bei den Wortschatzunterschieden fallen zahlreiche Wortneubildungen in der DDR auf, die sich durch tieferen sozialen Wandel im sozialistischen

Staat erklären lassen. Die Sammlung von M. Kinne und B. Strube-Edelmann nennt rund 450 neue Stichwörter, eine Zahl, die sich durch die möglichen Zusammensetzungen vervielfacht (vgl. M. Kinne, B. Strube-Edelmann, Kleines Wörterbuch des DDR-Wortschatzes, Düsseldorf 1980). Ein entsprechender Vergleich alten und neuen Wortgutes für die Bundesrepublik fehlt bis heute.

Inhaltlich konzentrieren sich die Neubildungen auf politische, soziale und technische Sachbereiche. Der größte Anteil der Spezifika entfällt auf staatliche und gesellschaftliche Institutionen. In der Bundesrepublik sind dies zum Beispiel »Bundesrat«, »Kabinett«, »Bürgerinitiative«, in der DDR »Volkskammer«, »Ministerrat«, »Junge Pioniere«. Zahlreiche Neuwörter bezeichnen Erscheinungen der Wirtschaft und Arbeitswelt wie »Konzern«, »Tarifpartner«, »Lohnrunde«, »Gastarbeiter«, »Mitbestimmung«, »Team« oder »Lohnsteuerjahresausgleich« in der Bundesrepublik und in der DDR »Kombinat«, »Werktätiger«, »Planaufgabe«, »Brigade«, »Aktiv«. Natürlich schlagen sich auch verschiedene Entwicklungen der Pädagogik, des Rechts- und Sozialwesens und anderer Gebiete in entsprechenden Begriffsfeldern nieder.

Besondere Aufmerksamkeit zieht der politische und ideologische Wortschatz auf sich. In der DDR ist marxistische Terminologie in den öffentlichen Sprachgebrauch eingegangen. Als Sprache der Arbeiterbewegung, vor allem mit Ausdrücken wie »Proletariat«, »Klasse«, »Klassenkampf«, »Ausbeutung«, gründet diese Terminologie jedoch in einer gemeinsamen, seit dem 19. Jh. wirksamen Tradition. Im politisch-ideologischen Wortschatz zeigt sich besonders deutlich, wie gleiche Wörter mit unterschiedlichen, ja gegensätzlichen Inhalten verbunden werden, so etwa bei → *Frieden*, »Freiheit«, → *Demokratie*, »Heimatrecht«, → *Propaganda*, »Parlament«, »Wahl«. Hinzu kommen die agitatorischen, tendenziösen Redeweisen aus Ost- oder Westperspektive. »Moskauer Satelliten« oder »sozialistische Bruderstaaten«, »Schandmauer« oder »antifaschistischer Schutzwall«, »Revanchisten« oder »westliche Demokraten« bezeichnen jeweils das gleiche aus anderer Sicht.

Formal unterscheidet man Neuwörter wie »Aktiv« oder »Styling« und Neuprägungen wie »Masseninitiative« oder »demokratischer Zentralismus« von neuen Bedeutungen überkommener Wörter wie »Brigade«, »Pionier«, »Station«. Der russische Spracheinfluß in der DDR erstreckt sich mehr auf solche Bedeutungsänderungen (z. B. bei »Brigade« (kleinste Arbeitsgruppe), »Rekonstruktion« (Modernisierung), und auf Neuprägungen wie »Held der Arbeit«, »Friedensschicht«, als auf Neuwörter wie »Diversant«.

Wichtige semantische Differenzierungen bestehen in Unterschieden in der Wertungskomponente gleicher Wörter, so z. B. bei »revolutionär«, »bür-

gerlich«, »idealistisch«, »Individualismus«, »Kollektiv«; in vielen Fällen sind diese Wertungsunterschiede nicht sehr ausgeprägt, sondern halten sich mehr im Bereich eher positiver oder eher negativer Konnotationen, so bei »individuell«, »Masse«, von Menschen gesagt. Die konnotative Aura der Wörter, die sie begleitenden Gefühle und Vorstellungen, sind, da sie in der Kommunikation eine so große Rolle spielen, überhaupt ein wichtiger semantischer Bereich, auf dem man sich sprachlich auseinanderentwickeln kann; er würde mehr Aufmerksamkeit verdienen, als ihm in den vergleichenden Analysen bisher zuteil geworden ist.

Bei den Bedeutungen der Wörter setzt staatliche Sprachlenkung vorzugsweise an. Ihr Erfolg freilich, die Aufnahme der neudefinierten Inhalte in den Sprachbesitz der Bevölkerung, ist schwer zu kontrollieren. Es fragt sich zum Beispiel, ob es wirklich gemeinsprachlich geworden ist, wenn der Duden und andere Lexika der DDR die Anwendung des Begriffs »Imperialismus« *per definitionem* auf kapitalistische Staaten beschränken.

Differenzierung zeigt sich auch in unterschiedlicher Häufigkeit im Gebrauch gleicher Wörter, bei zeitweilig hoch angestiegenen Frequenzen gelten sie als Modewörter. Spezifisch für die DDR sind in diesem Sinn im öffentlichen Sprachgebrauch u. a. »friedliebend«, »sozialistisch«, »Perspektive«, »Planung«, »Produktion«, »Massen«, für die Bundesrepublik typisch u. a. »freiheitlich«, »Partnerschaft«, »Markt«, »dynamisch«, »Angebot« und »exklusiv«. Häufige Wortverbindungen und Prädizierungen bestimmter Gegebenheiten bilden sprachliche Stereotypen oder Klischees, die für den Sprachstil einer Gesellschaft überaus charakteristisch sind und vorherrschende Denkmuster verraten (so etwa die »dynamische Persönlichkeit« der Bundesrepublik Deutschland oder die sozialistischen »Errungenschaften« der DDR). Das Häufigkeitskriterium gilt auch für die als Schlagwörter bezeichneten Begriffe: Komprimierungen ganzer Programme und komplexer Zielvorstellungen in einem Ausdruck. Beispiele für die Bundesrepublik sind »soziale Marktwirtschaft«, »antiautoritäre Erziehung«, für die DDR »friedliche Koexistenz«, »sozialistischer Humanismus«. Die Geschichte dieser zum Teil recht kurzlebigen Schlagwörter wie auch dieser Stereotype würde ein aufschlußreiches Bild von den geistigen und politischen Strömungen in den Gesellschaften ergeben; sie ist eine für die Gegenwart noch kaum in Angriff genommene Aufgabe zur Forschung.

Ob und in welchem Maß die Verständigung zwischen den Bürgern der beiden deutschen Staaten unter derartigen Sprachdifferenzen leidet, bedürfte empirischer Studien. Ist die Alltagsverständigung auch schwieriger geworden, gefährdet ist sie noch keineswegs. Mit Umschreibung, Worterklärungen und Rückfragen kommt man über Sprachbarrieren noch relativ mühelos hinweg. Schwerer als sprachliche Unterschiede fallen Gegensätze in den Lebensformen, den Arbeits- und Konsumverhältnissen, den sozialpsychologischen und kulturellen Bedingungen ins Gewicht. Die Bürger der DDR sind mit westlichen Sprachgewohnheiten durch westdeutsches Fernsehen und Rundfunk allgemein vertrauter als die Bürger der Bundesrepublik mit den östlichen.

V. Sprachideologie

Die romantische Sprachauffassung sah im Deutschen bzw. Germanischen einen Sproß der indogermanischen Sprachfamilie und seine Entwicklung vom hohen Mittelalter an als Geschichte eines Verfalls. Das wirkte sich aus in einer Hochschätzung der älteren Sprachstufen, in einer Vorliebe für heimisches Wortgut und Ablehnung von Fremdwörtern, im Wiederbeleben von ursprünglichen Bedeutungen, die in ihrer oft poetischen Vieldeutigkeit »tiefer« scheinen als die modernen differenzierenden und präziseren Wortinhalte. Aus der Wissenschaft ist diese Konzeption längst verschwunden, wenn sie auch in unserem ästhetischen und reflektierenden Umgang mit S. nachwirkt.

Eine große Tradition haben zudem Versuche, Einzelsprachen in ihrer Totalität mit fundamentalen Zügen der Gesellschaften in Beziehung zu bringen; die Sprachwissenschaft hat dies bisweilen als ihre zentrale Fragestellung angesehen. Zu Beginn unseres Jahrhunderts war die völkerpsychologische Deutung der Nationalsprachen in Mode. Spracheigentümlichkeiten und Schlüsselwörter galten als Ausdruck nationalen Charakters, als Reflex des »Geistes« eines Volkes. Man ist mißtrauisch geworden gegenüber solchen Interpretationen, die zumeist spekulativ und tendenziös waren.

Die ersten beiden Jahrzehnte nach Ende des Zweiten Weltkriegs waren in der germanistischen Sprachwissenschaft beherrscht von L. Weisgerbers auf W. v. Humboldt zurückgehende Konzeption vom sprachlichen Weltbild: Jede Einzelsprache bilde eine spezifische Sicht der Welt aus. Von seiten der Linguistik in der DDR ist der Ansatz als »idealistisch« verurteilt worden, doch ist die These, daß die deutsche S., speziell ihre westdeutsche Form, im Sinn der marxistischen Widerspiegelungstheorie ein Reflex der bürgerlichen Gesellschaft sei, in dieser Allgemeinheit ebensowenig haltbar.

Zu Beginn des 19. Jh. hat die Besinnung auf die gemeinsame Muttersprache eine wichtige Rolle in der deutschen nationalen Bewegung gespielt, und seither war die Gemeinsamkeit der S., wozu selbstverständlich auch die gemeinsame literarische Tradition gehört, immer ein wesentliches Motiv der nationalen Identität »der Deutschen« gewesen. Für die Nachkriegsgeneration ist das Verhältnis von

deutscher S. und »Nation« oder »Volk« wieder problematischer und komplizierter geworden. In der deutschsprachigen Schweiz waren die Verhältnisse in dieser Beziehung wegen der besonderen Geltung der Mundart immer anders gewesen; in Österreich wird neuerdings beobachtet, wie die Pflege von Regionalismen fast schon den Wert eines Signals eigener nationaler Identität erhält. Im Verhältnis zwischen Bundesrepublik Deutschland und DDR ist das Problem heute besonders heikel. Im Westen beruft man sich gewöhnlich auf die gemeinsame S. als auf eines der wichtigsten Kriterien der Einheit der deutschen Nation. In der DDR stellen die hierzu veröffentlichten Äußerungen seit den 70er Jahren gerade diese Gemeinsamkeit in Frage. Hier wird der Begriff der »nationalsprachlichen Variante« des Deutschen entwickelt, für den allerdings weder eine theoretisch noch eine empirisch befriedigende Definition angeboten werden kann. Für das Sprachbewußtsein der Bevölkerung dürfte jedoch nach wie vor das eine Deutsch die gemeinsame Muttersprache sein.

M. Kaempfert

Literatur
H. Moser, Sprachliche Folgen der politischen Teilung Deutschlands, Düsseldorf 1962
H. H. Reich, S. und Politik. Untersuchungen zu Wortschatz und Wortwahl des offiziellen Sprachgebrauchs in der DDR, München 1968
W. Schmidt (Hrsg.), S. und Ideologie, Halle a. d. Saale 1972
H. Eggers, Deutsche S. im 20. Jahrhundert, München 1973, ²1978
W. Hartung (Hrsg.), Sprachliche Kommunikation und Gesellschaft, Berlin (Ost) 1974
M. W. Hellmann, Bibliographie zum öffentlichen Sprachgebrauch in der Bundesrepublik Deutschland und in der DDR, Düsseldorf 1976
P. Braun, Tendenzen in der deutschen Gegenwartssprache, Stuttgart u. a. 1979
Lexikon der germanistischen Linguistik, hrsg. von H. P. Althaus, H. Henne u. H. E. Wiegand, Tübingen ²1980, darin: M. W. Hellmann, Deutsche Sprache in der BRD und DDR, S. 519–527

Stadt- und Regionalplanung

I. Zur Terminologie – II. Entwicklung der Stadt- und Regionalplanung in der Bundesrepublik – III. Leitlinien der Stadt- und Regionalplanung in der DDR – IV. Gesetze, Ziele, Verfahren – V. Planungsinstitutionen und Modelle städtebaulicher Ordnung – VI. Sicherung natürlicher Lebensbedingungen?

I. Zur Terminologie

Gebaute Wohn- und Arbeitsumwelt, Erholungs- und Nutzlandschaften sind Ergebnisse sozialer und ökonomischer Entwicklung. Die S. und R. greift koordinierend und steuernd in den Gestaltungsprozeß der räumlichen Lebensbedingungen von Stadt und Region ein. Planung der räumlichen Ordnung besiedelter Gebiete gliedert sich in der Bundesrepublik dem Staatsaufbau entsprechend in Raumordnung des Bundes, Landes-, Regional- sowie Orts- oder Stadtplanung. Die Aufgaben der S. und R. liegen zwischen übergeordneter Raumordnung und Landesplanung und nachgeordneter Bauplanung (→Architektur).

Die S. soll räumliche Entwicklungen einer Gemeinde durch Flächennutzungs- und Bebauungsplanung, die amtliche Bauleitplanung, vorbereiten und lenken. Im Rahmen gemeindlicher S. soll Stadtentwicklungsplanung Leitlinien und Prioritäten als Orientierung für spezielle, sektorale Planungen von Grünflächen, Verkehr oder Stadtbild erarbeiten. Ziel der R. ist die koordinierende räumliche Gesamtplanung für Teilgebiete von Bundesländern, wobei entweder real vorhandene oder zukünftige Raumnutzung durch Auffangplanung oder regionale Entwicklungsplanung generell geordnet oder gesteuert werden soll. Planungsregionen können unabhängig von Verwaltungsgrenzen bestehen und werden nach Bevölkerungs- und Wirtschaftskonzentration oder nach Maßgabe sozialer und wirtschaftlicher Verflechtung definiert. Sie werden in der Bundesrepublik und in der DDR mit Begriffen wie Großstadt- und Stadtregion, industrielle Ballungsgebiete, Verdichtungsräume oder städtische Agglomerationen bezeichnet. In der DDR entsprechen die Begriffe Städtebau oder städtebauliche Planung der S., der Begriff Gebietsplanung der R. Sie sind eingebunden in Territorialplanung, die nach territorialen Einheiten des Staatsaufbaus, nach regionalen Wirtschaftsleitungen und nach Wirtschaftsgebieten gegliedert ist.

II. Entwicklung der Stadt- und Regionalplanung in der Bundesrepublik

Von der Stadterweiterung zur Stadtrandsiedlung: Am Ende des 19. Jh. wächst mit enormer Industrialisierung, Landflucht und wuchernden Städten, angesichts sozialer Not und Wohnungselend, die Notwendigkeit umfassender städtebaulicher Steuerung. Villenviertel und Mietskasernenquartiere werden Ausdruck der Herrschaftsform einer Klassengesellschaft. In Städtebaulehrbüchern fassen R. Baumeister (Stadt-Erweiterung, Berlin 1876), C. Sitte (Städtebau nach seinen künstlerischen Grundsätzen, Wien 1889) und J. Stübben (Der Städtebau, Leipzig 1890) das bei Stadterweiterungsplanungen

gewonnene Expertenwissen zusammen. Schwerpunkte der Städtebautechnik oder -wissenschaft und der Städtebaukunst deuten auf den noch heute wirksamen Doppelcharakter der neuen Disziplin, Ingenieurbau und Kunst. Über die 1904 gegründete Zeitschrift »Der Städtebau« und mit der großen Städtebauausstellung in Berlin von 1911 finden städtebauliche Probleme und Aufgaben Verbreitung. In Ballungsgebieten führt die Stadt-Umland-Problematik zur Gründung von Zweckverbänden, so 1912 des *Zweckverbands Groß-Berlin* und 1920 des *Siedlungsverbands Ruhrkohlenbezirk,* die organisatorische und methodische Grundlagen der Regionalplanung entwickeln. Die räumliche Ordnung der Ballungsgebiete gilt als große Kulturaufgabe. Gesetze, wie das *Reichssiedlungs- und Reichsheimstättengesetz* von 1919/20, fördern den Kleinsiedlungsbau. Siedlungsplanung ist Planung gemeinschaftlicher Wohnstätten außerhalb der Stadt. Umfassender Städtebau ist einerseits »einheitliche, wirtschaftliche, rechtliche und technischkünstlerische Disziplin«, deren Rahmen die wirtschaftlichen und sozialen Verhältnisse bilden (R. Heiligenthal, Deutscher Städtebau, Heidelberg 1921), andererseits »Grenzgebiet zwischen Bautechnik und Sozialökonomie« (K. H. Brunner, Baupolitik als Wissenschaft, Wien 1925).

Die berühmten, mit neuen Technologien errichteten Siedlungen der Weimarer Republik, wie die Hufeisensiedlung in Berlin 1929, folgen mit ihren Forderungen nach Licht, Luft und Sonne, noch niedrigen Mieten und Nutzungsqualitäten der Außenräume sozialreformerischen Zielen. Der ornamentlose Architekturstil des *Bauhauses* prägte ein neues Bild von Wohnhaus und Siedlung. Das »Neue Bauen« folgte dem Prinzip der Trennung städtischer Funktionen des Arbeitens, Wohnens und der Erholung, wie es in der *Charta von Athen* (1933) gefordert worden war (→Arbeit, →Freizeit, →Wohnen). In Stadtrandsiedlungen und idealtypischen Entwürfen wie den »Hochhausstädten« L. Hilbersheimers (1927) wird aber auch die Gefahr einer neuen Unmenschlichkeit der Städte als Wohnmaschinen erstmals sichtbar. Nach 1933 werden Architektur und Städtebau als Bedeutungsträger offiziell in den Dienst der Staatsideologie des Nationalsozialismus gestellt. Weiträumige, axiale Straßen und Plätze, massive Staatsbauten und weite Einfamilienhaussiedlungen sollen mit volkstümlicher oder neoklassizistischer Architektur Parteimacht und wehrhaftes Deutschtum symbolisieren. G. Feders Städtebaulehrbuch von 1939, »Die neue Stadt«, bildet eine dem Kleinstadtideal verpflichtete Idealvorstellung totalitärer S. und R. ab. Die Gründung der *Reichsstelle für Raumordnung* 1935 zeigt die Bedeutung übergeordneter Raumplanung.

Der Zweite Weltkrieg hinterläßt immense Zerstörungen der Bausubstanz. Verkehrs- und Nutzungsstrukturen, Ver- und Entsorgungssysteme der Länder, Städte und Dörfer aber bleiben erhalten. Der propagierte »Neubeginn« nach 1945 wird von Fachleuten getragen, die in der Weimarer Republik und im nationalsozialistischen Deutschland ausgebildet und geprägt worden sind.

Lust zur »Stadt von Morgen«: Beibehaltung privaten Grundbesitzes und privater Verfügung über Produktionsmittel, ausländische Kapitalinvestitionen, frühe Eingliederung in das kapitalistische Wirtschaftssystem und Orientierung an westlichen, insbesondere amerikanischen Beispielen des Städtebaus bestimmen die S. und R. in den ersten Jahren der Bundesrepublik. Über Aufbaugesetze (ab 1947), Arbeitsgemeinschaften der Landesplaner (1949), Landesplanungsgesetze konsolidiert sich das Planungssystem in den 50er Jahren. Die 1935 bis 1945 geschaffene staatliche Organisation der Raumordnung wird beibehalten. Heimatvertriebene und Flüchtlinge werden eingegliedert. Eher antistädtische, gegen »Vermassung und Verproletarisierung« gerichtete Ziele prägen den Beginn (H.J. Seraphim (Hrsg.), Vorträge und Aufsätze, Köln 1953, S. 16). Ende der 50er Jahre verstärken kommunale Planungsgemeinschaften die Diskussion um R. Staatliche Wohnungsbauförderungspolitik bestimmt das Ausmaß und die Schwerpunkte des Mietwohnungs- und des politisch in den Vordergrund gerückten Baus von Einfamilienhäusern. Nach zehnjähriger Beratung wird 1960 das Planungs- und Bodenrecht umfassende *Bundesbaugesetz* erlassen, Aufbaugesetze der Länder treten außer Kraft. Damit sind also bundeseinheitliche Rechtsgrundlagen für die S. für die Bauleitplanung, gegeben. Eine Bodenrechtsreform, die den Gemeinden aktive Bodenpolitik ermöglicht und private Bereicherung über den Bodenmarkt bremst, ist nicht enthalten.

Der Wiederaufbau innerhalb zerstörter Städte, beispielsweise des Hansa-Viertels in Berlin (West) durch die *Interbau* 1957, und der Siedlungsneubau von Trabantenstädten, wie der Sennestadt bei Bielefeld 1956 und der Neuen Vahr in Bremen 1957, folgt mit Ausnahmen den eher stadtfeindlichen Leitbildern der organischen Stadtbaukunst sowie der gegliederten und aufgelockerten und der autogerechten Stadt. Das Auto bestimmt die Straßenplanung. Stadt- und Siedlungsstraßen werden nicht als Orte des Verweilens, sondern als »Transportanlagen« gestaltet. Mängel der nach starrem Entwurfsschema als monofunktionale »Nachbarschaften« mit Einkaufszentren »frei komponierten« Wohngebäude und der ohne Arbeitsplätze geplanten Siedlungen werden unter dem Eindruck des Neuen und der durch die schlechte Wohnungsversorgung verständlichen Freude über die Neubauwohnungen verdeckt. Isolierte Punkt- und Scheibenhochhäuser gelten als »Dominanten« mit raumausstrahlenden Kräften, als Symbole der »Stadt von morgen«

(*Interbau Berlin* 1957), im Rahmen ideologischer Auseinandersetzungen mit der DDR auch als »Symbol für sozialen Gemeinschaftsgeist und bürgerliche Freiheit« (Ernst-Reuter-Siedlung, Berlin 1954). Städtebau und Architektur signalisieren mit dem Bild der modernen Stadt den Aufschwung der 50er Jahre. Utopische Aufbauplanungen teilzerstörter Innenstadtgebiete setzen sich radikal über die historische Stadt hinweg.

Mißverstandene Urbanität und Krise der Stadt: Schnelles wirtschaftliches Wachstum und ökonomische Konzentration in den alten Ballungsgebieten, in denen fast die Hälfte der Bevölkerung auf 7 v. H. der Fläche der Bundesrepublik lebt, sowie die Ausweitung des Dienstleistungsbereichs haben in den 60er Jahren strukturelle, gesamträumliche Folgen. Anziehungskraft und Verdichtung der Ballungsräume, Bevölkerungsabwanderungen in das Stadtumland bei gleichzeitiger Entleerung der großen Innenstädte und Abwanderung aus ländlichen Gebieten verändern die örtlichen Lebensbedingungen und das vertraute Bild der Städte. In deren Mitte verdrängen Bürohäuser die Wohngebäude, und in dem Maß, wie die Landschaft zersiedelt wird, wachsen auch die Umweltprobleme. 1965 wird das *Bundesraumordnungsgesetz* mit dem allgemeinen Ziel ausgewogener wirtschaftlicher, sozialer und kultureller Verhältnisse in allen Gebieten erlassen. Planungen der Kommunen haben sich den Zielen dieses Gesetzes anzupassen. Der Verstädterung der bis dahin noch ländlicher Gegenden ist somit der Weg geebnet. Zugleich mehrt sich Kritik am Städtebau der Nachkriegszeit (A. Mitscherlich, Die Unwirtlichkeit unserer Städte, Frankfurt a. M. 1965; K. Lynch, Das Bild der Stadt, Frankfurt (West) a.M. 1965; J. Jacobs, Tod und Leben großer amerikanischer Städte, Berlin (West), Frankfurt a.M. 1963). Das Leben in relativ eng bebauten Altbauvierteln wird wiederentdeckt und bewundert. Bei Architekten und Städtebauern der 60er Jahre führt dies zu dem Mißverständnis, daß allein bauliche Dichte und mehr Bewohner im Neubaugebiet die gewünschte »Urbanität« erzeugen. Eine zumeist nur am Modell nach ästhetischen Gesichtspunkten entworfene Massierung der »Wohnberge« neuer Stadtrandsiedlungen soll Lösungen für Probleme bieten, deren Ursachen vor allem im politisch-ökonomischen Bereich liegen. Sie sind in der Finanzschwäche der Kommunen, aber auch in Fehlern bei der Bedarfsprognose, Sozialplanung und der Koordination und den realitätsfernen technisch-ästhetischen Gestaltungsideologien der Architekten und Städtebauer zu suchen. Erfahrungen der Bewohner zahlreicher Stadtrandsiedlungen der 60er Jahre und die zunehmende öffentliche Diskussion über Zersiedelung, Landzerstörung und Umweltprobleme, das tägliche »Chaos der Städte« und die abendliche Verödung der Zentren stellen Ende der 60er Jahre

Qualitäten und Leitbilder der S. und R. in Frage. In der Kritik an Architektur und Städtebau spiegelt sich Gesellschafts- und → *Kulturkritik*.

Mehr Planung zur Rettung der Städte: In den Anfang der 70er Jahre datieren Versuche zur »Rettung der Städte« und zum Ausgleich des Gefälles zwischen Stadt und Land mit Hilfe verstärkter Planung, Forschung und staatlicher Steuerung über Finanzierungsmittel.

In Stadtentwicklungsplanungsämtern mit modernen Informationssystemen, bei technischen Grundsatzwettbewerben und städtebaulichen Forschungen des *Bundesministers für Raumordnung, Bauwesen und Städtebau* versuchen Fachleute, die Ideallösung zu finden. Lehrstühle für Raumplanung in Dortmund und Berlin (West) bieten ab 1969/70 am angelsächsischen Beispiel orientierte Planerstudiengänge mit wirtschaftlichen, soziologischen, rechtlichen Fächern in Ergänzung traditioneller Architektur- und Städtebaulehre an. Im Siedlungsbau werden Block- und Straßenrandbebauung, der geschlossene Hof- oder Straßenraum wieder entdeckt, erste Experimente mit »kommunikativem« Wohnen und flexiblen Wohnungsgrundrissen gewagt, ohne daß sich laut *Städtebaubericht 1975* die Probleme der Städte verringern. Mit dem *Städtebauförderungsgesetz* wird 1971 die Grundlage für breite Eingriffe in Altbaugebiete geschaffen. Architekten, Planer und Bauindustrie sind auf die neue Aufgabe nicht vorbereitet. Städtebauliche Mißstände werden vor allem am Maßstab »Licht, Luft, Sonne« gemessen. Wo Städtebau und S. nötig wären, wird Siedlungsplanung betrieben. Kahlschlagsanierungen, die örtliche Alltagskulturen (→ *Alltag)* zerstören, sind dafür kennzeichnend. Mit dem staatlich geförderten Stadtumbau vernachlässigter Innenstädte, der bei zunehmenden Neubaukosten und im Konkurrenzkampf der Kommunen um Attraktivität wirtschaftlich interessant wird, beginnt die Umstrukturierung historischer Stadtzentren. Fußgängerzonen sollen die Innenstädte retten. Erst spät wird erkennbar, daß diese zwar einen vom Lärm und Abgas befreiten Einkaufsbummel ermöglichen, jedoch zugleich auch die Wohnbevölkerung verdrängen und die angrenzenden Straßen durch die Suche nach Parkplätzen zusätzlich belasten. Wirtschaftliche Rezession, wachsendes historisches Interesse an Stadtgestaltung und Umweltschutz lassen Erhaltung, Stadtreparatur und Bewahrung historischer Identität der Städte, Quartiere und Dörfer zu neuen Leitbildern werden. → *Bürgerinitiativen* und ausländische Beispiele, aber auch die Wiederentdeckung historischer Städtebaulehren und Ergebnisse sozialwissenschaftlicher Forschungen führen Ende der 70er Jahre zu neuen Strategien wie »Wohnumfeldverbesserung« und »Verkehrsberuhigung«. 1976 werden das *Bundesbaugesetz* und das *Städtebauförderungsgesetz* novelliert,

wobei Verfahren der Bürgerbeteiligung und soziale Belange größeres Gewicht erhalten. Eine instrumentelle Absicherung der Entwicklungsplanung oder die Eindämmung der Bodenpreisspekulation werden jedoch nicht berücksichtigt.

Ernüchterung: Gegen Ende der 70er Jahre müssen gesellschaftspolitisch engagierte Raum-, Stadt- und Regionalplaner feststellen, daß sie nur wenig erfolgreich waren. Die ungleichen Entwicklungen unterschiedlicher Gebiete der Bundesrepublik haben sich eher verstärkt. Fachpolitik und -planungen von Bund und Ländern und freie Standortwahl privater Unternehmer bestimmen weitgehend die räumlichen Entwicklungen. Anfang der 80er Jahre kommt der Wohnungsneubau wegen hoher Kapitalkosten fast zum Stillstand. Steigende Mieten, Durchsetzung wirtschaftlicher Interessen in Modernisierungsgebieten, Umweltverschmutzung, Energiekrisen, Mangel öffentlicher und privater Investitionen, Bürokratisierung des Planungsprozesses und wachsender Widerstand bis hin zu Hausbesetzungen erzeugen bei Planern Ratlosigkeit, Flucht in formale Stadtbaukunst oder Suche nach basisdemokratischer Legitimation und Besinnung auf diejenigen Nutzungsqualitäten, die Stadt zur → *Heimat* werden lassen.

III. Leitlinien der Stadt- und Regionalplanung in der DDR

»Nationales Aufbauprogramm« und Industriestadtgründung in der DDR: Völlig andere Rahmenbedingungen bestimmen in der DDR die Nachkriegsentwicklung. Die Abschaffung kapitalistischer Produktionsformen durch Boden- und Industriereform und der Aufbau zentraler, staatlicher Verwaltungswirtschaft nach sowjetischem Vorbild führen zu einer frühzeitigen Eingliederung in das sozialistische Wirtschaftssystem und die Bindung an dessen kulturelle und somit auch städtebaulichen und architektonischen Entwicklungen. Ausländische Investitionen fehlen. Die planmäßige, sozialistische Umgestaltung der Städte und Dörfer, der Wiederaufbau der Industrie werden Bestandteil volkswirtschaftlicher, mit mehrjährigen Wirtschaftsplänen zentral lenkender Planung. Bis Mitte der 50er Jahre wird die Verwaltung im *Institut für Städtebau* im *Aufbauministerium* und in der *Bauakademie* errichtet, die Bauindustrie führt das Taktverfahren und das Aktivistensystem ein. Die Ausbildung wird an den Hochschulen in Weimar und Dresden organisiert. Zentrale Städtebauziele folgen der These vom »Prozeß dynamischer Urbanisierung«, dem zunehmenden »Städtischwerden des gesellschaftlichen Lebens und der baulich-räumlichen Umwelt« (B. Flierl, Industriegesellschaftstheorie im Städtebau, Frankfurt a. M. 1973, S. 123) bis hin zur Forderung,

den Stadt-Land-Gegensatz aufzuheben *(→ Provinz und Metropole)*. Die »Grundsätze des Städtebaus« betonen 1950 Bedeutungen der Stadt in ihrer Abhängigkeit von Industrie und Verwaltung, der Stadtzentren als »historisch, politisch und künstlerisch bestimmenden Kern der Stadt« und die Gliederung von Wohngebieten in Bezirke sowie Wohnkomplexe und Häuserviertel mit vielgeschossiger Bauweise. Der Einfamilienhausbau wird zunächst grundsätzlich abgelehnt. Im Gegensatz zur Bundesrepublik wendet man sich gegen alle Tendenzen zur Auflösung der Stadt, die als wirtschaftlichste und kulturreichste Lebensform gilt. Das *Aufbaugesetz* bestimmt 1950 den Aufbau der wichtigen historischen Industriezentren Dresden, Leipzig, Magdeburg, Rostock und die Aufbauplanung Ost-Berlins, es regelt Planungszuständigkeiten und verbietet private Bodenspekulation. Im Rahmen des *Nationalen Aufbauprogramms* von 1951 werden erste städtebauliche Planungen verwirklicht. Nach Beschluß des Zentralkomitees sollen Architektur und Städtebau, »national in der Form und sozialistisch im Inhalt«, die politische Ordnung abbilden. Dem Gedanken des Stadtzentrums als »Stadtkrone« wird das erste »Hochhaus an der Weberwiese«, Berlin 1951, gerecht. Zugleich sollen lokale, traditionelle Baustile wie der Klassizismus in Berlin oder das Dresdner Barock weiterentwickelt werden. Vorbild ist die sowjetische Architektur. Entwicklungen in der Bundesrepublik werden als *→ Formalismus*, Amerikanismus oder *Bauhaus*-Stil abgelehnt. Der erste Bauabschnitt (1951) der Karl-Marx-Allee in Berlin mit klassizistischen Architekturelementen wird zum Symbol, zur »baulichen Inthronisierung der neuen Gesellschaft«.

Die besondere Qualität des Städtebaus der 50er Jahre belegen die neue Industriestadt Eisenhüttenstadt und der innerstädtische Wiederaufbau des Altmarkts in Dresden, der Langen Straße in Rostock und der Altstadt Neubrandenburgs. Einheitlich hohe Straßenrandbebauungen der axialen Straßen- und Platzanlagen, Wohnhöfe, Arkaden, Straßenüberbauungen, ortstypische Architektur und Mischnutzung der Gebäude durch Wohnungen, Läden, Gaststätten, Kultur- und Sporteinrichtungen sind städtische Strukturtypen der frühen 50er Jahre.

Industrialisierung des Bauens: Mitte der 50er Jahre setzt die Industrialisierung des Siedlungsbaus ein. Bautechnologische und ökonomische Anforderungen nach schnellerem und billigerem Bauen bestimmen die Planung. Die Abkehr von der Blockrandbebauung der 50er Jahre und damit die Auflösung der Stadträume gilt jetzt als fortschrittlich. Die Monotonie der durch rationellen Kraneinsatz bestimmten Zeilenbebauung, sehr gut sichtbar in der neuen Stadt Hoyerswerda, die ab 1955 für zunächst 45000 Einwohner geplant war, ähnelt im Ergebnis der Entwicklung in der Bundesrepublik.

Der Bau von stadtnahen Wohnkomplexen mit zentralem Versorgungsbau, Schule und Kindergarten, den Grundeinheiten städtebaulicher Investitionsplanungen, zielt auf Gliederung, Auflockerung und Durchgrünung. Typisch für die DDR werden, als Folge neuer landwirtschaftlicher Produktionsformen, die neben den alten Dörfern errichteten geschossigen Großtafelbauten. Wie in der UdSSR werden im Rahmen der Entstalinisierung teure stilisierte Verkleidungen der Bauten zugunsten nüchterner Fertigteilfassaden der Bauten abgelehnt. 1959 beginnt erneut die Diskussion um »sozialistische Industrialisierung und sozialistische Baukunst«. 1960, als in der Bundesrepublik Banken und Verwaltungen längst mit Hochhäusern die Stadtmitte erobert hatten, wird der planmäßige Umbau von Zentren großer Städte beschlossen. Zu ihren Kennzeichen gehören weiträumige, monumental bebaute Plätze und Magistralen als Raum für Massenveranstaltungen sowie Fußgängerzonen mit beherrschenden Einzelbauten. »Dominanten« wie Fernsehturm oder Hochhaus sind Kennzeichen sozialistischer Stadtzentren (Alexander-Platz, Berlin (Ost)/Prager Straße, Dresden/Straße der Nationen, Karl-Marx-Stadt). Um der Verödung der Stadtzentren entgegenzuwirken, werden auch hier Wohnungen gebaut. Ebenso entstehen Kulturhäuser, Stadthallen, Kaufhäuser und Ladenstraßen. Fußgängerzonen und Kunst im öffentlichen Raum sind, ähnlich wie in der Bundesrepublik, Neuheiten der 60er Jahre. Das Abreißen historischer Kirchen wie in Magdeburg und Leipzig führt zu heftigen Diskussionen. Die Einführung des *Neuen ökonomischen Systems der Planung und Leitung* (1963) ermöglicht differenzierte Bautechnologien und mehr Gestaltungsfreiheit. Der geforderten höheren Qualität des Städtebaus dienen die Umorganisation des *Instituts für Städtebau und Architektur* der *Bauakademie,* die Intensivierung der Lehre des Städtebaus und der Gebietsplanung in den Hochschulen oder die Stärkung der Stellung des Stadtarchitekten. Mitte der 60er Jahre wird bei schneller als geplant zunehmender Bevölkerungs- und Produktionskonzentration in den Städten, sowie steigenden räumlichen Problemen die Ausarbeitung von Generalbebauungsplänen der Städte begonnen. Sie sollen die Entwicklung von sieben, fünfzehn und 35 Jahren koordinieren. Im Zuge allgemeiner Lockerung und sozialpolitischer Verbesserungen steigt die private Motorisierung und damit die Notwendigkeit von mehr Straßenplanung. Verkehrspolitisches Ziel ist der Vorrang des öffentlichen Verkehrs mit Straßenbahn, S-Bahn oder Bus. Die wirtschaftsgeographische Lage der DDR erfordert den Neubau überregionaler Nord-Süd-Verkehrswege wie der Autobahn Berlin-Rostock, die 1978 dem Verkehr übergeben wurde.

Qualitätsverbesserung: Anfang der 70er Jahre werden, angesichts des Rückgangs landwirtschaftlicher Flächen und der steigenden Umweltbelastung, die gesetzlichen Steuerungsmöglichkeiten territorialer, gebietlicher Entwicklung, durch das *Landeskulturgesetz* (1970) und die *Verordnung über die Standortverteilung der Investitionen* (1971), und auch die »sozialistische Gestaltung des Naturmilieus« verbessert. »Planung des Umweltschutzes« zeigt in den Industriestädten bis heute jedoch kaum positive Folgen (→ *Umwelt*). Städtebauliche Aktivitäten folgen den Zielen des VIII. Parteitags von 1971, der eine Wende in der Wohnungspolitik einleitet und bis 1990 durch Bau und Modernisierung von rund 3 Mio. Wohnungen eine Lösung der »Wohnungsfrage« anstrebt (→ *Wohnen*). Ab 1971 wird auch der Bau von Eigenheimen in Mittel- und Kleinstädten gefördert, die Planung der Großsiedlungen konzentriert sich weiter auf größere Städte. Zahlreiche Neubausiedlungen mit »komplexen gesellschaftlichen Bauten«, Kultur- und Einkaufszentren, werden an den Stadträndern geplant oder erweitert. So entstehen Halle-Neustadt ab 1964 für 110 000 Einwohner als vierte Stadtgründung, Rostock-Lütten-Klein für 120 000 Einwohner und Hoyerswerda für 95 000 Einwohner. 1970 sind 90 v. H. aller Wohnungsneubauten in Fertigteilbauweise errichtet. 1960 waren es erst 40 v. H. Die Verbesserung der außenräumlichen Qualität der Neubaugebiete wird erklärtes Ziel des *Zentralen Weiterbildungsinstituts für Städtebau und Architektur,* das seit 1969 in Weimar besteht. Verbesserte Bautechnologie (Großplatten der Wohnungsbauserie 70, WBS 70) erlauben abgewinkelte und geschwungene Großformen mit variierten Architekturdetails im Wohngebiet Schmarl, Rostock und Bautzen-Gesundbrunnen.

Unter dem Druck wirtschaftlicher Entwicklungen und anhaltender Wohnungsnot wird die Rekonstruktion innerstädtischer Wohngebiete, die seit 1945 nahezu völlig vernachlässigt war, Mitte der 70er Jahre dem Neubau von Wohngebieten gleichgestellt. Die Pflege des »nationalen Erbes« (→ *Denkmal)* unterstützen zahlreiche Experimente bis hin zum historisch maßstabsgerechten Neubau auf altem Stadtgrundriß in Greifswald. Das krasse Nebeneinander von Neubausiedlungen und verfallenden Altbaugebieten wird durch verstärkten Einsatz privater Handwerksbetriebe seit 1976 langsam gemildert. Wie in der Bundesrepublik wird die Auseinandersetzung mit historischer Substanz von Diskussionen über Stadtgestaltung, »städtebauliche Komposition« und die soziale Problematik begleitet. 1980 wurde in Weimar ein Soziologielehrstuhl zur Untersuchung der Wechselwirkung zwischen sozialistischer Lebensweise und baulich-räumlicher Umwelt eingerichtet. Dabei behält, wie dies in den *Grundsätzen für die Gestaltung der Hauptstadt der DDR* 1970 festgelegt wurde, Berlin (Ost) seine zentrale Bedeutung. Ende der 70er Jahre konzentriert sich der Wohnungsneubau auf das Berliner Groß-

projekt Berlin-Marzahn für 100 000 Einwohner und auf die industriellen Ballungsgebiete im Süden. Verdichtungen und Sanierungen von weiträumigen Siedlungen der 50er und 60er Jahre sind, wie in der Bundesrepublik, in der Diskussion. Anhaltende Wohnungsnot, steigende Energiekosten und die Verknappung der für den Wohnungsbau bereitstehenden Mittel bestimmen auch in der DDR die Direktiven des X. Parteitages 1981 zur sparsameren Wohnungsmodernisierung. Mehr gestalterisch-ästhetische Qualität ist eine permanent aktuelle Forderung. Sie wird Anfang der 80er Jahre regional und von Stadt zu Stadt in der Praxis unterschiedlich erfüllt. Die »Straße der Befreiung« in Dresden knüpft mit veränderten Mitteln an die Städtebautradition der frühen 50er Jahre an, die neuen Fertigteilbauten der Fritz-Heckert-Siedlung in Karl-Marx-Stadt dagegen führen den Hochhausmassenwohnungsbau der 70er Jahre fort.

IV. Gesetze, Ziele, Verfahren

Ziele und Grundsätze übergreifender Raumordnungspolitik in der Bundesrepublik enthält das *Raumordnungsgesetz* (ROG) von 1965. Sie sind im *Bundesraumordnungsprogramm* ausgearbeitet. Ab 1966 wird dem Bundestag alle vier Jahre ein *Raumordnungsbericht* der Bundesregierung vorgelegt. In der *Ministerkonferenz für Raumordnung* beraten Bund und Länder Grundsatzfragen. Ein beratender *Beirat für Raumordnung* hat 1980 in seinen *Empfehlungen zur Einschätzung der Hauptaufgaben der Raumordnungspolitik aufgrund der Raumordnungsprognose 1990* ausdrücklich die Ziele des *ROG* von 1965 bestätigt. Oberstes Ziel sind gleichwertige Lebensbedingungen im privaten, beruflichen und öffentlichen Bereich. Sie sind gegeben, »wenn in allen Teilräumen des Bundesgebiets ein quantitativ und qualitativ angemessenes Angebot an Wohnungen, Erwerbsmöglichkeiten und öffentlichen Infrastruktureinrichtungen in zumutbarer Entfernung zur Verfügung steht und eine menschenwürdige Umwelt vorhanden ist«. Hiervon leiten sich alle weiteren gesetzlichen, planerischen und finanziellen Maßnahmen des Staats für Fördergebiete oder Verdichtungsräume der Bundesrepublik ab. Die generelle Zielsetzung und deren Durchsetzung mit Gesetzen, Vorschriften und Finanzierungen wird angesichts der wirklichen Entwicklung in Stadt und Region zunehmend in Frage gestellt. Die Gefahr der Zerstörung und Verfremdung typischer Lebensräume durch Nivellierung der Besonderheiten der Landschaft, Stadtgestalt, Wirtschaft und Kultur führt einerseits zur Forderung nach mehr regionalen oder kommunalen Einfluß- und Steuerungsmöglichkeiten, nach mehr »Regionalisierung«, andererseits verhindern Eingriffe des Bundes aber auch negative Entwicklungen. Raumordnungspolitik hat aufgrund einer nur bedingten Steuerbarkeit korrigierende Funktion. Mit der R. wird das Ziel verfolgt, die »Beachtungs- und Anpassungspflicht« kommunaler Planungen an Ziele der Raumordnung und Landesplanung zu erleichtern. »Die Länder schaffen Rechtsgrundlagen für eine R., wenn diese für Teilräume des Landes geboten erscheint«, schrieb 1965 das *ROG* vor (§ 5 Abs. 3). Dies geschah mit den Landesplanungsgesetzen in unterschiedlicher Weise, was die Planungsträger, die regionalen Planungsverbände, den inneren Aufbau auf parlamentarischer und Verwaltungsebene, die Inhalte und Aussagen der Pläne, die Aufstellungsverfahren, die Beteiligungsformen, sowie die Frage der Rechtsform betrifft. Der Stand fertiggestellter Regionalpläne, Teilpläne und Landschaftsrahmenpläne in einzelnen Ländern ist heute höchst unterschiedlich. Mangelnde Beteiligung der unteren Ebenen und fehlende Rechtskraft führen dazu, daß die R. in der Praxis relativ wenig Einfluß besitzt. Regionalen Zielen, wie Vermeidung der Zersiedlung oder Umweltschutz, stehen verbindliche Bauleitpläne der Kommunen mit anderen Interessen entgegen. Zugleich müssen in der R. unterschiedliche, schon feststehende oder parallel laufende Fachplanungen, wie das *Bundesfernstraßenprogramm*, berücksichtigt werden. So ist auch die R. ein konfliktreicher, politischer Prozeß. Kern aktueller Auseinandersetzung ist die Grundsatzfrage nach der Bürgernähe, die im komplexen Gesetzes-, Verordnungs-, Verfahrens- und Kompetenzgefüge zwischen Bund, Ländern und Gemeinden fast ganz verloren geht.

Die Bauleitplanung befaßt sich mit der städtebaulichen Entwicklung von Gemeinden, deren Grundsätze und Ziele das *Bundesbaugesetz* enthält. S. muß gesondert arbeitende Fach- oder Ressortplanungen berücksichtigen, die speziellen Gesetzen, Vorschriften und Richtlinien folgen, deren Änderung langwierige politische Auseinandersetzung nach sich zieht. Flächennutzungsplan, städtebaulicher Entwurf, Bebauungsplan sowie vorgeschaltete Untersuchungen, Studien und Entwürfe sind Stationen im vielschichtigen Planungsablauf. Die im Unterschied zur DDR im Verfahren vorgeschriebene Bürgerbeteiligung wird in der Planungspraxis oft als lästige Pflicht aufgefaßt, weil sie Arbeit und Zeitverzögerung mit sich bringt. Zudem erlaubt seit 1979 eine Beschleunigungsnovelle des *Bundesbaugesetzes* in bestimmten Fällen eine Umgehung dieser Vorschrift. Beschließt eine Gemeindevertretung die Aufstellung eines Bebauungsplans, so wird nach der Erstellung eines Planentwurfs dieser einen Monat lang öffentlich ausgelegt. Darauf eingehende Anregungen, Bedenken und Einsprüche werden geprüft und münden schließlich im Anschluß an ein rechtliches und verwaltungstechnisches Bearbeitungsverfahren in einen rechtsverbindlichen Plan. Bauordnungen beeinflussen die Gestalt der Städte mit. So lassen beispielsweise isoliert stehende Wohnungsbauten der 50er Jahre an den Ecken älterer geschlossener Blockrandbebauungen die Idealvorstellung der aufgelockerten Stadt erkennen, wie sie in der Bauordnung festgelegt wurde.

In der DDR gibt es keine Planungsgesetze, die denen der Bundesrepublik entsprächen. Dort wird das Planungssystem durch zahlreiche Verordnungen, Durchführungsbestimmungen und Vereinbarungen, die keine Rechtsvorschriften, aber bindende Grundsätze darstellen, relativ flexibel geregelt. Die Territorialplanung ist als Volkswirtschaftsplanung ein Teil der staatlichen Leitung und Planung und unterliegt somit auch den Kriterien volkswirtschaftlicher Effektivität. Indem sie die gesamtstaatliche Standortverteilung der Produktivkräfte umfaßt, werden mit ihr die wirtschaftlichen und räumlichen Hauptentwicklungslinien festgelegt. Ihre Organe erarbeiten übergeordnete Konzeptionen zur Entwicklung des Siedlungsnetzes. Verringerung des Transportaufwands und der Infrastrukturkosten, Konzentration der Investitionen und der Ausbau bestehender territorialer Strukturen sind einige der vorgegebenen Ziele. Ballungsgebiete gelten in der DDR als rationellste Form der gesellschaftlichen Arbeitsteilung und des gesellschaftlichen Lebens, ein Grundsatz, der unter anderem erklärt, warum die Landschaften in der DDR kaum zersiedelt sind.

Die Generalbebauungspläne für Bezirke und Städte sind heute ein umfassendes Instrument der langfristigen Planung, Leitung und Koordination räumlicher Entwicklung und Gestaltung. Erstellt werden sie von Organen der territorialen Planung in Abstimmung mit den Organen des Bauwesens, den Generalverkehrsplänen und den Plänen für die Entwicklung technischer Versorgung. Koordiniert werden die einzelnen Baumaßnahmen von den gesellschaftlichen Hauptauftraggebern, in deren Auftrag die *Büros für Städtebau und Architektur* Bebauungskonzeptionen erarbeiten, nach denen dann Baukombinate und Betriebe der Bauwirtschaft, insbesondere die Wohnungsbaukombinate, Informationsangebote entwickeln. Die vom zuständigen Rat erteilte und mit Kreis- oder Stadtarchitekten abgestimmte Bestätigung sichert die städtebauliche Einbindung der einzelnen Bauvorhaben. Entsprechend den gesellschaftspolitischen Zielstellungen sind Kreistag und Kreisräte, denen auch die Ausarbeitung der Generalbebauungspläne der Städte obliegt, für die städtebaulich-architektonische Entwicklung der Städte und Gemeinden verantwortlich.

667

V. Planungsinstitutionen und Modelle städtebaulicher Ordnung

S. und R. wird in behördlichen oder privaten Büros von mehr oder weniger spezialisierten Architekten und Planern betrieben. Einrichtungen wie das *Deutsche Institut für Urbanistik*, das *Institut für Raumordnung* oder die *Deutsche Akademie für Städtebau und Landesplanung*, das *Zentralinstitut für Raumplanung* und die Universitäten erforschen, dokumentieren und publizieren Zusammenhänge und Probleme der S. und R. Sie erarbeiten die theoretischen Grundlagen und Modelle der Stadtentwicklung und Standortwahl.

In der DDR wird integrierende städtebauliche Planung ausschließlich in den zentralen Planungsbüros der Bezirke, Kreise und Städte oder in den Baukombinaten und volkseigenen Baubetrieben geleistet. Die zentrale Forschungseinrichtung des Bauwesens ist die *Bauakademie der DDR*. Besondere sozialwissenschaftliche, sozialpsychologische oder wirtschaftswissenschaftliche Forschungen beschäftigen sich in der Bundesrepublik und der DDR mit räumlichen Entwicklungen, ihren Ursachen und Prognosen. Die Raumordnungsdiskussion und -praxis wird sowohl in der Bundesrepublik als auch in der DDR wesentlich vom Modell der zentralen Orte bestimmt. Es geht von einem Geflecht von Gemeinden aus, in dem bestimmte Orte abgestufte, zentrale Funktionen wie Dienstleistungen und Warenangebot für das sie umgebende Absatzgebiet haben. Konzentration oder Dezentralisation, Entwicklungsachsen und -schwerpunkte oder auch Bandstädte sind weitere Modelle räumlicher Entwicklungen. Planungen für die funktionelle, technische und ästhetische Organisation gebauter Umwelt, die städtebaulichen Entwürfe, werden nicht allein von wirtschaftlichen Zielen wie Bauprogramm, Finanzierung, Technologie bestimmt. Auch raum- und zeitökonomische Aspekte, Baugelände, Planungszeiten und »städtebauliche Leitideen« beeinflussen die Planung. Darüber hinaus müssen formale Gesichtspunkte, wie Zeilenbau, Blockrandbebauung, Teppichsiedlungen, Straßenraster oder mehr programmatisch-ideologische wie gegliederte und aufgelockerte Stadt, Gartenstadt oder urbane Stadt beachtet werden. Verschiedene ästhetische und funktionale Zielsetzungen wie überschaubare und erlebbare Ordnung, gute Orientierungsmöglichkeit, Schönheit städtebaulicher Raumfolgen, wechselvolle Außenraumgestaltung oder gute Einbindung in die Landschaft liegen der schöpferischen Entwurfarbeit in der Bundesrepublik und der DDR heute gleichermaßen zugrunde. Sie gehen jedoch von unterschiedlichen theoretischen oder ideologischen Positionen aus. In der Bundesrepublik wird Stadt begriffen und erklärt als Architektur, Kunstwerk, technisches System, Strategie für soziale Veränderungen oder allein als geplante Öko-

nomie. Der »Herrschaftscharakter« gebauter Umwelt läßt sich trotz aller Vielfalt nicht übersehen (H. Berndt, Die Natur der Stadt, Frankfurt a.M. 1978). In der DDR ist Städtebau offiziell eingebunden in das Theoriegebäude gesellschaftlicher Entwicklung und gilt, wie es heißt, als wichtigstes Element zur revolutionären Veränderung der Wirklichkeit und zugleich als Bestandteil der sozialistischen Nationalkultur. Architektur und Stadtgestaltung sollen sozialistisches gesellschaftliches Sein und Bewußtsein ausdrücken, mit ihm übereinstimmen und zugleich darauf verändernd einwirken. »In der städtebaulichen und architektonischen Gestaltung der Stadtzentren manifestieren sich Inhalt und Wesen der sozialistischen Gesellschaftsordnung auf eindrucksvolle Weise« (Architektur in der DDR, hrsg. v. Bauakademie der DDR, Berlin (Ost) 1979, S. 12).

VI. Sicherung natürlicher Lebensbedingungen?

In der Bundesrepublik und in der DDR wird das Leben der Menschen geprägt von wirtschaftlich-industrieller Entwicklung. Typische Wirtschaftsregionen, Ballungsgebiete und ländliche Gegenden bieten unterschiedliche Lebensqualität. Gleichermaßen gefährden Industrie, Verkehr, Massenwohnungsbau oder Rohstoffabbau die natürlichen Lebensvoraussetzungen. Verkehr zwischen Orten der → *Arbeit*, des → *Wohnens*, der Erholung *(→ Freizeit)*, → *Bildung* und sonstigen kulturellen Lebens prägt das Alltagsgeschehen *(→ Alltag)* in der Bundesrepublik und in der DDR. Die Bürokratisierung des Planungsprozesses und die Herrschaft der Sachzwänge wuchsen. Ideologische Überfrachtung der 50er Jahre, Technikgläubigkeit der 60er und Planungseuphorie der 70er Jahre waren gleichzeitige, äußere Kennzeichen der städtebaulichen Planungen. Die nach 1945 geplanten und veränderten, erlebbaren Städte, Siedlungen, Dörfer und Landschaften sind sichtbarer Teil unterschiedlicher gesellschaftlicher Verhältnisse, Wirtschaftssysteme, Machtverteilungen und Wertvorstellungen. Die nächtlich verödete City mit stählernen Verwaltungs-, Bank- und Kaufhausbauten in der Bundesrepublik und das weiträumige Zentrum mit betonierter Kulturhaus- und Kaufhallenarchitektur in der DDR läßt sich, trotz mancher Ähnlichkeit, nicht vergleichen, aber in der Doppelrolle als Symbol oder als Ort praktischen Geschehens beurteilen. Ob bei herrschender Wohnungsnot die farbigen Hochhäuser einer westdeutschen Stadtrandsiedlung mit teuren Mieten oder einheitliche Fertigteilbauten in Wohnkomplexen der DDR mit niedrigen Mieten, ob wuchernde Einfamilienhausgebiete, schmucke Dörfer, schnelle Asphaltstraßen überall oder weite Landschaft, vergessene Orte, holpernde Pflasterstraßen einen gelungenen Beitrag der Planer und Städtebauer zeigen oder nicht – den Maßstab geben die Entstehungsbedingungen. Gleichlautende aktuelle Aufgaben sind die Sicherung natürlicher Lebensbedingungen und die erhaltende Erneuerung historischer Städte und Dörfer. Unterschiedlich sind Wege zur Lösung in beiden Wirtschafts- und Gesellschaftssystemen. Planern und Städtebauern ist die Aufgabe gestellt, Freiräume so zu nutzen, daß ihre Arbeit Entwicklungsmöglichkeiten eröffnet und nicht verbaut.

D. Machule

Literatur
Handwörterbuch der Raumforschung und Raumordnung, hrsg. v. Akademie für Raumforschung und Landesplanung, Hannover ²1970
Die Stadt in der Bundesrepublik, hrsg. v. W. Pehnt, Stuttgart 1974
U. Lammert u. a., Städtebau, Berlin (Ost) ²1979
Territorialplanung, hrsg. v. R. Böhmisch u. a., Berlin (Ost) ²1980
R. Schwencke, Grundzüge der Stadtentwicklung und des Städtebaus in Deutschland. Der städtische Lebensraum als Lernbereich, Bd. 2, Bensberg 1981

Stiftungen

I. Das Stiftungswesen – II. Entwicklung und Aufgabe der Stiftungen – III. Die Stiftung und ihr Verhältnis zum Staat – IV. Die kulturpolitische Stellung von Stiftungen

I. Das Stiftungswesen

Eine St. ist idealtypisch eine private Organisation ohne Gewinnorientierung, sie ist in der Regel mit eigenem Vermögen ausgestattet und von eigenen Organen verwaltet, die soziale, erzieherische, wohltätige, religiöse oder anderweitige Zwecke des öffentlichen Wohls unterstützt und fördert. Aus Privatvermögen entstandene St. und die Unternehmensstiftungen der Bundesrepublik werden in der DDR als »Instrumente der Monopolherrschaft zur Stabilisierung ihrer expansiven innen- und außenpolitischen Absichten« interpretiert (DWI-Forschungshefte, H. 2, S. 5). In der Bundesrepublik gilt das Recht des Bürgers, in einer freien Gesellschaft St. zu errichten, als unverzichtbar und dementsprechend als schutz- und förderungswürdig. St. verstehen sich als nichtstaatliche und dennoch öffentliche Institutionen, denen aufgrund ihrer gemeinnützigen Zweckbestimmung kulturpolitische Bedeutung beigemessen wird.

Der Stiftungsvorgang besteht in der Widmung eines Komplexes von wirtschaftlichen Gütern zu einem bestimmten Zweck. Das gewidmete Vermögen wird durch die Übertragung an eine St. »der eigentümerischen Verfügung des Vermögensinhabers oder Stifters entzogen« (T. Schiller, S. 123). Es dient künftig ausschließlich dem von dem Stifter gewählten Zweck. Die St. bildet eine selbständige, handlungsfähige, juristische Person. Der Stiftungsvorgang bedarf der staatlichen Genehmigung. Die laufende Arbeit der St. steht gemäß § 80–87 des *Bürgerlichen Gesetzbuchs* und einzelnen Landesgesetzen unter staatlicher Aufsicht. Das deutsche Stiftungswesen umfaßt auch St., die auf laufende Zuwendungen und »Zustiftungen« vor allem durch die öffentliche Hand angewiesen sind, wie parteinahe St., die *Studienstiftung des deutschen Volkes* und die *Alexander-v.-Humboldt-Stiftung,* die überwiegend Funktionen im öffentlichen Interesse wahrnehmen. Auch rechtsfähige → *Vereine* oder *Gesellschaften mit beschränkter Haftung* können unter bestimmten Voraussetzungen die Bezeichnung St. führen.

St. in der Bundesrepublik geben Zuwendungen unter anderem für Krankenhäuser oder die Behindertenfürsorge, für kirchliche Aufgaben, Bildung und Wissenschaft. Daneben gibt es betriebsbezogene und politische St. Die *Arbeitsgemeinschaft deutscher Stiftungen* zählt laut § 1 ihrer Satzung »gemeinnützige, mildtätige, kirchliche und kulturelle St., ferner St., die Träger von Unternehmungen, Forschungsinstituten oder Bildungsstätten sind«, zu ihren Mitgliedern.

Das Ausmaß des gegenwärtigen Stiftungswesens in der Bundesrepublik ist aufgrund seiner Vielfalt und historischen Gewachsenheit nicht genau bestimmbar. 1976 wurden ungefähr 4500 selbständige St. des privaten und öffentlichen Rechts mit einem Vermögen von mehr als 10 Mrd. DM angenommen. Offizielle Stiftungsverzeichnisse werden bisher nur für Berlin (West), Bayern und Hamburg geführt, sonstige Angaben beruhen auf privaten und unvollständigen Erhebungen. Die Anzahl der St. in der Bundesrepublik für wissenschaftliche, bildungs- und kulturbezogene Zwecke wurde 1968 mit 454 angegeben, das von ihnen verwaltete Kapital mit 2,9 Mrd. DM. Aus diesem Vermögen wurden etwa 270 Mio. DM Einnahmen erzielt. In einer noch unveröffentlichten Erhebung des *Stifterverbandes für die Deutsche Wissenschaft* aus dem Jahr 1980 werden 306 Förderstiftungen unter Ausklammerung von Trägerstiftungen und solcher Förderungsinstitutionen, die nicht ausdrücklich als St. auftreten, mit mehr als einer Mio. DM Vermögen und mehr als 50 000 DM jährlicher Förderungsleistung erfaßt. Die Vermögenssumme wird nach Selbstangaben dieser St. auf ungefähr 7 Mrd. DM beziffert, die jährliche Förderungsleistung für wissenschaftliche Zwecke auf rund eine Mrd. DM. Von dieser

Leistung stammen allerdings ca. 300 Mio. DM aus öffentlichen Mitteln.

II. Entwicklung und Aufgabe der Stiftungen

Das deutsche Stiftungswesen weist, aus ursprünglich kirchlichen Ansätzen heraus, jahrhundertealte Traditionen auf, wobei sich im Lauf der Zeit sowohl Verlagerungen in den Tätigkeitsfeldern als auch in der Leistungsfähigkeit für die Gemeinschaft ergaben. Neustiftungen des späten 19. Jh. wie der *Zeiss-Stiftung* und kollektiven Formen der Wohltätigkeit wie der *Inneren Mission* und der *Caritas* stand ein erheblicher Ausbau staatlicher Funktionen auf den Gebieten der Sozialpolitik, des Bildungswesens und der Kultur gegenüber. Diese nach der industriellen Revolution einsetzende verstärkte Staatstätigkeit engte das Aufgabengebiet des gemeinnützigen und staatsunabhängigen Stiftungswesens ein. Weltkrieg und Inflation erschütterten die Vermögensgrundlage der deutschen St., insbesondere der Kapitalstiftungen. Trotz einer bescheidenen Erholung während der Weimarer Republik, die sich in der Gründung der *Stiftung Freiherr vom Stein* und der *Notgemeinschaft für die deutsche Wissenschaft* zeigte, für grundvermögende St. jedoch durch die Agrarkrise beeinträchtigt wurde, setzten sich die Vermögens- und Ertragseinbußen in der nationalsozialistischen Zeit fort. Eine Vielzahl von unkoordinierten Einzelmaßnahmen sollte nationalsozialistische und staatliche Interessen fördern und schädigte das Stiftungswesen schwer. So wurde die Staatsaufsicht zur Umwandlung von Stiftungszwecken, -gremien und -satzungen ausgenutzt, wurden Steuerprivilegien zugunsten nationalsozialistischer Zweckbestimmungen eingeschränkt und fanden direkte und indirekte Zugriffe auf Vermögensbestandteile statt.

Nationalsozialistische Maßnahmen und Kriegsfolgen führten zu vermehrten Vermögensverlusten, beeinträchtigten die Leistungsfähigkeit des deutschen Stiftungswesens und konfrontierten es mit schwerwiegenden Problemen. Diese bestanden in der Aufgabe, spezifisch nationalsozialistische Einflüsse auf Satzungen, Gremien und Zweckbestimmungen zu beseitigen, in der Bilanzierung erhaltener Vermögensbestandteile, der Wahrung traditioneller Stiftungsprivilegien bei der Bewältigung der Kriegsfolgen durch die Boden- und Währungsreform und den Lastenausgleich und zudem darin, frühere Steuerprivilegien wieder zu erlangen und auszugestalten sowie die öffentliche Anerkennung des Stiftungsgedankens trotz stark verminderter Leistungsfähigkeit der St. zu erreichen.

In den westlichen Besatzungszonen und dann der Bundesrepublik gelang die Wiederherstellung des Stiftungswesens, wenn auch auf einer einschneidend reduzierten Vermögensgrundlage. Auch die Steuerprivilegien wurden durch die *Gemeinnützig-keitsverordnungen* von 1948 und 1953 und die *Körperschaftssteuergesetzänderung* von 1948 wiederhergestellt. Aus einer zunächst auf das Land Bayern beschränkten Organisation entstand schon im September 1948 die *Arbeitsgemeinschaft deutscher Stiftungen,* 1953 wurde der *Verband deutscher Wohltätigkeitsstiftungen e. V.* gegründet. Auch die politischen Parteien bedienen sich mit der *Konrad-Adenauer-Stiftung* und der *Friedrich-Ebert-Stiftung* und der *Friedrich-Naumann-Stiftung* des Stiftungsinstruments. Andere gesellschaftliche Institutionen wie die Gewerkschaften haben St. begründet, um gesellschaftspolitische und kulturelle Zielsetzungen zu befördern. Die staatlichen Organe haben in der Geschichte der Bundesrepublik verschiedentlich St. errichtet, um sie an der Wahrnehmung öffentlicher Aufgaben in der Wissenschaftsförderung – wie die *Stiftung Volkswagenwerk* – oder in der Wohlfahrtspflege teilnehmen zu lassen. Die Firmen Thyssen und Krupp konnten größere Unternehmensstiftungen begründen. St. wie die *Alexander-v.-Humboldt-Stiftung* oder die *Deutsche Stiftung für internationale Entwicklung* werden durch laufende staatliche Zuwendungen finanziert und dienen gesamtgesellschaftlichen kulturpolitischen Interessen. Die Rechtsform der St. erweist sich darüber hinaus als geeignetes Instrument, um unter Wahrung der kulturpolitischen Verantwortung der Bundesländer eine gemeinsame Finanzierung der durch Bund und Länder getragenen Institutionen zu ermöglichen. Dies gilt für eine Reihe von Forschungsinstituten, die im sogenannten *Königsteiner Abkommen* aufgeführt sind. Ermöglicht wird die Vielfalt neuer St. durch eine relativ liberale Auslegung des Gemeinnützigkeitsprinzips, laufende, direkte staatliche Finanzierungszuschüsse und indirekt sich auswirkende Steuerbegünstigungen. Dies schließt nicht aus, daß potentielle Stifter und St. eine noch stärkere staatliche Unterstützung durch eine entsprechende Ausgestaltung des Steuersystems fordern.

In der Sowjetischen Besatzungszone und späteren DDR trat die entgegengesetzte Entwicklung ein. Die Vermögensschwächung des Stiftungswesens in den Jahrzehnten vor 1945 wurde zum Anlaß genommen, St. aufzulösen oder zusammenzufassen und ihr verbliebenes Vermögen kommunalen und staatlichen Haushaltsmitteln zuzuschlagen. Das einzelstaatliche Vorgehen wurde unter anderem abgesichert durch das sächsische *Gesetz über die Zusammenlegung örtlicher Stiftungen* von 1948 und das *Gesetz zur Zusammenlegung der unter Verwaltung oder Aufsicht der Regierung stehenden Stiftungen* von 1949. Die Neugründung und Zweckbestimmung der St. wurde in extensiver Auslegung der Bestimmungen des *Bürgerlichen Gesetzbuchs* der staatlichen Genehmigung unterworfen und damit faktisch unmöglich gemacht, zum Beispiel durch das thüringische *Gesetz betr. die Zuständigkeit für Stiftungssachen* von 1951. Die Folge dieser politisch motivierten Regelungen war die amtlich verfügte Auflösung einer Vielzahl von St. oder deren Zusammenlegung und Einverleibung in kommunale und staatliche Tätigkeitsbereiche. 1948 erfolgte die Enteignung der *Carl-Zeiss-Stiftung* durch Überführung der ihr gehörenden Industriebetriebe in Volkseigentum. Die Stiftungsverwaltung wurde unmittelbar dem Weimarer *Volksbildungsministerium* unterstellt. Wegen Auseinandersetzungen um Patentrechte und Warenzeichen mit den westdeutschen Zeiss-Werken wurde in diesem Fall an der Fiktion des Weiterbestehens der *Zeiss-Stiftung* festgehalten. Das kirchliche Stiftungswesen wurde zusammen mit den von den Kirchen getragenen Wohlfahrtseinrichtungen in die grundsätzlichen Vermögensauseinandersetzungen mit dem Staat einbezogen *(→ Kirche)*. Zwar kam es im Juni 1953 zu einer gewissen Entspannung, doch wurden kirchliche St. wie die *Franckschen Anstalten* in Halle, die in Einrichtungen der *Universität Halle-Wittenberg* umgewandelt wurden, verstaatlicht.

III. Die Stiftung und ihr Verhältnis zum Staat

Das ursprünglich dem kirchlichen Bereich entstammende Autonomieprinzip, demzufolge ein Vermögensträger sein Vermögen nicht veräußern kann, dafür aber steuerliche Privilegien genießt, ist auch auf das weltliche Stiftungswesen angewandt worden und hier der staatlichen Genehmigungs- und Aufsichtspraxis zur Sicherung des Stiftungszweckes unterworfen worden. Für die Bundesrepublik ist hierfür das *Bürgerliche Gesetzbuch* (§§ 80–87) grundlegend, ergänzt durch verschiedene Länderstiftungsgesetze, die es in den Bundesländern mit Ausnahme von Bremen und dem Saarland gibt. Die Bestimmungen des *Bürgerlichen Gesetzbuchs* schreiben die staatliche Genehmigung für die Errichtung einer St. als selbständige juristische Person vor und ermächtigen die staatliche Aufsichtsbehörde, St., die ihren Zweck nicht mehr erfüllen können, aufzuheben oder einer neuen Zweckbestimmung zuzuführen. Die Stiftungsaufsicht kann als Schutz vor Mißbräuchen des Stiftungsrechts verstanden werden, sie kann aber auch als Hebel für Veränderungen benutzt werden, wie dies zur Zeit des Nationalsozialismus, aber auch in der Sowjetischen Besatzungszone und in der DDR geschehen ist. In der Bundesrepublik wird die Staatsaufsicht vor allem als Vorkehrung gegen mißbräuchliche Verwendungen von Stiftungsmitteln zu stiftungsfremden Zwecken verstanden, wie sie sich aus dem Gemeinnützigkeitsprinzip ergibt. Die Konzeption eines bundeseinheitlichen Stiftungsgesetzes, das der 44. *Deutsche Juristentag* 1962 diskutierte, ist aufgegeben worden. Bundeseinheitlich erfolgt lediglich die steuerrechtliche Behandlung der St.

Die Vertreter des Stiftungswesens wollen in der Bundesrepublik »stiftisches Denken« als spezifische Mentalität verbreiten. Die garantierte Existenz des Stiftungswesens wird dabei zum »Indikator für die Freiheitlichkeit eines Staatssystems«. St. werden als Elemente einer freiheitlich-pluralistischen Gesellschaftsordnung verstanden. Sie »stehen für Freiheit und Unabhängigkeit des einzelnen Menschen, und sie mindern und mildern die Abhängigkeit der Bürger von der öffentlichen Hand und deren Bürokratie, gleichviel in wessen Händen die staatliche Macht liegt« (H.-H. Kuhnke, in: Forum, H. 3, 1980, S. 3). Für den Hamburger Stifter A. Toepfer können St. nur in einer freiheitlichen, nicht jedoch in einer kommunistischen Gesellschaftsordnung wirken. Während in der Bundesrepublik St. als Element der freiheitlichen politischen Kultur begriffen werden, richtet sich die Kritik in der DDR vor allem gegen die privatkapitalistische oder staatliche Grundlage des Stiftungswesens. St. sind danach Instrumente zur Herrschaftssicherung des »Monopolkapitals«, ihre gemeinnützigen Zweckbestimmungen sollen die Aneignungspraktiken des Kapitals verschleiern, und die ihnen gewährten Steuererleichterungen beweisen das Zusammenspiel zwischen Kapital und Staat. Gemeinnützige Zielsetzungen sollen die bestehenden Eigentumsverhältnisse absichern und den großen Privatvermögen einen sozialen Anstrich verleihen.

IV. Die kulturpolitische Stellung von Stiftungen

Existenz und Entwicklung von St. sind unmittelbar mit der jeweiligen Rechts- und Gesellschaftsordnung verknüpft. St. setzen die Möglichkeit voraus, daß Privatvermögen akkumuliert werden und daß über dieses Vermögen grundsätzlich frei verfügt werden kann, wie es das Eigentumsrecht, Erbrecht und die Testierfreiheit gewährleisten. Sie erfordern also ein privatkapitalistisches Wirtschafts- und Gesellschaftssystem. Das Ausmaß von Förderung oder Behinderung des Stiftungswesens kann auf dieser Grundlage unterschiedlich geregelt sein. In der Bundesrepublik ist eine begrenzte Förderung vorgesehen, während in der DDR entsprechend ihres marxistisch-leninistischen Staats- und Gesellschaftsverständnisses die St. als gesellschaftlich autonome Institutionen beseitigt wurden. Dies entspricht dem Prinzip der Vergesellschaftung öffentlicher und vieler traditionell privater Bereiche. Die Negierung der Existenzberechtigung des Privateigentums wird auch auf St. als juristische Personen ausgedehnt. Der Staat übernimmt damit gleichzeitig die Aufgaben dieses Stiftungswesens, so durch vielfache individuelle Leistungsanreize in Form eines differenzierten wissenschaftlichen und kulturellen Preissystems, oder indem er zum Beispiel kirchliche Träger mit der Weiterführung sozialer Aufgaben auch nach der Verstaatlichung ihres Vermögens beauftragt.

Auch in der Bundesrepublik wandelt sich die Form des Stiftungswesens. Dem überkommenen Ansehen der St. steht ihre stark gesunkene Leistungsfähigkeit gegenüber. Sie unterliegt den historisch bedingten Vermögensverlusten und Kostensteigerungen im Leistungsbereich, was durch Neustiftungen nur zum Teil aufgefangen werden kann. Staatlich finanzierte St. ergänzen das Stiftungswesen, ohne die aus Eigenvermögen resultierende Selbständigkeit zu besitzen. Der Vorgang des Stiftens hat sich in einer demokratischen → *Öffentlichkeit* einer möglichen Kritik gegenüber zu verantworten, die sich auf den Steuerausfall, die Entscheidungsfreiheit des Stifters, die einseitige Instrumentalisierung für Vermögende und die staatliche Förderung nichtstaatlicher Institutionen beziehen kann. In einem sozialen Wohlfahrts- und Kulturstaat, der Fürsorge und Bildungsaufgaben allgemein gesetzlich geregelt hat, sollte der sinnvolle Einsatz privater Mittel, der zugleich Steuereinbußen für den Staat bedeutet, legitimiert sein. Schon 1906 wandte sich der sozialdemokratische Reichstagsabgeordnete E. Bernstein bei der Beratung des *Erbschaftssteuergesetzes* gegen private mildtätige Flickschusterei, gegen Verwaltungsaufwand und Korruption in St., die mit diesem Gesetz privilegiert werden sollten. Die Abschaffung des Stiftungswesens in der DDR verabsolutiert die Auffassung, wonach der vom Staat zu betreibenden Regelung gesellschaftlicher Probleme der Vorzug vor privater und häufig individualistischer Hilfe zu geben ist. Auch das westliche industriestaatliche Wohlfahrtskonzept zielt auf derartige allgemeine Regelungen. St. können zunehmend nur mehr Ergänzungsfunktionen wahrnehmen, wobei ihre Wirksamkeit durch den eingetretenen ökonomischen Substanzverlust zusätzlich eingeschränkt ist. Hierin liegt eine Gefährdung auch des Stiftungswesens in einer demokratischen Gesellschaftsordnung, die es erforderlich macht, sinnvolle neue Aufgabenverteilungen zu finden. Von seiten der St. wird dabei auf ihre erhöhte Flexibilität und ihr Innovationspotential verwiesen und für die Neubegründung von St. ein gesellschaftspolitisches Klima gefordert, in dem der Einsatz privater Vermögenswerte für gemeinnützige Zwecke Anerkennung finden kann.

W. Wittwer

Literatur

H. Liermann, Handbuch des Stiftungsrechts, Tübingen 1968
Deutsche St. für Wissenschaft, Bildung und Kultur, Baden-Baden 1969
Deutsches Stiftungswesen 1948–1966, hrsg. v. K. Franz u. a., Tübingen 1968
T. Schiller, St. im gesellschaftlichen Prozeß, Baden-Baden 1969
St. als Instrumente der Monopolherrschaft, in: DWI-Forschungshefte, H. 2, Berlin (Ost) 1971
Lebensbilder der deutschen St., Bd. 1 bis 4, hrsg. v. d. Arbeitsgemeinschaft deutscher St., Tübingen 1971–1982

Subkultur

Für die Definition von S. gelten allgemein die Charakteristika menschlicher Kulturen als jeweils besondere Lebensweisen mit eigenen Werten, Verhaltensweisen und Gestaltungsnormen. Die Entwicklung des wissenschaftlichen Konzepts von S. geht auf die amerikanische Forschung der Nachkriegszeit zurück. Ihre Aneignung für die verschiedensten Gruppierungen, insbesondere im Rahmen der Jugendopposition, hat inzwischen zu einer Inflation des Begriffs geführt, der um Kontra- oder Gegenkultur und → *Alternativkultur* erweitert wurde. In der DDR werden sowohl der Begriff als auch seine inhaltliche Bestimmung als »idealistisch, antihistorisch und antikommunistisch« disqualifiziert, weil sie gegen die kulturschöpferische Rolle der Arbeiterklasse gerichtet seien (B. Weissel, in: Jahrbuch für Volkskunde und Kulturgeschichte 1975, S. 219). Die Auseinandersetzung mit dem Begriff hat nicht Probleme der eigenen Gesellschaft zum Inhalt, sondern bezieht sich ausschließlich auf die Diskussion der S. in der Bundesrepublik Deutschland.

Die in den Vereinigten Staaten entwickelten Konzepte einer S. der Delinquenz, einer S. der Armut und einer ethnischen S. fanden in der Bundesrepublik keine Aufnahme und Weiterführung. Die Gründe dafür liegen zum einen in der anderen gesellschaftlichen Situation, die eine direkte Übernahme eines von den ethnischen Problemen Amerikas mitgeprägten Konzepts nicht gestattet. Darüber hinaus ist auch die sozialwissenschaftliche Orientierung eine andere. Sie stellte sich weder auf teilnehmende und systematische Beobachtung in langzeitlicher Feldforschung noch auf den Ansatz ein, Kultur als ein ganzheitliches Handlungsmuster zu betrachten, wie er dem Konzept der S. zugrunde liegt. Dies zeigt sich deutlich in einer der wenigen empirischen Nachfolgearbeiten, die sich zwar der Kritik an dem affirmativen Charakter der Armutsforschung anschließt und für eigenständige Kulturchancen der Armen plädiert, aber gleichzeitig »Kultur« auf statistische Daten reduziert (vgl. U. Christiansen, Obdachlos weil arm, Gesellschaftliche Reaktionen auf die Armut, Gießen 1973). Das schon in amerikanischen Arbeiten hervorgehobene Klassenphänomen der S. wird insbesondere hinsichtlich einer Arbeitersubkultur in der Bundesrepublik Deutschland erörtert (→ *Arbeiterkultur).* Das reicht bis zur Forderung nach einer »Rekonstruktion der Arbeiterbewegung als einer S.« (R. Schwendter, S. 167). Durch die Ausdehnung des Subkulturkonzepts auf die internationale Arbeiterbewegung wird dessen analytische Tragfähigkeit ebenso aufgelöst, wie durch die Übertragung auf eine S. der Entwicklungsländer in Relation zur Gesamtkultur der Menschheit (G. Albrecht, Die »S. der Armut« und die Entwicklungsproblematik, in: Aspekte der Entwicklungssoziologie, hrsg. von R. König, Köln und Opladen 1969). Auch die Übertragung des Konzepts eines wechselnden alters- und situationsspezifischen Rollenspiels auf sogenannte subkulturelle Möglichkeiten der Teilnahme trug wesentlich zur Inflation des Begriffs bei.

In der Bundesrepublik Deutschland gewann der Begriff vor allem über die Selbstzuschreibung einer als Gegenkultur gesehenen jugendlichen S. und der daraus hervorgegangenen Literatur- und Medienarbeit Bedeutung. R. Schwendter unterteilt die jugendlichen Subkulturen der bundesrepublikanischen Szene der ausgehenden 60er Jahre in »rationalistische« und »emotionale«, die er beide als progressive S. von der regressiven absetzt. Während die emotionalen S. stärker auf die Herausbildung einer eigenen, in den →Alltag integrierten Gegenkultur bestanden, lief die Opposition der rationalistischen S., die von R. Schwendter als die eigentlichen Träger der »konkreten Utopie« einer gesamtgesellschaftlichen Veränderung gesehen werden, über die politische Aktion, zumeist als Diskussion, Information, Aufruf, Demonstration. Dabei nahm die auf die Dritte Welt bezogene Arbeit einen breiten Raum ein.

Mit dem Ende der Studentenbewegung verlor die gegenkulturelle Jugendbewegung nicht nur an politischer Stoßkraft, sondern zerfiel gleichzeitig in eine Vielzahl sehr widersprüchlich diskutierter Alternativen. Hauptthemen der Diskussion sind die »Neue Innerlichkeit« (→Innerlichkeit), der Rückzug ins Private oder der Egotrip, das Sektierertum und die spirituelle Szene, die Flucht- und Ghettosituation. Trotz aller Kritik wird der neuen Alternativbewegung seit der Mitte der 70er Jahre »die Rückkehr zur Basis« bescheinigt (W. Hollstein, S. 120ff.).

Für die Projekte, die von den inzwischen in die herrschende Kultur integrierten Wohngemeinschaften, über genossenschaftlich organisierten Verlage und Handwerksbetriebe, kleinfamiliär organisierte und kommuneartige Landwirtschaftsbetriebe in der Bundesrepublik bis zu privaten und in großem Stil geplanten Landprojekten deutscher »Siedler« in den Regionen des deutschen Südlandtraumes, der Toskana, Provence und in Griechenland reichen, und hin bis zu integrierten Lebens- und Produktionsmodellen mit geistig und körperlich Behinderten, kann der Begriff S. im definierten Sinne nur noch eingeschränkt verwendet werden.

Wenn wir S. wie →Kultur überhaupt als ein eigenständiges System betrachten, bei dem alle Verhaltens- und Gestaltungsbereiche, wie Wirtschaften, →Wohnen, soziale Organisation, →Erziehung, ästhetische Gestaltung, in einem wechselseitig produktiven Zusammenhang stehen, dann sind es nur wenige Modelle dieser »freiwilligen« S., die, trotz der für die S. charakteristischen Abhängigkeit von den wirtschaftlichen und politischen Strukturen des herrschenden Systems, diese relative Autonomie in der alltagsweltlichen Lebensführung verwirklichen. Inwieweit die innovativen Akte kultureller Daseinsbewältigung aus Spontaneität, Realität des Augenblicks und Gegenwartsorientierung über einen freiwilligen Verzicht auf die Vorteile der Konsumgesellschaft mit ihren Versorgungsleistungen und ihrer Unterstützung der individuellen und kleinfamiliären Ansprüche auf Privatheit und Eigentum langfristige Gegenmodelle erbringen, wird erst die Zukunft erweisen. Erst sie aber könnten zu wirklichen freiwilligen S. führen und die kulturelle Selbstverwaltung in einer alltagsweltlichen Perspektive praktizieren.

I.-M. Greverus

Literatur

F. Sack, Die Idee der S.; Eine Berührung zwischen Anthropologie und Soziologie, in: Kölner Zeitschrift für Soziologie und Sozialpsychologie 23, 1971, S. 261–282
R. Schwendter, Theorie der S., Köln, Berlin (West) 1973
H. Groschopp, Zur Kritik der Subkultur-Theorien in der BRD, in: Weimarer Beiträge, 23. Jg., 1977, H. 12, S. 20–52
I.-M. Greverus, Kultur und Alltagswelt; Eine Einführung in Fragen der Kulturanthropologie, München 1978
W. Kraushaar (Hrsg.), Autonomie oder Ghetto? Kontroversen über die Alternativbewegung, Frankfurt a. M., 1978
W. Hollstein, Die Gegengesellschaft. Alternative Lebensformen, Bonn 1980

Tanz

I. Tanz in der Industriegesellschaft – II. Historische Entwicklung – III. Die Nachkriegszeit – IV. Ballett – V. Organisationen in beiden deutschen Staten – VI. Tanz als rhythmische Lebensform

I. Tanz in der Industriegesellschaft

T. wird im gegenwärtigen Leben der hochindustrialisierten Gesellschaften so wenig bewußt wahrgenommen, daß ein Artikel in einem kulturpolitischen Wörterbuch grundlegende Funktionsbestimmungen erfordert. Wer begreift wohl das Tanzen überhaupt als eine wesentliche Äußerung unserer Kultur? Was wäre an Kunsttanz und Walzer, Rock'n-

'Roll und Reigen politisch zu begreifen? Erst wenn nach herausragenden Situationen einer Alltagskultur, vielleicht auch nach T. im öffentlichen Leben gefragt wird, weitet sich der Horizont genügend, um über T. als ein Element politischer Kultur nachzudenken.

Das Wort T. soll hier stellvertretend für alle Bewegungen des Menschen verstanden werden, die ohne äußere Zwänge freie Rhythmen entfalten und darüber in irgendeiner Weise innere Beteiligung ausdrücken. Die Kategorien der Darstellung und die Kriterien für Vergleiche müssen aus der Geschichte des T. erst gewonnen werden, so daß z. B. heutige Bemühungen um Volkstanz nur aus dessen Vorgeschichte und ihrer kulturellen wie politischen Bedeutung beurteilt werden können.

Institutionalisiert, zur Zeit wieder zunehmend gefragt, ist der T. der Tanzschulen mit allen seinen Verwendungsgelegenheiten als sogenannter Gesellschaftstanz. Der Ball als Heiratsmarkt höherer Schichten bis zum kleinstädtischen Bürgertum dürfte mit der Auflösung der Ständegesellschaft hinfällig geworden sein. Repräsentation vom Schützenverein eines Dorfes bis zum Staatsempfang kommt auch heute ohne Ball nicht aus. Die Bedeutung von T. als privater Geselligkeitsform ist ebenfalls zurückgegangen. Diese Stelle hat weitgehend seine Anerkennung als Sportart mit Turnieren in verschiedenen Disziplinen eingenommen.

»Tanzvergnügen« sind aber nur ein Teilaspekt. Insbesondere in vorindustriellen Gesellschaften und besonders bei naturnahen Völkern vollziehen sich viele wesentliche Handlungen des Begegnens als T. Sowohl Begegnungen zwischen den Menschen bei der Arbeit, Festen und Zeremonien als auch mit den Göttern oder der Natur in Ritualen von Priestern und Gruppen der gesamten Bevölkerung. T. hat auch heute seine Verbindungen zu diesen Wurzeln seiner Bedeutung nicht verloren, aber sie sind immer weniger sichtbar und prägen immer weniger erkennbar seine Formen und sein Vorkommen. T. scheint einer unaufhörlichen Verdünnung seiner Substanz als Lebensform zu unterliegen. Ohne sich vom Tanzen wirklich trennen zu wollen, sieht man seinen geschichtlich entwickelten Formen ihre geschichtliche Bedeutung entschwinden, vermag aber keine neuen Zusammenhänge des alltäglichen oder öffentlichen Lebens in tänzerisch-rhythmischer Bewegung auszudrücken. Rhythmen und Formen widersprechen sich und werden aus Rückgriffen auf »Folklore« erneuert.

II. Historische Entwicklung

Mit der Renaissance setzte sich eine höfisch-bürgerliche Hochkultur bewußt und prinzipiell gegenüber Volkstraditionen ab, die seither in der ambivalenten Rolle von Folklore überleben. Sie erinnern an agra-risch-feudal-zünftische Lebenszusammenhänge des europäischen Mittelalters, ohne sie zum Sprechen bringen zu können.

Volkstänze fungieren entweder als eine Untersportart ohne sportlichen Ehrgeiz oder als Historienspektakel ohne geschichtliche Bedeutung, da sich ihre Schritte und Figuren nicht in einer Fortsetzung ihrer einstigen Aufgaben und Ausdrucksmöglichkeiten verändern können. Die Erfahrungen der Menschen in ihrer Körperlichkeit seither und ihre Bedürfnisse nach vielleicht differenzierterem Ausdruck komplexerer Beziehungen zueinander setzen sich nicht länger in neuen Formen um. Alte Rundtänze bekommen dadurch etwas rührend Einfaches. Die Hüpfschritte eines Bauerntanzes aus der Brueghelzeit sind den heutigen Menschen fremd, die eher krampfhaft gerade gehen, als sich schwer in einen groben Rhythmus fallen zu lassen, oder aber sportliche Elastizität suchen. Leichtere Wechselschritte, vielfältige Begegnungen aller Mittanzenden, der Schwung genau mitzuvollziehender Taktwechsel, befreite Äußerung von erlebtem Rhythmus könnten eine wichtige Gegenübung zur Bewegungsverarmung im Büro und auch in der körperlichen Arbeit anbieten. Aber so unvermittelt läßt das Angebot eines anderen Jahrhunderts sich nicht aufnehmen.

Ähnlich isoliert wie solcher Volkstanz heute, sah sich im Laufe des 17. Jh. bereits auch das Ballett, das sich an den Höfen über die Volkstraditionen erhoben hatte. Aus der mittelalterlichen Einheit der Künste, die der religiös verstandenen Bildung der Seelen in der Gemeinschaft und auf eine Ewigkeit hin dienten, wurde der T. im Gegensatz zu Malerei oder Musik nicht einfach entlassen. Kurze Zeit, vor allem im italienischen Quattrocento, sah es so aus, als sei T., damals als Ballett bezeichnet, eine Art der hoch differenzierten Verständigung und Selbstverständigung der Gebildeten wie das Musizieren oder das Rezitieren von Versen. Eine eigene Kunst, deren Medium die Körper der Menschen wären und die sich in einer eigenen Philosophie zu den besonderen Bedingungen und Möglichkeiten des Ausdrucks durch Haltungen und Bewegungen ästhetisch reflektierte. Die ersten Anfänge dazu wurden im 16. Jh. bereits politisch-gesellschaftlich in Dienst gestellt. Es war die weltliche Macht des aufkommenden Absolutismus, die diese leiblich-existentielle Kunst auf verschiedenen Ebenen zur Durchsetzung eines vereinheitlichenden zentralistischen Prinzips gegen soziale Wirren übernahm.

Noch bis in die Neuzeit erhielten sich vereinzelt vorchristliche Ritualtänze trotz grundsätzlicher Verbote in besonderen kirchlichen Liturgien. An den zentralistischen Höfen, die man später absolutistische nannte, zuerst in Frankreich, wurden profane Rituale zur Beschwörung der Allmacht des Souverains geschaffen, in denen die Ballettkunst aufgesogen wurde. Staatsaktionen von großer Bedeutung und großem politischen Einfluß prägten die Funktion von choreographischer, das heißt vorkomponierter tänzerischer Bewegung im öffentlichen Leben. Vor dem König ließ man die Inhaber einstiger Feudalmacht in einer neuen Ordnung, im *ballet de cours*, tanzen – sozusagen nach der Flöte des Hofes.

Diese Funktion, öffentliche Ordnung als kunstvolles Schauspiel der Herrschaften einzuüben, war seit der Vorherrschaft der Zentralmacht überholt. Im 18. Jh. wurde offensichtlich, daß die anderen Künste in ihrer Entfaltung von autonomen Gesetzen und Bedeutungsfähigkeiten, besonders aus dem Schutzkreis bürgerlicher Privatheit heraus, unaufholbar vorausgeeilt waren.

Umso bestimmender ist die andere Seite der zentralistischen Beeinflussung von Lebensformen der Menschen gewesen und zum Teil geblieben. Sie ging im Gleichschritt mit den Exerzierregeln der militärischen Erziehung einher, mit der sie Prinzipien und Methoden verbinden. Die Hofballette prägten zugleich die Tanzweise der Bälle und den Stil körperlicher Selbstdarstellung überhaupt, sei es in »Gesellschaft«, auf der Straße oder sonst im Leben der Hofgesellschaft, aber auch der gesamten bürgerlichen Gesellschaft, die ihre Selbstdarstellung nach dem Stile der Höfe ausrichtete. In diese Zeit geht die Einrichtung der Tanzschule als Benimmkurs zurück.

Das klassische Ballett ist seit dem Absolutismus auf Bühnenvorstellungen durch professionelle Tänzer verwiesen. Gelegentlich scheint es so, als lebte seine Vergangenheit bei Aufführungen für Staatsbesuche oder Ähnlichem schüchtern wieder auf. Im übrigen ist es auf ein Publikum von Liebhabern angewiesen oder lebt als Hilfskunst im Musiktheater fort, zu choreographischen Einlagen für Opern und Operetten verpflichtet.

Im öffentlichen Leben der Bevölkerung spielt T. kaum noch eine Rolle. Ausnahmen bilden öffentliche Tanzböden aus Anlaß von nationalen Feiertagen, regionale Feste in Dörfern und Stadtteilen, alte jahreszeitliche Traditionen, besonders der Karneval im Rheinland, der Fasnacht im Alemannischen und in Bayern.

Choreographische Bewegungen von großen Massen, die unter dem Faschismus als vermeintliche Demonstration völkischen Lebens inszeniert wurden, hatten neben ihrer militärischen aber auch eine Tradition in Arbeiterfesten noch des 19. Jh. und auch in Festen der Jugendbewegung gehabt. Aber sie sind aus solchen Überlieferungen wohl nicht mehr wiederzubeleben. Der Abstand zu gemeinsamen Arbeits- und Alltagsbewegungen, zu gemeinsamen Festen und Ritualen der Vergangenheit ist zu groß geworden. Die Menschen einer Großnation werden, vergleicht man heutige Bevölkerungszahlen mit denen des 18. Jh., nicht mehr in dem brüderlichen Geiste einander finden können, wie in den Genfer Nostalgien J. J. Rousseaus. Umso rigider macht Gleichheit der ausgeführten Gesten die Figuranten der Politveranstaltungen zu winzigen Nummern im Massenmuster. So ist der totalitäre Charakter allzu stark über die individuelle Beteiligung manifestiert. Neue »volkstümliche«, sogenannte »pop«-Festivals im Stile von Woodstock zeigen ganz deutlich, daß die Gemeinsamkeit dieser Massen nicht in einer choreographischen, also vorgezeichneten Bewegung gefunden werden kann. So betrachtet, leben Traditionen öffentlicher rhythmischer Bewegung am ehesten noch in religiösen Prozessionen fort, die im Schrittmaß gemeinsamer Gesänge vorbestimmte Wege und Stationen zurücklegen.

III. Die Nachkriegszeit

Phänomene des gesellschaftlichen Lebens können nur aus ihrer Geschichte heraus bestimmt werden. Die des T. ist zu wenig gegenwärtig, als daß nicht ausführlicher ihre verschiedenen Gesichtspunkte reflektiert werden müßten, bevor man daran denken kann, nach Unterschieden gegenwärtiger Bedeutung in den beiden deutschen Staaten zu fragen.

Grundsätzlich gesehen, hat sich die sozialistische Gesellschaft aus allen ihren Traditionen heraus für eine Betonung der sozialen, der öffentlichen, faktisch der staatlichen Zusammenhänge des Lebens gegenüber den privaten entschieden. Dem steht in der Bundesrepublik der weitgehende Verzicht auf ein tätiges, greifbar anschauliches öffentliches Leben gegenüber. Sie überläßt eben der individuellen oder familiären Lebensgestaltung selbst gemeinschaftliche Ereignisse und Funktion. Sie hat entschieden, der Gemeinschaft, Heirat oder Geburt, Arbeit oder Tod, nirgends inhaltlich als alle verbindende Aufgaben zu begreifen und ihren Sinn nicht einmal öffentlich verbindlich zu erörtern. Dies birgt sicher ebenso große Gefahren für das öffentliche wie Belastungen für das private Leben, das diesen Aufgaben zwar frei, aber auch allein gelassen, nicht gewachsen sein kann. Die entgegengesetzte Entscheidung, gegen solch negativ bestimmte Freiheit, hat in der Realität sozialistischer Gesellschaften Konsequenzen, die gerade im Verhältnis zu ihren eigenen ideellen Grundlagen absurd erscheinen. Ein Gebiet der Kultur wie das des T. gibt dafür vielleicht besonders nachdenklich stimmende Beispiele.

Für die Bundesrepublik Deutschland sind die großen Entwicklungszüge, wie sie für die gemeinsame Vorgeschichte dargestellt wurden, grundsätzlich bestimmend geblieben. Entwicklungen auf den genannten drei Hauptgebieten des T. sind Neigungen und Strömungen überlassen. Volkstanz hat wohl in den letzten Jahren erneut an Beliebtheit gewonnen. Als soziale Bewegung ließe sich das aber

675

nur verstehen, wenn die gegenwärtigen Tendenzen zu einem kulturell-politischen Regionalismus, wie er sich etwa im Zusammenhang insbesondere mit ökologischen Fragen in einem Wiederaufleben mundartlicher Lieder und Texte in manchen Landschaften zeigt, auch an Bewegungstraditionen anknüpfen könnte. Den vermehrten Zulauf zu Tanzschulen kann man wohl im Augenblick als neuerliche Anlehnung an institutionell geregeltes Auftreten interpretieren, wo in pluralistischer Unsicherheit Jugendliche und ihre Freundesgruppen nicht genügend eigene Vorstellungen von Lebensformen finden. Die sozialistische Staatsideologie ist bestrebt, die gemeinschaftlichen Lebensformen bis in die Gestaltung des →*Alltags* hinein aus sozialen Inhalten und Zielen zu bestimmen. Die Schwierigkeiten, die sich dem in einer hochindustrialisierten Gesellschaft entgegenstellen, kann freilich eine Ideologie nicht einfach überwinden. Die Taktvorgaben der Akkordarbeit, die physikalische maximierende und eine Bio-Logik des menschlichen Leibes verleugnende wissenschaftliche Zerlegung von Arbeitsbewegungen am Band, die Isolierung der Menschen voneinander, die während der Arbeit Möglichkeiten zu austauschender menschlicher Begegnung eher verlieren als gewinnen und in ihren Kleinfamilien den übrigen Alltag organisieren müssen – alle diese Grundvoraussetzungen dafür, daß gemeinsame leiblich-rhythmische Gestaltungen eines öffentlichen Lebens ausgehöhlt sind, gelten in beiden deutschen Staaten auf beängstigend ähnliche Weise. So ist wohl material zu erklären, warum Ansätze zu einer Arbeiterkultur in der damaligen Sowjetischen Besatzungszone so rasch an Substanz verloren haben. Die offiziell geförderten Volkstanzaktivitäten können die aufgezeigten Probleme einer Vermittlung in die gegenwärtigen Lebenserfahrungen nicht umgehen und auch nicht wirklich zur Diskussion stellen. Bei Staatsanlässen wie im Feiertagsgebrauch der DDR nimmt der Gesellschaftstanz eine sonderbar altväterliche Bedeutung ein, die sich auch in einer erstaunlich herkömmlichen Art von Sonntagskleidung zu erkennen gibt. Anders als etwa in der CSSR oder in Polen, wo die Menschen sich gern für das Theater oder für private Einladungen »umziehen«, um der organisierten Grauheit des Alltags mit Spuren von aufsässigem Konservatismus zu widersprechen, wirken schwarzer Anzug und langes Kleid in Leipzig oder Rostock seltsam staatstreu.

IV. Ballett

Durch die Vielzahl seiner Höfe und Bürgertheater hat Deutschland immer auch viele Ballettkorps unterhalten, ohne jedoch im klassischen Ballett je eine besondere Tradition zu entwickeln wie Italien, Frankreich, Dänemark, Rußland, England. Erst mit

der Bewegung der Lebensphilosophie und vielleicht als Partnerin der Jugendbewegung seit 1900 kam es im deutschen Kunsttanz zu einem starken eigenen Versuch. Im Aufbruch gegen die Industriezivilisation fanden mehr und mehr expressionistische Choreographen Bewegungsformen, die sich auch der klassischen Stilisierung des tanzenden Körpers zu einer repräsentativ-frontalen Haltung und zu einem Gleichgewicht widersetzten, das »gebrüstete« Posituren betonte und, vielleicht in einem Traum vom Schweben, den festigenden Bezug zum Boden auflöste. Nachdem etwa R. von Laban sich als Choreograph Anerkennung verschafft hatte, bemühte er sich, in seinen Schulen und »Bewegungschören« allerorten eine Volksbewegung als Lebenserneuerung zu bewirken.

Ähnlich waren die Vorstellungen anderer Bewegungslehrer wie etwa der Dalcrozeschen Schule in Hellerau. Diese Impulse haben zu Beginn der 30er Jahre noch politische Kritiken mit pazifistischem Engagement etwa bei K. Joost getragen, zu dieser Zeit auch Anziehungskraft auf amerikanische Tänzer ausgeübt. Dann ist der »Ausdruckstanz« aber nur im nordamerikanischen *Modern Dance* fortgesetzt worden, besonders bei M. Wigman und M. Graham. Auch nach dem Zusammenbruch des nationalsozialistischen Regimes, das diese Ansätze vertrieben hatte, wurden diese Versuche nur ganz vereinzelt wieder aufgenommen. Der deutsche Bühnentanz folgte zwar einer viel mäßigeren und damit auch ausdrucksstärkeren Variante des Neoklassizismus als etwa der englische der Nachkriegsjahrzehnte. Doch hat hier der philosophische Existentialismus, der sich in Frankreich, aus Deutschland kommend, mit dem T. vor allem M. Béjarts zu einem beherrschenden neuen Ballett verband, kaum Umsetzung in das Medium der Körpersprache gefunden.

In der Bundesrepublik versuchen verschiedene Choreographen und Gruppen, experimentell über das klassische Ballett hinauszugelangen. Gegenwärtig werden besonders Alltagsbewegungen untersucht. Diese Versuche leiden meist darunter, daß sie jenseits der repräsentativen Stilisierung in den klassischen Positionen und Bewegungen nur sehr unsystematisch zu neuen Verbindlichkeiten gelangen, daß aber das Ballettpublikum auch kaum sich für diese Sache interessiert. Neue Kreise, die gerade Alltagsgeschehen begreifen und Körperlichkeit zu einem Medium der Verständigung über unsere geschichtliche Befindlichkeit machen würden, begegnen dem Bühnentanz nur zögernd.

In der Deutschen Demokratischen Republik fallen die Bemühungen ebenso viel vorsichtiger aus, wie der Staat das kulturelle Erbe zum Leitmotiv erklärt. Umso umfangreicher wird alles von gesellschaftlichen Interpretationen begleitet. Nach der russischen Revolution veränderte sich am Stil der Bolschoi-Aufführungen nicht das geringste Detail.

Die Hofspektakel wurden unverändert nun den Arbeitern und Bauern, inzwischen vor allem einer neuen Technokratie, vorgesetzt. Die Versuche, von revolutionären Inhalten her neue Aussagen zu ermöglichen, sind bei unvermittelten Montagen klassischer Technik auf populistische Geschichtsthemen wie den Aufstand des Spartakus hinausgelaufen. Die Erscheinungsform eines sozialistischen Realismus hat im Wirken der »Tanzschaffenden« sich von den Vorgaben des Klassizismus nicht freimachen können, zumal auch die Ballette als Staatsaktionen einer Volksrepublik monumental geraten müssen.

V. Organisationen in beiden deutschen Staaten

Unterschiedliche Formen organisierten Tanzens gewinnen gegenwärtige an Bedeutung. Seit etwa 1975 verzeichnen die Tanzschulen der Bundesrepublik verstärkten Zulauf. Im *Allgemeinen Deutschen Tanzlehrerverband*, einer Vereinigung selbständiger Unternehmer in der Bundesrepublik, sind gegenwärtig 600 Tanzschulen organisiert, in denen rund 1200 Tanzlehrer unterrichten. An den Kursen sind Interessenten aller Altersstufen beteiligt. Üblicherweise bieten die Schulen das *Welttanzprogramm* an, das neben den klassischen und lateinamerikanischen auch T. umfaßt, wie sie heute in Diskotheken getanzt werden. In den städtischen Regionen paßt sich die Aufmachung der Kurse dem Stil von Diskotheken an, Licht- und Soundeffekte gehören daher zur Ausstattung. Heute verstehen sich die Tanzschulen nicht mehr vorwiegend als Lehrinstitute oder Vermittler gesellschaftlichen Lebens, sondern als Freizeitzentren (→ *Freizeit*). Die Sporttänzer haben sich im *Deutschen Tanzsportverband* organisiert, der das Tanzsportabzeichen verleiht und die ihm angeschlossenen Vereine auffordert, jährlich mindestens ein Tanzturnier zu veranstalten.

In der DDR folgen jährlich rund 90 000 Jugendliche Tanzkursen (H. Bühl, Kultur im sozialistischen Betrieb, Berlin (Ost) 1970, S. 79). 1970 gab es rund 100 Gesellschaftskreise mit etwa 2000 Mitgliedern. Zudem sind gesellige Abende und Tanzveranstaltungen sehr beliebt. 1979 fanden in der DDR etwa 125 000 derartige Vergnügungen statt, an denen fast zwanzig Mio. Menschen teilnahmen.

Neben privaten Veranstaltungen sind in beiden deutschen Staaten Festspiele mit Tanzdarbietungen eine feste Einrichtung. So finden in der Bundesrepublik jährlich die *Berliner Festwochen* statt, das *Metamusik-Festival*, die *Internationale Tanzwerkstatt Bonn*, die *Internationale Sommerakademie des Tanzes* in Köln, die *Hamburger Ballett-Tage*, die *Münchener Ballettfestwoche* und in zweijährigem Turnus die *Horizonte*.

In der DDR werden seit 1957 jährlich die *Berliner Festtage des Theaters und der Musik* veranstaltet. Sie umfassen alle Arten der darstellenden Künste, → *Musik*, Oper, Ballett, Volkstanz, Drama, Pantomime und Puppentheater. Durchschnittlich besuchen jährlich rund 200 000 Zuschauer diese Festtage.

Die Berufsorganisation der Ballettensembles, der 85 bundesrepublikanischen Theaterunternehmen angegliedert sind, ist die *Genossenschaft Deutscher Bühnenangehöriger*. Organisiert sind allerdings nur die staatlich anerkannten Ballettensembles und Ballettschulen. Da für freie Ballettschulen keine Anmeldepflicht besteht, ist ihre Zahl nicht festzustellen. Eine herausragende und anerkannte Stellung nimmt die 1971 gegründete *John-Cranko-Schule* in Stuttgart ein, die ein international besetztes Internat mit schulischer Weiterbildung der minderjährigen Eleven verbindet.

In der Sowjetischen Besatzungszone setzte sich die *Sowjetische Militäradministration* 1945 dafür ein, daß eine der Erbinnen des Ausdruckstanzes der 20er Jahre, G. Palucca, die Dresdner *Fachschule für T.* wiedereröffnen durfte. Sie konnte trotz internationaler Bedeutung aber keinen prägenden Einfluß ausüben. Das Ballett in der DDR kann aber auch den durch die *SED* erhobenen Forderungen nach großen sozialistischen Ballettwerken nicht recht nachkommen. Umso mehr befindet es sich auch dort in einer Krise. Indem an der *Komischen Oper Berlin* jüngst die Darstellung von Verhaltensweisen und Entwicklungen junger Menschen zum Gegenstand wurde, ist eine wichtige neue Richtung angedeutet. Zuständig für die »Ballett- und Tanzschaffenden« ist der *Verband der Theaterschaffenden der DDR*, im Laiensektor die *Zentrale Arbeitsgemeinschaft Laienbühnen-Tanz* der DDR des *Zentralhauses für Kulturarbeit*.

VI. Tanz als rhythmische Lebensform

Im umfassenden Sinn von T. als rhythmischer Lebensform ist das Tanzen der Jugendlichen am bedeutsamsten geworden. Die Entwicklung geht vor allem auf den *Rock'n'Roll* und eine mit ihm einhergehende jugendliche Gegenkultur zurück, die in den 50er Jahren Ausdruck und Mittel eines körperbezogenen Lebensgefühls wurden. Damals wurde zum erstenmal die Bewegung aus dem Schwung des Beckens, also aus der Mitte des Leibes, in der Neuzeit wiederentdeckt, die seitdem alle bisher auftauchenden Tanzarten und immer mehr Spielarten des Freizeitsports bestimmt. Die Suche nach dem schwingenden Leib im Spiel der Balance ist, synkopisch verzerrt, im Surftanz wie im Windsurfen zu erkennen. In dem kommerziell organisierten Amüsierbetrieb kann das vitale Bedürfnis nach Bewegungsformen, in denen man sich leibhaftig selbst zu entdecken und in eine bewegte Gemeinschaft mit anderen zu finden hofft, sehr rasch zur

Imitation modischer Posen werden. Umso größere Bedeutung könnte den großen Jugendtreffen zukommen, wenn diese zum übrigen Leben vermittelt wären. Entsprechende Initiativen bundesdeutscher Gruppen vermögen bis jetzt kaum die historisch bedingten Hemmungen aufzuheben. Die Ambivalenz des Kommerziellen setzt sich als Gehemmtheit und Hilflosigkeit fort. Offensichtlich kann aber der Wille zu einer Lebensform in selbsterfahrenen und selbstvollzogenen Rhythmen im T. Kraft zum Widerspruch schöpfen. Diese Widerspruchsfähigkeit mag allerdings von der Jugend im magischen *disco swing* ausgeblendet sein, denn aus dem T. sind im Westen mehr kulturindustriell vereinnahmte →*Schlager* als verkümmerte Gesten einer möglichen Gegenkultur hervorgetreten. Nicht zufällig aber sind die auffälligsten Jugendkrawalle in der DDR um den T. und die Diskothekenkultur angesiedelt, in denen sich das Bedürfnis nach einem unideologischen Leben zu artikulieren scheint.

R. zur Lippe

Literatur
J. Gregor, Kulturgeschichte des Balletts, seine Gestaltung und Wirklichkeit in der Geschichte und den Künsten, Wien 1949
D. Günther, Der T. als Bewegungsphänomen, Reinbek 1962
C. W. Müller, P. Nimmermann, In Jugendclubs und Tanzlokalen, München 1968
R. Pausch, Diskotheken. Kommunikationsstrukturen als Widerspiegelung gesellschaftlicher Verhältnisse, in: J. Alberts u. a., Segmente der Unterhaltungsindustrie, Frankfurt a. M. 1974
R. zur Lippe, Naturbeherrschung am Menschen, Bd. 1 u. 2, Frankfurt a. M. 1975

Technik

Während in der Bundesrepublik Deutschland die Urteile über T. und ihren Fortschritt vom Technikpessimismus der unmittelbaren Nachkriegsjahre über den ungehemmten Fortschrittsoptimismus Ende der 50er, Anfang der 60er Jahre bis zur Skepsis und sogar Technophobie der späten 70er Jahre reichen, ist in der DDR durchgängig ein ungebrochener naturwissenschaftlich-technischer Optimismus festzustellen.

Mit der Gründung der DDR 1949 wurde das einheitliche materialistische Technikverständnis gewissermaßen parteioffizielles Programm. Die Quellen der Tradition dienen nur noch zur Bestätigung der durch Partei- und Staatsführung vorgegebenen Linien. Charakteristisch für die Zeit zwischen 1949 und 1960 ist vor allem die Übernahme sowjeti-

scher Positionen, was sich in zahlreichen Übersetzungen niederschlägt. In der Bundesrepublik Deutschland häufen sich in dieser Zeit Übersetzungen aus dem anglo-amerikanischen Sprachbereich. Dabei findet der Begriff Technologie in beiden deutschen Staaten auch dort Verwendung, wo dieses Wort nicht nur seine eigentliche Bedeutung als »Verfahrenstechnik« oder als »Wissenschaft von der T.« ausspricht. Sowohl aus dem Anglo-amerikanischen, mit dem Akzent auf Wissenschaftlichkeit, wie aus dem Russischen, mit Betonung der sozioökonomischen Zusammenhänge, gelangt dieses ursprünglich von J. Beckmann in Deutschland eingeführte Wort hierher zurück.

In der Bundesrepublik stand bis 1960 die vor allem von F. Dessauer in »Streit um die T.« (Frankfurt a. M. 1956) vertretene christlich-platonische Technikinterpretation im Vordergrund, die von den Philosophen der DDR als bürgerlich-idealistisch abgelehnt wird. Ein bevorzugter Ort der Technikdiskussion sind die Tagungen des *Vereins Deutscher Ingenieure,* der sich von den Positionen M. Heideggers, K. Jaspers' und der *Frankfurter Schule* mit M. Horkheimer und J. Habermas allerdings fernhielt. Ging es K. Jaspers mehr um die sozialanthropologischen Folgen der T., so stellten die sozialkritischen Analysen der *Frankfurter Schule* das vorherrschende Selbstverständnis der Ingenieure als Motoren des →*Fortschritts* infrage. Ansätze der neueren Technikkritik von Seiten der sogenannten mittleren Technologie, der Linken in der *SPD,* wie E. Eppler, und der *Grünen* gingen in die allgemeine Technikdiskussion in der Bundesrepublik ein (S. Moser, A. Huning (Hrsg.), Werte und Wertordnungen in T. und Gesellschaft, Düsseldorf [2]1978).

Wie schon K. Marx, so betonen die Gesellschaftswissenschaftler der DDR, daß das ursprüngliche Verhältnis des Menschen zur Natur nicht ein theoretisches, sondern ein praktisch-aktives ist. Es ist nicht zuerst Denken, Erkennen, Betrachten, sondern es ist Praxis, reale, materielle Tätigkeit, durch die der Mensch auf die Natur einwirkt, sie verändert, seinen Bedürfnissen anpaßt, um die zur Erfüllung seiner Bedürfnisse und Wünsche erforderlichen Mittel zu erreichen und sich von den Zwängen der Natur zu befreien (→*Arbeit*). Diesem Verständnis entsprechend, ist der T. ein zentrales Thema der Gesellschaftswissenschaften in der DDR. W. I. Lenins Wort von der »Sowjetmacht plus Elektrifizierung« als dem richtigen Weg zum →*Kommunismus* wird auf die gesamte T. angewandt, die als Mittel zur Durchsetzung der marxistisch-leninistischen Gesellschaftsordnung erscheint.

Einen Höhepunkt erreichte die Diskussion auf dem Philosophenkongreß 1965 in Berlin (Ost) zum Thema: »Die marxistisch-leninistische Philosophie und die technische Revolution«. Auf dem Kongreß wurden Physik und Chemie wegen ihrer großen Bedeutung für die technische und gesellschaftliche

Revolution hervorgehoben; auffällig ist die Betonung der Wissenschaftszweige Kybernetik, Biologie und Ökologie. Kybernetik und Informationstheorie (→ *Information*), die lange unter dem Verdikt des idealistischen Subjektivismus gestanden hatten, werden als vereinbar mit der materialistischen Dialektik erklärt und sollen für die Optimierung technischer, wirtschaftlicher und gesellschaftlicher Prozesse genutzt werden. Allerdings wird schon nach 1968 vor allem im Interesse des Führungsanspruchs der *SED* die von G. Klaus entwickelte Konzeption zurückgedrängt, wonach die Kybernetik sich zu einer umfassenden Gesellschaftswissenschaft zu entwickeln schien (G. Klaus, Kybernetik – eine neue Universalphilosophie der Gesellschaft, Frankfurt a. M. 1973).

Die Veränderungen, die sich in schneller Folge innerhalb der Naturwissenschaften und der T. ereignen, sowie die Konsequenzen naturwissenschaftlich-technischer Innovationen für Arbeit, Produktion und die gesamte sozio-ökonomische Lage werden seit Mitte der 60er Jahre mit dem Konzept der »wissenschaftlich-technischen Revolution« zu erfassen versucht. Ausgangspunkt der Entwicklung dieses Konzepts sind in der T. vor allem die Auswirkungen der Mechanisierung und der Automation, über die in der Bundesrepublik Deutschland die *Industriegewerkschaft Metall* viel beachtete Tagungen veranstaltet hat, in den Gesellschaftswissenschaften besonders die Auseinandersetzung mit Technokratiethesen und Begriffen wie »Zweite industrielle Revolution«. Die T. wird in der DDR deutlich in Wissenschaft und Praxis getrennt. Während die Praxis im Zusammenhang der Arbeit und ihrer Organisation behandelt wird, gilt auch der Wissenschaftsteil der T. wie alle Wissenschaft als Überbau. T. wird wegen der unmittelbaren Wirkung ihrer Praxis jedoch immer stärker als andere Wissenschaften in der Verbindung zur materiellen Basis gesehen, wobei allerdings gerade in der DDR trotz aller Betonung von objektiver Gesetzmäßigkeit und notwendiger Fortschrittsrichtung der Geschichte nie der subjektive Anteil an der geschichtlichen Entwicklung verschwiegen wird.

Der in der DDR geführten Diskussion über den subjektiven Faktor im Fortschritt von T. und Gesellschaft entspricht in der Bundesrepublik Deutschland eine Hinwendung der Technikdiskussion zur Erörterung der gesellschaftlichen Bedürfnisse, Werte und Ziele, die oft unter dem Titel der »Technikbewertung« oder »Technikfolgenabschätzung« erscheint, bis hin zur teilweise irrationalen Ablehnung technischer Fortschritte im einzelnen wie im Ganzen (G. Ropohl u. a., Maßstäbe der Technikbewertung, Düsseldorf 1978). In der DDR ist der Optimismus gegenüber den »Möglichkeiten und Reserven des Leistungswachstums, die durch die Beschleunigung des wissenschaftlich-technischen Fortschritts erschlossen werden können«, ungebrochen. Besonders stolz ist man auf die Leistungen im Bereich »der Metallurgie und Energiewirtschaft, des Maschinenbaus und der Elektrotechnik, der chemischen Industrie und Leichtindustrie« (H. Weiz, Wissenschaft und T. für den gesellschaftlichen Fortschritt, in: Wissenschaftliche Zeitschrift der TU Dresden, 28. Jg., 1979, H. 4). Die gewaltige Produktivitätssteigerung durch die Mikroelektronik stellt die DDR allerdings vor die gleichen sozialen Probleme wie westliche Industriegesellschaften. Seit etwa 1978 ist für den Bereich der DDR eine Erweiterung des Technikverständnisses festzustellen; T. wurd nun als menschlich umfassende, individual- und sozialanthropologische Kategorie betrachtet, als die weltgestaltende und gesellschaftsformende Kraft schlechthin. T. wird jetzt als Produktivkraft, Sozialkraft und Kulturkraft verstanden, die auf die Frage nach dem Sinn von Humanismus und Fortschritt antwortet und die angemessenen Zielvorgaben für die wissenschaftlich-technische wie die gesellschaftliche Entwicklung bereitstellt (vgl. H. Hörz, Wissenschaftlich-technischer Fortschritt und sozialistischer Humanismus, in: Deutsche Zeitschrift für Philosophie, 29. Jg., 1981, H. 3/4, S. 343–356). Im engeren Bereich der T. ist die Leistungsfähigkeit der Wissenschaftler und Ingenieure der DDR durchaus mit derjenigen in der Bundesrepublik Deutschland vergleichbar. Von einen technischen Rückstand ließe sich höchstens in der Mikroelektronik sprechen. Was dagegen fehlt, sind offensichtlich eine effektive Organisation und Leitung und vor allem der persönliche Anreiz beim mittleren Management und den Facharbeitern, obwohl die DDR auch hier immer noch besser abschneidet als die sozialistischen Nachbarstaaten. Sicher sind dabei die deutsche Tradition, etwa der sächsischen Industrie, aber auch die theoretische Betonung des subjektiven Faktors von Bedeutung. Auf den rein technischen Wissensgebieten ist der gegenseitige Austausch recht gut. Viele Dissertationen sind in kürzester Zeit in der DDR bekannt und ausgewertet. Es ist müßig, an dieser Stelle auf Kriegstechnik, Kommunikations- und Medientechnik einzugehen, da sich hier Unterschiede nicht aus der technischen Leistungsfähigkeit, sondern allein aus der politischen Zielsetzung und aus den Verwertungszusammenhängen ergeben. Ein Versuch, Unterschiede darzulegen, beträfe daher nicht das Gebiet von T. und Technikwissenschaften, sondern vorrangig Wirtschaft und Organisation in ihrer Verflechtung mit politischen Zielvorstellungen. Überdies ist auch der Bundesrepublik Deutschland eine Einflußnahme der Politik auf technische Entwicklungen keineswegs fremd, was noch deutlicher als bei der Frage nach Atomkraftwerken bei der Problematik des Kabelfernsehens (→ *Kommunikationspolitik*) sichtbar wird. In der Bundesrepublik Deutschland neigt man noch immer leicht dazu, aus unterschiedlichen Zielen auch auf unterschiedliche, in

Bezug auf die DDR geringere Leistungsfähigkeiten zu schließen.

A. Huning

Literatur

G. Hortleder, Das Gesellschaftsbild des Ingenieurs. Zum politischen Verhalten der technischen Intelligenz in Deutschland, Frankfurt a. M. 1970
Verein Deutscher Ingenieure (Hrsg.), Wirtschaftliche und gesellschaftliche Auswirkungen des technischen Fortschritts, Düsseldorf 1971
H. Sachsse (Hrsg.), T. und Gesellschaft, Band 3: Ausgewählte und kommentierte Texte; darin: A. Huning, Philosophie der T., S. 127–253, München 1976
H. Hörz, Mensch contra Materie? Standpunkte des dialektischen Materialismus zur Bedeutung naturwissenschaftlicher Erkenntnisse für die Menschen, Berlin (Ost) 1976
H. Nick u. a., Wissenschaft und Produktion im Sozialismus, Berlin (Ost) 1976
J. Fischer, K. Hartmann, Technologie, Wachstum, Produktivität, Berlin (Ost) 1980

Tendenz

T. umfaßt im wesentlichen zwei Bedeutungsvarianten, deren Verwendung aber, wie die Begriffsgeschichte zeigt, immer von ihrem wechselnden gesellschaftspolitischen Stellenwert als Kampfbegriff bestimmt worden ist. So bezeichnet T. die Ausrichtung einer Aussage, eine bestimmte Richtung oder Linie, die einer Entwicklung, einem Diskussionskontext, überhaupt einem Prozeß innewohnt oder zugeschrieben wird. Kennzeichnend für dieses Verständnis von T. ist der Bezug auf die Entwicklungs- und damit auch den Fortschrittsgedanken, aber auch gleichzeitig die ihm innewohnende Offenheit und Unentschiedenheit in Hinblick auf das Erreichen eines Entwicklungsziels. Gerade diese Ambivalenz hat den Begriff der T. in der gesellschaftspolitischen Krise gegen Ende des 19. Jh., beispielsweise in der Diskussion über den Naturalismus, zu einem Konzentrationspunkt in den Auseinandersetzungen über die Haltung des Künstlers zur »Sozialen Frage« des Arbeiterelends werden lassen. Nun wird T. gerne als bewußte Entscheidung oder gezielte Absicht eines Künstlers verstanden, mit seinem Werk eine bestimmte, von ihm erwünschte Wirkung hervorzurufen *(→Engagement)*. Es ist für die weitere Geschichte des Tendenzbegriffs bedeutungsvoll, daß dieses Verständnis von jenen abwertend vertreten wurde, die den Anspruch einer unbedingten Autonomie der Kunst, des »rein Künstlerischen« gegenüber einer angeblich parteilichen Interessen dienenden Kunst retten wollten. Sie standen dabei in der Tradition der klassischen Ästhetiktheorie I. Kants, nach der das Schöne ohne alles

Interesse gefalle. Diese polemische Wendung wird auch in Zusammensetzungen wie »Tendenzdichtung«, »Tendenzstück«, oder in dem als »einseitig« oder »parteilich« verstandenen Adjektiv »tendenziös« deutlich. Es ist dies ein Bedeutungshintergrund, der bis heute aktuell geblieben ist.

Diese negativen Assoziationen des Tendenzbegriffs zur Abwehr von Gesellschaftskritik waren allerdings im 20. Jh. für viele sich engagiert verstehende Künstler ein Grund, ihn produktiv aufzunehmen und, etwa in der Montage- und Darstellungstechnik des Dadaismus bzw. der Neuen Sachlichkeit, offensiv gegen eine bürgerliche Öffentlichkeit zu richten. Unter den sozialistischen und kommunistischen Autoren der 20er Jahre hat das zu einer intensiven Diskussion über →*Parteilichkeit*, T. und Engagement geführt, in der vor allem deutlich wurde, daß der Begriff der Parteilichkeit, der ja eine notwendige Klassengebundenheit des gesellschaftlichen Bewußtseins behauptet, eine weitere unkritische Verwendung des Begriffs T. grundsätzlich unmöglich machte. Skepsis gegenüber der Willkürlichkeit und Verpflichtungslosigkeit, mit der linksbürgerliche Autoren ihren Aussagen eine T. beilegen wollten, war auch schon vorher geäußert worden. Aber mit der Erarbeitung eines marxistischen Realismusverständnisses mußte eine solche »rein subjektive Parteinahme« grundsätzlich zum Problem werden. Alle Diskutanten interpretierten dabei T. letztlich über Darstellungstechniken wie Montage, →*Reportage* und Verfremdungsformen. Für G. Lukács etwa muß aber Parteilichkeit von einer grundsätzlich anderen Qualität sein, da sie bei ihm mit einer realistischen Darstellung und Zusammenfassung der epochenbestimmenden Triebkräfte zusammenfällt. T. als bloß äußerliche Technik wird dementsprechend zurückgewiesen. K. W. Wittfogel nimmt insoweit eine ähnliche Position ein, als er dem proletarischen Kunstwerk aufgrund seiner gestalteten wesentlichen Klassenerlebnisse eine notwendige, also nicht hinzugefügte T. zubilligt. T. als Technik will er aber als eine von mehreren Äußerungsformen durchaus gelten lassen und integrieren. T. und Parteilichkeit werden bei ihm im Prozeß der künstlerischen Präsentation letztlich zur Einheit. Eine ähnliche, die Vielfalt realistischer Darstellungsmöglichkeiten betonende, wenn auch weit über einen engen Tendenzbegriff hinauszielende Position hat dann später u. a. B. Brecht in der Realismus-Debatte mit G. Lukács vertreten.

Wenn auch in diesen Differenzen zwei grundsätzlich verschiedene marxistische Konzeptionen des →*Realismus* zu Tage traten, sind im kulturpolitischen Selbstverständnis der DDR solche Divergenzen längst aufgehoben worden, da in der sozialistischen Gesellschaftsordnung die ästhetische Produktion mit den Zielen der revolutionären Partei der Arbeiterklasse übereinstimme. Sozialistische Parteilichkeit ist insofern leitendes Prinzip, dem die sozialistische T. untergeordnet ist. Diese meint nicht mehr als den bestimmten, individuellen Ausdruck der gesellschaftspolitischen und ideologischen Ansichten eines Künstlers, wie sie sich in seinem Werk oder seiner sonstigen Tätigkeit äußern. T. wird hier offensichtlich nicht als persönliche Intention und Entscheidung des Künstlers, sondern eher als die sich im individuellen Verhalten des Künstlers äußernde objektive Parteilichkeit im Sozialismus verstanden. Insoweit soll diese T. dann auch wertprägend und erzieherisch für die Gestaltung der sozialistischen Lebensweise sein.

In der Bundesrepublik Deutschland ist die Geschichte des Tendenzbegriffs in viel deutlicherem Ausmaß Reflex der gesellschaftspolitischen Entwicklung und damit von deren Konjunkturen abhängig. In den Jahren der Restauration mit ihrem Pathos der »Entideologisierung« im gesellschaftspolitischen Raum mußte gerade der politische Konnex von T. als überholt verstanden und letztlich als rein historischer Tatbestand begriffen werden. Erst die Diskussion der Wiederbewaffnung und die späteren Bestrebungen des Werkkreises *Literatur der Arbeitswelt* ab 1969 haben auf ihre Weise zu einer neuerlichen Thematisierung des politischen Engagements geführt. Mit der sozialen Bewegung Ende der 60er Jahre und den reformpolitischen Initiativen änderte sich die Situation insofern, als im Medienbereich und anderen kulturellen Institutionen eine intensive Auseinandersetzung über Demokratisierung und die Verantwortlichkeit der kulturell Tätigen folgte. Mehr noch aber als der Begriff T. stand auch hier der Begriff der Parteilichkeit, der eine gesamtpolitische Bewertung und die Aneignung historischer Kontinuität aus der Arbeiterbewegung zu vermitteln versprach, im Vordergrund. In den 70er Jahren erhielt der Begriff T. in anderen Zusammenhängen eine neue Bedeutung.

Zum einen stellte sich das Problem der Tendenzbetriebe umd Tendenzunternehmen. Darunter werden Einrichtungen verstanden, die erzieherischen, wissenschaftlichen, künstlerischen, karitativen und ähnlichen Zwecken oder der Meinungsäußerung und Berichterstattung dienen. Entscheidend ist dabei das Problem, daß der Geltungsbereich des *Betriebsverfassungsgesetzes* eingeschränkt ist. Vor allem wird im sogenannten Tendenzschutz den Inhabern solcher Betriebe das Recht eingeräumt, die T. dieser Betriebe frei zu bestimmen, demgegenüber die Mitbestimmungsrechte der Arbeitnehmer zurückzustehen hätten (→ *Mitbestimmung*). Vor allem dieser aus dem Grundrecht auf freie Meinungsäußerung abgeleitete Vorbehalt ist, da er als Instrument der → *Zensur* und sozialer Disziplinierung benutzt werden kann, immer wieder Gegenstand heftiger Kritik vor allem der gewerkschaftlich organisierten Künstler und Medienbeschäftigten geworden.

Zum anderen wurde mit dem der konservativen Publizistik entlehnten Begriff der *Tendenzwende* ein Umschwung im Meinungsspektrum der Öffentlichkeit benannt, der von einer progressiv-linken, werteproblematisierenden Reform- und Demokratisierungseuphorie zu einem konservativen, werteerhaltenden und wertesetzenden, die Grenzen der Demokratisierungsmöglichkeiten wie überhaupt anthropologische Unveränderlichkeit einberechnenden »Realismus der Machbarkeit« führen soll.

Trotz eines scheinbar recht weiten Bedeutungsspektrums des Tendenzbegriffs in Geschichte und Gegenwart der Bundesrepublik ist es doch unübersehbar, daß T. unabhängig vom gesellschaftlichen Standort seine ohnehin historisch umstrittene Wertigkeit verloren hat. Schon die bemühte parteiliche Rhetorik in der sozialen Bewegung der 60er und frühen 70er Jahre hat letztlich nicht verbergen können, daß man über die Entscheidung, sich für Unterprivilegierte einzusetzen, nicht hinausgekommen ist, weil diesem Engagement die soziale Basis fehlte. Was T. als Kampfbegriff abwertete, wurde mit dem Begriff des Engagements ins Positive gewendet. Diese Entschärfung des Tendenzverständnisses ist aber auch an den anderen Begriffskombinationen nachweisbar. So läßt sich auch das Wort »Tendenzbetrieb« ohne größeren Bedeutungsverlust als »Betrieb für Meinungsproduktion« neu fassen. Und selbst in der, einer abwertenden Tradition des Tendenzbegriffs geschuldeten »Tendenzwende« wird bei aller gesellschaftspolitischen Brisanz deutlich, daß sich auch diese Neuschöpfung auf den Hintergrund der organisierten Meinungsbildung bezieht. In beiden Beispielen zeigt sich, daß der Begriff der T. inhaltlich entleert, damit seiner Widerständigkeit beraubt worden ist und sich dem der Meinung, gleichgültig welchen Inhalts, annähert. Dieser Verlust an Trennschärfe scheint auch ein Indiz für jenen Wandel des Öffentlichkeitsverständnisses darzustellen, wie er sich in den aktuellen Diskussionen exemplarisch im Begriff der »Ausgewogenheit« spiegelt.

Die Bedeutungsperspektive wird in der DDR demgegenüber von den gesellschaftlichen und politischen Rahmenbedingungen der Gesellschaftsordnung bestimmt. Da T. vor allem auf die Aussage des einzelnen Künstlers bezogen wird, scheint dieser Begriff auch den einzelnen von dem Zwang zu entlasten, seine richtige Einstellung immer erneut beweisen zu müssen. Dem widerspricht allerdings, daß die Grenzmarken für eine eigenständige T. neben oder gar außerhalb der sozialistischen Parteilichkeit aufgrund des hohen kulturellen Institutionalisierungsgrads so eng gezogen sind, daß Belege für die Verpflichtung auf den Sozialismus immer wieder gefordert werden. Diese Situation führt dann in aller Regel dazu, mit der Benutzung von Standardformeln, typischen Situationen, sprachlichen Versatzstücken, obligaten Zitaten Parteilichkeit zu demonstrieren. Doch ist nicht zu übersehen, daß es unterhalb dieser Anforderung auch Spielräume gibt. Aber ob diese genutzt werden können, ist abhängig von einer Vielzahl von Faktoren wie dem allgemeinen gesellschaftspolitischen Klima, dem augenblicklichen Legitimationsdruck der Partei oder nationalen und internationalen politischen Wirkungen und Konjunkturen. Jedoch scheint der Tendenzbegriff in solchem Wirkungsfeld seine Widerstandskraft noch weitaus stärker bewahrt zu haben als in der Bundesrepublik.

H. J. von Kondratowitz

Literatur
Diskussion zwischen K. W. Wittfogel und L. Märten; G. Lukács, in: »Linkskurve«, Jg. 1930, 1931 und 1932
F. J. Raddatz, Traditionen und T. – Materialien zur Literatur der DDR, Frankfurt a. M. ²1976
Ch. Ziermann u. a., Die geistige Kultur der sozialistischen Gesellschaft, Berlin (Ost) 1976
H. Hanke, G. Rossow, Sozialistische Kulturrevolution, Berlin (Ost) 1977
W. Mittenzwei, Der Realismusstreit um Brecht, Berlin (Ost), Weimar 1978

Theater

I. Widerspenstigkeit des Begriffs – II. Bundesrepublik Deutschland und DDR: Gegenläufige Tendenzen und Annäherungen – III. Subventioniertes Theater, organisiertes Publikum – IV. Zum Selbstverständnis des Theaters in beiden deutschen Staaten

I. Widerspenstigkeit des Begriffs

Der Begriff Th., abgeleitet von griech. *theatron*, dem Zuschauerraum bei den ältesten dramatischen Festspielen der Griechen, hat im heutigen deutschen Sprachgebrauch mehrere Bedeutungen. Er bezeichnet sowohl das Gebäude, den äußeren Apparat, in dem mimische und szenische Darbietungen öffentlich präsentiert werden, als auch diese Darbietungen selbst (Schauspiel, Oper, Pantomime, Ballett, Kabarett). Umgangssprachlich wird er abschätzig im Sinne von Täuschung, Bluff, Übertreibung verwendet. Jemand »macht Th.«, »spielt bloß Th.«, redet »theatralisch«. Bis hinein in die klassische bürgerliche → *Ästhetik* wirkt dieser Doppelsinn fort. In Verbindung mit dem Drama, das auf die Aufführung angewiesen ist, wird dem Th. herausragende Bedeutung zugemessen; gleichzeitig bleibt an ihm der Makel einer sekundären, nachvollziehenden Kunst haften, die überdies transitorisch und eine Synthese verschiedener Künste ist. G. W. F. Hegel nannte das Drama »die höchste Stufe der Poesie und der Kunst überhaupt« und reihte dann Schauspielkunst und Inszenierung unter dem Stichwort »äußere Exekution des dramatischen Kunstwerks« ein (Werke, Bd. 15, Vorlesungen über die Ästhetik III, Frankfurt a. M. 1970, S. 474, S. 504). Von diesem Zwiespalt hat sich die ästhetische Kritik umso weniger frei machen können, als dem deutschen Th. seit dem 18. Jh. Elemente der Spontaneität und der Improvisation gründlich ausgetrieben wurden. Das Volkstheater, in dem sie zu Hause waren, hat in den vergangenen zwei Jahrhunderten in Deutschland nur eine kümmerliche Existenz fristen können. Als zählebig und bis in die Gegenwart maßgebend erwies sich hingegen die klassische Bildungsidee des Th., für die insbesondere das Schauspieltheater steht.

II. Bundesrepublik Deutschland und DDR: Gegenläufige Tendenzen und Annäherungen

Der Nationalsozialismus hat in Deutschland kein Th. mit eigenem, spezifischem Profil hervorgebracht. Der entschiedenste Vorstoß in diese Richtung, die *Thingspiel*-Bewegung, wurde nach kurzlebiger Kampagne unterbunden. An einem repräsentativen deutschen Klassiker- und Unterhaltungstheater, gesäubert von jüdischen und linksverdächtigen Künstlern, war den Nationalsozialisten mehr gelegen als an dilettantischer Blut- und Bodentheatralik. Die Abrechnung mit dem Nationalsozialismus nach 1945, soweit sie das Th. betraf, fiel auch aus diesem Grunde merkwürdig hilflos aus. Andere Gründe lagen in der widersprüchlichen Kulturpolitik der Alliierten, in der Inkonsequenz der Entnazifizierungsverfahren, in der Schwäche fortschrittlicher Gruppierungen gegenüber den vor allem in den westlichen Besatzungszonen schneller sich sammelnden restaurativen Kräften. Prominente Schauspieler des nationalsozialistischen Deutschland wurden, wenn überhaupt, nach sehr unterschiedlichen Kriterien zur Rechenschaft gezogen. E. Jannings war bis zu seinem Tode 1950 mit Berufsverbot belegt, W. Krauss wurde 1949 als Burgschauspieler rehabilitiert. Dargestellt als Prototyp des Bühnenkünstlers, der aus politischer Indifferenz und Karrierismus alle Machtwechsel überlebte, ist G. Gründgens, ehemals nationalsozialistischer Staatsrat und Berliner Generalintendant, ab 1947 Leiter des *Düsseldorfer* und später des *Hamburger Schauspielhauses*, posthum selbst zur Bühnenfigur geworden. A. Mnouchkines Dramatisierung des Romans »Mephisto« von K. Mann ist allerdings bisher nur auf Bühnen der Bundesrepublik Deutschland zu sehen. In der offiziellen Interpretation der DDR wird G. Gründgens als bürgerlicher Repräsentant humanistischer Tradition positiv gewürdigt.

Mit erstaunlichem Tempo vollzog sich während der ersten Nachkriegsjahre in allen Teilen Deutschlands der Wiederaufbau des Th. Wo von den Gebäuden nur noch Ruinen übrig waren, wurde in Behelfsräumen, Turnhallen, Kinos, Schulzimmern usw. gespielt; bis 1948 waren über 400 solcher Bühnen in Betrieb. In diese Aufbruchstimmung mischte sich bald Enttäuschung und Ernüchterung. Die Äußerung B. Brechts nach seiner Rückkehr 1948, man müsse wieder ganz von vorne anfangen, bezog sich nicht auf das Ausmaß der Zerstörung, sondern im Gegenteil darauf, daß im wieder auferstandenen Th. so vieles beim alten geblieben war.

Mitte der 50er Jahre ist in beiden deutschen Staaten die Rekonstruktionsphase des Th. im wesentlichen abgeschlossen. Hier wie dort hat sich das subventionierte Spielplantheater auf breiter Front durchgesetzt. Mit fortschreitender Integration in die staatlichen → *Kulturverwaltungen* wird eine gewisse ökonomische Stabilität erreicht. Das Verhältnis des Th. zum Publikum normalisiert sich in der Weise, daß die Investitionen immer größer, die Bauten stattlicher, die Stargagen höher werden, während der Zustrom der Besucher abnimmt oder stagniert. Die Zahl von 17,8 Mio. Theaterbesuchern 1955 in der DDR sinkt auf 12 Mio. 1973; in der Bundesrepublik Deutschland von 19,4 Mio. auf 17,7 Mio. im gleichen Zeitraum, was bei deren erheblich größerer Bevölkerung immer noch ein relativ günstiges Licht auf die Theaterverhältnisse in der DDR wirft.

Trotz gegenseitiger Abkapselung und ideologischer Abgrenzung im Zeichen des *Kalten Kriegs,* der in der Theaterkritik mehr als auf dem Th. selbst ausgetragen wird, gibt es bis in die 50er Jahre einen relativ offenen Austausch zwischen beiden deutschen Staaten. L. Müthel, als Sympathisant des Nationalsozialismus in Wien mißliebig geworden, arbeitet 1947 bis 1950 als Regisseur und Schauspieler am Nationaltheater in Weimar. E. Engel, der spätere enge Mitarbeiter B. Brechts, geht 1947 von München nach Ost-Berlin. B. Brecht zögert, sich in einem Teil Deutschlands niederzulassen, und entscheidet sich erst für die Sowjetische Besatzungszone, nachdem seine Pläne in Zürich gescheitert sind. 1955 siedelt P. Hacks in die DDR über. Erst Anfang der 60er Jahre bricht dieser Transit ab. Wer aus der DDR in die Bundesrepublik Deutschland ging, wurde mehr oder weniger abgeschoben. H. Kipphardt, P. Palitzsch, G. Friedrich sind vor dem Schriftstellerexodus Ende der 70er Jahre die prominentesten Namen. Zur gleichen Zeit kommt die Abwanderung linksoppositioneller Künstler in die DDR gänzlich zum Erliegen.

Die größte Verlegenheit des Th. der Bundesrepublik ist bis in die 60er Jahre der Mangel an eigenen zeitgenössischen Dramatikern. Die Bewältigung der nationalsozialistischen Vergangenheit geschieht halbherzig, über Stücke wie C. Zuckmayers »Des Teufels General« oder W. Borcherts »Draußen vor

der Tür«, im übrigen durch ausländische Autoren: Th. Wilders »Unsere kleine Stadt«, »Wir sind noch einmal davon gekommen«, J. Anouilhs »Antigone« u. a., J. Giraudoux' »Der Trojanische Krieg findet nicht statt«, J. P. Sartres »Die Fliegen«, »Die Eingeschlossenen von Altona«, E. O'Neills »Trauer muß Elektra tragen«. Klassikeraufführungen und Unterhaltungsstücke runden den Spielplan ab. Die Ensembles werden rekrutiert und konsolidiert unter der Leitung von Intendanten, die ihre Erfahrungen in den 30er und 40er Jahren sammelten: O. F. Schuh, K. H. Stroux, G. Gründgens, H. Schalla, H. Hilpert u. a. Regietheater im Dienste der dramatischen Weltliteratur, konzentriert auf große Schauspielerpersönlichkeiten, ist die Grundtendenz dieser Nachkriegstheater. Stilistische Anknüpfungspunkte bot die Inszenierungskunst M. Reinhardts, bei dem Schauspielerregisseure wie G. Gründgens und F. Kortner in die Schule gegangen waren.

In der Sowjetischen Besatzungszone und der DDR ist demgegenüber das Jahrzehnt zwischen 1945 und 1955 eine sehr experimentierfreudige, schöpferische Phase des Th. Unter der Parole der »antifaschistisch-demokratischen Umwälzung« sammeln sich bürgerliche, sozialdemokratische und kommunistische Kräfte, erfahrene Theaterleute und junge Talente. Die wichtigsten Impulse gehen von den aus der Emigration zurückkehrenden sozialistischen Dramatikern aus. F. Wolfs »Professor Mamlock«, ein Stück über den Widerstand gegen den Nationalsozialismus, wird zum ersten wichtigen Theaterereignis; der Uraufführung 1946 folgen 30 Inszenierungen mit fast 500 Aufführungen, einige davon in den westlichen Besatzungszonen. Zur Sensation der Saison 1948/49 – auch im internationalen Maßstab – wird die deutsche Erstaufführung von B. Brechts »Mutter Courage«, mit der der Autor seinen Einstand in Ost-Berlin gibt. B. Brecht greift seit seiner Übersiedlung in die DDR lebhaft in die Auseinandersetzung um die weitere Entwicklung des Th. ein: Mit seinen Bearbeitungen von W. Shakespeare, J.-B. Molière, J. M. R. Lenz u. a. nimmt er zu der beginnenden Diskussion über das kulturelle Erbe (→ *Tradition und kulturelles Erbe*) höchst eigenwillig Stellung; zugleich fördert er das aktuelle Zeitstück. Unter seiner Regie wird 1953 »Katzgraben«, ein programmatisches Werk E. Strittmatters, uraufgeführt, das dem Produktions- und Klassenkampf auf dem Lande gewidmet ist. Die praktische und theoretische Arbeit B. Brechts in Ost-Berlin, insbesondere seine Produktionsdramaturgie und kollektive Ensembleführung, wird schulbildend für eine Anzahl jüngerer Regisseure nicht nur in der DDR (M. Wekwerth, B. Besson, P. Palitzsch), sondern auch in der Bundesrepublik (von K. Hübner bis P. Stein u. a.) und im Ausland (J. Vilar, G. Strehler u. a.). Parallel zu diesem Modelltheater entwickeln sich in der DDR andere Strömungen. Mit W. Langhoff am *Deutschen Th., W.*

Felsenstein an der *Komischen Oper* orientieren sich im Schauspiel wie im → *Musiktheater* junge Regisseure und Schauspieler an einem sozialkritischen Naturalismus, der mehr in O. Brahm, M. Reinhardt und K. Stanislawski seine Vorbilder hat als in B. Brecht. Auch westliche Inszenierungsmuster gewinnen zeitweilig einen gewissen Einfluß, bis 1958/59 dieser relativen Vielfalt unter der Devise: »Kampf gegen die Liberalisierung der Spielpläne« durch die *SED* ein Ende gesetzt wird.

Während der Zeit des *Wirtschaftswunders* von den frühen 50er Jahren bis zur ersten Rezession 1967 verschafft sich im Th. der Bundesrepublik die wachsende Unzufriedenheit mit den saturierten Verhältnissen auf Nebenwegen Ausdruck: In den auf repräsentatives Th. zugeschnittenen großen Häusern werden Studio- und Werkstattbühnen eingerichtet, auf denen sich avantgardistische Experimente erproben können, die dem Abonnementspublikum nicht zugemutet werden. Nicht in den großstädtischen Zentren, sondern in der »Provinz« finden inszenatorische Neuerungen statt, so in Ulm und vor allem in Bremen (K. Hübner). Das politische → *Kabarett* erlebt eine Blütezeit. In der Theaterkritik und Publizistik wird ein allgemeiner Substanzverlust, eine schwere Krise des Th. an die Wand gemalt (E. Vietta, H. Daiber). Der anhaltenden Konjunktur der existenzialistischen Dramatik (J. P. Sartre, J. Anouilh) folgt, sie fortsetzend und aufhebend, der Aufschwung des absurden Th. E. Ionescos, A. Adamovs, S. Becketts. Die ersten Versuche einer eigenständigen deutschen Dramenproduktion, Stücke von W. Hildesheimer, H. Asmodi, H. G. Michelsen, G. Grass und M. Walser, bleiben dagegen blaß und können sich im Repertoire nur kurze Zeit halten. Aus dem »Grau-in-grau«, das die Theaterkritik an der zeitgenössischen deutschen Bühnenliteratur beklagt, ragen bis 1963 in der deutschsprachigen Dramatik die Schweizer M. Frisch und F. Dürrenmatt heraus.

Angesichts so viel »spätbürgerlicher« → *Dekadenz* in der Bundesrepublik erklärt sich der optimistische Stolz, mit dem die Kulturpropaganda der *SED* auf die Fortschritte im eigenen Land verweist. Diese Hochgestimmtheit trifft jedoch seit 1955 auf eine sich verändernde Realität im Th. der DDR selbst. Eine noch zu Lebzeiten B. Brechts einsetzende Debatte »Brecht oder Stanislawski« wird als »unfruchtbar« tabuisiert, ist aber Symptom für den beginnenden Richtungskampf. Ohne B. Brecht selbst beim Namen zu nennen, dessen Theaterarbeit ins Pantheon der Klassik der DDR entrückt wird, beginnt die »Ausrichtung« mit einer Kampagne gegen kleinbürgerliche »Linksabweichler«, die mit dramatischen und szenischen Mitteln – ganz im Sinne B. Brechts – auf die ungelösten gesellschaftlichen Probleme der DDR aufmerksam machen: Der Chefdramaturg des *Deutschen Th.*, H. Kipphardt, und die Stückeschreiber P. Hacks und H. Müller

sehen sich in besonderer Weise der Kritik ausgesetzt. Ein frühes und prominentes Opfer ist auch H. Eisler, der mit seinem Entwurf einer »Faust«-Oper auf die Ablehnung der Kulturbehörden stößt: Seine Darstellung des Faustus als Verräter an den revolutionären Bauern rüttelt zu sehr am positiven Faustbild des »humanistischen Erbes«. Auf dem V. Parteitag der *SED* von 1958 werden die Weichen gestellt, die erste *Bitterfelder Konferenz* (1959) arbeitet die kulturpolitische Linie aus: Die Etappe der antifaschistisch-demokratischen Erneuerung wird für beendet erklärt; da der sozialistische Aufbau begonnen habe und der Klassenkampf zum Abschluß gekommen sei, soll die Kulturarbeit konstruktiv, gesellschaftsbejahend sein. Amtlich heißt es später, auf die Zeit 1960 bis 1962 bezogen: »Eine erste wirkliche Blüte der sozialistischen DDR-Dramatik tritt ein« (Th. in der Zeitenwende, Bd. 2, S. 25). Gemeint sind Produktionen wie E. Strittmatters »Holländerbraut«, H. Baierls »Frau Flinz«, H. Sakowskis »Steine im Weg«.

Einen eigenen Beitrag zur Konfektionierung der Theaterkultur leistet das Th. der Bundesrepublik Deutschland zu Beginn der 60er Jahre, indem es den als Reaktion auf den Mauerbau 1961 staatlich verordneten Boykott gegen Brecht-Aufführungen, verbunden mit Einreiseverboten für Bühnen der DDR, weitgehend befolgt. Eine rühmliche Ausnahme macht H. Buckwitz in Frankfurt a. M. 1965 versucht die noch wenig bekannte, in West-Berlin stark angefeindete *Schaubühne am Halleschen Ufer* eine Art Brecht-Renaissance. Doch die wichtigsten Anstöße kommen von einigen gleichfalls der Linksopposition in der Bundesrepublik zuzurechnenden Dramatikern: R. Hochhuths »Stellvertreter« (1963), H. Kipphardts »In der Sache J. Robert Oppenheimer« (1964), P. Weiss' »Ermittlung« (1965), »Marat« (1965) und »Gesang vom Lusitanischen Popanz« (1967) eröffnen mit ihrem Dokumentartheater einen Ausweg aus dem Provinzialismus des westdeutschen Th.; weltweites Aufsehen erregt insbesondere die Aufführung des »Marat« am Berliner *Schillertheater* 1964 (Regie: K. Swinarski). Durch den Wechsel von der christdemokratischen zur sozialliberalen Regierung 1969 erfolgte, bis zur Mitte der 70er Jahre fortdauernd, eine gewisse Klimaveränderung, die Experimente und kritische Auseinandersetzungen im Th. begünstigte. Hinzu kommt eine allgemeine Ablösung der Generation von Nachkriegsintendanten und -regisseuren, die jüngeren Theaterleuten Platz machen. Allein zu Beginn der Spielzeit 1972/73 wechselt an 14 Stadttheatern die Leitung; namhafte Regisseure wie B. Barlog, K. H. Stroux, H. Schalla, G. Sellner gehen in diesem Jahr in Pension. Als Folge der 1968/69 kulminierenden Studentenbewegung entsteht ein neues Spannungsverhältnis zwischen dem Theaterleben innerhalb und außerhalb der etablierten Bühnen. Eine Anzahl neuer Intendanten, Regisseure und Schauspieler fühlt sich dieser »68er-Bewegung« zugehörig (P. Zadek, E. Wendt, C. Peymann, H. G. Heyme, J. Flimm u. a.). Während in der DDR zur gleichen Zeit der Sozialistische → Realismus zur Doktrin und künstlerischen Manier erstarrt, wird im Th. der Bundesrepublik Politisierung und Gesellschaftskritik gefordert, teilweise auch realisiert. An das Dokumentartheater schließt sich mit P. Handke, M. Sperr, F. X. Kroetz, Th. Bernhard und B. Strauss eine Theaterproduktion an, die mehr und mehr in eine Psychologie des Alltagslebens einmündet, von der Kritik oft als »neuer Realismus«, später als »neue → Innerlichkeit« bezeichnet. Dieser Tendenz stehen verschiedenartige Versuche zur Seite, aus dem konventionellen Rahmen des Th. auszubrechen, das Publikum auf der Straße aufzusuchen, in Fabrikhallen oder selbst in Fußballstadien zu spielen. In dem seit Mitte der 70er Jahre bedeutendsten Th., der Westberliner Schaubühne am Halleschen Ufer (heute am Lehniner Platz), haben diese Orientierungsversuche ihren bisher konzentriertesten Ausdruck gefunden. Unter der Leitung von P. Stein führt die ehemalige Avantgardebühne des politischen Protests ein virtuoses Regietheater vom Kammerspiel, etwa »Die Sommergäste« 1974, bis zum Monumentaltheater, dem »Antiken-Projekt«, der »Orestie« vor. Unabhängig davon und in bewußter Abgrenzung zur professionellen Bühne existiert seit den 60er Jahren eine theatralische Subkultur, die in Gestalt von Agitproptruppen, alternativen Kleinbühnen, Kabaretts, Selbstfindungsgruppen eine beachtliche Vitalität bewiesen hat und nicht ohne Rückwirkung auf den offiziellen Theaterbetrieb geblieben ist.

III. Subventioniertes Theater, organisiertes Publikum

Die beherrschende Rolle des aus den öffentlichen Haushalten finanzierten Th. sowohl in der Bundesrepublik Deutschland als auch in der DDR ist nicht allein ein Produkt der Nachkriegsperiode. Zwar ging nach 1945, verglichen mit der Weimarer Republik, die Bedeutung kommerzieller Bühnen weiter zurück: In der DDR ist das private Geschäftstheater gänzlich abgeschafft, in der Bundesrepublik stellt es nur noch eine Randerscheinung dar. Doch bereits im 19. Jh. eroberte das subventionierte (Hof-)Th. gegenüber dem rein kommerziellen eine vorherrschende Stellung. Die soziale Akkreditierung des Schauspielers, die Arbeitsteilung der bühnenkünstlerischen Berufe, der Schutz der Autorenrechte und andere Verbesserungen verdanken sich dieser Entwicklung. Sie brachte aber auch das Dilemma mit sich, mit dem das Th. in beiden deutschen Staaten noch heute zu kämpfen hat: Der hochorganisierten Betriebsform des modernen Th. entspricht kein ebenso gesteigertes Interesse des Publikums; mit

der Integration des Th. in den staatlichen Kulturapparat hat seine gesellschaftliche Wirkung nicht Schritt gehalten. Die Konkurrenz des → Kinos und des → Fernsehens ist nicht die Ursache, sondern ein beschleunigender Faktor dieses widersprüchlichen Prozesses.

Gemäß dem in der Kulturpolitik der Bundesrepublik ausgeprägten Föderalismus sind die Länder und Kommunen Träger des öffentlichen Th. Ihre parlamentarischen Gremien ernennen die mit umfangreichen hausinternen Vollmachten ausgestatteten Intendanten; sie bewilligen die Subventionen, die über 80 v. H. der Einnahmen des Th. ausmachen; die restlichen 20 v. H. setzen sich aus Abonnements, freiem Kassenverkauf, Gastspielerlösen und Fernsehverträgen zusammen. Eine Tendenz zur Kooperation zwischen Ländern und Gemeinden, im Sinne gemeinsamer Finanzierung und Kontrolle, hat sich vor allem dort herausgebildet, wo eine übermäßige Konzentration von Stadttheatern oder das Stadt-Land-Gefälle solche ökonomisch und kulturpolitisch zweckmäßigen Mischformen vorschrieb. Von den im »Deutschen Bühnen-Jahrbuch« 1979/80 verzeichneten 340 Th. der Bundesrepublik bilden die 85 »öffentlichen« Th. die gewichtigste Gruppe. Sie heißen so, weil sie in den Kulturetats der öffentlichen Hand einen ähnlichen Status besitzen wie Bibliotheken und Museen. Die meisten von ihnen sind Mehrspartentheater, die Schauspiel, Oper und Operette, Ballett und Musical unter einem Dach vereinen (42); mit Abstand folgen reine Schauspielbühnen (18) und Musiktheater (9); weitere 16 bereisen im Sinne regional-kommunaler Kooperation bestimmte Regionen. Von den z. Z. etwa 24 000 am Th. Beschäftigten sind mehr als ein Drittel technische Angestellte (7000) und in der Verwaltung Tätige (2000); in leitenden Funktionen arbeiten 2500. Insbesondere bei Schauspielern ist die Arbeitslosigkeit sehr hoch. Genaue Zahlen zu ermitteln ist schwierig, weil das Berufsbild unscharf, d. h. nicht in Qualifikationszeugnissen meßbar ist. Das Einkommensgefälle liegt zwischen weniger als 2000 DM monatlich für Debütanten und 25 000 DM Abendgage für internationale Gesangsstars. Die Genossenschaft deutscher Bühnenangehöriger, seit 1949 eingegliedert in den Deutschen Gewerkschaftsbund, die Gewerkschaft Öffentliche Dienste, Transport und Verkehr, treten nicht nur für Angleichung und tarifliche Absicherung der Gehälter, sondern auch für eine Verbesserung der im Th. außerordentlich harten Arbeitsbedingungen und langen Arbeitszeiten ein.

Von 126 Mio. DM im Jahr 1956 stieg die Summe der Subventionen auf 1,36 Mrd. 1979; die Zuschüsse pro Theaterkarte betrugen 1956 noch 6,15 DM, aber 1973 bereits 40,53 DM. Neben den allgemein steigenden Personalkosten, die drei Viertel der Ausgaben (1979) ausmachten, spielten Renommiergehabe im Theaterbau, unverhältnis-

mäßig kostspieliger Starkult samt seinen Begleiterscheinungen eine negative Rolle. Aber auch ohne
die letzteren Faktoren hat die Kasse »für die Th.
kaum noch größere Bedeutung als der Klingelbeutel
für die Kirche« (H. Daiber, Deutsches Th. seit 1945,
S. 401). Das entwickelte System von Besucherorganisationen vermag diesem strukturellen Defizit
wenig entgegenzusetzen: Etwa 30 v. H. des zahlenden Publikums verpflichten sich pro Spielzeit zur
verbilligten Vorwegabnahme von durchschnittlich
zehn Aufführungen, weitere 25 v. H. werden durch
Volksbühne, lokale Besucherringe, den christlichen
Bund der Theatergemeinden organisiert, deren
Wachstum jedoch erheblichen Schwankungen ausgesetzt ist. Während der *Bund der Theatergemeinden*
seine Mitgliederzahl von 114 000 (1965) auf 142 000
(1975) steigern konnte, gingen im gleichen Zeitraum
die Ortsverbände der *Volksbühne* von 106 auf 88,
die Mitgliederzahlen von 430 000 (1965) auf
275 000 (1973/74) zurück. Immerhin zwingt das
Abonnementsystem die Bühnen, etwa zehn Neuin-
szenierungen pro Spielzeit anzubieten, ganz zu
schweigen von Kompromissen, die die Spielplangestaltung und Inszenierungsleistungen qualitativ
bestimmen. Am krassesten drücken sich die Konsequenzen im →*Musiktheater* aus: Wie auf einer
Tagung der *Deutschen Dramaturgischen Gesellschaft* 1963 festgestellt wurde, haben die Zugeständnisse an das abonnierende Publikum dazu geführt,
daß nicht mehr als ein halbes Dutzend moderner
Opern, d.h. auch klassischer Werke des 20. Jh.,
einen festen Platz im Repertoire des Musiktheaters
gefunden hatten. Eine verallgemeinerbare Untersuchung, die die Hamburger Bürgerschaft 1975/76 in
Auftrag gab, ergibt folgendes Bild von der Zusammensetzung des Theaterpublikums, bezogen auf
jeweils Hundert der einzelnen Gruppen: Beamte
(46,1 v. H.), Angestellte (48,3 v. H.), Selbständige
(42,7 v. H.), Arbeiter (19 v. H.), Auszubildende (21,5
v. H.); von letzteren beiden Gruppen gehen nur 3
bzw. 2,5 v. H. mehr als fünfmal pro Saison ins Th.,
während es bei den Beamten 15,8, bei den Angestellten 16,3 und bei den Selbständigen 16,7 v. H.
sind.

Im Th. der DDR sind, trotz unterschiedlicher
Erscheinungsformen, die ökonomischen Konstellationen und die mit ihnen verbundenen Probleme
ähnlich denen in der Bundesrepublik. Der in der
Kulturpolitik stärker ausgebildete Zentralismus
drückt sich darin aus, daß die Intendanten nicht
durch Zeitverträge gebunden sind, daß finanziell
und propagandistisch Ost-Berlin als Hauptstadt der
DDR, damit auch als Theaterhauptstadt besonders
herausgehoben wird, wobei wiederum *Staatsoper*
und *Komische Oper,* das *Deutsche Th.* und das *Berliner Ensemble* einen finanziellen Sonderstatus besitzen. Die nächstwichtigen Zentren bilden auf Grund
traditioneller Theaterdichte Thüringen und Sachsen. Von den insgesamt 66 Th. in der DDR sind 37

Mehrspartentheater, acht Schauspiel- und sieben
Opernbühnen. Wie hoch die staatlichen Subventionen sind, ist nicht präzise zu ermitteln; daß es sich
um mit der Bundesrepublik vergleichbare Relatio-
nen handelt, ist aus den Zuschauerzahlen (1955
17,46 Mio., 1977 11,08 Mio.) sowie aus den nach
wie vor niedrigen Eintrittspreisen zu schließen.
Abgesehen von einem ähnlich funktionierenden
System von Vormieten und Anrechten ist die Organisierung des Theaterbesuchs differenzierter und
tiefer gestaffelt als in der Bundesrepublik. Nach der
Auflösung des Volksbühnenverbandes 1953 hat der
Freie Deutsche Gewerkschaftsbund diese Aufgabe
übernommen, unterstützt von der *Freien Deutschen
Jugend,* Jugendclubs und Freundeskreisen. Es gibt
Partnerschaften zwischen einzelnen Th. und Betrieben, organisierte Diskussionen zwischen Bühnenkünstlern und Zuschauern. Seit den 50er Jahren
fungieren in vielen Städten sogenannte Besucherräte als Vertretungen des Publikums, die auf die
Spielplangestaltung und auf Inszenierungsfragen
Einfluß nehmen sollen. Was unmittelbar nach dem
Kriege im Ruhrgebiet einmal als spontane Aktion
unter dem Motto »Kunst gegen Kohle« entstand,
dann mehr und mehr in den Festivalbetrieb der
Ruhrfestspiele in Recklinghausen übergegangen ist,
wird in der DDR gewissermaßen als Dauererschei-
nung proklamiert und in aufwendigen Massenfest-
spielen mit Wettbewerben und Preisverleihungen
inszeniert. Dem ernsten Bemühen, den sozialistischen Charakter des Th. in der DDR durch die
aktive Teilnahme der Werktätigen zu unterstreichen, stehen deprimierende Zahlen einer Publi-
kumsuntersuchung in Ost-Berlin gegenüber, die folgendes Bild ergibt: 37,7 v. H. Hochschulabsolventen, 20,4 v. H. Angestellte, 13,2 v. H. Schüler, 9,3
v. H. Studenten, 9,7 v. H. Arbeiter, 3,7 v. H. Lehrlinge, 3,0 v. H. Rentner. Ein weiteres, von keiner Statistik erfaßtes Problem sind die sogenannten »toten
Seelen«, Käufer von Theaterkarten, die ihr Kultur-
Soll erfüllen, ohne die Aufführungen zu besuchen.
Rationeller als in der Bundesrepublik, in dem zwei-
schneidigen Sinne größerer Planmäßigkeit wie auch
wirksamer Selektion, ist die Ausbildung der Schauspieler dadurch, daß Abteilungen für darstellende
Kunst den Hochschulen angegliedert und Theorie
und Praxis enger miteinander verbunden sind.
Durch die Unkündbarkeit der Schauspieler sind
andererseits Nachwuchssorgen und Probleme mit
überalterten Ensembles entstanden. Auf zwei die
kulturell-soziale Erscheinungswelt des Th. betreffenden Gebieten hat die DDR eigene, der Bundesrepublik überlegene Erfahrung und Tradition entwickelt. Systematisch wird das Laientheater und der
Austausch zwischen Amateuren und professionellen Bühnenkünstlern gefördert. Zu Zeiten, in denen
in der Bundesrepublik allenfalls weihnachtliche
Krippenspiele und Stücke wie »Peterchens Mond-
fahrt« gespielt wurden, gab es in der DDR längst ein

Kinder- und Jugendtheater mit einer hochentwikkelten, didaktisch-aufklärerischen Programmatik. In der Bundesrepublik hat sich lediglich das West-Berliner *Gripstheater* mit ähnlichen Intentionen einen Namen gemacht. Die DDR hat drei eigenständige Kindertheater, fast an jedem der Mehrspartenhäuser existiert eine Kinder- und Jugendabteilung.

IV. Zum Selbstverständnis des Theaters in beiden deutschen Staaten

Außer einem diffusen Bekenntnis zu künstlerischem Pluralismus und einem allgemeinen Bildungsauftrag gibt es gegenwärtig keinen zusammenfassenden ideologischen Begriff für das, was das Th. der Bundesrepublik Deutschland kennzeichnet. Demgegenüber hat das Th. der DDR eine alle Widersprüche überwölbende Formel im Begriff des »sozialistischen Nationaltheaters« gefunden, der seit Anfang der 70er Jahre propagiert wird. Seit G. E. Lessings sarkastischer Bemerkung »Über den gutherzigen Einfall der Deutschen, ein Nationaltheater zu verschaffen, da wir Deutsche noch keine Nation sind!« ist der Begriff die Hypothek, die als Fragwürdigkeit nationaler Identität auf ihm lastet, nie losgeworden. Im 19. Jh. nannten sich verschiedene Hofbühnen Nationaltheater, das Berliner Th. etwa legte sich unter Friedrich Wilhelm III. den paradoxen Titel *Königliches Nationaltheater* zu. Für die Kulturideologie der *SED* liegt darin keine Schwierigkeit, gelangen doch in ihrer Sicht erst im Sozialismus die negativen historischen Tendenzen zur Aufhebung und die positiven zu ihrer vollen Entfaltung. Der Begriff »sozialistisches Nationaltheater« fügt sich politisch nahtlos in die These von der Existenz zweier deutscher Nationen. Für das Th. selbst bedeutet er eine nochmalige Betonung der zentralen Rolle des »klassischen Erbes«.

Überlagert werden in beiden deutschen Staaten gesellschaftliche Vorgänge durch ein tief ins Denken der Bevölkerung eingedrungenes Staatsbewußtsein. Bühnendarsteller höheren Ranges heißen in der DDR nicht Volks-, sondern Staatsschauspieler. »Unser sozialistischer Staat bringt dem Künstler viel Liebe entgegen. Und die Liebe des Künstlers zu unserem Staat bedeutet eine wesentliche Voraussetzung für seine Qualität. In dieser Erkenntnis findet sich der sozialistische Künstler eins mit seinem Publikum« (Th. in der Zeitenwende, Bd. 2, S. 229). So viel Staat, so viel Liebe und Harmonie wünschen sich nicht wenige Politiker auch in der Bundesrepublik Deutschland. Wo Theaterleute solche positive Einstellung vermissen lassen, wird, wie Maßregelungen durch vorgesetzte Behörden zeigen, nicht nur mit sanftem Druck nachgeholfen.

In einer gewissen Umkehrung der Verhältnisse, die für die Frühzeit bestimmend waren, ist in das Alltagsleben des Th. der DDR heute eine private, konsumptive Haltung zurückgekehrt, die auch offiziell gefördert wird. Die Lehre vom »kulturellen Erbe« wird mit einer merkwürdigen Geste des Besitzergreifens vorgetragen. Als Bildungsziel und letzter Zweck dieser Aneignung wird die »allseitige Entfaltung der sozialistischen Persönlichkeit« formuliert. Auf den Bühnen der Bundesrepublik Deutschland haben dagegen Kontroversen um die gesellschaftliche Funktion des Th. für produktive Unruhe gesorgt. Doch setzte mit dem Beginn der 80er Jahre ein merklicher Umschwung ein. »Ein tiefer Defaitismus ist in das Th. eingedrungen, das vor knapp zwei Jahrzehnten zu neuen Ufern aufbrach«, schreibt der Kritiker G. Rühle. In der leitmotivischen Wiederkehr der Metaphern Schlachthaus, Zirkus und Endspiel sieht er Symptome eines in Fatalismus erstarrenden, enthistorisierenden Weltbildes, das nun die Inszenierungen prägt. »Das Nachbrechtsche Th. hat aus seinem aktivistischen Aufbruch und dem kritischen Engagement nur diese drei Grundmetaphern gewonnen« (G. Rühle in: Frankfurter Allgemeine Zeitung v. 3.7.1982). Das Urteil ist nicht frei von der endzeitlichen Stimmung, die es diagnostiziert. Theaterkritik befindet sich mit dem Th. auf gleicher Höhe, mit der Neigung zu Kassandrarufen in der Bundesrepublik Deutschland, affirmativ in der DDR. Der düsteren Philosophie des Th. hier steht in der Kulturdoktrin dort ein zementierter Fortschrittsoptimismus gegenüber. Die Forderung B. Brechts, daß Th. dialektisch, d. h. auf die Erkenntnis der Wirklichkeit zum Zweck ihrer Veränderung gerichtet sein müsse, ist, jedenfalls beim etablierten Th., eine uneingelöste Forderung in beiden deutschen Staaten.

D. Kreidt

Literatur
W. Jäggi (Hrsg.), Th. hinter dem eisernen Vorhang, Basel 1964
H. Rischbieter, Th. im Umbruch, eine Dokumentation, in: Th. heute, München 1970
H. Daiber, Deutsches Th. seit 1945, Stuttgart 1976
M. Berger, M. Nössig, F. Rödel (Hrsg.), Th. in der Zeitenwende, 2 Bde., Berlin (Ost) 1972
H. Klunker, Zeitstücke – Zeitgenossen. Gegenwartstheater der DDR, Hannover 1972
G. Hensal, Das Th. der siebziger Jahre, Stuttgart 1981

Tradition und kulturelles Erbe

I. Zum Wortgebrauch – II. Traditionsbruch und Rückbesinnung – III. Die Bundesrepublik Deutschland und das christliche

Abendland – IV. Die Norm des Realismus und die sozialistischen Traditionen in der DDR – V. Aufbruch und Tendenzwende in der Bundesrepublik Deutschland – VI. Sozialistischer Humanismus und Neuformulierung der nationalen Frage in der DDR – VII. Zum Vergleich

I. Zum Wortgebrauch

Bis in die späten 70er Jahre läßt sich in den Wörterbüchern der Bundesrepublik der Gebrauch von E. in einem anderen als vermögensrechtlichen Sinn nicht nachweisen. Erst als sich 1972 mit Abschluß des *Vertrages über die Grundlagen der Beziehungen zwischen der Bundesrepublik Deutschland und der Deutschen Demokratischen Republik* die Einstellung zur nationalen Frage zu ändern begann, wurde E. auch in seiner übertragenen, kulturpolitischen Bedeutung in den bundesrepublikanischen Sprachgebrauch aufgenommen. Somit bezeichnet E. jetzt in beiden deutschen Staaten ein »auf die Gegenwart Überkommenes: nicht materielles (geistiges, kulturelles) Vermächtnis« (Duden, Mannheim u. a. 1976, Bd. 2, S. 720). Demgegenüber ist der Begriff T. stets für Überlieferung, Herkommen, Brauch, Gewohnheit und Sitte geläufig gewesen. Gerade in der Abgrenzung von T. und E. ist der Sprachgebrauch aber sowohl in der Bundesrepublik Deutschland als auch in der DDR nicht einheitlich. Vorherrschend, aber in der Diskussion durchaus auch angezweifelt, ist die kulturpolitische Fassung von E. als Bezeichnung für die Elemente der geistigen Kultur der Vergangenheit, die in einem parteilich bestimmten Interesse kritisch anzueignen sind. E. ist also eine positiv gewertete Beziehung zu ausgewählter Tradition geistiger Kultur.

II. Traditionsbruch und Rückbesinnung

Nach 1945 wurde zunächst in allen vier Besatzungszonen das Verhältnis zur Vergangenheit durch das Verhältnis zum Nationalsozialismus bestimmt. Der von allen gesellschaftlichen Kräften bekundete Wille, von vorn anzufangen und Lehren aus der Vergangenheit zu ziehen, begründete jedoch schon zu Beginn sehr unterschiedliche Formen des Traditionsverhältnisses. Je nachdem, ob im Nationalsozialismus der Gipfelpunkt einer T. gesehen wurde, mit der es nun zu brechen gälte, oder vor allem ein Traditionsbruch, hinter den man zurückgehen könne, um an den abgerissenen T. wieder anzuknüpfen. Dabei schloß die Losung der Selbstbesinnung ganz verschiedene Vorstellungen einer vom Nationalsozialismus entstellten Identität Deutschlands ein. *SPD, KPD* und *SED* sahen ihn in der T. des von den Besatzungsmächten im

Potsdamer Abkommen geächteten Militarismus und Nationalismus preußischer Prägung. K. Schumacher zitierte in den *Programmatischen Erklärungen* vom 5. 10. 1945 K. Marx' Wort: »Die T. aller toten Geschlechter lastet wie ein Alp auf den Gehirnen der Lebenden«, nahm aber auch christliche und aufklärerische T. für die *SPD* in Anspruch. *CDU* und *CSU* sahen den Nationalsozialismus in der Kontinuität der Abkehr von christlicher und abendländischer Überlieferung und stellten, mit durchaus restaurativer Tendenz, ihr Kulturprogramm auf die »Grundlage christlich-abendländischen Geistes« (*Grundsatzprogramm* der *CSU* 1946, *Kölner Leitsätze* der *Christlich-Demokratischen Partei*, 1945, 2. Fassung). Die *FDP* betonte die T. des liberalen Rechtsstaates, dessen Normen wiederhergestellt werden müßten.

Gemeinsamkeiten und Unterschiede der Entwicklungen in der Sowjetischen Besatzungszone und in den westlichen Besatzungszonen werden daran deutlich, daß man sich zwar 1948 beiderseits auf die 1848er Revolution berief, daß aber nur in dieser die Novemberrevolution als Bestandteil der kritisch anzueignenden T. angesehen wurde.

Indem in der Sowjetischen Besatzungszone die antifaschistisch-demokratische Umerziehung humanistische und demokratische T. nicht nur wiederbeleben, sondern auch, im Sinne einer Veränderung ihres sozialen Inhalts, erneuern sollte, wurde neben der Pflege der künstlerischen Werke der bürgerlich-humanistischen T. die »Geschichte der revolutionären Bewegungen aller Zeiten von ihren Anfängen bis zur Gegenwart« hervorgehoben (A. Ackermann auf der 1. Zentralen Kulturtagung der *KPD* 1946). Auf dieses Ziel sollten sich die neuen Lehrpläne und Lehrbücher der Schulen, die Theaterspielpläne und Verlagsprogramme ebenso wie der als Massenorganisation der bürgerlichen Intelligenz gegründete *Kulturbund zur demokratischen Erneuerung Deutschlands* verpflichten. Die auf das E. orientierte Kulturpolitik der *SED* wollte nicht nur mit der Beseitigung des Bildungsprivilegs einen »breiten Zugang zur Kunst« (W. Pieck) der Vergangenheit eröffnen, sondern auch die Mittelschichten, insbesondere die Intelligenz, gewinnen und die nationale Einheit Deutschlands sichern.

Schon 1946 hatte A. Ackermann unter Berufung auf die großen Namen der deutschen Literatur von G. E. Lessing bis F. Freiligrath und H. Heine, deren »Vaterland keine Provinz und kein deutscher Einzelstaat, sondern Deutschland« gewesen sei, das nationale, humanistische und demokratische E. separatistischen und föderalistischen Bestrebungen in den westlichen Besatzungszonen entgegengesetzt. Dementsprechend dokumentierte das zweihundertste Geburtsjahr J. W. v. Goethes erstmals die kulturelle Konkurrenz um T. zwischen den beiden Staaten, die auch im weiteren bis heute die Gedenkjahre charakterisieren sollte.

III. Die Bundesrepublik Deutschland und das christliche Abendland

Die Ausrichtung des Traditionsverhältnisses der Bundesrepublik auf das christliche Abendland beeinflußte auch die wissenschaftliche Beschäftigung mit T. von den späten 40er bis in die 60er Jahre. Modell für T. schlechthin war die → *Religion* insofern, als nach G. Krügers »Geschichte und T.« (Stuttgart 1948) oder J. Piepers Buch »Über den Begriff der T.« (Köln und Opladen 1958) die religiöse Überlieferung allein die Kontinuität der Menschheit verbürge. Ohne zur Auseinandersetzung mit ihnen gezwungen zu sein, entlastete die Wendung ins Universalistische, die der westeuropäischen Integration entsprach, von nationalen T. und deckte die in den 50er Jahren allein von den Oppositionellen, und zwar auch aus dem aktiven religiösen Lager wie E. Kogon, W. Dirks, G. Heinemann bemerkte Verdrängung der nationalsozialistischen Vergangenheit. Dies schloß aber im Extremfall in der politischen Kultur die Durchgängigkeit bestimmter Einstellungen keineswegs aus: Antikommunismus, eine zur Sozialpartnerschaft geläuterte Volksgemeinschaft, unpolitische Haltung als autoritäre Disposition. Regionalismus, Konfessionalisierung, eine unnachgiebige Ehe- und Familienmoral, Zwergschulen und eine elitäre Gymnasialerziehung wurden mit einem Wort R. Dahrendorfs »durch unbesehen beschworene T. geheiligt«. Der ideologische Rückgriff aufs christliche Abendland war »das Loblied der geschlossenen und überschaubaren Welt einer T. unmündiger Menschen« (R. Dahrendorf, Gesellschaft und Demokratie in Deutschland, München 1968, S. 465, 467). Die christlich-abendländische Orientierung engte auch die spärliche Erinnerung an den antifaschistischen Widerstand, wie sie in → *Denkmalen* und → *Gedenkstätten,* in Reden von Politikern und offiziellen Publikationen wachgehalten wurde, in spezifischer Weise ein. Vor allem die → *Kirchen* galten als Organisationen des Widerstands. Des Attentats auf A. Hitler vom 20. Juli 1944 und der an ihm beteiligten Widerstandskämpfer wurde zwar auch gedacht, zugleich jedoch in der Diskussion über die T. der Bundeswehr eine Festlegung auf dieses Datum vermieden. 1947 war zum ersten und letzten Mal in allen Zonen einheitlich der Gedenktag der Opfer des Faschismus begangen worden. Mit dem *Kalten Krieg* war diese gemeinsame Erinnerung nicht mehr vereinbar. Der kommunistische Widerstand wurde verschwiegen.

IV. Die Norm des Realismus und die sozialistischen Traditionen in der DDR

Nach Gründung der beiden deutschen Staaten verschärften sich in der DDR die kulturpolitischen Normierungen des produktiven Traditionsverhältnisses. Die bisher als humanistisch und demokratisch bezeichneten T. wurden im Bereich der Kunst mit der T. des → *Realismus* in eins gesetzt. Gegenüber den Formtraditionen einer in Analogie zur eigenen Gegenwart gedeuteten Klassik wurde die Kunst der → *Moderne* als eine Erscheinungsform der → *Dekadenz* aufgefaßt.

Die kulturpolitische Verpflichtung der Kunstproduktion auf das formale Vorbild des Realismus stand in enger Anlehnung an die Kunstpolitik J. W. Stalins. Die klassische Kunst, die eine Quelle des *Sozialistischen Realismus* darstelle, wurde als eine demokratische, den Volksmassen zugängliche, und, weil sie im Gegensatz zur »Amerikanisierung« der Kultur stehe, als eine nationale angesehen. 1951 verurteilte das 5. Plenum des Zentralkomitees der *SED* den → *Formalismus,* der politisch eine Waffe des »US-Imperialismus« sei, als einen Bruch mit dem nationalen Kulturerbe.

Die sich seit Beginn der 50er Jahre auf dem Hintergrund der Spaltung des *PEN-Clubs,* der Versuche zur Spaltung der *Goethe-Gesellschaft* und der *Shakespeare-Gesellschaft,* der Einreiseverbote und der Verhaftung von Künstlern der DDR vollziehende Abgrenzungspolitik der Bundesrepublik Deutschland bedeutete gleichzeitig ein Scheitern der Absicht der *SED,* das nationale deutsche Kulturerbe allein und ausschließlich für den neuen sozialistischen Arbeiter- und Bauernstaat in Anspruch zu nehmen. In der DDR selbst behielt auch nach dem Beschluß der 2. Parteikonferenz der *SED* von 1952, die Grundlagen des Sozialismus aufzubauen, das bürgerlich-humanistische E. seine herausragende Stellung. 1953 beschloß der Ministerrat die Bildung der *Nationalen Forschungs- und Gedenkstätten der klassischen deutschen Literatur* in Weimar zur marxistischen Erforschung und Popularisierung der deutschen Literatur der Zeit von 1750 bis 1850. Im Auftrag dieser Institution erscheint die literaturwissenschaftliche Zeitschrift »Weimarer Beiträge«, die sich ebenso wie die Hochschulgermanistik bis in die 60er Jahre nahezu ausschließlich auf die klassische T. konzentrierte.

Die breitere Erforschung und Popularisierung der sozialistischen T. setzte erst nach der Kulturkonferenz der *SED* vom Jahr 1957 und dem V. Parteitag von 1958 ein. Betraut wurde damit eine Arbeitsstelle der 1949 gegründeten *Akademie der Künste,* die in Zusammenarbeit mit dem *Freien Deutschen Gewerkschaftsbund* die Ausstellung »Zur T. der sozialistischen Literatur in Deutschland« erarbeitete. Ihr folgte eine Serie von wissenschaftlichen Publikationen. Der kulturpolitischen Orientierung auf die Durchsetzung des *Sozialistischen Realismus* als künstlerische Methode in der Gegenwartsliteratur entsprach die Aufnahme der sozialistischen, insbesondere der proletarisch-revolutionären T., ein Versuch, der bald wieder abgebrochen wurde.

Der 1959 eingeleitete *Bitterfelder Weg* sah nach W. Ulbricht die »Hauptfrage« darin, »daß der Aufbau des Sozialismus vor allem eine Aufgabe der Erziehung des Menschen ist« (Fragen der Entwicklung der sozialistischen Literatur und Kultur, in: Zur sozialistischen Kulturrevolution, Bd. 2, Berlin (Ost) 1960, S. 464). E. sollte von nun an vor allem ein Mittel der Erziehung und der Bildung der »sozialistischen Persönlichkeit« sein. Die neue Aufgabenstellung der Erbeaneignung nahm die alten Funktionen durchaus in sich auf. In diesem Sinn sprach A. Abusch davon, »daß die humanistischen Erziehungsgedanken Goethes, die in der deutschen Gesellschaft seines Zeitalters nicht verwirklicht werden konnten, nun in einer ausgereiften Weise durch unsere sozialistische Umwälzung der Gesellschaft ihre Verwirklichung« fänden. »Bei uns ist das ganze Land, seine erneuerte Kultur und Volksbildung eine einzige pädagogische Provinz des sozialistischen Humanismus geworden« (Kulturelle Probleme des sozialistischen Humanismus, Berlin (Ost), Weimar 1967, S. 196f.). Diese neue Aufgabenstellung erhielt in dem Maße Vorrang, wie nach der Schließung der Grenzen am 13. August 1961 und dem Mauerbau die Frage der Wiedervereinigung zurücktrat.

V. Aufbruch und Tendenzwende in der Bundesrepublik Deutschland

In der → *Kulturpolitik der Bundesrepublik Deutschland* der 60er Jahre wurde mit den aufbrechenden gesellschaftlichen Krisenerscheinungen das nationale Element in der Traditionsfrage deutlicher betont. Dies hatte sich schon in der Wiederaufrüstung angekündigt, kam aber auch, wie etwa 1965 die Bismarckfeier des Bundestags zeigte, an anderer Stelle zum Ausdruck. Zum anderen zwang die durch Anforderungen im Produktionsbereich bedingte Modernisierung des Bildungswesens zum Bruch mit bestimmten T. Nicht zuletzt hatte die Diskussion, wie sie im Zusammenhang der Prozesse gegen die nationalsozialistischen Verbrechen über die Verjährung der für Mord festgesetzten Strafen oder über den Krieg in Vietnam geführt wurde, eine stärkere Rückbesinnung auf demokratische und, in der Studentenbewegung, marxistische T. veranlaßt. Die noch von der Großen Koalition 1966 eingeleitete und von der Sozialliberalen Koalition 1969 entwickelte neue Ostpolitik brachte es mit sich, daß bislang vernachlässigte T., Bauernkriege, deutsche Jakobiner, 1848er Revolution, Arbeiterbewegung und antifaschistisches → *Exil,* nun auch für die offizielle Kulturpolitik der Bundesrepublik beansprucht wurden. Bundespräsident G. Heinemann, der Erinnerungsstätten für die Freiheitsbewegungen in der deutschen Geschichte angeregt hatte, betonte: »Einer demokratischen Gesellschaft steht es schlecht zu Gesicht, wenn sie auch heute noch in aufständischen Bauern nichts anderes als meuternde Rotten sieht, die von der Obrigkeit schnell gezähmt und in die Schranken verwiesen werden. So haben die Sieger Geschichte geschrieben. Es ist Zeit, daß ein freiheitlich-demokratisches Deutschland unsere Geschichte bis in die Schulbücher anders schreibt« (Rede bei der Schaffermahlzeit in Bremen am 13. 2. 1970).

Wie sehr diese Traditionspflege im Rahmen der neuen Ostpolitik auch von der Absicht geleitet wurde, der DDR dieses Feld nicht alleine zu überlassen, wird beispielsweise in der Diskussion über die von Bundeskanzler W. Brandt angeregte *Deutsche Nationalstiftung* deutlich, deren Mittel dafür verwendet werden sollten, »Kulturerbe von besonderem Wert, das Deutschland verlorenzugehen droht, zu sichern und der Nation zu erhalten«. Zudem ging es dem rheinland-pfälzischen Ministerpräsidenten B. Vogel um die Bewahrung kultureller und geschichtlicher Bezüge. So könne eine Aufgabe der Stiftung darin bestehen, die »nationale Gestalt« M. Luthers aus Anlaß seines fünfhundertsten Geburtstags im Jahr 1983 »dem deutschen Volk auf angemessene Weise lebendig zu machen«. Und dies umso mehr, als »der Integration der deutschen Geschichte in das Staatsbewußtsein der DDR in der Bundesrepublik Deutschland keine entsprechende Gegenwirkung entgegenstehe« (Frankfurter Allgemeine Zeitung v. 19. 7. 1980). Mit dem in den 70er Jahren von konservativer Seite geforderten, einheitlichen nationalen Geschichtsbild sollte ein Bewußtsein historischer Kontinuität zurückgewonnen werden. Die harmonisierende Absicht, in der dies geschah, bedeutete aber auch, daß die Erfahrung des Nationalsozialismus relativiert wurde. Dafür stehen die Bücher J. C. Fests, S. Haffners und H. Diwalds ebenso wie die Filme J. C. Fests und H.-J. Syberbergs. Die Popularisierung der T. als »Hitler-Welle« und Nostalgie gerät zum ästhetisierenden Rückzug aus der Zeitgeschichte.

Anläßlich der Ausstellungen zum Jubiläum der ehemaligen Königsfamilie der Wittelsbacher stellte sich der bayerische Ministerpräsident F. J. Strauß »bewußt in die T. der gesamten bayrischen Geschichte, die ganz erheblich von den Wittelsbachern geprägt wurde.« (Frankfurter Allgemeine Zeitung v. 13. 6. 1980) Vorangegangen war die baden-württembergische Staufer-Ausstellung, und im Hinblick auf die 1981 in Berlin (West) veranstaltete Preußen-Ausstellung leitete der Historiker K. D. Erdmann »die spezifisch deutsche verfassungsrechtliche Entwicklung von Toleranz, Glaubens-, Gewissens- und Religionsfreiheit« aus dem

»alten Preußen« ab und betonte die Aktualität der an den Begriff Preußen gebundenen »nüchternen Begriffe Pflicht und Dienst und Aufgabe« (Die Zeit v. 29.2.1980). Die konservative Vereinheitlichung der deutschen T. zu einem nationalen E., das die kulturelle Identität der Deutschen ausmachen sollte, verband sich notwendig mit der Polemik gegen die Beerbung demokratischer und revolutionärer T., die aus einem Geschichtsbild herausfallen mußten, dem es um »ein genugtuendes Verhältnis zu unserer zukunftsfähigen Vergangenheit«, um T. als »handlungsorientierende kulturelle Selbstverständlichkeiten« autoritärer Prägung ging (H. Lübbe in: Die Zukunft der Vergangenheit. Lebendige Geschichte – klagende Historiker, Freiburg, Basel, Wien 1975). Unter Verweis auf den Pluralismus der offenen Gesellschaft wurde solchem Geschichtsverständnis von Bundeskanzler H. Schmidt auf dem Hamburger *Historikertag* 1978 widersprochen (→ *Geschichte*).

VI. Sozialistischer Humanismus und Neuformulierung der nationalen Frage in der DDR

Schon zu Beginnn der 60er Jahre hatte der Vorsitzende der Kulturkommission beim Politbüro des Zentralkomitees der *SED*, A. Kurella, gefordert, daß der Rahmen dessen, was der Aneignung wert sei, weiter gesteckt werden müsse. Für die Kunstvermittlung folgte daraus, daß auch bisher abgewehrte T. mit dem Hinweis auf ihre Bedeutung für die Persönlichkeitsbildung berücksichtigt wurden. So bleiben etwa Romantik und Expressionismus nicht mehr von vornherein ausgeschlossen. Wenn dies für die Kunstproduktion, wie das 11. Plenum des Zentralkomitees der *SED* 1965 belegt, durchaus nicht bedeutete, daß es darüber keine scharfen Auseinandersetzungen mehr gegeben hätte, so trat doch die formale, normative Geltung des bürgerlichen realistischen E. etwas zugunsten eines weniger strikt gefaßten Gehalts des E. zurück. Zentral waren jetzt inhaltliche Fragen, wie die des Verhältnisses von Individuum und Gesellschaft, Ideal und Wirklichkeit. Für die Selbstdarstellung der DDR, die nach dem VII. Parteitag der *SED*, 1967, als »entwickeltes gesellschaftliches System des Sozialismus« bezeichnet und deren Gesellschaftsformation als relativ selbständig aufgefaßt wurde, standen aber, wie es W. Ulbrichts Wort vom »Faust III. Teil« zeigt, die bürgerlich-humanistischen Ideale der deutschen Klassik weiterhin an erster Stelle.

Die sich seit 1970 herausbildende Abkehr von der Wiedervereinigung als einer Perspektive zur Lösung der nationalen Frage und der Widerspruch des erstmals auf der Kulturkonferenz der *SED* 1960 als Ideal formulierten »schönen sozialistischen Menschengemeinschaft« zur Realität der Gesellschaft der DDR hatten 1971 auf dem VIII. Parteitag der *SED* zur Korrektur entscheidender Momente des Traditionsverhältnisses geführt. Stattdessen war nun von der sozialistischen → *Nation* der DDR, deren Nationalität deutsch sei, die Rede. Zwar pflegte man nach wie vor die humanistischen und fortschrittlichen deutschen T. als ein Element der Nationalität, aber in dem Maße, wie der Klassencharakter der sozialistischen Nation erneut hervorgehoben wurde, wurde nicht nur dem proletarischen T. ein größeres Gewicht beigemessen, sondern auch jenen T. deutscher Geschichte, die man bis dahin als zumindest janusköpfig abgelehnt hatte. Am deutlichsten wird dies im Wandel des Preußenbildes, der sich zwar schon früher anbahnte, Ende der 70er Jahre aber nicht mehr zu übersehen war. 1978 lief eine Preußen-Serie im Fernsehen; 1980 erschien eine Biographie »Friedrich II. von Preußen« der Historikerin I. Mittenzwei, in der dem Preußenkönig eine durchaus objektive, auch positive Würdigung zukommt; ebenfalls 1980 wurde das Standbild Friedrichs II. von C. D. Rauch an seinen angestammten Platz Unter den Linden zurückgebracht als »ein Stück Kultur des Volkes« (E. Honecker, Aus meinem Leben, Berlin (Ost), 1980, S. 437). 1981 schließlich wurde mit großem Aufwand das Jubiläum des preußischen Baumeisters K. F. Schinkel begangen. Und selbst M. Luther wird nun, den Ankündigungen für das Jubiläumsjahr 1983 nach zu schließen, offiziell für die T. der DDR reklamiert. In der Einbeziehung dieser T. deutscher Geschichte macht sich nicht nur die nationale Konkurrenz zur Bundesrepublik Deutschland bemerkbar, sondern auch der Wille zu einer eigenständigen Nationalkultur, die sich des deutschen Nationalgedankens in seiner gesamten historischen Breite und Wurzel versichert, der ohne Preußen und die preußische Geschichte freilich nicht denkbar wäre.

Die in den 70er Jahren bearbeiteten und mit umfangreichen Veröffentlichungen abgeschlossenen Forschungsprojekte des *Zentralinstituts für Literaturgeschichte* belegen, daß die Traditionslinien der Renaissance und der Aufklärung, der sozialistischen Weltliteratur und des antifaschistischen → *Exils* weiterhin Vorrang haben.

VII. Zum Vergleich

Ist in der DDR die Aneignung des kulturellen E. ein Verfassungsauftrag, der durch die Kulturpolitik der *SED* über den Staatsapparat und die gesellschaftlichen Massenorganisationen geleitet wird, so sind in der Bundesrepublik Deutschland durch die in Artikel 5 des *Grundgesetzes* garantierte Freiheit der Kunst und Wissenschaft einer unmittelbaren staatlichen Einflußnahme enge Grenzen gesetzt. Unterschiedliche Auffassungen der Parteien und gesellschaftlichen Gruppen stehen einer vor allem politisch gewollten und durchgesetzten Einheitlichkeit der Traditionsbeziehungen, wie sie in der DDR gegeben ist, entgegen. Hierbei ist jedoch zu beachten, daß, neben den *Bundes-* und *Landeszentralen für politische Bildung,* die Beschlüsse der *Ständigen Konferenz der Kultusminister,* so 1978 zur Behandlung der deutschen Frage im Unterricht, den Konsens in Fragen der Traditionsbildung stützen.

Während sich in der DDR der politische Charakter der Erbeaneignung offen darstellt, bestehen in der Bundesrepublik Deutschland gegen eine solche Politisierung, die als eine totalitäre gelegentlich in die Nähe nationalsozialistischer Kulturpolitik gerückt wird, erhebliche Vorbehalte. Zugleich wird jedoch die Konkurrenz mit der DDR um das E. immer wirksamer – wobei, dem Wesen der bundesrepublikanischen Gesellschaft entsprechend, die Initiative sich kulturpolitisch mit privaten Unternehmungen und Vorhaben vermittelt. Dies zeigt etwa die 1981 erfolgte Gründung des *Deutschen Klassiker Verlags,* der es sich zur Aufgabe machen will, die gesamte literarische Überlieferung vom Mittelalter bis zum Ausgang des 19. Jh. in einem repräsentativen Editionsvorhaben in Form einer ideellen Arche zu konservieren. Dies ist nur möglich auf dem Hintergrund einer erneuten Klassikdiskussion und Aufarbeitung der literarischen T., wie sie sich anläßlich der Goethe-Feiern 1982 auch in der Bundesrepublik Deutschland in aller Deutlichkeit zeigten. Diese Strömung genießt zumindest die wohlwollende Förderung auch der politischen Instanzen.

Während in der DDR alle einzelnen Maßnahmen der Erbeaneignung auf ein sich veränderndes und zugleich Kontinuität postulierendes, im historischen Materialismus begründetes Geschichtsbewußtsein bezogen werden, sind es in der Bundesrepublik Deutschland eher ideelle Werte, die als überzeitlich gültige Grundwerte legitimiert werden.

H. Peitsch

Literatur

G. Krüger, Geschichte und T., in: Freiheit und Weltverwaltung. Aufsätze zur Philosophie der Geschichte, Freiburg und München 1958

Th. W. Adorno, Über T., in: Ohne Leitbild. Parva Aesthetica, Frankfurt a. M. 1967

W. Maibaum, Geschichte und Geschichtsbewußtsein in der DDR, in: Wissenschaft und Gesellschaft in der DDR, eingel. v. P. Ch. Ludz, München 1971

D. Schiller, H. Bock (Hrsg.), Dialog über T. und E., Berlin (Ost) 1976

W. Schlenker, Das kulturelle E. in der DDR. Gesellschaftliche Entwicklung und Kulturpolitik 1945–1965, Stuttgart 1977

H. Kaufmann, Versuch über das E., Leipzig 1980

J. Hacker, H. Rögner-Francke (Hrsg.), Die DDR und die T., Heidelberg 1981

Übersetzen

Ü. ist keine Erscheinung unserer Zivilisation. Schon im zweiten vorchristlichen Jahrtausend unterhielten die Assyrer, Babylonier und Hethiter Kanzleien mit Schreibern für ägyptische und aramäische Briefe, und auch heute begegnet man in Hochlaos oder im Amazonasgebiet Dolmetschern für die Sprachen der Nachbarstämme. Heute übersetzt jedermann, der Schüler ebenso wie der Leser ausländischer Zeitungen und Bücher, der Besucher fremdsprachiger Filme und Schauspiele wie der Reisende. Es übersetzen Nachrichtenagenturen und Medienredaktionen, diplomatische Vertretungen und Regierungen, Grenz- und Zollbehörden, militärische Dienststellen, Verkehrsbetriebe und Verlage. Nicht umsonst spricht die *UNESCO,* Herausgeber des *Index Translationum,* vom »Jahrhundert der Übersetzungen«. Die seit dem Ende der Latinität entstandene Unterscheidung zwischen dem Dolmetscher, der mit gesprochener, und dem Übersetzer, der mit geschriebener Sprache arbeitet, hat sich bis heute erhalten. Nur M. Luther behält in seinem »Sendbrief vom Dolmetschen« (1530) die lateinische Bezeichnung bei. Im letzten vorchristlichen Jahrhundert hat Cicero das Problem des Ü. hinsichtlich der Reden des Demosthenes und des Aischines bis heute gültig formuliert. Diese habe er »nicht wie ein bloßer Übersetzer (ut interpres) wiedergegeben, sondern als Redner (sed ut orator)«. Das Christentum zeigte sich als eine Triebkraft übersetzerischer Tätigkeit. In Deutschland begann das Übertragen lateinischer kirchlicher Texte in der karolingischen Zeit. Die erste gedruckte deutsche Bibel erschien 1466, fünfzehn weitere folgten noch vor der Lutherschen aus dem Jahre 1534. Seither haben Schriftsteller andere Schriftsteller übersetzt. J. W. v. Goethe übersetzte B. Cellini und Voltaire, J. H. Voß Homer, F. Schiller J. Racine, L. Tieck M. de Cervantes, Chr. M. Wieland Euripides, Aristophanes, Horaz und Lukian, A. W. v. Schlegel W. Shakespeare, W. v. Humboldt Aischylos. Schriftsteller wie Novalis und J. Grimm, A. Schopenhauer und F. Nietzsche, W. Benjamin und M. Buber, J. Ortega y Gasset und M. Heidegger haben über das Handwerk des Ü. geschrieben.

Heute gibt es im wesentlichen drei Kategorien von Übersetzern, nämlich den Dolmetscher, den Übersetzer wissenschaftlicher und technischer Texte und den literarischen Übersetzer. Der erste übersetzt bei Kongressen, Diskussionen und Verhandlungen für den Augenblick, simultan oder konsekutiv. Gerade der Simultandolmetscher übersetzt zwangsläufig die Versprecher, Irrtümer und Wiederholungen des Redners mit, denn Zeit für Verbesserungen bleibt ihm nicht. Der Konsekutivdolmetscher gibt nach einer vereinbarten Zeitspanne von zehn bis fünfzehn Minuten auf Grund von Symbolnotizen statt der Wörter die Gedanken und den Sinnzusammenhang des Redners wieder, eine Technik, die die Dauer der Sitzung verdoppelt. Voraussetzung für den Beruf des Dolmetschers ist im allgemeinen ein Vollstudium mit Abschlußdiplom an einem Dolmetscherinstitut wie dem staatlich anerkannten *Sprachen- und Dolmetscher-Institut* in München. Der staatlich geprüfte, öffentlich bestellte und allgemein beeidigte Dolmetscher kann zusätzlich die Mitgliedschaft im *Bundesverband der Dolmetscher und Übersetzer* oder in den internationalen Verbänden, wie der *Fédération Internationale des Traducteurs,* Paris, erwerben. Der Konferenzdolmetscher kann im öffentlichen Dienst stehen, er kann beamtet oder angestellt, neben- oder freiberuflich tätig sein. Den Übergang zwischen dem Diplomdolmetscher und dem Fachübersetzer bildet der Diplomübersetzer, der beispielsweise diplomatische Verhandlungsunterlagen nach erschöpfender Interpretation schriftlich niederlegt. Der wissenschaftliche oder Fachübersetzer überträgt aus einer Fremdsprache Fachtexte wie Gutachten, Betriebsanleitungen, Verträge, Gerichtsurteile und wissenschaftliche Werke oder übersetzt sie in diese. Die Ausbildung des Fachübersetzers ist die des Dolmetschers. Er hat den Vorteil, daß ihm in der Regel genormte Terminologien zur Verfügung stehen. Da heute die Sachnorm international standardisiert ist und die Sprachnorm sich nach dieser richtet, wird die Arbeit des naturwissenschaftlich-technischen Fachübersetzers mehr und mehr durch maschinelles Ü. erleichtert. Der Fachübersetzer arbeitet im öffentlichen Dienst, in der Wissenschaft, als Beamter, Angestellter oder freiberuflich.

Der literarische Übersetzer überträgt Werke der Literatur. Man unterscheidet gewöhnlich die Interlinearversion oder Wort-für-Wort-Übersetzung als Hilfe zum Studium des Originals, die Übertragung oder Übersetzung und endlich die Umdichtung oder Nachdichtung. Der Übersetzer kann entweder den fremden Text an den Leser heranführen, wie der zweisprachige argentinische Lyriker J. L. Borges, der seine spanisch geschriebenen Gedichte persönlich auf den nordamerikanischen Leser hin übersetzt hat, als habe er das Original in Englisch verfaßt. Man kann den Leser aber auch an den fremden Text hinführen, wie der Franzose G. Flaubert, der sich in das homerische Griechisch vertiefte, um für seinen Roman »Salammbô« den richtigen »fremden« Ton zu finden. Die Texttreue, die der literarische Übersetzer anstrebt, ist weniger die philologische Genauigkeit und Wiedergabe aller formalen Merkmale des Textes als die Nachschöpfung von Farbe und Ton des Originals, seiner Gangart und Bildfülle, der Andersartigkeit der Zivilisation, der es entstammt. Ü. heißt für ihn »Mitleben«, wie es der brasilianische Epiker J. Guimarães Rosa formulierte, heißt für ihn, sich nach W. v. Humboldts Forderung »mit der inneren Form des Werks zu identifi-

zieren«. Das Berufsbild des literarischen Übersetzers ist im wesentlichen das des →*Schriftstellers.* Seine Ausbildung können ein Studium der Sprachen und Literatur sein, außerdem haupt- oder nebenberufliche Erfahrungen als Schriftsteller, Redakteur oder Lektor. Als Lohnabhängiger und zugleich Unternehmer, der Umsatzsteuer zahlt, hat der literarische Übersetzer selbst als Mitglied des *Verbands deutschsprachiger Übersetzer literarischer und wissenschaftlicher Werke,* dessen Verbandsorgan das Mitteilungsblatt »Der Übersetzer« ist, oder der *Bundessparte Übersetzer des VS in der IG Druck und Papier* eine Sonderstellung.

Nach einer Umfrage aus dem Jahr 1975 bezeichnen sich von 91 Übersetzern beim 400 Mitglieder zählenden Verband rund 48 v. H. als freie, 35 v. H. als nebenberufliche und 16 v. H. als hauptberufliche Autoren. Die vom Übersetzer übernommene Verantwortung ist in den internationalen Empfehlungen der *UNESCO* zum Rechtsschutz des Übersetzers und der Übersetzung sowie in den einschlägigen Bestimmungen der Schlußakte der *Konferenz über Sicherheit und Zusammenarbeit in Europa* in Helsinki (1975) anerkannt worden. Im Jahre 1979 waren 6395 Bücher oder 10,3 v. H. der Gesamtbuchproduktion der Bundesrepublik Übersetzungen. Der größte Teil stammt mit 4130 Titeln, das sind 64 v. H., aus dem Englischen und enthält 2699 Titel Schöne Literatur und 775 Jugendschriften. Die Lebensdauer einer literarischen Übersetzung ist von Fall zu Fall verschieden. Der *Internationale Kongreß der Bibelübersetzer* von Woudschooten in Holland (1947) empfiehlt eine Revision der Bibel in jeder Sprache im Abstand von zwanzig bis fünfzig Jahren.

Gemäß der Zugehörigkeit der DDR zur sozialistischen Staatengemeinschaft unter Führung der Sowjetunion und der besonderen Rolle russischsprachiger Literatur in diesem Staatenblock sind Übersetzungen hier von den politischen Gegebenheiten abhängig. Ein Großteil sind daher Übersetzungen aus dem Russischen, weniger aus den Sprachen der anderen Bruderstaaten. Übersetzungen aus westlichen Sprachen fehlen keinesfalls, insbesondere im Bereich der klassischen und in gewissem Umfang auch der zeitgenössischen schöngeistigen Literatur. 1978 waren unter den 5906 Neuerscheinungen auf dem Buchmarkt der DDR 879 übersetzte Titel, also rund 14,9 v. H. Dabei hatte, ebenso wie in der Bundesrepublik, die Schöne Literatur mit 565 von 1933 Titeln den größten Anteil. Die Anzahl der übersetzten Titel lag im Bereich der Gesellschaftswissenschaften mit 139 von insgesamt 1498 Büchern dagegen unter dem Durchschnitt. Hier dürfte eine Rolle spielen, daß ein großer Teil der russischen Literatur nicht mehr im gleichen Umfang wie früher übersetzt wird, weil die Fähigkeit, russische Fachtexte im Original zu lesen, vorausgesetzt wird. Ähnlich ist es im Bereich der Technik, in dem neben Russisch zweifellos auch Englisch, die zweite Fremdsprache an Schulen der DDR, als hinlänglich beherrscht vorausgesetzt wird, denn dort waren nur 29 von 535 Titeln Übersetzungen. Für Übersetzer und Dolmetscher in der DDR sind wie für alle anderen Berufssparten die geltenden Richtlinien der Partei verbindlich. So wird ein Dolmetscher bei der Betreuung ausländischer Gäste »unmittelbar zum Politiker, zum Funktionär unseres Staates«, als dessen »würdiger Repräsentant er sich nun zu bewähren« habe. Er soll die propagandistisch-agitatorischen Möglichkeiten, die in seiner Arbeit liegen können, bewußt nutzen, unter Aneignung entsprechender Werbefähigkeiten und vor allem eigener »tiefer und echter persönlicher Überzeugung«. Desgleichen habe beim Ü. »eine marxistische Wertung« einzugehen (Fremdsprachen, 9. Jg., 1966, H. 3, S. 159 ff).

Die Ausbildung erfolgt am *Dolmetscher-Institut der Universität Leipzig* und an anderen Einrichtungen, wobei eine psychologische Eignungsuntersuchung die Voraussetzung ist. Als zentrale Übersetzungs- und Dolmetschdienste fungieren *Intertext, Fremdsprachendienst der DDR* und *Interpret, Übersetzungsdienst.* Nach einer Anordnung des *Ministers für Kultur* der DDR von 1979 sind die Leiter von Betrieben und Institutionen verpflichtet, Aufträge bevorzugt an diese Dienste und nicht an sonst tätige Übersetzer und Dolmetscher zu vergeben. Beim *Journalistenverband der DDR* besteht eine entsprechende Fachsparte, früher *Sektion Übersetzer und Dolmetscher* genannt, die jetzt *Vereinigung der Sprachmittler der DDR* heißt. Die Zulassung als freiberuflicher Sprachmittler hat nach der genannten Anordnung die Mitgliedschaft in der *Vereinigung der Sprachmittler der DDR* und den Nachweis fachlicher Qualifikation zur Voraussetzung. Als Qualifikationskriterien gelten ein Hoch- oder Fachschulabschluß als Sprachmittler oder Philologe, verbunden mit dem Nachweis langjähriger Berufserfahrung. Über Ausnahmen entscheidet die Bezirkszulassungskommission. Allgemein werden Sprachmittler im Angestelltenverhältnis bevorzugt; dem Antrag auf Freischaffendenstatus wird nur in Sonderfällen stattgegeben.

Im Bereich Gesellschaftswissenschaften sind überwiegend nebenberufliche Übersetzer tätig. Höher dürfte der Anteil hauptberuflicher Übersetzer bei schöngeistiger Literatur sowie bei Kinder- und Jugendbüchern sein, wobei im belletristischen Bereich auch hauptberufliche Schriftsteller als Übersetzer oder Nachdichter tätig sind. Die zentralen Übersetzungsdienste werden vor allem von Institutionen oder Partei- und Staatsbehörden in Anspruch genommen. Die Verlage hielten sich, zumindest noch vor einigen Jahren, aus Qualitätsgründen vornehmlich an neben- oder hauptberufliche Einzelübersetzer, wobei diese häufig mit einem oder mehreren einschlägigen Verlagen über Jahre

verbunden sind, in der Regel nicht durch Pauschalverträge, sondern durch Verträge über jeweils einzelne Übersetzungstitel. Im Normalfall wird der Übersetzer gemäß den urheberrechtlichen Bestimmungen (→ *Urheberrecht),* die auch für die Autoren von Originaltexten gelten, namentlich genannt. Anders verhält es sich bei den anonymen Leistungen etwa von *Intertext* oder beispielsweise auch bei der vom *Institut für Marxismus-Leninismus beim Zentralkomitee der SED* besorgten 40bändigen Marx-Engels-Werkausgabe, worin die Übersetzer der nicht-deutschsprachigen Texte von K. Marx und F. Engels nicht erwähnt werden. Ein ähnliches Verfahren ist bei den parteioffiziellen deutschen Fassungen der Schriften W. I. Lenins und anderer russischsprachiger Autoren politischer Texte üblich. Übrigens schließt dieses Verfahren auch die aus dem Russischen übersetzten redaktionellen Einleitungen des Moskauer *Instituts für Marxismus-Leninismus* zu den Bänden der Werke W. I. Lenins und zu den Bänden der nach der russischen Ausgabe herausgegebenen Marx-Engels-Werke ein.

Intertext hält sich bei der Honorierung von Aufträgen an eine Tabelle von Leistungs- und Fehlerpunkten, die Verlage verfahren weniger starr. Die Anordnung von 1979 legt Honorarsätze fest. Dabei sind die Sprachen ihrer Schwierigkeit oder Bekanntheit entsprechend drei Gruppen zugeordnet.

Der *Vereinigung der Sprachmittler der DDR* entspricht gewerkschaftlich eine Spartenkommission, die bei der Gewerkschaft Wissenschaft des *FDGB* angesiedelt ist. Im offiziellen Mitteilungsblatt des *Ministers für Kultur* der DDR (3/1978) wurde die »Empfehlung über den Rechtsschutz der Übersetzer und Übersetzungen sowie praktische Mittel zur Verbesserung des Status der Übersetzer« veröffentlicht, die die Generalkonferenz der *UNESCO* 1976 in Nairobi beschlossen hatte.

Der internationale Übersetzerverband, die *Fédération Internationale des Traducteurs,* hat seine jüngsten Weltkongresse 1977 in Montreal und 1981 in Warschau abgehalten. Neben einer Vielzahl von Fragen der Übersetzungstheorie und -praxis spielte auf ihnen, besonders bei der Wahl des Rates der Föderation, auch die Ost-West-Konkurrenz eine Rolle. Auf nationaler und internationaler Ebene werden Fachfragen unter anderem in den Publikationen »Fremdsprachen, Zeitschrift für Dolmetscher, Übersetzer und Sprachkundige« und »Babel. Revue Internationale de la Traduction« diskutiert. Zu der sich gegenwärtig international entwickelnden Übersetzungswissenschaft, die auch die Theorien maschinellen Ü. einschließt (→*Automation),* liegen unter anderem in russischer, bulgarischer, insbesondere auch in den nicht-slavischen Sprachen der UdSSR bedeutende Beiträge vor, aus denen auch Übersetzungen ins Deutsche veröffentlicht worden sind. Demgegenüber ist der Beitrag der Deutschen Demokratischen Republik zu dieser

Wissenschaftsdisziplin vergleichsweise gering.

C. Meyer-Clason, W. Rossade

Literatur

H. J. Störig (Hrsg.), Das Problem des Ü., Darmstadt 1963
G. M. Mounin, Die Übersetzung, Geschichte, Theorie, Anwendung, München 1967
M. Wandruschka, Sprachen vergleichbar und unvergleichlich, München 1969
A. Ljudskanov, Mensch und Maschine als Übersetzer, Übers. a. d. Bulgar., München 1972, Halle a. d. Saale 1972
G. Jäger, Translation und Translationslinguistik, Halle a. d. Saale 1975
W. Wilss, Übersetzungswissenschaft. Probleme und Methoden, Stuttgart 1977

Umwelt

I. Entwicklung eines neuen Umweltbewußtseins – II. Staatliche Umweltschutzmaßnahmen und private Umweltinitiativen in der Bundesrepublik Deutschland – III. Staatliche Umweltschutzpolitik und beginnende ökologische Debatte in der DDR – IV. Bedingungen und Ergebnisse der Umweltgestaltung in der Bundesrepublik Deutschland und der DDR

I. Entwicklung eines neuen Umweltbewußtseins

In der Systemtheorie wird mit U. die Umgebung eines offenen Systems bezeichnet. Zwischen System und U. besteht eine Wechselbeziehung, eine Kopplung, die störenden Einflüssen unterliegen kann. Der von dem Biologen E. Haeckel im Jahr 1868 eingeführte Begriff *Ökologie* beschränkte sich ursprünglich auf die Lehre von der Gesamtheit aller Beziehungen einer Tierart zu ihrer organischen und anorganischen Umgebung. Ökologie umfaßt heute auch die Austauschbeziehungen des Menschen mit seiner natürlichen Umgebung im weitesten Sinn. Als Humanökologie wendet sie sich, psychologische und soziologische Disziplinen übergreifend, auch zwischenmenschlichen Beziehungen zu. Umgangssprachlich werden unter U. die für ein Lebewesen und seine Gemeinschaften existenzbestimmenden Faktoren verstanden, die von den natürlichen Lebensgrundlagen wie Wasser, Boden, Luft bis zur sozialen U., dem Milieu, reichen. Im Unterschied zu anderen Lebewesen ist der Mensch nicht so eng in eine vorgegebene U. eingepaßt, sondern kann durch Arbeit, den Gebrauch von Werkzeugen und den Einsatz der modernen Technik seine U. aktiv gestalten, aber auch zerstören.

Die Entwicklung der modernen Industrie (→ *Industriekultur*), das enorme Bevölkerungswachstum und die Verstädterung führten zu erheblichen Eingriffen und Belastungen der natürlichen U. Bereits im 19. Jh. forderten konservative Kulturkritiker und radikale Kapitalismuskritiker Schutzmaßnahmen. Agrarromantik und Großstadtfeindschaft in den letzten Jahrzehnten des vergangenen Jahrhunderts, Lebensreformbewegung um die Jahrhundertwende und Jugendbewegung in den 20er Jahren brachten die Kritik an der fortschreitenden Naturzerstörung zum Ausdruck (→ *Provinz und Metropole*).

In Ballungsräumen entstanden Vereine zum Schutz der Natur, wurden Maßnahmen zur Reinhaltung von Wasser und Luft ergriffen, wie 1920 vom *Siedlungsverband Ruhrkohlenbezirk*. Unter dem Eindruck der Bevölkerungskonzentration in den städtischen Ballungsgebieten und den zerstörerischen Auswirkungen des weltweiten wirtschaftlichen Wachstums bildet sich erst in den 70er Jahren ein breites Problembewußtsein, das in der Bundesrepublik und der DDR, entsprechend den jeweiligen Wirtschafts- und Herrschaftsverhältnissen, unterschiedliche Verlaufs- und Ausdrucksformen findet. Die Diskussion beschäftigt sich mit der Gefährdung der natürlichen, physischen U. (→ *Naturschutz*) und des menschlichen Organismus sowie Fragen der Siedlungs- und Verkehrspolitik, der Arbeitswelt, der Rohstoff- und Energieversorgung bis hin zur internationalen Arbeitsteilung. Dabei verbreitet sich zunehmend die Einsicht, daß die Folgen der Wirtschaftsentwicklung nur um den Preis irreparabler Schäden ignoriert oder vernachlässigt werden können.

Im internationalen Rahmen trägt 1972 die Studie »Die Grenzen des Wachstums«, herausgegeben vom *Club of Rome*, zu einer grenzüberschreitenden Sichtweise und zur Integration der Problemfelder bei. Weitere aktuelle Untersuchungen und alarmierende Prognosen sind in dem 1978 vom Präsidenten der Vereinigten Staaten in Auftrag gegebenen Umweltbericht »Global 2000« aufgeführt.

Um die Lebensgrundlagen der menschlichen Gattung langfristig zu sichern und die Lebensräume entsprechend den allgemeinen Bedürfnissen zu gestalten, bedarf es einer wirksamen öffentlichen Kontrolle auf allen politischen Ebenen. Dies erfordert im innerstaatlichen Bereich u. a. Maßnahmen des Umwelt- und Gesundheitsschutzes, Energie- und Verkehrsplanung, → *Stadt- und Regionalplanung*, Raum- und Bauordnungen.

II. Staatliche Umweltschutzmaßnahmen und private Umweltinitiativen in der Bundesrepublik Deutschland

In den 50er Jahren wurde dem Schutz der U. nur wenig Beachtung geschenkt. Aufgrund der schädlichen Auswirkungen des forcierten Wirtschaftswachstums auf die U. wurde die Sicherung der natürlichen Ressourcen und Lebensgrundlagen, die Notwendigkeit überörtlicher und -fachlicher Gesamtplanungen und die Proklamation gesunder Lebensführung und humaner Arbeitsbedingungen (→ *Arbeitskultur*) zu politischen Themen der 60er Jahre. Auf Bundesebene wurde der Schutz der U. 1969 dem *Ministerium des Inneren* zugeordnet. Die Teilbereiche Naturschutz und Landschaftspflege fielen in die Kompetenz des *Ministeriums für Ernährung, Landwirtschaft und Forsten.* Seit 1972 wurde die Raumordnung und -planung, die eine wichtige Voraussetzung für einen wirksamen Umweltschutz schafft, dem *Ministerium für Raumordnung, Bauwesen und Städtebau* unterstellt. Das 1970 verabschiedete »Umweltsofortprogramm« der sozialliberalen Bundesregierung signalisierte ein neues Problemverständnis. Die Erklärung der Umweltpolitik zu einer eigenständigen öffentlichen Aufgabe erfolgte erst mit dem »Umweltprogramm« 1971 durch die Bundesregierung. Dieses Programm thematisiert alle Maßnahmen, die erforderlich sind, um dem Menschen eine gesunde und menschenwürdige U. zu sichern, um Boden, Luft, Wasser, Pflanzen- und Tierwelt vor schädlichen Wirkungen menschlicher Eingriffe zu schützen und um die entstandenen Nachteile zu beseitigen. Die 1976 folgende Fortschreibung des Umweltprogramms nennt langfristige Planung, die auf ökologisch orientierte Raumordnung und Bauleitplanung abzielt, internationale Zusammenarbeit, Durchsetzung des Vorsorge-, Vermeidungs- und Verursacherprinzips und eine Stärkung des Umweltbewußtseins bei der Bevölkerung als Ziele.

Im einzelnen wurden von seiten des Gesetzgebers und der Verwaltung zahlreiche konkrete Schritte zum Schutz der U. getroffen. Hierzu zählen auf Bundesebene vor allem Fluglärmgesetz, Benzinbleigesetz, Umweltstatistikgesetz, Waschmittelgesetz, Abwasserabgabengesetz, Bundeswaldgesetz, Naturschutzgesetz und Chemikaliengesetz. Forschungs- und Entwicklungsvorhaben zum Umweltschutz werden seit Beginn der 70er Jahren verstärkt gefördert. Die Bundesregierung bestellt 1971 den ständigen *Rat von Sachverständigen Umweltfragen* und errichtet 1974 trotz heftiger Proteste der DDR das *Umweltbundesamt* mit Sitz in Berlin (West). Die seit 1971 bestehende *Arbeitsgemeinschaft für Umweltfragen,* eine konzertierte Aktion aus Vertretern der Wirtschaft und Gewerkschaften, der Wissenschaft und Politik sowie der Umweltverbände und Verbraucherorganisationen, versteht sich selbst als »Zentrum der Umweltdiskussion in der Bundesrepublik«, hat jedoch nur beratenden und empfehlenden Charakter. Da viele Rechtsetzungs-, Planungs-, Exekutiv- und Kontrollfunktionen nicht in die Kompetenz des Bundes fallen, sondern von den Bundesländern und nachgeordneten Gebietskörperschaften wahrgenommen werden, sind verschiedene organisatorische und rechtliche Fragen nicht bundeseinheitlich geregelt. Aufgrund einer Änderung von Artikel 74 des *Grundgesetzes* fallen seit 1972 Aufgaben der Abfallbeseitigung, der Luftreinhaltung und der Lärmbekämpfung in den Bereich der konkurrierenden Gesetzgebung, während Gewässerschutz, Naturschutz und Landschaftspflege in der Rahmenkompetenz des Bundes verbleiben. Eine minimale Koordination der innerstaatlichen Umweltpolitik wird durch die 1972 ins Leben gerufene ständige Konferenz der für Umweltfragen zuständigen Minister und Senatoren der Länder und des Bundes gewährleistet.

Auf internationaler Ebene beteiligt sich die Bundesrepublik Deutschland an Organisationen, Konferenzen und Vereinbarungen mit dem Ziel, Umweltbelastungen in regionalen Grenzbereichen, im bilateralen, westeuropäischen und globalen Maßstab zu senken. Hierzu zählen, um nur wenige Beispiele zu nennen, Verträge zum Schutz des Bodensees seit 1961 und des Rheins (1963, 1976), Vereinbarungen der Nordseeanrainer (1972) und der *Europäischen Gemeinschaft,* die Konferenz der Umweltminister im Rahmen des *Europarats* (seit 1973), die europäische Gewässerschutzkonvention (1974) und das *Europäische Artenschutzabkommen* (1979) sowie die Mitarbeit bei verschiedenen Unterorganisationen und Sonderkonferenzen der *Vereinten Nationen.*

Die Intensivierung staatlicher Umweltmaßnahmen erfolgt auf dem Hintergrund eines gestiegenen Umweltbewußtseins und einer massiver werdenden öffentlichen Kritik an den Fehlern und Versäumnissen der Umweltpolitik. In der Bundesrepublik finden Ende der 60er Jahre die → *Bürgerinitiativen* großen Zulauf. Erste umweltbezogene Schwerpunkte bilden die Bereiche Stadtentwicklung und Verkehrsplanung. Anfang der 70er Jahre erlangt die Diskussion um den aus dem Angloamerikanischen übernommenen Begriff »Lebensqualität« Bedeutung und wird von Teilen der Sozialdemokratie und Gewerkschaften aufgegriffen (→ *Lebensstandard*). 1974 verabschiedet der *Deutsche Gewerkschaftsbund* ein Umweltprogramm. Die wichtigsten Impulse für die Umweltdebatte liefern die sich zu einer sozialen Bewegung formierenden Bürgerinitiativen.

Seit 1970 führt der *Deutsche Naturschutzring* als Dachorganisation zahlreicher Naturschutz- und Umweltverbände den Untertitel »Bundesverband für Umweltschutz«. Ab 1972 schließen sich aktive Bürger zum *Bundesverband Bürgerinitiativen*

Umweltschutz zusammen. Parteien, Gewerkschaften, Industriebetriebe und Kirchen benennen »Umweltbeauftragte« und richten Fachausschüsse ein.

Nachdem sich die öffentliche Diskussion um Umweltprobleme zunächst auf lokale Konflikte konzentriert hatte, rückten, verstärkt durch die sogenannte Erdölkrise vom Herbst 1973, zunehmend Probleme der überregionalen Energieversorgung in den Vordergrund. Die Proteste gegen die Kernkraftwerke, die Endlagerung und Wiederaufarbeitung des radioaktiven Materials in Wyhl, Brokdorf, Gorleben und Kalkar zeigen, daß das öffentliche Problembewußtsein seine Aufmerksamkeit von kommunalen Planungen und privatwirtschaftlich verursachten Skandalen auf Ziele, Mittel und Grenzen staatlicher Politik verlagert. Der Zusammenhang zwischen Wirtschaftswachstum und Umweltzerstörung wird kritisch beleuchtet und führt zu Kontroversen in Parteien und Verbänden. Die Presse widmet sich vermehrt Problemen der U. Neben ministeriellen Broschüren und Informationsschriften wie etwa der vom *Bundesministerium des Innern* herausgegebenen Zeitschrift »Umwelt« sowie einer Vielzahl von wissenschaftlichen Fachzeitschriften erscheinen auch kommerzielle Organe wie »Zeitschrift für Umweltpolitik« oder »Natur« sowie zahlreiche Verbandszeitschriften wie »Natur und Umwelt«, »Umweltmagazin«.

Traditionelle Naturschutzvereine erfahren eine deutliche Belebung und verstärken beispielsweise durch die Gründung des *Bundes für Umwelt- und Naturschutz Deutschland* ihre Zusammenarbeit. Es entstehen Stiftungen für allgemeine Umweltanliegen wie die *Deutsche Umwelthilfe* und die *Deutsche Umweltstiftung*, aber auch für speziellere Themen wie mittlere Technologie oder ökologischen Landbau. Private Projektgruppen und Institute schließen sich in der *Arbeitsgemeinschaft ökologischer Forschungsinstitute* zusammen.

Seit 1978 suchen lokale und landesweite Listen und Parteien mit ökologischer Zielsetzung parlamentarischen Einfluß zu gewinnen. Hieraus kristallisiert sich die Bundespartei *Die Grünen* heraus, die sich zusammen mit den alternativen oder bunten Listen anschickt, das Parteiengefüge nachhaltig zu verändern. Mit dem Aufkommen einer breiten Bürgerinitiativ- und Ökologiebewegung und deren parlamentarischem Zweig gewinnt die Ökologie- und Wachstumsdebatte auch in den großen Parteien an Brisanz und führt insbesondere bei *SPD* und *FDP* zu anhaltenden Flügelkämpfen und Desintegrationserscheinungen. Das ökologische Problembewußtsein wird auch über Stadtteilgruppen, Kulturläden und autonome Jugendzentren bis zur Veränderung alltäglicher Lebens- und Ernährungsgewohnheiten hin zu alternativen Arbeits- und Wohnkollektiven wirksam. Die Verweigerung traditioneller politischer und gesellschaftlicher Orientierungen, Organisationsformen, Bindungen und Werte spricht vor allem die jüngere Generation an (→ *Alternativkultur*). Manche Politiker und Publizisten hingegen sehen in den »gegenkulturellen« Tendenzen die Gefahr einer gesellschaftlichen Polarisierung bis hin zur Ausformung einer radikaloppositionellen »Zweiten Kultur«.

III. Staatliche Umweltschutzpolitik und beginnende ökologische Debatte in der DDR

Als hochindustrialisierter Staat ist die DDR prinzipiell mit gleichen oder ähnlichen Umweltproblemen konfrontiert wie die Bundesrepublik Deutschland. Nach den Jahren des Wiederaufbaus und der Intensivierung der agrarischen und industriellen Produktion wurden auch in der DDR Fragen des Umweltschutzes est seit Beginn der 70er Jahre verstärkt behandelt. Vorrangig waren dabei die Luft-, Wasser- und Bodenverschmutzung in den industriellen Ballungsräumen. Ein für die DDR typisches Umweltproblem ist die Verwendung der Braunkohle als Primärenergie, die bei der Verbrennung zu hoher Luftverschmutzung durch Staub, Asche und Schwefeldioxyd führt. Dadurch trägt die DDR zur weltweiten Versäuerung der Niederschläge bei. Weitere Probleme ergeben sich aus der starken Versalzung und chemischen Verunreinigung vieler Flüsse, der drohenden Trinkwasserknappheit, der Verschmutzung der Ostsee und den Folgen einer Agrarwirtschaft, die sich durch großflächige Monokulturen und einen intensiven Einsatz der Agrochemie auszeichnet.

Eine wichtige gesetzliche Grundlage des Umweltschutzes wurde das *Landeskulturgesetz* von 1970. Daneben gibt es zahlreiche Einzelgesetze zur Instandhaltung und Nutzung der Gewässer, des Bodens, der Luft, ferner zum Verkehr und Strahlenschutz. Sie werden fortlaufend durch Verordnungen und Durchführungsbestimmungen ergänzt. In Artikel 15 der *Verfassung* der DDR von 1974 wird der Schutz des Bodens, die Reinhaltung der Gewässer und der Luft sowie der Schutz der Pflanzen- und Tierwelt und der landschaftlichen Schönheiten der Heimat nicht nur zur einer staatlichen Aufgabe, sondern zur Sache jedes Bürgers erklärt. Zur Planung und Koordinierung der Einzelmaßnahmen wurde 1971 das *Ministerium für Umweltschutz und Wasserwirtschaft* gebildet, zu dessen Aufgaben auch die Umweltforschung und die internationalen Kooperationsmöglichkeiten gehören, wie sie bereits zwischen den Ländern des *Rats für gegenseitige Wirtschaftshilfe* institutionalisiert sind.

Zur Erhaltung der in den Mitgliedsländern festgelegten Normen zum Schutz der U. sind ökonomische Sanktionen vorgesehen, wie das Abwassergeld seit 1971 und das Staub- und Abgasgeld seit 1973.

Da solche Strafgebühren häufig die Kosten der Investitionen für effektiven Umweltschutz unterschreiten, bleibt ihre Wirksamkeit fraglich. Im Fünfjahresplan 1971–1975 wurde erstmals ein umfassendes Programm zur Verbesserung der Umweltbedingungen verabschiedet und entsprechende Schutzmaßnahmen finanziert. Der folgende Fünfjahresplan 1976–1980 enthält zwar noch allgemeine Absichtserklärungen zum Umweltschutz, fällt jedoch programmatisch wie in seinen praktischen Konsequenzen hinter die vorangegangene Phase zurück. Über den *Rat für gegenseitige Wirtschaftshilfe*, der seit 1973 einen *Rat für Fragen der Umwelt* eingerichtet hat, wird die nationale Umweltpolitik der Mitgliedsländer koordiniert, werden technische Verfahren und Schadstoffgrenzwerte standardisiert und beachtenswerte Umweltforschungsprogramme verwirklicht. Dagegen sind die Ergebnisse der blockübergreifenden Zusammenarbeit bislang dürftig. Die im deutschen *Grundlagenvertrag* von 1971 vorgesehene Kooperation im Bereich des Umweltschutzes kam bislang nicht zustande. Hierfür war vor allem der Streit um die Errichtung des *Umweltbundesamtes* in Berlin (West) verantwortlich, da die DDR diesen Schritt als eine Verletzung des *Viermächte-Abkommens* interpretierte. Ein weiterer Gegenstand anhaltender Konflikte ist die Einleitung von Salzen und sonstigen Schadstoffen in die grenzüberschreitenden Flüsse, vor allem Werra und Weser, von seiten der DDR. Einen begrenzten Erfolg bedeuten die zwischen 1970 und 1974 getroffenen multilateralen Vereinbarungen zum Schutz der Ostsee sowie nachfolgende bilaterale Verträge zum Beispiel zwischen der DDR und Schweden 1976.

Eine breite gesellschaftliche Umweltdiskussion in der DDR war zunächst vor allem ideologisch blockiert, weil Umweltprobleme als Hinterlassenschaft des Kapitalismus gedeutet wurden, die erst allmählich beseitigt werden können. Auch die durch den *Club of Rome* angeregte ökologische Debatte wurde entweder als »bürgerlicher Ökologiepessimismus« abgetan oder aber als »Krisensymptom des Imperialismus« entlarvt, der nun auf Grund der profitorientierten und skrupellosen Raubbaus an der Natur seine Lebensgrundlage zerstöre. Demgegenüber wurde dem Sozialismus die Lösung von Umweltproblemen zugesprochen und gleichzeitig eine ungebrochene Wachstumsstrategie verfolgt. Ein Kommunismus ohne Wachstum sei nicht ein anderer, sondern überhaupt kein Kommunismus; das Bekenntnis zum gesellschaftlichen Fortschritt verlange mehr denn je die uneingeschränkte Orientierung auf ökonomisches Wachstum. Die Möglichkeiten der wissenschaftlich-technischen Revolution seien voll auszuschöpfen, um eine maximale Steigerung der ökonomischen Kraft herbeizuführen (X. Parteitag der *SED* von 1981). Zunehmende Umweltschäden, weltweit verteuerte

Energie- und Rohstoffkosten und eine beginnende Umweltdiskussion erzwingen allmählich differenziertere offizielle Stellungnahmen. So werden ökologische Probleme auch für den Sozialismus als Herausforderung verstanden, sollen »ökonomische, technologische und ökologische Anforderungen in ein optimales Verhältnis« gebracht werden, wird vereinzelt die Ökologie als eine Form der Langzeitökonomie bewertet. Das gesellschaftliche Engagement für den Umweltschutz wird durch die offizielle Politik gefördert und kanalisiert. Hierzu gehören Initiativen wie »Schöner unsere Städte, schöner unsere Dörfer«, Baumpflanzaktionen in den Städten, häufig unterstützt durch den jeweiligen Volkseigenen Betrieb »Stadtgrün«, oder die 1980 gestartete Aktion der *FDJ* »Gesunder Wald«. Seit 1980 besteht auch im Rahmen des *Kulturbundes* eine *Gesellschaft für Natur und Umwelt*. Haben solche Aktivitäten ebenso wie etwa der *Tag der Umwelt* in der Bundesrepublik oder der autofreie Sonntag eher einen symbolischen Charakter, so erzwingen doch wirtschaftliche und finanzielle Engpässe etwa bei der Rohstoffversorgung und der Abfallbeseitigung gezielte Maßnahmen. Beispielsweise wird in den letzten Jahren der »Materialökonomie« und dem Einsatz von »Sekundärrohstoffen« durch *Recycling* erhöhte Bedeutung beigemessen.

Entschieden kritische Positionen sind allerdings weder in den offiziellen Medien der DDR vertreten noch können sie auf massenwirksame eigenständige Publikationen zurückgreifen. Einige Systemkritiker wie R. Bahro und W. Harich erörtern ihre Argumente für konsequenten Umweltschutz und neue Zielsetzungen in der Wirtschaft mittlerweile in westlichen Ländern. Inzwischen haben Zivilisations-, Wachstums- und ökologische Kritik auch in der DDR Fuß gefaßt. Wichtigste Träger und Multiplikatoren sind kirchliche Kreise und Teile der Jugendlichen. Schriften des *Kirchenbundes* und einzelner Pfarrer zum Verhältnis Mensch–Natur finden lebhaftes Interesse. Im Rahmen des Dresdner *Friedensforums* vom Februar 1982 und des Friedensseminars im Mai in Königswalde wurden ökologische Positionen formuliert. Vereinzelt kommt es zu spontanen Aktionen wie etwa einer demonstrativen Fahrradtour von Jugendlichen entlang den Brennpunkte lokaler Umweltverschmutzung. Freilich kann hier nicht wie in der Bundesrepublik von einer Ökologiebewegung gesprochen werden. So geht vorerst auch kein starker gesellschaftlicher Druck auf die offizielle Umweltpolitik aus.

Trotz der weitreichenden Möglichkeiten staatlicher Steuerung der Wirtschaft nach ökologischen Gesichtspunkten wird in osteuropäischen Ländern ähnlich wie im Westen versucht, Produktionseinbußen, die mit der Förderung umweltverträglicher Technologien verbunden wären, zu umgehen. Zwar kann durch die zentralstaatliche Planung die folgenreiche Konkurrenz einzelner Betriebe und Unternehmen ausgeschaltet werden. Doch der ungebrochene Vorrang der Produktionsmaximierung, verstärkt durch den ökonomischen Wettlauf der Blocksysteme in Ost und West und die Einbindung in den Weltmarkt führen dazu, Umweltfragen systematisch zu vernachlässigen.

IV. Bedingungen und Ergebnisse der Umweltgestaltung in der Bundesrepublik Deutschland und der DDR

Trotz unterschiedlicher politischer und ökonomischer Steuerungsprinzipien in beiden deutschen Staaten wurden Umweltbelange bis zu Beginn der 70er Jahre weitgehend ignoriert. Diese Versäumnisse fanden auch bei der Gestaltung der städtischen und räumlichen U. ihren sinnfälligen Ausdruck. Der Wiederaufbau nach 1945 vollzog sich in der Bundesrepublik weitgehend auf der Grundlage der überkommenen Eigentumsverhältnisse und der vorhandenen baulichen Überreste. Da die privatwirtschaftlichen Kräfte sich relativ frei entfalten konnten, war die Chance zu einer gesamtgesellschaftlichen Gestaltung der U. eingeschränkt. Nach den Not- und Wiederaufbaumaßnahmen der Nachkriegsjahre prägte der rasche Aufschwung der Wirtschaft auch die Stadtentwicklung.

Angesichts der Prognosen eines weiterhin beschleunigten Wirtschaftswachstums und Ballungsprozesses waren Grundlagen ressortübergreifender Raumordnung und Stadtentwicklungsplanung geschaffen worden, doch mußten aufgrund der wirtschaftlichen Rezession Mitte der 70er Jahre manche Ziele der oft weitreichenden staatlichen und kommunalen Planungen zurückgesteckt werden. Probleme der Bestandssicherung und -pflege traten in den Vordergrund. Funktionalistische und modernistische Planungs- und Architekturkonzepte wichen teilweise behutsameren Bauformen mit zuweilen »nostalgischen« und historisierenden Elementen.

Durch die gestalterische wie finanzielle Aufwertung von Altbaugebieten sind jedoch bei weiterem Rückgang des Wohnungsneubaus die Erhaltung billigen Wohnraums und damit die Sicherung des vorhandenen sozialkulturellen Milieus solcher Siedlungen gefährdet. Insbesondere die Umwandlung von Miet- in Eigentumswohnungen wurde in den letzten Jahren ein Motor sozialer Umschichtung. Neben den Protesten gegen solche Prozesse zeigt das Engagement von Arbeiter-, Mieter- und Bürgerinitiativen ein wachsendes Bedürfnis nach aktiver Aneignung und Gestaltung der räumlichen U., wie in jüngster Zeit auch am Beispiel von Hausbesetzungen deutlich wird (→ *Wohnen*).

Während in der Bundesrepublik der privaten Initiative ein großer Spielraum eingeräumt wurde, vollzog sich der Wiederaufbau in der DDR nach Vorgaben staatlicher Planung. Gemäß dem *Nationalen Wiederaufbauprogramm* wurde in der Periode des ersten Fünfjahresplans (1951–1955) begonnen, neue Industrieviertel und -städte zu bauen. Um die räumliche Struktur der Wirtschaftszweige abzustimmen, wird die Territorialplanung als ein Teil der Volkswirtschaftsplanung betrachtet und sollte gesamtstaatlich vorgegebenen Richtlinien folgen, wie schon das Beispiel der ersten sozialistischen Wohnstadt zu dem neu errichteten Eisenhüttenkombinat Ost zeigt. Da das Schwergewicht staatlicher Planung auf der industriellen Produktion lag, wurden bis 1960 vor allem Industriebauten erstellt; der Wohnungsbau orientierte sich weiterhin an Standort und Größe der führenden Wirtschaftszweige. Nach vereinzelten, frühen Ansätzen klassizistischer Prägung, die sich wie die Stalinallee in Berlin (Ost) zur Darstellung der neuen Gesellschaft nach sowjetischen Leitbildern richteten, wurden die Stadtkerne meist erst in den 60er Jahren umgebaut. Auch die radikalen Veränderungen der traditionellen Siedlungsstruktur wirken häufig monumental, da zentrale Gebäude oft als städtebauliche Dominanten errichtet, durch großflächige künstlerische Gestaltung betont und durch die Weite umgebender Freiräume hervorgehoben werden. Dagegen blieb das Bild der neuen Großwohnanlagen aufgrund der industriellen Serienbauweise monoton und auswechselbar.

Die Planung und Gestaltung der U. erfolgt in Zusammenarbeit der *Bezirksbauämter, Bezirksplankommissionen* und *Volkseigenen Bezirksbaukombinate*. Seit 1968 enthalten die regionalen Bezirkspläne übergreifende Territorialpläne zur Planung und Umgestaltung der U. Neben dem Neubau von Wohnsiedlungen gewinnt seit einigen Jahren die Erhaltung und Modernisierung der bis dahin vernachlässigten Altbausubstanz an Gewicht. Zur Kostendämpfung wird die Eigeninitiative der Bewohner gefördert, die damit auf die Gestaltung ihrer U. aktiven Einfluß nehmen können.

Der Wiederaufbau nach dem Zweiten Weltkrieg vollzog sich in der Bundesrepublik Deutschland und der DDR vorwiegend nach wirtschaftlichen Erfordernissen. Während die Planung der U. in der DDR einer staatlichen Kontrolle unterlag, konnten sich in der Bundesrepublik privatwirtschaftliche Kräfte im Rahmen sozialstaatlicher Bindungen entfalten. In beiden Teilen Deutschlands führte das Wachstum der Wirtschaft zu einer Verschlechterung der Umweltbedingungen, die in der Bundesrepublik eine massive öffentliche Kritik hervorrief und sich nicht zuletzt in Bürgerinitiativen und alternativen Parteien äußert. Die Vielzahl der in den 70er Jahren ergriffenen Schutz- und Korrekturmaßnahmen wird weithin als unzureichend, bestenfalls als ein Kurieren an den Symptomen empfunden. Das bereits frühzeitig für die Umweltpolitik formulierte Vorsorgeprinzip und Verursacherprinzip wurde nur in Ansätzen realisiert. Trotz weitreichender Einsichten und beeindruckender Absichtserklärungen auf staatlicher Seite sind nicht nur einzelne Gesetzesvorhaben, so der Gewässerschutz und der Immissionsschutz unter dem Einfluß von Wirtschaftskreisen entschärft worden, sondern es zeichnen sich auch in vielen Bereichen Vollzugsdefizite ab. Radikale Ökologen fordern deshalb grundlegende Kurskorrekturen: den Übergang zu einem kontrollierten, qualitativen Wachstum, den Verzicht auf umweltzerstörende und ressourcenverschwendende Produktionsweisen und Technologien, die Erstellung umfassender, das heißt soziale und ökologische Folgen einschließender Bilanzen auf betrieblicher und gesamtwirtschaftlicher Ebene. Dabei lassen sich neben basisdemokratischen, auf Partizipation, Selbstorganisation und Dezentralisierung zielenden Gesellschaftsentwürfen auch ausgesprochen autoritäre, staatsfixierte Varianten ausmachen.

Gemessen an der Bundesrepublik ist das ökologische Bewußtsein in der DDR noch unterentwickelt. Einzelnen Maßnahmen wie der Ausweisung großflächiger Landschaftsschutzgebiete oder der Sanktionierung unerlaubter Umweltbelastungen steht, im Rahmen gültiger Grenzwerte, eine massive Umweltverschmutzung in den Industrieräumen gegenüber. Eine offene gesellschaftliche Diskussion ist ideologisch blockiert, solange Umweltprobleme im Land selbst nur als Erbe des Kapitalismus und in globalem Maßstab als Krise des imperialistischen Ausbeutungssystems verstanden werden. Diese Argumentation gerät jedoch zunehmend in die Defensive angesichts der Tatsache, daß die sozialistischen Länder, auf der gleichen stofflichen Basis und mit ähnlichen Technologien produzierend wie die westlichen Industriestaaten, in gleicher Weise ökologische Folgelasten verursachen. So wird etwa die Intensivierung der landwirtschaftlichen Produktion durch verstärkten Einsatz von Maschinen, Düngemitteln, Herbiziden, Pestiziden und Fungiziden nicht nur von gravierenden und auch kostenintensiven Umweltschäden begleitet; auch das wachsende Mißverhältnis zwischen hohen Produktionskostensteigerungen und relativ geringen Erntezuwächsen wird zunehmend fragwürdig und löst auch in der DDR fachinterne Diskussionen aus. Die Widersprüche zwischen den kurz- und mittelfristigen ökonomischen Maximen, dem Vorrang der Gewinnorientierung in der Bundesrepublik und dem der Produktionssteigerung in der DDR einerseits und den langfristigen ökologisch-ökonomischen Erfordernissen andererseits werden immer deutlicher. Sie führen in beiden Staaten zum Umdenken, auch wenn trotz unterschiedlicher Rahmenbedingungen wichtige Ziele des Umweltschutzes unter dem Druck der gegenwärtig weltweiten Wirtschaftsprobleme wieder in weitere Ferne zu rücken scheinen.

D. Rucht

Literatur
E. u. V. Neel, Sozialistische Landeskultur: Umweltgestaltung, Umweltschutz, Leipzig 1977
K. Buchwald, W. Engelhard (Hrsg.), Handbuch für Planung, Gestaltung und Schutz der U., Bd. 1–4, München, Bern, Wien 1978
M. Jänicke (Hrsg.), Umweltpolitik, Opladen 1978
Autorenkollektiv unter Leitung von H. Roos und G. Streibel, Umweltgestaltung und Ökonomie der Naturressourcen, Berlin (Ost) 1979
Umweltschutz in beiden deutschen Staaten, hrsg. von der Friedrich-Ebert-Stiftung, Bonn 1980

Universitäten und Hochschulen

I. Neuhumanistische Prägung – II. Massenausbildung und Umgestaltungen im Hochschulwesen der Bundesrepublik Deutschland – III. Deutsche und sowjetische Entwicklungslinien in der Deutschen Demokratischen Republik – IV. Studenten, wissenschaftliches Personal und Forschung in der Bundesrepublik Deutschland und der DDR – V. Unterschiedlicher bildungspolitischer Charakter

I. Neuhumanistische Prägung

U. sind als höchst qualifizierende Ausbildungsinstitutionen die traditionelle Stätte für wissenschaftliche Forschung und Lehre. Entsprechend der Entwicklung in vergleichbaren Industriestaaten haben der gesellschaftliche Bedarf und die sich verbreitende Nachfrage nach einer wissenschaftlichen Berufsvorbereitung, insbesondere in der Bundesrepublik Deutschland, einen erheblichen Ausbau des klassischen Universitätsbereichs bewirkt (→ *Beruf*, → *Wissenschaft und Forschung*). Darüber hinaus erweiterte sich der tertiäre Ausbildungssektor, indem verschiedene berufsbildende Einrichtungen in H. mit spezieller Aufgabenstellung umgewandelt und in Rechtsstellung und Ausbildungsformen der U. angenähert wurden. Diese Entwicklung begann im 19. Jh. mit der Errichtung von Technischen U. und hat sich in der Bundesrepublik Deutschland und der DDR bei der Gründung von Pädagogischen H., Fachhochschulen und Ingenieurschulen, Kunsthochschulen u.a. weiter fortgesetzt. Nicht zusätzliche U., sondern die Gründung von zahlreichen fach- und berufsspezifischen H. bestimmte in der DDR die Ausdehnung des tertiären Sektors. Unterschiede zwischen U. und H. vernachlässigend, hat sich für deren Gesamtbereich umgangssprachlich »Hochschulwesen« durchgesetzt.

Die Gestalt der deutschen U. wurde geprägt durch die neuhumanistischen Universitätsreformen des frühen 19. Jh., die insbesondere mit dem Namen W. v. Humboldts verknüpft sind. Kernpunkte der von der Berliner Universitätsgründung (1808) ausgehenden Reform waren die weitgehende innere Autonomie der staatlich getragenen U., die Absetzung universitärer Forschung und Ausbildung von unmittelbaren gesellschaftlichen Interessen und beruflicher Praxis und das damit verbundene Prinzip der Lehr- und Lernfreiheit, sowie die Postulate der Gemeinsamkeit von Lehrenden und Lernenden und der Einheit von Forschung und Lehre. Mit der Formel »Bildung durch Wissenschaft« wurde der Heranführung und Beteiligung von Studenten an der Forschung anstelle routinisierter Wissensübermittlung eine über das Fachstudium hinausgreifende Bedeutung für die allgemeine Persönlichkeitsentwicklung zugesprochen. Die Humboldtsche Universitätsidee und Bildungskonzeption ist in beiden deutschen Staaten, wenngleich mit unterschiedlicher Akzentsetzung, ein wichtiger Bezugspunkt bei den Auseinandersetzungen um die Ausgestaltung des Hochschulwesens geblieben.

Nach dem Einschnitt des Nationalsozialismus, dessen Wissenschaftsfeindlichkeit und Gleichschaltung der U. zu einem erheblichen Rückgang von Lehrenden und Studenten geführt hatte, die Studentenschaft sank von 121 000 im Wintersemester 1932/33 auf 56 000 Studenten im Wintersemester 1938/39, befanden sich 1945 auf dem Gebiet der späteren Bundesrepublik Deutschland sechzehn U. und neun Technische H. und auf dem der späteren DDR sechs U. und drei Technische H. War die Leitlinie für den Wiederaufbau des Hochschulwesens in der Bundesrepublik die Restauration nach dem Weimarer Vorbild, so wurden in der DDR Züge des sowjetischen Modells verwirklicht.

II. Massenausbildung und Umgestaltungen im Hochschulwesen der Bundesrepublik Deutschland

Mit dem zuversichtlichen Wort, »die deutsche U. ist im Kern gesund«, das der preußische Erziehungsminister C. H. Becker beim Wiederaufbau der U. nach dem Ersten Weltkrieg geprägt hatte, wurde in der Bundesrepublik auch nach dem Zweiten Weltkrieg an die Universitätsstruktur Humboldtscher Prägung angeknüpft. Die weitgehende Autonomie der Universitäten wurde wiederhergestellt, die von den Ordinarien getragene Selbstverwaltung gestärkt und der auf kleine Studentenzahlen zugeschnittene, weitgehend unstrukturierte Lehr- und Forschungsbetrieb wiederaufgenommen. Gegenüber der totalitären, zentralstaatlichen Kultusverwaltung des nationalsozialistischen Deutschen Reiches wurde der Kulturföderalismus und damit die Verantwort-

lichkeit der Länder für das Hochschulwesen wiederhergestellt. In diesem Rahmen verlief der Wiederaufbau im ersten Nachkriegsjahrzehnt weitgehend ungeplant und frei von staatlicher Einwirkung.

Demgegenüber hat seit Ende der 50er Jahre eine tiefgreifende Veränderung eingesetzt. Die enorme Expansion der Studentenzahlen im klassischen Universitätsbereich von 112 000 im Jahre 1950, 217 000 1960 auf 350 000 1970 und 728 000 im Jahre 1980 und im erweiterten Hochschulbereich 1980 auf eine Mio. Studenten insgesamt, brachte den Übergang von einem elitären Universitätssystem zur Massenausbildung in U. und H. Mit der Gründung des *Wissenschaftsrates* wurde 1957 ein gemeinsames Beratungsgremium von Staat und Wissenschaft für den quantitativen Ausbau und Fragen der Struktur- und Studienreform eingerichtet. Debatten um → *Mitbestimmung* und innere Hochschulverfassung, ein zentraler Punkt der Studentenbewegung der späten 60er Jahre, bereiteten dem Übergang von der »Ordinarienuniversität« zur »Gruppenuniversität« den Weg. Die seit Ende der 60er Jahre in schneller Folge entstehenden Landeshochschulgesetze führten zur Verrechtlichung des Hochschulwesens. Mit der Grundgesetzänderung von 1969 erfolgte der Übergang vom reinen Kulturföderalismus zum »kooperativen Kulturföderalismus« von Bund und Ländern, wodurch der Bund das Recht erhielt, Rahmenvorschriften über die allgemeinen Grundsätze des Hochschulwesens zu erlassen (Art. 75, Abs. 1a GG) sowie Mitwirkungsbefugnisse für die Gemeinschaftsaufgaben Hochschulbau (Art. 91a GG), Bildungsplanung und Forschungsförderung (Art. 91b GG). In den 70er Jahren wurde die Autonomie der U. und H. durch staatliche Eingriffe infolge der notwendigen Mangelverwaltung der Hochschulkapazitäten, durch *numerus clausus,* Kapazitätsverordnungen und Regelstudienzeiten eingeschränkt.

Das veränderte Hochschulwesen in der Bundesrepublik setzt sich gegenwärtig aus sechs Hochschularten zusammen, auf die sich 1980 229 U. und H. verteilen. Darunter befinden sich 55 U., einschließlich Technische H. und U. sowie Spezialhochschulen mit Universitätsrang, unter ihnen 23 Neugründungen seit 1960. Die fünf größten U. liegen in Berlin (West) und München mit über 40 000 Studenten, Münster, Köln und Hamburg mit über 35 000 Studenten. Pädagogische H. (13) bestehen 1980 nur noch in Baden-Württemberg, Rheinland-Pfalz und Schleswig-Holstein; in den übrigen Bundesländern ist die Lehrerbildung in die U. und Gesamthochschulen eingegliedert. Neben den theologischen Fakultäten der U. studieren an eigenständigen Theologischen H. (11) noch 2 300 Studenten. Kunsthochschulen (26) bestehen für bildende Künste, Gestaltung, Musik, Film und Fernsehen. Fachhochschulen (115) unterscheiden sich von U. durch verminderte Eingangsvoraussetzungen, kürzere

Studienzeiten und einen stärkeren Praxisbezug. Mit dem Abschluß (Graduierung) wird die allgemeine Hochschulreife erworben. In den seit 1970/71 errichteten Fachhochschulen sind die ehemaligen Ingenieurschulen und andere höhere Fachschulen, z.B. für Wirtschaft und Sozialpädagogik, aufgegangen. Der neue Typus der Gesamthochschule (9), darunter die 1974 gegründete Fernuniversität Hagen, umfaßt Ausbildungsrichtungen der übrigen Hochschularten, insbesondere der U., der Pädagogischen H. und der Fachhochschulen, die mit den entsprechenden Prüfungen abgeschlossen werden. Von den 1,032 Mio. Studenten im Jahre 1980 studierten an U. 70,5 v. H., an Pädagogischen H. 1,7 v. H., Theologischen H. 0,2 v. H., Kunsthochschulen 1,8 v. H., Fachhochschulen 18,9 v. H. sowie an Gesamthochschulen 6,7 v. H.

Nach dem *Hochschulrahmengesetz* von 1976 war angestrebt worden, die bestehenden H. zu integrierten Gesamthochschulen auszubauen bzw. zusammenzuschließen oder unter Aufrechterhaltung ihrer rechtlichen Selbständigkeit durch gemeinsame Gremien zu kooperativen Gesamthochschulen zu verbinden. Diese Neuordnung sollte die Durchlässigkeit von Studiengängen der verschiedenen Hochschularten erhöhen, gemeinsame Studienabschnitte, verbesserte Forschungsmöglichkeiten für Professoren der Fachhochschulen und eine bessere Kostennutzung ermöglichen. Gegenwärtig ist es allerdings sehr fraglich, ob der Typ der Gesamthochschule tatsächlich zur Regelhochschule avancieren wird.

Die U. und H. der Bundesrepublik Deutschland sind mit wenigen Ausnahmen staatliche Einrichtungen der Länder und zugleich Körperschaften des öffentlichen Rechts mit dem traditionellen Recht der Selbstverwaltung. Der allgemeine rechtliche Rahmen ist im *Hochschulrahmengesetz* festgelegt, das vom Bundesgesetzgeber nach langwierigen Beratungen und parteipolitischen Kompromißverhandlungen erlassen wurde und 1976 in Kraft getreten ist. Als erstes länderübergreifendes Hochschulgesetz in der Bundesrepublik enthält es Bestimmungen über die Aufgaben, Organisation und Verwaltung der U. und H., die Zulassung zum Studium, die Personalstruktur, über Mitwirkungsrechte der Hochschulmitglieder. Ihnen waren die Landeshochschulgesetze anzupassen, die wiederum den Rahmen bilden für die Grundordnungen der U. und H., die der Genehmigung des Landes bedürfen.

Damit liegt seit Ende der 70er Jahre den U. und H. in der Bundesrepublik Deutschland eine im Grundsatz einheitliche Struktur zugrunde. Die organisatorische Grundeinheit sind die Fachbereiche, teilweise Fakultät genannt, die die Angehörigen eines großen Faches oder mehrerer kleiner Fächer zusammenfassen. Sie sind an die Stelle der kleineren Lehrstuhl- und Institutseinheiten und der größeren Fakultäten getreten. Die H. wird von einem hauptamtlichen Leiter, Präsident oder Rektor, mit mindestens vierjähriger Amtszeit geleitet. Für zentrale Aufgaben bestehen zwei Kollegialorgane; das Konzil, der Konvent oder der Große Senat wählt die Universitätsleitung und beschließt über die Grundordnung, während der Senat für die laufenden Geschäfte der H. zuständig ist. Für die Mitwirkung an der Selbstverwaltung werden aus den Mitgliedern der U. und H. vier Gruppen gebildet: die Professoren (Ordinarien und Nicht-Ordinarien); die Studenten; die wissenschaftlichen und künstlerischen Mitarbeiter und die Hochschulassistenten; die sonstigen Mitarbeiter. Nach dem Prinzip der Gruppenuniversität des *Hochschulrahmengesetzes* müssen alle Gruppen im Fachbereichsrat und den beiden zentralen Kollegialorganen stimmberechtigt vertreten sein. Das Stimmenverhältnis wird durch Landesrecht geregelt und ist daher unterschiedlich. In unmittelbar wissenschaftsrelevanten Fragen der Forschung und Lehre sowie der Berufung von Hochschullehrern muß stets der Gruppe der Professoren die absolute Mehrheit vorbehalten werden.

Überregionale Koordinations- und Absprachegremien für die U. und H. sind auf Länderebene seit 1948 die *Kultusministerkonferenz*, auf Hochschulebene seit 1949 die *Westdeutsche Rektorenkonferenz*. Mit dem Anwachsen der Studentenzahlen und der Entwicklung der U. zu Großbetrieben für Forschung und Lehre entstand ein weitergehender Bedarf für übergreifende Entwicklungskonzepte, wofür 1957 der *Wissenschaftsrat* und 1969 im Rahmen der neugeschaffenen Gemeinschaftsaufgaben die *Bund-Länder-Kommission für Bildungsplanung* und der *Planungsausschuß für den Hochschulbau* gegründet wurden. Zentraler Bereich der gemeinsamen Bund-Länder-Planung ist der räumliche Ausbau der Hochschulkapazitäten.

Im Selbstverständnis der Ausbauplanung wird auf eine enge Ausrichtung am Bedarf des Beschäftigungssystems verzichtet und primär von der Nachfrage nach Studienplätzen ausgegangen, wenngleich deren Prognose mit einigen Unsicherheiten behaftet ist.

Nach den vorliegenden Prognosen wird für Ende der 80er Jahre der Gipfel des Studienandranges, des »Studentenberges« mit ca. 1,3 Mio. Studenten erwartet und ein Rückgang der Zahlen bis Mitte der 90er Jahre auf den heutigen Stand erwartet. Das Ausbauziel für den Hochschulbau ist angesichts der wechselnden Studentenzahlen, aber auch der Finanzlage der öffentlichen Haushalte auf 850 000 Studienplätze festgesetzt worden, die in der zweiten Hälfte der 80er Jahre gegenüber 717 000 Plätzen 1979 zur Verfügung stehen sollen.

III. Deutsche und sowjetische Entwicklungslinien in der Deutschen Demokratischen Republik

Wenngleich in der Sowjetischen Besatzungszone schon 1946 U. in der Form der traditionellen Ordinarien-Universität neu öffneten, so war doch eine Rückkehr zur *alma mater* der bürgerlichen Geisteskultur und damit zum glänzenden Antipoden der Machtkultur des deutschen Adels im 18. und 19. Jh. ausgeschlossen. Unter dem Einfluß der Besatzungsmacht verpflichteten sich die neu entstehenden Parteien, dabei von antifaschistisch eingestellten Intellektuellen und Hochschullehrern unterstützt, auf progressive Traditionen der deutschen H. als einem der Fundamente einer demokratischen Erneuerung Deutschlands. Einbezogen in die politische und sozioökonomische Teilung Deutschlands, veränderten sich U. und H. in der Form und im Inhalt. Drei tiefgreifende, in der DDR überraschend nicht als revolutionäre Umwälzung, sondern als Reformen bezeichnete Umwandlungen formten sie zu den Ausbildungsstätten, die »wissenschaftlich hochqualifizierte und sozialistisch bewußte Persönlichkeiten zu bilden und zu erziehen« haben (*Gesetze über das einheitliche sozialistische Bildungssystem,* in: GBl. I, Nr. 6, 1965). Veränderungsimpulse und -auflagen entstammten weniger dem akademischen Lebensbereich als den in der Sowjetischen Besatzungszone und der DDR führenden politischen Gruppen. *SPD* und *KPD* waren darin einig, die U. und H. nach humanistischen und demokratischen Gesichtspunkten umzugestalten. In ihrem Aktionsprogramm forderte die *KPD* die »Säuberung des gesamten Erziehungs- und Bildungswesens von dem faschistischen und reaktionären Unrat« (Aufruf des Zentralkomitees der KPD vom 11.6.1945, in: Revolutionäre deutsche Parteiprogramme, Berlin (Ost) 1945, S. 197). Zwischen 1945 und 1950 wurde der größte Teil der durch den Nationalsozialismus belasteten Hochschullehrer entlassen und durch eilig in der Sowjetunion ausgebildete Hochschullehrer ersetzt. Jugendliche aus Arbeiter- und Bauernfamilien wurden gegenüber dem bürgerlichen Nachwuchs im Sinne einer Gegenprivilegierung bevorzugt zum Studium zugelassen und ihnen die praktischen Schritte in die höhere Bildung mit Vorstudienanstalten, seit 1949 Arbeiter- und Bauernfakultäten, erleichtert. Die universitären Entscheidungsstrukturen sollten anfangs den Hochschulangehörigen bürgerlich-demokratische Mitbestimmung eröffnen. Doch die seit Ende 1946 schon angebotene gesellschaftswissenschaftliche Grundvorlesung »Politische und soziale Probleme der Gegenwart«, aus der sich ein schließlich für alle Studienfächer obligatorisches marxistisch-leninistisches Grundstudium entwickelte, zeigte, daß U. und H. in die innenpolitischen Auseinandersetzungen um einen marxistisch-leninistischen Weg der Gesellschaft einbezogen wurden. So rief die 1951 einsetzende zweite Reform des Hochschulwesens zur Erstürmung der bürgerlichen »Festung Wissenschaft« auf, indem Marxismus-Leninismus, russische Sprache und generell das sowjetische Vorbild obligatorische Studieninhalte an den nun auch in die Wirtschafts- und Gesellschaftsplanung integrierten U. und H. wurden. An den universitären Entscheidungen in Forschung und Lehre beteiligten sich nunmehr die *SED* und die *FDJ* maßgeblich, einer von den Führungsgruppen intendierten und durchgesetzten Form der sozialistischen Demokratie Ausdruck verleihend. Strikte Lehr- und Studienprogramme, begrenzte Studiendauer bei jährlichen Zwischenprüfungen, die Erfassung der Studenten in Studiengruppen der *FDJ*, die Einführung des Fernstudiums sowie neugegründete Leitungsinstanzen des Hochschulwesens auf den Führungsebenen der *SED* und der staatlichen Verwaltung waren insgesamt geeignet, Reste der traditionellen Autonomie und Distanz der U. und H. zugunsten einer intensiver und einheitlicher geregelten praktischen Zuordnung zu den politischen und staatlichen Aufgaben sowie den gesellschaftlichen Interessen aufzulösen. Von den Prinzipien der neuhumanistischen deutschen U. hielt die Hochschulpolitik der DDR lediglich an dem Grundsatz der Einheit von Lehre und Forschung fest, und auch nur insofern, als schon bald nach Kriegsende die Erziehungsaufgabe als drittes Moment hinzugefügt wurde. Gelegentlich wird in der DDR auch die permanente Weiterbildung des Hochschulpersonals in ein integriertes Aufgabenbündel des »Forschens, Lehrens, Lernens« aufgenommen. Aus dem Zusammentreffen der universalistischen deutschen Tradition mit der sowjetischen Hochschulpolitik, die die Hochschulausbildung eher als eine Fortsetzung der Schulausbildung auf spezialisiertem, berufsbezogenem Gebiet auffaßt, entstand im Laufe der Zeit ein Nebeneinander unterschiedlicher Hochschultypen.

Auch die dritte Umwandlung der U. und H. seit 1965 hat diese Mischform nicht aufgegeben. Sie zielte, wie es das 1963 beschlossene Parteiprogramm der *SED* prägnant beschrieb, auf eine »organische Einheit von wissenschaftlicher Ausbildung und produktiver Praxis« (Protokoll des VI. Parteitags der SED, Berlin (Ost) 1963, Band 4, S. 383) als einem Aspekt eines »einheitlichen Systems des Bildungswesens«. Ausgehend von der Prämisse, in → *Wissenschaft und Forschung* die zukünftig entscheidenden Bedingungen industrieller Produktion, wirtschaftlichen Wachstums und der politischen Stabilität des Landes mit zudem noch erheblich steigerungsfähigem Potential zu erkennen, wurde einer möglichst engen, personellen, finanziellen und leitungsmäßigen Verknüpfung der Hochschulforschung mit der industriellen Produktion das Wort geredet, jedoch nur teilweise, vorwiegend aufgrund konservativen Verharrens der Hochschullehrer, verwirklicht.

Eine generelle Studienreform führte zu Regelstudienzeiten für alle Studienfächer. Bei verkürzter Studiendauer und einem hohen Pflichtstundenanteil wurde das Studium neu gegliedert in die Phasen des Grundlagen-, Fach- und Spezialstudiums mit einem Diplom als Abschluß nicht nur in den naturwissenschaftlichen Fächern, sowie für Höherqualifizierte alternativ zum Spezialstudium ein zwei- bis dreijähriges Forschungsstudium, das mit der Verleihung eines Doktorgrades eines Wissenschaftszweiges endet. Zur Zeit teilt sich die vierjährige Ausbildung nur noch in Grundlagen- und Fachstudium. Neue Lehrpläne versuchten, den Systemzusammenhang wissenschaftlicher Inhalte stärker zu verdeutlichen. Die nicht ohne allgemeine Fortschrittshoffnungen von der politischen Führung wie auch von Wissenschaftlern vorgetragenen »historischen« Gebote einer sprunghaften Leistungs- und Effizienzsteigerung erhöhten die unter sowjetischem Einfluß ohnehin schon erreichte hohe Verschulung der universitären Vermittlungsformen. Nachdem die U. und H. in den 50er Jahren in das staatliche Planungssystem integriert worden waren, ging es seit den 60er Jahren um eine auch im Detail planbare Ausbildung der für die ehrgeizigen Programme der Modernisierung der Wirtschaft, der Gestaltung einer sozialistischen Gesellschaft und der internen Entfaltung der »Produktivkraft Wissenschaft« erforderlichen Fachkräfte, deren fachliche Kenntnisse der Loyalität gegenüber dem sozialistischen System der DDR nicht mehr nachstehen sollten. Steigende studentische Zulassungsquoten, insbesondere in den Natur- und Technikwissenschaften, der Ausbau des Fernstudiums, neugegründete Fachhochschulen sowie Maßnahmen zur Weiterbildung der berufstätigen Akademiker fügten sich in eine allgemeine »Lernbewegung« der DDR, die von der politischen Führung als eine Vorbedingung für das nur längerfristig mögliche »Einholen und Überholen« der konkurrierenden Bundesrepublik betrachtet wird. Von den drei Studienformen, dem Direkt-, Fern- und Abendstudium, setzte sich das Direktstudium in den 70er Jahren noch stärker als vorherrschende Studienweise durch. Die hochschulorganisatorischen Änderungen ähnelten gelegentlich der in der Bundesrepublik Ende der 60er Jahren einsetzenden Hochschulreform. In beiden Staaten wurde der Grundtypus der institutionellen Ordnung aufgegeben, der U. und H. in Fakultäten gliederte und durch zahlreiche, von Hochschullehrern individuell geführte Institute und Seminare geprägt war. In der DDR wurden die mehr als 900 Institute der U. und H. in 170 stärker an Ausbildungsberufen orientierten Sektionen zusammengefaßt. Bei gleichzeitiger Konzentration des wissenschaftlichen Personals und der technischen Apparaturen auf aktuelle volkswirtschaftli-

che und gesellschaftspolitisch bedeutsame Themen wurden die U. und H. zugleich an höhere bildungsökonomische Maßstäbe der Rentabilität und Effizienz herangeführt, wenn auch deren Problematik, etwa im Hinblick auf die schwer kalkulierbare Grundlagenforschung, nicht verkannt wird.

Nach dem stürmischen Ausbau des Hochschulwesens Anfang der 50er – 1951 wurden 32 000 Studenten gezählt – und während des letzten Drittels der 60er Jahre zur berufsbezogenen Massenausbildung, kulminierend 1972 mit 161 000 Studenten, stagniert seitdem die Entwicklung bei einer durchschnittlichen Studentenzahl von 130 000.

Im Unterschied zur Bundesrepublik Deutschland gliedert sich heute das Hochschulwesen in der DDR in einen staatlichen, dem allgemeinen Bildungssystem integrierten Teil und einen ergänzenden Bereich von H., Akademien und Instituten der *SED*, der Gewerkschaft und des *Ministeriums des Innern* und des *Ministeriums für nationale Verteidigung,* die ebenfalls über das Diplom- und Promotionsrecht verfügen. In ihnen werden ausgewählte, politisch besonders qualifizierte Führungskräfte ausgebildet (→*Elite*), wobei der politische Nachwuchs insbesondere von der *Akademie für Gesellschaftswissenschaften* beim Zentralkomitee der *SED* in Berlin (Ost) ausgewählt wird. Entsprechend umfaßt das Hochschulwesen neben den 53 staatlich angeleiteten U. und H. (1980), auf die sich die amtliche Statistik beschränkt, weitere 16 (1980) H. Kennzeichnend ist weiterhin der Dualismus von sechs traditionsreichen Volluniversitäten in Leipzig (gegründet 1409), Rostock (1419), Greifswald (1456), Halle-Wittenberg (1502), Jena (1548) und Berlin (1810) und 47 speziellen H. mit unterschiedlichen fachlichen Ausrichtungen, von denen die meisten erst nach 1945 gegründet und ausgebaut wurden: achtzehn Technische U. und H., elf künstlerische H., zehn Pädagogische und Sport-Hochschulen, drei Medizinische Akademien, drei Ökonomische und Juristische H. sowie zwei Land- und Forstwirtschaftliche H.

Der rechtliche Rahmen der U. und H. als staatlicher Einrichtungen ist im *Gesetz über das einheitliche sozialistische Bildungssystem* von 1965 festgelegt, das die 1945 begonnene Wende zu einem weltanschaulich eng gebundenen, marxistisch-leninistische Erziehungsziele verfolgenden Bildungswesen abschloß (→*Bildung*). Es regelt auch zu Beginn der 80er Jahre die Aufgaben, Prinzipien und Arbeitsbedingungen sowie die Verbindungen zu den anderen Bildungseinrichtungen, zur Wirtschaftsplanung und zu den Produktionsstätten. Stärker noch als mit dem *Hochschulrahmengesetz* in der Bundesrepublik Deutschland ist damit eine einheitliche Struktur des Aufbaus und der Abläufe der U. und H. normiert. Sie folgt den leninistischen Führungsprinzipien des demokratischen Zentralismus und der Einzelleitung. Nur formal blieben noch Anklänge an die traditionsreiche Praxis der kollegialen akademischen Selbstverwaltung bestehen, insofern vor allem die Rektoren aufgrund zentraler personalpolitischer Entscheidungen des Zentralkomitees der *SED* und der Fachministerien nur zur Kandidatur benannt, jedoch vom Wissenschaftlichen Rat der U. und H. gewählt werden, in dem die Mitglieder der *SED* die Mehrheiten stellen. Nach Bestätigung der Wahl durch das zuständige Ministerium trägt der Rektor für drei Jahre die Verantwortung für die Einhaltung der Rechtsvorschriften und der staatlichen Dienstanweisungen. Unterstützt durch Prorektoren und drei Beratungsgremien, Universitätsversammlung (Konzil), Wissenschaftlichen und Gesellschaftlichen Rat, unterstehen ihm zudem nach organisatorischem Stab-Linien-Prinzip Direktorate für Ausbildung und Erziehung, Forschung, Weiterbildung, Planung und Wirtschaft, für Kaderfragen (Personal) sowie für internationale Beziehungen, ferner die Direktoren der Sektionen. Gegenstände der Beratungen des sich aus den Delegierten aller beschäftigten Gruppen bildenden Konzils sind der jährliche Plan, der Kollektivvertrag und der Rechenschaftsbericht des Rektors. Bedeutsamer als der Gesellschaftliche Rat, der die Beziehungen in Forschung und Lehre zu den Betrieben und außeruniversitären Einrichtungen, den kommunalen Verwaltungen sowie den Massenorganisationen pflegen soll und aus diesem Grund auch Vertreter der außeruniversitären Partner zu seinen Mitgliedern zählt, ist der Wissenschaftliche Rat, da dieser die akademischen Grade und Lehrbefähigungen verleiht, den Rektor wählt und in allen Angelegenheiten berät. In beiden Räten sind die Hochschulleitungen der *SED*, der *Freien Deutschen Jugend* und des *Freien Deutschen Gewerkschaftsbunds*, ferner wissenschaftliche Mitarbeiter und in geringerer Anzahl auch Studenten vertreten. Die Gremien stellen keine mitbestimmenden Räte mit Beschlußkompetenz dar (→ *Mitbestimmung*), sondern wirken beratend, integrierend und auch kontrollierend.

Kontrastierend zur Situation der U. und H. in der Bundesrepublik Deutschland, die nach dem Zusammenbruch des nationalsozialistischen Deutschland so weit wie möglich die universitäre Autonomie und die Distanz zum parteipolitischen Machtkampf suchten, gewannen die Gruppen der *SED* und der Massenorganisationen der *Freien Deutschen Jugend* und des *Freien Deutschen Gewerkschaftsbundes* entscheidendes Gewicht im Leben der H. der DDR. So haben insbesondere die Leitungen der Hochschulorganisationen der *SED* zu gewährleisten, daß die Praxis bei personellen Entscheidungen, bei der Gestaltung und Bearbeitung der Lehr- und Forschungsthemen und den Veranstaltungen der Massenorganisationen den Intentionen der Hochschul- und Wissenschaftspolitik entspricht. Soweit die Studierenden direkt von der Erweiterten Oberschule zur U. gelangen und nicht

beispielsweise im Militärdienst oder der Berufsausbildung schon Parteimitglieder wurden, wirbt und selektiert die *SED* unter ihnen neue Mitglieder. Da den U. und H. in der Hierarchie der sich abgestuft aufeinander beziehenden Bildungsstätten vorbehalten ist, den Führungsnachwuchs für Staat und Gesellschaft, die hochqualifizierten Kader auszubilden, trägt die Erneuerung der Mitgliederschaft in der Lebensphase des Studiums dazu bei, die Kontinuität der politischen Führung zu sichern und kann zugleich für die zunächst nur als Kandidaten aufgenommenen Studierenden von großer beruflicher Bedeutung sein. Die Hochschulleitungen der *SED*, des *Freien Deutschen Gewerkschaftsbundes* und der *Freien Deutschen Jugend* sind in den Gremien der U. und H. institutionell vertreten. Während die *Gewerkschaft Wissenschaft* des *FDGB* die Beschäftigten organisiert, stellt die *Freie Deutsche Jugend* geradezu das Medium des studentischen Lebens an den H. dar.

IV. Studenten, wissenschaftliches Personal und Forschung in der Bundesrepublik Deutschland und der DDR

Grundsätzlich berechtigt in der Bundesrepublik die Hochschulreife zur freien Wahl des Studiums und der Ausbildungsstätte. Dieses Grundrecht nach Artikel 12 des *Grundgesetzes* ist durch Zulassungsbeschränkungen an den überfüllten H. in den 70er Jahren erheblich eingeschränkt worden. Ihre Verfassungsmäßigkeit ist durch das »Numerus-clausus-Urteil« des *Bundesverfassungsgerichts* von 1972 an eine erschöpfende Ausnutzung der Kapazitäten und eine sachgerechte Auswahl mit einer Chance für jeden hochschulreifen Bewerber gekoppelt worden. Die hieraus folgende umfangreiche Verordnungs- und Regelungspraxis war ein besonders empfindlicher Punkt der Auseinandersetzungen zwischen Staat und H. in den 70er Jahren.

Die Neuordnung des Studiums und die Entwicklung überschaubarer Studiengänge und Studienordnungen ist seit den Empfehlungen des *Wissenschaftsrates* von 1966 zum Dauerthema der hochschulpolitischen Diskussion geworden. Studiengänge an U. sind üblicherweise in ein Grund- und Hauptstudium gegliedert und sollen in der Regel in vier Jahren zum berufsqualifizierenden Abschluß einer Lehramt-, Staats-, Diplom- oder Magisterprüfung führen. Daran kann sich ein Aufbau- oder Promotionsstudium anschließen. Studiengänge an Fachhochschulen sollen in der Regel drei Jahre dauern. Da die tatsächlichen Verweilzeiten erheblich über den Regelstudienzeiten liegen, ist ihre Reduzierung ein wichtiges Orientierungsdatum für die Studienreform der U. und H. und der überregionalen Studienreformkommissionen. Damit verbinden sich Kontroversen über die Bildungsziele, den

Praxis- und Forschungsbezug und das Verhältnis von Verschulung und Freiheitsspielräumen in der Studiengestaltung.

Die soziale Zusammensetzung der Studentenschaft hat sich mit dem Ausbau und der Reform der U. und H. erheblich verändert. Entsprechend dem politischen Ziel einer erhöhten Chancengleichheit beteiligen sich traditionell bildungsferne Bevölkerungsschichten nunmehr stärker an der Hochschulausbildung. Dies gilt für weibliche Studienanfänger, deren Anteil sich von 1960 über 1970 bis 1980 von 27 v. H. über 31 v. H. auf 40 v. H. erhöhte. Studienanfänger aus Arbeiterfamilien gelangten in denselben Zeiträumen auf 5, 12 und 17 v. H.; ihr Anteil bei Fachschulstudenten lag 1980 bei 25 v. H. Es gibt allerdings Anzeichen dafür, daß bei ungünstigen Bedingungen in überfüllten U. und H. und auf dem Arbeitsmarkt diese Gruppen am ehesten ihren Studienwunsch wieder zurückstellen. Auch die Beteiligung aus vormals bildungsfernen Regionen hat sich verstärkt, wozu Neugründungen in hochschulleeren Regionen erheblich beitrugen. Voraussetzung für die Erhöhung der sozialen Chancengleichheit war die wirtschaftliche Sicherung des Studiums für Jugendliche aus einkommensschwachen Familien. Rund ein Drittel der Studenten finanzieren 1980 ihr Studium ganz oder teilweise mit Stipendien oder Darlehen nach dem *Bundesausbildungsförderungsgesetz* (BAföG). Studiengebühren werden seit Anfang der 70er Jahre in keinem Bundesland mehr erhoben.

Im Jahr 1980 gab es an den U. und H. 79 000 Stellen für das wissenschaftliche und künstlerische Personal, davon 33 000 Professorenstellen. Während an Fachhochschulen die Lehre deutlich dominiert, tritt bei Professoren an U. die Forschung etwa gleichgewichtig hinzu und ist bestimmender Aspekt für Reputation und Berufskarriere. Etwa ein Drittel des personellen Forschungspotentials der Bundesrepublik Deutschland ist innerhalb der U. und H. etabliert. Rund die Hälfte ihrer Wissenschaftler finanziert ihre Forschungen ganz oder teilweise aus Drittmitteln, die von der *Deutschen Forschungsgemeinschaft*, daneben von Bundes- und Landesressorts meist in Form von Auftragsforschung, von der Privatwirtschaft und von Stiftungen zur Verfügung gestellt werden.

Das in der *Verfassung* der DDR in Artikel 25 festgelegte gleiche Recht auf Bildung und die postulierte Öffnung der Bildungsstätten für jedermann sind im Hochschulwesen an Voraussetzungen geknüpft. Indem sich die Aufnahme strikt am prognostizierten Absolventenbedarf bemißt, wird ein generelles Zulassungsverfahren für alle Studiengänge und -orte nötig, in dem Studienbewerber nicht nur die in der Erweiterten Oberschule oder durch den Besuch einer Fachschule, Abiturientenklasse für Lehrlinge oder einer Volkshochschule erworbene Hochschulreife nachzuweisen haben.

Über die Zulassung wird »entsprechend dem Leistungsprinzip, den gesellschaftlichen Erfordernissen und unter Berücksichtigung der sozialen Struktur der Bevölkerung« (Art. 26 V DDR) sowie unter dem Aspekt der politischen Loyalität entschieden. Eine recht differenzierte Auslese hindert einseitig qualifizierte Bewerber am Studium. Hier wie auch in den Fragen der angemessenen Spiegelung der Sozialstruktur in den Zulassungsquoten und der Aufnahme aktiver Christen liegen Quellen für anhaltende tagtägliche Konflikte in der Gesellschaft. Die Gegenprivilegierung der Arbeiter- und Bauernkinder in den Gründerjahren der DDR führte in der zweiten Hälfte der 50er Jahre zu Anteilen dieser Schichten an der Studentenschaft von über 50 v. H., die nach dem Absinken in den 60er Jahren zugunsten der Jugendlichen aus Familien der Intelligenz diese Höhe erst wieder in den 70er Jahren erreichten. Allerdings sind in der DDR die Kategorien der Sozialstatistik aus legitimatorischen Gründen wenig entwickelt worden und enthalten große Unschärfen gerade bei der Abgrenzung der Intelligenz von der Klasse der Arbeiter und Angestellten. Der Anteil der Frauen, der 1950 noch bei 20 v.H. lag, wurde ähnlich der Entwicklung in der Bundesrepublik auf inzwischen 48 v.H. angehoben. Allerdings gelingt es Frauen in beiden Staaten nach wie vor sehr selten, Hochschullehrerinnen zu werden.

Etwa 90 v.H. der zugelassenen Studenten haben Anspruch auf ein Stipendium. Aufgrund der starken Verschulung des Studiums fehlen den Studierenden Möglichkeiten zu eigenen Einkünften. Die Regelstudienzeit begrenzt das Studium auf vier Jahre, zahlreiche Pflichtveranstaltungen füllen den Studienalltag. Von den beiden vorlesungsfreien Monaten im Jahr bleiben vier Wochen den Produktionseinsätzen und der militärischen Ausbildung vorbehalten.

Während die Studentenzahlen seit Mitte der 70er Jahre stagnieren, steigt die Anzahl der Hochschullehrer zwischen 1975 und 1980 von 5 300 auf 6 000, ähnlich die der 16 600 Wissenschaftlichen Mitarbeiter (1975). Im Unterschied zur Bundesrepublik Deutschland werden Berufsprestige und Autorität der Professoren noch nicht in Frage gestellt; ihre äußerlichen Bindungen an Traditionen sind ausgeprägter. Die Lehre dominiert, auf die Forschung entfällt nach Zeitbudgeterhebungen lediglich 20 v.H. der von Hochschullehrern verbrachten Arbeitszeit. Die Forschung ist in der DDR im starken Maße in Akademien konzentriert. In den U. und H., den Akademien und den Forschungsstätten der Wirtschaft waren Ende der 70er Jahre 175 000 als wissenschaftliches Personal beschäftigt. An der Finanzierung der universitären Forschung sind, insbesondere bei größeren und dringlichen Projekten, der Staatshaushalt sowie die Betriebe beteiligt. Angestrebt werden wissenschaftlich-ökonomische Komplexe, wie sie etwa in den Universitätsstädten Jena und Dresden schon bestehen.

V. Unterschiedlicher bildungspolitischer Charakter

Die Expansion des Hochschulwesens, seine Öffnung für bildungsferne Bevölkerungsschichten und eine stärkere Wende zur berufsbezogenen Ausbildung ist für beide deutsche Staaten typisch. Wie schon seit Beginn des 19. Jh., bleiben die U. und H. damit Stätten der wissenschaftlichen Vorbildung für Berufe mit starkem Wissenschaftsbezug, für Anwärter der staatlichen Dienste und in der Bundesrepublik Deutschland für öffentlich-rechtlich gebundene Berufe wie die der Rechtsanwälte, Ärzte und Wirtschaftsprüfer. Der in den Technischen H. entwickelte Studienabschluß des Diploms hat sich, meist in Kontakt mit der Berufswelt, auch an den U. verbreitet, in der DDR als Regelfall. Der dennoch unterschiedliche bildungspolitische und weltanschauliche Charakter der U. und H. zeigt sich bei einem Vergleich vor allem in erheblich geringeren Zugangssperren, in der von Lehrenden und Lernenden genutzten weiten akademischen Freiheit der Wahl und wissenschaftlichen Bearbeitung von Themen und einer geringeren Nähe zur staatlichen Politik in der Bundesrepublik Deutschland, bei starker Verschulung, direkter staatlicher Anleitung und einer engen Bedarfsorientierung in der DDR.

Sowenig ein Hochschulsystem sich den Zeitläufen entziehen und seine Strukturen als immerwährend ansehen kann, so ist doch die Umgestaltung in der DDR in den Grundzügen seit geraumer Zeit abgeschlossen. Demgegenüber befindet sich das Hochschulwesen in der Bundesrepublik Deutschland in einem noch nicht beendeten Übergang. Dabei geht es nach außen um eine neue Bestimmung des Verhältnisses von H. und Staat. In der Entwicklung zum kooperativen Föderalismus haben die Bundesländer einige Kompetenzen an die bundesstaatliche Planung abgegeben, gleichzeitig haben die Länder ihren Zugriff auf die H. verstärkt. In welcher Weise sich das empfindliche Gleichgewicht zwischen Hochschulautonomie und staatlichen Vorgaben einpendeln wird, ist entscheidend für das Selbstverständnis und Selbstbewußtsein der U. und H.

Nach innen geht es insbesondere um das Verhältnis von Lehre und Forschung in der Massenhochschule. Für die Ausgestaltung der traditionellen Verbindung von Forschung und Lehre stehen sich idealtypisch zwei Modelle gegenüber. Nach dem einen soll der Forschungsbezug im Studium als Elitenförderung besonders hochqualifizierten Studenten vorbehalten werden (Aufbaustudium), nach dem anderen ist er als durchgängiges didaktisches Prinzip zu verwirklichen. Die Einbettung und Ergänzung des Fachstudiums durch weitergreifende Bezüge, etwa im sozialwissenschaftlichen Bereich, werden gefordert und realisiert, jedoch mit Blick auf die DDR auch als »ideologisches« Studium abgelehnt.

H. Peisert, R. Rytlewski

Literatur
H. Schelsky, Einsamkeit und Freiheit. Idee und Gestalt der deutschen U. und ihrer Reformen, Hamburg 1963
G.-J. Glaeßner, H. Haase, R. Rytlewski, Student und Studium in der DDR, Bonn-Bad Godesberg 1971
Materialien zur Studienreform, hrsg. v. Bundesministerium für Bildung und Wissenschaft, Bonn 1979
H.-J. Schulz u.a., Das Hochschulwesen der DDR, Berlin (Ost) 1979
H. Peisert, G. Framhein, Das Hochschulsystem in der Bundesrepublik Deutschland, Stuttgart 1980
K. Starke, Jugend im Studium. Zur Persönlichkeitsentwicklung von Hochschulstudenten, Berlin (Ost) 1980
W. Fläschendräger u.a., Magister und Scholaren, Professoren und Studenten. Geschichte deutscher U. und H. im Überblick, Leipzig, Jena, Berlin (Ost) 1981

Unterhaltung

Im Sprachgebrauch des Wortes U. sind sehr unterschiedliche, ja widersprüchliche Bedeutungszusammenhänge enthalten. Der Begriff entwickelte sich vom spätmittelhochdeutschen *underhalten* im Sinne von »etwas unter etwas anderes halten«, »abstützen«, über die Bedeutung von »unterstützen«, »bewahren«, »in Gang halten« zu dem an das französische *soutenir, entretenir,* angelehnte »Unterhalten« in der Bedeutung von Kommunikation mit »leichtem« Gesprächsstoff, die der Erbauung, Rekreation und dem Vergnügen dient. Vermutlich hat erst die Affinität zu dem angelsächsischen Begriff *entertainment* dazu geführt, daß man auch im deutschen Sprachraum unter U. neben dem informellen Gespräch vor allem jenen Teil der → *Massenkommunikation* versteht, der sich aus Resten der → *Volkskultur* speist und weder politische noch ästhetische Provokationen enthält. Allgemein umfaßt U. das Angebot der modernen Massenkommunikation und auch jenen Teil des kulturellen Angebots etwa des Theaters und Konzerts, der dem Vergnügen mehr als der kritischen Teilnahme dient; sodann die organisierten Geselligkeiten des Vereinslebens, der Kneipenkultur, des Tanzes, der Feiern u. a.; des weiteren das Spiel in und außerhalb der Familie, die weniger leistungs- als gemeinschaftsbezogenen Bereiche des Massensports und bestimmte Formen des Tourismus; schließlich die passive Anteilnahme am Leistungssport als Genuß dramatischen, Engagement fördernden Geschehens. Allerdings deutet sich an, daß U. immer ausschließlicher in Zusammenhang mit den Massenmedien gesehen wird.

In der westlichen Kunst- und Literaturbetrachtung hat man an die Stelle einer strikten Zweiteilung zwischen → *Kunst* und U. verschiedene »Schichtenmodelle« gesetzt, die in Übereinstimmung mit sozialen Schichtenmodellen der Soziologie stehen. So unterscheidet etwa F. Kunert in »Hohe Literatur/Poesie (= literarische Oberschicht), Unterhaltungsliteratur (= literarische Mittelschicht), Trivialliteratur – Schund – Kitsch – Comics (= literarische Unterschicht)« (Unterhaltungs-, Trivial-, Schundliteratur, Kitsch, in: Die Literatur, Freiburg i. Br. 1973, S. 425).

U. grenzt sich sowohl nach oben zur Kunst als nach unten, zum »Schund« hin ab. Erzeugnisse, die geistig anspruchslos, nur zweifelhaft oder ästhetisch unbefriedigend sind, heben sich als Trivialitäten, Schund und → *Kitsch* von einer positiv definierten U. ab. Die gesellschaftliche Maßnahme, die U. von der Kunst abzugrenzen, ist die Überantwortung der U. an den freien bis öffentlich-rechtlich organisierten kulturellen Massenmarkt im bürgerlichen, die stärkere Einbettung in sanktionierte, kontrollierte und entindividualisierte kulturelle Veranstaltungen im sozialistischen System. Da man der Kunst in höherem Maße eher repräsentative und bewußtseinsbildende Aufgaben zubilligt als der U., weist man diesem Bereich höhere Formen der Ehrung zu, was in Akten der nationalen Aneignung künstlerischer Leistungen kulminiert. So funktioniert Kunstgeschichte ohne weiteres als Appendix und Apologie der Nationalgeschichte. Eine Geschichte der U. kann solchen Anforderungen nicht gerecht werden, schon weil sie ihre Wirkung aus der behaupteten Universalität »kleinbürgerlicher« Lebensgestaltung zieht.

Mannigfaltig sind die Versuche, U. vor dem Abgleiten in die Trivialität zu bewahren. Sie reichen von der mit mehr oder minder rigiden Mitteln vorgenommenen Geschmacksbildung in der Familie über den Anspruch pädagogischer Institutionen bis zur offenen, versteckten oder strukturellen → *Zensur.* U. kann nicht mit der gleichen politischen und moralischen Freiheit rechnen wie die Kunst. Kein Fernseh-Quizmaster kann sich herausnehmen, was sich ein moderner Romancier gestatten darf. Der ästhetische Spielraum von U. ist weit geringer, als die Vielzahl von angebotenen Waren und Dienstleistungen vermuten ließe.

U. hat als Aufgabe die Befriedigung oder Scheinbefriedigung von Bedürfnissen, die Arbeit und soziale Prozesse unberücksichtigt lassen oder durch sie erst geschaffen werden. U. dient darüber hinaus der sozialen Orientierung und der Einübung von Wertvorstellungen. U. schafft das Gefühl sozialer Harmonie, bewirkt und spezifiziert aber auch Feindbilder und deren Aufrechterhaltung. Hier finden aufgestaute Aggressionen möglicherweise ein Ersatzobjekt. U. dient emotionalen Verstärkungen von Weltbildern und Geschichtsauffassungen, mit denen sich in der Widersprüchlichkeit der eigenen Umwelt leben läßt, der Abwehr von Unlustgefühlen und Unzufriedenheit, der Motivierung zu Leistung und Anpassung, der Definition des eigenen sozialen Status und der Lenkung des Konsumverhaltens. Hierbei ist U. Konsumreiz durch Mode- und Trendsetzung, in selteneren Fällen auch Verklärung von Konsumverzicht. Die Mythenbildung um Wunderkarrieren, wie sie sich in der Geschichte vom Industriearbeiterkind, das ein gefeierter Star wird, ausdrückt, behindern die Auseinandersetzung mit kulturellen und sozialen Widersprüchen. Überdies dient U. der Abwehr oder Integration von (sub-)kulturellen Momenten, die »von außen« kommen oder aus sonstigen Gründen nicht erwünscht sind. U. dient auch der Schaffung einer Alternative zu anderen Betätigungen mit sozial unerwünschten Auswirkungen wie Alkoholismus, kollektive oder individuelle Gewalt, politische Organisation oder Gegenkultur.

U. als zunächst bürgerliches, später auch proletarisches Freizeitvergnügen *(→ Kulturindustie und Massenkultur)* hat die Tendenz, in den Medien, die zum Teil durch sie erst konditioniert wurden, zu wuchern. U. strebt nach immer neuen Motiven und Lebensbereichen. Hat, wie in den westlichen Industrienationen, die → *Arbeit* an sich keine andere Funktion, als das Einkommen zu sichern und einen damit verbundenen sozialen Aufstieg, so wird, umso sinnentleerter der Arbeitsprozeß erscheinen muß, die → *Freizeit* zum eigentlichen Sinnträger des Lebens. Sie wird, im weitesten Sinne, mit U. gefüllt.

Die Unterhaltungsindustrie entwickelt sich dem Anschein nach umgekehrt proportional zu den zyklischen Krisen der Gesamtwirtschaft. In einer Zeit, da andere Industriezweige stagnieren oder in Schwierigkeiten geraten, gelten die Zweige der Unterhaltungsindustrie als Wachstumsbranchen. Voraussetzung dafür ist freilich die Erschwinglichkeit für den einzelnen. Je unsicherer die politische und wirtschaftliche Situation, desto ungenierter muß in der bürgerlichen Gesellschaft die U. Trost, Regression und Aggressionsabfuhr bewirken. Dann pflegt sich die U. weitgehend von aufklärerischen »Stacheln« zu befreien. Diese Tendenz ist bei den rein privatwirtschaftlichen Zweigen zwar besonders ausgeprägt, wie auf dem Videomarkt oder bei den Zeitschriften, erfaßt aber auch den öffentlich-rechtlich organisierten Teil der U. wie das Fernsehen, die damit verbundene freie Filmproduktion und den Sport.

Die Wirkung von U. widerspricht in den bürgerlich-demokratischen Gesellschaften der Vorstellung vom mündigen Bürger. Liberale und sozialdemokratische Kräfte sind also bestrebt, eine Humanisierung der U., ihre Befreiung von allzu ausgeprägt atavistischen, menschen- und speziell frauenfeindlichen Vorurteilen bestätigenden Tendenzen zu bewerkstelligen. Auf theoretischem und in bescheidenem Umfang auch auf praktischem Gebiet wurde eine solche Humanisierung in der Bundesrepublik zu Anfang der 70er Jahre versucht. Vom Publikum wurde diese verordnete oder freiwillige Humanisierung kaum angenommen. In der Diskussion wurde U. auch als seismographischer Indikator für soziale Befindlichkeit gesehen. Eine Gegenposition wendet sich vehement gegen eine Ausbreitung von Schmutz und Schund und fordert gleichzeitig, harmonisierende, volkstümliche und konservative Werte vermittelnde Unterhaltungsprodukte zu unterstützen.

War in der DDR U. zunächst ein allenfalls bis zu einem gewissen Grad geduldetes, wegen der Affinität zu bürgerlichen Verhaltens- und Denkweisen skeptisch betrachtetes, aber wohl notwendiges Mittel zur Reproduktion der Arbeitskraft und zur Bildung von Gemeinschaft, so sah das auf dem IX. Parteitag 1976 beschlossene neue Programm der *SED* eine Aufgabe darin, »mehr Voraussetzung für kulturelle Gemeinschaftserlebnisse, für niveauvolle Geselligkeit, U. und Tanz sowie für sportliches Wetteifern zu schaffen«.

Ein Kommentar dazu erläutert die Funktion, die der U. im sozialistischen Alltag zuerkannt wird: »Alle Unternehmungen und Analysen, die von der realen Lebenstätigkeit und den Lebensbedingungen der Werktätigen ausgehen, weisen aus, daß das Bedürfnis nach U. stets einen der ersten Plätze im Ensemble kultureller Bedürfnisse einnimmt. U. stellt im Sozialismus einen unabdingbaren Bestandteil des geistig-kulturellen Lebens dar. Sie läßt sich nicht auf Umrahmung, Zeitvertreib, Zerstreuung, schmückendes Beiwerk reduzieren, sondern ist Teil der Lebenstätigkeit der Werktätigen« (P. Spahn, S. 5).

Wie im Programm des IX. Parteitags gefordert, soll U. vor allem Freude am Leben im Sozialismus, Genußfähigkeit, soziales Wohlbefinden, aber auch sozialistische Verhaltensweisen, wie Liebe zum sozialistischen Vaterland und Verbundenheit mit den sozialistischen Brudervölkern, fördern, um imperialistische und kapitalistische Ideologien und Verführungen abzuwehren.

Auffallendster Unterschied zwischen der U. in bürgerlichen und sozialistischen Gesellschaften ist neben der gelegentlich eingestreuten sozialistischen Propaganda, daß es in den sozialistischen Gesellschaften zumindest offiziell den Bodensatz von Schund, Trivialität und Kitsch nicht gibt. So schreibt J. R. Becher: »Unsere Kulturrevolution besteht unter anderem auch darin, daß die Millionenmasse minderwertiger Unterhaltungsliteratur nicht mehr erscheint und somit Millionen Leser umgestimmt werden und für unsere Literatur gewonnen werden müssen« (Bemühungen I, Berlin (Ost), Weimar, 1972, S. 104).

Die am sozialistischen Menschenbild orientierte U. grenzt die Verletzung der Menschenwürde etwa in Form der Pornographie, der aggressiven Komödie, des Spiels mit der Geschmacklosigkeit, die Verherrlichung kriegerischer Aktivitäten um ihrer selbst willen und antisozialistischen Defätismus im allgemeinen aus. Das größte Augenmerk gilt der Bewahrung der U. vor subversiven und politisch anstößigen Elementen. Zugleich muß sich, zumindest theoretisch, der Widerspruch zwischen Kunst und U. verlieren, da die Kunst nicht mehr an die Exklusivität des Kunstmarkts gebunden ist.

Die Verknüpfung von U. und politischer Manifestation wird in der Tradition der proletarischen Kultur gesehen, so etwa in Anlehnung an die Feiern zum 1. Mai oder zum 10. September, dem *Internationalen Gedenktag für die Opfer des faschistischen Terrors und Kampftag gegen Faschismus und imperialistischen Krieg*, wo politische Willensbekundungen mit U. verbunden waren. Andere proletarische Traditionen für eine sozialistische U. finden sich beim Volkstheater, dem Kabarett, den musikalischen Vorführungen und in den Arbeiterbildungsinstituten.

Zur Konstituierung einer sozialistischen Anschauung von U. wird neben dem Rekurs auf proletarische, klassenkämpferische Kulturleistungen die Kritik an der bürgerlichen Form der U. bemüht.

Die Trennung zwischen Arbeit und Freizeit, zwischen Konzentration und Zerstreuung, die für die bürgerliche U. als bestimmend angesehen wird, konnte jedoch trotz solcher Kritik auch in der sozialistischen Gesellschaft nicht überwunden werden. In einem gewissen Rahmen muß unpolitische, ja antipolitische U. zugelassen werden. Die Forderung, U. als Wiedergabe gesellschaftlichen Fortschritts zu verstehen, muß, auf die Praxis in der DDR angewandt, zu bestimmten Zeiten in direkte Kritik an der Kulturpolitik der Parteiführung umschlagen. Seit die U. der DDR auch technologisch aufgeschlossen hat, produziert sie auf dem Gebiet der leichten Musik, der Film- und Fernsehstücke Dinge, die sich ohne weiteres in den Westen exportieren lassen. So hat etwa Rockmusik aus der DDR mit musikalischen Mitteln der mittsechziger Jahre und Texten, deren Unverbindlichkeit ihre Herkunft kaum verraten, in der Bundesrepublik in der zweiten Hälfte der 70er Jahre einen Boom erlebt. Die Geschichte der U. in der DDR ist die der Abwehr und der Konkurrenz mit dem legal oder illegal konsumierten Angebot aus dem Westen. Zwar wurden die entsprechenden Medien schon relativ frühzeitig organisiert, im Mai 1945 war der Beginn des eigenen →*Hörfunks,* im selben Jahr nahm der auf Themen der U. und der Medien spezialisierte *Henschelverlag* seine Arbeit auf. Im Mai 1946 wurde schließlich aus der Konkursmasse der *Ufa* die *Deutsche Film AG* gegründet, aber die

Versuche, U. mit →*Propaganda* zu verbinden, erwiesen sich als wenig tauglich. Auch wurde das Amerikanische in Bausch und Bogen abgelehnt, ob es sich dabei um Manifestationen sogenannter kapitalistischer, imperialistischer Ideologie oder aber um den Ausdruck proletarischer Gegenkulturen wie den *Blues* handelte. Ohne U., wie in den westlichen Gesellschaften, als herrschaftsfreien Raum zu suggerieren, mußte schließlich eine eigene, sich mehr an dem Einzelnen als an der Gesellschaft orientierende Unterhaltungskonzeption entwickelt werden.

U. in der DDR ist gekennzeichnet durch das Mißverhältnis von Angebot und Nachfrage wegen der temporären Vernachlässigung der »leichten« U. in der künstlerischen Ausbildung und in der theoretischen Legitimierung und durch das Vorbeiproduzieren an den Bedürfnissen des Publikums, das sich durch seine Westorientierung Maßstäbe der bürgerlichen U. angeeignet hat. Hinzu kommen unpopuläre Zensurmaßnahmen und ideologische Rituale, die dem zunächst sinnlichen Charakter von U. widersprechen, Bürokratisierung und Schwerfälligkeit in Produktion und Distribution und ein ideologisches Dilemma, das auf dem V. Parteitag der *SED* (1958) so definiert wurde: »Hier (bei der U.) muß die sozialistische Kulturpolitik ständig an zwei Fronten kämpfen: auf der einen Seite gegen die gar zu große opportunistische Bereitschaft, das Unterhaltungsbedürfnis mit gängiger Massenware zweifelhafter Herkunft und Qualität zu beliefern, und auf der anderen Seite gegen sektiererische Tendenzen, aus der so notwendigen Wiederbelebung aller Formen, der politisch-agitatorischen Laienkunst ein Allheilmittel der künstlerischen Massenkultur zu machen.«

Wie das Wort U. gebraucht wird, ist vor allem eine Aussage darüber, was mit den Wünschen, Träumen und Ängsten der Menschen geschieht, die sich nicht in offizieller oder Hochkultur aufheben lassen. Für die DDR hat H. Slomma die U. »als Glied der sozialistischen Lebensweise« zu bestimmen versucht. Doch wird die Praxis der U. selten dem Anspruch gerecht, den er in Abgrenzung zur kapitalistischen Vergnügungsindustrie als »dialektische Durchdringung von Kultur und U.« zusammenfaßt. Diese werde erst möglich, »wenn auf der Grundlage sozialistischer Produktionsverhältnisse der Gegensatz von Arbeit und Freizeit aufgehoben ist, mit der Brechung des Bildungsprivilegs sich sämtliche kulturschöpferischen Fähigkeiten des Menschen frei entfalten können und die kulturellen Schätze dem ganzen Volk zugänglich gemacht worden sind« (H. Slomma, S. 11).

G. Seeßlen

Literatur
K. Ziermann, Romane vom Fließband. Die imperialistische Massenliteratur in Westdeutschland, Berlin (Ost) 1969
K. Boehmer, Zwischen Reihe und Pop, Musik und Klassengesellschaft, Wien, München 1970
H.F. Foltin, Die Unterhaltungsliteratur der DDR, Troisdorf 1970
H. Slomma, Sinn und Kunst der U., Berlin (Ost) 1971
G. Seeßlen, B. Kling, U. Lexikon zur populären Kultur, Bd. 1 und 2, Reinbek 1977
L. Bisky, Geheime Verführer. Geschäfte mit Show, Stars, Reklame, Sex, Horror, Berlin (Ost) 1980
P. Spahn, U. im Sozialismus, Berlin (Ost) 1980

Urheberrecht

Beim Begriff des U. ist juristisch zu unterscheiden zwischen dem U. im objektiven und dem U. im subjektiven Sinn. In der Bundesrepublik ist U. im objektiven Sinn der Schutz kultureller Geistesschöpfungen, das heißt des Ergebnisses schöpferischer Tätigkeit, des Geisteswerks, nicht aber der Tätigkeit als solcher. U. im subjektiven Sinn verkörpert die Berechtigung des Urhebers an seinem Geisteswerk.

Im Recht der DDR umfaßt U. im objektiven Sinn alle rechtlichen Bestimmungen, deren Gegenstand das urheberrechtlich geschützte Werk ist. U. im subjektiven Sinn umfaßt als »einheitliches sozialistisches Persönlichkeitsrecht« den Schutz der geistigen und materiellen Interessen des Urhebers auf der Grundlage der als objektiv übereinstimmend vorausgesetzten Interessen von Urheber und Gesellschaft.

Vorläufer der heute geltenden Urheberrechtsgesetze waren das *Gesetz betreffend das U. an Werken der Literatur und der Tonkunst* von 1901 und das *Gesetz betreffend das U. an Werken der bildenden Künste und der Photographie* von 1907. Beide Gesetze vernachlässigten fast vollständig die persönlichkeitsrechtlichen Befugnisse des Urhebers. In der Bundesrepublik wurden sie, da sie auch internationalen Ansprüchen nicht mehr genügten, durch das *Gesetz über U. und verwandte Schutzrechte* von 1965 aufgehoben. Nur soweit es den Schutz von Bildnissen betrifft, gilt das Gesetz von 1907 fort, da das Urheberrechtsgesetz von 1965 insoweit keine Regelungen trifft. Das Urhebervertragsrecht, das das Verhältnis der Schriftsteller und Komponisten zu den Verlagen regelt, richtet sich auch heute noch nach den weitgehend abdingbaren Vorschriften des *Gesetzes über das Verlagsrecht* von 1901. Auch in der DDR galten die Gesetze von 1901 und 1907 als sogenanntes sanktioniertes Recht bis Ende 1965 fort. Das Anfang 1966 in Kraft getretene *Gesetz über das U.* bricht mit der Vorstellung vom U. als geistigem Eigentum und will insbesondere »kein Sonderrecht für Außenseiter der Gesellschaft im Sinne der bürgerlichen Elitetheorie« (H. Püschel, S. 17) sein. Es unternimmt vielmehr, diejenigen gesellschaftlichen Verhältnisse zu regeln, die im Zusammenhang mit der Schaffung und Verbreitung von Werken auf dem Gebiet der Wissenschaft, der Literatur, der Volksbildung, der Publizistik und der Kunst entstehen. Dazu gehört auch das *Urhebervertragsrecht*, das das Verlagsgesetz von 1901 ablöst.

Schutzgut des U. sind sowohl in der Bundesrepublik als auch in der DDR Werke der Literatur, der Wissenschaft und der Kunst. Ein Werk in diesem Sinn setzt eine individuelle geistige Schöpfung voraus. Sie muß in einer wahrnehmbaren Form Ausdruck gefunden haben, ohne daß sie körperlich fixiert sein muß. So liegt ein durch das U. geschütztes Werk schon bei einer vorgetragenen, aber noch nicht niedergeschriebenen geistigen Leistung vor. Allzu hohe Anforderungen dürfen an die geistige Schöpfung nicht gestellt werden. Reine Nachrichten oder nur informative Meldungen sind aber als Werk im Sinn des U. ebensowenig geschützt wie nur handwerkliches Können und erlernte Kenntnisse, die über das Niveau alltäglicher Arbeit nicht hinausgehen. Die Bearbeitung oder Übersetzung eines Werks ist unabhängig vom U. am bearbeiteten Werk selbständig geschützt, wenn sie eine eigene geistige Schöpfung darstellt (→ *Übersetzen*).

Die individuelle Leistung schließt nicht aus, daß sie von mehreren gemeinsam geschaffen wurde. Sie sind dann Miturheber. Juristische Personen scheiden als Urheber aus, da sie keine eigenen geistigen Leistungen vollbringen können. Nicht durch das U. geschützt sind künstlerische Tätigkeiten bloß interpretierender oder reproduzierender Art. Die Stellung der ausübenden Künstler ist aber als verwandtes Schutzrecht auch im U. der Bundesrepublik und der DDR geregelt; die hiernach wichtigsten Rechte sind das Verbot der Nutzung ihrer Leistung ohne ihre Einwilligung und der Schutz gegen den künstlerischen Ruf schädigende Entstellungen.

Das *Urhebergesetz* der Bundesrepublik unterteilt die Rechte des Urhebers in das Urheberpersönlichkeitsrecht und die Verwertungsrechte. Das Persönlichkeitsrecht schützt seine immateriellen Beziehungen zum Werk. Dazu gehören das Recht des Urhebers, über die Veröffentlichung zu bestimmen, das Recht auf Reinerhaltung des Werkinhalts und das Recht auf Nennung seines Namens, das heißt Schutz vor Fälschung oder unberechtigter Verwendung (→ *Plagiat und Fälschung*). Diese Rechte sind vererblich, aber sonst nicht übertragbar.

Verwertungsrechte sind insbesondere das Vervielfältigungs-, das Verbreitungs- und das Ausstellungsrecht sowie das Recht auf öffentliche Wiedergabe. Sie sollen dem Urheber die wirtschaftliche Nutzung seines Werks sichern und ein geschütztes Einkommen verschaffen. Um die finanzielle Sicher-

heit der Urheber zu gewährleisten, wird seit der *Urheberrechtsnovelle* (1973) eine Bibliothekstantieme mit einer anfänglichen Jahrespauschale von 9 Mio. DM erhoben. Außerdem fordern die Verlage statt des Nulltarifs bei Kopien durch Bibliotheken eine mit der Geräteabgabe vergleichbare Vergütungspflicht. Da die Raubkopien bei Ton- und Videokassetten ansteigen, schlägt die *Weltorganisation für geistiges Eigentum* eine Taxe auf unbespielte Kassetten vor, die den sonst geschädigten Künstlern und Verlegern zugute kommen soll. Wenn der Urheber selbst nicht in der Lage ist, sein Werk zu nutzen, kann er einem anderen, insbesondere einer Verwertungsgesellschaft, Nutzungsrechte einräumen. Auf dem Gebiet der Musik ist die *Gesellschaft für musikalische Aufführungsrechte und mechanische Vervielfältigungsrechte* (GEMA) am bekanntesten. Diese Verwertungsgesellschaften können aber nur den Inhalt eines Verwertungsrechts erlangen, das als solches ebenso wie die Urheberpersönlichkeitsrechte nicht übertragbar ist.

Das U. ist als geistiges → *Eigentum* ähnlich wie das Sacheigentum sozial gebunden. Es unterliegt daher Beschränkungen zugunsten allgemeiner und privater Interessen. Die wichtigsten sind die zulässige Vervielfältigung urheberrechtlich geschützter Werke für die Rechtspflege und die öffentliche Sicherheit, für den Kirchen-, Schul- und Unterrichtsgebrauch sowie für den persönlichen Gebrauch. Seit 1977 ist der Gebrauch zum Teil vergütungspflichtig; der Urheber kann aber nicht verhindern, daß sein Werk zu diesen Zwecken vervielfältigt wird. Das U. erlischt in der Bundesrepublik 70 Jahre nach dem Tod des Urhebers. Werke der Photographie unterliegen nur einer Schutzfrist von 25 Jahren nach Herstellung oder Veröffentlichung. Die Verletzung des U. begründet nicht nur zivilrechtliche Ansprüche des Urhebers auf Unterlassung und Schadenersatz, sondern wird auch strafrechtlich verfolgt.

Auch das als sozialistisches Persönlichkeitsrecht verstandene U. der DDR unterscheidet nichtvermögensrechtliche und vermögensrechtliche Befugnisse. Die ersten stimmen im wesentlichen mit dem Urheberpersönlichkeitsrecht der Bundesrepublik überein. Das Recht zur Veröffentlichung verfolgt allerdings ausschließlich Negativbefugnisse, das Werk kann nicht gegen den Willen des Urhebers in Verkehr gebracht werden. Ob das Werk aber veröffentlicht werden kann, entscheidet nicht der Urheber, sondern die kulturelle Einrichtung, der er das Werk zur Veröffentlichung übergeben hat.

Die vermögensrechtlichen Befugnisse geben dem Urheber das ausschließliche Recht, über die Vervielfältigung, die Verbreitung, die öffentliche Ausstellung, Aufführung oder den Vortrag, die Verfilmung oder die Sendung zu entscheiden. Auch nach dem *Urhebergesetz* kann der Urheber nicht das U. als solches, wohl aber die Befugnis zur Nutzung auf

711

andere übertragen. Die bedeutendste Verwertungsgesellschaft in der DDR ist die *Anstalt zur Wahrung der Aufführungsrechte auf dem Gebiet der Musik* (AWA).

Die vermögensrechtlichen Befugnisse sollen dem Urheber bei jeder Verwendung seines Werks eine Vergütung sichern, die seiner Leistung für die Gesellschaft entspricht. Der *Minister für Kultur* erläßt entsprechende Honorarordnungen. Soweit es zum Schutz der gesellschaftlichen Interessen, insbesondere zur Aneignung der Schätze von Kunst und Wissen durch die gesamte Gesellschaft und zur Entfaltung von Wissenschaft und Kunst erforderlich ist, können Werke ohne Einwilligung des Urhebers und ohne Zahlung einer Vergütung frei genutzt werden. Die zulässigen Fälle sind im *Urhebergesetz* abschließend aufgeführt. Die wichtigsten Formen der freien Werknutzung sind die Vervielfältigung zum persönlichen und beruflichen Gebrauch sowie die Vervielfältigung zum Zweck der → *Information* und Dokumentation. Dokumentationsdienste dürfen auch geschützte Werke für Benutzer dieser Einrichtungen vervielfältigen, müssen aber an den Urheber eine Vergütung zahlen. Die freie Werknutzung befreit nicht von der Beachtung der nichtvermögensrechtlichen Befugnisse des Urhebers. Verletzungen des U. haben nur zivilrechtliche Folgen, etwa Wiederherstellungs-, Unterlassungs- und Schadenersatzansprüche, sind aber frei von strafrechtlichen Sanktionen.

Das U. endet in der DDR entsprechend der international üblichen Regelung durch die *Berner Übereinkunft* 50 Jahre nach dem Tod des Urhebers. Auch nach Ablauf der Schutzfrist ist der Schutz der geistigen Güter der Nation aber gewährleistet; für ihn sorgen die zuständigen staatlichen Organe oder Institutionen.

Das U. der Bundesrepublik sichert die Anerkennung und Ausgestaltung des naturgegebenen geistigen Eigentums, das der Urheber an seinem Werk hat. Die gesetzliche Regelung will daher einen Ausgleich zwischen den Interessen des Urhebers und den Belangen der Allgemeinheit, der Kunst und Wissenschaft und des einzelnen Verbrauchers schaffen, wobei grundsätzlich vom Vorrang der Urheberinteressen ausgegangen wird. Denn neben dem persönlichen Interesse des Urhebers am ideellen und geistigen Schutz seines Werks steht auch sein Interesse an einer wirtschaftlichen Verwertung. Er schafft in der Regel auf eigenes Risiko ein Werk, dessen wirtschaftlicher Wert noch nicht abschätzbar ist. Seine Position gegenüber dem Verwerter ist daher schwach. Hier wird es als Aufgabe der Rechtsordnung angesehen, dem Urheber den vollen Wert seines Werks zu sichern und seine Position zu stärken.

Das U. der DDR ist hinsichtlich seines Gegenstandes, des geschützten Werks, mit dem Recht der Bundesrepublik weitgehend identisch. Der Unterschied liegt aber in der Zielsetzung. Der gesamte Bereich der Entstehung und Verwertung individueller schöpferischer Leistungen gilt als durch die Interessen der Gesellschaft bestimmt. Das U. findet seine Aufgabe primär darin, die schöpferischen Tätigkeiten aller Werktätigen in Verbindung mit dem Volk und die Entstehung neuer Werke der sozialistischen Gegenwartskunst zu fördern. Es will damit zur »Entwicklung spezifischer Formen der Erhöhung der führenden Rolle der Arbeiterklasse auf kulturellem Gebiet« (H. Püschel, S. 17) beitragen. Es dient nicht der Sicherung einer vom Staat und der Gesellschaft getrennten privaten Rechtssphäre, sondern sucht die Interessen des Urhebers mit den Interessen der Gesellschaft an der Entwicklung der sozialistischen Nationalkultur in Einklang zu bringen. Die sich aus dem sozialistischen Persönlichkeitsrecht ergebenden Befugnisse sollen den Urheber zur weiteren Entfaltung seiner schöpferischen Fähigkeiten, zum Nutzen für die sozialistische Gesellschaft anregen.

S. v. Heimburg

Literatur
H. Püschel (Hrsg.), U. Leipzig 1975
F.-W. Peter, Zu Änderungen der Fotokopiebestimmungen im Urheberrechtsgesetz, Frankfurt a. M. 1977
H. Hubmann, Urheber- und Verlagsrecht, München [4]1978
F. K. Fromm, W. Nordemann, U., Stuttgart, Berlin, Köln, Mainz [4]1979
J. Straus, Information und Dokumentation im U. der Deutschen Demokratischen Republik, UFITA Bd. 86, 1980, S. 1 ff.

Verein

I. Bürgerliche Organisationsweise – II. Entstehung, Funktionen und Wandel – III. Wachsende Mitgliederzahl bei sinkendem Engagement – IV. Leistung unter staatlicher Kontrolle – V. Geringer politischer Einfluß

I. Bürgerliche Organisationsweise

Unter V. werden in der Bundesrepublik Deutschland primär die lokalen, freiwilligen und auf Dauer angelegten Zusammenschlüsse natürlicher Personen verstanden. Vereinigungszweck, innere Organisationsstruktur und Mitgliedschaft ist in der Regel autonom und satzungsförmig festgelegt. Organisiert werden spezielle Bedürfnisse und Interessen, die bereits weitgehend durch die eigenen Organisationsleistungen realisiert werden können, so daß eine enge Verbindung von Vereinsziel und Mitglieder-motiven typisch ist. In der DDR wurden alle V. aufgelöst; im offiziellen Sprachgebrauch ist der Begriff unbekannt. Wer sich während seiner Freizeit zusammen mit Gleichgesinnten betätigen will, kann sich einem Zirkel anschließen. Diese Zirkel, auch Interessengemeinschaften oder Freundeskreise genannt, werden von Massenorganisationen wie der *Freien Deutschen Jugend* und dem *Freien Deutschen Gewerkschaftsbund* in Betrieben und Schulen vor allem veranstaltet oder gehören zum Programman-gebot der Kulturhäuser und Klubs. Als selbständige Dachverbände existieren für Sportler der *Deutsche Turn- und Sportbund* mit 35 nachgeordneten Ver-bänden wie dem *Deutschen Verband für Wandern, Bergsteigen und Orientierungslauf* und für Klein-gärtner der *Verband der Kleingärtner, Siedler und Kleintierzüchter.*

»Am Anfang war der Verein«, mit dieser abge-wandelten Metapher der Schöpfungsgeschichte iro-nisierte K. Tucholsky die deutsche »Vereinsmeie-rei«, die noch fast einhundert Jahre früher in einem stolzen und positiven Sinne zum nationalen Grund-zug erklärt wurde, da das Vereinswesen tief im deut-schen Charakter liege. Aber weder waren die Deut-schen die ersten, denn in England und Frankreich fand sich früher das, was heute mit V. umschrieben werden kann, noch bildete sich in Deutschland das Vereinswesen am intensivsten und selbstverständ-lichsten aus, wie schon die Beschreibungen A. de Tocquevilles über die Bedeutung und Vielfalt der freien Vereinigungen in Amerika zeigen. Solche psychologischen oder nationalen Erklärungen erfassen nur unzureichend das ausgeprägte Bedürf-nis eines großen Teiles der Bevölkerung, sich zu V. zusammenzuschließen, denn es trat historisch erst auf, als sich die bürgerliche Gesellschaft endgültig gegen die feudale durchzusetzen begann. Die V. sind Produkt und zugleich adäquater Ausdruck des aufstrebenden liberalen Bürgertums, das den tradi-tionalen, ständisch-korporativen Organisationsfor-men der zerfallenden feudalen Gesellschaftsord-nung die freiwillige Vereinigung als neue Assozia-tionsform entgegensetzte und sie als gesellschaftsge-staltendes Instrument benutzte. Analog, wenn auch zeitlich versetzt und von ihren besonderen Interes-sen geleitet, ergriff auch die Arbeiterbewegung die neuen Möglichkeiten sich zusammenzuschließen (→*Arbeiterkultur*, →*Gewerkschaften*). Es ist daher verständlich, daß das Recht, V. zu bilden, erst gegen eine Obrigkeit, in der die liberalen und sozialen Kräfte kaum repräsentiert waren, erkämpft werden mußte. In den meisten Ländern mit bürgerlich-demokratischer Entwicklung wurde diese Ausein-andersetzung, die in Deutschland besonders kon-fliktreich verlief, bis zu Beginn des 20. Jh. zugunsten der ungehinderten Assoziation entschieden, nach-dem einschränkende Gesetzgebung, Drohungen und Verbote die Ausbreitung auch von staatlich

unerwünschten Vereinigungen nicht hatte verhin-dern können.

Mit der fortschreitenden Liberalisierung des Organisationsrechts und der umfassenden Heraus-bildung eines Vereinswesens vollzog sich ein tief-greifender Funktionswandel. Es entwickelten sich auf der einen Seite »privatistische« und weitgehend an der Freizeit orientierte lokale V., die ihre ursprüngliche Fortschrittlichkeit in dem Sinne einer weiteren Entwicklung bürgerlicher →*Kultur* und Tradition weitgehend einbüßten, ohne zum Träger der neuen demokratischen Inhalte zu werden. Auf der anderen Seite entstanden meist zentralistische, hierarchisch strukturierte und oligarchisch verfah-rende Verbände, die zunehmend öffentliche Funk-tionen wahrnahmen und institutionalisierte Mitwir-kungsrechte erhielten.

Diese definitorische Trennung von V. und Ver-band ist idealtypisch. Es gibt deutliche Ähnlichkei-ten zwischen ihnen und auch mit den neueren Orga-nisationsformen wie den →*Bürgerinitiativen,* für die überdies das *Bürgerliche Gesetzbuch* nur den gemeinsamen Rechtsbegriff des V. und der Gesell-schaft kennt. Trotz dieser Unschärfen soll an dem V. als einer eigenständigen, soziologisch faßbaren Organisationsweise festgehalten werden. Gemeint ist vor allem der privatrechtliche V., auf den die Strukturmerkmale des klassischen freien V. zutref-fen, nämlich: privates Verbandshandeln, Betonung des freiwilligen Zusammenschlusses, strikte Mobili-tätsgarantien, hohe innere Autonomie und enge Verknüpfung von Zweck und Motiv.

II. Entstehung, Funktionen und Wandel

Im 17. und 18. Jh. befand sich das Assoziationswe-sen in einem tiefen Umbruch. Die in der mittelalter-lichen und frühen bürgerlichen Gesellschaft domi-nanten Gemeinschaften wie Zünfte, Innungen, Gil-den, Orden, Bünde, Turniergesellschaften, versehen mit Autonomie, Selbstverwaltung und eigener Gerichtsbarkeit, verloren zunehmend ihre gesell-schaftsprägende Funktion und verwandelten sich zu bloßen Privilegkorporationen, deren Aktivitä-ten der Geselligkeit und der Pflege exklusivem Stan-desdenkens dienten. Das aufstrebende Bürgertum dagegen entwickelte zuerst »seine« neuen Organi-sationsformen. Dies geschah vor allem in den pri-vaten Zusammenkünften der Bürgerlichen, die wis-senschaftlichen und künstlerischen Zwecken dien-ten, in Form von Gelehrtenvereinen, Künstlergesell-schaften, Dichterbünden, musikalischen Gesell-schaften. Sie gründeten aber auch als »politisch räsonierendes Publikum« mit einer »gewissen kriti-schen Kraft der →*Öffentlichkeit*« (J. Habermas, Strukturwandel der Öffentlichkeit, Neuwied 1962, S. 86f.) Lesegesellschaften unterhielten Räumlich-keiten und Zeitungsabonnements, gaben sich bereits eine Satzung und wählten einen Vorstand. Als literarisch-wissenschaftliche Akademien und gemeinnützige Gesellschaften wurden sie Teil der →*Aufklärung* und des Emanzipationsstrebens des Bürgertums, ebenso wie die ökonomischen Gesellschaften, die die Anwendung neuer wissenschaftlicher Erkenntnisse in der Landwirtschaft förderten und die patriotischen Gesellschaften, die sich in philantropischer Weise zum Wohle des lokalen Gemeinwesens engagierten und durch zahlreiche kommunale Initiativen erhebliches Ansehen und Autorität erlangten.

Erst mit der Wende zum 19. Jh. entstand jedoch das moderne Vereinswesen. Nicht mehr die Universalität und Gemeinnützigkeit der Ziele, die nur wenige mobilisierten, wurden zum Gegenstand des Vereinshandelns gemacht, sondern man gründete spezialisierte V., die in höherem Maße der neugewonnenen gesellschaftlichen und kulturellen Differenzierung entsprachen. Es kam zu einer Gründungswelle, einer »Vereinsleidenschaft«, die eine erstaunliche, der heutigen nicht nachstehende Vereinsvielfalt hervorbrachte, so daß die erste Hälfte des 19. Jh. als die Blütezeit des klassischen bürgerlichen V. bezeichnet werden kann. Seine das Kultur- und Geistesleben prägende Kraft gewann der V. nicht allein als Mittel bürgerlicher Selbstvergewisserung, sondern auch durch die Übereinstimmung von Trägern und Nutznießern. Es waren Honoratiorenvereine, die häufig nach dem Prinzip der Kooptation verfuhren und daher ein exklusives Vereinsbürgertum repräsentierten, das durch seine finanzielle Unabhängigkeit und anspruchsvollen Maßstäbe das kulturelle Leben jener Zeit bestimmte.

Das Organisationsprinzip des V. war anwendungsoffen, weshalb es auch von anderen Bevölkerungskreisen zur Gestaltung ihrer im lokalen Umkreis eingebetteten sozialen und kulturellen Bedürfnisse aufgegriffen wurde. Das geschah vor allem durch das Kleinbürgertum und die Arbeiterbewegung, für die jedoch das Vereinswesen unterschiedliche Funktionen hatte.

In der ersten Hälfte des 19. Jh. waren die Arbeitervereine als Bildungs- und Konsumvereine eher an unmittelbaren Bedürfnissen orientiert. In Reaktion auf die *Sozialistengesetze* entstanden dann eine Fülle von Unterhaltungsvereinen für Gesang, Theater, Spiel u. a., die die politische Funktion übernahmen, den Zusammenhalt der Arbeiterbewegung aufrechtzuerhalten. Hauptgründe für die Herausbildung eigenständiger Arbeitervereine lagen jedoch in den Folgen einer schnellen Industrialisierung, der Entwurzelung und Verstädterung, den Problemen der sozialen Integration und Identitätsfindung und den sich verändernden Bedürfnissen. Der V. wirkte hier als ein Mittel gegen soziale Isolation, hielt landsmannschaftliche Gemeinsamkeiten aufrecht, übernahm Hilfs- und Schutzfunktionen, eröffnete aber auch die Ausübung neuer Tätigkei-

ten, beispielsweise des →*Sports*. Die proletarischen V. standen dabei oft in bewußtem Gegensatz zum bürgerlichen Bildungs- und Leistungsideal. So suchten sich die 350 000 Sportlerinnen und Sportler, die vor dem Ersten Weltkrieg in Arbeitervereinen organisiert waren, vielfach Disziplinen wie Radfahren, Wandern, Turnen und Schwimmen aus, weil hier der individuelle Wettbewerb nicht im Vordergrund stand. Vor allem jedoch die Zunahme von freier Zeit, die der Arbeiter nicht zu seiner unmittelbaren Reproduktion benötigte, ermöglichte es ihm erst, am Vereinsleben teilzunehmen. Mit der gesetzlichen Verankerung des Achtstundentags zu Beginn der Weimarer Republik kam es zu einer Gründungswelle und Blütezeit der Arbeitervereine, die sich vor allem in den Bereichen Sport, Kino, Rundfunk, Kleingärtnerei betätigten (→*Leistung*, →*Arbeit*, →*Freizeit*).

Die Vereinsgründungen waren Reaktionen auf sozio-kulturelle Defizite und Bedürfnisse, die aus der Anpassung dörflicher und agrarisch strukturierter Gemeinschaften an die neuen kollektiven Produktionsbedingungen und die räumliche Nähe von Wohn- und Arbeitsort entstanden. Es bildeten sich neue kulturelle Einheiten von Arbeiten, Wohnen und Freizeit heraus. Besonders in den klassenhomogenen Arbeitervierteln waren Arbeitskollegen, Freunde und Nachbarn räumlich miteinander verbunden, wodurch die Reproduktions- und Freizeitsphäre sozial integriert werden konnte. Vor allem die Fußballvereine der Arbeiter im Ruhrgebiet sind dafür beispielhaft.

Die frühen bürgerlichen Honoratiorenvereine waren stark von ihren kulturellen Aufgaben geprägt. Die Arbeitervereine dagegen bewegten sich an der Grenze zwischen Arbeit und Freizeit. Die volkstümlicheren und kleinbürgerlichen Schützen-, Turn- und Sängervereine kennzeichnete eine überhöhende Ideologie, die nationalpolitischen Zielen verpflichtet war, eine »gemeinschaftsbildende Kraft« erzeugen wollte, der Familie nachempfundenen Vorstellungen entwickelte, die sich in Begriffen wie Vereinsfamilie, »Turnbruder und -schwester« ausdrückten und einen den Vereinsnormen entsprechenden Konformitätszwang ausübte. Da die V. im 19. Jh. nicht im politischen Leben agieren durften, entstanden zwar »mächtige Gefühle«, die aber nicht »entsprechend mächtige Handlungen« (M. Weber) nach sich zogen. Sie bildeten ein konservatives Gegengewicht zu den Arbeitervereinen. Dies zeigte sich besonders deutlich in Studentenverbindungen, Landsmannschaften und Veteranenvereinen, die vor allem den deutsch-französischen Krieg von 1870/71 verherrlichten. Eher schon politischen Organisationen zuzurechnen sind die Veteranenverbände *Stahlhelm*, *Reichsbanner* und *Roter Frontkämpferbund*, die nach dem Ersten Weltkrieg entstanden und sich den vorherrschenden politischen Richtungen von rechts bis links zuordneten.

Der Nationalsozialismus konnte leicht an die kleinbürgerlichen, vaterländisch-patriotischen Traditionen anknüpfen und die entsprechenden Verbände »gleichschalten«. Die V. insgesamt standen in dieser Zeit unter dem starken Druck einer einheitlich ideologischen Ausrichtung, dem ein Teil von ihnen bereitwillig durch entsprechende Ziel- und Satzungsänderungen sowie den Ausschluß unerwünschter Mitglieder, vor allem der Juden, nachgab und dem ein anderer Teil durch betont apolitisches und privatistisches Verhalten auszuweichen suchte. Eher als Massenorganisationen denn als neue V. entstanden die *Hitlerjugend* und der *Bund Deutscher Mädel*, die im Jahre 1936 den gesamten Geburtsjahrgang 1926 organisierten.

Die Niederlage des Nationalsozialismus und die Teilung Deutschlands bedeuteten eine tiefgreifende Zäsur für das deutsche Vereinswesen, das unter den verschiedenen politischen und gesellschaftlichen Bedingungen auch neue, in beiden deutschen Staaten unterschiedliche Funktionen und Inhalte erfüllte.

III. Wachsende Mitgliederzahl bei sinkendem Engagement

Mit der grundgesetzlichen Verankerung der Vereinigungsfreiheit in Artikel 9, Abs. 7 als nicht aufhebbares → *Grundrecht* kam es in der Bundesrepublik zu einer Neuorientierung der V., sei es durch Satzungsänderungen, die die politische Zielsetzungen und rassistischen Mitgliedsbedingungen wieder beseitigte, sei es durch Neugründungen. Vor allem in Gegenreaktion auf die Erfahrungen während der nationalsozialistischen Herrschaft vollzog sich eine Entpolitisierung und Privatisierung des Vereinswesens. Ausdrücklich wurde auf weltanschauliche Zielsetzungen und Anbindungen an politische Orientierungen oder Organisationen verzichtet und die individuellen Bedürfnisse und Interessen betont. Dies verband sich mit Tendenzen, die sich zwar schon abgezeichnet hatten, jetzt aber zu vorherrschenden Merkmalen der V. wurden.

Die früher häufig anzutreffende bürgerliche oder proletarische Ausprägung von V. ist weitgehend verschwunden. Sie zeigt sich nur noch in den V., die schichtspezifische Freizeittätigkeiten wie Tennis und Ringen organisieren, oder in denen, die durch ihre Aufnahmebedingungen Exklusivität wahren wollen, wie der *Rotary Club* oder der *Lions Club*. Insgesamt hat sich eine starke egalisierende Tendenz durchgesetzt, die allerdings nicht verhindern konnte, daß die Leitungspositionen in den V. vorwiegend von Angehörigen der Mittelschicht besetzt sind.

Die Beschränkung auf bloße Freizeitbeschäftigung ist ein weiteres typisches Merkmal. An die Stelle der Ideologien von Gemeinschaft und Vereinsfamilie traten Individualisierung und Spezialisierung, Geselligkeit und Wochenendkultur, aber auch Leistungsorientierung und Kommerzialisierung. Vor allem die Sportvereine sehen sich vor der Aufgabe, sowohl die Freizeit der Mitglieder als auch die eines breiten Massenpublikums zu organisieren. Sie geraten dadurch in einen kaum lösbaren Widerspruch zwischen zweckfreier Betätigung und Selbstverwirklichung einerseits und andererseits den Anforderungen einer entwickelten Freizeitindustrie sowie den unvermeidlichen Versuchen, den Sport für die Politik zumindest indirekt zu nutzen. Um der vorherrschenden Leistungsideologie und der materiellen Zweckorientierung im Sport zu entgehen, entstehen inzwischen »Gegen«-V. wie Straßen- und Thekenmannschaften, die sich dem Leistungs- und Trainingszwang entledigen und wieder versuchen, den sozialen Zusammenhang herzustellen, Sport und Geselligkeit zu verknüpfen.

Mit ihrem differenzierten und außerordentlich breiten Angebot an Dienstleistungen, das sich auf Freizeiteinrichtungen, Sportplätze und -hallen, Geräte, Reisen, Organisation von Wettbewerb, Lehrgängen usw. erstreckt, füllen die V. eine Lücke, die von einem ökonomischen System, in dem die Bedürfnisbefriedigung primär über privatkapitalistisch orientierte Unternehmungen organisiert wird, nicht zureichend abgedeckt werden kann. Die V. arbeiten wie ein Dienstleistungsbetrieb, der seine Preise in diesem Fall Mitgliedsbeiträge, nur nach dem kostendeckenden Prinzip zu kalkulieren braucht, und der seine Verluste mit Hilfe ehrenamtlicher Tätigkeiten und vor allem durch staatliche Zuschüsse ausgleichen kann. Der Staat gewinnt dafür an Einfluß, da der Handlungsspielraum der V. von der Subventionspolitik abhängig wird. Hiervon sind besonders die kulturellen V. und die kleinen lokalen Sozialleistungsvereine betroffen. Durch ihre Aktivitäten nehmen sie öffentliche kultur- und sozialpolitische Aufgaben wahr; durch die Subventionspraxis werden sie zu quasi-kommunalen Einrichtungen mit entsprechenden Vorteilen, aber auch Einschränkungen. Die meist angespannte finanzielle Situation hat auch Auswirkungen auf die innere Struktur der V. Neben das aktive, die Vereinsarbeit tragende Mitglied tritt gleichberechtigt, wenn nicht wichtiger, das passive, aber als Förderer auftretende Mitglied.

Die meisten V. der Bundesrepublik sind heute in ein dichtes Organisationsnetz von nationalen und internationalen Verbänden eingebunden. In den einzelnen Sparten des Sports und der anderen Freizeittätigkeiten wie Gesang, Kleintierzucht etc. sind Monopolverbände entstanden, die die Beziehungen und den Wettbewerb der V. untereinander organisieren und reglementieren. Durch Vorschriften und Normen wirken sie tief in das Vereinsleben ein. V., die Leistungsvergleich und öffentliche Wirkung anstreben, können sich außerhalb dieser Verbände nicht halten. Fast alle Sportvereine sind Mitglieder in übergreifenden Organisationen. Von solchen Anbindungen »frei« sind häufig noch die Geselligkeits-, Kommunikations- oder Hobbyvereine, deren Mitglieder sich etwa mit Malen, Werken, Kochen, Reisen, Wandern, Kartenspielen beschäftigen. Die Reichweite ihrer Organisation ist ebenso begrenzt wie ihre Ambitionen. Sie werden in der Öffentlichkeit kaum bemerkt, obwohl ihre kulturelle Bedeutung für eine Freizeittätigkeit abseits von Leistungsideologie und Kommerzialisierung unbestritten ist. Ausnahmen bilden hier Vereinigungen wie der *Club of Rome,* dessen Bedeutung und öffentliche Wirkung sich aus dem Ansehen und der öffentlichen Stellung seiner Mitglieder herleitet und so an die Traditionen des klassischen bürgerlichen V. anknüpft. Weniger prominent sind jedoch V. wie der *Republikanische Club,* der Ende der 60er Jahre Einfluß auf die Studentenbewegung ausübte, oder die *Humanistische Union,* die sich als radikaldemokratische Verteidigerin der Bürgerrechte begreift.

Trotz der Diskreditierung des V. als Form bürgerlicher Selbstbestimmung während der nationalsozialistischen Herrschaft, trotz neuer Organisationsformen der Bürgerinitiativen bleibt der V. ein zentrales Organisationsmittel. Das läßt sich aus der Dynamik der Vereinsbildung in der Bundesrepublik Deutschland ablesen. Wachsende Bevölkerung und Verstädterung, Differenzierung und Wechsel von Bedürfnissen, veränderte Problemsensibilität lassen die Zahl lokaler V. für Sport und Hobby, für künstlerische und wissenschaftliche Interessen sowie Sozialleistungsaufgaben kontinuierlich anwachsen. Auch die Mitgliederzahlen der großen Freizeit- und Hilfsorganisationen nimmt zu. Zum Beispiel stieg die Zahl der im *Deutschen Sportbund* zusammengefaßten V. von ca. 43 000 im Jahr 1960 auf ca. 51 000 im Jahr 1979, die Zahl der Mitglieder von 5 auf 14 Mio. Dem entspricht eine Zunahme der in Sportvereinen organisierten Bevölkerung von 9,5 v. H. auf 22,6 v. H. Hiervon sind allein 60 v. H. in den drei größten Sportverbänden der Fußballer, Turner und Tennisspieler organisiert. Auch die Zusammenschlüsse der Sänger und Schützen sind Massenorganisationen mit 1,6 und 1 Mio. Mitglieder. Die ca. 20 000 Chöre setzen sich häufig aus Angehörigen einzelner Berufe oder Gruppen zusammen, es gibt Chöre der Polizei, der Lehrer, der Ostpreußen oder die Knappenchöre der Bergleute. Die Schützen können auf eine bis ins 13. Jh. zurückreichende Tradition blicken und sind in ländlichen Gegenden noch stark im kulturellen Leben verankert. Die Großorganisationen im sozialen Bereich, sowohl hinsichtlich der Anzahl der Mitglieder als auch der ehren- und hauptamtlichen Mitarbeiter, sind vor allem *Caritas, Diakonisches Werk, Arbeiterwohlfahrt* und *Deutsches Rotes Kreuz.* Zum Beispiel hat das *Deutsche Rote Kreuz* 2,5 Mio. Mitglieder und 350 000 ehrenamtliche Helfer.

Sichere statistische Angaben über die Zahlen der V. und der Mitglieder liegen nicht vor. Es gibt weder ein zentrales Vereinsregister noch geben repräsentative Umfragen ein genaues Bild, da meist sehr unterschiedliche Vereinsdefinitionen zugrunde gelegt werden. Typisch für die Freizeit- und Sozialleistungsvereine ist jedoch eine Mitgliederzahl zwischen 100 und 500.

Trotz des beachtlichen Umfangs des Vereinswesens stellt das Vereinsleben für den einzelnen nur einen kleinen Ausschnitt seiner Freizeitbeschäftigung dar. Mit dem Eintritt in den V. wird zwar ein Anspruch auf dessen sozio-kulturelles Angebot erworben, aber oft kaum genutzt. Die Mitgliedschaft besteht häufig nur nominell, intensivere Kontakte zu Vereinsfreunden entstehen selten. Unbestritten eröffnen die V. ihren Mitgliedern einen erweiterten Entfaltungsraum. Aus kommunalem Blickwinkel vermögen sie zur Ausbildung und Verflechtung lokaler → *Eliten* beitragen, Loyalitätsbeziehungen schaffen, traditionelle Autoritäten ersetzen und zu kommunalen Symbolen aufsteigen, wie es beispielsweise bei Bundesligavereinen geschieht. Ob sie jedoch zu der kommunalen Integration beitragen, ist strittig. Die Vereinsauswahl ist stark von Status, Einkommen und Bildung beeinflußt; Frauen, Arbeiter und Bauern sind in den V. stark unterrepräsentiert; die Vereinsführung wird von der Mittelschicht dominiert. Aufgrund der räumlichen Mobilität der Bevölkerung und des sehr kleinen Kerns der wirklich aktiven Mitglieder ist es zweifelhaft, ob über die V. spezifische kommunale Bindungen entstehen können. Das findet sich am ehesten noch in den ländlichen Gemeinden, deren Vereinsstruktur im Gegensatz zur Stadt fast ausschließlich von den Freizeitvereinen bestimmt ist. Diese befriedigen zugleich auch kulturelle und kommunikative Bedürfnisse, so daß die sozialen Kontakte sich stärker ausprägen.

IV. Leistung unter staatlicher Kontrolle

In der DDR standen Staat und Partei nach den Erfahrungen unter dem Nationalsozialismus den selbständigen V. mißtrauisch gegenüber. Auch verletzte die Unüberschaubarkeit vieler kleiner Zusammenschlüsse das Kontrollbedürfnis des sozialistischen Systems. Schon 1949 wurden die Volkskunstgruppen und volksbildenden V. dem *Freien Deutschen Gewerkschaftsbund,* der *Freien Deutschen Jugend,* dem *Kulturbund* und anderen neu entstandenen Massenorganisationen angegliedert. Diese hatten darauf zu achten, »daß die zumeist in engem lokalen Rahmen gebildeten Gruppen nicht zu einem bequemen Unterschlupf für Feinde der neuen demokratischen Ordnung werden« (Zentralverordnungsblatt der SBZ, Nr. 7, 1949, S. 68). Heute garantiert zwar die *Verfassung* in Artikel 29 Vereinigungsfreiheit, dieses Recht wird jedoch dadurch eingeschränkt, daß alle Vereinigungen »in ihrem Charakter und ihren Zielsetzungen den Grundsätzen der sozialistischen Gesellschaftsordnung entsprechen« müssen, und daß »ein geistig-kulturelles oder ein anderes gesellschaftliches Bedürfnis« gegeben sein muß (GBl. der DDR, Teil I, Nr. 44, 1975, S. 723).

Nach der Eingliederung der Kulturvereine wurden im Lauf der 50er Jahre die Kleingärtner und Sportler im *Verband der Kleingärtner, Siedler und Kleintierzüchter* und im *Deutschen Turn- und Sportbund* zusammengefaßt. Ebenfalls in den 50er Jahren, verstärkt nach der ersten *Bitterfelder Konferenz,* auf der 1959 beschlossen wurde, das künstlerische Schaffen der Bevölkerung anzuregen, entstanden eine Vielzahl von Kulturhäusern, Dorfklubs und Klubs der Werktätigen. Dort finden, ebenso wie in den Schulen oder der *Nationalen Volksarmee,* Zirkel zu verschiedenen Interessengebieten statt. Besonders gefördert werden Freizeitkollektive, die sich mit Gesang, Theaterspiel, Schriftstellerei und anderen künstlerischen Tätigkeiten befassen; Leiter solcher Treffen sind oft professionelle Künstler. Auch diskutieren die Mitglieder von Zirkeln Themen aus Politik, Wissenschaft und Kultur, die mehr praktisch Interessierten schneidern, kochen oder üben sich in der Wohnraumgestaltung. Zwar geschieht dies offiziell ohne Rangordnung und ohne Leistungszwang; immer wieder werden jedoch Erfolge und die Effizienz einzelner Zirkel in den Vordergrund gestellt. Daß die Bevölkerung eine solche auf Niveausteigerung ausgerichtete Einstellung nicht immer teilt, zeigt sich an der Beliebtheit von Hobbys wie dem Briefmarkensammeln. Die Philatelisten bilden mit einem Viertel aller Mitglieder die stärkste Gruppe im *Kulturbund.* Neben den Zirkeln organisieren die Klubs und Kulturhäuser noch eine Vielzahl von Veranstaltungen. Das Angebot reicht von Vorträgen, Theateraufführungen und Festakten über Bühnenshows, die in der DDR Estradenprogramme heißen, bis hin zu Tanzabenden. Ein vergleichbares Programm ist in der Bundesrepublik entweder kommerziell organisiert oder läuft in Volkshochschulen und Jugendhäusern ab.

Während Kulturhäuser einem hauptamtlichen Leiter unterstehen und ein eigenes Gebäude mit Saal besitzen, werden die Klubs in der Regel ehrenamtlich geleitet und verfügen oft nicht über eigene Räume. Diese Unterscheidung verwischt sich allerdings im täglichen Sprachgebrauch, weshalb die Angaben über die Zahl der Klubs nicht immer übereinstimmen. Die Ende der 70er Jahre bestehenden etwa 5600 Dorfklubs und 800 Klubs der Werktätigen werden ebenso wie über 400 der insgesamt rund 1050 Kulturhäuser von den örtlichen Staatsorganen beaufsichtigt, die auch Einfluß auf die Wahl des Leiters haben. Die übrigen Kulturhäuser gehören zum *Freien Deutschen Gewerkschaftsbund,* zur

Gesellschaft für Deutsch-Sowjetische Freundschaft und zu anderen Massenorganisationen. Weiterhin gibt es rund 5000 Jugendklubs der *Freien Deutschen Jugend,* 150 Klubs des *Kulturbundes,* 2300 Spartenheime des *Verbandes der Kleingärtner, Siedler und Kleintierzüchter* sowie 450 Klubs der *Volkssolidarität,* die sich um die Betreuung alter Menschen kümmert. Beim Sport ist eine ähnliche Entwicklung zu verzeichnen wie in der Bundesrepublik. Die Zahl der Mitglieder im *Deutschen Turn- und Sportbund* hat sich seit 1960 mehr als verdoppelt; 1979 waren dort rund 3 Mio. Menschen in 9040 Sportgemeinschaften, die etwa den bundesdeutschen Sportvereinen entsprechen, organisiert. Das sind 18 v. H. der Bevölkerung. Dem *Deutschen Roten Kreuz* der DDR gehören 625 000 Personen über vierzehn Jahren an, hinzu kommen 500 000 fördernde »Freunde«.

In den Kulturhäusern und Klubs haben sich während der letzten zehn Jahre neue Trends bemerkbar gemacht. Die Zahl der in den hauptamtlich geleiteten Kulturhäusern tätigen Interessengemeinschaften stagniert bei knapp 10 000, auch deren Mitgliederzahl pendelte sich bei 180 000 ein. Dagegen stieg die Zahl der verschiedenen Veranstaltungen von 317 000 mit 35 Mio. Besuchern im Jahr 1970 auf 544 000 mit knapp 60 Mio. Besuchern im Jahr 1979. Hinzu kommen noch 40 bis 50 Mio. Menschen, die die ehrenamtlich geleiteten Klubs besuchten. Besonderes Interesse findet das Unterhaltungsangebot (→ *Unterhaltung*). 1979 zogen allein die Estradenprogramme und Tanzveranstaltungen der Kulturhäuser 26 Mio. Besucher an, das sind doppelt so viele wie 1970. Die Besucherzahl bei Vorträgen stieg dagegen nur von knapp 7 auf knapp 9 Mio. Der Entwicklung, die die weltanschauliche Bildung zugunsten der Unterhaltungsbedürfnisse der Bevölkerung zurückdrängt, haben auch die offiziellen Stellen Rechnung getragen. So verleihen der *Zentralrat der FDJ,* das *Ministerium für Handel und Versorgung* sowie das *Ministerium für Kultur* seit 1980 das »Blaue T« an alle Treffpunkte, die regelmäßig gute Tanzmusik für Jugendliche bieten. Vorher war in der Presse der besonders in Dorfklubs herrschende Mangel an Zerstreuungsmöglichkeiten kritisiert worden.

Allgemein sind die Kulturhäuser und Klubs heute weniger der Heranbildung des »sozialistischen Menschen« verpflichtet als während der 60er Jahre, die von den Leitsätzen des *Bitterfelder Wegs* geprägt waren. 1965 beauftragte der Gesetzgeber die Kulturhäuser, »die schöpferische Mitarbeit aller Werktätigen auf wissenschaftlichem, technischen und künstlerischen Gebiet« zu organisieren und an der »Erhöhung des geistig-kulturellen Niveaus« zu arbeiten, wodurch das Leben »froh«, aber vor allem »kulturvoll« gestaltet würde (GBl. der DDR, Teil II, Nr. 47, 1965, S. 323). Heute ist dagegen verstärkt vom »Freizeitleben« die Rede (GBl. der DDR, Teil

I, Nr. 22, 1981, S. 279). Eine Entpolitisierung im bundesrepublikanischen Sinn hat dennoch nicht stattgefunden, wichtigstes Ziel bleibt die kommunistische → *Erziehung*. Auf die traditionellen Vereinigungsformen der Arbeiterbewegung wird dabei allerdings nur beiläufig verwiesen.

V. Geringer politischer Einfluß

Von den klassischen bürgerlichen Idealen, die die Emanzipation des Menschen durch allseitige → *Bildung* vorsahen und sich gegen jede Art von Bevormundung wandten, haben sich sowohl die V. der Bundesrepublik als auch die Zirkel, Klubs und Kulturhäuser der DDR oft weit entfernt. Die V. in der Bundesrepublik Deutschland betonen die Trennung von Arbeit, Freizeit und politischem Engagement. Sie sind eher den Spannungen zwischen einer allzu einseitigen Übernahme von Leistungs- und Konkurrenzideologie und dem Abgleiten in kleinbürgerliche Geselligkeit und Vereinsmeierei ausgesetzt als Experimente, die integrale Lebensbedürfnisse und -zusammenhänge aktivieren und soziale Kontakte zwischen Arbeitskollegen und Nachbarn wiederherstellen wollen. Das Artikulieren neuer Bedürfnisse und Interessen, gerichtet gegen Fremdbestimmung und Formalisierung, bleibt den Bürgerinitiativen überlassen. Ihre Ziele sind Selbsttätigkeit und eigenständige Aktivitätsformen. Unter diesen Umständen ist unsicher, ob V. ihre Bedeutung und Attraktivität im gleichen Umfang wie bisher behalten. Es wird von dem Erfolg der Bürgerinitiativbewegung abhängen, ob das Vereinswesen eine weitere Anpassungswelle erleben wird.

In der DDR betrachtet man zumindest offiziell die verschiedenen Lebensbereiche als Einheit, denn Arbeit, Freizeit und Politik lasse sich für den sozialistischen Menschen nicht trennen. Selbst wo diese Maximen nicht nur Forderung bleiben, werden sie nicht in der Form des freiwilligen Zusammenschlusses interessierter Bürger verwirklicht, sondern von staatlichen Stellen und Massenorganisationen initiiert und angeleitet, sodaß Selbstbestimmung und Beteiligung unter den Bedingungen des demokratischen Zentralismus ähnlich ins Hintertreffen geraten, wie durch die gesellschaftliche und politische Bedeutungslosigkeit, in die sich viele V. in der Bundesrepublik Deutschland zurückgezogen haben. Darüber hinaus verstärkt sich auch in der DDR die Suche nach privaten Nischen im politikfreien Raum.

P. Raschke, M. Opp de Hipt

Literatur

H. Krebs, W. Sieber, Ein kulturvolles Leben entwickeln. Die Leitung der kulturellen Massenarbeit in den städtischen Wohngebieten und Dörfern, o. O. (Berlin (Ost)), o. J. (ca. 1964)
Bundesvorstand des FDGB, Abt. Kultur (Hrsg.), Handbuch für den Kulturfunktionär, Berlin (Ost) 1973
K. Schlagenhauf, Sportvereine in der Bundesrepublik Deutschland. Teil I: Strukturelemente und Verhaltensdeterminanten im organisierten Freizeitbereich, Schorndorf 1977
W. Bühler, H. Kanitz, H.-J. Siewert, Lokale Freizeitvereine (Werkbericht 3 des Instituts für Kommunalwissenschaft der Konrad-Adenauer-Stiftung), St. Augustin 1978
P. Raschke, V. und Verbände. Zur Organisation von Interessen in der Bundesrepublik Deutschland, München 1978

Verlage

I. Struktur des Verlags – II. Das Verlagswesen in der Bundesrepublik Deutschland – III. Das Verlagswesen in der DDR – IV. Ausblick

I. Struktur des Verlags

In der Entwicklung der bürgerlichen Gesellschaft seit dem frühen 18. Jh. ist den V. als den Vermittlern literarischer Produktion künstlerischer wie wissenschaftlicher Provenienz eine Bedeutung zugewachsen, die sie unter den veränderten Bedingungen der postmodernen Mediengesellschaft real nicht länger einlösen können, von der sie aber dennoch in ihrem Selbstverständnis wie in ihrem öffentlichen Anspruch immer noch zehren.

Seiner sprachlichen Herkunft nach bedeutet *verlegen* ursprünglich die Druckkosten für ein Buch vorschießen. Die Personalunion von Drucker, Verleger und Buchhändler finden wir bis weit ins 19. Jh. verbreitet. Gilt der Autor als der geistige Urheber, so der Verleger als der Urheber der materiellen Gestalt eines Buches (→ *Buch*). Seiner eigentlichen Funktion nach also ist der Verleger der Vermittler zwischen Autor, Käufer und Leser. Aufgabe des V. als eines gewinnorientierten wirtschaftlichen Unternehmens ist es, Manuskripte zu beschaffen, sie in Druck zu geben und das fertige Buch dann zu vertreiben. Damit sind zugleich die wesentlichen branchenspezifischen Abteilungen eines jeden V. benannt: Lektorat, Herstellung, Vertrieb und Werbung.

V. sind die entscheidende Instanz für das, was gedruckt, gelesen und damit überhaupt an → *Literatur* im weitesten Sinne rezipiert wird. Eine maßgebende Rolle kommt dabei dem Lektorat zu. Bis ins

20. Jh. war der Verleger in der Regel sein eigener Lektor, und für literarische Kleinverlage gilt diese Personalunion noch heute. Das Lektorat trifft eine Vorauswahl aus den eingesandten Manuskripten – nur eins v. H. wird gedruckt –, ist für die Programmplanung verantwortlich, arbeitet mit den Autoren und entwickelt in zunehmendem Maße selbst Buch- und Reihenprojekte, deren Ausarbeitung dann an externe Autoren delegiert wird. Der Typus des literarisch gebildeten, gesellschaftlich engagierten Lektors wurde in den 70er Jahren in den sogenannten Publikumsverlagen, die mit auflagenstarker Belletristik und populären Sachbüchern das Bild der V. in der Öffentlichkeit bestimmen, zunehmend vom Leitbild des »Lektors als Produktmanager« infrage gestellt, der nicht länger das inhaltlich Wünschbare mit dem ökonomisch Machbaren ausgleicht, sondern Bücher nach dem Muster von Markenartikeln plant, herstellt und vertreibt. Auf diese Weise schlagen die wirtschaftlichen Voraussetzungen – die Verteuerung in der Fertigung und die nur durch eine straffe, kostenintensive Verkaufsstrategie zu steuernden Schwierigkeiten im Absatz – unmittelbar auf die Inhalte selbst durch. Der ökonomische Zwang bewirkt, daß nicht nur der Erfolg, sondern oftmals schon das Zustandekommen eines Buches von externen, marktgesteuerten Faktoren verhindert wird. So ist es nur konsequent, wenn in den Publikumsverlagen Herstellung und Außendienst ein volles Mitsprache-, oft schon ein Mitentscheidungsrecht bei der konkreten Programmplanung haben.

II. Das Verlagswesen in der Bundesrepublik Deutschland

Die wirtschaftliche Bedeutung der Literaturindustrie ist gering. Volkswirtschaftlich spielt sie nur eine untergeordnete Rolle. Der Gesamtumsatz der Buchbranche umfaßt unter Berücksichtigung aller Vertriebswege (→*Buchhandel*) ein für 1981 auf 8,1 Mrd. DM geschätztes Volumen, das etwa dem eines einzigen der größeren Kaufhauskonzerne entspricht. Der Anteil am Bruttosozialprodukt betrug 1976 rund 2 v. H.

Das »Adreßbuch für den deutschsprachigen Buchhandel« (Ausgabe 1981 / 82) weist 2044 Verlage aus, die Mitglied des *Börsenvereins des Deutschen Buchhandels* in Frankfurt a. M. und seiner angegliederten Landesverbände sind. Die amtliche Umsatzsteuerstatistik 1978 führt unter der Rubrik »V. von Büchern, wissenschaftlichen u. Fachzeitschriften« 2052 Firmen mit einem Gesamtumsatz von 6,563 Mrd. DM auf. Ähnlich wie die Buchhandlungen sind auch die Buchverlage in der Regel eher Klein- und Mittelbetriebe. Setzt man eine obere Umsatzgrenze von 1 Mio. DM, so sind damit schon 68,5 v. H. aller V. erfaßt. Umgekehrt bedeutet dies,

daß einige wenige Unternehmen den Markt beherrschen und damit bestimmen, was gelesen wird: Noch nicht 10 v. H. aller Firmen vereinigen über 75 v. H. des Umsatzes der gesamten Branche auf sich.

Die Bundesrepublik Deutschland ist, nach den USA und der Sowjetunion, der drittgrößte Buchproduzent der Welt. 1980 erschienen 67 176 Titel (51 013 bei einer Eingrenzung auf Druckschriften mit 49 und mehr Seiten Umfang), davon mit einem Anteil von 11,6 v. H. 7793 Taschenbücher und mit einem Anteil von 10 v. H. 6793 Übersetzungen aus anderen Sprachen. Der Anteil der sogenannten Schönen Literatur betrug 12 404 Titel, ein Prozentsatz, der mit 18,5 v. H. seit Jahrzehnten einigermaßen konstant ist. In den großen Rest der verbleibenden 81,5 v. H. teilen sich die Sach- und Fachbücher, die wissenschaftliche Literatur sowie Jugend-, Schul- und Lehrbücher. Über die insgesamt gedruckten oder die jährlich verkauften Stückzahlen, deren Höhe nicht einmal geschätzt werden kann, macht die Statistik keine Angaben, doch dürften sowohl die sogenannte Kioskliteratur wie auch Taschenbücher überproportional hoch in ihr vertreten sein.

Als der Buchhandel nach Ende des Zweiten Weltkriegs langsam wieder auflebte, lag die Lizenzierung der V. nominell bis 1949 in der Hand der Besatzungsmächte, die anfänglich auch die Vorzensur ausübten. Da die Buchbestände teils vernichtet, teils aus politischen Gründen nicht mehr vertrieben werden durften und im Zuge der einsetzenden Spaltung Deutschlands mehr und mehr alte Verlagshäuser aus der Sowjetischen Besatzungszone in die Westzonen überwechselten, mußte mit der Produktion vielfach bei Null begonnen werden. Das *juste milieu* der Verlagspolitik, Eigentumsverhältnisse und Entscheidungsstrukturen, hatten sich zwar nicht grundsätzlich verändert, aber zumindest bis zur Währungsreform war die Verlagspolitik – sofern sie durch die herrschende Papierknappheit nicht behindert wurde – von einem geistigen Nachholbedürfnis geprägt. In breitem Maße erschien jetzt die wissenschaftliche Literatur des Auslandes und die fremdsprachige literarische Moderne wieder in Deutschland – auch wenn solche Veröffentlichungen während der gesamten Dauer des Nationalsozialismus nie ganz versiegt waren. Außerdem wurde die 1933 verbrannte, verfemte und exilierte deutsche Literatur wieder aufgelegt. Daneben fällt ohne rein statistisch der hohe Anteil der Schulbücher auf, deren Anteil an der Jahrestitelproduktion 1952 13,1 v. H. und 1980 3,2 v. H. betrug. Dieser Bildungshunger versiegte schon bald nach der Währungsreform und mit zunehmender politischer Restauration – ein Vorgang, der um 1950 durch ein starkes, durch die Währungsreform bedingtes Zeitschriftensterben und durch den Konkurs vieler, insbesondere nach 1945 neu gegründeter V. gekennzeichnet ist, bei gleichzeitiger Prosperität der Branche.

Symptomatisch dafür ist die Entwicklung des Taschenbuchmarktes. Anders als in den USA war die Gründung der ersten deutschen Taschenbuchreihe, der *Rowohlts Rotations Romane*, kurz *rororo* genannt, die zunächst noch im Zeitungsformat erschien, ein Ausdruck des geistigen Nachholbedürfnisses und der wirtschaftlichen Situation nach Kriegsende. Die Programmpolitik dieser Reihe – und das gilt auch noch für die in den 50er Jahren in schneller Folge gegründeten weiteren Taschenbuchreihen – war auf die Vermittlung geistiger Werte, auf die Propagierung eines wie immer auch vagen antifaschistischen beim *Rowohlt-V.*, später eines christlich-abendländisch gefärbten humanistischen Bekenntnisses (die ersten 100 Titel der »Fischer Taschenbücher« sprechen hierfür) ausgerichtet. An dieses Selbstverständnis knüpften nochmals 1961 der *Deutsche Taschenbuch-V.* (dtv) und, mit aufklärerischer Stoßrichtung, insbesondere die *edition suhrkamp* (1963) wieder an. Im ganzen aber verlief die Entwicklung in eine andere Richtung. Das Taschenbuch wurde zum Massenartikel: Es hat sich beim Leser durchgesetzt, ist längst nicht mehr auf die sogenannte Schöne Literatur beschränkt, sondern hat sich alle Sachgebiete erobert und verbreitet auf bequem erreichbare, leicht erwerbbare Weise → *Information* und → *Unterhaltung*. Der einzelne Titel freilich wurde und ist austauschbar. Die Überproduktion der V. führte schließlich zu Beginn der 70er Jahre zu einer Reihenvielfalt und Titelflut, in der sich die Titel gegeneinander verstellten und in der die einzelne Neuerscheinung gar nicht mehr als solche wahrgenommen werden konnte.

Bis Mitte der 60er Jahre war die Buchproduktion, gemessen an der industriellen Entwicklung der Gebrauchsgüter, zurückgeblieben. Die V. richteten sich in ihrem Arbeitsstil wie in ihrem Selbstverständnis vielfach noch immer nach dem Manufakturistenideal des 18. Jh. V. waren und sind auch heute noch weitgehend Einzelunternehmen; ihr Gesicht, ihr Programm ist vom subjektiven Qualitätsgefühl und dem Geschmack der Verlegerpersönlichkeit bzw. der Lektorate bestimmt. Der Beitrag etwa des *Suhrkamp-V.* mit S. Unseld als der bestimmenden Figur oder des *Klaus Wagenbach-V.* für die Entwicklung der deutschsprachigen Literatur der 60er und 70er Jahre kann auch von den entschiedensten Kritikern nicht bestritten werden. Für V. dieser Art mit einem inhaltlich deutlich konturiertem Programm gilt noch immer, was der Verleger K. Piper polemisch so zugespitzt hat: »Geistige Entscheidungen im Verlagswesen sind wirtschaftliche Entscheidungen, wirtschaftliche Entscheidungen sind geistige Entscheidungen« (Literaturproduzenten, Voltaire-Handbuch 8, Berlin (West) 1970, S. 96).

Die Krise des Buchmarkts, die sich zu Beginn der 80er unübersehbar abzeichnet, hat vielerlei Ursachen. Die Schrumpfung des privaten Marktes und die z. T. drastischen Etatkürzungen für Bibliotheken und Schulbücher sind dabei ebenso objektive Gegebenheiten, wie es die technologische Entwicklung mit ihren neuen Fertigungsmethoden in Satz, Druck und Bindung ist. Die entscheidende Ursache ist aber doch wohl mentalitärer Natur: »Es könnte sein, daß der Buchhandel wirklich, wie in anderen Ländern, zum Handel mit Büchern degradiert und das literarische Leben vor lauter lachhaften Bestseller- und Parallelausgabengeschäften stirbt« (H. Grundmann, in: R. Michaelis, Ende der Literatur? In: Die Zeit, Nr. 15 v. 9. 4. 1982). Großindustrielle Einkaufsmentalität im Wettbewerb um den Zuschlag internationaler, erfolgsträchtiger Bestseller und die Spekulation mit sogenanter *personality*-Literatur, wie es zuerst wohl der *Molden V.* mit H. Knefs Autobiographie »Der geschenkte Gaul« durchgespielt hat, mit dem Zwang zur Mehrfachverwertung und hohem Marketingaufwand haben den Trend des Buchs zur austauschbaren Konsumware entschieden vorangetrieben. Die Bestsellerindustrie führt seit Beginn der 70er Jahre vor, daß unter Einsatz finanzkräftiger Verkaufsförderung sich der Erfolg trivialer Unterhaltungsliteratur weitgehend vorprogrammieren läßt. War noch in den 50er Jahren die Qualität eines Buches das Argument für seine Verkäuflichkeit, so wird jetzt, wie in der Markenartikelindustrie, die Verkäuflichkeit und damit der Erfolg tendenziell zu einem Argument der Qualität. Unterstützt wird dieses Image in der Öffentlichkeit von Bestsellerlisten, die nichts von ihrer stimulierenden Wirkung eingebüßt zu haben scheinen, obwohl längst nachgewiesen ist, daß und wie sie manipuliert werden. Eine von dem Kritiker und Fernsehredakteur J. Lodemann initiierte Empfehlungsliste, die *SWF-Bestenliste*, die monatlich herausgegeben wird, orientiert sich dagegen an der literarischen Qualität; das Prinzip der Bewertung bleibt aber auch hier fraglich und begünstigt zudem in auffälliger Weise die meinungsbildenden literarischen V.

So spektakulär die Bestsellerei der großen Publikumsverlage insgesamt auch sein mag, so wenig darf man übersehen, daß sie nur einen geringen Anteil an der Buchproduktion ausmacht. Weit folgenreicher für die Zukunft der Branche dürfte der Medienverbund der großen Konzerne wie *Bertelsmann, Holtzbrinck* oder *A. Springer* sein, der – nach dem Rezept publizistischer Diversifikation, aber ökonomischer Konzentration – die optimale Auswertung vom Hardcover über Taschenbuch- und Buchclubausgaben bis zum Fernsehfilm und der Video-Kassette in einer Hand gewährleistet. Aber auch die Masse der übrigen Buchproduktion, insbesondere der Fachverlage, befindet sich in einer schwierigen Lage. Der steigende Kostendruck kann, insbesondere bei wissenschaftlichen Spezialpublikationen und bei Zeitschriften, nicht durch Auflagenerhöhung und nur begrenzt durch Kostenweitergabe in Form einer Erhöhung des Verkaufspreises aufgefangen werden. Mikroficheausgaben und jederzeit abrufbare Datenträger werden hier dem traditionellen Buch wohl bald Konkurrenz bieten (→ *Reproduktionsverfahren*). Die Chance der mittleren und kleineren V. liegt in dieser Situation ganz gewiß nicht in einer Überproduktion aus Anpassungszwang, die vom Markt nicht mehr bewältigt werden kann und das Verlagssterben nur beschleunigt, sondern in einer zielgruppenorientierten Programmdiversifikation.

Der Wagemut und das → *Engagement* für das Neue, Unbequeme, gesellschaftlich nicht Verwertbare fällt in dieser Situation verstärkt den kleinen, alternativen V. der späten 60er Jahre zu, die sich, wie der *V. Neue Kritik*, der *V. Roter Stern*, oder der *Rotbuch-V.*, beginnend mit der Studentenbewegung teils am Rande des Buchmarkts, teils gegen diesen abgegrenzt, gebildet haben. Ihr Ziel war und ist es, nicht nur Bücher mit anderem Inhalt zu produzieren, sondern auch eine veränderte Form der Buchproduktion insgesamt zu erproben. Im kollektiven Entscheidungsprozeß und in solidarischen Arbeitsformen soll – nach dem Ideal des Marxschen »Gesamtarbeiters« – die entfremdende Arbeitsteilung der bürgerlichen Gesellschaft antizipatorisch überwunden werden. Ihre Fortsetzung fanden diese oft nur kurzlebigen Verlagsneugründungen in den 70er Jahren vor allem in der Frauenbewegung (→ *Frau*) und in der Ökologiebewegung (→ *Alternativkultur*). Sie sind heute in eigenen Organisationen, u. a. im *Verband der alternativen V. und Buchhandlungen*, zusammengeschlossen und veranstalten seit 1977 während der *Frankfurter Buchmesse* eine Gegenbuchmesse. Das Buch besitzt für die Alternativbewegungen in erster Linie eine organisierende Funktion, die den distributiven Charakter von → *Kultur* in einen kommunikativen verwandelt. Anders als die universellen periodischen Medien bietet das Buch heute auch → *Minderheiten* eine Chance, das die Offizialkultur beherrschende Denken zu unterlaufen. Der Beitrag, den die alternativen V. zur literarischen und politischen Kultur des letzten Jahrzehnts geleistet haben, mag zwar wirtschaftlich unbedeutend sein, hat aber einen Boden bereitet, auf dem sich inzwischen auch die traditionellen V. engagieren.

Ebenfalls einen eigenen, abgegrenzten, nach industriellen Gesichtspunkten rationell durchorganisierten Markt bilden die Buchgemeinschaften. Produktion und Vertrieb liegen hier in einer Hand. Historisch aus der Tradition der Arbeiterbildungsbewegung kommend, erreichen sie mit 39 v. H. aller Buchkäufer Leserschichten, die sonst weniger häufig oder gar nicht mit dem Buch in Berührung kommen. Die vier großen Buchgemeinschaften, *Bertelsmann Lesering, Deutscher Bücherbund, Deutsche Buchgemeinschaft, Büchergilde Gutenberg*, haben rund 6,5 Mio. Mitglieder und sind damit in jedem vierten deutschen Haushalt vertreten. Ihr Buchumsatz lag 1981 bei über 600 Mio. DM. Der Erfolg der Buchgemeinschaften beruht heute sicher weniger auf ihrem Preisvorteil gegenüber dem Sortimentsbuchhandel, als auf ihrem überschaubaren, standardisierten Programm und dem Service zeitgemäßer Freizeitclubs. Insgesamt fördern sie den massenmedialen Trend des Buchs, verstärken die Neigung zur ökonomischen Konzentration und schaffen Abhängigkeit, da die Lizenzerlöse mit den Buchgemeinschaften bei den Publikumsverlagen teilweise bis zu einem Drittel des Umsatzes ausmachen. Die Frage, ob für einen geplanten Buchtitel eine Buchgemeinschaft als Zweitverwerter zu interessieren sein wird, hat ihren ursprünglichen Sinn in der Möglichkeit der Fixkostendegression, reicht heute aber bestimmend in den literarischen Produktionsablauf der großen Publikumsverlage hinein.

III. Das Verlagswesen in der DDR

Entsprechend den übrigen volkswirtschaftlichen Betrieben in der DDR wurde auch das Verlagswesen, als wichtiges initiatorisches Instrument der Kulturpolitik, nach 1945 in die zentrale Wirtschaftsplanung integriert. Diese neue Struktur ist in wenigen systematischen Schritten vollzogen worden. Einmal durch die Neugründung mehrerer Großverlage wie des *Dietz-V.*, des *Aufbau-V.*, des *V. Volk und Wissen*; zum anderen durch einschneidende gesetzliche Regelungen über die Konfiskation nationalsozialistischer Literatur, die Registratur von Druckereien und die staatliche Lizenzpflicht für alle V. Bei renommierten V. wie dem *Reclam-V.*, die eine traditionsreiche Entwicklungsgeschichte aufwiesen, war man bestrebt, sie allmählich unter wachsender staatlicher Beteiligung in verstaatlichtes Eigentum zu überführen. Auch wenn darüber keine erschöpfenden Angaben in der DDR veröffentlicht sind, so lassen sich von den rund achtzig V. über sechzig als volks-, partei-, bzw. organisationseigen einordnen; etwa fünfzehn V. befinden sich zumindest partiell noch in Privatbesitz, deren mengenmäßiger Produktionsanteil – nicht zuletzt durch wirtschaftliche Benachteiligung wie Papierkontingentierung, Sonderbesteuerung – zunehmend geringer wird.

Obgleich sich im Laufe der Jahre die anfängliche Abgrenzungspolitik zwischen der DDR und der Bundesrepublik Deutschland auf dem Verlagssektor nicht aufrecht erhalten ließ und inzwischen ein reger Handel mit Lizenzen und Koproduktionen stattfindet –, unterliegen doch noch einige V., wie das *Bibliographische Institut*, der *Brockhaus V.*, der *Gustav Fischer V.*, strengen juristischen Auflagen, die es ihnen verbieten, ihre Bücher in der Bundesrepublik zu vertreiben. Es handelt sich dabei um solche Unternehmen, bei denen die Besitzer nach 1945 enteignet wurden und die dann ihren V. mit dem bekannten alten Namen in der Bundesrepublik weiterführten. Daraus ist zu erklären, daß die Statistik des Handels mit Büchern aus der DDR in der Bundesrepublik nur relativ geringfügig von rund 9 Mio. Mark 1964 auf rund 13,5 Mio. Mark 1972 gestiegen ist, wobei aber die Vertriebsumwege vor allem über Österreich und die Schweiz nicht berücksichtigt sind.

Entscheidungen darüber, was an Büchern quantitativ und qualitativ erscheint oder nicht erscheint, unterliegt einer streng hierarchischen Kontrolle durch das *Ministerium für Kultur*. Organisatorisch ist dafür seit 1963 die *Hauptverwaltung V. und Buchhandel* zuständig, die die früheren Arbeitsbereiche der *Staatlichen Kommission für Kunstangelegenheiten*, des *Amts für Literatur und Verlagswesen* sowie die *VVB-V.* zusammenfaßt. Im Wortlaut des Statuts ist die Aufgabenstellung folgendermaßen definiert: »Der Minister gewährleistet eine einheitliche politisch-ideologische Arbeit des gesamten Verlagswesens und die ökonomische Leitung der V., eine bedarfsgerechte Buch- und Broschürenproduktion in hoher ideologischer und künstlerischer Qualität – bei gleichzeitiger Entfaltung einer zielstrebigen vielseitigen Literaturpropaganda, bestätigt die thematische Perspektiv- und Jahrespläne der V. und die Verteilung der Kontingente polygraphischer Erzeugnisse auf der Grundlage einer langfristig orientierten Kulturpolitik, entscheidet über die Lizenzpolitik und erteilt die Druckgenehmigung für nicht lizenzpflichtige Druckerzeugnisse« (GBl. der DDR I, 1977, S. 361).

Zwar arbeiten in diesem Zusammenhang zahlreiche Außengutachter und etwa zwanzig Arbeitsgemeinschaften mit Vertretern von Autoren, V., Partei und Massenorganisationen dem *Ministerium für Kultur* zu, dennoch muß herausgestellt werden, daß ohne die Einwilligung dieser Institution weder eine Druckschrift hergestellt noch verteilt werden darf.

Die DDR steht, was die Pro-Kopf-Produktion von Buchexemplaren anbetrifft, neben der Sowjetunion und Japan ganz vorn in der Weltrangliste. Gegenwärtig werden jährlich rund 6000 Titel in einer Gesamtauflage von 140 Mio. Exemplaren gedruckt, wobei eine hohe Durchschnittsauflage von 23 000 pro Titel erreicht wird. Es läßt sich statistisch beobachten, daß die Kurve der Titelanzahl abflacht, während die Auflagenhöhe kontinuierlich steigt. Somit entfallen auf jeden Bürger der DDR im Durchschnitt sieben bis acht Bücher pro Jahr.

Unter planerischen Gesichtspunkten werden Schulbücher und parteipolitisch aktuelle Veröffentlichungen vorrangig produziert. An zweiter Stelle stehen alle für den Export bestimmten Publikationen. Unter die dritte Kategorie fallen technisch-wissenschaftliche Werke, und erst die vierte Gruppe umfaßt die übrige Literatur. Dennoch liegt die Belletristikproduktion der DDR mit einem Anteil von

rund 30 v. H. mehr als 10 v. H. höher als die der Bundesrepublik. Ende der 70er Jahre wurden jährlich rund 1800 Belletristiktitel in einer Gesamtauflage von ca. 43 Mio. Exemplaren gedruckt. Die hohe Durchschnittsauflage von 23 000 Exemplaren kommt natürlich auch, da sich das Honorar am Stückzahlabsatz orientiert, dem relativ guten Einkommen der Autoren entgegen. Dies wird u. a. auch dadurch deutlich, daß selbst Werke unbekannter Schriftsteller und Erstlingswerke in der Regel eine Startauflage von ca. 10 000 Exemplaren haben.

Die vorhandene Nachfrage nach Literatur, besonders nach Gegenwartsliteratur, wird allerdings bei weitem nicht gedeckt. Der Papiermangel hat sich durch die Papierpreissteigerungen und die Devisenknappheit verschärft. Aufgrund der staatlichen Subventionen für Bücher, die ebenfalls zu Kontingentierungen führen, ergeben sich hohe Überzeichnungsquoten. Auf der *Leipziger Buchmesse* 1975 war davon die Rede, daß 40 v. H. mehr Bücher verlangt werden, als geliefert werden können. Bei der Belletristik soll es sich sogar um 80 v. H. unerfüllte Käuferwünsche gehandelt haben.

Um die starke Nachfrage etwas besser zu befriedigen und um – zumindest was den äußeren Rahmen anbetrifft – die Distanz zwischen Unterhaltungs- und hoher → *Literatur* (→ *Unterhaltung*) zu verringern, ist man dazu übergegangen, bei der Verbreitung von Literatur auf das Heftchen als traditionelles Massengenre zurückzugreifen, das ähnlich den Zeitschriften mit monatlichen Neuerscheinungen im Abonnement über die Post oder am Straßenkiosk vertrieben wird. Sowohl die vom *V. Volk und Welt* herausgegebene, äußerst billige Serie »Romanzeitung« als auch das vom *V. Neues Leben* edierte »Poesiealbum« erfreuen sich großer Beliebtheit.

Da in der Programmgestaltung Konkurrenz- und Profitgesichtspunkte fast ganz zugunsten kulturpolitischer Trends zurückgedrängt wurden, weisen die V. der DDR selbst im belletristischen Bereich eine sehr ausgeprägte Spezialisierung auf. Der Kontakt der V. untereinander im Rahmen der Perspektiv- und Jahresplanveranstaltungen, der von der *Hauptverwaltung V. und Buchhandel* regelmäßig veranstalteten Seminare und der literaturpropagandierenden Veranstaltungen, wie *Leipziger Buchmesse, Woche des Buches, Ostseewoche, Tag der Kinder- und Jugendliteratur*, führt gerade wegen der klaren Aufgabentrennung auch immer wieder zu gemeinsamen Projekten, wie z. B. Anthologien zu Jubiläen und thematischen Sammelbänden.

Aufwendungen für Literaturpropaganda fallen in der Verlagsarbeit der DDR im Vergleich zum Werbebudget eines bundesdeutschen V. in weit geringerem Umfang an. Dafür nimmt die Unterstützung der Autoren durch Stipendien, Reise- und Studienförderungen einen relativ breiten Raum ein. Auch wird nachdrücklich auf die enge, subjektive

Beziehung zwischen Autor und Lektor Wert gelegt, wobei es den Autoren durchaus möglich ist, den V. gelegentlich zu wechseln. Der mit zehn bis zwölf Autoren pro Lektor im Vergleich zur Bundesrepublik drei- bis viermal so große Lektoratsapparat – er wird vom *Institut für Verlagswesen und Buchhandel* aus- und fortgebildet – birgt dabei für die Autoren Vor- und Nachteile. Die intensive Betreuung, schon im Verlauf der Entstehung eines literarischen Werkes, läßt eine inhaltlich und formal breite Manuskriptarbeit zu, die über die partnerschaftliche Gesprächsführung sicherlich fruchtbar ist, aber auch als Einfluß staatlicher Institutionen die innere und äußere → *Zensur* begünstigt und den Erscheinungstermin von Büchern erheblich verzögern kann.

Stärker diesem Instanzenbereich zugeordnet als der Lektor ist im Zusammenhang mit der redaktionellen Arbeit die Position der sogenannten Außengutachter, deren Funktion darin besteht, eine Art Vorkritik auszuüben, wobei die Rolle dieser Gutachter auch innerparteilich umstritten ist. Es ist davon die Rede, ihre Kompetenzen einzuschränken, möglichst unabhängige Gutachter zu wählen und insbesondere keine anonymen Gutachten anfertigen zu lassen, da andernfalls die Demokratisierung der Arbeit der sozialistischen Geistesschaffenden als Zielperspektive verloren ginge. Mit der Überlegung, daß es für künstlerische Tätigkeiten keine objektiv formalisierbaren Maßstäbe gebe und der Gutachter ebenso wie der Autor seine Subjektivität einbringe, wird die Forderung nach mehr Eigenverantwortung laut: »Lektorat und Gutachter sollten aber in Zukunft noch konsequenter als bisher um die Erweiterung des Spielraums und die Bewegungsfreiheit des Autors kämpfen und ihn schließlich – bei aller sorgfältigen Abwägung der Dinge – seinem eigenen Risiko überlassen, mit dem er sich der Öffentlichkeit stellt« (I. von Wangenheim, Autor, Gutachter, V. in: Börsenblatt für den Deutschen Buchhandel, Leipzig, 142. Jg., 1975, H. 7, S. 94 f.).

Als Mitwirkungsgremien in den V. sind nur die Verlagsbeiräte, Vertreter von Buchhandel, Bibliotheken, Autoren, Lesern und staatlichen Leitungen vorgesehen, die bei Themenbereichsberatungen und auch bei Manuskriptfragen eingeschaltet werden und deren Kompetenzbereich durch keine Rechtsvorschrift bezeichnet wird. Zu vermuten ist, daß die Verlagsbeiräte, ähnlich wie der *Rat für Kultur* beim *Ministerium für Kultur*, nur unverbindlich beraten und empfehlen dürfen. Im Verlagsbereich fehlen offensichtlich Gremien, die das Prinzip des Mitregierens (→ *Mitbestimmung*) verkörpern, das der Soziologie der DDR zufolge neben dem System der staatlichen Einzelleitung als »Teilnahme der Werktätigen an der Planung, Leitung und Kontrolle des betrieblichen Reproduktionsprozesses« (Soziologie im Sozialismus, Berlin (Ost)

1970, S. 111) die sozialistische Demokratie im Betrieb ausmacht.

Dazu zählt auch die straffe Organisation des Verlagswesens sowohl im Vertrieb durch das zentrale Auslieferungslager der V. für den DDR-Vertrieb *Leipziger Kommissions- und Großbuchhandlung,* sowie das zentrale Außenhandelsunternehmen *Buchexport Leipzig,* als auch innerhalb der Produktion. Dem vom *Ministerium für Kultur* eingesetzten Verlagsleiter sind alle Entscheidungskompetenzen übertragen, für die er zusammen mit seinem Cheflektor gegenüber dem Ministerium künstlerisch und ideologisch die Verantwortung trägt. Verlagsleiter und Cheflektor sind daher auch Positionen mit unmittelbarer parteipolitischer Bindung. Eine berufliche Veränderung, etwa der Wechsel zu einem anderen V., wäre nur mit dem Einverständnis der Partei möglich, ist aber absolut ungewöhnlich.

Nicht zuletzt, um diese für → *Schriftsteller* schwer durchschaubaren vielen Zwischeninstanzen zu umgehen und direkt mit dem Ministerium zu verhandeln, versuchte 1975 eine Gruppe von Ostberliner Schriftstellern, einen eigenverwalteten Autorenverlag zu gründen. Allerdings ist dieser Versuch, sich der vollständig institutionalisierten Produktionsmittel selber zu bedienen, gescheitert. Eine in kollektiv-kritischer Textarbeit begonnene Anthologie mit Erzählungen über Berlin hatte in der geplanten Konzeption keine Realisierungsmöglichkeiten.

Die angesprochenen Aspekte verdeutlichen, welche große Bedeutung der Buchproduktion in der DDR beigemessen wird; sie zeigen auch, daß vor den ökonomischen Interessen ein starker moralisch-erzieherischer Impuls in Bezug auf die Festigung der sozialistischen Verhältnisse angestrebt wird. Der eklatante Widerspruch beruht darin, daß inhaltlich sozialistisches Gedankengut realisiert werden soll, das aber über strukturell hierarchische Lenkungs- und Kontrollmechanismen behindert wird. Dies kann dadurch geschehen, daß sich die Diskussion eines Buches schwerpunktmäßig aus dem öffentlichen in den institutionellen Bereich verschiebt, indem bei der Manuskriptauswahl die Verflechtung von Gutachter-Lektor-Autor Priorität vor der natürlichen Beziehung von Autor-Lektor-Publikum erhält. Es kann aber auch sein, daß das System der Druckgenehmigung und Auflagenkontingentierung in für die Öffentlichkeit nicht zugänglichen Gremien vollzogen wird, ein Verfahren, das durch problematische urheberrechtliche Restriktionen (→ *Urheberrecht*) verschärft wird, so daß einzelne Werke selbst im Ausland nicht mehr veröffentlicht werden dürfen.

IV. Ausblick

Die unterschiedlichen Entwicklungen und Probleme der beiden literarischen Produktionssysteme sind nicht übertragbar, so sehr sich die subjektiven Empfindlichkeiten eines sich verkannt fühlenden oder eines ungedruckt bleibenden Schriftstellers in beiden Systemen auch ähneln mögen. Der hohen kulturpolitischen Wertschätzung, die das Buch in der DDR genießt, entspricht im wirtschaftlichen Denken der Bundesrepublik Deutschland – und auch dies ist ja ein politisches Bekenntnis – die ökonomische Schutzzone, mit der es hier allen anderen Dienst- und Warenleistungen gegenüber bevorzugt wird. Das liberale politische und wirtschaftliche System läßt die Möglichkeit offen, daß prinzipiell jedes Buch gedruckt, vertrieben und gelesen werden kann. Es läßt auch, wie die alternativen V. beweisen, einen gewiß fluktuierenden, gewiß immer wieder gefährdeten Spielraum zu, den die kulturpolitische Lenkung des Verlagswesens in der DDR ausschließt. Es mutet wie eine Vertauschung der Intentionen an, wenn das Buch in der DDR dennoch Mangelware ist, während es die Überproduktion in der Bundesrepublik Deutschland einem jeden Leser ermöglicht, auszuwählen und seinen individuellen Bedarf zu decken.

U. Schweikert, R. Köhler

Literatur
H. Hiller, W. Strauß (Hrsg.), der Deutsche Buchhandel. Wesen-Gestalt-Aufgabe, Hamburg 1975
H.-J. Schmitt, Die literarischen Produktionsverhältnisse in Bechers »Literaturgesellschaft«, in: Einführung in Theorie, Geschichte und Funktion der DDR-Literatur, hrsg. v. H.-J. Schmitt, Stuttgart 1975
V. der Deutschen Demokratischen Republik. Hrsg. v. Börsenverein der deutschen Buchhändler, Leipzig 1976
H.G. Göpfert, Vom Autor zum Leser. Beiträge zur Geschichte des Buchwesens, München 1977
H. L. Arnold (Hrsg.), Literaturbetrieb in der Bundesrepublik Deutschland, München 1981
Buch und Buchhandel in Zahlen, Ausgabe 1981, hrsg. v. Börsenverein des deutschen Buchhandels, Frankfurt a. M. 1981

W. Emmerich, Die DDR als Literaturgesellschaft. Modell und Wirklichkeit, in: W. E., Kleine Literaturgeschichte der DDR, Darmstadt, Neuwied 1981

Volkskultur

Deutschland – V. Volkskultur in der Deutschen Demokratischen Republik

I. Entstehungsbedingungen der Volkskultur

Unter V. versteht man vor allem historische Formen von Kultur und Lebensweise (→ *Alltag*) des Volkes, der Mehrheit der Bevölkerung, also der Mittel- und Unterschichten in europäischen Hochkulturgesellschaften.

Als Bedingungen für die Ausprägung von V. gelten ökonomische, rechtlich-territoriale und ökologische Faktoren. V. wird daher, weil sie oft kleinräumiger zu bestimmen ist, auch als Regionalkultur bezeichnet. Für die Hochkultur als den Gegenpol zur V. hat man die Bereiche menschlicher Kulturtätigkeit in eine Reihe von Wissenschaften unterteilt, die sich vor allem mit Wirtschaft, Recht, Staat, → *Religion*, → *Kunst*, → *Sprache*, → *Technik* befassen. In der Erforschung der V. durch die Disziplin der Volkskunde, der Europäischen Ethnologie, Empirischen Kulturwissenschaft und → *Kulturanthropologie* fehlt diese Einteilung. → *Arbeit* und Gerät, Brauch und Fest, Glaube, Hausbau und → *Wohnen*, Kleidung (→ *Mode*), Nahrung (→ *Essen und Trinken*), → *Musik*, Kunst, Erzählformen wie Sage, Märchen, Schwank und Legende werden unter V. subsumiert, wobei dieser Kanon allerdings auf die Tendenz zur Spezialisierung deutet. In dem vor allem auf historische Verhältnisse bezogenen Begriff V. ist die Idee der Evidenz von Kultur und Gesellschaft als einer alles umfassenden Erscheinungsweise in einer durch die Wissenschaften zergliederten Gesellschaft bewahrt.

II. Volkskultur als Ideal

Der Begriff V. taucht zum ersten Mal gegen Ende des 18. Jh. in den kameralistischen Landesbeschreibungen des aufgeklärten Absolutismus auf. Zur Verbesserung der Verwaltung der deutschen Kleinstaaten wurden statistische Angaben über die Lebensweise und Kulturzustände der einfachen Leute, des Volkes, gesammelt: Daten über Broterwerb und Steuerfähigkeit, über Kleidung, Ernährung, Hygiene, Bauweise der Häuser, Feste, Erntebräuche und Spiele.

Weit nachhaltiger ist V., ohne das Wort ausdrücklich in den Mittelpunkt zu stellen, in der deutschem Romantik zur Gegenkultur stilisiert worden. J. G. Herder sieht in den Volksliedern eine verschüttete »Kollektivpoesie«, die er als »Stimmen der Völker« (Volkslieder, Leipzig 1778/79), als Offenbarung des »Volksgeistes« versteht. Der »Volksgeist« als die »Summe der einzelnen Bewußtseine« (G. W. F. Hegel) objektiviert sich im Volkstum, der V., die sich im Volk heranbildet. Die im Umkreis des romantischen Volksbegriffs, der Auffassung von Volkstum und Volksseele anzusiedelnde V. ist ein Kulturideal. Dieses an ländlich-bäuerlicher Kultur orientierte Ideal der V. hat sich im Bürgertum Mittel- und Osteuropas zu einem Begriff des nationalen Bewußtseins entwickelt. Auch in Skandinavien und vor allem bei den slawischen Völkern ist die V. als die eigentliche Nationalkultur definiert worden. Im Gegensatz zur Hochkultur galt die Kultur der ländlichen Bevölkerung als unbehelligt von externen Einflüssen und Fremdherrschaft.

Geistesgeschichtlich entsteht V. als Ergebnis intellektueller Betrachtung eines scheinbar einfachen Lebens, das als Gegenbild zur eigenen, verbrauchten und in Konventionen erstarrten Kultur verstanden wird. In der deutschen Romantik ist V. das Produkt einer gesellschaftlichen Situation in einem »nur sprachlich und kulturell, aber nicht mehr oder noch nicht politisch geeinten Volk« (M. Rassem, Die Volkstumswissenschaften und der Etatismus, Graz 1951, S. 6).

Einfachen Menschen, Bauern und Handwerkern, wird unterstellt, daß sie alte besondere deutsche, nationale Kultur treu bewahrt hätten. V. ist damit auch eine zur Überfremdung durch auswärtige Einflüsse gegenläufige Idee, eine Konzeption, die sich gegen eine unter dem Einfluß der beginnenden Industrialisierung desorientierte Gesellschaft richtet und damit selbst Produkt der Kulturkritik ist. Das Interesse an der V. erwacht deshalb gerade dann, als ihr die gesellschaftlichen und wirtschaftlichen Veränderungen den Boden entzogen haben. Weiterlebende Reste der historischen V. werden nun aber vom Bürgertum nach dessen Bedürfnissen interpretiert. Eine nostalgische, rückwärts gewandte V. wird zur nationalen Utopie völkischer Prägung.

III. Wirkungen der Idee

Die behauptete Totalität des volkskulturellen Systems, wie sie noch in einer Opposition von »Volkswelt und geschichtlicher Welt« (J. Dünninger, Berlin, Leipzig, Essen 1937) zu vermuten ist, führte faktisch zu einer Abkapselung nicht nur des Bauerntums. Viele anachronistisch anmutende Formen des 19. und 20. Jh., Umzüge kleinbürgerlicher Garden ebenso wie strenge Moralvorstellungen der »Mächte des Beharrens« (W. R. Riehl), sind Ergebnis einer Rollenzuweisung, die der zunehmenden Bedeutungslosigkeit der Gruppen entgegensteuern sollte.

Deutsches Volkstum, Bedingung für die nationale Wiedergeburt und die Einheit des Volkes, war nur über die Kultur der noch vorhandenen Grundschicht, der Bauern, zu gewinnen. »Wir brauchen zur Wiedergeburt keine fremden Geburtshelfer, nicht fremde Arznei, unsere eigenen Hausmittel genügen« (F. L. Jahn, Deutsches Volkstum, Leipzig ²1817, S. 12). Die V. äußert sich als das ewig Gleichbleibende und als Substrat, in dem soziale Differenzierung oder gar Klassengegensätze nicht vorkommen, in »Volksthumsdenkmälern«, in Volkssitten, Volksfesten und Volkstrachten. Diese Auswahl aus dem Bereich der Gesamtkultur und die Bevorzugung des Bauernstandes als Hüter dieser V. haben bis in das 20. Jh., dort vor allem im Nationalsozialismus, die Vorstellung von V. bestimmt. Immer wieder wurde die im Bauerntum bewahrte V. als ein Fundament angesehen, das angesichts einer sich rapide wandelnden Welt Sicherheit und Beständigkeit zu garantieren schien. Gegen die »Hölle der Großstadt«, die »Zementgebirge«, die »Asphaltwüste« wird V. als die »Kultur der Landschaften und der Stämme« ausgespielt. »Die Zeitbewegung geht unzweifelhaft gegen den industriellen Radikalismus, und es steht zu hoffen, daß noch Jahrhunderte lang der Bauernstand den unerschöpflichen Boden der deutschen Volkskraft bilden möge« (A. Bartels, Der Bauer in der deutschen Vergangenheit, Berlin 1900, S. 142). In der literarischen Bewegung der Heimatkunst (→Heimat), ist angelegt, was in den Blut- und Boden-Mythos mündet (W. Darré, Das Bauerntum als Lebensquell der nordischen Rasse, Berlin 1929).

Weitgehend unbeachtet von den akademischen Disziplinen blieb die Verwendung des Begriffs V. im Proletkult (→Arbeiterkultur), in den Agitationsbewegungen der Weimarer Republik, im Agitproptheater (→Theater), dem Arbeiterfilm, (→Film), der Volksphotographie (→Photographie).

1922 hatte H. Naumann V. als »primitive Gemeinschaftskultur« bezeichnet. Durch die These, »Volkskultur wird in der Oberschicht gemacht«, wurde, ausgehend von der Tatsache, daß häufig Volkslieder nichts anderes als ehemalige Kunstlieder waren, V. zum »gesunkenen Kulturgut« (Grundzüge der deutschen Volkskunde, Leipzig 1922). Die Frage nach der vertikalen Mobilität der V. konnte vorerst nicht weiter verfolgt werden, der Nationalsozialismus lehnte diesen ersten Entwurf dazu als mit »jüdischen Tendenzen« behaftet ab.

Auf der von F. Tönnies 1887 entwickelten, aber erst nach 1920 wirksamen Unterscheidung von »Gemeinschaft und Gesellschaft« aufbauend, wurde V. als der Massenkultur gegenübergestellte Gemeinschaftskultur bestimmt. Im Bauernstand, in der nationalsozialistischen Terminologie der »Nährstand«, sollten alle auf dem Lande arbeitenden Menschen, vom Großagrarier bis zum Landarbeiter, aufgehoben sein. Ihm wurde als Bewahrer germanischer Kultur der Handwerkerstand zur Seite gestellt. Die Verfälschung der historischen V. im »Blut- und Bodenfolklorismus« (W. Emmerich, S. 122ff.) machte Teile der V. zu Bestandteilen nationalsozialistischer Propaganda, die eine »organische Volksgemeinschaft« zu formen suchte.

R. Weiß, der für die Nachkriegsvolkskunde in Ost und West eine konsolidierende Rolle spielte, definierte den durch den Nationalsozialismus korrumpierten Begriff V. neu: »Die V. ist nicht die vom Volk geschaffene, sondern die vom Volk aufgenommene, angeeignete und getragene Kultur« (Volkskunde der Schweiz, Erlenbach, Zürich 1946, S. 33 f.). W. Steinitz formulierte 1954 ähnlich: »Das Volkslied wird vom werktätigen Volk getragen, das an seiner Gestaltung schöpferisch teilnimmt« (Deutsche Volkslieder demokratischen Charakters aus sechs Jahrhunderten, Berlin (Ost) 1954, Band I, S. XXV).

IV. Volkskultur in der Bundesrepublik Deutschland

Wo gegenwärtige Kulturformen untersucht werden, zeigen sich deutlich unterschiedliche Entwicklungen. Ganz auf die Gesellschaft der Bundesrepublik bezogen, mit Erscheinungen wie der Akkulturation der Flüchtlinge, der Wiederbelebung des Historischen, dem Einbau der historischen V. in die Industriegesellschaft, kann »V. in der technischen Welt« (H. Bausinger, Stuttgart 1961) als vorläufiger Endpunkt des Umgangs mit dem Begriff V. für gegenwärtige Kulturformen angesehen werden. Produkte der →Kulturindustrie wie →Schlager und Groschenromane werden als funktionale Entsprechungen älterer Formen wie Volkslied, Sage und Märchen eingesetzt.

Wenn auch ideologiekritische Arbeiten den Begriff V. für historische und gegenwärtige Kulturformen ganz verwerfen, so sind doch zwei sinnvolle Verwendungsmöglichkeiten des Begriffs zu nennen. Die Erkenntnis, daß V. mehr eine Idee als Abbild gesellschaftlicher Wirklichkeit war, hat dazu geführt, daß die genaue Geschichtsschreibung der V. neue Quellen erschlossen hat. Sie bezieht sich auf nachmittelalterliche archivalische Quellen über das Leben der »einfachen Leute«, so insbesondere Arbeiten von H. Moser und K.-S. Kramer. Der andere Versuch zielt darauf ab, einen Typ von Unter- und Mittelschichtenkultur, der durch territoriale, spätfeudale Abhängigkeiten, Privilegien verschiedener Gruppen, ständisches Denken, demonstrativ-barockes Brauchtum im absolutistischen Kleinstaat entstanden war, als V. zu bezeichnen. V. wäre dabei zu großen Teilen Ergebnis obrigkeitlichen Umgangs mit der Bevölkerung und deren Reaktionen. Beide Versuche, auf etwa den Zeitraum vom 16. bis zum Anfang des 19. Jh. beschränkt, taugen nicht viel für die Erfassung gegenwärtiger Kulturzustände, verdeutlichen aber, daß V. nicht ungeschichtlich, ursprünglich und ewig im Sinne der romantischen Volksgeisttheorie und ihrer Nachfolger ist.

Die Kritik am Kanon der Volkskunde, die V. unter Auslassung weiter Teile der historischen V. behandelt hatte, führte dazu, das »Volk« in Gruppen aufzulösen und so zu Begriffen wie →Arbeiterkultur, Dorfkultur zu gelangen, statt Festkultur auch die Alltagskultur zu thematisieren. Popularkultur und andere Ersatzbildungen haben sich kaum durchgesetzt. Die Themen »Populärer Lesestoff«, →»Minderheiten« und →»Subkultur«, »Dörfer« oder »Stadtteile« haben ihren eigenen kulturellen Horizont. Auf ihn hin werden Bereiche soziokulturellen Lebens befragt, die auch von den anderen Sozialwissenschaften behandelt werden.

Kulturindustrielle Verwertung hat auch V. zur Ware gemacht. Die Verwendung von Versatzstücken lokaler Traditionen, vor allem von Festen und Feiern, zu kommerziellen, politischen, regionalintegrativen Zwecken wird als *Folklorismus* bezeichnet. Die Kritik an der Abkehr von der ›echten‹ V. oder ihrer Anpassung an die Verwertungsgesellschaft hat einer neuen Einschätzung des Folklorismus durch die Kategorien der Kultur und der Lebensweise Platz gemacht, die auch Ungleichzeitigkeiten und Rückgriffe zu erklären vermag. Vor allem im Vokabular der organisierten Heimatpflege, in Landesverfassungen und Lehrplänen, bei Heimattagen der Bundesländer, wird das Wort V. ebenso wie Begriffe aus seinem Umfeld wie Stamm, Gemeinschaft, Volkstum oder Bodenständigkeit benutzt. Dennoch spielt auch dort die unhistorische, metaphysische Formel V. eine untergeordnete Rolle.

Eine Reihe gegenkultureller Bewegungen nimmt für sich in Anspruch, der V. zu einem neuen Leben zu verhelfen, indem Volksheilmittel, traditionelle, kleinmaßstäbliche Dimensionen der V. Modellcharakter erhalten. Auch in der gegen die Atomkraftwerke gerichteten Bewegung erscheint das Wort V. in der »alemannischen Internationalen« (W. Moßmann) wird das oberrheinische Gebiet über die Grenzen hinweg als Region mit einer gemeinsamen V. verstanden, die durch die Vorgänge um Marckolsheim, Wyhl und Kaiseraugst »gegen die Herrschaft von Oben verteidigt werden müßte« (»Jean«, Elsaß: Kolonie in Europa, Berlin (West) 1976, S. 135). Hier wurde ausdrücklich an lokale und regionale Traditionen der Aufsässigkeit angeknüpft. Regionalistischer Protest, der sich gegen die gleichmachenden plündernden Kapitalen richtet, greift auf Bestandteile der V. zurück. Vom Alemannischen bis zum Plattdeutschen wird der →Dialekt, die Volkssprache, als Vehikel für die Interessen des »Volkes« eingesetzt. Nicht zuletzt ist die Vagheit der Vorsilbe »Volk« Grund dafür, daß der Begriff in der Bundesrepublik unterschiedlichen Interessen verfügbar ist. Von der Regionalkultur bis hin zur Stadtteilkultur wird V. als soziale Therapie verstanden.

V. Volkskultur in der DDR

Bis etwa 1960 ist V. in der historischen Brauchtumsforschung ähnlich wie in der Bundesrepublik verwendet worden. Unterschiede bestanden in der Gewichtung der fortschrittlichen Aspekte der V., die in der Sachkulturforschung und der bis etwa 1965 zentralen Erzählforschung betont wurden. Das Schule bildende Werk »Deutsche Volkslieder demokratischen Charakters aus sechs Jahrhunderten« (W. Steinitz, Berlin (Ost) 1954) wies, indem es in zwar gesammelten, aber nicht veröffentlichten Liedern die unterschlagenen und verschütteten Traditionen des Volkes betonte, auf ein Defizit der Volkskulturforschung hin. In ähnlicher Weise wurden in Sagensammlungen (G. Schneidewind, Herr und Knecht. Antifeudale Sagen aus Mecklenburg, Berlin (Ost) 1960) diese Traditionen hervorgehoben.

Am Beispiel der Volksdichtung ist eine Diskussion über die Produktionstheorie, also die Entstehung im Volke selbst, und die Rezeptionstheorie, die Entstehung außerhalb des Volks, im Bereich der herrschenden Klassen, wieder aufgenommen worden. Entscheidend ist »das Element des schöpferischen Anteils der Volksmassen, das sowohl in der Hervorbringung als auch in den vielfältigen Möglichkeiten der Aneignung, der Einformung in die eigenen Lebens- und Denkweisen, in der aktiven Bewahrung und Veränderung der Aktualisierung, Um- und Neuformung zum Ausdruck kommen kann.«

Betont wird die Kollektivität des Schaffensprozesses, der volksverbundene, humanistische Gehalt und die Progressivität als allgemeines Merkmal der V. Diese wird dann, einer These W. I. Lenins von den »zwei Kulturen« in antagonistischen Gesellschaften folgend, als die »zweite Kultur« schlechthin bezeichnet.

Ähnlich wie bei älteren Theoretikern, die V. als Kulturideal sahen, gibt es eine Tendenz, dem Begriff der V. neben dem der Lebensweise eine Sonderstellung zuzuweisen.

Das kulturpolitische Programm der *SED* unterscheidet »ökonomische Leistungen« von »kulturellen Aktivitäten« (K. Hager, Zu Fragen der Kulturpolitik der SED, Berlin (Ost) 1972, S. 18). Ein Abriß »Zur Geschichte der Kultur und Lebensweise der werktätigen Klassen und Schichten des deutschen Volkes vom 11. Jahrhundert bis 1945« (Deutsche Historikergesellschaft. Wissenschaftliche Mitteilungen 1972/I – III) verwendet V. für die übergreifende Charakterisierung vorindustrieller Epochen mit fortschrittlichen Tendenzen, wie die frühbürgerliche und die bürgerliche Revolution, während sonst das Begriffspaar »Kultur und Lebensweise« verwendet wird. Zudem findet sich hier auch eine organisatorische und systematische Zuordnung der Volkskunde zur → *Geschichte,* die nun als »Kultur-

geschichte/Volkskunde« ausgewiesen wird. Daneben wird vor allem die Geräteforschung der von der Wirtschafts- und Sozialgeschichte betreuten »Geschichte der Produktivkräfte« zugewiesen. Über V. als der historischen »zweiten Kultur« hinaus gelten die von der marxistischen → *Kulturgeschichte* theoretisch weiterentwickelten Begriffe »Kultur und Lebensweise« für alle Gesellschaften, einschließlich der sozialistischen und kapitalistischen.

Der alle materiellen und immateriellen Ergebnisse gesellschaftlicher Produktion umfassende Begriff der → *Kultur* wird in objektive und subjektive Kultur geschieden. Als objektive Kultur gilt der gesamte Fundus. An diesem Potential haben nicht alle Menschen in gleicher Weise Anteil. Der Ausschnitt der Teilhabe, subjektive Kultur, ist individuell und klassen- oder schichtenspezifisch bestimmt. Von hier aus wäre auch V. neu zu definieren. Sie wird aufgehoben in einem Konzept, das aufgibt, Kultur und Lebensweise der werktätigen Klassen und Schichten des deutschen Volks im Feudalismus, → *Kapitalismus* und → *Sozialismus* zu erforschen, und zwar »unter Berücksichtigung der progressiven Klassenlinie und des Anteils der Volksmassen am Kulturfortschritt in den einzelnen Geschichtsperioden« (W. Jacobeit, Zur Aufgabenstellung des zentralen Fachausschusses Kulturgeschichte/Volkskunde im Kulturbund der DDR, in: Kultur und Lebensweise 1/1977, S. 18). Dies bedeutet auch eine entschiedene Wendung zur Darstellung von Kultur und Lebensweise des Proletariats auf dem Lande und in der Stadt.

Nach 1950 wird die historische V. insbesondere im Bereich des künstlerischen Volksschaffens wie auch der Mundart, der Volksmusik und des Brauchtums in die Kulturarbeit eingebaut. Im *Kulturbund der DDR* konstituierte sich 1954 der *Zentrale Fachausschuß Volkskunde,* der 1976 in *ZFA Kulturgeschichte/Volkskunde* in der *Zentralen Kommission Natur und Heimat* umbenannt wurde.

Nicht immer ist deutlich, ob V. eine historische Erscheinung ist, die heute allenfalls noch neben der allgemeinen Kulturentwicklung existiert. Vor allem bei der »Feier- und Festgestaltung als Bestandteil sozialistischer Lebensweise« taucht V. mit einer Betonung ihrer regionalen Besonderheit auf. Gestützt wird dies durch die von dem sowjetischen Ethnographen J. V. Bromlej (Ethnos und Ethnographie, Berlin (Ost) 1977) geforderte Erforschung der traditionellen V. mit ihrer ethnischen Spezifik und deren Weiterleben bis in die Gegenwart (→ *Fest und Feier).*

Der Historiker J. Kuczynski hat in einer »Geschichte des Alltags des deutschen Volkes« (Berlin (Ost) 1980) vor allem Arbeiten von K.-S. Kramer aufgenommen, die unter der Prämisse einer historisch-exakten Geschichtsschreibung der V. entstanden sind. Im selben Band spricht W. Jacobeit von »regionaler Spezifik sog. ›V.‹ in unserer Zeit«.

Die Entfaltung kultureller Aktivitäten der Werktätigen, ihre Möglichkeiten zur Rezeption des kulturellen Erbes in der entwickelten sozialistischen Gesellschaft legen eine Verlängerung in die Gegenwart und zunehmende Gleichsetzung mit der Nationalkultur nahe und lassen sich unschwer in das Konzept von Kultur und Lebensweise einordnen. So wird der Singebewegung, dem Laienchorwesen, den Trachtengruppen, den Heimatfesten und dem künstlerischen Volksschaffen im Zusammenhang der schon 1964 von W. Ulbricht geforderten »Weiterentwicklung unserer sozialistischen Nationalkultur als echte V.« besondere Bedeutung zugemessen.

K. Köstlin

Literatur
Populus revisus. Beiträge zur Erforschung der Gegenwart, Tübingen 1966
K.-S. Kramer, Volksleben im Hochstift Bamberg und im Fürstentum Coburg 1500–1800. Eine Volkskunde auf Grund archivalischer Quellen, Würzburg 1967
H. Bausinger, Volkskunde. Von der Altertumsforschung zur Kulturanalyse, Berlin (West), Darmstadt 1971
W. Emmerich, Zur Kritik der Volkstumsideologie, Frankfurt a. M. 1971
Kultur und Lebensweise des Proletariats. Kulturhistorisch-volkskundliche Studien und Materialien, hrsg. v. W. Jacobeit, U. Mohrmann, Berlin (Ost) 1973
K. Köstlin, Feudale Identität und dogmatisierte Volkskultur, in: Zeitschrift für Volkskunde 73, Stuttgart u. a. 1977, S. 216–233

Vorbild

Im allgemeinen ist ein V. die Darstellung oder Selbstdarstellung einer Sache oder eines Menschen, nach deren Muster eine weitere Abbildung vorgenommen wird. Das V. verhält sich also zu seiner Nachbildung wie das Modell zur Ausführung, wie das »Original« zur analogen Abbildung. Die Nachbildung ist dem V. ähnlich, verwandt, aber mit ihm nicht identisch. Im engeren Sinne bezeichnet V. ein kulturell-moralisches Bild, das insbesondere vom praktischen Verhalten einer Person gegeben wird, welches zur Identifikation und zu wertendem und auch an ihm messendem Vergleich herausfordert.

Die meisten V., durchaus noch in der allgemeineren Bedeutung des Wortes, für das →*Kind* sind die Eltern oder entsprechende Bezugspersonen. Die spätere bewußte Suche nach dem V. erweist sich so als Folge des Bedürfnisses nach Identifikation, ohne die sich persönliche Identität nicht herausbilden kann. Das Wirken solcher V. wird umso mehr auf den Bereich der →*Familie* beschränkt sein, je mehr diese Schutz und Bestätigung durch die

soziale Organisation erhält. Umgekehrt wird, je mehr die Sozialisation durch außerfamiliäre Institutionen gefördert wird, neben das Individuum das Kollektiv oder sein Repräsentant als V. treten. Die familiale Sozialisation in den bürgerlichen Gesellschaften mag größere Individualität in der Lebensgestaltung garantieren, sie schafft zugleich aber auch Probleme durch die Vermittlung sozial unerwünschten Verhaltens durch das V. und durch die damit verbundene Festschreibung klassenspezifischen Verhaltens und sozialer Immobilität. Führt die eher kollektiv ausgerichtete Pädagogik in den sozialistischen Ländern zu größerer Chancengleichheit, so können doch die vergleichsweise abstrakten V. durch ihren Mangel an direkter persönlicher Identifikation auch eine Sehschwäche bewirken. Das Kollektiv als V. kann dazu führen, daß nur für solche Ereignisse und Konflikte Lösungsmöglichkeiten gelernt werden, die von der Gruppe auch sanktioniert sind. Das Kollektiv als V. spielt dennoch auch in den westlichen Gesellschaften eine immer wichtigere Rolle, da Kontinuität und Stabilität der Familie durch die Entwicklung der Produktion, den Einfluß der Massenmedien (→*Massenkommunikation*) und früh einsetzenden Leistungsdruck relativiert werden. In der modernen Entwicklungspsychologie wird im allgemeinen einer prägenden Gruppe *(peer group)* ebensoviel Einfluß auf die Entstehung eines Verhaltensrepertoires zugeordnet wie dem persönlichen V. Beides kann sich auch in Opposition zueinander entwickeln, so daß zwischen kollektivem und persönlichem V. moralisch-politische Spannungen entstehen. Tendenziell fördert die sozialistische Gesellschaft der DDR das kollektive, die bürgerliche Gesellschaft der Bundesrepublik Deutschland das persönliche V., so daß sich im allgemeinen das je andere als Korrektiv herausgebildet und die Persönlichkeitsbildung in beiden Systemen als mehr oder minder kompliziertes Spiel beider Größen gestaltet.

Die Ablösung von diesen ersten Vorbildern im Stadium der kindlichen Entwicklung bis zur Pubertät, ein Prozeß, der selten ohne Widersprüche und Verletzungen abgeht, findet in der Bundesrepublik vor allem noch in der und auch gegen die Familie statt, in der DDR in den staatlich gelenkten Jugendorganisationen, aber auch in Opposition zu ihnen. Die Mitgliederzahl der *Jungen Pioniere* (bis 14 Jahre) ist signifikant höher als die der *FDJ*, auf die hingeführt werden soll. Von der direkten, durch die kulturelle Umwelt gesteuerten Identifikation unterscheidet sich eine entwicklungspsychologisch später angesiedelte Form der Suche nach dem V. außerhalb der engeren Grenzen der Familie und des prägenden Kollektivs. Die Entwicklung geht hier von der eher unbewußten Nachahmung zur bewußten Nachfolge. Das V. wird nun gewählt und formuliert als Fortentwicklung oder Gegenentwurf der bis dahin erkannten eigenen Situation einen möglichen

Weg zur Erreichung des Lebensziels. Anders als die erste, direkte Beziehung zum V. ist nun die Wahl des V. offen für Korrekturen. V. können historische Personen, Politiker, Wissenschaftler, Künstler, Sportler, Stars oder Abenteurer sein, Menschen, die einen gewissen Grad an Öffentlichkeit und Erhöhung erreichten. Die Identifikation hat hier einen weiteren Grad an Abstraktion gewonnen, und es herrscht Einverständnis darüber, daß das große V. nachgeahmt, aber nicht wirklich erreicht werden kann. Das V. hat also gewissermaßen die Funktion einer sozialen Patenschaft, kann sich aber auch in der psychischen Instanz des Gewissens verankern. Als V. wird gewählt, was Gefühle der Geborgenheit, moralische Sanktionierung, aber auch Befriedigung, Erfolg, Bewunderung ermöglicht. Der Erfolg des V. überträgt sich auf den, der sich mit ihm identifiziert, und unterstützt so das von ihm getragene Welt- und Gesellschaftsbild.

Im Marxismus spielt das V. als Entwurf auf eine bessere, gerechtere Welt eine Rolle, wobei freilich jener »Einsicht in die Notwendigkeit« gefolgt wird, die W. I. Lenin als Freiheit begreift. Das persönliche V. kann hier nichts anderes sein als Repräsentant des utopischen Entwurfes. V. ist also nicht der überragende einzelne, sondern der voll entwickelte sozialistische Mensch.

Da die Vorbildbeziehung vor allem auf direkter, emotionaler Verbindung beruht, kann solch abstrakte, in Ideologie eingebettete Form von V., wie sie auch in der Bundesrepublik gefördert werden, das Bedürfnis nach völliger Identifikation nicht gänzlich befriedigen. Was die »freie Wahl« von V. neben ihrer pädagogischen Instrumentalisierung anbelangt, so hat in der Bundesrepublik die Unterhaltungsindustrie (→ *Unterhaltung*) für den Verlust an historischen V. zu dem auch der Nationalsozialismus beigetragen hat, Ersatz geschaffen. In der DDR wird das Bedürfnis nach direkten, nicht erst durch Bewußtsein zu schaffenden V., wie demoskopische Untersuchungen gezeigt haben, hauptsächlich durch Sportidole erfüllt. Auf einer breiteren Ebene können sich auch Institutionen, Kulturen, ja ganze Nationen gegenseitig als V. dienen. Eine Reihe von gesellschaftlichen Einrichtungen in der Bundesrepublik sind nach amerikanischen, noch mehr in der DDR nach sowjetischen Vorbildern geschaffen worden. Der Vorbildcharakter der technisch entwickelten Staaten in Ost und West für die Länder der dritten Welt, gefördert nicht zuletzt durch Selbstdarstellung und Kulturarbeit dieser Nationen, leistet einen Beitrag zur politischen Polarisierung der Welt, so wie überhaupt durch die Konzentration auf bestimmte Sinnzusammenhänge zu Katalysatoren politischer und kultureller Polarisation werden können.

G. Seeßlen

Literatur
M. Müller, Untersuchungen über das V., Bern 1949
A. Schulz, Nachfolgen und Nachahmen, München 1962
H. Thomae, V. und Leitbilder der Jugend, München 1965

Wahrnehmung

Wahrgenommen wird, und zwar immer auf bestimmte Weise, ein Ausschnitt aus dem Inventar des jeweils gegebenen Wirklichen. Das Wahrgenommene ist das bereits auf bestimmte Weise schematisierte, gedeutete, interpretierte Wirkliche. Bei den wirkenden Wahrnehmungsmustern ist zwischen Konstanten und Varianten zu unterscheiden. Konstanten sind die von der Physiologie der W. vorgegebenen Muster menschlichen Wahrnehmens überhaupt. Varianten sind die historischen, kultur- und gruppenspezifischen Ausfüllungen dieses physiologisch vorgegebenen Rahmens. Man kann sie auch als Wahrnehmungsgewohnheiten bezeichnen (→ *Kulturwandel*, → *Zeitbewußtsein*).

Die Eigenart der in einem Gemeinwesen zu einem bestimmten Zeitpunkt vorhandenen Wahrnehmungsgewohnheiten ist in wenigstens drei Aspekten zu beschreiben. Zum einen sind sie das Ergebnis der mehr oder weniger tiefreichenden Umformung eines vergangenen Gefüges von Wahrnehmungsgewohnheiten. Für die synchrone Betrachtung ergibt sich daraus die Frage, inwieweit dessen Elemente noch in die Gegenwart hereinreichen und in dieser bestimmend sind. Die Umformung dieser Struktur, und dies ist der zweite Aspekt, wird von bestimmten institutionalisierten oder nichtinstitutionalisierten Instanzen hervorgebracht. Es ist zu fragen, wie diese Instanzen beschaffen sind und wie sie wirken. Drittens schließlich darf ein subjektiver oder kollektiv subjektiver Faktor dem Wirken dieser Instanzen gegenüber nicht vernachlässigt werden.

Da Wahrnehmen als sinnliche W. mit den einzelnen Sinnen erfolgt (→ *Sinnlichkeit*), sind die jeweils gegebenen Wahrnehmungsgewohnheiten nur im Bereich der Einzelsinne faßbar. Ein Vergleich der Wahrnehmungsgewohnheiten in beiden deutschen Staaten ist deshalb nur über einen Vergleich der Gewohnheiten der einzelnen Sinne möglich. Als Resultat dieser Einzelvergleiche (→ *Sehen*, → *Hören*, → *Geschmack*, → *Gefühl*) kann generell festgestellt werden, daß sich die heutigen Wahrnehmungsgewohnheiten in der Bundesrepublik weit mehr von denen aus der Zeit vor der Teilung Deutschlands unterscheiden, als das in der DDR der Fall ist. Bei Grenzüberschreitungen in beide Richtungen zeigt sich dies in überraschenden Wirkungen. Bürger der Bundesrepublik erleben eine

Reise in die DDR häufig als Reise in die Vergangenheit, Bürger der DDR dagegen reagieren auf die Reizinflation der Konsumwelt zunächst mit Verwirrung. Was die Instanzen angeht, von denen die Wahrnehmungsgewohnheiten in beiden deutschen Staaten geformt werden, so kommt in beiden Fällen die wichtigste Rolle den Medien → *Fernsehen,* → *Hörfunk,* → *Presse* zu. Die Intention allerdings, mit der sie wirken, und damit auch die Richtung dieses Wirkens, ist sehr unterschiedlich.

In der Bundesrepublik dienen die Impulse, die am stärksten und am beständigsten auf die Wahrnehmungsgewohnheiten einwirken, der Stimulation des → *Konsums.* Es handelt sich dabei gemeinhin um sehr starke visuelle, akustische und visuell-akustische Reize, die in sich sehr vielgestaltig sind, doch vielgestaltig im Sinn einer Vielzahl von Stereotypen. Die Wirkung dieser Reize ist in der akustischen Dimension vorwiegend narkotisierend, in der visuellen Dimension klischierend. Dies führt zu einer entdifferenzierten und passiven Gestalt der W. In der Extremform wäre W. in diesem Fall identisch nur mit Wiedererkennen und damit der Möglichkeit beraubt, sich zu Erfahrungen zu verdichten. Spätestens seit dem letzten Drittel der 60er Jahre wird jedoch diese Tendenz kritisiert. Seither hat sich ein ganzes Tableau von Wahrnehmungsgewohnheiten gebildet, die gerade den innovativen Aspekt des Wahrnehmens betonen. Das Gefüge der Wahrnehmungsgewohnheiten in der heutigen Bundesrepublik setzt sich aus den verschiedensten Formen einer Überlagerung beider Tendenzen zusammen.

Wichtigste Aufgabe der Medien in der DDR ist es, die Wahrnehmungsweise der Menschen dahingehend zu formen, daß diese die Dinge so wahrnehmen, wie sie sich dem offiziell verbindlichen Wahrnehmungshorizont darstellen. Diese Formung geschieht vorwiegend durch das Wort (→ *Sprache*). Dabei wirken die Medien auf eine sehr stark durch Worte präformierte Gestalt der W. hin. Zwar ist menschliche W. immer sprachlich geformt, doch diese Geformtheit wird problematisch, wenn der sprachliche Aspekt den innovativen Aspekt des Wahrnehmens überdeckt. Diese Gefahr nimmt dann zu, wenn die sprachlichen Faktoren der W. formelhaften Charakter annehmen. Sie ist deshalb in der DDR in hohem Maß gegeben. Das Wirken dieser die W. formenden Instanzen wird von den Bürgern der DDR allerdings schon wahrgenommen, solange diese Instanzen bestehen. Das Gefüge der Wahrnehmungsgewohnheiten hat sich hier von Anfang an unter Einbeziehung dieser W. entwickelt. Der wohl markanteste Zug, der sich daraus ergeben hat, ist der deutliche Bruch zwischen der Gestalt des W. im privaten Bereich und derjenigen des Bereichs außerhalb. Man hat oft gesagt, in der DDR sei eine größere Vertrautheit zwischen den Menschen zu spüren als in der Bundesrepublik. Es könnte sein, daß dies auf das ausdrückliche Freihalten der privaten Begegnung von jeder Klischierung zurückgeht, denn Vertrautheit hat mit der Unmittelbarkeit und der Direktheit gegenseitigen Wahrnehmens zu tun.

Das Freihalten der W. von der Überformung durch die Schemata der offiziellen Sprachregelung ist desto weniger möglich, je entfernter das Wahrgenommene dem Nahbereich ist und je mehr es deshalb schon als vermittelt gesehen wird. Solche Vermitteltheit bedeutet wegen des staatlichen Informationsmonopols immer schon Vermitteltsein durch die offizielle Perspektive. Für die nach 1945 aufgewachsenen Generationen ist deshalb anzunehmen, daß sich ihr Blick auf das über den Nahbereich Hinausgehende langfristig dieser Perspektive annähert.

R. Düßel

Literatur
M. Merleau-Ponty, Phänomenologie der W., Berlin (West) 1966
H. Becker, K.D. Keim, W. in der städtischen Umwelt, Berlin (West) 1972
K. Holzkamp, Sinnliche Erkenntnis. Historischer Ursprung und gesellschaftliche Funktion der W., Frankfurt a. M. 1973
J.J. Gibson, Die Sinne und der Prozeß der W., Bern 1973
D. Wittich, K. Gößler, K. Wagner, Marxistisch – Leninistische Erkenntnistheorie, Berlin (Ost) 1978
P. Ch. Ludz, Mechanismen der Herrschaftssicherung: Eine sprachpolitische Analyse gesellschaftlichen Handelns in der DDR, München 1980

Weiterbildung

Mit der Bezeichnung W. werden alle Formen organisierten Lernens zusammengefaßt, die an eine erste, abgeschlossene Bildungsphase anschließen und diese fortführen. Der in Anlehnung an den internationalen Sprachgebrauch geprägte Begriff beginnt sich in Bundesrepublik und DDR langsam durchzusetzen, ohne hier jedoch, wie zum Beispiel in England (*further education*), die berufliche Erstausbildung mit einzuschließen.

In der Bundesrepublik wurde der Ausdruck W. 1970 durch den *Strukturplan für das Bildungswesen* des *Deutschen Bildungsrates* eingeführt, der ihn als Oberbegriff für Fortbildung, Umschulung und Erwachsenenbildung vorschlug. Der ältere Begriff Erwachsenenbildung sollte für die allgemeine, nicht berufsbezogene → *Bildung* reserviert werden. Damit wollte der Bildungsrat die beabsichtigte engere Verzahnung von allgemeiner und beruflicher Bildung zum Ausdruck bringen. W. und Erwachsenenbildung werden heute allerdings zumeist synonym gebraucht. In der DDR ist der Begriff W. bereits

1968 in den amtlichen Sprachgebrauch eingegangen. Er wurde später auf die Aus- und Weiterbildung der Werktätigen ausgedehnt, die über die primär berufsbezogene Erwachsenenqualifikation hinausgeht und auch die kulturelle Massenarbeit einschließt.

Die Anfänge der modernen Erwachsenenbildung reichen zurück ins frühe 19. Jh. und sind geprägt durch die Ideen der →*Aufklärung,* die nationalpolitischen Vorstellungen der Romantik, die Industrialisierung und die Entwicklung der Wissenschaft. Auch die sozialen Auseinandersetzungen jener Zeit, vor allem das Streben des sich herausbildenden Proletariats nach Solidarisierung und politischen Reformen spielten eine Rolle. Liberal-bürgerliche Bildungsvereine und Arbeiterbildungsvereine waren somit die wichtigsten Wegbereiter der W. Einen Höhepunkt erreichte die W. in der Weimarer Republik mit der Gründung zahlreicher Volkshochschulen und Heimvolkshochschulen. Während des Nationalsozialismus wurden die Ideen der »Volk-Bildung« (A. Heinen) und »volkstümlichen Laienbildung« (W. Flitner) im Sinne »völkischer«, nationalsozialistischer Ideologie umgedeutet. Anstelle der W. zogen die Nationalsozialisten die außerschulische Jugendbildung vor.

Nach dem Zusammenbruch des Nationalsozialismus versuchten vor allem die Volkshochschulen an die Weiterbildungstradition der Weimarer Republik anzuknüpfen. Dabei ging man in der Bundesrepublik in erster Linie von den subjektiven, individuellen Bedürfnissen der Interessierten aus und betonte die allgemein-kulturelle Bildung. Eine stärker didaktisch-methodische Systematisierung der W. durch Abschlußprüfungen und Zertifikate wurde erst Mitte der 60er Jahre unter den Stichworten *Bochumer Plan* und *Dritter Bildungsweg* diskutiert und seitdem nur zögernd eingeführt.

Im Unterschied zur Bundesrepublik begann in der DDR schon Ende der 40er Jahre eine starke Ausrichtung der Volkshochschulen auf die Anforderungen der Wirtschaft und Arbeitswelt. Es wurden zunächst Außenstellen in den Betrieben und seit 1948 eigenständige Betriebsvolkshochschulen gegründet. Aus diesen sind 1953 die Technischen Betriebsschulen und 1958 die Betriebsakademien hervorgegangen, in denen eine stufenförmig aufgebaute, berufsbezogene Erwachsenenqualifizierung vermittelt wird. Auch den Volkshochschulen wurde bereits Ende der 40er Jahre das Recht zugesprochen, staatlich anerkannte Prüfungen nach offiziellen Lehrplan- und Prüfungsrichtlinien durchzuführen.

Über die genannten Maßnahmen hinaus hat sich die W. sowohl in der Bundesrepublik wie in der DDR während der letzten drei Jahrzehnte erheblich differenziert, um den vielfältigen individuellen und gesellschaftlichen Bedürfnissen zu entsprechen.

In der Bundesrepublik liegt die Gesetzgebungs-kompetenz auf dem Gebiet der W. teilweise beim Bund, zum überwiegenden Teil jedoch bei den Ländern. Durch das *Arbeitsförderungsgesetz* von 1969 hat der Bund die berufliche Fortbildung und Umschulung samt der finanziellen Unterstützung der Teilnehmer geregelt. Die Mehrzahl der Länder hat seit Mitte der 60er Jahre spezielle Gesetze zur W. erlassen, die über finanzielle Regelungen hinaus auch die Stellung der W. im Bildungswesen festlegen. In Berlin (West), Bremen, Hamburg, Hessen und Niedersachsen sind zudem Gesetze über den Bildungsurlaub verabschiedet worden, die Berufstätigen die Möglichkeit garantieren, ohne finanzielle Einbußen an der W. teilzunehmen.

Anders als im Schulwesen (→*Schule*) existiert in der W. eine Vielzahl von Trägern, Einrichtungen und Veranstaltungen. Zu unterscheiden ist zwischen den öffentlich-rechtlichen Trägern wie Ländern, Kommunen, Kirchen, Hochschulen, Rundfunk- und Fernsehanstalten und den »freien« Trägern wie den Berufs- und Wirtschaftsverbänden, den konfessionellen und politischen Organisationen sowie den kommerziellen Weiterbildungsinstituten. Gerade letztere decken einen erheblichen Bereich ab und erfüllen mehr als eine nur ergänzende Funktion zum öffentlichen Schulwesen. Obwohl die freien Träger meist aus öffentlichen Mitteln unterstützt werden, können sie ihre Ziele und Veranstaltungen doch selber bestimmen. Eine gewisse Sonderrolle kommt den Volkshochschulen als den am weitesten verbreiteten Einrichtungen der Erwachsenenbildung mit dem zugleich breitesten Bildungsangebot zu. Versuche, die Volkshochschulen zum »Zentrum eines öffentlichen Weiterbildungssystems« (W. Strzelewicz) zu machen, von dem koordinierende oder gar normierende Wirkungen ausgehen, sind bisher aber nicht gelungen.

Kennzeichen der W. in der Bundesrepublik ist das Bekenntnis zur Pluralität der Ansätze und Anschauungen. Das bedeutet einerseits eine grundsätzliche Offenheit gegenüber allen Fragestellungen und Themen, wobei alle Bildungsinhalte als prinzipiell gleichwertig angesehen werden; andererseits die Ablehnung eines einheitlichen oder sogar verbindlichen Bildungsideals sowie den Verzicht auf übergreifende Maßstäbe und Beurteilungskriterien. Die Pluralität der Träger und Angebote wird deshalb als notwendig bezeichnet, weil »die Willens- und Meinungsbildung in einer pluralen Gesellschaft durchsichtig zu machen und zu fördern« ist (*Deutscher Städtetag* 1969). In der Praxis hat diese Haltung jedoch zu einer Zersplitterung des Bereichs der W. und einem Neben- und Gegeneinander von Angeboten und Aktivitäten beigetragen.

In der zentralistischen DDR ist die W. durch das *Gesetz über das einheitliche sozialistische Bildungssystem* von 1965, durch einen Beschluß des Ministerrates von 1968 sowie durch zahlreiche ministerielle Verordnungen und Instruktionen geregelt. Darin wird besonders die Verklammerung der W. mit dem allgemeinbildenen Schulwesen, der Berufsausbildung und dem Hoch- und Fachschulwesen hervorgehoben. Ferner bestehen zwischen den Betrieben und den staatlich-kommunalen oder gesellschaftlichen Bildungseinrichtungen zahlreiche Qualifizierungs-, Kooperations- und Delegierungsvereinbarungen.

Die berufliche Erwachsenenqualifizierung findet hauptsächlich in den Betriebsakademien statt. Sie sind mit den Betriebsberufsschulen für die berufliche Erstausbildung der Jugendlichen und den polytechnischen Zentren und Kabinetten für die Oberschüler zu Betriebsschulen zusammengefaßt. Die Betriebsakademien, die es auch in der Landwirtschaft gibt und dort aus den Dorfakademien hervorgegangen sind, sind staatliche Einrichtungen, die nach zentralen Lehrplänen und Prüfungsrichtlinien allgemeine und über den jeweiligen Betrieb hinaus geltende Zeugnisse und Zertifikate erteilen. Zu ihren Aufgaben gehört die berufliche Erstausbildung der un- und angelernten erwachsenen Werktätigen im Betrieb, die Ausbildung der Meister und die berufsbezogene W. aller Betriebsangehörigen vom Facharbeiter über die Meister bis hin zu den Führungskräften mit Hoch- und Fachschulabschluß. Hinzu kommen die berufliche Umschulung oder die Erweiterung der Qualifikation durch zusätzliche Spezialisierungen, die berufliche Erstausbildung der Abiturienten, die keinen Studienplatz an einer Hochschule erhalten haben sowie die die Vertiefung und Erweiterung der Allgemeinbildung der Betriebsangehörigen.

Von den fast zwei Mio. Facharbeitern, die seit 1970 ihren Abschluß erwarben, wurde jeder Dritte in einer Betriebsakademie ausgebildet. In den letzten Jahren hat sich die Arbeit der Betriebsakademien von der beruflichen Erstausbildung stärker auf die berufliche W. und besonders auf die berufliche Qualifizierung junger Frauen und Mütter verlagert. Die berufliche Bildungsarbeit der Betriebsakademien wird ergänzt durch ein ausgebautes System von Fern- und Abendstudien an den Hoch- und Fachschulen sowie durch die *Kammer der Technik,* die mit ihren Fachtagungen, Vorträgen und Exkursionen zu den am stärksten expandierenden Einrichtungen der W. zählt. Die wichtigste Institution der außerbetrieblichen W. ist ebenso wie in der Bundesrepublik die Volkshochschule, die heute primär der Vervollständigung der Allgemeinbildung dient und berufsbezogene Veranstaltungen nur noch in Ausnahmefällen anbietet. Das Programm enthält Lehrgänge in einzelnen Unterrichtsfächern und sogenannte Komplexlehrgänge, die zum Abschluß des achten und zehnten Schuljahres der Oberschule oder zum Abitur führen. Obwohl die Zahl der Teilnehmer, von denen 58 v. H. Frauen und 45 v. H. unter 25 Jahren alt sind, seit 1970 relativ konstant geblieben ist, sinkt der Anteil der schuli-

schen Komplexlehrgänge erheblich. 1978 nahmen nur noch 6 v. H. aller Besucher an ihnen teil. Abiturlehrgänge werden von 1,3 v. H. der Teilnehmer besucht. Gewachsen ist dagegen das Interesse an Sprachkursen, wobei die Hälfte aller Schüler Russisch lernen.

Wichtige Institutionen der »kulturellen Massenarbeit« sind die *Urania,* der *Kulturbund der DDR* sowie die Klub- und Kulturhäuser (→ *Kulturzentren,* → *Vereine*). Die populärwissenschaftliche Gesellschaft *Urania* organisiert Vorträge in Betrieben und Kulturhäusern; angesprochen werden sollen in erster Linie Arbeiter und die Landbevölkerung. Der *Kulturbund* wendet sich vornehmlich an die »Intelligenz« und die Angestellten. Die Klub- und Kulturhäuser in den Gemeinden und Betrieben sind mit ihren vielfältigen kulturellen Angeboten – von Konzert- und Theatergruppen bis hin zu musischen und literarischen Zirkeln – teilweise mit den Volkshochschulen der Bundesrepublik vergleichbar.

Die Ziele der W. in der DDR haben sich in den letzten Jahrzehnten deutlich verändert. Standen zunächst die sozialistische Umerziehung der Bevölkerung und die berufliche Ausbildung einer großen Zahl Un- und Angelernter, vor allem aus der Landwirtschaft, im Vordergrund, so wird heute die Vermittlung einer sozialistischen Arbeitsmoral und die laufende Anpassung der beruflichen Qualifikation an den technologischen und gesellschaftlichen → *Fortschritt* betont. Unverändert blieb die Forderung nach Einheit von fachlicher Ausbildung und politisch-ideologischer Erziehung, die zu realisieren jede Institution, jede Veranstaltung und jeder in der W. Tätige zur Aufgabe hat.

Der gravierende Unterschied zwischen der W. in beiden deutschen Staaten ist das hohe Maß an Einheitlichkeit und Geschlossenheit auf seiten der DDR und die Vielgestaltigkeit und Unübersichtlichkeit in der Bundesrepublik. Während die Bundesregierung in ihrem »Bericht über die strukturellen Probleme des föderativen Bildungssystems« (1978) ein »Mindestmaß an Vergleichbarkeit der weiterführenden und berufsqualifizierenden Abschlüsse bzw. deren gegenseitige Anerkennung« fordert und deswegen eine Neuregelung der Gesetzgebungskompetenz für notwendig hält, beeindruckt die W. in der DDR durch den systematischen Aufbau aufeinander bezogener Qualifikationsabschnitte und den hohen Grad an Durchlässigkeit zum Hoch- und Fachschulwesen. Freilich steht dem nicht nur eine starke Verschulung der W. gegenüber, sondern auch ihre uneingeschränkte Ausrichtung auf die Ideologie und Politik der *SED.*

Die sozial integrierende Funktion der W. wird in der DDR nachdrücklich unterstrichen, in der Bundesrepublik ist sie, zumindest in der Theorie, umstritten. Empirisch gesichert ist dagegen die Tatsache, daß in beiden Systemen die Nachfrage nach

W. vom Niveau der Schulbildung und Höhe des Sozialstatus abhängt. Dadurch wird nicht nur die in beiden Staaten angestrebte, sozial ausgleichende Funktion der W. relativiert, sondern auch die Gefahr heraufbeschworen, statt einer Angleichung eine verstärkte soziale Differenzierung zu bewirken.

H.-P. Schäfer

Literatur:
E. Harke u. a., Beiträge zur Erwachsenenqualifizierung. Ein Leitfaden, Berlin (Ost) 1971
E. Niehuis, Analyse der Erwachsenenbildung in der BRD und der DDR, Heidelberg 1973
Handbuch der Erwachsenenbildung, hrsg. v. F. Pöggeler, Stuttgart 1979
L. Beinke, L. Arabin, J. Weinberg, Zukunftsaufgabe W., Bonn 1980
J. H. Knoll, Erwachsenenbildung und vergleichende Erwachsenenbildungsforschung, Grafenau 1980

Weltkulturpolitik

I. Kultur im Weltmaßstab – II. Historische Grundlagen der Weltkultur – III. Ziele und Tätigkeiten der UNESCO – IV. Globale Aspekte des Kulturaustauschs, Gesundheit, Ernährung, Arbeit, Bildung – V. Zur Situation der Weltkulturpolitik heute – VI. Weltkulturpolitik aus Sicht der Deutschen Demokratischen Republik

I. Kultur im Weltmaßstab

Der Gedanke einer Weltkultur ist neu. Früher hat man → *Kultur* mit Personen, mit Völkern, mit Glaubensgemeinschaften assoziiert. Ein Mensch hatte Kultur. Es gab eine deutsche oder französische Kultur, eine christliche, jüdische und islamische Kultur. In unserer Zeit kann die Außenpolitik der verschiedenen Nationen auch als »Weltinnenpolitik« (C. F. v. Weizsäcker) betrachtet werden *(→auswärtige Kulturpolitik; →europäische Kulturpolitik)*. Die Abhängigkeit der Völker voneinander ist so groß geworden, daß wir die Welt als Einheit begreifen müssen und infolgedessen, trotz der Fülle unterschiedlicher Kulturen, auch von einer Weltkultur sprechen können. Natürlich ist diese Weltkultur nicht politisch institutionalisiert, aber die internationalen kulturellen Aktivitäten stehen in einem Zusammenhang und prägen die ganze Welt, und ihre Einwirkung auf diese Weltkultur nennen wir W. Zur Kultur gehört Zivilisation. Die Weltkultur kennt nicht die überholte Trennung zwischen hoher und niedriger Kultur. W. kennt auch nicht die Über-

legenheit einer Kultur über die andere. Im Rahmen der W. sind alle Kulturen im Prinzip gleichberechtigt. Die Weltgeschichte kannte Weltreiche wie das Römische Weltreich oder das *British Empire*. In ihnen verband sich imperialer Herrschaftsanspruch mit der Vorstellung einer weltgestaltenden Kultur. Diese Weltreiche und ihre W. haben aber nichts zu tun mit dem modernen Begriff der W., der auf der Gleichberechtigung der in der Welt nebeneinander bestehenden Kulturen beruht.

II. Historische Grundlagen der Weltkultur

Der Gedanke, daß auch die entferntesten Teile der Welt untereinander abhängig sind und daß deswegen eine Weltsolidarität für den → *Frieden* notwendig ist, ist aus der Katastrophe des Zweiten Weltkriegs hervorgegangen. Die Einheit der Welt als eine politische, moralische und kulturelle Notwendigkeit beruht auf der Erkenntnis, daß die Menschheit einen atomaren Weltkrieg nicht überleben würde. W. ist daher in erster Linie Weltfriedenspolitik, und zwar nicht in dem Sinn, wie ermüdete Friedenssehnsucht nach allen größeren Kriegen der Menschheit wieder politisch wirksam wurde; sie meint vielmehr Weltfrieden als die einzige Rettung gegenüber dem Gedanken eines Weltuntergangs, der inzwischen kein Mythos mehr ist, sondern uns allesamt bedroht.

Außerdem hat die Menschheit im Zweiten Weltkrieg erfahren, daß unvorstellbares Unrecht jederzeit möglich war. Solches Unrecht geschieht seitdem weiter an den verschiedensten Stellen der Welt; aber der Kampf gegen dieses Unrecht ist eine Aufgabe der W. Diese ist Kulturpolitik aufgrund der Erfahrungen von Auschwitz und Hiroshima.

III. Ziele und Tätigkeiten der UNESCO

Für die W. gibt es eine zentrale Organisation, die *UNESCO,* die Organisation der *Vereinten Nationen* für Erziehung, Wissenschaft und Kultur. Die Verfassung der *UNESCO* ist in London am 16. November 1945 beschlossen worden. Fast alle Staaten der Welt gehören der *UNESCO,* in deren Büros in Paris heute etwa 2500 Personen arbeiten, an. In ihrer Verfassung wird in der Präambel der Schrecken des gerade beendeten → *Krieges* beschworen; die Gefahren, die durch Unwissen, Vorurteile und die ungleiche Behandlung von Menschen und Rassen bestehen, werden beim Namen genannt. Außerdem wird die Verbreitung von Kultur als Grundlage der Menschlichkeit, der Gerechtigkeit, der Freiheit und der Menschenwürde bezeichnet. Es wird festgestellt, daß Friede nicht von politischen und wirtschaftlichen Vereinbarungen allein abhängt, sondern in der geistigen und moralischen Solidarität der Menschen verankert sein muß. In dem Glauben an das Recht aller Menschen auf unbegrenzte und gleiche Bildungsmöglichkeiten, auf das uneingeschränkte Streben nach objektiver Wahrheit und auf den freien Austausch von Gedanken und Kenntnissen bekunden die Vertragsstaaten die Absicht, die Beziehungen zwischen ihren Völkern zu entwickeln und sie zu besserem gegenseitigem Verständnis ihrer Lebensweise zu nutzen. Die *UNESCO* hat bisher versucht, diese kulturelle Zusammenarbeit auf den Gebieten der Wissenschaft, der Kunst, jedoch vor allem der Erziehung zu verwirklichen.

In den einzelnen Staaten bestehen nationale *UNESCO*-Kommissionen, die die jeweilige Regierung in Fragen der *UNESCO* beraten und Träger einer kulturpolitischen Willensbildung auf nationaler Grundlage für die internationale Zusammenarbeit sein sollen. Ihre Bedeutung liegt darin, daß sie die Grundvorstellungen einer W. innerhalb der Staaten wecken und integrieren sollen. Auch der Austausch zwischen den nationalen Kommissionen spielt eine wichtige Rolle bei der Verbreitung des Gedankens einer W. Die nationalen *UNESCO*-Kommissionen verbreiten somit den Gedanken einer W. innerhalb der Staaten und sorgen andererseits dafür, die Vielfalt nationaler kultureller Erscheinungen innerhalb der *UNESCO* zur Geltung zu bringen.

In ihrer 35jährigen Geschichte ist die *UNESCO* eine umstrittene Organisation gewesen. Die Bürokratisierung ihrer Arbeitsweise, die Schwierigkeit, kulturelle Tatbestände und Themen immer wieder in verschiedenen Sprachen darzustellen, die unüberwindlichen Gegensätze zwischen der kapitalistischen und der sozialistischen Welt, noch viel mehr aber zwischen den Entwicklungsländern und den Industriestaaten, hat die Verständigung erschwert und den großen Sitzungen oft etwas vom Charakter des Turmbaus zu Babel gegeben. Gerade der kulturell schöpferische Mensch fühlte sich dann von dem, was er in der Weltkulturorganisation sah, abgestoßen. Auch die nationalen Kulturpolitiker verließen immer wieder die schwer verständlichen Sitzungen der *UNESCO* mit dem Ausdruck der Verzweiflung. Die große Alphabetisierungskampagne der *UNESCO,* der Versuch, die Menschheit dadurch einander näherzubringen, daß Lesen und Schreiben Allgemeingut würde, ist vorläufig nicht geglückt, wird aber in der Form von Ausbauhilfe für das formale Bildungswesen wie auch in der Form von Kampagnen fortgesetzt. Die Schwierigkeit liegt darin, daß hinter der Bildungshilfe zum Teil ein Kulturbegriff steht, der von den Entwicklungsländern so nicht akzeptiert werden kann. Innerhalb der Weltkultur gibt es also eine unendliche Fülle ungeklärter Wertauseinandersetzungen, die erst langsam aufgearbeitet werden können. Weltkultur ist nicht etwas, das wir schon haben, sondern eine Aufgabe,

um die gerungen wird. In diesem Ringen ist die *UNESCO* trotz ihrer organisatorischen Schwächen, trotz der Abneigung der Staaten, Geld in übernationale Kulturorganisationen zu geben, und trotz des wiederauflebenden Nationalismus eine Hilfe, auf die man nicht mehr verzichten kann.

IV. Globale Aspekte des Kulturaustauschs, Gesundheit, Ernährung, Arbeit, Bildung

Weltkultur vollzieht sich im Gespräch und im Austausch. Die Vermittlung von Kultur, von Wissen über die anderen Kulturen, kulturelle Begegnung im weltweiten Rahmen ist eine der Entstehungsbedingungen von Weltkultur. Hierzu gehört der binationale Kulturaustausch ebenso wie die kulturelle Hilfe über internationale Organisationen. Auch die gemeinsamen Aktionen zur Rettung gefährdeter Kulturgüter, die der Vernichtung von Kulturdenkmälern entgegenwirken, zählen dazu. Als Beispiel seien die internationalen Bemühungen um die Tempel in Ägypten oder die Stadt Venedig genannt.

Im Rahmen einer W. müssen auch die *Weltgesundheitsorganisation,* die *Welternährungsorganisation* und das *Internationale Arbeitsamt* gesehen werden. Die kulturelle und die soziale Entwicklung innerhalb der Welt sind nicht voneinander zu trennen. Zivilisation gehört zur Kultur, die soziale Ordnung ist Bestandteil der Zivilisation. Insofern arbeiten auch die *Weltgesundheitsorganisation,* die *Welternährungsorganisation* und das *Internationale Arbeitsamt* mit an der Entwicklung von W. Auch eine ursprünglich rein wirtschaftlich konzipierte Organisation wie die *Organisation für wirtschaftliche Zusammenarbeit und Entwicklung* (OECD) hat sich zu einem wichtigen Träger von W. entwickelt, weil die Abhängigkeit der wirtschaftlichen Entwicklung von der nationalen Bildungspolitik erkannt wurde. Die gegenseitigen bildungspolitischen Begutachtungen, bei denen die Bildungspolitik der einzelnen Länder untersucht und dann im Ministerrat der *Organisation für wirtschaftliche Zusammenarbeit und Entwicklung* diskutiert wird, sind Beispiele solcher W. Hier werden auf übernationaler Basis kulturpolitische Themen höchsten Rangs verglichen und schließlich in Empfehlungen verarbeitet. Die ganze Welt steht im Zeichen einer Ausdehnung des Bildungswesens, die, unbeschadet der Unterschiedlichkeit der bildungspolitischen Vergangenheit der einzelnen Länder, analoge Problemstellungen schafft, bei deren Lösung der gegenseitige Rat eine große Hilfe sein kann. Auch ökumenische Gespräche zwischen den →*Kirchen* oder die Reisen von Papst Johannes Paul II. sind Teil von W., weil hier mit den Mitteln der Kirchen nationenübergreifend ein Weltkulturbewußtsein in sichtbaren Akten lebendig wird.

V. Zur Situation der Weltkulturpolitik heute

Besondere Resonanz findet W. bei der → *Jugend.* Viele Jugendliche in der Welt fühlen sich aufgrund der Kenntnisse, die sie heute über Vorgänge in der ganzen Welt laufend erhalten, mehr als Weltbürger denn als Angehörige ihrer Nation. Hierzu trägt insbesondere die Vielfalt der Nachrichtenkommunikation durch → *Fernsehen* und → *Hörfunk* bei. Grundlage der W. sind Toleranz und Solidarität. Gerade diese Empfindungen finden in der Jugend ein starkes Echo. In besonderem Maß wendet sie sich gegen alle Mißhandlungen politischer Gefangener und Gefangener überhaupt. Hieraus erklärt sich der Welterfolg der 1961 gegründeten Organisation *Amnesty International,* die durch Verbreitung des Toleranzgedankens gegenüber aus politischen Gründen Inhaftierten sich einer großen Unterstützung durch die junge Generation erfreuen kann.

Gegenstand von W., die von der Jugend getragen wird, werden in zunehmendem Maß die Auseinandersetzungen um die Bewahrung der Natur, um den Kampf gegen die zerstörerischen Wirkungen der → *Technik* und der Versuch, in der Auseinandersetzung mit Angehörigen anderer Völker ein gemeinsames Wertbewußtsein (→ *Werte und Normen)* der jüngeren Generation zu entfalten. Die Dialektik des technischen → *Fortschritts* ist eine Frage der hochindustrialisierten Länder, aber auch eine Frage der Länder, denen Technik neu begegnet. Das Verhältnis von Mensch und Natur, von Mensch und Gott, von Mensch und Kunst wird durch die Ausbreitung der modernen westlichen Zivilisation im Weltproblem, das zwar unterschiedliche Antworten erhält, in denen man aber von den Antworten anderer lernen kann. Gerade in der jüngeren Generation wächst der Wunsch nach Austausch und Kennenlernen, wächst der Wunsch, da zu helfen, wo die Not kulturelle Existenz immer schwieriger macht. W. steht also im Spannungsraum zwischen einer innerlich von den Problemen der Weltkultur tief berührten jungen Generation und der Schwierigkeit, mit der formalisierten Struktur der großen Weltorganisation zurecht zu kommen. Die Spannung zwischen Leben und → *Bürokratie* als Grundproblem der modernen Welt bestimmt auch die Möglichkeiten und Grenzen von W.

W. heißt nicht Politik zur Vereinheitlichung von Kultur, Religion, Sprache oder Wissenschaft, sondern Bejahung der verschiedenen Kulturen in ihrer Unterschiedlichkeit, in ihrer Gleichberechtigung und die Organisation gegenseitiger Hilfe. So kann der einzelne in seiner Kultur den Zugang zu Erziehung, Wissenschaft und Kunst erhalten, der ihm ermöglicht, an der Kultur, die ihm offensteht, auch wirklich Anteil zu haben. W. bedeutet daher, Kenntnisse der Kulturen untereinander zu ermöglichen und gegenseitige Hilfe an den Stellen zu organisieren, an denen Kultur bedroht ist, an denen der

einzelne oder kleine oder große Bevölkerungsgruppen durch soziale, ökonomische und politische Verhältnisse vom Teilhaben an Kultur ausgeschlossen sind. W. dient dem Frieden, wenn sie nicht den Versuch macht, eine Einheitskultur herzustellen, bei der eine Kultur andere Kulturen zurückzudrängen versucht. Sie ist nur möglich, wenn sie auf der Gemeinschaft aller Kulturen und auf solidarischem Verhalten zwischen den Menschen verschiedener Kulturen beruht.

VI. Weltkulturpolitik aus Sicht der DDR

Der Begriff Weltkultur wird in der DDR auf dem Hintergrund der Leninschen Lehre von den »zwei Kulturen« erklärt. Das Bürgertum entwickelte auf der Grundlage der kapitalistischen Produktionsweise weltweit Handelsbeziehungen, einen Weltmarkt. Im Kampf gegen den Feudalismus, also während des gesellschaftlichen Aufstiegs des Bürgertums, besonders in Vorbereitung bürgerlich-demokratischer Revolutionen und zur Zeit der Pflege dieses Erbes sei die bürgerliche Weltkultur vor allem nationale Kultur gewesen. Diese bürgerlichen Nationalkulturen wirkten wechselseitig aufeinander ein. Ihre gemeinsame Klassengrundlage fördere Übereinstimmung in der Kultur wie in den kulturellen Einrichtungen. Mit dem Entstehen einer organisierten Arbeiterbewegung zerfalle die bürgerliche Weltkultur in zwei antagonistische Kulturen. Damit entstehe auf der Grundlage proletarischer Lebensbedingungen, getragen von einer gemeinsamen Weltanschauung, die internationalistische Kultur der Arbeiterklasse. Mittelpunkt dieser als antibürgerlich beschriebenen Kultur sei heute die multinationale Kultur der »sozialistischen Staatengemeinschaft«. Die innere Kulturpolitik der UdSSR wird als Vorbild für die Gestaltung kultureller Beziehungen und die Sowjetkultur zudem als das Herzstück einer sich stetig entfaltenden sozialistischen Weltkultur bezeichnet. Die Länder der »sozialistischen Staatengemeinschaft« unterhalten vielerlei Verbindungen zu ideologisch verwandten Kulturorganisationen außerhalb ihres Verbundes. Die gegenwärtige bürgerliche Weltkultur wird vorzugsweise als kosmopolitisch, auch als dekadent und verfault charakterisiert. Kulturbewegungen in den jungen unabhängigen Staaten Asiens, Afrikas und Lateinamerikas werden als Verbündete im Kampf um eine internationale kulturelle Revolution zur Verdrängung der bürgerlichen und der Weiterentwicklung der sozialistischen Weltkultur umworben.

Diese sozialistische Weltkultur, sowohl Wegbereiter als auch Frucht des weltweiten Kampfes der von der Sowjetunion geführten Staatengruppe um friedliche Koexistenz, das heißt um vorteilhafte wirtschaftlich-technische Zusammenarbeit mit kapitalistischen Ländern und um fortschreitende Veränderung der Welt im Sinn des »real existierenden Sozialismus«, baut auf »sozialistischen Patriotismus« und »proletarischen Internationalismus«. Der sogenannte weltrevolutionäre Prozeß erfordert danach sowohl die Verteidigung der Gesellschaftsordnung im eigenen Land wie im Staatenverbund als auch die Anerkennung der Führungsrolle der UdSSR. Dies schließt die Abwehr von Kosmopolitismus, Eurozentrismus und bürgerlichem Nationalismus ein. Nach diesen Gesichtspunkten wird entschieden, welche der der eigenen Ordnung kritisch gegenüberstehenden bürgerlichen Kulturträger und welche ihrer Kulturerzeugnisse als dem gesellschaftlichen → *Fortschritt* dienend einzustufen sind.

Von einer einheitlichen W. der DDR kann nicht gesprochen werden. Auch fehlt das Wort im Sprachschatz ihrer politischen Führung. Die Politik kultureller Auslandsbeziehungen, Teil der zwischenstaatlichen Beziehungen, verläuft zweigleisig. Grundlegend ist die Priorität der Beziehungen zur UdSSR und den anderen sowjetsozialistischen Staaten. »Kernstück dieser Beziehungen ist die immer engere Zusammenarbeit mit der Sowjetunion auf allen Gebieten« (Deutsche Außenpolitik, 21. Jg., 1976, H. 10, S. 1474). Zwei- und mehrseitige Zusammenarbeit in Kunst, Wissenschaft und Volksbildung soll die Annäherung und das Zusammenwirken der im *Rat für Gegenseitige Wirtschaftshilfe* wirtschaftlich und im *Warschauer Pakt* politisch-militärisch zusammengeschlossenen Staaten stärken und ihre internationale Ausstrahlung erhöhen. Die Führungsrolle der UdSSR in diesem Prozeß wird ständig betont.

Regierende kommunistische Parteien veranstalten Beratungen ihrer Spitzenfunktionäre für internationale Verbindungen, für Agitation und → *Propaganda,* für Kultur und Wissenschaft, ferner der Rektoren der Parteihochschulen und der Leiter der Parteiverlage. Ebenfalls regelmäßig finden Konferenzen der Minister für Kultur, für Hoch- und Fachschulwesen, für Volksbildung und für Gesundheitswesen, der Präsidien der Akademien der Wissenschaften, der Präsidenten und 1. Sekretäre der Künstlerverbände sowie der Chefredakteure von Fach- und Literaturzeitschriften statt. Sie beschließen über gemeinsame Maßnahmen innerhalb, aber auch über abgestimmte Schritte gegenüber Ländern außerhalb ihrer eigenen Staatengruppe. Eine Beratung von Kultur- und Kunstwissenschaftlern der Staaten des *Rates für Gegenseitige Wirtschaftshilfe* in Berlin (Ost) beschäftigte sich im Herbst 1976 mit der »Frage der tieferen Erforschung jener Gesetzmäßigkeiten, nach denen sich die Kultur in der entwickelten sozialistischen Gesellschaft mit dem Vormarsch des realen Sozialismus im internationalen Maßstab und dem gesamten revolutionären Weltprozeß verbindet« (Weimarer Beiträge, 23. Jg., 1977, H. 3, S. 156).

Gegenüber Staaten außerhalb des Bündnisses

dient der Kulturaustausch zur Durchsetzung der Grundsätze friedlicher Koexistenz von Staaten verschiedener Gesellschaftsordnung (→ *innerdeutsche Kulturbeziehungen).* Dabei werden zwei Richtungen unterschieden. Zum einen wird der Beitrag zur »offensiven ideologischen Auseinandersetzung mit dem Imperialismus« hervorgehoben, zum anderen verfolgen die kulturellen und wissenschaftlichen Beziehungen das Ziel, das Ansehen der DDR in den Ländern Asiens, Afrikas und Lateinamerikas zu erhöhen. Ausnahmslos schließen diese Aktivitäten das Ziel ein, der DDR Zugang zu den jüngsten Forschungsergebnissen in diesen Ländern zu ermöglichen.

Das vom Sekretär für Internationale Verbindungen des Zentralkomitees der *SED* angeleitete *Ministerium für Auswärtige Angelegenheiten* lenkt die weltweiten kulturellen Auslandsbeziehungen der DDR. Sie werden in der Regel über staatliche Kulturabkommen und Arbeitsverträge abgewickelt. Um das Wirken in Ländern außerhalb des Bündnisses zu erleichtern, wurde 1961 in Berlin (Ost) die *Liga für Völkerfreundschaft* gegründet, deren Leitung der Abteilung Internationale Verbindungen im Zentralkomitee der *SED* unmittelbar untersteht. Sie umfaßt sechzehn → *Freundschaftsgesellschaften.* Die Selbstdarstellung der DDR außerhalb des Staatenverbundes zielt vorrangig darauf, das grundsätzlich Beispielhafte des »Arbeiter- und Bauern-Staates« hervorzuheben. Die DDR beansprucht, Teil eines weltumspannenden Befreiungskampfes gegen Ausbeutung und Unterdrückung zu sein. Eigene Beiträge in ideologischen Auseinandersetzungen werden als »friedliebend«, die der anderen Seite als »psychologische Kriegsführung« ausgegeben. Abstriche am vorgegebenen Bild der »entwickelten sozialistischen Gesellschaft«, die die Arbeiterklasse in den noch kapitalistischen Ländern im Kampf für Frieden, Demokratie und Sozialismus unterstütze, müßten zwangsläufig zu weiterer Aushöhlung der eigenen Rechtfertigungsideologie beitragen.

Seit November 1972 Mitglied der *UNESCO* und seit 1973 Mitglied auch der *Vereinten Nationen,* unterstützt die DDR in allen internationalen Organisationen uneingeschränkt den jeweiligen Standpunkt der UdSSR. Den Vertretern der DDR in der *UNESCO* geht es erklärtermaßen um die »sozialistische Konzeption kultureller Beziehungen im Prozeß der Durchsetzung der friedlichen Koexistenz« (IPW-Berichte, 6. Jg., 1977, H. 1, S. 56). Völkerrechtler der DDR erklären, daß die Ziele der *UNESCO* »effektiv erst in der sozialistischen Gesellschaft« verwirklicht werden können (Völkerrechtliches Lehrbuch, Teil 2, Berlin (Ost) 1973, S. 83). Die DDR billigte 1974 in der *UNESCO* die »Empfehlung an die Mitgliedstaaten über die Erziehung zur internationalen Verständigung, Zusammenarbeit und zum Frieden und zur Erziehung bezüglich der Menschenrechte und Grundfrei-

ten« sowie 1978 die »Deklaration über Grundprinzipien bezüglich des Beitrages der Massenmedien zur Festigung des Friedens und der internationalen Verständigung, zur Förderung der Menschenrechte und zum Kampf gegen Rassismus, Apartheid und Kriegshetze«. Die Ausführung vieler der in diesen Dokumenten niedergelegten Forderungen wird in der DDR allerdings erheblich eingeschränkt.

Auch in internationalen Vereinigungen wie dem *PEN-Club* arbeitet die DDR mit. Ziel des *PEN-Zentrums* der DDR ist, der → *Literatur* der DDR zu weltweiter Anerkennung zu verhelfen. Veröffentlichungen der *UNESCO* wie des *PEN-Clubs* sind jedoch, wie fast alle außerhalb des *Rates für Gegenseitige Wirtschaftshilfe* hergestellten Schriften, Bürgern in der DDR in der Regel nicht zugängig, obgleich die Verfassung der *UNESCO* fordert, »allen Völkern die Druckschriften und Veröffentlichungen aller anderen Völker zugänglich zu machen«.

H. Becker (I–V), P. Lübbe (VI)

Literatur

A. Peccei (Hrsg.), Das menschliche Dilemma Zukunft und Lernen. Club of Rome, Bericht für die achtziger Jahre, Wien, München 1959
Ph. H. Loames, The World Educational Crisis: A Systems Analysis, Oxford University Press 1968
E. Faure u.a., Learning to Be, The World of Education Today and Tommorrow. Ein Bericht der internationalen Kommission über die Entwicklung der Erziehung, Paris 1972
Mazrui, Ali A.: World Culture and the Search for Human Consensus. In: Mendlovitz, Saul H. (Ed.): On the Creation of a Just World Order. Preferred Worlds for the 1990's. Amsterdam: North-Holland Publ., 1975, S. 1–37
Sewell, James Patrich: UNESCO and World Politics: Engaging in International Relations. Princeton University Press, 1975, 384 (Under the Auspices of the Center of International Studies, Princeton University)
H. Koch, Kulturpolitik in der Deutschen Demokratischen Republik, Berlin (Ost) 1976

Werbung

I. Wie arbeitet Werbung? – II. Die Gestaltung von Werbung – III. Medien und Werbung – IV. Werbung für Kultur – V. Werbung als Gebrauchs- und Museumskunst – VI. Kritik an der Werbung – VII. Werbung in der DDR

I. Wie arbeitet Werbung?

W. ist beeinflussende → *Kommunikation* mit dem Ziel, beim Empfänger Veränderungen im Verhalten oder in den Einstellungen, die Verhalten bestimmen, herbeizuführen.

Wirtschaftswerbung ist vorwiegend marktorientiert und will zum Kauf bestimmter Produkte oder Dienstleistungen überreden. Sie ist notwendig in einem Wirtschaftssystem, das gekennzeichnet ist durch die Entfernung zwischen Anbieter und Nachfrager, durch miteinander konkurrierende Anbieter und durch Überproduktion. W. übernimmt in diesem System die Funktion eines Nachfragemanagements, mit dem versucht wird, die Kaufentscheidung zu beeinflussen und damit berechenbar zu machen. Die Information über die Existenz und die Beschaffenheit eines Produktes tritt dabei in den Hintergrund, wegen der Konkurrenz mehrerer gleichartiger Produkte ist die Herbeiführung einer real oft gar nicht vorhandenen Produktdifferenzierung wichtiger. Die Wirtschaftswerbung versucht daher, die Produkte mit einem Zusatznutzen zu versehen, wobei psychologische und soziologische Erkenntnisse aus Markt- und Meinungsforschung angewendet werden.

Dieser Zusatznutzen wird geschaffen, indem W. den Produkten Eigenschaften zuspricht, die in einer Gesellschaft als erstrebenswert gelten. W. wirkt vorzugsweise im Rahmen von bereits vorhandenen Wertvorstellungen des angezielten Publikums. Dabei werden immer nur bestimmte Werte hervorgehoben, wie Liebe, Schönheit, Gesundheit, Sauberkeit, Jugendlichkeit, andere jedoch ausgeklammert, wie politische Freiheit, die in der politischen W. der Bundesrepublik einen zentralen Platz einnimmt. Die mit den Waren assoziierten Werte dienen gleichzeitig der Entscheidungsrationalisierung beim Kauf. Neben den gesellschaftlichen Wertvorstellungen spricht W. vorzugsweise Träume und Sehnsüchte, die eine Abwechslung vom → *Alltag* versprechen, an, wie Exotik und Abenteuer. Zur Verwirklichung solcher Ziele oder für die Beseitigung von Problemen, die ihrem Erreichen entgegenstehen, wird der → *Konsum* des betreffenden Produktes empfohlen.

W. stellt Waren in den Zusammenhang des sozialen Rollenspiels, indem sie die Erwartungen an gesellschaftliche Rollen darstellt, denen der einzelne nachkommen muß, damit er belohnt wird. So richtet sich auf die Rolle der Hausfrau die Erwartung »weiße und weiche Wäsche«, die nur durch das Waschmittel X so weiß und weich wird; als Belohnung wird die Zuneigung der Familie versprochen. Soziale Kontrolle sorgt für die Orientierung an den Erwartungen. Wer abweicht und die Erwartungen nicht erfüllt, wird bestraft. W. für neue Produkte muß allerdings von dieser Strategie abgehen und, um überhaupt neue Produkte einführen zu können, zur Abweichung auffordern und das »Anderssein« hier als erstrebenswert hinstellen.

W. verbindet bestimmte Produkte mit einem besonderen Prestige, etwa durch den Einsatz von Prominenten in der W., und macht Konsumgüter auch zu Statussymbolen. Ein höherer sozialer Status erscheint erreichbar durch den Kauf bestimmter, von der W. mit Prestige belegter Produkte, wobei der Zusatznutzen für den Konsumenten wichtiger ist als der tatsächliche Gebrauchswert. In ihrer Funktion als Statussymbole machen Konsumgüter außerdem in der anonymen Massengesellschaft eine nach außen hin sichtbare soziale Differenzierung möglich.

Ziel der politischen W., die meist mit der Wahlwerbung von Parteien gleichgesetzt wird, ist Stimmenmaximierung. Ihre Notwendigkeit liegt wie bei der Wirtschaftswerbung in der Distanz zwischen einer anonymen Wählerschaft und den Massenparteien.

Die Strategien der politischen W. gleichen heute denen der W. für Konsumgüter. An die Stelle von Sachinformationen tritt in der Wahlwerbung eine Tendenz zur Personalisierung, die die Führungspersönlichkeiten der Parteien in den Mittelpunkt rückt. Da die Volksparteien heute eine heterogene Wählerschaft ansprechen müssen, bleiben die Aussagen zum politischen Programm eher unverbindlich und betonen allgemeine Werte wie z. B. Frieden und Sicherheit.

Problematisch ist die Erforschung von Werbewirkungen, weil sich W. nur schwer von anderen, intervenierenden Einflußfaktoren isolieren läßt. Prognosen über die Werbewirkung lassen sich aufgrund von bewußten und unbewußten Reaktionen auf bestimmte Werbemittel erstellen.

II. Die Gestaltung von Werbung

Die Aufmachung von Wirtschaftswerbung folgt einem für alle Werbemittel gängigen Schema und differiert nur aufgrund medienspezifischer Eigenheiten. In der Regel werden Text und Bild kombiniert, Hörfunkwerbung muß ohne das visuelle Element auskommen; gelegentlich wird in Anzeigen, in Film- und Fernsehspots oder auf Plakaten auf den Text verzichtet.

Um das Publikum überhaupt zu erreichen, muß W. zunächst Aufmerksamkeit erregen. In der Konkurrenz einer Vielzahl von Werbe- und anderen Reizen gilt es, die Schwelle der Selektivität zu überwinden. Am besten eignen sich dafür solche Appelle, die den Empfänger emotional ansprechen. Als Blickfang werden in erster Linie Bilder oder bestimmte Farben eingesetzt, die eine positive emotionale Aktivierung beim Betrachten auslösen und zu einer weiteren Beschäftigung mit der W. führen sollen. Weil Bilder in der W. immer zuerst betrachtet

werden, wird in der Konsumwerbung fast nie auf dieses Gestaltungselement verzichtet. Die positiven Empfindungen sollen dann auf das Produkt, für das geworben wird, übertragen werden. Dieser Mechanismus, der durch die Aufmachung der W. angesteuert wird, führt dazu, daß durch Gestaltungselemente Assoziationen geweckt und auf das beworbene Produkt übertragen werden, die mit dem Produkt selbst nichts zu tun haben. Mit dieser Absicht wird etwa die Sexualität in der W. eingesetzt. Aufmerksamkeit und emotionale Ansprache lassen sich auch durch die Verwendung von Musik in Werbespots, durch Schlagwörter oder kurze Slogans erreichen.

Texte in der W. müssen ihre Information kurz und schnell verständlich übermitteln, damit sie überhaupt beachtet und eventuell sogar behalten werden. Die W. hat immer wieder prägnante Slogans, die durch Reime, Alliterationen oder Wortspiele auffallen, hervorgebracht, die zum Teil in die Umgangssprache übernommen und dann unabhängig von der Warenwerbung verwendet werden.

III. Medien und Werbung

Wichtigste Werbeträger in der Bundesrepublik Deutschland sind die Massenmedien. Sie empfehlen sich ihren Kunden aus der Werbebranche durch die Ergebnisse aus Leser-, Hörer- und Zuschauerforschung, die eine Beschreibung ihres Publikums durch soziologische und psychologische Merkmale liefern. Solche Untersuchungen erleichtern eine gezielte Werbestrategie, geben aber auch Aufschluß darüber, wie die jeweiligen Werbeträger die Werbewirkung beeinflussen. Vor allem durch die W. in → *Zeitschriften* lassen sich bestimmte Zielgruppen ansprechen, während die W. in den Funkmedien ein eher heterogenes Publikum erreicht. Die Nutzung des → *Fernsehens* erfolgt weit weniger selektiv als die Nutzung der Druckmedien, was sich ebenso wie die unterschiedliche Glaubwürdigkeit der Medien auch auf die Wirkungschance der W. auswirken dürfte.

Die Werbebranche in der Bundesrepublik Deutschland ist von erheblicher wirtschaftlicher Bedeutung. Nach Angaben des Dachverbandes dieser Branche, des *Zentralausschusses der Werbewirtschaft e. V.*, beschäftigen die Werbewirtschaft und ihre Zulieferbetriebe rund 300 000 Menschen. Außerdem finanzieren sich insbesondere Zeitungen (→ *Presse*) und Zeitschriften, aber auch die Rundfunkanstalten, bei denen die W. inhaltlichen und zeitlichen Beschränkungen unterliegt, zu einem großen Teil über die Einnahmen aus der W. So betrugen die Bruttowerbeaufwendungen in Presse und Rundfunk 1981 insgesamt 8352 Mio. DM, davon entfielen auf die Presse 6289 Mio. DM, auf den → *Hörfunk* 610 Mio. DM und auf das Fernsehen

1453 Mio. DM (J. Steinbach, Der Werbemarkt 1981 – Die Entwicklung in den klassischen Medien, in: Media Perspektiven 2, 1982, S. 126–130). Ohne die Einnahmen aus der W. müßten die Medien ihre Kosten ganz auf den Verbraucher abwälzen, wodurch sich Information als notwendige Voraussetzung für eine demokratische Meinungs- und Willensbildung erheblich verteuern und zu einem Luxusgut werden würde.

IV. Werbung für Kultur

Wie für Konsumgüter, wird heute auch für künstlerische Produkte geworben. Die Methoden der Wirtschaftswerbung lassen sich allerdings nur bedingt übertragen. Einen Buch- oder Schallplattentitel oder auch ein Gemälde kauft man in der Regel nur einmal, denn sie lassen sich nicht verbrauchen wie andere Waren. Während die W. für Konsumprodukte meist genau erforschte Zielgruppen ansprechen kann, ist eine Zielgruppenbestimmung bei W. für Kulturgüter, z. B. bei Büchern im Bereich der Belletristik oder bei Gemälden, oft unmöglich.

W. für künstlerische Produkte kennt eine Reihe ganz spezifischer Werbemittel. Eine wichtige Funktion übernehmen Autorenlesungen, Konzerttourneen und Ausstellungen, wobei eine Grenze zwischen W. und kultureller Veranstaltung nur schwer zu ziehen ist. Besprechungen von Büchern, Konzerten und Ausstellungen in den Medien haben eine werbende Wirkung, oft auch dann, wenn sie negativ ausfallen. Preise, die den Künstlern verliehen werden, machen sie gleichsam zu Markenartikeln und beleben das Geschäft mit ihren Werken so, wie positive Testurteile bei Konsumgütern.

Die W. für Bücher zum Beispiel hat eine eigene Branchenpresse entstehen lassen und wesentlichen Anteil daran, daß die Zeitungen umfangreiche Literaturbeilagen finanzieren können. Die W. für →Kultur in Hörfunk oder Fernsehen ist dagegen vergleichsweise selten.

V. Werbung als Gebrauchs- und Museumskunst

Eine enge Beziehung besteht zwischen W. und →Kunst, weil sich W. und Design in ihrer Gestaltung an aktuellen künstlerischen Strömungen orientieren. Diese Verbindung wird besonders deutlich in der Geschichte des Plakats, einem klassischen Werbemittel mit einer bis heute unveränderten Bedeutung sowohl für die kommerzielle wie auch für die politische W. (→Plakat). Plakate verlangen eine Aufmerksamkeit erregende und zugleich kurze und eindeutige Gestaltung, weil sie fast immer nur im Vorbeigehen oder Vorbeifahren wahrgenommen werden, ihre Botschaft also möglichst rasch und

dabei einprägsam übermitteln müssen. Der Textanteil wird daher oft nur auf den Markennamen oder einen kurzen Slogan beschränkt. Den Hauptteil der Information muß das Bild liefern.

Seit dem Zweiten Weltkrieg zeichnete sich bei Plakaten, beeinflußt vor allem durch die Schweiz und später Polen, eine Entwicklung zu einer höheren künstlerischen Qualität ab. Die Einrichtung von Plakatmuseen und das heute verbreitete Angebot von Plakaten und Postern zum Sammeln markieren den Übergang von der Gebrauchskunst zur Museumskunst.

Die besondere Wechselbeziehung zwischen W. und Kunst zeigte sich in den 60er Jahren bei der *Pop Art,* die von der W. inspiriert wurde und dann auch wieder auf sie zurückwirkte. Künstler wie A. Warhol, R. Lichtenstein, T. Wesselmann, R. Rauschenberg und J. Rosenquist griffen Objekte aus Großstadtzivilisation und Konsumwelt auf, die sie durch starke Farben und durch spezielle Techniken wie Raster, Ausschnitt, Vergrößerung oder Montage verfremdeten und persiflierten. Im Museum bietet sich so dem Publikum eine ganz ähnliche Zeichenwelt, wie auf der Straße oder in Schaufensterauslagen.

Gerade die *Pop Art* hat, indem sie sich mit Produktverpackungen aus dem Supermarkt und Reklame von der Straße künstlerisch auseinandersetzte, eine Verbindung von »hoher Kunst« und Großstadterleben hergestellt und so erst den ästhetischen Wert von Produktgestaltung und Werbemitteln bewußt gemacht. Damit ist auch deutlich geworden, welchen Beitrag W. für die Umweltästhetik leistet: insbesondere Plakate, Leuchtreklame und Verkehrsmittelwerbung haben ein buntes und abwechslungsreiches Stadtbild geschaffen. Im Vergleich dazu sind Aktionen wie Straßenkunst oder etwa *Trompe-l'oeil*-Malereien an Häuserfassaden, die dieser Funktion dienen sollten, ohne zugleich Vehikel der Konsumwerbung zu sein, eher marginal geblieben. W. für Plakate betont heute gerade diese Funktion: »Plakate bringen Farbe in die Stadt«.

VI. Kritik an der Werbung

Es sind vor allem die Sozialisationseffekte, die verstärkt seit den 60er Jahren zu Kritik an der W. geführt haben. Die Vorwürfe richten sich besonders gegen die Erziehung zu einer Konsum- und Besitzorientierung, wodurch immer auch neue →Bedürfnisse geweckt werden.

H. Marcuse hat in seinem Buch »Der eindimensionale Mensch« (Darmstadt, Neuwied [16]1981), in dem er sich mit der Ideologie der fortgeschrittenen Industriegesellschaft auseinandersetzt, zwischen wahren und falschen Bedürfnissen unterschieden. Wahre Bedürfnisse, die einen uneingeschränkten Anspruch auf Befriedigung haben, sind die vitalen

Bedürfnisse wie Nahrung, Kleidung und Wohnung. Als falsche Bedürfnisse bezeichnet er »die meisten der herrschenden Bedürfnisse, sich im Einklang mit der Reklame zu entspannen, zu vergnügen, zu benehmen und zu konsumieren, zu hassen und zu lieben, was andere hassen und lieben« (S. 25). Die Beibehaltung dieser Bedürfnisse, die durch soziale Kontrolle gewährleistet wird, liegt im ökonomischen und politischen Interesse der Industriegesellschaft, so daß sich gesellschaftliche und individuelle Bedürfnisse nicht mehr unterscheiden lassen.

Die Kritik an der W. richtet sich außerdem gegen die Propagierung systemkonformer Werte, die sozialen Wandel hemmt, und die Verfestigung von Rollenklischees, wobei die Verwendung herkömmlicher Geschlechtsrollenstereotype heute im Mittelpunkt steht. In diesem Zusammenhang gewinnt auch die Frage nach der heute noch umstrittenen Beziehung zwischen W. und sozialem Wandel an Bedeutung: Kann W. Wandel herbeiführen oder immer nur spiegeln?

Mit der Kritik an der W. verstärkte sich die Forderung nach einer besseren Aufklärung der Konsumenten (*Konsumerismus*). Auf der anderen Seite wird den Vorwürfen die normative Vorstellung vom mündigen Verbraucher, der in der Lage ist, eine rationale Kaufentscheidung zu treffen, entgegengehalten.

In der Folge der →*Kulturkritik*, mit den Forderungen von Verbraucherverbänden und vor allem nachdem die werbende Wirtschaft erkannt hat, daß Kinder und Jugendliche als direkte und indirekte Nachfrager eine erhebliche Marktkapazität bilden, und daher diese Zielgruppe verstärkt anzusprechen versucht, wurden der W. in der Bundesrepublik Deutschland nach und nach engere Grenzen gesetzt.

Heute bestehen eine Reihe von Gesetzen des Werberechts, die wegen der großen Bedeutung von Anzeigen als Werbemittel in erster Linie Vorschriften des Anzeigenrechts umfassen. Daneben gelten gesetzliche Beschränkungen für die W. der Heilmittel- und der Tabakindustrie. So wurde z. B. die W. für Tabakerzeugnisse in Hörfunk und Fernsehen verboten.

Die Gesetze des Werberechts werden ergänzt durch Verhaltensregeln, die der 1972 von der Werbewirtschaft gegründete *Deutsche Werberat* zur freiwilligen Selbstkontrolle für die Werbepraxis erlassen hat. Diese Richtlinien, über deren Einhaltung der Werberat wacht, beziehen sich z. B. auf die W. mit und vor Kindern in Werbefunk und Werbefernsehen, auf W. für alkoholische Getränke und auf W. in Sportaustragungsstätten.

VII. Werbung in der DDR

W. in der DDR wird in unterschiedlicher Intensität von der *SED* kontrolliert und dient der zweckgerichteten Beeinflussung nach den ideologischen Grundsätzen der Partei. Als Teil der sozialistischen Agitation und Propaganda, deren Aufgabe die systematische Lenkung von Bewußtsein und Verhalten ist, erfüllt W. eine Informations- und eine Erziehungsfunktion.

In einer Wirtschaft, die weitgehend auf Konkurrenzprodukte verzichtet, spielt W. eine untergeordnete Rolle. So tritt die Wirtschaftswerbung in der DDR in ihrer Bedeutung hinter der politischen W. zurück. Aber auch die Zentralplanwirtschaft benötigt ein Nachfragemanagement, um die freie, zentral nicht planbare Konsumentenentscheidung kalkulieren und Angebot und Nachfrage zur Deckung bringen zu können.

Solange sich die Anbieter in der DDR einem Nachfrageüberhang gegenübersahen, diente die binnenländische W. allenfalls dazu, schwerverkäufliche Waren an den Verbraucher zu bringen, handelte also in erster Linie reaktiv. Mit den Bemühungen, heute eher bedarfsgerecht zu produzieren und einer anspruchsvolleren Nachfrage durch eine Sortiments- und Qualitätsdifferenzierung zu begegnen, erhält die Wirtschaftswerbung erweiterte Funktionen.

Während aber kommerzielle W. im marktorientierten Wirtschaftssystem der Bundesrepublik Deutschland immer vom einzelnen Unternehmen ausgeht und zuerst an betriebswirtschaftlichen Zielen ausgerichtet ist, soll W. in der DDR primär gesamtwirtschaftlichen Zwecken dienen. Die einzelnen Werbekonzeptionen werden daher entlang einer gemeinsamen Grundorientierung entwickelt, die jährlich vom *Ministerium für Handel und Versorgung* herausgegeben wird. W. bedeutet dann eine umfassende Konsumentenerziehung, die darum bemüht ist, die Lebens- und Konsumgewohnheiten den volkswirtschaftlichen Bedingungen anzupassen. Unter diesem Aspekt enthält Wirtschaftswerbung immer auch ideologische, kulturelle und ästhetische Beeinflussung. Werbemaßnahmen gelten daher heute auch weniger einzelnen Produkten, als vielmehr Produktgattungen oder einer ganzen Branche. Durch die Verflechtung mehrerer Funktionen ist Wirtschaftswerbung von politischer W. oft nur schwer zu trennen, wie das in der Bundesrepublik Deutschland allein schon aufgrund der Auftraggeber möglich ist.

Politische W., die auf eine Systemstabilisierung zielt, geschieht in der DDR durch einen umfassend organisierten Propagandaapparat und dient zur Erklärung und Legitimation staatlichen Handelns (→*Propaganda*).

Während Hörfunk und Fernsehen für die politische Propaganda eine entscheidende Rolle spielen, werden sie für die Wirtschaftswerbung zur Zeit nicht genutzt, nachdem das 1962 eingeführte Werbefernsehen Mitte der 70er Jahre wieder eingestellt worden ist. Als Werbemittel für die Wirtschaft dienen daher vor allem Anzeigen und Plakate.

W. ist im Stadtbild der DDR weit weniger präsent als im westlichen Europa. Wohl gibt es Spruchbänder und Plakate, auch Außenhandelswerbung an den Transitautobahnen, kommerzielle W. aber – etwa auf Verkehrsmitteln, an Schaufenstern oder auch auf dem Einwickelpapier der Geschäfte – ist kaum zu finden.

Für die DDR sollte jedoch unterschieden werden zwischen der binnenländischen W. und solchen Werbemaßnahmen, die sich auf die Außenwirtschaftspolitik beziehen. Die Wirtschaft der DDR ist auf den Export ihrer Waren auch in westliche Länder angewiesen. Außenhandel aber führt auch zur Interaktion von verschiedenen ideologischen Systemen. Die Produkte aus der DDR haben sich auf dem internationalen Markt außerdem gegenüber der Konkurrenz westlicher Güter zu behaupten. Um in dieser Konkurrenz bestehen zu können, muß es notwendigerweise zu einer Angleichung an die ästhetischen Standards und zu einer Anpassung an die Werbeanstrengungen kommen. Auf der anderen Seite wirken die westdeutschen Fernsehprogramme, insbesondere auch das Werbefernsehen, mit ihrer Konsumorientierung und dem dort gezeigten Warendesign auf die Bedürfnisse der Bevölkerung in der DDR zurück.

Zentrales Anliegen der → *Kulturpolitik der DDR* seit dem Beginn der 70er Jahre ist die »weitere Erhöhung des kulturellen Lebensniveaus des Volkes«. W., die hier nicht wie Kulturwerbung in der Bundesrepublik Deutschland wirtschaftlichen, sondern ideologischen Interessen dient, hat wesentlichen Anteil bei der Kulturvermittlung an die werktätige Bevölkerung und die Pflege des kulturellen Erbes. Ziel dieser Politik ist es, kulturelle Bedürfnisse zu erkennen, zu befriedigen und neue zu wecken, für eine verstärkte Teilnahme aller Bevölkerungsgruppen am Kulturleben zu werben, um so Kultur schließlich als einen Bestandteil der entwickelten sozialistischen Gesellschaft fest im Volk zu verwurzeln. Dabei wird die Durchdringung von sozialistischer Lebensweise und sozialistischer Kultur hervorgehoben und in einen umfassenden Kulturbegriff auch die Arbeitskultur, die Gestaltung der Umwelt etwa durch die Wohnkultur und der persönlichen Beziehungen einbezogen.

Der Aneignung und der Verbreitung des Kulturerbes dienen vor allem die Förderung wissenschaftlicher Arbeit, z. B. durch Buchaufträge, sowie Gedenktage und Ehrungen anläßlich der Wiederkehr von Geburts- und Todestagen (→ *Tradition und kulturelles Erbe*). Dabei betont Kulturwerbung die humanistischen und revolutionären Traditionen der deutschen Geschichte, womit zugleich versucht

wird, die wegen der gemeinsamen Geschichte schwierige Abgrenzung zur Kultur der Bundesrepublik Deutschland vorzunehmen. Der kulturellen W. widmen sich vor allem die Massenorganisationen wie der *Kulturbund* der DDR, die *FDJ* und besonders auch der *FDGB*.

C. Holtz

Literatur
Handbuch der W., Berlin (Ost) [2]1969
E. Antal, Die Funktionen der W. im System der zentralen Wirtschaftslenkung, Wiesbaden 1970
W. Kroeber-Riel, Konsumentenverhalten, München [2]1980
Kinder-Medien-W. (Schriftenreihe Media Perspektiven 1), Frankfurt a. M., Berlin (West) 1981
B. Tietz (Hrsg.), Die W. Handbuch der Kommunikations- und Werbewirtschaft. 3 Bde, Landsberg 1981 ff.

Werte und Normen

I. Die Wertordnung des Grundgesetzes – II. Der Sozialstaat als Motor und Zielbereich – III. Wert- und Normenwandel in der Bundesrepublik Deutschland – IV. Individuum und Gesellschaft in der Deutschen Demokratischen Republik – V. Werte des Sozialismus

I. Die Wertordnung des Grundgesetzes

Die im *Grundgesetz* der Bundesrepublik Deutschland niedergelegte Wertordnung ist durch ein pluralistisches Demokratieverständnis geprägt, das sich mit der Formulierung allgemeiner Rahmenbedingungen begnügt, die den Bürgern eine erstrebenswerte Lebensführung nach weitgehend eigenen Vorstellungen ermöglichen sollen. Oberster Wert ist die in den Grundrechten verankerte unantastbare »Würde des Menschen«, die das Recht auf die »freie« und »gleichberechtigte« Entfaltung der Persönlichkeit unter Bildung zweckdienlicher Vereinigungen einschließt. Es gibt weder eine Festlegung des einzelnen auf irgendeinen Kanon individueller W., noch eine inhaltliche Bestimmung des »Gemeinwohls« im Sinne einer verbindlichen Zielvorstellung, auf welche die Gesellschaftsmitglieder zu verpflichten wären. Der Staat ist grundsätzlich dem Prinzip einer materialen Wertfreiheit verpflichtet, wobei allerdings die Grenze zwischen materialen, oft als naturgegeben angesehenen N. und den nur formalen, inhaltlich offenen Vorschriften fließend bleibt.

Historisch gesehen steht die Wertordnung der Bundesrepublik in der Tradition des liberalen Rechtsstaats. Diesem entsprach die Vorstellung, den N. der staatlichen Rechtsordnung obliege vorrangig die Sicherung der individuellen → *Grundrechte,* die als »Abwehrrechte« des Bürgers gegenüber Eingriffen des Staates verstanden wurden. Schon bei ihrer Entstehung übernahm die Bundesrepublik allerdings eine Fülle von N., die diesen Rahmen sprengten. Seit den 30er Jahren war »Daseinsvorsorge« zu einem erstrangigen Staatsziel geworden. Hierbei ging es von Anfang an um die Sicherstellung materialer Voraussetzungen der individuellen Wertverwirklichung. In der Bundesrepublik setzte sich die damit eingeleitete Wandlung des Staats zum demokratischen und sozialen Rechtsstaat oder zur sozialstaatlichen → *Demokratie,* zum Wohlfahrtsstaat, fort. Waren ursprünglich nur solche Voraussetzungen der individuellen Wertverwirklichung Gegenstand der Staatstätigkeit, die der Verhinderung oder Beseitigung akuter Notstände dienen sollten, so erweiterten sie sich kontinuierlich in Richtung der Schaffung optimaler Bedingungen. Die Zielsetzung des Staates wurde durch den Begriff der *Lebensqualität* gekennzeichnet, die Grundrechte wurden in zunehmendem Maße durch N., Gesetze und Programme mit dem Ziel materialer Chancengewährung ergänzt. Hierbei setzte und setzt man eine verbreitete Bedürftigkeit der Menschen im Hinblick auf die Bedingungen der individuellen Wertverwirklichung voraus (→ *Bedürfnis,* → *Lebensstandard*). Man kann davon ausgehen, daß alle politischen Parteien inzwischen in der Propagierung und Durchsetzung von N. und Programmen mit dem Ziel der Verringerung von Bedürftigkeit oder der Befriedigung von Bedürfnissen den Schwerpunkt ihrer Aktivitäten gefunden haben. Man kann weiter davon ausgehen, daß insoweit auch für die Bundesrepublik austauschtheoretische Modelle zutreffen, denen zufolge die Legitimität des politischen Systems im entwickelten Sozialstaat zentral auf der Bedienung so oder so artikulierter Bedürfnisse beruht.

II. Der Sozialstaat als Motor und Zielbereich

Auch in der sozialstaatlichen Demokratie wird weiterhin der Grundsatz aufrechterhalten, daß die individuelle Wertverwirklichung selbst nicht Sache des Staates oder der Politik sei, sondern in den Raum der freien und eigenverantwortlichen Selbstentfaltung des einzelnen falle. Bisher vorliegende Ergebnisse der empirischen Sozialforschung legen jedoch die Auffassung nahe, daß dieser Grundsatz mit wachsender Ausdehnung des Sozialstaats immer mehr zur Fiktion wird. Es erscheint vielmehr gerechtfertigt, von der Existenz machtvoller Rückkopplungen zwischen der als Wert- oder Wertewandel bezeichneten Veränderung der individuellen Wertorientierungen und der auf Bedürfnisbefriedigung abstellenden Tätigkeit der politischen Parteien, der Parlamente, der Regierungen und der Justizorganisation auszugehen. Mehrere Wirkungszusammenhänge fallen ins Gewicht. So ist das Prinzip der Entfaltung der individuellen Eigenpersönlichkeit, der Selbstverwirklichung oder Selbstaktualisierung, auf der Ebene des individuellen Handelns als ein »Wert« wirksam, der sich mit anderen W. in einem Verhältnis wechselseitiger Spannung und Verdrängung oder auch in einem Verhältnis gegenseitiger Stabilisierung und Verstärkung befindet. Empirisch gesehen stehen die W. Selbstaktualisierung, Partizipatives Engagement und Streben nach idealistischer Daseinsgestaltung als sogenannte postmaterialistische W. in einem engen inhaltlichen Verhältnis zueinander, während sie allesamt mit den W. Selbstkontrolle, Pflicht, Anpassung und Streben nach instrumenteller Daseinssicherung kaum zu vereinbaren sind. Man hat dementsprechend davon auszugehen, daß, zumindest unter den bisher in der Bundesrepublik vorherrschenden Bedingungen, die Förderung der individuellen Persönlichkeitsentfaltung gleichzeitig einen Wertverlust in den Bereichen konventioneller, materialistischer W. begünstigt, wodurch aber einschneidende Veränderungen individueller Verhaltensbereitschaften hervorgerufen werden. So sind eine geringere Hinnahme- oder Akzeptanzbereitschaft, eine steigende Sensibilität gegenüber Belastungen ohne greifbaren Nutzen, steigende Autoritätsabwehr etc. zu beobachten. Diese Entwicklung problematisiert die für die Nachkriegsgesellschaft typische individuelle Leistungsbereitschaft (→ *Leistung*) wie auch die politischen Einstellungen und Verhaltensneigungen, wie sich an der intensiv erörterten Zunahme des Protestpotentials zeigt. Sie verringert den Handlungsspielraum der politisch-staatlichen Akteure in eben demjenigen Maße, in welchem sich die wohlfahrtsstaatlichen Aktivitäten ausdehnen.

Die Neigung, die Bedürfnisse im Hinblick auf die individuelle Werterfüllung geltend zu machen, ist selbst normativ gesteuert. Die erwähnten konventionellen oder materialistischen W., die in der Bevölkerung zwar noch vorherrschen, in deren Bereich jedoch ein Wertverlust stattfindet, wirken bedürfnis- oder anspruchsbegrenzend. So verhindert beispielsweise die sogenannte »verschämte Armut«, daß Leistungsansprüche gegenüber dem Staat voll ausgenutzt werden. Die postmaterialistischen W. wirken demgegenüber bedürfnis- oder anspruchsbegünstigend, obwohl ihre Verfechter oft gerade einer materiellen Anspruchslosigkeit das Wort reden. Der Wertwandel fördert also eine Anspruchsmentalität, die aber auch allein schon durch die fortgesetzte Demonstration öffentlicher Leistungsbereitschaften und -fähigkeiten und durch die Betonung subjektiver Anspruchsberechtigungen forciert wird.

Der zum Zweck der Befriedigung individueller Bedürfnisse seit dem 19. Jh. geschaffene Sozialstaat, dessen ausgleichende Sozialpolitik den innerpolitischen Konsens stabilisiert, wird selbst zum Gegenstand individueller Werterfüllungsbedürfnisse. Das mit dem W. der Selbstverwirklichung gekoppelte partizipative → *Engagement* der Bürger (→ *Bürgerinitiativen*) findet seinen Austragungsraum bevorzugt in den Zentren der Politik und Verwaltung, dort also, wo sich gleichzeitig die systembedingten Abhängigkeiten des einzelnen von den staatlichen Leistungen gehäuft darstellen. Mit dem Wertverlust Hand in Hand gehend, findet dieses Engagement nur begrenzt seinen Weg in die konventionellen, an Parteien und Parlamente gebundene Kanäle des politischen Prozesses. Es bevorzugt vielmehr solche Formen, die den möglichst unkonventionellen Ausdruck spontaner und kritischer Impulse gestatten.

III. Wert- und Normenwandel in der Bundesrepublik Deutschland

Die mit dem Ausbau des Wohlfahrtsstaates einhergehenden, durch ihn angestoßenen und auf ihn zurückwirkenden Wandlungen auf der Ebene der individuellen W. und N. stellen nicht vorhergesehene und gewollte Begleit- und Folgeerscheinungen des Wandels der Verfassungswirklichkeit der Bundesrepublik und anderer vergleichbarer sozialstaatlicher Demokratien dar. Die gekennzeichneten Rückkoppelungseffekte machen deutlich, in welchem Maße ein auf Gesellschaftsentwicklung und -reform zielendes politisch-staatliches Handeln unter pluralistischen Bedingungen mit komplexen gesellschaftlichen Reaktionen und Eigengesetzlichkeiten rechnen muß.

Überblickt man die vorherrschenden öffentlichen Reaktionen zum Wertwandel, einschließlich der Diskussionen über sogenannte Grundwerte, dann wird der Einfluß politisch-ideologischer Interpretationen deutlich. Auf der einen Seite steht der Rückgriff auf »bewährte« W. der Vergangenheit, die entweder als bedroht und verteidigungsbedürftig oder als die »eigentlichen«, nur vorübergehend überschichteten, auf längere Sicht aber durchsetzungskräftigeren W. betrachtet werden, auf deren Wiedererstarken der Bürger vertrauen kann und soll. Auf der anderen Seite neigt man in der Bundesrepublik zur enthusiastischen Bejahung eines in Richtung postmaterialistischer W. zielenden Wertwandels und erhebt den amerikanischen Sozialwissenschaftler R. Inglehart, der eine entsprechende Diagnose abgegeben hat, in den Rang eines wissenschaftlichen Propheten. Empirische Studien der jüngsten Zeit heben demgegenüber die Bedingtheit des Wertwandels, seine Beeinflussung durch system- und situationsspezifische Elemente hervor, wobei auch Einflüsse der Massenmedien, des Bildungssystems und der publizistisch-literarischen → *Intelligenz* in Betracht gezogen werden. Es wird

hierin deutlich, daß es angesichts vielfältiger tiefgreifender Erschütterungen der deutschen Wertkultur in den letzten 120 Jahren kaum eine realistische Möglichkeit zu einer erneuten Renaissance überkommener, konventioneller W. geben dürfte. Es stehen jedoch die Alternativen des Wertabbaus, des Wertumsturzes und der Wertsynthese zur Wahl. Zusammengefaßt läßt sich aus der Summe der in der Bundesrepublik gegenwärtig feststellbaren Einflüsse ein fortschreitender Wertabbau und Wertumsturz vorhersagen, während die Möglichkeiten der Wertsynthese, also der Vereinigung konventionell-materialistischer und emanzipatorischer Werte behindert erscheinen.

IV. Individuum und Gesellschaft in der Deutschen Demokratischen Republik

W. und N. sind in der Theorie des Marxismus-Leninismus der DDR nur sehr allgemein verknüpft. W. sind danach auf gesellschaftliche Tätigkeit und N. auf menschliches Handeln bezogen. Aus der Vorherrschaft des Ökonomischen ergibt sich die weitere Unterscheidung in W. im Sinne der politischen Ökonomie, als Gebrauchswert und als Bedeutsamkeit beliebiger Objekte für den tätigen Menschen, während der Begriff N. im technischen, methodischen, systemtheoretischen und im Sinne von Bestimmungen zur »Regelung und Regulierung« menschlichen Handelns verwendet wird. Bis Mitte der 70er Jahre wurde das Thema der W. und N. in philosophisch-gesellschaftstheoretischer Hinsicht vor allem von Ethikern, Ästhetikern und Deontikern sehr kontrovers und spezifisch behandelt. Wenn jüngst gefordert wurde, »das Wertproblem überhaupt in den systematischen Darstellungen des historischen Materialismus« (E. Hahn, S. 36) zu berücksichtigen, verweist das auf den Beginn einer umfassenderen Problematisierung, die jedoch durch das Ausblenden des *Dialektischen Materialismus* zugleich verkürzt auftritt. Die definitorische Klärung der Begriffe W. und N. ist nicht abgeschlossen. Dennoch lassen sich W. als bewußt anzueignende oder zu nutzende Leitbilder für die Entwicklung der Gesellschaft und der Individuen verstehen, »als erstrebenswerte, begehrenswerte, zu erkämpfende oder zu verteidigende Güter« (G. Klaus, M. Buhr (Hrsg.), Philosophisches Wörterbuch, Leipzig [12] 1976, S. 1292). N. sind Regelungen, die in bestimmten gesellschaftlichen Ziel-Mittel-Situationen autoritativ zu Handlungen auffordern und zugleich die zwecksetzende Entscheidungsfunktion des Bewußtseins spiegeln. Den Wandel von W. und N. in Inhalt und Richtung zu erforschen und theoretisch zu verallgemeinern, beansprucht die Führung der *SED*. Der Entstehungs- und Begründungszusammenhang wird auf die formationsspezifischen, gesellschaftlichen Verhältnisse bezogen.

743

Das theoretische Grundproblem ist das Verhältnis von Individuum und Gesellschaft. Mit der verbindlichen Vorgabe vom Menschen als dem Ensemble der gesellschaftlichen Verhältnisse obliegt es der marxistisch-leninistischen Wertphilosophie, eine den sozialen Bedingungen angemessene Relation zwischen autonomen und heteronomen Faktoren individueller Tätigkeitsorientierung und Handlungsregulierung zu ermitteln. Seit dem VIII. Parteitag von 1971 gestaltet sich die DDR im Selbstverständnis der *SED* zur »entwickelten sozialistischen Gesellschaft«. Damit erhält die Frage nach der Angemessenheit der W. und N. eine sowohl empirisch-konkrete als auch klassifikatorische Qualität. Was ist die »Theorie des Sollens« der marxistisch-leninistischen Ethik fordert, wird von den Individuen in der gesellschaftlichen Realität auf seine Eignung kritisch geprüft.

Entwicklungstheoretisch gesehen, fand die systematische Herausforderung der Theorie durch die gesellschaftliche Realität ihren Niederschlag in den weltanschaulich bedingten Kurskorrekturen der verschiedenen Politikbereiche der DDR, wie der Jugend-, Familien-, Bildungs-, Kultur- und Wissenschaftspolitik. Vordergründige Erklärungen verdeckten zumeist dogmatische Setzungen zum Verhältnis von Individuum und Gesellschaft als Grundlage für die strategischen Entscheidungen der praktischen Politik. Die gescheiterte Praxis veranlaßte dann zur »schöpferischen Weiterentwicklung« der werthaften und normativen Vorgaben der →*Ideologie*. Während W. und N. auf der philosophisch-theoretischen Ebene immer allgemeiner formuliert und damit konsensfähiger gemacht wurden, agierte man auf der normativen Ebene durch politischen Dirigismus. Das theoretische Grundproblem wurde entweder pragmatisch ausgesondert, wozu der *Historische Materialismus* Legitimationen lieferte oder auf der Grundlage der Leninschen Parteitheorie machtpolitisch entschieden. Das Ergebnis dieser Entwicklung ist treffend als »technokratischer Sozialismus« (R. Thomas) bezeichnet worden.

Die historische Herausforderung der marxistisch-leninistischen Wert- und Normvorstellungen setzte in der DDR mit der wissenschaftlich-technischen Revolution ein. Wie alle postindustriellen Gesellschaften ist auch die DDR durch den Prozeß einer zunehmenden Verwissenschaftlichung gekennzeichnet. Der wissenschaftlich-technische Fortschritt verändert die Produktionsverhältnisse so gravierend, daß nunmehr auch pragmatische Anpassungen deutlich unzureichend bleiben, was sich in Fehlentwicklungen, die nicht mehr als Übergangsprobleme erklärt werden können, zeigt. Allein die administrative Innovationsfähigkeit des politischen Systems reicht nicht aus, die wissenschaftlich-technische Revolution »mit den Vorzügen des Sozialismus« zu verbinden. Da die Orientierungs-defizite der Bevölkerung, die Identitätsverluste und -schwächen durch die Interpretationen der Ideologie seitens der Politik nicht aufgefüllt werden können, bleibt der politischen Führung insbesondere der Rückgriff auf die systematische Innovationsleistung der Wissenschaft in Grundfragen der Gesellschaftstheorie. Zwar ist philosophisches Bemühen zu registrieren, das parallel zu den historisch-materialistischen Formationstheoretikern das Verhältnis zwischen Individuum und Gesellschaft dialektisch-materialistisch reflektiert. Wenn jedoch die klassische Theorie des *Dialektischen* und des *Historischen Materialismus* nicht als synoptischer Ausgangspunkt, sondern als dichotomische Begrenzung wirkt, wird der postindustrielle Wertwandel mit all seinen Konsequenzen verhindert.

V. Werte des Sozialismus

Solange kein Konsens darüber besteht, was unter W. und N. zu verstehen ist, kann jede Auflistung unter Verweis auf eine andere Rangfolge verworfen werden. Insofern sind die »W. des Sozialismus« Solidarität, Kollektivität, Internationalismus, soziale Gerechtigkeit, gesellschaftliche und persönliche Freiheit, Humanität, grundsätzlich wieder modifizierbar und nur beispielhaft. Es läßt sich daran ein Gedankengang entwickeln, der die Herausforderung des Wertwandels für die DDR deutlich werden läßt. Die genannten W. sind jeder für sich ziemlich beliebig interpretierbar. Sie lassen nur in der Zusammenstellung den ideologischen Hintergrund erkennen. Ist jedoch für die werthafte Interpretation beispielsweise der W. Solidarität und soziale Gerechtigkeit der Widerspruch zwischen Individuum und Kollektiv bereits vorab im Sinne einer kollektivistischen Interpretation der Feuerbachthese von K. Marx entschieden, gerät die daraus abzuleitende Orientierung zur Legitimation einer Zurückweisung von bestimmten, individuellen Bedürfnissen der Bevölkerung, ohne daß diese in das abwägende Kalkül politischer Entscheidungen überhaupt einbezogen wurden.

Die Tragweite dieser Grundproblematik wird deutlicher, wenn man berücksichtigt, daß die Gesellschaft der DDR strikt auf Wirtschaftswachstum ausgerichtet ist, wozu es rechnet, die individuellen Fähigkeiten intensiv auszunutzen. Die wachstumsorientierte Gesellschaftspolitik der *SED* fördert auf der Grundlage einer kollektivistischen Wertinterpretation einen sozialen Eskapismus, wie er in Untersuchungen der Jugendforschung in der DDR aufgezeigt wurde (vgl. W. Jaide, B. Hille (Hrsg.), Jugend im doppelten Deutschland, Opladen 1977).

Die Wertproblematik hochentwickelter Industriegesellschaften sozialistischer Prägung reicht jedoch tiefer, wie das Beispiel der Gentechnologie verdeutlicht. Die Erkenntnisse der Biowissenschaften sind heute so weit, daß gezielt auf das Erbgut ungeborenen Lebens eingewirkt werden kann. Schon jetzt ist denkbar, durch gentechnologische Methoden zukünftige Menschen etwa gegen arbeitsplatzbedingte Krankheiten widerstandsfähig sein zu lassen. Nicht ohne konkrete Veranlassung auf die DDR angewendet, ergeben sich aus dieser Situation weitreichende Konsequenzen. Die politische Führung hält um den Preis ihrer Machterhaltung und ihrer ideologischen Selbstbeauftragung an der Absicht fest, die Steigerung des Wirtschaftswachstums als notwendige Bedingung für den Aufbau des →*Sozialismus* zu erwirken. Verbindet sich diese Absicht mit dem dogmatischen Festhalten an der Definition vom Menschen als »Ensemble gesellschaftlicher Verhältnisse«, dann gewinnen auch die mit dem Problem der Eugenik verbundenen Fragen an Aktualität.

Seit einigen Jahren werden derartige Fragestellungen von Naturwissenschaftlern und Philosophen der DDR diskutiert, so auf den *Kühlungsborner Kolloquien*. Eine Antwort zeichnet sich noch nicht ab. Der wertrationale Diskurs des *Dialektischen* und *Historischen Materialismus* steht noch aus, obgleich die Herausforderung durch die wissenschaftlich-technische Revolution dies immer dringlicher verlangt.

H. Klages, C. Burrichter

Literatur

P. Kmieciak, Wertstrukturen und Wertwandel in der Bundesrepublik Deutschland, Göttingen 1976
G. Stiehler, Über den W. der Individualität im Sozialismus, Berlin (Ost) 1978
S. H. Barnes, M. Kaase, Political Action. Mass Participation in Five Western Democracies, Beverly Hills, London 1979
W. Eichhorn, E. Hahn, F. Rupprecht (Hrsg.), Wertauffassungen im Sozialismus, Berlin (Ost) 1980
H. Klages, Überlasteter Staat – verdrossene Bürger? Zu den Dissonanzen der Wohlfahrtsgesellschaft, Frankfurt a. M., New York 1981

Wettbewerb

I. Wettbewerb und Markt – II. Markt und Plan – III. Sozialistischer Wettbewerb – IV. Kultureller Wettbewerb

I. Wettbewerb und Markt

In westlichen Gesellschaften sind die Begriffe W. und Konkurrenz eng mit dem Begriff des Marktes verbunden. In sozialistischen Ländern stützt man sich jedoch allein auf eine Ideologie des sozialistischen W.; wenn von Konkurrenz die Rede ist, dann lediglich im Verhältnis zum Auslandsmarkt. Intern werden Marktprozesse zumindest der Intention nach ausgeschlossen, aber auch dort, wo zentrale Führungsinstanzen den Ablauf wirtschaftlicher Vorgänge planen und kontrollieren, sind Märkte bisher nie völlig verhindert worden. Entweder kommt es zu Ausweichtauschprozessen auf anderer Ebene, dem Markt der »Beziehungen« oder »Gefälligkeiten«, oder aber es bilden sich informelle, z. T. auch illegale Märkte, zum Beispiel der graue Markt, Schwarzhandel, Doppelwährungssystem usw.

Umgekehrt gibt es auch in der freien Marktwirtschaft zahlreiche interventionistische Eingriffe sowie immanente Funktionsstörungen des Marktgeschehens, die das Bild des freien und vollkommenen Wettbewerbs reduzieren. Aus diesem Grund entspricht der vollkomene W. eigentlich nur einem theoretischen Modell; M. Weber bezeichnet dementsprechend den Markt als »Idealtypus« zweckrationalen Gesellschaftshandelns. Nach ihm ist der rationale Tausch die »unpersönlichste praktische Lebensführung«, in die Menschen miteinander treten können.

II. Markt und Plan

Die Analyse typischer Ordnungsformen, die den Prozeßablauf des wirtschaftlichen Geschehens, insbesondere der Produktion und der Konsumtion bestimmen, unterscheidet zwei alternative Lenkungs- und Steuerungsformen: den Typus der zentral organisierten Lenkung, den Plan und den Typus der dezentralen marktmäßigen Steuerung, den Markt. Das Kriterium ist hier, ob die Fragen der Produktion und Distribution durch den Plan einer zentralen Stelle entschieden oder dem Selbstregulierungsprinzip des Marktes überlassen werden. Zugrunde liegen diesen beiden Organisationsformen das gesellschaftspolitische Kollektiv- bzw. Individualprinzip, die in der Wirtschaftsordnung jeweils als Plan- oder Marktwirtschaft ihre Entsprechung finden. Für einen konkreten Systemvergleich ist die Ausrichtung an Idealtypen wie Markt- und Planwirtschaft nicht sehr ergiebig, da sie in der Realität meist nicht in ihrer Reinform vorkommen. Sinnvoller erscheint die Betrachtung der durch die Realisation bestimmter Lenkungsprinzipien bedingten tatsächlichen Wirkungen. Auf diesem Wege wird eine Beurteilung des Problems möglich, ob ein bestimmtes Lenkungsprinzip für eine Gesellschaft mit angebbaren Rahmenbedingungen günstig ist oder nicht.

Diese Frage ist vor allem unter zwei Gesichtspunkten erörtert worden: einmal unter der Perspektive der »Selbststeuerungsfähigkeit einer Volkswirtschaft«, und zum anderen unter dem Aspekt der Verteilungsgerechtigkeit. Im Hinblick auf die Selbststeuerungsfähigkeit läßt sich die Problemstellung wie folgt beschreiben: Im Ausmaß des Vorhandenseins ganz bestimmter Elastizitätsvoraussetzungen, wie zum Beispiel der Transparenz, der Infrastruktur, der Motivation, werden Produktivitätsvorteile des Marktsystems, wie die Stärkung der Initiative, die nationale Geldrechnung, sichtbar; bei Fehlen solcher Voraussetzungen werden dagegen Produktivitätsnachteile, wie »Kosten« des Wettbewerbs und Machtkonzentration in Erscheinung treten. Umgekehrt: Im Ausmaß des Vorhandenseins bestimmter Planungsvoraussetzungen, der Überschaubarkeit und der Kommunikationssysteme werden Produktivitätsvorteile des Plansystems evident, wie die Berücksichtigung des »Gemeinwohls«, die Aktionsbereitschaft bei Krisen und Mangellagen usw.; bei Fehlen solcher Voraussetzungen überwiegen jedoch die Nachteile dieses Systems, die Schwächung der Initiative, die fehlenden Bewertungsmaßstäbe für Güter, Zwangskomponente im Konsumbereich usw. Unter dem Aspekt dieser Fragestellung darf dann auch bezweifelt werden, ob das Problem der Verteilungsgerechtigkeit ohne Kenntnis der hier nur kurz skizzierten Randbedingungen generell im Sinne eines Pro oder Kontra beantwortet werden kann.

Zu berücksichtigen ist in diesem Zusammenhang, daß auch in jeder Marktwirtschaft ein zusätzliches Zwangssystem existiert, das die Bereitstellung öffentlicher Güter besorgt. Die Selbststeuerung der Marktwirtschaft wird nämlich gegenüber allen Gütern versagen, die, wie viele Gegenstände des Kollektivbedarfs, marktverkehrsunfähig sind, also nicht als Waren in Betracht kommen. Ferner ist zu beachten, daß im sozialen Geschehen Transaktionen und Tauschprozesse, auch hinsichtlich geldwerter Güter, stattfinden, die den Markt überhaupt nicht tangieren. Es ist u. a. eine Frage gesellschaftlicher Normen, welche Güter auf dem Markt gehandelt werden, und oftmals existieren partiell illegitime Märkte, wie »graue« Märkte, »Schattenwirtschaft«.

Nach dem Zweiten Weltkrieg und mit der Währungsreform etablierte sich in der Bundesrepublik wieder das marktwirtschaftliche Ordnungsmodell. In diesem stellt der marktbezogene Leistungswettbewerb (→ *Leistung*) ein wesentliches Ordnungselement dar, das im Idealfall den Produzenten dazu bringt, sich durch immer bessere Produkte um die Gunst des Kunden zu bemühen. Insbesondere in dem Maße, wie nicht die Knappheit der Güter, sondern tendenziell sogar ihr Überangebot typisch sind, wird der Wettbewerb der Anbieter noch intensiver, was die Position der Nachfrager und Konsumenten prinzipiell stärkt. Um unerwünschte, dem Verbraucher schadende Entwicklungen, die aus

dem marktmäßig orientierten W. und der prinzipiellen Konkurrenz der Anbieter resultieren, zu verhindern, kommt insbesondere dem Staat eine weitgehende Ordnungsfunktion zu.

Seit ihrer Gründung vollzog sich in der Bundesrepublik ein umfassender Konzentrationsprozeß in den Bereichen Handel, Industrie und Presse, der in einigen Bereichen zu oligopolistischen und monopolistischen Marktformen führte. Marktbeherrschende Unternehmen stehen bei der Preis- und Angebotsgestaltung nicht mehr oder nur eingeschränkt unter dem Druck des W. und weisen häufig gegenüber den marktschwächeren Wettbewerbsvorsprünge auf. Diesen Veränderungen im Marktmodell in Richtung auf eine Produzentensouveränität galt es, korrigierend entgegenzuwirken. Zur Aufrechterhaltung und institutionellen Sicherung des Leistungswettbewerbs verfügt der Staat über rechtliche Maßnahmen der Marktsicherung. So wurden in der Vergangenheit verschiedene Verordnungen und Gesetze zur Sicherung des W. erlassen: das Gesetz gegen den unlauteren W. und das Gesetz gegen Wettbewerbsbeschränkung, das des Kartellverbots, die Mißbrauchsaufsicht gegenüber marktbeherrschenden Unternehmen, die Fusionskontrolle, das Verbot abgestimmten Verhaltens, Preisbindung und Preisempfehlung enthält.

III. Sozialistischer Wettbewerb

Der Leistungsgedanke spielt in sozialistischen Gesellschaften eine ähnliche Rolle wie in entwickelten westlichen Ländern, auch wenn die Sozialisationsvoraussetzungen und Anreizsysteme unterschiedlich sind. Die wichtigste Institution zur Leistungssteigerung ist hier der sozialistische W.; in ihr wird das entscheidende Instrument einer planmäßig kontinuierlichen Steigerung der Arbeitsproduktivität und der Erhöhung der Effektivität der Arbeit gesehen (vgl. W. Härtel, 1973, S. 503). Dieser W. erfaßt nur die Ebene der Produktion, erstreckt sich also nicht auf die Unterschiedlichkeit des Güterangebots im Sinne von Konkurrenz. Es ist außerdem nicht in individualistisch-egoistischer Hinsicht als Nullsummenspiel gedacht, bei dem der Vorteil des Einen der Nachteil des Anderen ist, sondern eher auf der Basis des Gruppeninteresses definiert. Auch wenn Brigaden gegeneinander antreten, wird dies nicht im eigentlichen Sinne als »gegen« interpretiert, sondern gilt als »Volksleistungswettbewerb«, als solidarische Rivalität mit dem Ziel eines allgemeinen Aufschwungs.

Der sozialistische W. wird ideologisch mit dem prinzipiellen Wandel des Charakters der → *Arbeit* im Sozialismus begründet, weshalb die politisch-ideologische Überzeugungs- und Aufklärungsarbeit eine der Hauptvoraussetzungen zur Steigerung der Arbeitsproduktivität auf der Basis der Pläne sei.

Zwar gibt es keine verbindliche wissenschaftliche Definition des sozialistischen W., aber er gilt im allgemeinen als die umfassendste Form der Masseninitiative der Werktätigen. Das enge Geflecht inner- und überbetrieblichen W. dient im System zentraler Lenkung und Kontrolle als ein unübersehbarer Leistungsanreiz und kann als Äquivalent des Wettbewerbsprinzips westlicher Leistungsgesellschaften betrachtet werden. Die allgemeinen Ziele des sozialistischen W. werden abgeleitet aus den von der Partei formulierten Vorstellungen über die gesellschaftliche Entwicklung. Konkretisierung und Präzisierung erfahren diese durch die auf den Parteitagen der *SED* bestimmten Hauptaufgaben. Parteien und Gewerkschaften organisieren den sozialistischen W. durch zentral initiierte Wettbewerbsaktionen. Betriebs- und Gewerkschaftsleitung und die Wettbewerbskommission erstellen die betrieblichen Wettbewerbskonzeptionen. Diese sind als Bestandteil der Betriebskollektivverträge meist verbindliches Arbeitsrecht.

Als besonders bedeutsam werden dabei die Einbeziehung aller Werktätigen und aller Perspektiven der Entwicklung der ideologischen, ökonomischen, wissenschaftlich-technischen und politischen, sowie die Ausrichtung auf verschiedene Formen der Masseninitiative angesehen: Kollektive der sozialistischen Arbeit, ökonomische Aktivgruppen, Kollektive der Forschung und Innovation. Als Hauptformen der betrieblichen Wettbewerbsgestaltung werden dabei genannt: persönliche und kollektiv-schöpferische Pläne (Neuererbewegung), Initiativschichten oder Initiativwochen (Aktivistenbewegung), sogenannte Plannotizen zur Beseitigung von Schwachstellen oder Störfaktoren, sowie die saldierte Abrechnung des sozialistischen W., ein Gegenstück zur Kosten-Ertragsanalyse oder zur Rentabilitätsrechnung in der Bundesrepublik. Um die Produktionsergebnisse propagandistisch nutzen zu können, sollen die Ziffern in vergleichbarer Weise publiziert werden und damit auch den W. zwischen Abteilungen, Betrieben und Produktionszweigen stimulieren. Zur Stimulierung des sozialistischen W. wird zum einen auf moralische Antriebe gesetzt und zum anderen auf materielle Anreize. Beide zielen auf die Anerkennung des Einzelnen oder der Gruppe durch die Partei und äußern sich häufig in besonderen Privilegien wie Prämien, Urkunden, öffentlichen Belobigungen, Orden, Medaillen oder Ehrentitel, jedoch auch im bevorzugten Erteilen von Ferienplätzen, in der Berufung in gesellschaftliche Gremien, in der Kandidatur zu Wahlfunktionen.

Neben der rein materiellen Ausrichtung dient der sozialistische W. dazu, immer mehr Arbeiter und Angestellte aktiv in den sozialistischen Aufbau einzubeziehen. Somit wird das Wettbewerbsprinzip funktional für die praktische Organisation der Gesamtgesellschaft mobilisiert. Die Vorgabe von Planziffern – eine sozialistische Analogie zum westlichen *management by objectives* – hatte sich insbesondere in der Vergangenheit an recht unrealistischen Idealnormen orientiert. Neuere Formulierungen lassen vermuten, daß man hier Extremvorstellungen sehr stark zurückgenommen hat und versucht, Plan und Realität im Gleichschritt zu behandeln. Nichtsdestoweniger führt die Planvorgabe häufig zu Produktionsergebnissen und Produktivitätssteigerungen lediglich in der quantitativen Dimension, während die qualitative Komponente im ständigen Defizit verbleibt. Auch werden Verteidigungs- und Rechtfertigungsmechanismen ins Leben gerufen, die »Begründungen« dafür liefern, warum im Einzelfall das Plansoll nicht erreicht wird.

IV. Kultureller Wettbewerb

Die Organisationsform von Kultur in der DDR und der Bundesrepublik Deutschland läßt sich ableiten aus den angestrebten theoretischen Zielen der pluralistischen bzw. sozialistischen Demokratie. In der pluralistischen Demokratie wird die geforderte legitime Vielfalt durch die Wahlfreiheit des einzelnen, die ihrerseits eine konkurrierende Angebots- bzw. Meinungsvielfalt impliziert, realisiert. Die sozialistische Demokratie versucht, die wissenschaftliche Weltanschauung des Marxismus-Leninismus durch Anleitung von Presse, Erziehung, Kunst etc. und die Organisierung des geistig-kulturellen Lebens zu etablieren.

In der DDR existiert kein eigentlicher Markt für Kultur, obwohl in starkem Maß für Kultur geworben wird. Infolge der zentralistischen Kulturpolitik bildete sich der »staatlich angestellte« Künstler als Massenphänomen heraus. Das Rundfunk- und Pressewesen ist eine staatliche Institution, das übrige Kulturwesen untersteht dem *Ministerium für Kultur* (→ *Presse*, → *Hörfunk*, → *Film*, → *Literatur*, → *Theater*, → *Musik*). Produziert wird größtenteils nach dem Prinzip der Auftragsvergabe durch staatliche Institutionen, verschiedene Kultureinrichtungen, Betriebe und gesellschaftliche Organisationen mit dem Ziel der Verbreitung der »wissenschaftlichen Weltanschauung«, die einen liberalistischen »W. der Ideen« überwunden hat. Die Finanzierung von Kultur vollzieht sich in weiten Bereichen durch staatliche Subvention und Förderung durch den Kulturfonds. In dieser Organisationsform ist es für den beruflichen Kulturschaffenden eine Lebensfrage, Mitglied der verschiedenen Institutionen und Verbände zu sein, deren Leitlinien und Spielregeln die Kulturpolitik repräsentieren.

Wegen der besonderen Funktion von Kultur für die Entwicklung des sozialistischen Bewußtseins und ihres eher immateriellen Charakters, der einer Wettbewerbsabrechnung auf ökonomischer Basis nicht zugänglich ist, findet der sozialistische W. hier nur in abgewandelter Form statt. Zum einen äußert sich kultureller W. in Form von Leistungsvergleichen der Besucherzahlen von Museen, Theatern, Kunstausstellungen usw. Zum anderen erfolgen umfangreiche Maßnahmen der Leistungsförderung durch steuerfreie Geldzuwendungen, Auszeichnungen, bevorzugte Wohnraumbeschaffung und Reisemöglichkeiten. Einen besonderen Stellenwert nimmt die Förderung der Laienkunst ein. Im Rahmen der Betriebsfeste werden die besten Darbietungen ausgewählt. Die staatlichen Einrichtungen für Kulturarbeit führen Leistungsvergleiche durch und prämieren die besten Kollektiv- und Einzelleistungen (→ *Fest und Feier*). Auf den alle zwei Jahre stattfindenden Arbeiterfestspielen findet eine Vergabe von Preisen in allen Bereichen der Kunst einschließlich Fernsehen und Rundfunk statt. Zur Förderung jugendlicher Laienkunst hält der Kulturapparat der DDR spezielle W. auf den Gebieten der Literatur und der Musik bereit. Die Organisationsform von Kultur in der Bundesrepublik ist gekennzeichnet durch die Koexistenz der öffentlich-rechtlichen Rundfunk- und Fernsehanstalten, eines subventionierten Theaters, einer staatlich geförderten und mit dem Fernsehen koproduzierenden Filmwirtschaft, einer privatrechtlich organisierten Presse sowie den weitgehend privatwirtschaftlich produzierenden bildenden Künsten und dem Musik- und Literaturwesen. Besonders für diesen letzten Bereich und im Unterschied zur DDR steht das Prinzip der künstlerischen Freiheit. Unterscheidet man in diesem Sinne nach Freiheitsgraden der Produktionsbedingungen, so kommt man zu zwei Grundtypen; zum einen den als W. fungierenden öffentlichen Ausschreibungen von Projekten im Bereich der bildenden Künste und der Auftragsvergabe durch das Verlagswesen. Zum anderen übernehmen sogenannte Marktmittler wie Verlage oder Agenturen die Vervielfältigung oder den Vertrieb. Hierbei besitzt der Urheber häufig keinen unmittelbaren Einfluß auf die wirtschaftliche Verwertung seines Werkes. Alternative Wege der Vervielfältigung und Verbreitung, welche die Rolle der Marktmittler reduzieren oder ausschließen, bestehen etwa im Kommissions- und Selbstverlag. Bei beiden Produktionstypen gerät Kunst zur Ware des Kunstmarktes. Zum einen wird sie vorstrukturiert durch einen unternehmerischen Plan oder durch die Vorstellungen des Auftraggebers, zum anderen muß sie aus materiellen Gründen den Marktgesetzen folgen. Denn solange nicht der Besitz eines Status allein Unabhängigkeit und künstlerische Freiheit sichert, muß sich auch der Künstler vorausschauend an der Marktsituation orientieren.

Bei den darstellenden Künsten führten die hohen und ständig steigenden Produktionskosten und die harte regionale Konkurrenzsituation zur Schließung, Fusion und Kooperation von Theatern. Der heutige Zustand steht am Ende einer Entwicklung, die im 19. Jh. mit einer ausgedehnten Gründung von privatwirtschaftlichen Theaterunternehmungen begann. Grundgedanke war auch hier die Schaffung eines freien Austauschs der Ideen auf dem Theatermarkt. Erhalten blieben, abgesehen von den Kleinkunstbühnen und → *Kabaretts*, die durch Staats- und Kommunalkassen subventionierten Theater (vgl. A. Paul: Ist das subventionierte Theater noch zu retten?, in: O. Schwencke u. a., Plädoyers für eine neue Kulturpolitik, München 1974, S. 174–179). Bedingt durch den Wegfall lokaler, marktimmanenter Konkurrenzbedingungen spricht man heute von W. auf überregionalem Niveau.

In der Rundfunklandschaft der Bundesrepublik äußert sich W. nicht in konkurrierenden Angeboten unabhängiger Rundfunkanstalten, die untereinander im W. um die Gunst der Rezipienten treten, sondern durch den rundfunkinternen W. der Meinungen und Ideen. Durch die binnenpluralistische Organisation soll der publizistische W. innerhalb einzelner Sparten gewährleistet werden. Ökonomischer W. reduziert sich auf den Werbesektor. Die Preisgestaltung erfolgt in Konkurrenz der *ARD*-Anstalten zum *ZDF* und in Konkurrenz zu den Substitutionsmedien.

Der heutigen Organisationsform des Pressewesens liegt die Annahme zugrunde, daß eine Vielfalt der Meinungen nur als Folge einer Vielfalt von Meinungsträgern zu erreichen ist. Die → *Presse* stellt eine Form des Meinungsmarktes dar, auf dem sich durch die öffentliche Auseinandersetzung eine Meinungsauslese vollzieht. Grundforderung ist hier der freie Zugang zum Pressemarkt. Ordnungspolitisch wird die publizistische Vielfaltsvermutung an das Vorhandensein ökonomischen W. zwischen einer Vielzahl unabhängiger Presseverlage geknüpft.

Da in der Vergangenheit das Steuerungsprinzip der Marktwirtschaft nicht gegenüber allen kulturellen Gütern funktionierte, entwickelte sich ein weites Spektrum der Kulturförderung. Man unterscheidet dabei W., Preisverleihungen und Subventionen in den Bereichen Musik, Literatur, Kunst, Film, Fernsehen und Hörfunk durch Bund, Länder, Städte, Presse- und Verlagswesen, Rundfunk, Bildungsinstitutionen, Stiftungen, Vereinigungen, Verbände und Gewerkschaften. Das Versagen des W. ist immer wieder Anlaß für Reformforderungen, z. B. nach öffentlich-rechtlichen Zeitungen gewesen. Praktisch aber konnten sich solche Pläne nicht durchsetzen, da sich bei der Presse einschließlich Zeitschrift und Buch der ökonomische W. trotz gelegentlicher krisenhafter Tendenzen immer wieder als Garant kultureller Vielfalt erwies.

G. Wiswede (I–III), M. Lipp (IV)

Literatur
Bundesvorstand des FDGB (Hrsg.), Handbuch für den Kulturfunktionär, Berlin (Ost) 1973
W. Härtel, Die grundlegenden Kriterien der Wirksamkeit des sozialistischen W., in: Wissenschaftliche Zeitschrift der TH Magdeburg, 5/1973
Arbeitsgesetzbuch der Deutschen Demokratischen Republik. Textausgabe, Berlin (Ost) 1977
K. Belwe, Mitwirkung im Industriebetrieb DDR, Opladen 1979
G. Wiswede, Marktsoziologie, in: M. Irle (Hrsg.), Handbuch der Psychologie, Bd. 12, Göttingen 1982

Wissenschaft und Forschung

I. Der Auszug der Wissenschaft aus der Philosophie – II. Verwissenschaftlichung der Gesellschaft und Vergesellschaftung der Wissenschaft – III. Wissenschaft als Arbeit und Betrieb – IV. Wissenschaft im Verhältnis zur Politik – V. Wissenschaft in der Kritik

I. Der Auszug der Wissenschaft aus der Philosophie

W. meint in beiden Staaten einmal den Inbegriff des durch F. und Lehre gewonnenen und überlieferten Bestands des Wissens, seine Systematisierung als Gesamtheit der W. und als Einzelwissenschaften, seine Institutionalisierung in besonderen Stätten des Forschens, Lehrens und Lernens und des Archivierens sowie schließlich seine Verdichtung und Ausformung zu kulturellen Mustern der Lebens- und Weltorientierung. So sind seit M. Weber, M. Scheler und E. Troeltsch die christlich-protestantischen Wurzeln und Merkmale der neuzeitlichen W. immer wieder nachgewiesen worden. Die Verdächtigung der Kontemplation als Trägheit und die Unterstützung der experimentellen W. entspricht den praktischen und methodologischen Neigungen der Puritaner, deren Anschauungen vor allem die empiristischen und posivitistischen Tendenzen des angelsächsischen Denkens prägen. Nach einem katholischen Mittelalter rückt, mit dem Wort M. Webers, die »innerweltliche Askese« den Wissenschaftler und späterhin den Techniker »in den Mittelpunkt einer Heilsgemeinschaft« (W. L. Bühl, 1974, S. 302).

Zum anderen wird unter W. die Tätigkeit von einzelnen und von Gruppen sowie der Prozeß der Erkenntnisarbeit in Theorie und Praxis verstanden, der wissenschaftliches Wissen hervorbringt. Vor allem auf diesen Prozeß der systematischen Bemühung um die Erweiterung und Überprüfung des Wissens bezieht sich der Begriff F. Seit der indu-

striellen Revolution im 19. Jh. wird in den Natur- und Technikwissenschaften F. in den Formen der Grundlagenforschung, angewandten F. und technischen Entwicklung betrieben. Es hat in beiden deutschen Staaten nicht an Versuchen gefehlt, die Begriffe W. und F. zu detaillieren. Abweichend von der international verbreiteten Dreiteilung wird F. in der DDR in die vier Phasen der Erkundungsforschung, der gezielten Grundlagenforschung, der angewandten F. und der Entwicklung gegliedert. Die Termini blieben in beiden Staaten jedoch solange verschwommen und zudem stark ideologieverdächtig, bis die Ende der 60er Jahre einsetzende großangelegte staatliche Forschungsförderung aussagekräftige Forschungsstatistiken notwendig werden ließ. Die vor allem im Rahmen der *OECD* angestrebten Klärungen mußten sich auch den in W. und F. wirksamen Zielsetzungen und Beurteilungskriterien zuwenden. Als besonders problematisch erwies sich, die Merkmale der Grundlagenforschung zu definieren, die häufig unter den »Aspekt des undiskutierten und irrationalen Schöpfertums« (H. Krauch, Die organisierte Forschung, Neuwied, Berlin (West) 1970, S. 42) betrachtet wurden. Demonstrativ offenbarten sich Divergenzen in der Selbsteinstufung der Wissenschaftler zur reinen oder zur angewandten F., der Nähe zur Theorie und Praxis, ein Prestigegefälle von der Mathematik über die Physik und Chemie hin zur Technik markierend.

W. unterscheidet sich vom Meinen und Fürwahrhalten im Anspruch und Bemühen, begründbares Wissen hervorzubringen. Ursprünglich der → *Philosophie* untergeordnet, teilt sie deren Ziel, die mythisch orientierte Lebenswelt zurückzudrängen. Jedoch ihre Aufgabe, die Welt zu deuten, läßt W. den → *Religionen*, Weltanschauungen und → *Ideologien*, die ihren jeweiligen historisch-sozialen Standort umgeben, verbunden bleiben. Insofern die wissenschaftliche Entwicklung den allgemeinen Gang der Gesellschaft begleitet und in Grundzügen den sozialen Bedürfnissen, Parteiungen und Bewußtseinslagen entspricht, zählen auch vorwissenschaftliche Interessen und vorwissenschaftliches Wissen zu ihren Voraussetzungen. Nach dem »Auswanderungsprozeß der W. aus der Philosophie« (H. M. Baumgartner) und nach Wandlungen ihres Selbstverständnisses ist W. anstelle direkter philosophischer Einsicht durch mittelbare, methodisch-systematisch geleitete und intersubjektiv nachprüfbare Erkenntnis charakterisiert. Diese Mittelbarkeit hat A. Diemer als die Invariante der verschiedenen aktuellen Wissenschaftsideen erkannt.

Auf anderen Wegen als in der DDR, wo im Anschluß an den marxistischen Naturwissenschaftler und Wissenschaftshistoriker J. D. Bernal und dessen Hauptwerk aus einer mit dem liberalen Naturwissenschaftler M. Polanyi geführten Debatte um soziale und ethische Probleme der Nutzung der W. und F. durch Kriegsführung und industrielle

Produktionsweise (The Social Function of Science, London 1939) schon früh der soziale Charakter der W. Verständnisgrundlage wurde, stellte sich in der Bundesrepublik ein Wissenschaftsverständnis ein, das neben der erkenntnistheoretischen auch eine soziale Seite betont. Die erkenntnistheoretische Seite umfaßt danach die Regeln der Logik, der Theorie, der Methodologie und der Methode, nach denen Wissenschaftler Arbeitsgebiete und Fragestellungen formulieren, Begriffe definieren und die logische Struktur von Aussagen festlegen, die nach bestimmten Verfahren gewonnen wurden. W. als eine soziale Einheit besteht aus den Menschen, die sich in der Regel nach einer wissenschaftlichen Ausbildung und Sozialisation beruflich und in fachspezieller Weise den Aufgaben der W. nach Normen des Handelns widmen, die im wissenschaftlichen Leben selbst begründet sein können oder aber von anderen gesellschaftlichen oder staatlichen Bereichen direkt an sie herangetragen werden. Insofern umfaßt W. und F. stets ein Normensystem mit einem wie immer gefaßten Kriterium der Wahrheit, die Hierarchien und Gesellungsformen der Wissenschaftler, ihre Arbeits- und Kommunikationsweisen sowie die Institutionen der → *Universitäten und Hochschulen*, der → *Akademien*, → *Bibliotheken* und sonstigen Arbeitsstätten (→ *Archive*).

II. Verwissenschaftlichung der Gesellschaft und Vergesellschaftung der Wissenschaft

Trennte die Renaissance die W. noch nicht von den Künsten, so wurden diese seit R. Descartes im 17. Jh. als ein Bereich abgesondert, der zur theoretischen Wahrheit der W. nicht vordringen könne (→ *Kunst und Gesellschaft*). So entstanden die getrennten preußischen Akademien der W. und der Künste. Nachdem auch der Primat der Geisteswissenschaften von den Naturwissenschaften abgelöst worden war, der Gesichtspunkt der praktischen Machbarkeit dominierte und das 19. Jh. noch »stolz auf seine Experimente und wissenschaftlichen Gesetzlichkeiten« (H. Mayer, Zwei Bäume der Erkenntnis, Berlin (West) 1971, S. 7) sein ließ, waren damit dennoch die Wechselbeziehungen zwischen W. und Kunst nicht unterbunden. Neue Synthesen wurden in der Idee der *Universitas litterarum* anvisiert, die Universitäten und Technische Hochschulen in den Anfangsjahren der Bundesrepublik mit zunächst viel Elan verfolgten, und finden sich gegenwärtig noch im Konzept der Gesamthochschulen. Auch fanden einzelne Kunst- und Kulturwissenschaft wieder unter das Dach der Akademie der W., wenngleich die generelle Spaltung in Kunst- und Wissenschaftsakademien in beiden Staaten fortbesteht.

Die traditionelle Verfassung der W. und F. beruhte auf den Werten der individuellen Autono-

mie und der sich aus sich selbst rechtfertigenden F. Die Freiheit der W. ist das »geschichtliche Pendant zur Freiheit der Gewerbe« (W. Hofmann, Universität, Ideologie, Gesellschaft, Frankfurt a. M. 1968, S. 12). Zwei Weltkriege mit anschließendem Wiederaufbau haben insbesondere die Nutzbarmachung der Natur- und Technikwissenschaften vorangetrieben und zugleich weltweit verbreitet, so daß W. als der »Hauptfaktor im Wandel der Welt« (F. v. Weizsäcker, Die Rolle der W., in: Das 198. Jahrzehnt, hrsg. von C. Grosser u. a., Hamburg 1969, S. 495) erscheint. Die Wende zu den praktischen und empirischen Aspekten der Realität ließ seit Mitte des 19. Jh. Universitätsinstitute mit Versuchsapparaturen entstehen. In der Gründung von Technischen Hochschulen und hochschulfreien Instituten wie dem *Kaiserlichen Gesundheitsamt* (1876), der *Physikalisch-technischen Reichsanstalt* (1887), der *Kaiser-Wilhelm-Gesellschaft* (1911) und der *Deutschen Versuchsanstalt für Luftfahrt* (1912) zeigt sich jedoch schon ein bis in die Gegenwart zu beobachtender Trend, die Standorte der F. näher an die Produktionsstätten der Wirtschaft zu legen. Auch kündigte sich darin bereits ein Motivationswechsel bei der politischen Förderung der W. und F. an, insofern, als sie weniger als kulturstaatliche Verpflichtung und stärker als Investition in die wirtschaftliche und soziale Wohlfahrt betrieben wurden. In dem Motiv, sich durch die staatliche Förderung von W. und F. wirtschaftlich zu behaupten und einen ständigen sozialen Fortschritt zu ermöglichen, treffen sich gegenwärtig die beiden deutschen Staaten.

In der Bundesrepublik hat sich im Anschluß vor allem an H. Schelsky und J. Habermas eingebürgert, über Standortverschiebungen, Bedeutungszuwachs und veränderte öffentliche und politische Einstellung als einerseits »Vergesellschaftung der W.« und andererseits »Verwissenschaftlichung der Gesellschaft« zu diskutieren. Vergesellschaftung meint den Vorgang, in dem sich W., Produktion und staatliche Förderung und Nutzung verflechten und sich die Verhaltensformen der Wissenschaftler an den »Arbeits-Charakter der Industriegesellschaft« (H. Schelsky, Einsamkeit und Freiheit, Düsseldorf ²1971, S. 160) angleichen. Verwissenschaftlichung meint den Wandel der W. von einem an die »Möglichkeiten der *leisure class*-Existenz gebundenen Muße-Abenteuer Einzelner« (H. Klages, Rationalität und Spontaneität, Gütersloh 1967, S. 11) zu einer existenziellen Voraussetzung der Industriegesellschaft sowie die Tendenz der durchgehenden technisch-wissenschaftlichen Rationalisierung der Lebens- und Handlungsformen, die M. Weber als »Entzauberung der Welt« beschrieben hat. Durchaus analog begreift die marxistisch-leninistische Gesellschaftslehre der DDR den hohen funktionalen Wert von W. und F. für Bestand und Wachstum der Wirtschaft sowie die politische Leitung und

Fortentwicklung der Gesellschaft als Wandel der W. zur »unmittelbaren Produktivkraft«. Darin sind als zwei widersprüchliche Grundprozesse eine größere Verhaltenskonformität sowie die fortschreitende Arbeitsteilung und Spezialisierung als eine Art Fortschrittsbedingung eingeschlossen. Vollzieht sich W. und F. vornehmlich in der Spezialisierung, so fördert diese in problematischer Weise, worauf in der Bundesrepublik besonders W. Hofmann, F. H. Tenbruck und H. P. Bahrdt sowie für die Situation in der DDR R. Bahro hinweisen, die »Unzuständigkeit jedes einzelnen für das Allgemeine«, die »Unverantwortlichkeit selbst gegenüber den Resultaten des eigenen Tuns« (W. Hofmann, a. a. O., S. 19). Die Zerlegung in einzelne Tätigkeiten geht einher mit ihrer Professionalisierung, W. und F. selbst wird zu einem Feld differenzierter → *Berufe* des Lehrens, Forschens und Archivierens, wie andererseits ehemals hochschulfreie Berufe in die Universitäten, Hoch- und Fachschulen drängen. Die wissenschaftliche Lehre und F. wird zum Ort, an dem Erkenntnisse über → *Ausbildung* in Lebensverhältnisse umschlagen. Die starke Ausweitung des Hoch- und Fachschulwesens und die Beseitigung von Zulassungsschranken haben diesen Prozeß in beiden Staaten begünstigt.

III. Wissenschaft als Arbeit und Betrieb

Zwei der Begründer der modernen Sozialwissenschaften, K. Marx und M. Weber, waren sich, wenn auch unterschiedlich argumentierend, darin einig, daß aufgrund der sich ausbreitenden Natur- und Gesellschaftswissenschaften und im Gefolge der aufklärerischen Maxime, im Erkenntnisfortschritt den Motor der gesellschaftlichen Entwicklung zu sehen, W. und F. notwendig Arbeitscharakter und Betriebsförmigkeit annimmt (→ *Arbeit*). M. Weber verglich Institute mit kapitalistischen Betrieben, insofern in beiden die Arbeitsmittel vom Arbeiter getrennt und proletarische Existenzen, so in den Formen der Assistenten und Fabrikangestellten, gegeben sind. Andere, wie H. Plessner 1924, haben in der Mechanisierung, Methodisierung und Entpersönlichung den inneren Zusammenhang in den Arbeitsstilen der W. und der Wirtschaft erkannt. In der Bundesrepublik konnte die hauptsächlich von Sozial- und Wirtschaftswissenschaftlern geführte Diskussion hier anknüpfen, wenn sie der weiterhin vertretenen Schöpfungsinterpretation, die sich vorwiegend auf irrationale Voraussetzungen innovativer Leistungen beruft, eine Arbeitsauffassung entgegenstellt. H. Klages wies nach, daß die auch wissenschaftsideologische und erkenntnistheoretische Konfrontation von Rationalismus und Irrationalismus methodologische und forschungsorganisatorische Konsequenzen einschließt. Idealtypisiert fallen sie bei der Schöpfungsauffassung gegen die

Team- oder Gruppenforschung und gegen Einflüsse der Wirtschaft, des Staates und des Militärwesens auf W. und F. aus. Gemeinsam ist den durch historische Materialien und erkenntniskritische Thesen stimulierten Deutungen, die generelle Funktion, den sozialen Nutzen der W. und F. für die Gegenwart zu klären, ihre Arbeitsformen, ihre Integration in Staat und Gesellschaft. Wissenschaftsforschung wird an Universitäten und Hochschulen in Bielefeld, Bochum, Erlangen-Nürnberg, Köln, Ulm u. a. zu einem neuartigen Gegenstand sozialwissenschaftlicher Arbeit.

In der DDR konnte es zu einem vergleichbaren Meinungsstreit nicht kommen, da mit der Säuberung des wissenschaftlichen Personals zunächst von nationalsozialistischen, dann in den 50er Jahren von »bürgerlich« eingestellten Wissenschaftlern und der Verpflichtung der Lehr- und Forschungsgebiete auf die erkenntnistheoretischen und philosophischen Grundpositionen des Marxismus-Leninismus auch die sich auf K. Marx berufende Arbeitsauffassung durchgesetzt wurde. W. wird als »höchste Form der theoretischen Tätigkeit« definiert. Von wiederholten Versuchen, weitere Merkmale zu benennen, konnten in den 60er Jahren vor allem die Interpretationen Geltung erlangen, die W. als Produktivkraft oder als Grundlage der Planung und Leitung der sozialen Entwicklung bestimmten. Nach 1967 avancierte die W. in der Spätphase des technokratischen → *Sozialismus* W. Ulbrichts sogar zur »Haupt-Produktivkraft«. Erheblich verzögert gegenüber den westlichen Ländern setzte erst in den 70er Jahren intensivere erkenntnistheoretische, semiotische, wissenschaftssoziologische und -historische Bemühungen um den empirischen Aufschluß über die realen Prozesse der Erkenntnisgewinnung ein. Sie wurden durch die Gründung des *Instituts für Theorie, Geschichte und Organisation der W.* bei der *Akademie der W.* befördert, das beabsichtigte, die stark von der westlichen Diskussion beeinflußte Wissenschaftstheorie »in vollem Maße« marxistisch-leninistisch zu fundieren (G. Kröber, H. Laitko, 1976, S. 119). Seither gilt der Aspekt der »gesellschaftlichen Tätigkeit«, die auf die Gewinnung, Vermittlung, Reproduktion und Anwendung von Erkenntnissen gerichtet ist, als primäres Merkmal. Die Bestimmung der W. als »allgemeine Arbeit« durch K. Marx (K. Marx, F. Engels, Werke, Bd. 25, Berlin (Ost) 1964, S. 113 f.) wird herangezogen, wonach W. sich als menschliche Arbeit in konkreten gesellschaftlichen Bedingungen vollzieht, das Zusammenwirken mehrerer Individuen voraussetzt, deren neue Erkenntnisse gesellschaftlich verfügbar, praktisch nutzbar und beliebig oft verwendbar sind.

751

IV. Wissenschaft im Verhältnis zur Politik

Die soziale, aktiv gesellschaftsgestaltende Aufgabe des Staates wurde neben seinen klassischen Ordnungs- und Herrschaftsfunktionen zum Merkmal moderner Staatlichkeit. Nach zusätzlichen Aufgaben schon auf den Gebieten der sozialen Sicherung, des Verkehrs, der Ausbildung des Rechts, und der wirtschaftlichen Versorgung gelangt in den 60er Jahren auch die Förderung und Lenkung der naturwissenschaftlich-technischen Entwicklung in den Kreis staatlicher Ressortpflichten. Neben den Kultusverwaltungen mit ihren traditionellen Zuständigkeiten für das Bildungswesen bilden sich neue Regierungsressorts, so 1962 in den Vereinigten Staaten, 1963 in der Bundesrepublik Deutschland mit dem *Bundesministerium für wissenschaftliche Forschung*, 1964 in Großbritannien, 1965 in der UdSSR und 1967 in der DDR mit dem *Ministerium für W. und Technik.* Spätestens seit den 40er Jahren werden naturwissenschaftlich-technische Entdeckungen und → *Erfindungen* nicht mehr als zufällig entstehende Neuerungen angesehen, die den politischen Institutionen und Wirtschaftsbetrieben auf einem Novitätenmarkt zur beliebigen Verwendung und Verbreitung angeboten werden (→ *Innovation*). Zunächst die politische Sorge um den Kriegsverlauf, dann in der Nachkriegszeit die Sorge um Stabilität und Wachstum der Wirtschaft, um soziale Wohlfahrt und internationales Prestige führen zur Ausformung einer Wissenschaftspolitik. F. als »dritter Produktionsfaktor«, W. als »Produktivkraft«, die Nachkriegszeit als »zweite industrielle Revolution«, als »wissenschaftlich-technische Revolution« sind Bezeichnungen, deren häufige Verwendung in den 50er und 60er Jahren den Bedeutungszuwachs von W. und F. wiedergibt.

Nach der bedingungslosen Kapitulation des Deutschen Reichs blieben die Hoffnungen der Wissenschaftler, daß die strikte Instrumentalisierung von W. und F. für die nationalsozialistischen Ziele der Kriegs- und Gesellschaftsführung durch die freie wissenschaftliche Arbeit abgelöst werde, aufgrund von Einsprüchen der Besatzungsmächte, fehlender Forschungsapparaturen und wissenschaftlicher Hilfskräfte zunächst noch weitgehend unerfüllt. Bestimmte Themengebiete, wie die Kernphysik, werden verboten; noch bis Mitte der 50er Jahre sind naturwissenschaftlich-technische Forschungsarbeiten von einer staatlichen Erlaubnis oder einer Forschungsmeldung abhängig. Materielle Nöte zu lindern, hat Vorrang vor dem Wiederaufbau der Forschungsstätten und dem Anschluß an die internationale Entwicklung, die »meist an allerletzter Stelle« kamen (W. Gerlach, Eine Bilanz der Naturwissenschaften, in: Bestandsaufnahme. Eine deutsche Bilanz 1962, hrsg. v. H. W. Richter, München u. a. 1962, S. 360–372, 365). Die Wiederbelebung der *Kaiser-Wilhelm-Gesellschaft* scheitert an den Besatzungsmächten. In den westlichen Besatzungszonen wird 1948 als Nachfolgerin die *Max-Planck-Gesellschaft* mit Instituten und Forschungsstellen in biologisch-medizinischen, chemisch-physikalisch-technischen sowie geisteswissenschaftlichen Bereichen gegründet, während wichtige der in der Sowjetischen Besatzungszone liegende Forschungsstätten der 1946 in Berlin (Ost) als Nachfolgerin der *Preußischen Akademie der W.* gegründeten und auf sechs Klassen erweiterten *Deutschen Akademie der W.* zugeordnet werden. Zwischen 1948 und 1950 werden der *Stifterverband für die Deutsche W.* sowie die *Notgemeinschaft für die Deutsche W.* wiederbegründet, die zusammen mit dem *Forschungsrat* 1951 zu der bis heute bestehenden *Deutschen Forschungsgemeinschaft* verbunden wird. Die Forschungsgemeinschaft fördert als Selbstverwaltungsgremien der Wissenschaft den wissenschaftlichen Nachwuchs, Forschungsvorhaben und nationale wie internationale Wissenschaftsbeziehungen mit Mitteln des Bundes, der Länder und der Wirtschaft.

In der Sowjetischen Besatzungszone fehlt in den ersten Nachkriegsjahren ein durchdachtes wissenschaftspolitisches Konzept. Den politischen Führungsgruppen geht es zunächst darum, »die Dienste der alten – bürgerlichen – Intelligenz zu nutzen« (M. Rexin, Die Entwicklung der Wissenschaftspolitik in der DDR, in: W. und Gesellschaft in der DDR, München 1971, S. 78–121, 82). Vor allem war die universitäre Lehre aufzunehmen, mit Ausnahme allerdings der → *Geschichte* und der Philosophie, in denen der volle Lehrbetrieb erst später begonnen wurde, da sie von Anfang im ideologischen Sinne der neuen Führung arbeiten sollten. Daraufhin verließen führende Philosophen, Pädagogen und Psychologen wie N. Hartmann, Th. Litt und E. Spranger ihre Lehrstühle, lange bevor nach einer sich 1957 zuspitzenden Kritik der Parteiführung an Denkströmungen, die als »Revisionismus«, »Liberalisierung« oder »Dritter Weg« ideologisch-politisch und auch strafrechtlich gebrandmarkt werden, eine massenhafte Flucht von Hochschullehrern in die Bundesrepublik einsetzt.

In der Bundesrepublik Deutschland ist die Freiheit von W. und F. verfassungsrechtlich im Artikel 5 des *Grundgesetzes* uneingeschränkt gewährleistet. Wie bei den anderen grundgesetzlichen Gewährleistungen auch, bleibt W. in den weltanschaulichen und gesellschaftspolitischen Horizont des Landes eingespannt, was sich hinsichtlich der Lehre in der Treuepflicht der beamteten Wissenschaftler und deren unterschiedliche Interpretation in den Bundesländern niederschlägt. Eine empirische Erhebung aus den Jahren 1976 und 1977 dokumentiert den hohen Stellenwert, den die wissenschaftliche Freiheit im Selbstverständnis der Hochschulwissenschaft genießt. Hochschullehrer fühlen sich danach »überwiegend bei ihrer F. frei« (R. Schulz, in: Die Rolle der F. in wissenschaftlichen Hochschulen.

Beiheft 7 der Zeitschrift »Wissenschaftsrecht, Wissenschaftsverwaltung, Wissenschaftsförderung«, 1979, S. 79).

Da dem Bund die konkurrierende Gesetzgebungsbefugnis bei der Forschungsförderung zusteht, das Bildungswesen demgegenüber Sache der Bundesländer ist, schaffen die 1957 und 1965 in Verwaltungsabkommen vereinbarten Gremien des *Wissenschaftsrats* und des *Deutschen Bildungsrats* die Orte, an denen sich Vertreter sowohl des Bundes und der Länder wie auch Wissenschaftler und Persönlichkeiten des öffentlichen Lebens begegnen können. Hier werden Pläne und Dringlichkeitsprogramme sowie Empfehlungen zur Mittelvergabe von Bund und Länder erarbeitet, Bedarfs- und Entwicklungspläne sowie Strukturvorschläge für das Bildungswesen aufgestellt. Über den *Wissenschaftsrat* sind neben der *Westdeutschen Rektorenkonferenz,* der *Max-Planck-Gesellschaft* und der *Deutschen Forschungsgemeinschaft* auch die zahlreichen Forschungsstätten des Bundes und der Länder am wissenschaftspolitischen Entscheidungsprozeß beteiligt. Die im internationalen Vergleich eher kleine staatliche Lenkungsbürokratie hat zahlreiche beratende Expertenkommissionen um sich versammelt. Sie sollen dazu beitragen, die Eigenverantwortung der W. und F. mit dem staatlichen Gestaltungsauftrag und den wirtschaftlichen Verwertungsinteressen zu vermitteln. W. und Politik stehen zueinander in einem Verhältnis der Zusammenarbeit und des Wettbewerbs. Seltener als soziale Macht in Erscheinung tretend, werden wissenschaftliche Experten häufig zu internen Beratern. Wenn sich Politik und W. gegenseitig »durchdringen« (W. L. Bühl, 1974, S. 259), dann bleibt es die wissenschaftspolitische Aufgabe der Wissenschaftler, die gegebenen Zusammenhänge begrifflich genau zu erfassen. Nach den Wirtschaftswissenschaftlern werden seit den 60er Jahren hauptsächlich Sozialwissenschaftler zur Regulierung und Planung von sozialen und Lebensformen herangezogen, ähnliches steht bei den Kulturwissenschaften zu erwarten.

In der DDR wurden den liberal-bürgerlichen Vorstellungen von der Autonomie und Freiheit der W. im Maße der Durchsetzung des sowjetischen Herrschaftsmodells die weitere sozial-historische Legitimation parteilich aberkannt. Das 1952 verkündete Programm des »Aufbaus des Sozialismus« impliziert, die sowjetische W. als die »in der Welt fortgeschrittenste W.« obligatorisch anzuwenden. Die *Verfassung* der DDR bezieht die W. in die unantastbaren Gesellschaftsgrundlagen mit ein. Die Wissenschaftsziele seien aus der historischen Mission der Arbeiterklasse abzuleiten. Indem sich im Verständnis der *SED* Wissenschaft, Philosophie, Weltanschauung und Politik als Einheit verwirklichen und darin erst den Marxismus-Leninismus konstituieren, soll einmal der Auszug der W. aus der Philosophie rückgängig gemacht und ferner die wissenschaftsimmanenten Erkenntnisbemühungen mit dem polititischen Anspruch der *SED* verbunden werden, über Interpretation und Anwendung des Marxismus-Leninismus in letzter Instanz zu entscheiden. Hat die Parteiführung einerseits die gesellschaftliche Realität ständig als Verwirklichung einer vorgegebenen Weltanschauung zu verdeutlichen, so gilt es andererseits, wissenschaftliche Erkenntnisse in politische Entscheidungen einzubeziehen, wobei die *SED* »eine Eigendynamik der Wissenschaftsentwicklung in Rechnung stellen muß« (R. Thomas, Materialien zu einer Ideologiegeschichte der DDR, in : W. und Gesellschaft in der DDR, München 1971, S. 25–77, 28). Als Teil der W. beansprucht die Partei deren Leitung und konfligiert, wie ihre Geschichte belegt, immer wieder mit einzelnen Wissenschaftlern oder Strömungen. Das Spannungsverhältnis wird einsichtig, wenn Politik nach einem Wort W. Ulbrichts nicht mehr »Kunst des Möglichen«, sondern »W. vom Notwendigen« darstellt (Politisches Grundwissen, Berlin (Ost) 1970, S. 48). Die *Akademie der W.* als inzwischen größte Forschungseinrichtung des Landes, die in ihren naturwissenschaftlich-technischen Disziplinen zugleich für Planentwürfe, Förderungs- und Investitionskonzeptionen zur Wissenschaftsentwicklung verantwortlich ist und als »Großstab« der politischen Führung fungiert, untersteht dem Ministerrat direkt. Anschließend an deutsche kriegswirtschaftliche Regelungen und orientiert an der sowjetischen Planung als der allgemeinen politisch-sozialen Koordinationsform ergeben sich schon während der 50er Jahre Planungsversuche. Die bis Mitte der 60er Jahre entwickelte hierarchische Leitungs- und Planungsstruktur, zu der parallel ein Netz von Beratungsgremien gelegt wurde, führt W. und F. näher an die politischen Entscheidungsinstanzen von *SED* und Staat heran. In den Nachkriegsjahren ging es darum, die der *SED* abgewandte ältere Intelligenz politisch zu isolieren bei gleichzeitiger materieller Belohnung für rein fachliche Nützlichkeit. Dagegen ist die inzwischen nachgewachsene wissenschaftliche Intelligenz stärker in Staat und Gesellschaft integriert und trägt so zur inhaltlichen und organisatorischen Steigerung der Politik bei. Ob sich allerdings in der Verlängerung der »wissenschaftlichen Tätigkeit« in die Politik hinein eine allgemeine Führungsrolle von W. und F. ankündigt, die die ideologische Definitionsmacht der *SED* auflöst, ist zu bezweifeln.

V. Wissenschaft in der Kritik

Schon die als »Verwissenschaftlichung des Alltags« in der Gesundheitspflege, der Erziehung und Ausbildung, der massenmedialen Information und kulturellen Versorgung läßt in beiden deutschen Staaten von einer »Wissenschafts- und Bildungsrevolution« sprechen. Auch schon die rein quantitative Entwicklung der Förderungsaufwendungen, des wissenschaftlichen Personals und der Lehr- und Forschungsstätten bestätigt dies. Das marxistisch-leninistisch begründete Postulat der sozialen Nützlichkeit der W. und F. gilt in der DDR unangefochten über alle politischen und vor allem wissenschaftskonzeptionellen Akzente der vergangenen 35 Jahre, so den Wechsel von der ingenieurtheoretischen Konzeption der »Wissenschaftlich-Technischen Revolution« der 60er Jahre zur marxistisch-leninistischen Wissenschaftstheorie seit den 70er Jahren hinweg. Die Wissenschaftler konnten ihren privilegierten sozialen Status aus den Aufbaujahren bewahren und, indem die F. in die seit den 60er Jahren gegründeten industriellen Kombinate Einzug hielt, sogar erweitern.

Wenn auch in beiden Staaten die Produktionsstruktur und die Exportabhängigkeit der Wirtschaft die Gewinnung, Verbreitung und Anwendung von wissenschaftlichem und technologischem Wissen in der gesellschaftlichen Arbeitsteilung ganz oben rangieren lassen, so hat doch im Unterschied zur Situation in der DDR das öffentliche Ansehen der W. und F. in der Bundesrepublik gelitten. Einer an sich nicht neue → *Kritik* der W. haben die Entwicklung der Militärtechnik, insbesondere der Atomwaffen, die im nationalen Rahmen kaum noch lösbaren Umweltprobleme und die Gefahr einer von Experten gesteuerten Sozialtechnologie der Lebensverhältnisse Auftrieb gegeben und mancherlei Zweifel an der Gewißheit gesät, daß die wissenschaftliche Entwicklung eine Versicherung über den menschlichen Fortschritt sei. Es ist offenkundig geworden, daß die Widerständigkeit der Wissenschaftler gegenüber der Funktionalisierung, Finalisierung und Trivialisierung ihrer Arbeit begrenzt ist. Die sozialen und politischen Interessen gehen dahin, »anstatt aus Erkenntnissen Nutzen zu ziehen, nützliche Erkenntnisse zu erzeugen« (W. van den Daehle, W. Krohn, Theorie und Strategie – zur Steuerbarkeit wissenschaftlicher Entwicklung, in: Wissenschaftsforschung, hrsg. v. P. Weingart, Frankfurt a. M., New York 1975, S. 225). Die individuelle moralische Resistenz des Wissenschaftlers gegenüber einer allgegenwärtigen Verherrlichung des Zweckdienlichen bleibt als Forderung bestehen.

Die zunächst von einzelnen kritischen Wissenschaftlern geäußerten Zweifel am Ertrag einer funktionalisierten W. haben inzwischen auf breiter Basis zu einer Hinterfragung der wissenschaftlichen Methodik geführt. So wird in jüngster Zeit nach dem Verhältnis von Irrationalismus und rationaler Methodik im Erkenntnisprozeß gefragt. Die ältere positivistische Festlegung der Wissenschaftstheorie auf die logische Analyse der Struktur von Theorien hat der Wissenschaftstheoretiker Th. S. Kuhn in seinem Werk »Die Struktur wissenschaftlicher Revolutionen« (Frankfurt a. M. 1967) durchbro-

chen, das Theoriebildung und -verbreitung in die Zusammenhänge »wissenschaftsexterner« psychischer, sozialer und politischer Einflüsse stellt. Die weitgehendste Kritik wird von dem »erkenntnistheoretischen Dadaisten« P. Feyerabend geäußert, der in einer freien Gesellschaft »das private und öffentliche Leben in den Händen der Bürger und nicht in den Händen von Spezialisten« (Erkenntnis für freie Menschen, Frankfurt a. M. 1979, S. 22) sehen und den Staat von der Tradition dienstbereiter W. trennen will.

R. Rytlewski

Literatur

U. Lohmar, Wissenschaftsförderung und Politik-Beratung, Gütersloh 1967
A. Diemer (Hrsg.), Der Wissenschaftsbegriff. Historische und systematische Untersuchungen, Meisenheim a. G. 1970
W. L. Bühl, Einführung in die Wissenschaftssoziologie, München 1974
G. Kröber, H. Laitko, W. als soziale Kraft, Berlin (Ost) 1976
H. Nick u. a., W. und Produktion im Sozialismus, Berlin (Ost) 1976
H. P. Duerr (Hrsg.), Der Wissenschaftler und das Irrationale, 2 Bde., Frankfurt a. M. 1981

Wohnen

In der heute üblichen Bedeutung ist W. das Ergebnis einer langen historischen Entwicklung. Es soll den grundlegenden Ansprüchen auf Schutz vor klimatischen und anderen Umwelteinflüssen, auf Hygiene und Erhaltung des Körpers, Erholung und Geborgenheit genügen, zugleich aber auch den sozialen Bedürfnissen nach Bildung, Unterhaltung und Geselligkeit entgegenkommen. Als geschützte Privatsphäre ist die Wohnung architektonischer und sozialer Raum, abgeschirmt von der → *Öffentlichkeit* und zumeist Gegenmilieu zur Arbeitswelt. Die räumliche Trennung von W. und Arbeit (→ *Arbeitskultur*) vollzog sich erst mit der Durchsetzung industrieller Produktion. Zuvor umfaßte das »ganze Haus« als Arbeits- und Lebensgemeinschaft noch mehrere Generationen, auch unverheiratete Verwandte, Lehrlinge, Gesellen, Mägde und Bedienstete. Mit der Auflösung persönlicher Abhängigkeitsverhältnisse und Verantwortlichkeiten wurde die Wohnungsversorgung über den Markt geregelt, mit entsprechend nachteiligen Folgen für die Besitzlosen. In dem Maß, wie sich kleinfamiliale Lebensformen herausbildeten, kam es in den bürgerlichen Häusern zur Absonderung der → *Familie* und in den städtischen Arbeiterwohnungen zu Enge und Überbelegung, die sich durch wirtschaftlich erzwungene Aufnahme von Untermietern noch verschärfte. Dies besserte sich allmählich mit der um die Jahrhundertwende eingeleiteten Wohnungsreform und Stadtplanung (→ *Stadt- und Regionalplanung*), wenn sich auch unter dem Eindruck bürgerlicher Formen des W. andere Wohnmodelle, wie etwa die der Gartenstadt- und Genossenschaftsbewegung, nur in geringem Umfang durchsetzen konnten.

Bedingt durch die Wohnungsnot in der Folge des Ersten Weltkriegs wuchs in der Weimarer Republik in Form von Belegungskontrollen, Mietpreisbindung und finanzieller Förderung des Massenwohnungsbaus der Einfluß kommunaler und staatlicher Politik auf den Wohnungsbau. In enger Zusammenarbeit mit den Kommunen errichteten nun gemeinnützige Wohnungsbaugesellschaften vor allem am Rand der großen Städte Kleinwohnungs-Siedlungen, die jedoch einen verhältnismäßig hohen Ausstattungsstandard und großen Freiflächenanteil aufwiesen.

Entsprechend der großstadtfeindlichen *Blut- und Boden*-Ideologie des Nationalsozialismus wurde nach 1933 die schon unter der Regierung von H. Brüning propagierte Anlage von Kleinsiedlungen intensiviert, die als Eigenheimbau die öffentliche Hand entlasten und mit Stall und Garten zur Selbstversorgung der Bewohner beitragen sollte. Daneben wurden in einfachster Ausstattung billige Mietwohnungen als »Volkswohnungen« gebaut, die in Höhe von drei bis fünf Geschossen in geschlossenen Anlagen errichtet wurden. Mit der Verlagerung der Bauaufgaben auf die Verkehrs- und Transportsysteme sowie andere kriegswichtige Einrichtungen kam es nach der Kontingentierung von Baustoffen ab 1938 allmählich zum Erliegen des Wohnungsbaus.

1945 war im Bereich der heutigen Bundesrepublik fast ein Viertel des Wohnungsbestandes vernichtet, nur ein Drittel blieb unbeschädigt; der Zustrom der Flüchtlinge verschärfte die Wohnungsnot zusätzlich. Dies erforderte eine staatliche Regelung der Wohnungsversorgung mit Hilfe von Mietpreisbindungen bei den Altbauwohnungen und einem mit hohem Anteil öffentlicher Zuschüsse unterstützten, sogenannten sozialen Wohnungsbau, dessen Höchstmieten festgelegt wurden. Es sollten Wohnungen gefördert werden, die, wie es im ersten *Wohnungsbaugesetz* von 1950 heißt, »für die breiten Schichten des Volkes bestimmt und geeignet sind«. In den Jahren 1949 bis 1980 wurden zwischen 15 und 16 Mio. neue Wohnungen errichtet. Der Anteil des sozialen Wohnungsbaus lag dabei bei gut 6,5 Mio. Wohnungen, davon allein rund 2,5 Mio. bis 1958. Im Verlauf der Zeit ging dieser Anteil jedoch von etwa 70 v. H. auf knapp 30 v. H. der jährlich gebauten Wohnungen zurück, denn erklärtes Ziel war auch der Eigenheimbau (→ *Eigentum*). Dies entsprach einer Politik, die nach einer Aussage des späteren Wohnungsbauministers P. Lücke »durch die Förderung des Eigenbesitzes aus besitzlosen

Proletariern verantwortungsbewußte Staatsbürger machen« wollte. So wurde mit Unterstützung einer Mitte der 60er Jahre noch verstärkten, individuellen Förderung das freistehende Einfamilienhaus über Jahrzehnte hinweg als Wunsch- und Leitbild verfestigt. Bei einem Anstieg der Eigentümerwohnungen von 25 v. H. 1950 auf knapp 40 v. H. befinden sich zwei Drittel aller Mietwohnungen in nach 1949 errichteten Gebäuden. 1978 lag mit 72 v. H. die Mehrzahl der Mietwohnungen in Mehrfamilienhäusern; der Anteil der Eigentümerwohnungen ist in ländlichen Gemeinden fast doppelt so hoch wie in den Orten mit über 20 000 Einwohnern.

Gemäß dem Leitbild der »gegliederten und aufgelockerten Stadt« wurden bis in die 60er Jahre urbane Strukturen aufgelöst und Landschaften zersiedelt, ein Vorgang, den steigende Einkommen und zunehmende Motorisierung noch begünstigten. Die Randbereiche der Städte wurden geprägt durch monotone Großwohnanlagen und eine letztlich doch einförmige Vielfalt von Einfamilienhäusern mit Rundbögen, Schmiedeeisen und Glasbausteinen, in denen sich ein wesentlich durch Werbung und Angebot der Bau- und Möbelindustrie bestimmter Geschmack widerspiegelt. Durch fortschreitende Funktionstrennung und Mobilität sowie wachsende Bedeutung von Massenmedien und Telekommunikation wurden Mietwohnung und Eigenheim mehr und mehr zu einer auf hohem technischen Standard ausgerüsteten Privatsphäre, die sich von der Arbeitswelt zunehmend ablöste. Diese Ausgrenzung des W. und die »Verhäuslichung« der Lebensvollzüge vor allem in den Stadtrandgebieten beschränkte auch die Nutzungsvielfalt der Straßen und Plätze, die weitgehend zu Abstellflächen und bloßen Verbindungsstrecken für den Autoverkehr wurden. Zudem verschlechterte sich wegen des Mangels an nutzbaren äußeren Freiflächen die Qualität des W. selber, was wiederum ein neues Bedürfnis nach Erholung außerhalb des Wohnbereichs entstehen ließ.

Wenn auch bei einer der Anzahl der Haushalte entsprechenden Wohnungsmenge der Wohnungsmarkt inzwischen als ausgeglichen gilt, kommt es unter dem Einfluß einer zurückgehenden Neubautätigkeit seit einigen Jahren zu Anzeichen wachsender Wohnungsnot gerade in den Ballungsräumen, von der besonders einkommensschwache und kinderreiche Familien betroffen sind. Der Mangel an billigen Mietwohnungen wird durch teure Modernisierungen und die Ausweitung der bis 1977 dem Eigenheimbau vorbehaltenen Steuerbegünstigungen auf den Erwerb von Altbauten noch beschleunigt: Wer es sich leisten kann, versucht seine Ansprüche auf eine größere Wohnung auch im Altbaubereich zu verwirklichen. Dem kommen die Kommunen, die ihrerseits die »Stadtflucht« einkommensstarker Gruppen eindämmen möchten, mit der Aufwertung innerstädtischer Wohngebiete durch Verkehrsberuhigung und Verbesserung des Wohnumfelds entgegen. Auf diese Weise kommt von den villenartigen Eigenheimen im Umland und den großzügig modernisierten Altbauwohnungen in der Innenstadt bis hin zu den meist von Alten, Ausländern, Studenten und Lehrlingen belegten Wohnungen in den Verfallzonen der Großstädte, für die trotz des schlechten Zustands oft noch überhöhe Mieten verlangt werden, eine neue, dem Einkommensgefälle folgende sozial-räumliche Gliederung der Regionen zustande. Eine Reaktion auf die erneute Wohnungsnot sind die Besetzungen von leerstehenden Häusern und der Kampf gegen Spekulation, wobei es nicht nur um quantitative Sicherung billigen Wohnraums, sondern auch um die Qualität städtischen Lebens geht. Ebenso wie die Versuche zur Gründung selbstverwalteter Kultur- und Jugendzentren lassen auch die Konflikte um Hausbesetzungen einen Bedürfniswandel erkennen. Ansätze dazu hatten sich schon Mitte der 60er Jahre herausgebildet.

Gegen eine eigentumsorientierte und eng auf die Familie bezogene Freizeit und Wohnkultur wurden, zunächst meist in studentischen Wohngemeinschaften, Lebensweisen erprobt, in denen die Trennung von →Arbeit und →Freizeit aufgehoben werden sollte (→Alternativkultur). Dies geschah auch im Protest gegen ein Konsumverhalten, dem neue →Werte und Normen entgegengesetzt wurden. Obwohl der Trend zur Vereinzelung mit stark wachsendem Anteil an Einpersonenhaushalten anhielt, setzte eine Suche nach selbstorganisierter Gemeinschaftlichkeit ein, die nicht zuletzt in der meist bunt zusammengestellten räumlichen Ausstattung Ausdruck fand: Altes, als nicht mehr zeitgemäß ausgesondertes Mobiliar bestimmte zum Teil den Stil dieses Wohnens. Einige Formen dieser demonstrativen Verweigerung werden inzwischen unter allerdings anderen Vorzeichen von der Nostalgiewelle eingeholt und in das Konsumangebot aufgenommen, dem man sich hatte entziehen wollen. Da der insgesamt rückläufige Wohnungsneubau sich weiterhin an den Bedürfnissen von Kleinfamilien und Einpersonenhaushalten ausrichtet, fällt es bei steigender Nachfrage infolge verlängerter Ausbildungszeiten und früherer finanzieller Unabhängigkeit vielen Jugendlichen gerade der geburtenstarken Jahrgänge immer schwerer, eine ihren Wünschen entsprechende Gemeinschaftswohnung zu finden. Durch das enge Nebeneinander sozial und kulturell höchst verschiedener Bewohner bilden sich vor allem in den Zentren der großen Ballungsräume zunehmend Konflikte heraus, die sich an der unzureichenden Wohnungsversorgung entzünden, deren Ursachen jedoch tiefer reichen und eng mit Problemen des Wandels der Sozialstruktur (→Kulturwandel) verbunden sind.

Während in der Bundesrepublik die Wohnungsversorgung hauptsächlich über den Markt vermittelt wird, ist sie in der DDR staatlich geregelt. Die Mieten im Altbaubestand wurden auf dem Stand von 1936 eingefroren, und für Neubauwohnungen werden sie so niedrig gehalten, daß Arbeiter- und Angestelltenfamilien mit einem Monatseinkommen unter zweitausend Mark selten mehr als eine Mark für den Quadratmeter zahlen müssen. Trotz Einführung einer sozialistischen Wirtschaftsordnung wurden auch in der DDR die Haus- und Grundbesitzer nicht völlig enteignet; 1971 lag der Anteil privater Wohnungen am Gesamtwohnungsbestand bei 62 v. H. Allerdings unterliegen, um Spekulationen und arbeitsloses Einkommen zu unterbinden, der Verkauf von Grundstücken und andere Nutzungsbefugnisse bis hin zur Vermietung einer strengen Kontrolle; worauf u. a. die lange Vernachlässigung des stark überalterten Baubestandes zurückzuführen ist: Noch 1971 waren 38,4 v. H. der Wohnungen vor 1900 und 40,8 v. H. vor 1945 entstanden. Neben den meist in Großwohnanlagen errichteten Mietwohnungs-Neubauten wurde auch der Eigenheimbau als »individueller Wohnungsbau« staatlich gefördert, dessen Anteil am Gesamtwohnungsbau jedoch gering ist. Im Zeitraum des Fünfjahresplans von 1971 bis 1975 wurden 400 000 Wohnungen, darunter 30 000 Eigenheime, neu gebaut und über 200 000 modernisiert. Für die Jahre von 1976 bis 1980 war der Neubau von 550 000 und die Modernisierung von 200 000 Wohnungen vorgesehen. Unter dem programmatischen Titel »Zur Lösung der Wohnungsfrage bis 1990« maß die SED 1973 der Sozialpolitik neue Bedeutung bei (→Lebensstandard). Erst für die Jahre 1976 bis 1990 ist der Neubau oder die Modernisierung von 2,8 bis 3 Mio. Wohnungen mit dem Ziel geplant, für jeden Haushalt eine eigene Wohnung zu schaffen, die sich in einem guten baulichen Zustand befindet und der Größe und Struktur der Familien angemessen ist. Obgleich die Wohndichte mit 2,5 Personen je Wohnung dem Stand in der Bundesrepublik entspricht, sind starke Unterschiede im Ausstattungsstandard und, bei durchschnittlich 58 qm gegenüber 79 qm in der Bundesrepublik, vor allem in der Wohnungsgröße festzustellen. Über die Wohnraumverwendung entscheiden Wohnungskommissionen, die den staatlichen Organen, den Räten der Kreise, Bezirke oder Gemeinden zugeordnet sind. Auch der häufig über Zeitungsanzeigen vermittelte Wohnungstausch ist genehmigungspflichtig. Bevorzugt werden bei der Wohnungsvergabe Personen, die besondere »Leistungen für den Aufbau der DDR« erbracht haben, aber auch Familien von Arbeitern neuer oder besonders wichtiger Industriebetriebe. Einfluß auf die Verteilung neuer wie alter Wohnungen nehmen daher auch die Betriebsgewerkschaftsleitungen. Obwohl 1978 der Wohnungsbestand von rund 6,7 Mio. Wohnungen der Zahl der Haushalte entsprach, sind jahrelange Wartezeiten üblich. So müssen jüngere Ehepaare häufig noch über Jahre bei ihren Eltern wohnen. Gemeinschaftliche Lebensformen unabhängig von kleinfamilialen Bindungen zu erproben, ist nahezu unmöglich. Während sich in der Bundesrepublik das Spektrum alternativer Lebensformen gerade im letzten Jahrzehnt rasch erweitert hat und die immer frühzeitigere Ablösung der Kinder von den Eltern sich auch räumlich in Form eigener Zimmer und Wohnungen sowie sinkenden Haushaltsgrößen zeigt, ist in der DDR die Familiengründung fast eine Voraussetzung zur Wohnungszuteilung.

Der Rückzug in Familie und Freundeskreis stärkt auch in der DDR eine Tendenz zu Abschirmung und Ausbau der Privatsphäre, wie sie sich unter anderem in den als Wochenend- und Zweitwohnsitzen genutzten, häufig in Selbsthilfe hergestellten »Datschen« ausdrückt.

Eine wichtige Form des familien- und wohnungsübergreifenden Gemeinschaftslebens bilden dagegen die Hausgemeinschaften der Mieter, die als unterste Gremien der *Nationalen Front* staatliche und gesellschaftliche Aktivitäten verbinden sollen. Zu ihren Aufgaben gehören neben regelmäßigen politischen Gesprächen, sportlichen und kulturellen Aktivitäten auch Initiativen zur Erhaltung und Verschönerung der Wohnbauten. Unter der Wettbewerbsparole »Mach mit!« ist die Selbsthilfe der Mieter Bestandteil des Volkswirtschaftsplans. In einigen Städten wurden Selbsthilfewerkstätten für Schlosser-, Tischler- und Installationsarbeiten eingerichtet. Bei der Planung und Errichtung von Neubausiedlungen kommt den gesellschaftlichen Einrichtungen besondere Bedeutung zu, dennoch werden inzwischen Präferenzen für Altbauwohnungen erkennbar – wobei eine wesentliche Ursache in der Ablehnung der städtebaulichen Gestalt der neuen Großwohnanlagen und der monotonen →*Architektur* ihrer Gebäude zu liegen scheint. Auch in der DDR zeichnet sich eine breite Tendenz neuer Wertschätzung für das kulturelle Erbe *(→ Tradition und kulturelles Erbe)* ab, wie sie in der Bundesrepublik bis hin zur nostalgischen Wohnungsausstattung seit einigen Jahren zu beobachten ist und durch Maßnahmen der Umweltgestaltung *(→ Umwelt)* und Denkmalpflege *(→ Denkmal)* auch staatlich gefördert wird.

A. Blume

Literatur

W. Rietdorf, Neue Wohngebiete sozialistischer Länder, Berlin (Ost) 1976
J. C. Kirschenmann, C. Muschalek, Quartiere zum W., Stuttgart 1977
Sozialistische Wohnungspolitik, hrsg. von der Akademie für Staats- und Rechtswissenschaften, Berlin (Ost) 1977
M. Andritzky, G. Selle (Hrsg.), Lernbereich W., 2 Bde., Reinbek 1979
L. Niethammer (Hrsg.), W. im Wandel, Wuppertal 1979
S. Kress, G. Hirschfelder, Industrieller Wohnungsbau, Berlin (Ost) 1980
J. Brech, W. zur Miete, Weinheim, Basel 1981

Zeitbewußtsein

Z. meint im Unterschied zur »objektiven Zeit« der mathematisch-physikalischen gesetzlichen Naturabläufe und dem Gleichmaß der Uhrenzeit die subjektive, menschlich empfundene Zeit. Entweder wird Z. gesehen als das von religiösen und ideologischen Vorstellungen bestimmte Bild vom Ablauf der Geschichte, als zeitliche Tönung des Welterlebnisses nach den Erkenntnissen der Wissenschaft und in den Ausdrucksformen der Künste, oder als Reaktion auf das sich beschleunigende Tempo und die immer genauere Zeitgliederung in der Wirtschaft und im modernen Alltag. In den Traditionen der europäisch-westlichen Kultur hat sich ein solches Z. mit mancherlei Differenzierungen herausgebildet, das für alle Länder dieses Bereiches gilt.

In der ersten Hälfte des 20. Jh. hat Deutschland mit großer Intensität das Vordringen des Phänomens »linearer Zeit« gefördert, erlebt und reflektiert, ebenso aber auch Kritik daran zum Ausdruck gebracht. A. Einstein und andere deutsche Physiker haben dem Verständnis der Raum- und Zeitproblematik eine bis dahin kaum gekannte allgemeine Aufmerksamkeit in der gebildeten Welt verschafft, E. Husserl und M. Heidegger der Bedeutung der Kategorie Zeit den Menschen in ihrer Philosophie einen wichtigen Platz eingeräumt. L. Klages hat die von der linearen Zeit bestimmte Kultur von der Entstehung des Christentums bis zur Welt der modernen Technik und Wirtschaft einer nachhaltigen Kritik unterworfen. Das rhythmische Zeiterlebnis statt des linearen wurde von ihm philosophisch und psychologisch, von K. Bücher in der Arbeitswissenschaft, von R. Bode in der Leibeserziehung, von F. Klatt in der Pädagogik entdeckt. Im Umkreis S. Freuds gingen W. Fließ und H. Swoboda an die Herausarbeitung von 23- und 28-Tage-Rhythmen, die das ganze Leben durchziehen sollen und die in letzter Zeit wieder aktuell geworden sind. Die psychologische Zeitforschung hatte seit dem Ende des 19. Jh. in Deutschland ihren Schwerpunkt, der sich seit den 40er Jahren nach den USA verlagert hat. S. Freuds →*Psychoanalyse* ist eine Methode im Grenzbereich von Medizin und Psychologie, seelische Erkrankungen in hohem Maße als »Zeitstörungen« zu verstehen und entsprechend zu behandeln. Zeitstörungen zeigen sich im mangelnden Unterscheidungs- und Synchronisationsvermögen von subjektiver und objektiver Zeit, in einem Mangel an Erinnerungs- und Datierungsfähigkeit, in Verzerrungen des Erlebnistempos und im Ausbleiben von Zeitgefühl überhaupt. In der deutschen Literatur war die Begegnung mit dem Zeiterlebnis ein wesentliches Element bei R. M. Rilke, H. Hesse und Th. Mann. Der Philosoph E. Cassirer hat der Zeit hervorragende Aufmerksamkeit geschenkt, und vor ihm hatte O. Spengler versucht, möglichst viele Kulturerscheinungen vorwiegend dem Bewußtsein von Raum oder Zeit zuzuordnen.

Eine stärkere Zeitsensibilität ergab sich in der ersten Jahrhunderthälfte vor allem auch durch die Veränderungen des normalen Lebensalltags unter dem Einfluß der modernen Naturwissenschaft und Technik und in den immer rationeller, schneller und kontrollierter ablaufenden Prozessen der Wirtschaft. Steigende Tempobesessenheit wurde im Verkehr und in manchen Sportarten praktiziert und gelegentlich rauschhaft genossen. Genaue Messung von Zeitabschnitten und pünktliche Synchronisation wurden wesentliches Merkmal im Beruf wie auch weitgehend im Privatleben. Das bezog sich in erster Linie auf die an Größe, Zahl und Bedeutung zunehmenden Städte, während in ländlichen Gebieten noch weitgehend ein älteres Z. und die natürlichen Rhythmen von Jahr und Tag das Leben beherrschten. Die neuen Entwicklungen im Bereich der technischen Medien förderten diese Zeitsensibilisierung.

Parallel hierzu gewann in der Weimarer Republik ein historisches Z. wieder an Bedeutung insofern, als man die Chance sah, an der fortschrittlichen Entwicklung der Wissenschaft, Kunst, Wirtschaft und Politik der westlichen Länder teilnehmen zu können. Das Gefühl, seit dem Friedensvertrag von Versailles regional abgesondert, aus der weltgeschichtlichen Entwicklung ausgegliedert und unter Quarantäne gestellt zu sein, wich allmählich neuer Hoffnung. So folgte auf die Phase der räumlichen Aussonderung eine der zeitlichen Wiedereingliederung.

Der Nationalsozialismus unterbrach abrupt diese Entwicklung und kappte die Verbindung zum optimistischen Fortschrittsdenken der westlichen Kultur. Jetzt galt die nationale, die räumliche Unterscheidung und Abgrenzung mehr als die zeitliche Synchronisation und Verbundenheit. Blut und Boden, Rasse und Raum waren Kategorien, die nun herrschend wurden und Deutschland geistig aus der westlichen Welt ausgliederten.

Während nach dem Ersten Weltkrieg Ressentiments und Pessimismus das geschichtliche Z. viele Jahre hindurch bestimmt und das Vertrauen auf die zeitliche Entwicklung und die Zukunft behindert hatten, wurde nach dem Zweiten Weltkrieg Zeit als Chance zur freien Entfaltung der individuellen Kräfte erlebt. Die Beschleunigung vieler Entwicklungen, die schnelle Belohnung von Leistungen, die Gewöhnung an einen jährlich steigenden Lebensstandard hatte aber auch zur Folge, daß die innerhalb der Zeit gebotenen Chancen von vielen Menschen exzessiv genutzt wurden, von Arbeitern mit der Ableistung einer maximalen Zahl von Überstunden wie von Managern mit einem unbegrenzten Ehrgeiz, etwa innerhalb eines Jahres zu Leistungssteigerungen zu kommen, für die früher vielleicht ein Jahrzehnt erforderlich gewesen war. Es ergab sich eine allgemeine Tendenz der Beschleunigung, der Leistungssteigerung, des Wettrennens, der Maximierung, der Zeitintensivierung, wie es dies in Deutschland noch nie gegeben hatte.

Dieser Ablauf führte nach rund zwei Jahrzehnten des Optimismus und Aktivismus, der Mitwirkung am Fortschritt und der Herrschaft eines entsprechenden optimistischen linearen Z. um 1970 zu einer Phase der Ernüchterung, der Selbstbesinnung und Kritik, des Zweifels an Realität und Sinn von →*Fortschritt* und damit auch zu einer Krise des vorherrschenden Z. Insbesondere die jüngere Generation stellte sich die Frage, ob nicht die extreme Ausschöpfung der in der Zeit liegenden Möglichkeiten nur materialistisch sei und die eigentliche Lebensqualität zerstöre. So entstand die ungewöhnliche Situation, daß vorwiegend Jugendliche dafür plädierten, einen geschichtlichen Prozeß nicht zu beschleunigen, sondern zu verlangsamen.

Gleichzeitig ergab sich aber auch eine andere Abwendung vom linearen Z. mit seiner uhrenhaften, mechanischen, strengen Zeitgliederung der Stunden und Minuten und seinem Kult der Pünktlichkeit. Mit der schnellen Steigerung der Löhne und Gehälter und des →*Lebensstandards* wurde die Frage immer lauter, ob es denn noch nötig sei, sich in ein lästiger werdendes Zeitkorsett zwängen zu lassen, das in der Arbeitszeit, aber zunehmend auch in öffentlichem Leben und →*Freizeit* das eigene, einmalige Leben einengt, zeitlich reglementiert, die Entfaltung subjektiver Wünsche und Stimmungen unangemessen behindert. Obwohl die Zahl der Arbeitsstunden im Verhältnis zur gesamten Lebenszeit als Folge des Fortschritts in der kapitalistischen Welt von 30 v. H. in der Mitte des 19. Jh. auf rund 14 v. H. zurückgegangen ist und sich auch nach 1950 noch wesentlich vermindert hatte, wurde vom zeitlichen Streß gesprochen und die zu hohen Anforderungen je Zeiteinheit kritisiert. Die Ursache für dieses Unbehagen ist aber sicher auch in der Konfrontation mit einem wachsenden Konsum- und Freizeitangebot zu suchen, aus dem auszuwählen offenbar eine Überforderung darstellt.

Im Bereich der DDR ist es in den letzten drei Jahrzehnten zu einer etwas unterschiedlichen Ausprägung des die Allgemeinheit erfüllenden Z. gekommen. Das bezieht sich auf das politisch-geschichtliche Zeitdenken wie auf die Zeitsensibilität im Leben der einzelnen. Der herrschenden marxistischen Geschichtsauffassung liegt eindeutig lineares Z. mit progressiver Tendenz zugrunde. Verzögerungen oder Krisen werden dementsprechend auch nicht als grundsätzliche Hemmnisse verstanden. →*Fortschritt* und Optimismus sind Bestandteile der offiziellen Theorie. Auch der Marxismus ist eine spezielle Form des Fortschrittsdenkens der westlichen Kultur. Während aber in den sogenannten kapitalistischen Ländern Fortschritt nur als die ungesicherte Chance vieler schrittweiser Verbesserungen ohne ein vorab fixiertes Endziel aufgefaßt wird, gilt der sozialistische Fortschritt in der DDR als ein historisches Gesetz, dem man sich, mit dem Anspruch, es aktiv zu entfalten, unterordnet. Der weltanschaulich vertiefte und stilisierte Glaube an die von K. Marx und W. I. Lenin formulierte Sinngebung der Geschichte vermittelt ein Gefühl der Sicherheit und Geborgenheit, das über die als nur vorübergehend angesehenen Unvollkommenheiten hinwegtröstet und lehrt, den Ablauf der Geschichte mit Gelassenheit hinzunehmen. Das bildet einen scharfen Kontrast zu den vor allem politisch ganz links und rechts zunehmenden pessimistischen Stimmungen gegenüber der →*Zukunft* in der Bundesrepublik.

Das Z. im Alltagsleben der Bevölkerung der DDR wird einerseits durch einen politisch-moralischen Anspruch gekennzeichnet, die →*Arbeit* nicht zur individuellen Leistungs- und Einkommenssteigerung, sondern zur Förderung nationaler Ziele einzusetzen, um damit auch den Abstand gegenüber dem Lebensstandard in der Bundesrepublik zu verringern. Die ständige öffentliche Kontrolle der in bestimmten Zeitabschnitten erbrachten Leistungen im Vergleich zum Plan bewirkt einen zeitlichen Streß, der mit demjenigen in der westlichen Wirtschaft einmal vorurteilslos verglichen werden müßte. Andererseits sollte nicht verkannt werden, daß die in der Bundesrepublik oft vorhandene Hektik im Berufs- und im Privatleben in der DDR seltener ist, zumal sich dort alle Entwicklungen langsamer und weniger dramatisch vollziehen. Gibt es doch keinen scharfen Wettbewerb zwischen Firmen und zwischen Personen, weil er weder wirklich gefordert wird noch sich lohnen würde. Alles ist auf ein gleichmäßiges, mittleres oder auch gemäßigtes Tempo abgestellt. Es gibt in der DDR weniger zeitlichen Streß als Realität oder subjektive Empfindung, sondern ein im Durchschnitt entspannteres, ruhigeres Leben – allerdings auf einem vielleicht damit gekoppelten einfacheren materiellen Niveau. Ein Protest gegen die »Tyrannei« der Zeit wie in den USA oder Westeuropa wird nicht artikuliert, teils weil die Anlässe dafür fehlen, teils auch weil die Freiheitsräume für solchen Protest gar nicht gegeben sind. Die Tendenzen zeitloser Mystik, Meditation, Yoga, Drogengebrauch und neuromantischer Zivilisationskritik fehlen in der DDR, man steht dort positiv zur Einordnung in die soziale Zeit.

R. Wendorff

Literatur

S. B. Linder, Das Linder-Axiom oder Warum wir keine Zeit mehr haben, Gütersloh 1971
O. F. Bollnow, Das Verhältnis zur Zeit, Heidelberg 1972
M. Schöps, Zeit und Gesellschaft. Stuttgart 1980
R. Wendorff, Zeit und Kultur. Geschichte des Z. in Europa, Wiesbaden ²1981

Zeitschriften

I. Begriff und Bedeutung – II. Reichtum und Verarmung – III. Nachholbedarf und Sättigung – IV. Kontinuität und Wandel

I. Begriff und Bedeutung

Z. sind Druckwerke, auf die die allgemeinen Merkmale der Zeitung »Publizität«, »Aktualität«, »Periodizität« und »Universalität«, wenn auch nur eingeschränkt, ebenfalls zutreffen. Denn weder nehmen sie gewöhnlich derart aktuelle Inhalte auf wie die Zeitung, noch ist für sie ein entsprechend häufiges periodisches Erscheinen charakteristisch. Begrenzt sind Z. aber vor allem in der Universalität, das heißt in der thematischen Breite des Inhalts. »Man kann die Z. als Zeitung eines sachlich, räumlich, zeitlich, personell oder institutionell differenzierten Lebensbereichs, einer Sub- oder Sonderkultur bezeichnen« (H. Starkulla, Die Z., in: Die öffentliche Meinung, hrsg. vom Presse- und Informationsamt der Bundesregierung, Bonn 1971, S. 64). Durch ihre Spezialisierung verleiht die Z. jedoch wie kein anderes Massenmedium der kulturellen Vielfalt einer Gesellschaft Ausdruck. Dies schlägt sich in der Differenzierung des Zeitschriftenwesens nieder, das im 17. Jh. von universellen wissenschaftlichen Organen seinen Ausgang nahm, sich schon im 18. Jh. in zahlreiche Typen diversifizierte und heute international verbreitete Fachzeitschriften aufweist, die zu einem speziellen Thema für einen sicheren, doch relativ kleinen Abnehmerkreis veröffentlicht werden. Bedeutsam war in Deutschland seit je eine starke Tradition der von einzelnen Publizisten getragenen Persönlichkeits- oder Individualzeitschriften. Erst im 19. Jh. traten Massenzeitschriften als neues publizistisches Phänomen hinzu.

Für das kulturelle System einer Gesellschaft ist die Z. von weitreichender und vielfacher Bedeutung. Die jeweilige Mannigfaltigkeit des Zeitschriftenwesens ist selbst schon ein kulturelles Symptom ersten Ranges. Im übrigen bilden Kulturzeitschriften typologisch einen eigenen Teil des Zeitschriftenwesens und damit einen wesentlichen Katalysator der kulturspezifischen → *Kommunikation*. Man versteht darunter im engeren Sinn Z., die sich mit kulturellen Objektivationen beschäftigen, das heißt künstlerisch-literarische und kulturpolitische oder kulturkritische Thematik aufweisen. Die Grenzen einer solchen inhaltlich-funktionalen Typengliederung des Zeitschriftenwesens sind aber fließend.

II. Reichtum und Verarmung

Der sich im 19. Jh. vollziehende Aufschwung des Zeitschriftenwesens in Deutschland wurde durch den Ersten Weltkrieg und die nachfolgende Inflation unterbrochen. Als sich die Weimarer Republik konsolidiert hatte, stieg die Zahl der Titel wieder von 3700 (1923) auf gut 5000 (1924) und rund 7000 (1928) an. Den größten Anteil hiervon bildeten Fach- und Gruppenzeitschriften; die Freizeit- und Publikumszeitschriften machten etwas mehr als 10 v. H. der Titel aus.

Die kulturell bewegten 20er Jahre brachten die Kulturzeitschriften zu neuer Blüte. Auch in ihnen schlugen sich die gesellschaftliche Zersplitterung und zunehmende ideologische Polarisierung der Weimarer Republik nieder. Einerseits bestanden ältere Zeitschriften fort, welche bürgerliche Positionen in verschiedenen konservativen, liberalen, sozialen, konfessionellen und ästhetischen Varianten vertraten, wie beispielsweise die »Deutsche Rundschau« (1874 ff), »Der Kunstwart« (1887 ff), »Die Neue Rundschau« (1890 ff), »Die Hilfe« (1895 ff), »Hochland« (1903 ff) und die »Süddeutschen Monatshefte« (1904 ff). Im sozialistisch-kommunistischen Lager wurden die ehemals expressionistischen Organe »Der Sturm« (1910 ff) und »Die Aktion« (1911 ff) weitergeführt. Zum anderen kam es zu einer Reihe von Umgestaltungen und Neugründungen. Auf der Seite der linken Intelligenz waren dies insbesondere die aus der »Schaubühne« (1905 ff) hervorgegangene, durch C. von Ossietzky und K. Tucholsky geprägte »Weltbühne« (1918 ff) und »Das Tage-Buch« (1920 ff). Die rechtsgerichtete Intelligenz fand ein Sprachrohr in der Z. »Die Tat« (1909 ff), um die sich 1929 bis 1933 der »Tat-Kreis« gruppierte. Ein Organ, das ohne ideologische Festlegung möglichst alle kulturellen Strömungen der Zeit aufzufangen suchte, war »Der Querschnitt« (1921 ff).

Der nationalsozialistische Staat unterstellte auch das Zeitschriftenwesen seinen pressepolitischen Verbots-, → *Zensur*- und Lenkungsmaßnahmen. Eine im Dezember 1933 erlassene Gründungssperre machte die Neugründung, Titeländerung und Umgestaltung von Z. genehmigungspflichtig. Die Anzahl der Z. ging zurück, was für kulturelle Verödung, zumal in der Kriegszeit, spricht. Für 1944 werden nur noch 458 Z. mit einer Auflage von 18,5 Mio. Exemplaren nachgewiesen. Während links-

orientierte Kulturzeitschriften unmittelbar zur Einstellung, wie »Die Weltbühne« 1933, oder zum Ausweichen ins Exil (»Das Tage-Buch«), gezwungen waren, konnten die bürgerlichen Organe zunächst weiterbestehen. Sie gerieten aber, soweit sie sich der kulturprogrammatischen Gleichschaltung zu entziehen suchten, mit dem politischen System in Konflikt und mußten spätestens im Krieg aufgeben, als auch die Papierzuteilungen gestrichen wurden: »Hochland« 1941, »Die Hilfe« 1943, die »Deutsche Rundschau« und »Die Neue Rundschau« 1944. Den geistigen und kulturellen Substanzverlust konnten dem Regime nahestehende Z. wie »Wille und Macht« (1932 ff) und »Das innere Reich« (1934 ff) nicht wettmachen.

Da weite Kreise der kulturellen → *Elite* Deutschlands zur Emigration gezwungen worden waren, verlagerte sich auch das kulturspezifische Zeitschriftenwesen zum Teil ins → *Exil*. Durch ihre Herausgeber Th. Mann und B. Brecht wurden »Maß und Wert« (Zürich 1937 bis 1939) und »Das Wort« (Moskau 1936 ff) bedeutsame Organe. Neuerdings erarbeitete Bibliographien und Darstellungen wie die von H. A. Walter zeigen den ganzen Reichtum dieser Exilpublizistik.

III. Nachholbedarf und Sättigung

Bestimmend für die Entwicklung des Zeitschriftenwesens in der Bundesrepublik und in der DDR nach dem Zusammenbruch 1945 war die Lizenzierung durch die Alliierten. Am Anfang standen durchaus gemeinsame, in den Kontrollratsbeschlüssen sich manifestierende Antriebe wie die Ausschaltung des Nationalsozialismus und die Umerziehung des deutschen Volks. Doch setzten sich bald unterschiedliche politisch-ideologische Vorstellungen in der Lizenzierungspraxis durch. Während in den westlichen Besatzungszonen eine ziemlich liberale Lizenzierung gehandhabt wurde, die zu einer starken Differenzierung des Zeitschriftenwesens mit hohen Auflagen führte, hatten der Lizenzzwang und die zentrale Planung in der Sowjetischen Besatzungszone zur Folge, daß die Zahl der Z. gering blieb und für manche Fachgebiete nur ein einziges Periodikum entstand. Bei der Lizenzierung wurden von den Sowjets zudem gesellschaftliche Organisationen als Herausgeber bevorzugt. Mit der politischen Konsolidierung und der Gründung der DDR 1949 setzten sich immer mehr auch die Grundprinzipien der marxistisch-leninistischen Pressetheorie durch.

Für die Z. in der östlichen und den westlichen Besatzungszonen Deutschlands gab es anfangs noch gemeinsame Antriebe. Der Nachholbedarf nach der geistigen und kulturellen Isolierung zur Zeit des Nationalsozialismus war groß, die Wiedergewinnung von durch den Nationalsozialismus verschütteten Traditionen, die Neubestimmung von Grundlagen und Richtung des politischen und kulturellen Wiederaufbaus drängten. Traditionsreiche Organe wurden wieder begründet, im Westen unter anderem »Die Neue Rundschau« (1945 ff), die »Deutsche Rundschau« (1946 bis 1964), »Hochland« (1946 bis 1971), im Osten »Die Weltbühne« (1946 ff). Der gestellten Aufgabe nahmen sich aber vor allem neugeschaffene Organe an. Im westlichen Teil Deutschlands waren dies vor allem »Dokumente« (1945 ff), »Die Wandlung« (1945–1949), »Der Ruf« (1946–1949), »Frankfurter Hefte« (1946 ff), »Der Monat« (1948–1971, 1978 ff) und »Merkur« (1947 ff). Untertitel wie »Zeitschrift für übernationale Zusammenarbeit« (»Dokumente«), »Internationale Zeitschrift« (»Monat«) und »Zeitschrift für europäisches Denken« (»Merkur«) deuten auf die programmatische Öffnung hin. Als Herausgeber wirkten neben anderen D. Sternberger, A. Andersch, H. W. Richter, E. Kogon, W. Dirks, M. J. Lasky, H. Paeschke.

Im östlichen Teil Deutschlands entstanden »Aufbau« (1945–1948), »Sonntag« (1946 ff), »Heute und Morgen« (1947 ff), »März« (1947/48) und »Sinn und Form« (1949 ff). Als spezielle »Z. für Verbreitung sowjetischer Erfahrungen« trat 1953 das Organ »Kunst und Literatur« hinzu. Die Herausgeber waren zumeist Organisationen und Kollektive, in denen gleichwohl Einzelpersonen wie J. R. Becher und W. Bredel Einfluß ausübten. Bemerkenswert ist, daß mit der von A. Kantorowicz herausgegebenen Z. »Ost und West« 1947 bis 1949 noch eine im Ansatz gesamtdeutsche Kulturzeitschrift bestand, deren Scheitern von geradezu symbolischer Bedeutung war. Während fast alle in der Sowjetischen Besatzungszone gegründeten Kulturzeitschriften die Gründung der DDR 1949 überlebten, führte im Westen schon die Währungsreform von 1948 zu einem Rückgang nicht nur der Zahl der Titel, sondern auch der Auflagenhöhen. Doch kam es nach Wegfall der Lizenzierung und Erlaß des *Grundgesetzes* in den 50er Jahren zu einer neuen Gründungswelle.

In der DDR erschienen 1977 517 Z. mit einer Auflage von 17,8 Mio. Exemplaren. Es dominieren Z. mit technisch-naturwissenschaftlicher Thematik sowie aus den Bereichen Politik, Gesellschaft, Staat, Rechts- und Wirtschaftswissenschaften und Medizin. Die Kulturzeitschriften machen etwa ein Zehntel des Titelbestandes aus. Dazu gehören: »Sonntag« (1946 ff), vom Präsidialrat des *Kulturbundes* der DDR herausgegebene Wochenzeitschrift, die sich mit Grundfragen der sozialistischen Kulturpolitik der DDR befaßt; »Forum« (1946 ff), zweimal monatlich erscheinendes Organ des Zentralrats der *FDJ*, die sich den kulturellen Problemen der jungen Generation widmet; »Kulturelles Leben« (1952 ff) vom Bundesvorstand des *FDGB* herausgegeben als Organ für die Kulturfunktionäre der Gewerkschaft.

Mehrere der künstlerischen Volkserziehung dienende Organe werden vom *Zentralhaus für Kulturarbeit* herausgegeben, so »Die Volksmusik«, »ich schreibe«, »szene«, »der tanz« (alle 1956 ff). »Sinn und Form« (1949 ff) ist die von der *Deutschen Akademie der Künste* getragene Literaturzeitschrift, die besonders international ausgerichtet ist, während sich die »Neue Deutsche Literatur« (1953 ff) vor allem der literarischen Gegenwart der DDR widmet. Organisatorisch gebundene Organe gibt es auch in den anderen kulturellen Bereichen: »Theater der Zeit« (1946 ff), »Musik und Gesellschaft« (1951 ff), »Architektur der DDR« (1952 ff), »Bildende Kunst« (1953 ff), »Filmspiegel« (1954 ff). Zu erwähnen sind ferner »Eulenspiegel« als satirische Z. und die populäre, auflagenstarke »Wochenpost«. »Das Magazin«, das ebenfalls auf eine breitere Leserschaft zugeschnitten ist, ist wegen niedriger Auflage und hoher Nachfrage praktisch kaum erhältlich. Bei ihm – wie auch bei einigen anderen attraktiven Blättern – besteht schon seit Jahren eine Abonnentensperre.

In der Bundesrepublik erschienen laut amtlicher Pressestatistik im Jahre 1979 6042 Z. mit einer Gesamtauflage von 237 Mio. Exemplaren, von denen 81 Mio. im Abonnement, 56 Mio. im Einzelverkauf, 91 Mio. unentgeltlich abgegeben wurden. Darunter befanden sich 127 politische Wochenblätter (2,1 v. H.), 304 konfessionelle Z. (5 v. H.), 1020 Publikumszeitschriften (16,9 v. H.), 1211 Fachzeitschriften mit überwiegend wissenschaftlichem Inhalt (20 v. H.), 1196 Fachzeitschriften mit anderem Inhalt (19,8 v. H.), 97 Kundenzeitschriften (1,6 v. H.), 447 Z. der Verbände (7,4 v. H.) und 128 sonstige Z. (2,1 v. H.). Insbesondere die weitaus auflagenstärkste Gruppe der Publikumszeitschriften läßt sich wiederum in eine Reihe von Typen gliedern. Thematisch werden hier den Bereichen Politik, Kultur und Populärwissenschaft 268 Titel zugezählt. Da die amtliche Pressestatistik jedoch als Verlage nur Unternehmen erfaßt, weist sie gerade im Zeitschriftenwesen keineswegs den Gesamtbestand nach. Dieser dürfte vielmehr bei etwa 10 000 Titeln liegen.

Beim Typ der Kulturzeitschrift im engeren Sinn lassen sich mehrere Gruppen unterscheiden: erstens vergleichsweise unpolitische, vor allem im Bildungsbürgertum verbreitete Organe wie »Westermanns Monatshefte« (seit 1857, Aufl. 90 000), »Merian« (1947 ff, Aufl. 180 000), und zweitens Organe vom Typ der »klassischen« kulturpolitischen Rundschauzeitschrift unter liberalen oder sozialen Vorzeichen wie »Die Neue Rundschau« (1945 ff), »Frankfurter Hefte« (1946 ff), »Merkur« (1947 ff), »Neue deutsche Hefte« (1954 ff) und »Monat« (erneuert 1978 ff). Ausgesprochen literarische Schwerpunkte haben die »Akzente« (1954 ff) und »Text + Kritik« (1963 ff). Die Auflagen dieser Z. liegen zwischen 2000 und 8000 Exemplaren;

drittens eine Reihe linksgerichteter kulturpolitischer Z. Noch aus den 50er Jahren stammen »Alternative« (1958 ff) und »Das Argument« (1959 ff). Die Studentenbewegung und die kulturrevolutionären Aktivitäten seit den 60er Jahren brachten diesen Typ zur Blüte. Das intellektuelle Hauptorgan war das »Kursbuch« (1965 ff) mit einer Auflage von zeitweilig 65 000 Exemplaren. Mehr literarischen Zuschnitt besitzt »Kürbiskern« (1965 ff). Ambitiöse Neugründungen im linken Spektrum der kulturpolitisch-literarischen Zeitschriften sind »Freibeuter« (1979 ff) und vor allem »TransAtlantik« (1979 ff).

Daneben ist ein unüberschaubarer Markt der Alternativpresse entstanden. Im »Riesengroßen Verzeichnis aller Alternativzeitungen 1981« (hrsg. von der Arbeitsgruppe Alternativpresse Bonn) sind mehr als 400 regelmäßig erscheinende Z. erfaßt, die sich aufgrund von Inhalt, Aufmachung, Vertrieb und Preis als alternativ verstehen. Rund 75 v. H. dieser Z. sind nach 1975 entstanden und erscheinen seit mehreren Jahren. Die durchschnittliche Auflage liegt bei mehr als 4000 Exemplaren. Unterschieden werden zielgruppenorientierte Z. wie Frauen- und Umweltzeitschriften und lokale Z., deren Bedeutung unübersehbar im Steigen begriffen ist. Zwar ist der weite Bereich der Schüler- und Organisationszeitschriften nicht erfaßt, da nur wirtschaftlich und politisch unabhängige Z. aufgenommen wurden, doch ist aufgrund der genannten Zahlen deutlich, daß es sich bei den alternativen Z. um keine kurzlebigen Zufallsprodukte auf dem Medienmarkt handelt. Zur Alternativpresse gehören auch kulturpolitische und literarisch-künstlerische Blätter, die schon durch ihre oft originellen Titel wie »Federlese«, »Galgenvogel«, »Konkursbuch«, »Das Nachtcafé« auffallen und in Inhalt und Layout unkonventionell auftreten. Wenngleich es sich dabei um esoterisch anmutende Organe handelt, so können sie doch vergleichsweise hohe Auflagen erreichen, etwa die zeitweilig mit insgesamt rund 10000 Exemplaren verbreitete Literaturzeitschrift »S!A!U!«.

Als Kulturzeitschriften kann man schließlich auch eine Reihe von Organen ansehen, die eher der Gattung der Publikumszeitschrift angehören, wie beispielsweise die einer gehobenen Alltagskultur gewidmeten Organe »Die Kunst und das schöne Heim« (seit 1889 ff), »Schöner Wohnen« (1960 ff), »Essen und Trinken« (1972 ff). Durch Spezialisierung auf bestimmte Kulturbereiche festgelegte Z. sind neben anderen »Das Kunstwerk« (1946 ff), »Filmkritik« (1957 ff), »Theater heute« (1960 ff). Hinzu kommen noch Organe, die der künstlerischen Volksbildung gewidmet sind.

IV. Kontinuität und Wandel

In der DDR hat das Zeitschriftenwesen bestimmte, normativ im sozialistischen Pressesystem festgelegte Aufgaben zu erfüllen. Die Kulturzeitschriften sollen eine dem Sozialismus eigene Kultur entwickeln helfen. Gewisse Lockerungen im Zeitschriftenwesen in den späten 50er und frühen 60er Jahren (»Neue Deutsche Literatur«, »Deutsche Z. für Philosophie«, »Sinn und Form«) wurden mit neuerlichen Maßnahmen zur Gleichschaltung beantwortet. Die geradezu ständische Struktur des Zeitschriftenwesens mit einem hohen Maß sozialer Kontrolle sorgt für Einhaltung und Kontinuität des kulturellen Programms. Die Funktion des Zeitschriftenwesens für die positive Weiterentwicklung des kulturellen »Überbaus« setzt der inhaltlichen und formalen Individualisierung dieses Mediums ihre Grenzen.

Im Unterschied hierzu weist das (Kultur-)Zeitschriftenwesen in der Bundesrepublik nicht nur ein breiteres Spektrum, sondern auch eine größere Fluktuation auf. Zwar sind auch hier zahlreiche Z. Sprachrohre von Organisationen und leben von deren Kontinuität; aber im Unterschied zur Weimarer Republik, in der auch Tageszeitungen noch organisationsgebunden waren, sind Z. heute zum alleinigen publizistischen Artikulationsinstrument der gesellschaftlichen Organisationen und Verbände geworden. Im übrigen bedarf aber die Gründung kulturpolitischer Organe weit mehr der individuellen Initiative und Spontaneität. Damit sind solche Organe der Dynamik des kulturellen Wandels ausgesetzt. So hat sich in der Bundesrepublik auch eine Umschichtung von traditionellen kulturpolitischen Organen zu Organen eines »alternativen« Kultur- und Gesellschaftsverständnisses vollzogen.

Die traditionellen Kulturzeitschriften sind in der Bundesrepublik großenteils wirtschaftlich gefährdet, wenn es sich nicht überhaupt um verlegerische Zuschußunternehmen handelt. Andererseits haben gerade neue, flexible und rentable Druck- und Herstellungstechniken in den letzten Jahren die Blüte der Alternativpresse begünstigt. Auch wenn die kulturellen Kommunikationsmöglichkeiten von wirtschaftlichen Faktoren abhängig bleiben, zeigt sich im Rhythmus von Einstellungen und Neugründungen gerade die Offenheit dieses Systems für sich wandelnde Kommunikationsbedürfnisse im Vergleich zu einem System, das auch die kulturelle Unterrichtung und Meinungsbildung zu zentralisieren und zu monopolisieren sucht.

Die Kulturzeitschriften ergänzen das publizistische Angebot von Tageszeitungen (→ *Presse*), → *Hörfunk* und → *Fernsehen*. Während deren inhaltliche Universalität, aber auch die durch Konzentration und Frequenzmangel begrenzte Konkurrenz der Vielfalt der Themen und dem Pluralismus der Strömungen und Gruppierungen kaum hinreichend Raum geben können, besitzt die Z. hier ihre eigentliche Bedeutung. Sie vermittelt in zahllosen Segmenten der Gesellschaft die Binnenkommunikation und gibt dieser zugleich öffentlich Ausdruck.

J. Wilke

Literatur
H. Pross, Literatur und Politik. Geschichte und Programme der politisch-literarischen Z. im deutschen Sprachraum seit 1870, Olten, Freiburg 1963
C. Koch Mehrin, Die Presse in der sowjetischen Besatzungszone Deutschlands; V. O. Stomps, Die literarischen und Kunstzeitschriften. Beides in: H. Pross (Hrsg.), Deutsche Presse seit 1945, Bern, München, Wien 1965, S. 56–75 u. S. 173–210
B. Baerns, Ost und West – Eine Z. zwischen den Fronten, Münster 1968
J. K. King, Literarische Z. 1945–1970, Stuttgart 1974

Zensur

Der auf das römische Amt des Zensors zurückgehende Begriff der Z. meint im engeren Verständnis eine staatliche, meist von einer besonderen Behörde ausgeübte Vor- oder Nachkontrolle öffentlicher Äußerungen. Zur Z. können aber auch Einrichtungen zur offenen und verdeckten Selbstkontrolle gerechnet werden, mit denen die Medien, oft aus wirtschaftlichen Erwägungen, möglichen staatlichen Sanktionen zuvorkommen wollen. Schließlich bezieht sich dieser Begriff auch auf eine innere psychische Prüfungsinstanz, mit der Wünsche, Phantasien, Gedanken der bewußten Wahrnehmung entzogen oder aus Gründen der Konfliktvermeidung, der sozialen Anerkennung, des persönlichen Fortkommens oder auch aus Angst, in eine Außenseiterrolle zu geraten, gesellschaftlichen Erfordernissen und Normen angepaßt werden. Z. bedeutet Ausschluß oder Modifikation bildlicher, schriftlicher oder verbaler Aussagen, soweit sie zu politischen, rechtlichen oder moralischen Normen in einen Widerspruch geraten, der von den Repräsentanten oder einflußreichen Gruppen einer Gesellschaft meist unter Berufung auf einen allgemeinen Konsens als eine Gefahr für deren Ordnung angesehen wird. Z. ist vor allem Wirkungskontrolle und in erster Linie auf Äußerungen bezogen, die über die Massenmedien zu hoher Verbreitung tendieren. Als ein Mittel der Herrschaftssicherung reagiert sie am empfindlichsten im politischen Bereich, richtet sich aber auch gegen Verletzungen religiöser und sexueller Tabus, sofern in diesen der Grundbestand sozialer Ordnung stellvertretend angegriffen erscheint.

Die Beseitigung der Zensurbehörden als ein Instrument feudaler Bevormundung war eine der Forderungen, die das aufgeklärte Bürgertum im Namen der Vernunft erhob. In Deutschland wurde als ein Ergebnis der 1848er Revolution wenigstens die Buchzensur aufgehoben. Das in die Weimarer Verfassung von 1919 aufgenommene Zensurverbot wurde in der Folgezeit durch das Republikschutzgesetz von 1922, das Gesetz zur Bewahrung der Jugend vor Schund- und Schmutzschriften und Verordnungen wie der zur Bekämpfung politischer Ausschreitungen, mit denen zahlreiche Maßnahmen effektiver Z. vor allem gegen linksbürgerliche und kommunistische Publikationen gerechtfertigt wurden, erheblich eingeschränkt. Das nationalsozialistische Regime hob 1933 mit der *Verordnung zum Schutz von Volk und Staat* die in der Weimarer Verfassung verbrieften Rechte auf freie Meinungsäußerung auf. Der Bücherverbrennung im Mai 1933, bei der etwa eine Mio. Bücher vernichtet wurden, folgte die systematische Säuberung der Bibliotheken anhand ständig erweiterter Verbotslisten des *Reichsministeriums für Volksaufklärung und Propaganda*. Noch im selben Jahr wurden mit dem Schriftleitergesetz und dem Reichskulturkammergesetz alle Medien staatlicher Überwachung unterworfen und jede öffentliche Opposition schon im Ansatz ausgeschaltet. Mit der Gleichschaltung der Medien wollte der nationalsozialistische Staat eine totale Steuerung selbst der Gedanken der von ihm beherrschten Massen erreichen, so daß sich eine Z. letztlich erübrigt hätte.

Das *Grundgesetz* der Bundesrepublik Deutschland übernahm das allgemeine Zensurverbot der Weimarer Verfassung ohne deren Einschränkung: »Eine Zensur findet nicht statt«. Ihre Grenzen finden die mit diesem Zensurverbot verbundenen Rechte »in den Vorschriften der allgemeinen Gesetze, den gesetzlichen Bestimmungen zum Schutze der Jugend und in dem Recht der persönlichen Ehre« mit Artikel 5 des *Grundgesetzes*. Die Formulierung des *Grundgesetzes* zielt auf einen Zensurbegriff im Sinn einer vorausgehenden staatlichen Kontrolle. Abweichend von dieser engen Definition ist geltend gemacht worden, »daß Z. im materiellen Sinne eine Beeinflussung der öffentlichen Meinung darstellt, dergestalt, daß ein möglicher Beitrag zum Prozeß der Meinungsbildung durch eine intervenierende Instanz entzogen oder verändert zugänglich gemacht wird« (J. Noltenius, Die freiwillige Selbstkontrolle der Filmwirtschaft und das Zensurverbot des Grundgesetzes, Göttingen 1958, S. 107).

Unter einem materiellen, die Auswirkungen einer vorbeugenden Meinungs- und Informationskontrolle in Betracht ziehenden Aspekt sind in der Diskussion, so vor allem von M. Kienzle und D. Mende, Institutionen angesprochen worden, die wie die *Freiwillige Selbstkontrolle der Filmwirtschaft* oder die *Filmbewertungsstelle Wiesbaden* insbesondere in den 50er und 60er Jahren eine zensurähnliche Funktion ausübten. Dazu zählt auch der 1954 auf Initiative des Verfassungsschutzamtes gegründete *Interministerielle Filmausschuß*, der laut »Gesetz zur Überwachung strafrechtlicher und anderer Verbringungsgebote« von 1961 zu prüfen hatte, ob Filme aus sozialistischen Ländern gegen die freiheitlich-demokratische Grundordnung oder gegen den Gedanken der Völkerverständigung gerichtet seien. Wenn diese Institutionen mit dem Wandel der Moralvorstellungen, vor allem der Einstellung zur →*Sexualität*, und der politisch-gesellschaftlichen Konstellation ihre Arbeit inzwischen eingestellt oder an Bedeutung verloren haben, so sind sie doch oft durch unbestimmtere Formen der Kontrolle, wie etwa im Bereich des Films durch die Einflußmöglichkeiten der Subventionierung oder die Verleihpraxis ersetzt worden.

Unter dem Gesichtspunkt zensurähnlicher Maßnahmen ist auch auf die 1954 gegründete, zunächst dem *Bundesministerium des Innern* und seit 1966 dem *Bundesministerium für Jugend, Familie und Gesundheit* als selbständige Behörde nachgeordnete *Bundesprüfstelle für jugendgefährdende Schriften* hinzuweisen. Sie kann auf Antrag Schriften, Abbildungen und, seit 1961, auch Ton- und Bildträger indizieren, die, wie es in dem *Gesetz über die Verbreitung jugendgefährdender Schriften* heißt, geeignet sind, »Jugendliche sittlich zu gefährden. Dazu zählen vor allem unsittliche sowie Verbrechen, Krieg und Rassenhaß verherrlichende Schriften«. Die Problematik der Entscheidungen dieser Behörde formulierte das *Bundesverwaltungsgericht* 1967 dahingehend, daß die Indizierung einer jugendgefährdenden Schrift ihrem Verbot fast gleichkomme (vgl. Neue Juristische Wochenschrift, 1967, S. 1483). Grundsätzlich wäre zu fragen, ob der vieldiskutierten Nachahmungsgefahr durch brutale oder rassistische Darstellungen, für die bei Heranwachsenden eine besondere Anfälligkeit angenommen wird, letztlich durch Wahrnehmungsentzug begegnet werden kann. Es läßt sich darin auch ein gesellschaftspolitisches Symptom erkennen, dessen Ursachen eher durch offene Auseinandersetzung als durch Ausgrenzung beizukommen wäre. Andererseits belegt die heutige Freizügigkeit sexueller Abbildungen zu Zwecken des Kaufanreizes, die noch in den 60er Jahren einen Skandal hervorgerufen hätten, wieweit in einer konsumorientierten Gesellschaft der Jugendschutzgedanke zugunsten kommerzieller Erfordernisse der Werbung relativiert werden kann.

Seit Gründung der DDR lenkt staatliche Kulturpolitik Literatur, Kunst, Wissenschaft und Medien nach den jeweiligen Beschlüssen der Parteitage und der Tagungen des Zentralkomitees der *SED*. Das Ziel staatlicher Literaturüberwachung brachte Ministerpräsident O. Grotewohl 1951 auf den Satz: »Literatur und bildende Künste sind der Politik untergeordnet« (Neues Deutschland v. 2.9. 1951).

Das galt nicht nur für die Vergangenheit, das gilt auch für die Gegenwart, und nicht nur für Kunst und Literatur, sondern für alle Bereiche des »Überbaus« der DDR. Zwar haben in die erste, bis 1968 gültige *Verfassung* der DDR Grundsätze wie Meinungsfreiheit, Freiheit von Kunst, Wissenschaft und Lehre Eingang gefunden. Doch bereits 1949 bemäntelten diese Verfassungsrechte Machtverhältnisse. Im Unterschied zum *Grundgesetz* der Bundesrepublik Deutschland kennt die revidierte *Verfassung* der DDR von 1974 kein Recht auf ungehinderte Informationsfreiheit oder unbeschränkte Verbreitung der eigenen Meinung. Mit der Beseitigung des Privateigentums an Produktionsmitteln soll, wie es im Artikel 19 der *Verfassung* heißt, ein Zustand »frei von Ausbeutung, Unterdrückung und wirtschaftlicher Abhängigkeit« erreicht sein, der als Voraussetzung für die Entfaltung der Persönlichkeits- und Teilhaberechte angesehen wird. Freie Meinungsäußerung wird nur insofern gewährleistet, als die Herrschaftsverhältnisse nicht beeinträchtigt scheinen. Die Bürger der DDR haben nur insoweit einen verfassungsmäßigen Anspruch darauf, Grundrechte geltend zu machen, als sie den Führungsanspruch der *SED* nicht in Frage stellen.

Obwohl in der DDR die Tatsache einer Z. offiziell bestritten und allenfalls von Maßnahmen zur Ausschaltung feindlicher Einflüsse gesprochen wird, gibt es eine direkte staatliche Meinungskontrolle, deren eine gesetzliche Grundlage die *Anordnung über das Genehmigungsverfahren für die Herstellung von Druck- und Vervielfältigungserzeugnissen* von 1959 bildet. Sie legt fest, daß »zur Herstellung von Druck und Vervielfältigungserzeugnissen unabhängig von der Zahl der gefertigten Exemplare sowie von der Art der zur Herstellung benutzten Maschinen, Apparate, Geräte oder Gegenstände eine staatliche Genehmigung (Druckgenehmigung) erforderlich« ist (GBl. DDR, Teil I, 1959, S.640). Jeder Verlag hat der *Hauptverwaltung Verlage und Buchhandel* im *Ministerium für Kultur* seinen Jahresplan einzureichen. Bestätigt das *Ministerium für Kultur* den Verlagsplan insgesamt, so dürfen alle angeführten Titel zur Druckgenehmigung vorgelegt werden. In Gutachten muß der Verlag die kulturpolitische Bedeutung der Manuskripte begründen.

Eine Druckgenehmigung kann eingeschränkt und mit Auflagen verbunden werden. Das gilt auch für prominente Schriftsteller wie etwa H. Kant. Als die Zeitschrift »Forum« im April 1969 mit dem Vorabdruck seines Romans »Das Impressum« begann, wurde dieser nach der siebten Folge eingestellt. Erst als sich der Autor zu Änderungen seines schon abgeschlossenen Manuskripts bereit fand, konnte das Buch 1972 erscheinen.

Um zu verhindern, daß abgelehnte Manuskripte im Westen erscheinen, entscheidet das *Büro für Urheberrechte* im *Ministerium für Kultur* »die urheber- und devisenrechtliche Betreuung der Verträge mit Partnern außerhalb der DDR und die Abwicklung des diesbezüglichen Zahlungsverkehrs« (A. Glücksmann u. a.: Urheberrecht. Leipzig 1980, S. 185). Ein staatliches Prüfungsverfahren aber gibt es nicht nur für Bücher und Broschüren. Das *Ministerium für Kultur* hat ferner zu genehmigen: Druckerzeugnisse zentraler staatlicher Einrichtungen sowie zentraler Leitungen von Parteien und Organisationen, Lehrmaterial für das Fern- und Abendstudium, Kalender, Mal- und Bastelbücher, Bilderbögen, Modellbaupläne, Abziehbilder, Briefmarkenalben, Exportwerbematerial. Die Abteilung Kultur beim Rat des Bezirks ist zuständig für die Druckgenehmigung von Vervielfältigungserzeugnissen auf Bezirksebene. Zu ihrem Entscheidungsbereich gehören z. B. auch Ansichts- und Glückwunschkarten. Die Abteilung Kultur beim Rat des Kreises genehmigt Druckerzeugnisse auf Kreisebene sowie u. a. Geschäfts- und Familiendrucksachen.

Die Druckgenehmigung für Zeitungen und Zeitschriften ist die Lizenz. Sie hat ihre Gesetzesgrundlage in der *Verordnung über die Herausgabe und Herstellung periodisch erscheinender Presseerzeugnisse* von 1962. Die Lizenz kann gemäß dieser Verordnung erteilt werden, »wenn der Charakter des Presseerzeugnisses den Gesetzen der DDR entspricht« und »im Rahmen des Volkswirtschaftsplanes die erforderlichen Materialkontingente zur Herstellung des beantragten Presseerzeugnisses zur Verfügung stehen« (GBl. DDR, Teil II, 1962, S. 239). Lizenzträger und Chefredakteure haben zu überwachen, daß der Inhalt der Periodika den jeweiligen Richtlinien der Führung der *SED* entsprechen. In der »Anweisung zur Erarbeitung und Bestätigung der Theaterspielpläne« des *Ministeriums für Kultur* von 1977 werden die Intendanten verpflichtet, Repertoirekonzeptionen und Jahresspielpläne von den staatlichen Organen bestätigen zu lassen. Eine Abnahmekommission genehmigt die öffentliche Aufführung. Damit werden auch Dramaturgie und Regie in die Überwachung einbezogen. Das Zollgesetz von 1962 regelt mit einer Fülle von Durchführungsbestimmungen, Verordnungen und Anordnungen auch die Einfuhr von Druckerzeugnissen, Bild- und Tonträgern. Presseerzeugnisse, die in der Postzeitungsliste der DDR nicht aufgeführt sind sowie Kalender, Landkarten, Filme, Magnettonbänder, Kataloge, Prospekte und Schriften, die »den Interessen des sozialistischen Staats und seiner Bürger« widersprechen, dürfen nicht eingeführt werden.

Wissenschaftliche Bibliotheken, die Literatur sammeln dürfen, die außerhalb der Länder des *Warschauer Pakts* erscheint, haben Sperrabteilungen einzurichten. In ihnen werden als »gefährlich« eingestufte Bücher und Zeitschriften unter Verschluß gehalten. Für ihre Benutzung bedarf es einer Sondergenehmigung.

Wenn ein gesetzlich abgesichertes Kontrollsystem Äußerungen, die das ideologische Selbstverständnis der DDR in Frage stellen, ahndet, so fordert es doch zugleich dazu heraus, eine verdeckte Sprache zu sprechen und sich damit der Staatsmacht so weit wie möglich zu entziehen. So bedauerte der Schriftsteller V. Braun im Jahr 1966 die »Sklavensprache, die die Literatur bis heute fließend beherrscht« (Auskünfte. Werkstattgespräche mit DDR-Autoren, Berlin (Ost), 1966, S. 328). C. Wolf beklagte 1974 den »Mechanismus der Selbstzensur« (Weimarer Beiträge, 20. Jg., 1974, H. 6, S. 102) und J. Becker befand 1980: »Das meiste von dem, was verboten ist, wird gar nicht erst geschrieben« (Der Spiegel, 1980, H. 10, S. 212).

Demgegenüber stellt sich in einem demokratisch verfaßten Gemeinwesen wie der Bundesrepublik, für das die Meinungs- und Informationsfreiheit jedes Bürgers konstitutiv ist, das Problem, in welcher Form der Konflikt, in den abweichende Äußerungen zum gesellschaftlichen *status quo* geraten, ausgetragen wird. Im Sinne freiheitlicher, auf Erweiterung eines kritischen Meinungsspektrum abzielender Auffassung wäre hier in der Güterabwägung zwischen den Persönlichkeitsrechten, aber auch gegenüber den Schutzansprüchen des Staates im Zweifelsfall zugunsten einer Freigabe selbst extremer Ansichten zu entscheiden, die der Kritikfähigkeit der Bürger vertraut, für die wiederum die öffentliche Verhandlung gerade auch des Dissenses wichtigste Bedingung ist. Diese Forderung steht der Notwendigkeit einer qualitativen und quantitativen Informationsauswahl nicht entgegen. Die Frage ist nur, wieweit die im Medienbereich bei der Text- und Programmgestaltung grundsätzlich erforderlichen Selektionsmechanismen nicht auch zu zensurähnlichen Eingriffen mißbraucht werden können.

B. Weyergraf, P. Lübbe

Literatur
H. Houben, Polizei und Z., Berlin 1926
S. Ott, Kunst und Staat. München 1968
U. Otto, Die literarische Z. als Problem der Soziologie der Politik, Stuttgart 1968
M. Kienzle, D. Mende (Hrsg.), Z. in der Bundesrepublik. Fakten und Analysen, München ²1981

Zirkus

Der Z. (lat. Ring, Kreis, Rennbahn) vereint mehrere unterschiedliche Genres der darstellenden Künste wie Akrobatik, Dressur und Clownerie. Eine einzelne artistische Darbietung oder die Vorführung einer Tierdressur können nicht als Z. angesehen

werden. Entsprechend sind auch römische Gladia-
torenspiele, Wagenrennen und Tierhetzen oder
auch asiatische Jongleure nicht als Vorläufer des
heutigen Z. anzusehen. Der Z. kommt den elemen-
tarsten ideellen Wünschen der Menschen, Mut,
Schönheit, Geschicklichkeit, Grazie, Konzentration, Sinnlichkeit und Harmonie entgegen. Den Zir-
kuskünstlern haftet die Romantik des Wanderle-
bens und das Flair origineller Außenseiter an.

Die runde Manege mit dem Idealdurchmesser
von 13 m hat sich aus dem Neigungswinkel des
Pferdes im Trab während der Kunstreiterei ergeben.
Entsprechend dazu wurde der Zuschauerraum in
der Art eines Amphitheaters um die Manege gebaut.
Eine auf Unterhaltung zielende Zirkusdramaturgie
ist gekennzeichnet durch Vielfältigkeit und Abwechslung in der Gestaltung eines Nummernprogramms oder eines die Nummern verbindenden
Leitmotivs. Damit wird versucht, den Wünschen
des Publikums nach Spannung, Anschaulichkeit
und Komik gerecht zu werden (→ *Unterhaltung*).

Der Z. entstand in Europa, als die Macht der
Aristokratie abnahm und das Bürgertum erstarkte.
Die Vorliebe des Adels und des Militärs für Pferde
lebte fort in Kunstreitergesellschaften, die sich in
London, Paris, Wien, Berlin und Moskau niederlie-
ßen. Kunstreiterei, Akrobatik und Clownerie wurden in der 1768 in Lambeth Bridge, London, von
Ph. Astley gegründeten Reitschule gezeigt, die als
der erste Z. gilt. Der deutsche Z. erlebte seine Blütezeit in der zweiten Hälfte des 19. Jh. Ab der Jahrhundertwende bildete sich im Varieté eine starke Konkurrenz zum Z. heraus. Das Varieté, eine auf Show
ausgerichtete Mischung aus Musik, Tanz, artistischen Darbietungen und gastronomischem Genuß,
entstand in den Industriegebieten Englands gegen
Ende des 18. Jh. Es erlebte seinen Höhepunkt in
Europa vom Ende des 19. Jh. an bis zur Mitte des 20.
Jh. Seit den 50er Jahren wurden die Varietés weitgehend von modernen Unterhaltungsformen, dem
→ *Kino* und dem → *Fernsehen,* vor allem aber auch
den Nightclubs und Stripteasebars verdrängt. Während der nationalsozialistischen Zeit schlossen sich
viele Z. und auch Artisten der *Reichsfachschaft Arti-
tik* innerhalb der *Reichstheaterkammer* an. Grundsätzlich dienten auch die Z. der Kulturpropaganda.
Andere Z. wurden von Schließungsbefehlen durch
die Partei betroffen oder durch die Verfolgung ihrer
nichtarischen Mitarbeiter zerstört. Nach dem Krieg
gab es in beiden deutschen Staaten zusammen etwa
80 Z., darunter einige Neugründungen, von denen
allerdings nur die Unternehmen mit hohen qualitativen Ansprüchen und straffer Organisation überleben konnten.

In der DDR entstanden 1951 die ersten staatlich
subventionierten und organisierten Z. Der *VEB
Zentral Z., dem die Z. *Busch, Aeroas* und *Berolina*
angehören, besteht seit 1959. »Der Betrieb hat die
Aufgabe, entsprechend den Weisungen des *Ministe-*

riums für Kultur das sozialistische Veranstaltungswesen der Zirkuskunst und ähnlicher Genres nach
den Bedürfnissen der Werktätigen vielfältig zu entwickeln« (GBl. DDR II, 1. Feb. 1960, Nr. 4, § 3, 1, S.
29). Verantwortlich für die Leitung des Betriebes ist
ein Direktor, der vom *Minister für Kultur* ernannt
wird und auch abberufen werden kann. Die Verwaltung gliedert sich in die künstlerische, kaufmänni-
sche und technische Leitung sowie die Hauptbuch-
haltungen und die Leitung der Betriebsteile. »Die
leitenden Mitarbeiter des Betriebes haben alle Möglichkeiten auszuschöpfen, um der Belegschaft die
kulturellen und wirtschaftlichen Zusammenhänge
in Verbindung mit den eigenen Aufgaben des
Betriebes zu erklären. Um einen ständigen Einfluß
aller Werktätigen auf die Erfüllung des Planes zu
gewährleisten, sollen in dem Betrieb unter Leitung
der Gewerkschaftsorganisation Kollektive der
Werktätigen gebildet werden, die den Produktionsberatungen in den volkseigenen Industriebetrieben
entsprechen« (GBl. DDR II, S. 30). Die Zirkusun-
ternehmen sind von der Steuer befreit, während die
Artisten mit 20 v. H. ihrer Gage besteuert werden.
Dem *VEB Zentral Z.* ist ein Winterquartier bei
Berlin mit Probemanegen, Wohnheimen, Schulen
und Tierställen angeschlossen. Die Ausbildung
wird seit 1955 von der *Staatlichen Fachschule für
Artistik* getragen. Nach einer Zulassungsprüfung,
deren Prüfungskriterien der Schwierigkeitsgrad der
Tricks, Originalität, Komposition der Darbietung
und Ausstrahlung des Artisten auf das Publikum
sind, erhalten die Artisten vom *Bezirkskomitee für
Unterhaltungskunst* ein Diplom ausgehändigt. Sie
erhalten ihr Anfangsengagement meist im *VEB
Zentral Z.* Danach arbeiten sie oft als freischaffende
Artisten. Auslandsengagements kommen über die
prozentual an der Gage beteiligte staatliche Künstleragentur zustande. Auf einer jährlich stattfindenden Direktorenkonferenz werden die Reiserouten
der einzelnen Z. festgelegt.

Als Vollkommenheit im ästhetischen Bereich
wird die Herausbildung von »Heroismus und
Humor als Hauptrichtungen der besten Traditionen
demokratischer Kunst« gefordert (J. Dmitrijew,
Der Z. in der Sowjetunion, in: Die Artisten, ihre
Arbeit und ihre Kunst, Berlin (Ost) 1965). Neue
artistische Versuche unterliegen der Kontrolle des
Staates.

Die Zirkuskunst in der DDR wird kaum noch als
Außenseiterkultur verstanden, da der Beruf des
Artisten staatlich anerkannt ist und aufgrund der
ökonomischen Struktur vollständig integriert wurde. Zirkusbesuche sind beliebt wie jede andere Teilnahme an einer Veranstaltung aus dem Bereich der
Unterhaltungskunst.

In der Bundesrepublik mußten viele Z. und Varie-
tés in den späten 50er und 60er Jahren unter dem
Einfluß anderer Medien ihren Betrieb einstellen.
Anfang der 80er Jahre gab es in der Bundesrepublik

neben acht größeren noch einige kleinere Familien-unternehmen. In der Person des Direktors, der auch Besitzer seines Z. ist, hat sich eine traditionelle Form der Betriebsführung erhalten, aus der sich unter anderem starke Konkurrenz der Unternehmen untereinander ergibt. Die Artisten sind als freischaffende Künstler selbst für ihre Darbietung, für ihre Engagements und die Höhe ihrer Gage verantwortlich. Sie unterliegen der Steuer- und Versicherungspflicht. Da es in der Bundesrepublik keine Ausbildungsstätten für Artisten gibt, entstammt der Nachwuchs ausschließlich den traditionellen Artistenfamilien. Der Z. hat sich in der Bundesrepublik in seiner Organisationsform und in seinen Genres nicht verändert. Zwar hat die Konkurrenz der Medien zur Übernahme optischer, akustischer und gestischer Effekte aus der technisierten Welt geführt, doch kann der Z. den Wettlauf mit den Raffinessen anderer Unterhaltungskünste aufgrund seiner Organisation und seines stilisierten Nummernprogramms nicht gewinnen. Dagegen beruht seine Beliebtheit zunehmend auf weniger perfekten Darbietungen, witzig-aktuellen Bezügen und einer Spur Poesie, wie es die jüngsten Versuche des Z. *Roncalli* und des Berliner *Tempodroms* zeigen. Diese neuen Formen versuchen, das Publikum miteinzubeziehen, nehmen aber auch die Wiederbelebung alter Traditionen auf und finden vor allem bei einer jüngeren und intellektuellen Generation Gefallen. Die herkömmlichen Unternehmen, die hauptsächlich von Familien aus der Mittelschicht besucht werden, sehen teilweise mit Sorge auf die Konkurrenz der neuen kleinen Z. Um ihr Publikum zu halten, sind sie jetzt eher bereit, ihr Programm dramaturgisch umzugestalten. Die verhältnismäßig hohen Eintrittspreise sind im organisatorischen und personellen Aufwand begründet, entsprechen aber durchaus denen des Theaters, der Konzerte und auch der Sportveranstaltungen.

In der 1901 entstandenen *Internationalen Artisten Loge*, die der *Gewerkschaft Kunst* im *DGB* angehört, sind die wenigsten der Artisten organisiert; ebenso schenken die Arbeitgeber ihrem 1908 gegründeten *Internationalen Varieté-Theater-und-Direktoren-Verband* wenig Aufmerksamkeit. Die Artistenagenturen werden mehr von Einzelveranstaltern und Nachtclubs als von Angehörigen der Z. konsultiert. Historisch gewöhnt an ein freies Leben und daher scheu im Umgang mit der Bürokratie, regeln fahrende Künstler und Schausteller ihre Angelegenheiten lieber selber im direkten Kontakt miteinander, als über Vereine und Behörden.

Einige der wichtigsten Sammlungen zum Thema Z. seien genannt; so das *Circus World Museum,* Baraboo/Wisconsin, das *Internationale Jongleur-Archiv Karl Heinz Ziethen,* Berlin (West), das *Circus- und Varieté-Museum* in Marburg, das *Studio und Archiv für Artistengeschichte von Markschiess-van Trix* in Berlin (Ost), das *Österreichische Circus- und*

Clown-Museum in Wien sowie an Privatsammlungen Felix Adanos, Wien, und Berthold Lang, ebenfalls in Wien.

G. v. Blücher

Literatur
Taschenbuch der Künste. Unterhaltungskunst von A–Z, Berlin (Ost) 1977
E. Günther, Geschichte des Varietés, Berlin (Ost) 1978
G. Bose, E. Brinkmann, Circus. Geschichte und Ästhetik einer niederen Kunst, Berlin (West) 1978
»Z., Circus, Cirque.« Katalog der Ausstellung in der Nationalgalerie Berlin, vom 9.9.–5.11. 1978, Berlin (West) 1978

Zoologische Gärten

Mit dem in vielen Sprachen gebräuchlichen Begriff »Zoo« werden Tiersammlungen der unterschiedlichsten Art bezeichnet. Nur die bedeutendsten unter ihnen, die nach den Erkenntnissen der Tiergartenbiologie arbeiten, erfüllen alle vom *Internationalen Zoodirektorenverband* genannten vier Aufgaben der Forschung, der Erhaltung aussterbender Arten, der Volksbildung und der Erholung. Schon 1150 v.Chr. gründete der chinesische Fürst Wen-Wang einen »Park der Intelligenz« mit Tieren aus ganz Ostasien, der noch im 19. Jh. bestand. Römische Kaiser ließen Wildtiere einfangen, die zu Schaukämpfen in die Arena geschickt wurden. An vielen europäischen Höfen entstanden seit der Renaissance Tierschauen, räumlich erhalten blieb zum Beispiel die 1752 erbaute Menagerie von *Schloß Schönbrunn* bei Wien. Im 19. Jh. wurden aus wissenschaftlichem Interesse Sammlungen angelegt, die mit öffentlichen oder privaten Geldern finanziert waren. Einige, wie den *Jardin des Plantes* oder den *London Zoo,* übergab man im Lauf der folgenden Jahrzehnte dem Publikum. Die erste deutsche Zoogründung erfolgte 1844 in Berlin. Noch heute befinden sich alle bedeutenden Z. G. in großen Städten, die ihnen ausreichende Besucherzahlen sichern. Seit dem 19. Jh. haben exotische Tiere für das Publikum nicht an Reiz verloren. Das Interesse an einheimischen Tieren steht dahinter etwas zurück, wenn es auch in dem Maß, in dem diese durch die Industrialisierung ihre Lebensräume verlieren, steigt. Von der Faszination des Fremden profitieren in der Bundesrepublik auch kommerzielle Unternehmen wie Safariparks, Märchenzoos oder Vogelparks, die in alter Schaustellertradition stehen.

Neben den neun großen Tiergärten wurden in der DDR rund 100 Heimattiergärten eingerichtet, die neben einheimischen Arten auch exotische Tiere besitzen. In der Bundesrepublik werden im allgemeinen 21 wissenschaftlich geleitete Z. G. genannt.

Die für große Z. G. vorbildliche Tiergartenbiologie wurde von dem Schweizer Zoodirektor und Zoologen H. Hediger entwickelt. Die von ihm wissenschaftlich begründeten Forderungen an eine artgerechte Tierhaltung wurden teilweise schon 1907 von C. Hagenbeck in Hamburg vorweggenommen, der die Tiere nicht mehr nur in Käfige sperrte. Heute versucht man allgemein, naturähnliche Territorien anzulegen und artgemäße Sozialverbände zusammenzustellen. Möglichst gitterlose Anlagen werden aber auch der Besucher wegen bevorzugt, denen sie die Illusion natürlicher Biotope geben. Beispiele für die konsequente Durchführung dieser Konzeption sind das *Alfred-Brehm-Haus* im *Tierpark Berlin* (Ost) und der Münchner *Tierpark Hellabrunn*.

Wegen der hohen Kosten einer solchen Tierhaltung sind die großen Z. G. in der Bundesrepublik und in der DDR auf Zuschüsse angewiesen, zumal kostendeckende Eintrittspreise zu hoch wären. In der Bundesrepublik besucht im Durchschnitt ein Drittel der Bevölkerung jährlich einen Z. G., in der DDR sind es zwei Drittel.

Für die organisatorische Trägerschaft gibt es in der Bundesrepublik auch bei den wissenschaftlich geleiteten Z. G. kein einheitliches Modell. Neben einem staatlichen, der *Wilhelma* in Stuttgart, und einem privaten Zoo, dem Tierpark *Hagenbeck* in Hamburg, existieren städtische Anlagen wie in Frankfurt a. M. oder Vereine und Aktiengesellschaften wie in München, Köln und Berlin (West). Die Tiergärten der DDR wurden unmittelbar nach dem Krieg vergesellschaftet. Sie entwickelten sich je nach Zuschüssen, wobei der Zoo in Berlin (Ost) besonders gefördert wurde. Zwischen dem *Tierpark Berlin* (Ost) und dem *Tiergarten* in Berlin (West) entstand eine Konkurrenz, die auf beiden Seiten zu großzügiger Ausstattung führte.

In der Bundesrepublik wird die zoologische Forschung zumeist von Wissenschaftlern der Universitäten getragen, die nicht zum Personal der Zoos gehören. In der DDR ist die Ausstattung mit wissenschaftlichen Mitarbeitern besser, die Forschung umfangreicher. Darüber hinaus legt man in beiden deutschen Staaten großen Wert auf die volksbildende Arbeit, verstanden als Förderung einer sinnvollen Freizeitgestaltung *(→ Freizeit)*.

In beiden deutschen Staaten ist Tierwärter ein Lehrberuf. Eine spezielle akademische Laufbahn zur Ausbildung von leitendem Personal gibt es jedoch nicht. Zoodirektoren waren in der Regel vorher Zoologen oder Tierärzte; zu ihren Aufgaben gehört auch die Organisation der Z. G. Große Tierparks haben zwischen einer und zwei Mio. Besucher im Jahr und, so in Berlin (West), bis zu 300 Angestellte, auch verfügen sie über aufwendige technische Einrichtungen wie Aquarien, Nachttierhäuser oder vollklimatisierte Tropenhäuser.

Z. G. haben heute bei vielen Arten Zuchterfolge. So sind zum Beispiel Sibirische Tiger oder Zwerg-flußpferde keine Rarität mehr wie noch in den 50er Jahren. Daher ging auch die Bedeutung des Tierhandels stark zurück. Schon bevor 1973 das *Washingtoner Artenschutzabkommen* verabschiedet wurde, hatten sich die großen deutschen Tiergärten freiwillig verpflichtet, keine vom Aussterben bedrohten Arten mehr im Handel zu kaufen.

G. Kleemann

Literatur

H. Hediger, Mensch und Tier im Zoo, Zürich 1965
U. Dolder, W. Dolder, Wunderland Zoo, Stuttgart u. a. 1970
R. Kirchshofer, Z. G. der Welt, Frankfurt a. M. 1971
H. Hediger, Z. G., Bonn, Stuttgart 1977

Zukunft

I. Aufklärungsphilosophie und Zukunftsvisionen – II. Hoffnung auf eine bessere Welt – III. Gesellschaftsprognose statt Futurologie – IV. Zukunftsplanung in der Bundesrepublik Deutschland – V. Utopie und Grenzen des Wachstums – VI. Zweifel und Verweigerung – VII. Jugend und Zukunft – VIII. Zukunftskritik als Zukunftshoffnung

I. Aufklärungsphilosophie und Zukunftsvisionen

Der vergangene, gegenwärtige und zukünftige Zustand der Menschen war eines der entscheidenden Themen der vorrevolutionären Philosophie im Frankreich des 18. Jh. Aussagen über die Z. des Menschen war Jahrhunderte lang der christlichen Heilsgeschichte und deren kirchlicher Interpretation vorbehalten. Eine biologisch-anthropologische und historisch-diesseitige Entwicklungsgeschichte wäre dem Verdikt der Ketzerei verfallen. Erst die *→Aufklärung* formulierte nach Ansätzen im 17. Jh. bei Th. Hobbes, J. Locke, G. W. Leibniz und G. Vico auf der Grundlage einer rationalen Kritik an der christlichen Dogmatik eine säkularisierte Entwicklungsgeschichte der Menschheit. Mit den Entdeckungsfahrten seit der Renaissance lernten die Europäer fremde Völker kennen, die auf den verschiedensten Kulturstufen zu stehen schienen. Die Reiseberichte brachten die Aufklärungsphilosophen auf die Idee einer fortschreitenden (*→Fortschritt*) oder degenerierenden Entwicklung der *→Kultur*. Das neue, rationale Geschichtsbewußtsein blieb wie das christliche grundsätzlich teleologisch. Gegen eine providentielle Weltgeschichte wenden sich Voltaire und A.N.C. Marquis de Condorcet mit der Vorstellung von einer allmählich fortschreitenden, vom Menschen selbst steuerbaren Entwicklung. Ziel ist die als unbegrenzt vorgestellte Vervollkommnung oder Perfektibilität der menschlichen Vernunft. Mit diesem neuen optimistischen Zukunftsbewußtsein geht die Verzeitlichung der Utopie einher. Die utopische Literatur seit Th. Morus' »Utopia« (1516) war der intellektuelle Ort der Hoffnung auf die vollkommene menschliche Gesellschaft im Diesseits. Dennoch entwickelte dieses Genre außerhalb eschatologisch-revolutionärer Denkansätze bei Th. Müntzer oder G. Winstanley kein ausdrückliches Zukunftsbewußtsein.

Ein erster politischer Kulminationspunkt der säkularisierten Zukunfts- und Vervollkommungshoffnung des Bürgertums ist die Französische Revolution. Ihr Verlauf und ihre Ergebnisse teilt die europäische Intelligenz in zwei Lager. Die einen, wie beispielsweise L. de Bonald, E. Burke oder mancher deutsche Romantiker, zogen sich pessimistisch von der Zukunftsideologie in eine erbitterte Aufklärungskritik zurück. Die anderen versuchten, ihre optimistischen Konzeptionen neu zu durchdenken, wie Th. Paine, C. H. de Saint-Simon, G. W. F. Hegel und die Junghegelianer. K. Marx und F. Engels entwickelten aus den verschiedenen bürgerlichen Konzeptionen einer materialistischen Geschichtsteleologie eine wissenschaftliche Theorie der gesellschaftlichen Entwicklung, vom → *Kapitalismus* zum → *Sozialismus* und → *Kommunismus*. Die Z. des Menschen wird nun wissenschaftlich berechenbar. Das bürgerliche Lager geht den Schritt von der Verzeitlichung des Geschichtsbewußtseins zu dessen Verwissenschaftlichung nicht mit. Neben pessimistischen, wie die O. Spenglers, und optimistischen, wie die A. Toynbees geschichtsteleologischen Zukunftskonzeptionen bestehen, so bei H. Rickert, K. Popper oder C. Lévy-Strauss grundsätzliche Zweifel, ob eine Voraussicht in die Z. überhaupt möglich sei. Diese Konzeptionen trugen dazu bei, daß in den westlichen Geisteswissenschaften vom Beginn des 20. Jh. bis zum Aufstieg der Futurologie wissenschaftliche Zukunftsprognosen weitgehend ausgeschlossen waren.

Das offizielle Zukunftsbewußtsein in Deutschland beschränkt sich seit der Reichsgründung 1871 auf einen aggressiven Nationalismus und ein imperialistisches Sendungs- und Eroberungsbewußtsein. Es ergreift, zeitweise unterstützt von einer konsequenten Kriegspropaganda, weite Volksschichten. Die sozialdemokratische Opposition entwickelt in ihrem *Erfurter Programm* von 1891 ein Zukunftsbewußtsein, das eher in der Tradition der Aufklärung stand und die Hoffnung ausdrückt, daß mit der »Abschaffung der Klassenherrschaft die stets wachsende Ertragsfähigkeit der gesellschaftlichen Arbeit für die bisher ausgebeuteten Klassen zu einer Quelle

der höchsten Wohlfahrt und allseitiger harmonischer Vervollkommnung werde« (Ost und West, H. 5, 1947, S. 6 f.). Dem materiellen Optimismus der Gründerzeit folgten die intellektuellen Stimmungen des Expressionismus und Futurismus. Sie reichen von Weltuntergangsprophetien J. van Hoddis' und G. Heyms bis zur Emphase messianischer Menschheitserneuerung bei J. R. Becher, von der scharfen Zivilisations- und Technikkritik in G. Kaisers »Gas«-Dramen bis zur hymnischen Technik- und Zukunftsverehrung des Futurismus. Die Zukunftshoffnungen der Weimarer Republik schwankten zwischen Pazifismus, der Gewißheit der sozialistischen Revolution und neu aufkeimendem Eroberungswahn. Die bürgerliche und sozialdemokratische Mitte blieb im täglichen Krisenmanagement an die Gegenwart gefesselt. Dem düsteren Zukunftspessimismus der Weltwirtschaftskrise antworten die Nationalsozialisten mit der Hoffnung auf ein tausendjähriges Herrenmenschenreich.

II. Hoffnung auf eine bessere Welt

Die »Stunde Null« (→ *Nullpunkt*) und die Zeit bis zur Gründung der Bundesrepublik war bei den Intellektuellen und politisch Verantwortlichen von einer zukunftsbewußteren Stimmung gekennzeichnet als die anschließende Regierungszeit K. Adenauers. Große Endzielprojektionen wurden jedoch vermieden. Die Zukunftsperspektiven waren auf die nähere Z. und auf die unmittelbaren Bedürfnisse der Bevölkerung gerichtet. Für viele Deutschen war mit dem Nationalsozialismus eine Welt zusammengebrochen, an die sich ihre Zukunftshoffnungen geknüpft hatten. Es herrschten Verzweiflung, Verwirrung, Perspektivenlosigkeit, zum Teil auch Schuldgefühle und Angst vor Bestrafung. Die Selbstmorde nach der Kapitulation zeigen, daß viele überhaupt keine Zukunftsperspektive mehr hatten. Dagegen bestand bei den aus der Emigration (→ *Exil*) zurückkehrenden Intellektuellen und Politikern die Hoffnung auf eine völlige Umgestaltung der Gesellschaft. Alle Parteien waren sich einig, auf eine antifaschistische, antimilitaristische und sozialstaatlich-demokratische Gesellschaftsordnung in Deutschland hinzuwirken. Auch das *Ahlener Programm* der *CDU* schloß eine weitgehende Sozialisierung, die Planung und Lenkung von Teilen der Wirtschaft und anderer gesellschaftlicher Bereiche ein. Deutschland sollte eine »friedliche Brücke« zwischen den zwei Welten und das Vorbild für eine friedliche Koexistenz werden. Neben der Befriedigung der existentiellen Bedürfnisse richtet sich die größte Zukunftshoffnung der Zeit auf den → *Frieden*.

Die Hoffnung auf eine sozialistische Neuordnung der Gesellschaft von Grund auf scheiterte sehr bald vor allem an der amerikanischen Besatzungspolitik, der eine Rekonstruktion des Kapitalismus auf demokratischer Basis für die eigenen ökonomischen Interessen in Europa willkommener war als eine sozialistische Ausrichtung Deutschlands. Die Vergangenheit wurde eher verdrängt als bewältigt und die Gegenwart zum Zielpunkt aller Wünsche. Ideelles, soziales Wunschdenken geriet mit den wachsenden Möglichkeiten materieller Wuncherfüllung in Vergessenheit. Die Frage der Wiedervereinigung wurde mit der Zeit zu einer abstrakten Zukunftshoffnung. Zukunftsplanung wurde in der DDR grundlegender Bestandteil allen Nachdenkens über die gesellschaftliche Entwicklung. In der Bundesrepublik wurde sie von der »sozialen Marktwirtschaft« L. Erhards tabuisiert. Von jetzt an bis in die zweite Hälfte der 60er Jahre galt für das offizielle Zukunftsbewußtsein der Bundesrepublik die Parole »Keine Experimente«.

Mit dem Wirtschaftswunder wuchs der Glaube an eine unbegrenzte technologische Bewältigung aller materiellen und sozialen Probleme. Die friedliche Nutzung der Atomenergie wurde enthusiastisch begrüßt. Die Welle der von den USA ausgehenden optimistischen Zukunftsprognosen gipfelt in den Visionen H. Kahns und des Kybernetikers A. Wiener. In seinem Buch »Wie sieht die Welt von Morgen aus?« (1958) verspricht sich der Kernphysiker P. Jordan von der Entfaltung der Atomenergie die Grundlage für eine einheitlich regierte, bessere Welt. Nicht wenige Autoren aus Technik und Wirtschaft, so A. Zischka, F. Baade, W. Greiling, H. Gartmann und D. Stolze, geben sich grenzenlosem Fortschrittsenthusiasmus hin.

Eine wesentlich skeptischere und kritischere Bewertung erfährt die technologische Zukunft schon 1952 in R. Jungks Buch »Die Zukunft hat schon begonnen«. Seine Analyse moderner amerikanischer Technologie und Zukunftsplanung im militärischen und wirtschaftlichen Bereich veranlaßt ihn zu düsteren Zukunftsprognosen. Der technische Fortschritt werde mit einer Einschränkung der Freiheit des einzelnen zugunsten wachsender totalitärer Machtsysteme erkauft. Das Buch löste eine weltweite Diskussion über die Z. des Menschen aus und trug entscheidend dazu bei, daß sich in der Bundesrepublik Deutschland in der zweiten Hälfte der 60er Jahre eine wissenschaftliche Zukunftsforschung institutionalisierte.

III. Gesellschaftsprognose statt Futurologie

Der offizielle sozialistische Zukunftsoptimismus war in der Sowjetischen Besatzungszone nicht nur mit der Theorie des Marxismus-Leninismus verbunden. Unter dem Druck des sich verschärfenden Ost-West-Gegensatzes wirkte die Gruppe um W. Ulbricht darauf hin, daß sozialdemokratische

gesamtdeutsche Konzeptionen und die These vom besonderen deutschen Weg zum Sozialismus verworfen wurden.

Die Zukunftsstimmung und das Zukunftsbewußtsein unterhalb des in der DDR von der Führung der *SED* vor allem für die »Kunstschaffenden« verordneten Zukunftsoptimismus ist schwer zu erfassen. Die Intellektuellen (→ *Intelligenz*), vor allem die → *Künstler*, schwankten während aller Phasen der → *Kulturpolitik der DDR* zwischen der Anerkennung der Führungsrolle der Partei, wie sie etwa in B. Brechts »Aufbaulied« oder seinem »Zukunftslied« und J. R. Bechers Parteihymnik zum Ausdruck kommt, und dem Kampf um einen autonomen Bereich der → *Kunst* im Sozialismus, wie ihn W. Biermann mit seinen kritischen Texten führt. Innerhalb dieser Auseinandersetzungen um → *Realismus* und → *Formalismus*, um *Neuen Kurs* und *Bitterfelder Weg* entstanden eine Reihe von Zukunftskonzeptionen, die aber durch Parteidisziplinierung wieder zurückgenommen wurden.

Die Planung und Prognostizierung aller Bereiche der Gesellschaft ist als Instrument der offiziellen wissenschaftlichen Zukunftsperspektive der sozialistischen Gesellschaften Bestandteil der *Verfassung* der DDR. Die Gesellschaftsprognose ist somit ein Instrument des Klassenkampfes und der bewußten Zukunftsgestaltung. Auf dieser Definition beruht nicht nur der offiziell gleichbleibende Zukunftsoptimismus der Gesellschaft der DDR, sondern auch die gesamte Zukunftsforschung. Sie ist in die Philosophie des Marxismus-Leninismus integriert und bedarf keinerlei gesonderter Institutionalisierung. Prognose und Planung aller Bereiche, besonders der Wirtschaft, wird zentral von der *Staatlichen Plankommission* gelenkt. Nur in diesem Rahmen findet Zukunftsforschung statt.

In der DDR sind die 60er Jahre unter dem Eindruck sowjetischer Erfolge in der Weltraumfahrt von einem »futuristischen« Technologieoptimismus geprägt. Eine Flut sowjetischer populärwissenschaftlicher Prognoseliteratur drängt auf den Markt. Einige Veröffentlichungen wie M. Wassiljews und S. Gutschtschews Reportage aus dem 21. Jh. (Hamburg 1959) erschienen auch in der Bundesrepublik. Je mehr sich der technologische Zukunftsoptimismus in Ost und West einander annäherte, desto schärfer wurde die ideologische Abgrenzung. Westliche Zukunftsforschung wurde in der DDR mittels der Fernsehübertragung der amerikanischen Weltraumerfolge populär. Schon Ende der 50er Jahre mußten die Bedenken der Ideologen des Marxismus-Leninismus gegen die westliche Kybernetik aufgegeben werden. Hinter den fortschrittlichen wissenschaftlichen Methoden der Computertechnik und Systemanalyse, welche die USA nach dem Zweiten Weltkrieg auf dem Gebiet der strategisch-militärischen und wirtschaftlichen Zukunftsforschung entwickelt hatten, konnten die sozialistischen Gesellschaften nicht zurückbleiben. In der DDR versprach man sich von den umwälzenden technischen und methodischen Neuerungen zudem eine erhebliche Effektivitätssteigerung der Planwirtschaft, die in den ersten Fünfjahresplänen praktisch gescheitert war. Nachdem die marxistisch-leninistische Gesellschaftsprognose und wirtschaftliche Zukunftsforschung westliche Methoden adaptiert hatte und diese in den Richtlinien des VII. Parteitages der *SED* von 1967 aufgenommen waren, erscheint eine Fülle abgrenzender Literatur. Die Leistungen der westlichen Computertechnik und der darauf beruhenden wissenschaftlichen Zukunftsforschung, besonders auf dem Gebiet der Wirtschaftsplanung, werden anerkannt. Die mathematischen Methoden der wissenschaftlichen Zukunftsforschung seien jedoch erst auf der Grundlage des Marxismus-Leninismus fortschrittlich, weil sie der Entwicklung des neuen sozialistischen Menschen und einer ihm angemessenen gesellschaftlichen Umwelt dienen. Die kapitalistische Futurologie habe dagegen die Funktion der Stabilisierung des Kapitalismus und somit reaktionären Charakter. In diesem Zusammenhang liefern einige Analysen aus der DDR Ergebnisse, die von der »kritischen Futurologie« im Westen in mancher Beziehung geteilt werden. Diese ist sich mit R. Jungk oder O. K. Flechtheim darin einig, daß eine technokratisch-konservative, von der Großindustrie unterstützte Futurologie Zukunftsforschung zur Stabilisierung eines industriellen Gigantismus betreibt, ohne auf eine wachsende Gefährdung der →*Umwelt* Rücksicht zu nehmen. Der Unterschied zur Kritik in der DDR besteht darin, daß diese einen ebensolchen großindustriellen Gigantismus unter den wirtschaftlichen Voraussetzungen des Marxismus-Leninismus durchaus befürwortet.

Die →*Science-Fiction*-Welle in der DDR nach dem VIII. Parteitag der *SED* 1971 zeugt von einem ungebrochenen »futuristischen« Optimismus noch in den 70er Jahren. Vor allem die jüngere Generation gibt sich hinsichtlich der technologischen Entwicklung, auch der des Westens, optimistisch. Die wissenschaftliche Phantastik erobert alle Bereiche der Literatur und wird auch zu einer vorsichtigen Kritik am Technologieoptimismus genutzt.

IV. Zukunftsplanung in der Bundesrepublik Deutschland

Während in der Sowjetischen Besatzungszone und späteren DDR Z. mit Planung gleichbedeutend war, wurde auf der Grundlage der Ideologie des *Free Enterprise* und einer *Sozialen Marktwirtschaft* in Wirtschaft, Industrie und Kultur der Bundesrepublik Zukunftsplanung und Zukunftsprognostik zunächst als Annäherung an den Kommunismus verstanden und abgelehnt. Hier gab es deshalb zwi-

schen 1949 und 1966 kaum Ansätze einer zentralen Planung im Bereich der Wirtschaft oder der Bildung.

In den USA blieb Planung zunächst auf den militärischen Sektor und einige Großkonzerne beschränkt. Dennoch entstanden Planungsinstitutionen wie die *RAND-Corporation*, die *MITRE-Corporation*, das *Hudson Institute*, das *Institute for Defense Analysis*, die ausschließlich technologische Zukunfts- und Entwicklungsforschung betrieben. Unter dem Eindruck dieses schon in den 40er Jahren absehbaren Trends prägte der Politologe O. K. Flechtheim im amerikanischen Exil 1943 den Begriff *Futurologie*. Die Forderung nach einer Planung der Z. wurde in der Bundesrepublik allerdings erst im Vorfeld der Rezession von 1967 beachtet. Die wissenschaftliche Analyse der Z. begann im Übergang von einer konservativen zu einer sozialliberalen Regierungspolitik. Die Auseinandersetzung um die Z. setzte in bewußter Abgrenzung zur Planwirtschaft der DDR ein. Industrieinstitute übernahmen die planmäßige Entwicklung des technischen Fortschritts. Es zeigt sich jetzt auch in der Bundesrepublik die Tendenz zu einer Verwissenschaftlichung der Z. durch Prognose und Planung. In der zweiten Hälfte der 60er Jahre wurde, damals noch gemeinsam von »kritischen Futurologen« und der Industrie, eine Reihe von Zukunftsforschungsinstitutionen gegründet. Diese sind das *Institut für wirtschaftliche Zukunftsforschung* in Tübingen, die *Gesellschaft für Zukunftsfragen*, das *Zentrum Berlin für Zukunftsfragen*, die *Gesellschaft zur Förderung von Zukunfts- und Friedensforschung* in Hannover, das *Industrie-Institut zur Erforschung technologischer Entwicklungslinien* in Wolfsburg, das *Max-Planck-Institut für interdisziplinäre Forschung über die Lebensbedingungen der wissenschaftlich-technischen Welt* in München und die *Studiengruppe für Systemforschung* in Heidelberg.

Regierung und Privatwirtschaft waren gleichermaßen auf Zukunftskurs. Der Bundespräsident G. Heinemann und der Bundeskanzler W. Brandt setzten sich 1969 für die Förderung der Zukunfts- und Friedensforschung ein. Mit dem Programm einer demokratischen Reform der Gesellschaft unter dem Motto »Mehr Demokratie wagen« wurden auch Forderungen aus der Studentenbewegung aufgegriffen. Die beginnende Entspannung zwischen Ost und West unterstützte einen nicht nur technisch-ökonomischen, sondern auch sozialen Zukunftsoptimismus in weiten Teilen der bundesrepublikanischen Bevölkerung.

Die Konzeption einer humanistisch und demokratisch orientierten Futurologie als Kritik am technologischen Gigantismus und als Wissenschaft von der Entwicklung demokratischer, dezentralisierter und umweltfreundlicher Technik-, Industrie- und Organisationsformen stieß auf erheblichen Widerstand bei den Vertretern des Staats und der Großin-

771

dustrie. In diesem Konflikt, der schließlich zur Verurteilung der philosophischen Zukunftsforschung durch die Industriellen führte, entstand zu Beginn der 70er Jahre eine kritische Futurologie, die von den Wachstumsanhängern von rechts und links abgelehnt wird. Während sich eine kritische Friedensforschung institutionell halten konnte, wird die kritische Futurologie in den 70er Jahren mehr und mehr isoliert. Doch gelang ihr zuerst auf dem von R. Jungk initiierten 1. *Weltkongreß der Futurologie* 1968 in Oslo der Dialog mit östlichen Zukunftsforschern.

V. Utopie und Grenzen des Wachstums

Die durch E. Blochs »Prinzip Hoffnung« (1959) ausgelöste Utopiedebatte erhielt mit der Studentenbewegung und der »kritischen Futurologie« O. K. Flechtheims und anderer neue Impulse. Modelle für eine künftige Neugestaltung der Gesellschaft wurden populär und zugleich scharf kritisiert. Lust und Unbehagen an der Utopie kennzeichnen die Auseinandersetzungen zwischen Konservativen und Linken. Für die einen wie H. Schelsky, K. Popper ist die Utopie ein Synonym für unrealistische Wolkenschlösser, die im linken Totalitarismus enden, für die anderen, wie M. Horkheimer, ist sie gleichbedeutend mit Gesellschaftskritik und humanerer Z. Die Futurologie entwickelte technische und soziale Zukunftsbilder, die von der →*Science-Fiction* aufgegriffen und popularisiert wurden. Die Utopieforschung wurde in die aktuelle politische Diskussion einbezogen. Es entstanden neue Formen der Utopie als Teil der Futurologie. Die Verwissenschaftlichung der Utopie innerhalb der Futurologie bildet das bürgerliche Pendant zur Konzeption des Sozialismus als wissenschaftlicher Realisierung utopischer Vorformen.

Mit dem Bewußtsein von den Grenzen des Wachstums geriet die Wissenschaft, vor allem als *social engineering*, und mit ihr die Utopie in der öffentlichen Meinung immer mehr in Mißkredit. Die Hoffnung auf eine wissenschaftlich steuerbare utopische Z. wurde von breiten Schichten der Bevölkerung und der Intelligenz im Zuge der Tendenzwende, des Neokonservativismus und der Terrorismusdebatte in der Bundesrepublik sehr bald fallengelassen. Durch das Ökologiebewußtsein entwickelte sich besonders in der →*Jugend* eine Skepsis gegenüber optimistischen Fortschrittskonzeptionen von Utopien. Kritisiert wurde die Futurologie, die ihre Zukunftsmodelle auf ungehindertes Wirtschaftswachstum aufbaut. In der alternativen Jugendszene nimmt die Skepsis gegenüber Wissenschaft und Rationalität teilweise romantizistische und irrationale Züge an (→*Alternativkultur*, →*Rockkultur*). Viele wenden sich enttäuscht von ihrer Wissenschaftsgläubigkeit ab. Unterhalb der

offiziellen Wachstumsgläubigkeit in Ost und West entsteht Ende der 70er Jahre eine neue Form der konkreten Utopie. Sie vereinigt die Methode der futurologischen Zukunftsszenarios mit Ökologiebewußtsein. Nicht mehr Wirtschaftswachstum und Technizismus bilden die Grundlage zukünftiger Gesellschaftsmodelle. Autoren wie E. Eppler, R. Havemann, J. Strasser entwerfen humanere, dezentralistische »Bescheidenheits-Utopien« auf der Grundlage »sanfter«, »biologischer« Technologie und einer Bedarfsdeckungswirtschaft auf der Basis von Nullwachstum oder selektivem Wachstum und einer »Gleichgewichtsökonomie«.

1972 veröffentlichte der *Club of Rome* seine Dokumentation über die »Grenzen des Wachstums« (Bericht zur Lage der Menschheit v. D. u. D. Meadows, E. Zahn, P. Milling). Der Bericht faßt die zu erwartenden negativen Auswirkungen des Wettrüstens, der Umweltverschmutzung und der Bevölkerungsexplosion zusammen. Er geht davon aus, daß die Welt mit ihren Ressourcen als ein endlicher Lebensraum ist, mit dessen Vorräten behutsam gewirtschaftet werden muß. Die Forderung der Studie wurde bekräftigt durch die Auswirkungen der ersten Ölkrise auf Europa. Ein Stimmungswandel gegenüber dem Fortschritt, das Bewußtsein eines »Epochenwandels« setzte sich in weiten Teilen der bundesrepublikanischen Bevölkerung jedoch erst Ende der 70er Jahre nach der zweiten Ölkrise und im Zuge der steigenden Arbeitslosenzahlen durch. Meinungsumfragen, nach denen 1972 60 v. H. der befragten Bundesbürger an eine bessere Z. glaubten, 1980 nur noch 31 v. H., belegen diese Einstellungsänderung (J. Strasser, K. Traube, S. 7). Immer weniger erhoffen sich von Produktivitäts- und Konsumsteigerungen ein glücklicheres Leben (→*Glück*). Dieser Bewußtseinsumschwung ist eine der Ursachen für die vielen Formen des »Aussteigens« aus normierten Lebensläufen und für die wachsende Technik- und Zukunftsangst (→*Angst*). Die resignativ-anklagende Feststellung »*no future!*« kennzeichnet die Stimmung vieler jüngerer Bundesbürger (J. Leinemann, Die Angst der Deutschen, Reinbek 1982, vgl. auch: Material der Enquêtekommission des Bundestages »Jugendprotest im demokratischen Staat« 1981/82).

In die psychische und ökonomische Depression bringen neue Utopien wieder Zukunftshoffnung hinein. Die Initiativen (→*Bürgerinitiativen*) aus der Bevölkerung gegen Atomstaat, Bürokratismus (→*Bürokratie*), technologische Gigantomanie, menschenfeindliche Strukturen in Altersheimen und Krankenhäusern, gegen Boden- und Mietspekulationen, die Experimente mit alternativen Lebensformen und »Zukunftswerkstätten« (R. Jungk), das Aufkommen von Umweltparteien, die Friedensbewegung, dies alles deutet auf den Willen zu einer positiven Zukunftsgestaltung hin. Um Gedanken einer nachindustriellen Industriegesellschaft sammelt sich von sehr unterschiedlichen Positionen her eine außerparlamentarische, zum Teil auch parlamentarische Opposition gegenüber allen Zukunftsleitlinien der Establishments in Ost und West.

VI. Zweifel und Verweigerung

In der DDR beginnt mit zeitlicher Verzögerung und unter der Oberfläche eines offiziellen, ungetrübten, sozialistischen Wachstums- und Zukunftsoptimismus weniger offensichtlich, ebenfalls Kritik an der sozialistischen Zukunftsgewißheit laut zu werden. Ihr gegenüber muß die *SED* ihre vor allem in der Jugend schwindende Glaubwürdigkeit verteidigen. Neben R. Bahro ist W. Harich der prominenteste Wachstumskritiker der DDR in den 70er Jahren. Der Zukunftsoptimismus des Sozialismus wird erstmals von marxistisch-leninistischer Seite angegriffen. W. Harich hält die Lösung aller gegenwärtigen ökologischen Probleme nur in einer kommunistischen Gesellschaft für möglich. Der Kommunismus realisiert sich aber nicht im Absterben des Staates, sondern in einem autoritären, »totalen Polizeistaat globaler Versorgung«, einem »Zuteilungsstaat«, der auf der Grundlage einer wachstumslosen Gleichgewichtsökonomie die knappen Ressourcen mit äußerster Härte gleichmäßig in der ganzen Welt zu verteilen habe (F. Duve, W. Harich, S. 8 f). Askese für alle oder Untergang ist W. Harichs Zukunftsalternative. Sein sozialer und anthropologischer Zukunftspessimismus stieß in den 70er Jahren auf scharfe Ablehnung und Empörung von Seiten der konsumbedürftigen Bevölkerung und der offiziellen Wachstumsanhänger in Partei- und Wirtschaftsführung. Dennoch ist auch in der DDR ein Stimmungsumschwung hinsichtlich der Z. festzustellen. Die Skepsis gegenüber der sozialistischen Fortschrittsgläubigkeit wächst. Der in der DDR aus wirtschaftlichen Gründen vernachläßigte und lange nur als Problem des »Klassenfeindes« angesehene Umweltschutz wird nun auch in der Presse diskutiert.

VII. Jugend und Zukunft

Ähnlich wie im Westen verweigert sich die Jugend der DDR deutlicher der verordneten zukunfts- und leistungsorientierten Wachstumsideologie. Das Problem des »Aussteigers« wurde schon 1973 in U. Plenzdorfs »Die neuen Leiden des jungen W.« behandelt. Der Erfolg dieses Buchs und Stücks in beiden deutschen Staaten spricht für einen wenigstens von seiner Struktur her ähnlichen Realitätshintergrund. Der Zweifel an den materiellen und ideologischen Grundlagen der sozialistischen oder kapitalistischen Leistungsgesellschaft verbreitet sich immer mehr. Die in der Bundesrepublik erhobenen Forderungen nach mehr Demokratie, mehr → *Mitbestimmung* an der Z. wurden weder im Bildungs- noch im politischen und wirtschaftlichen Bereich erfüllt. Die Jugendlichen mußten Einschränkungen ihrer Bewegungsfreiheit durch Berufsverbote, Regelstudienzeiten, *numerus clausus,* sinkende Kapazität an Ausbildungsplätzen, Arbeitslosigkeit, faktische Einschränkungen freier Berufswahl, die Einengung des städtischen Lebensraumes erleben. Nach der »Shell-Studie« sehen inzwischen mehr als 50 v. H. aller Jugendlichen mit Angst und Pessimismus in die Z. Die Angst bezieht sich auf die Zerstörung der Umwelt durch Großtechnologie, bürokratische Verplanung im Städtebau (→*Stadt- und Regionalplanung*), Kriegsgefahr, Konkurrenzprinzip, Entfremdungsformen in der Arbeitswelt (→ *Arbeit,* →*Arbeitskultur*) und auf Arbeitslosigkeit. Technik als Segen der Menschheit empfanden 1966 72 v. H., 1981 nur noch 13 v. H. der Jugendlichen.

VIII. Zukunftskritik als Zukunftshoffnung

Gemeinsamkeiten zwischen →*Alternativkultur* und Establishment gehen zu Beginn der 80er Jahre bis in die Sprache und Gestik verloren. Zur Ethik des Industrialismus, für die Leistung prinzipiell nur aufgrund von Triebverzicht möglich ist (M. Weber, H. Marcuse), entsteht eine Gegenethik und -moral, in der Genuß und Arbeit miteinander verbunden werden sollen. Von diesem Standpunkt aus entwickelt sich eine Zukunftskritik als Gesellschaftskritik. Die Auseinandersetzung geht um die Enteignung der Z. heutiger Jugend durch das Establishment. Der Streit verweist nicht nur auf ein neues Emanzipationsbewußtsein der jungen Generation gegenüber der älteren, sondern auch allgemeiner der Regierten gegenüber den Regierenden. Die Z. wird zur Machtfrage zwischen Generationen und sozialen Schichten.

Apathie und Rückzug aufgrund dieser Auseinandersetzung in moralische Räume außerhalb der Politik, in die →*Innerlichkeit* und Privatheit sind politische Formen des Protests. Rückzug auf Emotion (→*Sinnlichkeit*) muß nicht notwendig ein Abschied vom Rationalismus sein. Die totale Rationalisierung der Emotionalität war eine wohlbegründete Reaktion auf die Unberechenbarkeit menschlicher Psyche und Geschichte. Aber sie hat schließlich den Menschen aus den Augen verloren und ihn in die neue Unmündigkeit des verplanten und registrierten Bürgers gestürzt. Die Emotionalisierung und damit Entmythologisierung der Rationalität könnte eine Erneuerung der Aufklärung bedeuten.

Gegensteuernde Maßnahmen machen die pessimistischen Zukunftsprognosen des *Club of Rome* und des »Global 2000«-Berichts zumindest auf dem Sektor des Energieverbrauchs der Industriestaaten zu *self destroying profecies.* Die Bedarfs- und Wachstumskurven beginnen sich abzuflachen. Damit haben diese Voraussagen einen Teil ihrer Funktion erfüllt. Alternatives Zukunftsbewußtsein hat viel zu dieser Entwicklung beigetragen. Z. ist Zukunfts-*engineering* im negativen wie im positiven Sinn. Selbst eine Vermeidung unheilvoller Zukunftstrends ist ohne Computertechnik und Systemanalyse nicht mehr möglich. Auch diese entwickelten Denkmethoden setzen einen Bewußtseinswandel voraus. Dem ständig zwischen Extremen schwankenden Zukunftsbewußtsein im Westen steht das starre, offizielle Optimismusdogma des Sozialismus in der DDR gegenüber. Kritik zu üben an der Z. der Industriegesellschaft in Ost und West, ist nicht notwendig die Rolle der Jugend. Es könnte auch die Rolle einer Arbeiterklasse sein. Die Hoffnung auf einen Funktionswandel der Regierten von Konsumenten und Planerfüllern zu Zukunftskritikern ist gering.

M. Winter

Literatur

A. Bönisch, Futurologie. Eine kritische Analyse bürgerlicher Zukunftsforschung, Frankfurt a. M. 1971
D. Pforte, O. Schwencke, (Hrsg.), Ansichten einer künftigen Futurologie, Zukunftsforschung in der zweiten Phase, München 1973
W. Harich, Kommunismus ohne Wachstum? Sechs Interviews mit F. Duve und Briefe an ihn, Reinbek 1975
I. Van den Auweele, Zukunftsvorstellungen von 15jährigen in der DDR und der BRD, in: Jugend im doppelten Deutschland, hrsg. v. W. Jaide u. B. Hille, Opladen 1977
R. Havemann, Morgen. Die Industriegesellschaft am Scheideweg. Kritik und reale Utopie, München 1980
O. K. Flechtheim, Der Kampf um die Z., Bonn 1980
E. Eppler, Wege aus der Gefahr, Reinbek 1981
J. Strasser, K. Traube, Die Z. des Fortschritts. Der Sozialismus und die Krise des Industrialismus, Bonn 1981

Zynismus

Der Begriff Z. geht auf die griechische Philosophenschule der Kyniker (griech. *kyon*, Hund), zurück, als deren Gründer die plebejischen Denker Antisthenes von Athen (444 – ca. 368 v. Chr.) und Diogenes von Sinope (404 – 323 v. Chr.) gelten. Letzterer vor allem hat durch seine Lehre vom einfachen, selbstbeherrschten, in den Naturgesetzen statt in menschlicher Willkür begründeten Leben einen populär-plebejischen Prototypus europäischer Weisheitslehren geschaffen. Er stellte die Selbstgenügsamkeit des freien Philosophen gegen die versklavende Verführung durch den Reichtum der Mächtigen, die kosmopolitische Gesinnung gegen das borniere lokale Ethos und die schlagfertige, satirisch-pantomimische Demonstration gegen die rhetorische und logische Selbstherrlichkeit der platonischen Dialektik. Seine Lehre war im wesentlichen praktisch und atheoretisch gefaßt. Die antiken Kyniker erproben erstmals eine lebensphilosophisch begründete »große Verweigerung« gegenüber den Sitten und Institutionen einer als pervertiert durchschauten Gesellschaft. Aus diesem Grund gewinnen diese »Hippies der Antike« (W. Hochkeppel) in der Gegenwart neue Aktualität.

Der moderne Sinn von Z. hat sich erst im Lauf des 18. und 19. Jh. herausgebildet. Für ihn ist ein Wechsel des Blickpunktes grundlegend. Während der kynische Impuls einen plebejischen Standpunkt formuliert und zur Kritik der Institutionen und Ideale »von unten« gelangt, zeichnet sich neuzeitlicher Z. durch die Perspektive der → *Macht* aus. Er entwickelt eine Sehweise »von oben«. Seit dem 18. Jh. bilden zynische Denkformen und Redeweisen eine misanthropische und pessimistische Begleiterscheinung des kulturellen Prozesses der → *Aufklärung*. Sowohl in der späten höfischen Kultur als auch in der aufsteigenden bürgerlichen Gesellschaft sammeln sich mondäne Erfahrungen an, die zu der moralischen Überlieferung des christlichen Humanismus in Widerspruch treten. Gleich, ob es sich um die Werte des militärischen Heroismus oder um die Glorie der politischen Macht handelt, ob es um erotische Ideale, um Helfertugenden, um Werte der Religion, der Wissenschaft oder Weisheitslehren geht – der gesamte traditionelle Wertbereich erscheint nun als bloßer »idealistischer Schein«, der von einem aufgeklärten, realistischen Wissen kritisch und taktisch durchschaut wird. Es entstehen – zunächst in den Köpfen weltgewandter → *Eliten* – militärische, diplomatische, erotische, psychologische, ökonomische »Realismen«, die den Anspruch erheben, den herrschenden konventionellen Schein zu sprengen und zum »Wesen« der Dinge vorzustoßen. Das »Wesen«wird dabei naturalistisch-materialistisch als »materielles Interesse« verstanden: Das kritische → *Bewußtsein* führt menschliches Handeln auf mehr oder weniger versteckte Grundimpulse oder Systemzwänge zurück, auf »realpolitischen« Egoismus, auf den Willen zur Macht, auf Profitstreben, auf Hunger, Sexualtrieb, Aggression. Wo sich kritisches Denken mit Hilfe solcher reduktiver Begriffe zum Kritizismus verfestigt, der Bestehendes grundsätzlich als »entlarvungsbedürftig« ansieht, entsteht eine Tendenz zum subjektiven Z. (→ *Kritik*); zu dessen psychologischen Kennzeichen gehören Destruktivität, Schadenfreude, Erniedrigungsbedürfnis u. ä. Verschiedene psychoanalytische Erklärungsansätze bemühen sich um die Deutung des zynischen Typus bzw. des destruktiven Charakters (z. B. E. Bergler, Zur Psychoanalyse des Zynikers, in: Psychoanalytische Bewegung, V. Jg., 1933, S. 19 ff und 130 ff; E. Fromm, Anatomie der menschlichen Destruktivität, Frankfurt a. M. 1979). Seine kognitiven Waffen findet der Zyniker im

Arsenal der genannten, entlarvend-verkürzenden, reduktionistischen Denkformen. Nach V. Vrankl ist Reduktionismus die theoretische Erscheinungsform des modernen Nihilismus. Dieser ist im Grunde weniger vom »Nichts« fasziniert, als vielmehr vom »Nichts-Als«. Dem Z. entspricht ein Menschen- und Gesellschaftsbild, das Gesellschaft a priori als eine Organisation von sich gegenseitig manipulierenden Egoisten auffaßt. Eine ganze Literatur von sogenannten psychologischen Lebenshilfen untermauert diese Strukturen, indem sie sie als naturgesetzliche Gegebenheiten hinnimmt (J. Kirschner, Manipulieren – aber richtig. Die acht Gesetze der Menschenbeeinflussung, München, Zürich 1974).

Weniger psychologisch als kultur- und gesellschaftstheoretisch bedeutsam ist das Phänomen des objektiven Z., der mehr und mehr als grundlegendes Merkmal des politisch-kulturellen Lebens in der →*Moderne* erkennbar wird. Er bildet den Kern dessen, was F. Nietzsche – der sich an entscheidenden Stellen seines Werkes als »Cyniker« bezeichnet und sich auf kynische Motive der Antike beruft – gegen Ende des 19. Jh. als »Heraufkunft des europäischen Nihilismus« beschrieb (H. Niehues-Pröbsting, Der »kurze Weg«: Nietzsches »Cynismus«, in: Archiv f. Begriffsgeschichte, Band XXIV, H. 1, Bonn 1980, S. 103–122). Dieser gründet in der seit dem Ersten Weltkrieg offenkundig zunehmenden Unfähigkeit industriekapitalistischer Gesellschaften, ihren Grundwerten und Legitimationen jenes Minimum an Glaubwürdigkeit zu sichern, das erforderlich ist, um nachwachsende Generationen in das Wertsystem der bestehenden Gesellschaftsordnung einzuführen (→*Kulturwandel*, →*Werte und Normen*). Mindestens seit 1914 läßt sich beobachten, wie zynische Denkstrukturen ihre Reservate in Diplomatie, Spionage, Militär, Prostitution, Unternehmungsleitung usw. verlassen, um zu einem Faktor des allgemeinen Bewußtseins zu werden. So entwickelt sich seit der Weimarer Republik die Kategorie Z. zu einem zentralen Reflexionsbegriff der modernen →*Kultur*. Z. läßt sich demnach nicht mehr bloß als subjektive »Einstellung« wie Ironie, Frivolität, Enttäuschung oder Pessimismus begreifen, sondern verlangt danach, als eine objektive Struktur des sozialen Bewußtseins behandelt zu werden. Ihr Kennzeichen ist die Selbstaufhebung kultureller und politischer Werte oder Ideale durch diejenigen, die offiziell als ihre Träger gelten. In der zynischen Struktur durchschauen die Repräsentanten der politischen und symbolischen →*Gewalt* – sofern sie nicht naiv sind oder zu sein versuchen – ihre eigenen Legitimationen als eine Art Maske über institutionellen »Zwängen« durchaus nichtidealer Natur. In den Künsten manifestiert sich die Tendenz zur Selbstaufhebung erstmals als Dadaismus und Futurismus, z.T. noch mit kritisch-aufklärerischer Richtung. Im politischen Bereich münden

zynische Denk- und Reaktionsformen in die faschistischen Bewegungen ein, für die eine Zurückführung von Recht auf Gewalt und von Wertfragen auf blinden Dezisionismus, d.h. den →*Kult* der »Entscheidung« und der Entschiedenheit, typisch sind. Abgeschwächte Varianten dessen begegnen uns heute z.T. in Form von Neokonservatismen, die versuchen, eine Politik der Stärke durch die rhetorische Beschwörung der »besseren Werte« des eigenen Systems zu legitimieren. Z. prägt die Bewußtseinsformen einer Kultur, die ihre eigenen Ideale mehr oder weniger offen widerrufen muß, um sich in der Konkurrenz der Staaten und Systeme zu behaupten. In dem Maße, wie das strategische Denken in alle Lebensbereiche einzudringen beginnt, wird offenkundig, daß soziales Verhalten sich nicht so sehr an allgemeinen Werten oder Idealen orientiert, sondern überwiegend an Konkurrenzzwängen und Sonderinteressen ausgerichtet ist. Aus dieser Sicht verlieren die »Grundwerte« ihre universalistische Würde und sinken zu Funktionen und Werkzeugen einer partikularen Strategie ab. Es bleibt keine autonome Ethik bestehen, die nicht zugleich im Dienste von Profit- und Machtinteressen stünde, und keine Moral, die nicht in gewisser Hinsicht auch Kampfmoral wäre. Im Mittelpunkt moderner Relativismus- und Nihilismusdiskussionen, die seit den 20er Jahren beinahe zu einer ständigen Einrichtung geworden sind, steht die Erfahrung, daß in der Welt der Strategien Mittel und Zwecke gegeneinander vertauscht werden können. Darum hat sich in den Bevölkerungen des Ostens wie des Westens ein begründetes Mißtrauen gegen jede Form von propagandistischem, strategischem Idealismus entwickelt.

Durch diese Verhältnisse wird die seit der Aufklärung überlieferte Kritik an herrschender →*Ideologie* auf ein neues Niveau gehoben. Verstand sich die klassische Ideologiekritik von F. Bacon bis K. Marx und S. Freud als Analyse, Entlarvung und Korrektur eines unfreiwillig illusionsbefangenen, mystifizierten Bewußtseins, so bekommt es die Kritik des Z. mit einem »aufgeklärten falschen Bewußtsein« zu tun, das seinerseits wenigstens ein Stück weit durch die Schule der Kritik gegangen ist. Dabei hat es sich zu einer reflexiv gefederten, strategisch-raffinierten »Funktionsideologie« weiterentwickelt: »Denn sie wissen, was sie tun« (W. Ottwald). In Deutschland läßt sich dies besonders an der sog. »nationalsozialistischen Weltanschauung« studieren, die zu einem großen Teil auf Bluff, Suggestionen, Unterstellungen und Projektionen beruhte. Die unter J. W. Stalin zum *Dialektischen Materialismus* erstarrte Staatsideologie der Sowjetunion liefert das bis heute folgenreichste Exempel für ein Denken, das nahezu restlos vom Vorrang der Strategie vor Wert- und Wahrheitsfragen geprägt ist. Mit seiner Hilfe wurden Denkmuster des Kalten Krieges bis in die subtilsten Bereiche der →*Philosophie*,

Wissenschaftstheorie, Ethik und →*Ästhetik* vorangetrieben.

Nach 1945 bildeten sich auf deutschem Boden zwei Gesellschaftssysteme, die aus historischen Gründen in ihrer kulturellen, politischen und moralischen Substanz relativ labile, traditionsschwache Gebilde darstellen. Ihre Labilität verrät sich u. a. durch eine gesamtdeutsche Empfindlichkeit in Legitimationsfragen. Beide haben mit dem Substanzverlust und dem Schematismus bei der Verkörperung ihrer politisch-kulturellen Grundwerte zu kämpfen. Seit Mitte der 60er Jahre ist in der Bundesrepublik eine Tendenz zur prinzipiellen gesellschaftlichen Verweigerung sichtbar, mit der wachsende Gruppen vor allem in der →*Jugend* und in kirchlichen oder neureligiösen Bewegungen ihre gestiegene Sensibilität für den systematischen allgegenwärtigen Z. unserer konsumistischen, nuklearstrategisch »gesicherten« Gesellschaftsform zum Ausdruck bringt (→*Alternativkultur,* →*Zukunft*). Nicht zufällig griff die Studentenbewegung um 1968 auf Techniken der symbolischen Aggression und der kynisch-provokativen →*Ironie* zurück, die im Dadaismus zuerst erprobt worden waren. Sie erhob den Anspruch, sich für universalistisch gerechtfertigte und selbstbestimmte Lebensformen zu engagieren. Damit ging sie deutlich einen Schritt hinaus über die Zweideutigkeiten des bis in die 60er Jahre dominierenden Existentialismus, der auf die Wert- und Sinnkrise mit einer Lehre des »absurden Engagements« (→*Engagements*) geantwortet hatte; auf diese Weise hatte die existentialistische Ideologie das Problem der *mauvaise foi,* d. h. der Unaufrichtigkeit, der Lebenslüge, zu lösen versucht. In der bisher noch relativ schwach gebliebenen »Tendenzwende« der mittleren 70er Jahre meldeten sich Trends, in denen subjektiver Z. unverhüllter zutage trat. In der »melancholischen Linken« (M. Schneider) der 70er Jahre mehrten sich Zeichen der Resignation; die Sozialdemokratie sah sich gezwungen, das schwungvolle Reformethos von 1969 stillschweigend zurückzunehmen. Auf der Rechten setzte eine neokonservative Enthemmung ein, die bis zu neonationalistischen und neofaschistischen Kundgebungen führte. »Der Z. des bürgerlichen Bewußtseins ist so weit fortgeschritten, daß die neukonservativen Erben der bürgerlichen Emanzipation den eigenen Errungenschaften mißtrauen und beschwören, die anerkannten Ideale doch bitte nicht zu wörtlich zu nehmen. Die Diskussion über Unregierbarkeit ist ein einziges Dokument des Zurückschreckens vor einem Zuviel an sozialer Wohlfahrt, an Autonomie, an Massendemokratie« (J. Habermas, Einleitung zu: Stichworte zur ›Geistigen Situation der Zeit‹, Frankfurt a. M., ³1980, Bd. 1, S. 22). Im Kulturbereich mehren sich Anzeichen für eine konsumistische Aufarbeitung der Vergangenheit zu einem »schicken Faschismus« (vgl. U. Jaeggi, Ästhetik als Unmoral, Nazistische Trauerar-

beit oder Regression? in: Merkur, 36. Jg., 1982, H. 3, S. 244 ff). Enthemmungstendenzen im *Punk*-Anarchismus und zynische Ästhetizismen im *New Wave* haben auf die dadaistischen Techniken der »affirmativen Ironie« zurückgegriffen und die Geste des scheinbaren Einverständnisses erneuert, für das die Neue Sachlichkeit der Weimarer Zeit zahlreiche Beispiele liefert.

Auch die DDR ist vom Problem des Z. zutiefst geprägt, freilich mit charakteristischen Verschiebungen. Die offenen Manifestationen des subjektiven Z., die nur als Seitentriebe des Prinzips der Rede- und Kunstfreiheit auftreten können, sind in einer durch →*Zensur,* Kulturplanung und Sprachregelung gelenkten →*Öffentlichkeit* naturgemäß unterbunden. Dafür hat sich in der DDR die Struktur des objektiven Z. als Selbstdementierung der eigenen politischen Ideale geradezu in kristalliner Form ausgebildet. Eine der sichersten Methoden, sich in der DDR eine langjährige Freiheitsstrafe einzuhandeln, ist – außer dem Versuch, die DDR zu verlassen – der Versuch, in ihr konsequent marxistisch zu denken. Die Fälle von W. Biermann und R. Bahro u. v. a. m. zeigen, daß in der DDR radikalmarxistisch-sozialistische Positionen als Naivitäten bestraft und als Abweichungen von der Anpassungsnorm verfolgt werden (→*Außenseiter,* →*Minderheiten*). Dies ist nur möglich, wo der Normalitätsdefinition eines Landes ein hohes Maß an Z. innewohnt, als wäre es eine Selbstverständlichkeit, daß Sozialisten in der DDR nicht einmal jene Freiheiten besitzen, die für Sozialisten in westlichen Ländern garantiert sind. In allen Fragen der politischen und geistigen Liberalität dementiert der sozialistische Staat praktisch seinen ideologischen Anspruch, über den bürgerlichen Rechtsstaat der kapitalistischen Periode hinausgegangen zu sein.

Den Kern des strukturellen Z. in der Gesellschaftsordnung der DDR bildet die autoritäre Umdefinition des Begriffs →*Demokratie,* auf den der »real existierende« →*Sozialismus* seinen Anspruch angemeldet hat. De facto wird das System nicht von einem spontanen, demokratischen Massenkonsens getragen, sondern durch ein zentral gesteuertes Zusammenwirken von Massenpädagogik, Polizei, Staatssicherheitsdienst und ideologischer Karrierekontrolle. Die soziolinguistisch gut gesicherte Tatsache, daß Bewohner der DDR gewohnt sind, zwischen einem öffentlich-ideologischen Code und einem privat-familiären Code scharf zu trennen (→*Sprache*), zeigt an, daß sich die Mehrheit der Bevölkerung durchaus bewußt auf die gegebenen Verhältnisse einzustellen weiß. Die zynische Struktur des östlichen Demokratiebegriffs reicht bis in das ideologische Herzstück des Sozialismus der DDR, die Planwirtschaft, die in vielen Punkten weder Ausdruck der materiellen Masseninteressen ist noch auf demokratischem Weg zustande kommt, sondern mit machtpolitischen Mitteln durchgesetzt wird. »Daß der Plan nicht demokratisch sei, bestreiten seine Anhänger, aber faktisch erzwingen sie den Plan durch Stabilisierung der Herrschaft und demonstrieren damit – gegenüber dem Z. als dem moralischen Problem des Kapitalismus – die Lüge als das moralische Problem des Sozialismus« (C. F. v. Weizsäcker, Gehen wir einer asketischen Weltkultur entgegen? in: Merkur, 32. Jg., 1978, H. 8, S. 761). C. F. v. Weizsäcker spricht hier vom subjektiven Z., der sich naturgemäß weitgehend auf den Kapitalismus beschränkt, während die Struktur des objektiven Z. an beiden Systemen aufzuweisen ist. Angesichts der in der DDR herrschenden Verhältnisse bleibt B. Brechts Sarkasmus aktuell: Warum die Regierung, wenn sie mit dem Volk unzufrieden sei, nicht einfach das Volk auflöse und sich ein neues wähle?

P. Sloterdijk

Literatur

K. Heinrich, Antike Kyniker und Z. in der Gegenwart, in: K. H., Parmenides und Jona, Vier Studien über das Verhältnis von Philosophie und Mythologie, Frankfurt a. M. 1966
I. Fetscher, Reflexionen über den Z. als »Krankheit« unserer Zeit, in: Denken im Schatten des Nihilismus, hrsg. v. A. Schwan, Darmstadt 1975, S. 334 ff.
H. Niehues-Pröbsting, Der Kynismus des Diogenes und der Begriff des Z., München 1979
D. Sölle, Glauben als Kampf gegen objektiven Z., in: D. S., Wählt das Leben, Stuttgart 1980, S. 7–31
P. Sloterdijk, Kritik der zynischen Vernunft, Frankfurt a. M. 1982

Benutzerhinweise

1. Neben Standardartikeln enthält das Wörterbuch eine Reihe größerer Beiträge, die durch Zwischenüberschriften gegliedert wurden.
2. Zugunsten dieser umfassenden Artikel wurde auf die gesonderte Darstellung einzelner Aspekte und Unterbegriffe, wie etwa Roman, Lyrik im Fall des Stichwortes *Literatur*, verzichtet.
3. Soweit bestimmte Begriffe unter ihrem Oberbegriff oder in einem anderen Stichwortzusammenhang behandelt werden, soll das Sach- und Begriffsregister ihre Auffindung erleichtern und zugleich ihre Bedeutung in einem größeren Kontext aufschließen.
4. Dieses Register wurde um Institutionen- und Namensverzeichnisse ergänzt.
5. Soweit sich in den einzelnen Beiträgen Berührungspunkte zu anderen Stichwörtern ergeben, wird auf diese unmittelbar im laufenden Text verwiesen. Allerdings nur dann, wenn es sich um eine sinnvolle sachliche Ergänzung handelt.
6. Abkürzungen wurden so weit wie möglich vermieden, so daß sich das Sigelverzeichnis auf wenige Hinweise beschränkt.
7. Jedem Stichwort wurde eine kurze, begrenzte Auswahlbibliographie beigefügt, in der nach Möglichkeit weiterführende Literatur und Standardwerke oder solche Titel aufgenommen wurden, die eine ausführliche Bibliographie zum Thema enthalten. Diese Hinweise sollen es dem Benutzer ermöglichen, sich über das behandelte Thema eingehender zu informieren.
8. Zudem wurde zur generellen Information eine Bibliographie wichtiger Nachschlagewerke und Dokumentationen der behandelten Themenfelder aufgenommen.
9. Soweit nicht anders kenntlich gemacht, wird, der generellen Gliederung der Artikel folgend, der für die Darstellung des auf die Bundesrepublik bezogenen Aspekts verantwortliche Autor zuerst genannt.

Namenregister

Kuppe, J. 99, 284, 378, 584
Kurella, A. 126, 127, 138, 394, 691
Kürnberger, F. 194
Kuschnerus, P. 566
Kutsch, Th. 156, 233, 328, 463

Laban, R. v. 676
Lachnit, W. 204
Ladendorf, H. 228, 229
Laemmle, P. 599
Laing, R. 32
Laitko, H. 280, 751, 754
Lakomy, R. 617
Lammert, U. 669
Lämmert, E. 174
Lamprecht, K. 363, 364
Landrock, R. 19
Lang, B. 767
Lang, E. M. 302
Lang, F. 197, 198, 634
Lang, L. 107
Lang, M. R. 351
Lange, G. 257, 258
Lange, H. 189, 211
Lange, H. H. 288, 289
Lange, M. 416, 420, 457
Langenbucher, W. R. 293, 323, 490, 546, 582
Langfeld, J. 97
Langhoff, W. 172, 683
Lansing, J. B. 461
Lasalle, F. 320
Lasch, St. 619
Laschitzka, A. 113
Lasky, M. 413, 761
Lassalle, F. 49, 128, 133, 530, 646
Lasswell, H. D. 491, 583, 584
Lasswitz, K. 634
Lauter, H. 317
Lauterwasser, S. 564
Lautmann, R. 499
Lawrence, F. 343
Lazarsfeld, P. 416
Lechner, H. 628
Leesch, W. 66
Lefèbvre, H. 20, 21, 22, 51, 417
Legien, C. 246
Legter, L. H. 354
Lehar, F. 525
Lehmann, G. K. 54, 284, 285, 419
Lehmann, H.-Th. 80, 282, 436, 438
Lehmann, W. 475
Lehr, U. 26, 178
Leibholz, G. 133
Leibniz, G. W. 17, 560, 768
Leibowitz, R. 519
Leichsenring, A. 629, 630

Leinemann, J. 772
Leitner, O. 619
Leman, A. 636
Lemmer, E. 541
Leni, P. 197
Lenin, W. I. 45, 55, 99, 123, 160, 196, 198, 208, 233, 237, 248, 249, 269, 290, 292, 301, 321, 343, 390, 391, 393, 418, 430, 472, 479, 549, 554, 558, 562, 579, 583, 584, 587, 607, 613, 614, 678, 694, 727, 729, 759
Lenk, H. 161, 162, 561
Lenk, K. 33, 128, 270
Lenz, J. M. R. 683
Lenz, S. 598, 599
Lenzen, K.-D. 305
Leonhardt, R. 541
Lepenies, W. 51, 75, 175
Lepsius, M. R. 342
Lerg, W. B. 141
Lerner, D. 460, 463, 584
Lersch, Ph. 552
Lesch, H. 197
Lessing, G. E. 412, 575, 687, 688
Lethen, H. 301
Levenstein, A. 46
Lévy-Strauss, Cl. 175, 769
Lewin, K. 485, 553
Ley, H. 606
Leyh, G. 97
Lichtblau, K. 486
Lichtenstein, R. 739
Lichtheim, G. 649
Liebeneiner, W. 202
Lieber, H.-J. 270
Liebermann, M. 104
Liebermann, R. 524
Liebig, J. 17
Liebknecht, K. 46, 229
Liebknecht, W. 248, 249
Liermann, H. 672
Ligeti, G. 192
Lilienthal, P. 199
Linares, F. 260
Lindemann, H. 378
Lindenberg, U. 615, 616
Linder, S. B. 759
Lindig, O. 451
Lindner, B. 368, 371
Lindner, H. J. 289
Lindner, R. 185
Lingner, M. 204
Linke, N. 522
Linnhoff, U. 28
Linton, R. 347
Lipp, K. W. 420
Lipp, M. 748
Lipp, W. 418, 537

Lippe, R. z. 678
Lippert, J. 345
Lippitt, R. 553
Lippold, E. 240
Lipps, Th. 357
Lipsmeier, A. 74
Listen, Rosa, 499
Litt, Th. 108, 109, 752
Little Feat 616
Ljudskanov, A. 695
Loames, Ph. H. 737
Löcher, W. 494, 546, 608
Lochner, R. 166
Locke, J. 156, 250, 465, 642, 768
Löckenhoff, E. 323
Lockwood, D. 460
Lodemann, J. 720
Loderer, E. 526
Loepelmann, G. 191
Loerke, O. 151, 475
Loeser, F. 160, 335, 556
Loest, E. 37
Loewy, E. 174
Löffler, G. 389
Lohmann, U. 243
Lohmar, U. 754
Lohse, B. 565
Lojewski, W. v. 605
Lompscher, J. 231, 594
Loos, A. 370
Lorbeer, H. 196
Lorenz, G. W. 222
Lorenz, K. 140, 141, 535
Lorenz, W. 99
Lorenzen, P. 139
Lortzing, A. 524
Löschberg, W. 603
Lotze, R. H. 207
Loviscach, P. 496
Löwenthal, L. 416
Löwenthal, R. 527, 649
Löwith, K. 557, 559
Lozek, G. 239
Lübbe, H. 157, 691
Lübbe, P. 301, 325, 401, 737, 765
Lubitsch, E. 198
Lücke, P. 755
Luckmann, Th. 20, 113, 561
Lüders, M.-E. 211
Lüdke, W. M. 80
Ludskowski, A. 288
Ludwig, E. 173, 589
Ludwig, V. 298
Ludz, P. Ch. 3, 7, 99, 148, 150, 270, 329, 342, 355, 356, 486, 487, 506, 532, 537, 614, 692, 730
Luhmann, N. 284, 427, 490
Lukács, G. 13, 14, 79, 126, 155,

206, 286, 393, 394, 416, 417,
433, 436, 537, 597, 598, 607,
613, 622, 624, 680, 682
Lukesch, H. 182, 304
Lukian 692
Lumière, A. 197
Lumière, L. 197
Lunatscharski, A. W. 390
Lüpertz, M. 103
Luther, M. 311, 426, 530, 606,
607, 690, 691, 692
Lutz, B. 7, 317
Lutz, H. 113
Lützeler, P. M. 476, 482
Luxemburg, R. 129, 211, 324,
613
Lynch, K. 663
Lyssenko, T. D. 550

Maas, L. 174
Machule, D. 669
Mack, D. 526
Mack, H. 101
Mader, O. 110
Maetze, G. 592
Maetzig, K. 199
Maharaj, J. 605
Mahrat, Chr. 298
Maibaum, W. 692
Maier, H. 556
Maier, J. 352
Makarenko, A. S. 164, 165
Malecki, H. 177
Malinowski, B. 346, 347, 356,
592
Mallinckrodt, A. M. 378
Mampel, S. 145
Man, F. H. 564
Mandel, E. 301, 614
Mandel, J. 243
Mangelsdorf, A. 288
Manheim, E. 67
Mania, D. 616
Mann, F. H. 567
Mann, G. 527
Mann, H. 171, 415, 539, 541, 575,
598, 622
Mann, K. 171, 172, 173, 682
Mann, Th. 171, 172, 285, 286,
363, 411, 415, 512, 539, 541,
547, 598, 758, 760
Mannheim, K. 280, 282, 295,
416, 455, 583
Mannschatz, E. 111
Mannzen, W. 540
Manske, H. 445
Manthey, J. 539
Manz, G. 220, 463
Manzoni, A. 512

Mao Tsetung 147, 343
Marcel, G. 152, 557
Marchwitza, H. 172, 480
Marcks, G. 228, 451
Marcuse, H. 14, 35, 43, 68, 93,
156, 233, 345, 371, 382, 383,
385, 414, 417, 438, 558, 561,
641, 643, 739, 773
Marcuse, L. 171, 252
Markefka, M. 503
Markmann, H. 56
Marković, M. 35
Marohn, H. 429
Marten, J. 23
Märten, L. 682
Martens, W. 244
Martin, A. v. 416
Martin, H. 23
Martin, K. H. 197
Marx, K. 40, 67, 70, 80, 81, 82,
84, 85, 91, 109, 110, 123, 128,
130, 155, 196, 207, 208, 218,
229, 233, 251, 266, 268, 269,
277, 285, 300, 301, 319, 324,
328, 343, 345, 365, 369, 371,
391, 416, 419, 430, 436, 465,
483, 530, 549, 550, 559, 562,
603, 613, 642, 645, 646, 647,
678, 694, 744, 751, 759, 769
Masanetz, G. 525
Masereel, F. 104, 204
Maslow, A. H. 81, 467
Matschinski, G. 525
Mattenklott, G. 643
Matthes, J. 460
Mattheuer, W. 105
Maunz, Th. 255
Maurer, E. 78
Maus, C. 335, 556
Mauss, M. 364
Mauthner, F. 547
May, G. 362
May, W. 388
Mayer-Tasch, P. C. 119
Mayer, H. 14, 74, 76, 188, 531,
538, 539, 542, 750
Mayer, Th. 650
Mayntz, R. 124
Mayrhofer, H. 651
Mazrui, A. A. 737
McLuhan, M. 367, 599, 612, 643
Mead, M. 26, 356, 490, 592
Meadows, D. 136, 507, 772
Mechtel, D. 293
Meckel, C. 37, 542
Medek, Th. 519
Mehlhorn, H.-G. 334, 335
Mehnert, A. 84
Mehnert, G. 210, 416

Mehring, F. 324, 364
Meißner, H. 330
Meier, A. 110
Meier, Ch. 207
Meier, P. 115, 116
Meinecke, F. 67, 234, 244, 539
Mende, D. 763, 765
Mendelsohn, E. 57, 134
Mendlovitz, S. H. 737
Menne, F. 644
Mensch, G. 280
Menzel, A. 104
Menzel, E. 529
Menzer, H. 505
Merleau-Ponty, M. 730
Mertens, D. 90
Messiaen, O. 519
Metz, J. B. 605
Metzger, W. 552
Meunier, E. 194
Mey, R. 471
Meyer-Clason, C. 695
Meyer, E. H. 519
Meyer, Th. 614
Meyerhold, W. E. 78
Michaelis, R. 720
Michalsky, H. 356
Michel, D. 300
Michels, R. 148
Michelsen, H. G. 684
Mickel, K. 480
Mickler, O. 45
Micksch, J. 220
Middendorf, H. 103
Mies, L. van der Rohe 53, 57, 77
Miethe, A.-D. 229
Mikat, P. 382
Mikat, W. 360
Mildenberger, M. 605
Milkau, F. 97
Miller, A. 475
Milling, P. 772
Mills, Ch. W. 155
Millöcker, K. 525
Mirandola, Pico della 108
Mitscherlich, A. 33, 35, 136, 178,
385, 425, 490, 585, 590, 663
Mitscherlich, M. 33
Mittenzwei, I. 691
Mittenzwei, W. 206, 682
Mleczkowski, W. 639
Mnouchkine, A. 682
Moßmann, W. 471, 726
Model, H. 328
Modick, K. 612
Moeller, H.-B. 476
Moeller, M. L. 125
Moholy-Nagy, L. 564, 565, 626
Mohr, H. 236

Sach- und Begriffsregister

Marlene Müller

Institutionenregister

Adenauer, Konrad-A.-Stiftung 18, 229, 670
Akademie, Europäische (Lerbach) 18
Akademien, Evangelische 18, 19, 383
Akademien der Wissenschaften, Konferenz der 16
Aktion Sorgenkind 87
A. Sühnezeichen-Friedensdienste 351
Alpenpark Berchtesgaden 533
Altershilfe, Kuratorium Deutsche 25
Amateurfotografen-Vereine, Verband der 566
Amerika-Gedenk-Bibliothek 387
amnesty international 735
Amt, Auswärtiges 64, 372, 373, 375, 376, 378, 381, 383
Angelegenheiten, Ministerium für Auswärtige 221, 375f., 401, 736
Angestelltengewerkschaft, Deutsche 247, 576
Anti-photokina 565
Antiquare, Verband Deutscher 37
Antiquare und Graphikhändler, Verein der 447
Antiquarian Booksellers, International League of 37
Antiquitäten, Volkseigener Handel 39
Antiquitätenhändler, Verband der deutschen 447
Antisemitismusforschung an der Technischen Universität Berlin (West), Institut für 351
Arbeit, Bundesanstalt für 523
–, Frankfurter Akademie der 19
–, Verein für ein Museum für 272
–, Zentrales Forschungsinstitut für 42
–, und Sozialordnung, Bundesministerium für 628
Arbeitersport und Körperpflege, Zentralkommission für 652
Arbeitsamt, Internationales 734
Arbeitsökonomik und Arbeitsschutzforschung, Zentralinstitut für 41, 42
Arbeitsorganisation, Internationale 283
Arbeitsschutz, Zentralinstitut für 42
Arbeitswissenschaft, Gesellschaft für 43
Architectes, Union Internationale des 60
Architekten, Bund Deutscher 60, 283, 576
Architekten der DDR, Bund der 60
–, Vereinigung freischaffender 60
Architekten- und Ingenieurverband, Deutscher 60
Architekturmuseum, Deutsches 61
Archives du Film, Fédération Internationale des 201
Archivfonds, Staatlicher 63, 64
Archivverwaltung im Ministerium des Innern der DDR, Staatliche 63, 64
Archivwesen, Fachschule für 64
Archivwissenschaft, Institut für 64
Art Photographique, Fédération Internationale de l' 566, 568
Artisten Loge, Internationale 767
Artistik, Staatliche Fachschule für 766
Artists in Residence 387, 389

Aufführungsrechte auf dem Gebiet der Musik, Anstalt zur Wahrung der 712
– und mechanische Vervielfältigungsrechte, Gesellschaft für musikalische 711
Aufklärung, Bundeszentrale für gesundheitliche 241
Auslandsbeziehungen, Institut für 221, 373, 375
Auslandsinstitut, Deutsches 373
Ausschuß für Filmwesen, Interministerieller 381
Außenhandel, Kammer für 495
–, Ministerium für 495
Austauschdienst, Deutscher Akademischer 373, 375, 377, 380, 575
–, Europäischer 399
Autoren, Bundesverband deutscher 629
–, Schutzverband deutscher 574
Autorenverband, Freier Deutscher 629

Bachchor 520
Bachfestspiel, Internationales 192
Baeck, Leo-B.-Institut 351
Banken, Bundesverband Deutscher 209
Bauakademie, Deutsche 58, 59
Bauakademie der DDR 16, 19, 60, 664, 665, 668
Bauhaus 14, 53, 57, 61, 101, 102, 316, 453, 564, 626, 627, 662, 665
Bauhaus-Archiv 61
Baumeister, Architekten und Ingenieure, Bund Deutscher 60
Bauwesen, Ministerium für 60
Bayreuther Festspiele 188, 190, 523
Beamtenbund, Deutscher 247
Becher, Johannes-R.-B.-Institut 154, 480, 629
Behinderte, Olympiade für 87
Bergakademie Freiberg 19
Berlin-Museum 390
Berlinale 192
Berliner Ensemble 457, 686
– Philharmoniker 362, 520, 521
– Welle 263
Berufe, Bundesverband der freien 455
Berufsausbildung, Bundesinstitut für 71
–, Bund-Länder-Kommission für 72
–, Staatssekretariat für 72, 392
–, Zentralinstitut für 72, 90
Betriebe, Vereinigungen Organisationseigener (VOB) 581
–, Vereinigungen Volkseigener (VVB) 504
Bewegung junge Talente der FDJ 444, 576
Beziehungen, Bundesministerium für innerdeutsche 60
Bibliophilen, Gesellschaft der 626
Bibliothek, Deutsche 94, 174, 627
Bibliotheken, Methodisches Zentrum für wissenschaftliche 95
Bibliotheksinstitut, Deutsches 95
Bibliothekskonferenz, Deutsche 94
Bibliotheksverband, Deutscher 95
– der DDR 95

Abkürzungsverzeichnis

ADGB	Allgemeiner Deutscher Gewerkschaftsbund
ADN	Allgemeiner Deutscher Nachrichtendienst
Annales	Annales. Economies. Sociétés. Civilisations
ARD	Arbeitsgemeinschaft der öffentlich-rechtlichen Rundfunkanstalten Deutschlands
AWA	Anstalt zur Wahrung der Aufführungsrechte auf dem Gebiet der DDR
BAFöG	Bundesausbildungsförderungsgesetz
BBC	British Broadcasting Corporation
BFF	Bund Freischaffender Foto-Designer
BGB	Bürgerliches Gesetzbuch
bifota	Berliner Internationale Fotoschau
BKF	Bezirkskommissionen für Fotografie beim Kulturbund der DDR
Bolschewiki	Sozialdemokratische Arbeiterpartei Rußlands (Bolschewiki) – später: KPdSU
BVerfGE	Entscheidungen des Bundesverfassungsgerichts
BVG	Bundesverfassungsgericht
CDU	Christlich-Demokratische Union Deutschlands
CSSR	Ceskostovenská Socialistická Republika – Tschechoslowakische Sozialistische Republik
CSU	Christlich-Soziale Union
DAF	Deutsche Arbeitsfront
DBD	Demokratische Bauernpartei Deutschlands
DEFA	Deutsche Film AG
DGB	Deutscher Gewerkschaftsbund
GDG	Deutsche Gesellschaft für Dokumentation
DGPh	Deutsche Gesellschaft für Photographie
DIANE	Direct Information Access Network for Europe
DIW	Deutsches Institut für Wirtschaftsforschung
DKP	Deutsche Kommunistische Partei
DNA	Deutscher Normenausschuß
DruPa	Druck und Papier
DWI	Deutsches Wirtschaftsinstitut
EDV	Elektronische Datenverarbeitung
EG	Europäische Gemeinschaft
EWG	Europäische Wirtschaftsgemeinschaft
FDGB	Freier Deutscher Gewerkschaftsbund
FDJ	Freie Deutsche Jugend
FDP	Freie Demokratische Partei
FGB	Familiengesetzbuch der DDR
FIAP	Féderation Internationale de l' Art Photographique
FIS	Fachinformationssystem
FIZ	Fachinformationszentrum
GBl	Gesetzblatt
GBl DDR	Gesetzblatt der DDR
GDL	Gesellschaft Deutscher Lichtbildner
GEMA	Gesellschaft für musikalische Aufführungsrechte und mechanische Vervielfältigungsrechte
Gestapo	Geheime Staatspolizei
GEW	Gewerkschaft Erziehung und Wissenschaft
GG	Grundgesetz der Bundesrepublik Deutschland
GmbH	Gesellschaft mit beschränkter Haftung
GID	Gesellschaft für Information und Dokumentation
Grundlagenvertrag	Vertrag über die Grundlagen der Beziehungen zwischen der Bundesrepublik Deutschland und der Deutschen Demokratischen Republik
HJ	Hitler-Jugend
HO	Handelsorganisation
iba	Internationale Buchkunst-Ausstellung
ICOM	International Council of Museums (Internationaler Museumsrat)
ICOMOS	International Council for Monuments and Sites
IDW	Institut für Dokumentationswesen
IMSF	Institut für Marxistische Studien und Forschungen
IG	Industriegewerkschaft
IuD-Programm	Programm der Bundesregierung zur Förderung der Information und Dokumentation
IWT	Informationssystem Wissenschaft und Technik
KEG	Kommission der Europäischen Gemeinschaft
Kirchenbund	Bund der evangelischen Kirchen in der DDR
KLA	Kieler Liste für Ausländerbegrenzung
Komintern	Kommunistische Internationale
KPD	Kommunistische Partei Deutschlands
KPDSU	Kommunistische Partei der Sowjetunion
KSZE	Konferenz für Sicherheit und Zusammenarbeit in Europa
KZ	Konzentrationslager
LDPD	Liberal-Demokratische Partei Deutschlands

LID	Leitstelle für Information und Dokumentation
Menschewiki	Sozialdemokratische Arbeiterpartei Rußlands
MEW	Marx-Engels-Werksausgabe
NATO	North Atlantic Treaty Organization (Nordatlantische Verteidigungsgemeinschaft)
NDL	Neue Deutsche Literatur
NDPD	Nationaldemokratische Partei Deutschlands
NDR	Norddeutscher Rundfunk
NSDAP	Nationalsozialistische Deutsche Arbeiterpartei
NWDR	Nordwestdeutscher Rundfunk
OECD	Organization for Economic Cooperation and Development
PEN	Poets Essayists Novelists
Pioniere	Pionierorganisation Ernst Thälmann
REFA	Reichsausschuß für Arbeitszeitermittlung
RFFU	Rundfunk-Fernseh-Film Union
RGW	Rat für gegenseitige Wirtschaftshilfe
ROG	Raumordnungsgesetz
SA	Sturm-Abteilung
SALT	Stratetic Arms Limitation Talks
SBZ	Sowjetische Besatzungszone
SED	Sozialistische Einheitspartei Deutschlands
SMAD	Sowjetische Militäradministration in Deutschland
SPD	Sozialdemokratische Partei Deutschlands
SS	Schutz-Staffel
StGB	Strafgesetzbuch
Südfunk	Süddeutscher Rundfunk
TH	Technische Hochschule
TU	Technische Universität
TÜV	Technischer Überwachungs-Verein
UdSSR	Union der sozialistischen Sowjetrepubliken
UFA	Universum-Film AG
U.N.	United Nations – Vereinte Nationen
UNESCO	United Nations Educational, Scientific and Cultural Organization
Union	Christlich-Demokratische Union Deutschlands
UNO	United Nations Organization – Vereinte Nationen
USPD	Unabhängige Sozialdemokratische Partei Deutschlands
VDAV	Verband Deutscher Amateurfotografen-Vereine
VDDR	Verfassung der DDR
VDJ	Verband der Journalisten
VEB	Volkseigener Betrieb
VOB	Vereinigung Organisationseigener Betriebe
VS	Verband deutscher Schriftsteller
VVB	Vereinigung Volkseigener Betriebe
WDR	Westdeutscher Rundfunk
Weltjugendfestspiele	Weltfestspiele der Jugend und Studenten
WVO	Warschauer Pakt
ZDF	Zweites Deutsches Fernsehen
ZFA	Zentraler Fachausschuß
ZIID	Zentralinstitut für Information und Dokumentation der DDR
ZK	Zentralkomitee
ZKF	Zentrale Kommission für Fotografie im Kulturbund der DDR
ZMD	Zentralstelle für maschinelle Dokumentation

Autorenregister

Dr. Manfred Ackermann, Bonn, Architektur
Dr. Heine von Alemann, Köln, Eigentum
Dr. Uwe Arens, München, Eigentum, Grundrechte
Dr. Werner Arnold, Wolfenbüttel, Bibliotheken
Prof. Dr. Dieter Baacke, Bielefeld, Dialog und Gespräch, Kommunikation
Dr. Karl W. Bauer, Essen, Kind
Prof. Dr. Otto A. Baumhauer, Stuttgart, Kulturwandel
Prof. Dr. Helmut Becker, Berlin (West), Kulturpolitik, europäische, Weltkulturpolitik
Prof. Dr. Hartwig Beseler, Kiel, Denkmal
Prof. Dr. Otto F. Best, Takoma (USA), Eklektizismus
Prof. Dr. Klaus von Beyme, Heidelberg, Kultur, politische
Dr. Arnfried Bintig, Bielefeld, Behinderte
Dr. Verena Blaum, Eching, Information, Journalismus, Kommunikation, Kommunikationspolitik, Massenkommunikation, Öffentlichkeit, Presse
Hans Peter Bleuel, Ottobrunn, Alter
Gunhild von Blücher, Berlin (West), Zirkus
Ada Blume, Neu-Isenburg, Wohnen
Dr. Frank Böckelmann, München, Freizeit
Prof. Dr. Michael-Detlef Bolle, Berlin (West), Arbeit, Beruf
Dr. Louis Bosshart, Fribourg, Massenkommunikation
Prof. Dr. Wilfried von Bredow, Marburg, Konvergenztheorie
Wolfgang Burkhardt, Bonn, Mann
Dr. Clemens Burrichter, Erlangen, Werte und Normen
Prof. Dr. Georg Bussmann, Frankfurt a. M., Kunstausstellungen, Kunsthandel und Kunstmarkt
Dr. Horst Dähn, Stuttgart, Mitbestimmung
Dr. Horst Dräger, Bochum, Erziehung
Reinhard Düßel, München, Geschmack, Hören, Sehen, Wahrnehmung
Helga Dunger-Loper, Berlin (West), Sammler, Sammeln
Dr. Volker Duvigneau, München, Plakat
Prof. Dr. Wolfgang Emmerich, Bremen, Nullpunkt
Prof. Dr. Günter Endruweit, Stuttgart, Elite
Michael von Engelhardt, Berlin (West), Aufklärung, Engagement
Dr. Jürgen Eyssen, Hannover, Bibliotheken
Dr. Christian Fenner, Berlin (West), Demokratie, Sozialismus
Prof. Dr. Chr. von Ferber, Düsseldorf, Krankheit
Bodo Franzmann, Mainz, Buch, Lesen
Karl Wilhelm Fricke, Köln, Bürgerinitiativen
Dipl.-Volkswirt Jürgen Gabriel, Berlin (West), Beruf
Dr. Hubertus Gaßner, Gudensberg/Dorla, Form und Inhalt, Photographie

Dr. Siegmar Gerndt, München, Garten
Eckhart Gillen, Berlin (West), Arbeitskultur, Bildende Kunst
Dr. Hermann Glaser, Nürnberg, Kulturpolitik der Bundesrepublik Deutschland
Dr. Wolfgang Glatzer, Mannheim, Lebensstandard
Dr. Volker Gransow, Berlin (West), Fortschritt, Kulturgeschichte
Dipl.-Volkswirt Erik Grawert-May, Berlin (West), Arbeit
Prof. Dr. Helga Grebing, Göttingen, Revisionismus
Erika Gregor, Berlin (West), Film, Kino
Ulrich Gregor, Berlin (West), Film, Kino
Prof. Dr. Ina-Maria Greverus, Frankfurt a. M., Heimat, Kultur, Subkultur
Dr. Dietrich Grünewald, Dortmund, Karikatur
Dr. Werner Gruhn, Erlangen, Naturschutz
Dr. Helmut Gutzler, Berlin (West), Reisen und Tourismus
Dr. Herwig Haase, Berlin (West), Kunstförderung
Prof. Dr. Hartmut Häußermann, Bremen, Bürokratie
Dr. Wolfgang Hagen, Berlin (West), Jazz, Rockkultur
Prof. Dr. Dieter Harmening, Gerbrunn, Aberglaube
Dr. Dieter Hasselblatt, München, Science-fiction
Sybille von Heimburg, München, Plagiat und Fälschung, Urheberrecht
Prof. Dr. Heinz Hengst, Bremen, Kind
Dr. Knut Hickethier, Berlin (West), Fernsehen, Hörfunk, Reproduktionsverfahren
Dr. Barbara Hille, Hannover, Familie, Kind
Dr. Walter Hömberg, München, Feuilleton
Dr. Dieter Hoffmann-Axthelm, Berlin (West), Gefühl
Dr. Erich Hollenstein, Münster, Bedürfnis
Dr. Christina Holtz, München, Werbung
Dr. Günter Holzweißig, Bonn, Freundschaftsgesellschaften
Dipl.-Psych. Wulf Hühn, Münster, Bedürfnis
Prof. Dr. Alois Huning, Wülfrath, Technik
Dr. Martha Ibrahim, Tübingen, Frau
Prof. Dr. Egbert Jahn, Frankfurt a. M., Frieden, Krieg
Prof. Dr. Walter Jaide, Hannover, Jugend
Dr. Utz Jeggle, Tübingen, Kulturanthropologie
Wolfgang Jeschke, München, Science-fiction
Dr. Manfred Kaempfert, Bonn, Sprache
Prof. Dr. Friedrich P. Kahlenberg, Koblenz, Archive
Heinz Kersten, Berlin (West), Film, Kino
Prof. Dr. Heinrich Keupp, München, Psychologie
Dr. Heinz-Dieter Kittsteiner, Berlin (West), Fortschritt, Kulturgeschichte
Prof. Dr. Helmut Klages, Heidelberg, Werte und Normen
Dr. Georg Kleemann, Stuttgart, Zoologische Gärten

Dr. Jan Knopf, Karlsruhe, Bewußtsein, Erfahrung, Erkenntnis, Philosophie

Reinhild Köhler, Hamburg, Buchhandel, Verlage

Prof. Dr. Dr. h. c. René König, Köln, Mode

Peter Körfgen, Königswinter, Alternativkultur

Prof. Dr. Konrad Köstlin, Regensburg, Fest und Feier, Volkskultur

Dr. Hans Joachim von Kondratowitz, Berlin (West), Außenseiter, Experiment, Nonkonformismus, Tendenz

Dr. Franklin Kopitzsch, Hamburg, Aufklärung

Dr. Dieter Kramer, Frankfurt a. M., Kulturverwaltung, Kulturzentren, Kunstförderung

Dr. Dietrich Kreidt, Stuttgart, Theater

Dr. Friedhelm Kröll, Erlangen, Biographie

Georg Friedrich Kühn, Berlin (West), Lied

Prof. Dr. Hellmut Kühn, Hannover, Musik

Dr. Johannes Kuppe, Bonn, Internationale kulturelle Organisationen, Kulturpolitik, auswärtige, Propaganda

Dr. Thomas Kutsch, Köln, Entfremdung, Genuß, Konsum, Lebensstil

Dr. Rudolf Landrock, Unna, Akademien

Prof. Dr. Wolfgang R. Langenbucher, München, Journalismus, Kommunikationspolitik, Presse

Dr. Hans-Thies Lehmann, Berlin (West), Avantgarde, Intelligenz, Kunst, Kunst und Gesellschaft

Olaf Leitner, Berlin (West), Rockkultur

Prof. Dr. Hans-Joachim Lieber, Köln, Ideologie

Prof. Dr. Burkhardt Lindner, Frankfurt a. M., Kulturindustrie und Massenkultur, Kulturkritik

Michael Lipp, M. A., München, Wettbewerb

Prof. Dr. Rudolf Prinz zur Lippe, Hude, Tanz

Werner Löcher, M. A., München, Massenkommunikation, Öffentlichkeit, Reportage

Ulrich Lohmann, Berlin (West), Gesundheit

Prof. Dr. Peter Loviscach, Hagen, Messen

Dr. Peter Lübbe, Landshut, Kulturpolitik, europäische, Weltkulturpolitik, Zensur

Dr. Bernd Lutz, Stuttgart, Kitsch

Dr. Dittmar Machule, Berlin (West), Stadt- und Regionalplanung

Dr. Dietrich Mack, Bayreuth, Musiktheater

Prof. Dr. Manfred Markefka, Köln, Minderheiten

Dr. Heinz Markmann, Düsseldorf, Arbeitskultur

Dr. Emil Maurer, Utting, Ausstellungen

Christine Maus, München, Phantasie, Kreativität

Curt Meyer-Clason, München, Übersetzen

Dr. Helga Michalsky, Heidelberg, Kultur, politische

Dr. Detlef Michel, Berlin (West), Kabarett

Dr. Klaus Modick, Hamburg, Reproduktionsverfahren

Hildegard Möller, M. A., Regensburg, Festspiele

Prof. Dr. Horst Möller, Regensburg, Geschichte

Dr. Wolfgang Motzkau-Valeton, Osnabrück, Kapitalismus, Kommunismus, Kulturrevolution

Dipl.-Psych. Mario Muck, Frankfurt a. M., Psychoanalyse

Freya Mülhaupt, Berlin (West), Bildende Kunst

Burkhard K. Müller, München, Antiquariat, Antiquitäten

Marlene Müller, M. A., München, Akademien, Sach- und Begriffsregister

Prof. Dr. Wolf Dieter Narr, Berlin (West), Gewalt

Dr. Bernd Nitzschke, Düsseldorf, Sexualität

Dr. Werner von der Ohe, München, Erfindung, Innovation

Manfred Opp de Hipt, M. A., Berlin (West), Minderheiten, Verein

Dr. Tilman Osterwold, Stuttgart, Kunstausstellungen

Prof. Dr. Eckart Pankoke, Moers, Bedürfnis

Prof. Dr. H. Peisert, Konstanz, Kulturpolitik, auswärtige, Universitäten und Hochschulen

Dr. Helmut Peitsch, Berlin (West), Tradition und kulturelles Erbe

Prof. Dr. Gertrud Pfister, Bochum, Sport

Dr. Dietger Pforte, Berlin (West), Comics, Schriftsteller

Dr. Helmut Pillau, Mainz, Intuition, Moderne

Prof. Dr. Theo Pirker, Berlin (West), Arbeiterkultur

Dr. Peter Raschke, Spenge, Verein

Dr. Monika Richarz, Berlin (West), Kultur, jüdische

Klaus Rodekohr, Syke, Lied

Dr. Kurt Röttgers, Bielefeld, Macht

Dr. Werner Rossade, Bochum, Einsamkeit, Glück, Innerlichkeit, Übersetzen

Dr. Dieter Rucht, Maising, Bürgerinitiativen, Umwelt

Dr. Gisela Rüß, Bonn, Kulturbeziehungen, innerdeutsche

Prof. Dr. Ralf Rytlewski, Berlin (West), Alltag, Gewerkschaften, Universitäten und Hochschulen, Wissenschaft und Forschung

Georg Seeßlen, Eggenthal, Bild, Held, Kult, Schlager, Unterhaltung, Vorbild

Prof. Dr. Hans Dieter Seibel, Dortmund, Leistung

Dipl.-Ing. Klaus-Jürgen Sembach, Nürnberg, Industriekultur

Dr. Christoph Sening, Pöcking, Naturschutz

Prof. Dr. Gregor Siefer, Hamburg, Kirche

Prof. Dr. Helmut Skowronek, Bielefeld, Begabung

Dr. Peter Sloterdijk, München, Religion, Sinnlichkeit, Zynismus

Dr. Franz Sonnenberger, Nürnberg, Industriekultur

Dr. Heinz Spielmann, Hamburg, Kunsthandwerk

Dr. Helmut F. Spinner, Brühl-Rohrhof, Kritik

Prof. Dr. Hans-Peter Schäfer, Hamburg, Ausbildung, Bildung, Schule, Weiterbildung

Prof. Dr. Manfred Schmalriede, Bauschlott, Photographie

Prof. Dr. Wieland Schmied, Berlin (West), Bildende Kunst

Dr. Hans-Jürgen Schmitt, Frankfurt a. M., Dekadenz, Formalismus, Literatur

Dr. Sigrid Schneider, Münster, Exil

Dr. Ralf Schnell, Langenhagen, Antifaschismus, Emigration, innere

Dr. Ulrich Schödlbauer, Viernheim, Ästhetik

Prof. Dr. Jörg Schönert, Aachen, Ironie, Literatur, Parodie, Satire

Dr. Erhard Schreiber, München, Parteilichkeit

Dr. Wilhelm W. Schütz, Bonn, Nation

Dr. Ulrich Schulte-Wülwer, Husby, Gedenkstätten

Genia Schulz, Berlin (West), Avantgarde, Intelligenz, Kunst, Kunst und Gesellschaft

Dr. Rudolf Schwarzenbach, Erlangen, Bürokratie

Dr. Uwe Schweikert, Stuttgart, Buchhandel, Verlage

Dr. Hannes Schwenger, Berlin (West), Kulturpolitik der Bundesrepublik Deutschland, Künstler, Preise und Auszeichnungen

Horst Steiger, Wiesbaden, Mobilität

Prof. Dr. Dieter Stellmacher, Göttingen, Dialekt

Hein Stünke, Köln, Kunsthandel und Kunstmarkt

Prof. Dr. Klaus Tenfelde, Penzberg, Arbeiterkultur

Prof. Dr. Hans Peter Thurn, Düsseldorf, Kultursoziologie, Kulturzerstörung

Prof. Dr. Heiner Treinen, Bochum, Museen

Prof. Dr. Frank Trommler, Philadelphia (USA), Kulturpolitik der Bundesrepublik Deutschland, Kulturpolitik der Deutschen Demokratischen Republik, Kulturpolitik der Nachkriegszeit, Realismus

Prof. Dr. Dieter Voigt, Bochum, Leistung, Sport

Dr. Bernd Jürgen Warneken, Tübingen, Kulturpolitik, kommunale

Dr. Katrin Warneken-Pallowski, Tübingen, Kulturpolitik, kommunale

Dr. Dietmar Waterkamp, Bochum, Erziehung

Dr. Karl-Heinz Weigand, München, Information

Rudolf Wendorff, Gütersloh, Zeitbewußtsein

Bogislav von Wentzel, Köln, Kunsthandel und Kunstmarkt

Dr. Bernd Weyergraf, Berlin (West), Alltag, Angst, Provinz und Metropole, Zensur

Gabriele Whetten-Indra, München, Nachschlagewerke und Dokumentationen – eine Auswahlbibliographie

Prof. Dr. Günter Wiegelmann, Münster, Essen und Trinken

Dr. Jürgen Wilke, Mainz, Zeitschriften

Dr. Manfred Wilke, Berlin (West), Gewerkschaften

Prof. Dr. Hans-Peter Willberg, Eppstein-Vockenhausen, Schrift und Typographie

Dr. Michael Winter, Koblenz, Zukunft

Prof. Dr. Günter Wiswede, Köln, Entfremdung, Genuß, Konsum, Lebensstil, Wettbewerb

Dr. W. Wittwer, Hannover, Stiftungen

Dipl.-Psych. Heinz E. Wolf, Tornesch, Persönlichkeit

Dr. Bernhard Ziegler, Berlin (West), Freizeit, Spiel

Nachschlagewerke und Dokumentationen – eine Auswahlbibliographie

I. Kulturpolitik – II. Kulturvermittlung – III. Voraussetzungen und Grundlagen des Kulturerwerbs, der Kulturvermittlung und der kulturellen Teilhabe – IV. Alltagskultur – V. Kulturelle Produktion – VI. Kulturphilosophische und -soziologische Aspekte – VII. Historische und politische Voraussetzungen

I. Kulturpolitik

M. Abelein (Hrsg.), Deutsche Kulturpolitik. Dokumente, Düsseldorf 1970

F. Bartel, Auszeichnungen der DDR von den Anfängen bis zur Gegenwart, Berlin (Ost) 1979

M. Berger u. a. (Hrsg.), Kulturpolitisches Wörterbuch, Berlin (Ost) [2]1978

K. Fohrbeck, Kunstförderung im internationalen Vergleich. Hrsg. v. Bundesministerium des Innern, Köln 1982

K. Fohrbeck, A. J. Wiesand, Handbuch der Kulturpreise und der individuellen Künstlerförderung in der Bundesrepublik Deutschland, Köln 1978

H. A. Jacobsen u. a. (Hrsg.), Drei Jahrzehnte Außenpolitik der DDR, München [2]1980

M. Jäger, Kultur und Politik in der DDR. Ein historischer Abriß, Köln 1982

Deutsche Partner im internationalen Kulturaustausch. Verzeichnis deutscher Institutionen. Hrsg. v. Institut f. Auslandsbeziehungen, Baden-Baden 1979

Deutsche Partner in der internationalen wissenschaftlichen Zusammenarbeit. Hrsg. v. Deutschen Akademischen Austauschdienst, Bonn 1979

T. Rister (Hrsg.), Deutsche Stiftungen für Wissenschaft, Politik und Kultur, Baden-Baden 1969

E. Schubbe, G. Rüß (Hrsg.), Dokumente zur Kunst-, Literatur- und Kulturpolitik. Bd. 1: 1946–70. Bd. 2: 1971–74, Stuttgart 1972–76

A. J. Wiesand, Literaturförderung im internationalen Vergleich. Hrsg. v. Bundesministerium des Innern, Köln 1982

II. Kulturvermittlung

Adreßbuch für den deutschsprachigen Buchhandel. Hrsg. v. der Buchhändlervereinigung. Bd. 1: Verlage. Bd. 2: Buchhandel. Bd. 3: Organisationen, Frankfurt a. M. 1954–(81)

Archive im deutschsprachigen Raum. 2 Bde. Minerva-Handbücher, Berlin (West) [2]1974

H. Baier (Hrsg.), Verlage der Deutschen Demokratischen Republik, Leipzig 1976

Die Bau- und Kunstdenkmale in der DDR. Hrsg. v. Institut für Denkmalpflege der DDR. Gesamtredaktion: H. Trost, München 1979–82. (Bisher ersch. Bde: Bezirk Frankfurt a. d. Oder. Bezirk Neubrandenburg. Bezirk Potsdam.)

Deutsche Bibliographie. Zeitschriften. 1945–52. 1953–57. 1958–70. 1971–76. 1977–80. Hrsg. v. der Deutschen Bibliothek, Frankfurt a. M. 1954–82

H. R. Blum u. a. (Hrsg.), Film in der DDR, München 1977

E. Brachmann-Teubner (Hrsg.), Lexikon Archivwesen der DDR, Berlin (Ost) [3]1979

K. Brepohl, Lexikon der Neuen Medien, Köln [2]1980

Buch und Buchhandel in Zahlen. Bearb. v. S. Taubert u. a., Frankfurt a. M. 1952–(82)

F. Domay (Hrsg.), Handbuch der deutschen wissenschaftlichen Akademien und Gesellschaften. Einschließlich zahlreicher Vereine, Forschungsinstitute u. Arbeitsgemeinschaften in der Bundesrepublik Deutschland. Mit einer Bibliographie deutscher Akademie- und Gesellschaftspublikationen, Wiesbaden [2]1977

E. Dovifat (Hrsg.), Handbuch der Publizistik. 3 Bde., Berlin (West) 1968–71

G. Eckardt (Hrsg.), Schicksale deutscher Baudenkmale im Zweiten Weltkrieg. Eine Dokumentation der Schäden und Totalschäden auf dem Gebiet der DDR. 2 Bde., München 1978

W. Gebhardt, Spezialbestände in deutschen Bibliotheken. Bundesrepublik Deutschland und Berlin (West), Berlin (West) 1977

H. Gläser (Hrsg.), Handbuch der Museen; Bundesrepublik Deutschland; Deutsche Demokratische Republik; Österreich; Schweiz; Liechtenstein; München u. a. [2]1981

J. Hackforth, Fernsehen, Programm, Programmanalyse. Auswahlbibliographie. Bd. 1: 1960–69. Bd. 2: 1970–77, München u. a. 1978–81

Handbuch der öffentlichen Bibliotheken. Hrsg. v. Deutschen Bibliotheksinstitut, Berlin (West) 1952–(81), (bis 1970 m. d. Tit: Handbuch der öffentlichen Büchereien)

Handbuch der historischen Stätten Deutschlands. 11 Bde., Stuttgart 1958–75 (bisher ersch.: Schleswig-Holstein. Niedersachsen. Nordrhein-Westfalen. Hessen. Rheinland-Pfalz/Saar. Baden-Württemberg. Bayern. Berlin. Brandenburg. Ost- und Westpreußen.)

S. Huth, P. Löhr (Hrsg.), Kabelfernsehen: Eine Bibliographie. Konzepte, Projekte, Erfahrungen, München u. a. 1982

Wissenschaftliche und kulturelle Institutionen der Bundesrepublik Deutschland. Bibliotheken, Universitäten, Museen, Wissenschaftliche Gesellschaften, Verlage, Kunsthandel, Kunstvereine, Kunstpreise, München 1976

Jahrbuch der Deutschen Bibliotheken. Hrsg. v. Verein Deutscher Bibliothekare, Wiesbaden 1902–(81)

Jahrbuch der Bibliotheken, Archive und Informationsstellen der Deutschen Demokratischen Republik. Hrsg. v. Bibliotheksverband der DDR. Redaktion: H. Gittig u. W. Horscht, Leipzig 1961–(81)

Jahresbibliographie Massenkommunikation. Zusammengest. v. W. Ubbens. (Seit 1979 veröffentl. im Jahrbuch zur Medienstatistik u. Kommunikation), Bremen 1977–(81)

Kirchen, Klöster und ihre Kunstschätze in der DDR. Gesamtredaktion: H. Müller, H. Sachs (Berlin (Ost) 1982), München 1982

H. A. Knorr (Hrsg.), Handbuch der Museen und wissenschaftlichen Sammlungen in der Deutschen Demokratischen Republik, Halle a. d. S. 1963

K. Koszyk, H. Pruys (Hrsg.), Handbuch der Massenkommunikation, München u. a. 1981

H. Kreuzer (Hrsg.), Sachwörterbuch des Fernsehens, Göttingen 1982

M. Kunze (Hrsg.), Literarische Museen und Gedenkstätten in der Deutschen Demokratischen Republik, Berlin (Ost) 1981

H. Kunze, G. Rückl (Hrsg.), Lexikon des Bibliothekswesens. 2 Bde., Leipzig ²1977

J. Langfeldt (Hrsg.), Handbuch des Büchereiwesens. 3 Bde., Wiesbaden 1961–76

P. Meyer-Dohm, W. Strauß (Hrsg.), Handbuch des Buchhandels. 4 Bde., Gütersloh 1974–77

G. Olzog, C. Vinz (Hrsg.), Dokumentation deutschsprachiger Verlage, München, Wien 1962–(80)

H.-G. Pflaum, H.-H. Prinzler, Film in der Bundesrepublik Deutschland. Ein Handbuch, Frankfurt a. M. 1982

D. Ratzke, Handbuch der Neuen Medien. Information und Kommunikation, Fernsehen und Hörfunk, Presse und Audiovision heute und morgen, Stuttgart 1982

T. Rister (Hrsg.), Vademecum deutscher Lehr- und Forschungsstätten. Ein Handbuch des wissenschaftlichen Lebens, Essen ⁷1978

B. Roloff, G. Seeßlen (Hrsg.), Enzyklopädie des populären Films. (Bisher ersch.: Bd. 1: Der komische Film. Bd. 2: Der Horrorfilm. Bd. 8: Der Gangsterfilm.) München 1977–82

A. Silbermann, Handwörterbuch der Massenkommunikation und Medienforschung, Berlin (West) 1982

Sondersammlungen in Bibliotheken der DDR. Ein Verzeichnis. Bearb. v. H. Roob, Berlin (Ost) 1975

W. Stamm (Hrsg.), Der Leitfaden für Presse und Werbung. Presse- und Medienhandbuch, Essen 1948–(82)

H. Steinberg, K. H. Teckentrup (Hrsg.), Bibliographie Buch und Lesen, Gütersloh 1979

Zur Theorie und Praxis des Fernsehens. Eine Auswahlbibliographie der in der DDR erschienenen Veröffentlichungen und vorgelegten wissenschaftlichen Arbeiten 1952–72. Hrsg. v. d. Betriebsakademie des DDR-Fernsehens, Berlin (Ost) 1974

B. Tietz (Hrsg.), Die Werbung. Handbuch der Kommunikations- und Werbewirtschaft. 3 Bde., Landsberg 1982

Deutsches Universitätshandbuch (BRD und DDR). 3 Bde., München 1971

Die Verluste der öffentlichen Kunstsammlungen in Mittel- und Ostdeutschland 1943–46, Bonn-Bad Godesberg 1954

III. Voraussetzungen und Grundlagen des Kulturerwerbs, der Kulturvermittlung und der kulturellen Teilhabe

H. L. Arnold (Hrsg.), Handbuch der deutschen Arbeiterliteratur. 2 Bde., München 1977 (Bd. 2: Bibliographie, bearb. v. M. Bosch)

H. Ballerstedt, W. Glatzer, Soziologischer Almanach. Handbuch gesellschaftspolitischer Daten und Indikatoren für die Bundesrepublik Deutschland, Frankfurt a. M. 1979

Basisdaten. Zahlen zur sozio-ökonomischen Entwicklung der Bundesrepublik Deutschland, Bonn-Bad Godesberg 1974

S. Baske (Hrsg.), Bildungspolitik in der DDR 1963–76. Dokumente, Wiesbaden 1979

H. Baum, 20 Jahre Hochschulwesen in der DDR 1949–69. Auswahlbibliographie, Berlin (West) 1969

E. v. Beckerath u. a. (Hrsg.), Handwörterbuch der Sozialwissenschaften. 12 Bde., Stuttgart 1956–68

Bibliographie der Erwachsenenbildung im deutschen Sprachgebiet. Hrsg. v. d. Pädagogischen Arbeitsstelle, Deutscher Volkshochschulverband, Braunschweig, Bonn 1962–(82)

Bibliographie zur Freizeitliteratur. 1965–75. Bearb. v. F. Billion, Düsseldorf 1976

Bibliographie zur Geschichte der deutschen

Arbeiterbewegung. Hrsg. v. d. Bibliothek der sozialen Demokratie, Bonn 1976–(81)

Bibliographie der pädagogischen Veröffentlichungen in der DDR. Zusammengestellt und bearb. v. d. Abteilung Dokumentation des Deutschen Pädagogischen Zentralinstituts, Leipzig 1958–73

Bildung in der Bundesrepublik Deutschland. Daten und Analysen. Hrsg. v. Max-Planck-Institut für Bildungsforschung, Reinbek 1980

Das Bildungswesen in der Bundesrepublik Deutschland. Kompetenzen, Strukturen, Bildungswege. Hrsg. v. d. Kultusministerkonferenz, Neuwied, Berlin (West) 1978

J. Bretschneider u. a. (Hrsg.), Handbuch einkommens-, vermögens- und sozialpolitischer Daten. Loseblatt-Ausgabe, Köln 1981

G. Buch (Hrsg.), Namen und Daten. Biographien wichtiger Personen der DDR. Berlin (West), Bonn [3]1982

Bund der Evangelischen Kirchen in der DDR. Dokumente zu seiner Entstehung, ausgewählt und kommentiert v. R. Henkys, Witten 1970

Chronologie zum Hochschulwesen der DDR 1969–76. Literaturzusammenstellung. Bearb. v. H. Baum. 3 Bde., Berlin (West) 1974–81

H. Cox u. a. (Hrsg.), Handbuch des Wettbewerbs. Wettbewerbstheorie, Wettbewerbspolitik, Wettbewerbsrecht, München 1981

A. Eberlein, Die Presse der Arbeiterklasse und der sozialen Bewegungen. Von d. 30er Jahren des 19. Jh. bis zum Jahre 1967. Bibliographie u. Standortverzeichnis d. Presse d. dt., d. österreich. u. d. schweizer. Arbeiter-, Gewerkschafts- u. Berufsorganisationen (einschließl. d. Protokolle u. Tätigkeitsberichte). Mit e. Anh.: Die deutschsprachige Presse der Arbeiter-, Gewerkschafts- und Berufsorganisationen anderer Länder, 5 Bde., Berlin (Ost) 1968–70

W. Ehlert u. a. (Hrsg.), Wörterbuch der Ökonomie. Sozialismus, Berlin (Ost) [4]1979

K.-H. Günther (Hrsg.), Dokumente zur Geschichte des Schulwesens in der DDR. Bd. 1: 1945–55. Bd. 2: 1956–67. Bd. 3: 1966–73, Berlin (Ost) 1969-75

Kirchliches Handbuch. Amtliches Statistisches Jahrbuch der Katholischen Kirche Deutschlands, Köln 1907–(77)

Handbuch für den Kulturobmann. Hrsg. v. Bundesvorstand des FDGB, Berlin (Ost) [3]1970

K. Hurrelmann, D. Ulrich (Hrsg.), Handbuch der Sozialisationsforschung, Weinheim u. a. 1980

Kirche als Lerngemeinschaft. Dokumente aus der Arbeit des Bundes der Evangelischen Kirchen in der DDR. Hrsg. v. Sekretariat des Bundes der Evangelischen Kirchen in der DDR, Berlin (Ost) 1981

J. Kretschmer, Literatur zur Geographie des

Fremdenverkehrs- und Freizeitverhaltens, Wien [2]1978

G. Lange (Hrsg.), Vademecum der politischen Bildungsarbeit. Personen, Institutionen, Materialien der politischen Bildung in der Bundesrepublik Deutschland, Bonn 1977

C. Möck, Staat und Kirchen: Bibliographie zu ihrem rechtlichen Verhältnis in der Bundesrepublik Deutschland, Berichtszeit 1968–77, mit einem Anhang über das Verhältnis von Staat und Kirchen in der DDR, Hamburg 1979

J. Niermann, Wörterbuch der DDR–Pädagogik, Heidelberg 1974

F. Pöggeler (Hrsg.), Handbuch der Erwachsenenbildung. 8 Bde., Stuttgart u. a. 1974–81

H. Reller (Hrsg.), Handbuch Religiöse Gemeinschaften. Freikirchen, Sondergemeinschaften, Sekten, Weltanschauungsgemeinschaften, Neureligionen, Gütersloh [2]1979

H. Rombach u. a. (Hrsg.), Wörterbuch der Pädagogik. 3 Bde., Freiburg u. a. 1977

A. Steinecke (Hrsg.), Interdisziplinäre Bibliographie zur Fremdenverkehrs- und Naherholungsforschung. 2 Bde., Berlin (West) 1981

D. Urbach, H. Hermsen (Hrsg.), Bibliographie zur Erwachsenenqualifizierung in der DDR. Folge 1: –1969. Folge 2: 1969–73, Braunschweig 1969–75

R. Wefelmeyer, H. Wefelmeyer, Lexikon der Berufsausbildung und Berufserziehung, Wiesbaden 1959

O. F. Wiegand, Hochschulreform, Hochschulgesetzgebung, Studienreform in der Bundesrepublik Deutschland. Eine Literaturübersicht, Kiel 1980

J. Wirth (Hrsg.), Handwörterbuch der Erwachsenenbildung, Paderborn 1978

W. Zapf (Hrsg.), Lebensbedingungen in der Bundesrepublik Deutschland. Sozialer Wandel und Wohlfahrtsentwicklung, Frankfurt a. M. 1978

IV. Alltagskultur

ABC Umweltschutz. Von einem Autorenkollektiv, Leipzig [2]1978

U. Bartsch u. a., Unterhaltungskunst A–Z, Berlin (Ost) [2]1977

E. Bornemann, Lexikon der Liebe. Materialien zur Sexualwissenschaft. 3 Bde., Berlin (West) 1979

K. Buchwald, W. Engelhardt (Hrsg.), Handbuch für Planung, Gestaltung und Schutz der Umwelt. 2 Bde., München 1978

Bürger im Umweltschutz. Nichtstaatliche Umweltschutzorganisationen in der Bundesrepublik Deutschland, Berlin (West) [3]1978

Kommunalwissenschaftliche Dissertationen.

Hrsg. v. Deutschen Institut für Urbanistik, Berlin (West) 1970–(82)

Dokumentation für Umweltschutz und Landespflege. Hrsg. v. d. Bundesforschungsanstalt f. Naturschutz u. Landschaftsökologie, Stuttgart 1971–(82)

K. Hammerich, M. Klein (Hrsg.), Materialien zur Soziologie des Alltags (Kölner Zeitschrift f. Soziologie u. Sozialpsychologie. Sh. 20), Opladen 1978

Handwörterbuch der Raumforschung und Raumordnung. 3 Bde., Hannover ²1970

M. W. Hellmann (Hrsg.), Bibliographie zum öffentlichen Sprachgebrauch in der Bundesrepublik Deutschland und in der DDR, Düsseldorf 1976

R. Klappenbach, W. Steinitz (Hrsg.), Wörterbuch der deutschen Gegenwartssprache. 6 Bde., Berlin (Ost) 1961–77

W. Klein (Hrsg.), Deutsches Sporthandbuch. Organisation, Recht, Verwaltung. Loseblatt-Ausgabe, Wiesbaden u. a. 1970–82

Landeskunde DDR. Eine annotierte Auswahlbibliographie. Bearb. v. W. Sperling, München 1978

H. Liebsch u. a. (Hrsg.), Deutsche Sprache. Handbuch für den Sprachgebrauch, Leipzig ³1980

L. Knoll, G. Jaeckel, Lexikon der Erotik. 2 Bde., Reinbek 1978

K. Petermann, Tanzbibliographie. Verzeichnis der in deutscher Sprache veröffentlichten Schriften und Aufsätze zum Bühnen-, Gesellschafts-, Kinder-, Volkstanz und zum Jazz. Hrsg. v. d. Akademie der Künste der DDR, Tanzarchiv der DDR. 3 Bde., München ²1981–82

H.-J. Schulke (Hrsg.), Kritische Stichwörter zum Sport. Ein wissenschaftliches Lexikon, München 1982

G. Seeßlen, Unterhaltung: Lexikon der populären Kultur. Reinbek 1977

Sportbibliographie. Bücher, Zeitschriften, Dissertationen aus der Deutschen Demokratischen Republik und dem Ausland in deutscher Sprache. Hrsg. v. d. Deutschen Hochschule für Körperkultur. (Berichtszeit 1945 ff.), Leipzig 1953–(81)

J. J. Tesdorpf, Systematische Bibliographie zum Städtebau; Stadtgeographie; Stadtplanung; Stadtpolitik, Köln u. a. 1975

J. Vogel u. a. (Hrsg.), Handbuch des Umweltschutzes. 2 Bde., München 1979

V. Kulturelle Produktion

G. Albrecht u. a. (Hrsg.), Lexikon deutschsprachiger Schriftsteller. 4 Bde. (Leipzig ²1967/72), Kronberg i. T. 1974

H.-J. Alpers u. a. (Hrsg.), Lexikon der Science-Fiction-Literatur. 2 Bde., München 1980

L. Alscher u. a. (Hrsg.), Lexikon der Kunst. Architektur, Bildende Kunst, Angewandte Kunst, Industrieformgestaltung, Kunsttheorie. 5 Bde., Leipzig 1968–78

H. L. Arnold (Hrsg.), Kritisches Lexikon zur deutschsprachigen Gegenwartsliteratur. Loseblatt-Ausgabe, München 1978–81

H. L. Arnold (Hrsg.), Literaturbetrieb in der Bundesrepublik Deutschland. Ein kritisches Handbuch, München ²1981

J. E. Berendt, Das große Jazzbuch, Frankfurt a. M. 1982

Bibliographie Bildende Kunst: in der Deutschen Demokratischen Republik erschienene Veröffentlichungen zur bildenden Kunst und im Ausland erschienene Veröffentlichungen zur bildenden Kunst in der Deutschen Demokratischen Republik. Zusammengestellt u. bearb. v. E. Stimmel u. H.-J. Kunz, Dresden 1974–(81)

Bibliographie Musik: in der Deutschen Demokratischen Republik erschienene Veröffentlichungen zur Musik und im Ausland erschienene Veröffentlichungen zur Musik der Deutschen Demokratischen Republik. Zusammengestellt v. C. von Ardenne u. a.; Dresden 1977–(81)

S. Bimberg u. a. (Hrsg.), Handbuch der Musikästhetik, Leipzig 1979

I. Bode, Die Autobiographien zur deutschen Literatur, Kunst und Musik 1900–65. Bibliographie und Nachweise der persönlichen Begegnungen und Charakteristiken, Stuttgart 1966

W. J. Fuchs, R. Reitberger, Comics-Handbuch, Reinbek 1982

F. Hirsch, Wörterbuch der Musik, Berlin (Ost) ⁴1980

K. Humann, C. Reichert (Hrsg.), Eurorock. Länder und Szenen, Reinbek 1981

Jazz Bibliographie. Verzeichnis des internationalen Schrifttums über Jazz, Blues, Spirituals, Gospel, Ragtime mit einer Auswahlbibliographie v. d. sozialen u. kulturellen Hintergrund. Zusammengestellt v. B. Hefele, München 1981

H.-J. Kadatz, Wörterbuch der Architektur, Leipzig 1980

W. Kosch, Deutsches Theaterlexikon. Biographisches und bibliographisches Handbuch. 1: A–Hurk. 2: Hurka–Pallenberg. 3: Pallenberg–Schlettow, Klagenfurt u. a. 1953–(71)

T. Martin (Hrsg.), Handbuch des Kinder- und Jugendtheaters in der Bundesrepublik Deutschland, Duisburg 1980

Musik – Statistik – Kulturpolitik. Daten und Argumente zum Musikleben in der Bundesrepublik Deutschland. Bearb. v. K. Fohrbeck u. A. J. Wiesand, Köln 1982

R. Paulus, U. Steuler, Bibliographie zur deutschen Lyrik nach 1945, Wiesbaden ²1977

R. Radler (Hrsg.), Die deutschsprachige Sachliteratur, München u. a. 1978

Schriftsteller der Deutschen Demokratischen Republik und ihre Werke. Biographisch-bibliographischer Nachweis. Erarbeitet vom Zentralinstitut für Bibliothekswesen, Leipzig 1955

P. Skodzik (Hrsg.), Deutsche Comic-Bibliographie 1946–70, Berlin (West) 1978

C. Trilse u. a. (Hrsg.), Theater-Lexikon, Berlin (Ost) 1978

R. Weise (Hrsg.), Handbuch der Artistik und Kleinkunst der Deutschen Demokratischen Republik und des sozialistischen Auslandes, Pößneck 1962

Die Frauenfrage in Deutschland. Bibliographie 1930–80. Bearb. v. J. Delvendahl, München u. a. 1982

H.-G. Gadamer, P. Vogler (Hrsg.), Neue Anthropologie. 7 Bde., München 1972–74

R. König (Hrsg.), Handbuch der empirischen Sozialforschung. 14 Bde., München ²1973–79

J. Laplanche, J.-B. Pontalis, Das Vokabular der Psychoanalyse. 2 Bde., Frankfurt a. M. 1973

Märkte und Volksfeste in der DDR und in der Hauptstadt der DDR, Berlin (Ost), Pößneck 1970

A. Münscher, Ausländische Frauen: annotierte Bibliographie, München 1980

U. Pasterny, J. Gehret (Hrsg.), Deutschsprachige Bibliographie der Gegenkultur, Wuppertal 1982

VI. Kulturphilosophische und -soziologische Aspekte

H. Adomeit (Hrsg.), Staatliche Dokumente zur Förderung der Frau in der DDR, Berlin (Ost) ²1975

Ausländische Arbeiter und ihre Familien. Bibliographie. Hrsg. v. Institut für Sozialarbeit und Sozialpädagogik, Frankfurt a. M. ²1977–80

G. Aßmann u. a. (Hrsg.), Wörterbuch der marxistisch-leninistischen Soziologie (Berlin (Ost) 1977), Opladen ²1978

H. Bächtold-Stäubli (Hrsg.), Handwörterbuch des deutschen Aberglaubens. 10 Bde., Berlin 1927–42

K. W. Bauer, H. Hengst (Hrsg.), Kritisches Stichwörterbuch zur Kinderkultur, München 1978

K.-H. Bette u. a. (Hrsg.), Bibliographie zur deutschen Soziologie 1945–77, Göttingen 1980

Bibliographie Philosophie. Hrsg. v. d. Zentralstelle für philosophische Information und Dokumentation im Institut für Gesellschaftswissenschaft beim ZK der SED, Berlin (Ost) 1967–(81)

J. Dambauer (Hrsg.), Bibliographie der deutschsprachigen psychologischen Literatur, Frankfurt a. M. 1971–(81)

Daten des Gesundheitswesens. Hrsg. v. Bundesministerium für Jugend, Familie und Gesundheit, Stuttgart 1980

K. Doderer (Hrsg.), Lexikon der Kinder- und Jugendliteratur, 4 Bde., Weinheim u. a. 1975–82

H. Ebert u. a. (Hrsg.), Wörterbuch zur sozialistischen Jugendpolitik, Berlin (Ost) 1975

O. A. Erich, R. Beitl, Wörterbuch der deutschen Volkskunde, Stuttgart ³1974

Die Frau in der DDR: Fakten und Zahlen. Hrsg. v. d. Staatlichen Zentralverwaltung für Statistik, Berlin (Ost) 1975

VII. Historische und politische Voraussetzungen

Bericht der Bundesregierung und Materialien zur Lage der Nation. 1971, 1972. Hrsg. v. Bundesministerium für innerdeutsche Beziehungen, Bonn 1971–72

O. Brunner u. a. (Hrsg.), Geschichtliche Grundbegriffe. Historisches Lexikon zur politisch-sozialen Sprache in Deutschland. Bd. 1: A–D. Bd. 2: E–G. Bd. 3: H–Me. Bd. 4: Mi–Pre, Stuttgart 1979–(82)

DDR-Handbuch. Hrsg. v. Bundesministerium für innerdeutsche Beziehungen. Wissenschaftliche Leitung: P. C. Ludz unter Mitwirkung v. J. Kuppe, Köln ²1979

Dokumente zur Deutschlandpolitik. Hrsg. v. Bundesministerium für gesamtdeutsche Fragen / innerdeutsche Beziehungen. Begr. v. E. Deuerlein. Wissenschaftliche Leitung: K. D. Bracher u. H.-A. Jacobsen. Reihe 3: 4 Bde. Reihe 4: 12 Bde. Beihefte: 3 Bde., Frankfurt a. M. 1961–(81)

M. Greiffenhagen, S. Greiffenhagen, R. Prätorius (Hrsg.), Handwörterbuch zur politischen Kultur der Bundesrepublik Deutschland, Opladen 1981

P. Hüttenberger, Bibliographie zum Nationalsozialismus, Göttingen 1980

C. D. Kernig (Hrsg.), Sowjetsystem und demokratische Gesellschaft. Eine vergleichende Enzyklopädie. 6 Bde., Freiburg u. a. 1966–72

E. Lutz, Lexikon der Sicherheitspolitik, München 1980

Materialien zum Bericht zur Lage der Nation 1974. Hrsg. v. Bundesministerium für innerdeutsche Beziehungen, Bonn 1974

J. v. Münch (Hrsg.), Dokumente des geteilten Deutschland. Quellentexte zur Rechtslage des Deutschen Reiches, der Bundesrepublik Deutsch-

827

land und der Deutschen Demokratischen Republik, Stuttgart 1975–76

A. Oeckl (Hrsg.), Taschenbuch des öffentlichen Lebens. Bundesrepublik Deutschland und Organisationen der Europäischen Gemeinschaften, Bonn 1952–(82)

P. Reichelt, Deutsche Chronik 1945–70. Daten und Fakten aus beiden Teilen Deutschlands. Bd. 1: 1945–57. Bd. 2: 1958–70, Freudenstadt 1970–71

Deutsche Demokratische Republik. Handbuch. Redaktion: H. Göschel, A. Zwahr u. a., Leipzig 1979

R. Rilling (Hrsg.), Sozialismus in der DDR. Dokumente und Materialien. 2 Bde., Köln 1979

K. v. Schubert (Hrsg.), Sicherheitspolitik der Bundesrepublik Deutschland. Dokumentation 1945–77. 2 Bde., Köln ²1980

K. Sontheimer, H.-H. Röhring (Hrsg.), Handbuch des politischen Systems der Bundesrepublik, München 1977

Texte zur Deutschlandpolitik. Hrsg. v. Bundesministerium für gesamtdeutsche Fragen / innerdeutsche Beziehungen. Reihe I: 12 Bde. Reihe II: 7 Bde., Bonn 1968–(81)

D. Thränhardt, Bibliographie Bundesrepublik Deutschland, Göttingen 1980

T. Vogelsang, H. Auerbach (Hrsg.), Bibliographie zur Zeitgeschichte 1953–80. Im Auftrag des Instituts für Zeitgeschichte. Bd. 1: Allgemeiner Teil. Hilfsmittel – Geschichtswissenschaft – Gesellschaft u. Politik – Biographien, München 1982

H. A. Winkler, T. Schnabel, Bibliographie zum Nationalismus, Göttingen 1979

Zahlenspiegel. Bundesrepublik Deutschland / Deutsche Demokratische Republik. Ein Vergleich, Bonn ²1981

G. Whetten-Indra

Die »Deutsche Frage« im Unterricht

Ist heute Erziehung zur nationalen Identität möglich? – Informationen, Unterrichtsmodelle und Materialien zu einem politisch aktuellen Thema:

Klaus Böger/Hans Kremendahl
Bundesrepublik Deutschland/Deutsche Demokratische Republik:
Vergleich der politischen Systeme
Ein Unterrichtsmodell für die Sekundarstufe II.
Schriftenreihe Politische Didaktik.
Didaktischer Teil:
2. durchgesehene Auflage 1980. 156 Seiten. Kartoniert
Materialienteil:
2. durchgesehene Auflage 1980. 164 Seiten. Kartoniert

Die Deutsche Frage im politisch-historischen Lernen
Ein Unterrichtsmodell für die Sekundarstufe II.
Herausgegeben von Clemens Lessing und Kurt Gerhard Fischer.
Schriftenreihe Politische Didaktik.
Didaktischer Teil: 1982. 80 Seiten. Kartoniert
Materialienteil: 1982. 220 Seiten. Kartoniert

Überlegungen zu Stellenwert und Darstellung
der Deutschen Frage im politischen Unterricht
Herausgegeben von Clemens Lessing und Kurt Gerhard Fischer.
1977. 96 Seiten. Kartoniert

Deutsche Fragen in Geschichte, Politik und Politischer Bildung
Herausgegeben von Kurt Gerhard Fischer und Clemens Lessing.
Brennpunkte der Bildungspolitik 8. 1982. 98 Seiten. Kartoniert

Dietrich Zitzlaff
Vergleich der Wirtschaftssysteme in beiden deutschen Staaten
Ein Unterrichtsmodell für die Sekundarstufe II.
Schriftenreihe Politische Didaktik.
Didaktischer Teil: 1983. Ca. 80 Seiten. Kartoniert.
Materialienteil: 1983. Ca. 150 Seiten. Kartoniert.

Kinder und Jugendliche in der Bundesrepublik Deutschland
und in der DDR
Ein Unterrichtsmodell für die Sekundarstufe I. Herausgegeben
von Kurt Gerhard Fischer, Clemens Lessing und Dietrich Zitzlaff.
Unterrichtsmodelle Politische Didaktik. Unterrichtseinheiten für
die Förderstufe und die Sekundarstufe I.
Didaktischer Teil: 1982. 160 Seiten. Kartoniert.
Materialienteil: 1982. 120 Seiten. Kartoniert.

J. B. Metzler · Stuttgart

Zur Literatur- und Kulturpolitik der Nachkriegszeit

Christel und Heinz Blumensath
Einführung in die DDR-Literatur
Unterrichtsvorschläge für den Deutschunterricht in der
Sekundarstufe I und II.
2., überarbeitete und erweiterte Auflage 1983. 325 Seiten. Kartoniert

Stephan Bock
Literatur – Gesellschaft – Nation
Materielle und ideelle Rahmenbedingungen der frühen DDR-
Literatur (1949–1956). 1980. X, 328 Seiten. Kartoniert

Deutsche Literaturgeschichte
Von den Anfängen bis zur Gegenwart. Von Wolfgang Beutin,
Klaus Ehlert, Wolfgang Emmerich, Helmut Hoffacker, Bodo Lecke,
Bernd Lutz, Ralf Schnell, Peter Stein, Inge Stephan.
1979. 512 Seiten mit 163 Abbildungen. Gebunden

Einführung in Theorie, Geschichte und Funktion der DDR-Literatur
Herausgegeben von Hans-Jürgen Schmitt.
Literaturwissenschaft und Sozialwissenschaften 6.
1975. 340 Seiten. Kartoniert

Friedhelm Kröll
Die Gruppe 47
Soziale Lage und gesellschaftliches Bewußtsein literarischer
Intelligenz in der Bundesrepublik.
1977. VII, 228 Seiten. Kartoniert

Wolfram Schlenker
Das „Kulturelle Erbe" in der DDR
Gesellschaftliche Entwicklung und Kulturpolitik 1945–1965.
1977. VII, 260 Seiten. Kartoniert

Genia Schulz
Heiner Müller
Sammlung Metzler M 197
1980. VII, 203 Seiten. Kartoniert

Volker C. Wehdeking
Der Nullpunkt
Über die Konstituierung der deutschen Nachkriegsliteratur
(1945–1948) in den amerikanischen Kriegsgefangenenlagern.
1971. XII, 208 Seiten. Kartoniert

J.B. Metzler · Stuttgart

EXIL

Untersuchungen und Texte 1933–1945

Manfred Durzak
Hermann Broch
Sammlung Metzler M 58. 1967. VI, 81 Seiten. Kartoniert

Exil
Literarische und politische Texte aus dem deutschen Exil 1933–1945.
Herausgegeben von Ernst Loewy. 1979. XIV, 1282 Seiten. Gebunden

Lore B. Foltin
Franz Werfel
Sammlung Metzler M 115. 1972. XII, 124 Seiten. Kartoniert

Jürgen Haupt
Heinrich Mann
Sammlung Metzler M 189. 1980. X, 224 Seiten. Kartoniert

Günther Heeg
Die Wendung zur Geschichte:
Konstitutionsprobleme antifaschistischer Literatur im Exil
Metzler Studienausgabe. 1977. X, 222 Seiten. Kartoniert

Jan Knopf
Brecht-Handbuch Theater
Eine Ästhetik der Widersprüche. 1980. VIII, 488 Seiten. Gebunden

Jan Knopf
Brecht-Handbuch
Lyrik, Epik, Schriften. 1983. Ca. 420 Seiten. Gebunden

Kunst und Kultur im deutschen Faschismus
Herausgegeben von Ralf Schnell.
Literaturwissenschaft und Sozialwissenschaften 10.
1978. VIII, 352 Seiten. Kartoniert

Ralf Schnell
Literarische Innere Emigration 1933–1945
Metzler Studienausgabe. 1976. VI, 214 Seiten. Kartoniert

Rainer Stollmann
Ästhetisierung der Politik
Literaturstudien zum subjektiven Faschismus.
1978. VI, 221 Seiten. Kartoniert

Hans-Albert Walter
Deutsche Exilliteratur 1933–1950
Band 4: Exilpresse
1978. XIV, 842 Seiten. Gebunden

Adalbert Wichert
Alfred Döblins historisches Denken
Zur Poetik des modernen Geschichtsromans.
Germanistische Abhandlungen 48. 1978. XIV, 274 Seiten. Gebunden

J. B. Metzler · Stuttgart